INCLUS : Profitez dès maintenant des versions numériques de votre Mémento

Sur tablette ou smartphone :
Téléchargez l'application «iMemento» sur l'Apple Store (iPhone & iPad) ou sur Google Play (Androïd)

Sur votre ordinateur :
RDV sur abonnes.efl.fr

Les avantages des versions numériques :

> Un contenu actualisé en permanence à chaque connexion.
> Des fonctionnalités pratiques : moteur de recherche, copier-coller, marque-page, notes, favoris...

?

COMMENT ÇA MARCHE

Vous disposez déjà de votre login et mot de passe ?

Votre login et votre mot de passe restent identiques.

Si vous avez perdu vos codes d'accès, vous pouvez contacter notre Service Relation Clients au **01 83 10 10 10** (du lundi au vendredi, de 9h à 18h).

Vous n'avez pas d'identifiant ?

Rendez-vous sur : www.efl.fr/activation

Et utilisez le code personnel d'activation ci-dessous :

1560613CW6

MPERS

La rédaction des éditions Francis Lefebvre

Responsabilité éditoriale

Guilhem Possamaï

Rédacteurs

Sophie André
Valérie Balland
Aliya Ben Khalifa
Catherine Crevisier
Cécilia Décaudin
Damien Delestre
Fanny Doumayrou
Valérie Dubois
Élodie Expert
Audrey Fournis
Clément Geiger
Muriel Gien
Cécile Horréard
Fabrice Labatut
Marion Le Roy
Violaine Magnier
Valérie Maindron
Laurence Méchin
Pascale Perez de Arce
Patrick Saget
Frédéric Satgé

SOCIÉTÉ DES ÉDITIONS FRANCIS LEFEBVRE
TOUR LEFEBVRE DALLOZ - 10 PLACE DES VOSGES - CS 80357 - 92072 PARIS LA DÉFENSE CEDEX

ISBN 978-2-36893-656-6 © Éditions Francis Lefebvre 2023

MÉMENTO PRATIQUE

COMITÉ SOCIAL ET ÉCONOMIQUE

et autres représentants du personnel

24-25

À jour au 1er novembre 2023

EDITIONS
FRANCIS LEFEBVRE

Présentation et mode d'emploi

Les **relations collectives de travail** désignent la gestion des relations dans l'entreprise entre l'employeur et les salariés. À cet effet, ces derniers sont représentés par une institution représentative du personnel unique : le **comité social et économique** (CSE). Composé de membres élus par la collectivité de travailleurs, le CSE est régulièrement informé et consulté par l'employeur sur de nombreux sujets ou projets intéressant les salariés.

Par ailleurs, les organisations syndicales interviennent au quotidien dans de nombreux domaines du droit du travail, au premier rang duquel figure la **négociation collective.** Celle-ci a été profondément remodelée ces dernières années, avec la promotion de l'accord collectif au rang de source majeure du droit du travail, la consécration du principe de la primauté, sauf exceptions, de l'accord d'entreprise ou d'établissement sur celui de la branche et la possibilité de négocier des accords dans toutes les entreprises, quelle que soit leur taille.

Ce Mémento, qui porte à la fois sur la représentation du personnel élue, celle désignée par les syndicats, leur interaction et la négociation collective, analyse de manière approfondie l'ensemble de la réglementation applicable. Destiné aux chefs d'entreprise et à leurs conseils, aux responsables des ressources humaines, aux représentants du personnel et aux organisations syndicales, l'ouvrage réunit toutes les informations nécessaires à la gestion des relations collectives de travail dans l'entreprise. Rédigé simplement et accessible aux non-spécialistes, il comporte toutes les solutions légales, administratives ou jurisprudentielles utiles. Il est enrichi de conseils pratiques sur les questions non réglées et de nombreux exemples.

La **première partie** du Mémento, qui s'intéresse aux **institutions représentatives élues** dans l'entreprise ou le groupe (composition, fonctionnement, ressources, attributions), est organisée en 9 chapitres dont 6 consacrés au CSE.

La **deuxième partie** concerne les **syndicats** dans l'entreprise : rôle, liberté et représentativité syndicales, section syndicale, délégués syndicaux, représentants de section syndicale.

Dans la **troisième partie,** sont étudiées les règles relatives à la **mise en place** des institutions : entreprises concernées, seuils d'effectif, élections professionnelles, désignation des délégués et des représentants syndicaux.

Le décor planté, les représentants du personnel à pied d'œuvre, il faut examiner la façon dont ils exercent leurs fonctions. Qui est leur **interlocuteur** dans l'entreprise ? Quelle est la **durée de leur mandat** ? De quels **moyens** disposent-ils ? Quels sont les dispositifs disponibles pour valoriser et protéger leur **carrière professionnelle** ? La **quatrième partie** du Mémento répond à ces questions.

La **cinquième partie** est consacrée au **statut protecteur** des représentants du personnel : interdiction des discriminations, protection spéciale en cas de transfert d'entreprise, de modification ou de rupture du contrat de travail, délit d'entrave.

La **sixième partie,** et c'est là l'une des grandes originalités du Mémento, étudie, **thème par thème,** les **rôles complémentaires,** alternatifs, concomitants ou successifs des représentants du personnel dans l'entreprise : emploi, conditions de travail, formation professionnelle, durée du travail et congés, salaire et épargne salariale, égalité professionnelle, contrôle des salariés, négociation collective, conflits collectifs, transferts d'entreprise, restructurations, licenciements et procédures collectives.

Enfin, sont rassemblées dans une **septième partie,** sous la forme de tableaux de synthèse, de nombreuses informations utiles : liste des informations/consultations (récurrentes et ponctuelles) du CSE ; contenu de la base de données économiques, sociales et environnementales ; liste des informations à mettre à la disposition du CSE dans le cadre des consultations obligatoires ; indicateurs chiffrés relatifs à l'égalité professionnelle ; peines contraventionnelles ; liste des accords collectifs possibles en vue de la mise en place, du fonctionnement et des attributions du CSE.

La consultation du Mémento est facilitée par :
– la présence d'un **plan général** en tête de l'ouvrage ;
– des **sommaires** placés au début de chaque chapitre ;
– l'emploi de **paragraphes numérotés** auxquels sont faits tous les renvois (notamment ceux de la table alphabétique et du plan général) ;
– un système de **mots-repères** en caractères gras ;
– une **table alphabétique** détaillée figurant à la fin du Mémento.

Bien plus qu'un ouvrage, un service ! À jour au 1er novembre 2023, votre Mémento papier est assorti d'une **version numérique** (web, mobile, tablette) **mise à jour en continu.** Muni de vos codes d'accès (voir mode d'emploi en page de garde), il vous suffit de télécharger l'application « iMémento » sur votre mobile ou smartphone ou de vous rendre sur mémento.efl.fr.

Plan général

Les chiffres renvoient aux paragraphes

PARTIE 3

Mettre en place et renouveler les institutions représentatives

CHAPITRE 1

Le champ d'application

CHAPITRE 2

L'effectif

CHAPITRE 3

Le cadre de la mise en place

CHAPITRE 4

L'élection du CSE

CHAPITRE 5

L'élection des délégués au CSE central

CHAPITRE 6

La désignation des délégués et représentants syndicaux

Principales nouveautés

depuis la précédente édition

Nos

L'EXERCICE DES MANDATS REPRÉSENTATIFS

32715 RSS : en cas d'échec aux élections, l'interdiction de désigner le même salarié s'applique à tous les syndicats

34730 Les heures de délégation prises en dehors de l'horaire de travail sont présumées bien utilisées

34750 La date et l'heure de prise du crédit d'heures et les activités exercées doivent être indiquées par le salarié si l'employeur le demande

LE STATUT PROTECTEUR

40030 Le salarié qui demande l'organisation d'élections professionnelles est protégé contre la discrimination syndicale, même si la demande n'a pas été relayée par un syndicat

44085 Une entité économique autonome peut résulter de plusieurs parties d'entreprises distinctes d'un même groupe

44105 La suspension du contrat de travail d'un salarié protégé ne fait pas obstacle à son transfert

44155 L'absence de mention de l'existence du mandat dans l'acte de cession n'exonère pas le repreneur de respecter la procédure spéciale en cas de licenciement

DOSSIERS THÉMATIQUES

52630 Les entretiens professionnel et d'évaluation peuvent avoir lieu le même jour, à condition qu'ils demeurent distincts

52790 Un accord de performance collective peut, sous conditions, être valablement conclu avec des élus du CSE

Un accord de performance collective signé à la suite de négociations séparées peut être annulé pour déloyauté

52835 Le dépassement du délai légal de 2 mois pour engager la procédure de licenciement écarte le motif sui generis de rupture du contrat de travail consécutive au refus du salarié de se voir appliquer un accord de performance collective

52920 Précisions sur le contrôle par l'administration de la validité de l'accord portant rupture conventionnelle collective

71515 L'employeur doit rémunérer l'expert assistant le CSE dans l'examen du rapport sur la participation

71670 Les modalités de mise en place des accords d'intéressement pré-validés sont fixées

83850 L'information du salarié sur l'existence d'un accord et l'accès au texte pallient l'absence d'avis

86200 Inciter des collègues à cesser le travail relève bien de l'exercice du droit de grève

84050 Le CSE ne peut pas exciper de l'illégalité d'un accord de participation qu'il a signé

89855 PSE : incidence d'un recours sur le jugement reconnaissant l'UES

90265 Pas de réorganisation avant l'achèvement de la consultation du CSE

90310 PSE : le CSE doit être informé et consulté sur les risques psychosociaux

90475 La consultation du CSE central, sans incidence sur la Dreets compétente pour homologuer le PSE

90508 Le PSE peut être homologué même si l'expert du CSE n'a pas eu tous les documents demandés

Principales abréviations

Acoss	Agence centrale des organismes de sécurité sociale (renommée Urssaf Caisse nationale en janvier 2021).
ANI	Accord national interprofessionnel.
Art.	Article.
Ass. plén.	Arrêt rendu par l'Assemblée plénière de la Cour de cassation.
BDESE	Base de données économiques, sociales et environnementales.
BOI	Bulletin officiel des finances publiques.
BOSS	Bulletin officiel du ministère chargé de la sécurité sociale.
CA	Cour d'appel.
CAA	Cour administrative d'appel.
Cass.	Cour de cassation (civ. : chambre civile ; com. : chambre commerciale ; crim. : chambre criminelle ; soc. : chambre sociale).
C. civ.	Code civil.
C. com.	Code de commerce.
CDD	Contrat à durée déterminée.
CDI	Contrat à durée indéterminée.
C. élect.	Code électoral.
CGI	Code général des impôts.
Circ.	Circulaire.
CJCE	Cour de justice des Communautés européennes.
CJUE	Cour de justice de l'Union européenne.
Cnil	Commission nationale pour l'informatique et les libertés.
CPC	Code de procédure civile.
C. pén.	Code pénal.
CRDS	Contribution au remboursement de la dette sociale.
CSSCT	Commission santé, sécurité et conditions de travail.
CSE	Comité social et économique.
CSEC	Comité social et économique central
CSG	Contribution sociale généralisée.
CSP	Code de la santé publique.
CSS	Code de la sécurité sociale.
C. trav.	Code du travail.
Dreets	Directeur (direction) régional(e) de l'économie, de l'emploi, du travail et des solidarités.
DGT	Direction générale du travail.
DS	Délégué syndical.
DSN	Déclaration sociale nominative.
DSS	Direction de la sécurité sociale.
EEE	Espace économique européen.
IRP	Institution représentative du personnel.
JO	Journal officiel.
Ord.	Ordonnance.
PEE	Plan d'épargne entreprise.
PEI	Plan d'épargne interentreprise.
Perco	Plan d'épargne collectif pour la retraite.
Pereco	Plan d'épargne retraite d'entreprise collectif.
Pero	Plan d'épargne retraite obligatoire.
PME	Petites et moyennes entreprises.
PSE	Plan de sauvegarde de l'emploi.
Rép. X...	Réponse ministérielle à un parlementaire.
RGPD	Règlement général sur la protection des données.

RJS	Revue de jurisprudence sociale Francis Lefebvre.
RSS	Représentant de section syndicale.
RTT	Réduction du temps de travail.
TA	Tribunal administratif.
TJ	Tribunal judiciaire.
TPE	Très petites entreprises.
UE	Union européenne.
UES	Unité économique et sociale.
Urssaf	Union de recouvrement des cotisations de sécurité sociale et d'allocations familiales.

Abréviations utilisées dans la table alphabétique : voir en tête de celle-ci.

PARTIE 1

Les représentants du personnel élus

Cette première partie est essentiellement consacrée à la présentation du comité social et économique (CSE). Quels sont sa composition et son rôle ? Comment fonctionne-t-il ? Quels sont ses attributions et ses moyens ? 10
Sont successivement étudiés ci-après : le CSE dans les entreprises de moins de 50 salariés, le CSE dans les entreprises d'au moins 50 salariés, le conseil d'entreprise, le CSE central d'entreprise et les CSE d'établissement (CSEC et CSEE), le comité de groupe et le comité d'entreprise européen et, enfin, les dispositifs de représentation du personnel dans les sociétés anonymes.

CHAPITRE 1

LE CSE DANS LES ENTREPRISES DE MOINS DE 50 SALARIÉS

SOMMAIRE

Sont examinées ci-après la composition du CSE dans les entreprises d'**au moins 11 salariés et de moins de 50 salariés,** ses différentes missions et ses modalités de fonctionnement. 100
S'agissant de la **mise en place** et du renouvellement du CSE, voir pour :
– le champ d'application territorial et professionnel, nos 20050 s. ;
– la condition d'effectif, nos 20500 s. ;
– le cadre de la mise en place, nos 22000 s. ;
– les élections, nos 23980 s.

A. Composition et statut des membres

Le CSE dans les entreprises ou établissements d'au moins 11 salariés et de moins de 50 salariés comprend l'**employeur** et une **délégation du personnel** comportant un nombre égal de titulaires et de suppléants déterminé en fonction du nombre des salariés (C. trav. art. L 2314-1, al. 1). 110
Le **nombre de membres de la délégation du personnel** est indiqué n° 705. Il peut être **modifié,** en même temps que le nombre d'heures individuelles de délégation, par le protocole d'accord préélectoral dans les conditions visées n° 24285 (C. trav. art. L 2314-1, al. 3). La **présidence** du CSE est assurée par l'employeur ou son représentant. S'agissant du choix de ce représentant, voir n° 670. La **liste des membres** du CSE doit être affichée dans les locaux de travail selon les modalités visées n° 650.

> **Précisions** Il n'est pas possible de désigner un **représentant syndical** (nos 28750 s.) au CSE d'une entreprise de moins de 50 salariés (Cass. soc. 8-9-2021 n° 20-13.694 FS-B : RJS 11/21 n° 614).

Les membres de la délégation du personnel du CSE sont tenus au **secret professionnel** pour toutes les questions relatives aux procédés de fabrication ainsi qu'à une **obligation de discrétion** à l'égard des informations revêtant un caractère confidentiel et présentées comme telles par l'employeur (C. trav. art. L 2315-3). Pour plus de détails sur ces obligations, voir nos 860 s. 115

Pour les **conditions d'exercice du mandat,** communes à tous les représentants du personnel, voir pour :
– sa durée, n°s 31500 s. ;
– le crédit d'heures, n°s 34500 s. ;
– les déplacements, n°s 35120 s.
S'agissant de la **carrière** des représentants du personnel, voir n°s 35500 s.

B. Fonctionnement

1. RÈGLES GÉNÉRALES

130 Dans les entreprises d'au moins 11 salariés et de moins de 50 salariés, les représentants du personnel au CSE exercent **individuellement** les droits qui sont reconnus au comité par le Code du travail (C. trav. art. L 2315-19).
Les règles de fonctionnement exposées ci-après ne font pas obstacle aux **dispositions plus favorables** résultant d'accords collectifs ou d'usages (C. trav. art. L 2315-2).
S'agissant des **moyens matériels** alloués au comité (local, affichage notamment), voir n°s 34000 s.

ATTENTION

Le CSE institué dans les entreprises d'au moins 11 mais de moins de 50 salariés n'a pas la **personnalité civile,** ce qui lui interdit d'agir en justice. Celle-ci est réservée par l'article L 2315-23 du Code du travail aux CSE des entreprises d'au moins 50 salariés. Il ne dispose pas non plus de **budget,** ni de **règlement intérieur,** ni de **secrétaire** ou de **trésorier.**

2. RÉUNIONS AVEC L'EMPLOYEUR

140 Les réunions entre l'employeur et les membres de la délégation du personnel du CSE peuvent être organisées soit à l'**initiative** de l'employeur, soit à la demande des membres de la délégation.

RÉUNIONS MENSUELLES

145 Les membres de la délégation du personnel du CSE sont reçus collectivement par l'employeur, ou son représentant, **au moins** une fois par mois (C. trav. art. L 2315-21, al. 1).
L'organisation de cette réunion est impérative et à la **charge de l'employeur.** Il doit le faire même si l'entreprise ne compte qu'un seul représentant du personnel (Cass. crim. 25-9-2007 n° 06-84.599 F-PFI : RJS 12/07 n° 1304) et doit pouvoir **justifier** de l'accomplissement de son obligation (Cass. crim. 26-4-1988 n° 86-93.166), notamment grâce aux formalités exposées n° 150. L'**inobservation** de cette obligation ne peut être justifiée qu'en cas de force majeure ou de refus ou de défection des représentants du personnel eux-mêmes. Dans le cas contraire, le délit d'entrave est constitué (Cass. crim. 22-10-1975 n° 74-93.478 P ; 25-9-2007 n° 06-84.599 F-PFI : RJS 12/07 n° 1304).

ILLUSTRATIONS

Ne constituent **pas une cause d'exonération** de son obligation pour l'employeur :
– des **tensions** entre deux groupes rivaux de salariés (Cass. crim. 18-5-1989 n° 88-82.947 D : RJS 8-9/89 n° 692) ou liées à l'occupation des locaux de l'entreprise pendant une grève (Cass. crim. 10-7-1979 n° 78-91.623 P) ;
– la tenue de **réunions informelles** ou l'**absence de revendications** des salariés (Cass. crim. 27-9-1989 n° 88-85.727 P : RJS 11/89 n° 849) ;
– son **départ en congé** (Cass. crim. 12-1-1982 n° 81-90.849) ou l'indisponibilité temporaire de son représentant habituel (Cass. crim. 7-1-1981 n° 79-94.255 P).

150 Les membres de la délégation du personnel doivent **tous** être **convoqués** (Cass. crim. 11-10-1989 n° 87-90.494 D : RJS 12/89 n° 943), avec assez d'**avance** pour pouvoir communiquer leurs questions dans le délai précisé n° 170. Aucune **forme** particulière n'est exigée, mais chaque membre de la délégation du personnel devant être mis en mesure de participer à la réunion, il est recommandé de remettre la convocation en main propre contre décharge, de l'envoyer en recommandé avec avis de réception ou de l'adresser par mail (par application d'une solution admise dans le cas d'une consultation sur le reclassement d'un salarié déclaré inapte : voir n° 56795) avec accusé de réception à une liste de distribution collective.
S'agissant des réunions en **urgence,** voir ci-après n° 155.

ATTENTION

Le défaut de convocation aux réunions des membres de la délégation du personnel est constitutif de **délit d'entrave** (Cass. crim. 17-12-1996 n° 95-84.938 PF : RJS 4/97 n° 432).

RÉUNIONS SUR DEMANDE

Les membres de la délégation du personnel du CSE sont reçus par l'employeur sur leur demande en cas d'**urgence.** Ils sont également reçus sur leur demande, soit **individuellement,** soit par **catégorie, atelier, service** ou **spécialité professionnelle** selon les questions qu'ils ont à traiter (C. trav. art. L 2315-21, al. 1 et 3). **155**

Dans les **sociétés anonymes,** lorsque les membres de la délégation du personnel du CSE présentent des réclamations auxquelles il ne pourrait être donné suite qu'après délibération du conseil d'administration, ils sont reçus par celui-ci, sur leur demande, en présence du directeur ou de son représentant ayant connaissance des réclamations présentées (C. trav. art. L 2312-5, al. 4).

La **demande de réunion** peut émaner d'un seul ou de plusieurs représentants (Cass. crim. 29-3-1977 n° 76-91.340 P).

> **Précisions** **a.** La **notion d'urgence** n'est pas définie par la loi et est affaire de circonstances.
> Le CSE doit notamment être réuni d'urgence, lorsqu'il a fait jouer son droit d'alerte, en cas de divergence avec l'employeur sur la réalité du danger ou la façon de le faire cesser, voir n° 56560. Indépendamment de la procédure particulière prévue dans ce cadre, l'urgence supposant une réponse rapide, on peut penser que les délais visés n°s 170 et 180 ne s'appliquent pas en ce cas.
> **b.** Les représentants du personnel ne peuvent pas exiger d'être **reçus sur-le-champ** s'il n'y a pas d'urgence (Cass. soc. 10-6-1964 n° 63-40.406).
> Même en cas d'urgence, les représentants qui présentent leurs revendications dans des conditions d'agitation, de désordre et de violence que l'**exercice normal** de leurs fonctions leur permet d'éviter commettent une faute grave (Cass. soc. 27-11-1968 n° 68-40.183 P).

PARTICIPANTS AUX RÉUNIONS

Participent aux réunions (C. trav. art. L 2315-21, al. 2) : **160**

– l'**employeur** ou son **représentant.** L'employeur peut se faire assister de **collaborateurs.** Ensemble, ils ne peuvent pas être plus nombreux que les représentants du personnel titulaires ;

– les membres de la **délégation du personnel** au CSE.

Les membres **suppléants** de la délégation du personnel n'assistent aux réunions qu'en l'absence du titulaire (C. trav. art. L 2314-1, al. 2).

> **Précisions** **a.** Sur la **notion d'employeur,** voir n°s 30002 s. ; sur les conditions de validité et les effets d'une **délégation de pouvoir,** voir n°s 30050 s.
> La notion de « **collaborateurs** » a fait l'objet de précisions concernant le comité des entreprises d'au moins 50 salariés, voir n° 685.
> Par ailleurs, on peut se demander si la limite maximale du nombre d'assistants doit s'entendre par référence au nombre de représentants du personnel titulaires ou seulement de ceux présents lors de la réunion. La fixation d'un maximum ayant pour objet de limiter la représentation de l'employeur à une parité entre l'employeur et ses assistants, d'une part, et les représentants du personnel, d'autre part, il semble que l'on doive plutôt se référer au nombre de représentants titulaires présents.
> **b.** S'agissant de la possibilité pour la délégation du personnel au CSE de se faire assister d'un **représentant syndical,** voir n° 110.

Le **temps passé** par les membres de la délégation du personnel au CSE à l'une quelconque des réunions visées n°s 140 s. est **payé** comme temps de travail (C. trav. art. L 2315-11, al. 1 et 3 ; Cass. soc. 27-11-2013 n° 12-24.465 FS-PB : RJS 2/14 n° 144). Ce temps n'est pas déduit du **crédit d'heures** dont disposent les membres titulaires de la délégation du personnel du comité (C. trav. art. L 2315-11, al. 5). **165**

Sur la rémunération des temps de **trajet** et le remboursement des frais exposés pour se rendre aux réunions, voir n°s 35140 s.

> **ATTENTION**
> La circonstance que les réunions aient lieu **en dehors de l'horaire de travail** de ces représentants est sans incidence sur l'obligation de rémunération : sur les modalités de cette rémunération, voir n° 34790.

PRÉPARATION

Sauf circonstances exceptionnelles, les membres de la délégation du personnel remettent à l'employeur une **note écrite** exposant l'objet des demandes présentées, 2 jours ouvrables avant la date à laquelle ils doivent être reçus (C. trav. art. L 2315-22, al. 1). **170**

En l'**absence de note** écrite des représentants du personnel, la réunion mensuelle exigée par la loi doit se tenir à la date prévue. L'employeur peut, dans ce cas, ne pas répondre aux réclamations verbales qui lui sont présentées (Cass. crim. 22-10-1975 n° 74-93.478 P).

ATTENTION

Le délai de 2 jours ouvrables est d'**ordre public** et l'employeur ne peut pas imposer un délai plus long à peine de délit d'entrave (Cass. crim. 9-4-1975 n° 74-91.981 P), même en cas d'accord de l'un des syndicats présents dans l'entreprise (Cass. crim. 23-5-1978 n° 76-91.889 ; 5-2-1980 n° 79-90.889). En revanche, recevoir immédiatement les membres de la délégation du personnel à leur demande ne constitue pas un délit (Cass. crim. 4-10-1977 n° 76-91.922 P).

DURÉE ET LIEU

175 Les textes ne précisent pas la durée de la réunion, mais la jurisprudence sanctionne le minutage excessif empêchant l'épuisement de l'ordre du jour dans des conditions normales (Cass. crim. 29-3-1977 n° 76-91.340 P).

Sur les règles de fixation du lieu de réunion et sur la possibilité de recourir à la **visioconférence,** qui sont les mêmes pour tous les CSE quelle que soit la taille de l'entreprise, voir respectivement n°s 1750 et 1845 s.

RÉPONSES DE L'EMPLOYEUR

180 L'employeur doit répondre aux demandes transmises par les représentants du personnel **au plus tard** dans les 6 jours ouvrables suivant la réunion. Ses réponses doivent être **écrites et motivées** (C. trav. art. L 2315-22, al. 2 et 3).

Les demandes des membres de la délégation du personnel du CSE et les réponses motivées de l'employeur sont, soit transcrites sur un **registre spécial,** soit **annexées** à ce registre (C. trav. art. L 2315-22, al. 3).

Ce registre ainsi que les documents annexés sont **tenus à la disposition** des salariés de l'entreprise désirant en prendre connaissance, pendant un jour ouvrable par quinzaine et en dehors de leur temps de travail (C. trav. art. L 2315-22, al. 4).

Ils sont également tenus à la disposition de l'inspection du travail et des membres de la délégation du personnel du CSE (C. trav. art. L 2315-22, al. 5).

La loi étant muette sur ce point, la rédaction d'un **procès-verbal** de réunion est facultative, sauf convention ou usage contraire.

En cas de rédaction d'un procès-verbal, les salariés peuvent se prévaloir d'un engagement pris et inscrit dans ce document : voir n° 85430.

ATTENTION

La tenue d'un registre suppose un **document relié** et exclut les feuilles volantes. Lorsque les demandes et réponses sont annexées au registre, cela implique, en pratique, qu'il soit fait mention, dans le registre lui-même, de la date de chaque réunion avec renvoi aux annexes pour les demandes et réponses correspondant à la réunion, ces annexes étant également numérotées. Constitue un **délit d'entrave** le défaut de tenue du registre, peu important la mauvaise foi ou non de l'employeur (Cass. crim. 2-6-1976 n° 75-90.559 P ; 7-10-1997 n° 96-82.539 D), ou de mention sur le registre de la réponse de la direction aux notes écrites (Cass. crim. 29-3-1977 n° 76-91.342 P).

C. Attributions

200 Les missions principales de la délégation du personnel du CSE dans les entreprises d'au moins 11 et de moins de 50 salariés sont les suivantes : présentation de réclamations ; contribution à la promotion de la santé, de la sécurité et des conditions de travail ; saisine de l'inspection du travail dans certains cas ; droit d'alerte.

Le CSE des **entreprises d'au moins 50 salariés** exerce également ces attributions (C. trav. art. L 2312-8, IV) en plus de certaines autres qui lui sont propres : voir n°s 3400 s. (attributions économiques) et n°s 4600 s. (gestion des activités sociales et culturelles).

Les dispositions exposées ci-après ne font pas obstacle à celles **plus favorables** résultant d'accords collectifs ou d'usages (C. trav. art. L 2312-4).

Sur les **moyens matériels** dont disposent les membres de la délégation du personnel pour exercer leurs missions, voir n°s 34000 s.

Sur les **informations et consultations ponctuelles** du CSE, voir n° 99010.

1. PERSONNES REPRÉSENTÉES

La compétence de la délégation du personnel du CSE s'exerce non seulement au profit des salariés de l'entreprise (ou de l'établissement) dans lequel le CSE est mis en place, mais aussi (C. trav. art. L 2312-6) : 210

a. En matière de **santé,** de sécurité et de conditions de travail, à l'égard des travailleurs au sens de l'article L 4111-5 du Code du travail, c'est-à-dire des salariés, y compris temporaires, des stagiaires, ainsi que de toute personne placée à quelque titre que ce soit sous l'autorité de l'employeur ;

b. À l'égard des **salariés d'entreprises extérieures** qui, dans l'exercice de leur activité, ne se trouvent pas placés sous la subordination directe de l'entreprise utilisatrice, pour leurs réclamations individuelles et collectives, intéressant les conditions d'exécution du travail qui relèvent du chef d'établissement utilisateur ;

c. À l'égard des **salariés temporaires** pour leurs réclamations intéressant l'application des dispositions relatives :

– à la rémunération, ce qui inclut le paiement des jours fériés (C. trav. art. L 1251-18) ;

– aux conditions d'exécution du travail : durée du travail, travail de nuit, repos hebdomadaire et jours fériés, santé et sécurité au travail, travail des femmes, des enfants et des jeunes travailleurs, surveillance médicale renforcée, équipements de protection individuelle (C. trav. art. L 1251-21 à L 1251-23) ;

– à l'accès aux moyens de transport collectifs et aux installations collectives (C. trav. art. L 1251-24).

2. DÉTAIL DES DIFFÉRENTES MISSIONS

a. Présentation des réclamations à l'employeur

NOTION DE RÉCLAMATION

Faute de définition légale, la notion de réclamation a été cernée par la jurisprudence, notamment par opposition avec celle de **revendication,** les revendications étant réservées aux délégués syndicaux. Le transfert à la délégation du personnel du CSE des compétences exercées auparavant par les délégués du personnel ne devrait pas remettre en cause la position de la Cour de cassation qui a adopté une interprétation restrictive de leur mission par rapport à celle des délégués syndicaux. 220

ILLUSTRATIONS

Lorsque l'employeur a refusé de communiquer aux délégués des **informations détaillées** relatives à la rémunération et au statut des salariés relevant de leur délégation et à l'application des accords collectifs en matière de salaires et d'organisation du temps de travail, les juges ne peuvent pas déclarer établi le délit d'entrave sans répondre aux conclusions de la défense selon lesquelles ces demandes **excédaient les limites des attributions** des intéressés (Cass. crim. 10-5-2006 n° 05-83.835 F-D : RJS 10/06 n° 1087).

En présence de revendications des délégués portant sur l'**augmentation de la rémunération** et la réduction de la durée du travail, l'employeur peut, sans commettre le délit d'entrave, répondre que ces revendications relèvent de la négociation annuelle obligatoire avec les syndicats (Cass. crim. 26-1-1993 n° 89-85.389 PF : RJS 4/93 n° 413).

La revendication portant sur la **révision des coefficients hiérarchiques** ne tend pas à une adaptation des dispositions de la convention collective aux conditions particulières de l'entreprise, mais à un réaménagement de cette convention dont la discussion est du ressort des organisations syndicales (Cass. soc. 13-5-1980 n° 78-15.782 P).

Pour d'**autres exemples** d'activités revendicatives, voir n°s 390 s.

OBJET DES RÉCLAMATIONS

Dans les entreprises d'au moins 11 et de moins de 50 salariés, la délégation du personnel au CSE a pour mission de présenter à l'employeur les **réclamations individuelles ou collectives** relatives aux thèmes suivants (C. trav. L 2312-5, al. 1) : 225

– les **salaires** ;

– l'application du **Code du travail** et des autres dispositions légales concernant notamment la protection sociale ;

– l'application des **conventions et accords collectifs.**

> **Précisions a.** Il s'agit là d'une reprise, sans grand changement, des attributions générales des **délégués du personnel** définies par l'ancien article L 2313-1 du Code du travail. On notera toutefois, par rapport au libellé de ce dernier, que l'article L 2312-5 du Code du travail ne cite plus, parmi les dispositions légales autres que celles relatives à l'application du Code du travail pouvant faire l'objet de réclamations, celles relatives à la **santé et la sécurité.** Mais en visant tant le Code du travail que les autres dispositions légales concernant notamment la protection sociale, ce texte couvre bien selon nous les réclamations portant sur la santé et la sécurité.
> **b.** Si les membres de la délégation du personnel du CSE peuvent présenter toutes sortes de réclamations relatives aux conditions de travail des salariés, cela ne les autorise pas pour autant à intervenir sur **tout sujet.** L'employeur peut ainsi, à notre sens, refuser de répondre au cours d'une réunion mensuelle à une question sans lien avec leurs attributions.

INTERACTION AVEC LES SALARIÉS

235 Les **travailleurs** conservent le droit de **présenter eux-mêmes** leurs observations à l'employeur ou à ses représentants (C. trav. art. L 2312-7).
La délégation du personnel au CSE ne bénéficie ainsi d'aucun **monopole** pour la présentation des réclamations. Il n'y a pas non plus d'**ordre de priorité** entre l'intervention des salariés et celle de la délégation du personnel auprès de l'employeur. Ce dernier ne peut d'ailleurs pas en imposer un.

> **Précisions** Si les salariés peuvent présenter leurs réclamations sans passer par les membres de la délégation du personnel au CSE, ces derniers peuvent quant à eux intervenir même en l'absence de demande préalable du salarié à l'employeur (Circ. DRT 5 du 28-6-1984).

240 L'employeur ne peut pas instaurer une **procédure** d'expression ou de consultation des salariés qui ferait **obstacle à la mission** des membres de la délégation du personnel.
Il ne lui est pas interdit, en revanche, d'instituer des **réunions informelles** du personnel par atelier en vue de l'étude de problèmes propres à chacun d'eux, dès lors que celles-ci sont organisées sans fraude, pour permettre cette expression directe des salariés (Cass. soc. 1-7-1985 n° 82-43.308 P).

ILLUSTRATIONS

Constituent un délit d'entrave aux fonctions des membres de la délégation du personnel du CSE :
– la diffusion, même non suivie d'application, d'une note de service annonçant la mise en place d'une procédure destinée à permettre le **règlement** « des **difficultés de communication** relatives aux relations interpersonnelles », avec l'assistance d'un « facilitateur de communication », les **représentants du personnel** n'étant admis à **intervenir qu'après** respect de la procédure (Cass. crim. 20-3-1984 n° 83-93.403 P) ;
– le fait pour l'employeur d'obliger les salariés à **s'engager** à présenter eux-mêmes directement leurs réclamations (Cass. crim. 3-7-1968 n° 67-93.637 P) ou à décider par un **vote** qu'ils régleront directement avec lui « les problèmes ayant trait au bien-être du personnel » en les incitant par ce moyen à se passer de l'entremise de leurs représentants (Cass. crim. 10-3-1970 n° 69-90.632 P).

b. Rôle en matière de santé, de sécurité et conditions de travail

TYPES D'ACTION

270 La délégation du personnel au CSE **contribue** à promouvoir la santé, la sécurité et les conditions de travail dans l'entreprise et réalise des **enquêtes** en matière d'accidents du travail ou de maladies professionnelles ou à caractère professionnel (C. trav. art. L 2312-5, al. 2).
Sur les relations du CSE avec la **médecine du travail,** voir nos 57220 s.

> **Précisions** Indépendamment des enquêtes, ce rôle peut s'exercer via la transmission de **réclamations** (voir ci-dessus n° 225) ou encore, le cas échéant, via le **droit d'alerte** des élus au CSE (nos 4100 s.).

275 Les **enquêtes** du CSE ou, le cas échéant, de la commission santé, sécurité et conditions de travail en cas d'accidents du travail ou de maladies professionnelles ou à caractère professionnel sont **réalisées** par une délégation comprenant au moins l'employeur ou un représentant désigné par lui et un représentant du personnel siégeant à ce comité. Un arrêté ministériel à paraître doit déterminer la nature des renseignements que le CSE fournit à l'administration (C. trav. art. R 2312-2).

> **Précisions** La mise en place d'une **commission santé, sécurité et conditions de travail** n'est, en principe, pas obligatoire dans les entreprises de moins de 50 salariés mais peut le devenir si l'entreprise comporte certains types d'installation. Par ailleurs, rien ne paraît s'opposer à ce qu'il en soit prévu une par accord collectif si le risque de l'entreprise le justifie. Pour plus de détails sur cette mise en place, voir nos 1625 s.

MOYENS D'ACTION

Les moyens à la disposition du CSE ne sont pas détaillés dans le Code du travail. **280**
Il est toutefois indiqué que les membres de la délégation ont accès aux **documents de vérification et de contrôle** (attestations, consignes, résultats et rapports) relatifs aux vérifications et contrôles mis à la charge de l'employeur au titre de la santé et de la sécurité au travail. L'employeur doit les informer dès la réception de ces documents (C. trav. art. R 2312-1).
Par ailleurs, les membres de la délégation du personnel du CSE (ou, le cas échéant, de la commission santé, sécurité et conditions de travail) peuvent se faire présenter l'ensemble des **livres, registres et documents non nominatifs** rendus obligatoires en matière d'hygiène et de sécurité (C. trav. art. R 2312-3).
Les membres de la délégation du personnel du CSE ont également **accès** au **document unique d'évaluation des risques professionnels** : voir n° 55557. L'employeur doit lui présenter la liste des actions de prévention et de protection figurant dans ce document, et au registre des accidents du travail bénins : voir n° 56700.
S'agissant de la **formation** des membres du CSE en matière de santé, de sécurité et de conditions de travail, voir nos 810 s.

c. Interventions auprès de l'inspection du travail

Les membres de la délégation du personnel du CSE peuvent saisir l'inspection du travail de toutes les **plaintes et observations** relatives à l'application des **dispositions légales** dont elle est chargée d'assurer le contrôle (C. trav. art. L 2312-5, al. 5). **290**
L'inspecteur du travail devrait aussi pouvoir être saisi des plaintes et observations concernant l'application de **conventions** et d'**accords collectifs.** En effet, aux termes de l'article L 8112-1 du Code du travail, il doit veiller à l'application des dispositions du Code du travail et des autres dispositions légales relatives au régime du travail, ainsi qu'aux stipulations des conventions et accords collectifs de travail, étendus ou non. Il semble que, ainsi définies, les attributions de l'inspecteur du travail lui permettent d'avoir connaissance, par l'intermédiaire de la délégation du personnel, des cas de violation des stipulations conventionnelles.

> **Précisions a.** Est justifiée par la fonction de représentant du personnel une **visite à l'inspecteur du travail** en corrélation étroite avec des difficultés créées par l'employeur à l'intéressé dans l'exercice de ses fonctions. En l'espèce, le représentant voulait s'assurer qu'il n'avait pas excédé les limites de son mandat (Cass. soc. 22-11-1961 n° 60-40.658 P).
> **b.** L'article L 2312-5 du Code du travail ne confère pas un **monopole** à la délégation du personnel au CSE. L'inspecteur du travail peut être saisi directement par les salariés. Par ailleurs, bien que rien ne l'impose, il semble logique que les membres de la délégation portent les plaintes et observations **à la connaissance de l'employeur** avant de saisir l'inspecteur du travail.

d. Autres attributions

Le CSE des entreprises de moins de 50 salariés doit être réuni et consulté par l'employeur qui envisage de procéder à un **licenciement collectif** pour motif économique : voir nos 90010 s. (licenciement de moins de 10 salariés dans une même période de 30 jours) et nos 90090 s. (licenciement d'au moins 10 salariés dans une même période de 30 jours). **300**
La délégation du personnel du CSE dans les entreprises d'au moins 11 et de moins de 50 salariés exerce le **droit d'alerte** dans les conditions exposées nos 4100 s.
Le CSE dispose également d'un droit d'accès à certains **documents** : registre unique du personnel (voir n° 3590), documents nécessaires au décompte de la durée du travail (C. trav. art. L 3171-2). Pour ceux de ces documents rendus obligatoires par le Code du travail ou par une disposition légale relative au régime du travail, le CSE est consulté préalablement à la mise en place d'un support de substitution (C. trav. art. L 2315-5).
La déclaration obligatoire d'emploi des **travailleurs handicapés** effectuée à travers la DSN doit être portée à la connaissance du CSE (voir n° 53020).

Dans les établissements comportant une ou plusieurs installations présentant des **risques pour l'environnement,** les documents établis à l'intention des autorités publiques chargées de la protection de l'environnement sont portés à la connaissance du CSE par l'employeur, dans des conditions déterminées par voie réglementaire (C. trav. art. L 2315-6).

D. Relations avec les salariés

330 Les membres de la délégation du personnel du CSE, qui assurent la **représentation** des salariés auprès de l'employeur, doivent pouvoir être en contact étroit avec ceux-ci. Pour s'informer de leurs réclamations et leur transmettre les réponses de la direction, ils ont le droit :
– de distribuer des **tracts** ;
– de **prendre contact** avec le personnel et de le **réunir.**
Il peuvent aussi, sous certaines conditions, assister aux **entretiens entre employeurs et salariés.**
Ils disposent, enfin, d'un droit d'**affichage,** exposé nos 34300 s.
Sur les interactions avec les salariés concernant la présentation de réclamations à l'employeur, voir nos 235 s.

DISTRIBUTIONS DE TRACTS

335 Alors que la diffusion de tracts est légalement autorisée pour les sections syndicales, ce mode d'information des salariés n'est **pas prévu par les textes** pour les membres de la délégation du personnel du CSE. Il résulte toutefois de la **jurisprudence** rendue à propos des délégués du personnel, transposable selon nous au CSE, qu'il peut être admis, sous réserve que le contenu des documents n'excède pas le cadre de leurs fonctions.

340 **Tracts permis** Les membres de la délégation du personnel du CSE peuvent, à notre sens, diffuser des tracts comportant des **informations** qu'ils ont pour **rôle** de porter à la connaissance du personnel sous réserve que la distribution n'occasionne aucun **trouble** dans l'entreprise, ni **perturbation dans le travail** et que les tracts ne soient pas de nature à porter atteinte à l'autorité de l'employeur (en ce sens : Cass. soc. 2-2-1972 n° 71-40.102 P).

ILLUSTRATIONS

La distribution d'un **document** intitulé « Vous avez la parole » et destiné à **recueillir les avis ou suggestions** ainsi que les **revendications** des salariés sur un certain nombre de thèmes tels que le pouvoir d'achat, la retraite, l'emploi et le travail des femmes, est licite s'il n'est pas établi qu'elle a été génératrice d'une « **gêne importante** » au sens des articles L 2143-20 et L 2315-14 du Code du travail. Un tel document constitue un mode de consultation du personnel compatible avec la fonction de membre de la délégation du personnel au CSE. L'employeur qui, dans ces conditions, prend des mesures de mise à pied à l'encontre des intéressés est passible du délit d'entrave (en ce sens : Cass. crim. 27-9-1988 n° 87-81.800).

345 **Tracts interdits** Si la distribution de tracts **excède le cadre des fonctions** de membre de la délégation du personnel au CSE, l'employeur peut s'y opposer et notamment refuser le paiement du temps consacré à cette distribution selon les modalités exposées nos 34730 s.

ILLUSTRATIONS

Un employeur peut, sans se rendre coupable d'un délit d'entrave, tenter d'empêcher un membre de la délégation du personnel au CSE de distribuer des tracts à **caractère syndical** pendant les heures de travail. Par suite, la demi-heure utilisée à la distribution de ces tracts ne doit pas être considérée comme temps de délégation rétribué (Cass. crim. 11-5-1982 n° 81-93.798 et 1-2-1983 n° 81-93.798).
De même, des membres de la délégation du personnel au CSE ayant distribué dans les locaux de la cantine, aux heures de repas du personnel, une **pétition** en vue de **s'opposer au licenciement d'un salarié** de l'entreprise, ne peuvent pas réclamer le paiement du temps correspondant au titre des heures de délégation (Cass. soc. 13-3-1985 n° 82-43.175 P).

RÉUNIONS ET PRISES DE CONTACT

350 Les conditions de fonctionnement du CSE doivent permettre une prise en compte effective des intérêts des salariés exerçant leur activité **hors de l'entreprise** ou dans des **unités dispersées** (C. trav. art. L 2315-1).
Les membres élus de la délégation du personnel du CSE peuvent ainsi, durant les heures de délégation, se déplacer hors de l'entreprise. Ils peuvent également, tant durant les heures de délégation qu'en dehors de leurs heures habituelles de travail, circuler librement **dans l'entreprise** et y prendre tous contacts nécessaires à l'accomplissement de leur mission, notamment

auprès d'un salarié à son poste de travail, sous réserve de ne pas apporter de gêne importante à l'accomplissement du travail des salariés (C. trav. art. L 2315-14). Sur cette question voir également n°s 35120 s.

Les membres de la délégation du personnel peuvent, en conséquence, **directement informer les salariés.** Cette information doit être donnée dans des domaines relevant de leur mission et ne pas gêner de façon importante l'accomplissement du travail. 355
Le non-respect de ces conditions constitue une faute dans l'exécution du contrat de travail et peut donner lieu à **sanction disciplinaire,** pouvant aller jusqu'au licenciement si la faute est jugée suffisamment grave pour justifier une telle mesure.

ILLUSTRATIONS

La jurisprudence a précisé les limites du droit de circulation des représentants du personnel à l'occasion de contentieux portant sur des sanctions prises par l'employeur.
Le représentant ayant assisté à une **réunion avec la direction de l'entreprise** au cours de laquelle ont été examinées les **revendications des travailleurs** portant notamment sur l'attribution de primes et l'octroi de mesures de sécurité peut, sans commettre de faute, aller dans un atelier pour **rendre compte** aux ouvriers, ses mandants, des résultats de cette réunion, muni d'un bon de délégation préalablement demandé à son chef de service, et sans causer **aucun trouble** dans l'usine, **ni perturbation** dans le travail (Cass. soc. 3-7-1963 n° 62-40.830 P).
Au cours d'une **grève** d'une partie du personnel, des représentants peuvent organiser, sans l'accord du chef d'entreprise, une réunion du personnel pendant les heures de travail des participants, dans le but d'**expliquer et d'appuyer les revendications professionnelles** exprimées par les grévistes. La mise à pied d'une journée les sanctionnant doit être annulée (Cass. soc. 8-11-1988 n° 85-45.100 P : RJS 1/89 n° 47).
En revanche, le fait pour un représentant d'**interrompre son travail et celui d'un atelier** sans autorisation du chef d'entreprise pour fournir des renseignements sur l'**élaboration d'une convention collective** constitue une faute grave (Cass. soc. 3-10-1963 n° 62-40.599 P).
Un représentant commet aussi une faute grave s'il réunit les ouvriers pendant le **temps de travail** pour faire le **compte rendu** d'une **réunion syndicale** (Cass. soc. 30-6-1955 n° 3012 P).
Se rendre dans un atelier au cours de la suspension du travail pour s'y entretenir avec les ouvriers d'une revendication professionnelle et de l'éventualité d'une action concertée, alors que le **règlement intérieur** interdit tout rassemblement et toute manifestation dans les locaux de l'entreprise justifie la mise à pied des représentants concernés (Cass. soc. 22-2-1967 n° 66-40.428 P).
De même, **haranguer** les ouvriers dans les ateliers pour les engager à prendre part à une **journée nationale** d'action destinée à la défense de la sécurité sociale n'entre pas dans la définition de leurs fonctions. Ces agissements, qui concernent des revendications d'ordre national et troublent la bonne marche du travail, justifient l'avertissement adressé à un délégué (CA Grenoble 18-6-1984).

ASSISTANCE AUX ENTRETIENS ENTRE SALARIÉ ET EMPLOYEUR

Dans certains cas, la **loi** permet au salarié de se faire assister par un **membre du personnel** lors d'un entretien auquel il est convoqué. L'assistant choisi pouvant être un membre de la délégation du personnel au CSE, l'employeur ne peut donc pas refuser sa présence. Tel est le cas pour l'**entretien préalable** à un licenciement ou à une sanction disciplinaire (n° 89995). 360
En **dehors de ces hypothèses,** les conditions dans lesquelles un membre de la délégation du personnel au CSE peut assister à un entretien entre l'employeur et un salarié ont été précisées par la Cour de cassation. Lorsqu'un salarié sollicite un entretien avec l'employeur, ce dernier peut, sans commettre de délit d'entrave, accorder l'entretien tout en **refusant** qu'un délégué l'assiste (Cass. crim. 29-3-1977 n° 76-91.340 P ; 11-2-2003 n° 01-88.014 F-PFI : RJS 6/03 n° 772). En revanche, **si l'employeur accepte** la présence d'un délégué, il est lié par son choix et ne peut pas revenir dessus. Un directeur d'établissement qui, après avoir admis sa présence à l'entretien, force un délégué à quitter la pièce après un incident, porte ainsi atteinte aux fonctions du délégué (Cass. crim. 21-5-1985 n° 84-95.376).

E. Relations avec l'extérieur

1. PARTICIPATION À DES RÉUNIONS SYNDICALES

L'activité des membres de la délégation du personnel au CSE doit-elle être strictement limitée aux problèmes internes à l'entreprise ou peut-elle aussi concerner des questions plus générales touchant plusieurs entreprises, voire l'ensemble de la branche ou de la profession ? À cette question, qui s'était déjà posée à propos des délégués du personnel, les chambres sociale et criminelle de la Cour de cassation apportent des réponses différentes, la première adoptant une 390

position plus restrictive que la seconde. Les solutions exposées ci-après nous paraissent valoir également pour les membres de la délégation du personnel au CSE.
Lorsque l'activité excède les missions du délégué, le temps qui y est consacré ne peut pas être pris sur les heures de délégation.

JURISPRUDENCE DE LA CHAMBRE SOCIALE DE LA COUR DE CASSATION

395 Pour la chambre sociale de la Cour de cassation, les missions des délégués ne peuvent concerner que les **problèmes intéressant directement les salariés** qui les ont élus (par exemple, Cass. soc. 24-3-1993 n° 88-42.887 PB : RJS 5/93 n° 521). Sa jurisprudence est constante sur ce point.
Leur crédit d'heures ne leur permet pas de s'absenter pour l'exercice d'**activités syndicales** étrangères à leur mission, que les intéressés aient, ou non, la qualité de mandataire syndical (Cass. soc. 6-11-1980 n° 79-40.303 P ; n° 79-40.304 P).
Il en est ainsi des **réunions** présentant clairement un caractère revendicatif, mais aussi des réunions d'information et d'étude ou de formation, dès lors que les thèmes abordés ne se rapportent pas directement à une difficulté particulière de l'entreprise.
S'agissant des réunions organisées par les sections syndicales dans l'entreprise, voir nos 16975 s.

400 **Réunion à caractère revendicatif** Exerce une mission syndicale excédant ses fonctions dans l'entreprise le représentant qui participe aux réunions suivantes :
– réunion syndicale à la bourse du travail avec les délégués d'autres entreprises pour discuter des **revendications d'ordre général des métallurgistes** dans le cadre de la convention collective de la métallurgie (Cass. soc. 24-6-1965 n° 64-40.018 P) ;
– réunion convenue entre les syndicats ouvriers et patronaux de la profession pour s'entretenir des **résolutions prises au cours d'une journée revendicative précédente** (Cass. soc. 15-5-1968 n° 67-40.162 P) ;
– réunion syndicale ayant pour objet de **préparer l'ordre du jour d'une réunion syndicat-direction** (Cass. soc. 6-10-1977 n° 76-40.738 P) ;
– réunion tenue par des organisations syndicales pour établir la **liste de leurs revendications** (Cass. soc. 5-7-1979 n° 78-40.100 P).
La participation à la **démarche d'un syndicat auprès de la fédération patronale** pour lui présenter des revendications communes aux ouvriers des usines locales constitue une activité syndicale (Cass. soc. 16-7-1964 n° 63-40.561 P).

405 Pour déterminer si la participation des délégués à des réunions syndicales entre ou non dans leurs fonctions, la chambre sociale de la Cour de cassation se place au **niveau de l'établissement** et non de l'entreprise lorsque celle-ci comporte plusieurs établissements.
Ainsi, excède sa mission le représentant élu au niveau d'un établissement assistant à une réunion syndicale ayant pour objet de discuter les revendications du personnel de plusieurs (Cass. soc. 5-7-1979 n° 78-40.100 P) ou de l'ensemble des établissements de l'entreprise (Cass. soc. 29-6-1978 n° 77-40.690 P).

410 **Réunion d'information, d'étude ou de formation** Selon la chambre sociale de la Cour de cassation, le temps passé par les délégués à leur information personnelle ne peut être inclus dans les heures de délégation que si l'information se rattache directement à une **difficulté particulière à leur entreprise** (Cass. soc. 3-7-1984 n° 81-42.641 B ; 8-7-1998 n° 96-42.060 D : RJS 8-9/98 n° 1009).

ILLUSTRATIONS

Est exclue de la mission des délégués leur participation, même à titre d'information, à des réunions syndicales ayant pour objet des **problèmes d'ordre général** intéressant :
– l'ensemble de la **profession** (Cass. soc. 23-3-1964 n° 62-40.903 P), même si leur solution est susceptible d'avoir des incidences dans chaque entreprise (Cass. soc. 21-7-1982 n° 80-41.236 P) ;
– l'ensemble des salariés d'une **région** (Cass. soc. 8-6-1979 n° 78-40.288 P) ;
– la situation des entreprises du **département** appartenant à la branche d'activité de leur société (Cass. soc. 24-3-1993 n° 88-42.887 PB : RJS 5/93 n° 521).
Même solution, a fortiori, s'agissant d'une réunion syndicale en vue de surveiller les événements survenant dans une **autre entreprise** (Cass. soc. 14-12-1951).
Dépasse aussi ses fonctions le délégué qui participe à une réunion syndicale ayant pour ordre du jour l'étude des sujets suivants :
– la **garantie annuelle de ressources** et les incidences sur les dispositions conventionnelles applicables dans l'entreprise ainsi que la coordination des **activités sociales** entre divers **comités d'établissement** (Cass. soc. 21-7-1982 n° 80-41.236 P ; 21-7-1982 n° 80-41.237) ;
– la **situation de l'emploi** dans la région (Cass. soc. 8-6-1979 n° 78-40.288 P) ;

– certaines dispositions de **droit du travail** sans relation avec une difficulté spécifique à l'entreprise (Cass. soc. 8-3-1984 n° 81-41.277 P).
L'absence d'un délégué pour **« formation syndicale »** ne peut pas être imputée sur le crédit d'heures (Cass. soc. 9-4-1986 n° 83-41.856 P ; 13-12-2017 n° 16-14.132 F-D : RJS 2/18 n° 120).

JURISPRUDENCE DE LA CHAMBRE CRIMINELLE DE LA COUR DE CASSATION

La chambre criminelle de la Cour de cassation a adopté une position moins stricte que la chambre sociale en considérant qu'entre dans les fonctions de représentant l'assistance à des réunions syndicales dont l'**objet touche directement l'entreprise,** même si elle n'est **pas seule concernée.** **420**

ILLUSTRATIONS

Constitue un déplacement relevant des fonctions de représentant élu du personnel l'assistance aux réunions suivantes :
– réunion syndicale où sont débattues des **questions de salaires, d'indemnités** et, d'une manière générale, les conditions d'exécution du contrat de travail dans l'entreprise, ces questions touchant les intérêts collectifs du personnel de l'entreprise (Cass. crim. 1-3-1961 n° 60-91.034 P) ;
– réunion organisée par un syndicat local en vue notamment de rendre compte aux diverses catégories de représentants du personnel des délibérations d'une commission paritaire relative à l'**application d'un accord collectif national** dont la mise en œuvre avait déjà donné lieu dans l'entreprise à l'intervention des délégués du personnel (Cass. crim. 22-5-1974 n° 73-90.682 P) ;
– réunion intersyndicale organisée en vue de jeter les bases d'un **accord salarial** devant être discuté, quelques jours plus tard, au **siège social** de l'entreprise (Cass. crim. 9-12-1980 et 14-6-1983 n° 82-93.857).

2. ACTIVITÉS ET DÉMARCHES EXTÉRIEURES À L'ENTREPRISE

ASSISTANCE D'UN SALARIÉ EN JUSTICE

Par analogie avec les solutions retenues pour les délégués du personnel, l'**assistance d'un salarié** (y compris un collègue) devant le **conseil de prud'hommes** ne fait pas partie de la mission de membre de la délégation du personnel au CSE et n'ouvre donc pas droit au paiement d'heures de délégation (Cass. soc. 21-2-1990 n° 86-44.111 P : RJS 4/90 n° 316), même si le syndicat auquel il appartient lui a donné mandat pour le représenter dans la procédure (Cass. soc. 4-12-1980 n° 79-41.004 P). Un accord collectif peut cependant en disposer autrement (Cass. soc. 2-6-1988 n° 85-42.536 D). S'agissant du temps qu'un représentant du personnel consacre aux **procédures ou instances le concernant personnellement,** voir n° 34640. **430**

PARTICIPATION À DES EXPOSITIONS

La participation à une « exposition économique » organisée dans les rues de la ville par des syndicats n'entre pas plus dans la mission d'un représentant du personnel au CSE qu'elle n'entrait dans celle d'un délégué du personnel (Cass. soc. 15-11-1988 n° 85-45.797 P). Il en est de même de l'animation d'une exposition ayant pour thème « osez la paix » (Cass. soc. 26-9-1990 n° 87-45.688 P). **435**

CHAPITRE 2

LE CSE : COMPOSITION ET STATUT DES MEMBRES

SOMMAIRE

600 Sont exposées ici les règles relatives à la composition et au statut des membres du CSE dans les **entreprises d'au moins 50 salariés**. Pour les règles applicables dans les entreprises de moins de 50 salariés, voir nos 110 s.

A. Composition

650 Le CSE comprend l'employeur, le cas échéant assisté de collaborateurs, et une délégation du personnel élue par les salariés (C. trav. art. L 2314-1). À cette délégation du personnel peuvent s'ajouter un ou plusieurs représentants syndicaux au CSE.
La **liste nominative** des membres de chaque CSE est affichée dans les locaux de travail. Elle indique l'**emplacement de travail** habituel des membres du comité ainsi que, le cas échéant, leur participation à une ou plusieurs **commissions** (C trav. art. R 2314-22).

CONSEIL

En l'absence de toute précision sur le point de savoir si cette liste doit mentionner, outre les membres élus du comité, titulaires et suppléants, les **représentants syndicaux** au sein de l'instance, ces derniers doivent selon nous y figurer. Il est également conseillé, bien que le texte ne le prévoie pas, de préciser quel membre du CSE a la qualité de **référent** en matière de **lutte contre le harcèlement** sexuel. Par ailleurs, les salariés doivent être informés par tout moyen de l'**adresse** et du **numéro de téléphone** de ce référent harcèlement dans les lieux de travail ainsi que dans les locaux ou à la porte des locaux où se fait l'embauche (C. trav. art. L 1153-5 et D 1151-1).

1. PRÉSIDENCE

660 Le CSE est présidé par **l'employeur** (C. trav. art. L 2315-23, al. 2).
Le Code du travail conférant expressément la présidence du CSE à l'employeur, il en est **membre de droit**. Sa **présence** aux séances du comité est obligatoire. En conséquence :
– s'il est absent, le comité ne peut pas valablement siéger (pour le cas particulier de l'approbation des comptes du CSE, voir n° 3065) ;
– l'employeur qui se soustrait à son obligation de présence commet un délit d'entrave, peu important le motif de son absence, puisqu'il peut se faire représenter ;
– en cas de carence de l'employeur, la présidence du CSE peut sous certaines conditions être assurée par l'inspecteur du travail (n° 1740).
Sur la **notion d'employeur**, voir nos 30002 s.

> **Précisions** Dans les **organismes** régionaux et locaux **de sécurité sociale** et de mutualité sociale agricole, la présidence du comité est assurée par le directeur (CSS art. L 217-7 et C. rur. art. L 723-41).

PRÉSIDENCE UNIQUE

La présidence du comité ne peut être assurée que par une seule personne à la fois. Ce principe, qui se déduit du texte même de l'article L 2315-23 du Code du travail, qui ne vise qu'une seule personne, « l'employeur », a été confirmé par la jurisprudence (Cass. soc. 27-11-1980 n° 80-60.222 P). 665

Si **plusieurs personnes** ont vocation à remplir le **rôle d'employeur** (dans le cas d'une cogérance, par exemple), une seule d'entre elles, sans que ce soit nécessairement toujours la même, peut effectivement présider le comité.

REPRÉSENTATION

Choix du représentant Le CSE peut être présidé par le représentant de l'employeur (C. trav. art. L 2315-23, al. 2). 670

Généralement, l'employeur choisit son représentant **parmi les cadres de l'entreprise** (responsable des ressources humaines ou adjoint de la direction par exemple).

L'employeur peut-il le choisir **en dehors de l'entreprise ?** Pour le comité d'entreprise, la question n'ayant pas été tranchée par la jurisprudence, la doctrine considérait unanimement qu'un **tiers** par rapport à l'entreprise, par exemple un avocat, ne pouvait pas être le représentant de l'employeur. En revanche, la désignation d'une **personne non salariée de l'entreprise**, comme un membre du conseil d'administration, semblait admise par certains auteurs et continue de l'être. Ainsi, « en l'absence de restriction légale, l'employeur n'est pas limité dans son choix. Son représentant peut être un cadre de l'entreprise ou même une personne non salariée de l'entreprise, par exemple un des administrateurs de la société » (M. Cohen et L. Milet, « Le droit des comités sociaux et économiques et des comités de groupe », LGDJ, 18e éd. 2023 p. 167-168).

Il peut aussi s'agir d'une personne **mise à sa disposition** par une autre entreprise, notamment du même groupe, pourvu que cette personne ait la qualité et le pouvoir nécessaires à l'information et à la consultation du comité de nature à lui permettre l'exercice de ses prérogatives (Cass. soc. 25-11-2020 n° 19-18.681 FS-PB : RJS 2/21 n° 94).

ATTENTION

L'employeur doit choisir pour représentant un salarié ayant **qualité et pouvoir** pour informer et consulter le comité. Ainsi, commet un délit d'entrave au fonctionnement régulier de celui-ci le gérant d'une société qui a désigné comme représentants, à 5 reprises au cours de la même année, des salariés s'étant limités à entendre les questions et à les lui transmettre (Cass. crim. 20-2-1996 n° 94-85.863 PF : RJS 5/96 n° 557).

Délégation de pouvoirs Ne sont exposées ci-après que les règles spécifiques aux délégations de pouvoirs consenties par l'employeur pour la présidence du CSE. Pour une étude d'ensemble des conditions générales et des effets des délégations de pouvoirs, voir nos 30050 s. 680

Il a été jugé, dans une décision ancienne de la chambre sociale de la Cour de cassation, que la désignation du représentant de l'employeur au comité doit faire l'objet d'une procuration **spéciale et expresse** (Cass. soc. 9-1-1948 n° 5311 P), mais cette solution s'écarte de la règle générale issue d'une jurisprudence plus récente de la chambre criminelle en matière de délégation de pouvoirs, qui n'exige pas de document écrit (n° 30064). L'établissement d'un écrit étant toutefois fortement conseillé, cette divergence de solutions a peu de portée pratique.

Le président du comité peut désigner un représentant de façon **temporaire**, par exemple pour une réunion donnée, ou **pérenne**. Il peut, selon nous, changer de représentant aussi souvent et quand il le souhaite, sous réserve de ne pas entraver le fonctionnement du comité.

Sur la possibilité de désigner **plusieurs représentants**, voir n° 30062.

L'ensemble des **attributions** normalement dévolues au chef d'entreprise en tant que président du comité est en principe exercé par son représentant, sauf limitation expressément prévue dans la délégation de pouvoirs. Sur la possibilité, pour le représentant de l'employeur :

- d'agir en justice contre une décision du comité, voir n° 1955 ;
- d'être désigné délégué syndical et représentant syndical au comité, voir n° 27950 ;
- de siéger au bureau de vote ou de le présider, voir n° 25875, a ;
- d'être électeur et éligible aux élections professionnelles, voir n° 24785 et nos 25150 s.

ATTENTION

L'existence d'une délégation de pouvoirs n'exonère pas nécessairement l'employeur de sa **responsabilité pénale** pour délit d'entrave (n° 49355).

ASSISTANCE

685 L'employeur ou son représentant peut être assisté de **3 collaborateurs** (C. trav. art. L 2315-23, al. 2).
Les collaborateurs de l'employeur autorisés à assister aux séances avec voix consultative sont nécessairement des **salariés** de l'entreprise (Circ. DRT 9 du 21-6-1994 n° 1.4), mais le directeur du personnel de l'entreprise, même salarié par le groupe, ne peut pas être considéré comme extérieur à l'entreprise (Rép. Marsaud : JO AN 1-4-1996 n° 22733 p. 1811).
Sur la portée de la **voix consultative** dont disposent les collaborateurs, voir n° 1855.
D'**autres personnes** peuvent être admises à assister le chef d'entreprise, mais avec l'assentiment de la majorité du CSE (n° 1840).

2. DÉLÉGATION DU PERSONNEL

700 La délégation du personnel comporte un nombre égal de **titulaires** et de **suppléants** élus dans les conditions prévues nos 23980 s. Le **nombre réglementaire** de membres est indiqué dans le tableau ci-dessous en fonction du nombre des salariés (apprécié selon les règles exposées nos 20850 s. dans le cadre de l'entreprise ou dans le cadre de chaque établissement distinct), mais il peut être modifié par **accord** entre l'employeur et les organisations syndicales intéressées, conclu selon la condition de double majorité visée nos 24310 s. (C. trav. art. L 2314-1, al. 3 et R 2314-1).
Le CSE choisit parmi ses membres un **référent** en matière de **lutte contre le harcèlement sexuel et les agissements sexistes**. Il est désigné par une résolution jusqu'à la fin du mandat du comité (C. trav. art. L 2314-1, al. 4). Il bénéficie de la formation visée nos 810 s.
Sur l'organisation interne du **bureau** du comité, voir nos 1420 s.

> **› Précisions** Le fait que le nombre de délégués effectivement **élus** au comité soit **inférieur au nombre** fixé par voie réglementaire n'interdit pas la mise en place de cette instance, même si un seul délégué a été élu titulaire et suppléant (Cass. soc. 17-12-1986 n° 86-60.278 P). L'existence du comité n'est pas affectée lorsque des sièges deviennent **vacants**. Un mécanisme de remplacement est prévu dans cette situation (nos 31695 s.). Par ailleurs, l'employeur doit dans certains cas organiser des élections partielles (nos 24050 s.).

705 Le tableau ci-après **récapitule** le nombre de membres de la délégation du personnel du CSE et le nombre d'heures de délégation (mensuel et total) dont ils bénéficient, déterminés en fonction de l'effectif de l'entreprise ou de l'établissement d'implantation du CSE.

Effectif (nombre de salariés)	Nombre de titulaires	Nombre mensuel d'heures de délégation	Total heures de délégation
11 à 24	1	10	10
25 à 49	2	10	20
50 à 74	4	18	72
75 à 99	5	19	95
100 à 124	6	21	126
125 à 149	7	21	147
150 à 174	8	21	168
175 à 199	9	21	189
200 à 249	10	22	220
250 à 299	11	22	242
300 à 399	11	22	242
400 à 499	12	22	264
500 à 599	13	24	312
600 à 699	14	24	336
700 à 799	14	24	336
800 à 899	15	24	360
900 à 999	16	24	384
1 000 à 1 249	17	24	408
1 250 à 1 499	18	24	432
1 500 à 1 749	20	26	520
1 750 à 1 999	21	26	546
2 000 à 2 249	22	26	572

Effectif (nombre de salariés)	Nombre de titulaires	Nombre mensuel d'heures de délégation	Total heures de délégation
2 250 à 2 499	23	26	598
2 500 à 2 749	24	26	624
2 750 à 2 999	24	26	624
3 000 à 3 249	25	26	650
3 250 à 3 499	25	26	650
3 500 à 3 749	26	27	702
3 750 à 3 999	26	27	702
4 000 à 4 249	26	28	728
4 250 à 4 499	27	28	756
4 500 à 4 749	27	28	756
4 750 à 4 999	28	28	784
5 000 à 5 249	29	29	841
5 250 à 5 499	29	29	841
5 500 à 5 749	29	29	841
5 750 à 5 999	30	29	870
6 000 à 6 249	31	29	899
6 250 à 6 499	31	29	899
6 500 à 6 749	31	29	899
6 750 à 6 999	31	30	930
7 000 à 7 249	32	30	960
7 250 à 7 499	32	30	960
7 500 à 7 749	32	31	992
7 750 à 7 999	32	32	1 024
8 000 à 8 249	32	32	1 024
8 250 à 8 499	33	32	1 056
8 500 à 8 749	33	32	1 056
8 750 à 8 999	33	32	1 056
9 000 à 9 249	34	32	1 088
9 250 à 9 499	34	32	1 088
9 500 à 9 749	34	32	1 088
9 750 à 9 999	34	34	1 156
À partir de 10 000	35	34	1 190

S'agissant du nombre de titulaires et de suppléants au **CSE central,** voir n° 27010. **710**

3. REPRÉSENTANT SYNDICAL

DÉSIGNATION

Chaque syndicat peut désigner un représentant syndical au CSE sous réserve de remplir certaines conditions, différentes selon l'effectif de l'entreprise. Ces règles sont exposées n°s 28750 s. **720**

RÔLE

Présence de droit aux séances du comité Le représentant syndical au CSE d'entreprise ou d'établissement assiste aux séances du comité (C. trav. art. L 2314-2). Le président du comité est donc tenu de le **convoquer** dans les mêmes conditions que les membres élus (Cass. crim. 28-4-1977 n° 76-90.762 P), mais pas à une réunion exceptionnelle de la direction avec les cadres et les membres élus, cette réunion ne constituant pas une séance du comité (Cass. soc. 13-11-1974 n° 73-40.513 P). **725**

Afin de **préparer** les réunions du comité, le représentant syndical peut prendre des contacts et procéder à des consultations et échanges de vues (JO déb. AN 30 juin 1965 p. 2738).

ATTENTION

L'employeur n'est pas juge de la **validité de la désignation** d'un représentant syndical au comité. Donc, même s'il la conteste au motif que le syndicat ne remplit pas les conditions fixées pour la désignation, il doit, dans l'attente de la décision du tribunal, convoquer ce représentant aux réunions et lui adresser les informations délivrées aux membres du comité. Le fait de s'en abstenir constitue **un trouble manifestement illicite** qu'il appartient au juge des référés de faire cesser (Cass. soc. 24-10-2012 n° 11-20.346 FS-PB : RJS 2/13 n° 135).

Commet le délit d'**entrave** au fonctionnement régulier du comité l'employeur qui s'abstient volontairement de convoquer un représentant syndical à une séance du comité (Cass. crim. 12-3-1970 n° 69-91.317 P ; 24-1-1974 n° 73-90.807 P) ou ne le convoque pas en temps utile (Cass. crim. 11-6-1974 n° 73-93.299 P) ou encore s'arroge le pouvoir « d'inviter » ou non les représentants syndicaux à participer aux réunions du comité en fonction de sa propre appréciation de « l'importance des problèmes discutés » (Cass. crim. 24-1-1974 précité).
Le défaut de convocation du représentant syndical à une **réunion de consultation** du comité sur le **licenciement d'un représentant du personnel** est de nature à invalider l'autorisation administrative de licenciement (n° 45167). Par exception, le défaut de convocation est sans incidence sur la régularité de la consultation lorsque le syndicat a informé l'employeur qu'il n'y a pas lieu de tenir compte de sa désignation (CE 2-6-1993 n° 107508 : RJS 8-9/93 n° 892).

730 Aux séances du comité, le représentant syndical a simplement **voix consultative** (C. trav. art. L 2314-2). Il peut donc exprimer librement son **avis** sur toute question traitée lors de la réunion. Commet donc le délit d'entrave au fonctionnement régulier du comité le chef d'entreprise refusant la parole à un représentant syndical sous prétexte que sa participation au comité est seulement consultative (Cass. crim. 12-3-1970 n° 69-91.317 P).

Le **temps passé aux séances** du comité par les représentants syndicaux leur est payé comme temps de travail (n° 1905). Il n'est pas déduit des heures de délégation dont disposent les représentants syndicaux dans les entreprises d'au moins 501 salariés (n° 34540) (C. trav. art. L 2315-12).

735 **Autres missions** Le représentant syndical au comité ne fait partie ni de la **commission économique** du comité (n° 1690) ni de la délégation du comité au **conseil d'administration ou de surveillance** (n° 11050).

Bien que ses fonctions soient inséparables de sa mission syndicale, son rôle ne doit pas se confondre avec celui de **délégué syndical** lorsqu'il n'est pas mandaté à ce titre par le syndicat qu'il représente.

B. Formation

DISPOSITIONS GÉNÉRALES

760 **Droit à formation initiale et renouvellement** Les membres du CSE bénéficient d'une **formation économique** (n° 780) et d'une formation en **santé, sécurité et conditions de travail** (n° 810). Elles sont renouvelées lorsque ces derniers ont exercé leur **mandat pendant 4 ans**, consécutifs ou non (C. trav. art. L 2315-17).

Sur la formation assurée dans les **entreprises à haut risque industriel**, voir n° 57310.

765 **Rémunération** Le temps consacré aux formations des membres du comité est pris sur le **temps de travail** et est rémunéré comme tel. Il n'est pas déduit des **heures de délégation** (C. trav. art. L 2315-16).

ATTENTION

La jurisprudence française et l'administration s'accordent pour décider que la **rémunération** du salarié en formation ne peut pas être supérieure à son salaire habituel et pour en déduire que, si ce salarié est à **temps partiel**, il ne peut pas prétendre au paiement d'heures complémentaires pour le temps de formation excédant la durée contractuelle de travail (Cass. soc. 15-6-2010 n° 09-65.180 FS-PB : RJS 10/10 n° 782 ; 21-9-2011 n° 10-13.681 FS-D : RJS 11/11 n° 882 ; Rép. Forni : AN 25-2-1991 n° 32465). Pour le juge européen, cette règle, qui désavantage les salariés à temps partiel, peut constituer une discrimination indirecte fondée sur le sexe, dès lors que la catégorie de travailleurs à temps partiel comprend un nombre beaucoup plus élevé de femmes que d'hommes et que la différence de traitement constatée n'est pas justifiée par des facteurs objectifs étrangers à toute discrimination (en ce sens : CJCE 7-3-1996 aff. 278-93 : RJS 10/96 n° 1121).

770 **Organismes** Les formations sont dispensées par des organismes (C. trav. art. L 2315-17) :
– soit figurant sur une liste arrêtée par le préfet de région après avis du comité régional de l'emploi, de la formation et de l'orientation professionnelle (C. trav. art. R 2315-8) ;
– soit pouvant dispenser une formation économique, sociale, environnementale ou syndicale, c'est-à-dire les centres de formation des organisations syndicales représentatives ainsi que les instituts et organismes spécialisés figurant sur la liste visée n° 69350.

Chaque membre du comité **choisit** librement entre ces deux catégories d'organismes (Circ. DRT 12 du 30-11-1984 n° 3.5.2).

> **Précisions** Les **organismes figurant sur une liste établie par le préfet** peuvent revêtir un caractère public ou privé (Circ. DRT 12 du 30-11-1984 n° 3.5.2).
> Pour être inscrites sur la liste, les personnes morales ou physiques doivent avoir satisfait préalablement à l'obligation de déclaration d'activité définie à l'article L 6351-2 du Code du travail. Les demandes d'inscription doivent être adressées aux préfets de région et comporter une description précise des programmes de formation que l'organisme entend proposer (Circ. DRT 12 du 27-9-1983).
> La liste n'est pas soumise à renouvellement annuel. Toutefois, elle peut être modifiée, selon les mêmes modalités, si des demandes nouvelles d'agrément sont présentées ultérieurement ou s'il s'avère qu'un organisme figurant sur la liste n'est pas en état d'assurer correctement les stages prévus. Dans ce cas, l'organisme peut être retiré de la liste (Circ. DRT 27-9-1983 précitée).

Protection sociale Pendant leur formation, les membres du comité bénéficient de la protection contre les **accidents du travail** (n° 35190). 775

FORMATION ÉCONOMIQUE

Bénéficiaires Dans les **entreprises d'au moins 50 salariés**, les membres **titulaires** du CSE élus pour la première fois bénéficient, sous certaines conditions et limites, d'un stage de formation économique (C. trav. art. L 2315-63). 780
La loi n'imposant pas à l'employeur de prendre l'**initiative** de mettre en œuvre la formation, il appartient, selon nous, aux représentants du personnel d'en faire la demande.
Sous cette réserve, le congé est **de droit**, sauf si l'employeur estime, après avis conforme du comité, que cette absence pourrait avoir des conséquences préjudiciables à la bonne marche de l'entreprise. Son refus doit être motivé. En cas de différend, il peut être **contesté** directement devant le bureau de jugement du conseil de prud'hommes statuant en dernier ressort et selon la procédure accélérée au fond visée n° 3755 (C. trav. art. L 2145-11 [sur renvoi art. L 2315-63] et R 2145-5).
Sur les délais, formes et conditions de la **demande** du salarié, du **refus** de l'employeur et du **report** du congé, qui sont ceux du congé de formation économique, sociale, environnementale et syndicale, voir n° 69350.

Durée et renouvellement La **durée maximale** du stage de formation économique est de 5 jours (C. trav. art. L 2315-63, al. 1). 785
Le **temps consacré à la formation** est imputé sur la durée du congé de formation économique, sociale, environnementale et syndicale prévu pour la généralité des salariés et visé n° 69350 (C. trav. art. L 2315-63, al. 2).
Sur le **renouvellement** de cette formation, voir n° 820.

Financement Les frais de formation sont pris en charge par le **CSE** (C. trav. art. L 2315-63, al. 1). Ils **recouvrent** les frais d'inscription et de formation et éventuellement ceux liés aux déplacements des représentants du personnel à cette occasion (Note rectificative DRT du 22-9-1983 à la circulaire DRT du 6-5-1983, 3-1). Ils s'imputent sur la subvention de fonctionnement. 795

Contenu de la formation Les stages doivent permettre de préparer les membres du comité à mieux appréhender les **données significatives de l'entreprise** (Circ. DRT 12 du 27-9-1983). 800
Le contenu de la formation doit intégrer pour l'essentiel les **éléments suivants** : les différentes formes juridiques de l'entreprise ; les restructurations (fusions, scissions, prises de participation) ; les mécanismes de base de la comptabilité (bilan, compte d'exploitation) ; les notions de base de l'analyse financière (stock, investissements, emprunts) ; éventuellement, les procédures de règlement des entreprises en difficulté (Circ. DRT 27-9-1983 précitée). La formation peut notamment porter sur les conséquences environnementales de l'activité des entreprises (C. trav. art. L 2315-63, al. 1).

Organismes de formation La formation est dispensée par les organismes visés n° 770. 805
Les **services de formation des entreprises** sont exclus des services privés dispensateurs de la formation (Rép. Dupilet : JO AN 19-12-1983 n° 37295 p. 5393).

FORMATION SANTÉ, SÉCURITÉ ET CONDITIONS DE TRAVAIL

Bénéficiaires Les membres du CSE, ainsi que le référent « lutte contre le harcèlement sexuel et les agissements sexistes », bénéficient de la formation nécessaire à l'exercice de leurs missions en matière de **santé, de sécurité et de conditions de travail** (C. trav. art. L 2315-18, al. 1). 810
Ont donc droit à cette formation les membres **suppléants** du CSE, pas seulement les titulaires, et ce dans **toutes les entreprises**, même celles de moins de 50 salariés.

815 **Contenu** La formation santé, sécurité et conditions de travail des membres du CSE a pour objet (C. trav. art. R 2315-9) :
– de développer leur aptitude à **déceler** et à **mesurer** les risques professionnels et leur capacité d'analyse des conditions de travail ;
– de les initier aux méthodes et procédés à mettre en œuvre pour **prévenir** les risques professionnels et améliorer les conditions de travail.

La formation est dispensée dès la **première désignation** des membres de la délégation du personnel selon un **programme** théorique et pratique préétabli qui tient compte des caractéristiques de la branche professionnelle de l'entreprise, des caractères spécifiques de l'entreprise et du rôle du représentant au CSE (C. trav. art. R 2315-10).

Son **renouvellement** (nos 760 et 820) fait l'objet de stages distincts de celui visé ci-dessus. Il a pour objet de permettre au membre de la délégation du personnel d'actualiser ses connaissances et de se perfectionner. À cet effet, le **programme** établi par l'organisme de formation a un caractère plus spécialisé. Il est adapté aux demandes particulières du stagiaire et tient compte notamment des changements technologiques et d'organisation affectant l'entreprise, l'établissement ou la branche d'activité (C. trav. art. R 2315-11).

Sur le **passeport de prévention**, voir n° 55660.

820 **Durée et renouvellement** S'agissant de la **durée** de la formation des membres de la commission santé, sécurité et conditions de travail, voir n° 1640.

La formation des membres de la délégation du personnel du CSE est d'une **durée minimale** de 5 jours lors du **premier mandat** (C. trav. art. L 2315-18, al. 2).

En cas de **renouvellement** du mandat, sa durée minimale est de 3 jours pour les membres de la délégation du personnel quelle que soit la taille de l'entreprise et de 5 jours pour les membres de la commission santé, sécurité et conditions de travail dans les entreprises d'au moins 300 salariés (C. trav. art. L 2315-18).

825 **Organisation** La formation est dispensée par les **organismes** visés n° 770 (C. trav. art. R 2315-12).

L'organisme de formation délivre, à la fin du stage, une **attestation d'assiduité** que l'intéressé remet à son employeur lorsqu'il reprend son travail (C. trav. art. R 2315-15).

830 Le membre du CSE souhaitant bénéficier de son droit à un congé de formation en fait la **demande** à l'employeur, en précisant la date à laquelle il souhaite prendre son congé, la durée de celui-ci, le prix du stage et le nom de l'organisme formateur, au moins 30 jours avant le début du stage. À sa date de présentation, elle est imputée par priorité sur la durée du **congé de formation économique, sociale, environnementale et syndicale** prévu pour la généralité des salariés et visé n° 69350 (C. trav. art. R 2315-17).

Le congé de formation est pris en une seule fois à moins que le bénéficiaire et l'employeur ne décident d'un commun accord qu'il le sera en 2 fois (C. trav. art. R 2315-18).

L'employeur peut **refuser** la demande de congé s'il estime que l'absence du salarié pourrait avoir des conséquences préjudiciables à la production et à la bonne marche de l'entreprise. Il doit alors notifier son refus à l'intéressé dans un délai de 8 jours à compter de la réception de sa demande. Il peut reporter le congé dans la limite de 6 mois (C. trav. art. R 2315-19). En l'absence de refus dans les 8 jours, le congé est réputé accordé aux dates demandées par le salarié (Cass. soc. 9-2-2012 n° 10-21.820 F-D : RJS 5/12 n° 465).

835 **Financement** La formation est financée par l'**employeur** (C. trav. art. L 2315-18, al. 6). Les **frais de déplacement** au titre de la formation sont pris en charge à hauteur du tarif de seconde classe des chemins de fer applicable au trajet le plus direct depuis le siège de l'établissement jusqu'au lieu de dispense de la formation. Les frais de **séjour** sont pris en charge à hauteur du montant de l'indemnité de mission fixée en application de la réglementation applicable aux déplacements temporaires des fonctionnaires (C. trav. art. R 2315-20).

Les dépenses afférentes à la **rémunération des organismes de formation** sont prises en charge par l'employeur, à concurrence d'un montant qui ne peut pas dépasser, par jour et par stagiaire, l'équivalent de 36 fois le montant horaire du Smic (C. trav. art. R 2315-21).

> **Précisions** Dans les **entreprises de moins de 50 salariés**, les formations de santé, sécurité et conditions de travail peuvent être **prises en charge** par l'opérateur de compétences (C. trav. art. L 2315-22-1, L 6332-1 I, 6° et L 6332-1-3 II, 4°). Les dépenses de formation pouvant donner lieu à cette prise en charge sont les suivantes : coûts pédagogiques ; rémunération et charges sociales légales et conventionnelles des salariés en formation, dans la limite du coût horaire du Smic

par heure de formation ; frais annexes de transport, de restauration et d'hébergement afférents à la formation ; frais de garde d'enfants ou de parents à charge lorsque les formations se déroulent pour tout ou partie en dehors du temps de travail (C. trav. art. R 6332-40).

C. Obligation de secret et de discrétion

Les membres de la délégation du personnel du CSE sont tenus au secret professionnel pour toutes les questions relatives aux **procédés de fabrication.** 860
Ces membres, ainsi que les représentants syndicaux, sont aussi tenus à une obligation de discrétion à l'égard des informations revêtant un **caractère confidentiel** et **présentées comme telles** par l'employeur (C. trav. art. L 2315-3).

PERSONNES ASSUJETTIES

Les membres du CSE, **titulaires et suppléants**, sont tenus à l'obligation de secret professionnel ainsi qu'à celle de discrétion. 865
En leur qualité de membres du comité central, les membres de la **commission économique** sont assujettis à l'obligation de discrétion (TGI Lyon 11-12-1984 n° 84-1112), ainsi qu'au secret professionnel.

ATTENTION

Si l'on s'en tient à la lettre de l'article L 2315-3 du Code du travail, les **représentants syndicaux au CSE** sont tenus à l'obligation de discrétion, mais pas au secret professionnel. À notre sens, toutefois, l'intention du législateur est qu'ils soient soumis à cette dernière obligation, ce texte transposant au CSE les dispositions de l'article L 2325-5 ancien, relatif au comité d'entreprise et issu de la recodification du 1-5-2008.
En effet, avant la recodification, la disposition relative au secret professionnel portant sur les questions relatives aux procédés de fabrication (ancien article L 432-7, al. 1 du Code du travail) utilisait par erreur les termes de « délégués syndicaux », au lieu de « représentants syndicaux ». Mais, dans les faits, les représentants syndicaux étaient bel et bien visés, puisque cette disposition datait de la loi du 16-5-1946, époque à laquelle seuls les représentants syndicaux auprès du comité existaient (pas les délégués syndicaux, apparus en 1968). Au lieu de remplacer les termes de « délégués syndicaux », inappropriés, par ceux de « représentants syndicaux », l'ordonnance 2007-329 du 12-3-2007, publiant la partie législative du Code du travail, les a purement et simplement supprimés.

La double obligation de secret professionnel et de discrétion concerne aussi les **experts** (comptables, habilités et libres) diligentés par le CSE (voir nos 2360 s.). 870
Sur le point de savoir si le respect de la double obligation incombe aux **experts et techniciens** appartenant à l'entreprise et choisis en dehors du comité en vue de participer avec voix consultative aux **commissions** créées par celui-ci pour l'examen de travaux particuliers, voir n° 1675.
S'agissant de l'obligation pesant sur les **deux salariés** que le CSE peut s'adjoindre dans le cadre de la procédure d'alerte selon l'article L 2312-64 du Code du travail, voir n° 89300.
S'agissant de l'obligation pesant sur le représentant du CSE au **conseil d'administration**, voir n° 11080.
La confidentialité peut s'imposer aux personnes accédant à des informations sans en être destinataires. Ainsi, un **éditeur de presse en ligne** peut être condamné sous astreinte à retirer de son site une information confidentielle et présentée comme telle au CSE d'une société si sa diffusion compromet la liberté d'entreprendre de cette dernière (Cass. 1e civ. 11-3-2014 n° 13-14.349 FS-D : RJS 6/14 n° 496).

SECRET PROFESSIONNEL

La loi limite le secret professionnel aux questions relatives aux **procédés de fabrication** (C. trav. art. L 2315-3). 875
La violation du secret professionnel peut faire l'objet d'une sanction pénale sur le fondement de l'article 226-13 du Code pénal, relatif au secret professionnel en général, et de l'article L 1227-1 du Code du travail, concernant la violation par tout salarié d'un secret de fabrication.
Ces dispositions ne font pas obstacle à celles, législatives et réglementaires, sur la protection du secret des informations intéressant la **défense nationale** (Loi 82-915 du 28-10-1982 art. 42).

OBLIGATION DE DISCRÉTION

Pour être protégée par l'obligation de discrétion, une information doit, d'une part, revêtir un caractère confidentiel et, d'autre part, être présentée comme telle par l'employeur (C. trav. L 2315-3) ou encore être réputée confidentielle par la loi. 880

Sur l'obligation de discrétion à l'égard des informations confidentielles contenues dans la base de données économiques, sociales et environnementales, voir n° 3560 et n° 3890.

885 **Caractère confidentiel** Certaines informations sont **données comme confidentielles par la loi.** Il en est ainsi :
– de certains documents de gestion prévisionnelle (n° 3890) ;
– des informations communiquées au CSE en application de son droit d'alerte économique (n° 89270) ;
– de celles communiquées au CSE dans le cadre de l'obligation faite à l'employeur de rechercher un repreneur en cas de fermeture de site (n° 90405).
Le caractère confidentiel doit aussi être examiné au regard des exigences légales en matière de droit boursier (Circ. DGT 1 du 18-3-2014 fiche I, n° 3.3). Sur la confidentialité exigée des participants à une procédure de conciliation, voir n° 90950.

888 Dans les **autres cas**, il convient de se reporter au peu de jurisprudence existant sur cette question, aux termes de laquelle une information présente un caractère confidentiel si sa diffusion est de nature à nuire aux intérêts de l'entreprise ou à lui porter préjudice.

ILLUSTRATIONS

Ont ainsi été **jugées confidentielles** les informations suivantes :
– les chiffres des ventes envisagées pour les 3 années à venir en France et sur les différents marchés étrangers (TGI Lyon 11-12-1984 n° 84-1112) ;
– le taux alarmant des pièces refusées par les clients, les mesures présentées comme déplorables prises à l'encontre du personnel et le malaise régnant dans le personnel de l'entreprise, diffusés par un salarié, sous sa signature, par la voie d'articles de presse (Cass. soc. 11-10-1972 n° 71-40.509 P) ;
– le détail, service par service, des postes devant être supprimés lors de la mise en œuvre d'un plan de sauvegarde de l'emploi (Cass. 1e civ. 11-3-2014 n° 13-14.349 FS-D : RJS 6/14 n° 496) ;
– une liste des questions que le membre du comité d'entreprise européen souhaitait soumettre au comité, imprimée en méconnaissance des règles de confidentialité et de sécurité informatique destinées à assurer, vis-à-vis des tiers non autorisés, la sécurité des informations, certaines des informations figurant sur ce document revêtant, en raison de leur nature et de leur contenu, un caractère confidentiel au regard des intérêts légitimes de l'entreprise et ces informations ayant été préalablement présentées comme telles par l'employeur (Cass. soc. 15-6-2022 n° 21-10.366 F-D : RJS 8-9/22 n° 452).

890 Lorsque les informations ne sont pas réputées confidentielles par la loi, l'**employeur** doit établir le caractère confidentiel des informations transmises aux membres du comité. En particulier, il ne peut pas placer l'**ensemble des documents transmis** au comité sous le sceau de la confidentialité sans étayer sa décision (Cass. soc. 5-11-2014 n° 13-17.270 FS-PB : RJS 1/15 n° 44 ; CA Paris 11-3-2013 n° 12/20238 : RJS 5/13 n° 387).
L'administration a par ailleurs précisé que l'obligation de discrétion semble devoir mieux se justifier lorsqu'elle porte sur des **projets** plutôt que sur des résultats acquis (Circ. TE 67-35 du 1-9-1967 n° II-B).

> **Précisions a.** En plaçant sous le sceau de la confidentialité l'intégralité des documents adressés au comité sans justifier de la nécessité d'assurer la protection de l'ensemble des données contenues dans ces documents, l'employeur porte une atteinte illicite aux prérogatives des membres du comité dans la préparation des réunions, qui ne peut être réparée que par la **reprise de la procédure d'information-consultation** à son début (Cass. soc. 5-11-2014 précité).
b. Se rend coupable de délit d'**entrave** le directeur d'un établissement industriel ayant organisé une réunion extraordinaire du comité d'établissement pour l'examen d'un « plan de redressement », tout en se bornant à en donner lecture aux membres du comité, alors que ce document était complexe et comportait un certain nombre de pages, et ayant refusé de leur en communiquer le texte aussi longtemps que ceux-ci ne s'engageraient pas à observer le secret sur ce document (Cass. crim. 4-11-1982 n° 82-90.715 P).
c. Il n'est pas possible de sanctionner un représentant du personnel pour manquement à son obligation de confidentialité au motif qu'il ne pouvait ignorer que le document transmis était confidentiel, alors que celui-ci consistait en un **audit réalisé par un cabinet comptable** à la suite d'une demande de **déclenchement du droit d'alerte** formée par le comité, dans la mesure où celle-ci avait été **refusée** par la direction. Dès lors, ce document ne s'inscrivait pas dans les informations données dans le cadre de la procédure d'alerte et il aurait fallu, pour vérifier si le salarié était tenu à une obligation de discrétion, rechercher si ce document avait un caractère confidentiel et si ce caractère avait été donné comme tel par le chef d'entreprise ou son représentant

(Cass. soc. 27-11-2019 n° 18-19.237 F-D : RJS 3/20 n° 147).

d. Il appartient à l'inspecteur du travail de vérifier que l'employeur n'a pas fait un usage abusif du droit de demander la discrétion lorsqu'il est saisi par la direction d'une entreprise d'une **demande d'autorisation de licenciement** d'un membre du comité accusé d'avoir manqué à cette obligation (Circ. TE 35 du 1-9-1967 n° II-B).

Présentation des informations Pour que l'obligation de discrétion joue, il ne suffit pas que l'information donnée présente un caractère confidentiel. Encore faut-il que l'employeur l'ait présentée comme telle. 895

Tel est le cas si l'employeur indique, **préalablement ou, au plus tard, au moment de la délivrance** de l'information, que celle-ci présente un caractère confidentiel. Cette indication ne peut pas être donnée a posteriori : ainsi, l'employeur qui communique des informations au cours d'une réunion du comité sans prendre le soin de préciser qu'il s'agit d'informations confidentielles ne peut pas réparer cet oubli après la réunion (Cass. soc. 12-7-2006 n° 04-47.558 FS-PBR : RJS 11/06 n° 1198).

Dans le cas où l'**information** donne lieu à la transmission de **documents écrits**, l'indication du caractère confidentiel peut résulter de la mention « confidentiel » apposée sur ces documents. Ainsi, si l'employeur diffuse une information sous la forme d'une note, portant un tampon rouge indiquant sa confidentialité et interdisant sa diffusion externe et si un salarié divulgue cette information à la presse en sa qualité de délégué syndical, la sanction prise à son encontre par l'employeur (en l'espèce, une mise à pied) est justifiée (Cass. soc. 6-3-2012 n° 10-24.367 F-D : RJS 5/12 n° 408).

S'il s'agit d'une **information verbale**, communiquée au cours de la réunion du comité, c'est le procès-verbal du comité qui fait foi. Ce document doit donc indiquer le caractère confidentiel de l'information. À défaut, l'employeur est privé de la possibilité de s'en prévaloir (Cass. soc. 12-7-2006 précité).

S'agissant des indications à donner par l'employeur pour les informations confidentielles de la **base de données économiques, sociales et environnementales**, voir n° 3560.

Sanction À la différence du manquement à l'obligation de secret professionnel, le manquement à l'obligation de discrétion n'est pas **réprimé pénalement**. 900

Au **plan civil**, l'employeur peut demander des dommages-intérêts au responsable de la divulgation ou appliquer une sanction disciplinaire : avertissement (Cass. soc. 15-6-2022 n° 21-10. 366 F-D : RJS 8-9/22 n° 452), mise à pied ou licenciement pour motif disciplinaire (Cass. soc. 11-10-1972 n° 71-40.509 P). En cas de licenciement, l'employeur doit respecter la procédure spéciale applicable aux représentants du personnel (n°s 45000 s.) (Rapporteur comm. soc. Sénat : JO déb. Sén. 29-4-1966 p. 419-420).

CHAPITRE 3

LE CSE : FONCTIONNEMENT

SOMMAIRE

1200 Les règles de fonctionnement exposées ici ne font pas obstacle aux **dispositions plus favorables** aux salariés résultant d'accords collectifs ou d'usages (C. trav. art. L 2315-2). Sur les différents types d'accord pouvant être conclus sur le fonctionnement du CSE, voir le tableau récapitulatif n° 99300.

I. PERSONNALITÉ CIVILE ET RESPONSABILITÉ DU COMITÉ

A. Personnalité civile

1210 Le CSE institué dans les entreprises d'au moins 50 salariés est doté de la **personnalité civile** et gère son **patrimoine** (C. trav. art. L 2315-23, al. 1). En tant que personne morale de droit privé, il peut donc notamment contracter, engager du personnel, agir en justice, posséder et gérer un patrimoine et recevoir des dons et legs.
Cette personnalité civile lui est reconnue tant pour ses activités sociales et culturelles que pour ses attributions économiques et professionnelles.

1. ACTION EN JUSTICE DU COMITÉ

a. Juridictions concernées

Le CSE peut exercer une action en justice devant : 1220
– la **juridiction pénale** pour délit d'entrave à sa constitution et à son fonctionnement, avec éventuellement constitution de partie civile ;
– le **tribunal judiciaire** pour les litiges concernant par exemple le versement de ses subventions (fonctionnement, activités sociales et culturelles) ou le non-respect de ses attributions consultatives ;
– le **tribunal de commerce** dans le cadre des procédures collectives ;
– le **tribunal administratif** pour demander l'annulation de certains actes administratifs ;
– ou encore le **conseil de prud'hommes** pour les litiges l'opposant à ses propres salariés.

b. Recevabilité de l'action en justice

L'action en justice du CSE n'est recevable que s'il a **qualité pour agir,** en raison des missions qui 1225
lui sont légalement dévolues, et justifie d'un **intérêt à agir,** en raison du préjudice qu'il subit. Ces deux conditions, souvent mêlées dans les décisions de jurisprudence, font l'objet ci-après d'un exposé commun.

> **Précisions** Le CSE est recevable à poursuivre les actions en justice du **CHSCT** (Cass. crim. 17-11-2020 n° 19-87.904 F-D : RJS 2/21 n° 96 ; Cass. soc. 16-12-2020 n° 19-11-200 F-D : RJS 3/21 n° 156), ainsi que, selon nous, du **CE** auxquels il s'est substitué.

DEVANT LES JURIDICTIONS DE L'ORDRE JUDICIAIRE

Devant les juridictions de l'ordre judiciaire, le CSE ne peut agir que si les faits litigieux lui causent 1230
un **préjudice personnel et direct,** c'est-à-dire lorsque ses intérêts propres sont en cause.
Il ne peut ni exercer une action en justice **au nom des salariés,** sauf mandat, ni se joindre à leur action (Cass. soc. 18-3-1997 n° 93-43.989 P : RJS 10/97 n° 1106 ; 14-3-2007 n° 06-41.647 FS-PB : RJS 5/07 n° 624 ; 18-1-2011 n° 08-19.398 F-D : RJS 4/11 n° 341).
Contrairement aux syndicats, il n'a pas pour mission de représenter les **intérêts collectifs d'une profession** (Cass. soc. 23-10-1985 n° 84-14.272 P ; Cass. crim. 28-5-1991 n° 90-83.957 P : RJS 7/91 n° 852).
On trouvera ci-après des **exemples,** classés par thèmes, de cas dans lesquels la jurisprudence a admis ou au contraire rejeté la recevabilité de l'action en justice du comité.

Conventions et accords collectifs En principe, le comité n'a pas qualité pour 1235
remettre en cause la validité d'un accord d'entreprise conclu, dans le cadre de la négociation annuelle obligatoire, entre l'employeur et les organisations syndicales, car il n'est **ni partie à cet accord, ni** de droit **partie à sa négociation** (Cass. soc. 1-6-1994 n° 92-18.896 PBBS : RJS 7/94 n° 884).
Pour les mêmes raisons, il ne peut pas intenter une action visant à obtenir l'exécution des engagements contractés par l'employeur dans un accord collectif (Cass. soc. 20-9-2006 n° 04-10.765 FS-PB : RJS 12/06 n° 1300 ; 19-11-2014 n° 13-23.899 FS-PB : RJS 2/15 n° 129), peu important que cet accord, relatif aux heures de délégation des représentants du personnel, ait une incidence sur son fonctionnement (Cass. soc. 2-3-2011 n° 10-13.547 F-D : RJS 5/11 n° 434).
En revanche, lorsque le comité est **signataire** d'un accord de fin de conflit, il a par là même qualité pour demander, conjointement avec les organisations syndicales signataires, son application ou l'indemnisation du préjudice résultant de son inexécution par l'employeur (Cass. soc. 5-7-2006 n° 04-43.213 FS-PB : RJS 10/06 n° 1101 ; 8-4-2009 n° 08-40.256 FS-PB : RJS 6/09 n° 560). On peut penser que cette solution pourrait trouver à s'appliquer à l'ensemble des accords collectifs conclus par le CSE.
Sur la faculté pour le CSE d'**exciper de l'illégalité d'un accord** collectif, voir n° 84050.

Sécurité du travail Aucune disposition légale ne donne au comité le droit d'exercer les 1240
pouvoirs de la partie civile sans avoir à justifier d'un préjudice personnel découlant directement des infractions poursuivies, y compris en matière de sécurité du travail. En conséquence, il n'est pas recevable à exercer l'**action civile** à raison d'une **infraction** à la sécurité du travail, dès lors qu'en pareil cas il ne peut pas justifier d'un préjudice direct (n° 56870).

Abus de pouvoir et de voix, abus de biens sociaux La **constitution de partie** 1245
civile du comité contre le gérant ou un membre du conseil d'administration d'une société pour abus de pouvoir et de voix est irrecevable sauf atteinte aux prérogatives légales du comité ou faits susceptibles de lui causer un préjudice direct (Cass. crim. 7-6-1983 n° 83-91.210 B ; 4-11-1988 n° 88-83.468 P : RJS 1/89 n° 38 ; 19-6-2002 n° 01-88.306 F-D).

Si la Cour de cassation a clairement défini les conditions de la recevabilité de la constitution de partie civile du comité, elle ne s'est jamais, à notre connaissance, prononcée en faveur de la recevabilité d'une telle action.

1250 **Activités sociales et culturelles** Dans le domaine des activités sociales et culturelles, pour lequel il dispose d'un monopole de gestion, le comité peut agir en cas de **détournement** d'éléments de son **patrimoine** par l'un de ses membres (Cass. crim. 23-11-1992 n° 92-81.499 PF : RJS 2/93 n° 161).

Par ailleurs, en sa qualité de **cocontractant** d'une agence de voyages, il a intérêt à agir pour obtenir le dédommagement des **manquements** constatés dans l'exécution de la prestation convenue (CA Paris 16-11-2001 n° 99/13100 ; CA Paris 3-7-2008 n° 07-13791). Le comité peut, en effet, avoir subi un préjudice direct, tel, par exemple un préjudice moral, résultant de l'atteinte à sa réputation dans la gestion des programmes socioculturels dont il a légalement la charge (CA Paris 3-7-2008 précité).

1255 **Autres domaines** En cas de **transfert d'entreprise,** si le comité peut avoir un intérêt propre à faire valoir que la violation de l'article L 1224-1 du Code du travail porte atteinte à son fonctionnement et ses ressources, de sorte que son intervention au côté du salarié à l'occasion d'un litige portant sur l'applicabilité de ce texte serait recevable, l'action en contestation du transfert d'un contrat de travail est un droit exclusivement attaché à la personne du salarié (Cass. soc. 4-11-2020 n° 19-10.626 F-D : RJS 1/21 n° 22).

Par ailleurs, l'action du comité qui ne tend qu'à **obtenir, après sa dissolution, l'organisation d'une nouvelle consultation** est irrecevable, la personnalité juridique du comité ne subsistant que pour les besoins de sa liquidation (Cass. soc. 23-5-2007 n° 06-17.321 FS-D : RJS 8-9/07 n° 968).

Sur la recevabilité du comité à demander :

– l'exécution d'une **décision unilatérale** de l'employeur, voir n° 85440 ;

– l'annulation du protocole préélectoral et à contester les conditions d'organisation et de déroulement des **élections au comité central** et aux CSE d'établissement, voir n° 27070 ;

– la mise en place de la **participation aux résultats,** lorsque l'entreprise y est assujettie, voir n° 71290. Sur la contestation du montant du bénéfice net et des capitaux propres pris en compte pour le calcul de la participation, voir n° 71535.

DEVANT LES JURIDICTIONS DE L'ORDRE ADMINISTRATIF

1260 Le Conseil d'État adopte une conception plus extensive de l'action en justice du comité que les juridictions de l'ordre judiciaire. En effet, il admet que celui-ci critique tout **acte administratif** lésant les **intérêts** de l'ensemble du **personnel** de l'entreprise ou portant atteinte à ses **intérêts propres.**

ILLUSTRATIONS

Le comité a été reconnu recevable à agir pour contester :

– les décisions de l'administration validant un accord collectif ou homologuant un document unilatéral de l'employeur sur un **plan de sauvegarde** de l'emploi (voir n° 90715) ;

– une décision de l'Autorité de la concurrence autorisant une **opération de concentration,** sous réserve que sa contestation ne soit pas motivée par la méconnaissance des dispositions sur son information-consultation (CE 9-3-2021 n° 433214 : RJS 6/21 n° 317) ;

– une décision ministérielle de ne pas retenir l'offre de l'entreprise pour l'attribution d'un **marché** et de choisir l'offre d'une autre entreprise (CE 3-3-2006 n° 287960 : RJS 7/06 n° 856) ;

– un **permis de construire** accordé à l'entreprise (CE 5-12-1984 n° 23380), mais pas pour contester un permis de construire accordé à un tiers pour des parcs de stationnement à proximité de l'entreprise, faute d'atteinte aux intérêts des salariés de l'entreprise ou à ses intérêts propres (CE 1-12-1993 n° 111730 : RJS 6/94 n° 715) ;

– un **arrêté préfectoral** déclarant cessibles à la commune, pour cause d'utilité publique, des immeubles dont le comité est propriétaire et qu'il utilise pour des colonies de vacances (CE 18-5-1977 n° 2891) ;

– une **décision ministérielle** refusant à une **entreprise publique** l'homologation de son accord de participation (CE 16-3-1973 n° 86837) ou lui imposant le transfert de ses services centraux et de son siège social d'une ville à une autre, alors qu'une telle décision ne pouvait intervenir qu'à la suite d'une modification des statuts de l'entreprise décidée par son assemblée générale (CE 3-3-1993 n° 132993).

c. Actions distinctes de celle du comité

L'action en justice du comité n'est pas exclusive d'une action distincte des **salariés ou des syndicats** lorsqu'ils ont un intérêt à agir. 1265
Ainsi, l'intervention d'un comité pour s'opposer à la **liquidation de l'entreprise** n'empêche ni les salariés de celle-ci ni les syndicats d'intervenir, puisque le comité n'a pour mission de représenter ni les différentes catégories de personnel ni les intérêts généraux de la profession (Cass. soc. 6-2-1980 n° 77-14.611 P).
De même, un syndicat peut demander la suspension d'une mesure prise par l'employeur sans avoir respecté son **obligation d'informer et de consulter le comité** lorsque ce dernier n'a pas réagi, mais ne peut pas solliciter la communication, à son profit ou au profit du comité, de documents dont ce dernier n'a pas demandé la transmission (n° 12405).
Jugé, par ailleurs, que le comité a seul intérêt à agir pour décider de l'action à engager afin d'obtenir du chef d'entreprise le respect d'une **disposition du Code du travail** édictée dans son seul intérêt et **pour ses seuls besoins,** par exemple d'une action pour mettre à sa disposition un local aménagé et le matériel nécessaire à l'exercice de ses fonctions. En conséquence, est irrecevable l'action engagée en ses lieu et place tant par un syndicat que par certains de ses membres agissant individuellement, à laquelle le comité ne se rallie pas (CA Versailles 11-4-2002 n° 00-5338 : RJS 11/02 n° 1325).
Sur la possibilité, pour une **autre personne que le CSE,** de déposer une plainte ou de se constituer partie civile à l'occasion d'une action en justice pour **délit d'entrave,** voir n°s 49755 s.

2. AUTRES POUVOIRS

GESTION D'UN PATRIMOINE

Le patrimoine du comité comprend tous ses biens propres : liquidités, terrains, immeubles, etc. 1280
Le CSE gère son patrimoine (C. trav. art. L 2315-23, al. 1) et peut **en disposer** librement. Toutefois, devant utiliser ses biens pour remplir sa mission légale, il ne peut pas, par exemple, se livrer à une activité lucrative. Le CSE peut **agir en justice** pour la défense de son patrimoine. Il peut recevoir des **dons et legs.** En cas de cessation de paiements et de **liquidation judiciaire du comité,** ses biens peuvent être saisis et vendus.
Sur le sort des biens du comité en cas de **cessation** définitive de l'**activité de l'entreprise,** de **restructuration** de celle-ci ou de **suppression du comité,** n°s 3190 s.
Sur la **gestion** des ressources du comité et la tenue de ses **comptes,** voir n°s 2960 s.

CAPACITÉ DE CONTRACTER

Doté de la personnalité civile, le CSE peut contracter et s'engager dans tous les domaines. Il 1285
peut **engager du personnel** pour assurer son fonctionnement administratif et la gestion de ses activités sociales et culturelles. Il est alors soumis à toutes les obligations d'un employeur : voir n°s 1570 s.

> **Précisions** Lorsqu'il gère les **activités sociales et culturelles,** le comité est un **non-professionnel** bénéficiant des dispositions du Code de la consommation relatives à la protection contre la reconduction tacite et automatique des contrats de prestations de services (Cass. 1e civ. 15-6-2016 n° 15-17.369 FS-PB : RJS 10/16 n° 635 ; 5-7-2017 n° 16-20.748 F-PB).

3. DÉSIGNATION D'UN MANDATAIRE

Le CSE peut se faire représenter par l'un de ses membres délégué à cet effet. Le recours à un 1295
mandataire est même en principe indispensable pour que le comité soit valablement **représenté à l'égard des tiers,** qu'il s'agisse d'intenter une action en justice en son nom ou d'assurer sa défense dans le cadre d'une action intentée contre lui, de contracter en son nom ou d'effectuer des actes de disposition de son patrimoine. Par exception, les **actes de gestion courante** peuvent être effectués par le secrétaire du comité sans mandat spécial.
Sur l'exigence d'un mandat pour effectuer les **actes de gestion du personnel du comité** (recrutements, licenciements), voir n° 1600.

MANDAT EXPRÈS

Le mandat doit être exprès et non tacite. Ainsi, en l'**absence** de délégation expresse, aucun 1300
membre du comité n'est habilité à le représenter (Cass. soc. 25-6-2002 n° 00-18.268 FS-D). Cette solution a vocation à s'appliquer à tout membre du comité, y compris :
– à son président (Cass. soc. 19-11-1986 n° 85-11.357 P). Sans mandat, celui-ci ne peut donc pas, par exemple, agir en réparation du préjudice subi par le comité victime d'un abus de confiance

(ainsi jugé pour un détournement de fonds opéré par le secrétaire : Cass. crim. 23-11-1992 n° 92-81.499 PF : RJS 2/93 n° 161) ou en cas d'entrave à son fonctionnement (n° 49780) ou en vue d'obtenir la remise de documents de la part des membres du comité sortant à l'occasion de la reddition des comptes (n° 3115) ;
– et à son secrétaire ou son secrétaire adjoint (Cass. soc. 31-3-2021 n° 19-23.654 F-D : RJS 6/21 n° 319), peu important que celui-ci soit assisté d'un avocat (Cass. soc. 4-4-2001 n° 99-40.677 F-D) ou qu'il agisse à la demande conjointe de 8 membres du comité, cet accord, fût-il majoritaire, ne se substituant pas à une délibération régulière de l'instance (Cass. crim. 14-2-1978 n° 77-90.336).

CARACTÈRE NOMINATIF OU NON

1305 Le mandat peut être nominatif ou ne pas l'être et, dans ce cas, viser une **fonction.** Ainsi, la délibération du comité mandatant son secrétaire ou son secrétaire adjoint pour le représenter en justice est valable (Cass. soc. 19-11-1986 n° 85-11.357 P).

CHOIX DU MANDATAIRE

1310 Même si le Code du travail n'exige pas que le mandataire soit choisi parmi les **membres du CSE**, la prudence recommande d'opérer le choix du mandataire dans ce cadre et de retenir, de préférence, un élu titulaire, dans l'attente que la jurisprudence se prononce sur ce point. On rappellera en effet qu'avant sa recodification en 2008, le Code du travail exigeait que le mandataire soit choisi parmi les **membres du comité d'entreprise**. Après sa recodification, le Code du travail ne mentionnait plus cette exigence, mais elle prévalait toujours, en vertu du principe de la recodification à droit constant (Cass. crim. 9-9-2020 n° 19-83.139 F-PBI : RJS 11/20 n° 546). Quant à l'**employeur,** il ne peut pas être mandaté si le litige oppose le comité à l'entreprise, mais il semble pouvoir l'être dans les autres cas.

PROCÉDURE DE MANDATEMENT ET DATE DU MANDAT

1315 Le mandat peut être conféré par une clause du **règlement intérieur** du CSE.
À défaut, il suppose une **délibération préalable** du comité (Cass. soc. 24-1-1980 n° 78-12.302 P), adoptée, au cours d'une réunion, dans les conditions exposées n° 1785. Sur une décision de mandatement prise par des membres représentant la majorité du comité, mais sans délibération de celui-ci, voir n° 1300.

> **Précisions** Le mandat conféré par le comité à l'un de ses membres en vue d'agir en justice doit être donné par une délibération **préalable** à l'introduction du recours. Toutefois, exception faite de l'action civile devant la juridiction pénale (Cass. crim. 30-6-1998 n° 97-80.398 D : RJS 10/98 n° 1242), l'absence de mandat lors de l'introduction du recours peut être **régularisée** en produisant un mandat avant que le juge ne statue (Cass. soc. 27-6-1990 n° 89-60.003 P : RJS 8-9/90 n° 690). Le **secrétaire du comité** mandaté pour délivrer une citation et **ayant perdu ultérieurement cette qualité** peut être mandaté pour continuer de représenter le comité dans la procédure s'il en est resté membre (Cass. crim. 3-11-2015 n° 12-87.163 F-D : RJS 1/16 n° 36).

PORTÉE DU MANDAT

1320 Le mandat peut être propre à une **affaire déterminée** ou être **général et permanent,** auquel cas il dure jusqu'à ce que le comité ait décidé de changer de mandataire.
Faute d'avoir donné un mandat général et permanent à l'un de ses membres, le comité doit désigner un représentant s'il veut assurer sa défense lorsqu'il est cité devant une juridiction (Cass. soc. 18-3-1997 n° 95-15.010 P : RJS 6/97 n° 700).
Si l'employeur **assigne** en justice une **personne autre que celle désignée** par le comité, cette assignation est recevable, sauf si le comité prouve que cette irrégularité lui cause grief (Cass. 2e civ. 14-11-2019 n° 18-20.303 F-PBI : RJS 1/20 n° 31).

ILLUSTRATIONS

Le mandataire désigné par le comité pour le représenter en justice en vertu d'une **délégation** expresse, **générale et permanente** est habilité, à ce titre et en l'absence de disposition du règlement intérieur ou de délibération du comité contraire, à **contester la désignation d'un délégué syndical** effectuée **au niveau du comité** pris en tant qu'employeur (Cass. soc. 24-5-2006 n° 05-60.354 FS-PB : RJS 8-9/06 n° 964).

1325 S'agissant de l'**action en justice** exercée au nom du comité, le mandat donné à l'occasion d'une affaire déterminée habilite le mandataire à intenter les **voies de recours** (jurisprudence constante, Cass. soc. 10-6-1997 n° 95-19.818 P : RJS 10/97 n° 1107 ; 10-4-2008 n° 06-45.741 F-D : RJS 6/08 n° 690).
Le mandataire peut par exemple donner **pouvoir à un avocat** d'interjeter appel dans le délai légal (Cass. soc. 29-10-2002 n° 00-16.851 FS-D).

B. Responsabilité du comité

1345 En tant que personne morale, le CSE peut voir sa responsabilité, civile et pénale, mise en cause.

RESPONSABILITÉ CIVILE

1350 Le CSE engage sa responsabilité civile s'il ne respecte pas un contrat auquel il est partie (responsabilité **contractuelle**) ou s'il commet une faute volontaire (responsabilité **délictuelle**) ou involontaire (responsabilité **quasi délictuelle**) causant un dommage à autrui.
La responsabilité civile du comité n'est pas exclusive de la responsabilité personnelle de ses membres.
Pour couvrir sa responsabilité civile et celle de ses membres, le comité peut souscrire des **assurances.**

1355 **Responsabilité contractuelle** Le CSE peut engager sa responsabilité contractuelle en application de l'article 1231-1 du Code civil, par exemple en tant qu'**employeur** à l'égard de son propre personnel.
Dans le cas des **activités sociales et culturelles** qu'il gère directement, c'est-à-dire celles dépourvues de la personnalité civile (par opposition à celles fonctionnant sous forme notamment d'associations), le comité est contractuellement responsable pour les engagements pris dans leur cadre vis-à-vis des tiers (Cass. soc. 11-2-1971 n° 69-12.463 P).

ILLUSTRATIONS

La responsabilité contractuelle du comité est engagée vis-à-vis de l'**usager d'un centre de vacances dépendant de ce comité** en raison de la violation de son obligation de sécurité de moyen, constitutive d'une faute. En l'espèce, un accident s'était produit lors d'une activité d'escalade. La victime, âgée de 15 ans, pratiquait une descente en rappel sans assurance et en l'absence de surveillance des organisateurs (CA Grenoble 15-6-1993 n° 91/3765).

1360 S'agissant des **voyages organisés par des agences de voyages,** c'est en principe celles-ci qui sont responsables de l'inexécution du contrat ou de la mauvaise exécution de celui-ci (C. tourisme art. L 211-16). Le comité n'est, quant à lui, pas responsable si, agissant comme simple intermédiaire, il ne peut pas être considéré comme le vendeur du voyage (Cass. 1e civ. 19-2-2013 n° 11-26.881 FS-PBI : RJS 6/13 n° 462).

> **Précisions** La **garantie financière** spécialement affectée au remboursement en principal des fonds reçus par l'opérateur de voyages au titre des engagements qu'il a contractés à l'égard de sa clientèle ne bénéficie qu'au consommateur final, de sorte qu'un CSE qui intervient en qualité d'organisateur ou de revendeur de voyages, et non en seule qualité de mandataire des salariés auprès d'une agence de voyages, ne peut pas en bénéficier (Cass. 1e civ. 22-1-2020 n° 18-21.155 FS-PBI : RJS 4/20 n° 192). Dans cette affaire la cour d'appel a qualifié le comité « d'organisateur ou de revendeur de voyages » après avoir relevé les circonstances suivantes : immatriculation du comité en qualité d'opérateur de voyages (mais pas pour l'opération en cause), recueil par lui des inscriptions des salariés, négociation du prix du voyage dans l'intérêt de ses adhérents et signature du contrat avec l'agence.

1365 **Responsabilité extracontractuelle (délictuelle ou quasi délictuelle)** En tant que personne morale, le CSE est responsable des dommages causés par sa **faute** (C. civ. art. 1240), par sa **négligence** ou son **imprudence** (C. civ. art. 1241), par le fait des **choses dont il a la garde** (véhicules, matériel...) ou des personnes dont il doit répondre, c'est-à-dire des **salariés** qu'il emploie (C. civ. art. 1242).
Le fait que le comité ait seulement vocation à « participer à la gestion » des activités sociales et culturelles dotées de la personnalité juridique n'exclut pas qu'il engage sa responsabilité délictuelle pour les fautes, notamment de surveillance, qu'il commet dans l'exercice de sa mission et qui ont porté préjudice à des tiers (Cass. soc. 11-2-1971 n° 69-12.463 P).

ILLUSTRATIONS

Dans une espèce où, à la suite d'une grève du personnel de l'entreprise, le personnel du comité assurant la gestion de la **cantine** s'était également mis en grève, il a été jugé que le fait pour ce comité d'**interrompre sans nécessité** le fonctionnement de la cantine caractérisait une faute de gestion entraînant réparation du préjudice subi par l'employeur du fait des dépenses engagées pour pallier la carence du comité (Cass. soc. 14-1-1981 n° 79-10.981 P).

En revanche, la responsabilité du comité ne peut pas être retenue :
– lorsqu'un **voyage,** pour lequel il n'a eu qu'un rôle d'intermédiaire, est **annulé en raison de la défaillance de l'agence** chargée de l'organiser. En l'espèce le comité s'était contenté de subventionner le voyage et de régler à l'agence les sommes versées par les participants et aucun reproche précis n'était formulé à son encontre (Cass. 1e civ. 16-3-1994 n° 92-17.050 P : RJS 7/94 n° 873) ;
– à défaut d'information sur l'intérêt, pour un salarié participant à une **compétition sportive organisée par une association** dont le comité est membre, de souscrire un contrat d'assurance de personnes. En l'espèce, un **salarié** s'était **blessé** en y participant. Il a été jugé que le comité qui, en sa qualité de membre de l'association, diffusait auprès du personnel de l'entreprise des informations sur l'organisation de la compétition et recueillait les inscriptions des participants ne jouait que le rôle d'intermédiaire et qu'il ne pouvait par conséquent pas être tenu aux obligations incombant aux organisations sportives en matière d'information de leurs adhérents sur l'intérêt à souscrire une assurance (Cass. 2e civ. 19-3-1997 n° 94-19.249 PB : RJS 6/97 n° 703).

1370 **Responsabilité des membres du comité** Lorsqu'un membre du CSE **agit pour le compte** de ce dernier, sa responsabilité civile personnelle ne peut pas être recherchée s'il agit dans les limites de son mandat. Seule la responsabilité civile du comité lui-même peut l'être.
Si, en revanche, il **outrepasse son mandat,** sa responsabilité civile personnelle peut être mise en cause. Dans ce cas, la responsabilité civile du comité et celle, personnelle, du membre du comité peuvent se cumuler, la responsabilité civile du comité n'étant pas exclusive de la responsabilité personnelle de ceux de ses membres ayant concouru à la commission de la faute (Cass. soc. 17-1-1979 n° 77-14.266 P).

ILLUSTRATIONS

La responsabilité personnelle du secrétaire d'un comité peut être recherchée s'il a fait diffuser une brochure éditée par le comité et susceptible de porter préjudice à l'entreprise, en violation de l'ordonnance de référé, rendue personnellement à son encontre, ayant ordonné la suspension de cette diffusion (Cass. soc. 17-1-1979 précité).

1375 **Assurance du comité** Le CSE peut souscrire une assurance pour couvrir sa responsabilité civile et celle de ses membres.
Cette assurance **garantit** les dommages causés à des tiers par le comité et par ses membres, par ses salariés et par les biens qu'il a sous sa garde.
Elle est distincte, d'une part, de celle propre à l'entreprise, d'autre part, de l'assurance de biens que le comité peut éventuellement souscrire pour se protéger contre les atteintes à ses biens propres.
Le comité **choisit** librement son assureur et n'est donc pas tenu de prendre celui de l'entreprise (Cass. soc. 20-2-2002 n° 99-21.194 F-P : RJS 5/02 n° 587).
L'**employeur** doit **rembourser** au CSE les primes d'assurance dues par ce dernier pour couvrir sa responsabilité civile (C. trav. art. R 2312-49, 3°), sauf abus démontré. Ne caractérise pas un tel abus le fait que le comité aurait pu obtenir auprès de l'assureur de l'entreprise un tarif deux fois et demie moins élevé que celui pratiqué par l'assureur qu'il a choisi (Cass. soc. 20-2-2002 précité).

ATTENTION

Le remboursement de l'employeur se limite au montant de la prime destinée à couvrir la **responsabilité civile** du comité. Autrement dit, si le comité souscrit une seule police d'assurance couvrant aussi des **garanties complémentaires,** seule la fraction de la prime correspondant à la responsabilité civile doit être remboursée par l'employeur.

RESPONSABILITÉ PÉNALE

1380 En tant que **personne morale,** le CSE est susceptible de voir sa responsabilité pénale engagée au titre des infractions commises, pour son compte, par ses organes ou ses représentants (C. pén. art. 121-2, al. 1).
La personne morale peut être poursuivie et condamnée non seulement en tant qu'**auteur principal** de l'infraction, mais aussi en qualité de **complice** (C. pén. art. 121-4 à 121-7, sur renvoi art. 121-2, al. 1).
Le **champ des infractions** susceptibles d'engager la responsabilité pénale des personnes morales n'étant pas limité, toute infraction peut engager la responsabilité pénale du CSE.
Deux **conditions** cumulatives sont nécessaires. Il faut que l'infraction ait été commise :
– « par les organes ou représentants » du comité. Selon nous, cette condition est remplie si l'auteur de l'infraction est l'un de ses membres (secrétaire, trésorier, membre élu titulaire ou suppléant qu'il soit ou non membre du bureau et, vraisemblablement aussi, employeur pris en sa qualité de président du comité, ainsi que représentant syndical au comité) ;

– et « pour son compte ». L'acte accompli doit en principe avoir pour but de procurer un profit à la personne morale ou de servir son intérêt. S'agissant du CSE, cela suppose, selon nous, que le **membre du comité** ait agi dans le cadre de son mandat. S'il a **agi pour son propre compte,** la responsabilité pénale du comité ne pourra pas être recherchée.
La loi prévoit l'information des représentants du personnel de la personne morale poursuivie pénalement. Si le **CSE emploie son propre personnel** et que celui-ci dispose d'un CSE, le secrétaire de ce dernier comité devra être avisé, par le ministère public, de la date et de l'objet de l'audience, par lettre recommandée adressée 10 jours au moins avant la date de l'audience (C. pén. art. R 131-53).
Pour des **exemples** de mise en œuvre de la responsabilité pénale personnelle des membres du comité dans des affaires relatives à la subvention de fonctionnement ou à la contribution patronale aux activités sociales et culturelles, voir n° 2975.

II. ORGANISATION INTERNE

Deux organes jouent un rôle important dans le fonctionnement du CSE : son président et son bureau. Les modalités de fonctionnement du comité sont précisées dans son règlement intérieur. **1400**
Pour assurer ses fonctions, il peut ou doit, selon les cas, constituer des commissions spécialisées.
Il peut aussi engager son propre personnel et dispose de moyens matériels.
Enfin, le comité peut se faire assister par des experts.

A. Organes du comité

1. PRÉSIDENT DU COMITÉ

Le CSE est présidé par l'**employeur** ou son représentant (n°s 660 s.). **1410**
Le président est **chargé de** fixer la date des réunions du comité (n° 1750) et d'y convoquer les participants (n° 1800). Il détermine, en collaboration avec le secrétaire du comité, l'ordre du jour de ces réunions (n° 1770). Enfin, il veille à leur bon déroulement.
Il peut participer à certains votes du comité dans les conditions décrites n°s 1860 s.

2. BUREAU DU COMITÉ

Le CSE doit nécessairement désigner, parmi ses **membres titulaires,** un **secrétaire** et un **trésorier** (C. trav. art. L 2315-23, al. 3). Ce sont deux piliers de l'organisation interne de cette instance ayant un rôle important : le premier notamment dans l'établissement de l'ordre du jour des réunions avec l'employeur (n°s 1770 s.) et des procès-verbaux des délibérations du CSE (n°s 1930), le second dans la gestion des ressources et la tenue de la comptabilité de cette instance. Le bureau du comité peut se limiter à ces deux membres, mais il peut être étoffé, selon les besoins, par un **secrétaire adjoint** (l'élection d'un secrétaire adjoint est obligatoire uniquement dans le cadre du CSE central, voir n° 6040), un **trésorier adjoint,** etc. **1420**
La **désignation** de ces membres supplémentaires peut être **prévue** par le règlement intérieur du comité. Elle peut également être décidée en réunion du comité.

DÉSIGNATION

Qui peut être membre du bureau ? Seul un membre titulaire du CSE peut en être le **secrétaire** ou le **trésorier** (C. trav. art. L 2315-23, al. 3), ce qui exclut la désignation d'un suppléant ou d'un représentant syndical au comité. **1425**
Pour les **autres membres du bureau,** faute de dispositions contraires dans la loi, le CSE est libre de désigner un membre titulaire ou suppléant. Il est toutefois recommandé de désigner des élus titulaires puisque, en l'absence de stipulations conventionnelles ou d'usage plus favorables, les suppléants ne disposent pas de crédit d'heures pour l'exercice de leur mandat.

Moment de la désignation La loi ne l'impose pas, mais les membres du bureau sont en général désignés lors de la **première réunion** du CSE. D'ailleurs, s'agissant du **secrétaire** du comité, sa désignation lors de la première réunion s'impose pour des raisons pratiques : c'est en effet lui qui sera chargé de rédiger le procès-verbal de cette réunion et d'arrêter, avec l'employeur, l'ordre du jour des réunions suivantes. **1430**

1435 **Mode de désignation** Les membres du bureau du CSE sont désignés par une **élection lors d'une réunion** du comité, ce qui suppose que la ou les désignations projetées aient été inscrites à l'ordre du jour de cette réunion (n° 1785). Le **droit de vote** est réservé aux élus titulaires (n° 1855) et au président du comité (n° 1865).

Cette désignation constituant une élection interne, elle doit résulter du vote de la **majorité** des membres présents (n° 1880). En cas de partage des voix, voir n° 1885.

Il n'y a pas de dépôt préalable de **candidature**, les membres intéressés se faisant connaître lors de la réunion où la désignation est prévue.

1440 **Contentieux** À défaut d'une disposition légale expresse, le contentieux de la désignation du secrétaire du comité relève de la compétence du **tribunal judiciaire** (Rép. Andrieux : AN 2-6-1971 n° 17729). Il en va de même pour le contentieux de la désignation du trésorier (en ce sens : CA Versailles ch. mixte 20-7-1986 n° 86-4366) ou des autres membres du bureau.

Le juge des **référés** peut être saisi si, en cas d'impossibilité de désigner le secrétaire ou le trésorier, il convient de prendre des mesures urgentes en vue de ne pas paralyser le fonctionnement du comité. Sa décision se limite à des solutions provisoires.

RÔLE DU BUREAU

1445 Les attributions des membres du bureau sont en principe **fixées par** le règlement intérieur ou des délibérations du CSE. Uniquement chargé de **mettre en œuvre les décisions du comité,** le bureau ne peut pas s'y substituer. Ainsi, le chef d'entreprise qui le saisit au lieu et place du comité se rend coupable d'un délit d'entrave (CA Aix-en-Provence 16-10-1975). Il en va de même de tout membre du bureau qui effectue une dépense non approuvée par le comité (voir n° 49360).

L'utilisation frauduleuse des fonds du comité expose en outre le membre du bureau à des poursuites pénales pour abus de confiance (n° 2975). Sur le point de savoir s'il peut faire l'objet d'une sanction disciplinaire, voir n° 43215.

ATTENTION

Pour l'exercice de leurs attributions, les membres du bureau ne bénéficient que du **crédit d'heures** dont ils disposent en tant que membres titulaires du CSE, et pas d'un crédit d'heures supplémentaires, sauf stipulations conventionnelles plus favorables.

1450 **Quelles sont les attributions du secrétaire ?** Le secrétaire est légalement chargé :
– de la préparation de l'ordre du jour des **réunions** avec l'employeur (n°s 1770 s.) ;
– de l'établissement et de la diffusion du procès-verbal des réunions (n°s 1930 s.).

En pratique, il s'occupe également de la **correspondance du comité** pour laquelle il est protégé par le secret de la correspondance dont la violation est sanctionnée pénalement (C. pén. art. 226-15) ; il assure les **liaisons** avec les tiers, les membres du comité et l'employeur ; il veille à l'**exécution des décisions** prises par le comité ; il peut **représenter le comité** s'il est mandaté à cet effet (n°s 1295 s.).

Si le CSE l'y a autorisé, il peut tirer des chèques, **virer ou retirer des fonds** pour le compte du comité.

1455 **Quelles attributions pour le trésorier ?** Habituellement, le trésorier est responsable de la tenue des **comptes** du comité (n°s 2990 s.) et est habilité à ouvrir des comptes bancaires, tirer des chèques, **virer ou retirer des fonds** pour le compte du CSE. C'est en général lui qui établit le **rapport annuel de gestion** du comité (n° 3090) ainsi que, le cas échéant, le rapport sur les conventions passées, directement, indirectement ou par personne interposée, entre le comité et l'un de ses membres (n° 3070).

CONSEIL

Il est prudent d'exiger, pour les **opérations** financières **excédant un certain montant,** les signatures conjointes du secrétaire et du trésorier du comité.

1460 **Quelles attributions pour les adjoints ?** Le secrétaire adjoint et le trésorier adjoint sont en général chargés d'assister respectivement le secrétaire et le trésorier et de les remplacer en cas d'absence momentanée. Pour le cas où le secrétaire ou le trésorier cesse ses fonctions, voir n° 1475.

RÉVOCATION

Sauf dispositions conventionnelles contraires et sauf caractère vexatoire ou abusif de la révocation, le comité peut changer de secrétaire en cours de mandat, sans avoir à **motiver** sa décision (CA Paris 11-9-2008 n° 07-5379). Il en va de même pour les autres membres du bureau. 1465
Sauf disposition contraire du règlement intérieur, la **procédure** à suivre est la même que pour l'élection.

CONSEIL

Il est conseillé de prévoir à l'**ordre du jour** de la réunion où la révocation est envisagée non seulement la révocation éventuelle, mais également le remplacement du membre concerné.
Pour la révocation d'un secrétaire, l'ordre du jour peut par exemple indiquer :
– examen des problèmes de fonctionnement du CSE ;
– révocation éventuelle du secrétaire du CSE ;
– élection éventuelle d'un nouveau secrétaire.

DÉMISSION

Le Code du travail est muet sur le **formalisme** à respecter par un membre du bureau souhaitant cesser ses fonctions au sein de celui-ci. Pour des raisons de preuve, il est préférable que le membre démissionnaire notifie sa décision par écrit aux membres du CSE et à son président et que cet écrit comporte un avis de réception : lettre recommandée avec accusé de réception, courrier remis en main propre contre décharge ou mail avec accusé de réception. 1470

REMPLACEMENT

En cas de cessation de fonction de l'un des membres du bureau, le comité procède à la **désignation d'un remplaçant,** selon les modalités indiquées n° 1435. 1475
En principe, lorsqu'un élu titulaire du comité cesse ses fonctions au sein de cette instance, un suppléant le remplace (nos 31695 s.). Si l'élu titulaire est membre du bureau du comité, le suppléant, devenu titulaire, peut le remplacer au bureau, sans toutefois que cela soit automatique. Le comité doit entériner ce choix. Il peut très bien désigner un autre élu.

CONSEIL

Il peut être utile de prévoir dans le **règlement intérieur** du CSE qu'en cas de cessation des fonctions du secrétaire ou du trésorier, son adjoint le remplacera, si ce n'est définitivement, du moins dans l'attente de la désignation d'un remplaçant. Mais cela suppose que l'adjoint ait été élu en tant que titulaire puisque seuls les titulaires peuvent exercer ces fonctions.

B. Règlement intérieur du CSE

Le CSE détermine, dans un règlement intérieur, les modalités de son **fonctionnement** et celles de ses **rapports avec les salariés** de l'entreprise, pour l'exercice de ses missions (C. trav. art. L 2315-24, al. 1). 1500

ATTENTION

Ce document revêt un caractère **obligatoire,** même si le comité n'encourt aucune sanction en ne l'établissant pas. Il est en tout état de cause très utile en pratique pour fixer par avance les différentes règles de fonctionnement du CSE.

ADOPTION ET MODIFICATION DU RÈGLEMENT INTÉRIEUR

Le règlement intérieur est **adopté** par une délibération du CSE, ce qui suppose que la question de son adoption soit inscrite à l'ordre du jour de la réunion (n° 1785). Le droit de vote est réservé aux élus titulaires (n° 1855) et au président du comité (n° 1865). Sur la majorité requise, voir n° 1880. 1505
Le règlement intérieur peut à tout moment être **modifié** en suivant les mêmes règles.
Il n'a pas à être transmis à l'**inspecteur du travail.**

CONSEIL

Le règlement intérieur est généralement adopté lors de la **première réunion** suivant la création ou le renouvellement du CSE, mais ce n'est pas obligatoire. Il peut être utile pour le comité de se ménager un délai de réflexion et de charger l'un de ses membres, ou une commission constituée à cet effet, d'élaborer un projet de règlement intérieur.

CONTENU

Certaines clauses figurent, **à titre obligatoire**, dans le règlement intérieur. Tel est le cas des modalités de fonctionnement du CSE et de ses rapports avec les salariés, ces clauses devant être adaptées aux spécificités de l'entreprise ou de l'établissement concerné. 1510

Il faut par ailleurs y faire figurer, sous certaines conditions, des éléments relatifs aux procès-verbaux des réunions (n° 1945), à la commission santé, sécurité et conditions de travail (nos 1625 s.), à la commission des marchés (nos 1655 s.), aux comptes annuels du CSE (nos 3060) et à son rapport d'activités et de gestion financière (n° 3095).
Le règlement intérieur **peut** également comporter des clauses relatives :
– à sa durée (n° 1525) ;
– au bureau du comité : composition, modalités de désignation, attributions (nos 1420 s.) ;
– aux modalités de la suppléance (n° 1830) ;
– aux commissions du comité : constitution, missions, modalités et moyens de fonctionnement (nos 1620 s.) ;
– à la ou aux personnes représentant le comité vis-à-vis des tiers (nos 1295 s.) ;
– aux moyens du comité : détermination et utilisation du local, personnel, matériel, modalités d'affichage, etc. ;
– à son financement : modalités de versement de la contribution patronale aux activités sociales et culturelles, utilisation de la subvention de fonctionnement, etc. ;
– aux réunions d'information avec le personnel (n° 1975) ;
– aux déplacements dans l'entreprise pour prendre les contacts nécessaires à l'accomplissement de la mission (nos 35120 s.) ;
– à la prise en charge des frais de déplacement et du temps de trajet (nos 35140 s.).

> **Précisions** **a.** Un **engagement unilatéral de l'employeur** figurant dans le règlement intérieur du comité conserve sa nature juridique d'engagement unilatéral, de sorte que les avantages qu'il prévoit cessent de s'appliquer si un accord collectif ayant le même objet se substitue à cet engagement (Cass. soc. 8-1-2002 n° 00-12.252 FS-P : RJS 5/02 n° 586).
b. Sur la clause du règlement intérieur relative à l'exercice du **pouvoir disciplinaire** en cas d'emploi de personnel par le comité, voir n° 1600.

1515 Sauf accord de l'employeur, le règlement intérieur du CSE ne peut pas comporter de clauses lui imposant des **obligations ne résultant pas de dispositions légales.** L'**accord** de l'employeur constitue un engagement unilatéral qu'il peut dénoncer à l'issue d'un délai raisonnable et après en avoir informé les membres de la délégation du personnel du CSE (C. trav. art. L 2315-24, al. 2).

ILLUSTRATIONS

Peut être **annulée** la clause fixant la date de la réunion périodique du comité (Cass. soc. 15-1-2013 n° 11-28.324 FS-PB : RJS 3/13 n° 215), ou celle interdisant au président de participer au vote de désignation du secrétaire et du trésorier (voir n° 1865), ou encore celle obligeant l'employeur à convoquer aux réunions toute personne invitée par le comité (Cass. soc. 22-11-1988 n° 86-13.368 P : RJS 1/89 n° 43).
Il en est de même de clauses prévoyant que le point 1 de l'ordre du jour de chaque réunion comprendra les points non traités des réunions précédentes, que le secrétaire pourra se faire assister dans les mêmes conditions que le président et que l'ordre du jour des réunions devra être adressé aux membres du comité 8 jours au moins avant la séance (Cass. soc. 8-10-2014 n° 13-17.133 FS-D : RJS 1/15 n° 40).
En l'absence de quorum requis par la loi pour la tenue des réunions du comité (n° 1880) est nulle la clause du règlement intérieur instituant un tel quorum (CA Paris 10-9-2009 n° 08-14508 : RJS 12/09 n° 954).
Une clause du règlement intérieur ne peut pas déroger aux dispositions légales relatives à l'élection des membres du comité central (Cass. soc. 4-6-2003 n° 01-60.909 F-D : RJS 10/03 n° 1185).

LITIGE SUR LE CONTENU OU L'APPLICATION

1520 L'**employeur, ou tout membre du comité** qui estime certaines clauses illicites, peut demander leur annulation au tribunal judiciaire.
L'employeur ne peut ni les modifier de lui-même, ni refuser de les appliquer, ce refus pouvant caractériser le délit d'entrave (Cass. crim. 10-7-1979 n° 78-91.623 P).
Le **salarié** peut, quant à lui, faire valoir devant le juge qu'une disposition illicite d'un règlement intérieur lui a causé un grief. Ainsi, un salarié peut invoquer, pour demander une indemnité pour non-respect de la procédure de licenciement, l'irrégularité d'une clause du règlement intérieur ayant eu pour effet de le priver de l'assistance du membre du comité qu'il avait choisi (Cass. soc. 11-4-2012 n° 11-14.476 FS-PB : RJS 6/12 n° 531).

> **Précisions** L'autorité judiciaire est compétente pour se prononcer sur les litiges portant sur le règlement intérieur du comité central de la **Banque de France,** ce comité constituant une personne morale de droit privé n'exerçant pas de mission de service public et ne prenant pas de décision administrative (CE 20-12-2006 n° 292327 : RJS 4/07 n° 495).

DURÉE

Le règlement intérieur du comité peut prévoir qu'à chacun de ses **renouvellements,** le comité nouvellement élu se prononce, dans les mêmes conditions que celles prévues pour l'adoption du règlement intérieur, sur son maintien ou sur son remplacement par un nouveau règlement intérieur. En l'absence d'une telle clause, le renouvellement du comité ne rend pas caduc le règlement intérieur adopté par le précédent comité (TGI Saint-Étienne 23-5-1980 n° 80-511). 1525
Le changement de **dénomination sociale de l'entreprise** ne rend pas non plus caduc le règlement intérieur de son comité (Cass. soc. 2-5-1989 n° 87-41.828 D).

C. Moyens de fonctionnement

1. LOCAL ET MATÉRIEL

L'employeur doit mettre à la disposition du CSE un **local aménagé** et le **matériel nécessaire** à l'exercice de ses fonctions (C. trav. art. L 2315-25). Sur la portée de cette obligation, voir n°s 34050 s. 1550
Sur l'organisation dans ce local, par le CSE, de **réunions** d'information du personnel, voir n° 1975.

2. AFFICHAGE

Les membres de la délégation du personnel du CSE peuvent faire afficher les renseignements qu'ils ont pour rôle de porter à la connaissance du personnel sur des **emplacements obligatoirement** prévus et destinés aux communications syndicales, ainsi qu'aux portes d'entrée des lieux de travail (C. trav. art. L 2315-15). Jugé que ce droit d'affichage n'est pas soumis au **contrôle préalable** de l'employeur (Cass. crim. 8-5-1968 n° 67-92.659 P). 1560
Les **emplacements** spécifiques destinés aux communications des membres du CSE doivent être **distincts** de ceux réservés aux délégués syndicaux (C. trav. art. L 2142-3, al. 1).
Pour plus de précisions sur l'affichage, voir n°s 34300 s.

3. PERSONNEL DU COMITÉ

Étant doté de la personnalité civile, le CSE peut contracter et, notamment, recruter du personnel qu'il rémunère au moyen de sa subvention de fonctionnement. 1570

> **Précisions** Lorsque le comité n'a **pas de personnel propre** (ce qui sera probablement, en pratique, le cas le plus fréquent), l'employeur peut lui fournir certains moyens en personnel et imputer les frais correspondants sur la subvention de fonctionnement (n°s 2770 s.).
> Des **salariés de l'entreprise** peuvent aussi être chargés, outre leur travail dans l'entreprise, de **missions** pour le compte du comité. Celui-ci peut également conclure avec l'employeur un accord en vue du **détachement** auprès de lui d'un ou de plusieurs salariés. L'accord fixe notamment les modalités du détachement et de la réintégration des salariés au sein de l'entreprise à l'issue du détachement.
> Le salarié mis par l'employeur à la disposition du comité pour y accomplir un travail pour son compte et sous sa direction est lié par un contrat de travail au comité, qui a dès lors la qualité d'employeur. C'est donc le comité, non l'employeur, qui exerce le **pouvoir disciplinaire** à l'égard de ce salarié (Cass. soc. 23-3-2016 n° 14-14.811 FS-PB : RJS 6/16 n° 430).
> Enfin, le comité peut recourir à l'**intérim.** Dans cette situation, ce n'est pas lui, mais l'entreprise de travail temporaire, qui a la qualité d'employeur.

OBLIGATIONS DU COMITÉ

En tant qu'employeur, le comité est tenu à certaines obligations. Celles-ci étant, en règle générale, identiques à celles incombant aux autres employeurs, elles ne sont pas présentées ci-après. Par exception sont exposées les obligations pour lesquelles des questions spécifiques aux comités se sont posées. 1575

Cotisations sociales et autres prélèvements Le comité est responsable du paiement des **cotisations sociales** dues au titre des **rémunérations** qu'il verse à ses salariés. 1580
Ainsi jugé dans le cas d'un salarié de l'entreprise qui, outre ses fonctions dans celle-ci, exerçait certaines missions pour le compte du comité qui le rémunérait à ce titre (Cass. soc. 21-6-1979 n° 78-11.594 P). De même, le comité qui emploie des serveurs occasionnels à l'occasion d'un bal qu'il organise est redevable des cotisations afférentes aux rémunérations versées à ce personnel (Rép. Lorenzini : AN 24-8-1987 n° 1597).

ATTENTION

Les comités sont soumis à la **participation-construction** ainsi qu'aux **contributions dues au titre de la formation et de l'alternance.** Les comités d'établissement étant dotés de la personnalité civile, l'effectif doit être considéré isolément au regard de chacun d'eux (Circ. 25-9-1964 ; Rép. Houët : AN 5-7-1975 n° 19821).

1585 **Règlement intérieur** L'obligation faite aux entreprises ou établissements occupant habituellement au moins **50 salariés** d'établir un règlement intérieur (C. trav. art. L 1311-1 et L 1311-2) a vocation à s'appliquer au comité (JO déb. AN 15-5-1982 p. 2189).

ATTENTION

Ce document concerne le comité pris en tant qu'employeur de personnel. Son contenu et les modalités de sa mise en place sont dès lors ceux exposés n°s 85000 s. applicables à tout employeur d'au moins 50 salariés. Ce document est donc distinct du **règlement intérieur du CSE** fixant les modalités de son fonctionnement et ses rapports avec les salariés de l'entreprise dans laquelle il est mis en place.

STATUT DU PERSONNEL

1590 Le personnel du CSE obéit pour son statut aux règles de droit commun (nature et durée du contrat, durée du travail, etc.), sous réserve des particularités ci-après.

En principe, il ne relève ni de la **convention collective** de branche applicable dans l'entreprise (Cass. soc. 13-1-1965 n° 63-40.582 P), ni des accords signés au niveau de l'entreprise. Néanmoins, le contrat de travail peut s'y référer et prévoir que ces textes s'appliquent aux salariés du comité. Dans ce cas :

– il est possible d'exclure l'application de certaines clauses (Cass. soc. 22-5-1964 n° 63-40.104 P). Ainsi, un salarié du comité ne peut pas revendiquer l'application de la disposition de la convention collective de l'entreprise relative à la détermination du salaire lorsqu'une clause du contrat de travail l'exclut formellement, même si la clause suivante lui donne le bénéfice des autres « avantages accordés au personnel de l'entreprise » (Cass. soc. 22-5-1964 précité) ;

– il est interdit d'appliquer au personnel du CSE les clauses qui seraient moins favorables que le Code du travail.

Le personnel du comité n'a par ailleurs pas accès aux **avantages sociaux** ouverts au personnel de l'entreprise (budget social et culturel de la société et subventions accordées en matière de vacances et de loisirs), sauf si un accord d'entreprise concernant le personnel du comité le prévoit (CA Versailles 25-2-2003 n° 01-3628).

Enfin, le personnel propre du comité ne faisant pas partie du personnel de l'entreprise ne peut pas participer aux **élections** organisées en son sein (Cass. 2e civ. 17-12-1963 n° 62-60.038 P). En fonction de l'effectif qu'il occupe, le comité pourra être amené à organiser ses propres élections internes, en vue de mettre en place des représentants du personnel.

Sur la **participation de l'employeur** au **vote d'une délibération** intéressant un salarié du comité, voir n° 1865.

En cas de **litige** né à l'occasion du contrat de travail conclu entre le comité et l'un de ses salariés, le conseil de prud'hommes (section activités diverses : C. trav. art. R 1423-1) est compétent.

EXERCICE DU POUVOIR DISCIPLINAIRE ET LICENCIEMENT

1595 **Motif et procédure de licenciement** En matière de licenciement (personnel ou économique), le CSE doit respecter les **procédures** de droit commun.

La **motivation** du licenciement obéit, elle aussi, aux règles de droit commun.

> **Précisions** Ne commet pas de fraude le comité qui, confronté à une **baisse significative de ses ressources,** licencie son secrétaire comptable tout en proposant aux salariés et à leur famille, dans le cadre de ses activités sociales et culturelles, plusieurs voyages avec un important financement à sa charge (CA Lyon 15-9-2010 n° 08-8899 : RJS 3/11 n° 244).

1600 **Qui peut sanctionner ou licencier un salarié du CSE ?** Il revient en principe au **règlement intérieur** du CSE de déterminer qui possède, à l'égard du personnel dudit comité, le pouvoir disciplinaire et le pouvoir de licencier.

En l'**absence** de disposition du règlement intérieur sur ce point, seule une **délégation spéciale** donnée par le comité peut habiliter une personne pour l'exercice de ces pouvoirs (Cass. soc. 12-7-2006 n° 04-47.737 FS-PB : RJS 11/06 n° 1196).

Pour la Cour de cassation, cette délégation peut néanmoins être **tacite** et découler des fonctions de celui qui conduit la procédure disciplinaire ou de licenciement (Cass. soc. 15-1-2014 n° 12-24.594 F-D : RJS 3/14 n° 237).
Elle a par **exemple** jugé que le pouvoir reconnu au directeur salarié d'un comité de représenter l'employeur dans toutes les actions liées à la gestion des ressources humaines emporte pouvoir de licencier au nom de ce dernier. Au cas particulier, il y avait bien une délégation écrite de pouvoir, mais cette dernière était très générale et ne visait pas spécifiquement le licenciement de salariés. La Cour de cassation a néanmoins conclu au pouvoir de licencier (Cass. soc. 29-9-2010 n° 09-42.296 FS-PB : RJS 12/10 n° 950).
Elle considère en outre que si le **mandataire outrepasse ses pouvoirs,** le licenciement prononcé est valable si le comité le ratifie expressément ou tacitement, notamment en en soutenant la validité en justice (Cass. soc. 15-1-2014 précité).

CONSEIL

Même si la Cour de cassation fait preuve d'une certaine souplesse, il est préférable d'**établir un écrit** (mandat nominatif ou mention du règlement intérieur) indiquant explicitement que le mandat comprend le pouvoir disciplinaire et de licenciement. Le Conseil d'État subordonne en effet le pouvoir de licencier au nom du comité à une délégation expresse (en ce sens : CE 12-2-1993 n° 89733-90074 : RJS 4/93 n° 412 ; 31-3-1995 n° 101461 : RJS 6/95 n° 662). Ainsi, lorsque l'auteur de la demande n'a pas reçu une telle délégation, l'autorisation de licencier un salarié protégé dont l'employeur est le comité est illégale (CE 12-2-1993 précité) et le recours hiérarchique formé à l'encontre de la décision de refus d'autorisation de licenciement doit être rejeté (CE 31-3-1995 précité).

D. Commissions

Les dispositions concernant la mise en place de commissions au sein du CSE suivent l'architecture du Code du travail, distinguant l'ordre public, le champ de la négociation et les règles supplétives. Seules la commission santé, sécurité et conditions de travail et celle des marchés relèvent de l'ordre public. **1620**
Sur la mise en place d'une commission chargée d'assurer le suivi de la participation aux résultats, voir n° 71520. Sur l'affichage de la liste des membres des commissions du CSE, voir n° 650.

COMMISSION SANTÉ, SÉCURITÉ ET CONDITIONS DE TRAVAIL

Dans quelles entreprises s'impose-t-elle ? L'obligation de créer une CSSCT s'impose, sans possibilité d'y déroger car il s'agit d'une disposition d'ordre public : **1625**
– dans les entreprises et établissements distincts d'au moins **300 salariés** (C. trav. art. L 2315-36, 1° et 2°) ;
– dans les établissements – sans condition d'effectif – visés aux articles L 4521-1 et suivants du Code du travail, c'est-à-dire comprenant au moins une **installation nucléaire** de base, une installation classée **Seveso seuil haut** ou de **stockage souterrain** soumis à certaines dispositions du Code minier (C. trav. art. L 2315-36, 3°) ;
– dans les entreprises et établissements distincts de **moins de 300 salariés,** si l'inspecteur du travail estime cette mesure nécessaire, notamment en raison de la nature des activités, de l'agencement ou de l'équipement des locaux (C. trav. art. L 2315-37, al. 1).
En dehors des cas ci-dessus, une ou plusieurs CSSCT peuvent être instituées à titre facultatif par un accord d'entreprise conclu avec un ou plusieurs syndicats majoritaires (n°s 80710 s.) ou, en l'absence de délégué syndical, par un accord entre l'employeur et le CSE, adopté à la majorité des membres titulaires élus de la délégation du personnel. Cet accord peut définir le nombre, le périmètre et les modalités de mise en place de la ou des commissions (C. trav. art. L 2315-43). En l'absence d'accord, l'employeur peut fixer le nombre et le périmètre de mise en place d'une ou de plusieurs CSSCT et le règlement intérieur du CSE définit les modalités de leur mise en place et de leur fonctionnement (C. trav. art. L 2315-44).

> **Précisions a.** Le seuil de **300 salariés** est réputé franchi lorsque l'effectif de l'entreprise dépasse ce seuil pendant 12 mois consécutifs. L'employeur dispose d'un délai d'un an à compter de ce franchissement pour se conformer complètement aux obligations qui en découlent : mise en place de la CSSCT mais aussi des commissions visées n° 1685 (QR min. trav. du 16-1-2020 n° 98).
b. Si l'inspecteur du travail peut imposer la mise en place d'une CSSCT au sein d'un **établissement de moins de 50 salariés** appartenant à une entreprise d'au moins 50 salariés, il ne le peut pas en revanche, dans une **entreprise de moins de 50 salariés** (QR min. trav. du 16-1-2020 n° 100).

c. La décision de l'inspecteur du travail peut faire l'objet d'un **recours** devant la Dreets (C. trav. art. L 2315-37, al. 2) ou d'un recours contentieux devant le **tribunal administratif** dans le ressort duquel se situe l'inspecteur du travail qui a rendu la décision dans un délai de 2 mois. Ces recours ne sont pas suspensifs (QR min. trav. du 16-1-2020 n° 105).

1635 **Quelle est la composition de la commission ?** La CSSCT est **présidée** par l'employeur ou son représentant. Elle **comprend au minimum** 3 membres représentants du personnel, dont au moins un représentant du second collège, ou le cas échéant du troisième collège prévus à l'article L 2314-11 du Code du travail (n°s 24405 s.). Les membres de la commission sont désignés par une résolution du CSE adoptée à la majorité des membres présents, pour une durée prenant fin avec celle du mandat des membres élus du comité (C. trav. art. L 2315-39, al. 1 à 3).

Ces dispositions sont d'**ordre public.** Il ne peut donc pas y être dérogé, y compris dans le cas où la mise en place de la commission n'est pas légalement obligatoire et a été décidée par accord (TGI Évry 15-10-2018 n° 18/05636 : RJS 1/19 n° 33 ; Cass. soc. 27-11-2019 n° 19-14.224 FP-B : RJS 2/20 n° 97).

Les **représentants de proximité** peuvent, dès lors qu'ils sont membres du CSE, être désignés comme membres des différentes commissions du CSE (QR min. trav. du 16-1-2020 n° 106).

Le **représentant syndical au CSE** ne le peut pas, en revanche, dans la mesure où il n'est pas membre à part entière du CSE, disposant d'une voix consultative et non pas délibérative (QR min. trav. du 16-1-2020 n° 102).

> **Précisions a.** Selon la cour d'appel de Versailles, une personne extérieure à l'entreprise peut **représenter l'employeur** si elle présente les compétences nécessaires pour être un interlocuteur utile et si, en raison de ses liens et missions, elle n'est pas étrangère à l'entreprise. Tel peut être le cas du DRH ou du directeur qualité sécurité environnement de la société mère (CA Versailles 12-3-2020 n° 19/02628 : RJS 8-9/20 n° 423).
b. En cas de constitution de **3 collèges** pour les élections professionnelles, **l'un au moins des membres** du CSSCT doit-il nécessairement être issu du troisième collège des ingénieurs et cadres ou peut-il appartenir indifféremment au deuxième (techniciens et agents de maîtrise) ou au troisième collège ? La cour d'appel d'Aix-en-Provence s'est prononcée en faveur de cette dernière solution. Elle a ainsi jugé que présente une composition conforme à la loi le CSSCT comprenant au moins un membre non issu du premier collège des ouvriers et employés, ses membres étant en réalité tous issus du deuxième collège (CA Aix-en-Provence 4-7-2023 n° 22/10423 : RJS 10/23 n° 523).

1640 **Et ses modalités de mise en place et de fonctionnement ?** Les modalités de mise en place et de fonctionnement de la CSSCT (missions, nombre d'heures de délégation de ses membres, moyens alloués, modalités de leur formation et, le cas échéant, d'une formation spécifique aux risques ou facteurs de risques particuliers en rapport avec l'activité de l'entreprise) relèvent en principe du champ de la négociation collective. Elles sont fixées par un **accord d'entreprise** ou, en l'absence de délégué syndical, par un accord entre l'**employeur et** le **CSE** adopté à la majorité des membres titulaires élus de la délégation du personnel du comité (C. trav. art. L 2315-41 et L 2315-42). À titre supplétif, c'est-à-dire en l'absence d'accord, elles sont définies par le **règlement intérieur** du CSE (C. trav. art. L 2315-44, al. 1).

La **formation des membres** de la CSSCT (n° 810) doit être organisée sur une **durée** minimale de 5 jours lors du premier mandat, puis 3 jours lors du renouvellement, portés à 5 dans les entreprises d'au moins 300 salariés (C. trav. art. L 2315-18).

1645 **Et ses attributions ?** La CSSCT se voit confier, par délégation du CSE, tout ou partie des attributions du comité relatives à la santé, à la sécurité et aux conditions de travail, à l'exception du recours à un expert et des attributions consultatives du comité (C. trav. art. L 2315-38).

Il s'agit d'une disposition d'**ordre public** à laquelle il ne peut pas être dérogé. Ainsi, le CSE a l'obligation de déléguer à la commission, au moins une partie de ses attributions en matière de santé, sécurité et conditions de travail. Il peut par exemple être prévu par accord que le **droit d'alerte** en cas de danger grave et imminent, qui ne constitue pas une attribution consultative du CSE, puisse être exercé par les membres de la CSSCT (QR min. trav. du 16-1-2020 n° 101).

Si un accord relatif aux modalités de mise en place de la commission est conclu, c'est cet accord qui définit les missions déléguées à la commission et leurs modalités d'exercice. À défaut d'un tel accord, c'est le règlement intérieur du CSE qui définit ces points (C. trav. art. L 2315-44, al. 1).

Sur la participation de la CSSCT à l'**évaluation des risques professionnels** dans l'entreprise, voir n° 55555.

ATTENTION

L'étendue des missions confiées à la commission devrait logiquement dépendre des **spécificités de l'entreprise** concernée.
Dans la mesure où le recours à un **expert** ne peut pas lui être confié, la CSSCT est uniquement habilitée à proposer un tel recours.

Qui peut ou doit être présent lors de ses réunions ? Les « **personnalités qualifiées** » mentionnées à l'article L 2314-3 du Code du travail (nº 1835) sont informées et **invitées** aux réunions de la CSSCT. Elles y assistent à titre consultatif (C. trav. art. L 2315-39, al. 4). Au cours des réunions, l'**employeur** peut se faire **assister par des collaborateurs** appartenant à l'entreprise et choisis en dehors du comité (tenus aux mêmes obligations de secret professionnel et de discrétion que les membres de la délégation du personnel du CSE), sans qu'ils puissent être, ensemble, en nombre supérieur à celui des représentants du personnel titulaires (C. trav. art. L 2315-39, al. 5 et 6). 1650

COMMISSION DES MARCHÉS

CSE concernés Sont tenus de mettre en place la commission des marchés, prévue aux articles L 2315-44-1 à L 2315-44-4 du Code du travail, les CSE qui dépassent, pour au moins deux des trois critères, les **seuils suivants** (C. trav. art. D 2315-29) : 1655
- 50 salariés à la clôture d'un exercice ;
- 3 100 000 € pour le montant total des ressources annuelles définies à l'article D 2315-34 du Code du travail ;
- 1 550 000 € pour le total du bilan.

ATTENTION

Ces dispositions sont d'**ordre public,** aucune dérogation conventionnelle n'est donc possible.

Mise en place Les membres de la commission doivent être désignés par le CSE parmi ses **membres titulaires** (C. trav. art. L 2315-44-3, al. 1). 1660
Pour le surplus, le **règlement intérieur** du comité doit fixer les modalités de mise en place de la commission : nombre de ses membres, modalités de leur désignation et durée de leur mandat (C. trav. art. L 2315-44-3, al. 2).

Rôle L'intervention de la commission des marchés est obligatoire pour les **marchés dont le montant est supérieur** à 30 000 € (C. trav. art. L 2315-44-2, al. 1 et D 2315-29, al. 5). 1665
Pour ces marchés (C. trav. art. L 2315-44-2) :
- la commission propose des critères pour le choix des fournisseurs et des prestataires du comité et la procédure des achats de fournitures, de services et de travaux ;
- le CSE arrête ces critères et cette procédure ;
- la commission choisit les fournisseurs et les prestataires du comité.

> **Précisions** Sauf disposition contraire du règlement intérieur du comité, la commission des marchés n'intervient pas pour la passation des **contrats dont le montant n'excède pas le seuil de 30 000 €.** En effet, il n'apparaît pas indispensable, pour la passation de très petits marchés, qu'ils fassent l'objet d'une procédure conduisant à devoir justifier des critères et de la justification du choix opéré. On pense en particulier à la formation des membres élus du comité, à la désignation d'un expert ou encore au choix d'un conseil juridique, toutes choses pour lesquelles on peut difficilement attendre du comité qu'il motive son choix, ces questions devant être livrées à son libre arbitre.

Fonctionnement Les modalités de fonctionnement de la commission des marchés sont fixées par le **règlement intérieur** du CSE (C. trav. art. L 2315-44-3, al. 2). La commission doit dans tous les cas : 1670
- **rendre compte au CSE,** au moins une fois par an, de ses choix de fournisseurs et prestataires (C. trav. art. L 2315-44-2, al. 2) ;
- établir un **rapport d'activité annuel** devant être joint en annexe au rapport d'activité et de gestion du CSE (C. trav. art. L 2315-44-4).

ATTENTION

Le Code du travail ne prévoit pas de **rémunération** spécifique pour les membres de la commission des marchés. Le temps qu'ils consacrent à cette commission doit donc être imputé sur leur crédit d'heures.

AUTRES COMMISSIONS

1675 **Le champ de la négociation collective** Des commissions supplémentaires peuvent être créées pour l'examen de **problèmes particuliers** par un accord d'entreprise conclu dans les conditions prévues au premier alinéa de l'article L 2232-12 du Code du travail (c'est-à-dire, par un accord « majoritaire » sans référendum : n° 3515). L'employeur peut, le cas échéant, adjoindre à ces commissions, avec voix consultative, des **experts** et des **techniciens appartenant à l'entreprise,** choisis en dehors du comité, qui sont tenus aux mêmes obligations de secret professionnel et de discrétion que les membres de la délégation du personnel du CSE. Les rapports de ces commissions sont soumis à la délibération du comité (C. trav. art. L 2315-45).

Employeur et syndicats ont donc la plus grande liberté pour négocier le **nombre de ces commissions** et les **thématiques** auxquelles elles peuvent être dédiées en les adaptant aux spécificités de l'entreprise. On peut toutefois s'étonner que, dans le cadre d'un accord librement négocié entre partenaires sociaux, la faculté de permettre à des experts et techniciens de l'entreprise de siéger dans une commission instituée par la volonté des partenaires sociaux soit une prérogative de l'employeur et ne soit pas également ouverte, le cas échéant sous conditions, aux membres de la délégation du personnel du CSE.

1680 **Les dispositions supplétives** En l'absence d'accord d'entreprise visé n° 1675 prévoyant la création de commissions dédiées à l'examen de problèmes particuliers, c'est le Code du travail qui détermine les commissions devant être mises en place au sein du CSE, en fonction de l'effectif de l'entreprise.

Leurs **membres** peuvent être désignés parmi les salariés de l'entreprise n'appartenant pas au CSE. Sauf pour la CSSCT (n° 1635) et la commission économique (n° 1690) nécessairement présidées par l'employeur, la **présidence** des autres commissions est assurée par l'un de ses membres (C. trav. art. R 2315-28), peu importe donc qu'il s'agisse d'un membre du CSE ou non.

1685 Doivent être créés au sein du CSE, dans les **entreprises d'au moins 300 salariés,** à défaut d'accord d'entreprise :

– une commission de la **formation** chargée notamment de préparer les délibérations du CSE dans ce domaine et d'étudier les problèmes spécifiques des jeunes et des travailleurs handicapés en la matière et les moyens de favoriser l'expression des salariés sur ce thème (C. trav. art. L 2315-49) ; elle doit en outre être consultée sur les problèmes généraux relatifs à la mise en œuvre des dispositifs de formation professionnelle (plan de développement des compétences, compte personnel de formation, etc.) et de validation des acquis de l'expérience (C. trav. art. R 2315-30) et informée sur les congés de formation (C. trav. art. R 2315-31). S'agissant de savoir si la seule consultation de cette commission vaut également consultation du CSE, voir n° 61310, a ;

– une commission d'information et d'aide au **logement** des salariés, les entreprises de moins de 300 salariés pouvant se grouper entre elles pour la former ; des décrets à paraître sont prévus pour déterminer les conditions de la constitution de la commission, le nombre maximum de ses membres, les conditions dans lesquelles les conseillers que la commission s'adjoint sont le cas échéant rémunérés et celles dans lesquelles les droits en matière d'intéressement, de participation et d'épargne salariale peuvent être négociés ou exigés par anticipation (C. trav. art. L 2315-50 à L 2315-55) ;

– une commission de l'**égalité professionnelle** notamment chargée de préparer les délibérations du CSE en ce domaine (C. trav. art. L 2315-56).

Sur le **franchissement** du seuil de 300 salariés, voir n° 1625, a.

ATTENTION

a. La commission de la formation possède toute liberté de s'informer dans le cadre de sa mission et peut disposer à cet effet des **moyens** mis à la disposition du comité. En particulier, avec l'accord du comité dont elle émane, elle peut user des **locaux** de ce comité pour y recevoir des experts. En conséquence, commet le délit d'entrave au fonctionnement du comité l'employeur qui s'est opposé à la présence dans l'usine de personnes étrangères à la commission (Cass. crim. 12-4-1983 n° 82-93.485).

b. Dans le cadre du comité d'entreprise, le nombre des membres de la **commission d'information et d'aide au logement** ne pouvait pas dépasser, pour chaque entreprise ou établissement : de 300 à 500 salariés : 3 membres ; de 501 à 1 000 salariés : 4 membres ; de 1 001 à 2 000 salariés : 5 membres et pour plus de 2 000 salariés : 6 membres (Décret 76-1292 du 30-12-1971, art. 1). En l'absence de parution des textes réglementaires attendus sur ce point pour la commission du même nom du CSE, la question se pose de savoir si ces règles sont applicables pour cette institution.

Doit par ailleurs être créée, dans les **entreprises d'au moins 1 000 salariés,** une **commission économique** chargée d'étudier les documents économiques et financiers recueillis par le CSE et toute question que ce dernier lui soumet (C. trav. art. L 2315-46). L'employeur franchissant ce seuil doit immédiatement mettre en place cette commission (QR min. trav. du 16-1-2020 n° 98). 1690

La commission économique est **présidée** par l'employeur ou son représentant (n°s 660 s.) et comprend au maximum 5 **membres** représentants du personnel, dont au moins un représentant de la catégorie des cadres, désignés par le CSE ou le CSE central parmi leurs membres (C. trav. art. L 2315-47).

Elle se **réunit** au moins 2 fois par an. Elle peut demander à entendre tout cadre supérieur ou dirigeant de l'entreprise après accord de l'employeur et **se faire assister** par l'expert-comptable qui assiste le CSE et par les experts choisis par le comité dans les conditions exposées n°s 2020 s. (C. trav. art. L 2315-48).

RÉMUNÉRATION DU TEMPS PASSÉ EN COMMISSION

Le temps passé par les membres du CSE aux réunions des commissions est payé comme du **travail effectif** et n'est pas déduit des heures de délégation, dans la **limite** d'une durée annuelle globale fixée par accord d'entreprise ou, à défaut, de (C. trav. art. L 2315-11, 2° et R 2315-7, al. 1 à 3) : 1695

- 30 heures pour les entreprises de 300 à 1 000 salariés ;
- 60 heures pour les entreprises d'au moins 1 000 salariés.

Sur la question de l'imputation des heures de réunion plénière du CSE sur ces plafonds, voir n° 34650.

Au-delà de ces plafonds, le temps passé par chaque membre de la délégation du personnel à ces réunions est déduit de ses heures de délégation. Par **dérogation,** le temps passé aux réunions de la CSSCT n'est pas déduit des heures de délégation prévues pour les élus titulaires (C. trav. art. R 2315-7, al. 5 ; QR min. trav. du 16-1-2020 n° 88).

L'**effectif** est apprécié une fois par an, sur les 12 mois précédents, à compter du premier mois suivant celui au cours duquel a été élu le comité (C. trav. art. R 2315-7, al. 4). Il est décompté selon les règles prévues par les articles L 1111-2 et L 1111-3 du Code du travail (n°s 20850 s.).

III. RÉUNIONS DU COMITÉ

A. Réunions avec l'employeur

Les règles relatives aux réunions du CSE sont distinguées selon qu'elles relèvent de l'ordre public, du champ de la négociation collective, ou de dispositions supplétives applicables à défaut d'accord collectif. Cette distinction permet de clarifier ce qui peut être négocié (périodicité des réunions notamment) et ce qui ne peut pas l'être (mesures liées à la santé, la sécurité et les conditions de travail, essentiellement). 1710

1. PÉRIODICITÉ

RÈGLES GÉNÉRALES

Le nombre de réunions annuelles du CSE est fixé par **accord collectif** visé n°s 3850 s., **sans pouvoir être inférieur** à 6 (C. trav. art. L 2312-19, 2°). À **défaut** d'un tel accord, le CSE se réunit sur convocation de l'employeur ou de son représentant (C. trav. art. L 2315-28, al. 1 et 2) : 1720

- au moins une fois par mois dans les entreprises d'au moins 300 salariés ;
- au moins une fois tous les 2 mois dans celles de 50 à moins de 300 salariés.

> **Précisions a.** Cette **périodicité minimale** doit être respectée par l'employeur sous peine de délit d'entrave (Cass. crim. 27-9-1989 n° 88-85.727 P : RJS 11/89 n° 849 ; 11-2-1992 n° 90-87.500 PF : RJS 10/92 n° 1120).
> **b.** Le **seuil de 300 salariés** est **réputé franchi** lorsque l'effectif de l'entreprise dépasse ce seuil pendant 12 mois consécutifs et l'employeur dispose d'un délai d'un an à compter du franchissement de ce seuil pour se conformer complètement aux obligations en matière de réunion qui en découlent (QR min. trav. du 16-1-2020 n° 84).
> Dans les entreprises à **établissements multiples,** le nombre annuel de réunions des CSE d'établissement est déterminé en fonction des effectifs de l'entreprise, et non de l'établissement (C. trav. art. L 2315-28). Ainsi, dans le cas d'une entreprise de 315 salariés, divisée en 2 établissements distincts de 140 et de 175 salariés, les CSE de ces établissements devront se réunir au moins une fois par mois à défaut d'accord en disposant autrement (QR min. trav. 16-1-2020 n° 84).

1725 Toujours à titre supplétif, une **seconde réunion** peut être organisée à la demande de la majorité des membres du CSE (C. trav. art. L 2315-28, al. 3). Pour le calcul de la majorité, il est tenu compte des membres élus ayant voix délibérative et l'employeur est exclu (Cass. soc. 13-2-2019 n° 17-27.889 FS-PB : RJS 4/19 n° 228).

> **Précisions a.** Les modalités de cette demande de réunion extraordinaire par la majorité des membres du CSE ne sont pas précisées par la loi. Aucune forme particulière n'étant requise, en pratique, la demande de convocation du CSE en réunion extraordinaire devrait être formulée soit au cours de la réunion ordinaire, soit en saisissant le président du comité d'une demande écrite comportant la signature de la majorité des membres titulaires. Les questions jointes à cette demande doivent être inscrites à l'ordre du jour de la réunion.
> **b.** L'**employeur** ne peut pas **s'opposer** à la tenue d'une réunion extraordinaire régulièrement demandée (Cass. crim. 11-3-2008 n° 07-80.169 F-D : RJS 7/08 n° 800), sauf obstacle insurmontable (Cass. crim. 14-9-1988 n° 87-91.416 D : RJS 1/89 n° 44).
> **c.** La réunion extraordinaire doit **se tenir** sans attendre la prochaine réunion périodique obligatoire, sauf si des circonstances particulières tenant notamment à la proximité de la date prévue pour celle-ci justifient que les deux réunions, tout en restant distinctes, puissent sans inconvénient être fixées au même jour. À défaut de telles circonstances, l'employeur qui impose la tenue, le même jour, des deux réunions se rend coupable du **délit d'entrave** (Cass. crim. 17-1-1984 n° 82-94.159 P). Il en va de même s'il refuse de convoquer le comité à une réunion extraordinaire qu'il remplace par une réunion ordinaire (Cass. crim. 22-10-1975 n° 74-90.174).

1730 L'employeur peut prendre l'initiative de **réunions supplémentaires** s'il l'estime nécessaire ou si les circonstances l'exigent (CA Caen 11-10-1994 n° 94-952 : RJS 3/95 n° 250). Il ne peut pas, en revanche, organiser une **réunion partielle** du comité et tenir certains membres de cette instance à l'écart d'une séance (Cass. crim. 5-5-1976 n° 75-90.400 P).

LES RÉUNIONS « SANTÉ-SÉCURITÉ »

1735 **Des réunions d'ordre public** Pour les réunions correspondant à des attributions du CSE en matière de santé, de sécurité et de conditions de travail, la loi pose deux principes d'ordre public, auxquels il ne peut donc pas être dérogé.

Il est tout d'abord prévu qu'**au moins 4 des réunions annuelles** du CSE doivent porter en tout ou partie sur de telles attributions, cette fréquence minimale devant être **augmentée** en cas de besoin, notamment dans les branches d'activité présentant des risques particuliers (C. trav. art. L 2315-27, al. 1).

Par ailleurs, le CSE doit être réuni (C. trav. art. L 2315-27, al. 2) :
– à la suite de tout **accident** ayant entraîné ou ayant pu entraîner des conséquences graves ;
– en cas d'**événement grave** lié à l'activité de l'entreprise, ayant porté atteinte ou ayant pu porter atteinte à la santé publique ou à l'environnement ;
– à la **demande motivée** de deux de ses membres représentants du personnel, sur les sujets relevant de la santé, de la sécurité ou des conditions de travail.

> **Précisions** Les réunions de cette seconde catégorie sont des **réunions extraordinaires** s'ajoutant aux réunions ordinaires prévues par un accord collectif ou à défaut par le Code du travail.
> S'il a été constitué au sein du CSE une **CSSCT**, le comité pourra le cas échéant faire entrer ces réunions dans la délégation de tout ou partie de ses attributions en la matière qu'il doit opérer au profit de cette commission (sans toutefois pouvoir lui déléguer ni d'attributions consultatives ni la décision de recourir à l'expert).
> En cas de **demande de réunion** sur un sujet de santé, sécurité ou conditions de travail motivée **par deux des membres** du comité, l'employeur est tenu d'organiser la réunion (Cass. soc. 26-6-2013 n° 12-13.599 FS-PB : RJS 10/13 n° 688) et ne peut pas se faire juge du bien-fondé de cette requête (Cass. crim. 4-1-1990 n° 88-83.311 PF : RJS 3/90 n° 215).

1740 **Défaillance de l'employeur** Si l'employeur est défaillant, et à la **demande d'au moins la moitié des membres** du CSE, ce dernier peut être convoqué par l'**inspecteur du travail** et siéger sous sa présidence (C. trav. art. L 2315-27, al. 3).

Ces dispositions ne devraient valoir que pour les **seules réunions** visées à l'article L 2315-27 du Code du travail, à savoir au moins quatre réunions annuelles devant obligatoirement porter sur les questions de santé, sécurité et conditions de travail et les réunions extraordinaires devant

être organisées dans les situations visées n° 1735 se rapportant, elles aussi, à des questions, risques ou événements de même nature. Elles n'excluent pas des poursuites pour **délit d'entrave** à l'encontre de l'employeur (Cass. crim. 16-11-1999 n° 98-87.100 D).
Autre démarche possible : en cas de défaillance de l'employeur à organiser la **réunion** extraordinaire en matière de santé ou de sécurité, à la suite d'une **demande motivée de deux membres élus du comité,** l'un ou l'autre auteur de cette demande peut **agir en justice** pour que soit ordonnée une nouvelle réunion (Cass. soc. 25-11-2015 n° 14-16.067 FS-PB : RJS 2/16 n° 134).

Information de l'inspecteur et du médecin du travail L'employeur doit informer **annuellement** l'inspecteur ou le contrôleur du travail, le médecin du travail et l'agent des services de prévention des organismes de sécurité sociale du **calendrier retenu** pour les réunions consacrées aux sujets relevant de la santé, de la sécurité ou des conditions de travail, et leur **confirmer** par écrit au moins 15 jours à l'avance la tenue de ces réunions (C. trav. art. L 2315-27, al. 4). Il s'agit là aussi d'une disposition d'**ordre public** à laquelle il ne peut pas être dérogé. **1745**

2. DATE, LIEU ET HEURE

Les date, lieu et heure des réunions sont **fixés par l'employeur** (Cass. soc. 15-1-2013 n° 11-28.324 FS-PB : RJS 3/13 n° 215 ; 3-4-2019 n° 17-31.304 F-PB : RJS 6/19 n° 365). Le plus souvent, ils sont fixés lors de **chaque séance** du comité. La date fixée doit être compatible avec le **délai** de communication de l'ordre du jour (n° 1780). **1750**
En principe, les réunions doivent avoir lieu pendant les **heures de travail.** Toutefois, l'administration a admis, sous réserve d'un abus de droit de l'employeur, que les réunions aient lieu en dehors de l'horaire de travail, dans les petites entreprises où l'absence de certains personnels peut paralyser le travail d'une équipe (Circ. TR 80 du 31-7-1946). De même, lorsque certains membres du comité travaillent de nuit, les réunions ont également lieu en dehors de leur horaire de travail, mais l'employeur doit alors choisir un horaire permettant aux intéressés d'assister aux réunions dans les meilleures conditions possibles.
En cas d'**horaires variables** dans l'entreprise, la réunion peut se tenir dans les plages fixes ou dans les plages mobiles, ce point pouvant être précisé par accord (Circ. DRT 4 du 21-4-1994).
Sur la validité d'une clause du **règlement intérieur du comité** fixant la date de réunion de cette instance, voir n° 1515.

ATTENTION

Si le choix du **lieu** appartient à l'employeur, c'est à la condition qu'il n'abuse pas de sa position, par exemple, en fixant, malgré l'opposition des élus, le lieu des réunions du comité d'une société située en province au siège administratif parisien du groupe auquel elle appartient, alors qu'aucun salarié de cette société n'y travaille, et sans envisager de solution alternative (Cass. soc. 3-4-2019 n° 17-31.304 F-PB : RJS 6/19 n° 365).

3. ORDRE DU JOUR

ÉTABLISSEMENT

L'ordre du jour de chaque réunion du CSE est **établi** par le président et le secrétaire (C. trav. art. L 2315-29, al. 1) ou, le cas échéant ; par ce denier et le **représentant de l'employeur** délégué pour présider le comité (Cass. soc. 10-7-2002 n° 00-16.827 F-P : RJS 11/02 n° 1247). **1770**
À peine d'irrégularité de la convocation, il doit être **signé** conjointement par ces deux parties pour chaque réunion (Cass. soc. 25-6-2003 n° 01-12.990 FS-P : RJS 12/03 n° 1411 ; 25-4-2007 n° 06-40.267 F-D : RJS 7/07 n° 828), et ce, quel que soit l'objet de celle-ci (Cass. crim. 15-5-2007 n° 06-84.318 F-PF : RJS 8-9/07 n° 969).
À **défaut d'accord,** le juge des référés doit être saisi de la difficulté, l'une des parties ne pouvant pas unilatéralement arrêter l'ordre du jour, ni imposer à l'autre de le signer (Cass. soc. 8-7-1997 n° 95-13.177 PBF : RJS 10/97 n° 1109 ; Cass. crim. 4-11-1997 n° 96-85.631 PF : RJS 3/98 n° 328).
Toutefois, lorsque sont en cause des **consultations obligatoires** prévues par une disposition législative, réglementaire ou par un accord collectif, elles doivent y être inscrites de plein droit par l'employeur ou le secrétaire (C. trav. art. L 2315-29, al. 2). Cette obligation ne dispense pas les parties de rechercher l'élaboration conjointe de l'ordre du jour, un entretien en vue d'une fixation conjointe devant être proposé par l'un ou l'autre (Cass. soc. 12-7-2010 n° 08-40.821 FS-PB : RJS 10/10 n° 736 ; Circ. DGEFP-DRT 47 du 30-12-2005). En cas de désaccord persistant entre l'employeur et le secrétaire sur le caractère obligatoire de la consultation, le juge des référés est compétent pour trancher la difficulté (Cass. soc. 13-2-2013 n° 11-26.783 F-D : RJS 4/13 n° 294).
Si le CSE **se réunit** à la **demande de la majorité de ses membres** (n° 1725), les questions jointes à la demande de convocation sont inscrites à l'ordre du jour de la séance (C. trav. art. L 2315-31).

Lorsque l'employeur et/ou le secrétaire refusent d'inscrire une question à l'ordre du jour, le CSE peut donc demander, à la majorité de ses membres, la tenue d'une réunion exceptionnelle à l'ordre du jour de laquelle cette question figurera. Ce texte permet ainsi la résolution d'un tel conflit sans recours à la saisine du juge des référés.
Pour la **première réunion** du comité, voir n° 1775.

ATTENTION

L'**établissement unilatéral** de l'ordre du jour par l'employeur, sans recherche préalable d'un accord avec le secrétaire du comité, est **sanctionné,** au plan civil, par l'irrégularité de la réunion et de la délibération (Cass. soc. 9-7-1996 n° 94-17.628 P : RJS 11/96 n° 1187). Il est constitutif, au plan pénal, du délit d'entrave (Cass. crim. 20-1-1981 n° 79-93.349 ; 25-10-1994 n° 93-85.802 D : RJS 3/95 n° 250).

1775

Première réunion du comité

Le comité nouvellement créé ou nouvellement réélu n'a pas encore désigné son secrétaire. L'employeur fixe donc unilatéralement l'ordre du jour de cette première réunion.

Voici quelques questions qu'il est recommandé de porter sur cet ordre du jour :
- désignation du secrétaire et du trésorier du CSE (nos 1420 s.) ;
- désignation éventuelle d'autres membres du bureau du comité (nos 1420 s.) ;
- compte bancaire du CSE (habilitation du trésorier et/ou du secrétaire à utiliser le compte du CSE et, s'il s'agit d'un premier CSE, à ouvrir ce compte) ;
- remise et présentation par la direction d'une documentation juridique, économique et financière sur l'entreprise (n° 4070) ;
- compte rendu de gestion de l'ancien comité (n° 3115) ;
- subvention de fonctionnement (nos 2720 s.) et contribution patronale aux activités sociales et culturelles (nos 2850 s.) : montant, modalités de versement ;
- règlement intérieur du CSE (nos 1500 s.) : adoption d'un nouveau règlement intérieur ou reconduction, le cas échéant après modification, du règlement intérieur du comité précédent ;
- si les membres du CSE exposent des frais pour se rendre aux réunions du CSE, modalités de prise en charge de ces frais par l'employeur (nos 35140 s.) ;
- constitution des commissions (nos 1620 s.) ;
- si l'entreprise est dotée d'un conseil d'administration ou de surveillance : élection des représentants du comité à cet organe (nos 11000 s.) ;
- s'il s'agit de la première réunion d'un CSE d'établissement : élection des représentants du CSE d'établissement au CSE central (nos 27000 s.) ;
- calendrier prévisionnel des réunions suivantes (n° 1750) ;
- questions diverses.

COMMUNICATION AUX MEMBRES DU CSE

1780 L'ordre du jour des réunions du CSE est communiqué par le président aux membres du comité, à l'inspecteur ou au contrôleur du travail ainsi qu'à l'agent des services de prévention des organismes de sécurité sociale **3 jours au moins avant la réunion** (C. trav. art. L 2315-30). Ce délai s'impose pour toutes les réunions du comité et même lorsque l'employeur décide d'une consultation sur un point où elle n'est pas obligatoire (Cass. crim. 5-11-1991 n° 90-84.817 D : RJS 3/92 n° 307). Il s'agit d'un délai **minimum** qui peut être prolongé par le règlement intérieur ou par voie d'accord conclu au sein du CSE.
Son **inobservation** constitue un délit d'entrave, sauf en cas d'**urgence** (Cass. crim. 11-6-1974 n° 73-93.299 P). Par exemple, la fermeture d'un atelier en raison du risque d'accident provoqué par des grèves tournantes (Cass. crim. 6-2-1979 n° 77-91.923 P) ou la mise en activité partielle de deux ateliers de l'entreprise suite à un arrêt de travail dans un autre atelier (Cass. crim. 14-3-1978 n° 77-90.788) constituent des cas d'urgence justifiant le non-respect du délai de 3 jours. Tel n'est pas le cas, en revanche, du projet de licenciement d'un membre du comité (Cass. crim. 22-7-1981 n° 80-94.112).
Si, malgré l'inobservation du délai de 3 jours, les membres du comité étaient tous présents à la réunion et si aucun n'a formulé d'observation inscrite sur le procès-verbal, la délibération doit être considérée comme valable (Cass. soc. 2-7-1969 n° 68-40.383 P). Le juge administratif considère pour sa part que l'avis du comité est régulièrement émis dès lors que la méconnaissance de ce délai ne l'a pas empêché de se prononcer en connaissance de cause (CE 27-6-1986 n° 61506).

> **Précisions** **a.** L'ordre du jour est communiqué non seulement aux titulaires, mais aussi aux **suppléants,** cette transmission ayant seulement pour objet d'informer ces derniers, de sorte que, le cas échéant, ils puissent remplacer un élu titulaire empêché (QR min. trav. 16-1-2020 n° 91).
b. Le délai de 3 jours ne s'applique pas à la **fixation d'un local** de réunion inhabituel (Cass. soc. 17-11-1977 n° 75-14.751 P).
Il ne concerne que la communication de l'ordre du jour aux membres du CSE et non la **convocation** qui peut se faire moins de 3 jours avant la réunion (Cass. crim. 4-1-1983 n° 82-90.710).
c. Le délai minimal étant institué dans l'intérêt des membres du CSE, l'employeur ne peut pas **s'en prévaloir** : voir n° 1782.

Estimant que seuls les membres de la délégation du personnel au CSE peuvent **se prévaloir du délai minimal de communication** de l'ordre du jour (n° 1780) instaurée dans leur intérêt, la chambre sociale de la Cour de cassation admet la possibilité pour le secrétaire d'**ajouter un point à l'ordre du jour** moins de 3 jours avant la réunion, l'employeur ne pouvant pas s'y opposer et cette inscription n'étant pas un motif d'irrégularité de la délibération du comité (Cass. soc. 28-6-2023 n° 22-10.586 F-B : RJS 10/23 n° 522). Pour sa part, sur le même fondement, la chambre criminelle a également admis, à propos d'un comité central d'entreprise (mais la solution est, selon nous, transposable au CSE, au CSE central et au CSE d'établissement) l'ajout d'un point à l'ordre du jour en début de séance donnant mandat à son secrétaire pour engager une action en justice pour délit d'entrave, même sans lien avec celles inscrites à l'ordre du jour, sous réserve toutefois que cet ajout ait été approuvé à l'unanimité des membres présents (Cass. crim. 13-9-2022 n° 21-83.914 F-B : RJS 11/22 n° 570). 1782

CONTENU ET PORTÉE DE L'ORDRE DU JOUR

Pour la Cour de cassation, le comité ne peut valablement délibérer, ou émettre un avis, que sur les **questions figurant à l'ordre du jour** ou ayant un **lien** avec celles-ci (Cass. soc. 15-1-2014 n° 12-25.468 F-D : RJS 4/14 n° 332 ; 27-5-2021 n° 19-24.344 F-D : RJS 8-9/21 n° 458 ; Cass. crim. 5-9-2006 n° 05-85.895 F-PF : RJS 11/06 n° 1197 ; 13-9-2022 n°s 22-80.061 F-D, 21-83.897 F-D et 21-85.707 F-D). 1785
Par ailleurs, l'ordre du jour doit être **précis.** L'avis émis sur la base d'un ordre du jour rédigé en termes vagues et **imprécis** est nul et de nul effet. Le comité doit, en effet, pouvoir, au préalable, mesurer la portée de la décision qu'il sera amené à prendre (Cass. soc. 24-7-1984 n° 83-12.030 B).
On signalera enfin que, s'il est possible de prévoir dans l'ordre du jour une rubrique consacrée aux « **questions diverses** », les questions évoquées en réunion sous couvert de cette rubrique ne peuvent pas donner lieu à une décision ou un avis du comité.

ILLUSTRATIONS

L'ordre du jour qui prévoit « l'évocation des évènements survenus pouvant révéler des situations de risques psychosociaux, l'évaluation de leur gravité et l'obtention par la direction de l'exposé des actions qu'elle compte mettre en œuvre » permet de délibérer sur la **désignation d'un expert** en vue d'analyser les facteurs de risques identifiés par le CSE ainsi que l'autorise l'article L 2315-94, 1° du Code du travail en cas de risque grave constaté dans l'établissement (Cass. soc. 27-5-2021 n° 19-24.344 F-D : RJS 8-9/21 n° 458).
L'ordre du jour mentionnant « réponse de l'employeur à la demande du comité de prise en charge des frais d'approche et d'hébergement lors des réunions légales » permet de délibérer sur l'engagement d'une **action en justice** à l'encontre de l'employeur pour faire aboutir cette demande (Cass. soc. 10-10-2002 n° 01-03.336 F-D). De même, la question de la localisation des réunions du comité ayant été inscrite à l'ordre du jour de la réunion, la délibération sur l'engagement d'une procédure en justice pour faire aboutir cette demande s'inscrit dans le cadre de cette question (Cass. soc. 3-4-2019 n° 17-31.304 F-PB : RJS 6/19 n° 365).
En revanche, la délibération du comité autorisant son secrétaire à agir en justice pour solliciter sa consultation sur un projet de l'employeur est irrégulière si la question de la consultation du comité sur ce projet ne figure pas à l'ordre du jour et ne présente aucun lien avec celles devant être débattues lors de la réunion (Cass. soc. 15-1-2014 n° 12-25.468 F-D : RJS 4/14 n° 332). De même, la délibération par laquelle le comité donne mandat à son secrétaire d'exercer des **poursuites correctionnelles pour entrave** à son fonctionnement est irrégulière si cette délibération ne présente aucun lien avec les questions à l'ordre du jour (Cass. crim. 5-9-2006 n° 05-85.895 F-PF : RJS 11/06 n° 1197).
L'avis émis par le comité sur le **changement d'affectation de l'un de ses membres** est nul dès lors que l'ordre du jour était rédigé en des termes ambigus n'impliquant pas qu'il soit débattu de ce changement d'affectation (Cass. soc. 24-7-1984 n° 83-12.030 B).

Les questions doivent être **traitées en séance dans l'ordre prévu** par l'ordre du jour. La Cour de cassation a toutefois jugé qu'un employeur avait pu donner priorité à une question nécessitant l'audition d'un cadre obligé de quitter rapidement la réunion du fait de ses fonctions (Cass. crim. 1790

25-5-1983 n° 82-92.280), mais la cour d'appel statuant sur renvoi a jugé l'employeur coupable de délit d'entrave pour ne pas avoir établi les raisons absolument impérieuses justifiant que le cadre concerné soit entendu et quitte la réunion rapidement (CA Lyon 17-2-1984).

4. CONVOCATION DU COMITÉ

INITIATIVE

1800 La convocation du CSE incombe à l'**employeur** ou à son représentant (C. trav. art. L 2315-28, al. 1). En principe accompagnée de l'ordre du jour, elle est **remise** directement, contre émargement, aux personnes intéressées, envoyée par lettre ou adressée par mail avec accusé de réception à une liste de distribution collective (Cass. soc. 25-11-2015 n° 14-16.067 FS-PB : RJS 2/16 n° 134). Elle doit, en principe, **indiquer** notamment la date, l'heure et, le cas échéant, le lieu de la réunion si le CSE ne se réunit pas dans son local habituel. Ces règles valent pour les réunions périodiques, les réunions extraordinaires et toute autre réunion convoquée par l'employeur.
Ne constitue pas une convocation régulière un simple **avertissement verbal** non assorti de la communication préalable de l'ordre du jour (Cass. crim. 24-1-1974 n° 73-90.807 P).
Sur la **défaillance** de l'employeur concernant les réunions extraordinaires en matière de santé-sécurité, voir n° 1740.

DESTINATAIRES

1810 Tous les **membres du CSE** doivent être convoqués. Les **personnes étrangères** au CSE, mais dont la présence s'impose au vu de l'ordre du jour (médecin du travail, commissaire aux comptes, etc.) doivent l'être également.
À défaut, l'employeur commet un délit d'entrave. Il en va notamment ainsi si l'employeur s'abstient volontairement de convoquer un **représentant syndical** à une séance du comité (Cass. crim. 12-3-1970 n° 69-91.317 P ; 24-1-1974 n° 73-90.807 P) ou ne le convoque pas en temps utile (Cass. crim. 11-6-1974 n° 73-93.299 P) ou encore s'arroge le pouvoir d'« inviter » ou non les représentants syndicaux à participer aux réunions du comité en fonction de sa propre appréciation de « l'importance des problèmes discutés » (Cass. crim. 24-1-1974 n° 73-90.807 P).
Tous les **suppléants** doivent être convoqués. Néanmoins, cette convocation a seulement pour objet de les informer de l'ordre du jour de la réunion de sorte que, le cas échéant, ils puissent remplacer un élu titulaire empêché. Selon l'administration, un accord collectif ou un accord conclu avec la majorité des membres titulaires du CSE peut prévoir que la communication de l'ordre du jour vaut convocation des suppléants aux réunions du comité (QR min. trav. 16-1-2020 n° 91).

> **Précisions a.** En cas de **renouvellement** du comité, l'employeur doit convoquer à sa **première réunion** les membres, titulaires et suppléants, nouvellement élus, ainsi que les représentants syndicaux nouvellement désignés. Il est d'usage de convoquer également le secrétaire et le trésorier de l'ancien comité afin qu'ils procèdent au compte-rendu de gestion de l'ancien comité (n° 3115). Il est également possible de convoquer l'ensemble des membres de l'ancien comité afin qu'ils procèdent à ce compte-rendu.
> **b.** Sur la convocation d'un représentant du personnel dont le **contrat de travail** est **suspendu**, voir n° 31655.
> **c.** Sur la convocation de l'autorité chargée de la **police des installations** dans les établissements à hauts risques industriels, voir n° 57320.

DÉLAI

1815 Aucun délai minimum n'est prescrit entre la convocation et la date de la réunion. Mais, si l'ordre du jour est transmis avec la convocation, il convient de veiller à respecter le délai de communication de cet ordre du jour (n° 1780).

5. DÉROULEMENT DES SÉANCES

PERSONNES PRÉSENTES

1830 Sont présents aux réunions du CSE les personnes qui le composent, président et collaborateurs éventuels (sur ceux-ci, voir n° 685), élus titulaires et représentants syndicaux, les membres suppléants du CSE n'assistant aux réunions qu'en l'absence du titulaire (C. trav. art. L 2314-1, al. 2).
Il est **conseillé** que le règlement intérieur du CSE organise les modalités de la suppléance (QR min. trav. 16-1-2020 n° 87).

1835 Des **personnes extérieures** peuvent également assister aux réunions **en vertu de la loi.** Ainsi, les différents experts et personnes qualifiées auxquels le comité peut recourir en vertu d'une disposition légale sont autorisés à assister aux réunions du comité, dès lors que celles-ci comportent à

l'ordre du jour une question relevant de leur compétence (Circ. DRT 12 du 30-11-1984 n° 34). Le président du CSE ne peut pas s'y opposer (Cass. crim. 25-5-1983 n° 82-92.280).
De même, la loi autorise la présence :
– du commissaire aux comptes (voir n° 3895) ;
– du médecin du travail, avec voix consultative, lorsque l'ordre du jour soulève des questions en matière de santé, de sécurité ou de conditions de travail (C. trav. art. L 2314-3, I) ;
– de l'inspecteur ou du contrôleur du travail, en tant qu'invité, pour les réunions organisées après un accident de travail ayant entraîné un arrêt de travail d'au moins 8 jours ou en cas de maladie professionnelle (C. trav. art. L 2314-3, II). Si le CSE couvre plusieurs sites, l'employeur adresse l'invitation à l'agent de contrôle compétent pour le site où se tient la réunion (QR min. trav. 16-1-2020 n° 86) ;
– du conseiller du travail (C. trav. art. D 4632-4).

D'autres personnes extérieures au comité peuvent assister à ses réunions **en vertu d'un accord** entre son président et la majorité de ses membres (Cass. soc. 22-11-1988 n° 86-13.368 P : RJS 1/89 n° 43). Cet accord peut toutefois être **implicite** et résulter du fait que l'assistance aux réunions de personnes étrangères n'a fait l'objet, de part et d'autre, d'aucune protestation (Cass. soc. 2-7-1969 n° 68-40.383 P ; 8-7-2014 n° 13-15.470 FS-PB : RJS 10/14 n° 703). **1840**
L'employeur qui **impose unilatéralement** la présence de personnes étrangères commet un délit d'entrave (Cass. crim. 23-6-1981 n° 80-93.003). En présence d'une personne invitée par le comité sans que cela ait été admis par un vote, il peut en revanche s'opposer à ce que la réunion se tienne à la date initialement fixée et reconvoquer le comité à une séance ultérieure sur le même ordre du jour (Cass. crim. 26-4-1988 n° 86-93.566 P).
Sur la possibilité de faire appel à une personne extérieure pour **sténographier** les séances du comité, voir n° 1895.
S'agissant des conséquences, sur la **validation ou** l'**homologation administrative** d'une procédure de licenciement collectif avec **PSE,** de la méconnaissance des règles relatives à l'assistance de l'employeur, voir n° 90725.

ATTENTION

La Cour de cassation subordonne la **présence aux côtés de l'employeur** de personnes étrangères à l'entreprise à la condition, non seulement qu'elle ait été **acceptée** par la majorité des membres du comité, mais également qu'elle n'ait pas porté atteinte à l'**équilibre de la procédure consultative** (Cass. soc. 8-7-2014 n° 13-15.470 FS-PB : RJS 10/14 n° 703). Un nombre excessif d'intervenants extérieurs venus soutenir l'employeur pourrait donc vicier la procédure.

RECOURS À LA VISIOCONFÉRENCE

Institutions concernées et mise en œuvre La visioconférence peut être utilisée pour les **réunions** : **1845**
– du CSE (C. trav. art. L 2315-4) ;
– des CSE centraux (C. trav. art. L 2316-16) et d'établissement (C. trav. art. L 2316-26) ;
– des comités de groupe (C. trav. art. L 2334-2, al. 4), d'entreprise européen (C. trav. art. L 2341-12) et de la société européenne (C. trav. art. L 2353-27-1).
Le recours à cette technique doit être autorisé par un **accord** entre employeur et représentants du personnel concernés. **À défaut** d'accord, il est limité à trois réunions par année civile.

ATTENTION

L'**accord** autorisant le recours à la visioconférence doit être **signé** par les membres élus du comité (CSE, CSE central) ou, le cas échéant, les représentants du personnel siégeant au comité (comités de groupe, d'entreprise européen ou de la société européenne).

Modalités Lorsque le **CSE** est réuni en visioconférence, le dispositif technique mis en œuvre garantit l'**identification des membres** du comité et leur **participation effective,** en assurant la retransmission continue et simultanée du son et de l'image des délibérations. Ces dispositions ne font pas obstacle à des suspensions de séance (C. trav. art. D 2315-1, al. 1 et 2). **1850**
En cas de **vote à bulletins secrets,** le dispositif de vote garantit que l'identité de l'électeur ne peut à aucun moment être mise en relation avec l'expression de son vote. En cas de **vote électronique,** le système doit assurer la confidentialité des données transmises, ainsi que la sécurité de l'adressage des moyens d'authentification, de l'émargement, de l'enregistrement et du dépouillement des votes (C. trav. art. D 2315-1, al. 3).
Les étapes de la procédure sont les suivantes (C. trav. art. D 2315-2) :
– l'**engagement des délibérations** est subordonné à la vérification que l'ensemble des membres a accès à des moyens techniques satisfaisant aux conditions ci-dessus ;

– le **vote** a lieu de manière simultanée ; à cette fin, les participants disposent d'une durée identique pour voter à compter de l'ouverture des opérations de vote indiquée par le président du comité.

Ces **règles,** prises pour le CSE, sont également **applicables** au CSE central (C. trav. art. D 2316-8), aux CSE d'établissement (C. trav. art. L 2316-26), aux comités de groupe (C. trav. art. D 2333-2), d'entreprise européen (C. trav. art. D 2341-1) et de la société européenne (C. trav. art. D 2353-6).

DISCUSSIONS ET DROITS DE VOTE

1855 Tous les membres du comité, y compris les représentants syndicaux, peuvent **prendre la parole** pour exprimer leur opinion pendant les séances, à peine de délit d'entrave (Cass. crim. 12-3-1970 n° 69-91.317 P), à condition de ne pas tenir de propos diffamatoires ou injurieux.

En revanche ont seuls le **droit de vote** les membres titulaires du comité et, dans les cas exposés n°s 1860 s., son président.

Les représentants syndicaux et les collaborateurs de l'employeur n'assistent aux réunions qu'avec voix consultative (C. trav. art. L 2314-2 et L 2315-23, al. 2). Les **suppléants** ont voix délibérative lorsqu'ils remplacent les titulaires (C. trav. art. L 2314-37).

> **Précisions** La tenue, lors d'une réunion du comité, de **propos diffamatoires ou injurieux** est susceptible de caractériser, au **plan pénal,** les délits de diffamation et d'injures non publiques (C. pén. art. R 621-1 et R 621-2 ; CA Poitiers 25-5-1984 n° 533). Ces faits ne peuvent pas en revanche constituer les délits d'injure et de diffamation publiques (Cass. crim. 24-5-1955 : Bull. crim. n° 263). Au **plan civil,** la tenue de tels propos peut entraîner la mise en cause de la responsabilité civile de leur auteur (Cass. 2e civ. 1-4-1974 n° 73-10.673 P), voire constituer, pour un salarié, une faute grave justifiant son licenciement (Cass. soc. 4-5-1956 n° 3368 P : Bull. civ. IV n° 414). Toutefois, les juges peuvent considérer que ne constitue pas une faute grave le fait pour un salarié comptant 20 ans d'ancienneté d'avoir, dans un contexte de vive tension opposant les représentants du personnel et la direction, injurié le directeur des ressources humaines au cours d'une réunion du comité (Cass. soc. 27-2-2013 n° 11-27.474 F-D : RJS 5/13 n° 398).

1860 **Vote de l'employeur** Le président du CSE ne participe pas au vote lorsqu'il **consulte** les membres élus du comité **en tant que délégation du personnel** (C. trav. art. L 2315-32, al. 2).

Cette disposition tient compte de la situation particulière du président du comité, qui est aussi l'employeur, et a entériné la **jurisprudence** de la Cour de cassation distinguant les simples mesures d'administration internes au comité des questions sur lesquelles les membres élus de celui-ci étaient seuls à pouvoir se prononcer en tant que délégation du personnel à l'exclusion de l'employeur (Cass. soc. 2-2-1978 n° 77-60.653 P).

Selon l'**administration,** l'employeur ne vote pas sur les questions qui relèvent du rôle consultatif du comité dans les domaines économiques et professionnels et lorsque le comité procède à la désignation des membres dans une autre instance (Rép. Savy : AN 16-2-1987 n° 17698).

ATTENTION

Le **règlement intérieur** du comité ne peut pas interdire au président de participer à l'élection du secrétaire ou du trésorier. En revanche, le **président peut, s'il le souhaite, s'abstenir de lui-même** d'y prendre part. Mais son abstention, même sur une longue période, ne constitue pas un usage dont les élus pourraient se prévaloir. Il reste libre, à chaque élection, de décider s'il souhaite ou non prendre part au vote (Cass. soc. 25-9-2013 n° 12-14.489 FS-D : RJS 12/13 n° 828). À notre sens, ces principes valent également pour l'élection des autres membres du bureau.

1865 **ILLUSTRATIONS**

L'employeur, membre du comité, **participe au vote pour** :
– l'établissement du règlement intérieur du comité (JO déb. : AN 1-10-1982 p. 5348) ;
– l'adoption d'une résolution relative à la modification du contrat de travail liant le comité à une personne employée par celui-ci (CA Paris 22-2-2000 n° 99-6951 : RJS 4/00 n° 485) ;
– la désignation du secrétaire (Cass. soc. 10-7-1991 n° 88-20.411 PF : RJS 10/91 n° 1105 ; 5-1-2005 n° 02-19.080 F-D : RJS 4/05 n° 402 ; Cass. crim. 14-6-2022 n° 21-82.443 F-D : RJS 8-9/22 n° 455), du trésorier (Cass. soc. 5-1-2005 n° 02-19.080 F-D : RJS 4/05 n° 402), du secrétaire adjoint et du trésorier adjoint (CA Rouen 17-3-1999 n° 98-4519 : RJS 7/99 n° 934) et, bien entendu, des autres membres du bureau.

En revanche, la **participation** au vote de l'employeur est **exclue pour** :
– la désignation des représentants du comité au conseil d'administration ou de surveillance (Cass. soc. 5-5-1983 n° 81-16.787 P), des membres de la commission économique (Circ. DRT 12 du 30-11-1984), des membres de la commission de la formation professionnelle (CA Rouen 17-3-1999 n° 98-4519 : RJS 7/99 n° 934 ; CA Versailles 28-9-1995 n° 93-12554 : RJS 12/95 n° 1256) ;
– la désignation des représentants du comité d'établissement au comité central (Cass. soc. 12-3-1970 n° 69-60.021 P ; 15-1-2002 n° 00-60.276 F-D) ;

– la désignation de l'expert-comptable assistant le comité (Cass. soc. 5-5-1983 n° 81-16.787 P ; 26-11-1987 n° 86-14.530 P) ou d'un expert rémunéré par le comité (Circ. DRT 12 du 30-11-1984) ;
– les décisions portant sur l'utilisation de la subvention de fonctionnement (Lettre min. 15-1-1986 ; CA Paris 16-6-1999 n° 99-4193 : RJS 10/99 n° 1262) ;
– tous les cas où l'employeur consulte le comité sur ses projets : par exemple, mise en place d'horaires de travail individualisés (Cass. soc. 16-12-1981 n° 80-16.194 P), licenciement d'un salarié protégé (n° 45185, b).

Le président vote-t-il pour la gestion des activités sociales et culturelles ? 1875

S'agissant de la question de savoir si le président participe au vote pour les résolutions portant sur la gestion des activités sociales et culturelles, la réponse n'est pas évidente. En effet, la **chambre sociale de la Cour de cassation** considère que l'employeur ne peut pas participer au vote de telles résolutions, ce vote constituant une consultation des membres élus du comité en tant que délégation du personnel (Cass. soc. 25-1-1995 n° 92-16.778 P : RJS 3/95 n° 251).
La **chambre criminelle** de la Cour de cassation retient la solution inverse (Cass. crim. 4-11-1988 n° 87-91.705 P : RJS 1/89 n° 45), rejoignant en cela la position de l'**administration** (Rép. Savy : AN 16-2-1987 n° 17698).
En pratique, il semble que la majorité des employeurs s'abstient de participer aux votes du comité relatifs à la gestion des activités sociales et culturelles.

RÈGLES DE VOTE

Majorité requise Les **résolutions** du CSE sont prises à la **majorité des membres présents** 1880
(C. trav. art. L 2315-32, al. 1). Il en va de même des autres types de délibération, tels que les avis ou les décisions, ou les accords encadrant les délais de consultation et d'expertise du comité (Circ. DGT 1 du 18-3-2014). Le mot « résolution » doit en effet être compris au sens d'une manifestation collective de volonté d'une assemblée (CA Versailles 25-10-1990 n° 89-5949 : RJS 1/91 n° 127).
La majorité des présents s'entend de la majorité des membres assistant à la séance au moment du vote et ayant le droit de vote. Pour calculer la majorité requise, il faut donc prendre en compte tous les votes, y compris les votes blancs ou nuls, les abstentions, le vote des suppléants lorsqu'ils remplacent un titulaire et le vote de l'employeur quand il est admis (Circ. DRT 12 du 30-11-1984).
Selon l'administration, la règle de la majorité des membres présents ne s'applique pas aux **élections,** c'est-à-dire lorsque le comité désigne certains de ses membres pour exercer des attributions particulières. Dans ce cas, c'est la règle de la **majorité des voix exprimées** qui s'applique. Il en est ainsi pour le choix des représentants du comité d'établissement au comité central (n°s 27000 s.), des délégués au conseil d'administration ou de surveillance (n°s 11000 s.), de la nomination des membres des commissions (n°s 1620 s.) ou encore de la désignation du secrétaire du comité (n°s 1420 s.) (Circ. DRT 12 du 30-11-1984), ainsi que, selon nous, pour la désignation des autres membres du bureau du comité. Un arrêt rendu par la Cour de cassation en 2005 à propos de l'élection du secrétaire et du trésorier pourrait être interprété comme remettant en cause le principe défini par l'administration pour les élections (Cass. soc. 5-1-2005 n° 02-19.080 F-D : RJS 4/05 n° 402), mais il est assez unanimement admis qu'il n'en est rien (voir notamment : M. Cohen et L. Milet, Le droit des comités sociaux et économiques et des comités de groupe, LGDJ, 17e éd. p. 479, n° 621).
Pour les décisions portant sur la nomination, l'affectation ou la rupture du contrat du **médecin du travail,** voir n° 57205 et nos 57235 s.
Aucun **quorum** n'est exigé pour la validité des délibérations (Cass. crim. 6-3-1975 n° 74-90.322 P). La délibération prise par un seul membre élu du comité suite au départ des autres en cours de réunion est donc régulière (Cass. soc. 30-9-2009 n° 07-20.525 FS-PBR : RJS 12/09 n° 915). Sur la validité de la clause du règlement intérieur exigeant un quorum, voir n° 1515.

EXEMPLES

Adoption d'une résolution ou d'un avis (majorité des membres présents). Si 10 membres ayant le droit de voter sont présents à la réunion, la majorité requise est de 6 voix et ce même si, lors du vote, plusieurs représentants s'abstiennent ou votent blanc. Pour le décompte des voix, les abstentions, tout comme les votes blancs, équivalent à un vote négatif.
Autrement dit, la résolution ne sera adoptée que si au moins 6 membres votent pour.
Élections internes (majorité des voix exprimées). Les votes blancs et les abstentions ne comptent pas. Si 10 membres ayant le droit de voter sont présents à la réunion mais que 3 s'abstiennent et 2 votent blanc, la majorité requise sera :
– de 3 voix s'il n'y a qu'un seul candidat ;
– la majorité relative (le plus de voix) s'il y a plusieurs candidats.

1885 En cas de **partage des voix,** le président du comité n'a pas voix prépondérante (Cass. crim. 4-10-1977 n° 76-91.922 P).

Si le vote porte sur une résolution, celle-ci n'est pas adoptée puisque la majorité n'est pas atteinte.

En ce qui concerne la désignation des membres du bureau, la règle à appliquer en cas de partage des voix doit être prévue par le règlement intérieur du comité. Peuvent par exemple être retenus comme critères de départage : le candidat le plus âgé, ou le plus ancien dans l'entreprise, ou ayant obtenu le plus grand nombre de voix aux élections du comité. À défaut de règle de départage dans le règlement intérieur, la désignation se fait, conformément aux règles habituelles du droit électoral, au profit du candidat le plus âgé (Cass. soc. 30-11-2011 n° 10-23.986 F-PB : RJS 2/12 n° 159 ; Cass. crim. 1-12-1987 n° 85-96.612 P), sans que cela ne constitue une discrimination en raison de l'âge (Cass. soc. 30-11-2011 précité). À notre sens, il en va de même pour les autres élections internes au comité.

1890 **Vote à main levée ou à bulletin secret ?** En principe, le secret du vote ne s'impose pas. Le **vote à main levée** est possible en l'absence de disposition du règlement intérieur du comité ou de décision contraire de celui-ci. Par exception, le **vote à bulletin secret** est requis lorsque le comité se prononce sur les projets suivants :
– licenciement d'un représentant du personnel (n° 45185) ;
– nomination et affectation du médecin du travail (n° 57205) et rupture de son contrat de travail (n°s 57235 s.).

ENREGISTREMENT OU STÉNOGRAPHIE DES DÉBATS

1895 L'enregistrement ou la sténographie des séances du comité est possible dans les conditions ci-après (C. trav. art. L 2315-34 ; C. trav. art. D 2315-27) :
– la **décision** d'y recourir peut être prise par l'employeur ou par la délégation du personnel au comité ;
– si elle est prise par la **délégation du personnel,** l'employeur ne peut pas s'y opposer sauf lorsque les délibérations portent sur des informations revêtant un caractère confidentiel au sens visé n°s 885 s. et qu'il présente comme telles ;
– lorsqu'il est fait appel à une **personne extérieure** pour sténographier les séances du CSE, elle est tenue à la même obligation de discrétion que les membres du comité (n°s 860 s.) ;
– sauf si un accord entre employeur et membres élus du comité en dispose autrement, les **frais** liés à l'enregistrement et à la sténographie sont pris en charge par l'employeur lorsque c'est lui qui a décidé d'y recourir. On peut en conclure, a contrario, que, si la décision émane de la délégation du personnel, ces frais sont pris en charge par le comité sur son budget de fonctionnement.

ATTENTION

Ni le Code du travail, ni, à notre connaissance, la jurisprudence n'ont pris position sur la possibilité de réaliser des **enregistrements vidéo** des réunions du comité. L'exigence de liberté d'expression des représentants du personnel au cours de ces réunions semble y faire obstacle.

RÉMUNÉRATION DU TEMPS PASSÉ AUX RÉUNIONS ET HEURES DE DÉLÉGATION

1905 **Réunions avec l'employeur** Le temps passé aux réunions avec l'employeur par les membres de la délégation du personnel et les représentants syndicaux au CSE est rémunéré comme **temps de travail** effectif. Il n'est pas déduit des heures de délégation pour ceux qui y ont droit (n° 34650) (C. trav. art. L 2315-11, 2° et L 2315-12).

> **Précisions** **a.** Le temps passé pendant la journée aux réunions du comité par un **salarié travaillant exclusivement la nuit** doit être rémunéré en sus (Cass. soc. 11-6-2008 n° 07-40.823 F-PB : RJS 8-9/08 n° 912). Il en va de même lorsque le salarié se rend à une réunion pendant ses **congés payés** et ne peut pas bénéficier des congés payés auxquels il aurait pu prétendre : jugé en ce sens pour un salarié empêché de prendre ses congés du fait de son départ en retraite (Cass. soc. 27-11-2013 n° 12-24.465 FS-PB : RJS 2/14 n° 144) et pour un maître contractuel de l'enseignement privé ayant assisté à une réunion pendant les vacances scolaires (Cass. soc. 8-12-2016 n° 13-27.913 FS-PB : RJS 2/17 n° 122).
> **b.** Le temps passé aux réunions du comité étant considéré comme du temps de travail et rémunéré comme tel, il donne accès aux **mêmes droits.** Ainsi, si une convention collective prévoit qu'en cas de rappel d'un salarié pendant ses congés pour les besoins du service un congé supplémentaire doit lui être accordé, le rappel de représentants du personnel pour assister à une réunion ordinaire du comité y ouvre également droit (Cass. soc. 18-12-1991 n° 89-40.288 P : RJS 2/92 n° 166).
> **c.** Sur la prise en charge des **frais de déplacement** et des **temps de trajet** exposés par les membres du comité pour se rendre aux réunions, voir n°s 35140 s. et 35180.

Réunions préparatoires Le temps passé en réunions préparatoires aux séances du comité n'est pas rémunéré en tant que tel, mais peut être imputé sur le crédit légal des **membres titulaires** (Cass. soc. 3-7-1973 n° 72-40.491 P ; 16-11-1983 n° 81-42.984 P). 1910

Les **membres suppléants,** ne disposant pas d'un crédit d'heures, ne peuvent pas en revanche prétendre à une rémunération.

Un **usage** peut prévoir la rémunération de ces heures en sus du crédit d'heures légal.

Pour l'**imputation** du coût des réunions préparatoires instaurées par l'employeur sur la **subvention de fonctionnement du comité,** voir n° 2775.

Autres réunions S'agissant de la rémunération du temps passé : aux réunions des **commissions**, voir n° 1695 ; aux réunions d'**information du personnel**, voir n° 1975. 1915

6. PROCÈS-VERBAL

ÉTABLISSEMENT

Les délibérations du CSE sont consignées dans un procès-verbal établi par le **secrétaire** du comité dans un **délai** et selon des modalités définis par accord. À défaut d'accord, ce document doit être établi dans un délai de 15 jours et communiqué à l'employeur et aux membres du CSE (C. trav. art. L 2315-34, R 2315-25 et D 2315-26). 1930

Toutefois, par dérogation, lorsque le comité est consulté sur un projet de licenciement économique avec PSE, le procès-verbal est établi et transmis à l'employeur dans un délai de 3 jours suivant la réunion à laquelle il se rapporte, ou, si une nouvelle réunion est prévue dans ce délai, avant cette réunion, ou, si l'entreprise est en redressement ou en liquidation judiciaire, dans le délai d'un jour suivant la réunion (C. trav. art. D 2315-26, al. 2).

L'**employeur** ne peut pas intervenir dans la rédaction de ce procès-verbal (Circ. DRT 12 du 30-11-1984), mais peut le faire rectifier avant son approbation (voir n° 1940). Il se rendrait coupable d'un délit d'entrave s'il affichait un procès-verbal qu'il a lui-même rédigé (Cass. crim. 25-2-1986 n° 84-96.003 P).

> **Précisions** L'établissement du procès-verbal et le contrôle de sa rédaction sont réservés au secrétaire même si la **rédaction matérielle** est confiée à une personne étrangère au comité (Cass. crim. 1-12-1987 n° 85-96.612 P).
> Le **temps passé par le secrétaire à la rédaction** du procès-verbal ne peut pas être assimilé à du temps passé en séance (n° 1905) et s'impute donc sur le crédit d'heures (Cass. soc. 9-5-1979 n° 77-41.308 P).
> En cas de **carence du secrétaire,** l'employeur ne peut pas choisir un **huissier de justice** chargé d'assister aux réunions et de dresser matériellement le procès-verbal (Cass. soc. 25-11-2003 n° 01-14.176 FS-P : RJS 2/04 n° 223). De même, l'**action en justice** intentée devant la juridiction répressive par le président du comité contre le secrétaire pour défaut d'établissement du procès-verbal est irrecevable si le président est dépourvu de mandat donné par le comité et s'il ne peut pas justifier d'un préjudice direct et personnel (CA Paris 13-4-1992 n° 91-6029 : RJS 6/92 n° 755).
> S'agissant de l'imputation sur la subvention de fonctionnement des **frais** de rédaction et de diffusion des **procès-verbaux établis par l'employeur** de sa propre initiative, voir n° 2775.

CONTENU

L'**accord** visé n° 1930 peut définir le contenu du procès-verbal. **À défaut,** celui-ci contient au moins le résumé des délibérations du comité ainsi que la décision motivée de l'employeur sur les propositions qui lui ont été soumises par le CSE lors de la précédente réunion (C. trav. art. L 2315-34 et D 2315-26, al. 3). 1935

En pratique, il convient aussi d'y mentionner la date de la séance, les noms des personnes présentes et absentes, les heures de début et de fin de séance.

> **ATTENTION**
> Les délibérations ayant donné lieu à la diffusion d'**informations confidentielles** peuvent y figurer, mais seul un résumé expurgé de ces informations sera alors porté à la connaissance des salariés.

COMMUNICATION ET ADOPTION

À l'issue du délai imparti pour son établissement, le procès-verbal est transmis à l'**employeur**, qui fait connaître lors de la réunion du comité suivant cette transmission sa **décision** motivée sur les propositions qui lui ont été soumises (C. trav. art. L 2315-34, al. 2). 1940

Si le président (Cass. crim. 4-11-1983 n° 82-94.265 B) ou un membre du comité estime que les **propos** qui lui ont été prêtés sont **erronés ou déformés**, il a la possibilité de les faire rectifier. Au cours de cette réunion, le procès-verbal est adopté.
Si les **modifications** souhaitées n'ont pas pu être introduites avant l'adoption du procès-verbal, le président ou le membre du comité concerné peut, par tout autre moyen, apporter un démenti ou un **rectificatif** (Circ. DRT 12 du 30-11-1984 ; Rép. Vennin : AN 9-9-1985 n° 54982 ; Lettre min. n° 1790 du 6-3-1989).

PUBLICITÉ

1945 Après adoption du procès-verbal, le secrétaire du comité peut l'**afficher ou** le **diffuser** dans l'entreprise selon les modalités prévues par le règlement intérieur du comité (C. trav. art. L 2315-35).
Le CSE peut décider de transmettre certaines de ses délibérations au **Dreets** (C. trav. art. L 2315-33 et R 2315-24), cette transmission étant obligatoire dans certains cas, par exemple en cas de licenciement collectif pour motif économique avec PSE (n° 90480).
Les procès-verbaux de certaines réunions doivent obligatoirement être transmis à l'**inspecteur du travail** ou mis à sa disposition, notamment : examen du bilan social (n° 70790), demande d'autorisation de licenciement d'un représentant du personnel (n° 45190), etc.

> **Précisions a.** Le règlement intérieur du comité peut décider que la **diffusion** du procès-verbal sera automatique, ou que le secrétaire devra en décider ou encore qu'il faudra chaque fois prévoir un vote du comité (Circ. DRT 12 du 30-11-1984).
> **b.** L'**affichage** du procès-verbal n'est pas subordonné au contreseing et à l'autorisation de l'employeur (Cass. crim. 23-6-1981 n° 80-93.003). Celui-ci ne peut pas s'opposer à sa diffusion ou à son affichage, mais peut en demander l'**interdiction en justice** (Circ. DRT 12 du 30-11-1984). Si le procès-verbal contient des propos injurieux ou diffamatoires, ou si l'obligation de discrétion à laquelle sont tenus les élus n'a pas été respectée, il appartient à l'employeur de saisir le juge judiciaire qui ordonnera ou non le retrait de l'affichage litigieux (Lettre min. n° 1790 du 6-3-1989).
> **c.** La divulgation des délibérations est strictement limitée à une **diffusion interne** ou au bénéfice de **tiers** déterminés obligés au secret et à la discrétion (CA Grenoble 31-5-1985 n° 85-109).
> **d.** À peine d'entrave, l'**employeur** ne peut pas afficher un procès-verbal qu'il a **rédigé et signé seul** (voir n° 1930). Il peut engager sa responsabilité civile pour diffamation s'il diffuse un procès-verbal non approuvé relatant des faits non établis avec certitude de nature à porter atteinte à l'honneur et à la considération d'un représentant du personnel (CA Rouen 31-1-1996 n° 94-4779 : RJS 5/96 n° 558).

VALEUR PROBANTE

1950 Un procès-verbal régulier fait foi des discussions jusqu'à **preuve contraire** (Cass. soc. 16-6-1960 n° 58-40.241 P).
Toutefois, au **plan pénal,** il n'a la valeur que d'un simple renseignement et ne suffit pas à faire condamner un membre du comité pour des propos tenus lors des réunions si les témoignages recueillis ne le corroborent pas (Cass. crim. 4-10-1977 n° 76-91.922 P ; 17-6-1986 n° 85-91.956).

RECOURS CONTRE LES DÉCISIONS DU COMITÉ

1955 En cas d'irrégularité, une décision du comité peut faire l'objet d'une **action en nullité,** portée devant le tribunal judiciaire. En cas d'**urgence,** le juge des référés peut être saisi afin qu'il ordonne, à titre conservatoire, la suspension provisoire de la décision (Cass. soc. 23-3-1982 n° 80-17.098 P). L'irrégularité peut porter sur le fond (par exemple, comité excédant ses attributions) ou sur la forme (par exemple, irrégularités affectant le délai de convocation ou le vote).
L'action doit être **dirigée contre** le comité et non contre ses membres (Cass. soc. 16-7-1987 n° 84-42.852 D). Le fait que le comité n'ait pas désigné une personne mandatée pour le défendre ne fait pas obstacle à l'action dirigée contre lui (Cass. soc. 18-5-1983 n° 82-11.564 P ; 18-3-1997 n° 95-15.010 P : RJS 6/97 n° 700).
Les **personnes habilitées** à agir sont l'employeur, en tant que président du comité (TGI Paris 3-3-1976 ; 16-11-1977), ou son représentant assurant la présidence du comité (Cass. soc. 1-2-1979 n° 77-15.610 P ; 16-12-1980 n° 79-13.205 P) et, selon nous, tout autre membre du comité. En revanche, les salariés de l'entreprise ne peuvent pas agir contre le comité, la Cour de cassation ayant décidé qu'ils n'avaient pas d'intérêt personnel, direct et actuel (Cass. soc. 8-10-1953 n° 5056). Cette dernière solution nous semble critiquable, l'intérêt des salariés pouvant parfois être caractérisé par le fait que les sommes dont dispose le comité servent à financer des activités sociales et culturelles dont ils sont susceptibles de bénéficier.
L'**annulation des élections** des membres du comité ne remet pas en cause les décisions qu'il a prises antérieurement : voir n° 31625.

B. Réunions organisées par le CSE

RÉUNIONS INTERNES AU CSE

Les membres du CSE peuvent organiser des **réunions préparatoires,** sans présence de l'employeur, pour préparer les réunions qui auront lieu avec celui-ci. Sur la rémunération du temps passé à ces réunions, voir nº 1910. **1970**
Sur la **réunion d'approbation des comptes** annuels du comité, voir nº 3065.

RÉUNIONS D'INFORMATION DU PERSONNEL

Le CSE peut organiser, dans le local mis à sa disposition (nºs 34090 s.), des réunions d'information internes au personnel portant notamment sur des **problèmes d'actualité** et y inviter des **personnalités extérieures** syndicales ou autres (C. trav. art. L 2315-26, al. 1 et 2). Dans ce dernier cas, l'**accord** de l'employeur est nécessaire si la réunion a lieu dans un local de l'entreprise autre que celui mis à la disposition du CSE ou si la personne invitée est une personnalité non syndicale (voir nºs 17030 s.). Il en va toutefois différemment lorsque le CSE est propriétaire de son local, l'employeur n'ayant alors aucun droit de regard sur les personnes invitées (TGI Pontoise 22-2-1990). **1975**
Ces réunions peuvent concerner, par exemple, l'environnement économique et social de l'entreprise, les aides des collectivités publiques, l'information et la consultation du personnel sur des projets en cours d'examen au comité. Elles doivent s'inscrire dans le cadre des attributions économiques et socio-économiques du comité et correspondre à ses missions (Circ. DRT 12 du 30-11-1984).
Les réunions d'information du personnel ont lieu en dehors du **temps de travail** des participants. Toutefois, les membres du CSE peuvent se réunir sur leur temps de délégation (C. trav. art. L 2315-26, al. 3). Si l'entreprise ferme immédiatement après la fin du travail du personnel, les modalités pratiques de ces réunions doivent être fixées par accord (Circ. DRT 12 du 30-11-1984).

RÉUNIONS D'ORDRE ÉDUCATIF OU POLITIQUE

Le comité peut utiliser le local dont il dispose pour des institutions d'ordre éducatif telles que les cercles d'études ou des cours de culture générale ; la formation politique des salariés peut s'inscrire dans ce cadre sous certaines conditions, exposées nº 5235. **1980**

IV. RECOURS À DES EXPERTS

Le comité social et économique peut, dans certaines situations, se faire assister par des experts, financés totalement, partiellement ou pas du tout, selon le cas, par l'employeur et ayant un large accès à l'information, en fonction toutefois de l'étendue de leur mission. Ces experts doivent remettre un rapport. L'employeur peut contester certaines modalités des expertises. **2000**

A. Cas de recours et types d'experts

Le CSE peut faire appel à **plusieurs types** d'experts : **2020**
– un expert-comptable ;
– un expert habilité ;
– un expert dit « libre ».
Sur l'expert en cas de recherche d'un repreneur, voir nº 90410. Sur l'expert en risques technologiques des entreprises à haut risque industriel, voir nº 57330.

EXPERT-COMPTABLE

Cas de recours Le CSE peut, le cas échéant sur proposition des **commissions** constituées en son sein (nºs 1620 s.), décider de recourir à un expert-comptable, rémunéré, au moins en partie, par l'employeur (nºs 2070 s.) (C. trav. art. L 2315-78) : **2025**
– dans le cadre de ses **consultations récurrentes,** en vue de la consultation sur les orientations stratégiques de l'entreprise (C. trav. art. L 2315-87 s.), sur sa situation économique et financière (C. trav. art. L 2315-88 s.) et sur sa politique sociale ainsi que sur les conditions de travail et l'emploi (C. trav. art. L 2315-91 s.) ;
– pour les **consultations ponctuelles** relatives aux opérations de concentration, aux offres publiques d'acquisition, à l'exercice du **droit d'alerte** économique, aux projets de licenciement collectif pour motif économique d'au moins 10 salariés dans une même période de 30 jours (C. trav.

art. L 2315-92, I) ou afin qu'il apporte toute analyse utile aux **organisations syndicales** pour préparer les négociations relatives aux accords de performance collective ou portant plan de sauvegarde de l'emploi (C. trav. art. L 2315-92, II) ;
– pour l'assister lorsqu'il examine le rapport relatif à l'accord de **participation** (C. trav. art. D 3323-14).

> **Précisions a. En dehors de ces cas,** le comité peut se faire assister d'un expert-comptable, mais rémunéré sur sa **subvention de fonctionnement** (nos 2720 s.). Ainsi, le recours à un expert-comptable rémunéré par l'employeur est exclu à l'occasion :
> – d'une **modification de la situation économique ou juridique** de l'entreprise : cession de l'entreprise (Cass. soc. 14-3-2006 n° 05-13.670 FS-P : RJS 5/06 n° 593), création de filiale (CA Paris 9-6-1998 n° 96-3021), transfert d'activité d'une société à une autre (Cass. soc. 26-11-1996 n° 94-18.575 D : RJS 2/97 n° 161), fusion ne constituant pas une opération de concentration (Cass. soc. 30-6-1993 n° 90-20.158 PBBS : RJS 10/93 n° 998) ;
> – de la mise en place de mesures d'**activité partielle** (Rép. Roger-Machart : AN 16-12-1985 n° 72488).
> **b.** Sur la possibilité, pour l'expert-comptable, de déléguer à des **préposés non inscrits à l'ordre** des experts-comptables la conduite, sous son contrôle, des opérations d'analyse des comptes, voir n° 2085.

2030 **Limitation conventionnelle du nombre d'expertises** Un **accord d'entreprise** ou, à défaut, un accord conclu entre l'**employeur** et la majorité des membres titulaires du **CSE** détermine le nombre d'expertises dans le cadre des **consultations récurrentes** sur une ou plusieurs années (C. trav. art. L 2315-79). Un tel accord pourra, par **exemple,** prévoir que le comité aura recours à un expert-comptable dans le cadre de sa consultation annuelle sur la politique sociale, les conditions de travail et l'emploi tous les 2 ou 3 ans seulement.

ATTENTION

En cas d'**accord,** si le CSE estime une expertise nécessaire alors qu'est déjà atteint le nombre maximal prévu pour la période concernée, les expertises commandées en sus devront, selon nous, être prises en charge intégralement par le comité sur son budget de fonctionnement.
En l'**absence d'accord,** les consultations récurrentes étant obligatoires et prévues par des dispositions d'ordre public et le droit de recours à un expert pour ces consultations étant expressément posé par le Code du travail, le CSE peut recourir à un expert, s'il l'estime nécessaire, lors de chacune de ces consultations. À noter toutefois que, si un accord espaçant la périodicité des consultations récurrentes est conclu (nos 3850 s.), il aura pour effet, par lui-même, de limiter le nombre d'expertises.

EXPERT HABILITÉ EN QUALITÉ DU TRAVAIL ET DE L'EMPLOI

2035 **Cas de recours** Le CSE peut, le cas échéant sur proposition des **commissions** constituées en son sein (nos 1620 s.), décider de recourir à un expert habilité en qualité du travail et de l'emploi (C. trav. art. L 2315-78 et art. L 2315-94) :
– lorsqu'un **risque grave, identifié et actuel** (au sens indiqué nos 56600 s.), révélé ou non par un accident du travail, une maladie professionnelle ou à caractère professionnel est constaté dans l'établissement ;
– en cas d'introduction de nouvelles technologies ou de **projet** important modifiant les conditions de santé et de sécurité ou les conditions de travail ;
– et, dans les **entreprises d'au moins 300 salariés,** en vue de préparer la négociation sur l'**égalité professionnelle.**

> **Précisions a.** Ces **cas de recours** à un expert habilité sont **limitatifs** (Cass. soc. 25-11-2015 n° 14-11.865 FS-PB : RJS 2/16 n° 136).
> En revanche, le CSE peut recourir à un expert, même si l'**employeur** en a **déjà sollicité** un sur le même sujet (Cass. soc. 26-5-2015 n° 13-26.762 F-D : RJS 8-9/15 n° 572), a mené une étude en interne en collaboration avec le médecin du travail (CA Paris 23-1-2012 n° 11/11122 : RJS 6/12 n° 565) ou a fait appel à un cabinet externe pour mener une mission d'analyse des risques psychosociaux (Cass. soc. 28-9-2022 n° 21-25.703 F-D). Le recours n'est pas non plus subordonné au constat que le comité ne peut trouver dans ou hors de l'établissement auprès des **services spécialisés de l'entreprise** la solution du problème posé (Cass. soc. 23-1-2002 n° 99-21.498 F-D).
> Enfin, aucun texte n'impose que la **décision** de recourir à l'expert soit expressément **motivée** (CA Versailles 8-9-2010 n° 10-2253).
> **b.** Le fait que l'employeur ait **omis de consulter le comité** sur un projet d'introduction de nouvelle technologie ne saurait priver celui-ci de la possibilité de recourir à un expert (Cass. soc. 9-7-1997 n° 95-12.870 D : RJS 11/97 n° 1252).
> En revanche, le comité qui rend, à l'issue d'une première réunion, un avis défavorable sur un projet présenté par l'employeur ne peut pas, au cours d'une seconde réunion, décider du recours à une expertise pour projet important,

la **consultation** du comité sur le sujet ayant été **achevée** (Cass. soc. 28-6-2023 n° 21-19.837 F-D).
c. En cas d'inaction de l'entreprise utilisatrice et de son CSE, le CSE de l'**entreprise de travail temporaire** dispose du droit de recourir lui-même à l'expertise lorsqu'il constate l'existence d'un risque grave et actuel pesant sur ses intérimaires (Cass. soc. 26-2-2020 n° 18-22.556 FS-PBRI : RJS 5/20 n° 241).
d. Sur le recours, dans les **entreprises à haut risque industriel,** à un expert en risques technologiques, voir n° 57330.

Habilitation Le CSE ne peut faire appel qu'à un **expert habilité** (Décret 2017-1819 du 29-12-2017 art. 6, II al. 2 à 4 modifié). Cette habilitation est délivrée, par un organisme certificateur (C. trav. art. R 2315-51 et R 2315-52), pour au moins l'un des **domaines** suivants : organisation du travail, dont les équipements de travail ; environnement de travail, y compris les expositions chimiques, physiques et biologiques ; égalité professionnelle. Chaque organisme certificateur diffuse sur son site internet la **liste des organismes experts** qu'il a habilité et de ceux dont l'habilitation est retirée ou suspendue (Arrêté MTRT1937526A du 7-8-2020 art. 2 et 12). 2040
Tout organisme expert habilité est tenu à une **déontologie** détaillée par l'arrêté du 7-8-2020 précité (confidentialité, secret professionnel, indépendance, responsabilité, etc.). Pour chaque expertise, il doit désigner un **chargé de projet** assurant l'intermédiaire entre lui et le CSE. Il peut faire appel à des **sous-traitants** (Arrêté MTRT1937526A du 7-8-2020 art. 5, II).

EXPERTISE PORTANT SUR PLUSIEURS CHAMPS

L'expert désigné par le CSE peut s'adjoindre la compétence d'un ou de plusieurs autres experts sur une partie des travaux que nécessite l'expertise. Il doit dans ce cas vérifier que ces derniers disposent des **compétences nécessaires** au bon déroulement de la mission d'expertise ou, le cas échéant, de l'habilitation visée n° 2040 (C. trav. art. L 2315-85, 2° et R 2315-48 ; QR min. trav. CSE 16-1-2020 n° 110). 2045
Sur le **rapport** de l'expert en cas d'expertise portant sur plusieurs champs, voir n° 2325.

EXPERTISE LIBRE

Le CSE peut, enfin, faire appel à **tout type d'expertise** rémunérée par ses soins pour la préparation de ses travaux (C. trav. art. L 2315-81). Ces expertises sont communément dénommées « expertises libres ». 2050

B. Financement des expertises

PRISE EN CHARGE DES FRAIS

Les frais d'expertise sont pris en charge intégralement par l'employeur (C. trav. art. L 2315-80) : 2070
– pour les consultations sur la **situation économique et financière** de l'entreprise et sur sa **politique sociale** et les conditions de travail et l'emploi ;
– pour celles sur les projets de **licenciement** collectif pour motif économique d'au moins 10 salariés dans une même période de 30 jours ;
– en cas de **risque** grave constaté dans l'établissement ;
– et en vue de préparer la **négociation sur l'égalité professionnelle** en l'absence de tout indicateur relatif à l'égalité professionnelle dans la base de données économiques, sociales et environnementales (BDESE) ; en revanche, la présence de certains indicateurs chiffrés fait obstacle à une prise en charge intégrale par l'employeur (Cass. soc. 14-4-2021 n° 19-23.589 FS-P : RJS 6/21 n° 318).
Sur la rémunération de l'expert-comptable assistant le CSE pour l'examen du **rapport sur la participation,** voir n° 71515.

En principe, les frais d'expertise sont pris en charge à hauteur de 20 % par le CSE sur son budget de fonctionnement et de 80 % par l'employeur pour la consultation récurrente sur les **orientations stratégiques** de l'entreprise et pour toutes les **consultations ponctuelles autres** que celles relatives à un projet de licenciement collectif pour motif économique et à un risque grave constaté dans l'établissement (C. trav. art. L 2315-80). 2075
Toutefois, le coût de ces expertises doit être intégralement supporté par l'employeur si le budget de fonctionnement du CSE est insuffisant pour le couvrir et n'a pas donné lieu à un transfert d'excédent annuel au budget destiné aux activités sociales et culturelles au cours des 3 années précédentes. En outre, dans ce cas, le CSE ne pourra pas décider de transférer des excédents du budget de fonctionnement au financement des activités sociales et culturelles pendant les 3 années suivantes (C. trav. art. L 2315-80 et L 2315-61).

Les **expertises libres** diligentées par le CSE pour la préparation de ses travaux sont rémunérées par lui (C. trav. art. L 2315-81). 2080

MONTANT DES HONORAIRES DE L'EXPERT

2085 Les honoraires de l'expert doivent être **déterminés a posteriori,** au vu du travail effectué. Ils peuvent être **modulés en fonction** d'éléments tels que le temps passé, le tarif horaire des intervenants, les difficultés rencontrées, etc.

L'expert-comptable peut déléguer à des préposés non inscrits à l'ordre des experts-comptables la conduite, sous son contrôle, des opérations d'analyse des comptes. Les honoraires doivent alors tenir compte de la qualification de ceux ayant réellement et principalement accompli les actes imposés par l'analyse de la comptabilité de l'entreprise (CA Chambéry 31-1-1990 n° 88-358).

ILLUSTRATIONS

L'employeur **ne peut pas refuser la prise en charge** :
– des frais correspondant à des investigations menées par l'expert-comptable auprès d'autres sociétés du groupe, l'expert étant seul à même d'apprécier les documents qu'il estime utiles à l'exercice de sa mission dans la limite de l'objectif défini par la loi (Cass. soc. 8-11-1994 n° 92-11.443 P : RJS 12/94 n° 1396) ;
– des honoraires et frais se rapportant à une réunion préparatoire, la participation à cette réunion entrant dans la mission d'assistance de l'expert-comptable choisi par le comité pour l'assister en vue de l'examen annuel des comptes de l'entreprise (Cass. soc. 8-11-1994 n° 92-11.443 P : RJS 12/94 n° 1396).
De même, l'employeur situé dans un département d'outre-mer ne peut pas refuser a posteriori la prise en charge des honoraires et frais d'un expert métropolitain dès lors qu'il admettait ce choix sans protestation depuis plusieurs années (Cass. soc. 26-9-2007 n° 06-17.862 F-D).

PAIEMENT

2090 L'employeur peut contester judiciairement les honoraires de l'expert : voir nos 2380 s.

En dehors de ce cas est constitutif du délit d'entrave son **refus** de payer les honoraires de l'expert désigné par le comité (Cass. crim. 13-2-1990 n° 89-81.592) ou le **retard** volontaire du règlement des sommes dues à celui-ci pendant une longue période, avec usage de procédés dilatoires (Cass. crim. 25-5-1983 n° 82-92.280).

Lorsque l'employeur est une **collectivité publique** (service public industriel et commercial), il ne peut pas subordonner le paiement de l'expert à la conclusion d'une convention conforme aux exigences de la comptabilité publique (Cass. soc. 18-12-2007 n° 06-17.389 FS-PB : RJS 3/08 n° 301).

C. Conditions de recours aux experts

AUTEUR ET PROCÉDURE DE DÉSIGNATION

2120 La décision de recourir à un expert appartient au **CSE.** Comme pour toute autre décision qu'il est amené à prendre, celle de recourir à un expert doit résulter d'une **délibération** du comité, ce qui suppose que la question ait été portée à l'**ordre du jour** de la réunion où elle est adoptée ou qu'elle soit en lien avec une question figurant dans cet ordre du jour (Cass. soc. 22-1-2008 n° 06-18.979 F-P : RJS 4/08 n° 438 ; 13-11-2007 n° 06-13.205 F-D : RJS 4/08 n° 438). Sur le contenu de l'ordre du jour, voir n° 1785.

Sur la répartition des compétences entre **CSE central** et **CSE d'établissement** dans les entreprises à établissements multiples, voir n° 6085.

> **Précisions a.** Même si elle est prise par le CSE d'un **établissement public,** la décision de recourir à un expert ne relève pas des procédures de passation des marchés publics (Cass. soc. 8-10-2014 n° 13-15.769 FS-PB : RJS 12/14 n° 872).
> **b.** Les biens, droits et obligations, créances et dettes des CHSCT étant transférés de plein droit aux CSE (Ord. 2017-1386 du 22-9-2017 art. 9-VI), une **délibération d'un CHSCT** décidant du recours à une expertise pour risque grave antérieurement au déroulement du premier tour des élections professionnelles, ne devient pas caduque de plein droit par suite de la mise en place postérieure du CSE (Cass. soc. 31-3-2021 n° 19-23.654 F-D : RJS 6/21 n° 319).

VOTE

2125 L'organisation d'un vote ne s'impose qu'en cas de désaccord entre les membres du comité (Cass. crim. 12-4-1988 n° 87-80.985). Les élus titulaires y participent, mais pas le président (Cass. soc. 5-5-1983 n° 81-16.787 ; 26-11-1987 n° 86-14.530 ; 26-6-2013 n° 12-14.788 FS-PB : RJS 10/13 n° 687). Sur la majorité requise, voir nos 1880 s.

CHOIX DE L'EXPERT

Le CSE est **libre** du choix de l'expert (comptable ou habilité selon le cas) auquel le Code du travail l'autorise à faire appel. Une **contestation** judiciaire de ce choix par l'employeur, ayant pour effet de suspendre l'exécution de la décision du comité, est toutefois admise (voir n°s 2380 s.). 2130

MOMENT DU RECOURS OU DE LA DÉSIGNATION

Experts-comptables L'**assistance** de l'expert-comptable est **ponctuelle** et non permanente. La **date** à laquelle le CSE peut décider de se faire assister d'un expert-comptable varie selon la mission qu'il entend lui confier. 2135

Pour les 3 grandes consultations annuelles (orientations stratégiques, situation économique et financière de l'entreprise et politique sociale), le recours à l'expert nous semble possible dès que l'information nécessaire à la consultation est mise à disposition dans la base de données économiques, sociales et environnementales (BDESE), tout recours antérieur à cette mise à disposition excluant la prise en charge de sa rémunération par l'employeur (Cass. soc. 28-3-2018 n° 16-12.707 FS-PB : RJS 6/18 n° 427). Une fois expiré le délai imparti au comité pour rendre son avis, il nous paraît également impossible de faire appel à un expert-comptable.

S'agissant du recours à l'expert-comptable dans le cadre :
- de la procédure de licenciement pour motif économique, voir n°s 90335 s. ;
- de la procédure d'alerte, voir n° 89330 ;
- des opérations de concentration, voir n° 87655 ;
- des offres publiques d'acquisition, voir n° 87705.

Experts en cas d'introduction de nouvelles technologies ou de projet important Le recours à l'expert en cas de projet d'introduction de nouvelles technologies ou de projet important modifiant les conditions de santé et de sécurité ou les conditions de travail ne doit pas être **prématuré** : il doit, selon la jurisprudence, s'agir d'un projet suffisamment arrêté et non d'une simple étude préalable. Ainsi, le recours à cette expertise n'est possible que pour un **projet dont le principe est acquis.** 2140

ILLUSTRATIONS

Le fait pour l'employeur d'avoir demandé à un cabinet d'expertise d'étudier une restructuration de certains services et l'introduction dans l'un des établissements d'équipements informatiques ne suffit pas à établir l'existence d'un tel projet (Cass. soc. 3-3-1988 n° 86-12.762 P).
En revanche, la désignation d'un expert est possible pour analyser les conséquences d'un déménagement dont le principe est acquis, même si ses principales modalités ne sont pas encore définies (Cass. soc. 12-5-2021 n° 19-24.692 F-D : RJS 7/21 n° 395).

La demande d'expertise ne doit pas être non plus **trop tardive.** Elle doit donc en principe être sollicitée **préalablement à la mise en œuvre** effective du projet. Toutefois, lorsque le projet est mis en œuvre, le comité peut encore recourir à un expert pour lui permettre d'avancer des propositions de **prévention** (Cass. soc. 24-10-2000 n° 98-18.240 FS-P : RJS 1/01 n° 56). 2145

ILLUSTRATIONS

Une expertise est possible en vue d'analyser la fiabilité et la qualité d'un **logiciel acquis** par un établissement bancaire ainsi que les incidences de cette acquisition sur l'emploi, la qualification, la rémunération, la formation et les conditions de travail du personnel, même si le choix du logiciel a déjà été arrêté par l'employeur, dès lors que sa mise en œuvre reste à l'état de projet (Cass. soc. 28-10-1996 n° 94-15.914 : RJS 2/97 n° 160).
La demande d'expertise n'est pas tardive si elle est formée en l'état d'un projet d'introduction d'une **nouvelle technologie mise en place à titre expérimental** dans certaines sections de l'entreprise, avant sa généralisation à l'ensemble du personnel (CA Paris 10-10-1997 n° 97-16404 : RJS 12/97 n° 1465 ; Cass. soc. 14-3-2018 n° 16-27.683 F-D : RJS 5/18 n° 340).
Même si un **changement d'horaires** de travail a été décidé depuis 4 mois et **mis en œuvre depuis 2 mois,** le comité peut désigner un expert en vue de l'éclairer sur ce changement et lui permettre d'avancer des propositions de prévention (Cass. soc. 24-10-2000 n° 98-18.240 FS-P : RJS 1/01 n° 56).

Experts en égalité professionnelle La désignation de l'expert doit être faite **en un temps utile** à la négociation sur l'égalité professionnelle. Elle peut être ordonnée même si cette négociation est déjà engagée (Cass. soc. 14-4-2021 n° 19-23.589 FS-P : RJS 6/21 318). 2150

D. Mission des experts

CAHIER DES CHARGES ET INFORMATION DE L'EMPLOYEUR

2170 À compter de la désignation de l'expert, les membres du CSE établissent, au besoin, un **cahier des charges** et le notifient à l'employeur (C. trav. art. L 2315-81-1).

CONSEIL

Devant être établi « au besoin », l'établissement d'un cahier des charges ne s'impose donc pas aux membres du CSE. Si un cahier des charges est établi, les membres du CSE auront intérêt à se montrer vigilants sur l'étendue de la mission de l'expert, car ce document pourra être utilisé dans le cadre d'une contestation de cette étendue par l'employeur.

2175 L'expert notifie à l'employeur le **coût prévisionnel,** l'**étendue** et la **durée** d'expertise, dans un **délai** de 10 jours à compter de sa désignation (C. trav. art. L 2315-81-1 et R 2315-46).
Ces éléments, une fois notifiés, peuvent être **contestés** par l'employeur devant le juge (voir n° 2385). Il en va de même, selon nous, si l'expert méconnaît ses obligations (absence de notification ou notification incomplète).

ÉTENDUE DE LA MISSION DE L'EXPERT-COMPTABLE

2180 **Objet de la mission** Le rôle de l'expert n'est pas de reformuler auprès du comité l'idée qu'ont les dirigeants du fonctionnement et de l'avenir de l'entreprise, mais de fournir à cette instance représentative une **opinion expertale extérieure** à l'entreprise (T. com. Paris 30-6-1989 n° 88-21397).
Dans le cadre des 3 grandes **consultations récurrentes**, la mission de l'expert-comptable porte sur tous les éléments d'ordre économique, financier, social ou environnemental relatifs à l'année de la consultation et aux 2 années précédentes (Cass. soc. 1-6-2023 n° 21-23.393 FS-B : RJS 8-9/23 n° 458) nécessaires à la compréhension :
– des orientations stratégiques de l'entreprise, lorsqu'il est désigné dans le cadre de la consultation sur ces orientations (C. trav. art. L 2315-87-1) ;
– de la politique sociale de l'entreprise, des conditions de travail et de l'emploi, lorsqu'il est désigné dans le cadre de la consultation sur ces sujets (C. trav. art. L 2315-91-1) ;
– des comptes et à l'appréciation de la situation de l'entreprise lorsqu'il est désigné dans le cadre de la consultation sur la situation économique et financière de l'entreprise (C. trav. art. L 2315-89).
L'extension de la mission de l'expert à des **éléments d'ordre environnemental** est issue de la loi 2021-1104 du 22-8-2021 portant lutte contre le dérèglement climatique qui a intégré le sujet de la transition écologique dans les attributions consultatives du CSE : voir n° 3425. Un ANI du 11-4-2023 (n° 83530) recommande d'intégrer un volet environnemental dans la lettre de mission de l'expert-comptable pour lui permettre d'élaborer une analyse globale. Signalons que, si l'expert-comptable désigné par le CSE n'a pas de compétences particulières en matière environnementale, il peut s'adjoindre, dans le cadre d'une expertise portant sur plusieurs champs, la compétence d'un ou plusieurs autres experts : voir n° 2045.
L'**ordre des experts-comptables** édite un ouvrage intitulé « Guide des missions de l'expert-comptable auprès du comité social et économique, prévues par la loi et le règlement ». Ce guide est disponible dans la boutique du site internet du Conseil supérieur de l'ordre des experts-comptables.

ILLUSTRATIONS

Le rapport de l'expert-comptable chargé d'assister le comité en vue de la consultation annuelle sur la **situation économique et financière** de l'entreprise peut comporter des développements relatifs à la situation du **marché** dans lequel évolue l'entreprise, à sa place au sein du **groupe** et à l'évolution des résultats de plusieurs exercices (CA Chambéry 31-1-1990 n° 88-358). Ainsi, s'agissant d'une entreprise de travaux publics, il peut analyser des données ou documents recueillis auprès de l'État et des collectivités territoriales, qui forment l'essentiel de la clientèle potentielle de la société (CA Paris 8-1-1993 n° 92-20).
L'analyse de l'évolution de la rémunération dans toutes ses composantes et celle de la politique de recrutement et des modalités de départ, en particulier des ruptures conventionnelles et des licenciements pour inaptitude, entrent dans la mission de l'expert-comptable désigné par le comité dans le cadre de la **politique sociale de l'entreprise, les conditions de travail et l'emploi** (Cass. soc. 23-3-2022 n° 20-17.186 FS-B : RJS 6/22 n° 304).

Participation à des réunions La participation à une **réunion préparatoire** entre dans la mission d'assistance de l'expert-comptable (Cass. soc. 8-11-1994 n° 92-11.443 P : RJS 12/94 n° 1396). Il en va de même de la participation aux **réunions du CSE** consacrées aux questions relevant de sa mission, voir n° 1835. 2185
L'expert-comptable assistant le comité peut assister la commission économique, quand celui-ci est tenu d'en constituer une : voir n° 1690.
Sur le droit, pour l'expert désigné dans le cadre de la consultation sur les **orientations stratégiques** d'une entreprise appartenant à un groupe, d'exiger l'organisation d'un entretien avec des **interlocuteurs du groupe,** voir n° 2235.

ÉTENDUE DE LA MISSION DE L'EXPERT HABILITÉ

L'expertise qualité du travail et de l'emploi doit **éclairer** les membres du CSE sur les sujets mentionnés n° 2035, en leur apportant une information claire, précise et impartiale, en établissant un **diagnostic** et en présentant des **propositions d'actions** et des solutions concrètes (Arrêté MTRT1937526A du 7-8-2020 art. 1). 2190
Elle contribue à (Arrêté 7-8-2020 précité art. 3) :
– analyser les situations de travail ;
– évaluer les risques professionnels et, le cas échéant, les événements accidentels ;
– évaluer les incidences, pour les travailleurs, de la mise en place d'un projet important ou de l'introduction d'une nouvelle technologie ;
– identifier les opportunités qui permettraient, notamment, d'améliorer les conditions de travail et d'emploi, l'organisation, la santé au travail et la prévention des risques professionnels ;
– formuler des recommandations en la matière.
L'expert restitue ses **conclusions sous forme écrite et orale** (lors d'une réunion préparatoire puis en réunion plénière), en apportant la démonstration du diagnostic et des recommandations formulées. Le cas échéant, une restitution supplémentaire peut être présentée aux salariés concernés par l'expertise (Arrêté 7-8-2020 précité art. 3 et Annexe 3).

> **Précisions a.** L'expertise peut intégrer une **vision globale de la santé au travail** en tenant compte, notamment, des questions liées à l'organisation et à la finalité du travail, au rôle de l'encadrement et à la politique de prévention des risques professionnels menée par l'employeur (Arrêté 7-8-2020 précité art. 1).
> **b.** L'expertise conduite en vue de préparer la négociation sur l'**égalité professionnelle** dans les entreprises d'au moins 300 salariés apporte aux négociateurs les éléments nécessaires à cette préparation. Elle s'appuie notamment sur l'index de l'égalité professionnelle entre les femmes et les hommes (Arrêté 7-8-2020 précité art. 3). Étant spécifiquement destinée à favoriser la négociation sur l'égalité professionnelle, elle ne peut pas être étendue à d'autres champs de négociation (Cass. soc. 14-4-2021 n° 19-23.589 FS-P : RJS 6/21 n° 318).

E. Accès des experts à l'information

L'employeur doit fournir à l'expert les informations nécessaires à l'exercice de sa mission (C. trav. art. L 2315-83). 2210

1. DÉLAIS

L'expert peut **demander à l'employeur,** au plus tard dans les 3 jours de sa désignation, toutes les informations complémentaires qu'il juge nécessaires à la réalisation de celle-ci. L'**employeur** est alors **tenu de lui répondre** dans les 5 jours (C. trav. art. R 2315-45). 2215
Sur les dispositions spécifiques prévues en cas de recours à un expert dans le cadre de la consultation sur un projet de **grand licenciement économique,** voir n°s 90335 s.

2. ÉTENDUE DU DROIT D'ACCÈS

EXPERT-COMPTABLE

Droit d'accès identique à celui du commissaire aux comptes Pour opérer toute vérification ou tout contrôle entrant dans l'exercice de ses missions, l'expert-comptable a accès aux mêmes documents que le commissaire aux comptes de l'entreprise (C. trav. art. L 2315-90). 2225
Il a donc accès à toutes les pièces qu'il estime utiles à l'exercice de sa mission (C. com. art. L 823-13).
Curieusement, cette règle n'est énoncée que pour l'expert désigné dans le cadre de la consultation sur la situation économique et financière et, par renvoi, pour les experts désignés dans le

cadre des consultations ponctuelles, mais pas pour celui désigné dans le cadre des consultations sur les orientations stratégiques et sur la politique sociale, les conditions de travail et l'emploi, ni, cela étant en revanche logique, pour l'expert libre.

> **Précisions a.** La **mission du commissaire aux comptes** et celle de l'**expert-comptable** sont différentes : le commissaire aux comptes a pour rôle de contrôler la régularité et la sincérité des comptes ; l'expert-comptable doit permettre aux membres du comité d'apprécier la situation de l'entreprise. Il s'ensuit que l'accès aux documents de l'entreprise par l'expert-comptable est **conditionné par sa mission** spécifique. Ainsi, par exemple, les textes précisent que lorsqu'il est désigné dans le cadre d'une **offre publique d'acquisition,** il n'a accès qu'aux documents nécessaires à cette mission spécifique : voir n° 87715.
> **b.** S'agissant de la **période** pour laquelle l'expert peut solliciter des éléments auprès de l'employeur, voir n° 2180.
> **c.** En ce qui concerne l'accès à la **base de données économiques, sociales et environnementales,** voir n° 3550.

2230 **Pouvoir d'appréciation** Selon une jurisprudence constante de la Cour de cassation, il appartient au seul expert-comptable d'apprécier les **documents qu'il estime utiles** à l'exercice de sa mission, dès lors que celle-ci n'excède pas l'objectif défini par la loi. Le droit d'accès à l'information de l'expert n'est pas limité aux seules données figurant dans la BDESE (Cass. soc. 18-5-2022 n° 20-21.444 F-D : RJS 8-9/22 n° 456 ; 19-4-2023 n°s 21-24.208 F-D et 21-25.563 F-D : RJS 7/23 n° 387).

Ni l'employeur, ni le juge ne peuvent donc contrôler l'**utilité concrète** des documents dont la communication est demandée par l'expert, ce que seul ce dernier est en mesure de faire en réalisant sa mission. Le juge peut seulement, s'il est saisi, sanctionner les **abus de droit** caractérisés (Cass. soc. QPC 12-9-2013 n° 13-12.200 F-PB : RJS 11/13 n° 743).

Constitue un tel abus le fait pour l'expert-comptable d'exiger la production de documents **inexistants** et dont l'établissement est **facultatif** (Cass. soc. 27-5-1997 n° 95-20.156 PBF : RJS 7/97 n° 827 ; 9-3-2022 n° 20-18.166 F-D : RJS 6/22 n° 302) ou totalement **sans rapport avec sa mission** (en ce sens : Cass. soc. 25-1-1995 n° 92-12.718 P).

S'agissant de la **période** pour laquelle l'expert peut solliciter des éléments auprès de l'employeur, voir n° 2180.

ILLUSTRATIONS

Dans le cadre de l'analyse de la **situation économique et financière** de l'entreprise (n°s 3885 s.), l'expert-comptable peut notamment demander communication :
– des documents de comptabilité prévisionnelle (Cass. soc. 29-10-1987 n° 85-15.244 P) ;
– de la comptabilité analytique (Cass. soc. 16-5-1990 n° 87-17.555 P : RJS 7/90 n° 592) ;
– des comptes des deux années précédentes (Cass. soc. 13-5-2014 n° 12-25.544 FS-PB : RJS 7/14 n° 575), si la demande porte sur la communication des documents et non sur un nouvel examen de ceux-ci (Cass. soc. 16-5-1990 précité) ;
– des éléments concernant les fournisseurs relatifs à l'année qui fait l'objet du contrôle et aux deux années précédentes (Cass. soc. 25-3-2020 n° 18-22.509 F-PB : RJS 6/20 n° 302) ;
– de documents relatifs à l'évolution de l'activité (Cass. soc. 8-1-1997 n° 94-21.475 D : RJS 3/97 n° 301).

En revanche, s'agissant de l'analyse de la situation économique d'une Urssaf, il ne peut pas demander communication d'un document relatif aux comptes des cotisants à cette Urssaf (Cass. soc. 25-1-1995 n° 92-12.718 P).

En cas de **licenciement économique,** l'expert-comptable peut recourir aux documents comptables les plus récents, même non encore soumis au commissaire aux comptes (Circ. DRT 12 du 30-11-1984 n° 3-4).

Dans le cadre d'une expertise sur la **politique sociale de l'entreprise, les conditions de travail et l'emploi,** l'expert peut demander la communication des déclarations sociales nominatives (DSN) des 3 dernières années et de l'année en cours en ce que celles-ci se rapportent à l'évolution de l'emploi, aux qualifications et à la rémunération des salariés au sein de l'entreprise (Cass. soc. 23-3-2022 n° 20-17.186 FS-B : RJS 6/22 n° 304).

2235 **Groupes de sociétés** Dans les groupes, l'expert-comptable assistant le comité peut, sauf dispositions expresses contraires ou abus, avoir accès aux informations sur les **autres sociétés** du groupe dès lors qu'il l'estime utile à sa mission et que celle-ci n'excède pas l'objectif défini par la loi.

L'entreprise dans laquelle il est désigné doit lui communiquer les documents demandés, appartenant à d'autres sociétés du groupe ou à la société mère, sauf à établir qu'elle n'est **pas en mesure** de recueillir ces informations (Cass. soc. 27-11-2001 n° 99-21.903 FS-P : RJS 2/02 n° 194 ;

5-3-2008 n° 07-12.754 FS-P : RJS 5/08 n° 559). En l'absence d'un tel empêchement, son refus constitue un **trouble manifestement illicite** que le juge des référés peut faire cesser en ordonnant leur remise sous astreinte (Cass. soc. 5-3-2008 n° 07-12.754 précité).
L'existence d'un **comité d'entreprise européen** ne fait pas obstacle à la communication à l'expert-comptable désigné par le comité de l'entreprise française de l'ensemble des documents qu'il estime utiles à l'exercice de sa mission (Cass. soc. 5-3-2008 n° 07-12.754 précité).

ILLUSTRATIONS

Dans le cadre de l'analyse de la **situation économique et financière** de l'entreprise, l'expert-comptable peut étendre ses investigations aux autres sociétés du groupe (Cass. soc. 8-11-1994 n° 92-11.443 P : RJS 12/94 n° 1396 ; 1-6-2023 n° 21-23.393 FS-B : RJS 8-9/23 n° 458), y compris celles situées à l'étranger (Cass. soc. 27-11-2001 n° 99-21.903 FS-P : RJS 2/02 n° 194 ; 5-3-2008 n° 07-12.754 FS-P : RJS 5/08 n° 559), et se faire communiquer les comptes annuels de la société mère (Cass. crim. 26-3-1991 n° 89-85.909 PF : RJS 5/91 n° 600). En revanche, comme le commissaire aux comptes, il n'a pas accès aux documents relatifs aux entités exerçant un simple contrôle conjoint sur la société (au sens de l'article L 233-3, III du Code de commerce) ou relatifs aux entités sur laquelle la société exerce un tel contrôle (Cass. soc. 5-2-2020 n° 18-24.174 F-D : RJS 4/20 n° 190).
Dans le cadre de l'examen des **orientations stratégiques** de l'entreprise, si la société est partie intégrante d'une stratégie globale définie au niveau du groupe, l'expert a accès aux éléments d'information stratégique du groupe (CA Lyon 8-1-2016 n° 14/09041 : RJS 4/16 n° 260 ; CA Paris 15-7-2016 n° 15/24432 : RJS 11/16 n° 704), mais ne peut pas exiger l'organisation d'un entretien avec des interlocuteurs de celui-ci (CA Lyon 8-1-2016 n° 14/09041 : RJS 4/16 n° 260).
Dans le cadre d'un **droit d'alerte** économique déclenché à l'occasion d'une **cession de participation,** jugé que l'expert-comptable peut demander la communication de tous documents concernant le groupe dans lequel l'entreprise s'insère et celui dans lequel elle va s'insérer, documents concernant la société qui vend la totalité de ses actions et celle qui les achète (CA Paris 27-6-2007 n° 07-1921). En revanche, dans le cadre d'un droit d'alerte économique déclenché à la suite de **difficultés financières** au sein d'une société définissant sa stratégie de manière autonome, il ne peut pas demander communication d'informations visant à expliciter la vision stratégique du groupe et la place de la société dans cette stratégie (CA Chambéry 3-11-2015 n° 15-00577).
Pour la consultation portant sur une **opération de concentration,** voir n° 87655. En cas d'**OPA,** voir n° 87715.

Entreprise avec ou sans établissements distincts En l'**absence de division** d'une entreprise en établissements distincts, l'expert-comptable a accès à tous les documents nécessaires à l'intelligence des comptes et à l'appréciation de la situation de l'entreprise dans son ensemble (Cass. soc. 4-3-2009 n° 07-20.627 FS-D : RJS 5/09 n° 447). 2240
Lorsque l'entreprise comporte des « divisions » correspondant à des établissements, l'expert-comptable désigné par le **comité central** a accès non seulement aux documents comptables établis au niveau de l'entreprise, mais aussi aux éléments comptables propres à chaque « division » (Cass. soc. 22-10-1987 n° 86-11.385 P ; 16-5-1990 n° 87-17.555 P : RJS 7/90 n° 592). Ainsi, par exemple, lorsqu'il assiste le comité central dans le cadre d'un **projet de licenciement** collectif pour motif économique, il peut demander l'accès aux documents des succursales situées dans d'autres villes (CA Versailles 12-3-1992 n° 91-2492).

Documents détenus ou établis par des tiers L'expert-comptable ne peut accéder aux pièces **détenues** par des tiers que par décision de justice. Il appartient au président du tribunal judiciaire statuant en référé de contrôler l'opportunité et la nécessité de cette communication (CA Versailles 17-10-1990 n° 90-6736 : RJS 12/90 n° 991). 2245
En revanche, l'expert-comptable désigné dans le cadre d'une procédure de licenciement pour motif économique ne peut pas se voir refuser l'accès au rapport **établi par** un cabinet de consultants à la demande de l'entreprise (Cass. crim. 23-4-1992 n° 90-84.031 P : RJS 10/92 n° 1117).
Sur les documents détenus ou établis dans un **groupe de sociétés** par une autre société du groupe ou par la société mère, voir n° 2235.
Sur les opérations de **concentration,** voir n° 87655.

Documents confidentiels Tenu aux obligations de **secret et de discrétion** (n° 2360), l'expert-comptable du comité ne peut pas, **en principe,** se voir opposer le caractère confidentiel des documents demandés. Ainsi jugé à propos de données extraites de la base nominative du personnel comportant le nom, le sexe, la date de naissance et la rémunération annuelle brute de chaque salarié et ses composantes, l'employeur ne pouvant pas se contenter de remettre un document de synthèse au lieu des données elles-mêmes (Cass. soc. 15-12-2009 n° 08-18.228 FS-PB : RJS 3/10 n° 270). 2250

Le secret professionnel ne peut être opposé à l'expert-comptable dès lors qu'il ne l'est pas au commissaire aux comptes (CA Paris 27-6-2007 n° 07-1921).
La direction d'un groupe peut toutefois refuser de communiquer à l'expert désigné par le comité dans le cadre de l'examen annuel des comptes des documents ayant trait à la procédure de **mandat ad hoc** mise en œuvre en application de l'article L 611-3 du Code de commerce (Cass. soc. 9-10-2019 n° 18-15.305 FS-PB : RJS 12/19 n° 710).

2252 **Audition des salariés** La Cour de cassation a rendu une solution, à propos de l'expert-comptable désigné par le CSE pour l'assister lors de sa consultation sur la politique sociale, les conditions de travail et l'emploi, mais qui devrait être applicable à l'expert habilité et aux autres consultations récurrentes et ponctuelles, selon laquelle l'expert, s'il considère que l'audition de certains salariés de l'entreprise est utile à l'accomplissement de sa mission, ne peut y procéder qu'à la condition d'obtenir l'**accord exprès** de l'employeur et des salariés concernés (Cass. soc. 28-6-2023 n° 22-10.293 FS-B : RJS 10/23 n° 524).
Cette solution va dans le même sens que la position prise par l'ordre des experts-comptables. Selon celui-ci, l'expert-comptable peut avoir avec les membres du personnel des entretiens qu'il estime être nécessaires à l'exercice de sa mission, mais avec l'accord de la direction (Guide d'application sur les missions de l'expert-comptable du comité d'entreprise juin 2016 p. 51).

ATTENTION

Est-ce à dire que **tout contact entre l'expert et les salariés** serait subordonné à l'accord exprès de l'employeur, autrement dit que ce dernier disposerait d'un **droit de veto** en la matière ? La réponse devrait être négative. On voit mal en effet sur quel fondement juridique l'employeur pourrait interdire à l'expert de se mettre en relation avec les salariés, au moins par l'intermédiaire du CSE, afin de les interroger, hors temps de travail et en dehors des locaux de l'entreprise, et aux salariés volontaires de lui répondre. Et rien ne devrait pouvoir empêcher la diffusion par le CSE auprès des salariés de questionnaires conçus par l'expert et dont celui-ci exploiterait les réponses. On peut juste penser qu'un accord entre l'employeur et l'expert sur le sujet des auditions serait préférable, pour l'objectivité et la fiabilité du rapport.

EXPERT HABILITÉ

2255 En cas de **risque grave,** le comité devant avoir une vision globale des problèmes, l'expert peut analyser l'ensemble des risques sans se limiter à ceux invoqués par le comité ; ses investigations doivent, toutefois, être limitées au lieu de travail où les risques ont été constatés (Cass. soc. 19-12-1990 n° 89-16.091 P : RJS 2/91 n° 191).
L'expert mandaté par le comité d'un **établissement hospitalier** n'est pas dépositaire du **secret médical.** Dès lors que, désigné au motif de l'accroissement de la charge de travail et de l'inadaptation des locaux, il dispose de moyens d'investigation suffisants à l'accomplissement de sa mission, l'employeur peut légitimement lui refuser l'accès aux blocs opératoires pendant les interventions et aux réunions quotidiennes des équipes médicales (Cass. soc. 20-4-2017 n° 15-27.927 FS-PB : RJS 7/17 n° 499).

3. MODALITÉS DE COMMUNICATION

2270 Les **commissaires aux comptes** ont un droit de communication sur place des pièces qu'ils estiment utiles à l'exercice de leur mission (C. com. art. L 823-13).
L'**expert-comptable** du comité ayant accès aux mêmes documents que le commissaire aux comptes (C. trav. art. L 2315-90), la question se pose de savoir s'il y a accès dans les **mêmes conditions,** ce qui conduirait à lui imposer de prendre connaissance sur place des documents, ou bien si les modalités de communication des documents aux commissaires aux comptes ne le concernent pas. À cette question, la Cour de cassation, saisie dans une affaire qui concernait l'ancienne déclaration annuelle des données sociales (DADS), a répondu en jugeant que la communication de cette déclaration à l'expert-comptable pouvait se faire par **voie électronique** (Cass. soc. 10-1-2012 n° 10-21.270 FS-PB : RJS 3/12 n° 262).
Pour l'**expert habilité,** rien n'imposant de lui adresser les informations demandées, il semble possible de se contenter de les tenir à sa disposition dans l'entreprise.

CONSEIL

On peut juger préférable, dans la mesure du possible, d'adresser les informations à l'expert-comptable ou à l'expert habilité soit par **voie électronique,** soit par voie **postale** : en effet, lui imposer de se déplacer pour consulter les documents sur place risque d'alourdir sa facture. Il semble d'ailleurs que ce soit le plus souvent le cas dans la pratique.

4. OPPOSITION DE L'EMPLOYEUR

ACTION EN JUSTICE

En cas de difficultés d'obtention des éléments d'information par l'expert, le **comité** peut agir en justice (Cass. soc. 11-10-2017 n° 16-10.814 F-D : RJS 12/17 n° 803). En pratique, il doit saisir le président du tribunal judiciaire sur le fondement de l'article L 2312-15 du Code du travail (Circ. DGT 1 du 18-3-2014). Ce dernier peut non seulement ordonner la communication par l'employeur des éléments manquants, mais également, dans certains cas, proroger le délai de consultation du comité : voir n° 3750. **2280**

Selon nous, la procédure prévue par l'article précité est aussi ouverte à l'**expert-comptable** désigné par le comité (en ce sens : D. Boulmier : Dr soc. 9-2014 p. 748), puisque, dans le cadre législatif antérieur, la Cour de cassation a jugé que cet expert avait qualité pour saisir le juge des référés d'une demande de communication des pièces manquantes (Cass. soc. 26-3-2014 n° 12-26.964 FS-PB : RJS 6/14 n° 494).

Le juge saisi d'une demande de remise de documents peut prononcer des **astreintes** (CA Versailles 4-1-2006 n° 05-6641).

La demande de communication de documents formulée devant le premier juge ne peut s'accompagner, en **appel,** de **demandes nouvelles** que si celles-ci constituent l'accessoire, la conséquence ou le complément de la demande initiale. Il est ainsi possible de demander au juge d'appel d'organiser une réunion préparatoire au dépôt du rapport de l'expert-comptable, mais pas de lui demander de condamner l'employeur au paiement d'une provision à cet expert (Cass. soc. 13-5-2014 n° 12-25.544 FS-PB : RJS 7/14 n° 575).

Des règles spécifiques s'appliquent lorsque l'expert-comptable est désigné dans le cadre d'un licenciement économique avec **plan de sauvegarde de l'emploi,** voir nos 90710 s.

SANCTIONS

L'opposition de l'employeur à l'exercice de la mission de l'expert est susceptible de constituer le **délit d'entrave** au fonctionnement régulier du comité. Il en va ainsi lorsque l'expert a adressé des lettres et une sommation à l'employeur pour disposer des moyens nécessaires à l'exercice de sa mission, que l'inspecteur du travail est intervenu et, enfin, qu'une ordonnance a été rendue par le juge des référés, prescrivant la remise à l'expert de divers documents (Cass. crim. 30-10-2006 n° 05-82.447 F-PF : RJS 2/07 n° 239) ou lorsque l'expert-comptable n'a obtenu que des informations orales et n'a pas eu accès aux documents comptables (Cass. crim. 23-7-1986 n° 85-93.402). **2285**

Le refus par l'employeur de communiquer à l'expert les documents utiles à l'accomplissement de sa mission constitue également une **faute** dont l'employeur doit **réparation.** Il en est par exemple ainsi en cas de refus délibéré de l'employeur pendant plusieurs mois, après une première décision de référé, de remettre les documents réclamés par l'expert désigné par le comité central dans le cadre de la procédure d'alerte (Cass. soc. 29-9-2009 n° 08-15.035 F-PB : RJS 12/09 n° 956).

F. Accès aux locaux de l'entreprise

EXPERTS-COMPTABLES ET HABILITÉS

Les experts-comptables et habilités ont **libre accès** dans l'entreprise pour les besoins de leur mission (C. trav. art. L 2315-82). **2300**

Se rend coupable d'**entrave** au fonctionnement du comité l'employeur s'opposant à ce que l'expert-comptable mandaté par lui se rende dans l'entreprise afin de procéder à l'examen annuel des comptes (Cass. crim. 9-11-2004 n° 03-83.683 F-D) ou tentant d'intimider les salariés pour qu'ils renoncent à leur choix, refusant de payer les honoraires de l'expert, s'opposant physiquement à son entrée dans l'établissement et s'abstenant de répondre à ses lettres (Cass. crim. 13-2-1990 n° 89-81.592 D).

Sur la possibilité pour l'expert d'organiser des **auditions** et/ou des **entretiens** avec les salariés de l'entreprise, voir n° 2252.

EXPERTS LIBRES

Les experts libres n'ont, selon nous, **pas libre accès** dans l'entreprise (ce droit étant donné aux seuls experts « mentionnés aux paragraphes 2 et 3 » et les experts libres étant mentionnés au paragraphe 1er). En d'autres termes, l'accès aux locaux de l'entreprise suppose l'accord du chef d'entreprise. **2305**

ATTENTION

Les dispositions permettant l'accès de l'expert libre du comité d'entreprise au **local** de celui-ci et, dans des conditions définies par accord entre l'employeur et la majorité des élus, aux **autres locaux de l'entreprise** n'ont pas été reprises pour l'expert libre du CSE. Il en résulte, selon nous, que ces experts ne peuvent pénétrer dans l'entreprise, quel que soit le local concerné, qu'avec l'accord de l'employeur.

G. Rapport des experts

DÉLAI DE L'EXPERTISE

2320 En l'**absence d'accord** d'entreprise ou d'accord conclu entre l'employeur et la majorité des élus titulaires du CSE, définissant le délai maximal dans lequel l'expert remet son rapport (C. trav. art. L 2315-85, 1°), ce délai s'établit comme suit (C. trav. art. R 2315-47) :
– pour les expertises sollicitées dans le cadre d'une **consultation du CSE** pour lesquelles la loi n'a pas fixé de délai spécifique, l'expert doit remettre son rapport au plus tard 15 jours avant l'expiration des délais de consultation du comité ;
– en cas de recours à un expert dans le cadre d'une **opération de concentration,** le rapport doit être remis dans un délai de 8 jours à compter de la notification de la décision de l'Autorité de la concurrence ou de la Commission européenne saisie du dossier ;
– **en dehors de ces cas,** l'expert remet son rapport dans un délai de 2 mois à compter de sa désignation. Ce délai peut être renouvelé une fois pour une durée maximale de 2 mois, par accord entre l'employeur et la majorité des membres titulaires élus du CSE.

> **Précisions a.** La question se pose de savoir quelles sont les expertises visées par le troisième cas de figure ci-dessus. On peut penser qu'il concerne notamment le recours à un expert en cas de risque grave, identifié et actuel, constaté dans l'établissement (n° 2035), celui-ci n'étant pas décidé dans le cadre d'une consultation du CSE au sens visé par le premier cas de figure.
b. Jugé que le non-respect du délai imparti à l'expert du CHSCT n'est sanctionné ni par la nullité de sa délibération à l'origine de cette expertise, ni par la nullité de l'expertise elle-même (CA Nancy 25-6-1996 n° 95-2298 : RJS 11/96 n° 1182). La solution pourrait à notre sens être transposable au CSE.

EXPERTISE PORTANT SUR PLUSIEURS CHAMPS

2325 Quand l'expertise porte sur plusieurs champs, un **rapport d'expertise unique** doit être établi (C. trav. art. L 2315-85, 2° et R 2315-48).
Selon l'administration, l'expert désigné est le seul **interlocuteur** du CSE. Il pilote l'expertise et est responsable de son bon déroulement. Lorsque l'expertise porte sur les seuls champs **santé, sécurité et conditions de travail,** l'expert habilité désigné par le CSE peut « sous-traiter » une partie de l'expertise à un ou plusieurs cabinets qui n'ont pas l'obligation d'être eux-mêmes habilités. En revanche, lorsque, dans le cadre d'un **plan de sauvegarde de l'emploi,** un expert-comptable est désigné, il doit nécessairement faire appel à au moins un expert habilité pour les aspects de l'expertise concernant les champs santé, sécurité et conditions de travail (QR min. trav. 16-1-2020 n° 110).

RECTIFICATION DU RAPPORT

2330 Le rapport établi par l'expert-comptable **appartient au seul comité.** L'employeur n'a donc pas qualité pour en demander la rectification ou la suppression, sauf à faire de cette mesure la réparation d'un préjudice engendré par une faute délictuelle ou quasi délictuelle (CA Paris 30-5-1991 n° 89-18232 : RJS 7/91 n° 853).

H. Obligation de secret professionnel et de discrétion

2360 Les experts du comité sont tenus aux mêmes obligations de secret professionnel et de discrétion que les membres de la délégation du personnel du CSE (C. trav. art. L 2315-84). Sur le contenu de ces obligations, voir nos 870 s.
La question se pose de savoir si cette obligation de secret professionnel, à laquelle les experts sont tenus **à l'égard des tiers,** vaut, ou non, à l'égard **des membres du comité.**
Jurisprudence et administration ont apporté les réponses suivantes.
Pour la **jurisprudence,** la direction ne peut pas limiter le pouvoir d'information d'un comité agissant dans la limite de ses droits (Cass. crim. 25-5-1983 n° 82-92.280). Le secret professionnel auquel l'expert-comptable est tenu ne peut pas le lier vis-à-vis des membres du comité dans les mêmes conditions que vis-à-vis des tiers. En effet, on ne peut pas considérer les membres du comité comme des tiers, eux-mêmes étant tenus à une obligation de discrétion à l'égard des informations confidentielles reçues. Par conséquent, si l'obligation générale au secret demeure, elle se trouve particulièrement atténuée dans les rapports entre l'expert-comptable et le comité (CA Lyon 31-1-1980 n° 80-1260).

L'**administration** a adopté la position inverse, estimant que l'interdiction de divulguer à des tiers des informations de nature confidentielle que l'expert a pu obtenir au cours de ses investigations vaut aussi à l'égard des membres du comité (Min. trav. : JO déb. AN 8-6-1982 p. 3066).

La **responsabilité professionnelle** de l'expert-comptable peut être mise en cause s'il ne respecte pas les dispositions législatives et réglementaires régissant la profession ou lorsqu'il ne se conforme pas au règlement intérieur établi par le Conseil supérieur de l'ordre (Rép. Bonhomme : AN 11-4-1988 n° 34916). **2365**

S'il cause un préjudice à un tiers, il engage sa responsabilité **civile** dans les conditions de droit commun (Rép. Bonhomme précitée). Il doit souscrire une **police d'assurance** pour garantir la responsabilité qu'il peut encourir en raison de l'ensemble de ses travaux et activités (Ord. 45-2138 du 19-9-1945 art. 17).

Lorsque les conséquences pécuniaires de la responsabilité civile encourue par l'expert-comptable à raison de ses travaux et activités ne sont pas couvertes par un tel contrat, elles sont **garanties** par un contrat d'assurance souscrit par le Conseil supérieur de l'Ordre (Ord. 45-2138 du 19-9-1945 art. 17).

Sur le **plan pénal,** la responsabilité des membres de l'ordre peut être mise en cause lorsque les éléments constitutifs d'une infraction sont réunis (Rép. Bonhomme précitée).

I. Contestation des expertises par l'employeur

L'employeur peut **contester l'expertise** décidée par le CSE à plusieurs stades de celle-ci, selon les modalités décrites ci-après, l'expertise prévue en cas de projet de licenciement économique d'au moins 10 salariés dans une même période de 30 jours faisant l'objet de règles spécifiques (n°s 90335 s.). **2380**

> **Précisions a.** Dans le cadre d'une **UES,** le juge doit être saisi par toutes les entreprises la composant ou par celle d'entre elles ayant reçu mandat pour représenter l'UES (Cass. soc. 26-2-2020 n° 18-22.123 FS-PB : RJS 5/20 n° 243).
> **b.** S'agissant des expertises qualité du travail et de l'emploi, une **réclamation peut être adressée à l'organisme** menant l'expertise ou à celui l'ayant habilité, lesquels devront la traiter dans le mois (Arrêté du 7-8-2020 art. 9 et 12).

MOTIFS DE CONTESTATION

Dans tous les cas de recours du CSE à un expert, l'employeur saisit le juge judiciaire de (C. trav. art. L 2315-86, al. 1 à 5) : **2385**

– la délibération du CSE décidant le recours à l'expertise s'il entend contester la **nécessité** de celle-ci ;
– la désignation de l'expert par le CSE s'il entend contester le **choix de cet expert** ;
– la notification à l'employeur du cahier des charges établi par le CSE et des informations communiquées par l'expert s'il entend contester le **coût prévisionnel, l'étendue ou la durée** de l'expertise ;
– la notification à l'employeur du **coût final** de l'expertise s'il entend contester ce coût.

Nécessité d'une expertise À notre sens, en prévoyant que l'employeur peut contester la nécessité de celle-ci, le texte l'autorise à contester non pas l'**opportunité** de l'expertise, mais le point de savoir si les **conditions légales** pour que le comité y ait recours sont réunies. **2390**

Ainsi, selon nous, l'employeur ne peut pas, par exemple, contester la nécessité de l'expertise diligentée par le CSE dans le cadre de sa consultation sur la **politique économique et financière** de l'entreprise ou sur ses orientations stratégiques en faisant valoir que les explications qu'il a données aux représentants du personnel sont claires et suffisantes.

En revanche, il a été jugé que le comité ne peut pas dénier à l'employeur le droit de contester le recours à l'expert au motif que sa consultation sur un **projet** révèle nécessairement **l'importance** de ce dernier (Cass. soc. 8-10-2003 n° 01-16.309 F-D) et qu'il appartient aux juges de rechercher si les conditions du projet important (Cass. soc. 14-2-2001 n° 98-21.438 FS-PB : RJS 6/01 n° 754 ; 26-6-2001 n° 99-16.096 FS-PBRI : RJS 10/01 n° 1150) ou du risque grave sont réunies. Les juges apprécient souverainement la nécessité de l'expertise (25-6-2003 n° 01-13.826 FS-PB : RJS 10/03 n° 1177).

2395 **Choix de l'expert** En prévoyant que l'employeur peut contester le choix de l'expert, le législateur a entendu à notre avis lui donner le droit de contester le choix d'une personne ne remplissant pas les **conditions requises par la loi** (par exemple d'un expert non dûment habilité ou d'un expert habilité dans le cas où un expert-comptable est requis), mais non d'écarter un expert dont les positions ne correspondraient pas aux siennes. En tout état de cause, sauf **abus manifeste,** le juge n'a pas à contrôler le choix de l'expert auquel le CSE a décidé de faire appel (Cass. soc. 26-6-2021 n° 99-11.563 FS-P : RJS 10/01 n° 1150 ; 22-9-2021 n° 20-17.635 F-D : RJS 12/21 n° 664).

ILLUSTRATIONS

Jugé ainsi :
– qu'un expert en nouvelles technologies désigné par le comité ne peut pas être écarté sous le seul prétexte qu'il entretient des relations avec un **syndicat professionnel** dès lors qu'il n'est pas établi qu'il soit partial dans ses méthodes de travail ou ses conclusions (TGI Lille 22-5-1984) ;
– que le choix de l'expert désigné dans le cadre d'un projet de restructuration des bâtiments ne peut pas être contesté dès lors que l'intéressé dispose d'un **agrément** recouvrant ces domaines (Cass. soc. 8-7-2009 n° 08-16.676 F-PB : RJS 10/09 n° 805).

2400 **Coût final de l'expertise** Pour trancher le litige portant sur la rémunération d'un expert désigné par le comité, le président du tribunal **tient compte de** l'importance du **travail fourni** (CA Paris 6-3-1985 n° 12-807) et de la nature de la **mission** confiée à l'expert.

Le juge peut décider de **réduire** les honoraires réclamés par l'expert, peu important l'acceptation préalable par l'employeur du tarif proposé par lui (Cass. soc. 15-1-2013 n° 11-19.640 FS-PB : RJS 3/13 n° 210). Cette décision relève de son pouvoir souverain d'appréciation (Cass. soc. 10-7-1995 n° 92-17.010 D : RJS 10/95 n° 1027 ; 22-3-2023 n° 21-25.839 F-D).

ILLUSTRATIONS

Le juge peut **procéder à la réduction des honoraires** :
– si le **tarif** journalier facturé excède, sans justificatif, les tarifs habituellement pratiqués (CA Paris 19-9-2012 n° 11-22040 ; CA Bordeaux 30-4-2014 n° 13-3978 : RJS 7/14 n° 576) ;
– si les honoraires demandés apparaissent excessifs tant en termes de **qualification du personnel** qu'en termes de **temps** passé par rapport à ceux pratiqués pour l'accomplissement de tâches similaires. Il en va de même pour les **frais** (par exemple de dactylographie et de reprographie) dont le remboursement est demandé (CA Paris 25-2-1998 n° 97-15400 ; Cass. soc. 10-2-2000 n° 98-15.623 D) ;
– si le **temps** de travail facturé dépasse de manière importante, sans justification, le temps de travail initialement annoncé (Cass. soc. 8-3-2017 n° 15-22.882 F-D : RJS 5/17 n° 341) ;
– si l'expert s'est livré à des **investigations dépassant le cadre de la mission** que lui impartit le Code du travail (Cass. soc. 21-10-1998 n° 97-10.058 D : RJS 12/98 n° 1503 ; CA Versailles 15-2-2008 n° 07-3353) ou disproportionnées au regard des questions posées par le comité (CA Bordeaux 30-4-2014 n° 13-3978 précité) ;
– s'il a décidé de **limiter le périmètre** de l'expertise à l'analyse du seul accident survenu dans l'unité en cause, et refusé son extension aux différents incidents ou accidents antérieurs recensés sur l'ensemble des activités du site (Cass. soc. 22-3-2023 n° 21-25.839 F-D) ;
– si les **travaux** facturés ont pour partie **déjà été réalisés** par la même société d'experts (Cass. soc. 24-10-2012 n° 11-24.595 F-D ; 8-3-2017 n° 15-22.882 F-D : RJS 5/17 n° 341), ou par une autre société d'experts (CA Bordeaux 16-2-1998 n° 95-5129), lors de précédentes interventions ;
– si la lecture du rapport d'expertise révèle une **analyse portant davantage sur l'existant** et la perception actuelle des conditions de travail par les salariés que sur l'implication du projet sur ces conditions de travail (TGI Nice 2-1-2012 n° 11/01326 : RJS 3/12 n° 259).
Le juge peut au contraire **refuser** une telle réduction si le travail accompli a donné au comité tous les éléments nécessaires à l'intelligence des comptes et à l'appréciation de la situation de l'entreprise (Cass. soc. 10-7-1995 n° 92-17.010 D : RJS 10/95 n° 1027).

JUGE COMPÉTENT ET DÉLAI DE CONTESTATION

2405 L'employeur doit saisir le **président du tribunal judiciaire** dans un délai de **10 jours** (C. trav. art. L 2315-86, al. 1, R 2315-49 et R 2315-50).

Le **point de départ** de ce délai varie en fonction de l'objet de la contestation :
– date de la délibération du CSE décidant du recours à un expert si cette contestation porte sur la nécessité de ce recours ;
– date de la désignation par le CSE de l'expert si elle porte sur le choix de ce dernier ;
– date de la notification à l'employeur, par l'expert, du coût prévisionnel de son intervention, de l'étendue ou de la durée de l'expertise, si elle porte sur ce coût, sur l'étendue ou la durée de l'expertise ;
– date de la notification à l'employeur du coût final de l'expertise, si elle porte sur ce coût final.

ATTENTION

S'agissant du point de départ du délai de contestation, la **Cour de cassation** a eu l'occasion de préciser que :
– le délai de contestation de la **nécessité d'une expertise** ne court qu'à compter du jour où l'employeur a été mis en mesure de connaître la nature et l'objet de celle-ci (Cass. soc. 5-4-2023 n° 21-23.347 F-D ; 18-10-2023 n° 22-10.761 F-B) ;
– la date à laquelle l'employeur a été informé du cahier des charges et de ces éléments ne fait pas courir le délai de contestation du **coût,** de l'**étendue** ou de la **durée** de l'expertise, le point de départ dudit délai étant nécessairement la réception par l'employeur de la notification faite par l'expert (Cass. soc. 17-5-2023 n° 22-11-771 F-D) ;
– en cas de nouvelle notification modifiant le **coût prévisionnel** initialement communiqué, le délai de contestation ne court qu'à compter de la date de cette nouvelle notification (Cass. soc. 7-12-2022 n° 21-16.996 F-B : RJS 2/23 n° 91 ; 22-3-2023 n° 21-25.839 F-D).

PROCÉDURE

Sauf contestation du coût final de l'expertise, le juge statue, suivant la **procédure accélérée au fond** (n° 3755) dans les 10 jours de sa saisine. Cette **saisine suspend** l'exécution de la décision du CSE, ainsi que les délais dans lesquels il est consulté, jusqu'à la notification du jugement (C. trav. art. L 2315-86, al. 6). La décision n'est pas susceptible d'**appel.** **2410**
Elle peut faire l'objet d'un **pourvoi en cassation** dans un délai de 10 jours à compter de la notification du jugement (C. trav. art. R 2315-50).

ATTENTION

Depuis le 1-1-2020, la **contestation du coût final** de l'expertise ne bénéficie plus de la procédure accélérée au fond. En conséquence : le juge n'est pas tenu par le délai de 10 jours, sa saisine n'est pas suspensive de l'exécution de la décision du CSE et la décision est, selon nous, susceptible d'appel. Autrement dit, cette contestation est soumise aux règles du droit commun (procédure contentieuse au fond, sauf en cas d'urgence à statuer, auquel cas, mais celui-ci devrait rester exceptionnel, une procédure de référé devrait être possible).

EFFETS

En cas d'**annulation** définitive par le juge de la **délibération du CSE,** les sommes perçues par l'expert sont remboursées par ce dernier à l'employeur. Le CSE peut, à tout moment, décider de les prendre en charge (C. trav. art. L 2315-86, al. 7). **2415**

> **Précisions a.** Ce texte reprend une disposition prévue pour les expertises du CHSCT, qui a été jugée constitutionnelle (Cass. soc. QPC 19-1-2022 n° 21-40.025 FS-B : RJS 4/22 n° 196). Cette solution est-elle transposable aux expertises du CSE ? À notre sens, la réponse est affirmative s'agissant du principe selon lequel, en cas d'annulation de la délibération du CSE décidant de l'expertise, la charge de celle-ci **ne doit pas incomber à l'employeur.** Mais on peut s'interroger sur la règle selon laquelle cette charge doit incomber à l'expert, sauf si le CSE décide de l'assumer. Car la règle s'explique notamment par le fait que le CHSCT n'avait pas de budget de fonctionnement. Or, le CSE dispose, lui, d'un tel budget. Il ne serait donc pas inéquitable que la prise en charge d'une expertise qu'il a diligentée à tort lui incombe nécessairement (au lieu qu'il décide, ou non, de l'assumer).
b. L'article L 2315-86 du Code du travail ne précise pas l'incidence de l'annulation de la délibération du CSE sur les sommes déjà perçues par l'expert au regard de la part du **coût de l'expertise financé par le CSE** à hauteur de 20 % sur son budget de fonctionnement (n° 2075). Dans la mesure où il ne vise que le remboursement des sommes versées par l'employeur, faut-il l'interpréter, a contrario, comme n'imposant pas le remboursement de celles éventuellement versées par le CSE ? Ce dernier peut certes décider de ne pas demander ce remboursement et de conserver lesdites sommes à sa charge. Mais il n'est pas certain que cela puisse lui être imposé. Cette question mériterait d'être clarifiée.

CHAPITRE 4 LE CSE : RESSOURCES

SOMMAIRE

2700 Le CSE dispose de ressources destinées :
– d'une part, à permettre son fonctionnement ;
– d'autre part, à financer les activités sociales et culturelles qu'il gère.
Ces dotations ne concernent que le CSE des **entreprises d'au moins 50 salariés,** celui des entreprises plus petites n'ayant aucun budget propre, sauf accord ou usage plus favorable.
Le CSE est assujetti à des obligations en matière de **tenue et de contrôle des comptes.**
Sur le calcul de la subvention de fonctionnement et de la contribution aux activités sociales et culturelles et leur répartition dans les entreprises pourvues d'un **CSE central** d'entreprise et de CSE **d'établissement,** voir n°s 6105 s.

ATTENTION

Chacun des deux budgets du CSE présente un **caractère autonome.** Ainsi, les fonds versés au comité au titre de son fonctionnement doivent être utilisés pour celui-ci ou ses attributions économiques, ceux versés au titre de la contribution aux activités sociales et culturelles pour ces activités. Les opérations du CSE restent dans leurs **produits et charges** rattachées aux comptes correspondant à leur financement d'origine (Cass. soc. 2-12-2020 n° 19-10.299 n° 1138 FD : RJS 2/21 n° 95 ; 20-10-2021 n° 20-14.578 F-D : RJS 1/22 n° 20).

I. BUDGET

A. Subvention de fonctionnement

2720 La loi impose à l'employeur d'allouer au CSE, dans les entreprises employant au moins 50 salariés, une subvention de fonctionnement, destinée à couvrir les **dépenses du comité** s'inscrivant dans le cadre de ses **attributions économiques et professionnelles** et dont le montant annuel minimal dépend de la masse salariale de l'entreprise.
Sur les **sanctions** encourues par l'employeur à défaut de versement, voir n° 2795.

1. MONTANT

2730 L'employeur verse au CSE une subvention de fonctionnement d'un montant annuel équivalent à 0,20 % de la masse salariale brute dans les **entreprises de 50 à moins de 2 000 salariés** et à 0,22 % de cette même masse dans les entreprises d'**au moins 2 000 salariés** (C. trav. art. L 2315-61, al. 1 à 3).

Sous la réserve exposée n°s 2770 s., ce montant s'ajoute à la subvention destinée aux activités sociales et culturelles (C. trav. art. L 2315-61, al. 4).

> **Précisions a.** L'employeur peut fournir une contribution d'un **montant supérieur** (CE 14-10-1996 n° 148093 : RJS 1/97 n° 88 ; Circ. 6-5-1983), mais pas inférieur.
> **b.** En cas de **mise en place** du comité **en cours d'année,** le montant de la subvention doit, selon nous, être proratisé et égal au nombre de mois restant à courir entre l'élection et la fin de l'année.

CALCUL

Année de référence La **masse salariale** brute à prendre en compte est celle de l'**année en cours.** Mais, faute de pouvoir connaître avec exactitude cette masse avant la fin de l'année, la subvention peut être calculée sur la masse de l'année précédente et réajustée en fin d'année (Circ. 6-5-1983). **2735**

ATTENTION

Les sommes versées au titre des **mesures se rapportant à d'autres exercices** sont replacées sur l'exercice de référence. En revanche, sont intégrés dans la masse salariale les montants des **ajustements payés après la clôture** de l'exercice mais au titre de cet exercice (Rép. Bêche : AN 10-10-1983 n° 30820).

Sommes prises en compte Pour le calcul de la subvention de fonctionnement et de la contribution aux activités sociales et culturelles, la masse salariale brute est constituée par l'ensemble des **rémunérations** soumises à **cotisations de sécurité sociale** en application des dispositions de l'article L 242-1 du CSS ou de l'article L 741-10 du Code rural et de la pêche maritime, à l'exception des **indemnités** versées à l'occasion de la **rupture du contrat de travail** à durée indéterminée (C. trav. art. L 2315-61, al. 7 et L 2312-83). **2740**

> **Précisions** Les articles L 2315-61 et L 2312-83 du Code du travail excluent-ils de la masse salariale à prendre en compte toutes les sommes versées à l'occasion de la rupture du contrat de travail, y compris celles ayant la nature d'un salaire comme les indemnités compensatrices de préavis et de congés payés ? Probablement pas.
> Cette expression doit, selon nous, se comprendre par référence à l'article L 242-1, II-7° du CSS, aux termes duquel la part non imposable « des indemnités versées à l'occasion de la rupture du contrat de travail » - l'expression est la même - est exclue de l'assiette des cotisations de sécurité sociale dans certaines limites. Ainsi, même la part de ces indemnités soumises à cotisations doit être exclue de la masse salariale à prendre en compte. Sont notamment concernées les indemnités de licenciement ou de cessation forcée des fonctions de mandataire social, les indemnités de mise à la retraite ainsi que les indemnités de rupture conventionnelle. En revanche, à notre sens, les indemnités ne bénéficiant pas de ce régime telles les indemnités compensatrices de préavis et de congés payés entrent dans l'assiette de la subvention.

Entrent donc dans l'assiette de calcul de la subvention de fonctionnement tous les revenus d'activité tels qu'ils sont pris en compte pour l'assiette de la CSG sur les revenus d'activités salariaux, c'est-à-dire toutes les sommes, ainsi que les avantages et accessoires en nature ou en argent qui y sont associés, dus **en contrepartie ou à l'occasion du travail,** quelle que soit la dénomination et la qualité de celui qui les attribue et que cette attribution soit directe ou indirecte (CSS art. L 136-1-1 sur renvoi de CSS art. L 242-1, I). **2745**

Sont seules **exclues** (CSS art. L 242-1, II) :
– les sommes allouées au salarié au titre de l'intéressement ;
– les sommes réparties au titre de la réserve spéciale de participation ;
– les sommes versées par l'employeur à un plan d'épargne ;
– les contributions patronales de prévoyance complémentaire et de retraite supplémentaire ;
– dans les entreprises de moins de 50 salariés, la contribution de l'employeur à l'acquisition des chèques-vacances ;
– la plus-value réalisée lors de la levée d'une option sur actions et le gain réalisé lors d'une attribution gratuite d'actions.

Sur la masse salariale prise en compte pour le calcul de la subvention en cas de division de l'entreprise en **établissements distincts,** voir n° 6105.

> **Précisions a.** L'employeur ne peut pas contester l'intégration dans l'assiette de calcul de la subvention des sommes **déclarées à l'administration** à titre de salaires, en l'espèce des rémunérations versées aux journalistes pigistes (Cass. soc. 2-12-2008 n° 07-16.615 FS-P, rectifié par Cass. soc. 10-2-2009 n° 07-16.615 F-D : RJS 2/09 n° 202).
> Le **défaut de versement** à des salariés **d'un reliquat de primes** auquel ils ont droit affecte nécessairement le montant de la masse salariale brute servant d'assiette au calcul de la subvention de fonctionnement du comité. Ce dernier peut donc demander des dommages-intérêts en réparation du préjudice subi du fait de l'atteinte portée à ses droits à ladite subvention (Cass. soc. 26-3-2002 n° 99-14.144 FS-D : RJS 7/02 n° 859).
> **b.** À notre sens, la fraction des **contributions patronales de retraite supplémentaire et de prévoyance complémentaire** excédant, le cas échéant, les limites d'exonérations de cotisations sociales devrait entrer dans l'assiette de calcul de la subvention de fonctionnement. En effet, à l'inverse des indemnités de rupture du contrat (n° 2740), il n'est pas prévu d'exclusion expresse de l'assiette de la subvention de fonctionnement.
> **c.** Les indemnités légales d'**activité partielle** versées par l'employeur aux salariés placés en activité partielle, qui ne sont pas assujetties à cotisations sociales, doivent être exclues de la masse salariale à prendre en compte pour le calcul de la subvention (C. trav. art. L 5122-4).

CATÉGORIES PARTICULIÈRES DE SALARIÉS

2750 **Salariés dont le contrat est suspendu** La question se pose de savoir si les sommes versées par l'employeur aux salariés dont le contrat de travail est suspendu entrent dans la base de calcul de la subvention de fonctionnement. Il semble résulter de la jurisprudence que doivent uniquement être prises en compte les sommes qui sont totalement à la charge de l'employeur, à l'exclusion de celles qui lui sont remboursées par un tiers.

ILLUSTRATIONS

Entrent dans la base de calcul de la subvention les indemnités versées aux salariés ayant adhéré à une **convention de formation-conversion** au titre des périodes de formation et de suspension d'activité, pour la part supportée par l'entreprise à l'exclusion de celle financée par l'État (Cass. soc. 6-4-1994 n° 92-10.677 P : RJS 5/94 n° 565). Sont aussi **exclues** de cette base les **indemnités journalières** de sécurité sociale versées au salarié durant un arrêt de travail pour maladie, même en cas de subrogation de l'employeur, c'est-à-dire de maintien intégral du salaire par ce dernier, lesdites indemnités lui étant alors remboursées par l'organisme social (CA Montpellier 18-12-1991 n° 88-1665). Seul le complément de salaire proprement dit restant à la charge de l'employeur doit donc dans ce cas être pris en compte pour le calcul de la subvention.

2755 **Salariés mis à disposition** La **rémunération des salariés temporaires** est exclue de la masse salariale de l'entreprise utilisatrice pour le calcul de la subvention de fonctionnement et de la contribution patronale aux activités sociales et culturelles (Cass. soc. 10-3-2010 n° 08-21.529 FS-PB : RJS 5/10 n° 477).
Il en va de même des rémunérations versées aux **salariés mis à disposition** par une entreprise extérieure (Cass. soc. 7-2-2018 n° 16-24.231 FS-PBRI : RJS 4/18 n° 267).

2760 **Enseignants des établissements privés sous contrat** Les **rémunérations versées par l'État** aux maîtres qui enseignent dans les établissements d'enseignement privé sous contrat avec l'État sont prises en compte dans la masse salariale brute servant au calcul de la subvention de fonctionnement et de la contribution patronale aux activités sociales et culturelles du comité de l'établissement (C. éduc. art. L 442-5, al. 3 et C. rur. art. L 813-8, al. 3).

2765 **Entreprises affiliées à des caisses de congés payés** Doivent être incluses dans la masse salariale brute, non pas la totalité des sommes versées par l'entreprise à une caisse de congés payés, mais seulement celles correspondant aux **indemnités de congés payés** (Position de principe DRT 16-2-1987) et aux **cotisations salariales** assises sur ces indemnités (Cass. soc. 10-10-1990 n° 89-11.377 PF : RJS 11/90 n° 873 ; 23-9-1992 n° 89-16.039 PF : RJS 11/92 n° 1270). Il appartient aux entreprises concernées d'obtenir l'**information** relative au montant à inclure auprès des **caisses** elles-mêmes (par exemple, par la délivrance d'un document indiquant le montant des indemnités de congés payés versées pour l'entreprise concernée) (Position de principe DRT 16-2-1987).

ATTENTION

Commet un délit d'**entrave** au fonctionnement régulier du comité l'employeur qui refuse d'inclure dans la masse salariale brute les sommes servant à la rémunération des indemnités de congés payés versées à la caisse de congés payés à laquelle il est affilié (Cass. crim. 12-2-1991 n° 88-84.266 PF : RJS 4/91 n° 480 ; 19-3-1991 n° 90-81.889 PF : RJS 5/91 n° 601).

IMPUTATION DE SOMMES ÉQUIVALENTES DÉJÀ VERSÉES

Si l'employeur fait déjà bénéficier le comité d'une **somme ou de moyens en personnel équivalant à 0,22 %** de la masse salariale brute, il n'a pas à verser la subvention de fonctionnement (C. trav. art. L 2315-61, al. 4). S'il l'a fait bénéficier de sommes ou de moyens en personnel d'un **montant inférieur,** il ne doit verser que la différence (Circ. 6-5-1983). L'évaluation des déductions à opérer est faite **annuellement** (Circ. 6-5-1983, précitée). 2770
Sur le cadre de l'évaluation des déductions dans les **entreprises à établissements distincts,** voir n° 6105.

> **Précisions a.** Dans son alinéa 4, l'article L 2315-61 du Code du travail se réfère au seul **seuil de 0,22 %** et **non** aussi à celui **de 0,20 %** (n° 2730). Dans le doute sur le point de savoir si la référence au taux de 0,22 % est délibérée ou s'il s'agit d'une erreur appelée à être rectifiée, il convient selon nous, par prudence, de retenir le taux de 0,22 % dans tous les cas.
> **b.** Par délibération, le **comité** peut décider de **renoncer** partiellement ou totalement aux avantages mis à sa disposition et obtenir, en contrepartie, le versement de la subvention de façon à conserver la maîtrise de sa gestion (Circ. 6-5-1983).
> L'employeur qui, sans l'**accord du comité,** déduit de la subvention de fonctionnement un forfait mensuel pour frais de téléphone, de reprographie et d'affranchissement se rend coupable de délit d'entrave (Cass. crim. 10-3-1992 n° 91-81.177 D), un accord exprès du comité n'étant toutefois pas nécessaire (Cass. soc. 25-10-2017 n° 16-10.573 F-D : RJS 1/18 n° 41).
> S'il opère cette déduction, l'**employeur** doit **établir** que les sommes et moyens mis à la disposition du comité sont équivalents au montant déduit. Le refus de fournir des **justifications** le rend également coupable du délit d'entrave (Cass. crim. 26-11-1991 n° 90-84.546 D : RJS 3/92 n° 305).

L'employeur ne peut déduire que les sommes ou la valeur des moyens en personnel octroyées pour les **besoins de fonctionnement** du comité autres que ceux occasionnés par ses **activités sociales et culturelles** (Cass. soc. 26-9-1989 n° 87-20.096 P : RJS 11/89 n° 856 ; Cass. crim. 4-10-1989 n° 88-86.163 PF : RJS 12/89 n° 942 ; Cass. soc. 23-10-1991 n° 90-11.105 D : RJS 12/91 n° 1336). C'est à lui de prouver que cette règle est respectée (Cass. crim. 2-10-1990 n° 88-84.621 D : RJS 12/90 n° 992 ; 11-2-2003 n° 01-88.650 FS-PF : RJS 7/03 n° 905). 2775
Le protocole d'**accord** permettant de déduire de la subvention de fonctionnement le montant des salaires et charges du personnel mis par l'employeur à la disposition du comité y compris pour des activités non couvertes par ladite subvention est illicite (Cass. soc. 26-9-1989 n° 87-20.096 P : RJS 11/89 n° 856). Il en va de même de l'accord ayant pour objet de déduire de la subvention les salaires et charges du personnel mis à la disposition du comité, sans distinguer selon que ces sommes ou moyens en personnel sont affectés aux activités sociales et culturelles ou au fonctionnement proprement dit du comité (Cass. soc. 10-7-2001 n° 99-19.588 FS-P : RJS 10/01 n° 1155).

ILLUSTRATIONS

Ne sont **pas déductibles** de la subvention de fonctionnement :
– les frais engagés par l'employeur pour les besoins du fonctionnement du comité interentreprises créé pour la gestion des œuvres sociales communes (Cass. soc. 21-9-1993 n° 91-12.214 D : RJS 11/93 n° 1114) ;
– les frais de personnel et de photocopies ainsi que les remboursements d'heures passées à des commissions non obligatoires, s'ils se rattachent aux activités sociales et culturelles du comité ; les frais de rédaction et de diffusion des procès-verbaux de séances établis par le secrétaire de direction au lieu et place du secrétaire du comité, seul habilité pour le faire, si cette pratique n'a pas été demandée par l'instance représentative ; le coût des réunions préparatoires aux séances du comité central, si elles ont été instaurées par l'employeur (Cass. soc. 4-4-1990 n° 88-13.219 PF : RJS 5/90 n° 385).
Est en revanche **déductible** de la subvention une fraction de la somme mise à la disposition d'un comité et utilisée pour rémunérer un salarié affecté partiellement à des tâches se rattachant au fonctionnement administratif du comité (Cass. soc. 5-10-1994 n° 92-18.840 D : RJS 11/94 n° 1280).

2. VERSEMENT

MODALITÉS

L'employeur peut verser au **début de l'année** le montant total de la subvention, mais il n'y est pas tenu. Il peut effectuer **plusieurs** versements étalés dans le temps, à condition qu'ils permettent d'assurer un fonctionnement normal du comité, c'est-à-dire qu'ils lui permettent de faire face à ses dépenses (étant observé que, si certaines de ces dépenses, comme les frais de 2790

personnel, sont permanentes, d'autres sont beaucoup plus espacées : les frais de formation économique, par exemple) (Circ. 6-5-1983). Un **réajustement** s'opère en fin d'année.
Sur les modalités de versement de la subvention en cas de division de l'entreprise en **établissements distincts,** voir n° 6105.

ILLUSTRATIONS

Il a été jugé que le versement au mois de décembre de la totalité du budget de l'année entrave le fonctionnement de l'instance et constitue un trouble manifestement illicite justifiant le prononcé, par le juge des référés, d'une injonction de verser le budget sous astreinte (TJ de Paris 1-6-2023 n° 23/53556).

DÉFAUT DE VERSEMENT

2795 Le préjudice subi par le comité à défaut de paiement de la subvention de fonctionnement est en principe réparé par le versement de cette subvention, majorée des **intérêts de retard.** Le comité ne peut prétendre en sus à des **dommages-intérêts** que si le non-versement de la subvention par l'employeur résulte de sa résistance abusive (Cass. soc. 26-9-2007 n° 06-44.246 F-P : RJS 2/07 n° 1303).
L'abstention volontaire de l'employeur de verser sa subvention au comité ou de lui communiquer le montant de la masse salariale constitue le délit d'**entrave** au fonctionnement du comité (n° 6105, b).
Le comité empêché de fonctionner par suite de l'**annulation des élections** reste créancier de la subvention de fonctionnement due annuellement par l'employeur même si ses attributions économiques et professionnelles n'ont pu être exercées (Cass. soc. 22-11-2017 n° 16-12.952 F-D : RJS 2/18 n° 121).
En revanche, si la **création d'un comité est retardée,** le comité, une fois mis en place, ne peut pas être créancier de sommes correspondant à la subvention destinée à son fonctionnement pour une période antérieure à sa création, y compris lorsque le retard fait suite à la défaillance de l'employeur dans la mise en place du comité (Cass. soc. 27-3-2012 n° 11-11.176 FS-PB : RJS 6/12 n° 574).
Sur la possibilité pour le comité du cédant, demeuré en fonctions, de demander au nouvel employeur le paiement de la subvention de fonctionnement à laquelle il prétend avoir droit au titre d'années antérieures au **transfert d'entreprise,** voir n° 33240.

ACTION EN PAIEMENT

2800 **Qualité pour agir** Si l'employeur n'a pas payé spontanément la subvention de fonctionnement ou la contribution due pour les activités sociales et culturelles, le **comité** est bien sûr habilité à agir en justice pour en obtenir le versement.
En revanche, un **syndicat** n'a pas qualité pour intenter une telle action au lieu et place du comité (Cass. soc. 26-9-2012 n° 11-13.091 F-D : RJS 12/12 n° 959).

2805 **Tribunal compétent** Le tribunal judiciaire, juridiction de droit commun en matière civile, est compétent pour examiner la demande en paiement du comité.

> **Précisions** Lorsque certaines conditions sont réunies (urgence, manquement évident), le comité peut saisir la **formation de référé** du tribunal judiciaire qui statue dans des délais très courts. Il a par exemple été jugé que l'omission de verser la subvention de fonctionnement et le budget relatif aux activités sociales et culturelles constitue un trouble manifestement illicite relevant de la compétence du juge des référés (TJ de Paris1-6-2023 n° 23/53556).

2810 **Prescription** En application de l'article 2224 du Code civil, l'action en paiement de la subvention de fonctionnement et de la contribution patronale aux activités sociales et culturelles se prescrit, comme toute action personnelle, par 5 ans à compter du jour où le comité a connu ou aurait dû connaître les faits lui permettant d'agir (Cass. soc. 3-11-2016 n° 15-19.385 FS-PB : RJS 1/17 n° 33). La prescription ne court pas si la créance, même périodique, dépend d'éléments qui ne sont pas connus du créancier et doivent résulter de déclarations que le débiteur est tenu de faire. Il en va ainsi lorsque le comité n'a pas eu communication par l'employeur des éléments nécessaires à l'appréciation de ses droits (Cass. soc. 1-2-2011 n° 10-30.160 FS-PB : RJS 4/11 n° 342 ; 31-5-2016 n° 14-25.042 FS-PB : RJS 8-9/16 n° 571).
De même, conformément à l'article 2234 du Code civil, la prescription **ne court pas ou est suspendue** contre le créancier qui est dans l'impossibilité d'agir par suite d'un empêchement résultant de la loi, de la convention ou de la force majeure.

Enfin, selon la doctrine, la prescription est **interrompue** si l'employeur reconnaît, même partiellement, le principe de sa dette (M. Cohen et L. Milet, « Le droit des comités sociaux et économiques et des comités de groupe », LGDJ, 18e éd. p. 1208). En effet, selon l'article 2251 du Code civil, il y a renonciation tacite à la prescription lorsque les circonstances établissent sans équivoque la volonté de ne pas se prévaloir de celle-ci.

3. UTILISATION

L'utilisation de la subvention de fonctionnement du comité suppose une **délibération** de cet organe, donnant lieu à un vote auquel l'employeur ne participe pas (n° 1865). **2815**
Si le comité décide **librement** de l'utilisation des fonds reçus au titre de son budget de fonctionnement, cette liberté n'est cependant pas sans limites. En effet, ses dépenses doivent s'inscrire dans le cadre de son fonctionnement et de ses missions économiques (Cass. soc. 27-3-2012 n° 11-10.825 FS-PBR : RJS 6/12 n° 575). Lorsque ce principe n'est pas respecté, la délibération du comité décidant d'affecter une partie de la subvention à une dépense ne pouvant pas être imputée sur ce budget est susceptible d'annulation (n° 1955).

DÉPENSES COUVERTES PAR LA SUBVENTION

La loi a expressément prévu que certaines dépenses particulières sont à la charge du comité et donc en principe prises en compte sur la subvention de fonctionnement. Il s'agit : **2820**
– de la **formation économique** de ses membres titulaires, voir n° 795 ;
– des frais occasionnés par le recours à certains **experts** pour l'assister, voir nos 2075 s. (prise en charge partielle par le comité du coût des experts l'assistant en vue de l'examen des orientations stratégiques de l'entreprise et dans le cadre de certaines consultations ponctuelles, ainsi que des experts dits « libres ») ;
– du coût de l'expert-comptable chargé de la tenue ou de la présentation des **comptes du comité** et du commissaire aux comptes chargé de leur **certification,** voir respectivement n° 3040 et n° 3075.

> **Précisions a.** Les frais de fonctionnement de la **commission santé, sécurité et conditions de travail** incombent au CSE. Sur la prise en charge des frais de formation des membres de la CSSCT, voir n° 835.
> **b.** Étant à la charge de l'employeur (voir nos 35140 s.), les **frais de déplacement** des membres du comité pour se rendre **aux réunions organisées par l'employeur** n'entrent pas dans les dépenses de fonctionnement de cet organisme. Ces frais ne sont donc pas imputables sur le montant de la subvention de fonctionnement (Cass. soc. 26-9-1990 n° 87-45.554 P : RJS 11/90 n° 874 ; 10-10-2002 n° 01-03.336 F-D).
> De même, la **rémunération du temps de trajet** pour se rendre à ces réunions incombe à l'employeur (voir n° 35180) et n'est donc pas imputable sur le montant de la subvention de fonctionnement (Cass. soc. 30-9-1997 n° 95-40.125 PB : RJS 11/97 n° 1255).

Selon l'administration, doivent être pris en charge sur cette subvention les moyens de **fonctionnement administratif** du comité : personnel recruté pour faciliter l'exercice de ses attributions économiques et professionnelles, par exemple pour assurer le secrétariat des réunions ou pour effectuer des études (recrutement d'un économiste) ; frais courants de fonctionnement (documentation, papeterie, frais d'abonnement et de communications téléphoniques) ; frais de déplacement des membres (sauf ceux incombant à l'employeur) ; frais de tenue des comptes (Circ. 6-5-1983). Cette liste n'est pas exhaustive. Ainsi, la subvention de fonctionnement peut être utilisée pour couvrir des frais de consultation du personnel sur un nouveau mode de rémunération (Cass. soc. 19-12-1990 n° 89-16.072 PF : RJS 2/91 n° 203). **2825**
Si ces différentes dépenses sont prises en charge par l'employeur, elles peuvent être déduites du montant de la subvention de fonctionnement à verser au comité (voir nos 2770 s.) (Circ. 6-5-1983, précitée).

Concernant les **actions de formation** au profit des **membres du comité,** autres que celles liées à la formation économique des membres titulaires, ainsi que les achats ou abonnements de presse, la jurisprudence admet qu'ils soient financés par le budget de fonctionnement uniquement si ces actions ou achats se rattachent aux attributions économiques du comité (Cass. soc. 27-3-2012 n° 11-10.825 FS-PBR : RJS 6/12 n° 575). **2830**
Par ailleurs, la loi autorise le comité à décider, par délibération, de consacrer une partie de son budget de fonctionnement au financement de la formation des **délégués syndicaux** de l'entreprise ainsi qu'à la formation des représentants de proximité. La somme correspondante et ses modalités d'utilisation doivent être inscrites dans les comptes annuels du CSE ou, pour les petits comités, dans les documents comptables visés n° 3020. Elles doivent en outre figurer dans le rapport annuel d'activité et de gestion visé nos 3090 s. (C. trav. art. L 2315-61, al. 5 et 6).

En revanche, il a été jugé que la subvention ne peut pas être utilisée pour financer des **aides humanitaires** en faveur de pays en difficulté, la délibération prise en ce sens devant être annulée (TGI Paris 7-7-1992).

EXISTENCE D'UN RELIQUAT

2835 Le CSE peut décider, par une délibération, de **transférer** au plus 10 % du montant de l'excédent annuel du budget de fonctionnement au financement des **activités sociales et culturelles,** la somme et ses modalités d'utilisation devant être inscrites dans les comptes du CSE ou, le cas échéant, les documents simplifiés visés n°s 3020 s. ainsi que dans le rapport annuel présentant des informations qualitatives sur les activités et la gestion financière du CSE (voir n°s 3090 s.) (C. trav. art. L 2315-61, al. 5 et R 2315-31-1).
Une **faculté symétrique** est prévue, permettant le transfert des reliquats budgétaires des activités sociales et culturelles vers le budget de fonctionnement du CSE : voir n° 2930.

B. Contribution aux activités sociales et culturelles

2850 Le financement des activités sociales et culturelles du CSE est assuré pour l'essentiel par une **contribution patronale** qui s'ajoute à la subvention de fonctionnement. Cette contribution est constituée des sommes versées par l'employeur au titre des activités sociales et culturelles qui ne sont pas légalement à sa charge, à l'exclusion des sommes affectées aux retraités (C. trav. art. R 2312-49, 1°) et résulte :
– d'un **accord d'entreprise** ;
– à défaut d'accord, d'une **obligation légale,** au moins dans certaines entreprises ;
– le cas échéant, à défaut d'accord et d'obligation légale, d'un **usage** ou d'une **décision unilatérale** de l'employeur.
Le CSE peut également décider de transférer au financement des activités sociales et culturelles une partie de l'excédent de sa **subvention de fonctionnement** : voir n° 2835.

Autres ressources finançant les activités sociales et culturelles

Outre la contribution patronale aux activités sociales et culturelles, le comité dispose pour les besoins de ces activités d'autres ressources, qui, pour la plupart, n'appellent pas de commentaires particuliers (C. trav. art. R 2312-49, 2° à 8°) :
– le remboursement obligatoire par l'employeur des **primes d'assurance** dues par le comité pour couvrir sa responsabilité civile (voir n° 1375) ;
– les **cotisations facultatives des salariés** de l'entreprise dont le comité fixe éventuellement les conditions de perception et les effets ;
– les **subventions** accordées par les collectivités publiques ou les organisations syndicales ;
– les **dons et legs** ;
– les **recettes** procurées par les manifestations organisées par le comité ;
– les **revenus** des biens meubles et immeubles du comité ;
– les sommes précédemment versées par l'employeur aux caisses d'**allocations familiales** et organismes analogues, pour les institutions financées par ces caisses et qui fonctionnent au sein de l'entreprise.
À cette liste s'ajoute la perception par le comité de la contre-valeur des **titres-restaurant** et des **titres-mobilités** périmés (C. trav. art. L 3262-5, al. 2 et art. L 3261-9).
Le comité peut prétendre au **remboursement** des dépenses occasionnées, le cas échéant, par le droit d'accès des **salariés intérimaires,** dans les mêmes conditions que ceux de l'entreprise utilisatrice, aux moyens de transport collectifs et aux installations collectives, notamment de restauration, mis en place dans cette entreprise. Le contrat de mise à disposition conclu entre l'entreprise de travail temporaire et l'entreprise utilisatrice définit les modalités du remboursement (C. trav. art. L 1251-24).
Les installations concernées sont les équipements collectifs de l'entreprise utilisatrice : services de transport et de restauration, douches, vestiaires, installations sportives, bibliothèque, crèches, salles de repos (Circ. DRT 18 du 30-10-1990) et salles de documentation (Circ. DRT 14 du 28-8-1992). En revanche, sauf stipulations conventionnelles plus favorables, ne sont pas concernés les colonies ou centres de vacances, les voyages ou bien encore l'arbre de Noël (Circ. DRT 14 du 28-8-1992, précitée).

1. ENTREPRISES ASSUJETTIES

Les employeurs qui n'ont **jamais effectué** de dépenses destinées aux activités sociales et culturelles définies n°s 4400 s. avant la création du comité ne sont pas obligés de lui verser une contribution (Cass. soc. 9-7-1997 n° 95-21.462 PBR : RJS 10/97 n° 1108), sauf s'ils ont conclu un accord collectif ou s'ils sont tenus par un usage ou par une décision unilatérale. Il en résulte que les **entreprises nouvelles** n'ont aucune obligation en la matière. 2860
S'agissant en revanche des **nouveaux établissements** d'une entreprise à établissements multiples, voir n° 6110.

2. MONTANT

ACCORD D'ENTREPRISE

La contribution versée chaque année par l'employeur pour financer des institutions sociales du CSE est fixée par accord d'entreprise (C. trav. art. L 2312-81). 2870
Un **montant minimum** n'étant prévu par la loi qu'à défaut d'accord d'entreprise (voir n° 2875), il en résulte, selon nous, que l'accord d'entreprise peut prévoir un montant inférieur à ce minimum.
En outre, si la **convention ou l'accord de branche** prévoit le montant de la contribution aux activités sociales et culturelles, l'accord d'entreprise pourra fixer un montant moins élevé, cette contribution faisant partie des thèmes où l'accord d'entreprise prévaut sur l'accord de branche (n°s 83640 s.).

MINIMUM LÉGAL

À défaut d'accord d'entreprise, le rapport de la contribution à la masse salariale brute ne peut pas être inférieur au même rapport existant pour l'année précédente (C. trav. art. L 2312-81, al. 2), étant précisé que sont exclues du calcul de la contribution les dépenses temporaires lorsque les besoins correspondants ont disparu (C. trav. art. R 2312-50). 2875
Les dépenses concernées sont celles résultant du fonctionnement d'œuvres sociales dont la **raison d'être** a cessé d'exister. En revanche, si ces œuvres continuent à fonctionner, même d'une manière réduite, il ne semble pas que les besoins correspondants puissent être considérés comme ayant définitivement disparu (Circ. TR 27 du 24-12-1949).
Sur la **masse salariale** à retenir, voir n°s 2740 s.

> **Précisions** **a.** Le minimum légal étant fixé en fonction du montant de la contribution de l'année précédente, il en ressort selon nous qu'une entreprise qui n'a **jamais versé** de contribution aux activités sociales et culturelles à son CSE (entreprise nouvelle ou atteignant le seuil de 50 salariés à partir duquel le CSE contribue aux activités sociales et culturelles) ne lui doit aucune contribution à ce titre.
b. Sur la possibilité, pour le CSE, de réclamer le **transfert** du budget correspondant aux **activités** sociales et culturelles **exercées par l'employeur,** y compris avant sa mise en place, voir n°s 4615 s.

USAGE OU DÉCISION UNILATÉRALE

Une décision unilatérale ou un usage peut conduire l'employeur à verser une contribution sans y être légalement tenu ou une contribution d'un montant supérieur au minimum légal. 2880

3. VERSEMENT

VERSEMENT EFFECTIF

La loi prescrit le versement effectif de la contribution. La seule **imputation comptable** de la contribution patronale au crédit du comité dans les écritures de l'employeur ne peut pas y être assimilée (CA Grenoble 1-7-1977 n° 77-570). 2890

ATTENTION

En cessant volontairement, quelle qu'en soit la raison, de payer la contribution patronale aux activités sociales et culturelles du comité, l'employeur **entrave** de façon certaine son bon fonctionnement (CA Grenoble 1-7-1977 n° 77-570).

PÉRIODICITÉ

La contribution annuelle ne doit pas nécessairement être versée **en une seule fois.** Son versement peut être effectué selon le **budget** du comité, son **programme** de dépenses et ses **besoins** de trésorerie, sauf si d'autres modalités plus favorables de paiement ont été suivies antérieurement (Cass. soc. 18-3-1971 n° 69-11.020 P ; 6-7-1976 n° 74-13.188 P). 2895

ANNULATION DES ÉLECTIONS ET MISE EN PLACE TARDIVE D'UN COMITÉ

2900 Sur la possibilité pour le comité :
– empêché de fonctionner à la suite de l'**annulation des élections,** de réclamer la subvention due annuellement par l'employeur, voir n° 2795 ;
– mis en place tardivement à la suite de la **défaillance de l'employeur dans l'organisation des élections,** de réclamer la subvention pour les années précédant sa mise en place, voir n° 2795 ;
– du cédant, demeuré en fonctions, de demander au nouvel employeur le paiement de la subvention à laquelle il prétend avoir droit au titre d'années antérieures au **transfert d'entreprise,** voir n° 33240.
Ces solutions relatives à la subvention de fonctionnement devraient aussi valoir pour la contribution patronale aux activités sociales et culturelles. S'agissant de la deuxième, rien ne paraît cependant interdire au comité de demander dans cette situation des dommages et intérêts réparant le préjudice résultant de sa création tardive par la faute de l'employeur.

RETARD DE VERSEMENT

2905 L'employeur qui verse la contribution patronale avec retard peut, en fonction des circonstances de l'espèce, être condamné pour délit d'**entrave** au fonctionnement du comité.
Les juges du fond ne peuvent pas, cependant, condamner un employeur sans examiner la situation financière de l'entreprise pendant la période litigieuse et les conséquences du retard de versement sur le fonctionnement du comité (Cass. crim. 15-3-1983 n° 82-92.204).
Sur l'**action en paiement,** voir n°s 2800 s.

4. UTILISATION DES RELIQUATS BUDGÉTAIRES

2930 En cas de reliquat budgétaire, les membres de la délégation du personnel au CSE peuvent décider, par une délibération, de transférer au plus 10 % du montant de l'excédent annuel du budget destiné aux activités sociales et culturelles au **budget de fonctionnement** ou à des **associations** (C. trav. art. L 2312-84 et R 2312-51).

> **Précisions a.** Une **faculté « symétrique »** de transférer tout ou partie de l'excédent annuel du budget de fonctionnement à la subvention aux activités sociales et culturelles est prévue : voir n° 2835.
> **b.** Outre le mot « délibération », l'expression « membres de la délégation du personnel » implique selon nous que l'employeur ne doit pas prendre part au **vote.**
> **c.** L'excédent transféré et ses modalités d'utilisation sont **inscrits,** d'une part, dans les comptes annuels du CSE ou, le cas échéant, dans les documents visés n°s 2990 s.dc30 et, d'autre part, dans le rapport visé n°s 3090 s. (C. trav. art. R 2312-51).
> **d.** En cas de transfert à une ou plusieurs **associations** humanitaires reconnues d'utilité publique afin de favoriser les actions locales ou régionales de lutte contre l'exclusion ou des actions de réinsertion sociale, la délibération du CSE précise les destinataires et, le cas échéant, la répartition des sommes transférées (C. trav. art. R 2312-51).

II. GESTION DES RESSOURCES DU COMITÉ

2960 Sont ici étudiés les principes relatifs :
– à l'utilisation par le comité de ses ressources (n°s 2970 s.) ;
– à la tenue et au contrôle des comptes du comité (n°s 2990 s.) ;
– à la liquidation des biens du comité, pouvant intervenir en cas de cessation d'activité de l'entreprise notamment (n°s 3190 s.).

A. Utilisation des ressources

2970 Aucun texte n'interdit au comité de placer les **fonds dont il dispose.** Mais il doit le faire avec prudence, sa responsabilité pouvant être engagée en cas de faute dans la gestion de ses biens.

2975

Détournement de fonds par un membre du comité

Les membres du comité peuvent engager leur responsabilité pénale s'ils commettent une infraction dans l'exercice de leur mission.
Ainsi, ont été déclarés coupables d'**abus de confiance** commis au préjudice du comité :
– les membres du comité qui, sans autorisation de cette instance, ont fait prendre en charge par le budget de fonctionnement du comité leurs frais de **« voyage d'études »** au Canada et leurs frais de restaurant, alors que ces dépenses étaient sans rapport avec les mandats de trésorier et trésorier adjoint exercés par les intéressés. Le fait que le comité ait par délibération donné son agrément à l'organisation du voyage n'est pas de nature à retirer aux faits leur caractère délictueux (Cass. crim. 16-10-1997 n° 96-86.231 PF : RJS 4/98 n° 486) ;
– le trésorier, le trésorier adjoint et le secrétaire d'un comité, qui ont attribué en un mois, à 182 salariés en grève qui, pour plus d'un tiers, ne pouvaient juridiquement pas y prétendre, des **prêts sociaux** pour un montant global ayant dépassé celui prévu pour l'aide sociale, à l'insu du président du comité et en violation des conditions et de la procédure d'octroi définies par le règlement intérieur de cette instance. Selon la chambre criminelle de la Cour de cassation, l'élément intentionnel du délit était caractérisé par la conscience qu'avaient nécessairement les prévenus d'avoir outrepassé leur mandat, du fait de leurs fonctions au sein du comité, alors qu'ils étaient, de surcroît, membres de la commission chargée de l'allocation des prêts individualisés (Cass. crim. 30-6-2010 n° 10-81.182 F-PF : RJS 11/10 n° 858) ;
– le président et gestionnaire de la commission voyages du comité ayant fait bénéficier des **personnes extérieures** à l'entreprise de gratuités et de réductions auxquelles elles ne pouvaient normalement pas prétendre et ayant profité lui-même, pour chaque voyage, des gratuités consenties par les agences de voyages au lieu d'en faire bénéficier l'ensemble des participants (Cass. crim. 7-3-2012 n° 11-82.070 F-D : RJS 7/12 n° 639).
Seul le comité au préjudice duquel le délit a été commis a le **droit d'agir en justice** en cas de détournement d'éléments de son patrimoine (Cass. crim. 23-11-1992 n° 92-81.499 PF : RJS 2/93 n° 161). Une délibération préalable de ce comité déléguant un de ses membres pour agir en justice est nécessaire. Sur la question des délégations consenties par le comité à l'un de ses membres pour agir en justice, voir n°s 1295 s.
Le **représentant légal de la société,** en revanche, ne dispose d'aucun droit à agir, le détournement n'étant pas de nature à causer un préjudice direct à la société elle-même (Cass. crim. 23-11-1992 n° 92-81.499 PF : RJS 2/93 n° 161).
De même, faute de subir un préjudice direct du fait du détournement partiel de la subvention de fonctionnement du comité, versée par l'employeur, un **salarié** de l'entreprise ne peut pas, en cette qualité, se constituer partie civile devant la juridiction répressive contre les membres du comité pour abus de confiance (Cass. crim. 16-10-1997 n° 96-86.231 PF : RJS 4/98 n° 486).
Sur la possibilité pour l'employeur de prononcer une **sanction disciplinaire** à l'encontre du salarié coupable d'un détournement de fonds, voir n° 43215.

B. Tenue et contrôle des comptes

Le CSE doit tenir une comptabilité, plus ou moins détaillée selon le niveau de ses ressources, arrêter, approuver et conserver ces comptes et établir un rapport annuel d'activité et de gestion financière. Les comités disposant des ressources les plus importantes ont en outre l'obligation de consolider et de faire certifier leurs comptes. 2990

1. TENUE ET CONSERVATION DES COMPTES

La tenue d'une comptabilité s'impose à **tout comité,** quels que soient sa taille et le niveau de ses ressources. Ces éléments ont seulement une incidence sur l'étendue des obligations de l'instance représentative. Une distinction est en effet établie selon que celle-ci entre dans la catégorie des **petits, moyens ou grands** comités. 3000

a. Les seuils délimitant petits, moyens et grands comités

Les seuils permettant de délimiter la catégorie à laquelle appartient chaque CSE sont les suivants 3010
(C. trav. art. L 2315-64, L 2315-65, D 2315-33 et D 2315-35) :
– les **petits comités** sont ceux dont les ressources annuelles ne dépassent pas 153 000 € ;

– les **moyens,** ceux qui, à la clôture d'un exercice, n'excèdent pas au moins 2 des 3 seuils suivants : 50 salariés en équivalent temps plein ; 3,1 millions d'euros de ressources annuelles ; 1,55 million d'euros au total du bilan (somme des montants nets des éléments d'actifs) ;
– les **grands** comités, ceux qui, à la clôture d'un exercice, excèdent au moins 2 des 3 seuils ci-dessus.

> **Précisions** Pour l'**appréciation du seuil de 153 000 €,** il est tenu compte de la subvention de fonctionnement et de la contribution patronale aux activités sociales et culturelles, à l'exception des produits de cession d'immeubles, après déduction des cotisations facultatives des salariés de l'entreprise dont le comité fixe éventuellement les conditions de perception et des recettes procurées par les manifestations organisées par le comité (C. trav. art. D 2315-36).
> Pour l'appréciation du seuil de **3,1 millions d'euros,** il convient de prendre en compte la subvention de fonctionnement et la contribution patronale aux activités sociales et culturelles à l'exception des produits de cession d'immeubles (C. trav. art. D 2315-34).
> Dans **tous les cas,** si certaines activités sociales ou culturelles sont gérées par le **CSE central,** le montant versé à cette instance par le comité en vertu de la convention de gestion conclue entre eux doit être déduit des ressources prises en compte pour l'appréciation des seuils. Il en va de même, le cas échéant, des sommes versées au comité **interentreprises** (C. trav. art. D 2315-34 et D 2315-36).

b. Modalités de tenue des comptes

PETITS COMITÉS

3020 Les petits comités sont en principe soumis aux **obligations comptables générales** définies n° 3045 (C. trav. art. L 2315-64, I). Toutefois, par dérogation, ils peuvent se contenter d'une **comptabilité ultra-simplifiée** et ne remplir que les obligations suivantes (C. trav. art. L 2315-65) :
– tenir un livre des recettes et dépenses ;
– et établir, une fois par an, un état des recettes et dépenses ainsi qu'un état de situation patrimoniale.
Les modalités de tenue de ces documents sont définies par le règlement de l'Autorité des normes comptables (Règl. ANC 2021-06 du 3-9-2021 : BS 2/22 n° 96).

3025 **Livre des recettes et dépenses** Dans le livre des dépenses et recettes, le petit comité **retrace** tout au long de l'année et chronologiquement le montant et l'origine des dépenses qu'il réalise et des recettes qu'il perçoit (C. trav. art. L 2315-65).
Ce livre, aussi appelé livre-journal, doit permettre de distinguer les opérations relevant des **attributions économiques** de celles relevant des **activités sociales et culturelles** (Règl. ANC 2021-06 du 3-9-2021).

> **CONSEIL**
> Le livre des recettes et dépenses fonctionne comme un livre de caisse : il retrace, au fur et à mesure de leur réalisation, les recettes et les dépenses. Le règlement ne fournissant **pas de modèle,** le comité est libre de le tenir comme bon lui semble. Néanmoins, à notre sens, pour chaque opération, il est **préférable d'y mentionner** au minimum :
> – sa date ;
> – son objet (exemples : achat de matériel de bureau, participation des salariés au voyage aux USA) ;
> – le numéro du ou des pièces correspondantes (factures, numéro de chèques, numéro du bordereau de remise de chèques, etc.) ;
> – son montant ;
> – son mode de règlement ;
> – ainsi que la section (attributions économiques ou activités sociales et culturelles) et la sous-section (tâches administratives, subvention de fonctionnement, manifestations...) correspondante de l'état annuel des recettes et dépenses.

3030 **État annuel des recettes et dépenses** En cas d'option pour une comptabilité ultra-simplifiée, l'état annuel des dépenses et recettes doit être établi selon le **modèle** prévu par le règlement ANC 2021-06 du 3-9-2021 (modèle reproduit ci-après).

3030 (suite)

	Dépenses	N	N – 1	Recettes [6]	N	N – 1
Section « Attributions économiques et professionnelles »	Tâches administratives [1]			Subvention de fonctionnement brute		
	Expertises et missions économiques [2]			Moins quote-part de la subvention de fonctionnement reversée [5]		
	Formation [3]			Subvention de fonctionnement nette		
	Communication avec le personnel de l'entreprise [4]					
	Autres dépenses			Autres recettes		
	Sous-total I			**Sous-total I**		
	Excédent			**Déficit**		
Section « Activités sociales et culturelles »	Événementiel			Contribution aux activités sociales et culturelles brute		
				Moins quote-part de la contribution aux activités sociales et culturelles reversée [5]		
				Contribution nette de l'employeur		
	Sports			Sommes précédemment versées par l'employeur aux caisses d'allocations familiales et organismes analogues		
	Cultures et voyages			Remboursement par l'employeur des primes d'assurance		
	Loisirs et fêtes			Participation des salariés		
				Subventions obtenues		
				Dons et legs		
				Manifestations		
				Revenus de biens		
	Autres dépenses			Autres recettes		
	Sous-total II			**Sous-total II**		
	Excédent			**Déficit**		
	Total I + II			Total I + II		
	Excédent			**Déficit**		

1. Les tâches administratives comprennent notamment les fournitures de bureau, les frais de téléphone et les charges de personnel relatives à la réalisation des procès-verbaux et comptes-rendus de réunions.
2. Les activités d'expertise et les missions économiques comprennent notamment : les honoraires des experts missionnés par le comité, les charges de personnel relatives à l'exercice d'études économiques pour le compte du comité, les frais de déplacement des membres du comité et de ses représentants engagés dans le cadre d'une mission relative à ses attributions économiques.
3. La formation des élus comprend notamment les frais de formation et de déplacement engagés dans le cadre de l'article L 2315-63 du Code du travail (formation des nouveaux élus) ou pour des formations liées à l'activité économique du comité.
4. La communication envers le personnel de l'entreprise concerne notamment les frais de diffusion des procès-verbaux, de diffusion de comptes-rendus de réunions du comité et de diffusion d'un bulletin, lettre d'information ou autre document envers les salariés, quel que soit le moyen de communication.
5. La quote-part reversée au comité central ou au comité interentreprises est mentionnée dans la colonne recettes et est déduite du montant brut.
6. Dans la section « Activités sociales et culturelles », les rubriques de la colonne recettes correspondent à celles de l'article R 2312-49 du Code du travail (fixant les différentes recettes du comité pour financer les activités sociales et culturelles).

3035 **État annuel de situation patrimoniale** L'état annuel de situation patrimoniale doit au minimum comprendre les informations mentionnées dans le **modèle** ci-après (modèle prévu par le règlement ANC 2021-06 du 3-9-2021). Le comité peut y ajouter toute **information complémentaire** qu'il jugerait utile de porter à la connaissance des salariés et peut prévoir des subdivisions plus fines notamment pour identifier des éléments significatifs (Commentaires infra-réglementaires du règlement ANC 2021-06).

1. Biens et placements

Détail	Date d'acquisition	Valeur à la clôture N	Valeur à la clôture N – 1
Terrain			
Immeubles			
Matériel de bureau acquis			
Immobilisations financières			
Pour les biens immobiliers et mobiliers, la valeur portée sur cet état est la valeur d'origine. Toutefois, si le comité est dans l'impossibilité de fournir cette valeur, il peut mentionner la valeur en l'état du bien.			

2. Billetterie

Stocks de billets	Nombre à la clôture	Prix d'achat
Billetterie		
Bons cadeaux		
Chèques-vacances		
Il s'agit de mentionner le prix d'achat des billets et chèques-cadeaux invendus et non périmés à la clôture de l'exercice.		

3. Créances (sommes dues au comité)

Détail	Valeur à la clôture N	Valeur à la clôture N – 1
Créances participants		
Autres créances		
Avances et acomptes versés (si significatif)		
Il s'agit de mentionner le montant des sommes dues au comité à la clôture en ventilant si possible selon les créanciers.		

4. Disponibilités

Détail des comptes	Solde à la clôture N	Solde à la clôture N – 1
Comptes bancaires		
Livrets		
Caisses		
Sicav ou autres		
Il convient de mentionner les soldes des comptes bancaires et des comptes caisses à la clôture en distinguant les 2 sections.		

5. Emprunts et dettes (sommes à verser par le comité)

Détail	Durée	Engagement initial	Reste dû à la clôture
Emprunts auprès des établissements de crédit			
Avances octroyées par l'entreprise			
Fournisseurs			
Autres dettes			
Il s'agit d'indiquer le montant nominal des emprunts et des autres dettes ainsi que leur durée en ventilant par emprunt.			

6. Suivi de la subvention de fonctionnement et de la contribution reçues de l'employeur

Subvention de fonctionnement - Solde N – 1 - Montant reçu au titre de l'excédent N – 1 de la section « Activités sociales et culturelles » après délibération du comité - Montant reçu en N - Montant utilisé en N - Solde N	
Contribution aux activités sociales et culturelles - Solde N – 1 - Montant reçu au titre de l'excédent N – 1 de la section « Attributions économiques et professionnelles » après délibération du comité - Montant reçu en N - Montant utilisé en N - Solde N	
Il s'agit d'indiquer si ces financements ont été intégralement ou partiellement consommés en mentionnant les montants encaissés/reçus et les montants utilisés/dépensés. Ce suivi peut être réalisé à partir des relevés des comptes bancaires.	

COMITÉS DE TAILLE MOYENNE

Les comités de taille moyenne sont en principe soumis aux **obligations comptables générales** définies n° 3045 (C. trav. art. L 2315-64, I). Mais ils peuvent opter pour une **présentation simplifiée** de leurs comptes, selon des modalités fixées par le règlement de l'Autorité des normes comptables 2021-05 du 3-9-2021. De plus, ils peuvent n'enregistrer leurs créances et dettes qu'à la clôture de l'exercice (C. trav. art. L 2315-64, II). 3040

ATTENTION

Quelle que soit l'option retenue (comptabilité simplifiée ou normale), tout comité de taille moyenne doit :
– fournir dans l'annexe à ses comptes des informations sur les **transactions significatives** (n° 3045) qu'il a effectuées (C. trav. art. L 2315-66) ;
– confier la mission de présentation de ses comptes annuels à un **expert-comptable** et prendre en charge le coût de celle-ci sur sa subvention de fonctionnement (C. trav. art. L 2315-76).

GRANDS COMITÉS

Règles générales Les grands comités sont soumis aux **obligations comptables** définies à l'article L 123-12 du Code de commerce : enregistrement chronologique des mouvements affectant le patrimoine, inventaire annuel de l'actif et du passif et établissement de comptes annuels. 3045

Leurs comptes annuels comportent un bilan, un compte de résultat et une annexe. Ces documents sont établis selon les **modalités prévues pour les associations** et fondations. Mais des **adaptations** sont prévues par le règlement ANC 2021-05 du 3-9-2021 pour tenir compte des spécificités des comités (C. trav. art. L 2315-64, I), notamment l'obligation pour les comptes de distinguer deux sections, l'une pour les opérations afférentes aux attributions économiques, l'autre pour les opérations afférentes aux activités sociales et culturelles.

> **Précisions** Outre les informations devant figurer dans l'**annexe des comptes annuels** des associations, le comité doit y mentionner les informations suivantes (Règl. ANC 2021-05 du 3-9-2021 art. 161-2 à 161-4) :
> – **montant des ressources** perçues au cours de l'exercice ;
> – modalités de détermination des **clés de répartition utilisées pour ventiler les charges** communes aux deux sections ;
> – **transactions significatives** effectuées pendant l'exercice dans le cadre des attributions du comité.
> Dans ses commentaires infra-réglementaires du règlement ANC 2021-05, l'ANC précise qu'une transaction est significative si son omission ou son inexactitude est susceptible d'influencer les décisions prises par les utilisateurs se fondant sur les comptes. Le caractère significatif doit s'apprécier en fonction du montant de la transaction et/ou de la nature ou de la durée de la transaction.
> En revanche, les **contributions en nature** reçues de l'**employeur au titre d'obligations légales** n'ont pas à être comptabilisées ni à faire l'objet d'informations dans l'annexe comme cela est exigé pour les associations (Règl. ANC 2021-05 du 3-9-2021 art. 121-1).

3050 **Consolidation des comptes** Le **comité exerçant sur d'autres structures un contrôle,** au sens de l'article L 233-16 du Code de commerce, doit établir des comptes consolidés dès lors que l'ensemble qu'il constitue avec les entités contrôlées atteint le seuil requis pour être considéré comme un grand comité tel que défini n° 3010 (C. trav. art. L 2315-67).
En pratique, sont concernés par ces dispositions les comités contrôlant, pour la gestion des activités sociales et culturelles, une ou plusieurs entités comme des associations ou des sociétés civiles immobilières (SCI). La **notion de contrôle** s'apprécie par rapport aux règles fixées par l'article L 233-16 du Code de commerce, lequel pose l'obligation d'une consolidation des comptes dès lors que les entités contrôlées le sont de manière exclusive ou conjointe, ainsi qu'en cas d'influence notable exercée sur ces entités (Rapport AN 1 n° 1754).

3055 Les comptes consolidés doivent être établis dans les conditions prévues à l'article L 233-18 du Code de commerce et être conformes aux prescriptions comptables fixées par un règlement de l'Autorité des normes comptables (C. trav. art. L 2315-67).
L'article L 233-18 du Code de commerce distingue 3 **méthodes de consolidation** selon le degré de contrôle exercé sur une entité :
– contrôle exclusif : consolidation par intégration globale ;
– contrôle conjointement avec d'autres actionnaires ou associés : consolidation par intégration proportionnelle ;
– entité placée sous l'influence notable du comité : consolidation par mise en équivalence.
Les règles de **présentation des comptes consolidés** des grands comités, non exposées ici, ont été fixées par le règlement de l'Autorité des normes comptables 2021-07 du 3-9-2021. Ces comptes sont établis comme ceux des sociétés commerciales et entreprises publiques, sous réserve des adaptations liées aux spécificités des comités (Règl. ANC 2021-07 du 3-9-2021).

ATTENTION
Il a été précisé que le législateur, en se référant aux conditions de droit commun de la consolidation, avait entendu interdire la méthode dite de l'« **agrafage** » (qui permet de fournir, en annexe des comptes propres, ceux des personnes morales appartenant au périmètre d'ensemble) (Rapport AN 1 n° 1754).

c. Arrêté, approbation et certification des comptes

ARRÊTÉ ANNUEL DES COMPTES

3060 Les comptes annuels du CSE, ou pour les petits comités les documents comptables visés n° 3020, doivent être **arrêtés par** des membres élus du comité, désignés par lui et au sein de ses membres élus, selon des **modalités** prévues par son règlement intérieur (C. trav. art. L 2315-68, al. 1).
Sur la mise à disposition de ces documents du ou des **commissaires aux comptes** par les comités pour la certification de leur compte, voir n° 3075.

ATTENTION
Ni l'employeur ni les représentants syndicaux au comité ne peuvent participer à l'arrêté des comptes. En effet, la loi vise uniquement les « membres élus » du comité. Il en va de même de l'approbation des comptes : voir n° 3065.

APPROBATION ANNUELLE DES COMPTES

3065 Les comptes annuels du CSE ou, pour les petits comités, les documents comptables visés n° 3020, doivent être **approuvés par** les membres élus de cette instance, réunis en séance plénière. Cette **réunion** doit porter sur ce seul sujet et faire l'objet d'un **procès-verbal** spécifique (C. trav. art. L 2315-68, al. 3).

Comptes annuels ou documents comptables doivent être approuvés dans un **délai** de 6 mois à compter de la clôture de l'exercice, ce délai pouvant être prolongé à la demande du CSE par ordonnance du président du tribunal judiciaire statuant sur requête (C. trav. art. R 2315-37). Les comités dont l'exercice comptable correspond à l'année civile ont donc jusqu'au 30-6-2024 pour faire approuver leurs comptes 2023 et jusqu'au 30-6-2025 pour faire approuver leurs comptes 2024.

ATTENTION

Comme pour l'arrêté des comptes, ni l'**employeur** ni les **représentants syndicaux** au comité ne peuvent participer à la réunion d'approbation des comptes. En effet, la loi vise uniquement les « membres élus » du comité. Ce principe a été confirmé par le rapporteur de la loi devant l'Assemblée nationale (AN 1 - Rapport n° 1754).

Lors de la **réunion d'approbation** des comptes, le **rapport d'activité** et de gestion visé nos 3090 s. **3070**
est présenté aux membres élus du comité (C. trav. art. L 2315-69, al. 4). Est également présenté, par le trésorier du comité ou le cas échéant par le commissaire aux comptes, un **rapport sur les conventions** passées, directement, indirectement ou par personne interposée, entre le comité et l'un de ses membres (C. trav. art. L 2315-70).

Au plus tard 3 jours avant cette réunion, les membres du comité chargés d'arrêter les comptes doivent **communiquer aux membres** du comité les comptes annuels (ou les documents comptables visés n° 3020 en cas d'option pour une comptabilité ultra-simplifiée par un petit comité), ainsi que le rapport d'activité et de gestion (C. trav. art. L 2315-71).

ATTENTION

La loi prévoit la communication avant la réunion des comptes et documents comptables ainsi que du rapport d'activité et de gestion « aux membres du comité » et non aux seuls membres élus. L'**employeur** et les **représentants syndicaux** au comité devraient donc pouvoir en bénéficier. En revanche, aucune communication préalable à la réunion n'est prévue pour le rapport sur les **conventions** passées entre le comité et l'un de ses membres.

CERTIFICATION DES COMPTES

Les grands comités au sens visé n° 3010 doivent nommer au moins un **commissaire aux comptes** **3075**
et un suppléant, distincts de ceux de l'entreprise, chargé de certifier leurs comptes (C. trav. art. L 2315-73, al. 1 et D 2315-40).

L'obligation de certification s'impose aussi aux comités tenus d'établir des comptes consolidés (n° 3050) ; ils doivent à cet effet nommer deux commissaires aux comptes (C. trav. art. L 2315-73, al. 2).

Les comités doivent mettre à la disposition du ou des commissaires aux comptes les **documents arrêtés** conformément aux **règles** visées n° 3060 (C. trav. art. L 2315-68, al. 2).

Sur le **devoir d'alerte** de ces commissaires lorsqu'ils constatent des faits préoccupants pour la continuité de l'exploitation du comité, voir nos 3140 s.

> **Précisions** L'employeur n'a pas à supporter le **coût de la certification** des comptes. Celui-ci doit être pris en charge par le comité sur sa subvention de fonctionnement (C. trav. art. L 2315-73, al. 3).
> Le **montant des honoraires** des commissaires aux comptes est fixé d'un commun accord entre ceux-ci et le comité, eu égard à l'importance effective du travail nécessaire à l'accomplissement de la mission légale de contrôle. En effet, le barème prévu par les articles R 823-12 et R 823-13 du Code de commerce, qui fixe le nombre d'heures de travail normalement nécessaire pour la certification des comptes et en fonction duquel sont en principe établis les honoraires des commissaires aux comptes, ne s'applique pas pour la certification des comptes des comités (C. com. art. R 823-17, 14°).

d. Conservation des comptes

Les comptes annuels des comités, ou les documents comptables des petits comités ayant opté **3080**
pour une comptabilité ultra-simplifiée, ainsi que les pièces justificatives afférentes, doivent être conservés pendant **10 ans à compter** de la date de clôture de l'exercice auquel ils se rapportent (C. trav. art. L 2315-75).

2. RAPPORTS D'ACTIVITÉ ET DE GESTION

a. Rapport annuel

Tout CSE est tenu d'établir un rapport annuel présentant des informations qualitatives sur ses **3090**
activités et sur sa gestion financière, de nature à **éclairer l'analyse des comptes** par les membres élus du comité et par les salariés de l'entreprise (C. trav. art. L 2315-69, al. 1). Ces derniers peuvent ainsi évaluer les choix opérés en cours d'année par le comité.

MODALITÉS

3095 Le rapport annuel d'activité et de gestion financière est établi selon les modalités prévues par le **règlement intérieur** du CSE (C. trav. art. L 2315-69, al. 1).
Pour les comités tenus de produire des **comptes consolidés** (n° 3050), le rapport doit porter sur l'ensemble constitué par le comité et les entités qu'il contrôle (C. trav. art. L 2315-69, al. 2).

CONTENU

3100 Le contenu du rapport, qui **varie en fonction** de la taille et des ressources du CSE (C. trav. art. L 2315-69, al. 3 et D 2315-38), est résumé dans le tableau ci-après.

Thèmes	Contenu du rapport [1]	
	Petits comités	Moyens et grands comités
Organisation du comité	- nombre de sièges légal ou conventionnel ; - nombre d'élus et, le cas échéant, effectif de salariés du comité ; - nombre et nature des commissions du comité ; - organigramme des services du comité.	
Utilisation de la subvention de fonctionnement	- activités d'expertise et missions économiques : honoraires des experts rémunérés par le comité, rémunération des salariés du comité, frais de déplacement, frais de documentation ; - dépenses relatives à la formation économique des élus : frais de formation, de transport et d'hébergement ; - dépenses de communication avec les salariés de l'entreprise ; - autres frais de fonctionnement ; - montant éventuellement versé au CSE central.	
Utilisation des ressources liées aux activités sociales et culturelles	données afférentes aux diverses prestations proposées au titre des activités et à leurs bénéficiaires.	- descriptif et lieu de réalisation de ces activités en distinguant, le cas échéant, celles gérées directement par le comité, celles à la gestion desquelles il participe et celles dont il a délégué la gestion (dans ces 2 derniers cas, sont précisés le montant délégué par le comité et le prestataire auquel il a été fait appel) ; - éléments d'analyse portant sur les écarts entre le budget prévisionnel et le budget réalisé ; - données afférentes aux diverses prestations proposées au titre des activités et à leurs bénéficiaires.
Patrimoine du comité **Engagements et transactions significatives**	- état de synthèse simplifié relatif au patrimoine et engagements (n° 3035) ; - informations relatives aux transactions significatives effectuées [2].	- description et évaluation du patrimoine ; - engagements en cours et transactions significatives [2].
Synthèse des ressources et dépenses	état de synthèse simplifié des ressources et dépenses (n° 3025).	néant

1. Les CSE de grande taille doivent annexer le rapport d'activité annuel de la commission des marchés (n° 1670) à leur rapport annuel d'activité et de gestion (C. trav. art. L 2315-44-4).
2. Sur la notion de transactions significatives, voir n° 3045.

PUBLICITÉ

3105 Le rapport est communiqué à l'ensemble des **membres du comité** et présenté à ses seuls membres élus dans les conditions visées n° 3070.
Il doit être porté à la connaissance des **salariés,** par tout moyen, en même temps que les comptes annuels du comité (n° 3125).

> **Précisions** Tous les membres du comité doivent avoir égal accès à ses archives et à ses documents administratifs et comptables. Le règlement intérieur du comité peut toutefois encadrer cet accès (par exemple prévoir des « créneaux horaires » et fréquences de consultation, procédures, etc.). En l'absence de dispositions dans le règlement intérieur du comité, le juge des référés ne peut pas se substituer à celui-ci et limiter ce droit (Cass. soc. 7-11-2018 n° 17-23.157 F-PB : RJS 1/19 n° 32).

b. Compte rendu de fin de mandat

Les membres du comité sortant doivent rendre compte au nouveau comité de leur gestion des attributions économiques comme des activités sociales et culturelles et remettre aux nouveaux membres tous **documents** concernant l'administration et l'activité de l'instance (C. trav. art. R 2315-39). 3115
Ce compte rendu est en général réalisé lors de la première **réunion** du comité nouvellement élu. Sur la rédaction de l'ordre du jour de cette réunion et sur les personnes devant être convoquées à cet effet, voir respectivement n° 1775 et n° 1810.

ATTENTION

L'obligation de remise de documents incombant aux membres du CSE sortant à l'occasion de la reddition des comptes a été édictée au profit du comité lui-même pour assurer la continuité de son fonctionnement, et non pas au profit de celui de chacun de ses membres. Par suite, une demande en ce sens émanant du **président du CSE** est irrecevable, sauf s'il a été mandaté par le comité pour agir en justice (Cass. soc. 1-6-2010 n° 09-12.758 FS-PB : RJS 8-9/10 n° 682).

3. INFORMATION DES SALARIÉS ET DE L'EMPLOYEUR

Quelle que soit sa taille, le CSE doit porter à la connaissance des **salariés** de l'entreprise, par tout moyen, ses comptes annuels, ou les documents comptables pour les petits comités ayant opté pour une comptabilité ultra-simplifiée, accompagnés du rapport d'activité et de gestion financière visé n°s 3090 s. (C. trav. art. L 2315-72). 3125

3130

Accès de l'employeur aux documents comptables et financiers du comité

Comme les autres membres, le **président** du comité a accès aux archives et documents comptables et financiers de cette instance (Cass. soc. 19-12-1990 n° 88-17.677 P : RJS 2/91 n° 200 ; 26-9-2012 n° 11-15.384 F-D : RJS 12/12 n° 961). Dans ce cadre, il ne peut pas exiger la délivrance d'une **copie** (Cass. soc. 22-9-2010 n° 09-65.129 F-D) ; mais il peut en effectuer une à ses frais (Cass. soc. 26-9-2012 n° 11-15.384 F-D : RJS 12/12 n° 961).
La **certification des comptes** du comité par le commissaire aux comptes et leur **approbation par délibération** du comité ne font pas obstacle à ce que l'employeur exerce son droit d'accès (Cass. soc. 19-12-1990 n° 88-17.677 P : RJS 2/91 n° 200 ; 26-9-2012 n° 11-15.384 F-D : RJS 12/12 n° 961).
Le président du comité peut **demander en justice** la communication des documents comptables et financiers par tout membre du comité qui les détient effectivement (Cass. soc. 26-9-2012 n° 11-15.384 F-D : RJS 12/12 n° 961). Le refus de lui communiquer de tels documents constitue un trouble manifestement illicite relevant de la compétence du juge des référés (Cass. soc. 26-9-2012 n° 11-15.384 F-D : RJS 12/12 n° 961).

4. ALERTE DU COMMISSAIRE AUX COMPTES

Les commissaires aux comptes intervenant dans le cadre d'une mission de certification des comptes des **grands comités ou** de ceux **tenus d'établir des comptes consolidés** (n° 3050) peuvent déclencher une procédure d'alerte lorsque des difficultés pouvant mettre en péril la continuité de l'exploitation du CSE sont identifiées. 3140

CONDITIONS

La procédure d'alerte est déclenchée lorsque le commissaire aux comptes relève, lors de l'examen des documents qui lui sont communiqués, ou, plus généralement, à l'occasion de l'exercice de sa mission, des **faits de nature à compromettre** la continuité de l'exploitation du comité (C. trav. art. L 2315-74, al. 1 et art. R 2315-41). 3145
Cette procédure n'est **pas applicable** si une procédure de conciliation ou de sauvegarde a été engagée par le débiteur conformément aux articles L 611-6 ou L 620-1 du Code de commerce (C. trav. art. L 2315-74, al. 5).

PROCÉDURE

Signalement des faits Le commissaire aux comptes ayant relevé des faits de nature à compromettre la continuité de l'exploitation du comité doit en informer sans délai le **secrétaire et** le **président** du comité par tout moyen propre à donner date certaine à sa réception (C. trav. art. L 2315-74, al. 1 et R 2315-41). 3150

Le **secrétaire** du comité répond par tout moyen propre à donner date certaine à la réception de sa réponse dans les 30 jours suivant la réception de l'information. Il donne une analyse de la situation et précise, le cas échéant, les mesures envisagées (C. trav. art. R 2315-42).

3155 **Saisine de l'employeur** À défaut de réponse du secrétaire du CSE dans les 30 jours, ou si cette réponse ne lui permet pas d'être assuré de la continuité de l'exploitation du comité, le commissaire aux comptes établit un **rapport spécial.** Il **invite l'employeur,** par écrit, à **réunir le CSE** afin que ce dernier délibère sur les faits relevés. L'invitation du commissaire est adressée à l'employeur, par tout moyen propre, à donner une date certaine à la réception de cette invitation, dans les 8 jours suivant la réception de la réponse du secrétaire du CSE, ou la constatation de son absence de réponse dans le délai maximal qui lui est imparti. Elle est accompagnée du rapport spécial. Le commissaire aux comptes adresse sans délai copie de ces documents au **président du tribunal judiciaire** compétent et aux **membres du comité** (C. trav. art. L 2315-74, al. 2 et R 2315-43, al. 1).

3160 **Réunion du CSE** L'employeur réunit le CSE dans les **15 jours** suivant la réception de l'invitation du commissaire aux comptes. Ce dernier est convoqué dans les mêmes conditions que les membres du comité. Dans les 8 jours suivant la réunion du comité, un extrait du **procès-verbal** de la réunion est adressé au président du tribunal et au commissaire aux comptes, par tout moyen propre à donner date certaine à sa réception (C. trav. art. L 2315-74, al. 2 et R 2315-43, al. 3 et 4).

3165 **Saisine du tribunal** Le commissaire aux comptes doit informer le président du tribunal judiciaire de ses démarches et lui en communiquer les résultats (C. trav. art. L 2315-74, al. 3) :
– en l'**absence de réunion** du CSE dans le délai requis ;
– s'il n'a **pas été convoqué** à cette réunion ;
– ou si, à l'issue de celle-ci, il constate que les **décisions prises ne permettent pas** d'assurer la continuité de l'exploitation du comité.
Faite sans délai, par tout moyen propre à donner date certaine à sa réception, l'**information** comporte copie de tous les documents utiles à l'information du président du tribunal ainsi que, lorsque le commissaire aux comptes a eu connaissance de l'existence et de la teneur d'une réunion du comité, l'exposé des raisons l'ayant conduit à constater l'insuffisance des décisions prises par le comité (C. trav. art. R 2315-44).

> **› Précisions** Les **pouvoirs du président du tribunal** judiciaire sont identiques à ceux conférés au président du tribunal de commerce par l'article L 611-2, I du Code de commerce (C. trav. art. L 2315-74, al. 3). Ainsi, il peut convoquer le comité pour envisager les mesures propres à redresser la situation et obtenir communication d'informations sur la situation économique et financière du comité auprès des personnes suivantes : administrations publiques, organismes de sécurité et de prévoyance sociales, services chargés de la centralisation des risques bancaires et des incidents de paiement.

3170 **Interruption et reprise de procédure** La procédure devant le tribunal peut être interrompue par le **commissaire aux comptes,** puis reprise au point où il avait estimé pouvoir y mettre un terme, si, en dépit des éléments ayant motivé son appréciation, la **continuité de l'exploitation** du CSE **demeure compromise** et si l'**urgence** commande l'adoption de mesures immédiates. Mais cette reprise de procédure n'est possible qu'au cours des 6 mois suivant le déclenchement de l'alerte (C. trav. art. L 2315-74, al. 4).

C. Liquidation des biens du comité

CESSATION DÉFINITIVE D'ACTIVITÉ DE L'ENTREPRISE

3190 En cas de cessation définitive de l'activité de l'entreprise, le **CSE** disparaît et sa **personnalité civile** ne survit que pour les besoins de la liquidation de son patrimoine.
Le comité décide de l'affectation des biens dont il dispose. La **liquidation** est opérée par ses soins, sous la surveillance du Dreets. La dévolution du **solde des biens** est réalisée au crédit (C. trav. art. R 2312-52) :
– soit d'un autre CSE ou d'un comité des activités sociales et culturelles interentreprises, notamment dans le cas où la majorité des salariés est destinée à être intégrée dans le cadre de ces entreprises ;
– soit d'institutions sociales d'intérêt général dont la désignation est, autant que possible, conforme aux vœux exprimés par les salariés intéressés.

Pour pouvoir procéder à la dévolution de ses biens, le comité peut désigner un **expert-comptable** rémunéré par ses soins et le charger d'établir le compte rendu détaillé de sa gestion financière et de le conseiller utilement sur la manière de procéder à l'affectation de son patrimoine (Rép. Bonhomme : AN 2-5-1988 n° 34914).

ATTENTION

Les biens ne peuvent pas être répartis entre les **salariés ou les membres du comité** (C. trav. art. R 2312-52), ni être utilisés pour acheter des parts sociales dans une société créée par des salariés licenciés (Rép. Chouat : AN 10-2-1986 n° 61238).

RESTRUCTURATION

En cas de **fermeture d'un établissement,** les biens du comité doivent être affectés aux comités du groupe où les salariés sont transférés (Cass. soc. 10-6-1998 n° 96-20.112 P : RJS 7/98 n° 877 ; 23-1-1996 n° 93-16.799 P : RJS 3/96 n° 294). Ainsi, la décision d'un comité d'affecter ses biens à une association reconnue d'utilité publique est entachée d'abus de pouvoir (Cass. soc. 23-1-1996 n° 93-16.799 P : RJS 3/96 n° 294). 3195

En cas de **transfert partiel d'entreprise,** le comité nouvellement créé dans une entreprise reprenant certaines activités de la société cédante ne peut pas obtenir la rétrocession des documents et fonds dont disposait le comité de cette dernière, ni l'annulation de ses décisions postérieures à la cession, dès lors que (Cass. soc. 22-2-1995 n° 93-14.105 P : RJS 4/95 n° 395) :

– d'une part, le comité de la société cédante n'a pas été dissous, le transfert d'activité n'a été que partiel, et la modification de la situation juridique de l'employeur résultant de ce transfert ne portait pas sur un établissement distinct ayant conservé ce caractère au sein de la société d'accueil ;

– d'autre part, l'entité économique reprise ne comportait pas d'institution propre.

En cas de **fusion-absorption** entraînant la disparition des comités des sociétés absorbées, si ceux-ci ont dévolu leur patrimoine au comité de la société absorbante au sein de laquelle les salariés ont été transférés, ce dernier hérite des créances de ces comités et peut demander un rappel de subvention de fonctionnement et de contribution aux activités sociales et culturelles pour les années antérieures à l'opération de fusion-absorption (Cass. soc. 16-1-2019 n° 17-26.993 F-PB : RJS 4/19 n° 227).

Sur la recevabilité de l'action visant à obtenir, après la **dissolution du comité** faisant suite à la mise en location-gérance du fonds, l'organisation d'une nouvelle consultation, voir n° 1255.

SUPPRESSION DU COMITÉ

Les textes ne fixent pas le sort des biens du comité en cas de suppression de cette institution par suite soit de **diminution de l'effectif,** soit de son **non-renouvellement.** La règle de dévolution des biens exposée n° 3190 devrait s'appliquer. 3200

CHAPITRE 5

LE CSE : ATTRIBUTIONS ÉCONOMIQUES OU PROFESSIONNELLES

SOMMAIRE

3400 À côté de ses attributions en matière d'activités sociales et culturelles (n°s 4400 s.), le CSE des **entreprises d'au moins 50 salariés** représente le personnel auprès de l'employeur. Les missions qui lui sont reconnues à ce titre, d'ordre économique, professionnel et social, sont couramment dénommées « attributions économiques ou professionnelles ».
Elles sont régies principalement par les articles L 2312-8 à L 2312-77 du Code du travail, qui définissent, d'une part, la **mission générale** d'information et de consultation du comité et, d'autre part, les **questions précises** sur lesquelles s'exerce sa compétence : consultations et informations récurrentes, puis consultations et informations ponctuelles. À ces attributions purement consultatives du comité s'ajoutent d'**autres prérogatives** dans le domaine économique.
Les dispositions légales ne font pas obstacle aux **dispositions plus favorables** résultant d'accords collectifs ou d'usages (C. trav. art. L 2312-4). Sur les différents **types d'accords** pouvant être conclus sur les attributions du CSE, voir le tableau récapitulatif n° 99300.

> **Précisions a.** Sur le délai d'adaptation dont dispose l'employeur en cas de **franchissement du seuil de 50 salariés**, voir n°s 20515 et 20630 s.
> **b.** Dans les **entreprises à établissements multiples**, les attributions conférées au CSE sont exercées par les CSE d'établissement et/ou le CSE central d'entreprise : voir n°s 6060 s.

SECTION I RÈGLES DIRECTRICES

A. Attributions générales

ATTRIBUTIONS DU CSE DES ENTREPRISES DE MOINS DE 50 SALARIÉS

Le CSE mis en place dans les entreprises d'au moins 50 salariés exerce les attributions du CSE des entreprises de moins de 50 salariés (C. trav. art. L 2312-8, IV) : ces attributions sont exposées n°s 200 s. 3420

ATTRIBUTIONS PROPRES AUX ENTREPRISES D'AU MOINS 50 SALARIÉS

Expression collective des salariés Le CSE des entreprises d'au moins 50 salariés a pour mission d'assurer une expression collective des salariés permettant la prise en compte permanente de leurs **intérêts dans les décisions** relatives à la gestion et à l'évolution économique et financière de l'entreprise, à l'organisation du travail, à la formation professionnelle et aux techniques de production, notamment au regard des conséquences environnementales de ces décisions (C. trav. art. L 2312-8, I). 3425

Cette mission du CSE ne remet toutefois pas en cause le **droit d'expression** des salariés (C. trav. art. L 2312-11).

> **Précisions** **a.** Ainsi que souligné par la doctrine (voir, notamment, A. Duchesne, « Les attributions consultatives du CSE en matière environnementale après la loi Climat : la revanche du CSE sur les syndicats ? » : RJS 11/23 p. 6), les **notions d'environnement** et surtout de **conséquences environnementales** ne sont **pas définies** par les **textes** légaux ou réglementaires, non plus que par l'accord national interprofessionnel (ANI) du 11 avril 2023 relatif à la transition écologique et au dialogue social : voir n° 83530. Cette absence de précision est regrettable, dans la mesure où des obligations à la charge de l'employeur quant au contenu de la BDES (n° 3490), d'information (n° 3840) et d'information-consultation (n° 3981 s.) reposent sur ces notions.
> S'agissant de la notion d'**environnement**, référence peut être faite à l'article R 122-20 du Code de l'environnement, qui précise le contenu du rapport environnemental devant accompagner les projets et qui le définit comme la santé humaine, la population, la diversité biologique, la faune, la flore, les sols, les eaux, l'air, le bruit, le patrimoine culturel architectural et archéologique et les paysages (C. environnement art. R 122-20, II, 5°, a).
> S'agissant de la notion de **conséquences environnementales** des décisions de l'entreprise, peuvent être retenues soit une approche stricte se référant directement aux attributions générales du CSE et limitée aux conséquences environnementales ayant un lien direct avec la situation des salariés, soit une approche plus large intégrant, outre les conséquences environnementales sur l'entreprise et le collectif de travail, celles sur la société civile et les écosystèmes en général (En ce sens, G. Loiseau, Dépêche AEF n° 680802).
> **b.** Un membre du CSE peut, en cette qualité, **assister un salarié** lors de l'**entretien préalable** à une sanction disciplinaire ou à son licenciement (n° 89995), mais il n'entre pas dans ses attributions d'assister ou de représenter un salarié lors d'une **audience prud'homale**, quels que soient les principes de droit dont dépend la solution (Cass. soc. 12-3-1987 n° 84-41.159 P). Il peut avoir qualité à un **autre titre** pour assister ou représenter les parties, notamment en tant que salarié appartenant à la même branche d'activité (pour plus de détails sur cette question, voir Mémento social n° 14749) ou en tant que défenseur syndical (n° 12580), mais le temps passé à l'audience à ce titre ne peut pas être imputé sur son crédit d'heures de membre du CSE.

Rapports avec les DS La mission du CSE s'exerce **sans préjudice** des dispositions relatives aux délégués syndicaux (C. trav. art. L 2312-11). 3430

Autrement dit, la mission du CSE ne remet pas en cause les prérogatives des délégués syndicaux. Ainsi, ces derniers ont en principe priorité pour négocier des **accords collectifs**, ce principe supportant cependant plusieurs exceptions ou tempéraments : par exemple, le CSE peut conclure avec l'employeur des accords de participation ou d'intéressement, mettant en place un plan d'épargne d'entreprise ou interentreprises ou un Pereco (n°s 71000 s.) ; les délégués syndicaux peuvent aussi choisir de lui confier des capacités de négociation dans le cadre du conseil d'entreprise (n°s 5540 s.).

3435 **Consultation sur l'organisation, la gestion et la marche générale de l'entreprise** Le CSE des entreprises d'au moins 50 salariés est informé et consulté sur les questions intéressant l'organisation, la gestion et la marche générale de l'entreprise (C. trav. art. L 2312-8, II) : les modalités détaillées de cette information-consultation sont exposées nos 3980 s.

3440 **Analyse et prévention des risques professionnels** Dans le champ de la santé, de la sécurité et des conditions de travail, le CSE (C. trav. art. L 2312-9) :
– procède à l'**analyse des risques** professionnels auxquels peuvent être exposés les travailleurs, notamment les femmes enceintes, ainsi que des effets de l'exposition aux facteurs de risques professionnels mentionnés à l'article L 4161-1 (sur ces risques, voir n° 55630) ; dans ce cadre, il doit notamment participer à l'évaluation des risques professionnels avec, si elle existe, la commission santé, sécurité et conditions de travail et être consulté sur le document unique d'évaluation des risques professionnels (DUERP) et ses mises à jour (voir nos 55555 s.) ;
– contribue notamment à faciliter l'accès des **femmes** à tous les emplois, à la résolution des problèmes liés à la maternité, à l'adaptation et à l'aménagement des postes de travail afin de faciliter l'accès et le maintien des **personnes handicapées** à tous les emplois au cours de leur vie professionnelle ;
– peut **susciter toute initiative** qu'il estime utile et proposer notamment des actions de prévention du **harcèlement** moral, du harcèlement sexuel et des **agissements sexistes**. Le refus de l'employeur est motivé.
Sur la participation du CSE à la préparation des **formations à la sécurité**, voir n° 55670.

3445 **Faculté de proposition** Le CSE **formule**, à son initiative, et **examine**, à la demande de l'employeur, toute **proposition** de nature à améliorer les conditions de travail, d'emploi et de formation professionnelle des salariés, leurs conditions de vie dans l'entreprise ainsi que les conditions dans lesquelles ils bénéficient de garanties collectives complémentaires en matière de prévoyance ou de retraite (C. trav. art. L 2312-12).

3450 **Visites de l'inspecteur du travail** Lors des visites de l'agent de contrôle de l'inspection du travail, les membres de la délégation du personnel au CSE sont **informés** de sa présence par l'employeur et peuvent présenter leurs **observations**. L'agent de contrôle se fait **accompagner** par un membre de la délégation du personnel du comité, si ce dernier le souhaite (C. trav. art. L 2312-10).

B. Moyens d'information

3470 L'**employeur** doit délivrer au CSE un grand **nombre** d'informations, variable selon que l'entreprise compte moins de ou au moins **300 salariés**.
Certaines sont adressées à titre purement **informatif** (le comité étant toutefois habilité à poser des questions et à formuler des observations). D'autres remises de documents sont destinées à permettre au CSE de rendre un **avis** sur un sujet sur lequel il doit être consulté par l'employeur. Elles sont alors encadrées par des principes communs destinés à garantir la loyauté de la consultation.
Les cas où le CSE doit recevoir une information sont indiqués dans des **tableaux** en annexe : voir n° 99005 pour les informations à fournir de façon récurrente et n° 99010 pour celles à délivrer ponctuellement. Les cas où il doit être consulté, c'est-à-dire rendre un avis, sont indiqués au fil de l'exposé, avec la question en cause. Ils sont également répertoriés dans ces tableaux.

1. LA BASE DE DONNÉES ÉCONOMIQUES, SOCIALES ET ENVIRONNEMENTALES

3480 Le support principal des informations délivrées au CSE est la base de données économiques, sociales et environnementales, en abrégé BDESE, parfois appelée « base de données unique » ou « BDU ».
Sur la procédure à utiliser par le CSE pour obtenir du juge la communication par l'employeur des informations manquantes en cas de BDESE incomplète, voir nos 3750 s.

a. Dispositions d'ordre public

RÈGLES GÉNÉRALES

L'employeur doit mettre en place une BDESE rassemblant l'ensemble des informations nécessaires aux **consultations et informations récurrentes** qu'il met à la disposition du CSE. Ces informations comportent en particulier l'ensemble des indicateurs relatifs à l'**égalité professionnelle** entre les femmes et les hommes (n° 99020), l'index de l'égalité professionnelle (n° 76470) et les écarts de rémunération et de répartition entre les femmes et les hommes dans les équipes dirigeantes (n° 76490) (C. trav. art. L 2312-18). **3485**
L'ensemble des informations de la base contribue à donner une vision claire et globale de la **formation et** de la **répartition de la valeur** créée par l'activité de l'entreprise (C. trav. art. R 2312-7).
L'organisation, l'architecture, le contenu et les modalités de fonctionnement de la BDESE doivent permettre au CSE, ainsi, le cas échéant, qu'aux délégués syndicaux, d'**exercer utilement leurs compétences** (C. trav. art. L 2312-21, al. 6).
Les éléments d'information transmis de manière récurrente au comité sont mis à la disposition de ses membres dans la base et cette **mise à disposition actualisée** vaut communication des rapports et informations au **CSE** (C. trav. art. L 2312-18).
Lorsque le Code du travail impose de transmettre à l'**administration** des rapports et informations remis de manière récurrente au CSE, les éléments d'information qu'ils contiennent sont mis à la disposition de cette administration à partir de la BDESE et la mise à disposition actualisée vaut transmission à celle-ci (C. trav. art. L 2312-18).

THÈMES

La base de données doit **au moins** comporter les thèmes suivants (C. trav. art. L 2312-21, al. 4) : **3490**
– l'investissement social et l'investissement matériel et immatériel ;
– l'égalité professionnelle entre les femmes et les hommes au sein de l'entreprise ;
– les fonds propres et l'endettement ;
– l'ensemble des éléments de la rémunération des salariés et dirigeants ;
– les activités sociales et culturelles ;
– la rémunération des financeurs ;
– les flux financiers à destination de l'entreprise ;
– les conséquences environnementales de l'activité de l'entreprise (sur la notion de conséquences environnementales, voir n° 3425, Précisions).

ATTENTION
Ces dispositions, qui figurent, curieusement, dans les développements du Code du travail consacrés au champ ouvert à la négociation, sont en réalité **d'ordre public**, puisque les négociateurs ne peuvent pas y déroger.

INFORMATION TRIMESTRIELLE

Chaque trimestre, dans les **entreprises d'au moins 300 salariés**, l'employeur met à disposition du CSE dans la BDESE, conventionnelle (nos 3515 s.) ou supplétive (nos 3530 s.), des informations sur (C. trav. art. L 2312-69) : **3495**
– l'évolution générale des **commandes** et l'exécution des programmes de **production** ;
– les éventuels retards de paiement de **cotisations sociales** par l'entreprise ainsi que, selon l'administration, les raisons de ces retards (Circ. DRT 12 du 30-11-1984 n° 1-3-4) ;
– l'évolution des **effectifs et de la qualification** des salariés selon les modalités indiquées ci-après.

> **Précisions a.** L'information trimestrielle du CSE dans les entreprises d'au moins 300 salariés ne peut pas être **écartée ou réduite par accord** : en effet, codifiée dans la partie du Code du travail consacrée aux droits d'alerte, elle n'est pas supplétive.
b. Sur la question de savoir si, dans les entreprises à **établissements multiples**, ces informations sont délivrées au CSE central ou aux CSE d'établissement, voir nos 6070 s.

Les informations trimestrielles retracent, mois par mois, l'**évolution des effectifs et de la qualification** des salariés par sexe en faisant apparaître (C. trav. art. R 2312-21) : **3500**
1° Le **nombre de salariés** titulaires d'un CDI ;
2° Le nombre de salariés titulaires d'un CDD ;
3° Le nombre de salariés à temps partiel ;
4° Le nombre de salariés temporaires ;
5° Le nombre de salariés appartenant à une entreprise extérieure ;
6° Le **nombre des contrats** de professionnalisation.

L'employeur présente au comité les **motifs** l'ayant conduit à recourir aux catégories de salariés mentionnées aux 2° à 5° (C. trav. art. R 2312-21). Il communique au CSE le **nombre des journées de travail** accomplies, au cours de chacun des 3 derniers mois, par les salariés titulaires d'un CDD et les salariés temporaires (C. trav. art. R 2312-21). Ces journées de travail s'entendent des jours de travail effectif et une proratisation doit être opérée pour les salariés à temps partiel (Circ. DRT 18 du 30-10-1990 n° 4-1-3-3).

> **Précisions** Les entreprises ayant recours à la **sous-traitance** doivent recueillir les informations requises par la loi auprès de leurs sous-traitants afin de communiquer avec précision aux membres du comité le nombre de salariés d'entreprises extérieures, sous peine d'être condamnées pour délit d'entrave (Cass. crim. 19-6-2001 n° 00-80.489 FP-F : RJS 11/01 n° 1306).

3505

Seuil de 300 salariés et information-consultation du CSE

En matière d'information et de consultation du CSE, le franchissement du seuil de 300 salariés a **plusieurs conséquences** : obligation de tenir la base de données sur un support informatique (n° 3535) ; disparition de la possibilité, sous certaines conditions, d'organiser la BDESE par accord de branche (n° 3515) ; mise à la disposition du CSE d'une information trimestrielle (nos 3495 s.) ; enrichissement des rubriques de la BDESE en vue des consultations récurrentes sur la situation économique et financière de l'entreprise (n° 3890) et sur sa politique sociale, les conditions de travail et l'emploi (n° 3920) ; organisation d'une consultation sur le bilan social (n° 3910) et, dans les sociétés par actions, transmission ou mise à la disposition de ce bilan aux actionnaires (n° 3930). Ce seuil est réputé **franchi** lorsque l'effectif de l'entreprise le dépasse pendant 12 mois consécutifs (C. trav. art. L 2312-34).

À compter de ce franchissement, l'employeur a un **délai d'un an** pour se conformer complètement aux obligations d'information et de consultation du CSE qui en découlent (C. trav. art. L 2312-34).

b. Champ ouvert à la négociation

3515 Dans les **entreprises pourvues de délégués syndicaux**, un accord conclu dans les conditions prévues au premier alinéa de l'article L 2232-12 du Code du travail peut définir (C. trav. art. L 2312-21, al. 1 à 3) :
– l'organisation, l'architecture et le contenu de la base ;
– ses modalités de fonctionnement, notamment les droits d'accès et le niveau de mise en place dans les entreprises comportant des établissements distincts ;
– son support et ses modalités de consultation et d'utilisation.

En l'**absence de délégué syndical**, l'accord est conclu entre l'employeur et la majorité des élus titulaires de la délégation du personnel du CSE (C. trav. art. L 2312-21, al. 1).

Dans les **entreprises de moins de 300 salariés**, si aucun accord n'a été conclu sur ce sujet au sein de l'entreprise, un **accord de branche** peut aussi définir l'organisation, l'architecture, le contenu et les modalités de fonctionnement de la BDESE (C. trav. art. L 2312-21, al. 7).

> **Précisions** **a.** L'accord conclu « dans les conditions prévues au premier alinéa de l'article L 2232-12 » s'entend, à notre avis, d'un accord signé par un ou plusieurs **syndicats** représentatifs ayant recueilli **plus de 50 %** des suffrages exprimés au premier tour des dernières élections professionnelles en faveur des syndicats représentatifs dans l'entreprise. À défaut d'un tel accord, l'employeur ne peut pas faire valider le texte par les salariés, la consultation de ces derniers étant prévue au second alinéa de l'article L 2232-12, pas au premier.
> **b.** La **négociation préalable d'un accord** sur la BDESE n'est **pas obligatoire** (Cass. soc. 4-10-2023 n° 21-25.748 F-B : RJS 12/23 n° 652).

3520 Sur les **thèmes** que doit nécessairement comporter la BDESE, voir n° 3490.
Outre ces informations, destinées aux consultations récurrentes du CSE, l'accord peut intégrer dans la base les informations nécessaires aux **négociations obligatoires** avec les délégués syndicaux et aux **consultations ponctuelles** du CSE (C. trav. art. L 2312-21, al. 5).

c. Dispositions supplétives

MISE EN PLACE

En l'absence de l'accord visé n° 3515, la BDESE est constituée au **niveau de l'entreprise** avec, dans les entreprises dotées d'un CSE central, l'inclusion d'informations que l'employeur met à la disposition de ce comité et des CSE d'établissement (C. trav. art. R 2312-11). 3530

L'**UES** (unité économique et sociale) étant assimilée à une entreprise à part entière pour le droit de la représentation du personnel, la base de données doit être mise en place au niveau de l'UES (Circ. DGT 1 du 18-3-2014 fiche 1 n° 2.1). Comme il n'existe pas d'obligation de consolider les informations au niveau de l'UES, deux approches semblent possibles : soit présenter la BDESE société par société en donnant pour chacune l'ensemble des informations requises, soit privilégier une entrée thématique en déclinant sous chaque thème les données de chaque société (S. Guedes da Costa et C. Michaud, « La base de données économiques et sociales : des objectifs à la pratique », JCP S 2014 1133).

Sur la possibilité de mettre en place une base de données au niveau du **groupe**, voir n° 6420.

CONSEIL

L'administration recommande aux employeurs de construire la BDESE (organisation, modalités d'accès...) en lien étroit avec les institutions représentatives du personnel et les organisations syndicales représentatives dans l'entreprise (Circ. DGT 1 du 18-3-2014 fiche 1).

ORGANISATION, CONTENU ET SUPPORT

Les informations de la base de données portent sur **10 thèmes** dont le contenu (rubriques) est fixé par décret (C. trav. art. L 2312-36) : investissements ; égalité professionnelle entre les femmes et les hommes au sein de l'entreprise ; fonds propres et endettement ; ensemble des éléments de la rémunération des salariés et des dirigeants ; activités sociales et culturelles ; rémunération des financeurs ; flux financiers à destination de l'entreprise, notamment aides publiques et crédits d'impôts ; sous-traitance ; le cas échéant, transferts commerciaux et financiers entre les entités du groupe ; conséquences environnementales de l'activité de l'entreprise (sur cette notion, voir n° 3425, Précisions). 3535

Sur les **rubriques de chaque thème** qui varient selon que l'entreprise compte moins de (C. trav. art. R 2312-8) ou au moins 300 salariés (C. trav. art. R 2312-9), voir n° 99020.

Les informations contenues dans la base portent sur l'**année** en cours, les 2 années précédentes et intègrent des perspectives, telles qu'elles peuvent être envisagées, sur les 3 années suivantes (C. trav. art. L 2312-36 et R 2312-10). Ces informations revêtent donc un caractère prospectif et historique ; elles peuvent être définitives ou provisoires (Circ. DGT 1 du 18-3-2014 Fiche 1 n° 1.1).

Ces informations sont présentées sous forme de **données chiffrées** ou, à défaut, pour les années suivantes, sous forme de grandes tendances. L'employeur indique, pour ces années, les informations qui, eu égard à leur nature ou aux circonstances, ne peuvent pas faire l'objet de données chiffrées ou de grandes tendances, pour les raisons qu'il précise (C. trav. art. R 2312-10).

Dans les entreprises d'au moins 300 salariés, la base est tenue à disposition sur un **support** informatique, les autres entreprises ayant le choix entre les supports informatique ou papier (C. trav. art. R 2312-12).

> **Précisions a.** Les informations fournies dans la BDESE à la suite d'une **fusion** doivent porter, sauf impossibilité pour l'employeur de se les procurer, sur les entreprises parties à l'opération pour l'année en cours, les 2 années précédentes et les 3 années suivantes. À défaut, le comité n'a pas reçu l'information légalement due et le délai qui lui est imparti pour donner son avis dans le cadre de la consultation sur les orientations stratégiques de l'entreprise issue de la fusion n'a pas commencé à courir (Cass. soc. 27-11-2019 n° 18-22.532 F-PB : RJS 2/20 n° 96).
> **b.** L'exigence de présentation des informations sous forme de **données chiffrées** ne dispense pas l'employeur de communiquer au CSE les **éléments d'analyse ou d'explication** prévus par le Code du travail, voir n° 3545.

ACTUALISATION

Modalités Les éléments d'information figurant dans la base sont régulièrement **mis à jour**, au moins dans le respect des **périodicités** prévues par le Code du travail (C. trav. art. R 2312-11). Autrement dit, la mise à jour de la BDESE s'appuie sur les dispositions du Code du travail relatives à l'actualisation des informations transmises de manière récurrente au comité. 3540

L'employeur doit **informer** les personnes ayant accès à la base de l'actualisation de celle-ci, selon des modalités qu'il détermine, ces modalités devant leur permettre d'exercer utilement leurs compétences respectives (C. trav. art. R 2312-12).

EXEMPLE

Dans toutes les entreprises, quel que soit leur effectif, les informations à communiquer au CSE en vue de la **consultation annuelle sur la politique sociale de l'entreprise**, les conditions de travail et l'emploi doivent être actualisées au moins une fois par an (à une date permettant au comité de disposer d'un délai d'examen suffisant pour rendre son avis dans le cadre de cette consultation).
Dans les entreprises d'au moins 300 salariés, les **informations trimestrielles** données au comité (nos 3495 s.) doivent être mises à jour trimestriellement dans la base de données (Circ. DGT 1 du 18-3-2014 fiche 1 n° 3.3).

3545 **L'actualisation de la BDESE vaut communication au CSE et à l'administration** La mise à disposition actualisée dans la BDESE des éléments d'information contenus dans les **rapports et informations transmis de manière récurrente** au CSE vaut communication à celui-ci de ces rapports et informations lorsque les conditions cumulatives suivantes sont remplies (C. trav. art. L 2312-18 et R 2312-14) :
– la **périodicité** prévue par le Code du travail pour l'actualisation est respectée ;
– l'employeur met à la disposition des membres du CSE les **éléments d'analyse ou d'explication** lorsqu'ils sont prévus par le Code du travail.
L'employeur doit aussi informer les membres du CSE qu'il a **actualisé** la base (n° 3540).
La mise à disposition actualisée de la BDESE vaut aussi transmission à l'**administration**, voir n° 3485.

ATTENTION

Lorsque l'information ou le rapport transmis de manière récurrente au CSE doit s'accompagner d'une **consultation**, sa mise à disposition actualisée ne dispense pas de procéder à celle-ci.

3547 EXEMPLE

L'article R 2312-21 du Code du travail prévoit que, dans les **entreprises d'au moins 300 salariés**, l'employeur doit communiquer **tous les 3 mois** au CSE des informations retraçant mois par mois l'évolution des effectifs et de la qualification des salariés par sexe (ces informations sont détaillées n° 3500).
Pour valoir communication au CSE, l'employeur doit (d'après Circ. DGT 1 du 18-3-2014 fiche 4) :
– mettre dans la base l'ensemble des données chiffrées (portant sur l'année en cours, les 2 années précédentes) et les données ou tendances portant sur les 3 années à venir ;
– informer les membres du comité de la mise à disposition des informations et de leur actualisation ;
– et accompagner ces données des explications requises par l'article R 2312-21 du Code du travail.

CONSULTATION DE LA BASE

3550 **Qui y a accès ?** La base de données est accessible aux membres de la délégation du personnel au CSE, ceux de la délégation du personnel au CSE central compris, et aux délégués syndicaux (C. trav. art. L 2312-36, al. 2).
Les membres élus du CSE y ont accès, qu'ils soient **titulaires ou suppléants** (Circ. DGT 1 du 18-3-2014 fiche 1 n° 3.2). Pour les membres du **CSE central d'entreprise** et des **CSE d'établissement**, voir n° 6090. Selon nous, les **représentants syndicaux** au CSE y ont également accès, puisque le représentant syndical est destinataire des informations fournies au comité (ce principe résulte en effet implicitement de l'article L 2143-22 du Code du travail).
Les **experts** auxquels le CSE fait appel devraient également y avoir accès. Cela ne fait, à notre sens, aucun doute pour l'expert-comptable assistant le CSE dans le cadre de ses 3 consultations récurrentes, puisque la BDESE rassemble l'ensemble des informations nécessaires à celles-ci (n° 3485). Mais il devrait en être de même pour les autres experts rémunérés par l'employeur, compte tenu du droit qui leur est reconnu d'accéder à tous les documents qu'ils estiment utiles (nos 2225 s.).
La loi n'accordant pas de droit d'accès aux **représentants de section syndicale**, il est assez unanimement admis que l'employeur peut leur dénier un tel droit, même si l'article L 2142-1-1 du Code du travail leur reconnaît les mêmes prérogatives qu'aux délégués syndicaux. En effet, contrairement à ces derniers, ils n'ont pas de compétence en matière de négociation. Or, ce serait en raison de cette compétence que les délégués syndicaux se sont vu reconnaître un droit d'accès à la BDESE.
Attention ! Les **droits d'accès** à la BDESE fournis par l'employeur sont **strictement personnels** et ne peuvent pas être transmis à un tiers (Circ. DGT 1 du 18-3-2014 fiche 1 n° 3.3).

> **Précisions** L'accès **de chacune des institutions** représentatives du personnel peut, semble-t-il, être **limité** aux informations nécessaires à l'exercice de ses attributions. Les entreprises optant pour une telle limitation doivent en tout état de cause veiller que chaque institution ait bien accès à ces informations.

Quelles sont les modalités d'accès ? L'**employeur** fixe les modalités d'accès, de consultation et d'utilisation de la base, celles-ci devant permettre aux personnes y ayant accès d'exercer utilement leurs compétences respectives (C. trav. art. R 2312-12). 3555

En tout état de cause, la BDESE doit être **accessible en permanence** (C. trav. art. L 2312-36, al. 2). Toutefois, pour des raisons pratiques (fermeture nocturne et/ou hebdomadaire de l'entreprise), elle peut ne pas être accessible 24 h/24 lorsque la consulter nécessite un accès aux locaux de l'entreprise (Circ. DGT 1 du 18-3-2014 fiche 1 n° 3.1).

Comment garantir la confidentialité des données ? Les membres de la délégation du personnel au CSE et au CSE central ainsi que les délégués syndicaux sont tenus à une **obligation de discrétion** à l'égard des informations contenues dans la base de données revêtant un caractère confidentiel et présentées comme telles par l'employeur (C. trav. art. L 2312-36). Celui-ci doit indiquer la durée de ce caractère confidentiel (C. trav. art. R 2312-13). 3560

Sur la notion d'informations confidentielles, voir n°s 885 s. Sur les **sanctions** applicables en cas de violation de l'obligation de discrétion, voir n° 900.

CONSEIL

Certains praticiens recommandent de **sensibiliser les représentants du personnel**, par exemple en leur proposant de signer une charte de confidentialité qui leur rappelle leurs obligations en la matière, ce au cours d'une réunion spécifique afin de solenniser cette signature.

2. AUTRES SOURCES D'INFORMATION

ENQUÊTES AUPRÈS DES SALARIÉS

Étant donné la liberté de déplacement dont ils disposent (n°s 35125 s.), les membres du CSE peuvent procéder à des **enquêtes** dans l'entreprise auprès des **salariés**. Le comité peut aussi leur adresser un **questionnaire** afin de connaître leur position sur un problème donné (Circ. DRT 12 du 30-11-1984 n° 1-2-2). 3580

Ainsi, le comité, ayant à étudier les incidences sur les conditions de travail d'un nouveau mode de rémunération, peut organiser une **consultation** des salariés pour s'informer de leurs préférences. Les frais liés à cette consultation s'imputent sur son budget de fonctionnement (Cass. soc. 19-12-1990 n° 89-16.072 PF : RJS 2/91 n° 203).

L'employeur n'a pas à procurer les **adresses des salariés** au comité souhaitant communiquer avec eux ou recueillir leur avis sur un point précis (Cass. soc. 19-12-1990 n° 89-16.072 P-F : RJS 2/91 n° 203), ni à mettre à sa disposition le support matériel de ces adresses (en l'espèce, un jeu d'étiquettes d'adresses) (Cass. soc. 26-9-1989 n° 86-14.246 P : RJS 11/89 n° 857).

INSPECTIONS ET ENQUÊTES EN MATIÈRE DE SANTÉ, SÉCURITÉ ET CONDITIONS DE TRAVAIL

Inspections Le CSE procède, à intervalles réguliers, à des inspections en matière de **santé, sécurité et conditions de travail** (C. trav. art. L 2312-13), dont la **fréquence** est au moins égale à celle des réunions qu'il doit tenir sur le même sujet (C. trav. art. R 2312-4 ; sur la fréquence desdites réunions, voir n° 1735). Hors les cas de danger grave et imminent conférant au représentant du personnel au CSE un droit d'alerte (n° 56545), l'**initiative** des missions d'inspection n'est confiée qu'au comité lui-même. L'un de ses membres ne peut donc pas décider seul d'effectuer des inspections dans des locaux interdits au personnel pour des raisons de sécurité (Cass. soc. 19-1-2010 n° 08-45.092 F-D : RJS 4/10 n° 307). Sur la **liberté de déplacement** dont bénéficie le CSE pour réaliser ces inspections, voir n°s 35125 s. 3585

Enquêtes Le CSE réalise des enquêtes en matière d'**accidents du travail ou de maladies professionnelles** ou à caractère professionnel (n°s 56730 s.). 3587

Il peut demander à entendre le **chef d'une entreprise voisine** dont l'activité expose les travailleurs de son ressort à des nuisances particulières. Il est informé des suites réservées à ses observations (C. trav. art. L 2312-13 et R 2312-4).

Enfin, le CSE peut faire appel à titre consultatif et occasionnel au concours de **toute personne** de l'entreprise qui lui paraîtrait qualifiée (C. trav. art. L 2312-13).

> **Précisions** Est **payé comme du temps de travail** effectif le temps passé par les membres du CSE à la recherche de mesures préventives dans toute situation d'urgence et de gravité (notamment dans le cadre du droit d'alerte en matière d'hygiène et de sécurité visé nos 56540 s.) et aux enquêtes menées après un accident du travail grave ou des incidents répétés ayant révélé un risque grave ou une maladie professionnelle ou à caractère professionnel grave. Ce temps n'est **pas déduit des heures de délégation** prévues pour les membres titulaires du comité (C. trav. art. L 2315-11).

ACCÈS À CERTAINS DOCUMENTS

3590 Le **registre unique du personnel** doit être tenu **à la disposition** du CSE (C. trav. art. L 1221-15). L'employeur doit y inscrire, de façon indélébile et dans l'ordre des embauches, les noms et prénoms de tous les salariés occupés par l'établissement, y compris les travailleurs à domicile, et des stagiaires, ainsi que les évènements postérieurs à l'embauche lorsque ceux-ci surviennent. Les noms et prénoms des volontaires en service civique doivent aussi y figurer. Il comporte enfin une série d'informations complémentaires, notamment le type de contrat conclu (CDD, temps partiel, apprentissage, etc.) (C. trav. art. L 1221-13 et D 1221-23 à D 1221-25). Sur les documents devant être annexés au registre en cas d'emploi de travailleurs étrangers et l'accès à ceux-ci de la délégation du personnel au CSE, voir n° 52355. Les données sont conservées pendant 5 ans à compter du départ des intéressés (C. trav. art. R 1221-26).
Des **dérogations** à la tenue du registre unique du personnel peuvent être décidées pour tenir compte du recours à d'autres moyens, notamment informatiques (C. trav. art. L 1221-14), après **consultation** du CSE, à la condition que des garanties de contrôle équivalentes soient maintenues. L'employeur doit adresser à l'**inspecteur du travail** l'avis résultant de la consultation préalable à la mise en place du support de substitution (C. trav. L 2315-5 et D 1221-27).

> **Précisions a.** Sauf accord de l'employeur, les **délégués syndicaux** n'ont pas accès au registre (Rép. Vivien : AN 17-1-1976 p. 279).
> **b.** Les infractions aux dispositions relatives à la tenue du registre du personnel sont sanctionnées par la peine d'**amende** prévue pour les contraventions de 4e classe appliquée autant de fois qu'il y a de salariés concernés (C. trav. art. R 1227-7 ; n° 99200).

3592 Le CSE dispose d'un droit d'accès à d'**autres documents internes** : documents de décompte de la durée du travail (C. trav. art. L 3171-2) ou en matière d'hygiène et de sécurité : voir n° 280. Pour ceux de ces documents rendus obligatoires par le Code du travail ou par une disposition légale relative au régime du travail, le CSE est consulté préalablement à la mise en place d'un support de substitution (C. trav. art. L 2315-5).

RELATIONS AVEC LES ADMINISTRATIONS PUBLIQUES

3595 Pour l'exercice de ses missions, le CSE a accès à l'information utile détenue par les **administrations** publiques et les **organismes** agissant pour leur compte, conformément aux dispositions légales relatives à l'accès aux documents administratifs (C. trav. art. L 2312-15, al. 3).

> **Précisions a.** Si une **amende administrative** est prononcée à l'encontre de l'employeur, la Dreets en informe le CSE (C. trav. art. L 8115-5).
> Lorsqu'il existe, au sein d'une **personne morale citée ou amenée à comparaître** devant une juridiction de jugement, des représentants du personnel, le ministère public les avise de la date et de l'objet de l'audience, par lettre recommandée adressée 10 jours au moins avant la date de l'audience (C. pén. art. R 131-53, al. 1). L'alinéa 2 de l'article R 131-53 du Code pénal, qui prévoit l'information, lorsque le personnel de cette personne morale est régi par les dispositions du Code du travail relatives à la représentation des salariés, du secrétaire du comité d'entreprise ou, le cas échéant, du CCE et, en l'absence de CE, quelle qu'en soit la cause, des DP titulaires, n'a toutefois pas été modifié à la suite de la mise en place du CSE.
> La Dreets qui conclut une **transaction pénale** avec l'employeur personne morale ou physique informe le CSE de son homologation (C. trav. art. L 8114-7).
> **b.** Sur l'information du CSE en cas de **procédure collective**, voir nos 90900 s.
> **c.** Dans les **installations soumises à autorisation** (n° 57300 s.), le CSE est informé par l'employeur des prescriptions imposées par les autorités publiques chargées de la protection de l'environnement (C. trav. art. R 2312-28).

EXPERTS, COMMISSIONS ET AUTRES INTERVENANTS

Le CSE peut se faire assister par des **experts** (nos 2000 s.). Il peut bénéficier, le cas échéant, des études ou avis des **commissions** qu'il a mises en place (nos 1620 s.). Il peut entendre les **commissaires aux comptes** de l'entreprise lors de la consultation annuelle sur la situation financière et économique de celle-ci (n° 3895) et dans le cadre de son droit d'alerte économique (n° 89300). Dans ce dernier cas, il peut aussi s'adjoindre, avec voix consultative, **2 salariés de l'entreprise** choisis pour leur compétence et en dehors du CSE (n° 89300). Il peut procéder à des **enquêtes auprès d'organismes extérieurs** (Circ. DRT 12 du 30-11-1984 n° 1-2-2). 3600

C. Consultation du CSE

L'employeur doit consulter le CSE sur de très nombreux sujets répertoriés en annexe : voir n° 99005 (consultations récurrentes) et n° 99010 (consultations ponctuelles). 3620
Le législateur et la jurisprudence ont fixé plusieurs principes destinés à garantir l'effet utile de cette consultation. Ils sont examinés ci-après.

1. MOMENT DE LA CONSULTATION

La consultation du CSE doit **précéder les décisions** de l'employeur (C. trav. art. L 2312-14). 3630

> **Précisions a.** Sur le cas particulier des **offres publiques d'acquisition**, voir n° 87740.
> **b.** Sur la consultation du CSE sur les **accords collectifs** : projets, révision, dénonciation, mise en œuvre, voir n° 80105.
> **c.** Sur l'**articulation** des consultations du **CSE central** d'entreprise et des CSE d'**établissement**, voir n° 6070. Sur celle du CSE français et du **comité d'entreprise européen**, voir n° 7210.
> **d.** Une entreprise dotée d'un accord de **gestion prévisionnelle des emplois et des compétences** n'a pas à consulter le CSE sur cette gestion dans le cadre de la consultation sur ses **orientations stratégiques**, mais doit le faire sur les mesures de mise en œuvre de l'accord concernant le volume et la structure des **effectifs** (Cass. soc. 29-3-2023 n° 21-17.729 FS-BR : RJS 6/23 n° 322).

QU'EST-CE QU'UNE DÉCISION ?

Une décision s'entend d'une **manifestation** de volonté d'un **organe dirigeant** qui **oblige l'entreprise**. Ainsi, même formulé en termes généraux, un projet doit être soumis à la consultation du comité lorsque son objet est assez déterminé pour que son adoption ait une incidence sur l'organisation, la gestion et la marche générale de l'entreprise, peu important qu'il ne soit pas accompagné de **mesures précises et concrètes** d'application, dès lors que la discussion ultérieure de ces mesures n'est pas de nature à remettre en cause, dans son principe, le projet adopté (Cass. soc. 12-11-1997 n° 96-12.314 PB : RJS 12/97 n° 1391 ; 18-6-2003 n° 01-21.424 F-D : RJS 8-9/03 n° 1033). 3635
Autrement dit, la consultation doit intervenir **avant que le projet ne soit définitif**, c'est-à-dire irréversible (à défaut, le projet ne pouvant plus être abandonné ou amendé, la consultation serait inutile). Ce principe vaut même si les modalités concrètes de sa mise en œuvre ne sont définies qu'ultérieurement.
C'est à l'employeur d'apporter la **preuve** qu'il s'est conformé à son obligation (Cass. crim. 10-5-1988 n° 87-90.277 P).
Pour écarter le délit d'entrave en cas de consultation tardive, les juges ne peuvent pas se borner à énoncer que l'obligation d'information et de consultation doit s'interpréter « concrètement », notamment au regard de l'**urgence** (Cass. crim. 25-10-1988 n° 86-94.961 D : RJS 1/89 n° 46). En effet, l'urgence ne constitue une cause d'exonération de la responsabilité pénale que si elle présente les caractéristiques de la force majeure, voir n° 49135.

ILLUSTRATIONS

Commet le délit d'entrave au fonctionnement du comité l'employeur qui le consulte :
– après la décision de **fermeture temporaire d'un magasin** (Cass. crim. 9-12-2008 n° 08-80.788 F-D) ;
– sur un projet de **déménagement de l'établissement** alors que le bail des anciens locaux est déjà dénoncé et celui des futurs locaux déjà conclu (Cass. crim. 15-3-2016 n° 14-85.078 F-D : RJS 5/16 n° 432) ;
– sur un projet d'**externalisation d'activité**, alors que le caractère définitif de celui-ci avant la saisine du comité est établi par tous les documents versés au dossier et que sa mise en œuvre, concrétisée par l'envoi d'un courriel de la société repreneuse aux salariés de la société d'origine afin de recueillir leurs réponses et observations, a déjà commencé (Cass. crim. 30-3-2021 n° 20-81.030 F-D : RJS 6/21 n° 31).

De même, est irrégulière la **décision définitive** de fermer un site prise **avant la fin de la consultation** du comité (Cass. crim. 30-5-2016 n° 15-80.117 F-D : RJS 6/16 n° 432).
En revanche, est régulière la procédure d'information et de consultation du CSE engagée :
– avant que les conditions du projet d'**externalisation des services** ne soient définitivement arrêtées et avant toute mise en œuvre de ce projet (Cass. soc. 26-5-2004 n° 02-17.642 F-D : RJS 8-9/04 n° 888) ;
– avant la conclusion d'un **contrat de location-gérance** portant sur les dépôts de la société et alors qu'aucune mesure d'application du projet n'a été prise (Cass. soc. 6-7-1999 n° 97-21.742 P : RJS 10/99 n° 1264).
L'**annonce d'un projet à la presse et aux salariés de l'entreprise** n'a pas pour effet de transformer ce projet en décision définitive (n° 90840), sauf si la réflexion est présentée comme finalisée (CA Paris 22-12-2006 n° 06-15084).

DÉCISIONS ÉCHELONNÉES DANS LE TEMPS

3640 En cas de procédure complexe comportant des décisions échelonnées, le CSE doit être consulté **avant chacune d'elles** (Cass. soc. 7-2-1996 n° 93-18.756 P : RJS 4/96 n° 417). Une unique consultation organisée sur un projet non encore finalisé est insuffisante (TGI Paris 12-5-2009 n° 09/53777 : RJS 11/09 n° 863 ; TJ Nanterre 15-7-2020 n° 20/01157 : RJS 10/20 n° 478). À l'inverse, le comité ne doit pas être consulté trop tard, c'est-à-dire après que la décision est devenue définitive. Par ailleurs, l'**information** fournie à l'origine doit être **suffisamment précise** (n° 3670).
Ainsi, est régulière la procédure d'information-consultation du comité sur un projet de **concentration**, si celui-ci a été informé aux **différents stades** de l'opération, sur l'accord de principe de la Commission européenne, puis sur le projet d'accord entre cédant et acquéreur. À chacun de ces stades, l'opération de cession projetée ne pouvait pas être tenue pour définitive, la **décision finale** appartenant aux actionnaires de la société et à la Commission (Cass. crim. 30-11-1999 n° 98-82.729 PF : RJS 5/00 n° 550).

ATTENTION

La présentation au comité d'un constat d'étape sur un **projet** sur lequel il a **déjà été consulté** doit s'accompagner d'une **nouvelle consultation** si l'information donnée lors de cette présentation implique des **mesures** n'ayant **pas fait partie de la première consultation** de nature à affecter le volume ou la structure des effectifs, la durée du travail, les conditions d'emploi, de travail ou de formation professionnelle (Cass. soc. 18-11-2015 n° 14-12.684 : RJS 2/16 n° 131 ; Cass. soc. 10-7-2019 n° 18-10.815 F-D : RJS 11/19 n° 639).
Lorsque la mise en œuvre, échelonnée dans le temps, d'une décision fait l'objet d'un **avancement de calendrier** aboutissant à l'application anticipée des mesures envisagées, le comité doit être à nouveau informé et consulté sous peine d'entrave (Cass. crim. 19-9-2006 n° 05-86.668 F-PF : RJS 12/06 n° 1293).
De même, lorsqu'un projet présenté au comité (en l'espèce, un projet de fusion) comporte un **montage nettement différent** de celui du **projet initial**, ce nouveau projet nécessite la communication d'éléments d'information complémentaires ainsi qu'un examen spécifique quant à ses modalités et à ses conséquences économiques, financières et sociales (TGI Paris 22-1-2008 n° 07/16562 : RJS 4/08 n° 442).

2. PROCÉDURE DE CONSULTATION

a. Informations à donner au CSE

3660 Pour lui permettre de formuler un avis motivé, le CSE dispose d'**informations précises et écrites** transmises ou mises à sa disposition par l'employeur et de la **réponse motivée** du chef d'entreprise à ses propres observations (C. trav. art. L 2312-15, al. 2).
Sur la possibilité de **déroger par accord collectif** aux dispositions exposées ci-après, voir nos 3850 s. (accord sur les consultations et informations récurrentes) et 4050 s. (accord sur les consultations et informations ponctuelles).

INFORMATIONS ÉCRITES

3665 **Consultations récurrentes** Pour les consultations récurrentes, l'information est mise à disposition dans la base de données économiques, sociales et environnementales (C. trav. art. L 2312-18) : voir nos 3480 s.

3670 **Consultation sur un projet** L'employeur qui consulte le comité sur un projet doit lui fournir une **note** contenant des informations suffisamment précises pour lui permettre de se prononcer (Circ. DRT 12 du 30-11-1984 n° 1-1-2).

L'information fournie à la délégation du personnel **doit lui permettre** d'apprécier la portée du projet et de donner un avis éclairé sur celui-ci (Cass. soc. 7-5-2014 n° 13-13.307 F-D). Elle doit être **utile et loyale** au regard des implications du projet (Cass. soc. 10-7-2013 n° 12-14.629 F-D). Elle doit donc être suffisamment **détaillée** pour que le comité puisse se prononcer en ayant une vision satisfaisante des objectifs poursuivis, des moyens pour y parvenir et des conséquences en termes d'emploi (CA Paris 31-7-2009 n° 09-14577 : RJDA 10/09 n° 969) et/ou de conditions de travail. Le respect de la **vie personnelle** du salarié n'étant pas, en lui-même, de nature à faire obstacle au droit à l'information du comité, dès lors que les mesures demandées sont nécessaires et proportionnées, le comité peut obtenir des informations lui permettant d'avoir connaissance des niveaux de rémunération individuels de certains salariés (Cass. soc. 5-12-2018 n° 16-26.895 F-D : RJS 2/19 n° 111).
Si des **dispositions légales** fixent le contenu des informations à remettre au comité, la note d'information doit les donner. Ainsi, pour les projets de **licenciement collectif pour motif économique**, le contenu de la note d'information est réglementé : voir n° 90010 et n° 90030 (« petits licenciements ») et n° 90325 (licenciements avec plan de sauvegarde de l'emploi).
Sur l'information à fournir au CSE en cas de projet de **licenciement individuel d'un salarié protégé**, voir n° 45167.

L'employeur n'est pas tenu de remettre au comité **tous les documents** se rapportant au projet (Circ. DRT 12 du 30-11-1984 n° 1-1-2), tels que notamment les conventions ou contrats passés par l'entreprise avec des tiers (Cass. crim. 6-4-1993 n° 92-80.864 P-F : RJS 6/93 n° 627). Il en va toutefois autrement lorsque les **textes** prévoient expressément une liste de documents à fournir au comité ou lorsque la connaissance de documents par les membres du comité conditionne le bon déroulement de la consultation (Circ. DRT 12 du 30-11-1984 n° 1-1-2). **3675**

ILLUSTRATIONS

a. Il ne peut pas être reproché à un employeur de ne pas avoir fourni un **contrat de sous-traitance** au comité dès lors qu'aucune différence notable n'apparaît entre la note d'information fournie par l'employeur et le contenu du contrat (Cass. crim. 6-4-1993 n° 92-80.864 P-F : RJS 6/93 n° 627). En revanche, des juges du fond ont estimé qu'un comité n'avait pas été mis en mesure d'émettre un avis motivé dans une espèce où le projet de **contrat de cession de l'entreprise** ne lui avait pas été communiqué et où les déclarations du repreneur potentiel avaient varié sur les modalités de son projet de reprise et sur son étendue (TGI Paris 18-6-2002 n° 02/55390 confirmé par CA Paris 28-6-2002 n° 02-10989).
Pour une décision condamnant un employeur pour avoir refusé de communiquer un **traité de fusion** et les **statuts de la future société**, voir n° 87595, c.
b. En cas de licenciement collectif pour motif économique avec **plan de sauvegarde de l'emploi** (PSE), la loi impose à l'employeur de communiquer le PSE au CSE (n° 90325).

RÉPONSE DE L'EMPLOYEUR AUX OBSERVATIONS DU CSE

La consultation doit donner lieu à une discussion, à un **échange de points de vue** et non pas à une simple information. Il appartient à l'employeur de **présenter les informations** qui ont été transmises aux membres du comité. Au cours de la discussion, il doit fournir des **réponses motivées** aux questions essentielles de nature à conditionner la prise de position du comité (Circ. DRT 12 du 30-11-1984 n° 1-1-4). **3680**
L'employeur satisfait à son obligation légale s'il ressort des **procès-verbaux** des réunions qu'il a fourni des réponses claires et précises sur l'ensemble des questions posées par les membres du comité. Il n'est pas nécessaire d'établir un **document ad hoc** pour consigner ces réponses (Cass. soc. 9-2-2000 n° 98-12.143 P : RJS 3/00 n° 269).

b Délais d'examen

Le CSE doit disposer d'un **délai d'examen suffisant** (C. trav. art. L 2312-15, al. 2). **3690**
En **principe**, les délais dans lesquels les avis du CSE ou du CSE central sont rendus sont fixés (C. trav. art. L 2312-16) :
– par un **accord** majoritaire sans possibilité de validation par référendum (n° 3515, Précisions), l'application de l'accord étant exclusive de celle des délais réglementaires (n° 3700) ;
– ou, en l'absence de délégué syndical, par un accord entre l'employeur et la majorité des élus du CSE ou, le cas échéant, du CSE central d'entreprise ;
– ou, à défaut d'accord, par **décret**.
Ces délais doivent permettre au CSE ou au CSE central d'**exercer utilement sa compétence**, en fonction de la nature et de l'importance des questions qui lui sont soumises.
À leur expiration ou à l'expiration du délai fixé par le juge (voir n° 3750), si le comité n'a **pas rendu d'avis**, il est réputé avoir été consulté et avoir rendu un avis négatif (C. trav. art. L 2312-16).

ATTENTION

Ne sont pas concernées les **consultations** pour lesquelles des **dispositions législatives spéciales** fixent le calendrier dans lequel elles doivent se dérouler, comme, par exemple, celles sur les plans de sauvegarde de l'emploi ou menées dans le cadre d'une offre publique d'acquisition.

POINT DE DÉPART

3695 Pour l'ensemble des consultations pour lesquelles la loi ne fixe aucun délai spécifique (nº 3690), le délai de consultation du CSE court à compter de la **communication** par l'employeur des **informations prévues par le Code du travail** pour la consultation ou de l'information par l'employeur de leur mise à disposition dans la BDESE (C. trav. art. R 2312-5).
Selon l'administration, le délai est calendaire. Il **se calcule de date à date**. S'il expire un samedi, un dimanche ou un jour férié ou chômé, il est prorogé jusqu'au premier jour ouvrable suivant (Circ. DGT 1 du 18-3-2014 fiche 2 nº 2). Cette position correspond à la reprise des dispositions des articles 641 et suivants du Code de procédure civile.

ATTENTION

Au contraire d'une simple **insuffisance** d'informations, une **absence ou une quasi-absence d'informations sincères et utiles** ne fait pas courir le délai de consultation. Ainsi, ce délai court alors à compter de la date à laquelle le **comité** a été mis **en mesure d'apprécier** l'importance de l'opération projetée et de saisir, comme le lui permet la loi (nºs 3750 s.), le président du tribunal judiciaire s'il estime que l'information communiquée est insuffisante (Cass. soc. 21-9-2016 nº 15-19.003 FS-PB : RJS 12/16 nº 785 ; CE 15-7-2020 nº 418543 : RJS 12/20 nº 600). De même, quand **la loi ou l'accord** collectif **prévoit la communication** ou la mise à disposition de certains documents, le délai ne court qu'à compter de cette communication. Tel est le cas, dans le cadre de la consultation sur les orientations stratégiques de l'entreprise, de la **base de données économiques, sociales et environnementales**, qui est le support de préparation de cette consultation (Cass. soc. 28-3-2018 nº 17-13.081 FS-PB : RJS 6/18 nº 426).

DÉLAIS FIXÉS PAR ACCORD

3700 Les délais prévus par accord peuvent être plus courts ou plus longs que ceux prévus par le **décret**. Ils peuvent être **uniformes** pour l'ensemble des consultations concernées ou **différents** en fonction, par exemple, du thème abordé ou de la nature et de l'importance des questions soumises au CSE (Circ. DGT 1 du 18-3-2014 fiche 2 nº 3.1). Il est également possible de prévoir un **point de départ** du ou des délais différents de celui prévu par le décret (Circ. DGT 1 du 18-3-2014 fiche 2 nº 3.1).
Les dispositions de l'article R 2312-6 du Code du travail fixant le délai imparti au CSE pour donner son avis motivé dans le cadre d'une consultation à un mois, à 2 mois en cas de recours à un expert, n'ont pas vocation à s'appliquer en présence d'un accord collectif de droit commun ou d'un accord entre le CSE et l'employeur fixant d'autres délais que ceux prévus à cet article (Cass. soc. 29-6-2022 nº 21-11.077 FS-B : RJS 10/22 nº 499).

CONSEIL

L'accord peut être conclu ponctuellement pour les besoins d'une consultation donnée. Ce sera notamment le cas des accords conclus avec la majorité des élus du CSE : en ce sens, Cass. soc. 29-6-2022 nº 21-11.077 FS-B : RJS 10/22 nº 499. Il peut aussi l'être pour une durée déterminée ou indéterminée. Dans ce dernier cas, il est recommandé qu'il précise sa date d'entrée en vigueur, sa durée de validité et/ou ses modalités de dénonciation (préavis et procédure à respecter).

LES DÉLAIS FIXÉS PAR DÉCRET

3705 À **défaut d'accord**, pour les consultations pour lesquelles la loi n'a pas fixé de délai spécifique (nº 3690), le CSE est réputé avoir été consulté et avoir rendu un avis négatif à l'expiration d'un délai d'**1 mois** (C. trav. art. R 2312-6).
Ce délai est porté à **2 mois** en cas d'intervention d'un expert, à **3 mois** en cas d'intervention d'une ou plusieurs expertises dans le cadre de consultations se déroulant à la fois au niveau du CSE central et d'un ou plusieurs CSE d'établissement (C. trav. art. R 2312-6).
Lorsqu'il y a lieu de consulter à la fois le **CSE central** et un ou plusieurs **CSE d'établissement**, les délais prévus ci-dessus s'appliquent au CSE central. L'**avis** de chaque **CSE d'établissement** est rendu et transmis au **CSE central** au plus tard 7 jours avant la date à laquelle ce dernier est réputé avoir été consulté et avoir rendu un avis négatif. À défaut, l'avis du CSE d'établissement est réputé négatif (C. trav. art. R 2312-6).

> **Précisions** Un accord collectif de droit commun ou un accord entre le CSE et l'employeur peut fixer d'**autres délais que ceux prévus par décret**, les prolonger ou modifier leur point de départ (Cass. soc. 8-7-2020 n° 19-10.987 FS-PBI : RJS 10/20 n° 477 ; voir aussi, pour une décision du Conseil d'État ayant statué en ce sens en matière de licenciement économique avec PSE, CE 22-5-2019 n° 420780 : RJS 7/19 n° 425). **L'existence d'un accord entre employeur et comité** sur la prolongation des délais de consultation et de l'expertise peut être déduite des constatations suivantes : après l'expiration des délais réglementaires, à la suite d'échanges avec le comité et le cabinet d'expertise, l'employeur a abondé sa base de données, puis provoqué une réunion extraordinaire du comité pour discuter du périmètre et du coût de l'expertise et enfin fixé, conjointement avec le secrétaire du comité, la date de restitution des travaux d'expertise et de remise des avis du comité (Cass. soc. 8-7-2020 précité). Mais pas de la seule tenue d'une réunion après l'expiration du délai (Cass. soc. 21-9-2016 n° 15-19.003 FS-PB : RJS 12/16 n° 785).

c. Forme et portée des avis du comité

Dans l'exercice de ses attributions consultatives, le CSE émet des avis et des vœux (C. trav. art. L 2312-15). **3720**

Comment recueillir l'avis du CSE ? L'avis doit être exprimé par les **membres du comité**, et non sous forme d'une prise de position des organisations syndicales auxquelles ils appartiennent (Cass. soc. 5-12-2006 n° 05-21.641 FS-PB : RJS 3/07 n° 355). **3725**

Le comité qui formule une **appréciation et des objections** ne rend pas un avis au sens de la loi (Cass. crim. 27-3-2012 n° 11-80.565 FS-DPB : RJS 7/12 n° 638). Cet avis doit résulter d'une décision prise à l'issue d'une **délibération collective** et non de l'expression, à l'occasion d'un tour de table en fin de réunion, d'opinions individuelles de ses membres (Cass. soc. 10-1-2012 n° 10-23.206 FS-PB : RJS 3/12 n° 260). Il en ressort que le comité ne doit pas être consulté « implicitement », mais qu'au contraire son avis, qui est le fruit d'un processus délibératif, doit être concrétisé. En outre, l'avis doit être mentionné, en tant que tel, sur le **procès-verbal** de la réunion (n° 1935). Le respect de cette exigence est de nature à empêcher toute interrogation sur son existence réelle.

Dans le cas où le CSE est **réputé avoir rendu un avis négatif** parce qu'il ne s'est pas prononcé dans le délai qui lui était imparti, il est également recommandé de mentionner ce point dans un procès-verbal de réunion.

> **ATTENTION**
> L'employeur ne peut pas se dispenser de recueillir l'avis du comité sur une question relevant de sa compétence en **consultant directement le personnel** (n° 3775).
> L'employeur ne peut pas non plus saisir pour avis, au lieu du comité lui-même, son **bureau** (n° 1445) ou une **commission interne** (voir n° 61310, a pour la commission de la formation professionnelle).

Portée des avis et vœux L'employeur doit rendre compte, en la motivant, de la **suite donnée** aux avis et vœux du comité (C. trav. art. L 2312-15). **3730**

Sauf exceptions listées n° 4195, l'avis **négatif** du comité n'a pas la valeur d'un veto. L'employeur peut donc, malgré un tel avis, mettre en œuvre son projet.

3. IRRÉGULARITÉ OU DÉFAUT D'INFORMATION-CONSULTATION

ACTION CIVILE

Informations insuffisantes Les **membres élus du CSE** peuvent, s'ils estiment ne pas disposer d'éléments suffisants, saisir le président du **tribunal judiciaire** selon la **procédure accélérée au fond** pour qu'il ordonne la communication par l'employeur des éléments manquants (C. trav. art. L 2312-15). Cette procédure doit également être utilisée par le CSE, même en dehors de toute procédure d'information-consultation, lorsque la BDESE est incomplète (Cass. soc. 24-11-2021 n° 20-13.904 F-B : RJS 2/22 n° 75). **3750**

Cette saisine n'a pas pour effet de prolonger le **délai dont dispose le comité** pour rendre son avis. Toutefois, en cas de difficultés particulières d'accès aux informations nécessaires à la formulation de l'avis motivé du comité, le juge peut prolonger ce délai (C. trav. art. L 2312-15) en tenant compte, dans son appréciation, du délai qui restera, après sa décision, au comité pour rendre son avis (Cons. const. 4-8-2017 n° 2017-652 QPC : RJS 10/17 n° 680).

> **Précisions a.** La règle selon laquelle le comité est réputé avoir été consulté et avoir rendu un avis négatif à l'expiration de délais préfix et celle selon laquelle la saisine du juge n'a pas pour effet de prolonger le délai dont il dispose pour rendre son avis, sauf difficultés particulières d'accès aux informations, ne méconnaissent ni le **principe de participation des travailleurs** à la détermination collective des conditions de travail, ni le **droit à un recours juridictionnel effectif**, ni le principe d'égalité devant la loi, ni aucun autre droit ou liberté que la Constitution garantit. L'éventualité, à l'occasion de certaines procédures, du non-respect des délais légaux pour des motifs tenant aux conditions de fonctionnement des juridictions ne suffit pas à entacher celles-ci d'inconstitutionnalité (Cons. const. 4-8-2017 n° 2017-652 QPC : RJS 10/17 n° 680).
> **b.** Sur la possibilité, pour les **syndicats**, de **demander en justice**, pour eux-mêmes ou le CSE, communication de **documents** que celui-ci n'a pas exigé ou pour contester la pertinence et la loyauté des informations transmises aux instances représentatives du personnel, voir n° 12405 (Fonctionnement des institutions représentatives du personnel).

3755

Procédure accélérée au fond

Prévue par l'article 481-1 du Code de procédure civile, la procédure accélérée au fond **vise à** permettre l'obtention d'une décision au fond dans un délai rapide.
En ce qui concerne l'introduction de l'instance, la demande doit être portée par voie d'**assignation** à une audience tenue aux jour et heure prévus à cet effet. Le juge est saisi par la remise d'une copie de l'assignation au greffe avant la date fixée pour l'audience, sous peine de caducité de l'assignation. Le **jour de l'audience**, le juge doit vérifier que la partie assignée a eu le temps de préparer sa défense. Il peut renvoyer l'affaire devant la formation collégiale, à une audience dont il fixe la date. À titre exceptionnel, en cas d'urgence manifeste à raison notamment d'un délai imposé par la loi ou le règlement, le président du tribunal, statuant sur requête, peut autoriser à assigner à une heure qu'il indique, même les jours fériés ou chômés. La procédure est orale. Le **jugement** est exécutoire de droit à titre provisoire sauf si le juge en décide autrement. Le délai d'appel ou d'opposition est de 15 jours.
La procédure accélérée au fond devant le **conseil de prud'hommes** obéit à certaines règles spécifiques (C. trav. art. R 1455-12).

3760 Le **juge** doit être **saisi** avant l'expiration du délai imparti au comité pour rendre son avis (Cass. soc. 21-9-2016 n° 15-19.003 FS-PB : RJS 12/16 n° 785 ; Cass. soc. 3-11-2016 n° 15-16.082 FS-PB : RJS 1/17 n° 34 ; Cass. soc. 27-5-2020 n° 18-26.483 F-PB : RJS 7/20 n° 354). Il doit **statuer** sur la demande du comité même si le délai de consultation est expiré le jour où il rend sa décision (Cass. soc. 26-2-2020 n° 18-22.759 FS-PBRI : RJS 5/20 n° 240).

3770 **Défaut de consultation** Si l'employeur met en œuvre un projet soumis à consultation du CSE sans avoir procédé à celle-ci, le comité peut saisir le juge des référés en vue de faire cesser ce trouble manifestement illicite en demandant (Cass. soc. 10-7-2019 n° 18-10.815 F-D : RJS 11/19 n° 639) :
– la **mise en œuvre**, le cas échéant sous astreinte, de la **procédure** de consultation ;
– la **suspension du projet** tant que le CSE n'a pas été régulièrement informé et consulté (Cass. soc. 6-3-2012 n° 10-30.815 F-D : RJS 5/12 n° 469 ; CA Paris 19-11-2020 n° 20/06549 : RJS 2/21 n° 97).
Enfin, s'il n'a pas été consulté, le comité peut demander des **dommages-intérêts** en réparation de son préjudice (Cass. soc. 26-3-2002 n° 99-14.144 FS-D : RJS 7/02 n° 859 ; Cass. crim. 30-3-2016 n° 15-80.117 F-D : RJS 6/16 n° 432 ; Cass. soc. 8-11-2017 n° 16-15.584 FS-PB : RJS 1/18 n° 32 ; Cass. soc. 19-4-2023 n° 22-12.845 F-D).

> **Précisions a.** Si les **procédures d'information et de consultation** des institutions représentatives du personnel ont été conduites **à leur terme** lorsque le **juge** des référés **se prononce**, celui-ci ne peut plus ordonner une telle suspension, devenue sans objet (Cass. soc. 6-3-2012 n° 10-310.815 F-D : RJS 5/12 n° 469).
> **b.** La liquidation d'une **astreinte** prononcée par le juge des référés à l'égard de l'employeur qui n'a pas respecté ses obligations en matière d'information et de consultation du comité sur des décisions concernant la dissolution de la société doit être prononcée en fonction du respect ou non de la décision de ce juge et en tenant compte du comportement de celui à qui l'injonction a été adressée et des difficultés rencontrées pour l'exécuter (CA Paris 4-4-2007 n° 06-19760).

c. Sur la possibilité pour un **syndicat** de faire valoir devant le juge un **défaut de consultation du CSE**, voir n° 12405 (Fonctionnement des institutions représentatives du personnel).
d. L'irrégularité de la procédure consultative sur un projet (en l'espèce mise en place du travail de nuit) ne met pas en cause l'**opposabilité de la mesure aux salariés** (Cass. soc. 8-11-2017 n° 16-15.584 FS-PB : RJS 1/18 n° 32). S'agissant de l'incidence sur l'**opposabilité d'un accord collectif** aux salariés du défaut de consultation du CSE sur une mesure prise en application de cet accord, voir n° 80105.

SANCTIONS PÉNALES

Le défaut d'information ou de consultation du CSE ou l'irrégularité de celles-ci sont susceptibles de constituer le **délit d'entrave** au fonctionnement régulier de cette instance, réprimé par l'article L 2317-1 du Code du travail. **3775**
Il en va ainsi, par **exemple** :
– lorsque l'employeur ne consulte pas le comité préalablement à la prise de la décision (n° 3635) ;
– lorsqu'il consulte directement le personnel sur une question relevant de la compétence du comité (Cass. crim. 11-1-2000 n° 99-80.229 PF : RJS 5/00 n° 549) ; dans cette espèce, les représentants du personnel avaient obtenu en première instance une décision de justice défavorable à l'employeur et la consultation des salariés avait pour objet d'exercer des pressions sur le comité d'établissement pour l'amener à se désister de son action ; à l'occasion, l'employeur avait présenté comme définitivement acquises les modifications de l'organisation du travail et la diminution de rémunération qu'impliquerait la mise en œuvre de la décision de justice, alors que ces questions n'avaient fait l'objet d'aucune consultation préalable du comité d'établissement.
Pour l'**étude d'ensemble** du délit d'entrave, voir n°s 49000 s.

> **Précisions** Certaines méconnaissances de l'obligation de consultation du CSE sont constitutives non d'un délit, mais d'une **contravention**. Tel est le cas, par exemple, du défaut de consultation du comité pour la fixation de la période des congés payés (n° 69090) ou du refus d'un congé de formation économique, sociale, environnementale et syndicale sans avis conforme du comité (n° 69350).

SECTION 2

LES DIFFÉRENTS DOMAINES D'INFORMATION ET DE CONSULTATION

A. Consultations et informations récurrentes

Les consultations récurrentes du CSE font l'objet des articles L 2312-17 à L 2312-36 et R 2312-16 à R 2312-20 du Code du travail. **3830**
Sur la forme, elles sont organisées selon le triptyque ordre public/champ de la négociation/dispositions supplétives.

1. DISPOSITIONS D'ORDRE PUBLIC

Le CSE doit être **consulté sur** (C. trav. art. L 2312-17) : **3840**
– les orientations stratégiques de l'entreprise ;
– sa situation économique et financière ;
– sa politique sociale, les conditions de travail et l'emploi.
Relève aussi de l'ordre public la **périodicité maximale des consultations**, fixée à 3 ans (voir n° 3850 ci-après).
Au cours de ces consultations, le CSE est **informé** des **conséquences environnementales** de l'activité de l'entreprise (C. trav. art. L 2312-17).

> **Précisions a.** Les informations sur les **conséquences environnementales** de l'activité de l'entreprise doivent figurer dans la BDESE (n° 3490). Contrairement aux règles applicables dans le cadre des consultations ponctuelles, il s'agit d'une information et non d'une consultation. Sur la notion de conséquences environnementales, voir n° 3425, Précisions.

b. Sur l'obligation pour l'employeur, sous certaines conditions, d'organiser une consultation sur le **droit d'expression**, voir n° 56340.
c. Sur l'obligation périodique d'information du CSE imposée à l'employeur en matière de **mobilité volontaire sécurisée**, voir n° 69340.
d. Le CSE des **entreprises de presse** ou de communication en ligne ou audiovisuelle est en outre informé annuellement sur le respect interne de la liberté de la presse (C. trav. art. L 7111-11). Les entreprises gérant un **centre de formation** organisant des **formations financées par l'État** sont tenues à des obligations spécifiques lors de la consultation sur la politique sociale (C. trav. art. L 6122-1).

2. CHAMP DE LA NÉGOCIATION

3850 Dans les **entreprises pourvues de délégués syndicaux**, un accord conclu dans les conditions prévues au premier alinéa de l'article L 2232-12 du Code du travail (voir n° 3515, précisions) peut définir (C. trav. art. L 2312-19) :
– le **contenu et les modalités** des 3 consultations récurrentes ainsi que la liste et le contenu des **informations** nécessaires à ces consultations ;
– la **périodicité** de ces consultations, qui ne peut pas être supérieure à 3 ans ;
– le nombre de **réunions** annuelles du CSE ; sur ce nombre, qui doit respecter certaines règles, voir n°s 1720 s. ;
– les **niveaux** auxquels les consultations sont conduites et, le cas échéant, leur articulation ;
– les **délais** dont dispose le CSE pour rendre ses avis (n°s 3690 s.).
L'accord peut aussi prévoir :
– la possibilité pour le CSE d'émettre un **avis unique** portant sur tout ou partie des thèmes prévus pour les 3 consultations (C. trav. art. L 2312-19) ; il peut ainsi procéder à des regroupements adaptés aux réalités de l'entreprise ;
– le nombre d'**expertises** auxquelles le CSE peut faire procéder (n° 2030).
Dans les entreprises **sans délégué syndical**, l'accord est conclu entre l'employeur et la majorité des membres titulaires de la délégation du personnel du comité (C. trav. art. L 2312-19).

ATTENTION

Si le contenu des **informations nécessaires** pour les trois consultations est librement déterminé par l'accord, **des garde-fous** sont prévus (n° 3485 s.) : notamment, la base de données doit impérativement comporter des indicateurs relatifs à l'égalité professionnelle femmes/hommes et comporter certains thèmes ; les informations de cette base doivent permettre au CSE d'exercer utilement ses compétences.

3855 Dans sa version la plus extrême, l'accord pourrait aller jusqu'à prévoir une **unique consultation triennale** au niveau du **CSE central** portant à la fois sur les orientations stratégiques de l'entreprise, la situation économique et financière, la politique sociale, les conditions de travail et l'emploi. À l'inverse, il pourrait multiplier les rendez-vous en scindant les thèmes de consultation et en prévoyant une périodicité et des niveaux de consultation différents selon les thèmes.

3. DISPOSITIONS SUPPLÉTIVES

a. Consultation sur les orientations stratégiques de l'entreprise

CONTENU ET NIVEAU

3870 En l'absence de l'accord visé n° 3850, **chaque année** (C. trav. art. L 2312-22), le CSE est consulté sur les **orientations** stratégiques de l'entreprise, **définies** par l'organe chargé de l'administration ou de la surveillance de l'entreprise, et sur leurs **conséquences** sur l'activité, l'emploi, l'évolution des métiers et des compétences, l'organisation du travail, le recours à la sous-traitance, à l'intérim, à des contrats temporaires et à des stages. Cette **consultation porte également** sur la gestion prévisionnelle des emplois et des compétences (GPEC) sauf si un accord collectif a été conclu sur le sujet, sur les orientations de la formation professionnelle et sur le plan de développement des compétences (C. trav. art. L 2312-24). S'agissant de la consultation sur les mesures de mise en œuvre de l'accord de GPEC, voir n° 3630, d.
Le législateur et la jurisprudence ont fixé plusieurs principes destinés à garantir l'effet utile de cette consultation. Ils sont examinés ci-après.
Sur le **niveau** auquel, dans les **entreprises à établissements multiples**, la consultation sur les orientations stratégiques doit être menée, voir n° 6080.
Sur la possibilité de prévoir par **accord de groupe** que la consultation sera effectuée au niveau du comité de groupe, voir n° 6401.

> **Précisions** La **consultation ponctuelle** sur la modification de l'organisation économique ou juridique de l'entreprise ou en cas de restructuration et compression des effectifs n'est **pas subordonnée** au respect préalable par l'employeur de l'obligation de consulter le CSE sur les **orientations stratégiques** de l'entreprise ; le juge n'a donc **pas à suspendre un projet** de modification de l'organisation ou de restructuration dans l'attente de la mise ou de la remise en œuvre de la consultation sur les orientations stratégiques (Cass. soc. 21-9-2022 n° 20-23.660 FS-BR : RJS 11/22 n° 572).

PRÉPARATION DE LA CONSULTATION

Les éléments d'**information** à mettre à disposition du CSE en vue de cette consultation ne sont pas précisés par les textes, sauf sur un point : au cours de la consultation, le CSE est **informé** des conséquences environnementales de l'activité de l'entreprise (C. trav. art. L 2312-22, al. 5). Sur le support de cette information, voir n° 3840, a. Sur la notion de conséquences environnementales, voir n° 3425, Précisions. **3875**

Par ailleurs, si la **base de données économiques, sociales et environnementales** ne comporte pas de données sur la période triennale à venir, le CSE ne dispose pas d'informations suffisantes pour émettre un avis éclairé. Il doit donc être ordonné sous astreinte à l'employeur de mettre à disposition du comité les données prévisionnelles à 3 ans pour chaque rubrique de la base (TGI Nanterre 11-1-2017 n° 17/00057 : RJS 3/17 n° 204).

Une **société délégataire de service public** ne peut pas invoquer son **absence de stratégie propre**, autre que celle liée à l'exécution de sa délégation, pour se dispenser de fournir à son comité des informations sur les moyens qu'elle entend mettre en œuvre pour réaliser ses objectifs et sur les conséquences de ceux-ci (CA Lyon 8-1-2016 n° 14/09041 : RJS 4/16 n° 260).

Le CSE peut se faire assister d'un **expert-comptable** partiellement rémunéré par l'employeur dans les conditions exposées n°s 2000 s.

DÉROULEMENT DE LA CONSULTATION ET SUITE DONNÉE À L'AVIS DU CSE

Le CSE émet un **avis** sur les orientations stratégiques de l'entreprise et peut proposer des **orientations alternatives**. Cet avis est transmis à l'organe chargé de l'administration ou de la surveillance de l'entreprise, qui formule une réponse argumentée. Le comité en reçoit communication et peut y répondre (C. trav. art. L 2312-24). **3880**

b. Consultation sur la situation économique et financière

CONTENU ET NIVEAU

En l'absence de l'accord visé n° 3850, la consultation du CSE sur la situation économique et financière a lieu **chaque année** (C. trav. art. L 2312-22) et porte non seulement sur la situation économique et financière de l'entreprise, mais également sur sa politique de **recherche et de développement technologique** (y compris sur l'utilisation du crédit d'impôt pour les dépenses de recherche) (C. trav. art. L 2312-25). **3885**

La politique de recherche recouvre les crédits, le personnel et les moyens affectés à la recherche par l'entreprise et non les procédés qui peuvent présenter un caractère secret (Déclaration min. trav. : JO déb. AN 2-10-1982).

Sur le **niveau** auquel, dans les **entreprises à établissements multiples**, la consultation sur la situation économique et financière doit être menée, voir n° 6080.

ATTENTION

À **défaut de consultation** du CSE sur la situation économique et financière de l'entreprise, les **aides publiques** en faveur des activités de recherche et de développement technologique sont suspendues (C. trav. art. L 2312-68).

PRÉPARATION DE LA CONSULTATION

En vue de la consultation, l'employeur met des **informations à la disposition du comité** dans la BDESE, conventionnelle ou supplétive (C. trav. art. L 2312-25). La liste de ces informations, qui diffère selon que l'entreprise compte moins de ou au moins 300 salariés, est donnée n°s 99040 s. **3890**

Le CSE peut se faire assister d'un **expert-comptable** rémunéré par l'employeur dans les conditions exposées n°s 2000 s. Dans les entreprises où elle existe, il peut aussi avoir recours à la **commission économique** : voir n°s 1690.

Les documents relatifs à la gestion prévisionnelle de l'entreprise sont réputés **confidentiels** au sens de l'article L 2315-3 du Code du travail (n°s 860 s.) (C. trav. art. L 2312-25, II-3°).

Les informations sur l'activité et sur la situation économique et financière de l'entreprise ainsi que sur ses perspectives pour l'année à venir sont tenues à la **disposition de l'autorité administrative** (C. trav. art. L 2312-25, II-1°) dans les conditions visées n°s 3480 s.

Lorsque le comité est consulté sur les comptes annuels de l'entreprise, l'employeur n'a pas à lui fournir, pas plus qu'à son expert, des **informations** sur les rémunérations et les fournisseurs **antérieures aux 2 dernières années** (Cass. soc. 25-3-2020 n° 18-22.509 F-PB : RJS 6/20 n° 302 ; Cass. soc. 1-6-2023 n° 21-23.393 FS-B : RJS 8-9/23 n° 458).

DÉROULEMENT DE LA CONSULTATION ET SUITE DONNÉE À L'AVIS DU CSE

3895 Dans les sociétés commerciales, le CSE peut convoquer les **commissaires aux comptes** pour recevoir leurs explications sur les différents postes des documents communiqués aux actionnaires ainsi que sur la situation financière de l'entreprise (C. trav. art. L 2312-25, II-2°).
S'il s'est fait assister d'un **expert-comptable**, le comité peut lui demander d'être présent à la réunion.

> **Précisions** Le commissaire aux comptes est délié du **secret professionnel** à l'égard du comité dans le strict cadre de cette consultation annuelle (Bull. CNCC 12-2017 n° 188). Il doit seulement répondre aux **questions** qui lui sont posées sur les « différents postes des documents communiqués » ainsi que sur la « situation financière de l'entreprise ». Il ne peut fournir d'explications aux membres du comité **en dehors des réunions** de cet organe, ni à un membre du comité à titre individuel, et il n'a pas à rendre compte de son programme de travail. Enfin, il ne doit pas donner de **renseignements confidentiels** qui pourraient être exploités par des tiers et il doit se garder d'exprimer le moindre **jugement de valeur** sur la conduite de la gestion de l'entreprise par les dirigeants sociaux (Bull. CNCC 1995-06 n° 98).
> Il appartient à l'entreprise et au comité de fixer les **modalités pratiques** de cette consultation de manière conventionnelle, la convocation du commissaire aux comptes pouvant intervenir avant ou après la réunion de l'assemblée générale des actionnaires ou des associés (Bull. CNCC 12-2017 n° 188).

c. Consultation sur la politique sociale, les conditions de travail et l'emploi

POLITIQUE SOCIALE, CONDITIONS DE TRAVAIL ET EMPLOI

3910 **Objet et niveau** En l'absence de l'accord visé n° 3850, la consultation sur la politique sociale, les conditions de travail et l'emploi est **annuelle** (C. trav. art. L 2312-22) et **porte sur** (C. trav. art. L 2312-26) :
– l'évolution de l'emploi ;
– les qualifications ;
– le programme pluriannuel de formation et les actions de formation envisagées par l'employeur ;
– l'apprentissage et les conditions d'accueil en stage ;
– les actions de prévention en matière de santé et de sécurité ;
– les conditions de travail ;
– les congés et l'aménagement du temps de travail ;
– la durée du travail ;
– l'égalité professionnelle entre les femmes et les hommes ;
– les modalités d'exercice du droit d'expression des salariés dans les entreprises non couvertes par un accord sur l'égalité professionnelle et la qualité de vie au travail contenant des dispositions sur ce droit. Sur cette consultation, voir n° 56340.
Dans les entreprises d'**au moins 300 salariés**, la consultation porte aussi sur le bilan social de l'entreprise (C. trav. art. L 2312-28), dans les conditions exposées n°s 70770 s.

3915 Sur le **niveau** – CSE central ou CSE d'établissement – auquel, dans les **entreprises à établissements multiples**, la consultation sur la politique sociale, les conditions de travail et l'emploi doit être menée, voir n° 6085.

3920 **Préparation de la consultation** L'employeur met à la disposition du CSE, dans la BDESE, conventionnelle ou supplétive (C. trav. art. L 2312-26) :
– les informations sur l'évolution de l'**emploi**, des qualifications, de la formation et des salaires, les actions en faveur de l'emploi des travailleurs handicapés, le nombre et les conditions d'accueil des stagiaires, l'apprentissage et le recours aux CDD, aux contrats de mission conclus avec une entreprise de travail temporaire ou aux contrats conclus avec une entreprise de portage salarial ;
– les informations et les indicateurs chiffrés sur la situation comparée des **femmes et des hommes** au sein de l'entreprise (n° 3535, a) ainsi que l'accord ou, à défaut, le plan d'action en faveur de l'égalité professionnelle (n°s 76250 s.) ;

– les informations sur le plan de **développement des compétences** du personnel de l'entreprise ;
– les informations sur la mise en œuvre des **entretiens professionnels** et de l'état des lieux récapitulatifs visés n° 52630 ;
– les informations sur la mise en œuvre des **contrats de professionnalisation** et du **compte personnel de formation** ;
– les informations sur la **durée du travail** : heures supplémentaires accomplies dans la limite et au-delà du contingent annuel, à défaut de contingent conventionnel, modalités de son utilisation et de son éventuel dépassement, bilan du travail à temps partiel, nombre de demandes individuelles de dérogations à la durée hebdomadaire minimale, durée et aménagement du temps de travail, période de prise des congés, conditions d'application du temps partiel aménagé sur tout ou partie de l'année, recours aux conventions de forfait et modalités de suivi de la charge de travail des salariés concernés ;
– les informations sur les mesures prises en vue de faciliter l'emploi des **accidentés du travail**, des **invalides** et des travailleurs **handicapés**, notamment celles relatives à l'obligation d'emploi ;
– les informations sur l'affectation de la **participation-construction** et les conditions de logement des travailleurs étrangers que l'entreprise se propose de recruter ;
– les informations sur les modalités d'exercice du **droit d'expression** des salariés ;
– les informations sur les **contrats** de mise à disposition conclus avec les entreprises de travail temporaire, les contrats d'accompagnement dans l'emploi, les contrats initiative-emploi et les éléments ayant conduit l'entreprise à faire appel, au titre de l'année écoulée, et qui pourraient la conduire à faire appel, pour l'année à venir, à des CDD, des contrats de mission avec une entreprise de travail temporaire ou des contrats avec une entreprise de portage salarial.
La **liste détaillée** de ces informations, qui diffère selon que l'entreprise compte moins de ou au moins 300 salariés, figure n°s 99050 s.

Le CSE peut se faire assister d'un **expert-comptable** rémunéré par l'employeur dans les conditions exposées n°s 2000 s. Dans les entreprises où elle existe, il peut avoir recours à la **commission santé, sécurité et conditions de travail** (CSSCT) : voir n°s 1625 s. 3925

Déroulement de la consultation et suite donnée à l'avis du CSE Le CSE peut se prononcer par un **avis unique** portant sur l'ensemble des thèmes ou par des avis **séparés** organisés au cours de consultations propres à chacun d'entre eux (C. trav. art. L 2312-26). 3930
Aucune indication n'est donnée sur le point de savoir qui décide du nombre de consultations et d'avis. Ce nombre peut être fixé par accord, en vertu des règles énoncées n° 3850. À défaut, c'est, selon nous, à l'employeur et au secrétaire du CSE de s'entendre pour fixer l'ordre du jour des réunions. À défaut d'accord entre eux, l'employeur devrait conserver la maîtrise du calendrier, car c'est à la date à laquelle il met l'information nécessaire à disposition du CSE que le délai de consultation commence à courir (C. trav. art. R 2312-5).
S'il s'est fait assister d'un **expert-comptable**, le CSE peut lui demander d'être présent à la réunion.
L'avis formulé par le CSE sur la politique sociale de l'entreprise, les conditions de travail et l'emploi n'est pas transmis à l'**organe chargé de l'administration ou de la surveillance** de l'entreprise. Mais, dans les sociétés par actions d'au moins 300 salariés, le bilan social et l'avis du comité sur ce bilan sont transmis aux **actionnaires** ou mis à leur disposition (n° 70790).

SANTÉ, SÉCURITÉ ET CONDITIONS DE TRAVAIL

En l'absence de l'accord visé n° 3850, l'employeur présente également au CSE (C. trav. art. L 2312-27, al. 1 à 3) : 3935
– un **rapport** annuel écrit faisant le **bilan** de la situation générale de la santé, de la sécurité et des conditions de travail dans l'entreprise et des actions menées au cours de l'année écoulée dans ces domaines, les questions du travail de nuit et de prévention des effets de l'exposition aux facteurs de risques professionnels étant traitées spécifiquement ;
– un **programme** annuel de **prévention** des risques professionnels et d'**amélioration** des conditions de travail.
Le **contenu détaillé du rapport et du programme** ainsi que le déroulement de la consultation et la suite donnée à l'**avis** du CSE sont exposés n°s 55560 s.

d. Tableau récapitulatif

3940 Le tableau ci-dessous résume le régime applicable aux 3 grandes consultations du CSE.

Thèmes	Ordre public	Règles ouvertes à la négociation	Règles supplétives
Orientations stratégiques de l'entreprise	Consulter le CSE au moins tous les 3 ans	– Contenu, modalités et périodicité des consultations (périodicité maximale : 3 ans) – Contenu des informations nécessaires – Niveau et articulation des consultations – Nombre d'avis – Délais dont dispose le CSE pour rendre son ou ses avis – Nombre de réunions ordinaires du CSE (minimum 6 par an) – Mise en place d'une consultation du comité de groupe sur la stratégie du groupe	Consultation au niveau de l'entreprise (sauf décision contraire de l'employeur), selon une périodicité annuelle, liste de sujets imposés, notamment conséquences sociales des orientations, GPEC et formation professionnelle, avis du comité transmis à l'organe chargé de l'administration ou de la surveillance de l'entreprise
Situation financière et économique de l'entreprise	Consulter le CSE au moins tous les 3 ans		– Consultation au niveau de l'entreprise (sauf décision contraire de l'employeur), selon une périodicité annuelle, qui porte aussi sur la politique de recherche – Liste d'informations précises mises à disposition dans la BDESE
Politique sociale, conditions de travail et emploi	Consulter le CSE au moins tous les 3 ans		– Consultation au niveau central ainsi qu'au niveau des établissements où des mesures d'adaptation spécifiques sont prévues – Liste de thèmes imposés – Liste d'informations précises mises à disposition dans la BDESE – Possibilité de prévoir un avis unique du CSE ou des avis séparés au cours des consultations propres à chacun des thèmes

B. Consultations et informations ponctuelles

3960 Les consultations et informations ponctuelles du CSE font l'objet des articles L 2312-37 à L 2312-58 et R 2312-21 à R 2312-28 du Code du travail.
Sur la **forme**, elles sont organisées autour du triptyque ordre public/champ de la négociation/dispositions supplétives.

3965 Sont examinées ci-après les **dispositions générales** relatives aux consultations et informations ponctuelles du CSE figurant dans la partie du Code du travail « dédiée » à cette institution. Mais de nombreux textes imposent par ailleurs l'information et/ou la consultation du CSE à l'occasion de projets ou d'événements particuliers, ces attributions particulières pouvant en tout ou partie recouper la mission générale dévolue au comité.
Compte tenu de cette complexité, nous avons opté pour une présentation par thème des attributions du CSE. Ces thèmes, dont la **liste** suit, sont traités dans les **dossiers thématiques** (nos 52000 s.). Ce sont :
– l'emploi (notamment octroi d'aides publiques à l'entreprise, emploi de travailleurs étrangers, recours aux contrats précaires, stages, prêt de main-d'œuvre, portage salarial, projets de restructuration et de compression des effectifs, évaluation professionnelle, suivi des accords de rupture conventionnelle collective, emploi des personnes handicapées) : voir nos 52350 s. ;

– les conditions de travail (environnement de travail, prévention des risques professionnels, problèmes généraux concernant les conditions de travail et introduction de nouvelles technologies, droit d'expression, situations de danger et d'inaptitude, médecine du travail, installations soumises à autorisation) : voir nos 55100 s. ;
– la formation professionnelle : voir nos 61000 s. ;
– la durée du travail : voir nos 64000 s. ;
– les congés : voir nos 69000 s. ;
– les rémunérations et l'épargne salariale : voir nos 70500 s. ;
– la protection sociale complémentaire : voir nos 74000 s. ;
– l'égalité professionnelle : voir nos 76000 s. ;
– le contrôle des salariés : voir nos 78000 s. ;
– la négociation collective : voir no 80105 ;
– le règlement intérieur et les autres normes collectives : voir no 85000 ;
– les conflits collectifs : voir nos 86100 s. ;
– les transferts d'entreprise et les restructurations (modification de l'organisation économique ou juridique, concentration, offre publique d'acquisition, etc.) : voir nos 87500 s. ;
– les difficultés économiques, les licenciements et les procédures collectives : voir nos 89000 s.
Pour une liste détaillée des attributions du CSE, on pourra se reporter au **tableau récapitulatif** figurant no 99010.

1. DISPOSITIONS D'ORDRE PUBLIC

a. Liste des thèmes de consultation obligatoire

Le CSE des entreprises d'au moins 50 salariés est informé et consulté sur les questions intéressant l'organisation, la gestion et la marche générale de l'entreprise, notamment sur (C. trav. art. L 2312-8, II) : **3980**
1° Les mesures de nature à affecter le volume ou la structure des **effectifs**, y compris celles mettant en œuvre un accord de gestion prévisionnelle des emplois et des compétences (no 3630, d) ;
2° La modification de son **organisation** économique ou juridique ;
3° Les **conditions d'emploi et de travail**, notamment la durée du travail et la formation professionnelle ;
4° L'introduction de nouvelles **technologies**, tout aménagement important modifiant les **conditions de santé et de sécurité** ou les **conditions de travail** ;
5° Les mesures prises en vue de faciliter la mise, la remise ou le maintien au travail des **accidentés du travail**, des **invalides** de guerre, des invalides civils, des personnes atteintes de maladies chroniques évolutives et des travailleurs **handicapés**, notamment sur l'aménagement des postes de travail.

Le CSE est en outre informé et consulté sur les **conséquences environnementales** (au sens défini no 3425, Précisions) de ces mesures (C. trav. art. L 2312-8, III). **3981**

CONSEIL

À **chaque consultation** du CSE sur une mesure intéressant l'organisation, la gestion et la marche générale de l'entreprise, l'employeur aura intérêt à se poser la question des conséquences environnementales de celle-ci : si ces conséquences existent, il devra bien entendu en informer le comité, sous les modalités exposées no 3670 ; s'il aboutit à la conclusion contraire, il lui appartiendra de le préciser expressément. L'ANI du 13-4-2023 (voir no 83530) va dans ce sens : aux termes de ce texte, il faut appliquer la règle de proportionnalité énoncée à l'article R 122-5 du Code de l'environnement, selon laquelle le contenu de l'étude d'impact environnemental doit être adapté à l'ampleur du projet et à ses incidences possibles sur l'environnement ; ainsi, un projet qui n'aurait pas ou aurait peu d'impact environnemental pourrait faire l'objet d'une information succincte du CSE et, inversement, un projet susceptible d'avoir un impact environnemental important devrait faire l'objet d'une information plus détaillée et conséquente (ANI du 13-4-2023 2.1.4).

ILLUSTRATIONS **3982**

Ont été jugées pertinents pour permettre au CSE d'analyser les conséquences environnementales d'un **projet de déménagement** d'une entreprise les **éléments d'information** suivants (TJ Nantes 22-12-2022 no 22/01144) :
– un document mesurant le « coût carbone » des émissions indirectes liées à la consommation d'électricité et de celles liées aux moyens de transport individuel ;
– un document mesurant l'impact environnemental des déchets et des émissions de CO_2 générées par le transport des collaborateurs, le renouvellement des outils, les changements de locaux ;

– une évaluation de l'impact du projet sur la saturation des transports publics de voyageurs ;
– une évaluation de la responsabilité environnementale des fournisseurs et sous-traitants ;
– une évaluation des émissions directes et indirectes de gaz à effet de serre liées aux activités amont et aval de l'entreprise ;
– une évaluation des engagements environnementaux du prestataire de déménagement ;
– une présentation des caractéristiques du nouveau mobilier ;
– une présentation des impacts du déménagement sur les déplacements des salariés.

3985 Le CSE est plus spécifiquement informé et consulté dans les cas suivants (C. trav. art. L 2312-37) :
– la mise en œuvre de moyens de **contrôle de l'activité** des salariés, ainsi que l'introduction et la modification des méthodes ou techniques d'aide au **recrutement** et des **traitements automatisés** de gestion du personnel (C. trav. art. L 2312-38) ; ces obligations sont examinées respectivement nos 78020 s., 52600 et 4030 ;
– les restructurations et compressions des **effectifs** ; cette obligation, précisée par l'article L 2312-39 du Code du travail, est examinée n° 52405 ;
– le **licenciement** collectif pour motif économique ; cette obligation, précisée par l'article L 2312-40 du Code du travail, est exposée nos 90000 s. ;
– les opérations de **concentration** ; cette obligation, précisée par l'article L 2312-41 du Code du travail, est exposée n° 87655 ;
– les **offres publiques d'acquisition** ; cette obligation, précisée par les articles L 2312-42 à L 2312-52 du Code du travail, est exposée nos 87700 s. ;
– les **procédures collectives** : sauvegarde, redressement et liquidation judiciaire ; voir nos 90900 s.
Sur la consultation préalable du CSE en cas de mise en place ou de modification d'une garantie collective de **protection sociale complémentaire**, voir n° 74130. En cas de notification à l'entreprise de l'attribution de **subventions**, prêts ou avances remboursables par une personne publique, voir nos 52350 s.

CONSEIL

La question se pose de savoir si le CSE doit être informé sur les **conséquences environnementales des mesures prises** par l'employeur en application de l'article L 2312-37 du Code du travail, comme sur celles prises en application de l'article L 2312-8 (n° 3981). La lettre du Code du travail ne le prévoit pas, et la doctrine est divisée sur le sujet. L'employeur aura toutefois intérêt, à notre sens, à mettre en œuvre, par prudence, une telle information-consultation. Sur ses modalités, voir nos 3981 s.

b. Organisation, gestion et marche générale de l'entreprise

ENTREPRISES VISÉES

3995 L'information et la consultation du comité s'imposent, quelle que soit la nature de l'entreprise, y compris lorsqu'elle ne poursuit pas de but lucratif (Cass. crim. 29-3-1973 n° 72-90.784), et quelle que soit sa taille.

CRITÈRES DE COMPÉTENCE DU COMITÉ

4000 Selon la jurisprudence, la **consultation** du comité **s'impose** si la mesure, même provisoire :
– intéresse la marche générale de l'entreprise ;
– et a une certaine importance.
Sur la consultation du comité préalablement à la conclusion, la modification, la dénonciation ou la mise en œuvre d'un **accord collectif**, voir n° 80105.

ATTENTION

Lorsque la mise en œuvre de **mesures** est de nature à **affecter les conditions d'emploi, de travail et de formation professionnelle** au sein de l'entreprise, elle doit donner lieu à information-consultation du CSE, peu important que ces mesures soient imposées à l'employeur par des **normes réglementaires imposées** et ne résultent pas d'une décision unilatérale de sa part (Cass. soc. 21-4-2022 n° 20-19.063 F-D : RJS 7/22 n° 382).

4005 **Mesure intéressant la marche générale de l'entreprise** Parmi les mesures intéressant la marche générale de l'entreprise, on trouve notamment des projets :
– de restructuration (fusion, cession, acquisition ou cession de filiale, prise de participation, ouverture ou fermeture d'établissements, création ou suppression de services, etc.) ;
– affectant la production ;
– de mutation ;
– de recours à la sous-traitance ou au travail temporaire ;
– affectant les conditions de travail ;
– affectant la durée du travail.

ILLUSTRATIONS **Consultations obligatoires** 4010

Nécessitent la consultation préalable du comité :
– la mise en place, dans une enseigne de vente au grand public, d'un **nouveau service** de garantie géré par une société extérieure et consistant à proposer aux clients, moyennant un complément de prix, le remplacement d'un produit défectueux par un produit neuf, dès lors qu'il est possible de prévoir que le développement de ce nouveau service entraînera la **disparition du service après-vente** intégré à l'entreprise (Cass. crim. 11-6-2013 n° 12-83.081 D : RJS 11/13 n° 742) ;
– l'**interruption de la fabrication** de certains produits pour leur substituer des productions nécessitant moins de main-d'œuvre (Cass. crim. 11-5-1989 n° 87-81.710 P : RJS 7/89 n° 596) ;
– le projet d'**arrêt total** de certaines **unités de production** d'une raffinerie **pendant une semaine** en vue de procéder à des travaux (Cass. crim. 6-2-1979 n° 77-91.923 ; 23-4-1981 n° 80-93.387) ;
– la mise en **activité partielle** d'une partie des salariés : voir nos 89635 s. ;
– la **fermeture temporaire** de l'entreprise au cours d'un **conflit collectif** : voir n° 86135 ;
– la **suppression de 15 postes de travail d'agents intérimaires** sollicités par l'entreprise pour faire face à des périodes de pointe ou à des commandes exceptionnelles, dès lors que la centaine de salariés disposant d'emplois à durée indéterminée verront leurs conditions de travail alourdies puisqu'ils devront faire face aux périodes de pointe et aux commandes exceptionnelles sans l'aide des employés intérimaires que la direction recrutait auparavant dans des situations semblables (CA Paris 17-10-2003 n° 03-7987) ;
– la mise en œuvre d'une « **revue du personnel** », dès lors que celle-ci constitue une évaluation occulte de nature à avoir un impact significatif sur les modalités de promotion interne au sein des différentes entités du groupe comme sur la santé des salariés (Cass. crim. 6-6-2023 n° 22-83.037 F-D : RJS 8-9/23 n° 459) ;
– l'**acquisition d'une partie des actions** d'une société par une autre, dès lors que la transmission négociée d'une partie du capital social est utilisée comme un moyen de placer la première société sous la dépendance de la seconde, peu important que la décision de céder les actions soit celle d'un tiers (CA Versailles 15-4-2021 n° 21/00381 : RJS 7/21 n° 394).

ILLUSTRATIONS **Consultations non obligatoires** 4015

Ne nécessitent pas la consultation préalable du comité :
– la décision de **révocation du président du directoire** d'une société commerciale et de **nomination de son remplaçant** lorsque cette décision n'est pas intervenue pour mettre en œuvre une nouvelle stratégie économique déjà finalisée ni pour appliquer un projet préexistant de restructuration ayant des conséquences sur l'emploi et les conditions de travail des salariés (TGI Paris 16-5-2002 n° 02-54881 : RJS 8-9/02 n° 997) ;
– les **licenciements pour faute**, même prononcés à l'encontre **de 33 salariés**, de tels licenciements relevant du pouvoir disciplinaire de l'employeur (Cass. crim. 4-4-1995 n° 93-80.312 PF : RJS 6/95 n° 666) ;
– l'**installation d'une partie des salariés** sur un **demi-étage supplémentaire** n'entraînant aucune modification, ni de l'organisation du travail, ni des conditions d'emploi, ni de la durée du travail ou du volume et de la structure des effectifs et s'il n'est pas démontré que la location de ces bureaux est de nature à obérer la situation économique et financière de la société (Cass. soc. 1-2-2017 n° 15-22.362 F-D : RJS 4/17 n° 272).
De même, en cas de **cession d'une branche d'un groupe**, les comités des filiales non cédées ne sont pas consultés dès lors que la cession n'affecte pas la marche générale de ces filiales (Cass. soc. 15-4-2015 n° 13-27.520 FS-PB : RJS 7/15 n° 473).

Mesure d'une certaine importance L'information et la consultation du CSE ne s'imposent à l'employeur que si les mesures qu'il envisage de prendre, dans l'ordre économique, sont importantes et ne revêtent pas un **caractère ponctuel ou individuel** (Cass. crim. 17-6-1986 n° 85-91.956 ; 2-6-1992 n° 91-86.979 D ; 12-2-1991 n° 89-86.881 ; 13-1-1998 n° 96-81.478 PF). 4020

ATTENTION

Le fait qu'une mesure de réorganisation ne concerne qu'un **petit nombre de salariés** ne suffit pas à exclure la consultation du comité. Le caractère important ou non de cette mesure doit être également apprécié en tenant compte de la nature de la restructuration et de ses conséquences sur l'ensemble de l'entreprise (CA Paris 10-9-2009 n° 08-14508 : RJS 12/09 n° 954).

Caractère provisoire ou pérenne de la mesure Le caractère provisoire d'une mesure ne suffit pas à écarter la compétence du comité, les juges devant en rechercher l'**importance exacte** (Cass. crim. 15-4-1982 n° 81-92.936 B ; 25-5-1982 n° 81-93.079 ; 15-10-1991 n° 90-83.045 D : RJS 3/92 n° 307). 4025

ILLUSTRATIONS

Le fait que des aménagements des horaires de travail ne concernent que deux catégories de personnel pendant la période de **départ en congés** ne suffit pas à écarter l'obligation de consultation du CSE (Cass. crim. 15-10-1991 n° 90-83.045 D : RJS 3/92 n° 307).

4030 **IRP et traitements automatisés de gestion du personnel**

Le cadre juridique de la gestion des traitements de données est issu du règlement européen 2016/679 du 27 avril 2016 dit « règlement général sur la protection des données » (**RGPD**). Ce texte, directement applicable dans l'ensemble de l'Union européenne, a substitué, le 25 mai 2018, au régime de formalités préalables prévu par la loi 78-7 du 6 janvier 1978, dite « Informatique et libertés », un système fondé sur un contrôle a posteriori, les acteurs devant désormais démontrer la **conformité** de leurs traitements aux dispositions du règlement européen et à la loi Informatique et libertés à **tout moment**, sous le contrôle et avec l'accompagnement de la **Cnil**.

Ce changement de logique n'a pas affecté l'**obligation d'informer** le CSE ou le CE sur les traitements avant leur introduction dans l'entreprise, puis ultérieurement sur leur modification éventuelle (C. trav. art. L 2312-38). À noter que cette obligation est d'ordre public et que l'employeur contrevenant est passible des peines sanctionnant le délit d'**entrave**.

2. CHAMP DE LA NÉGOCIATION

4050 Un accord d'entreprise, conclu dans les conditions prévues au premier alinéa de l'article L 2232-12 du Code du travail (n° 3515) ou, en l'absence de délégué syndical, entre l'employeur et la majorité des élus titulaires du CSE, peut définir (C. trav. art. L 2312-55) :
– le **contenu** des consultations et informations ponctuelles listées nos 3980 s. ;
– les **modalités** de ces consultations ponctuelles, notamment le nombre de réunions ;
– les **délais** dans lesquels les avis du comité sont rendus.

L'accord peut aussi prévoir une mise à disposition dans la **BDESE** de l'information nécessaire aux consultations ponctuelles (C. trav. art. L 2312-21).

Le Code du travail étant muet sur la question, il nous semble possible de conclure un accord pour une consultation ponctuelle déterminée ou un accord valant pour tout ou partie des thèmes sur lesquels le CSE doit impérativement être consulté avant la prise de décision patronale.

ATTENTION

Si une grande latitude est laissée aux partenaires sociaux de l'entreprise, plusieurs **garde-fous** sont prévus. Ainsi, il ne nous semble pas possible de déroger au principe général, énoncé par l'article L 2312-14 du Code du travail, selon lequel la consultation du CSE précède les décisions de l'employeur. En outre, les articles L 2312-15 et L 2312-16 du Code du travail devant être respectés, le CSE doit dans tous les cas disposer d'un délai d'examen suffisant, d'informations précises et écrites et de la réponse motivée de l'employeur à ses propres observations.

4055 Un accord de groupe peut prévoir que les **consultations et informations ponctuelles** sont effectuées au niveau du **comité de groupe**. Cet accord doit alors prévoir les modalités de transmission de l'avis du comité de groupe (C. trav. art. L 2312-56) :
– à chaque CSE des entreprises du groupe, qui reste consulté sur les conséquences des projets sur l'entreprise ;
– à l'organe chargé de l'administration de l'entreprise dominante de ce groupe.

3. RÈGLES SUPPLÉTIVES

4065 En l'absence d'accord, il y a lieu de respecter :
– les règles générales exposées nos 3620 s. ;
– pour les consultations listées nos 3980 s., les règles d'ordre public qui les concernent ;
– pour l'information des nouveaux élus, les règles visées n° 4070 ;
– en cas de projet de restructuration et de compression des effectifs de nature à affecter le volume d'activité ou d'emploi d'une entreprise sous-traitante, les règles exposées n° 4075.

INFORMATION DES NOUVEAUX ÉLUS

Un mois après chaque élection du CSE, l'employeur lui communique une documentation économique et financière précisant (C. trav. art. L 2312-57 ; Circ. DRT 12 du 30-11-1984 n° 1-3-1) : **4070**
– la **forme juridique** de l'entreprise et son **organisation**, c'est-à-dire l'organigramme général et des informations précises sur le fonctionnement de l'entreprise (par exemple, la répartition géographique des établissements, leur activité et leur importance respective) ;
– les **perspectives économiques** telles qu'elles peuvent être envisagées, par exemple concernant les activités et investissements projetés, les résultats escomptés ;
– le cas échéant, la position de l'entreprise au sein du **groupe**, ce qui recouvre des informations sur les relations contractuelles et financières et sur les échanges techniques et économiques qui unissent la société aux autres sociétés du groupe ;
– compte tenu des informations dont dispose l'employeur, la **répartition du capital** entre les actionnaires détenant plus de 10 % du capital et la position de l'entreprise dans la **branche** d'activité à laquelle elle appartient. Cette position doit être entendue comme étant la situation de l'entreprise sur le marché et sa position face à la concurrence.
L'employeur doit fournir des renseignements **écrits** (Circ. DRT 12 du 30-11-1984 n° 1-3-1, précitée).

INFORMATION DU CSE DES SOUS-TRAITANTS

Lorsque le projet de **restructuration et de compression des effectifs** soumis au CSE est de nature à affecter le volume d'activité ou d'emploi d'une entreprise sous-traitante, l'entreprise donneuse d'ordre en informe immédiatement l'entreprise sous-traitante. Le CSE de cette dernière en est immédiatement informé et reçoit toute explication utile sur l'évolution probable de l'activité et de l'emploi (C. trav. art. L 2312-58). **4075**

> **Précisions** Un accord conclu au sein de l'entreprise donneuse d'ordre pourrait ainsi, semble-t-il, prévoir que les entreprises sous-traitantes ne seront pas informées des projets de restructuration et de compression des effectifs susceptibles de les affecter. Il semble également possible, chez un sous-traitant, de conclure un accord supprimant l'information du CSE sur les projets du donneur d'ordre ou bien l'organisant.

SECTION 3 AUTRES PRÉROGATIVES

A. Droits d'alerte

1. ATTEINTE AUX DROITS DES PERSONNES

DANS QUELS CAS ?

En cas d'atteinte dans l'entreprise aux **droits** des personnes, à leur **santé** physique et mentale ou aux **libertés** individuelles, tout membre de la délégation du personnel au CSE peut en saisir l'employeur, voire, sous certaines conditions, le conseil de prud'hommes. L'**atteinte** ne doit pas être justifiée par la nature de la tâche à accomplir ni proportionnée au but recherché. Elle peut notamment résulter de faits de **harcèlement** sexuel ou moral ou de toute **mesure discriminatoire** en matière d'embauche, de rémunération, de formation, de reclassement, d'affectation, de classification, de qualification, de promotion professionnelle, de mutation, de renouvellement de contrat, de sanction ou de licenciement (C. trav. art. L 2312-59). **4100**
L'atteinte peut affecter les droits non seulement des **salariés** de l'entreprise, mais aussi des **candidats** qu'elle recrute directement (Circ. DRT 93-10 du 15-3-1993).
Avant l'institution du CSE, le droit d'alerte en cas d'atteinte aux droits des personnes était exercé par les **délégués du personnel**. Compte tenu de l'identité des textes applicables, les solutions, tant jurisprudentielles qu'administratives, rendues dans le cadre du droit d'alerte déclenché par ces derniers sont transposables au CSE et sont donc reprises ci-après.

ILLUSTRATIONS

Justifie la mise en œuvre de la procédure d'alerte pour atteinte aux droits des personnes l'ouverture par l'employeur, hors la présence de salariés, de leurs **messages électroniques** identifiés comme personnels (Cass. soc. 17-6-2009 n° 08-40.274 FS-PB : RJS 8-9/09 n° 743) ou la mise en œuvre de **tests de dépistage** d'alcoolémie ou d'usage de stupéfiants hors des cas et conditions prévus par le règlement intérieur (Cons. prud'h. Grenoble 20-9-2013 n° 13/01736).
Ne justifie pas, en revanche, la mise en œuvre de la procédure une demande d'enquête sur le mode de calcul des **indemnités** compensatrices **de congés payés des intérimaires** (Cass. soc. 14-10-2020 n° 19-11.508 F-PB).

SELON QUELLES MODALITÉS ?

4105 **Action dans l'entreprise** Si un membre du CSE constate, notamment par l'intermédiaire d'un salarié, l'existence dans l'entreprise d'une des atteintes susceptibles de déclencher le droit d'alerte, il en **saisit immédiatement l'employeur**. Celui-ci doit alors procéder sans délai à une **enquête** avec le membre de la délégation du personnel et prendre les dispositions nécessaires pour remédier à cette situation (C. trav. art. L 2312-59). S'agissant de l'imputation sur le crédit d'heures du temps consacré par le représentant du personnel à l'exercice du droit d'alerte, voir n° 34640.

4110 **Action devant le conseil de prud'hommes** En cas de **carence de l'employeur** ou de **divergence** sur la réalité de l'atteinte, et **à défaut de solution** trouvée avec l'employeur, le salarié, ou le membre du CSE si le salarié averti par écrit ne s'y oppose pas, saisit le **bureau de jugement** du conseil de prud'hommes. Celui-ci statue selon la procédure accélérée au fond (C. trav. art. L 2312-59), c'est-à-dire en urgence et sans conciliation préalable (sur cette procédure, voir n° 3755).
Le **salarié peut refuser** que le représentant du personnel saisisse le bureau de jugement s'il préfère le faire lui-même ou ne veut pas exercer d'action judiciaire. S'il ne souhaite pas utiliser la procédure d'alerte, il peut saisir directement le conseil de prud'hommes selon la procédure de droit commun (Circ. DRT 93-10 du 15-3-1993).
Le représentant du personnel au CSE n'a pas le pouvoir d'**agir en nullité des licenciements** prononcés par l'employeur à la suite d'une atteinte aux droits des personnes ou aux libertés individuelles. Il peut seulement demander au juge d'ordonner des mesures propres à **faire cesser cette atteinte** (Cass. soc. 3-11-2010 n° 09-42.360 F-D), telles que, notamment, le retrait d'éléments de preuve que l'employeur a obtenus par des moyens frauduleux portant atteinte aux droits des personnes et aux libertés individuelles (Cass. soc. 10-12-1997 n° 95-42.661 PBR : RJS 1/98 n° 62). Il ne peut pas non plus, dans le cadre du droit d'alerte, **faire annuler une sanction disciplinaire** (Cass. soc. 9-2-2016 n° 14-18.567 F-D : RJS 4/16 n° 262).

ATTENTION

Le **représentant du personnel** au CSE dénonçant devant le conseil de prud'hommes une **discrimination illicite dont il est l'objet** et que l'employeur refuse de faire cesser agit dans le cadre de la procédure d'alerte ; le temps passé devant cette juridiction doit donc s'imputer sur ses heures de délégation (Cass. soc. 26-5-1999 n° 97-40.966 PB : RJS 7/99 n° 935).

4115 S'il constate l'existence de l'atteinte signalée par le représentant du personnel au CSE, le juge peut ordonner toutes **mesures propres à la faire cesser**. Il peut en outre prononcer une **astreinte** qui sera liquidée au profit du Trésor (C. trav. art. L 2312-59).

ILLUSTRATIONS

Le juge peut ordonner sous astreinte qu'un **autocommutateur** n'enregistre pas les conversations privées des salariés ou le retrait d'un dispositif de **vidéosurveillance** illicite. S'agissant de candidats à l'embauche, il peut ordonner le retrait de demandes contenues dans des **questionnaires d'embauche** ne présentant pas de liens directs et nécessaires avec les emplois susceptibles d'être proposés dans l'entreprise (Circ. DRT 93-10 du 15-3-1993).

2. AUTRES DROITS D'ALERTE

4130 Outre l'alerte pour atteinte aux droits des personnes, les membres du CSE peuvent mettre en œuvre les procédures d'alerte suivantes :
– l'alerte sociale (en cas d'accroissement important du nombre de salariés sous CDD ou temporaires : voir nos 52375 s.) ;
– les alertes en matière d'hygiène et de sécurité (C. trav. art. L 2312-60) : voir nos 56540 s. (danger grave et imminent) et 56565 (risque grave pour la santé publique et l'environnement) ;
– l'alerte économique (en cas de présence de faits de nature à affecter de manière préoccupante la situation économique de l'entreprise : voir nos 89200 s.).

B. Droits dans les assemblées générales et les conseils d'administration

Le CSE bénéficie d'une représentation au **conseil d'administration** ou de surveillance des sociétés dans les conditions exposées n°s 11000 s. 4150
Il dispose également des droits indiqués ci-après au sein des **assemblées générales**.
Dans les **sociétés par actions simplifiées**, les statuts précisent l'organe social auprès duquel le comité exerce les droits relatifs aux assemblées générales des sociétés (C. trav. art. L 2312-76).

CONVOCATION DE L'ASSEMBLÉE GÉNÉRALE

Dans les sociétés, le CSE peut demander en justice la désignation d'un **mandataire** chargé de convoquer l'assemblée générale des actionnaires en cas d'urgence (C. trav. art. L 2312-77). 4155
La demande est faite par l'un des membres du comité, délégué à cet effet, au président du **tribunal de commerce** statuant en référé. L'ordonnance fixe l'ordre du jour de l'assemblée (C. trav. art. R 2312-31).

ATTENTION

L'**urgence** doit être recherchée sous un « angle social », au regard des intérêts que le comité a pour mission de défendre, et non selon des critères tels que le péril immédiat ou la paralysie des organes de gestion. Il n'est donc pas nécessaire que la situation présente un caractère exceptionnel (T. com. Marseille 7-11-2001 n° 2001-906 : RJS 2/02 n° 195).

INSCRIPTION DE PROJETS DE RÉSOLUTION À L'ORDRE DU JOUR DES ASSEMBLÉES

Dans les sociétés, le CSE peut requérir l'inscription de projets de résolution à l'ordre du jour des assemblées (C. trav. art. L 2312-77) selon les modalités exposées ci-après. 4160

> **Précisions** Dans les **sociétés par actions simplifiées**, les statuts fixent les règles relatives aux modalités d'examen des demandes d'inscription des projets de résolution adressés par les CSE (C. trav. art. R 2312-34).

Dans les sociétés dont toutes les **actions sont nominatives**, les demandes sont adressées par le CSE représenté par un de ses membres au siège social de la société 25 jours avant la date de l'assemblée réunie sur première convocation. Elles sont formulées par lettre recommandée avec avis de réception ou par voie électronique si cette dernière forme est autorisée pour les actionnaires (C. trav. art. R 2312-32). 4165
Dans les sociétés dont **toutes les actions ne sont pas nominatives**, les demandes sont adressées par le CSE représenté par un de ses membres au siège social de la société dans le délai de 10 jours à compter de la publication de l'avis de réunion publié au Bulletin des annonces légales obligatoires (Balo) (C. trav. art. R 2312-32). La forme de la demande n'est pas précisée.
Les **demandes** sont **accompagnées** du texte des projets de résolution qui peuvent être assortis d'un bref exposé des motifs (C. trav. art. R 2312-32).

> **Précisions** Les **questions** inscrites à l'ordre du jour doivent être **libellées** de telle sorte que leur contenu et leur portée apparaissent clairement sans qu'il y ait lieu de se reporter à d'autres documents, et la rédaction de l'ordre du jour doit être suffisamment explicite pour que le sens du vote attendu des actionnaires ressorte clairement de sa lecture (T. com. Marseille 7-11-2001 n° 2001-906 : RJS 2/02 n° 195).

Dans un délai de 5 jours à compter de la réception des projets de résolution, le président du conseil d'administration, le président ou le directeur général du directoire ou le gérant de la société par actions **accusent réception** au représentant du CSE des projets de résolution, par lettre recommandée ou par voie électronique dans les conditions définies à l'article R 225-63 du Code de commerce (C. trav. art. R 2312-33). 4170

PARTICIPATION AUX ASSEMBLÉES ET AUDITION

Deux membres du comité (le texte vise le « conseil », mais il s'agit selon nous d'une erreur), désignés par le CSE et appartenant l'un à la catégorie des cadres, techniciens et agents de maîtrise, l'autre à celle des employés et ouvriers, peuvent assister aux assemblées générales. Ils sont entendus, à leur demande, lors de toutes les délibérations requérant l'unanimité des associés (C. trav. art. L 2312-77). 4175

C. Autres droits du CSE

4190 En plus des compétences développées ci-après, le CSE peut :
– formuler des **propositions** de nature à améliorer notamment les conditions de travail : voir n° 3445 ;
– **conclure** avec l'employeur **des accords** de participation (n° 71200), d'intéressement (n° 71670) et mettant en place un plan d'épargne d'entreprise (n° 72915), interentreprises (n° 73015) ou un Pereco (n° 73210). Sous certaines conditions, il peut aussi, en l'absence de délégué syndical, négocier et conclure avec l'employeur des accords collectifs de travail (n°s 81960 s.) ;
– exercer différentes missions dans le cadre de **procédures collectives** (désignation de représentants, audition par le tribunal, etc.) (n°s 90900 s.) ;
– demander son **audition par l'Autorité de la concurrence** dans le cadre d'une opération de concentration (n° 87655).

POUVOIR DE DÉCISION

4195 En principe, l'employeur n'est pas tenu de suivre l'avis du CSE, qui ne présente pas de caractère impératif (n° 3730).
Par exception, l'avis conforme, l'absence d'opposition ou l'accord du CSE est requis dans certains domaines. Il en est ainsi dans les cas suivants :
– mise en place d'**horaires individualisés** (n° 64605) ;
– remplacement du paiement des **heures supplémentaires** par un repos compensateur (n° 64510) ;
– nomination du **médecin du travail** (n° 57205) ou du conseiller du travail (C. trav. art. D 4632-5). Le comité peut en outre s'opposer à la décision de l'employeur portant sur la forme du service médical du travail (n° 57085) et sur le suivi médical des salariés d'une entreprise ne bénéficiant pas d'un service autonome par un service d'entreprise (n° 57095) ;
– refus de l'employeur d'accorder une autorisation d'absence à un salarié pour un **congé** de formation économique, sociale, environnementale et syndicale ou pour participer aux réunions d'associations familiales dont il est représentant (n° 69320).
La **déduction forfaitaire spécifique pour frais professionnels** peut être pratiquée par l'employeur, pour certaines catégories de salariés (artistes, mannequins, VRP...), sur la base de calcul des cotisations de sécurité sociale, si une convention ou un accord collectif l'a explicitement prévue ou lorsque le comité d'entreprise ou les délégués du personnel ou le CSE ont donné leur accord. À défaut, il appartient à chaque salarié d'accepter ou non cette option (Arrêté 20-12-2002 art. 9 : JO 27 ; BOSS-FP-2180).

DEMANDE D'EXPERTISE JUDICIAIRE DE GESTION

4200 Dans les sociétés à responsabilité limitée, les sociétés anonymes et les sociétés par actions simplifiées, le Code de commerce confère au **comité d'entreprise** la faculté de demander en justice, sous certaines conditions, la désignation d'un ou plusieurs experts chargés de présenter un rapport sur une ou plusieurs opérations de gestion (C. com. art. L 223-37, L 225-231 et L 227-1).
Ces dispositions n'ayant **pas été mises à jour** pour tenir compte de la création du CSE, la **question** se pose de savoir si les attributions du comité d'entreprise ont été transférées au **CSE**, plus précisément à celui des **entreprises d'au moins 50 salariés** (en effet, les délégués du personnel ne bénéficiaient pas de cette faculté). La circonstance que la disparition de cette prérogative n'a pas été évoquée dans les documents préparatoires aux débats parlementaires ayant précédé la loi de ratification de l'ordonnance 2017-1386 du 22-9-2017 ni au cours de ces débats milite dans le sens d'une réponse affirmative, comme le fait que, d'une manière générale, le Code de commerce n'a pas été modifié pour tenir compte de la création du CSE. La lettre du texte va quant à elle dans le sens d'une réponse négative.

> **Précisions** L'expert est **désigné par** le président du tribunal de commerce statuant en référé (C. com. art. R 223-30 et R 225-163).
> S'il est fait droit à la demande, la décision de justice détermine l'étendue de la **mission** et des pouvoirs des experts. Elle peut mettre les **honoraires** à la charge de la société (C. com. art. L 223-37, L 225-231 et L 227-1).
> Le comité reçoit **communication du rapport** d'expertise (C. com. art. L 223-37, L 225-231 et L 227-1), même lorsqu'il n'a pas lui-même demandé l'expertise (d'autres intervenants pouvant en effet en faire la demande, selon des modalités non exposées dans cet ouvrage). En pratique, les experts déposent leur rapport au greffe et le greffier en assure la communication (C. com. art. R 223-30 et R 225-163).

RÉCUSATION OU RÉVOCATION DU COMMISSAIRE AUX COMPTES

Le **comité d'entreprise** peut demander en justice : 4205

– la récusation pour juste motif d'un ou plusieurs commissaires aux comptes (C. com. art. L 823-6) ;

– leur révocation en cas de faute ou d'empêchement (C. com. art. L 823-7).

Les articles L 823-6 et L 823-7 du Code de commerce n'ont **pas été mis à jour** pour tenir compte de la création du CSE. La **question** se pose donc de savoir si le **CSE**, plus précisément celui des **entreprises d'au moins 50 salariés** (en effet, les délégués du personnel ne bénéficiaient pas de cette faculté), peut demander la récusation ou la révocation du commissaire aux comptes. La circonstance que la disparition de cette prérogative n'a pas été évoquée dans les documents préparatoires aux débats parlementaires ayant précédé la loi de ratification de l'ordonnance 2017-1386 du 22 septembre 2017 ni au cours de ces débats milite dans le sens d'une réponse affirmative, comme le fait que, d'une manière générale, le Code de commerce n'a pas été modifié pour tenir compte de la création du CSE. La lettre du texte va quant à elle dans le sens d'une réponse négative.

CHAPITRE 6

LE CSE : ACTIVITÉS SOCIALES ET CULTURELLES

SOMMAIRE

4400 Le comité social et économique (CSE) assure, contrôle ou participe à la gestion de toutes les activités sociales et culturelles établies dans l'entreprise en priorité au bénéfice des salariés, de leur famille et des stagiaires, quel qu'en soit le mode de financement (C. trav. art. L 2312-78).
Sur la **responsabilité** pénale des membres du comité pour les **irrégularités** commises dans la **gestion** des activités sociales et culturelles, voir n° 2975.

4405 La loi ne donne pas de définition précise de l'activité sociale et culturelle. Or, il est important de savoir si une activité doit être considérée comme telle car le CSE dispose d'un monopole pour la gestion de ces activités. Il peut donc les créer librement ou, lorsqu'il s'agit d'une activité précédemment exercée par l'employeur, en revendiquer à tout moment la gestion et réclamer le transfert du budget correspondant. C'est pourquoi il faut définir cette notion avant d'étudier les règles de gestion de ces activités, puis d'aborder le régime social et fiscal des avantages consentis par le comité.

I. DÉFINITION

4420 Le Code du travail se contente d'énumérer un certain nombre d'activités entrant dans ce cadre, la jurisprudence ayant quant à elle dégagé les critères permettant de caractériser cette notion.

A. Liste proposée par le Code du travail

Les activités sociales et culturelles **comprennent** (C. trav. art. R 2312-35) : 4430

1° des institutions sociales de prévoyance et d'entraide telles que les institutions de retraite et les sociétés de secours mutuels ;

2° les activités sociales et culturelles tendant à l'amélioration des conditions de bien-être, telles que les cantines, les coopératives de consommation, les logements, les jardins familiaux, les crèches, les colonies de vacances ;

3° les activités sociales et culturelles ayant pour objet l'utilisation des loisirs et l'organisation sportive ;

4° les institutions d'ordre professionnel ou éducatif attachées à l'entreprise ou dépendant d'elle, telles que les centres d'apprentissage et de formation professionnelle, les bibliothèques, les cercles d'études, les cours de culture générale ;

5° les services sociaux chargés de veiller au bien-être du salarié dans l'entreprise, de faciliter son adaptation à son travail et de collaborer avec le service de santé au travail de l'entreprise, ainsi que ceux chargés de coordonner et de promouvoir les réalisations sociales décidées par le CSE et par l'employeur ;

6° le service de santé au travail institué dans l'entreprise.

Selon la jurisprudence, cette énumération n'est **pas limitative**. Elle accorde ainsi la qualification d'activité sociale et culturelle à des activités non expressément visées par le Code du travail.

B. Critères

Il résulte des articles L 2312-78 et R 2312-35 du Code du travail et de la jurisprudence que l'activité sociale et culturelle : 4440

– ne doit pas être obligatoire pour l'employeur ;
– ne doit pas être la contrepartie du travail ;
– doit avoir pour objet l'amélioration des conditions de vie et de travail des salariés ;
– doit être destinée en priorité aux salariés et anciens salariés de l'entreprise ou à leur famille ou aux stagiaires ;
– et doit être accessible sans discrimination.

ATTENTION

Ces critères sont **cumulatifs**. Ainsi, par **exemple**, un avantage accordé à des salariés en contrepartie du travail fourni (en l'espèce, des voyages récompensant des commerciaux) ne peut pas être qualifié d'activité sociale et culturelle, peu important que l'employeur ne soit pas tenu de l'accorder (Cass. soc. 2-12-2008 n° 07-16.818 FS-PB : RJS 2/09 n° 184).

1. CARACTÈRE NON OBLIGATOIRE

Pour être qualifiée d'activité sociale et culturelle, une activité ne doit pas être obligatoire pour l'employeur. Cette condition résulte d'une interprétation a contrario de l'article R 2312-49 du Code du travail, relatif aux ressources du comité en matière d'activités sociales et culturelles, selon lequel la contribution à ces activités est destinée au fonctionnement des institutions sociales de l'entreprise qui ne sont pas « **légalement à la charge de l'employeur** » (n° 2850). 4450

Que recouvre l'expression « légalement à la charge de l'employeur » ? 4455

Il est admis que ne peut pas constituer une activité sociale et culturelle une activité présentant un caractère obligatoire pour l'employeur en vertu de **dispositions légales et réglementaires** (lois, décrets et arrêtés).

Les **conventions et accords collectifs** peuvent également instituer des obligations à la charge de l'employeur. Certaines solutions jurisprudentielles relativement anciennes, qui font état de l'absence d'obligation conventionnelle pour l'exercice de telle ou telle activité par l'employeur, laissent penser qu'une activité qui serait prévue par une convention collective ne pourrait pas être qualifiée d'activité sociale et culturelle (n° 4460). Telle est d'ailleurs la position adoptée par certains auteurs, pour lesquels « les prestations présentant un caractère social ou culturel sont un avantage pour les salariés qui ne doit pas correspondre à une obligation de l'employeur. Peu importe la source de cette obligation, légale ou conventionnelle [...] » (Doctrine G. Loiseau, P. Lokiec, P.-Y. Verkindt, L. Pécaut-Rivolier et Y. Struillou, « Droit de la représentation du personnel », Dalloz, 2e édition

2023-2024, 435.15 p. 803). À l'inverse, d'autres auteurs considèrent qu'il y a lieu d'établir une distinction entre (Doctrine M. Cohen et L. Milet, « Le droit des comités sociaux et économiques et des comités de groupe », LGDJ, 18e édition p. 1168) :
– les versements effectués par l'employeur en vertu d'une convention collective qui « s'impose à l'employeur soit parce qu'elle a été étendue par arrêté ministériel, soit parce qu'il était adhérent à la chambre patronale signataire avant la conclusion de la convention et qu'il l'est toujours ». On peut, selon ces auteurs, « assimiler ces versements à des versements obligatoires échappant à la revendication du CSE » ;
– et « les versements de nature sociale effectués par l'employeur en vertu d'un accord collectif d'entreprise qu'il peut dénoncer et qui dépend en fait de sa volonté ». Ces versements « ne résultent pas d'une obligation légale ou assimilée, de sorte qu'ils font partie des activités sociales et culturelles que le comité peut revendiquer ».
Selon ces auteurs, « il en est de même pour les avantages de nature sociale résultant d'**engagements unilatéraux de l'employeur** » (Doctrine M. Cohen et L. Milet, ouvrage précité p. 1168). La même solution devrait, selon la logique de ces auteurs, valoir pour les avantages de nature sociale résultant d'un **usage**.
Sur les avantages prévus par le **contrat de travail**, voir n° 4470.

4460 La jurisprudence a eu à se prononcer, à différentes occasions, sur la qualification d'activités sociales et culturelles au regard du caractère non obligatoire.
On remarquera que, selon elle, la question de l'**assujettissement des avantages aux cotisations sociales** est sans incidence sur cette qualification.

ILLUSTRATIONS

Constituent une activité sociale et culturelle :
– la prise en charge par l'employeur, en dehors de toute obligation légale ou conventionnelle, d'une partie de la cotisation due par ses salariés ayant décidé d'adhérer à une mutuelle, peu important que cet avantage soit susceptible de donner lieu au versement de cotisations sociales (Cass. soc. 22-6-1993 n° 91-17.686 PBS : RJS 7/93 n° 760) ;
– le versement à une institution de cotisations destinées au financement de prestations familiales complémentaires servies au personnel de l'entreprise, lorsqu'il ne correspond pas à une obligation légale ou conventionnelle incombant à l'employeur et peu important que ces avantages présentent un caractère de complément de rémunération au regard de la législation de la sécurité sociale (Cass. soc. 11-5-1988 n° 84-10.617 P).
En revanche, n'a pas la nature d'activité sociale et culturelle le régime de prévoyance complémentaire mis en place après la ratification, par la majorité des salariés par voie de référendum, d'un projet d'accord proposé par l'employeur, la ratification ayant eu pour effet de donner force contractuelle à la proposition de l'employeur (TGI Paris 5-12-1994 n° 94-5651 : RJS 6/95 n° 665).
Il en va de même, selon l'administration, pour une action d'information en matière de prévention médicale, cette action étant directement de la responsabilité de l'employeur (Rép. Donnez : AN 21-1-1978 n° 40733).

2. ABSENCE DE LIEN AVEC LE TRAVAIL ACCOMPLI

4470 Pour la Cour de cassation, ne constitue pas une activité sociale et culturelle l'avantage accordé **en contrepartie ou en rémunération d'un travail** particulier ou de l'**obtention de résultats** déterminés, peu important que l'avantage en cause ne soit pas obligatoire pour l'employeur (Cass. soc. 2-12-2008 n° 07-16.818 FS-PB : RJS 2/09 n° 184).
De la même manière, l'administration et la jurisprudence n'admettent pas que des **critères d'ordre professionnel** soient pris en compte pour l'accès aux activités sociales et culturelles, de tels critères étant discriminatoires. Sur cette question, voir n° 4555.

ILLUSTRATIONS

Ainsi, ne peuvent pas être qualifiés d'activités sociales et culturelles :
– les voyages qui récompensent les commerciaux pour un travail particulier et pour l'obtention de résultats déterminés (Cass. soc. 2-12-2008 n° 07-16.818 FS-PB : RJS 2/09 n° 184) ;
– le « casse-croûte des équipes » et les « allocations de service militaire » qui, alloués régulièrement, présentent le caractère de compléments de rémunération versés obligatoirement par l'employeur en contrepartie de l'exécution du contrat de travail (Cass. soc. 13-11-1975 n° 73-14.848 P) ;
– les évènements organisés par l'employeur, même à caractère festif, s'ils poursuivent une finalité de gestion du personnel : voir nos 5125 s.

3. AMÉLIORATION DES CONDITIONS DE VIE ET D'EMPLOI DANS L'ENTREPRISE

Les activités sociales et culturelles ont notamment pour objet l'amélioration des conditions de bien-être des salariés, anciens salariés et de leur famille, ainsi que l'utilisation par eux des loisirs (Cass. soc. 2-12-2008 n° 07-16.818 FS-PB : RJS 2/09 n° 184). **4480**
On trouvera plus loin n°s 5010 s. de nombreux **exemples** d'application de ce critère.

ATTENTION

Il ne faut pas confondre ce qui relève des activités sociales et culturelles du comité et ce qui relève de ses **attributions économiques**, telles les actions tendant à la **défense de l'emploi** : voir n° 5230.
Les activités **syndicales ou politiques** sont également étrangères à la notion d'activité sociale et culturelle du CSE : voir n°s 5230 s.

4. BÉNÉFICIAIRES

SALARIÉS ET LEUR FAMILLE

Les activités sociales et culturelles doivent être établies en priorité au bénéfice des salariés de l'entreprise, de leur famille et des stagiaires (C. trav. art. L 2312-78). **4490**
La **notion de famille** au regard de ce texte est imprécise, faute de définition légale ou jurisprudentielle. Selon la doctrine, « le mot famille est entendu ici au sens du Code civil, sans limitation de degré. Peuvent donc être bénéficiaires des activités les conjoints non divorcés, les veufs et veuves et les enfants légitimes, naturels ou adoptifs. En pratique, les comités y ajoutent les personnes vivant maritalement, avec ou sans Pacs » (M. Cohen et L. Milet, « Le droit des comités sociaux et économiques et des comités de groupe », LGDJ, 18e éd. p. 1172).
Cette définition extensive de la famille n'implique pas que le comité soit tenu d'ouvrir à tous ses membres un **égal accès** à la totalité de ses prestations. Le comité est libre, en effet, de définir plus ou moins largement les catégories de bénéficiaires selon les activités sociales et culturelles en cause, la seule limite étant de ne pas commettre de **discrimination**. Constitue, par exemple, une pratique discriminatoire le fait d'écarter un enfant à la charge du salarié (fille de sa concubine) de l'accès à une activité donnée au motif qu'il ne présente pas de lien de filiation avec ce salarié (Délib. Halde 2009-131 du 16-3-2009).
Comme les autres salariés de l'entreprise, les **membres du CSE** ont vocation à bénéficier des activités sociales et culturelles du comité s'ils en remplissent les conditions. Mais ils ne sauraient s'en réserver l'accès à des conditions plus favorables que celles requises des autres membres du personnel. Une telle pratique serait constitutive d'une discrimination vis-à-vis des autres bénéficiaires potentiels. Elle pourrait justifier l'annulation de la délibération ayant institué ces conditions préférentielles (n° 4580) et engager la responsabilité des membres du comité en ayant profité et du comité lui-même (n°s 1345 s.).

CONSEIL

Le comité a tout intérêt à vérifier que la définition qu'il a retenue des bénéficiaires des activités sociales et culturelles entre bien dans le champ des personnes couvertes par son **assurance responsabilité civile**.
Pour l'octroi de certaines prestations, il est conseillé d'envisager la situation des **conjoints travaillant dans la même entreprise** et de prévoir si chacun des conjoints ou seulement l'un des deux peut bénéficier de la prestation. Cette question se pose notamment pour les prestations en faveur des enfants, par exemple un bon d'achat de jouets pour Noël. Le CSE peut décider d'allouer : soit un bon par salarié, ce qui, dans le cas de conjoints travaillant dans la même entreprise, se traduira par l'allocation de deux bons par enfant ; soit un bon par enfant, ce qui se traduira par l'allocation d'un seul bon pour chaque enfant, que le conjoint travaille dans la même entreprise ou dans une entreprise extérieure.

ANCIENS SALARIÉS

Les anciens salariés de l'entreprise figurent parmi les bénéficiaires potentiels des activités sociales et culturelles du CSE (C. trav. art. R 2312-35), en considération des services qu'ils ont effectués dans l'entreprise. **4495**
Ainsi en est-il, en premier lieu, des **retraités** (Rép. Dupilet : AN 4-3-1996 n° 24305 ; Rép. Percheron : Sén. 7-3-1996 n° 9686), qui peuvent par exemple bénéficier d'un repas organisé à leur attention (n° 5125).
Il en va de même pour les anciens salariés **licenciés pour motif économique** (Rép. Dupilet : AN 4-3-1996 n° 24305 ; Rép. Percheron : Sén. 7-3-1996 n° 9686). Relève ainsi des activités sociales l'aide exceptionnelle accordée à d'anciens salariés, licenciés pour motif économique, prenant la forme

d'une prise en charge partielle des frais exposés par les intéressés ayant engagé une action judiciaire tendant à obtenir le respect des engagements pris par l'employeur dans le plan social, dont le comité avait examiné les dispositions (Cass. soc. 26-1-1999 n° 99-10.522 PB : RJS 3/99 n° 386 avec chronique J. Savatier p. 199).

Les **préretraités** peuvent également bénéficier des activités sociales et culturelles du comité (Cass. soc. 23-9-1992 n° 90-11.752 D).

ATTENTION

Si le comité peut étendre le bénéfice de tout ou partie des activités sociales et culturelles aux anciens salariés de l'entreprise, en considération des services qu'ils y ont effectués, il n'est pas pour autant tenu de le faire. Il est parfaitement en droit de les réserver aux salariés en activité et d'exclure les anciens salariés par une **décision expresse et explicite**, dont il doit pouvoir apporter la preuve en cas de contestation. Ainsi jugé qu'un préretraité peut bénéficier du remboursement de frais de transport scolaire dès lors que pour les avantages sociaux, les retraités et préretraités sont normalement assimilés aux salariés en activité et que le comité n'apporte pas la preuve que l'avantage en cause est réservé à ces derniers (Cass. soc. 23-9-1992 n° 90-11.752 D).

CHEF D'ENTREPRISE

4500 Le chef d'entreprise ou, si l'entreprise est une personne morale, certains de ses dirigeants peuvent sous certaines conditions bénéficier de l'aide du CSE aux **services à la personne** : voir n° 5155.

TIERS À L'ENTREPRISE

4505 **Travailleurs mis à disposition et stagiaires** Les **travailleurs temporaires** ont accès, dans l'entreprise utilisatrice, aux mêmes conditions que les salariés de celle-ci, aux moyens de transport collectifs et aux installations collectives, notamment de restauration, mis en place dans cette entreprise. Les dépenses supplémentaires incombant de ce fait au CSE lui sont remboursées suivant des modalités définies au contrat de mise à disposition (C. trav. art. L 1251-24) : voir n° 2850.

Il en va de même, dans des conditions identiques, pour les **salariés mis à disposition** de l'entreprise par une autre entreprise dans le cadre d'un prêt de main-d'œuvre à but non lucratif (C. trav. art. L 8241-2 et R 8241-2 renvoyant à C. trav. art. L 1251-24).

Les **stagiaires** accèdent aux activités sociales et culturelles de l'entreprise d'accueil dans les mêmes conditions que les salariés de celle-ci (C. éduc. art. L 124-16 ; C. trav. art. L 2312-78).

4510 **Personnes étrangères à l'entreprise** Si les activités sociales et culturelles doivent être « prioritairement » établies au bénéfice des salariés de l'entreprise et de leur famille (C. trav. art. L 2312-78), elles peuvent néanmoins s'adresser à titre accessoire à d'autres personnes ou organismes, en particulier aux associations humanitaires.

Le comité peut ainsi décider de verser des **fonds à une association** en cas de reliquat budgétaire, dans les conditions détaillées n° 2930.

4515 Les personnes extérieures à l'entreprise autres que les membres de la famille du personnel et celles mentionnées n° 4505 peuvent à notre avis participer à une activité organisée par le comité s'il reste des places disponibles et bénéficier, le cas échéant, du tarif réduit négocié par le comité, mais sans pouvoir profiter d'une réduction tarifaire financée sur les fonds du comité.

Jugé de même qu'un comité interentreprises assurant la gestion d'une **cantine** peut y admettre des salariés d'une entreprise non représentée audit comité, dès lors que ces salariés paient un tarif normal, en application d'une convention conclue entre les entreprises concernées (Cass. soc. 26-7-1984 n° 82-11.227 P).

4520 Ne constitue pas une activité sociale et culturelle le versement par l'employeur d'une **subvention à une mutuelle** permettant aux salariés de verser une cotisation plus faible lorsque les adhérents de l'entreprise ne représentent que 10 % des membres de la mutuelle (CA Paris 6-3-1990 n° 89-259 : RJS 5/90 n° 388). Si l'employeur, au lieu de verser une subvention bénéficiant à tous les adhérents, prenait directement en charge tout ou partie des cotisations des seuls salariés de l'entreprise, l'analyse serait différente (en ce sens, voir n° 4550).

Constitue une telle activité la **subvention** versée régulièrement par l'entreprise pour le fonctionnement d'une **crèche** créée à son instigation dans l'intérêt de son personnel, auquel un certain nombre de places est réservé. Peu importe que la crèche ne soit pas gérée directement par l'entreprise et qu'il ne s'agisse pas d'un simple don à un organisme d'intérêt général, susceptible d'être supprimé au gré de l'entreprise (Cass. soc. 9-5-1979 n° 77-11.416 P).

5. NON-DISCRIMINATION

PORTÉE DE LA RÈGLE

Selon la jurisprudence, le comité ne doit pas faire de discrimination entre les bénéficiaires des activités sociales et culturelles. Cette règle l'oblige, pour l'accès à une prestation donnée, à traiter de manière identique, sans distinction entre eux, tous les bénéficiaires placés dans la même situation. **4535**

Elle ne lui interdit pas, néanmoins, d'effectuer une différenciation des prestations selon la situation de chaque salarié, en fonction de critères objectifs. Ainsi le comité peut subordonner l'accès à une prestation à certaines conditions, sous réserve que celles-ci s'appliquent de manière identique à l'ensemble des bénéficiaires. Sous cette même réserve, il peut moduler le montant des prestations qu'il sert en fonction de certains critères.

La **charge de la preuve** de l'existence de critères restrictifs d'accès aux prestations incombe au comité (Cass. soc. 23-9-1992 n° 90-11.752 D).

Sur la possibilité pour les **membres du comité** d'instituer à leur profit des conditions préférentielles d'accès aux prestations, voir n° 4490.

CRITÈRES D'ACCÈS AUX ACTIVITÉS

Appartenance syndicale L'appartenance syndicale ne peut être prise en compte ni pour l'octroi des avantages sociaux ni pour la modulation de leur montant. **4540**

Est ainsi discriminatoire la décision faisant dépendre la prise en charge des frais exposés par les salariés dans l'exercice d'un droit individuel à congé (en l'espèce, **congé de formation économique, sociale, environnementale et syndicale**) de leur appartenance ou de leurs choix de nature syndicale, certains étant privés du remboursement de leurs frais lorsque le plafond de remboursement prévu pour le syndicat dont ils ont suivi les formations est atteint, alors qu'il ne l'est pas pour les autres syndicats (Cass. soc. 16-4-2008 n° 06-44.839 FS-PB : RJS 6/08 n° 691).

> **Précisions** Dans un cas qui concernait l'**adhésion du comité à une association pour la coordination des activités** sociales et culturelles, **émanation d'un syndicat**, la Cour de cassation a toutefois admis que l'adhésion litigieuse ne suffisait pas à caractériser une atteinte à la neutralité que tout comité doit respecter dans la gestion de ces activités. Il est vrai qu'en l'espèce l'appartenance syndicale du personnel n'était pas prise en considération dans l'octroi des avantages sociaux procurés par l'adhésion et que celle-ci était toujours susceptible d'être remise en cause par un comité autrement composé (Cass. soc. 15-5-1984 n° 82-13.807).

Participation à une grève Il résulte de la jurisprudence que les **secours** accordés à certains salariés à l'occasion d'une grève ne peuvent pas : **4545**

– être refusés aux **salariés grévistes** en raison de cette qualité ;

– à l'inverse, être réservés aux salariés grévistes en raison de cette qualité et par solidarité du comité au mouvement de grève : si tout salarié gréviste peut avoir vocation à prétendre à l'octroi d'un secours par le comité, c'est à la seule condition qu'il soit motivé non par la qualité de gréviste, mais par l'**état de besoin** dans lequel la grève a pu placer ou contribuer à placer le salarié.

Pour plus de détails sur la notion de secours, voir nos 5140 s.

ILLUSTRATIONS

> Un secours exceptionnel attribué aux salariés ou à leurs familles en difficulté du fait de grèves n'est pas discriminatoire dès lors qu'il est alloué sans distinction entre grévistes ou non-grévistes (Cass. soc. 8-6-1977 n° 75-13.681 P ; 11-6-1996 n° 94-14.988 D : RJS 7/96 n° 804).
> Doit en revanche être annulée la délibération du comité visant uniquement à compenser les frais de déplacement d'une délégation de grévistes à Paris, sans la moindre référence à une situation de nécessité propre à chacun de ces grévistes (Cass. soc. 18-5-1983 n° 82-11.564 P).

Date d'embauche Selon la jurisprudence, la date d'embauche ne peut pas être prise en compte pour l'**octroi des avantages** sociaux. **4550**

Cette solution a été retenue à propos de la faculté d'adhésion des salariés à une institution de prévoyance, celle-ci ne pouvant pas être réservée aux salariés embauchés avant une certaine date (Cass. soc. 18-6-1981 n° 80-12.998 P).

De même, la prise en charge par l'employeur d'une partie des cotisations de ses salariés à la mutuelle de l'entreprise ne constitue plus une dépense destinée à assurer le fonctionnement d'une activité sociale et culturelle dès lors qu'à partir d'une certaine date, cet avantage est offert non plus à l'ensemble du personnel, mais aux seuls membres du personnel ayant adhéré avant

cette date, peu important que les prestations servies par cette mutuelle restent les mêmes (Cass. soc. 24-2-1983 n° 81-14.118 P).
La jurisprudence ne s'est pas prononcée sur la question de savoir si la date d'embauche peut être retenue pour **moduler le montant** d'une prestation. La réponse à cette question devrait selon nous être négative.

4555 **Critères d'ordre professionnel** Le CSE peut-il exclure certains salariés du bénéfice de prestations ou moduler leur montant en fonction de critères en lien avec l'activité ou le statut professionnel ?
L'administration considère comme discriminatoires les critères en lien avec le statut professionnel : niveau de **rémunération** (le CSE pouvant adapter le niveau de prise en charge en fonction de celle-ci) et **forme du contrat** (CDD, CDI, temps partiel) (Doc. Urssaf au 25-9-2023) ou avec l'activité professionnelle, tels que la **présence** effective des salariés dans l'entreprise (Rép. Pellois : AN 6-5-2014 n° 43931).
Toutefois, elle admet désormais que le bénéfice des prestations puisse être réservé aux salariés ayant une certaine **ancienneté**, dans la limite de 6 mois (Guide pratique 2023 CSE des Urssaf), alors qu'elle l'excluait par le passé (Rép. Pellois : AN 6-5-2014 n° 43931).
À notre avis, l'exclusion de salariés en **période d'essai** ou en cours de **préavis** du droit aux prestations du comité devrait être considérée comme discriminatoire.
Sur la position de l'administration concernant la prise en compte de critères d'ordre professionnel pour l'octroi d'**aides aux services à la personne**, voir n° 5155.

CONSEIL

De tels critères d'attribution sont souvent appliqués en présence de budgets limités, mais nous appelons les CSE à la plus grande prudence compte tenu du **risque de redressement** de la part des Urssaf. L'administration admet l'exonération de cotisations sociales de nombreuses prestations relevant des activités sociales et culturelles (voir n° 4860), mais le non-respect des critères requis pour qualifier une prestation d'activité sociale et culturelle, notamment l'interdiction des discriminations, fait perdre le bénéfice de cette exonération.
Ont été jugées discriminatoires :
– l'exclusion des salariés en longue **maladie** du bénéfice des activités sociales et culturelles (Rép. Gorges : AN 13-12-2011 n° 84460) ;
– l'exclusion des salariés **absents** pour maladie, congé parental, etc., découlant de l'exigence, pour l'attribution de certaines prestations, d'une condition de présence effective dans l'entreprise pendant une certaine durée (CA Douai 21-12-2018 n° 517/18) ou à une certaine date (CA Rennes 26-3-2014 n° 12/07553) ;
– la modulation du montant des bons d'achat en fonction de la **durée effective de travail**, en excluant de l'attribution de ces bons les salariés travaillant moins de 10 h par mois et les salariés en congé de longue maladie (CA Paris 12-10-2018 n° 15/03285) ;
– l'attribution d'avantages à Noël au prorata du temps de travail du salarié, les salariés à temps partiel bénéficiant de montants inférieurs à ceux travaillant à temps plein (CA Douai 31-5-2016 n° 113/16).
– l'exclusion d'une prime de « vacances en famille », de tous les salariés ayant un **coefficient hiérarchique** supérieur à un certain indice (TGI Rouen 16-1-1980) ;
– l'exclusion de l'arbre de Noël et de la distribution de jouets des enfants des membres de la **direction** générale de l'établissement, dès lors que ces derniers bénéficiaient du statut de salariés assujettis à la sécurité sociale, étaient considérés comme tels sur le plan fiscal et qu'ils étaient liés à leur entreprise par un contrat de travail (TGI Paris 18-4-1979).
Jugé également que faire dépendre le montant des bons d'achat octroyés de la **durée de présence** dans l'entreprise pendant l'année considérée revient à prendre en compte une donnée liée à la présence du salarié dans l'entreprise constituant un critère d'ordre professionnel incompatible avec la nature extra-professionnelle des activités sociales et culturelles du CSE, de sorte que les avantages ainsi alloués doivent être réintégrés dans l'assiette des cotisations (CA Pau 8-9-2016 n° 14/01450).

4560 **Appartenance à l'entreprise** Le CSE peut subordonner l'attribution de tout ou partie des prestations sociales et culturelles à l'appartenance à l'entreprise, l'octroi de telles prestations à d'autres personnes (anciens salariés notamment) ne constituant pour lui qu'une simple faculté.

ATTENTION

La liberté donnée au comité est cependant limitée par l'obligation légale de permettre l'accès à certaines prestations aux salariés extérieurs à l'entreprise **mis à disposition** de celle-ci et par le principe d'égalité de traitement des **stagiaires** au regard des activités sociales et culturelles (n° 4505).

Besoins et niveau de revenus Le CSE peut réserver certaines prestations à une partie des salariés en fonction de leurs besoins ou aux salariés dont soit le revenu, **personnel ou du ménage**, soit le montant de l'impôt sur le revenu corrigé par application du coefficient familial n'excède pas un certain seuil. Il peut également prendre en compte ces critères pour moduler le montant des prestations. 4570
Sur les **justificatifs** dont le comité peut exiger la présentation pour l'accès aux prestations et pour la détermination de leur montant, voir n°s 4750 s.

SANCTIONS

Lorsqu'elle est établie, la discrimination peut donner lieu : 4580
– à l'**annulation de la délibération** litigieuse du comité (voir, à titre d'exemple, Cass. soc. 16-4-2008 n° 06-44.839 FS-PB : RJS 6/08 n° 691) ;
– à l'octroi de **dommages-intérêts** au salarié qui en est victime (Cass. soc. 23-9-1992 n° 90-11.752 D).
Ce salarié peut également saisir le **Défenseur des droits** (n° 40310).

II. GESTION DES ACTIVITÉS SOCIALES ET CULTURELLES

Lorsqu'un CSE existe, il assure la gestion de « toutes » les activités sociales et culturelles établies dans l'entreprise (C. trav. art. L 2312-78), de sorte qu'il dispose d'un **monopole** en la matière (Cass. soc. 30-3-2010 n° 09-12.074 FS-PB : RJS 6/10 n° 527). 4600

> **Précisions a.** Sur l'**action en justice du comité** en cas de manquement de son cocontractant chargé d'organiser un voyage dans l'exécution de cette prestation, voir n° 1250.
> **b.** Sur la **participation du président** du comité **au vote** d'une résolution portant sur la gestion des activités sociales et culturelles, voir n° 1875.

A. Étendue de la compétence du comité

CRÉATION, SUPPRESSION OU MODIFICATION D'ACTIVITÉS

Il appartient au comité de définir ses actions en matière d'activités sociales et culturelles (Cass. soc. 8-1-2002 n° 00-10.818 FS-D : RJS 3/02 n° 301). 4605
Ainsi, il est libre de créer de nouvelles activités, de supprimer ou de maintenir une activité sociale et culturelle existante.
La création ou la suppression d'une activité sociale et culturelle nécessite un **vote** du comité. Le CSE étant une instance collégiale, un élu ne peut pas prendre seul une telle décision. La règle s'impose avec d'autant plus de rigueur que l'activité en cause correspond à des dépenses importantes pour le comité.
De même, le CSE peut décider :
– d'augmenter le budget consacré à une activité donnée ce qui, à contribution patronale constante, peut le conduire à diminuer le budget consacré à une ou plusieurs autres activités ;
– de modifier unilatéralement les critères retenus pour l'accès aux prestations ou pour la modulation de leur montant, sous réserve de ne pas commettre de discrimination.

ATTENTION

Si le comité est libre de ses choix, ceux-ci ne doivent cependant pas conduire à mettre des **obligations nouvelles à la charge de l'employeur** (Cass. soc. 15-5-2002 n° 99-19.764 F-D).
Lorsqu'une activité sociale et culturelle fonctionne non seulement dans l'intérêt des salariés, mais aussi dans celui de l'entreprise, son interruption par le comité peut engager sa **responsabilité civile** : voir n° 1365.

ILLUSTRATIONS 4610

Plus spécialement, le comité peut décider :
– de participer aux cotisations versées par les salariés à une mutuelle déterminée à l'exclusion de toute autre dès lors que la liberté du salarié d'adhérer à la mutuelle de son choix n'est pas affectée et qu'aucun salarié choisissant d'adhérer à la mutuelle retenue par le comité n'est exclu du bénéfice de sa participation. Dans cette affaire, la participation du comité avait d'abord été accordée à tous les salariés, quelle que soit leur mutuelle, avant d'être réservée à une mutuelle déterminée (Cass. soc. 9-5-1989 n° 87-15.160 P : RJS 6/89 n° 514) ;

– de maintenir la gestion du restaurant d'entreprise par le comité interentreprises, alors que l'employeur dispose de locaux dans un nouvel immeuble, dans lequel il a installé un restaurant d'entreprise, cette décision du comité n'ayant créé aucune obligation nouvelle à la charge de l'employeur (Cass. soc. 15-5-2002 n° 99-19.764 F-D) ;
– d'adhérer et de verser une cotisation à une association ayant pour mission de l'assister en lui apportant des conseils juridiques dès lors que cette mission est pratiquée dans l'intérêt des salariés ou des anciens salariés de l'entreprise sans discrimination (Cass. soc. 21-7-1986 n° 85-13.424 P) ;
– de ne pas reconduire la subvention qu'il accordait à une association dont les adhérents pouvaient bénéficier, comme les autres salariés de l'entreprise, des colonies de vacances qu'il finançait, sans être redevable de dommages-intérêts correspondant au préjudice subi de ce fait par l'association en cause (Cass. soc. 8-1-2002 n° 00-10.818 FS-D : RJS 3/02 n° 301).

ACTIVITÉS EXISTANT AVANT LA MISE EN PLACE DU COMITÉ

4615 Le CSE peut **revendiquer la gestion** des activités exercées par l'employeur avant sa mise en place (Cass. soc. 13-10-1988 n° 87-11.505 D) et réclamer le transfert du budget correspondant. Une fois l'activité et son budget transférés, il peut décider de supprimer cette activité et d'affecter le budget à d'autres activités. Il peut également modifier la forme juridique d'une activité préexistante. Plutôt que de revendiquer la gestion d'une activité exercée par l'employeur jusqu'à sa mise en place, le CSE peut préférer la lui laisser. Dans ce cas, compte tenu du monopole du comité pour la gestion des activités sociales et culturelles, l'**employeur** n'exerce cette activité que par **délégation** du comité. Pour les conséquences de la qualité de délégataire, voir n° 4620.

POUVOIRS DE L'EMPLOYEUR

4620 La règle est la gestion des activités sociales et culturelles par le CSE : gestion directe pour celles dépourvues de personnalité civile, ou participation à la gestion pour les autres. L'employeur qui s'y opposerait commettrait un **délit d'entrave**. Pour des exemples, voir n°s 4660 s.
Pour autant, rien n'interdit que la gestion d'une ou de plusieurs activités sociales et culturelles soit **assurée par l'employeur**. Mais il agit alors par **délégation** et pour le compte du comité (Cass. soc. 28-1-1971 n° 69-13.861 P). Le comité peut, à tout moment, revoir sa décision et reprendre la gestion directe de l'activité. Si une entreprise a pris directement en charge certaines activités sociales et culturelles, on peut s'interroger sur le point de savoir s'il conviendra, pour la détermination du minimum légal de la contribution de l'année suivant cette prise en charge, de prendre en compte le montant des dépenses directement assumées par l'employeur, comme s'il s'agissait d'une contribution allouée au CSE, rapporté à la masse salariale de l'année en cause.
La chambre sociale de la Cour de cassation a admis implicitement, à plusieurs reprises, que le **mandat** donné par le comité à l'employeur pour la gestion du restaurant d'entreprise peut être tacite (en ce sens : Cass. soc. 28-1-1971 n° 69-13.861 P ; 3-3-2010 n° 09-12.074 FS-PB : RJS 6/10 n° 527). La deuxième chambre civile juge à l'inverse, s'agissant de la distribution de cadeaux et bons d'achat, que la délégation doit être expresse : voir n° 5035.
Sur la participation de l'employeur au **vote des résolutions** du comité portant sur la gestion des activités sociales et culturelles, voir n° 1875.

ILLUSTRATIONS

La **délégation à l'employeur** de la gestion d'une activité sociale et culturelle du comité ne porte pas atteinte à la **liberté contractuelle** de l'employeur, dès lors que c'est par sa volonté qu'il décide d'agir pour le compte du comité, acceptant ainsi implicitement mais nécessairement un mandat tacite de ce dernier, et demeure libre de cesser à tout moment d'assurer lui-même cette gestion pour le compte d'autrui (Cass. soc. QPC 29-10-2015 n° 15-12.525 : RJS 1/16 n° 39).
Le fait que la gestion de la **cantine**, activité sociale, soit assurée par le CSE n'interdit pas à l'employeur d'exercer son **contrôle** dans le local de celle-ci, situé dans l'enceinte de l'entreprise et placé dans son « aire d'autorité ». Le comité n'exerce donc pas seul la police des locaux et, eu égard à leur affectation, ne peut pas les mettre à la disposition des syndicats en vue de la distribution de tracts ou de l'affichage de documents syndicaux aux heures des repas. En sanctionnant des salariés ayant participé à ces distribution et affichage, l'employeur ne commet donc pas de délit d'entrave au fonctionnement du comité (Cass. soc. 9-6-1983 n° 82-11.087 P).

B. Modes de gestion

4640 La loi prévoit plusieurs modes de gestion des activités sociales et culturelles :
– gestion directe par le CSE pour celles qui n'ont pas la personnalité civile ;
– participation à la gestion ou contrôle de la gestion pour celles qui ont la personnalité civile ;
– gestion par un comité des activités sociales et culturelles interentreprises.

Sur la répartition des compétences en matière d'attributions sociales entre les CSE d'établissement et le CSE central dans les **entreprises à établissements distincts**, voir n° 6095.

Logiciel de gestion des activités sociales et culturelles 4645

Bons d'achat, voyages, réductions tarifaires en matière de spectacles ou de sports, secours... Pour le fonctionnement des activités sociales et culturelles au profit des salariés, le CSE collecte et utilise des informations personnelles : nom, prénom, date de naissance, sexe, famille, adresse postale, courriel, coordonnées bancaires, quotient familial, avis d'imposition... En sa qualité de responsable de traitement, il doit être en mesure de démontrer la **conformité** du traitement des données collectées aux dispositions du **règlement général sur la protection des données (RGPD)** du 27-4-2016 et à la **loi Informatique et libertés** du 6-1-1978 à **tout moment**, sous le contrôle et avec accompagnement de la Cnil. Voir également sur ce point n° 4030.

Information préalable des salariés Quel que soit le support de collecte utilisé (formulaire, questionnaire, etc.), celui-ci doit comporter : l'identité et les coordonnées du responsable du traitement et, le cas échéant, de son représentant ; le cas échéant, les coordonnées du délégué à la protection des données ; la mention des finalités du traitement auquel sont destinées les données à caractère personnel ainsi que sa base juridique ; les catégories de données à caractère personnel concernées ; la mention du caractère obligatoire ou facultatif du recueil des données ; le cas échéant, les destinataires ou catégories de destinataires des données à caractère personnel (service interne à l'entreprise, prestataire...) ; la durée de conservation des données ; les droits des salariés concernés et les modalités selon lesquelles ils peuvent les exercer (via leur espace personnel sur le site internet de l'entreprise, par un message sur une adresse e-mail dédiée, par un courrier postal à un service identifié...), la mention du droit au retrait du consentement à tout moment, si la base légale du traitement est le consentement des personnes et du droit d'introduire une réclamation auprès de la Cnil, le cas échéant, en cas de transfert de données hors de l'Union européenne, l'indication du pays concerné, l'existence ou l'absence d'une décision d'adéquation rendue par la Commission européenne ou la référence aux garanties appropriées ou adaptées et les moyens d'en obtenir une copie ou l'endroit où elles ont été mises à disposition, en cas de collecte indirecte, les catégories de données recueillies et leur source (en indiquant notamment si elles sont issues de sources accessibles au public) (Règl. UE 2016/679 art. 13 et 14).

Droits des salariés Les droits des salariés sur leurs données sont les suivants : droit d'accès, de rectification, d'effacement, de portabilité de leurs données, d'opposition et de limitation de leur utilisation (Règl. UE 2016/679 art. 15 à 18 et 20). Tout salarié peut, en particulier, s'opposer à ce que son employeur adresse au comité des données qui le concernent : leur transmission est facultative, le salarié devant être clairement informé des conséquences d'un éventuel refus de sa part – par exemple, application du tarif le plus élevé ou exclusion du bénéfice d'une prestation. Lorsque les données sont utilisées à des fins d'offres promotionnelles, les personnes concernées sont informées qu'elles peuvent s'y opposer sans frais et sans justification.

Gestion des données La tenue d'un **registre** faisant l'inventaire de tous les fichiers de données personnelles utilisés par le CSE, activité par activité, est préconisée et non pas obligatoire. Le CSE peut désigner une personne chargée du traitement des données. La Cnil en propose un modèle de registre sur son site : www.cnil.fr

Sécurisation des données Le CSE doit veiller à assurer la sécurité des données personnelles en prenant des mesures telles que la mise à jour des logiciels et de l'antivirus, le changement régulier des mots de passe, la création de différents profils utilisateurs, la sécurisation du local du comité, la vérification des contrats conclus avec les prestataires. En cas de **violation des données** (des données personnelles ont été, de manière accidentelle ou illicite, détruites, perdues, altérées, divulguées ou il a été constaté un accès non autorisé à des données), il est à notre sens tenu, comme tout responsable de traitement, de le signaler à la Cnil dans les 72 heures si cette violation est susceptible de représenter un risque pour les droits et libertés des personnes concernées (Règl. UE 2016/679 art. 33). Cette notification s'effectue en ligne sur le site internet de la Cnil.

La ou les personne(s) concernée(s) dont les données ont été potentiellement mises en danger doivent être averties (Règl. UE 2016/679 art. 34).

Règlement des litiges En cas de difficulté, il est possible d'alerter le délégué à la protection des données qui a pu être désigné par l'employeur ou, comme indiqué ci-dessus, de saisir la Cnil d'une réclamation. Une plainte pénale peut également être déposée auprès du procureur de la République ou des services de police ou de gendarmerie.

Sanctions Le **non-respect** des règles relatives aux informations collectées et au droit d'accès est passible de **sanctions pénales** (C. pén. art. 226-16 à 226-24 et R 625-10 à R 625-13) et peut entraîner la condamnation du comité à des **dommages et intérêts** réparant le préjudice éventuellement subi par les salariés (Cass. soc. 7-6-1995 n° 91-44.919 P).

En tant que responsable de traitement, le comité peut faire l'objet de **sanctions administratives** importantes en cas de méconnaissance des dispositions du règlement : avertissement, mise en demeure, injonction de mise en conformité ou de cesser le traitement, suspension des flux de données, amendes, etc. (Loi 6-1-1978 art. 20 et 21).

1. GESTION DIRECTE PAR LE CSE

COMPÉTENCE EXCLUSIVE DU CSE

4660 Le CSE assure la gestion des activités sociales et culturelles qui n'ont **pas la personnalité civile**, quel que soit leur mode de financement, à l'**exception** des centres d'apprentissage et de formation professionnelle (C. trav. art. R 2312-36). Pour ces centres, voir n° 4690.

ILLUSTRATIONS

L'activité sociale et culturelle que constitue un **arbre de Noël** n'ayant pas la personnalité civile, sa gestion revient au seul comité. L'employeur qui en assume directement la gestion au lieu de permettre au comité d'en gérer le budget se rend coupable de délit d'entrave (Cass. crim. 19-12-1963 n° 62-92.573 P).

DÉLÉGATION DE POUVOIRS

4665 Le comité peut confier la gestion des activités sociales et culturelles dépourvues de la personnalité civile, à l'exception des centres d'apprentissage et de formation professionnelle, à une **commission interne** spécialisée (nos 1620 s.), à des **personnes** qu'il désigne ou à des **organismes** qu'il crée et à qui il donne une délégation. Ces personnes ou organismes agissent dans la limite des attributions qui leur sont déléguées et sont responsables devant le CSE (C. trav. art. R 2312-36).
À titre d'illustration, sur l'adhésion du comité à une association dont la mission consiste à l'assister en lui apportant des conseils juridiques, voir n° 4610.
Il peut aussi sous-traiter sa participation financière aux activités culturelles ou de loisirs en remettant aux salariés des **cartes de réduction** émises par des organismes spécialisés : voir n° 5075.

ATTENTION

L'employeur ne peut pas, sous peine d'entrave, confier la gestion des activités sociales et culturelles à une association tendant à supplanter le comité et fonctionnant sous le **contrôle étroit de la direction** qui en assure le financement (Cass. crim. 22-11-1977 n° 76-93.162 P).

2. GESTION MIXTE OU CONTRÔLÉE PAR LE CSE

PARTICIPATION À LA GESTION

4680 Le CSE participe à la gestion des activités sociales et culturelles dotées de la **personnalité civile** (C. trav. art. R 2312-37), sous réserve des cas exposés n° 4690.
Il peut ainsi adhérer à ou constituer une association chargée de la gestion de telle ou telle activité par délégation.
S'agissant des **activités physiques et sportives** (qui font partie des activités sociales et culturelles : voir n° 5175), leur organisation est assurée par une association sportive d'entreprise ou commune à plusieurs entreprises. Le comité et l'association sportive conviennent annuellement des objectifs poursuivis et des moyens affectés à leur réalisation (C. sport art. L 121-8).

4685 **Participation aux organes d'administration et de surveillance des institutions sociales** Les conseils d'administration ou, à défaut, les organismes de direction des institutions sociales sont composés **au moins par moitié** de membres représentant le CSE. Il en va de même des commissions de contrôle ou de surveillance de ces institutions (C. trav. art. R 2312-39).

> **Précisions a.** Les **représentants du comité** au conseil d'administration des sociétés coopératives et de consommation sont **choisis** obligatoirement parmi les adhérents à la société. Dans les autres institutions, ils peuvent être choisis en dehors du comité et désignés, de préférence, parmi les adhérents ou bénéficiaires des institutions (C. trav. art. R 2312-39).
> Les représentants du CSE **siègent** avec les **mêmes droits** et dans les mêmes **conditions** que les autres membres (C. trav. art. R 2312-39).
> **b.** Le **bureau** nommé par les conseils d'administration des activités sociales et culturelles qui possèdent la personnalité civile comprend au moins un membre désigné par le CSE (C. trav. art. R 2312-40).
> **c.** Les **institutions sociales** dotées de la personnalité civile peuvent être **subventionnées** par les CSE ou les comités des activités sociales et culturelles interentreprises. Sous réserve des dispositions relatives au comité des activités sociales et culturelles interentreprises (n°s 4710 s.), ces institutions sont **organisées** et fonctionnent selon les modalités propres à chacune d'elles, d'après leur nature et leur régime juridique (C. trav. art. R 2312-59).

CONTRÔLE

Le CSE contrôle la gestion des **sociétés de secours mutuels** et des **organismes de sécurité sociale** établis dans l'entreprise, des activités sociales et culturelles ayant pour objet d'assurer aux salariés de l'entreprise des **logements** et des **jardins familiaux**, des **centres d'apprentissage et de formation professionnelle** dans la mesure et aux conditions ci-dessous (C. trav. art. R 2312-37). **4690**

Il est **représenté** auprès, d'une part, des conseils d'administration des organismes de sécurité sociale, des mutuelles établies dans l'entreprise et des commissions de contrôle de ces institutions et, d'autre part, des conseils d'administration des activités de logement et de jardins familiaux. À cette fin, il désigne deux délégués, choisis de préférence parmi les participants de ces institutions. Les délégués assistent aux réunions de ces conseils et commissions et l'un d'eux aux réunions de bureau (C. trav. art. R 2312-41).

Le CSE est **informé** par ses délégués de toutes décisions prises par les conseils ou bureaux des institutions ainsi que de la marche générale de l'institution (C. trav. art. R 2312-41).

Il est **consulté** préalablement à toute délibération relative à la modification des statuts de l'institution, à la création d'activités nouvelles et à la transformation ou à la suppression d'activités existantes (C. trav. art. R 2312-41).

Pour les organismes de sécurité sociale établis dans l'entreprise, les activités de logements et de jardins familiaux, lorsque des décisions sont soumises au contrôle ou à l'approbation de l'administration, l'avis du CSE y est annexé. Dans les cas mentionnés ci-dessus qui nécessitent sa consultation préalable, le comité peut s'opposer à leur exécution, sauf recours auprès du ministre chargé du travail (C. trav. art. R 2312-42).

Dans les mutuelles d'entreprise, lorsque des décisions sont soumises à l'approbation de l'administration, l'avis du CSE y est annexé. En outre, le CSE peut faire connaître son avis à l'assemblée générale sur le fonctionnement de l'institution (C. trav. art. R 2312-42).

> **Précisions** Le comité ne peut pas s'opposer aux décisions de la **mutuelle d'entreprise** en demandant l'annulation des délibérations et décisions de l'assemblée générale (Cass. soc. 15-10-2002 n° 00-20.910 FS-P : RJS 12/02 n° 1413). En outre, le comité, qui dispose des moyens lui permettant de contrôler le nombre des adhérents communiqué par la mutuelle d'entreprise en vue de l'attribution à celle-ci d'une subvention au titre des activités sociales et culturelles, ne peut pas obtenir communication de la liste nominative des adhérents de la mutuelle, cette liste n'étant pas indispensable à son information légitime (Cass. soc. 3-3-2004 n° 03-60.152 F-D).

3. GESTION PAR UN COMITÉ DES ACTIVITÉS SOCIALES ET CULTURELLES INTERENTREPRISES

COMPOSITION

Lorsque plusieurs entreprises possèdent ou envisagent de créer certaines institutions sociales communes, les CSE intéressés constituent un comité des activités sociales et culturelles interentreprises, qui comprend (C. trav. art. R 2312-43 et R 2312-44) : **4710**

– des **représentants des salariés** de chaque CSE **choisis** autant que possible de façon à assurer la représentation des diverses catégories de personnel, à raison de 2 délégués par comité et sans que leur nombre total puisse dépasser 12, sauf accord collectif contraire avec les syndicats ou, à défaut d'accord, dérogation expresse de l'inspecteur du travail ;

– un **représentant des employeurs**, désigné par eux, qui préside le comité. Les dispositions relatives à la **présidence** du CSE (n°s 660 s.) sont applicables au comité des activités sociales et culturelles interentreprises (C. trav. art. L 2315-23 sur renvoi de C. trav. art. R 2312-47).

> **Précisions** L'application de ces dispositions implique selon nous que le président peut être **assisté** de 3 collaborateurs ayant voix consultative, même si l'article R 2312-44 du Code du travail prévoit une assistance par un ou deux suppléants. À notre avis, il s'agit en effet d'une erreur liée à la reprise par cet article de l'ancien article R 2329-29 relatif au comité d'entreprise sans modifier le nombre d'assistants, alors que ledit nombre a été augmenté dans l'article législatif auquel il renvoie.

MISE EN PLACE

4715 La mise en place du comité des activités sociales et culturelles interentreprises doit, à notre avis, faire l'objet d'un **accord** écrit fixant ses règles de constitution et de fonctionnement, conclu entre les employeurs des entreprises participantes et les représentants de chaque CSE des entreprises participantes.

Le Code du travail ne prévoit que certaines règles de **désignation des représentants des salariés** du comité des activités sociales et culturelles interentreprises, les autres règles étant déterminées par l'accord :

– si le nombre des entreprises ne permet pas d'assurer aux salariés de chacune d'elles une représentation distincte, un seul délégué peut représenter les salariés de l'une ou de plusieurs d'entre elles, l'attribution des sièges étant effectuée par les CSE et les syndicats intéressés (C. trav. art. R 2312-45) ;

– si l'accord est impossible, l'inspecteur du travail décide de la répartition des sièges entre les représentants des salariés des entreprises intéressées (C. trav. art. R 2312-46), sans toutefois pouvoir désigner nommément les personnes appelées à siéger (TA Marseille 25-2-1983 n° 82-1966). Le silence gardé pendant plus de 4 mois par le ministre saisi d'un recours hiérarchique sur une décision prise par l'inspecteur du travail vaut décision de rejet (C. trav. art. R 2312-46). Sur le juge compétent en cas de contestation de cette décision, voir n° 26415 ;

– les dispositions relatives à l'organisation d'élections partielles au CSE à l'initiative de l'employeur (nos 24050 s.) sont applicables au comité des activités sociales et culturelles interentreprises (C. trav. art. L 2314-10 sur renvoi de C. trav. art. R 2312-47).

> **Précisions a.** Le comité des activités sociales et culturelles interentreprises étant assimilé par la loi à un CSE, le tribunal judiciaire est compétent pour connaître des **contestations** relatives à la **régularité de l'élection** de ses membres (Cass. soc. 7-1-1982 n° 81-60.879 P). Faute de texte contraire, sa décision est susceptible d'appel (Cass. soc. 25-6-2014 n° 13-24.982 D : RJS 11/14 n° 789).
> **b.** Sur la désignation du **représentant des employeurs**, voir n° 4710.
> **c.** Le comité des activités sociales et culturelles interentreprises doit signer avec les CSE d'établissement une **convention** conforme à celle devant être conclue entre le CSE central et les CSE d'établissement pour confier au premier la gestion d'activités communes (voir n° 6095).

EXERCICE DU MANDAT

4720 Sont applicables au comité des activités sociales et culturelles interentreprises :

– les dispositions relatives à la **durée, au renouvellement et à la cessation** du mandat des membres élus du CSE (C. trav. art. L 2314-33, L 2314-36 et L 2314-37 sur renvoi de C. trav. art. R 2312-47). Les membres du comité des activités sociales et culturelles interentreprises sont désignés pour une durée équivalente à celle qu'ils tiennent de leur mandat à leur CSE (C. trav. art. R 2312-47, al. 1) ;

– les dispositions relatives au **crédit d'heures** des membres du CSE (C. trav. art. L 2315-7 à L 2315-14 sur renvoi de C. trav. art. R 2312-47).

FONCTIONNEMENT

4725 Le comité des activités sociales et culturelles interentreprises a la **personnalité civile** (C. trav. art. R 2312-48) et gère son patrimoine (C. trav. art. L 2315-23 sur renvoi de C. trav. art. R 2312-47).

Il fonctionne comme un CSE (nos 1200 s.) (C. trav. art. R 2312-48). Il doit déterminer, dans un **règlement intérieur**, les modalités de son fonctionnement et, dans le respect de la convention visée n° 4715, les modalités de ses rapports avec les CSE et les salariés des entreprises intéressées (C. trav. art. R 2312-48).

Lui sont applicables :

– les dispositions relatives aux **réunions** et aux **délibérations** du CSE (nos 1710 s.) (C. trav. art. L 2315-28 à L 2315-35 sur renvoi de C. trav. art. R 2312-47) ;

– les dispositions relatives au **secrétariat** et au **trésorier** du CSE (nos 1420 s.) (C. trav. art. L 2315-23 sur renvoi de C. trav. art. R 2312-47).

Les **dépenses** nécessaires à son fonctionnement sont **à la charge** des entreprises proportionnellement au nombre de leurs salariés (C. trav. art. R 2312-53).

Ses **ressources** sont constituées par les sommes versées par les CSE pour le fonctionnement des activités sociales et culturelles leur incombant (C. trav. art. R 2312-54). Dès lors, est irrecevable la demande du comité des activités sociales et culturelles interentreprises d'une société et de ses filiales de complément de contribution patronale aux activités sociales et culturelles dirigée directement contre ces sociétés (Cass. soc. 21-10-1960 n° 57-12.336).
Le comité des activités sociales et culturelles interentreprises exerce ses fonctions dans les **locaux** et avec le **matériel et le personnel** de l'un ou de plusieurs des CSE qui y sont représentés (C. trav. art. R 2312-47, al. 2).
Comme le CSE, il engage sa **responsabilité** à l'occasion de sa gestion. Ainsi est-il tenu à l'égard d'un enfant, durant sa présence dans la colonie de vacances qu'il organise, d'une obligation générale de prudence et de diligence trouvant son origine dans la convention le liant aux parents qui le lui ont confié, la violation de cette obligation contractuelle étant sanctionnée par une responsabilité de même nature (Cass. 1e civ. 13-5-1968 n° 66-12.911 P).

> **Précisions** Les dispositions du Code du travail prévues pour l'établissement et le contrôle des **comptes** (n° 2990) et la **commission des marchés** (nos 1655 s.) du CSE sont applicables au comité des activités sociales et culturelles interentreprises (C. trav. art. R 2312-55) dans les conditions suivantes :
> – l'ensemble des ressources qu'il perçoit au titre d'une année considérée est pris en compte pour l'appréciation des seuils, y compris les subventions patronales de fonctionnement et les sommes versées par les CSE pour le fonctionnement des activités sociales communes (C. trav. art. R 2312-56) ;
> – il prend en charge, sur les sommes perçues au titre de son fonctionnement, le coût des missions de l'expert-comptable et, le cas échéant, de la certification des comptes par le commissaire aux comptes (C. trav. art. R 2312-57) ;
> – le contenu de son rapport annuel d'activité et de gestion est identique à celui du CSE (C. trav. art. R 2312-58).

ATTRIBUTIONS

Le comité des activités sociales et culturelles interentreprises gère les **institutions sociales communes** aux différentes entreprises qui le constituent. Il exerce les mêmes attributions que les CSE dans la mesure nécessaire à l'organisation et au fonctionnement de ces institutions (C. trav. art. R 2312-43). **4730**
En fonction de l'objet qui lui a été assigné, ce comité exerce les attributions relatives aux activités sociales et culturelles qui n'ont pas la personnalité civile, au service de santé au travail et au service social (C. trav. art. R 2312-48).
Sur la subvention du comité des activités sociales et culturelles interentreprises aux institutions sociales dotées de la personnalité civile et sur le fonctionnement de ces institutions, voir n° 4685.

C. Justificatifs

Le CSE peut réserver des prestations ou moduler leur montant en fonction de la situation des bénéficiaires, sous réserve de ne pas commettre de discrimination entre eux (nos 4535 s.). À cette fin, il peut demander aux salariés éligibles à la prestation de présenter un document justifiant de leur situation. **4750**

JUSTIFICATIFS POUVANT ÊTRE DEMANDÉS

Chacun ayant droit au **respect de sa vie privée** (C. civ. art. 9), le CSE ne peut pas exiger la production de documents comportant des renseignements qui ne sont pas utiles pour l'attribution de la prestation demandée. **4755**

> **EXEMPLE**
> Ainsi, le CSE ne peut pas subordonner l'octroi d'une prime de vacances à la présentation par le salarié de la **déclaration de revenus** de l'année précédente. Cette exigence porte atteinte à la vie privée, dès lors que cette déclaration comporte des renseignements qui ne sont pas tous utiles pour l'attribution de la prime (Cass. 1e civ. 29-5-1984 n° 82-12.232). Le comité peut en revanche, selon la Cnil, demander la fourniture d'une copie de l'**avis d'imposition** (Guide Cnil pour les employeurs et les salariés 2010, fiche n° 4), ou encore, selon nous, une **déclaration sur l'honneur** du salarié. Par exemple, pour l'octroi d'une prestation ouverte aux concubins, la déclaration peut indiquer que le salarié vit en concubinage.
> La Cour de cassation ne s'est pas prononcée, à notre connaissance, sur l'exigence de la production d'un **bulletin de paie**, mais ce document contient selon nous des informations allant au-delà de celles nécessaires au CSE. Il semble préférable, selon nous, de demander une **attestation du service comptable de l'entreprise**.

NON-PRÉSENTATION

4760 En principe, le refus du salarié de produire le document demandé par le comité ne le prive pas de la prestation. Dans ce cas, c'est la **prestation minimale** qui doit être versée (Lettre min., Bulletin de documentation du min. trav., n° 81 p. 233).

Par exception, pour les **prestations versées sous condition de ressources**, le refus de fournir les justificatifs demandés fait obstacle au bénéfice de l'avantage.

Le salarié doit être clairement informé des conséquences d'un refus éventuel de sa part (Guide Cnil pour les employeurs et les salariés 2010, fiche n° 4).

ATTENTION

Le comité ne peut pas refuser l'accès à une prestation pour non-respect du **délai** requis pour la présentation d'un justificatif, lorsque la note qu'il établit chaque année pour fixer les modalités de la prestation en cause se contente de mentionner que les justificatifs de dépenses doivent être déposés avant une certaine date, sans prévoir de sanction en cas de non-respect du délai (Cass. soc. 23-9-1992 n° 90-11.752 D).

III. RÉGIME SOCIAL ET FISCAL DES AVANTAGES ALLOUÉS PAR LE COMITÉ

4800 Il s'agit de déterminer :
– le sort des avantages alloués par le CSE au regard des **charges sociales et fiscales** ;
– les **modalités de paiement** de ces charges : qui doit les payer et opérer le cas échéant le prélèvement à la source de l'impôt sur le revenu, quels avantages doivent être portés sur la DSN ;
– les incidences sur le **résultat imposable de l'entreprise** des cotisations et contributions sociales versées par celle-ci au titre des avantages alloués par le CSE. Ils relèvent en effet des règles de droit commun et dépassent en tant que tels le cadre du présent ouvrage.

Les avantages alloués par le CSE **à son propre personnel salarié** ne sont pas traités ici.

A. Assujettissement aux charges sociales

4810 Les développements suivants concernent les **principes généraux** permettant de déterminer le sort des avantages alloués par le CSE au regard des charges sociales et fiscales. Des exemples d'application pour les prestations les plus courantes sont recensés dans un tableau récapitulatif (n° 4860) et celles nécessitant des développements plus importants sont regroupées à part (n°s 5010 s.).

Les solutions qui suivent ont toutes été adoptées en matière de **cotisations de sécurité sociale**. Elles s'appliquent également à :
– l'ensemble des **prélèvements** dont l'assiette est harmonisée avec celle de ces cotisations : cotisations ou contributions solidarité autonomie, Fnal, dialogue social, chômage, AGS, retraite complémentaire Agirc-Arrco, formation et alternance (contributions à la formation professionnelle, CPF-CDD, supplémentaire à l'apprentissage et taxe d'apprentissage), versement mobilité et participation-construction ;
– la **CSG** et la **CRDS**, sauf en matière de contributions de retraite supplémentaire et de prévoyance complémentaire et d'indemnités versées à l'occasion de la modification ou de la cessation du contrat de travail ;
– la **taxe sur les salaires**, son assiette étant alignée sur celle de la CSG sauf indication contraire.

> **Précisions** L'alignement de l'assiette des **taxes et participations assises sur les salaires** sur celle des cotisations de sécurité sociale ou, pour la taxe sur les salaires, sur celle de la CSG est prévu, en tant que règle générale, par la loi (CGI art. 231 pour la taxe sur les salaires ; C. trav. art. L 6241-1-1 pour la taxe d'apprentissage, L 6331-1 pour la contribution à la formation professionnelle des entreprises de moins de 11 salariés et L 6331-3 pour la contribution à la formation professionnelle des entreprises d'au moins 11 salariés ; CCH art. L 313-1 pour la participation-construction).
> Cet alignement a pour effet de rendre applicables à ces taxes et participations les solutions administratives retenues en matière sociale. L'administration fiscale l'a expressément confirmé pour la taxe sur les salaires (BOI-TPS-TS-20-10 n° 60), mais cela vaut tout autant pour les autres taxes et participations assises sur les salaires.

1. PRINCIPES JURISPRUDENTIELS ET DOCTRINE ADMINISTRATIVE

Sur la question de l'assujettissement aux cotisations de sécurité sociale des avantages alloués par le CSE au personnel de l'entreprise, la Cour de cassation adopte une position plus rigoureuse que l'administration, pour l'employeur et le comité. **4820**

JURISPRUDENCE

Sont soumises à cotisations sociales les sommes attribuées par un comité aux salariés en cette qualité et à l'occasion du travail, selon des normes objectives préétablies, même si tous n'en bénéficient pas, seules étant exclues de l'assiette des cotisations les sommes ayant un caractère de secours lié à des situations exceptionnelles (Cass. 2e civ. 9-2-2006 n° 04-30.549 FS-P : RJS 5/06 n° 626). **4825**
Cet arrêt s'inscrit dans une jurisprudence constante de la Cour de cassation, selon laquelle les **prestations en espèces** servies par le comité constituent des rémunérations soumises à cotisations, même si elles sont financées sur les fonds affectés aux activités sociales et culturelles du comité. Il n'y est dérogé que pour :
– les **secours** (nos 5140 s.) ;
– les sommes exclues par nature de l'assiette des cotisations, telles celles ayant le caractère de **dommages-intérêts**, allouées en réparation d'un préjudice, ou les remboursements de **frais professionnels** (n° 5240) ;
– les sommes **exonérées** de l'assiette des cotisations en vertu d'un texte exprès.
Les **avantages en nature** servis par le comité sont en principe soumis aux cotisations dans les mêmes conditions que lorsqu'ils sont versés par l'employeur (Cass. soc. 1-4-1993 n° 90-15.009 P).

> **Précisions** Jugé que les activités sociales et culturelles énumérées à l'article R 2312-35 du Code du travail (n° 4430), instituées dans l'entreprise au bénéfice des salariés ou anciens salariés et de leur famille, échappent aux cotisations de sécurité sociale (Cass. soc. 9-6-1992 n° 89-18.539 P ; 13-5-1993 n° 91-14.362 P).
> Les activités sociales et culturelles énumérées à l'article R 2312-35 du Code du travail ne recouvrent ni les prestations en espèces, en vertu de la jurisprudence constante précitée, ni l'ensemble des prestations en nature, la Cour de cassation soumettant les cadeaux et bons d'achat à cotisations.
> En fait, il semble que la Cour de cassation ait entendu exclure de l'assiette des cotisations les avantages en nature alloués par les comités à la **collectivité des salariés**, tels que les bibliothèques, les équipements sportifs, etc.

Exemples Sauf s'ils constituent un secours au sens défini nos 5140 s., la Cour de cassation soumet aux cotisations notamment : **4830**
– les primes versées à l'occasion d'un **événement** : mariage, naissance, fête patronale... (Cass. soc. 27-1-1977 n° 75-14.797 P) ;
– les aides accordées aux salariés ayant des **enfants** : complément d'allocations familiales, prime de crèche ou de scolarité, bourse d'études, participation aux frais de garde (voir toutefois n° 5150), de cantine, de transport scolaire, de centres aérés, de classes de neige, de colonies de vacances, aide à l'enfance handicapée... ;
– les prestations améliorant la **protection sociale** : complément de prestations en nature de l'assurance maladie, complément d'indemnités journalières de sécurité sociale (Cass. soc. 22-5-1979 n° 77-12.453 P) ;
– les aides aux **voyages ou** aux **vacances** : prime de vacances, participation aux frais de voyages organisés par le comité, participation aux frais de logement et de location de skis exposés par les salariés au cours de vacances organisées par l'entreprise... ;
– les **cadeaux**, les chèques destinés à l'achat d'un cadeau et les **bons d'achat** : voir n° 5040.

DOCTRINE ADMINISTRATIVE

L'administration admet que certaines prestations servies par le comité soient **exonérées de cotisations** de sécurité sociale. **4835**
Ainsi, elle a donné pour directive aux Urssaf d'exclure de l'assiette des cotisations les **prestations en espèces ou en nature**, servies par le comité aux salariés ou anciens salariés de l'entreprise, lorsqu'elles se rattachent directement aux activités sociales et culturelles. Cette règle ne joue que si ces prestations ne sont pas assujetties aux cotisations par un texte exprès, n'ont pas le caractère d'un complément de salaire et ne sont pas attribuées sur la base de critères discriminatoires (voir n° 4555).
Sur la question de savoir si et dans quelle mesure les positions prises par l'administration **s'imposent aux Urssaf**, notamment à l'occasion du contrôle des entreprises, voir n° 4945.

4840 Présentent, par **exemple**, le caractère d'un complément de salaire les sommes d'un montant hiérarchisé perçues par l'ensemble du personnel (Inst. min. 17-4-1985) ou attribuées de manière automatique et non personnalisée (Circ. Acoss 14-2-1986).

Parmi les sommes soumises à cotisations, soit à raison d'un texte exprès, soit à raison de leur caractère de complément de salaire, l'administration cite :

– les **primes** versées à l'occasion d'un événement : mariage, naissance, départ en retraite ou en préretraite, fête patronale, anniversaire de l'entreprise, Noël (Inst. min. 17-4-1985 ; Guide pratique 2023 CSE des Urssaf). Pour les cadeaux et bons d'achat en lien avec un évènement, voir nos 5035 s. ;

– les **prestations à caractère familial** (primes de logement, de scolarité, d'études, de rentrée scolaire, allocations de maternité, pour enfants à charge...) (Inst. min. 17-4-1985 ; Guide pratique 2023 CSE des Urssaf), à l'exception de l'aide financière aux services à la personne : voir nos 5150 s. ;

– les **indemnités complémentaires aux indemnités journalières** de sécurité sociale (Inst. min. 17-4-1985 ; Doc. Urssaf au 25-9-2023) ;

– les sommes destinées à compenser une **perte de salaire**, notamment les sommes versées à ce titre aux salariés **grévistes** (Circ. Acoss 14-2-1986) ; sur les indemnités versées au salarié en congé de formation économique, sociale, environnementale et syndicale pour couvrir ses frais, voir n° 5225 ;

– les prestations versées en application d'une **obligation légale ou contractuelle de l'employeur** (Inst. min. 17-4-1985 ; Doc. Urssaf au 25-9-2023).

Pour les comités dont le budget est alimenté par une dotation de l'employeur et par une **contribution des salariés**, si le montant total des avantages en espèces servis aux salariés et susceptibles d'être soumis à cotisations n'excède pas la dotation de l'employeur, il y a lieu de considérer que ce financement complémentaire, en général modeste, est sans incidence sur l'assujettissement aux cotisations de l'intégralité des sommes versées (Circ. Acoss 14-2-1986).

2. TABLEAU RÉCAPITULATIF

4860 La circulaire Acoss du 14-2-1986 donne un tableau qui récapitule dans l'ordre alphabétique, sous forme synthétique, la position de principe à retenir à l'égard des différentes prestations susceptibles d'être allouées par le comité.

ATTENTION

Ces solutions sont le **reflet de la doctrine administrative** et peuvent, sur certains points, **différer du point de vue retenu par la jurisprudence**. Pour cette raison, nous renvoyons, pour chaque avantage, aux développements consacrés à la question, afin de permettre au lecteur d'avoir une vue complète des solutions existant en la matière.

Nature des prestations	Cotisations dues
Aide financière aux services à la personne (jusqu'à un certain seuil : voir nos 5150 s.) (C. trav. art. L 7233-4).	Non
Allocations complémentaires aux indemnités journalières (CSS art. R 242-1) (n° 4840).	Oui
Anniversaire de l'entreprise (n° 4840) : primes allouées à cette occasion.	Oui
Bonifications d'intérêts remboursées aux salariés qui contractent un emprunt.	Oui
Bons d'achat ou cadeaux en nature (nos 5035 s.) : – distribués à une catégorie de personnel et en relation avec un événement lorsque leur importance est conforme aux usages ;	Non
– destinés à l'ensemble du personnel ou d'un montant excessif eu égard aux circonstances.	Oui
Cantine (n° 5025) : participation au financement de la cantine conjointe ou non à celle de l'employeur : – si la participation salariale est supérieure ou égale à 50 % de la valeur forfaitaire de l'avantage en nature nourriture retenu pour l'assiette des cotisations ;	Non
– si la participation salariale est inférieure à 50 % de cette valeur.	Oui [1]
Chèques-vacances (C. tourisme art. L 411-1 s.) (nos 5105 s.) : – aides aux vacances attribuées sous forme de participation aux chèques-vacances acquis par les employeurs (Circ. Acoss 31-10-1984) ;	Oui
– aides aux vacances attribuées sous forme de chèques-vacances acquis par le comité (C. tourisme. art. L 411-9 ; Circ. Acoss précitée ; Circ. Acoss 27-3-2003 ; BOSS-Ass. gén.-370) ;	Non

4860 (suite)

Nature des prestations	Cotisations dues
Colonies de vacances (centres aérés...) (n° 5100) : participations favorisant le départ des enfants en colonies de vacances (sous réserve d'attestations d'inscription).	Non
Congés de formation économique, sociale, environnementale et syndicale : indemnités accordées à l'occasion de ces congés (n° 5225) : – pour couvrir les frais supportés par les salariés à cette occasion ;	Non
– pour compenser les pertes de salaire.	Oui
Décès : somme allouée à l'occasion du décès d'un membre de la famille du salarié, assimilée à un secours exceptionnel (n° 5140).	Non
Enfants à charge : allocations pour enfants à charge (n° 5120).	Oui
Études : primes d'études allouées par le comité (voir aussi cadeaux et bons d'achat) (n° 5120).	Oui
Fête patronale de l'entreprise : primes allouées à cette occasion (n° 4840).	Oui
Grève (n° 4840) : maintien en tout ou partie du salaire en cas de grève.	Oui
Jouets : offerts aux enfants à l'occasion des fêtes de Noël.	Non
Logement : primes de logement allouées par le comité.	Oui
Mariage (n° 5120) : primes allouées à l'occasion du mariage des salariés (voir aussi cadeaux et bons d'achat).	Oui
Maternité (n° 5120) : allocations de maternité allouées par le comité.	Oui
Médaille du travail : prime versée à l'occasion de l'attribution de la médaille officielle du travail (conjointe ou non à celle de l'employeur) (n° 5210) : – fraction de la prime n'excédant pas le salaire mensuel de base du bénéficiaire [2] ;	Non
– fraction de la prime excédant cette limite [2].	Oui
Mères : primes allouées à l'occasion de la fête des Mères (voir également cadeaux et bons d'achat).	Oui
Naissance (n° 5120) : primes allouées à l'occasion de la naissance d'enfants (voir cadeaux et bons d'achat).	Oui
Noël (n° 4840) : primes versées à l'occasion des fêtes de Noël (voir cadeaux et bons d'achat).	Oui
Pères : primes attribuées à l'occasion de la fête des Pères (voir cadeaux et bons d'achat).	Oui
Perte de salaire (n° 4840) : toutes les sommes destinées à compenser une perte de salaire.	Oui
Préretraite : primes allouées par le comité (n° 4840) : – à l'occasion du départ volontaire en préretraite des salariés hors PSE (cotisations de droit commun) ;	Oui
– après rupture du contrat de travail, sous forme de versements échelonnés (cotisation maladie précomptée sur les avantages de retraite et, éventuellement, contribution spécifique préretraite) ;	Oui
– secours ou avantages divers alloués pendant la préretraite.	Non
Prévoyance : participation au financement de prestations de prévoyance : voir n°s 5185 s.	
Rentrée scolaire (n° 5120) : primes de rentrée scolaire (voir aussi cadeaux et bons d'achat).	Oui
Retraite	
1) Participation au financement de prestations de retraite : voir n°s 5185 s.	
2) Primes de départ volontaire en retraite allouées à l'occasion du départ de l'entreprise (hors PSE).	Oui

Nature des prestations	Cotisations dues
3) Aides accordées, au cours de leur retraite, aux anciens salariés et à leur famille :	
– sous forme de versements échelonnés et réguliers assimilables à un supplément de retraite, soumis à la cotisation maladie sur les avantages retraite ;	Oui
– sous forme de secours ou avantages divers.	Non
Scolarité (n° 5120) : prime de scolarité.	Oui
Secours (nos 5140 s.) : attribution extraordinaire d'une somme d'argent en raison d'une situation sociale particulièrement digne d'intérêt, ou pour un montant modulé en fonction des besoins à satisfaire d'urgence.	Non
Spectacles : réductions tarifaires accordées à l'occasion de spectacles (n° 5080) :	
– réductions directement supportées par le comité ;	Non
– remboursement total ou partiel des sommes payées par le salarié.	Non
Sports : réductions tarifaires accordées pour pratiques sportives (n° 5175) :	
– directement supportées par le comité ;	Non
– remboursement total ou partiel des sommes payées par le salarié.	Non
Titres-restaurant : participation du comité à l'acquisition des titres-restaurant à joindre à la participation éventuelle de l'employeur (n° 5030) : – si la participation globale respecte certaines conditions et limites (C. trav. art. L 3262-1 s.) ;	Non
– si non-respect.	Oui
Vacances (n° 5100) :	
– participations favorisant le départ en vacances de la famille ou des enfants seuls, même si elles ne sont pas modulées en fonction des ressources familiales (sous réserve de justification des dépenses de vacances) ;	Non
– primes de vacances allouées indistinctement à tous les salariés ou sans aucune justification des dépenses engagées.	Oui
Voyages : réductions tarifaires accordées à l'occasion de voyages touristiques (n° 5095) :	
– directement supportées par le comité ;	Non
– remboursement total ou partiel des sommes payées par le salarié.	Non

1. Réintégration de la différence entre ladite valeur forfaitaire et le montant de la participation du salarié.
2. Précisions apportées par nos soins à la suite d'une lettre ministérielle du 12-12-1988 : voir n° 5210.

3. BULLETIN DE PAIE

4880 Pour l'administration, les avantages alloués par le comité doivent figurer sur le bulletin de paie, lorsqu'ils sont soumis aux cotisations sociales (Circ. min. 18 du 13-12-1988). Cette doctrine se fonde sur les termes de l'article R 3243-1, 6° du Code du travail, obligeant à mentionner sur le bulletin de paie la nature et le montant des accessoires du salaire soumis à ces cotisations.

Elle a donné lieu aux précisions suivantes :

– la mention des cotisations acquittées peut apparaître sur un bulletin de paie correspondant, non pas à la date à laquelle le comité attribue sa prestation, mais à la **date de versement des cotisations** sociales (Circ. min. 18 du 13-12-1988) ;

– le **secrétaire** ou le **trésorier** du comité doit communiquer à l'employeur, au moins une fois par an, les éléments nécessaires à la déclaration et au calcul des cotisations afférentes aux avantages susceptibles d'être soumis à cotisations (Circ. min.18 du 13-12-1988).

Par ailleurs, les avantages soumis à **CSG** et à **CRDS** doivent apparaître dans l'assiette de ces prélèvements, qui figurent sur le bulletin de paie (C. trav. art. R 3243-1, 8°).

B. Assujettissement aux charges fiscales

PRINCIPES GÉNÉRAUX

Les développements qui suivent concernent l'assujettissement à l'**impôt sur le revenu** des avantages alloués par le CSE au salarié. Concernant les **taxes et participations assises sur les salaires**, dont l'assiette est alignée sur l'assiette sociale, voir n°s 4810 s. 4900
On ne trouvera ci-après que les principes généraux permettant de déterminer le sort des avantages alloués par le CSE au regard de l'impôt, sachant que les **exemples d'application** correspondant aux prestations les plus courantes sont traités à part (n°s 5010 s.).

Sauf tolérance administrative (n° 5065) ou exonérations légales (n°s 5150 s.), les indemnités ou allocations versées aux salariés par le CSE sont imposables lorsqu'elles sont payées en contrepartie ou à l'occasion du travail et pour le compte de l'employeur, même si les sommes correspondantes sont prélevées sur les ressources propres du comité. Tel est le cas, notamment, des **avantages consentis à l'ensemble du personnel** en vertu d'un **usage constant**. 4905
A contrario, échappent à toute imposition les allocations à caractère social qui, compte tenu de leur montant et de leurs conditions d'attribution, présentent le caractère de **secours** pour leur bénéficiaire : voir n°s 5140 s.

ILLUSTRATIONS

Constituent, par exemple, des compléments de salaires imposables à l'impôt sur le revenu :
– des allocations de naissance, de mariage, de vacances et d'études consenties en vertu d'un usage constant (CE 10-7-1964 n° 60651) ;
– des allocations versées deux fois par an au titre du logement, des vacances et des fêtes de Noël et calculées pour une grande partie d'entre elles proportionnellement au salaire (CE 11-10-1967 n° 65256) ;
– des chèques-cadeaux de Noël et des bons pour colonie de vacances ou scolarité d'un montant forfaitaire servis à l'ensemble du personnel en vertu d'un usage constant (CAA Paris 20-7-1993 n° 91-134 : RJF 11/93 n° 1439), sous réserve des tolérances admises (n° 5065).

C. Paiement des charges sociales et fiscales

1. RESPONSABLE DU PAIEMENT

COTISATIONS SOCIALES

Paiement par l'employeur C'est à l'employeur de verser à l'organisme de recouvrement les cotisations de sécurité sociale dues sur les avantages alloués à son personnel par le CSE. Cette règle a été définie par la jurisprudence dans des litiges concernant les cotisations de sécurité sociale (Cass. soc. 11-5-1988 n° 86-13.959 P ; 9-6-1992 n° 89-18.539 P : RJS 11/92 n° 1295 ; 13-5-1993 n° 91-14.362 P : RJS 6/93 n° 652), mais elle est transposable aux prélèvements dont l'assiette est harmonisée avec celle des cotisations (n° 4810). 4930
Elle s'applique également à la **CSG** et à la **CRDS**, l'employeur étant le seul responsable du versement de ces contributions envers l'Urssaf (Circ. Acoss du 17-1-1997).

Pour mettre l'employeur en mesure de remplir ses obligations, le **comité** doit lui **communiquer les éléments nécessaires** à la déclaration et au calcul des cotisations afférentes aux avantages susceptibles d'y être soumis (Inst. min. 17-4-1985 ; Doc. Urssaf au 25-9-2023). 4935
La **périodicité** de cette communication doit être définie par accord entre l'employeur et le CSE. Selon l'administration, elle doit être au moins annuelle : voir n° 4880.
Sur les obligations du CSE en ce qui concerne l'**aide financière aux services à la personne**, voir n° 5170. En cas de **refus** du comité, l'employeur peut obtenir ces éléments en s'adressant au juge des référés (Cass. soc. 3-10-1984 n° 83-10.569 P).

Contrôle Urssaf En cas de contrôle Urssaf portant sur les avantages servis au personnel par le comité : 4940
– la procédure, y compris la notification des redressements, doit être suivie **entre l'Urssaf et l'employeur** (Inst. min. 17-4-1985). L'Urssaf ne peut donc pas **notifier** directement un **redressement au comité** (Cass. soc. 11-5-1988 n°s 86-17.284 P et 86-17.283 D) ;
– le comité doit mettre à la disposition de l'entreprise les documents comptables nécessaires à la réalisation du contrôle (Inst. min. 17-4-1985) et doit pouvoir produire une **comptabilité** détaillée assortie de justificatifs, les budgets de fonctionnement et d'activités sociales devant être distincts (Doc. Urssaf au 25-9-2023). Sur la présentation des comptes, qui varie suivant la taille du CSE, voir n°s 3020 s.

En application de ces règles, sont régulières les opérations de contrôle précédées d'un **avis de passage** envoyé à l'employeur, l'informant que la vérification porterait sur les rémunérations versées à ses salariés, ce qui englobe les sommes versées à ceux-ci directement ou par l'intermédiaire du comité, et l'invitant à rassembler les éléments utiles au contrôle, y compris ceux se trouvant entre les mains d'une tierce personne, ce qui comprend les éléments de comptabilité établis et conservés par le comité (Cass. 2e civ. 20-6-2007 n° 06-15.391 F-D : RJS 11/07 n° 1204).

4945

Opposabilité aux Urssaf des tolérances administratives

Dans quelle mesure l'employeur, confronté à un contrôle de l'Urssaf, peut-il se prévaloir d'une tolérance admise par l'administration ? La réponse à cette question diffère selon l'origine des circulaires ou instructions en cause.

Circulaires ministérielles La loi garantit l'employeur ayant appliqué la législation relative aux cotisations et contributions sociales selon l'interprétation en vigueur admise par une circulaire ou une instruction du ministre chargé de la sécurité sociale régulièrement publiée contre tout redressement de l'organisme de recouvrement compétent qui serait fondé sur une interprétation différente (CSS art. L 243-6-2). La demande de l'employeur est recevable tant que les sommes mises en recouvrement au titre de la situation couverte par cette circulaire ou instruction n'ont pas un caractère définitif (CSS art. R 243-59-8).

Cette garantie joue aussi longtemps que la législation n'a pas été modifiée ou la circulaire, abrogée. Elle ne vaut donc que pour la période de validité des circulaires ou instructions.

Depuis le **1-4-2021**, ces circulaires et instructions du ministre chargé de la sécurité sociale relatives aux cotisations et contributions sociales sont publiées sur le site internet du Bulletin officiel de la sécurité sociale (**BOSS**), qui se substitue aux autres supports de publication (Arrêtés PRMX2109772A du 30-3-2021 et SSAS2109766A du 31-3-2021) et dont le contenu est opposable à l'administration. Les circulaires et instructions antérieures au 1-4-2021 restent en vigueur jusqu'à la publication au BOSS des commentaires de l'administration ayant le même objet ; le site du BOSS précise les circulaires qui sont abrogées, lors des mises à jour (Arrêté SSAS2109766A du 31-3-2021).

D'une façon plus générale, toute personne peut se prévaloir de l'interprétation, même erronée, d'une règle, opérée par les circulaires, instructions, notes, émanant des administrations centrales et déconcentrées de l'État et publiées sous la mention « **Documents opposables** » sur les sites internet fixés à l'article D 312-11 du CRPA (notamment les sites : https://www.economie.gouv.fr/, https://solidarites-sante.gouv.fr/ et https://travail-emploi.gouv.fr/ pour ce qui concerne le domaine social), pour son application à une situation qui n'affecte pas des tiers, tant que cette interprétation n'a pas été modifiée (CRPA art. L 312-3).

Circulaires des organismes sociaux La question de la force obligatoire des autres circulaires (circulaires de l'**Acoss**, devenue Urssaf Caisse nationale, des caisses nationales de sécurité sociale, etc.) ne fait l'objet d'aucun texte spécifique. Selon la jurisprudence, ces documents ne lient ni les organismes de recouvrement ni le juge.

4950 **Recours de l'employeur contre le comité** Si l'employeur doit verser les cotisations dues sur les avantages servis à son personnel par le comité, il n'a pas pour autant à en supporter définitivement la charge. Il peut en demander le **remboursement** au comité, qui l'en dédommage sur les fonds dont il dispose pour le financement de ses activités sociales et culturelles (jurisprudence constante, notamment Cass. soc. 13-5-1993 n° 91-14.362 P : RJS 6/93 n° 652). La position contraire aboutirait en effet à majorer indirectement la contribution de l'employeur au financement de ces activités, qui serait de ce fait portée au-delà de son montant légal ou conventionnel.

Le recours de l'employeur n'est toutefois ouvert qu'au titre des avantages consentis en dehors de toute intervention de sa part, à l'**initiative du comité** (Cass. soc. 11-5-1988 n° 85-18.557 P ; 9-6-1992 n° 89-18.540 D ; 13-5-1993 n° 91-14.362 P, précité).

Par conséquent, il est **exclu** lorsque le comité n'a été que l'intermédiaire de l'employeur. Par ailleurs, selon certains commentateurs, il serait également exclu au titre des activités sociales et culturelles existant déjà lors de la création du comité et dont celui-ci n'a fait que reprendre la gestion.

Rendues dans des litiges portant sur les cotisations de sécurité sociale, ces solutions nous semblent transposables à l'**ensemble des charges sociales** assises sur les salaires.

PRÉLÈVEMENT À LA SOURCE DE L'IMPÔT SUR LE REVENU

Ceux des avantages alloués par le CSE qui ont la nature de complément de rémunération doivent être déclarés par l'employeur sur la DSN (n° 4970). C'est donc aussi à l'employeur (et non au comité) qu'il incombe de pratiquer le prélèvement à la source de l'impôt sur le revenu sur ces avantages. **4955**

TAXES ET PARTICIPATIONS SUR LES SALAIRES

C'est à l'**employeur** et non au CSE qu'incombe le paiement de la taxe sur les salaires due à raison des avantages consentis au personnel par le comité (solution donnée par l'administration pour des allocations de caractère social versées sur ses ressources par un comité lorsque ces sommes sont en fait payées en contrepartie ou à l'occasion du travail et pour le compte de l'employeur) (CE 10-7-1964 n° 60651 ; BOI-TPS-TS-10-10-10 n° 40). **4960**
La solution vaut, à notre avis, pour les autres taxes et participations assises sur les salaires (taxe d'apprentissage et contribution supplémentaire à l'apprentissage, contribution à la formation professionnelle et participation-construction).
La question du **recours** de l'employeur, en vue du remboursement de ces taxes et participations par le CSE, n'a fait l'objet d'aucune solution officielle.

2. DSN

L'employeur doit déclarer dans la déclaration sociale nominative (DSN) les avantages servis au personnel par le CSE, sauf s'ils échappent à l'impôt sur le revenu et aux cotisations de sécurité sociale. À cette fin, il reçoit du comité certaines informations, voir n° 4935. **4970**

ATTENTION

La déclaration dans la DSN appelle des précisions particulières pour l'aide aux **chèques-vacances** s'ajoutant à celle de l'employeur (voir n° 5115) et pour l'aide financière aux **services à la personne** (voir n° 5170).

D. Déduction du résultat de l'entreprise

RÈGLES DE DÉDUCTIBILITÉ

En règle générale, l'administration admet la déductibilité des dépenses engagées dans l'**intérêt exclusif du personnel** de l'entreprise à condition que les sommes versées cessent d'être à la disposition de l'entreprise (BOI-BIC-CHG-40-40-60 n° 1). Tel est le cas notamment des sommes versées au CSE (n° 4995). **4990**
Sont ainsi déductibles les versements à des **œuvres sociales** réservées au personnel de l'entreprise, ou à des **organismes extérieurs** à l'entreprise (colonies de vacances, maisons de retraite, sociétés sportives), qui ont directement pour objet de permettre au personnel de participer aux avantages procurés par ces œuvres (BOI-BIC-CHG-40-40-60 n° 10).

VERSEMENTS DE L'EMPLOYEUR AU CSE

Les sommes versées par un employeur à son CSE en vue de financer des **œuvres sociales** instituées dans l'intérêt direct du personnel de l'entreprise cessent d'être normalement à la disposition de l'employeur dès lors que les CSE sont dotés de la personnalité civile. Ces sommes sont intégralement déductibles des résultats de l'entreprise même lorsqu'elles excèdent le montant de la cotisation minimale obligatoire (BOI-BIC-CHG-40-40-60 n° 30). **4995**
Il en est ainsi même si le comité utilise les fonds pour subventionner une association qui n'est pas constituée exclusivement de personnes au service de la société, dès lors qu'il est devenu définitivement propriétaire des sommes versées par la société (CE 19-6-1961 n° 49981).

La déductibilité des **charges sociales ou fiscales** dues à raison des avantages alloués par le comité n'a pas fait l'objet de précisions particulières de l'administration. Néanmoins, s'agissant de charges liées aux dépenses de personnel, elles sont par principe déductibles des résultats de l'entreprise. **5000**

CONSEIL

En **pratique**, pour celles des sommes allouées par le CSE qui figurent sur le bulletin de paie, parce qu'elles sont soumises à cotisations sociales, le traitement de ces cotisations sera le même fiscalement et comptablement que celui des cotisations dues sur le salaire lui-même.
En cas de remboursement de ces cotisations par le CSE, l'employeur devra réintégrer dans ses résultats imposables le profit en résultant.

IV. ACTIVITÉS LES PLUS COURANTES

5010 Les activités sociales et culturelles du CSE les plus courantes sont présentées ci-après.
Sont exposés, pour chacune d'elles, les solutions relatives aux possibilités d'action ouvertes au CSE et le régime social et fiscal des prestations servies.

RESTAURATION DES SALARIÉS

5015 **Cantine** Le CSE est habilité, dans le cadre des activités sociales et culturelles, à gérer une cantine pour le personnel de l'entreprise (C. trav. art. R 2312-35). Ce peut être une cantine d'entreprise, dont la gestion est assurée directement par lui ou déléguée à l'employeur, ou une cantine interentreprises, confiée à un comité des activités sociales et culturelles interentreprises (n°s 4710 s.). Sur la possibilité pour le CSE de maintenir la gestion du restaurant d'entreprise par le comité des activités sociales et culturelles interentreprises, alors que l'employeur dispose de locaux dans un nouvel immeuble, dans lequel il a installé un restaurant d'entreprise, voir n° 4610.
L'**accès** à la cantine est réservé aux salariés de l'entreprise (ou des entreprises participantes, dans le cas des cantines interentreprises), ainsi qu'à certaines autres catégories de travailleurs : voir n° 4505. Dans les cantines interentreprises, des salariés d'entreprises non participantes peuvent être admis sous certaines conditions : voir n° 4515.
Même s'il en assure directement la gestion, le CSE qui utilise fréquemment pour les besoins de la cantine un **local** appartenant à l'employeur est soumis au contrôle de ce dernier quant à son utilisation : voir n° 4620.
Sur l'étendue de l'obligation de l'employeur de mettre à la disposition du personnel un local de restauration : voir n° 55250.

CONSEIL

Il est vivement recommandé de faire payer une **participation** au prix des repas aux usagers du restaurant d'entreprise ou interentreprises. L'existence d'une telle participation est en effet une condition des exonérations sociales et fiscales attachées à l'avantage en nature nourriture (n° 5025).
Par ailleurs, le comité peut avoir intérêt à recourir aux services d'un **prestataire spécialisé** pour la fourniture des repas et l'entretien du local, cette option présentant des contraintes moins lourdes que l'emploi direct de salariés, tant au regard de la gestion courante que de la **responsabilité civile** du comité. Pour un exemple d'engagement de la responsabilité civile d'un comité assurant la gestion d'un restaurant d'entreprise, voir n° 1365.

5025 Si le CSE participe au prix du repas consommé par le salarié dans une cantine, seul ou avec l'employeur, sa part est exclue de l'assiette des **cotisations** de sécurité sociale, de la CSG, de la CRDS et des prélèvements alignés (n° 4810) et ne constitue pas un avantage en nature imposable à l'**impôt sur le revenu** à condition que la participation du salarié soit au moins égale à 50 % de la valeur forfaitaire de l'avantage en nature retenu pour l'assiette des cotisations (BOSS-AN-160 s. ; BOI-RSA-BASE-20-20 n° 60). Pour 2024, cette valeur forfaitaire est fixée à 10,70 € par jour ou, pour un seul repas, à 5,35 €.
Si la participation du salarié est inférieure à 50 % de la valeur forfaitaire, la différence entre cette valeur et le montant de la participation du salarié est réintégrée dans l'assiette des cotisations et de l'impôt sur le revenu (BOSS-AN-160 s. ; BOI-RSA-BASE-20-20 n° 60).
Ces règles s'appliquent aux cantines d'entreprise ou interentreprises, qu'elles soient gérées ou subventionnées par l'entreprise ou le comité (Circ. DSS 7-1-2003), qui bénéficient, en application de l'article 85 bis de l'annexe III du CGI, du taux réduit de TVA de 10 % sur les recettes provenant de la fourniture de repas (Circ. DSS 19-8-2005).

5030 **Titres-restaurant** Le CSE peut recourir aux titres-restaurant, à la place du restaurant d'entreprise ou en plus de celui-ci.
En pratique, il peut soit mettre en place et gérer lui-même les titres-restaurant dans l'entreprise, à la place de l'employeur (cette hypothèse se rencontre rarement, en raison de son coût élevé), soit participer financièrement aux titres-restaurant distribués par l'employeur.
La contribution de l'employeur à l'acquisition de titres-restaurant est exonérée de cotisations de sécurité sociale, de CSG, de CRDS et des prélèvements alignés (n° 4810) et d'impôt sur le revenu (CSS art. L 136-1-1, III-4° ; CGI art. 81, 19°) :
– dans la limite d'un montant maximum fixé par l'article 81, 19° du CGI ; ce maximum s'élève à 6,91 € pour les titres émis en 2023 ;

– sous réserve du respect de la réglementation générale des titres-restaurant et à condition qu'elle soit comprise entre 50 % et 60 % de la valeur libératoire des titres-restaurant (CGI ann. IV art. 6 A).
Pour l'application de ces dispositions, la participation du CSE est traitée comme une participation patronale.
Si le comité participe au financement des titres-restaurant avec l'employeur, il convient donc de faire masse des deux participations pour l'appréciation du droit à l'exonération (Circ. Acoss 14-2-1986 ; Guide pratique 2023 CSE des Urssaf).
La valeur des titres-restaurant **périmés** doit revenir au CSE : voir n° 55260.

CADEAUX ET BONS D'ACHAT

Dans le cadre de ses activités sociales et culturelles, le CSE peut acquérir des bons d'achat ou des cadeaux en nature pour les offrir aux salariés à l'occasion d'événements particuliers. **5035**
Les bons d'achat sont des titres de paiement, émis par des grands magasins, des magasins spécialisés ou des organismes émetteurs.
Bons d'achat et cadeaux en nature bénéficient, sous certaines conditions, d'un régime social et fiscal de faveur.

ATTENTION

Une **entreprise distribuant des bons-cadeaux** sans justifier d'aucune délégation expresse du comité est redevable de cotisations sociales, même si celui-ci est **informé** de la distribution. En effet, la désignation, par le comité, d'une personne chargée de la gestion de ses activités sociales et culturelles, laquelle agit dans les limites des attributions qui lui sont déléguées, ne peut être qu'une **désignation expresse** (Cass. 2e civ. 12-2-2015 n° 13-27.267 F-D : RJS 5/15 n° 362).

Régime social Bien qu'ils aient en droit strict la nature d'un avantage passible des cotisations sauf s'ils sont attribués à titre de secours (n° 5140), les bons d'achat et cadeaux en nature font l'objet d'une **tolérance administrative** leur permettant d'échapper aux cotisations (Lettre min. 12-12-1988 ; Circ. Acoss 3-12-1996 et 21-3-2011 ; Doc. Urssaf au 25-9-2023). **5040**
Pour savoir si les conditions de cette exonération sont remplies, il faut suivre un raisonnement en deux étapes :
– **1e étape** : si le montant global des bons d'achat et des cadeaux en nature attribués à un même salarié pour l'année civile n'excède pas 5 % du plafond mensuel de sécurité sociale (soit 193 € en 2024), il est exonéré de cotisations et contributions sociales (présomption de non-assujettissement). Dans ce cas, il n'est pas nécessaire de passer à la deuxième étape ;
– **2e étape** : si ce seuil est dépassé, il convient d'examiner si le bon d'achat ou le cadeau en nature répond simultanément aux trois conditions suivantes : être attribué en relation avec un événement concernant le bénéficiaire (n° 5050), avoir une valeur conforme aux usages (n° 5055) et, pour les bons d'achat, avoir une utilisation déterminée (n° 5060). Si ces conditions sont réunies, le bon d'achat ou le cadeau en nature est exonéré de cotisations. Dans le cas contraire, il y est assujetti pour son montant total.
Le dispositif concerne les **cotisations** de sécurité sociale et les prélèvements alignés (n° 4810), la **CSG** et la CRDS.
Il ne vaut que pour les cadeaux et bons d'achat, à l'exclusion des « **enveloppes** » ou **chèques destinés à l'achat d'un cadeau**, qui sont assujettis aux cotisations (Rép. Bolo : AN 5-4-1975).
Pour apprécier les limites d'exonération des bons d'achat, il n'est pas tenu compte de la valeur des **chèques-culture** éventuellement accordés en sus. Ceux-ci relèvent de règles plus favorables : voir n° 5085.
L'exonération peut être remise en cause si les bons d'achat ou cadeaux en nature sont attribués en fonction de **critères** jugés **discriminatoires** tels celui lié à la présence des salariés dans l'entreprise (Rép. Pellois : JO AN 6-5-2014 n° 43931 : voir n° 4555).

ATTENTION

La **Cour de cassation** refuse d'appliquer la tolérance administrative décrite ci-dessus, considérant qu'elle résulte d'une **circulaire et d'une lettre ministérielle sans portée normative** (Cass. 2e civ. 30-3-2017 n° 15-25.453 F-PB : RJS 6/17 n° 449 ; 14-2-2019 n° 17-28.047 F-D : RJS 5/19 n° 314). Dans ces espèces, les bons et cadeaux avaient été attribués par l'employeur mais la solution serait la même en cas d'attribution par un comité. Dans la première affaire, l'Urssaf avait procédé à un redressement en considérant que leur attribution était discriminatoire. La Cour de cassation a validé le redressement non pas sur ce fondement mais en raison de l'absence de portée normative de la circulaire et de la lettre ministérielle instituant la tolérance pour ces bons d'achat et cadeaux.

5045 **EXEMPLE**

1. Un salarié reçoit en 2024 de son CSE un bon d'achat de 90 € pour la rentrée scolaire et un bon d'achat d'une valeur de 50 € non lié à un événement particulier. Le montant de l'ensemble des bons est de 140 €. Ce montant est inférieur à 193 € (5 % du plafond mensuel de sécurité sociale pour 2024). La présomption de non-assujettissement entraîne l'exonération totale des cotisations.
2. Un salarié reçoit en 2024 de son CSE deux bons d'achat, un pour la rentrée scolaire de 90 € et un pour Noël de 140 €, pour un montant total de 230 €. Le montant global des bons d'achat étant supérieur à 193 €, l'analyse se fait au cas par cas. Chaque bon d'achat est à comparer au seuil de 5 % du plafond mensuel, puis aux conditions d'exonération :
– le bon d'achat de rentrée scolaire d'une valeur de 90 € est inférieur à 193 € et est un des événements listés (n° 5050) donc il est exonéré de cotisations ;
– le bon d'achat pour Noël d'une valeur de 140 € est inférieur à 193 € et est un des événements listés donc il est aussi exonéré de cotisations.
3. Un salarié reçoit en 2024 de son CSE deux bons d'achat, un pour la rentrée scolaire de 90 € et un non lié à un événement particulier de 110 €, pour un montant total de 200 €. Le montant global des bons d'achat étant supérieur à 193 €, l'analyse se fait au cas par cas. Chaque bon d'achat est à comparer au seuil de 5 % du plafond mensuel, puis aux conditions d'exonération :
– le bon d'achat de rentrée scolaire d'une valeur de 90 € est inférieur à 193 € et est un des événements listés (n° 5050) donc il est exonéré de cotisations ;
– le bon d'achat d'une valeur de 110 € est inférieur à 193 € mais n'est pas un des événements listés. Il est donc soumis à cotisations dès le 1er euro.
4. Un salarié ayant 2 enfants reçoit en 2024 de son CSE 3 bons d'achat pour Noël :
– un bon d'achat pour lui d'une valeur de 80 € ;
– un bon d'achat pour son fils (né le 3-1-2007) d'une valeur de 85 € ;
– un bon d'achat pour sa fille de 12 ans d'une valeur de 60 €.
Le montant global des bons d'achat étant supérieur à 193 €, l'analyse s'effectue au cas par cas. Chaque bon d'achat est à comparer au seuil de 5 % du plafond mensuel, puis aux conditions d'exonération :
– pour le père et la fille, exonération ;
– pour le fils, la somme de 85 € est soumise à cotisations car le fils, ayant 17 ans dans l'année civile (le 3-1-2024), ne remplit pas la condition d'âge (n° 5050).

5050 Les **événements** pouvant donner lieu à l'attribution de cadeaux ou de bons d'achat en franchise de cotisations sont, selon l'administration, les suivants (liste limitative) (Circ. Acoss 3-12-1996 et 21-3-2011 ; Doc. Urssaf au 25-9-2023) :
– mariage ou conclusion d'un Pacs ;
– naissance ou adoption ;
– départ à la retraite ;
– fête des Mères/des Pères ;
– Sainte-Catherine/Saint-Nicolas ;
– Noël des salariés et des enfants (est considérée comme enfant toute personne jusqu'à 16 ans révolus dans l'année civile contrôlée) ;
– rentrée scolaire (pour les salariés ayant des enfants). Est considérée comme enfant toute personne âgée de moins de 26 ans dans l'année civile d'attribution, sous réserve de la justification du suivi de la scolarité. Par « rentrée scolaire », il faut entendre toute rentrée de début d'année (scolaire, universitaire...), peu important la nature de l'établissement : établissement scolaire, lycée professionnel, centre d'apprentissage.
Les bénéficiaires doivent être **concernés par l'événement**. Par exemple, un salarié sans enfant n'est pas concerné par les bons d'achat remis pour la rentrée scolaire, pour le Noël des enfants ou pour la fête des Pères ou des Mères (Doc. Urssaf au 25-9-2023).

5055 La condition selon laquelle les cadeaux ou bons d'achat doivent être d'une **valeur conforme aux usages** est présumée remplie si le montant des bons d'achat et/ou cadeaux attribués au même salarié **pour un même événement** ne dépasse pas le seuil précité de 5 % du plafond mensuel de la sécurité sociale par année civile (Circ. Acoss 3-12-1996 et 21-3-2011 ; Doc. Urssaf au 25-9-2023).
Les bons d'achat et/ou cadeaux sont donc cumulables par événement s'ils respectent ce seuil (Doc. Urssaf au 25-9-2023). Ainsi, par exemple, si le salarié a perçu, pour un même événement, un bon d'achat et un cadeau en nature, leurs montants doivent être cumulés afin d'apprécier le seuil de la valeur conforme aux usages (Circ. Acoss 3-12-1996 et 21-3-2011).
Si les deux **conjoints** travaillent dans la **même entreprise**, le seuil s'apprécie pour chacun d'eux (Circ. Acoss précitées ; Doc. Urssaf au 25-9-2023).

Deux événements concernant plus particulièrement la vie familiale ont nécessité des **adaptations du seuil** de 5 %. Il s'agit (Circ. Acoss précitées) :
– de la **rentrée scolaire** : le seuil est de 5 % par enfant ;
– de **Noël** : le seuil est de 5 % par enfant et 5 % par salarié (voir exemple n° 5045).

Pour apprécier le **caractère déterminé de l'utilisation des bons d'achat**, il a été précisé que : 5060
– l'objet du bon d'achat doit être en relation avec l'événement ;
– le bon d'achat doit **mentionner** soit la nature du bien, soit un ou plusieurs rayons d'un grand magasin, soit le nom d'un ou plusieurs magasins (bons dits « multi-enseignes »). Il ne peut pas être échangeable contre du carburant ou des produits alimentaires non festifs, à l'exception des produits alimentaires courants dits de luxe dont le caractère festif est avéré (Circ. Acoss 21-3-2011 ; Doc. Urssaf au 25-9-2023).

Pour les **événements concernant les enfants** (rentrée scolaire et Noël des enfants), le bon d'achat doit permettre l'achat de biens destinés aux enfants et être en relation avec cet événement. Ainsi, il doit permettre : pour la rentrée scolaire, l'achat dans des enseignes ou rayons commercialisant notamment des produits en lien avec la rentrée tels que papeterie, livres, cartables, vêtements enfants, micro-informatique, etc. ; pour le Noël des enfants, l'accès à des biens en rapport avec cet événement tels que notamment jouets, livres, disques, vêtements, équipements de loisirs ou sportifs, etc. (Circ. Acoss 21-3-2011 ; Doc. Urssaf au 25-9-2023).

Pour les **autres événements** (événements ne permettant pas de prédéterminer la nature du bien dont le salarié souhaite bénéficier), il est permis de mentionner l'ensemble des rayons d'un magasin (sauf alimentation non festive et carburant) (Circ. Acoss 21-3-2011).

EXEMPLE

Un bon d'achat « rentrée scolaire » délivré en décembre pour une rentrée scolaire intervenue en septembre ne peut plus être considéré comme étant en relation avec l'événement rentrée scolaire. La délivrance tardive du bon d'achat a pour effet de faire correspondre le bon d'achat à la scolarité et non à l'événement que constitue la rentrée scolaire. Dans ce cas, le bon d'achat doit être assujetti aux cotisations de sécurité sociale (Doc. Urssaf au 25-9-2023).

Régime fiscal Sont exclus du revenu imposable à l'**impôt sur le revenu** les cadeaux 5065
(cadeaux en nature, chèques-cadeaux ou bon d'achat) d'une valeur modique qui, eu égard aux conditions dans lesquelles ils sont offerts par le comité, ne présentent pas pour les salariés bénéficiaires le caractère d'une rémunération. La remise des cadeaux doit répondre à un usage établi, c'est-à-dire s'effectuer à l'occasion d'un événement particulier (par exemple, mariage ou anniversaire du salarié, naissance d'un enfant, fêtes de Noël) et être sans lien direct avec l'activité professionnelle des bénéficiaires, soit pour tenir compte de leur ancienneté dans l'entreprise (auquel cas il s'agirait d'une prime d'ancienneté), soit pour tenir compte de la qualité des services rendus (auquel cas il s'agirait d'une prime de rendement).

À titre de **règle pratique**, la valeur modique des cadeaux en nature est appréciée par référence au plafond retenu pour exclure ces cadeaux de l'assiette des cotisations de sécurité sociale, soit un montant égal à 5 % du plafond mensuel de sécurité sociale par événement et par année civile (BOI-RSA-CHAMP-20-30-10-10 n°s 70 et 80).

> **Précisions** Pour les cadeaux attribués en **2024**, le plafond s'établit à **193 €** par événement et par année civile. Par exception, pour **Noël**, le plafond est de 193 € par salarié et de 193 € par enfant.

5067

Cadeaux et bons d'achat pour les JO 2024

À titre exceptionnel, les billets ou bons d'achats et cadeaux en nature (prestations associées, transport, hébergement, cadeaux divers...) au titre des Jeux olympiques de Paris en 2024 sont **exclus de l'assiette** des cotisations et contributions sociales et de l'impôt sur le revenu dans la limite de **25 % du plafond** mensuel de sécurité sociale, soit 966 € en 2024. En cas de **dépassement** de ce plafond, seule la fraction supérieure est assujettie à ces prélèvements.

L'exonération partielle est subordonnée à certaines **conditions** : bons utilisables seulement dans les boutiques officielles (sur internet ou en boutique) ; cadeaux en nature ne provenant que de ces boutiques officielles ; attribution par le CSE (ou par l'employeur en l'absence de CSE) au plus tard le 8-9-2024 pour les Jeux paralympiques de Paris 2024 (Com. de presse du min. de l'économie du 11-1-2023 ; Doc. Urssaf au 25-9-2023).

CULTURE ET LOISIRS

5070 Dans le domaine de la culture et des loisirs, le champ et la gamme de moyens d'intervention du CSE sont particulièrement larges.

La remise de cadeaux et bons d'achat (nos 5035 s.) peut entrer dans le domaine de l'action culturelle, tout comme les aides aux voyages (n° 5095), aux vacances (nos 5100 s.) ou aux activités sportives (n° 5175).

Les participations ou réductions tarifaires constituent un des moyens privilégiés par les CSE pour développer les activités culturelles et de loisirs, en raison de leur simplicité et de leur souplesse.

5075

Cartes de réduction émises par des organismes spécialisés

Parmi les moyens offerts au CSE pour développer les activités culturelles ou de loisirs, figure l'achat par le comité de cartes émises par des organismes spécialisés, à remettre au personnel. Ces cartes permettent d'obtenir des réductions tarifaires sur de nombreux services : spectacles, voyages, etc.

Cette pratique revient pour le comité à **sous-traiter** à des prestataires spécialisés tout ou partie de la gestion des activités sociales et culturelles. Elle n'a en elle-même rien d'illicite, mais elle peut poser la question de savoir **sur quel budget** en imputer le coût. De nombreux comités ont du mal à épuiser leur subvention de fonctionnement, alors qu'ils éprouvent des difficultés à équilibrer le budget des activités sociales et culturelles. La tentation peut donc être forte d'imputer le coût de ces cartes sur le budget de fonctionnement. Il semble pourtant évident que cette dépense relève non pas de ce budget, mais de celui des activités sociales et culturelles. Si, en effet, le comité finançait directement les réductions tarifaires permises par l'utilisation de ces cartes, la dépense s'imputerait sur le budget des activités sociales et culturelles. On peut certes réserver le cas où le coût de ces cartes couvrirait également des services relevant du fonctionnement du comité (en permettant, par exemple, l'accès des membres du comité à des informations utiles à l'exercice du mandat). Mais, même dans ce cas, seule la part du prix d'achat des cartes correspondant à ces services pourrait à notre sens être prise en charge par le budget de fonctionnement.

Afin que cet avantage puisse bénéficier des **exonérations de cotisations** dans les conditions de la tolérance ministérielle, il est nécessaire que les réductions tarifaires se rattachent exclusivement à des prestations destinées à favoriser les activités sociales et culturelles des salariés et de leur famille (Doc. Urssaf au 25-9-2023).

Cette carte ne peut pas être considérée comme un **cadeau ou un bon d'achat**. En effet, par définition, sa valeur faciale n'est pas représentative de la valeur réelle de l'avantage fourni (Doc. Urssaf au 25-9-2023).

Sur la possibilité de **transfert des excédents de trésorerie** de l'un des budgets à l'autre, voir n° 2835.

5080 Les avantages destinés, sans discrimination, à favoriser ou à améliorer les activités extra-professionnelles, sociales ou culturelles (de détente ou de loisirs) des salariés et de leur famille échappent aux **cotisations** de sécurité sociale, à la CSG, à la CRDS et aux prélèvements alignés (n° 4810).

Il en est ainsi notamment des réductions tarifaires accordées à l'occasion de spectacles. Il importe peu que ces réductions soient directement supportées par le comité ou qu'elles donnent lieu au remboursement total ou partiel des sommes payées par le salarié (Inst. min. 17-4-1985).

Les réductions tarifaires échappant aux cotisations sociales doivent s'entendre tant des **tarifs préférentiels** obtenus par le comité au profit des salariés de l'entreprise que de la **prise en charge**, totale ou partielle, par le comité, du coût des spectacles, etc., sous forme de prise en charge directe par le comité ou de remboursement des sommes payées par le salarié. L'exonération s'applique quelles que soient les modalités de la prise en charge (Circ. Acoss 14-2-1986).

En l'absence de précisions administratives visant spécifiquement le statut fiscal de ces avantages, il y a lieu, à notre avis, de les considérer comme exclus de l'assiette de l'**impôt sur le revenu** lorsqu'ils remplissent les conditions requises pour échapper aux cotisations sociales.

5085 **Chèques-culture** Dès lors qu'ils ont pour objet exclusif de faciliter l'accès de leurs bénéficiaires à des activités ou prestations de nature culturelle, les chèques-culture sont exonérés de cotisations de sécurité sociale, de CSG, de CRDS et des prélèvements alignés (n° 4810). L'exonération est subordonnée au respect de deux conditions d'utilisation (Circ. Acoss 27-10-2004 et 14-12-2006 ; Doc. Urssaf au 25-9-2023) :

a. Les chèques-culture doivent **financer exclusivement des biens ou des prestations de nature culturelle**, c'est-à-dire : des places de spectacle (théâtres, théâtres de marionnettes, représentations lyriques ou chorégraphiques, concerts symphoniques, orchestres divers, music-halls, cirque), des places de cinéma, des billets d'accès aux musées et aux monuments historiques, des livres et bandes dessinées et des supports musicaux ou vidéo (CD audio, DVD, vidéo, CD multimédia). Sont en revanche exclues les compétitions ou manifestations sportives. De même, le chèque-culture ne peut pas être échangé contre des équipements permettant la lecture des supports musicaux ou audiovisuels (lecteur DVD...). N'est pas non plus concernée par la tolérance la prise en charge du coût de l'abonnement Internet, télévision et téléphone des salariés ou de l'acquisition d'un de ces matériels (ordinateur, portable...) ;
b. L'utilisation du chèque-culture doit être conforme à son objet. Tel est le cas lorsqu'il est **exclusivement échangeable contre des biens ou prestations à caractère culturel** :
– soit dans des enseignes commercialisant exclusivement de tels biens ou prestations ;
– soit dans des enseignes non spécialisées sur de tels biens ou prestations, à condition dans ce cas que le chèque-culture comporte de manière apparente une restriction d'utilisation aux seuls biens ou prestations culturels. Sont visés par cette restriction d'utilisation les enseignes de la grande distribution, les commerces de librairie qui commercialisent également d'autres biens notamment des jeux et jouets, de la papeterie, des encadrements ou des travaux photos.

Aucun **justificatif** relatif à l'utilisation des chèques par les bénéficiaires n'est exigé (Doc. Urssaf au 25-9-2023).

Le **montant de l'exonération** n'est pas limité (Circ. Acoss 27-10-2004 et 14-12-2006).

Il est fait abstraction de la valeur des chèques-culture pour apprécier les limites d'exonération des **bons d'achat** (Circ. Acoss 27-10-2004 et 14-12-2006).

> **Précisions** **a.** La possibilité d'utiliser un chèque-culture auprès d'une ou de plusieurs **enseignes** ne commercialisant **aucun produit à caractère culturel** remet en cause l'exonération de cotisations de sécurité sociale de la contribution du comité à l'acquisition du chèque-culture. Il en va de même lorsque le chèque-culture est utilisable auprès d'enseignes non spécialisées sur les produits ou prestations culturels et qu'il ne comporte **pas de restriction d'utilisation** aux seuls biens ou prestations culturels (Circ. Acoss 14-12-2006).
> **b.** La **participation** financière du CSE ou de l'employeur (dans certains cas bien précis) destinée à **financer l'accès à des produits culturels via Internet** (téléchargement de musiques en ligne, abonnement musical en ligne) n'est pas soumise aux cotisations et contributions sociales (Doc. Urssaf au 25-9-2023).

En l'absence de précisions administratives visant spécifiquement le statut fiscal des chèques-culture, il y a lieu, à notre avis, de les considérer comme exclus de l'assiette de l'**impôt sur le revenu** lorsqu'ils remplissent les conditions requises pour échapper aux cotisations sociales. **5090**

VOYAGES

S'il souhaite proposer des voyages touristiques ou d'agrément, le CSE peut soit choisir un voyage sur le catalogue d'un tour-opérateur, soit s'adresser à une agence de voyages, soit définir lui-même un voyage et demander des devis à plusieurs prestataires. Dans tous les cas, il propose ensuite aux salariés de participer au voyage gratuitement ou moyennant une participation financière inférieure à son coût réel. Le montant de la **réduction tarifaire** supportée par le comité peut être uniforme ou varier selon divers critères. Le choix de ces critères est libre, sous réserve du respect de l'exigence de non-discrimination (nos 4535 s.). **5095**
Sur la **responsabilité civile** du comité à l'égard des participants au voyage en cas de défaillance du prestataire, voir nos 1350 s.
Il est également possible au comité de consentir des réductions tarifaires sur les voyages librement choisis par les salariés auprès d'un prestataire déterminé. La réduction est alors soit versée directement au prestataire, soit remboursée aux salariés.
Les réductions tarifaires accordées par le CSE à l'occasion de voyages touristiques, quelle que soit leur forme (réductions directement supportées par le CSE ou remboursement direct au salarié sur présentation du justificatif), sont exonérées de **cotisations** de sécurité sociale (Doc. Urssaf au 25-9-2023), mais aussi des prélèvements alignés (n° 4810), de la CSG et de la CRDS.
En l'absence de précisions administratives visant spécifiquement le statut fiscal de cet avantage, il y a lieu, à notre avis, de le considérer comme exclu de l'assiette de l'**impôt sur le revenu** lorsqu'il remplit les conditions requises pour échapper aux cotisations sociales.

> **Précisions** Lorsque le comité achète un voyage à un prestataire, celui-ci doit lui établir un **contrat de voyage** contenant des informations précises sur toutes les composantes de la prestation : transport, hébergement, conditions d'annulation, assurance, etc. Rien n'interdit au comité d'**organiser le voyage lui-même**, sans passer par un prestataire, mais cette pratique n'est pas conseillée à cause des lourdeurs et des risques qu'elle comporte. Dans cette hypothèse, en effet, le comité devra, au moins théoriquement, être titulaire d'un agrément administratif spécial, justifier d'une garantie financière et d'une assurance responsabilité civile le couvrant pour les risques associés au voyage.

VACANCES

5100 L'aide aux vacances octroyée par le CSE peut prendre plusieurs formes. Le traitement social et fiscal de l'aide constitue un bon critère de choix entre les différentes possibilités.
Le versement d'une **prime** de vacances est à déconseiller. Selon l'administration, en effet, une telle prime, attribuée indistinctement à tous les salariés, avec ou sans justificatifs, est soumise à cotisations (Circ. Acoss 14-2-1986 ; Doc. Urssaf au 25-9-2023). De manière générale, les **sommes allouées** directement ou indirectement par le CSE **à l'occasion des vacances ou des loisirs**, représentent au sens strict un avantage attribué par l'employeur en raison de l'appartenance du salarié à l'entreprise et devraient donc, en principe, être soumises aux cotisations de sécurité sociale (Doc. Urssaf au 25-9-2023). De telles sommes ou primes constituent également un élément du salaire imposable à l'impôt sur le revenu (n° 4905).
En revanche, certaines **participations ou réductions tarifaires** accordées par le CSE peuvent être exonérées de cotisations dans la mesure où leurs conditions d'attribution ne les transforment pas en complément de rémunération.

5102 **Participation aux vacances** Les participations **favorisant le départ** en vacances de la **famille** ou des **enfants seuls**, même si elles ne sont pas **modulées** en fonction de la situation et des ressources familiales sont exonérées de cotisations, sous réserve de justification des dépenses de vacances (Doc. Urssaf au 25-9-2023).
C'est au CSE qu'il appartient de fixer les **règles** et de demander les **justificatifs** qu'il juge utiles pour **personnaliser** sa **participation** aux dépenses réellement engagées (exemple : contrat de location de vacances, billets d'avion, de train, reçus de péage, factures d'hôtel...) (Doc. Urssaf au 25-9-2023).
L'exonération vaut aussi, selon nous, pour les **prélèvements alignés** (n° 4810), la **CSG** et la **CRDS**. De même, en l'absence de précisions administratives visant spécifiquement le régime fiscal des participations du comité favorisant le départ en vacances, il y a lieu, à notre avis, de les considérer comme exclues de l'assiette de l'**impôt sur le revenu** lorsqu'elles remplissent les conditions requises pour échapper aux cotisations sociales.

> **Précisions a.** Les réductions tarifaires échappant aux cotisations sociales doivent s'entendre tant des **tarifs préférentiels** obtenus par le comité au profit des salariés de l'entreprise que de la **prise en charge**, totale ou partielle, par le comité, du coût des voyages touristiques, spectacles, etc., sous forme de prise en charge **directe** par le comité ou de **remboursement** des sommes payées par le salarié. L'exonération s'applique quelles que soient les modalités de la prise en charge (Circ. Acoss 14-2-1986).
> **b.** Attention, les **allocations forfaitaires**, y compris les **indemnités kilométriques**, sont soumises à charges sociales. Les « **bons carburant** » remis aux salariés à l'occasion de leurs vacances ne peuvent être exonérés qu'au titre de la présomption de non-assujettissement des bons d'achat (Doc. Urssaf au 25-9-2023).

5105 **Chèques-vacances** Les chèques-vacances sont des titres nominatifs de paiement émis par l'Agence nationale des chèques-vacances (ANCV) qui peuvent être remis en France et dans les États membres de l'UE aux prestataires de services conventionnés en paiement des dépenses effectuées par les bénéficiaires pour leurs vacances, transports, hébergement, repas, activités de loisirs (C. tourisme art. L 411-2).
Le CSE qui décide de recourir aux chèques-vacances pour aider les salariés à partir en vacances, il peut soit les attribuer lui-même sans intervention de l'employeur (il doit alors passer convention avec l'ANCV, seul organisme compétent pour les délivrer), soit participer au financement des chèques-vacances attribués par l'employeur.

5110 Si le comité attribue des chèques-vacances aux salariés, **sans participation de l'employeur**, l'avantage en résultant est :
– imposable à l'impôt sur le revenu (BOI-RSA-CHAMP-20-50-30 n° 430) ;

– affranchi des cotisations de sécurité sociale, de CSG, de CRDS et des prélèvements alignés (n° 4810) (Circ. Acoss 31-10-1984 ; Inst. min. 17-4-1985 ; Doc. Urssaf au 25-9-2023). Pour bénéficier de l'exonération, le CSE doit attribuer les chèques-vacances en fonction de **critères non discriminants**, déterminés librement par ses soins et connus des salariés. Ainsi, ils ne doivent pas être attribués en contrepartie de l'atteinte d'objectifs professionnels liés au contrat de travail (Doc. Urssaf au 25-9-2023).

ATTENTION

La Cour de cassation n'a pas encore eu à se prononcer sur la validité de la doctrine administrative considérant cet avantage comme exonéré de cotisations de sécurité sociale. Mais, compte tenu de sa position concernant d'autres avantages consentis par les comités dans le cadre de leurs activités sociales et culturelles, on peut douter qu'elle la confirmerait.

L'**employeur** qui **décide de mettre en place** les chèques-vacances est tenu de **consulter le CSE** **5115** (n° 69130), lequel peut, à cette occasion proposer d'ajouter une participation financière. Lorsque le CSE **participe conjointement** avec l'employeur au financement des chèques-vacances, la participation est soumise au même régime social que la contribution de l'employeur. Elle est donc soumise en tant que complément de salaire aux **cotisations** de sécurité sociale, à la CSG, à la CRDS et aux prélèvements alignés (n° 4810).

Cette participation bénéficie en revanche de la même exonération d'**impôt sur le revenu** que la contribution de l'employeur (CGI art. 81, 19° bis ; BOI-RSA-CHAMP-20-50-30 n° 360). Mais elle doit être ajoutée à cette dernière pour apprécier la **limite d'exonération** (BOI-RSA-CHAMP-20-50-30 n° 400), égale au Smic apprécié sur une base mensuelle.

La circonstance que le conjoint (ainsi que le concubin ou le partenaire lié par un Pacs) et les enfants d'un salarié puissent bénéficier, comme l'intéressé lui-même, des chèques-vacances qu'il acquiert avec la participation de son comité et de son employeur n'est pas de nature à augmenter la limite d'exonération. Toutefois, **plusieurs membres du foyer fiscal** peuvent bénéficier de cette exonération lorsque, étant salariés, ils ont acquis personnellement et avec l'aide de leur propre employeur des chèques-vacances (BOI-RSA-CHAMP-20-50-30 n° 380). L'employeur doit mentionner sur la DSN le montant de sa participation et celle du CSE. Cette obligation est expressément prévue par l'article 39 de l'annexe III au CGI. La déclaration comporte en conséquence dans le bloc « Autre élément de revenu brut », une rubrique S21.G00.54.001 destinée à recevoir cette information au moyen du code 91 « Montant de la participation de l'employeur aux chèques-vacances ». Pour autant, seule l'éventuelle fraction imposable doit être comprise dans la rémunération nette fiscale et la base du prélèvement à la source de l'impôt sur le revenu à opérer par l'employeur.

EXEMPLE

Pour déterminer la **limite d'exonération fiscale**, il convient de retenir le taux horaire du Smic au 1er décembre de l'année d'acquisition des chèques-vacances et de multiplier ce taux par l'horaire mensuel correspondant à la durée hebdomadaire de travail du salarié considéré. Le montant ainsi obtenu est arrondi à l'euro supérieur. Ainsi, pour une durée du travail de 35 heures hebdomadaires et un taux horaire brut du Smic égal à (A) au 1er décembre de l'année N, la limite d'exonération pour l'imposition des revenus de l'année N est égal à [(A × 35 × 52)/12] arrondi à l'euro supérieur (BOI-RSA-CHAMP-20-50-30 n° 370).

La limite d'exonération fiscale pour 2023 devra donc être déterminée sur la base du taux horaire du Smic au 1-12-2023. À titre purement indicatif, sur la base du dernier taux horaire du Smic connu à la date où nous mettions sous presse (celui fixé au 1-5-2023 à 11,52 €), la limite annuelle d'exonération pour les chèques-vacances acquis en 2023 par un salarié dont la durée hebdomadaire de travail est de 35 heures s'élèverait à (11,52 × 35 × 52)/12 = 1 747,20 €, montant arrondi à 1 748 €.

PRESTATIONS À CARACTÈRE PERSONNEL OU FAMILIAL

Le CSE peut verser des gratifications aux salariés à l'occasion d'événements particuliers ou pour **5120** alléger leurs charges de famille.

Ces sommes sont considérées comme des compléments de rémunération passibles des cotisations et contributions sociales et de l'impôt sur le revenu, à l'exception des aides à caractère de secours (nos 5140 s.) et des aides aux services à la personne (nos 5150 s.).

Parmi les sommes soumises à **cotisations** de sécurité sociale, CSG, CRDS et prélèvements alignés (n° 4810), soit à raison d'un texte exprès, soit à raison de leur caractère de complément de salaire, l'administration cite (Inst. min. 17-4-1985 ; Doc. Urssaf au 25-9-2023) :

– les primes versées à l'occasion d'un événement : mariage, naissance, départ en retraite ou en préretraite ;

– les prestations à caractère familial (primes de logement, de scolarité, d'études, de rentrée scolaire, allocations de maternité, pour enfants à charge...).
Les solutions intervenues en matière d'**impôt** sur le revenu vont dans le même sens : voir n° 4905.

CONSEIL

Il est donc plutôt recommandé de recourir aux **cadeaux en nature et bons d'achat** qui ouvrent droit à des exonérations : voir n°s 5035 s.

FESTIVITÉS

5125 Constituent des activités sociales et culturelles (ASC) le « **pot de fin d'année** » et le « **repas** des retraités » servis dans l'entreprise, dès lors qu'il est prouvé que ces activités ont bien pour objet soit d'améliorer le bien-être du personnel de l'entreprise, soit de permettre aux salariés retraités d'utiliser leurs loisirs (Cass. soc. 13-10-1988 n° 87-11.505 D).
Le statut social et fiscal de l'avantage qu'en tirent les participants n'a pas fait, à notre connaissance, l'objet de solutions officielles, mais il échappe, selon nous, aux cotisations et contributions sociales et prélèvements alignés (n° 4810) ainsi qu'à l'impôt sur le revenu.
En revanche, les **primes** versées à l'occasion de l'anniversaire de l'entreprise sont soumises aux cotisations et contributions sociales (Doc. Urssaf au 25-9-2023).

5130

Toutes les festivités ne sont pas des ASC

Les manifestations qui, bien qu'organisées dans un cadre festif, **poursuivent des finalités professionnelles** ne présentent pas le caractère d'une activité sociale et culturelle.
Ainsi, ne peut pas être qualifiée d'activité sociale et culturelle la soirée de début d'année offerte par l'employeur à ses collaborateurs, prenant la forme d'un cocktail dînatoire suivi d'une soirée dansante, dès lors qu'elle a pour objet de présenter le bilan annuel et les perspectives de l'entreprise et d'assurer une cohésion au sein de l'entreprise. En dépit de son caractère festif, cette manifestation constitue en effet un élément de gestion par l'employeur de son personnel (Cass. soc. 9-7-2014 n° 13-18.577 FS-PB : RJS 10/14 n° 705).

PRÊTS AUX SALARIÉS

5135 La prise en charge par le CSE de tout ou partie des intérêts d'un **emprunt contracté par le salarié** est soumise aux charges sociales (Doc. Urssaf au 25-9-2023).
L'**octroi de prêts** aux salariés constitue une activité sociale et culturelle relativement répandue. Le CSE doit prendre certaines précautions :
– fixer à l'avance par **délibération** une enveloppe globale, les critères de priorité entre demandeurs, les conditions des prêts et la procédure d'examen des demandes. Il est à cet égard recommandé de créer au sein du comité une commission spécialisée chargée d'instruire les demandes au nom du comité, afin de garantir une plus grande confidentialité ;
– établir pour chaque prêt un **contrat écrit**, fixant les conditions du prêt et de son remboursement. Une clause de remboursement anticipé en cas de départ de l'entreprise est recommandée.
Pour être qualifiés de prestations sociales et, à ce titre, exclus des **assiettes sociales**, les prêts consentis par le CSE sans intérêt ou à taux réduits doivent répondre aux critères des activités sociales et culturelles et présenter un caractère social. Le prêt doit donc remplir cumulativement les conditions énoncées n° 4440. À défaut, l'Urssaf considère que le profit retiré par le salarié (par comparaison avec le taux de l'intérêt légal) du fait d'un taux d'intérêt inexistant ou réduit constitue un complément de salaire assujetti aux cotisations et contributions sociales. Si le taux pratiqué par le CSE est égal ou supérieur au taux de l'intérêt légal, aucune réintégration n'est à opérer (Doc. Urssaf au 25-9-2023).
Par analogie avec les solutions retenues en matière d'**impôt sur le revenu** à l'égard des prêts consentis par les employeurs à leurs salariés, on peut à notre avis considérer que les sommes prêtées aux salariés par le comité ne constituent pas en elles-mêmes un complément de salaire imposable. En revanche, l'avantage tiré d'une absence d'intérêts ou d'un intérêt préférentiel ou encore de l'abandon total ou partiel des intérêts prévus constitue en droit strict un avantage imposable, sauf si cet avantage présente le caractère d'un secours.

> **Précisions** L'établissement d'un **contrat écrit** est obligatoire dès lors que la somme prêtée excède 1 500 € (C. civ. art. 1359 ; Décret 80-553 15-7-1980 art. 1er) ou si le prêt porte intérêts à un taux différent du taux légal (C. civ. art. 1907).

En pratique, les prêts sont généralement consentis sans **intérêts** ni **garanties**. Il est possible de fixer un **montant maximum** pour chaque prêt et une **durée minimum à respecter entre deux prêts**.
Il est possible aussi de **transformer le prêt en don**, au terme d'un examen individuel de la situation de l'emprunteur. Cet avantage est exonéré de cotisations et d'impôt s'il présente un caractère de secours.

SECOURS

Le CSE peut, au titre de ses activités sociales et culturelles, attribuer en tant que de besoin des secours à des salariés de l'entreprise. **5140**
Il doit examiner les demandes de secours en s'entourant de la plus grande confidentialité.
Les secours s'entendent de sommes d'argent ou des biens en nature attribués de façon extraordinaire en raison d'une situation sociale particulièrement digne d'intérêt (Cass. soc. 27-1-1977 n° 75-14.797 P ; Cass. 2e civ. 16-9-2010 n° 09-10.346 FS-D : RJS 11/10 n° 879). Leur objet est donc avant tout de répondre à des **situations exceptionnelles** (Cass. 2e civ. 9-2-2006 n° 04-30.549 FS-P : RJS 5/06 n° 626). L'administration sociale a adopté la même définition des secours, en précisant que l'attribution doit être exceptionnelle et **non renouvelable** et que la somme d'argent en cause doit être d'un **montant limité** (Doc. Urssaf au 25-9-2023).
En revanche, les avantages attribués en fonction de **critères objectifs** et selon des **normes préétablies** ne constituent pas des secours, mais une aide consentie aux salariés en considération de leurs revenus et/ou de leur situation de famille (Cass. soc. 11-1-1990 n° 87-16.181 P ; Doc. Urssaf au 25-9-2023).
L'administration fiscale retient une définition analogue des secours. Selon elle, il s'agit d'allocations exceptionnelles, non renouvelables, d'un montant limité, attribuées à titre individuel compte tenu des résultats d'une enquête sociale. En principe, les secours sont attribués indépendamment de l'ancienneté ou de la qualification du bénéficiaire (BOI-RSA-CHAMP-20-30-10-10 n° 50).
Ainsi entendus, les secours sont **exonérés** :
– des **cotisations** de sécurité sociale et des prélèvements alignés (n° 4810), de la CSG et de la CRDS, tant par la jurisprudence que par l'administration (Inst. min. 17-4-1985 ; Circ. Acoss 14-2-1986 ; Doc. Urssaf au 25-9-2023) ;
– d'**impôt** sur le revenu (BOI-RSA-CHAMP-20-30-10-10 n° 50).

> **Précisions a.** La transformation d'un prêt en **don**, au terme d'un examen individuel de la situation de l'emprunteur, peut constituer un secours : voir n° 5135.
> **b.** S'agissant : des sommes versées aux **retraités ou préretraités**, voir n° 5245 ; des secours aux salariés **grévistes**, voir n° 4545.

ILLUSTRATIONS **5145**

Ont le caractère de secours les allocations versées pour des enfants handicapés, attribuées en fonction de situations particulièrement dignes d'intérêt (Cass. soc. 17-4-1996 n° 94-17.315 D) et les bourses d'études réservées à une fraction réduite de salariés compte tenu de leurs difficultés financières, des besoins de leurs enfants et des ressources nécessaires à un niveau de vie minimum (Cass. soc. 11-4-2002 n° 00-13.023 F-P). À noter toutefois que l'administration sociale retient que les bourses d'études doivent être considérées comme des compléments de salaire assujettis à cotisations sociales (Doc. Urssaf au 25-9-2023)
Ont également le caractère de secours les sommes ou biens en nature attribués de manière non systématique à l'occasion du décès d'un membre de la famille du salarié (Doc. Urssaf au 25-9-2023).
N'ont pas ce caractère, en revanche, les allocations versées systématiquement aux veufs et veuves de salariés (Cass. 2e civ. 16-9-2010 n° 09-10.346 FS-D : RJS 11/10 n° 879).

SERVICES À LA PERSONNE ET À LA FAMILLE

Le CSE peut utiliser le chèque emploi-service (**Cesu**) préfinancé ou verser directement aux salariés une **aide financière** pour les aider à faire face aux dépenses de crèches, haltes-garderies, jardins d'enfants, assistantes maternelles, garde d'enfants à domicile, entretien de la maison, travaux ménagers, etc. **5150**
Des **exonérations sociales et fiscales** sont prévues en faveur de l'aide du comité ou de l'entreprise visant (C. trav. art. L 7233-4) :
– soit à faciliter l'accès à des services aux personnes et aux familles développés au sein de l'entreprise ;

– soit à financer des services à la personne définis à l'article L 7231-1 du Code du travail : garde des **enfants** ; assistance aux **personnes âgées ou handicapées** ou aux autres personnes qui ont besoin d'une aide personnelle à leur domicile ou d'une aide à la mobilité dans l'environnement de proximité favorisant leur maintien à domicile ; services aux personnes à leur domicile relatifs aux tâches ménagères ou familiales ;
– soit à financer des services assurés par les organismes mentionnés à l'article L 2324-1, al. 1er et 2 du Code de la santé publique (centres privés ou publics d'accueil d'enfants de moins de 6 ans), ou par les organismes ou personnes visés au 3e alinéa du même article (accueil collectif à caractère éducatif hors du domicile parental, à l'occasion des vacances scolaires, des congés professionnels ou des loisirs, public ou privé, ouvert à des enfants scolarisés de moins de 6 ans), ou par des assistants maternels agréés ;
– soit à financer des prestations directement liées à la gestion et au fonctionnement du chèque emploi-service et proposées aux salariés par les établissements émetteurs de ces chèques.
L'aide n'a pas le caractère de salaire pour l'application de la **législation du travail**.

> **Précisions** **a.** Les **aides visées par l'exonération** s'entendent aussi bien de celles favorisant l'emploi direct au domicile du particulier que l'emploi d'une assistante maternelle hors du domicile, ou que le recours aux prestations de services délivrées par des associations ou entreprises agréées, des crèches, haltes-garderies, etc. (Circ. Acoss 5-2-2007).
> **b.** Entre dans le champ de l'exonération la réduction tarifaire dont le salarié bénéficie, par rapport au barème établi par la commune ou la Caisse nationale d'allocations familiales, dans les **crèches d'entreprises ou interentreprises** subventionnées par l'employeur ou par le comité ou dans les **crèches gérées par le comité** (Circ. Acoss 8-1-2007 ; CA Paris 15-3-2019 n° 15/02659 : RJS 6/19 n° 377) : voir n° 5167. De même, l'exonération s'applique à l'aide financière du comité allouée aux salariés pour couvrir les frais de **garderie périscolaire** (Circ. Acoss 5-2-2007).

5155 Le **bénéficiaire de l'aide** doit en principe être un salarié de l'entreprise (C. trav. art. L 7233-4). Ainsi, les anciens salariés **retraités** ne sont pas concernés (Cass. 2e civ. 17-3-2022 n° 20-16.278 et 20-17.548 F-D : RJS 6/22 n° 324).
Toutefois, il peut s'agir du **chef d'entreprise** ou, si l'entreprise est une personne morale, de son président, de son directeur général, de son ou de ses directeurs généraux délégués, de ses gérants ou des membres de son directoire, dès lors que cette aide peut bénéficier également à l'ensemble des salariés de l'entreprise selon les mêmes règles d'attribution (C. trav. art. L 7233-5). Les aides versées dans ces conditions ouvrent droit aux mêmes exonérations sociales et fiscales que celles attribuées aux autres membres du personnel.

> **Précisions** Selon l'administration, l'aide peut être **réservée** (sans que cela soulève un problème de discrimination) à certains salariés selon des **critères** librement définis par le comité (critère relatif à la nature du contrat de travail – CDD-CDI – ou critères de performance) (Doc. Urssaf au 25-9-2023). Cette position se démarque de celle qu'elle retient en règle générale pour l'octroi des activités sociales et culturelles en fonction de critères d'ordre professionnel : voir n° 4555.

5160 L'aide aux services à la personne n'est pas un **monopole du CSE**. L'employeur est donc en droit de verser une telle aide, seul ou parallèlement au CSE, étant précisé que la gestion de l'**aide financière de l'entreprise** fait l'objet d'une consultation préalable du CSE en cas de gestion conjointe et d'une procédure d'évaluation associant le CSE (C. trav. art. L 7233-8).

> **Précisions** L'aide financière de l'entreprise n'entre pas dans le cadre des activités sociales et culturelles du CSE et ne constitue pas une **dépense sociale** dont il devrait être tenu compte pour déterminer le plancher de la subvention de l'employeur aux activités sociales et culturelles du comité des années suivantes (C. trav. art. L 7233-6).

5165 **Portée des exonérations** L'exonération porte sur les **cotisations** de sécurité sociale et les prélèvements alignés (n° 4810), la CSG, la CRDS et l'**impôt sur le revenu** (C. trav. art. L 7233-4 ; Circ. Acoss 5-2-2007 ; CGI art. 81, 37°).
Elle joue dans la **limite** du coût supporté par le bénéficiaire, sans pouvoir dépasser 2 301 € par année civile et par bénéficiaire (C. trav. art. D 7233-8, al. 1 ; Arrêté SPRS2236833A du 17-1-2023).

> **Précisions** **a.** La limite annuelle de 2 301 € s'apprécie en fonction des aides versées au cours de l'année civile. En cas de dépassement, la fraction excédentaire est assujettie. Les aides versées à deux salariés de la même entreprise et appartenant au même foyer peuvent être exonérées jusqu'à 4 602 € (Circ. DSS 10-2-1997).

Pour apprécier le plafond, il faut tenir compte des aides versées, le cas échéant, par l'employeur, conjointement à celles du comité (Lettre DSS 10-1-2007 ; Circ. Acoss 5-2-2007).

b. Les sommes versées doivent avoir servi à financer des prestations dont le salarié peut être présumé, au regard des pièces prévues par les articles D 7233-10 et D 7233-11, avoir **supporté le coût** au cours de cette même année ou du **quatrième trimestre** de l'année civile antérieure (Circ. DSS 10-2-1997).

c. Les dépenses acquittées grâce à l'aide financière mentionnée ci-dessus n'ouvrent pas droit au **crédit d'impôt** pour l'emploi d'un **salarié à domicile** (CGI art. 199 sexdecies, 2°-al. 3). Il en est de même, selon l'administration, pour le crédit d'impôt prévu à l'article 200 quater B du CGI au titre des **frais de garde des jeunes enfants** à l'extérieur du domicile (BOI-RSA-CHAMP-20-30-30 n° 140).

d. Les dépenses engagées par l'entreprise au titre de cette aide financière ouvrent droit au **crédit d'impôt famille** (CGI art. 244 quater F, I-2). Le CSE n'étant pas assujetti à l'impôt sur les sociétés ou à l'impôt sur le revenu, il ne peut pas bénéficier lui-même de ce crédit d'impôt. C'est donc l'entreprise qui en bénéficie au titre tant de son aide financière que de celle du comité (BOI-BIC-RICI-10-130-10 n° 580).

Focus sur certaines aides à la garde en crèche 5167

Hormis les aides directes versées au salarié sous forme d'indemnité ou de Cesu, le CSE ou l'employeur peuvent réserver des places en crèches au profit des salariés ou négocier des tarifs réduits notamment. La jurisprudence et l'administration ont précisé le régime social de tels avantages :

– la **mise à disposition exclusive d'une crèche** en contrepartie d'une participation financière des bénéficiaires inférieure au coût effectif du service supporté par l'employeur induit un avantage en nature dont la part excédant 2 301 € par an et par bénéficiaire est soumise à cotisations (Cass. 2e civ. 29-5-2019 n° 18-11.436 F-PBI : RJS 8-9/19 n° 520) ;

– le versement d'une **subvention** à une crèche ou à une micro-crèche **afin de réserver des places** aux salariés de manière collective constitue un avantage en nature (Cass. 2e civ. 8-10-2020 n° 19-16.898 F-PBI : RJS 12/20 n° 618 ; BOSS-AN-1130). Toutefois, l'administration admet l'exclusion de l'assiette des cotisations et contributions de la subvention si elle permet seulement de réserver des places et n'a aucun lien avec un avantage tarifaire pour le salarié. Si la subvention procure un tel avantage tarifaire au salarié, seul celui-ci entre dans l'assiette des cotisations et contributions sociales (BOSS-AN-1140 et 1150) ;

– lorsque le salarié bénéficie d'un **tarif négocié** par son employeur ou le CSE dont le montant est inférieur au barème défini par le gestionnaire pour les parents ne bénéficiant pas d'une place réservée par leur employeur ou leur CSE, il s'agit d'une aide financière assimilable à un élément de rémunération. L'avantage individualisé correspond alors à la fraction de la subvention de réservation qui couvre la différence entre le tarif normalement appliqué par la crèche et le tarif dont bénéficie le salarié de l'entreprise réservataire. Cet avantage individualisé est exclu de l'assiette de cotisations et contributions sociales dans la limite de 2 301 € par an et par salarié. La fraction de l'avantage qui excède cette limite doit être réintégrée dans l'assiette de cotisations et contributions sociales (BOSS-AN-1180).

Formalités et justificatifs Le **CSE** qui verse l'aide financière doit, aux fins de contrôle, établir au titre de chaque année civile un **état récapitulatif individuel** des aides versées aux salariés de l'entreprise. Il doit également transmettre à l'entreprise, dans les 10 premiers jours du mois de janvier de l'année suivant celle de l'attribution de l'aide, l'identité des bénéficiaires et le montant qui leur a été versé à ce titre au cours de l'année civile précédente (C. trav. art. D 7233-9 et D 7233-10). 5170

Avant le 1er février de l'année suivant celle de l'attribution de l'aide, l'employeur communique une **attestation au bénéficiaire** mentionnant le montant total de l'aide et précisant son caractère non imposable (C. trav. art. D 7233-11). Il doit également mentionner le montant de l'aide, y compris, le cas échéant, la participation du comité, dans une rubrique spécifique du bloc « Autre élément de revenu brut » de la DSN.

En cas de **contrôle**, l'inspecteur du recouvrement ne peut exiger l'état récapitulatif établi par le comité et les attestations fournies aux bénéficiaires par l'entreprise qu'à compter du 1er mars de l'année civile suivant l'année civile considérée (Circ. DSS 10-2-1997).

> **Précisions** Lorsque l'aide financière est attribuée sous forme d'un titre **Cesu préfinancé**, le **bénéficiaire** n'a pas de justificatifs à produire. Lorsqu'elle est accordée directement au bénéficiaire, celui-ci doit produire (Circ. Acoss 5-2-2007 ; Doc. Urssaf au 25-9-2023) :
> – en cas de recours à un employé de maison ou à un assistant maternel agréé, la copie des avis d'échéance ou de prélèvement des cotisations de sécurité sociale ou la copie de l'attestation fiscale lui permettant de faire valoir ses droits à réduction fiscale ;
> – en cas de recours aux services d'une personne employée par une association ou entreprise agréée, les factures précisant les coordonnées de cet organisme, son numéro et sa date d'agrément, l'identité du bénéficiaire de la prestation de services, la nature des services fournis et le montant des sommes acquittées, le numéro d'immatriculation de l'intervenant ;
> – en cas de recours à une structure d'accueil d'un enfant, une facture de la structure d'accueil précisant le nombre de jours de garde, le prix de la journée ou la mention d'un montant forfaitaire, et la somme versée par la famille.

ACTIVITÉS SPORTIVES

5175 Les activités physiques ou sportives entrent dans la définition des activités sociales et culturelles (C. trav. art. R 2312-35, 3°). Le CSE en assure ou en contrôle la **gestion** et peut décider de participer à leur financement (C. trav. art. L 2312-80 ; C. sport art. L 121-7).

Plus spécifiquement, il émet un **avis** sur la conclusion des conventions, prévues à l'article L 221-8 du Code du sport, destinées à faciliter l'emploi d'un sportif, arbitre ou juge de haut niveau et sa reconversion professionnelle (C. trav. art. L 2312-80).

Le comité dispose d'un **choix** de moyens pour encourager les activités sportives. Il peut participer à la gestion d'une ou plusieurs associations sportives (voir n° 4680) ou offrir des réductions tarifaires pour l'accès à des installations sportives extérieures.

Les **réductions tarifaires** accordées à l'occasion de pratiques sportives échappent aux **cotisations** sociales. Peu importe qu'elles soient directement supportées par le comité ou qu'elles donnent lieu au remboursement total ou partiel des sommes payées par le salarié sur présentation du justificatif (Inst. min. 17-4-1985 ; Doc. Urssaf au 25-9-2023). Les tarifs préférentiels obtenus par le comité au profit des salariés de l'entreprise sont également concernés (en ce sens : Circ. Acoss 14-2-1986).

En l'absence de précisions administratives visant spécifiquement le statut fiscal des réductions tarifaires offertes par le comité favorisant les activités sportives, il y a lieu, à notre avis, de les considérer comme exclues de l'assiette de l'**impôt sur le revenu** lorsqu'elles remplissent les conditions requises pour échapper aux cotisations sociales.

L'avantage constitué par l'**accès** des salariés **à un équipement sportif** échappe aussi aux cotisations sociales. Cette exonération s'applique également à celui servi par l'employeur en présence d'un CSE (BOSS-AN-1100).

Sur les obligations du comité en matière d'**assurance** des salariés participant à des activités sportives, voir n° 1365.

CONSEIL

La question s'est posée de savoir si un comité qui obtient une réduction tarifaire est en droit de majorer le tarif réduit ainsi négocié afin d'augmenter les ressources dont il dispose pour financer les activités sociales et culturelles. Cette question n'a pas à notre connaissance reçu de réponse formelle. Mais il n'entre pas, selon nous, dans les attributions sociales et culturelles du comité de **générer un profit** sur certaines pour en développer d'autres.

PROTECTION SOCIALE COMPLÉMENTAIRE

5180 Le CSE contrôle la **gestion** des sociétés de secours mutuels et des organismes de sécurité sociale établis dans l'entreprise : voir n° 4690. Sur la possibilité pour le CSE de revendiquer la gestion d'un régime de prévoyance ou de retraite complémentaire au titre de ses activités sociales et culturelles, voir n° 74010.

Dans le cadre de ses activités sociales et culturelles, il peut aussi décider de participer au **financement** de la protection sociale complémentaire, principalement de deux manières :

– en prenant en charge tout ou partie des contributions salariales au régime de prévoyance complémentaire ou de retraite supplémentaire ;

– en versant une cotisation supplémentaire pour permettre aux salariés de bénéficier de garanties optionnelles prévues dans le contrat souscrit par l'employeur.

Dans la pratique, ce type d'intervention, qui entre pourtant dans le domaine des activités sociales et culturelles, est plutôt rare, en raison de son coût élevé.

Exonérations sociales Le comité ne peut en aucun cas prendre en charge tout ou partie de la **cotisation due par l'employeur**. En revanche, il peut **participer à la cotisation salariale** au titre de sa compétence en matière d'activités sociales et culturelles. Une telle participation peut échapper en totalité aux cotisations si elle constitue un **secours** au sens indiqué n° 5140 (Circ. Acoss 4-2-2014 question 19). **5185**

À défaut de constituer un secours, la participation financière du comité peut bénéficier de l'exonération plafonnée de cotisations sociales applicable à la contribution de l'employeur aux mêmes conditions que cette dernière. L'administration assimile en effet la participation du comité à une contribution patronale (BOSS-PSC-1410 ; Circ. DSS 32 du 30-1-2009 ; Circ. Acoss 4-2-2014 question 19).

Pour que l'exemption d'assiette s'applique, il faut que (Circ. Acoss 4-2-2014 question 19) :

– le **régime** en cause présente un caractère **collectif** (il doit bénéficier à l'ensemble des salariés de l'entreprise ou à une catégorie objective de salariés) et **obligatoire** (les salariés concernés sont tenus d'y adhérer) ;

– la **participation** du comité soit uniforme (en montant ou en taux) pour l'ensemble des salariés (ou pour l'ensemble des salariés des catégories objectives instituées par le régime). Elle peut toutefois être modulée en fonction de la situation familiale, si la cotisation salariale est soumise à une telle modulation. S'il existe des CSE d'établissement, la différence de la participation d'un CSE d'établissement à l'autre ne remet pas en cause le bénéfice de l'exemption d'assiette.

S'y ajoutent d'autres conditions tenant, notamment, à la nature de l'organisme prestataire, à la procédure de mise en place du régime, au respect du principe de non-substitution d'un élément de rémunération par ces contributions, etc. Pour un exposé détaillé de ces conditions et limites, voir Mémento Paie n°s 42640 s.

Pour l'appréciation du plafond d'exemption, il est fait masse de la cotisation de l'employeur et de la participation du comité (Circ. Acoss 4-2-2014 question 19 ; Doc Urssaf au 25-9-2023).

> **ATTENTION**
>
> Ne bénéficient pas de l'exemption d'assiette, faute d'en remplir les conditions, les participations du comité aux régimes de prévoyance ou de retraite **à caractère individuel et/ou à adhésion facultative**. De telles participations constituent un complément de salaire assujetti aux cotisations sociales, à la CSG et à la CRDS et ne sont pas soumises au forfait social.

La règle selon laquelle les contributions versées par les CSE suivent le sort des contributions patronales s'applique aussi aux prélèvements sociaux autres que les cotisations sociales. **5195**

Ainsi, celles finançant les régimes obligatoires de retraite supplémentaire (autres que les régimes à prestations définies) et de prévoyance complémentaire sont assujetties dès le premier euro à la **CSG et à la CRDS** sans application de l'abattement pour frais professionnels propre à ces contributions, à l'exception de celles destinées à financer les avantages complémentaires de prévoyance au bénéfice des apprentis, qui en sont exonérées (Circ. Acoss 17-1-1997 ; 18-8-2014). L'assujettissement à la CSG entraîne aussi, par voie de conséquence, l'assujettissement à la taxe sur les salaires.

Le **forfait social** est dû (CSS art. L 137-15 et L 137-16 ; Circ. Acoss 20-2-2012 ; Circ. DSS 18-8-2012) :

– dans les entreprises d'au moins 11 salariés, au taux de 8 %, sur la participation du CSE au financement de prestations de prévoyance complémentaire, pour sa fraction exclue de l'assiette des cotisations de sécurité sociale ;

– dans toutes les entreprises, quel qu'en soit l'effectif, au taux de 20 %, sur la participation du CSE au financement de prestations de retraite supplémentaire, pour sa fraction exclue de l'assiette des cotisations de sécurité sociale.

Régime fiscal Les cotisations prises en charge par le CSE versées à des régimes de prévoyance complémentaire suivent le même sort que les cotisations patronales au regard de l'impôt sur le revenu (BOI-RSA-CHAMP-20-30-50 n°s 50 et 60). **5200**

Cette assimilation entraîne les conséquences suivantes :

– les cotisations versées par le comité au titre des garanties frais de santé (maladie, maternité, accidents) s'ajoutent au salaire imposable du bénéficiaire ;

– les cotisations versées par le comité au titre des autres garanties de prévoyance bénéficient d'une exonération plafonnée. Pour l'appréciation de ce plafond, il est fait masse des contributions du CSE et de l'employeur (BOI-RSA-BASE-30-10-20 n° 270). Dans cette limite, les contributions du CSE et de l'employeur ne constituent pas un complément de salaire imposable et celle du salarié est déductible de son salaire imposable.

Pour plus de détails, voir Mémento Paie n°s 43720 s.

GRATIFICATION POUR MÉDAILLE DU TRAVAIL

5205 Dans le cadre de ses activités sociales et culturelles, le CSE peut décider :
– d'octroyer un avantage, sous forme de cadeau ou de prime, notamment si l'employeur de son côté n'y est pas tenu et n'envisage pas de le faire ;
– de compléter la prime versée par l'employeur au salarié.
Si le CSE verse une **prime**, il peut en **moduler le montant** en fonction de critères non discriminatoires (nos 4535 s.).

5210 **Exonération sociale** Les gratifications versées par le comité, seul ou conjointement avec l'employeur, à l'occasion de la remise de la médaille d'honneur du travail sont exonérées de **cotisations** de sécurité sociale, de CSG, de CRDS et des prélèvements alignés (n° 4810) dans la **limite** du salaire mensuel de base du bénéficiaire, la fraction excédentaire éventuelle devant être assujettie à cotisations. Le salaire mensuel de base s'entend de la rémunération brute habituelle, à l'exclusion des primes ou indemnités, qu'elles présentent ou non le caractère d'un complément de salaire (Lettre min. 6-5-1988 diffusée par Circ. Acoss 13-6-1988 et 22-11-2000 ; Lettre min. 12-12-1988 et Circ. Acoss 4-1-1989 ; Doc. Urssaf au 25-9-2023).
Lorsque le **comité et l'employeur** versent tous deux une gratification, la limite d'exonération s'apprécie en faisant masse de ces sommes (Lettres min. précitées).

5215 **Exonération fiscale** Les gratifications allouées aux salariés à l'occasion de la remise de la médaille d'honneur par le ministère du travail bénéficient d'une exonération expresse d'**impôt sur le revenu** (CGI art. 157, 6°). Cette exonération est applicable si, compte tenu de l'ensemble des circonstances de fait, les sommes remises aux salariés conservent le caractère d'une simple gratification (CE 23-2-1966 n° 55002). D'une façon générale, l'administration leur reconnaît ce caractère dans la limite d'un montant correspondant à celui du salaire mensuel de base du bénéficiaire, le surplus constituant un complément de salaire imposable (BOI-RSA-CHAMP-20-50-40 n° 50).
Ces précisions valent tant pour les gratifications versées par le CSE que par l'employeur. D'ailleurs, l'article 157, 6° du CGI exonère les gratifications sans restriction quant à la partie versante.
Lorsque le comité et l'employeur versent tous deux une gratification, il convient à notre sens, par analogie avec la doctrine de l'administration sociale, de faire masse des sommes versées par l'employeur et le comité pour apprécier la limite d'exonération.

ASSISTANCE JURIDIQUE

5220 Dans le cadre des activités sociales et culturelles, le CSE peut offrir aux salariés une assistance juridique gratuite.
Les **sommes** qu'il verse **à un cabinet d'avocats** au titre d'une convention ayant pour objet d'offrir individuellement aux salariés l'accès à un service de consultations peuvent donc être imputées sur le budget des activités sociales et culturelles. Le fait que cette assistance juridique porte aussi sur le droit social ne tombe pas sous le coup de la règle selon laquelle l'action syndicale ou la défense de l'emploi dans l'entreprise ne constituent pas des activités sociales et culturelles du comité (TGI Paris 4-6-2013 n° 12-05394 : RJS 12/13 n° 831).
L'adhésion du comité et le versement par celui-ci d'une **cotisation à une association** délivrant des conseils juridiques aux comités et aux représentants du personnel élus et mandatés des entreprises adhérentes entre bien dans le champ des activités sociales et culturelles, la mission d'assistance du comité dévolue à cette association étant pratiquée dans l'intérêt des salariés ou des anciens salariés de l'entreprise sans aucune discrimination (Cass. soc. 21-7-1986 n° 85-13.424).
Le **régime social et fiscal** de l'avantage qu'en tirent les bénéficiaires n'a pas fait, à notre connaissance, l'objet de solutions officielles, mais il va de soi, selon nous, qu'il échappe aux cotisations et contributions sociales et prélèvements alignés (n° 4810) ainsi qu'à l'impôt sur le revenu.
Sur l'aide financière exceptionnelle accordée à d'anciens salariés, licenciés pour motif économique, prenant la forme d'une **prise en charge** partielle des frais exposés pour l'exercice d'une **action judiciaire** tendant à obtenir le respect des engagements pris par l'employeur dans le plan social, dont le comité avait examiné les dispositions, voir n° 4495.

CONGÉ DE FORMATION ÉCONOMIQUE, SOCIALE, ENVIRONNEMENTALE ET SYNDICALE

5225 Le maintien du **salaire** des salariés en congé de formation économique, sociale, environnementale et syndicale incombe à l'employeur (n° 69350).
Le comité peut prendre en charge, dans le cadre des activités sociales et culturelles, les **frais** supportés par le salarié pendant ce congé (transport, hébergement, documentation...). Les indemnités versées à ce titre par le comité sont exonérées des **cotisations** de sécurité sociale, de la CSG, de la CRDS (Circ. Acoss 14-2-1986) et des prélèvements alignés (n° 4810).

ACTIVITÉS SYNDICALES

Pour la Cour de cassation, l'action syndicale pour la défense des intérêts généraux d'une profession ne se confond pas avec les activités sociales et culturelles du comité. En conséquence, la décision d'un comité de prendre en charge les frais de déplacement des salariés de l'usine ayant participé à Paris à une **manifestation organisée par des syndicats** ne se rattache pas à ces activités et doit être annulée (Cass. soc. 7-5-1980 n° 78-15.803 P). 5230

Plus généralement, la **défense de l'emploi** dans l'entreprise relevant des attributions économiques du comité, la délibération par laquelle ce dernier affecte une somme à une activité intitulée « défense de l'emploi » dans son budget des activités sociales et culturelles doit être annulée. En l'espèce, suite à la mise en œuvre d'une procédure de licenciement pour motif économique, des « actions notamment médiatiques destinées à faire pression sur l'employeur en matière d'emploi », sans plus de précisions sur leur nature, avaient été menées (Cass. soc. 12-2-2003 n° 00-19.341 FS-PB : RJS 4/03 n° 478). Cette solution ne remet pas en cause à notre avis celle autorisant le comité à accorder, sur le budget des activités sociales et culturelles, une **aide exceptionnelle à d'anciens salariés licenciés** pour motif économique afin de les aider à faire valoir les droits qu'ils tirent du plan social (n° 4495).

Sur l'**adhésion** du CSE **à une association émanant d'un syndicat**, voir n° 4540.

Sur l'attribution d'un secours exceptionnel aux salariés ou aux familles en difficulté du fait d'une **grève**, voir n° 4545.

RÉUNIONS POLITIQUES

La question s'est fréquemment posée de savoir si le comité pouvait utiliser le **local mis à sa disposition** pour tenir des réunions politiques. L'organisation de telles réunions peut-elle être assimilée à des activités sociales et culturelles telles que définies par l'article R 2312-35 du Code du travail : « institutions d'ordre professionnel ou éducatif attachées à l'entreprise ou dépendant d'elle telles que [...] les cercles d'études, les cours de culture générale [...] » ? 5235

Il a été jugé que si la formation politique des travailleurs ne peut être réputée étrangère à la culture, la culture politique suppose toutefois que l'information donnée mette les intéressés au courant de la diversité des thèmes en présence et ne se limite pas à leur présenter ceux d'un seul parti (CA Paris 20-6-1977 n° 8777).

Sur l'organisation par le comité de **réunions d'information internes au personnel** portant notamment sur des **questions d'actualité**, voir n° 1975.

ILLUSTRATIONS

Est **illicite** :

– une réunion d'information des travailleurs sur la réalité d'un changement de politique du parti communiste si le comité n'établit pas que, dans le cadre de son « programme d'information culturelle », il a organisé antérieurement ou pour l'avenir des réunions auxquelles sont conviées des personnalités de toutes les tendances politiques (CA Paris 20-6-1977 n° 8777). Une telle réunion peut donc être interdite par le juge des référés ;

– une réunion, qui ne peut pas être assimilée à un cercle d'études ou à un cours de culture générale, dans laquelle les militants d'un parti entendent proposer leurs solutions politiques à une crise visant les travailleurs de l'entreprise (CA Paris 14-12-1976 n° 3487) ;

– une réunion organisée par le comité dans un but de propagande politique et de recrutement (Cass. crim. 7-11-1979 n° 78-92.088).

REMBOURSEMENT DE FRAIS PROFESSIONNELS

Les primes ou indemnités attachées, collectivement ou individuellement, au **statut du salarié dans l'entreprise** (telles que primes de transport, de cantine, de casse-croûte) sont soumises aux cotisations de sécurité sociale, à la CSG, à la CRDS et aux prélèvements alignés (n° 4810). 5240

Toutefois, celles qui revêtent en partie le caractère de remboursements de frais peuvent être exonérées dans les conditions habituelles en cumulant, s'il y a lieu, les avantages servis, pour le même événement, par l'employeur et le comité. Tel est le cas, par exemple, du remboursement conjoint des frais de transport du domicile au lieu de travail ou de la participation conjointe à l'acquisition de titres-restaurant (Inst. min. 17-4-1985).

La position de l'administration sociale est conforme à celle de la **Cour de cassation** puisque cette dernière admet que la participation du comité aux frais des salariés en congé de formation économique, sociale, environnementale et syndicale échappe aux cotisations de sécurité sociale : voir n° 5225.

S'agissant des frais de transport du domicile au lieu de travail, la solution est différente à l'égard de l'impôt sur le revenu. Ces dépenses étant considérées comme couvertes par la déduction forfaitaire de 10 % pour frais professionnels des salariés, les sommes versées en couverture de ces frais s'ajoutent en principe au salaire imposable. Il en va de même en cas d'option pour la déduction des frais réels.

AVANTAGES SERVIS AUX RETRAITÉS ET PRÉRETRAITÉS

5245 Les aides accordées au cours de leur retraite aux anciens salariés de l'entreprise et à leur famille échappent aux cotisations et contributions sociales dues sur les salaires (Inst. min. 17-4-1985). Lorsqu'elles sont assimilables à un supplément de retraite, elles sont toutefois susceptibles d'être assujetties aux prélèvements dus sur les retraites (Circ. Acoss 14-2-1986).

Les mêmes principes s'appliquent aux sommes allouées par le comité aux salariés en préretraite dont le contrat de travail est rompu : voir n° 4860.

Dans tous les cas, les sommes allouées de manière non systématique à titre de **secours** aux retraités et préretraités ne sont soumises à aucune cotisation ou contribution sociale (Circ. Acoss 14-2-1986 ; Doc. Urssaf au 25-9-2023). Pour plus de détails sur la notion de secours, voir n° 5140.

À défaut de disposition spécifique, les **indemnités de départ** à la retraite ou en préretraite versées aux salariés par le CSE suivent au regard de l'impôt sur le revenu le même régime que celles versées par l'employeur. En particulier, en cas de mise à la retraite par l'employeur, la limite d'exonération s'applique à la somme des indemnités versées par l'employeur et le CSE. Pour leur régime social, voir n° 4840.

Sur la possibilité, pour les anciens salariés retraités, de bénéficier des aides financières aux **services à la personne**, voir n° 5155.

CHAPITRE 7

LE CONSEIL D'ENTREPRISE

SOMMAIRE

DÉFINITION

Le conseil d'entreprise est le nom donné au CSE lorsqu'en plus de ses attributions habituelles, il se voit reconnaître la faculté de négocier et conclure des accords d'entreprise ou d'établissement et d'exercer un droit de veto plus étendu que celui du CSE. 5540

A. Mise en place

1. CONDITIONS

Le conseil d'entreprise est mis en place par un **accord d'entreprise** à durée indéterminée, conclu dans les conditions prévues à l'article L 2232-12, al. 1er du Code du travail (voir n° 3515), ou par un **accord de branche étendu** pour les entreprises dépourvues de délégué syndical (C. trav. art. L 2321-2, al. 1). 5550

L'accord collectif comporte les **mentions obligatoires** suivantes : 5555
– la liste des thèmes soumis à l'avis conforme du conseil d'entreprise (n° 5650) ;
– le nombre d'heures de délégation des membres de cette instance participant aux négociations (n° 5675) ;
– les modalités d'indemnisation des frais de déplacement de ces derniers (n° 5685) ;
– les modalités selon lesquelles les négociations se déroulent au niveau des établissements (C. trav. art. L 2321-2, al. 2) ;
– les clauses obligatoires communes à tous les accords collectifs : champ d'application, modalités de renouvellement, de révision et de dénonciation, conditions de suivi et de préambule (n° 80620).

Il peut également comporter certaines **mentions facultatives**, telles que :
– la composition de la délégation chargée de la négociation (n° 5635) ;
– la périodicité de tout ou partie des thèmes de négociation du conseil d'entreprise (n° 5645).

L'accord prévoyant la mise en place du conseil d'entreprise peut être modifié pour tenir compte d'un **changement d'organisation de l'entreprise** intervenu postérieurement. Les règles relatives à la dénonciation énoncées nos 81580 s. s'appliquent. En l'absence d'accord de substitution, la représentation du personnel rebascule dans le système de droit commun et continue à produire ses effets avec un CSE, d'une part, et des délégués syndicaux, d'autre part, chacun exerçant les attributions qui lui sont habituellement dévolues (QR min. trav. 16-1-2020 n° 117). 5560

2. CADRE

Les dispositions légales relatives au conseil d'entreprise ne donnent aucune indication sur l'**effectif de l'entreprise** au sein de laquelle cette instance peut être mise en place. Toutefois, les attributions et les modalités de fonctionnement du conseil d'entreprise étant calquées sur celles du CSE quelle que soit la taille de l'entreprise, il peut selon nous être mis en place dans toutes les entreprises entrant dans le champ d'application du CSE, y compris donc celles de moins de 50 salariés. Le fait qu'un conseil d'entreprise puisse être mis en place par accord de branche étendu dans les entreprises dépourvues de délégué syndical va aussi dans ce sens. 5570

5575 Même si le législateur ne le précise pas expressément, il ressort de l'article L 2321-2, al. 2 du Code du travail (n° 5555) que le CSE d'établissement peut être transformé en conseil d'**établissement**. Toutefois, cette transformation n'est possible, selon nous, que si le CSE central est également transformé en conseil central d'entreprise.
Le conseil d'entreprise peut également être mis en place dans les entreprises appartenant à une unité économique et sociale (**UES**). L'accord instaurant le conseil d'entreprise est conclu soit au niveau d'une ou de plusieurs entreprises composant l'UES, soit au niveau de l'UES. Dans ce dernier cas, les règles de validité de l'accord sont appréciées en tenant compte des suffrages valablement exprimés dans l'ensemble des entreprises (C. trav. art. L 2321-10).

B. Composition

5600 Il n'y a aucune précision textuelle sur la composition du conseil d'entreprise. Le conseil d'entreprise étant le nom donné au CSE lorsqu'il se voit reconnaître des pouvoirs renforcés, il est **au minimum** constitué, à notre avis, des membres de ce comité.
La question porte surtout sur la place du **délégué syndical** lorsqu'il en existe dans l'entreprise et qu'il n'est pas déjà membre du CSE en tant qu'élu ou représentant syndical de ce comité. Selon une vidéo diffusée sur le site du ministère du travail, les délégués syndicaux sont membres du conseil d'entreprise (travail-emploi.gouv.fr).
Le ministère du travail a également précisé que la mise en place du conseil d'entreprise ne fait pas disparaître le mandat des délégués syndicaux, ceux-ci perdant en revanche la prérogative de négocier, conclure et réviser les conventions et accords dans l'entreprise ou l'établissement (QR min. trav. 16-1-2020 n° 116).

C. Attributions

5620 En plus des **attributions spécifiques** exposées ci-après, le conseil d'entreprise exerce, quelle que soit sa taille, l'ensemble des **attributions du CSE** définies aux articles L 2312-1 à L 2312-84 du Code du travail (C. trav. art. L 2321-1).
Le renvoi à ces articles qui visent, notamment, les attributions du CSE dans les entreprises d'au moins 11 salariés et de moins de 50 salariés conforte la position selon laquelle le conseil d'entreprise peut être mis en place dans ces entreprises : voir n° 5570.

1. POUVOIR DE NÉGOCIATION

ÉTENDUE

5630 Le conseil d'entreprise est **seul compétent** pour négocier, conclure et réviser les conventions et accords d'entreprise ou d'établissement (C. trav. art. L 2321-1).
Sur le point de savoir si la mise en place d'un conseil d'entreprise fait disparaître le **mandat des délégués syndicaux**, voir n° 5600.

CRÉATION D'UNE DÉLÉGATION CHARGÉE DES NÉGOCIATIONS

5635 L'accord mettant en place le conseil d'entreprise peut fixer la **composition** de la délégation qui négocie les conventions et accords d'entreprise et d'établissement (C. trav. art. L 2321-7). Cette délégation est chargée de négocier les accords mais pas de les signer, ces accords étant soumis aux règles de validité exposées n° 5640.
Les membres de cette délégation bénéficient du **crédit d'heures** prévu pour la participation aux négociations : voir n°s 5675 s.

CONSEIL

Les **parties** signataires de l'accord mettant en place cette délégation sont **libres** de déterminer sa composition. Elles pourraient ainsi par exemple préciser que les délégués syndicaux en font nécessairement partie, fixer le nombre de membres du conseil d'entreprise la composant, etc. La fixation de la composition de la délégation peut faciliter les négociations. À défaut, tous les membres du conseil d'entreprise devraient selon nous participer aux négociations, avec tout ce que cela implique en terme d'organisation s'ils sont nombreux.

CONDITIONS DE VALIDITÉ DES ACCORDS CONCLUS AVEC LE CONSEIL D'ENTREPRISE

5640 Une convention ou un accord d'entreprise ou d'établissement conclu par le conseil d'entreprise doit être **signé** par (C. trav. art. L 2321-9) :
– la majorité des membres titulaires élus du conseil ;

– ou un ou plusieurs membres titulaires ayant recueilli plus de 50 % des suffrages exprimés lors des dernières élections professionnelles. Il est tenu compte des suffrages recueillis lors du premier tour des élections pour les élus au premier tour de scrutin et de ceux recueillis lors du second tour pour les élus au second tour de scrutin.

THÈMES DE NÉGOCIATION ET PÉRIODICITÉ

L'accord constitutif du conseil d'entreprise peut fixer la **périodicité** de tout ou partie des thèmes de négociation dudit conseil d'entreprise (C. trav. art. L 2321-8), lequel doit respecter les périodicités d'ordre public (n°s 81200 s.). Rien n'est prévu à défaut de dispositions dans l'accord. 5645

2. POUVOIR DE DÉCISION

Le conseil d'entreprise dispose d'un **droit de veto** sur certains sujets. En effet, l'accord constitutif doit fixer la liste des thèmes tels que l'égalité professionnelle, soumis à son avis conforme. La formation constitue un thème obligatoire (C. trav. art. L 2321-3). 5650
Le conseil d'entreprise dispose aussi, à notre avis, des autres droits de veto du CSE même s'ils ne sont pas expressément visés par les articles L 2312-1 à L 2312-84 du Code du travail : voir n° 5620. Tel est le cas, par exemple, de la mise en place d'horaires individualisés (C. trav. art. L 3121-48) ou du remplacement du paiement d'heures supplémentaires par un repos compensateur dans les entreprises dépourvues de délégué syndical (C. trav. art. L 3121-37).

ATTENTION

La rédaction de l'article L 2321-3 du Code du travail laisse planer un doute sur le thème de l'égalité professionnelle. Est-il obligatoirement soumis à l'avis conforme du conseil d'entreprise ou bien est-il seulement donné à titre d'exemple ? L'administration s'est prononcée en faveur de la seconde interprétation (QR min. trav. 16-1-2020 n° 115), qui est aussi la nôtre.

D. Fonctionnement

En dehors des **modalités spécifiques** exposées ci-après, les modalités de fonctionnement du conseil d'entreprise sont celles définies pour le CSE aux articles L 2315-1 et suivants du Code du travail : voir n°s 130 s. pour les entreprises de moins de 50 salariés et n°s 1200 s. pour les entreprises d'au moins 50 salariés (C. trav. art. L 2321-1, al. 2). Ce renvoi vise notamment les heures de délégation des membres du CSE, leur liberté de déplacement dans l'entreprise, l'organisation des réunions, etc. 5670

HEURES DE DÉLÉGATION

L'**accord** constitutif fixe obligatoirement le **nombre d'heures** de délégation dont bénéficient les **élus** du conseil d'entreprise participant aux négociations (C. trav. art. L 2321-4). Ce crédit d'heures, réservé à la négociation, s'ajoute au crédit d'heures dont disposent les membres du CSE : voir n°s 34530 s. 5675
L'article L 2321-4 du Code du travail visant les élus du conseil d'entreprise, les **délégués syndicaux** qui n'ont pas cette qualité ne bénéficient pas, au moins obligatoirement, de ce crédit d'heures.

Selon l'article L 2321-4 du Code du travail, le crédit d'heures ne peut pas, sauf circonstances exceptionnelles, être inférieur à un nombre d'heures défini par décret en Conseil d'État et variant selon l'**effectif de l'entreprise.** 5680
À défaut d'accord prévu à l'article L 2321-2 du Code du travail, chaque élu du conseil d'entreprise participant à une négociation dispose d'un nombre d'heures de délégation, en plus de celles dont il bénéficie en tant qu'élu titulaire du CSE, d'au moins (C. trav. art. R 2321-1) :
- **12 heures par mois** dans les entreprises jusqu'à 149 salariés ;
- **18** heures par mois dans celles de 150 à 499 salariés ;
- et **24** heures par mois dans celles d'au moins 500 salariés.

ATTENTION

La **rédaction des articles L 2321-4 et R 2321-1 précités** soulève un certain nombre d'interrogations.
Dans le premier texte, on peut s'interroger sur la notion de « **circonstances exceptionnelles** » permettant de fixer un crédit d'heures d'une durée inférieure aux durées prévues par décret, de telles circonstances permettant au contraire, dans le cadre de la réglementation du CSE, de dépasser le crédit d'heures légal ou, le cas échéant, alloué par le protocole d'accord préélectoral ou la convention collective (n°s 34590 s.).
Dans le second texte, les crédits d'heures minimaux sont fixés « **à défaut d'accord prévu à l'article L 2321-2 du Code du travail** », ce qui vise l'accord instituant le conseil d'entreprise.

Or, le conseil d'entreprise étant créé par accord, il ne peut pas exister de conseil d'entreprise à défaut d'accord. Faut-il comprendre « à défaut de stipulations sur le crédit d'heures dans l'**accord** instituant le conseil d'entreprise ? ». Mais, aux termes de l'article L 2321-4 du Code du travail, cet accord doit fixer le nombre d'heures de délégation attribué à ses élus participant aux négociations. Le pouvoir réglementaire a peut-être voulu évoquer l'hypothèse dans laquelle l'accord en cause, méconnaissant les termes de l'article L 2321-4 du Code du travail, ne fixerait pas le nombre d'heures de délégation octroyées aux élus du conseil d'entreprise participant aux négociations.

RÉMUNÉRATION DU TEMPS DE NÉGOCIATION ET FRAIS DE DÉPLACEMENT

5685 Le **temps passé à la négociation** est de plein droit considéré comme temps de travail et payé à l'échéance normale (C. trav. art. L 2321-5).

L'indemnisation des **frais de déplacement** doit quant à elle faire l'objet de stipulations dans l'accord constitutif du conseil d'entreprise (C. trav. art. L 2321-6).

CHAPITRE 8

LE CSE CENTRAL, LES COMITÉS DE GROUPE ET EUROPÉEN

SOMMAIRE

SECTION 1

CSE CENTRAL ET CSE D'ÉTABLISSEMENT

A. Entreprises et établissements concernés

Dans les **entreprises d'au moins** 50 salariés comportant au moins 2 établissements distincts, des comités sociaux et économiques d'établissement (CSE d'établissement) et un comité social et économique central d'entreprise (CSE central) sont constitués (C. trav. art. L 2313-1). **6000**
Sur le calcul de l'effectif, voir nos 20850 s. Sur la notion d'établissement distinct, voir nos 22040 s.

La mise en place d'un CSE central est subordonnée à la **création préalable de CSE d'établissement** (Cass. soc. 14-1-1988 n° 86-60.508 P). Le fait que certains établissements de l'entreprise ne possèdent pas de CSE d'établissement ne s'oppose pas à la mise en place d'un CSE central (Rép. min. : AN 10-3-1956 n° 330). Toutefois, si un seul CSE d'établissement a été créé par suite de carence dans le ou les autres établissements, selon une réponse ministérielle très ancienne, le comité central ne peut pas être constitué, le comité d'établissement existant ne pouvant pas exercer, seul, des attributions sortant du cadre de l'établissement, sauf accord conclu avec la direction (Rép. min. : AN 12-6-1963 n° 2534). Cette position privant les salariés de représentation au niveau de l'entreprise, il convient de se montrer prudent quant à sa portée, d'autant qu'à notre connaissance elle n'a jamais été confirmée par l'administration ou consacrée par la jurisprudence. **6005**

> **Précisions a.** Même si l'entreprise est dotée de CSE d'établissement, l'employeur n'est pas tenu de prendre l'**initiative de la constitution d'un CSE central** si aucune demande en ce sens ne lui a été faite (Cass. crim. 14-1-1986 n° 85-91.285 P).
> **b.** Pour les entreprises ayant leur **siège social à l'étranger**, voir n°s 20055 s.
> **c.** Sur la compatibilité de l'existence d'un **comité de groupe** avec la mise en place d'un CSE central au niveau d'une **UES**, voir n° 22525.

B. Composition et fonctionnement

1. CSE D'ÉTABLISSEMENT

6010 Le CSE d'établissement est régi par les mêmes règles que le CSE d'entreprise en ce qui concerne :
– sa **composition** : n°s 650 s. (C. trav. art. L 2316-24) ;
– le nombre de **membres** de la délégation du personnel (n°s 700 s.) et les modalités de son élection (n°s 23980 s.) ;
– son **fonctionnement** : n°s 1200 s. (C. trav. art. L 2316-26).

Comme le CSE d'entreprise, le CSE d'établissement est doté de la **personnalité civile** (C. trav. art. L 2316-25), ce qui lui permet notamment d'agir en justice : voir n°s 1220 s.

Ses **attributions** sont également calquées sur celles du CSE d'entreprise, mais en étant limitées aux questions relevant des pouvoirs du chef d'établissement (voir n°s 6060 s.). Pour ses **ressources**, voir n°s 6105 s.

ATTENTION

Le CSE d'établissement est **présidé**, non pas par l'employeur, mais par le chef d'établissement (Cass. soc. 7-10-1998 n° 96-22.248 P : RJS 11/98 n° 1376). Celui-ci peut se faire assister ou représenter comme le président du CSE d'entreprise (voir n°s 660 s.).

2. CSE CENTRAL D'ENTREPRISE

a. Composition

QUI EST MEMBRE DU CSE CENTRAL ?

6015 Le CSE central est composé :
– de **l'employeur** ou de son représentant (C. trav. art. L 2316-4) ;
– des délégués **élus par les CSE d'établissement** (voir n°s 27000 s.) (C. trav. art. L 2316-4) ;
– de **représentants syndicaux** (C. trav. art. L 2316-7) désignés dans les conditions exposées n° 6020 ;
– ainsi que, lorsque les réunions du comité portent sur la **santé, la sécurité et les conditions de travail**, des personnes suivantes : médecin du travail, agent de contrôle de l'inspection du travail, agent des services de prévention de l'organisme de sécurité sociale et, le cas échéant, agent de l'organisme professionnel de prévention du bâtiment et des travaux publics et responsable du service de sécurité et des conditions de travail ou, à défaut, agent chargé de la sécurité et des conditions de travail. Ces personnes sont celles de l'établissement du siège de l'entreprise (C. trav. art. L 2316-4).

DÉSIGNATION DES REPRÉSENTANTS SYNDICAUX

6020 Chaque syndicat représentatif dans l'entreprise désigne un représentant au CSE central, **choisi** soit parmi les représentants du syndicat aux CSE d'établissement, soit parmi les membres élus de ces comités (C. trav. art. L 2316-7). Selon l'administration, les mandats de représentant syndical au comité central et de membre élu de cette instance sont incompatibles (Circ. DRT 12 du 30-11-1984 n° 2-4-2), de sorte qu'il n'est pas possible de désigner un élu au CSE central en qualité de représentant syndical au sein de cette instance.

Les **exigences de forme** prévues pour la désignation du représentant syndical au CSE (n°s 28750 s.) ne sont pas applicables à celle du représentant syndical au CSE central. Il est toutefois recommandé de les respecter pour éviter toute difficulté, notamment quant au point de départ de la protection de ces représentants contre le licenciement.

> **Précisions a.** La **représentativité du syndicat** s'apprécie au niveau de l'entreprise (Cass. soc. 17-4-1986 n° 85.60.581 S ; 25-1-2006 n° 04-60.437 FS-PB : RJS 5/06 n° 598), comme indiqué n°s 15050 s.
> Une organisation syndicale représentative et les syndicats qui lui sont affiliés ne peuvent désigner ensemble, sauf accord collectif, qu'un seul représentant syndical au CSE central (Cass. soc. 23-6-1993 n° 92-60.275 D : RJS 8-9/93 n° 886 ; 6-4-2005 n° 04-60.323 F-P : RJS 6/05 n° 645).
> **b.** La **contestation de la désignation** des représentants syndicaux au CSE central est de la compétence du tribunal judiciaire (C. trav. art. R 2316-10) du siège de l'entreprise (Circ. 25-10-1983 ; Cass. soc. 1-7-1985 n° 85-60.006 P), qui statue en dernier ressort (C. trav. art. R 2316-10).
> Elle obéit aux règles (délai, procédure, etc.) prévues pour la contestation de la désignation du représentant syndical au CSE (nos 28825 s.) (C. trav. art. R 2316-10).
> Lorsque la contestation nécessite une **mesure d'instruction**, les **frais** y afférents sont à la charge de l'État (C. trav. art. L 2316-9).
> La découverte d'une **fraude ou d'un fait nouveau après l'expiration du délai** de recours peut permettre d'engager une action en nullité de la désignation du représentant syndical au CSE central (voir n° 28830, d). Le jugement statuant sur la représentativité d'un syndicat à l'occasion d'une contestation de la désignation de délégués syndicaux centraux ne constitue pas un fait nouveau permettant d'engager une telle action (Cass. soc. 26-6-2013 n° 11-25.456 FS-PB : RJS 10/13 n° 697).

b. Statut des membres

Les délégués au CSE central sont élus pour **4 ans** (C. trav. art. L 2316-10). **6025**
Leur mandat **prend fin** par anticipation dans les cas prévus pour les membres du CSE (nos 31575 s.) et en cas de modification du nombre d'établissements distincts ou de la répartition des sièges par établissement (voir n° 27035). Celui de représentant syndical au CSE central prend fin lors du renouvellement des institutions représentatives du personnel dans l'entreprise (Cass. soc. 29-10-2010 n° 10-10.988 F-D).
Les délégués élus ne disposent que du **crédit d'heures** dont ils bénéficient, le cas échéant, dans leur établissement (voir tableau récapitulatif n° 34530). Dans les entreprises d'au moins 501 salariés dont aucun des établissements distincts n'atteint ce seuil, les représentants syndicaux au CSE central bénéficient du crédit d'heures des représentants syndicaux aux CSE des entreprises de cette taille : voir n° 34540 (C. trav. art. L 2315-7, 3° et R 2315-4 s.).
La loi n'a pas prévu l'assujettissement des membres du CSE central aux **obligations de secret et de discrétion** (nos 860 s.), mais ils y sont soumis en tant que membres du CSE d'établissement.

> **Précisions a.** La **cessation du mandat** de membre du **CSE d'établissement** entraîne celle du mandat de l'intéressé au sein du CSE central (Cass. crim. 4-10-1983 n° 82-92.919).
> **b.** Sur le **remplacement** des délégués au CSE central cessant leur fonction ou temporairement absents, voir n° 31740.
> **c.** Sur la faculté de **déroger**, par accord, à la **durée du mandat** des membres du CSE central, voir n° 31515.
> **d.** Sur le sort des mandats des membres du CSE central en cas de **transfert d'entreprise**, voir nos 33000 s.

c. Fonctionnement

Le **Code du travail** précise certaines règles de fonctionnement du CSE central. Sur les **points non spécifiquement réglementés**, il y a lieu de se référer aux dispositions régissant le CSE d'entreprise ou d'établissement. Bien que non prévue par les textes, cette transposition résulte de la jurisprudence de la Cour de cassation qui, lorsqu'elle est confrontée à une telle situation, applique en général au comité central les règles prévues pour le comité d'établissement. **6030**

MOYENS D'ACTION

Les **ressources** du CSE central se composent d'une subvention de fonctionnement rétrocédée par les CSE d'établissement (nos 6105 s.) et, le cas échéant, des sommes destinées à financer les activités sociales et culturelles communes qu'il gère (nos 6110 s.). **6035**
Il peut faire appel à des **experts** dans les conditions exposées n° 6085.
Un **local** et des **moyens** adaptés à son importance doivent être mis à sa disposition (en ce sens, voir n° 34090).
Le CSE central est doté de la **personnalité civile** (C. trav. art. L 2316-13) et peut donc **agir en justice**. Pour l'étendue de son action en justice, les solutions jurisprudentielles exposées nos 1220 s. lui sont selon nous transposables.

ILLUSTRATIONS

Le CSE central est recevable à intervenir à l'appui de l'appel d'un jugement de tribunal administratif ayant annulé l'attestation de « bénéfice net » établie par l'inspecteur des impôts en vue du calcul de la réserve spéciale de participation (CE 26-1-1990 nos 60197, 60249, 66675 : RJS 3/90 n° 235).

ORGANISATION

6040 **Organisation générale** Le CSE central détermine, dans un **règlement intérieur**, les modalités de son fonctionnement et de ses rapports avec les salariés de l'entreprise pour l'exercice de ses missions (C. trav. art. L 2316-14).
Il doit désigner, parmi ses membres titulaires (C. trav. art. R 2316-3), un **secrétaire** et un **secrétaire adjoint** en charge des attributions en matière de santé, de sécurité et des conditions de travail (C. trav. art. L 2316-13). Il peut aussi, ce que nous conseillons fortement, désigner un **trésorier** parmi ses membres titulaires (C. trav. art. R 2316-3).
Dans certains cas, il est tenu de mettre en place des **commissions** spéciales :
– commission santé, sécurité et conditions de travail (CSSCT) centrale dans les entreprises d'au moins 300 salariés (voir nos 1625 s.) (C. trav. art. L 2316-18) ;
– commission économique dans les entreprises d'au moins 1 000 salariés, à défaut d'accord d'entreprise visé n° 1675 (voir n° 1690) (C. trav. art. L 2315-46).
La législation sur la commission des marchés lui est applicable dans des conditions spécifiques (voir n° 6045). Pour les autres commissions, il est, selon nous, soumis aux mêmes règles que le CSE d'entreprise. À défaut d'accord d'entreprise visé n° 1675, il doit donc mettre en place les commissions formation, logement et égalité professionnelle s'il est amené à délibérer sur ces sujets (voir nos 1675 s.).

> **Précisions** Les règles applicables au **règlement intérieur** du CSE (adoption, modification, contenu, durée, etc.) sont, selon nous, transposables au CSE central (nos 1500 s.).

6045 **Tenue des comptes et commission des marchés** Les règles prévues pour l'établissement et le contrôle des comptes du CSE (nos 2990 s.), ainsi que la législation sur la commission des marchés (nos 1655 s.), sont applicables au CSE central (C. trav. art. L 2316-19, L 2315-44-1 à L 2315-44-4) sous les réserves suivantes :
– pour apprécier les **seuils** déterminant les obligations du CSE central en matière de tenue et de certification des comptes et de mise en place de la commission des marchés, il est tenu compte de la somme des ressources versées par les CSE d'établissement et des ressources reçues en propre par le CSE central (C. trav. art. D 2316-4) ;
– pour l'**approbation des comptes** du CSE central, les **documents** mentionnés n° 3070 sont communiqués à ses membres 8 jours au moins avant la séance (C. trav. art. D 2316-5) ;
– le **coût** de la mission de présentation des comptes du CSE central par un expert-comptable est pris en charge par le CSE central sur les sommes versées par les comités d'établissement au titre de son fonctionnement. Il en va de même du coût de la certification des comptes annuels des grands CSE centraux (C. trav. art. D 2316-6).

RÉUNIONS

6050 Le CSE central est **présidé** par l'employeur ou son représentant, assisté éventuellement de 2 collaborateurs (C. trav. art. L 2316-13). Il se réunit au moins une fois **tous les 6 mois** sur **convocation** de l'employeur (C. trav. art. L 2316-15) ou du représentant qu'il a délégué pour présider le CSE central (Cass. soc. 31-3-2009 n° 07-44.961 F-D ; CA Bourges 7-12-1999 n° 98-1355 : RJS 3/01 n° 312).
Comme pour le CSE d'entreprise (n° 1770), l'**ordre du jour** du CSE central est arrêté par le président et le secrétaire, les consultations rendues obligatoires par une disposition législative ou réglementaire ou par un accord collectif de travail y étant inscrites de plein droit par l'un ou l'autre. Il doit être précis et être respecté, voir nos 1785 s. Il est communiqué aux membres au moins 8 jours avant la séance (C. trav. art. L 2316-17). Sur la possibilité pour l'employeur de se prévaloir du délai minimal d'envoi de l'ordre du jour, voir n° 1782.
Seuls l'employeur (ou son représentant) et les délégués élus par les CSE d'établissement ont **voix délibérative** (C. trav. art. L 2316-4). Les autres membres assistent aux séances du CSE central avec **voix consultative** (C. trav. art. L 2316-4 et L 2316-7). Il en va de même des deux collaborateurs de l'employeur (C. trav. art. L 2316-13). Autrement dit, ils peuvent s'exprimer, mais n'ont pas de droit de vote (voir n° 1855).
Les décisions du CSE central portant sur ses modalités de fonctionnement et l'organisation de ses travaux ainsi que ses résolutions sont prises à la **majorité** des membres présents (C. trav. art. L 2316-14). Sur le calcul de cette majorité, voir nos 1880 s.

> Précisions a. Les réunions ont **lieu** au siège de l'entreprise (C. trav. art. L 2316-15). Elles peuvent toutefois se tenir au siège administratif plutôt qu'au siège social si ce choix n'est pas guidé par une volonté discriminatoire à l'égard de certains membres ou par une intention de paralyser l'activité du comité (Cass. crim. 23-10-1979 n° 78-93.773 F-D). Lorsque le siège social est à l'étranger, les réunions se tiennent au lieu d'exercice principal des activités de l'employeur en France (CE 29-6-1973 n° 77982). Sur le recours à la **visioconférence**, voir n°s 1845 s.

b. Sur la notion de **collaborateur** pouvant assister l'employeur, voir n° 685.

c. Le Code du travail n'exclut pas expressément les **élus suppléants** des réunions du CSE central. Mais, compte tenu du principe selon lequel le CSE central fonctionne comme un CSE d'établissement, il nous semble que, sauf accord contraire, ils n'y assistent que s'ils remplacent un titulaire.

d. Le CSE central peut tenir des **réunions exceptionnelles** à la demande de la majorité de ses membres (C. trav. art. L 2316-15).

e. Pour la **rémunération** du temps passé en séance, les règles applicables au CSE d'entreprise (n° 1905) sont, selon nous, transposables au CSE central. Pour la prise en charge des **temps de trajet** et des **frais de déplacement**, voir n°s 35140 s.

C. Attributions

1. ATTRIBUTIONS ÉCONOMIQUES

PRINCIPES

Les attributions économiques du CSE central et du CSE d'établissement sont globalement **identiques à celles du CSE d'entreprise** (n°s 3400 s.), mais elles sont exercées par l'une et/ou l'autre de ces institutions selon qu'elles concernent l'entreprise et/ou l'établissement. 6060

Le **CSE d'établissement** a en effet les mêmes attributions que le CSE des entreprises d'au moins 50 salariés (en ce sens : QR min. trav. 16-1-2020 n° 63) mais uniquement dans la limite des pouvoirs confiés au chef d'établissement (C. trav. art. L 2316-20).

De son côté, le **CSE central** exerce les attributions concernant la marche générale de l'entreprise et excédant les limites des pouvoirs des chefs d'établissement (C. trav. art. L 2316-1).

Le CSE central est donc informé et consulté sur tous les projets importants concernant l'entreprise en matière économique et financière ainsi qu'en matière de santé, de sécurité et de conditions de travail (notamment l'introduction de nouvelles technologies ou tout aménagement important modifiant les conditions de santé et de sécurité ou les conditions de travail : n°s 56000 s.) (C. trav. art. L 2316-2). Sur le CSE compétent pour décider du recours à une expertise, voir n° 6080 s.

Il peut, ce qui n'est pas le cas du CSE d'établissement, déclencher le droit d'alerte économique (voir n° 89200). Sauf accord contraire, c'est lui qui se voit communiquer après chaque élection la documentation économique et financière visée n° 4070 (Circ. DRT 12 du 30-11-1984).

Sauf consultation conjointe du CSE central et d'un ou plusieurs CSE d'établissement (n°s 6070 s.), les **délais** dans lesquels le CSE central et les CSE d'établissement doivent rendre leurs avis sont identiques à ceux prévus pour le CSE d'entreprise (voir n°s 3690 s.).

Sur le CSE à consulter en cas d'élaboration du **règlement intérieur de l'entreprise**, voir n° 85170.

ILLUSTRATIONS

Le **CSE central** doit être consulté en cas de :

– suppression de certains services d'un établissement pour les rattacher à un autre établissement avec mutation de 11 salariés du premier établissement au second (Cass. crim. 6-11-1975 n° 74-92.833 P) ;

– transfert du « savoir-faire » du service marketing à une entreprise extérieure et délocalisation à l'étranger d'une partie du service paie, peu important que ces mesures ne concernent qu'un nombre limité de salariés de la société et soient mises en œuvre sur la base du volontariat dès lors qu'elles sont de nature à affecter de façon importante la marche générale de l'entreprise (Cass. crim. 10-5-2011 n° 09-87.558 F-D : RJS 10/11 n° 815) ;

– projet de cession des parts sociales de la société pouvant s'analyser comme une opération de restructuration et de réorganisation susceptible d'avoir des incidences sur les effectifs de la société (Cass. soc. 16-4-1996 n° 93-15.417 PB : RJS 5/96 n° 559).

Le **CSE d'établissement** doit être consulté en cas de :
– licenciement d'un salarié protégé, voir n° 45160 ;
– réorganisation ou déménagement de l'établissement.
Les CSE d'établissement d'une société membre d'un **groupement d'intérêt économique** n'ont pas à être informés ou consultés sur la gestion de ce groupement. Mais le CSE central d'entreprise de cette société doit l'être sur sa participation au fonctionnement du groupement (Cass. soc. 26-9-1990 n° 89-10.258 P : RJS 10/90 n° 782).

POUR LES PROJETS D'ENTREPRISE, FAUT-IL DOUBLONNER LES CONSULTATIONS ?

6065 **Consultations de la seule compétence du CSE central** Le CSE central est seul consulté sur (C. trav. art. L 2316-1) :
– les projets décidés au niveau de l'entreprise ne comportant pas de mesures d'adaptation spécifiques à un ou plusieurs établissements ; son avis, accompagné des documents relatifs au projet, est alors transmis, par tout moyen, aux CSE d'établissement ;
– les projets et consultations récurrentes décidés au niveau de l'entreprise lorsque leurs éventuelles mesures de mise en œuvre, qui feront ultérieurement l'objet d'une consultation spécifique au niveau approprié, ne sont pas encore définies ;
– les mesures d'adaptation communes à plusieurs établissements des projets d'introduction de nouvelles technologies ou d'aménagement important modifiant les conditions de santé et de sécurité ou les conditions de travail.

ILLUSTRATIONS

Le CSE central doit seul être informé et consulté :
– en cas d'une **prise de participation** de la société dans une autre (Circ. DRT 12 du 30-11-1984) ;
– sur la **décision de principe emportant création de pôles** dans le cadre d'une réorganisation de l'entreprise ou du groupe et relevant de la compétence de la direction générale de l'entreprise (Cass. soc. 5-7-2006 n° 04-18.814 FS-PB : RJS 11/06 n° 1199).

6070 **Consultations de la compétence du CSE central et des CSE d'établissement** Le CSE d'établissement est consulté sur les **mesures d'adaptation** des décisions arrêtées au niveau de l'entreprise **spécifiques à l'établissement** et qui relèvent de la compétence du chef de cet établissement (C. trav. art. L 2316-20). Dans ce cas, il y a donc en principe lieu de consulter à la fois le CSE central sur le projet global et le ou les CSE d'établissement sur les mesures d'adaptation qui leur sont spécifiques. Le juge ne peut pas, par exemple, ordonner la consultation d'un CSE d'établissement :
– sur un contrat conclu au niveau de l'entreprise, sans caractériser l'existence, dans ce contrat, de mesures concrètes d'adaptation spécifiques à cet établissement (Cass. soc. 19-1-2022 n° 20-18.806 F-D : RJS 4/22 n° 193) ;
– ou sur un plan de reprise d'activité post-confinement élaboré au niveau central et décliné au niveau des établissements, en l'absence de toute marge de manœuvre du chef d'établissement pour adapter ce plan (Cass. soc 29-6-2022 n° 21-11.935 F-L : RJS 10/22 n° 525).
Toutefois, comme énoncé ci-dessus (n° 6065), en cas de projets d'introduction de nouvelles technologies ou d'aménagement important modifiant les conditions de santé et de sécurité ou les conditions de travail, les mesures d'adaptation communes à plusieurs établissements relèvent de la seule compétence du CSE central.
Lorsqu'il y a lieu de consulter à la fois le CSE central et un ou plusieurs CSE d'établissement, un accord peut définir l'**ordre et les délais** dans lesquels ces instances rendent et transmettent leurs avis (C. trav. art. L 2316-22). À **défaut d'accord**, les délais prévus n°s 3690 s. s'appliquent au CSE central tandis que l'avis de chaque CSE d'établissement est rendu et transmis au CSE central au plus tard 7 jours avant la date à laquelle ce dernier est réputé avoir été consulté et avoir rendu un avis négatif. À défaut, l'avis du CSE d'établissement est réputé négatif (C. trav. art. R 2312-6).

ATTENTION

En cas de projet de **licenciement collectif pour motif économique avec plan de sauvegarde de l'emploi**, des règles spécifiques s'appliquent s'agissant de l'ordre et des délais de consultation, voir n° 90315.

Tableau récapitulatif 6075

Catégories de projets	Instances à informer et/ou à consulter
Projet d'entreprise sans mesures d'adaptation spécifiques à un ou plusieurs établissements	Consultation du CSE central Information postérieure des CSE d'établissement
Projet d'entreprise ou consultation récurrente dont les mesures de mise en œuvre ne sont pas encore définies	Consultation du CSE central Consultation postérieure du CSE des établissements pour lesquels des mesures d'adaptation spécifiques sont prévues [1]
Projet d'entreprise avec mesures d'adaptation spécifiques à un ou plusieurs établissements déjà définies	Consultation du ou des CSE d'établissement concernés [1] Puis consultation postérieure du CSE central Ou, si un accord le prévoit : Consultation du CSE central Puis consultation postérieure des CSE d'établissement [1]

1. Par exception, le CSE central est seul consulté sur les mesures d'adaptation communes à plusieurs établissements des projets d'introduction de nouvelles technologies ou d'aménagement important modifiant les conditions de santé et de sécurité ou les conditions de travail.

POUR LES CONSULTATIONS RÉCURRENTES ET LA DÉSIGNATION D'UN EXPERT, QUEL CSE EST COMPÉTENT ?

Orientations stratégiques et situation économique et financière La consultation sur les orientations stratégiques de l'entreprise et sur la situation économique et financière est conduite au niveau de l'entreprise, **en l'absence d'accord d'entreprise** prévoyant le contraire, **et sauf si l'employeur en décide autrement** (C. trav. art. L 2312-22, al. 5). En vue de cette consultation, le CSE central peut décider de recourir à un expert-comptable (C. trav. art. L 2316-3). 6080
En application de ces textes, sauf accord d'entreprise contraire ou décision contraire de l'employeur, la **consultation récurrente** sur la situation économique et financière de l'entreprise relève du seul CSE central. Le CSE d'établissement ne peut pas recourir à une expertise à ce titre (Cass. soc. 20-9-2023 n° 21-25.233 FS-B : RJS 11/23 n° 589).
Le CSE d'établissement ne peut faire appel à un tel expert que pour les questions relevant de sa compétence (C. trav. art. L 2316-21). Ce droit a ainsi été reconnu à un CSE d'établissement, en vertu d'un accord d'entreprise, dans le cadre de la consultation sur les orientations stratégiques de l'entreprise (Cass. soc. 6-9-2023 n° 22-14.364 F-D : RJS 11/23 n° 589).

Politique sociale, conditions de travail et d'emploi La consultation récurrente sur la politique sociale, les conditions de travail et l'emploi est conduite à la fois au niveau central et au niveau des établissements, lorsque sont prévues des **mesures d'adaptation spécifique** à ces établissements (C. trav. art. L 2312-22, al. 5). Le CSE d'établissement ne peut faire appel à un expert que pour les questions relevant de sa compétence (C. trav. art. L 2316-21). 6085
Il peut donc y avoir double expertise en cas de mesures d'adaptation de la politique sociale de l'entreprise spécifiques à l'établissement et relevant de la compétence du chef de cet établissement (voir les exemples cités en illustration ci-dessous), la **charge de la preuve** de ces mesures incombant audit CSE (Cass. soc. 20-9-2023 n° 22-11.464 F-D) et l'expertise diligentée par le CSE d'établissement devant porter sur les éléments propres à l'établissement. À défaut de telles mesures, seul le CSE central est consulté. Il en va de même si un **accord d'entreprise** prévoit que la consultation sur la politique sociale est menée au seul niveau de l'entreprise (Cass. soc. 9-3-2022 n° 20-19.974 F-B : RJS 6/22 n° 305 ; Cass. soc. 15-6-2022 n° 21-12.327 F-D).

ILLUSTRATIONS

a. Le **CSE d'établissement** peut recourir à une expertise dans le cadre de la consultation sur la politique sociale de l'entreprise, les conditions de travail et l'emploi, s'il justifie de l'existence des **mesures d'adaptation spécifiques** suivantes :
– la consultation du CSE d'établissement porte sur un **rapport** annuel faisant le **bilan** de la situation générale de la santé, la sécurité et des conditions de travail **dans l'établissement**, sur le bilan et le plan de développement des compétences et le programme de prévention des risques professionnels et d'amélioration des conditions de travail ; les salariés de l'établissement n'ont **pas les mêmes conditions de travail** et sont soumis à des **horaires différents** (astreintes et travail de nuit) ; l'**accord d'entreprise sur la formation professionnelle** prévoit des plans de formation avec des **adaptations** au niveau des établissements et des **consultations** des IRP d'établissement, chaque établissement adaptant les orientations nationales en prenant en

compte les spécificités de son activité ; le **DUER** doit être **établi** au niveau de l'établissement et contenir des mesures d'**adaptation** propres à chaque établissement ; enfin, il existe des mesures spécifiques relatives à la **réglementation particulière** (atmosphères explosives, électricité) applicable au sein de l'établissement, les agents devant suivre des formations techniques spécifiques ;
– les élus du CSE sollicitent la communication de **documents concernant exclusivement l'établissement** et les mesures prises ou prévues concernent celui-ci, la centralisation des fonctions support et l'existence de procédures de gestion définies au niveau du siège n'étant pas de nature à exclure l'autonomie de gestion des responsables d'établissement, et il est prévu au niveau national une enveloppe d'heures de formation qui est ensuite répartie par les établissements eux-mêmes (Cass. soc. 19-4-2023 n° 21-23.992 F-D).
b. Le droit d'un CSE d'établissement à recourir à l'expertise est justifié, dans le domaine des consultations ponctuelles, dès lors qu'une société prévoit des mesures d'adaptation de la politique sociale de l'entreprise spécifiques à l'établissement, comme la consultation du CSE sur l'ordre des **départs en congés** ou sur un **plan de formation** des salariés de l'établissement ou encore l'invitation des délégués syndicaux de l'établissement à la négociation d'un avenant relatif à l'**intéressement** propre à cet établissement (Cass. soc. 16-2-2022 n° 20-20.373 F-D).

QUEL CSE A ACCÈS À LA BDESE ?

6090 Sauf accord contraire, la base de données économiques, sociales et environnementales (BDESE) est constituée au niveau de l'entreprise. Dans tous les cas, les membres du CSE central et du CSE d'établissement doivent pouvoir y accéder dans des conditions leur permettant d'exercer utilement leurs compétences : voir nos 3515 s.

EXEMPLE

Les membres du CSE d'établissement doivent avoir accès dans la BDESE : au bilan social de leur établissement, aux documents comptables et financiers lorsqu'il existe une comptabilité propre à l'établissement, aux informations trimestrielles prévues par le Code du travail, etc. (Circ. DGT 1 du 18-3-2014 fiche 1 n° 3.2).

2. ACTIVITÉS SOCIALES ET CULTURELLES

6095 Le **CSE d'établissement** assure et contrôle la gestion de toutes les activités sociales et culturelles (C. trav. art. L 2316-23) et perçoit la contribution patronale destinée à les financer (voir n° 6120).
Il peut toutefois **confier au CSE central la gestion d'activités communes**. Un accord entre l'employeur et un ou plusieurs syndicats représentatifs dans l'entreprise, conclu dans les conditions visées nos 80705 s., peut alors définir les **compétences respectives** du CSE d'établissement et du CSE central (C. trav. art. L 2316-23). Cet accord ne peut toutefois pas priver le CSE d'établissement de la gestion des activités sociales et culturelles qui lui sont propres (Cass. soc. 30-6-1993 n° 90-14.895 PBBS : RJS 8-9/93 n° 887).
Dans tous les cas, le transfert doit faire l'objet d'une **convention** entre le CSE central et le CSE d'établissement (C. trav. art. L 2316-23).

> **Précisions** Cette convention doit notamment comporter les **clauses types** suivantes (C. trav. art. L 2316-23 et D 2316-7) :
– la description de l'**activité** ou des activités dont la gestion est transférée au CSE central ;
– le **financement** du transfert pour chaque année d'exécution de la convention ;
– le cas échéant, la liste des biens, **moyens** matériels et humains mis à la disposition du CSE central pour chaque année d'exécution de la convention ;
– les modalités de financement de ce transfert pour chaque année d'exécution de la convention ;
– les modalités d'**accès** à l'activité ou aux activités transférées par les salariés des établissements concernés ;
– la **durée** de la convention et sa date d'**entrée en vigueur** ;
– les modalités de **révision** et de **dénonciation** de la convention.

D. Ressources du CSE central et des CSE d'établissement

1. SUBVENTION DE FONCTIONNEMENT

6105 Dans les entreprises à établissements multiples, la subvention de fonctionnement (nos 2730 s.) est **calculée au niveau** de l'entreprise, et non au niveau de chaque établissement, en tenant compte de la masse salariale brute de l'entreprise (Circ. DRT 6-5-1983).

L'employeur verse la subvention aux **CSE d'établissement**, qui doivent rétrocéder au **CSE central** une partie de la subvention qu'ils reçoivent (Cass. soc. 15-5-2001 n° 99-10.127 FS-PB : RJS 7/01 n° 882). Le montant de cette rétrocession est déterminé par accord entre le CSE central et les CSE d'établissement (C. trav. art. L 2315-62). Il doit prévoir la part de la subvention attribuée au CSE central ainsi que le montant de la subvention revenant à chaque CSE d'établissement en tenant éventuellement compte des moyens en fonctionnement dont ces différents comités peuvent bénéficier à ce titre de la part de l'employeur. L'accord peut être ultérieurement modifié, en fonction notamment de l'évolution des structures de la société se traduisant par une réduction ou une augmentation du nombre de comités d'établissement (Circ. DRT 6-5-1983).

> **Précisions a. À défaut d'accord** entre le CSE central et les CSE d'établissement, et à défaut de stipulations dans la convention collective de branche, le tribunal judiciaire fixe le montant de la subvention que doit rétrocéder chaque CSE d'établissement au CSE central en vue de constituer son budget de fonctionnement (C. trav. art. L 2315-62 et R 2315-32).
> **b.** L'**abstention volontaire de versement de la subvention** de fonctionnement au CSE d'établissement, comme le refus de lui communiquer le montant de la masse salariale brute sur laquelle elle est assise, constitue un délit d'entrave (Cass. crim. 11-2-2003 n° 01-88.650 FS-PF : RJS 7/03 n° 905).

2. CONTRIBUTION AUX ACTIVITÉS SOCIALES ET CULTURELLES

a. Calcul

MONTANT GLOBAL

Dans les entreprises comportant plusieurs CSE d'établissement, la détermination du montant global de la contribution patronale versée pour financer les activités sociales et culturelles est effectuée au **niveau** de l'entreprise dans les mêmes **conditions** que pour les entreprises mono-établissement (n°s 2870 s.) (C. trav. art. L 2312-82). **6110**
Ainsi, le **minimum légal** applicable à défaut d'accord (n° 2875) doit être **calculé** globalement pour l'entreprise et non pas séparément pour chaque établissement (Cass. soc. 18-3-1971 n° 69-11.020 P ; n° 70-11.502 P ; 17-9-2003 n° 01-11.532 FS-P : RJS 11/03 n° 1282), en tenant compte de l'ensemble de la masse salariale (Cass. soc. 9-7-1996 n° 94-17.688 D : RJS 10/96 n° 1057).

> **Précisions** Ces règles s'appliquent également :
> – dans le cadre d'une **unité économique et sociale** : la contribution est alors calculée dans ce cadre (Cass. soc. 25-9-2012 n° 10-26.224 FS-PB : RJS 12/12 n° 960) ;
> – en cas de création d'**établissements nouveaux** : la contribution est alors calculée au niveau de l'entreprise et les règles déjà adoptées par l'entreprise s'appliquent à ceux-ci (Cass. soc. 18-3-1971 n° 69-11.020 P ; n° 70-11.502 P).

MONTANT DÛ À CHAQUE ÉTABLISSEMENT

La répartition de la contribution entre les CSE d'établissement est fixée par un **accord d'entreprise**, conclu dans les conditions décrites n°s 80705 s., au prorata des effectifs des établissements ou de leur masse salariale ou de ces deux critères combinés. **À défaut d'accord**, cette répartition est effectuée au prorata de la masse salariale de chaque établissement (C. trav. art. L 2312-82). **6115**
En permettant à l'accord d'entreprise de répartir la contribution au prorata des effectifs, la loi favorise la mise en place d'une certaine solidarité entre établissements. En effet, le critère de la masse salariale privilégie, au contraire de celui des effectifs, les établissements employant principalement des cadres.

EXEMPLE

Soit une entreprise comportant 3 établissements :
Établissement A : 60 salariés et masse salariale de 600 000 € ;
Établissement B : 100 salariés et masse salariale de 450 000 € ;
Établissement C : 150 salariés et masse salariale de 600 000 €.
L'entreprise a donc un effectif total de 310 salariés et une masse salariale globale de 1 650 000 €.
Par hypothèse, la contribution patronale aux activités sociales et culturelles s'élève à 1,5 % de la masse salariale, soit un montant global égal à : 1,5 % × 1 650 000 € = 24 750 €.
À défaut d'accord d'entreprise prévoyant une répartition différente, cette contribution est répartie comme suit :
Établissement A : 24 750 × 600 000/1 650 000 = 9 000 € ;

Établissement B : 24 750 × 450 000/1 650 000 = 6 750 € ;
Établissement C : 24 750 × 600 000/1 650 000 = 9 000 €.
Si un accord d'entreprise institue une répartition au prorata des effectifs, cette contribution est répartie comme suit :
Établissement A : 24 750 × 60/310 = 4 790 € ;
Établissement B : 24 750 × 100/310 = 7 984 € ;
Établissement C : 24 750 × 150/310 = 11 976 €.
Si un accord d'entreprise prévoit de répartir la dotation globale de 24 750 € en combinant les critères de répartition à raison de 60 % pour la masse salariale (soit 14 850 €) et 40 % pour les effectifs (soit 9 900 €), la contribution est répartie comme suit :
Établissement A : (14 850 × 600 000/1 650 000) + (9 900 × 60/310) = 7 316 € ;
Établissement B : (14 850 × 450 000/1 650 000) + (9 900 × 100/310) = 7 244 € ;
Établissement C : (14 850 × 600 000/1 650 000) + (9 900 × 150/310) = 10 190 €.

b. Instance bénéficiaire

6120 En l'**absence d'activités sociales communes** dans l'entreprise, chaque CSE d'établissement perçoit directement de l'employeur la contribution patronale propre à l'établissement. Le CSE central n'a aucun droit propre à se voir attribuer la contribution patronale dans cette situation (Cass. soc. 16-12-1971 n° 68-11.363 P).

Si la gestion d'**activités sociales ou culturelles communes** est transférée au CSE central, une convention de gestion doit être établie entre lui et les comités d'établissement et doit déterminer notamment les modalités de financement de ce transfert, voir n° 6095.

À notre sens, cette convention peut, soit autoriser le CSE central à percevoir directement de la part de l'employeur la subvention correspondant aux activités transférées, soit prévoir les modalités selon lesquelles chaque CSE d'établissement lui rétrocédera tout ou partie de sa subvention.

ATTENTION

Un **accord d'entreprise** signé par l'employeur et l'ensemble des syndicats ne peut pas priver les CSE d'établissement du droit de percevoir directement de l'employeur la contribution calculée sur la masse salariale de l'établissement (Cass. soc. 30-6-1993 n° 90-14.895 PBBS : RJS 8-9/93 n° 887 ; CA Paris 5-1-2012 n° 10-15279 : RJS 4/12 n° 363).

SECTION 2 COMITÉ DE GROUPE

6250 Le comité de groupe ne se substitue pas aux CSE dans les entreprises du groupe. Sa création a seulement pour but d'assurer aux représentants du personnel une **information** plus complète à un **niveau supérieur** à celui de l'entreprise dans laquelle ces derniers exercent leurs fonctions. Ses attributions sont donc très limitées.

Néanmoins, le non-respect des obligations légales en matière de comité de groupe peut constituer un **délit** d'entrave.

Sur le point de savoir s'il faut mettre en place un comité de groupe dans une **unité économique et sociale**, voir n° 22525.

CONDITIONS D'EXISTENCE D'UN COMITÉ DE GROUPE

6260 **Existence d'une entreprise dominante** Un comité de groupe est constitué au sein du groupe formé par une **entreprise dominante** et les entreprises qu'elle contrôle, quels qu'en soient les effectifs (C. trav. art. L 2331-1, I). Est aussi considérée comme entreprise dominante, pour la constitution d'un comité de groupe, une entreprise exerçant une **influence dominante** sur une autre entreprise dont elle détient au moins 10 % du capital, lorsque la permanence et l'importance des relations de ces entreprises établissent l'appartenance de l'une et de l'autre à un même ensemble économique (C. trav. art. L 2331-1, II).

> **Précisions a.** Un **GIE** (groupement d'intérêt économique) ne peut pas être exclu du champ du comité de groupe sur le seul fondement de sa nature juridique. La situation des GIE doit être examinée au cas par cas au vu des critères d'appartenance à un groupe.
> **b.** Les **réseaux bancaires** comportant un organe central (au sens des articles L 511-30 et L 511-31 du Code monétaire et financier) constituent un comité de groupe quand cet organe central n'est pas un établissement public. Cet organe central est alors considéré comme l'entreprise dominante (C. trav. art. L 2331-5).
> **c.** Les entreprises intervenant au titre de **sociétés d'assurance ou d'établissement de crédit** et au titre d'opérations de **participation financière** ne sont pas des entreprises dominantes (C. trav. art. L 2331-4), sauf si elles s'immiscent, directement ou indirectement, dans la gestion de leurs filiales (Cass. soc. 14-11-2019 n° 18-21.723 FS-PB : RJS 1/20 n° 30). Cette exclusion est justifiée par le caractère, en principe purement financier, des relations entre ces entreprises et les entreprises « contrôlées » (Rapp. Sén. n° 510 p. 24).
> **d.** Rien n'interdit d'instaurer par accord collectif des **comités de sous-groupe**, mais la création de tels comités n'est pas obligatoire et ne peut pas faire échec à la mise en place du comité de groupe ou à l'exercice de ses attributions (Cass. soc. 4-12-2007 n° 06-11.206 FS-PB : RJS 2/08 n° 198).
> **e.** Un comité de groupe doit être mis en place même si l'entreprise dominante établie en France est elle-même contrôlée par une ou plusieurs sociétés domiciliées **à l'étranger** (Cass. soc. 14-11-2019 n° 18-21.723 FS-PB : RJS 1/20 n° 30).

6265 L'entreprise est **dominante** lorsqu'elle contrôle d'autres entreprises dans les conditions définies par les articles suivants (C. trav. art. L 2331-1, I) :
– L 233-1 du Code de commerce visant les filiales, c'est-à-dire les sociétés détenues à plus de 50 % par une autre société (Mémento des sociétés commerciales n° 79031) ;
– L 233-3, I et II, du Code de commerce définissant les conditions dans lesquelles une société est considérée comme en contrôlant une autre (Mémento des sociétés commerciales nos 79013 s.) ;
– L 233-16 du Code de commerce définissant les critères du contrôle exclusif d'une société par une autre pour l'obligation de publication des comptes consolidés (Mémento des sociétés commerciales nos 81400 s.).
Sur le cas des entreprises contrôlées à égalité par 2 ou plusieurs autres entreprises, voir n° 6270.

6270 L'existence d'une **influence dominante** est présumée établie, sans préjudice de la preuve contraire, lorsqu'une entreprise, directement ou indirectement (C. trav. art. L 2331-1, II) :
– peut nommer plus de la moitié des membres des organes d'administration, de direction ou de surveillance d'une autre entreprise ;
– ou dispose de la majorité des voix attachées aux parts émises par une autre entreprise ;
– ou détient la majorité du capital souscrit d'une autre entreprise.
Lorsque plusieurs entreprises satisfont, à l'égard d'une entreprise dominée, à un ou plusieurs des critères requis, celle qui peut nommer plus de la moitié des membres des organes de direction, d'administration ou de surveillance de l'entreprise dominée est considérée comme l'entreprise dominante, sans préjudice de la preuve qu'une autre entreprise puisse exercer une influence dominante (C. trav. art. L 2331-1, II).

> **Précisions a.** Une **filiale commune** dont le capital est partagé entre 2 sociétés ou groupes de sociétés qui la gèrent sur un plan de **stricte égalité** n'appartient à aucun groupe. Selon la Cour de cassation, son CSE ne peut donc demander son rattachement au comité de groupe d'aucun des 2 groupes (Cass. soc. 9-2-1994 n° 91-11.429 PBBS : RJS 3/94 n° 271).
> L'administration est, quant à elle, favorable dans ce cas au libre choix du groupe de rattachement par le CSE de la société concernée (Lettre min. 7-3-1983).
> **b.** Le groupe dont le secteur d'activité constitue le périmètre d'appréciation du **motif économique de licenciement** est également celui que désigne l'article L 2331-1 du Code du travail (Cass. soc 16-11-2016 nos 14-30.063 et 15-19.927 FS-PBRI : RJS 1/17 n° 19). Cette définition est identique à celle dégagée pour l'appréciation de la pertinence du PSE. La Cour de cassation s'est prononcée à cette occasion sur la notion juridique de groupe dans le contexte spécifique des **fonds communs de placement** et des **sociétés de gestion** (Cass. soc. 20-3-2019 n° 17-19.595 FS-PB : RJS 5/19 n° 295).
> **c.** Une entreprise sur laquelle l'entreprise dominante exerce une **influence notable**, et qui est comprise dans les comptes consolidés par mise en équivalence, n'est pas incluse dans le périmètre du groupe au sens de l'article L 2331-1 du Code du travail (Cass. soc. 5-7-2023 n° 22-10.158 FS-B : RJS 10/23 n° 504).

6280 **Implantation territoriale** L'entreprise dominante doit avoir son **siège social** sur le territoire français (C. trav. art. L 2331-1).
Le principe de territorialité des lois implique les conséquences suivantes :
– si la société dominante a son siège social **en France**, le groupe inclut la société dominante et les sociétés qu'elle contrôle ou sur lesquelles elle exerce une influence dominante ayant leur siège social en France, celles situées à l'étranger étant exclues. S'agissant du cas où l'entreprise dominante est elle-même contrôlée par une société étrangère, voir n° 6260, e ;
– si la société dominante a son siège social **à l'étranger**, il n'y a pas lieu d'imposer la constitution, en France, d'un comité de groupe regroupant les sociétés contrôlées ou sur lesquelles s'exerce une influence dominante ayant leur siège social en France.

> **Précisions a.** Les dispositions relatives au comité de groupe s'appliquent aux entreprises dominantes dont le siège social se situe dans un **département** de métropole, en Guadeloupe, en Guyane, en Martinique, à Mayotte, à La Réunion, à Saint-Barthélemy, à Saint-Martin ou à Saint-Pierre-et-Miquelon et aux entreprises qu'elles contrôlent ou sur lesquelles elles exercent une influence dominante dont le siège social est situé dans ces départements ou ces collectivités, à Wallis-et-Futuna ou dans les Terres australes et antarctiques françaises (C. trav. art. L 2632-2).
> **b.** Sur le point de savoir si le comité de groupe peut accéder aux **comptes de filiales étrangères**, voir n° 6400.

6290 **Condition d'effectif** Les dispositions relatives au comité de groupe sont applicables quel que soit le nombre de salariés employés (C. trav. art. L 2331-6).
Le groupe peut comprendre des entreprises de moins de 50 salariés, non soumises à l'**obligation de créer un CSE à attributions élargies**. L'administration admet cette possibilité pour la société dominante et pour les filiales (Circ. DRT 6 du 28-6-1984). Ainsi, si une seule des sociétés du groupe possède un CSE à attributions élargies, le comité de groupe ne comprend que des élus de cette seule entité (Lettre DRT 10-1985).

CONFIGURATION DU GROUPE

6300 La configuration du groupe est définie soit par **accord** des parties intéressées, soit, à défaut, par **décision de justice** (C. trav. art. L 2333-5).
Les parties intéressées sont, côté patronal, l'entreprise dominante mais aussi toutes les entreprises du groupe (Cass. crim. 11-6-2002 n° 01-81.365 FS-PF : RJS 11/02 n° 1251) et, côté salarial, tout syndicat ayant des élus dans certaines entreprises du groupe (TGI Paris 28-3-1989 n° 88-20964).

> **Précisions** L'**engagement du chef de l'entreprise** dominante, dans le cadre d'un accord de fin de conflit, de mettre en place un comité de groupe ne peut pas tenir lieu d'accord sur la configuration du groupe (Cass. crim. 11-6-2002 n° 01-81.365 FS-PF : RJS 11/02 n° 1251).

6305 Le CSE d'une entreprise contrôlée ou d'une entreprise sur laquelle s'exerce une influence dominante peut **demander l'inclusion** de l'entreprise **dans le groupe** ainsi constitué. La demande est transmise, par lettre recommandée avec accusé de réception, par l'intermédiaire du chef de l'entreprise concernée au chef de l'entreprise dominante, qui, dans un délai de 3 mois, y fait droit dans les mêmes formes (C. trav. art. L 2331-2 et R 2331-1). À notre sens, rien ne s'oppose à ce que le CSE engage cette procédure alors que le groupe est en voie de constitution afin de se joindre aux négociations.
Lorsque le **comité de groupe** est **déjà constitué**, toute entreprise qui établit avec l'entreprise dominante, de façon directe ou indirecte, des relations de dépendance doit être prise en compte lors du renouvellement du comité de groupe (C. trav. art. L 2331-2).
La **disparition des relations de dépendance** entre les 2 entreprises fait l'objet d'une information préalable et motivée, donnée au CSE de l'entreprise concernée, qui cesse d'être prise en compte pour la composition du comité de groupe (C. trav. art. L 2331-2). Cette information ne dispense pas de procéder, s'il y a lieu, à la consultation du CSE sur les modifications de l'organisation juridique de l'entreprise (sur cette consultation, voir respectivement n°s 3980 s. et n°s 87595 s.) (Circ. DRT 6 du 28-6-1984).

> **Précisions a.** Selon l'administration, la **demande d'inclusion** dans un groupe est une résolution sur laquelle l'**employeur** de l'entreprise concernée peut **voter** (Circ. DRT 6 du 28-6-1984). Des auteurs se prononcent toutefois en sens contraire (M. Cohen et L. Milet, « Le droit des comités sociaux et économiques et des comités de groupe », LGDJ, 17e édition, 2023 p. 255).
> **b.** L'article L 2331-2 du Code du travail confère-t-il au seul CSE à attributions élargies le droit de demander l'inclusion de l'entreprise considérée dans un groupe, excluant ainsi les entreprises dépourvues d'une telle institution de cette procédure ? Dans une circulaire ancienne, l'administration avait reconnu aux délégués du personnel la possibilité de

demander l'inclusion de leur société dans le groupe en cas de carence au niveau du comité d'entreprise, étant précisé que, pour les **entreprises de moins de 50 salariés**, l'inclusion à la demande des délégués du personnel ne pouvait résulter, selon elle, que d'un accord de toutes les parties (Circ. DRT 6 du 28-6-1984). Cette position nous semble transposable aux entreprises de moins de 50 salariés dotées d'un CSE à attributions réduites.

En cas de **litige** relatif à la constitution ou à la composition du comité de groupe, ou à l'inclusion d'une entreprise dans celui-ci, le CSE ou les syndicats représentatifs de l'entreprise dominante ou d'une entreprise du groupe peuvent saisir le tribunal judiciaire du siège de l'entreprise dominante (C. trav. art. L 2331-3 et R 2331-2). **6310**

Cette juridiction doit être saisie, à peine d'irrecevabilité, dans les 3 mois suivant la notification de la décision du chef de l'entreprise dominante visée n° 6305. À défaut de notification, elle doit être saisie à l'expiration du délai de 3 mois suivant la demande d'inclusion dans le groupe (C. trav. art. R 2331-4).

Lorsque le tribunal recourt à une **mesure d'instruction** exécutée par un technicien, la provision à valoir sur la rémunération de ce dernier est avancée par la société dominante (C. trav. art. R 2331-4).

Sur l'**action en justice** du comité de groupe contre une décision modifiant sa composition, voir n° 6410.

MISE EN PLACE DU COMITÉ DE GROUPE

Le comité de groupe est constitué à l'**initiative** du chef de l'entreprise dominante dès que la configuration du groupe est définie selon les modalités exposées n°s 6300 s. et, au plus tard, dans un **délai** de 6 mois suivant soit l'accord des parties intéressées, soit la décision de justice (C. trav. art. L 2333-5). **6320**

À **défaut d'accord** sur la configuration du groupe, le délai de 6 mois doit, selon nous, courir à compter de la décision du tribunal et non à compter du jour où elle est devenue définitive.

ATTENTION

Le délai de 6 mois entre la reconnaissance d'un groupe et la constitution du comité de groupe ne s'applique qu'à la première mise en place du comité de groupe et non à son **renouvellement**.

COMPOSITION

Le comité de groupe est composé du chef de l'entreprise dominante ou de son représentant, assisté de 2 personnes de son choix ayant voix consultative, et de représentants du personnel des entreprises constituant le groupe (C. trav. art. L 2333-1). **6325**

Un accord conclu avec tous les syndicats concernés peut augmenter le **nombre d'assistants** de l'employeur (Cass. soc. 16-4-1986 n° 85-60.537 P).

Le **nombre de représentants du personnel** étant limité à 30 (C. trav. art. D 2332-2), toutes les entreprises ne sont pas nécessairement représentées au sein du comité de groupe. Lorsque le nombre d'entreprises du groupe d'au moins 50 salariés dotées d'un CSE est inférieur à 15, le nombre de membres du comité de groupe est limité au double du nombre de ces entreprises (C. trav. art. D 2332-2). Sous ces réserves, ce nombre est déterminé par accord. À défaut d'accord, il l'est par décision de justice, le juge saisi n'étant pas tenu de fixer le nombre de représentants du personnel au maximum autorisé, mais ne pouvant pas le dépasser (Cass. soc. 21-11-1989 n° 88-60.757 P : RJS 1/90 n° 45).

EXEMPLE

Dans un groupe composé de 14 entreprises, dont 9 ont des CSE exerçant les attributions des CSE des entreprises d'au moins 50 salariés et 5 ont des CSE exerçant les attributions des CSE des entreprises de moins de 50 salariés, le nombre maximal de représentants du personnel au comité de groupe est égal à 18.

Un accord collectif peut prévoir la désignation de **représentants syndicaux** au comité de groupe (Cass. soc. 13-5-2003 n° 00-19.035 FS-PBRI : RJS 10/03 n° 1186 ; 8-12-2004 n° 03-60.484 F-PB : RJS 4/05 n° 403 ; Circ. DRT 6 28-6-1984). Dans ce cas : **6330**

– il ne peut pas être dérogé à un tel accord par usage, même dans un sens favorable aux syndicats (Cass. soc. 8-12-2004 n° 03-60.484 F-PB : RJS 4/05 n° 403) ;

– les syndicats ayant valablement désigné des représentants du personnel au comité de groupe sont, par là même, représentatifs au niveau du groupe pour y désigner un représentant syndical (Cass. soc. 13-5-2003 n° 00-19.035 FS-PBRI : RJS 10/03 n° 1186) ;

– le nombre de représentants syndicaux ne s'impute pas obligatoirement sur le nombre maximal de représentants du personnel au comité de groupe (Circ. DRT 6 28-6-1984) ;
– en cas de contestation de la désignation d'un représentant syndical, le juge saisi statue en premier ressort et, sa décision étant susceptible d'appel, le pourvoi en cassation est irrecevable (Cass. soc. 18-2-2004 n° 02-60.606 F-PB : RJS 5/04 n° 562).

DÉSIGNATION DES REPRÉSENTANTS DU PERSONNEL

6340 **Modalités** Les représentants du personnel sont désignés par les **organisations syndicales** parmi leurs élus aux CSE de l'ensemble des entreprises du groupe et à partir des résultats des dernières élections (C. trav. art. L 2333-2). Cette désignation a donc lieu, sauf dérogation (n° 31515), tous les 4 ans (C. trav. art. L 2333-3).

Par **exception**, la désignation est effectuée par la **Dreets** lorsque, pour l'ensemble des entreprises faisant partie du groupe, la moitié au moins des élus d'un ou de plusieurs collèges a été présentée sur des listes non syndicales. L'autorité administrative dans le ressort de laquelle se trouve le siège de la société dominante répartit alors les sièges entre les élus du ou des collèges en cause en tenant compte de la répartition des effectifs de ce collège entre les entreprises constitutives du groupe, de l'importance relative de chaque collège au sein de l'entreprise et du nombre de suffrages recueillis par chaque élu (C. trav. art. L 2333-4).

> **Précisions** **a.** Tout **syndicat** ayant obtenu des élus dans l'un au moins des comités dépendant du groupe peut désigner des représentants au comité de groupe (Cass. soc. 4-5-1994 n° 91-15.064 PBBS : RJS 7/94 n° 875), sans avoir à justifier de sa représentativité à ce niveau (Cass. soc. 30-3-2010 n° 08-21.199 FS-PB : RJS 6/10 n° 528). Il ne peut choisir qu'un membre du CSE élu sur sa propre liste (Cass. soc. 31-3-2009 n° 08-60.482 FS-PB : RJS 6/09 n° 550), comme titulaire ou suppléant (Rép. Dupilet : AN 5-3-1984 n°s 41269 et 41271 p. 1000).
> Une confédération syndicale et les organisations syndicales qui lui sont affiliées ne peuvent pas, sauf accord collectif plus favorable, désigner ensemble un nombre de représentants au comité de groupe supérieur à celui prévu par la loi.
> Lorsqu'un syndicat désigne un **représentant surnuméraire**, cette désignation ou la décision prise par l'organisation syndicale pour mettre fin à cette situation, ouvre un nouveau délai de contestation de l'ensemble des désignations antérieures. Par application de la règle chronologique, seule la désignation notifiée en premier lieu doit être validée, sauf si les syndicats justifient des dispositions statutaires déterminant celui ayant qualité pour procéder aux désignations des représentants du personnel ou de la décision prise par l'organisation syndicale d'affiliation pour régler le conflit conformément aux dispositions statutaires prévues à cet effet (Cass. soc. 10-12-2014 n° 14-14.055 : RJS 2/15 n° 113).
> **b.** Dès lors que l'**accord collectif** instituant le comité de groupe prévoit la désignation de ses membres par les syndicats représentatifs au sein des élus des comités d'entreprise ou de la délégation unique du personnel, conformément aux dispositions de l'article L 2333-2 du Code du travail alors applicable, et que cet article a été **modifié** par l'article 4 de l'ordonnance 2017-1386 du 22 septembre 2017 pour remplacer les mots « comité d'entreprise » et « délégation unique du personnel » par les mots « comité social et économique », l'accord peut **continuer à recevoir application** en effectuant la même **modification de vocabulaire** (Cass. soc. 27-1-2021 n° 19-24.400 F-PI : RJS 4/21 n° 223).
> **c.** Lorsque la désignation est effectuée par l'**autorité administrative**, elle doit respecter une représentation proportionnelle des 2 catégories d'élus : élus sur une liste syndicale ou non (Circ. DRT 6 du 28-6-1984). L'administration considère que les 3 critères fixés par le législateur (effectifs du collège, importance du collège au sein de l'entreprise et nombre de suffrages en faveur de chaque élu) sont d'importance décroissante (Circ. DRT 6 du 28-6-1984) alors que le juge administratif a décidé qu'ils devaient faire l'objet d'une pondération (TA Paris 6-4-1994).
> **d.** Le **non-respect de la date limite** fixée par accord pour la désignation des représentants du personnel au comité de groupe ne peut pas en entraîner la nullité dès lors que cette violation ne nuit pas au fonctionnement du comité et qu'aucune disposition ne la sanctionne (Cass. soc. 15-2-2006 n° 05-60.055 FS-PB : RJS 5/06 n° 595).

6345 **Répartition des sièges** Le nombre total de sièges au comité de groupe est réparti entre les **élus des différents collèges** proportionnellement à l'importance numérique de chaque collège (C. trav. art. L 2333-4).

Sauf accord unanime des organisations syndicales, le nombre et la composition des collèges électoraux obéissent aux règles légales fixées n°s 24410 s. pour les élections au CSE d'entreprise ou d'établissement (Cass. soc. 19-11-2002 n° 01-60.563 FS-PBRI : RJS 2/03 n° 211 ; Circ. DRT 6 du 28-6-1984).

La classification d'un salarié dans un collège au sein duquel il a été élu au CSE exclut sa désignation comme représentant au comité de groupe pour un autre collège (Cass. soc. 15-2-2006 n° 05-60.055 FS-PB : RJS 5/06 n° 595).

Les sièges affectés à **chaque collège** sont répartis entre les **syndicats** proportionnellement au nombre d'élus (titulaires et suppléants : Circ. DRT 6 du 28-6-1984) qu'ils ont obtenu dans ces collèges, selon la règle de représentation proportionnelle au plus fort reste (C. trav. art. L 2333-4). **6350**

Il peut être **dérogé** à cette règle par accord de toutes les organisations syndicales concernées (Cass. soc. 16-4-1986 n° 85-60.537 P).

Il n'y a pas à tenir compte des élus présentés sur des listes non syndicales, ceux-ci n'ayant vocation à être désignés au comité de groupe que quand ils sont majoritaires dans un collège dans le cadre de la procédure prévue n° 6340.

EXEMPLE

Dans le principe de **répartition proportionnelle au plus fort reste**, les sièges sont d'abord attribués en fonction du quotient électoral et le(s) siège(s) restant(s) revi(enn)ent au(x) syndicat(s) ayant la plus forte différence entre le nombre d'élus obtenus et le produit du quotient électoral par le nombre de sièges attribués au quotient.

Soit un comité de groupe où sont présentées 3 listes pour 4 sièges dans un collège sachant que chacune de ces listes dispose du nombre suivant d'élus dans le collège en cause :

- liste A : 10 élus ;
- liste B : 16 élus ;
- liste C : 14 élus.

Le quotient électoral est de 10 (40 élus/4 sièges).

Par la règle du quotient électoral, chaque liste obtient un siège. Le plus fort reste permet d'attribuer le dernier siège à la liste B (16 − (10 × 1)) = 6.

En cas d'**égalité de reste** entre 2 ou plusieurs listes, le siège doit être attribué à celle ayant obtenu le plus grand nombre d'élus. En cas de nouvelle égalité, il faut se référer au nombre de voix recueillies par chacune (Circ. DRT 6 28-6-1984).

Contentieux En cas de **litige** quant à la désignation des représentants du personnel au comité de groupe, les organisations syndicales représentatives peuvent saisir le tribunal judiciaire du siège de l'entreprise dominante, selon les modalités et délais indiqués n°s 26365 s. (C. trav. art. R 2331-3). **6355**

Le juge judiciaire est compétent même lorsque les modalités de la désignation ont été prévues par un accord global relatif à la constitution et au fonctionnement du comité de groupe dès lors que le litige ne porte que sur cette désignation (Cass. soc. 16-1-1991 n° 89-61.520 P : RJS 3/91 n° 345).

Le délai de 15 jours prévu n° 26525 ne s'applique pas au litige portant sur la répartition, par accord collectif, des sièges au comité de groupe entre les organisations syndicales (Cass. soc. 24-5-2006 n° 05-60.329 FS-PB : RJS 12/06 n° 1294).

Attention, la demande tendant à ordonner le **renouvellement du comité** de groupe relève du tribunal judiciaire.

Sur les règles applicables lorsqu'une confédération syndicale et les organisations syndicales qui lui sont affiliées désignent ensemble un nombre de représentants supérieur à celui prévu par la loi, voir n° 6340, a.

Fin du mandat Lorsqu'un représentant du personnel au sein du comité de groupe **cesse ses fonctions**, son **remplaçant** est désigné, pour la durée du mandat restant à courir, par les organisations syndicales ou, le cas échéant, par la Dreets (C. trav. art. L 2333-6). **6360**

Le **changement d'affiliation syndicale** d'un élu désigné pour siéger au comité de groupe n'autorise pas son syndicat d'origine à mettre fin, en cours d'exercice, au mandat de l'intéressé au sein du comité de groupe (Cass. soc. 9-7-2014 n° 13-20.614 FS-PB rectifié par Cass. soc. 10-9-2014 n° 13-20.614 F-D : RJS 11/14 n° 790).

FONCTIONNEMENT

Le comité de groupe est **présidé** par le chef de l'entreprise dominante ; il désigne un **secrétaire** (C. trav. art. L 2334-1) à la majorité des voix parmi ses membres (C. trav. art. R 2333-1). **6370**

Ses **conditions de fonctionnement** peuvent faire l'objet d'un accord soit entre les parties, soit au sein du comité de groupe (Circ. DRT 6 du 28-6-1984). Dans le premier cas, doivent participer à la négociation tous les syndicats habilités à désigner des représentants à ce comité (n° 6340).

Dans les groupes d'entreprises de dimension communautaire dotés d'un **comité d'entreprise européen**, un accord, dont l'entrée en vigueur est subordonnée à un vote favorable du comité de groupe, peut décider d'aménager les conditions de fonctionnement de ce comité de groupe, et même de le supprimer : voir n° 7090.

6375 La première **réunion** a lieu à l'**initiative** de l'entreprise dominante dès la constitution du comité de groupe et, au plus tard, dans les 6 mois suivant sa création (C. trav. art. L 2334-3).
Les réunions suivantes ont lieu au moins une fois par an sur convocation du président du comité (C. trav. art. L 2334-2), les parties pouvant toutefois fixer par accord une périodicité plus rapprochée ou la tenue de réunions exceptionnelles (Circ. DRT 6 du 28-6-1984).
L'**ordre du jour** est arrêté par le président et le secrétaire et communiqué aux membres au moins 15 jours avant la séance (C. trav. art. L 2334-2).
Le **temps passé** par les représentants du personnel **aux séances** du comité de groupe est **rémunéré** comme temps de travail (C. trav. art. L 2334-2).
La loi ne prévoit aucun **crédit d'heures** spécifique pour les représentants du personnel au comité de groupe, mais un tel crédit peut être prévu par voie d'accord (Circ. DRT 6 du 28-6-1984).
Sur la rémunération des **temps de trajet** et la prise en charge des **frais de déplacement**, voir n°s 35140 s.
Sur le recours à la **visioconférence** pour réunir le comité de groupe, voir n°s 1845 s.

ATTRIBUTIONS

6400 **Étendue des attributions** Le comité de groupe reçoit des **informations** sur l'activité, la **situation financière**, l'évolution et les prévisions d'**emploi** annuelles ou pluriannuelles et les actions éventuelles de **prévention** envisagées compte tenu de ces prévisions, dans le groupe et dans chacune des entreprises qui le composent.
Il reçoit **communication**, s'ils existent, des **comptes** et du bilan consolidés ainsi que du rapport du commissaire aux comptes correspondant (C. trav. art. L 2332-1). Lorsque ces documents n'englobent pas exactement les mêmes sociétés que celles faisant partie du groupe, les comptes consolidés lui sont communiqués tels qu'établis par la société dominante, sans qu'il y ait lieu de procéder à une consolidation spécifique comprenant les seules sociétés françaises faisant partie du groupe au sens du comité de groupe (Circ. DRT 6 du 28-6-1984). Le comité de groupe peut ainsi avoir des informations sur les comptes des filiales étrangères de la société dominante (Rép. Hollande : AN 25-9-1989 n° 8852 p. 4295).

> **Précisions** **a.** Le comité de groupe est informé des **offres publiques d'acquisition** dont la société dominante fait l'objet : voir n° 87730.
> **b.** Son information peut être améliorée par la constitution d'une **base de données économiques, sociales et environnementales** sur le groupe (n° 6420).
> **c.** Les attributions du comité de groupe peuvent être **transférées au comité d'entreprise européen** dans les groupes d'entreprises de dimension communautaire dotés d'une telle institution : voir n° 7085.

6401 Le comité de groupe est informé, dans les domaines énumérés n° 6400, des **perspectives économiques** du groupe pour l'année à venir.
Selon nous, les avis rendus par les CSE dans le cadre de la **consultation sur les orientations stratégiques** de leur entreprise lui sont communiqués (C. trav. art. L 2332-1).
Toutefois, un accord de groupe peut prévoir que la **consultation** sur les orientations stratégiques est effectuée au niveau du **comité de groupe**.
Cet accord prévoit alors les modalités de transmission de l'avis du comité de groupe (C. trav. art. L 2312-20) :
– à chaque CSE du groupe, qui reste consulté sur les conséquences de ces orientations stratégiques ;
– à l'organe chargé de l'administration de l'entreprise dominante de ce groupe.

6405 **Le comité de groupe peut se faire assister d'un expert** Pour l'exercice de ses attributions, le comité de groupe peut se faire assister d'un **expert-comptable** rémunéré par la société dominante. Celui-ci a accès, pour opérer toute vérification ou tout contrôle entrant dans l'exercice de ses missions, aux mêmes documents que les commissaires aux comptes des entreprises constitutives du groupe (C. trav. art. L 2334-4). Il a donc accès à tous les documents qu'il estime utiles, voir n°s 2225 s.

> **Précisions a.** L'employeur peut **contester la rémunération** de l'expert-comptable mandaté par le comité de groupe en saisissant le président du tribunal judiciaire, qui statue selon la procédure accélérée au fond (n° 3755) (Cass. soc. 6-6-2018 n° 16-27.291 FS-PB : RJS 8-9/18 n° 546).
> **b.** L'expert-comptable du comité de groupe peut consulter, auprès de la société dominante, les éléments qu'elle détient concernant l'ensemble des **entreprises françaises et étrangères** comprises dans l'établissement des comptes consolidés. L'entreprise dominante ne peut pas limiter cette information à un sous-groupe composé des seules sociétés françaises du groupe (Cass. soc. 6-12-1994 n° 92-21.437 PF : RJS 1/95 n° 38).

Le comité de groupe peut agir en justice Bien que la loi soit muette sur ce point, le comité de groupe est doté de la personnalité civile (Circ. DRT 6 du 24-6-1984). Il peut ainsi agir en justice pour **défendre les intérêts dont il a la charge** (Cass. soc. 23-1-1990 n° 86-14.947 P : RJS 2/90 n° 133). 6410

ILLUSTRATIONS

Un comité de groupe a, dans le cadre de la mission dont il est investi, qualité pour contester en justice une mesure qui a pour effet de modifier la composition du groupe (Cass. soc. 23-1-1990 n° 86-14.947 P : RJS 2/90 n° 133).

Une base de données sur le groupe peut être constituée Une convention ou un accord de groupe peut prévoir la constitution d'une base de données économiques, sociales et environnementales au niveau du **groupe**. Cette convention ou cet accord doit alors déterminer notamment les personnes ayant accès à cette base ainsi que les modalités d'accès, de consultation et d'utilisation de celle-ci (C. trav. art. R 2312-15). 6420

ATTENTION

Une base de groupe peut être constituée sans préjudice de l'obligation de mise en place d'une BDESE au niveau de l'entreprise (C. trav. art. R 2312-15). Autrement dit, la base de groupe **ne se substitue pas à celle de l'entreprise** (Circ. DGT 1 du 18-3-2014 fiche 1 n° 2.3).

SECTION 3

COMITÉ D'ENTREPRISE EUROPÉEN

Un comité d'entreprise européen, ou une procédure d'information et de consultation, doit être institué dans les entreprises ou groupes d'entreprises de dimension communautaire (C. trav. art. L 2341-4). 7000

> **Précisions** Une représentation du personnel est également assurée dans les **sociétés européennes** (C. trav. art. L 2351-1 à L 2355-1), dans les **sociétés coopératives européennes** (C. trav. art. L 2361-1 à L 2365-1), et dans les **sociétés issues de fusions transfrontalières** (C. trav. art. L 2371-1 à L 2375-1). Ces dispositions, qui n'intéressent qu'un nombre très restreint d'entreprises, ne sont pas développées ici.

A. Entreprises ou groupes concernés

CRITÈRES

Sont concernés par la **législation française** relative au comité d'entreprise européen les entreprises ou les groupes d'entreprises au sens visé n°s 6260 s. : 7010
– employant au moins 1 000 **salariés** dans les États membres de l'Union européenne (UE) ou de l'Espace économique européen (EEE) ;
– et comportant au moins un **établissement** ou une entreprise employant au moins 150 salariés dans au moins 2 de ces États (C. trav. art. L 2341-1 et L 2341-2).

Il faut, en plus, que le **siège social** de l'entreprise (ou, s'il s'agit d'un groupe, de l'entreprise dominante définie n° 6265) soit situé en France. Lorsque le siège social est situé hors UE et EEE, il faut que l'entreprise ou le groupe ait désigné en France un représentant ou, si aucun représentant n'a été désigné dans aucun pays de l'UE ou de l'EEE, que son établissement qui occupe le plus grand nombre de salariés dans l'UE ou l'EEE soit situé en France (C. trav. art. L 2341-3 et L 2341-5).

Même pour les **entreprises ou groupes** d'entreprises de dimension communautaire **n'entrant pas dans le champ de la législation française**, certaines règles de transposition française ont vocation à s'appliquer. C'est le cas, par exemple, des règles de désignation par les salariés des entreprises ou établissements situés en France de leurs représentants au groupe spécial de négociation ou au comité d'entreprise européen mis en place dans un autre État membre.

> **Précisions** Le législateur a entendu ne pas pénaliser les entreprises ou groupes d'entreprises qui, **devançant les obligations communautaires**, avaient déjà mis en place une information et une consultation transnationales des travailleurs avant la transposition des directives successives dans les droits nationaux, en ne les obligeant pas à recommencer un processus complexe de négociation. Ainsi, les dispositions exposées ci-après ne sont pas applicables, notamment, aux **accords conclus avant le 22-9-1996**, ni aux accords instituant un comité d'entreprise européen **signés ou révisés entre le 5-6-2009 et le 5-6-2011**. Ces différents accords restent exclus du champ de l'ordonnance du 20-10-2011, même si les parties signataires décident conjointement de les reconduire ou de les réviser (Ord. 2011-1328 du 20-10-2011 art. 5). Ainsi, par **exemple**, en cas d'accord instituant un comité d'entreprise européen conclu en 1996 et révisé en 2002 puis en 2008, l'article L 2343-4, alinéa 1, du Code du travail prévoyant l'information du comité dans certaines circonstances exceptionnelles ou pour certaines décisions ne s'applique pas (Cass. soc. 1-2-2017 n° 15-24.571 F-D : RJS 6/17 n° 415).

ENGAGEMENT DE LA PROCÉDURE

7015 L'obligation pour l'employeur d'engager la procédure de mise en place d'un comité d'entreprise européen naît lorsque les **effectifs** requis sont atteints en moyenne sur l'ensemble des 2 années précédentes. Le calcul des effectifs s'effectue conformément aux règles exposées n°s 20850 s. pour les entreprises ou établissements situés en France et conformément au droit national dans les autres États (C. trav. art. L 2342-3).

Sur les conséquences d'une **baisse** durable des effectifs à l'égard du ou des comités d'entreprise européens mis en place dans une entreprise ou un groupe d'entreprises de dimension communautaire, voir n° 7260.

7020 **Initiative de l'employeur** Les **responsables** de l'obtention et de la transmission aux salariés et à leurs représentants des **informations** indispensables à l'ouverture des négociations et, notamment, des informations relatives à la structure de l'entreprise ou du groupe et à ses effectifs sont (C. trav. art. L 2342-3) :

– tout chef d'une entreprise ou de l'entreprise dominante d'un groupe d'entreprises de dimension communautaire ;

– tout chef d'une entreprise appartenant à un groupe d'entreprises de dimension communautaire ;

– tout chef d'un établissement d'une entreprise de dimension communautaire ou appartenant à un groupe d'entreprises de dimension communautaire ;

– en l'absence de représentant en France désigné comme indiqué n° 7010, le chef de l'établissement de l'entreprise de dimension communautaire ou le chef de l'entreprise dominante du groupe d'entreprises de dimension communautaire.

7025 **Initiative des salariés** À défaut d'initiative de l'employeur, la procédure de constitution du groupe spécial de négociation est engagée à la **demande écrite** de 100 salariés ou de leurs représentants, relevant d'au moins 2 entreprises ou établissements situés dans au moins 2 États différents de l'UE ou de l'EEE (C. trav. art. L 2342-4).

Le chef de l'entreprise dominante dispose d'un **délai** de 6 mois à compter de la réception de cette demande pour constituer le groupe spécial (C. trav. art. L 2343-1). En cas de refus, il est tenu de constituer et de réunir dans les 6 mois suivants un comité d'entreprise européen légal (n° 7110) et s'expose à l'application des sanctions pénales réprimant le délit d'entrave (C. trav. art. L 2346-1).

Aucun salarié ne peut être sanctionné ou licencié pour avoir exercé son droit de demander la constitution d'un groupe de négociation. Toute décision ou tout acte contraire est nul de plein droit (C. trav. art. L 2342-4).

B. Mise en place

En principe, le choix entre la mise en place d'un comité d'entreprise européen et celle d'une procédure d'information et de consultation des salariés au niveau européen ainsi que la définition des modalités de mise en place et de fonctionnement de cette instance ou de cette procédure passent par la conclusion d'un accord entre les partenaires sociaux. C'est seulement si les négociations n'ont pas pu s'engager ou ont échoué qu'un comité d'entreprise européen doit être institué selon les modalités fixées par le Code du travail. **7030**

1. CONCLUSION D'UN ACCORD

GROUPE SPÉCIAL DE NÉGOCIATION

Composition Le chef de l'entreprise (ou de l'entreprise dominante du groupe d'entreprises de dimension communautaire) met en place un groupe spécial de négociation composé de **représentants de l'ensemble des salariés** (C. trav. art. L 2342-1). **7040**

Pour chacun des États membres, le **nombre de sièges** est fixé en fonction du pourcentage de salariés par rapport à l'effectif total, un siège étant attribué pour chaque tranche de 10 % : soit un siège jusqu'à 10 % de l'effectif total, deux sièges de plus de 10 % à 20 % de l'effectif total, etc. (C. trav. art. R 2344-1).

Les membres du groupe spécial de négociation sont **désignés par les organisations syndicales** de salariés parmi leurs élus aux CSE ou leurs représentants syndicaux dans l'entreprise ou le groupe, sur la base des résultats des dernières élections. Cette disposition concerne tout autant la constitution d'un groupe spécial de négociation en France que la constitution dans un autre État d'une telle instance, mais à laquelle participent des salariés d'entreprises situées en France (C. trav. art. L 2344-2). Lorsqu'il n'existe pas d'organisation syndicale, les représentants du personnel sont élus directement, selon les règles applicables au CSE (C. trav. art. L 2344-5).

ATTENTION

Les **contestations** relatives à la désignation des membres du groupe spécial de négociation sont de la compétence du tribunal judiciaire du siège de l'entreprise ou de la filiale française dominante du groupe (C. trav. art. R 2344-3). Le jugement du tribunal étant susceptible d'appel, il ne peut pas faire l'objet d'un pourvoi en cassation (Cass. soc. 18-6-2003 n° 02-60.071 F-PB : RJS 10/03 n° 1187).

Pour les établissements et entreprises implantés en France, les sièges sont **répartis entre les collèges** proportionnellement à l'importance numérique de chacun d'entre eux. Les sièges affectés à chaque collège sont ensuite répartis entre les organisations syndicales proportionnellement au nombre d'élus qu'elles ont obtenu dans ces collèges. Il est fait application de la règle de la représentation proportionnelle au plus fort reste (C. trav. art. L 2344-3). Pour plus de détails sur la représentation proportionnelle au plus fort reste, voir n° 24600. **7045**

Moyens Le **temps passé en réunion** par les membres du groupe spécial de négociation est considéré comme temps de travail et payé à l'échéance normale. Les **dépenses** nécessaires à la bonne exécution de la mission du groupe spécial de négociation sont à la charge de l'entreprise ou de l'entreprise dominante du groupe d'entreprises (C. trav. art. L 2342-6). **7060**

Pour négocier, le groupe spécial de négociation peut être assisté d'**experts** de son choix parmi lesquels peuvent figurer des représentants des organisations européennes de salariés consultées par la Commission européenne. Ces experts peuvent, à la demande du groupe spécial de négociation, assister, à titre consultatif, aux réunions de négociation. L'entreprise ou l'entreprise dominante du groupe d'entreprises de dimension communautaire prend en charge les frais afférents à l'intervention d'un expert (C. trav. art. L 2342-7).

Les membres du groupe spécial de négociation bénéficient, sans perte de salaire, des **formations** nécessaires à l'exercice de leur mandat (C. trav. art. L 2344-9).

ATTENTION

Les membres du groupe spécial de négociation ainsi que les experts qui les assistent sont tenus au **secret** professionnel pour toutes les questions relatives aux procédés de fabrication et à une obligation de **discrétion** à l'égard des informations présentant un caractère confidentiel et données comme telles par l'employeur (C. trav. art. L 2344-8).

NÉGOCIATION

Le chef de l'entreprise ou de l'entreprise dominante du groupe d'entreprises de dimension communautaire **invite et convoque** le groupe spécial de négociation à une réunion. Il informe **7070**

de la composition du groupe spécial de négociation et du début des négociations les chefs des établissements ou les chefs des entreprises du groupe d'entreprises de dimension communautaire et les organisations européennes de salariés et d'employeurs consultées par la Commission européenne. **Avant et après les réunions** avec le chef de l'entreprise ou de l'entreprise dominante du groupe d'entreprises de dimension communautaire, le groupe spécial de négociation peut se réunir, avec les moyens nécessaires et adaptés à la communication entre ses membres, hors la présence des représentants du chef de l'entreprise (C. trav. art. L 2342-5).
L'employeur et les représentants des salariés peuvent décider d'associer aux travaux du groupe spécial de négociation des représentants des **salariés employés dans des États hors UE et EEE**. Ces membres associés n'ont pas le droit de vote (C. trav. art. L 2344-1). Sur l'assistance aux réunions d'**experts** choisis par le groupe de négociation, voir n° 7060.
Le groupe spécial de négociation dispose pour négocier d'un **délai** de 3 ans, voir n° 7110.

DÉCISION FINALE

7080 La décision de conclure un **accord** est prise par le groupe spécial de négociation à la **majorité** de ses membres. L'accord signé par le chef de l'entreprise dominante avec le groupe spécial de négociation peut porter soit sur la mise en place d'un comité d'entreprise européen, soit sur l'institution d'une ou de plusieurs procédures d'information et de consultation.
Le groupe peut décider, par au moins 2/3 des voix, de **ne pas ouvrir** de négociations ou de **mettre fin** aux négociations déjà en cours. Dans ce cas, une nouvelle demande de constitution d'un groupe spécial de négociation ne peut être introduite que 2 ans au plus tôt après cette décision, sauf si les parties concernées fixent un délai plus court. Le groupe cesse d'exister à la fin des négociations, qu'elles soient ou non couronnées de succès (C. trav. art. L 2342-8).

7085 **Contenu de l'accord instituant un comité** Lorsqu'il opte pour la constitution d'un comité d'entreprise européen, le groupe spécial de négociation détermine dans le cadre de l'accord (C. trav. art. L 2342-9) :
– son **champ** d'application ;
– la **composition** du comité (nombre de membres, répartition des sièges permettant de prendre en compte le besoin de représentation équilibrée des salariés selon les activités, catégories de salariés et sexe, durée du mandat) ;
– ses **attributions** et les modalités selon lesquelles l'information et la consultation se déroulent en son sein ;
– les modalités de l'**articulation** entre l'information et la consultation du comité d'entreprise européen et celles des autres institutions représentatives du personnel ;
– le lieu, la fréquence et la durée des **réunions** du comité ;
– le cas échéant, la composition, les modalités de désignation, les attributions et les modalités de réunion du **bureau** ;
– les **moyens** matériels et financiers qui lui sont alloués.
L'accord doit aussi prévoir les conditions dans lesquelles les membres du comité bénéficient sans perte de salaire des **formations** nécessaires à l'exercice de leur mandat (C. trav. art. L 2342-10-2).
Il doit également indiquer sa **date d'entrée en vigueur** et sa durée, les modalités selon lesquelles il peut être amendé ou dénoncé ainsi que les cas dans lesquels il doit être renégocié et la procédure de sa **renégociation**, notamment lorsque des modifications interviennent dans la structure de l'entreprise ou du groupe d'entreprises de dimension communautaire (C. trav. art. L 2342-9).
Sur le sort des accords conclus avant l'institution des CSE et faisant référence aux anciennes IRP, voir n° 6340, b.

7090 Lorsqu'un groupe d'entreprises a opté pour la mise en place d'un comité d'entreprise européen, l'accord visé n° 7080 ou un accord passé au sein du groupe peut décider d'un aménagement des conditions de fonctionnement du **comité de groupe** ou, plus radicalement, de la suppression de celui-ci. L'entrée en vigueur de l'accord est subordonnée à un vote favorable du comité de groupe (C. trav. art. L 2343-19 et L 2345-2).

7095 **Contenu de l'accord mettant en place des consultations** Lorsque, au lieu de créer un comité d'entreprise européen, le groupe spécial de négociation opte pour l'institution d'une ou de plusieurs procédures d'information et de consultation, l'accord prévoit selon quelles **modalités** les représentants des salariés peuvent se réunir pour procéder à une consultation sur les informations qui leur sont communiquées et qui portent, notamment, sur des **questions transnationales** affectant considérablement les intérêts des salariés (C. trav. art. L 2342-11).

2. DISPOSITIF LÉGAL

CAS DE MISE EN PLACE

Un comité d'entreprise européen est institué selon un modèle fixé par le Code du travail dans les cas suivants (C. trav. art. L 2343-1) : 7110
- lorsque le chef de l'entreprise ou de l'entreprise dominante de dimension communautaire **refuse** de mettre en place un groupe spécial de négociation ou d'ouvrir des négociations dans un délai de 6 mois à compter de la réception de la demande visée n° 7025 ;
- lorsque le groupe spécial de négociation n'a **pas conclu d'accord dans le délai de 3 ans** à compter de la réception de cette demande ou de l'initiative prise par la direction de l'entreprise ou du groupe, sans préjudice des dispositions visées n° 7080.

Le comité d'entreprise européen est **constitué et réuni** au plus tard à l'expiration d'un délai de 6 mois suivant l'arrivée des termes de ces délais de 6 mois ou de 3 ans (C. trav. art. L 2343-1).
Comme lorsqu'il est mis en place par le groupe spécial de négociation, l'institution d'un comité d'entreprise européen dans un groupe de sociétés peut s'accompagner de la suppression du **comité de groupe** : voir n° 7090.

RENOUVELLEMENT

Quatre ans après son institution, le comité d'entreprise européen examine s'il convient de procéder simplement à son **renouvellement** ou s'il faut engager des négociations en vue de la conclusion de l'accord visé n° 7080. Dans cette dernière hypothèse, les membres du comité forment le groupe spécial de négociation habilité à conclure l'accord. L'employeur convoque une réunion à cet effet dans un délai de 6 mois à compter du terme de 4 ans. Le comité demeure en fonction tant qu'il n'a pas été renouvelé ou remplacé (C. trav. art. L 2343-18). 7115

COMPOSITION ET ORGANISATION

La composition du comité d'entreprise européen et les modalités de désignation de ses membres sont identiques à celles prévues pour le groupe spécial de négociation : voir n°s 7040 s. 7130
Le comité est doté de la personnalité civile. Il est **présidé** par le chef d'entreprise ou de l'entreprise dominante du groupe de dimension communautaire. Il désigne un **secrétaire** à la majorité des voix parmi ses membres. Il élit un **bureau** d'au maximum 5 membres, également en son sein (C. trav. art. L 2343-7 et R 2343-1).
Il adopte un **règlement intérieur** qui fixe ses modalités de fonctionnement. Ce règlement intérieur peut organiser la prise en compte des répercussions, sur le comité d'entreprise européen, des changements intervenus dans la structure ou la dimension de l'entreprise ou du groupe d'entreprises de dimension communautaire. L'examen de tels changements peut avoir lieu à l'occasion de la réunion annuelle du comité (C. trav. art. L 2343-8).

C. Fonctionnement

Le comité d'entreprise européen a des attributions propres et dispose de moyens spécifiques pour les exercer. 7150
En outre, en cas de **suppression du comité de groupe** (n° 7090), le comité d'entreprise européen en exerce les attributions et peut avoir recours à un expert-comptable dans les mêmes conditions (C. trav. art. L 2345-2, al. 2).

1. ATTRIBUTIONS

Le **but** poursuivi par la mise en place d'une procédure d'information et de consultation ou l'institution d'un comité d'entreprise européen est de garantir le droit des salariés à l'information et à la consultation à l'échelon européen (C. trav. art. L 2341-4). 7155
La **compétence** de l'institution porte sur les questions transnationales, c'est-à-dire concernant l'ensemble de l'entreprise ou du groupe d'entreprises de dimension communautaire ou au moins 2 entreprises ou établissements de l'entreprise ou du groupe situés dans 2 États membres (C. trav. art. L 2341-8).

> **Précisions** **a.** Sur le recours à la **visioconférence** pour réunir le comité d'entreprise européen, voir n°s 1845 s.
> **b.** Sur le point de savoir si des **syndicats** peuvent **contester** la pertinence et les modalités de la procédure d'information mise en œuvre devant le comité d'entreprise européen, voir n° 12405.

INFORMATION

7160 **Modalités** L'information consiste, pour le chef de l'entreprise ou de l'entreprise dominante du groupe d'entreprises de dimension communautaire ou tout autre niveau de direction plus approprié, à transmettre des données aux représentants des salariés afin de permettre à ceux-ci de prendre connaissance du sujet traité et de l'examiner. L'information s'effectue à un **moment**, d'une façon et avec un contenu appropriés, qui permettent notamment aux représentants des salariés de procéder à une **évaluation** en profondeur de l'incidence éventuelle de ces données et de préparer, le cas échéant, des consultations avec le chef de l'entreprise ou de l'entreprise dominante du groupe ou tout autre niveau de direction plus approprié (C. trav. art. L 2341-7).

ATTENTION

Les membres du comité d'entreprise européen institué par accord ainsi que les experts qui les assistent sont tenus au **secret professionnel** pour toutes les questions relatives aux procédés de fabrication et à une obligation de **discrétion** à l'égard des informations présentant un caractère confidentiel et données comme telles par l'employeur (C. trav. art. L 2342-10). Il en est de même pour les représentants des salariés dans le cadre d'une procédure d'information et de consultation ainsi que pour les experts qui les assistent (C. trav. art. L 2342-12). Pour une décision relative à l'obligation de discrétion d'un membre du comité d'entreprise européen, voir n° 888.

7170 **Périodicité et contenu** Lorsque le comité d'entreprise européen est mis en place **par accord**, les partenaires sociaux ont une grande latitude pour définir les dates et l'étendue des informations communiquées.

En l'**absence d'accord**, le comité d'entreprise européen se réunit au moins une fois par an. Il est notamment informé sur (C. trav. art. L 2343-2) :

- la structure de l'entreprise ou du groupe d'entreprises ;
- sa situation économique et financière ;
- l'évolution probable de ses activités ;
- la production et les ventes ;
- la situation et l'évolution probable de l'emploi ;
- les investissements ;
- les changements substantiels concernant l'organisation, l'introduction de nouvelles méthodes de travail ou de nouveaux procédés de production ;
- les transferts de production ;
- les fusions ;
- la réduction de la taille ou la fermeture d'entreprises, d'établissements ou de parties importantes de ceux-ci ;
- les licenciements collectifs.

Les documents communiqués aux représentants des salariés comportent une **version en français** (C. trav. art. L 2343-17).

CONSULTATION

7180 **Modalités** La consultation consiste, pour le chef d'entreprise ou le chef de l'entreprise dominante du groupe d'entreprises de dimension communautaire ou tout autre niveau de direction plus approprié, à organiser un **échange de vues** et à établir un **dialogue** avec les représentants des salariés à un moment, d'une façon et avec un contenu qui permettent à ceux-ci d'exprimer, sur la base des informations fournies et dans un délai raisonnable, un **avis** concernant les mesures faisant l'objet de la consultation, qui peut être pris en compte au sein de l'entreprise ou du groupe d'entreprises de dimension communautaire, sans préjudice des responsabilités de l'employeur (C. trav. art. L 2341-6).

7185 **Réunion annuelle** Lorsqu'un **comité** d'entreprise européen est **mis en place par accord**, les partenaires sociaux ont une grande latitude pour définir les sujets des consultations et leurs dates.

En l'**absence d'accord**, le comité d'entreprise européen est consulté au moins une fois par an lors d'une réunion avec l'employeur et sur convocation de ce dernier à partir d'un **rapport** portant sur (C. trav. art. L 2343-3 et L 2343-9) :

- la situation et l'évolution probable de l'emploi ;
- les investissements ;
- les changements substantiels concernant l'organisation, l'introduction de nouvelles méthodes de travail ou de nouveaux procédés de production ;
- les transferts de production ;
- les fusions ;
- la réduction de la taille ou la fermeture d'entreprises, d'établissements ou de parties importantes de ceux-ci ;
- les licenciements collectifs.

Les directeurs des établissements ou les chefs des entreprises du groupe sont informés de ce rapport (C. trav. art. L 2343-9). La consultation s'effectue de façon à permettre aux représentants des salariés d'obtenir une **réponse motivée** à tout avis qu'ils pourraient émettre (C. trav. art. L 2343-3).

En l'**absence d'accord**, l'**ordre du jour** de la réunion annuelle du comité d'entreprise européen est arrêté par le président et le secrétaire. Il est communiqué aux membres du comité 15 jours au moins avant la séance. À défaut d'accord sur le contenu de l'ordre du jour, celui-ci est fixé par le président et communiqué aux membres du comité 10 jours au moins avant la date de la réunion (C. trav. art. L 2343-10). 7190
Les réunions peuvent être précédées de **préréunions** hors la présence des représentants de la direction de l'entreprise (C. trav. art. L 2343-11).

Consultations exceptionnelles Dans les **comités** d'entreprise européens **institués sans accord**, lorsque surviennent des circonstances exceptionnelles ou des décisions affectant considérablement les intérêts des salariés, notamment en cas de **délocalisation**, de **fermeture** d'entreprises ou d'établissements ou de **licenciements collectifs**, le bureau ou, s'il n'en existe pas, le comité d'entreprise européen, en est **informé**. 7195
Le bureau ou le comité se réunit, **à sa demande**, avec l'employeur ou son représentant ou tout autre responsable à un niveau de direction plus approprié au sein de l'entreprise ou du groupe d'entreprises de dimension communautaire doté d'un pouvoir de décision, afin d'être **informé et consulté** sur les mesures affectant considérablement les intérêts des salariés. Cette réunion a lieu dans les meilleurs délais, à partir d'un **rapport** établi par le chef d'entreprise. Un **avis** peut être émis à l'issue de la réunion ou dans un délai raisonnable sur ce rapport.
Les membres du comité d'entreprise européen élus ou désignés par les **établissements ou entreprises directement concernés** par les mesures en cause ont également le droit de participer à la réunion du bureau.
La réunion ne porte pas atteinte aux **prérogatives du chef d'entreprise** (C. trav. art. L 2343-4). Il en résulte, notamment, que l'avis émis par le bureau ou le comité ne le lie pas.

ATTENTION

En cas d'**accord** de constitution du comité d'entreprise européen prévoyant que « l'information devait être donnée au comité dans un délai suffisant pour que les éléments du débat ou l'avis puissent être intégrés au processus de décision », ce délai doit permettre aux intéressés de donner un avis au cours du processus devant aboutir à la décision, **avant la tenue du conseil d'administration devant arrêter le projet de fusion**, qui est irréversible (Cass. soc. 16-1-2008 n° 07-10.597 FS-PBR : RJS 4/08 n° 443).

Offre publique d'acquisition Le chef de l'entreprise ou de l'entreprise dominante du groupe d'entreprises de dimension communautaire qui lance une offre publique d'acquisition n'est pas tenu de saisir le comité d'entreprise européen ou les représentants des salariés dans le cadre d'une procédure d'information et de consultation **préalablement** à ce lancement. En revanche, il réunit le comité d'entreprise européen ou la représentation des salariés **dans le délai le plus rapproché suivant la publication de l'offre** permettant la présence effective de ses membres en vue de leur transmettre des informations écrites et précises sur le contenu de l'offre et sur les conséquences en matière d'emploi qu'elle est susceptible d'entraîner (C. trav. art. L 2341-11). 7200

ARTICULATION AVEC LES INSTANCES NATIONALES

L'information et la consultation du comité d'entreprise européen sont articulées avec celles des autres institutions représentatives du personnel et celles mises en place en application du droit de l'État membre sur le territoire duquel est implanté l'entreprise ou l'établissement, en fonction de leurs compétences et domaines d'intervention respectifs. 7210
Lorsque le comité d'entreprise européen est constitué **sans accord**, ou lorsque l'accord ne prévoit pas les modalités d'articulation, si des décisions susceptibles d'entraîner des modifications importantes dans l'organisation du travail ou dans les contrats de travail sont envisagées, le processus d'information et de consultation est mené tant au sein du comité d'entreprise européen que des institutions nationales représentatives du personnel (C. trav. art. L 2341-9).

ATTENTION

Les procédures de consultation du CSE et du comité d'entreprise européen n'ayant pas le même objet, ni le même champ d'application, les **renseignements fournis lors de la réunion du CSE** n'assurent pas nécessairement une complète information du comité d'entreprise européen. S'ils constatent, dans l'exercice de leur pouvoir souverain d'appréciation, que l'information donnée au comité d'entreprise européen sur le projet de fusion est incomplète, les juges peuvent ordonner les mesures nécessaires à cette information (Cass. soc. 16-1-2008 n° 07-10.597 FS-PBR : RJS 4/08 n° 443).

7215 Qu'il y ait accord ou non, les membres du comité d'entreprise européen informent les représentants du personnel au niveau national (ou à défaut les salariés) des **résultats** de la procédure d'information et de consultation, dans le respect des dispositions relatives au secret professionnel et à l'obligation de discrétion (C. trav. art. L 2342-10-1 et L 2343-12).

2. MOYENS

ACCORD

7220 L'accord instituant le comité d'entreprise européen précise notamment les moyens matériels et financiers qui lui sont alloués (voir n° 7085).

ABSENCE D'ACCORD

7225 Dans les comités d'entreprise européens institués en l'absence d'accord, l'employeur laisse au **secrétaire** et aux **membres du bureau** le **temps** nécessaire à l'exercice de leurs fonctions dans la limite d'une durée qui, sauf circonstances exceptionnelles, ne peut pas excéder 120 heures annuelles pour chacun d'entre eux. Ce temps est considéré comme temps de travail et payé à l'échéance normale. Le temps passé par le secrétaire et les membres du bureau aux séances du comité et aux réunions du bureau n'est pas déduit de ces 120 heures. L'employeur qui entend contester l'usage fait du temps ainsi alloué saisit le juge judiciaire (C. trav. art. L 2343-15).
Le temps passé en réunion par les **membres du comité** est considéré comme temps de travail et payé à l'échéance normale (C. trav. art. L 2343-16).
Le comité d'entreprise européen et son bureau peuvent être assistés d'**experts** de leur choix. L'entreprise ou l'entreprise dominante du groupe d'entreprises de dimension communautaire prend en charge les frais correspondants (C. trav. art. L 2343-13).
Les **dépenses de fonctionnement** sont supportées par l'entreprise ou l'entreprise dominante du groupe d'entreprises de dimension communautaire. Les membres du comité sont dotés des moyens matériels ou financiers nécessaires à l'accomplissement de leurs missions. En particulier, l'entreprise prend en charge, sauf s'il en a été convenu autrement, les frais d'organisation des réunions et d'interprétariat ainsi que les frais de séjour et de déplacement des membres du comité et du bureau (C. trav. art. L 2343-14).
Enfin, le **bureau** du comité bénéficie de conditions matérielles lui permettant d'exercer son activité de façon régulière (C. trav. art. L 2343-7).

D. Évolution de l'entreprise ou du groupe

RESTRUCTURATIONS

7250 Si des **modifications significatives** interviennent dans la structure de l'entreprise ou du groupe d'entreprises de dimension communautaire, soit en l'absence de dispositions prévues par le ou les accords en vigueur, soit en cas de conflits entre ces dispositions, le chef d'entreprise ou de l'entreprise dominante du groupe d'entreprises de dimension communautaire engage la procédure pour désigner un **groupe spécial de négociation** de sa propre initiative ou à la demande écrite d'au moins 100 salariés ou de leurs représentants, relevant d'au moins 2 entreprises ou établissements situés dans au moins 2 États différents. Le groupe spécial de négociation ainsi désigné est composé des membres visés n° 7040 et d'au moins 3 membres du comité d'entreprise européen ou de chacun des comités d'entreprise européens existants. Ces comités d'entreprise européens continuent à fonctionner pendant la durée de la négociation, selon des modalités éventuellement adaptées par accord (C. trav. art. L 2341-10). Sur la prise en compte par le règlement intérieur des répercussions de ces restructurations sur le comité d'entreprise européen, voir n° 7130.
Dans les comités institués en l'**absence d'accord**, les modifications de la composition du comité d'entreprise européen qui résultent des changements intervenus dans la structure ou la dimension de l'entreprise ou du groupe d'entreprises de dimension communautaire peuvent être décidées par accord conclu en son sein entre l'employeur et les représentants des salariés (C. trav. art. L 2343-6).

BAISSE DES EFFECTIFS

7260 Lorsque, du fait d'une baisse des effectifs, l'entreprise ou le groupe d'entreprises de dimension communautaire ne remplit plus les conditions de seuils visées n° 7010, le comité d'entreprise européen, qu'il ait été institué ou non par accord, peut être **supprimé par accord**. À défaut d'accord, l'**autorité administrative** peut autoriser sa suppression en cas de réduction importante et durable du personnel ramenant l'effectif au-dessous de ces seuils (C. trav. art. L 2345-1).

CHAPITRE 9

LA REPRÉSENTATION DU PERSONNEL DANS LES SOCIÉTÉS ANONYMES

SOMMAIRE

SECTION 1

REPRÉSENTANTS DU CSE

Dans les sociétés, une délégation du comité social et économique (CSE) assiste, avec voix consultative, à toutes les séances du **conseil d'administration ou de surveillance** (C. trav. art. L 2312-72). **11000**

Sur les prérogatives du CSE dans les **assemblées générales** des actionnaires, voir n°s 4150 s.

SOCIÉTÉS VISÉES

La représentation du CSE est obligatoire dans toutes les sociétés à conseil d'administration ou de surveillance (C. trav. art. L 2312-72) : sociétés anonymes (**SA**), sociétés en commandite par actions (**SCA**) et **sociétés civiles** dotées d'un tel organe. Sont également visées les **SARL** qui ont institué statutairement un conseil de surveillance chargé de suivre et de contrôler l'action du ou des gérants (Rép. Lecanuet : Sén. 17-6-1978 p. 1464 n° 26269). **11030**

Dans les **sociétés par actions simplifiées** (SAS), les statuts doivent désigner l'organe social (qui peut ne pas être collégial : il peut s'agir du président ou d'un autre dirigeant, par exemple) auprès duquel les représentants du CSE exercent leur mission (C. trav. art. L 2312-76).

ATTENTION

La représentation obligatoire du CSE au conseil d'administration ou de surveillance concerne les sociétés. Elle ne s'applique pas aux **autres types d'entreprises,** comme notamment les associations ou les GIE (Circ. DRT 12 du 30-11-1984).

NOMBRE ET QUALITÉ DES REPRÉSENTANTS DU CSE

La délégation du CSE au conseil d'administration ou de surveillance comporte : **11050**

– dans les sociétés où sont constitués **2 collèges électoraux,** 2 membres du CSE, l'un appartenant à la catégorie des cadres, techniciens et agents de maîtrise, l'autre à celle des employés et ouvriers (C. trav. art. L 2312-72, al. 1) ;

– dans les sociétés avec **3 collèges électoraux** (n°s 24410 s.), 4 membres du CSE : 2 issus de la catégorie des ouvriers et employés, un de celle de la maîtrise et le dernier de celle des ingénieurs, chefs de service, cadres et assimilés (C. trav. art. L 2312-72, al. 2) ;

– dans les sociétés ayant au moins un **membre élu ou désigné par les salariés** au sein de leur conseil d'administration ou de surveillance (n°s 11170 s.), un seul membre du CSE, celui-ci devant impérativement avoir la qualité de membre titulaire (C. trav. art. L 2312-75).

> **Précisions** **a.** La loi ne précise pas la qualité des représentants du CSE au conseil d'administration ou de surveillance sauf dans le cas d'un représentant unique au sein de ces instances. Selon l'administration, les **titulaires** comme les **suppléants** peuvent être désignés (Circ. DRT 12 du 30-11-1984 n° 1-7). En revanche, les **représentants syndicaux** ne peuvent pas l'être (CA Paris 16-5-1997 n° 96-4130 : RJS 10/97 n° 1105 ; Circ. DRT 12 du 30-11-1984 n° 1-7). Dans certaines **sociétés du secteur public,** le secrétaire du CSE est nécessairement le représentant de ce dernier auprès du conseil d'administration ou de surveillance (C. trav. art. L 2312-74).
> **b.** Les **litiges** relatifs à la désignation des représentants échappent aux règles relatives au contentieux électoral et relèvent de la compétence du juge judiciaire dans les conditions de droit commun (Cass. 2e civ 22-6-1962 n° 61-60.056 P).

MODALITÉS DU VOTE

11070 Pour désigner ses représentants au conseil d'administration ou de surveillance, le CSE procède à un **vote global,** c'est-à-dire tous collèges confondus (Rép. AN 29-3-1969 n° 4079). Le vote a lieu à la **majorité** des voix exprimées (n° 1880). Seuls **y participent** les membres titulaires (ainsi que, le cas échéant, les suppléants remplaçant les titulaires). L'employeur est, quant à lui, exclu du vote (n° 1865).

ATTENTION

Dans les entreprises à **établissements multiples** dotées de comités central et d'établissement, la désignation devrait, à notre avis, être faite par le comité central puisque le conseil d'administration ou de surveillance se réunit au **niveau** de l'entreprise et non de l'établissement. La doctrine se prononce en ce sens (M. Cohen et L. Milet « Le droit des comités sociaux et économiques et des comités de groupe », 18e édition 2023 p. 707 n° 927).

MOYENS

11080 Les représentants du CSE au conseil d'administration ou de surveillance ont droit aux mêmes **documents** que ceux adressés ou remis aux membres de ces instances à l'occasion de leurs réunions (C. trav. art. L 2312-73, al. 1). Ils sont tenus à une **obligation de discrétion** à l'égard des informations présentant un caractère confidentiel et données comme telles par le président du conseil d'administration ou de surveillance comme tout membre de ces instances (C. com. art. L 225-37, al. 5 et L 225-92).

La doctrine admet, dans le silence des textes, que le temps passé par les représentants du CSE aux séances du conseil d'administration ou de surveillance soit **rémunéré** comme du temps de travail effectif et ne s'impute pas sur leur crédit d'heures (M. Cohen et L. Milet « Le droit des comités sociaux et économiques et des comités de groupe », 18e édition 2023 p. 710 n° 933).

MISSIONS

11090 Les représentants du CSE au conseil d'administration ou de surveillance assistent avec **voix consultative** à toutes les séances du conseil (C. trav. art. L 2312-72). Ils ne participent pas au vote, mais peuvent prendre la parole et exprimer un avis. Ils peuvent également soumettre les **vœux** du CSE au conseil d'administration ou de surveillance, lequel doit donner un avis motivé sur ces derniers (C. trav. art. L 2312-73, al. 2).

Le défaut de convocation des représentants du comité n'entraîne pas la **nullité de la délibération,** sauf en cas de fraude (Cass. soc. 26-5-1998 n° 95-15.883 D : RJS 10/98 n° 1243). Néanmoins une telle omission devrait constituer une **entrave** au fonctionnement du CSE passible de sanctions pénales.

SECTION 2 REPRÉSENTANTS DES SALARIÉS DES SOCIÉTÉS FRANÇAISES

11120 **Deux types** de représentants des salariés siègent au conseil d'administration ou de surveillance des sociétés anonymes (SA) françaises :

– ceux représentant l'**ensemble des salariés** de la société dont la présence, obligatoire ou facultative, dépend de la taille de l'entreprise ;

– ceux obligatoirement désignés pour représenter les **salariés actionnaires** lorsque ceux-ci détiennent au moins 3 % du capital social.

A. Représentation de l'ensemble des salariés

1. REPRÉSENTATION OBLIGATOIRE

ENTREPRISES CONCERNÉES

La représentation des salariés au conseil d'administration ou de surveillance est obligatoire dans les SA et les sociétés en commandite par actions qui **emploient** pendant 2 exercices consécutifs **au moins** : 11170
– 1 000 salariés en prenant en compte l'effectif de leurs filiales, directes ou indirectes, ayant leur siège social sur le **territoire français** ;
– 5 000 salariés en incluant l'effectif de leurs filiales, directes ou indirectes, dont le siège social est situé en **France** ou **à l'étranger** (C. com. art. L 225-27-1, I ; L 225-79-2, I et L 226-5-1).

Sont **exclues** de l'obligation de mettre en place une représentation des salariés (C. com. art. L 225-27-1, I ; L 225-79-2, I et L 226-5-1) : 11180
– les **sociétés « holding »** dont l'activité principale est d'acquérir et de gérer des filiales et des participations si elles n'ont pas l'obligation de mettre en place un CSE et si elles détiennent une ou plusieurs filiales soumises à cette obligation (C. com. art. L 225-27-1, I-al 2 et L 225-79-2, I-al. 2). Les **sociétés cotées** remplissant ces conditions bénéficient de cette dérogation si au moins 4/5e de leurs actions sont détenues, directement ou indirectement, par une personne physique ou morale agissant seule ou de concert (C. com. L 22-10-7) ;
– les **filiales,** directes ou indirectes, de sociétés soumises à l'obligation de mettre en place une représentation des salariés au sein de leurs organes de gouvernance (C. com. art. L 225-27-1, I-al 5 et L 225-79-2, I-al. 5).

> **Précisions** Les sociétés remplissant les critères visés n° 11170 et dont le conseil d'administration ou de surveillance **comprend déjà des représentants** des salariés soit dans le cadre du dispositif de **représentation facultative** soit en application de dispositions spécifiques au secteur public, ainsi que leurs filiales directes ou indirectes, ne sont pas tenues de mettre en place une représentation obligatoire dès lors que le nombre des représentants déjà présents est au moins égal à celui prévu n° 11190. Dans le cas contraire, ces sociétés doivent mettre en place une représentation obligatoire à l'expiration du mandat en cours des représentants des salariés (C. com. art. L 225-27-1, V et L 225-79-2, V).

NOMBRE DE REPRÉSENTANTS

Les représentants des salariés sont au moins au nombre de 2 quand le conseil d'administration ou de surveillance compte au moins 8 autres membres et au moins de 1 dans le cas contraire (C. com. art. L 225-27-1, II-al. 1 ; L 225-79-2, II-al. 1 et L 226-5-1). 11190

> **Précisions** Ces représentants ne sont **pas pris en compte** pour la détermination du nombre minimal et du nombre maximal des membres des conseils d'administration ou de surveillance et de la **proportion de chaque sexe** parmi ces membres (C. com. art. L 225-27-1, II-al. 2 et L 225-79-2, II-al. 2). Ils ne sont pas non plus comptés pour la détermination du nombre de membres du conseil d'administration ou de surveillance liés à la société par un contrat de travail (C. com. art. L 225-22, al. 3 et L 225-85, al. 2).

DÉSIGNATION OU ÉLECTION

Les représentants sont élus ou désignés selon l'une des **4 modalités** suivantes : 11200
– élection par les salariés de la société et de ses filiales directes ou indirectes ayant leur siège social en France selon les modalités exposées n° 11340 ;
– désignation, selon le cas, par le comité de groupe, central d'entreprise ou le CSE, à notre sens, malgré l'absence de mise à jour du Code de commerce sur ce point. Les statuts doivent impérativement choisir le comité de groupe si cette instance a été mise en place (Cass. soc. 23-11-2022 n° 21-19.944 FS-B : RJS 3/23 n° 148).
– désignation par l'organisation syndicale (un représentant à désigner) ou par les 2 organisations syndicales (2 représentants à désigner) ayant obtenu le plus de suffrages au 1er tour des élections professionnelles au sein de la société et de ses filiales françaises ;
– si 2 représentants sont à désigner, désignation de l'un selon l'une des modalités ci-dessus et de l'autre par le comité d'entreprise européen ou, pour les sociétés européennes, par l'organe de représentation des salariés ou, à défaut, par le comité de la société européenne.

Le **choix** entre ces modalités est fixé dans les statuts de la société qui doivent être modifiés en conséquence par une assemblée générale extraordinaire dans les 6 mois suivant la clôture du 2e des exercices visés n° 11170, après avis du comité de groupe, central d'entreprise ou du CSE. L'élection ou la désignation doit intervenir dans un **délai** de 6 mois suivant la modification statutaire (C. com. art. L 225-27-1, III ; L 225-79-2, III et L 226-5-1).

Dans le cas d'une **désignation de 2 membres par le comité** de groupe ou central d'entreprise ou le CSE, un **homme** et une **femme** doivent être choisis (C. com. art. L 225-27-1, II, L 225-79-2, II et L 226-5-1).

ATTENTION

En cas de **carence,** tout salarié peut saisir, selon la procédure accélérée au fond (n° 3755), le président du tribunal judiciaire pour que celui-ci enjoigne **sous astreinte** le conseil d'administration ou le directoire de convoquer une assemblée générale extraordinaire afin que celle-ci modifie les statuts. À défaut de modification statutaire dans les 6 mois, les représentants sont choisis par élection dans le même délai de 6 mois. Le président du tribunal judiciaire peut, à la demande d'un salarié, ordonner la tenue de cette élection (C. com. art. L 225-27-1, IV ; L 225-79-2, IV et L 226-5-1).

CANDIDATURES

11210 Les candidats à la désignation doivent être salariés de la société ou de l'une de ses filiales françaises depuis 2 ans au moins au moment de leur nomination, sauf si la société existe depuis moins de 2 ans. Toutefois, le second représentant désigné en application de la dernière modalité mentionnée n° 11200 pour les sociétés de dimension européenne peut être issu d'une filiale non située sur le territoire français (C. com. art. L 225-28, al. 1 ; L 225-80 et L 226-5-1).

Dans le cas d'une élection, les candidatures sont présentées par les **organisations syndicales représentatives** (C. com. art. L 225-28, al. 4 ; L 225-80 et L 226-5-1).

INCOMPATIBILITÉS

11220 Le mandat de membre du conseil d'administration ou de surveillance élu ou désigné par les salariés est incompatible, selon nous, avec celui de membre du **CSE** malgré l'absence de mise à jour du Code de commerce sur ce point. Il est également incompatible avec ceux de **délégué syndical,** de permanent syndical désigné en application d'un accord d'entreprise (Cass. soc. 30-9-2005 n° 04-10.490 FS-PBRI : RJS 12/05 n° 1238), de membre du **comité d'entreprise européen** ou, pour les sociétés européennes, de membre de l'organe de représentation des salariés ou de membre d'un comité de la société.

L'administrateur ou le membre du conseil de surveillance qui, lors de son élection, est titulaire d'un ou de plusieurs de ces mandats doit s'en démettre dans les 8 jours. À défaut, il est réputé démissionnaire de son mandat de membre du conseil d'administration ou de surveillance (C. com. art. L 225-30 et L 225-80).

EXERCICE DES FONCTIONS

11225 **Durée du mandat** La durée du mandat est fixée par les **statuts** sans pouvoir excéder 6 ans. Le mandat est renouvelable sauf stipulation contraire des statuts (C. com. art. L 225-29 et L 225-80).

11230 **Modalités d'exercice** Les modalités d'exercice des fonctions ou les **pouvoirs** des représentants des salariés ne font l'objet d'aucune disposition légale ou réglementaire particulière. Il en résulte que ces représentants sont, sur ce plan, assimilés aux autres membres du conseil d'administration ou de surveillance. Ils devraient également avoir les mêmes **responsabilités.** En particulier, les dispositions réprimant les délits d'initiés leur sont applicables (CJCE 22-11-2005 aff. 384/02 : RJS 5/06 n° 655).

11240 **Cessation du mandat** Le mandat d'administrateur ou de membre du conseil de surveillance élu par les salariés expire normalement à l'**arrivée de son terme.** Mais il peut également prendre fin **de façon anticipée,** notamment par décès, démission, rupture du contrat de travail ou révocation. Sur l'annulation de la nomination, voir n° 11340, d.

Contrairement aux autres membres du conseil d'administration ou de surveillance qui sont révocables à tout moment par l'assemblée générale, ceux représentant les salariés ne peuvent être **révoqués** que pour **faute** dans l'exercice de leur mandat, par décision du président du tribunal judiciaire rendue selon la procédure accélérée au fond, à la demande de la majorité des membres du conseil d'administration ou de surveillance. La décision est exécutoire par provision (C. com. art. L 225-32 ; L 225-80 et L 226-5-1).

Remplacement du représentant En cas de **cessation anticipée** du mandat, le siège vacant est pourvu par le remplaçant lorsque l'élection a eu lieu au scrutin majoritaire, par le candidat figurant sur la même liste immédiatement après le dernier candidat élu en cas de scrutin de liste et, si le représentant a été désigné selon l'une des deux modalités visées n° 11200, par un salarié désigné dans les mêmes conditions. Le mandat du représentant ainsi désigné prend fin à l'arrivée du terme normal du mandat des autres administrateurs ou membres du conseil de surveillance élus par les salariés (C. com. art. L 225-34 et L 225-80). **11250**

Lorsqu'un tel remplacement **n'est pas possible,** il est parfois nécessaire de procéder à des élections partielles. À cette occasion, le nombre de sièges à pourvoir pour les représentants des salariés ne peut pas être réduit (Cass. soc. 28-11-1995 n° 94-60.049 P).

STATUT DU REPRÉSENTANT

Crédit d'heures Les représentants des salariés disposent d'un temps de préparation (ou crédit d'heures) pour chaque réunion du conseil ou de ses comités qui ne peut être inférieur à 15 heures ni supérieur à la moitié de la **durée** légale de travail mensuelle (soit 75 heures 50 minutes). Le conseil détermine ce temps en tenant compte de l'importance de la société, de ses effectifs, de son rôle économique et, le cas échéant, de l'objet de la réunion. Le temps consacré par les représentants des salariés à leur mandat est considéré comme du temps de travail effectif et **rémunéré** comme tel (C. com. art. L 225-30-1 et L 225-80 ; R 225-34-2 et R 225-60-2). **11260**

Exécution du contrat et rémunération Les membres du conseil d'administration ou de surveillance élus par les salariés ne perdent pas le bénéfice de leur contrat de travail. Leur rémunération en tant que salariés ne peut pas être réduite du fait de l'exercice de leur mandat (C. com. art. L 225-31 et L 225-80). Toute **modification** apportée à leur **contrat de travail** (promotion, augmentation exceptionnelle de salaire) est soumise à la procédure spéciale prévue en cas de convention entre la société et un membre de son conseil d'administration ou de surveillance (Mémento Sociétés commerciales nos 52500 s.). **11270**

ATTENTION

Le salaire ne saurait être **remplacé** en tout ou partie par d'autres avantages financiers liés à l'exercice du mandat (par exemple : octroi de jetons de présence). Ces avantages ne peuvent être alloués qu'en sus du salaire.

Formation Les représentants des salariés bénéficient d'une formation adaptée à l'exercice de leur mandat d'au moins 40 heures par an, non imputable sur leur crédit d'heures, et à la charge de l'entreprise. Une fraction de cette formation doit être exercée au sein de l'entreprise d'appartenance ou d'une entreprise qui lui est liée. Pour les salariés exerçant leur **premier mandat,** la formation doit avoir débuté avant la première réunion du conseil d'administration ou de surveillance suivant leur élection ou leur désignation (C. com. art. L 225-30-2 et L 225-80). **11280**

> **Précisions a.** La formation porte principalement sur le rôle et le fonctionnement du conseil d'administration ou de surveillance, les droits et obligations de ses membres et leur responsabilité ainsi que sur l'organisation et les activités de la société. Le conseil d'administration ou de surveillance détermine, après avis de ses membres concernés, le **contenu** du programme de la formation ainsi que le ou les organismes ou centres chargés de dispenser celle-ci. Ceux-ci délivrent, à la fin de la formation, une attestation d'assiduité que l'intéressé remet à son employeur (C. com. art. R 225-34-3 ; R 225-34-5 et R 225-60-2).
>
> **b.** Un accord d'entreprise ou, selon le cas, de groupe peut comporter des dispositions plus favorables quant au **temps consacré à la formation** (C. com. art. R 225-34-4 et R 225-60-2).
>
> **c.** Le **coût** de la formation, y compris les frais de déplacement au titre de celle-ci, à la charge de la société, n'est **pas pris en compte** dans le calcul des sommes consacrées à la formation professionnelle (C. com. art. R 225-34-6 et R 225-60-2).

Rupture du contrat de travail Compte tenu des risques de conflits pouvant surgir entre les dirigeants et les salariés membres du conseil d'administration ou de surveillance, une **protection** particulière est accordée à ces derniers contre le licenciement (C. trav. art. L 2411-1, 12°). **11290**

Le licenciement doit être soumis pour avis au **conseil d'administration ou de surveillance** et être autorisé par l'**inspecteur du travail** dont dépend l'établissement où le salarié est employé. En cas de faute grave, l'employeur peut prononcer la mise à pied immédiate de l'intéressé dans l'attente de la décision de l'inspecteur. Dans ce cas, le conseil d'administration ou de surveillance est convoqué sans délai et donne son avis sur le projet de licenciement de l'intéressé (C. trav. art. L 2421-5).

Une protection identique est accordée aux **anciens représentants** pendant les 6 mois suivant la cessation de leur mandat et aux **candidats** et anciens candidats à l'élection pendant les 3 mois suivant le dépôt des candidatures (C. trav. art. L 2411-17).
Le licenciement en **méconnaissance de ces dispositions** est nul. Il est également puni d'un emprisonnement d'un an et d'une amende de 3 750 €. La récidive est punie de 2 ans d'emprisonnement et de 6 000 € d'amende (C. trav. art. L 2436-1).

ATTENTION

La protection spéciale accordée aux salariés élus par le personnel n'est pas exclusive de la **procédure de licenciement de droit commun.** L'employeur doit donc, notamment, convoquer le salarié à un entretien préalable avant de demander à l'inspecteur du travail l'autorisation de licencier.

2. REPRÉSENTATION FACULTATIVE

11300 Dans les SA non soumises à une représentation obligatoire des salariés dans leurs organes de direction (nos 11170 s.), les statuts peuvent stipuler que le conseil d'administration ou de surveillance comprend des **membres élus** soit par le personnel de la société, soit par le personnel de la société et celui de ses filiales directes ou indirectes dont le siège social est fixé sur le territoire français (C. com. art. L 225-27 et L 225-79).

ATTENTION

Cette représentation ne peut donc être mise en œuvre que si les **statuts** la prévoient expressément et sont modifiés en ce sens lors d'une assemblée générale extraordinaire. Les statuts doivent mentionner le nombre des représentants des salariés, les modalités du scrutin, la durée des fonctions des intéressés, leurs statuts et, éventuellement, les conditions de renouvellement de leur mandat.

NOMBRE DE REPRÉSENTANTS

11310 Le nombre des membres du conseil d'administration ou de surveillance représentant les salariés ne peut pas être supérieur à 4 ni excéder le tiers du nombre des autres membres. Si ce nombre de représentants est égal ou supérieur à 2, les ingénieurs, cadres et assimilés ont un siège au moins (C. com. art. L 225-27 ; L 225-28 et L 225-79).
Dans les SA dont les actions sont admises aux négociations sur un **marché réglementé,** le nombre maximal des administrateurs élus par le personnel de l'entreprise est porté de 4 à 5 (C. com. art. L 225-27 et art. L 22-10-6). On notera qu'une telle augmentation de la représentation du personnel dans les sociétés cotées n'est pas prévue pour les **SA à conseil de surveillance.**

> **Précisions** Les administrateurs et membres du conseil de surveillance élus par les salariés ne sont **pas pris en compte** pour la détermination :
> – des **nombres minimal et maximal** de membres des conseils d'administration ou de surveillance et de la **proportion de chaque sexe** parmi ces membres (C. com. art. L 225-27, al. 2 et L 225-79, al. 3) ;
> – du nombre de membres du conseil de surveillance liés à la société par un **contrat de travail** (C. com. art. L 225-85).

MODALITÉS DE DÉSIGNATION

11320 **Électeurs** Les administrateurs ou membres du conseil de surveillance représentant le personnel sont élus par les salariés de la société et éventuellement, si les statuts le prévoient, de ses **filiales** directes ou indirectes dont le siège social est fixé sur le territoire français. Les **salariés mis à la disposition** de ces sociétés sont donc exclus (Cons. const. 26-7-2013 n° 2013-333 : RJS 11/13 n° 751).
Sont électeurs tous les salariés dont le **contrat de travail** est antérieur de 3 mois à la date des élections. S'agissant des salariés assimilés à l'employeur en raison d'une délégation particulière d'autorité, voir n° 24785.
Lorsqu'un siège au moins est réservé aux ingénieurs, cadres et assimilés, les salariés sont divisés en 2 collèges votant séparément (C. com. art. L 225-28, al. 2 et L 225-80).

11330 **Candidatures** Sauf dans les entreprises nouvelles, il faut, pour être candidat, avoir une **ancienneté** d'au moins 2 ans (C. com. art. L 225-28, al. 1 et L 225-80). Dans le cas où **2 collèges** doivent être constitués, les salariés ne sont éligibles que dans le collège où ils sont électeurs (Cass. soc. 7-2-1989 n° 88-60.131 P : RJS 4/89 n° 369). Les candidatures peuvent être présentées soit par les syndicats représentatifs, soit par 5 % des électeurs, ou par au moins 100 électeurs si le nombre total de ces derniers est supérieur à 2 000 (C. com. art. L 225-28, al. 4 et L 225-80).

En cas de scrutin majoritaire à 2 tours, chaque candidature comporte le nom du candidat et de son remplaçant éventuel, ceux-ci doivent être de sexe différent. En cas de scrutin à la proportionnelle, chaque liste doit comporter un nombre de candidats double de celui des sièges à pourvoir et être composée alternativement d'un **candidat de chaque sexe** (C. com. art. L 225-28, al. 6 et L 225-80).

EXEMPLE

Pour se présenter sans étiquette syndicale, le salarié d'une entreprise de 300 salariés devra être soutenu par au moins 15 de ses collègues. Si l'entreprise compte 1 500 salariés, il devra obtenir 75 parrainages. Que l'entreprise ou le groupe compte 8 000 salariés ou seulement 2 001, le salarié devra justifier de 100 soutiens au sein du personnel.

Scrutin Lorsqu'**un seul siège** est à pourvoir soit pour l'ensemble du corps électoral, soit dans l'un des collèges électoraux, l'élection a lieu au scrutin majoritaire à 2 tours dans le collège concerné. Est alors déclaré élu le candidat ayant obtenu au premier tour la majorité absolue des suffrages exprimés ou au second tour la majorité relative. **11340**
Si **plusieurs sièges** sont à pourvoir, l'élection a lieu au scrutin de liste à la représentation proportionnelle au plus fort reste et sans panachage (pour un exposé des modalités de scrutin au plus fort reste, voir n° 6350). En cas d'**égalité de voix,** les candidats dont les contrats de travail sont les plus anciens sont déclarés élus (C. com. art. L 225-28, al. 7 et L 225-80).

> **Précisions a.** Le **vote par correspondance** est régulier s'il se justifie par la nécessité de centraliser de la façon la plus sûre les résultats d'un scrutin intéressant près de 6 000 électeurs sur tout le territoire national et si le matériel utilisé garantit le secret du vote (Cass. soc. 6-2-2002 n° 00-60.488 FS-P : RJS 4/02 n° 472).
b. À défaut de précision, la nomination devrait être soumise aux mêmes règles de **publicité** que celle des autres administrateurs ou membres du conseil de surveillance (Mémento Sociétés commerciales n°s 13000 s.).
c. Les **contestations** relatives à l'électorat, à l'éligibilité et à la régularité des opérations électorales sont portées devant le tribunal judiciaire qui statue en dernier ressort (C. com. art. L 225-28, al. 9 et L 225-80).
d. Toute nomination intervenue en **violation** des règles relatives à la mise en place, la désignation et la durée du mandat est nulle. Cette nullité n'entraîne pas celle des délibérations auxquelles a pris part le représentant irrégulièrement nommé (C. com. art. L 225-29 et L 225-80). Sur le remplacement du représentant dont la nomination est annulée, voir n° 11250.

EXERCICE DES FONCTIONS

Les conditions d'exercice des fonctions de représentant sont identiques à celles applicables au mandat d'administrateur ou de membre du conseil de surveillance élu ou désigné en application de l'obligation légale (voir nos 11220 s.). **11350**

STATUT DU REPRÉSENTANT

Le règles relatives à la rémunération (n° 11270) et à la protection contre le licenciement (n° 11290) exposées pour les représentants des salariés désignés ou élus en application de l'obligation légale sont applicables à ceux élus ou désignés sur une base volontaire. **11360**

B. Représentation des salariés actionnaires

SOCIÉTÉS CONCERNÉES

Sont visées par l'**obligation** d'élire un ou plusieurs membres du conseil d'administration ou de surveillance représentant les salariés actionnaires : **11400**
– les sociétés dont les titres sont admis aux négociations sur un marché réglementé sans condition d'effectifs (C. com. art. L 22-10-5) ;
– les sociétés non cotées qui emploient, à la clôture de 2 exercices consécutifs, au moins 1 000 salariés permanents dans la société et ses filiales, directes ou indirectes, dont le siège social est fixé sur le territoire français, ou au moins 5 000 salariés permanents dans la société et ses filiales, directes ou indirectes, dont le siège est situé en France ou à l'étranger (C. com. art. L 225-23, al. 1 et L 225-71, al. 1).
Cette obligation **s'applique** si le rapport de gestion visé à l'article L 225-100 du Code de commerce établit que l'actionnariat salarié représente plus de **3 % du capital social** (C. com. art. L 225-23, al. 1 et L 225-71, al. 1).

CALCUL DU NOMBRE DE SALARIÉS ACTIONNAIRES

11420 Le rapport de gestion visé à l'article L 225-100 du Code de commerce sur la situation de la société et l'activité de celle-ci pendant l'exercice écoulé, qui doit être soumis par les dirigeants aux actionnaires avant la présentation des comptes lors de l'assemblée générale (voir Mémento Sociétés commerciales n°s 48185 s.), doit notamment dresser le bilan de la participation des salariés au capital de la société au dernier jour de l'exercice (C. com. art. L 225-102, al. 1).

ATTENTION

Lorsque **le rapport ne rend pas compte de l'état de la participation des salariés** dans le capital social à la clôture de l'exercice et n'indique pas la proportion de ce capital correspondant aux actions détenues par les salariés, toute personne peut demander en justice qu'il soit enjoint sous astreinte au conseil d'administration ou au directoire de communiquer ces informations. S'il est fait droit à cette demande, l'**astreinte et les frais de procédure** sont à la charge des administrateurs ou des membres du directoire (C. com. art. L 225-102, al. 3 et 4).

11440 **Salariés visés** Le rapport doit établir la proportion du capital que représentent les actions détenues par le personnel de la société et par le personnel des **sociétés** qui lui sont **liées au sens de** l'article L 225-180 du Code de commerce (C. com. art. L 225-102). Sont ainsi désignés :
– les sociétés et les GIE dont 10 % au moins du capital ou des droits de vote sont détenus, directement ou indirectement, par la société visée ;
– les sociétés ou les GIE détenant, directement ou indirectement, 10 % au moins du capital ou des droits de vote de la société visée ;
– les sociétés et les GIE dont 50 % au moins du capital ou des droits de vote sont détenus, directement ou indirectement, par une société détenant elle-même, directement ou indirectement, au moins 50 % du capital de la société visée ;
– les entités dont le capital est détenu pour plus de 50 %, directement ou indirectement, exclusivement ou conjointement, par un ou des organes centraux (Caisse nationale de crédit agricole, Banque fédérale des banques populaires, Confédération nationale du crédit mutuel, Caisse nationale des caisses d'épargne et de prévoyance) ou des établissements de crédit qui lui ou leur sont affiliés.

11460 **Titres visés** Sont **prises en compte,** pour déterminer l'état de participation des salariés au capital social de la société, les actions détenues dans le cadre du plan d'épargne d'entreprise et des fonds communs de placement d'entreprise ainsi que les actions nominatives détenues directement par les salariés au titre de l'article L 3324-10 du Code du travail (participation obligatoire), de l'article L 225-197-1 du Code de commerce (attribution d'actions gratuites), des articles L 225-187 et L 225-196 du Code de commerce dans leur rédaction antérieure à l'entrée en vigueur de la loi 2001-152 du 19 février 2001 (achats en bourse d'actions réservées aux salariés), de l'article 31-2 de l'ordonnance 2014-948 du 20 août 2014 (transfert d'une partie du capital de l'État au secteur privé), et de l'article 11 de la loi 86-912 du 6 août 1986 dans sa rédaction antérieure à l'entrée en vigueur de l'ordonnance précitée (privatisations).

Sont en revanche **exclus** les titres acquis par les salariés dans le cadre d'une opération de rachat d'une entreprise par ses salariés ainsi que les titres détenus par les salariés d'une société coopérative ouvrière de production (C. com. art. L 225-102).

MISE EN PLACE DE LA REPRÉSENTATION

11480 **Convocation d'une assemblée générale extraordinaire** Pour la nomination des représentants des salariés, il convient de réunir les actionnaires en assemblée générale extraordinaire afin de **modifier les statuts** en conséquence (indication du nombre de ces représentants, organisation des conditions de leur nomination). Auparavant, le conseil d'administration ou le directoire aura consulté les salariés actionnaires afin de leur permettre de désigner un ou plusieurs représentants qui seront présents lors de l'assemblée extraordinaire. Cette assemblée doit **avoir lieu avant** l'assemblée ordinaire annuelle de telle sorte que, si elle décide la modification des statuts et si les salariés ont pu désigner leurs représentants, ces derniers puissent être nommés administrateurs lors de cette assemblée annuelle. (C. com. art. L 225-106, III).

L'assemblée générale extraordinaire doit également se prononcer sur un projet de résolution prévoyant la désignation d'un ou plusieurs représentants du personnel dans les conditions visées n°s 11300 s. (C. com. art. L 225-23, al. 4 et L 225-71, al. 4).

ATTENTION

Si l'assemblée générale extraordinaire ne s'est pas réunie dans un délai de 18 mois à compter de la présentation du rapport visé n° 11420, tout salarié actionnaire peut **demander en justice** qu'il soit enjoint sous astreinte au conseil d'administration ou au directoire de convoquer cette assemblée. Lorsqu'il est fait droit à cette demande, l'astreinte et les frais de procédure sont à la charge des administrateurs ou des membres du directoire (C. com. art. L 225-23, al. 2 et 3 et L 225-71, al. 2 et 3).

Désignation de mandataires par les salariés actionnaires Entre l'assemblée générale extraordinaire qui a modifié les statuts et la réunion de l'assemblée générale des actionnaires, le président du conseil d'administration ou le directoire, selon le cas, doit organiser la consultation des salariés actionnaires afin de leur permettre de désigner un ou plusieurs mandataires pour les représenter (C. com. art. L 225-106, III). Les statuts déterminent librement les **modalités** de cette consultation : réunion des intéressés ou consultation par écrit, par correspondance ou par moyen de télécommunication (Guide de l'épargne salariale juillet 2022 p. 250). 11500
Le salarié désigné comme mandataire confirme par écrit à l'employeur, au plus tard 48 heures après sa désignation, son intention de participer à l'assemblée générale en indiquant la durée prévisible de son absence (C. trav. art. D 3341-1). L'employeur n'est pas tenu de **rémunérer le temps passé** hors de l'entreprise pendant les heures de travail pour l'exercice du mandat de représentation, ni de défrayer le salarié mandaté de ses **frais de déplacement** (C. trav. art. D 3341-2).

Choix des administrateurs ou membres du conseil de surveillance 11520
L'assemblée générale élit les membres du conseil d'administration ou de surveillance représentant les salariés actionnaires parmi les **candidats proposés** par ces derniers. Ces candidats sont choisis parmi les salariés actionnaires ou membres du conseil de surveillance du fonds commun de placement d'entreprise détenant des actions de la société (C. com. art. L 225-23, al. 1 et L 225-71, al. 1).

> **Précisions** Les membres du conseil d'administration ou de surveillance représentant les actionnaires salariés ne sont **pas pris en compte** pour la détermination du nombre minimal et du nombre maximal des membres de ces conseils (C. com. art. L 225-23, al. 1 et L 225-71, al. 1). Ils ne sont pas non plus comptés pour la détermination du nombre d'administrateurs liés à la société par un contrat de travail (C. com. art. L 225-22, al. 3).

STATUT DES REPRÉSENTANTS DES SALARIÉS ACTIONNAIRES

Durée du mandat La durée des fonctions des membres du conseil d'administration ou de surveillance désignés sur proposition des salariés actionnaires est déterminée comme pour les autres membres par les **statuts.** Leur mandat est d'une durée identique à celle des autres mandataires sociaux. Il prend fin à l'arrivée du terme ou lors de la rupture pour quelque cause que ce soit de leur **contrat de travail** (C. com. art. L 225-23 et L 225-71). 11540

ATTENTION

Dans le silence de la loi, l'administration a précisé qu'en cas de diminution de la **proportion du capital** détenue par les salariés en deçà du seuil de 3 %, les mandats se poursuivent jusqu'à leur terme (Guide de l'épargne salariale juillet 2022 p. 251). Elle ne dit pas ce qui advient du mandat du représentant qui **cesse d'être actionnaire** de la société.

Moyens Les représentants des salariés actionnaires bénéficient du crédit d'heures visé n° 11260 et de la **formation** visée n° 11280. Les représentants des porteurs de parts au sein du conseil de surveillance des fonds communs de placement d'entreprise et les administrateurs des Sicav d'actionnariat salarié bénéficient aussi d'un **stage de formation économique** de 3 jours minimum dispensé par un organisme figurant sur une liste arrêtée par le préfet de région. Ce stage peut être refusé dans les mêmes conditions que le congé de formation économique, sociale, environnementale et syndicale et est imputé sur la durée de celui-ci (n° 69350). Le temps consacré à ces formations est pris sur le temps de travail effectif et rémunéré comme tel (C. trav. art. L 3341-2 et L 3341-3). 11545

Pouvoirs Les membres élus sur proposition des salariés actionnaires ont les mêmes **pouvoirs** et **responsabilités** que les autres membres du conseil d'administration ou de surveillance. Ils sont notamment tenus à une obligation de **confidentialité** pour les informations relatives à la société qui leur sont communiquées dans le cadre de leurs fonctions (C. com. art. L 225-37, al. 5 et L 225-92). 11560

SECTION 3

PARTICIPATION DANS LES SOCIÉTÉS EUROPÉENNES

11600 La participation dans les sociétés européennes (SE) s'exerce sous les formes suivantes (C. trav. art. L 2351-6) :
– droit d'élire ou de désigner certains membres de l'organe de surveillance ou d'administration de la société ;
– droit de recommander la désignation d'une partie ou de l'ensemble des membres de l'organe de surveillance ou d'administration de la société ou de s'y opposer.

A. Conclusion d'un accord

11620 Les modalités de participation des salariés dans les sociétés européennes sont arrêtées par accord conclu entre les dirigeants des sociétés participantes et les représentants des salariés réunis au sein d'un **groupe spécial de négociation.**
Mais, sauf en cas de société européenne constituée par transformation, lorsqu'il existe un système de participation dans la société qui doit être transformée, le groupe de négociation peut également décider de ne pas appliquer de participation. Cette décision est prise à la majorité des deux tiers des membres du groupe issus d'au moins deux États membres et à la condition qu'ils représentent au moins les deux tiers des salariés des sociétés participantes, des filiales et établissements concernés (C. trav. art. L 2352-13).

ATTENTION

Sauf décision expresse de ne pas appliquer de participation des salariés, ces derniers sont représentés selon les modalités indiquées n° 11700.

CONTENU DE L'ACCORD

11640 L'accord conclu doit être **écrit** (C. trav. art. L 2352-2) et comporter **au moins les mentions suivantes** (C. trav. art. L 2352-16) :
– les sociétés, filiales ou établissements auxquels il s'applique ;
– la composition, le nombre de membres et la répartition des sièges de l'organe représentant le personnel de la SE et de ses filiales ou établissements ;
– les attributions de cet organe, ses ressources, la fréquence de ses réunions et les procédures de consultation et d'information ;
– la date d'entrée en vigueur de l'accord, sa durée et les cas et conditions dans lesquels il doit être renégocié.
En cas de transformation d'une SA en SE, l'accord doit prévoir un **niveau de participation** au moins équivalent à celui existant dans la SA (C. trav. art. L 2352-18).

11650 L'accord détermine les **modalités de participation retenues** y compris, le cas échéant, le nombre de membres de l'organe d'administration ou de surveillance que les salariés ont le droit d'élire, de désigner, de recommander ou à la désignation desquels ils peuvent s'opposer, les procédures à suivre dans chaque cas et les droits des salariés (C. trav. art. L 2352-17).

CHOIX DE LA FORME DE PARTICIPATION

11670 Si **une seule forme** de participation des salariés existe au sein des sociétés participantes, ce système est appliqué à la société européenne en retenant pour sa mise en place la proportion ou, selon le cas, le nombre le plus élevé de membres concernés par les droits à participation au sein de l'organe d'administration ou de surveillance.
Si **plusieurs formes de participation** existent au sein des sociétés participantes, le groupe spécial de négociation détermine laquelle de ces formes est instaurée dans la société européenne (C. trav. art. L 2352-19).

B. Absence d'accord

11700 Lorsqu'aucun accord n'a été conclu mais que, pour autant, le groupe spécial de négociation n'a pas exclu la participation des salariés, cette dernière est régie par les dispositions du Code du travail.

CHOIX DE LA FORME DE PARTICIPATION

Si la société européenne est constituée par **transformation** et s'il existe un système de participation des salariés dans l'organe d'administration ou de surveillance avant l'immatriculation, tous les éléments de la participation des salariés continuent de s'appliquer à la société européenne. **11720**
Dans les **autres cas,** et lorsque la participation concerne au moins 25 % des salariés employés par les sociétés participantes en cas de constitution d'une société européenne par fusion, et au moins 50 % en cas de constitution par holding ou filiale commune, les modalités de cette participation sont, selon le cas, déterminées après examen des différents systèmes nationaux existant au sein de chacune des sociétés participantes concernées avant l'immatriculation de la société européenne (C. trav. art. L 2353-28, al. 2 et 3).

Si **une seule forme** de participation existe au sein des sociétés participantes, ce système est appliqué à la société européenne en retenant pour sa mise en place la proportion ou, selon le cas, le nombre le plus élevé de membres concernés par les droits à participation au sein de l'organe d'administration ou de surveillance. **11730**
Si **plusieurs formes** de participation existent au sein des sociétés participantes, le groupe spécial de négociation en choisit une pour la société européenne (C. trav. art. L 2353-29). À défaut, les dirigeants déterminent la forme de participation applicable. Il est toujours retenu, pour la mise en place du système applicable, la proportion ou le nombre le plus élevé de membres de l'organe d'administration ou de surveillance concernés par les droits à participation (C. trav. art. L 2353-30).

MODALITÉS DE DÉSIGNATION DES REPRÉSENTANTS

Dans le cas où la forme de participation applicable consiste en la **recommandation** ou l'**opposition à la désignation** de membres du conseil d'administration ou de surveillance, le comité de la société européenne détermine les conditions dans lesquelles s'exerce cette forme de participation. Dans le cas où la forme de participation choisie consiste en l'**élection de membres du conseil** d'administration ou, le cas échéant, du conseil de surveillance, la procédure se déroule conformément aux règles visées n°s 11170 s., exception faite de l'exigence de territorialité (C. trav. art. L 2353-31). **11750**

Dès lors que le nombre de **sièges** au sein de l'organe de gestion concerné a été déterminé dans les conditions prévues n° 11750, le comité de la société européenne veille à leur **répartition,** proportionnellement au nombre de salariés de la société européenne employés dans chaque État membre. Par dérogation à ces dispositions, le comité assure, dans la mesure du possible, à chaque État membre disposant d'un système de participation avant l'immatriculation de la société européenne l'attribution d'au moins un siège (C. trav. art. L 2353-32). **11760**

PARTIE 2

Les syndicats

Les syndicats professionnels interviennent au quotidien dans de nombreux domaines du droit du travail : négociation collective, bien sûr, mais aussi hygiène et sécurité, durée du travail, salaires... À l'intérieur de ce cadre général, un rôle spécifique est dévolu aux syndicats dits représentatifs. Mais qu'est-ce qu'un syndicat ? Comment est-il représenté dans l'entreprise ? Quels sont les principes gouvernant son activité ? **12000**

Telles sont quelques-unes des questions traitées ici. Après avoir défini ce qu'est un syndicat, on abordera les notions de liberté et de représentativité syndicales, avant de présenter les acteurs syndicaux dans l'entreprise (la section syndicale et son représentant, les délégués syndicaux), à l'exception des représentants appelés à jouer un rôle au sein d'autres institutions représentatives (comité social et économique en particulier) étudiés avec ces dernières.

CHAPITRE 1

LA DÉFINITION ET LE RÔLE DES SYNDICATS

SOMMAIRE

PRINCIPES GÉNÉRAUX

Réservé aux seuls syndicats professionnels, l'exercice du droit syndical est reconnu dans toutes les entreprises dans le respect des droits et libertés garantis par la Constitution de la République, en particulier de la liberté individuelle du travail (C. trav. art. L 2141-4, al. 1). **12010**

SECTION 1

OBJET DES SYNDICATS

Les syndicats professionnels sont des **groupements** de personnes exerçant (ou ayant exercé) la même **profession,** des métiers similaires ou connexes concourant à l'établissement de produits déterminés (C. trav. art. L 2131-2, al. 1 et L 2141-2). Ils ont **exclusivement** pour objet l'étude et la défense des droits ainsi que des intérêts matériels et moraux, tant collectifs qu'individuels, des personnes mentionnées dans leurs statuts (C. trav. art. L 2131-1). **12020**

SPÉCIALITÉ DES SYNDICATS

La particularité des syndicats est de poursuivre des objectifs professionnels. Ainsi en témoigne l'utilisation de l'adverbe « exclusivement » par l'article L 2131-1 du Code du travail, justifié par le souci de leur conserver leur spécificité par rapport aux partis politiques, aux autres institutions représentatives du personnel et aux associations en général. **12030**

La spécialité des syndicats est à **double détente** : une commune à tous du fait qu'il s'agit de syndicats professionnels, une autre, propre à chacun, définie par leurs statuts et correspondant à leur vocation représentative statutaire (J.-M. Verdier, Syndicats et droit syndical, Dalloz 2e édition 1984 p. 455 s.).

> **Précisions a.** Un syndicat professionnel ne peut pas être fondé sur une **cause** ou en vue d'un **objet** illicite : tel est le cas d'un syndicat qui n'est que l'instrument du parti politique à l'origine de sa création et dont il sert exclusivement les intérêts et les objectifs en prônant des distinctions fondées sur la race, la couleur, l'ascendance, l'origine nationale ou ethnique en violation des dispositions de l'article L 1132-1 du Code du travail et des principes de non-discrimination contenus dans la Constitution, les textes à valeur constitutionnelle et les engagements internationaux auxquels la France est partie (Cass. ch. mixte 10-4-1998 n° 97-17.870 P : RJS 6/98 n° 754). Cette solution a trouvé un écho particulier en matière de représentativité avec la création du critère de respect des valeurs républicaines (n° 15300).

b. Toute personne justifiant d'un **intérêt à agir** est recevable à contester la qualité de syndicat professionnel d'un groupement dont l'objet ne satisfait pas aux exigences des articles L 2131-1 et L 2131-2 du Code du travail et à en demander la **nullité** (Cass. ch. mixte 10-4-1998 n° 97-13.137 P : RJS 6/98 n° 754).

12040 **Objectifs professionnels** L'exigence de la poursuite d'objectifs professionnels conduit à définir le syndicat en quelque sorte « en creux ».

Le syndicat n'est pas une **association.** À ce titre, il ne peut pas avoir pour seul objet des buts désintéressés ou de pur agrément, par exemple, des buts sportifs ou culturels. Mais il ne lui est pas interdit de contribuer au développement d'activités culturelles ou sportives (n° 12050).

Le syndicat ne peut pas davantage poursuivre de **buts religieux ou confessionnels,** mais cette exclusion n'implique pas la neutralité confessionnelle et un syndicat peut rassembler des personnes qui partagent certaines conceptions fondamentales (ainsi en est-il par exemple de la CFTC) (J.-M. Verdier, Syndicats et droit syndical, Dalloz 2e édition 1984 p. 457 s.).

Le syndicat n'est pas non plus une **société.** Il ne peut donc pas avoir une activité commerciale, mais est néanmoins autorisé à :

– subventionner des sociétés coopératives de production ou de consommation (C. trav. art. L 2132-5) ;

– déposer ses marques ou labels en remplissant les formalités prévues par les articles L 712-1 et suivants du Code de la propriété intellectuelle et en revendiquer la propriété exclusive dans les conditions prévues par ce Code (C. trav. art. L 2134-1).

> **Précisions** Une organisation dont l'activité consiste exclusivement à proposer des **services rémunérés d'assistance** et de **conseil juridique** n'a pas la qualité de syndicat (Cass. soc. 15-11-2012 n° 12-27.315 FS-PBI : RJS 3/13 n° 217). Il en va différemment lorsque cette organisation peut justifier, parallèlement à ces activités, d'une **réelle action revendicative** (négociation et signature d'un protocole de fin de conflit, distribution de tracts) (Cass. soc. 4-12-2013 n° 13-12.678 F-D : RJS 2/14 n° 145).

12050 Les syndicats peuvent exercer une **action sociale** en faveur de leurs membres. Ils peuvent ainsi (C. trav. art. L 2132-5) :

– créer et administrer des centres d'information sur les offres et les demandes d'emploi ;

– créer, administrer et subventionner des institutions professionnelles de prévoyance, des organismes d'éducation, de formation, de vulgarisation ou de recherche dans les domaines intéressant la profession ;

– financer la création d'habitations à loyer modéré ou l'acquisition de terrains destinés à la réalisation de jardins ouvriers ou d'activités physiques et sportives.

Ils peuvent aussi constituer entre leurs membres des caisses spéciales de **secours mutuels** et de **retraites** (C. trav. art. L 2132-6, al. 1).

12060 **Personnes mentionnées dans les statuts** La défense des droits et des **intérêts matériels et moraux,** tant collectifs qu'individuels, des personnes visées par les statuts du syndicat (c'est-à-dire tous les salariés visés par ces statuts et non pas seulement ses adhérents : M. Cohen : RPDS n° 504, avril 1987, p. 134) implique la possibilité pour le syndicat d'agir en justice, mais aussi d'agir à l'intérieur de l'entreprise, par l'action collective directe (grève, par exemple) ou par la voie de la négociation collective. S'agissant de l'action en justice des syndicats, voir nos 12320 s. La grève et la négociation collective sont respectivement développées nos 86100 s. et nos 80000 s.

ACTION SYNDICALE ET ACTION POLITIQUE

12070 Il est classique d'opposer l'action professionnelle des syndicats et l'action politique mais, à l'usage, la distinction n'est pas toujours aisée.

En se référant à la défense des intérêts matériels et moraux, tant collectifs qu'individuels, l'article L 2131-1 du Code du travail donne à penser qu'un syndicat est fondé à s'exprimer sur toutes les questions touchant les personnes mentionnées dans ses statuts, y compris les questions politiques. Pour l'**administration,** cela ne remet pas en cause la spécificité de l'action syndicale, qui doit se différencier de toute action associative ou politique. Si la prise de positions politiques est licite, c'est donc seulement dans la mesure où elle ne conduit pas le syndicat à poursuivre un but qui soit avant tout politique. Il apparaît donc possible pour un syndicat de se livrer à des appréciations politiques dès lors que celles-ci restent dans les limites de la défense des intérêts professionnels de ses membres. Ainsi, on ne peut reprocher à une organisation syndicale de se livrer à une analyse des conséquences des choix politiques sur les intérêts économiques et sociaux de ses membres (Circ. DRT 13 du 30-11-1984 n° 1.1).

La **jurisprudence** est, quant à elle, partagée, comme en témoignent, en particulier, les décisions rendues à propos de l'activité des sections syndicales d'entreprise (réunions, information, affichages, etc. : voir n°s 16745 s.).

SECTION 2 CONSTITUTION ET MOYENS

La constitution d'un syndicat est **libre** (C. trav. art. L 2131-2). **12150**
Cette liberté n'est, cependant, pas totale. Sur le fond, des conditions sont requises quant aux membres et à l'objet de l'organisation créée. Sur ce dernier point, voir n°s 12040 s. Des conditions de forme sont par ailleurs prévues, dont l'importance a été ravivée par la réforme du mode d'appréciation de la représentativité des syndicats (voir en particulier n°s 15380 s. : ancienneté).

MEMBRES DU SYNDICAT

Pour constituer un syndicat professionnel, les personnes doivent exercer, soit la même profession, soit des métiers similaires ou connexes concourant à l'établissement de produits déterminés (C. trav. art. L 2131-2). **12160**
Par **profession** il faut entendre une activité rémunérée, à l'exclusion des activités désintéressées ou philanthropiques. Il n'y a pas lieu de distinguer selon que ces activités sont exercées à titre exclusif, accessoire ou occasionnel, ni selon que les revenus qui en sont tirés constituent un revenu principal ou accessoire (Cass. soc. 13-1-2009 n° 07-17.692 FS-PBR : RJS 3/09 n° 256).
La **communauté d'intérêts professionnels** repose soit sur la nature des activités exercées, soit sur leur fonction économique : le concours à une même production (J.-M. Verdier, Syndicats et droit syndical, Dalloz 2e édition 1984 p. 260).
L'identité ou la similitude se réfèrent à la nature même de l'activité : identité de profession ou identité des techniques. Les **métiers similaires** sont ainsi ceux qui utilisent les mêmes procédés techniques pour la fabrication des mêmes matières. Quant aux métiers **connexes,** ils concourent, selon l'article L 2131-2 du Code du travail, à l'établissement de produits déterminés. Ici, c'est donc le produit ou le résultat de l'activité qui constitue la référence. Par exemple, sont des métiers connexes ceux englobant les activités relevant d'une même branche d'activité, bien que les tâches des travailleurs intéressés soient différentes (ex. : le bâtiment, regroupant les maçons, les charpentiers, etc.).

> **Précisions** Un syndicat professionnel doit respecter dans ses statuts les prescriptions de l'article L 2131-2 et ne peut pas, dès lors, prétendre représenter **tous les salariés** et **tous les secteurs** d'activité (Cass. soc. 21-10-2020 n° 20-18.669 FS-PBRI : RJS 1/21 n° 24).

Syndicats catégoriels Le syndicat étant chargé de la défense d'**intérêts dans la profession,** rien n'empêche qu'il regroupe des membres d'une même profession ou de professions voisines ou connexes selon des critères d'intérêts catégoriels définis par les statuts : syndicats d'ouvriers qualifiés, syndicats de cadres, etc. (J.-M. Verdier, Syndicats et droit syndical, Dalloz 2e édition 1984 p. 265). **12170**
Sur la **représentativité** des syndicats catégoriels et leur capacité à **engager les salariés,** voir respectivement n°s 15230 s. et n°s 80720 s.

STATUTS

Dépôt Le dépôt des statuts du syndicat par ses fondateurs et des noms des personnes chargées de l'administration ou de la direction (C. trav. art. L 2131-3, al. 1) constitue la **seule formalité** imposée pour la création d'un syndicat. Les statuts du syndicat doivent être déposés à la **mairie** de la localité où le syndicat est établi (C. trav. art. R 2131-1). Ce dépôt doit être **renouvelé** en cas de changement de la direction ou des statuts (C. trav. art. L 2131-3, al. 2). **12180**

> **Précisions** Un syndicat acquiert la **personnalité morale** dès lors que ses statuts ont fait l'objet d'un dépôt régulier, peu important que cette formalité ait été accomplie à l'occasion d'une modification de ces statuts (Cass. soc. 7-7-2010 n° 08-21.805 F-PB : RJS 10/10 n° 785).

12200 Le respect de la formalité de dépôt **conditionne** la reconnaissance de l'organisation et, par là, la possibilité pour elle :
– de s'implanter dans l'entreprise en créant une section syndicale (nos 16530 s.) et en y désignant des représentants (nos 27855 s.) ;
– d'agir en justice (nos 12320 s.).

ATTENTION

Le fait, pour le directeur ou l'administrateur d'un syndicat ou d'une union de syndicats, de **ne pas déposer** les statuts dans les cas et conditions ci-dessus, c'est-à-dire au moment de sa création ou lors d'un changement de direction ou des statuts, est puni de l'amende prévue pour les contraventions de cinquième classe (C. trav. art. R 2146-2 ; voir no 99200).
Toute **fausse déclaration** relative aux statuts et aux noms et qualités des directeurs ou administrateurs est punie d'une amende de 3 750 € (C. trav. art. L 2136-1, al. 3).

12205 **Contenu** La **loi** n'impose rien quant au contenu des statuts. En **règle générale,** y sont précisés : le nom et l'objet du syndicat, son siège social, ses conditions de fonctionnement (conseil d'administration et assemblée générale) et de dissolution, les obligations de ses adhérents (cotisations et discipline) et leurs droits (défense des intérêts professionnels, retrait du syndicat).
Sur la portée des indications relatives à la définition du **champ géographique et professionnel** sur la constitution d'une section syndicale, voir nos 16540 s.

MOYENS DES SYNDICATS

12210 **Financement** Le syndicat est financé, à titre principal, par les **cotisations** versées par ses adhérents. Mais d'**autres types de ressources** peuvent s'y ajouter : revenus liés à ses avoirs, intérêts de sommes placées, exploitation d'un parc immobilier, « chèques syndicaux » (sur ces derniers voir no 13640), etc. Le mode de financement constitue un élément d'appréciation de l'indépendance des syndicats et, par là, de leur représentativité (nos 15320 s.).
Il faut ajouter à ces moyens les sommes distribuées par le **fonds paritaire** de financement du dialogue social (no 12220), les **subventions de fonctionnement** que les collectivités territoriales et leurs groupements peuvent attribuer aux structures locales des organisations syndicales représentatives (CGCT art. L 2251-3-1 et R 2251-2 : communes ; L 3231-3-1 et R 3231 : départements ; L 4253-5 et R 4253-4 : régions). Ce dernier point n'est pas développé ici.

> **Précisions** Afin de garantir la **transparence financière** des syndicats, qui conditionne l'exercice de leurs prérogatives dans l'entreprise, les articles L 2135-1 à L 2135-6 du Code du travail posent le principe de la certification et de la publicité des **comptes** des organisations syndicales et professionnelles et en définissent les bases. Pour plus de détails, voir nos 15350 s.

12220 Le **fonds paritaire de financement du dialogue social** a pour **objet** de contribuer au financement des organisations syndicales de salariés et des organisations professionnelles d'employeurs au titre de leurs missions d'intérêt général (conception, gestion, animation et évaluation des politiques paritaires ; participation des syndicats à la conception de politiques publiques, etc.). Il a aussi vocation à financer la **formation économique, sociale, environnementale et syndicale** des salariés appelés à exercer des fonctions syndicales ou des adhérents à un syndicat de salariés amenés à intervenir en faveur des salariés, l'animation des activités des salariés exerçant des fonctions syndicales, leur information ainsi que les formations communes des employeurs, salariés ou leurs représentants, visant à améliorer le dialogue social dans l'entreprise (C. trav. art. L 2135-11). Pour les entreprises de moins de 50 salariés, ce fonds prend en charge la rémunération et les cotisations et contributions sociales afférentes des salariés participant aux négociations de branche et professionnelles, sur la base d'un montant forfaitaire fixé à 69 euros par demi-journée et 138 euros par journée de négociation. Le montant pris en charge par le fonds est imputé sur le montant des crédits dus à l'organisation syndicale de salariés au titre de l'année au cours de laquelle le fonds a reçu la demande de prise en charge de l'employeur (C. trav. art. L 2232-8 et R 2232-1-3 à R 2232-1-5 ; Arrêté MTRT1915162A du 23-5-2019).
Les conditions d'**organisation** et de **fonctionnement** du fonds, non étudiées ici, sont fixées par les articles L 2135-12 à L 2135-18 et R 2135-10 à D 2135-31 du Code du travail (voir également le site de l'Association de Gestion du Fonds Paritaire National – AGFPN).
Parmi ses ressources figure une **contribution au dialogue social** à la charge des employeurs, assise sur les rémunérations versées aux salariés comprises dans l'assiette des cotisations de sécurité sociale du régime général. Le taux de cette contribution est de 0,016 %. Elle est recouvrée et contrôlée par l'Urssaf (C. trav. art. L 2135-10 et D 2135-34).

> **Précisions a.** L'assujettissement à la contribution est indépendant de la **présence syndicale dans l'entreprise** ou de l'**adhésion** à une organisation professionnelle d'employeurs. Peu importe aussi l'**effectif** de l'entreprise (Circ. Acoss 49 du 20-10-2015).
> **b.** Elle est due pour les salariés, y compris les **apprentis,** les titulaires de **contrats aidés** et les salariés **détachés** temporairement à l'étranger, mais non pas pour les salariés **expatriés,** même s'ils ont adhéré à l'assurance volontaire de la caisse des Français de l'étranger, ni pour les **stagiaires** (Circ. Acoss 49 du 20-10-2015).
> **c.** Les sommes versées au titre d'un **mandat social** n'y sont pas soumises. En cas de **cumul** d'un mandat social et contrat de travail, la contribution est due uniquement sur la rémunération perçue au titre de ce contrat (Circ. Acoss 49 du 20-10-2015).
> **d.** S'agissant du calcul de la contribution (Circ. Acoss 49 du 20-10-2015) :
> – en cas d'application d'une **assiette forfaitaire,** il faut retenir cette assiette ;
> – lorsque le salarié travaille pour **plusieurs employeurs,** chaque employeur est redevable de la contribution sur la rémunération versée.

Mise à disposition de salariés Les organisations syndicales peuvent bénéficier d'une mise à disposition de salariés dans des conditions déterminées par **convention** ou **accord collectif** de branche étendu ou par accord d'entreprise (C. trav. art. L 2135-8). Cet accord prévoit notamment des aménagements de nature à permettre à l'employeur de respecter l'obligation de formation d'adaptation (C. trav. art. L 2135-7, al. 2). 12230

Un salarié ne peut être mis à disposition qu'avec son **accord exprès.** Durant cette mise à disposition, les obligations de l'employeur à son égard sont maintenues et, à l'issue de celle-ci, il doit retrouver son précédent emploi ou un emploi similaire assorti d'une rémunération au moins équivalente (C. trav. art. L 2135-7, al. 1, 2 et 4).

Les éventuelles **indemnités de fonction** payées par l'organisation syndicale au salarié pendant sa mise à disposition sont assimilées à des salaires. Les cotisations et charges afférentes sont acquittées par l'organisation syndicale (C. trav. art. L 2135-7, al. 3).

ATTENTION

Dans les entreprises soumises à l'**obligation annuelle de négocier** sur la rémunération, le temps de travail et le partage de la valeur ajoutée prévue à l'article L 2242-15 du Code du travail, la négociation annuelle doit donner lieu à une information par l'employeur sur les mises à disposition de salariés auprès des organisations syndicales. Dans les entreprises non soumises à cette obligation, l'employeur doit communiquer cette information aux salariés qui en font la demande (C. trav. art. L 2242-16).

Locaux Aucune des prérogatives inhérentes à la liberté syndicale n'autorise les syndicats à fixer leur siège statutaire **au sein de l'entreprise** sans accord de l'employeur. Il en résulte que celui-ci peut dénoncer l'usage les y autorisant sous réserve de ne pas porter une atteinte injustifiée et disproportionnée à l'exercice du droit syndical, c'est-à-dire en observant un délai de dénonciation suffisant et en traitant de manière identique tous les syndicats concernés (Cass. soc. 6-6-2018 n° 16-25.527 FS-PB : RJS 8-9/18 n° 548). 12235

Les syndicats qui en font la demande peuvent bénéficier de locaux mis à leur disposition par les **collectivités territoriales ou leurs groupements** (CGCT art. L 1311-18, al. 1). Les **conditions** dans lesquelles ces locaux peuvent être utilisés sont fixées par le maire, le président du conseil départemental ou du conseil régional, le président d'un établissement public local ou regroupant des collectivités territoriales ou le président d'un syndicat mixte compte tenu des nécessités de l'administration des propriétés de la collectivité ou de l'établissement, du fonctionnement des services et du maintien de l'ordre public (CGCT art. L 1311-18, al. 2). Cette mise à disposition peut faire l'objet d'une **convention** et donner lieu au versement d'une **contribution** (CGCT art. L 1311-18, al. 3 et 4).

Lorsque des locaux ont été mis à la disposition d'un syndicat pendant **au moins 5 ans,** la décision de la collectivité ou de l'établissement de lui en **retirer le bénéfice** sans lui proposer un autre local lui permettant de continuer à assurer ses missions lui ouvre droit à une **indemnité spécifique,** sauf stipulation contraire de la convention précitée (CGCT art. L 1311-18, al. 5). Cette indemnité ne peut pas excéder le préjudice subi à raison des conditions dans lesquelles il est mis fin à l'usage de ces locaux (Cons. const. DC 4-8-2016 n° 2016-736).

SYNDICATS ET UNIONS DE SYNDICATS

Constitution Les syndicats professionnels régulièrement constitués peuvent se concerter pour l'étude et la défense de leurs intérêts matériels et moraux (C. trav. art. L 2133-1). 12240

Ils peuvent ainsi se regrouper et constituer :
– des unions de syndicats à caractère interprofessionnel (unions locales, départementales ou régionales) ;
– des fédérations professionnelles, par branche d'activité, métiers ou fonctions ;
– des confédérations (centrales syndicales), elles-mêmes affiliées parfois à des confédérations internationales (Confédération internationale des syndicats libres, Confédération mondiale du travail, Fédération syndicale mondiale...).
Les règles régissant la constitution des syndicats (objet, dépôt des statuts) sont applicables aux unions (ou fédérations) de syndicats (C. trav. art. L 2133-2, al. 1). Toutefois (C. trav. art. L 2133-2, al. 2 et 3) :
– les **statuts** doivent obligatoirement déterminer les règles selon lesquelles les syndicats adhérents sont représentés aux conseils d'administration et aux assemblées générales ;
– lors du **dépôt** de ses statuts à la mairie dont dépend son siège, l'union (ou la fédération) doit donner la liste des syndicats qui la composent avec indication de leur nom et de leur siège social.
L'absence de cette dernière formalité ne prive cependant pas, à elle seule, l'union ou la fédération de l'une de ses conditions d'existence et par conséquent de sa capacité à exercer ses prérogatives syndicales (Cass. soc. 28-2-2007 n° 06-60.150 FS-PB : RJS 5/07 n° 623).

12245 **Portée de l'affiliation à une union de syndicats** L'affiliation à une union ou une fédération n'affecte pas la personnalité morale d'un syndicat. Elle est donc sans conséquence sur l'appréciation de son **ancienneté,** sauf si elle se traduit par une confusion de ses statuts avec ceux de l'union (n° 15385), ou sur le contrôle du respect, par celui-ci, du principe de **spécialité** qui cantonne son action aux champs géographique et professionnel fixés par les statuts dont il s'est librement doté (n° 27855).
Elle a, en revanche, des incidences importantes sur l'appréciation de l'**audience** du syndicat. Ainsi, celle-ci se mesure par union ou confédération ayant présenté des listes aux élections concernées et l'affiliation confédérale sous laquelle un syndicat a présenté des candidats aux élections constitue un élément essentiel du vote des électeurs. Sur les conséquences qui en découlent, voir n° 15100 (représentativité), n° 27860 (désignation de délégués syndicaux).
Pour l'exercice de leurs prérogatives au sein de l'entreprise, la jurisprudence tend aussi à considérer les syndicats affiliés à une même confédération comme une seule entité. Voir n° 28010 à propos de la désignation de délégués syndicaux.

12250 **Prérogatives** Les unions de syndicats (auxquelles sont assimilées les fédérations de syndicats) jouissent d'une **personnalité civile** qui leur est propre, distincte de celle de chacun des syndicats qui les composent (Cass. crim. 27-11-1979 n° 79-90.979 P). Elles peuvent exercer les mêmes **droits** que ceux conférés aux syndicats professionnels (C. trav. art. L 2133-3) : créer une section syndicale, désigner des représentants syndicaux, agir en justice. Ce droit d'agir en justice vaut même si certains de ses adhérents ne sont pas des syndicats (Cass. soc. 15-11-2012 n° 12-27.315 FS-PBI : RJS 3/13 n° 217).
Lorsque l'exercice de ces droits requiert la qualité d'**organisation représentative** (désignation d'un délégué syndical, par exemple), elles doivent remplir cette condition. Pour plus de détails sur ce point, on se reportera aux développements consacrés à la représentativité syndicale (nos 15000 s.). Sur la création d'une section syndicale et l'exercice de ses prérogatives par une union, voir n° 16540, a.

SECTION 3 CAPACITÉ CIVILE ET RESPONSABILITÉ

12300 Pour leur permettre de remplir leur mission, les syndicats professionnels ont, outre la **personnalité civile,** une série de prérogatives énumérées aux articles L 2132-1 et suivants du Code du travail. Ils peuvent passer des contrats et acquérir des biens meubles et immeubles à condition que ces activités ne débordent pas de leur objet (nos 12020 s.). Ils peuvent aussi ester en justice ; en contrepartie, leur responsabilité peut être mise en cause. Les **meubles et immeubles** nécessaires pour leurs réunions, bibliothèque et formation sont insaisissables (C. trav. art. L 2132-4).

A. Action en justice

Comme tout organisme ayant la personnalité civile, le syndicat professionnel peut exercer en justice toute action tendant à la **défense de ses droits** patrimoniaux et extrapatrimoniaux. 12320
Il peut aussi avoir une fonction d'**assistance** ou de **représentation** dans le cadre d'un litige devant le conseil de prud'hommes via les défenseurs syndicaux (n° 12580) (C. trav. art. R 1453-2, 2°) ou devant les juridictions de sécurité sociale (CSS art. L 142-9, 3°).
Mais la spécificité de l'action en justice des syndicats réside dans la faculté qui leur est reconnue de défendre les **intérêts de la profession** qu'ils représentent (nos 12360 s.) et d'agir en justice au nom et place de certaines catégories de salariés dans le cadre de l'action de **substitution** (nos 12500 s.).
Sur la possibilité pour les syndicats, en cas de **discrimination,** d'engager une **action de groupe,** voir n° 76010.

> **Précisions** Un syndicat peut produire en justice des éléments portant atteinte à la **vie personnelle des salariés,** si cette production est nécessaire à l'exercice du droit à la preuve et si l'atteinte est proportionnée au but poursuivi. Ainsi jugé pour les documents nécessaires au décompte de la durée de travail, des repos compensateurs acquis et de leur prise effective prévus par l'article L 3171-2 du Code du travail (Cass. soc. 9-11-2016 n° 15-10.203 FS-PBRI : RJS 1/17 n° 27).

1. DÉFENSE DES INTÉRÊTS COLLECTIFS DE LA PROFESSION

Les syndicats professionnels peuvent, devant toutes les juridictions, exercer tous les droits réservés à la partie civile concernant les faits portant un préjudice direct ou indirect à l'intérêt collectif de la profession qu'ils représentent (C. trav. art. L 2132-3, al. 2). 12360
Le syndicat peut intervenir à titre principal ou accessoire. Son action est considérée comme principale lorsqu'il ne se borne pas à soutenir l'action du salarié. Elle subsiste même si le salarié se désiste (Cass. soc. 25-10-1961 n° 60-40.423 P).

JURIDICTIONS CONCERNÉES

Il résulte de l'article L 2132-3 du Code du travail que les syndicats, dès lors qu'ils sont régulièrement constitués, peuvent, sauf abus, exercer leur droit d'ester en justice devant toutes les juridictions : judiciaires (civiles et pénales) et administratives. Ils peuvent, à ce titre, agir devant le juge des référés (Cass. soc. 19-10-1999 n° 97-43.088 D : RJS 12/99 n° 1476 ; 24-6-2008 n° 07-11.411 FS-PBR : RJS 10/08 n° 1008). 12365

NOTION D'INTÉRÊT COLLECTIF DE LA PROFESSION

L'intérêt collectif de la profession suggère celui d'un groupe, en quoi il s'oppose à l'intérêt individuel. Toutefois, il ne se confond pas avec celui de l'ensemble de la collectivité nationale. La jurisprudence n'exclut cependant pas que l'intérêt spécifique d'une profession puisse être atteint en même temps qu'un intérêt individuel ou l'intérêt général, cette atteinte justifiant, alors, l'intervention syndicale. 12370

Membres de la profession concernés L'action syndicale doit tendre à préserver l'intérêt des personnes visées par les **statuts** du syndicat, groupe plus large que celui constitué par ses seuls adhérents. 12380
Cette action est recevable même si le dommage n'est ressenti que par une **fraction** de la communauté qu'il représente ou si le syndicat ne représente pas toute la profession (Cass. crim. 6-2-1963 n° 62-90.447 P) ou s'il n'est pas **représentatif** dans l'entreprise (Cass. crim. 22-11-1977 n° 76-93.162 ; 31-1-2012 n° 11-84.113 F-PB).
Lorsque l'action est initiée par un syndicat **catégoriel,** celui-ci n'a vocation à défendre que l'intérêt de la catégorie de salariés visée dans ses statuts.

Intérêt collectif et intérêt individuel L'intérêt collectif de la profession représentée par le syndicat ne doit pas être confondu avec l'intérêt individuel de ses membres, qui relève de leur seule action individuelle. Le syndicat n'est pas recevable à défendre en son nom les **intérêts propres du salarié.** Ainsi, par exemple, ne justifient pas l'intervention du syndicat : 12390
– l'atteinte portée à la **vie privée** de l'un de ses membres (Cass. 1e civ. 19-12-1995 n° 93-18.939 P) ;
– la reconnaissance d'un **contrat de travail,** qui est un droit exclusivement attaché à la personne de celui qui se prétend salarié (Cass. soc. 23-1-2008 n° 05-16.492 FP-PB : RJS 3/08 n° 304).

> **Précisions** La distinction entre les intérêts collectif et individuel n'est pas toujours aisée. L'intérêt collectif peut ainsi résider dans la **portée générale** ou **de principe** de la question soumise. L'action du syndicat est recevable dès lors qu'elle repose sur la violation d'une **règle d'ordre public social** destinée à protéger les salariés, même si la violation ne concerne que quelques salariés de l'entreprise ou d'un établissement (Cass. soc. 9-7-2015 n° 14-11.752 F-D). La jurisprudence considère, ainsi, que certaines infractions ou certains comportements sont « en eux-mêmes » ou « par nature » susceptibles de porter atteinte à l'intérêt collectif de la profession. Aussi admet-elle, en ce cas, la recevabilité de l'action des syndicats quelle que soit la manière dont elle intervient, fût-ce par le biais d'une mesure individuelle. Ainsi jugé, à propos de la violation des dispositions légales relatives au contrat de travail à durée déterminée, au travail temporaire ou au salaire, voir n° 12405.

12400 **Intérêt collectif et intérêt général** L'intérêt collectif de la profession ne doit pas non plus être confondu avec l'intérêt dépassant le cadre professionnel : intérêt général ou ordre public. Ainsi, par exemple, un syndicat ne peut pas poursuivre la réparation du dommage (dégradations et destructions diverses des locaux d'un service fiscal) consécutif à une infraction aux intérêts généraux de la société, cette réparation étant assurée par l'exercice de l'**action publique** (Cass. crim. 8-2-1987 n° 87-80.990 P). De même, est irrecevable l'action d'un syndicat visant une infraction à des dispositions légales et administratives édictées dans un seul intérêt de **moralité publique** (Cass. crim. 15-2-1961 n° 90-425.60 P).

12405 **ILLUSTRATIONS**

Contrat de travail Un syndicat peut intervenir à l'instance engagée par un salarié en requalification de son CDD en CDI et obtenir des dommages-intérêts pour violation des dispositions relatives au CDD, légales (Cass. soc. 23-2-2005 n° 02-40.913 FS-PBRI : RJS 5/05 n° 583 ; 12-2-2008 n° 06-45.397 FS-PB : RJS 4/08 n° 374 ; 23-3-2016 n° 14-22.250 FP-PB : RJS 6/16 n° 434) et conventionnelles (Cass. soc. 10-2-2016 n° 14-26.304 FS-PB : RJS 4/16 n° 265). Même solution en cas de violation des dispositions relatives au travail temporaire (Cass. soc. 8-4-2009 n° 07-41.847 FS-D ; 23-3-2016 n° 14-23.276 FP-PB : RJS 6/16 n° 434).

Un syndicat peut aussi se porter partie civile dans une instance pénale engagée pour infraction à la législation sur le travail temporaire (Cass. crim. 15-11-1983 n° 82-94.092 P), engager une action en référé pour faire interdiction à l'employeur de recourir à des salariés sous contrat de travail temporaire ou sous CDD (CA Versailles 28-3-2007 n° 06-7198 : RJS 7/07 n° 868) ou encore agir devant le tribunal judiciaire, juge de l'élection, afin d'obtenir que des CDD soient considérés comme des CDI, notamment pour le calcul des effectifs de l'entreprise (Cass. soc. 17-12-2014 n° 14-13.712 FS-PB : RJS 3/15 n° 199).

Mais il ne peut pas agir pour faire reconnaître un contrat de travail (Cass. soc. 23-1-2008 n° 05-16.492 FP-PB : RJS 3/08 n° 304) ou obtenir la requalification d'un CDD en CDI (Cass. soc. 17-12-2014 n° 14-13.712 FS-PB : RJS 3/15 n° 199) ou encore se prévaloir de la présence de clauses illicites dans le contrat de travail à l'appui d'une demande de dommages-intérêts en réparation du préjudice subi (Cass. soc. 23-3-2016 n° 14-23.276 FP-PB : RJS 6/16 n° 434).

Égalité de traitement Est recevable l'action d'un syndicat fondée sur ce principe afin de faire bénéficier l'ensemble du personnel d'un usage d'entreprise réservé à une catégorie particulière (Cass. soc. 12-2-2013 n° 11-27.689 FS-PB : RJS 4/13 n° 255).

Licenciement Est recevable la demande d'un syndicat visant à imposer à l'employeur l'élaboration d'un **plan social** dans le cadre d'un projet de transfert d'activité et de personnel (Cass. soc. 21-1-2004 n° 02-12.712 F-PB : RJS 3/04 n° 301), mais pas son intervention dans un litige relatif au manquement de l'employeur à son obligation de **reclassement individuel** (Cass. soc. 18-11-2009 n° 08-44.175 FS-PB : RJS 2/10 n° 197). Par ailleurs, est recevable l'intervention volontaire d'un syndicat dont la demande, jointe à celles des salariés, tend à la défense de l'emploi des salariés concernés par la **cessation d'activité** et la **fermeture de l'entreprise** (Cass. soc. 6-4-2022 n° 20-19.305 F-D : RJS 6/22 n° 289).

Salaire Un syndicat peut intervenir dans un litige portant sur l'intégration de primes dans la rémunération servant de base au calcul de l'indemnité de congés payés (Cass. soc. 20-11-1974 n° 73-40.294 P) ou sur la méconnaissance par l'employeur de son obligation de verser au moins le Smic et de prendre en charge l'entretien des tenues de travail d'un ensemble de salariés (Cass. soc. 19-1-2012 n° 10-31.005 F-D).

Retraite complémentaire Un syndicat peut faire constater une **irrégularité** commise par l'employeur affectant le **paiement de cotisations** de retraite complémentaire d'une catégorie de salariés et demander l'allocation de dommages-intérêts en réparation de l'atteinte portée à l'intérêt collectif, sans pouvoir obtenir la condamnation de l'employeur à **régulariser la situation** des salariés concernés (Cass. soc. 30-3-2022 n°s 20-15.022 FS-B et 20-17.230 FS-B : RJS 6/22 n° 337).

Durée du travail Un syndicat peut intervenir dans un litige portant sur l'instauration d'astreintes (Cass. soc. 15-4-2008 n° 07-40.675 F-D) ou la méconnaissance des règles relatives au repos quotidien (Cass. soc. 23-5-2013 n° 12-13.015 F-D : RJS 8-9/13 n° 611), ou mettant en cause

l'interprétation de la notion de travail effectif et les conséquences en découlant sur les obligations du salarié (Cass. soc. 3-2-2016 n° 14-22.219 F-D : RJS 4/16 n° 265). Il peut agir pour méconnaissance du repos dominical (Cass. crim. 29-10-1996 n° 95-82.355 P-F : RJS 2/97 n° 150) ou pour la définition du seuil de déclenchement des heures supplémentaires (Cass. soc. 7-9-2017 n° 16-11.495 FS-PB : RJS 11/17 n° 742).
Il ne peut pas, en revanche, demander des dommages-intérêts à un employeur dans le cadre d'un litige portant sur le paiement d'heures supplémentaires à un salarié (Cass. soc. 25-5-1993 n° 90-45.002 D), ni solliciter sa condamnation à remettre un décompte individuel des heures supplémentaires réalisées par chaque salarié (Cass. soc. 7-9-2017 n° 16-11.495 FS-PB : RJS 11/17 n° 742). Par ailleurs, s'il peut agir en justice pour contraindre un employeur à mettre fin à un dispositif irrégulier de forfait en jours ou de prise des jours de repos acquis au titre de la réduction du temps de travail ou d'une convention de forfait ou résultant de l'utilisation de droits affectés à un compte épargne-temps, il ne peut pas obtenir la nullité ou l'inopposabilité des conventions individuelles de forfait en jours des salariés concernés, la réalisation du décompte de leur temps de travail selon les règles du droit commun ou le rétablissement des salariés dans leurs droits pour les jours de repos (Cass. soc. 15-12-2021 n° 19-18.226 FS-B : RJS 2/22 n° 76 ; 6-7-2022 n° 21-15.189 FP-BR : RJS 10/22 n° 526).
Congés payés Est recevable la demande d'un syndicat portant sur le mode de calcul des congés (Cass. soc. 28-10-1998 n° 97-10.173 D).
Contrôle et surveillance des salariés Est recevable l'action en justice d'un syndicat contre un employeur ayant omis de déclarer à la Cnil un système de vidéosurveillance permettant l'enregistrement illicite de l'image des salariés dans leur activité, notamment syndicale, ainsi que son traitement et sa conservation sans le consentement des intéressés (Cass. crim. 9-2-2016 n° 14-87.753 F-PB : RJS 4/16 n° 265). La déclaration préalable des traitements auprès de la Cnil a été supprimée mais la solution conserve, à notre sens, son intérêt dans la mesure où le règlement européen 2016/679 du 27-4-2016 ou RGPD, directement applicable dans l'ensemble de l'Union, et la loi Informatique et libertés du 6-1-1978 font obligation au responsable du traitement de justifier du consentement des personnes concernées par un traitement de données.
Liberté syndicale Un syndicat peut demander réparation du préjudice résultant de l'obstacle apporté par l'employeur à l'exercice du droit syndical dans l'entreprise (Cass. soc. 23-6-1993 n° 90-44.383 D) ou causé à la profession à raison des discriminations liées à l'appartenance syndicale des salariés (Cass. soc. 19-10-1999 n° 97-43.088 D : RJS 12/99 n° 1476 ; 13-1-2021 n° 19-17.182 F-PB : RJS 3/21 n° 157).
Fonctionnement des institutions représentatives Est recevable l'action :
– pour entrave au fonctionnement du CSE (Cass. crim. 28-11-1984 n° 83-93.094 P ; 25-4-1989 n° 87-91.068 D : RJS 7/89 n° 595) ;
– en contestation de la régularité de la désignation des représentants ou des élections professionnelles (Cass. soc. 31-3-2009 n° 08-60.482 FS-PB : RJS 6/09 n° 550 ; 10-5-2012 n° 11-60.152 F-D) ;
– en réparation du préjudice subi en cas de non-paiement par l'employeur à un salarié des heures de délégation supplémentaires, qui ne se heurte à aucune contestation sérieuse (Cass. soc. 12-5-2021 n° 19-21.124 F-D : RJS 7/21 n° 393).
En revanche, un syndicat ne peut pas demander communication à son profit de documents qui, selon lui, auraient dû être transmis au comité (Cass. soc. 11-9-2012 n° 11-22.014 FS-PB : RJS 11/12 n° 882), ni exiger la remise au comité de documents que celui-ci n'a pas réclamés (Cass. soc. 16-12-2014 n° 13-22.308 FS-PB : RJS 2/15 n° 116), ni se substituer aux instances représentatives du personnel pour contester la pertinence et la loyauté des informations qui leur sont transmises (CA Paris 28-1-2013 n° 12/18102 : RJS 5/13 n° 388). Un syndicat n'a pas non plus qualité pour agir au lieu et place des institutions représentatives en faisant valoir un défaut de consultation qu'elles n'invoquent pas, l'action du syndicat ne pouvant que s'associer à celle de l'institution concernée, mais non s'y substituer (Cass. soc. 14-12-2015 n° 14-17.152 F-D : RJS 3/16 n° 188). Jugé aussi, dans le même sens, qu'un syndicat n'a pas qualité pour contester la pertinence et les modalités de la procédure d'information mise en œuvre devant le comité d'entreprise européen (TGI Nanterre 17-7-2015 n° 15/01828 : RJS 1/16 n° 41).

Voir également, s'agissant : **12410**
– des élections dans l'entreprise, nos 26475 s. ;
– de la gestion des carrières, n° 52675 (licéité d'une procédure d'évaluation) ;
– des conditions de travail, n° 55740 (protection contre le harcèlement) et n° 56865 (infractions aux règles d'hygiène et de sécurité) ;
– de la participation aux résultats de l'entreprise, n° 71540 (condamnation d'un employeur à constituer une réserve spéciale de participation) ;
– de la négociation collective, nos 84010 s. (action en nullité d'un accord) et nos 83980 s. (application des conventions et accords collectifs) ;
– du transfert d'entreprise en application de l'article L 1224-1 du Code du travail ou d'une convention collective, n° 87990.

PRÉJUDICE DIRECT OU INDIRECT

12420 Pour justifier l'intervention d'un syndicat, les faits doivent avoir porté un préjudice direct ou indirect à l'intérêt collectif de la profession qu'il représente. S'il peut être d'ordre matériel ou moral, le préjudice invoqué doit être **certain.**

L'action syndicale est, en principe, irrecevable si le préjudice est éventuel ou hypothétique (Cass. crim. 10-1-1984 n° 83-91.443 P).

Le caractère certain n'exclut toutefois pas que la réalisation du dommage puisse être **future.** À ce titre les juges accueillent les demandes tendant à faire trancher préventivement les questions de principe (Cass. crim. 18-10-1993 n° 92-81.115 PF : RJS 2/94 n° 159) ou les interventions préventives visant à orienter la jurisprudence compte tenu des répercussions qu'est susceptible d'avoir la décision rendue. Ainsi, **par exemple,** une chambre syndicale d'employés de banque est recevable à agir pour demander qu'il soit fait interdiction à la banque d'ouvrir une agence dans des conditions non conformes aux dispositions réglementaires, dans la mesure où cette violation comporte un risque d'extension à d'autres salariés (CA Paris 14-3-1988 n° 87-2385).

En tout état de cause, les faits doivent être « de nature à » ou « susceptibles de » porter atteinte à l'intérêt collectif de la profession.

CONDITIONS TENANT AU SYNDICAT

12440 Pour exercer les droits réservés à la partie civile, le syndicat professionnel doit pouvoir se prévaloir d'une **existence légale** au moment où les faits ont été commis (Cass. crim. 22-5-2007 n° 06-84.748 FS-PF : RJS 8-9/07 n° 971). D'où l'importance du respect de la formalité de **dépôt** des statuts en mairie. En revanche, il n'est pas nécessaire que le syndicat soit **représentatif** (n° 12380).

REPRÉSENTATION DU SYNDICAT

12450 Un syndicat professionnel est représenté en justice par une personne qualifiée qui, généralement, est un **organe statutaire habilité,** le président ou le secrétaire général par exemple. Il peut également l'être, à propos d'une affaire déterminée notamment, par un **membre désigné** par l'assemblée générale ou le conseil syndical (Rép. Durieux : AN 15-1-1972 n° 20882).

Certains **statuts** désignent la personne habilitée à représenter le syndicat, lui donnant un pouvoir **général.** D'autres subordonnent une telle représentation à une délibération **spéciale.** Lorsque les statuts du syndicat habilitent son secrétaire général à le représenter en justice, la production d'un pouvoir spécial n'est pas nécessaire (Cass. soc.16-4-2008 n° 07-60.157 FS-PB : RJS 7/08 n° 801). En revanche, lorsque la décision d'agir et de représenter le syndicat en justice est subordonnée à une délibération spéciale, le syndicat peut être tenu de la produire, faute de quoi sa demande est irrecevable (en ce sens, à propos d'une requête devant les juridictions administratives : CE 21-2-1994 n° 94913 : RJS 4/94 n° 440). De même, en cas de défaut de décision du bureau exécutif dont dépend la désignation du représentant (Cass. soc. 24-10-2012 n° 11-60.223 FS-PB).

Si le syndicat est représenté par une **personne désignée** par délibération, celle-ci doit être munie d'un **pouvoir spécial régulier.** Le fait qu'un pouvoir soit une photocopie et comporte une erreur de plume n'en n'affecte pas la validité si ce pouvoir permet d'identifier sans ambiguïté la procédure dans laquelle le mandataire doit intervenir (Cass. soc. 17-2-2016 n° 14-60.815 FS-PB : RJS 5/16 n° 349).

ATTENTION

Un **délégué syndical,** agissant en cette seule qualité, ne peut pas représenter en justice un syndicat (Cass. soc. 22-3-1979 n° 78-60.706 P). Le mandat de négocier un accord d'entreprise n'emporte pas non plus, pour le délégué, mandat de représenter le syndicat en justice (Cass. soc. 6-2-2002 n° 01-60.037 F-P : RJS 5/02 n° 577). Ainsi, par exemple, est irrecevable l'action en justice d'un syndicat engagée par l'intermédiaire d'un délégué syndical tenant son mandat d'agir du **bureau du syndicat** alors que, si le bureau peut trancher toute question non prévue par les statuts, comme celle du mandat d'ester en justice, ce n'est que sous réserve d'une **ratification** par l'**assemblée générale,** dont il n'a pas été justifié au jour de l'audience (Cass. soc. 5-3-2008 n° 06-42.720 FS-D : RJS 5/08 n° 562). Sans mandat spécial, le délégué ne peut pas davantage se pourvoir en cassation (Cass. soc. 24-1-1979 n° 78-60.724).

12460 Le **défaut de pouvoir** du représentant d'un syndicat est une **irrégularité de fond** (Cass. soc. 8-1-1997 n° 95-60.907 D : RJS 2/97 n° 166 ; 14-3-2018 n° 17-16.265 F-D : RJS 5/18 n° 341) qui peut être soulevée à tout moment de la procédure (Cass. soc. 8-1-1997 n° 95-60.907 D précité).

Le **défaut de mention de l'organe représentant** une personne morale dans un acte de procédure constitue un simple **vice de forme** susceptible d'entraîner la nullité de l'acte lorsqu'elle fait grief (CPC art. 114). Ainsi, la requête présentée par un syndicat ne précisant pas l'identité de son auteur est nulle dans la mesure où cette omission s'oppose à ce que puisse être vérifié si la personne agissant au nom du syndicat dispose bien du pouvoir de le représenter et si ce pouvoir a été donné dans le délai imparti (Cass. soc. 5-12-2012 n° 12-60.095 F-D : RJS 3/13 n° 218).

La régularité de la délibération d'une union habilitant l'un de ses membres à la **représenter en justice** ne peut pas être contestée par un syndicat non adhérent (Cass. soc. 20-4-2017 n° 16-60.119 FS-PB : RJS 7/17 n° 500).

2. ACTION DE SUBSTITUTION

Par dérogation au principe selon lequel « nul ne plaide par procureur », un syndicat peut, dans certains cas expressément prévus par la loi, agir **à la place du salarié** sans justifier d'un **mandat** de l'intéressé. Si l'action est syndicale dans son exercice, son origine reste individuelle, ce qui explique qu'elle soit soumise à des conditions particulières. 12500

DOMAINES D'INTERVENTION DU SYNDICAT

12510

Objet	Fondement	Pour plus de détails
Application des dispositions relatives aux CDD et aux contrats de travail temporaire	C. trav. art. L 1247-1 ; art. D 1247-1 ; art. L 1251-59 ; art. D 1251-32	Sur les règles applicables aux salariés sous CDD, voir Mémento social n°s 19500 s. ; aux travailleurs temporaires, voir Mémento social n°s 82000 s.
Application des dispositions interdisant le marchandage et le prêt illicite de main-d'œuvre	C. trav. art. L 8233-1 ; art. D 8233-1 ; art. L 8242-1 ; art. R 8242-1	Sur le marchandage et le prêt de main-d'œuvre illicite, voir Mémento social n° 79300.
Inobservation des règles relatives aux travailleurs à domicile	C. trav. art. L 7423-2	Sur la réglementation du travail à domicile, voir Mémento social n°s 74100 s.
Application des dispositions légales et conventionnelles régissant le licenciement pour motif économique	C. trav. art. L 1235-8 ; art. D 1235-18	Voir n°s 90625 s.
Respect du principe de non-discrimination	C. trav. art. L 1134-2	Voir n°s 40425 s.
Respect des principes relatifs à l'égalité de rémunération femmes-hommes	C. trav. art. L 1144-2	Sur ces principes, voir Mémento social n°s 32195 et 32270.
Application des règles concernant les travailleurs détachés temporairement en France par une entreprise établie à l'étranger	C. trav. art. L 1265-1 ; art. D 1265-1	Voir n° 20060.
Action en défense des droits des salariés dissimulés	C. trav. art. L 8223-4 ; art. D 8223-4	
Action en lieu et place des salariés victimes de harcèlement sexuel ou moral	C. trav. art. L 1154-2	Voir n° 55740.
Action en défense des droits des travailleurs étrangers non autorisés à travailler	C. trav. art. L 8255-1 ; art. D 8255-1	

MODALITÉS D'INTERVENTION

Le contenu des textes diffère d'un cas à l'autre : par exemple, sur la nature des organisations syndicales habilitées à agir, sur la personne au lieu et place de laquelle celles-ci peuvent exercer leur action (salarié, candidat à un emploi, à un stage ou à une formation). Ils sont plus ou moins détaillés sur les conditions d'information ou d'opposition du salarié. 12520
Il est possible néanmoins de dégager des principes communs.

Opposition du salarié En principe, les textes prévoient que le salarié doit être **averti** par l'organisation syndicale souhaitant intenter une action en sa faveur. 12540
L'action engagée par le syndicat est subordonnée à l'**absence d'opposition** du salarié ou à son **accord.** Dans certains cas, les textes précisent le **délai** dont le salarié dispose pour s'opposer à compter de la date à laquelle l'organisation syndicale lui a notifié son intention d'agir. Voir par exemple n° 90635 (licenciement économique) ou n° 40425 (discrimination). Passé ce délai, l'acceptation tacite de l'intéressé est considérée comme acquise.
Lorsqu'il est prévu, l'envoi au salarié de la lettre recommandée l'informant de la nature et de l'objet de l'action exercée empêche le syndicat de présenter de demandes autres que celles qui y sont mentionnées (Cass. soc. 1-2-2000 n° 98-46.201 PB : RJS 4/00 n° 381).

ATTENTION

L'opposition du salarié ne vaut pas renonciation de sa part au droit d'intenter l'**action personnelle** dont il est titulaire (Cass. soc. 12-2-2008 n° 06-45.397 FS-PB : RJS 4/08 n° 374).

12550 **Déroulement de l'instance** C'est l'**organisation syndicale** qui est partie à l'instance. Les actes de procédure sont établis à son nom ; c'est elle qui prend les décisions relatives à la conduite de l'instance et qui en supporte les frais. Mais le **salarié** peut, à tout moment, **intervenir** à l'instance qui a été ainsi engagée, soit pour y mettre un terme, soit pour la poursuivre si l'organisation syndicale n'entend plus le faire. Quelles que soient les circonstances, le bénéfice de l'action appartient au salarié (Circ. DRT/DE 12 du 4-10-1989).

12580

Le défenseur syndical

Missions et désignation Le défenseur syndical a pour mission l'assistance et la représentation des parties devant les conseils de prud'hommes et les cours d'appel en **matière prud'homale.** Sa désignation est subordonnée à son **inscription** sur une **liste** établie par le Dreets sur proposition des organisations d'employeurs et de salariés (C. trav. art. L 1453-4 et D 1453-2-1, al. 1 ; Cons. const. 14-9-2021 n° 2021-928 QPC : RJS 11/21 n° 617). Choisi pour son expérience des relations professionnelles et ses connaissances du droit social, le défenseur syndical est inscrit sur la liste de la région de son domicile ou du lieu d'exercice de son activité professionnelle (C. trav. art. D 1453-2-1, al. 1 et 3). Révisée tous les 4 ans, cette liste peut être modifiée à tout moment, un défenseur syndical pouvant en être **retiré** sur demande de la Dreets ou celle de l'organisation ayant proposé son inscription. Sauf à justifier d'un motif légitime, le retrait de la liste peut également intervenir d'office en l'absence d'exercice de la mission pendant un an (C. trav. art. D 1453-2-5). Le défenseur syndical peut aussi en être **radié** en cas de violation du secret professionnel auquel il est tenu, de manquement à son obligation de discrétion concernant les informations confidentielles, de défaut d'exercice de sa fonction à titre gratuit (C. trav. art. L 1453-8 et D 1453-2-6). La liste des défenseurs syndicaux de la région est tenue à la disposition du public à la Dreets, dans chaque conseil de prud'hommes et dans les cours d'appel de la région (C. trav. art. D 1453-2-3).

L'inscription sur la liste permet l'exercice de la fonction de défenseur syndical (C. trav. art. D 1453-2-4). Celui-ci **intervient** sur le **périmètre** d'une région administrative (C. trav. art. L 1453-4, al. 3). Un défenseur syndical peut toutefois assister ou représenter un justiciable devant une cour d'appel autre que celle de sa région administrative d'inscription dès lors qu'il aura été présent en première instance (Cons. const. 12-3-2020 n° 2019-831 QPC : RJS 6/20 n° 314).

Un conseiller prud'homme ne peut pas exercer les fonctions de défenseur syndical devant le conseil de prud'hommes auquel il appartient (C. trav. art. L 1453-2).

Moyens Le défenseur syndical exerce ses fonctions à titre gratuit, ce qui signifie qu'il n'est pas payé par la partie qu'il représente (C. trav. art. D 1453-2-1, al. 2). Il bénéficie cependant de certains droits.

Dans les **établissements d'au moins 11 salariés,** le défenseur syndical salarié dispose du temps nécessaire à l'exercice de ses fonctions, dans la limite de 10 heures par mois (C. trav. art. L 1453-5). Le temps ainsi passé hors de l'entreprise pendant les heures de travail pour l'exercice de sa mission est assimilé à du travail effectif pour la détermination des congés payés et du droit aux prestations d'assurances sociales et familiales et des autres droits liés à son ancienneté dans l'entreprise. Ces absences sont rémunérées par l'employeur et n'entraînent aucune diminution des rémunérations et avantages correspondants (C. trav. art. L 1453-6, al. 1 et 2).

Pour les salariés exerçant leurs fonctions **en dehors de tout établissement,** les heures passées à la mission de défenseur syndical sont considérées, dans la limite de 10 heures par mois, comme des heures de travail et payées comme telles par l'employeur (C. trav. art. D 1453-2-13).

L'**employeur** est **remboursé** mensuellement par l'État, sur demande, des salaires maintenus et des avantages et charges sociales correspondants qui lui incombent, ainsi que, si l'horaire de travail excède la durée légale, d'une partie des majorations pour heures supplémentaires (C. trav. art. D 1453-2-10 et D 1453-2-11).

Le défenseur seulement **rémunéré à la commission** perçoit, à sa demande, dans la limite de 10 heures par mois, une **indemnité horaire** égale à 1/1 900 des revenus professionnels déclarés à l'administration fiscale (C. trav. art. D 1453-2-12).

Le défenseur syndical bénéficie, à sa demande, d'une **indemnité de déplacement** à l'audience dont le montant, versé semestriellement, est fixé par arrêté (C. trav. art. D 1453-2-14 ; Arrêté MTRT1727567A du 25-10-2017 art. 4).

Les demandes d'**indemnisation** et de **remboursement** sont **gérées** par l'Agence de services et de paiement (C. trav. art. D 1453-2-15). Les listes des pièces justificatives à joindre à ces demandes sont fixées par arrêté MTRT1727567A du 25 octobre 2017.
Le défenseur syndical bénéficie, sur demande, d'**autorisations d'absence supplémentaires** afin de suivre une formation, dans la limite de 2 semaines par période de 4 ans suivant la publication de la liste sur laquelle il est inscrit (C. trav. art. L 1453-7). Ces absences ne peuvent pas être imputées sur la durée des congés payés et sont assimilées à du travail effectif pour la détermination des droits de l'intéressé (congés payés, prestations d'assurances sociales et familiales et autres droits résultant du contrat de travail) (C. trav. art. L 2145-10). Le salarié qui entend s'absenter pour suivre une formation doit en informer son employeur par tout moyen conférant date certaine (lettre recommandée, lettre remise en main propre contre récépissé, etc.) au moins 30 jours avant, s'il s'absente pour au moins 3 journées de travail consécutives et au moins 15 jours avant, dans les autres cas. La lettre doit préciser la date, la durée et les horaires du stage de formation, ainsi que le nom de l'organisme de formation (C. trav. art. D 1453-2-8). À son retour, le salarié doit remettre à son employeur l'attestation de présence délivrée par cet organisme (C. trav. art. D 1453-2-9).
Protection Le défenseur syndical est un salarié protégé. L'exercice de sa mission ne peut pas être une cause de sanction disciplinaire ou de rupture du contrat de travail. Son contrat de travail ne peut être rompu qu'après obtention par l'employeur d'une **autorisation de l'inspecteur du travail** sous peine de sanctions pénales (C. trav. art. L 1453-9 et L 243-10-1). Cette procédure s'applique en cas de licenciement, de rupture conventionnelle, de mise à la retraite, de rupture anticipée ou non-renouvellement d'un contrat à durée déterminée, d'interruption ou non-renouvellement d'une mission de travail temporaire. Elle doit également être respectée préalablement en cas de transfert du contrat de travail dans le cadre d'un transfert partiel d'entreprise ou d'établissement (C. trav. art. L 1237-15, L 1453-9, L 2411-1, 19°, L 2411-24, L 2412-1, 15°, L 2412-15, L 2413-1, 15°, L 2414-1, 13°, L 2421-2, 6°). Pour être protégé, le défenseur syndical doit toutefois avoir informé l'employeur de son mandat : voir n° 42310.
La **méconnaissance** de la procédure administrative est passible d'un an de prison et d'une amende de 3 750 € (C. trav. art. L 243-10-1).
Comme pour les autres salariés protégés, le congédiement du défenseur syndical intervenu sans autorisation est **nul** et de nul effet. Sur les conséquences de la nullité, voir nos 47250 s.

B. Responsabilité

Aux droits attachés à la personnalité morale des syndicats correspond une responsabilité civile et pénale, non exclusive de celle de ses organes ou de ses adhérents. **12600**

1. RESPONSABILITÉ CIVILE

RESPONSABILITÉ DÉLICTUELLE OU QUASI DÉLICTUELLE

Les syndicats professionnels sont civilement responsables des dommages causés de leur fait ou par leur faute dans les conditions de droit commun. **12620**
La responsabilité délictuelle ou quasi délictuelle d'un syndicat peut ainsi être engagée, sur le fondement des articles 1240 et 1241 du Code civil, dès lors que celui-ci, personne morale, commet une faute causant un dommage à autrui, mais également, sur le fondement de l'article 1242 du même Code, du fait des personnes dont il doit répondre ou des choses qu'il a sous sa garde.
Ce dernier point soulève toutefois des problèmes délicats.

Le **délégué syndical** n'est pas un organe du syndicat, mais son représentant auprès de l'employeur. Il apparaît donc comme un mandataire du syndicat. S'il agit en cette qualité, ses fautes engagent la responsabilité du syndicat et non la sienne propre. Sa responsabilité personnelle ne peut être engagée que si l'acte a été accompli à titre personnel. Par ailleurs, le comportement du délégué doit être apprécié dans le contexte de l'action revendicative. La faute doit présenter une gravité particulière et se trouver en relation de causalité avec le préjudice subi pour que sa responsabilité puisse être mise en cause. Sur l'application de ce principe en matière de **grève,** voir nos 86460 s. **12630**
Même s'il s'engage à respecter les orientations définies par l'organisation à laquelle il appartient, l'**adhérent** ne peut pas être considéré comme son préposé. Sa faute n'engage pas, en elle-même, la responsabilité du syndicat. En principe, les individus fautifs, même nombreux,

sont seuls mis en cause. Il ne peut en aller autrement que si le syndicat est intervenu dans l'accomplissement de ces actes, en les ordonnant ou en les encourageant par l'intermédiaire de ses organes : voir n°s 86465 s.

12640 La question de la responsabilité délictuelle ou quasi délictuelle des syndicats s'est posée notamment à l'occasion des **conflits collectifs de travail,** mais également de l'exercice du droit syndical dans l'entreprise, notamment à propos du contenu et du mode de diffusion de l'**information syndicale.** Cet aspect de la responsabilité des syndicats est traité n° 16770.
La responsabilité délictuelle ou quasi délictuelle du syndicat peut, enfin, être engagée dans le cadre des **relations avec ses adhérents** ou ses organes, ainsi qu'en tant qu'employeur dans le cadre de ses relations avec ses **salariés.** Ces différents points ne sont pas développés.

RESPONSABILITÉ CONTRACTUELLE

12650 Capables de contracter, les syndicats peuvent voir leur responsabilité engagée à raison des fautes commises dans l'exécution de leurs engagements, qu'il s'agisse de contrats ordinaires ou d'accords collectifs.
Le syndicat peut ainsi voir sa responsabilité engagée, en tant qu'**employeur,** vis-à-vis de ses propres salariés, dans les conditions de droit commun.
S'agissant des **accords collectifs,** l'article L 2262-12 du Code du travail prévoit que les personnes liées par une convention ou un accord peuvent intenter toute action visant à obtenir l'exécution des engagements contractés et, le cas échéant, des dommages-intérêts contre les autres personnes ou les organisations ou groupements, liés par la convention ou l'accord, qui **violeraient** à leur égard ces engagements. En pratique, les syndicats sont très rarement poursuivis sur ce fondement (pour un exemple où l'action a été jugée irrecevable, voir Cass. soc. 22-9-2011 n° 10-15.894 F-D : RJS 11/11 n° 886).
Les syndicats liés par une convention ou un accord collectif de travail sont, par ailleurs, tenus de ne rien faire qui soit de nature à en compromettre l'**exécution loyale.** Ils ne sont cependant garants de cette exécution que dans la mesure déterminée par la convention ou l'accord (C. trav. art. L 2262-4).

2. RESPONSABILITÉ PÉNALE

12680 Les syndicats, comme toute personne morale de droit privé, peuvent engager leur responsabilité pénale. L'article 121-2 du Code pénal ne comporte, en effet, aucune restriction quant aux personnes morales de droit privé susceptibles d'engager une telle responsabilité. Les conditions de cet engagement sont celles de **droit commun** (n°s 49410 s.).
La nature particulière des syndicats justifie toutefois que des **limites** soient apportées aux conséquences de la mise en cause de leur responsabilité pénale. L'article 131-39, al. 15 du Code pénal prévoit ainsi qu'en cas d'infraction pénale, les peines de **dissolution** et de **placement** sous surveillance judiciaire ne sont pas applicables aux syndicats professionnels. Le législateur a voulu éviter les objections d'ordre constitutionnel qu'aurait pu soulever l'application de cette sanction à des groupements pour lesquels la Constitution garantit les libertés de formation et d'activités (voir notamment D. Guirimand, La responsabilité pénale des personnes morales : Dr. soc. 1994 p. 647 s.).

SECTION 4 MISSIONS ET ACTIONS DES SYNDICATS

12700 Parmi les missions dévolues aux syndicats, deux occupent une place éminente :
– la **négociation** et la **conclusion d'accords collectifs,** d'une part ; dans l'entreprise, cette action normative s'effectue par l'intermédiaire des délégués syndicaux ; c'est là une prérogative majeure, même si la négociation peut être menée avec d'autres personnes ; cet aspect de l'action syndicale est traité n°s 80000 s. ;
– l'**action juridique et judiciaire,** d'autre part ; les syndicats assurent une fonction d'information et d'orientation des salariés au sein de permanences d'accueil ; ils participent également à l'évolution de la justice au travers des conseillers prud'homaux ; mais la particularité de l'action syndicale en justice réside dans la défense des intérêts de la profession que le syndicat représente ;

à ce titre, il peut agir pour défendre les intérêts collectifs de la profession, mais également au nom et place de certaines catégories de salariés dans le cadre d'une action de substitution : voir nos 12320 s.
L'**étude** et la **formation,** les **activités sociales** occupent également une place importante dans l'action des syndicats. C'est pourquoi le législateur les autorise à créer, administrer et subventionner des institutions professionnelles de prévoyance, des organismes d'éducation, de formation, de vulgarisation ou de recherche dans les domaines intéressant la profession et à créer et administrer des centres d'information sur les offres et les demandes d'emploi (n° 12050).

SECTION 5 DISSOLUTION ET SCISSION

Les développements qui suivent se limiteront à envisager l'impact d'une dissolution ou d'une scission syndicale sur la vie syndicale dans l'entreprise. **12800**

DISSOLUTION

L'article L 2131-6 du Code du travail distingue trois causes de dissolution : la dissolution volontaire, statutaire, ou la dissolution prononcée par décision de justice à titre de sanction. **12810**
La dissolution **volontaire** intervient selon les modalités prévues par les statuts et, dans le silence de ceux-ci, à l'unanimité (en ce sens : Cass. soc. 31-5-2011 n° 10-17.159 FS-PB : RJS 8-9/11 n° 703).
La dissolution **statutaire** correspond à l'hypothèse où les statuts du syndicat comprennent une clause de dissolution (arrivée d'un terme, réalisation de son objet). En pratique, cette clause est très rare s'agissant des syndicats de salariés.
La dissolution par **décision de justice** recouvre uniquement le cas où les dispositions de l'article L 2131-1 du Code du travail, relatives à l'objet des syndicats, auraient été méconnues. Dans ce cas, la dissolution du syndicat ou de l'union de syndicats peut être prononcée à la diligence du procureur de la République (C. trav. art. L 2136-1, al. 2).
Sur la faculté, pour toute personne justifiant d'un intérêt, d'agir en nullité d'un syndicat professionnel dont l'objet ne satisferait pas aux exigences de l'article L 2131-1 du Code du travail, voir n° 12030, b.

La dissolution fait disparaître la **personnalité morale** du syndicat. Ses **biens** sont dévolus conformément aux statuts ou, à défaut de dispositions statutaires, suivant les règles déterminées par l'assemblée générale. En aucun cas ils ne peuvent être répartis entre les membres adhérents (C. trav. art. L 2131-6). **12815**
Sur l'incidence de la dissolution d'une union par **confusion** de ses statuts avec ceux de l'un de ses syndicats membres, voir n° 15385.

SCISSION

Contrairement à la dissolution, la scission syndicale qui consiste pour la majorité des adhérents d'une organisation à en modifier l'orientation statutaire et changer d'affiliation, et dont le régime n'est pas fixé par la loi, ne fait pas disparaître la **personnalité morale** de l'organisation originelle (n° 15385). Lorsque les adhérents désaffiliés décident, consécutivement à la scission, de créer une nouvelle organisation syndicale et/ou de s'affilier à une nouvelle union ou fédération, la question se pose de la répartition des **sièges** entre l'ancienne organisation ayant présenté les listes aux élections et la nouvelle organisation née de la scission, sans compter celle de leur **représentativité** (n° 15000 s.) elle-même. Sous l'empire des textes antérieurs à la loi 2008-789 du 20 août 2008, la Cour de cassation considérait que la représentativité d'un syndicat issu d'une scission devait s'apprécier en la personne du syndicat nouvellement créé et non dans celle de ses adhérents (Cass. soc. 9-6-1999 n° 98-60.341 P : RJS 7/99 n° 939). À notre connaissance, l'appréciation de la représentativité d'un syndicat issu d'une scission dans le cadre des règles issues de la loi de 2008 n'a pas encore donné lieu à décision de la Haute Juridiction, mais la solution rendue en 1999 nous paraît conserver son intérêt, a fortiori si cette scission s'est traduite par un changement d'affiliation ou d'orientation syndicale. **12820**
Sur l'incidence d'un changement d'affiliation sur la représentativité syndicale, voir n° 15100 (audience du syndicat) et n° 15385 (ancienneté).

CHAPITRE 2 LA LIBERTÉ SYNDICALE

SOMMAIRE

GÉNÉRALITÉS

13500 La liberté syndicale est un **droit universellement reconnu et protégé** (notamment par l'article 11 de la convention européenne des droits de l'Homme) et une **valeur fondamentale** consacrée par la Constitution. Selon l'article 6 du préambule de la Constitution de 1946 auquel se réfère la Constitution du 4 octobre 1958, « Tout homme peut défendre ses droits et ses intérêts par l'action syndicale et adhérer au syndicat de son choix ».
La liberté ainsi reconnue est protégée par le Code du travail dans sa dimension à la fois collective et individuelle, qu'il s'agisse :
– de la liberté de se syndiquer qui se décompose en deux éléments : la possibilité d'adhérer librement à un syndicat, mais également de le fonder (nos 12150 s.) ;
– de la liberté d'exercice de responsabilités syndicales.
Sur la question de savoir si les règles de la mesure de l'audience des syndicats pour apprécier leur représentativité portent atteinte à la liberté syndicale, voir n° 15040.

> **Précisions** Les **atteintes** à la liberté syndicale, qu'il s'agisse de mesures discriminatoires prises en raison de l'appartenance ou de l'activité syndicale d'un salarié ou, plus largement, des obstacles apportés à l'exercice du droit syndical dans l'entreprise, justifient l'intervention en justice des syndicats et ouvrent droit à leur profit à réparation dans les conditions exposées nos 12320 s.

SECTION 1 ADHÉSION À UN SYNDICAT

13520 La liberté syndicale peut se décliner en 3 phrases :
– nul n'est tenu d'adhérer à un syndicat ;
– chacun est libre d'adhérer au syndicat de son choix ;
– chacun est libre de se retirer d'un syndicat.
Outre la liberté d'adhérer à un syndicat, le Code du travail consacre le droit pour les syndiqués appartenant à un même syndicat de se grouper au sein de l'entreprise en vue d'y mener une action syndicale : voir n° 13820.

A. Liberté de se syndiquer

13540 Tout salarié peut librement **adhérer** au syndicat professionnel de son choix et **ne peut être écarté** pour l'un des motifs suivants : origine, sexe, mœurs, orientation sexuelle, identité de genre, âge, situation de famille ou grossesse, caractéristiques génétiques, particulière vulnérabilité résultant de sa situation économique, apparente ou connue, appartenance ou non-appartenance, vraie ou supposée, à une ethnie, une nation ou une prétendue race, opinions politiques, activités syndicales ou mutualistes, exercice d'un mandat électif, convictions religieuses, apparence physique, nom de famille, lieu de résidence, domiciliation bancaire, état de santé, perte d'autonomie ou handicap, capacité à s'exprimer dans une langue autre que le français, qualité de lanceur d'alerte, de facilitateur ou de personne en lien avec un lanceur d'alerte (C. trav. art. L 2141-1 et L 1132-1).

À ces dispositions répondent celles de l'article L 2141-5 du même Code aux termes desquelles il est **interdit** à l'employeur de **prendre en considération** l'appartenance à un syndicat ou l'exercice d'une activité syndicale pour arrêter ses décisions en matière, notamment, de recrutement, de conduite et de répartition du travail, de formation professionnelle, d'avancement, de rémunération et d'octroi d'avantages sociaux, de mesures de discipline et de rupture du contrat de travail.

L'adverbe « notamment » laisse entendre que l'énumération des actions susceptibles de tomber sous le coup de l'interdiction n'est pas limitative. Pour plus de détails sur la portée de ces dispositions qui s'insèrent plus largement dans l'arsenal des mesures anti-discrimination, voir n°s 40010 s.

Les salariés souhaitant adhérer à un syndicat doivent nécessairement exercer ou avoir exercé une **activité professionnelle.** Le terme « salarié » doit donc être entendu non par opposition à la qualité de non-salarié, mais par opposition aux personnes n'ayant jamais exercé d'activité professionnelle (Circ. DRT 13 du 30-11-1984 n° 1-2). **13550**

Les personnes qui ont **cessé d'exercer** leur activité professionnelle peuvent adhérer ou continuer à adhérer à un syndicat professionnel de leur choix (C. trav. art. L 2141-2).

L'adhésion du salarié à un syndicat relève de sa **vie personnelle.** Sur les incidences de ce caractère personnel, voir n° 16555, b.

B. Liberté de ne pas se syndiquer

1. DROIT DE NON-ADHÉSION

MISE À L'INDEX

La mise à l'index consiste à interdire à une personne toute activité professionnelle en faisant appel à d'autres personnes ou en faisant pression sur ces dernières pour qu'elles refusent ou rompent tout contact professionnel avec la personne visée. **13600**

Cette pratique, peu utilisée à l'heure actuelle, est illicite lorsqu'elle a pour but de contraindre des salariés à se syndiquer. Elle peut aussi entraîner l'application de sanctions pénales contre l'employeur dans le cas où, cédant à la pression, celui-ci licencie la personne mise à l'index. Dans ce cas, il tombe, en effet, sous le coup des dispositions de l'article L 2141-5 du Code du travail, dans la mesure où il prend en considération la non-appartenance syndicale du salarié pour le licencier.

CLAUSES DE « SÉCURITÉ SYNDICALE »

Les clauses dites de « sécurité syndicale » (closed shop, union shop, clause d'embauchage préférentiel, etc.) ou accords dits de « monopole syndical » sont prohibés en droit français. **13630**

Cette prohibition s'exprime au travers de diverses dispositions. On en évoquera certaines ci-après. S'agissant de l'interdiction faite à l'employeur de prendre en considération l'appartenance syndicale ou l'exercice d'une activité syndicale pour arrêter ses décisions concernant notamment l'embauchage et le licenciement, voir n°s 40010 s.

> **Précisions** Le **droit européen** écarte également ces clauses comme portant atteinte au **droit d'association négatif,** c'est-à-dire celui de ne pas être contraint de s'affilier à une association, reconnu en particulier par la convention européenne des droits de l'Homme (CEDH 11-1-2006 req. n°s 52562/99 et 52620/99 : RJS 5/06 n° 656).

Utilisation de marques ou de labels syndicaux L'utilisation des marques syndicales ou des labels ne peut pas avoir pour effet de porter atteinte aux dispositions protégeant la liberté syndicale. Tout accord ou disposition tendant à obliger l'employeur à n'**embaucher** ou à ne **conserver à son service** que les adhérents du syndicat propriétaire de la marque ou du label est nul (C. trav. art. L 2134-2). **13635**

13640 **Prélèvements de cotisations syndicales** Il est interdit à l'employeur de prélever les cotisations syndicales sur les salaires de son personnel et de les payer au lieu et place de celui-ci (C. trav. art. L 2141-6).
Ces dispositions sont d'**ordre public.** Toute mesure contraire à ces dispositions est considérée comme abusive et donne lieu à dommages et intérêts (C. trav. art. L 2141-8).

Chèque syndical

Des accords d'entreprise ont mis en place des systèmes prévoyant le versement de fonds par l'employeur à destination des syndicats.
Initiée par Axa avec la mise en place du « chèque syndical » – dispositif où chaque salarié reçoit un chèque destiné à financer l'organisation de son choix et le laissant libre de s'en servir ou non –, l'expérience a tenté divers autres groupes tels que Gan ou Casino qui, eux, ont misé sur le versement de sommes forfaitaires à tous les syndicats complétées par l'allocation de fonds à proportion des résultats obtenus aux élections professionnelles.
La Cour de cassation a admis qu'un accord collectif peut prévoir la prise en charge par l'employeur d'une partie du montant des cotisations syndicales annuelles des salariés, sous réserve de respecter les conditions cumulatives suivantes : ne pas porter atteinte à la liberté des salariés d'adhérer ou de ne pas adhérer au syndicat de leur choix, respecter l'anonymat des adhérents et bénéficier à tous les syndicats présents dans l'entreprise. Par ailleurs, la prise en charge ne peut pas porter sur la totalité de la cotisation due (Cass. soc. 27-1-2021 n° 18-10.672 FP-PR : RJS 4/21 n° 224).

2. LIBERTÉ DE RETRAIT

13700 Tout membre d'un syndicat professionnel peut s'en retirer à tout instant, même en présence d'une **clause contraire.** Le syndicat peut réclamer la cotisation correspondant aux 6 mois qui suivent le retrait d'adhésion (C. trav. art. L 2141-3).
La démission d'un syndicat ne saurait être ni obtenue par la contrainte ni empêchée. La seule obligation pesant sur le démissionnaire a donc trait aux **cotisations.** Aucune forme n'est imposée par la loi. L'effectivité de la démission n'est, par ailleurs, pas soumise à une autorisation de l'assemblée générale du syndicat.
En cessant d'être membre du syndicat, le salarié démissionnaire perd le bénéfice des **avantages** procurés par celui-ci. L'article L 2132-6, alinéa 3, du Code du travail limite toutefois les effets de ce qui pourrait apparaître comme une contrainte indirecte, en prévoyant que toute personne qui se retire d'un syndicat conserve le droit d'être membre des sociétés de secours mutuels et de retraite pour la vieillesse, à l'actif desquelles elle a contribué par des cotisations ou versements de fonds.

SECTION 2 ACTIVITÉ SYNDICALE DANS L'ENTREPRISE

13800 L'exercice du droit syndical étant reconnu dans toutes les entreprises, l'employeur est passible de sanctions s'il fait obstruction à l'action syndicale au sein de son entreprise – dès lors que celle-ci s'exerce dans le cadre légal qui lui est assigné – ou prend des mesures discriminatoires envers les salariés syndiqués (n°s 13820 s.).
La garantie de l'expression syndicale suppose également l'observation par l'employeur d'une stricte neutralité vis-à-vis des divers courants syndicaux présents dans l'entreprise (n°s 13850 s.).
Les dispositions légales ne font pas obstacle aux conventions ou accords collectifs de travail comportant des **clauses plus favorables,** notamment celles relatives à l'institution de délégués syndicaux ou de délégués syndicaux centraux dans tous les cas où les dispositions légales n'ont pas rendu cette institution obligatoire (C. trav. art. L 2141-10). Autrement dit, elles ne constituent qu'un minimum qui peut être amélioré par la voie de la négociation collective, l'adverbe notamment suggérant que les points expressément visés par l'article L 2141-10 ne sont pas les seuls sur lesquels peut porter cette amélioration. Voir, par exemple, les accords concernant le fonctionnement de la section syndicale n° 16600.

> **Précisions** Action et expression syndicales ne sont pas interdites à un **cadre de haut niveau.** Sauf abus, ce salarié jouit, comme les autres, dans l'entreprise et en dehors de celle-ci, de sa liberté d'expression, à laquelle seules des **restrictions justifiées** par la nature de la tâche à accomplir et proportionnées au but recherché peuvent être apportées. Ne caractérise pas un abus de la liberté d'expression du salarié l'affichage, par un **membre du comité de direction syndiqué,** d'un tract syndical rédigé en des termes ne pouvant pas être considérés comme injurieux, diffamatoires ou excessifs (Cass. soc. 3-7-2012 n° 11-10.793 FS-PB : RJS 10/12 n° 819).

A. Liberté d'exercice des droits syndicaux dans l'entreprise

Outre la liberté d'adhérer à un syndicat, le Code du travail consacre le droit pour les syndiqués appartenant à un même syndicat de se grouper au sein de l'entreprise en vue d'y mener une action syndicale. 13820
Ce regroupement se traduit par la création d'une **section syndicale** : voir n°s 16530 s.
L'employeur commet le délit d'entrave s'il utilise des **mesures de rétorsion** sur son personnel afin de faire échec à l'exercice, par un syndicat représentatif, de son droit légal de s'organiser librement dans l'entreprise, d'y constituer une section syndicale et d'y être représenté par un délégué syndical (Cass. crim. 21-4-1977 n° 76-90.135 ; 25-6-2022 n° 01-85.441 F-D).

L'exercice d'une activité syndicale est également favorisé et indirectement protégé par des mesures tendant à concilier **vie professionnelle et carrière syndicale,** ainsi que par la prise en compte de l'expérience acquise au cours de l'exercice de mandats représentatifs. Ainsi en est-il par exemple : 13825
– de la faculté de bénéficier du congé de formation économique, sociale, environnementale et syndicale (C. trav. art. L 2145-5) visé n° 69350 ;
– du bénéfice d'un entretien individuel avec l'employeur en début et, pour certains représentants, en fin de mandat (C. trav. art. L 2141-5, al. 3 et 4) : voir n°s 35510 s. ;
– de la validation des acquis de l'expérience liée à l'exercice de responsabilités syndicales (C. trav. art. L 6111-1, al. 3) ainsi que de la certification des compétences acquises au titre du mandat (C. trav. art. L 6112-4). Pour plus de détails, voir n°s 35570 s. ;
– de la garantie de non-discrimination salariale pour les titulaires de « gros » crédits d'heures (C. trav. art. L 2141-5-1) : voir n°s 35600 s. ;
– de la négociation sur l'égalité d'accès des femmes et des hommes à un mandat représentatif (C. trav. art. L 2141-5, al. 2) : voir n° 35670 ;
– de la négociation sur le déroulement de carrière des salariés exerçant des responsabilités syndicales et l'exercice de leurs fonctions dans le cadre de la négociation obligatoire sur la gestion des emplois et des parcours professionnels (C. trav. art. L 2242-20, 6° : voir n° 52510).

13830

Liberté syndicale et droit de grève

La **participation** à un mouvement de grève ne suffit pas à caractériser, par elle-même, une activité syndicale. Toutefois, il en est autrement lorsque ledit mouvement a été déclenché par une organisation syndicale en vue de la satisfaction de revendications professionnelles (Cass. crim. 15-12-1981 n° 81-90.172).
L'employeur qui **menace explicitement** des délégués syndicaux de dénoncer les usages en vigueur dans l'entreprise si un mouvement de grève a lieu se rend coupable d'une entrave à l'exercice du droit syndical. Cette menace caractérise en effet la volonté de l'employeur de faire pression sur les organisations syndicales (Cass. crim. 25-10-1994 n° 93-85.802 D : RJS 3/95 n° 250). L'employeur qui prend des mesures ayant pour objet de briser un mouvement de grève déclenché par un syndicat se rend coupable de délits d'atteinte à l'exercice du droit syndical et de discrimination syndicale (Cass. crim. 15-12-1981 n° 81-90.172).
Constituent une discrimination en raison de l'appartenance syndicale ou de l'exercice d'une activité syndicale des **sanctions** prises contre les organisateurs d'une grève ayant frappé seulement, parmi eux, les **délégués syndicaux** et/ou des **adhérents** d'une organisation syndicale déterminée (Cass. crim. 27-11-1973 n° 73-90.495 ; 21-11-1989 n° 89-81.775).
De même, l'employeur, s'il a le libre choix de la **sanction disciplinaire,** détourne ce pouvoir quand il prononce à l'encontre de délégués syndicaux ayant participé à un mouvement collectif dans l'entreprise des sanctions **plus graves** que celles infligées aux autres salariés à raison de l'action menée, alors que les délégués en cause n'ont pris part à l'organisation et à

la réalisation du mouvement que dans le cadre de leur activité syndicale (Cass. crim. 7-2-1989 n° 87-91.818 P : RJS 4/89 n° 354). Sur les sanctions du délit de discrimination syndicale, voir nos 40455 (sanctions civiles) et 40490 s. (sanctions pénales).

Sur la **responsabilité** des syndicats à raison de faits commis durant la grève, voir nos 86460 s.

B. Neutralité de l'employeur vis-à-vis des syndicats

ÉTENDUE DE L'OBLIGATION

13850 Il est interdit à l'employeur ou à ses représentants, c'est-à-dire aux salariés dotés de pouvoirs de direction ou titulaires d'une délégation écrite d'autorité (Cass. soc. 7-12-2016 n° 15-27.715 FS-D : RJS 2/17 n° 126), d'employer un moyen quelconque de pression en faveur ou à l'encontre d'une organisation syndicale (C. trav. art. L 2141-7).

S'agissant de la **charge de la preuve** : de la violation de l'obligation de neutralité, voir n° 25430 ; en matière de discrimination, voir nos 40010 s.

13870 **ILLUSTRATIONS**

L'autorisation donnée par la direction d'une entreprise à un syndicat de mettre en place une **base informatique de données** constitue un moyen de pression en faveur de ce syndicat à qui est accordé le monopole de la communication informatique. Le refus d'accorder le même privilège à un autre syndicat est discriminatoire et porte atteinte à la liberté syndicale (TGI Versailles 20-11-1998 n° 98/07791).

Contrevient à l'obligation de neutralité le fait d'émettre, dans une note, un **jugement favorable** à un syndicat et défavorable à un autre (Cass. crim. 8-3-1994 n° 93-81.115 D : RJS 7/94 n° 877) ou de charger un **cabinet de ressources humaines** de la mission de **réduire l'influence d'un syndicat,** mission se traduisant par des réunions avec l'encadrement de l'entreprise, animées par le prestataire, au cours desquelles les actions du syndicat en cause sont dénigrées (Cass. crim. 2-9-2008 n° 07-81.661 FS-PF : RJS 12/08 n° 1208).

En revanche, les **déclarations polémiques** publiées par un employeur en réponse aux accusations portées contre lui par un syndicat, à l'occasion de l'élection des délégués du personnel, ne constituent pas l'utilisation illicite d'un moyen de pression à l'encontre dudit syndicat (Cass. crim. 2-6-1976 n° 75-90.559).

En ce qui concerne les pressions exercées contre une organisation syndicale en vue d'éviter une **grève,** voir n° 13830.

Pour d'autres illustrations de l'application du principe de neutralité dans l'entreprise, en particulier dans l'action et l'expression syndicale, voir n° 16730 ou la négociation collective au travers de l'invitation des partenaires sociaux à la table des négociations, voir nos 80210 s.

SANCTIONS

13880 Les infractions à l'interdiction d'employer des moyens de pression en faveur ou à l'encontre d'une organisation syndicale sont passibles d'une amende de 3 750 € et la récidive punie d'un emprisonnement d'un an et d'une amende de 7 500 € (C. trav. art. L 2146-2).

Elles peuvent même, le cas échéant, être constitutives d'une **entrave** à l'exercice du droit syndical dans l'entreprise. Ainsi, par exemple, lorsque le but recherché est d'empêcher la constitution d'une section syndicale (Cass. crim. 5-5-1976 n° 75-90.400 ; 21-4-1977 n° 76-90.135 ; 25-6-2002 n° 01-85.441 F-D).

> **› Précisions** Bien que le délit de pression, par le chef d'entreprise, en faveur ou à l'encontre de syndicats ne prévoie aucune peine complémentaire, la **publication et l'affichage de la condamnation** peuvent être ordonnés par le juge, non à titre de peine, mais sur demande de la partie civile, à titre de réparation (Cass. crim. 8-3-1994 n° 93-81.115 D : RJS 7/94 n° 877).

13885 Les dispositions de l'article L 2141-7 du Code du travail interdisant à l'employeur ou à ses représentants d'employer un moyen quelconque de pression en faveur ou à l'encontre d'une organisation syndicale sont d'**ordre public.**

Toute mesure prise par l'employeur contrairement à ces dispositions est considérée comme abusive et donne lieu à **dommages et intérêts** (C. trav. art. L 2141-8).

Ces deux alinéas se combinent. Autrement dit, toute discrimination syndicale, qu'elle s'exerce à l'encontre d'une personne ou d'une organisation, est abusive et crée au profit de sa victime un préjudice donnant lieu à dommages-intérêts, ce qui n'exclut pas d'autres sanctions, et notamment la sanction civile de toute violation d'une règle d'ordre public qui est la nullité (Cass. soc. 10-7-2001 n° 99-21.884 FS-PBRI : RJS 10/01 n° 1156).

Neutralité et égalité de traitement des organisations syndicales 13900

L'employeur doit traiter également les différents syndicats en présence. Ainsi, une convention ou un accord collectif tendant à améliorer l'exercice du droit syndical dans les entreprises est applicable de plein droit à tous et en particulier aux syndicats représentatifs sans qu'il y ait lieu de distinguer entre les adhérents et les non-adhérents à cette convention ou à cet accord (Cass. soc. 29-5-2001 n° 98-23.078 FS-PBRI : RJS 8-9/01 n° 1042). L'employeur ne peut pas, par exemple, subventionner un syndicat représentatif et non un autre, selon qu'il a signé ou non une convention ou un accord collectif (Cass. soc. 29-5-2001 n° 98-23.078 précité) ou refuser à un syndicat la désignation d'un délégué syndical dans des conditions dérogatoires acceptées pour un autre (voir n° 28005).
L'égalité de traitement n'exclut pas toute différence. Un accord collectif peut prévoir une différence de traitement entre syndicats représentatifs dès lors qu'il ne les prive pas de l'exercice de leurs droits légaux et que cette différence est justifiée par des raisons objectives matériellement vérifiables liées à l'influence de chaque syndicat et en rapport avec l'objet de l'accord. Est valide l'accord autorisant la désignation de délégués centraux supplémentaires dont le nombre est fonction du nombre d'établissements dans lesquels les syndicats sont représentatifs (Cass. soc. 29-5-2013 n° 12-26.955 FS-PB : RJS 8-9/13 n° 621) ou encore l'accord fixant une clé inégalitaire de répartition entre les syndicats d'une subvention patronale tenant compte de leur influence respective dans son champ d'application (Cass. soc. 10-10-2007 n° 05-45.347 FS-PB : RJS 12/07 n° 1305). Voir également à propos de l'accès à l'intranet de l'entreprise n°s 16920 s.
S'agissant d'un accord prévoyant la prise en charge de **cotisations syndicales salariales,** voir n° 13640.

CHAPITRE 3

LA REPRÉSENTATIVITÉ SYNDICALE

SOMMAIRE

PRÉSENTATION GÉNÉRALE

15000 Le développement de la participation des syndicats à la vie économique et sociale et, en particulier, à l'élaboration de la réglementation du travail a conduit à réserver une place particulière à ceux susceptibles d'exprimer de façon effective les intérêts du plus grand nombre de salariés, d'où la notion d'organisations syndicales représentatives.
Quels sont les critères de la représentativité syndicale ? Comment s'apprécie-t-elle ? Telles sont les questions abordées ici.

SECTION 1

CRITÈRES DE REPRÉSENTATIVITÉ

15020 La représentativité des organisations syndicales est déterminée d'après les **critères cumulatifs** suivants (C. trav. art. L 2121-1) :
1° respect des valeurs républicaines ;
2° indépendance ;
3° transparence financière ;
4° ancienneté minimale de 2 ans dans le champ professionnel et géographique couvrant le niveau de négociation ;
5° audience électorale ;
6° influence ;
7° effectifs d'adhérents et cotisations.

15025 Sans établir à elle seule la représentativité du syndicat, l'audience occupe une place éminente au sein d'un système qui fait dépendre la légitimité des représentants syndicaux de l'expression d'un choix des salariés. C'est pourquoi elle fait l'objet des développements particuliers qui suivent, l'étude des autres critères étant regroupée.

> Précisions La représentativité ne fait pas l'objet d'une **vérification préalable**. L'employeur ne peut, en particulier, s'en faire juge.
Ce n'est qu'en cas de contentieux que le tribunal judiciaire sera amené à se prononcer sur le point de savoir si les critères sont remplis.

A. Audience

En prévoyant une mesure précise du niveau d'audience des syndicats, le législateur a voulu renforcer le principe d'une correspondance entre le cadre d'appréciation de la représentativité et le champ d'intervention du syndicat. Cela se traduit par une différenciation des règles selon que l'on se trouve au niveau local ou national, au niveau d'une branche ou d'une catégorie professionnelle spécifique, au niveau d'une entreprise monoétablissement ou de structures plus complexes (multiétablissement, groupe). **15040**
Outre pour l'appréciation de la représentativité d'un syndicat, la mesure de l'audience intervient pour apprécier la validité de la désignation d'un délégué syndical (nos 27850 s.) ou celle d'une convention ou d'un accord collectif (nos 80705 s.).

L'audience au regard des normes nationales et supranationales

En faisant de l'audience électorale minimale un critère de la représentativité des syndicats dans l'entreprise ou l'établissement, le législateur a-t-il porté atteinte à la liberté syndicale en privant les organisations qui ne remplissent pas cette condition du droit de négocier des conventions collectives et en incitant les salariés à se détourner de ces organisations au profit de celles qui sont représentatives ?

Tel n'est pas l'avis de la **Cour de cassation,** pour laquelle le fait de réserver le droit de négocier aux syndicats représentatifs, de subordonner la représentativité d'un syndicat à l'obtention d'un score minimal aux élections professionnelles et d'obliger ce dernier à choisir en priorité le délégué syndical parmi les candidats ayant obtenu personnellement un tel score n'est pas contraire aux normes internationales ou européennes. Aucune norme supranationale n'interdit de distinguer les syndicats représentatifs de ceux qui ne le sont pas (Cass. soc. 14-4-2010 n° 09-60.426 FS-PBR : RJS 6/10 n° 529 ; 10-11-2010 n° 09-72.856 FS-PB : RJS 1/11 n° 55).

L'exigence d'un seuil raisonnable d'audience subordonnant la représentativité d'une organisation syndicale ne constitue pas non plus, aux yeux de la Haute Juridiction, une atteinte au principe de la **liberté syndicale**. La représentation légitimée par le vote, loin de violer le **principe de participation** des salariés à la détermination collective de leurs conditions de travail par l'intermédiaire des syndicats, en assure, au contraire, selon elle, l'effectivité (Cass. ass. plén. QPC 18-6-2010 n° 10-40.005 PB : RJS 10/10 n° 786). La Cour de cassation a estimé, en conséquence, que la question n'avait pas lieu d'être soumise au **Conseil constitutionnel**. Amené, cependant, à se prononcer sur l'appréciation du critère d'audience des **syndicats catégoriels** (n° 15235), ce dernier a expressément confirmé l'analyse de la Cour de cassation (Cons. const. QPC 7-10-2010 n° 2010-42 : RJS 12/10 n° 953 ; QPC12-11-2010 n° 2010-63/64/65 : RJS 1/11 n° 59).

1. MESURE AU NIVEAU DE L'ENTREPRISE

Dans l'entreprise ou l'établissement, sont représentatives les organisations syndicales satisfaisant aux critères visés n° 15020 et ayant **recueilli au moins** 10 % des suffrages exprimés au premier tour des dernières **élections** des titulaires au CSE, quel que soit le nombre de votants (C. trav. art. L 2122-1). **15050**
Les dispositions de l'article L 2122-1 du Code du travail sont d'**ordre public absolu.** Ainsi, un score de 9,98 % ne peut pas être arrondi à 10 % (Cass. soc. 15-10-2015 n° 14-25.375 F-D : RJS 1/16 n° 40). Ni un **accord collectif** ni l'**employeur** ne peuvent reconnaître la qualité d'organisation syndicale représentative à un syndicat ne satisfaisant pas au critère d'audience (Cass. soc. 18-5-2011 n° 10-60.406 FS-PBR : RJS 7/11 n° 624). Dans le même sens à propos du **périmètre d'appréciation** de l'audience, voir n° 15120.

a. Règles générales

PÉRIMÈTRE DE MESURE DE L'AUDIENCE

15070 Le score électoral s'apprécie au niveau de l'entreprise sauf lorsque sont mis en place des **comités d'établissement.** Dans ce cas, l'audience des syndicats s'apprécie au sein de chaque établissement (n° 15120).

SCRUTIN DE RÉFÉRENCE

15075 Le scrutin de référence est le **premier tour** des dernières élections des titulaires au CSE quel que soit le nombre de votants.

Le premier tour doit donc être dépouillé, même si le quorum n'est pas atteint (Circ. DGT 20 du 13-11-2008).

La **cassation d'un jugement annulant des élections** n'entraînant pas, par elle-même, l'annulation du **nouveau scrutin** organisé entre-temps dans l'entreprise et à l'encontre duquel aucune demande d'annulation n'a été formée, le résultat de ce dernier scrutin doit être pris en compte pour établir la représentativité des syndicats (Cass. soc. 12-4-2016 n° 15-18.653 F-D et n° 15-18.652 F-PB : RJS 6/16 n° 435).

Sur les effets de l'**annulation de l'élection de candidats** sur le calcul de la représentativité syndicale, voir n° 25265, e.

15080 Le score à prendre en compte est celui obtenu aux élections du CSE même si, en application d'un **accord collectif**, le **périmètre** au sein duquel le syndicat désigne un délégué est **plus restreint** que celui du comité (Cass. soc. 10-11-2010 n° 09-72.856 FS-PB : RJS 1/11 n° 55 ; 14-12-2010 n° 10-60.221 FS-PB : RJS 2/11 n° 152).

15085 La **représentativité** des organisations syndicales dans un périmètre donné étant établie pour **toute la durée du cycle électoral** (n° 15515), elle n'a pas à être actualisée à l'occasion d'**élections partielles** (Cass. soc. 13-2-2013 n° 12-18.098 FS-PBRI : RJS 4/13 n° 295 ; 7-12-2016 n° 15-26.855 FS-D : RJS 2/17 n° 127). Sur les conséquences de ce principe d'intangibilité de la représentativité syndicale pour toute la durée du cycle électoral sur le mandat d'un représentant syndical au CSE en cas d'organisation d'élections complémentaires à la suite d'une fusion-absorption, voir n° 33280.

15090 **Absence de candidature** Deux situations sont à distinguer : l'hypothèse d'une carence partielle, c'est-à-dire de l'absence de candidature dans un ou plusieurs collèges, mais pas dans tous, et celle de l'absence totale de candidature au premier tour de l'élection des titulaires au CSE.

Satisfait au critère d'audience le syndicat qui a obtenu 10 % des voix au premier tour des élections **tous collèges confondus**, même s'il n'a pas présenté de candidat dans **chacun des collèges** (Cass. soc. 22-9-2010 n° 10-10.678 FS-PB : RJS 11/10 n° 861).

Pour l'appréciation de la représentativité, on additionne ainsi les suffrages exprimés au premier tour des élections, même si on ne dispose pas de suffrages dans certains des collèges de l'entreprise ou de l'établissement. Les suffrages obtenus par une liste sont donc ceux recueillis dans tous les collèges où un premier tour a été organisé au sein de l'entreprise ou de l'établissement. Ces suffrages sont rapportés aux seuls suffrages exprimés dans les collèges où un premier tour a eu lieu (Circ. DGT 6 du 27-7-2011).

15095 **Décompte des suffrages** Pour apprécier la représentativité syndicale, tout **bulletin recueilli par une liste** est un vote exprimé en faveur du syndicat qui l'a présentée, même si le nom de certains candidats a été rayé par l'électeur (Cass. soc. 6-1-2011 n° 10-60.168 FS-PBRI : RJS 3/11 n° 247).

Lorsqu'une **liste commune** a été établie par des organisations syndicales, la répartition entre elles des suffrages exprimés se fait sur la base qu'elles ont indiquée lors du dépôt de leur liste (sur les destinataires de cette information, voir n° 25230). À défaut d'indication, la répartition se fait à parts égales entre les organisations concernées (C. trav. art. L 2122-3). Ces dispositions ne s'appliquent pas lorsque les syndicats ayant présenté la liste commune appartiennent à une même fédération ou confédération syndicale, ceux-ci ne pouvant pas désigner ensemble un nombre de délégués syndicaux supérieur au nombre légal (n° 28010) (Cass. soc. 10-5-2012 n° 11-21.356 F-PB : RJS 7/12 n° 640).

La répartition ne peut ensuite **changer** qu'à compter d'un nouveau **dépôt de liste**, c'est-à-dire lors d'une nouvelle élection (Circ. DGT 20 du 13-11-2008).

15100 **Syndicats affiliés à une même union ou confédération** L'audience se mesure par union ou confédération ayant présenté des listes aux élections concernées (Cass. soc. 22-9-2010 n° 09-60.435 FS-PBR : RJS 11/10 n° 862).

Les syndicats affiliés à une même confédération nationale ne peuvent pas présenter, chacun, une liste de candidats dans un **même collège**, mais peuvent le faire dans des **collèges différents**. Dans ce dernier cas, cependant, ils ne peuvent pas additionner leurs scores électoraux respectifs pour se prévaloir, chacun, d'une représentativité propre (Cass. soc. 22-9-2010 n° 10-60.135 FS-PBR : RJS 11/10 n° 862 ; 28-9-2011 n° 10-25.279 FS-PB : RJS 12/11 n° 991). C'est la représentativité de la confédération elle-même qui sera établie en additionnant les scores des syndicats qui lui sont affiliés.

> **Précisions** L'**affiliation confédérale** sous laquelle un syndicat a présenté des candidats aux élections constitue un élément essentiel du vote des électeurs (Cass. soc. 18-5-2011 nos 10-60.069 FS-PBRI et 10-21.705 FS-PBRI : RJS 7/11 n° 625 ; 31-5-2017 n° 16-60.236 FS-PB : RJS 8-9/17 n° 594 ; 28-6-2023 n° 22-16-020 FS-B : RJS 10/23 n° 526). En conséquence :
> – une organisation syndicale peut revendiquer à son profit le **score électoral** obtenu par un syndicat qui lui est affilié seulement si cette affiliation a été mentionnée sur les **bulletins de vote** ou **portée à la connaissance** des électeurs par le syndicat, par exemple lors du dépôt de la liste (C. trav. art. L 2122-3-1 ; Cass. soc. 12-4-2012 n° 11-22.290 FS-PBR : RJS 6/12 n° 576) ;
> – un syndicat ne peut pas se prévaloir des votes obtenus sous l'étiquette d'une confédération qu'il a **quittée** (Cass. soc. 18-5-2011 nos 10-60.069 FS-PBRI et 10-21.705 FS-PBRI : RJS 7/11 n° 625 ; 31-5-2017 n° 16-60.236 FS-PB : RJS 8-9/17 n° 594) ou dont il a été **exclu** après les élections (Cass. soc. 28-11-2012 n° 12-14.528 FS-PB : RJS 2/13 n° 140). Pour les conséquences de ce principe sur la **faculté de désignation d'un délégué syndical** tant par le syndicat que par la confédération ou l'union qu'il a quittée, voir n° 27860.
> Sur la possibilité pour un syndicat ayant quitté sa confédération de **contester** la désignation du délégué syndical opérée par celle-ci ou par un syndicat qui lui est affilié, voir n° 28225 ;
> – un syndicat qui n'a **pas participé aux dernières élections** ne peut pas se prévaloir, pour établir sa représentativité dans l'entreprise, des votes obtenus par un autre syndicat sous le sigle d'une confédération à laquelle il s'est **affilié après les élections** (Cass. soc. 4-7-2018 n° 17-20.710 FS-PB : RJS 10/18 n° 616).

b. Entreprises à établissements multiples

Si des **comités d'établissement** sont mis en place, la représentativité d'un syndicat à ce niveau s'apprécie en fonction des seuls résultats recueillis par lui lors des élections qui s'y sont déroulées. Peu importe le résultat obtenu dans l'ensemble des établissements de l'entreprise (Cass. soc. 14-12-2010 n° 10-14.751 FS-PB : RJS 2/11 n° 153). Peu importe également que le syndicat désigne un délégué dans un cadre plus restreint que celui du comité (n° 15080). **15120**
La représentativité d'un syndicat au niveau de l'**entreprise** se calcule ensuite par l'addition de l'ensemble des suffrages obtenus par ce syndicat dans l'ensemble des établissements, quel que soit le pourcentage obtenu par établissement (Circ. DGT 20 du 13-11-2008).

> **ATTENTION**
> Ni un **accord collectif** ni un **engagement unilatéral** de l'employeur ne peuvent avoir pour effet de modifier le périmètre légal d'appréciation de la représentativité syndicale (Cass. soc. 6-1-2011 n° 10-18.205 FS-PBR : RJS 3/11 n° 248).

Lorsque les élections des comités d'établissement sont **échelonnées dans le temps,** la mesure de l'audience s'effectue par cycles. Sont comptabilisés les suffrages des dernières élections de chaque établissement. Le point de départ du cycle est celui de l'établissement qui organise les élections en premier. Le point d'arrivée est constitué par la dernière élection de comité d'établissement permettant de connaître les suffrages sur l'ensemble de l'entreprise (Circ. DGT 20 du 13-11-2008). **15125**
La **carence totale de résultats** au premier tour des élections des membres du CSE **dans un établissement** d'une entreprise à établissements multiples ou dans une entreprise d'un groupe n'empêche pas de recueillir les suffrages exprimés dans les autres établissements ou les autres entreprises du groupe pour calculer l'audience et déterminer la représentativité et la validité des accords dans l'entreprise. Dans ce cas, on additionne les suffrages exprimés au premier tour des élections dans tous les établissements de l'entreprise ou toutes les entreprises du groupe dans lesquels des suffrages ont été recueillis (Circ. DGT 6 du 27-7-2011).

> **Précisions** La loi 2008-789 du 20-8-2008 n'étant pas applicable sur les territoires de **Mayotte** et de **Wallis-et-Futuna,** en **Nouvelle-Calédonie** et en **Polynésie française,** la représentativité d'une organisation syndicale ayant désigné des délégués syndicaux centraux d'une entreprise y comportant des établissements doit s'apprécier en prenant en compte les résultats des seules élections professionnelles ayant eu lieu en métropole et dans les départements d'outre-mer (Cass. soc. 27-2-2013 n° 11-23.331 FS-PB : RJS 5/13 n° 389).

c. Unité économique et sociale

15140 Lorsque plusieurs sociétés constituent une unité économique et sociale (UES), on raisonne comme si l'UES était une seule entreprise. En conséquence, si l'UES comprend plusieurs établissements distincts, la représentativité d'un syndicat au niveau de l'UES se calcule en additionnant la totalité des suffrages obtenus dans ces établissements. Il est fait masse, le cas échéant, des résultats obtenus par tous les syndicats affiliés à une **même confédération** (Cass. soc. 22-9-2010 n° 09-60.435 FS-PBR : RJS 11/10 n° 862).

> **Précisions a.** La représentativité des organisations syndicales au sein des sociétés composant une UES où a été institué, pour l'élection des représentants du personnel, un **collège électoral unique** incluant des salariés de droit privé et des fonctionnaires doit être appréciée au regard de la totalité des suffrages exprimés par l'ensemble des électeurs composant ce collège, sauf dispositions légales particulières (Avis Cass. 2-7-2012 n° 01200006 : RJS 10/12 n° 816).
> **b.** Lorsque la désignation d'un délégué syndical s'effectue au niveau d'une **personne morale regroupant en partie trois établissements distincts** au sens du CSE, le seuil électoral de 10 % (critère d'audience permettant d'établir la représentativité) se calcule en additionnant la totalité des suffrages obtenus lors des élections au sein de ces différents établissements (Cass. soc. 14-12-2022 n° 21-15.585 FS-B : RJS 3/23 n° 147).
> **c.** Lorsqu'un **accord collectif** ne concerne qu'**une partie des établissements d'une UES,** la représentativité des syndicats, conditionnant leur participation aux négociations et à la signature de l'accord, se calcule par addition de l'ensemble des suffrages obtenus dans les seuls établissements concernés par celui-ci. L'employeur ne peut pas unilatéralement proratiser ce calcul en fonction du nombre de salariés réellement concernés par l'accord (TGI Lille 9-2-2017 n° 15/09794 : RJS 6/17 n° 416).

d. Mesure au niveau interentreprises ou d'un groupe

15150 Sur la question de la représentativité des organisations syndicales dans le périmètre d'un accord interentreprises, voir n° 82830, c. Au niveau d'un groupe, voir n° 82662.

2. MESURE AU NIVEAU DE LA BRANCHE ET AU NIVEAU NATIONAL

15200 Dans les branches professionnelles et au niveau national interprofessionnel, l'audience des syndicats est appréciée tous les 4 ans par consolidation, à ces niveaux, des résultats électoraux obtenus au sein des entreprises et dans le cadre du scrutin propre aux petites entreprises (n° 15260) (C. trav. art. L 2122-5 à L 2122-10). Les modalités de centralisation de ces résultats, précisées par l'article D 2122-6 du Code du travail, ne sont pas détaillées ici.
La **liste** des syndicats représentatifs par branche professionnelle, d'une part, et au niveau national et interprofessionnel, d'autre part, est ensuite arrêtée par le ministre chargé du travail (C. trav. art. L 2122-11).
Ont été reconnus représentatifs au **niveau national et interprofessionnel** les syndicats CFDT, CGT, CGT-FO, CFE-CGC et CFTC (Arrêté MTRT2121442A du 28-7-2021 : JO 6).
Les syndicats représentatifs dans les **branches professionnelles** sont désignés par arrêtés.

> **Précisions a.** Les **recours** dirigés contre les listes arrêtées par le ministre chargé du travail sont de la compétence de la cour administrative d'appel de Paris en premier et dernier ressort (C. trav. art. R 2122-99 ; C. just. adm. art. R 311-2).
> **b.** Un **site internet** dédié à la mesure de l'audience syndicale au niveau des branches et au niveau national et interprofessionnel a été mis en place. Il propose, entre autres fonctionnalités, une aide à la saisie en ligne, par les entreprises, des procès-verbaux des élections : https://www.elections-professionnelles.travail.gouv.fr
> **c.** Les partenaires sociaux qui **souhaitent négocier** dans un champ professionnel qui n'a pas donné lieu à l'établissement d'une liste des syndicats représentatifs par arrêté du ministère du travail **doivent, avant d'engager** la négociation, **demander** à ce qu'il soit procédé à la détermination des organisations représentatives dans le champ de négociation pour s'assurer que tous les syndicats représentatifs dans ce périmètre y sont invités (Cass. soc. 10-2-2021 n° 19-13.383 FS-PRI : RJS 4/21 n° 229).

3. SYNDICATS CATÉGORIELS

15230 L'audience des syndicats catégoriels, quel que soit le niveau (établissement, entreprise, branche, niveau national ou interprofessionnel), est mesurée dans les **seuls collèges** dans lesquels leurs règles statutaires leur donnent vocation à présenter des candidats (C. trav. art. L 2122-2, L 2122-7 et

L 2122-10). Dans l'**entreprise** ou l'établissement, comme dans la **branche,** ce traitement différencié ne concerne que les organisations **affiliées** à une confédération syndicale catégorielle interprofessionnelle nationale (C. trav. art. L 2122-2 et L 2122-7).
Cette condition exclut ainsi les syndicats catégoriels émanant d'organisations syndicales généralistes du champ d'application de ces règles particulières.

> **Précisions a.** Parmi les syndicats catégoriels, certains syndicats font l'objet de règles spécifiques : syndicats représentant les **journalistes** professionnels (C. trav. art. L 7111-7 et L 7111-8), d'une part, et ceux représentant les **pilotes de ligne,** d'autre part (C. transport art. L 6524-3).
> **b.** La représentativité d'un syndicat représentant une certaine catégorie de personnes mais **non affilié** à une confédération syndicale catégorielle interprofessionnelle nationale doit s'apprécier au regard des suffrages recueillis dans l'ensemble des collèges électoraux (Cass. soc. 24-9-2013 n° 12-27.647 F-PB : RJS 12/13 n° 832).
> **c.** En revanche, la représentativité d'un syndicat **affilié** à une confédération syndicale catégorielle interprofessionnelle nationale qui n'a, conformément à ses statuts, présenté des candidats que dans les 2e et 3e collèges doit s'apprécier au regard de ces seuls collèges, peu important le contenu « généraliste » des tracts diffusés par ce syndicat pendant la campagne électorale (Cass. soc. 8-10-2014 n° 14-11.317 FS-PB : RJS 1/15 n° 72).

Dans l'entreprise ou l'établissement, sont représentatives à l'égard des personnels relevant des **15235**
collèges électoraux dans lesquels leurs règles statutaires leur donnent vocation à présenter des candidats les organisations syndicales catégorielles visées ci-dessus, remplissant les critères de l'article L 2121-1 du Code du travail (n° 15020) et ayant recueilli **au moins 10 %** des suffrages exprimés au premier tour des dernières élections des titulaires au CSE, quel que soit le nombre de votants (C. trav. art. L 2122-2).

> **Précisions** Dans le paysage syndical actuel, seuls les syndicats de cadres affiliés à la **CFE-CGC** sont visés par ces règles (Circ. DGT 20 du 13-11-2008).
> Pour le Conseil constitutionnel, les organisations ayant fait le choix de ne représenter qu'une catégorie de salariés et ayant inscrit un tel choix dans leurs statuts ne se trouvant pas dans une situation identique à celle des syndicats intercatégoriels, il est justifié que leur situation soit réglée de manière différente de celle réservée à ces derniers (Cons. const. QPC 7-10-2010 n° 2010-42 : RJS 12/10 n° 953). Dans le sillage du Conseil constitutionnel, la Cour de cassation considère que ces modalités d'appréciation particulières de la représentativité ne méconnaissaient pas non plus les **normes supranationales** applicables en la matière (Cass. soc. 28-9-2011 n° 10-19.113 FS-PB : RJS 12/11 n° 992).

Un syndicat dont les **statuts** lui permettent de présenter des candidats dans **tous les collèges** ne **15240**
peut pas invoquer les dispositions dérogatoires relatives au calcul de l'audience des syndicats catégoriels, peu important qu'il n'ait présenté de candidats que dans certains d'entre eux (Cass. soc. 31-1-2012 n° 11-60.135 FS-PB : RJS 4/12 n° 364 ; 27-3-2013 n° 12-22.733 FS-PB : RJS 6/13 n° 463).
Sa représentativité doit être appréciée au vu des résultats obtenus dans l'ensemble des collèges (Cass. soc. 28-9-2011 n° 10-26.693 FS-PBR : RJS 12/11 n° 1002 ; 31-1-2012 n° 11-60.135 FS-PB : RJS 4/12 n° 364).
La constitution d'un **collège unique** ne prive pas un syndicat catégoriel du droit de présenter des candidats (n° 24415), mais elle modifie la mesure de son audience. Si l'entreprise est divisée en établissements distincts, la représentativité de ce syndicat dans l'entreprise tout entière doit être appréciée sur l'ensemble des suffrages exprimés dans les collèges où il pouvait présenter des candidats, même s'il n'a pas fait usage de cette faculté dans les établissements comportant un collège unique et n'a présenté de candidats que dans ceux en comportant plusieurs (Cass. soc. 4-7-2012 n° 11-60.239 F-PB : RJS 10/12 n° 828).
Sur le point de savoir si un syndicat catégoriel et un syndicat intercatégoriel affiliés à la même confédération peuvent tous deux désigner des délégués syndicaux, voir n° 28015.

4. MESURE DANS LES TRÈS PETITES ENTREPRISES

L'audience des syndicats auprès des entreprises de **moins de 11 salariés** est mesurée sur la base **15260**
d'un **scrutin sur sigle** organisé au **niveau régional** tous les **4 ans** (C. trav. art. L 2122-10-1 et L 2122-10-6).
L'effectif est apprécié au **31 décembre** de l'année précédant le scrutin (C. trav. art. L 2122-10-2).
Les résultats obtenus sont pris en compte pour établir la liste des syndicats représentatifs au niveau des branches (sauf pour celles concernant exclusivement les professions agricoles) et au niveau national et interprofessionnel (n° 15200) et permettent de composer le collège salarié des commissions paritaires régionales interprofessionnelles (CPRI), voir n° 15290.

> **Précisions a.** L'audience des syndicats dans les **branches agricoles** est appréciée au regard des suffrages exprimés aux élections aux chambres départementales d'agriculture (C. trav. art. L 2122-6).
> **b.** Les textes ne précisent pas les modalités de **calcul de l'effectif** de l'entreprise mais, dans la mesure où ces dispositions ont été insérées dans le Code du travail, et en l'absence de dérogation expresse, on peut penser que cet effectif est apprécié selon les règles exposées n°s 20850 s.

LISTES ÉLECTORALES

15265 Sont **électeurs,** à l'exception de ceux relevant des branches agricoles, les salariés titulaires d'un **contrat de travail au cours** du mois de décembre, âgés de 16 ans révolus et ne faisant l'objet d'aucune interdiction, déchéance ou incapacité relative à leurs droits civiques (C. trav. art. L 2122-10-2).

Ces électeurs sont :

– **inscrits** sur la liste électorale de la région dans laquelle est situé l'entreprise ou l'établissement au sein de laquelle ou duquel ils exercent leur **activité principale,** au titre de la **branche** dont ils relèvent, conformément aux données portées sur la déclaration sociale de l'entreprise ou de l'établissement. L'activité principale s'entend de celle pour laquelle ils ont accompli le **plus grand nombre d'heures** au cours du mois de décembre de l'année précédant l'année de l'élection (C. trav. art. R 2122-9 et R 2122-11) ;

– répartis dans **2 collèges** : un « cadres » et un « non-cadres » selon l'institution de retraite complémentaire à laquelle ils sont affiliés (C. trav. art. L 2122-10-4 et R 2122-10).

Les **listes électorales,** établies par le ministère du travail, peuvent être consultées dans les Dreets et leurs unités départementales (C. trav. art. R 2122-19).

> **Précisions** Les **contestations** relatives à l'inscription sur les listes électorales sont de la compétence du **tribunal judiciaire** dans le ressort duquel son auteur a son domicile ou sa résidence (C. trav. art. L 2122-10-5 et R 2122-26). Elles doivent être précédées d'un **recours gracieux** devant le directeur général du travail (C. trav. art. R 2122-21).

CANDIDATURES

15270 Peuvent se déclarer candidats (C. trav. art. L 2122-10-6) :

– les syndicats affiliés à une organisation syndicale représentative au niveau national et interprofessionnel ;

– les autres organisations syndicales de salariés satisfaisant aux critères de respect des valeurs républicaines, d'indépendance et de transparence financière, légalement constituées depuis au moins 2 ans et auxquelles leurs statuts donnent vocation à être présentes dans le champ géographique concerné, même si ces statuts ne couvrent qu'une partie du périmètre du scrutin (Cass. soc. 30-9-2016 n° 16-60.288 FS-PB : RJS 12/16 n° 790).

Les candidatures peuvent être **contestées** par **tout électeur** ou tout **mandataire** d'une organisation candidate. À peine d'irrecevabilité, cette contestation doit être formée par requête dans un **délai** de 15 jours à compter de la publication des listes, devant le **tribunal judiciaire** dans le ressort duquel l'autorité administrative ayant reçu la déclaration a son siège [le tribunal judiciaire de Paris pour les recours formés contre les décisions du directeur général du travail] (C. trav. art. R 2122-39). Le tribunal judiciaire statue sans frais ni forme de procédure dans les 10 jours à compter de la date de saisine. La décision est notifiée aux parties au plus tard dans les 3 jours par le greffe, qui en adresse une copie dans le même délai au Dreets ou, le cas échéant, au ministre chargé du travail (C. trav. art. R 2122-40).

SCRUTIN

15275 Le scrutin a lieu par voie **électronique** et par **correspondance** (C. trav. art. L 2122-10-7, al. 1).

L'**employeur** n'a pas l'**obligation** de mettre à la disposition des salariés le matériel informatique permettant le vote par voie électronique s'il n'en dispose pas (C. trav. art. L 2122-10-7, al. 1).

Il est tenu, en revanche, de laisser aux salariés le **temps nécessaire** pour voter depuis leur lieu de travail tout en garantissant la confidentialité de leur vote. Lorsque le vote a lieu **pendant les horaires de travail,** ce temps est considéré comme temps de travail et payé à l'échéance normale (C. trav. art. L 2122-10-9).

L'employeur doit également permettre aux salariés de l'entreprise désignés dans le cadre de ce scrutin en tant qu'**assesseur, délégué et mandataire** des organisations syndicales candidates de disposer du temps nécessaire pour remplir leurs fonctions. Le temps effectivement passé pour l'exercice de celles-ci, y compris hors de l'entreprise, pendant les horaires de travail est considéré comme temps de travail et payé à l'échéance normale. L'exercice par un salarié de ces fonctions ne peut pas être la cause d'une sanction ou d'une rupture du contrat de travail par l'employeur (C. trav. art. L 2122-10-10).

À peine d'irrecevabilité, les **contestations** relatives au déroulement des opérations électorales doivent être formées dans les 15 jours à compter de l'affichage des résultats, devant le tribunal judiciaire dans le ressort duquel siège la commission régionale des opérations de vote ayant proclamé les résultats. Celui-ci a un mois pour statuer (C. trav. art. R 2122-93 et R 2122-96).

15290

Une représentation spécifique pour certaines TPE

Les commissions paritaires régionales interprofessionnelles (CPRI) assurent une représentation territoriale aux salariés et employeurs des très petites entreprises.

Entreprises et salariés concernés Les CPRI représentent les salariés et entreprises de moins de 11 salariés relevant de branches n'ayant pas déjà créé, au 31 mars de l'année de leur mise en place ou de leur renouvellement, de commissions de ce type composées d'au moins 5 représentants des organisations professionnelles d'employeurs représentatives et d'au moins 5 représentants des organisations syndicales de salariés représentatives, issus d'entreprises de moins de 11 salariés (C. trav. art. L 23-111-1, I et II et R 23-111-1). En application de cette règle, ont été exclus du périmètre des CPRI et font l'objet de commissions spécifiques les secteurs suivants : artisanat, particuliers employeurs et assistants maternels, professions libérales, hôtels-cafés-restaurants de Corse, activités agricoles et services de l'automobile (Circ. DGT 191 du 1-6-2017).

Rôle Le rôle des CPRI est de **conseiller** et d'**informer** les salariés et les employeurs concernés sur les dispositions légales ou conventionnelles qui leur sont applicables, d'apporter des informations, de **débattre** et de rendre tout **avis** sur les questions qui leur sont spécifiques (notamment en matière d'emploi, de formation, de conditions de travail, de santé au travail, d'égalité professionnelle, de lutte contre le harcèlement sexuel et les agissements sexistes, etc.), de faciliter la résolution des **conflits** individuels et collectifs qui n'ont pas fait l'objet d'une saisine auprès d'une juridiction et de faire des propositions en matière d'**activités sociales et culturelles** (C. trav. art. L 23-113-1).

Composition Chaque commission est composée de 20 membres, dont 10 salariés et 10 employeurs d'entreprises de moins de 11 salariés, désignés, pour 4 ans, par les syndicats et par les organisations professionnelles d'employeurs, les sièges étant répartis proportionnellement à leur audience respective auprès des salariés, pour les premiers, et des entreprises de moins de 11 salariés, pour les secondes, couverts par la commission. Le mandat de ces représentants est renouvelable (C. trav. art. L 23-112-1 et L 23-112-3).

Les organisations désignataires doivent pourvoir les sièges qui leur sont attribués en respectant la **parité** entre les femmes et les hommes. Si les sièges à pourvoir sont en nombre impair, l'écart entre le nombre de femmes et le nombre d'hommes ne doit pas dépasser un (C. trav. art. L 23-112-1).

Les syndicats doivent **notifier à leurs employeurs l'identité des salariés** figurant sur leur propagande électorale et celle de ceux qui sont membres des commissions (C. trav. art. L 23-112-2), ces informations étant simultanément communiquées à l'inspection du travail (C. trav. art. R 23-112-13). La composition de la CPRI (nom, profession et appartenance syndicale éventuelle de ses membres) est rendue publique par la Dreets, au recueil des actes administratifs et sur son site internet (C. trav. art. L 23-112-5 et R 23-112-14).

Le contentieux des désignations relève du tribunal judiciaire qui doit être saisi par voie de requête dans les 15 jours suivant la date où la composition de la commission a été rendue publique (C. trav. art. L 23-112-6 et R 23-112-15) ; le tribunal statue dans les 10 jours de sa saisine, sa décision pouvant faire l'objet d'un pourvoi en cassation dans les 10 jours de sa notification (C. trav. art. R 23-112-16 et R 23-112-17).

Fonctionnement La commission détermine, dans un règlement intérieur, les modalités de son fonctionnement (C. trav. art. L 23-114-4).

Ses membres ont accès aux entreprises sur autorisation de l'employeur (C. trav. art. L 23-113-2).

Moyens Le salarié membre d'une CPRI bénéficie d'un **crédit d'heures** qui, sauf circonstances exceptionnelles, ne peut pas excéder 5 heures par mois. Le temps de trajet pour se rendre aux réunions de la commission n'est pas imputé sur ce crédit d'heures. Le salarié doit informer son employeur de l'utilisation de son crédit d'heures au plus tard 8 jours avant la date prévue pour leur utilisation. Ce crédit d'heures peut également être utilisé cumulativement au cours d'une année civile ou mutualisé entre les salariés membres de la CPRI sans pouvoir dépasser, dans les 2 cas, 7 h 30 par mois et par représentant. En cas de mutualisation, les salariés informent leurs employeurs respectifs de cette répartition, ainsi

que, selon le cas, de l'identité du « donateur » ou du « donataire », par tout moyen conférant date certaine à l'information (C. trav. art. L 23-114-1 et R 23-113-1).
Le temps passé par le salarié à l'exercice de sa mission, y compris le temps passé aux séances de la commission, est considéré comme du **temps de travail** et payé à l'échéance normale. Il est assimilé à un temps de travail effectif pour la détermination des droits que le salarié tient de son contrat de travail, des dispositions légales et des stipulations conventionnelles. L'employeur entendant contester l'utilisation des heures de délégation doit saisir le juge judiciaire (C. trav. art. L 23-114-1).
Le **financement** des CPRI est assuré par le fonds paritaire de financement des organisations syndicales et patronales (n° 12220). Les syndicats ayant désigné un salarié comme membre d'une CPRI remboursent à l'employeur, sur demande de celui-ci faite dans un délai de 3 mois, la rémunération maintenue à l'intéressé, dans les 3 mois de la réception de la demande complète, à partir des crédits reçus de ce fonds. En cas de non-remboursement de tout ou partie de sommes dues par l'organisation, l'employeur peut procéder à une ou plusieurs retenues sur la rémunération du salarié, dans certaines limites et après l'en avoir informé 30 jours avant la ou les retenues (C. trav. art. L 23-114-3, R 23-113-2 et R 23-113-3).
Protection des représentants salariés Les représentants salariés sont des salariés protégés (C. trav. art. L 2411-1). Leur contrat de travail ne peut être rompu qu'après obtention par l'employeur d'une **autorisation de l'inspecteur du travail** sous peine de sanctions pénales (C. trav. art. L 243-11-1). Cette procédure s'applique en cas de licenciement, de rupture anticipée ou non-renouvellement d'un contrat à durée déterminée (C. trav. art. L 2411-25, L 2412-16 et L 2421-2).
Elle bénéficie également aux salariés dont l'employeur a eu connaissance de l'**imminence de la candidature** avant d'engager la rupture du contrat de travail, aux **candidats** à un mandat et ce, pendant 6 mois à compter de la notification à l'employeur de la propagande électorale, aux **anciens membres** de la commission, pendant 6 mois à compter de l'expiration du mandat (C. trav. art. L 2411-25 et L 2412-16).
Comme pour les autres salariés protégés, le licenciement de ces représentants sans autorisation est **nul** et de nul effet. Sur les conséquences de cette nullité, voir n°s 47300 s.

B. Autres critères

1. RESPECT DES VALEURS RÉPUBLICAINES

NOTION DE VALEURS RÉPUBLICAINES

15300 La loi **ne définit pas** le critère de respect des valeurs républicaines auquel elle fait également référence dans trois autres articles relatifs respectivement à la création d'une section syndicale, à la communication syndicale et à l'organisation des élections professionnelles dans l'entreprise (C. trav. art. L 2142-1, L 2142-6 et L 2314-5 : voir n°s 16540, 16870 et 24132).
Au cours des **travaux parlementaires** ayant précédé le vote de la loi 2008-789 du 20 août 2008, il a été indiqué que ce critère vise principalement à prévenir les cas où, sous couvert de syndicalisme, une organisation serait créée avec des buts autres que ceux poursuivis par l'article L 2131-1 du Code du travail relatif aux missions des organisations syndicales de salariés (n° 12070) et surtout sur des valeurs totalement incompatibles avec celles fondant la République (Rapport AN n° 992).
Pour les **partenaires sociaux,** le respect des valeurs républicaines implique le respect des libertés d'opinion, politique, philosophique et religieuse ainsi que le refus de toute discrimination, de tout intégrisme et de toute intolérance (Position commune du 9-4-2008 art. 1-6).
L'article 19 de la position commune subordonnant la validité de celle-ci à l'adoption des dispositions législatives et réglementaires indispensables à son application, certains auteurs considèrent que cette définition pourrait avoir valeur de référence dans la mesure où le critère de respect des valeurs républicaines a été repris par la loi.
Il reste que ce critère apparaît d'un maniement complexe, car l'on peut tout aussi bien considérer qu'au-delà de la seule représentativité, il intéresse l'existence même du syndicat.

CONTRÔLE DU RESPECT DES VALEURS RÉPUBLICAINES

15305 Le critère de respect des valeurs républicaines est **présumé** satisfait, celui qui le conteste devant apporter la preuve contraire (Cass. soc. 8-7-2009 n° 08-60.599 FS-PBRI : RJS 10/09 n° 810).
Pour l'apprécier, il faut tenir compte du **comportement réel du syndicat** et des **objectifs effectivement poursuivis,** sans s'arrêter aux mentions figurant dans ses statuts (Cass. soc. 13-10-2010

n° 10-60.130 FS-PB : RJS 12/10 n° 954 ; 9-9-2016 n° 16-20.605 FS-PB : RJS 11/16 n° 707). Ainsi, la référence à la **lutte des classes** et à la **suppression de l'exploitation capitaliste** dans les **statuts** d'un syndicat ne méconnaît aucune valeur républicaine, de sorte que le syndicat peut, s'il remplit les autres conditions requises, désigner un représentant de section syndicale (Cass. soc. 25-1-2016 n° 14-29.308 F-D : RJS 4/16 n° 266). Même solution à propos d'un syndicat affichant des intérêts régionalistes (Cass. soc. 9-9-2016 précité). En revanche, un syndicat prônant dans les entreprises des **discriminations** directes ou indirectes en raison de l'**origine du salarié** méconnaît les valeurs républicaines (Cass. soc. 12-12-2016 n° 16-25.793 FS-PBI : RJS 2/17 n° 128).
Sur le **moment** auquel doit être apprécié le respect des valeurs républicaines, voir n° 15350.

2. INDÉPENDANCE

L'indépendance est essentielle pour l'existence même d'un mouvement syndical qui doit représenter effectivement les intérêts des salariés. **15320**
La **jurisprudence** antérieure à la loi 2008-789 du 20-8-2008 avait d'ailleurs conféré une importance particulière à ce critère en l'isolant des autres (effectifs, cotisations, expérience, ancienneté), ceux-ci étant regroupés dans la notion d'influence (Cass. soc. 3-12-2002 n° 01-60.729 FS-PBRI : RJS 2/03 n° 212 ; 29-1-2003 n° 01-60.631 FS-D : RJS 4/03 n° 481 ; 12-3-2003 n° 01-60.764 F-D : RJS 5/03 n° 630).
Cette jurisprudence garde tout son intérêt sous l'empire des règles en vigueur. Ainsi, un syndicat non indépendant n'est pas représentatif, quelle que soit son audience dans l'entreprise (CA Paris 4-6-2015 n° 13-07945 : RJS 8-9/15 n° 576).
D'une façon générale, l'indépendance du syndicat doit être à la fois morale et financière. Sous ce dernier angle, d'ailleurs, ce critère recoupe celui des cotisations, la perception de celles-ci étant un gage de l'indépendance financière du syndicat.
Il appartient à la **personne qui conteste l'indépendance** d'une organisation syndicale d'en apporter la preuve (Cass. soc. 22-7-1981 n° 81-60.695 P ; 10-5-2012 n° 11-17.574 F-D ; 9-9-2016 n° 16-20.575 FS-PB : RJS 11/16 n° 707).
Sur le **moment** auquel cette indépendance doit être appréciée, voir n° 15350.

INDÉPENDANCE MORALE

L'indépendance morale vis-à-vis de l'**employeur** est incompatible avec certains **comportements** de celui-ci, que ce soit au stade de la constitution du syndicat ou en cours de fonctionnement. **15325**
Les **agissements du syndicat** lui-même peuvent être révélateurs d'un manque d'indépendance.

ILLUSTRATIONS

Ainsi, un syndicat ne peut **pas** être déclaré **représentatif** dans l'entreprise lorsque, outre le montant dérisoire des cotisations, le choix de ses candidats aux élections professionnelles s'effectue sous la **pression de l'employeur** et que ses **frais** d'avocat sont **pris en charge** par la direction de l'entreprise, laquelle se montre complaisante à l'endroit de son représentant dans l'entreprise (Cass. soc. 10-10-1990 n° 89-61.346 P : RJS 11/90 n° 877).
N'est pas indépendant le **syndicat** dont (CA Paris 4-6-2015 n° 13-07945 : RJS 8-9/15 n° 576) :
– les représentants, lors d'une grève, ont eu un **comportement ambigu,** notamment en relevant l'identité des grévistes et en remettant leur liste à l'employeur ;
– un membre a assisté l'employeur lors d'un entretien avec un salarié ;
– le secrétaire général a, d'une part, conservé pendant plusieurs années ses mandats et responsabilités syndicales alors même qu'il avait été promu à un poste lui conférant un pouvoir disciplinaire et, d'autre part, bénéficié de la complaisance de l'employeur vis-à-vis de ses manquements, tandis que des responsables d'organisations syndicales concurrentes, pour de simples critiques, s'étaient vus discriminés.

INDÉPENDANCE FINANCIÈRE

À cet égard, il y a lieu de tenir compte de la **régularité et de l'authenticité des cotisations** qui, d'une part, constituent la manifestation d'un attachement durable des syndiqués à leur organisation et, d'autre part, sont également la garantie d'une gestion indépendante (Circ. TR 21/48 du 26-1-1948). Pour plus de détails sur cet aspect, voir n° 15460. **15330**
L'obligation faite aux syndicats d'établir et de publier leurs **comptes** participe également à l'établissement de la réalité de cette indépendance, voir n° 15350.

> **Précisions** Le placement en redressement judiciaire d'un syndicat et l'aide financière de sa confédération n'excluent pas son indépendance financière (Cass. soc. 26-2-2020 n° 19-19.397 F-PB : RJS 5/20 n° 244).

3. TRANSPARENCE FINANCIÈRE

15350 Les syndicats professionnels et leurs unions sont tenus d'établir leurs comptes conformément à certaines normes et de les publier. L'étendue de leurs obligations diffère selon le montant de leurs ressources (C. trav. art. L 2135-1).

La transparence financière est exigée de tout syndicat, qu'il soit ou non représentatif, pour pouvoir exercer des prérogatives syndicales dans l'entreprise (Cass. soc. 22-2-2017 n° 16-60.123 FS-PB : RJS 5/17 n° 347), par exemple pour désigner un représentant de section syndicale.

Ce critère doit être satisfait au **moment de la désignation,** par le syndicat, du délégué syndical (Cass. soc. 8-3-2017 n° 16-13.034 F-D : RJS 5/17 n° 347) ou du représentant syndical au CSE (Cass. soc. 8-3-2017 n° 16-13.033 F-D : RJS 5/17 n° 347). Cette solution, transposable à la désignation d'un représentant de section syndicale, est, à notre sens, applicable au **respect des valeurs républicaines** et à l'**indépendance.**

> **Précisions** Exiger de l'ensemble des syndicats, y compris non représentatifs, de satisfaire au critère de transparence financière ne porte atteinte ni à la **liberté syndicale** ni au **principe de participation** des travailleurs (Cons. const. QPC 30-4-2020 n° 2020-835 : RJS 7/20 n° 358 ; Cass. soc. QPC 24-6-2020 n° 20-10.544 : RJS 8-9/20 n° 426).

RESSOURCES PRISES EN COMPTE

15355 Les ressources des syndicats s'entendent des **subventions,** des **produits** de toute nature liés à l'activité courante, des produits financiers ainsi que des **cotisations.** Sont toutefois déduites de ce dernier montant les cotisations **reversées,** en vertu de conventions ou des statuts, à des syndicats professionnels de salariés et à leurs unions ou à des associations de salariés (C. trav. art. D 2135-9).

ÉTABLISSEMENT ET CERTIFICATION DES COMPTES

15360 Trois niveaux d'exigence sont prévus en fonction du niveau des ressources des syndicats à la clôture de l'exercice. Il est, en effet, distingué selon que ces ressources sont inférieures à 2 000 €, inférieures ou égales à 230 000 € ou supérieures à 230 000 € (C. trav. art. D 2135-2 à D 2135-4).

Quel que soit le montant des ressources, les **comptes** doivent être **arrêtés** par l'organe chargé de la direction et **approuvés** par l'assemblée générale des adhérents ou par un organe collégial de contrôle désigné par les statuts (C. trav. art. L 2135-4). Ne remplit pas la condition de transparence financière le syndicat dont les comptes publiés n'ont pas été approuvés par l'organe statutaire compétent pour le faire (Cass. soc. 13-6-2019 n°s 18-24.814 F-D, 18-24.817 F-D et 18-24.815 F-D : RJS 8-9/19 n° 506). L'approbation des comptes d'un syndicat pour un exercice clos doit avoir lieu **au plus tard** à la clôture de l'exercice suivant (Cass. soc. 2-2-2022 n° 21-60.046 F-B : RJS 4/22 n° 197).

Les modalités d'application de ces dispositions sont définies par les articles R 823-17 du Code de commerce et D 2135-1 à D 2135-9 du Code du travail, complétés par un arrêté PRMX1108999A du 4 avril 2011. Les modalités de présentation des comptes des syndicats ont été précisées par le règlement 2009-10 du 3 décembre 2009 du Comité de la réglementation comptable, homologué par arrêté ECET0931179A du 31 décembre 2009. Ces textes, qui intéressent le fonctionnement des syndicats eux-mêmes, ne sont pas exposés ici.

> **Précisions a.** Les documents comptables dont la loi impose l'établissement et la publication aux syndicats ne sont que des **éléments de preuve** de leur transparence financière. Leur défaut peut être **suppléé** par d'autres documents (Cass. soc. 29-2-2012 n° 11-13.748 FS-PB : RJS 5/12 n° 471). Ont été jugées suffisantes, la publication, avant la désignation d'un RSS, des comptes des avant-dernier et anté-pénultième exercices clos, les comptes du dernier exercice clos ayant été publiés peu de temps après cette désignation (Cass. soc. 17-10-2018 n° 17-19.732 FS-PB : RJS 1/19 n° 35) ou la production des comptes de l'exercice précédent, en cours d'approbation, celle-ci devant être soumise à une assemblée générale 2 mois après la désignation du RSS (Cass. soc. 10-2-2021 n° 19-18.040 FS-P : RJS 4/21 n° 226).
> **b.** Les syndicats dont les ressources sont **inférieures à 230 000 €** peuvent **publier** leurs comptes soit sur leur site internet ou, à défaut de site, auprès de la Dreets (C. trav. art. D 2135-8). Ces modalités peuvent être remplacées par toute autre mesure de publicité équivalente. Ne constitue pas un mode de publicité valable la publication par le syndicat de comptes simplifiés sur sa seule page Facebook publique (Cass. soc. 17-10-2018 n° 18-60.030 FS-PB : RJS 1/19 n° 35). S'agissant de l'incidence du défaut de publication de ses comptes par un syndicat sur la validité d'un **accord portant PSE** dont il est signataire, voir n° 90170, c.

4. ANCIENNETÉ

Pour être considérés comme représentatifs, les syndicats doivent justifier d'une ancienneté **minimale** de 2 ans dans le **champ professionnel et géographique** couvrant le niveau de négociation. Cette ancienneté s'apprécie à compter de la date de dépôt légal des statuts (C. trav. art. L 2121-1, 4°). 15380

> **Précisions** Comme l'audience électorale, la **conformité** de l'exigence d'une ancienneté minimale de 2 ans tant à la **Constitution** qu'aux **normes supranationales** a été discutée. Pour la Cour de cassation, cette exigence ne heurte ni le principe de liberté syndicale ni celui d'égalité, ni les normes internationales. Elle constitue une condition justifiée et proportionnée pour garantir la mise en œuvre du droit de participation des travailleurs par l'intermédiaire de leurs représentants et l'exercice par le syndicat de prérogatives au sein de l'entreprise, sans priver le salarié de la liberté d'adhérer au syndicat de son choix (Cass. soc. QPC 20-10-2011 n° 11-60.203 FS-PB : RJS 1/12 n° 55 ; Cass. soc. 29-2-2012 n° 11-60.203 FS-PB : RJS 5/12 n° 470).

En cas de création **ex nihilo** d'un syndicat, les dispositions relatives au décompte de l'ancienneté ne paraissent pas susciter de difficulté particulière, mais une hésitation peut éventuellement apparaître en cas de **recomposition ou** de **modifications** affectant un syndicat existant. 15385
Ne constituent **pas des modifications substantielles** faisant perdre l'ancienneté antérieure, y compris lorsqu'elles s'accompagnent d'un changement de dénomination (Cass. soc. 12-7-2016 n° 15-25.819 F-D), la modification de la composition du bureau, de la liste des adhérents, et le changement radical d'orientation d'un syndicat se traduisant par un changement d'affiliation (Cass. soc. 3-3-2010 n° 09-60.283 FS-PBR : RJS 5/10 n° 445) ou la modification du champ statutaire (Cass. soc. 14-11-2012 n° 11-20.391 FS-PB : RJS 1/13 n° 55) ou encore le fait, pour un syndicat intercatégoriel, de devenir catégoriel (Cass. soc. 14-3-2018 n° 17-21.434 F-PB : RJS 5/18 n° 343).
En revanche, la confusion des statuts d'une union de syndicats avec ceux de l'un de ses membres emporte **dissolution et cessation** de l'union. L'ancienneté de l'organisation syndicale issue de ce remaniement doit être appréciée à compter du dépôt de ses statuts (Cass. soc. 26-9-2012 n° 11-20.281 FS-D : RJS 12/12 n° 962).

On peut s'interroger sur la définition de l'aire dans laquelle s'apprécie l'ancienneté. Que doit-on entendre par « **champ professionnel et géographique** couvrant le niveau de négociation » ? S'agit-il du champ professionnel et géographique couvrant le niveau où le syndicat entend accéder à la représentativité, ce qui cadrerait avec l'objectif sous-jacent d'une correspondance entre le cadre d'appréciation de la représentativité et le champ d'intervention du syndicat ? 15390
La jurisprudence est encore rare sur ce point.
Il a néanmoins été jugé que, l'ancienneté devant s'apprécier au niveau où la **prérogative** est invoquée, les représentants d'un syndicat ne peuvent invoquer l'ancienneté de la **fédération** à laquelle celui-ci est affilié et la représentativité d'autres syndicats affiliés à cette fédération (TI Amiens 30-1-2009 n° 11-08-000008 : RJS 7/09 n° 639).

5. INFLUENCE

L'influence est prioritairement caractérisée par l'activité et l'expérience (C. trav. art. L 2121-1, 6°). 15420

> **Précisions a.** L'appréciation légale de l'influence trouve ses racines dans la **position commune** des syndicats du 9-4-2008 selon laquelle l'influence est caractérisée par l'activité – elle-même appréciée au regard de la réalité des actions menées par le syndicat considéré –, l'expérience et l'implantation géographique et professionnelle du syndicat.
> **b.** Elle s'inspire également de la **jurisprudence antérieure à la loi du 20-8-2008,** qui estimait l'influence au regard des critères énumérés par l'ancien article L 133-2 du Code du travail : effectifs, cotisations, ancienneté et expérience du syndicat (Cass. soc. 3-12-2002 n° 01-60.729 FS-PBRI : RJS 2/03 n° 212 ; 29-1-2003 n° 01-60.631 FS-D : RJS 4/03 n° 481 ; 12-3-2003 n° 01-60.764 F-D : RJS 5/03 n° 630). Selon la Cour de cassation, l'influence du syndicat, caractérisant son implantation durable et effective dans une entreprise, s'entendait ainsi des résultats objectifs d'une activité authentiquement tournée vers la défense des intérêts des travailleurs et pas seulement de l'aptitude à faire connaître le syndicat (Rapport 2002, commentaire à propos de l'arrêt du 3-12-2002).
> Ces indications conservent leur intérêt dans le **cadre défini par la loi du 20-8-2008.** L'insertion de l'adverbe « prioritairement », à propos de l'activité et de l'expérience, ayant pour objectif de permettre au juge de tenir compte d'éléments autres que l'activité et l'expérience pour apprécier l'influence d'une organisation syndicale (Compte rendu AN du 23-7-2008).

15425 Pour apprécier l'influence d'un syndicat, le juge doit prendre en considération l'ensemble de ses actions, y compris celles qu'il a menées alors qu'il était affilié à une confédération syndicale dont il s'est par la suite **désaffilié** (Cass. soc. 28-9-2011 n° 10-26.545 FS-PBR : RJS 12/11 n° 994).

6. EFFECTIFS D'ADHÉRENTS ET COTISATIONS

EFFECTIFS

15450 Les effectifs s'entendent du nombre d'adhérents du syndicat (C. trav. art. L 2121-1, 7°).
Leur importance s'apprécie, en principe, par rapport à l'effectif de l'**entreprise ou de l'établissement.** Toutefois, les juges peuvent tenir compte du taux de syndicalisation dans l'entreprise (Cass. soc. 25-6-1987 n° 86-60.522 ; 12-7-1994 n° 93-60.085 D : RJS 8-9/94 n° 1007) ou du grand nombre de syndicats dans l'établissement (Cass. soc. 16-12-1998 n° 97-60.566 D : RJS 2/99 n° 229). Ces solutions, rendues dans le cadre juridique antérieur à la loi du 20-8-2008, nous paraissent conserver leur valeur.
S'agissant de la **preuve** du nombre d'adhérents, voir n° 16555, b.

COTISATIONS

15460 La perception de cotisations assure l'indépendance financière du syndicat.
La **loi** ne fixe pas de taux de cotisation minimal. Aussi les juges du fond sont-ils souverains pour apprécier si les cotisations perçues sont suffisantes pour assurer les frais de gestion du syndicat. Ainsi ne peut pas être déclaré représentatif le syndicat qui perçoit des cotisations dont le **montant** est **trop minime** pour permettre de tenir pour de véritables engagements syndicaux les adhésions dont le syndicat fait état et ne lui assure pas les moyens d'une **activité distincte** (Cass. soc. 27-10-1982 n° 82-60.174 P).
La modicité des cotisations peut cependant ne pas être significative si elle s'explique par le faible montant des frais de gestion du syndicat (Cass. soc. 4-2-1976 n° 75-60.157 P) ou l'existence d'un bénévolat au sein de celui-ci (Cass. soc. 30-4-1987 n° 86-60.354).
En tout état de cause, les juges s'attachent à ce que les cotisations prévues dans les statuts aient été **effectivement perçues** par le syndicat, seul moyen de s'assurer de la réalité des adhésions (Cass. soc. 8-10-1987 n° 86-60.545 D).

SECTION 2 APPRÉCIATION DE LA REPRÉSENTATIVITÉ

CADRE D'APPRÉCIATION

15500 La représentativité du syndicat s'apprécie au niveau où doit s'exercer la **prérogative invoquée.**
S'agissant du cadre d'appréciation de l'audience du syndicat qui constitue un critère éminent de sa représentativité, voir n°s 15070 s.

15510 Les organisations syndicales ne peuvent procéder aux désignations de délégués syndicaux ou représentants syndicaux **légalement ou conventionnellement prévues** que si elles sont représentatives dans l'entreprise ou l'établissement dans lesquels ces désignations doivent prendre effet (Cass. soc. 29-10-2008 n° 07-43.578 F-PB : RJS 1/09 n° 46).
La représentativité d'un syndicat pour la désignation d'un représentant syndical au CSE d'établissement doit ainsi s'apprécier par rapport à l'ensemble du personnel de cet **établissement** (Cass. soc. 17-10-1989 n° 88-60.769 P : RJS 11/89 n° 861 ; 8-7-1992 n° 91-60.226 P : RJS 10/92 n° 1124).
Dans les cas où il s'agit de désigner un représentant appelé à intervenir dans un cadre dépassant l'établissement, la représentativité doit être établie au niveau de l'**entreprise.** Voir n° 28510 pour la désignation d'un délégué syndical central d'entreprise et n° 6020 pour celle d'un représentant syndical au CSE central.

DATE D'APPRÉCIATION

15515 La représentativité d'un syndicat s'apprécie à la date des **élections** et est acquise pour l'**ensemble d'un cycle électoral,** y compris en cas de modification du périmètre de l'entreprise (Cass. soc. 19-2-2014 n° 13-20.069 FS-PBR ; n° 12-29.354 FS-PBR ; n° 13-17.445 FS-PBR : RJS 5/14 n° 412).
Il en résulte que la représentativité n'a pas à être reconsidérée à l'occasion d'**élections partielles,** voir n° 15085.

Elle ne peut pas non plus être contestée à l'occasion d'un **transfert de contrats de travail** consécutif à la cession de l'un des établissements de l'entreprise (Cass. soc. 19-2-2014 n° 13-20.069 FS-PBR ; n° 12-29.354 FS-PBR : RJS 5/14 n° 412). En cas de fusion de 2 établissements, le syndicat n'ayant pas présenté de candidats dans l'établissement absorbant ne peut y désigner ni un DS ni un représentant syndical au CSE, peu important qu'il ait été reconnu représentatif dans l'établissement absorbé (Cass. soc. 5-1-2022 n° 21-13.141 F-B : RJS 3/22 n° 145). De même, un syndicat non représentatif dans l'entreprise d'accueil ne le devient pas si celle-ci prend en location-gérance d'autres établissements où il a été reconnu représentatif (Cass. soc. 19-2-2014 n° 13-16.750 FS-PBR ; n° 13-17.445 FS-PBR : RJS 5/14 n° 412). Sur la possibilité, en cas de transfert, de désigner comme délégué syndical dans l'entreprise d'accueil un salarié dont le contrat de travail y est transféré après les élections, voir n° 27970, c. Pour les conséquences, sur le mandat d'un représentant syndical au CSE de la société absorbante, d'élections complémentaires organisées en son sein pour la représentation des salariés transférés, voir n° 33280.
Le principe d'intangibilité de la représentativité pour toute la durée du cycle électoral, qui ne méconnaît ni la liberté syndicale ni le principe de participation des travailleurs (Cass. soc. QPC 16-6-2021 n° 21-13.141 FS-B : RJS 8-9/21 n° 459), comporte toutefois une **exception** : la désaffiliation syndicale (voir n° 15100, b).

ATTENTION

L'**absence de contestation,** à l'occasion des **élections professionnelles,** de la capacité d'un syndicat à présenter des candidats au premier tour du scrutin n'empêche pas que soit contestée, **postérieurement aux élections,** à l'occasion de la désignation d'un délégué syndical, la représentativité de ce syndicat dans le champ géographique et professionnel que couvre l'entreprise, peu important que le litige porte sur des critères également imposés pour la présentation de candidats (Cass. soc. 26-6-2013 n° 12-21.766 FS-PB : RJS 10/13 n° 698).

CUMUL DES DIFFÉRENTS CRITÈRES

Les critères de l'article L 2121-1 du Code du travail doivent **tous être réunis** pour établir la représentativité d'un syndicat. Mais le cumul n'exclut pas la pondération. Pour la Cour de cassation, les critères de représentativité doivent faire l'objet d'une **appréciation différenciée.** **15520**
L'indépendance, le respect des valeurs républicaines et la transparence financière doivent être **satisfaits de manière autonome et permanente.** En revanche, l'influence, les effectifs d'adhérents et les cotisations, l'ancienneté dès lors qu'elle est au moins égale à 2 ans et le score électoral dès lors qu'il est au moins égal à 10 % des suffrages exprimés font l'objet, dans un périmètre donné, d'une **appréciation globale** (Cass. soc. 29-2-2012 n° 11-13.748 FS-PBR : RJS 5/12 n° 471 ; 21-6-2016 n° 15-21.559 F-D) pour toute la **durée du cycle électoral** (Cass. soc. 14-11-2013 n° 12-29.984 FS-PB : RJS 2/14 n° 147).

CONTENTIEUX

L'**employeur** ne peut pas juger lui-même de la représentativité d'un syndicat. En revanche, il peut, lui ou un **autre syndicat,** la contester, sous certaines conditions, devant les juges. **15525**
La représentativité d'un syndicat ne peut pas être contestée de façon générale. Elle ne peut l'être que par rapport à l'exercice d'une **prérogative précise** subordonnée à la qualité de syndicat représentatif (Cass. soc. 7-12-1995 n° 94-10.882 P : RJS 1/96 n° 37 ; 20-4-2017 n° 15-22.944 FS-D : RJS 7/17 n° 501 ; 24-1-2018 n° 16-20.883 FS-D : RJS 4/18 n° 268).
Un **salarié agissant en son nom personnel** n'est pas recevable à critiquer une décision déniant à un syndicat tout caractère représentatif et le droit de constituer une section syndicale au sein d'un établissement (Cass. soc. 13-7-1988 n° 87-60.201 D).
Un **délégué syndical,** dépourvu de tout **pouvoir spécial** émanant de son syndicat, n'a pas qualité pour contester la représentativité d'un syndicat (Cass. soc. 31-1-2001 n° 99-60.392 FS-P). Pour plus de détails sur les personnes habilitées à représenter le syndicat en justice, voir n° 12450.

ATTENTION

Un employeur n'ayant **pas contesté** la désignation d'un délégué syndical ne peut pas, ensuite, contester la représentativité du syndicat désignataire **à l'occasion de l'exercice par celui-ci d'une prérogative** réservée aux syndicats représentatifs (Cass. soc. 12-7-2016 n° 14-25.794 F-D : RJS 10/16 n° 638).

Si le litige porte sur les résultats des élections professionnelles, le **tribunal judiciaire** doit être saisi. De même si c'est la désignation d'un délégué syndical par un syndicat dont l'absence de représentativité est alléguée (Circ. DGT 20 du 13-11-2008 fiche n° 1, n° 1.2.3). **15530**
Le syndicat dont la représentativité est contestée doit être **mis en cause** en la personne de ses dirigeants statutaires qualifiés à cet effet et non en celle d'un délégué syndical. Doit être **convoqué à l'audience** le candidat présenté par cette organisation (Cass. soc. 3-6-1977 n° 76-60.271 P).

Lorsque la contestation porte sur la faculté de présenter des listes de candidats ou sur la régularité du scrutin, elle doit être portée devant le juge dans le **délai** visé n° 26525. Ce délai n'est pas applicable aux contestations qui ne portent que sur la prétention d'un syndicat à la qualité de syndicat représentatif, sans remise en cause des données résultant de l'élection telles qu'elles doivent figurer sur le procès-verbal, c'est-à-dire lorsque seule est en jeu la manière de les combiner pour apprécier son audience électorale. Ainsi, par exemple, n'est pas soumise au délai précité l'action d'un syndicat qui ne conteste ni le nombre de voix dont il est crédité ni le nombre de suffrages exprimés dans chaque collège, mais soutient que, en raison de son caractère catégoriel et de son affiliation à une confédération interprofessionnelle nationale, son audience aurait dû être calculée sur le seul collège dans lequel ses règles statutaires lui donnent vocation à présenter des candidats (Cass. soc. 31-1-2012 n° 10-25.429 FS-PBR : RJS 4/12 n° 365).
Lorsqu'elle surgit à l'occasion de la désignation d'un délégué syndical, la contestation doit être formée dans le délai visé n° 28250.
S'agissant du contentieux relatif aux listes des organisations déclarées représentatives au **niveau des branches ou national,** voir n° 15200, a.

15535 C'est au syndicat dont la représentativité est contestée qu'il appartient d'en apporter la **preuve** (Cass. soc. 24-2-1993 n° 92-60.003 P : RJS 4/93 n° 416 ; 26-9-2002 n° 01-60.022 FS-PB : RJS 12/02 n° 1417).
S'agissant toutefois des contestations portant sur les critères de non-respect des valeurs républicaines et d'absence d'indépendance, voir respectivement n° 15305 et n° 15320.

CHAPITRE 4 LA SECTION SYNDICALE

SOMMAIRE

SECTION 1 MISE EN PLACE

RÔLE

16500 La section syndicale assure la **représentation** des intérêts matériels et moraux de ses membres, conformément à l'objet des syndicats, tel que défini par la loi (nos 12020 s.) (C. trav. art. L 2142-1). Sa mise en place constitue une étape incontournable dans **l'implantation** du syndicat dans l'entreprise. C'est elle, en particulier, qui permet aux syndicats non représentatifs de désigner un représentant de la section (nos 17200 s.) et aux syndicats représentatifs de désigner un délégué syndical (nos 17500 s.).

ATTENTION

La création d'une section syndicale étant l'une des expressions de la **liberté syndicale**, l'employeur qui s'y oppose s'expose à de lourdes sanctions : voir n° 13820.

NATURE JURIDIQUE

16510 N'étant qu'une émanation du syndicat dans l'entreprise, la section syndicale est privée de la **personnalité juridique**, qui n'appartient qu'au syndicat (Cass. soc. 19-12-1990 n° 89-14.576 P). Elle ne peut donc ni présenter une liste aux **élections professionnelles** dans l'entreprise (Cass. soc. 30-5-2001 n° 00-60.159 FS-P) ni **agir en justice** (Cass. soc. 18-7-1979 n° 79-60.118 P ; 13-2-2008 n° 07-60.171 F-D). Si des **actes fautifs** sont commis, un employeur ne peut pas agir contre elle en justice (Cass. soc. 19-12-1990 n° 89-14.576 P), seuls ses membres pouvant être poursuivis (CA Paris 10-5-1993 n° 92-21969).

CADRE DE LA MISE EN PLACE

16530 Une section syndicale peut être constituée au sein de l'entreprise ou d'un établissement (C. trav. art. L 2142-1), quel que soit son **effectif** (Cass. soc. 24-2-1993 n° 91-60.237 P : RJS 4/93 n° 417), sous réserve que soient remplies les conditions exposées ci-après.

> **Précisions** L'attribution à la section syndicale de certains **moyens** est cependant subordonnée à une condition d'effectif. Il en est ainsi :
> – de la mise à disposition d'un local syndical (nos 34164 s.) ;
> – de l'attribution d'un crédit d'heures supplémentaire pour la préparation de la négociation d'entreprise (nos 17100 s.) ;
> – de la désignation d'un représentant de la section syndicale (nos 28610 s.) ou d'un délégué syndical (n° 27830).

SYNDICATS HABILITÉS

16540 Dès lors qu'ils ont **plusieurs adhérents** dans l'entreprise ou dans l'établissement, peuvent constituer une section syndicale (C. trav. art. L 2142-1) :
– chaque syndicat représentatif dans l'entreprise ou l'établissement ;
– chaque syndicat affilié à une organisation syndicale représentative au niveau national et interprofessionnel ;
– ou chaque syndicat qui satisfait aux critères de respect des valeurs républicaines et d'indépendance, qui est légalement constitué depuis au moins 2 ans et dont le champ professionnel et géographique couvre l'entreprise.

Sur les **notions** de valeurs républicaines, d'indépendance, d'ancienneté dans le champ professionnel et géographique couvrant l'entreprise, et de pluralité d'adhérents, voir respectivement n°s 15300 s., 15320 s., 15380 s. et 16555 s.

> **Précisions a.** Sauf stipulation contraire de ses statuts, une **union de syndicats**, à laquelle la loi reconnaît la même capacité civile qu'aux syndicats eux-mêmes, peut exercer les droits conférés à ceux-ci, notamment constituer une section syndicale et désigner un représentant de cette section (Cass. soc. 8-7-2009 n° 09-60.012 FS-PB : RJS 11/09 n° 866 ; 18-3-2015 n° 14-60.538 F-D). Même solution pour une **confédération** (Cass. soc. 13-1-2010 n° 09-60.155 FS-PBR : RJS 3/10 n° 273).
> **b.** Une union ne peut se prévaloir de l'**adhésion d'un syndicat** pour en exercer les prérogatives que si celle-ci est finalisée dans les **formes** prévues par ses statuts (Cass. soc. 5-12-2012 n° 12-14.366 FS-PB : RJS 2/13 n° 139). Voir par exemple, à propos de la désignation d'un représentant de la section syndicale, n° 28635, f. Sur la portée de la **modification** par un syndicat de son champ statutaire, voir n° 16550.
> **c.** Pour exercer ses prérogatives, un groupement de syndicats peut se prévaloir des **adhésions des salariés** aux syndicats qui lui sont affiliés (Cass. soc. 13-1-2010 n° 09-60.155 FS-PBR : RJS 3/10 n° 273). S'agissant du champ professionnel et géographique du syndicat (ou de l'union), il suffit que ses **statuts** englobent les salariés de l'entreprise (Cass. soc. 8-7-2009 n° 09-60.048 FS-PBR : RJS 10/09 n° 815).

16545 **Syndicats affiliés à une organisation représentative au niveau national et interprofessionnel** Les dispositions de l'article L 2142-1 du Code du travail semblent dispenser les syndicats affiliés à l'une des organisations représentatives au plan national et interprofessionnel (n° 15200) d'apporter la **preuve** qu'ils satisfont aux **critères** de respect des valeurs républicaines, d'indépendance, d'ancienneté et de champ professionnel et géographique.

Pour certains auteurs, ces syndicats doivent seulement justifier d'une **affiliation conforme** à la loi et d'une **pluralité d'adhérents** dans l'entreprise ou l'établissement concerné (voir Anthony Brice, « La section syndicale après la loi du 20 août 2008 » : Semaine Juridique, Édition sociale n° 15 du 7 avril 2009, p. 22).

Reste la question, non encore soumise aux juges, de savoir si cette dispense interdit de contester que le syndicat répond bien aux critères en cause.

16550 **Syndicats non représentatifs** La création d'une section syndicale n'est pas réservée aux seuls syndicats représentatifs (Cass. soc. 18-11-2009 n° 09-60.033 F-D).

Un syndicat non représentatif dans l'entreprise ou l'établissement et non affilié à une organisation représentative au plan national et interprofessionnel peut créer une section syndicale s'il a des adhérents dans ce périmètre et satisfait aux **critères, cumulatifs** (TI Paris 5-12-2008 n° 11-08-000619 : RJS 7/09 n° 641 ; Circ. DGT du 13-11-2008, fiche n° 3, n° 1.3), de respect des valeurs républicaines, d'indépendance et d'ancienneté dans le champ professionnel et géographique.

> **Précisions** La **modification** par un syndicat de son **champ statutaire** ne remet pas en cause l'**ancienneté** acquise par lui depuis le dépôt initial de ses statuts. Il est donc en droit de constituer une section syndicale et de désigner un représentant de la section syndicale dans l'entreprise dès lors qu'il est légalement constitué depuis au moins 2 ans et que son champ professionnel et géographique couvre l'entreprise à la date de constitution de la section syndicale (Cass. soc. 14-11-2012 n° 11-20.391 FS-PB : RJS 1/13 n° 55).

16555 **Pluralité d'adhérents** Pour créer une section syndicale, le syndicat doit avoir plusieurs adhérents dans l'**entreprise** ou l'**établissement** (C. trav. art. L 2142-1) c'est-à-dire au moins 2 (Cass. soc. 8-7-2009 n° 09-60.011 FS-PBRI : RJS 10/09 n° 810 ; 14-12-2010 n° 10-60.137 FS-PB : RJS 2/11 n° 154), peu important l'**effectif** de l'entreprise ou de l'établissement (Cass. soc. 4-11-2009 n° 09-60.075 FS-PBR : RJS 1/10 n° 65).

Sur les adhésions que peut revendiquer une **union ou** une **fédération** de syndicats, voir n° 16540, c.

> **Précisions a.** Pour caractériser l'**adhésion** à un syndicat, il faut se référer à ses **statuts**, qui en fixent les modalités (Cass. soc. 22-11-2017 n° 16-22.184 F-D : RJS 2/18 n° 122).
> **b.** La **preuve de l'existence d'adhérents** dans l'entreprise est apportée par le syndicat qui fait état de cotisations non symboliques au jour de la désignation du représentant de section, ce jour pouvant d'ailleurs **coïncider** avec la création de la section syndicale (TI Roanne 2-1-2009 n° 11-08-000392 : RJS 7/09 n° 641). Lorsque la section comporte **2 membres**, l'un d'eux peut être le représentant de la section (Cass. soc. 26-5-2010 n° 09-60.278 F-PB : RJS 8-9/10 n° 687) ou le délégué syndical.
> En cas de **litige** portant sur le nombre de ses adhérents, il ne peut pas être exigé du syndicat qu'il en dévoile les noms. L'adhésion du salarié à un syndicat relève, en effet, de sa **vie personnelle** et ne peut pas être divulguée sans son accord. Si l'information est nécessaire, le juge doit se la faire communiquer de façon non contradictoire, c'est-à-dire sans la transmettre à l'employeur (Cass. soc. 14-12-2010 n° 10-60.137 FS-PB : RJS 2/11 n° 154), ou recourir à un expert indépendant tenu au secret.
> Cette dérogation au **principe du contradictoire** est limitée aux éléments d'**identification des adhérents**. Un employeur peut donc demander que lui soient communiquées les **pièces, anonymisées**, par lesquelles le syndicat entend prouver la présence d'adhérents, par exemple la copie de cartes d'adhérents mentionnant le paiement de cotisations dont le nom et la photo du titulaire sont cachés (Cass. soc. 14-11-2012 n° 11-20.391 FS-PB : RJS 1/13 n° 55).
> Dès lors que le syndicat produit la liste de ses adhérents, l'employeur ne peut pas contester leur **appartenance à l'entreprise** sans fournir la liste de son personnel (Cass. soc. 20-6-2012 n° 11-60.228 F-D : RJS 10/12 n° 820).
> **c.** Les **adhérents** du syndicat ou les membres de la section non investis de fonctions représentatives n'ont pas droit en tant que tels à la **protection** spéciale des représentants du personnel. Comme tout salarié, ils sont cependant protégés contre les discriminations fondées sur l'appartenance ou l'activité syndicale (nos 40010 s.).
> **d.** Dans les **entreprises de travail temporaire**, peuvent être considérés comme **adhérents** les salariés intérimaires liés à l'entreprise par des contrats de mission pendant au moins 3 mois au total au cours de la dernière année civile, même non titulaires d'un contrat de mission lors de la désignation du représentant de la section syndicale, dès lors qu'ils n'ont pas fait connaître à l'employeur qu'ils n'entendent plus bénéficier d'un nouveau contrat et que ce dernier ne leur a pas notifié sa décision de ne plus faire appel à eux pour de nouveaux contrats (Cass. soc. 11-5-2016 n° 15-17.200 FS-PB : RJS 7/16 n° 506).

NOMBRE DE SECTIONS

Chaque syndicat ne peut constituer qu'**une seule** section syndicale (C. trav. art. L 2142-1). **16560**
Il en est ainsi même lorsque le syndicat a des adhérents dans plusieurs **catégories professionnelles** (ouvriers, employés, cadres...). Les sections catégorielles n'étant pas admises, le syndicat doit confier à son délégué – ou, dans les grandes entreprises, à l'un de ses délégués – la tâche de représenter telle ou telle catégorie particulière.

ATTENTION

Cela n'empêche pas un **syndicat catégoriel**, telle la CGC, de créer une section syndicale dans l'entreprise.

FORMALITÉS

La constitution d'une section syndicale n'étant assortie d'aucune condition de forme (Cass. soc. 12-2-1970 n° 69-60.096 P ; 2-7-1981 n° 81-60.554 P), les salariés peuvent librement décider de la mettre en place, sans demander l'**autorisation de l'employeur**. Celui-ci commet un délit d'entrave en tentant de s'opposer à son implantation : voir n° 13820. **16565**

CONSEIL

Afin d'éviter toute contestation ultérieure, il est prudent d'en **informer l'employeur** par lettre recommandée avec accusé de réception et d'adresser un exemplaire de cette lettre à l'**inspecteur du travail** (Circ. DRT du 13-11-1984).

CONTENTIEUX

Deux types de litiges peuvent s'élever à propos de la section syndicale : **16570**
– des litiges sur son existence, à l'occasion d'un contentieux relatif aux **conditions de désignation d'un délégué syndical** ou d'un représentant de la section syndicale, cette existence étant l'une des conditions de la désignation (voir nos 28200 s.) ou relatifs à l'**invitation des syndicats** à **négocier le protocole** d'accord préélectoral (voir n° 24107) ;
– des litiges **propres à la section syndicale** (existence ou moyens attribués à la section), qui relèvent de la compétence du tribunal judiciaire statuant en premier ressort à charge d'appel (Cass. soc. 6-5-1985 n° 84-60.623 P ; 16-4-1986 n° 85-60.580 P).

SECTION 2 MOYENS

16600 Pour exercer sa mission, la section syndicale peut, tout d'abord, collecter les cotisations syndicales dans l'entreprise (n° 34010). Elle peut, dans certaines conditions, bénéficier d'un local (n°s 34160 s.) et réunir ses adhérents (n°s 16990 s.). Elle peut ensuite communiquer avec les salariés par différents moyens : affichage (n°s 34400 s.), diffusion de publications et de tracts (n°s 16830 s.), messagerie, intranet, internet (n°s 16870 s.), réunions (n°s 16975 s.). Elle dispose enfin, dans certaines conditions, d'un crédit d'heures spécial pour la préparation de la négociation des accords collectifs de travail (n°s 17100 s.).
La définition des modalités d'utilisation par la section syndicale de certains de ces moyens nécessite un **accord** avec l'employeur : voir n°s 34176 s. (local syndical), n°s 34400 s. (affichages), n°s 16995 (réunions de la section) et 17040 (autres réunions).
S'agissant du **contentieux** relatif à l'attribution de moyens à la section syndicale, voir n° 16570.

A. Information syndicale

16730 La question de l'information syndicale recouvre deux problématiques : celle de son contenu et celle du vecteur utilisé pour sa diffusion dans l'entreprise : tracts et publications, réunions syndicales, communication par voie électronique et affichage. Sur ce dernier, voir n°s 34400 s.

> **Précisions a.** Les **stipulations conventionnelles** visant à faciliter la communication syndicale doivent, en vertu du principe d'égalité, bénéficier à **tous les syndicats** qui ont constitué une section syndicale et non pas être **réservées** aux **syndicats représentatifs** (Cass. soc. 21-9-2011 n° 10-19.017 FS-PB : RJS 11/11 n° 885 ; 11-1-2012 n° 11-14.292 FS-PB : RJS 3/12 n° 274 ; 23-5-2012 n° 11-14.930 FS-PB : RJS 8-9/12 n° 723). En effet, les dispositions du Code du travail relatives à l'affichage et à la diffusion des communications syndicales à l'intérieur de l'entreprise sont liées à la constitution d'une section syndicale, laquelle n'est pas subordonnée à une condition de représentativité (n°s 16540 s.) (Cass. soc. 21-9-2011, 11-1-2012 et 23-5-2012 précités). L'extension de stipulations conventionnelles contraires à ce principe doit être invalidée (CE 1e et 6e s.-s. 1-6-2015 n° 369914 : RJS 10/15 n° 651). Sur l'obligation de **neutralité** de l'employeur vis-à-vis des organisations syndicales, voir n°s 13850 s.
> **b.** La nécessité pour les syndicats de pouvoir informer les salariés n'autorise pas tout. L'employeur, en particulier, n'est pas tenu de leur fournir l'**adresse des salariés**, ni de mettre à leur disposition le support matériel de ces adresses (Cass. soc. 26-9-1989 n° 86-14.246 P : RJS 11/89 n° 857). Mais il est tenu de prendre toutes les mesures nécessaires, en accord avec l'entreprise utilisatrice, pour que la diffusion des communications syndicales puisse être assurée auprès des **salariés mis à disposition** (Cass. soc. 17-3-2021 n° 19-21.486 FS-P : RJS 6/21 n° 320).

1. CONTENU DE L'INFORMATION SYNDICALE

NATURE SYNDICALE

16745 Les publications et les tracts, comme les communications destinées à l'affichage, doivent avoir une « nature syndicale » (C. trav. art. L 2142-3 et L 2142-4).
En l'absence de définition légale, l'**administration** considère que si l'action syndicale doit se différencier de toute action associative ou politique, elle n'implique pas l'absence de tout **aspect politique** dans l'expression et l'activité des syndicats : voir n° 12070.
La **Cour de cassation** adopte quant à elle une position plus restrictive en jugeant irréguliers l'affichage ou la diffusion de documents exprimant des prises de positions syndicales de nature politique. Tel est le cas des prises de positions syndicales sur un référendum (à propos du référendum du 23-4-1972 sur l'adhésion de nouveaux États à la CEE : Cass. soc. 12-2-1975 n° 74-10.090) ou sur des élections politiques (par exemple, communications, affichages ou tracts incitant les travailleurs à se déterminer en faveur de tel ou tel parti politique : Cass. soc. 6-11-1974 n°s 73-13.841 et 73-13.528 ; Cass. crim. 25-11-1980 n° 80-90.554).
Certains **juges du fond**, tenant compte de l'étroite imbrication entre les problèmes politiques, économiques et professionnels, ont adopté une analyse proche de celle de l'administration.

Ainsi jugé que ne dérogent pas à l'esprit des syndicats professionnels des tracts syndicaux reprenant le programme économique et social d'un parti politique, pour attirer l'attention des salariés sur son incidence quant à leurs droits, et donnant des consignes de vote pour le second tour de l'élection présidentielle (TGI Nanterre 3-5-2002 référé n° 02-01278 : RJS 7/02 n° 843). Jugé de même qu'un employeur ne peut pas obtenir le retrait d'un texte, affiché sur les panneaux réservés aux communications syndicales et prenant position contre le traité de Maastricht, dans la mesure où une telle prise de position constitue non pas un appel à voter pour un parti déterminé, mais une mise en garde contre les insuffisances sociales de ce texte (TGI Montpellier référé 23-7-1992 : RJS 2/93 n° 163).

RESPECT DES DISPOSITIONS APPLICABLES À LA PRESSE

Le contenu des affiches, publications et tracts est librement déterminé par le syndicat, sous réserve de l'application des dispositions relatives à la presse (C. trav. art. L 2142-5), qui vise les délits de presse tels qu'**injures** et **diffamations publiques**, **fausses nouvelles** et **provocations** (Loi du 29-7-1881 ; Ord. du 6-5-1944 et du 13-9-1945 ; Circ. DRT du 30-11-1984). **16760**

Le caractère syndical des communications n'interdit toutefois pas la controverse, voire la **polémique**, sous réserve qu'elle ne prenne pas une forme injurieuse ou diffamatoire au sens de la loi sur la presse (Cass. crim. 23-11-1993 n° 90-86.396 : RJS 2/94 n° 161 ; CA Paris 20-1-1994 : RJS 4/94 n° 433).

ILLUSTRATIONS

Dépassent les limites admissibles de la polémique née d'un conflit social la parution, dans une publication syndicale, d'un article contenant des **attaques personnelles** à l'égard d'un directeur (Cass. crim. 23-11-1993 n° 90-86.396 : RJS 2/94 n° 161) ou encore les **propos insultants**, injurieux, voire vexatoires **relatifs à l'entreprise** et à des supérieurs hiérarchiques tenus par un délégué syndical sur un réseau social (T. corr. Paris 17-1-2012 n° 1034008388 : RJS 4/12 n° 297).

A un caractère **diffamatoire** le **tract** indiquant que « le patron commence par se servir, et là, on peut lui faire confiance, il se sert comme il faut » (Cass. crim. 18-6-1985 n° 84-90.045 P) ou celui intitulé « la main dans le sac suite », insinuant, d'une part, que seule la direction bénéficie d'avantages du CSE à l'occasion de voyages, alors que d'autres salariés en ont profité, d'autre part, que le financement de ces avantages est occulte, alors qu'il a été arrêté au cours d'une réunion du comité (Cass. crim. 23-1-1993 n° 91-80.198).

De même, sort des limites admissibles de la polémique syndicale, même née dans le cadre d'un **conflit social**, un tract distribué aux passagers d'une compagnie aérienne présentant celle-ci comme peu soucieuse de sécurité et uniquement préoccupée par la recherche du profit (CA Paris 26-10-2005 n° 04-16363 : RJS 1/06 n° 60).

SYNDICATS ET OBLIGATION DE DISCRÉTION

Si la loi n'assujettit pas expressément les syndicats à l'obligation de discrétion, elle ne les autorise pas pour autant à publier des **informations confidentielles** (TGI Lyon 11-12-1984 n° 84-1112 : Droit social, février 1985 p. 111 s., note J. Savatier). **16765**

Ce respect d'une certaine confidentialité a été rappelé à propos de l'utilisation d'**internet,** voir n° 16900.

> **Précisions a.** S'agissant des informations en possession du **délégué syndical**, il convient de distinguer **deux situations**. Si elles sont transmises dans le cadre du fonctionnement du CSE, le délégué est soumis à la même obligation de confidentialité que les autres membres du CSE (n°s 860 s.). En revanche, si elles lui sont communiquées en sa stricte qualité de délégué syndical, les seules limites fixées à sa liberté d'expression sont celles prévues par la loi relative à la liberté de la presse visées n° 16760 (TJ Paris 1-6-2021 n° 21/54080 : RJS 8-9/21 n° 460).
> **b.** Sur la diffusion, via un tract ou sur le site intranet, de la **grille des salaires** de l'entreprise, voir n° 16940, a.

POUVOIRS DE L'EMPLOYEUR

S'il estime illicite le contenu d'une affiche, d'une publication ou d'un tract, l'employeur peut intenter une **action en dommages et intérêts** contre le syndicat et/ou ses membres qui ont procédé à l'affichage ou à la diffusion du document litigieux, mais non contre la section syndicale. **16770**

Toutefois, une fédération ou un syndicat ne peuvent être tenus pour responsables des actes commis par une section syndicale que s'ils ont personnellement, par leurs organes ou par leurs préposés, pris part au fait dommageable, puisque la section syndicale d'entreprise, qui n'est pas un organe du syndicat, n'engage pas de plein droit la responsabilité de celui-ci (CA Paris 10-5-1993 n° 92-21969).

L'employeur peut par ailleurs prononcer des **sanctions disciplinaires** à l'encontre des membres de la section syndicale qui affichent ou diffusent, même sur ordre du syndicat, des communications, publications ou tracts dont le contenu est illicite (Cass. soc. 16-10-1985 n° 82-42.984 P).
Sur les conséquences de la méconnaissance par un délégué syndical des termes d'un accord relatif à la communication syndicale par voie électronique dans l'entreprise, voir n° 16945.
S'agissant d'un éventuel **contrôle préalable** de l'employeur sur les communications syndicales, voir n° 34420 (affichage), n°s 16835 s. (publications et tracts syndicaux), n° 16900 (diffusion par internet), n°s 16940 s. (diffusion par intranet ou messagerie électronique).

ATTENTION

Sous l'angle **contentieux**, une distinction doit être faite selon que les propos ont ou non un caractère injurieux ou diffamatoire.
Les abus de la liberté d'expression prévus et réprimés par la loi du 29-7-1881 ne peuvent, en effet, être incriminés et réparés qu'en application de cette loi et non sur le fondement de l'article 1240 du Code civil relatif à la responsabilité civile pour faute (Cass. ass. plén. 12-7-2000 n° 98-10.160 P ; Cass. soc. 28-2-2007 n° 05-15.228 FS-PB : RJS 5/07 n° 628).
Ceux qui ne relèvent pas de cette qualification peuvent, en revanche, être réparés sur le fondement de l'article 1240 du Code civil, l'article L 2142-5 du Code du travail ne permettant pas de s'affranchir des règles relatives au principe général de la responsabilité civile pour faute. Ainsi, la diffusion d'un tract dénigrant l'entreprise engage la responsabilité du syndicat (CA Paris 26-10-2005 n° 04-16363 : RJS 1/06 n° 60).

2. PUBLICATIONS ET TRACTS SYNDICAUX

16830 Les publications et tracts de nature syndicale peuvent être librement diffusés aux travailleurs de l'entreprise dans l'enceinte de celle-ci aux heures d'entrée et de sortie du travail (C. trav. art. L 2142-4).

> **Précisions a.** Un **accord collectif** peut prévoir des **conditions de diffusion** des publications et tracts syndicaux **moins restrictives** que celles prévues par la loi (Cass. soc. 8-11-1978 n° 77-40.289 P). Il en va de même d'un **usage** (Cass. soc. 9-6-1983 n° 82-11.087 P). En revanche, un accord collectif ne pouvant pas **restreindre les droits syndicaux** que les représentants des salariés tiennent des lois et règlements en vigueur (Cass. soc. 27-5-2008 n° 06-46.403 F-P : RJS 8-9/08 n° 914), il ne peut pas aggraver les modalités de diffusion des publications et tracts syndicaux. Ainsi doit être annulé l'arrêté d'extension d'un accord collectif réservant leur diffusion aux syndicats représentatifs dans l'entreprise (CE 1e et 6e s.-s. 1-6-2015 n° 369914 : RJS 10/15 n° 651).
> **b.** L'article L 2142-4 du Code du travail n'est pas applicable à une diffusion de tracts **à l'extérieur de l'entreprise**, qui n'est régie par aucune disposition spécifique (Cass. soc. 28-2-2007 n° 05-15.228 FS-PB : RJS 5/07 n° 628). Ne font, en particulier, pas partie de l'enceinte de l'entreprise la voie publique, les parties communes d'une tour où elle occupe des locaux ou encore l'établissement d'un client au sein duquel certains de ses salariés effectuent des missions. Dès lors, l'employeur ne peut pas invoquer ce texte pour contester la licéité de la distribution de tracts syndicaux en ces lieux (Cass. soc. 18-1-2011 n° 09-12-240 F-D : RJS 4/11 n° 345).

NOTION DE TRACT

16835 La loi ne définissant pas la notion de tract, il a été jugé que constitue un tract un document concernant les **conditions de travail** et **invitant** les salariés **à une réunion du syndicat** portant sur cette question, peu important qu'il leur ait été remis sous enveloppe (Cass. soc. 31-3-1998 n° 96-41.876 P : RJS 5/98 n° 605). Plus largement, il peut s'agir d'un document exprimant un **avis** ou une **critique** ou exposant un **programme**.

PRINCIPE DE LIBRE DIFFUSION

16840 La faculté de distribuer des publications et tracts syndicaux s'inscrit, dans le Code du travail, parmi les textes relatifs à la **section syndicale**. Elle peut donc être exercée par l'un quelconque de ses membres, sans pouvoir être réservée au **délégué syndical** (Cass. crim. 9-4-2019 n° 18-80.921 F-D : RJS 6/19 n° 364).
Des membres de la **délégation du personnel au CSE** peuvent, en tant que membres d'un syndicat, procéder à la distribution de tracts et au recueil de signatures de pétitions dans les conditions prévues à l'article L 2142-4 du Code du travail (à propos d'un délégué du personnel : Cass. soc. 13-3-1985 n° 82-43.175 P). S'agissant, en revanche, de la distribution de tracts par des délégués non syndiqués, voir n°s 330 s.

La diffusion doit s'effectuer dans les **conditions légales** (ou, le cas échéant, conventionnelles, voir n° 16830, a). Le salarié qui diffuse ou distribue des publications ou tracts en un lieu ou en un temps non autorisés s'expose à une sanction disciplinaire (Cass. soc. 10-5-1979 n° 78-40.900, à propos d'une diffusion devant l'horloge pointeuse mais en dehors des heures d'entrée et de sortie du travail ; Cass. soc. 20-10-1988 n° 85-46.050, à propos d'une diffusion dans la cafeteria de l'entreprise pendant le temps de pause des salariés), la sanction infligée devant être proportionnée à la faute commise (CA Paris 28-9-1988 n° 87-35639).
À la différence des communications syndicales destinées à l'affichage, dont un exemplaire doit être simultanément **transmis à l'employeur**, la communication à l'employeur des publications et tracts destinés à être envoyés ou distribués n'est pas prévue. L'employeur qui estime illicite le contenu d'un document diffusé doit, selon nous, procéder comme en matière d'affichage (n° 34420), c'est-à-dire saisir le juge, au besoin en référé, pour demander l'arrêt de sa diffusion.

MODES DE DIFFUSION

En dehors de la diffusion des publications et tracts syndicaux au moyen des outils numériques disponibles dans l'entreprise (nos 16870 s.), la loi ne précise pas quels modes de diffusion peuvent être utilisés par les syndicats pour porter les documents syndicaux à la connaissance du personnel. Ceux-ci peuvent donc être très variables. **16850**
Les **conventions ou accords collectifs** peuvent apporter des indications utiles sur ce point, voire autoriser des modes particuliers de diffusion.

> **Précisions** L'autorisation donnée par l'employeur à une section syndicale de faire usage d'une ligne téléphonique privative directe emporte celle d'utiliser un **répondeur téléphonique** pour diffuser des messages syndicaux dans et hors de l'entreprise (Cass. soc. 27-10-1981 n° 80-12.637 P).
> En revanche, est illicite l'**envoi** de communications syndicales, **par la voie postale et au lieu de leur travail**, aux salariés travaillant hors des locaux de l'entreprise en des lieux dispersés (hôtesses et démonstratrices envoyées par l'entreprise pour tenir ses stands dans les grandes surfaces) (Cass. crim. 25-5-1982 n° 81-93.443 P). Rien n'empêche toutefois l'employeur de donner son accord exprès sur ce point.

LIEU DE DIFFUSION

La loi se contente d'indiquer que la diffusion se déroule librement « dans l'enceinte de l'entreprise », ce qui inclut tout lieu de celle-ci : vestiaires, cantine, cour, etc., mais aussi locaux de travail. **16855**
La distribution n'est illicite qu'en cas de **trouble** injustifié à l'**exécution normale du travail** ou à la marche de l'entreprise. L'employeur ne peut donc pas fixer unilatéralement un endroit où elle doit être effectuée, à l'exclusion de tout autre (Cass. crim. 27-11-1973 n° 73-90.495 P), par exemple à proximité immédiate du point de franchissement de l'enceinte de l'entreprise (Cass. crim. 30-1-1973 n° 72-91.807 P).

ILLUSTRATIONS

Ont été jugés **licites** :
– la distribution de tracts dans un couloir conduisant aux ateliers (Cass. crim. 21-2-1979 n° 77-92.618 P) ;
– le dépôt de tracts devant la porte de chaque bureau, en violation d'un accord d'entreprise, dès lors que la réglementation applicable – en l'espèce un décret relatif aux offices publics d'aménagement et de construction – ne restreint pas les modalités de distribution des documents syndicaux aux agents dans l'enceinte des bâtiments administratifs, hors le cas d'atteinte au bon fonctionnement du service (Cass. soc. 27-5-2008 n° 06-46.403 F-P : RJS 8-9/08 n° 914).
Est en revanche **illicite** le dépôt permanent d'un paquet de tracts dans le hall d'entrée d'un établissement ouvert au public, dès lors qu'ils sont susceptibles d'être à la disposition constante tant du personnel que des personnes étrangères à l'entreprise, une telle pratique étant de nature à perturber le bon fonctionnement de celle-ci (Cass. crim. 30-1-1973 n° 72-92.034 P).

HEURES DE DIFFUSION

Sauf accord ou usage contraire (n° 16830), les publications et tracts peuvent seulement être diffusés aux heures d'entrée et de sortie de travail, c'est-à-dire aux heures auxquelles les salariés **regagnent ou quittent leurs postes**. **16860**
Sur les règles applicables en cas : d'**horaires variables**, voir n° 64620 ; de **travail par équipe**, voir nos 64900 s.

ILLUSTRATIONS

Sauf accord ou usage contraire, les tracts ne peuvent pas être distribués :
– au cours des **allées et venues** du personnel pour **raisons professionnelles** (Cass. soc. 10-5-1979 n° 78-40.900 P), ni pendant les **pauses**, même non comptées dans la durée du travail, accordées sur les lieux du travail (Cass. crim. 12-2-1979 n° 77-93.799 P), ni encore pendant le temps du **repas** pris dans l'enceinte de l'entreprise (Cass. soc. 9-6-1983 n° 82-11.087 P ; 20-10-1988 n° 85-46.046 D) ;
– au personnel d'un service ayant **commencé le travail**, ni être déposés sur les bureaux du **personnel absent** en dehors des horaires de travail (Cass. soc. 27-5-1997 n° 95-14.850 P : RJS 7/97 n° 832).

3. COMMUNICATION PAR VOIE ÉLECTRONIQUE

16870 Les conditions et les modalités de diffusion des informations syndicales au moyen des **outils numériques disponibles dans l'entreprise** peuvent être définies par un **accord d'entreprise** (C. trav. art. L 2142-6, al. 1).
À **défaut d'accord**, les syndicats présents dans l'entreprise et satisfaisant aux critères de respect des valeurs républicaines et d'indépendance, légalement constitués depuis au moins 2 ans, peuvent mettre à disposition des publications et tracts sur un site syndical accessible à partir de l'intranet de l'entreprise, lorsqu'il existe (C. trav. art. L 2142-6, al. 2).

ATTENTION

L'utilisation par les syndicats des outils numériques mis à leur disposition doit (C. trav. art. L 2142-6, al. 3 à 5) :
– être compatible avec les exigences de bon fonctionnement et de sécurité du **réseau informatique** de l'entreprise ;
– ne pas avoir des conséquences préjudiciables à la bonne **marche de l'entreprise** ;
– préserver la **liberté de choix des salariés** d'accepter ou de refuser un message.

ÉGALITÉ D'ACCÈS DES ORGANISATIONS SYNDICALES

16875 L'accord conclu le cas échéant doit :
– respecter le principe de **non-discrimination syndicale**. En conséquence, les **syndicats non signataires** de l'accord doivent bénéficier des droits reconnus aux signataires (Circ. DRT 9 du 22-9-2004 ; TGI Nanterre 31-5-2002 n° 02-3795 : RJS 11/03 n° 1284) ;
– bénéficier à tous les syndicats ayant créé une section syndicale (n° 16730). Il ne peut pas **réserver** l'accès aux moyens de communication permettant la diffusion d'informations syndicales aux seuls **syndicats représentatifs** (Cass. soc. 23-5-2012 n° 11-14.930 FS-PB : RJS 8-9/12 n° 723).
Ces solutions valent pour autant que le syndicat respecte les termes de l'accord, en particulier les contraintes d'accès aux moyens de communication (Circ. du 22-9-2004 précitée ; TGI Nanterre 31-5-2002 précité). Ainsi, par exemple, un syndicat ne peut pas y faire apparaître, en méconnaissance des accords collectifs applicables, une **dénomination distincte** de celle fixée par ses **statuts** et de nature à faire naître chez les salariés une croyance erronée dans son champ d'application et sa représentativité (Cass. soc. 23-5-2012 n° 11-14.930 FS-PB : RJS 8-9/12 n° 723).

INTERNET

16890 L'accès des organisations syndicales à l'internet pose deux types de questions. Les premières ont trait à la connexion au réseau, les secondes à la communication des syndicats avec les salariés à partir d'un site internet.

16895 **Mise à disposition d'une connexion internet** Les dispositions légales relatives aux obligations de l'employeur en matière de fourniture de moyens (n° 34240) n'envisagent pas la fourniture aux syndicats d'un accès internet. Toutefois, un accord peut prévoir une telle mise à disposition et en fixer les conditions.

16900 **Site internet syndical** Un syndicat a le droit de communiquer des informations au public sur un site internet (Cass. soc. 5-3-2008 n° 06-18.907 FS-PBRI : RJS 5/08 n° 563).
Pour ce faire, un syndicat, même non représentatif, peut créer son propre site, dans le but d'atteindre non seulement un très grand nombre de salariés, mais également n'importe quel internaute (clients, concurrents, journalistes, etc.), dès lors que l'accès au site n'est pas réservé à une certaine catégorie de personnes.
Dans l'exercice de ce droit de communication, le syndicat ne peut pas :
– divulguer des **informations confidentielles** si cette diffusion porte atteinte aux **intérêts légitimes de l'entreprise** (Cass. soc. 5-3-2008 n° 06-18.907 FS-PBRI : RJS 5/08 n° 563) ;
– utiliser le **logo de l'entreprise** sans l'accord de l'employeur, conformément aux règles de la propriété industrielle.

Par ailleurs, les informations qu'il met en ligne doivent respecter :
– les dispositions relatives à la **presse** et ne pas contenir d'injures, de diffamations publiques, de fausses nouvelles et de provocations tombant sous le coup des délits de presse (n° 16760) ;
– la **vie privée** des personnes, notamment la confidentialité des échanges. Cette précision donnée à propos de l'utilisation d'une messagerie électronique (n° 16940) nous paraît valoir également pour les échanges sur un site internet ;
– le droit à l'**image** (C. pén. art. 226-1).

INTRANET ET MESSAGERIE ÉLECTRONIQUE

Nécessité d'un accord Sous réserve de remplir les conditions exposées n° 16870, les syndicats peuvent accéder à l'intranet de l'entreprise pour y diffuser leurs tracts et publications sans qu'un accord d'entreprise les y autorise. L'accès à sa messagerie est, en revanche, subordonné à un tel accord. 16920

> **Précisions** L'article L 2142-6 du Code du travail (n° 16870) ne vise que les **échanges entre les syndicats et les salariés**. La notion de diffusion de tracts syndicaux renvoie, en effet, à la distribution traditionnelle des documents papier aux heures d'entrée et de sortie du personnel. En revanche, il n'est pas besoin d'accord pour **communiquer avec l'employeur**. Ainsi en a-t-il été jugé à propos d'un message électronique adressé par un délégué syndical aux seuls représentants de l'employeur et dont le contenu était en lien avec une réunion sur le climat social à laquelle ils devaient participer (Cass. soc. 10-1-2012 n° 10-18.558 FS-PB : RJS 3/12 n° 265).

Limites de l'expression syndicale Le contenu des communications mises en ligne sur l'intranet de l'entreprise ou diffusées par messagerie électronique doit respecter les principes exposés plus haut (objet syndical, respect de la loi sur la presse, etc. : n°s 16745 s.), mais également la **confidentialité des échanges**. Sur l'obligation de **discrétion** des membres du CSE, et, parmi eux, des représentants syndicaux à ce comité, voir n°s 860 s. 16940

> **Précisions a.** La diffusion, par tract et sur l'intranet de l'entreprise, de la **grille des rémunérations** minimales, moyennes, médianes et maximales par coefficient de l'entreprise ne porte atteinte ni à l'intérêt de l'entreprise ni à celui des salariés dès lors que ces informations ne permettent d'identifier ni les rémunérations individuelles des salariés, ni leurs postes et qu'il n'est pas démontré que le document ait été diffusé volontairement à l'extérieur de l'entreprise (TJ Paris 1-6-2021 n° 21/54080 : RJS 8-9/21 n° 460).
> **b.** Pour la **Cnil,** l'**accord collectif** sur l'utilisation des outils numériques dans l'entreprise doit rappeler l'obligation de confidentialité à laquelle employeurs et syndicats sont tenus et contenir toute mesure de sécurité afin d'assurer la confidentialité des échanges électroniques éventuels des salariés avec les syndicats (Note Cnil 22-3-2017).

La diffusion des publications et tracts de nature syndicale via la messagerie électronique ou l'intranet doit être compatible avec les exigences de bon **fonctionnement du réseau informatique** de l'entreprise et ne pas avoir des conséquences préjudiciables à la bonne **marche de l'entreprise** (n° 16870). 16945
Cette disposition permet de légitimer les limitations à l'usage de la **messagerie** à des fins syndicales en termes d'**heures de diffusion** (Rapport AN 2004 n° 1273 p. 87) ou quant à la taille ou à la nature (vidéos, par exemple) des **pièces jointes** transmises par e-mail, mais non quant au **contenu** même du message syndical.

> **ATTENTION**
> L'**accord d'entreprise** peut subordonner la diffusion de l'information syndicale à l'existence d'un **lien entre le contenu du message et la situation sociale de l'entreprise**. Un délégué syndical qui ne respecte pas ces dispositions commet une faute disciplinaire (Cass. soc. 22-1-2008 n° 06-40.514 F-P : RJS 4/08 n° 446). Rendue à propos de la messagerie électronique, la solution nous semble valoir aussi pour l'utilisation de l'intranet de l'entreprise.
> Par ailleurs, le syndicat qui **viole les termes d'un accord** relatif à la messagerie électronique peut être **sanctionné**. L'employeur peut, en application d'un accord d'entreprise prohibant l'envoi de courriels en masse à l'ensemble du personnel, **suspendre temporairement** l'accès à la messagerie interne de l'entreprise d'un syndicat qui n'a pas respecté cette interdiction (Cass. soc. 12-7-2017 n° 15-27.742 FS-PB : RJS 10/17 n° 683).

16950 **Règles propres à la messagerie électronique** L'utilisation par les syndicats des outils numériques mis à leur disposition doit, notamment, préserver la liberté de **choix** des salariés **d'accepter ou de refuser un message** (n° 16870).

La Cnil recommande d'**informer clairement et préalablement les salariés** de la possible utilisation de leur messagerie professionnelle à des fins syndicales afin de leur permettre de manifester leur accord ou leur opposition. L'accord relatif à l'utilisation de la messagerie électronique doit donc préciser les modalités selon lesquelles les salariés peuvent s'opposer à recevoir des messages électroniques émanant de syndicats. Selon la Cnil, il serait opportun que **chaque courriel** indique en objet son caractère syndical et comporte un rappel du droit d'opposition et de ses modalités d'exercice afin que les salariés puissent, à tout moment, manifester leur volonté de s'opposer à la réception de messages syndicaux (Note Cnil 22-3-2017).

Les **adresses** de messagerie électronique **des salariés** ne peuvent pas être **utilisées**, dans le cadre de l'accord, par les syndicats pour d'autres raisons que la mise à disposition de publications et tracts de nature syndicale (Note Cnil 22-3-2017). Des mesures de sécurité doivent également être prises afin d'éviter toute possibilité de contrôle de **l'employeur** sur les **listes de diffusion** constituées par les syndicats, celles-ci étant susceptibles de révéler l'opinion favorable d'un salarié à l'égard d'une organisation, voire son appartenance à un syndicat déterminé, selon son acceptation ou son refus de recevoir les messages provenant de ce syndicat (Note Cnil 22-3-2017).

ATTENTION

Les recommandations de la Cnil n'ont pas, en tant que telles, de caractère obligatoire mais trouvant, pour la plupart, leur fondement dans les principes posés par la loi Informatique et libertés du 6-1-1978, elles s'imposent de ce fait aux intéressés.

Ainsi, le syndicat qui ne respecte pas le droit d'un salarié de s'opposer à la réception d'un message s'expose, en cas de plainte, à la condamnation par cette commission à des **sanctions pécuniaires** et à la **publicité** de cette condamnation. Ainsi en a-t-il été d'un syndicat qui, malgré plusieurs courriers de la Cnil lui enjoignant de radier l'adresse de messagerie électronique professionnelle d'un salarié qui ne souhaitait pas recevoir de courriels syndicaux, a persisté dans ses envois d'e-mails (Délib. Cnil 2012-48 du 16-2-2012).

16955 La question se pose de savoir si l'**employeur** peut **prendre connaissance** des **courriels** adressés aux salariés par les syndicats. Elle suppose de déterminer si le principe du **secret des correspondances** peut ou non s'appliquer à ces messages.

Saisi à propos de la loi pour la confiance dans l'économie numérique (Loi 2004-575 du 21-6-2004), qui a notamment défini la notion de courrier électronique, le Conseil constitutionnel a décidé que cette loi se borne à définir un procédé technique et n'affecte pas le régime juridique de la correspondance privée et qu'en cas de contestation sur le caractère privé d'un courrier électronique, il appartient au juge compétent de se prononcer sur sa qualification (Cons. const. DC 10-6-2004 n° 2004-496).

La généralité de la diffusion constitue à notre avis un indice important. Il paraît, en effet, difficile de considérer que des courriels adressés à un grand nombre de salariés puissent avoir un caractère personnel et comme tels être couverts par le secret des correspondances.

4. RÉUNIONS SYNDICALES

16975 Deux **types de réunions** peuvent être organisées pour partager l'information syndicale : des réunions périodiques entre adhérents d'une section syndicale (nos 16990 s.) et des réunions organisées par une section syndicale en présence de personnalités extérieures (nos 17030 s.).

L'**objet** de ces réunions doit selon nous être **en rapport avec celui du syndicat**, ce qui pose des problèmes de frontières avec l'**action politique**. En effet, la loi interdit à un syndicat de se donner un objet purement politique, sans pour autant exclure que son action comporte des aspects politiques (n° 12070).

Selon l'administration, les réunions à caractère politique sont interdites dans le local syndical. Si les responsables syndicaux passent outre cette interdiction, l'employeur peut demander l'évacuation des locaux par décision judiciaire, ou faire appel aux forces de police en vertu des dispositions du Code de procédure pénale (Rép. Gissinger : AN 29-10-1975 n° 22303).

ILLUSTRATIONS

La réunion projetée par un syndicat concernant une question axée sur le nucléaire, étrangère à l'**activité de la société**, a un objet étranger à l'action syndicale, ce qui justifie son interdiction (Cass. crim. 17-3-1981 n° 80-90.942 P).

a. Réunions périodiques des adhérents de la section syndicale

PARTICIPANTS

La réunion syndicale a lieu entre les adhérents de chaque section (C. trav. art. L 2142-10, al. 1), ce qui semble exclure la présence de **salariés non syndiqués**. 16990

En pratique, toutefois, l'employeur n'est pas autorisé à vérifier l'appartenance syndicale de chaque participant : voir n° 16555, b.

> **Précisions** Un **accord collectif** peut permettre aux sections syndicales d'ouvrir leurs réunions à l'**ensemble du personnel**, mais ne peut pas réserver cet avantage aux seuls syndicats représentatifs, une telle limitation portant atteinte au principe d'égalité (CE 1e et 6e s.-s. 1-6-2015 n° 369914 : RJS 10/15 n° 651).

DÉROULEMENT DES RÉUNIONS

Les adhérents de chaque section syndicale peuvent se réunir **une fois par mois** dans l'**enceinte de l'entreprise** en dehors des locaux de travail suivant des modalités fixées par **accord** avec l'employeur (C. trav. art. L 2142-10, al. 1). 16995

La réunion peut avoir lieu soit dans le **local** mis à la disposition des sections syndicales (nos 34160 s.), soit dans tout autre local qui pourrait leur être prêté par leurs utilisateurs habituels, par exemple le local du CSE (Cass. crim. 9-11-1971 n° 70-92.884 P) ou encore, avec l'accord de l'employeur, la cantine de l'entreprise (Circ. DRT du 30-11-1984).

Elle a lieu en dehors du **temps de travail** des participants à l'exception des **représentants du personnel**, qui peuvent se réunir sur leur temps de délégation (C. trav. art. L 2142-11). Rien n'empêche toutefois que la réunion se déroule pendant les horaires de travail pratiqués dans l'entreprise, comme en cas d'horaires variables ou de travail en équipe (Rép. Herment : Sén. 19-4-1984 n° 14833). S'agissant des horaires variables, leur introduction dans l'entreprise ne doit en effet pas entraver l'exercice normal des fonctions syndicales (n° 64620).

> **Précisions a.** Si une réunion syndicale se tient en dehors du **local** prévu à cet effet, l'employeur peut demander l'évacuation des locaux par décision judiciaire, ou faire appel aux forces de police en vertu des dispositions du Code de procédure pénale (Rép. Gissinger : AN 29-10-1975 n° 22303).
> Si le local syndical se révèle insuffisant pour la tenue de la réunion, celle-ci peut se tenir en un autre lieu, sous peine d'entrave à l'exercice des droits syndicaux et notamment aux droits de réunion et d'information (CA Nîmes 24-10-1989 n° 85-1807).
> **b.** Concernant le **moment de la réunion**, les termes « **représentants du personnel** » recouvrent les délégués syndicaux et représentants syndicaux au CSE, mais aussi les membres élus du CSE (Cass. crim. 11-5-1989 n° 87-84.544 P : RJS 7/89 n° 600) ou du conseil d'entreprise, auxquels il convient d'adjoindre, à notre sens, le représentant de la section syndicale.
> S'agissant des représentants du personnel **non investis de fonctions syndicales**, seul le temps passé aux réunions syndicales qui se tiennent à l'intérieur de l'entreprise est imputable sur leur crédit d'heures. Le temps passé à des réunions syndicales qui se tiennent hors de l'enceinte de l'entreprise ne l'est pas.

b. Réunions avec des personnalités extérieures

PERSONNALITÉS CONCERNÉES

Les sections syndicales peuvent inviter aux réunions qu'elles organisent des **personnalités extérieures** à l'entreprise, qu'il s'agisse de personnalités syndicales ou autres (C. trav. art. L 2142-10). 17030

> **Précisions a.** Pour l'administration, le terme « **personnalités syndicales** » doit être entendu dans un sens large. Il peut s'agir d'un responsable (par exemple, un dirigeant d'une union interprofessionnelle) ou de militants syndicaux, ou même d'un délégué syndical d'une entreprise extérieure (JO déb. AN 26-5-1982 ; Rép. Herment : Sén. 16-2-1984 n° 14834 ; Circ. DRT du 30-11-1984 ; Rép. Houillon : AN 22-4-1996 n° 36025).
> Certains tribunaux ont toutefois fait une interprétation plus restrictive de la notion de personnalité syndicale. Ainsi, il a été jugé que cette notion supposait de la part des personnes la faculté de se prévaloir non seulement de leur militantisme, mais aussi de l'importance de leurs fonctions, de l'étendue de leurs responsabilités, de la célébrité de leurs actions ou de leur notoriété personnelle, distinctions que de simples délégués syndicaux ne peuvent revendiquer (T. corr. Dunkerque 7-11-1986 n° 86-2289).
> **b.** L'expression « **personnalité extérieure autre** que syndicale » s'entend de toute personne reconnue dans l'exercice de sa spécialité. Par exemple, un élu local invité pour s'expliquer sur la politique de la commune en ce qui concerne l'exonération de taxe professionnelle (JO déb. AN 26-5-1982 ; Circ. DRT du 30-11-1984).

DÉROULEMENT DES RÉUNIONS

17035 **Moment et fréquence** Les réunions doivent avoir lieu en dehors du **temps de travail** des participants, à l'exception des représentants du personnel qui peuvent se réunir sur leur **temps de délégation** (C. trav. art. L 2142-11). Pour plus de détails sur ces règles, identiques à celles prévues pour les réunions des adhérents, voir n° 16995. Contrairement aux réunions des adhérents, la loi n'en limite pas la fréquence.

> **Précisions a.** Les dispositions de l'article L 2142-11 du Code du travail sur le temps de la réunion pour les représentants du personnel (n° 16995) ne permettent pas à l'employeur, à l'occasion de l'invitation d'une personnalité syndicale extérieure à l'entreprise dans le local syndical, d'opérer un **contrôle préalable** sur l'exercice des mandats ou l'utilisation des heures de délégation, sous peine d'entrave à l'exercice du droit syndical (Cass. crim. 11-5-1989 n° 87-84.544 P : RJS 7/89 n° 600).
> **b.** Le non-respect des règles prévues pour ces réunions par un membre de la section est passible d'une **sanction disciplinaire** (Cass. soc. 8-1-1981 n° 79-41.236 P).

17040 **Accord de l'employeur** La tenue de ces réunions est subordonnée à l'**accord de l'employeur** (C. trav. art. L 2142-10) :
– si la réunion a lieu dans un **local** de l'entreprise autre que le local syndical (Cass. soc. 12-4-2016 n° 15-60.190 F-D : RJS 6/16 n° 436) ;
– si la personnalité extérieure invitée est une **personnalité autre que syndicale**, quel que soit le lieu de réunion (local syndical ou autre).

> **Précisions** L'étendue de la liberté des sections syndicales d'inviter une **personnalité syndicale** extérieure dépend ainsi indirectement de **deux facteurs** : d'une part, la taille de l'entreprise et, d'autre part, le caractère représentatif du syndicat. En effet, les obligations de l'employeur en termes de mise à disposition d'un local syndical varient selon ces deux facteurs, voir n°s 34160 s. L'accord de l'employeur est ainsi requis chaque fois que la section, ne disposant pas en permanence d'un local propre, est conduite à organiser la réunion dans un espace autre que le local syndical qu'elle partage avec d'autres sections.

B. Crédit d'heures pour préparer la négociation collective

CARACTÉRISTIQUES

17100 Chaque section syndicale dispose, au profit de son ou ses **délégués syndicaux** et des **salariés** de l'entreprise appelés à négocier la convention ou l'accord d'entreprise, en vue de la préparation de cette négociation, d'un crédit d'heures global supplémentaire dans la limite d'une **durée** qui ne peut pas excéder (C. trav. art. L 2143-16) :
– 12 heures par an dans les entreprises d'au moins 500 salariés ;
– 18 heures par an dans celles d'au moins 1 000 salariés.

> **Précisions a.** Chaque section syndicale constituée par un **syndicat représentatif** est susceptible de bénéficier de ce crédit d'heures. S'il est attribué globalement à chaque section syndicale, il résulte clairement du texte que seuls ont vocation à l'utiliser les salariés appelés à participer à la négociation de la convention ou de l'accord collectif, y compris ceux qui n'ont pas la qualité de délégué syndical, pour le compte du syndicat ayant constitué la section.
> **b.** Ce crédit d'heures est :
> – un **maximum**, non susceptible de dépassement en cas de circonstances exceptionnelles ;
> – **supplémentaire**. Autrement dit, il s'ajoute au crédit d'heures dont peuvent disposer, par ailleurs, les participants à la négociation en tant que délégués syndicaux ou titulaires d'un autre mandat ;
> – **global et annuel**. Il est donc alloué dans son entier à la section quel que soit le nombre d'accords conclus dans l'entreprise au cours de la même année (Cass. soc. 2-6-2004 n° 01-44.474 FS-PB : RJS 11/04 n° 1165).

UTILISATION ET PAIEMENT DES HEURES DE DÉLÉGATION

17105 Le crédit d'heures légal est attaché à la **préparation de la négociation** de la convention ou de l'accord collectif d'entreprise, et non aux **réunions** qui la concrétisent (Circ. DRT du 25-10-1983).
Il appartient aux membres de la section syndicale chargés de négocier de le **répartir** entre eux et d'en **informer** l'employeur afin qu'il en tienne compte pour l'établissement de la paie (Cass. soc. 2-6-2004 n° 01-44.474 FS-PB : RJS 11/04 n° 1165).

> **Précisions a.** À défaut d'autres précisions, l'expression « **négociation de la convention ou de l'accord collectif d'entreprise** » semble englober les négociations obligatoires périodiques (n°s 81060 s.), mais aussi, plus généralement, la négociation de toute convention ou de tout accord collectif au niveau de l'entreprise, de l'établissement ou du groupe.
b. Pour les **modalités de paiement** des heures de délégation, voir n°s 34720 s. ; pour celles du temps passé à la négociation proprement dite, c'est-à-dire aux réunions salariés-employeurs, voir n° 80255.

SECTION 3

REPRÉSENTANT DE LA SECTION SYNDICALE

PRÉROGATIVES

Chargé de **représenter le syndicat** l'ayant désigné dans l'entreprise ou l'établissement (C. trav. art. L 2142-1-1), le représentant de la section syndicale (RSS) assure l'interface entre les salariés et son syndicat (Circ. DGT du 13-11-2008) et anime la section syndicale, afin qu'aux élections professionnelles suivantes son syndicat atteigne le score lui permettant d'être représentatif. **17200**
Il bénéficie des mêmes prérogatives que le **délégué syndical**, à l'exception du pouvoir de **négocier** des accords collectifs (C. trav. art. L 2142-1-1). Il peut ainsi formuler des propositions, des revendications ou des réclamations.
Le RSS ne peut pas être **désigné représentant syndical au CSE** : voir n° 28770.

MOYENS

Pour mener ses missions à bien, le représentant de la section syndicale bénéficie des moyens mis à disposition de la **section syndicale** : collecte de cotisations, panneaux d'affichage, local, publication et diffusion de tracts, réunion syndicale mensuelle dans l'entreprise, etc. (Circ. DGT du 13-11-2008 ; voir n°s 16600 s.). **17210**
Il bénéficie d'une **liberté de déplacement**, y compris hors de l'entreprise, équivalente à celle du délégué syndical (n°s 35120 s.) (Circ. DGT du 13-11-2008) et de la même **protection** (n°s 42250 s.) (C. trav. art. L 2142-1-2).
Dans les **entreprises de 50 salariés et plus**, chaque RSS dispose d'un **crédit d'heures**, dont le montant, qui peut être majoré par convention ou accord collectif de branche ou d'entreprise, est indiqué n° 34960. Ces heures sont considérées comme temps de travail et payées à échéance normale. Sur les conséquences pratiques de cette règle, voir n°s 34720 s. (C. trav. art. L 2142-1-3, al. 1 ; Circ. DGT du 13-11-2008).
Dans les entreprises de **moins de 50 salariés**, les fonctions de RSS peuvent être assurées par un membre de la délégation du personnel au CSE s'il en existe un. Le délégué ainsi désigné ne bénéficie pas de crédit d'heures spécifique, sauf dispositions conventionnelles plus favorables, mais peut utiliser son crédit d'heures de membre de la délégation du personnel au CSE pour l'exercice de ses fonctions de représentant de la section syndicale (C. trav. art. L 2142-1-4).
Sur le décompte des heures de délégation des représentants au **forfait jours**, voir n° 35050, a.

DÉSIGNATION ET EXERCICE DU MANDAT

Pour les conditions de désignation et d'exercice de son mandat par le représentant de la section syndicale, voir n°s 22225 s. (cadre de la désignation), n°s 28610 s. (effectif requis), n° 28680 (modalités de désignation) et n°s 32710 s. (durée du mandat). **17215**

CHAPITRE 5 LE DÉLÉGUÉ SYNDICAL

SOMMAIRE

17500 Les développements qui suivent sont consacrés aux prérogatives et aux moyens du délégué syndical. Sur les conditions de sa **désignation**, voir n°s 22215 s. (cadre de la désignation), n°s 27800 s. (effectif de l'entreprise et modalités de désignation), n°s 32500 s. (durée du mandat) et n°s 42250 s. (protection).

A. Missions

1. CADRE GÉNÉRAL D'EXERCICE DES MISSIONS

17510 Le délégué syndical représente son syndicat auprès de l'employeur, assure la défense des intérêts professionnels du personnel et anime la vie syndicale dans l'entreprise conjointement à la section syndicale. Il dispose d'attributions spécifiques, en particulier celle de négocier et de conclure des conventions et accords collectifs, et bénéficie d'une protection spéciale.
Les attributions du délégué syndical sont distinctes de celles du **représentant syndical au comité social et économique**. Sur ce dernier, voir n°s 720 s.
Sur les missions respectives des délégués syndicaux et des **représentants de section syndicale**, voir n° 17200.

PÉRIMÈTRE

17530 La mission du délégué syndical peut être exercée **en tout lieu** dans l'**intérêt des salariés de l'entreprise** ou de l'établissement au titre desquels il a été désigné, dès lors qu'elle entre dans le cadre de l'objet du syndicat. Autrement dit, elle peut, à l'occasion, s'exercer à l'**extérieur de l'entreprise**, sous réserve qu'existe un rapport entre la démarche du délégué et la situation de l'entreprise. S'agissant toutefois de la participation des délégués syndicaux à des travaux paritaires dans un cadre autre que celui de l'entreprise, voir n° 17700 c.

ILLUSTRATIONS

N'entre pas dans la mission du délégué syndical sa participation :
– à des **opérations électorales**, à l'exception de celles se déroulant dans l'entreprise (Cass. soc. 19-3-1987 n° 84-43.038 P) ;
– à une **manifestation** (Cass. soc. 13-6-1996 n° 95-41.460 P : RJS 11/96 n° 1186), sauf si elle contribue à la défense de l'emploi dans l'entreprise (Cass. soc. 23-1-1990 n° 86-43.817 P : RJS 2/90 n° 136).

RESPONSABILITÉ DU DÉLÉGUÉ SYNDICAL

17535 Le délégué syndical qui **abuse de ses fonctions** dans le cadre de ses activités syndicales est passible de sanctions disciplinaires ainsi que, le cas échéant, de sanctions civiles et pénales.
Par **exemple**, la responsabilité du délégué syndical peut être engagée :
– pour une faute commise à l'occasion d'une grève, voir n° 86470 ;
– en cas d'affichage ou de diffusion de tracts injurieux, voir n° 16760 ;
– en cas d'usage abusif des heures de délégation, voir n° 34640.

SANCTION DES ATTEINTES À L'EXERCICE DES MISSIONS DES DÉLÉGUÉS

17540 Le fait de gêner ou d'empêcher l'accomplissement des attributions du délégué syndical, en particulier en prenant des mesures à caractère discriminatoire, est constitutif du délit d'**entrave**. Sur ce délit, voir n°s 49000 s.

Les **exemples** de mesures discriminatoires constitutives du délit d'entrave sont innombrables : mutation, isolement du salarié, sanctions disciplinaires ou licenciement injustifiés, retard dans le déroulement de la carrière ou l'évolution de la rémunération... Cette question est étudiée nos 40010 s.

CUMUL DE MANDATS

17545 Les fonctions de délégué syndical sont compatibles avec celles de membre de la délégation du personnel au **comité social et économique** ou de représentant syndical à ce comité (C. trav. art. L 2143-9).
En revanche, celles de délégué syndical et de **représentant de section syndicale** sont par définition incompatibles.
Il en va de même des fonctions de délégué syndical et du mandat d'**administrateur ou de membre du conseil de surveillance** élu par les salariés (n° 11220).
Sur la **durée de la protection** en cas de cumul des mandats, voir n° 42280.

2. REPRÉSENTATION DU SYNDICAT AUPRÈS DE L'EMPLOYEUR

17560 Les délégués syndicaux sont chargés de représenter l'organisation qui les a désignés auprès de l'employeur (C. trav. art. L 2143-3).
Le délégué syndical apparaît ainsi comme un intermédiaire entre le syndicat et l'employeur. Cette fonction de représentation recouvre deux missions : la négociation collective et la présentation des revendications et réclamations des adhérents dans l'entreprise.

NÉGOCIATION COLLECTIVE

17565 Les délégués syndicaux sont les interlocuteurs naturels de la négociation collective au niveau de l'entreprise, de l'établissement ou du groupe d'établissements (nos 80010 s.).
Ils sont ainsi amenés à représenter leur syndicat et, le cas échéant, à conclure des accords au nom de celui-ci dans le cadre, notamment, de la négociation :
– périodique obligatoire (nos 81060 s.) ;
– en vue de la conclusion du protocole d'accord préélectoral (nos 24245 s.) ;
– en vue de la conclusion d'accords de participation ou d'intéressement ou de la mise en place d'un plan d'épargne d'entreprise (nos 71200 s.) ou d'accords de performance collective (n° 52790) ;
– sur le droit d'expression des salariés (nos 56250 s.).
Sur le **crédit d'heures** alloué aux salariés de l'entreprise appelés à négocier les conventions et les accords collectifs d'entreprise pour la préparation de ceux-ci, voir nos 17100 s.

DÉFENSE DES ADHÉRENTS

17570 Le délégué syndical représente le syndicat auprès du chef d'entreprise et, à cet effet, lui présente les **revendications**, contestations et vœux des travailleurs appartenant à son organisation syndicale (Cass. soc. 4-6-1975 n° 74-11.722 P).
Si elle relève à l'évidence de l'exercice du syndicalisme, la présentation des revendications des adhérents du syndicat ressortit également de la mission plus générale de défense des intérêts professionnels des salariés de l'entreprise.

3. DÉFENSE DES INTÉRÊTS PROFESSIONNELS DES SALARIÉS DE L'ENTREPRISE

17600 Outre la fonction de négociation dans l'exercice de laquelle le délégué syndical représente les salariés autant que le syndicat, la fonction de délégué syndical comprend celle de liaison ou d'articulation entre les structures syndicales et la base et celle de revendication (J.-M. Verdier, « Le droit syndical dans l'entreprise » : Dalloz p. 289 n° 200).
Cette mission exige que le délégué puisse s'informer lui-même, d'où la possibilité pour lui de **consulter le personnel** sur un certain nombre de points afin de mieux défendre ses intérêts. À cette fin, il lui est permis de recueillir les avis, suggestions et revendications des salariés de l'entreprise ou de l'établissement.
Concernant ses **déplacements**, voir nos 35125 s. Sur l'utilisation de son **crédit d'heures**, voir nos 35030 s.
Sur la question de savoir si les délégués syndicaux peuvent assister, et à quelles conditions, aux réunions du comité social et économique, lorsqu'ils cumulent cette fonction avec celle de représentant syndical au CSE, voir nos 725 s.

Sur le point de savoir si le délégué syndical peut, en cette seule qualité, **agir en justice**, voir n° 12450.
Sur l'**assistance des salariés** lors de l'entretien préalable au licenciement ou à une sanction disciplinaire, voir n° 89995.

INFORMATION ET CONSULTATION DES DÉLÉGUÉS SYNDICAUX

17605 Les délégués syndicaux sont **obligatoirement destinataires** des documents suivants :
– conventions et accords collectifs de travail applicables dans l'entreprise et modifications de ceux-ci : voir n°s 83850 s. ;
– documents préparatoires aux négociations obligatoires : voir n°s 81305 s. (en cas d'accord d'adaptation) et n° 81385 (en cas de défaut ou de non-respect de l'accord d'adaptation) ;
– bilan annuel sur le travail à temps partiel dans le cadre de la consultation sur la politique sociale de l'entreprise : voir n° 65060.
Ils ont, par ailleurs, **accès en permanence**, au travers de la **base de données économiques, sociales et environnementales** de l'entreprise, à un certain nombre d'informations. Pour plus de détails sur cette base, son contenu et ses modalités de consultation, voir n°s 3480 s.
L'employeur peut aussi être amené à **consulter** les délégués syndicaux à diverses occasions (par exemple, en matière de durée de travail). Cette obligation, qui touche à de nombreux domaines, est signalée dans l'étude de chaque point concerné.

LIAISON ENTRE LE SYNDICAT ET L'ENTREPRISE

17610 L'articulation entre les organisations syndicales qui les ont désignés et le personnel de l'entreprise implique que les délégués syndicaux informent, d'une part, les syndicats des problèmes qui se posent dans l'entreprise et, d'autre part, les travailleurs des positions syndicales et des problèmes globaux de la branche d'activité et des autres entreprises qui la composent (J.-M. Verdier, « Le droit syndical dans l'entreprise » : Dalloz p. 289 n° 200). S'agissant de la **liberté d'expression** qui leur est accordée, voir n°s 16745 s.

ACTION REVENDICATIVE

17615 Cette partie de la mission des délégués syndicaux pose des problèmes de frontières avec celle de la délégation du personnel du comité social et économique, qui présente aux employeurs toutes les **réclamations** individuelles ou collectives sur un certain nombre de sujets. Sur cette question, voir n°s 220 s. Cet aspect de leur mission explique également que certains salariés, à raison des fonctions qu'ils exercent, ne puissent pas être désignés comme délégués syndicaux lorsque ces fonctions s'avèrent incompatibles avec une action revendicative. Sur ce point, voir n°s 27950 s.

4. ANIMATION DE LA VIE SYNDICALE DANS L'ENTREPRISE

17630 Le délégué syndical est chargé d'animer la vie syndicale de l'entreprise. Ainsi, bien qu'il n'en ait pas toujours juridiquement l'exclusivité, c'est bien souvent lui qui exécute les **tâches** dévolues à la **section syndicale** : affichage des communications syndicales, diffusion des publications et tracts de nature syndicale, recueil de signatures pour des pétitions, animation des réunions syndicales, collecte des cotisations au profit du syndicat.

B. Moyens

17700 Comme tout membre d'une **section syndicale**, le délégué peut utiliser les moyens attribués à celle-ci par la loi ou par un accord collectif (local, affichage, moyens électroniques, etc.) : voir n°s 16600 s. Sur l'obligation de **confidentialité** du délégué syndical au regard des informations en sa possession, voir n° 16765.
Il dispose, par ailleurs, de **moyens propres** : crédit d'heures et liberté de déplacement, c'est-à-dire celle de circuler dans l'entreprise ou de s'en absenter en vue de s'informer. Ces deux prérogatives particulières sont respectivement étudiées n°s 34500 s. et n°s 35125 s.
Il peut également bénéficier d'une **formation** pouvant être prise en charge par le fonds paritaire de financement du dialogue social (n° 12220) dans le cadre du financement des congés de formation économique, sociale, environnementale et syndicale (n° 69350) ou des formations communes aux acteurs de la négociation collective (n° 80340).

> **Précisions** **a.** Le crédit d'heures doit être utilisé en vue d'exercer les activités qui entrent dans les **attributions des délégués syndicaux** (nos 17560 s.). Il s'agit là d'un principe général dont la portée est examinée nos 34640 s. (CSE) et nos 35030 s. (autres représentants).
Toutefois, les activités qui excèdent celles des délégués syndicaux peuvent être rémunérées comme heures de délégation dès lors qu'il existe un **usage** en ce sens (Cass. soc. 7-3-1989 n° 84-44.378 P : RJS 4/89 n° 340).
b. En cas de **cumul de mandats**, le délégué syndical ne peut pas utiliser le crédit d'heures prévu par l'article L 2143-13 du Code du travail pour accomplir d'autres missions que celles qui lui sont conférées en qualité de délégué syndical. Par exemple, un conseiller prud'homal exerçant des fonctions syndicales ne peut confondre son crédit d'heures de délégation et son service au conseil de prud'hommes (Circ. min. du 31-7-2014, II, B-1-a).
c. De nombreux délégués syndicaux sont appelés à **participer au dialogue social** dans un **cadre autre que celui de leur entreprise**. Il arrive notamment que, pour les négociations interprofessionnelles et de branche, les confédérations et fédérations syndicales fassent appel à des salariés qui ne sont pas leurs permanents mais exercent des mandats de délégué syndical dans leur entreprise. Les conditions d'utilisation de leur crédit d'heures permettent aux délégués syndicaux de participer à ces travaux, voir n° 35030. Sur la **protection sociale** des délégués dans le cadre de ces activités, voir n° 35190.

C. Mandats particuliers

ENTREPRISES DE MOINS DE 50 SALARIÉS

Dans les entreprises employant moins de 50 salariés, les syndicats représentatifs dans l'établissement peuvent désigner, pour la durée de son mandat, un membre de la délégation du personnel au **comité social et économique** en tant que délégué syndical, voir nos 28400 s. **17750**
Sauf stipulation conventionnelle plus favorable, la désignation n'ouvre pas droit à un **crédit d'heures** supplémentaire : les intéressés ne disposent donc que du crédit d'heures alloué aux membres de la délégation du personnel au comité social et économique, celui-ci pouvant être utilisé et, le cas échéant, dépassé pour circonstances exceptionnelles, au titre de l'un et l'autre des mandats (C. trav. art. L 2143-6 et Circ. DRT du 25-10-1983 n° 4-1-1-1).
Sur les **modalités de désignation** de ce délégué, voir nos 28400 s. ; le décompte des heures de délégation pour les représentants au forfait jours, voir n° 35050 a ; la **durée** de son mandat, voir nos 32500 s. ; ses **missions**, voir nos 17560 s.

DÉLÉGUÉ SYNDICAL SUPPLÉMENTAIRE

Dans les entreprises d'au moins **500 salariés**, tout syndicat qui y est représentatif (nos 15000 s.) ayant obtenu, lors des dernières élections du comité social et économique, à la fois un ou plusieurs élus dans le **collège** ouvriers-employés et au moins un élu dans l'un des deux autres collèges peut désigner un délégué syndical supplémentaire (C. trav. art. L 2143-4). **17760**
À défaut de dispositions contraires dans la loi, il convient de considérer que le **statut** de ce délégué supplémentaire est en tous points (crédit d'heures, protection...) identique à celui des délégués syndicaux « ordinaires ». L'administration a d'ailleurs expressément confirmé qu'il dispose, dans les mêmes conditions que les autres délégués syndicaux, du **crédit d'heures** légal fixé à l'article L 2143-13 du Code du travail pour la tranche d'effectif correspondante (Circ. DRT du 25-10-1983 n° 4-1-1-1). Sur le crédit d'heures, voir nos 34500 s.
Les modalités de **désignation** de ce délégué et la **durée** de son mandat sont respectivement exposées nos 28440 s. et nos 32500 s.

DÉLÉGUÉ SYNDICAL CENTRAL

Dans les entreprises à établissements multiples, l'article L 2143-5 du Code du travail donne la possibilité aux syndicats représentatifs de désigner un délégué syndical central dans des **conditions** détaillées nos 28500 s. **17770**
La principale raison d'être de cette institution est de favoriser la négociation collective au niveau de l'entreprise (en ce sens : JO déb. AN 28-5-1982 p. 2662 et Rapport AN n° 832 p. 39). Ainsi, la distinction entre le **rôle** des délégués syndicaux centraux et celui des délégués syndicaux d'établissement ne résulte pas de différences dans la nature de leurs fonctions respectives, mais du niveau différent où elles s'exercent : l'établissement pour les délégués syndicaux d'établissement, l'entreprise tout entière pour les délégués syndicaux centraux.

17770 (suite) Les **attributions** des délégués syndicaux centraux sont les mêmes que pour la généralité des délégués syndicaux (voir n°s 17560 s.). Il en va ainsi :

– pour les délégués syndicaux centraux n'ayant pas simultanément la qualité de délégué syndical d'établissement (n° 28520) ;

– pour les délégués syndicaux centraux ayant simultanément cette qualité (n° 28525).

L'identité d'attributions et de **moyens d'action** comporte d'importantes conséquences pratiques. En particulier, l'employeur doit communiquer, le cas échéant, également aux délégués syndicaux centraux les documents et informations que les textes légaux ou conventionnels lui font obligation de remettre aux délégués syndicaux (n° 17605).

Sur le décompte des **heures de délégation** pour les représentants au forfait jours, voir n° 35050 a.

PARTIE 3

Mettre en place et renouveler les institutions représentatives

Cette partie est consacrée à la mise en place et au renouvellement du **comité social et économique (CSE)**, des **délégués syndicaux** et des **représentants de la section syndicale**. **20000**
La mise en place et le renouvellement du **conseil d'entreprise,** du **comité de groupe** et du **comité d'entreprise européen** sont pour leur part étudiés n°s 5550 s.

CHAPITRE 1 LE CHAMP D'APPLICATION

SOMMAIRE

SECTION 1 CHAMP TERRITORIAL

Les lois relatives à la représentation des salariés et à la défense de leurs droits et intérêts sont des lois de police s'imposant à toutes les entreprises et organismes assimilés qui exercent leur **activité en France** et qui sont dès lors tenus de mettre en place les institutions qu'elles prévoient à tous les niveaux des secteurs de production situés sur le territoire national (Cass. soc. 3-3-1988 n° 86-60.507 P). **20050**

ATTENTION

Le principe de la souveraineté des États s'oppose à ce qu'il soit fait application au sein de la **représentation officielle d'un État étranger** des règles du Code du travail français relatives à la représentation du personnel et à celle des syndicats (Cass. soc. 4-11-2009 n° 08-60.593 FS-PB : RJS 1/10 n° 57).

ENTREPRISES ÉTRANGÈRES

Emploi permanent Toute personne juridique ayant son siège à l'étranger qui, pour exercer son activité, **emploie des salariés sur le territoire français** exerce la responsabilité de l'employeur selon la loi française et doit appliquer les lois relatives à la représentation des salariés (CE 29-6-1973 n° 77982 ; Cass. soc. 14-2-2001 n° 99-60.355 FS-PBRI : RJS 5/01 n° 617). Ainsi, la circonstance qu'une entreprise a son siège social à l'étranger ne lui permet pas d'échapper à l'**application de la législation** sur la représentation des salariés (Cass. soc. 14-2-2001 n° 99-60.355 FS-PBRI : RJS 5/01 n° 617 ; 14-1-2004 n° 02-60.119 FS-PB : RJS 3/04 n° 326 ; CE ass. 29-6-1973 n° 77982). **20055**
Les institutions mises en place exercent l'ensemble des **attributions** définies par la loi, à la seule exception de celles qui seraient incompatibles avec la présence à l'étranger du siège social (Cass. soc. 3-3-1988 n° 86-60.507 P).

Détachement temporaire Sous réserve des traités et accords internationaux, les employeurs établis hors de France détachant temporairement des salariés sur le territoire français dans les conditions prévues par les articles L 1261-3 à L 1262-3 du Code du travail sont soumis à ce Code pour certaines **matières limitativement énumérées**, parmi lesquelles ne figure pas la représentation du personnel (C. trav. art. L 1262-4). **20060**
Ainsi, bien qu'ils soient obligatoirement soumis à certaines règles du Code du travail, ils ne sont pas tenus de mettre en place des institutions représentatives du personnel.
Le salarié détaché mis à la disposition d'une entreprise établie en France n'est pas dépourvu de droits au sein de l'entreprise utilisatrice. Ainsi, il peut notamment, sous certaines conditions :
– être pris en compte dans ses effectifs (nos 20875 s.) ;
– bénéficier de l'action du CSE en matière de santé, sécurité et conditions de travail lorsqu'il est placé sous l'autorité de l'entreprise utilisatrice (nos 200 s.) ;
– faire présenter ses réclamations par les membres de la délégation du personnel du CSE (nos 200 s.) ;
– voter aux élections du CSE (nos 24870 s.).

> **Précisions** Une **organisation syndicale** représentative peut faire valoir devant le conseil de prud'hommes les **droits d'un salarié détaché** sur le territoire français par une entreprise établie à l'étranger, tels qu'ils résultent des articles L 1261-1 s. du Code du travail, sans avoir à justifier d'un mandat de l'intéressé. Mais l'organisation syndicale doit le prévenir au préalable, par tout moyen permettant de conférer date certaine. Cette information précise la nature et l'objet de l'action envisagée et indique que (C. trav. art. L 1265-1 et D 1265-1) :
> – le salarié peut faire connaître à l'organisation syndicale son opposition à l'action envisagée dans un délai de 15 jours à compter de la date de réception de la lettre ;
> – l'organisation syndicale peut exercer elle-même les voies de recours ;
> – à tout moment, le salarié peut intervenir dans l'instance engagée par l'organisation syndicale et y mettre un terme.

TRAVAIL À L'ÉTRANGER

20065 Pour les salariés employés à l'étranger par des entreprises françaises, la **mise en place** à l'étranger d'**institutions représentatives** inspirées de la loi française ne peut résulter, en vertu du principe de territorialité des lois, que d'un mode conventionnel. Mais ces dispositions conventionnelles ne peuvent ni être contraires à l'ordre public local ni emporter compétence des agents publics français à l'étranger (Rép. de Cuttoli : Sén. 2-2-1984 p. 134).

Les **conditions de licéité** de tels accords sont très différentes selon qu'il s'agit de doter d'une représentation collective soit des salariés qui, travaillant à l'étranger, devraient pourtant relever des institutions représentatives de leur entreprise d'origine parce qu'ils continuent d'appartenir à celle-ci, soit des salariés expatriés qui ne sont pas concernés par les institutions représentatives prévues par la loi française en raison de la territorialité de celle-ci. Dans ce dernier cas, l'accord peut librement prévoir des modalités d'élection ou des attributions différentes de celles prévues par la loi française (Doctrine G. Couturier : Dr. soc. 11-91 p. 850).

Sur les conditions dans lesquelles les salariés employés à l'étranger par des entreprises françaises peuvent demeurer électeurs et éligibles dans l'entreprise française, voir n°s 24775 (électorat) et 25080 (éligibilité).

SECTION 2 CHAMP PROFESSIONNEL

A. Secteur privé

20100 Les dispositions du Code du travail relatives au **CSE** sont applicables aux employeurs de droit privé (C. trav. art. L 2311-1). Il en va de même de celles relatives aux **syndicats** professionnels (C. trav. art. L 2111-1).

SECTEURS PARTICULIERS

20105 Certaines entreprises, en raison de la nature particulière de leur activité, relèvent pour partie de règles spécifiques. Tel est le cas :

– des entreprises d'**armement maritime** : des délégués de bord doivent être mis en place sur tout navire comportant au moins 11 gens de mer inscrits sur la liste d'équipage (C. transports art. L 5543-2 et Décret 2015-1674 du 15-12-2015) ;

– des entreprises **électriques et gazières** : dans ces entreprises, les règles concernant les institutions représentatives du personnel s'appliquent sous les réserves et dans les conditions précisées par les articles R 161-7 à R 161-10 du Code de l'énergie (C. énergie art. L 161-6) ;

– des entreprises et établissements relevant des **mines,** des **carrières** et de leurs dépendances : des délégués à la sécurité des ouvriers mineurs dénommés « délégués mineurs » surveillent les installations minières (C. trav. art. L 4111-4 ; C. minier art. L 180-1 et L 192-1 à L 192-35) ;

– des entreprises du **bâtiment et des travaux publics** : pour les très grands chantiers, elles doivent mettre en place un collège interentreprises de sécurité, de santé et des conditions de travail, voir n°s 23170 s. ;

– des entreprises à **haut risque industriel** : elles doivent mettre en place un comité interentreprises de santé et de sécurité au travail, voir n°s 23230 s.

B. Secteur public

PRINCIPES

Syndicats Les dispositions du Code du travail relatives aux syndicats professionnels sont applicables au personnel des personnes publiques employé dans les conditions du droit privé, sous réserve des dispositions particulières ayant le même objet résultant du statut qui régit ce personnel (C. trav. art. L 2111-1). **20130**

CSE Les dispositions du Code du travail relatives au CSE (C. trav. art. L 2311-1) sont applicables : **20135**
1° aux établissements publics à caractère industriel et commercial ;
2° aux établissements publics à caractère administratif lorsqu'ils emploient du personnel dans les conditions du droit privé.
Ces dispositions peuvent, compte tenu des caractères particuliers de certains des établissements mentionnés aux 1° et 2° et des instances de représentation du personnel éventuellement existantes, faire l'objet d'adaptations, par décrets en Conseil d'État, sous réserve d'assurer les mêmes garanties aux salariés de ces établissements.

> **Précisions** La **commune** qui **exploite en régie** un service public industriel et commercial, dont le personnel relève du droit privé, est tenue de procéder, si la condition d'effectif est remplie, à l'organisation d'élections professionnelles (Cass. soc. 19-9-2007 n° 06-60.203 FS-PB : RJS 11/07 n° 1188). Dans ce cas, la commune doit respecter les dispositions légales d'ordre public relatives à la protection des salariés exerçant un mandat électif (Cass. soc. 6-12-2011 n° 10-20.058 F-D : RJS 3/12 n° 261). Sur cette protection, voir n°s 42000 s.

CAS PARTICULIERS

Banque de France La Banque de France n'a pas le caractère d'un établissement public, mais revêt une **nature particulière** et présente des caractéristiques propres parmi lesquelles figure l'application des dispositions du Code du travail qui ne sont incompatibles ni avec son statut ni avec les missions de service public dont elle est chargée (CE 22-3-2000 n° 203854 : RJS 6/00 n° 749 ; Cass. crim. 3-6-2003 n° 02-84.474 F-PF : RJS 11/03 n° 1322 ; CE 20-12-2006 n° 292327 : RJS 4/07 n° 495). **20140**
Le conseil général de la Banque de France détermine les **règles applicables** à ses agents dans les domaines où les dispositions du Code du travail sont incompatibles avec le statut ou avec les missions de service public dont elle est chargée (C. mon. fin. art. L 142-9).
Les dispositions du Code du travail relatives au CSE sont applicables dans les conditions prévues par l'article L 142-9 du Code monétaire et financier.

Caisse des dépôts et consignations La Caisse des dépôts et consignations (CDC) emploie des agents régis par le statut général de la fonction publique de l'État et des agents contractuels de droit public. Elle est toutefois autorisée à employer, sous certaines conditions, des agents contractuels de droit privé. **20145**
L'ensemble du personnel public et privé bénéficie d'une instance unique de concertation dénommée **comité unique de l'établissement public** (Décret 98-596 du 13-7-1998), de sorte que l'emploi par la CDC d'agents contractuels de droit privé n'a pas pour effet de lui rendre applicables les dispositions du Code du travail relatives aux **CSE** (Loi 96-452 du 28-5-1996 art. 34). En revanche, la mise en place de ces instances n'a pas pour effet d'interdire la désignation de **délégués syndicaux** pour les agents contractuels de droit privé (Cass. soc. 28-10-1997 n° 96-60.341 P : RJS 1/98 n° 57).
Les agents contractuels de droit privé élisent une **délégation des personnels privés** dans les conditions fixées aux articles 46 et suivants du décret du 13 juillet 1998 précité (Décret 98-596 du 13-7-1998 art. 45).

> **Précisions** La CDC peut conclure avec les **personnes morales qu'elle contrôle ou domine** des accords collectifs prévoyant la mise en place d'un comité mixte d'information et/ou de délégués syndicaux communs (Loi 96-452 du 28-5-1996 art. 34).

CHAPITRE 2 L'EFFECTIF

SOMMAIRE

SECTION 1 SEUILS D'EFFECTIFS

A. Mise en place des institutions représentatives

1. SEUILS LÉGAUX

a. Effectifs requis

20500 Le tableau ci-dessous présente les seuils d'effectifs déterminant les représentants du personnel devant être mis en place ainsi que l'étendue de leurs **attributions.**
Sur le **nombre** de représentants à élire ou désigner en fonction de l'effectif de l'entreprise, voir n°s 20750 s. Sur l'effectif requis pour la mise en place de **commissions** au sein du CSE, voir n°s 1625 (commission santé, sécurité et conditions de travail), 1655 (commission marché), 1685 (commissions formation, logement et égalité professionnelle) et 1690 (commission économique).

Institution	Effectifs requis	Source
Comité social et économique (CSE) à attributions réduites [1]	Entreprise d'au moins 11 salariés et de moins de 50 salariés	C. trav. art. L 2311-2 et L 2312-1
CSE à attributions étendues [2]	Entreprise d'au moins 50 salariés [3]	C. trav. art. L 2311-2 et L 2312-1
Délégué syndical	Entreprise ou établissement d'au moins 50 salariés [4]	C. trav. art. L 2143-3
Représentant de la section syndicale	Entreprise ou établissement d'au moins 50 salariés [4]	C. trav. art. L 2142-1-1
Représentant syndical au CSE	Entreprise d'au moins 300 salariés [5]	C. trav. art. L 2314-2

1. Sur les **attributions réduites** du CSE, voir n°s 200 s.
2. Sur les **attributions étendues** du CSE, voir n°s 3400 s.
3. Dans les entreprises d'au moins 50 salariés comportant des établissements distincts, des **CSE d'établissement** et un CSE central d'entreprise sont constitués (n°s 22030 s.). Pour les établissements d'au moins 11 salariés et de moins de 50 salariés appartenant à une entreprise d'au moins 50 salariés, voir n° 6060.
4. Dans les **entreprises** de **moins de 50 salariés,** un membre élu du CSE peut être désigné comme délégué syndical (n° 17750) ou comme représentant de section syndicale (n° 17215).
5. Dans les **entreprises de 50 à moins de 300 salariés,** le délégué syndical est de droit représentant syndical au CSE (n°s 28800 s.).

b. Effectifs et étendue des attributions du CSE

MISE EN PLACE D'UN CSE À ATTRIBUTIONS RÉDUITES

Si l'entreprise a employé **au moins 11, mais moins de 50** salariés pendant 12 mois consécutifs, le CSE qui doit être mis en place n'exerce que des attributions « réduites ». **20510**
Sur le passage d'un CSE à attributions réduites à un CSE à attributions étendues, voir n° 20630.

MISE EN PLACE « DIRECTE » D'UN CSE À ATTRIBUTIONS ÉTENDUES

Lorsque l'entreprise n'a pas de CSE, si son effectif atteint **au moins 50 salariés** pendant 12 mois consécutifs, le comité exerce l'ensemble des attributions « étendues » récurrentes et ponctuelles à l'expiration d'un **délai d'un an** à compter de sa mise en place (C. trav. art. L 2312-2, al. 2). **20515**
Pour la doctrine, il résulte de ce texte que, pendant la **première année** à compter de sa mise en place, le CSE n'exerce que des attributions réduites. Quant à l'administration du travail, elle pourrait considérer que, pendant la première année, le comité exerce aussi des attributions étendues ponctuelles ; c'est du moins ce qui semble résulter du document « 117 questions-réponses sur le CSE » édité par le ministère du travail sur son site Internet (QR min. trav. du 16-1-2020 n°s 64 et 65).
On relèvera, à l'appui de cette interprétation, que, lorsqu'un comité d'entreprise était mis en place pour la première fois, il avait un an pour se conformer à ses obligations récurrentes, mais il devait exercer immédiatement ses obligations ponctuelles.

c. Période de référence

PRINCIPE

La mise en place d'un **CSE** n'est obligatoire que si l'effectif d'au moins 11 salariés est atteint pendant **12 mois consécutifs** (C. trav. art. L 2311-2, al. 2). **20530**

EXEMPLE

a. Si une entreprise emploie 11 salariés pendant 11 mois consécutifs, puis, au cours du mois suivant, n'en emploie plus que 10, le compteur est « remis à zéro ». Autrement dit, elle doit à nouveau atteindre le seuil de 11 salariés pendant 12 mois consécutifs pour devoir mettre en place un **CSE à attributions réduites.** La diminution de l'effectif au-dessous de 11 salariés pendant un mois « efface » totalement l'atteinte du seuil de 11 salariés.
b. Une entreprise sans CSE emploie 11 salariés ; si un salarié part à la retraite en août et n'est remplacé qu'en octobre, le décompte des 12 mois consécutifs repart de zéro (QR min. trav. du 16-1-2020 n° 20).

La règle des 12 mois consécutifs énoncée n° 20530 s'applique au seuil de 50 salariés requis pour : **20535**
– la désignation d'un **délégué syndical** (C. trav. art. L 2143-3, al. 3) ;
– la désignation d'un **représentant de section syndicale,** les dispositions légales relatives au délégué syndical s'appliquant à ce représentant (Cass. soc. 29-5-2019 n° 18-19.890 F-PB : RJS 8-9/19 n° 502 ; Cass. soc. 8-7-2015 n° 14-60.691 FS-PB : RJS 10/15 n° 652).
Les 12 mois consécutifs sont les 12 mois **précédant la désignation** (Cass. soc. 29-5-2019 n° 18-19.890 F-PB : RJS 8-9/19 n° 502).

ATTENTION

L'appréciation de l'effectif à prendre en compte pour la détermination du **nombre** de **sièges** à pourvoir au CSE obéit à des règles spécifiques : voir n° 20752.

CRÉATION D'ÉTABLISSEMENT

Pour déterminer le seuil d'effectif à partir duquel un **délégué syndical** peut être désigné dans un établissement nouvellement créé, il convient de prendre en compte l'ancienneté que les salariés affectés à cet établissement ont acquise dans l'entreprise (Cass. soc. 29-3-2005 n° 04-60.139 F-P : RJS 7/05 n° 758). La prise en compte de cette ancienneté conduisant à se référer à la période antérieure à la création de l'établissement, il n'est pas toujours nécessaire d'attendre 12 mois à compter de celle-ci pour que la condition d'effectif soit remplie. **20540**
Ainsi, par **exemple,** un établissement créé en reprenant 50 salariés présents dans l'entreprise au cours des 12 mois consécutifs précédents a un effectif de 50 salariés.

REPRISE D'ENTREPRISE

Pour déterminer le seuil d'effectif d'une entreprise ou d'un établissement constitué à la suite d'une **modification dans la situation juridique de l'employeur,** les salariés repris sont pris en compte avec l'ancienneté acquise chez leur ancien employeur par l'effet de l'article L 1224-1 du Code du travail (Cass. soc. 6-6-2000 n° 98-60.529 FS-PB : RJS 11/00 n° 1102 ; 6-12-2006 n° 06-60.023 F-D : **20545**

RJS 2/07 n° 235 ; 26-10-2011 n° 10-27.098 F-D : RJS 1/12 n° 50). Il en va de même en cas de **transfert conventionnel** des contrats de travail avec reprise d'ancienneté (Cass. soc. 22-3-2023 n° 21-18.085). Par **exemple,** une société constituée en vue de reprendre l'activité d'une entreprise occupant 138 salariés remplit la condition d'effectif de 50 salariés.

2. SEUILS CONVENTIONNELS

20580 La possibilité d'**abaisser les seuils légaux** par voie de **convention ou d'accord collectif** est prévue par le Code du travail pour la mise en place des **délégués syndicaux** (C. trav. art. L 2141-10). Sur la possibilité pour l'**accord de branche** d'interdire à l'accord d'entreprise de fixer d'autres seuils que ceux qu'il prévoit, voir toutefois n°s 83670 s.

Bien que les textes ne le prévoient pas, la Cour de cassation admet que les seuils légaux pour la désignation d'un **représentant de section syndicale** soient abaissés conventionnellement sous réserve d'une clause expresse en ce sens, voir n° 28615.

La possibilité d'abaisser conventionnellement les seuils légaux n'est pas envisagée par le Code du travail pour la **mise en place** du **CSE,** mais rien ne semble l'interdire. Sur les effectifs requis pour qu'il exerce des **attributions étendues,** il est en revanche expressément prévu que les dispositions légales ne font pas obstacle aux dispositions plus favorables relatives aux attributions du CSE résultant d'accords collectifs ou d'usages (C. trav. art. L 2312-4).

La **non-contestation,** l'année précédente, d'une **élection** au CSE ayant eu lieu dans un établissement de moins de 11 salariés n'établit pas l'existence d'un accord imposant cette élection, non plus que la conclusion d'un tel accord dans un autre établissement de moins de 11 salariés (Cass. soc. 25-1-1979 n° 78-60.697 P).

ATTENTION

Le **principe** constitutionnel d'**égalité** (n° 13900) interdit à un employeur de moins de 50 salariés de refuser la désignation d'un délégué syndical dès lors qu'il a accepté une telle désignation par un autre **syndicat** (Cass. soc. 12-10-2005 n° 05-60.066 F-D). Mais il peut décider de revenir à l'application des textes légaux à condition d'en informer préalablement tous les syndicats concernés (Cass. soc. 25-1-2012 n° 11-14.151 F-PB).

B. Renouvellement ou suppression des institutions

20600 Selon l'instance représentative concernée, la **baisse des effectifs** constatée après sa mise en place entraîne sa suppression ou son non-renouvellement. Les attributions du CSE peuvent être élargies en cas de **hausse** des effectifs.

1. COMITÉ SOCIAL ET ÉCONOMIQUE

a. CSE à attributions réduites

BAISSE DES EFFECTIFS AU-DESSOUS DE 11 SALARIÉS

20610 Le Code du travail n'envisageant pas les conséquences d'une baisse des effectifs en dessous de 11 salariés **pendant la durée du mandat,** il faut en conclure, selon nous, qu'une telle baisse est sans incidence sur l'existence du comité qui subsiste jusqu'au terme des mandats en cours. L'administration s'est également prononcée en ce sens (QR min. trav. 16-1-2020 n° 21).

20615 À l'**expiration du mandat** des membres élus du CSE, celui-ci n'est pas renouvelé si l'effectif de l'entreprise est resté en dessous de **11 salariés** pendant au moins **12 mois consécutifs** (C. trav. art. L 2313-10). À notre sens, ces 12 mois consécutifs doivent être **décomptés à la date** d'expiration des mandats. Ainsi, pour savoir s'il y a lieu, ou non, de renouveler le CSE, seuls devraient compter les 12 derniers mois du mandat. La procédure en vue du renouvellement du CSE devrait être engagée même si les effectifs de l'entreprise sont redescendus en dessous de 11 salariés pendant une bonne partie de la durée des mandats. L'administration s'est également prononcée en ce sens (QR min. trav. 16-1-2020 n° 21).

En cas de suppression du CSE, l'institution ne pourra être **remise en place** que **si** les conditions exposées n° 20530 sont à nouveau remplies. La suppression du CSE est automatique, l'employeur n'a aucune formalité à accomplir (QR min. trav. 16-1-2020 n° 22).

ATTENTION

L'article L 2313-10 du Code du travail vise expressément les **effectifs** de l'entreprise et non ceux de **l'établissement**. Le passage des effectifs d'un établissement au-dessous du seuil de 11 salariés pendant 12 mois consécutifs ne devrait pas entraîner, à notre avis, la suppression du CSE d'établissement, qui, toujours selon nous, est subordonnée à la reconnaissance de la perte du caractère distinct de l'établissement dans les conditions exposées n° 22110.

EXEMPLES 20620

1. L'effectif de l'entreprise passe sous le seuil de 11 salariés en janvier 2024 et se maintient à ce niveau jusqu'à l'échéance des mandats des élus du CSE, en octobre 2024. À cette date, l'effectif de l'entreprise ne sera pas resté en dessous du seuil de 11 salariés pendant 12 mois consécutifs. Le CSE devra donc être renouvelé (QR min. trav. 16-1-2020 n° 21).
2. L'effectif de l'entreprise passe sous le seuil de 11 salariés en septembre 2024 et se maintient à ce niveau jusqu'à l'échéance des mandats des élus du CSE en septembre 2025. À cette date, l'effectif de l'entreprise sera resté en dessous du seuil de 11 salariés pendant 12 mois consécutifs. L'instance n'aura pas à être renouvelée (QR min. trav. 16-1-2020 n° 21).
3. L'effectif de l'entreprise se maintient sous le seuil de 11 salariés de janvier 2022 à janvier 2024, c'est-à-dire pendant 24 mois. De février à mars, il passe au-dessus du seuil de 11 salariés, avant de redescendre à 8 salariés, jusqu'à novembre 2024, date de l'échéance des mandats des élus du CSE. À cette date, l'effectif de l'entreprise ne sera resté en dessous du seuil de 11 salariés que pendant 8 mois consécutifs. Le CSE devra être renouvelé (QR min. trav. 16-1-2020 n° 21).

ATTEINTE DU SEUIL DE 50 SALARIÉS

Lorsque, après la mise en place du CSE, l'effectif de l'entreprise atteint au moins 50 salariés pendant **12 mois consécutifs,** le comité exerce l'ensemble des **attributions récurrentes** d'information et de consultation définies n°s 3830 s. à l'expiration d'un délai de **12 mois** à compter de la date à laquelle le seuil de 50 salariés a été atteint pendant 12 mois consécutifs (C. trav. art. L 2312-2, al. 1). 20630
Dans le cas où, à l'expiration de ce délai de 12 mois, le **mandat du comité restant à courir** est inférieur à un an, ce délai court à compter de son renouvellement (C. trav. art. L 2312-2, al. 1).
Ces dispositions ne font pas obstacle aux dispositions plus favorables relatives aux attributions du CSE résultant d'accords collectifs ou d'usages (C. trav. art. L 2312-4).

ATTENTION

La rédaction de l'article L 2312-2 du Code du travail est peu claire, et pose un problème d'**interprétation,** s'agissant des CSE dont la durée de mandat restant à courir est de moins d'un an. En effet, quel est le **délai de 12 mois** à l'expiration duquel il convient de se placer pour apprécier la durée restant à courir des mandats ? S'agit-il du délai de 12 mois consécutifs où le seuil de 50 salariés a été atteint ou du délai de 12 mois courant à compter de ce premier délai ? On notera, comme une partie de la doctrine, que si ce second délai était retenu, cette règle conduirait à neutraliser les attributions récurrentes du CSE sur une très longue période comme le montre l'exemple n° 20640 (Maurice Cohen et Laurent Milet, Le droit des comités sociaux et économiques et des comités de groupe p. 102 LGDJ, éd. 2023).

EXEMPLE 20640

Durée de mandat supérieure à un an à l'expiration du délai d'un an courant à compter du jour où la condition d'effectif est satisfaite :
Soit un CSE mis en place en janvier 2022 pour une durée de 4 ans, de 2022 à 2026. De juillet 2022 à juin 2023, l'entreprise atteint l'effectif de 50 salariés. Le CSE exercera les attributions étendues ponctuelles à compter de juillet 2023. À l'expiration d'un délai de 12 mois partant de juillet 2023, soit en juillet 2024, il lui restera 1 an et demi de mandat. Il exercera donc les attributions étendues récurrentes à compter de juillet 2024.
Durée de mandat inférieure à un an à l'expiration du délai précité :
Si le CSE mis en place en janvier 2022 n'atteint l'effectif de 50 salariés que de juillet 2023 à juin 2024, il exercera les attributions étendues ponctuelles à compter de juillet 2024. À l'expiration d'un délai de 12 mois partant de juillet 2024, soit en juillet 2025, il lui restera 6 mois de mandat. S'il est renouvelé en janvier 2026, il n'exercera donc les attributions étendues récurrentes qu'à compter de janvier 2027, soit 12 mois après le renouvellement de l'institution.
Si on apprécie la durée restant à courir des mandats après l'expiration du premier délai de 12 mois, à savoir celui au cours duquel l'effectif de 50 salariés a été atteint, soit dans notre exemple le délai courant de juillet 2023 à juin 2024, ce CSE pourra exercer les attributions étendues récurrentes à compter de juillet 2025, le délai restant à courir entre l'expiration de ce premier délai (juillet 2024) et la fin des mandats (décembre 2025) étant supérieur à un an.

b. CSE à attributions étendues

20650 Le Code du travail n'envisageant pas les conséquences d'une **diminution des effectifs en dessous de 50 salariés pendant la durée du mandat,** il faut en conclure, selon nous, qu'une telle diminution est sans incidence sur les attributions du CSE qui restent inchangées jusqu'au terme des mandats en cours.
Lorsque l'effectif de 50 salariés n'a pas été atteint pendant les 12 mois précédant le **renouvellement de l'instance,** les attributions du CSE sont réduites à celles du CSE des entreprises de moins de 50 salariés décrites n°s 200 s. (C. trav. art. L 2312-3 ; QR min. trav. 16-1-2020 n° 66).
Ces dispositions ne font pas obstacle aux **dispositions plus favorables** relatives aux attributions du CSE résultant d'accords collectifs ou d'usages (C. trav. art. L 2312-4).

2. DÉLÉGUÉ SYNDICAL ET REPRÉSENTANT DE SECTION SYNDICALE

BAISSE D'EFFECTIF DE L'ENTREPRISE

20670 À elle seule, la baisse des effectifs d'une entreprise en dessous de 50 salariés ne met pas fin aux mandats des délégués syndicaux (Cass. soc. 23-6-1998 n° 96-42.548 P : RJS 8-9/98 n° 1004) et des représentants de section syndicale. La **suppression** de ces institutions est en effet **subordonnée** (C. trav. art. L 2142-1-2, L 2143-11, R 2143-6) :
– à une réduction importante et durable de l'effectif en dessous de 50 salariés ;
– ainsi qu'à un accord entre l'employeur et l'ensemble des organisations syndicales représentatives ou, à défaut d'accord, à une autorisation du Dreets.
Ces principes valent en cours de mandats. Ils s'appliquent en cas de baisse d'effectif consécutive au **transfert** d'une partie du **personnel** à une autre entreprise (Cass. soc. 3-2-1998 n° 96-60.207 P : RJS 3/98 n° 326) ou dans une **UES** (CE 14-1-1994 n° 118106). C'est alors l'effectif global de l'UES qui doit être pris en compte.

ATTENTION

Dès lors qu'**aucun accord** ou qu'**aucune décision** de l'autorité administrative n'est intervenu pour mettre fin aux mandats des délégués syndicaux et représentants de section syndicale, ces institutions continuent de fonctionner. Ainsi, par exemple :
– le temps nécessaire à l'exercice des fonctions est de plein droit considéré comme temps de travail et payé à l'échéance normale (Cass. soc. 23-1-2002 n° 00-40.823 F-D : RJS 4/02 n° 448) ;
– un syndicat peut remplacer son délégué syndical (Cass. soc. 12-5-1986 n° 85-60.516 P) ;
– la protection spéciale contre le licenciement continue de s'appliquer (Cass. soc. 23-6-1998 n° 96-42.548 P : RJS 8-9/98 n° 1004).

20675 **Réduction importante et durable** Le Dreets ne peut autoriser la suppression demandée que si l'abaissement de l'effectif au-dessous de 50 salariés est important et durable. L'administration considère qu'une **diminution de l'ordre de 10 %** de l'effectif, soit en dessous de 45 salariés, constitue une baisse importante (Circ. DRT 13 du 25-10-1983).

20680 **Autorisation du Dreets** Le Dreets ne peut être **saisi d'une demande** de suppression que si une tentative a été faite pour trouver un accord avec les organisations syndicales représentatives (Circ. DRT 13 du 25-10-1983 ; CAA Marseille 18-12-2008 n° 07-728).

20685 Même lorsque les conditions de suppression sont remplies, l'autorité administrative peut refuser l'autorisation sollicitée en se fondant soit sur le **caractère frauduleux** de la baisse d'effectif résultant d'une manœuvre de l'employeur, soit sur des motifs d'**intérêt général** (CE 24-7-1981 n° 17737 ; 20-12-1985 n° 54954). Peut notamment apparaître comme frauduleux le découpage d'une société en plusieurs sociétés juridiquement distinctes pour des motifs étrangers aux seules nécessités économiques (Circ. DRT 12 du 17-3-1993). L'intérêt général s'apprécie suivant les missions de l'institution considérée (Circ. DRT 13 du 25-10-1983). Ainsi, selon l'administration, la disparition de toute représentation syndicale pourrait justifier un refus de suppression du mandat de délégué syndical (Circ. DRT 12 du 17-3-1993). Ces précisions sont à rapprocher de la notion d'intérêt général justifiant le refus d'autoriser le licenciement d'un représentant du personnel, voir n° 45420.

20690 La **décision du Dreets** doit mentionner les délais et voies de recours (C. just. adm. art. R 421-5). Elle peut faire l'objet soit d'un **recours hiérarchique** devant le ministre du travail, soit d'un recours **contentieux** devant la juridiction administrative (ce dernier pouvant être intenté soit directement, soit après recours hiérarchique, soit simultanément).

> **Précisions a.** Le **silence** gardé pendant plus de 4 mois par le ministre saisi d'un recours hiérarchique contre la décision du Dreets vaut décision de rejet (C. trav. art. R 2143-6).
> **b.** Le **juge judiciaire** n'a pas le pouvoir de supprimer le mandat du délégué syndical en cas de baisse de l'effectif en dessous de 50 salariés (Cass. soc. 12-5-1986 n° 85-60.516).

PERTE DE LA QUALITÉ D'ÉTABLISSEMENT DISTINCT

L'accord ou la décision de l'employeur constatant la perte de la qualité d'établissement distinct **20695**
visé n° 22110 peut, selon nous, acter la cessation du mandat des **délégués syndicaux** (DS) et des **représentants de section syndicale** (RSS) d'établissement en même temps que la cessation des élus du comité d'établissement.
Si cet accord ou cette décision prévoit le maintien des élus du comité d'établissement jusqu'au terme de leurs mandats, les mandats des DSS et des RSS devraient, à notre sens, se poursuivre jusqu'aux prochaines élections sauf révocation du syndicat.

C. Nombre de représentants du personnel

ÉLUS AU CSE D'ENTREPRISE OU D'ÉTABLISSEMENT

Le nombre de membres élus de la délégation du personnel au CSE d'entreprise ou d'établisse- **20750**
ment **varie** en fonction de l'effectif de l'entreprise ou de l'établissement. Il est indiqué n° 705.

Date d'appréciation de l'effectif Pour le calcul du **nombre de sièges à pourvoir,** **20752**
l'effectif théorique s'apprécie à la date du premier tour de scrutin (Cass. soc. 21-7-1986 n° 85-60.475 P ; 7-3-1990 n° 89-60.156 F : RJS 4/90 n° 311 ; 5-2-2020 n° 19-13.444 F-D : RJS 4/20 n° 196).
Il convient de tenir compte, lors du **renouvellement** du CSE, de l'effectif moyen de l'entreprise ou de l'établissement en cours d'année afin de neutraliser les variations occasionnelles ou saisonnières d'effectif (Cass. soc. 26-9-1990 n° 89-61.133 D : RJS 11/90 n° 871 ; Cass. soc. 3-10-1995 n° 94-60.480 D : RJS 11/95 n° 1140). Les dispositions du Code du travail relatives au calcul de l'effectif sur 12 mois consécutifs ne s'appliquent que lors de la mise en place de l'institution (Cass. soc. 7-11-1984 n° 84-60.248 P ; 26-9-1990 n° 89-61.133 D : RJS 11/90 n° 871 ; 5-4-1994 n° 93-60.355 PBS : RJS 5/94 n° 563).
En cas de **litige,** le juge du fond se livre à une appréciation des faits qui ne peut pas être remise en discussion devant la Cour de cassation (Cass. soc. 6-5-1981 n° 80-60.411 P). Il en va par exemple ainsi lorsqu'il a estimé devoir prendre en considération la moyenne des 2/3 de l'année ayant précédé le scrutin (Cass. soc. 6-7-1983 n° 82-60.460) ou l'effectif moyen de l'établissement au cours de l'année (Cass. soc. 3-10-1995 n° 94-60.480 D : RJS 11/95 n° 1140).

Variation d'effectif en cours de mandat Les variations de l'effectif intervenant en **20755**
cours de mandat ne sont prises en compte que lors du renouvellement du CSE, mais n'ont **pas d'incidence** sur le nombre d'élus.
En effet, sauf accord contraire, la hausse de l'effectif en cours de mandat ne donne pas lieu à l'organisation d'**élections complémentaires** : voir n° 24060. De même, la baisse de l'effectif ne donne pas lieu à **réduction du nombre** d'élus en cours de mandat.

AUTRES REPRÉSENTANTS DU PERSONNEL

Le nombre de représentants du personnel devant ou pouvant être élus ou désignés est indiqué **20760**
dans l'étude consacrée à chacune des institutions : **délégué syndical** dans les entreprises d'**au moins 50 salariés** : n°s 28000 s., délégué syndical dans les entreprises de **moins de 50 salariés** : n° 28400, délégué syndical supplémentaire dans les entreprises d'**au moins 500 salariés** : n° 28440, **représentant de section syndicale** : n°s 28660 s., **représentant syndical** au **CSE** d'entreprise ou d'établissement : n°s 28750 s. et représentant syndical au **CSE central** d'entreprise : n°s 27010 s.

SECTION 2 CALCUL DE L'EFFECTIF

Pour calculer l'effectif de l'entreprise en vue de la mise en place des institutions du personnel, **20850**
les salariés sont comptabilisés selon des règles variant en fonction de la nature de leur contrat, de sa durée et du cadre géographique (entreprise, établissement, groupe : voir n°s 22000 s.). Certains sont exclus du décompte.

ATTENTION

Avant tout calcul des effectifs, il faut étudier **les conventions ou les accords collectifs applicables** dans l'entreprise afin de vérifier s'ils contiennent des stipulations spécifiques. En leur absence, des règles particulières pourront être négociées par les parties dans le protocole préélectoral.

A. Salariés pris en compte

SALARIÉS LIÉS PAR UN CONTRAT DE TRAVAIL

20865 Sont pris en compte dans l'effectif les salariés **liés à l'entreprise** par un contrat de travail à temps plein ou à temps partiel, intermittent, à durée déterminée (sauf s'ils remplacent un salarié absent, voir n° 20900) ou indéterminée et les travailleurs à domicile (C. trav. art. L 1111-2). Tous les **cadres**, dès lors qu'ils sont titulaires d'un contrat de travail, sont comptabilisés dans l'effectif, même s'ils détiennent une délégation d'autorité permettant de les assimiler à l'employeur (Cass. soc. 26-9-2002 n° 01-60.670 FS-PB : RJS 12/02 n° 1411).

20870 Sont inclus dans l'effectif les salariés en **période d'essai** (Cass. soc. 7-4-1976 n° 75-60.174 P), en **formation,** ceux en cours de **préavis,** même non effectué (Circ. DRT 13 du 25-10-1983 n° 1-2-2-1 ; Cass. soc. 13-3-1985 n° 84-60.731 P), les salariés dont le contrat est **suspendu** (congé parental d'éducation, maladie prolongée...) et les salariés en **temps partiel thérapeutique** même pendant la période non travaillée (Note de service DGEFP du 29-3-2010 n° III-4).

Les salariés **dispensés d'activité** mais percevant une rémunération ou une garantie de ressources financée par l'entreprise entrent dans le calcul de l'effectif de cette entreprise (Cass. soc. 12-12-1990 n° 88-60.782 P : RJS 1/91 n° 40 ; 26-5-2004 n° 03-60.125 FS-PBRI : RJS 8-9/04 n° 935).

ATTENTION

Les **mandataires sociaux** non titulaires d'un contrat de travail ne doivent pas être inclus dans l'effectif. Il en est ainsi notamment du gérant non salarié d'une SARL ou du président-directeur général d'une SA.

SALARIÉS MIS À DISPOSITION

20875 Les salariés mis à disposition par une entreprise sous-traitante ou prestataire de service (Circ. DGT 20 du 13-11-2008) travaillant dans une entreprise utilisatrice sont comptés dans l'effectif de leur **employeur** (Circ. 41 du 21-10-2009).

> **Précisions a.** Le salarié mis à disposition doit être rattaché à l'effectif de l'établissement de son entreprise d'origine où sa rémunération est imputée en comptabilité et où il bénéficie des activités sociales et culturelles du comité d'établissement (Cass. soc. 20-9-2018 n° 17-60.306 FP-B : RJS 11/18 n° 683).

b. Pour l'application des dispositions du Code du travail relatives aux relations collectives, sont comptés dans les effectifs d'un **groupement d'employeurs** les salariés mis à la disposition, en tout ou partie, d'un ou de plusieurs de ses membres (C. trav. art. L 1253-8-1).

20880 Les salariés mis à disposition doivent aussi être pris en compte dans l'effectif de l'**entreprise utilisatrice** s'ils sont présents dans ses locaux au jour du décompte et y travaillent depuis au moins un an (C. trav. art. L 1111-2, 2° ; Circ. 41 du 21-10-2009), y compris à temps partiel (Cass. soc. 23-9-2015 n° 14-26.262 F-PB : RJS 12/15 n° 792). Il en est ainsi même s'ils décident de voter dans l'entreprise qui les emploie et pas dans l'entreprise d'accueil (Cass. soc. 19-1-2011 n° 10-60.296 F-PB : RJS 4/11 n° 337 ; 2-12-2020 n° 19-60.141 F-D : RJS 2/21 n° 93).

En revanche, l'entreprise utilisatrice ne doit pas prendre en compte les salariés qui ne sont pas à sa **disposition exclusive,** mais se rendent uniquement ponctuellement dans ses locaux (Cass. soc. 14-4-2010 n° 09-60.367 FS-PB : RJS 6/10 n° 526 ; 23-9-2015 n° 14-26.262 F-PB : RJS 12/15 n° 792) ou qui remplacent un **salarié absent** (n° 20900).

> **Précisions a.** Les salariés d'une société mère effectuant une **prestation de service** dans une **filiale** n'entrent pas dans les effectifs de cette dernière (Cass. soc. 11-5-2016 n° 15-12.922 FS-D : RJS 7/16 n° 503). Il en va de même des mandataires sociaux ou des cadres dirigeants mis à disposition d'une filiale par sa société mère pour y exercer des **fonctions de direction** en dehors de tout lien de subordination (Cass. soc. 27-5-2021 n° 20-10.638 F-D : RJS 8-9/21 n° 455).

b. Les **fonctionnaires** mis à disposition doivent être pris en compte dans l'effectif de l'entreprise d'accueil dans les mêmes conditions que les salariés de droit privé (Cass. soc. 17-4-2013 n° 12-21.581 FS-PB : RJS 7/13 n° 564).

La notion de **locaux** de l'entreprise ne s'entend pas des seules constructions immobilières, mais vise également tous lieux où intervient l'entreprise utilisatrice et où travaillent ses propres salariés, tel un chantier, dès lors que ces derniers et les salariés mis à disposition partagent des conditions de travail communes (Cass. soc. 15-4-2015 n° 14-20.200 F-D : RJS 7/15 n° 494). **20885**
Les salariés mis à disposition ne sont pas pris en compte s'ils ne sont pas **présents** effectivement dans l'établissement utilisateur au jour du décompte, c'est-à-dire s'ils ne sont plus liés à cet établissement et ne travaillent plus dans ses locaux (Circ. 41 du 21-10-2009).

STATUTS PARTICULIERS

Les **télétravailleurs** font partie, au même titre que les autres salariés, des effectifs de l'entreprise pris en compte pour la détermination des seuils (ANI du 19-7-2005 art. 11). **20890**
Les **VRP** sont également pris en compte dans l'effectif de l'entreprise, selon des modalités variant en fonction de leur statut (voir n° 21000).
Les salariés recrutés en France et rattachés à l'établissement français pour l'application des lois relatives à la représentation du personnel sont pris en compte dans l'effectif même s'ils exercent leur travail à l'**étranger** (Cass. soc. 4-5-1994 n° 91-60.008 PBBS : RJS 6/94 n° 711). Sont également pris en compte les salariés détachés à l'étranger, demeurant sous la subordination de l'entreprise établie en France, peu important qu'ils soient également liés par un contrat de travail avec l'établissement situé à l'étranger (Cass. soc. 29-1-1992 n° 90-60.526 P : RJS 3/92 n° 320). Des salariés **étrangers mis à disposition** dans un établissement français par une entreprise basée à l'étranger sont également pris en compte dans le calcul de l'effectif d'assujettissement de l'établissement français, s'ils répondent aux conditions de présence et de travail dans l'entreprise (n°s 20875 s.) (Note de service DGEFP du 29-3-2010 n° III-3). En revanche, les personnels **recrutés à l'étranger** pour y exercer définitivement leur activité sont exclus de l'effectif et de l'électorat pour les élections de la délégation du personnel au comité (Cass. soc. 5-12-2000 n° 99-60.318 F-D).
Les **journalistes pigistes** collaborant avec les entreprises de presse de façon régulière sont considérés comme leurs salariés. Sur les modalités de leur prise en compte, voir n° 21020. Ceux ne collaborant qu'occasionnellement ne sont pas pris en compte dans les effectifs (Cass. soc. 8-3-1995 n° 94-60.106 D : RJS 4/95 n° 452 ; 12-1-2011 n° 09-65.814 F-D).
Dans les **entreprises de travail temporaire**, il est tenu compte des salariés permanents de ces entreprises et des salariés temporaires leur ayant été liés par des contrats de mission pendant une durée totale d'au moins 3 mois au cours de la dernière année civile (C. trav. art. L 1251-54). Il n'y a pas de proratisation et chaque salarié compte pour une unité. S'agissant de la prise en compte des **intérimaires dans l'entreprise utilisatrice**, voir n° 21020.
L'article L 1254-29 du Code du travail prévoit des dispositions similaires pour les entreprises de **portage salarial**.

REMPLAÇANTS

Les salariés recrutés en CDD ou mis à disposition par une entreprise extérieure, y compris par une entreprise de travail temporaire, pour remplacer un **salarié absent** ou dont le contrat de travail est **suspendu,** notamment du fait d'un congé de maternité, d'adoption ou parental d'éducation sont exclus du décompte des effectifs (C. trav. art. L 1111-2, 2°) même s'ils n'accomplissent pas exactement le même travail que les salariés en congé (Cass. soc. 24-10-1989 n° 88-60.354 D : RJS 12/89 n° 940). **20900**

SALARIÉS SOUS CONTRAT D'INSERTION, APPRENTIS ET STAGIAIRES

Les salariés titulaires de **contrats uniques d'insertion** (contrat initiative-emploi dans le secteur marchand, contrat d'accompagnement dans l'emploi dans le secteur non marchand) sont comptabilisés dans les effectifs de l'entreprise pour apprécier le seuil de mise en place des IRP (C. trav. art. L 2301-1). **20910**
En revanche, le Code du travail exclut du décompte des effectifs les **apprentis** ainsi que les titulaires d'un contrat de **professionnalisation** jusqu'au terme prévu par le contrat lorsque celui-ci est à durée déterminée ou jusqu'à la fin de l'action de professionnalisation lorsque le contrat est à durée indéterminée (C. trav. art. L 1111-3).

> **Précisions** La prise en compte des contrats uniques d'insertion découle d'une décision de la CJUE qui avait jugé l'article L 1111-3 du Code du travail **contraire au droit de l'Union européenne** en ce qu'il excluait du calcul de l'effectif les apprentis et les titulaires d'un contrat de professionnalisation ou d'un contrat unique d'insertion, cette non-conformité ne pouvant toutefois pas être invoquée dans un litige entre particuliers (CJUE 15-1-2014 aff. 176/12 : RJS 5/14 n° 448). Dès lors, le juge national saisi d'un litige relatif à l'effectif

de l'entreprise pour la désignation d'un représentant de section syndicale ne pouvait pas écarter l'application de ce texte au motif qu'il aurait été contraire au droit de l'UE ; il devait au contraire vérifier cet effectif en tenant compte des exclusions ainsi prévues (Cass. soc. 9-7-2014 n° 11-21.609 FS-PB : RJS 10/14 n° 700). La mise en conformité au droit européen, opérée par la loi 2018-771 du 5-9-2018, est toutefois partielle dans la mesure où les apprentis et les titulaires d'un contrat de professionnalisation demeurent exclus des effectifs.

20920 Les **stagiaires** intervenant dans le cadre d'une convention signée avec l'entreprise et un établissement d'enseignement et non d'un contrat de travail sont exclus du calcul de l'effectif (C. trav. art. L 1221-13).

B. Modalités de calcul

SALARIÉS À TEMPS PLEIN

21000 Les salariés titulaires d'un contrat à durée indéterminée à temps plein et les travailleurs à domicile sont pris **intégralement** en compte dans l'effectif de l'entreprise (C. trav. art. L 1111-2, 1°). Il en est de même des VRP exclusifs, des VRP multicartes (Cass. soc. 7-10-1998 n° 97-60.429 P : RJS 11/98 n° 1417), sauf si, pour ces derniers, l'employeur rapporte la preuve de la durée exacte du travail convenue, leur prise en compte étant dans ce cas calculée comme indiqué n° 21010.
Les cadres en **forfait jours** sont comptabilisés comme des salariés à temps plein même si leur forfait annuel est inférieur au plafond légal ou conventionnel (Circ. DRT 7 du 6-12-2000).

SALARIÉS À TEMPS PARTIEL

21010 **Cas général** Les salariés à temps partiel, quelle que soit la nature de leur contrat de travail, sont pris en compte en **divisant la somme totale des horaires** inscrits dans leurs contrats de travail, majorés le cas échéant des heures complémentaires accomplies (Cass. soc. 7-3-1990 n° 89-60.156 P : RJS 4/90 n° 311 ; 25-9-2019 n° 18-60.206 F-PB : RJS 12/19 n° 707), par la **durée légale ou conventionnelle** du travail (C. trav. art. L 1111-2, 3°). Cette règle s'applique à tous les salariés travaillant à temps partiel (CDI, CDD, contrat de mission), y compris les travailleurs à domicile (Circ. DRT 13 du 25-10-1983). Si le contrat ne mentionne pas la durée du travail et sa répartition sur la semaine ou le mois, le salarié ne peut être décompté comme un salarié à temps partiel que si l'employeur démontre que le contrat n'est pas à temps plein (Cass. soc. 17-1-2001 n° 99-60.471 F-D : RJS 4/01 n° 469).
Si le calcul aboutit à un **nombre décimal,** il n'est pas possible de l'arrondir au nombre entier supérieur car aucune disposition légale ne le prévoit. Jugé ainsi que lorsque l'effectif est égal à 74,50 salariés, le nombre de représentants du personnel à élire est celui prévu pour les entreprises de 50 à 74 salariés, et non 75 salariés (Cass. soc. 17-6-2009 n° 08-60.594 FS-D : RJS 8-9/09 n° 729).

EXEMPLE

Si une entreprise pratiquant l'horaire légal de 35 heures par semaine emploie :
– 5 salariés à 32 heures,
– 3 salariés à 28 heures,
– 2 salariés à 34 heures,
ils sont pris en compte dans l'effectif de la façon suivante : $(5 \times 32) + (3 \times 28) + (2 \times 34)/35 =$ 8,91 unités.

21015 **Cas particuliers** Des **dispositions conventionnelles** plus favorables peuvent prévoir que le salarié à temps partiel est décompté pour une unité dans l'effectif de l'entreprise (Cass. soc. 20-7-1983 n° 82-60.377 P).
Un salarié travaillant pour **plusieurs entreprises** est pris en compte dans l'effectif de chacune d'elles au prorata du temps qu'il leur consacre. Ainsi, par exemple, un salarié travaillant 20 heures dans une entreprise A (horaire : 35 heures) et 10 heures dans une entreprise B (horaire : 32 heures) sera décompté chez A pour 20/35 = 0,57 unité et chez B pour : 10/32 = 0,31 unité.
Lorsqu'un salarié en **CDD** travaille à temps partiel, il convient d'effectuer une double proratisation : voir n° 21020.

SALARIÉS NON PERMANENTS

21020 Les CDD, les salariés intermittents, les salariés mis à disposition par une entreprise extérieure, les salariés temporaires, qui alternent des périodes travaillées et des périodes non travaillées, sont pris en compte au **prorata de leur temps de présence** au cours des 12 mois précédant la date à

laquelle l'effectif est calculé (C. trav. art. L 1111-2, 2°). Cette règle s'applique également aux vacataires (Cass. soc. 4-5-1984 n° 83-63.618).
Par « 12 mois précédant », il faut entendre la **période d'un an** qui précède le mois pour lequel on veut calculer l'effectif, peu important que ces salariés soient présents ou non dans l'entreprise au jour de la confection des listes ou des élections (Circ. DRT 14 du 29-8-1992 ; Cass. soc. 6-11-1991 n° 90-60.458 PF : RJS 12/91 n° 1334). Ainsi, pour calculer l'effectif en janvier, la période de référence sera comprise entre le 1er janvier et le 31 décembre précédent, peu important que les salariés aient quitté l'entreprise à la date de calcul de l'effectif (Circ. DRT 13 du 25-10-1983).
Il n'en va autrement que pour les **salariés mis à disposition**, lorsqu'on calcule l'effectif de l'entreprise utilisatrice. Ces salariés doivent en effet être présents dans cette entreprise le jour du décompte, voir n° 20880. Dans l'effectif de l'entreprise qui les emploie, ils sont comptés dans les conditions classiques (Circ. DGT 20 du 13-11-2008). Lorsque le calcul de la proratisation aboutit à un nombre décimal, voir n° 21010.
Les **journalistes pigistes** doivent être pris en compte dans l'effectif au prorata de leur temps de présence des 12 derniers mois ; celui-ci peut être déterminé forfaitairement en divisant la somme de l'ensemble des piges versées par l'entreprise au cours des 3 derniers mois par un salaire de référence (tel que le salaire minimal d'un journaliste à temps plein de l'entreprise), ce qui permet d'obtenir un nombre d'« équivalents salariés » (Circ. DRT 6 du 27-3-1991). Compte tenu de la grande disparité de rémunération, l'effectif peut être déterminé par référence au salaire minimum de croissance (Cass. soc. 10-5-2006 n° 05-60.268 FS-PB : RJS 8-9/06 n° 1002).

EXEMPLE

Soit une entreprise devant calculer son effectif en janvier. Durant les 12 mois précédents, elle a comptabilisé 7 CDD de 3 mois, 5 intérimaires pendant 8 mois et 20 CDD de 6 mois à 28 h par semaine. Ces salariés sont pris en compte dans les effectifs à raison de :
$[(7 \times 3) + (5 \times 8) + (20 \times 28/35 \times 6)]/12 = 13{,}08$ unités.

C. Contentieux

Les litiges relatifs à l'appréciation de l'effectif lors de la mise en place des institutions représen- **21100**
tatives du personnel sont de la compétence du **tribunal judiciaire**, quelle que soit l'instance concernée. Sur le contentieux en matière d'élection du CSE, voir nos 26350 s., de désignation des délégués et représentants syndicaux, voir nos 28200 s. et d'élection des délégués au CSE central d'entreprise, voir n° 27070.
En cas de contentieux, il appartient à l'employeur de communiquer les éléments de **preuve** relatifs à l'effectif de l'entreprise (Cass. soc. 24-5-2006 n° 04-44.939 F-D : RJS 8-9/06 n° 960 ; Cass. soc. 25-9-2019 n° 18-60.206 F-PB : RJS 12/19 n° 707). Si l'employeur a loyalement satisfait à son obligation de fournir les éléments nécessaires au contrôle de l'effectif, le juge doit fixer cet effectif en fonction des éléments produits ou ordonner la production de nouvelles pièces ou une mesure d'instruction (Cass. soc. 31-5-2017 nos 16-16.492 FS-PB et 16-16.493 FS-D : RJS 8-9/17 n° 599).

CHAPITRE 3 LE CADRE DE LA MISE EN PLACE

SOMMAIRE

22000 Les institutions représentatives du personnel sont, en principe, mises en place au **niveau de l'entreprise ou de l'établissement.** Toutefois :
– dans les **unités économiques et sociales** (UES), elles sont mises en place dans ce cadre (ou au niveau des établissements distincts de l'UES) ;
– des **comités interentreprises** peuvent être mis en place pour régler des problèmes communs aux entreprises d'un même site ou d'une même zone (nos 23000 s.) ou pour mettre en place des institutions sociales communes (nos 4710 s.) ;
– dans certains cas, la mise en place d'une instance de **prévention interentreprises** est obligatoire.
Le cadre de mise en place du **comité de groupe** est étudié nos 6250 s. La loi ne prévoit pas la désignation d'un délégué syndical de **groupe,** mais rien n'interdit de le prévoir par accord collectif en application de l'article L 2141-10 du Code du travail (en ce sens : Cass. soc. 23-10-2007 n° 06-44.438 FS-PB : RJS 1/08 n° 51).
Pour le comité d'entreprise **européen,** voir nos 7000 s.

SECTION 1 ENTREPRISE OU ÉTABLISSEMENT

A. Comité social et économique

22030 En **principe,** le comité social et économique est mis en place au niveau de l'entreprise (C. trav. art. L 2313-1).
Toutefois, dans les **entreprises d'au moins 50 salariés comportant au moins 2 établissements** distincts, des comités sociaux et économiques d'établissement (CSE d'établissement) doivent être mis en place, au niveau de chaque établissement distinct (QR min. trav. du 16-1-2020 n° 26), et un comité social et économique central d'entreprise (CSE central) est constitué au niveau de l'entreprise (C. trav. art. L 2313-1).

1. QUI DÉCIDE DU NOMBRE D'ÉTABLISSEMENTS DISTINCTS ?

Le nombre et le périmètre des CSE d'établissement peuvent être définis par **accord** d'entreprise négocié avec les organisations syndicales, à défaut, par accord entre l'employeur et le CSE, ou, à défaut, par **décision unilatérale de l'employeur** (C. trav. art. L 2313-2 à L 2313-4). Les signataires d'un accord collectif déterminent **librement** les **critères** permettant la fixation du nombre et du périmètre des établissements distincts au sein de l'entreprise (Cass. soc. 1-2-2023 n° 21-15.371 FS-BR : RJS 4/23 n° 209). 22040
Quelle que soit la modalité adoptée, le découpage retenu doit permettre d'assurer la **représentation de tous les salariés** de l'entreprise par un CSE d'établissement (QR min. trav. du 16-1-2020 n° 24 ; Cass. soc. 1-2-2023 n° 21-15.371 FS-BR : RJS 4/23 n° 209), y compris ceux des sites dont l'effectif est réduit (voir n° 22100). Le fait qu'une entreprise ne dispose que d'un seul site géographique ne fait pas obstacle à la reconnaissance d'un ou plusieurs établissement(s) distinct(s) (QR min. trav. du 16-1-2020 n° 32).

ATTENTION

Ce n'est que lorsque, à l'issue d'une **tentative loyale de négociation,** un accord collectif n'a pas pu être conclu que l'employeur peut fixer par décision unilatérale le nombre et le périmètre des établissements distincts (Cass. soc. 17-4-2019 n° 18-22.948 FS-PBRI : RJS 6/19 n° 363).

PRIORITÉ À L'ACCORD AVEC LES SYNDICATS

Lorsqu'un ou plusieurs délégués syndicaux sont présents dans l'entreprise, l'employeur est tenu de **négocier** avec eux l'accord qui déterminera le nombre et le périmètre des établissements distincts. Dans ce cas, la négociation d'un accord avec le CSE n'est pas possible, même en cas d'échec des négociations (QR min. trav. du 16-1-2020 n° 28). 22045
Si les parties parviennent à un **accord,** celui-ci doit être conclu dans les conditions prévues au premier alinéa de l'article L 2232-12 (C. trav. art. L 2313-2), c'est-à-dire dans les **conditions de validité** prévues pour les accords d'entreprise ou d'établissement (sur les conditions de validité de ces accords, voir n° 3515). À l'inverse de ce qui était prévu pour le comité d'entreprise et les délégués du personnel, il n'y a donc plus identité de condition de **majorité** entre l'accord définissant le nombre et le périmètre des établissements distincts et le protocole d'accord préélectoral.
Lorsque le nombre et le périmètre des établissements distincts sont négociés dans le cadre de l'accord d'entreprise, la loi n'impose pas la prise en compte de **critères** spécifiques. Ces critères peuvent donc être librement déterminés par l'accord (QR min. trav. du 16-1-2020 n° 29). Voir également ci-dessus n° 22040.
L'accord peut prévoir d'étoffer la représentation du personnel dans l'entreprise en mettant en place des **représentants de proximité,** voir nos 22150 s.

À DÉFAUT, IL FAUT S'ENTENDRE AVEC LE CSE

En l'absence d'accord conclu dans les conditions ci-dessus et en l'absence de délégué syndical (DS), un accord entre l'employeur et le CSE, adopté à la **majorité** des membres titulaires élus de la délégation du personnel du comité, peut déterminer le nombre et le périmètre des établissements distincts (C. trav. art. L 2313-3). 22055
À notre sens, ce type d'accord ne peut être conclu qu'à l'occasion du **renouvellement du CSE,** puisqu'il présuppose l'existence de cette institution.
À l'occasion de ce renouvellement :
– les membres du CSE d'entreprise et l'employeur peuvent se mettre d'accord pour mettre en place des CSE d'établissement si la structure de l'entreprise le justifie ;
– pour les entreprises disposant déjà de CSE d'établissement, l'accord décidant du nombre et du périmètre des établissements distincts de l'entreprise doit selon nous pouvoir être conclu au niveau du CSE central.
Lorsque le nombre et le périmètre des établissements distincts est négocié avec le CSE, la loi n'impose pas la prise en compte de **critères** spécifiques. Ces critères peuvent donc être librement déterminés par l'accord (QR min. trav. du 16-1-2020 n° 29).

À DÉFAUT DE TOUT ACCORD, L'EMPLOYEUR DÉCIDE SEUL

22065 **Sur quels critères se fonde l'employeur ?** En l'absence d'accord conclu avec les syndicats ou le CSE, l'employeur fixe le nombre et le périmètre des établissements distincts, compte tenu de l'**autonomie de gestion** du responsable de l'établissement, notamment en matière de gestion du personnel (C. trav. art. L 2313-4).

Pour la Cour de cassation est un établissement distinct celui :

– présentant une autonomie suffisante en ce qui concerne la gestion du personnel et l'exécution du service, notamment en raison de l'étendue des **délégations de compétence** dont dispose son responsable (Cass. soc. 19-12-2018 n° 18-23.655 FS-PBRI : RJS 3/19 n° 165 ; 22-1-2020 n° 19-12.011 FS-PB : RJS 4/20 n° 189), la centralisation de fonctions support et l'existence de procédures de gestion définies au niveau du siège n'étant pas de nature à exclure l'autonomie de gestion des responsables d'établissement (Cass. soc. 11-12-2019 n° 19-17.298 F-PB : RJS 2/20 n° 95 ; 22-1-2020 n° 19-12.011 précité) ;

– et permettant l'**exercice effectif des prérogatives** d'une institution représentative du personnel (Cass. soc. 9-6-2021 n° 19-23.745 FS-PR et n° 19-23.153 FS-PR : RJS 8-9/21 n° 456).

ILLUSTRATIONS

Le critère de l'établissement distinct retenu par la chambre sociale pour la mise en place des CSE est très proche de celui dégagé par le Conseil d'État pour la mise en place des comités d'entreprise. Aussi les solutions ci-après rendues par ce dernier nous paraissent conserver leur intérêt.

Pour le Conseil d'État avait le caractère d'un **établissement distinct** l'établissement présentant une autonomie certaine en matière de procédure budgétaire, d'organisation de son activité et d'embauche et de licenciement du personnel local, même si les conditions de travail et de rémunération étaient définies au niveau du groupe et que la gestion des cadres de direction relevait de la direction générale de l'entreprise (CE 12-6-1995 n° 110044 : RJS 8-9/95 n° 905). Il en allait de même de l'établissement doté d'un chef d'établissement et d'un service du personnel procédant aux embauches et aux licenciements et disposant de l'essentiel des outils de gestion dont la comptabilité analytique et le contrôle de qualité et de la gestion des stocks (CE 1e-4e s.-s. 11-12-1991 n° 92935 : RJS 4/92 n° 461).

En revanche, n'avait **pas le caractère d'établissement distinct** : celui ne disposant pas de l'essentiel des outils de gestion (CE 10-2-1992 n° 92735) ; ou celui disposant d'un degré d'autonomie très réduit en matière de gestion du personnel, les décisions concernant notamment l'embauche et le licenciement étant prises au siège (CE 3-7-1996 n° 147771, 159277 et 161662 : RJS 8-9/96 n° 938 ; 26-11-2001 n° 223015 : RJS 3/02 n° 298) ; ou encore celui dont la politique du personnel et la gestion des dépenses étaient centralisées par la direction générale de la société (CE 4-6-2003 n° 252276 : RJS 10/03 n° 1182).

22070 S'il doit être doté d'un responsable disposant d'une certaine autonomie de gestion, en revanche, selon l'administration, l'établissement distinct ne correspond pas nécessairement à un **établissement physique** et peut regrouper plusieurs **établissements au sens de l'Insee** (Siret) (QR min. trav. du 16-1-2020 n° 25). Ainsi, il demeure selon nous possible, comme dans le cadre législatif antérieur, par exemple de distinguer 2 établissements sur un même site s'ils sont suffisamment autonomes (en ce sens : CE 27-3-1996 n° 155791 et 155804 : RJS 5/96 n° 556), ou de rattacher à la direction technique ou commerciale de l'entreprise les techniciens ou commerciaux travaillant dans ses différents établissements distincts si cette direction présente une autonomie suffisante (CE 23-7-2003 n° 247577 : RJS 12/03 n° 1409 ; Cass. soc. 16-11-2011 n° 10-26.550 FS-D : RJS 2/12 n° 155) ou, encore, de reconnaître, si elles sont autonomes, le caractère d'établissements distincts à des directions régionales dont le territoire est relativement vaste et le nombre de salariés élevé (en ce sens : CE 6-3-2002 n°s 230225 et 233473 : RJS 7/02 n° 834).

A contrario, l'éloignement géographique d'un site est insuffisant pour lui reconnaître le caractère d'établissement distinct si son responsable ne dispose pas d'une autonomie de gestion suffisante (CE 5-6-2002 n° 230143).

22080 **Information des syndicats et du CSE** L'employeur doit porter sa décision à la connaissance de chaque **syndicat** représentatif dans l'entreprise et de chaque syndicat y ayant constitué une section syndicale par tout moyen permettant de conférer date certaine à cette information (C. trav. art. R 2313-1).

S'il y a eu des négociations avec le **CSE** mais qu'elles n'ont abouti à aucun accord, l'employeur doit réunir le comité afin de l'informer de sa décision (C. trav. art. R 2313-1).

VOIES DE RECOURS

Contestation de la décision de l'employeur Les **syndicats** représentatifs dans l'entreprise et ceux y ayant constitué une section syndicale, ou le **CSE** avec lequel des négociations se sont déroulées sans aboutir à un accord, peuvent, dans le **délai** de 15 jours à compter de la date à laquelle ils en ont été informés, contester la décision de l'employeur **devant le directeur régional de l'économie, de l'emploi, du travail et des solidarités** (Dreets) du siège de l'entreprise (C. trav. art. L 2313-5 et R 2313-1), c'est-à-dire devant le Dreets du lieu où se situe la direction effective de l'entreprise, même s'il est différent de celui du siège social (CE 29-3-2000 n° 211353 : RJS 5/00 n° 547). 22090
Cette autorité administrative fixe alors le nombre et le périmètre des établissements distincts dans un délai de 2 mois à compter de la réception de la contestation. Sa décision est notifiée, avec mention des voies et délais de recours, par lettre recommandée avec avis de réception (C. trav. art. L 2313-5, R 2313-2).
Lorsqu'elle intervient dans le cadre d'un **processus électoral** global, la saisine du Dreets **suspend** ce processus jusqu'à sa décision et entraîne la prorogation des mandats des élus en cours jusqu'à la proclamation des résultats du scrutin (C. trav. art. L 2313-5).

> **Précisions a.** N'ayant pas la personnalité juridique, une **section syndicale** n'est pas compétente pour former un recours administratif contre la décision de l'employeur ayant fixé le nombre et le périmètre des établissements distincts pour la mise en place du CSE (Cass. soc. 3-3-2021 n° 19-21.086 F-P : RJS 5/21 n° 275). De même, les **salariés** ne sont pas compétents pour exercer un recours administratif ou judiciaire contre une telle décision de l'employeur (Cass. soc. 20-10-2021 n° 20-60.258 F-B : RJS 1/22 n° 19).
b. Pour la chambre sociale de la Cour de cassation, la notification par l'employeur de sa décision doit consister en une **information, spécifique et préalable** à l'organisation des élections professionnelles au sein des établissements distincts ainsi définis. En l'**absence** d'une telle information, le délai de recours devant le Dreets ne court pas (Cass. soc. 17-4-2019 n° 18-22.948 FS-PBRI : RJS 6/19 n° 363).
c. S'agissant des **éléments de preuve** à fournir au Dreets, il a été précisé que l'employeur doit produire des documents relatifs à l'**organisation interne** de l'entreprise. Les organisations syndicales contestant la décision unilatérale prise par ce dernier doivent quant à elles fournir tout document à l'appui de leur contestation (Cass. soc. 22-1-2020 n° 19-12.011 FS-PB : RJS 4/20 n° 189).
d. Les **élections** organisées par l'employeur **en dépit de la suspension légale** du processus électoral et de la prorogation légale des mandats des élus en cours peuvent faire l'objet d'une demande d'annulation de la part des syndicats ayant saisi le Dreets d'une demande de détermination du nombre et du périmètre des établissements distincts, dans le délai de 15 jours de contestation des élections prévu par l'article R 2314-24 du Code du travail, ce délai courant à compter de la décision du Dreets (Cass. soc. 17-4-2019 n° 18-22.948 FS-PBRI : RJS 6/19 n° 363).
e. La contestation de la décision unilatérale de l'employeur constatant la **perte de la qualité d'établissement distinct** obéit à la même procédure que la contestation de la décision de l'employeur ayant fixé le nombre et le périmètre des établissements (Cass. soc. 20-10-2021 n° 20-60.258 F-B : RJS 1/22 n° 19).
f. En cas de **conclusion d'un accord après saisine du Dreets,** l'accord conclu rend caduque la décision administrative (CE 24-6-1987 n° 72096).

Contestation de la décision du Dreets La décision du Dreets peut être contestée devant le **tribunal judiciaire,** saisi par voie de requête, dans un **délai** de 15 jours suivant sa notification, à l'exclusion de tout autre recours administratif ou contentieux (Cass. soc. QPC 24-6-2020 n° 20-40.001 FS-PB : RJS 8-9/20 n° 422). En cas de décision implicite de rejet du Dreets, les syndicats représentatifs dans l'entreprise, ceux ayant constitué une section syndicale ou le CSE, lorsque des négociations se sont déroulées avec lui sans aboutir à un accord, peuvent saisir, par voie de requête, dans un délai de 15 jours, le tribunal judiciaire afin qu'il soit statué sur la contestation (C. trav. art. L 2313-5, R 2313-2 et R 2313-3). 22095
Sur demande du greffe, le Dreets doit justifier de l'accomplissement de la notification de sa décision auprès de la juridiction saisie ou, à défaut, de la réception de la contestation. Si le juge le demande, le Dreets doit communiquer un rapport précisant les éléments de droit ou de fait ayant fondé sa décision (C. trav. art. R 2313-3).
Le tribunal judiciaire statue dans les 10 jours de sa saisine sans frais ni forme de procédure et sur avertissement qu'il donne 3 jours à l'avance à toutes les parties intéressées (C. trav. art. R 2313-3).
Notifiée par le greffe dans les 3 jours par lettre recommandée avec avis de réception, la décision du tribunal est susceptible d'un **pourvoi** en cassation dans un délai de 10 jours (C. trav. art. R 2313-3).

› Précisions a. En l'absence de contestation de la décision de l'employeur devant le Dreets, la requête est irrecevable (Cass. soc. 25-3-2020 n° 18-18.401 FS-PB : RJS 6/20 n° 300, solution rendue à propos d'une UES).

b. Le juge doit examiner l'ensemble des contestations, qu'elles portent sur la légalité externe ou interne de la décision du Dreets et, s'il les dit mal fondées, confirmer la décision ou, s'il les accueille partiellement ou totalement, statuer à nouveau, par une décision se substituant à celle de l'autorité administrative, sur les questions demeurant en litige (Cass. soc. 19-12-2018 n° 18-23.655 FS-PBRI : RJS 3/19 n° 165).

c. Lorsqu'il est saisi de contestations de la décision de l'autorité administrative quant à la fixation du nombre et du périmètre des établissements distincts, il appartient au juge de se prononcer sur la légalité de cette décision au regard de l'ensemble des **circonstances** de fait dont il est justifié à la **date** de la décision administrative et, en cas d'annulation de cette dernière décision, de statuer à nouveau, en fixant ce nombre et ce périmètre d'après l'ensemble des circonstances de fait à la date où le juge statue (Cass. soc. 8-7-2020 n° 19-11.918 FS-PBR : RJS 10/20 n° 476).

d. Lorsque le juge annule la décision du Dreets fixant le nombre et le périmètre des établissements distincts de l'entreprise pour une **irrégularité de procédure,** il ne peut pas lui-même fixer ce nombre et ce périmètre par une décision se substituant à celle de l'autorité administrative (Cass. soc. 3-3-2021 n° 19-21.086 F-P : RJS 5/21 n° 275).

2. QUE FAIRE DES SITES DE PETITE TAILLE ?

22100 Aucune **disposition législative** ne subordonne la reconnaissance du caractère d'établissement distinct à la condition que l'établissement ait un effectif minimum. Il est donc théoriquement possible de reconnaître cette qualité à un site de taille très réduite (même inférieur à 50 salariés). Néanmoins, une telle reconnaissance sera en général inappropriée faute pour le chef d'établissement de disposer d'une autonomie de gestion suffisante pour permettre au CSE de fonctionner utilement.

Les salariés de ces sites de petite taille doivent quand même bénéficier d'un CSE. Dans le cadre législatif antérieur, la Cour de cassation a en effet jugé que, tenant de la **Constitution** le **droit de participer** par l'intermédiaire de leurs représentants à la détermination collective de leurs conditions de travail, les salariés des sites de moins 50 salariés appartenant à une entreprise d'au moins 50 salariés ne pouvaient pas être privés du droit de participer à l'élection soit d'un comité d'établissement soit, en l'absence d'accord ou de décision permettant la mise en place de comités d'établissement et d'un comité central, d'un comité d'entreprise (en ce sens : Cass. crim. 22-11-1977 n° 76-93.162 ; Cass. soc. 10-1-1989 n° 87-60.274 P : RJS 2/89 n° 157 ; 4-3-2009 n° 07-20.627 FS-D : RJS 5/09 n° 447). Ce principe est transposable au CSE.

EXEMPLE

Une entreprise de 200 salariés comporte quatre sites :
– Établissement A : 25 salariés ;
– Établissement B : 25 salariés ;
– Établissement C : 75 salariés ;
– Établissement D : 75 salariés.
Découpage retenu pour les élections :
– Établissement 1 : sites A + B ;
– Établissement 2 : site C ;
– Établissement 3 : site D.
Compte tenu du découpage retenu, l'entreprise devra organiser 3 élections : des CSE d'établissement seront mis en place au niveau de chaque établissement distinct et un CSE central sera mis en place au niveau de l'entreprise (QR min. trav. du 16-1-2020 n° 25).

3. QUE SE PASSE-T-IL SI UN ÉTABLISSEMENT PERD SON CARACTÈRE DISTINCT ?

22110 La perte de la qualité d'établissement distinct reconnue par accord ou sur décision de l'employeur emporte **cessation des fonctions** des membres de la délégation du personnel du CSE de cet établissement, sauf si un accord d'entreprise conclu dans les conditions visées n° 3515 ou, à défaut d'accord d'entreprise, un accord entre l'employeur et le CSE concerné, permet aux membres de la délégation du personnel du comité d'achever leur mandat (C. trav. art. L 2313-6).

Sauf accord contraire, la perte de la qualité d'établissement distinct a donc un effet immédiat et devrait mettre fin aux actions antérieurement introduites en justice par l'établissement supprimé

(Cass. soc. 20-6-2012 n° 10-28.000 F-D : RJS 10/12 n° 812). Par parallélisme des formes, on peut penser qu'à défaut d'accord d'entreprise, l'accord de maintien des mandats conclu avec le CSE devra satisfaire aux conditions visées n° 22055.
Sur les **voies de recours** en cas de constatation par décision unilatérale de l'employeur de la perte de la qualité d'établissement distinct, voir n° 22090, e.

B. Représentants de proximité

Les représentants de proximité sont des représentants du personnel intervenant dans des entreprises dotées de CSE mais dont le champ de compétence est plus restreint que celui de cette instance. Leur mise en place est purement facultative. Elle suppose un accord entre l'employeur et les syndicats. **22150**

COMMENT ET POURQUOI METTRE EN PLACE DES REPRÉSENTANTS DE PROXIMITÉ ?

Afin d'**éviter** une centralisation excessive de la représentation du personnel au niveau de l'entreprise (QR min. trav. du 16-1-2020 n° 33), des représentants de proximité peuvent être mis en place par l'**accord** d'entreprise déterminant le nombre et le périmètre des établissements distincts visé n° 22045 (C. trav. art. L 2313-7), et seulement par cet accord. Toutefois, dans le cas où le nombre et le périmètre des établissements distincts ont été déterminés par décision unilatérale de l'employeur ou sur recours contre celle-ci, des représentants de proximité peuvent être mis en place, en cours de cycle, par accord collectif majoritaire visé n° 3515 (Cass. soc. 1-6-2023 n° 22-13.303 FS-B : RJS 8-9/23 n° 456). **22155**
Cet accord doit définir le nombre de représentants de proximité, leurs attributions (notamment en matière de santé, de sécurité et de conditions de travail), les modalités de leur désignation ainsi que leurs moyens de fonctionnement (C. trav. art. L 2313-7). L'accord a toute latitude pour adapter tous ces points aux besoins identifiés dans l'entreprise en matière de représentation du personnel (QR min. trav. du 16-1-2020 n° 33).

EXEMPLE

Le représentant de proximité pourra être chargé de jouer un rôle en matière de présentation des réclamations individuelles ou collectives dans les différents sites géographiques de l'entreprise lorsque le périmètre des établissements distincts de l'entreprise retenu se situe à un niveau plus centralisé (QR min. trav. du 16-1-2020 n° 33).
Son champ de compétence pourra également inclure des sujets environnementaux pour lui permettre, par exemple, d'appréhender les questions soulevées par les changements climatiques et environnementaux en fonction des spécificités des territoires (ANI du 11-4-2023 : voir n° 83530).

DÉSIGNATION DES REPRÉSENTANTS

Selon les dispositions de l'accord les instituant, les représentants de proximité sont **soit membres du CSE soit désignés par lui** pour une **durée** qui prend fin avec celle du mandat des membres élus du comité (C. trav. art. L 2313-7). Ce sont donc soit des membres du CSE, soit des salariés de l'entreprise désignés par lui (QR min. trav. du 16-1-2020 n° 36). Par suite, l'accord d'entreprise ne peut ni prévoir qu'ils seront désignés par les organisations syndicales représentatives parmi les salariés de l'entreprise, ni qu'ils seront directement élus par les salariés (QR min. trav. du 16-1-2020 n° 36). **22160**

> **Précisions** La **contestation** des désignations de représentants de proximité doit être formée devant le tribunal judiciaire statuant sur requête, les parties étant dispensées de constituer avocat. Le tribunal compétent est celui du lieu où la désignation est destinée à prendre effet, peu important les modalités de cette désignation définies par l'accord d'entreprise qui met en place ces représentants (Cass. soc. 1-2-2023 n° 21-13.206 FS-B : RJS 4/23 n° 210).

MOYENS DE FONCTIONNEMENT

Les moyens de fonctionnement, et notamment le nombre d'heures de délégation dont bénéficient les représentants de proximité sont **définis par l'accord** les instituant (C. trav. art. L 2313-7). **22165**
Lorsque les représentants de proximité sont **membres du CSE,** ils bénéficient des moyens garantis à ces derniers. Si, comme le permet l'article R 2314-1 du Code du travail, l'accord ne leur accorde pas un crédit d'heures supplémentaires, ils utilisent les heures de délégation de membre du CSE pour exercer leurs fonctions de représentants (QR min. trav. du 16-1-2020 n° 37).

Lorsqu'ils ne sont **pas membres du CSE,** les représentants de proximité ne peuvent pas bénéficier de plein droit des mêmes droits que ceux des membres du comité. C'est à l'accord qui les institue de prévoir les moyens et les droits dont ils peuvent bénéficier, notamment leur participation aux réunions du CSE (QR min. trav. du 16-1-2020 n° 37).

C. Délégués syndicaux et représentants de section syndicale

CADRE DE DÉSIGNATION DES DÉLÉGUÉS SYNDICAUX

22215 **Cadre légal** Dans les entreprises d'au moins 50 salariés comportant **un seul établissement,** les délégués syndicaux sont désignés pour l'entreprise tout entière. Dans celles comportant des **établissements distincts** d'au moins 50 salariés, les délégués syndicaux sont désignés par établissement (C. trav. art. R 2143-3), mais chaque syndicat représentatif peut désigner un **délégué central** d'entreprise dans les conditions indiquées n°s 28500 s.

Dans tous les cas, le périmètre de désignation des délégués syndicaux est en principe le même que celui retenu, lors des dernières élections, pour la mise en place du **CSE d'entreprise ou d'établissement** (Cass. soc. 18-5-2011 n° 10-60.383 FS-PBR : RJS 7/11 n° 627). Autrement dit : si l'entreprise est dotée d'un CSE d'entreprise, les délégués syndicaux sont désignés pour l'entreprise entière. Si l'entreprise est dotée de CSE d'établissements, les délégués syndicaux sont désignés dans le cadre de chacun des établissements dotés d'un CSE d'établissement et un délégué central peut être désigné pour l'entreprise entière (dans les conditions précisées n°s 28500 s.).

Il est toutefois possible de déroger à ce principe en désignant le délégué syndical sur un **périmètre plus restreint.** La désignation d'un délégué syndical peut en effet aussi intervenir, même en l'absence d'accord collectif en ce sens, au sein d'un établissement regroupant des salariés placés sous la direction d'un représentant de l'employeur et constituant une communauté de travail ayant des intérêts propres susceptibles de générer des revendications communes et spécifiques (C. trav. art. L 2143-3, al. 4). Peu importe que le représentant de l'employeur ait, ou non, le pouvoir de se prononcer sur les revendications (Cass. soc. 14-11-2012 n° 11-25.433 FS-D : RJS 1/13 n° 50 ; 27-2-2013 n° 12-14.228 FS-D : RJS 5/13 n° 385) ou qu'il ne soit pas présent en permanence sur place (Cass. soc. 8-7-2015 n° 14-60.737 FS-D : RJS 10/15 n° 649).

Lorsque le **site** dans lequel travaille un salarié a été **rattaché** à l'un des établissements de l'entreprise pour les élections des représentants aux CSE, ce salarié ne peut être désigné comme délégué syndical qu'au sein de cet établissement ou sur un périmètre plus restreint, pas dans un autre établissement (Cass. soc. 6-1-2016 n° 15-12.967 FS-D : RJS 3/16 n° 191).

ATTENTION

Il appartient au syndicat qui se prévaut de l'existence ou de la persistance du caractère distinct d'un établissement d'en apporter la **preuve** et au tribunal de la caractériser à la date de la désignation syndicale (Cass. soc. 9-11-2022 n° 21-20.525 F-B : RJS 2/23 n° 92). La possibilité prévue par accord collectif de désigner des **représentants de proximité** ne suffit pas à caractériser un établissement distinct autorisant la désignation de délégués syndicaux au sein de cette structure (Cass. soc. 31-3-2021 n° 19-26.234 F-D : RJS 7/21 n° 396).

22220 **Cadre conventionnel** La **jurisprudence** a posé les **principes** suivants s'agissant des accords collectifs définissant le périmètre de désignation des délégués syndicaux :

– l'accord lie les syndicats signataires et **s'impose** à tous les salariés et syndicats, **signataires de l'accord ou non** (Cass. soc. 3-10-2007 n° 06-60.254 F-D : RJS 12/07 n° 1307). Il s'ensuit qu'un syndicat non signataire de l'accord doit désigner ses représentants dans le cadre défini par l'accord (Cass. soc. 24-11-2004 n° 03-60.112 FS-P : RJS 3/05 n° 291) ;

– les dispositions de l'article L 2143-3 alinéa 4 du Code du travail sont d'**ordre public** de sorte que ni un accord collectif de droit commun ni l'accord d'entreprise relatif à la mise en place du CSE et des CSE d'établissement ne peuvent priver un syndicat du droit de désigner un délégué syndical au sein d'un établissement regroupant des salariés placés sous la direction d'un représentant de l'employeur et constituant une communauté de travail ayant des intérêts propres, susceptibles de générer des revendications communes et spécifiques (Cass. soc. 2-3-2022 n° 20-18.442 FP-BR : RJS 5/22 n° 26 ; 9-11-2022 n° 21-20.525 F-B : RJS 2/23 n° 92) ;

– si un accord prévoit la mise en place d'un CSE ou d'un comité d'établissement dans un **établissement de moins de 50 salariés** tout en écartant expressément cette possibilité pour la désignation des représentants syndicaux, la désignation des délégués syndicaux ne peut s'effectuer qu'aux conditions prévues par les textes légaux (Cass. soc. 9-4-2014 n° 13-16.774 FS-PB : RJS 6/14 n° 492).

Par ailleurs, dans les **entreprises de moins de 50 salariés** la fonction de délégué syndical peut être exercée par un membre de la délégation du personnel au CSE (nos 17750 s.) mais un accord collectif peut prévoir la désignation de délégués syndicaux distincts : voir n° 20580.

CADRE DE DÉSIGNATION DU REPRÉSENTANT DE SECTION SYNDICALE

Pour la Cour de cassation, le cadre de désignation des représentants de section syndicale est **nécessairement le même** que celui retenu pour les délégués syndicaux (Cass. soc. 14-12-2010 n° 10-60.221 FS-PB : RJS 2/11 n° 152). C'est en effet l'existence d'une section syndicale qui permet la désignation par un syndicat soit d'un délégué syndical, s'il est représentatif, soit d'un représentant de la section syndicale, s'il ne l'est pas. 22225

Syndicat non représentatif dans l'entreprise Un syndicat non représentatif dans l'entreprise, ayant plusieurs adhérents dans l'entreprise ou l'établissement, peut constituer une section syndicale soit dans l'entreprise, soit dans chacun des établissements concernés et désigner **un représentant par section** syndicale créée (Cass. soc. 31-5-2011 n° 10-25.688 F-PB : RJS 8-9/11 n° 707 ; 28-9-2011 n° 10-23.992 F-D). 22230

La désignation d'un représentant de section syndicale au niveau central n'étant prévue par aucun texte, contrairement à celle du délégué syndical (n° 28500), un syndicat non représentatif dans l'entreprise ne saurait prétendre désigner, en plus de représentants de section d'établissement ou de délégués syndicaux d'établissements, des représentants centraux d'entreprise (Cass. soc. 29-10-2010 n° 09-60.484 F-PB : RJS 1/11 n° 57 ; 6-4-2022 n° 20-22.671 F-D : RJS 6/22 n° 309). Il lui appartient dès lors de choisir le niveau de désignation qui lui paraît le plus approprié sans pouvoir cumuler une **représentation centrale** avec des **représentations dans les établissements.**

Un syndicat non représentatif dans l'entreprise, plutôt que de créer des sections d'établissement et de désigner des représentants de ces sections dans chacun des établissements distincts, peut préférer la constitution d'une section syndicale commune à toute l'entreprise et désigner, à ce niveau, un représentant de cette section unique (Cass. soc. 20-6-2012 n° 11-60.202 F-PB : RJS 10/12 n° 822). C'est d'ailleurs la seule option dont il dispose lorsqu'il ne peut justifier que d'un seul adhérent dans chaque établissement, la constitution d'une section syndicale supposant l'existence de plusieurs adhérents.

Syndicat représentatif dans l'entreprise Pour la jurisprudence, un syndicat représentatif dans l'entreprise peut désigner un représentant de section syndicale dans les **établissements où il ne réunit pas les conditions pour désigner un délégué syndical.** 22240

Ainsi, un syndicat représentatif dans l'entreprise et y ayant un délégué syndical central peut désigner un représentant de section syndicale dans un établissement où il n'a pas franchi la barre des 10 % d'audience (Cass. soc. 13-2-2013 n° 12-19.663 FS-PBR ; n° 12-19.662 FS-PBR : RJS 4/13 n° 299). De même, un syndicat représentatif dans l'entreprise mais ne pouvant pas désigner de délégué syndical dans un établissement distinct faute d'y avoir présenté des candidats, est en droit d'y constituer une section syndicale et d'y désigner un représentant de cette section (Cass. soc. 14-12-2015 n° 14-26.517 F-PB : RJS 2/16 n° 138).

SECTION 2

UNITÉ ÉCONOMIQUE ET SOCIALE

L'unité économique et sociale (UES) est le nom que l'on donne à **plusieurs personnes juridiquement distinctes** (sociétés, associations...) présentant des liens étroits amenant à les **considérer comme une seule entreprise** pour l'application de la législation sur la représentation du personnel. 22500

A. Définition

La loi ne définit pas la notion d'UES. Il s'agit d'une notion jurisprudentielle à appréhender en deux temps : 22510
– **périmètre** : à savoir entités juridiques pouvant être incluses dans une UES ;
– **critères** : c'est-à-dire nature des liens établissant l'existence d'une UES entre des entités juridiques distinctes.

1. PÉRIMÈTRE DE L'UES

22515 Une UES ne peut être reconnue par accord ou décision de justice qu'entre des **personnes juridiquement distinctes** prises dans l'**ensemble de leurs établissements** et de leurs personnels (Cass. soc. 7-5-2002 n° 00-60.424 FS-PBRI : RJS 7/02 n° 835). En d'autres termes, pour qu'une UES soit reconnue, il faut que chacune des entités qui la composent soit dotée de la personnalité morale. Voir toutefois n° 22525 l'exception à cette jurisprudence en ce qui concerne les groupes de sociétés.

ILLUSTRATIONS

a. Une UES ne peut pas être reconnue entre les établissements d'une même société (Cass. soc. 17-12-1984 n° 84-60.909 ; 6-5-1985 n° 84-60.367) ou entre une entreprise et l'un de ses services (Cass. soc. 12-7-1995 n° 94-60.489).
b. Une UES ne peut pas non plus être reconnue entre une société et l'un des établissements d'une autre société (Cass. soc. 21-11-1990 n° 89-61.217 PF : RJS 1/91 n° 44 ; 2-4-1996 n° 95-60.665 D : RJS 5/96 n° 555), entre des établissements dépendant de sociétés distinctes (Cass. soc. 13-1-1999 n° 97-60.782 P : RJS 2/99 n° 230), ou encore entre une filiale de deux sociétés et les services chargés de sa gestion au sein de ces sociétés (Cass. soc. 22-1-1992 n° 90-60.514 PF : RJS 3/92 n° 313).

FORME JURIDIQUE DES PERSONNES

22520 Une UES ne peut pas comprendre des personnes ou entités juridiques au sein desquelles la **représentation du personnel** obéit à des **règles différentes.** Ainsi, un délégué syndical ne peut pas être désigné pour une prétendue UES comprenant une **collectivité territoriale,** dans laquelle un délégué syndical ne peut pas être désigné, et un organisme de droit privé (Cass. soc. 7-11-1989 n° 88-60.708 P : RJS 12/89 n° 945).
Sous cette réserve, il semble que toute personne ou entité juridique puisse être incluse dans une UES. En effet, une UES peut être reconnue entre des **sociétés** ou **entreprises,** mais également, par exemple, entre des **associations** quels que soient leur forme et leur objet (Cass. soc. 27-3-1985 n° 84-60.617 ; 27-5-1997 n° 96-60.068 D), entre des sociétés et des associations (Cass. soc. 9-7-1986 n° 85-60.682 ; 15-1-2002 n° 00-60.256 F-D : RJS 4/02 n° 452), entre des associations et leur fédération (Cass. soc. 26-1-2000 n° 98-60.572 D : RJS 3/00 n° 293), ou encore entre des sociétés et un **groupement d'intérêt économique** (Cass. soc. 6-1-1977 n° 76-60.186).

GROUPE DE SOCIÉTÉS

22525 Dans un **groupe,** une UES peut être reconnue entre entités juridiquement distinctes, qu'elles soient ou non dotées de la **personnalité morale** (Cass. soc. 21-11-2018 n° 16-27.690 FS-PBRI : RJS 2/19 n° 110).
Une UES ne peut cependant pas être reconnue à un niveau où existe déjà un **comité de groupe** (Cass. soc. 20-10-1999 n° 98-60.398 PB : RJS 1/00 n° 68 ; 26-4-2006 n° 05-60.306 F-D). En revanche, l'existence d'un comité de groupe n'exclut pas la reconnaissance d'une UES entre certaines sociétés de ce groupe (Cass. soc. 30-5-2001 n° 00-60.111 F-P : RJS 8-9/01 n° 1032). Comité de groupe et représentants du personnel d'UES peuvent donc coexister si le groupe et l'UES ont un **périmètre différent,** leurs périmètres respectifs devant être comparés, en cas de contentieux, à la date du dépôt de la demande de reconnaissance de l'UES en justice (Cass. soc. 25-1-2006 n° 04-60.234 FS-PB : RJS 4/06 n° 468).

ATTENTION

L'exclusion d'une des sociétés du groupe de l'UES revendiquée qui a pour seule fin de faire échec à l'incompatibilité existant entre comité de groupe et UES constitue une fraude empêchant la reconnaissance de l'existence de l'UES par le juge (en ce sens : Cass. soc. 16-4-2008 n° 07-60.348 F-D : RJS 7/08 n° 803).

22530 En l'**absence de comité de groupe,** l'appartenance à un groupe ne fait pas obstacle à la reconnaissance d'une UES, même si la création d'un comité de groupe a été annoncée (Cass. soc. 17-12-2003 n° 02-60.445 F-PB) ou si des pourparlers sont en cours en vue de la mise en place d'un tel comité (Cass. soc. 4-4-2007 n° 06-60.188 F-D).
Néanmoins, encore faut-il que les liens entre les sociétés, dépassant ceux unissant de manière générale des sociétés appartenant à un même groupe, réunissent les critères constitutifs de l'UES (Cass. soc. 22-10-1984 n° 83-63.121 ; 4-2-1987 n° 86-60.291).

SOCIÉTÉ HOLDING

Lorsque des sociétés d'opérations réunissent entre elles les éléments constitutifs d'une UES, l'existence d'une telle unité peut être reconnue entre ces sociétés d'opérations et la société holding qui détient le **pouvoir de direction** (au sens indiqué n°s 22550 s.) (Cass. soc. 26-1-2005 n° 04-60.192 F-PB : RJS 4/05 n° 398). En revanche, une société holding qui ne participe pas au pouvoir de direction ne peut pas être incluse dans l'UES existant entre les sociétés qui en dépendent (Cass. soc. 23-6-1988 n° 87-60.245). **22535**

> **Précisions** L'existence d'une UES peut être retenue entre plusieurs sociétés, même si la **société holding** n'est **pas incluse dans son périmètre,** dès lors que (Cass. soc. 15-4-2015 n° 13-24.253 FS-PB : RJS 6/15 n° 419) :
> – les pouvoirs sont concentrés entre les mains de l'associé unique de chacune des sociétés qui concourent à des activités complémentaires au profit des mêmes clients ;
> – les salariés, tous issus de la même société et titulaires de contrats de travail similaires, sont mobiles entre les sociétés, relèvent de la même convention collective et bénéficient d'avantages spécifiques identiques.

2. CRITÈRES CARACTÉRISANT L'UES

L'UES entre plusieurs entités juridiquement distinctes se caractérise par : **22545**
– une unité économique, résultant de la **concentration des pouvoirs de direction** à l'intérieur du périmètre considéré ainsi que par la **similarité ou la complémentarité des activités** déployées par ces différentes entités ;
– une unité sociale, caractérisée par la similarité de statut social et des conditions de travail de la **communauté de travailleurs** pouvant se traduire par une certaine permutabilité des salariés (Cass. soc. 18-7-2000 n° 99-60.353 FS-PB : RJS 11/00 n° 1107).
Ces critères sont **cumulatifs** (Cass. soc. 5-7-1977 n° 77-60.493 ; 5-12-1985 n° 84-60.994 ; 15-5-1990 n° 89-61.521 P) et sont **identiques quelle que soit l'institution** représentative à mettre en place (Cass. soc. 24-3-1988 n° 87-60.211 ; 19-9-2007 n° 06-60.199 F-D).

a. Unité économique

CONCENTRATION DU POUVOIR

Unité de direction La concentration des pouvoirs de direction suppose nécessairement que les entités qui composent l'UES soient soumises à un pouvoir de **direction unique,** c'est-à-dire une **concentration entre les mêmes mains** du pouvoir de direction (Cass. soc. 15-5-2001 n° 00-60.048 FS-P), sans impliquer obligatoirement le **contrôle de l'une des entités par l'autre** (Cass. soc. 7-5-1987 n° 86-60.328). Cette unité de direction est caractérisée lorsque les mêmes personnes se trouvent aux postes de direction (Cass. soc. 27-6-1990 n° 89-60.033 P), qu'il s'agisse de **dirigeants de droit ou de fait** (Cass. soc. 5-12-1984 n° 84-60.066 S). Ainsi, l'absence de mandat social des dirigeants d'une société dans une autre société n'est pas exclusive de l'existence d'une concentration des pouvoirs de direction au sein de ces sociétés (Cass. soc. 4-3-2009 n° 08-60.497 FS-PB). **22550**

ILLUSTRATIONS

Les juges ont conclu à l'**existence d'une concentration des pouvoirs de direction** dans les situations suivantes :
– sociétés ayant le même dirigeant mais des administrateurs différents (Cass. soc. 2-6-2004 n° 03-60.135 FS-PBIR : RJS 8-9/04 n° 936) ;
– sociétés filiales d'un même groupe ayant des administrateurs communs, même si chacune d'elles est dirigée par un directeur différent (Cass. soc. 10-5-2000 n° 99-60.081 D) ;
– sociétés ayant une unité de direction assurée par 3 personnes, dont l'une est le directeur général du groupe auquel elles appartiennent et les 2 autres sont membres du comité de direction (Cass. soc. 29-4-2009 n° 08-60.465 F-D) ;
– 2 sociétés appartenant au même groupe, alors que le président-directeur général et le directeur de la première société sont salariés de la deuxième et que le directeur des ressources humaines de cette deuxième société assiste les dirigeants de la première société (Cass. soc. 16-12-1998 n° 97-60.521 D) ;
– sociétés dont l'une détient la quasi-totalité du capital des autres qui sont ses filiales et alors que plusieurs des directeurs de la société mère occupent des fonctions dans les filiales (Cass. soc. 3-3-1993 n° 91-60.357 D) ;
– 3 sociétés et un groupement d'intérêt économique fonctionnant dans les mêmes locaux et avec la même ligne téléphonique et se trouvant sous la direction d'une même personne qui oriente et coordonne leurs activités (Cass. soc. 6-1-1977 n° 76-60.186) ;

– sociétés commerciales, centres médicaux et association chargée de leur direction fonctionnelle alors qu'il est constaté la présence, à la tête de chaque entité, du même directeur général et du même secrétaire général ainsi que d'une direction fonctionnelle commune et une politique de rationalisation commune constituant l'activité statutaire de l'association (Cass. soc. 15-1-2002 n° 00-60.256 F-D : RJS 4/02 n° 452).

22555 En l'absence de direction commune des sociétés, l'existence d'un **lien de parenté** entre leurs actionnaires n'établit pas une concentration de pouvoirs de direction (Cass. soc. 13-9-2005 n° 04-60.348 F-D).

En revanche, la concentration des pouvoirs de direction peut résulter du fait que les membres de la même famille se répartissent les parts et actions des sociétés concernées ainsi que les fonctions d'administrateur et de gérant (Cass. soc. 9-6-1988 n° 87-60.216 ; 3-3-2021 n° 19-20.245 F-D : RJS 5/21 n° 276). De même, elle peut résulter du fait que des sociétés sont toutes dirigées par une même personne physique, à l'exception d'une dont il est administrateur et dont son épouse est présidente du conseil d'administration (Cass. soc. 24-9-2003 n° 02-60.661 F-D).

22560 En l'absence de direction commune, la dépendance administrative et financière à l'égard d'une **même autorité de tutelle** et la participation de mêmes personnes en cette qualité aux conseils d'administration ne caractérisent pas, en soi, une concentration des pouvoirs de direction (Cass. soc. 24-11-1992 n° 91-60.368 P : RJS 1/93 n° 47).

De même, l'**affiliation d'une association auprès d'une fédération** ne caractérise pas, en soi, une concentration des pouvoirs de direction entre l'association et la fédération.

ILLUSTRATIONS

Il n'y a pas concentration des pouvoirs de direction entre une fédération et les associations qui lui sont affiliées lorsqu'il n'y a aucun contrôle des structures les unes par les autres, que les associations restent libres d'utiliser ou non les prestations offertes par la fédération, ont un pouvoir décisionnel et de gestion propre et bénéficient d'une autonomie financière (Cass. soc. 1-2-2006 n° 05-60.185 F-D). A contrario, la concentration des pouvoirs de direction est caractérisée si les responsables de la fédération sont membres de droit des conseils d'administration des associations, lesquelles ont des statuts identiques les soumettant aux mêmes contrôles et obligations à l'égard de la fédération (Cass. soc. 8-4-1992 n° 91-60.165 P : RJS 6/92 n° 754). Il en va de même s'il est constaté une identité de siège social et de certains membres du conseil d'administration ainsi que le contrôle des finances de l'association et la formation de son personnel par la fédération (Cass. soc. 26-1-2000 n° 98-60.572 D : RJS 3/00 n° 293).

22565 **Pouvoir situé au sein de l'UES** L'unité économique suppose une concentration des pouvoirs de **direction à l'intérieur du périmètre de l'UES** (Cass. soc. 18-7-2000 n° 99-60.353 FS-PB : RJS 11/00 n° 1107). Ainsi une unité économique peut exister entre une société **holding** et les sociétés sur lesquelles elle détient les pouvoirs de direction. En revanche, si elle ne détient pas de tels pouvoirs, la société holding ne peut pas être incluse dans l'UES (voir n° 22535).

De même, il n'y a pas d'unité économique entre des **syndicats de copropriétaires ayant un syndic commun** (Cass. soc. 23-5-2000 n° 98-60.212 FP-PB et n° 99-60.006 FP-PB : RJS 7-8/00 n° 823).

COMPLÉMENTARITÉ OU SIMILARITÉ DES ACTIVITÉS

22570 L'identité ou la complémentarité des activités est **nécessaire quelle que soit l'institution représentative** à mettre en place (Cass. soc. 24-3-1988 n° 87-60.211). Néanmoins, elle ne suffit pas à caractériser l'unité économique (Cass. soc. 10-11-2004 n° 03-60.411 F-D), celle-ci supposant également une concentration des pouvoirs de direction.

La similarité ou la complémentarité des activités peut résulter du fait que les entités composant l'UES ont les **mêmes clients** (Cass. soc. 13-7-2004 n° 03-60.425 F-PB : RJS 10/04 n° 1057 ; 4-3-2009 n° 08-60.497 FS-PB). En revanche, le rapport spécial des **commissaires aux comptes** sur les conventions passées entre sociétés ayant des administrateurs communs ne permet pas, à lui seul, d'affirmer l'identité ou la complémentarité des activités exercées (Cass. soc. 2-10-1985 n° 84-60.939).

> **Précisions** Une UES peut exister entre deux entités, même si l'activité de l'une, dans son ensemble, n'est complémentaire que de l'activité d'un **secteur de production** de l'autre, si les pouvoirs de direction de l'ensemble des entités incluses dans son périmètre sont concentrés entre les mêmes mains et si tous les salariés de ces entités constituent une seule communauté de travailleurs (Cass. soc. 12-1-2005 n° 03-60.477 F-P : RJS 3/05 n° 292).

ILLUSTRATIONS 22575

Les juges ont considéré qu'**exercent des activités similaires ou complémentaires** :
– des sociétés ayant toutes des activités bancaires (Cass. soc. 3-3-1993 n° 91-60.357 D) ;
– des associations prenant en charge des personnes handicapées (Cass. soc. 8-4-1992 n° 91-60.165 P : RJS 6/92 n° 754) ;
– des sociétés concourant toutes, par la distribution ou l'assainissement, à la gestion de contrats d'exploitation de l'eau (Cass. soc. 26-5-2004 n° 02-60.935 FS-PBRI : RJS 8-9/04 n° 936) ;
– 3 sociétés intervenant chacune à son stade dans le domaine de l'impression et de l'édition, notamment d'une revue (Cass. soc. 10-5-2000 n° 99-60.081 D) ;
– 3 sociétés dont l'une regroupe des services d'intérêt commun aux 2 autres qui exercent notamment une même activité de chaudronnerie (Cass. soc. 2-6-2004 n° 03-60.135 FS-PBIR : RJS 8-9/04 n° 936) ;
– des sociétés commerciales, des centres médicaux et l'association chargée de leur direction fonctionnelle alors que les activités de fourniture de matériel médical ou de prothèses exercées par les sociétés complétaient les activités de cures et de soins exercées par les centres médicaux (Cass. soc. 15-1-2002 n° 00-60.256 F-D : RJS 4/02 n° 452).
Jugé en revanche qu'un groupement d'employeurs **n'a pas d'activité complémentaire** de celle de ses membres et ne peut donc pas faire partie d'une UES avec ceux-ci (Cass. soc. 24-6-2014 n° 13-11.593 FS-PB : RJS 10/14 n° 746).

b. Unité sociale

CONDITIONS D'EMPLOI

Statut social et conditions de travail similaires Pour déterminer si les personnels en cause bénéficient d'un statut social et de conditions de travail similaires permettant de les considérer comme une communauté de travailleurs, les juges se fondent sur un **faisceau d'indices** : conventions et accords collectifs, politique salariale, prévoyance, intéressement, participation, règlement intérieur, médecine du travail, formation professionnelle... 22585

L'application d'une même convention collective est insuffisante à elle seule (Cass. soc. 24-9-2003 n° 02-60.082 F-D). Il en va de même de l'adhésion à une même mutuelle (Cass. soc. 5-12-2000 n° 99-60.389 F-D : RJS 2/01 n° 213). C'est le recoupement de tout ou partie des éléments précités qui permet d'établir l'existence d'une unité sociale.

Une **gestion des personnels commune** traduit l'existence d'une unité sociale si la politique sociale est commune (Cass. soc. 14-5-1987 n° 86-60.443 ; 5-12-2000 n° 99-60.389 F-D : RJS 2/01 n° 213 ; 20-4-2005 n° 04-60.311 F-D), d'autant plus si la communauté d'intérêts entre les salariés s'est confirmée sans équivoque lors de **conflits sociaux** ayant affecté les sociétés (Cass. soc. 5-12-2000 n° 99-60.397 F-D : RJS 2/01 n° 213). 22590

En revanche, il n'y a pas d'unité sociale si le **service unique du personnel** ne joue qu'un rôle de **conseil et d'assistance** auprès des organes de chaque société dont le personnel relève de statuts distincts (Cass. crim. 13-11-1984 n° 83-90.866).

ILLUSTRATIONS **Unité sociale reconnue** 22595

Les juges ont reconnu l'existence d'une unité sociale dans les cas suivants :
– mêmes perspectives de travail, politique salariale unique, avantages sociaux identiques et un seul service de paie (Cass. soc. 8-2-1995 n° 94-60.226 D) ;
– conditions de travail, règlement intérieur, convention collective et politique sociale identiques ainsi que gestion sociale commune (Cass. soc. 14-5-1987 n° 86-60.443) ;
– salariés exerçant les mêmes métiers ou des métiers complémentaires dans des conditions de travail en cours d'harmonisation grâce à une gestion unique et centralisée (Cass. soc. 20-4-2005 n° 04-60.311 F-D) ;
– unité de gestion du personnel, celui-ci relevant d'un directeur des ressources humaines unique et étant soumis à un même règlement intérieur et à une même convention collective (Cass. soc. 16-12-1998 n° 97-60.317 D) ;
– statut collectif commun et formation commune et centralisée (Cass. soc. 14-2-2001 n° 99-60.435 F-D) ;
– conventions collectives distinctes mais mêmes locaux, activités connexes (les 2 sociétés provenant d'une scission) et services comptable et de gestion du personnel communs (Cass. soc. 22-7-1981 n° 81-60.505) ;
– conventions collectives distinctes mais mêmes locaux, activités connexes (les 2 sociétés provenant de la scission d'une clinique destinée à séparer son personnel médical de son personnel hôtel-restauration) et direction unique gérant les personnels de manière indifférenciée (Cass. crim. 7-5-1985 n° 84-90.823).

22600 **ILLUSTRATIONS** **Unité sociale non reconnue**

Les juges ont refusé de reconnaître l'existence d'une unité sociale dans les cas suivants :
– salariés relevant d'une convention collective identique mais soumis à des statuts sociaux différents (Cass. soc. 24-9-2003 n° 02-60.082 F-D) ;
– salariés de 2 sociétés issues d'une scission utilisant le même matériel dans les mêmes locaux, mais ayant des intérêts professionnels distincts ainsi que des conventions collectives, un travail, un mode de rémunération et des horaires différents (Cass. soc. 23-10-1985 n° 85-60.159) ;
– salariés n'ayant pas les mêmes conditions de travail et relevant de statuts différents, les négociations engagées en vue d'harmoniser leur statut social n'ayant pas abouti (Cass. soc. 8-11-2006 n° 06-60.010 F-D).

22605 **Permutabilité des salariés** L'existence d'une communauté de travailleurs n'implique pas nécessairement une permutabilité des salariés (Cass. soc. 8-4-1992 n° 91-60.241 P : RJS 6/92 n° 757). En revanche, la permutabilité des salariés, si elle est réelle, peut suffire à établir cette existence (en ce sens notamment : Cass. soc. 6-1-1977 n° 76-60.186 ; 9-6-1988 n° 87-60.216), même si les intéressés relèvent de conventions collectives distinctes (Cass. soc. 22-9-2010 n° 09-60.394 F-D : RJS 12/10 n° 955). Néanmoins, le fait que ponctuellement quelques contrats de travail aient été transférés ne suffit pas à lui seul (en ce sens notamment : Cass. soc. 1-7-1985 n° 85-60.077 ; 5-12-2000 n° 99-60.389 F-D : RJS 2/01 n° 213). Cet indice doit être corroboré par d'autres pour que puisse être caractérisée une telle communauté.

22610 **ILLUSTRATIONS** **Unité sociale reconnue**

Les juges ont reconnu l'existence d'une unité sociale dans les cas suivants :
– salariés travaillant dans les mêmes locaux avec un outillage commun et passant, selon les besoins, de l'une à l'autre des entités sans autre formalité que des mentions portées sur les bulletins de salaire (Cass. soc. 6-1-1977 n° 76-60.186) ;
– 3 sociétés au sein desquelles il est constaté que la majeure partie du personnel de la société A provient de la société B et que le personnel de la société C a remplacé le personnel de la société A pendant les congés du mois d'août (Cass. soc. 9-6-1988 n° 87-60.216) ;
– salariés mobiles entre les sociétés en cause et relevant de la même convention collective, du même accord d'intéressement et du même accord de prévoyance, alors que les ressources humaines sont gérées par des directions régionales soumises à la direction nationale (Cass. soc. 26-5-2004 n° 02-60.935 FS-PBRI : RJS 8-9/04 n° 936) ;
– personnel bénéficiant d'une possibilité de permutabilité ainsi que des mêmes postes de travail, d'une même convention collective, du même régime de prévoyance, retraite et mutuelle et du même restaurant d'entreprise (Cass. soc. 7-10-1998 n° 97-60.292 D : RJS 11/98 n° 1378) ;
– existence de mutations de personnel, application d'une même convention collective et présence de services et d'avantages communs aux salariés des différentes sociétés (Cass. soc. 13-7-2004 n° 03-60.425 F-PB : RJS 10/04 n° 1057) ;
– responsable des ressources humaines de l'une des entreprises jouant un rôle prédominant dans la gestion du personnel de l'autre entreprise alors qu'une partie de celui-ci a été mutée au sein de la première entreprise et que les différences de statut social entre les salariés des deux entreprises sont minimes (Cass. soc. 16-12-1998 n° 97-60.521 D).

22612 **ILLUSTRATIONS** **Unité sociale non reconnue**

Les juges ont refusé de reconnaître l'existence d'une unité sociale dans les cas suivants :
– pas de politique sociale et de gestion commune du personnel, même si celui-ci bénéficie d'une même mutuelle et que quelques salariés ont été mutés d'une société à une autre (Cass. soc. 5-12-2000 n° 99-60.389 F-D : RJS 2/01 n° 213) ;
– chaque entreprise est maîtresse de sa politique salariale, dispose d'une grande autonomie dans la gestion de son personnel et il n'existe aucune permutabilité des salariés entre les différentes sociétés à l'exception de quelques cas isolés (Cass. soc. 20-2-1991 n° 90-60.192 D) ;
– seuls certains cadres ou personnels ayant des postes fonctionnels ont été mutés d'une société à une autre et, malgré l'existence d'un accord de méthode permettant d'harmoniser le régime social de l'ensemble des personnels, les diverses sociétés ont conclu distinctement des accords ne concernant que chaque métier exercé en leur sein (Cass. soc. 5-5-2004 n° 03-60.057 F-PB : RJS 7/04 n° 824).

CAS PARTICULIERS

22615 **Entité sans personnel** La circonstance qu'une société n'ait pas de personnel ne fait pas obstacle à la reconnaissance d'une UES entre elle et une ou plusieurs autres dotées de personnel (Cass. soc. 14-4-1999 n° 98-60.147 D). Il a, par exemple, été jugé en ce sens s'agissant d'une société sans personnel ayant pour mission la mise en commun des moyens financiers, techniques et industriels des autres sociétés de l'UES (Cass. soc. 21-1-1997 n° 95-60.833 P : RJS 3/97 n° 300) ou d'une société sans personnel utilisant le personnel d'une autre société de l'UES (Cass. soc. 24-11-2004 n° 03-60.329 FS-PB : RJS 2/05 n° 170 ; 5-1-2005 n° 04-60.169 F-D).

ATTENTION
Une UES ne peut être reconnue entre une société sans personnel et une ou plusieurs autres que si :
– une unité économique est caractérisée entre cette société et les autres ;
– les salariés des sociétés dotées de personnel forment une unité sociale.

Entité n'employant que les cadres Le tribunal judiciaire, qui relève que la création d'une société n'employant que les cadres et d'une société filiale occupant la majorité des salariés masque une seule et même entreprise composée de différentes catégories de personnels complémentaires, peut décider qu'il existe une unité sociale entre les sociétés (Cass. soc. 14-6-2005 n° 04-60.401 F-D : RJS 10/05 n° 1001). **22620**

B. Reconnaissance de l'UES

1. MODALITÉS

L'UES est reconnue **par accord collectif ou par décision de justice** (C. trav. art. L 2313-8). **22630**

ACCORD COLLECTIF

Négociation Toutes les **organisations syndicales** représentatives présentes dans les entreprises ou entités juridiques concernées doivent être **invitées à la négociation** portant sur la reconnaissance entre elles d'une UES (Cass. soc. 10-11-2010 n° 09-60.451 FS-PB : RJS 1/11 n° 58). **22635**
La reconnaissance d'une UES relevant des conditions de droit commun de l'accord collectif, l'**accord unanime** entre les organisations syndicales représentatives n'est pas nécessaire (Cass. soc. 14-11-2013 n° 13-12.712 FS-PBR : RJS 1/14 n° 54 ; 11-7-2016 n° 14-50.036 FS-D : RJS 10/16 n° 634).

Contenu L'accord collectif doit avoir pour **objet** la reconnaissance d'une UES entre plusieurs entités juridiques distinctes. Un accord mettant simplement en place des avantages communs ne vaut pas une telle reconnaissance. Ainsi jugé pour un accord de groupe relatif à l'intéressement (Cass. soc. 13-10-2010 n° 09-60.473 F-PB : RJS 12/10 n° 948) ou pour un accord dont l'objet est limité à la mise en œuvre d'un service médical commun (Cass. soc. 24-5-2000 n° 99-60.165 F-D : RJS 11/00 n° 1104). **22640**
L'accord collectif reconnaissant l'UES peut y reconnaître l'existence d'**établissements distincts,** voir n° 22690.
L'UES n'ayant pas de **personnalité juridique,** il est conseillé de prévoir dans l'accord que l'une des entités pourra exercer, pour le compte des autres, toutes les prérogatives résultant de la reconnaissance de l'UES (voir n° 22675).
L'accord peut étendre ses effets **au-delà des institutions représentatives** du personnel et créer des obligations pour les différentes entités juridiques la composant. Mais elle ne peut pas faire de cette unité l'employeur des salariés (Cass. soc. 16-12-2008 n° 07-43.875 FS-PB : RJS 3/09 n° 254).

DÉCISION DE JUSTICE

Modalités La reconnaissance de l'existence d'une UES ou la modification de son périmètre **peuvent être demandées** au juge par : **22645**
– les chefs des entreprises ou entités concernées ;
– le CSE de l'une de ces entités (Cass. soc. 27-6-1990 n° 89-60.003 P : RJS 8-9/90 n° 690 ; 29-1-2003 n° 01-60.848 FS-P : RJS 4/03 n° 477) ;
– tout syndicat représentatif dans l'une de ces entités (Cass. soc. 4-6-2003 n° 02-60.491 F-D ; 26-11-2003 n° 02-60.732 F-D : RJS 2/04 n° 220).
En revanche, la reconnaissance judiciaire d'une UES ne peut **pas être demandée** par une personne étrangère à la collectivité de travail dont il s'agit d'assurer la représentation, tel un salarié licencié pour faute (CA Paris 5-2-2009 n° 07-15961) ou pour motif économique (Cass. soc. 16-11-2010 n° 09-40.555 FS-PB : RJS 2/11 n° 150).

> **Précisions** Une UES ne peut pas être reconnue entre plusieurs entreprises ou entités juridiquement distinctes sans que toutes ces entreprises ou entités soient **appelées en la cause,** c'est-à-dire convoquées devant le tribunal (Cass. soc. 13-5-1985 n° 84-60.641 P ; 17-9-2003 n° 02-60.320 F-D). En revanche, les CSE de ces entreprises ou entités n'ont pas à être appelés en la cause (Cass. soc. 15-11-1988 n° 87-60.145).

22650 L'action tendant à la reconnaissance judiciaire d'une UES peut être introduite à tout **moment** (en ce sens : Cass. soc. 2-6-2004 n° 03-60.135 FS-PBIR : RJS 8-9/04 n° 936). Néanmoins, elle ne peut pas être formulée à l'occasion d'un contentieux en matière d'élections professionnelles ou de désignation de représentants syndicaux (Cass. soc. 31-1-2012 n° 11-20.232 FS-PBRI : RJS 4/12 n° 359). Autrement dit, la demande de reconnaissance ne peut pas être présentée à l'appui d'une demande d'annulation des élections ou en réponse à la contestation de la désignation d'un délégué syndical ou d'un représentant syndical.
L'action relève de la compétence du **tribunal judiciaire** (notamment : Cass. soc. 29-10-2003 n° 02-60.820 F-PB : RJS 1/04 n° 70 ; Avis Cass. 19-3-2007 n° 0070005 P : RJS 6/07 n° 753) du lieu des sièges sociaux des entités concernées et non de celui du lieu d'un de leurs établissements (Cass. soc. 30-3-1978 n° 78-60.060).

> **Précisions** Sauf accord unanime (n° 31540), la saisine du tribunal d'une action en reconnaissance d'une UES ou d'une action en contestation de son périmètre ne peut pas justifier un **report de la date des élections** au sein des entités concernées (en ce sens : Cass. soc. 7-5-2002 n° 00-60.282 FS-P et n° 00-60.390 FS-D : RJS 8-9/02 n° 995 ; 18-2-2004 n° 03-60.051 FS-D : RJS 5/04 n° 558).

22655 **Appréciation du juge** Le juge n'a pas à apprécier l'**opportunité** de la demande de reconnaissance (Cass. soc. 13-7-2004 n° 03-60.412 FS-PBRI : RJS 10/04 n° 1058). Il se fonde sur les **critères** exposés n°s 22545 s. Ces critères étant les mêmes pour toutes les institutions représentatives du personnel, il peut se référer à un **précédent jugement** ayant statué pour la mise en place d'une autre institution, dès lors qu'il relève qu'aucune modification n'est intervenue dans les rapports entre les entités concernées (Cass. soc. 12-12-1990 n° 89-61.198 P : RJS 2/91 n° 209 ; 2-11-1993 n° 92-60.446 D : RJS 12/93 n° 1215 ; 25-10-1995 n° 94-60.584 D : RJS 12/95 n° 1254).
Le juge apprécie **l'existence** de l'UES à la **date** de la requête introductive d'instance (Cass. soc. 27-6-1990 n° 89-60.033 P : RJS 11/90 n° 872 ; 7-10-1998 n° 97-60.292 D : RJS 11/98 n° 1378), c'est-à-dire à la date où il est saisi de la demande, en l'état de la situation existante à cette date (Cass. soc. 8-4-1992 n° 91-60.241 P : RJS 6/92 n° 757 ; 4-10-1994 n° 93-60.486 D), de sorte que les événements postérieurs ne peuvent pas être pris en compte.

> **Précisions** En cas de renvoi de l'affaire au tribunal par la Cour de cassation, la date de la requête en reconnaissance de l'UES est celle de l'acte de la saisine de la juridiction dont la décision a été cassée et non celle de l'acte saisissant la juridiction de renvoi (Cass. soc. 17-12-2003 n° 02-60.445 F-PB ; 23-5-2007 n° 06-60.165 F-D).

22665 **Recours** La demande de reconnaissance d'une UES, qu'elle ait pour objet ou pour conséquence la mise en place d'institutions représentatives correspondantes, est susceptible d'**appel** (Cass. soc. 31-1-2012 n° 11-20.232 FS-PBRI : RJS 4/12 n° 359).
L'appel doit être formé selon les règles de procédure avec **représentation obligatoire,** sous peine d'être irrecevable (Cass. soc. 15-4-2015 n° 14-16.196 FS-PB : RJS 7/15 n° 495).
L'**annulation du jugement** reconnaissant l'existence de l'UES ne fait perdre aux salariés élus leur qualité de membre de l'institution représentative mise en place dans ce cadre qu'à compter du jour où elle est prononcée (Cass. soc. 2-12-2008 n° 07-41.832 FS-PBR : RJS 2/09 n° 192). Elle prive d'effet la décision administrative opérant, au sein de cette UES, une division en établissements distincts (Cass. soc. 26-5-2004 n° 02-60.692 FS-D). Les représentants du personnel perdant cette qualité à la suite d'une telle annulation bénéficient, à compter de cette date, de la protection visée n° 42217.

2. EFFETS DE LA RECONNAISSANCE

a. Personnalité juridique

22675 Si l'UES permet l'expression collective de l'intérêt des travailleurs appartenant à cette collectivité, elle ne se substitue pas aux entités juridiques qui la composent, de sorte qu'elle n'a pas la **personnalité morale** (Cass. soc. 16-12-2008 n° 07-43.875 FS-PB : RJS 3/09 n° 254).
Elle ne peut donc **ni contracter ni agir en justice.** Les entités la composant doivent, en conséquence, contracter ou agir en justice elles-mêmes, une régularisation ultérieure de l'action en justice introduite par l'UES étant impossible (Cass. soc. 23-6-2010 n° 09-60.341 FS-PB ; 23-6-2010 n° 09-60.363 FS-D : RJS 10/10 n° 790). Elles peuvent toutefois donner mandat à l'une d'entre elles pour agir au nom des autres. Lorsque l'UES fait l'objet d'une reconnaissance conventionnelle, il est d'ailleurs conseillé de prévoir que l'une des entités de l'UES pourra exercer, pour le compte de l'ensemble des autres, toutes les prérogatives résultant de la reconnaissance de l'UES.

ATTENTION

Les **actions en justice** ne doivent pas être diligentées **contre l'UES,** celle-ci étant dépourvue de personnalité juridique, mais contre ses membres.
Sur la portée de ce principe au regard du contenu de la **requête en annulation des élections** organisées au sein d'une UES, voir n° 26550, b.

b. Mise en place des IRP au sein de l'UES

CARACTÈRE OBLIGATOIRE

Lorsqu'une UES regroupant au moins 11 salariés est reconnue par accord collectif ou par décision de justice entre plusieurs entreprises juridiquement distinctes, la mise en place d'un **CSE commun** est obligatoire (C. trav. art. L 2313-8). **22680**
Malgré le silence de la loi, l'UES sert également de cadre pour la désignation des **délégués syndicaux** (Cass. soc. 3-7-1985 n° 85-60.060).
Ainsi, en cas de reconnaissance de l'UES par accord collectif ou décision de justice :
– des élections doivent être organisées pour la mise en place de ces institutions sans attendre le terme des mandats en cours (Cass. soc. 26-5-2004 n° 02-60.935 FS-PBRI : RJS 8-9/04 n° 936). Le tribunal qui reconnaît l'existence d'une UES peut d'ailleurs enjoindre aux parties d'engager des négociations en vue de mettre en place ces institutions (Cass. soc. 27-6-1990 n° 89-60.033 P) ;
– et il appartient aux syndicats représentatifs de désigner leurs délégués syndicaux dans le cadre de l'UES (Cass. soc. 29-4-2009 n° 07-19.880 FS-PB : RJS 7/09 n° 644). Il en va de même pour les représentants de section syndicale.

MISE EN PLACE DU CSE PAR ÉTABLISSEMENTS

Selon le Code du travail, dans les UES comportant **au moins 2 établissements,** des CSE d'établissement et un CSE central d'entreprise sont constitués (C. trav. art. L 2313-8). Contrairement aux entreprises à établissements multiples où la constitution de CSE d'établissement et de CSE central n'est obligatoire que si l'entreprise a au moins 50 salariés (n° 22030), ce **seuil d'effectif** n'est pas requis pour la mise en place de CSE d'établissement dans une UES. On peut toutefois se demander s'il ne s'agit pas d'un oubli du législateur et si le seuil de 50 salariés n'a pas vocation à s'appliquer aussi pour les UES. On voit mal en effet pourquoi ce seuil d'effectif serait exigé des entreprises et non des UES. **22685**
Quoi qu'il en soit, **le nombre et le périmètre des établissements** sont déterminés, comme dans les entreprises, soit par accord, soit par décision unilatérale patronale.

> **Précisions** La mise en place d'un **CSE central d'entreprise** au sein d'une UES est subordonnée à la création de **CSE d'établissement.** En conséquence, le tribunal reconnaissant l'existence d'une UES ne peut pas décider que l'UES nécessite la mise en place d'un CSE central d'entreprise commun, le nombre d'établissements distincts étant fixé ultérieurement par accord ou décision patronale (Cass. soc. 14-1-1988 n° 86-60.508).
> Il ne peut pas, a fortiori, décider que chacune des sociétés composant l'UES constitue un établissement distinct et doit donc procéder, selon le cas, soit à l'élection d'un CSE d'établissement, soit à la transformation de son CSE en CSE d'établissement (Cass. soc. 18-6-2003 n° 02-60.044 F-P : RJS 10/03 n° 1183).

Accord Un **accord d'entreprise** conclu au niveau de l'UES (c'est-à-dire signé par les chefs des entités concernées ou leurs représentants, d'une part, et, d'autre part, par un ou plusieurs syndicats de salariés représentatifs présents dans ces entités), dans les conditions prévues n° 3515 détermine le **nombre et** le **périmètre** des établissements distincts (C. trav. art. L 2313-8). **22690**
L'accord qui entérine une décision de la Dreets rend caduque cette décision administrative et sa contestation en justice sans objet (Cass. soc. 17-3-2021 n° 19-21.057 F-P : RJS 6/21 n° 315).
En l'absence d'un tel accord et en l'absence de délégué syndical désigné au niveau de l'UES, un accord entre les **entreprises** regroupées au sein de l'UES et le **CSE,** adopté à la majorité des membres titulaires élus de la délégation du personnel au comité, peut déterminer le nombre et le périmètre des établissements distincts (C. trav. art. L 2313-8). Présupposant l'existence préalable d'un CSE, cette possibilité n'existe, selon nous, que dans l'hypothèse d'un renouvellement de l'institution.

ATTENTION

La suppression des anciennes institutions représentatives du personnel au profit du CSE ne fait pas disparaître une UES préexistante. En revanche, les stipulations conventionnelles divisant l'UES en établissements distincts sont caduques (Cass. soc. 25-3-2020 n° 18-18.401 FS-PB : RJS 6/20 n° 300).

22692 **Décision patronale** En l'absence d'accord d'entreprise ou d'accord conclu avec le CSE, a fortiori en l'absence de délégué syndical au niveau de l'UES et en l'absence de CSE (Cass. soc. 19-4-2023 n° 22-13.687 F-D : RJS 7/23 n° 385), l'**un des employeurs mandaté** par les autres fixe le nombre et le périmètre des établissements distincts **en tenant compte,** comme pour le découpage de l'entreprise en établissements distincts (voir nos 22065 s.), de l'autonomie de gestion du responsable de l'établissement, notamment en matière de gestion du personnel (C. trav. art. L 2313-8).

Sa décision est alors **portée à la connaissance de** chaque syndicat représentatif dans l'UES et de chaque syndicat ayant constitué une section syndicale dans l'UES, par tout moyen permettant de conférer date certaine à cette information. Si des négociations non concluantes se sont déroulées avec le CSE en place, l'employeur mandaté le réunit afin de l'informer de sa décision (C. trav. art. R 2313-4).

Ces syndicats ou ce CSE peuvent, dans le délai de 15 jours à compter de la date à laquelle ils en ont été informés, **contester la décision de l'employeur devant le Dreets** du siège de l'entreprise qui a pris la décision (C. trav. art. L 2313-8 et R 2313-4). Le délai dont dispose le Dreets pour prendre sa décision sur le nombre et le périmètre des établissements et les modalités de contestation de cette décision devant le tribunal judiciaire sont identiques à ceux prévus pour le découpage de l'entreprise en établissements distincts (C. trav. art. R 2313-5 et R 2313-6). Elles sont exposées nos 22090 s.

Lorsqu'il est saisi, le Dreets n'a pas à prendre en compte les sociétés non mentionnées dans le jugement ayant reconnu l'existence de l'UES (CE 4-12-1987 n° 73713) ou dans l'accord l'ayant reconnue.

DÉSIGNATION DES DÉLÉGUÉS ET REPRÉSENTANTS SYNDICAUX

22695 La reconnaissance de l'existence d'une UES n'exclut pas la division de celle-ci en établissements distincts pour la désignation de délégués syndicaux d'établissement (Cass. soc. 21-11-1990 n° 90-60.040 PF : RJS 1/91 n° 51 ; 20-6-2007 n° 06-60.279 F-D) ou de représentants de section syndicale d'établissement.

S'agissant du périmètre de désignation des délégués syndicaux et des représentants de section syndicale, les principes à respecter sont donc les mêmes que dans les entreprises. Sur ces principes, voir respectivement nos 22215 s. (délégués syndicaux) et nos 22225 s. (représentants de section syndicale).

c. Cessation des mandats antérieurs

22700 Les mandats des **élus** cessent, quelle que soit l'échéance de leur terme, au jour des élections organisées au sein de l'UES (Cass. soc. 26-5-2004 n° 02-60.935 FS-PBRI : RJS 8-9/04 n° 936).

Les mandats des **délégués syndicaux,** des **représentants de section syndicale** et des **représentants syndicaux** au CSE prennent également fin à l'issue de ces élections (voir nos 32500 s.).

Si un syndicat refuse de mettre fin aux mandats de ses délégués syndicaux, la caducité de ces derniers peut être constatée par le **juge** (Cass. soc. 29-4-2009 n° 07-19.880 FS-PB : RJS 7/09 n° 644). Il en va de même pour le représentant syndical au CSE, voir n° 32805.

> **Précisions** Seules les entreprises ou entités juridiques composant l'UES qui n'ont pas été **appelées en la cause** peuvent s'en prévaloir pour faire annuler l'arrêt statuant sur la caducité des mandats des délégués et représentants syndicaux désignés antérieurement à la reconnaissance de cette unité (Cass. soc. 29-4-2009 n° 07-19.880 FS-PB : RJS 7/09 n° 644).
> Sur la question de savoir si les **délégués ou représentants syndicaux** doivent être **appelés en la cause** en cas d'action en caducité de leur mandat, voir n° 28315. Sur le **tribunal compétent** pour connaître de cette action, voir n° 28300.

C. Modification ou disparition de l'UES

22730 Comme sa reconnaissance, la disparition de l'UES ou la modification de son périmètre peuvent être constatées par accord collectif ou décision de justice.

DÉCISION DE JUSTICE

22735 Lorsque des modifications interviennent, le **tribunal judiciaire** est compétent pour élargir ou réduire le périmètre de l'UES (Avis Cass. 19-3-2007 n° 0070005 P : RJS 6/07 n° 753), peu important que l'UES ait été précédemment reconnue par accord collectif ou par décision de justice (Cass. soc. 4-4-2001 n° 00-60.039 F-D).

La **preuve** des modifications incombe à celui qui les invoque (Cass. soc. 27-6-1990 n° 88-60.195 P ; 3-10-2007 n° 06-60.284 F-D : RJS 12/07 n° 1301).
Le tribunal dans le **ressort** duquel est situé le siège d'une entreprise concernée est compétent, même si la reconnaissance antérieure de l'unité a été faite par un autre tribunal (Cass. soc. 10-1-1989 n° 87-60.094 P).
Lors d'une demande d'extension, le juge est tenu de **convoquer à l'audience** toutes les sociétés ou entités membres de l'unité (Cass. soc. 12-11-1997 n° 96-60.296 D : RJS 12/97 n° 1390) ainsi que les sociétés ou entités ayant désormais vocation à en faire partie (Cass. soc. 12-3-2003 n° 01-60.812 F-D).
Pour le surplus, la **procédure** est régie par les règles indiquées n°s 22645 s.
Sur la question de savoir si la saisine du juge peut justifier un **report de la date des élections** dans les entités concernées, voir n° 22650.

SECTION 3 AUTRE CADRE INTERENTREPRISES

A. CSE interentreprises

Lorsque la nature et l'importance de **problèmes communs** aux entreprises d'un même site ou d'une même zone le justifient, un accord collectif interentreprises peut mettre en place un CSE interentreprises (C. trav. art. L 2313-9). **23000**
La mise en place d'un CSE interentreprises n'a pas pour effet de supprimer les **CSE des entreprises** entrant dans son champ d'application (QR min. trav. du 16-1-2020 n° 23).

DÉFINITION DU SITE OU DE LA ZONE

Le site ou la zone ne sont pas définis par la loi. Selon l'administration, c'est un **lieu** ou un ensemble géographiquement ou matériellement isolé qui représente une entité (galerie marchande, centre commercial, immeuble de bureaux, chantier, zone industrielle ou artisanale, rue ou quartier...) qui, par ses caractéristiques économiques et sociales, constitue un ensemble homogène où les problèmes communs aux salariés sont importants (JO Déb. AN 29-5-1982 p. 2753 ; Circ. DRT 5 du 28-6-1984 ; Circ. DRT 12 du 17-3-1993). **23005**
S'agissant des **problèmes communs** justifiant l'élection d'un CSE interentreprises, il s'agit essentiellement des problèmes de transport, cantine, sécurité, accessibilité (JO Déb. AN 29-5-1982 p. 2756).

CONCLUSION DE L'ACCORD INTERENTREPRISES

L'accord collectif interentreprises est **conclu entre** les employeurs des entreprises du site ou de la zone et les organisations syndicales représentatives au niveau interprofessionnel ou au niveau départemental (C. trav. art. L 2313-9). **23010**
Il **définit** (C. trav. art. L 2313-9) :
– le nombre de membres de la délégation du personnel du CSE interentreprises ;
– les modalités de leur élection ou désignation ;
– les attributions et les modalités de fonctionnement du CSE interentreprises.
L'accord peut également décider que, dans les entreprises d'au moins 11 salariés du site ou de la zone ayant mis en place un CSE, un membre de la délégation du personnel de chaque CSE participe aux réunions mensuelles (C. trav. art. L 2313-9).

B. Instances de prévention interentreprises

Le Code du travail prévoit la création d'instances de prévention interentreprises sur certains sites ou zones où les risques sont accrus du fait de l'intervention de plusieurs **entreprises du BTP** ou du génie civil **ou** en raison de la particulière gravité du danger encouru du fait d'activités à **haut risque industriel.** **23150**

BTP ET GÉNIE CIVIL

Le Code du travail comporte des dispositions particulières en vue d'assurer la sécurité et de protéger la santé des travailleurs des chantiers du bâtiment et du génie civil. Notamment, il impose aux maîtres d'ouvrage de constituer, sur les gros chantiers, une instance représentative du personnel spécifique appelée « **collège interentreprises de sécurité, de santé et des conditions de travail** » (CISSCT). **23170**

23180 **Champ d'application** La constitution d'un CISSCT est **obligatoire, au moins 21 jours avant** le début des travaux, **lorsque** le nombre des entreprises, travailleurs indépendants et entreprises sous-traitantes inclus, est supérieur à 10, s'il s'agit d'une opération de bâtiment, ou à 5 s'il s'agit d'une opération de génie civil et que l'effectif des travailleurs dépasse un volume de 10 000 hommes-jours (C. trav. art. L 4532-10 et R 4532-77).
Toutefois, les entreprises ne sont **pas tenues de participer aux travaux du CISSCT** si elles remplissent les 2 conditions suivantes (C. trav. art. R 4532-82) :
– il est prévu qu'elles n'occuperont pas sur le chantier au moins 10 travailleurs pendant au moins 4 semaines ;
– elles n'auront pas à exécuter l'un des travaux figurant sur la liste de travaux comportant des risques particuliers commandant l'établissement d'un plan général de coordination en matière de sécurité.

23190 **Composition du CISSCT** Le CISSCT **comprend** (C. trav. art. R 4532-78 et R 4532-80) :
– les coordonnateurs en matière de santé et de sécurité ;
– le maître d'œuvre désigné par le maître d'ouvrage ;
– le chef des entreprises intervenantes ou son représentant ;
– un salarié par entreprise intervenante, avec voix consultative.
Peuvent par ailleurs **assister** aux réunions du collège interentreprises **à titre consultatif** les médecins du travail, les représentants de l'inspection du travail, les représentants de l'organisme professionnel de prévention du bâtiment et des travaux publics (OPPBTP), les représentants du service de prévention des organismes de sécurité sociale (C. trav. art. R 4532-79).
La liste nominative des **membres** du collège et des personnes pouvant assister aux réunions, tenue à jour, est **affichée** sur le chantier par le coordonnateur (C. trav. art. R 4532-83). À cet effet, chaque entreprise communique les noms de ses 2 représentants au président du collège, au plus tard avant la réunion d'adoption de son règlement (C. trav. art. R 4532-81).

> **Précisions** Dans chaque entreprise intervenante, le **représentant des salariés** est désigné par le CSE. En l'absence de CSE, il est choisi par les membres de l'équipe appelée à intervenir sur le chantier. Dans tous les cas, il doit être effectivement employé sur le chantier (C. trav. art. R 4532-80).
> Il dispose du temps nécessaire, rémunéré comme temps de travail, pour assister aux réunions du collège (C. trav. art. L 4532-15). Il ne peut en aucun cas être sanctionné ou licencié pour les opinions exprimées dans le cadre de ses fonctions au sein du collège (C. trav. art. L 4532-11).

23200 **Missions** Le CISSCT peut définir, notamment avec le coordonnateur, certaines règles communes destinées à assurer le respect des mesures de sécurité et de protection de la santé applicables au chantier. Il vérifie que l'ensemble des règles prescrites, soit par lui-même, soit par le coordonnateur, sont effectivement mises en œuvre (C. trav. art. L 4532-13).

ATTENTION
L'intervention du collège ne modifie pas la nature et l'étendue des **responsabilités** qui incombent aux participants à l'opération de bâtiment ou de génie civil en application des autres dispositions du Code du travail, ni les **attributions des institutions représentatives** du personnel compétentes en matière de santé, de sécurité et des conditions de travail (C. trav. art. L 4532-14), et en particulier celles des CSE des entreprises intervenantes. Ainsi, par exemple, la réunion exceptionnelle du CISSCT à la suite d'un accident (n° 23210) n'exonère pas les chefs d'établissement de leur obligation de réunir leur CSE.

23210 **Fonctionnement** Le collège interentreprises, présidé par le coordonnateur désigné pour la réalisation de l'ouvrage (C. trav. art. R 4532-84), se **réunit** pour la première fois dès que 2 entreprises au moins sont effectivement présentes sur le chantier, puis au moins tous les 3 mois sur convocation de son président. En outre, il est réuni par celui-ci à la demande de la majorité des représentants ayant voix délibérative, à la demande motivée du tiers des membres représentant les salariés ou à la suite de tout accident ayant eu ou ayant pu avoir des conséquences graves (C. trav. art. R 4532-85).
Établis par le président, la **convocation et l'ordre du jour** sont communiqués, sauf en cas de réunion d'urgence, 15 jours au moins avant la date de la réunion, aux membres du collège, y compris à ceux ayant une voix consultative. Le procès-verbal de la réunion précédente est joint à cet envoi. Les membres du collège peuvent demander par écrit au président de porter à l'ordre du jour toute question relevant de leur compétence, dans les 8 jours suivant la réception de la convocation (C. trav. art. R 4532-87).

Précédées par une inspection du chantier, les réunions ont lieu sur celui-ci dans un **local** approprié et, sauf cas exceptionnels justifiés par l'urgence, pendant les **heures** de travail (C. trav. art. R 4532-86).

> **Précisions** Les **procès-verbaux** des réunions sont consignés sur un registre tenu à la disposition de l'inspection du travail, de l'OPPBTP et du service de prévention des organismes de sécurité sociale. Ils font ressortir notamment les décisions prises par le collège, le compte-rendu des inspections du chantier, les formations à la sécurité dispensées par les entreprises et celles, complémentaires, décidées par le collège (C. trav. art. R 4532-88). Les membres du CISSCT peuvent à tout moment consulter ledit registre qui est conservé par le coordonnateur pendant une durée de 5 ans à compter de la date de réception de l'ouvrage (C. trav. art. R 4532-89).
> Les CSE des établissements appelés à intervenir sur le chantier reçoivent les copies des procès-verbaux du collège interentreprises et peuvent saisir par écrit le président de ce dernier de toute question relevant de sa compétence. Le président répond par écrit aux observations formulées et en informe les membres du collège en temps utile et, au plus tard, lors de la réunion qui suit la demande des intéressés (C. trav. art. R 4532-94).

Les règles de fonctionnement du collège sont fixées par un **règlement** élaboré par le coordonnateur pendant la phase de conception du projet. Ce règlement prévoit notamment la fréquence accrue des réunions en fonction de l'importance et de la nature des travaux, les procédures propres à assurer le respect des règles communes de prévention, les conditions de la vérification de l'application des mesures prises, la procédure de règlement d'éventuelles difficultés entre ses membres et les attributions du président. **23220**

Sur l'initiative de son président, le collège interentreprises est réuni, en temps utile, aux fins d'**adoption** du règlement du collège. Le président **communique** le règlement, ainsi que le procès-verbal de la séance au cours de laquelle il a été adopté, à leur demande, à l'inspection du travail, à l'OPPBTP et au service de prévention des organismes de sécurité sociale. Ce procès-verbal mentionne les résultats du vote émis à l'occasion de cette adoption (C. trav. art. R 4532-90 à R 4532-92).

HAUT RISQUE INDUSTRIEL

Dans les périmètres où un plan de prévention des risques technologiques a été prescrit, le préfet met en place un **comité interentreprises de santé et de sécurité au travail** (CISST). Ce comité assure la concertation entre les CSE des établissements situés dans ce périmètre comprenant au moins une installation figurant sur la liste prévue à l'article L 515-36 du Code de l'environnement (classée « **Seveso seuil haut** ») ou soumise aux dispositions des articles L 211-2 et L 211-3 du Code minier (**stockage souterrain de produits dangereux**) (C. trav. art. L 4524-1 et R 4524-1). **23230**

Par ailleurs, dans ces établissements, les missions des CSE sont élargies : voir n° 57340 et n° 57350.

Composition du comité Le comité interentreprises est composé du président de chacun des CSE concernés et de représentants des salariés, à raison d'un membre titulaire et d'un membre suppléant désignés, en son sein, par la délégation du personnel de chacun de ces CSE (C. trav. art. R 4524-5). **23240**

Les **représentants du personnel** au comité interentreprises sont désignés pour une durée de 3 ans renouvelable. Leur mandat prend fin dès qu'ils cessent d'être représentants des salariés au CSE de leur établissement (C. trav. art. R 4524-6).

Le mandat de membre du comité interentreprises est distinct de celui de membre du CSE. Ainsi, le temps consacré à l'exercice des missions du comité interentreprises, aisément identifiables par une convocation du président de ce comité, ne peut pas être décompté du **crédit d'heures** alloué pour exercer la fonction de membre du CSE. Il n'existe pas de crédit d'heures supplémentaires propre à la fonction de représentant du personnel au comité interentreprises (Circ. DRT 10 du 14-4-2006 : BOMT 2006/05). Le temps consacré aux réunions de cette dernière instance doit en conséquence être rémunéré en plus s'il n'est pas pris sur le temps de travail.

Missions Le CISST est **informé,** par le préfet, des dispositions du plan de prévention des risques technologiques (C. trav. art. R 4524-4). Les chefs d'établissement concernés lui communiquent toutes les informations utiles à l'exercice de ses missions : notamment, politique de prévention des accidents majeurs qu'ils conduisent, systèmes de gestion de la sécurité mis en œuvre dans chaque établissement et leurs résultats, risques d'accidents majeurs, plans d'urgence... (C. trav. art. R 4524-10). **23250**

Le CISST assure la **concertation** entre les CSE des établissements concernés et contribue à la **prévention** des risques professionnels susceptibles de résulter des interférences entre les activités et les installations de ces établissements (C. trav. art. L 4524-1). Dédiée aux échanges et réflexions concertées, cette instance contribue à l'action préventive de manière globale par une mission de **conseil** (en amont) aux chefs d'entreprises, seuls responsables de la prévention des risques professionnels (Circ. DRT 10 du 14-4-2006 : BOMT 2006/05). Ses membres peuvent ainsi émettre des **observations,** des préconisations et proposer des actions de prévention (C. trav. art. R 4524-3).
Le comité interentreprises ne se substitue pas aux CSE, lesquels ne sont pas dessaisis de leur compétence en matière de sécurité des établissements à haut risque (Circ. DRT 10 du 14-4-2006 : BOMT 2006/05).

23260 **Fonctionnement** **Présidé** par le Dreets (C. trav. art. R 4524-7), le CISST est **réuni** par ce dernier au moins une fois par an ou à la demande motivée d'un tiers de ses membres (C. trav. art. R 4524-8).
Le préfet peut **inviter** les présidents et les secrétaires des CSE constitués dans d'autres établissements et situés dans le périmètre du plan de prévention des risques technologiques à assister aux réunions du comité mis en place à cet effet en raison de risques particuliers liés à leur implantation ou à leur activité. Le président peut inviter toute personne susceptible d'éclairer les débats en raison de sa compétence. Les inspecteurs du travail et les inspecteurs des installations classées, compétents pour contrôler ces établissements, sont également invités à participer aux réunions du comité interentreprises (C. trav. art. R 4524-9).
Mais seuls les membres du comité ont **voix délibérative** (C. trav. art. R 4524-8).

ATTENTION

L'employeur ne peut pas refuser des **autorisations d'absence** aux salariés tenus de participer aux réunions du comité interentreprises car cette obligation supplémentaire de représentation du personnel relève d'une disposition réglementaire (Circ. DRT 10 du 14-4-2006 : BOMT 2006/05).

CHAPITRE 4 L'ÉLECTION DU CSE

SOMMAIRE

ÉLECTIONS CONCERNÉES

23980 Sont présentées ici les dispositions applicables aux élections des représentants élus du personnel au **CSE**.
Sur le cadre de mise en place du CSE, voir n°s 22000 s.
S'agissant de l'élection des délégués au CSE central, voir n° 27000 s.

I. DÉCLENCHEMENT

24000 L'élection des représentants du personnel doit être organisée dans les cas suivants :
– mise en place d'un CSE, car l'entreprise ou l'établissement atteint l'**effectif requis** (voir n°s 20500 s.). Dans ce cas, l'employeur peut être invité par un syndicat ou par un salarié à organiser des élections (voir n° 24010) ;
– renouvellement du CSE à l'**échéance des mandats** selon leur durée (voir n°s 31500 s.) ;
– **élections partielles**, en raison de la disparition d'un collège électoral ou d'une diminution importante du nombre d'élus titulaires (voir n°s 24050 s.).
La jurisprudence a admis l'organisation d'**élections complémentaires** de nouveaux représentants pour tenir compte de l'augmentation de l'effectif de l'entreprise (voir n° 24060).

A. Initiative de l'organisation des élections

INITIATIVE DE L'EMPLOYEUR

24005 En principe, c'est à l'employeur de prendre l'initiative d'organiser les élections professionnelles dans l'entreprise.
Les premières **formalités** lui incombant sont de deux ordres : informer le **personnel** de l'organisation des élections ; informer et inviter les **syndicats** intéressés au sens indiqué n°s 24100 s. à négocier le protocole d'accord préélectoral et à établir leurs listes de candidats au premier tour.
Ces formalités sont étudiées n°s 24080 s.

> **Précisions a.** Le fait pour le chef d'entreprise ou son délégataire d'**omettre, de refuser ou de tarder à prendre les mesures** nécessaires au déroulement régulier des opérations préélectorales en vue du renouvellement des membres du CSE dont le mandat est venu à échéance et n'a pas fait l'objet d'une prorogation constitue le **délit d'entrave** (Cass. crim. 15-5-2007 n° 06-86.896 F-D : RJS 8-9/07 n° 970 ; 6-11-2007 n° 06-86.027 F-PF : RJS 3/08 n° 307).
> Au plan civil, le fait pour l'employeur de s'opposer à la tenue des élections est une faute justifiant sa condamnation au paiement de **dommages-intérêts** au profit du **syndicat** demandeur (Cass. soc. 7-5-2002 n° 00-60.282 FS-P : RJS 8-9/02 n° 995). Sur la réparation du préjudice subi par un **salarié** du fait de l'absence d'organisation des élections principales ou partielles, voir respectivement n°s 26290 et 24050. La carence de l'employeur a aussi des incidences sur la validité de la **dénonciation d'un usage**, voir n° 85445, b.
> **b.** Le **retard** de l'employeur pour organiser les élections n'est pas **sanctionné** par leur nullité (Cass. soc. 22-10-2014 n° 14-60.016 F-D : RJS 1/15 n° 49).

DEMANDE D'UN SYNDICAT OU D'UN SALARIÉ

24010 En l'**absence de CSE**, un salarié ou un syndicat peut inviter l'employeur à organiser des élections (C. trav. art. L 2314-8, al. 1).
Lorsque l'employeur a engagé le processus électoral et qu'un **procès-verbal de carence** a été établi, la demande ne peut intervenir qu'à l'issue d'un **délai** de 6 mois après l'établissement de ce procès-verbal (C. trav. art. L 2314-8, al. 2).
Selon la jurisprudence, en l'absence de demande préalable de leur part, les salariés, comme les syndicats, ne peuvent pas **saisir directement le juge** pour qu'il soit ordonné à l'employeur d'organiser des élections (Cass. soc. 9-11-2005 n° 05-60.063 F-P : RJS 1/06 n° 66). Ils ne peuvent pas non plus **organiser eux-mêmes les élections**. Un tribunal peut donc annuler des élections qui se sont déroulées dans l'entreprise à l'initiative des salariés et des syndicats sans que la société ait participé à leur organisation (Cass. soc. 20-1-1983 n° 82-60.108 P ; dans le même sens, Cass. soc. 22-11-1988 n° 87-61.798 D).
La loi n'impose aucun **formalisme** à l'envoi de la demande. Pour l'administration, il est souhaitable qu'elle soit adressée par lettre recommandée si elle est formulée par un salarié, afin d'éviter toute contestation sur sa protection (Circ. DRT 13 du 25-10-1983 n° 2.1).

> **Précisions a.** Les **syndicats** habilités à présenter la demande sont, selon l'administration, les syndicats visés nos 24100 s., soit ceux remplissant les critères pour négocier le protocole préélectoral et présenter des candidats au premier tour (Circ. DRT 13 du 25-10-1983 n° 2.1). Mais il n'est pas exclu qu'un syndicat ne remplissant pas ces critères puisse demander l'organisation d'élections à l'employeur. La Cour de cassation n'a pas eu, à notre connaissance, à statuer sur cette question.
> **b.** Les **salariés** demandant l'organisation d'élections bénéficient, sous certaines conditions, d'une protection spéciale (voir nos 42040 s.). La Cour de cassation leur permet également d'invoquer l'existence d'une discrimination syndicale en cas de licenciement prononcé à leur égard à la suite de leur demande d'organisation des élections (voir n° 40030).
> Des salariés n'appartenant plus à l'entreprise en raison de la **rupture de leur contrat** de travail ne peuvent pas solliciter l'organisation des élections (Cass. soc. 18-3-1985 n° 83-61.079 P).

L'**employeur** à qui est adressée une demande doit, dans le **mois suivant** sa réception, informer les **syndicats** intéressés au sens indiqué nos 24090 s. de l'organisation des élections et les inviter à négocier le protocole préélectoral et à établir les listes de leurs candidats (C. trav. art. L 2314-8, al. 1), sous peine d'être reconnu coupable de **délit d'entrave** et d'être condamné à des **dommages-intérêts** (n° 24005, a). **24015**
Ainsi en est-il, par exemple, de celui qui réunit le personnel pour faire procéder à un **vote sur l'opportunité** d'organiser **des élections** après qu'un délégué syndical a demandé la création d'une institution représentative du personnel (Cass. crim. 6-11-1984 n° 83-94.557).
En outre, face à un refus de l'employeur, le **juge** peut lui **ordonner** d'organiser un scrutin permettant la mise en place du CSE (Cass. soc. 9-11-2005 n° 05-60.063 F-P : RJS 1/06 n° 66 ; 14-2-2007 n° 06-60.120 F-D : RJS 5/07 n° 638).

B. Élections partielles et complémentaires

ÉLECTIONS PARTIELLES

Des élections partielles sont organisées à l'initiative de l'employeur : **24050**
– si un **collège électoral** n'est plus représenté ou si le **nombre** des élus titulaires du CSE est réduit de **moitié** ou plus (C. trav. art. L 2314-10, al. 1), même si cela résulte de l'annulation par le juge d'un ou de plusieurs élus pour non-respect des règles sur la **mixité** des listes de candidats exposées nos 25258 s. (C. trav. art. L 2314-32, al. 5 ; Cass. soc. 22-9-2021 n° 20-16.859 F-B : RJS 12/21 n° 667) ;
– sauf si ces événements interviennent moins de **6 mois avant le terme** du mandat des élus intéressés (C. trav. art. L 2314-10, al. 1).
L'employeur ne peut pas organiser des élections partielles en dehors de ces cas (Cass. soc. 30-11-2011 n° 11-12.097 F-D : RJS 3/12 n° 273). En cas de **prorogation conventionnelle des mandats**, lorsque l'une des deux conditions se trouve remplie plus de 6 mois avant l'expiration des mandats, c'est à bon droit que l'employeur organise dans ce délai des élections partielles (Cass. soc. 8-3-1995 n° 94-60.228 P : RJS 4/95 n° 400).
À notre sens, même si la Cour de cassation ne le dit pas expressément, il résulte clairement de l'une de ses décisions que l'employeur doit appliquer strictement les règles de **suppléance** exposées nos 31700 s. avant d'organiser des élections partielles (Cass. soc. 18-5-2022 n° 21-11.347 F-B : RJS 8-9/22 n° 453). Sur la possibilité de désigner un suppléant pour remplacer le titulaire dont le siège est devenu vacant du fait de l'annulation de son mandat pour non-respect des règles de **mixité**, voir toutefois n° 25265, f.

CONSEIL

C'est à l'employeur de prendre l'**initiative** d'organiser des élections partielles. La loi ne précise pas les **délais** qu'il doit respecter. À notre avis, il doit informer le personnel de l'organisation des élections et inviter les syndicats intéressés à présenter leurs candidats dès que les conditions pour procéder aux élections partielles sont remplies, sous peine d'être reconnu coupable de **délit d'entrave** et d'être condamné à des **dommages-intérêts** au profit du **syndicat** demandeur (n° 24005, a) ou des **salariés** si ces derniers démontrent l'existence d'un préjudice. Tel n'est pas le cas s'il reste un élu dans l'entreprise habilité à représenter et à défendre leurs intérêts (Cass. soc. 4-11-2020 n° 19-12.775 FS-PBI : RJS 1/21 n° 28).

Lorsqu'un **collège** électoral n'est **plus représenté**, les élections partielles ont pour objet de **pourvoir** uniquement **les sièges** de titulaires et de suppléants du collège concerné. Lorsque le **nombre de titulaires est réduit** de moitié ou plus, les élections doivent concerner tous les sièges vacants, titulaires et suppléants, dans les différents collèges (Circ. DRT 13 du 25-10-1983 n° 2.5.2). **24052**

Ces élections visent à pourvoir tous les sièges vacants, dans les collèges en cause, même ceux non pourvus lors des élections initiales (Cass. soc. 24-5-2016 n° 15-19.866 F-PB : RJS 8-9/16 n° 578).

24055 Les élections partielles se déroulent selon les mêmes **modalités** que pour le renouvellement ordinaire du CSE sur la base des dispositions en vigueur lors de l'élection précédente (C. trav. art. L 2314-10, al. 2), c'est-à-dire en application du **protocole préélectoral** précédent, dans le respect des règles de mixité. Un syndicat ne peut donc ni se dispenser d'établir ses listes de candidats sur la base de la proportion femmes-hommes figurant dans ce protocole (Cass. soc. 9-11-2022 n° 21-60.183 F-B : RJS 1/23 n° 27), ni demander la négociation d'un nouveau protocole adaptant le nombre de sièges à l'évolution des effectifs (Cass. soc. 28-2-2018 n° 17-11.848 F-D : RJS 5/18 n° 347). Mais, pour l'administration, il semble normal que la **situation individuelle des salariés** s'apprécie à la date des élections partielles, tant en ce qui concerne l'appartenance à un collège que pour l'électorat et l'éligibilité (Circ. DRT 13 du 25-10-1983 n° 2.5.2).
Dans tous les cas, il nous semble que l'employeur doit, à tout le moins, fixer, en accord avec les syndicats, le **lieu** et la **date** du scrutin.
Les candidats sont élus pour la **durée du mandat** restant à courir (C. trav. art. L 2314-10, al. 3).

ÉLECTIONS COMPLÉMENTAIRES

24060 La loi ne prévoit pas d'élections complémentaires de représentants du personnel en cas d'**augmentation des effectifs** de l'entreprise. Mais, selon la jurisprudence, de telles élections tendant à désigner des représentants en plus de ceux dont le mandat est en cours, et pour la durée des mandats restant à courir, peuvent être organisées à condition qu'elles soient prévues par un **accord collectif** signé par tous les syndicats présents dans l'entreprise (Cass. soc. 13-10-2010 n° 09-60.206 FS-PBR : RJS 12/10 n° 960).

C. Premières démarches : information du personnel et des syndicats

24080 Ce **tableau** récapitule les différents délais imposés par la loi ou la jurisprudence dans l'organisation des élections. Un **simulateur** permettant d'établir le calendrier des élections est accessible depuis le site internet du ministère du travail (www.elections-professionnelles.travail.gouv.fr).

Délai	Durée
Entre l'invitation des syndicats intéressés et la fin des mandats (élection de renouvellement)	2 mois (n° 24135)
Entre l'invitation des syndicats intéressés et la 1ère réunion de négociation	au moins 15 jours (n° 24135)
Entre l'information du personnel et le 1er tour de scrutin	au plus 90 jours (n° 24085)
Entre le 1er tour de scrutin et la fin des mandats	au plus 15 jours (C. trav. art. L 2314-5, al. 3)

24082 **EXEMPLE**

Si les mandats des membres du CSE d'une entreprise prennent fin le 2-6-2026 :
– les syndicats intéressés doivent être invités à négocier le protocole préélectoral 2 mois avant, soit au plus tard le 2-4-2026 ;
– l'invitation doit être reçue au moins 15 jours avant la première réunion de négociation. Le courrier ou document d'invitation reçu le 2-4-2026 pourra ainsi proposer une première réunion le 17-4-2026, ou même fixer une date postérieure pour garantir le respect de ce délai ;
– le 1er tour de scrutin doit avoir lieu 15 jours avant l'expiration des mandats en cours. Il peut donc se dérouler entre le 18-5-2026 et le 1-6-2026 ;
– si, par exemple, la date du 1er tour est fixée au 27-5-2026, le personnel doit en être informé au plus tôt le 26-2-2026, puisque le 1er tour de scrutin doit se tenir au maximum 90 jours après l'information du personnel. Les conditions d'information du personnel peuvent parfois être négociées entre employeur et syndicats. Dans l'exemple, la négociation débute le 17-4-2026, si bien que l'information aura nécessairement lieu plus tard. Le délai maximum de 90 jours sera donc respecté.

1. INFORMATION DU PERSONNEL

Lorsque le seuil d'effectif requis pour la mise en place du CSE (n° 20500) est atteint, l'employeur doit informer le personnel tous les 4 ans de l'organisation des élections par tout **moyen** permettant de conférer date certaine à cette information. Le document diffusé précise la **date envisagée** pour le premier tour. Celui-ci doit se tenir, au plus tard, le 90e jour suivant celui de la diffusion (C. trav. art. L 2314-4). **24085**

Les **conditions** d'information du personnel peuvent être **fixées par** le protocole préélectoral. Sur la **contestation**, par un syndicat, des conditions prévues par le protocole qu'il a signé, voir n° 24350.

ATTENTION

L'**inobservation** de cette formalité justifie l'annulation des élections (Cass. soc. 3-4-2002 n° 01-60.464 F-D : RJS 8-9/02 n° 1004 ; 30-11-2011 n° 11-11.852 F-D ; 10-10-2012 n° 11-60.238 F-D).

2. INFORMATION ET INVITATION DES SYNDICATS INTÉRESSÉS

CARACTÈRE OBLIGATOIRE

L'employeur doit informer les syndicats intéressés au sens indiqué nos 24100 s. de l'organisation des élections et les inviter à **négocier** le protocole préélectoral et à **établir leurs listes** de candidats au premier tour (C. trav. art. L 2314-5, al. 1 et 2). **24090**

La **méconnaissance** de cette obligation entraîne l'annulation du protocole préélectoral (Cass. soc.14-2-2007 n° 06-60.106 F-PB : RJS 5/07 n° 637) et des élections organisées sur son fondement (Cass. soc. 9-4-1987 n° 86-60.432 P ; 12-3-2008 n° 07-60.394 F-D : RJS 6/08 n° 697 ; 2-3-2011 n° 10-60.201 FS-PB : RJS 5/11 n° 437). S'agissant de son incidence sur le point de départ du **délai de contestation** des élections, voir n° 26525. Sur les conséquences d'une **erreur** de date dans l'invitation, voir n° 24135.

Il appartient à l'employeur non seulement d'inviter formellement les syndicats intéressés à négocier un protocole préélectoral, mais aussi de procéder dans les faits à une négociation : voir n° 24235.

Sur le cas où un **accord préexistant** règle déjà les modalités des élections, voir n° 24380, et sur celui où les **négociations** ont échoué, voir n° 24400.

> **Précisions a.** Les modalités d'organisation des élections ne peuvent pas, par exemple, être fixées au cours de **réunions entre l'employeur et des élus**, alors que les syndicats intéressés n'ont pas été invités à négocier le protocole préélectoral (Cass. soc. 9-12-1985 n° 85-60.401 S).
b. Seul un **syndicat** n'ayant **pas été convoqué** à la négociation préélectorale selon la forme prescrite, alors qu'il aurait dû l'être, peut se prévaloir de cette irrégularité pour faire annuler les élections (Cass. soc. 24-10-2012 n° 11-60.199 FS-PB : RJS 1/13 n° 61 ; 10-7-2013 n° 11-28.418 FS-D), peu importe qu'il ne dispose **pas d'adhérents** dans l'entreprise (Cass. soc. 4-2-1997 n° 95-60.983 P). Mais s'il a **signé le protocole** préélectoral ou **présenté des candidats** sans émettre expressément de réserves, il ne peut pas se prévaloir de l'irrégularité pour demander l'annulation des élections (Cass. soc. 2-3-2011 n° 10-60.201 FS-PB : RJS 5/11 n° 437 ; 25-1-2012 n° 11-60.033 F-D).
Un **salarié** est irrecevable à contester l'absence d'invitation des syndicats à négocier le protocole préélectoral (Cass. soc. 7-4-1993 n° 91-60.247 PBS : RJS 5/93 n° 526).

Par **dérogation** aux règles exposées ci-dessus, dans les entreprises dont l'effectif est compris **entre 11 et 20 salariés**, l'employeur ne doit inviter les syndicats intéressés que si au moins un salarié s'est porté candidat aux élections dans un délai de 30 jours à compter de l'information du personnel sur l'organisation des élections (C. trav. art. L 2314-5, al. 5). **24095**

ATTENTION

En application de cette règle, l'**administration** a longtemps considéré qu'à défaut de candidature dans le délai de 30 jours, l'élection n'avait pas à être organisée et que l'employeur devait établir un **procès-verbal de carence**. Elle a abandonné récemment cette position et estime désormais qu'il y a carence dans les entreprises dont l'effectif est compris entre 11 et 20 salariés lorsqu'aucune liste de candidats n'a été présentée au 1er tour, qu'il a été procédé à l'organisation d'un 2e tour et qu'il est constaté qu'au jour du 2e tour, aucune candidature n'a été présentée (QR min. trav. mis à jour le 29-9-2023 et Modèle de PV de carence pour tous les collèges du CSE, Cerfa 15248*05 : www.elections-professionnelles.travail.gouv.fr).

La position initiale de l'administration ne nous semblait **pas conforme au texte** qui dispense seulement l'employeur d'inviter les syndicats à négocier le protocole sans prévoir la fin du processus électoral. D'ailleurs, le **Conseil constitutionnel** n'allait pas dans le sens de cette interprétation administrative (Cons. const. 21-3-2018 n° 2018-761 DC, points 47 et 48).

SYNDICATS À INVITER PAR COURRIER

24100 L'employeur doit inviter par courrier à la négociation du protocole préélectoral les syndicats reconnus **représentatifs** dans l'entreprise ou l'établissement, ceux ayant constitué une **section syndicale** dans l'entreprise ou l'établissement, ainsi que ceux **affiliés** à un syndicat représentatif au niveau national et interprofessionnel (C. trav. art. L 2314-5, al. 2).
Sur l'invitation par tout moyen adressée aux syndicats remplissant certains critères, voir n° 24132.
Sur les syndicats pouvant se prévaloir de l'irrégularité résultant de l'absence de convocation à la négociation pour faire annuler les élections, voir n° 24090, b.

24105 **Syndicat représentatif dans l'entreprise ou l'établissement** Tout syndicat représentatif dans l'entreprise ou l'établissement doit être invité à négocier le protocole préélectoral, même si son **implantation** est récente (Cass. soc. 13-12-1988 n° 88-60.191 P : RJS 1/89 n° 65) et, en cas de contentieux, tant qu'il n'a pas été statué sur sa **représentativité** (Cass. soc. 9-2-2000 n° 98-60.599 P : RJS 3/00 n° 297).
À défaut, les juges prononcent la **nullité** de l'accord conclu et, le cas échéant, des élections (n° 24090).

> **Précisions** Dans une **entreprise à établissements multiples**, le syndicat représentatif présent dans l'entreprise où il a désigné un **délégué syndical central** doit être invité à la négociation du protocole préélectoral en vue de l'élection dans un établissement distinct, peu important qu'il n'ait pas désigné de délégué syndical dans celui-ci (Cass. soc. 15-2-2006 n° 04-60.525 FS-PB : RJS 5/06 n° 607 ; 12-3-2008 n° 07-60.394 F-D : RJS 6/08 n° 697).

24107 **Syndicat ayant créé une section syndicale** Pour préparer les élections au sein d'un **établissement**, l'employeur doit inviter à la négociation préélectorale non seulement les syndicats ayant créé une section syndicale à ce niveau, mais aussi ceux en ayant créé une dans l'entreprise (Cass. soc. 31-1-2012 n° 11-19.106 FS-D : RJS 4/12 n° 369). Si l'employeur refuse d'inviter un syndicat à la négociation préélectorale, estimant que sa **section syndicale n'existe plus** faute d'adhérents, il appartient au syndicat reprochant à l'employeur de ne pas l'avoir invité de saisir le tribunal judiciaire de cette contestation et de justifier que sa section syndicale comportait au moins deux adhérents à la **date de l'invitation** à la négociation (Cass. soc. 8-12-2021 n° 20-16.696 F-B : RJS 2/22 n° 83). Sur la façon dont cette preuve peut être rapportée, voir n° 16555, b.

CONSEIL

La question de l'existence d'une section syndicale se pose, en pratique, pour les **syndicats non représentatifs** et **non affiliés** à un syndicat représentatif au plan national, les syndicats représentatifs ou affiliés à un syndicat représentatif au plan national devant, dans tous les cas, être invités à la négociation préélectorale (voir respectivement n°s 24105 et 24110). En cas de **doute** sur l'existence de la section syndicale, l'employeur aurait, selon nous, intérêt à inviter le syndicat concerné à la négociation, au moins à titre conservatoire, pour éviter tout risque d'annulation des élections, quitte à saisir lui-même le juge de cette question.

24110 **Syndicat affilié à un syndicat représentatif au plan national** Tout syndicat affilié à un syndicat représentatif sur le plan national doit être invité à la négociation, même s'il n'a aucun **adhérent** dans l'entreprise (Cass. soc. 4-7-1990 n° 89-60.035 PF : RJS 10/90 n° 795 ; 1-4-1998 n° 96-60.433 P : RJS 5/98 n° 616 ; 28-2-2007 n° 06-60.128 F-D) et/ou n'y a pas désigné de **délégué syndical** (Cass. soc. 24-9-2003 n° 02-60.521 F-D). Peu importe qu'il s'agisse d'un syndicat **catégoriel** (Cass. soc. 12-3-1992 n° 91-60.147 P : RJS 5/92 n° 642).

24120 **Destinataire du courrier** Si le syndicat a désigné un **délégué syndical** dans l'entreprise, la convocation à négocier le protocole préélectoral peut être valablement adressée soit au syndicat pris en la personne du délégué syndical, soit directement au syndicat (Cass. soc. 2-3-2005 n° 04-60.019 FS-PB : RJS 5/05 n° 543 ; 21-11-2007 n° 07-60.023 F-D ; 5-4-2011 n° 10-18.813 F-D).

ATTENTION

Si **une union départementale** et un **syndicat professionnel**, affiliés à la même confédération nationale, ont désigné **deux délégués** syndicaux distincts, l'un et l'autre doivent être convoqués à la négociation du protocole préélectoral (Cass. soc. 12-1-1999 n° 97-60.337 PB).
Si le juge constate qu'une **union locale** et le **délégué syndical** qu'elle a désigné dans l'entreprise n'ont été invités, ni l'un ni l'autre, à la négociation du protocole préélectoral, il ne peut pas débouter l'union locale de sa demande d'annulation des élections en retenant qu'il appartenait à l'**union départementale**, qui avait été invitée à la négociation, de répercuter, le cas échéant, l'information à l'échelon le plus adéquat (Cass. soc. 21-11-2007 n° 07-60.023 F-D ; 5-4-2011 n° 10-18.813 F-D).

En l'**absence de délégué syndical**, la convocation peut être délivrée aux syndicats **représentatifs** constitués dans les différentes branches ou aux unions syndicales auxquelles ils ont adhéré (Cass. ass. plén. 5-7-2002 n° 00-60.275 P : RJS 10/02 n° 1149 ; Cass. soc. 9-7-2008 n° 07-60.404 F-D : RJS 11/08 n° 1103). 24125

> **Précisions a.** Ce qui importe, c'est que les syndicats aient été avertis à un niveau quelconque. C'est ensuite à l'organisation de répercuter l'information si elle estime un autre échelon plus compétent. Il n'en va autrement que si la convocation a été faite à une **structure syndicale** qui, manifestement, n'est pas concernée. Exemple : convocation adressée au secrétaire national de la CGT (et non à l'union locale CGT) pour la négociation préélectorale au sein d'un établissement situé dans le Nord (Cass. soc. 16-12-1992 n° 91-60.318 D).
> **b.** En l'absence de syndicat représentatif dans l'entreprise ou l'établissement ou de syndicat y ayant constitué une section syndicale, l'**invitation d'un syndicat représentatif au niveau national** et interprofessionnel est valablement adressée à la confédération syndicale représentative nationale et interprofessionnelle (Cass. soc. 15-11-2017 n° 16-60.268 FS-PB : RJS 1/18 n° 53). Les **coordonnées** de ces syndicats sont publiées sur le site du ministère du travail (travail-emploi.gouv.fr/dialogue-social).

Envoi d'un recommandé Si le courrier est envoyé par lettre recommandée, l'**accusé de réception** doit être **signé** par le destinataire. S'il est signé par une autre personne, l'invitation n'est régulière que si la preuve est apportée que le destinataire en a bien pris connaissance en temps voulu, c'est-à-dire avant la première réunion de négociation (Cass. soc. 12-3-2008 n° 07-60.394 F-D : RJS 6/08 n° 697). 24130

SYNDICATS À INVITER PAR TOUT MOYEN

L'employeur doit inviter par tout moyen à la négociation préélectorale les syndicats qui satisfont aux **critères** de respect des valeurs républicaines et d'indépendance, légalement **constitués depuis au moins 2 ans** et dont le **champ professionnel et géographique** couvre l'entreprise ou l'établissement concerné (C. trav. art. L 2314-5, al. 1). Il faut, à notre sens, que l'employeur puisse rapporter la **preuve** qu'il les a bien invités. À défaut, le juge prononce l'**annulation** des élections (n° 24090). 24132

DATE DE L'INVITATION

L'invitation de l'employeur aux syndicats doit leur parvenir au plus tard **15 jours avant** la date de la **première réunion** de négociation (C. trav. art. L 2314-5, al. 4). 24135

En cas de **renouvellement** du CSE, l'invitation est effectuée **2 mois avant l'expiration des mandats** des élus en exercice (C. trav. art. L 2314-5, al. 3). Mais le **non-respect** de ce délai n'est pas une cause d'annulation du protocole (Cass. soc. 25-1-2012 n° 11-60.093 F-PB : RJS 4/12 n° 370).

ATTENTION

Si l'invitation mentionne **deux dates distinctes** pour la réunion de négociation, le syndicat destinataire peut être considéré comme irrégulièrement convié et les élections peuvent être annulées (Cass. soc. 25-9-2019 n° 18-23.487 F-D : RJS 12/19 n° 711).

RÉPONSE DES SYNDICATS

Si **au moins un syndicat** répond positivement à l'invitation de l'employeur, une **négociation** s'engage en vue de conclure un protocole préélectoral. 24145

Il se peut qu'**aucun syndicat** ne réponde à l'invitation. Cette situation peut résulter de l'absence de syndicat dans l'entreprise et/ou d'un désintérêt des syndicats informés de l'organisation des élections, qu'ils soient ou non présents dans l'entreprise. Quelle que soit la raison, il revient alors à l'**employeur** d'appliquer les dispositions légales ou conventionnelles sur le nombre et la composition des **collèges électoraux** (voir n°s 24405 s.) et de prendre les décisions préalables à l'organisation des élections :

– définir la **répartition du personnel** de l'entreprise ou de l'établissement entre les collèges (n° 24540) selon les modalités prévues n°s 24550 s., ce qui lui permettra ensuite d'établir les **listes électorales** propres à chaque collège (voir n°s 24700 s.) ;
– fixer la **proportion femmes-hommes** composant chaque collège (n° 24269, b) ;
– déterminer le **nombre de représentants** à élire et **répartir les sièges** entre les collèges (n° 24540) selon les modalités prévues n°s 24590 s. ;
– assurer la réception et la publicité des **listes de candidats** : voir n°s 25310 s.

L'employeur doit aussi effectuer les démarches pratiques permettant la tenue des scrutins :
– **information des électeurs** sur le scrutin : voir n°s 25450 s. ; s'agissant de l'information des électeurs sur leur bureau de vote de rattachement, voir n° 25560 ;
– **organisation matérielle** du vote (mise à disposition de bulletins, d'isoloirs, etc.) : voir n°s 25500 s.

II. PROTOCOLE D'ACCORD PRÉÉLECTORAL

24220 La première étape de la préparation des élections est la **négociation** du protocole d'accord préélectoral (ci-après « protocole préélectoral »), **obligatoire si** au moins un syndicat s'est manifesté en réponse à l'invitation de l'employeur. Ce texte a **pour objet** essentiel de déterminer le nombre et la composition des collèges électoraux (en application des règles légales ou selon des modalités dérogatoires), de répartir le personnel entre les collèges et les sièges entre les catégories de personnel, et de fixer les modalités d'organisation et de déroulement des opérations électorales.

CONSEIL

Si la négociation est obligatoire, la conclusion d'un accord ne l'est pas. En cas d'**échec des négociations**, le Code du travail impose à l'**employeur** un certain nombre de démarches, rappelées n° 24400. La **conclusion d'un accord**, même s'il ne comporte que des clauses s'en tenant au strict minimum pour pouvoir procéder aux élections, et même s'il n'obtient pas tout à fait la majorité requise (voir n° 24370), est sans conteste la voie la plus simple pour organiser les élections.
Le champ de la négociation peut être fortement réduit si le **protocole préélectoral appliqué** lors des élections précédentes est **reconduit** (n° 24380) : seules les clauses nécessitant une actualisation doivent alors être renégociées (proportion femmes-hommes dans chaque collège en cas de variation des effectifs depuis les précédentes élections, date, heure et lieu du scrutin, etc.).

A. Négociation

24230 Le protocole préélectoral doit être négocié et conclu entre l'**employeur** (n° 24240) et les **syndicats** intéressés au sens indiqué n°s 24100 s. (C. trav. art. L 2314-5 et L 2314-6). Le premier a l'obligation d'engager une négociation alors que les seconds sont libres d'y participer ou non. Il peut donc arriver que certains syndicats participent à une négociation aboutissant à un accord tandis que d'autres s'en abstiennent.
Sur la composition de la **délégation syndicale**, voir n°s 24245 s.

> **Précisions** Les conditions de négociation du protocole préélectoral mettant en jeu l'intérêt collectif de la profession, tout **syndicat** non signataire, **invité ou non** à participer à cette négociation, a intérêt à agir pour en **contester** le déroulement (Cass. soc. 23-9-2009 n° 08-60.535 FS-PBRI : RJS 12/09 n° 963). S'agissant des syndicats recevables à invoquer un **défaut d'invitation** de l'ensemble des syndicats intéressés à la négociation préélectorale ou un non-respect par l'employeur de son obligation de **négociation loyale** pour demander l'annulation des élections, voir respectivement n°s 24090 et 24235.

CARACTÈRE OBLIGATOIRE

24235 Il appartient à l'employeur de **rechercher**, avec les syndicats intéressés, **un accord sur** la répartition du personnel dans les collèges électoraux et des sièges entre les différentes catégories de personnel, ainsi que sur les modalités d'organisation des élections (n°s 24275 s.), sous peine d'annulation des élections (Cass. soc. 7-7-1983 n° 83-60.902 P ; 28-2-2018 n° 17-60.112 F-PB : RJS 5/18 n° 348).
La **contestation** du protocole préélectoral fondée sur un manquement à l'obligation de **négociation loyale** doit être **introduite judiciairement** avant le premier tour des élections, ou postérieurement par un syndicat n'ayant pas signé le protocole et ayant émis des réserves expresses avant de présenter des candidats (Cass. soc. 9-10-2019 n° 19-10.780 FS-PB : RJS 12/19 n° 712). S'agissant de l'**incidence** du manquement de l'employeur à son obligation loyale de négocier sur sa faculté de **saisir l'administration** d'une demande de répartition du personnel et des sièges entre les collèges, voir n° 24510, b.

ILLUSTRATIONS

Les élections ont ainsi pu être annulées dans les circonstances suivantes :
– l'employeur a **refusé d'organiser une réunion** pour élaborer un protocole préélectoral (Cass. soc. 9-11-2011 n° 11-60.029 F-PB : RJS 1/12 n° 61), peu important que la demande du syndicat en ce sens soit intervenue 4 jours seulement avant la date prévue pour le premier tour de scrutin (Cass. soc. 7-7-1983 n° 83-60.902 P) ;
– l'employeur a fait preuve d'une certaine **précipitation dans l'organisation des élections**, ce qui a empêché la conclusion d'un protocole préélectoral et a été de nature à fausser les résultats du scrutin (Cass. soc. 12-3-1992 n° 91-60.245 D) ;

– l'employeur, qui n'a **pas manifesté de volonté réelle de négocier** et porte seul la responsabilité de l'absence de signature d'un protocole préélectoral, a imparti aux syndicats un délai trop court pour déposer une liste de candidats (Cass. soc. 10-5-2012 n° 11-20.459 F-D : RJS 7/12 n° 644) ;
– l'employeur a refusé de mettre à disposition des syndicats les **informations nécessaires à la négociation** du protocole préélectoral (n° 24267).

ENTREPRISES À ÉTABLISSEMENTS MULTIPLES

Dans les entreprises comportant plusieurs établissements, le protocole préélectoral est généralement **négocié au niveau** de chaque établissement distinct mais peut aussi l'être au niveau de l'entreprise (QR min. trav. du 16-1-2020 n° 45). **24237**
Il est ainsi possible de conclure un **accord-cadre** au niveau de l'entreprise et des **accords complémentaires** au niveau des établissements.

PARTIES À LA NÉGOCIATION

Employeur La définition de la personne responsable de la mise en place des institutions représentatives du personnel, puis de leur fonctionnement, fait l'objet d'un exposé commun, voir n°s 30001 s. **24240**

Syndicats Les syndicats invités à la négociation du protocole préélectoral (n°s 24100 s.) **composent leur délégation** librement. **24245**
Ils ne sont donc pas obligés d'y faire figurer le **délégué syndical** ou le **représentant de la section syndicale** lorsqu'ils en disposent, ni même des **salariés** de l'entreprise (Cass. soc. 31-1-2012 n° 11-16.049 FS-PB : RJS 4/12 n° 371).
Autre conséquence : un salarié dont le **mandat** de délégué syndical **a pris fin** mais justifiant avoir reçu du syndicat concerné mandat de le représenter à la négociation du protocole peut valablement le signer (Cass. soc. 20-1-1983 n° 82-60.355 P).

ATTENTION

Si les délégués syndicaux parties à la négociation n'ont pas à justifier d'un **mandat spécial** de leur syndicat pour conclure le protocole en son nom (Cass. soc. 12-2-2003 n° 01-60.904 FS-PBRI : RJS 4/03 n° 488), les autres personnes, salariées ou non de l'entreprise, ne peuvent pas, selon nous, s'en dispenser.

Chaque délégation syndicale peut seulement comprendre, sauf accord plus favorable avec l'employeur, jusqu'à **3 ou 4 membres** selon que l'effectif de l'entreprise permettrait la désignation d'un seul ou de plusieurs délégués syndicaux (Cass. soc. 31-1-2012 n° 11-16.049 FS-PB : RJS 4/12 n° 371). **24250**

EXEMPLE

Une entreprise a un effectif de 75 salariés. L'effectif ne dépassant pas 999 salariés, les syndicats représentatifs ne peuvent, chacun, désigner qu'un seul délégué syndical (n° 28000). En conséquence, chaque syndicat intéressé peut envoyer une délégation composée d'au plus 3 personnes.
Dans une entreprise de 1 200 salariés, chaque délégation peut comprendre jusqu'à 4 membres. En effet, l'effectif étant supérieur à 999 salariés, les syndicats représentatifs sont autorisés à désigner 2 délégués syndicaux (n° 28000).

On peut penser qu'un **syndicat qui ne remplirait pas les conditions** requises pour être invité à la négociation préélectorale pourrait cependant être admis à celle-ci, avec l'accord de l'ensemble des syndicats dûment invités. La jurisprudence antérieure à la loi du 20-8-2008, qui a réformé la composition de la représentation syndicale pour la négociation du protocole préélectoral, l'avait en tout cas autorisé (Cass. soc. 8-11-1988 n° 87-60.326 P : RJS 1/89 n° 54 ; 10-2-1999 n° 97-60.524 P : RJS 3/99 n° 446). **24255**

COMMUNICATION PRÉALABLE D'INFORMATIONS PAR L'EMPLOYEUR

L'employeur doit mener **loyalement** la négociation préélectorale notamment en mettant à disposition des syndicats y participant les éléments d'information indispensables à celle-ci (Cass. soc. 9-10-2019 n° 19-10.780 FS-PB : RJS 12/19 n° 712). **24260**

Destinataires Les informations indispensables à la négociation du protocole préélectoral doivent être mises à disposition de l'ensemble des **syndicats participant** à celle-ci, qu'ils soient présents ou non dans l'entreprise (Cass. soc. 9-10-2019 n° 19-10.780 FS-PB : RJS 12/19 n° 712). **24262**

24263 **Informations à communiquer** Pour satisfaire à son obligation d'information, l'employeur doit mettre à disposition des syndicats les éléments nécessaires au contrôle de l'**effectif** de l'entreprise et de la régularité de la **liste électorale** au cours de la **négociation préélectorale** (Cass. soc. 13-5-2009 n° 08-60.530 F-PB : RJS 7/09 n° 652 ; 26-5-2010 n° 09-60.400 FS-PBR : RJS 8-9/10 n° 689 ; 9-10-2019 n° 19-10.780 FS-PB : RJS 12/19 n° 712) et en cas de **contestation** ultérieure (n° 24995). Pour ce faire, il peut leur fournir soit le registre unique du personnel et les déclarations sociales des années concernées dans des conditions permettant l'exercice effectif de leur consultation, soit des copies ou extraits desdits documents, expurgés des **éléments confidentiels** touchant notamment à la rémunération des salariés (Cass. soc. 6-1-2016 n° 15-10.975 FS-PB : RJS 3/16 n° 194). Sur l'incidence de l'**absence de communication** de ces éléments sur la validité des élections, voir n° 24267.

Dès lors que l'employeur a fourni aux syndicats des documents suffisants pour leur permettre de contrôler le calcul des effectifs et la régularité de la liste électorale, ces derniers ne peuvent pas obtenir en justice des **documents complémentaires** (Cass. soc. 16-9-2020 n° 19-60.185 F-D : RJS 12/20 n° 606).

> **Précisions** Lorsque le **juge** du fond constate que l'employeur a loyalement satisfait à son obligation de fournir aux syndicats les informations nécessaires au contrôle de l'effectif, il doit fixer celui-ci en fonction des éléments produits ou ordonner la production de nouvelles **pièces** ou une mesure d'**instruction** (Cass. soc. 31-5-2017 n°s 16-16.492 FS-PB et 16-16.493 FS-D : RJS 8-9/17 n° 599).

24264 L'employeur doit aussi fournir les informations nécessaires à un contrôle réel de la **répartition du personnel et des sièges dans les collèges** telles que les données nominatives sur les fonctions et la classification des salariés (Cass. soc. 9-10-2019 n° 19-10.780 FS-PB : RJS 12/19 n° 712), ces données ne faisant pas partie des éléments confidentiels que l'employeur peut expurger des documents qu'il transmet aux syndicats.

24265 Si des **salariés** sont **mis à disposition** de l'entreprise, ils peuvent être amenés à y voter (voir n°s 24875 s.). L'employeur doit, sans se borner à interroger les entreprises extérieures employant ces salariés, fournir aux syndicats les éléments dont il dispose ou dont il peut demander judiciairement la production par ces entreprises, sans pouvoir se retrancher derrière le refus de celles-ci pour échapper à cette obligation (Cass. soc. 26-5-2010 n° 09-60.400 FS-PBR : RJS 8-9/10 n° 689).

La **mise en œuvre** de ses obligations par l'employeur n'est pas évidente en pratique. Doit-il s'y prendre suffisamment tôt avec le risque de disposer de données périmées au jour de l'élection, et donc de voir les élections annulées ? Doit-il, au contraire, attendre le dernier moment afin de disposer de données actuelles, mais avec un risque de retard dû à un contentieux avec les entreprises extérieures ? La loi n'apporte aucun élément de réponse à ces questions.

ILLUSTRATIONS

Un jugement de tribunal d'instance a fourni des exemples de **documents à remettre** aux syndicats appelés à la négociation du protocole préélectoral (TI Asnières 15-3-2010 n° 11-10-000027 : RJS 6/10 n° 534) :
– la liste des noms, prénoms, qualifications et lieux d'affectation des salariés mis à disposition au cours des 24 mois précédents ;
– la liste des noms et coordonnées de sociétés ayant mis ces salariés à disposition ;
– les conventions conclues avec les sociétés prestataires portant sur des mises à disposition ;
– les relevés de badgeage des sites concernés sur les 24 mois précédents faisant apparaître les entrées et sorties des salariés mis à disposition, sauf à démontrer une impossibilité d'ordre technique.

Les courriers recommandés adressés aux prestataires de services, les réponses apportées par les prestataires et les réponses complémentaires de certains salariés mis à disposition sur leur choix de vote ne constituent pas des documents suffisamment pertinents pour contrôler l'effectif de l'entreprise.

24267 **Défaut de communication** Le refus de l'employeur de mettre à disposition des syndicats les informations nécessaires à la négociation du protocole préélectoral constitue un manquement à son obligation de négociation loyale et, donc, une **cause de nullité** du protocole et des élections organisées sur sa base (Cass. soc. 9-10-2019 n° 19-10.780 FS-PB : RJS 12/19 n° 712). Sur les syndicats recevables à agir en justice, voir n° 24235.

Si un **juge** constate un tel manquement, il **peut**, selon les cas, annuler le document par lequel l'employeur a fixé unilatéralement les modalités de l'élection et enjoindre aux parties de négocier un protocole préélectoral (Cass. soc. 13-5-2009 n° 08-60.530 F-PB : RJS 7/09 n° 652), ou annuler, d'une part, le protocole préélectoral, que celui-ci ait été signé à la condition de double majorité (Cass. soc. 9-10-2019 n° 19-10.780 FS-PB : RJS 12/19 n° 712) ou non (Cass. soc. 24-9-2013 n° 12-60.567 F-D), et, d'autre part, les élections organisées sur son fondement (Cass. soc. 9-10-2019 n° 19-10.780 FS-PB : RJS 12/19 n° 712). S'agissant de l'**incidence** du manquement de l'employeur à son obligation loyale de négocier sur sa faculté de **saisir l'administration** d'une demande de répartition du personnel et des sièges entre les collèges, voir n° 24510, b.

B. Contenu du protocole

MENTIONS OBLIGATOIRES

Le contenu du protocole préélectoral dépend essentiellement des **négociations** sur les différents thèmes (nos 24270 s.). Mais, dès lors qu'il est conclu, il doit contenir certaines mentions obligatoires, à savoir : **24269**

– la **proportion de femmes et d'hommes** composant chaque collège électoral (C. trav. art. L 2314-13, al. 2), en fonction des effectifs connus lors de la négociation du protocole (Cass. soc. 12-5-2021 n° 20-60.118 F-P : RJS 8-9/21 n° 468 ; 29-9-2021 n° 20-60.246 F-B : RJS 12/21 n° 668) ;

– le cas échéant, le choix de l'**envoi dématérialisé des résultats** des élections professionnelles en cas de vote à l'urne (QR min. trav. du 16-1-2020 n° 47).

Des mentions supplémentaires doivent être prévues en cas de recours au **vote électronique** : voir n° 25752.

> **Précisions** **a.** Dès qu'un accord ou une décision administrative ou de l'employeur sur la répartition du personnel (nos 24505 s.) est intervenu, l'employeur doit **informer les salariés** de la **proportion de femmes et d'hommes** composant chaque collège électoral par tout moyen donnant une date certaine à cette information (C. trav. art. L 2314-31). Cette proportion ne peut pas être **contestée**, après les élections, par un syndicat qui a, sans réserves, signé le protocole conclu à la double majorité dans lequel elle figure et présenté des candidats (Cass. soc. 11-12-2019 n° 18-20.841 FS-PB : RJS 2/20 n° 102).
> **b.** **À défaut d'indication dans le protocole** préélectoral **de la proportion** de femmes et d'hommes composant chaque collège électoral, il revient à l'**employeur** de la fixer en fonction de la composition du corps électoral existant au moment de l'établissement de la liste électorale, sous le contrôle des syndicats, peu important les modifications apportées à cette liste postérieurement (Cass. soc. 12-5-2021 n° 20-60.118 F-P : RJS 8-9/21 n° 468 ; 29-9-2021 n° 20-60.246 F-B : RJS 12/21 n° 668), et non au **Dreets**, même si celui-ci est saisi d'une demande de répartition du personnel entre les collèges (voir n° 24525). À notre avis, en l'absence de **contestation** de leur part, dans le délai visé n° 26513, les syndicats sont tenus de se conformer à cette proportion.

THÈMES DE NÉGOCIATION

Les parties sont tenues de négocier sur un certain nombre de sujets, qui constitueront les **clauses principales** du protocole si elles parviennent à un accord (nos 24275 s.). **24270**

Sur d'autres thèmes, elles n'ont pas l'obligation de négocier, mais doivent le faire et même arriver à un accord, si elles souhaitent prendre des dispositions différentes de la loi (n° 24285). À défaut d'accord sur ces **clauses facultatives**, les dispositions légales s'appliquent.

S'agissant de la possibilité de négocier sur : le recours au **vote par correspondance** ou **électronique**, voir nos 25650 s. ; la **mixité** des listes de candidats, voir n° 25258. Sur la négociation relative à la représentation des salariés dans les entreprises de **travail temporaire** ou travaillant en **équipes successives** ou isolés des autres salariés, voir respectivement nos 24640 et 24630. Sur la faculté pour : un salarié de **voter blanc ou nul** au référendum de validation d'un accord minoritaire, en l'absence de clause en ce sens dans le protocole préélectoral, voir n° 80755, d. ; un suppléant qui bénéficie d'**heures de délégation** en application du protocole préélectoral d'être désigné DS, voir n° 28415.

Sur le point de savoir si l'information des électeurs sur leur **bureau de vote** de rattachement doit forcément figurer dans le protocole préélectoral, voir n° 25560.

> **Précisions** Si une **convention collective** à laquelle l'employeur a adhéré comporte des dispositions relatives à l'organisation des élections professionnelles, celles-ci ne sont pas pour autant opposables aux syndicats qui en contestent l'application dans cette matière (Cass. soc. 8-7-1982 n° 81-60.681 P). En tout état de cause, un accord collectif ne peut pas imposer de dispositions relatives aux élections professionnelles moins favorables que celles de la loi, par exemple en limitant la liberté d'établissement des listes de candidats (Cass. soc. 27-10-1982 n° 82-60.199 P).

24275 **Négociations obligatoires** Dans toutes les entreprises, la négociation doit porter sur la **répartition du personnel dans les collèges** électoraux (ce qui suppose au préalable de déterminer leurs nombre et composition) et la répartition des **sièges** entre les différentes catégories de personnel (n° 24505).

La négociation doit aussi porter sur les modalités d'organisation et de déroulement des **opérations électorales** (nos 25500 s.).

Sur les conséquences d'un **échec** des négociations sur ces sujets, voir nos 24510 s. (répartition entre les collèges) et n° 25500 (modalités des élections).

24280 Dans une entreprise à **établissements multiples**, la négociation doit, s'il y a lieu, porter sur la répartition des sièges entre les différents établissements et les différentes catégories au CSE central d'entreprise (nos 27024 s.). Sur la détermination du nombre et du périmètre des établissements distincts, voir nos 22030 s.

Si une **UES** est reconnue, elle est assimilée à une entreprise. Si elle comprend des établissements distincts, une négociation sur la répartition des sièges entre les différents établissements est alors, selon nous, obligatoire.

24285 **Négociations facultatives** Les dispositions légales et réglementaires prévoient les conditions d'**âge** et d'**ancienneté** pour être électeur (n° 24720) ou éligible (n° 25060), le **nombre de sièges** (nos 700 s.), le **nombre et la composition des collèges** (nos 24405 s.) et elles servent normalement de base pour la négociation en matière de répartition du personnel et des sièges.

Le protocole préélectoral peut **aménager** des dispositions plus favorables que la réglementation : abaissement des conditions d'âge et d'ancienneté pour être électeur ou éligible (n° 24730), augmentation du nombre de sièges (n° 700), modification du nombre et de la composition des collèges (n° 24450). Il peut aussi modifier le volume des heures individuelles de délégation, dans les conditions exposées n° 34530, b. Sur la possibilité de déroger à la durée légale des mandats et au nombre légal de mandats successifs, voir nos 31515 s.

L'organisation des élections **en dehors du temps de travail** peut faire l'objet d'un accord (n° 24330), tout comme la date limite de **dépôt des candidatures** (n° 25345) ou les mesures de **publicité** du protocole (n° 24340).

ATTENTION

En cas d'**échec des négociations** sur ces sujets, seules les dispositions légales et réglementaires pourront en principe s'appliquer. Sur les dérogations aux conditions d'ancienneté autorisées par l'inspection du travail, voir toutefois n° 24940 (électorat) et 25125 s. (éligibilité).

Si les négociations aboutissent à un **accord**, les clauses facultatives doivent respecter les principes généraux du droit électoral et ne peuvent pas déroger aux prescriptions d'ordre public absolu (n° 24305).

C. Conclusion d'un accord

24300 Si un accord est conclu et répond aux conditions de validité exposées ci-après, les élections devront se dérouler conformément à ses dispositions. Sur l'application d'un accord ne répondant pas aux conditions de majorité requises, voir n° 24370.

À défaut d'accord, il revient à l'employeur de prendre certaines décisions et d'effectuer certaines démarches, voir n° 24400.

1. CONDITIONS DE VALIDITÉ

24305 Pour être valide, un protocole préélectoral doit être conclu par l'employeur et un ou plusieurs syndicats selon des conditions de **majorité** qui varient en fonction de ses clauses.

Son **contenu** doit aussi être conforme à la loi et, s'il y a lieu, à la convention collective applicable, sauf à édicter des dispositions plus favorables (Cass. soc. 14-2-1984 n° 83-61.117 P). Il ne peut pas déroger aux prescriptions d'**ordre public** absolu, notamment à celles qui concernent les conditions d'électorat et d'éligibilité (n° 24730), la constitution du collège spécial cadres (n° 24425) ou encore la mixité des listes de candidats (n° 25258). Il doit en outre respecter les **principes généraux du droit électoral** (C. trav. art L 2314-28, al. 1) : neutralité de l'employeur, liberté et secret du vote, égalité entre les électeurs, exercice personnel du droit de vote, sincérité des opérations électorales, etc.

> **Précisions a.** La validité d'un protocole préélectoral doit être **appréciée** au **jour** de sa signature et ne peut pas dépendre du résultat d'élections postérieures (Cass. soc. 5-4-2011 n° 10-18.733 F-PB : RJS 6/11 n° 538).
> **b.** L'absence d'indication de la date de **signature** du protocole préélectoral n'affecte pas sa validité (Cass. soc. 7-5-2002 n° 00-60.487 FS-P : RJS 7/02 n° 852).
> Aucun texte n'exige que le protocole soit signé en même temps par tous les syndicats ni que les signatures figurent sur le même exemplaire (Cass. soc. 9-7-1974 n° 74-60.065 P).
> **c.** La signature suppose un **écrit**. En revanche, il n'est pas nécessaire que le protocole préélectoral soit matérialisé par un seul et même **accord global** sur l'ensemble des matières relevant de la négociation (Cass. soc. 28-9-2011 n° 10-27.370 FS-PB : RJS 12/11 n° 1005).
> **d.** Sur le **représentant** habilité à signer un protocole préélectoral au nom d'un syndicat, voir n° 24245.
> **e.** Sur l'**adhésion tacite** d'un syndicat à un accord préélectoral, voir n°s 24350 s.

CONDITION DE DOUBLE MAJORITÉ

Clauses concernées La condition de double majorité s'applique à **toutes les clauses** du protocole préélectoral, sauf disposition législative contraire (C. trav. art. L 2314-6). 24310

> **Précisions** Les clauses relatives aux thèmes suivants sont **expressément** soumises par le Code du travail à cette condition :
> – la répartition du personnel entre les collèges électoraux (C. trav. art. L 2314-13, al. 1) ;
> – la répartition des sièges entre les différentes catégories de personnel (C. trav. art. L 2314-13, al. 1) ;
> – les mesures prises pour faciliter, s'il y a lieu, la représentation des salariés travaillant en équipes successives ou dans des conditions les isolant des autres salariés (C. trav. art. L 2314-15) ;
> – la répartition des sièges dans les entreprises de travail temporaire en vue d'assurer une représentation équitable du personnel permanent et du personnel temporaire (C. trav. art. L 2314-16) ;
> – les modalités d'organisation et de déroulement des opérations électorales (C. trav. art. L 2314-28, al. 1) ;
> – la dérogation au nombre maximal de mandats successifs dans les entreprises dont l'effectif est compris entre 50 et 300 salariés (C. trav. art. L 2314-33, al. 5) ;
> – la répartition des sièges entre les différents établissements et les différents collèges pour l'élection du CSE central (C. trav. art. L 2316-8, al. 1).

Définition La double majorité suppose la réunion de deux conditions (C. trav. art. L 2314-6) : 24312
– la **majorité des syndicats** intéressés (n°s 24100 s.) **ayant participé** à sa négociation doivent signer le protocole préélectoral (majorité en nombre) ;
– parmi ces signataires doivent figurer les syndicats **représentatifs** ayant recueilli la **majorité des suffrages** exprimés lors des dernières élections professionnelles (majorité en voix) ou, lorsque ces résultats ne sont pas disponibles, la **majorité des syndicats** représentatifs dans l'entreprise (majorité en nombre).
Un accord ne réunissant pas ces conditions peut cependant être **appliqué**, dans les conditions exposées n° 24370.

> **Précisions a.** Les **syndicats ayant participé** à la négociation, pris en compte pour déterminer le caractère majoritaire de l'accord, sont ceux qui, invités à celle-ci, s'y sont présentés, même s'ils ont ensuite décidé de s'en retirer (Cass. soc. 26-9-2012 n° 11-60.231 FS-PBRI : RJS 11/12 n° 889).
> S'il n'y a **pas de syndicat représentatif** dans l'entreprise, seule la première condition de majorité (majorité en nombre des syndicats ayant participé à la négociation) est requise (Circ. DGT 6 du 27-7-2011 QR 1).
> **b.** La signature du **seul syndicat** ayant négocié est suffisante, dès lors que l'employeur a préalablement satisfait à ses obligations de convocation et de négociation (Circ. DGT 6 précitée QR 2). En revanche, si **2 syndicats négocient** et qu'un seul signe le protocole préélectoral, la condition de majorité n'est pas remplie (Circ. DGT 6 précitée QR 3), celle-ci impliquant au moins la moitié des voix plus une (Cass. soc. 15-11-2017 n° 16-21.903 FS-PB : RJS 2/18 n° 126).

Pour apprécier la condition de majorité en voix (seconde condition), on retient le **nombre de voix recueillies** et exprimées au profit des listes que les syndicats signataires ont présentées, sans tenir compte d'éventuelles **ratures** de noms de candidats (n° 80715, c). 24315
Pour plus de précisions sur la portée de cette règle, voir n° 15095.

> **Précisions** Si la **CFE-CGC** signe un protocole préélectoral, le pourcentage à lui attribuer est calculé à partir des suffrages exprimés en sa faveur rapportés à l'ensemble des suffrages exprimés au niveau de l'entreprise (Circ. DGT 6 du 27-7-2011 QR 4).

24320 EXEMPLE

Calcul de la double majorité

Soit une entreprise dans laquelle les résultats des dernières élections professionnelles sont disponibles. Dans ce cas, la validité du protocole préélectoral est subordonnée à sa signature par la majorité des syndicats ayant participé à sa négociation, dont les syndicats représentatifs ayant recueilli la majorité des suffrages exprimés lors des dernières élections.

Syndicat ayant participé à la négociation du protocole	Nombre de voix recueillies aux précédentes élections	Syndicats ayant signé le protocole			
		Cas n° 1	Cas n° 2	Cas n° 3	Cas n° 4
A (*)	55 %	X	X		X
B (*)	30 %			X	
C (*)	15 %	X	X	X	
D	0 %	X		X	X
E	0 %	X		X	X

(*) Syndicats représentatifs lors des dernières élections

Cas n° 1 : le protocole préélectoral est valable car il est signé par la majorité des syndicats en nombre (4 sur 5), dont les syndicats représentatifs ayant recueilli la majorité des suffrages aux précédentes élections (70 %).

Cas n° 2 : le protocole préélectoral n'est pas valable car il n'a pas été signé par la majorité des syndicats ayant participé à la négociation (2 sur 5).

Cas n° 3 : le protocole préélectoral n'est pas valable car les syndicats représentatifs l'ayant signé ne représentent pas la majorité des suffrages exprimés lors des précédentes élections (45 %).

Cas n° 4 : le protocole préélectoral est valable car il est signé par la majorité des syndicats en nombre (3 sur 5), dont un syndicat représentatif ayant recueilli la majorité des suffrages aux précédentes élections (55 %).

CONDITION D'ACCORD UNANIME DES SYNDICATS REPRÉSENTATIFS

24330 Un accord unanime de l'ensemble des syndicats représentatifs dans l'entreprise est requis sur les thèmes suivants :

– la modification du **nombre** et de la **composition des collèges** électoraux (C. trav. art. L 2314-12, al. 1) ;

– l'organisation du **scrutin hors temps de travail** (C. trav. art. L 2314-27), sauf s'il s'agit d'autoriser le vote électronique à partir de tout ordinateur 24 heures sur 24, auquel cas la double majorité de droit commun suffit (Cass. soc. 5-4-2011 n° 10-19.951 F-PB : RJS 6/11 n° 539).

> **Précisions a.** Un syndicat représentatif **dans la branche ou au niveau interprofessionnel**, présent dans l'entreprise mais sans y être représentatif, ne peut pas bloquer la conclusion d'un accord. La règle de l'unanimité ne doit concerner que les syndicats représentatifs **dans l'entreprise** (Rapport AN n° 1754 relatif à la loi 2014-288 du 5-3-2014).
> **b.** Les syndicats représentatifs au sein d'un **établissement** distinct doté d'un CSE d'établissement peuvent, à l'unanimité, modifier le nombre de collèges pour les élections organisées à ce niveau (Cass. soc. 22-11-2017 n° 16-24.801 F-PB : RJS 2/18 n° 126).

2. PUBLICITÉ

24340 Lorsque le protocole préélectoral modifie le nombre et la composition des collèges électoraux, il est communiqué, à sa demande, à l'**inspecteur du travail** (C. trav. art. L 2314-12, al. 3).

En dehors de ce cas, la communication du protocole à l'administration ou son **affichage** dans l'entreprise ne sont pas prévus. Ainsi, l'absence d'affichage par l'employeur de l'accord préélectoral et d'explications sur les modalités pratiques arrêtées n'entraîne pas nécessairement l'annulation des élections (Cass. soc. 9-7-1981 n° 81-60.561 P ; 6-7-1983 n° 82-60.256 P).

L'annulation des élections pourrait cependant être prononcée, par exemple, si un salarié notifiait sa liste après la **date limite de dépôt des candidatures** fixée par le protocole, car il n'a pas eu connaissance de cette date en raison de l'absence de publicité du protocole (Cass. soc. 5-1-2005 n° 03-60.467 F-D : RJS 4/05 n° 410).

Sur le point de savoir si le protocole préélectoral doit être déposé sur la plateforme de procédure **TéléAccords**, voir n° 80470.

CONSEIL

Il est conseillé aux parties de prévoir des mesures de publicité. En tout état de cause, la **date limite de dépôt des listes de candidatures** fixée par le protocole préélectoral (n° 25345) doit faire l'objet d'une large publicité afin de permettre aux candidats de se manifester dans les délais. En effet, elle ne pourra être opposable aux candidats et entraîner le rejet des candidatures tardives que si elle a été portée à la connaissance de l'ensemble du personnel. À cet égard, la Cour de cassation a jugé suffisante l'information donnée au personnel plusieurs semaines auparavant sur l'intranet de l'entreprise concernant le délai fixé pour le dépôt de candidatures au second tour, situé à une date rapprochée de la proclamation des résultats du premier tour (Cass. soc. 9-6-2021 n° 19-24.387 FS-D : RJS 8-9/21 n° 466).

3. PORTÉE

ACCORD MAJORITAIRE

Caractère obligatoire Les modalités d'organisation du scrutin, fixées par un protocole préélectoral dont la **régularité** n'est **pas contestée, s'imposent** aux signataires, qu'il s'agisse de l'employeur ou des syndicats (Cass. soc. 10-6-1997 n° 96-60.118 PBR : RJS 7/97 n° 843 ; 2-7-2014 n° 14-11.915 F-D), aux candidats aux élections, ainsi qu'au juge judiciaire éventuellement saisi (Cass. soc. 10-12-1987 n° 87-60.032 P) et à l'administration, à moins qu'un accord soit trouvé sur leur modification. **24350**

Ainsi, l'**employeur** doit organiser le scrutin en se conformant aux dispositions du protocole préélectoral. Un syndicat signataire ne peut pas lui reprocher les mesures qu'il a prises pour appliquer l'accord (Cass. soc. 10-6-1997 nos 96-60.178 D et 96-60.200 PBR : RJS 7/97 n° 843).

Un **syndicat non-signataire** ayant tacitement adhéré au protocole préélectoral en présentant des candidats aux élections sans émettre de réserves au plus tard lors du dépôt de sa liste (n° 24355) n'est pas non plus en droit de contester l'application des modalités prévues audit protocole (Cass. soc. 22-6-1993 n° 91-60.263 D : RJS 8-9/93 n° 899 ; 20-11-2002 n° 01-60.605 F-P : RJS 4/03 n° 489). En revanche, il semble qu'un syndicat non-signataire qui aurait présenté des candidats en émettant des réserves dans le délai prévu puisse agir en ce sens.

Sur la portée d'un protocole **incomplet**, voir n° 24360 ; sur celle d'un protocole **validé par les juges**, voir nos 24365 (faculté pour les parties de le modifier) et 24380 (nouveau protocole devant être négocié par les parties après l'annulation des élections).

Sur la possibilité de contester la **proportion femmes-hommes** indiquée dans le protocole préélectoral, voir n° 24269.

ILLUSTRATIONS

L'**employeur** ne peut pas unilatéralement modifier les modalités d'organisation et de déroulement des opérations électorales arrêtées par le protocole négocié. Ainsi, il ne peut pas recourir au **vote par correspondance** si le protocole ne le prévoit pas, ni repousser la **date de dépouillement** du scrutin. De telles décisions entraînent l'annulation des élections (Cass. soc. 12-7-2006 n° 05-60.332 FS-PB : RJS 11/06 n° 1205).

Il ne peut pas reporter la **date du scrutin** fixée par le protocole préélectoral sous peine d'annulation du premier tour des élections (Cass. soc. 26-10-2011 n° 10-27.134 F-PB : RJS 1/12 n° 63).

Dès lors que la validité des protocoles préélectoraux n'est contestée par aucune des parties et que la répartition du personnel entre les collèges a été opérée conformément à ces protocoles, une contestation, présentée par un **syndicat**, relative à la présence de certains groupes de personnel sur la **liste électorale du premier collège** doit être rejetée par le juge (Cass. soc. 26-3-2014 n° 13-60.204 F-D : RJS 6/14 n° 504).

Un **juge** ne peut pas modifier la **répartition des sièges** entre les collèges prévue par un protocole préélectoral (Cass. soc. 10-12-1987 n° 87-60.032 P). Il n'a pas à vérifier l'**effectif** de l'entreprise fixé par le protocole préélectoral (Cass. soc. 4-12-2002 n° 01-60.774 F-D).

Un protocole préélectoral répondant aux conditions de majorité peut être **contesté** en justice s'il contient des **stipulations contraires à l'ordre public**, notamment aux principes généraux du droit électoral (Cass. soc. 6-10-2011 n° 11-60.035 FS-PBR : RJS 12/11 n° 1004 ; 22-10-2014 n° 14-60.123 F-D : RJS 1/15 n° 50 ; 4-5-2017 n° 16-18.297 F-D : RJS 7/17 n° 506). Sur le point de savoir si le protocole préélectoral fixant le **délai de dépôt des candidatures** au second tour à une date proche des résultats du premier tour peut être contesté en justice en ce qu'il méconnaîtrait le principe général de liberté des candidatures, voir n° 25345. **24355**

Toutefois un **syndicat**, qui, soit a signé un tel protocole (ou, même non signataire, est affilié à une fédération signataire : Cass. soc. 22-3-2023 n° 22-13.535 F-B : RJS 6/23 n° 327), soit a présenté des candidats sans émettre de réserves au plus tard lors du dépôt de sa liste (Cass. soc. 8-1-2002 n° 00-60.270 FS-P : RJS 3/02 n° 307 ; 19-9-2007 n° 06-60.222 FS-PBR : RJS 11/07 n° 1193 ; 28-9-2011 n° 10-60.245 FS-D : RJS 12/11 n° 1007), ne saurait, **après** proclamation des **résultats des élections**,

contester la validité du protocole d'accord préélectoral et demander l'annulation des élections, quand bien même invoquerait-il une méconnaissance par le protocole préélectoral de règles d'ordre public (Cass. soc. 24-11-2021 n° 20-20.962 F-B : RJS 2/22 n° 86). A contrario, la contestation peut être introduite par tout syndicat saisissant le juge **avant** la proclamation des résultats, même s'il a signé le protocole ou présenté des candidats sans réserves. Sur le déroulement du contentieux, voir nos 26460 s. Sur la faculté pour un syndicat ayant adhéré tacitement aux modalités des élections fixées par **décision unilatérale** de l'employeur, à défaut de protocole, de les contester, voir n° 25500, b.
S'agissant de la contestation du protocole préélectoral fondée sur un **manquement** de l'employeur à son **obligation de loyauté** dans la négociation, voir n° 24235.
Sur le point de savoir si un **salarié** dont la candidature a été présentée par un syndicat signataire du protocole peut le contester, voir n° 26470.

24360 **Accord incomplet** Dès lors que, pour une élection, un protocole préélectoral a été conclu, l'employeur n'est pas tenu d'inviter les syndicats intéressés au sens indiqué nos 24100 s. à négocier un nouveau protocole sur les modalités d'organisation et de **déroulement des opérations électorales** qui n'auraient pas été prévues initialement. En de telles circonstances, il appartient aux syndicats intéressés de saisir le juge ou, à défaut, à l'employeur de fixer ces modalités (Cass. soc. 13-6-1989 n° 88-60.715 P : RJS 7/89 n° 604).
Sur la procédure à suivre en cas de silence de l'accord sur la **répartition du personnel** dans les collèges électoraux et **des sièges** entre les différentes catégories de personnel, voir nos 24510 s.

24365 **Modification de l'accord** Après avoir conclu un accord, l'employeur et les syndicats intéressés au sens indiqué nos 24100 s. peuvent le modifier, même s'il a été validé par le juge (Cass. soc. 7-7-2010 n° 09-60.449 F-D). Cette modification nécessite une négociation et la **conclusion d'un avenant**, soumis aux mêmes conditions de validité que le protocole initial (Cass. soc. 26-10-2011 n° 10-27.134 F-PB : RJS 1/12 n° 63 ; 3-10-2018 n° 17-21.836 F-PB : RJS 12/18 n° 755).
Il n'est pas nécessaire que tous les signataires de l'accord initial **signent** l'avenant (Cass. soc. 28-3-2012 n° 11-19.021 F-D).

> **Précisions** Les modifications ne peuvent donc pas être **décidées unilatéralement**, notamment par l'employeur. Voir les exemples ci-dessus n° 24350.
> Si l'employeur propose de signer un nouveau protocole préélectoral et que les syndicats **refusent la proposition**, le protocole initial n'est pas modifié et demeure applicable (Cass. soc. 7-7-2010 n° 09-60.449 F-D).

ACCORD MINORITAIRE

24370 Le fait que les conditions de double majorité ne soient pas remplies ne rend pas irrégulier le protocole préélectoral, mais permet à la partie y ayant intérêt de **demander au juge** de fixer les **modalités d'organisation et de déroulement du scrutin** (Cass. soc. 6-10-2011 n° 11-60.035 FS-PBR : RJS 12/11 n° 1004).

> **ATTENTION**
> Autrement dit, si le protocole préélectoral ne réunit pas un nombre de signatures suffisant, il peut servir de **base** à l'organisation des élections, sauf si les parties intéressées saisissent le juge.
> On peut s'interroger sur l'application de cette jurisprudence à un **accord tacitement reconduit** pour l'élection suivante ayant perdu son caractère majoritaire, et à un **accord, dénoncé** par l'un des syndicats signataires, devenant minoritaire alors qu'il répondait antérieurement aux conditions de double majorité.
> Cette jurisprudence ne s'applique pas, selon nous, si un accord majoritaire n'a pas pu être conclu sur la **répartition du personnel et des sièges** entre les collèges électoraux. L'administration doit en effet être saisie sur ces questions : voir n° 24510.

4. DURÉE

24380 Le protocole préélectoral n'est en principe valable que pour les élections pour lesquelles il a été conclu (Cass. soc. 10-3-1976 n° 75-60.137 P ; 21-5-2003 n° 01-60.742 FS-P : RJS 11/03 n° 1293). Toutefois, **à défaut de dénonciation**, il est reconduit tacitement pour les élections suivantes (Cass. soc. 20-6-1979 n° 79-60.006 P). Ainsi en va-t-il si aucun des syndicats invités à la négociation ne dénonce l'accord précédent ou n'en demande la renégociation.
Mais s'il est établi qu'un **syndicat n'accepte pas la reconduction** du protocole antérieur, la présentation de candidats ne peut pas être considérée comme impliquant son acceptation (Cass. soc. 13-1-1977 n° 76-60.189 P).
Sur la validité du protocole préélectoral conclu pour les élections principales en cas d'**élections partielles**, voir n° 24055.

ATTENTION

En tout état de cause, l'employeur est tenu d'**inviter à la négociation** l'ensemble des syndicats intéressés au sens indiqué n°s 24100 s., même si celle-ci consiste en une simple proposition de reconduction d'un accord préexistant. Lorsqu'un protocole est ainsi renouvelé par tacite reconduction, une **actualisation** de certaines clauses sera toutefois nécessaire (n° 24220).
Il est possible que les syndicats signataires de l'accord conclu pour les précédentes élections ne remplissent plus les **conditions de majorité** requises pour que l'accord soit valable. Sur l'application d'un accord minoritaire, voir n° 24370.
L'**annulation** des deux tours du scrutin entraîne l'obligation de négocier un nouveau protocole préélectoral pour l'organisation des élections, peu important que l'ancien ait été reconnu valide par le juge (Cass. soc. 26-10-2011 n° 11-14.767 F-D). En revanche, un simple **report de la date des élections** pour lesquelles un protocole préélectoral a été conclu n'oblige pas à en négocier un nouveau (Cass. soc. 19-12-2018 n° 17-27.442 F-PB : RJS 3/19 n° 172), sauf si le protocole a été dénoncé (Cass. soc. 7-2-1989 n° 88-60.131 P : RJS 4/89 n° 369).

DÉNONCIATION DE L'ACCORD

Ni les textes ni la jurisprudence n'imposent de **formalisme** particulier pour dénoncer un protocole préélectoral. **24385**

ILLUSTRATIONS

La Cour de cassation a ainsi admis qu'un protocole préélectoral est valablement dénoncé dans les circonstances suivantes :
– un des syndicats, partie à la négociation, envoie ou remet à l'employeur une lettre à cet effet (en ce sens : Cass. soc. 22-7-1975 n° 75-60.103 P) ;
– l'employeur propose un nouvel accord préélectoral puis saisit le juge (Cass. soc. 22-2-1996 n° 95-60.566 P : RJS 4/96 n° 425) ;
– les élections prévues n'ayant pas eu lieu, l'employeur invite postérieurement toutes les parties intéressées à une nouvelle négociation, qui aboutit à la conclusion d'un nouvel accord (Cass. soc. 20-3-2002 n° 00-60.176 FS-P).

Les **effets** de la dénonciation diffèrent selon les **personnes** y procédant : **24390**
– la dénonciation émanant de l'employeur remet en cause l'accord (Cass. soc. 20-3-2002 n° 00-60.176 FS-P) ;
– pour les clauses dont la validité est soumise à la signature par l'ensemble des syndicats représentatifs (n° 24330), la dénonciation par l'un d'entre eux suffit à remettre en cause la validité du protocole (Cass. soc. 5-12-1973 n° 72-60.134 P ; 22-7-1975 n° 75-60.103 P) ;
– pour les clauses dont la validité est soumise à la condition de double majorité (n° 24310), les conditions de dénonciation ne sont pas fixées. On peut penser que le protocole préélectoral ne sera pas remis en cause si, malgré la dénonciation d'un ou de plusieurs syndicats, cette condition de double majorité est toujours remplie. Si elle ne l'est plus, l'accord devrait se voir appliquer les règles dégagées par la Cour de cassation au sujet des accords minoritaires, voir n° 24370.
Un **protocole** préélectoral valablement **dénoncé avant les élections** n'est plus applicable dès ces élections (Cass. soc. 9-12-1985 n° 85-60.370 P ; 21-3-1995 n° 94-60.221 D : RJS 5/95 n° 533).

ATTENTION

L'accord préélectoral dénoncé cesse de produire **effet** immédiatement. En effet, la règle applicable aux accords collectifs de droit commun, selon laquelle ceux-ci demeurent applicables pendant une certaine durée après leur dénonciation, ne vaut pas pour les protocoles préélectoraux (Cass. soc. 9-12-1985 n° 85-60.370 P ; 21-3-1995 n° 94-60.221 D : RJS 5/95 n° 533).

D. Échec des négociations

Si la négociation n'aboutit pas à un accord, l'employeur doit saisir l'administration afin qu'elle procède à la **répartition du personnel** dans les collèges électoraux et **des sièges** entre les différentes catégories de personnel (voir n° 24510), ou y procéder lui-même si aucun syndicat représentatif n'a pris part à la négociation (voir n° 24540). Sur la fixation par l'employeur de la **proportion** de femmes et d'hommes composant chaque collège électoral en l'absence d'indication dans le protocole préélectoral, voir n° 24269, b. **24400**
S'agissant des modalités d'organisation et de **déroulement des opérations électorales**, elles peuvent, faute d'accord, être fixées par le juge ou, à défaut, par l'employeur (n° 25500).
L'employeur doit en outre effectuer les démarches qui lui reviennent habituellement :
– établir les **listes électorales** propres à chaque collège, en se conformant à la décision rendue, le cas échéant, par l'administration : voir n°s 24700 s. ;
– assurer la réception et la publicité des **listes de candidats** : n°s 25310 s. ;

– **informer les électeurs** sur la tenue du scrutin : nos 25450 s. S'agissant de l'information des électeurs sur leur bureau de vote de rattachement, voir n° 25560 ;
– assurer l'**organisation matérielle** du vote (mise à disposition de bulletins, d'isoloirs, etc.) : nos 25500 s.
Le juge ne peut pas contraindre l'employeur à **inviter une nouvelle fois** les syndicats intéressés **à négocier** (Cass. soc. 26-9-1989 n° 88-60.709 D : RJS 11/89 n° 866).

III. COLLÈGES ÉLECTORAUX

A. Nombre et composition

24405 Pour l'élection de leurs représentants, les salariés sont **en général** répartis au sein de différents groupes d'électeurs définis par catégories professionnelles, les collèges électoraux. Le nombre et la composition de ces collèges sont déterminés dans le respect des dispositions du Code du travail ou de la convention ou de l'accord de branche éventuellement applicable.
L'employeur et les syndicats peuvent aussi **aménager** ces dispositions. L'accord doit alors être conclu avec tous les syndicats représentatifs dans l'entreprise ou l'établissement (n° 24330). Mais les négociateurs ne peuvent pas supprimer le « collège cadres » lorsqu'il est obligatoire.

> **Précisions** Aux différents collèges d'électeurs correspondent des **listes électorales**, elles aussi différenciées (voir n° 24575). Les sièges à pourvoir sont répartis entre ces collèges, et chaque **liste de candidats** est présentée en vue de l'élection se déroulant dans l'un des collèges (n° 25250). Sur la nécessité de décompter la **part de femmes et d'hommes composant chaque collège**, et sur la présentation de listes de candidats reflétant cette répartition, voir respectivement n° 24269 et nos 25258 s.

1. DISPOSITIONS LÉGALES

24410 Le principe est la division du corps électoral en 2 collèges. Un troisième collège est prévu lorsque les ingénieurs et cadres sont au moins 25. À l'inverse, dans certaines circonstances, il n'est prévu qu'un collège unique. En dehors de celles qui concernent le collège cadres, toujours obligatoires, les dispositions légales ne s'imposent qu'à défaut d'accord différent conclu dans les conditions exposées nos 24435 s.
Pour un **tableau** récapitulatif du nombre de collèges électoraux à mettre en place, voir n° 24432.

ENTREPRISES ET ÉTABLISSEMENTS D'AU PLUS 24 SALARIÉS

24415 Dans les établissements ou entreprises qui n'élisent qu'un titulaire et un suppléant, autrement dit dans ceux ne dépassant pas 24 salariés, les membres de la délégation du personnel du CSE sont élus par un **collège** électoral **unique** regroupant l'ensemble des catégories professionnelles (C. trav. art. L 2314-11, al. 6).

> **Précisions** Dans ce cas, le syndicat CFE-CGC, représentatif au plan national auprès des **salariés cadres**, est habilité, au même titre que les syndicats généralistes, à présenter des candidats au premier tour des élections (Cass. soc. 26-9-2002 n° 01-60.022 F-PB : RJS 12/02 n° 1417 ; 4-7-2012 n° 11-60.239 FS-PB : RJS 10/12 n° 828).

ENTREPRISES ET ÉTABLISSEMENTS DE PLUS DE 24 SALARIÉS

24420 Les membres de la délégation du personnel du CSE sont en principe élus (C. trav. art. L 2314-11, al. 1 à 3) :
– d'une part, par le collège des **ouvriers** et employés ;
– d'autre part, par le collège des ingénieurs, chefs de service, techniciens, **agents de maîtrise et assimilés**.

> **Précisions** Dès que l'effectif global de l'établissement est supérieur à 24 salariés et que **2 cadres** y sont employés, constituant ainsi une catégorie de personnel, les élections doivent être organisées sur la base de 2 collèges (ouvriers et employés/cadres et agents de maîtrise), même s'il n'y a qu'**un seul salarié éligible** dans le deuxième collège (Cass. soc. 17-4-1991 n° 90-60.537 P : RJS 6/91 n° 731 ; 26-11-1996 n° 95-60.988 D).
> En revanche, il n'est pas possible de prévoir un collège dont **aucun** des salariés n'est **éligible** (voir n° 24595).
> Lorsque l'**effectif d'une catégorie** de salariés est **très réduit**, il est possible de conclure un accord modifiant le nombre de collèges (n° 24450), ce qui peut se traduire par la création d'un collège unique.

COLLÈGE SPÉCIAL CADRES

Dans les entreprises, quel que soit leur effectif, dont le nombre des ingénieurs, chefs de service 24425
et cadres administratifs, commerciaux ou techniques assimilés sur le plan de la classification est **au moins égal à 25** au moment de la constitution ou du renouvellement du CSE, ces catégories constituent un troisième collège (C. trav. art. L 2314-11, al. 5), peu important que certains d'entre eux soient assimilés à l'employeur dans les conditions visées n°s 25150 s. (Cass. soc. 30-5-2001 n° 99-60.564 FS-P : RJS 8-9/01 n° 1040).

Cette disposition est d'**ordre public**, si bien qu'il n'est pas possible de supprimer le collège cadres lorsque sa création est obligatoire, même par accord unanime (C. trav. art. L 2314-12, al. 2 ; Cass. soc. 25-7-1979 n° 79-60.237 P ; 17-10-1990 n° 89-61.354 P : RJS 11/90 n° 899 ; 13-10-2004 n° 03-60.275 F-PB : RJS 12/04 n° 1305). Il est en revanche possible de prévoir, par un tel accord, la constitution de **plusieurs collèges** cadres (Cass. soc. 9-6-1983 n° 82-60.637 P).

> **Précisions a.** La création d'un collège cadres aboutit habituellement à **3 collèges** :
> – le collège des ouvriers et employés ;
> – le collège des techniciens et agents de maîtrise ;
> – le collège des ingénieurs et cadres.
> Cependant, l'obligation d'instituer un collège cadres n'emporte pas nécessairement celle de prévoir 3 collèges si seulement **une des deux autres catégories** (ouvriers ou agents de maîtrise) est présente dans l'entreprise (Cass. soc. 7-7-2010 n° 09-60.455 F-D ; 2-7-2014 n° 13-60.255 F-D).
> **b.** La constitution d'un **collège spécial du personnel navigant** (n° 24430) ne peut pas faire échec au droit du **personnel d'encadrement non navigant** de revendiquer la mise en place du collège spécial des cadres lorsque les conditions légales sont remplies (Cass. soc. 3-5-2002 n° 01-60.072 F-P : RJS 7/02 n° 854).
> **c.** Dans les entreprises d'au moins 501 salariés, la représentation des cadres au CSE, quel que soit leur effectif, est garantie par la loi, par la voie du **siège réservé** : voir n° 24625.

COLLÈGES PROFESSIONNELS

Des dispositions légales, non détaillées ici, prévoient la constitution de collèges propres à cer- 24430
taines professions, notamment :
- les **journalistes** professionnels (C. trav. art. L 7111-7) ;
- les **personnels navigants** techniques dans les entreprises de transport et de travail aériens (C. transports art. L 6524-2, al. 1) ;
- le personnel navigant de la société Air France (C. aviation civile art. R 342-2, I).

ATTENTION

La mise en place d'un collège spécial n'entraîne pas l'accroissement du **nombre de représentants** à élire en fonction des effectifs de l'entreprise (Cass. soc. 6-6-2018 n° 17-27.175 FS-PB : RJS 8-9/18 n° 551).

Ce tableau récapitule le nombre et la composition des collèges électoraux, selon le nombre de 24432
délégués à élire et celui des ingénieurs et cadres présents dans l'entreprise ou l'établissement.

Nombre de membres à élire	Nombre d'ingénieurs et cadres	Nombre et composition des collèges électoraux
1 titulaire et 1 suppléant	(nombre indifférent)	1 collège
(nombre indifférent)	inférieur à 25	2 collèges 1) Ouvriers et employés 2) Reste du personnel (ingénieurs, chefs de service, techniciens, agents de maîtrise et assimilés) [1]
	25 et plus	3 collèges 1) Ouvriers et employés 2) Techniciens, agents de maîtrise et assimilés 3) Ingénieurs, chefs de service, cadres administratifs, commerciaux ou techniques assimilés sur le plan de la classification

1. Dans les entreprises d'au moins 501 salariés, un siège de titulaire doit être réservé aux ingénieurs, chefs de service, et cadres administratifs, commerciaux ou techniques assimilés, voir n° 24625.

2. DISPOSITIONS CONVENTIONNELLES

24435 Un **accord** peut modifier le nombre et la composition des collèges électoraux à condition d'être **signé par** tous les syndicats représentatifs dans l'entreprise (n° 24330).
Les dispositions d'un protocole préélectoral répartissant les employés, techniciens et agents de maîtrise entre les deux premiers collèges, ne modifient pas la composition prévue par la loi (voir ci-dessus n°s 24410 s.) et n'ont donc pas à être signées par l'unanimité des syndicats représentatifs dans l'entreprise, la double majorité visée n°s 24310 s. étant suffisante (Cass. soc. 13-2-2013 n° 11-25.468 FS-PB : RJS 4/13 n° 304).

ATTENTION

La modification du nombre et de la composition des collèges ne peut pas résulter :
– d'une **décision unilatérale de l'employeur**, prenant la forme d'un protocole qu'il a signé seul, ce qui constituerait un délit d'entrave (Cass. crim. 6-11-2007 n° 06-86.027 F-PF : RJS 3/08 n° 307) ;
– d'une **décision unanime des seuls syndicats** représentatifs, alors que l'employeur est en désaccord avec la dérogation proposée (Cass. soc. 11-6-1992 n° 91-60.260 D) ;
– d'une **décision administrative** (n° 26425) ;
– d'une **décision du juge** (Cass. soc. 18-5-1983 n° 82-60.322 P ; 10-1-1989 n° 88-60.126 D : RJS 2/89 n° 174 ; 26-6-2013 n° 12-27.480 FS-PB : RJS 10/13 n° 702). Mais celui-ci peut être **saisi** en cas de **litige** sur l'accord conclu (n° 26425).

APPLICATION D'UN ACCORD DE BRANCHE

24440 **Caractère unanime** Si l'entreprise relève d'une convention ou d'un accord de branche modifiant le nombre et la composition des collèges électoraux, ces dispositions ne s'appliquent obligatoirement que si tous les **syndicats représentatifs dans l'entreprise** sont liés par cet accord (Circ. DRT 13 du 25-10-1983 n° 2.2.2).
Si l'un d'entre eux ne l'est pas, il convient d'appliquer les **règles légales** (Cass. soc. 16-11-1993 n°s 90-60.553 P et 91-60.148 D : RJS 1/94 n° 57 ; 26-1-1999 n° 98-60.256 PB : RJS 3/99 n° 392) ou de conclure un accord d'entreprise.

> **Précisions a.** Autrement dit, pour qu'un accord de branche, étendu ou non, s'applique, les syndicats représentatifs dans l'entreprise doivent tous avoir signé ou adhéré ou appartenir à une organisation syndicale qui a signé ou adhéré au **texte comportant les dispositions** modifiant le nombre et la composition des collèges électoraux.
Le fait qu'un syndicat **signe un avenant** à une convention collective nationale qu'il n'a pas signée n'implique pas qu'il adhère à cette convention dès lors que l'avenant a un objet autre que celui de la convention et ne traite pas de la clause électorale litigieuse concernant les collèges électoraux (Cass. soc. 5-3-1986 n° 85-60.540 S). De même, un avenant à une convention collective ayant pour objet de répartir le personnel en quatre collèges électoraux ne peut pas s'appliquer s'il n'a pas été signé par l'un des syndicats représentatifs dans l'entreprise. Peu importe à cet égard que le syndicat non-signataire ait, antérieurement à l'intervention de l'avenant, **adhéré à la convention** collective et que celle-ci ait fait l'objet d'un arrêté d'extension (Cass. soc. 10-10-1990 n° 88-60.515 P : RJS 11/90 n° 898).
b. La condition d'unanimité n'est pas remplie si un syndicat représentatif a adhéré à la convention collective tout en refusant d'adhérer à la **disposition conventionnelle dérogatoire** relative au nombre de collèges électoraux (Cass. soc. 23-9-2015 n° 14-26.262 F-PB : RJS 12/15 n° 792).
À l'inverse, une organisation syndicale ne peut pas **s'opposer** à l'application d'un accord de branche dont le syndicat auquel elle adhère est signataire (Circ. DRT 13 du 25-10-1983 n° 2.2.2).
c. Les **juges** du fond ne peuvent pas écarter les dispositions d'une convention collective élevant à trois le nombre des collèges électoraux sans donner aucune indication sur le fait de savoir si tous les syndicats représentatifs de l'entreprise étaient adhérents aux organisations signataires de cette convention (Cass. soc. 10-12-1984 n° 84-60.468 P).

24445 **Contenu** L'accord de branche définit le nombre et la composition des collèges électoraux.
Il est possible d'augmenter ou de diminuer le **nombre** de ces collèges.
L'accord ne doit pas faire obstacle à la création du troisième **collège réservé aux cadres** pour l'élection des membres du CSE. Mais il peut en créer plusieurs.
Par « **composition** », il convient d'entendre les grandes catégories de personnel qui entrent dans un collège (ouvriers, employés et agents de maîtrise, techniciens et cadres) (Circ. DRT 12 du 17-3-1993 annexes fiche 5).
À cet égard, l'accord dérogatoire doit être **clair** et il est interprété strictement.

ILLUSTRATIONS

Une convention collective précisant simplement que « les **parties signataires se déclarent favorables** à la création d'un système permettant la représentation des réalisateurs aux élections dans des collèges qui leur soient propres » constitue une déclaration d'intention, et non un accord clairement établi sur la création effective d'un collège propre aux réalisateurs (Cass. soc. 9-12-1985 n° 85-60.370 P).
Une convention collective se bornant à fixer à 3 le **nombre des collèges** dans les établissements de 201 à 500 salariés, **sans en définir la composition**, ne peut pas recevoir application (Cass. soc. 18-2-1988 n° 86-60.499 P).

CONCLUSION D'UN ACCORD D'ENTREPRISE OU D'ÉTABLISSEMENT

L'employeur et les syndicats représentatifs dans l'entreprise peuvent aménager les collèges conventionnels ou légaux pour tenir compte de la spécificité de l'entreprise, en concluant un accord unanime (n° 24330) sur des **bases différentes** de l'accord ou de la convention de branche ou de la loi. **24450**
Si la dérogation résulte d'un accord d'entreprise ou d'un accord préélectoral, l'**adhésion de tous les syndicats** représentatifs doit revêtir la forme expresse d'une signature : la simple absence d'opposition n'est pas suffisante (Circ. DRT 13 du 25-10-1983 n° 2.2.2). Le **contenu** de l'accord doit répondre aux conditions exposées ci-dessus pour les accords de branche.
L'accord est communiqué, à sa demande, à l'**inspecteur du travail** (n° 24340).
Les collèges ainsi définis **prévalent** sur les collèges conventionnels, puisqu'ils sont plus adaptés à la situation propre de l'entreprise (en ce sens : Circ. DRT 13 du 25-10-1983 n° 2.2.2 ; Circ. DRT 12 du 17-3-1993 n° 2.2.2).
À **défaut d'unanimité**, la disposition sera jugée sans effet. Le nombre et la composition des collèges électoraux devront être fixés selon les dispositions légales ou celles de l'accord ou de la convention de branche éventuellement applicable.

> **Précisions a.** Un **syndicat catégoriel** ne peut pas valablement conclure un accord modifiant le nombre de collèges s'il n'est pas représentatif dans l'entreprise pour toutes les catégories de personnel (en ce sens : Cass. soc. 19-9-2007 n° 06-60.134 FS-PB : RJS 11/07 n° 1194).
b. Par exception, la création d'un collège spécifique aux **journalistes** professionnels peut être prévue par un protocole préélectoral conclu à la double majorité (Cass. soc. 2-3-2011 n° 09-60.419 FS-PB : RJS 5/11 n° 480).

3. CONTENTIEUX

Les litiges sur le nombre et la composition des collèges doivent être portés devant le **tribunal judiciaire** (n° 26425), dans les conditions exposées n°s 26350 s. **24465**
La saisine du juge doit en principe être **préalable à celle de l'autorité administrative** sur les questions de répartition du personnel et des sièges (Circ. DRT 12 du 17-3-1993 n° 3.2.1).

B. Répartition du personnel et des sièges

Une fois fixés le nombre et la composition des collèges électoraux, il convient de répartir le **personnel** de l'établissement ou de l'entreprise entre ces différents collèges. De la même façon, les **sièges** (de titulaires et de suppléants) doivent être répartis entre les collèges (le Code du travail parle de « répartition entre catégories professionnelles » : voir n° 24590). Ces répartitions constituent l'un des objets du **protocole préélectoral**. **24500**
Sur l'obligation, pour l'employeur, de fournir aux syndicats les éléments nécessaires au **contrôle** de la répartition du personnel et des sièges dans les collèges, voir n° 24264.

> **Précisions a.** C'est sur la base de la répartition du personnel dans les collèges électoraux que l'employeur constituera les **listes électorales**, après vérification de l'électorat des salariés.
Les syndicats et candidats doivent, quant à eux, tenir compte de cette répartition et de celle des sièges entre les différentes catégories de personnel pour constituer leurs **listes de candidats**.
b. Il n'y a pas à procéder à la répartition du personnel ou des sièges lorsqu'**un seul** délégué **titulaire** et son suppléant doivent être désignés, les électeurs devant voter dans un collège unique (Cass. soc. 29-10-1980 n° 80-60.130 P ; 7-7-1983 n° 82-60.347) en application des dispositions visées n° 24415.

1. PROCÉDURE DE RÉPARTITION

CONCLUSION D'UN PROTOCOLE PRÉÉLECTORAL

24505 La répartition du personnel dans les collèges électoraux et celle des sièges entre les différentes catégories de personnel relèvent de la négociation entre l'employeur et les syndicats intéressés au sens indiqué nos 24100 s. Elles doivent être discutées lors de l'élaboration du protocole préélectoral (C. trav. art. L 2314-13, al. 1er).
Si la négociation aboutit, le **protocole** ou les clauses de celui-ci portant sur ce thème doivent répondre à la condition de double **majorité** (voir nos 24310 s.).
Sur la **portée** du protocole préélectoral, voir nos 24350 s.

DÉCISION ADMINISTRATIVE

24510 **Conditions de saisine de l'administration** Si **au moins un syndicat a répondu** à l'invitation à négocier de l'employeur mais qu'aucun accord n'a pu être obtenu sur la répartition du personnel et des sièges, c'est à l'autorité administrative de décider de cette répartition (C. trav. art. L 2314-13, al. 3). La même solution s'applique lorsqu'un accord a été conclu mais ne satisfait pas à la condition de double majorité mentionnée nos 24310 s. (en ce sens : Cass. soc. 26-9-2012 n° 11-60.231 FS-PBRI : RJS 11/12 n° 889).
En l'absence d'accord valide, **l'employeur** ne peut pas trancher unilatéralement et organiser les élections en prenant seul les décisions de répartition. Il lui appartient de demander l'intervention de l'administration, faute de quoi les élections, n'étant pas valablement organisées, peuvent être annulées (Cass. soc. 24-3-1988 n° 87-60.300 ; 9-11-2011 n° 11-60.029 F-PB : RJS 1/12 n° 61).
Sur la procédure applicable lorsqu'**aucun syndicat** représentatif dans l'entreprise **n'a pris part à la négociation**, voir n° 24540.

> **Précisions a.** L'autorité administrative compétente est le **Dreets** (directeur régional de l'économie, de l'emploi, du travail et des solidarités) du siège de l'entreprise ou de l'établissement concerné (C. trav. art. R 2314-3, al. 1).
> **b.** Le Dreets peut intervenir en cas de **désaccord** soit sur la répartition du personnel dans les collèges, soit sur la répartition des sièges entre catégories, ou sur les deux points.
> L'**employeur** ne peut pas solliciter l'intervention du Dreets s'il n'a pas d'abord tenté de recueillir un accord des syndicats intéressés (Cass. soc. 8-12-1971 n° 71-60.240 P) de façon loyale (Cass. soc. 12-7-2022 n° 21-11.420 F-B : RJS 10/22 n° 532). Il doit, en revanche, le saisir dès lors qu'un syndicat a manifesté son intention de participer à la négociation préélectorale, même si celle-ci n'a pu avoir lieu en raison de contraintes d'agenda (Cass. soc. 9-5-2018 n° 17-26.522 F-PB : RJS 7/18 n° 492). Si le Dreets devait être saisi et ne l'a pas été, les élections doivent être annulées, peu important que la répartition effectuée par l'employeur soit conforme aux dispositions légales et n'ait pas pu avoir d'influence sur le résultat du scrutin (Cass. soc. 20-9-2023 n° 22-60.114 F-D : RJS 12/23 n° 658).
> **c.** Dès lors que le délégué syndical a obtenu la communication des informations qu'il demandait quant aux effectifs, que le syndicat a participé à la négociation d'un protocole préélectoral à l'occasion de trois réunions et que ces négociations n'ont pas abouti à un accord, la saisine du Dreets pour décider de la répartition des sièges entre les différentes catégories de personnel et de la répartition du personnel dans les collèges électoraux à défaut d'accord des parties est possible et ce, même si les **mandats** des élus en cours sont **expirés** (Cass. soc. 22-1-2020 n° 19-12.896 F-PB : RJS 4/20 n° 197).

24520 **Suspension du processus électoral** La saisine du Dreets suspend le processus électoral jusqu'à sa décision et entraîne la **prorogation des mandats** en cours jusqu'à la proclamation des résultats du scrutin (C. trav. art. L 2314-13, al. 4).
Sur la possibilité de saisir le Dreets alors que les **mandats** en cours sont **expirés**, voir n° 24510, c.

24525 **Principes de répartition** Le Dreets répartit le personnel entre les collèges en se conformant soit aux modalités de répartition prévues par l'**accord** modifiant le nombre et la composition des collèges (nos 24435 s.), soit, à défaut, à celles prévues par la **loi** (C. trav. art. L 2314-13, al. 3).
Si un **usage**, issu de la reconduction tacite d'accords préélectoraux antérieurs pendant plusieurs années, est remis en cause lors d'une nouvelle négociation du protocole préélectoral, l'autorité administrative saisie n'est pas liée par cet usage. Elle applique les dispositions législatives et réglementaires. Par **exemple**, si un usage accorde une surreprésentation d'un collège, l'administration ne peut pas pour autant déroger à la règle de la proportionnalité applicable pour la répartition des sièges entre les collèges (Circ. DRT 12 du 17-3-1993 n° 2.2.4).
Sur les **critères** de répartition suivis par l'administration, voir nos 24555 s. (répartition du personnel entre les collèges) et nos 24595 s. (répartition des sièges entre les catégories de personnel).

> **Précisions** Il n'appartient pas au Dreets de statuer sur la **répartition des hommes et des femmes** dans chaque collège (Cass. soc. 29-9-2021 n° 20-60.246 F-B : RJS 12/21 n° 668), mais à l'employeur (n° 24269, b).

Décision du Dreets ou, à défaut, du juge Le Dreets doit prendre sa **décision** dans un **délai** de 2 mois à compter de la réception de la contestation (C. trav. art. R 2314-3, al. 2). 24535
La décision administrative, **notifiée** par lettre recommandée avec avis de réception mentionnant les voies et délais de recours (C. trav. art. R 2314-3, al. 2), s'impose à l'employeur et aux syndicats intéressés au sens indiqué nos 24100 s. Ils peuvent cependant la **contester**, dans un délai de 15 jours suivant sa notification devant le tribunal judiciaire (C. trav. art. L 2314-13 et R 2314-3, al. 3), dans les conditions exposées nos 26415 s.
La décision administrative ne vaut que **pour l'élection** pour laquelle le Dreets a été sollicité (Circ. DRT 12 du 17-3-1993 n° 1.3).
À défaut de décision du Dreets à l'expiration du délai de 2 mois qui lui est imparti (**décision implicite de rejet**), l'employeur ou les syndicats intéressés peuvent saisir le **juge** dans un délai de 15 jours, afin qu'il soit statué sur la répartition (C. trav. art. L 2314-13 et R 2314-3, al. 3). Ce dernier est alors tenu d'effectuer la répartition en s'appuyant sur les pièces fournies par l'employeur et, dans le cas où celles-ci lui paraissent insuffisantes, de demander la production de justificatifs complémentaires (Cass. soc. 27-5-2021 n° 20-10.638 F-D : RJS 8-9/21 n° 455). Sur le point de savoir si le Dreets peut retirer une décision implicite de rejet, voir n° 27026, c.
Les parties peuvent aussi reprendre la négociation. Si elles parviennent à un **accord** respectant la condition de double majorité (nos 24310 s.), la décision administrative devient caduque. Quant au recours introduit à l'encontre de celle-ci (contentieux ou hiérarchique), il devient sans objet (Cass. soc. 6-7-1979 n° 79-60.063 P ; CE 29-12-1995 n° 104504 : RJS 3/96 n° 311).

> **Précisions** Il incombe au tribunal judiciaire d'**annuler la décision du Dreets** ayant refusé d'appliquer un accord collectif relatif au périmètre des établissements distincts et, en cas d'ambiguïté, de l'interpréter afin de répartir le personnel et les sièges entre les collèges électoraux au sein de ces établissements, par une décision se substituant à celle du Dreets (Cass. soc. 14-12-2022 n° 21-19.551 FS-BR : RJS 3/23 n° 150).

DÉCISION DE L'EMPLOYEUR

Si **aucun syndicat** représentatif dans l'entreprise **n'a pris part à la négociation**, l'employeur procède seul à la répartition du personnel et des sièges entre les différents collèges (C. trav. art. L 2314-14). 24540

ATTENTION

La combinaison de cette disposition avec celle prévoyant l'intervention de l'administration (n° 24510) pourrait, dans certains cas, poser des **difficultés d'application**. Par exemple, si seul un syndicat non représentatif a pris part à la négociation et qu'aucun accord n'est obtenu, l'administration au titre de l'article L 2314-13, alinéa 3, du Code du travail (n° 24510) comme l'employeur au titre de l'article L 2314-14 de ce Code seraient compétents pour répartir le personnel et les sièges dans les collèges.
On peut se demander si l'**intention du législateur** avec l'article L 2314-14 précité n'était pas plutôt de prévoir la compétence de l'employeur pour cette répartition dans le cas où il n'y aurait eu aucune négociation en raison de l'absence de réponse des syndicats, représentatifs ou non, à son invitation à négocier.

2. RÉPARTITION DU PERSONNEL DANS LES COLLÈGES

On rappelle que la loi (nos 24410 s.) prévoit la création de **deux ou trois collèges** comprenant : 24550
– les ouvriers et employés ;
– les ingénieurs, chefs de service, techniciens, agents de maîtrise et assimilés ;
– les cadres.
La composition et le nombre des collèges peuvent être modifiés par accord (voir nos 24435 s.). La répartition du personnel doit respecter la **définition des collèges** prévue par la loi ou l'accord y dérogeant. Bien entendu, s'il n'y a qu'**un seul collège**, il n'y a pas lieu de procéder à une quelconque répartition.

CRITÈRES

Selon l'administration, l'analyse des **tâches individuellement exercées** est la démarche normale pour décider du collège de rattachement des salariés (Circ. DRT 12 du 17-3-1993 annexes fiche 5, n° 2.3). 24555

CONSEIL

Les préconisations de la circulaire du 17-3-1993 s'adressent aux **services administratifs** chargés de trancher à défaut d'accord. Elles peuvent aussi guider les **employeurs et représentants syndicaux** pour la négociation du protocole préélectoral. Il en va de même des arrêts du Conseil d'État, qui portent sur les décisions prises par les services administratifs, et non sur les protocoles préélectoraux. Les contestations des décisions administratives relèvent désormais des juridictions judiciaires (voir n° 26415), mais les arrêts du Conseil d'État conservent tout leur intérêt.
Les juridictions judiciaires sont en outre compétentes pour statuer sur les litiges relatifs aux **listes** électorales établies par l'employeur et aux listes de candidats établies par les syndicats et salariés, ainsi que sur les litiges relatifs à l'appartenance individuelle des salariés à un collège électoral (voir n°s 26360 s.). Les décisions rendues dans le cadre de ces litiges abordent des problématiques très proches de celle de la répartition du personnel entre les collèges. Elles peuvent intéresser les personnes chargées de négocier le protocole préélectoral et sont donc présentées ici, en fin d'exposé (voir n° 24575).

24560 Le rattachement au collège cadres ou agents de maîtrise repose en priorité sur les **prérogatives hiérarchiques** exercées (Circ. DRT 12 du 17-3-1993 annexes fiche 5, n° 2.1). L'encadrement de personnels classés dans le deuxième collège permet d'être classé dans le troisième (cadres).
En l'absence de prérogatives hiérarchiques importantes, seule une **technicité** avérée peut justifier un classement dans le deuxième collège (agents de maîtrise et techniciens), et à plus forte raison dans le troisième (cadres) (Circ. DRT 12 du 17-3-1993 annexes fiche 5, n° 2.1).
Le **niveau d'études** normalement requis pour accéder au poste est un élément qui peut être pris en compte. Un niveau d'études supérieur peut justifier un classement dans le collège cadres. Les niveaux BAC, BT ou BAC + 2 peuvent inciter à un classement dans le deuxième collège (techniciens et agents de maîtrise). Les niveaux CAP ou BEP peuvent inciter au classement dans le premier collège (ouvriers et employés) (Circ. DRT 12 du 17-3-1993 annexes fiche 5, n° 2.1).

> **Précisions** La **rémunération** du salarié ou le **titre** donné par l'employeur sont accessoires (Circ. DRT 12 du 17-3-1993 annexes fiche 5, n° 2.1).
> L'inscription dans un collège en vertu d'**accords antérieurs**, conclus dans l'entreprise à l'occasion de précédentes élections, est sans conséquence (CE 19-6-1989 n° 88074 : RJS 11/89 n° 868).

24565 Si, en raison du grand nombre de salariés concernés, la méthode reposant sur l'analyse des tâches individuellement exercées ne peut pas être employée, il est possible d'**analyser les fonctions** exercées à partir des **dispositions de la convention collective ou de l'accord d'entreprise** applicables, décrivant les fonctions théoriquement attribuées aux différentes **catégories** de personnel (Circ. DRT 12 du 17-3-1993 annexes fiche 5, n° 2.3 ; CE 24-6-1987 n° 71976 ; 1-2-1993 n° 84106 : RJS 5/93 n° 524). Cette méthode a été admise alors même qu'un des syndicats représentatifs dans l'entreprise n'avait pas signé la convention collective nationale applicable à l'entreprise, et pas signé valablement l'accord d'entreprise (CE 16-12-1994 n° 118416 : RJS 3/95 n° 273).
Mais ce critère n'est pas toujours déterminant (CE 9-11-1983 n° 31449).

24570 **ILLUSTRATIONS**

Surtout tirés de la jurisprudence du Conseil d'État antérieurement compétent en cas de contentieux, les exemples qui suivent illustrent ces principes.
Le **juge judiciaire**, désormais compétent en matière de contestation des décisions administratives préélectorales (n° 26415), s'inspire de cette jurisprudence. Selon lui, il faut se référer à la **nature des activités** des salariés au regard de leur **formation**, au niveau de **technicité** des tâches afférentes aux emplois et au degré d'**autonomie** laissé aux salariés concernés (Cass. soc. 21-6-2017 n° 16-16.011 F-D : RJS 10/17 n° 689).

Collège ouvriers et employés

Doivent être rattachés au collège ouvriers et employés :
– les « **techniciens d'atelier** » visés par l'accord collectif **de la métallurgie** dès lors que, selon la classification annexée audit accord, ceux-ci appartiennent à la catégorie des ouvriers et exercent effectivement les tâches décrites dans cette classification, même s'ils peuvent être **chargés occasionnellement de tâches d'encadrement** et ont été rattachés à un autre collège lors d'élections antérieures (CE 19-6-1989 n° 88074 : RJS 11/89 n° 868) ;
– le salarié **chargé « de superviser et de coordonner** l'activité des employés du service expéditions et d'assurer, en cas d'absence, leur remplacement ainsi que la gestion des expéditions et des réceptions », n'exerçant pas effectivement les **fonctions** ainsi définies, ne disposant notamment pas de **pouvoirs sur des subordonnés**, peu important l'indice du **salaire** qu'il perçoit et le **régime de retraite** dont il relève (CE 1-2-1993 n° 98959 : RJS 5/93 n° 524).

Collège ouvriers
Sont à juste titre rattachés au collège des ouvriers, et non à celui des employés, des **agents dits spéciaux**, au vu de la **classification du personnel** non cadre en vigueur dans la branche à laquelle appartient l'entreprise et compte tenu de la nature des activités en cause, de leur degré de **technicité** ainsi que de la **marge de manœuvre** laissée aux salariés (CE 3-10-1997 n°s 157818 et 165356).
Collège employés
Un règlement intérieur type ayant prévu la création de deux collèges (employés et cadres), le rattachement des **agents de maîtrise** au collège employés est justifié alors même qu'ils appartiennent à une catégorie professionnelle qui n'existait pas lors de l'adoption du règlement, dès lors qu'il résulte des dispositions de l'**accord collectif** relatif à la classification que les intéressés occupent des fonctions distinctes de celles des cadres (CE 1-2-1993 n° 84106 : RJS 5/93 n° 524).
Collège agents de maîtrise
Ne peuvent pas être classés dans le collège des agents de maîtrise et assimilés les salariés explicitement rattachés à la catégorie « cadres » par la **convention collective**, compte tenu tant de leurs **fonctions** et **responsabilités** que de leurs coefficients de **rémunération** (CE 24-6-1987 n° 78425).
Certains personnels des **professions médicales** en général et **paramédicales** (infirmières, diététiciens, masseurs-kinésithérapeutes) sont régulièrement classés par l'administration dans le collège des agents de maîtrise-techniciens au nom de la technicité de ces professions (Circ. DRT 12 du 17-3-1993 annexes fiche 5, n° 2.1).
Collège cadres et agents de maîtrise
Peuvent être rattachés au collège cadres et agents de maîtrise des salariés dont les fonctions comportent des **responsabilités limitées mais réelles**. Peu importe qu'ils aient été classés parmi l'une des catégories d'agents d'exécution par la **convention collective** (CE 9-11-1983 n° 31449).
Collège cadres
Les gradés appartiennent au collège cadres lorsqu'il résulte notamment du **statut du personnel** qu'ils relèvent effectivement, eu égard à la nature de leurs fonctions, de ce collège et non de celui des employés (CE 27-4-1988 n° 60904).
Peuvent être rattachés au personnel de l'encadrement les **chefs de rayon et chefs de caisses** d'hypermarchés, eu égard à la nature et à l'étendue de leurs responsabilités (TA Strasbourg 13-6-2006 n° 03-4335 : RJS 11/06 n° 1206 ; dans le même sens, TA Amiens 22-6-2006 n° 03-2373 : RJS 2/07 n° 249) :
– les premiers participent, sous la responsabilité du chef de secteur, à la **fixation des objectifs commerciaux** de leur rayon et sont responsables de leur **réalisation**, développent la politique marketing de la société, assurent une **gestion économique** optimisée et **recrutent, forment et animent** leur équipe qui peut atteindre jusqu'à 20 personnes ;
– les seconds, qui sont une catégorie particulière de chefs de rayon, ont pour mission d'assurer aux clients un passage rapide, fiable et agréable en caisse et **recrutent, forment et accompagnent** les hôtesses de caisse, gèrent leur équipe et doivent avoir des **connaissances techniques**.
Ne peut pas être affecté au collège cadres le salarié qui, malgré son **titre**, occupe en réalité un **emploi** classé dans la catégorie « employés et ouvriers » par la **convention collective** applicable dans l'établissement concerné (CE 24-6-1987 n° 71976).

APPARTENANCE INDIVIDUELLE À UN COLLÈGE ET INSCRIPTION SUR UNE LISTE ÉLECTORALE

L'employeur est tenu d'élaborer et de publier la **liste électorale de chaque collège** et ce, confor- **24575**
mément à la **qualification réelle** des salariés le composant (Cass. soc. 28-6-2006 n° 05-60.290 F-D : RJS 11/06 n° 1207) au moment où il établit et publie cette liste (Cass. soc. 22-7-1980 n° 80-60.236 P).
Pour cela, il convient de rechercher la nature des **fonctions** réellement exercées par les intéressés (Cass. soc. 5-12-1984 n° 84-60.470 S ; 30-1-1985 n° 84-60.484 S ; 12-5-2021 n° 19-24.476 F-D).
Pour déterminer la qualification de cadre ou non, il importe peu que l'intéressé ait été admis à bénéficier de certains **avantages** accordés aux cadres (Cass. soc. 21-1-1982 n° 81-60.631). Les niveaux de **formation** et de **technicité** peuvent être pris en compte (Cass. soc. 22-4-1985 n° 84-60.628 P).
En cas de **changement de qualification** professionnelle du salarié avant les élections et **après confection initiale des listes**, l'employeur doit le faire figurer sur la liste du collège auquel son nouvel emploi lui donne droit selon le protocole préélectoral (Cass. soc. 27-10-1971 n° 71-60.167 P).

ILLUSTRATIONS

Peuvent être rattachés au collège « cadres et agents de maîtrise » :
– le salarié qui exerce des fonctions correspondant à celles du **personnel de maîtrise**, telles que visées par la convention collective applicable à l'entreprise (Cass. soc. 23-6-1988 n° 87-60.263 D) ;
– des **musiciens d'un orchestre**, étant donné leur niveau de formation et de haute technicité (Cass. soc. 22-4-1985 n° 84-60.628 P).
Lorsqu'un salarié, après avoir été **employé** et fait partie du collège « employés », **a accepté** d'occuper un **emploi d'ouvrier** après la suppression de son poste, l'employeur peut l'inscrire sur la liste électorale du collège « ouvriers » (Cass. soc. 10-5-1983 n° 82-60.624 P).
Dès lors qu'un salarié **a refusé une promotion** à un poste d'agent de maîtrise, sans que son contrat ait été considéré comme rompu de ce fait, il doit être inscrit dans le collège ouvriers et employés (Cass. soc. 8-7-1981 n° 80-60.427 P).
Justifie sa décision de maintenir un salarié dans le premier collège, le juge du fond (Cass. soc. 12-3-1981 n° 80-60.268 P) :
– constatant que l'intéressé figurait dans le deuxième collège en conséquence d'une **élévation de coefficient** dont il n'avait été avisé que 2 jours après la publication des listes, laquelle, au moins lors de cette publication, ne s'était accompagnée d'aucune modification du rôle de ce salarié dans l'entreprise ;
– rapprochant de cette circonstance le comportement antérieur de l'employeur, qui avait adressé de nombreuses remontrances audit salarié après sa désignation comme **délégué syndical** ;
– et estimant que sa promotion avait été décidée pour éviter qu'il ne fût candidat dans le premier collège, ce qui constituait une **fraude** destinée à fausser le résultat des élections.

3. RÉPARTITION DES SIÈGES ENTRE LES CATÉGORIES DE PERSONNEL

24590 La répartition des sièges entre les catégories de personnel se réalise en **deux étapes** successives :
– Il faut d'abord déterminer le **nombre de sièges**, autrement dit le nombre de titulaires et suppléants à élire. Ce nombre est fixé par le Code du travail en fonction des effectifs de l'entreprise ou de l'établissement : voir n° 705. Il peut être augmenté par accord entre employeur et syndicats intéressés (n° 700). Les litiges relatifs à l'effectif de l'entreprise ou de l'établissement et au nombre de sièges relèvent du tribunal judiciaire (voir n° 26400) ;
– Il faut ensuite **répartir** les sièges entre les collèges (en suivant la procédure rappelée n°s 24505 s.).

ATTENTION

Les textes prévoient la répartition des sièges « entre les différentes **catégories** ». Certains commentateurs en ont déduit qu'**à l'intérieur d'un même collège** électoral, les sièges devaient être répartis entre les différentes catégories professionnelles, par exemple entre ouvriers et employés au sein du premier collège. La Cour de cassation s'est prononcée en sens contraire et a décidé que les dispositions légales considèrent comme une catégorie de personnel celle constituée par tous les salariés composant un même collège (en ce sens : Cass. soc. 31-3-1977 n° 76-60.255 P). Le Conseil d'État a retenu la même interprétation (CE 15-12-1978 n° 05242).
Il a ainsi été jugé qu'il n'est pas possible de prévoir dans le **protocole préélectoral** que le titulaire et le suppléant doivent appartenir à des rayons ou à des postes différents. Le juge peut annuler une telle clause, insérée par l'employeur, qui heurte les **principes généraux du droit électoral** en restreignant le droit qu'ont les syndicats de choisir librement les candidats qu'ils présentent (Cass. soc. 19-3-1986 n°s 85-60.439 P, 85-60.482 S et 85-60.465 S).
Cela n'exclut pas cependant une **répartition plus précise** des sièges et le protocole préélectoral peut assurer une représentation des différentes catégories de personnel, au sein de chaque collège, sous le contrôle du juge (n° 24630).

a. Principes généraux

24592 La répartition des sièges entre les collèges doit respecter la définition du nombre et de la composition de ces collèges prévue par la loi ou l'accord y dérogeant (n°s 24405 s.).

ATTRIBUTION D'AU MOINS UN SIÈGE PAR COLLÈGE

24595 Le respect des dispositions du Code du travail relatives aux collèges électoraux impose que soit attribué à chaque collège au moins un siège afin qu'une **catégorie de personnel** ne soit pas exclue de toute participation aux élections et de toute représentation dans les instances élues (Cass. soc. 4-7-2012 n° 11-60.229 F-PB : RJS 10/12 n° 830).
Si **aucun des salariés** devant composer un collège **n'est éligible** au CSE, les salariés concernés doivent être regroupés avec d'autres pour constituer un collège plus large dans lequel ils exercent leur droit de voter afin d'être effectivement représentés (Cass. soc. 16-10-2013 n° 13-11.324 FS-PB : RJS 1/14 n° 62).

ILLUSTRATIONS

Un juge ne peut donc pas déclarer valide un **protocole préélectoral** au motif que l'autorité administrative a estimé remplie la condition de double majorité requise alors que le protocole n'affecte **aucun siège au premier collège** (Cass. soc. 4-7-2012 n° 11-60.229 F-PB : RJS 10/12 n° 830). Si le protocole préélectoral prévoit la création de deux collèges, mais n'attribue **aucun siège au second** écartant ainsi une catégorie de personnel de toute participation aux élections et de toute représentation dans les instances élues, un salarié occupant des fonctions de cadre doit être inscrit dans le seul collège auquel tous les sièges sont attribués et y est éligible (Cass. soc. 9-11-2011 n° 10-25.766 F-PB : RJS 1/12 n° 64).

RÉPARTITION PROPORTIONNELLE

Le Code du travail ne précise pas les modalités de répartition des sièges entre les différents collèges. **24600**
L'**administration** préconise de suivre la méthode prévue par ce Code pour le comité de groupe : le nombre total des sièges est réparti entre les différents collèges électoraux **proportionnellement** à l'importance numérique de chaque collège avec attribution des **sièges restants** selon la méthode du **plus fort reste** (Circ. DRT 12 du 17-3-1993 annexes fiche 6, n° 2). Le système de la représentation proportionnelle au plus fort reste pour l'attribution des sièges restants permet aux collèges numériquement les plus faibles d'être mieux représentés (Circ. DRT 12 du 17-3-1993 annexes fiche 6, n° 2).
La **Cour de cassation** admet l'utilisation de cette méthode sous **réserve** de prendre en compte les circonstances particulières de l'entreprise, notamment liées à la composition du corps électoral de l'entreprise et au nombre de collèges (Cass. soc. 6-6-2018 n° 17-27.175 FS-PB : RJS 8-9/18 n° 551). Ainsi jugé à propos d'une décision de l'autorité administrative qui avait appliqué cette méthode pour tenir compte des circonstances particulières de l'entreprise et de l'effectif d'un collège en particulier (Cass. soc. 31-3-2021 n° 19-26.017 F-D : RJS 6/21 n° 327).

EXEMPLE

Effectif total de l'entreprise : 7 528. Effectif de chaque collège : 1er collège, 5 902 ; 2e collège, 1 626. Nombre de sièges : 32. Quotient théorique : 7 528/32 = 235,25.
1er collège : 5 902/235,25 = 25 sièges ; 2e collège : 1 626/235,25 = 6 sièges.
31 sièges ont été répartis proportionnellement aux effectifs. Le siège restant sera attribué selon la méthode du plus fort reste. 1er collège : 235,25 × 25 = 5881,25, reste 5 902 – 5 881,25 = 20,75 ; 2e collège : 235,25 × 6 = 1411,50 reste 1 626 – 1 411,50 = 214,50. Le siège restant doit donc être attribué au 2e collège.

Il est possible de **déroger à la répartition des sièges proportionnelle** aux effectifs de chaque collège si des circonstances particulières le justifient (CE 29-6-1983 n° 37591 ; Circ. DRT 12 du 17-3-1993 annexes fiche 6, n° 3). Celles-ci tiennent notamment à la nature, aux diverses activités et à l'organisation de l'entreprise (en ce sens : CE sect. 6-12-1974 n° 90907). **24610**

ILLUSTRATIONS

L'introduction de **nouvelles techniques informatiques** touchant essentiellement les catégories professionnelles d'un même collège peut plaider pour une représentation renforcée dudit collège. En revanche, l'argument d'une **disparité des conditions de travail** et de la nécessité de contacts fréquents entre les salariés et les élus n'a pas été retenu (Circ. DRT 12 du 17-3-1993 annexes fiche 6, n° 3).

ÉGALITÉ DU NOMBRE DE TITULAIRES ET DE SUPPLÉANTS

Il doit être élu un nombre égal de titulaires et de suppléants. La représentation du personnel étant effectuée **par collèges**, ce principe d'égalité du nombre de titulaires et de suppléants est applicable à chaque collège (Circ. DRT 12 du 17-3-1993 annexes fiche 6, n° 1 ; CE 17-11-2010 n° 335930 : RJS 3/11 n° 254). **24615**

b. Sièges réservés

SIÈGE CADRE

Dans les entreprises d'au moins **501 salariés**, les ingénieurs, chefs de service et cadres administratifs, commerciaux ou techniques assimilés ont au moins un délégué **titulaire** au sein du deuxième collège, élu dans les mêmes conditions (C. trav. art. L 2314-11, al. 4). **24625**

> **Précisions** Cette disposition présente un **caractère obligatoire** et s'impose aussi bien aux négociateurs du protocole préélectoral qu'à l'administration (saisie en l'absence d'accord) et à l'employeur organisant seul les élections. Elle ne concerne pas les sièges de **suppléants**. En conséquence, il est possible de réserver aux agents de maîtrise le siège de suppléant (CE 15-12-1978 n° 05242).
Elle n'empêche pas l'**élection de plusieurs cadres** (transposition de la jurisprudence de la Cour de cassation au sujet du siège réservé à un employé : voir n° 24635).

REPRÉSENTATION DE CERTAINES CATÉGORIES

24630 Des dispositions sont prises par le protocole préélectoral conclu à la double majorité (nos 24310 s.) pour faciliter, s'il y a lieu, la représentation des salariés travaillant en **équipes successives** ou dans des **conditions qui les isolent** des autres salariés (C. trav. art. L 2314-15).
Le point de savoir qui prend l'**initiative de la négociation** n'a fait l'objet d'aucune indication. Ce texte impose en tout cas une obligation de négociation, mais non de résultat (Déb. AN 1-6-1982).

> **Précisions** Ces dispositions peuvent concerner les **télétravailleurs**, les **travailleurs à domicile** ou encore les **VRP**.
> L'accord peut réserver un ou plusieurs sièges aux salariés concernés, mais aussi prévoir des **délégués supplémentaires** les représentant, ou encore créer un collège spécifique (n° 24435).

CIRCONSTANCES PARTICULIÈRES

24635 Les **caractéristiques de l'entreprise** peuvent aussi justifier l'attribution d'un siège à un groupe de salariés occupant des emplois définis.
Le protocole préélectoral se bornant à réserver un siège de membre titulaire à un employé n'interdit pas l'**élection de plusieurs** employés dès lors que cette élection résulte de l'application des règles légales relatives à l'attribution des sièges aux différentes listes et à la désignation des élus au sein de chacune d'elles (Cass. soc. 9-10-1985 n° 85-60.304 P).

ILLUSTRATIONS

Il a été admis que soit réservé un **siège « employé »** au sein du collège ouvriers-employés (Cass. soc. 14-2-1952 n° 5672 ; CE 17-3-1971 n° 75442 ; Cass. soc. 19-12-1972 n° 72-60.079 P) et un **siège « cadre »** au sein du second collège, alors que ce siège ne leur était pas réservé par la loi (CE 27-5-1983 n° 23464).

ENTREPRISES DE TRAVAIL TEMPORAIRE

24640 Dans les entreprises de travail temporaire, la répartition des sièges peut faire l'objet d'un **protocole préélectoral** conclu à la double majorité (nos 24310 s.) entre l'employeur et les syndicats intéressés au sens indiqué nos 24100 s. en vue d'assurer une représentation équitable du personnel permanent et du personnel temporaire (C. trav. art. L 2314-16).

> **Précisions** **a.** Les représentants du secteur ont conclu un **accord national** pour compléter ces dispositions. Étendu, il s'applique en principe à toutes les entreprises relevant de son champ d'application, défini en référence au code APE 77-13 (Accord national du 27-10-1988, étendu par Arrêté du 22-2-1989). Cependant, cet accord ne concerne que les anciennes institutions (délégués du personnel et comité d'entreprise). N'ayant pas été adapté pour tenir compte de la création du CSE, il est selon nous **caduc** pour ce qui concerne les élections des membres de la délégation du personnel du CSE.
> **b.** Le Code du travail comporte aussi des dispositions sur l'**électorat** et l'**éligibilité** des travailleurs temporaires, voir nos 24850 s.

IV. LISTES ÉLECTORALES

24700 Il revient à l'**employeur** d'établir les listes électorales (n° 24970). Pour cela, il doit d'abord déterminer quels sont les salariés appelés à voter dans l'entreprise ou l'établissement où le CSE doit être mis en place ou renouvelé. Puis il doit, s'il y a plusieurs collèges, inscrire les salariés électeurs sur la liste électorale du collège auquel chacun appartient. Il est enfin chargé de publier la ou les listes.

> **Précisions** Le **juge** judiciaire est saisi des litiges portant sur l'électorat des salariés, la composition, le dépôt ou la publicité de la liste électorale (nos 26360 s.). Sur l'obligation, pour l'**employeur**, de fournir aux syndicats les éléments nécessaires au **contrôle** de la régularité de la liste électorale, voir n° 24263.

A. Conditions d'électorat

CONDITIONS LÉGALES

24720 **Conditions requises** Sont électeurs l'ensemble des **salariés**, **âgés de** 16 ans révolus, **travaillant depuis** 3 mois au moins dans l'entreprise et n'ayant fait l'objet d'aucune interdiction, déchéance ou incapacité relatives à leurs **droits civiques** (C. trav. art. L 2314-18). Ces conditions sont explicitées plus loin, nos 24745 s.

> **Précisions a.** Il n'existe aucune condition de **nationalité**.
b. Le fait, pour un salarié, d'appartenir à une **catégorie non prévue par la convention collective** en vigueur dans l'entreprise est sans conséquence, pourvu qu'il soit sous la subordination de l'employeur (Cass. soc. 20-7-1977 n° 77-60.543 P). Ainsi, par **exemple**, la liste électorale d'un établissement bancaire excluant le personnel d'entretien pour ce motif a été jugée irrégulière (Cass. soc. 6-7-1978 n° 78-60.592 P ; dans le même sens, à propos du personnel de maintenance d'une société d'assurance : Cass. soc. 20-7-1981 n° 80-60.449 P).
c. Les salariés en situation de **déplacement** peuvent être électeurs et éligibles (Cass. soc. 30-1-1974 n° 73-60.148 P). Ils ne doivent pas être exclus des listes électorales et pourront, au besoin, voter par correspondance ou par voie électronique.

Date d'appréciation Les conditions d'électorat doivent être remplies à la date de l'élection, c'est-à-dire à la date du premier tour de scrutin (Cass. soc. 6-7-1983 n° 82-60.613 P ; 25-10-2017 n° 16-17.740 F-D : RJS 1/18 n° 54) ou, en cas de recours à un vote électronique se déroulant sur plusieurs jours, à la date du premier jour du scrutin (Cass. soc. 23-3-2022 n° 20-20.047 FS-B : RJS 6/22 n° 313). Il n'est pas possible de fixer une **autre date**, même par protocole préélectoral, car ce serait priver les salariés des droits électoraux qu'ils tiennent de la loi (Cass. soc. 1-12-2010 n° 10-60.163 F-PB : RJS 2/11 n° 161 ; 25-10-2017 n° 16-17.740 F-D : RJS 1/18 n° 54). **24725**

ILLUSTRATIONS

Une personne qui n'est **plus, à la date de l'élection, salariée** de l'entreprise ne peut pas y être électrice (Cass. soc. 21-7-1986 n° 85-60.701 S).
En revanche, un salarié **licencié puis réintégré ou démissionnaire** en cours de **préavis** à cette date est électeur, même s'il est dispensé de préavis par son employeur, puisqu'il est toujours considéré comme salarié de l'entreprise (voir nos 24760 s.).
Lorsque, dans une entreprise à **établissements multiples**, les élections se déroulent à des **dates différentes** dans les différents établissements, un salarié peut voter dans l'établissement où il vient d'être transféré, même s'il a déjà voté avant son **transfert** au lieu de sa précédente affectation (Cass. soc. 1-12-2010 n° 10-60.163 F-PB : RJS 2/11 n° 161 ; 20-9-2018 n° 17-60.306 F-PB : RJS 11/18 n° 683).

DÉROGATIONS CONVENTIONNELLES ET ADMINISTRATIVES

Il est possible d'aménager, par **accord collectif**, les conditions légales d'électorat et d'éligibilité dans un **sens favorable** aux salariés et à l'exercice de la mission de leurs élus (Cass. soc. 20-1-1977 n° 76-60.217 P ; dans le même sens, CE ass. avis 22-3-1973 n° 310108). Un accord peut ainsi abaisser l'**âge** pour être candidat (Cass. soc. 17-10-1973 n° 73-60.106 P). **24730**
Mais un tel accord ne peut pas déroger à une règle d'**ordre public absolu**, par exemple celle selon laquelle seuls les salariés de l'entreprise sont électeurs et éligibles. Ainsi, un accord collectif ne peut pas étendre la capacité électorale à des travailleurs handicapés occupés dans un établissement ou service d'aide par le travail (Cass. soc. 24-6-1998 n° 97-60.077 PB : RJS 8-9/98 n° 1021).
Il n'est pas non plus possible de déroger aux conditions légales dans un **sens défavorable** aux salariés, notamment en ajoutant des conditions supplémentaires que la loi ne prévoit pas (pour un exemple, voir n° 24725).
Dans certains cas, l'**inspecteur du travail** peut apporter des dérogations aux conditions légales d'ancienneté (n° 24940).

1. QUALITÉ DE SALARIÉ

Les élections des représentants du personnel concernent prioritairement les **salariés de l'entreprise** (nos 24750 s.). Mais la loi ouvre l'accès au vote à des salariés **extérieurs**, dès lors qu'ils sont mis à sa disposition depuis une longue durée (nos 24875 s.). Ces dérogations ne concernent pas les **travailleurs temporaires**, qui peuvent participer aux élections de l'entreprise de travail temporaire qui les emploie, mais non à celles de l'entreprise utilisatrice (nos 24850 s.). **24745**

a. Salariés de l'entreprise

Pour être électeur, il faut être salarié de l'entreprise (n° 24720), c'est-à-dire être lié à celle-ci par un contrat de travail. Cette qualité est déterminée en fonction des **conditions réelles** d'exercice du travail. S'agissant de la **date** à laquelle elle s'apprécie, voir n° 24725. **24750**

> **Précisions** La **prise en compte dans l'effectif** de l'entreprise est un **indicateur** de l'appartenance à l'entreprise et, donc, de la qualité d'électeur. Mais cet élément n'est pas à lui seul déterminant. Certains salariés pris en compte dans l'effectif ne sont pas pour autant électeurs, faute de remplir l'ensemble des conditions d'électorat. D'autres, au contraire, exclus des effectifs par des dispositions particulières, n'en sont pas moins électeurs.

SUSPENSION DU CONTRAT DE TRAVAIL

24755 La suspension du contrat de travail n'enlève pas au salarié le droit d'être électeur, sous réserve qu'il remplisse les autres conditions pour cela.

ILLUSTRATIONS

Demeurent électeurs les salariés suivants, dont le contrat de travail est suspendu :
– salariés mis par leur employeur en état d'**activité partielle**. Ils exercent leurs droits dans l'établissement où ils travaillaient avant la suspension, peu importe à cet égard qu'ils aient été rattachés, pour leur gestion administrative, à la direction générale de la société pendant la durée de suspension du contrat de travail (Cass. soc. 17-12-1984 n° 84-60.909 P) ;
– salariés **mis à pied** (Cass. ch. mixte 25-10-1968 n° 66-60.055 P) ;
– salariés en **congé parental d'éducation** (Cass. soc. 8-4-1992 n° 90-60.531 PF : RJS 5/92 n° 641).
Voir aussi les solutions présentées n° 25070 au sujet de l'éligibilité.

RUPTURE DU CONTRAT DE TRAVAIL

24760 Le salarié ayant quitté l'entreprise n'y est plus ni électeur ni éligible.
Pendant la durée du **préavis** précédant la rupture du contrat, il continue à faire partie du personnel et peut donc être électeur et éligible. Il en est ainsi même en cas de **dispense** de préavis à l'initiative de l'employeur, celle-ci n'ayant pas pour effet d'avancer la date de fin du contrat, bien que le salarié cesse tout travail (Cass. soc. 10-5-1978 n° 78-60.049 P).

> **Précisions** Un **salarié ayant cessé le travail** de son propre fait peut être électeur, s'il a saisi le **conseil de prud'hommes** pour apprécier si son contrat de travail a été rompu, peu importtant que cette juridiction n'ait pas encore statué (Cass. soc. 10-5-1978 n° 78-60.049 P), ou encore s'il lui a été ordonné, par une ordonnance de référé, de **poursuivre son contrat** de travail (Cass. soc. 16-1-1991 n° 89-61.579 D).

24765 Le salarié licencié, puis **réintégré** dans l'entreprise, même temporairement, peut y être électeur et éligible (Cass. soc. 22-7-1982 n° 82-60.161 P). La réintégration d'un salarié licencié prend effet **dès le prononcé de l'ordonnance** de référé imposant cette réintégration même si celle-ci n'a pas été **notifiée** aux parties (Cass. soc. 12-7-2016 n° 15-23.433 F-D : RJS 11/16 n° 713).

ILLUSTRATIONS

Peut participer aux élections le salarié licencié :
– pour **faute lourde** et réintégré provisoirement en application d'une ordonnance de référé (Cass. soc. 22-7-1982 n° 82-60.161 P) ;
– pour des **faits commis à l'occasion d'une grève**, dont le juge des référés a ordonné la réintégration (Cass. soc. 3-3-1993 n° 92-60.247 D : RJS 4/93 n° 428).

24770 L'**inobservation des formalités** préalables au licenciement d'un **salarié non protégé** ne prive pas d'efficacité la rupture du contrat de travail. Par conséquent, l'intéressé n'est plus éligible (Cass. soc. 24-1-1990 n° 89-60.020 P : RJS 2/90 n° 141) ni électeur aux élections intervenant postérieurement à son licenciement. Sur les incidences, en matière d'électorat et d'éligibilité, d'une annulation de la décision administrative autorisant le licenciement d'un salarié **protégé**, voir n° 47085.

DÉTACHEMENT À L'ÉTRANGER

24775 Les salariés **expatriés** exerçant leur activité à l'étranger dans des succursales ou filiales de la société mère, qui demeurent contractuellement liés à elle par un **lien de subordination**, caractérisé notamment par la possibilité pour la société mère de les réintégrer dans leurs fonctions initiales, doivent être inscrits sur les listes électorales établies en vue des élections (en ce sens, Cass. soc. 18-7-2001 n° 00-60.231 F-D ; dans le même sens, s'agissant de salariés considérés comme détachés par l'entreprise, Cass. soc. 29-1-1992 n° 90-60.526 P : RJS 3/92 n° 320).

TRANSFERTS D'ENTREPRISE

Les salariés transférés dans une autre entreprise en application de l'article L 1224-1 du Code du travail ne font plus partie du personnel de leur **employeur d'origine**. Ils ne peuvent donc ni être inscrits sur les listes électorales ni se porter candidats en vue de l'élection organisée chez celui-ci (Cass. soc. 27-10-1981 n° 80-60.426 P ; 12-10-2000 n° 99-60.372 F-D). Ils sont en revanche électeurs et éligibles dans l'**entreprise cessionnaire** s'ils remplissent les conditions requises. Sur le calcul de leur ancienneté, voir n° 24920. **24780**

STATUTS PARTICULIERS

Salariés dirigeants Depuis le **31-10-2022**, les salariés assimilés à l'employeur qui disposent d'une délégation écrite particulière d'autorité ou le représentent devant les institutions représentatives du personnel peuvent voter. S'agissant de leur **éligibilité**, voir n°s 25150 s. **24785**

> **Précisions** Pendant longtemps, la Cour de cassation avait déduit des articles 2314-18 et L 2314-19 du Code du travail que les salariés assimilés à l'employeur ne pouvaient être ni électeurs, ni éligibles. Cette interprétation jurisprudentielle des conditions légales d'**électorat** (C. trav. art. L 2314-18 ancien) ayant été jugée **contraire à la Constitution** car portant une atteinte disproportionnée au principe de participation des travailleurs (Cons. const. 19-11-2021 n° 2021-947 QPC : RJS 2/22 n° 84), le législateur a réécrit l'article L 2314-18 du Code du travail afin d'inclure dans l'électorat tous les salariés, sans distinction par rapport à la nature de leurs fonctions (n° 24720).

Travailleurs handicapés Les travailleurs handicapés employés dans des **entreprises adaptées** sont pris en compte dans l'effectif et participent aux élections des représentants du personnel (Cass. soc. 17-12-1984 n° 84-60.368 P), à l'inverse de ceux qui sont admis en **Ésat** (Cass. soc. 21-7-1982 n° 81-60.970 P ; 17-12-1984 n° 84-60.368 P). **24795**

Télétravailleurs Les télétravailleurs bénéficient des mêmes **conditions** de participation et d'éligibilité aux élections que les salariés qui travaillent dans les locaux de l'entreprise. L'**établissement** auquel le télétravailleur est rattaché pour l'exercice de ses droits collectifs est précisé dans le document sur les conditions d'exécution de son contrat que l'employeur doit lui remettre (ANI du 19-7-2005 art. 11, étendu par Arrêté SOCT0611193A du 30-5-2006 modifié par Arrêté SOCT0611312A du 15-6-2006). **24800**

> **Précisions** L'ANI précité **s'applique à** toutes les entreprises comprises dans son champ d'application (Arrêté du 30-5-2006 modifié par Arrêté du 15-6-2006), c'est-à-dire aux seules entreprises appartenant à un secteur professionnel représenté par les organisations patronales signataires (Medef, CPME, U2P). Cependant, le **principe d'égalité des droits** par rapport aux salariés travaillant dans les locaux de l'entreprise prévu par l'article L 1222-9, III du Code du travail vaut pour toutes les entreprises.

Salariés sous CDD Un salarié sous CDD est électeur s'il remplit les conditions prévues, et cela même s'il **remplace un salarié absent** et n'entre donc pas dans le calcul des effectifs à considérer pour la mise en place du CSE (Cass. soc. 17-5-1994 n° 93-60.329 D : RJS 8-9/94 n° 1020). **24805**
Celui dont le **contrat est arrivé à terme** à la date des élections n'est ni électeur ni éligible. Le fait que l'intéressé ait été nommé délégué syndical postérieurement au jour où il a signé son reçu pour solde de tout compte et accepté un certificat de travail dans l'entreprise ne fait pas revivre les rapports contractuels. L'intéressé ne peut pas y être électeur, ni candidat, peu important que l'employeur n'ait pas contesté la désignation (Cass. soc. 21-7-1976 n° 76-60.151 P).

Salariés à temps partiel Les salariés à temps partiel bénéficient des droits reconnus aux salariés à temps complet (C. trav. art. L 3123-5, al. 1). Ils sont donc électeurs et éligibles pour les élections du CSE même s'ils ne sont comptés que partiellement dans l'effectif. Des élections organisées sans qu'ils puissent être présentés comme candidats sont irrégulières et doivent être annulées (Cass. soc. 27-5-1998 n° 97-60.415 D). Sur l'éligibilité d'un salarié travaillant à temps partiel dans **plusieurs entreprises**, voir n° 25085. **24810**

ILLUSTRATIONS

Doivent ainsi être électeurs :
– un **médecin** employé à temps partiel dans un hôpital exerçant en même temps une **activité libérale** (Cass. soc. 12-5-1971 n° 70-60.127 P ; 17-5-1978 n° 78-60.040 P) ;
– un **étudiant en médecine stagiaire** dans un centre médical, dès lors qu'il est sous la subordination du directeur du centre et des chefs de service, est astreint à un horaire de présence, perçoit un salaire et est affilié à la sécurité sociale en qualité de travailleur salarié. Il est en effet lié à un employeur par un contrat de travail (Cass. soc. 25-6-1981 n° 79-60.330 P).

24820 **Salariés pluriemployeurs** Les salariés travaillant pour plusieurs employeurs sont électeurs dans toutes les entreprises dans lesquelles ils justifient des conditions d'électorat (Déb. AN 1-6-1982). Sur leur éligibilité, voir n° 25085.

24825 **Autres cas** Sont électeurs les salariés **« intermittents » ou vacataires** qui, ayant travaillé dans l'entreprise de manière habituelle au cours des 3 derniers mois, sont intégrés de manière étroite et permanente à la communauté de travail (Cass. soc. 24-9-2008 n° 07-60.310 FS-PBR : RJS 12/08 n° 1205 ; 25-10-2017 n° 16-17.740 F-D : RJS 1/18 n° 54).

ILLUSTRATIONS

Ainsi, un juge ne peut pas valider la clause d'un protocole préélectoral conditionnant le droit de vote des salariés intermittents ou vacataires à une **période de travail** appréciée sur les **6 mois précédents**, sans rechercher si, en considération de la variation des effectifs dans l'entreprise et compte tenu du caractère et de la nature de l'emploi de ce personnel d'appoint, les exigences posées sur la **durée minimale d'heures de travail**, en l'espèce 400 heures sur les 6 derniers mois et 86 heures par mois pendant les 3 mois précédant l'élection, étaient conformes aux textes légaux (Cass. soc. 24-9-2008 n° 07-60.310 FS-PBR : RJS 12/08 n° 1205).

24830 Selon l'accord collectif du 7-11-2008 relatif aux **journalistes pigistes**, ceux-ci peuvent être électeurs s'ils ont bénéficié d'un minimum de 3 bulletins mensuels de piges consécutifs ou non sur les 12 derniers mois qui précèdent le mois de l'établissement des listes électorales, dont 2 dans les 4 mois précédant la signature du protocole préélectoral, hors bulletin spécifique notamment ceux relatifs au paiement du treizième mois et des congés payés. Lorsque le pigiste collabore à une publication trimestrielle, il doit alors avoir collaboré à la dernière parution qui précède l'établissement des listes électorales (Accord du 7-11-2008 étendu par Arrêté MTST1026338A du 11-10-2010).

> **Précisions** Ces dispositions ne se réfèrent pas spécifiquement aux **anciennes institutions** (délégués du personnel et comité d'entreprise) et sont rédigées en termes suffisamment larges pour s'appliquer au CSE. Cependant, elles ont été rédigées avant sa création et on peut donc se demander si elles ne sont pas caduques.
L'accord pose aussi une condition de **niveau** de rémunération du pigiste pour participer aux élections mais elle a été jugée illicite (CA Paris 24-3-2011 n° 09-24393 : RJS 6/11 n° 561) et retirée du champ de l'arrêté d'extension (Arrêté ETST1123724A du 26-8-2011). Elle n'a donc pas à être remplie.

24840 Les titulaires de **contrats aidés** exclus du calcul des effectifs sont néanmoins, en leur qualité de salariés, électeurs aux élections lorsqu'ils remplissent les conditions de droit commun (en ce sens, Cass. soc. 8-4-1992 n° 91-60.264 PF : RJS 5/92 n° 640).
Cette solution est transposable à d'autres salariés exclus du décompte des effectifs, tels que les **apprentis** (Circ. DRT 12 du 17-3-1993 annexes fiche 12). Elle peut, selon nous, être étendue aux titulaires de **contrats de professionnalisation**.
Ces salariés sont également éligibles dans les conditions de droit commun (Circ. précitée).

24845 Les jeunes travaillant dans l'entreprise en qualité de **stagiaires** ne sont pas électeurs ni, par conséquent, éligibles, faute d'être salariés. Il n'en ira autrement que si l'analyse de la relation de travail fait apparaître l'existence d'un véritable lien de subordination vis-à-vis de l'employeur. Voir par exemple n° 24810 à propos d'étudiants en médecine stagiaires.

b. Travailleurs temporaires

ÉLECTIONS DANS L'ENTREPRISE DE TRAVAIL TEMPORAIRE (ETT)

24850 Dans les ETT, tous les salariés temporaires liés à l'entreprise par un **contrat de mission au moment** de la confection des listes sont électeurs ou éligibles, sous réserve de remplir une condition d'ancienneté calculée de la façon indiquée n° 24855 (C. trav. art. L 2314-22, al. 1 ; Cass. soc. 4-2-2004 n° 03-60.163 FS-P : RJS 5/04 n° 626).
Cessent de remplir les conditions d'électorat et d'éligibilité les salariés (C. trav. art. L 2314-22, al. 2 à 4) :
1° Ayant fait savoir à l'ETT qu'ils ne souhaitent plus bénéficier d'un nouveau contrat ;
2° À qui l'ETT a notifié sa décision de ne plus faire appel à eux pour de nouveaux contrats.

Dans les ETT, les conditions d'**ancienneté** sont, pour les salariés temporaires, de **3 mois** pour être électeur (comme pour tout salarié) et de **6 mois** pour être éligible (au lieu d'un an pour les autres salariés) (C. trav. art. L 2314-20, al. 1). **24855**
L'ancienneté est **appréciée** en totalisant les **périodes** pendant lesquelles le salarié a été lié à l'ETT par des contrats de mission au cours des 12 mois (électorat) ou 18 mois (éligibilité) précédant l'élection. Ce **délai** est **réduit** à 6 mois en cas de création d'entreprise ou d'ouverture d'établissement (C. trav. art. L 2314-20, al. 2 et 3).
L'ancienneté de chaque salarié doit être calculée à **chaque élection**, à la date de la confection des listes électorales, même si le salarié est déjà titulaire d'un mandat syndical (Cass. soc. 8-2-1995 n° 94-60.061 PF : RJS 3/95 n° 320).

ÉLECTIONS DANS L'ENTREPRISE UTILISATRICE

Le salarié temporaire n'est pas électeur, ni, en conséquence, éligible, dans l'entreprise utilisatrice, bien qu'il soit pris en compte dans le calcul de ses effectifs (Cass. soc. 2-5-1978 n° 77-60.022 P ; 28-2-2007 n° 06-60.171 FS-PBRI : RJS 5/07 n° 636 ; 1-4-2008 n° 07-60.287 FS-PB : RJS 6/08 n° 694). **24860**
Si l'entreprise utilisatrice **embauche, après une mission**, un salarié mis à sa disposition par une ETT, il y devient électeur et éligible, au même titre que les autres salariés de l'entreprise. La durée des missions accomplies au sein de cette entreprise au cours des 3 mois précédant le recrutement est prise en compte pour le calcul de l'**ancienneté** du salarié (C. trav. art. L 1251-38, al. 1).
Si l'entreprise utilisatrice continue de faire travailler un salarié temporaire après la fin de sa mission sans avoir conclu avec lui un contrat de travail ou **sans nouveau contrat** de mise à disposition, ce salarié est réputé lié à l'entreprise utilisatrice par un contrat de travail à durée indéterminée. Dans ce cas, son ancienneté est appréciée en tenant compte du premier jour de sa mission au sein de cette entreprise (C. trav. art. L 1251-39).

c. Autres mises à disposition de longue durée

ÉLECTIONS DANS L'ENTREPRISE D'ORIGINE

Les salariés mis à disposition d'une autre entreprise peuvent être électeurs dans leur entreprise d'origine, à laquelle ils sont liés par un contrat de travail, dans les conditions de droit commun exposées n°s 24720 s. Sur leur éligibilité, voir n° 25065. **24870**
Les salariés ayant le **droit de voter dans l'entreprise utilisatrice** doivent, en principe, choisir le lieu d'exercice de leurs droits, ce qui implique qu'ils ne devraient pas pouvoir voter 2 fois, une fois dans l'entreprise d'origine et une fois dans l'entreprise utilisatrice (n°s 24880 s.).

ÉLECTIONS DANS L'ENTREPRISE UTILISATRICE

Le Code du travail comporte des dispositions spécifiques aux droits électoraux des salariés mis à disposition dans l'entreprise utilisatrice. **24875**
Plusieurs types de situations peuvent être envisagés. Il peut s'agir par exemple d'un détachement à l'intérieur d'un **groupe** de sociétés (de la société mère vers une filiale, par exemple) ou de la mise à disposition d'un salarié d'une entreprise dans une autre n'appartenant pas au même groupe.
Les salariés **intérimaires** ne sont pas visés, puisque des dispositions particulières leur sont applicables (n°s 24850 s.).

> **Précisions a.** S'agissant des **enseignants** liés à l'État par contrat travaillant dans des établissements d'enseignement privé ayant conclu avec l'État un contrat d'association et relevant du ministère de l'agriculture, il est expressément prévu que, nonobstant l'absence de contrat de travail avec l'établissement, ils y sont électeurs et éligibles pour les élections du CSE (C. rur. art. L 813-8, al. 3). L'article L 442-5 du Code de l'éducation, qui comporte des dispositions similaires s'agissant des établissements relevant du ministère de l'éducation nationale, n'a pas été modifié pour tenir compte de la création de cette institution, et mentionne encore les anciennes institutions représentatives du personnel (DP, CE et CHSCT).
> **b.** Un **agent public** mis à la disposition d'un organisme de droit privé ne relève pas des dispositions spécifiques relatives à l'électorat et à l'éligibilité des salariés mis à disposition, ses droits étant les mêmes que ceux des autres salariés de l'organisme (Cass. soc. 20-6-2012 n° 11-20.145 FS-PB : RJS 10/12 n° 846 ; 17-4-2013 n° 12-21.581 FS-PB : RJS 7/13 n° 565).

24880 **Conditions d'électorat** Les salariés mis à disposition remplissant les conditions pour être pris en compte dans l'effectif de l'entreprise utilisatrice (n° 20875) peuvent y être électeurs sous réserve d'une condition de **présence** dans celle-ci de 12 mois continus (C. trav. art. L 2314-23, al. 1). Sur leur éligibilité, voir n° 25065.

CONSEIL

L'entreprise utilisatrice ne dispose pas directement des **informations** quant à l'identité des intéressés. Elle doit interroger l'entreprise employeur pour que celle-ci les lui fournisse dans les conditions exposées n° 24265.

24890 **Choix du salarié** Les salariés mis à disposition qui remplissent les conditions pour voter dans l'entreprise utilisatrice doivent choisir s'ils exercent leur droit de vote dans celle-ci ou dans l'entreprise qui les emploie (C. trav. art. L 2314-23, al. 2).
Les conditions d'**expression** du choix du lieu de vote (entreprise employeur ou utilisatrice) ne sont pas encadrées par la législation.
Les conditions à remplir par les salariés mis à disposition pour pouvoir choisir d'exercer leur droit de vote dans l'une ou l'autre entreprise doivent être appréciées **lors de l'organisation des élections** dans l'entreprise utilisatrice. C'est à cette date qu'ils doivent être mis en mesure d'exercer leur droit d'option, sans que le **fait d'avoir déjà voté** dans leur entreprise d'origine puisse les priver de ce droit (Cass. soc. 26-5-2010 n° 09-60.400 FS-PBR : RJS 8-9/10 n° 689). Ainsi, en l'espèce, les salariés mis à disposition, bien qu'ayant déjà voté en octobre 2008 dans l'entreprise d'origine, pouvaient être amenés à voter une seconde fois, quelques mois plus tard, dans l'entreprise utilisatrice où les élections se déroulaient en mars 2009.

ATTENTION

Selon nous, il résulte de la formulation de l'article L 2314-23 du Code du travail que le choix des intéressés **s'entend** d'une manifestation de volonté.
Ces dispositions sont d'**ordre public**. Un accord collectif ne peut pas y faire échec. Ainsi, l'avenant du 12-12-2008 à la convention collective nationale des entreprises de propreté, selon lequel le salarié d'une entreprise de propreté demeure électeur et éligible dans l'entreprise avec laquelle il est lié contractuellement a été jugé nul et de nul effet (TGI Paris 9-2-2010 n° 09-15138 : RJS 7/10 n° 610), et son extension a, par suite, été refusée par le ministre chargé du travail, à bon droit selon le Conseil d'État (CE 23-12-2010 n° 332493 : RJS 3/11 n° 252).

2. ANCIENNETÉ

24895 Pour être électeur, le salarié doit travailler depuis 3 mois au moins dans l'entreprise (n° 24720). Sur la **date** d'appréciation de cette ancienneté, voir n° 24725.
Sur la prise en compte des **heures de délégation** pour calculer l'ancienneté d'un salarié, voir n° 25122.
Sur le cas particulier du vote : des **travailleurs temporaires**, voir n°s 24855 s. ; des **salariés mis à disposition** d'une entreprise, voir n° 24880.

CADRE D'APPRÉCIATION

24900 Dans une entreprise à **établissements multiples**, un salarié ayant travaillé dans plusieurs d'entre eux bénéficie de l'ancienneté acquise dans ces différents établissements (Cass. soc. 6-1-1977 n° 76-60.216 P ; 7-1-1985 n° 84-60.530 P). Cette solution vaut pour une **UES**, constituée de plusieurs sociétés, y compris lorsque les contrats de travail passés avec la première société étaient à durée déterminée (Cass. soc. 22-7-1980 n° 80-60.235 P).
S'agissant des salariés ayant travaillé dans **plusieurs sociétés** d'un même **groupe**, voir n° 25115.

SITUATIONS PARTICULIÈRES

24905 **Suspension du contrat de travail** La suspension du contrat de travail n'a pas pour effet d'annuler l'ancienneté acquise **auparavant** (Cass. soc. 21-3-1952 n° 5742 P ; 14-1-1982 n° 81-60.850 P). Cette solution vaut pour l'électorat comme pour l'éligibilité.

ILLUSTRATIONS

Un salarié **mis à pied** conserve son ancienneté antérieure et peut être inscrit sur la liste électorale de l'entreprise en vue des élections (Cass. soc. 13-6-1979 n° 79-60.082 P).
Une salariée dont le contrat n'est que suspendu en raison de son **congé de maternité** et dont l'ancienneté est supérieure à un an au moment de l'élection remplit les conditions pour être éligible (Cass. soc. 19-10-1993 n° 92-60.349 D).

24910 Pour calculer l'ancienneté du salarié, il convient de prendre en compte la **durée de la suspension** de son contrat lorsque les textes le prévoient. Il en est ainsi, par **exemple**, dans les cas suivants : accident du travail (C. trav. art. L 1226-7, al. 1 et 4) ; projet de transition professionnelle (C. trav.

art. L 6323-17-4, 2°) ; congé pour validation des acquis de l'expérience (C. trav. art. L 6422-3) ; congés de formation économique, sociale, environnementale et syndicale (C. trav. art. L 2145-10, al. 2), de formation prud'homale (C. trav. art. L 1442-2, al. 4), de formation de cadre et animateur pour la jeunesse (C. trav. art. L 3142-55) ; maternité (C. trav. art. L 1225-24, al. 2) ; paternité et accueil de l'enfant (C. trav. art. L 1225-35-2) ; adoption (C. trav. art. L 1225-42, al. 2).
La durée du **congé parental** d'éducation à temps plein est prise en compte pour moitié dans la détermination des avantages liés à l'ancienneté. Elle est prise en compte en totalité lorsque le congé est à temps partiel (C. trav. art. L 1225-54).
Une période de suspension dont **aucun texte** n'aurait prévu l'assimilation à du travail effectif ne devrait pas, en droit strict, être prise en compte pour le calcul de l'ancienneté.

CONSEIL

La prise en compte d'**autres périodes** de suspension pour le calcul de l'ancienneté peut être prévue par la convention ou l'accord collectif applicable. Il convient donc de vérifier les dispositions des textes dont relève l'entreprise ou l'établissement.
Ces règles concernent aussi le calcul de l'ancienneté d'un an exigée pour se porter candidat.

Transferts d'entreprise Si des salariés ont été transférés dans l'entreprise, on distingue selon les circonstances du transfert : 24920
– application de l'article L 1224-1 du **Code du travail** : l'ancienneté acquise par le salarié au service de son précédent employeur doit être prise en compte (Cass. soc. 20-12-1988 n° 87-60.276 P) ;
– **transfert conventionnel** des contrats de travail : il n'emporte pas, sauf clause conventionnelle plus favorable, le maintien de l'ancienneté acquise au service du premier employeur (Cass. soc. 16-11-1993 n° 92-60.617 D : RJS 1/94 n° 5) ;
– transfert dans un **cas non couvert** par l'article L 1224-1 ni par des dispositions conventionnelles : l'ancienneté acquise au service de l'ancien employeur ne peut pas être prise en compte. Peu importe que les salariés concernés aient conservé, à titre individuel, au regard du nouvel employeur, l'ancienneté qu'ils avaient acquise au service de l'ancien (en ce sens : Cass. soc. 3-12-1987 n° 86-60.433 P).
Ces solutions valent pour l'électorat et l'éligibilité des salariés concernés.

Salariés sous CDD Si la relation contractuelle de travail se poursuit après l'échéance du terme du CDD par un **CDI**, le salarié conserve l'ancienneté qu'il avait acquise au terme du CDD (C. trav. art. L 1243-11, al. 2). 24925
S'agissant de la succession de **contrats séparés** par des **périodes d'interruption**, voir n° 25110.

Salariés à temps partiel L'ancienneté d'un salarié à temps partiel est décomptée comme s'il avait été occupé à temps complet, les périodes non travaillées étant prises en compte en totalité (C. trav. art. L 3123-5, al. 4). 24930

Stagiaires Lorsqu'un salarié est **embauché** à l'issue d'un stage, intégré à un cursus pédagogique, d'une durée supérieure à 2 mois consécutifs ou fractionnés au cours d'une même année scolaire ou universitaire, cette durée est prise en compte pour l'ouverture et le calcul des droits liés à l'ancienneté (C. trav. art. L 1221-24, al. 2). 24935

DÉROGATIONS AUX CONDITIONS D'ANCIENNETÉ

Une dérogation à la condition d'ancienneté peut être prévue par **accord**, voir n° 24730. 24940
L'**inspecteur du travail** peut, après avoir **consulté** les syndicats représentatifs dans l'entreprise, autoriser des dérogations aux conditions d'ancienneté pour l'électorat, notamment lorsque leur application aurait pour effet de réduire à moins des deux tiers de l'effectif le nombre de salariés remplissant ces conditions (C. trav. art. L 2314-25, al. 1). Sur la dérogation aux conditions d'ancienneté pour être éligible, voir n° 25125.

> **Précisions** La décision de l'inspecteur du travail relative aux dérogations aux conditions d'ancienneté requises pour l'électorat ou l'éligibilité doit être motivée (Circ. DRT 12 du 17-3-1993 n° 1.1). Elle peut faire l'objet d'un **recours** devant le tribunal judiciaire dans un délai de 15 jours suivant sa notification (C. trav. art. L 2314-25 et R 2314-4), dans les conditions exposées n°s 26415 s.
> Une dérogation ne peut pas être accordée tant que la **condition d'effectif** pour la mise en place du CSE n'est pas remplie. Autrement dit, il n'est pas possible de demander une dérogation pour détourner les règles de calcul de l'effectif, par exemple en cas de **création d'entreprise** ou de **modification dans la situation juridique** de l'employeur : la dérogation ne sera pas accordée (Circ. DRT 12 du 17-3-1993 annexes fiche 4 n° 2).

3. CAPACITÉ ÉLECTORALE

24950 Pour être électeur, le salarié ne doit avoir fait l'objet d'aucune interdiction, déchéance ou incapacité relatives à ses droits civiques (n° 24720). Sur la **date** d'appréciation de cette condition, voir n° 24725. Les salariés de l'entreprise sont **présumés** jouir de leurs droits civiques, sauf preuve contraire soumise, au besoin, à la vérification du juge (Cass. soc. 15-6-1995 n° 94-60.461 P : RJS 7/95 n° 798).

> **Précisions** L'employeur ne peut pas exiger des salariés la production du **casier judiciaire**, lequel ne comporte pas d'ailleurs les mentions suffisantes pour justifier la capacité électorale (Cass. crim. 28-4-1953 n° 30001 ; dans le même sens : Cass. soc. 25-10-1978 n° 78-60.693 P). Corrélativement, des juges du fond ne peuvent pas lui imposer de vérifier la capacité électorale des salariés en leur demandant leur **carte d'électeur** politique (Cass. soc. 15-6-1995 n° 94-60.461 P : RJS 7/95 n° 798).
> Mais l'employeur peut, comme tout électeur, consulter la **liste électorale** politique (C. élect. art. L 37). Et il peut saisir le **juge** de sa contestation de la capacité électorale d'un salarié. La juridiction doit alors vérifier ses allégations (Cass. soc. 2-7-1981 n° 81-60.555 P).

B. Établissement des listes électorales

24970 Les listes électorales sont les listes nominatives des salariés ayant la qualité d'électeurs.
Bien qu'aucun texte ne le prévoie, il revient à l'**employeur**, selon la jurisprudence, de les établir (Cass. soc. 13-11-2008 n° 07-60.434 FS-PBRI : RJS 1/09 n° 57). En effet, lui seul connaît les renseignements permettant d'apprécier si les conditions d'électorat sont réunies (ancienneté du salarié, nature des contrats liant certaines personnes à l'entreprise).
Si le corps électoral est divisé en **plusieurs collèges** électoraux, il doit établir une liste par collège, en fonction de l'emploi occupé par chaque salarié, dans les conditions exposées n° 24575.
L'employeur doit en outre les **rectifier**, le cas échéant, après leur publication, pour tenir compte des changements de qualification professionnelle des salariés (n° 24575) et des modifications d'effectif intervenus dans l'entreprise entre la publication des listes et le premier tour du scrutin (n° 25000).

CONSEIL

Aucun texte ne traite de l'établissement et de la publication des listes électorales, sauf en matière de vote électronique (n° 25770). Les modalités d'organisation des opérations électorales devant faire l'objet d'un **accord entre l'employeur et les syndicats**, les conditions d'élaboration et de publication des listes électorales peuvent être prévues par l'accord. La publication des listes est en effet importante, puisqu'elle constitue le point de départ du délai de **3 jours** durant lequel les **contestations portant sur l'électorat** peuvent être élevées, voir n° 26513.

ENTREPRISES À ÉTABLISSEMENTS MULTIPLES

24975 Dans les entreprises à établissements multiples, les **salariés appartenant à un établissement** de l'entreprise ne peuvent pas être électeurs et éligibles dans un autre établissement. Ils doivent être inscrits sur les listes électorales de l'établissement auquel ils appartiennent (Cass. soc. 27-10-2004 n° 03-60.443 F-D : RJS 1/05 n° 59).
Lorsqu'une mesure de **mutation** a été refusée par un salarié, elle produit néanmoins ses effets. Ainsi, le salarié ne peut pas être candidat dans son établissement d'origine dès lors qu'il a été muté dans un autre établissement, peu importe qu'au moment de sa candidature, la société n'ait pas encore engagé la procédure de licenciement (Cass. soc. 6-7-1983 n° 82-60.476 P). À l'inverse, le salarié muté peut voter dans son nouvel établissement, même s'il a déjà voté dans l'établissement d'origine (voir n° 24725).
Un salarié travaillant au sein de **plusieurs établissements** doit être inscrit sur la liste de l'établissement où il exerce principalement son activité (Cass. soc. 8-12-2010 n° 10-60.126 F-PB : RJS 2/11 n° 159).

ILLUSTRATIONS

Le salarié exerçant ses fonctions dans plusieurs établissements, mais rattaché à l'**établissement principal** de l'entreprise doit être inscrit sur les listes électorales de celui-ci (Cass. soc. 4-12-1991 n° 90-60.558 D ; dans le même sens, s'agissant de salariés itinérants, appelés à effectuer des déplacements ou à être affectés sur les divers chantiers de l'entreprise et rattachés à son établissement principal pour l'exécution de leur contrat : Cass. soc. 13-10-2004 n° 03-60.344 F-D : RJS 12/04 n° 1303).

Le salarié travaillant sur différents chantiers et dont le contrat est géré par l'**un des établissements** de l'entreprise, en l'espèce un centre situé à Nantes, doit être inscrit sur les listes électorales de ce centre et ne peut pas demander à être inscrit sur les listes du centre qui l'a embauché (Cass. soc. 19-11-1986 n° 86-60.255 P).
Le juge ne peut pas refuser l'inscription d'un salarié sur les listes électorales du lieu d'exercice de son **mandat syndical** dès lors que selon un accord d'entreprise celui-ci est considéré comme le lieu de travail (Cass. soc. 30-1-2008 n° 07-60.257 F-D : RJS 4/08 n° 453). Même en l'absence d'accord d'entreprise, il convient de prendre en compte, non pas le rattachement administratif du salarié, mais le lieu où il exerce effectivement ses attributions représentatives (Cass. soc. 25-5-1977 n° 76-60.269 P ; Cass. ass. plén. 18-12-1981 n° 80-60.395 P).

CONTENU

Les seules **mentions** que l'employeur doit porter sur les listes électorales sont celles déterminant la qualité d'électeur et permettant de contrôler la régularité des opérations électorales : l'âge, l'appartenance à l'entreprise et l'ancienneté dans celle-ci (Cass. soc. 20-3-2002 n° 00-60.315 FS-PBR : RJS 6/02 n° 702). **24980**

Les parties au **protocole préélectoral** peuvent se mettre d'accord pour prévoir l'inscription d'autres mentions qu'elles jugent utiles ou nécessaires. Un syndicat peut demander au **juge** d'ordonner l'inscription d'une autre mention sur la liste électorale, si celle-ci permet de vérifier la régularité des inscriptions sur la liste. Cependant, des **informations de nature personnelle** ne peuvent pas être publiées dans ce cadre. **24985**

ILLUSTRATIONS

Des syndicats peuvent, dans le cadre de la vérification de la régularité des inscriptions sur les listes électorales et de la répartition des salariés dans les collèges, demander **communication des coefficients hiérarchiques** des salariés à l'employeur. Il n'appartient pas au juge d'ordonner l'**affichage** de ces informations, de nature personnelle (Cass. soc. 20-6-2012 n° 11-19.643 FS-PB : RJS 10/12 n° 829).
L'indication de l'**adresse** des salariés n'a pas à figurer sur la liste électorale (Cass. soc. 20-3-2002 n° 00-60.315 FS-PBR : RJS 6/02 n° 702 ; 17-12-2003 n° 02-60.394 F-D). En conséquence, l'absence de clause relative à la mention du domicile des salariés sur la liste électorale ne constitue pas une irrégularité du protocole électoral (Cass. soc. 10-7-2002 n° 01-60.699 F-P : RJS 11/02 n° 1258). Voir cependant n° 24995 s'agissant du cas particulier des **salariés à domicile**.

PUBLICATION

Compte tenu du délai pour introduire des contestations en matière d'électorat (n° 26513), les listes électorales doivent faire l'objet d'une publication, **4 jours au moins avant** la date de l'élection. **24990**
En **pratique**, elles sont publiées par l'employeur par voie d'affichage. Le protocole préélectoral peut prévoir d'autres modalités sous réserve qu'elles soient suffisantes à informer les salariés (en ce sens : Cass. soc. 3-3-2021 n° 19-22.944 F-P : RJS 5/21 n° 278).
À **défaut d'accord**, le juge peut décider que les listes électorales seront affichées sur tous les panneaux de la direction répartis géographiquement dans l'établissement (Cass. soc. 7-11-1990 n° 89-61.544 D).
Le **retard** de 3 jours dans l'affichage de la liste des électeurs et éligibles n'entraîne pas le **report** du scrutin dès lors que, malgré ce retard, il n'est pas établi qu'une bonne organisation du scrutin justifie cet ajournement (Cass. soc. 20-12-1988 n° 88-60.431 D : RJS 2/89 n° 175).
La non-publication de la liste électorale ou sa publication tardive n'entraîne pas automatiquement l'**annulation** des élections. Le tribunal doit rechercher si les modalités de publication et le retard apporté à l'affichage de la liste ont effectivement faussé le résultat des élections (Cass. soc. 17-1-1974 n° 73-60.158 P).

AUTRES COMMUNICATIONS

Tout **électeur** peut prendre communication et **copie de la liste** électorale à la condition de s'engager à ne pas en faire un usage commercial (C. élec. art. L 37). **24995**
Si un **syndicat** représentatif en fait la demande, l'employeur est tenu de lui communiquer copie des listes électorales (Cass. soc. 14-10-1997 n° 96-60.037 PF : RJS 11/97 n° 1263 ; 17-1-2001 n° 99-60.471 F-D : RJS 4/01 n° 469). Ni l'employeur ni les salariés ne peuvent s'y opposer (Cass. soc. 20-3-2002 n° 00-60.315 FS-PBR : RJS 6/02 n° 702). Selon nous, tous les syndicats intéressés au sens indiqué n°s 24100 s., même non représentatifs, devraient se voir reconnaître cette possibilité.
Les syndicats comme les salariés doivent pouvoir vérifier la **régularité des inscriptions** sur les listes électorales (Cass. soc. 8-3-1979 n° 78-60.729 P).

Cette vérification peut s'opérer par la seule communication de listes électorales portant les mentions nécessaires au contrôle ou, le cas échéant, par la remise aux intéressés d'**autres documents**, tels que les adresses des travailleurs à domicile d'une entreprise (Cass. soc. 8-3-1979 n° 78-60.729 P). En cas de **contestation**, c'est à l'employeur de fournir les éléments nécessaires au contrôle de la régularité des listes (Cass. soc. 13-11-2008 n° 07-60.434 FS-PBRI : RJS 1/09 n° 57). Sur les éléments que l'employeur doit fournir aux syndicats au cours de la **négociation préélectorale**, voir n° 24263.

> **Précisions a.** Un syndicat **catégoriel** ne peut demander la communication de documents que pour autant qu'ils concernent les salariés qu'il a vocation à représenter.
> Ainsi, un syndicat des réalisateurs et créateurs de télévision ne peut pas obtenir, pour contrôler les conditions d'électorat et d'éligibilité, la communication de « listings » d'emploi de tous les salariés sous CDD. Il ne peut prétendre qu'à la communication des renseignements concernant les seuls réalisateurs et créateurs (Cass. soc. 10-10-1990 n° 88-60.125 D).
> **b.** Si la liste électorale est **affichée**, sa **non-communication** à un syndicat ne justifie pas l'annulation du premier tour des élections, dès lors que ce syndicat ne conteste l'éligibilité d'aucun élu (Cass. soc. 4-6-2003 n° 02-60.034 F-P : RJS 11/03 n° 1291).

RECTIFICATION OU MODIFICATION DES LISTES ÉLECTORALES

25000 **Modification des listes avant le premier tour** Si l'effectif se modifie après publication de la liste électorale, l'employeur doit l'**actualiser** et publier la liste modifiée au plus tard le quatrième jour avant la date du scrutin (Cass. soc. 20-3-2002 n° 01-60.482 F-P : RJS 7/02 n° 851). Il en est ainsi en cas de **mutation** de salariés d'un établissement de l'entreprise à un autre (Cass. soc. 26-11-2003 n° 03-60.036 F-P : RJS 2/04 n° 237).

En effet, les salariés concernés ne peuvent pas être privés de leurs **droits électoraux** (Cass. soc. 26-11-2003 n° 03-60.036 F-P : RJS 2/04 n° 237).

ILLUSTRATIONS

Si les ouvriers d'un chantier sont intégrés dans ses effectifs au 1-1-2001, l'employeur qui n'a **pas rectifié** les listes électorales publiées le 17-11-2000 n'est pas fondé à **contester** la candidature des salariés concernés au deuxième tour des élections, intervenu le 27-2-2001 (Cass. soc. 20-3-2002 n° 01-60.482 F-P : RJS 7/02 n° 851).
De même, un employeur qui manque à son obligation d'actualiser les listes électorales ne peut pas contester la qualité d'électeurs et l'éligibilité dans leur établissement d'origine des **salariés mutés dans un autre établissement** (Cass. soc. 26-11-2003 n° 03-60.036 F-P : RJS 2/04 n° 237).

25005 **Modification des listes entre les deux tours** Les conditions d'électorat et d'éligibilité devant être remplies à la date de l'élection (voir respectivement n°s 24725 et 25060), la liste électorale est établie pour les deux tours et ne peut pas être modifiée après le premier tour. À cet égard, le renouvellement de l'affichage en vue du second tour constitue un simple rappel et n'ouvre pas de droits nouveaux (Cass. soc. 6-7-1983 n° 82-60.613 P ; 7-3-1990 n° 89-60.283 P : RJS 4/90 n° 327).

Toutefois, le **non-respect de cette interdiction** ne conduit pas nécessairement à l'annulation des élections. Le juge peut valider les élections si la modification d'une liste entre les deux tours n'a eu aucune incidence sur le résultat du scrutin (Cass. soc. 18-11-2008 n° 07-60.359 FS-PB : RJS 2/09 n° 196).

PORTÉE DE L'INSCRIPTION SUR LES LISTES ÉLECTORALES

25010 Seuls les salariés inscrits sur une liste électorale peuvent **participer** aux élections.

Dès lors qu'elle n'a pas été contestée dans le délai légal, la **non-inscription** sur la liste prive le salarié de sa qualité d'électeur et, en conséquence, de sa qualité d'éligible (Cass. soc. 3-2-1986 n° 85-60.462 P ; 6-2-2002 n° 00-60.481 FS-P : RJS 4/02 n° 461 ; 20-3-2002 n° 01-60.482 F-P : RJS 7/02 n° 851). S'il vote, les élections peuvent être annulées, dès lors que l'employeur ne fournit pas d'explication sur ce point (Cass. soc. 13-2-2003 n° 01-60.745 F-P : RJS 4/03 n° 492).

Cependant, le **salarié intégré à l'effectif** de l'entreprise **après publication** de la liste électorale et **avant le premier tour** ne peut pas être privé de ses droits électoraux, voir ci-dessus n° 25000. Et il est bien sûr possible de **contester** l'inscription ou la non-inscription de salariés sur les listes électorales, mais dans des délais très courts, voir n° 26513. Toutefois, si les élections se sont déjà tenues au moment où le juge statue, l'action tendant à ordonner la rectification des listes électorales sera déclarée irrecevable en l'absence de contestation de la régularité des élections dans le délai visé n° 26525, l'intérêt à agir en matière préélectorale ayant disparu avec les élections (Cass. soc. 2-2-2022 n° 20-21.584 F-D : RJS 4/22 n° 204).

V. LISTES DE CANDIDATS

Pour le **premier tour** de scrutin, la présentation des candidatures est réservée aux syndicats intéressés, c'est-à-dire aux syndicats invités à la négociation du protocole préélectoral mentionnés nos 24100 s. Au **second tour**, les candidatures sont libres. Les salariés doivent, pour être éligibles, remplir certaines conditions légales, identiques aux premier et second tours. **25050**
Sur les conditions dans lesquelles une candidature ou une liste de candidats peut être **contestée** devant le juge, voir nos 26380 s.

A. Éligibilité

Seuls les **salariés de l'entreprise** peuvent se porter candidats aux élections. **25055**
Sur la question de l'éligibilité des salariés **intérimaires** dans l'entreprise de travail temporaire et dans l'entreprise utilisatrice, voir nos 24850 s.
Sur les conséquences de la présence d'un **salarié inéligible sur une liste** de candidats, voir n° 25270.

Sont éligibles aux fonctions de membres du CSE les salariés (nos 25065 s.) qui remplissent les conditions suivantes (C. trav. art. L 2314-19) : **25060**
– être **électeur** (n° 25105) ;
– être **âgé** d'au moins 18 ans révolus ;
– avoir **travaillé** dans l'entreprise **depuis** un an au moins (sur l'appréciation de la condition d'ancienneté, voir nos 25110 s.) ;
– ne pas avoir certains **liens de parenté** avec l'employeur (n° 25145) ;
– ne pas être **assimilé à l'employeur** (nos 25150 s.).
Ces conditions doivent être remplies à la **date** du premier tour du scrutin (Cass. soc. 1-12-2010 n° 10-60.163 F-PB : RJS 2/11 n° 161) ou, en cas de recours à un **vote électronique** se déroulant sur plusieurs jours, à la date du premier jour du scrutin (Cass. soc. 23-3-2022 n° 20-20.047 FS-B : RJS 6/22 n° 313), sans qu'un protocole préélectoral puisse modifier cette date. Ainsi, n'est pas éligible le salarié qui ne remplit pas la condition d'**ancienneté** à la date du scrutin et qui, après avoir demandé à l'inspecteur du travail une dérogation à cette condition (nos 25125 s.) par l'intermédiaire de son syndicat, ne l'obtient qu'après les élections (Cass. soc. 17-3-1999 n° 98-60.342 D). En outre, une personne qui n'est plus, à la date du second tour, salariée de l'entreprise en raison de son **transfert** dans une filiale ne peut pas y être éligible (Cass. soc. 7-10-1998 n° 97-60.292 D : RJS 11/98 n° 1378).

> **Précisions a.** Les salariés n'ont pas à être **syndiqués** pour se présenter aux élections, que ce soit au premier ou au second tour.
> **b.** S'agissant des conditions dans lesquelles il est possible d'**aménager** les conditions d'éligibilité, voir n° 24730, et plus particulièrement celles relatives à l'ancienneté, voir n° 25125.
> **c.** Sur l'éligibilité des salariés en situation de **déplacement**, voir n° 24720, c.
> **d.** Sur la limitation du **nombre de mandats** successifs, voir n° 31520.

1. QUALITÉ DE SALARIÉ

Comme pour l'électorat, l'appartenance à l'entreprise au moment des élections est une condition d'éligibilité (Cass. soc. 7-7-1999 n° 98-60.396 D : RJS 8-9/99 n° 1096). Sur la détermination de la qualité de salarié de l'entreprise, voir n° 24750. **25065**
On trouvera sous l'exposé relatif à l'électorat des précisions sur les **situations et catégories** suivantes : salariés transférés (n° 24780) ; travailleurs handicapés (n° 24795) ; télétravailleurs (n° 24800) ; salariés sous CDD (n° 24805) ; salariés à temps partiel (n° 24810) ; titulaires de contrats aidés ou de contrats de professionnalisation et apprentis (n° 24840) ; stagiaires (n° 24845) ; enseignants liés à l'État par contrat travaillant dans des établissements privés (n° 24875, a) ; agents publics mis à disposition d'un organisme privé (n° 24875, b).

ATTENTION
Les salariés **mis à disposition** ne sont pas éligibles dans l'entreprise utilisatrice (C. trav. art. L 2314-23, al. 1). En revanche ils le sont, bien sûr, dans l'entreprise qui les emploie. S'agissant des **salariés temporaires**, voir nos 24850 s.

SUSPENSION DU CONTRAT DE TRAVAIL

25070 Les salariés absents de l'entreprise à la date des élections, mais remplissant la condition d'**ancienneté** prévue par la loi sont éligibles dès lors que leur contrat de travail n'est que suspendu (Cass. soc. 15-5-1991 n° 90-60.483 P : RJS 6/91 n° 730 ; 17-5-1995 n° 94-60.395 D ; 26-9-2002 n° 01-60.708 FS-PB : RJS 2/03 n° 219).

Sur le **calcul** de l'ancienneté dans ce cas, voir n° 24910.

ILLUSTRATIONS

Ainsi en est-il d'un salarié dont le contrat est suspendu :
– ayant bénéficié d'un **congé** de 2 ans **pour création d'entreprise** (Cass. soc. 9-10-2007 n° 06-42.348 F-D) ;
– en raison d'un **congé de maternité** (Cass. soc. 19-10-1993 n° 92-60.349 D) ;
– en **congé de maladie** depuis plus de 18 mois (Cass. soc. 1-12-1993 n° 92-60.278 P : RJS 1/94 n° 56) ;
– en raison de sa **mise à pied** (Cass. ch. mixte 25-10-1968 n° 66-60.055 P) ;
– **dispensé d'activité**, mais toujours lié à l'entreprise par un contrat de travail (Cass. soc. 10-10-2002 n° 01-60.723 F-D).

Si un salarié se voit appliquer une mesure qualifiée de **mise en disponibilité**, il convient de rechercher l'incidence de cette mesure sur son contrat de travail pour déterminer son éligibilité (Cass. soc. 26-9-2002 n° 01-60.708 FS-PB : RJS 2/03 n° 219).

Voir aussi les solutions présentées n° 24755 au sujet de l'électorat.

RUPTURE DU CONTRAT DE TRAVAIL

25075 Les salariés ayant quitté l'entreprise à la date du scrutin ne peuvent pas participer aux élections. Ils ne sont ni électeurs ni éligibles.

Pendant la durée du **préavis** précédant la rupture du contrat, le salarié continue à faire partie du personnel. Il reste donc éligible et peut exercer ses fonctions représentatives jusqu'à la date d'expiration du préavis (Cass. soc. 13-2-1974 n° 73-60.142 P). Il en est ainsi même en cas de **dispense** de préavis à l'initiative de l'employeur, celle-ci n'ayant pas pour effet d'avancer la date de fin du contrat, bien que le salarié cesse tout travail (Cass. soc. 8-12-1976 n° 76-60.179 P ; 27-1-1983 n° 82-60.327 P ; 14-3-2018 n° 17-14.028 F-D : RJS 5/18 n° 349). Voir aussi les solutions présentées n°s 24760 s. au sujet de l'électorat, qui sont transposables, selon nous, à l'éligibilité.

> **Précisions** a. Un salarié victime d'un **accident de trajet** et n'ayant pas repris son emploi est éligible dès lors que (Cass. soc. 15-11-1988 n° 88-60.091 P : RJS 1/89 n° 62) :
> – l'inspecteur du travail a refusé d'autoriser le licenciement de l'intéressé, reconnu apte pour un autre emploi, cette décision, après un recours hiérarchique implicitement rejeté, faisant l'objet d'un recours contentieux devant le tribunal administratif ;
> – le fait que le salarié ne travaille pas dans l'entreprise est imputable à l'employeur qui n'a pas respecté son obligation de lui fournir du travail.
> b. Sur le **salarié transféré** dans une filiale entre les deux tours de scrutin, voir n° 25060.

DÉTACHEMENT À L'ÉTRANGER

25080 Dès lors que la **loi du pays** où travaille un salarié **interdit** l'exercice de fonctions représentatives et que l'éloignement du salarié ne lui permettra pas de remplir son mandat dans l'établissement situé en France, un tribunal peut décider que l'intéressé n'est pas éligible (Cass. soc. 4-5-1994 n° 93-60.333 PBBS : RJS 6/94 n° 711).

Sur la qualité d'électeur du salarié détaché à l'étranger par la société mère au sein de cette dernière, voir n° 24775.

STATUTS PARTICULIERS

25085 Les salariés travaillant à **temps partiel** simultanément dans **plusieurs entreprises** ne sont éligibles que dans l'une de ces entreprises. Ils choisissent celle dans laquelle ils font acte de candidature (C. trav. art. L 2314-19, al. 2 ; Cass. soc. 16-11-2011 n° 11-13.256 FS-PB : RJS 2/12 n° 175).

25090 Les **extras** ne sont pas éligibles car la mission et les fonctions permanentes de représentant du personnel ne peuvent pas être remplies par un travailleur n'ayant que des liens occasionnels intermittents par des contrats différents avec l'entreprise (Cass. soc. 18-6-1981 n° 81-60.028 P).

Des « **accompagnateurs** » d'une société de **tourisme** sont éligibles, dès lors que, attachés en permanence à l'entreprise depuis plusieurs années, ils ont effectué la totalité des services résultant de leurs fonctions, compte tenu du caractère particulier de celles-ci, depuis un an au moins (Cass. soc. 27-4-1978 n° 78-60.018 P).

Selon l'accord collectif du 7-11-2008 relatif aux **journalistes pigistes**, ceux-ci peuvent se porter candidats s'ils répondent aux critères cumulatifs suivants : avoir bénéficié d'un minimum de 9 bulletins mensuels de piges consécutifs ou non sur les 12 derniers mois qui précèdent le mois de l'établissement des listes électorales, dont 2 dans les 4 mois précédant la signature du protocole préélectoral, hors bulletin spécifique notamment ceux relatifs au paiement du treizième mois et des congés payés ; avoir déclaré par écrit sur l'honneur à l'entreprise où ils se présentent pour être éligibles ne pas avoir de mandat de même nature dans une autre entreprise, et s'être engagés à ne pas en briguer pendant toute la période (Accord du 7-11-2008 étendu par Arrêté MTST1026338A du 11-10-2010). **25095**

> **Précisions** Ces dispositions ne se réfèrent pas spécifiquement aux **anciennes institutions** (délégués du personnel et comité d'entreprise) et sont rédigées en termes suffisamment larges pour s'appliquer au CSE. Cependant, elles ont été rédigées avant sa création et on peut donc se demander si elles ne sont pas caduques. L'accord pose aussi une condition de **niveau** de rémunération du pigiste pour participer aux élections mais elle a été jugée illicite (CA Paris 24-3-2011 n° 09-24393 : RJS 6/11 n° 561) et retirée du champ de l'arrêté d'extension (Arrêté ETST1123724A du 26-8-2011). Elle n'a donc pas à être remplie.

2. AUTRES CONDITIONS

ÉLECTORAT

Pour être éligible, le salarié doit être électeur et **inscrit** à ce titre sur une liste électorale (n° 25010). **25105**
Sur l'établissement des listes électorales par l'employeur, voir n°s 24970 s.
Un **salarié qui s'est vu refuser la qualité d'électeur**, car il ne remplit pas l'une des conditions énoncées n°s 24720 s. n'est pas éligible. Il en va de même du salarié qui, bien que remplissant les conditions d'électorat, a été **omis des listes** électorales et n'a pas contesté cette non-inscription dans le délai légal (n° 25010). Sur l'obligation pour l'employeur d'**actualiser** la liste électorale pour y inscrire un salarié intégré à l'effectif avant le premier tour et sur les conséquences en cas d'omission, voir n° 25000. Pour être éligible dans un **collège** électoral, le salarié doit être électeur dans ce collège (Cass. soc. 7-2-1989 n° 88-60.131 P : RJS 4/89 n° 369 ; 20-9-2017 n° 16-18.780 F-D : RJS 12/17 n° 812). Sur la **date** d'appréciation de la qualité d'électeur, voir n° 25060.

ANCIENNETÉ

Est éligible le salarié ayant travaillé dans l'entreprise depuis un an au moins (n° 25060). L'ancienneté requise peut résulter de **contrats distincts** séparés par des **périodes d'interruption** (Cass. soc. 3-10-2007 n° 06-60.063 F-PB : RJS 12/07 n° 1313). Cette solution vaut aussi, selon nous, pour l'électorat. Sur la date d'appréciation de l'ancienneté pour être éligible, voir n° 25060. Sur les conditions dans lesquelles il peut être **dérogé** aux dispositions légales relatives à l'ancienneté, voir n°s 25125 s. **25110**

> **Précisions a.** En cas d'**annulation**, par la Cour de cassation, **de la résiliation judiciaire** du contrat de travail prononcée par une cour d'appel, le contrat est réputé n'avoir jamais été résilié. En conséquence, le salarié doit être considéré comme n'ayant pas cessé de travailler dans l'entreprise, au sens des textes fixant la durée de fonctions requise pour les candidatures aux élections, même si l'employeur poursuivant l'exécution de l'arrêt cassé a mis fin à ses fonctions (Cass. soc. 21-7-1976 n° 76-60.011 P).
> **b.** Sur le calcul de l'ancienneté des salariés en cas de **suspension du contrat** de travail, voir n°s 24905 s. ; en cas de **transfert d'entreprise**, voir n° 24920 ; des salariés à **temps partiel**, voir n° 24930 ; des **stagiaires** embauchés après leur stage, voir n° 24935 ; des **travailleurs temporaires** participant à l'élection organisée dans l'entreprise de travail temporaire, voir n°s 24855 s. ; des salariés **embauchés sous CDI** après un CDD, voir n° 24925.

Cadre d'appréciation Dans une entreprise à **établissements multiples**, il est tenu compte de l'ancienneté acquise par le salarié dans le cadre de tous les établissements (Cass. soc. 30-1-2008 n° 07-60.121 F-D : RJS 4/08 n° 455 ; 11-10-2017 n° 16-60.295 F-PB : RJS 12/17 n° 812). **25115**
Si une entreprise est une filiale d'un **groupe** d'entreprises, il est tenu compte de l'ancienneté acquise dans les autres filiales (Cass. soc. 8-7-1997 n° 96-60.295 P : RJS 8-9/97 n° 999). Cette dernière solution est, selon nous, transposable à l'électorat.

Heures de délégation Les heures de délégation, étant, selon le Code du travail, considérées de plein droit comme du temps de travail, elles doivent être prises en compte pour apprécier l'ancienneté d'un candidat aux élections (Cass. soc. 20-11-1991 n° 90-60.397 PF : RJS 1/92 n° 55 ; dans le même sens, à propos de la désignation d'un représentant syndical au comité : Cass. soc. 18-11-1992 n° 90-60.562 P : RJS 1/93 n° 49). Ces solutions concernent des **salariés employés de façon discontinue**. Elles sont selon nous transposables au calcul de l'ancienneté permettant d'être électeur. **25122**

25125 **Dérogation aux conditions d'ancienneté** Après avoir **consulté** les syndicats représentatifs dans l'entreprise, l'**inspecteur** du travail peut autoriser des dérogations aux conditions d'ancienneté pour être éligible lorsque leur application conduirait à une réduction du nombre des candidats qui ne permettrait pas l'organisation normale des opérations électorales (C. trav. art. L 2314-25, al. 2). Sa décision doit être motivée et peut être contestée (voir n° 24940).
Une dérogation à la condition d'ancienneté peut aussi être prévue par **accord**, voir n° 24730.

25130 La dérogation doit être accordée **avant les élections**.
Ainsi, le salarié qui ne remplit pas l'ancienneté requise est inéligible, même si une **demande** de dérogation a été **présentée** à l'inspecteur du travail, dès lors qu'elle n'a pas été régulièrement **accordée** avant les élections (Cass. soc. 20-7-1981 n° 80-60.435 P).
Les salariés restent inéligibles tant que la dérogation n'a pas été accordée, le **juge** n'étant pas tenu de surseoir à statuer dans l'attente de la décision de l'inspecteur du travail (Cass. soc. 25-3-1985 n° 84-60.715 P).

25135 Une dérogation aux conditions d'ancienneté doit concerner l'**ensemble du personnel**, dans le cadre d'une élection déterminée. Elle ne peut pas être accordée pour une seule catégorie du personnel ni être nominative (Circ. DRT 12 du 17-3-1993 annexes fiche 4, n° 1).

25140 La loi reconnaît un pouvoir d'**appréciation** très large à l'inspecteur du travail. Les dérogations doivent être accordées pour faciliter la mise en place ou le renouvellement du CSE qui seraient rendus difficiles par un manque ou une insuffisance de candidatures et pour assurer la liberté de choix de l'électeur entre différentes listes (Circ. DRT 13 du 25-10-1983 n° 2.3.3 ; Circ. DRT 12 du 17-3-1993 annexes fiche 4, n° 1).

ILLUSTRATIONS

Les arrêts présentés ci-après fournissent des exemples de décisions d'inspecteurs du travail, admises ou non par le juge administratif, antérieurement compétent en cas de contentieux (sur la compétence actuelle du juge judiciaire, voir n° 26415).
– Un inspecteur du travail ne peut pas autoriser une dérogation aux conditions d'ancienneté pour l'éligibilité dès lors que **sur 49 salariés, 39 remplissent la condition légale** d'ancienneté. Compte tenu de la forte proportion de salariés normalement éligibles, et en l'absence de circonstances particulières tenant notamment à l'insuffisance des candidatures, la situation ne peut pas être regardée comme faisant obstacle à l'organisation normale des opérations électorales (CE 25-2-1987 n° 60318).
– Un inspecteur du travail peut autoriser l'abaissement à 5 mois de l'ancienneté requise pour être éligible dès lors que, si **125 des 154 ouvriers et employés** d'une société remplissent la condition d'ancienneté d'un an, le seul syndicat représentatif dans l'entreprise rencontre des difficultés pour constituer, parmi ces éligibles, une liste de candidats au **premier tour** du scrutin (CE 22-6-1988 n° 80313).
C'est à tort qu'il ramène à 6 mois l'ancienneté requise pour être éligible lors du **second tour** de scrutin alors qu'à la date de sa décision **7 des 11 salariés** composant le premier collège d'électeurs remplissent la condition d'ancienneté d'un an, 2 d'entre eux s'étant portés candidats indépendants. Peu importe à cet égard que le seul syndicat représentatif dans l'entreprise rencontre des difficultés pour constituer, parmi les éligibles, une liste de candidats (CE 22-6-1988 n° 70987).
L'apparente contradiction des deux derniers arrêts pourrait s'expliquer par le fait que, les syndicats ayant le monopole de présentation des candidatures seulement au premier tour de scrutin, les difficultés rencontrées par l'unique syndicat dans la seconde espèce ne rendaient pas impossible l'organisation normale des élections, 2 salariés éligibles s'étant portés candidats indépendants. Ces solutions valent selon nous dans le cadre juridique actuel, qui autorise certains syndicats non représentatifs à présenter des candidats au premier tour des élections.

ABSENCE DE LIEN DE PARENTÉ AVEC L'EMPLOYEUR

25145 Pour être éligible, le salarié ne doit pas être conjoint, partenaire d'un pacte civil de solidarité, concubin, ascendant, descendant, frère, sœur ou allié au même degré de l'employeur (C. trav. art. L 2314-19, al. 1). Sur la **date** d'appréciation de cette condition, voir n° 25060.
La Cour de cassation retient une **interprétation stricte** de ces dispositions : l'inéligibilité ne peut pas être étendue aux personnes non expressément visées, par exemple le fils d'un directeur d'établissement, s'agissant de l'élection du CSE d'établissement (Cass. soc. 10-10-1990n° 89-61.356 P : RJS 11/90 n° 896), ou le beau-frère par alliance de l'employeur (Cass. soc. 14-1-1987 n° 86-60.358 P), ou encore la nièce de la femme du président de la société (Cass. soc. 10-3-2016 n° 15-15.184 F-D : RJS 5/16 n° 354).

ABSENCE D'ASSIMILATION À L'EMPLOYEUR

Pour être éligible, le salarié ne doit pas disposer d'une **délégation écrite particulière d'autorité** lui permettant d'être assimilé à l'employeur (C. trav. art. L 2314-19, al. 1). 25150

> **Précisions** Les cadres détenant sur un service, un département ou un établissement de l'entreprise une **délégation particulière d'autorité** établie par écrit permettant de les assimiler à l'employeur sont exclus de l'éligibilité aux élections pour la **durée** d'exercice de cette délégation particulière (Cass. soc. 6-3-2001 n° 99-60.553 FS-PBRI : RJS 5/01 n° 620 ; 26-9-2002 n° 01-60.670 FS-PB : RJS 12/02 n° 1411). Cette délégation d'autorité ne peut pas résulter de la seule description des fonctions du cadre résultant de la **convention collective** (Cass. soc. 29-10-2003 n° 02-60.774 F-D). Par ailleurs, un protocole préélectoral ne peut pas exclure des salariés de l'éligibilité sur la seule base de **fiches de postes** relatives à leurs fonctions (Cass. soc. 20-3-2013 n° 12-11.702 F-PB : RJS 6/13 n° 476).

Le salarié ne doit pas non plus **représenter** effectivement l'employeur **devant le CSE** (C. trav. art. L 2314-19, al. 1) car, dans le cas contraire, il est inéligible aux élections, même en l'**absence d'écrit** établissant la délégation d'autorité (en ce sens, Cass. soc. 30-1-2008 n° 07-60.093 F-D : RJS 4/08 n° 454). En cas de **litige**, l'appréciation de la réalité de la représentation relève des juges du fond (Cass. soc. 15-4-2015 n° 14-20.237 F-D : RJS 7/15 n° 507). On peut toutefois se demander quelle interprétation la Cour de cassation retiendra de ces dispositions qui ont fait leur entrée dans le Code du travail le 23-12-2022. Une **interprétation stricte** pourrait la conduire à considérer que sont éligibles les salariés qui représentent l'employeur dans les relations avec les salariés directement (en exerçant ses attributions en matière d'embauche, de discipline ou de licenciement) ou devant d'autres institutions représentatives du personnel que le CSE (ex : représentants de proximité qui ne sont pas membres du CSE, délégués syndicaux, représentants de section syndicale), sauf s'ils disposent d'une délégation écrite particulière d'autorité les assimilant à l'employeur. En effet, sa jurisprudence traditionnelle qui interdisait à ces salariés d'être candidats aux élections n'a pas été consacrée dans la loi. Mais la Haute Juridiction pourrait aussi retenir une **interprétation souple** de la loi et considérer que ne peuvent pas être investis d'un mandat représentatif du personnel des salariés qui agiraient comme représentants de l'employeur et seraient ainsi portés à privilégier ses intérêts. Compte tenu de cette réserve, nous ne présentons ci-après que des décisions prises dans le cadre juridique antérieur qui pourraient s'accorder avec une interprétation stricte de la loi. 25152

ILLUSTRATIONS

Ne peuvent pas participer aux élections professionnelles :
- le salarié **présidant** le CSE par délégation du directeur régional de l'entreprise (Cass. soc. 7-1-1985 n° 84-60.530 P) ;
- les chefs d'agence et d'immeuble **présidant des réunions mensuelles** des élus (Cass. soc. 21-7-1986 n° 85-60.544 P) ;
- les **directeurs de magasins** représentant l'employeur aux **réunions** des élus de l'établissement qu'ils dirigent, même si le **périmètre couvert** par l'institution pour laquelle ils prétendent se présenter est plus large que celui au sein duquel ils représentent l'employeur (Cass. soc. 29-11-2017 n° 17-10.326 F-D : RJS 2/18 n° 127) ;
- le salarié ayant représenté l'employeur lors de plusieurs réunions du CSE, même s'il n'a participé à **aucune réunion pendant presque un an**. Un juge peut en déduire que son pouvoir de représentation a persisté à la date de l'élection (Cass. soc. 15-4-2015 n° 14-20.237 F-D : RJS 7/15 n° 507).

En revanche, sont éligibles :
- le salarié ayant représenté l'employeur au sein de la commission paritaire spéciale des employés pendant **une seule journée** plus de 8 mois avant (Cass. soc. 19-7-1988 n° 87-61.833 D) ;
- le salarié ayant reçu un **unique mandat** pour représenter l'employeur lors de réunions des représentants du personnel 3 semaines avant les élections (Cass. soc. 21-1-1988 n° 87-60.157 P) ;
- la directrice d'un établissement médico-éducatif bénéficiant d'une délégation de pouvoirs mais devant toujours **agir sous l'autorité de la direction** générale et ne pouvant pas **signer les contrats** à durée indéterminée ou **exercer le pouvoir disciplinaire** ni **représenter l'employeur devant le CSE**, l'intéressée ayant uniquement pour mission d'assister la directrice générale à ces réunions dans la mesure où les questions à l'ordre du jour concernaient l'établissement médico-éducatif (Cass. soc. 15-5-2019 n° 18-19.862 F-D : RJS 7/19 n° 446).

B. Présentation des candidatures et dépôt des listes

25200 Les principes gouvernant la présentation des listes de candidats sont les suivants : au premier tour, les syndicats intéressés au sens indiqué nos 24100 s. ont le monopole des candidatures ; au second tour, les candidatures sont libres.
Au premier comme au second tour, les salariés éligibles sont toujours **libres de se présenter ou non**. Il est donc possible que très peu de candidats se présentent, ou même qu'aucun candidat ne se présente.

1. MONOPOLE SYNDICAL AU PREMIER TOUR

SYNDICATS INTÉRESSÉS

25205 Au premier tour de scrutin, chaque liste de candidats est établie par les syndicats intéressés (C. trav. art. L 2314-29, al. 2). Les syndicats intéressés sont ceux obligatoirement invités à la négociation du protocole d'accord préélectoral : voir nos 24100 s. Il peut donc s'agir de syndicats **représentatifs ou non** dans l'entreprise ou l'établissement.

> **Précisions a.** Ces dispositions sont d'ordre public. D'autres personnes morales n'ayant pas la qualité de syndicat, telle une **association**, ne peuvent pas participer au premier tour (Cass. soc. 23-6-1983 n° 83-61.030 P), sous peine de nullité de l'élection, peu important l'influence de cette participation sur les résultats (Cass. soc. 27-1-2010 n° 09-60.103 F-PB : RJS 4/10 n° 360).
b. Une **union locale** de syndicats est une « organisation syndicale » de sorte qu'elle peut présenter des candidats au premier tour si elle remplit les conditions pour cela (en ce sens, Cass. soc. 23-1-1990 n° 89-61.317 P : RJS 2/90 n° 142 ; 16-2-2011 n° 10-60.195 F-D). Un syndicat peut présenter des candidats dans les collèges que ses **statuts** lui donnent **vocation à représenter**, y compris s'il est affilié à une confédération catégorielle interprofessionnelle nationale (Cass. soc. 28-9-2011 n° 10-26.693 FS-PBR : RJS 12/11 n° 1002). Un syndicat ne peut pas présenter de candidats dans un établissement situé hors de l'**espace géographique** défini par ses statuts (Cass. soc. 22-9-2010 n° 09-60.480 F-PB : RJS 11/10 n° 866).
c. L'**employeur** peut, avant le premier tour de scrutin, refuser à des salariés l'autorisation d'afficher la liste des **candidats**, dits indépendants, qu'ils se proposent de présenter au **second tour**, dès lors que cette liste n'est pas éligible au premier tour (Cass. soc. 24-7-1974 n° 74-60.110 P). On peut d'ailleurs penser qu'il en a l'obligation.

25215 Les syndicats peuvent présenter une liste de candidats au premier tour, qu'ils soient ou non **affiliés à une union** ayant une personnalité morale distincte, et que celle-ci soit ou non reconnue représentative, dès lors qu'ils répondent aux critères mentionnés nos 24100 s. (Cass. soc. 22-9-2010 n° 09-60.480 F-PB : RJS 11/10 n° 866 ; 10-10-2012 n° 11-22.857 F-D).
Les syndicats affiliés à une **même confédération** nationale, qu'elle soit ou non représentative, ne peuvent présenter qu'une seule liste de candidats par collège (Cass. soc. 16-10-2001 n° 00-60.203 FS-PBRI : RJS 1/02 n° 58 ; 22-9-2010 n° 10-60.135 FS-PBR : RJS 11/10 n° 862).

CONSEIL

Si des **listes concurrentes** sont déposées par des syndicats affiliés à une même confédération nationale, il leur appartient de justifier des **dispositions statutaires** déterminant celui ayant qualité pour déposer une telle liste (en ce sens, Cass. soc. 6-4-2005 n° 04-60.244 F-P : RJS 6/05 n° 652) ou de la **décision prise par la confédération** pour régler le conflit conformément aux dispositions statutaires. À défaut, par application de la **règle chronologique**, seule la liste de candidats déposée en premier lieu est retenue (Cass. soc. 24-1-2018 n° 16-22.168 F-PB : RJS 4/18 n° 271).
Un employeur, informé par une fédération syndicale de sa volonté de déposer une liste de candidats au lieu et place des syndicats qui lui sont affiliés, peut, **sans saisir un tribunal**, en tirer les conséquences et ne pas retenir les candidatures déposées par ceux-ci (Cass. soc. 4-6-2014 n° 13-60.238 FS-PB : RJS 8-9/14 n° 643).

25220 **Syndicats représentatifs** Les syndicats représentatifs dans l'entreprise ou l'établissement sont au nombre des syndicats pouvant présenter des candidats au premier tour des élections (n° 25205). L'appréciation de la représentativité d'un syndicat s'effectue en fonction des critères définis nos 15000 s., dans la totalité du **collège électoral** où il envisage de présenter des candidats et non au regard d'une seule catégorie de salariés de ce collège (Cass. soc. 10-5-1978 n° 77-60.696 P ; 21-10-1982 n° 81-60.963 P).

Si des élections sont prévues dans différents **établissements** d'une entreprise, un syndicat doit être représentatif dans le collège concerné de chacun des établissements pour pouvoir y présenter des candidats (Cass. soc. 12-12-1990 n° 88-60.782 P : RJS 1/91 n° 40).

> **Précisions a.** Dès lors qu'au regard des critères définis par le Code du travail, un syndicat est représentatif dans le collège des employés, ou dans celui des employés et agents de maîtrise, il a la faculté d'y présenter des candidats, peu important qu'il soit **affilié à la CFE-CGC** représentative au plan national pour la seule catégorie professionnelle des cadres (Cass. ass. plén. 15-3-1985 n° 83-61.156 P ; Cass. soc. 2-12-1992 n° 91-60.385 P : RJS 1/93 n° 51).
> Sur l'appréciation de la représentativité de la CFE-CGC lorsque les élections ont lieu dans le cadre d'un **collège unique**, voir n° 24415.
> **b.** Sur la question de savoir si un syndicat peut être écarté du processus électoral dans l'attente de la **décision statuant sur sa représentativité**, voir n° 24105.

LISTE COMMUNE À PLUSIEURS SYNDICATS

Plusieurs syndicats peuvent présenter une liste commune (C. trav. art. L 2122-3), y compris un **syndicat catégoriel** et un syndicat **intercatégoriel**, dès lors que cette liste est présentée dans les collèges dans lesquels les **statuts** des deux syndicats leur donnent vocation à en présenter (Cass. soc. 5-11-2014 n° 14-11.634 FS-PB : RJS 1/15 n° 48). En revanche, ils ne peuvent pas présenter une liste commune avec des **syndicats non habilités** à présenter de candidats au premier tour, faute pour ces derniers de remplir les conditions visées n°s 24100 s. (en ce sens, Cass. soc. 16-11-1993 n° 92-60.306 P : RJS 1/94 n° 58). **25230**

Ils peuvent prévoir une **répartition inégale des suffrages exprimés** entre eux, voire que l'un seulement des syndicats bénéficiera de l'intégralité de ces suffrages (Cass. soc. 5-11-2014 n° 14-11.634 FS-PB : RJS 1/15 n° 48). C'est sur cette base que sera déterminée la **représentativité** de chacun de ces syndicats (n° 15095).

Pour ce faire, ils doivent **indiquer**, lors du dépôt de la liste commune, sur quelle base se fera la répartition (C. trav. art. L 2122-3). Celle-ci doit être **portée à la connaissance** de l'employeur et des électeurs de l'entreprise ou de l'établissement concerné avant le déroulement des élections (Cass. soc. 13-1-2010 n° 09-60.208 FS-PB : RJS 3/10 n° 279 ; 2-3-2011 n° 10-17.603 FS-PB : RJS 5/11 n° 436 ; 24-10-2012 n° 11-61.166 FS-PB : RJS 1/13 n° 60) et ne peut pas être modifiée a posteriori en fonction de leurs résultats (Cass. soc. 10-3-2016 n° 15-16.807 F-D : RJS 5/16 n° 355).

À défaut, la répartition s'opère à parts égales (C. trav. art. L 2122-3 ; Cass. soc. 13-1-2010 n° 09-60.208 FS-PB : RJS 3/10 n° 279 ; 2-3-2011 n° 10-17.603 FS-PB : RJS 5/11 n° 436 ; 24-10-2012 n° 11-61.166 FS-PB : RJS 1/13 n° 60).

Sur la mention, par les **syndicats affiliés à une même union ou confédération**, de leur affiliation confédérale, voir n° 15100, a.

CONSEIL

La Cour de cassation ne précise pas les modalités d'**information des salariés** sur la répartition des suffrages exprimés, ni même qui est titulaire de l'obligation.

On peut songer aux **syndicats**, auteurs de la décision commune de répartition. Mais avec quels moyens ? S'ils ont constitué une section syndicale, ils disposent de ceux qui leur sont reconnus par la loi : affichage, tracts, réunions d'information (n°s 16600 s.).

On peut aussi envisager l'**employeur**, légalement chargé de l'organisation matérielle du scrutin. L'information pourrait ainsi figurer sur les bulletins de vote établis au profit de listes communes.

Afin d'éviter de voir leur choix de répartition écarté pour défaut d'information, les **syndicats** concernés ou ceux qui pourraient l'être ont intérêt à aborder la question des conditions de cette information dès la négociation du **protocole préélectoral**.

2. CANDIDATURES LIBRES AU SECOND TOUR

Un second tour est organisé si le premier n'a pas permis de pourvoir tous les sièges, pour l'une des raisons exposées n°s 26220 s. **25240**

Les électeurs peuvent alors voter pour des **listes** autres que celles présentées par un syndicat (C. trav. art. L 2314-29, al. 2).

Tous les salariés éligibles dans les conditions exposées n°s 25055 s. peuvent se présenter aux élections en constituant une liste.

Les électeurs ont ainsi le choix de voter pour :
– des **candidats indépendants** (c'est-à-dire sans étiquette syndicale) ;
– des candidats présentés, comme au premier tour, par un **syndicat** intéressé au sens indiqué n°s 24100 s. ;
– des candidats présentés par des syndicats ne figurant pas dans la liste des syndicats intéressés au sens indiqué n°s 24100 s., par exemple par un syndicat constitué depuis moins de 2 ans (Cass. soc. 18-1-2017 n° 15-28.884 F-D : RJS 3/17 n° 212) ;
– ou des candidats présentés par des **associations de personnel** (Cass. soc. 23-6-1983 n° 83-60.631 P).

> **Précisions** Les syndicats ont toute liberté pour retirer ou modifier leurs **listes de candidats présentées au premier tour** de scrutin. Sauf indication contraire, l'**employeur** doit les considérer comme maintenues dès lors qu'un second tour est organisé, sans que les syndicats aient besoin de les renouveler (Cass. soc. 25-4-1984 n° 83-63.188 P ; 23-1-2002 n° 00-60.387 F-D), à condition toutefois que les formes et les délais prévus par le protocole préélectoral aient été respectés au premier tour (Cass. soc. 31-5-2016 n° 15-60.157 FS-PB : RJS 8-9/16 n° 579).
> Un **protocole préélectoral** ne peut pas écarter cette règle de maintien des candidatures (Cass. soc. 18-7-2000 n° 99-60.356 FS-P ; 15-3-2006 n° 05-60.286 F-D : RJS 6/06 n° 753).
> Sur le choix individuel d'un **salarié** de se retirer, après le premier tour, d'une liste syndicale, voir n° 25285.

3. COMPOSITION DES LISTES

25250 Les précisions qui suivent concernent aussi bien le premier tour que le second.
Les listes doivent être établies **par collège** et séparément **pour les titulaires et les suppléants**, car il est procédé à des votes séparés pour les membres titulaires et les membres suppléants dans chacune des catégories professionnelles formant des collèges distincts (C. trav. art. L 2314-26, al. 3).

NOMBRE DE CANDIDATS PAR LISTE

25255 Les listes comportent, en principe, autant de candidats que de sièges à pourvoir à chaque élection considérée.
Une liste ne peut pas comporter un nombre de candidats **supérieur** à celui des sièges à pourvoir (Cass. soc. 29-10-1975 n° 75-60.007 P ; 21-5-1986 n° 85-60.530 P ; 20-6-2000 n° 99-60.153 FS-P : RJS 11/00 n° 1108).

ILLUSTRATIONS

Est justifiée l'annulation de la liste présentée par un syndicat comportant **3 candidats** alors que seuls **2 sièges** étaient à pourvoir dans le collège considéré (Cass. soc. 27-10-1999 n° 98-60.419 PB : RJS 12/99 n° 1477).

25257 Les listes de candidats peuvent être incomplètes, c'est-à-dire comprendre **moins de noms** qu'il n'y a de sièges à pourvoir dans le collège (Cass. civ. 3-6-1950 n° 5609 P ; Cass. soc. 7-3-1973 n° 72-60.086 P ; 9-11-2016 n° 16-11.622 F-D : RJS 1/17 n° 43), sous réserve de respecter les dispositions relatives à la représentation équilibrée femmes-hommes (n° 25259). Une **candidature individuelle**, lorsqu'elle est possible (voir n° 25259), constitue une liste (Cass. soc. 10-1-1989 n° 87-60.309 P : RJS 2/89 n° 173 ; 7-5-2003 n° 01-60.917 F-D : RJS 7/03 n° 914).

> **Précisions** **a.** Il n'est pas possible d'imposer par **accord** la constitution de listes complètes. Ainsi, la clause prévoyant que seules les listes complètes seront proposées aux électeurs doit être annulée (Cass. soc. 27-10-1982 n° 82-60.199 P).
> **b.** Sur les conséquences du caractère incomplet d'une liste, dans le cas où il lui est **attribué plus de sièges** qu'elle ne comporte de candidats, voir n° 26115.

REPRÉSENTATION ÉQUILIBRÉE DE FEMMES ET D'HOMMES

25258 Les listes de candidats présentées par les **syndicats intéressés** visés n°s 24100 s. doivent, au premier comme au second tour, comporter **alternativement** des candidats des deux sexes à **proportion** de la part de femmes et d'hommes dans le collège électoral concerné (n°s 25259 s.). Cette double exigence, qui ne concerne pas les **candidatures libres** présentées au second tour (Cass. soc. 25-11-2020 n° 19-60.222 FS-PBI : RJS 2/21 n° 103 ; 27-1-2021 n° 19-23.732 F-D ; 31-3-2021 n° 19-24.134 F-D), s'impose par **liste** (n° 25265, b) et s'applique dans chaque **collège**, à la liste des titulaires comme à celle des suppléants (C. trav. art. L 2314-30, al. 1 et 7). Elle est d'**ordre public** absolu. Un syndicat est donc recevable à **contester** l'élection des candidats figurant sur les listes ne la respectant pas, peu important à cet égard les dispositions du protocole préélectoral, même signé à l'unanimité (Cass. soc. 9-5-2018 n° 17-60.133FS-PB : RJS 7/18 n° 491 ; 11-12-2019 n°s 19-10.826 FS-PB, 18-23.513 FS-PB et 18-26.568 FS-PB : RJS 2/20 n° 102 ; 1-7-2020 n°s 19-14.879 F-D et 19-17.615 F-D : RJS 10/20 n° 487).

La proportion de femmes et d'hommes est en principe **mentionnée** dans le protocole préélectoral (n° 24269). Sur l'obligation, pour l'employeur, d'informer les salariés sur cette proportion, voir n° 24269, a. Sur la faculté pour un syndicat de **contester** la proportion femmes-hommes indiquée dans le protocole qu'il a signé sans réserve, voir n° 24269, a. Sur l'application aux **élections partielles** des règles relatives à la mixité des listes de candidats, voir n° 24055.

> **Précisions a.** Les règles légales relatives à la composition équilibrée des listes de candidats aux élections, telles qu'interprétées par la Cour de cassation, ne portent d'atteinte disproportionnée ni à la **liberté syndicale** (Cass. soc. QPC 13-2-2019 n° 18-17.042 FS-PBRI : RJS 4/19 n° 236 ; 27-5-2021 n° 21-11.813 FS-P : RJS 8-9/21 n° 467), ni à l'objectif de parité recherché par la loi, et ne méconnaissent pas le principe de **participation** des travailleurs (Cass. soc. QPC 24-10-2019 n° 19-18.900 FS-PB ; 27-5-2021 n° 21-11.813 FS-P : RJS 8-9/21 n° 467).
>
> **b.** On peut se demander si ces règles s'imposent aux candidatures émanant de **syndicats ne pouvant pas présenter de candidats au premier tour**, faute, par exemple, d'être constitués depuis au moins 2 ans (n° 24132), mais qui peuvent accéder au second tour (n° 25240), la rédaction des arrêts de la Cour de cassation laissant planer un doute à ce sujet. La même question se pose à propos des candidatures déposées par les **personnes morales autres que les syndicats** (associations par exemple). On attend donc avec intérêt la position de la Cour de cassation sur le sujet.

Présentation de listes respectant la proportion de femmes et d'hommes 25259

Pour chaque collège électoral, les listes comportant plusieurs candidats doivent être composées d'un nombre de femmes et d'hommes correspondant à la part de femmes et d'hommes inscrits sur la **liste électorale** (C. trav. art. L 2314-30, al. 1).

Sauf si l'un des sexes est ultraminoritaire (voir n° 25262), lorsque **plusieurs sièges** sont à pourvoir dans un **collège mixte**, les listes doivent respecter la proportion de femmes et d'hommes dans le collège électoral considéré et comporter au moins un candidat au titre du sexe sous-représenté (Cass. soc. 11-12-2019 n°s 19-10.826 FS-PB, 18-23.513 FS-PB et 18-26.568 FS-PB : RJS 2/20 n° 102 ; 27-5-2020 n° 19-14.225 F-D : RJS 7/20 n° 362). Une **candidature individuelle** ou des candidatures **exclusivement féminines ou masculines** sont donc irrégulières (Cass. soc. 9-5-2018 n° 17-14.088 FS-PBRI : RJS 7/18 n° 491 ; 11-12-2019 n°s 18-19.379 FS-PB et 19-10.826 FS-PB : RJS 2/20 n° 102) car elles ont pour effet de priver un sexe (en général le sexe sous-représenté) de candidat aux élections.

S'il y a seulement **2 sièges à pourvoir** dans un collège mixte, la liste doit alors comporter une femme et un homme, dont l'un au titre du sexe sous-représenté (Cass. soc. 9-5-2018 n° 17-14.088 FS-PBRI : RJS 7/18 n° 491 ; 17-4-2019 n° 17-26.724 FS-PB : RJS 7/19 n° 447).

Si **plus de 2 sièges** sont à pourvoir, les listes peuvent présenter moins de candidats que de sièges à pourvoir (**liste incomplète**), dès lors qu'elles respectent la proportion de femmes et d'hommes dans le collège électoral considéré et comporte au moins un candidat du sexe sous-représenté (Cass. soc. 17-4-2019 n° 17-26.724 FS-PB : RJS 7/19 n° 447 ; 11-12-2019 n° 19-10.826 FS-PB : RJS 2/20 n° 102). Pour connaître le nombre de candidats femmes et hommes à présenter sur la liste incomplète, il convient d'effectuer un **recalcul** de la proportion femmes-hommes au regard du nombre de candidats présentés, en ramenant à ce nombre le pourcentage de salariés femmes et hommes représentés dans le collège électoral (Lettre de la Cour de cassation, n° spécial de décembre 2019 ; Cass. soc. 17-4-2019 n° 17-26.724 FS-PB : RJS 7/19 n° 447). Mais **attention**, la présentation d'une liste incomplète ne doit pas conduire à priver un sexe de toute représentation (n° 25262).

ILLUSTRATIONS

– Si un collège est composé de 77 % de femmes et de 23 % d'hommes et si **2 sièges** sont à pourvoir, les syndicats sont tenus de présenter une liste de candidats comportant nécessairement une femme et un homme, ce dernier au titre du sexe sous-représenté dans le collège considéré. La liste comportant un **candidat unique** de sexe masculin est donc irrégulière (Cass. soc. 9-5-2018 n° 17-14.088 FS-PBRI : RJS 7/18 n° 491).

– Si **5 sièges** sont à pourvoir dans un collège comportant 175 hommes et 99 femmes, soit 63,87 % d'hommes et 36,13 % de femmes, une **liste incomplète** ne présentant que 4 candidats doit, pour être valable, comporter (Cass. soc. 17-4-2019 n° 17-26.724 FS-PB : RJS 7/19 n° 447) :

- 3 hommes : 4 candidats × 63,87 % d'hommes dans le collège = 2,55 arrondis à 3 ;
- 1 femme : 4 candidats × 36,13 % de femmes dans le collège = 1,44 arrondi à 1. Les règles d'arrondis résultent de l'application des dispositions légales (n° 25260).

– Si **3 sièges** sont à pourvoir dans un collège mixte, la liste doit nécessairement comporter un homme et une femme. La liste comportant un **candidat unique** de sexe féminin est donc irrégulière (Cass. soc. 11-12-2019 n° 18-19.379 FS-PB : RJS 2/20 n° 102).

– Si **4 sièges** sont à pourvoir dans un collège mixte, une liste de **2 candidats** doit comporter un candidat de l'un et l'autre sexe. La liste composée de 2 représentants du **sexe féminin** est donc irrégulière (Cass. soc. 11-12-2019 n° 19-10.826 FS-PB : RJS 2/20 n° 102).

25260 Lorsque l'application de la règle de proportionnalité n'aboutit pas à un nombre entier de candidats à désigner pour chacun des deux sexes, il est procédé à l'**arrondi arithmétique** suivant (C. trav. art. L 2314-30, al. 2 à 4) :
1° Arrondi à l'entier supérieur en cas de décimale supérieure ou égale à 5 ;
2° Arrondi à l'entier inférieur en cas de décimale strictement inférieure à 5.

EXEMPLE

a) Dans une entreprise comptant 190 salariés, le collège ouvriers et employés compte 165 salariés, dont 55 femmes et 110 hommes.
Ce collège doit élire 8 titulaires.
Le nombre de femmes devant figurer sur chaque liste de candidats est égal à : 8 × 55/165 = 2,6, arrondi à 3.
Le nombre d'hommes devant figurer sur chaque liste de candidats est égal à : 8 × 110/165 = 5,3, arrondi à 5.
b) Dans une entreprise comptant 190 salariés, le collège ouvriers et employés compte 90 salariés, dont 47 femmes et 43 hommes.
Ce collège doit élire 4 titulaires.
Le nombre de femmes devant figurer sur chaque liste de candidats est égal à : 4 × 47/90 = 2,0, arrondi à 2.
Le nombre d'hommes devant figurer sur chaque liste de candidats est égal à : 4 × 43/90 = 1,9, arrondi à 2.

25261 En cas de **nombre impair de sièges** à pourvoir et de stricte **égalité entre les femmes et les hommes inscrits** sur les listes électorales, la liste comprend indifféremment un homme ou une femme supplémentaire (C. trav. art. L 2314-30, al. 5).

EXEMPLE

Dans une entreprise comptant 190 salariés, le collège ouvriers et employés compte 100 salariés, dont 50 femmes et 50 hommes. Ce collège doit élire 5 titulaires.
Chaque liste de candidats doit présenter au moins 2 hommes et au moins 2 femmes. Le cinquième candidat peut être soit un homme, soit une femme.

25262 Lorsque l'application des règles de proportionnalité et d'arrondi à l'entier inférieur en cas de décimale strictement inférieure à 5 conduit à **exclure totalement** la représentation de l'un ou l'autre sexe, les listes de candidats peuvent comporter un candidat du sexe qui, à défaut, ne serait pas représenté. Mais ce candidat ne peut pas être en première **position sur la liste** (C. trav. art. L 2314-30, al. 6).
Ainsi, si un sexe n'ouvre droit à aucun siège (moins de 0,50 candidat), la liste peut ne comporter aucun candidat du **sexe ultraminoritaire**. Elle peut ne comporter qu'un candidat unique ou plusieurs candidats tous du sexe surreprésenté. Les syndicats peuvent aussi faire figurer malgré tout sur leur liste un représentant du sexe ultraminoritaire, mais ils n'y sont pas tenus (Cass. soc. 11-12-2019 n° 18-26.568 FS-PB : RJS 2/20 n° 102 ; 27-5-2020 n° 19-14.225 F-D : RJS 7/20 n° 362 ; 1-7-2020 n°s 19-14.879 F-D et 19-17.615 F-D : RJS 10/20 n° 487).
Mais attention, l'absence sur la liste de tout candidat du sexe ultraminoritaire qui aurait été normalement représenté sur une liste complète ne peut pas résulter du **choix des syndicats** de présenter une **liste incomplète**, faisant a posteriori passer la représentation d'un sexe en dessous de la barre de 0,50 par le jeu d'un recalcul en fonction du nombre de candidats présentés sur la liste (Lettre de la chambre sociale, n° spécial décembre 2019 ; Cass. soc. 11-12-2019 n° 19-10.826 FS-PB : RJS 2/20 n° 102 ; 1-7-2020 n° 19-14.222 F-D : RJS 10/20 n° 487).

ILLUSTRATIONS

Si les femmes ne représentent que 11 % des effectifs du collège concerné, soit, pour **2 sièges** à pourvoir, un pourcentage en application de la règle de l'arrondi ne donnant droit à aucun siège, la liste avec une candidature unique du sexe surreprésenté est régulière (Cass. soc. 11-12-2019 18-26.568 FS-PB : RJS 2/20 n° 102).
Pour 2 sièges à pourvoir dans le cas où un sexe est ultraminoritaire, les listes peuvent être composées soit de 2 candidats du sexe majoritairement représenté, soit d'un candidat de chacun des deux sexes, soit d'un candidat unique du sexe surreprésenté (Cass. soc. 1-7-2020 n° 19-14.879 F-D et n° 19-17.615 F-D : RJS 10/20 n° 487).
Si **4 sièges** sont à pourvoir au sein d'un collège composé de 85 % de femmes et de 15 % d'hommes, soit une proportion femmes-hommes de 3,4 pour les femmes et 0,6 pour les hommes, la règle de l'arrondi impose la présence d'un homme sur la liste. Le syndicat présentant seulement 2 candidats ne peut pas recalculer la proportion femmes-hommes au regard du nombre de candidats (1,7 et 0,30) pour considérer qu'il n'a pas d'obligation de faire figurer un candidat homme sur la liste (Cass. soc. 11-12-2019 n° 19-10.826 FS-PB : RJS 2/20 n° 102).

Présentation alternée des candidatures féminines et masculines Les listes de candidats sont composées **alternativement** d'un candidat de chaque sexe jusqu'à épuisement des candidats d'un des sexes (C. trav. art. L 2314-30, al. 1). 25263

ATTENTION

Cette règle d'alternance n'impose pas que le **premier candidat** de la liste soit du sexe majoritaire, hors le cas où l'application des règles légales conduit à exclure totalement la représentation de l'un ou l'autre sexe (n° 25262) (Cass. soc. 27-5-2020 n° 19-60.147 F-D : RJS 7/20 n° 362 ; 17-3-2021 n° 19-23.344 F-D).

Sanctions Le juge peut être saisi, **avant l'élection**, d'une **contestation** relative à la composition « équilibrée » des listes de candidats : il peut alors déclarer la liste irrégulière, dès lors qu'il statue avant l'élection, en reportant, le cas échéant, la date de l'élection pour permettre la régularisation des listes (Cass. soc. 11-12-2019 n° 18-26.568 FS-PB : RJS 2/20 n° 102 ; 27-5-2020 nos 19-60.147 F-D, 19-14.225 F-D et 19-15.974 F-D : RJS 7/20 n° 362). Sur l'autorité de chose jugée de cette décision dans un litige tendant à l'annulation de l'élection d'un candidat pour non-respect des règles de mixité, voir n° 26632. 25264

La constatation par le juge, **après l'élection**, du **non-respect** par une liste de candidats de la **proportion** de femmes et d'hommes dans le collège considéré entraîne l'annulation de l'élection d'un nombre d'élus du sexe surreprésenté égal au nombre de **candidats du sexe surreprésenté en surnombre** sur la liste de candidats par rapport à la proportion de femmes et d'hommes que celle-ci devait respecter. Le juge annule l'élection des derniers élus du sexe surreprésenté en suivant l'ordre inverse de la liste des candidats (C. trav. art. L 2314-32, al. 3). 25265

La constatation par le juge, après l'élection, du **non-respect** par une liste de candidats de la règle de l'**alternance** de femmes et d'hommes entraîne l'annulation de l'élection de tout **élu mal positionné** (C. trav. art. L 2314-32, al. 4) sauf si la liste correspond à la proportion de femmes et d'hommes au sein du collège concerné et si tous les candidats de la liste ont été élus (Cass. soc. 9-5-2018 n° 17-60.133 FS-PB : RJS 7/18 n° 491 ; 6-6-2018 n° 17-60.263 FS-PB : RJS 8-9/18 n° 553).

Ces dispositions étant d'ordre public (Cass. soc. 22-9-2021 n° 20-16.859 F-B : RJS 12/21 n° 667), le juge ne peut pas prononcer d'**autres sanctions**. Ainsi, il ne peut annuler ni la liste irrégulière (Cass. soc. 27-5-2020 n° 19-14.225 F-D : RJS 7/20 n° 362) ni l'ensemble des élections (Cass. soc. 27-5-2020 nos 19-60.147 F-D et 19-15.974 F-D : RJS 7/20 n° 362 ; 2-12-2020 n° 19-19.985 F-D). Il ne peut pas non plus refuser d'appliquer la sanction qui s'impose même si l'irrégularité invoquée n'a eu aucune **incidence sur le résultat** des élections (Cass. soc. 10-11-2021 n° 20-17.874 F-D : RJS 1/22 n° 25). Sur le point de savoir si un **syndicat** intéressé peut, dans ce cas, contester les élections sur la base de l'irrégularité invoquée, voir n° 26477.

> **Précisions a.** Lorsque, dans un collège mixte, une liste présente **exclusivement des candidats d'un des deux sexes**, la sanction du manquement à l'obligation d'alternance des sexes sur les listes de candidats aux élections ne peut pas s'appliquer. La liste ne doit donc être sanctionnée qu'au titre du non-respect du principe de proportionnalité (Cass. soc. 9-9-2020 n° 19-18.900 F-D : RJS 11/20 n° 551).

b. Le juge ne peut pas valider l'élection de candidats mal positionnés sur des listes de candidats au seul motif que les **résultats dans le collège** sont **conformes** à la part de chaque sexe sur la liste électorale (Cass. soc. 6-6-2018 n° 17-60.263 FS-PB : RJS 8-9/18 n° 553). En effet, le respect des règles de mixité s'impose par **liste**, indépendamment de la répartition selon leur sexe de l'ensemble des élus dans le **collège** considéré toutes listes confondues (Cass. soc. 1-7-2020 n° 19-14.222 F-D : RJS 10/20 n° 487).

c. Pour identifier le(s) candidat(s) dont l'élection est annulée, le juge tient compte de l'ordre des élus, résultant des éventuelles **ratures** dont le nombre est égal ou supérieur à 10 % des suffrages exprimés (Cass. soc. 17-4-2019 n° 18-60.173 FS-PB : RJS 7/19 n° 447 ; 11-12-2019 n° 19-12.596 FS-PB : RJS 2/20 n° 102). Doit ainsi être annulée l'élection d'un candidat figurant en premier sur la liste des candidats qui, compte tenu de la prise en compte des ratures, est le second et dernier élu sur la liste concernée dans l'ordre d'élection après le dépouillement du scrutin (Cass. soc. 17-4-2019 n° 18-60.173 FS-PB : RJS 7/19 n° 447). De même, doit être annulée l'élection d'un candidat mal positionné, même si les ratures ont eu pour effet de corriger, a posteriori, le non-respect de la règle d'alternance (Cass. soc. 11-12-2019 n° 19-12.596 FS-PB : RJS 2/20 n° 102).

d. L'élection du **seul élu** du sexe surreprésenté peut être annulée (Cass. soc. 17-4-2019 nos 17-26.724 FS-PB, 18-60.145 F-D : RJS 7/19 n° 447), de même que l'élection d'un **candidat** du sexe surreprésenté qui n'est **pas lui-même en surnombre** (Cass. soc. 27-5-2020 n° 19-60.147 F-D : RJS 7/20 n° 362).

e. L'annulation, en raison du non-respect des règles de mixité, de l'élection d'un candidat n'a pas d'effet rétroactif. Elle est donc sans **incidence sur** sa **candidature** aux élections (Cass. soc. 30-9-2020 n° 19-15.505 F-PB : RJS 12/20 n° 607) ainsi que sur la **représentativité** des **syndicats**, laquelle est fonction du pourcentage des suffrages exprimés au premier tour des dernières élections des titulaires au CSE (nos 15075 s.) (Cass. soc. 1-7-2020 n° 19-14.222 F-D : RJS 10/20 n° 487 ; 16-12-2020 n° 19-18.613 F-D : RJS 10/20 n° 487).

f. Il n'est pas possible de désigner un **élu suppléant** comme remplaçant pour occuper le siège de titulaire laissé vacant du fait de l'annulation de son mandat pour non-respect des règles de mixité (Cass. soc. 22-9-2021 n° 20-16.859 F-B : RJS 12/21 n° 667). En revanche, des **élections partielles** doivent, le cas échéant, être organisées pour maintenir la viabilité de l'institution, voir n° 24050.

25266 **EXEMPLE**

a) Si une liste de candidats qui devrait comprendre 3 femmes et 5 hommes est présentée comme suit :
– Femme A
– Homme A
– Femme B
– Homme B
– Femme C
– Homme C
– Femme D
– Homme D

La proportion femmes-hommes n'est pas respectée. En effet, cette liste comporte une femme de trop. Par conséquent, si la liste obtient 5 élus, l'élection de la Femme C doit être annulée car c'est le dernier élu du sexe surreprésenté sur la liste. Si la liste obtient 2 élus, c'est l'élection de la Femme A qui doit être annulée.

b) On reprend les données de l'exemple ci-dessus.
Une des listes de candidats est présentée comme suit :
– Homme A
– Homme B
– Femme A
– Homme C
– Femme B
– Homme D
– Femme C
– Homme E

La proportion femmes-hommes est respectée, la liste comporte bien 3 femmes et 5 hommes, mais la composition alternée ne l'est pas, 2 hommes sont présentés à la suite en tête de liste. Par conséquent, si la liste obtient 4 élus, l'élection de l'Homme B doit être annulée car c'est l'élu dont le positionnement sur la liste ne respecte pas les prescriptions relatives à la composition alternée des listes de candidats.

c) Soit une liste de candidats composée de 7 hommes (au lieu de 6 hommes et 1 femme) et dont les résultats sont les suivants :
– Homme A ÉLU 2 (en raison de la prise en compte des ratures)
– Homme B ÉLU 1
– Homme C
– Homme D
– Homme E
– Homme F
– Homme G

L'ordre final des élus est donc le suivant :
– Homme B
– Homme A

L'élection de l'homme A doit être annulée car elle ne respecte pas la proportion femmes-hommes (un homme en trop), même s'il figurait en premier sur la liste de candidats.

d) Soit une liste de candidats qui ne respecte pas la règle d'alternance :
– Femme A
– Homme B
– Homme C (positionnement contraire à la règle d'alternance)
– Femme D

En fonction du nombre de voix obtenues par chaque candidat, le résultat est le suivant :
– Femme A ELUE
– Homme C ELU
– Femme D
– Homme B (en raison de la prise en compte des ratures)

L'élection de l'homme C doit être annulée du fait de son positionnement sur la liste de candidats, même si le nombre de ratures ayant affecté la candidature de Monsieur B a eu pour effet de corriger, a posteriori, le non-respect de la règle d'alternance.
e) Si une liste de candidats qui devrait comporter 3 hommes et 2 femmes comporte au contraire 3 femmes et 2 hommes présentée comme suit :
– Femme A ÉLUE
– Homme A NON ÉLU
– Femme B NON ÉLUE
– Homme B NON ÉLU
– Femme C NON ÉLUE
L'élection de la femme A, seule élue du sexe surreprésenté, doit être annulée.

DOUBLES CANDIDATURES

Un salarié ne peut être candidat que dans le **collège électoral** auquel il appartient (n° 25270). La double candidature dans deux collèges distincts est donc exclue. 25267
À l'inverse, un candidat peut se présenter, dans un même collège, à la fois aux élections des **titulaires et** des **suppléants** (Cass. soc. 19-5-1988 n° 87-60.207 D ; 9-11-2016 n° 16-11.622 F-D : RJS 1/17 n° 43). Mais s'il est élu comme titulaire, il ne peut pas l'être comme suppléant : voir n°s 26160 s.

CHOIX DES CANDIDATS

Les candidats sont librement choisis parmi les salariés **éligibles** dans le **collège** considéré (n° 25105), dans le respect des dispositions relatives à la mixité des listes (n°s 25258 s.). S'agissant de la validité d'un **protocole préélectoral** imposant des critères de choix des candidats, voir n° 24590. 25270
La présence d'un candidat **inéligible** sur une liste peut entraîner l'annulation du scrutin lorsqu'elle a été de nature à en fausser les résultats (Cass. soc. 5-11-1986 n° 86-60.003 S).

ILLUSTRATIONS

Si la liste de candidats présentée par un syndicat obtient un siège lors des élections et que 2 des 4 candidatures de ce syndicat sont ensuite judiciairement annulées, dont celle du candidat élu, l'irrégularité de la liste affecte nécessairement le scrutin et celui-ci doit donc être annulé (Cass. soc. 4-6-2003 n° 02-60.487 F-P : RJS 11/03 n° 1292).

Les listes ne comprennent pas obligatoirement des représentants de chacun des divers **services** existant au sein du collège considéré (Cass. soc. 31-3-1977 n° 76-60.255 P). 25275

CONSEIL

Si, dans le collège considéré, une catégorie du personnel s'est vu attribuer un **siège réservé** au sens indiqué n°s 24625 s., il est conseillé de présenter un candidat appartenant à cette catégorie. En effet, si une liste ne comprend pas un tel candidat et que, par le jeu des règles normales d'attribution des sièges, il ressort des résultats du scrutin qu'aucun candidat appartenant à la catégorie n'a été élu, la liste pourra se voir retirer un siège qu'elle a pourtant gagné, afin qu'il soit attribué à une liste concurrente ayant présenté un candidat appartenant à la catégorie : voir n°s 26140 s.
En revanche, si la liste comprend un candidat appartenant à la catégorie bénéficiant du siège réservé, elle est assurée qu'il ne sera pas dérogé en sa défaveur aux règles normales d'attribution des sièges.

Si la liste est **présentée par un syndicat**, il peut choisir comme candidats soit ses propres adhérents, soit des salariés non syndiqués ou adhérant à un autre syndicat, même non représentatif (Cass. soc. 18-5-1983 n° 82-60.657 P ; 28-3-2012 n° 11-61.180 FS-PBI : RJS 6/12 n° 580). 25280

ACCORD DES CANDIDATS

Nul ne peut être candidat sur une liste sans son accord (Cass. soc. 20-10-1993 n° 92-60.304 P : RJS 1/94 n° 58 ; 25-6-2014 n° 13-20.541 F-D : RJS 10/14 n° 710). 25285
La décision d'un salarié de ne pas figurer sur une liste s'impose au **syndicat** l'ayant présentée. Il doit donc en retirer le salarié dès qu'il en est informé (Cass. soc. 25-6-2014 n° 13-20.541 F-D : RJS 10/14 n° 710). L'**employeur** est aussi en droit de procéder à ce retrait, sous réserve d'en informer le syndicat.

> **Précisions** Le syndicat n'a pas à s'assurer de la persistance de l'accord des candidats **entre les deux tours**. Il doit, en revanche, être informé du **retrait d'un candidat** de la liste présumée reconduite pour le second tour. Si le syndicat n'est informé ni par l'employeur

ni par le candidat, cette irrégularité, de nature à fausser la loyauté du scrutin, justifie l'annulation de l'élection (Cass. soc. 13-10-2010 n° 09-60.233 FS-PB : RJS 12/10 n° 962). Un candidat n'est toutefois pas recevable à demander l'annulation du scrutin au motif qu'un autre **candidat figurant sur la liste d'un syndicat concurrent** présentée au premier tour n'a pas informé ce syndicat de son retrait de cette liste pour le second tour (Cass. soc. QPC 21-11-2018 n° 17-28.551 F-D : RJS 2/19 n° 115).

Un **juge** ne peut pas refuser d'annuler l'élection d'un candidat présenté par un syndicat au premier tour des élections et qui s'est désisté avant le vote, sans rechercher les conditions dans lesquelles le retrait de candidature est intervenu (Cass. soc. 20-10-1993 n° 92-60.304 P : RJS 1/94 n° 58).

CANDIDATURES FRAUDULEUSES

25290 Le salarié ne peut se porter candidat aux élections que dans l'intérêt de l'ensemble des salariés. Si sa candidature est une manœuvre frauduleuse destinée à bénéficier de la **protection individuelle** accordée aux représentants du personnel, elle est irrégulière (en ce sens : Cass. soc. 26-1-1977 n° 76-60.222 P).

Bien que l'appréciation du caractère frauduleux d'une candidature relève de l'appréciation souveraine des **juges du fond** (Cass. soc. 4-12-2013 n° 13-13.800 F-D ; 25-10-2017 n° 16-27.570 F-D), la **Cour de cassation** exerce un contrôle de la motivation (Cass. soc. 7-2-1989 n° 88-60.150 D).

ILLUSTRATIONS

Elle a ainsi jugé justifiées les décisions déclarant irrégulières les candidatures présentées dans les circonstances suivantes :

– salarié présentant sa candidature **2 jours après sa convocation** par son employeur en **vue d'une révocation** dont il se savait **menacé** depuis longtemps pour des **fautes** très graves (Cass. soc. 26-1-1977 n° 76-60.222 P ; en ce sens : 17-12-1980 n° 80-60.254) ;

– salarié déposant sa candidature **le lendemain de la notification verbale de sa mutation** dans un autre établissement, la **lettre** de notification de candidature étant manifestement **antidatée** (Cass. soc.15-1-1981 n° 80-60.332) ;

– salarié candidat aux élections après avoir fait l'objet d'une **procédure de licenciement**, alors qu'il n'a antérieurement eu **aucune activité** syndicale, et s'est ensuite **désintéressé de sa fonction** en n'effectuant pas son deuxième mois de préavis (Cass. soc. 28-4-1988 n° 87-60.338 D).

La fraude n'est, en revanche, pas établie dans les circonstances suivantes :

– candidature intervenue **postérieurement à la convocation** de l'intéressé à un entretien préalable à son licenciement (Cass. soc. 13-5-2009 n° 08-60.506 F-D : RJS 7/09 n° 651) ;

– candidature intervenue après que le **salarié a reçu une lettre de convocation** à un entretien préalable à son licenciement (Cass. soc. 1-7-1985 n° 85-60.103 S) ;

– candidature dont l'employeur connaissait l'imminence avant la convocation à l'entretien préalable, présentée **entre cet entretien et la notification du licenciement** (Cass. soc. 20-3-1985 n° 84-60.716 S) ;

– simple **concomitance** entre la convocation d'un salarié à un entretien préalable au licenciement et sa candidature, alors que l'intéressé a eu auparavant un **rôle actif** dans la présentation à l'employeur des **revendications** des salariés, allant notamment voir le directeur pour défendre certains de ses camarades (Cass. soc. 24-2-1983 n° 82-60.414) ;

– salarié ayant eu une **activité en faveur du personnel** de l'entreprise antérieurement à sa candidature aux élections et à l'engagement de la procédure de licenciement, même si l'employeur n'en a pas eu connaissance (Cass. soc. 14-5-1997 n° 96-60.213 P : RJS 6/97 n° 709).

25295 Cependant, une candidature, même non frauduleuse, ne peut pas entraver la **procédure de licenciement** déjà engagée, par exemple si elle intervient postérieurement à la convocation à l'entretien préalable au licenciement (Cass. soc. 4-6-1982 n° 81-60.965 P ; 13-6-1989 n° 88-60.677 P : RJS 7/89 n° 603) ou le jour de cet entretien (Cass. soc. 17-3-1983 n° 82-60.222 P). La candidature n'a d'effet que jusqu'au **terme du contrat** (Cass. soc. 4-6-1982 n° 81-60.965 P ; 13-6-1989 n° 88-60.677 P : RJS 7/89 n° 603) : si ce terme survient **avant la date des élections**, l'intéressé n'est plus à cette date ni éligible ni électeur dans l'entreprise.

Sur la question de l'application de la **procédure spéciale de licenciement**, voir nos 42140 s.

RÔLE DE L'EMPLOYEUR

25300 L'employeur ne peut pas se faire juge de la **validité** des listes et candidatures présentées. Une intervention de sa part est sanctionnée par l'annulation des élections. Il ne peut que présenter une **contestation** devant le juge des élections (Cass. soc. 13-7-1993 n° 92-60.117 P : RJS 8-9/93 n° 898 ; 13-1-1999 n° 97-60.609 D), peu important l'éventuelle irrégularité des candidatures litigieuses (Cass. soc. 8-10-1998 n° 97-60.788 D).

L'employeur doit cependant **tenir compte de la volonté exprimée** par les syndicats (voir nos 25215 et 25315) et les candidats (n° 25285), ce qui peut l'amener à refuser une liste ou à la rectifier directement, sans saisir le juge. Tenu d'appliquer le protocole préélectoral, il peut aussi refuser une liste déposée trop tard (n° 25345).

ILLUSTRATIONS

L'employeur ne peut pas :
– **modifier unilatéralement** une liste de candidats aux élections présentée par un syndicat représentatif, en **rayant certains noms** de la liste (Cass. soc. 22-7-1970 n° 70-60.023 P) ;
– **refuser une candidature** au motif que l'intéressé n'a pas l'ancienneté requise (Cass. soc. 27-2-1980 n° 79-60.306 P ; 23-9-2015 n° 14-21.317 F-D) ;
– refuser une candidature pour le premier tour des élections, et **rayer le nom** du salarié sur la liste du second tour (Cass. soc. 10-12-1986 n° 86-60.297 P).
Il est en revanche fondé à tenir compte de **retraits de candidatures** sans avoir à saisir préalablement le tribunal, cette saisine incombant à la partie contestant ces désistements, si le secrétaire général d'un syndicat a retiré les candidatures de son syndicat sans que soit alléguée une quelconque pression de l'employeur (Cass. soc. 8-2-2012 n° 11-15.465 F-D).

4. DÉPÔT DES LISTES

FORME

Les syndicats et candidats doivent **déposer auprès de l'employeur** leurs listes de candidats. **25310**
La loi n'impose aucune règle de forme à ce dépôt. Selon la jurisprudence, cette question peut être abordée dans le **protocole préélectoral** (Cass. soc. 18-10-1994 n° 94-60.003 D). Les conditions fixées par l'employeur en l'**absence d'accord** valide ne peuvent conduire à écarter une liste de candidatures qu'en cas d'atteinte au bon déroulement des opérations électorales (Cass. soc. 26-9-2012 n° 11-26.399 FS-PB : RJS 12/12 n° 971 ; 15-10-2015 n° 14-60.710 F-D).

CONSEIL

La protection des candidats aux élections professionnelles courant, en principe, à dater de la remise à l'employeur des listes contre **récépissé** ou de leur envoi par **lettre recommandée** avec avis de réception (n° 42145), il est d'usage que les syndicats fassent parvenir leur liste sous cette forme à l'employeur. Mais ces formalités ne peuvent pas être exigées par un tribunal (Cass. soc. 18-10-1994 n° 94-60.003 D). S'agissant des candidatures au second tour, la remise des listes contre récépissé à l'employeur paraît une forme également adaptée compte tenu des dispositions rappelées ci-dessus relatives à la protection contre le licenciement.

RETRAIT

Un **syndicat** ayant présenté des listes de candidats peut les retirer avant la date du vote **25312**
(Cass. soc. 23-6-1983 n° 83-60.031 P). Il en est de même, selon nous, pour les listes de candidats **indépendants**.

a. Personnes habilitées à déposer les listes syndicales

SALARIÉS

Un salarié peut adresser lui-même une lettre présentant sa candidature, dès lors qu'elle a été **25315**
établie par l'union locale syndicale (Cass. soc. 19-12-2007 n° 07-60.087 F-D : RJS 3/08 n° 306). Mais si un syndicat, seul interlocuteur de l'employeur, lui déclare par la voix de son président qu'un salarié ne dispose d'aucun **mandat** pour agir en son nom et que son organisation ne dépose aucune candidature aux élections en vue du renouvellement du CSE, l'employeur est fondé à ne retenir aucune candidature pour cette organisation, sans avoir à saisir préalablement le tribunal (Cass. soc. 30-10-2013 n° 12-29.952 F-PB : RJS 1/14 n° 60).

DÉLÉGUÉ SYNDICAL

Un délégué syndical peut présenter une liste au nom de son syndicat s'il a expressément reçu **25317**
mandat à cette fin (Cass. soc. 1-3-1984 n° 83-61.128 ; 15-6-2011 n° 10-25.282 FS-PB : RJS 8-9/11 n° 713). Ce mandat peut être verbal (Cass. soc. 10-12-2014 n° 14-60.447 F-PB : RJS 2/15 n° 125).
Le délégué qui dépose une **seconde liste** de candidats doit, de la même façon, avoir reçu du syndicat le pouvoir de modifier ou remplacer la liste qu'il a d'abord présentée (Cass. soc. 13-10-2004 n° 03-60.416 F-PB : RJS 12/04 n° 1304 ; 28-5-2008 n° 07-60.371 F-D). **À défaut**, les candidatures sont irrégulières (Cass. soc. 15-6-2011 n° 10-25.282 FS-PB : RJS 8-9/11 n° 713). Le **syndicat** peut demander l'annulation du scrutin (Cass. soc. 13-10-2004 n° 03-60.416 F-PB : RJS 12/04 n° 1304 ; 28-5-2008 n° 07-60.371 F-D). Mais l'**employeur** qui ne réclame pas ce mandat lors du dépôt de la liste, et ne conteste pas le dépôt, ne peut pas remettre en cause sur ce motif la validité de la liste après le déroulement du scrutin (Cass. soc. 26-9-2012 n° 11-25.544 FS-PB : RJS 12/12 n° 972).

> **Précisions** Le simple fait d'avoir été désigné comme délégué syndical n'est donc pas suffisant. En revanche, la condition d'avoir reçu un mandat est nécessaire, mais suffisante. Il importe peu, par exemple, que l'intéressé ne justifie pas de sa qualité de **délégué syndical « national »** (Cass. soc. 20-1-1988 n° 87-60.160 D ; dans le même sens, Cass. soc. 18-2-1988 n° 87-60.241 D).

b. Délai de dépôt des listes

POINT DE DÉPART

25330 Logiquement, au **premier tour**, la constitution et le dépôt des listes de candidats sont subordonnés à la décision sur la répartition du personnel dans les collèges électoraux et, surtout, à celle sur la **répartition des sièges** entre les différents collèges, qui résulte en principe du protocole préélectoral, ou, le cas échéant, d'une décision administrative ou d'une décision de l'employeur. C'est pourquoi la présentation des listes doit être postérieure à la conclusion du **protocole préélectoral** (en ce sens : Cass. soc. 17-12-1987 n° 86-60.450 P ; 27-10-2004 n° 02-60.631 F-D : RJS 1/05 n° 61) ou à la décision de répartition.

A fortiori, une liste de candidats ne peut pas être présentée à une date où l'existence d'une **UES** entre deux sociétés n'est **pas constatée**, le principe même de l'organisation d'élections dans un cadre commun étant donc incertain (Cass. soc. 21-7-1986 n° 85-60.635 S).

En revanche, les listes de candidats peuvent être déposées avant l'**affichage des listes électorales** définitives dès lors que l'autorité administrative a, à défaut d'accord entre le chef d'entreprise et les syndicats, décidé de la répartition des sièges entre les différentes catégories de personnel et de celle du personnel dans les collèges. Ce fait peut cependant justifier, le cas échéant, une **modification** par les syndicats des listes présentées (Cass. soc. 17-12-1986 n° 86-60.222 P).

25335 S'agissant du **second tour**, le nombre de sièges restant à pourvoir est connu après la proclamation des élus ou, éventuellement, lors du constat de l'absence de quorum. Dans ce dernier cas, tous les sièges restent à pourvoir. Il en est de même si aucun candidat ne s'est présenté au premier tour.

C'est donc après le scrutin que les candidats indépendants peuvent constituer et présenter leurs listes.

DATE LIMITE

25340 La loi ne fixe pas de date limite pour le dépôt des candidatures. Celles-ci peuvent donc, en théorie, être formées jusqu'au jour des élections, mais une date antérieure peut être prévue.

25345 **Date prévue par le protocole préélectoral** Le protocole préélectoral peut fixer une date limite de dépôt des candidatures (Cass. soc. 14-11-1984 n° 83-63.649 P).

Dès lors que celle-ci a fait l'objet d'une large **publicité**, elle s'impose aux candidats (n° 24340), même si une clause du protocole préélectoral ne prévoit qu'un **bref délai** entre les résultats du premier tour et la date limite de dépôt des candidatures au second tour, une telle clause ne portant pas atteinte au principe général de liberté des candidatures (Cass. soc. 9-6-2021 n° 19-24.387 FS-D : RJS 8-9/21 n° 466). L'employeur peut donc **refuser la candidature** d'un salarié ou le dépôt d'une liste présentée après la date fixée par le protocole préélectoral ou même quelques heures après l'heure prévue (Cass. soc. 23-5-2007 n° 06-60.197 F-D : RJS 8-9/07 n° 975 ; 9-11-2011 n° 10-28.838 F-PB : RJS 1/12 n° 60). Il en est de même en cas de report d'élections dès lors que l'intéressé aurait pu se porter candidat dans les délais prévus par le protocole (Cass. soc. 16-5-1990 n° 89-60.002 P : RJS 7/90 n° 598). Le refus de l'employeur ne constitue pas un **délit d'entrave** (Cass. crim. 3-2-1987 n° 86-90.141 P). Toutefois, il ne doit pas **abuser** de ce droit de refuser les candidatures tardives (Cass. soc. 27-5-2020 n° 18-60.038 F-D : RJS 8-9/20 n° 427).

Le juge, saisi par un syndicat, peut déclarer inéligibles deux **candidats ajoutés** à une liste postérieurement à la date limite de dépôt (Cass. soc. 7-1-1985 n° 84-60.481 S).

Mais si un syndicat, ayant déposé dans les délais une liste comportant trop de candidats, **supprime les candidatures surnuméraires** après la date limite de dépôt, le juge ne peut pas annuler les élections, en ordonner de nouvelles et déclarer irrecevable la liste, sans constater que cette suppression a effectivement influé sur la régularité et la sincérité du scrutin (Cass. soc. 2-7-2014 n° 13-21.626 F-D : RJS 11/14 n° 797).

ILLUSTRATIONS

Un protocole préélectoral prévoyant que les listes de candidatures doivent être déposées au plus tard le **25 octobre à 17 heures**, et un syndicat ayant envoyé sa liste vers **22 heures**, l'employeur n'a commis aucune irrégularité en refusant d'en tenir compte (Cass. soc. 9-11-2011 n° 10-28.838 F-PB : RJS 1/12 n° 60).
L'employeur n'a commis aucune irrégularité en écartant la candidature présentée par un syndicat qu'il a **reçue le 21 mars** alors que le protocole préélectoral fixait la **date limite** de dépôt des candidatures au **18 mars à 17 heures** (Cass. soc. 28-3-2012 n° 11-19.657 F-D).

Date prévue par la convention collective Un délai de dépôt des candidatures peut aussi être prévu par la convention collective applicable à l'entreprise. 25350
Dans un tel cas, la Cour de cassation a jugé qu'un certain **retard** dans le dépôt est admissible à la condition qu'il ne nuise pas à la préparation du scrutin, en particulier si un vote par correspondance est prévu (Cass. soc. 2-2-1977 n° 76-60.230 P ; 16-4-1986 n° 85-60.521 P).

ATTENTION

On peut s'interroger sur le maintien de cette **tolérance**, compte tenu de la jurisprudence plus récente et beaucoup plus rigoureuse de la Cour de cassation au sujet du respect de la date et de l'heure prévues par un protocole préélectoral (voir ci-dessus n° 25345).

Autres cas À défaut d'accord préélectoral ou de convention collective fixant une date limite de dépôt des listes de candidatures, il est possible de saisir le **juge** pour qu'il la fixe (Cass. soc. 2-6-1983 n° 82-60.614 P). 25355
Si personne n'a saisi le juge, l'**employeur** peut la fixer lui-même. Il peut ainsi reprendre le délai prévu lors des **élections précédentes** par les protocoles préélectoraux conclus à l'époque (Cass. soc. 20-1-1993 n° 91-60.265 D).
Mais il ne peut refuser une candidature déposée après la date qu'il a lui-même fixée qu'en **justifiant** sa décision au regard des nécessités d'organisation du vote (Cass. soc. 19-10-1993 n° 92-60.439 D ; 4-3-2009 n° 08-60.476 FS-PB : RJS 5/09 n° 453).

ILLUSTRATIONS

Une liste déposée la **veille du scrutin** dans l'après-midi peut être écartée, ce dépôt ne permettant pas aux électeurs appelés à **voter par correspondance** de se prononcer en toute connaissance de cause (Cass. soc. 13-1-1983 n° 82-60.333 P).
Un juge ne peut pas rejeter la contestation d'un scrutin présentée par un salarié sans répondre à ses conclusions dans lesquelles il faisait valoir qu'il avait envoyé sa candidature dans le délai fixé par l'**employeur**, mais que celui-ci **n'avait pas réceptionné** sa lettre recommandée lors de sa première présentation, le non-respect du calendrier fixé unilatéralement par l'employeur étant alors imputable à ce dernier (Cass. soc. 4-12-2013 n° 13-60.104 F-D : RJS 2/14 n° 152).

5. PUBLICITÉ DES LISTES

Afin d'assurer le bon déroulement des élections, les candidatures doivent être portées à la connaissance des électeurs. 25360

CONSEIL

L'**affichage par l'employeur** des candidatures n'est pas légalement obligatoire mais il est souvent prévu par les protocoles préélectoraux dans la mesure où il permet la publicité des candidatures.
Les **syndicats** peuvent aussi informer les électeurs par voie d'affichage sur leurs panneaux syndicaux.
Les **candidats indépendants** ne peuvent pas afficher leur candidature avant le premier tour : voir n° 25205, c.

Aucune disposition législative ou réglementaire ne fixe de **délai** entre la publication des listes de candidats et le premier tour de scrutin. Celui-ci peut être prévu par le protocole préélectoral, en fonction des nécessités d'organisation du vote (Cass. soc. 5-11-1980 n° 80-60.179 P). 25365
Il appartient aux **juges** du fond de rechercher si l'affichage tardif des listes a faussé les résultats du scrutin (Cass. soc. 5-11-1980 n° 80-60.179 P).

ILLUSTRATIONS

Les juges du fond ne peuvent pas annuler des élections en se bornant à constater, d'une part, qu'une liste de candidats n'a été affichée que la **veille du scrutin**, d'autre part, que le délai d'affichage devait être suffisant pour permettre une contestation éventuelle, sans rechercher si le retard dans l'affichage de la liste de candidats n'a eu une influence sur les résultats des élections (Cass. soc. 24-2-1983 n° 82-60.382).

L'annulation des élections est justifiée dans les circonstances suivantes : le premier tour a eu lieu un 4 janvier, les **instructions** relatives aux modalités de vote n'ont été données que le 2 janvier, et l'**une des listes** syndicales n'a été affichée qu'à cette même date alors qu'elle a été déposée le 21 décembre de l'année antérieure, de sorte que l'organisation du vote n'avait pas permis à tous les électeurs d'y participer (Cass. soc. 22-7-1980 n° 80-60.191 P).

VI. CAMPAGNE ÉLECTORALE

25400 La diffusion de **documents** de propagande électorale est admise même si la loi ne fait aucune allusion à la campagne électorale pour les élections professionnelles. En effet, les **syndicats** et les **candidats** doivent pouvoir faire connaître leur programme aux électeurs.
Pendant la campagne électorale, l'**employeur** doit observer une stricte neutralité. Il doit seulement afficher les listes électorales et, le cas échéant, celles des candidats et donner aux salariés les informations utiles sur le déroulement des opérations électorales.

A. Propagande électorale

PERSONNES HABILITÉES À FAIRE CAMPAGNE

25405 À l'époque où les syndicats représentatifs avaient le monopole de présentation des candidats au **premier tour** des élections, la Cour de cassation avait décidé que la propagande électorale antérieure au premier tour leur était réservée (Cass. soc. 14-1-2004 n° 01-60.788 PBRI : RJS 3/04 n° 330).
Dans le cadre juridique actuel, on peut penser que les **syndicats intéressés** au sens indiqué nos 24100 s., qui ont le monopole de présentation des candidats au premier tour, sont les seuls à pouvoir faire campagne.
C'est donc seulement après le premier tour des élections que les candidats libres et les syndicats non habilités à présenter des candidats au premier tour pourront, si un **second tour** est organisé, faire de la propagande électorale.

MOYENS ET CONTENU

25410 Les syndicats peuvent, au minimum, user des moyens de propagande prévus pour l'exercice du **droit syndical** : affichage, tenue de réunions, diffusion de tracts, diffusion sur le site intranet ou sur la messagerie électronique des salariés... dans les conditions exposées nos 16600 s. D'autres moyens peuvent être prévus dans le **protocole** d'accord **préélectoral**. Dans tous les cas, l'employeur doit en garantir un **égal accès** entre les syndicats sous peine d'annulation des élections (Cass. soc. 27-5-2020 n° 19-15.105 F-D : RJS 7/20 n° 361).
Les moyens de propagande utilisés ne doivent pas être déloyaux ou révéler le comportement tendancieux de leurs auteurs. Ainsi, des **tracts** électoraux ne doivent pas mettre en cause des syndicats concurrents ou des candidats des listes adverses (Cass. soc. 13-11-1985 n° 85-60.373). La question de leur **loyauté** se pose surtout lorsqu'ils sont distribués juste avant le scrutin : voir n° 25425.

DURÉE DE LA CAMPAGNE

25420 Les syndicats peuvent commencer à faire campagne avant la date de **début** fixée par le protocole préélectoral sans que cela constitue un trouble manifestement illicite (Cass. soc. 15-11-2017 nos 16-24.798 FS-PB, 16-25.066 FS-D et 16-25.178 FS-D : RJS 1/18 n° 52). La campagne électorale peut, en théorie, se poursuivre jusqu'au **jour du scrutin**. Mais la poursuite tardive de la campagne électorale peut entraîner l'annulation des élections si elle en a faussé les résultats (n° 25425).

ATTENTION

En matière d'élections professionnelles, il n'existe pas de dispositions similaires à celles prévues **en matière politique** par les articles L 49 et L 89 du Code électoral, interdisant, à peine d'amende, **à partir de la veille du scrutin** à zéro heure, la distribution de bulletins, circulaires et autres documents, la diffusion par tout moyen de communication au public par voie électronique de messages ayant le caractère de propagande électorale, l'appel téléphonique en série des électeurs, ainsi que la tenue d'une réunion électorale.

25425 La **diffusion de tracts le jour même ou la veille des élections** est souvent litigieuse. Elle peut justifier l'annulation des élections si elle a pour effet d'en modifier les résultats (Cass. soc. 20-6-2000 n° 99-60.153 FS-P : RJS 11/00 n° 1108), question qui relève de l'appréciation des juges du fond.

ILLUSTRATIONS

Justifient l'annulation des élections les circonstances suivantes :
– distribution, la veille du scrutin, d'un **tract mettant en cause un syndicat concurrent** en lui faisant grief de brader les avantages issus de la convention collective, ce qui a faussé le résultat de l'élection eu égard à la proportion des suffrages obtenus par chacune des listes en présence, le syndicat visé ayant recueilli un nombre insuffisant de voix pour obtenir un siège (Cass. soc. 18-2-1988 n° 87-60.027 P) ;
– diffusion, la veille et le matin même du scrutin, d'un **tract anonyme invitant vivement à l'abstention** au premier tour pour permettre un second tour avec candidatures libres (Cass. soc. 16-4-1986 n° 85-60.552).
En revanche, les circonstances suivantes **ne justifient pas l'annulation** des élections :
– diffusion, le jour même de l'élection, d'un **tract** par un syndicat **appelant** les électeurs d'un collège **à voter pour ses candidats**, mais ne contenant aucune mise en cause des syndicats concurrents ou des candidats des listes adverses (Cass. soc. 5-12-1984 n° 84-60.516) ;
– distribution d'un **tract injurieux** le jour même du scrutin, qui n'a pas pu modifier le résultat des élections eu égard à la proportion des suffrages obtenus par chaque liste en présence (Cass. soc. 5-3-1986 n° 85-60.496 P) ;
– **diffusion électronique** d'un tract **4 jours avant le scrutin** par un syndicat par l'intermédiaire d'une messagerie à laquelle tout syndicat dans l'entreprise avait accès, ne contenant **aucune assertion diffamatoire** à l'égard d'un autre syndicat et pour laquelle il n'est pas établi qu'elle ait pu avoir une influence sur les résultats du scrutin (Cass. soc. 20-11-2002 n° 01-60.903 F-D : RJS 4/03 n° 490).

B. Rôle de l'employeur

OBLIGATION DE NEUTRALITÉ

L'employeur, ou ses représentants au sens indiqué n° 13850, ne doivent pas entraver la liberté du vote, sous peine d'être condamnés pour **délit** d'entrave (Cass. crim. 20-3-1979 n° 78-92.967 P ; 30-3-1993 n° 92-83.580). En outre, l'obligation de neutralité de l'employeur étant un principe essentiel du droit électoral, toute irrégularité en la matière entraîne l'**annulation** des élections indépendamment de son influence sur le résultat du scrutin (Cass. soc. 31-5-2011 n° 10-60.228 F-D ; 10-5-2012 n° 11-14.178 F-D ; 27-5-2020 n° 19-15.105 F-D : RJS 7/20 n° 361). C'est à celui qui invoque la violation par l'employeur de son obligation d'en rapporter la **preuve** (Cass. soc. 18-5-2022 n° 20-21.529 F-B : RJS 8-9/22 n° 464). **25430**

ILLUSTRATIONS

L'obligation de neutralité est **respectée** lorsque l'employeur :
– se borne à rappeler simplement et objectivement, dans une **note** au personnel sur les **modalités d'organisation des élections**, les dispositions légales qui prévoient le cas où il y a lieu à un second tour de scrutin (Cass. soc. 3-2-1977 n° 76-60.244 P) ;
– diffuse une **note** avisant les électeurs que, s'ils ne veulent pas voter pour les candidatures syndicales, un deuxième tour de scrutin aura lieu et que les candidatures libres y seront autorisées (Cass. soc. 5-6-1980 n° 79-61.290) ;
– diffuse des tracts **prétendant que seuls des candidats « libres »** peuvent se présenter **au second tour**, mais ne contenant ni « menaces illégales » ni « pressions caractérisées » (Cass. soc. 16-2-1977 n° 76-60.193 P) ;
– **ne s'oppose pas à la diffusion d'un tract** par un syndicat habilité à présenter des candidats au premier tour des élections, dont il n'est pas soutenu que le contenu excède les limites normales de la propagande électorale (Cass. soc. 9-7-2014 n° 13-60.239 FS-D : RJS 11/14 n° 798).
Il ne peut pas être reproché à l'employeur la **distribution par des salariés de tracts** et l'apposition d'affiches non syndicales, ces salariés agissant de leur propre initiative et à son insu (Cass. soc. 3-6-1981 n° 81-60.007).
Même solution lorsque l'employeur **refuse d'enlever une affiche** apposée sur un panneau de l'entreprise et signée par « un groupe d'ouvriers et d'ouvrières », invitant les électeurs en désaccord avec la liste présentée par un syndicat à voter blanc au premier tour de scrutin, dès lors qu'il n'est pas établi que cette affiche a été apposée sur un panneau réservé exclusivement à l'employeur et qu'elle a été rédigée ou suscitée par lui (Cass. soc. 16-5-1974 n° 74-60.025 P).
Une mesure de **mise à pied d'un candidat** ne constitue pas, en soi et indépendamment de ses conséquences, une irrégularité de nature à entraîner nécessairement l'annulation des élections (Cass. soc. 10-12-1987 n° 86-60.550 P). Tout dépend si l'employeur s'en est servi comme moyen de pression, voir n° 25440.

La jurisprudence a, de nombreuses fois, **censuré** l'attitude de l'employeur compromettant la loyauté du scrutin, notamment lorsqu'elle prend la forme d'une **propagande ouverte**. **25435**

ILLUSTRATIONS

L'employeur ne peut pas :
– faire distribuer, le jour du scrutin, des **tracts s'élevant contre l'attitude d'un syndicat**, faisant ainsi le jeu de l'autre, même s'il est impossible de déterminer dans quelle proportion ces manœuvres ont influencé le vote (Cass. soc. 15-2-1978 n° 77-60.580 P) ;
– diffuser, la veille du scrutin, des documents assimilables à des tracts s'élevant **contre les déclarations d'un syndicat** (Cass. soc. 14-5-1997 n° 96-60.134 D) ;
– diffuser une **note** au caractère tendancieux, sous le prétexte d'information, **invitant à l'abstention** au premier tour, et donner son assentiment à l'**affichage du nom des candidats libres** au second tour (Cass. soc. 10-5-1978 n° 78-60.070 P) ;
– diffuser une note d'information avant le premier tour du scrutin pour rappeler aux électeurs que la présentation de candidats « indépendants » n'est possible qu'au second tour, puis laisser distribuer les tracts électoraux de ces candidats, ces **tracts utilisant l'en-tête de la société** avec la même présentation visuelle que la note d'information, créant ainsi un amalgame dans l'esprit des électeurs, conférant à la note un effet d'**annonce des candidatures** et attachant une connotation officielle et légitime aux candidatures (Cass. soc. 23-1-1991 n° 90-60.054 D) ;
– diffuser des communiqués dépassant le simple rappel de la législation et comportant des menaces à peine voilées ainsi qu'une invitation appuyée à ne pas voter au premier tour, puis **interpeller les salariés présents sur les lieux du vote** le jour de l'élection (Cass. soc. 25-2-1992 n° 91-60.140 D) ;
– diffuser avant le premier tour au profit d'éventuels candidats libres un tract de **propagande** électorale pour le second tour (Cass. soc. 14-1-2004 n° 01-60.788 FS-PBRI : RJS 3/04 n° 330).

25440 L'employeur ne doit pas exercer de **pressions sur les électeurs** (Cass. soc. 13-5-1976 n° 76-60.022 P ; 28-2-1989 n° 88-60.516 P : RJS 4/89 n° 364) ni sur les **candidats** ou les **syndicats** ayant présenté leur candidature. Sur les sanctions encourues par l'employeur qui use de moyens de pression en faveur ou à l'encontre d'un syndicat, voir nos 13880 s.

ILLUSTRATIONS

Les comportements suivants ont ainsi été jugés irréguliers :
– diffuser une **appréciation défavorable** sur un candidat et l'**affecter sur un chantier éloigné** pendant la période préélectorale (Cass. soc. 30-10-1991 n° 91-60.058 D) ;
– **faire signer** des **attestations de non-candidature** à tous les candidats présentés par un syndicat et intervenir activement pour **inciter les ouvriers**, dont une grande partie est de nationalité étrangère et sensible aux risques de représailles de l'employeur, **à voter pour l'une des listes** en présence (Cass. soc. 24-1-1973 n° 72-60.103 P).
Un tribunal ne peut pas rejeter une demande d'annulation des élections sans rechercher si la **mise à pied conservatoire** de 2 des 3 candidats d'un syndicat 3 semaines avant le premier tour et la convocation de ceux-ci devant le CSE, à la suite de la mise à pied, le jour même du scrutin n'étaient pas liées à une volonté de l'employeur de les empêcher de préparer et de diffuser leur propagande électorale pour le premier tour du scrutin (Cass. soc. 4-7-2012 n° 11-60.216 F-D : RJS 10/12 n° 831).

25445 L'obligation de neutralité s'étend **jusqu'à la fin des élections**. Ainsi, l'absence de neutralité de l'employeur dans l'**organisation matérielle** du vote en entraîne l'annulation.

ILLUSTRATIONS

Il en est ainsi si le **représentant de l'employeur distribue** pendant un certain temps **des bulletins de vote, y compris des bulletins blancs**, aux électeurs qui se présentent, se substituant ainsi au bureau de vote. Compte tenu des relations tendues entre la direction et un syndicat présent dans l'entreprise, ce comportement constitue une suggestion de voter blanc, ce qui s'est produit dans près de 50 % des cas au premier tour. Quel que soit le nombre précis de bulletins blancs distribués, cette attitude constitue une pression viciant les opérations électorales (Cass. soc. 10-5-1984 n° 83-61.045).

INFORMATION DES ÉLECTEURS SUR LE SCRUTIN

25450 L'organisation du vote doit **permettre à tous les électeurs d'y participer**, faute de quoi l'élection pourra être annulée (Cass. soc. 22-7-1980 n° 80-60.191 P). L'employeur doit à cet effet porter à la connaissance des électeurs la date, l'heure et le lieu du vote en temps utile.
En revanche, il n'a pas à **convoquer spécialement** ceux qui se trouveraient absents.

ILLUSTRATIONS

Les circonstances suivantes **justifient l'annulation** des élections :
– au moment de l'élection, la **majorité des ouvriers** se trouve sur des **chantiers extérieurs** et ne peut pas prendre part au vote, n'ayant eu **aucune information** sur la date et l'heure de déroulement du scrutin (Cass. soc. 4-4-1973 n° 72-60.125 P) ;

– **10 salariés** d'un dépôt dépendant d'une société en employant 46 ne sont **pas informés** de l'élection et ne peuvent pas participer au vote (Cass. soc. 2-7-1987 n° 86-60.409 S) ;
– la liste des candidats présentés par un syndicat et les instructions relatives aux modalités du vote sont **communiquées 2 jours avant le premier tour** de scrutin, une telle organisation du vote ne permettant pas à tous les électeurs d'y participer (Cass. soc. 22-7-1980 n° 80-60.191 P).

Le Code du travail ne fixe aucun **délai** entre d'une part, la publication des listes de candidats ou des instructions concernant le lieu et l'heure du vote et, d'autre part, le premier tour de scrutin (Cass. soc. 22-7-1980 n° 80-60.191 P). Il ne prévoit pas non plus les **modalités** de cette information. Elle peut notamment être réalisée par **affichage** (Cass. soc. 28-1-2015 n° 14-14.345 F-PB), quelques jours avant le scrutin. **25455**
Ces éléments font partie des modalités d'organisation et de déroulement des opérations électorales, en principe définies par le **protocole préélectoral** (n° 25500).

CONSEIL

Si une **convention collective** comporte des clauses relatives à l'information des électeurs sur le scrutin, les entreprises qui en relèvent doivent s'y conformer.
Il a toutefois été jugé, dans un arrêt ancien, que le défaut d'affichage des modalités d'organisation du scrutin et des listes électorales 15 jours à l'avance, comme prévu par la convention collective applicable, ne justifie pas une annulation des élections s'il n'a pas compromis l'information des électeurs, ces derniers ayant tous participé au vote, si bien que le résultat n'a pas été faussé (Cass. soc. 18-12-1978 n° 78-60.727 P).

VII. DÉROULEMENT DU SCRUTIN

Les modalités d'organisation et de déroulement des opérations électorales sont définies par le **protocole d'accord** préélectoral conclu entre l'employeur et les syndicats intéressés (C. trav. art. L 2314-28). **25500**
Faute d'accord, le président du tribunal judiciaire peut les fixer (C. trav. art. L 2314-28 et R 2314-2) s'il est saisi d'une demande en ce sens (Circ. DRT 13 du 25-10-1983 n° 2.2.3) par toute partie y ayant intérêt, telle que, par exemple, le syndicat ayant participé à la négociation préélectorale (Cass. soc. 30-5-1996 n° 95-60.800 D). Il statue en dernier ressort selon la procédure accélérée au fond visée n° 3755 (C. trav. art. R 2314-2). Si le juge n'est pas saisi, c'est à l'employeur de les fixer (Cass. soc. 12-2-1985 n° 84-60.679 P ; 26-9-2012 n° 11-22.598 FS-PB : RJS 12/12 n° 973). Ces règles s'appliquent aussi en cas d'**accord incomplet** : voir n° 24360. Sur la possibilité de saisir le juge en cas d'**accord minoritaire**, voir n° 24370.
En l'**absence d'interlocuteurs syndicaux**, il appartient à l'employeur de fixer lui-même les modalités d'organisation et de déroulement des opérations électorales (Cass. soc. 5-2-1997 n° 96-60.009 D : RJS 3/97 n° 309).
Dans tous les cas, l'élection a lieu au **scrutin secret sous enveloppe** ou par vote **électronique** (C. trav. art. L 2314-26, al. 1 et 2). Un vote **par correspondance** peut aussi être mis en place (n°s 25650 s.). Il doit être prévu un **scrutin de liste à 2 tours** avec représentation proportionnelle à la plus forte moyenne (C. trav. art. L 2314-29, al. 1).

> **Précisions a.** Le protocole préélectoral doit respecter les **principes généraux du droit électoral** (n° 24305), dont certains ont trait au déroulement du scrutin. Ces principes doivent aussi être respectés par le juge (Cass. soc. 2-11-1994 n° 94-60.053 D) et l'employeur si, à défaut d'accord, l'un ou l'autre fixe les modalités d'organisation et de déroulement des élections, puis tout au long du processus électoral. Sur l'application du principe général d'**égalité entre les électeurs** en cas de vote électronique, voir n° 25756.
b. Si l'employeur prend une **décision unilatérale** fixant les modalités d'organisation des élections, le syndicat qui présente des candidats sans émettre de réserve au plus tard lors du dépôt de sa liste ne peut pas, après la proclamation des résultats, **contester** cette décision pour demander l'annulation du scrutin (Cass. soc. 18-5-2022 n° 21-11.737 F-B : RJS 8-9/22 n° 463). Sur la contestation des modalités fixées par le **protocole préélectoral**, voir n°s 24350 s.
c. Le vote par **procuration** n'est pas autorisé (Cass. soc. 21-7-1981 n° 81-60.568 P ; 3-7-1984 n° 83-61.173 P), même par voie électronique, l'exercice personnel du droit de vote constituant un principe général du droit électoral (Cass. soc. 3-10-2018 n° 17-29.022 F-PB : RJS 12/18 n° 756).

A. Date

FIXATION

25510 L'**accord** préélectoral peut fixer la date des scrutins, y compris celle du second tour (Cass. soc. 7-5-2002 n° 00-60.487 FS-P : RJS 7/02 n° 852), dans le respect des délais indiqués nos 24080 (entre le premier tour et l'information du personnel ou la fin des mandats) et 26240 s. (entre le premier et le second tours).
En application de la règle énoncée n° 25500, le **juge** peut, en l'absence d'accord, fixer cette date s'il est saisi. À défaut, l'**employeur** peut la fixer lui-même sous réserve de respecter les délais légaux.

REPORT

25515 Seules les parties au protocole préélectoral peuvent décider de modifier le calendrier électoral, par un **accord** soumis aux mêmes conditions de validité que le protocole lui-même. L'**employeur** ne peut donc pas unilatéralement reporter la date du scrutin fixée par le protocole préélectoral, sous peine d'annulation des élections (Cass. soc. 26-10-2011 n° 10-27.134 F-PB : RJS 1/12 n° 63).
Sur le point de savoir si le report de la date des élections justifie la **négociation d'un nouveau protocole**, voir n° 24380.

> **Précisions a.** Le report successif, par l'**employeur**, de la date des élections dû au refus des syndicats de signer un accord préélectoral est licite (Cass. soc. 17-12-1987 n° 86-60.450 P).
> **b.** Les conditions dans lesquelles l'employeur, **ayant fixé** seul les modalités d'organisation et de déroulement des élections, peut ensuite décider de reporter leur date ne sont pas précisées. La Cour de cassation a seulement admis, dans quelques arrêts anciens et isolés, qu'un report unilatéral du scrutin par l'employeur en raison d'un **contentieux** en cours ne constituait pas une irrégularité assez grave pour entraîner l'annulation du scrutin.
> **c.** Le **syndicat contestant la décision** de l'employeur de reporter la date du vote en raison d'un contentieux en cours ne peut pas décider de maintenir l'organisation du vote à la date initiale, le vote organisé dans ces conditions étant irrégulier. Il peut seulement contester cette décision devant le juge (Cass. soc. 26-5-2010 n° 09-60.373 F-D) sous réserve de ne pas se trouver dans le cas visé n° 25500, b, dans lequel il est réputé avoir tacitement adhéré aux modalités des élections fixées par l'employeur.

25520 Le **juge** peut modifier la date initialement prévue pour les élections, afin d'en faciliter le déroulement (Cass. soc. 16-6-1983 n° 82-60.642 P).

ILLUSTRATIONS

Si, en raison de la **mission d'information, de médiation** et de contrôle que le juge confie à un mandataire de justice, des élections ne peuvent pas se dérouler aux dates prévues, le report permet la régularisation de leur organisation (Cass. soc. 2-5-1979 n° 78-60.781 P).
Si, compte tenu de l'annulation des dispositions d'un protocole préélectoral relatives au **vote par correspondance**, les parties sont d'accord pour organiser ce vote sur d'autres bases, le juge peut reporter la date du premier tour des élections afin de leur permettre de prendre à cet égard toutes les dispositions utiles (Cass. soc. 19-3-1986 n° 85-60.439 P).
Le juge peut aussi reporter l'élection lorsqu'une **grève** est annoncée pour la date initialement prévue (Cass. soc. 26-5-1988 n° 87-60.222 P).

B. Vote physique

1. HORAIRES ET LIEU

HORAIRES

25540 En **principe**, l'élection a lieu pendant le temps de travail (C. trav. art. L 2314-27), aux heures prévues par le **protocole préélectoral**. En l'**absence** d'accord, les horaires du vote sont fixés par le juge ou, s'il n'est pas saisi, par l'employeur, en application de la règle énoncée n° 25500.
Sur la possibilité d'organiser simultanément **un vote électronique**, voir n° 25785.

25545 **Adaptations en fonction des conditions de travail des salariés** Un **accord** contraire au principe de l'élection pendant le temps de travail peut être conclu entre l'employeur et l'ensemble des syndicats représentatifs dans l'entreprise, notamment en cas de travail en continu (C. trav. art. L 2314-27).

L'accord doit déterminer les **catégories** de salariés qui voteront en dehors de leur temps de travail, étant entendu que l'élection doit se dérouler pendant les heures d'**ouverture de l'entreprise** (Circ. DRT 13 du 25-10-1983 n° 2.4.2).
À **défaut d'accord**, une décision relative aux heures de vote peut être prise par le juge (Cass. soc. 2-11-1994 n° 94-60.053 D) ou, s'il n'est pas saisi, par l'employeur, en application de la règle énoncée n° 25500.

ILLUSTRATIONS

Le protocole peut prévoir le **report de la fermeture** des bureaux de vote dans **certains établissements** de l'entreprise, si cet aménagement est nécessaire en raison de l'organisation du travail sur les **chantiers** et si le début des opérations de dépouillement est également reporté, de sorte que les observateurs désignés par les syndicats puissent assister à ces opérations (Cass. soc. 20-11-2002 n° 01-60.605 F-P : RJS 4/03 n° 489).
Un tribunal peut valablement décider que l'élection se déroulera sur une **durée suffisante** pour permettre aux **équipes de travail en continu** de voter (Cass. soc. 2-11-1994 n° 94-60.053 D).
En revanche, le vote du personnel travaillant en **équipe de nuit** et celui des salariés en **déplacement, entre les mains du président du bureau de vote**, en dehors du lieu et des heures de scrutin, sont irréguliers car ce procédé n'assure pas les garanties que donnent un bureau de vote et la présence dans la salle de vote de personnes habilitées à surveiller le déroulement du scrutin (Cass. soc. 1-6-1983 n° 82-60.609 P).

Respect des heures d'ouverture et de clôture du scrutin Pour permettre à tous les électeurs de voter, les heures d'ouverture et de fermeture du scrutin doivent être respectées, sous le **contrôle** du bureau de vote. Sur l'obligation de les constater publiquement et de les mentionner au **procès-verbal** des élections, voir n° 26187. 25550
Le non-respect des horaires prévus peut entraîner la **nullité des élections** s'il empêche certains électeurs de participer au vote et a une influence sur le résultat du scrutin (Cass. soc. 21-7-1981 n° 81-60.568 P ; 20-1-1983 n° 82-60.355 P ; 27-3-2013 n° 12-14.973 F-D).

ILLUSTRATIONS

Ainsi, en présence d'un **nombre restreint d'électeurs** inscrits dans le second collège, le vote de 2 d'entre eux après l'heure prévue pour la clôture du scrutin fausse le résultat des élections qui doivent donc être annulées (Cass. soc. 27-5-1987 n° 86-60.360 S).
Tel n'est pas le cas du retard d'une heure de l'ouverture des opérations électorales par rapport aux dispositions de l'accord préélectoral, dès lors que **21 votants sur 26** inscrits ont pris part au scrutin et que l'unique candidat de chacun des collèges a recueilli la totalité des suffrages exprimés (Cass. soc. 17-5-1994 n° 93-60.352 D).

Rémunération du temps de vote Si les élections ont lieu **pendant le temps de travail**, il est d'usage que le temps passé à voter ne fasse pas l'objet d'une retenue sur salaire. Si le vote a lieu **en dehors** du temps de travail de certaines catégories de salariés, l'accord entre l'employeur et les syndicats peut prévoir une indemnisation des salariés concernés conformément à l'esprit de la loi (Circ. DRT 13 du 25-10-1983 n° 2.4.2). 25555

LIEU

Bien que la loi ne le prévoie pas, il est d'**usage** que les élections se déroulent sur les lieux de travail. Mais ce n'est pas une obligation. 25560
Lorsque **plusieurs bureaux de vote** sont mis en place, l'électeur doit être informé de son bureau de rattachement, mais pas forcément par une mention du protocole préélectoral (Cass. soc. 3-3-2021 n° 19-22.944 F-P : RJS 5/21 n° 278). Sur le nombre de bureaux de vote pouvant être constitués, voir n° 25865.

ILLUSTRATIONS

Les élections peuvent se dérouler au **siège social** de la société si l'entreprise a des chantiers disséminés et a pris des mesures pour que les salariés puissent, aux frais de la société, s'y rendre ou voter par correspondance (Cass. soc. 15-4-1970 n° 69-60.128 P).
Elles peuvent aussi être organisées dans le lieu où sont situés les **services administratifs** d'une société, bien que le principal chantier et le siège social soient situés dans une autre ville (Cass. soc. 20-7-1983 n° 82-60.387).
Si un employeur s'est engagé dans le protocole préélectoral à mettre à la disposition du personnel d'une division un autobus assurant la **navette** entre celle-ci et le **local** prévu pour le scrutin pendant les heures d'ouverture du vote, le fait qu'il n'y procède pas pour la troisième journée n'entache pas d'irrégularité le déroulement de celui-ci, si la majorité de l'effectif a déjà voté et qu'une **voiture de service** est mise à la disposition de ceux n'ayant pas voté (Cass. soc. 15-5-1991 n° 90-60.483 P : RJS 6/91 n° 730).

2. MOYENS MATÉRIELS ET MODALITÉS DU VOTE

25570 L'employeur doit garantir la **liberté et la sincérité** du vote en mettant à la disposition des électeurs les moyens matériels nécessaires pour leur permettre de voter. Il s'agit essentiellement des bulletins de vote et enveloppes, des urnes, des isoloirs et des listes d'émargement.
Ces moyens doivent permettre les **votes séparés** prévus par le Code du travail.
Les dispositions prises pour le scrutin doivent se conformer à celles prévues par l'accord préélectoral ou, à défaut, à la décision du juge ou, s'il n'est pas saisi, à celle de l'employeur, en application de la règle énoncée n° 25500.

BULLETINS DE VOTE

25575 L'employeur est chargé de **fournir et imprimer** les bulletins de vote. Il doit prévoir, pour chaque liste de candidats, des bulletins de vote en **nombre** égal et suffisant pour permettre à tous les électeurs de voter. Les bulletins doivent être distincts pour les **titulaires** et les **suppléants** et pour chaque **collège** électoral.

ATTENTION

Un nombre de bulletins **insuffisant** est susceptible de fausser les résultats du scrutin et entraîne l'annulation des élections (Cass. soc. 20-7-1983 n° 82-60.326 P).

25580 En principe, seuls des bulletins de **couleur** blanche peuvent être utilisés (C. élect. art. L 66), afin d'assurer l'égalité des candidats. Par exception, si des circonstances particulières le justifient, des bulletins de couleurs différentes peuvent être utilisés, dans l'intérêt des électeurs. Ces circonstances doivent être constatées soit par le protocole préélectoral, soit par le juge saisi d'une contestation portant sur l'organisation des élections (Cass. soc. 11-3-1992 n° 91-60.160 PF : RJS 4/92 n° 469 ; 24-2-1993 n° 91-60.313 D). Cet impératif est à notre sens transposable à la décision unilatérale de l'employeur.
Des bulletins de couleurs différentes selon les syndicats ne sont pas nécessairement de nature à porter atteinte au **secret du vote** (Cass. soc. 7-11-1990 n° 90-60.029 D).

ILLUSTRATIONS

On peut, par exemple, utiliser des bulletins de vote de couleurs différentes si l'entreprise ou l'établissement compte un nombre important de **travailleurs analphabètes** (Cass. soc. 24-2-1993 n° 91-60.313 D).

25585 Aucun texte n'interdit aux électeurs de **voter blanc** et à l'employeur de mettre à leur disposition des **bulletins blancs** leur permettant d'user de cette faculté (Cass. soc. 13-1-1977 n° 76-60.190 P ; 25-2-1992 n° 89-61.135 P : RJS 4/92 n° 469 ; 8-7-1998 n° 97-60.376 D).
Le fait de fournir des bulletins blancs au seul **premier tour** des élections ne suffit pas à caractériser la volonté de l'employeur de fausser le scrutin (Cass. soc. 30-1-1985 n° 83-63.322 P).
Sur la **liberté** pour les salariés de **voter blanc ou nul** même si le protocole préélectoral ne l'a pas prévu, voir n° 80755, d (solution rendue dans le cas d'un référendum de validation d'un accord minoritaire transposable selon nous aux élections professionnelles).

25590 Les bulletins de vote doivent respecter les **listes des candidats**.
Les élections doivent donc être annulées en présence de bulletins de vote portant les noms de candidats **démissionnaires** (Cass. soc. 10-7-1997 n° 96-60.392 D), de **bulletins distincts** pour les différents candidats d'une **même liste**, par exemple si des bulletins ne portent chacun qu'un seul nom alors qu'un syndicat présente deux candidats (Cass. soc. 2-12-1982 n° 81-60.960 P), ou encore de bulletins sur lesquels l'**ordre des candidats** de la liste présentée par un syndicat a été **modifié** (Cass. soc. 22-10-2014 n° 14-60.016 F-D : RJS 1/15 n° 49). Même solution en cas de **bulletin unique pour deux listes** de candidats, les électeurs devant cocher une case afin de déterminer le candidat pour lequel ils votent (Cass. soc. 8-3-2017 n° 16-60.106 F-D : RJS 5/17 n° 354).
Corrélativement, les électeurs doivent en principe utiliser **un bulletin** de vote correspondant à une liste à glisser dans une enveloppe pour **chacun des scrutins** auxquels ils participent (élections d'une part des titulaires, d'autre part des suppléants) : voir n° 25575. Ils peuvent **rayer un ou plusieurs noms** de la liste, voir n° 26085.

25592 Les bulletins de vote doivent, le cas échéant, mentionner le **nom du syndicat** présentant la liste. S'il s'agit d'une liste commune, ils doivent indiquer les noms des différents syndicats la présentant. À défaut, l'élection peut être annulée (Cass. 2e civ. 15-5-1968 n° 68-60.005 P).
Les bulletins peuvent comporter le **sigle** du syndicat (Cass. soc. 2-7-1987 n° 86-60.514 P). À défaut d'accord sur ce point, l'impression d'un tel sigle peut être imposée à l'employeur par le juge (Cass. soc. 25-6-1987 n° 86-60.317 P).

ENVELOPPES

L'employeur doit mettre à la disposition des électeurs un **nombre** suffisant d'enveloppes, un manquement à cette obligation pouvant fausser le résultat du scrutin et entraîner son annulation (Cass. soc. 24-5-1972 n° 71-60.281 P). Si les enveloppes fournies par l'employeur doivent être **opaques** pour assurer le secret du vote (Cass. soc. 6-11-1985 n° 85-60.449), la fourniture d'enveloppes **ajourées** ne fausse pas le résultat des élections si les membres du bureau de vote préviennent les salariés qu'ils doivent plier leur bulletin de telle sorte que le nom des candidats choisis reste invisible (Cass. soc. 11-6-1986 n° 85-60.485). **25595**

L'utilisation d'enveloppes de **couleurs** différentes selon les catégories n'est pas obligatoire (Cass. soc. 21-7-1986 n° 85-60.490).

ISOLOIRS

L'élection ayant lieu au scrutin secret (C. trav. art. L 2314-26), il faut permettre aux électeurs de s'isoler avant de voter. La solution la plus simple est d'installer des isoloirs, mais ce n'est pas obligatoire (Cass. soc. 12-10-2000 n° 99-60.368 F-D ; 3-3-2004 n° 02-60.656 F-D ; 28-3-2018 n° 17-60.278 F-D : RJS 6/18 n° 431), d'**autres procédés** pouvant être utilisés pour assurer le secret du vote (Cass. soc. 3-3-2004 n° 02-60.656 F-D). **25600**

Aucune disposition légale ou réglementaire n'**oblige les électeurs** à passer par l'isoloir. Ne constitue donc pas une méconnaissance de la liberté de vote le fait pour certains électeurs de ne pas l'avoir fait dès lors qu'ils en ont eu la possibilité (Cass. soc. 30-3-1978 n° 78-60.016 P ; 11-6-1986 n° 85-60.637 P).

ILLUSTRATIONS

Les élections ne peuvent pas être remises en cause au motif que les procédés suivants sont employés :
– à l'intérieur même du bureau de vote, les électeurs peuvent s'isoler à l'abri des regards derrière un **rideau** et un **bureau inoccupé** face à celui où se déroulent les élections est mis à leur disposition (Cass. soc. 12-10-2000 n° 99-60.368 F-D) ;
– les électeurs peuvent s'isoler dans des **locaux distincts** de la salle de vote, en l'espèce les W.-C. (Cass. soc. 23-3-1983 n° 82-60.341 P ; 21-7-1986 n° 85-60.490 S) ;
– la salle utilisée est un hangar de 1 500 m² permettant aux salariés, par ses **allées constituées de rangées de casiers**, de s'isoler pour voter (Cass. soc. 11-6-1986 n° 85-60.485).

Si le secret du scrutin n'est **pas** assuré faute **de dispositif d'isolement**, il est possible d'obtenir du juge l'annulation des élections (Cass. soc. 26-5-1998 n° 97-60.092 PB : RJS 7/98 n° 876). **25605**

ILLUSTRATIONS

Il en va ainsi dans les circonstances suivantes :
– en l'absence d'isoloirs, l'employeur a mis à la disposition des électeurs **deux petites pièces contiguës** à celle où a eu lieu le vote, ces pièces ayant des **portes vitrées** permettant à une personne placée à l'extérieur de voir à l'intérieur les électeurs mettre leur bulletin dans l'enveloppe (Cass. soc. 18-7-1978 n° 78-60.634 P) ;
– une **pièce adjacente** à celle où a eu lieu le vote a servi d'isoloir, laquelle, **dépourvue de porte**, était **accessible à tous les électeurs en même temps**, les bulletins de vote s'y trouvant placés, et un **contremaître** de l'entreprise y pénétrant et **surveillant** la mise des bulletins sous enveloppe en intervenant même auprès des électeurs (Cass. soc. 8-7-1976 n° 76-60.040 P).

URNES

Pour assurer le secret du vote, les bulletins, mis sous enveloppe, doivent être déposés dans des urnes. **25610**

La **remise de l'enveloppe**, fermée, contenant le bulletin de vote, **à un préposé de l'employeur** afin qu'il l'envoie sous pli cacheté au siège de la société n'assure pas le secret et la sincérité du vote. Le juge (Cass. soc. 16-4-1986 n° 85-60.083 P), l'employeur ou le protocole préélectoral ne peuvent donc pas imposer ces modalités de vote.

Les urnes utilisées doivent être, en principe, du même **modèle** que pour les élections politiques. Mais ne constitue pas à lui seul une cause d'annulation du scrutin l'emploi d'un modèle différent, tel que des urnes en carton scellées de bandes adhésives (Cass. soc. 5-1-1978 n° 77-60.610 P) ou une urne non transparente (Cass. soc. 24-5-2016 n° 15-20.541 F-PB : RJS 8-9/16 n° 580 ; 21-4-2022 n° 20-23.225 F-D : RJS 7/22 n° 385). **25615**

L'employeur doit en fournir un **nombre** suffisant (Cass. soc. 26-1-1984 n° 83-61.106). Autrement dit, il doit tenir compte du nombre de collèges et du vote séparé pour les élections des titulaires et des suppléants dans chacun des collèges.

ILLUSTRATIONS

L'annulation des élections est encourue dans les circonstances suivantes :
– au premier tour des élections, il n'y a eu qu'une urne dans laquelle des **bulletins concernant les titulaires et les suppléants** étaient **mélangés** (Cass. soc. 13-5-1976 n° 75-60.031 P) ;
– l'employeur n'a prévu que **2 urnes** pour recueillir les bulletins de vote concernant **3 élections** différentes ayant lieu en même temps, alors que 6 urnes étaient nécessaires (Cass. soc. 26-1-1984 n° 83-61.106).
Mais il a été admis que la mise à la disposition des électeurs d'**une seule urne au lieu de 2** ne suffit pas à elle seule à entraîner l'annulation des élections dès lors que la **différenciation du matériel de vote** par collège ne permettait aucune confusion (Cass. soc. 17-5-1994 n° 93-60.352 D).

25620 L'urne doit demeurer **close** depuis l'ouverture du scrutin jusqu'à sa clôture définitive (Cass. 2e civ. 19-7-1962 n° 61-60.053 P). Elle doit être constamment **surveillée**, y compris entre la fin du scrutin et le début du dépouillement (Cass. soc. 28-6-1984 n° 84-60.123).
Si le **déplacement des urnes** est nécessaire, il peut être effectué, sous le contrôle des membres du bureau de vote (Cass. soc. 10-6-1997 n° 96-60.144 D : RJS 7/97 n° 845).
Des agissements contraires à ces règles justifient l'annulation des élections (Cass. soc. 28-6-1984 n° 84-60.123).

ILLUSTRATIONS

Déplacer des urnes et les laisser pendant 2 heures **dans le véhicule d'un membre de la direction** de l'entreprise qui en a seul conservé les clefs constituent des irrégularités susceptibles d'entacher la validité des opérations électorales (Cass. soc. 18-7-2001 n° 00-60.195 F-D : RJS 11/01 n° 1310).
Un **dépouillement public** des bulletins **en cours de scrutin** influence nécessairement le résultat des élections. Ainsi en est-il si, dans un établissement industriel, les **résultats du scrutin de nuit** sont proclamés publiquement avant le début du scrutin **de jour** (Cass. 2e civ. 19-7-1962 n° 61-60.053 P).

LISTE D'ÉMARGEMENT

25625 Le **vote** de chaque électeur est constaté par sa **signature** apposée à l'encre en face de son nom sur la liste d'émargement (C. élect. art. L 62-1).
Ainsi, une liste d'émargement constatant le vote de chaque électeur doit être établie. **À défaut**, et en l'absence d'autres documents permettant d'identifier les votants, les élections doivent être annulées (CA Paris 10-7-1992 n° 92-8481 : RJS 3/93 n° 293 ; arrêt rendu au sujet de l'élection du bureau du Conseil national des barreaux, transposable aux élections professionnelles). Mais aucune disposition légale n'impose la tenue de **2 listes** d'émargement distinctes par bureau de vote en cas de **votes séparés** au cours d'une même élection. Dès lors, le seul fait qu'il n'existe qu'une seule liste d'émargement pour les titulaires et les suppléants n'entraîne pas l'annulation des élections (Cass. soc. 28-9-2017 n° 16-25.129 F-D : RJS 1/18 n° 56).
Dès la clôture du scrutin, tous les membres du **bureau de vote** doivent signer la liste d'émargement (C. élect. art. R 62), sous peine d'annulation des élections (Cass. soc. 28-3-2012 n° 11-16.141 F-PB : RJS 6/12 n° 581 ; 30-9-2015 n° 14-25.925 FS-PB : RJS 12/15 n° 796).

> **Précisions** Si une liste d'émargement est, dans un certain nombre de cas, **complétée** au lieu et place des votants **par les membres du bureau de vote**, la sincérité du scrutin n'est pas garantie, ce qui justifie l'annulation des élections (Cass. soc. 6-7-2005 n° 04-60.422 F-D : RJS 10/05 n° 1010).
> En revanche, le fait que certains électeurs apposent **une croix** et non une signature ou un paraphe sur la liste n'est pas de nature par lui-même à entraîner la nullité des votes, sauf fraude, si le nombre de votants correspond à la liste (Cass. soc. 13-7-2004 n° 03-60.160 FS-PB : RJS 10/04 n° 1070).

C. Vote par correspondance

MISE EN ŒUVRE

25650 **Dispositions conventionnelles prévoyant le vote par correspondance**
Une convention ou un **accord collectif** applicable à l'entreprise (Cass. soc. 1-2-1978 n° 77-60.599 P) ou le **protocole préélectoral** peut valablement prévoir le vote par correspondance, celui-ci n'étant contraire à aucune règle d'ordre public (Cass. soc. 13-2-2013 n° 11-25.696 FS-PBR : RJS 4/13 n° 303).
Dans ce cas, l'**employeur** doit l'organiser, même en l'absence de circonstances exceptionnelles ou de spécificité des fonctions exercées par les personnels concernés (Cass. soc. 13-2-2013

n° 11-25.696 FS-PBR : RJS 4/13 n° 303), et en aviser les électeurs absents (Cass. soc. 1-2-1978 n° 77-60.599 P). S'il se conforme à cette obligation, il ne peut pas lui être reproché de ne pas avoir prévu un vote physique pour les salariés visés par les dispositions conventionnelles (Cass. soc. 6-5-1985 n° 84-60.653 S).

Dans les entreprises soumises à titre obligatoire à une convention ou à un accord collectif, il est donc **conseillé**, lors de la préparation des élections, de vérifier la présence dans ces textes de dispositions relatives au vote par correspondance.

ILLUSTRATIONS

Si l'accord national applicable à une entreprise prévoit le recours au vote par correspondance pour des **salariés en déplacement** et si le personnel de l'entreprise, autre que celui du siège social, est itinérant, le vote par correspondance est dans ladite entreprise un moyen d'expression du suffrage adapté aux conditions de travail du personnel des agences. L'employeur n'a donc pas à installer dans ces agences des bureaux de vote distincts de celui du siège social (Cass. soc. 6-5-1985 n° 84-60.653 S).

Absence de dispositions conventionnelles Si la convention ou l'**accord collectif** applicable à l'entreprise ne prévoient pas le recours au vote par correspondance, il ne peut pas être reproché à l'employeur de ne pas l'avoir mis en place (Cass. soc. 5-1-1978 n° 77-60.610 P). 25660

Si les modalités d'organisation et de déroulement des opérations électorales inscrites dans le **protocole préélectoral** ne prévoient pas le recours au vote par correspondance, l'employeur ne peut pas le mettre unilatéralement en place, car une telle action s'analyserait en une modification du protocole préélectoral négocié (Cass. soc. 12-7-2006 n° 05-60.332 FS-PB : RJS 11/06 n° 1205). 25665

En l'absence de protocole préélectoral ou s'il ne fixe pas les modalités d'organisation et de déroulement des opérations électorales, le recours au vote par correspondance peut être décidé par le **tribunal judiciaire** lorsque des circonstances exceptionnelles ou la spécificité des fonctions exercées par les personnels concernés le justifient (Cass. soc. 10-10-1990 n° 88-60.712 P : RJS 11/90 n° 897 ; 6-6-2018 n° 17-60.132 F-D : RJS 8-9/18 n° 552). 25670

Il devrait en être de même de l'**employeur** s'il est tenu de fixer seul les modalités d'organisation des élections en l'absence de saisine du juge sur ce point (n° 25500).

ILLUSTRATIONS

Le juge peut décider :

– qu'il n'y a pas lieu de mettre en place le vote par correspondance demandé par un syndicat (Cass. soc. 18-2-1988 n° 87-60.085 D ; 13-10-1988 n° 87-61.803 D) ;

– ou, au contraire, que compte tenu des spécificités de l'entreprise, il y a lieu de l'organiser pour certaines catégories de salariés, par exemple pour le personnel ne travaillant pas au siège (Cass. soc. 10-10-1990 n° 88-60.712 P : RJS 11/90 n° 897) ;

– d'une part, que le protocole préélectoral doit prévoir un tel vote et déterminer lui-même celles des modalités générales en découlant nécessairement et, d'autre part, de renvoyer pour le surplus les parties à une négociation sur les autres conditions d'organisation et de déroulement de ce mode de vote (Cass. soc. 30-4-1987 n° 86-60.376 P).

SALARIÉS CONCERNÉS

Le vote par correspondance peut plus particulièrement concerner des salariés qui, en raison de leur situation, ont des **difficultés pour venir voter** dans l'entreprise. Il s'agit par exemple des salariés exerçant leur activité professionnelle loin des établissements dotés d'un bureau de vote, ou encore de ceux en arrêt de travail pour cause de maladie, ou bénéficiant d'un congé, quelle qu'en soit la nature (en ce sens, Rép. Collette : Sén. 6-2-1992 n° 18230). 25675

Mais il est possible de proposer le vote par correspondance à l'**ensemble des salariés** de l'entreprise sans tenir compte de circonstances exceptionnelles ou de la spécificité des fonctions exercées si des dispositions conventionnelles prévoient le recours au vote par correspondance (n° 25650).

ILLUSTRATIONS

Les illustrations qui suivent s'inscrivent dans le cadre de la jurisprudence de la Cour de cassation, rendue avant l'arrêt du 13-2-2013 cité n° 25650 qui limitait le recours au vote par correspondance aux cas où des circonstances exceptionnelles ou la spécificité des fonctions exercées par les salariés concernés le justifiaient. Elles conservent cependant un intérêt et constituent désormais des exemples de cas dans lesquels ce type de vote est particulièrement adapté ou dans lesquels l'employeur, tenu de fixer seul les modalités d'organisation des élections, ou le juge éventuellement saisi pourrait décider d'y recourir à défaut de dispositions conventionnelles en ce sens.

Le vote par correspondance peut concerner les salariés suivants d'une entreprise :
– les salariés **malades, accidentés** du travail, en **congé** de maternité ou en congé payé, même si la convention collective applicable réserve ce procédé aux salariés se trouvant dans l'impossibilité de voter par suite d'une décision de l'employeur les éloignant de leur lieu de travail (Cass. soc. 14-2-1984 n° 83-61.117 P) ;
– les salariés **accidentés**, malades ou **éloignés du fait de leur travail ou pour motifs légitimes**, à l'exclusion de ceux travaillant sur place dans les bureaux ou dépôts de l'entreprise (Cass. soc. 20-7-1983 n° 82-60.290 P ; 7-4-1993 n° 92-60.120 D) ;
– le personnel **ne travaillant pas le jour du vote** ou **en déplacement** officiel pour son travail autorisé par la direction (Cass. soc. 14-2-1984 n° 83-60.964 P) ;
– le personnel en **congé** le jour du vote (Cass. soc. 26-11-1997 n° 96-60.316 D) ;
– les salariés absents le jour du vote pour cause de **repos hebdomadaire** ou parce qu'ils **travaillent la nuit**, dans une entreprise fonctionnant 6 jours sur 7, avec, en outre, un travail de nuit (Cass. soc. 15-12-1999 n° 98-60.458 D).
Le protocole préélectoral peut réserver le vote par correspondance aux seuls salariés **travaillant la nuit**, en **repos** ou en congé **maladie** le jour du vote (Cass. soc. 10-6-1997 n° 96-60.144 D : RJS 7/97 n° 845), ou encore aux membres du **personnel navigant** d'une compagnie maritime dont le domicile est éloigné du siège social eu égard à la spécificité des conditions de travail, et dont le cycle de travail a pour conséquence qu'une proportion de 60 % est en permanence à terre (Cass. soc. 27-5-1999 n° 98-60.387 D).

ORGANISATION DU VOTE

25680 **Envoi du matériel électoral aux salariés** C'est à l'**employeur** d'envoyer le matériel nécessaire au vote. L'organisation du vote par correspondance devant permettre d'assurer le secret du vote, il doit, en pratique, adresser aux salariés concernés :
– les **bulletins** de vote. Ceux-ci ne peuvent comporter un dispositif d'identification des électeurs que si le protocole préélectoral l'a prévu et a fixé les garanties appropriées au respect du secret du vote par la mise en œuvre de procédés rendant impossible l'établissement d'un lien entre l'identité de l'électeur et l'expression de son vote (Cass. soc. 10-5-2012 n° 11-25.029 FS-PBR : RJS 7/12 n° 645) ;
– 2 **enveloppes** destinées à recevoir les bulletins : l'une pour le vote « titulaire » et l'autre pour le vote « suppléant » ;
– une **troisième enveloppe** permettant à l'électeur d'adresser les enveloppes contenant les bulletins de vote. Elle sera ouverte par le bureau de vote qui déposera les 2 enveloppes cachetées dans les urnes correspondantes. Cette troisième enveloppe pourra porter mention des renseignements nécessaires à l'identification de l'électeur.
L'employeur doit aussi adresser aux électeurs votant par correspondance les documents qui ont été fournis aux électeurs votant sur place dans le cadre de la campagne électorale. La diffusion des **tracts syndicaux** peut être imposée par le juge (Cass. soc. 6-7-1983 n° 83-60.746 P) ou prévue par l'accord préélectoral. Dans ce dernier cas, l'employeur ne peut pas revenir sur son engagement au motif que les documents contiendraient, selon lui, des affirmations diffamatoires et étrangères au débat syndical ainsi qu'à la propagande électorale (Cass. crim. 30-5-1989 n° 87-83.411 P : RJS 8-9/89 n° 702). Il ne peut qu'exercer les recours prévus par la loi.

25685 Les **modalités d'acheminement** du matériel électoral font l'objet d'un accord entre l'employeur et les syndicats intéressés, qui s'impose aux parties, y compris si un usage différent a cours dans l'entreprise (Cass. soc. 10-1-1989 n° 87-60.135 P). À défaut d'accord, elles peuvent être fixées par le juge ou, s'il n'est pas saisi, par l'employeur, en application de la règle énoncée n° 25500.
La **voie postale** est le mode d'envoi généralement retenu. L'envoi par **lettre recommandée** avec avis de réception peut être prévu, pour des raisons de preuve et de sécurité dans l'acheminement du courrier (Cass. soc. 7-1-1985 n° 84-60.495).
Les documents doivent être **envoyés** de sorte que les électeurs disposent d'un **délai** suffisant pour voter (Cass. soc. 21-10-1985 n° 85-60.221 P).
En principe, l'employeur n'a pas à s'assurer que le matériel de vote est bien **parvenu** aux électeurs intéressés, ni à en apporter la preuve (Cass. soc. 2-3-1978 n° 77-60.676 P). Sur les conséquences des **incidents** dans l'acheminement du courrier, voir n° 25707.

ILLUSTRATIONS

L'annulation des élections est encourue dans les situations suivantes :
– **défaut d'information** sur la tenue du second tour et **transmission tardive des bulletins** de vote par correspondance ayant entraîné une abstention importante par rapport au premier tour et ainsi faussé les résultats du scrutin (Cass. soc. 27-5-1998 n° 97-60.034 D) ;
– **21 établissements seulement sur 63** ont respecté la **date prévue** par l'accord préélectoral pour le second tour et pour l'envoi des enveloppes. Et à la date du dépouillement, seule une

partie des enveloppes avait été reçue, ce dont il résultait que les résultats du scrutin avaient été nécessairement influencés par l'irrégularité constatée (Cass. soc. 20-6-2007 n° 06-60.232 F-D) ;
– un délai insuffisant, en l'espèce, **une demi-journée laissée aux électeurs**, **pour l'envoi** de leurs bulletins a pu, compte tenu du faible écart des voix, fausser le résultat du scrutin (Cass. soc. 14-1-1982 n° 81-60.846 P).

Émargement des enveloppes La signature sur l'**enveloppe extérieure**, renfermant celle contenant le bulletin de vote, est le seul élément permettant d'authentifier l'électeur et constitue, dans le vote par correspondance, le pendant de l'émargement en cas de vote physique ou électronique. Son objet est d'assurer la sincérité des opérations électorales. 25700
Elle représente une formalité substantielle dont l'inobservation entraîne la nullité des élections (Cass. soc. 19-12-2007 n° 07-60.021 F-D : RJS 3/08 n° 310 ; 28-9-2017 n° 16-17.173 F-D : RJS 12/17 n° 807) et ce, même si elles se sont déroulées en présence d'un huissier (Cass. soc. 28-9-2017 n° 16-17.173 F-D précité). Un protocole d'accord préélectoral, même unanime, ne peut pas y **déroger** (Cass. soc. 9-2-2000 n° 98-60.581 P : RJS 3/00 n° 299).
L'annulation prononcée peut être limitée au **scrutin concerné** par l'irrégularité. Ainsi en est-il si seuls les résultats de l'élection des membres suppléants issus du deuxième collège ont été atteints par la prise en compte de votes contenus dans des enveloppes extérieures non émargées par les électeurs (Cass. soc. 12-7-2006 n° 05-60.353 F-PB : RJS 11/06 n° 1208).

> **Précisions a.** La Cour de cassation a cependant admis que si l'irrégularité constatée, consistant pour un salarié d'avoir omis de signer l'enveloppe extérieure de vote par correspondance et **demandé à un autre salarié chargé de poster l'enveloppe de la signer** pour lui, n'a pas eu pour but, ni pour effet, de fausser le résultat du scrutin, les enveloppes renfermant les bulletins de vote ayant été cachetées par l'électeur, l'annulation du scrutin n'est pas justifiée (Cass. soc. 18-2-1998 n° 97-60.091 D).
> **b.** Aucune disposition légale ou réglementaire ne précise l'**emplacement de la signature** de l'électeur sur l'enveloppe renfermant celle contenant le bulletin de vote. Ainsi, si le protocole préélectoral ne contient aucune disposition sur ce point, le fait que certaines enveloppes ne sont pas émargées sur la languette de fermeture n'entache pas le scrutin d'irrégularité (Cass. soc. 1-12-2010 n° 10-60.029 F-D).

Acheminement des votes Le mode d'acheminement des votes doit assurer la liberté et le secret du vote. En principe prévu par le **protocole préélectoral**, il peut être fixé par le **juge** ou, s'il n'est pas saisi, par l'**employeur**, en application de la règle énoncée n° 25500. 25705
Les enveloppes contenant les votes par correspondance sont habituellement **adressées** par **voie postale** à l'entreprise ou au bureau de vote. Mais d'**autres modalités** sont admises.
Si le protocole ou les modalités pratiques d'acheminement des votes ne garantissent pas la liberté et le secret du vote, les élections pourront être annulées.

ILLUSTRATIONS

Il est admis que les enveloppes puissent être adressées :
– à une **poste restante** (Cass. soc. 7-1-1985 n° 84-60.495 S) ;
– à une **boîte postale**, à ouvrir par un représentant de la direction en présence d'un ou plusieurs membres du bureau de vote (Cass. soc. 20-11-1985 n° 85-60.268 S) ou d'un membre de chaque syndicat, ces mêmes personnes devant acheminer les bulletins sur le lieu de vote (Cass. soc. 21-3-1995 n° 94-60.221 D : RJS 5/95 n° 533 ; dans le même sens, Cass. soc. 30-4-1997 n° 96-60.063 D) ;
– à un **huissier de justice** qui les porte lui-même au siège de la société le jour du scrutin (Cass. soc. 19-11-1986 n° 86-60.059 P ; dans le même sens, Cass. soc. 25-11-1998 n° 97-60.477 D).
N'assurent pas le secret et la sincérité des votes :
– la **remise de l'enveloppe** fermée contenant le bulletin **à un préposé** de l'employeur (Cass. soc. 16-4-1986 n° 85-60.083 P ; 18-1-1978 n° 77-60.598 P) ;
– la remise de bulletins au siège de la société par le **courrier interne**, en contradiction avec le protocole préélectoral (Cass. soc. 21-5-1986 n° 85-60.498 P), en particulier si cette irrégularité a une influence sur le résultat du scrutin (Cass. soc. 21-5-2003 n° 02-60.396 FS-P : RJS 11/03 n° 1294).

Les **incidents dans l'acheminement** du matériel de vote ou des bulletins de vote par correspondance peuvent justifier l'annulation des élections s'ils ont faussé les résultats du scrutin (Cass. soc. 2-12-1982 n° 82-60.052), par exemple si la moitié des bulletins ont été affectés (Cass. soc. 20-6-2012 n° 11-19.847 F-D), ou s'ils ont été déterminants de la représentativité des syndicats, peu important que l'employeur ait été ou non défaillant dans l'organisation du scrutin (Cass. soc. 10-3-2010 n° 09-60.236 FS-PB : RJS 5/10 n° 451 ; 21-6-2017 n° 16-60.262 F-D : RJS 10/17 n° 690). 25707

Affranchissement du courrier Aucune disposition légale ou réglementaire n'oblige l'**employeur** à affranchir les enveloppes destinées au vote (Cass. soc. 7-7-1983 n° 82-60.653), mais le **juge** peut l'y obliger (Cass. soc. 19-11-1986 n° 86-60.059 P). 25710

25715 **Oblitération du courrier par la Poste** Le **défaut** d'oblitération, pouvant être le fait des services postaux, n'entraîne pas à lui seul la nullité des élections, cette question relevant de l'appréciation des juges du fond (Cass. soc. 10-12-1981 n° 81-60.639 P ; 19-6-1985 n° 84-60.905 P).

25717 **Procès-verbal** En cas de vote organisé exclusivement par correspondance, le procès-verbal des élections n'a pas à mentionner les **heures d'ouverture et de clôture du scrutin** (n° 26187). Dans cette situation, l'omission de cette mention n'est donc pas de nature à entraîner l'annulation des élections.

Sur les modalités de **publication du résultat** des élections en l'absence de salle de vote, voir n° 26210.

VOTE PAR CODE-BARRE

25720 Dans le cadre du vote par correspondance, il est possible de recourir à un système de **dépouillement automatique** des bulletins de vote. Ce procédé, qui est admis par la Cour de cassation et a fait l'objet de recommandations de la part de la Cnil, repose sur un décompte automatique des bulletins de vote qui comportent des données codées (généralement des codes-barres) permettant l'identification de l'électeur et des données codées exprimant son choix (Délib. Cnil 98-41 du 28-4-1998).

En ce qu'il permet d'identifier les électeurs, il doit être prévu par le **protocole préélectoral** et faire l'objet de garanties appropriées au respect du secret du vote (n° 25680) mais sa mise en œuvre n'est pas subordonnée à la conclusion préalable d'un **accord d'entreprise** (Cass. soc. 14-1-2014 n° 13-60.165 FS-PB : RJS 3/14 n° 249).

ILLUSTRATIONS

Les conditions du dépouillement électronique du vote par correspondance mettant en œuvre, sous la responsabilité d'un **intervenant extérieur**, un système de lecture optique de codes-barres figurant sur les enveloppes de vote après **attribution aléatoire** par un prestataire extérieur sont de nature à assurer l'identification des électeurs ainsi que la sincérité et le secret de ce vote et apportent, malgré l'**absence d'enveloppe électorale opaque et de signature** de cette enveloppe par l'électeur, des garanties équivalentes aux modalités prévues pour le vote par correspondance et conformes aux principes généraux du droit électoral (Cass. soc. 23-6-2010 n° 09-60.335 FS-PB : RJS 10/10 n° 796 : arrêt rendu pour l'élection des représentants des salariés au conseil d'administration, transposable aux élections professionnelles ; dans le même sens, Cass. soc. 26-9-2012 n° 11-22.598 FS-PB : RJS 12/12 n° 973).

D. Vote électronique

CONDITIONS DE MISE EN PLACE

25750 **Existence d'un accord ou d'une décision unilatérale** L'élection peut avoir lieu par vote électronique si un accord d'entreprise ou, à défaut, l'employeur le décide (C. trav. art. L 2314-26, al. 2).

25752 Le recours au vote électronique peut être prévu par un accord d'**entreprise** ou de **groupe** (C. trav. art. R 2314-5, al. 2) conclu selon les conditions de majorité de droit commun visées n°s 80705 s. (Cass. soc. 28-9-2011 n° 10-27.370 FS-PB : RJS 12/11 n° 1005), mais pas par accord d'**établissement** (Cass. soc. 10-3-2010 n° 09-60.096 FS-PB : RJS 5/10 n° 452), un accord d'entreprise pouvant toutefois fixer le cadre général de recours et renvoyer les modalités de sa mise en œuvre à un tel accord (Cass. soc. 3-11-2016 n° 15-21.574 FS-PB : RJS 1/17 n° 44).

L'accord collectif autorisant le vote électronique doit contenir un **cahier des charges** respectant les dispositions réglementaires visées n° 25810. Celui-ci doit être tenu à la disposition des salariés sur le lieu de travail et mis sur l'intranet s'il en existe un (C. trav. art. R 2314-5, al. 3 et 4). Il n'est soumis à aucune condition de forme (Cass. soc. 3-11-2016 n° 15-21.574 FS-PB : RJS 1/17 n° 44).

Le **protocole d'accord préélectoral** doit mentionner la conclusion de l'accord et, s'il est déjà arrêté, le nom du prestataire choisi pour mettre en place le vote électronique. Il comporte en annexe la description détaillée du fonctionnement du système retenu et du déroulement des opérations électorales (C. trav. art. R 2314-13).

Dès lors qu'un accord d'entreprise prévoit le recours au vote électronique, les modalités de mise en œuvre de ce procédé peuvent, en l'**absence de protocole** préélectoral valide, être fixées par l'employeur ou, à défaut, par le tribunal judiciaire, dans les conditions prévues par l'accord d'entreprise (Cass. soc. 4-6-2014 n° 13-18.914 FS-PB : RJS 8-9/14 n° 644).

> **Précisions a.** La conception et la mise en place du système de vote électronique peuvent être confiées à un **prestataire choisi par** l'employeur sur la base du cahier des charges (C. trav. art. R 2314-6, al. 1). Bien qu'il soit facultatif, le recours à un prestataire est recommandé compte tenu de la technicité du vote électronique. Il peut selon nous être **prévu par** l'accord collectif ou, à défaut, par la décision unilatérale de l'employeur autorisant le vote électronique.
> Pour être retenue, la **solution de vote** proposée par le prestataire doit non seulement être conforme au cahier des charges mais aussi avoir été préalablement expertisée et déclarée conforme à la réglementation en vigueur (n° 25760), d'où l'intérêt de prévoir dans le **contrat** commercial une clause résolutoire qui pourrait être mise en œuvre en cas de rapport d'expertise concluant à la non-conformité de la solution de vote. Sur les mentions obligatoires à prévoir dans le contrat, voir n° 25758, a.
> **b.** Un arrêt non publié du 19 avril 2023 semble admettre la possibilité d'autoriser le vote électronique par un accord collectif conclu au niveau de l'**UES** puisqu'il a reconnu la possibilité pour la direction d'une UES de décider unilatéralement de la mise en place du vote électronique en l'absence de délégués syndicaux désignés au niveau de l'UES (n° 25754, a).
> **c.** Pour être valable, le **protocole préélectoral** prévoyant la mise en œuvre du vote électronique doit être **signé après** l'**entrée en vigueur de l'accord collectif** conclu à cet effet (Cass. soc. 28-9-2011 n° 11-60.028 FS-PB : RJS 12/11 n° 1006) et satisfaire aux conditions de double majorité exposées n°s 24312 s. La même condition d'antériorité devrait selon nous s'appliquer si l'employeur prend une **décision unilatérale** autorisant le recours au vote électronique.

À défaut de l'accord ci-dessus, l'employeur peut décider de recourir au vote électronique, sa décision unilatérale valant aussi, le cas échéant, pour les **élections partielles** se déroulant en cours de mandat. Il établit et met à disposition des salariés un **cahier des charges** (C. trav. art. R 2314-5, al. 2 et 3) dans les conditions exposées n° 25752. **25754**

> **Précisions a.** L'expression « à défaut d'accord » signifie que, si des **délégués syndicaux** ont été désignés au niveau considéré (entreprise, groupe, UES), l'employeur doit **préalablement** essayer de **négocier** avec eux **un accord** sur le vote électronique et être en mesure de **prouver** l'engagement des négociations et leur échec. Ce n'est que lorsque, à l'issue d'une tentative loyale de négociation, aucun accord collectif n'a pu être conclu qu'il peut décider seul de recourir au vote électronique. En revanche, en l'**absence de délégué syndical**, cette décision peut être prise directement par l'employeur sans qu'il soit tenu de tenter préalablement une négociation avec les élus ou les salariés mandatés selon les modalités supplétives visées n°s 81900 s. (Cass. soc. 13-1-2021 n° 19-23.533 FS-PRI : RJS 3/21 n° 162 ; 19-4-2023 n° 22-13.687 F-D : RJS 7/23 n° 385).
> **b.** L'employeur reste tenu d'engager une **négociation préélectorale** (C. trav. art. R 2314-5, al. 2). Sur la **date** à laquelle doit intervenir sa décision autorisant le recours au vote électronique par rapport à la signature du protocole préélectoral, voir n° 25752, c. En l'**absence de protocole** préélectoral valide, les modalités de mise en œuvre du vote électronique peuvent, selon nous, être fixées dans les conditions visées n° 25752, par analogie avec la solution applicable en cas d'accord collectif autorisant le vote électronique.

Respect des principes généraux du droit électoral Le recours au vote électronique ne permet pas de déroger aux principes généraux du droit électoral, dont fait partie le **principe d'égalité** face à l'exercice du droit de vote, même pour des raisons de confidentialité et de sécurité, sous peine d'annulation des élections. Les précautions appropriées doivent donc être prises pour qu'aucune personne ne disposant pas du matériel nécessaire ou résidant dans une zone non desservie par internet ne soit écartée du scrutin (Cass. soc. 1-6-2022 n° 20-22.860 F-B : RJS 8-9/22 n° 461). **25756**

Sur l'obligation de respecter le principe d'**exercice personnel du droit de vote**, même en cas de vote électronique, voir n° 25500, c.

Mesures préalables pour assurer la protection des données personnelles **25758**
En cas de recours au vote électronique, l'employeur doit, en sa qualité de responsable de traitement, **identifier le niveau de risque** du scrutin parmi les 3 niveaux identifiés par la **Cnil**, celle-ci mettant à disposition pour ce faire une grille d'analyse simplifiée. À chaque niveau de risque correspondent des **objectifs de sécurité**. L'employeur peut utiliser toute solution de vote lui permettant d'atteindre ces objectifs dès lors qu'il peut justifier son analyse auprès de la Cnil et de l'expert indépendant (Délib. Cnil 2019-53 du 25-4-2019 : JO 21-6).

Il doit aussi demander conseil auprès de son **délégué à la protection des données**, s'il en a désigné un (RGPD art. 39, 1-a), compléter le **registre des activités de traitement** (RGPD art. 30 ; QR Cnil « Élections professionnelles et données personnelles » du 24-10-2022, n° 6) et **informer** individuellement **les salariés** électeurs de l'utilisation de leurs données personnelles (QR Cnil « Élections professionnelles et données personnelles » du 24-10-2022, n° 6), cette information ne se substituant pas à celle visée n° 25770.

Sur l'obligation de tenir à la disposition de la Cnil le **rapport de l'expert** indépendant, appelé à se prononcer sur la conformité du système de vote, voir n° 25760.

> **Précisions a.** En cas de recours à un **prestataire** de solution de vote électronique (n° 25752), agissant comme sous-traitant au sens du RGPD (QR Cnil « Élections professionnelles et données personnelles » du 24-10-2022, n° 3), l'employeur doit conclure un **contrat** définissant l'objet, la durée, la nature et la finalité du traitement, ainsi que les catégories de données personnelles et les catégories de personnes concernées (RGPD art. 28). Toutefois, la circonstance qu'une entreprise, responsable de traitement, confie des opérations de traitement de données à des **sous-traitants** ne la décharge pas de la **responsabilité** lui incombant de préserver la sécurité des données, dès lors que ces sous-traitants agissent sur son instruction (CE 11-3-2015 n°s 368748 et 368819 : RJS 5/15 n° 353).
> **b.** Au regard des critères relatifs aux données sensibles et à la collecte de données à large échelle et compte tenu du contexte du scrutin le cas échéant, il peut être nécessaire de réaliser une **analyse d'impact** relative à la protection des données (Délib. Cnil 2019-53 du 25-4-2019 : JO 21-6). Si cette analyse indique que le traitement de données personnelles utilisées présente un risque élevé pour les droits et libertés des électeurs et si l'employeur ne prend pas de mesures pour atténuer ce risque, il doit consulter la **Cnil** (RGPD art. 36 ; QR Cnil « Élections professionnelles et données personnelles » du 24-10-2022, n° 6). On peut se demander si, dans cette hypothèse, l'article R 2314-11 du Code du travail impose à l'employeur d'en informer les **syndicats représentatifs** dans l'entreprise ou les établissements concernés.

25760 **Expertise indépendante** Avant sa mise en place ou toute modification substantielle de sa conception, le système de vote électronique est soumis à une expertise indépendante, destinée, d'une part, à **vérifier** son bon fonctionnement (Délib. Cnil 2013-091 du 11-4-2013) et le respect des prescriptions réglementaires (C. trav. art. R 2314-9, al. 1) et, d'autre part, à **attester** de la sécurité et du bon déroulement du processus électoral (QR Cnil « Élections professionnelles et données personnelles » du 24-10-2022, n° 4). Le **rapport** de l'expert est tenu à la disposition de la Cnil (C. trav. art. R 2314-9, al. 1).

> **Précisions a.** Pour le Conseil d'État, la réalisation d'une expertise indépendante s'impose chaque fois qu'il est procédé à une **modification** de la conception du système de vote électronique, ainsi que préalablement à **chaque scrutin** y recourant (CE 11-3-2015 n° 368748 et 368819 : RJS 5/15 n° 353).
> La Cour de cassation s'en tient, en revanche, à la lettre des textes. Pour elle, l'expertise indépendante ne s'impose qu'à la mise en place du système et en cas de modification substantielle de celui-ci (Cass. soc. 21-9-2016 n° 15-60.216 FS-PB : RJS 12/16 n° 795 ; 24-11-2021 n° 20-17.073 F-D).
> **b.** Lorsqu'un système de vote est mis en place pour plusieurs entités, une **expertise commune** peut être réalisée sous réserve que le **logiciel de vote**, le **mode d'organisation** du scrutin et le **déploiement du système** de vote expertisés soient parfaitement identiques pour toutes les entités et que chaque entité puisse le prouver techniquement. Toutefois, l'expertise attestant du bon déroulement de chacun des scrutins doit être réalisée de manière individuelle, notamment s'agissant des opérations de **scellement** et de **dépouillement** des urnes (QR Cnil « Élections professionnelles et données personnelles » du 24-10-2022, n° 17).

25762 **Formation sur le système de vote** Les membres de la délégation du personnel du **CSE** et les membres du **bureau de vote** doivent bénéficier d'une formation sur le système de vote électronique retenu (C. trav. art. R 2314-12, al. 2).

Le **défaut** de formation ne peut toutefois constituer une cause d'annulation des élections que s'il a exercé une influence sur leur résultat (Cass. soc. 25-10-2017 n° 16-21.780 F-D : RJS 1/18 n° 58).

25765 **Cellule d'assistance technique** L'**employeur** doit mettre en place une cellule d'assistance technique chargée de veiller au bon fonctionnement et à la surveillance du système de vote électronique, comprenant, le cas échéant, les représentants du prestataire (C. trav. art. R 2314-10).

En présence des **représentants des listes de candidats**, la cellule d'assistance technique (C. trav. art. R 2314-15) :
– procède, avant l'ouverture du vote, à un **test du système de vote** et vérifie que l'**urne** est vide, scellée et chiffrée par des clés délivrées à cet effet ;
– procède, avant l'ouverture du vote, à un test spécifique du système de **dépouillement** à l'issue duquel le système est scellé ;
– contrôle, à l'issue des opérations de vote et avant les opérations de dépouillement, le **scellement** de ce système.

> **Précisions a.** Le test du système de vote et la vérification que l'urne est vide, scellée et chiffrée ne doivent **pas forcément intervenir immédiatement avant** l'ouverture du scrutin et **publiquement** en présence des représentants des listes de candidats (Cass. soc. 19-1-2022 n° 20-17.076 FS-B : RJS 4/22 n° 202).
b. La **composition** de la cellule d'assistance technique n'est pas clairement fixée par les textes. À notre avis, rien ne s'oppose à ce qu'elle comprenne, en plus des représentants du prestataire, des membres du personnel et que sa composition soit fixée par l'accord collectif ou la décision unilatérale autorisant le vote électronique.

PRÉPARATION DU VOTE

25770 Les **listes électorales** sont établies par l'employeur. Le contrôle de la conformité des listes importées sur le système de vote électronique aux listes électorales transmises le cas échéant au prestataire est effectué sous la responsabilité de l'employeur. L'intégration et le contrôle des **candidatures** sont effectués dans les mêmes conditions (Arrêté SOCT0751067A du 25-4-2007 art. 3). Sur l'obligation de **sceller** le système de vote électronique à l'ouverture du scrutin, voir n° 25810.
Chaque **salarié** dispose d'une notice d'**information** détaillée sur le déroulement des opérations électorales (C. trav. art. R 2314-12, al. 1).

DÉROULEMENT DU SCRUTIN

25780 **Lieu et temps du scrutin** L'élection peut être réalisée par vote électronique sur le **lieu** de travail ou à distance (C. trav. art. R 2314-5, al. 1 ; Arrêté SOCT0751067A du 25-4-2007 art. 1).
Le vote électronique se déroule, pour chaque tour de scrutin, pendant une **période** délimitée (C. trav. art. R 2314-14), les **heures** d'ouverture et de fermeture du scrutin devant pouvoir être **contrôlées** par les membres du bureau de vote et les personnes désignées ou habilitées pour assurer le contrôle des opérations électorales (Arrêté du 25-4-2007 art. 6). Sur le point de savoir si un accord unanime de l'ensemble des syndicats représentatifs dans l'entreprise est requis pour autoriser le vote électronique à partir de tout ordinateur **24 heures sur 24**, voir n° 24330.

25785 **Coexistence avec le vote physique à bulletin secret** La mise en place du vote électronique n'interdit pas le vote à bulletin secret sous enveloppe si l'**accord collectif** autorisant le vote électronique ou l'**employeur** n'exclut pas cette modalité (C. trav. art. R 2314-5, al. 5).
Si, pour la même élection, le vote à bulletin secret sous enveloppe coexiste avec le vote électronique, il n'est **ouvert qu'après** la clôture du vote électronique. Le président du bureau de vote dispose, avant cette ouverture, de la **liste d'émargement** des électeurs ayant voté par voie électronique (C. trav. art. R 2314-16, al. 3) afin d'éviter les situations de **double vote**.

> **Précisions a.** La coexistence des deux modes de vote peut permettre aux employeurs de vérifier l'adéquation du vote électronique à leurs attentes (en termes de gain de temps, de facilité d'utilisation, d'économies...) et de **tester** l'accueil du dispositif par les électeurs, avant d'en décider, le cas échéant, la généralisation.
b. Un accord d'entreprise indiquant expressément que le processus de vote par internet est le **mode de scrutin exclusif** pour l'ensemble des élections au sein de la société, un tribunal ne peut pas imposer à l'employeur d'organiser un double scrutin, électronique et à bulletin secret sous enveloppe (Cass. soc. 4-6-2014 n° 13-18.914 FS-PB : RJS 8-9/14 n° 644).

25790 **Accès à la plateforme de vote** Pour se connecter sur place ou à distance au système de vote électronique, l'électeur se fait connaître par le moyen d'**authentification** qui lui a été transmis selon des modalités garantissant sa confidentialité. Ce moyen d'authentification permet au serveur de vérifier son identité et garantit l'unicité de son vote. Il est alors impossible à quiconque de voter de nouveau avec les mêmes moyens d'authentification (Arrêté SOCT0751067A du 25-4-2007 art. 6).
Pour le Conseil d'État, qui confirme la position de la Cnil, la **transmission** aux électeurs **des identifiants et mots de passe** leur permettant de participer au vote doit faire l'objet de mesures de

sécurité spécifiques permettant de s'assurer que les électeurs en sont les seuls destinataires, ce qui n'est pas le cas d'une transmission par simple **courriel** (CE 11-3-2015 n° 368748 et 368819 : RJS 5/15 n° 353 ; Délib. Cnil 91 du 11-4-2013). Dans le même sens, la Cour de cassation juge que l'envoi aux salariés de leurs codes personnels d'authentification sur leur messagerie professionnelle, **sans autre précaution** destinée notamment à éviter qu'une personne non autorisée puisse se substituer frauduleusement à l'électeur, ne garantit pas la confidentialité des données ainsi transmises et contrevient aux principes généraux du droit électoral (Cass. soc. 27-2-2013 n° 12-14.415 FS-PB : RJS 5/13 n° 400 ; n° 12-16.789 FS-D). La confidentialité est en revanche garantie si chaque salarié dispose d'un **code** personnel lui donnant **accès à sa propre session** de travail à laquelle est associée sa messagerie professionnelle (en ce sens : Cass. soc. 14-12-2015 n° 15-16.491 F-D : RJS 3/16 n° 195).
La Cnil recommande que l'électeur reçoive son identifiant et son mot de passe par deux **canaux de communication distincts** et qu'il réponde à une **question secrète** non triviale dont il est le seul à connaître la réponse avec l'employeur (QR Cnil « Élections professionnelles et données personnelles » du 24-10-2022, n° 8).

25795 **Vote proprement dit** L'électeur accède aux listes de candidats et exprime son **vote** (Arrêté SOCT0751067A du 25-4-2007 art. 6). Il doit pouvoir **choisir** une liste, un candidat ou un vote blanc (Délib. Cnil 2019-053 du 25-4-2019). Son choix doit apparaître clairement à l'écran et peut être modifié avant validation, laquelle rend le vote définitif et empêche toute modification. La **transmission du vote et l'émargement** (sur les données enregistrées, voir n° 25830, a) font l'objet d'un accusé de réception que l'électeur peut conserver (Arrêté SOCT0751067A du 25-4-2007 art. 6).
Sur la possibilité pour un salarié de **voter en lieu et place** d'un autre, voir n° 25500, c.

> **Précisions** **a.** Tout électeur atteint d'une **infirmité** le mettant dans l'impossibilité de voter peut se faire assister par un électeur de son choix (Arrêté SOCT0751067A du 25-4-2007 art. 6). Sur la nécessité de prendre les précautions appropriées pour que ne soit écartée du scrutin aucune personne ne disposant **pas** du **matériel nécessaire** ou résidant dans une **zone non desservie par Internet**, voir n° 25756.
b. Le vote est anonyme et **chiffré** par le système, avant transmission au fichier « contenu de l'urne électronique » (Arrêté SOCT0751067A du 25-4-2007 art. 6). Le chiffrement des bulletins de vote est nécessairement ininterrompu (CE 11-3-2015 n°s 368748 et 368819 : RJS 5/15 n° 353).
c. Aucun **résultat partiel** n'est accessible pendant le déroulement du scrutin. Mais le **nombre de votants** peut être révélé au cours du scrutin si l'employeur ou l'accord collectif autorisant le vote électronique le prévoit (C. trav. art. R 2314-16, al. 2).
d. Tout système de vote électronique doit comporter un **dispositif de secours** susceptible de prendre le relais en cas de panne du système principal et offrant les mêmes garanties et les mêmes caractéristiques. En cas de **dysfonctionnement informatique** résultant d'une attaque du système par un tiers, d'une infection virale, d'une défaillance technique ou d'une altération des données, le **bureau de vote** a compétence, après avis des représentants de l'organisme mettant en place le vote, pour prendre toute mesure d'information et de sauvegarde et notamment pour décider la suspension des opérations de vote (Arrêté SOCT0751067A du 25-4-2007 art. 3).

FIN DU SCRUTIN

25800 Dès la **clôture** du scrutin, le contenu de l'urne (qui est chiffré), les listes d'émargement et les états courants gérés par les serveurs sont figés, horodatés et scellés automatiquement sur l'ensemble des serveurs (Arrêté SOCT0751067A du 25-4-2007 art. 2 et 7).
Le **dépouillement** n'est possible que par l'activation conjointe d'au moins **2 clés de chiffrement** différentes sur les 3 qui doivent être éditées (Arrêté du 25-4-2007 art. 7).
Sur le contrôle, par la **cellule d'assistance technique**, du scellement du système à l'issue des opérations de vote et avant les opérations de dépouillement, voir n° 25765.

> **Précisions** La **génération des clés** destinées à permettre le dépouillement des votes à l'issue du scrutin est **publique** de manière à prouver de façon irréfutable que seuls le président du bureau de vote et 2 de ses assesseurs ont connaissance de ces clés à l'exclusion de toute autre personne, y compris du personnel technique chargé du déploiement du système de vote. Ces deux assesseurs nominativement identifiés, le plus âgé et le plus jeune parmi les assesseurs à défaut d'accord, ainsi que le président du bureau de vote reçoivent chacun une clé de dépouillement distincte, selon des modalités en garantissant la confidentialité, permettant d'accéder aux données du fichier dénommé « contenu de l'urne électronique ». La présence de 2 titulaires de ces clés est indispensable pour autoriser le dépouillement. Des **clés de sauvegarde** sont en outre conservées sous scellés (Arrêté du 25-4-2007 art. 7).

Le **décompte des voix** apparaît lisiblement à l'écran et fait l'objet d'une édition sécurisée afin d'être porté au **procès-verbal** (Arrêté SOCT0751067A du 25-4-2007 art. 7). Sur les modalités de **publication** du résultat des élections en l'absence de salle de vote, voir n° 26210. 25805

Le **système** de vote électronique est **scellé** après le dépouillement afin de garantir l'impossibilité de reprendre ou de modifier les résultats après la décision de clôture du dépouillement. La procédure de décompte des votes enregistrés doit pouvoir être déroulée de nouveau (Arrêté SOCT0751067A du 25-4-2007 art. 7).

GARANTIES DE SÉCURITÉ ET DE CONFIDENTIALITÉ

Conception et mise en place du système Le système retenu assure la **confidentialité** des données transmises, notamment de celles des fichiers constitués pour établir les listes électorales des collèges électoraux, ainsi que la **sécurité** de l'adressage des moyens d'authentification (n° 25790), de l'émargement, de l'enregistrement et du dépouillement des votes (C. trav. art. R 2314-6, al. 2). 25810

Il doit pouvoir être **scellé** à l'ouverture et à la clôture du scrutin (C. trav. art. R 2314-8).

> **Précisions a.** Les exigences de confidentialité et de sécurité s'imposent aux personnes chargées de la gestion et de la maintenance du système (C. trav. art. R 2314-9, al. 2). Un tribunal peut décider qu'aucune atteinte à la sincérité du scrutin n'est caractérisée, s'il constate que les dispositions prises par l'employeur ont assuré la confidentialité du vote électronique et que le **technicien informatique** de l'entreprise, soumis à une obligation de confidentialité, s'est **connecté aux postes des salariés** à leur demande expresse pendant les opérations de vote (Cass. soc. 14-11-2013 n° 13-10.519 FS-PB : RJS 3/14 n° 248).
> **b.** Sur le **chiffrement** des bulletins du vote et de l'urne, voir respectivement n°s 25795, b et 25800. Sur l'accès restreint à certains fichiers, dont la **liste d'émargement**, voir n° 25830, b. Sur son scellement à la clôture du scrutin, voir n° 25800. Sur les actions à mettre en œuvre pour assurer la sécurité du **dépouillement des votes**, voir n° 25800.
> Sur les **formalités préalables** permettant de répondre aux impératifs de sécurité et de confidentialité, voir n°s 25758 s.
> Sur la nécessité de mettre en place un **dispositif de secours** susceptible de prendre le relais en cas de panne, et sur les mesures pouvant être prises par le bureau de vote en cas de **dysfonctionnement informatique**, voir n° 25795, d.
> **c.** Sur l'**articulation** entre obligation de confidentialité et de sécurité du vote et **principe d'égalité** entre les électeurs, voir n° 25756.

Contrôle du système La mise en œuvre du système de vote électronique est opérée sous le contrôle effectif, tant au niveau des moyens informatiques centraux que de ceux éventuellement déployés sur place, de **représentants de l'organisme** mettant en place le vote. Toutes les mesures sont prises pour leur permettre de vérifier l'effectivité des dispositifs de sécurité prévus (Arrêté SOCT0751067A du 25-4-2007 art. 3). 25815

En outre, un contrôle est opéré par l'**expert** indépendant (n° 25760), la **cellule d'assistance technique** (n° 25765), le **bureau de vote**, les **salariés** et, le cas échéant, le **juge** (n°s 25865 s.).

Fichiers et données enregistrées Afin de garantir la confidentialité du vote, les données relatives aux **électeurs** inscrits sur les listes électorales ainsi que celles relatives à leur **vote** sont traitées par des systèmes informatiques **distincts**, dédiés et isolés, respectivement dénommés « fichier des électeurs » et « contenu de l'urne électronique », de sorte qu'aucun lien ne permette d'identifier les électeurs (C. trav. art. R 2314-7, al. 2 ; Arrêté SOCT0751067A du 25-4-2007 art. 2, al. 1 et 3). 25830

L'employeur ou le prestataire qu'il a retenu **conserve** sous scellés, jusqu'à l'expiration du délai de recours et, lorsqu'une action contentieuse a été engagée, jusqu'à la décision juridictionnelle devenue définitive, les **fichiers supports** comprenant la copie des programmes sources et des programmes exécutables, les matériels de vote, les fichiers d'émargement, de résultats et de sauvegarde (C. trav. art. R 2314-17, al. 1).

À l'expiration de ces délais, l'employeur ou, le cas échéant, le prestataire procède à la **destruction** des fichiers supports (C. trav. art. R 2314-17, al. 2).

> **Précisions a.** Les **données** devant être **enregistrées** sont les suivantes (Arrêté du 25-4-2007 art. 2 et 4) :
> – pour les listes électorales : noms et prénoms des inscrits, date d'entrée dans l'entreprise, date de naissance, collège ;
> – pour le fichier des électeurs : noms, prénoms, collège, moyen d'authentification et, le cas échéant, coordonnées ;
> – pour les listes d'émargement : collège, noms et prénoms des électeurs, date et heure du vote ;
> – pour les listes des candidats : collège, noms, prénoms des candidats, titulaires ou suppléants, appartenance syndicale le cas échéant ;
> – pour les listes des résultats : noms et prénoms des candidats, élus, non élus, voix obtenues, appartenance syndicale le cas échéant, collège, destinataires mentionnés ci-après.
> **b.** Les **destinataires de ces informations** sont les suivants (Arrêté du 25-4-2007 art. 5) :
> – pour les listes électorales : électeurs, syndicats représentatifs le cas échéant, agents habilités des services du personnel ;
> – pour le fichier des électeurs : électeurs pour les informations les concernant ;
> – pour les listes des candidats : électeurs, syndicats, agents habilités des services du personnel ;
> – pour les listes des résultats : électeurs, services du ministère chargé de l'emploi, syndicats, employeurs ou agents habilités des services du personnel.
> En cas de **contestation** des élections, ces pièces sont tenues à la disposition du juge (Arrêté du 25-4-2007 art. 5).
> Les **fichiers** comportant les **éléments d'authentification** des électeurs, les **clés** de chiffrement et de déchiffrement et le contenu de l'**urne** ne sont accessibles qu'aux personnes chargées de la gestion et de la maintenance du système (C. trav. art. R 2314-7, al. 1).
> Quant aux **listes d'émargement**, elles ne sont accessibles qu'aux membres du bureau de vote et à des fins de contrôle du déroulement du scrutin (C. trav. art. R 2314-16, al. 1 ; Arrêté du 25-4-2007 art. 5). Après la clôture du scrutin, seul le juge, saisi d'une éventuelle contestation des élections, peut y accéder pour les vérifier (Cass. soc. 23-3-2022 n° 20-20.047 FS-B : RJS 6/22 n° 313). Mais l'irrégularité résultant de la transmission de la liste d'émargement par l'employeur à une partie intéressée après la clôture du scrutin ne justifie pas en elle-même l'annulation des élections (Cass. soc. 20-9-2023 n° 22-21.249 F-B : RJS 12/23 n° 659).

E. Contrôle des élections

1. BUREAU DE VOTE

25865 Un bureau de vote doit être constitué pour contrôler la régularité des opérations électorales, même en cas de recours au vote électronique. Il a notamment pour **mission** de vérifier que chaque salarié électeur est inscrit sur la liste électorale et que les heures d'ouverture et de fermeture du scrutin sont respectées (n° 25550), et de veiller à la mise des bulletins sous enveloppe, à l'émargement et à la fermeture de l'urne depuis l'ouverture jusqu'à sa clôture. Il est aussi chargé de la police de la salle de vote (www.elections-professionnelles.travail.gouv.fr), de dépouiller le scrutin, dresser le procès-verbal des élections et proclamer les élus (n°s 26000 s.). Mais s'il constate des irrégularités, il n'a pas ni le pouvoir d'annuler les élections, ni d'écarter des suffrages exprimés en faveur d'une liste (n° 26205).

Dans le silence des textes, il appartient au protocole préélectoral de définir le **nombre** et la **composition** des bureaux de vote ainsi que leurs **heures d'ouverture** (Circ. DRT 13 du 25-10-1983 n° 2.2.3). En application de la règle énoncée n° 25500, le nombre de bureaux de vote, leur localisation et leurs heures d'ouverture peuvent, à défaut de stipulations spécifiques dans le protocole préélectoral, être fixés par le juge ou, en l'absence de saisine de celui-ci, par l'employeur. Sur la composition des bureaux de vote en l'absence d'accord, voir n° 25875.

Il est d'usage de constituer un bureau de vote par **collège** électoral, mais il est possible de prévoir plusieurs bureaux de vote pour un même collège (Cass. soc. 3-3-2021 n° 19-22.944 F-P : RJS 5/21 n° 278) ou un seul bureau de vote pour plusieurs collèges (Cass. soc. 25-10-2017 n° 16-21.780 F-D : RJS 1/18 n° 58). Sur l'**information de l'électeur** sur son bureau de vote de rattachement, voir n° 25560.

Un **président** doit être désigné, faute de quoi les élections peuvent être annulées (Cass. soc. 13-2-2008 n° 07-60.097 F-PB : RJS 5/08 n° 569).

> **Précisions** Pour les élections politiques, l'article R 42 du Code électoral dispose que chaque bureau de vote est composé d'un président, d'au moins 2 assesseurs et d'un secrétaire choisi parmi les électeurs. 2 membres du bureau au moins doivent être présents pendant tout le cours des opérations électorales. Par analogie avec ces dispositions, il est possible de reprendre cette composition pour les élections professionnelles.

Toutefois, il a été jugé qu'un bureau de vote pouvait être composé de **3 membres** (Cass. soc. 17-12-1986 n° 86-60.222 P), voire de **2** (Cass. soc. 22-6-1977 n° 77-60.060 P). Et pour ces élections, l'absence de désignation d'un **secrétaire** est admise (Cass. soc. 2-7-2014 n° 13-60.218 F-PB : RJS 10/14 n° 711).
La composition du bureau par **une seule personne**, le président, est en revanche irrégulière (Cass. soc. 19-10-1994 n° 93-60.049 P : RJS 12/94 n° 1409).

Les **membres du bureau** doivent être électeurs et appartenir au collège intéressé (Cass. soc. 17-12-1986 n° 86-60.222 P ; 23-2-2005 n° 04-60.242 F-PB : RJS 5/05 n° 544). **25875**
Ils peuvent être soit **désignés** conformément aux **modalités** définies par le **protocole** préélectoral, soit choisis directement d'un commun accord par les signataires de ce protocole (Cass. soc. 25-2-1992 n° 89-61.135 P) ou par **accord** entre l'employeur et les syndicats ayant présenté des listes aux élections (Cass. soc. 16-10-2013 n° 12-21.448 FS-PB : RJS 12/13 n° 837). **À défaut**, le bureau de vote est composé, conformément aux principes généraux du droit électoral, des 2 salariés électeurs les plus âgés, et du salarié électeur le plus jeune (Cass. soc. 16-10-2013 n° 12-21.448 FS-PB précité).

> **Précisions a.** La Cour de cassation juge traditionnellement que l'**employeur ou son représentant**, tels que le directeur de l'entreprise, le chef de l'établissement et le chef du personnel, ne peuvent ni **siéger** au bureau de vote, ni le **présider** (Cass. soc. 21-5-1980 n° 80-60.008 P ; 14-3-1989 n° 88-60.534 P : RJS 4/89 n° 365 ; 23-2-2005 n° 04-60.242 F-PB : RJS 5/05 n° 544). Le maintien de cette solution, qui se justifiait par l'absence de la qualité d'électeur du représentant de l'employeur, nous paraît incertain, cette catégorie de salariés étant incluse dans l'électorat depuis le 31-10-2022 (voir n° 24785).
b. Le **choix des membres** du bureau de vote ne peut en aucun cas être laissé à la discrétion de l'**employeur** (Cass. soc. 26-1-1984 n° 83-60.265 P). Un accord préélectoral ne peut donc pas prévoir que le bureau de chaque section de vote sera composé d'un président et d'un ou 2 assesseurs désignés par accord des syndicats intéressés ou, à défaut, par l'employeur (Cass. soc. 26-1-1984 n° 83-60.265 P).
c. En cas de **contestation**, les modalités de désignation des membres du bureau de vote pourront être fixées par le **tribunal** judiciaire, celui-ci pouvant, par exemple, décider que les assesseurs seront désignés par les syndicats présentant des candidats et, à défaut, parmi les plus jeunes des salariés (Cass. soc. 7-4-1993 n° 92-60.365 D : RJS 5/93 n° 525). De telles modalités peuvent bien sûr être aussi prévues par un accord préélectoral.

2. CONTRÔLE PAR D'AUTRES PERSONNES

EMPLOYEUR OU SON REPRÉSENTANT

L'employeur n'a aucun rôle dans le contrôle des élections. S'il intervient au cours des opérations de vote pour poursuivre une controverse électorale et **interrompt le scrutin**, il se rend coupable du délit d'entrave (Cass. crim. 25-5-1965 n° 64-91.783 P). **25885**
Mais sa seule **présence** ou celle de son représentant dans la **salle de vote** n'est pas, à elle seule, de nature à entacher le scrutin d'irrégularité en l'absence de violation, par celui-ci, de son obligation de neutralité (Cass. soc. 21-3-1995 n° 94-60.221 D : RJS 5/95 n° 533). L'employeur ou son représentant peut être autorisé à assister aux opérations électorales par le juge (Cass. soc. 25-2-1992 n° 89-61.135 P ; 21-3-1995 n° 94-60.221 D précité) ou par le protocole préélectoral, à condition de respecter son obligation de neutralité. L'accord préélectoral ou la décision judiciaire fixant les modalités de déroulement de l'élection peut assortir cette présence de **conditions** lorsqu'il y va du bon déroulement du vote (Cass. soc. 1-12-1983 n° 83-60.629).

ILLUSTRATIONS

Un tribunal a pu estimer nécessaire d'instituer une **commission de contrôle** des opérations électorales, afin qu'elles se déroulent dans un « climat serein », l'employeur ou son représentant n'étant admis à pénétrer à l'intérieur du bureau de vote pour régler les problèmes matériels que sur autorisation ou à la demande de cette commission de contrôle, d'un délégué de liste, d'un candidat ou du président du bureau de vote (Cass. soc. 1-12-1983 n° 83-60.629).

CANDIDAT

Tout candidat ou son représentant dûment désigné peut contrôler toutes les **opérations** de vote, de dépouillement des bulletins et de décompte des voix, dans tous les **locaux** où s'effectuent ces opérations, et exiger l'inscription au **procès-verbal** de toutes observations, protestations ou contestations sur lesdites opérations, soit avant la proclamation du scrutin, soit après (C. élect. art. L 67). Il ne doit pas adopter une **attitude** de nature à influencer les électeurs. Ainsi, par **exemple**, présenter les bulletins aux électeurs et surveiller ou effectuer leur mise sous enveloppe est susceptible de constituer une pression sur les électeurs et entache le scrutin d'irrégularité **25890**

(Cass. soc. 7-4-1976 n° 75-60.183 P). Il n'est pas nécessaire que le **protocole** préélectoral prévoie expressément la présence des candidats aux opérations de dépouillement, ni que l'**employeur** invite ces derniers à y assister (Cass. soc. 6-1-2011 n° 09-60.398 FS-PBR : RJS 3/11 n° 255). Sur l'atteinte à la sincérité du scrutin provoquée par la **fermeture à clé du lieu de dépouillement**, interdisant aux candidats et à leurs représentants d'y accéder librement, voir n° 26010.

DÉLÉGUÉ DE LISTE

25895 Chaque candidat ou liste de candidats peut exiger la **présence en permanence dans chaque bureau** de vote d'un délégué habilité à contrôler toutes les opérations électorales dans les conditions exposées n° 25890 (C. élect. art. R 47).

L'application de ces dispositions peut être prévue par le **protocole préélectoral**, imposée par le **juge** ou demandée par les **candidats**. Dans tous les cas, l'**employeur** qui s'y oppose en empêchant tout ou partie des délégués désignés pour chacun des bureaux de vote d'assister au déroulement des opérations électorales commet une irrégularité justifiant à elle seule l'annulation des élections (Cass. soc. 26-5-1976 n° 76-60.035 P ; 11-12-1985 n° 85-60.387 P).

ATTENTION

Les **frais de déplacement** exposés par les délégués de liste désignés par les syndicats pour effectuer le contrôle dans les bureaux de vote peuvent être à la charge de l'employeur si la mise en place du dispositif est nécessaire. En cas de contentieux, cette question relève de l'appréciation des juges du fond (Cass. soc. 29-6-2005 n° 04-60.488 FS-PB : RJS 10/05 n° 1011).

REPRÉSENTANT D'UN SYNDICAT

25900 Un militant syndical **qui ne fait pas partie du personnel** peut se voir interdire l'entrée dans l'entreprise par l'employeur, y compris s'il vient contrôler les opérations de vote (Cass. soc. 3-2-1983 n° 82-60.397).

Sa présence ne peut pas être imposée par un **tribunal** (Cass. soc. 28-6-1984 n° 84-60.135 P).

A contrario, tout syndicat intéressé au processus électoral nous semble autorisé à être représenté par un militant syndical **salarié** de l'entreprise pendant le déroulement des opérations électorales et jusqu'au scrutin.

ATTENTION

L'employeur qui recourt aux services de **police** pour faire expulser un représentant syndical des lieux de vote quelques minutes avant l'ouverture du scrutin, en méconnaissance des dispositions d'un **accord préélectoral**, porte atteinte à la liberté syndicale et s'expose aux sanctions visées n°s 13880 s. (Cass. crim. 18-1-1994 n° 92-84.337 : RJS 5/94 n° 577).

SALARIÉ

25905 Les salariés doivent avoir **accès au lieu du dépouillement**. La circonstance contraire (par exemple, la fermeture à clé de la salle de vote : n° 26010) est de nature à affecter la sincérité des opérations électorales et constitue une irrégularité justifiant à elle seule l'annulation des élections (Cass. soc. 28-3-2012 n° 11-16.141 F-PB : RJS 6/12 n° 581 ; 21-9-2022 n° 21-14.123 F-D : RJS 12/22 n° 624).

L'**accord préélectoral** ne peut pas prévoir, dans le cadre d'un télévote, que la clôture du scrutin ne sera pas publiquement constatée par le président du bureau de vote, ni que les opérations électorales, notamment celles de dépouillement, échapperont au contrôle des électeurs et des délégués des listes de candidats, car de telles dispositions porteraient atteinte aux principes généraux du droit électoral (Cass. soc. 20-10-1999 n° 98-60.359 P : RJS 12/99 n° 1478).

3. MISE EN PLACE D'UN CONTRÔLE PAR LE JUGE

25910 Le tribunal judiciaire, saisi **avant les élections**, peut décider de la mise en place d'un dispositif de contrôle de leur régularité, de la liberté et de la sincérité du scrutin (C. trav. art. L 2314-17).

Cette décision relève de son **appréciation souveraine** (Cass. soc. 26-9-1989 n° 88-60.727 D : RJS 11/89 n° 869) et peut être prise même en présence d'un accord préélectoral comportant des mesures en ce sens, par exemple si le climat particulièrement tendu entre l'employeur et le syndicat l'ayant saisi le justifie (Cass. soc. 1-4-1992 n° 90-60.543 PF : RJS 5/92 n° 643). Ainsi, le juge peut décider qu'il y a lieu d'installer des bureaux de vote fixes sur chaque chantier de l'entreprise regroupant 15 salariés et que la mission de surveillance du bon déroulement des opérations électorales par les bureaux de vote, notamment, et l'absence d'étalement des élections sur plusieurs jours sont de nature à garantir la loyauté du scrutin (Cass. soc. 18-2-1998 n° 96-60.416 D).

Les **frais** entraînés par ces mesures sont à la charge de l'employeur (C. trav. art. L 2314-17). Le juge ne peut donc pas condamner chaque partie à payer la moitié des frais de l'huissier de justice commis pour contrôler la régularité du scrutin (Cass. soc. 22-3-1984 n° 83-61.055 ; 2-7-1985 n° 85-60.361 S).

Sur le contrôle par le juge de la **liste d'émargement** après le vote électronique, voir n° 25830, b.

VIII. RÉSULTATS

A. Dépouillement du scrutin

Les dépouillements ont lieu **séparément** par collège, et, pour chaque collège, on doit procéder aux dépouillements **successifs** des scrutins relatifs aux titulaires puis aux suppléants. Ces modalités sont communes au **premier** et au **second tours**. 26000
Sur le recours à un système de dépouillement automatique dans le cadre du **vote par correspondance**, voir n° 25720. Sur la génération de clés destinées à permettre le dépouillement dans le cadre du **vote électronique**, voir n° 25800.

1. MODALITÉS

Lorsque le scrutin est clos, il revient au **bureau de vote**, éventuellement assisté de **scrutateurs**, de procéder au dépouillement. Les candidats, leurs représentants ainsi que les **électeurs** peuvent être présents, ainsi que, dans les conditions exposées n° 25885, l'**employeur** ou son représentant (n°s 25885 s.). 26010
Le bureau de vote compte le nombre d'**enveloppes** présentes dans l'urne et le compare au nombre de votants ayant émargé sur la liste électorale. Après ouverture des enveloppes, il sépare les **bulletins blancs et nuls** des bulletins valables afin de décompter le nombre de **suffrages valablement exprimés** (n°s 26025 s.).
Le dépouillement doit être effectué dans un cadre garantissant la **sincérité** du scrutin, de façon à ne pas en altérer les résultats, faute de quoi l'élection pourra être annulée.

ILLUSTRATIONS

Les élections doivent être annulées dans les circonstances suivantes :
– le dépouillement est **interrompu puis repris** sans que dans l'intervalle aient été prises les mesures nécessaires à la **protection des bulletins** non encore comptés (Cass. soc. 20-7-1983 n° 82-60.326 P) ;
– le **chef du personnel de la société et son adjoint se substituent au bureau de vote** pour décompter les votes blancs et nuls, mettre les votes par procuration dans l'urne, dépouiller sans tenir compte des dispositions du Code du travail relatives aux ratures des noms de candidats et rédiger le procès-verbal des résultats (Cass. soc. 30-1-1985 n° 84-60.659) ;
– le dépouillement est effectué dans la **confusion** et la **précipitation**, des personnes y travaillant commettent des erreurs, leurs témoignages sont contradictoires et le chef du personnel refuse qu'il soit procédé à une vérification des bulletins de vote, si bien qu'il n'est pas possible d'affirmer l'exactitude des résultats proclamés (Cass. soc. 12-2-1985 n° 84-60.658 P) ;
– le dépouillement se déroule dans une **salle** dont la porte d'accès est **fermée à clé**, ce qui interdit aux candidats, à leurs représentants ainsi qu'à tout électeur d'y accéder librement (Cass. soc. 21-9-2022 n° 21-14.123 F-D : RJS 12/22 n° 624) ;
– le dépouillement du vote a lieu, à l'initiative de l'employeur, dans un **lieu secret** révélé le jour même du scrutin aux seuls scrutateurs désignés officiellement par les syndicats ayant parrainé les listes, si bien que les électeurs n'ont pas librement accès à ce lieu (Cass. soc. 18-12-2000 n° 00-60.033 FS-D).
Si le dépouillement est effectué **plusieurs jours après le scrutin**, le tribunal doit contrôler qu'il n'y a pas de fraude (Cass. soc. 20-4-2005 n° 04-60.342 F-D : RJS 8-9/05 n° 871).
En revanche, si le dépouillement a lieu immédiatement après le scrutin, l'**absence de scellés** n'est pas susceptible d'avoir faussé le résultat des élections (Cass. soc. 2-11-1993 n° 92-60.400 D : RJS 12/93 n° 1220).

2. DÉCOMPTE DES SUFFRAGES

Le **nombre de suffrages valablement exprimés** est égal au nombre de votes moins le nombre de bulletins blancs ou nuls (n° 26055). La première opération consiste donc à distinguer les bulletins blancs et nuls et les suffrages valablement exprimés. Les mêmes règles s'appliquent au premier et au second tours. Comme il a été indiqué précédemment, le décompte est effectué dans chaque collège, d'abord pour les titulaires, puis pour les suppléants. Sur l'obligation d'annexer les bulletins blancs et nuls au procès-verbal des élections, voir n° 26187. 26025
Sur la **liberté** pour les salariés de **voter blanc ou nul** même si le protocole préélectoral ne l'a pas prévu, voir n° 80755, d (solution rendue dans le cas d'un référendum de validation d'un accord minoritaire transposable selon nous aux élections professionnelles).

BULLETINS BLANCS

26030 Sont blancs les bulletins qui n'expriment pas de vote en faveur de candidats. Outre les bulletins blancs fournis le cas échéant par l'employeur sont **comptabilisés** parmi les bulletins blancs les enveloppes vides (C. élect. art. L 65) et les bulletins dont le seul nom ou tous les noms ont été rayés (Cass. soc. 27-11-1974 n° 74-60.122 P ; 7-5-1987 n° 86-60.357 P).

BULLETINS NULS

26035 Sont nuls les bulletins entachés d'irrégularité, tels que, par exemple :
– le bulletin **écrit** de la main d'un votant, désignant une personne **non candidate** (Cass. soc. 2-6-1983 n° 82-60.230 P) ;
– l'enveloppe comportant à la fois **un bulletin blanc et un bulletin nominatif** (Cass. soc. 20-7-1978 n° 78-60.641 P) ;
– les bulletins comportant un **signe de reconnaissance**. Les juges du fond peuvent toutefois estimer que ne constituent pas un tel signe une croix portée devant le nom d'un candidat (Cass. soc. 25-4-1984 n° 83-61.171) ou le fait de souligner d'un trait le nom du premier candidat de la liste présentée par un syndicat (Cass. soc. 28-2-1989 n° 88-60.198 P : RJS 4/89 n° 366). Ces bulletins sont valables.

Si une enveloppe contient **plusieurs bulletins** (ce qu'on appelle la pratique du « panachage »), le suffrage est en principe considéré comme nul et aucun des bulletins ne doit être pris en compte (Cass. soc. 24-11-1983 n° 83-60.931 P ; 13-6-1995 n° 94-60.394 D). Ce principe comporte deux exceptions : si les bulletins multiples désignent la même liste ou le même candidat, ces bulletins comptent pour un (C. élect. art. L 65) ; si une enveloppe contient autant de bulletins qu'il y a de sièges à pourvoir, chacun étant établi au nom d'un candidat se présentant individuellement, les voix peuvent être prises en compte dès lors qu'un usage d'entreprise admet cette pratique (Cass. soc. 24-9-2008 n° 08-60.004 FS-PB : RJS 12/08 n° 1217 ; 25-1-2012 n° 11-60.076 F-D).

Les bulletins comportant un ou plusieurs **noms rayés** sont valables (sur le droit de rature et son incidence sur le résultat du scrutin, voir n°s 26085 s.). En revanche, si tous les noms ont été rayés, ils sont considérés comme blancs (n° 26030).

> **Précisions** Dans certains cas, la question se pose de savoir si la modification apportée constitue une **simple rature ou** au contraire un **signe distinctif** interdit et entraînant donc la nullité du bulletin. Cette appréciation relève du pouvoir d'appréciation des juges du fond. Ainsi, un tribunal a pu estimer que ne constituait pas un signe distinctif mais une rature le fait de **rayer des bulletins d'un grand Z** (Cass. soc. 8-1-1987 n° 86-60.213 P) ou de **découper un bulletin de vote** de façon à **faire disparaître le nom du dernier candidat** d'une liste (Cass. soc. 2-7-1980 n° 80-60.045 P).

3. QUORUM

DÉFINITION

26050 Le quorum est le nombre de voix minimal exigé pour que les résultats du scrutin soient pris en compte. S'agissant de l'élection de la délégation du personnel du CSE, un quorum est imposé au **premier tour**, le **nombre des votants** au sens indiqué n° 26055 devant être au moins égal à la moitié des électeurs inscrits (C. trav. art. L 2314-29, al. 2) sur la liste électorale. Sur l'appréciation du quorum, voir n° 26230.

Si ce **quorum** n'est **pas atteint**, aucun élu ne peut être désigné à l'issue du premier tour et un second tour de scrutin doit avoir lieu dans un délai de 15 jours (n°s 26220 s.).

Si ce quorum est **atteint**, le bureau de vote doit poursuivre les opérations de dépouillement, jusqu'à l'attribution des sièges aux listes en présence : voir n°s 26065 s.

> **ATTENTION**
> Le fait que le **quorum** ne soit **pas atteint** au premier tour pour l'élection des **titulaires** est sans incidence sur la validité de l'élection des **suppléants**, dès lors que ce quorum est atteint en ce qui les concerne (Rép. Vivien : AN 15-9-1979 n° 12741).
> Le **dépouillement** du scrutin du premier tour pour l'élection des titulaires doit être poursuivi (n° 15075) et donner lieu à un **procès-verbal** même si le quorum n'est pas atteint (n° 26270). En effet, ce scrutin permet de calculer le **score électoral des syndicats** pour lequel il n'est exigé aucun quorum (n°s 15075 s.).

CALCUL

Le « **nombre des votants** » correspond au nombre des électeurs qui se sont prononcés en faveur des candidats valablement présentés au premier tour. Les bulletins blancs ou nuls n'expriment pas de vote en faveur de ces candidats et ne doivent pas être pris en compte (C. élect. art. L 65 ; Cass. ass. plén. 2-12-1977 n° 77-60.407 P ; Cass. soc. 7-3-1989 n° 88-60.413 P : RJS 4/89 n° 367). **26055**
Autrement dit, des élus ne peuvent être désignés à l'issue du premier tour de l'élection que si le nombre de suffrages valablement exprimés, au sens indiqué n° 26025, est au moins égal à la moitié de celui des électeurs inscrits sur la liste électorale.

EXEMPLE

1. Soit le cas suivant. Inscrits : 100. Quorum : 100/2 = 50. Enveloppes : 60. Bulletins blancs ou nuls : 10. « Votants » (suffrages valablement exprimés) : 50. Le quorum est atteint puisque le nombre de suffrages valablement exprimés est égal à la moitié des inscrits.
Si le nombre d'inscrits est égal à 101, le quorum est égal à 101/2 = 50,5 et il sera considéré comme atteint à partir de 51 suffrages valablement exprimés.
2. Encourt la cassation la décision déclarant élus, dès le premier tour, les candidats présentés par un syndicat aux motifs que 123 électeurs sur 136 inscrits ont participé au vote et qu'ainsi « le nombre de votants est supérieur à la moitié du nombre des électeurs inscrits », alors que sur les 123 votants, 67 seulement se sont prononcés en faveur des candidats présentés et que le quorum n'a donc pas été atteint (Cass. soc. 21-7-1981 n° 81-60.739 P). En effet, il aurait été atteint si 68 suffrages avaient été valablement exprimés (136/2).

4. ATTRIBUTION DES SIÈGES AUX LISTES EN PRÉSENCE

S'agissant d'un scrutin de listes avec représentation proportionnelle à la plus forte moyenne (n° 25500), il est **d'abord** attribué à chaque liste autant de sièges que le nombre de voix recueilli par elle contient de fois le quotient électoral (C. trav. art. R 2314-19, al. 1er). Et si aucun siège n'a été pourvu ou s'il reste des sièges à pourvoir, les **sièges restants** sont attribués sur la base de la plus forte moyenne (C. trav. art. R 2314-20, al. 1er). **26065**
Ces règles s'appliquent tant au premier qu'au second **tours** (Cass. soc. 25-3-1985 n° 84-60.713 P ; 19-11-1986 n° 86-60.252 P).

a. Application du quotient électoral

En pratique, la première étape consiste à déterminer le **quotient électoral** et le **nombre de voix** recueillies par chaque liste. La seconde consiste à déterminer, pour chaque liste, en fonction du nombre de voix qu'elle a recueillies, le **nombre de sièges** gagnés. Voir l'exemple récapitulatif n° 26100. **26070**
Dans ces différents calculs, on ne tient compte que des **suffrages valablement exprimés**, au sens indiqué n° 26025, les bulletins blancs et nuls étant écartés.

QUOTIENT ÉLECTORAL

Le quotient électoral est **égal** au nombre total des suffrages valablement exprimés par les électeurs du collège, divisé par le nombre de sièges à pourvoir (C. trav. art. R 2314-19, al. 2). **26075**
Le calcul du quotient ne permet pas toujours d'obtenir un **nombre entier** : le cas échéant, la division doit être poussée jusqu'aux décimales (Cass. soc. 22-7-1975 n° 75-60.119 P).

EXEMPLE

5 sièges de titulaires sont à pourvoir dans le collège ouvriers et employés.
Résultats du scrutin. Inscrits : 220. Votants : 201. Bulletins blancs ou nuls : 14. Suffrages valablement exprimés : 201 − 14 = 187.
Le quotient électoral est de 187/5 = 37,4.

NOMBRE DE VOIX RECUEILLIES PAR CHAQUE LISTE

Lorsque les **listes** sont **complètes** (même nombre de candidats que de sièges à pourvoir) et qu'**aucun nom** n'a été **rayé**, l'opération se réduit à un simple décompte des bulletins valables établis au nom de chaque liste (Circ. TR 47/48 du 5-7-1948). **26080**
Le calcul peut créer des difficultés du fait des ratures de certains noms sur les listes et de la présentation de listes incomplètes.

ATTENTION

Le calcul du nombre de voix obtenu par liste doit toujours être effectué. Ainsi, en présence d'une **candidature individuelle** au second tour qui doit être considérée comme une liste, l'attribution des sièges en fonction du plus grand nombre de voix obtenues par les candidats, et non par les listes, serait contraire à la loi (Cass. soc. 25-3-1985 n° 84-60.713 P).

26085 **Noms rayés** Les électeurs ont le **droit** de choisir leurs élus et de rayer les noms de certains candidats. Cette possibilité est d'ordre public et ne peut pas leur être retirée par des dispositions conventionnelles, accord préélectoral notamment, ou un usage contraire (Cass. soc. 28-1-1982 n°s 81-60.859 P et 81-60.872 P ; 26-5-1982 n° 81-60.893 P).

ATTENTION

Le droit de rature ne peut pas s'exercer dans des conditions privant systématiquement certains candidats du droit d'être élus du seul fait de leur origine nationale ou ethnique. Mais le seul fait qu'il y ait davantage de ratures de **noms de candidats à consonance étrangère**, alors que le nombre de ces ratures est limité, ne suffit pas à établir l'existence d'une concertation raciale. Ce motif ne justifie pas l'annulation des élections (Cass. soc. 7-2-1974 n° 73-60.162 P).

26090 Si des noms ont été raturés sur une liste, on en tient compte en calculant le **nombre moyen** de voix obtenu par la liste. Pour obtenir cette moyenne, il faut diviser le total des voix obtenues par les candidats de cette liste par le nombre de candidats y figurant (Circ. TR 47/48 du 5-7-1948).

Les dispositions du Code du travail visées n° 26130 n'affectent pas le calcul de cette moyenne, leur portée étant limitée à l'ordre dans lequel les candidats d'une même liste sont proclamés élus. Donc toutes les ratures doivent être prises en compte, quel que soit leur nombre (Cass. soc. 16-6-1983 n° 83-60.068 P ; 3-3-1993 n° 91-60.270 D : RJS 4/93 n° 427).

EXEMPLE

5 sièges de titulaires sont à pourvoir dans le collège ouvriers et employés.
Un syndicat présente une liste comportant 5 noms (liste I). Au dépouillement, il a été ouvert 60 enveloppes comportant le bulletin de cette liste. Plusieurs bulletins comportent des ratures : candidat A : 55 voix (5 ratures) ; candidat B : 53 voix (7 ratures) ; candidat C : 60 voix ; candidat D : 57 voix (3 ratures) ; candidat E : 60 voix.
Le nombre de voix recueilli par la liste est égal à : (55 + 53 + 60 + 57 + 60)/5 = 57.

26095 **Listes incomplètes** Si une liste est incomplète, le nombre de voix de la liste se calcule en divisant le total des voix obtenues par les candidats de cette liste par le nombre des candidats y figurant (Circ. TR 47/48 du 5-7-1948). En cas de rature de certains noms, voir n° 26090.

EXEMPLE

5 sièges de titulaires sont à pourvoir dans le collège ouvriers et employés.
Un syndicat présente une liste ne comportant que 3 noms (liste II). Au dépouillement, il a été ouvert 68 enveloppes comportant le bulletin de cette liste, sans aucune rature.
Le nombre de voix recueilli par la liste est égal à : (68 × 3)/3 = 68.

NOMBRE DE SIÈGES PAR LISTE

26100 Le nombre de sièges attribué à une liste est ainsi calculé : nombre de voix de la liste/quotient électoral (n° 26065).

Le nombre de sièges attribué au quotient électoral lors de la **première répartition** est nécessairement un nombre entier (Cass. soc. 26-5-2010 n° 09-60.350 F-PB : RJS 8-9/10 n° 690). Les nombres obtenus sont arrondis au nombre entier inférieur pour l'attribution des sièges. Ainsi un résultat de 2,9 donne droit à 2 sièges.

EXEMPLE

5 sièges de titulaires sont à pourvoir dans le collège ouvriers et employés.
Résultats du scrutin. Inscrits : 220. Votants : 201. Bulletins blancs ou nuls : 14. Suffrages valablement exprimés : 201 − 14 = 187. Quotient électoral : 37,4.
La liste I a obtenu 57 voix. Le nombre de sièges lui revenant est égal à : 57/37,4 = 1,52, ramené à 1.
La liste II a obtenu 68 voix. Le nombre de sièges lui revenant est égal à : 68/37,4 = 1,82, ramené à 1.
Enfin, une troisième liste (liste III) obtient 59 voix. Le nombre de sièges lui revenant est égal à : 59/37,4 = 1,58 ramené à 1.
3 sièges ont donc pu être attribués.

b. Attribution des sièges restants à la plus forte moyenne

26105 Si aucun siège n'a été pourvu ou s'il reste des sièges à pourvoir, les sièges restants sont attribués sur la base de la plus forte moyenne (n° 26065). Le nombre de voix obtenu par **chaque liste** est divisé par le nombre augmenté d'une unité des sièges déjà attribués à la liste (C. trav. art. R 2314-20, al. 2). La moyenne de chaque liste est donc égale à : nombre de voix de la liste/(nombre de sièges obtenus par la liste + 1). On doit donc tenir compte du nombre de sièges déjà attribués (Cass. soc. 26-5-2010 n° 09-60.350 F-PB : RJS 8-9/10 n° 690 ; 12-7-2016 n° 15-25.638 F-D : RJS 10/16 n° 644).

Le nombre de sièges attribués au quotient électoral lors de la première répartition qui sert de base au calcul des sièges restants attribués à la plus forte moyenne étant nécessairement un nombre entier (n° 26100), il n'est pas possible de se fonder sur un **nombre décimal** pour effectuer le calcul des sièges restants à la plus forte moyenne (Cass. soc. 21-3-2018 n° 17-60.287 F-D : RJS 6/18 n° 432).
Les **différentes listes** sont **classées** dans l'ordre décroissant des moyennes obtenues. Le premier siège non pourvu est attribué à la liste ayant la plus forte moyenne (C. trav. art. R 2314-20, al. 2).
Il est procédé successivement à la **même opération** pour chacun des sièges non pourvus jusqu'au dernier (C. trav. art. R 2314-20, al. 3). Ainsi, lorsqu'il reste plusieurs sièges à pourvoir, on procède au calcul de la plus forte moyenne successivement pour chacun des sièges ; la moyenne initiale obtenue est donc modifiée en fonction de chaque nouvelle attribution (Cass. soc. 22-7-1980 n° 80-60.112 P).

EXEMPLE

Si l'on reprend l'exemple précédent (n° 26100), sur 5 sièges à pourvoir, 3 ont été attribués.
Attribution du 1er siège restant. Liste I : 57/(1 + 1) = 28,5 ; liste II : 68/(1 + 1) = 34 ; liste III : 59/(1 + 1) = 29,5. Le premier siège restant est attribué à la liste II.
Attribution du 2e siège restant. Liste I : 57/(1 + 1) = 28,5 ; liste II : 68/(2 + 1) = 22,7 ; liste III : 59/(1 + 1) = 29,5. Le dernier siège restant est attribué à la liste III.

Lorsque deux listes ont la **même moyenne** et qu'il ne reste qu'un siège à pourvoir, ce siège est attribué à la liste qui a le plus grand nombre de voix. Lorsque deux listes ont recueilli le **même nombre de voix**, le siège est attribué au plus âgé des deux candidats susceptibles d'être élus (C. trav. art. R 2314-21). **26110**
Cette dernière règle ne peut pas être écartée. Par suite, il n'est pas possible d'attribuer le siège à la liste ayant recueilli le plus grand nombre de « bulletins » et non au salarié le plus âgé (Cass. soc. 21-7-1986 n° 85-60.729 P).

c. Listes incomplètes

Dans le cas où, par ces calculs, il serait attribué à une liste incomplète plus de sièges qu'elle ne comporte de candidats, ces sièges doivent être attribués aux listes concurrentes. **26115**
Les sièges sont répartis selon les modalités suivantes, suivant le nombre de listes concurrentes et de candidats non élus :
– il reste **un siège** à pourvoir et **une seule liste** dispose encore d'**un candidat** : le siège doit être attribué au candidat de cette liste (Cass. soc. 12-1-2000 n° 99-60.044 P : RJS 2/00 n° 302), peu important qu'il n'ait pas obtenu la majorité si le quorum a été atteint (Cass. soc. 12-3-2008 n° 07-60.335 F-D : RJS 5/08 n° 571) ;
– il reste **un siège** à pourvoir et **une liste** comprend **plusieurs candidats** non élus : le siège est attribué à celui qui a obtenu le plus grand nombre de voix parmi ceux qui restent, peu important qu'il n'ait pas obtenu la majorité des voix, ni atteint le quotient électoral (Cass. 2e civ. 14-1-1966 n° 65-60.121 P ; Cass. soc. 24-7-1974 n° 74-60.079 P ; 19-7-1983 n° 82-60.336 P) ;
– **plusieurs sièges** restent et **plusieurs listes** comprennent **des candidats** non élus : les sièges sont attribués à la plus forte moyenne aux listes ayant présenté des candidats pour ces sièges (Cass. soc. 21-6-1972 n° 72-60.002 P ; 13-6-1973 n° 73-60.015).
Il n'y a pas lieu d'organiser un scrutin supplémentaire (Cass. soc. 12-1-2000 n° 99-60.044 P : RJS 2/00 n° 302), sauf si, au premier tour, le nombre total de candidatures de toutes les listes ne permet pas de pourvoir tous les sièges : un second tour doit alors être organisé (voir n° 26235).

5. DÉSIGNATION DES ÉLUS AU SEIN DE CHAQUE LISTE

Une fois qu'il a déterminé le nombre de sièges attribué à chaque liste, le bureau de vote doit désigner les élus au sein de chaque liste, en appliquant les règles exposées ici. **26125**
S'agissant de l'élu à désigner lorsque : il reste un siège à pourvoir et que deux listes ont obtenu la même moyenne ainsi que le même nombre de voix, voir n° 26110 ; un siège est non pourvu par une liste incomplète, voir n° 26115.

RESPECT DE L'ORDRE DE PRÉSENTATION

En l'**absence de rature** ou si le nombre de ratures est identique pour tous les candidats, la désignation des élus se fait selon l'ordre de présentation des candidats. **26130**
Si le **nom d'un candidat** a été **raturé**, les ratures ne sont pas prises en compte si leur **nombre** est **inférieur à 10 %** des suffrages exprimés en faveur de la liste sur laquelle figure ce candidat. Dans ce cas, les candidats sont proclamés élus dans l'ordre de présentation, comme s'il n'y avait pas de rature (C. trav. art. L 2314-29, al. 3 et 4).

NOMBRE ÉLEVÉ DE RATURES

26135 Si le nombre des ratures portées sur le nom d'un candidat est égal ou supérieur à **10 % des suffrages** exprimés en faveur de la liste, il en est tenu compte (en ce sens, C. trav. art. L 2314-29, al. 3 et 4), sous réserve de l'exception concernant le siège réservé (n° 26140).
La désignation des élus se fait alors en fonction du **nombre de voix** obtenues par chaque candidat et non selon l'ordre de présentation sur la liste (Cass. soc.28-1-1982 n° 81-60.859 P).
La notion de « suffrages exprimés en faveur de la liste » vise, à notre sens, les **bulletins** valables, ce qui exclut les bulletins blancs ou nuls, désignant au moins un des candidats de la liste. Ainsi, le nombre des suffrages exprimés en faveur d'une liste sera au moins égal au nombre de voix obtenu par le candidat le mieux placé. Ce nombre pourra toutefois être supérieur au cas où le nom de ce candidat aurait été rayé une ou plusieurs fois.
Sur le point de savoir si de telles ratures peuvent corriger le non-respect, par une liste de candidats, de la **règle d'alternance** femme-homme, voir n° 25265, c.

EXEMPLE

Dans un collège, une liste a obtenu 2 sièges. Si 150 suffrages ont été valablement exprimés en faveur de cette liste, on ne tiendra pas compte des ratures inférieures à 15 (10 % de 150), c'est-à-dire de 0 à 14 ratures. Les noms des candidats ayant obtenu au moins 136 voix sont donc considérés comme n'ayant pas été raturés.
Les candidats ont obtenu : C1 = 120 voix ; C2 = 141 voix ; C3 = 145 voix ; C4 = 147 voix. Les candidats élus sont C3 et C4 (entre les 3 personnes ayant au moins 136 voix, les 2 désignés le sont en fonction du nombre de voix obtenues par chacun).

SIÈGE RÉSERVÉ

26140 Lorsqu'un siège est réservé par la loi ou par accord (n°s 24625 s.) à une catégorie de salariés, et qu'au moins un des candidats appartient à cette catégorie, il convient tout d'abord d'attribuer les sièges aux différentes listes puis de désigner les élus au sein de chaque liste selon les règles normales, ce qui peut aboutir à l'élection de l'un de ces candidats. Le siège réservé est alors pourvu.
Si ces règles aboutissent à ce qu'aucun des candidats appartenant à la catégorie bénéficiaire ne soit élu, on y **dérogera** dans les conditions exposées n°s 26145 s. (Cass. soc. 12-11-1997 n° 96-60.337 P : RJS 12/97 n° 1407).

ATTENTION

Un siège réservé ne peut en aucun cas être attribué à un **candidat n'ayant obtenu aucune voix** (Cass. soc. 12-11-1997 n° 96-60.337 P précité).
Lorsqu'un siège est réservé à la catégorie « **ingénieurs** », il ne peut pas être attribué à un **cadre** non ingénieur (Cass. soc.22-3-1973 n° 72-60.121 P).

26145 **Modification de l'ordre de désignation des élus** Si aucun candidat de la catégorie bénéficiaire du siège réservé n'est élu en application des règles normales (n°s 26130 s.), et si au moins une des **listes ayant obtenu un ou plusieurs sièges** comprend un candidat appartenant à la catégorie concernée, il convient de modifier l'ordre de désignation des élus (jurisprudence constante, notamment Cass. soc. 10-7-1984 n° 84-60.001). Le candidat élu au titre du siège réservé doit être prioritairement désigné dans les listes ayant obtenu des élus.
Si **une seule des listes** en présence comporte un candidat de la catégorie bénéficiaire du siège et si elle obtient au moins un siège, ce candidat doit être déclaré élu de par sa qualité, quel que soit le nombre de voix recueillies ou son ordre de présentation sur la liste (Cass. soc. 19-5-1971 n° 71-60.001 P).
Si **plusieurs listes** ayant obtenu des sièges possèdent un candidat appartenant à la catégorie concernée, sera déclaré élu celui qui a obtenu le plus grand nombre de voix parmi les candidats appartenant à sa catégorie professionnelle, à la place du dernier candidat élu de sa liste (Cass. civ. 9-7-1965 n° 64-60.029 P).

26150 **Attribution du siège à une liste n'ayant pas d'élu** Si la ou les listes ayant obtenu des sièges ne compte pas de candidat appartenant à la catégorie bénéficiaire du siège réservé, si bien que la modification de l'ordre des élus ne permet pas de désigner un candidat, le siège réservé est attribué à une **liste concurrente** comportant un tel candidat et qui, normalement, n'aurait pas dû avoir d'élu. Est désigné le candidat le mieux placé de la catégorie bénéficiaire, au détriment du dernier élu selon les règles normales d'attribution (Cass. soc. 25-3-1971 n° 70-60.097 P).

Absence de candidat appartenant à la catégorie bénéficiaire Au **premier tour** de scrutin, si aucun candidat n'appartient à la catégorie à laquelle un siège est réservé, les sièges non réservés sont attribués selon les règles normales, et le dernier siège ne doit pas être attribué à la liste à laquelle il devrait normalement revenir. **26155**
Il convient de procéder à un **second tour** pour le seul siège réservé resté vacant (Cass. soc. 9-10-1985 n° 85-60.175 P). Si aucun candidat de la catégorie considérée ne se présente au second tour, le siège réservé reste vacant (Cass. civ. 25-2-1966 n° 65-60.164 P).

DOUBLE CANDIDATURE

Un même candidat peut se présenter aux fonctions de titulaire et de suppléant (n° 25267). Cette candidature simultanée sous-entend la volonté, sur laquelle il ne peut pas être revenu, d'être élu, en premier lieu **titulaire** et subsidiairement suppléant (Cass. civ. 14-1-1966 n° 65-60.162 P ; Cass. soc. 19-5-1988 n° 87-60.207 D). **26160**
Un candidat ne peut pas être élu à la fois comme titulaire et suppléant. Cette irrégularité entraîne l'**annulation de l'élection** comme suppléant (Cass. soc. 5-1-1978 n° 77-60.610 P).
Ni le bureau de vote ni le candidat ne peuvent décider qu'il est **prioritairement élu** comme suppléant. En conséquence, s'il est élu à un siège de titulaire, il ne doit plus être considéré comme candidat au mandat de suppléant.

> **ATTENTION**
> Compte tenu de ces règles, il convient donc de **procéder d'abord** à la **proclamation** des candidats déclarés élus **titulaires**, puis à celle des suppléants (Cass. soc. 20-7-1971 n° 71-60.006 P).

La **liste de candidats suppléants** sur laquelle figurent un ou plusieurs salariés proclamés élus titulaires devient de ce fait **incomplète**. **26165**
Or une liste incomplète ne peut pas se voir octroyer plus de sièges qu'elle n'a de candidats. Si le nombre de sièges lui revenant est supérieur à celui des candidats, les sièges restants doivent être attribués aux listes concurrentes ayant présenté des candidats (Cass. soc. 21-6-1972 n° 72-60.002 P ; 14-2-1973 n° 72-60.090 P).

Un candidat élu comme **suppléant au premier tour** peut briguer un mandat de **titulaire au second** tour. S'il est élu, il perd sa qualité subsidiaire de suppléant (Cass. soc. 10-5-2012 n° 11-18.912 F-PB : RJS 7/12 n° 643). **26170**
Le siège de suppléant du candidat élu titulaire au second tour doit être déclaré vacant (Rép. Vivien : AN 15-9-1979 n° 12741).

DÉSISTEMENT D'UN ÉLU

Si un candidat élu en qualité de titulaire **refuse ces fonctions**, il doit démissionner. Cette démission n'a pas pour effet de faire déclarer élu titulaire un autre candidat de la même liste. Son remplacement doit être assuré par un suppléant de la même catégorie (Cass. soc. 11-3-1971n° 70-60.117 P ; 29-5-1975 n° 75-60.010 P). **26175**
Si sa démission intervient **après le premier tour**, son remplacement est assuré par un membre suppléant de la même liste, si bien que le siège de titulaire est pourvu et ne peut pas faire l'objet d'un second tour (Cass. soc. 26-4-2000 n° 99-60.019 P).

B. Communication des résultats

1. PROCÈS-VERBAL DES ÉLECTIONS

RÉDACTION

Le procès-verbal des élections est établi dans la salle de vote **immédiatement après** la fin du dépouillement en **présence** des électeurs, soit **par** le secrétaire (C. élect. art. R 67 ; Cass. soc. 27-5-2020 n° 19-13.504 F-D : RJS 7/20 n° 361 ; 1-6-2022 n° 21-11.623 F-D), soit, en son absence, par l'un des membres du bureau de vote ou par l'un des électeurs présents de son choix (Cass. soc. 2-7-2014 n° 13-60.218 F-PB : RJS 10/14 n° 711). **26185**
Il doit être **signé** par tous les membres du bureau de vote (C. élect. art. R 67) **avant** la proclamation des résultats (Cass. soc. 7-12-2016 n° 15-26.096 FS-PB : RJS 1/17 n° 131), la signature sans réserve n'empêchant pas de contester la régularité des élections (n° 26195).
Pour la Cour de cassation, le **non-respect** de ce formalisme est de nature à affecter la sincérité des opérations électorales et constitue une irrégularité justifiant à elle seule l'annulation des élections (Cass. soc. 27-5-2020 n° 19-13.504 F-D précité ; 1-6-2022 n° 21-11.623 F-D ; 7-12-2016 n° 15-26.096 FS-PB précité).
Sur l'établissement d'un procès-verbal de carence lorsque le **CSE** n'est **pas mis en place ou renouvelé**, voir n° 26270.

> **Précisions a.** En pratique, il convient d'établir 2 procès-verbaux par **collège** (l'un pour l'élection des titulaires, l'autre pour celle des suppléants) en distinguant au recto les résultats concernant le **premier tour** et au verso les résultats concernant le **second tour**, organisé le cas échéant (Notice relative au remplissage des PV des élections).
> Un **modèle** de procès-verbal est disponible sur le site internet www.elections-professionnelles.travail.gouv.fr. Le bureau de vote peut l'imprimer et le remplir **manuellement**, avant de le signer. Il peut aussi recourir à la **saisie assistée** en ligne en cas de télétransmission des procès-verbaux (voir n° 26190).
> **b.** En cas de **vote électronique**, les procès-verbaux des élections sont générés automatiquement puis imprimés pour signature manuscrite par le bureau de vote (n° 26190, b).

FORME ET CONTENU

26187 Le procès-verbal des élections **mentionne** notamment les résultats et la date du scrutin, ainsi que toute observation, protestation ou contestation sur les opérations électorales (Cass. soc. 12-1-1999 n° 97-60.322 P). Sauf en cas de recours exclusif au vote par correspondance (Cass. soc. 15-4-2015 n° 14-60.688 F-D : RJS 6/15 n° 427), il revient au président du bureau de vote de constater publiquement les **heures d'ouverture et de clôture du scrutin** et de les mentionner au procès-verbal (C. élect. art. R 57 ; Cass. soc. 15-4-2015 n° 14-21.785 F-D : RJS 6/15 n° 427).

Les **bulletins blancs et nuls** ainsi que les **enveloppes non réglementaires** sont contresignés par les membres du bureau de vote et annexés au procès-verbal avec mention sur chaque bulletin des causes de l'annexion (C. élect. art. L 66 ; Cass. soc. 25-1-2016 n° 14-29.796 F-D : RJS 4/16 n° 275).

> **Précisions a.** La mention des **heures d'ouverture et de clôture du scrutin** peut aussi figurer sur un document annexé au procès-verbal et établi concomitamment (Cass. soc. 17-12-2014 n° 14-12.401 FS-PB : RJS 3/15 n° 202) ou être remplacée par un constat d'huissier présent lors de l'ouverture et de la clôture du scrutin (Cass. soc. 28-1-2015 n° 14-60.413 F-PB : RJS 4/15 n° 266).
> Justifie à elle seule l'annulation des élections l'**absence de cette mention** dans les conditions requises (Cass. soc. 28-3-2012 n° 11-16.141 F-PB : RJS 6/12 n° 581 ; 16-10-2013 n° 12-21.680 FS-PB : RJS 1/14 n° 63), même si tous les électeurs inscrits sur les listes électorales y ont participé (Cass. soc. 15-4-2015 n° 14-21.785 F-D : RJS 6/15 n° 427).
> **b.** L'absence d'**annexion des bulletins blancs et nuls** au procès-verbal entraîne l'annulation des opérations s'il est établi qu'elle a eu pour but ou pour conséquence de porter atteinte à la sincérité du scrutin. Il en va ainsi lorsque :
> – les bulletins raturés sont déclarés nuls puis détruits à la fin du scrutin. En effet, il n'est plus possible de vérifier si cette irrégularité a eu une influence sur le résultat du scrutin (Cass. soc. 20-7-1983 n° 83-60.862) ;
> – un seul vote valable supplémentaire aurait permis d'atteindre le quorum au premier tour (Cass. soc. 25-1-2016 n° 14-29.796 F-D : RJS 4/16 n° 275).
> En revanche, si les **bulletins** de vote **en faveur d'un des candidats** ne font l'objet d'aucune réclamation lors du dépouillement, de l'établissement du procès-verbal et de la proclamation du résultat, le bureau de vote n'a pas l'obligation d'annexer au procès-verbal l'un de ces bulletins. Il n'est alors plus possible d'arguer du fait que l'un des bulletins porte une marque distinctive (Cass. soc. 24-6-1982 n° 81-60.004 P).

TRANSMISSION

26190 Un **exemplaire** de chaque procès-verbal des élections est transmis par l'employeur au **prestataire** agissant pour le compte du **ministre chargé du travail** dans les 15 jours suivant la tenue de ces élections au moyen d'un formulaire homologué (C. trav. art. R 2314-22). Le prestataire désigné par le ministre du travail est le suivant : CTEP, TSA 92315, 62971 Arras Cedex 9 (www.elections-professionnelles.travail.gouv.fr).

Cette transmission peut aussi se faire par **voie électronique** selon une procédure sécurisée fixée par arrêté (C. trav. art. R 2314-22 ; Décret 2015-1422 du 5-11-2015 ; Arrêté MTRT1931757A du 4-11-2019).

Sur la mention du choix de l'envoi dématérialisé des résultats dans le protocole préélectoral, voir n° 24269.

Par ailleurs, après la proclamation des résultats, l'employeur doit transmettre, dans les meilleurs délais, par tout moyen, une **copie** des procès-verbaux aux **syndicats** de salariés ayant présenté des listes de candidats aux scrutins concernés ainsi qu'à ceux ayant participé à la négociation du protocole préélectoral (C. trav. art. L 2314-29, al. 5). Sur la communication au **personnel** des résultats de l'élection après la proclamation des élus, voir n° 26210.

> **Précisions a.** La **collecte des procès-verbaux** d'élections **permet** de produire des résultats nationaux mais a aussi des conséquences normatives puisque les résultats obtenus par les syndicats au premier tour servent à mesurer leur audience et sont pris en compte pour déterminer s'ils sont représentatifs, non seulement au niveau de l'entreprise mais aussi au niveau national et interprofessionnel.
> **b.** Pour la **transmission dématérialisée** des procès-verbaux, lorsque l'élection a lieu par **scrutin sous enveloppe**, un membre du bureau de vote ou, en cas de carence, l'employeur doit saisir les résultats dans le téléservice de transmission des résultats d'élection accessible sur la plateforme www.elections-professionnelles.travail.gouv.fr (Arrêté MTRT1931757A 4-11-2019, art. 3 et 4). Le téléservice propose deux solutions d'envoi dématérialisé : la **signature manuscrite** des procès-verbaux ou la **validation en ligne** des résultats (www.elections-professionnelles.travail.gouv.fr). Dans le premier cas, les membres du bureau de vote impriment puis signent les procès-verbaux saisis en ligne, l'employeur étant ensuite chargé de les scanner et de les téléverser sur la plateforme. Dans le second cas, après avoir saisi en ligne les procès-verbaux, les membres du bureau de vote les valident électroniquement à l'aide d'un code confidentiel reçu par SMS (www.elections-professionnelles.travail.gouv.fr).
> Si l'élection s'est déroulée par **vote électronique**, les résultats sont transmis par voie dématérialisée sur la plateforme, après **validation** de l'employeur, si le **cahier des charges** visé n° 25752 le prévoit et si l'éditeur ou l'entreprise émetteurs sont inscrits sur la **liste** établie par le ministre chargé du travail. Cette liste, publiée sur www.elections-professionnelles.travail.gouv.fr, est régulièrement actualisée (Arrêté précité, art. 8). En pratique, les résultats de l'élection sont consolidés et envoyés automatiquement à l'administration par le **prestataire** de solutions de vote électronique, après accord de l'employeur (www.elections-professionnelles.travail.gouv.fr). Même s'il a recours à un prestataire, l'**employeur** doit scanner puis envoyer à l'administration les procès-verbaux de l'élection générés automatiquement et portant la **signature manuscrite** des membres du bureau de vote à partir d'un lien Url reçu par courriel, qui reste actif pendant 15 jours (www.elections-professionnelles.travail.gouv.fr).
> En cas de difficultés ou pour toute question, il est possible de joindre le service d'**assistance téléphonique** au 03-55-52-98-11 (www.elections-professionnelles.travail.gouv.fr).

PORTÉE

Le procès-verbal des élections fait foi de la validité de celles-ci jusqu'à preuve du contraire et tant que le juge n'a pas statué (Cass. soc. 30-1-1974 n° 73-60.149 P). **26195**

Il a même été jugé qu'à défaut de mention dans le procès-verbal, les **attestations d'électeurs** ne peuvent pas servir de preuve des irrégularités alléguées (Cass. soc. 12-1-1999 n° 97-60.322 P ; 9-2-2000 n° 99-60.009 D : RJS 3/00 n° 301).

Mais le fait pour un membre du bureau de vote de signer le procès-verbal et d'ainsi certifier l'exactitude des opérations qui y sont mentionnées ne constitue pas, à lui seul, une renonciation à **contester** leur **interprétation** et leur **portée** (Cass. soc. 25-3-1971 n° 70-60.076 P ; 1-2-1978 n° 77-60.599 P). La signature sans réserves ne rend pas irrecevable l'**action** visant à faire sanctionner les **irrégularités** survenues durant les opérations électorales, par exemple l'irrégularité d'une candidature (Cass. soc. 13-10-2010 n° 09-60.233 FS-PB : RJS 12/10 n° 962 ; 1-12-2010 n° 10-60.163 F-PB : RJS 2/11 n° 161).

CONTESTATION

Le **tribunal judiciaire**, saisi dans les 15 jours de la proclamation des résultats, a compétence, en cas de contestation du procès-verbal des élections, pour en vérifier la **régularité** et, le cas échéant, y apporter les **corrections** nécessaires (Cass. soc. 5-7-2000 n° 99-60.103 F-D ; 28-11-2012 n° 11-28.001 FS-PB : RJS 2/13 n° 150), étant précisé que seule l'erreur matérielle peut être corrigée (n° 26635). **26200**

> **Précisions** Ainsi, un tribunal constatant que l'autorité administrative a réparti les salariés au sein des collèges en tenant compte des fonctions réellement exercées par eux, mais que le procès-verbal d'élections reprend la **dénomination des emplois** au sein de l'entreprise ou dans la convention collective, ce qui aboutit à mentionner la présence de « techniciens » dans le premier collège et celle d'« employés administratifs » dans le deuxième collège, ne peut pas refuser de rectifier le procès-verbal en reprenant l'appellation correspondant à la catégorie légale des salariés retenue par l'administration (Cass. soc. 28-11-2012 n° 11-28.001 FS-PB : RJS 2/13 n° 150).

2. PROCLAMATION DES ÉLUS

26205 Lorsque les opérations électorales sont terminées, le **bureau de vote** proclame les élus (Cass. civ. 21-2-1962 n° 60-40.580 ; Cass. soc. 26-5-1977 n° 77-60.001 P), titulaires, puis suppléants (n° 26160).
À cette fin, il doit **indiquer** nominativement les élus avec le nombre de voix obtenues et ne peut pas se borner à énoncer le nombre de sièges revenant à chaque liste (Cass. soc. 26-5-1977 n° 77-60.001 P).
La proclamation des élus n'est pas subordonnée à la rédaction ou à la validité du **procès-verbal** des élections. Ainsi, les résultats peuvent être considérés comme proclamés même si l'un des membres du bureau de vote a refusé de signer le procès-verbal (Cass. soc. 28-1-1982 n° 81-60.859 P).
Sur le point de savoir si l'absence de signature préalable du procès-verbal des élections peut conduire à leur annulation, voir n° 26185.
La proclamation des résultats par le bureau de vote a pour **effet** de conférer aux élus la qualité de représentants du personnel et de faire courir le délai de contestation des élections (n° 26525).
Pour plus de précisions sur le point de départ du mandat, voir n° 31510. Sur le tribunal territorialement compétent en fonction du lieu de la proclamation des résultats, voir n° 26440.
Si le bureau de vote constate des **irrégularités**, il doit le mentionner dans le procès-verbal (n° 26187). Mais il ne peut ni annuler une élection (Cass. soc. 3-3-1983 n° 82-60.344 P), ni écarter les suffrages exprimés en faveur d'une liste irrégulière (Cass. soc. 8-12-2010 n° 10-60.211 F-PB : RJS 2/11 n° 160).

> **Précisions** Le **juge** peut proclamer les résultats lorsque le bureau de vote ne l'a pas fait (n° 26635). L'**employeur** n'a pas qualité pour se substituer au bureau de vote (Cass. civ. 21-2-1962 n° 60-40.580 P ; Cass. soc. 26-5-1977 n° 77-60.001 P). Donc s'il procède lui-même à la proclamation des élus, celle-ci n'a aucune **portée**. En l'absence de proclamation des résultats, ou s'il les conteste, l'employeur ne peut pas organiser de nouvelles élections, même avec l'accord des syndicats (Cass. civ. 31-1-1963 n° 62-60.037 P) car de telles élections seraient irrégulières. Il doit saisir le juge et pourra organiser de nouvelles élections une fois le précédent scrutin judiciairement annulé (Cass. soc. 3-3-2004 n° 03-60.099 F-D).

3. INFORMATION DU PERSONNEL

26210 L'article R 67 du Code électoral prévoit qu'après sa proclamation en public le résultat des élections est affiché dans la **salle de vote**.
En l'**absence de salle de vote**, c'est-à-dire lorsque le vote est organisé seulement par correspondance ou par voie électronique, le résultat des élections peut être publié par tout moyen sous réserve d'être accessible à l'ensemble des salariés dès sa proclamation (Cass. soc. 15-6-2022 n° 20-21.992 F-B : RJS 8-9/22 n° 462).
Sur l'obligation générale d'afficher la **liste nominative** des membres de chaque CSE dans les locaux, voir n° 650.

C. Organisation d'un second tour

1. CAS OÙ UN SECOND TOUR DOIT ÊTRE ORGANISÉ

26220 L'organisation d'un second tour s'impose lorsque, au premier tour, on constate :
– l'absence totale ou partielle de candidatures ;
– l'absence de quorum ;
– la vacance partielle des sièges.
En revanche, la **seule démission** d'un candidat élu titulaire au premier tour ne justifie pas l'organisation d'un second tour (voir n° 26175).

CARENCE DE CANDIDATURES

26225 Il peut arriver qu'aucune candidature syndicale ne se déclare au premier tour ou que les candidatures ne soient déposées que pour un collège ou seulement pour les titulaires et pas pour les suppléants. Cette carence entraîne l'obligation d'organiser un second tour de scrutin (en ce sens, à propos de la carence dans un collège : Cass. 2e civ. 10-5-1961 n° 60-60.075 P).

ABSENCE DE QUORUM

26230 Si le **nombre de votants** est inférieur au quorum défini n° 26050, un second tour doit avoir lieu (C. trav. art. L 2314-29, al. 2). Ce second tour peut être « **partiel** » puisque le **quorum s'apprécie** séparément pour chaque collège et distinctement pour les titulaires et les suppléants.

Si, malgré le quorum insuffisant, des **candidats** ont été **désignés** élus, l'employeur ne peut pas prendre l'initiative d'organiser un second tour. Il peut seulement demander l'annulation du premier tour, dans les délais et conditions exposées nos 26440 s. (en ce sens : Cass. soc. 15-10-1987 n° 86-60.503 P ; 20-2-1991 n° 90-60.012 P : RJS 4/91 n° 488). C'est le juge saisi qui, ayant annulé le premier tour, peut ordonner l'organisation d'un second tour (Cass. soc. 21-7-1976 n° 76-60.133 P).
Il peut arriver, à l'inverse, que le **nombre de votants** soit **considéré à tort comme insuffisant** et que l'on décide d'organiser un second tour sans désigner d'élu à l'issue du premier. Dans un tel cas, le seul fait, pour un **syndicat**, d'avoir présenté des **candidats au second tour** de scrutin organisé à tort n'implique pas de sa part, à défaut de tout autre élément, renonciation à se prévaloir en justice de cette irrégularité, pour faire proclamer élus les candidats qui auraient dû l'être après le premier tour (Cass. soc. 30-3-1978 n° 77-60.695 P).

VACANCE PARTIELLE DES SIÈGES

L'employeur doit organiser un second tour en cas de vacance partielle des sièges (Cass. soc. 8-11-2006 n° 06-60.036 F-PB : RJS 1/07 n° 79). Ainsi en est-il : **26235**
– si, en présence de **listes incomplètes**, l'application des règles de répartition des sièges ne permet pas de pourvoir à l'issue du premier tour tous les sièges proposés (voir n° 26115) (Cass. soc. 18-3-1982 n° 81-60.871 P ; 5-11-1984 n° 84-60.132 P) ;
– si un **siège réservé** n'a pas pu être attribué au premier tour, faute de candidat de la catégorie concernée (Cass. soc. 19-12-1972 n° 72-60.079 P) ou si le ou les candidats n'ont obtenu aucune voix.

2. MODALITÉS D'ORGANISATION

DÉLAI

Il doit être procédé au second tour dans un délai de **15 jours** à dater du premier tour de scrutin (C. trav. art. L 2314-29, al. 2). **26240**
Il est possible de procéder au second tour dans un temps **plus court** s'il permet une organisation normale du second tour : présentation des candidatures, information correcte des électeurs (Cass. soc. 7-2-1973 n° 72-60.064 P ; 29-5-1985 n° 84-60.887 P).

ILLUSTRATIONS

1° Le premier tour de scrutin a eu lieu un 6 avril. L'employeur, invité le 10 avril par un syndicat à procéder au second tour, attend le 19 avril, **avant-veille de l'expiration du délai** légal de 15 jours, pour organiser ce scrutin. Il ne **prévient le personnel** que la **veille du vote** et refuse tout report de scrutin. Dans de telles circonstances, un candidat ne peut pas être déclaré régulièrement élu au second tour de scrutin. En effet, une fixation aussi précipitée fait obstacle à la concertation des intéressés ainsi qu'à la manifestation des candidatures et vicie le résultat des élections (Cass. soc. 7-2-1973 n° 72-60.064 P).
2° Les **deux tours** de scrutin ont lieu le **même jour**. Une telle organisation des élections ne permet pas la présentation de candidats au second tour et nuit à la sincérité du scrutin, ce qui justifie l'annulation des élections (Cass. soc. 8-7-1997 n° 95-60.916 P : RJS 8-9/97 n° 1000 ; 29-5-2002 n° 01-60.625 F-D : RJS 8-9/02 n° 1008).
3° Les deux tours sont organisés à **un jour d'intervalle**. Si le salarié candidat peut effectuer sa propagande électorale et présenter sa candidature aux 2 tours de scrutin auxquels les électeurs sont en mesure de participer, et si aucune atteinte n'est portée à la liberté et à la sincérité du scrutin, les élections peuvent être déclarées régulières (Cass. soc. 26-9-2006 n° 05-60.347 F-D : RJS 12/06 n° 1297).

À l'inverse, le second tour peut être organisé dans un délai **plus long** que 15 jours, ce délai n'étant pas imparti à peine de nullité. Ainsi, il a été jugé que l'employeur qui attend, pour organiser le second tour de scrutin, que soit jugée la **contestation concernant le premier tour** ne commet pas d'irrégularité, dès lors qu'aucune manœuvre frauduleuse ou dilatoire de sa part n'a été alléguée (Cass. soc. 28-6-1978 n° 78-60.165 P). **26245**

RÔLE DE L'EMPLOYEUR

Il appartient à l'employeur d'**organiser** le second tour. Il ne doit pas omettre d'**informer** les syndicats des modalités de son déroulement, car ces derniers sont susceptibles d'y présenter des candidats (Cass. soc. 13-6-1989 n° 88-60.715 P : RJS 7/89 n° 604). **26250**
En cas de **carence** de sa part, les parties intéressées peuvent se tourner vers le juge. Le tribunal, constatant que la validité du premier tour n'est pas contestée, peut enjoindre à l'employeur d'organiser un second tour pour les sièges restant à pourvoir (Cass. soc. 10-5-2012 n° 11-21.339 F-PB : RJS 7/12 n° 646). Une demande en ce sens peut être formée plus de 15 jours à compter de la proclamation des résultats du premier tour (Cass. soc. 8-11-2006 n° 06-60.036 F-PB : RJS 1/07 n° 79).

ATTENTION

L'employeur disposant d'un délai de 15 jours pour organiser le second tour, la demande tendant à constater sa carence et à lui enjoindre d'organiser ce second tour n'a pas à être formée dans le même délai. Cependant, aucun délai n'étant fixé par la loi pour cette demande, il est **conseillé** de saisir le juge dès l'expiration du délai de 15 jours si le second tour n'a pas été organisé à cette date.

CANDIDATURES

26255 Les candidatures sont **libres** pour le second tour de scrutin, le monopole syndical étant limité au premier tour. Les candidatures **présentées** par un syndicat **au premier tour** sont considérées comme maintenues au second. Sur ces questions, voir n° 25240.
En cas de **carence** de candidature au second comme au premier tour, l'employeur est tenu d'établir un procès-verbal de carence, voir n° 26270.

RÈGLES DE SCRUTIN

26260 Les règles de scrutin et de dépouillement du vote sont identiques au premier et au second tours, à la différence qu'aucun **quorum** n'est exigé au second tour.
En cas de contentieux, s'il n'y a qu'un candidat valablement présenté au second tour, il n'y a pas lieu de rechercher si les **irrégularités** commises au cours du scrutin peuvent influer sur les résultats de ce scrutin, l'élection du candidat étant assurée (Cass. soc. 2-6-1983 n° 82-60.230 P).

3. PROCÈS-VERBAL DE CARENCE

CARACTÈRE OBLIGATOIRE

26270 Lorsque le CSE n'a pas été mis en place ou renouvelé, l'**employeur** doit établir un procès-verbal de carence (C. trav. art. L 2314-9). Sur l'établissement de ce procès-verbal dans les entreprises de **11 à 20 salariés**, lorsqu'aucun salarié ne s'est porté candidat dans les 30 jours suivant l'information du personnel sur la tenue des élections, voir n° 24095.
Cette obligation est **sanctionnée**, notamment sur le plan pénal, voir n° 26285.
L'employeur ayant établi un procès-verbal de carence peut cependant être tenu d'organiser de **nouvelles élections** si un salarié ou un syndicat le demande passé un certain délai, voir n°s 24010 s.
Sur la possibilité pour le **cessionnaire d'une entreprise** de se prévaloir du procès-verbal de carence établi par le cédant, voir n° 33120, b.

CONSEIL

Le Code du travail impose d'établir un procès-verbal lorsque le CSE n'a pas été mis en place ou renouvelé, ce qui implique qu'il y a lieu d'établir un procès-verbal seulement **à l'issue du second tour** soldé par un échec, c'est-à-dire si aucun siège n'a pu être attribué (en ce sens : Circ. DRT 13 du 25-10-1983 n° 2.1 ; Cass. soc. 18-5-1982 n° 81-60.746 P).
Toutefois, lorsque la carence au **premier tour** résulte du fait que le quorum n'a pas été atteint (nos 26050 s.), l'employeur n'est pas exempté de toute formalité. En effet, les résultats du premier tour doivent être renseignés sur le **procès-verbal des élections** visé nos 26185 s. puisqu'ils permettent de déterminer les syndicats représentatifs (nos 15075 s.), les personnes susceptibles d'être désignées délégué syndical, si un accord collectif conclu avec un ou plusieurs délégués syndicaux est majoritaire ou s'il atteint le seuil de majorité requise pour être approuvé par référendum, et si dans les entreprises sans délégué syndical les membres du CSE remplissent la condition de majorité pour signer un accord collectif.
Par ailleurs, le délai de contestation des résultats du premier tour courant à compter de la proclamation des résultats ou de la publication du procès-verbal de carence (n° 26525), il est conseillé, **en pratique**, de proclamer les résultats ou de publier le procès-verbal de carence, à l'issue du premier comme du second tours, faute de quoi les délais de contestation ne courent pas.

CONTENU

26275 Le procès-verbal de carence doit faire état de l'échec des **démarches** effectuées par l'employeur pour constituer le CSE (CE 28-6-1989 nos 61572 et 62785 : RJS 10/89 n° 788).
Il doit prouver l'accomplissement par l'employeur de ses obligations en matière de communication et l'organisation d'un premier tour de scrutin, constater la carence au premier tour et les raisons de cette carence (absence de candidatures ou absence de quorum) et la carence au second tour (CA Douai 31-10-2008 n° 07-2850).
Un **modèle type** de procès-verbal de carence est disponible sur le site internet www.formulaires.service-public.fr.

ILLUSTRATIONS

Ne constituent **pas** un procès-verbal de carence **valable** :
– une lettre qu'une entreprise adresse à l'administration dans laquelle elle fait un **exposé général** des conditions de fonctionnement de l'entreprise, justifiant l'absence de CSE (CE 28-6-1989 n° 61572 et 62785 : RJS 10/89 n° 788) ;
– des **attestations** par lesquelles le dirigeant de l'entreprise fait constater à 4 de ses salariés qu'il n'y avait pas de candidat déclaré à la fonction de représentant du personnel (CA Douai 31-10-2008 n° 07-2850).

PUBLICITÉ ET TRANSMISSION

Par tout moyen permettant de donner date certaine à l'information, l'employeur **porte** le procès-verbal de carence **à la connaissance** des salariés (C. trav. art. L 2314-9) et en **transmet** un exemplaire dans les 15 jours suivant la tenue des élections au prestataire agissant pour le compte du ministre chargé du travail (C. trav. art. R 2314-22) et un autre à l'inspecteur du travail qui en envoie copie aux syndicats de salariés du département concerné (C. trav. art. L 2314-9). **26280**
La transmission au prestataire agissant pour le ministre du travail peut être effectuée par **voie électronique** selon une procédure sécurisée (C. trav. art. R 2314-22 ; Décret 2015-1422 du 5-11-2015 ; Arrêté MTRT1931757A du 4-11-2019). Pour plus de détails sur cette transmission, voir n° 26190.
Sur le point de savoir si le procès-verbal de carence doit être déposé sur la **plateforme téléaccords**, voir n° 80470.

> **Précisions** Dans certains cas, le procès-verbal de carence doit être déposé auprès de l'administration lorsqu'un régime d'**épargne salariale** (intéressement, participation, plan d'épargne salariale) est adopté par ratification du personnel (voir n° 71220) ou lorsqu'un régime d'intéressement est adopté par décision unilatérale (voir n° 71670).

SANCTION

Le non-respect de l'article L 2314-9 du Code du travail (obligation d'établir le procès-verbal de carence, de le communiquer au personnel et de le transmettre à l'inspecteur du travail) est constitutif du **délit** d'entrave (C. trav. art. L 2317-1, al. 1). **26285**

Le procès-verbal de carence est le seul document permettant de démontrer que l'employeur a effectué les démarches nécessaires pour mettre en place le CSE ou le renouveler. **26290**
Celui qui, bien qu'il y soit légalement tenu, n'accomplit pas les diligences nécessaires à la mise en place d'institutions représentatives du personnel, sans qu'un procès-verbal de carence ait été établi, commet une faute. Cette faute cause nécessairement un **préjudice aux salariés**, privés ainsi d'une possibilité de représentation et de défense de leurs intérêts et ceux-ci sont en droit d'obtenir réparation (Cass. soc. 17-10-2018 n° 17-14.392 FS-PB : RJS 12/18 n° 730 ; 15-5-2019 n° 17-22.224 F-D : RJS 7/19 n° 445 ; 28-6-2023 n° 22-11.699 F-B). Sur l'indemnisation des syndicats, voir n° 24005, a. Sur la réparation du préjudice subi par les salariés du fait de l'absence d'organisation des élections partielles par l'employeur, voir n° 24050.
L'absence de procès-verbal de carence peut entraîner d'autres conséquences, notamment :
– irrégularité de la **dénonciation d'un usage** (n° 85445, b) ;
– illicéité d'un **licenciement pour inaptitude physique** et impossibilité de reclassement (n° 56775) ;
– **irrégularité d'un licenciement** pour motif **économique** (n° 89790) ;
– **privation d'exonérations** fiscales et sociales en matière d'**intéressement** (n° 71640).

IX. CONTENTIEUX

Les litiges en matière d'élection de la délégation du personnel au CSE relèvent de la compétence du tribunal judiciaire. L'élection peut être contestée par tous ceux qui y ont un **intérêt** : employeur, salariés, syndicats : voir n°s 26460 s. **26350**
Le non-respect des règles relatives à la désignation des représentants du personnel peut aussi donner lieu à des **poursuites pénales** devant le tribunal correctionnel pour délit d'entrave (voir n°s 49700 s.).

ATTENTION

L'**employeur** ne peut en aucun cas se faire **juge de la validité** des élections, même avec l'accord des syndicats (Cass. soc. 10-3-1983 n° 82-60.352 P ; 18-2-1988 n° 87-60.093 D ; 19-12-2018 n° 18-60.067 FS-PB : RJS 3/19 n° 173). De la même manière, un candidat élu et le syndicat sur la liste duquel il a été présenté n'ont pas la libre disposition du droit né du vote des électeurs et ne peuvent donc pas acquiescer à une demande d'annulation de l'élection (Cass. soc. 11-3-2020 n° 19-11.661 F-D : RJS 6/20 n° 308). S'agissant du bureau de vote, voir n° 26205.

A. Compétence matérielle du tribunal judiciaire

1. NATURE DU LITIGE

26360 Le tribunal judiciaire est compétent pour statuer sur les litiges relatifs à l'**électorat**, à l'**éligibilité**, à la **mixité des listes** de candidats (n° 26385), à la **régularité** des opérations électorales (C. trav. art. L 2314-32, R 2314-23 et COJ art. R 211-3-15) et aux **décisions administratives** préélectorales (n° 26415).

ATTENTION

La nature du litige revêt une importance primordiale puisque les **délais pour agir** sont différents selon le cas : 3 jours pour les contestations portant sur l'électorat (n° 26513) et 15 jours pour celles portant sur la régularité des opérations électorales (n° 26525) et les décisions administratives préélectorales (n° 26512). Sur les contestations relatives à l'éligibilité et à la mixité des listes de candidats, voir n°s 26380 s.

a. Électorat

26365 Les litiges relatifs à l'électorat naissent à propos de l'**inscription** des salariés ou de leur omission sur les listes électorales en raison de leur situation individuelle (Cass. soc. 9-7-1974 n° 74-60.049 P ; 8-7-1976 n° 76-60.081). Il s'agit de déterminer si une personne remplit ou non les **conditions** d'électorat (appartenance à l'entreprise, ancienneté...) et peut donc être inscrite ou non sur ces listes.

La décision de l'inspecteur du travail fixant, pour les élections, les **conditions d'ancienneté** pour l'électorat et l'éligibilité de l'ensemble du personnel d'une entreprise s'impose au juge (Cass. soc. 16-4-1986 n° 85-60.579 P), mais ce dernier est compétent en cas de contestation de la décision administrative (n° 26415).

Sur les litiges concernant l'**établissement de la liste** électorale, voir n° 26405. S'agissant de l'action fondée sur l'impossibilité pour un salarié protégé, faute de réintégration, d'être électeur et éligible aux élections, voir n° 26380.

ILLUSTRATIONS

Relèvent du contentieux de l'électorat les contestations :

– portant sur l'absence, sur une **liste électorale**, de **mentions** destinées à permettre l'identification des électeurs (Cass. soc. 23-3-1983 n° 82-60.341 P) ;

– relatives à l'**appartenance** des salariés à l'un ou l'autre des **collèges électoraux** (Cass. soc. 8-4-1992 n° 91-60.063 D : RJS 5/92 n° 644) ;

– fondées sur le fait que certains électeurs n'auraient pas été des **salariés de la société** lors des élections (Cass. soc. 13-6-1990 n° 89-60.619 D) ;

– portant sur l'**appréciation de l'ancienneté** de certains salariés. Peu importe à cet égard l'incidence éventuelle de l'irrégularité constatée sur le résultat du scrutin (Cass. soc. 20-10-1988 n° 87-60.230 P). En l'espèce, les salariés ayant 3 à 6 mois d'ancienneté n'avaient pas été inscrits sur la liste électorale.

b. Régularité des opérations électorales

PRÉPARATION DES ÉLECTIONS

26370 Le tribunal judiciaire, compétent pour statuer sur la régularité des opérations électorales, doit, à ce titre, se prononcer sur les difficultés apparues même **antérieurement aux élections** sous réserve qu'elles ne présentent pas de caractère prématuré (voir n° 26515).

S'agissant de la contestation portant sur :

– le nombre et le périmètre des **établissements distincts**, voir n° 26430 ;

– le nombre et la composition des **collèges électoraux**, ainsi que sur la répartition du personnel et des sièges entre ces collèges, voir n°s 26425 s. ;

– une **décision administrative préélectorale**, voir n° 26415 ;

– l'existence de la section syndicale soulevée à l'occasion d'un litige relatif à l'**invitation des syndicats** à la **négociation du protocole** préélectoral, voir n° 24107.

Recours au vote électronique Le recours au vote électronique, qu'il soit prévu par accord collectif ou par décision unilatérale de l'employeur, constitue une **modalité d'organisation des élections** et relève donc du contentieux de la régularité des opérations électorales (Cass. soc. 13-1-2021 n° 19-23.533 FS-PRI : RJS 3/21 n° 162). 26375

Éligibilité La contestation de l'éligibilité d'un ou plusieurs candidats met en cause la régularité de l'élection (Cass. soc. 10-5-2000 n° 99-60.084 D ; 11-3-2020 n° 19-16.438 F-PB : RJS 6/20 n° 307) et peut donc être présentée dans le délai de 15 jours indiqué n° 26525, même si l'**inscription** du salarié concerné sur la **liste électorale** n'a pas été critiquée (Cass. soc. 14-12-1976 n° 76-60.202 P ; 5-5-1983 n° 82-60.369 P). Cette contestation peut d'ailleurs être fondée sur le caractère injustifié de l'inscription sur la liste électorale (Cass. soc. 20-1-1998 n° 96-60.446 P : RJS 3/98 n° 333 ; 26-4-2006 n° 05-60.298 F-D : RJS 7/06 n° 868). 26380

Relèvent également de la contestation de la régularité de l'élection :

– la demande en **annulation d'une liste de candidats** (Cass. soc. 26-5-2010 n° 09-60.373 F-D ; 28-3-2012 n° 11-16.141 F-PB : RJS 6/12 n° 581 ; 30-1-2019 n° 18-11.899 F-D : RJS 4/19 n° 237) ;

– la contestation de la **modification unilatérale par l'employeur** d'une liste des candidats (Cass. soc. 7-5-1987 n° 86-60.306 S) ;

– la contestation de la **régularité d'une candidature**, quels qu'en soient les motifs, y compris si elle a pour seul objet d'assurer la protection personnelle du candidat contre son licenciement (Cass. soc. 28-6-1978 n° 78-60.470 P) ou ne respecte pas les règles sur la mixité des listes (n° 26385) ;

– l'action fondée sur l'**impossibilité** pour un salarié protégé, faute de réintégration, d'**être électeur et éligible** aux élections, dès lors que celle-ci ne porte pas seulement sur l'électorat (Cass. soc.19-1-2022 n° 21-10.264 FS-D : RJS 4/22 n° 203).

Sur la contestation d'une **candidature imminente**, voir n° 26515. Sur les litiges relatifs aux décisions administratives dérogeant à la condition d'éligibilité liée à l'**ancienneté**, voir n° 26415.

Mixité des listes de candidats Les contestations relatives à la mixité des listes de candidats (nos 25264 s.) se rattachent au contentieux de la régularité des opérations électorales et doivent donc être présentées dans le délai de 15 jours indiqué n° 26525 (Cass. soc. 9-9-2020 n° 19-60.196 F-D : RJS 11/20 n° 552). 26385

Protocole d'accord préélectoral La contestation portant sur la **validité** d'un protocole d'accord préélectoral relève du contentieux de la régularité des opérations électorales (Cass. soc. 8-11-1988 n° 87-60.326 P). La demande peut tendre à l'annulation des élections organisées sur la base de l'accord dont la validité est remise en cause (Cass. soc. 17-12-1987 n° 87-60.030 P). 26390

Une contestation relative à la **durée des mandats** relève du contentieux des opérations électorales si c'est un protocole préélectoral qui a fixé cette durée (Cass. soc. 16-12-2009 n° 09-60.149 F-PB : RJS 3/10 n° 280).

Il en est de même de la contestation portant sur l'**absence de répartition d'une catégorie de personnel** entre les collèges électoraux par le protocole et sur l'inscription par l'employeur sur la liste électorale de salariés appartenant à cette catégorie (Cass. soc. 31-5-2017 n° 16-14.912 FS-D : RJS 8-9/17 n° 600).

S'agissant du litige portant sur une clause du protocole modifiant la **composition des collèges** électoraux, voir n° 26425.

Effectifs et nombre de sièges à pourvoir Les litiges portant sur l'**effectif** à prendre en considération pour décider de la mise en place d'un CSE (Cass. soc. 27-2-1985 n° 84-60.677 P) ou pour déterminer le **nombre de sièges** à pourvoir (Cass. soc. 23-7-1980 n° 80-60.240 P) relèvent du tribunal judiciaire et se rattachent au contentieux de la régularité des opérations électorales. 26400

Inscription sur les listes électorales Les litiges relatifs à la liste électorale relèvent, le plus souvent, du contentieux de l'électorat : il s'agit en effet dans la plupart des cas de savoir si un salarié a ou non la qualité d'électeur. Mais ils peuvent, dans certains cas, toucher à la régularité des élections. 26405

ILLUSTRATIONS

Intéressent, non l'électorat mais la régularité des opérations électorales, les recours portant sur :

– les **conditions d'établissement des listes** électorales (Cass. soc. 25-4-1984 n° 83-63.188 P) ;

– une liste électorale **modifiée entre les 2 tours** par l'employeur (Cass. soc. 26-10-2011 n° 11-11.624 F-D) ;

– l'**omission d'une catégorie entière** de salariés sur la liste électorale (Cass. soc. 2-12-1992 n° 91-60.275 D : RJS 1/93 n° 58), par exemple les pigistes (Cass. soc.10-10-2012 n° 11-60.196 F-D) ou les

salariés d'entreprises extérieures **mis à disposition** et affectés à certains travaux (Cass. soc. 13-11-2008 n° 08-60.331 FS-PBRI : RJS 1/09 n° 57) ;
– l'inclusion dans l'effectif et l'**inscription sur la liste électorale** d'une **catégorie** de salariés (Cass. soc. 24-5-2006 n° 05-60.295 F-D : RJS 8-9/06 n° 977) ;
– la participation d'une **catégorie de personnel** déterminée aux opérations électorales, en l'espèce de salariés en transition d'activité ou mis à disposition (Cass. soc. 9-9-2020 n° 19-19.322 F-D : RJS 11/20 n° 552).

DÉROULEMENT DES ÉLECTIONS

26410 Les **incidents** intervenant **au cours du scrutin** relèvent du contentieux de la régularité des élections, y compris ceux relatifs au **procès-verbal** des élections.
Les litiges relatifs à la **représentativité des syndicats**, établie en fonction des résultats des élections, relèvent dans certains cas du contentieux de la régularité des opérations électorales : voir n°s 15530 s.

ILLUSTRATIONS

Relèvent du contentieux de la régularité des élections les incidents et demandes suivants :
– défaut d'**information des électeurs** qui n'ont pas pu participer au vote (Cass. soc. 2-7-1987 n° 86-60.409 S) ;
– défaut d'**affichage des listes**, **fermeture des urnes** entre 11 h et 14 h et **présence du directeur** dans la salle de vote (Cass. soc. 27-3-1985 n° 84-60.756 P) ;
– **participation** au scrutin de 3 **salariés non inscrits** sur la liste électorale et question de la validité des **votes par correspondance** (Cass. soc. 30-6-1988 n° 87-60.268 D) ;
– participation aux élections de **salariés appartenant à une autre entreprise** (Cass. soc. 6-5-1982 n° 81-60.886 P) ;
– recours visant à permettre que l'ouverture de la boîte postale destinée aux votes par correspondance et la destruction des votes forclos se fassent en **présence des représentants** des syndicats (Cass. soc. 26-10-1994 n° 94-60.038 D) ;
– questions concernant le décompte des **ratures** sur les bulletins de vote (Cass. soc. 13-12-1983 n° 83-60.871) ;
– contestation des opérations de **vote par correspondance** (Cass. soc. 27-3-1985 n° 84-60.756 P ; 9-9-2020 n° 19-19.322 F-D : RJS 11/20 n° 552).

c. Décisions administratives préélectorales

26415 Le tribunal judiciaire est compétent pour statuer, à l'exclusion de tout autre recours administratif ou contentieux, sur les contestations relatives à l'ensemble des décisions administratives se rapportant à l'organisation des élections professionnelles (T. confl. 10-10-2022 n° 4249 : RJS 12/22 n° 618). Sont notamment visées :
– la décision administrative déterminant les modalités de l'élection du comité des activités sociales et culturelles interentreprises (**Casci**) (T. confl. 10-10-2022 n° 4249 : RJS 12/22 n° 618) ;
– la répartition par la Dreets du personnel et des sièges entre les **collèges électoraux** (n° 24535) ;
– l'autorisation donnée par l'inspecteur du travail de déroger aux conditions légales d'**ancienneté** pour être électeur ou éligible (n° 24940) ;
– la fixation par la Dreets du nombre et du périmètre des **établissements distincts** (n° 22095) ;
– la répartition par la Dreets des sièges entre les établissements et les collèges en vue de l'élection du **CSE central** (n° 27075).

2. ÉTENDUE DE LA COMPÉTENCE

JUGE DE L'ACTION ET DE L'EXCEPTION

26420 Lorsqu'il statue en matière d'élections professionnelles, le tribunal judiciaire peut statuer sur l'**exception** soulevée même si elle relève de la compétence du **conseil de prud'hommes**, par exemple si la question porte sur l'existence ou la nature du contrat de travail de certains salariés en vue de se prononcer sur leur électorat (Cass. soc. 8-4-1992 n° 91-60.250 P : RJS 6/92 n° 765 ; 8-2-2012 n° 11-14.802 F-PB : RJS 5/12 n° 480), ou sur le transfert du contrat de travail de salariés à un nouvel employeur en vue de se prononcer sur leur électorat et leur éligibilité (Cass. soc. 7-4-1993 n° 92-60.324 D ; 22-1-2014 n° 13-60.222 F-D).
Le tribunal peut aussi juger de la validité et de l'application de **dispositions conventionnelles** relatives à la campagne électorale des syndicats (Cass. soc. 11-1-2012 n° 11-14.292 FS-PB : RJS 3/12 n° 274) ou à la représentation d'une catégorie particulière de personnel (Cass. soc. 27-10-1982 n° 82-60.199 P). Sur sa compétence pour interpréter un accord collectif définissant le périmètre des établissements distincts, voir n° 24535.

RÉPARTITION DES COMPÉTENCES ENTRE LE TRIBUNAL JUDICIAIRE ET L'ADMINISTRATION

Nombre et composition des collèges électoraux Le tribunal judiciaire est compétent pour **contrôler la fixation** du nombre (Cass. soc. 17-5-1978 n° 78-60.041 P ; 9-4-2014 n° 13-60.189 FS-D) et de la composition des collèges électoraux. Ainsi, il peut être saisi d'une contestation portant sur un **protocole préélectoral** dont il est soutenu qu'il modifie la composition des collèges électoraux. Le fait que l'autorité administrative ait estimé que, le protocole répondant à la condition de double majorité requise, elle n'a pas compétence pour procéder à la répartition des sièges et du personnel entre les collèges, est sans conséquence à cet égard (Cass. soc. 13-2-2013 n° 11-25.468 FS-PB : RJS 4/13 n° 304). 26425

En revanche, ce tribunal n'est pas compétent pour **modifier** le nombre et la composition des collèges (voir n° 24435).

L'**administration** n'est compétente ni pour contrôler la fixation du nombre des collèges électoraux (CE 1-2-1993 n° 95345 : RJS 5/93 n° 524) ou leur composition, ni pour modifier le nombre et la composition des collèges (Cass. soc. 19-7-1983 n° 83-60.821 P ; 2-10-1991 n° 90-60.426 D : RJS 11/91 n° 1221).

Répartition du personnel et des sièges entre les collèges En l'**absence d'accord** valide entre les partenaires sociaux, le tribunal judiciaire n'est pas compétent pour répartir le personnel dans les différents collèges (Cass. soc. 26-1-1999 n° 98-60.256 P : RJS 3/99 n° 392 ; 20-6-2012 n° 11-19.643 FS-PB : RJS 10/12 n° 829). 26427

En effet, dans ce cas, cette répartition incombe soit à l'employeur (n° 24540), soit au Dreets (n°s 24510 s.). Si le Dreets est saisi, sa décision doit, le cas échéant, être appliquée par le tribunal (Cass. soc. 30-6-1983 n° 82-60.675 P ; 31-1-1989 n° 87-61.792 P : RJS 3/89 n° 252) mais elle peut être contestée devant cette juridiction (voir n° 24535). Si le Dreets ne se prononce pas avant l'expiration du délai imparti, les parties peuvent saisir le tribunal judiciaire pour qu'il statue sur la répartition (voir n° 24535).

ILLUSTRATIONS

Selon la Cour de cassation :

– le litige portant sur l'inclusion de **salariés, jusqu'à un certain coefficient**, dans le collège « ouvriers et employés » et d'autres salariés, à partir d'un autre coefficient, dans celui des « ingénieurs, chefs de service, techniciens, agents de maîtrise et assimilés » ne concerne pas la composition des collèges électoraux, mais la répartition du personnel dans les différents collèges, et relève, à défaut d'accord entre les partenaires sociaux, de l'autorité administrative et non du tribunal judiciaire (Cass. soc. 9-5-1989 n° 88-60.491 P : RJS 6/89 n° 523) ;

– le litige relatif à l'**appartenance individuelle** d'un salarié **à une catégorie** en vue de son classement dans l'un des collèges électoraux relève de la compétence du tribunal judiciaire et non de l'administration car il ne constitue pas un désaccord sur la répartition du personnel dans les collèges électoraux (Cass. soc. 18-10-1972 n° 72-60.011 P ; 27-11-2001 n° 00-60.415 FS-P).

Sur ce dernier point, le Conseil d'État adopte une position différente. Selon lui, en l'absence d'accord, l'administration est compétente pour se prononcer sur la répartition du personnel entre les collèges électoraux, sans qu'il y ait lieu de distinguer selon que le désaccord porte ou non sur des **salariés individuellement désignés** (CE 1-2-1993 n° 98959 : RJS 5/93 n° 524).

Établissements distincts La question du **nombre** et du **périmètre** des établissements distincts se pose fréquemment en période préélectorale. Ces éléments sont fixés dans les conditions exposées n°s 22040 s. Lorsque c'est le **Dreets** qui détermine le nombre et le périmètre des établissements distincts (n° 22090), sa décision doit être appliquée par le **tribunal** (Cass. soc. 9-5-1989 n° 88-60.495 P : RJS 6/89 n° 517-a) mais elle peut être contestée devant lui : voir n° 22095. 26430

Si, dans le cadre d'un litige préélectoral, une difficulté sur le nombre d'établissements distincts est soulevée devant lui, le tribunal devrait **surseoir à statuer** sur une demande en annulation de l'organisation d'élections envisagées jusqu'à intervention d'un accord ou, à défaut d'une décision de l'administration, et non rejeter la demande (Cass. soc. 13-5-1976 n° 76-60.197 P ; 30-10-2013 n° 12-26.616 F-D).

Il devrait pouvoir, le cas échéant, décider de **reporter la date des élections** dans l'attente de la décision administrative (Cass. soc. 23-1-2002 n° 00-60.362 F-P : RJS 4/02 n° 451).

Sur sa compétence pour **interpréter un accord collectif** définissant le périmètre des établissements distincts afin de répartir le personnel et les sièges entre les collèges électoraux en cas de refus de l'administration de statuer sur cette répartition, voir n° 24535.

B. Compétence territoriale du tribunal judiciaire

26440 Le tribunal judiciaire territorialement compétent est celui du lieu des élections (Cass. soc. 7-7-1983 n° 82-60.383), c'est-à-dire celui de la **proclamation des résultats** (Cass. soc. 12-6-1981 n° 81-60.021 P). Si des élections se sont déroulées dans **plusieurs établissements**, le contentieux doit être porté devant le tribunal dans le ressort duquel chaque élection a eu lieu (Cass. soc. 7-7-1983 n° 82-60.383 ; 25-4-1984 n° 83-63.174), et non dans celui du siège social. Mais si les litiges nés dans différents établissements portent sur les dispositions d'un **accord préélectoral unique**, le tribunal compétent est celui du lieu où a été signé l'accord (Cass. soc. 18-5-1983 n° 82-60.276 P).
Aucune précision n'a été apportée sur le tribunal territorialement compétent lorsque la contestation porte sur une **décision administrative** préélectorale. On peut penser que les règles exposées ci-dessus s'appliquent.

> **Précisions** Il a été jugé qu'ayant constaté que, conformément au **protocole d'accord préélectoral unique** organisant les élections au sein de tous les CSE de l'entreprise, le **dépouillement** et la **proclamation des résultats** avaient été **centralisés** dans un même lieu situé hors de son ressort, le tribunal a pu en déduire que ce litige ne relevait pas de sa compétence, peu important que le protocole d'accord préélectoral ait été **signé** dans son ressort (Cass. soc. 11-3-2020 n° 19-16.438 F-PB : RJS 6/20 n° 307). On peut se demander s'il s'agit là d'un **revirement de jurisprudence** par rapport à l'arrêt du 18 mai 1983 précité ou s'il faut en déduire que, en cas de protocole préélectoral unique organisant les élections dans plusieurs établissements, une distinction doit être faite entre un litige portant sur le protocole lui-même (qui relèverait du tribunal dans le ressort duquel il a été signé) et un litige portant sur l'annulation des élections (qui relèverait du tribunal dans le ressort duquel le dépouillement et la proclamation des résultats ont eu lieu).

C. Procédure devant le tribunal judiciaire

1. PERSONNES POUVANT AGIR

26460 Les solutions ci-après sont issues de la jurisprudence rendue au sujet de contestations portant pour leur majeure partie sur la régularité des élections et, dans une moindre mesure, sur l'électorat. Elles sont pour l'essentiel antérieures à la création des tribunaux judiciaires et à l'intervention des lois des 6 août 2015 et 8 août 2016 qui ont confié au juge judiciaire les litiges relatifs aux décisions préélectorales de l'administration. Elles sont, selon nous, transposables à tous les contentieux dont sont saisis les tribunaux judiciaires depuis le 1er janvier 2020.

EMPLOYEUR

26465 L'employeur, qui organise les élections, a le devoir de veiller à leur régularité et le droit de saisir le tribunal judiciaire de toute réclamation à cette fin (Cass. soc. 26-5-1982 n° 81-60.893 P ; 15-1-2002 n° 00-60.276 F-D), sans avoir à justifier d'un **préjudice** matériel quelconque (Cass. soc. 17-10-1973 n° 73-60.106 P).
Dans une entreprise composée de **plusieurs établissements** distincts où sont organisées des élections, le chef d'un établissement, s'il est responsable de l'organisation des élections dans l'établissement, a qualité pour saisir le tribunal judiciaire (Cass. soc. 4-4-2007 n° 06-60.112 F-PB : RJS 6/07 n° 761).

> **Précisions** **a.** Un employeur est recevable à contester la candidature de l'un de ses salariés aux **élections d'une autre entreprise** s'il fonde sa contestation sur l'existence d'une fraude (Cass. soc. 2-3-1999 n° 98-60.312 P : RJS 3/99 n° 552).
> **b.** Si le représentant de l'employeur est avocat, il n'a pas à justifier d'un pouvoir spécial pour agir en justice en son nom. S'il n'est pas avocat, il doit justifier d'un **pouvoir** spécial (CPC art. 416 et 762). Un pouvoir **présenté** à la justice **après l'expiration du délai de recours** n'affecte pas la validité de la procédure s'il a été **délivré** avant. Donc si le pouvoir de représenter l'entreprise a été donné avant l'expiration du délai de recours, celui-ci peut être produit jusqu'au jour où le juge statue (Cass. soc. 24-11-2021 n° 20-20.706 F-D). Dans le même sens à propos de la contestation d'un représentant syndical au CSE, voir n° 28220, a.

SALARIÉS

Un salarié peut demander l'annulation de l'élection concernant le **collège** auquel il appartient, qu'il soit candidat (Cass. soc. 10-7-2002 n° 01-60.654 F-P : RJS 11/02 n° 1260) ou simplement électeur (Cass. soc. 5-2-1981 n° 80-60.341 ; 16-5-1990 n° 88-60.797 D : RJS 6/90 n° 507), même s'il a été élu et a **signé** sans réserves le **procès-verbal** de dépouillement des résultats (Cass. soc. 21-11-2007 n° 07-60.058 F-D). **26470**

Un **candidat** à l'élection peut aussi :

– former une contestation relative au **protocole préélectoral** et aux élections dans le **collège** auquel il appartient, même si sa candidature a été présentée par un syndicat ayant signé ce protocole (Cass. soc. 10-5-2012 n° 11-13.197 F-D) ;

– contester la **capacité électorale** d'un autre salarié après publication de la liste et réclamer sa radiation, même s'il a signé l'accord préélectoral comprenant ce salarié, cadre, dans le personnel à répartir entre les collèges (Cass. soc. 24-7-1984 n° 84-60.094 P).

Sur le point de savoir si un candidat peut demander l'annulation du scrutin lorsqu'un syndicat n'a pas été informé du **retrait** de l'un de ses **candidats** pour le **second tour**, voir n° 25285.

Dans une entreprise ayant plusieurs **établissements**, un salarié n'a pas qualité pour demander le rattachement d'autres entités, en l'espèce des directions régionales des ventes, à l'établissement où il est **électeur** ou à d'autres établissements de la même société (Cass. soc. 11-1-1995 n° 94-60.075 D). Sur son droit de : contester l'**absence d'invitation des syndicats** intéressés à négocier le protocole préélectoral, voir n° 24090, b ; demander **réparation** à l'employeur n'ayant pas organisé les élections alors qu'il y était tenu, voir n°s 26290 (élections initiales) et 24050 (élections partielles).

> **Précisions a.** Lorsque la **réintégration d'un salarié** dont le licenciement est nul a été ordonnée, ce salarié, électeur et éligible, a qualité et intérêt pour contester la régularité de l'élection, y compris s'il n'a pas été inscrit sur les listes électorales par l'employeur et ne l'a pas contesté dans le délai de recours (Cass. soc. 21-11-2007 n° 07-60.102 F-D).
> **b.** Si le représentant du salarié est avocat, il n'a pas à justifier d'un pouvoir spécial pour agir en justice en son nom. S'il n'est pas avocat, il doit justifier d'un **pouvoir** spécial (CPC art. 416 et 762). Sur la possibilité de présenter ce pouvoir en justice après l'expiration du délai légal de recours, voir n°s 26465, b et 26500 les solutions rendues à propos du pouvoir de représentation de l'employeur et du syndicat qui sont transposables, selon nous, au pouvoir de représentation du salarié.

SYNDICATS

Le Code du travail confère aux **syndicats** professionnels régulièrement constitués le droit d'agir en justice dans l'intérêt collectif de la profession qu'ils représentent (n°s 12360 s.). En revanche, une **section syndicale** d'entreprise étant dépourvue de personnalité morale, elle n'a pas qualité pour engager un contentieux électoral (n° 16510). **26475**

> **Précisions a.** Une **union locale** dont les statuts lui confèrent une compétence nationale pour négocier les protocoles électoraux et présenter des candidats aux élections a qualité pour demander l'annulation des élections en l'absence de syndicat au sein de l'entreprise ou en cas de carence de celui-ci (Cass. soc. 12-6-2013 n° 12-60.287 F-D).
> **b.** Un **syndicat substitué** à un autre qui avait été invité à la négociation préélectorale est recevable à contester le résultat des élections (Cass. soc. 27-1-2010 n° 09-60.103 F-PB : RJS 4/10 n° 360).

Contestation de la régularité des élections Les **syndicats intéressés** à la négociation préélectorale (n°s 24100 s.) ont nécessairement intérêt à agir en contestation de la régularité des élections, même s'ils n'ont pas au moins 2 **adhérents** dans l'entreprise (Cass. soc. 1-4-1998 n° 96-60.433 P : RJS 5/98 n° 616 ; 20-9-2018 n°s 17-26.226 F-PB et 17-60.284 F-D : RJS 12/18 n° 757), ni effectivement **participé à la négociation** (Cass. soc. 28-1-2015 n° 14-16.146 F-D) ou présenté de **candidat** aux élections (Cass. soc. 24-9-2008 n° 07-60.461 F-D : RJS 12/08 n° 1218 ; 29-9-2021 n° 20-60.247 F-D : RJS 12/21 n° 669). Leur action est recevable même si leur unique candidat a été élu (Cass. soc. 12-11-2003 n° 02-60.633 F-D). **26477**

Depuis ses arrêts du 20 septembre 2018 précités, la Cour de cassation n'a **pas pris clairement position** sur le droit d'action des **syndicats autres que les syndicats intéressés**. La question se pose donc de savoir s'ils peuvent contester la régularité des élections en démontrant l'existence d'un **intérêt à agir**, par exemple en apportant la preuve de l'existence d'**adhérents** dans l'entreprise, comme l'admettait la jurisprudence dans le passé, ou s'il faut considérer, au contraire, qu'ils n'ont plus d'intérêt légitime à contester les élections.

ILLUSTRATIONS

Un syndicat est recevable à agir dans les hypothèses suivantes :
– demande relative au **nombre de sièges à pourvoir** mettant en cause la régularité des opérations électorales et introduite par un syndicat qui n'a pas signé le protocole préélectoral (Cass. soc. 2-4-1996 n°s 95-60.677 D et 95-60.678 D) ;
– contestation relative à la **mixité des listes de candidats**, même si l'irrégularité invoquée par le syndicat n'emporte à son égard aucune incidence sur le résultat du scrutin (Cass. soc. 10-11-2021 n° 20-60.265 F-D : RJS 1/22 n° 25). Sur cette contestation, voir n°s 25264 s. ;
– demande d'annulation d'une **liste** de candidats **présentée par un syndicat concurrent** en violation de ses dispositions statutaires (Cass. soc. 12-5-2021 n° 19-23.149 F-D) ;
– contestation de la régularité des opérations électorales par un syndicat ayant présenté un candidat au premier tour des élections et reprochant à l'employeur d'avoir omis de porter le **nom de ce candidat sur les bulletins de vote** du second tour (Cass. soc. 12-2-1976 n° 75-60.096 P) ;
– recours par un syndicat ayant présenté une liste de candidats aux 2 tours de scrutin tendant à **voir proclamer élu** un de ses membres figurant sur cette liste (Cass. soc. 27-11-1975 n° 75-60.155 P) ;
– demande d'annulation des élections par un syndicat invoquant le **mode de proclamation** irrégulier des **élus de la liste d'un syndicat concurrent**, même si ses candidats ont été élus et si cette irrégularité n'a pas modifié la répartition des sièges entre les listes, dès lors que, sans cette irrégularité, les élus n'auraient pas été les mêmes (Cass. soc. 4-2-1976 n° 75-60.166 P) ;
– recours tendant à faire modifier les **résultats obtenus par** la liste d'un **autre syndicat**, peu important que le syndicat demandeur ait obtenu le siège qui lui revenait (Cass. soc. 28-1-1982 n° 81-60.872 P).
S'agissant de la recevabilité de l'action en contestation de la validité d'une **candidature** présentée par un syndicat en l'**absence de réserves sur le procès-verbal** de l'élection, voir n° 26195.

26480 **Contestation sur l'organisation et la préparation des élections** Un syndicat a intérêt à agir si la contestation concerne le **principe** même de l'organisation et de la préparation des élections car elle met toujours en jeu l'intérêt collectif de la profession (Cass. soc. 21-2-1978 n° 77-60.682 P).

Est donc recevable l'action tendant à obtenir l'**inscription** de salariés **sur les listes électorales**, refusée par l'employeur, en raison de licenciements prononcés à l'occasion d'une grève (Cass. soc. 3-3-1993 n° 92-60.247 D : RJS 4/93 n° 428) ou de la position de « départ anticipé » dans laquelle ceux-ci se trouvent (Cass. soc. 21-2-1978 n° 77-60.682 P). Sur la **disparition de l'intérêt à agir** en rectification d'une liste électorale lorsque les élections ont eu lieu avant que le juge ne statue et n'ont pas été contestées dans le délai de recours, voir toutefois n° 25010.

Sur les contestations portant sur le **protocole préélectoral**, voir n° 26485.

Sur la possibilité pour un syndicat de **demander au juge la fixation des modalités** d'organisation et de déroulement du scrutin en l'absence d'accord préélectoral ou lorsque celui-ci est incomplet ou ne remplit pas les conditions de majorité, voir n° 25500. Sur le point de savoir si un syndicat ayant adhéré tacitement aux **modalités des élections fixées par l'employeur**, à défaut d'accord préélectoral, peut ensuite les contester pour demander l'annulation du scrutin, voir n° 25500, b. Sur le droit pour un syndicat de demander **réparation** à l'employeur n'ayant pas organisé les élections alors qu'il y était tenu, voir n° 24005, a.

26485 **Contestation sur le protocole préélectoral** Les conditions dans lesquelles un syndicat peut contester les modalités de **négociation** du protocole préélectoral, sa **validité** ou son **application**, et demander l'annulation des élections organisées sur son fondement, ont donné lieu à un abondant contentieux : voir n°s 24230 et 24350 s.

26500 **Représentation du syndicat** Si le représentant du syndicat est avocat, il n'a pas à justifier d'un pouvoir spécial pour agir en justice en son nom. S'il n'est pas avocat, il doit justifier d'un **pouvoir** spécial (CPC art. 416 et 762) ou d'une disposition des **statuts** l'habilitant à agir en justice (Cass. soc. 26-10-2011 n° 10-24.708 F-D : RJS 1/12 n° 65 ; 29-9-2021 n° 19-60.247 FS-D).

La seule qualité de **délégué syndical** ne permet pas, en l'absence de mandat de son syndicat, de la représenter en justice et de contester en son nom des élections (Cass. soc. 22-7-1985 n° 84-60.998 S ; 2-6-1993 n° 90-44.508 PBS : RJS 7/93 n° 761).

Le contentieux des élections professionnelles étant une matière sans représentation obligatoire, un syndicat ayant désigné un **avocat** pour le représenter conserve le pouvoir d'introduire lui-même l'action (Cass. soc. 17-12-2002 n° 01-60.747 FS-P).

ATTENTION

Le **défaut de pouvoir** de la personne ayant saisi, au nom d'un syndicat, le tribunal judiciaire d'une demande d'annulation des élections est une **irrégularité de fond** affectant la validité de l'acte qui ne peut plus être couverte après l'expiration du délai de 15 jours pour contester la régularité des élections (Cass. soc. 17-3-1998 n° 96-60.292 D : RJS 5/98 n° 615 ; 26-10-2011 n° 10-24.708 F-D : RJS 1/12 n° 65). Sur la date à laquelle cette irrégularité peut être soulevée, voir n° 12460. À cet égard, il est tenu compte de la **date** du pouvoir, et non de la date de sa production au tribunal judiciaire (Cass. soc. 8-12-2010 n° 10-60.229 F-D ; 10-5-2012 n° 11-20.459 F-D ; 23-6-2021 n° 20-60.114 F-D : RJS 10/21 n° 555). Dans le même sens, à propos du pouvoir de représentation de l'employeur, voir n° 26465, b.

2. INTRODUCTION DE LA DEMANDE

CALCUL ET DURÉE DU DÉLAI DE RECOURS

Le recours portant sur l'élection n'est recevable que s'il est introduit dans un **délai variable** selon son objet. Sur la **date** à laquelle le **recours** est réputé introduit, voir n° 28265, c. S'agissant de l'incidence, sur la recevabilité du recours, de la date de **délivrance du pouvoir** donné à la personne saisissant le tribunal judiciaire au nom du requérant, voir n° 26500. **26510**

> **Précisions a.** Quel que soit le motif de recours, le **calcul** du délai est effectué conformément aux règles fixées par le CPC : voir n°s 26513 (contestation de l'électorat) et 26525 (contestation de la régularité des élections).
> **b.** Le délai s'applique à la recevabilité de la demande et non aux **moyens** avancés à l'appui de la prétention. Le fait que l'un des moyens invoqués soit présenté à l'audience, bien après l'expiration de ce délai, est donc sans conséquence (Cass. soc. 12-7-2006 n° 05-60.353 F-PB : RJS 11/06 n° 1208).
> **c.** La **radiation du rôle**, simple mesure d'administration judiciaire, ne fait pas obstacle, après le rétablissement de l'affaire, à la poursuite d'une instance en annulation des élections, introduite dans le délai légal (Cass. soc. 3-7-1980 n° 79-40.576 P).
> **d.** Sur les causes d'**interruption du délai** de recours, voir n° 26555.
> **e.** Sur le délai applicable à la **demande d'organisation d'un second tour**, voir n° 26250.

Contestation d'une décision administrative préélectorale Les décisions administratives préélectorales peuvent être contestées dans le délai de **15 jours** suivant leur **notification** ou, dans certaines hypothèses, dans les 15 jours suivant la **décision implicite de rejet** du Dreets. Les conditions précises de contestation des décisions administratives préélectorales sont exposées avec l'étude de chaque type de décision : voir n° 26415. **26512**

> **Précisions** Pour le décompte du délai de 15 jours, sur demande du greffe, l'**autorité administrative justifie** de l'accomplissement de la notification de sa décision auprès de la juridiction saisie ou, à défaut, de sa réception de la contestation. Si le juge le demande, elle communique tous les éléments précisant les éléments de droit ou de fait ayant fondé sa décision (C. trav. art. R 2314-24, al. 3).

Contestation de l'électorat Lorsque la contestation porte sur l'électorat, le recours n'est recevable que s'il est introduit dans un délai de **3 jours** suivant le lendemain (CPC art. 641 ; Cass. civ. 3-3-1967 n° 66-60.030) de la **publication** de la liste électorale (C. trav. art. R 2314-24, al. 2). **26513**

Le délai de recours ne peut commencer à courir que si cette publication est régulière. Donc si l'**affichage** des listes électorales a été effectué **par un salarié** candidat alors qu'il aurait dû l'être, en vertu du protocole préélectoral, par l'employeur, la forclusion n'est pas encourue (Cass. soc. 22-2-1994 n° 93-60.096 D). Sur les modalités de publication d'une liste électorale, voir n° 24990.

L'**absence d'un salarié** au moment de la publication de la liste électorale est sans effet sur le délai pour agir en contestation de l'électorat (Cass. soc. 25-6-2014 n° 13-22.200 F-D : RJS 11/14 n° 799).

Le **renouvellement de l'affichage** des listes **après le premier tour** n'ouvre pas un nouveau délai (Cass. soc. 6-7-1983 n° 82-60.613 P). Toutefois, si l'effectif se modifie après la publication de la liste électorale et **avant le premier tour**, l'employeur doit l'actualiser dans le délai visé n° 25000 ; cette **modification** fait courir un nouveau délai de contestation qui court, à l'égard du salarié concerné par la modification (en ce sens, Cass. soc. 25-6-2014 n° 13-22.200 F-D : RJS 11/14 n° 799), à compter du lendemain de la publication de la liste modifiée (en ce sens, Cass. soc. 8-1-2020 n° 19-14.537 F-D ; 2-12-2020 n° 19-14.468 F-D). Sur le cas où la liste est modifiée **entre les 2 tours**, voir n° 26405.

Sur le point de savoir si une **demande en rectification** de la liste électorale est recevable lorsque l'**annulation de l'élection** n'est **pas demandée** à temps, voir n° 25010.

26515 **Autres contestations antérieures aux élections** S'il est fixé une date limite au-delà de laquelle la régularité des élections ne peut plus être contestée (n° 26525), il est possible de former un recours dès que l'**irrégularité apparaît**, même antérieurement à l'élection (Cass. soc. 2-7-1975 n° 75-60.055 P ; 23-7-1980 n° 80-60.240 P ; 27-1-1983 n° 82-60.327 P). Ainsi, un requérant peut contester, avant l'élection, la **candidature** d'un salarié (Cass. soc. 4-7-1989 n° 88-60.547 D : RJS 8-9/89 n° 703), le non-respect des règles de mixité par les listes de candidats (voir n° 25264) ou encore le protocole préélectoral.

En revanche, le juge ne peut pas statuer sur une contestation **prématurée**. Ainsi, par exemple, un syndicat ne peut pas lui demander d'inscrire certains salariés dans un collège électoral, alors que la négociation du protocole préélectoral n'a pas commencé (Cass. soc. 21-7-1986 n° 86-60.036 P). De même, le tribunal judiciaire ne pouvant pas se prononcer sur la régularité d'une candidature avant le dépôt des listes, une simple déclaration d'imminence de candidature ne peut pas être contestée devant lui (Cass. soc. 18-11-1992 n° 91-60.289 P : RJS 12/92 n° 1401 ; 5-1-2005 n° 03-60.376 F-D : RJS 4/05 n° 412).

CONSEIL

L'introduction d'une demande avant les élections n'a pas nécessairement pour effet d'interrompre le processus électoral. Dans ce cas, il peut ensuite être nécessaire de présenter, le cas échéant, une **demande en annulation des élections**, en respectant le délai de **15 jours suivant** l'élection, sous peine de forclusion, voir n° 26530. Sur la possibilité toutefois de demander l'**annulation des élections à venir** dans le cadre d'un contentieux préélectoral sans avoir à réitérer cette demande après les élections, voir n° 26530. Sur le point de savoir si le jugement rendu en matière préélectorale a **autorité de la chose jugée** dans le litige tendant à l'annulation des élections, voir n° 26632.

26525 **Contestation de la régularité des élections** Lorsque la contestation porte sur la régularité de l'élection, le recours n'est recevable que s'il est introduit dans un délai de **15 jours** suivant cette élection (C. trav. art. R 2314-24, al. 4). Le **point de départ** de ce délai est le lendemain de la proclamation des résultats (CPC art. 641 ; Cass. soc. 15-4-2015 n° 14-19.920 F-D ; 10-3-2016 n° 15-20.937 F-D : RJS 5/16 n° 356), entendue comme la proclamation nominative des élus par le bureau de vote (Cass. soc. 26-5-1977 n° 77-60.001 P ; 10-3-2010 n° 09-60.253 FS-D : RJS 5/10 n° 453).

Par exception, si des syndicats intéressés n'ont pas été invités à négocier l'accord préélectoral, le délai ne court qu'à compter du jour où ils ont eu connaissance des résultats du scrutin (Cass. soc. 24-10-2007 n° 07-60.020 F-D).

Même lorsqu'un **second tour** des élections a été organisé, une **contestation** peut s'élever **à l'égard des résultats du premier tour** pour remettre en cause l'élection d'un candidat proclamé élu dès le premier tour malgré l'**absence de quorum**. Dans ce cas, le requérant doit agir dans les 15 jours de ce premier scrutin et non pas attendre le second tour (Cass. soc. 18-2-1988 n° 87-60.093 D). De même, lorsque la contestation des résultats du premier tour porte sur la détermination des **suffrages recueillis par les syndicats**, elle n'est recevable que si elle est faite dans les 15 jours suivant ce premier tour (Cass. soc. 26-5-2010 n° 09-60.453 F-PB : RJS 8-9/10 n° 691), ce délai courant à compter de la proclamation des résultats ou de la publication du procès-verbal de carence (Cass. soc. 31-1-2012 n° 11-60.139 FS-PB : RJS 4/12 n° 372).

S'il n'y a **pas de proclamation des résultats** du scrutin, ce que le tribunal doit vérifier (Cass. soc. 26-3-2014 n° 13-20.674 F-D), le délai ne court pas. Dans ce cas, un recours en annulation des élections introduit plus de 3 mois après le scrutin est recevable (Cass. soc. 19-5-1988 n° 86-60.537 D). Sur la nécessité de proclamer les résultats ou d'établir un procès-verbal de carence à l'issue de chaque tour de scrutin, voir n° 26270.

> **Précisions a.** La contestation est recevable lorsqu'elle est introduite dans les 15 jours suivant la proclamation nominative des élus au CSE, même si elle est la conséquence d'une **contestation préexistante** portant sur le **périmètre des élections**. Par conséquent, si un second tour est organisé, le délai de contestation de ses résultats court à l'issue de ce scrutin (Cass. soc. 19-1-2022 n° 20-17.286 F-B : RJS 3/22 n° 150 ; 9-3-2022 n° 20-21.285 F-D et 20-22.450 F-D).
> **b.** S'agissant de la computation du délai lorsque les **élections** ont été organisées par l'employeur **en dépit de la suspension légale** du processus électoral et de la prorogation légale des mandats des élus liée à la saisine du Dreets aux fins de fixer le nombre et le périmètre des établissements distincts, voir n° 22090, d.
> **c.** Sur la possibilité de saisir le juge de **difficultés apparues avant les élections** et dont dépend leur validité, voir n° 26515.

EFFETS DE L'EXPIRATION DU DÉLAI

Les délais visés n°s 26510 s. étant fixés à peine de **forclusion**, après leur expiration, aucune **exception** ne peut être admise (Cass. crim. 22-10-1991 n° 89-85.768 P : RJS 2/92 n° 174 ; Cass. soc. 26-1-2000 n° 98-60.534 D : RJS 3/00 n° 303) et les résultats des élections deviennent définitifs. 26530

Ainsi, une demande d'annulation des élections est irrecevable si le tribunal judiciaire n'a pas été saisi dans le délai de 15 jours, même s'il a été saisi d'une **contestation préélectorale** dans les délais (Cass. soc. 19-12-2007 n° 07-60.016 F-PB : RJS 3/08 n° 312) ou d'une demande d'annulation du protocole préélectoral introduite le jour du scrutin (Cass. soc. 19-5-2004 n° 03-60.228 F-D), et même si une **instance** était **pendante** devant lui **à la date des élections** (Cass. soc. 19-11-1987 n° 87-60.178 P).

Toutefois, celui qui demande, avant les élections, l'**annulation du protocole** préélectoral est recevable à demander l'annulation des **élections à venir** du fait de l'annulation du protocole sollicitée, sans avoir à réitérer cette demande après les élections (Cass. soc. 12-5-2021 n° 19-23.428 F-P : RJS 8-9/21 n° 470).

> **Précisions a.** Le délai de forclusion reste applicable et la demande tardive est irrecevable si les élections ont été organisées sur le fondement d'une **décision administrative**, même retirée par l'autorité compétente (Cass. soc. 29-10-1987 n° 86-60.542 P) ou annulée (Cass. soc. 8-2-1994, n°s 92-60.544 D, 93-60.021 D et 93-60.159 D : RJS 3/94 n° 278). Ces précisions jurisprudentielles, apportées lorsque le contentieux des décisions administratives préélectorales relevait du juge administratif, demeurent selon nous valables dans le cadre juridique actuel attribuant ce contentieux au juge judiciaire.
> **b.** Le tribunal judiciaire doit déclarer irrecevable la **demande préélectorale** dont il est saisi si, au jour où il statue, l'élection s'est déjà déroulée et n'a pas été contestée dans le délai de 15 jours. En effet, une élection non contestée dans ce délai est **purgée de tout vice**, ce qui rend sans objet l'éventuelle demande préélectorale. Ainsi jugé à propos d'une demande de rectification de la **liste électorale** (n° 25010). Dans la même logique, le juge ne peut pas annuler un **protocole préélectoral** et ordonner la négociation d'un nouveau pour défaut d'invitation à négocier d'un syndicat intéressé alors que les élections intervenues postérieurement à la clôture des débats n'ont pas été contestées dans le délai (Cass. soc. 4-7-2018 n° 17-21.100 FS-PB : RJS 10/18 n° 621).
> **c.** Dès lors que les résultats sont définitifs, la régularité de l'élection d'un représentant du personnel ne peut pas être contestée incidemment devant une **cour d'appel** (Cass. civ. 21-2-1962 n° 60-40.580).
> **d.** L'exception de **fraude à la loi** ne peut pas être invoquée devant le juge pour faire échec à la forclusion. L'employeur poursuivi au **pénal** pour avoir pris des mesures discriminatoires à l'égard d'un membre du CSE ne peut pas, faute d'avoir contesté l'élection dans le délai de 15 jours, être relaxé au motif que l'élu avait obtenu son mandat pour la seule protection de ses intérêts personnels et que cette fraude à la loi ne pouvait pas lui conférer une protection susceptible de fonder les poursuites pénales (Cass. crim. 22-10-1991 n° 89-85.768 P : RJS 2/92 n° 174). De même, la **révélation de faits nouveaux postérieurs à l'élection** de nature à remettre en cause sa validité (par exemple, un cas d'inéligibilité) ne permet pas d'ouvrir un nouveau délai de contestation (Cass. soc. 26-1-2000 n° 98-60.534 D : RJS 3/00 n° 303).
> **e.** Le délai de forclusion de 15 jours n'est pas applicable aux contestations qui ne portent que sur la prétention d'un syndicat à la **qualité de syndicat représentatif**, sans remise en cause des résultats du scrutin (n° 15530).
> **f.** Sur la **date** à laquelle il convient de se placer pour déterminer si le délai est expiré, voir n° 28265.

FORME ET EFFET DU RECOURS

Requête Le tribunal judiciaire est saisi des contestations par voie de requête (C. trav. art. R 2314-24, al. 1), remise ou adressée au greffe par la partie la plus diligente ou conjointement par les parties (C. trav. art. R 2314-24, al. 2 et 4 ; CPC art. 54 et 57) sur **support** papier ou par voie électronique (CPC art. 756). Toutefois, l'option de la **requête numérique** n'est pas encore ouverte au contentieux électoral, en l'absence d'arrêté pris par le garde des Sceaux en la matière. 26540

La demande peut être faite sur **papier** libre ou formulaire Cerfa (www.justice.fr), sous réserve que l'ensemble des mentions obligatoires visées n° 26550 soient reprises.

Sur le point de savoir si la désignation d'un **avocat** pour représenter une partie la prive de son pouvoir d'introduire elle-même l'action, voir n° 26500. Sur le mode de saisine du tribunal judiciaire en vue de fixer les modalités d'organisation et de déroulement des opérations électorales, qui s'inscrit dans le cadre de la **procédure accélérée au fond** (n° 25500), voir n° 3755.

> **Précisions** **a.** Il résulte des dispositions précitées que la requête peut soit être remise en **mains propres** par le demandeur ou son représentant, soit être adressée par **voie postale** au greffe du tribunal judiciaire. Ces deux options sont d'ailleurs expressément prévues par le portail internet Justice.fr. En cas d'envoi postal, le demandeur a intérêt, pour des raisons de **preuve**, à recourir à la lettre recommandée avec accusé de réception.
> **b.** La contestation des élections formée par **télécopie** ne nous paraît pas recevable si elle n'a pas fait l'objet d'une requête régularisée au greffe dans le délai de forclusion. La Cour de cassation s'était d'ailleurs prononcée en ce sens sous l'empire de l'ancienne déclaration au greffe (Cass. soc. 16-1-2008 n° 06-60.289 FS-P : RJS 4/08 n° 456 ; 10-3-2010 n° 09-60.253 FS-D : RJS 5/10 n° 453). L'envoi par **courriel** ne nous semble pas non plus permis en l'absence de texte l'autorisant, d'autant que la Cour de cassation s'y était opposé dans le cadre d'une contestation de la désignation d'un représentant de section syndicale formée par déclaration faite au greffe (Cass. soc. 18-11-2009 n° 09-60.047 FS-PB).

26550 La **requête** doit **contenir**, à peine de nullité, l'objet de la demande, un exposé sommaire de ses motifs, l'indication des pièces sur lesquelles elle est fondée et, le cas échéant, la constitution des avocats des parties. Elle doit être datée et signée (CPC art. 54, 57 et 757). Les **pièces** que le requérant souhaite invoquer à l'appui de ses prétentions sont **jointes** à sa requête en autant de copies que de personnes dont la convocation est demandée.

> **Précisions** **a.** Outre les éléments visés ci-dessus, la demande doit également, à peine de nullité, mentionner :
> – l'indication de la juridiction saisie (CPC art. 54, al. 3) ;
> – pour les personnes physiques, les nom, prénoms, profession, domicile, nationalité, date et lieu de naissance de chacun des demandeurs (CPC art. 54, al. 5) ;
> – pour les personnes morales, leur forme, leur dénomination, leur siège social et l'organe qui les représente légalement (CPC art. 54, al. 6) ;
> – lorsqu'elle est **formée par une seule partie**, l'indication des nom, prénoms et domicile de la personne contre laquelle la demande est formée ou s'il s'agit d'une personne morale, de sa dénomination et de son siège social (CPC art. 57).
> **b.** La procédure diligentée par un syndicat est régulière si la requête mentionne comme objet l'annulation du protocole préélectoral et des **élections de l'UES** et contient l'**identité et** l'**adresse de l'une des sociétés** la composant, si bien que le tribunal dispose des éléments permettant au greffe de déterminer les parties intéressées à convoquer (Cass. soc 14-1-2014 n° 13-60.165 FS-PB : RJS 3/14 n° 249).
> **c.** Satisfait aux dispositions légales relatives à la motivation de la demande un courrier énonçant expressément que le syndicat vient contester les élections en cours et mentionnant la nécessité d'une adéquation entre la **liste électorale** et le nombre constaté des votants (Cass. soc. 13-2-2003 n° 01-60.745 F-P : RJS 4/03 n° 492).
> **d.** Est conforme aux dispositions légales relatives à l'identité des demandeurs la **demande déposée par un tiers** non expressément mandaté à cet effet, dès lors qu'elle est signée par l'un des salariés demandeurs (Cass. soc. 7-2-1989 n° 88-60.111 P : RJS 3/89 n° 254). Il en est de même de la demande d'un syndicat rédigée sur un **papier à en-tête** comportant ses nom et adresse (Cass. soc. 9-4-1986 n° 85-60.619 S). Sur la question de savoir si le **défaut de mention**, dans la requête, **de l'organe représentant une personne morale** entraîne automatiquement la nullité de la requête, voir n° 12460.
> **e.** Les parties ne peuvent pas se faire juges de la validité des élections (n° 26350), matière intéressant l'ordre public. Un juge ne peut donc pas déclarer irrecevable une requête en annulation d'un protocole préélectoral au motif qu'elle ne mentionne pas les diligences accomplies en vue de parvenir à une **résolution amiable du litige** (Cass. soc. 19-12-2018 n° 18-60.067 FS-PB : RJS 3/19 n° 173).

26555 **Effet** L'introduction de la demande n'a pas d'effet **suspensif**, ce qui signifie que, tant que le juge n'a pas statué, aucune modification n'intervient, par exemple sur la liste électorale ou dans les résultats tels qu'ils ont été proclamés.
La saisine du tribunal par toute partie recevable à agir aux fins d'annulation des élections **interrompt le délai** de forclusion au bénéfice des **autres parties** à l'instance dont les demandes tendent aux mêmes fins (Cass. soc. 22-10-2014 n° 14-60.123 F-D : RJS 1/15 n° 50).

> **Précisions** **a.** Ainsi, lorsque l'action d'un **salarié**, candidat non élu, tend aux mêmes fins que celle d'un **syndicat intervenant à l'audience**, il faut considérer que la saisine du tribunal par le salarié a interrompu le délai de forclusion au bénéfice du syndicat. Celui-ci est donc recevable à demander, plus de 15 jours après la proclamation des résultats, l'annulation des élections dans le collège auquel appartient le candidat, faute pour l'employeur d'avoir invité les syndicats à négocier un protocole préélectoral (Cass. soc. 27-2-2013 n° 11-60.195 FS-PB : RJS 5/13 n° 401).
> **b.** La demande en justice portée devant un **juge incompétent** interrompt également le délai de forclusion (Cass. soc. 15-11-2017 n° 16-60.269 F-D).

3. DÉROULEMENT DE L'INSTANCE

a. Avertissement des parties intéressées

DÉLAI

Trois jours avant de statuer, le tribunal doit avertir toutes les parties intéressées (C. trav. art. R 2314-25, al. 1). S'agissant du cas où il est saisi d'une demande d'organisation des élections, voir toutefois n° 26595, b. **26567**

Ce délai s'apprécie à la date de **réception** de la lettre de convocation. Par suite, n'ont pas été régulièrement convoquées les parties ayant reçu, la veille de l'audience, une lettre de convocation (Cass. soc. 25-2-1985 n° 84-60.637 P ; 5-4-1994 n° 93-60.338 D : RJS 5/94 n° 578).

RÔLE DU TRIBUNAL

La **formalité** de l'avertissement des parties intéressées **s'impose** au juge par l'intermédiaire du greffier (Cass. soc. 21-7-1976 n° 76-60.089 P), nulle partie ne pouvant être jugée sans avoir été entendue ou appelée (CPC art. 14). Les parties qui n'ont pas été convoquées peuvent se prévaloir de cette **omission** pour faire annuler la décision du tribunal (Cass. soc. 30-1-1974 n° 73-60.166 P ; 10-12-1996 n° 95-60.949 D). **26570**

Le tribunal doit convoquer par lettre et non par simple **télécopie** (Cass. soc. 1-12-2010 n° 09-71.671 F-D : RJS 3/11 n° 256).

Il peut ordonner, au besoin, la **régularisation** de la procédure, même postérieurement au délai légal de recours (Cass. soc. 21-7-1986 n° 85-60.716 P), et le **renvoi** à une audience ultérieure (Cass. soc. 20-10-1993 n° 92-60.366 P : RJS 12/93 n° 1221 ; 7-7-1999 n° 98-60.418 D : RJS 8-9/99 n° 1099).

En revanche, si le tribunal n'est **pas en mesure de convoquer les parties** intéressées, faute d'avoir communication de leurs noms et adresses, il peut déclarer la demande irrecevable (Cass. soc. 16-2-1977 n° 76-60.180 P ; 29-1-1992 n° 91-60.004 D).

> **Précisions a.** Un tribunal ne peut pas déclarer irrecevable une demande au motif que les parties intéressées n'ont pas été convoquées, car c'est à lui de le faire (Cass. soc. 6-7-1983 n° 83-60.278 P), ou au motif que le demandeur a omis de fournir l'adresse des élus. Il lui appartient de **se faire communiquer**, au besoin par les parties qui ont comparu, le nom des élus et la dénomination des syndicats intéressés (Cass. soc. 7-7-1999 n° 98-60.418 D : RJS 8-9/99 n° 1099 ; 26-3-2003 n° 01-60.932 F-D : RJS 6/03 n° 775 ; 18-11-2020 n° 19-60.215 F-D).
> **b.** Si les élections litigieuses ont été organisées dans une **UES**, les coordonnées d'au moins une des sociétés la composant doivent être communiquées par le requérant au tribunal, voir n° 26550, b.

PARTIES INTÉRESSÉES

Les parties intéressées dans un contentieux électoral peuvent être, selon les cas, les candidats, les élus, les syndicats, certains électeurs et l'employeur. **26575**

Le **requérant** est bien sûr partie intéressée. Ainsi, un tribunal ne peut pas débouter de sa contestation relative aux élections un syndicat requérant soutenant n'avoir pas été averti de la date de l'audience ni avoir pu y présenter contradictoirement ses observations (Cass. soc. 12-12-1973 n° 73-60.152 P).

Si le litige concerne une **décision administrative** préélectorale, il convient de convoquer, outre le requérant, l'employeur et les syndicats intéressés. L'autorité administrative ayant pris la décision peut aussi être convoquée (Circ. justice JUSC1614424C du 27-5-2016, fiche Le contentieux des élections professionnelles).

> **Précisions a.** Saisi d'une demande tendant à l'**inscription sur la liste électorale** d'une catégorie de salariés, et des salariés d'une autre société, en raison de l'UES que constitueraient les deux sociétés, un tribunal peut statuer et déterminer au moins l'effectif de l'entreprise sans appeler en intervention tous les **électeurs** prétendument omis (Cass. soc. 2-3-1977 n° 76-60.253 P).
> **b.** Les **membres du bureau** de vote ne sont pas parties nécessaires à l'instance en contestation de la régularité des élections et n'ont donc pas à être convoqués par le juge (Cass. soc. 29-5-1985 n° 84-60.704 S). Mais leur convocation ne saurait vicier la procédure sauf grief en résultant (Cass. soc. 7-7-1981 n° 81-60.510 P).

L'**employeur** est partie intéressée à l'instance en contestation des élections qui ont eu lieu dans son entreprise (Cass. soc. 7-7-1981 n° 81-60.510 P). Un tribunal ne peut donc pas annuler l'élection sans avoir convoqué les représentants légaux de la société (Cass. soc. 13-10-2004 n° 03-60.403 F-D : RJS 1/05 n° 62 ; 26-1-2005n° 03-60.455 F-D : RJS 4/05 n° 411). **26580**

> **Précisions a.** Un tribunal, saisi d'une contestation relative à l'électorat et à la régularité des opérations électorales, ne peut pas valablement statuer en l'absence du **chef du personnel** « représentant de la société » et donc partie intéressée à l'instance, alors que ce dernier n'a reçu la convocation que le jour même de l'audience (Cass. soc. 3-12-1986 n° 86-60.245 P).
> **b.** Si un litige porte sur la validité des opérations électorales au sein d'une **école** dont le **directeur** a été convoqué à l'audience, la présence aux débats du **président de l'association** dont dépend l'école n'est pas nécessaire (Cass. soc. 19-11-1986 n° 86-60.058 S).

26585 Les **candidats non élus** ne sont pas parties intéressées dans un litige tendant à l'annulation des élections (Cass. soc. 28-1-2015 n° 14-60.423 F-PB) mais le sont à l'instance en contestation de leur **candidature** (Cass. soc. 29-3-1984 n° 83-61.143 ; 14-6-1994 n° 93-60.460 D) ou de la **représentativité du syndicat** ayant présenté leur candidature (n° 15530).

Les candidats déclarés **élus** sont parties intéressées à l'instance en **annulation des élections** (Cass. soc. 5-11-1971 n° 71-60.218 P ; 20-4-2005 nos 04-60.232 F-D et 04-60.227 F-D : RJS 8-9/05 n° 873 ; 8-3-2017 n° 16-15.503 F-D). Ce principe ne vaut que pour l'élection au terme de laquelle ils ont été élus. En effet, si l'annulation du **premier tour** de scrutin est seule demandée, les candidats éligibles ou élus au **second tour** n'ont pas à être convoqués (Cass. soc. 6-11-1985 n° 85-60.335 P ; 5-12-2000 n° 99-60.396 F-D).

Il appartient au tribunal de convoquer les élus dont l'élection est contestée à leur **domicile** personnel et non au siège de la société où a eu lieu l'élection (Cass. soc. 3-3-1999 n° 97-60.807 P : RJS 4/99 n° 553).

26595 Si la requête porte sur l'**annulation des élections**, un **syndicat** est partie intéressée lorsqu'il a signé le protocole préélectoral (Cass. soc. 15-11-1994 n° 94-60.067 D), présenté des candidats dans le collège considéré (Cass. soc. 15-3-2006 n° 05-60.272 F-D : RJS 6/06 n° 754 ; 25-1-2012 n° 11-60.088 F-D) et/ou obtenu des élus (Cass. soc. 18-11-2020 n° 19-16.664 F-D).

Un syndicat ayant présenté des candidats doit être averti en cas de **contestation de l'une des candidatures** (Cass. soc. 14-6-1994 n° 93-60.460 D), ou de l'**élection d'un candidat**. Si le candidat a été présenté par deux syndicats, le tribunal doit avertir les deux syndicats (Cass. soc. 23-5-2007 n° 06-60.185 F-D : RJS 10/07 n° 1086).

> **Précisions a.** Le syndicat doit être averti en la personne de ses **représentants légaux** (Cass. soc. 14-6-1994 n° 93-60.460 D).
> Un avertissement est valablement donné aux organisations syndicales que ce soit au niveau des syndicats constitués dans l'entreprise ou à celui des **unions syndicales** auxquelles ils ont adhéré et quel que soit l'échelon qui a présenté les listes (Cass. soc. 6-7-1982 n° 81-60.933 P ; 21-7-1993 n° 92-60.380 D : RJS 8-9/93 n° 897).
> **b.** Un tribunal, saisi d'une demande d'**organisation des élections** au sein d'une société, peut statuer sans convoquer l'ensemble des syndicats intéressés (Cass. soc. 7-5-2002 n° 00-60.282 FS-P : RJS 8-9/02 n° 995).

b. Décision du tribunal

RÈGLES DE PROCÉDURE

26610 Le tribunal statue dans les **10 jours** de sa saisine (C. trav. art. R 2314-25), mais ce délai n'est pas fixé à peine de nullité (jurisprudence constante, notamment : Cass. soc. 5-12-2000 n° 99-60.396 F-D).

Il statue sans **frais** (C. trav. art. R 2314-25). Il ne peut donc pas condamner l'une des parties aux dépens (Cass. soc. 2-7-1985 n° 85-60.361 S), que ce soit l'employeur (Cass. soc. 10-12-2003 n° 02-60.757 F-D), un syndicat (Cass. soc. 13-10-2010 n° 09-60.456 FS-PBR : RJS 12/10 n° 949 ; 28-9-2011 n° 10-21.752 FS-PB : RJS 12/11 n° 1003) ou un salarié (Cass. soc. 24-11-2021 n° 20-60.267 F-D). Si le recours à une **mesure d'instruction** est indispensable, les dépenses afférentes sont à la charge de l'État (C. trav. art. L 2314-32, al. 2). S'agissant des frais entraînés par la mise en place d'un dispositif judiciaire de **contrôle** de la régularité **des élections**, voir n° 25910.

Le tribunal statue sans **forme** de procédure (C. trav. art. R 2314-25), sauf lorsqu'il est saisi d'une demande de fixation des modalités d'organisation et de déroulement des opérations électorales (voir n° 25500).

> **Précisions** La question de la charge des **frais irrépétibles** (non compris dans les dépens) est réglée par l'article 700 du CPC, qui s'applique au contentieux des élections professionnelles (en ce sens, Cass. soc. 3-7-1984 n° 83-61.148).

POUVOIRS DU JUGE

Les pouvoirs du juge sont évoqués dans les développements concernant chaque question soulevée (par exemple, règles d'électorat, d'éligibilité, etc.), auxquels il convient de se reporter. On trouvera ci-après un exposé des principes généraux. **26615**
Le juge peut être saisi, **avant les élections**, de toute sorte de litiges relatifs à l'électorat ou à la régularité des opérations électorales (sur le délai de recours, voir nos 26513 s.). Dans ce cadre, il peut confier à un **mandataire de justice** une mission d'information et de médiation (Cass. soc. 11-2-1981 n° 80-60.166 P), puis **prescrire** à l'employeur de tenir compte des propositions faites par le médiateur (Cass. soc. 18-7-1979 n° 79-60.129 P). Il ne saurait, en revanche, déléguer par avance au mandataire désigné le pouvoir d'arrêter et d'imposer des décisions aux parties, en dehors de tout débat judiciaire (Cass. soc. 11-2-1981 n° 80-60.166 P). Sur la faculté pour le juge de **reporter la date des élections** en vue de permettre la régularisation de leur organisation, lorsqu'il estime qu'en raison de la mission d'information, de médiation et de contrôle confiée au mandataire de justice, les élections ne peuvent pas se dérouler à la date prévue, voir n° 25520.

Le juge saisi **après les élections** peut soit les annuler totalement ou partiellement (n° 26625), soit en confirmer ou en rectifier les résultats (n° 26635). À moins qu'elles ne soient directement contraires aux **principes généraux du droit électoral** (Cass. soc. 28-3-2012 n° 11-16.141 F-PB : RJS 6/12 n° 581), les irrégularités commises dans l'organisation et le déroulement du scrutin ne constituent une cause d'annulation des élections que si : **26620**
– elles ont exercé ou pu exercer une influence sur le **résultat** des élections (Cass. soc. 11-5-2004 n° 03-60.158 FS-PB ; 19-1-2022 n° 21-10.264 FS-D : RJS 4/22 n° 203). L'appréciation de cette influence relève du **pouvoir souverain** des juges du fond (Cass. soc. 31-3-1977 n° 76-60.255 P ; 14-2-1989 n° 88-60.537 P ; 16-4-2008 n° 07-60.362 FS-D) ;
– ou si, s'agissant du **premier tour**, elles ont été déterminantes de la qualité représentative des syndicats dans le périmètre des élections, ou du droit pour un candidat d'être désigné délégué syndical (Cass. soc. 13-1-2010 n° 09-60.203 FS-PBR : RJS 3/10 n° 281 ; 2-3-2011 n° 10-60.101 FS-PB : RJS 5/11 n° 440).
Sur les règles applicables en cas de non-respect des dispositions relatives à la **mixité des listes de candidats**, voir n° 25265. Sur la compétence du juge saisi après les élections pour vérifier la régularité du **procès-verbal** et y apporter les corrections nécessaires, voir n° 26200.

> **Précisions** L'**annulation** éventuelle du **protocole d'accord préélectoral** est sans incidence sur la régularité des élections lorsque celles-ci n'ont fait l'objet d'aucun recours (Cass. soc. 28-3-2018 n° 17-11.445 F-D). Sur la possibilité de demander l'annulation des élections **à venir** en même temps qu'une demande d'annulation du protocole préélectoral, voir n° 26530.

JUGEMENT

Portée L'annulation des élections prononcées par le juge ne vise pas toujours les élections dans leur ensemble. Ainsi, lorsque l'irrégularité relevée n'affecte qu'un seul **collège**, l'annulation ne doit viser que celui-ci (Cass. soc. 13-7-1993 n° 92-60.117 P ; 8-2-2012 n° 11-17.056 F-D ; 22-10-2014 n° 14-60.502 F-D). En revanche, l'annulation d'élections organisées dans un périmètre donné au sein duquel sont constitués différents bureaux de vote ne peut pas être limitée à **un seul bureau**, mais produit ses effets sur l'ensemble du périmètre électoral (Cass. soc. 15-4-2015 n° 14-60.684 F-D : RJS 7/15 n° 509). **26625**
L'annulation du **premier tour** des élections contestées entraîne nécessairement celle du second tour (Cass. soc. 26-10-2011 n° 11-14.767 D). À l'inverse, si les irrégularités commises concernent le second tour des élections, l'annulation visera seulement celui-ci et non le premier. Bien entendu, si des irrégularités affectent les deux tours, ils sont tous les deux annulés (Cass. soc. 17-12-1986 n° 86-60.277 S). Sur l'annulation de l'élection de certains candidats en raison de **non-respect des règles de mixité** sur les listes de candidats, voir n° 25265.

Après un jugement annulant les élections, qui est immédiatement exécutoire dès sa notification (n° 26640), l'employeur est tenu d'organiser un **nouveau scrutin** (Cass. soc. 18-11-2015 n° 14-25.641 F-D). **26630**
L'annulation des élections entraîne de plein droit celle de tous les **actes préparatoires**, en particulier les actes de candidature. Ainsi, un syndicat ayant présenté des **candidatures** lors des premières élections doit les renouveler si un nouveau scrutin est organisé, celles-ci n'étant pas automatiquement reconduites (Cass. soc. 10-7-1991 n° 90-60.466 D). Un syndicat ayant renoncé à présenter des candidats lors du scrutin annulé est, lui, en droit d'en présenter au nouveau premier tour de scrutin (Cass. soc. 26-1-1977 n° 76-60.209 P). Sur l'obligation de négocier un nouveau **protocole préélectoral**, voir n° 24380.
S'agissant des conséquences de l'annulation des élections sur :
– les **mandats** et la validité des **décisions prises** par les élus avant l'annulation, voir n° 31625 ;

– la régularité des **désignations** de salariés, en qualité de délégué syndical ou de représentant syndical au CSE, intervenues à la suite des élections et avant leur annulation, voir n° 31625 ;
– le bénéfice du **statut protecteur**, voir n° 42217.

ATTENTION

Les syndicats ne sont pas tenus de maintenir sans modification les mêmes listes de candidats aux nouvelles élections. L'**employeur** doit tenir compte des modifications proposées. Son **refus** entraîne l'annulation des nouvelles élections (Cass. soc. 14-2-1984 n° 83-60.946 P).

26632 Le jugement rendu en matière préélectorale n'a pas **autorité de chose jugée** dans le litige tendant à l'annulation des élections (Cass. soc. 26-1-2005 n° 04-60.081 F-D : RJS 4/05 n° 413). Il est donc possible de demander, dans le cadre d'un contentieux préélectoral, l'annulation d'une liste de candidats pour non-respect des règles de mixité, puis celle de l'élection du candidat du sexe surreprésenté de cette liste sur le même fondement (Cass. soc. 6-4-2022 n° 20-18.198 F-D : RJS 6/22 n° 314).

26635 En l'absence d'irrégularités entraînant l'annulation du scrutin, le juge doit **proclamer les résultats** des élections lorsque le bureau de vote ne l'a pas fait, ou les **rectifier** le cas échéant (Cass. soc. 10-3-1983 n° 82-60.352 P ; 19-7-1983 n° 82-60.378 P) s'ils comportent une erreur matérielle, par exemple dans le décompte des voix. En revanche, il ne peut pas **modifier l'irrégularité** éventuellement constatée en modifiant les résultats du scrutin. Sur la possibilité d'apporter des **corrections** nécessaires au **procès-verbal de l'élection**, voir n° 26200.

ILLUSTRATIONS

Un tribunal ne peut pas rectifier les résultats du premier tour en **annulant seulement les votes en faveur** des candidats individuels qui ne figuraient pas sur une liste syndicale, sans rechercher si les élections, dont les résultats avaient été faussés, ne devaient pas être entièrement annulées (Cass. soc. 29-6-1977 n° 77-60.383 P). Il ne peut pas non plus, après avoir constaté l'inéligibilité de deux élus, se borner à **attribuer leurs sièges** aux candidats des autres listes en position d'être élus, sans rechercher si les élections ne s'étaient pas trouvées faussées, ce qui devaient entraîner leur annulation (Cass. soc. 22-6-1977 n° 77-60.336 P).

26640 **Notification et exécution** La décision du tribunal est notifiée par le greffe dans les **3 jours** par **lettre** recommandée avec avis de réception (C. trav. art. R 2314-25, al. 2). Elle est **applicable** dès sa notification aux parties, y compris en cas de pourvoi en cassation, celui-ci n'étant pas suspensif.

4. RECOURS

26650 Les décisions du tribunal statuant sur les élections sont rendues en dernier ressort (COJ art. R 211-3-12 ; C. trav. art. R 2314-23) et ne sont donc susceptibles que d'un **pourvoi en cassation** (C. trav. R 2314-25), y compris si le tribunal a statué en matière de contestation préélectorale (Cass. soc. 23-9-2009 n° 08-60.535 FS-PBRI : RJS 12/09 n° 963 ; 3-3-2010 n° 09-60.283 FS-PBR). Sont donc exclus l'**appel** (Cass. soc. 2-5-1979 n° 78-16.104 P ; 14-1-2014 n° 12-29.253 FS-PB : RJS 3/14 n° 250), l'**opposition** (Cass. soc. 14-1-2014 n° 12-29.253 FS-PB précité) et la **tierce opposition** (Cass. soc. 15-5-1984 n° 83-62.477 ; 20-10-1999 n° 98-60.513 D : RJS 12/99 n° 1481). Le pourvoi en cassation doit intervenir dans un **délai** de 10 jours (C. trav. art. R 2314-25), à partir de la notification de la décision à l'intéressé (Circ. DRT 13 du 25-10-1983 n° 3-2-2). Il est formé, instruit et jugé dans les conditions fixées par les articles 999 à 1008 du CPC (C. trav. art. R 2314-25). S'agissant de l'incidence de la cassation d'un jugement annulant les élections sur la **mesure de la représentativité** d'un syndicat, voir n° 15075.

> **Précisions a.** Les contestations portant sur l'**application d'accords collectifs** exclusivement en lien avec l'organisation des élections devraient, à notre sens, relever du contentieux électoral (tranché en dernier ressort) et non de celui des accords collectifs de droit commun (tranché en premier ressort). La Cour de cassation a en effet jugé en ce sens de façon explicite à propos du vote électronique prévu par accord collectif ou par décision unilatérale de l'employeur (Cass. soc. 13-1-2021 n° 19-23.533 FS-PRI : RJS 3/21 n° 162) et de façon implicite à propos de la décision administrative ayant refusé d'appliquer un accord collectif définissant le périmètre des établissements distincts en vue de la répartition du personnel et des sièges entre les collèges (Cass. soc. 14-12-2022 n° 21-19.551 FS-BR : RJS 3/23 n° 150).
b. Le jugement qui statue sur une demande d'**annulation des mandats en cours** peut faire l'objet d'un appel car rendu en premier ressort (Cass. soc. 26-10-2005 n° 05-60.057 F-D ; 1-2-2006 n° 05-60.095 : RJS 4/06 n° 476). Sur le point de savoir si un jugement statuant sur une demande de reconnaissance d'**UES**, qui a pour objet ou pour conséquence la mise en place de CSE, est susceptible d'appel, voir n° 22665.

CHAPITRE 5

L'ÉLECTION DES DÉLÉGUÉS AU CSE CENTRAL

SOMMAIRE

Le CSE central d'entreprise présente une structure tripartite : il est composé d'un président, d'une délégation élue des CSE d'établissement, ainsi que d'un représentant de chaque syndicat représentatif. **27000**
Les délégués au CSE central sont élus, pour chaque établissement, par le CSE d'établissement parmi ses membres (C. trav. art. L 2316-4) et non directement par le personnel de l'entreprise.
Sont examinées ici les règles relatives à l'élection de ces délégués. Les autres règles régissant le CSE central sont exposées n°s 6000 s.

1. MOMENT DE L'ÉLECTION

L'élection des délégués au CSE central est en principe organisée après l'élection générale des membres des CSE d'établissement (C. trav. art. L 2316-10). **27005**
Elle a donc lieu en principe tous les 4 ans. Il est toutefois possible de prévoir une durée différente (voir n° 31515). En outre, dans les entreprises où les élections des CSE d'établissement ne sont pas simultanées, les membres du CSE central ne seront pas tous renouvelés à la même date, mais au fur et à mesure du renouvellement des CSE d'établissement.

2. NOMBRE DE SIÈGES À POURVOIR

Le nombre des membres titulaires du CSE central est égal à celui des suppléants (C. trav. art. L 2316-4). **27010**
Sauf accord conclu entre l'employeur et l'ensemble des organisations syndicales représentatives (C. trav. art. R 2316-1) :
– le **nombre des membres** du CSE central ne peut pas dépasser 25 titulaires et 25 suppléants ;
– **chaque établissement** peut être **représenté** au CSE central soit par un seul délégué, titulaire ou suppléant, soit par un ou 2 délégués titulaires et un ou 2 délégués suppléants.

3. RÉPARTITION DES SIÈGES ENTRE LES ÉTABLISSEMENTS ET LES COLLÈGES

a. Combien de sièges pour le collège cadres ?

ENTREPRISES DONT CERTAINS ÉTABLISSEMENTS ONT 3 COLLÈGES

Lorsqu'un ou plusieurs établissements de l'entreprise constituent 3 collèges électoraux (n° 24425), un **délégué titulaire** et un **délégué suppléant** au moins au CSE central appartiennent à la catégorie des ingénieurs, chefs de service et cadres administratifs, commerciaux ou techniques assimilés sur le plan de la classification (C. trav. art. L 2316-5). **27015**
Ces sièges réservés n'ont pas à être **attribués** exclusivement **aux établissements** comportant 3 collèges.

Ainsi, si l'autorité administrative est saisie pour répartir les sièges, elle ne peut pas transférer un siège réservé aux cadres d'un établissement à un autre au seul motif que ce dernier comporte un troisième collège (CE 14-6-1999 n° 196601 : RJS 8-9/99 n° 1080).
Dans le même ordre d'idées, un protocole préélectoral peut prévoir qu'un établissement n'aura pas de représentants cadres au CSE central, alors que ses élus appartiennent majoritairement au troisième collège et qu'il comprend essentiellement des cadres : en effet, les parties à la négociation, dont les organisations syndicales répondant à la condition de double majorité, apprécient seules les conditions dans lesquelles doivent être satisfaites les dispositions relatives à la représentation au CSE central des ingénieurs et cadres en vue d'assurer l'expression collective de l'ensemble des salariés de l'entreprise et non celle d'un établissement déterminé (Cass. soc. 28-1-2015 n° 14-15.817 F-PB : RJS 4/15 n° 263).

ENTREPRISES DONT AUCUN ÉTABLISSEMENT N'A 3 COLLÈGES

27017 Lorsqu'aucun établissement de l'entreprise ne constitue 3 collèges électoraux, mais que **plusieurs établissements** distincts **groupent ensemble au moins** 501 salariés ou au moins 25 ingénieurs, chefs de service et cadres administratifs, commerciaux ou techniques assimilés sur le plan de la classification, au moins un délégué titulaire au CSE central d'entreprise appartient à cette catégorie (C. trav. art. L 2316-6).

TABLEAU RÉCAPITULATIF

27019 La représentation obligatoire des cadres et ingénieurs au CSE central peut être résumée ainsi :

Effectif total de l'entreprise	Nombre de cadres et ingénieurs [1]		Représentation au CSE central
	Dans l'entreprise	Au moins 25 dans au moins un établissement	
Moins de 501 salariés	Moins de 25	Non	Pas de représentation obligatoire [2]
	25 et plus	Non	1 titulaire [2]
		Oui [3]	1 titulaire 1 suppléant
501 salariés et plus	Moins de 25	Non	1 titulaire
	25 et plus	Non	1 titulaire
		Oui [3]	1 titulaire 1 suppléant

1. Par « cadres et ingénieurs », il faut entendre : ingénieurs, chefs de services et cadres administratifs, commerciaux ou techniques assimilés sur le plan de la classification.
2. Dans ce cas, la représentation de cette catégorie n'est pas obligatoire au CSE d'établissement.
3. Pour l'élection au CSE d'établissement, cette catégorie dispose d'un collège spécial (n° 24425).

b. Qui décide de la répartition ?

LA RÉPARTITION EST FIXÉE PAR ACCORD

27024 La répartition des sièges entre les différents établissements et les différents collèges fait l'objet d'un accord entre l'employeur et les organisations syndicales intéressées, conclu aux mêmes **conditions de majorité** que le protocole préélectoral mentionnées nos 24310 s. (C. trav. art. L 2316-8).
S'agissant de la répartition des sièges **entre établissements**, l'accord peut, par exemple, tenir compte de l'importance numérique de l'effectif de chacun des établissements (Cass. soc. 20-12-2006 n° 06-60.119 FS-P : RJS 3/07 n° 354) ou prévoir une répartition entre les syndicats et les non-syndiqués proportionnelle au nombre de sièges obtenus au sein des établissements (Cass. soc. 1-4-1997 n° 95-14.230 P : RJS 5/97 n° 562). Sur le point de savoir s'il peut affecter les **sièges de cadres** à un établissement n'ayant pas de collège pour cette catégorie, voir n° 27015.

> **Précisions** **L'accord peut également** aménager le nombre total d'élus au CSE central (n° 27010), prévoir la date où les élections se tiendront dans chaque établissement, organiser le déroulement de celles-ci (n° 27060) ou encore préciser la règle à appliquer en cas de partage des voix (n° 27065).

EN CAS DE DÉSACCORD LE DREETS INTERVIENT

Quand et comment le Dreets se prononce ? En cas de **désaccord entre** l'employeur et les organisations syndicales sur la répartition des sièges, quelles qu'en soient les causes (CE 27-6-2001 n° 215970 : RJS 11/01 n° 1307), le **Dreets du siège** de l'entreprise décide de la répartition des sièges entre les différents établissements et les différents collèges (C. trav. art. L 2316-8 et R 2316-2). 27026

S'agissant du **nombre total de sièges**, le Dreets ne peut pas dépasser la limite de 25 titulaires et 25 suppléants visée n° 27010 (CE 28-4-1989 n° 74163). Sous cette réserve, il est libre de son appréciation et peut par exemple réduire à 10 le nombre des membres, précédemment fixé à 15 (CE 27-6-2001 n° 215970 : RJS 11/01 n° 1307).

En ce qui concerne la **répartition de ces sièges** entre les différents établissements et les différents collèges, le Dreets tranche en tenant compte par exemple :

– de l'importance et de la structure des effectifs des établissements et des différents collèges dans chaque établissement (CE 18-12-1991 n° 99758 : RJS 3/92 n° 321 ; 8-7-1998 n° 188751) ;

– du nombre d'établissements de l'entreprise, des effectifs et du nombre de collèges par établissement, en appliquant un critère de proportionnalité tout en tenant compte des contingences de chaque établissement (Cass. soc. 5-1-2022 n° 20-17.113 F-D : RJS 4/22 n° 195).

En revanche, il ne peut pas tenir compte des résultats obtenus par les différents syndicats lors des élections dans l'entreprise (CE 1-12-1997 n° 165073 ; 12-2-2003 n° 238203).

Sur le point de savoir s'il peut procéder au transfert d'un siège réservé aux cadres d'un établissement à un autre, voir n° 27015.

> **Précisions a.** La saisine du Dreets **suspend le processus électoral** jusqu'à sa décision et entraîne la prorogation des **mandats en cours** des élus concernés jusqu'à la proclamation des résultats du scrutin (C. trav. art. L 2316-8).
> **b.** Le Dreets prend sa **décision** dans un **délai** de 2 mois à compter de sa saisine. Cette décision est **notifiée** par lettre recommandée avec demande d'avis de réception portant mention des voies et délais de recours (C. trav. art. R 2316-2). Elle peut être **contestée** dans les conditions indiquées n° 27075.
> **c.** Si le Dreets rend une **décision implicite de rejet** d'une demande de procéder à la répartition des sièges entre les différents établissements au sein du CSE central, il ne peut pas la retirer (Cass. soc. 2-2-2022 n° 20-60.262 F-B : RJS 4/22 n° 194).

Que se passe-t-il en cas d'accord après saisine du Dreets ? Une négociation avec les organisations syndicales sur le nombre et la répartition des sièges peut être engagée après saisine de l'administration, même après que celle-ci a rendu sa décision. Si un accord remplissant la condition de majorité prévue pour le protocole préélectoral est conclu, il rend caduque la décision administrative (en ce sens, voir n° 22090, f). 27030

Si la négociation est limitée à l'attribution de sièges supplémentaires, l'accord conclu emporte contractualisation des sièges déjà attribués par l'administration et rend caduque la décision administrative (Cass. soc. 28-1-2015 n° 14-15.817 F-PB : RJS 4/15 n° 263).

SI AUCUN SYNDICAT NE VEUT NÉGOCIER, L'EMPLOYEUR EST-IL COMPÉTENT ?

Avant 2018, l'administration ne décidait de la répartition des sièges au sein du comité central d'entreprise que si au moins un syndicat avait répondu à l'invitation de négocier de l'employeur et qu'aucun accord n'avait pu être obtenu. Il s'en déduisait que, si aucun syndicat n'avait répondu à l'invitation de négocier, l'employeur pouvait répartir unilatéralement les sièges (Rapport AN n° 1754 préalable à l'adoption de la loi 2014-288 du 5-3-2014). 27032

L'article L 2316-8 du Code du travail en vigueur **depuis 2018** ne reprend pas la précision selon laquelle la compétence de l'administration est subordonnée à la condition qu'au moins un syndicat ait répondu à l'invitation de négocier. Cependant, l'intervention de l'administration est prévue « en cas de désaccord sur la répartition des sièges », ce qui suppose qu'un syndicat s'est manifesté et qu'il n'est pas tombé d'accord avec l'employeur. Il se pourrait donc que la règle antérieure – décision unilatérale de l'employeur si aucun syndicat n'a répondu à son invitation – reste valable pour le CSE central. Selon certains auteurs, toutefois, l'employeur ne peut pas procéder seul à la répartition. Mais toute partie peut saisir l'administration du travail, c'est-à-dire la Dreets (M. Cohen et L. Milet, « Le droit des comités sociaux et économiques et des comités de groupe », LGDJ, 18 éd. p. 216).

c. Quels effets sur les mandats en cours ?

27035 Même si elle intervient alors que le mandat de certains membres n'est pas expiré, la répartition des sièges entre les établissements et les différents collèges est appliquée sans qu'il y ait lieu d'attendre la date normale de renouvellement de toutes les délégations des CSE d'établissement ou de certaines d'entre elles (C. trav. art. L 2316-8).

4. ÉLECTORAT ET ÉLIGIBILITÉ

ÉLECTORAT

27040 Seuls les élus **titulaires** de chacun des CSE d'établissement sont électeurs, à l'exclusion des membres **suppléants** (Cass. soc. 27-11-1975 n° 75-60.135 P ; 3-6-1977 n° 77-60.024 P).
Le **président** du CSE d'établissement ne peut pas participer à l'élection à peine d'annulation (Cass. soc. 21-7-1976 n° 76-60.072 P ; 15-1-2002 n° 00-60.276 F-D).

> **Précisions a.** Un **accord** entre l'employeur et les syndicats représentatifs ne peut pas **priver** les membres titulaires des CSE d'établissement **du droit d'être électeurs** au CSE central (Cass. soc. 16-12-1998 n° 97-60.371 P : RJS 2/99 n° 227).
b. Si le protocole préélectoral a prévu une **représentation spécifique** d'une **catégorie de personnel** aux CSE d'établissement et au CSE central et que les délégués titulaires de ce personnel aux CSE d'établissement élisent leurs délégués au CSE central, ils sont exclus de toute autre forme de désignation des membres du CSE central (Cass. soc. 23-7-1980 n° 80-60.070 P).

ÉLIGIBILITÉ

27050 Les **titulaires** aux CSE d'établissement sont **éligibles** au CSE central en tant que titulaires ou suppléants.
En revanche, les **suppléants** ne peuvent qu'y être élus suppléants (Cass. soc. 27-11-1975 n° 75-60.135 P ; 3-6-1977 n° 77-60.024 P).
Les **représentants syndicaux** aux CSE d'établissement ne peuvent pas être élus au CSE central (Circ. DRT 30-11-1984 ; Cass. soc. 4-6-2003 n° 01-60.909 F-D : RJS 10/03 n° 1185).

> **Précisions a.** Si une convention collective prévoit que les **suppléants** du CSE central ont **voix délibérative** avec les mêmes prérogatives que les titulaires, seuls les titulaires du CSE d'établissement peuvent faire partie de la délégation du CSE central (Cass. soc. 7-5-2002 n° 01-60.629 FS-PR : RJS 11/02 n° 1250).
b. Si un **vote par collèges** est organisé, un salarié élu au CSE d'établissement par le premier collège (employés) peut valablement être élu au CSE central pour y représenter ce collège, alors même qu'il est passé, entre ces deux élections, de la catégorie d'employé à celle d'agent de maîtrise, relevant du second collège (Cass. soc. 9-10-1991 n° 90-60.472 D : RJS 12/91 n° 1337). Inversement, il peut, dans cette situation, être élu au CSE central pour le second collège (Cass. soc. 3-4-2002 n° 00-60.431 F-P : RJS 6/02 n° 703).
c. Le fait qu'un **CSE d'établissement** ne comprenne qu'**un seul membre éligible** au CSE central ne fait pas obstacle à l'élection (Cass. soc. 28-1-2015 n° 14-15.817 F-PB : RJS 4/15 n° 263).

5. DÉROULEMENT DU VOTE

MODALITÉS DU VOTE

27060 L'élection a lieu au **scrutin secret** sous enveloppe (Cass. soc. 9-6-1998 n°s 96-60.455 P et 97-60.304 P : RJS 7/98 n° 884).
Sauf accord contraire, il est procédé aux élections par un **vote global**, toutes **catégories** confondues, et non par collège (Cass. soc. 21-7-1976 n° 76-60.030 P).
En l'absence d'accord unanime du collège électoral, l'élection a lieu au **scrutin majoritaire** uninominal à un tour (Cass. soc. 9-6-1998 n° 96-60.455 P : RJS 7/98 n° 884), chaque électeur devant voter en une seule fois pour autant de candidats qu'il y a de sièges à pourvoir (Cass. soc. 5-3-2008 n° 06-60.274 FS-PB : RJS 5/08 n° 572 ; 8-12-2010 n° 10-60.176 F-PB : RJS 2/11 n° 162). Toutefois, rien n'interdit de procéder à des **votes séparés**, par exemple pour les titulaires et les suppléants, ou pour les cadres et les autres catégories professionnelles, dès lors que le dépouillement n'a lieu qu'une fois tous les votes effectués (Cass. soc. 8-12-2010 n° 10-60.176 F-PB : RJS 2/11 n° 162).

> **Précisions a.** Sur l'incidence d'un vote **par collège** sur l'éligibilité, voir n° 27050, b.
b. L'employeur ne peut pas revenir unilatéralement sur un **accord préélectoral** prévoyant un scrutin de liste à un tour avec représentation proportionnelle en fonction du total des voix obtenues par chaque liste (Cass. soc. 5-6-1985 n° 84-60.913 P).

DÉPOUILLEMENT ET PROCLAMATION DES RÉSULTATS

L'élection est soumise à la **règle de la majorité** des voix exprimées (Circ. DRT 30-11-1984). Sur le calcul de cette majorité, voir n° 1880. **27065**
En cas de **partage des voix**, le plus âgé des candidats est proclamé élu (Cass. soc. 9-6-1998 n° 97-60.304 P : RJS 7/98 n° 884). Il est toutefois à notre sens possible de prévoir, dans l'accord préélectoral, une autre règle de départage (par exemple, une de celles pouvant être prévues par le règlement intérieur du comité pour l'élection de son bureau, voir n° 1885).
Le CSE d'établissement n'est pas obligé d'établir un **procès-verbal** à l'issue de l'élection de ses représentants au CSE central (Cass. soc. 10-7-1984 n° 83-63.534 ; 16-2-2011 n° 10-21.039 F-D : RJS 4/11 n° 355). La **proclamation des résultats** peut en effet résulter de l'envoi d'un courrier électronique à tous les salariés et à l'inspecteur du travail les informant du nom des élus (Cass. soc. 16-2-2011 n° 10-21.039 F-D : RJS 4/11 n° 355).

6. CONTENTIEUX

CONTESTATION DE L'ÉLECTORAT OU DES OPÉRATIONS ÉLECTORALES

Les contestations relatives à l'électorat et à la régularité des opérations électorales sont de la **compétence** du tribunal judiciaire statuant en dernier ressort (C. trav. art. L 2316-9 et R 2316-10 ; C. org. jud. art. R 211-3-15). Le tribunal territorialement compétent est celui dans le ressort duquel se trouve l'établissement si la contestation porte sur la désignation des représentants d'un CSE d'établissement au CSE central (Cass. 2e civ. 11-7-1968 n° 67-60.048 P) et celui du siège de l'entreprise si le litige concerne l'absence de protocole préélectoral pour l'ensemble des opérations électorales pour l'élection des représentants de l'ensemble des CSE d'établissement (Cass. soc. 3-7-1984 n° 83-63.629 P). **27070**
Les **délais et modalités** de saisine, ainsi que le déroulement de l'instance, sont les mêmes qu'en cas de contestation de l'élection de la délégation du personnel au CSE : voir nos 26460 s. (C. trav. art. R 2316-10). Le délai de contestation court à compter de la proclamation des résultats (Cass. soc. 10-7-1984 n° 83-63.534 ; 16-2-2011 n° 10-21.039 F-D : RJS 4/11 n° 355).

> **Précisions a.** Les CSE d'établissement ont **intérêt et qualité à agir** pour contester les conditions d'organisation et de déroulement de l'élection des membres du CSE central (Cass. soc. 30-10-2013 n° 13-12.234 F-PB : RJS 1/14 n° 55). Quant au CSE central, il dispose d'un droit propre à contester l'élection par un CSE d'établissement de ses représentants (Cass. soc. 21-10-2009 n° 09-60.064 F-D : RJS 1/10 n° 74).
> **b.** Lorsqu'une contestation rend indispensable le recours à une **mesure d'instruction**, les **dépenses** afférentes à cette mesure sont à la charge de l'État (C. trav. art. L 2316-9).

CONTESTATION DE LA DÉCISION DU DREETS

La décision du Dreets sur la répartition des sièges peut faire l'objet d'un recours devant le **tribunal** judiciaire dans un **délai** de 15 jours suivant sa notification (C. trav. art. L 2316-8 et R 2316-2). En cas de décision implicite de rejet du Dreets, l'employeur ou les organisations syndicales intéressées peuvent saisir, dans le délai de 15 jours, le tribunal judiciaire afin qu'il soit statué sur la répartition (C. trav. art. R 2316-2). Sur l'impossibilité pour le Dreets de retirer une décision implicite de rejet, voir n° 27026, c. **27075**
Les **modalités** de saisine du tribunal, ainsi que le déroulement de l'instance, sont les mêmes qu'en cas de contestation de l'élection de la délégation du personnel au CSE : voir nos 26540 s. (C. trav. art. R 2316-9). Le tribunal statue en dernier **ressort** (C. trav. art. R 2316-9).

ATTENTION
La décision du Dreets peut uniquement faire l'objet d'un recours devant le juge judiciaire : tout autre **recours administratif** ou contentieux est exclu (C. trav. art. L 2316-8).

CHAPITRE 6

LA DÉSIGNATION DES DÉLÉGUÉS ET REPRÉSENTANTS SYNDICAUX

SOMMAIRE

I. DÉLÉGUÉS SYNDICAUX

27800 Sont exposées ici les modalités générales de désignation des délégués syndicaux. Pour les autres représentants syndicaux (représentant de section syndicale, représentant syndical au CSE) voir nos 28600 s. Sur le **cadre** de désignation du délégué, voir nos 22215 s.

A. Conditions

27820 La désignation d'un délégué syndical est subordonnée à plusieurs conditions qui tiennent :
– à l'effectif de l'entreprise ou de l'établissement ;
– au syndicat désignataire ;
– au salarié pressenti lui-même.

1. EFFECTIF DE L'ENTREPRISE

27830 Les délégués syndicaux ne peuvent être désignés, en principe, que dans les entreprises ou établissements d'**au moins 50 salariés** (C. trav. art. L 2143-3), l'effectif étant calculé comme indiqué nos 20850 s. C'est donc au niveau d'une entreprise ou d'un établissement que la désignation peut avoir lieu.

La désignation de délégués syndicaux communs à plusieurs entreprises ou entités autonomes est, cependant, possible lorsque celles-ci constituent une **UES** d'au moins 50 salariés (sur cette notion, voir n°s 22510 s.).
La **condition d'effectif** de 50 salariés comporte deux **dérogations** :
– la loi autorise, dans les **entreprises de moins de 50 salariés,** la désignation d'un membre de la délégation du personnel au CSE comme délégué syndical (n°s 28400 s.) ;
– le seuil d'effectif peut toujours être **abaissé** par convention ou accord collectif (C. trav. art. L 2141-10).
Pour les entreprises ayant plusieurs **établissements distincts** (sur cette notion, voir n°s 22215 s.), le seuil d'effectif s'apprécie séparément au niveau de chacun. À l'inverse, lorsque plusieurs entreprises juridiquement distinctes constituent une **UES,** il s'apprécie globalement.

2. CONDITIONS RELATIVES AU SYNDICAT

La faculté de désigner un ou plusieurs délégués syndicaux est réservée aux **organisations syndicales représentatives** (sur la notion de représentativité, voir n°s 15000 s.) ayant constitué une **section syndicale** dans l'entreprise ou dans l'établissement. **27850**

> **Précisions** Sur la **contestation,** à l'occasion de la désignation d'un délégué syndical, de la **représentativité du syndicat** dans le champ géographique et professionnel de l'entreprise, alors que la capacité de celui-ci à présenter des candidats au 1er tour des élections n'a pas été contestée, voir n° 15515.

NATURE DE L'ORGANE DÉSIGNATAIRE

Chaque organisation syndicale représentative peut désigner un délégué syndical (ou plusieurs selon l'effectif de l'entreprise : voir n° 28000) (C. trav. art. L 2143-3). Cette notion englobe les syndicats mais également leurs **unions.** **27855**
Un syndicat ne peut désigner un délégué syndical que dans le **champ géographique et professionnel** déterminé par ses statuts, peu important son adhésion à une organisation reconnue représentative au plan national et interprofessionnel (Cass. soc. 11-2-2009 n° 08-60.440 F-PB : RJS 4/09 n° 374).
Sur les syndicats **affiliés à une même organisation représentative,** voir n° 28010.
Sur l'**instance syndicale** habilitée à procéder à la désignation, voir n° 28070.

ATTENTION

Le champ professionnel tel que déterminé par les statuts d'un syndicat, et lui donnant vocation à représenter les salariés d'une **UES,** doit s'apprécier par référence à l'**activité principale** de celle-ci (Cass. soc. 26-9-2012 n° 11-60.147 FS-PB : RJS 12/12 n° 957).

Affiliation confédérale L'affiliation confédérale sous laquelle un syndicat a présenté des candidats au premier tour des élections des membres titulaires du CSE constituant un **élément essentiel du vote** des électeurs (n° 15100), en cas de **désaffiliation** : **27860**
– le syndicat perd sa représentativité. La désignation d'un délégué syndical postérieure à cette désaffiliation doit donc être annulée (Cass. soc. 18-5-2011 n° 10-60.069 FS-PBRI : RJS 7/11 n° 625) ;
– le mandat du délégué peut être révoqué par l'organisation à laquelle ce syndicat était affilié (Cass. soc. 16-10-2013 n° 12-60.281 FS-PB : RJS 12/13 n° 835) ;
– la confédération à laquelle le syndicat appartenait au moment des élections ou l'une de ses fédérations ou unions peut désigner un délégué syndical à la seule condition de justifier de l'existence dans l'entreprise, au jour de cette désignation, d'une section syndicale constituée sous son sigle (Cass. soc. 18-5-2011 n° 10-60.300 FS-PBRI : RJS 7/11 n° 625).
Sur la possibilité pour un syndicat qui s'est désaffilié d'une confédération de **contester les désignations** qui en émanent, voir n° 28225.

ATTENTION

Un syndicat, créé après les élections, qui **s'affilie en cours de cycle électoral** à une confédération ayant atteint au moins 10 % des suffrages aux dernières élections ne peut pas se prévaloir de ce score électoral pour se prétendre lui-même représentatif et désigner un délégué syndical (Cass. soc. 4-7-2018 n° 17-20.710 FS-PB : RJS 10/18 n° 616).

EXISTENCE D'UNE SECTION SYNDICALE

27865 La désignation d'un délégué syndical est subordonnée à l'existence d'une section syndicale (C. trav. art. L 2143-3). Lorsqu'un syndicat entend être représenté par un délégué dans un établissement distinct, c'est dans cet établissement qu'il doit avoir constitué sa section syndicale (Cass. soc. 23-6-2010 n° 09-60.438 FS-PB : RJS 10/10 n° 789). La solution paraît transposable au cas de désignation d'un délégué au sein d'une UES.
La **création** de la section peut être **concomitante** à la désignation du délégué. En cas de **contestation** de la désignation d'un délégué syndical, la **charge de la preuve** de l'existence d'une section syndicale incombe au syndicat auteur de la désignation (Cass. soc. 30-5-1996 n° 95-60.253 D).
Pour plus de détails sur la **création** de la section syndicale et la **preuve** de son existence, voir n°s 16530 s.

3. CONDITIONS À REMPLIR PAR LE SALARIÉ

27880 Pour être valablement désigné, le salarié doit remplir des conditions d'âge, d'ancienneté et de travail dans l'entreprise et n'avoir fait l'objet d'aucune interdiction, incapacité ou déchéance de ses **droits civiques** (C. trav. art. L 2143-1). Le délégué doit par ailleurs être choisi parmi les candidats aux élections professionnelles ayant réuni un certain nombre de suffrages sur son nom (n° 27970). Aucune **autre condition** (par exemple, la maîtrise du français) ne peut être exigée.
L'exercice, par le salarié, d'une **activité syndicale antérieure** à sa désignation n'est pas une condition de la validité de celle-ci (Cass. soc. 10-5-1984 n° 83-60.934).
Sur le **contrôle** de la capacité électorale par l'employeur, voir n° 24950. Sur la possibilité de **cumul du mandat** de délégué syndical avec d'autres fonctions représentatives, voir n° 17545.

a. Âge et ancienneté

ÂGE

27890 Le délégué doit être âgé de **18 ans** révolus (C. trav. art. L 2143-1).
La loi ne prévoit pas de **dérogation à la condition d'âge,** mais une jurisprudence ancienne, qui conserve à notre avis sa valeur, a admis que cet âge minimum puisse être abaissé par convention ou accord collectif (Cass. soc. 18-10-1972 n° 72-60.052 P).

ANCIENNETÉ

27895 Le salarié doit travailler dans l'entreprise depuis **un an au moins** (C. trav. art. L 2143-1).
L'ancienneté s'apprécie dans le cadre de l'entreprise de manière **globale,** c'est-à-dire, en particulier, en tenant compte de l'ancienneté acquise en cas de **mutation** du salarié dans un autre établissement ou dans une autre société d'un groupe (Cass. soc. 7-3-2001 n° 99-60.442 F-P : RJS 7/01 n° 888) ou en cas de **transfert d'entreprise** en application de l'article L 1224-1 du Code du travail (Cass. soc. 28-11-2001 n° 00-60.320 F-D : RJS 3/02 n° 303).
Elle est calculée en totalisant la durée de **plusieurs contrats successifs et distincts,** même **discontinus** (jurisprudence constante ; notamment Cass. soc. 15-5-1991 n° 90-60.310 P : RJS 6/91 n° 723).
En revanche, le temps passé dans l'entreprise au titre d'une convention de **stage** ne doit pas être pris en compte (Cass. soc. 26-11-2003 n° 02-60.624 F-P : RJS 2/04 n° 226).

> **Précisions** En cas de **transfert** des contrats de travail **hors du cadre de l'article L 1224-1 du Code du travail,** l'ancienneté acquise au service de l'ancien employeur n'est, en principe, pas prise en compte pour déterminer le droit d'un salarié transféré à être désigné comme délégué syndical chez le nouvel employeur (Cass. soc. 3-12-1987 n° 86-60.433 P). Lorsque l'accord collectif organise les conditions de ce transfert, il convient d'en interpréter les termes. Ainsi, par exemple, la Cour de cassation, faisant une application combinée de l'article 5-02 et de l'annexe VII à la convention collective nationale des entreprises de propreté du 1er juillet 1994 alors applicable, a considéré que ces dispositions permettaient au salarié de faire valoir l'ancienneté acquise au service d'un premier employeur afin d'accéder à un mandat syndical auprès du second (Cass. soc. 19-9-2007 n° 06-60.153 FS-PB : RJS 11/07 n° 1165). Cette convention collective a été remplacée par une autre du 26 juillet 2011, mais la solution reste valable car les dispositions visées par l'arrêt ont été reprises à l'article 2.1.2 de la nouvelle convention.

27900 L'ancienneté requise peut être **abaissée** par voie de convention ou accord collectif (Cass. soc. 13-3-1974 n° 73-60.169 P).

Elle est **réduite** :
– à 6 mois pour les **travailleurs temporaires.** Cette durée est appréciée en totalisant les périodes pendant lesquelles les intéressés ont été liés à l'entreprise par des contrats de mission au cours des 18 mois (6 mois en cas de création d'entreprise ou d'ouverture d'établissement de travail temporaire) précédant la désignation comme délégué syndical (C. trav. art. L 2143-2) ;
– à 4 mois en cas de **création d'entreprise** ou d'ouverture d'un établissement, hors travail temporaire (C. trav. art. L 2143-1). Cette dérogation n'autorise cependant pas la désignation de délégués syndicaux dans les entreprises créées depuis moins de 12 mois (Cass. soc. 7-11-1990 n° 89-61.529 P : RJS 12/90 n° 996 ; 29-5-1991 n° 90-60.361 D : RJS 7/91 n° 858).

> **Précisions** Le salarié temporaire **régulièrement candidat ou élu** représentant du personnel remplit par là même les conditions d'ancienneté et de présence pour être désigné délégué syndical ou représentant syndical au CSE de l'entreprise de travail temporaire (Cass. soc. 4-2-2004 n° 02-60.028 FS-PBRI et n° 03-60.138 FS-PBRI : RJS 5/04 n° 626).

b. Travail dans l'entreprise

Le salarié doit être titulaire d'un **contrat de travail en cours** au moment de sa désignation. La désignation comme délégué syndical d'une personne ayant quitté l'entreprise doit être annulée (Cass. soc. 22-7-1975 n° 75-60.041 P, à propos d'un salarié ayant démissionné ; Cass. soc. 7-10-1982 n° 81-15.102 P, à propos d'un retraité ; Cass. soc. 21-7-1976 n° 76-60.151 P, à propos d'un salarié dont le contrat à durée déterminée est arrivé à terme, candidat aux fonctions de représentant du personnel, mais la solution paraît transposable à la désignation comme délégué syndical). **27920**

NATURE DES RELATIONS CONTRACTUELLES

Selon la jurisprudence, la notion de travail dans l'entreprise s'entend d'une simple condition d'appartenance à celle-ci (ou à l'établissement), voire à une communauté de travail. **27930**
Elle n'implique pas que le salarié ait exercé son activité uniquement de **façon sédentaire** dans les bureaux et non à l'**extérieur** de celle-ci (Cass. soc. 17-3-1976 n° 75-60.180 P).
Peuvent être désignés délégués syndicaux des travailleurs à **temps partiel** (Cass. soc. 4-12-1991 n° 90-60.533 P : RJS 2/92 n° 169), des salariés liés à l'entreprise par des **contrats successifs** (Cass. soc. 5-11-1982 n° 82-60.171 P), voire des **personnes ne travaillant pas en permanence** dans l'entreprise.
Le choix du délégué appartient au syndicat, seul capable d'apprécier si le salarié sera en mesure de remplir sa mission (Cass. soc. 9-1-1985 n° 84-60.550 P ; 17-7-1996 n° 95-60.896 P : RJS 8-9/96 n° 942 ; 27-5-2009 n° 08-60.569 F-PB : RJS 8-9/09 n° 732). Ainsi est valable la désignation comme délégué syndical d'un salarié détaché auprès du CSE (Cass. soc. 9-4-1987 n° 86-60.190 P) ou celle d'un enseignant absent toute l'année scolaire en raison d'un congé-formation (n° 27935).

SALARIÉ DONT LE CONTRAT DE TRAVAIL EST SUSPENDU

Le salarié dont le contrat est suspendu continue à faire partie du personnel de l'entreprise et peut donc être désigné délégué syndical. **27935**

ILLUSTRATIONS

Peut être désigné comme délégué syndical un salarié **mis à pied** (Cass. soc. 27-4-1978 n° 78-60.010 P), en **arrêt maladie** (Cass. soc. 27-5-1998 n° 97-60.036 D) ou en **congé-formation** (Cass. soc. 5-3-1997 n° 96-60.041 P : RJS 5/97 n° 564).

SALARIÉ EN COURS DE LICENCIEMENT

La désignation **avant la notification** du licenciement, c'est-à-dire avant l'envoi de la lettre de licenciement, est valable sauf si elle est **frauduleuse,** ce que l'employeur doit prouver. **27940**
Lorsque la désignation intervient après l'envoi de la **lettre de convocation à l'entretien préalable,** le délégué syndical ne peut pas bénéficier de la protection spéciale contre le licenciement (n°s 45000 s.), sauf si l'employeur avait connaissance de l'imminence de sa désignation (n°s 42260 s.). Sous cette réserve, la procédure de licenciement peut alors être menée jusqu'à son terme dans les conditions de droit commun (Cass. soc. 19-6-1985 n° 83-45.227 P ; 8-7-1998 n° 96-42.099 D : RJS 10/98 n° 1247), l'intéressé pouvant toutefois exercer ses fonctions de délégué syndical jusqu'à son départ de l'entreprise.
La désignation d'un salarié en qualité de délégué syndical peut intervenir après son licenciement, pendant toute la période de **préavis** et pour sa durée, le contrat ne prenant fin qu'à l'expiration de celui-ci (Cass. soc. 25-4-1974 n° 74-60.005 P). Il importe peu que le salarié ait été dispensé d'effectuer son préavis (Cass. soc. 29-10-2003 n° 02-60.638 F-P : RJS 2/04 n° 221, solution rendue à propos de la désignation d'un salarié en qualité de représentant syndical au comité d'établissement, transposable, selon nous, aux délégués syndicaux).

> **Précisions a.** Est frauduleuse toute **désignation qui a pour objet** de détourner la fonction de délégué syndical à des fins particulières, par exemple celle ayant pour seul but de protéger le salarié contre le licenciement (Cass. soc. 17-12-1975 n° 75-60.150 P ; 3-3-2004 n° 02-60.844 F-D) ou de faire obstacle à la survenance du terme d'un CDD (Cass. soc. 29-4-1985 n° 84-60.748 S).
> **b.** Le caractère frauduleux de la désignation du salarié n'est pas établi du seul fait que cette désignation intervient après l'**engagement de la procédure** de licenciement (Cass. soc. 11-12-1980 n° 80-60.280 P) ou après l'annonce du non-renouvellement du CDD (Cass. soc. 2-6-1983 n° 82-60.468).

CADRE DE TRAVAIL

27945 Doit-il y avoir une exacte correspondance entre le lieu où le salarié pressenti exerce son activité et celui où il sera amené à exercer son mandat ? L'appartenance à l'entreprise peut, en effet, avoir à être appréciée dans le cadre d'une entreprise complexe, d'un groupe ou de relations complexes entre entreprises. Seule cette question est abordée ici, celle du cadre de la désignation étant développée nos 22215 s.
Selon la jurisprudence, dans les entreprises à **établissements distincts** (au sens indiqué sous nos 22215 s.), le délégué syndical d'établissement doit appartenir à l'établissement dans lequel il est désigné (Cass. soc. 14-2-1980 n° 79-60.317 P ; 3-3-1999 n° 98-60.145 D : RJS 4/99 n° 547). Cette solution logique paraît toutefois difficile à concilier avec celle relative aux salariés détachés (n° 27930) : le délégué syndical représente d'abord le syndicat auprès de l'entreprise et on peut se demander pourquoi le principe d'autonomie du choix du syndicat ne serait pas susceptible de s'appliquer également dans ce contexte.
Lorsque l'établissement distinct est composé de **plusieurs centres d'activité,** le délégué syndical d'établissement peut appartenir indifféremment à l'un ou l'autre de ces centres. Lorsque les centres d'activité d'une entreprise, **géographiquement écartés,** n'atteignent pas, pris isolément, 50 salariés, il y a lieu, soit de les regrouper entre eux, soit de les rattacher à un centre plus important en nombre de salariés, afin de ne pas priver le personnel qui y travaille de la possibilité d'avoir ses intérêts défendus par un délégué. En cas de rattachement d'établissements entre eux, le délégué syndical ne doit pas obligatoirement être désigné dans l'établissement doté d'au moins 50 salariés (Cass. soc. 25-10-1995 n° 95-60.027 D : RJS 1/96 n° 39).
Pour savoir si un salarié ayant recueilli les suffrages nécessaires au premier tour des dernières **élections des représentants du personnel** organisées dans un **établissement** peut être désigné comme **délégué syndical d'entreprise,** voir n° 27975.

FONCTIONS EXERCÉES

27950 Les salariés qui, en raison des pouvoirs qu'ils détiennent, peuvent être assimilés au chef d'entreprise ne peuvent pas être désignés en qualité de délégués syndicaux ou de représentants syndicaux au CSE. Sont visés les salariés qui, soit disposent d'une **délégation écrite particulière d'autorité** permettant une telle assimilation, soit **représentent** effectivement l'employeur devant les institutions représentatives du personnel (Cass. soc. 12-7-2006 n° 05-60.300 FS-PB : RJS 11/06 n° 1200).
Sur la compatibilité de la **fonction de délégué syndical avec d'autres mandats** représentatifs, voir n° 17545.

> **Précisions a.** L'existence d'une délégation particulière d'autorité établie par écrit n'est pas exigée lorsque le **salarié représente** l'employeur devant les institutions représentatives du personnel. Ne peuvent pas être désigné en qualité de délégué syndical le salarié mandataire de l'employeur qui préside habituellement le CSE (Cass. soc. 27-10-2004 n° 03-60.359 F-PB : RJS 4/05 n° 406) ou le salarié figurant comme représentant de l'employeur sur les procès-verbaux de réunion du comité (Cass. soc. 25-1-2006 n° 05-60.158 FS-P : RJS 4/06 n° 469) ou encore le salarié qui, en sa qualité de directeur d'établissement, préside notamment les réunions des représentants du personnel de cet établissement (Cass. soc. 12-7-2006 n° 05-60.300 FS-PB : RJS 11/06 n° 1200).
> **b.** En dehors de ces hypothèses, il suffit que cette **délégation** existe. Peu importe qu'elle n'ait pas fait l'objet d'une **acceptation expresse** de l'intéressé (Cass. soc. 4-4-2007 n° 06-60.124 F-PB : RJS 6/07 n° 759).
> Ne peuvent pas être désignés le secrétaire général d'un organisme ayant reçu par écrit une délégation globale de signature du directeur général (Cass. soc. 29-6-2005 n° 04-60.093 FS-PB : RJS 10/05 n° 1002) ou le directeur de magasin de sport disposant, pour l'établissement qu'il dirige, d'une délégation particulière d'autorité, établie par écrit, permettant de l'assimiler au chef d'entreprise (Cass. soc. 1-2-2006 n° 05-60.163 F-P : RJS 4/06 n° 469). De même, un salarié qui, en raison d'une délégation particulière d'autorité, est assimilé au chef d'entreprise dans l'une des sociétés constitutives d'une UES ne peut pas exercer un mandat

représentatif ou syndical au sein de cette UES (Cass. soc. 16-4-2008 n° 07-60.382 FS-PB : RJS 6/08 n° 693).
c. En application de l'article 2007 du Code civil, la **démission d'un dirigeant** produit tous ses effets dès que la société en a eu connaissance. La désignation comme délégué syndical d'un salarié, ancien mandataire, intervenue peu après qu'il a démissionné de ses fonctions de mandataire, est donc valable (Cass. soc. 1-2-2011 n° 10-20.953 FS-PB : RJS 4/11 n° 346).

c. Score électoral

Pour être désigné délégué syndical, le salarié doit avoir été candidat (titulaire ou suppléant) au premier tour des dernières élections du CSE et avoir obtenu à titre personnel et dans son collège au moins 10 % des suffrages quel que soit le nombre de votants. Pour obtenir ce pourcentage, on rapporte le nombre de voix obtenues par le candidat au nombre de bulletins valables recueillis pour l'ensemble des listes du collège où il s'est présenté (C. trav. art. L 2143-3, al. 1 ; Cass. soc. 29-6-2011 n° 10-19.921 F-PB : RJS 10/11 n° 818 ; Circ. DGT 6 du 27-7-2011), peu important qu'il soit élu ou non. **27970**

> **Précisions a.** L'obligation des syndicats représentatifs de choisir le délégué syndical en **priorité** parmi les candidats ayant eu au moins 10 % des voix au premier tour est **d'ordre public** (Cass. soc. 29-5-2013 n° 12-26.457 FS-PB : RJS 8-9/13 n° 620 ; Cass. soc. 25-3-2020 n° 19-11.581 FS-PB : RJS 6/20 n° 303). Il en est de même pour le **délégué syndical suppléant conventionnel** (Cass. soc. 25-3-2020 précité). Un **accord collectif** ou un **engagement unilatéral** de l'employeur ne peut pas déroger à cette règle. Dès lors, un syndicat, s'il est en droit de contester l'avantage accordé par l'employeur à un autre syndicat en violation de cette règle, ne peut pas en revendiquer le bénéfice (Cass. soc. 29-5-2013 n° 12-26.457 FS-PB : RJS 8-9/13 n° 620).
b. Un délégué syndical, **licencié avant les élections,** et n'ayant pas pu de ce fait se porter candidat aux élections professionnelles organisées dans l'entreprise, puis **réintégré** après celles-ci à la suite de l'annulation de la décision de l'autorité administrative, peut à nouveau être désigné en qualité de délégué syndical (Cass. soc. 14-11-2013 n° 13-11.301 FS-PB : RJS 1/14 n° 58).
c. En cas de **transfert d'entreprise** n'emportant **pas maintien des mandats,** un syndicat ayant présenté des candidats dans l'entreprise d'accueil peut y désigner en qualité de délégué syndical un salarié transféré n'ayant pas pu se présenter à ces élections (Cass. soc. 19-2-2014 n° 13-14.608 FS-PBR : RJS 5/14 n° 412) ou ayant obtenu plus de 10 % des suffrages exprimés lors des dernières élections professionnelles dans son entreprise d'origine, même s'il dispose dans l'entreprise d'accueil de candidats remplissant la condition de score électoral requise pour être désignés (Cass. soc. 15-4-2015 n° 14-18.653 FS-PB : RJS 7/15 n° 499). La Cour de cassation s'attache ainsi à satisfaire aux exigences de l'article 6 de la directive 2001/23/CE du 12-3-2001 en s'assurant que les salariés transférés sont convenablement représentés dans l'entreprise d'accueil durant la période nécessaire à la formation d'une représentation « intégrée » des travailleurs dans cette entreprise.
d. En revanche, un salarié ayant recueilli au moins 10 % des suffrages exprimés aux élections professionnelles dans un établissement distinct de celui où il a été **muté** ne peut pas être désigné dans ce dernier établissement en qualité de délégué syndical si le syndicat désignataire y dispose de **candidats** remplissant la condition de score électoral pour être désignés (Cass. soc. 3-11-2016 n° 15-60.203 FS-PB : RJS 1/17 n° 39). L'article L 2143-3 du Code du travail dans sa rédaction à la date de publication de cet arrêt ne prévoyait pas l'hypothèse de la renonciation des élus et candidats examinée n° 27980 de sorte qu'à notre avis la solution pourrait évoluer.

L'**appartenance** du salarié désigné comme délégué syndical au **syndicat désignataire** n'est pas une condition de validité de la désignation. Un syndicat peut donc désigner comme délégué syndical un salarié s'étant présenté sur la **liste d'un autre syndicat** (Cass. soc. 13-1-2010 n° 09-60.108 FS-PB : RJS 3/10 n° 275 ; 28-9-2011 n° 10-26.762 FS-PBR : RJS 12/11 n° 997), un salarié ayant **représenté** un autre syndicat ou **élu** sur une liste concurrente et n'ayant pas démissionné de ses mandats électifs (Cass. soc. 17-4-2013 n° 12-22.699 F-PB : RJS 7/13 n° 550). **27975**
La loi n'exige pas non plus que le scrutin auquel le salarié s'est porté candidat couvre l'**intégralité du périmètre** au sein duquel s'apprécie la représentativité du syndicat ou celui au sein duquel l'intéressé exercera son mandat. Un syndicat **représentatif dans l'entreprise** peut donc désigner comme délégué syndical d'entreprise un salarié ayant obtenu au moins 10 % des suffrages exprimés au premier tour des dernières **élections** organisées dans l'un des **établissements** de cette entreprise (Cass. soc. 28-11-2012 n° 12-13.628 FS-PB : RJS 2/13 n° 141).

DÉFAUT DE CANDIDAT AYANT LE SCORE REQUIS OU RENONCEMENT DES ÉLUS ET CANDIDATS

27980 Si **aucun des candidats présentés par le syndicat** ne remplit la condition de score électoral ou s'il ne reste, dans l'entreprise ou l'établissement, **plus aucun candidat aux élections professionnelles** satisfaisant à cette condition ou encore si l'ensemble des **élus** remplissant cette condition **renoncent, préalablement** (Cass. soc. 9-6-2021 n° 19-24.678 F-P : RJS 8-9/21 n° 461) et **par écrit** à leur droit d'être désignés comme délégués syndicaux, ce syndicat peut désigner un délégué syndical parmi les autres candidats ou, à défaut, parmi ses adhérents au sein de l'entreprise ou de l'établissement ou parmi ses anciens élus ayant atteint la limite de durée d'exercice du mandat au CSE (voir n° 31520) (C. trav. art. L 2143-3, al. 2). L'administration semble réserver la possibilité de désigner un adhérent ou un ancien élu à l'absence de tout candidat (QR min. trav. 16-1-2020 n° 48), mais cette interprétation restrictive des dispositions légales est contraire à l'interprétation retenue par la Cour de cassation.

> **Précisions** **a.** L'obligation, pour un syndicat représentatif, de choisir le délégué syndical en priorité parmi les candidats ayant recueilli au moins 10 % des suffrages exprimés au premier tour des dernières élections professionnelles n'a pas pour objet ou pour effet de le priver du **droit de disposer d'un représentant,** dès lors qu'il a présenté des candidats à ces élections dans le périmètre de désignation (Cass. soc. 27-2-2013 n° 12-15.807 FS-PBR ; n° 12-17.221 FS-PBR ; n° 12-18.828 FS-PBR : RJS 5/13 n° 395). Ainsi, un syndicat reconnu représentatif mais dont aucun des candidats n'a atteint le score de 10 % peut valablement choisir son délégué syndical parmi ceux-ci, sans être tenu de **proposer préalablement** ce mandat à l'**ensemble des candidats** ayant obtenu au moins 10 %, **toutes listes syndicales confondues** (Cass. soc. 27-2-2013 n° 12-15.807 FS-BPR : RJS 5/13 n° 395).
b. Un syndicat reconnu représentatif ne disposant **plus de candidat** pour le représenter peut désigner un adhérent (Cass. soc. 27-2-2013 n° 12-18.828 FS-PBR : RJS 5/13 n° 395 ; 26-3-2014 n° 13-20.398 F-D : RJS 6/14 n° 498). Tel est le cas par exemple, si, au jour de la désignation, les trois candidats présents sur les listes du syndicat ont quitté l'entreprise, et que le quatrième, ayant rejoint un autre syndicat, a démissionné de ses fonctions de délégué (Cass. soc. 27-2-2013 n° 12-18.828 FS-PBR précité) ou si les candidats du syndicat ne figurent plus aux effectifs de l'entreprise (Cass. soc. 26-3-2014 n° 13-20.398 F-D : RJS 6/14 n° 498) ou ne sont pas à jour du règlement de leurs cotisations syndicales (Cass. soc. 19-4-2023 n° 21-60.127 F-B : RJS 7/23 n° 389).
c. Lorsque tous les élus ou tous **les candidats qu'il a présentés,** et qui ont obtenu au moins 10 % des suffrages (Cass. soc. 5-4-2023 n° 21-24.752 F-B : RJS 7/23 n° 389), aux dernières élections professionnelles ont **renoncé** à être désignés délégué syndical, le syndicat peut désigner l'un de ses **adhérents** ou l'un de ses anciens élus ayant atteint la limite de trois mandats successifs au CSE, sans être tenu de **proposer** ce mandat préalablement à l'**ensemble des candidats** ayant obtenu au moins 10 %, toutes listes syndicales confondues (Cass. soc. 8-7-2020 n° 19-14.605 : RJS 10/20 n° 482). Un candidat ayant renoncé au mandat de délégué syndical peut **revenir sur sa décision** et être valablement désigné en cette qualité au cours d'un **même cycle électoral** (Cass. soc. 19-4-2023 n° 21-23.348 FS-B : RJS 7/23 n° 389).
d. Un syndicat n'ayant présenté, dans le périmètre de désignation, **aucun candidat** susceptible d'être désigné délégué syndical, sans faire état d'une **situation particulière** de nature à **justifier** cette carence, ne peut pas désigner en tant que délégué syndical un salarié non candidat (Cass. soc. 12-4-2012 n° 11-60.218 FS-PB : RJS 6/12 n° 577 ; 20-3-2013 n° 12-16.568 F-D : RJS 6/13 n° 466 ; 14-12-2015 n° 14-26.517 F-PB : RJS 2/16 n° 138).

B. Nombre de délégués

28000 Le nombre de délégués désignés par chaque section syndicale dans chaque entreprise ou établissement est fixé comme suit en fonction de l'effectif de l'entreprise ou de l'établissement (C. trav. art. R 2143-2) :
– de 50 à 999 salariés : 1 délégué ;
– de 1 000 à 1 999 salariés : 2 délégués ;
– de 2 000 à 3 999 salariés : 3 délégués ;
– de 4 000 à 9 999 salariés : 4 délégués ;
– au-delà de 9 999 salariés : 5 délégués.
Sur la période d'appréciation du **seuil de 50 salariés** qui concerne aussi les autres seuils précités, voir n°s 20535 s.
S'**ajoutent** à ces délégués, le cas échéant, le délégué supplémentaire visé n° 28440 et le délégué syndical central (n° 28500).

> **Précisions a.** Un **second délégué** syndical peut être désigné si le seuil d'effectif requis est atteint pendant la période visée nos 20535 s. (Cass. soc. 12-1-2005 n° 04-60.112 : RJS 6/05 n° 643). Sur les modalités de décompte des effectifs, voir nos 20850 s.
b. Lorsque l'effectif de l'entreprise tombe **en dessous du seuil de 1 000 salariés,** l'employeur est fondé à s'opposer à la désignation par les organisations syndicales d'un **second délégué syndical,** dès lors que, pour respecter le principe d'égalité qui est de valeur constitutionnelle, il a invité préalablement toutes les organisations représentatives concernées à ramener le nombre des mandats à celui qui est prévu par la loi (Cass. soc. 4-3-2009 n° 08-60.411 FS-PB : RJS 5/09 n° 449).
c. La procédure exposée nos 20670 s. n'est applicable que lorsque l'effectif des salariés est **réduit en dessous de 50,** c'est-à-dire en cas de suppression du mandat de délégué syndical et non en cas de **réduction du nombre** de délégués (Cass. soc. 21-7-1986 n° 84-60.607 ; 10-10-2000 n° 98-60.484 FS-P).
d. Un syndicat ayant désigné des délégués syndicaux au **niveau de l'entreprise** ne peut procéder à la désignation de délégués syndicaux dans le cadre d'un établissement distinct de cette entreprise qu'après avoir transformé le mandat des délégués syndicaux d'entreprise en mandat de délégués syndicaux d'établissement (Cass. soc. 12-6-2002 n° 01-60.624 F-P : RJS 10/03 n° 55 ; 16-4-2008 n° 07-60.414 FS-PB).
e. La loi n'ayant pas prévu l'institution de délégués syndicaux **suppléants,** ceux-ci ne peuvent donc être mis en place que par accord collectif (Cass. soc. 14-1-2004 n° 02-60.316 FS-PB : RJS 3/04 n° 327).

MAJORATION DU NOMBRE DE DÉLÉGUÉS

Le nombre de délégués peut être augmenté par convention ou **accord collectif,** mais ne peut pas être modifié par simple **usage** d'entreprise, ou **engagement unilatéral** de l'employeur. L'employeur ayant accepté unilatéralement la **désignation d'un second représentant** syndical au CSE ou d'un **délégué syndical surnuméraire** peut ultérieurement décider de revenir à l'application des textes légaux à la double condition de ne pas méconnaître le principe d'égalité entre tous les syndicats concernés et de les informer préalablement de sa décision (Cass. soc. 10-7-2002 n° 01-60.641 F-D : RJS 11/02 n° 1254 ; 5-3-2008 n° 07-60.305 FS-PB : RJS 5/08 n° 565 ; 4-3-2009 n° 08-60.436 FS-PB et n° 08-60.401 FS-PB : RJS 5/09 n° 449). Il en va de même si l'employeur décide unilatéralement d'autoriser la désignation de délégués syndicaux alors même que la condition d'effectif n'est pas remplie (Cass. soc. 25-1-2012 n° 11-14.151 F-PB). **28005**

ATTENTION

Les différents syndicats représentatifs dans l'entreprise peuvent revendiquer un **traitement identique** de la part de l'employeur, qui ne peut pas refuser à un syndicat la désignation d'un délégué syndical dans des conditions dérogatoires alors s'il l'a acceptée pour un autre (Cass. soc. 5-5-2004 n° 03-60.175 F-PB : RJS 7/04 n° 829 ; 19-5-2004 n° 03-60.348 F-D : RJS 7/04 n° 829 ; 19-11-2008 n° 08-60.395 F-D : RJS 2/09 n° 189).

PLURALITÉ DE SYNDICATS AFFILIÉS À UNE MÊME ORGANISATION REPRÉSENTATIVE

Les syndicats affiliés à une même organisation syndicale représentative au plan national ne peuvent pas, sauf disposition conventionnelle contraire, désigner ensemble un nombre de délégués supérieur à celui prévu par la loi pour un seul syndicat (Cass. soc. 10-7-2002 n° 01-60.641 F-D : RJS 11/02 n° 1254 ; 15-6-2011 n° 10-20.761 FS-PB : RJS 8-9/11 n° 708). En cas de **désignations successives,** la dernière désignation ouvre un nouveau délai permettant de contester l'ensemble des désignations antérieures. Il appartient alors aux syndicats de justifier des dispositions statutaires déterminant le syndicat ayant qualité pour procéder aux désignations des délégués ou à leur remplacement, ou de la décision prise par l'organisation syndicale d'affiliation pour régler le conflit conformément aux dispositions statutaires. À défaut, par application de la règle **chronologique,** seule la désignation notifiée en premier lieu doit être validée (Cass. soc. 29-10-2010 n° 09-67.969 F-PBR : RJS 1/11 n° 60). Dans le même sens, mais s'agissant d'un représentant de section syndicale, voir n° 28660. De même, ces syndicats ne peuvent désigner ensemble qu'un seul délégué syndical central (Cass. soc. 20-10-1988 n° 88-60.014 P). **28010**

Représentation catégorielle et intercatégorielle Dès lors qu'il est représentatif, un syndicat catégoriel de **pilotes de ligne** peut désigner un nombre de délégués syndicaux correspondant à l'effectif de cette catégorie de personnel (c'est-à-dire au moins un), peu important qu'il soit ou non affilié à une confédération syndicale intercatégorielle (Cass. soc. QPC 29-5-2019 nos 18-19.676 FS-D et 18-19.675 FS-PB : RJS 8-9/19 n° 533). S'il est affilié à une confédération syndicale intercatégorielle, cette désignation ne s'impute pas sur le nombre de délégués syndicaux dont peut disposer un **syndicat intercatégoriel affilié à la même confédération** en fonction de l'effectif total de l'entreprise (Cass. soc. 28-11-2012 n° 11-61.192 FS-PB : RJS 2/13 n° 174). **28015**

UNIONS ET FÉDÉRATIONS DE SYNDICATS

28020 Sauf dispositions contraires des statuts, les **unions et fédérations** de syndicats affiliées à une organisation représentative sur le plan national peuvent, au même titre que les syndicats, désigner un délégué syndical (Cass. soc. 13-7-1993 n° 92-60.017 D : RJS 11/93 n° 1116 ; 4-2-2004 n° 02-60.066 FS-PBRI : RJS 5/04 n° 626 ; 20-6-2012 n° 11-18.018 F-D : RJS 10/12 n° 821, à propos d'un représentant de section syndicale mais transposable selon nous au délégué syndical).
Sur l'incidence d'une **désaffiliation d'un syndicat** représentatif, voir n° 27860.

C. Modalités de la désignation

28060 La désignation d'un représentant syndical soulève deux types de questions. Qui, au sein du syndicat, peut procéder à cette désignation ? Qui doit en être informé ?
Sauf exceptions indiquées au fil de l'exposé, les formalités décrites ci-après sont **communes** aux délégués syndicaux (délégués syndicaux d'entreprise ou d'établissement, délégués syndicaux supplémentaires et délégués syndicaux centraux), au **représentant de section syndicale** et au **représentant syndical au CSE.**

1. INSTANCE HABILITÉE À PROCÉDER À LA DÉSIGNATION

28070 Seul un **syndicat** (ou une union ou fédération : n° 12240) peut procéder à la désignation d'un représentant syndical (C. trav. art. L 2142-1-1 pour le représentant de section syndicale, L 2143-3 pour le délégué syndical, L 2143-4 pour le délégué supplémentaire, L 2143-5 pour le délégué syndical central et L 2314-2 pour les représentants syndicaux au CSE). Sur l'incidence des règles de constitution des syndicats sur la validité d'une désignation, voir n°s 12240 s.
L'organe syndical désignataire doit pouvoir justifier d'un **mandat** en ce sens. En l'absence de mandat délivré à cette fin par le syndicat, ou de sa justification ultérieure, la désignation notifiée par lettre portant l'en-tête de la **section syndicale** et la signature du secrétaire de celle-ci doivent être considérées comme émanant d'un organe qui n'avait pas pouvoir de la prendre (Cass. soc. 16-5-1979 n° 79-60.045 P). En revanche, les fonctions de **secrétaire d'un syndicat** permettent à son titulaire de procéder à la désignation d'un délégué syndical sans que celui-ci ait à justifier d'un mandat à cet effet (Cass. soc. 20-12-1988 n° 88-60.194 D).

> **Précisions** En général, ce sont les **statuts du syndicat** qui précisent quelles sont les personnes habilitées à désigner les délégués et représentants syndicaux ou les candidats aux élections professionnelles. En l'absence de précision des statuts, une délibération du syndicat peut désigner ces personnes (Cass. soc. 14-1-2009 n° 08-60.439 F-D).

2. PUBLICITÉ DE LA DÉSIGNATION

28080 La désignation du ou des délégués syndicaux doit être portée, dans l'entreprise, à la connaissance de l'employeur, mais également des salariés et autres syndicats ainsi qu'à l'inspection du travail. Il en va de même en cas de **remplacement** ou de **cessation** de fonctions du délégué (C. trav. art. L 2143-7).
Sur l'affichage du nom des représentants syndicaux au CSE, voir n° 650.

a. Information de l'employeur

DESTINATAIRE DE LA DÉSIGNATION

28090 La désignation doit être portée à la connaissance de l'**employeur** (C. trav. art. L 2143-7).

> **Précisions a.** Dans les entreprises à **établissements distincts,** la désignation d'un délégué syndical d'établissement est valablement notifiée au chef d'établissement concerné si la délégation de pouvoir qu'il détient permet de l'assimiler au chef d'entreprise (Cass. soc. 9-6-1999 n° 98-60.365 P : RJS 7/99 n° 941).
> **b.** Le syndicat qui désigne un délégué syndical auprès de plusieurs personnes morales constituant, selon lui, une **UES** doit notifier cette désignation aux représentants légaux de chacune d'elles (Cass. soc. 16-4-2008 n° 07-60.045 F-D : RJS 7/08 n° 804). Lorsque l'UES a été **préalablement reconnue,** la désignation d'un délégué syndical ou d'un représentant syndical au CSE au sein de cette UES peut, en revanche, être valablement notifiée à une seule personne si celle-ci représente toutes les sociétés composant l'UES (Cass. soc. 26-11-2003 n° 02-60.388 F-P et 29-10-2003 n° 02-60.014 F-D : RJS 2/04 n° 222 ; 15-6-2022 n° 21-10.509 F-B : RJS 8-9/22 n° 458). Si la désignation ne concerne que **certaines composantes** de l'UES, la notification sera

valablement effectuée auprès des seuls représentants légaux des sociétés concernées, ou auprès de la personne habilitée à les représenter. Ainsi, dans le cas d'une UES reconnue par accord collectif, qui l'a divisée en établissements distincts, la désignation d'un délégué syndical d'établissement est valablement faite auprès de celui qui remplit la fonction de chef de cet établissement (Cass. soc. 30-5-2001 n° 99-60.535 FS-P : RJS 8-9/01 n° 1036).

FORME DE LA DÉSIGNATION

La désignation du ou des délégués syndicaux, du délégué syndical central, du représentant syndical au CSE et du représentant de section syndicale est portée à la connaissance de **l'employeur** par **lettre** recommandée avec demande d'avis de réception ou par lettre remise contre récépissé (C. trav. art. D 2143-4 et L 2142-1-2). **28095**
Ces dispositions sont également applicables en cas de **remplacement** ou de cessation des fonctions du délégué ou représentant syndical (n° 28080).
Aucune disposition légale n'impose au syndicat de notifier la désignation dans un **délai** déterminé. Sur les conséquences de l'**annulation** des élections sur les désignations intervenues entre les élections et leur annulation, voir n° 31625.

Les modalités de notification de la désignation à l'employeur ne sont édictées que pour **faciliter la preuve** que celui-ci a eu connaissance de la désignation et non pour sa validité (Jurisprudence constante, notamment : Cass. soc. 25-9-2001 n° 00-60.255 F-D : RJS 12/01 n° 1445 ; 9-7-1996 n° 95-60.777 P : RJS 10/96 n° 1060). Une désignation par **télécopie** (Cass. soc. 3-3-2021 n° 19-20.290 F-D : RJS 6/21 n° 322) ou par mail (Cass. soc. 12-6-2013 n° 12-19.575 F-D) est donc possible. De même, le **défaut de signature,** par son auteur, de la lettre de désignation est sans incidence sur la validité de la désignation, cette omission n'empêchant pas l'employeur d'en prendre connaissance (Cass. soc. 5-3-2008 n° 07-60.305 FS-PB : RJS 5/08 n° 565). **28100**
En **pratique,** en cas de litige, il appartiendra au syndicat de **prouver** que l'employeur a bien eu connaissance de la désignation litigieuse (Cass. soc. 23-6-1999 n° 98-60.358 D : RJS 8-9/99 n° 1086).

CONTENU DE LA DÉSIGNATION

Le syndicat doit indiquer les noms et prénoms du ou des délégués syndicaux désignés, du délégué syndical central et du représentant syndical au CSE, ainsi que, à peine de nullité de la désignation, les **fonctions exactes** du salarié mandaté (délégué syndical ou représentant syndical au comité) et le **cadre** de celles-ci : entreprise ou établissement lieu de la désignation (Cass. soc. 29-3-2005 n° 04-60.166 F-PB : RJS 7/05 n° 759 ; 18-7-2000 n° 99-60.431 FS-P). **28105**
Le syndicat qui désigne un délégué syndical auprès de plusieurs personnes morales constituant, selon lui, une **UES** doit, de plus, indiquer, dans la désignation, à peine de nullité de celle-ci, l'**existence** et la **composition** de l'UES revendiquée (Cass. soc. 26-4-2000 n° 99-60.030 P : RJS 7-8/00 n° 824 ; 6-2-2002 n° 00-60.440 FS-P : RJS 4/02 n° 456 ; 16-4-2008 n° 07-60.045 F-D : RJS 7/08 n° 804).

Sauf indications contraires dans la lettre de notification, la désignation d'un nouveau délégué syndical en **remplacement d'un précédent** est réputée faite dans le même cadre. La mention du remplacement suffit à rendre la seconde désignation précise dès lors que le périmètre de la désignation du premier délégué n'est pas contesté (Cass. soc. 19-11-2008 n° 08-60.392 F-D : RJS 2/09 n° 187 ; 11-2-2009 n° 08-60.490 F-PB : RJS 4/09 n° 375). **28110**
Le **périmètre** de désignation d'un délégué syndical précédemment **reconnu par décision de justice** ne peut être remis en cause qu'au vu d'éléments nouveaux (Cass. soc. 21-1-2009 n° 08-60.452 FS-PBR : RJS 4/09 n° 373).
Sur le point de savoir si la désignation d'un nouveau représentant syndical vaut nécessairement remplacement du précédent, voir n° 28820.

Portée La désignation **prend effet** à compter de la date de réception par l'employeur de la notification. Autrement dit, la validité de la désignation s'apprécie à compter de la date portée sur l'avis de réception. C'est donc aussi à compter de cette date que le salarié bénéficie de la **protection** légale des représentants du personnel (Cass. soc. 2-5-1973 n° 72-60.132 P ; 21-10-1998 n° 97-60.041 D : RJS 12/98 n° 1507). Sur cette protection, voir n°s 42250 s. **28115**
Si la notification de la désignation n'est pas faite par lettre recommandée ou lettre remise contre récépissé (n° 28100), elle prend effet, ainsi que la protection précitée, dès qu'elle est portée à la connaissance de l'employeur (Cass. soc. 3-3-2021 n° 19-20.290 F-D : RJS 6/21 n° 322, à propos d'une désignation notifiée par télécopie).
Sur le délai de **contestation** par l'employeur de la désignation syndicale, voir n°s 28250 s.

> **Précisions** **a.** L'omission de la date sur la lettre de désignation ne rend pas cette dernière irrégulière puisque seule fait foi la **date portée sur l'accusé de réception.** C'est également cette dernière qui détermine le point de départ du délai de recours contentieux (Cass. soc. 2-5-1973 n° 72-60.132 P).
> **b.** Dès lors que l'**employé qui signe le récépissé** ou l'accusé de réception de la lettre portant désignation d'un délégué syndical agit dans le **cadre habituel de sa fonction,** la désignation prend effet à la date de cette signature (Cass. soc. 20-12-1988 n° 87-60.282 P : RJS 2/89 n° 165).

b. Information des salariés et des autres syndicats

28130 La désignation du délégué syndical (d'entreprise, d'établissement, supplémentaire ou central) doit être annoncée directement au personnel et aux autres syndicats éventuellement présents dans l'entreprise. Les noms du ou des délégués syndicaux doivent, en effet, être **affichés** sur des panneaux réservés aux communications syndicales (C. trav. art. L 2143-7, al. 1).
L'employeur qui, contestant la désignation d'un délégué syndical, s'oppose à cet affichage commet un délit d'entrave (Cass. crim. 27-2-1990 n° 88-83.594 D : RJS 4/90 n° 317).

> **Précisions** Cette formalité d'affichage concerne également le **représentant de section syndicale** en application de l'article L 2142-1-2 du Code du travail. Sur l'affichage du nom des **représentants syndicaux au CSE,** voir n° 650.
> Cet affichage fait courir à l'égard des salariés et des syndicats le **délai** dans lequel les **contestations** relatives à ces désignations doivent, sous peine de forclusion, être portées devant le juge (Cass. soc. 17-12-1984 n° 84-60.501 ; 15-2-2006 n° 05-60.178 F-PB : RJS 6/06 n° 749). Sur ce délai, voir n° 28250.

MODALITÉS ET PORTÉE DE L'AFFICHAGE

28135 L'obligation d'information est satisfaite par l'affichage sur les panneaux réservés aux communications syndicales d'un **tract** et d'**articles de journaux** mentionnant les nom et qualité de délégué syndical du salarié qui a été désigné comme délégué syndical (Cass. soc. 7-7-1983 n° 82-60.381).
La date à laquelle le nom du délégué syndical a été porté à la connaissance des salariés et des autres organisations syndicales par affichage fait en principe courir à leur égard le **délai de contestation** de la désignation (n°s 28250 s.).
Sur le point de départ du délai de contestation lorsque le nom du délégué syndical a été porté à la connaissance des intéressés par un **moyen autre que l'affichage,** voir n° 28255.

> **Précisions** La désignation d'un délégué syndical ou d'un représentant de la section syndicale prend effet, à l'égard de l'employeur, à compter du jour où elle est portée à sa connaissance (n°s 28115 s.). Sa publication sur les panneaux réservés à l'affichage des communications syndicales n'a d'incidence que sur le **délai de contestation ouvert aux autres syndicats ou salariés** de l'entreprise (Cass. soc. 28-5-1975 n° 74-60.146 P ; 20-6-2012 n° 11-60.228 F-D : RJS 10/12 n° 820).

c. Information de l'inspecteur du travail

28150 La copie de la communication transmise à l'employeur est adressée simultanément à l'inspection du travail (C. trav. art. L 2143-7, al. 2).
Le **mode** de communication de la désignation à l'inspection du travail et le **délai** dans lequel elle doit intervenir ne sont donc pas fixés par la loi, la seule indication étant sa simultanéité avec celle adressée à l'employeur. En pratique, la communication par voie de lettre recommandée avec accusé de réception paraît la plus appropriée.
Cette formalité a valeur d'information et n'est pas une condition de la validité de la désignation (Cass. soc. 2-4-1996 n° 95-60.624 D : RJS 5/96 n° 565).

> **Précisions** L'obligation de communication simultanée à l'inspection du travail des nom et prénom du représentant syndical au CSE n'est pas prévue par les textes propres à ces représentants qui ne précisent pas non plus les modalités d'information en cas de remplacement ou de cessation de fonctions. Sur les conséquences pratiques de cette situation, voir n° 28820.

D. Contestation de la désignation

1. REPRÉSENTANTS SYNDICAUX CONCERNÉS

Les règles qui suivent s'appliquent indifféremment aux délégués syndicaux **légaux et conventionnels** (C. trav. art. L 2143-8). 28200

En application de l'article L 2142-1-2 du Code du travail, elles valent aussi pour le **représentant de section syndicale.** Sur le contentieux relatif à la désignation du **représentant syndical au CSE,** voir n° 28825.

Sur l'incidence du défaut de contestation de la désignation d'un délégué syndical sur la représentativité d'un syndicat, voir n° 15525.

> **Précisions a.** L'article L 2143-7 du Code du travail ayant prévu la même procédure en cas de désignation et de **remplacement** d'un délégué syndical, le remplacement d'un délégué syndical par un autre constitue une nouvelle désignation susceptible d'être contestée selon les mêmes modalités (Cass. soc. 16-4-1996 n° 95-60.707 D : RJS 5/96 n° 566 ; 27-5-2009 n° 08-60.508 F-D).
> **b.** Le mandat de délégué syndical prenant fin lors du **renouvellement du CSE** dans l'entreprise (n° 32520), la désignation, à l'issue de ces nouvelles élections, d'un délégué syndical fait courir à compter de la date de cette désignation le délai de contestation visé n° 28250 même si le salarié désigné exerçait déjà cette mission avant le nouveau scrutin (Cass. soc. 22-9-2010 n° 09-60.435 FS-PBR : RJS 11/10 n° 862 ; 31-1-2012 n° 10-25.429 FS-PBR : RJS 4/12 n° 365).

2. PERSONNES AYANT INTÉRÊT À AGIR

EMPLOYEUR

Le recours en justice est la seule voie d'action possible pour l'employeur. Il n'est, en effet, pas juge de la validité de la désignation (Cass. soc. 24-10-2012 n° 11-20.346 FS-PB : RJS 2/13 n° 135) et commet un **délit d'entrave** en s'opposant à l'exercice des mandats syndicaux par des voies autres que judiciaires (Cass. crim. 6-11-1984 n° 83-94.557) : voir par exemple : n° 28130. 28220

C'est à l'employeur, en principe, qu'il appartient d'introduire le recours en justice contre la désignation du délégué syndical. Il peut cependant faire appel à un avocat ou se faire représenter par une **personne exclusivement attachée à l'entreprise,** comme le lui permet l'article 762 du Code de procédure civile, mais pas par une personne non salariée de cette dernière, fût-il le directeur général du groupe muni d'une délégation de pouvoir de la gérante de la société concernée (Cass. soc. 5-3-2008 n° 06-60.125 FS-PB : RJS 5/08 n° 566).

Si le recours est introduit par un **préposé,** celui-ci doit avoir le pouvoir d'agir en justice au nom de l'employeur – délégation spéciale délivrée par le président du conseil d'administration de l'entreprise, par exemple (Cass. soc. 17-9-2003 n° 02-60.761 F-D) ou prévue par les statuts ou encore délégation de pouvoir claire et précise – ; est nulle la requête tendant à l'annulation de la désignation de délégués syndicaux présentée par un directeur des ressources humaines dont la délégation de pouvoirs est imprécise s'agissant de ses attributions dans l'organisation des élections professionnelles et qui ne mentionne pas son pouvoir de représenter l'employeur dans les instances judiciaires (Cass. soc. 1-2-2017 n° 16-15.899 F-D : RJS 4/17 n° 273).

En particulier pour les **associations,** l'action est régulièrement engagée par la personne tenant des statuts le pouvoir de la représenter en justice sauf si des stipulations spécifiques ont donné à un autre organe compétence pour décider de l'opportunité d'agir en justice. Dans le silence des statuts, l'action ne peut être régulièrement décidée que par l'assemblée générale (Cass. soc. 16-1-2008 n° 07-60.126 FS-PB : RJS 4/08 n° 449).

Sur les modalités selon lesquelles une **UES** peut se faire représenter en justice, voir n° 22675.

> **Précisions a.** Le **défaut de désignation** de l'organe représentant une personne morale dans un acte de procédure ne constitue qu'un vice de forme et la nullité ne peut être prononcée qu'à charge pour la partie qui l'invoque de prouver l'existence d'un grief. En revanche, le **pouvoir** de représenter la personne morale doit être donné avant l'expiration du délai de contestation visé n° 28250 (Cass. soc. 31-3-2009 n° 08-60.517 FS-PB : RJS 6/09 n° 548).
> **b.** La **fin du contrat de travail** ne prive pas en soi l'employeur de son intérêt à agir en annulation de la désignation du salarié. Celui-ci conservant la faculté de saisir le juge pour faire constater que son **licenciement** est intervenu **en méconnaissance de son statut protecteur,** l'employeur justifie d'un intérêt pour faire juger que la désignation de l'intéressé a été opérée frauduleusement. Rendue à propos d'un représentant de section syndicale, la solution vaut, à notre sens, pour un délégué syndical (Cass. soc. 10-7-2013 n° 12-28.765 F-D : RJS 10/13 n° 699).

AUTRES SYNDICATS ET PERSONNES INTÉRESSÉES

28225 Les syndicats peuvent contester une désignation en vertu de leur droit d'agir en justice pour la défense des intérêts professionnels. Sur les personnes habilitées à représenter le syndicat, voir n° 12450.

Toute personne justifiant d'un intérêt à agir peut contester la désignation d'un délégué syndical, qu'elle soit ou non elle-même membre d'un syndicat présente dans l'entreprise (Cass. soc. 30-5-2001 n° 00-60.196 F-P). Ainsi, tout salarié, même **non syndiqué,** a le droit de contester la désignation d'un délégué syndical dans l'entreprise à laquelle il appartient (Cass. soc. 19-10-1993 n° 92-60.423 D).

En revanche, le syndicat, qui s'est **désaffilié d'une confédération** sous le sigle de laquelle il avait présenté des candidats lors des dernières élections, ne peut pas contester la désignation de représentants syndicaux par la fédération ou par un syndicat qui y est affilié (Cass. soc. 28-6-2023 n° 22-16.020 FS-B : RJS 10/23 n° 526).

3. DÉLAI DE CONTESTATION

28250 Le recours n'est recevable que s'il est introduit dans les **15 jours** qui suivent l'accomplissement des formalités de publicité visées n°s 28080 s. (C. trav. art. L 2143-8, al. 1).

Ce délai concerne **toutes les contestations** relatives aux conditions de désignation des délégués syndicaux quel qu'en soit le motif : représentativité du syndicat, cadre géographique dans lequel elles interviennent, appartenance du salarié à l'entreprise, etc. (Cass. soc. 20-3-1990 n° 89-61.330 P : RJS 4/90 n° 321).

ATTENTION

Le délai de contestation prévu par l'article L 2143-8 du Code du travail ne concernant que la désignation des délégués syndicaux, n'y sont pas soumis les recours en justice de l'employeur pour faire constater la **caducité du mandat** du délégué syndical à raison d'un événement postérieur à la désignation. Ainsi échappe notamment à ce délai la demande tendant à ce qu'il soit mis fin aux fonctions d'un délégué syndical à la suite :

– de sa mutation dans un établissement autre que celui dans lequel il a été désigné (Cass. crim. 6-10-1976 n° 75-92.893 P) ;

– d'une réorganisation interne de l'entreprise (Cass. soc. 13-6-1989 n° 88-60.500 P : RJS 8-9/89 n° 695) ;

– de la modification du découpage des comités d'établissement (Cass. soc. 16-1-1991 n° 89-61.484 D) ;

– de la perte d'autonomie de la société à la suite d'une fusion-absorption (Cass. soc. 28-3-1989 n° 88-60.548 P : RJS 5/89 n° 440) ;

– de la scission d'une fédération (Cass. soc. 18-3-2015 n° 13-26.236 F-D) ;

– de la cessation de l'UES ayant existé entre deux sociétés juridiquement distinctes (Cass. soc. 10-1-1989 n° 87-60.209 P) ;

– de la réduction de l'effectif de l'entreprise ou de l'établissement (Cass. soc. 1-12-1993 n° 92-60.457 D).

Sur l'action en révocation du mandat dans ce type de cas, voir n°s 20670 s. et 32620.

POINT DE DÉPART

28255 Le délai de 15 jours court **en principe** à compter de l'accomplissement des formalités de publicité visées n°s 28080 s., soit à compter de :

– la **notification à l'employeur** (c'est-à-dire de la date figurant sur l'accusé de réception ou le récépissé : Cass. soc. 20-12-1988 n° 87-60.282 P : RJS 2/89 n° 165 ; 29-10-2008 n° 08-60.016 F-PB : RJS 1/09 n° 55) si la contestation émane de ce dernier. En pratique, le délai court à compter de la date où l'employeur a eu connaissance de la désignation de façon certaine (Cass. soc. 9-7-1996 n° 95-60.777 P : RJS 10/96 n° 1060 ; 17-2-2016 n° 14-60.815 FS-PB : RJS 5/16 n° 349). Il ne court pas, en revanche, si la notification a été faite à un chef d'établissement ne disposant pas d'une délégation de pouvoirs permettant de l'assimiler à l'employeur (Cass. soc. 18-1-2017 n° 16-13.306 F-D : RJS 3/17 n° 207) ou à un destinataire autre que celui déterminé, par dérogation aux règles légales, dans un accord collectif (Cass. soc. 20-4-2017 n°s 16-60.119 FS-PB, 16-60.231 et 16-60.232 FS-D : RJS 7/17 n° 500) ;

– à l'égard des **syndicats** et des **salariés** de l'entreprise, du jour où le nom du délégué syndical a été porté à leur connaissance par affichage sur les panneaux réservés aux communications syndicales ou par tout autre moyen (Cass. soc. 4-2-1997 n° 95-60.982 PB : RJS 4/97 n° 435 ; 18-6-2003 n° 01-60.790 F-D : RJS 11/03 n° 1287).

Toutefois, en cas de désignation d'un **délégué syndical central** et d'un **représentant syndical au comité central,** seul l'affichage de ces désignations au siège de l'entreprise est de nature à faire courir le délai de 15 jours à l'égard des salariés et des syndicats (Cass. soc. 15-2-2006 n° 05-60.178 F-PB : RJS 6/06 n° 749 ; 23-9-2009 n° 08-60.520 FS-PB : RJS 12/09 n° 959).

Sur le décompte du délai en cas de désignation par des **syndicats affiliés à une même confédération** syndicale d'un nombre de délégués syndicaux supérieur à celui prévu par la loi, voir n° 28010.

CALCUL DU DÉLAI

En application de l'article 641 du Code de procédure civile, le jour de la **notification** de la désignation n'est pas pris en compte (Cass. soc. 7-11-2012 n° 11-61.189 F-D : RJS 1/13 n° 56). Le délai qui expire normalement un samedi, un dimanche ou un jour férié ou chômé est prorogé jusqu'au premier jour ouvrable suivant (Cass. soc. 17-10-1990 n° 89-61.568 D ; 29-10-2003 n° 02-60.702 F-P : RJS 2/04 n° 230). **28260**

Le délai de 15 jours ne souffre **ni suspension ni interruption** (Cass. soc. 12-12-1990 n° 89-61.103 D : RJS 1/91 n° 54).

EXEMPLE

L'employeur qui signe le 5 juin l'accusé de réception de la lettre de désignation dispose pour contester cette désignation d'un délai expirant le 20 juin à minuit sous réserve que le 20 juin ne soit pas un samedi, un dimanche ou un jour férié ou chômé.

CONSÉQUENCE DE L'EXPIRATION DU DÉLAI

Passé le délai de contestation de 15 jours, la désignation est purgée de tout vice sans que l'employeur puisse soulever ultérieurement une irrégularité pour priver le délégué désigné du bénéfice des dispositions légales concernant les délégués syndicaux, notamment de la **protection spéciale** contre le licenciement (C. trav. art. L 2143-8, al. 2 ; CE 13-5-1987 n° 60711 ; Cass. soc. 10-10-1990 n° 88-44.268 PF : RJS 11/90 n° 881 ; Cass. crim. 22-10-1991 n° 89-84.552 : RJS 2/92 n° 171 ; 19-9-2007 n° 06.41-227 FS-PB : RJS 11/07 n° 1191). **28265**

La **forclusion** n'est toutefois pas opposable à l'employeur lorsqu'il invoque un **fait nouveau** (fraude, incapacité), dont il n'a eu connaissance qu'après l'expiration du délai requis. Le recours doit alors être formé dans les 15 jours suivant la connaissance de ce fait (Cass. soc. 29-10-1986 n° 86-60.041 ; 10-5-1994 n° 93-60.366 D : RJS 6/94 n° 722 ; 27-1-1999 n° 97-60.441 P ; 27-2-2013 n° 11-28.084 FS-PB : RJS 5/13 n° 393). Sur l'incidence de la saisine d'un tribunal incompétent, voir n° 28300, b.

> **Précisions a.** Le seul fait qu'un ancien délégué syndical **poursuive ses missions dans l'entreprise** malgré la perte automatique de son mandat consécutive à de nouvelles élections (n° 32520) ne peut être considéré comme une nouvelle désignation susceptible d'être purgée de tout vice en l'absence de contestation dans les 15 jours (Circ. DGT 27-7-2011). Dans ce cas, l'employeur a donc la possibilité d'agir pour faire constater la caducité du mandat du délégué sans pouvoir se voir opposer le délai de forclusion de 15 jours ; voir également sur ce point n° 28250.
> **b.** En revanche, la **notification** par un syndicat de la désignation d'un représentant syndical après le renouvellement du CSE, au profit d'un salarié qui exerçait déjà précédemment ce mandat, fait courir le délai de contestation de 15 jours (Cass. soc. 1-12-2010 n° 10-60.131 F-D, rectifié).
> **c.** Sous l'empire de la procédure de déclaration au greffe antérieure au 1-1-2020, il avait été jugé que lorsque la contestation était formée par déclaration écrite adressée au greffe du tribunal judiciaire, elle avait pour **date** celle de l'envoi (Cass. soc. 6-1-2011 n° 09-60.398 FS-PBR : RJS 3/11 n° 255 à propos du contentieux électoral ; Cass. soc. 26-9-2012 n° 11-60.147 FS-PB : RJS 12/12 n° 957 concernant le contentieux de la désignation des délégués syndicaux). Cette solution est transposable, selon nous, à la procédure de requête : il convient de se placer à la date d'envoi de la requête si elle est adressée par voie postale ou à la date de sa remise en main propre au tribunal judiciaire si le requérant opte pour ce mode de transmission.

4. PROCÉDURE

TRIBUNAL COMPÉTENT

Les contestations relatives aux conditions de désignation de délégués syndicaux légaux ou conventionnels sont de la seule compétence du **tribunal judiciaire** (C. trav. art. L 2143-8 et R 2143-5). **28300**

Le tribunal judiciaire compétent est celui du **lieu** où la **désignation** est destinée à prendre **effet** (Cass. soc. 7-10-1998 n° 97-60.303 P : RJS 11/98 n° 1382).

Pour le **délégué syndical central,** le tribunal judiciaire compétent est celui du siège de l'entreprise (Circ. DRT du 25-10-1983). Lorsque la désignation d'un délégué syndical central est destinée à prendre effet au sein d'une **UES,** le tribunal judiciaire du lieu du siège social de l'une des sociétés composant celle-ci est compétent pour statuer sur la contestation d'une telle désignation (Cass. soc. 12-1-2000 n° 98-60.550 D).

> **Précisions a.** L'article L 2143-8 du Code du travail vise les contestations relatives aux conditions de désignation des délégués syndicaux. La Cour de cassation considère que cette disposition a une portée générale et qu'elle permet au tribunal de **statuer** sur **tout litige** né à l'occasion de la désignation (Cass. soc. 10-12-1969 n° 68-40.539 P), c'est-à-dire sur :
– le **périmètre** de la désignation défini n°s 22215 s., s'agissant par exemple de la notion d'UES (Cass. soc. 21-7-1976 n° 76-60.145 P) ;
– le **nombre des salariés** de l'entreprise (Cass. soc. 3-1-1974 n° 73-60.159 P) ;
– la **représentativité** de l'organisation syndicale (Cass. soc. 10-12-1969 n° 68-40.539 P ; Cass. soc. 26-6-2013 n° 12-21.766 FS-PB : RJS 10/13 n° 698) ;
– les **conditions** que doit réunir le délégué telles qu'âge, ancienneté... (Cass. soc. 10-11-1971 n° 71-60.213 P ; Cass. crim. 10-2-1972 n° 70-12.166 P ; Cass. soc. 20-7-1981 n° 80-60.438 P) ;
– l'**appartenance du délégué à l'entreprise** au moment de sa désignation (Cass. soc. 18-3-1975 n° 74-11.307 P) ;
– la validité du **protocole d'accord** relatif au nombre de délégués syndicaux par organisation syndicale représentative conclu au sein de la société sur le fondement duquel il a été procédé à ces désignations (Cass. soc. 23-11-2005 n° 05-60.060 FS-PB : RJS 2/06 n° 237) ou de l'**accord collectif** sur la base duquel les désignations ont été effectuées (Cass. soc. 16-1-2008 n° 07-60.163 FS-PB : RJS 4/08 n° 448).
b. La saisine **dans les délais** d'un **tribunal territorialement incompétent** écarte la forclusion vis-à-vis de la juridiction compétente désignée par le premier juge saisi (Cass. soc. 2-3-2004 n° 02-60.828 FS-PB : RJS 5/04 n° 568). La forclusion n'est pas non plus opposable au requérant qui, après avoir saisi dans les délais un tribunal territorialement incompétent, s'est expressément désisté de cette instance pour saisir le tribunal compétent (Cass. soc. 9-7-2008 n° 07-60.468 FS-PB : RJS 10/08 n° 1010). Il en va différemment, en revanche, dans le cas où la contestation a d'abord été portée devant le juge des référés et où celui-ci a estimé que le litige excédait sa compétence, car la saisine ultérieure du juge pour trancher au fond constitue alors une nouvelle requête et non la poursuite de la première (Cass. soc. 17-1-1989 n° 87-60.311 P : RJS 3/89 n° 248).

SAISINE DU TRIBUNAL

28305 Le tribunal judiciaire est saisi des contestations par voie de **requête** (C. trav. art. R 2143-5, al. 2).
La procédure de saisine du tribunal est la même que pour les contestations relatives aux élections des représentants du personnel (n°s 26540 s.). À l'instar de la position adoptée en matière électorale (n° 26540), la Cour de cassation a admis la possibilité de saisine du tribunal judiciaire des contestations relatives à la désignation des délégués syndicaux par lettre sous réserve que celle-ci soit reçue par le greffe dans les délais légaux (Cass. soc. 9-7-1996 n° 95-60.754 P : RJS 10/96 n° 1061). Cette possibilité reste, selon nous, ouverte dans le cadre de la procédure de requête, sous réserve que cette **lettre** comporte l'ensemble des mentions obligatoires visées n° 26550.

PROCÉDURE

28310 Le tribunal statue dans les **10 jours** sans frais ni forme de procédure et sur **avertissement** donné 3 jours à l'avance à toutes les parties intéressées (C. trav. art. R 2143-5, al. 3).

28315 **Convocation des parties** La convocation doit intervenir 3 jours avant l'audience au cours de laquelle intervient la décision (C. trav. art. R 2143-5, al. 3).
Généralement, les parties intéressées sont l'employeur, le délégué et le syndicat ayant procédé à sa désignation. L'**obligation** de les convoquer à l'instance incombe au juge par l'intermédiaire de son greffier. Ce dernier est chargé d'inviter le demandeur, lors de sa déclaration en contestation, à lui faire connaître celles-ci (Cass. soc. 17-5-1978 n° 78-60.068 P).
Le juge ne peut statuer sur une demande en annulation de la désignation d'un délégué syndical sans convoquer le syndicat ayant procédé à la désignation, au besoin en ordonnant la régularisation de la procédure et le renvoi à une audience ultérieure (Cass. soc. 3-3-1999 n° 96-60.146 D : RJS 4/99 n° 548).
En présence de **deux délégués syndicaux** désignés, l'un, par un syndicat et, l'autre, par la fédération à laquelle il est affilié, le tribunal doit convoquer l'ensemble des organisations et des délégués concernés par la contestation (Cass. soc. 30-11-2011 n° 11-11.791 F-D).
Lorsqu'une société d'une **UES** demande l'annulation de la désignation d'un délégué syndical central, les autres sociétés, même non demanderesses, doivent être avisées et mises en cause (Cass. soc. 26-1-2000 n° 98-60.525 D).

ATTENTION

Seules les **parties intéressées non convoquées** à l'audience peuvent se prévaloir de cette omission pour faire annuler le jugement (Cass. soc. 21-7-1993 n° 92-60.177 D).
Lorsque le **délai** entre la convocation des parties par le tribunal saisi d'une contestation de la désignation d'un délégué syndical et l'audience n'a **pas été respecté,** la décision du tribunal doit être annulée (Cass. soc. 18-12-2002 n° 01-60.731 F-D : RJS 5/03 n° 632).

Déroulement de l'instance La procédure devant le tribunal judiciaire étant **orale,** les conclusions adressées par une partie qui ne comparaît pas ou qui n'est pas représentée ne sont pas recevables (Cass. soc. 16-11-1993 n° 92-60.456 PB). **28325**
Lorsqu'une contestation rend indispensable le recours à une **mesure d'instruction,** les **dépenses** afférentes à cette mesure sont à la charge de l'État (C. trav. art. L 2143-8). Le tribunal judiciaire ayant ordonné une mesure d'expertise ne peut pas demander à l'employeur d'avancer une provision (Cass. soc. 17-12-1986 n° 86-60.257 P).

Le **dépassement** du délai de 10 jours imparti au tribunal pour statuer n'entraîne ni la caducité de la demande ni la nullité de la décision (Cass. soc. 6-7-1981 n° 81-60.632 ; 21-11-2007 n° 06-60.285 F-D ; 6-7-1999 n° 98-60.329 PB : RJS 8-9/99 n° 1088). **28330**
La décision du tribunal est notifiée par le greffe dans un délai de 3 jours par lettre recommandée avec avis de réception. La décision est susceptible d'un **pourvoi** en cassation dans un délai de 10 jours (C. trav. art. R 2143-5) mais non d'un appel ou d'une opposition (Cass. soc. 11-12-2019 n° 19-60.094 F-PB : RJS 2/20 n° 98).

5. ANNULATION DE LA DÉSIGNATION

L'annulation de la désignation d'un salarié comme délégué syndical prononcée par le tribunal judiciaire a un effet rétroactif de sorte que le salarié ne peut pas bénéficier de la procédure spéciale de licenciement (Cass. soc. 3-12-2002 n° 99-44.583 FS-P : RJS 2/03 n° 215). **28350**
La contestation qui porte sur la **nouvelle désignation** d'un salarié en qualité de délégué syndical a un objet différent de celle annulée par une décision antérieure. Par suite, l'exception de l'autorité de chose jugée ne peut pas être opposée par l'employeur qui conteste la nouvelle désignation (Cass. soc. 24-6-1998 n° 97-60.123 P : RJS 8-9/98 n° 1013).

> **Précisions** L'annulation judiciaire éventuelle de la désignation du représentant de section syndicale n'a pas d'effet rétroactif sur la validité des **actes conclus par ce représentant** avant l'annulation de son mandat (Cass. soc. 16-2-2011 n° 10-60.195 F-D). Cette solution paraît transposable aux délégués syndicaux.

E. Délégués syndicaux particuliers

1. DÉLÉGUÉ SYNDICAL DANS LES ENTREPRISES DE MOINS DE 50 SALARIÉS

STRUCTURES CONCERNÉES

Les syndicats représentatifs dans un établissement qui emploie moins de 50 salariés peuvent y désigner comme délégué syndical un membre de la délégation du personnel au CSE pour la durée de son mandat (C. trav. art. L 2143-6, al. 1). **28400**
Malgré l'emploi du mot « établissement » sont visées les entreprises de moins de 50 salariés (Cass. soc. 4-5-2017 n° 16-17.082 F-D : RJS 7/17 n° 502). Les entreprises possédant **plusieurs établissements** ne sont concernées par ces dispositions que si leur **effectif global,** tous établissements réunis, est inférieur à 50 salariés (Cass. ass. plén. 14-6-1985 n° 84-60.528 ; Cass. soc. 28-5-1997 n° 96-60.225 D : RJS 7/97 n° 833 ; 29-4-2009 n° 08-60.484 F-PB : RJS 7/09 n° 643).
L'effectif de l'entreprise doit être arrêté au jour de la désignation (Cass. soc. 10-5-2006 n° 05-60.268 FS-PB : RJS 8-9/06 n° 1002).

> **Précisions** Le raisonnement adopté pour les entreprises à établissements multiples vaut également pour les **UES.** La désignation d'un délégué syndical dans une entité comptant moins de 50 salariés mais dépendant d'une UES comprenant plus de 50 salariés doit être annulée (Cass. soc. 31-1-2001 n° 99-60.432 FS-P).

ORGANISMES HABILITÉS À PROCÉDER À LA DÉSIGNATION

28405 Les précisions données nos 27850 s. nous paraissent valoir également pour la désignation d'un membre de la délégation du personnel au CSE comme délégué syndical dans les entreprises de moins de 50 salariés, sous réserve des précisions qui suivent.

28410 En application de l'article L 2143-6 du Code du travail, tel qu'interprété par la jurisprudence précitée (n° 28400), le syndicat doit être **représentatif** dans l'entreprise (ou l'établissement concerné si l'entreprise en comporte plusieurs).

Si l'entreprise est composée d'un seul établissement, les organisations syndicales représentatives au niveau de l'entreprise peuvent désigner un membre de la délégation du personnel au CSE comme délégué syndical.

Si elle est composée de plusieurs établissements dotés d'un CSE, les organisations syndicales représentatives au niveau des établissements peuvent désigner dans ces établissements un membre de la délégation du personnel au CSE comme délégué syndical.

> **Précisions** Cet article ne précise pas si la constitution d'une **section syndicale** est requise, à la différence de l'article L 2143-3 qui pose une telle condition pour la désignation des délégués syndicaux dans les entreprises d'au moins 50 salariés (n° 27865). Sous l'empire des règles antérieures à la loi du 20-8-2008, il avait été jugé qu'un syndicat représentatif peut désigner un délégué du personnel comme délégué syndical sans avoir à justifier de la constitution d'une section syndicale (Cass. soc. 12-12-1990 n° 88-60.671 P : RJS 1/91 n° 52). On peut se demander quel sera l'avenir de cette jurisprudence. Pour l'instant, les décisions des cours d'appel sont contradictoires (CA Reims 4-1-2017 n° 15/02995 ; CA Limoges 30-5-2017 n° 16/00536).

CONDITION TENANT AU SALARIÉ DÉSIGNÉ

28415 Peuvent être désignés comme délégués syndicaux les membres de la délégation du personnel au CSE **titulaires** ou, en l'absence de l'un d'eux, son **suppléant** assurant le remplacement pour la durée de celui-ci (Cass. soc. 20-6-2012 n° 11-61.176 FS-PB : RJS 10/12 n° 823). Outre pendant le remplacement du titulaire absent, un suppléant peut également être désigné comme délégué syndical dès lors qu'il dispose d'un crédit d'heures du fait de la mutualisation des heures de délégation (n° 34700), en application des clauses du protocole préélectoral (n° 34530, b) ou en vertu d'un accord collectif ou d'un usage dérogatoire (Cass. soc. 23-3-2022 nos 20-16.333 FS-B et 20-21.269 FS-B : RJS 6/22 n° 310).

Les syndicats représentatifs peuvent désigner un élu dont la candidature a été présentée, au premier tour, par un **autre syndicat** (Cass. soc. 19-4-2023 n° 21-17.916 FS-B : RJS 7/23 n° 390) ou un membre de la délégation du personnel au CSE élu en tant que **candidat libre** (Cass. soc. 6-7-1999 n° 98-60.329 PB : RJS 8-9/99 n° 1088 ; 14-3-2000 n° 99-60.180 P : RJS 5/00 n° 553).

Ils ne peuvent pas, en principe, désigner un salarié **non membre de la délégation du personnel au CSE.** Il peut toutefois être dérogé à cette règle par convention ou accord collectif, mais non par usage ou engagement unilatéral de l'employeur (Cass. soc. 20-3-2001 n° 99-60.496 FS-P : RJS 6/01 n° 762).

FORMALITÉS ET CONTENTIEUX

28420 Les **modalités** de désignation et les règles du **contentieux de la désignation** sont celles exposées nos 28060 s.

> ATTENTION
>
> La **désignation d'un salarié non membre de la délégation du personnel au CSE** dans une entreprise de moins de 50 salariés est purgée de tout vice si elle n'a **pas été contestée** dans le délai visé au n° 28250.

2. DÉLÉGUÉ SUPPLÉMENTAIRE

28440 Dans les **entreprises d'au moins 500** salariés, tout syndicat représentatif dans l'entreprise ayant obtenu, lors des dernières élections du CSE, à la fois un ou plusieurs élus dans le collège ouvriers-employés et au moins un élu dans l'un des deux autres collèges peut désigner un délégué syndical supplémentaire (C. trav. art. L 2143-4).

Les **modalités** de désignation et les règles du **contentieux de la désignation** sont celles exposées nos 28060 s.

ENTREPRISES CONCERNÉES

L'effectif d'au moins 500 salariés **pendant 12 mois consécutifs** s'apprécie à la date des dernières élections du CSE (Cass. soc. 8-12-2021 n° 20-17.688 FS-B). Pour un exemple de décompte, voir n° 20530. 28445

Dans les **entreprises à établissements multiples,** les délégués supplémentaires peuvent être désignés dans tout établissement distinct (sur cette notion : voir n°s 22215 s.) comptant au moins 500 salariés à la date des dernières élections du CSE (Cass. soc. 8-12-2021 n° 20-17.688 FS-B : RJS 2/22 n° 79). Le cadre de leur désignation est alors dans tous les cas l'établissement tel qu'il est défini pour l'élection au CSE d'établissement (Cass. soc. 30-1-1985 n° 84-60.437 P ; 14-1-2009 n° 08-60.449 F-PB : RJS 3/09 n° 259). 28450
La désignation d'un délégué syndical central d'entreprise n'exclut pas celle d'un délégué syndical supplémentaire lorsque les conditions légales de cette désignation sont remplies (Cass. soc. 10-7-1984 n° 83-63.155 P).

CONDITIONS TENANT AU SYNDICAT

Peut désigner un délégué syndical supplémentaire tout syndicat remplissant simultanément les trois conditions suivantes (C. trav. art. L 2143-4) : être représentatif dans l'entreprise (sur ce point, voir n°s 15000 s.), avoir obtenu un ou plusieurs élus dans le collège des ouvriers et employés lors de l'élection du CSE, et compter, au surplus, au moins un élu dans l'un quelconque des deux autres collèges (agents de maîtrise et cadres). Ces élus peuvent être titulaires ou suppléants (Circ. DRT du 30-11-1984). 28455

> **Précisions** L'exigence de représentativité des syndicats dans le 1er et le 2e ou 3e collège n'a été conçue par le législateur que par rapport à une **répartition du personnel** conforme aux **collèges légaux** : 1er collège (ouvriers et employés), 2e collège (agents de maîtrise et techniciens), 3e collège (cadres). Dans les entreprises ayant **dérogé** par voie de convention ou accord à cette répartition de droit commun, les partenaires sociaux doivent s'attacher à adapter les conditions légales au système de répartition propre à l'entreprise (Circ. DRT du 30-11-1984 précitée).
> En cas de **litige,** les juges du fond doivent rechercher si les collèges supplémentaires créés par voie conventionnelle correspondent au collège des ouvriers-employés et à l'un des autres collèges, pour décider de la validité de la désignation d'un délégué syndical supplémentaire (Cass. soc. 8-10-1987 n° 86-60.368 P).
> Par **exemple,** dès lors que les salariés auraient été rattachés au collège des employés si le collège spécifique au personnel d'enquête institué par l'accord préélectoral n'avait pas existé, est validée la désignation d'un délégué syndical supplémentaire par un syndicat ayant un élu dans le collège du personnel d'enquête et l'autre dans celui des cadres (Cass. soc. 18-6-2003 n° 01-60.911 F-P : RJS 10/03 n° 1189).

Si plusieurs syndicats ont présenté une **liste commune** pour les élections au CSE d'entreprise ou d'établissement qui a obtenu, outre ses élus dans le 1er collège, au moins un élu dans le 2e ou le 3e collège, chacun peut désigner un délégué syndical supplémentaire s'il remplit l'ensemble des conditions nécessaires à cette désignation, en particulier celle tenant au score électoral individuel, mais ils peuvent aussi désigner un délégué syndical supplémentaire commun (Cass. soc. 22-2-2017 n° 15-28.775 FS-PB : RJS 5/17 n° 348). 28460
Dès lors qu'ils ont présenté des **listes distinctes** dans des collèges différents, deux syndicats **affiliés à la même confédération** peuvent faire valoir qu'ils remplissent ensemble la condition liée à la présence d'élus dans au moins deux collèges pour désigner un délégué syndical supplémentaire (Cass. soc. 29-5-2019 n° 18-60.129 FS-PB : RJS 8-9/19 n° 509).

CONDITIONS RELATIVES AU DÉLÉGUÉ

Le délégué supplémentaire est désigné parmi les candidats aux élections professionnelles ayant recueilli au moins 10 % des suffrages exprimés au premier tour des dernières élections au CSE quel que soit le nombre de votants (C. trav. art. L 2143-4, al. 2). 28465

> **Précisions** Dans sa **rédaction antérieure à la loi 2008-789 du 20-8-2008,** le deuxième alinéa de l'article L 2143-4 du Code du travail précisait que le syndicat devait choisir le délégué supplémentaire parmi les adhérents appartenant au 2e ou 3e collège, c'est-à-dire parmi les adhérents appartenant aux collèges des agents de maîtrise ou cadres, raison pour laquelle le délégué supplémentaire était communément qualifié de délégué supplémentaire pour l'encadrement. Ainsi, devait être annulée la désignation en qualité de délégué syndical supplémentaire d'un salarié appartenant au 1er collège, c'est-à-dire au collège des ouvriers et employés (Cass. soc. 21-10-1998 n° 97-60.457 P : RJS 12/98 n° 1508).

La suppression de l'indication relative à l'appartenance du salarié désigné à une **catégorie professionnelle déterminée** au profit d'une seule condition relative au score électoral obtenu sur son nom laisse, à tout le moins en théorie, au syndicat la faculté de choisir le délégué supplémentaire parmi les adhérents au collège des ouvriers.

3. DÉLÉGUÉ SYNDICAL CENTRAL

28500 Dans les entreprises comportant au moins deux établissements d'au moins 50 salariés chacun, chaque syndicat représentatif dans l'entreprise peut désigner un DS central (C. trav. art. L 2143-5). Pour ce faire, il doit avoir recueilli au moins 10 % des suffrages exprimés au premier tour des dernières élections des titulaires au CSE quel que soit le nombre de votants, en additionnant les suffrages de l'ensemble des établissements compris dans ces entreprises. Les modalités de désignation diffèrent selon que l'effectif total de l'entreprise est inférieur à 2 000 salariés ou au moins égal à ce chiffre, mais certaines précisions sont communes aux 2 situations.

RÈGLES COMMUNES

28505 **Condition d'effectif** Les modalités de calcul des effectifs sont celles exposées nos 20850 s. Pour apprécier les conditions d'effectif dans le cadre d'une **UES,** il convient de considérer celle-ci dans son ensemble (Cass. soc. 2-10-1985 n° 84-60.852 S).

28510 **Organisations concernées** La possibilité de désigner un délégué syndical central est réservée aux syndicats représentatifs. La **condition de représentativité** doit s'apprécier par rapport à l'ensemble du personnel de l'entreprise (Cass. soc. 28-9-2011 n° 10-26.545 FS-PBR : RJS 12/11 n° 994 ; 14-12-2015 n° 15-10.902 F-D : RJS 3/16 n° 190). La représentativité au niveau d'un ou de plusieurs établissements ne suffit pas (Cass. soc. 14-2-1989 n° 88-60.246 P : RJS 4/89 n° 351 ; 31-3-1999 n° 98-60.205 P : RJS 5/99 n° 696).

En revanche, un syndicat remplissant les critères de représentativité au niveau de l'ensemble de l'entreprise peut désigner un délégué syndical central même s'il n'est pas représentatif dans tous ses établissements (Cass. soc. 9-7-2008 n° 07-60.475 F-D).

> **Précisions** En cas de contentieux, le caractère représentatif ou non d'un syndicat au sein de l'entreprise relève de l'appréciation souveraine des juges du fond, sur la décision desquels la **Cour de cassation** n'exerce qu'un **contrôle restreint** (Cass. soc. 14-12-2015 n° 15-10.902 F-D : RJS 3/16 n° 190).

28515 **Notification de la désignation et contentieux** En application de l'article L 2143-7 du Code du travail, les règles relatives à la notification de la désignation des délégués syndicaux centraux et au contentieux relatif à celle-ci sont identiques à celles applicables aux délégués syndicaux : voir nos 28080 s.

ENTREPRISES D'AU MOINS 2 000 SALARIÉS

28520 Dans les entreprises d'au moins 2 000 salariés comportant au moins deux établissements d'au moins 50 salariés chacun, le délégué syndical central est distinct des délégués d'établissement. Le syndicat désignataire doit avoir recueilli au moins 10 % des suffrages exprimés au premier tour des dernières élections des titulaires au CSE, quel que soit le nombre de votants, en additionnant les suffrages de l'ensemble des établissements compris dans ces entreprises (C. trav. art. L 2143-5, al. 1 et 2).

Le syndicat n'a pas l'obligation de choisir le délégué syndical central parmi les **candidats aux dernières élections professionnelles** (Circ. DGT du 13-11-2008). Par ailleurs, dans l'hypothèse où le salarié désigné comme délégué syndical central a été effectivement candidat, sa désignation n'est pas subordonnée à l'obtention d'un score électoral minimal (Cass. soc. 16-11-2011n° 10-28.201 FS-PBR : RJS 2/12 n° 165).

ENTREPRISES DE MOINS DE 2 000 SALARIÉS

28525 Lorsqu'elles comportent au moins deux établissements de 50 salariés chacun, les entreprises de moins de 2 000 salariés peuvent avoir, elles aussi, des délégués syndicaux centraux. Cependant, le délégué syndical central d'entreprise est dans ce cas obligatoirement choisi parmi les délégués syndicaux d'établissement sauf disposition conventionnelle permettant la désignation d'un délégué distinct (C. trav. art. L 2143-5, al. 4 ; Cass. soc. 6-2-1996 n° 95-60.114 D : RJS 3/96 n° 296 ; 14-11-2012 n° 11-25.433 FS-PB : RJS 1/13 n° 50).

Un syndicat peut désigner comme délégué syndical central un délégué syndical d'établissement, même s'il s'agit de son unique délégué dans l'entreprise (Cass. soc. 16-12-1992 n° 91-60.214 P : RJS 1/93 n° 52).

II. AUTRES REPRÉSENTANTS SYNDICAUX

A. Représentant de section syndicale

Les modalités de désignation d'un représentant de section syndicale sont largement calquées sur celles du délégué syndical. **28600**
Sur ses moyens et prérogatives, voir n°s 17200 s.

1. CONDITIONS DE DÉSIGNATION

EFFECTIF

Le représentant de section syndicale, comme le délégué syndical, ne peut être désigné que dans les entreprises ou établissements d'**au moins 50 salariés.** Dans les entreprises de moindre effectif, le rôle de représentant peut être dévolu à un membre de la délégation du personnel au CSE (C. trav. art. L 2142-1-1 et L 2142-1-4) : voir n° 17210. **28610**
Bien que les textes ne le prévoient pas expressément, l'effectif à retenir pour la mise en place du représentant de section syndicale **s'apprécie** selon les modalités applicables aux délégués syndicaux (Cass. soc. 8-7-2015 n° 14-60.691 FS-PB : RJS 10/15 n° 652) : voir n°s 20535 s.
Sur le **cadre de désignation** du représentant, voir n°s 22225 s.

Selon l'article L 2141-10 du Code du travail, les conventions ou accords peuvent comporter des **clauses plus favorables** que la loi en matière d'exercice du droit syndical : voir n° 20580. Un accord peut donc abaisser le seuil de 50 salariés ou supprimer toute condition d'effectif. **28615**

> **ATTENTION**
> Un accord collectif dérogeant à la condition d'effectif pour la désignation d'un délégué syndical par un syndicat représentatif ne permet pas, par analogie, aux syndicats non représentatifs de désigner un représentant de la section **autre qu'un membre de la délégation du personnel au CSE.** Cette possibilité ne peut être ouverte que si l'accord est modifié en ce sens (Cass. soc. 26-5-2010 n° 09-60.243 FS-PB : RJS 8-9/10 n° 686).

ORGANISATIONS SYNDICALES HABILITÉES

La faculté de désigner un ou plusieurs représentants de section syndicale est réservée aux syndicats ou aux unions **non représentatifs** mais respectant le critère de transparence financière (n° 28625) qui ont constitué une **section syndicale** dans l'entreprise ou dans l'établissement (sur les conditions nécessaires à la constitution d'une section syndicale, voir n°s 16540 s.). **28620**
L'ensemble de ces conditions doit être rempli à la **date de réception** par l'employeur de la **notification** de la désignation (Cass. soc. 8-7-2009 n° 08-60.599 FS-PBRI : RJS 10/09 n° 810).
La désignation d'un représentant de section syndicale peut **intervenir à tout moment** dès lors que le syndicat remplit les conditions requises. Elle peut coïncider avec la création de la section syndicale ; voir n° 16555, b.

Non-représentativité du syndicat Le représentant de la section syndicale ne peut être désigné que par un syndicat non représentatif, c'est-à-dire par (Circ. DGT 20 du 13-11-2008) : **28625**
a. Les syndicats **affiliés à une organisation syndicale représentative au niveau national et interprofessionnel,** qui, à l'issue des élections professionnelles, n'ont pas été reconnus représentatifs dans l'entreprise (ces syndicats n'ont pas à prouver qu'ils remplissent les critères ci-dessous, à l'exception du critère de la transparence financière : voir n° 15350) ;
b. Les organisations syndicales non représentatives dans l'entreprise ou l'établissement, légalement constituées depuis au moins 2 ans (ancienneté appréciée à compter de la date de dépôt légal des statuts), dont le **champ professionnel et géographique couvre l'entreprise ou l'établissement concerné,** qui satisfont aux critères de respect des valeurs républicaines, de transparence financière et d'indépendance. Sur la date d'appréciation de ces critères, voir n° 15350.
Sur la possibilité pour un syndicat de désigner un représentant de section syndicale au sein d'un établissement alors qu'il est **représentatif au niveau de l'entreprise** et qu'il y a un délégué syndical, voir n° 22240.

28630 **Organe désignataire** **L'organe interne** d'une organisation syndicale (une union ou fédération en l'occurrence, mais la solution vaut pour un syndicat) habilité à désigner des représentants syndicaux dans les entreprises (délégués syndicaux, représentants syndicaux au CSE) est, tant que les statuts ne l'ont pas expressément exclu, habilité à désigner un représentant de la section syndicale (Cass. soc. 18-11-2009 n° 09-65.639 F-PB : RJS 2/10 n° 198 ; 20-6-2012 n° 11-18.018 F-D : RJS 10/12 n° 821).

CONDITIONS RELATIVES AU SALARIÉ

28635 Peut être désigné comme représentant de section syndicale (C. trav. art. L 2142-1-2) :
– dans les entreprises ou établissements d'**au moins 50 salariés,** tout salarié de l'entreprise ou de l'établissement remplissant les conditions exigées n°s 27880 s. pour être désigné comme délégué syndical (à l'exception de celle tenant au score électoral) ;
– dans les entreprises ou les établissements de **moins de 50 salariés,** sauf abaissement conventionnel de ce seuil (n° 28615), un membre de la délégation du personnel au CSE. Ce dernier doit, à défaut de convention ou accord collectif plus favorable, être titulaire (Cass. soc. 27-3-2013 n° 12-20.369 FS-PB : RJS 6/13 n° 464). Cela étant, par analogie avec la solution admise pour le délégué syndical (n° 28415), en cas d'absence du membre de la délégation du personnel au CSE titulaire, son suppléant amené à le remplacer devrait pouvoir être désigné comme représentant de section syndicale pour la durée du remplacement.

> **Précisions** **a.** Sur l'**interdiction** édictée par l'article L 2142-1-1, al. 3 du Code du travail de désigner immédiatement après l'organisation des élections professionnelles le salarié qui exerçait cette même fonction au moment des élections, voir n° 32715.
b. Un syndicat **ayant perdu sa représentativité** peut, au lendemain des élections, désigner en qualité de représentant de section syndicale son ancien représentant syndical au CSE (Cass. soc. 4-11-2009 n° 09-60.039 FS-PB : RJS 1/10 n° 67) ou son ancien délégué syndical (Cass. soc. 20-3-2013 n° 11-26.836 F-PB : RJS 6/13 n° 465).
c. Le salarié disposant d'une **délégation écrite d'autorité** permettant de l'assimiler au chef d'entreprise ne peut pas être désigné comme représentant de section syndicale, peu important que la délégation porte sur un périmètre plus restreint que celui de sa désignation (Cass. soc. 15-10-2015 n° 14-25.680 F-D : RJS 1/16 n° 42).
d. Un salarié **mis à la disposition** d'une entreprise peut y être désigné comme représentant de section syndicale (Cass. soc. 29-2-2012 n° 11-10.904 FS-PBR : RJS 5/12 n° 473).
e. Le représentant de section syndicale peut être désigné parmi les **deux seuls adhérents** de la section syndicale (n° 16555).
f. Une **union syndicale** ne peut pas désigner comme représentant de section syndicale l'**adhérent** d'un **syndicat** qui ne lui est **pas affilié** a fortiori si elle n'a pas constitué de section syndicale (Cass. soc. 20-4-2017 n° 16-60.119 FS-PB : RJS 7/17 n° 500).

CUMULS DE MANDATS

28640 Le représentant de la section syndicale peut **cumuler son mandat** avec celui de membre de la délégation du personnel au CSE (C. trav. art. L 2143-9, par renvoi de l'art. L 2142-1-2 du même Code).
En revanche, le mandat de représentant de section syndicale ne paraît pas compatible avec celui de représentant syndical au CSE, compte tenu des modalités de désignation de ce dernier qui supposent la représentativité du syndicat désignataire, voir n°s 28770 s.

2. NOMBRE DE REPRÉSENTANTS

28660 Chaque organisation ne peut désigner qu'**un seul** représentant par section syndicale créée, quel que soit l'effectif de l'entreprise ou de l'établissement (Circ. DGT 20 du 13-11-2008 ; Cass. soc. 14-12-2010 n° 10-60.263 FS-PB : RJS 2/11 n° 156), mais elle peut désigner un représentant au niveau de l'entreprise ou de chacun des établissements distincts retenus pour la mise en place des comités d'établissement (Cass. soc. 28-9-2011 n° 10-23.992 F-D). Pour plus de précisions sur le cadre de la désignation, voir n°s 22225 s.

> **Précisions** En cas de **concurrence,** dans une même entreprise ou un même établissement, **entre deux syndicats** se présentant sous le sigle d'une **même organisation syndicale interprofessionnelle nationale,** sans y être tous deux affiliés, mais sans opposition de sa part, seule la désignation notifiée en premier lieu doit, par application de la règle chronologique, être validée (Cass. soc. 17-2-2016 n° 14-23.854 FS-PB : RJS 4/16 n° 268).

3. FORMALITÉS DE DÉSIGNATION ET CONTENTIEUX

Les règles légales relatives respectivement à la publicité (nos 28080 s.) et au contentieux de la désignation du délégué syndical (nos 28200 s.) sont applicables au représentant de section syndicale (C. trav. art. L 2142-1-2). 28680
Sur les conséquences de l'annulation de la désignation du représentant de section syndicale sur la validité des actes conclus avant cette annulation, voir n° 28350.

B. Représentant syndical au CSE

Les règles de désignation d'un représentant syndical au CSE varient selon que l'effectif de l'entreprise est inférieur ou au moins égal à 300 salariés à la date des dernières élections professionnelles (Cass. soc. 15-4-2015 n° 14-19.197 FS-PB : RJS 6/15 n° 420 ; 22-3-2023 n° 22-11.461 F-B : RJS 6/23 n° 321). 28750
Sur le calcul de l'effectif de l'entreprise, voir nos 20850 s.

1. ENTREPRISES DE MOINS DE 300 SALARIÉS

CHOIX DU REPRÉSENTANT

Dans les entreprises de 50 à moins de 300 salariés et dans les établissements y appartenant, le **délégué syndical** est de droit représentant syndical au CSE (C. trav. art. L 2143-22), contrairement au **représentant de section syndicale** (Cass. soc. 23-3-2022 n° 20-20.397 F-B : RJS 6/22 n° 303). 28770
En pratique, la règle de cumul de droit des mandats emporte plusieurs **conséquences** :
– elle ne fait pas obstacle à la désignation d'un représentant syndical dans l'hypothèse où un **délégué syndical** n'aurait **pas** déjà été **désigné** (Cass. soc. 1-4-1998 n° 96-60.442 D : RJS 5/98 n° 603) ;
– une organisation syndicale ne peut pas **maintenir en fonctions** un représentant syndical distinct du délégué syndical (Circ. DRT 13 du 30-11-1984) ;
– si un **membre élu** du CSE est **désigné comme délégué syndical,** l'incompatibilité des mandats de membre élu du CSE et de représentant syndical à ce comité (n° 28810) n'a d'autre effet que de priver le syndicat d'un représentant au CSE (Cass. soc. 25-10-1995 n° 94-60.562 D : RJS 12/95 n° 1255 ; 18-7-2000 n° 98-42.625 FS-P : RJS 11/00 n° 1112) ;
– un **accord collectif** peut autoriser les syndicats intéressés à désigner, pour les représenter au CSE, des salariés autres que les délégués syndicaux, mais ni un usage de l'entreprise ni un engagement unilatéral de l'employeur non plus qu'une simple tolérance ne le peuvent. Ainsi, l'employeur qui fait participer aux réunions du CSE en qualité de représentant syndical un salarié après que son mandat de délégué syndical lui a été retiré peut unilatéralement décider de revenir à l'application des textes légaux, sous réserve de ne pas méconnaître le principe d'égalité entre tous les syndicats concernés et, pour répondre à l'exigence de loyauté qui s'impose en la matière, de les en informer préalablement (Cass. soc. 23-6-2010 n° 09-60.408 FS-D : RJS 10/10 n° 781).
Le représentant syndical doit remplir les conditions d'appartenance au **personnel de l'entreprise** et d'**éligibilité** au comité exposées n° 28810.

ATTENTION

Sauf mention expresse contraire, le rappel dans une **convention collective** du droit pour chaque syndicat représentatif de disposer d'un représentant au CSE ne constitue pas une dérogation permettant, dans les entreprises de moins de 300 salariés, de désigner un représentant syndical non délégué syndical (Cass. soc. 24-5-2006 n° 05-60.264 FS-PB : RJS 8-9/06 n° 963 ; 3-11-2016 n° 15-60.250 FS-PB : RJS 1/17 n° 32).

ORGANISATIONS SYNDICALES HABILITÉES

La désignation du représentant syndical au comité est réservée aux **syndicats représentatifs,** puisqu'ils sont seuls habilités à désigner un délégué syndical (n° 27850). Sur le moment auquel s'apprécie le critère de transparence financière, voir n° 15350. Sur le cadre d'appréciation de la représentativité syndicale en cas de désignation d'un représentant syndical : au CSE d'établissement, voir n° 15510 ; ou au CSE central, voir n° 6020. 28780
Comme dans les entreprises de 300 salariés et plus, une **fédération ou une union** de syndicats peut procéder à la désignation d'un représentant syndical au CSE (n° 28800).
Un syndicat n'ayant qu'**un seul élu** au CSE peut y désigner le délégué syndical en qualité de représentant syndical (Cass. soc. 20-6-2012 n° 11-15.558 FS-PB : RJS 10/12 n° 813).

FORMALITÉ

28785 Selon nous, le délégué syndical étant « de droit » représentant syndical au CSE, sa désignation en tant que représentant syndical au CSE n'a pas à être **notifiée** à l'employeur, et ce dernier doit convoquer le délégué syndical aux réunions du comité (n° 1810).

2. ENTREPRISES D'AU MOINS 300 SALARIÉS

ORGANISATIONS SYNDICALES HABILITÉES

28800 Chaque organisation syndicale représentative dans l'entreprise ou l'établissement peut y désigner un représentant au comité (C. trav. art. L 2314-2). Dans les entreprises à **établissements distincts,** une organisation syndicale représentative dans l'entreprise peut donc désigner un représentant au CSE central et un représentant au comité des seuls établissements dans lesquels elle est représentative (Cass. soc. 8-7-2015 n° 14-60.726 FS-PB : RJS 10/15 n° 650).
Cette condition s'apprécie à la date des élections. Sur l'appréciation du critère de transparence financière, voir également n° 15350.
Une **fédération** de syndicats, au même titre qu'une **union** de syndicats, peut désigner un représentant syndical au comité (Cass. ass. plén. 30-6-1995 n° 93-60.026 D : RJS 8-9/95 n° 908).

> **Précisions** **a.** Le délégué syndical n'est de droit représentant syndical au CSE que dans les entreprises de moins de 300 salariés et dans les établissements appartenant à ces entreprises (n° 28770). Dès lors, dans une **UES d'au moins 300 salariés,** est régulière la désignation, en qualité de représentant syndical au comité, d'un salarié qui n'est pas délégué syndical (Cass. soc. 29-6-2011 n° 10-18.689 F-D : RJS 11/11 n° 884).
> **b.** En cas de **désaffiliation** d'un syndicat ayant recueilli au moins 10 % des suffrages au premier tour des dernières élections professionnelles, la confédération ou l'une de ses fédérations ou unions à laquelle ce syndicat était auparavant affilié peut désigner un représentant syndical au CSE ou CSE d'établissement, cette désignation mettant fin au mandat du salarié désigné par ce syndicat avant sa désaffiliation (Cass. soc. 6-3-2019 n° 18-15.238 F-PB : RJS 5/19 n° 303).

CHOIX DU REPRÉSENTANT

28810 Le représentant syndical au comité est choisi parmi les **membres du personnel** de l'entreprise (ou, pour le CSE d'établissement, parmi ceux de l'établissement) et doit remplir les conditions d'**éligibilité** à ce comité (n°s 25055 s.) (C. trav. art. L 2314-2). Il n'y a pas d'obligation de choisir le représentant parmi les **candidats aux élections** professionnelles (Circ. DGT 20 du 13-11-2008). En revanche ne peut pas être désigné un salarié **assimilé à l'employeur** (n° 27950).
Un salarié **mis à disposition** ne peut pas être désigné non plus représentant syndical au comité de l'entreprise d'accueil (Circ. DGT 20 du 13-11-2008 précitée).
Sur la validité de la désignation d'un salarié en cours ou en instance de **licenciement,** voir n° 27940.

> **Précisions** Il est possible de **cumuler** les fonctions de représentant syndical au comité avec celles de **délégué syndical** (C. trav. art. L 2143-9 ; Circ. TE 14 du 25-4-1967).
> En revanche, il n'est pas possible de **cumuler** ces fonctions avec celles de **membre élu** du CSE (Cass. soc. 11-9-2019 n° 18-23.764 FS-PB : RJS 11/19 n° 640 ; 22-1-2020 n° 19-13.269 F-PB : RJS 4/20 n° 193). Cette incompatibilité est d'**ordre public** et il est impossible d'y **déroger** par accord collectif (Cass. soc. 22-1-2020 précité) mais elle n'interdit pas au représentant syndical de se porter candidat aux élections au comité (Cass. soc. 17-7-1990 n° 89-60.389 D : RJS 8-9/90 n° 689). S'il est élu, il devra opter pour l'une des deux fonctions (Cass. soc. 17-7-1990 n° 89-60.729 PF : RJS 8-9/90 n° 689 ; 22-1-2020 précité). À défaut d'option, son mandat de représentant syndical sera caduc (Cass. soc. 22-1-2020 précité).

NOMBRE DE REPRÉSENTANTS

28815 Chaque organisation syndicale ne peut, en principe, désigner qu'**un seul représentant** (C. trav. art. L 2314-2).

> **Précisions** **a.** En **application de cette règle,** ne peuvent désigner ensemble qu'un seul représentant une **centrale syndicale** et les **organisations** qui lui sont **affiliées,** notamment celles qui sont catégorielles (Cass. soc. 14-1-1976 n° 75-60.156 ; 6-4-2005 n° 04-60.323 F-P : RJS 6/05 n° 645 ; 5-3-2008 n° 07-60.060 FS-PB : RJS 5/08 n° 558) ou **deux syndicats** affiliés à la **même fédération** (Cass. soc. 23-6-1988 n° 87-60.196 D ; 29-5-1991 n° 89-61.563 P : RJS 7/91 n° 851). Si l'employeur a accepté la désignation d'un second représentant syndical par un syndicat, il ne peut pas refuser le même avantage à un autre syndicat (Cass. soc.

5-1-2005 n° 04-60.164 F-D : RJS 4/05 n° 401). Sur les conditions dans lesquelles il peut revenir à l'application des règles légales, voir n° 28005.
b. Il peut être **dérogé** à cette règle par accord collectif, mais pas par usage d'entreprise ni par engagement unilatéral (Cass. soc. 30-5-2001 n° 00-60.150 F-P : RJS 10/01 n° 1154). Lorsqu'un accord autorise la désignation de plusieurs représentants par chaque organisation habilitée, le nombre de représentants contractuellement arrêté ne peut pas être modifié et la désignation du ou des représentants excédentaires doit être annulée (Cass. soc. 3-4-2002 n° 01-60.383 F-D : RJS 7/02 n° 836).

FORMALITÉS

La désignation du représentant syndical au comité peut intervenir à tout **moment** (Cass. soc. 3-4-2002 n° 01-60.576 F-P : RJS 6/02 n° 696). 28820
Les **nom et prénoms** du représentant sont portés à la connaissance de l'employeur soit par **lettre** recommandée avec avis de réception, soit par lettre remise contre récépissé (C. trav. art. D 2143-4).

> **Précisions** L'article D 2143-4 du Code du travail est commun à la désignation des délégués syndicaux, du délégué syndical central et du représentant syndical au comité. Depuis la recodification du Code du travail entrée en vigueur le 1-5-2008, ce texte, qui remplace l'ancien article D 412-1, ne mentionne plus :
– ni l'obligation de communication simultanée à l'**inspection du travail** des noms et prénoms des délégués syndicaux, du délégué syndical central et du représentant syndical au comité ;
– ni que la procédure d'information qu'il institue s'applique également en cas de **remplacement** ou de cessation des fonctions.
Ces lacunes sont sans conséquence pour les délégués syndicaux puisque ces dispositions sont reprises à l'article L 2143-7 du Code du travail, qui leur est propre. Tel n'est pas le cas pour le représentant syndical au comité. Mais la Cour de cassation considère que, sauf fraude, un syndicat peut **remplacer,** selon les **formes prescrites** par ce texte, un représentant au CSE d'établissement et au CSE central d'entreprise (Cass. soc. 1-2-2017 n° 16-11.737 F-D : RJS 4/17 n° 271). Jugé également que le syndicat désignant un représentant syndical au comité en remplacement d'un autre doit **le préciser dans la désignation** notifiée à l'employeur (Cass. soc. 14-3-2018 n° 17-16.110 F-D : RJS 5/18 n° 338). Cette solution nous paraît transposable au remplacement d'un DS, ainsi que d'un RSS ou d'un représentant syndical au CSE central d'entreprise.
Pour plus de précisions sur la procédure d'information de l'employeur et de l'inspecteur du travail, voir respectivement n°s 28090 s. et n° 28150.

CONTENTIEUX

Les contestations relatives à la désignation des représentants syndicaux sont de la compétence du **juge judiciaire** (C. trav. art. L 2314-32). 28825
Sous réserve des particularités exposées ci-après, les règles applicables (modalités de saisine du tribunal, notification du jugement, recours, etc.) sont celles fixées par les articles R 2314-23 à R 2314-25 du même Code qui visent à la fois le contentieux de l'élection des membres du comité et celui de la désignation des représentants syndicaux. Elles sont exposées n°s 26510 s., 26567 s. et 26610 s.
Lorsqu'une contestation rend indispensable le recours à une **mesure d'instruction,** les dépenses afférentes à cette mesure sont à la charge de l'État (C. trav. art. L 2314-32).

ATTENTION
L'employeur qui conteste, trois fois en quelques mois et pour le même motif, la désignation d'un représentant syndical et sa candidature aux élections professionnelles peut être condamné au paiement d'une amende civile pour **abus du droit d'agir en justice,** s'il ne peut légitimement penser, au regard des décisions de justice déjà rendues, qu'il obtiendra gain de cause (Cass. soc. 10-3-2016 n° 15-18.268 F-D : RJS 5/16 n° 346).

Saisine du tribunal Le tribunal est saisi par **voie** de requête. Celle-ci n'est recevable que si elle est remise ou adressée dans les **15 jours** suivant la désignation (C. trav. art. R 2314-24, al. 4). 28830
Ce délai s'applique aussi à la contestation de la qualité de représentant syndical de droit du délégué syndical dans une entreprise de moins de 300 salariés. En effet, il s'agit d'une contestation de la désignation d'un représentant syndical au CSE au sens de l'article R 2314-24 du Code du travail (Cass. soc. 25-1-2012 n° 11-10.978 F-PB : RJS 4/12 n° 362).

> **Précisions a.** Pour l'employeur, le **point de départ du délai** de 15 jours correspond à la date de communication du nom du représentant syndical (n° 28820).
Pour les organisations syndicales ou les salariés, ce délai ne court que du jour où le nom du représentant syndical a été porté à leur connaissance, c'est-à-dire, par exemple, à compter de :
– la réunion du CSE à laquelle participe l'ensemble des représentants des organisations syndicales, en particulier celui du syndicat demandeur, réunion qui leur permet d'avoir connaissance de la désignation (Cass. soc. 5-3-1986 n° 85-60.492 P ; 14-1-1987 n° 86-60.298) ;
– ou de l'affichage sur les panneaux réservés aux communications syndicales (Cass. soc. 17-12-1984 n° 84-60.501 P). Sur la portée, vis-à-vis des organisations syndicales, de l'affichage du nom du représentant syndical au comité central, dans un seul établissement de l'entreprise et non au siège de l'entreprise également siège du comité central, voir n° 28255.
b. La date à considérer pour déterminer si la contestation de la désignation, lorsqu'elle est faite par lettre, est intervenue dans le délai légal de 15 jours est celle de sa **réception au greffe** du tribunal, et non pas celle de son expédition (Cass. soc. 18-12-2002 n° 01-60.806 F-D : RJS 4/03 n° 476).
c. Sur les effets du **dépassement du délai,** voir n° 28265.
d. La découverte d'une **fraude** ou un **fait juridique nouveau** peut permettre d'engager une action en nullité de la désignation d'un représentant syndical au comité au-delà du délai de 15 jours, à condition que cette action soit engagée dans les 15 jours suivant celui où le demandeur a eu connaissance du fait servant de fondement à sa contestation (Cass. soc. 29-3-1994 n° 93-60.334 D : RJS 6/94 n° 714). Pour savoir si le **jugement statuant sur la représentativité d'un syndicat** à l'occasion d'une contestation de la désignation de délégués syndicaux centraux constitue un **fait nouveau** faisant courir un nouveau délai permettant de remettre en cause la désignation du représentant syndical au CSE central, voir n° 6020, b.
e. Lorsque deux syndicats distincts affiliés à la même confédération procèdent chacun à la désignation successive d'un représentant syndical au comité, le second représentant syndical, dont la désignation est contestée par le premier représentant, peut former une **demande reconventionnelle** en vue d'obtenir l'annulation de la désignation de ce dernier, sous réserve de notifier la contestation au syndicat désignataire, partie mise en cause à l'instance, et de respecter le délai de contestation de 15 jours (Cass. soc. 28-2-2007 n° 06-60.132 F-D : RJS 5/07 n° 623).
f. La requête en annulation formée par le **représentant de l'employeur** personne morale n'est pas susceptible d'être annulée au motif que le **pouvoir** donné à ce représentant n'a été produit qu'après l'expiration du délai de 15 jours prévu pour la contestation de la désignation du représentant syndical, dès lors que ce pouvoir a été établi avant l'expiration de ce délai (Cass. soc. 31-3-2009 n° 08-60.517 FS-PB : RJS 6/09 n° 548).

28835 **Convocation des parties et décision du tribunal** Le tribunal judiciaire statue dans les **10 jours** de sa saisine sans frais ni forme de procédure et sur **avertissement** qu'il donne 3 jours à l'avance à toutes les parties intéressées (C. trav. art. R 2314-25).

> **Précisions** Le tribunal ne peut pas annuler la désignation d'un représentant syndical au comité sans avoir convoqué à l'audience le **syndicat** désignataire (Cass. soc. 13-1-1999 n° 97-60.454 D : RJS 2/99 n° 225).
Lorsque l'employeur est une **société,** l'avertissement doit être adressé à son représentant légal et non pas à des préposés de la société, tels le directeur d'un établissement et son chef du personnel, dès lors que les intéressés n'ont aucune qualité pour représenter leur employeur en justice et n'ont reçu aucun mandat à cette fin (Cass. soc. 7-2-1989 n° 87-61.823 P : RJS 3/89 n° 239).
Sur la validité d'un avertissement donné par le tribunal et valant convocation à l'audience par simple **télécopie,** voir n° 26570.

28840 Les modalités de **notification** de la décision du tribunal et les **voies de recours** contre sa décision sont les mêmes que dans le cadre du contentieux électoral (n°s 26640 s.).

PARTIE

4

L'exercice des mandats représentatifs

Le fonctionnement des institutions représentatives du personnel suscite de nombreuses questions : **30000**
Qui est leur interlocuteur au sein de l'entreprise ?
Pour quelle durée sont-elles élues ou désignées ?
Quels sont les moyens – financiers et matériels – dont elles disposent ?
Quel temps leur est imparti pour l'exercice de leurs missions et l'employeur peut-il en contrôler l'utilisation ?
Comment leurs déplacements se passent-ils ?
Quelles sont les garanties entourant la carrière de ces représentants ?
Sur les formations ouvertes aux représentants élus ou syndicaux et qui se rattachent à l'exercice de leur mandat, voir nos 69350 et 80340.

CHAPITRE 1 L'INTERLOCUTEUR DES IRP

SOMMAIRE

Le **chef d'entreprise**, en tant que responsable de l'application de la législation sociale, est l'interlocuteur naturel des représentants du personnel. Il veille notamment à la mise en place des institutions représentatives du personnel (IRP) lorsque celle-ci s'impose et s'assure ensuite du fonctionnement régulier de ces institutions (nos 30002 s.). Ce rôle d'interlocuteur peut aussi être assuré par un représentant de l'employeur, si ce dernier lui a consenti une **délégation de pouvoir** en la matière (nos 30050 s.). 30001

A. Employeur

Sauf délégation de pouvoir, la responsabilité de l'application au sein de l'entreprise de la législation sociale, et en particulier des dispositions de celle-ci relatives aux IRP, incombe au dirigeant, c'est-à-dire au **représentant légal** de l'entreprise. La détermination de la personne ayant cette qualité dépend de la structure juridique de l'entreprise ou de l'organisme concerné. 30002
La notion de dirigeant de fait et certaines situations, telles que la modification de la situation juridique de l'employeur, la mise en œuvre d'une procédure collective dans l'entreprise ou les établissements d'enseignement privé appellent en outre des précisions particulières.

DIRIGEANT DE DROIT

Entreprises individuelles et sociétés Une entreprise peut prendre la forme d'une personne physique (entreprise individuelle) ou d'une personne morale (société civile ou commerciale). 30004
Dans les **entreprises individuelles** (artisanale, commerciale, industrielle ou libérale), le dirigeant est la personne physique exploitant l'entreprise en son nom personnel. Mais le nombre de salariés employés dans ce type de structure atteint rarement le seuil à partir duquel s'impose la mise en place d'IRP.
Dans les **sociétés civiles,** le rôle de l'employeur en charge du respect de la législation sociale, et à ce titre de la mise en place et du bon fonctionnement des IRP, est assuré par le ou les gérants de la société (le nombre de ces derniers étant fixé soit par les statuts, soit par les associés si les statuts se contentent de prévoir que « la société est gérée par une ou plusieurs personnes »). Si la gérance d'une société civile est confiée à une personne morale, la responsabilité de l'application de la législation sociale incombe aux dirigeants de cette dernière.

Dans les sociétés commerciales, le dirigeant de droit est déterminé comme suit : 30006
– **société à responsabilité limitée** (SARL), société **en nom collectif** (SNC) et **en commandite** simple (SCS) ou par actions (SCA) : il s'agit du ou des gérants dont la responsabilité est effective à compter de l'accomplissement des formalités de publicité (Cass. crim. 9-9-2020 n° 19-81.118 F-D : RJS 11/20 n° 569) ; en cas de cogérance, chaque cogérant peut être déclaré conjointement responsable des infractions à la législation sociale (Cass. crim. 29-1-1985 n° 83-92.549 ; 19-1-1993 n° 92-80.157 D) dès lors que le soin de veiller à l'application de celle-ci n'a pas été clairement attribué à l'un d'entre eux ;
– **société anonyme** (SA) : lorsqu'elle comporte un **conseil d'administration**, c'est le président-directeur général (si la direction générale est exercée par le président du conseil d'administration) ou le directeur général (en cas de dissociation des fonctions de directeur général et de président du conseil d'administration) qui est responsable du respect de la législation sociale et des infractions à cette dernière ; cette responsabilité peut aussi incomber, le cas échéant, à un directeur général délégué nommé par le conseil d'administration si le respect de cette législation

entre dans l'étendue de ses pouvoirs (sur la portée d'une délibération du conseil d'administration conférant au directeur général délégué des pouvoirs identiques à ceux du président-directeur général ou du directeur général, voir n° 30052, b). Mais si la société anonyme est composée d'un **directoire** et d'un **conseil de surveillance**, la responsabilité incombe alors, en principe, au président du directoire (Cass. crim. 21-6-2000 n° 99-86.433 D) sauf si, par suite d'une répartition des tâches au sein de ce dernier, la charge du respect de la législation sociale a été expressément conférée à un autre membre du directoire (Cass. crim. 2-6-1987 n° 85-91.243) ;
– **société par actions simplifiée** (SAS) : Il résulte de l'article L 227-6 du Code de commerce que la responsabilité de l'application de la législation sociale incombe au président de la société ou, lorsqu'il a été désigné représentant de la société par les statuts, au directeur général ou directeur général délégué. Sur la question de savoir si ces représentants légaux peuvent déléguer leurs pouvoirs en la matière, voir n° 30052, a.

ATTENTION

La **présidence du CSE** ne peut pas être assurée par deux représentants légaux de l'entreprise. Sur les conséquences qui en résultent lorsque plusieurs personnes ont vocation à remplir le rôle d'employeur (cogérance d'une SARL, par exemple), voir n° 665.

30008 **Autres groupements** D'autres types de structures que les entreprises individuelles ou les sociétés civiles ou commerciales peuvent employer du personnel et atteindre l'effectif de salariés rendant obligatoire la mise en place d'IRP. Pour ces autres structures, le **dirigeant responsable** de l'application de la législation, et à ce titre interlocuteur des IRP, est dans la plupart des cas la personne détenant statutairement le pouvoir de direction.

EXEMPLE

Association : le dirigeant de droit est en principe le président de cet organisme (Cass. crim. 5-12-1989 n° 89-82.031 PF : RJS 1/90 n° 50).
Groupement d'intérêt économique (GIE) : ont la qualité de dirigeant la ou les personnes physiques désignées administrateurs du groupement. Si l'administrateur du GIE est une personne morale, cette responsabilité incombe au représentant permanent de la personne morale.
Syndicat professionnel : la responsabilité pèse sur la ou les personnes désignées dans le statut du syndicat comme responsables de la direction et de l'administration de ce dernier.
Comité social et économique : voir nos 1295 s.

DIRIGEANT DE FAIT

30010 Quelle que soit la structure juridique de l'entreprise ou de l'organisme concerné, une personne n'ayant pas la qualité de dirigeant de droit qui **s'immisce dans sa gestion** peut être considérée comme le dirigeant de fait de cette entreprise ou de cet organisme et engager à ce titre sa responsabilité pénale en cas d'infraction à la législation sociale (Cass. crim. 14-6-1994 n° 93-85.188 D : RJS 8-9/94 n° 1029 ; 23-11-2004 n° 04-80.830 F-D : RJS 4/05 n° 459 ; 4-9-2018 n° 17-84.149 F-D : RJS 12/18 n° 798), le cas échéant, conjointement avec celle du dirigeant de droit (Cass. crim. 12-9-2000 n° 99-88.011 PF : RJS 4/01 n° 554).

SITUATIONS PARTICULIÈRES

30012 **Reconnaissance d'une UES** La reconnaissance conventionnelle ou judiciaire d'une unité économique et sociale (UES) entre des entreprises juridiquement distinctes présentant entre elles des liens étroits impose la mise en place des IRP qui lui sont appropriées (voir nos 22680 s.).
Sauf mandat donné à l'un d'entre eux, l'ensemble des dirigeants des entités composant l'UES est responsable de cette mise en place et du bon fonctionnement de ces institutions.

30016 **Procédure collective** La mise en œuvre d'une procédure collective dans une entreprise connaissant des difficultés financières peut avoir une incidence sur les attributions du chef d'entreprise.
En cas d'ouverture d'une **mesure de sauvegarde**, l'administration de l'entreprise continue à être assurée par son représentant légal (C. com. art. L 622-1). Sauf s'il a délégué ses pouvoirs en la matière, celui-ci demeure en conséquence tenu de veiller personnellement à la mise en œuvre des règles relatives aux IRP et conserve son rôle d'interlocuteur direct des représentants du personnel.
En cas d'ouverture d'une procédure de **redressement judiciaire** avec désignation par le tribunal de commerce d'un administrateur judiciaire, ce dernier peut être chargé par les juges d'assister le débiteur ou d'assurer, entièrement ou en partie, l'administration de l'entreprise. Dans le cadre de cette mission, l'administrateur judiciaire est tenu au respect des obligations légales et conventionnelles incombant au chef d'entreprise (C. com. art. L 631-12). Par suite, un administrateur judiciaire investi d'une mission d'administration de l'entreprise peut être poursuivi pour un

délit d'entrave au fonctionnement du CSE, commis durant la procédure de redressement judiciaire (Cass. crim. 30-1-1996 n° 94-83.505 PF : RJS 5/97 n° 557).
Si l'entreprise fait l'objet d'une procédure de **liquidation judiciaire**, elle est administrée durant cette phase par un liquidateur judiciaire ou dans certains cas par un administrateur judiciaire (C. com. art. L 641-10).
Le chef d'entreprise dessaisi ne peut pas être déclaré responsable des infractions à la législation sociale commises durant la période où l'administrateur judiciaire a été investi d'une mission d'administration de l'entreprise (Cass. crim. 3-3-1998 n° 95-85.808 PF : RJS 6/98 n° 744), sauf s'il effectue des actes étrangers aux pouvoirs qui lui sont attribués par la loi (Cass. crim. 12-6-1996 n° 94-85.598 PF : RJS 5/97 n° 551).
Sur la possibilité pour l'administrateur judiciaire de **déléguer** ses pouvoirs, voir n° 30052, c.

Établissement d'enseignement privé Dans un établissement d'enseignement privé, si le **chef d'établissement** organise et contrôle le travail du personnel, l'**organisme gestionnaire** de l'établissement a seul la qualité d'employeur (CE 24-6-1987 n° 77297). 30018
Un protocole d'accord préélectoral ne peut donc pas être annulé au motif qu'il a été signé par le président de l'organisme gestionnaire et non par le chef d'établissement (Cass. soc. 28-3-1989 n° 86-60.134 P : RJS 5/89 n° 443).

B. Représentant de l'employeur

La délégation de pouvoir est un acte juridique permettant à une personne (le **délégant**) de se dessaisir d'une partie de ses prérogatives au profit d'une autre personne (le **délégataire**) pour qu'elle exerce lesdites prérogatives à sa place et assume, le cas échéant, la responsabilité pénale des infractions aux règles entrant dans le champ de sa mission. 30050
On examinera ci-après la question du droit pour l'employeur de recourir à la délégation de pouvoir pour transférer ses obligations en matière d'IRP, les conditions de validité d'un tel acte, ainsi que ses effets, tant en matière de responsabilité civile et pénale que sur le statut au sein de l'entreprise du délégataire.
À noter que l'employeur ayant consenti une délégation de pouvoir peut la **révoquer** à tout moment, notamment s'il entend changer de délégataire.

ATTENTION
Il convient de **distinguer** la délégation de pouvoir de la délégation de signature. Cette dernière ne transfère pas les pouvoirs du chef d'entreprise sur le délégataire. Elle permet uniquement d'habiliter ce dernier à signer des actes déterminés pour le compte de l'employeur.

LICÉITÉ DE LA DÉLÉGATION DE POUVOIR

Le dirigeant de droit tel que défini nos 30004 s. peut consentir une délégation de ses pouvoirs. Il peut ainsi déléguer ses différentes obligations concernant la mise en place, le renouvellement et le fonctionnement des IRP. Le Code du travail prévoit expressément qu'un **représentant de l'employeur** peut présider le CSE (C. trav. art. L 2315-23). Un délégataire peut également mener le dialogue social et conclure des accords collectifs, aucune disposition légale ne l'interdisant. Toutefois, même s'il a valablement délégué ses pouvoirs, l'**employeur demeure responsable** des manquements relatifs aux mesures qui relèvent de son pouvoir propre de direction ainsi que de ses fautes personnelles (n° 30068). 30052

> **Précisions a.** La question de savoir si le dirigeant de droit d'une **société par actions simplifiée** (SAS) peut déléguer ses pouvoirs a fait l'objet d'un abondant contentieux. La Cour de cassation a finalement tranché cette question en posant le principe que les règles fixées par l'article L 227-6 du Code de commerce, pour la détermination du représentant de la SAS à l'égard des tiers (n° 30006), n'interdisent pas à ce représentant de déléguer le pouvoir d'effectuer des actes déterminés (notamment Cass. ch. mixte 19-11-2010 n° 10-10.095 PBRI : RJS 1/11 n° 26 ; Cass. soc. 2-3-2011 n° 10-11.957 F-D : RJS 5/11 n° 382 ; 6-3-2012 n° 10-24.367 F-D : RJS 5/12 n° 408).
> **b.** La délibération du conseil d'administration d'une **société anonyme** conférant au directeur général (délégué) des pouvoirs identiques à ceux du président-directeur général (ou directeur général), exercés concurremment aux siens, ne constitue pas une délégation ; elle ne permet donc pas à ce dernier de s'exonérer de sa responsabilité pénale pour les infractions à la législation sociale (Cass. crim. 17-10-2000 n° 00-80.308 F-PF : RJS 6/01 n° 816).

c. En cas de **redressement judiciaire** d'une société, l'administrateur judiciaire investi d'une mission d'administration de l'entreprise, et à ce titre tenu d'assurer le respect de la législation sociale à la place du chef d'entreprise dessaisi (n° 30016), ne peut pas déléguer ses pouvoirs à ce dernier (Cass. crim. 30-1-1996 n° 94-83.505 PF : RJS 5/97 n° 557). En revanche, il devrait à notre avis pouvoir consentir une délégation à un salarié de l'entreprise. Cette question n'a toutefois pas été, à notre connaissance, tranchée par les tribunaux.

30054 L'employeur ne doit toutefois pas déléguer ses pouvoirs dans le seul but d'échapper à ses obligations et à sa responsabilité pénale. Il doit donc éviter de le faire dès lors qu'il est **en mesure d'assurer lui-même** le respect de ses obligations en matière de représentation du personnel. À défaut, la délégation serait considérée par les juges comme dépourvue d'effet. En revanche, si la **taille de l'entreprise**, notamment, l'empêche de remplir lui-même cette mission dans de bonnes conditions, le recours à la délégation est alors indispensable pour prévenir le risque d'infraction à la législation. Une faute personnelle peut d'ailleurs être reprochée au dirigeant d'entreprise n'ayant pas dans ce cas délégué ses pouvoirs (en ce sens : Cass. crim. 4-1-1986 n° 84-94.274).

CONDITIONS DE VALIDITÉ

30056 **Choix du délégataire** Le délégataire doit appartenir à l'**entreprise**, ne pas faire l'objet d'une mesure d'interdiction de gérer (Cass. crim. 22-8-2018 n° 17-83.966 F-D : RJS 11/18 n° 708) et être uni au délégant par un lien hiérarchique. La délégation consentie à un tiers, par exemple à un bureau d'études ou un avocat, n'est pas valable.

En principe, la délégation ne peut être donnée qu'à un **salarié** de l'entreprise. En matière d'IRP, elle est le plus souvent consentie à un membre de l'encadrement occupant des fonctions de responsabilité vis-à-vis du personnel.

Sur la possibilité pour l'employeur de se faire représenter au CSE par un membre de l'entreprise occupant des **fonctions non salariées**, voir n° 670.

30058

La délégation de pouvoir au sein des groupes de sociétés

Les délégations de pouvoir en matière de représentation du personnel consenties dans le cadre d'un groupe de sociétés suscitent peu de contentieux. Concernant la présidence du CSE, l'employeur peut déléguer cette attribution à une personne **mise à** sa **disposition** par une autre entreprise, notamment du même groupe, pourvu que cette personne ait la qualité et le pouvoir nécessaires pour lui permettre l'exercice de ses prérogatives (Cass. soc. 25-11-2020 n° 19-18.681 FS-PB : RJS 2/21 n° 94).

On notera également que, s'agissant de la délégation en matière de licenciement, il a été jugé que le **directeur des ressources humaines**, le **directeur financier** ou le directeur général d'une société mère, qui ne sont pas des personnes étrangères aux filiales, peuvent se voir déléguer le pouvoir de licencier les salariés employés par elles (Cass. soc. 23-9-2009 n° 07-44.200 FS-PBR : RJS 12/09 n° 898 ; 30-6-2015 n° 13-28.146 FS-PB : RJS 10/15 n° 625 ; 13-6-2018 n° 16-23.701 FS-PB : RJS 8-9/18 n° 533). Il a aussi été jugé que le dirigeant d'une société mère peut déléguer les pouvoirs qu'il détient en matière d'hygiène et de sécurité pour l'ensemble des sociétés du groupe au dirigeant de l'une des filiales, sur lequel il exerce son autorité hiérarchique (Cass. crim. 26-5-1994 n° 93-83.180 PF : RJS 11/94 n° 1275).

30059 La délégation peut être consentie à un délégataire **nommément désigné** ou bien l'être de façon **impersonnelle** au titulaire d'un poste particulier dans l'entreprise. Dans ce second cas, les effets de la délégation sont indépendants de la personne du délégataire.

Pour un exemple de délégation impersonnelle pour négocier et conclure des accords collectifs dans une entreprise, voir n° 80285.

30060 Le délégataire doit nécessairement avoir **l'autorité, la compétence et les moyens** pour assurer sa mission et veiller à la stricte et constante application de la réglementation (Cass. crim. 23-11-2004 n° 04-81.601 F-PF : RJS 3/05 n° 330 ; 8-12-2009 n° 09-82.183 FS-PFI : RJS 3/10 n° 302). Ces conditions sont cumulatives. En cas de litige, les juges du fond vérifient si l'intéressé dispose bien de l'autonomie, de l'expérience et de la formation, du pouvoir hiérarchique, ainsi que des moyens humains, matériels et financiers lui permettant d'exercer les responsabilités qui lui ont été déléguées. La réalité de la délégation relève de leur appréciation souveraine (Cass. crim. 25-4-2006 n° 05-84.239 F-D ; 30-3-2016 n° 14-87.511 F-D).

Sur l'irrégularité de la désignation, pour représenter l'employeur au CSE, d'un salarié se limitant à entendre les questions des membres du CSE et à les lui transmettre, voir n° 670.

ATTENTION

Le **chef d'entreprise qui s'immisce de façon répétée** dans l'exercice du pouvoir disciplinaire conféré à un salarié délégataire pour les besoins de sa mission prive d'effet la délégation de pouvoir (Cass. crim. 7-6-2011 n° 10-84.283 F-D : RJS 12/11 n° 1025). Une intervention ponctuelle de l'employeur, en raison de l'absence temporaire du délégataire, ne devrait pas en revanche remettre en cause cette délégation.
Sur les conséquences, en matière disciplinaire, de l'immixtion de l'employeur dans la mission confiée au délégataire, voir n° 30074.

Nombre de délégataires L'employeur ne peut pas déléguer simultanément à plusieurs personnes ses pouvoirs pour l'exécution d'un même travail (Cass. crim. 6-6-1989 n° 88-82.266 P : RJS 8-9/89 n° 688 ; 12-12-2006 n° 05-87.125 F-D : RJS 4/07 n° 463). Ce **cumul de délégations** est en effet de nature à restreindre l'autorité dont tout délégataire doit nécessairement disposer. Ainsi, il est par **exemple** interdit à l'employeur de déléguer à deux salariés la présidence du CSE. En revanche, sauf fraude, il peut consentir à un salarié une délégation principale et à un autre salarié une délégation subsidiaire prenant effet uniquement en cas d'empêchement du délégataire principal (Cass. soc. 27-11-1980 n° 80-60.222 P). **30062**

> **Précisions** Le titulaire d'une délégation a le droit de **subdéléguer** les pouvoirs qui lui ont été consentis à un autre salarié de l'entreprise dès lors que celui-ci dispose de la compétence, de l'autorité et des moyens nécessaires à l'accomplissement de cette mission. Il n'est pas en principe tenu de solliciter l'accord préalable du chef d'entreprise lui ayant délivré la délégation initiale (Cass. crim. 30-10-1996 n° 94-83.650 PF : RJS 3/97 n° 296). Toutefois, une **clause de la délégation** de pouvoir peut interdire expressément une telle subdélégation ou imposer une autorisation ou une information préalable de l'employeur.

Formalités En principe, l'écrit n'est pas une condition de validité de la délégation de pouvoir (Cass. crim. 10-2-1981 n° 80-92.647 ; 13-6-2018 n° 16-23.701 FS-PB : RJS 8-9/18 n° 533). Pour l'application de ce principe à propos de la négociation et de la conclusion de conventions et d'accords collectifs, voir n° 80285. **30064**
Néanmoins, pour faciliter la preuve de la délégation et de son acceptation, il est recommandé de l'**établir par écrit** et de **la faire signer** par le délégant et le délégataire. Cet écrit peut notamment prendre la forme d'une clause du contrat de travail ou d'un avenant à ce dernier.

CONSEIL

La délégation devant être certaine et dépourvue d'ambiguïté, il est conseillé de bien **préciser** son objet, son étendue, les moyens mis à la disposition du délégataire pour l'exercice de sa mission ainsi que les conséquences de la délégation en matière pénale (nos 30068 s.). À l'inverse, il faut éviter de la rédiger en termes trop généraux (Cass. crim. 2-2-1993 n° 92-80.672 D : RJS 11/93 n° 1108 ; 16-12-1997 n° 96-86.539 D).
Sur la possibilité de prévoir dans la délégation une interdiction formelle de subdéléguer ou la nécessité d'une information ou d'une autorisation préalable de l'employeur, voir n° 30062.

Changement de direction La **portée sur la délégation de pouvoir** d'un changement dans la direction de la société est appréciée souverainement par les juges du fond en cas de litige (Cass. crim. 25-6-1991 n° 90-83.846 D : RJS 10/91 n° 1099). Toutefois, ces derniers ne peuvent pas considérer que la délégation n'est plus valable au seul motif qu'elle était uniquement prévue dans le contrat de travail conclu avec l'ancien employeur (Cass. crim. 14-3-2006 n° 05-85.889 F-PF : RJS 7/06 n° 911). À l'inverse, ils ne peuvent pas en admettre la validité du seul fait que le contrat de travail du délégataire a été légalement transféré au nouvel employeur dans le cadre d'une **fusion-absorption** ; ils doivent dans ce cas rechercher si cette opération, ayant donné lieu à la création d'une société distincte de la précédente et à un changement de dirigeant social, n'a pas eu pour effet d'entraîner la caducité de la délégation (Cass. crim. 20-7-2011 n° 10-87.348 D : RJS 11/11 n° 924). **30066**

CONSEIL

Que ce soit en cas de changement dans la direction de la société ou de modification de la situation juridique de l'employeur, le nouveau dirigeant a intérêt à faire le point sur les délégations consenties par son prédécesseur et à **les confirmer ou les révoquer**, selon le cas, par écrit.

CONSÉQUENCES

30068 **Responsabilité pénale** Si elle répond aux conditions de validité requises et a été consentie avant la commission de l'infraction (Cass. crim. 2-2-1993 n° 92-80.672 D : RJS 11/93 n° 1108), la délégation de pouvoir entraîne un **transfert** sur la personne du délégataire de la responsabilité pénale encourue pour les infractions aux dispositions de la législation sociale entrant dans le champ de sa mission.

Du fait de ce transfert de responsabilité, une **même infraction ne peut pas être retenue à la fois** contre le chef d'entreprise et contre le salarié délégataire, voire un subdélégataire (Cass. crim. 14-10-1997 n° 96-83.196 D ; 14-11-2006 n° 05-83.367 F-D : RJS 3/07 n° 403).

Mais ce principe a des **limites**. En effet, la responsabilité pénale de l'employeur peut être engagée, même s'il a consenti une délégation, pour les infractions aux dispositions sur la représentation du personnel relevant de son pouvoir propre de direction et, de manière plus générale, lorsqu'il a personnellement participé à l'infraction poursuivie ou a commis une faute distincte de celle du délégataire. Il peut ainsi être condamné pour **délit d'entrave** au fonctionnement des IRP (n° 49355), le cas échéant conjointement avec le délégataire si celui-ci a lui-même commis une faute personnelle ayant contribué à l'infraction (n° 49360).

Le transfert de responsabilité est également écarté si l'employeur s'est substitué de façon répétée au délégataire (n° 30060).

30070 Le salarié titulaire d'une délégation ou d'une subdélégation valable des pouvoirs de l'employeur est considéré comme un « représentant de la personne morale » au sens de l'article 121-2 du Code pénal (Cass. crim. 14-12-1999 n° 99-80.104 PF : RJS 3/00 n° 350 ; 30-5-2000 n° 99-84.212 PF : RJS 9-10/00 n° 1038 ; 25-3-2014 n° 13-80.376 F-PBI : RJS 6/14 n° 532). Il engage, en conséquence, la **responsabilité pénale de l'entreprise**, personne morale, pour les infractions commises pour le compte de celle-ci.

30072 **Responsabilité civile** La responsabilité civile de l'**employeur délégant** peut être engagée, en application de l'article 1242, alinéa 5 du Code civil, du fait des actes préjudiciables à des tiers commis par le salarié délégataire dans l'exercice de ses fonctions.

Celle du **salarié délégataire** est dans ce cas exclue dès lors qu'il a agi dans les limites de la mission qui lui était impartie (Cass. ass. plén. 25-2-2000 n° 97-17.378 P : RJS 6/00 n° 630 ; dans le même sens Cass. crim. 4-9-2018 n° 17-82.297 F-D : RJS 11/18 n° 659). En revanche, le salarié délégataire auteur d'une faute qualifiée au sens de l'article 121-3 du Code pénal, c'est-à-dire d'une faute pénale intentionnelle, engage sa responsabilité civile à l'égard des tiers victimes de l'infraction, même si celle-ci a été commise dans l'exercice de ses fonctions (Cass. crim. 28-3-2006 n° 05-82.975 F-PF : RJS 8-9/06 n° 918), fût-ce sur ordre de l'employeur (Cass. ass. plén. 14-12-2001 n° 00-82.066 P : RJS 2/02 n° 142).

30074 **Statut du délégataire** Le salarié titulaire d'une délégation de pouvoir peut être **sanctionné ou licencié** s'il a commis une faute dans l'accomplissement de sa mission.

Mais aucune faute ne peut lui être reprochée si l'employeur ou un supérieur hiérarchique s'est immiscé dans le déroulement des tâches en rapport avec sa mission, l'autonomie d'initiative nécessaire à toute délégation effective ayant ainsi été supprimée (Cass. soc. 21-11-2000 n° 98-45.420 FS-PB : RJS 2/01 n° 175).

30076 La délégation de pouvoir en matière de représentation du personnel peut avoir des conséquences sur l'exercice des droits collectifs du salarié concerné. Voir sur ce point :
- la **désignation** comme **délégué syndical** et représentant syndical au CSE : n° 27950 ;
- **l'électorat et l'éligibilité** aux élections professionnelles : respectivement n° 24785 et n°s 25150 s. ;
- le droit de **siéger au bureau de vote** à ces élections : n° 25875, a.

CHAPITRE 2

LA DURÉE DES MANDATS

SOMMAIRE

Les représentants du personnel sont élus ou désignés pour une durée déterminée. Plusieurs évènements peuvent toutefois se produire durant le mandat (renonciation au mandat, suspension, rupture ou transfert du contrat de travail, etc.), ce qui implique la réalisation d'opérations particulières. **31500**

SECTION 1

MEMBRES ÉLUS DU CSE

A. Durée initiale et nombre de mandats successifs

DURÉE LÉGALE

Les membres de la délégation du personnel au CSE sont élus pour **4 ans** (C. trav. art. L 2314-33, al. 1). **31510**
Le cas échéant, il faut également procéder tous les 4 ans à :
– l'élection des représentants du personnel au CSE central d'entreprise (C. trav. art. L 2316-10) ;
– la désignation des représentants du personnel au comité de groupe (C. trav. art. L 2333-3).

Le **point de départ** du mandat est le jour de la proclamation des résultats (Cass. soc. 20-7-1978 n° 78-60.654 P), c'est-à-dire le jour où le bureau de vote indique le nom des élus et le nombre de voix obtenu par chacun (Cass. soc. 26-5-1977 n° 77-60.001 P). En cas de proclamation des résultats avant la date d'expiration des mandats des élus sortants, le point de départ des mandats des nouveaux élus est fixé à cette dernière date.

> **Précisions** Si le bureau de vote n'a **pas proclamé les résultats**, c'est le tribunal judiciaire qui doit le faire (n° 26635). Ce tribunal n'ayant pas qualité pour modifier le point de départ des mandats, celui-ci doit être fixé au jour où le vote a été acquis et non au jour du prononcé du jugement (Cass. soc. 24-5-1972 n° 71-60.281 P).

DÉROGATION CONVENTIONNELLE

31515 Par dérogation, un accord de branche, de groupe ou d'entreprise, conclu aux conditions de droit commun exposées nos 80705 s. (Cass. soc. 7-12-2016 n° 15-60.227 FS-PB : RJS 3/17 n° 213), peut fixer une durée du mandat comprise **entre 2 et 4 ans**. Cette faculté est ouverte tant pour la délégation du personnel au CSE (C. trav. art. L 2314-34) que pour les représentants du personnel au CSE central d'entreprise (C. trav. art. L 2316-11) ou au comité de groupe (C. trav. art. L 2333-3).
La **durée minimale de 2 ans** ayant un caractère d'ordre public absolu, l'accord collectif ne peut pas prévoir une durée de mandat inférieure (en ce sens : Cass. soc. 8-11-1994 n° 94-60.113 PF : RJS 12/94 n° 1393 ; 24-1-1996 n° 94-60.549 D).
De même, le **protocole préélectoral** ne peut pas déroger à la durée légale des mandats dans des conditions autres que celles prévues par la loi (Cass. soc. 24-5-2006 n° 05-60.351 FS-PB : RJS 8-9/06 n° 976).

NOMBRE DE MANDATS SUCCESSIFS

31520 Le nombre de mandats successifs est limité à 3, sauf dans les entreprises de **moins de 50 salariés** et, si le protocole préélectoral en dispose autrement, dans celles employant **entre 50 et 300 salariés**. Ces règles valent aussi pour les élus du **CSE central** et des CSE d'**établissement** (C. trav. art. L 2314-33) et s'appliquent également au sein d'une UES (QR min. trav. 16-1-2020 n° 52).
Les stipulations du **protocole préélectoral** dérogeant à la limitation du nombre de mandats successifs sont à durée indéterminée sauf mention contraire (C. trav. art. R 2314-26).

> **Précisions a.** La limitation du nombre des mandats **ne s'applique** qu'à partir de la mise en place du premier CSE et le décompte du nombre de mandats successifs débute à compter du premier mandat de membre du CSE. Les mandats des **DP**, des membres élus du **comité d'entreprise**, du **CHSCT**, de la **DUP** ou de l'**instance regroupée** précédemment exercés ne sont pas pris en compte dans ce décompte (QR min. trav. 16-1-2020 n° 53).
> Il ressort, par ailleurs, de l'expression « mandats successifs » que, par exemple, un salarié peut exercer 3 mandats, puis ne plus exercer de mandat pendant un cycle électoral, et en exercer 3 à nouveau.
> Le **protocole préélectoral** peut prévoir que les mandats des élus sont indéfiniment renouvelables, ou que le nombre de mandats successifs est limité, mais à plus de 3. Pourrait-il stipuler, au contraire, que les mandats ne sont pas renouvelables ? Tel qu'il est rédigé, le texte ne l'interdit pas, mais les débats parlementaires ne vont pas dans ce sens et il n'est pas certain qu'une telle clause respecterait le principe constitutionnel de participation des salariés à la définition de leurs conditions de travail.
> **b.** Selon le ministère du travail, la limitation des mandats concerne les seuls représentants du personnel élus (QR min. trav. du 16-1-2020 n° 52) et non les **délégués syndicaux**, les règles de l'OIT prévoyant en effet que le mandat des délégués syndicaux n'est pas limité, en raison des risques de discrimination syndicale. À notre sens, toutefois, la conciliation de cette solution avec la règle prévue par l'article L 2143-3 du Code du travail selon laquelle, en principe, pour être désigné DS, il faut avoir obtenu, à titre personnel et dans son collège, au moins 10 % des suffrages, pourrait s'avérer délicate.
> **c.** Les dispositions relatives à la **durée indéterminée** des dispositions du **protocole** dérogeant à la limitation du nombre des mandats interrogent. En effet, en principe, le protocole **préélectoral** est conclu pour une élection donnée et n'a d'effet que pour celle-ci. La mesure vise-t-elle à instituer une exception à ce principe pour cette seule clause ? Ou concerne-t-elle seulement le cas dans lequel le protocole est demeuré valable pour les élections suivantes, à défaut de dénonciation ? Mais quelle est alors son utilité ?
> Autre question : il a été jugé que la dénonciation du protocole, contrairement à celle des accords collectifs de droit commun, a un effet immédiat (n° 24390). La clause prévoyant une exception à la limitation du nombre de mandats successifs suit-elle ce régime dérogatoire ou celui des accords de droit commun ?

B. Prorogation

PRINCIPES

La prorogation ponctuelle du mandat des élus est **autorisée** dans les cas suivants : 31535
– dans certains cas de **transfert d'entreprise** (n° 33230) ;
– en cas d'**accord unanime** entre l'employeur et les organisations syndicales représentatives (nos 31540 s.).

En dehors de ces cas, la prorogation des mandats est **impossible**. Ainsi, ni une délibération unanime des élus (Cass. soc. 12-3-2003 n° 01-60.771 F-P : RJS 5/03 n° 625) ni le juge (Cass. soc. 2-5-1979 n° 78-16.103 P ; 21-5-2003 n° 01-60.742 FS-P : RJS 11/03 n° 1293) ne peuvent les proroger jusqu'à leur renouvellement effectif. 31537
Sauf accord conclu dans les conditions visées nos 31540 s., l'**absence, le retard ou l'annulation des nouvelles élections** ne proroge pas la durée des mandats des élus sortants (Cass. 2e civ. 11-10-1957 n° 6.347 ; Cass. soc. 19-1-1961 n° 3.247), quand bien même l'absence de renouvellement de l'institution serait due à la carence de l'employeur (Cass. soc. 7-2-1958 n° 5.050).
Ce principe connaît néanmoins une **exception** dans le cas où les élections sont retardées du fait d'une **saisine du directeur régional de l'économie, de l'emploi, du travail et des solidarités** (Dreets) destinée à répartir le personnel dans les collèges électoraux et les sièges entre les différentes catégories de personnel : voir n° 24520.
Sur la **valeur** juridique de la **consultation** de représentants du personnel dont le mandat a expiré et n'a pas été expressément prorogé, voir n° 45180.

PROROGATION CONVENTIONNELLE

Signataires de l'accord Seul un **accord unanime** passé entre l'employeur et les organisations syndicales représentatives dans l'entreprise peut différer le terme des mandats des élus (Cass. soc. 13-6-1989 n° 88-60.556 P : RJS 7/89 n° 593 ; 26-6-2013 n° 12-60.246 FS-PB : RJS 10/13 n° 694). 31540
Si un tel accord a été conclu, un syndicat non représentatif à ce **niveau** ne peut pas s'opposer à son application dans l'établissement où il est majoritaire (Cass. soc. 31-5-2011 n° 10-60.237 F-D).

ATTENTION

Un syndicat n'est pas, du seul fait de sa participation à une élection, réputé avoir adhéré aux dispositions de l'**accord préélectoral** prorogeant les mandats des sortants, ces dispositions étant distinctes de celles relatives à l'**élection** (Cass. soc. 10-11-2004 n° 03-60.474 F-D : RJS 4/05 n° 397).

Forme et contenu de l'accord L'accord prorogeant les mandats doit être **clair et non équivoque**. Il ne peut pas être **tacite** (Cass. soc. 3-3-1999 n° 97-40.864 D : RJS 4/99 n° 536). Ainsi, ni une réunion organisée par l'employeur après l'expiration des mandats (Cass. soc. 3-3-1999 n° 97-40.864 D : RJS 4/99 n° 536) ni une entente sur le report de la date des élections (Cass. soc. 6-6-1974 n° 73-40.441 P ; 16-1-2008 n° 06-40.710 F-D) n'établissent l'existence d'un tel accord. Si une convention collective nationale charge l'employeur d'organiser les élections avant l'expiration du mandat des représentants du personnel, ce texte, à défaut d'une disposition expresse stipulant la prorogation conventionnelle du mandat jusqu'aux nouvelles élections si celles-ci n'ont pas lieu à temps, ne modifie pas la durée légale de ce mandat (Cass. soc. 26-6-1959 n° 57-40.809). 31545

C. Cessation anticipée

Le mandat de membre de la délégation du personnel au CSE cesse prématurément lorsque : 31575
– un événement constituant une cause légale de cessation anticipée du **mandat** individuel survient ;
– l'**institution** représentative du personnel est supprimée avant son terme.
En dehors de ces cas, le **juge** ne peut pas limiter la durée des mandats des représentants du personnel (Cass. soc. 24-11-1992 n° 92-60.008 P : RJS 1/93 n° 46).
Sur la réduction de la durée des mandats en cas de **modification de la situation juridique** de l'employeur, voir n° 33230.
Sur la **protection** des intéressés après la cessation de leur mandat, voir nos 42215 s. (rupture du contrat de travail) et nos 44000 s. (transfert d'entreprise).

1. CESSATION DU MANDAT INDIVIDUEL

CAS ET MODALITÉS

31580 Les fonctions des membres de la délégation du personnel du CSE prennent fin par le **décès**, la **rupture du contrat de travail**, la perte des conditions requises pour être **éligible**, la **révocation**, la **démission** (abandon des fonctions de représentant) (C. trav. art. L 2314-33, al. 6 et L 2314-36). Il en va de même des fonctions de membre du CSE d'établissement ou du CSE central d'entreprise (Cass. soc. 4-7-1978 n° 78-60.399 P).

ATTENTION

En cas de **changement de catégorie** professionnelle, les élus conservent leur mandat (C. trav. art. L 2314-33, al. 6) même s'ils changent de collège électoral (JO déb. AN 3-12-1988 p. 3037). Pour l'incidence du changement de catégorie sur les élections au CSE central, voir n° 27050, b.

31585 **Rupture du contrat de travail** Le mandat des élus prend fin en cas de rupture du contrat de travail (C. trav. art. L 2314-33, al. 6), quelle qu'en soit la forme (démission, licenciement, départ ou mise à la retraite...). La cessation anticipée du mandat intervient au **terme du contrat**, c'est-à-dire, en principe, à l'issue du préavis. Pendant la **durée du préavis**, le salarié bénéficie de toutes les prérogatives liées à son mandat.

La **dispense de préavis** par l'employeur n'avance pas la date de fin du contrat de travail. Le salarié peut donc, s'il le souhaite, continuer à exercer son mandat. Selon l'administration, il ne peut pas, en revanche, continuer à exercer ses fonctions s'il est recruté par un autre employeur, car il se trouve alors sous la subordination de ce dernier (Lettre min. : BOMT 66/1974).

ATTENTION

L'employeur qui dispense un élu, contre son gré, de tout travail pendant le préavis se rend coupable d'**entrave** à l'exercice régulier de ses fonctions (Cass. crim. 27-3-1979 n° 77-92.843 P).

31590 **Mutation** La mutation d'un établissement à un autre met fin aux fonctions des membres du CSE ou du CSE central d'entreprise (Cass. soc. 10-11-1960 n° 3324 ; 26-1-1972 n° 71-40.194 P ; 18-3-2015 n° 13-23.742 F-D : RJS 7/15 n° 506) **sous réserve** :
- d'avoir été acceptée par le salarié (voir n°s 43020 s.) ;
- et de ne pas être provisoire (Cass. soc. 11-3-1982 n° 80-41.252 P).

31595 **Démission des fonctions** Les élus peuvent démissionner de leurs fonctions représentatives (C. trav. art. L 2314-33, al. 6). Cette démission n'est soumise à aucune **forme**, mais un écrit est recommandé pour des raisons de preuve. Pour savoir si le refus d'un suppléant de remplacer un titulaire constitue une démission de ses fonctions, voir n° 31720.

31600 **Révocation** La révocation d'un membre de la délégation du personnel du CSE, qu'il soit titulaire ou suppléant, est possible en cours de mandat uniquement sur **proposition** de l'organisation syndicale qui l'a présenté, **approuvée** au scrutin secret par la majorité du collège électoral auquel il appartient (C. trav. art. L 2314-36). La révocation doit résulter d'un **vote** (Cass. soc. 18-7-1978 n° 78-60.593 P), la majorité exigée étant celle des électeurs inscrits dans le collège (Cass. soc. 6-7-1977 n° 77-60.514 P). Il en résulte que les représentants du personnel élus sur une **liste non syndicale** (élus au second tour) ne peuvent pas être révoqués.

› **Précisions** Le **vote par correspondance** est possible. Dans ce cas, le recours à la voie postale n'est pas obligatoire. Il suffit que les salariés aient été en mesure de participer au scrutin en faisant parvenir leurs enveloppes au bureau de vote même en dehors de l'heure d'ouverture (Cass. soc. 2-7-1980 n° 80-60.021 P).

CONTENTIEUX

31605 Le contentieux relatif à la cessation anticipée du mandat des élus de la délégation du personnel du CSE relève de la **compétence** du tribunal judiciaire (En ce sens : Cass. soc. 7-11-1984 n° 84-60.372 P). Le jugement statuant sur la consultation en vue de révoquer un élu est rendu en premier **ressort** et ne peut pas donner lieu à pourvoi en cassation (Cass. soc. 12-7-2006 n° 05-60.404 FS-PB : RJS 10/06 n° 1082). Il en va nécessairement de même des jugements statuant sur les autres cas de cessation anticipée énumérés n° 31580.

2. CESSATION DE L'INSTITUTION

ÉVÉNEMENTS AFFECTANT L'ENTREPRISE OU L'ÉTABLISSEMENT

Certains événements affectant l'entreprise ou l'établissement peuvent entraîner une cessation anticipée de l'institution représentative du personnel et, par conséquent, des mandats individuels de ses membres. Il peut en être ainsi **notamment dans les cas suivants** : réduction de l'effectif de l'entreprise en deçà de 11 salariés (n° 20615), perte de la qualité d'établissement distinct (n° 22110), reconnaissance d'une unité économique et sociale (n° 22700), transfert d'entreprise (n°s 33000 s.). **31615**

ANNULATION DES ÉLECTIONS

Sauf accord de prorogation des mandats (n° 31540), l'annulation des élections entraîne la **perte de la qualité d'élu**, mais seulement à compter du jour où elle est prononcée (Cass. soc. 15-4-2015 n° 14-19.139 FS-PB : RJS 7/15 n° 496). Les mandats cessent même si les élus n'ont pas été informés de l'annulation (Cass. soc. 9-4-1986 n° 83-41.856 P). **31625**

> **Précisions** L'**annulation des élections** n'a pas pour effet de remettre en cause les actes accomplis antérieurement, qui restent valides (Cass. soc. 15-4-2015 n° 14-19.139 FS-PB : RJS 7/15 n° 496 ; 11-5-2016 n° 15-60.171 FS-PB : RJS 7/16 n° 512). Tel est le cas de l'avis émis par le comité sur le projet de licenciement d'un salarié protégé (CE 21-12-1994 n° 105313 : RJS 3/95 n° 260) ou des désignations de salariés en qualité de délégué syndical ou représentant syndical au CSE ou au CSE central intervenues avant l'annulation des élections des salariés concernés, candidat ou élus du CSE (Cass. soc. 11-5-2016 n° 15-60.171 FS-PB : RJS 7/16 n° 512 ; 24-5-2016 n° 15-21.278 F-D ; 11-12-2019 n° 18-19.379 FS-PB : RJS 2/20 n° 102).

D. Suspension du contrat de travail

La suspension du contrat de travail d'un représentant du personnel n'entraîne pas la suspension de son mandat. Il peut, s'il ne veut pas se faire remplacer, exercer normalement ses fonctions pendant cette période. **31655**

Ainsi jugé en cas :

– d'**activité partielle** (ex-chômage partiel) (Cass. crim. 25-5-1983 n° 82-91.538 P ; CE 13-11-1987 n° 68104 ; Cass. soc. 10-1-1989 n° 86-40.350 D : RJS 2/89 n° 156) ;

– de **grève** (Cass. soc. 27-2-1985 n° 82-40.173 P) ;

– de **congé de formation** (CA Paris 11-9-2008 n° 08-1618 : RJS 12/08 n° 1260) ou de **congé sans solde** (Cass. soc. 27-5-2009 n° 08-42.555 FS-PB : RJS 8-9/09 n° 688) ;

– de **maladie** (Cass. crim. 16-6-1970 n° 69-93.132 P ; Cass. ch. mixte 21-3-2014 n° 12-20.002 PBRI : RJS 6/14 n° 493), l'exercice répété et prolongé d'une activité de représentant du personnel étant toutefois incompatible avec la perception des **indemnités journalières** de sécurité sociale, même pendant les heures de sortie autorisées (Cass. 2e civ. 9-12-2010 n° 09-17.449 FS-PBR : RJS 2/11 n° 175). Le représentant du personnel dont la maladie se prolonge au-delà de quelques jours a donc intérêt à se faire remplacer, sauf à risquer de devoir rembourser les indemnités journalières perçues.

Sur le paiement des **heures de délégation** effectuées par un représentant du personnel pendant un arrêt de travail pour maladie ou accident du travail, voir n° 34795. Sur les effets de la **mise à pied** sur le mandat, voir n° 45640.

> **ATTENTION**
>
> L'employeur qui met le représentant du personnel dans l'impossibilité d'exécuter son mandat pendant la suspension de son contrat commet un **délit d'entrave**. C'est le cas, par exemple, s'il ne convoque pas à une réunion du comité un de ses membres hospitalisé (Cass. crim. 16-6-1970 n° 69-93.132 P).
>
> Il s'expose aussi à devoir supporter les conséquences d'une **rupture du contrat** de travail à ses torts. Il a ainsi été jugé que la demande de résiliation judiciaire du contrat de travail était justifiée et produisait les effets d'un licenciement nul lorsque l'employeur, à partir de la date à laquelle le salarié a bénéficié d'un congé sans solde, l'a rayé de la liste des membres du comité et ne l'a plus convoqué aux réunions de cet organisme (Cass. soc. 27-5-2009 n° 08-42.555 FS-PB : RJS 8-9/09 n° 688).

E. Remplacement

31695 Sauf obligation de procéder à des **élections partielles** (nos 24050 s.), le remplacement des **titulaires** a lieu dans les conditions exposées ci-après.
La loi ne prévoit pas le remplacement des **suppléants**, notamment de ceux qui sont devenus titulaires en cours de mandat. Seule une stipulation conventionnelle ou une disposition du protocole préélectoral peut prévoir leur remplacement par des candidats non élus (Cass. soc. 30-5-2001 n° 00-60.192 FS-P ; 3-10-2007 n° 05-43.940 F-D).

EXEMPLE

La convention collective ou l'accord préélectoral peut, par exemple, prévoir que (Cass. soc. 11-10-1978 n° 77-41.367 P) :
– lorsqu'un titulaire cesse ses fonctions, le suppléant nommé à sa place est lui-même remplacé par le premier candidat non élu de la liste du titulaire dont les fonctions ont cessé ;
– en dehors de ce cas, si un poste de suppléant devient vacant, le premier candidat non élu de la liste du suppléant remplace ce dernier.

1. PRINCIPES GÉNÉRAUX

CIRCONSTANCES

31700 Le Code du travail prévoit le remplacement des membres de la délégation du personnel au CSE lorsque le titulaire :
– **cesse ses fonctions** pour l'une des causes indiquées n° 31580 (C. trav. art. L 2314-37, al. 1) ;
– se trouve **momentanément absent** pour une cause quelconque (C. trav. art. L 2314-37, al. 1) et quelle que soit la durée de son absence. Ainsi, en cas de travail en équipe, l'élu travaillant l'après-midi peut, s'il le souhaite, se faire remplacer le matin (Cass. soc. 5-10-1994 n° 93-42.164 D : RJS 11/94 n° 1281). Sur la possibilité pour le suppléant qui remplace momentanément un titulaire d'être désigné DS, voir n° 28415.

ATTENTION

L'élu dont le contrat de travail est suspendu n'est pas tenu de se faire remplacer : voir n° 31655.

EFFETS ET DURÉE

31705 Le suppléant acquiert de plein droit la qualité de titulaire (Cass. crim. 20-10-1976 n° 75-92.786 P). Cette qualité cesse lors du retour du titulaire ou, en cas de remplacement définitif, lors du renouvellement de l'institution (C. trav. art. L 2314-37, al. 5).

CONTENTIEUX

31710 Les contestations relatives à la régularité du remplacement des élus relèvent de la **compétence** du tribunal judiciaire (Cass. soc. 10-5-1984 n° 83-63.193 P ; 7-11-1984 n° 84-60.372 P, voir n° 31605).

2. CHOIX DU REMPLAÇANT

31720 Les règles prévoyant le remplacement des titulaires par les suppléants sont **impératives**. Elles s'imposent tant au suppléant, celui-ci étant considéré comme démissionnaire s'il refuse de remplacer le titulaire (Cass. soc. 5-5-1983 n° 82-60.418 P), qu'aux organisations syndicales, qui ne peuvent pas choisir leur suppléant en écartant les règles légales (Cass. soc. 5-11-1986 n° 86-60.053 P).
Si les stipulations d'une convention collective ne prévalent pas sur ces règles (Cass. soc. 17-5-1984 n° 83-61.123 P), il semble toutefois possible d'organiser par **convention ou accord collectif** un système intervenant à titre subsidiaire, c'est-à-dire dans le cas où aucun remplaçant ne pourrait être désigné par application des règles légales.

a. Élu sur présentation syndicale

MEMBRES DE LA DÉLÉGATION DU PERSONNEL DU CSE

31725 **Présence d'un suppléant de même appartenance syndicale** Le membre titulaire de la délégation du personnel au CSE est remplacé par un suppléant élu sur une **liste** présentée par la même organisation syndicale (C. trav. art. L 2314-37, al. 1). Celui-ci doit être choisi dans l'**ordre suivant** :
– suppléant de la même catégorie (C. trav. art. L 2314-37, al. 1) ;

– suppléant d'une autre catégorie élu dans le même collège (en ce sens : Cass. crim. 6-3-1975 n° 74-90.322 P ; Cass. soc. 21-3-1978 n° 77-60.692 P ; Circ. DRT 25-10-1983) ;
– suppléant élu dans un autre collège (en ce sens : Circ. DRT 25-10-1983).
Si plusieurs suppléants remplissent les conditions requises, il faut choisir celui ayant obtenu le plus grand nombre de voix lors des élections (Cass. soc. 15-1-1981 n° 80-60.349 P ; 5-5-1983 n° 82-60.418 P).
Le Code du travail n'impose pas, en revanche, de retenir le suppléant élu au même rang que le titulaire. Ainsi, par exemple, le premier élu de la liste suppléant d'une organisation syndicale peut remplacer le second élu de la liste titulaire de la même organisation syndicale (Cass. soc. 8-6-1983 n° 80-41.803 P).
Sur le remplacement d'un titulaire par un suppléant dont le siège est laissé vacant pour non-respect des règles de représentation équilibrée des femmes et des hommes, voir n° 25265, f.

EXEMPLE

Un élu CGT ouvrier doit être remplacé par un suppléant choisi dans l'ordre suivant :
– suppléant CGT ouvrier ;
– à défaut, suppléant CGT du premier collège ;
– à défaut, suppléant CGT d'un autre collège.

Absence de suppléant de même appartenance syndicale S'il n'existe pas de suppléant élu de même appartenance syndicale, le délégué titulaire est remplacé par un candidat non élu présenté par la même organisation syndicale. Le candidat à retenir est celui qui vient sur la liste immédiatement après le dernier élu titulaire ou, à défaut, le dernier élu suppléant (C. trav. art. L 2314-37, al. 2 et 3). Si, du fait des ratures, un salarié est rétrogradé et que le nombre de voix qu'il a obtenu le place en tête des non-élus, c'est lui qui assure en premier lieu le remplacement (Circ. DRT 25-10-1983). 31730
En l'absence de candidat non élu appartenant à la même catégorie et présenté par la même organisation syndicale, le remplacement est assuré par un candidat non élu issu d'une liste présentée dans un autre collège par la même organisation syndicale (Cass. soc. 18-5-2022 n° 21-11.347 F-B : RJS 8-9/22 n° 453).
Le mécanisme peut jouer à plusieurs reprises (Circ. DRT 25-10-1983). Si le remplacement du titulaire ne peut pas être assuré par application de ce mécanisme (Circ. DRT 25-10-1983), il est fait appel au suppléant de la même catégorie présenté sur une **autre liste syndicale** et ayant obtenu le plus grand nombre de voix (C. trav. art. L 2314-37, al. 4).

EXEMPLE

À défaut de suppléant élu sur la liste CGT, un délégué ouvrier élu sur la liste CGT est remplacé :
– par le candidat non élu figurant sur la liste CGT immédiatement après le dernier élu titulaire ou, à défaut, le dernier élu suppléant ;
– à défaut de candidat non élu figurant sur la liste CGT du collège ouvrier, par un candidat non élu sur une liste CGT d'un autre collège ;
– à défaut de candidat non élu sur une liste CGT, par l'ouvrier élu suppléant d'une autre liste avec le plus grand nombre de voix.

MEMBRES DU CSE CENTRAL D'ENTREPRISE (CSECE)

Le Code du travail ne règle pas la question du remplacement des membres du CSECE. Il paraît cependant possible de transposer les solutions rendues auparavant à propos du comité central d'entreprise. 31740
En l'**absence de suppléant appartenant au même établissement** que le titulaire au CSECE, son remplacement est assuré par un suppléant d'un autre établissement en respectant l'ordre de priorité fixé pour le CSE (Cass. soc. 26-10-2011 n° 10-20.918 F-PB : RJS 1/12 n° 53). Sur cet ordre, voir nos 31725 s.
S'il existe des **suppléants élus pour l'établissement**, il convient de privilégier une représentation par établissement. Ainsi, le remplacement pourra être effectué par un suppléant appartenant au même établissement et à la même organisation syndicale que le titulaire du CSECE en respectant l'ordre de priorité fixé pour le CSE (Lettre min. 191 du 14-2-1989). Si l'organisation syndicale n'a pas de suppléant, le suppléant devra appartenir au même établissement et au même collège que le titulaire (Lettre min. 191 du 14-2-1989) et, selon nous, être choisi dans l'ordre prévu n° 31730.
L'administration n'est pas compétente pour déterminer les modalités de remplacement des titulaires du CSECE (CE 18-12-1991 n° 99758 : RJS 3/92 n° 321).

> **Précisions** **a.** Le remplacement d'un élu au CSE central et ses modalités peuvent être prévus par les dispositions d'une **convention collective** ou d'un **protocole préélectoral** (En ce sens : Cass. soc. 30-5-2001 n° 00-60.192 FS-P). Le principe visé n° 31695 s'agissant du remplacement d'un suppléant au CSE vaut également pour celui d'un suppléant au comité central : en l'absence de stipulation relative à son remplacement dans la convention collective ou le protocole, celui-ci n'est pas possible (Cass. soc. 29-5-2019 n° 17-31.029 F-D).
> **b.** Un **membre titulaire** du comité central qui donne sa démission de ce poste en conservant celui de **titulaire au comité d'établissement** ne peut être remplacé par un suppléant au comité central qui est seulement **suppléant au comité d'établissement**. En effet, le mandat des membres du comité central est subordonné à celui qu'ils ont au comité d'établissement ; ils ne peuvent avoir plus de droits qu'ils n'en détiennent dans ce dernier organisme (Cass. soc. 11-2-1981 n° 80-60.261 P).

b. Élu sans étiquette syndicale

31745 La loi est muette sur le remplacement des titulaires élus sur une liste non présentée par une organisation syndicale. À défaut de solution jurisprudentielle, on peut préconiser une transposition des règles applicables aux élus sur présentation syndicale : remplacement par un suppléant de la même catégorie ou, à défaut, du même collège ou, à défaut, d'un autre collège en retenant, dans chaque cas, celui qui a obtenu le plus grand nombre de voix.

SECTION 2

DÉLÉGUÉS ET REPRÉSENTANTS SYNDICAUX

A. Délégué syndical

32500 La durée du mandat des délégués syndicaux est calée sur celle des représentants élus du personnel. En effet, les élections des membres du CSE permettent de déterminer l'audience des syndicats dans l'établissement ou l'entreprise qui constitue un critère important de leur représentativité.

Le mandat prend **fin** de façon **anticipée** :
– lorsque le syndicat ou le délégué syndical y met un terme ;
– en cas de départ du salarié de l'entreprise ou, le cas échéant, de l'établissement distinct où il a été désigné ;
– en cas de modification du cadre ayant permis la désignation du délégué ;
– en cas de disparition de l'institution, ou de diminution du nombre des délégués, à la suite d'une réduction de l'effectif ;
– en cas de décès du délégué syndical.

Sur la **protection** de l'intéressé après la cessation de son mandat, voir n° 42270 (rupture du contrat de travail) et n°s 44000 s. (transfert d'entreprise).

1. MANDAT SYNDICAL ET RENOUVELLEMENT DES INSTITUTIONS ÉLUES

DURÉE DU MANDAT

32520 Le mandat de délégué syndical prend fin au plus tard lors du **premier tour des élections** renouvelant le CSE dont l'élection a permis de reconnaître la représentativité du syndicat désignataire (C. trav. art. L 2143-11). Cette solution vaut également pour le **délégué syndical supplémentaire** (Cass. soc. 18-11-2008 n° 08-60.397 FS-PB : RJS 2/09 n° 190).

Le délégué syndical ne peut donc pas être désigné pour une durée excédant celle des représentants élus du CSE, c'est-à-dire, en principe, **4 ans**. Pour plus de détails sur la durée du mandat des membres élus du CSE, voir nos 31510 s.

La perte du mandat est automatique. Sa constatation n'est soumise à aucune forme.

> **Précisions a.** S'agissant de l'incidence sur le mandat syndical : de l'**annulation des élections**, voir 31625 ; d'**élections partielles**, voir n° 15085.
> **b.** Dans la mesure où sa désignation est subordonnée à la représentativité du syndicat désignataire, la durée du mandat de **délégué syndical central** est également liée aux élections.
> **c.** Sur le délai dans lequel il est possible de faire constater l'expiration du mandat syndical non reconduit après les élections, voir la décision citée n° 32805 rendue pour un représentant syndical au comité, transposable selon nous au délégué syndical.

REPRÉSENTATIVITÉ DU SYNDICAT À L'ISSUE DES ÉLECTIONS

Si, à l'issue des élections, le syndicat a **conservé** sa représentativité, il peut soit reconduire son ancien délégué, sous réserve qu'il ait réalisé le score électoral requis pour cette désignation (n° 27970), soit désigner un autre salarié remplissant l'ensemble des critères requis (n°s 27880 s.). 32525
Le syndicat désirant reconduire le délégué dans ses fonctions doit procéder à une nouvelle désignation de l'intéressé (n°s 28060 s.). Sur les conséquences de la poursuite de ses missions par un délégué syndical malgré la perte de son mandat, voir n° 28265.
Si, à l'issue des élections, le syndicat a **perdu** sa représentativité, il ne peut plus désigner un délégué syndical, mais peut désigner un représentant de section syndicale (n°s 28600 s.).

2. DÉPART DE L'ENTREPRISE OU DÉMISSION DES FONCTIONS

Le mandat du délégué syndical peut prendre fin s'il décide de cesser ses fonctions représentatives ou s'il quitte l'entreprise (ou l'établissement), volontairement (par exemple, démission ou rupture conventionnelle homologuée) ou non (licenciement). S'agissant de la date d'effet de cette **démission** et de son **incidence** sur la protection du salarié, voir n° 42270, b. 32550
En cas de départ du salarié de la société, la **désignation d'un nouveau délégué** syndical est valable même si la cessation des fonctions de l'ancien délégué syndical n'a été ni notifiée à la direction, ni signalée à l'inspecteur du travail, ni affichée. En effet, le départ de l'entreprise d'un salarié exerçant les fonctions de délégué syndical entraîne de plein droit la vacance du poste qu'il occupe et la cessation de son mandat (Cass. soc. 30-6-1971 n° 70-60.201 P). Sur les formalités de désignation à respecter, voir toutefois n° 32585.
Sur le point de savoir si la **réintégration** dans l'entreprise d'un délégué syndical, à la suite de l'**annulation de l'autorisation de licenciement**, entraîne rétablissement de plein droit de l'intéressé dans son mandat, voir n° 47090.

CONSEIL

L'employeur désireux de se prévaloir de la renonciation d'un salarié à son mandat de délégué syndical (notamment dans le cadre d'une procédure de licenciement, afin de se dispenser d'appliquer la procédure protectrice) a intérêt à s'assurer que cette **information** a bien été diffusée, en en demandant confirmation au syndicat lui-même. En effet, un délégué syndical ne peut renoncer à son mandat qu'à condition d'en informer le syndicat l'ayant désigné (Cass. soc. 6-4-2016 n° 14-23.198 FS-PB : RJS 6/16 n° 437).

3. RÉVOCATION ET REMPLACEMENT DU DÉLÉGUÉ SYNDICAL

Sauf dispositions conventionnelles plus favorables, un syndicat ne peut pas désigner de **délégué syndical suppléant**, la loi ne l'ayant pas prévu (Cass. soc. 12-12-1990 n° 89-61.152 D). 32570
Un syndicat souhaitant remplacer un délégué syndical, y compris pour pallier une absence temporaire de l'intéressé, doit donc procéder à une **nouvelle désignation**. Hors le cas de fraude, en effet, une organisation syndicale a la faculté de remplacer un délégué syndical temporairement absent (Cass. soc. 16-5-1990 n° 89-60.690 P : RJS 6/90 n° 504). Cette désignation a lieu dans les conditions exposées n°s 28060 s.

ATTENTION

Si une organisation syndicale a la faculté de remplacer un délégué syndical temporairement éloigné de l'entreprise, la **réitération de désignations** successives et limitées instaure un système de suppléance habituelle des délégués syndicaux pendant leurs congés de fin de semaine qui, en l'absence de disposition légale le prévoyant, ne pourrait être mis en place que par un accord collectif (Cass. soc. 14-1-2004 n° 02-60.316 FS-PB : RJS 3/04 n° 327).

ORGANISATION HABILITÉE

32575 Seule l'**organisation** syndicale représentative **ayant investi** un salarié d'un mandat syndical est libre de révoquer ce mandat, ce à tout moment (Cass. soc. 25-10-2005 n° 04-16.089 FS-P : RJS 2/06 n° 238 ; 10-1-2006 n° 05-60.014 F-D).

Une **confédération** ne peut pas procéder au remplacement des délégués syndicaux désignés antérieurement par une **union départementale** et dont la désignation non contestée est devenue définitive, sans qu'au préalable le mandat des intéressés ait été révoqué par l'instance qui les a désignés (Cass. soc. 8-12-2004 n° 03-60.445 F-PB : RJS 2/05 n° 171).

Faute d'avoir été révoqué en bonne et due forme par l'organisation syndicale qui l'a désigné, le délégué syndical est maintenu dans son mandat, ce qui interdit, si l'effectif de l'entreprise ne le permet pas, la désignation d'un deuxième délégué syndical au titre de la même confédération (ou du même syndicat) (Cass. soc. 2-10-2003 n° 02-60.562 FS-D : RJS 2/04 n° 229 ; 22-6-2005 n° 04-60.391 F-P : RJS 11/05 n° 1119).

32577 Si, en principe, seul le syndicat ayant désigné un délégué syndical peut procéder à sa révocation, il en est autrement lorsque, en présence d'un conflit avec un **autre syndicat affilié à la même organisation syndicale**, cette dernière a, en application de ses statuts, tranché le conflit en attribuant compétence à cet autre syndicat (Cass. soc. 16-12-2009 n° 09-60.118 F-PB : RJS 3/10 n° 277).

S'agissant du cas particulier où l'organisation syndicale désignataire s'est **désaffiliée de sa confédération**, de sa fédération ou de son union, voir n° 27860.

CONDITIONS EXIGÉES

32580 Le délégué désigné pour assurer le remplacement, même temporaire, d'un autre délégué, absent ou en congé, se substitue à lui. Le remplaçant doit satisfaire aux conditions requises du titulaire : voir n°s 27880 s. (délégué de droit commun), n° 28415 (délégué syndical dans les entreprises de moins de 50 salariés), n°s 28465 s. (délégué syndical supplémentaire) et n°s 28520 s. (délégué syndical central). Si le syndicat ne dispose plus de candidat répondant à la condition relative au score électoral, voir n° 27970.

FORMALITÉS

32585 La désignation du délégué syndical remplaçant et la cessation des fonctions du délégué remplacé doivent être notifiées selon les modalités exposées n°s 28080 s. S'agissant du **périmètre de désignation** du délégué remplaçant en l'absence de précision dans la lettre de désignation, voir n° 28110.

En pratique, il est fréquent que le délégué remplaçant soit nommé sans que la **cessation des fonctions du délégué remplacé** ait fait l'objet d'une notification. La Cour de cassation avait jugé que cette omission ainsi que le fait que l'acte de désignation du remplaçant n'indique pas le nom du délégué remplacé n'affectent pas la validité de la désignation (Cass. soc. 29-3-1994 n° 93-60.299 D : RJS 5/94 n° 570 ; 10-7-1997 n° 96-60.361 D). On peut toutefois s'interroger sur la pérennité de cette jurisprudence. Pour plus de détails, voir n° 28820.

> **Précisions** Les mandats de délégué syndical et de représentant syndical auprès d'un comité d'établissement prennent fin à compter de la **notification de leur révocation à l'employeur**, peu important que le **titulaire** de ces mandats en ait été **tardivement informé**. L'employeur n'a pas, en effet, à s'interroger sur la régularité de cette révocation dans les rapports du syndicat et de son mandataire (Cass. soc. 7-11-2007 n° 06-13.702 FS-PB : RJS 1/08 n° 49).
> L'article L 2143-7 du Code du travail prévoyant la même procédure en cas de désignation et de remplacement d'un délégué syndical, la lettre informant l'employeur du **retour à ses fonctions** d'un délégué syndical temporairement remplacé par un autre salarié constitue une nouvelle désignation également susceptible de contestation en justice (Cass. soc. 12-2-1992 n° 91-60.191 D : RJS 3/92 n° 314).

TRIBUNAL COMPÉTENT

32600 Les articles L 2143-8 du Code du travail et R 211-3-16 du Code de l'organisation judiciaire donnent compétence au **tribunal judiciaire** pour statuer sur la contestation de la **désignation** d'un délégué syndical, sa décision étant rendue, en application du deuxième de ces textes, en dernier ressort, mais ne visent pas expressément les litiges relatifs à la **révocation** du mandat. On peut toutefois penser, par parallélisme, qu'ils relèvent également de la compétence de ce tribunal statuant en dernier ressort.

DÉLAI

L'action en révocation du mandat n'est pas enfermée dans le délai de 15 jours prévu à l'article L 2143-8 du Code du travail, car elle n'entre pas dans le champ d'application de ce texte (Cass. crim. 10-1-1989 n° 87-60.209 P ; 7-7-1998 n° 96-85.947 P). **32610**
L'engagement d'une telle action n'est donc soumis à aucun délai particulier. Certains auteurs, jugeant cette situation préjudiciable à la sécurité juridique, préconisent le recours à la notion de « délai raisonnable ». Reste à savoir ce que recouvre cette notion.

4. DISPARITION DES CONDITIONS DE DÉSIGNATION

Les conditions ayant permis la désignation du délégué syndical peuvent disparaître alors que celui-ci est toujours en fonction. **32620**
Une **baisse des effectifs** peut conduire à la disparition du mandat : voir n°s 20670 s.
Le mandat du délégué syndical peut également être affecté par la **modification du cadre** dans lequel il a été désigné (disparition d'une unité économique et sociale, de l'autonomie d'un établissement, de la section syndicale...).
Dans toutes ces hypothèses, l'employeur peut demander au tribunal de **constater la cessation des fonctions** du délégué syndical.
S'agissant de l'incidence d'un **transfert d'entreprise**, voir n°s 33070 s.

B. Représentant de section syndicale

Le représentant de section syndicale est désigné dans l'attente des élections professionnelles susceptibles de rendre représentatif le syndicat désignataire. Il est donc par essence temporaire. D'autres circonstances sont susceptibles d'amener à s'interroger sur la poursuite de l'exercice de ses fonctions, comme la modification de la situation juridique de l'employeur ou une réduction des effectifs. **32710**
Sur la **protection** de l'intéressé après la cessation de son mandat, voir n° 42270 (rupture du contrat de travail) et n°s 44000 s. (transfert d'entreprise).

RENOUVELLEMENT DES INSTITUTIONS ÉLUES

Le mandat du représentant de section syndicale **prend fin** à l'issue des premières élections professionnelles suivant sa désignation si le syndicat désignataire n'est pas reconnu représentatif dans l'entreprise (C. trav. art. L 2142-1-1, al. 3). Si un syndicat, ayant désigné un représentant de section syndicale, **devient représentatif** à l'issue d'une élection professionnelle, il perd le mandat de représentant de section syndicale, qui devient sans objet, et ne peut désigner qu'un délégué syndical (Circ. DGT du 13-11-2008). Pour apprécier la situation du syndicat, il paraît logique de se référer aux résultats du premier tour, compte tenu des règles d'appréciation de l'audience (n°s 15075 s.). **32715**
Le **salarié qui perd son mandat** de représentant de section syndicale ne peut pas être désigné à nouveau comme représentant syndical au titre d'une section jusqu'aux 6 mois précédant la date des élections professionnelles suivantes (C. trav. art. L 2142-1-1, al. 3), que ce soit au niveau de l'entreprise ou de l'un de ses établissements (Cass. soc. 4-6-2014 n° 13-60.205 FS-PB : RJS 8-9/14 n° 642). L'incapacité du salarié à bénéficier de nouveau d'un mandat de représentant de section syndicale est totale, de sorte qu'elle lui interdit d'être désigné par le syndicat désignataire mais aussi par tout autre syndicat non représentatif (Cass. soc. 19-4-2023 n° 21-23.483 FS-B : RJS 7/23 n° 388). Rien n'empêche toutefois le syndicat qui n'a pas été reconnu représentatif de désigner à l'issue des élections un **autre salarié** que celui qui a exercé son mandat jusque-là comme représentant de la section syndicale.
Cette règle s'applique à tous les représentants de section syndicale rattachés à un établissement si un syndicat perd sa représentativité lors de l'élection du CSE d'établissement, lorsque le **périmètre d'implantation** des délégués syndicaux et des représentants de section syndicale est **plus restreint** que celui du CSE d'établissement (Cass. soc. 6-1-2016 n° 15-14.027 FS-D et n° 15-60.138 FS-PB : RJS 3/16 n° 189, 1e et 3e espèces).

ATTENTION

La **règle** interdisant le renouvellement du mandat du représentant de section syndicale à l'issue des élections au syndicat non reconnu représentatif est **inopposable** :
– si le **périmètre** des nouvelles élections est **différent** de celui retenu lors des élections à l'issue desquelles le représentant de la section avait été désigné (Cass. soc. 25-9-2013 n° 12-26.612 FS-PB : RJS 12/13 n° 834), la réorganisation d'un établissement au sein duquel ont lieu

des élections au CSE d'établissement n'entraînant pas nécessairement une modification de ce périmètre (Cass. soc. 6-1-2016 n° 15-15.084 FS-D et n° 15-14.368 FS-D : RJS 3/16 n° 189, 2e et 4e espèces) ;
– lorsque la nouvelle désignation intervient à la suite des élections professionnelles organisées en **exécution d'un jugement** ayant procédé à l'annulation des élections professionnelles à l'issue desquelles le salarié avait précédemment été désigné en cette qualité (Cass. soc. 4-11-2020 n° 19-13.151 FS-PB : RJS 2/21 n° 98).

AUTRES CAS

32720 Sont applicables au représentant de la section syndicale (C. trav. art. L 2142-1-2) :
– les dispositions de l'article L 2143-11, alinéas 2 et 3, du Code du travail, relatives à la suppression du mandat de délégué syndical en cas de **baisse des effectifs** (nos 20670 s.) ;
– les dispositions de l'article L 2143-10 du Code du travail relatives au sort du mandat de délégué syndical en cas de transfert d'entreprise (nos 33070 s.).
Les formalités de désignation du représentant de section syndicale étant les mêmes que celles du délégué syndical, les solutions données plus haut nos 32570 s. à propos du **remplacement** de ce dernier paraissent transposables au représentant de section.
Les développements consacrés à la **disparition des conditions de désignation** des délégués syndicaux (nos 32620 s.) nous paraissent également transposables au mandat de représentant de section syndicale.

C. Représentant syndical au CSE

1. DÉBUT DU MANDAT

32780 Dans les **entreprises de moins de 300 salariés**, le délégué syndical est de droit représentant syndical au CSE d'entreprise ou d'établissement (n° 28770). La désignation en qualité de délégué syndical constitue donc, selon nous, le point de départ du mandat de représentant syndical, même si cette seconde casquette n'a pas fait l'objet d'une notification formelle à l'employeur.
Dans les entreprises de **300 salariés ou plus**, le mandat débute à compter de la désignation en qualité de représentant syndical au CSE d'entreprise ou d'établissement dans les conditions indiquées n° 28820.
La solution est la même, à notre sens, pour le représentant syndical au CSE central d'entreprise (n° 6020).

2. CESSATION DU MANDAT

32800 Le mandat du représentant syndical prend fin dans les conditions ci-après.
Sur la **protection** de l'intéressé après la cessation de son mandat, voir n° 42270 (rupture du contrat de travail) et nos 44000 s. (transfert d'entreprise).

RENOUVELLEMENT DU COMITÉ

32805 Le mandat de représentant syndical au CSE d'entreprise ou d'établissement **prend automatiquement fin** lors du renouvellement de cette institution (Cass. soc. 10-3-2010 n° 09-60.347 FS-PBR : RJS 5/10 n° 440). La reconduction tacite du mandat n'est pas admise par la jurisprudence (Cass. soc. 9-11-2011 n° 11-12.312 F-D : RJS 1/12 n° 51). En conséquence, le syndicat doit, après chaque élection, s'il remplit les conditions requises, procéder à une nouvelle désignation. Cette nouvelle désignation peut être contestée dans les 15 jours (nos 28825 s.).
Le syndicat est libre de reconduire le représentant sortant ou de lui préférer un autre salarié.
Lorsque le représentant sortant se maintient après les élections sans avoir été reconduit, tout intéressé peut faire constater par le juge l'expiration du mandat survenue du fait des élections sans que le délai de 15 jours auquel est soumise la contestation de la désignation puisse lui être opposé (Cass. soc. 10-3-2010 n° 09-60.347 FS-PBR : RJS 5/10 n° 440).

> **Précisions a.** Dans les entreprises de **moins de 300 salariés**, le délégué syndical étant de droit représentant syndical au CSE (nos 28770 s.), le délégué syndical désigné ou redésigné après les élections devrait automatiquement assumer les fonctions de représentant syndical sans qu'il soit besoin d'une désignation : voir n° 28770.
> **b.** Sur les effets du renouvellement du CSE sur le mandat du représentant syndical au **CSE central d'entreprise**, voir n° 6025.
> **c.** S'agissant des effets de l'**annulation des élections** sur la régularité de la désignation de salariés en qualité de représentants syndicaux au comité, voir n° 31625.

ENTRE DEUX ÉCHÉANCES ÉLECTORALES

La perte du mandat de représentant syndical entre deux échéances électorales n'est pas expressément réglementée. En pratique, elle peut, selon nous, se produire dans les cas suivants : **32810**
- rupture du contrat de travail ;
- suppression du comité au sein duquel le représentant syndical est désigné ;
- révocation émanant du syndicat (sur les modalités de cette révocation, voir n° 28820) ;
- démission de son mandat par l'intéressé ;
- annulation ou révocation du mandat par le tribunal judiciaire selon les modalités indiquées n°s 28825 s., celle-ci pouvant intervenir si le salarié ne remplit pas ou plus les conditions requises pour exercer ce mandat.

En cas de **suspension du contrat de travail**, le syndicat peut décider de remplacer son représentant syndical au CSE (sur les formalités de remplacement, voir n° 28820.). Si le représentant syndical n'est pas remplacé, la suspension du contrat ne suspend pas le mandat (voir n° 31655).

SECTION 3 EFFETS D'UN TRANSFERT D'ENTREPRISE

La **notion** de transfert d'entreprise, également désignée sous le terme de « modification de la situation juridique de l'employeur », recouvre des situations diverses, telles que la vente de l'entreprise, la fusion de sociétés, la mise en location-gérance, la transmission de l'entreprise par voie successorale, mais aussi, dans certains cas, la cession d'une branche d'activité, le recours à la sous-traitance ou à un prestataire de services, etc. **33000**

Que devient le mandat représentatif d'un salarié dont le contrat de travail est transféré dans une autre entreprise ? La réponse diffère selon que le transfert du contrat de travail s'effectue en application de la loi, d'une convention collective ou par accord entre les deux employeurs successifs.

Pour une étude détaillée sur le sort des mandats et des institutions représentatives du personnel en cas de modification de la situation juridique de l'employeur, voir l'article de Yannick Pagnerre et d'Émeric Jeansen, « Le CSE soumis aux évolutions de l'entreprise » : RJS 8-9/20 p. 571.

> **Précisions** Sur les **conditions** de transfert du contrat de travail des représentants du personnel, voir n°s 44000 s.
> S'agissant des **conséquences** du transfert d'entreprise sur :
> – les seuils d'effectif pour la mise en place ou le renouvellement des institutions représentatives du personnel, voir n° 20545 ;
> – les conditions d'électorat, d'éligibilité et de désignation des salariés concernés par une opération de transfert, voir n° 24780 (institutions élues) et n° 27895 (institutions désignées).

A. Transfert légal

Selon la jurisprudence, l'article L 1224-1 du Code du travail, tel qu'interprété au regard de la directive européenne 2001/23 du 12-3-2001, s'applique si deux **conditions** sont **cumulativement remplies** : **33050**
- transfert d'une entité économique autonome ;
- maintien de l'identité de l'entité transférée avec poursuite ou reprise de l'activité de cette entité par le repreneur.

Pour les opérations de transfert entrant dans le champ d'application de ce texte, le Code du travail fixe les conditions dans lesquelles les mandats des représentants du personnel sont maintenus chez le nouvel employeur.

Il y a lieu de se placer au jour du transfert pour déterminer si les conditions de maintien des mandats sont réunies (n° 33170).

> **Précisions** Le champ d'application et les conditions de mise en œuvre de l'article L 1224-1 du Code du travail ne sont pas développés ci-après. Sur ces questions, on peut se reporter au Mémento social n°s 74500 s.

1. REPRÉSENTANTS DU PERSONNEL CONCERNÉS

33070 Le Code du travail envisage et organise le maintien des mandats des institutions représentatives du personnel suivantes : **délégués syndicaux** et **délégués syndicaux centraux** (C. trav. art. L 2143-10), **représentants de section syndicale** (C. trav. art. L 2143-10 sur renvoi de l'art. L 2142-1-2), membres élus du **CSE** et représentants syndicaux à ce comité (C. trav. art. L 2314-35), CSE central d'entreprise (C. trav. art. L 2316-12).

33075 Les mandats des **représentants du personnel conventionnels**, dont l'existence résulte d'accords collectifs conclus antérieurement au transfert au sein de l'entreprise cédante, survivent chez le nouvel employeur durant le temps nécessaire à la négociation d'un accord de substitution (15 mois au maximum après le transfert), conformément aux dispositions exposées n°s 87960 s.

2. OPÉRATIONS DE TRANSFERT VISÉES

a. Transfert total

ENTREPRISE CONSERVANT SON AUTONOMIE

33120 **Autonomie juridique et autonomie de fait** La loi subordonne la poursuite des mandats des représentants du personnel visés n° 33070 au maintien de l'autonomie juridique de l'entreprise transférée (C. trav. art. L 2143-10, L 2314-35, L 2316-12).

Cette restriction faisant référence à une autonomie « juridique » ne se retrouvant pas dans les directives européennes successives sur les transferts d'entreprise, la **Cour de cassation** considère que les mandats subsistent dès lors que l'entreprise **conserve en fait** son autonomie, peu important qu'elle ait perdu son autonomie juridique (notamment Cass. soc. 18-12-2000 n° 99-60.381 FS-P : RJS 3/01 n° 310 ; 15-5-2002 n° 00-42.989 F-D : RJS 7/02 n° 833 ; 3-5-2007 n° 06-40.119 F-D : RJS 7/07 n° 861 ; 13-10-2010 n° 09-13.109 FS-PB : RJS 12/10 n° 946).

Le **juge administratif** considère, pour sa part, que lorsque l'entreprise perd son autonomie juridique sans devenir un établissement distinct de celle qui l'a reprise, le mandat des membres élus du CSE prend fin (CE 8-1-1997 n° 154728 : RJS 2/97 n° 171).

La survivance d'un CSE central, ainsi que celle du mandat de délégué syndical central ne se conçoivent que si l'entité transférée était et demeure une véritable entreprise divisée en plusieurs établissements distincts (Cass. crim. 28-11-1984 n° 83-93.094 P ; Cass. soc. 10-1-1989 n° 87-60.209 P).

> **Précisions a.** L'article 6 paragraphe 1 de la **directive** CE 2001/23 du 12-3-2001 subordonne le maintien des mandats des représentants des travailleurs au fait que l'entité transférée conserve son autonomie sans autres précisions.
>
> La CJUE a eu l'occasion de préciser ce que recouvre, selon elle, ce critère d'autonomie. Pour elle, une entité économique transférée conserve son autonomie au sens de ce texte lorsque les **pouvoirs accordés aux responsables** de cette entité, au sein de ses structures d'organisation, demeurent, au sein des structures d'organisation du cessionnaire, en substance, **inchangés**. Les pouvoirs concernés sont le pouvoir d'organiser, de manière relativement libre et indépendante, le travail au sein de ladite entité, dans la poursuite de l'activité économique qui lui est propre et, plus particulièrement, les pouvoirs de donner des ordres et des instructions, de distribuer des tâches aux travailleurs subordonnés relevant de l'entité en cause ainsi que de décider de l'emploi des moyens matériels mis à sa disposition, cela sans intervention directe de la part d'autres structures d'organisation de l'employeur. Elle en a déduit que le **simple changement des supérieurs hiérarchiques les plus élevés** ne peut être en soi préjudiciable à l'autonomie de l'entité transférée, à moins que ces nouveaux supérieurs ne disposent de pouvoirs leur permettant d'organiser directement l'activité des travailleurs de cette entité et de se substituer ainsi aux supérieurs immédiats de ces travailleurs dans la prise de décision à l'intérieur de cette dernière (CJUE 29-7-2010 aff. 151/09 : RJS 12/10 n° 997 et chronique P. Morvan p. 807).
>
> Cette définition très descriptive a été reprise dans un arrêt de la Cour de cassation (Cass. soc. 15-11-2011 n° 10-23.609 FS-PB : RJS 2/12 n° 156) mais n'est pas d'un maniement aisé. Elle semble se rapprocher de celle qui permet de caractériser un établissement, notion à laquelle la Cour de cassation fait déjà référence en subordonnant le maintien de l'institution représentative au fait que l'entité transférée constitue, après son transfert, un établissement distinct chez le cessionnaire (n°s 33170 s.).
>
> **b.** Si l'entreprise cédée conserve son autonomie, le **procès-verbal de carence** rédigé par le cédant après l'organisation de ses élections professionnelles continue de produire ses effets chez le nouvel employeur jusqu'à l'échéance électorale suivante (Cass. soc. 6-3-2019 n° 17-28.478 F-PB : RJS 5/19 n° 284).

Il ressort de la jurisprudence que l'entreprise conserve en fait son autonomie lorsque l'entité économique transférée correspond au **cadre** dans lequel les représentants concernés ont été élus ou désignés et lorsque ce cadre **subsiste** après le transfert : voir n° 33190. 33125
La jurisprudence est ainsi en **conformité** avec la **directive** CE 2001/23 du 12 mars 2001, qui dispose, en son article 6, que « si l'entreprise, l'établissement ou la partie d'entreprise ou d'établissement conserve son autonomie, le statut et la fonction des représentants ou de la représentation des travailleurs concernés par le transfert subsistent (...) sous réserve que les conditions nécessaires pour la formation de la représentation des travailleurs soient réunies ».

Constitution d'une unité économique et sociale Dans des arrêts anciens, la Cour de cassation a admis le maintien de mandats représentatifs par référence à l'existence éventuelle d'une unité économique et sociale (UES) entre plusieurs sociétés distinctes. Elle a ainsi jugé que le transfert de salariés d'une société à une autre par suite de cession partielle de l'entreprise met un terme à l'exercice des mandats représentatifs des intéressés dans la société d'origine, ceci en l'absence d'UES entre les 2 sociétés (Cass. crim. 12-1-1982 n° 81-90.370). De même, elle a jugé qu'à la suite d'une scission ayant entraîné la création d'une société nouvelle, le comité de l'entreprise d'origine ayant disparu, le mandat de représentant syndical auprès de ce comité s'était poursuivi auprès du nouveau comité élu à la suite de la modification de structure juridique dès lors que les deux entreprises constituaient une UES (Cass. crim. 27-11-1979 n° 79-90.628). 33135
Bien qu'il n'y ait pas de décision récente de la Haute Juridiction se référant à l'existence ou non d'une UES pour retenir ou refuser le maintien des mandats, ce critère nous semble toujours pertinent. En effet, l'UES est traitée comme une seule entreprise au regard de la représentation du personnel. Dès lors, le mandat d'un salarié élu dans le cadre de l'UES devrait avoir vocation à être maintenu si l'UES se maintient après la modification de la situation juridique de l'employeur. Certaines juridictions du fond se sont d'ailleurs prononcées en ce sens (CA Riom 15-2-2011 n° 10-618).

ENTREPRISE DEVENANT UN ÉTABLISSEMENT DE L'ENTREPRISE D'ACCUEIL

L'article L 2314-35 du Code du travail prévoit aussi le maintien des mandats des membres de la **délégation du personnel du CSE** (membres élus et représentants syndicaux) si l'entreprise faisant l'objet de la modification devient un établissement. Sur la possibilité d'adapter la durée des mandats dans cette situation, voir n° 33230. 33150
Le CSE d'entreprise devient alors un CSE d'établissement et il procède aux désignations indiquées n° 33220 au CSE central de l'entreprise absorbante (C. trav. art. L 2316-12).

> **Précisions** Le comité central d'une entreprise absorbée ne disparaît pas si celle-ci devient un établissement de la société absorbante, il demeure en fonction comme comité d'établissement de cette dernière (Cass. crim. 25-2-2003 n° 02-83.040 F-PF : RJS 7/03 n° 901).
> L'article L 2143-10 du Code du travail ne prévoit pas le maintien des mandats des **délégués syndicaux** de l'entreprise lorsque celle-ci devient un établissement d'une autre entreprise. À notre connaissance, la Cour de cassation n'a pas eu à se prononcer sur cette question.
> Selon nous, le syndicat pourra toujours procéder à une modification de la désignation de son délégué pour l'adapter au nouveau cadre du mandat. On peut d'ailleurs penser que la Cour de cassation pourrait s'inspirer de sa jurisprudence, selon laquelle le syndicat ayant désigné des délégués syndicaux au niveau de l'entreprise ne peut procéder à la désignation de délégués syndicaux dans le cadre d'un établissement distinct de cette entreprise qu'après avoir transformé le mandat des délégués syndicaux d'entreprise et fait de ces derniers des délégués syndicaux d'établissement (n° 28000).

b. Transfert partiel

TRANSFERT PORTANT SUR UN OU PLUSIEURS ÉTABLISSEMENTS

Établissement distinct conservant ce caractère Si la modification de la situation juridique de l'employeur porte sur un ou plusieurs établissements distincts qui conservent ce caractère, les **mandats** des membres élus de la délégation du personnel du CSE, des représentants syndicaux et des délégués syndicaux dans chaque établissement intéressé **se maintiennent** (C. trav. art. L 2314-35 ; art. L 2316-12). Sur la notion d'établissement distinct, voir n°s 22030 s. pour le CSE, et n°s 22215 s. pour les délégués syndicaux. 33170
Pour apprécier si l'établissement transféré a conservé un caractère distinct, il convient de se placer au **jour du transfert** (Cass. soc. 3-2-1998 n° 95-41.423 P : RJS 3/98 n° 327).
Les mandats sont maintenus pour la durée indiquée n° 33230, et les CSE d'établissement sont représentés au CSE central de l'entreprise d'accueil dans les conditions exposées n° 33220.

ATTENTION

Le salarié titulaire d'un mandat représentatif dans un établissement ne peut continuer à exercer ses fonctions représentatives qu'autant qu'il continue à travailler dans celui-ci.
En effet, le changement régulier d'établissement d'un salarié, qui l'a valablement accepté, met fin au mandat dont il était titulaire au sein du comité de son établissement d'origine et, par voie de conséquence, au mandat dont il était éventuellement titulaire au sein du comité central de l'entreprise (Cass. crim. 4-10-1983 n° 82-92.919).

33175 **Établissement distinct devenant une entreprise** En l'absence de disposition légale sur ce point, l'administration considère que, si un établissement distinct devient une entreprise autonome, les **mandats** des membres élus du CSE et ceux des représentants syndicaux **se poursuivent** (Circ. DRT 12 du 17-3-1993). La jurisprudence a retenu la même solution pour le CSE d'établissement en décidant qu'il se maintient dans la nouvelle entreprise même s'il change de dénomination pour devenir un CSE d'entreprise (Cass. soc. 30-11-2004 n° 02-13.837 FS-PBRI : RJS 3/05 n° 287).

TRANSFERT D'ACTIVITÉ NE PORTANT PAS SUR UN ÉTABLISSEMENT

33190 Le transfert partiel d'activité ne portant pas sur un établissement distinct de l'entreprise doté d'institutions propres emporte cessation des mandats des représentants du personnel dont le contrat s'est poursuivi avec le nouvel employeur à la date du transfert (Cass. soc. 17-12-2008 n° 07-42.839 F-D). En effet, les mandats doivent être maintenus dans les seuls cas où l'entité économique transférée **correspond au cadre** dans lequel les représentants concernés ont été élus et sous réserve que ce cadre **subsiste après le transfert** (CA Riom 15-2-2011 n° 10-618).
Ne conserve pas son autonomie l'entité faisant l'objet d'un transfert d'activité partiel laissant subsister au sein de la société cédante les institutions représentatives du personnel existantes (Cass. soc. 13-5-2009 n° 08-12.514 F-PB : RJS 7/09 n° 638).

3. CONSÉQUENCES SUR LES MANDATS EN COURS

a. Maintien des mandats

PÉRIMÈTRE DU MANDAT

33220 Les mandats des **délégués syndicaux** de l'entreprise transférée se poursuivent dans le même périmètre géographique qu'auparavant.
Si l'entreprise devient un établissement distinct de l'entreprise d'accueil, le **CSE** devient un CSE d'établissement et désigne parmi ses membres ses représentants titulaires et suppléants au CSE central de l'entreprise absorbante. Si la modification porte sur un ou plusieurs établissements distincts qui conservent ce caractère, ces établissements sont représentés au CSE central de l'entreprise d'accueil par leurs représentants au CSE central de l'entreprise dont ils faisaient partie. Dans ces deux cas, la représentation est assurée dans ces conditions pendant un an au plus et peut entraîner un dépassement du nombre maximal de représentants au CSE central (n° 27010) (C. trav. art. L 2316-12).

> **Précisions** **a.** Le CSE **d'une société qui en absorbe une autre** dépourvue de cette instance représentative garde, pour l'**ensemble de l'entreprise**, la plénitude de ses **attributions**, peu important qu'il ne comporte pas un nombre d'élus correspondant à l'effectif de la nouvelle entité résultant de la fusion et qu'il ne comprenne aucun membre élu par le personnel de l'ancienne entreprise absorbée (Cass. soc. 5-6-1975 n° 74-40.638 P).
> **b.** Le **comité central de l'entreprise absorbée** demeure en fonction lorsque, à la suite de la fusion-absorption, les établissements de la société absorbée ont continué de fonctionner, les locaux de ces établissements ainsi que leurs activités étant restés les mêmes (Cass. soc. 15-5-2002 n° 00-42.989 F-D : RJS 7/02 n° 833). Si, en revanche, l'entreprise absorbée devient un établissement distinct de l'entreprise d'accueil, il demeure en fonction comme comité d'établissement (Cass. crim. 25-2-2003 n° 02-83.040 F-PF : RJS 7/03 n° 901).
> **c.** En cas de **fusion de deux associations en une fondation**, le transfert du mandat du délégué syndical de l'une des deux associations au nouvel employeur fait obstacle à ce que le syndicat ayant procédé à cette désignation désigne, après la fusion, un **délégué syndical** pour la fondation dès lors que, du fait de l'effectif de la fondation et de l'absence de demande en reconnaissance d'établissements distincts, le même syndicat ne peut pas mettre en place plusieurs délégués syndicaux (Cass. soc. 15-1-2002 n° 00-60.414 F-D).

DURÉE DES MANDATS

Les mandats des membres élus du **CSE** de l'**entreprise objet du transfert** se poursuivent en principe jusqu'à leur terme. Ils peuvent toutefois être **réduits ou prorogés**, pour tenir compte de la date habituelle des élections dans l'entreprise d'accueil, soit par accord entre le nouvel employeur et les organisations syndicales représentatives existant dans le ou les établissements absorbés, soit, à défaut, par accord entre l'employeur et les membres du CSE intéressé (C. trav. art. L 2314-35). L'accord de réduction ou de prorogation des mandats entre le nouvel employeur et les syndicats représentatifs existant dans le ou les établissements absorbés peut être conclu aux conditions de droit commun (nos 80700 s.). L'unanimité des syndicats n'est pas requise (Cass. soc. 17-12-2014 n° 14-14.917 FS-PB : RJS 2/15 n° 110). 33230
Les mandats des **délégués syndicaux** et des **représentants syndicaux** auprès du CSE subsistent pour leur part jusqu'aux élections suivantes, les organisations syndicales demeurant libres de remplacer les intéressés avant cette date dans les conditions de droit commun (en ce sens : Cass. soc. 26-6-1996 n° 95-60.940 D : RJS 8-9/96 n° 939).

> **Précisions** Le nouvel employeur ne peut pas profiter de ce que le **syndicat** ait **changé de nom** à la suite du transfert pour **contester les désignations** auxquelles il a procédé dans l'entreprise cessionnaire si elles ne font que confirmer les désignations antérieures dont la validité n'était pas contestée (Cass. soc. 24-5-2006 n° 05-60.244 F-PB : RJS 11/06 n° 1193).

SOMMES DUES AU CSE

Le nouvel employeur n'étant pas tenu des dettes de l'ancien, le CSE du cédant, demeuré en fonctions, ne peut pas demander au nouvel employeur le paiement de la **subvention de fonctionnement** à laquelle il prétend avoir droit au titre d'**années antérieures** au transfert (Cass. soc. 28-5-2008 n° 07-40.904 FS-PB : RJS 8-9/08 n° 911). 33240
S'agissant de la **contribution patronale aux activités sociales et culturelles**, le **mode de calcul** exposé nos 2870 s. s'applique aussi en cas de modification de la situation juridique de l'employeur lorsque le mandat des membres élus et des représentants syndicaux au CSE subsiste. Il ne s'applique pas en revanche dans l'hypothèse inverse de disparition de l'institution dans la nouvelle entreprise (Cass. soc. 13-5-2009 n° 08-12.514 F-PB : RJS 7/09 n° 638).

b. Absence de maintien des mandats

CESSATION DES MANDATS

Lorsque les conditions de maintien des mandats représentatifs ne sont pas réunies (nos 33070 s.), ceux-ci prennent fin de plein droit à la **date** du transfert (en ce sens : CE 8-1-1997 n° 154728 : RJS 2/97 n° 171 ; Cass. soc. 18-11-2009 n° 08-42.920 F-D : RJS 2/10 n° 192 ; 25-3-2020 n° 18-11.433 FS-PB : RJS 6/20 n° 284). 33260
Le **jugement tranchant une contestation** relative à la cessation des mandats des représentants du personnel et des délégués syndicaux à la suite d'un transfert d'entreprise est susceptible d'appel (Cass. soc. 25-1-2016 n° 15-12.290 F-D : RJS 5/16 n° 321).

> **ATTENTION**
> La question se pose de savoir si ce principe de cessation des mandats à la date du transfert est conforme à l'article 6-1 de la directive CE 2001/23 du 12-3-2001. Ce texte énonce en effet que si l'entreprise, l'établissement ou la partie d'entreprise ou d'établissement ne conserve pas son autonomie, les États membres prennent les mesures nécessaires pour que les travailleurs transférés qui étaient représentés avant le transfert continuent à être convenablement représentés durant la période nécessaire à une nouvelle formation ou désignation de la représentation des travailleurs.

Il se peut que les **conditions de maintien** des mandats représentatifs, réunies au jour du transfert, **disparaissent par la suite**, par exemple si un établissement distinct perd ultérieurement cette qualité. Les mandats représentatifs peuvent alors prendre fin dans les conditions de droit commun : voir nos 31615 s. (représentants élus) et nos 32620 s. (délégués syndicaux et représentants de la section syndicale). 33265
Sur le sort du **patrimoine du CSE** en cas de disparition de celui-ci, voir nos 3190 s.

PROTECTION

Si le transfert met fin au mandat, les représentants du personnel continuent de bénéficier de la protection attachée à la **qualité d'anciens représentants** du personnel dans les conditions indiquées nos 42215 s. (anciens élus) et n° 42270 (anciens délégués syndicaux et assimilés). 33270

› **Précisions** Si le nouvel employeur engage une **procédure de licenciement** pendant la période de protection, le CSE devant donner son **avis** sur le projet est celui de l'entreprise cessionnaire (CE 8-1-1997 n° 154728 : RJS 2/97 n° 171).

4. EFFETS SUR LES MANDATS DANS L'ENTREPRISE D'ACCUEIL

33280 À la suite d'un transfert d'entreprise, les **mandats** des institutions représentatives en cours dans l'entreprise cessionnaire ne sont pas remis en cause. Ils se poursuivent jusqu'à leur terme, et l'entreprise ne peut pas organiser de nouvelles élections avant ce terme (Cass. soc. 14-2-1989 n° 88-60.016 F-PB : RJS 3/89 n° 240). En revanche, le nouvel employeur doit veiller à aménager ses institutions représentatives du personnel lors des **élections professionnelles suivantes** pour tenir compte, notamment, de la nouvelle composition de l'entreprise (découpage en établissements distincts ou augmentation du nombre de ceux-ci) et/ou de la modification du corps électoral à la suite du transfert.

ILLUSTRATIONS

En cas de réunion de trois caisses d'épargne en une seule entité, réalisée par voie de fusion-absorption, l'une des caisses ayant absorbé les deux autres avant de changer de dénomination, les mandats des représentants du personnel et des représentants syndicaux en cours au sein de la **caisse absorbante** se poursuivent après la fusion (Cass. soc. 13-10-2010 n° 09-13.109 FS-PB : RJS 12/10 n° 946).

La représentativité des organisations syndicales étant établie pour toute la durée du cycle électoral, en cas de fusion-absorption, le mandat de représentant syndical au CSE de l'entreprise absorbante ne prend pas fin lors des **élections complémentaires** organisées pour la représentation des salariés dont le contrat de travail a été transféré (Cass. soc. 13-6-2019 n° 18-14.981 FS-PB : RJS 8-9/19 n° 505).

B. Autres transferts

TRANSFERT EN APPLICATION D'UN ACCORD COLLECTIF

33300 En principe, le transfert conventionnel des contrats de travail emporte **cessation des mandats** dont étaient investis les salariés transférés dès lors que l'article L 1224-1 du Code du travail n'est pas applicable (Cass. soc. 7-10-1992 n° 91-60.353 D : RJS 11/92 n° 1230 ; 28-11-2007 n° 06-42.379 FS-PB : RJS 2/08 n° 144). Les intéressés bénéficient de la **protection** des anciens représentants du personnel exposée n°s 42215 s. (anciens élus) et n° 42270 (anciens délégués syndicaux et assimilés).

Cependant, lorsqu'une **disposition conventionnelle** impose le maintien des mandats représentatifs chez le nouvel employeur, elle doit être **respectée** (Cass. soc. 10-7-2002 n° 01-60.681 F-P : RJS 11/02 n° 1207).

APPLICATION VOLONTAIRE DE L'ARTICLE L 1224-1 DU CODE DU TRAVAIL

33310 Par parallélisme avec la jurisprudence de la Cour de cassation relative au transfert conventionnel des contrats de travail (voir n° 33300), on peut penser que, sauf **volonté contraire** exprimée par le nouvel employeur, les mandats représentatifs prennent fin lors du transfert du contrat de travail des salariés qui en sont titulaires.

CHAPITRE 3

LES MOYENS MATÉRIELS

SOMMAIRE

A. Ressources

CSE

S'agissant du CSE, la loi n'a prévu de ressources spécifiques que dans les entreprises d'**au moins 50 salariés** : voir n°s 2700 s. 34000

SECTION SYNDICALE

La section syndicale, n'ayant pas la personnalité morale, ne dispose pas de moyens financiers propres. 34010
Ses membres sont cependant habilités à **collecter les cotisations** syndicales dans l'entreprise pour le compte du syndicat dont elle émane. Il est, en effet, interdit à l'employeur de prélever les cotisations syndicales sur les salaires de son personnel et de les payer en lieu et place de celui-ci (n° 13640). Cette collecte peut être réalisée à l'intérieur de l'entreprise (C. trav. art. L 2142-2). Elle peut se faire sur les **lieux de travail** et pendant le **temps de travail** selon des modalités acceptées par les parties (Circ. DRT 13 du 30-11-1984 n° 2-3). À défaut de délégué syndical, cet accord peut être négocié par les représentants de l'organisation syndicale à laquelle la section est rattachée ou par des adhérents de la section (Circ. DRT 13 du 25-10-1983 n° 1-2-1).

B. Local

L'employeur est tenu de mettre un local à la disposition du CSE. 34050
À partir d'un certain seuil d'effectifs, il doit également mettre à la disposition des sections syndicales un local qui doit être distinct de celui mis à disposition du CSE.
Les représentants du personnel ne peuvent utiliser le local mis à leur disposition que pour l'exercice de leur mission.

1. CSE

a. CSE dans les entreprises de moins de 50 salariés

OBLIGATION DE L'EMPLOYEUR

L'employeur doit mettre à la disposition des membres de la délégation du personnel du CSE le local nécessaire pour leur permettre d'accomplir leur mission et, notamment, de se réunir (C. trav. art. L 2315-20). 34070

L'employeur ne peut pas attribuer aux membres de la délégation du personnel du CSE un local ne permettant pas l'exercice de leurs **missions** dans des conditions satisfaisantes : voir, par exemple, à propos du réfectoire de l'entreprise n° 34100. 34075
La loi n'impose pas expressément à l'employeur d'**aménager** ce local. Un accord collectif ou conclu entre les parties peut régler cette question. À défaut, le local fourni devant permettre aux membres de la délégation du personnel d'accomplir leur mission et de se réunir, il y a lieu

de considérer que l'employeur doit fournir un matériel minimum (table, sièges, armoire, etc.) dont l'importance dépend du nombre de membres de la délégation. Le matériel fourni aux représentants et son entretien sont, en principe, à la charge de l'employeur.
Bien que cela ne soit pas expressément indiqué par l'article L 2315-20 du Code du travail, il paraît aller de soi que ce local soit conforme aux **règles d'hygiène et de sécurité** (aération, éclairage, etc.).

ATTENTION

Sauf force majeure, l'employeur qui ne met pas de local à la disposition des membres de la délégation du personnel du CSE commet un **délit d'entrave** (Cass. crim. 7-1-1981 n° 79-94.255 P ; 25-9-2007 n° 06-84.599 FP-FI : RJS 12/07 n° 1304 ; 26-5-2009 n° 08-82.979 F-D : RJS 10/09 n° 809). De simples difficultés à trouver un local disponible ne constituent pas un cas de force majeure (Cass. crim. 7-1-1981 n° 79-94.255 P).

UTILISATION

34080 Le Code du travail est muet sur la question de l'utilisation du local. Il est souhaitable de conclure un **accord entre les utilisateurs éventuels** afin que les droits de chacun soient clairement établis par avance et non pas déterminés chaque fois en fonction des circonstances. Selon nous, cet accord devrait permettre de fixer, dans la limite du crédit d'heures dont disposent les membres de la délégation du personnel du CSE, un **temps d'utilisation du local** qui tienne compte des souhaits et possibilités des intéressés, ainsi que des caractéristiques et sujétions de l'entreprise.
En tout état de cause, le local mis à la disposition du CSE ne peut pas être utilisé par les **sections syndicales**, qui doivent disposer d'un local distinct (n° 34174).

ATTENTION

Le local peut servir à des **réunions organisées par la direction** (Cass. crim. 17-11-1966 n° 66-90.425 P), à condition qu'il n'en résulte pas pour les représentants du personnel une gêne dans l'exercice normal de leurs fonctions. Ainsi, l'employeur commet un délit d'entrave si, intentionnellement et à plusieurs reprises, il fait sortir les représentants du personnel du local (en l'occurrence une salle de conférence) qui leur a été affecté pour y tenir des réunions qui, bien que prévues, ne leur avaient pas été annoncées à l'avance (Cass. crim. 17-11-1966 n° 66-90.425 P).

ACCÈS

34085 Pendant les heures où le local est mis à leur disposition, les membres de la délégation du personnel au CSE doivent pouvoir y accéder en toute liberté, sous la seule réserve, selon nous, des mesures que l'employeur pourrait être amené à prendre du fait de la responsabilité générale qui découle de son pouvoir de direction.

b. CSE dans les entreprises d'au moins 50 salariés

CONDITIONS DE LA MISE À DISPOSITION

34090 L'employeur met à la disposition du CSE un **local aménagé** (C. trav. art. L 2315-25).
Par local aménagé il convient d'entendre un local éclairé, chauffé et meublé, les dépenses correspondantes étant à la charge de l'employeur (Circ. DRT du 6-5-1983 n° 4). S'agissant du matériel à fournir, voir n° 34210.
L'employeur n'a à mettre à la disposition du CSE qu'**un seul local** afin de permettre son fonctionnement (réunions, secrétariat, etc.). Sauf engagement de sa part, il n'a pas à prévoir un local réservé aux activités sociales et culturelles (Cass. soc. 23-6-1983 n° 82-10.840 P). En pratique, le local administratif du comité est également utilisé pour ces activités (expositions, inscriptions à des activités, etc.). Toutefois, l'employeur transférant au comité une activité sociale et culturelle qu'il assurait antérieurement doit lui transférer le local dans lequel elle était jusqu'alors exercée (Cass. soc. 2-6-1993 n° 91-13.901 PBS : RJS 7/93 n° 759).
Un **syndicat** ou des **élus minoritaires** ne peuvent pas réclamer en justice un local pour le comité (CA Versailles 11-4-2002 n° 00-5338 : RJS 11/02 n° 1325).

ATTENTION

Pour la chambre criminelle de la Cour de cassation, sauf impossibilité démontrée de satisfaire à cette obligation, le fait de ne **pas mettre à la disposition** du comité un local et des moyens adaptés à son importance constitue un délit d'entrave (Cass. crim. 15-5-2007 n° 06-84.318 F-PF : RJS 8-9/07 n° 969). Rendue à propos d'un comité central, la solution vaut pour le CSE. Cependant, la loi n'imposant pas à l'employeur de mettre un local spécifique à la disposition du comité central, cette solution reste, selon nous, surprenante en ce qui concerne ce dernier.
En revanche, l'employeur peut **limiter l'utilisation** du local mis à disposition du comité. Il peut, par exemple, sans s'opposer au droit du CSE de mettre son local à la disposition des délégués syndicaux, interdire à ceux-ci d'y réunir le personnel pendant les heures de travail (Cass. crim. 9-11-1971 n° 70-92.884 P).

CHOIX DU LOCAL

Le local (superficie et composition du mobilier) doit convenir aux **besoins du comité** selon l'importance et l'activité de celui-ci, la taille et la structure de l'entreprise (CA Paris 8-6-1982 n° 3245/81 : Dr. ouvrier 1983 p. 63, note N. Alvarez). Par **exemple,** l'employeur qui, malgré les visites et courriers de l'inspecteur du travail, se contente de mettre à disposition du comité un local de 2 mètres sur 5 ne permettant ni la réunion de ses 7 membres ni aucune activité collégiale telle que l'invitation de personnalités extérieures se rend coupable de délit d'entrave (Cass. crim. 26-1-2016 n° 13-85.770 F-PB : RJS 4/16 n° 257). 34100

Le local doit être **autonome** et ne pas interférer avec d'autres activités de l'entreprise. Par **exemple**, un réfectoire ne constitue pas un local convenable, dès lors que le comité ne peut pas y laisser son matériel et que son utilisation est une gêne, tant pour l'ensemble du personnel aux heures de repas que pour ses représentants (Cass. crim. 29-4-1980 n° 79-92.791).

Le local mis à la disposition du CSE doit permettre de préserver une nécessaire **confidentialité**. Tel n'est pas le cas d'un local dépourvu de porte, d'armoire fermant à clé et ouvert à tout venant (CA Versailles 29-10-1998 n° 98-788).

> **Précisions** L'employeur peut mettre à la disposition du comité un **nouveau local** aménagé, dès lors que celui-ci lui permet d'exercer normalement ses fonctions (Cass. soc. 22-10-2014 n° 13-16.614 FS-PB : RJS 1/15 n° 41). Il est toutefois conseillé à l'employeur, **si le CSE refuse** de déménager, de saisir le juge des référés, la Cour de cassation ayant jugé illégal le déplacement d'office, sans autorisation judiciaire préalable, d'un local syndical (Cass. soc. 13-1-2010 n° 08-19.917 FS-PBR : RJS 3/10 n° 272).

ACCÈS

Le CSE n'est **pas propriétaire du local** aménagé mis à sa disposition. Tous ses membres, titulaires ou suppléants, ainsi que l'employeur ou son représentant, doivent pouvoir y **accéder**. Les membres élus du comité ne peuvent donc pas, sans commettre un abus de pouvoir, changer le verrou des portes de ce local et s'en approprier les clés (CA Versailles 27-10-1988 : RJS 1/89 n° 39). 34110

Si l'entreprise est dotée d'un système d'**accès contrôlé** pour des raisons de sécurité ou de secret, le local du comité doit, quant à lui, disposer d'un accès libre de tout contrôle (Cass. soc. 26-9-2007 n° 06-11.425 FS-D : RJS 12/07 n° 1302). Toutefois, pour des raisons de sécurité, il n'est pas possible que chaque membre du comité puisse accéder au local à n'importe quelle heure du jour ou de la nuit. L'accès pendant les **heures ouvrables** est, en effet, suffisant pour leur permettre d'exercer leurs fonctions (CA Versailles 3-5-2002 n° 01-2856 : RJS 11/02 n° 1326).

> **Précisions a.** Le **personnel** recruté par le CSE pour son fonctionnement et pour la gestion des activités sociales et culturelles, bien que n'ayant aucun lien avec la direction de l'entreprise, doit pouvoir accéder librement aux locaux du comité dès lors qu'il respecte les règles internes de circulation de l'entreprise (CA Chambéry 16-4-1991 n° 90-111).
> **b.** Les **personnalités extérieures** invitées par le comité ne peuvent accéder au local qu'avec l'accord de l'employeur. Les membres du CSE commettent donc une faute si, en exécution d'une délibération du comité prise en l'absence du président, et au mépris de l'opposition de l'employeur, ils introduisent de force un conférencier, membre dirigeant d'un parti politique et étranger à l'entreprise, pour tenir dans ses locaux une réunion à caractère politique (Cass. soc. 22-7-1982 n° 80-41.279 P).

2. SECTIONS SYNDICALES

L'obligation de mettre un local à la disposition des sections syndicales dépend de l'**effectif** de l'entreprise ou de l'établissement (C. trav. art. L 2142-8). La mise à disposition doit être **gratuite**. 34160

DROIT À UN LOCAL

Entreprises ou établissements de moins de 200 salariés Dans les entreprises ou établissements de moins de 200 salariés, **aucune obligation** de mise à disposition d'un local n'incombe au chef d'entreprise. 34164

Un **accord collectif** peut cependant prévoir l'utilisation par les sections du local affecté à d'autres représentants du personnel (Circ. DRT 13 du 30-11-1984 n° 2-4).

Entreprises ou établissements d'au moins 200 salariés Dans les entreprises ou établissements d'au moins 200 salariés, l'employeur est tenu de mettre à la disposition des sections syndicales un **local commun** convenant à l'exercice de la mission de leurs délégués (C. trav. art. L 2142-8, al. 1). Rien n'empêche cependant de prévoir, par **accord**, l'attribution d'un local propre à chaque section. 34166

34168 **Entreprises ou établissements d'au moins 1 000 salariés** Dans les entreprises ou établissements d'au moins 1 000 salariés, chaque section syndicale constituée par un **syndicat représentatif** doit disposer d'un local convenable, aménagé et doté du matériel nécessaire à son fonctionnement (C. trav. art. L 2142-8, al. 2). Les sections syndicales dont la **représentativité** n'est **pas encore établie** bénéficient d'un local commun (Rapport Sén. n° 470, 2007-2008).

> **Précisions** L'obligation mise à la charge de l'employeur de fournir gratuitement des locaux à tout syndicat représentatif constitue une **obligation de faire**. Le Code du travail n'autorise pas l'employeur à s'en acquitter d'une quelconque autre façon, notamment par l'allocation de moyens permettant au syndicat de louer ou d'acquérir son local (CA Paris 27-11-2008 n° 07-2524). Le seul fait pour un syndicat de se voir attribuer un **local plus petit** que celui des autres organisations ne constitue pas en soi une discrimination (CA Paris 25-6-2009 n° 09-2551).

CHOIX DU LOCAL

34172 **Pouvoirs de l'employeur** Si l'employeur doit mettre un local à la disposition des syndicats, le choix de ce local, notamment son **emplacement**, n'est pas soumis à l'**accord** de ces organisations ; seules les modalités d'aménagement et d'utilisation du local le sont. Est-ce à dire que l'employeur a toute latitude quant au choix de cet emplacement ?
En dehors des indications susceptibles d'être tirées de l'article L 2142-8 du Code du travail et qui se rattachent à l'idée que le local doit convenir à l'exercice de leurs missions par les délégués (délégués syndicaux proprement dits, mais aussi, à notre sens, représentants de section syndicale), le local doit être situé dans la **zone de travail**, sauf impossibilité dont l'employeur doit justifier. L'employeur ne saurait, par ailleurs, le **déplacer d'office** : une telle décision porte atteinte à la liberté syndicale. La Cour de cassation n'exige pas pour autant que le déplacement soit subordonné à l'accord des syndicats intéressés. Elle estime que, s'il fait l'objet d'une opposition de ces derniers, le projet de déplacement ne peut pas être mis en œuvre sans autorisation judiciaire préalable (Cass. soc. 13-1-2010 n° 08-19.917 FS-PBR : RJS 3/10 n° 272). En ce cas, le choix de l'emplacement doit tenir compte de la localisation de la communauté de travail et des missions exercées par le syndicat (CA Versailles 28-6-2019 n° 18-07924).

34174 **Droit à un local distinct** Sauf le cas particulier visé n° 34164, le local mis à la disposition des sections syndicales doit être distinct de celui affecté au **CSE** compte tenu du caractère essentiellement différent des deux institutions (Déclaration 4-12-1968 : Sén. 5-12-1968 p. 5086). Ainsi, l'employeur qui se borne à autoriser les délégués de la section à utiliser un local partagé avec la délégation du personnel au CSE commet un délit d'entrave (Cass. crim. 23-1-1979 n° 78-92.407 P).

AMÉNAGEMENT ET UTILISATION

34176 Les modalités d'**aménagement** par les sections syndicales des locaux mis à leur disposition sont fixées par **accord** avec l'employeur (C. trav. art. L 2142-9), conclu selon les dispositions indiquées n° 34010.
Les conditions d'**utilisation** des locaux syndicaux par les sections (par exemple, rotation des sections en cas de local commun à toutes les sections syndicales ou modalités d'utilisation des lignes téléphoniques) doivent aussi être fixées par **accord** (C. trav. art. L 2142-9).
Les sections syndicales doivent pouvoir utiliser librement leur local, dans le respect des accords conclus. Autrement dit, l'employeur ne doit pas entraver cette utilisation. Il n'est toutefois pas tenu de le mettre à leur disposition pendant les **heures de fermeture de l'entreprise**, en l'absence d'accord passé à cet égard (Cass. crim. 16-3-1993 n° 91-84.767 PF : RJS 6/93 n° 630).

> **ATTENTION**
> L'employeur commet un **délit d'entrave** s'il pénètre dans les locaux des sections syndicales sans leur autorisation et à leur insu (TGI Limoges 25-6-1980 : Dr. ouvrier 1981 p. 74).

C. Autres moyens de fonctionnement

TOUS REPRÉSENTANTS

34200 Pour l'accomplissement de leur mission légale et la préservation de la confidentialité qui s'y attache, les salariés protégés doivent pouvoir disposer sur leur lieu de travail d'un matériel ou procédé excluant l'interception de leurs **communications téléphoniques** et l'identification de leurs correspondants (Cass. soc. 6-4-2004 n° 02-40.498 FS-PBRI : RJS 6/04 n° 713 ; 4-4-2012 n° 10-20.845 F-PB : RJS 6/12 n° 572). Si l'employeur décide d'installer un **autocommutateur** téléphonique permettant de relever les numéros de téléphone appelés par chaque poste, ainsi que la durée et le coût des communications, il doit donc en exclure les lignes des représentants du personnel.

Lorsque les institutions représentatives du personnel disposent d'un compte de **messagerie** dédié, la Cnil recommande que des **mesures de sécurité** particulières soient définies ou mises en œuvre afin d'assurer la confidentialité des informations échangées (Rapport Cnil « Cybersurveillance sur les lieux de travail » du 5-2-2002 p. 13). 34205

CSE DANS LES ENTREPRISES D'AU MOINS 50 SALARIÉS

L'employeur met à la disposition du CSE le **matériel nécessaire** à l'exercice de ses fonctions (C. trav. art. L 2315-25). 34210

Le matériel, qui est à la **charge directe de l'employeur**, comprend, par exemple, l'installation d'une ligne téléphonique, la fourniture de matériel de photocopie (Circ. DRT du 6-5-1983 n° 4). Le matériel mis à disposition doit être reconsidéré en fonction de l'évolution technologique (Rép. Cauvin : AN 9-1-1989 p. 182 n° 2207). Un équipement bureautique avec ordinateur et imprimante nous semble aujourd'hui indispensable.

Le matériel doit être distingué des **frais courants de fonctionnement** (documentation, papeterie, frais d'abonnement et de communications téléphoniques) qui doivent être imputés sur la **subvention de fonctionnement**, c'est-à-dire pris en charge par le comité sur son budget. Si ces frais sont assurés directement par l'employeur, ils peuvent être déduits du montant de la subvention de fonctionnement à verser par celui-ci, l'évaluation des déductions étant opérée annuellement (Circ. DRT du 6-5-1983 précitée).

> **Précisions** Rien n'interdit au comité, notamment lorsque la subvention de fonctionnement le lui permet, de choisir des **solutions plus coûteuses** que celles mises à sa disposition par l'employeur (Rép. Cauvin : AN 9-1-1989 p. 182 n° 2207).

Internet L'employeur n'est pas légalement tenu de fournir au comité un **accès à Internet**. 34215
Un accord d'entreprise, un usage ou une décision unilatérale de l'employeur peut toutefois prévoir la fourniture d'un tel accès au profit du comité dans son local ou la possibilité pour ses membres équipés d'un ordinateur avec accès à Internet dans le cadre de leurs attributions professionnelles d'utiliser ces moyens pour l'exercice de leur mandat.

À défaut, le comité peut souscrire son propre abonnement auprès d'un fournisseur d'accès à Internet, cet abonnement pouvant être payé sur son budget de fonctionnement.

Le comité peut créer son propre **site internet** sans l'autorisation de l'employeur. Les dépenses correspondant aux frais de création de ce site peuvent être imputées sur son budget de fonctionnement.

Les informations mises en ligne doivent respecter :
– le **secret professionnel** et l'**obligation de discrétion** des membres du comité pour les informations confidentielles, ce qui interdit la mise en ligne des procès-verbaux des réunions sauf, le cas échéant, sur un espace à accès restreint réservé aux salariés de l'entreprise ;
– la **vie privée** et, notamment, le **droit à l'image** (C. civ. art. 9) ;
– l'**interdiction**, pénalement sanctionnée, de proférer des **injures** ou de tenir des **propos diffamatoires**.

> **ATTENTION**
> Le comité ne peut pas faire figurer sur son site le **logo** et la ou les **marques de l'entreprise** sans l'accord de celle-ci puisque ces éléments sont sa propriété.

Intranet et messagerie L'accès des membres du comité à la **messagerie électronique** de 34220
l'entreprise n'est pas réglementé par la loi, mais la Cnil recommande qu'il soit organisé selon les modalités exposées n°s 16940 s. pour les syndicats (Note Cnil du 22-3-2017). En cas de compte de messagerie dédié, la confidentialité des informations échangées doit être garantie : voir n° 34205.

De la même façon, la création d'un **espace dédié** au comité sur l'**intranet** de l'entreprise peut être prévue. Dans ce cas, le comité peut se voir imposer en contrepartie un certain nombre de **règles d'utilisation** de cet espace, telles que le respect :
– du secret professionnel et de l'obligation de discrétion pour les informations confidentielles ;
– de la vie privée et, notamment, du droit à l'image (C. civ. art. 9) ;
– de la loi sur la presse interdisant les injures, diffamations publiques, les fausses nouvelles et provocations, tombant sous le coup des délits de presse ;
– des données personnelles des salariés qu'il est amené à collecter et à traiter.

> **Précisions** Dans le cadre de ses activités, le CSE doit se conformer au **règlement général sur la protection des données** (RGPD). Il est ainsi soumis à l'obligation de tenir un registre des activités de traitement et de prévoir des mesures permettant d'assurer la confidentialité des données ainsi traitées (voir notamment concernant le logiciel de gestion des activités sociales et culturelles n° 4645).

SECTION SYNDICALE

34240 Le législateur s'est refusé à définir avec précision la nature des matériels à fournir par l'employeur aux sections syndicales, préférant s'en remettre à la **négociation** entre les employeurs et les syndicats et aux **usages** déjà en vigueur pour l'application de la disposition analogue existant pour les CSE.

S'agissant du local propre à certaines sections dans les **entreprises ou établissements d'au moins 1 000 salariés,** qui doit être, comme celui du CSE, « doté du matériel nécessaire à son fonctionnement » (n° 34168), on peut se reporter utilement aux indications données sur ce point n° 34210.

Sur l'accès des organisations syndicales à l'**Internet**, voir n°s 16890 s. ; sur celui à l'**intranet** et à la **messagerie électronique** de l'entreprise, voir n°s 16920 s.

D. Affichage

1. CSE

34300 Les membres de la délégation du personnel du CSE peuvent faire afficher les **renseignements** qu'ils ont pour rôle de porter à la connaissance du personnel sur des **emplacements** obligatoirement prévus et destinés aux communications syndicales, ainsi qu'aux portes d'entrée des lieux de travail (C. trav. art. L 2315-15).

La loi est muette quant au nombre de **panneaux**, à leur dimension ou leur aspect et au temps d'affichage. La jurisprudence a simplement précisé que les panneaux doivent être en nombre suffisant par rapport à l'effectif de l'établissement (Cass. soc. 25-5-1965 n° 63-12.651 P). Cette question peut faire l'objet d'un accord entre le CSE et l'employeur.,

EMPLACEMENTS

34330 Aux termes de l'article L 2315-15 du Code du travail, les membres de la délégation du personnel du CSE peuvent procéder à l'affichage sur des emplacements **obligatoirement prévus** et destinés aux communications syndicales, ainsi qu'aux portes d'entrée des lieux de travail.

En réalité, ces élus ne peuvent pas utiliser les panneaux d'affichage destinés aux **communications syndicales**. Il ressort, en effet, de l'article L 2142-3 du Code du travail que le CSE doit disposer de panneaux d'affichage distincts de ceux réservés aux communications syndicales (voir n° 34410).

34340 Le lieu d'affichage doit permettre de rendre les communications **accessibles** au personnel.

L'affichage aux **portes d'entrée** des lieux de travail ne peut pas être effectué sur n'importe laquelle des **portes intérieures** de l'établissement. Les juges du fond doivent déterminer si, compte tenu de la disposition des lieux, les portes utilisées pour l'affichage sont, au sens de la loi, des portes d'entrée des lieux de travail (Cass. crim. 15-3-1983 n° 82-92.273).

Peut être considéré comme porte d'entrée de l'entreprise le **lieu de passage obligé de l'ensemble du personnel**.

ILLUSTRATIONS

Constitue, **par exemple**, une porte d'entrée des lieux de travail celle d'un lieu de permanence où se retrouvent les employés d'un service avant de partir en reportage et où tous les intéressés sont appelés à se rendre pour consulter le tableau de service hebdomadaire ou mensuel (Cass. crim. 3-12-1985 n° 84-95.455).

INFORMATIONS AFFICHÉES

34360 Les communications du comité ne doivent revêtir aucun **caractère polémique**, ne pas être de nature à troubler le **bon ordre de l'entreprise** ; elles doivent se limiter à une pure information dans les domaines relevant de la compétence de ces représentants (Rép. Renard : AN 6-5-1950 p. 3349 n° 14134 ; Rép. Anthonioz : AN 13-2-1954 p. 284 n° 10095).

Les panneaux d'affichage peuvent notamment être utilisés par le CSE pour donner des informations sur ses **activités sociales et culturelles** ou pour afficher les **procès-verbaux des réunions**.

ILLUSTRATIONS

Les membres de la délégation du personnel du CSE :
– peuvent afficher des **informations relevant de la vie personnelle** du salarié si cet affichage est indispensable à la défense du droit à la protection de la santé et de la sécurité des travailleurs et que l'atteinte ainsi portée à la vie personnelle est proportionnée au but poursuivi (Cass. soc. 16-2-2022 n° 20-14.416 FS-B : RJS 4/22 n° 192) ;
– ne peuvent pas utiliser l'affichage pour un **appel à la grève** en vue de protester contre l'arrestation de manifestants qui s'étaient livrés à des voies de fait contre le service d'ordre convoyant un transport de matériel militaire (Cass. soc. 5-4-1954 n° 48.895 P).

CONTRÔLE DE L'EMPLOYEUR

Le droit d'affichage accordé par la loi aux membres de la délégation du personnel du CSE n'est subordonné à aucun contrôle préalable. L'employeur ne dispose pas d'un **pouvoir de censure**. Il lui appartient seulement, le cas échéant, de saisir les tribunaux, au besoin par voie de **référé**, de toute contestation sur le bien-fondé d'un affichage effectué, selon lui, à tort par les membres de la délégation du personnel du CSE. **34380**
L'employeur ne commet pas de faute en s'abstenant d'**arbitrer un conflit lié à un affichage** effectué par un membre de la délégation du personnel (Cass. crim. 14-10-1980 n° 79-93.815 ; CA Versailles 20-6-1986 n° 85-2306).

ATTENTION

Constitue un **délit d'entrave** le fait de refuser un affichage au motif que ce dernier n'entre pas dans les attributions des membres de la délégation du personnel (Cass. crim. 8-5-1968 n° 67-92.659 P).

2. SECTIONS SYNDICALES

MISE À DISPOSITION DE PANNEAUX

L'affichage des communications syndicales s'effectue librement sur des panneaux réservés à cet usage (C. trav. art. L 2142-3, al. 1). **34400**
Chaque section syndicale doit disposer de panneaux qui lui sont propres suivant des modalités fixées par **accord** avec l'employeur (C. trav. art. L 2142-3, al. 3).
L'accord ne peut pas porter sur le principe même de la mise à disposition de panneaux, qui est de droit. Seules les conditions matérielles de la mise à disposition (emplacement, dimensions, nombre...) peuvent être envisagées. Sur le mode de conclusion de l'accord, voir n° 34010.
En cas de **non-respect** d'un accord, l'employeur s'expose à divers types de sanctions allant de la remise des choses en l'état prévue par l'accord (TGI Paris 24-3-1981 : Dr. ouvrier 1981 p. 432 ; CA Paris 27-4-1982) à la condamnation pour délit d'entrave (Cass. crim. 15-10-1985 n° 84-92.349 ; 20-5-2008 n° 06-86.580 F-D).

ATTENTION

La loi ne précise pas les conséquences d'une **absence d'accord**. On peut néanmoins estimer que, dans les cas où il apparaîtrait clairement que cette situation est due à l'obstruction de l'employeur, en vue de mettre en échec l'exercice du droit d'affichage, ce comportement pourrait être assimilé à une entrave au droit syndical, passible comme telle des peines prévues par la loi (nos 50000 s.).

Les panneaux d'affichage syndicaux doivent être **distincts** de ceux affectés aux communications du CSE (voir n° 34330), c'est-à-dire être **exclusivement réservés** aux communications syndicales (C. trav. art. L 2142-3, al. 1). **34410**
L'**emplacement** choisi doit tenir compte du nombre de salariés dans l'entreprise afin de permettre à chacun de prendre connaissance des communications syndicales (Cass. soc. 25-5-1965 n° 63-12.651 P).

> **Précisions** On notera une **contradiction entre l'article L 2142-3 du Code du travail et l'article L 2315-15 du** même Code relatif aux affichages du CSE (n° 34330) sur la possibilité pour ce dernier d'utiliser les panneaux des sections syndicales. La mise en place de panneaux distincts se justifie, selon nous, par le caractère différent des deux institutions.

FORME ET CONTENU DE L'AFFICHAGE

La loi n'assigne aucune **forme** particulière à l'affichage syndical. Il peut ainsi s'agir d'une note, d'un communiqué, d'un tract, d'un article de presse ou de revue, etc. **34415**
En tout état de cause, l'affichage doit pouvoir être identifiable, ce qui suppose que le sigle de l'organisation dont il émane y figure.
La définition du **contenu** de l'affichage, qui soulève des questions qui ne lui sont pas propres, est traitée nos 16745 s.
La loi n'assigne pas de **moment** particulier à l'affichage syndical, contrairement à la distribution des tracts (n° 16860).

POUVOIRS DE L'EMPLOYEUR

Un exemplaire des communications syndicales est **transmis** à l'employeur, simultanément à l'affichage (C. trav. art. L 2142-3, al. 2). **34420**
La simultanéité de la communication et de l'affichage ne signifie pas que l'employeur dispose d'un **droit de regard** lui permettant de s'opposer à un affichage qu'il estimerait illicite ou de

34420 (suite) procéder à son retrait de sa propre initiative. Dans un tel cas, il lui appartient de saisir le juge, au besoin en référé, pour en obtenir le retrait (Rép. Girod : Sén. 12-6-1986 p. 803 n° 615). En le supprimant de son propre chef, il commettrait le délit d'entrave (Cass. crim. 19-2-1979 n° 78-91.400 P ; 11-5-2004 n° 03-83.682 F-D).

L'employeur ne peut pas davantage prendre de **sanctions disciplinaires** à l'égard des délégués syndicaux ayant affiché des communications syndicales sans en avoir simultanément transmis les textes à la direction lorsque les intéressés ont commis cette irrégularité dans le cadre de l'exercice normal de leurs activités syndicales, aucun abus de leurs prérogatives ne leur étant reproché. En le faisant, l'employeur commettrait le délit d'entrave à l'exercice normal des activités syndicales (Cass. crim. 25-5-1982 n° 81-93.443 P). La non-communication apparaît ainsi comme une irrégularité d'ordre « formel » ne pouvant pas être assimilée au non-respect des limites de fond entourant l'exercice de l'action syndicale dans l'entreprise.

ATTENTION

Les panneaux étant exclusivement réservés aux communications syndicales, l'employeur ne peut pas afficher un **démenti** à une information syndicale sur les panneaux du syndicat. En utilisant ces panneaux pour sa propre communication, il porte atteinte au droit d'expression syndical et se rend coupable de délit d'entrave (CA Angers 31-1-2012 n° 10-00317).

CHAPITRE 4 LE CRÉDIT D'HEURES

SOMMAIRE

Certains représentants du personnel disposent, en vertu de la loi, d'un crédit d'heures (également appelé « **heures de délégation** ») pour l'exercice de leur mandat. Ces heures de délégation bénéficient d'un régime aménagé afin d'assurer aux représentants du personnel la liberté d'exercice de leur mission et d'encadrer l'intervention de l'employeur et l'utilisation du crédit d'heures. **34500**
Ce temps accordé aux représentants du personnel doit être utilisé uniquement pour l'exercice de leurs fonctions. Il convient de se reporter à l'étude de chaque institution représentative du personnel afin d'apprécier ce qui relève du mandat de chacune d'elles.

SECTION 1 MEMBRES DU CSE

A. Bénéficiaires

REPRÉSENTANTS CONCERNÉS

Le régime présenté ci-dessous concerne les **membres élus** constituant la délégation du personnel du CSE, les **représentants syndicaux** au CSE dans les entreprises d'au moins 501 salariés et les représentants syndicaux au CSE central d'entreprise dans les entreprises d'au moins 501 salariés, dont aucun établissement distinct n'atteint ce seuil (C. trav. art. L 2315-7, al. 1 à 4). **34510**
La loi ne prévoit aucun crédit d'heures spécifique pour les membres élus du CSE central (n° 6025), ni pour les représentants du personnel au comité de groupe (n° 6375). S'agissant des représentants du personnel **conventionnels,** voir n° 34910.

TITULAIRES ET SUPPLÉANTS

Le crédit d'heures est attribué aux représentants du personnel **titulaires.** **34520**
Les **suppléants,** sauf stipulation conventionnelle ou usage plus favorable, n'en bénéficient pas. Toutefois, en cas de remplacement du titulaire, le suppléant peut utiliser son crédit d'heures (Cass. soc. 30-5-1990 n° 86-43.583 P : RJS 7/90 n° 589), y compris lorsqu'une stipulation conventionnelle lui accorde un crédit d'heures spécifique, les heures effectuées par le suppléant en dépassement de son crédit individuel s'imputant alors sur celui du titulaire (Cass. soc. 21-7-1986 n° 82-43.650 D).
Sur la possibilité pour les membres titulaires du CSE de **répartir** avec les suppléants les heures de délégation dont ils bénéficient, voir n° 34700.

CONSEIL

Il est recommandé d'établir un document écrit (par exemple, les bons de délégation visés n° 34710) ou d'utiliser un outil numérique permettant d'informer rapidement le suppléant appelé à remplacer un titulaire sur le nombre d'heures déjà employées par ce dernier. L'information du titulaire à son retour sur la quotité restante sera ainsi facilitée (Rép. Jacquot : AN 26-1-1987 n° 10946).

B. Durée

1. CRÉDIT MENSUEL

MONTANT LÉGAL

34530 **Membres élus** Le nombre d'heures de délégation des membres élus **titulaires** du CSE, qui varie en fonction des effectifs de l'entreprise ou de l'établissement et du nombre de membres de la délégation du CSE, ne peut pas être inférieur à 10 heures par mois dans les entreprises de moins de 50 salariés et à 16 heures dans les autres entreprises (C. trav. art. L 2315-7, al. 5).

Ce nombre d'heures, fixé par l'article R 2314-1 du Code du travail, est présenté dans le **tableau** ci-après.

Effectif (nombre de salariés)	Nombre de titulaires	Nombre mensuel d'heures de délégation	Total heures de délégation
11 à 24	1	10	10
25 à 49	2	10	20
50 à 74	4	18	72
75 à 99	5	19	95
100 à 124	6	21	126
125 à 149	7	21	147
150 à 174	8	21	168
175 à 199	9	21	189
200 à 249	10	22	220
250 à 299	11	22	242
300 à 399	11	22	242
400 à 499	12	22	264
500 à 599	13	24	312
600 à 699	14	24	336
700 à 799	14	24	336
800 à 899	15	24	360
900 à 999	16	24	384
1 000 à 1 249	17	24	408
1 250 à 1 499	18	24	432
1 500 à 1 749	20	26	520
1 750 à 1 999	21	26	546
2 000 à 2 249	22	26	572
2 250 à 2 499	23	26	598
2 500 à 2 749	24	26	624
2 750 à 2 999	24	26	624
3 000 à 3 249	25	26	650
3 250 à 3 499	25	26	650
3 500 à 3 749	26	27	702
3 750 à 3 999	26	27	702
4 000 à 4 249	26	28	728
4 250 à 4 499	27	28	756
4 500 à 4 749	27	28	756
4 750 à 4 999	28	28	784
5 000 à 5 249	29	29	841
5 250 à 5 499	29	29	841

Effectif (nombre de salariés)	Nombre de titulaires	Nombre mensuel d'heures de délégation	Total heures de délégation
5 500 à 5 749	29	29	841
5 750 à 5 999	30	29	870
6 000 à 6 249	31	29	899
6 250 à 6 499	31	29	899
6 500 à 6 749	31	29	899
6 750 à 6 999	31	30	930
7 000 à 7 249	32	30	960
7 250 à 7 499	32	30	960
7 500 à 7 749	32	31	992
7 750 à 7 999	32	32	1 024
8 000 à 8 249	32	32	1 024
8 250 à 8 499	33	32	1 056
8 500 à 8 749	33	32	1 056
8 750 à 8 999	33	32	1 056
9 000 à 9 249	34	32	1 088
9 250 à 9 499	34	32	1 088
9 500 à 9 749	34	32	1 088
9 750 à 9 999	34	34	1 156
À partir de 10 000	35	34	1 190

> **Précisions a.** S'agissant de la possibilité pour les membres du CSE d'**annualiser** ou de **mutualiser** leurs heures de délégation, voir n° 34700.
> **b.** Le protocole préélectoral visé n°s 24220 s. peut **modifier** le volume des heures individuelles de délégation si leur volume global, au sein de chaque collège, est au moins égal à celui résultant des dispositions légales au regard de l'effectif de l'entreprise (C. trav. art. L 2314-7). Sur la possibilité pour le suppléant, qui bénéfice d'heures de délégation en application du protocole préélectroral, d'être désigné DS, voir n° 28415.
> **c.** Une **convention collective** ou un **usage** peut prévoir un crédit d'heures plus élevé. Sur la détermination du crédit d'heures des représentants du personnel conventionnels, voir n° 34910. Pour des exemples d'usages plus favorables en matière de crédit d'heures, voir n° 85435.
> **d.** La **variation de l'effectif** au-delà ou en deçà d'un des seuils déterminant le crédit d'heures alloué doit être **prise en compte** dès le mois suivant pour la fixation du nombre d'heures de délégation (Cass. soc. 6-11-1991 n° 88-42.895 PF : RJS 12/91 n° 1325). Il en résulte que la durée du contingent ainsi alloué s'apprécie chaque mois en fonction de l'effectif du mois précédent.

Représentants syndicaux Sauf circonstances exceptionnelles (nos 34590 s.), le crédit d'heures des représentants syndicaux au CSE et au CSE central d'entreprise est **au maximum** de 20 heures par mois (C. trav. art. R 2315-4, al. 1er). 34540

INCIDENCE DE LA DURÉE DU TRAVAIL

Le crédit d'heures n'est pas impacté, selon nous, par la variation de la durée du travail applicable dans l'entreprise ou du temps de travail des bénéficiaires. 34550

Un accord sur la réduction du temps de travail **assimilant à un travail effectif la durée des pauses** accordées au salarié en situation de travail n'a pas pour effet d'augmenter le nombre d'heures de délégation légalement fixé au profit des représentants du personnel (Cass. soc. 9-12-2014 n° 13-18.005 FP-PB : RJS 2/15 n° 111).

En cas de modification du contrat de travail d'un représentant du personnel maintenant la rémunération sur la base de 39 heures pour 33 heures de travail, les heures de délégation effectuées ne peuvent pas s'imputer pour partie sur les heures payées mais non travaillées et doivent être rémunérées (CA Paris 17-10-2006 n° 05-5529 : RJS 4/07 n° 539).

S'agissant des règles spécifiques d'utilisation de leur crédit d'heures par les salariés à **temps partiel,** voir n° 34830. Pour les salariés au **forfait-jours**, voir n° 34670.

MOIS INCOMPLET

34560 Les représentants du personnel **élus** ou **désignés en cours de mois** ont droit pour cette fraction de mois à leur crédit complet. Ce principe vaut également en cas de **renouvellement** ou de **remplacement** (Lettre min. 7-8-1975). En revanche, la **réélection** en cours de mois n'ouvre pas droit à un deuxième crédit d'heures (Cass. soc. 13-12-1979 n° 78-41.277).

Le crédit d'heures ne peut pas être réduit en cas de **périodes d'inactivité** telles que les congés payés (Cass. crim. 14-2-1978 n° 76-93.406) ou la fermeture temporaire de l'entreprise pendant les vacances scolaires (Cass. soc. 12-1-2011 n° 09-40.066 F-D : RJS 4/11 n° 335).

SUSPENSION DU CONTRAT

34570 La suspension du contrat de travail n'entraîne pas celle du mandat représentatif. Même prises pendant ces périodes, les heures consacrées à l'exercice des fonctions représentatives s'imputent donc sur le crédit d'heures et doivent être payées à échéance normale. Il a été jugé ainsi dans les cas suivants :

- **activité partielle** (Cass. soc. 10-1-1989 n° 86-40.350 D : RJS 2/89 n° 156) ;
- **congé individuel de formation** (CA Paris 11-9-2008 n° 08-1618 : RJS 12/08 n° 1260), cette solution étant à notre sens transposable en cas de **congé de transition professionnelle** ;
- **grève** (Cass. soc. 27-2-1985 n° 82-40.173 P) ; à noter que la grève peut parfois justifier un dépassement du crédit d'heures (voir n° 86200, a) ;
- **arrêt de travail pour maladie ou accident** ; un employeur qui n'avait pas convoqué à une réunion du comité un membre suppléant hospitalisé a été condamné pour délit d'entrave (Cass. crim. 16-6-1970 n° 69-93.132).

Sur le **paiement des heures de délégation** effectuées par un représentant du personnel pendant un arrêt de travail pour maladie ou accident du travail, voir n° 34795.

ATTENTION

La **mise à pied** ne suspend pas le mandat représentatif, qu'elle soit disciplinaire (Cass. soc. 23-6-1999 n° 97-41.121 PBR : RJS 8-9/99 n° 1090) ou conservatoire (Cass. soc. 2-3-2004 n° 02-16.554 FS-PBRI : RJS 5/04 n° 557 ; Cass. crim. 11-9-2007 n° 06-82.410 F-PF : RJS 12/07 n° 1311). L'employeur ne peut donc pas s'opposer à l'exercice du mandat au sein de l'entreprise pendant la durée de la sanction, le salarié protégé ayant droit à des heures de délégation pendant cette période.

CUMUL DE MANDATS

34580 Dans les **établissements de moins de 50 salariés,** les syndicats représentatifs peuvent désigner, pour la durée de son mandat, un membre du CSE comme **délégué syndical,** mais ce mandat ne lui ouvre pas droit à un crédit d'heures supplémentaire, sauf disposition conventionnelle (C. trav. art. L 2143-6). La même règle s'applique à la désignation dans les entreprises de moins de 50 salariés par les syndicats non représentatifs d'un membre du CSE comme **représentant de la section syndicale** (C. trav. art. L 2142-1-4).

Lorsque les membres du CSE sont également **représentants de proximité** (nos 22150 s.), le temps nécessaire à l'exercice de leurs fonctions peut rester inchangé par rapport au temps dont ils disposent en vertu du protocole d'accord préélectoral ou, à défaut, du tableau visé n° 34530 (C. trav. art. R 2314-1, al. 3).

2. DÉPASSEMENT

CIRCONSTANCES EXCEPTIONNELLES

34590 Les membres du CSE ne peuvent dépasser leur crédit d'heures qu'en cas de circonstances exceptionnelles (C. trav. art. R 2314-1, al. 2). En dehors de telles circonstances, le dépassement ne donne pas droit, en principe, à rémunération et peut même être sanctionné.

Le crédit d'heures pouvant être dépassé s'entend du **crédit légal** ou, le cas échéant, du crédit plus élevé alloué par le **protocole d'accord préélectoral** (ou la convention collective).

34600 **Définition** Les circonstances exceptionnelles ne sont pas définies par la loi. Selon la jurisprudence, il y a circonstances exceptionnelles lorsqu'une **activité inhabituelle** entraîne un **surcroît de démarches et d'activité** lié au mandat des représentants du personnel, mais débordant du cadre de leurs tâches habituelles. Ce surcroît d'activité peut notamment résulter de la soudaineté de l'événement ou de l'urgence des mesures à prendre (Rép. Duroméa : AN 19-3-1984 n° 38850 ; Cass. crim. 3-6-1986 n° 84-94.424).

ILLUSTRATIONS

Constituent des circonstances exceptionnelles :
– un projet de délocalisation de l'entreprise à l'étranger (Cass. soc. 6-3-2002 n° 99-45.134 F-D) ;
– un projet de restructuration régionale de l'entreprise (Cass. soc. 6-7-1994 n° 93-41.705 P : RJS 8-9/94 n° 1003) ;
– un projet de licenciement collectif de 147 personnes (Cass. soc. 7-12-1977 n° 75-41.031) ;
– l'aggravation de la situation économique laissant envisager un licenciement collectif (Cass. soc. 26-10-1977 n° 76-40.058) ;
– la mise en œuvre du droit d'alerte par les membres du comité, lorsque les conditions d'exercice ont été respectées (Cass. soc. 25-6-2003 n° 01-41.783 F-D) ;
– un conflit collectif affectant trois usines éloignées les unes des autres (Cass. soc. 27-6-1979 n° 78-40.229) ou ayant affecté tous les ateliers de l'entreprise pendant plusieurs mois (Cass. soc. 8-7-1998 n° 97-42.743 D : RJS 10/98 n° 1238) ;
– un projet de mise en place d'une institution de prévoyance (Cass. soc. 27-1-1998 n° 95-40.616 D) ;
– la démission de la quasi-totalité des membres du comité entraînant une surcharge de travail pour les membres restés en fonction (Cass. soc. 4-12-2002 n° 00-43.717 F-D) ou l'absence de plusieurs membres du comité d'établissement, dont celle du trésorier adjoint en arrêt maladie (Cass. soc. 12-5-2021 n° 19-21.124 F-D : RJS 7/21 n° 393).
Ne constituent pas des circonstances exceptionnelles :
– une grève de courte durée (3 jours ou quelques heures) ayant concerné un seul service et une petite fraction du personnel de l'entreprise (Cass. soc. 19-2-1975 n° 73-40.684 ; 14-11-1984 n° 82-41.403 S) ;
– un conflit banal opposant un salarié à son employeur (Cass. crim. 7-5-1985 n° 84-91.492) ;
– la mise en place du travail en équipe (Cass. soc. 5-11-1987 n° 85-45.857) ;
– la participation d'un représentant du personnel aux élections prud'homales (Cass. soc. 11-6-1987 n° 83-45.427) ;
– le temps passé aux audiences du tribunal dans le cadre de la contestation d'un protocole d'accord (Cass. soc. 2-6-1993 n° 90-44.508 PBS : RJS 7/93 n° 761).

Modalités Une circonstance exceptionnelle ne peut être invoquée pour justifier un dépassement du crédit d'heures que si l'intéressé a **épuisé son crédit d'heures « normal »** lorsqu'elle survient (Cass. soc. 6-11-1985 n° 82-41.496 S ; 25-6-2003 n° 01-41.783 F-D). Il résulte de ce principe que le temps consacré aux actions nécessitées par une circonstance exceptionnelle intervenant en début de mois s'imputera sur le crédit d'heures des représentants du personnel sans qu'ils puissent invoquer cette raison à la fin du mois pour obtenir un dépassement afin d'effectuer les démarches habituelles liées à leur mandat. **34610**

C'est au représentant du personnel qu'il incombe de fournir la **preuve** de l'existence de circonstances exceptionnelles et d'établir la conformité de l'utilisation des heures excédentaires avec sa mission (Cass. soc. 4-7-2000 n° 97-44.846 FS-P : RJS 11/00 n° 1109).

En cas de **litige** portant sur l'existence de circonstances exceptionnelles, le conseil de prud'hommes statuant en **référé** peut juger que l'obligation de l'employeur au paiement du dépassement n'est pas sérieusement contestable et allouer une provision au salarié (Cass. soc. 28-10-2003 n° 02-42.067 FS-P : RJS 1/04 n° 68).

ACCORD OU USAGE D'ENTREPRISE

Le dépassement du crédit d'heures de délégation qui n'est pas justifié par des circonstances exceptionnelles peut donner lieu à rémunération lorsqu'un accord ou un usage dans l'entreprise le prévoit (Cass. soc. 12-11-1987 n° 83-42.192 D ; 7-1-1988 n° 84-44.915 P). **34620**

L'existence d'un usage ne doit pas être confondue avec une tolérance de l'employeur (Cass. soc. 1-6-1978 n° 76-41.284 P).

SANCTION DES DÉPASSEMENTS NON AUTORISÉS

Le dépassement du crédit d'heures en l'absence de circonstances exceptionnelles constitue un **manquement aux obligations professionnelles,** voire, s'il est important et répété, une faute d'une gravité suffisante pour justifier le **licenciement** de l'intéressé (CE 16-4-1982 n° 19530 ; CE 17-12-1993 n° 116531 : RJS 3/94 n° 263). **34630**

S'agissant des conséquences d'un tel dépassement sur la **rémunération** du représentant, voir n° 34760.

C. Utilisation

ACTIVITÉS EXERCÉES

34640 **Activités imputables sur le crédit d'heures** L'attribution d'un crédit d'heures par la loi a pour objet de laisser aux membres du CSE le temps nécessaire à l'exercice de leurs fonctions (C. trav. art. L 2315-7). Il en résulte que le crédit d'heures doit être **exclusivement** utilisé pour l'**exercice des fonctions représentatives** pour lequel il est alloué.

À défaut, le membre du comité :
– s'expose à devoir rembourser la **rémunération** des heures indûment utilisées (sur la procédure que doit utiliser l'employeur en pareil cas, voir n° 34750) ;
– peut faire l'objet d'une **sanction** disciplinaire (voir n° 43220), voire même être poursuivi pour escroquerie (voir n° 34710) ;
– peut perdre le bénéfice de la **protection contre les accidents du travail** dont il bénéficie dans l'accomplissement de sa mission (voir n° 35190).

ILLUSTRATIONS

S'impute sur le crédit d'heures du représentant du personnel le temps consacré à :
– **assurer sa défense** lors d'une contestation judiciaire par l'employeur de l'**utilisation de ses heures** de délégation (Cass. ass. plén. 31-10-1996 n° 91-44.770 P : RJS 12/96 n° 1276) ;
– assigner l'employeur pour **refus de payer ces heures,** même si celui-ci obtient gain de cause (Cass. soc. 17-5-2006 n° 04-41.600 F-D : RJS 8-9/06 n° 961) ;
– répondre à la **convocation de l'inspecteur du travail** dans le cadre de la procédure engagée pour son licenciement (voir n° 45362) ;
– assister à une réunion proposée par l'employeur pour mettre fin à une situation ayant déclenché une **alerte en cas d'atteinte aux droits des personnes** (Cass. soc. 9-11-2022 n° 21-16.230 F-D : RJS 2/23 n° 90) ou intenter une action judiciaire en raison du refus d'agir de l'employeur dans le cadre d'une telle alerte (voir n° 4110).

34650 **Activités non imputables** Ne s'impute pas sur le crédit d'heures des membres du CSE, bien qu'entrant dans leurs attributions, le temps passé aux activités suivantes :
– réunions plénières du CSE (C. trav. art. L 2315-11, 1°) ;
– réunions de la CSSCT (C. trav. art. R 2315-7) ;
– réunions des autres commissions, dans la limite d'une durée annuelle globale fixée par accord d'entreprise ou, à défaut, fixée à 30 heures pour les entreprises de 300 à 1 000 salariés ou à 60 heures pour celles d'au moins 1 000 (C. trav. art. R 2315-7) ;
– recherche de mesures préventives dans toute situation d'urgence et de gravité, notamment lors de la mise en œuvre de la procédure de danger grave et imminent visée nos 56540 s. (C. trav. art. L 2315-11, 1°) ;
– enquêtes menées après un accident du travail grave ou des incidents répétés ayant révélé un risque grave ou une maladie professionnelle ou à caractère professionnel grave exposées nos 56730 s. (C. trav. art. L 2315-11, 3°).

S'agissant de l'imputation sur le crédit d'heures du temps passé par les membres du CSE à leurs **formations** économique ou en santé, sécurité et conditions de travail, voir n° 765.

› **Précisions** **a.** Le **plafond** de 30 ou 60 heures prévu aux articles L 2315-11 et R 2315-7 du Code du travail concerne-t-il uniquement les réunions des commissions ou les réunions des commissions et les réunions plénières ? La genèse de l'article L 2315-11 du Code du travail va dans le sens d'une limitation aux réunions des commissions, comme l'avait indiqué le ministère du travail (QR min. trav. 16-1-2020 n° 88), mais ce n'est pas l'interprétation retenue par le Conseil d'État (CE 15-7-2020 n° 418620 : RJS 12/20 n° 600). La Cour de cassation ne s'est pas prononcée.

b. Le temps consacré par le représentant du personnel à soutenir une demande de rappel de salaire concernant l'**exécution de son contrat de travail** et non son mandat ne s'impute pas sur le crédit d'heures (Cass. soc. 3-2-1998 n° 96-42.062 P : RJS 4/98 n° 489).

c. Sur l'**assistance** d'un salarié lors d'un **entretien préalable** à sanction disciplinaire ou au licenciement, voir n° 89995.

d. S'agissant du crédit d'heures spécifique prévu au profit du défenseur syndical devant le **conseil de prud'hommes,** voir n° 12580.

MOMENT

34660 Les représentants du personnel peuvent utiliser leurs heures de délégation tant durant leurs **heures habituelles de travail** qu'en **dehors** (Cass. soc. 28-2-1989 n° 85-45.488 P : RJS 4/89 n° 341 ;

19-5-2016 n° 14-26.967 FS-PB : RJS 8-9/16 n° 570), même dans les entreprises pratiquant un horaire variable (Cass. soc. 20-1-1993 n° 89-41.560 D : RJS 3/93 n° 288).
Sur la **rémunération** des heures de délégation utilisées hors temps de travail, voir n° 34790.
L'employeur ne peut pas limiter le droit pour le représentant de **fractionner ses crédits d'heures,** cette possibilité relevant de la liberté de ce dernier en fonction des besoins de son mandat (Cass. soc. 11-12-2001 n° 99-43.650 FS-D : RJS 2/02 n° 193). De la même manière, il ne peut pas en principe imposer au représentant du personnel un **regroupement** de ses heures de délégation sur quelques jours consécutifs (Cass. soc. 16-4-2015 n° 13-21.531 F-D : RJS 8-9/15 n° 575).

ATTENTION

Le salarié ne peut prétendre au paiement des heures de délégation prises en dehors de son temps de travail habituel que si les nécessités du mandat le justifient. L'organisation du **travail en 3 × 8** n'établit pas, en soi, une telle nécessité (Cass. soc. 20-6-2007 n° 06-41.219 F-D).

Sauf accord collectif contraire, le crédit d'heures des membres élus ou des représentants syndicaux au CSE sous **forfait annuel en jours** est regroupé en demi-journées venant en déduction du nombre annuel de jours travaillés fixé dans la convention, une demi-journée correspondant à 4 heures de mandat. Si le crédit d'heures restant est inférieur à 4 heures, les membres du CSE disposent d'une demi-journée venant, elle aussi, en déduction du nombre annuel de jours travaillés (C. trav. art. R 2315-3, al. 2 et 3 et R 2315-4, al. 2 et 3). **34670**
S'agissant du crédit d'heures des **personnels navigants aériens,** voir n° 35050, b.

INFORMATION DE L'EMPLOYEUR

Le représentant du personnel n'a pas à obtenir d'**autorisation** de l'employeur ou de son supérieur hiérarchique pour utiliser ses heures de délégation. Le fait de le sanctionner au motif qu'il s'est absenté sans accord de l'employeur est constitutif du **délit d'entrave** (Cass. crim. 10-3-1981 n° 80-91.570 ; 4-2-1986 n° 84-95.402 ; 12-4-1988 n° 87-84.148 P). **34680**

En revanche, l'employeur est en droit d'exiger que lui-même ou ses représentants soient **informés** des absences ou déplacements des représentants du personnel (Cass. crim. 12-4-1988 n° 87-84.148 ; 10-1-1989 n° 87-80.048 P). **34690**
La fixation par l'employeur de conditions à l'utilisation, par les salariés investis de mandats représentatifs, des droits qu'ils tiennent de la loi doit trouver sa justification dans l'organisation et la bonne marche de l'entreprise sans avoir pour effet d'apporter à ces droits des restrictions incompatibles avec leur exercice normal. Inversement, le droit d'exercer librement leur mandat ne confère pas aux représentants du personnel celui de refuser les modalités d'organisation de l'exercice de ce mandat qui répondraient à ces critères (Lettre min. du 11-5-1977).
La mise en place de telles modalités ne peut se faire qu'après **concertation** avec les représentants (Cass. crim. 12-4-1988 n° 87-84.148 P ; 10-1-1989 n° 87-80-048 P).
Ces modalités sont susceptibles de prendre plusieurs **formes,** par exemple avertissement du supérieur hiérarchique (Cass. soc. 18-1-1961 n° 59-40.537) ou pointage au début et à la fin de l'absence, registre écrit ou bons de délégation. Ces modalités d'information peuvent, notamment, avoir pour objet de :
– rendre possible le **calcul des heures utilisées** (Rép. Jacquot : AN 26-1-1987 n° 10946) ;
– mettre en place un **délai de prévenance** (Cass. crim. 12-4-1988 précité).
L'employeur peut-il **sanctionner** le représentant du personnel qui ne l'a pas informé de son absence ? Tout dépend des circonstances. Par **exemple** est justifiée la mise à pied notifiée à un représentant du personnel ayant signalé son absence au moment de son départ, alors qu'il savait depuis presque 3 semaines qu'il exercerait ses fonctions le jour dit, le caractère soudain et inopiné de son absence ayant nui à l'organisation du travail dans l'entreprise (Cass. soc. 12-2-1985 n° 82-41.647 P). Est également justifié le rappel à l'ordre sanctionnant l'information tardive de l'employeur sur l'utilisation d'un bon de délégation (Cass. soc. 13-1-2021 n° 19-20.781 F-D : RJS 3/21 n° 160). En revanche, l'employeur qui sanctionne un représentant du personnel pour avoir quitté son service en vue d'assister à une réunion sans avoir prévenu ses supérieurs, alors que l'intéressé s'est efforcé de mettre son service à jour et a vainement tenté de prévenir de son départ son supérieur hiérarchique, est coupable de délit d'entrave (Cass. crim. 28-4-1977 n° 76-90.762).

ATTENTION

Les salariés investis d'un mandat électif ou syndical ne doivent pas faire l'objet d'une opération de **géolocalisation** lorsqu'ils agissent dans le cadre de l'exercice de leur mandat (Délib. Cnil 2015-165 du 4-6-2015).

ANNUALISATION OU MUTUALISATION DES HEURES

Les membres du CSE ont la possibilité de **cumuler** (annualisation) leur crédit d'heures sur l'année (C. trav. art. L 2315-8 et R 2315-5) et de **répartir** (mutualisation) ces heures entre titulaires **34700**

ou entre titulaires et suppléants (C. trav. art. L 2315-9). En tout état de cause, ces règles ne peuvent pas conduire un membre du comité à bénéficier, dans le mois, de plus d'une fois et demie le crédit d'heures mensuel d'un titulaire. Sur la possibilité pour le suppléant, qui bénéficie de la mutualisation des heures, d'être désigné DS, voir n° 28415.
Les titulaires sont tenus d'**informer** leur employeur au plus tard 8 jours avant la date prévue de l'utilisation des heures annualisées ou mutualisées. En cas de mutualisation, cette information se fait nécessairement par un document écrit précisant l'identité des membres concernés ainsi que le nombre d'heures réparties entre eux (C. trav. art. R 2315-5 et R 2315-6).
Le Code du travail ne précise pas les **modalités d'utilisation** des heures de délégation mutualisées. Selon nous, le membre du CSE ayant bénéficié d'un tel transfert devrait consommer en priorité ses propres heures de délégation, avant d'utiliser le quota d'heures transférées. S'il reste un **reliquat d'heures transférées et non consommées,** une analyse stricte des textes laisse à penser que ces heures sont perdues : elles ne pourraient ni être restituées à leur détenteur d'origine ni être elles-mêmes transférées à un autre représentant du personnel. Mais cela reste à confirmer.

EXEMPLE

a) Annualisation. Dans une entreprise de 75 salariés, un membre titulaire du CSE peut, au cours d'un mois, utiliser au maximum 19 heures × 1,5 = 28,5 heures (au lieu des 19 heures habituelles). Il doit toutefois respecter une limite maximale de 228 heures sur l'année (19 heures × 12 mois).
b) Mutualisation. Dans l'exemple ci-dessus, le titulaire peut par exemple céder 14 heures à un suppléant et conserver le solde pour lui (soit 28,5 − 14 = 14,5). En tout état de cause, le nombre global d'heures utilisées par le titulaire ou cédées par lui sur l'année ne devra pas excéder la limite de 228 heures.

34710

Bons de délégation

De nombreuses entreprises utilisent le système du bon de délégation. Il s'agit d'un document que le représentant du personnel remet à l'employeur ou au chef de service pour l'informer préalablement de l'utilisation de son crédit d'heures.

Cette pratique ne saurait avoir pour effet d'instaurer un **contrôle a priori** du chef d'entreprise sur l'utilisation des heures de délégation. Ainsi, la procédure selon laquelle le bon de délégation n'est délivré que lorsque le crédit d'heures dont dispose l'intéressé n'est pas épuisé et que l'absence correspond à la fonction exercée est illicite (Cass. crim. 25-5-1982 n° 81-93.443 P). En contrepartie, sa délivrance n'implique pas la reconnaissance par l'employeur de l'utilisation des heures de délégation conformément à leur objet (Cass. soc. 13-1-1999 n° 96-43.678 D : RJS 2/99 n° 233).

La mise en place des bons de délégation peut coexister avec l'obligation d'utiliser la **pointeuse** à l'arrivée et au retour des heures de délégation, puisque le pointage permet de décompter a posteriori le nombre d'heures utilisées alors que le bon de délégation a pour objet d'informer a priori le supérieur de l'utilisation du crédit d'heures. Le représentant du personnel peut donc être sanctionné pour ne pas avoir respecté ces formalités (CA Bordeaux 16-1-2004 n° 01-3824 : RJS 12/04 n° 1300).

Le **non-respect** du système du bon de délégation par le représentant du personnel peut justifier un avertissement (Cass. soc. 24-1-1973 n° 72-40.242 P) et même un licenciement, si celui-ci refuse systématiquement d'utiliser les badges et les bons de délégation (CE 8-8-2002 n° 109749). L'utilisation abusive des bons de délégation par le représentant pour expliquer ses retards répétés peut également justifier un licenciement (CE 17-4-1992 n° 89834). La qualification pénale d'escroquerie a même été retenue à l'encontre d'un représentant du personnel qui avait rempli des bons de délégation en précisant la nature de ses démarches, toutes relatives à ses fonctions, alors qu'il s'était en réalité absenté pour se consacrer à des activités syndicales dans une entreprise étrangère (Cass. crim. 8-7-1986 n° 85-90.088 P).

Le recours aux bons de délégation ayant pour seul objet d'informer l'employeur, le défaut d'utilisation de tels bons par le salarié est sans incidence sur la **rémunération** des heures de délégation (Cass. soc. 12-7-2006 n° 04-44.532 F-D). Ce principe vaut également en cas de dépassement du crédit d'heures pour circonstances exceptionnelles, même si, dans cette hypothèse, la présomption de bonne utilisation ne s'applique pas (Cass. soc. 10-12-2003 n° 01-41.658 FS-P : RJS 4/04 n° 429).

D. Paiement

1. RÈGLES DE PAIEMENT

Les règles régissant le paiement des heures de délégation diffèrent selon qu'elles sont effectuées dans la limite du crédit d'heures ou en dépassement de ce dernier. 34720

CRÉDIT LÉGAL OU CONVENTIONNEL

Présomption de bonne utilisation Le temps passé en heures de délégation est de **plein droit** considéré comme temps de travail et payé à l'échéance normale (C. trav. art. L 2315-10, al. 1), même en cas de litige sur le nombre d'heures auquel le représentant du personnel a droit (Cass. soc. 1-6-2022 n° 20-16.836 FS-PB : RJS 8-9/22 n° 454). 34730

Cette présomption de bonne utilisation impose à l'employeur de **rémunérer** ces heures avant d'en contester l'utilisation (Cass. soc. 19-5-2016 n° 14-26.967 FS-PB : RJS 8-9/16 n° 570). Elle s'applique même si la contestation porte sur la réalité des heures de délégation prises (Cass. soc. 30-1-2002 n° 00-45.024 F-D) ou sur la nécessité de leur usage en dehors du temps de travail normal (Cass. soc. 5-4-2023 n° 21-17.851 F-SB : RJS 6/23 n° 320).

Bénéficient de cette présomption les **crédits d'heures** légaux et conventionnels (crédits d'heures augmentés conventionnellement ou attribués aux membres d'une institution mise en place conventionnellement), les crédits d'heures individuels et la fraction individualisée des crédits collectifs (Circ. DRT 13 du 25-10-1983) ainsi que les heures effectuées par un suppléant en remplacement d'un titulaire (Cass. soc. 30-5-1990 n° 86-45.583 P : RJS 7/90 n° 589).

Refus de paiement préalable Le refus de paiement préalable est constitutif du **délit d'entrave** (Cass. crim. 11-5-1999 n° 98-82.900 D). Il en est de même lorsque l'employeur exige avant tout paiement que le représentant lui rende compte de l'emploi de son temps, y compris si les heures sont payées à l'échéance normale (Cass. crim. 22-11-1988 n° 87-84.669 D : RJS 1/89 n° 35). 34740

L'intéressé peut **demander le paiement** de ces heures devant la juridiction prud'homale. Le refus de paiement à l'échéance normale constitue un trouble manifestement illicite autorisant le recours au **référé,** y compris en présence d'une contestation sérieuse (Cass. soc. 10-1-2006 n° 04-46.838 F-D).

Le retard de paiement ne justifie l'octroi de **dommages-intérêts** que si le représentant prouve l'existence d'un préjudice distinct de celui réparé par les intérêts de retard et établit que l'employeur a agi par mauvaise foi (Cass. soc. 1-6-2022 n° 20-16.836 FS-PB : RJS 8-9/22 n° 454). Tel est le cas lorsque le représentant est victime, au cours d'une année, de plusieurs incidents dans le paiement de ses heures de délégation, retards qui se sont répétés quasiment chaque mois au cours de l'année suivante (Cass. soc. 21-1-2009 n° 07-40.609 F-D : RJS 4/09 n° 353).

> **Précisions a.** Les dispositions légales n'ont pas pour effet d'imposer un principe de **paiement mensuel.** Ainsi, en cas de modulation du temps de travail, les heures de délégation peuvent être portées au compteur de modulation et payées, le cas échéant, à la fin de la période de modulation (CA Douai 31-1-2007 n° 06-938 : RJS 4/08 n° 503).
> **b.** Assimilées à du temps de travail effectif, les heures de délégation sont prises en compte pour le calcul de la durée du travail, des heures supplémentaires et pour l'appréciation du respect des **durées maximales du travail** (Note DRT du 2-6-1997).
> **c.** La rémunération des heures de délégation est assimilable à une créance de salaire et peut faire l'objet d'une **transaction** après la rupture des relations contractuelles (Cass. soc. 28-9-2005 n° 03-19.779 F-D).

Procédure de contestation L'**employeur** qui, après avoir payé les heures de délégation, souhaite contester leur bonne utilisation devant le juge judiciaire (C. trav. art. L 2315-10, al. 2), pour en obtenir le remboursement doit **demander préalablement** au représentant du personnel l'**indication des activités** pour lesquelles elles ont été utilisées (Cass. soc. 15-12-1993 n° 91-44.481 P : RJS 1/94 n° 50). Ainsi, après avoir payé les heures de délégation réclamées par le salarié, l'employeur peut lui demander de préciser les dates et les heures auxquelles il a utilisé son crédit d'heures et les activités exercées sur ces créneaux horaires (Cass. soc. 5-4-2023 n° 21-17.851 F-SB : RJS 6/23 n° 320). Sa demande doit uniquement avoir pour objet d'obtenir de telles indications. Il ne peut pas **exiger des justifications,** que ce soit sur l'utilisation des heures (Cass. soc. 22-4-1992 n° 89-41.253 PF : RJS 6/92 n° 751) ou sur la nécessité de les utiliser en dehors du temps de travail (Cass. soc. 5-4-2023 n° 21-17.851 F-SB précité). 34750

Si le représentant du personnel **refuse de fournir les indications demandées,** l'employeur doit saisir le conseil de prud'hommes de sa demande de précisions (Cass. soc. 15-12-1993 n° 91-44.481 P précité), le cas échéant, par voie de référé (Cass. soc. 8-7-1992 n° 90-43.980 P : RJS 12/92 n° 1395 ; 5-4-2023 n° 21-17.851 F-SB précité). Attention : le conseil de prud'hommes ne peut pas être saisi à la fois d'une demande de précisions et d'une demande de remboursement (Cass. soc. 4-12-1991 n° 88-44.977 PF : RJS 1/92 n° 46).

Après obtention des **précisions du salarié**, l'employeur peut saisir le conseil de prud'hommes d'une **demande de remboursement** des heures de délégation qu'il estime avoir indûment payées. C'est alors à l'employeur d'apporter la **preuve** de la non-conformité de l'utilisation du crédit d'heures avec l'objet du mandat représentatif (Cass. soc. 10-10-1989 n° 87-42.832 P), mais, le cas échéant, c'est au salarié de prouver que la prise des heures de délégation en dehors des horaires de travail est justifiée par les nécessités du mandat (Cass. soc. 14-10-2020 n° 18-24.049 F-D : RJS 1/21 n° 21 ; 16-12-2020 n° 19-19.685 F-D : RJS 3/21 n° 154).

ILLUSTRATIONS

a. Ne fournit pas des **précisions suffisantes** sur la nature des activités exercées, le représentant du personnel qui se contente d'indiquer le nombre et les dates des heures de délégation (Cass. soc. 30-11-2004 n° 03-40.434 FS-PB : RJS 2/05 n° 169) ou précise uniquement « activités d'ordre syndical » (juridiques, réunions, etc.) (Cass. soc. 20-6-2007 n° 06-41.219 F-D). L'intéressé ne peut pas non plus se contenter de transmettre à l'employeur ses bons de délégation (Cass. soc. 16-2-2022 n° 20-19.194 F-D : RJS 4/22 n° 191).

b. Un tribunal peut ordonner au salarié de **rembourser** la **rémunération** de certaines heures de délégation dont il a bénéficié, dès lors que (CA Caen 7-7-2022 n° 21/00097 : RJS 11/22 n° 569) :

– la demande de remboursement a été faite par l'employeur après paiement des heures et demande au salarié de fournir des indications sur ses activités ;

– l'employeur apporte des éléments tendant à établir que les heures étaient utilisées pour se rendre aux entraînements de football de son fils.

34755 **L'employeur doit-il faire état de soupçons** pour saisir le juge ?

Le seul fait de saisir la juridiction compétente afin d'obtenir des **indications sur l'utilisation** des heures n'est pas en soi abusif, même si la demande porte sur une longue période et que l'employeur ne fait pas état de soupçons particuliers sur une utilisation non conforme de ces heures (Cass. crim. 16-10-1990 n° 88-84.200 PF : RJS 12/90 n° 989).

En revanche, la **contestation de l'utilisation** faite par le représentant de ses heures de délégation est abusive si l'employeur n'a aucun grief particulier à faire valoir. Dans ce cas, il risque de devoir verser des dommages-intérêts pour préjudice moral au salarié (Cass. soc. 21-11-1990 n° 87-40.699 PF : RJS 1/91 n° 42).

ATTENTION

Si l'employeur **ne parvient pas à établir la réalité des faits** invoqués à l'appui de sa contestation de l'utilisation des heures de délégation, il s'expose, là encore, au risque de devoir verser des dommages-intérêts pour préjudice moral au salarié (Cass. soc. 21-10-1992 n° 89-41.272 D : RJS 12/92 n° 1396).

HEURES DE DÉPASSEMENT

34760 Les heures de dépassement prises au titre de circonstances exceptionnelles ne bénéficiant pas de la présomption de bonne utilisation ni de l'obligation de paiement à échéance normale, c'est au **salarié** d'établir l'existence de ces circonstances préalablement à tout paiement, ainsi que la conformité de leur utilisation eu égard au mandat dont il est investi (Cass. soc. 10-6-1997 n° 94-42.546 PF : RJS 7/97 n° 821) et, en cas de litige, de prendre l'initiative de saisir le juge prud'homal pour en réclamer le paiement.

L'employeur qui estime le dépassement injustifié peut donc pratiquer une **retenue sur salaire** pour les heures excédant le crédit d'heures. En cas de litige, cette retenue sera validée par le juge si le salarié ne justifie pas de circonstances exceptionnelles (Cass. soc. 3-11-1994 n° 91-42.778 D).

La retenue n'est pas nécessairement opérée sur le bulletin de salaire du **mois** au cours duquel le dépassement s'est produit (Cass. soc. 7-5-1987 n° 83-45.480 S ; Cass. soc. 8-7-2009 n° 08-42.546 F-D).

> **Précisions** **a.** En l'absence de circonstances exceptionnelles, le dépassement du crédit d'heures peut donner lieu à rémunération si **un accord ou un usage** le prévoit, voir n° 34620.
>
> **b.** Sur la possibilité pour le **juge des référés,** en cas de litige sur l'existence de circonstances exceptionnelles, d'allouer une provision au salarié, voir n° 34610. Sur la recevabilité de l'action en référé d'un syndicat en réparation du préjudice subi en cas de non-paiement par l'employeur à un salarié des heures de délégation supplémentaires, voir n° 12405.

2. CALCUL DE LA RÉMUNÉRATION

RÈGLES GÉNÉRALES

Le temps de délégation est payé comme **temps de travail.** Cette règle légale s'applique aux heures de délégation prises dans le cadre du crédit d'heures, ainsi qu'aux heures prises en sus de ce crédit en raison de circonstances exceptionnelles. **34770**
Les intéressés ne doivent subir **aucune perte de salaire** du fait de l'exercice de leurs fonctions (jurisprudence constante, notamment Cass. soc. 19-9-2018 n° 17-11.638 FS-PB : RJS 12/18 n° 750).
L'employeur qui ne respecte pas ces règles commet un **délit d'entrave** (Cass. crim. 30-4-1996 n° 95-82.687 PF : RJS 10/96 n° 1059).

> **Précisions a.** Les **primes et accessoires du salaire** doivent être pris en compte. Tel est le cas notamment d'une prime d'insalubrité (Cass. crim. 4-5-1979 n° 78-91.710), de salissure (Cass. soc. 28-4-1982 n° 80-40.665) ou de douche (Cass. soc. 2-6-1992 n° 88-45.662 P : RJS 7/92 n° 883). De même, une prime calculée en fonction du temps de présence ne peut pas être réduite au titre des heures de délégation (Cass. soc. 28-6-2006 n° 05-41.350 F-D : RJS 10/06 n° 1083).
> **b.** Une **pause rémunérée** accordée aux salariés travaillant 8 heures consécutives bénéficie aux représentants du personnel lorsqu'ils accomplissent 8 heures consécutives de délégation (Cass. soc. 26-6-2001 n° 98-46.387 FS-P : RJS 11/01 n° 1302).
> **c.** Ne sont pas prises en compte les primes représentant un **remboursement de frais** (n° 34800) ou ne présentant pas les caractères de fixité, constance et généralité (Cass. crim. 6-3-1984 n° 83-92.754 P), mais ayant la nature d'une **gratification** occasionnelle (Cass. crim. 10-6-1997 n° 95-83.892 PF : RJS 10/97 n° 1104).

La rémunération des heures de délégation des **salariés rémunérés à la commission** doit être calculée d'après le salaire réel (Cass. soc. 29-5-2001 n° 98-45.758 FS-P : RJS 8-9/01 n° 1030). Lorsque la rémunération du salarié est constituée, dans son intégralité, de commissions, le taux horaire applicable aux heures de délégation accomplies est égal à la totalité des commissions générées annuellement par l'activité du salarié, divisée par le nombre d'heures travaillées (Cass. soc. 27-11-2013 n° 12-23.589 FS-D : RJS 3/14 n° 235). La même règle s'applique lorsque la rémunération est pour partie constituée de commissions (Cass. soc. 23-3-2016 n° 14-26.885 F-D : RJS 6/16 n° 428). La rémunération doit tenir compte des commissions sur ordres indirects (Cass. soc. 15-12-2016 n° 15-13.367 F-D : RJS 3/17 n° 238). S'ajoute, pour ceux rémunérés par un fixe et des commissions, la part fixe du salaire calculée au prorata des heures de délégation accomplies (Cass. soc. 21-1-2004 n° 01-43.229 FS-P : RJS 3/04 n° 322). **34780**
L'employeur ne peut pas prélever sur la masse des **pourboires** les sommes nécessaires au paiement des heures de délégation des représentants du personnel (Cass. crim. 26-7-1989 n° 88-86.040 PF : RJS 10/89 n° 767 ; Cass. soc. 8-11-1994 n° 93-42.501 D : RJS 12/94 n° 1372).

HEURES PRISES HORS TEMPS DE TRAVAIL

Principes Lorsque les heures de délégation sont prises en dehors de l'horaire normal de travail en raison des nécessités du mandat, leur paiement se fait en **heures supplémentaires** pour les heures excédant la durée légale du travail : elles ouvrent droit à la majoration (Cass. soc. 12-2-1991 n° 88-42.353 PF : RJS 3/91 n° 342 ; 21-11-2000 n° 98-40.730 FS-D : RJS 3/01 n° 309 ; 30-5-2007 n° 04-45.774 F-D) ou, dans les entreprises l'ayant mis en place, au repos compensateur de remplacement (Cass. soc. 9-10-2012 n° 11-23.167 FS-PB : RJS 12/12 n° 958). Si la convention collective stipule que le salarié a le choix entre paiement majoré des heures supplémentaires et repos compensateur de remplacement, l'employeur imposant au représentant du personnel la prise de repos compensateurs malgré l'opposition de celui-ci commet un délit d'entrave (Cass. crim. 26-1-2016 n° 13-85.770 F-PB : RJS 4/16 n° 257). **34790**
En cas de dépassement du contingent annuel, les heures supplémentaires ouvrent droit à la contrepartie obligatoire en repos (Cass. soc. 13-12-1995 n° 92-44.389 D : RJS 2/96 n° 134).

Cas particuliers En cas d'**utilisation du crédit d'heures durant une période de repos** compensateur, les heures de repos dont le salarié a été privé sont reportées ou, si le contrat de travail prend fin avant que le salarié ait pu en bénéficier, indemnisées en espèces (Cass. soc. 23-5-2017 n° 15-25.250 FP-PBR : RJS 8-9/17 n° 591). **34795**
Le cumul du salaire et de l'indemnité de congés payés étant prohibé par la jurisprudence, un représentant du personnel exerçant son mandat pendant ses congés payés ne peut pas cumuler l'indemnité de **congés payés** et la rémunération des heures de délégation utilisées pendant ces congés (Cass. soc. 19-10-1994 n° 91-41.097 D : RJS 12/94 n° 1419 ; 2-10-2019 n° 18-17.706 D). La question de savoir si le représentant du personnel utilisant son crédit d'heures pendant ses congés payés peut exiger leur report n'est pas tranchée par la jurisprudence.

Le paiement des heures de délégation effectuées pendant un **arrêt de travail pour maladie ou accident du travail** est subordonné à l'autorisation préalable, par le médecin traitant, d'exercer le mandat (Cass. ch. mixte 21-3-2014 n° 12-20.002 PBRI : RJS 6/14 n° 493).
Le représentant du personnel travaillant en **équipe de suppléance** et bénéficiant à ce titre de majorations horaires doit également bénéficier de ces majorations lorsqu'il effectue des heures de délégation pendant la semaine en raison des nécessités de son mandat (Cass. soc. 28-10-2008 n° 07-40.524 F-D : RJS 1/09 n° 49).
Le **salarié d'un ferry** alternant 4 jours à bord et 4 jours de repos à terre bénéficie de la quote-part des repos correspondant au temps de délégation utilisé pendant son séjour à terre (Cass. soc. 20-5-1992 n° 89-43.103 PF : RJS 7/92 n° 882).

ATTENTION

L'employeur qui **dispense d'activité** un représentant du personnel avec maintien de sa rémunération doit fixer son planning théorique de travail afin de pouvoir déterminer si les heures de délégation ont ou non été prises pendant les heures de travail : à défaut, il s'expose au paiement d'heures de délégation en sus du salaire maintenu (Cass. soc. 3-3-2021 n° 19-18.150 F-P : RJS 5/21 n° 277).

FRAIS

34800 En matière de repas, le représentant du personnel a droit au **titre-restaurant** comme s'il avait accompli l'horaire de travail auquel se réfère la réglementation pour l'attribution de tels titres (Cass. soc. 3-7-1980 n° 79-40.469 ; 9-6-1988 n° 85-43.379 P ; Cass. crim. 30-4-1996 n° 95-82.687 PF : RJS 10/96 n° 1059).
Il ne peut pas prétendre aux indemnités et primes destinées à compenser des **frais** qu'il n'a **pas exposés** du fait de l'exercice de son mandat (Cass. soc. 27-11-1980 n° 79-40.826 ; 19-9-2018 n°s 16-24.041 FS-PB, 17-11.638 FS-PB et 17-11.514 FS-PB : RJS 12/18 n° 750). Par exemple, il n'a pas droit aux indemnités, même forfaitaires, qui compensent les frais supplémentaires de déplacement spécifiques exposés par des ouvriers déplacés ou non sédentaires (Cass. soc. 19-9-2018 n° 16-24.041 FS-PB : RJS 12/18 n° 750) ou le surcoût de repas consécutif à un déplacement effectif (Cass. soc. 19-9-2018 n° 17-11.514 FS-PB : RJS 12/18 n° 750).
En revanche, il a droit aux indemnités et primes destinées à compenser des **contraintes ou sujétions particulières.** Ainsi jugé pour :
– une indemnité allouée en fonction de l'horaire de travail et attribuée en compensation du transfert du siège social et des contraintes en ayant résulté pour le personnel (Cass. soc. 7-2-1990 n° 87-40.289 P : RJS 3/90 n° 222) ;
– une prime de panier allouée aux travailleurs qui, en raison de l'horaire continu du travail, sont contraints de prendre une collation ou un repas supplémentaire (Cass. soc. 1-4-1992 n° 88-40.108 P : RJS 5/92 n° 628) ;
– les indemnités forfaitaires de petit déplacement prévues par les conventions collectives du bâtiment pour les salariés non sédentaires, ces indemnités ayant pour objet de compenser une sujétion particulière de leur emploi (Cass. soc. 4-12-2002 n° 00-45.569 F-D : RJS 3/03 n° 393 ; 17-5-2006 n° 04-41.600 F-D : RJS 8-9/06 n° 961) ou les indemnités de trajet (Cass. soc. 17-1-2013 n° 11-17.745 F-PB : RJS 3/13 n° 214).

3. BULLETIN DE PAIE

34810 Il est interdit de **mentionner** sur le bulletin de paie l'**activité de représentation** des salariés. La nature et le montant de la rémunération de l'activité de représentation figurent sur une **fiche annexée** au bulletin de paie ayant le même régime juridique que celui-ci et que l'employeur établit et fournit au salarié (C. trav. art. R 3243-4). Cette fiche n'a pas à être signée par le représentant (Circ. DRT D 189 du 30-3-1989). Son défaut d'établissement ne suffit pas à établir que les heures de délégation n'ont pas été réglées (Cass. soc. 13-7-2004 n° 02-42.337 F-D).
Le **non-respect** de cette disposition est puni de l'amende prévue pour les contraventions de la troisième classe (C. trav. art. R 3246-2 : voir n° 99200).
La rémunération des heures de délégation suit le même **régime social et fiscal** que le salaire.

ATTENTION

Aucune mention du bulletin de paie ne doit permettre d'établir une **distinction** entre les heures travaillées et les heures de délégation. Par conséquent sont **illicites** les **rubriques** « heures assimilées » ou « heures travaillées II », distinctes de « heures travaillées », qui permettent d'identifier les heures de délégation (Cass. soc. 3-2-1993 n° 90-45.619 D : RJS 6/93 n° 613), ainsi que, de manière plus générale, la présentation du bulletin de paie différenciant les heures rémunérées et les heures travaillées ou de présence (Cass. soc. 18-2-2004 n° 01-46.565 F-PB : RJS 4/04 n° 412).
Il en résulte selon nous que la **rémunération des heures de délégation** utilisées pendant le

temps de travail normal doit, sur le bulletin de paie, être **confondue** avec celle des heures travaillées et que la rémunération des heures de délégation effectuées en dehors du temps de travail doit être confondue avec celle des heures supplémentaires et sujette au même taux de majoration. L'administration avait estimé, dans le cas de la gestion informatique de la paie, que l'utilisation d'une **codification chiffrée** permettant d'identifier les heures de délégation était licite dès lors que cette codification était propre à l'entreprise et connue d'elle seule et du salarié, grâce à une fiche explicative (Circ. DRT 17/88 du 24-8-1988). Cette position nous semble toutefois remise en cause par la jurisprudence de la Cour de cassation.

E. Catégories particulières de salariés

SALARIÉS À TEMPS PARTIEL

Le **montant du crédit d'heures** d'un représentant du personnel travaillant à temps partiel est le même que celui d'un même représentant travaillant à temps plein (Circ. DRT 4 du 21-4-1994). Toutefois, un salarié à temps partiel ne peut réduire de plus d'un tiers son **temps de travail mensuel** par l'utilisation du crédit d'heures dont il dispose. Le solde éventuel de ce crédit d'heures payées peut être utilisé en dehors des heures de travail de l'intéressé (C. trav. art. L 3123-14). **34830**

Les **heures de délégation** que le représentant à temps partiel prend **en dehors de son temps de travail normal** en raison des nécessités de son mandat sont payées comme du temps de travail effectif, sans qu'il soit fait application des dispositions limitant la durée du travail à temps partiel (Cass. soc. 21-9-2011 n° 10-13.681 FS-D : RJS 11/11 n° 882).

EXEMPLE

Un salarié travaillant 90 heures par mois dispose d'un crédit d'heures de 34 heures par mois au titre de ses fonctions de membre titulaire du CSE. La répartition de ses heures de délégation sera la suivante :
– 90/3 = 30 heures, qui est la durée maximale des heures de délégation qu'il peut utiliser pendant son temps de travail ;
– 4 heures en dehors de son temps de travail.

TRAVAILLEURS DE NUIT

L'employeur ne peut pas, en **imputant par avance** les heures de délégation et le temps passé en réunion d'un représentant du personnel travaillant exclusivement la nuit sur sa durée du travail, limiter sa liberté d'utilisation de son crédit d'heures de jour et de nuit (Cass. soc. 11-6-2008 n° 07-40.823 F-PB : RJS 8-9/08 n° 912), dès lors que ce dernier peut prendre ses heures de délégation de manière à respecter le temps de repos journalier (Cass. soc. 25-6-2008 n° 06-46.223 F-D : RJS 11/08 n° 1096). Une telle mesure, imposée au salarié en considération des conditions d'exercice de son activité syndicale, expose l'employeur au paiement de dommages-intérêts pour discrimination syndicale (Cass. soc. 25-6-2008 précité). **34840**

Le travailleur de nuit doit continuer à bénéficier de la **majoration pour travail de nuit** pour ses heures de délégation prises de jour (Cass. soc. 14-3-1989 n° 86-41.648 P : RJS 4/89 n° 342).

Les heures de délégation qu'il utilise pendant son horaire habituel de travail doivent être prises en compte afin de déterminer si le **statut de travailleur de nuit** lui est applicable (Cass. soc. 7-3-2012 n° 10-21.744 FS-PBR : RJS 5/12 n° 458).

TRAVAILLEURS TEMPORAIRES

Les travailleurs temporaires ne peuvent pas être représentants du personnel dans les **entreprises utilisatrices** au sein desquelles ils effectuent des missions. **34850**

En revanche, des dispositions spécifiques ont été prévues pour organiser la représentation du personnel dans les **entreprises de travail temporaire.** À ce titre, toute période de travail intervenant au cours d'un mois civil, quelle que soit sa durée, ouvre droit, pour les représentants du personnel, à l'intégralité du **crédit d'heures** mensuel de droit commun (n° 34530).

Lorsqu'ils veulent utiliser des heures de délégation **pendant les heures de travail,** les représentants du personnel doivent informer l'entreprise de travail temporaire de leur intention de s'absenter de leur poste et de la durée de cette absence. Sauf cas d'urgence, l'information de l'employeur doit être faite 3 jours avant la prise effective des heures de délégation.

Les heures prises **en dehors** du temps de travail sont réputées utilisées conformément à leur objet. Elles sont payées sur bordereau établi par le représentant, rémunérées comme des heures supplémentaires et rattachées au contrat en cours ou également, pour les délégués syndicaux, au dernier contrat (Accord 27-10-1988 étendu par arrêté 22-2-1989 : JO 5-3 ; Accord 8-11-1984 étendu par arrêté 6-8-1985 : JO 15).

Les heures de délégation utilisées **entre deux missions,** conformément à des dispositions conventionnelles, sont considérées comme des heures de travail. Elles sont réputées rattachées, en matière de rémunération et de charges sociales, au dernier contrat de mission avec l'entreprise de travail temporaire au titre de laquelle il a été représentant (C. trav. art. L 2315-13, L 2143-19).

> **Précisions** Pour assurer le bon déroulement de la mission et prévenir des risques de difficultés dans les propositions de missions, il est souhaitable que les heures de délégation des **délégués syndicaux** soient prises en dehors de l'exécution de la mission (Accord 8-11-1984 précité).
> Les membres du CSE ont droit au remboursement de leurs **frais de déplacement** conformément aux dispositions légales, aux accords ou usages en vigueur dans l'entreprise ou l'établissement (Accord 27-10-1988 précité).

ENSEIGNANTS

34860 Les enseignants exerçant des fonctions représentatives dans des établissements d'**enseignement privé** bénéficient d'un crédit d'heures dans les conditions de droit commun, même s'ils disposent de **décharges d'activité** de service accordées au titre de l'exercice du droit syndical dans la fonction publique avec lesquelles il ne peut pas être confondu (Cass. soc. 13-10-2010 n° 09-67.198 FS-PB : RJS 12/10 n° 990 ; 8-12-2016 n° 13-27.913 FS-PB : RJS 2/17 n° 122).
Selon l'administration, le crédit d'heures des enseignants doit être pris **en dehors des heures d'enseignement** (Lettre min. du 26-7-1979), sauf en cas d'urgence (accident du travail, grave incident, danger grave et imminent, etc.) ou lorsque l'impossibilité de prendre ces heures de délégation constituerait une entrave aux fonctions de représentant du personnel (assistance d'un salarié à un entretien, etc.) (Circ. DRT 12 du 29-7-1988).
La Cour de cassation ne formule, pour sa part, aucune restriction quant à l'utilisation du crédit d'heures pendant les heures d'enseignement.
La rémunération des heures de délégation des enseignants prises en dehors de leur temps de travail incombe à l'établissement au sein duquel ils exercent leurs mandats (Cass. soc. 31-3-2009 n° 08-40.408 FS-PB : RJS 6/09 n° 578 ; 8-12-2016 n° 13-27.913 FS-PB : RJS 2/17 n° 122).
Supplément familial et indemnité de résidence n'ont pas à être intégrés dans le calcul de la rémunération des heures de délégation (Cass. soc. 8-12-2016 n° 15-10.165 FS-PB : RJS 2/17 n° 122).
Sauf circonstances exceptionnelles ou réunions organisées à l'initiative de l'établissement, l'enseignant ne peut pas cumuler le traitement maintenu pendant les **vacances scolaires** en l'absence d'obligations hebdomadaires de service avec les sommes dues au titre des heures de délégation utilisées pendant la période afférente (Cass. soc. 8-12-2016 n° 13-27.913 FS-PB : RJS 2/17 n° 122 ; 1-7-2020 n° 18-23.241 F-D : RJS 11/20 n° 545).

SECTION 2

AUTRES REPRÉSENTANTS DU PERSONNEL

A. Bénéficiaires

REPRÉSENTANTS CONCERNÉS

34900 Les règles exposées ci-après concernent les **délégués syndicaux** et le représentant de section syndicale.
S'agissant de savoir si le crédit d'heures profite aux représentants du personnel **suppléants,** voir n° 34520. Sur la possibilité pour les titulaires de **répartir** avec les suppléants les heures de délégation dont ils bénéficient, voir n°s 34920 s.

> **Précisions** Pour le secrétaire et les membres du bureau du **comité d'entreprise européen** : voir n° 7225 (durée du crédit d'heures) et n° 35010 (dépassement pour circonstances exceptionnelles).

REPRÉSENTANTS CONVENTIONNELS

Des accords peuvent contenir des stipulations plus favorables et prévoir la mise en place de représentants conventionnels, par exemple des représentants mis en place dans des **entreprises non assujetties** ou des **représentants supplémentaires par rapport à la loi.** L'administration a précisé, à propos du délégué syndical conventionnel, que, si la **convention** ou l'**accord** n'a pas déterminé le montant de son crédit d'heures, il y a lieu de se référer au **crédit prévu par la loi** pour la tranche d'effectif la plus proche ou correspondante (Circ. DRT 13 du 25-10-1983). Cette précision ne vaut, selon nous, que pour les institutions représentatives du personnel de même nature que celles mises en place par la loi. À défaut, ces représentants conventionnels ne bénéficient d'un crédit d'heures que si l'accord ou la convention le prévoit (Cass. soc. 15-3-2006 n° 04-45.247 F-P : RJS 6/06 n° 746). **34910**

CARACTÈRE INDIVIDUEL

Le principe... En principe, le crédit d'heures légal est individuel. Un accord ou un usage ne peut donc pas en prévoir la **répartition** entre **représentants titulaires** (Cass. soc. 27-11-1980 n° 79-40.988 ; 20-10-1994 n° 93-41.856 D : RJS 3/95 n° 246), ou entre **titulaires et suppléants** (Cass. crim. 20-6-1985 n° 84-90.910 ; Cass. soc. 10-12-1996 n° 95-45.453 P : RJS 1/97 n° 52). Le représentant du personnel qui s'absente en s'arrogeant unilatéralement le crédit d'heures de ses collègues, qu'il ne peut cumuler avec le sien, et qui persévère dans ce comportement, bien qu'il se soit engagé en présence de l'inspecteur du travail à ne plus agir de la sorte, commet une faute justifiant sa mise à pied (Cass. soc. 20-10-1994 n° 93-41.856 D : RJS 3/95 n° 246). **34920**

L'interdiction s'applique a fortiori aux **représentants n'appartenant pas à la même catégorie** : l'utilisation par un délégué syndical du crédit d'heures d'un délégué du personnel justifie son licenciement pour faute (CE 8-1-1982 n° 21814).

... Et ses dérogations L'interdiction de la répartition des crédits d'heures connaît des exceptions. **34940**

Les **délégués syndicaux** désignés dans une entreprise ou un établissement par un même syndicat peuvent répartir entre eux le crédit d'heures dont ils disposent au titre de leur mandat de délégué syndical (C. trav. art. L 2143-14), le délégué central d'entreprise ne pouvant cependant pas bénéficier de cette mesure (Cass. soc. 3-3-1993 n° 89-43.497 PF : RJS 4/93 n° 420). Ils doivent informer l'employeur, tous les mois, de la répartition retenue (C. trav. art. L 2143-14 ; Circ. DRT 13 du 25-10-1983). Les contraintes ou les aléas de l'action syndicale ne justifient pas le refus d'établir, avec une approximation suffisante, un programme de répartition des crédits d'heures entre les différents délégués syndicaux (Lettre min. 11-5-1977). Ces derniers peuvent toutefois opérer des ajustements nécessaires à l'exercice de leur mandat en cours de mois et avertir l'employeur de la modification de la répartition (Circ. DRT 13 du 25-10-1983).

ATTENTION

En présence d'un accord d'entreprise ne précisant ni le délai, ni la périodicité, ni la forme de l'information de l'employeur sur la répartition des crédits d'heures entre délégués syndicaux, l'employeur prévenu oralement ne peut pas exiger une notification écrite (Cass. soc. 20-3-2007 n° 05-44.011 F-D).

B. Durée

1. CRÉDIT MENSUEL

MONTANT

Sauf **dispositions conventionnelles** plus favorables, le crédit d'heures, prévu par la loi pour chaque catégorie de représentants du personnel, varie en fonction de l'effectif de l'entreprise ou de l'établissement. Il est fixé comme indiqué ci-après (C. trav. art. L 2142-1-3 et L 2143-13). **34960**

Effectif [1]	Délégués syndicaux [2]	Représentants de section syndicale
Moins de 50	-	-
50 à 150	12	4
151 à 499	18	4
500 et plus	24	4

1. Effectif du mois précédent (n° 34530, d) apprécié dans le cadre de l'entreprise ou de l'établissement.
2. Dans les entreprises d'au moins 2 000 salariés, les délégués centraux n'ayant pas la qualité de délégué syndical d'établissement disposent d'un crédit d'heures mensuel de 24 heures (C. trav. art. L 2143-15).

34970 S'agissant de l'incidence sur les heures de délégation de :
– la **durée du travail** applicable, voir n° 34550 ;
– l'exercice du travail sur un **mois incomplet,** voir n° 34560 ;
– la **suspension du contrat** de travail, voir n° 34570.

NATURE

34980 Le crédit d'heures est une **durée mensuelle maximale** et non un forfait : seules les heures effectivement utilisées sont payées et celles qui ne le sont pas ne peuvent pas être reportées sur les mois suivants. Le crédit d'heures peut toutefois être dépassé en cas de circonstances exceptionnelles (voir n° 35010).

CUMUL DE MANDATS

35000 Lorsque le cumul de mandats est possible (n°s 28810 et 17545), celui des heures de délégation l'est également.

2. DÉPASSEMENT

35010 La possibilité de dépasser leur crédit d'heures en cas de **circonstances exceptionnelles** selon les modalités exposées n°s 34590 s. est prévue par la loi pour :
– le secrétaire et les membres du bureau du **comité d'entreprise européen** (C. trav. art. L 2343-15) ;
– les **délégués syndicaux** d'entreprise et d'établissement (C. trav. art. L 2143-13).
Bien que la raison d'être de cette différence de traitement n'apparaisse pas clairement, une analyse littérale de l'article L 2143-15 du Code du travail peut permettre de soutenir que le **délégué syndical central** ne peut pas dépasser son crédit d'heures en cas de circonstances exceptionnelles. L'administration a pris, toutefois, une position contraire (Circ. DRT 13 du 25-10-1983).
La possibilité pour les **représentants de section syndicale** de dépasser leur crédit d'heures en cas de circonstances exceptionnelles n'est pas prévue par la loi. Il est toutefois possible, à notre sens, de mettre en place cette faculté par voie conventionnelle.

> **Précisions** **a.** Sur le dépassement du crédit d'heures prévu par **accord ou usage,** voir n° 34620.
> **b.** S'agissant de la sanction des **dépassements non autorisés,** voir n° 34630.

C. Utilisation

ACTIVITÉS EXERCÉES

35030 L'attribution d'un crédit d'heures par la loi a pour objet de laisser aux représentants du personnel le temps nécessaire à l'exercice de leurs fonctions (C. trav. art. L 2143-13 et L 2142-1-3). Il en résulte que le crédit d'heures doit être exclusivement utilisé pour l'**exercice des fonctions représentatives** pour lequel il est alloué. Sur les conséquences du non-respect de cette règle, voir n° 34640.
Les délégués syndicaux peuvent utiliser leurs heures de délégation – sauf celles réservées à la négociation d'entreprise – pour participer à des **travaux paritaires hors de l'entreprise** : négociations et concertations à un autre niveau que l'entreprise et réunions d'instances organisées dans l'intérêt des salariés ou de la branche (C. trav. art. L 2143-16-1).

35040 Le temps passé aux activités récapitulées dans le tableau ci-après **ne s'impute pas** sur le crédit d'heures des représentants du personnel, bien qu'entrant dans leurs attributions.

Nature des activités	Voir
Réunion organisée par l'employeur (délégués syndicaux)	C. trav. art. L 2143-18
Temps de trajet pour se rendre aux réunions organisées par l'employeur	n° 35180
Négociation d'un accord d'entreprise	n° 80255

Sur l'**assistance** d'un salarié lors d'un **entretien préalable** à sanction disciplinaire ou au licenciement, voir n° 89995.
S'agissant du crédit d'heures spécifique prévu au profit du défenseur syndical devant le **conseil de prud'hommes,** voir n° 12580.

Sur le temps consacré par le représentant du personnel à une **procédure ou** à une **instance judiciaire,** voir n° 34640 (instance en relation avec l'exercice de son mandat) et n° 34650, b (autres instances).

MOMENT

Les représentants du personnel peuvent utiliser leurs heures de délégation tant durant leurs **heures habituelles de travail** qu'en **dehors** dans les conditions exposées n°s 34660 s. **35050**

> **Précisions a.** Sauf accord collectif contraire, les heures de délégation des représentants du personnel au **forfait annuel en jours** sont regroupées en demi-journées de travail venant en déduction du nombre annuel de jours travaillés fixé dans la convention individuelle du salarié. Les modalités d'application de ce mécanisme sont celles visées n° 34670 (C. trav. art. L 2142-1-3 et R 2142-1 pour les représentants de sections syndicales, L 2143-13 et R 2143-3-1 pour les délégués syndicaux, L 2143-15 et R 2143-3-1 pour le délégué syndical central).
> **b.** Sauf accord collectif contraire, les crédits d'heures légaux ou conventionnels de certains **personnels navigants aériens** sont **regroupés en jours,** sachant qu'il ne peut pas être attribué moins d'un jour et qu'un jour de délégation comprend 5 heures au titre du mandat exercé. Lorsque le crédit d'heures est supérieur à un multiple de 5, les heures excédentaires donnent droit à une demi-journée. Cette mesure concerne les personnes remplissant les conditions mentionnées à l'article L 6521-1 du Code des transports (exercer de façon habituelle et principale, pour son propre compte ou pour celui d'autrui, dans un but lucratif contre rémunération, la fonction de personnel navigant et être titulaire d'un titre aéronautique en état de validité ou relever du règlement 2018/1139 du Parlement européen et du Conseil du 4 juillet 2018) et titulaire de l'un des mandats suivants : représentant de section syndicale ; délégué syndical, y compris central ; membres titulaires du CSE, représentants syndicaux au CSE (C. transports art. L 6524-6). S'agissant de personnel navigant maritime, l'employeur ne peut pas, en dehors de tout accord collectif de travail, **imposer** à un délégué syndical **la prise de congés payés** suivant ses heures de délégation dans l'attente du prochain embarquement, ce qui affecte ses droits en matière de fractionnement des congés payés : en effet, l'utilisation des heures de délégation ne doit entraîner aucune perte d'avantage dont le salarié aurait bénéficié s'il avait travaillé (Cass. soc. 10-12-2015 n° 14-24.794 FS-PB : RJS 2/16 n° 130).

INFORMATION DE L'EMPLOYEUR

Si le représentant du personnel n'a pas à obtenir d'autorisation de l'employeur ou de son supérieur hiérarchique pour utiliser ses heures de délégation, l'employeur peut exiger d'être informé de ses absences ou déplacements selon les **règles exposées** n°s 34680 s. **35060**

D. Paiement

Le temps passé en heures de délégation par les représentants du personnel est de plein droit considéré comme temps de travail et payé à l'échéance normale (C. trav. art. L 2143-17 et L 2142-1-3) selon les **modalités visées** n°s 34720 s. **35070**

E. Catégories particulières de salariés

La situation de certains salariés appelle des précisions complémentaires en raison des conditions spécifiques dans lesquelles ils exécutent leur travail. S'agissant des : **35080**
- **salariés à temps partiel,** voir n° 34830 ;
- **travailleurs de nuit,** voir n° 34840 ;
- **travailleurs temporaires,** voir n° 34850 ;
- **enseignants,** voir n° 34860.

CHAPITRE 5 LES DÉPLACEMENTS

SOMMAIRE

35120 Pour exercer leur mandat, les représentants du personnel, qu'ils soient élus ou représentants syndicaux, bénéficient d'une liberté de circulation et de déplacement, dans et hors de l'entreprise.

A. Liberté de circulation

DANS L'ENTREPRISE

35125 Les représentants du personnel peuvent, tant durant les **heures de délégation** qu'**en dehors** de leurs heures habituelles de travail, circuler librement dans l'entreprise et y prendre tous **contacts** nécessaires à l'accomplissement de leur mission, notamment auprès d'un salarié à son poste de travail, sous réserve de ne pas apporter de gêne importante à l'accomplissement du travail des salariés (C. trav. art. L 2143-20 et L 2315-14).

Les dispositions légales concernent les membres du **CSE** (membres élus titulaires ou suppléants et représentants syndicaux) et les **délégués syndicaux**. L'administration a étendu cette liberté de déplacement aux **représentants de section syndicale** (Circ. DGT 20 du 13-11-2008).

Toutefois, la circulation dans l'entreprise pendant le temps de travail est réservée aux représentants du personnel disposant d'un **crédit d'heures**. Un représentant ne disposant pas de crédit d'heures qui s'absente pendant ses heures de travail peut être sanctionné (Cass. crim. 8-10-1991 n° 90-86.628 PF : RJS 1/92 n° 51).

La liberté de déplacement des représentants du personnel est d'**ordre public**. Elle s'exerce de la même façon en cas de **grève** mais peut être limitée en cas d'**abus** (Cass. soc. 10-2-2021 n° 19-14.021 FS-PI : RJS 4/21 n° 227).

> **Précisions a.** Le fait pour un employeur d'interdire à un représentant du personnel tout déplacement dans l'entreprise est constitutif du **délit d'entrave** (Cass. crim. 1-2-1983 n° 82-90.997). Caractérise également un délit d'entrave la mise en place d'un dispositif interdisant l'accès aux locaux administratifs à certains salariés, notamment aux représentants du personnel (Cass. crim. 28-6-1994 n° 93-82.824 F-D). Il en va de même du retrait à un représentant du personnel travaillant dans un établissement employant des travailleurs de nuit d'un badge d'accès jour-nuit aux locaux de l'entreprise, sans que ce retrait soit justifié par des impératifs de sécurité ou une gêne importante apportée à l'accomplissement du travail des salariés (Cass. crim. 12-4-2016 n° 15-80.772 F-D : RJS 6/16 n° 427). L'employeur ne peut pas non plus retirer sans motif des clés permettant d'accéder librement aux locaux à toute heure (Cass. soc. 27-5-2009 n° 07-44.078 F-D ; 2-7-2014 n° 12-28.284 F-D).
> **b.** Des **impératifs de sécurité** ou le **caractère confidentiel** de certaines zones peuvent permettre d'apporter des restrictions à la liberté de déplacement des élus, notamment la mise en place d'une procédure spécifique d'accès à certaines zones (Cass. soc. 9-7-2014 n° 13-16.151 FS-D : RJS 11/14 n° 788 ; 9-10-2019 n° 18-13.914 F-D). Ces restrictions doivent toutefois être proportionnées au but recherché (Cass. soc. 26-2-2020 n° 18-24.758 F-D).
> **c.** Sur la possibilité pour l'employeur d'imposer aux représentants du personnel l'usage d'un **bon de délégation** lorsqu'ils circulent dans l'entreprise, voir n° 34710.

EN DEHORS DE L'ENTREPRISE

35130 Pour l'exercice de leurs fonctions, les représentants du personnel peuvent, durant les **heures de délégation**, se déplacer hors de l'entreprise (C. trav. art. L 2143-20 et L 2315-14) sans autorisation préalable de l'employeur (Cass. crim. 5-3-2013 n° 11-83.984 FS-PBR : RJS 6/13 n° 459).

Les conditions de fonctionnement du CSE doivent en effet permettre une prise en compte effective des intérêts des salariés exerçant leur activité hors de l'entreprise ou dans des **unités dispersées** (C. trav. art. L 2315-1).

> **Précisions** **a.** L'employeur qui refuse de communiquer aux représentants du personnel toute information sur l'implantation des chantiers, les effectifs et les horaires des salariés (Cass. crim. 5-10-1982 n° 81-95.163 P) ou qui leur refuse l'accès des locaux où est installée une nouvelle unité de production commet un **délit d'entrave** (Cass. crim. 17-11-1982 n° 81-82.094 F-D).
> **b.** En revanche, lorsque les **salariés travaillent au sein d'entreprises tierces**, celles-ci peuvent refuser l'accès des représentants du personnel (Cass. soc. 30-1-1991 n° 89-17.333 P : RJS 3/91 n° 341). Dans ce cas, l'employeur doit justifier du refus des entreprises tierces et permettre aux salariés détachés de revenir temporairement dans l'entreprise pour s'entretenir librement avec les représentants du personnel (CA Versailles 14-12-2006 n° 05-5775 : RJS 4/07 n° 538).

B. Prise en charge des déplacements

FRAIS DE DÉPLACEMENT

Obligation de prise en charge L'employeur doit prendre en charge les frais de déplacement des membres élus du CSE pour se rendre aux **réunions** tenues **à son initiative** (Cass. soc. 28-5-1996 n° 94-18.797 PB : RJS 7/96 n° 803) ou à la demande de la **majorité** des **membres du comité** (Cass. soc. 22-5-2002 n° 99-43.990 FS-PBI : RJS 8-9/02 n° 996). Il ne peut pas imputer ces frais sur la subvention de fonctionnement du CSE (Cass. soc. 15-5-2001 n° 99-10.127 FS-PB : RJS 7/01 n° 882). **35140**

Ce principe vaut selon nous pour les **autres instances représentatives**. Il en est ainsi pour les membres du CSE central (en ce sens : Cass. soc. 15-6-1994 n° 92-14.985 PBBS : RJS 7/94 n° 874) et pour le délégué syndical central (CA Versailles 31-5-2005 n° 04-5072).

S'agissant de la prise en charge des frais de déplacement des membres du **comité d'entreprise européen**, voir n°s 7220 s. ; des **travailleurs temporaires** membres du CSE, voir n° 34850.

Sauf accord ou usage le prévoyant, les frais de déplacement aux réunions **non** tenues sur **convocation** de l'**employeur** ne sont pas à la charge de ce dernier (Cass. soc. 21-3-2002 n° 00-12.006 F-D). Tel est le cas des réunions des **commissions internes** du CSE organisées à l'initiative de celui-ci en dehors de toute obligation légale (en ce sens : Cass. soc. 17-10-2018 n° 17-13.256 FS-PB : RJS 1/19 n° 30). **35150**

De même, les frais engendrés par le déplacement des représentants du personnel **hors de l'entreprise** n'ont pas à être remboursés par l'employeur, sauf convention collective, accord d'entreprise ou usage le prévoyant (Cass. soc. 14-2-1989 n° 85-41.075 P).

Les frais de déplacement exposés par des membres du CSE pour la réalisation d'**inspections** ou d'**enquêtes** ne sont pas, à notre sens, à la charge de l'employeur faute de disposition légale en disposant autrement.

> **Précisions** Le CSE peut rembourser à ses membres leurs frais de déplacement qui ne sont pas pris en charge par l'employeur sur son budget de fonctionnement ou sur celui dédié aux activités sociales et culturelles selon l'objet de ces frais après transmission des justificatifs correspondants.

Conditions L'employeur peut fixer des **conditions** à la prise en charge des frais de déplacement sous réserve qu'elles soient compatibles avec l'exercice des mandats, n'imposent aucune sujétion injustifiée et ne laissent subsister aucune dépense à la charge du salarié. Si tel est le cas, le représentant du personnel doit s'y conformer (Cass. soc. 11-9-2019 n° 17-14.623 F-D : RJS 11/19 n° 638 ; CA Versailles 31-5-2005 n° 04-5072). **35170**

À défaut de stipulations conventionnelles, les frais de déplacement sont remboursés si la **solution adoptée par le représentant** pour se rendre à une réunion n'est **pas abusive** (Cass. soc. 20-2-2002 n° 99-44.760 F-D : RJS 5/02 n° 588). Si, du fait de l'heure de la réunion de l'instance et du temps de trajet, un de ses participants estime que le départ la veille s'impose, l'employeur doit rembourser ses frais de déplacement, d'hôtel et de repas même s'il a mis à sa disposition un véhicule de service pour l'y conduire le matin même (Cass. soc. 5-10-1999 n° 97-41.590 P : RJS 11/99 n° 1385).

> **ATTENTION**
> L'employeur qui, malgré les mises en garde de l'inspection du travail, refuse de prendre en charge les frais de déplacement des représentants du personnel pour se rendre aux réunions organisées au siège social de l'entreprise commet le délit d'**entrave** (Cass. crim. 22-11-2005 n° 04-87.451 F-PF : RJS 2/06 n° 224). Cette solution vaut selon nous dès lors que le déplacement engendre des frais, sans abus des représentants, l'absence de remboursement restreignant la participation de ces derniers aux réunions.

35175 **Montant** Les frais de déplacement comprennent les frais liés au trajet, à l'hébergement et au repas. En l'absence d'accord ou de disposition conventionnelle applicables au déplacement des représentants du personnel, le coût est évalué sur la base du **barème fiscal**, et non selon un barème établi unilatéralement par l'employeur (Cass. soc. 26-5-2015 n° 13-22.866 F-D).

TEMPS DE TRAJET

35180 En l'absence de prévision contraire de la loi, d'un usage ou d'un engagement unilatéral de l'employeur, le temps de trajet pris pendant l'**horaire habituel de travail** s'impute sur les heures de délégation (Cass. soc. 9-12-2014 n° 13-22.212 FP-PB : RJS 2/15 n° 111). À notre sens, toutefois, cette règle ne concerne pas les temps de trajet effectués pour se rendre aux réunions organisées par l'employeur et en revenir, qui devraient être pris en charge par l'employeur (en ce sens : Cass. soc. 20-2-2002 n° 99-44.760 F-D : RJS 5/02 n° 588).

Le temps de trajet pris **en dehors de l'horaire normal** de travail et effectué en exécution des fonctions représentatives doit être rémunéré comme du temps de travail effectif pour la part excédant le temps normal de déplacement entre le domicile et le lieu de travail (Cass. soc. 12-6-2013 n°s 12-12.806 FP-PB et 12-15.064 FP-PB : RJS 8-9/13 n° 615 ; 21-4-2022 n° 20-17.038 F-D : RJS 7/22 n° 381), et non, comme c'est le cas pour les salariés ordinaires, sous forme d'une contrepartie en repos ou financière. Il est pris en compte pour déterminer l'existence, le cas échéant, d'**heures supplémentaires** donnant lieu à majorations (Cass. soc. 27-1-2021 n° 19-22.038 F-P : RJS 4/21 n° 221).

La formulation adoptée par la Cour de cassation, générale, n'apporte aucune précision sur les fonctions représentatives donnant droit à rémunération.

ILLUSTRATIONS

Doit être rémunéré, dès lors qu'il dépasse la durée normale de trajet entre le domicile et le lieu de travail, le déplacement :
- d'un salarié travaillant à Metz et exerçant à la fois les fonctions de représentant syndical au comité et de délégué syndical pour se rendre régulièrement aux réunions du comité au siège de l'entreprise à Aubagne (Cass. soc. 12-6-2013, arrêts précités) ;
- d'un membre du comité à l'occasion d'une situation exceptionnelle, en l'espèce un plan de repositionnement mis en place par l'employeur (Cass. soc. 10-12-2003 n° 01-41.658 FS-P : RJS 4/04 n° 429) ;
- d'un membre d'un comité d'établissement convoqué à une réunion du comité central (Cass. soc. 30-9-1997 n° 95-40.125 PB : RJS 11/97 n° 1255) ;
- d'un délégué syndical se rendant aux réunions paritaires instituées par un protocole d'accord sur le développement du dialogue social dans l'entreprise (Cass. soc. 20-12-2006 n° 04-47.569 F-D).

35190

La protection sociale des représentants du personnel

Les représentants du personnel ont droit à la même protection sociale que les **autres salariés** de l'entreprise.

La seule question particulière susceptible de se poser à leur sujet concerne le bénéfice de la couverture spécifique **accidents du travail** en cas d'accident survenant à l'occasion de l'exercice de leur mission de représentation du personnel ou de fonctions syndicales. La jurisprudence ci-dessous a apporté un certain nombre de réponses à cette question.

Représentants élus

Les représentants du personnel investis d'un mandat électif bénéficient de la protection contre les accidents du travail pour les accidents :
- survenus à l'occasion de l'exercice des **missions** qui leur sont dévolues par les **textes** ;
- ayant donné lieu à **rémunération** comme temps de travail ou au titre d'heures de délégation.

N'ont pas, en revanche, le caractère d'accidents professionnels ceux survenus à l'occasion de démarches **excédant le cadre de la mission** et ce qu'il y ait ou non indemnisation.

Par **exemple**, constitue un **accident du travail** celui survenu à un membre suppléant du comité et de la commission des œuvres sociales alors qu'il participait au démontage du matériel d'une fête organisée par cette dernière, dès lors que cette activité entrait dans le cadre de la mission dévolue au comité et était exercée sous sa subordination et que l'intéressé était indemnisé par l'employeur comme s'il s'agissait d'un temps de travail avec prélèvement des cotisations de sécurité sociale (Cass. soc. 25-5-1981 n° 80-11.523 P). Peu importait à cet égard que l'activité ait été exercée au titre des heures de délégation ou de celles prises en charge par l'employeur pour les commissions annexes du comité, sans qu'il y soit légalement tenu.

Ne revêtent **pas** un **caractère professionnel** : 35190 (suite)
– l'accident dont ont été victimes plusieurs représentants du personnel d'une entreprise au retour d'un déplacement effectué pour remettre à un syndicat patronal une pétition de caractère très général dépassant le cadre de l'entreprise ; une telle démarche excédait le cadre de leurs fonctions, peu important que l'initiative ait été autorisée par l'employeur, que le temps ainsi passé ait été rémunéré comme temps de travail et que l'accident ait fait l'objet d'une déclaration (Cass. soc. 28-4-1986 n° 84-12.232 P) ;
– l'accident survenu au secrétaire d'un comité participant, en cette qualité, à un repas réunissant les anciens salariés de la société et blessé en intervenant dans une querelle opposant deux invités. Cette circonstance est insuffisante pour conférer un caractère professionnel à l'accident survenu au cours d'une activité bénévole, exercée hors du temps et du lieu de travail et sans que l'intéressé eût reçu des ordres ou instructions de son employeur (Cass. soc. 7-11-1984 n° 83-13.366 P).

Comme pour les autres salariés, l'accident survenu sur le **trajet domicile-travail**, avant ou après l'exercice de la mission, doit être qualifié d'accident de trajet.

Pour les **déplacements** nécessités par l'exercice de la **mission**, la Cour de cassation a admis la qualification d'accident du travail proprement dit. Tel est le cas d'un accident dont a été victime un salarié en regagnant son domicile après avoir pris part, au siège social de la société, à une réunion du comité central dont il était membre élu, quelles qu'aient pu être les libertés dont il avait joui au sein de ce comité ou dans l'organisation de son voyage de retour (Cass. soc. 11-10-1990 n° 88-19.392 P : RJS 11/90 n° 927).

Les membres du CSE suivant des **stages de formation** spécifique (voir n°s 760 s.) bénéficient, à notre sens, de la législation sur les accidents du travail pour les accidents survenus par le fait ou à l'occasion de cette formation malgré l'absence de mise à jour des dispositions légales sur ce point avec les textes instaurant le CSE (CSS art. L 412-8, 9° ; C. rur. art. L 751-1, II-4° et L 761-14, 4°).

Pour les **activités bénévoles**, les CSE peuvent souscrire une **assurance spécialisée** auprès d'une compagnie d'assurance, le recours à l'assurance volontaire accidents du travail prévue par le CSS n'assurant pas le service d'indemnités journalières.

Salariés exerçant une mission syndicale

La mission des **délégués syndicaux**, qui consiste à représenter leur syndicat dans l'entreprise, peut être exercée en tout lieu dans l'intérêt des salariés de l'entreprise ou de l'établissement au titre desquels ils ont été désignés, dès lors qu'elle entre dans le cadre de l'objet défini par l'article L 2131-1 du Code du travail. Ainsi, la participation d'un délégué syndical à une réunion organisée par son syndicat dans le but d'étudier la convention collective applicable au personnel de l'entreprise entre dans ses attributions. L'accident de la circulation qui lui est arrivé au cours du trajet pour s'y rendre doit donc être pris en charge au titre de la législation relative aux accidents du travail, peu important la nécessaire indépendance dont le délégué syndical bénéficie pendant l'exécution de sa mission (Cass. soc. 12-7-1995 n° 92-19.122 D : RJS 11/95 n° 1145). Ces principes sont, à notre sens, transposables aux **représentants de section syndicale** et aux **représentants syndicaux au CSE**.

En outre, le délégué syndical bénéficie de la couverture accidents du travail et maladies professionnelles pendant l'exercice des missions prévues à l'article L 2143-16-1 du Code du travail, c'est-à-dire durant sa participation, au titre de son organisation, à des concertations ou négociations à un autre niveau que celui de l'entreprise, ou aux réunions d'instances organisées dans l'intérêt des salariés de l'entreprise ou de la branche (CSS art. L 412-8, 12°).

CHAPITRE 6

LA CARRIÈRE DES REPRÉSENTANTS

SOMMAIRE

35500 Sont abordés ici les différents dispositifs destinés à favoriser, valoriser autant qu'à protéger la carrière des représentants du personnel qu'il s'agisse des membres élus ou des représentants syndicaux. Certains sujets intéressant cette carrière sont toutefois traités ailleurs. Ainsi, s'agissant :
– de la **négociation** sur le déroulement de carrière des salariés exerçant des responsabilités syndicales et l'exercice de leurs fonctions dans le cadre de la négociation obligatoire sur la gestion des emplois et des parcours professionnels, voir nos 52500 s. ;
– de la **non-discrimination** syndicale, voir nos 40010 s. ;
– des conditions dans lesquelles le **contrat de travail** ou les **conditions de travail** des représentants du personnel peuvent être **modifiés** par l'employeur, voir nos 43020 s. ;
– des conditions dans lesquelles s'exerce le **pouvoir disciplinaire** de l'employeur à l'égard des représentants du personnel, voir nos 43200 s. ;
– du **transfert des contrats de travail** des représentants du personnel en cas de transfert d'entreprise, voir nos 44000 s. ;
– de la protection contre le **licenciement**, voir nos 45000 s.

ATTENTION

L'employeur n'a pas d'**obligation légale** d'assurer la **progression professionnelle** d'un représentant (en ce sens : Cass. soc. 6-7-2010 n° 09-41.354 FS-PBR : RJS 10/10 n° 788), mais il doit veiller à ce que l'exercice de fonctions représentatives n'entre pas en ligne de compte dans le déroulement de sa carrière (voir n° 40135).

A. Entretien individuel avec l'employeur

35510 Certains représentants du personnel peuvent, en application de l'article L 2141-5 du Code du travail, bénéficier d'un entretien avec l'employeur au début ou au terme de leur mandat.

ATTENTION

À défaut de dispositions restreignant leur champ d'application, les entretiens individuels de début et de fin de mandat doivent être mis en œuvre dans **toutes les entreprises où existent des représentants du personnel**, les dispositions de l'article L 2141-5 du Code du travail étant d'ordre public en application de l'article L 2141-8 du même Code.

DÉBUT DE MANDAT

35520 Au début de son mandat, le **représentant du personnel titulaire**, le délégué syndical ou le titulaire d'un mandat syndical bénéficie, à sa demande, d'un entretien avec son employeur (C. trav. art. L 2141-5, al. 3).
Les titulaires de **mandat syndical** visés sont, notamment, les représentants syndicaux au CSE, les représentants de section syndicale, les conseillers prud'hommes et les membres des commissions paritaires régionales interprofessionnelles.
Les suppléants au CSE ne sont pas expressément visés par cet entretien mais rien, à notre sens, n'interdit de le prévoir pour eux également, par exemple dans le cadre de l'accord visé n° 35670.

CONSEIL
L'employeur n'est pas tenu **d'informer les représentants** intéressés de l'existence de ce droit, mais il peut paraître opportun de le faire, dans la mesure où l'entretien peut s'avérer utile au bon fonctionnement de l'entreprise.

L'entretien, qui **porte** sur les modalités pratiques d'exercice du mandat dans l'entreprise au regard de l'emploi du représentant, ne se substitue pas à l'entretien professionnel visé n° 52630. L'intéressé peut **se faire accompagner** par une personne de son choix appartenant au personnel de l'entreprise (C. trav. art. L 2141-5, al. 3). **35530**

> **Précisions** Les textes ne précisant pas le **contenu** de cet entretien, celui-ci est donc libre et pourra être l'occasion d'aborder tant l'articulation entre l'emploi et le mandat du salarié que des questions relatives à l'exercice du mandat, telles que les modalités de déplacement dans l'entreprise (conditions particulières d'accès à certaines zones par exemple).

FIN DE MANDAT

Les représentants du personnel élus ou titulaires d'un mandat syndical bénéficient comme les autres salariés de l'**entretien professionnel** visé n° 52630. **35540**
Lorsque la fin du mandat de ces représentants coïncide avec cet entretien professionnel, celui-ci permet de procéder au recensement des compétences acquises au cours du mandat et de préciser les modalités de valorisation de cette expérience. L'entretien professionnel se trouve en quelque sorte enrichi de sujets spécifiques aux représentants du personnel (C. trav. art. L 2141-5, al. 4 et L 6315-1, I).
Sont concernés par ces dispositions (C. trav. art. L 2141-5, al. 4) :
- dans les entreprises d'**au moins 2 000 salariés**, tous les représentants ;
- dans les entreprises de **moins de 2 000 salariés**, les titulaires de mandat disposant d'heures de délégation sur l'année représentant au moins 30 % de la durée de travail fixée dans leur contrat de travail ou, à défaut, de la durée applicable dans l'établissement.

> **Précisions a.** Quelle conduite adopter lorsque la fin du mandat et l'**entretien professionnel** ne coïncident pas ? La rédaction de l'article L 2141-5 du Code du travail est ambiguë dans la mesure où elle pourrait laisser penser qu'en ce cas l'entretien de fin de mandat ne serait pas obligatoire. Il semble toutefois que le législateur ait voulu donner une spécificité particulière à l'entretien professionnel lorsqu'il concerne un délégué syndical ou un représentant du personnel en liant les deux entretiens. L'article L 2141-5 du Code du travail ne fixant pas de délai particulier pour procéder à l'entretien de fin de mandat l'employeur devrait pouvoir attendre la date de l'entretien professionnel pour y procéder. Si cette date est trop éloignée de celle prévue pour l'entretien professionnel, il peut être prudent d'avancer la date de l'entretien professionnel ou de réaliser deux entretiens séparés quand bien même ils porteraient sur des objets similaires.
> **b.** La lecture du texte conduit à penser que pour l'appréciation du seuil de 30 % doivent être considérées les **heures de délégation** dont dispose le représentant c'est-à-dire non pas les heures effectivement prises, mais celles auxquelles il a droit.
> Dans les entreprises de **moins de 2 000 salariés**, l'entretien concerne essentiellement des salariés qui **cumulent plusieurs mandats.** Lorsque l'entreprise applique la durée légale du travail, c'est-à-dire à 1 607 heures annuelles, le seuil de 30 % ouvrant droit à l'entretien de fin de mandat correspond, pour un salarié à temps plein, à 1 607 × 30/100 = 482 heures, soit 40 heures mensuelles de délégation. Sauf accord prévoyant un nombre d'heures de délégation plus élevé que celui mentionné n° 34530, ce seuil exclut notamment les salariés à temps plein titulaires d'un seul mandat du bénéfice de la mesure.
> On peut également se demander **comment apprécier** le dépassement de 30 % de la durée du travail pour les salariés en **forfait jours** dans la mesure où leur temps de délégation n'est pas comptabilisé en heures. À défaut de précision dans la loi, il conviendrait, selon nous, de se référer aux règles exposées n° 34670.

B. Valorisation de l'expérience acquise

VALIDATION DES ACQUIS DE L'EXPÉRIENCE

Comme toute personne engagée dans la vie active, le représentant du personnel est en droit de faire valider les acquis de son expérience (VAE), notamment professionnelle (C. trav. art. L 6111-1, al. 3). Les actions de VAE ont pour objet l'acquisition d'une **certification professionnelle** (diplôme, titre ou certificat de qualification professionnelle) enregistrée au répertoire national **35570**

des certifications professionnelles (C. trav. art. L 6313-5). En pratique, l'intéressé doit constituer un dossier dans lequel il décrit son expérience professionnelle et/ou syndicale, le transmettre au ministère du travail ou à un organisme certificateur puis le présenter à un jury. Ce dernier, devant lequel une mise en situation professionnelle peut aussi être réalisée, prend sa décision de validation, totale ou partielle, ou de refus de la certification visée.
Les **modalités** de la VAE peuvent être précisées dans le cadre :
– de l'accord de conciliation de la vie professionnelle avec les fonctions électives ou syndicales (n° 35670) ;
– de l'accord de gestion des emplois et des parcours professionnels (n°s 52500 s.) ;
– de l'entretien de fin de mandat (n° 35540).

> **Précisions** **a.** Le **régime juridique** de la VAE, prévu aux articles L 6411-1 et suivants du Code du travail, fait l'objet d'un **portail internet** accessible depuis www.vae.gouv.fr. Il ne doit pas être **confondu** avec la certification des compétences visée n° 35580.
> **b.** Pour la prise en compte dans son évolution professionnelle de l'expérience acquise par un salarié dans l'exercice de ses mandats représentatifs ou syndicaux, un **accord collectif** peut prévoir un dispositif, facultatif pour l'intéressé, permettant une appréciation par l'employeur, en association avec l'organisation syndicale, des compétences mises en œuvre dans l'exercice du mandat, susceptible de donner lieu à une offre de formation et dont l'analyse est destinée à être intégrée dans l'évolution de carrière du salarié. L'accord collectif prévoyant, dans le cadre des dispositions visant à faciliter l'exercice de mandats syndicaux ou représentatifs par la valorisation des compétences mises en œuvre par les salariés dans l'exercice de ces mandats, l'élaboration par l'employeur, après négociation avec les organisations syndicales représentatives dans l'entreprise, d'un **référentiel** dont l'objet est d'identifier ces compétences ainsi que leur degré d'acquisition dans le but de les intégrer au parcours professionnel du salarié et dont le juge a vérifié le caractère objectif et pertinent, ne porte pas atteinte au principe de la **liberté syndicale,** l'employeur étant tenu en tout état de cause dans la mise en œuvre de l'accord au respect des prescriptions des articles L 1132-1 et L 2141-5, alinéa 1, du Code du travail interdisant toute discrimination syndicale (Cass. soc. 9-10-2019 n° 18-13.529 FS-PBRI : RJS 12/19 n° 708).

CERTIFICATION DES COMPÉTENCES

35580 Le représentant du personnel ayant exercé un mandat électif ou syndical peut obtenir un certificat attestant des compétences acquises dans ce cadre. Les compétences ainsi validées lui permettent d'acquérir des **titres professionnels,** selon des **règles d'équivalence** fixées par arrêté (C. trav. art. L 6112-4 ; Arrêtés MTRD2133311A du 19-1-2022 : JO 22 et MTRD1816142A du 18-6-2018 : JO 26).
Concrètement, le candidat doit adresser à l'Afpa une demande d'inscription aux épreuves liées à la certification visée. Si sa demande est conforme, il est autorisé à se présenter aux sessions d'examen pendant 2 ans (dans la limite de 3 sessions par an) au cours desquelles il est évalué par un jury (production écrite et orale, questions du jury). Ce dernier prend enfin sa décision de validation ou de refus qu'il consigne dans un procès-verbal.
En vue d'obtenir la certification relative aux compétences acquises dans l'exercice de son mandat, le représentant du personnel peut suivre des **actions de formation,** notamment de positionnement, d'accompagnement et d'évaluation des compétences, selon les mêmes modalités de décompte du temps de travail et de maintien de la rémunération que pour les actions inscrites dans le plan de développement des compétences de l'entreprise (voir n° 61215) (C. trav. art. D 6112-2).

> **Précisions** **a.** Ce dispositif a pour **objet** de sécuriser les parcours professionnels des représentants du personnel et des délégués syndicaux. Les bénéficiaires de cette certification individuelle peuvent s'en prévaloir comme une véritable valeur ajoutée dans leur parcours professionnel et le cas échéant accéder à une nouvelle qualification. Cela peut permettre de créer des passerelles vers des métiers qui peuvent être significativement différents de leur métier d'origine (Inst. DGEFP/MPCP15 22-1-2019 ; Fiche min. trav. certification des compétences des représentants du personnel et des mandataires syndicaux 18-3-2019). Un dispositif d'**accompagnement** des intéressés est mis en œuvre par l'Afpa afin de les aider dans leur orientation et la réalisation de leur projet d'obtention d'un certificat de compétences professionnelles. Pour plus de renseignements s'adresser à la Dreets ou au centre Afpa le plus proche (coordonnées sur le site de l'Afpa : www.afpa.fr).
> **b. Peuvent se présenter** aux sessions d'examen en vue de l'obtention d'un ou plusieurs certificats de compétences professionnelles les candidats justifiant de l'exercice d'un mandat de représentant du personnel ou d'un mandat syndical au cours des 5 années précédant la session d'examen, quelle qu'en soit sa durée (Arrêté MTRD2133311A du 19-1-2022 art. 4 : JO 22).

c. Les résultats doivent être notifiés aux **candidats n'ayant pas satisfaits à l'épreuve** prévue lors de la session d'examen. Le candidat issu d'un parcours de formation dispose d'un délai maximum d'un an pour se présenter à une **nouvelle session** sans obligation de suivre une nouvelle formation. Au-delà d'un an, le candidat doit suivre une formation en cohérence avec la certification visée (Arrêté MTRD2133311A du 19-1-2022 art. 11 : JO 22).
d. Lors des travaux parlementaires ayant précédé l'adoption de ce dispositif, il a été précisé qu'il ne doit pas être confondu avec le mécanisme de la **validation des acquis de l'expérience** visé n° 35570.

C. Garantie légale d'évolution de la rémunération

Les représentants du personnel et les représentants syndicaux disposant d'un certain crédit d'heures bénéficient d'une garantie légale d'évolution de leur rémunération. Ce dispositif a vocation à s'appliquer en l'**absence d'accord collectif** de branche ou d'entreprise déterminant des garanties d'évolution de la rémunération de ces salariés au moins aussi favorables que celles prévues par la loi (C. trav. art. L 2141-5-1). **35600**

> **Précisions** À propos d'une garantie d'évolution salariale **conventionnelle,** la Cour de cassation a jugé que l'accord prévoyant une telle garantie au bénéfice des représentants du personnel consistant en une augmentation individuelle minimale tous les 3 ans calculée par référence à la moyenne sur les 3 années précédentes de l'augmentation perçue sur l'ensemble de la population à situation comparable ne peut s'appliquer qu'à l'issue d'une période de 3 ans à compter du premier mandat acquis par le salarié postérieurement à l'accord (Cass. soc. 20-6-2018 n° 17-12.491 F-D : RJS 10/18 n° 613).

REPRÉSENTANTS CONCERNÉS

Bénéficient de la garantie d'évolution salariale lorsque leur nombre d'heures de délégation sur l'année **dépasse 30 % de la durée du travail** fixée dans leur contrat de travail ou, à défaut, de la durée du travail applicable dans l'établissement, les représentants suivants (C. trav. art. L 2141-5-1) : **35610**
– délégué syndical, membre élu à la délégation du personnel au CSE, représentant syndical au CSE, représentant de proximité et membre de la délégation du personnel au CSE interentreprises, membre du groupe spécial de négociation et membre du comité d'entreprise européen, membre du groupe spécial de négociation et représentant au comité de la société européenne ;
– le représentant de section syndicale ;
– les représentants conventionnels visés n° 42300.

> **Précisions a.** À la liste des représentants mentionnés ci-dessus il convient, selon nous, de rajouter les membres du groupe spécial de négociation et représentant au comité de la société coopérative européenne, membre du groupe spécial de négociation et représentant au comité de la société issue de la fusion transfrontalière bien qu'ils ne figurent plus expressément parmi les bénéficiaires de la garantie par renvoi de l'article L 2141-5-1 à l'article L 2411-1 du Code du travail. Il s'agit, à notre sens, d'un défaut d'actualisation de l'article L 2141-5-1 suite à la modification de l'article L 2411-1.
> **b.** S'agissant des représentants du personnel, sont visés les membres **élus** sans distinction entre **titulaires et suppléants**. Cependant, ces derniers ne disposant pas de crédit d'heures propre, sauf stipulation conventionnelle ou usage plus favorable, ne peuvent, à notre sens, bénéficier de la garantie.
> **c.** S'agissant de l'appréciation du seuil de 30 %, les remarques émises à propos de l'entretien de fin de mandat au n° 35540, b nous paraissent valoir également ici.

NIVEAU DE LA GARANTIE

Les salariés visés ci-dessus bénéficient d'une évolution de rémunération au moins égale, sur l'ensemble de la durée de leur mandat (C. trav. art. L 2141-5-1) : **35620**
– aux augmentations générales et à la moyenne des augmentations individuelles perçues pendant cette période par les salariés relevant de la même **catégorie professionnelle** et dont l'**ancienneté** est comparable ;
– ou, **à défaut de tels salariés**, aux augmentations générales et à la moyenne des augmentations individuelles perçues dans l'entreprise.
La garantie prévue par l'article L 2141-5-1 du Code du travail s'inspirant largement de celle mise en place pour les salariées de retour de congé de maternité, il nous semble possible, pour

l'application de ce texte, de se référer à certaines indications données à propos de cette dernière dans une circulaire du 19 avril 2007 (JO 17-5). Ces indications sont reprises ci-après.

> **Précisions a.** La **garantie légale** d'évolution salariale s'applique sur l'ensemble de la durée des mandats. Mais la loi ne précise pas **quand la mettre en œuvre**. Est-ce à la fin du mandat ou chaque année ? La rédaction de l'article L 2141-5-1 du Code du travail incite à retenir la première solution (en ce sens : CA Paris 12-1-2023 n° 20/02012 ; CA Versailles 14-9-2023 n° 23/00176) mais la seconde paraît possible sauf à vérifier en fin de mandat que l'évolution salariale est suffisante.
> **b.** Il apparaît impensable de priver un représentant du personnel des **augmentations générales** de sa catégorie, sauf à prendre le risque d'une condamnation de l'employeur pour discrimination ou délit d'entrave.
> **c.** S'agissant des **augmentations individuelles**, qui sont le reflet du pouvoir de direction de l'employeur, elles sont octroyées en priorité aux salariés présents sur leur poste de travail : il est nécessaire d'en faire bénéficier également les salariés prenant des responsabilités de représentation ou syndicales, à l'image de ce qui se passe pour les femmes en congé maternité (Rapp. AN 2015 n° 2932).

35630 **Notion de catégorie professionnelle** À l'instar de ce qui a été retenu pour l'application de la garantie des salariées de retour de congé de maternité, il y aurait lieu de comprendre par salarié de la même catégorie professionnelle les salariés relevant du **même coefficient** dans la classification applicable à l'entreprise pour le même type d'emploi (une subdivision supplémentaire par métiers serait possible lorsque les coefficients comprennent des emplois au contenu différent). En l'**absence d'au moins 2 personnes** répondant à ces conditions (outre le représentant concerné), il conviendrait de prendre en compte les salariés relevant du même niveau dans la classification. En l'absence d'au moins 2 personnes de même niveau, il conviendrait de prendre en compte la **catégorie socioprofessionnelle** du représentant (ouvrier, employé, profession intermédiaire, cadre).

35640 **Rémunération à prendre en compte** La rémunération s'entend au sens de l'article L 3221-3 du Code du travail c'est-à-dire qu'elle englobe le salaire ou le traitement ordinaire de base ainsi que tous les autres avantages et accessoires payés, directement ou indirectement, en espèces ou en nature, par l'employeur au salarié (C. trav. art. L 2141-5-1).

> **Précisions** Comme pour la garantie mise en place pour les salariées de retour de congé de maternité, devraient être **exclues** de la rémunération à considérer les augmentations liées à une promotion entraînant un changement de catégorie, les primes liées à une sujétion particulière qui ne concerne pas le représentant (salissures, travail de nuit, du dimanche...), les primes exceptionnelles versées au représentant (mariage, ancienneté, médaille du travail...).

35650 **Mode de calcul de la garantie** Par analogie avec la garantie mise en place pour les salariées de retour de congé de maternité, il paraît possible de retenir la méthode suivante :
– décomposer la rémunération des salariés de la catégorie professionnelle concernée, y compris la rémunération du représentant ;
– identifier les augmentations individuelles et/ou collectives appliquées à chacun des éléments de la rémunération (salaire de base et éléments variables) ;
– calculer la moyenne de ces augmentations pour chacun des éléments ;
– appliquer chaque taux moyen aux éléments correspondants de la rémunération de la personne concernée.

EXEMPLE

Dans une entreprise, les salariés A, B, C, D, E, X et Y appartiennent à la même catégorie professionnelle. X et Y sont membres de la délégation du personnel au CSE à la date des augmentations collectives et individuelles :
– l'augmentation collective est fixée à 3 % du salaire de base ;
– la prime annuelle de poste (prime de chiffre d'affaires, par exemple) fait l'objet d'augmentations individuelles variables selon les salariés qui en bénéficient. On suppose qu'elle est de 1 % pour A, de 2 % pour B et de 3 % pour C ;
– certains salariés bénéficient d'une augmentation individuelle (C de 3 % et D de 1 %).
X et Y bénéficient de l'augmentation collective de 3 %.
Seul X bénéficie de la prime annuelle de poste. Pour l'appréciation de la garantie, le montant de cette prime sera augmenté de la moyenne des augmentations individuelles appliquées à ladite prime versée aux autres salariés, soit (1 + 2 + 3)/3 = 2 %. Y ne bénéficiant pas de cette prime. L'augmentation individuelle de la prime accordée aux salariés est neutre à son égard.
X et Y bénéficieront de la moyenne des autres augmentations individuelles, soit (3 + 1)/5 = 0,8 %.

D. Conciliation de la vie professionnelle et personnelle et des fonctions représentatives

La législation renvoie à un **accord collectif** le soin de déterminer les mesures à mettre en œuvre pour concilier la vie personnelle, la vie professionnelle et les fonctions syndicales et électives, en veillant à favoriser l'égal accès des femmes et des hommes. Cet accord doit prendre en compte l'expérience acquise, dans le cadre de l'exercice de mandats, par les représentants du personnel désignés ou élus dans leur évolution professionnelle (C. trav. art. L 2141-5, al. 2). **35670**
Bien que la loi ne précise pas expressément le niveau de conclusion de l'accord, il ressort des débats parlementaires qu'il s'agit d'un accord d'entreprise.
Sur les modalités de prise en compte de l'expérience acquise par le représentant, voir nos 35570 s.

EXEMPLE

Afin de concilier vie professionnelle et carrière syndicale, les accords peuvent prévoir :
– un **entretien** en début de mandat pour faire le point sur la situation professionnelle du salarié préalablement à la prise des fonctions syndicales (emploi occupé – niveau de rémunération – positionnement par rapport aux salariés occupant des fonctions identiques ou comparables) ;
– pour les salariés **permanents syndicaux**, un entretien annuel pour envisager les possibilités de formation et d'évolution de carrière ;
– une **formation des managers** sur les droits et les devoirs des employeurs et des représentants du personnel.

PARTIE 5

Le statut protecteur

Les représentants du personnel bénéficient d'un statut protecteur qui interdit à l'employeur de prendre des mesures discriminatoires à leur égard et lui impose d'observer une procédure spéciale, notamment en demandant une autorisation administrative lorsqu'il entend transférer ou rompre leur contrat de travail. La méconnaissance par l'employeur de cette protection, ainsi que des règles régissant la mise en place et le fonctionnement des institutions représentatives du personnel, est sanctionnée civilement et pénalement. **40000**

CHAPITRE 1

LA NON-DISCRIMINATION

SOMMAIRE

SECTION 1

INTERDICTION DES MESURES DISCRIMINATOIRES

A. Principes

L'employeur ne doit pas prendre en considération l'**appartenance à un syndicat** ou l'**exercice d'une activité syndicale** pour arrêter ses décisions en matière notamment de recrutement, de conduite et de répartition du travail, de formation professionnelle, d'avancement, de rémunération et d'octroi d'avantages sociaux, de mesures de discipline et de rupture du contrat de travail (C. trav. art. L 2141-5, al. 1). **40010**

Par ailleurs, aucune **personne** ne peut être écartée d'une procédure de recrutement ou de nomination (aux fonctions exécutives des sociétés) ou de l'accès à un stage ou à une période de formation en entreprise, aucun **salarié** ne peut être sanctionné, licencié ou faire l'objet d'une mesure discriminatoire, directe ou indirecte, notamment en matière de rémunération, de mesures d'intéressement ou de distribution d'actions, de formation, de reclassement, d'affectation, de qualification, de classification, de promotion professionnelle, de mutation ou de renouvellement de contrat en raison de ses activités syndicales (C. trav. art. L 1132-1).

> **Précisions a.** Les dispositions relatives à l'interdiction des discriminations syndicales sont d'**ordre public** (C. trav. art. L 2141-8, al. 1), c'est-à-dire qu'elles s'imposent à tous et que toute mesure contraire prise par l'employeur est abusive et peut donner lieu à des dommages et intérêts.
> **b.** Constitue une **discrimination directe** la situation dans laquelle une personne est traitée de manière moins favorable qu'une autre ne l'est, ne l'a été ou ne l'aurait été dans une situation comparable ; la discrimination est **indirecte** lorsqu'une disposition, un critère ou une pratique neutre en apparence est susceptible d'entraîner un désavantage particulier pour les personnes en raison de leur appartenance syndicale, sauf à être objectivement justifié par un but légitime et si les moyens pour réaliser ce but sont nécessaires et appropriés (Loi 2008-496 du 27-5-2008 art. 1).
> **c.** S'agissant du **rôle des représentants du personnel** en cas de discrimination des salariés pour accéder à la formation, voir n° 61010.

B. Personnes concernées

40025 Le principe de non-discrimination syndicale est applicable à tous les **employeurs et salariés** de droit privé et au personnel employé par une personne publique dans les conditions de droit privé (C. trav. art. L 1131-1).
Il peut être **invoqué** par la personne directement victime d'un traitement défavorable, qu'elle soit elle-même discriminée ou qu'elle soit étroitement associée à une personne qui le serait. A ainsi été jugé discriminatoire par **association** le licenciement d'une salariée en raison des activités syndicales de son conjoint (C. prud. Caen 25-11-2008 n° 06-120 : RJS 2/09 n° 134).
La protection contre les discriminations est également étendue aux **témoins.** Ainsi, aucun salarié ne peut être sanctionné, licencié ou faire l'objet d'une mesure discriminatoire pour avoir témoigné de tels agissements ou pour les avoir relatés (C. trav. art. L 1132-3).

40030 Peuvent se prévaloir de la protection contre les discriminations les salariés titulaires d'un **mandat syndical** dans l'entreprise (délégué syndical, représentant de section syndicale, etc.), les **élus syndiqués** ainsi que les **salariés simplement syndiqués,** qu'ils soient adhérents ou non d'une section syndicale, à condition de **prouver** que l'employeur a connaissance de leur engagement syndical (Cass. soc. 1-7-2015 n° 14-11.459 F-D : RJS 11/15 n° 719).
En revanche, la question se pose de savoir si les **représentants élus du personnel non syndiqués** qui n'exercent pas, à proprement parler, d'activités syndicales bénéficient de cette protection. La Cour de cassation semble l'avoir admis, en ayant fait référence, dans deux affaires au moins, à la notion de « discrimination liée aux fonctions ou aux activités de délégué du personnel » (Cass. soc. 26-5-1999 n° 97-40.966 PB : RJS 7/99 n° 935 ; 6-3-2012 n° 10-21.038 F-D : RJS 5/12 n° 472). Il convient toutefois de demeurer prudent sur la portée de ces décisions, dans la mesure où, dans l'un de ces cas, le salarié semblait également appartenir à un syndicat.
La Cour de cassation semble également considérer que la protection s'applique au salarié non syndiqué licencié à la suite de sa **demande d'organisation des élections professionnelles,** quand bien même cette demande n'a pas été relayée par un syndicat (Cass. soc. 28-6-2023 n° 22-11.699 F-B : RJS 10/23 n° 499).

> **Précisions** En tout état de cause, l'employeur est soumis au respect du **principe d'égalité de traitement** entre les salariés ordinaires et les salariés représentants du personnel. Il découle de l'application de ce principe que la seule différence de statut juridique entre ces salariés (exercice d'un mandat représentatif) ne suffit pas à justifier une différence de traitement en faveur des représentants du personnel par rapport aux salariés ordinaires (voir n° 76105 pour un exemple). Par ailleurs, toute différence de traitement au détriment d'un représentant du personnel syndiqué ou non peut être analysée comme une **entrave à l'exercice de ses fonctions** (voir n°s 49000 s.).

C. Situations visées

1. EMBAUCHE ET RECRUTEMENT

CHOIX D'UN CANDIDAT

40100 Le principe de non-discrimination s'applique dès la procédure de recrutement, qu'elle soit effectuée **directement par l'employeur** ou par l'intermédiaire d'un **cabinet** de recrutement. Il vise tout candidat à un **emploi,** à un **stage** ou à une période de **formation**. Il concerne non seulement l'embauche mais également le renouvellement du contrat de travail. Notamment, celui-ci ne peut pas être refusé à un salarié saisonnier en raison de ses activités syndicales (Cass. soc. 4-6-1969 n° 68-40.376).
La discrimination à l'embauche peut être retenue alors même que le recrutement a seulement été **retardé** de quelques jours pour un motif discriminatoire (Cass. soc. 18-1-2012 n° 10-16.926 F-PB : RJS 5/12 n° 406).

> **ATTENTION**
> Un **salarié** coupable de discrimination à l'embauche à l'égard d'un candidat commet nécessairement une **faute grave** en ce qu'il porte atteinte à la dignité des personnes et à l'image de l'entreprise (CA Chambéry 14-10-2008 n° 08-173). Il en va différemment si ce salarié a agi sur ordre de l'employeur ou selon ses instructions ou directives.

OFFRE D'EMPLOI

40105 Aucune offre d'emploi ne peut comporter de mentions relatives à l'exercice d'une activité syndicale (C. trav. art. L 5321-2). La notion d'offre d'emploi doit être entendue au sens large et ne se limite pas à une **annonce** parue dans la presse ou sur Internet. Il peut s'agir également de **courriels** ou d'**instructions internes** faisant état de l'intention de recruter ou de ne pas recruter une personne en raison de ses activités syndicales.

INFORMATIONS DEMANDÉES AU CANDIDAT

Les informations demandées à un candidat à un emploi, sous quelque forme que ce soit, ne peuvent avoir comme finalité que d'apprécier ses capacités à occuper l'emploi proposé ; elles doivent donc présenter un **lien direct et nécessaire** avec l'emploi (C. trav. art. L 1221-6). **40110**

En application de ce principe, il est interdit à l'employeur de se renseigner sur les activités syndicales du candidat, notamment auprès de son ancien employeur (CA Paris 30-10-1992 n° 92-33071).

La Cnil prohibe également, dans les **questionnaires** de recrutement, toutes mentions relatives à la participation du candidat à des « groupes, clubs ou organisations », ces mentions étant de nature à faire apparaître ses appartenances syndicales.

2. EXÉCUTION DU CONTRAT DE TRAVAIL

Sauf cas particuliers prévus n° 40240, l'employeur ne doit pas tenir compte des activités syndicales d'un salarié, tout au long de l'exécution de son contrat de travail. Ainsi, il ne peut pas invoquer les **absences** du salarié liées à ses activités syndicales pour arrêter ses décisions concernant notamment la conduite et la répartition du travail, la formation professionnelle, l'avancement et la rémunération (Cass. soc. 27-5-2008 n° 07-40.145 F-D : RJS 8-9/08 n° 915 ; 20-2-2013 n° 10-30.028 FS-PB : RJS 5/13 n° 383). **40130**

La discrimination peut également être caractérisée lorsque l'employeur change d'attitude à l'égard d'un salarié concomitamment à son activité ou à son appartenance syndicale ou bien lorsqu'il **traite différemment** les salariés syndiqués par rapport aux autres salariés.

Ainsi, pour établir l'existence d'une discrimination syndicale, le salarié est amené le plus souvent à **comparer sa situation** avec celle des autres salariés (voir n° 40445).

La discrimination entre salariés syndiqués

La discrimination syndicale ne se limite pas aux seules différences de traitement entre salariés syndiqués et salariés non syndiqués. Elle peut également être retenue lorsque l'employeur traite différemment les salariés syndiqués selon leur appartenance syndicale (CA Paris 1-2-1999 n° 98-2328) ou les salariés syndiqués au sein d'une même fédération, selon qu'ils sont permanents ou non (Cass. soc. 25-6-2002 n° 99-42.909 FS-P : RJS 1/03 n° 54). Ainsi, le fait que des salariés syndiqués aient bénéficié de formation et de promotion n'exclut pas l'existence d'une discrimination à l'égard d'un autre salarié titulaire de mandats syndicaux désavantagé en matière de formation et de rémunération (Cass. soc. 12-6-2013 n° 12-14.153 FS-PB : RJS 8-9/13 n° 616).

Sur la possibilité pour un permanent syndical de réclamer la même progression salariale qu'un autre permanent syndical occupant une fonction différente, voir n° 40445.

DÉROULEMENT DE CARRIÈRE

La discrimination syndicale peut résulter pour le salarié d'un déroulement de carrière différent de celui de ses collègues de travail : absence d'évaluation ou de formation, avancement stoppé ou retardé, rétrogradation, mutation, etc. **40135**

Sauf à être justifiée par des **éléments objectifs,** notamment l'insuffisance professionnelle du salarié (Cass. soc. 11-10-2000 n° 98-43.472 F-D : RJS 12/00 n° 1263), toute différence de traitement caractérise une discrimination syndicale (Cass. soc. 30-4-2009 n° 06-45.939 FS-PB : RJS 7/09 n° 640). L'employeur ne peut pas expliquer l'absence de progression de carrière du salarié par son **manque de disponibilité** lié à l'exercice de ses fonctions syndicales (Cass. soc. 26-1-2010 n° 08-44.397 F-D).

ILLUSTRATIONS

Caractérise une **discrimination** syndicale le fait :

– pour un employeur, d'écarter la candidature d'un représentant syndical, dont les capacités professionnelles sont pourtant reconnues, aux motifs que le poste nécessite une constante disponibilité et que le salarié n'est pas en mesure de satisfaire à cette condition essentielle (Cass. crim. 25-5-1982 n° 81-93.443) ;

– pour un employeur, de muter précipitamment un salarié au moment où celui-ci s'apprête à monter une section syndicale, alors que ce dernier avait vainement réclamé auparavant cette mutation afin de se rapprocher de son domicile (Cass. crim. 17-7-1987 n° 86-93.691) ;

– pour un délégué syndical cadre, d'être le seul salarié de sa catégorie à ne pas être passé en catégorie supérieure en dépit d'une ancienneté importante, d'avoir obtenu des augmentations

de salaire inférieures à celles obtenues par tous les autres cadres et de n'avoir jamais obtenu de primes exceptionnelles (Cass. soc. 22-1-2008 n° 06-44.802 F-D) ;
– pour un salarié, d'avoir, à compter de l'exercice de ses premiers mandats syndicaux, stagné au même coefficient pendant 30 ans et perçu un salaire inférieur à la moyenne annuelle des salaires de sa catégorie, alors qu'il avait connu d'importantes promotions en début de carrière (Cass. soc. 4-3-2008 n° 06-45.258 F-D).
Ne caractérisent **pas une discrimination** syndicale :
– le refus de l'employeur de nommer un délégué syndical à un poste demandant une haute technicité, au motif que ce dernier n'a pas les compétences requises (Cass. crim. 5-7-1988 n° 86-94.324) ;
– le déclassement d'un délégué syndical pour un motif économique existant antérieurement à sa désignation (Cass. crim. 8-11-1988 n° 87-91.364 : RJS 1/89 n° 52) ;
– l'absence d'évolution de carrière d'un salarié syndiqué, alors que celui-ci, informé comme ses collègues des opportunités d'emploi, a manifesté sa volonté de rester dans son emploi (Cass. soc. 6-7-2010 n° 09-41.354 FS-PBR : RJS 10/10 n° 788 ; 25-9-2013 n° 12-22.707 FP-D : RJS 12/13 n° 833).

40140 Sauf application d'un accord collectif visant à en assurer la neutralité ou à le valoriser (voir n° 40240), l'exercice d'activités syndicales ne doit pas être pris en considération dans l'**évaluation professionnelle** d'un salarié (Cass. soc. 23-3-2011 n° 09-72.733 F-D : RJS 6/11 n° 536 ; 18-12-2013 n° 12-15.149 F-D : RJS 3/14 n° 239), même s'il s'agit d'un constat dépourvu de tout jugement de valeur (Cass. soc. 11-1-2012 n° 10-16.655 FS-P : RJS 3/12 n° 266).
Lorsqu'il résulte des évaluations annuelles d'un salarié titulaire de mandats représentatifs que son comportement n'a donné lieu à **aucun reproche,** l'absence de progression de carrière est discriminatoire (Cass. soc. 19-10-2010 n° 08-44.247 F-D).
Enfin, l'**absence d'entretien** d'évaluation laisse présumer l'existence d'une discrimination syndicale : voir n° 40437.

40145 L'employeur ne peut pas, pour arrêter ses décisions en matière de **formation,** prendre en considération l'exercice d'une activité syndicale, en mettant en avant notamment l'indisponibilité du salarié à y consacrer du temps du fait de son activité professionnelle très réduite (Cass. soc. 1-6-2004 n° 01-47.239 F-D ; 23-3-2016 n° 14-25.574 F-D : RJS 6/16 n° 398). De même, est discriminatoire le fait pour l'employeur d'**imposer** une formation, de surcroît inadaptée, à un délégué syndical contre sa volonté, à l'issue d'un arrêt de travail de plus de 3 ans, alors que d'autres salariés, placés dans la même situation, n'ont pas été obligés de suivre cette formation après des arrêts de travail de même durée, l'employeur ne justifiant cette différence de traitement par aucun élément objectif (Cass. soc. 30-1-2013 n° 11-13.286 FS-P : RJS 4/13 n° 301).

SANCTIONS OU MESURES VEXATOIRES

40150 Le représentant du personnel est soumis au **pouvoir disciplinaire** de l'employeur dans les conditions de droit commun (voir n° 43210). Cela étant, tout changement d'attitude de l'employeur vis-à-vis d'un salarié à partir du moment où celui-ci commence à exercer une activité syndicale peut constituer une discrimination syndicale si cela se traduit par des sanctions ou des mesures vexatoires ou, tout du moins, injustifiées. Tel est le cas lorsque l'employeur donne un **avertissement** pour manque de travail à un salarié fraîchement désigné délégué syndical, alors que celui-ci n'avait fait l'objet d'aucun reproche auparavant (Cass. crim. 17-2-1981 n° 80-91.163). Il en est de même lorsque l'employeur multiplie sanctions et brimades à l'encontre des seuls salariés syndiqués pendant la période d'existence de la section syndicale (Cass. crim. 16-1-1990 n° 88-81.285 D : RJS 3/90 n° 228).

40155 **ILLUSTRATIONS**

Se rend coupable de discrimination l'employeur qui **supprime un véhicule de fonction** à un salarié syndiqué à la suite de sa participation à une grève (CA Paris 14-4-1999 n° 97-31958 : RJS 10/99 n° 1339) ou qui **exclut** un salarié, titulaire de mandats représentatifs, du **tableau de roulement** permettant de participer à des émissions radiophoniques ou télévisuelles rémunérées (CA Paris 19-4-1991 n° 91-30157 : RJS 10/91 n° 1108).
En revanche, n'est pas discriminatoire la **suppression** par l'employeur des **facilités d'horaire et de transport** en faveur d'un délégué syndical, dès lors que cette suppression n'est pas liée à ses activités syndicales mais a été prise dans l'intérêt de l'entreprise pour laquelle ces facilités, dont il était le seul à bénéficier, étaient devenues une « contrainte intolérable » (Cass. crim. 9-12-1986 n° 86-90.462).
Si le fait pour un employeur de **convoquer** à 5 reprises en 2 mois un délégué syndical aux réunions du comité d'entreprise, par **voie d'huissier,** est discriminatoire (Cass. soc. 10-5-2005 n° 03-40.675 F-D), il en va autrement en cas de convocations adressées par **lettres recommandées** à un salarié exerçant des activités syndicales qui s'était antérieurement plaint de ne pas les recevoir (CA Aix-en-Provence 31-1-2011 n° 10-341).

Est discriminatoire le fait pour un employeur de :
– soumettre un salarié syndiqué à des conditions de travail différentes de celles des autres salariés en le chargeant systématiquement des **travaux pénibles et fatigants** (Cass. soc. 13-2-1996 n° 92-45.042 D) ;
– affecter un délégué syndical à des **tâches administratives ingrates** sans rapport avec sa qualification (Cass. crim. 6-1-2004 n° 02-88.240 F-PF : RJS 4/04 n° 434) ;
– **réduire les attributions** d'un cadre, délégué du personnel et délégué syndical, au profit d'un technicien initialement placé sous sa responsabilité et ne pas lui donner les mêmes moyens et les mêmes avantages financiers que ceux des autres cadres de l'entreprise (Cass. crim. 15-1-2008 n° 07-82.380 F-D : RJS 5/08 n° 564) ;
– installer un délégué syndical dans un **atelier désaffecté et éloigné** du lieu de travail des autres salariés et l'astreindre à un **horaire différent** (Cass. crim. 5-12-1973 n° 72-93.230) ;
– mettre en demeure un délégué syndical de céder son bureau, à son retour de vacances, l'installer dans un **local isolé,** dépourvu du matériel nécessaire et le priver de secrétaire (Cass. crim. 6-5-1986 n° 85-93.277) ;
– **retirer** à un délégué syndical les **moyens indispensables** à l'exercice normal de son activité de directeur de production ayant sous ses ordres un important personnel et l'**exclure** systématiquement de tout processus décisionnel (Cass. crim. 29-1-2008 n° 06-87.625 F-D : RJS 5/08 n° 564) ;
– **laisser** un salarié titulaire d'un mandat représentatif en situation d'**attente d'un poste** de travail pendant 18 mois, ce qui compromet nécessairement les conditions d'exercice de son mandat (Cass. soc. 11-1-2012 n° 10-27.109 FS-D : RJS 3/12 n° 271).
En revanche, **n'est pas discriminatoire** le fait pour un salarié exerçant des activités syndicales d'être en **surcharge ponctuelle de travail,** en raison de l'absence d'une personne dans le service, et d'avoir des difficultés à prendre des congés dans la mesure où les exigences de l'employeur en matière de prise de congés sont communes à tous les salariés et ont pour seule finalité de permettre le fonctionnement du service (Cass. soc. 28-4-2011 n° 09-72.778 F-D). Jugé dans le même sens à propos d'un **changement de fonctions** imposé à un salarié, chef de rayon, dès lors que cette décision n'est pas liée à ses activités syndicales mais est prise conformément à l'avis d'inaptitude provisoire au poste rendu par le médecin du travail (Cass. soc. 4-3-2008 n° 06-41.657 F-D).

RÉMUNÉRATION

L'exercice d'une activité syndicale ne doit avoir aucune incidence défavorable sur la rémunération d'un salarié, qu'il s'agisse de son évolution salariale ou de l'attribution de primes. Afin de limiter les risques de discrimination, la loi prévoit **un mécanisme garantissant une augmentation de salaire** aux salariés titulaires d'un important crédit d'heures (voir n°s 35600 s.). **40160**

Évolution salariale La discrimination est établie si, à partir du moment où le salarié a pris ses fonctions syndicales, sa rémunération a **stagné** soit par rapport à précédemment, soit par rapport à d'autres salariés de l'entreprise placés dans une situation identique. Il en est ainsi en cas de refus de l'employeur d'augmenter un salarié donnant toute satisfaction dans son travail, à partir de l'instant où le syndicat auquel il était affilié lui a confié des responsabilités (Cass. crim. 28-4-1987 n° 85-96.117) ou lorsqu'un délégué syndical a été privé de toute augmentation salariale au mérite, alors qu'il n'avait jamais fait l'objet de reproches au cours des nombreuses années passées dans l'entreprise (Cass. soc. 28-6-1994 n° 91-42.290 D : RJS 11/94 n° 1283). **40175**
Est également discriminatoire la **clause conventionnelle** qui limite, pour les seuls salariés représentants du personnel ou syndicaux, la progression de rémunération dont ils peuvent bénéficier à la suite d'une promotion (Cass. soc. 24-9-2008 n° 07-40.935 FS-PB : RJS 11/08 n° 1107).

Attribution de primes En cas d'attribution de primes, la règle suivante doit être observée : l'employeur ne doit pas prendre en compte l'activité syndicale du salarié pour refuser de lui attribuer une prime ou pour en limiter son montant. Lorsqu'une prime est fixée en fonction d'**objectifs quantitatifs,** le temps passé par le salarié à l'exercice de ses activités syndicales ou représentatives doit être neutralisé afin de ne pas pénaliser l'intéressé. **40180**
Ainsi, lorsqu'une prime est calculée sur un nombre de produits vendus, il convient de mettre en œuvre un double régime pour celui dont le temps de travail est en partie occupé par l'exercice de fonctions représentatives. Pour le temps consacré à la production, la prime doit être calculée sur la base d'**objectifs réduits** à la mesure de ce temps ; pour celui consacré à l'exercice des mandats, le montant de la prime doit correspondre au montant moyen versé aux autres salariés pour une durée de travail équivalente aux mandats (Cass. soc. 6-7-2010 n° 09-41.354 FS-PBR : RJS 10/10 n° 788).
De même, en l'**absence de toute activité salariée,** un permanent syndical ne peut pas être privé d'une prime calculée en fonction de la contribution des salariés au développement de l'activité et du chiffre d'affaires (Cass. soc. 18-12-2013 n° 12-20.613 F-D : RJS 3/14 n° 238) ou en considération de la compétence et de l'expérience professionnelles des salariés (Cass. soc. 24-2-1993 n° 89-44.826 D : RJS 4/93 n° 418). Cette prime devrait être, selon nous, d'un montant égal à la moyenne des primes versées aux salariés.

ILLUSTRATIONS

Est discriminatoire le fait pour l'employeur :
– de priver des salariés titulaires de mandats syndicaux d'une prime exceptionnelle ou de ne leur octroyer qu'une somme très faible, en se fondant notamment sur leur comportement au travail et leur **caractère contestataire** (Cass. soc. 7-11-1990 n° 87-44.292 D : RJS 12/90 n° 994) ;
– de n'accorder à un salarié que le montant minimum d'une prime de fin d'année en raison de ses **absences** résultant de ses obligations d'élu du personnel (Cass. soc. 29-9-2004 n° 02-40.647 F-D).

3. RUPTURE DU CONTRAT DE TRAVAIL

40190 Il est interdit à l'employeur de prendre en considération l'appartenance syndicale ou les activités syndicales d'un salarié pour rompre son contrat de travail.
Est donc discriminatoire le licenciement d'un salarié, membre du comité de direction, pour avoir tardé à informer l'employeur de sa participation à un syndicat nouvellement créé et pour avoir **affiché un tract syndical** évoquant des restructurations de l'entreprise (Cass. soc. 3-7-2012 n° 11-10.793 FS-PB : RJS 10/12 n° 819) ou le congédiement d'un salarié afin de l'empêcher de poursuivre ses activités syndicales et de se présenter éventuellement à de **nouvelles élections** (Cass. soc. 28-3-1962 n° 06-40.494). Il en est de même du licenciement pour **suppression de poste** d'un salarié ayant participé à la création d'une section syndicale, dès lors qu'il est établi que le poste est simplement transféré dans un autre lieu, sans avoir été offert à l'intéressé (Cass. soc. 9-3-1977 n° 75-40.420).
En revanche, le fait que deux salariés aient été **mis à la retraite** par l'employeur ne suffit pas à caractériser une **inégalité de traitement** au détriment d'un délégué syndical qui, bien que remplissant les conditions requises, n'a pas été mis à la retraite (Cass. soc. 26-9-2012 n° 11-10.220 F-D : RJS 12/12 n° 963).

> **Précisions a.** Si l'**inopposabilité à l'employeur de la désignation** d'un salarié en qualité de délégué syndical dispense cet employeur d'observer la procédure de licenciement prévue pour les salariés protégés (voir n° 42265), il n'empêche que le licenciement fondé sur l'activité syndicale de l'intéressé est discriminatoire (Cass. crim. 9-2-1993 n° 92-80.007).
> **b.** Le licenciement d'un salarié en raison du comportement de « porte-parole syndical » qu'il croyait pouvoir adopter du fait de sa désignation en qualité de délégué syndical constitue une discrimination, peu important que la **désignation** de l'intéressé ait été **ultérieurement annulée** (CA Paris 1-2-1995 n° 94-33180).

D. Différences de traitement autorisées

40240 Le principe de non-discrimination ne fait pas obstacle aux différences de traitement lorsqu'elles répondent à une **exigence professionnelle** essentielle et déterminante et pour autant que l'**objectif** soit **légitime** et l'exigence proportionnée (C. trav. art. L 1133-1).
Pour la prise en compte de l'**expérience acquise,** dans le cadre de l'exercice de mandats, par les représentants du personnel désignés ou élus dans leur évolution professionnelle, voir n°s 35570 s.
Sur les **entretiens professionnels** spécifiques aux représentants du personnel et aux personnes titulaires d'un mandat syndical, voir n°s 35510 s.

SECTION 2 MOYENS D'ACTION

40300 Pour lutter contre la discrimination syndicale, le salarié ou le candidat à l'emploi qui s'en estime victime dispose de plusieurs **recours.** Dans l'entreprise, il peut saisir les membres du comité social et économique dans le cadre de la **procédure d'alerte** (voir n°s 4100 s.) ou déclencher une **alerte professionnelle** si un tel dispositif existe (voir n° 78085). En dehors de l'entreprise, le Défenseur des droits et l'inspection du travail peuvent s'avérer efficaces pour aider le salarié. Enfin, il peut agir en justice, au civil et au pénal.

A. Défenseur des droits

Toute personne qui s'estime victime d'une discrimination syndicale peut saisir gratuitement le Défenseur des droits (tél. : 09 69 39 00 00 du lundi au vendredi de 8 h 30 à 19 h 30) soit **directement** par courrier motivé et étayé (Défenseur des droits, Libre réponse 71120, 75342 Paris Cedex 07) ou en remplissant un formulaire en ligne (www.defenseurdesdroits.fr), soit par l'**intermédiaire** d'un délégué territorial (coordonnées sur le site Internet du Défenseur des droits). La saisine n'interrompt ni ne suspend les délais de prescription des actions civiles, administratives ou pénales, ni ceux des recours administratifs ou contentieux. 40310

> **Précisions a.** Pour instruire un dossier de discrimination, le Défenseur des droits peut **auditionner** les personnes mises en cause, exiger la **communication** de toutes les informations qu'il estime utiles et procéder à des **vérifications sur place.** Faire obstacle à ces prérogatives est puni d'un an d'emprisonnement et de 15 000 € d'amende (Loi 2011-334 du 29-3-2011 art. 12).
> **b.** Le Défenseur des droits peut **résoudre les conflits,** notamment, par voie de médiation. Il peut également inciter les parties à conclure une transaction civile ou une transaction pénale prévoyant une amende maximale de 3 000 € (ou 15 000 € s'il s'agit d'une personne morale) et qui doit être homologuée par le procureur de la République (Loi 2011-333 du 29-3-2011 art. 28).
> **c.** Les décisions du Défenseur des droits ayant le caractère d'un acte réglementaire ou d'une prescription individuelle peuvent faire l'objet d'un **recours** en annulation pour excès de pouvoir devant le juge administratif par les personnes y ayant intérêt (CE 21-3-2016 n° 368082 : RJS 6/16 n° 468). Le Défenseur des droits ne peut pas remettre en cause une **décision juridictionnelle,** mais peut présenter des observations écrites ou orales devant les juridictions civiles, pénales ou administratives ou demander à être entendu (Loi 2011-333 du 29-3-2011 art. 33).

B. Inspection du travail

Les agents de contrôle de l'inspection du travail sont compétents pour agir contre les discriminations syndicales. Ils peuvent : 40360

– se faire **communiquer** tout document ou élément d'information, quel qu'en soit le support, susceptible d'établir l'existence d'une discrimination syndicale (C. trav. art. L 8113-5, 3°) : notamment dossiers de candidature (CV, comptes rendus d'entretiens, résultats des tests d'embauche, rapports d'un cabinet de recrutement), dossiers individuels des salariés, fiches de notation ou d'appréciation, éventuels fichiers informatiques portant des informations sur les salariés ou des demandes de formation. Le **refus opposé** à l'accès à ces documents constitue le délit d'obstacle à l'accomplissement de leurs fonctions et est puni d'un an d'emprisonnement et de 37 500 € d'amende (C. trav. art. L 8114-1) ;

– constater, concurremment avec les officiers et agents de police judiciaire, les **infractions** pénales commises en la matière (C. trav. art. L 8112-2, 1°). Le procès-verbal de l'infraction, qui fait foi jusqu'à preuve du contraire, est transmis au procureur de la République, qui engage ou non des poursuites pénales (C. trav. art. L 8113-7).

Les agents de contrôle disposent également de tous les **pouvoirs d'enquête** qui leur sont habituellement dévolus, à savoir déplacement dans l'entreprise, audition de témoins en dehors ou en présence de l'employeur ou de son représentant (Circ. 2007-12 du 5-1-2007).

Sur la **valeur probatoire** d'un rapport de l'inspection du travail, voir n° 40435.

C. Action en justice

En matière de discrimination syndicale, la victime peut choisir entre l'action civile et l'action pénale. Un aménagement de la charge de la preuve est prévu dans le premier cas uniquement. Par ailleurs, les salariés ayant agi en justice ou témoigné en faveur d'un salarié sont protégés (voir n° 40025 et ci-après). 40410

ATTENTION

Les **mesures de rétorsion** sont sanctionnées. Ainsi, est nul le **licenciement** d'un salarié faisant suite à une action en justice engagée par lui-même ou en sa faveur sur le fondement d'une discrimination, lorsqu'il est établi que le licenciement n'a pas de cause réelle et sérieuse et constitue en réalité une mesure prise par l'employeur en raison de cette action en justice. Dans ce cas, la **réintégration** du salarié à son poste est de droit. Si le salarié **refuse** sa réintégration, il

a droit à une indemnité au moins égale aux 6 derniers mois de salaire et à l'indemnité légale ou conventionnelle de licenciement (C. trav. art. L 1134-4 et L 1235-3-1). L'employeur doit aussi rembourser à Pôle emploi les allocations de chômage versées au salarié (C. trav. art. L 1235-4).
À noter que l'absence de cause réelle et sérieuse suffit à établir que le licenciement a été prononcé en raison de l'action en justice. Le juge n'a pas à rechercher l'existence d'un lien de causalité entre le licenciement et l'action en justice du salarié, ni à vérifier si cette dernière était ou non fondée (Cass. soc. 28-11-2000 n° 97-43.715 FS-PBRI : RJS 2/01 n° 165 ; 27-1-2009 n° 07-43.446 F-D). Le **juge des référés** est compétent pour ordonner la continuation des contrats de travail des salariés dont le licenciement est nul et le versement d'un rappel de salaire (Cass. soc. 27-1-2009 n° 07-43.446 F-D).

40415 Le **juge civil** ne peut pas prendre une décision contraire à celle du **juge pénal.** Ainsi, la relaxe prononcée par le tribunal correctionnel du chef de discrimination syndicale s'impose à la juridiction prud'homale, peu important les règles de preuve différentes applicables à chacune de ces instances (Cass. soc. 28-2-2012 n° 10-18.283 F-D).
De même, la partie qui a exercé une action devant la juridiction civile compétente ne peut pas la porter devant la juridiction répressive tant qu'un jugement sur le fond n'a pas été rendu civilement (CPP art. 5). Cette règle ne vaut pas si les deux actions ont un objet différent. Par exemple, l'action exercée devant le juge pénal en réparation du préjudice moral résultant du délit de discrimination est recevable, même si le salarié a agi devant le conseil de prud'hommes en réparation du préjudice subi du fait de son licenciement discriminatoire (Cass. crim. 19-11-2013 n° 12-83.294 FS-PB : RJS 3/14 n° 288).

1. ACTION CIVILE

INITIATIVE DU RECOURS ET JUGE COMPÉTENT

40425 Tout **candidat** à un emploi, à un stage ou à une période de formation dans l'entreprise ainsi que tout **salarié** qui s'estime victime d'une discrimination syndicale saisit le conseil de prud'hommes, qui est le tribunal civil compétent pour connaître de tout litige en matière de discrimination, y compris lors d'une procédure de recrutement (Cass. soc. 20-12-2006 n° 06-40.662 FS-PBRI : RJS 3/07 n° 397 ; 28-11-2007 n° 07-40.787 F-D : RJS 2/08 n° 138).
Lorsque plusieurs candidats ou salariés s'estiment victimes de discrimination syndicale, une **action de groupe** peut être exercée dans les conditions détaillées n° 76010.

> **Précisions** L'action en justice est également ouverte :
> – aux **syndicats représentatifs** au niveau national ou départemental (ou de la collectivité en Guadeloupe, en Guyane, en Martinique, à Mayotte, à La Réunion, à Saint-Barthélemy et à Saint-Martin) ou dans l'entreprise en lieu et place de la personne discriminée, sans avoir à justifier de mandat de sa part. Il suffit que la victime ait été avertie par écrit et ne s'y soit pas opposée dans les 15 jours suivant la date à laquelle l'organisation syndicale lui a notifié son intention d'agir. L'intéressé peut toujours intervenir à l'instance (C. trav. art. L 1134-2) ;
> – aux **associations** régulièrement constituées depuis 5 ans au moins pour la lutte contre les discriminations sous réserve d'un accord écrit de la personne discriminée. Celle-ci peut non seulement intervenir à l'instance mais également y mettre un terme (C. trav. art. L 1134-3).
> Dans ces deux cas, les règles de preuve visées n° 40435 sont applicables.

40430 Le salarié s'estimant victime de discrimination syndicale peut **prendre acte de la rupture** de son contrat de travail ou demander au juge sa **résiliation judiciaire** (voir n°s 46730 s.).
La rupture sera prononcée aux torts de l'employeur si ses agissements ont été suffisamment graves pour empêcher la poursuite du contrat. Il a ainsi été jugé qu'un fait de discrimination syndicale **ancien** et **isolé** n'était pas assez grave pour justifier la rupture du contrat aux torts de l'employeur (Cass. soc. 15-4-2015 n° 13-24.333 FS-D : RJS 6/15 n° 393).

AMÉNAGEMENT DE LA CHARGE DE LA PREUVE

40435 L'article L 1134-1 du Code du travail prévoit un aménagement de la charge de la preuve devant le juge civil pour les personnes **victimes** de discrimination. Elles doivent seulement présenter au conseil de prud'hommes les éléments de fait, obtenus loyalement (Cass. soc. 1-2-2011 n° 09-67.959 F-D : RJS 12/11 n° 952), laissant supposer l'existence d'une discrimination, tels que, par exemple, le rapport de l'inspection du travail (Cass. soc. 15-1-2014 n° 12-27.261 FS-PB : RJS 4/14 n° 295). La simple allégation d'une discrimination par un salarié sans la production d'aucune pièce susceptible d'étayer sa demande n'est évidemment pas suffisante (Cass. soc. 3-4-2002 n° 00-42.583 F-D : RJS 6/02 n° 697 ; 20-5-2008 n° 06-45.556 F-D : RJS 8-9/08 n° 863).

Au vu des éléments présentés par le salarié, il appartient à l'**employeur** de prouver que sa décision est justifiée par des éléments objectifs, étrangers à toute discrimination (Cass. soc. 6-4-2016 n° 14-17.108 FS-D : RJS 6/16 n° 397). Ces éléments doivent être réels et pertinents, l'employeur ne pouvant se contenter de considérations d'ordre général.
La circonstance qu'une différence de traitement fondée sur un motif discriminatoire soit prévue par accord collectif est sans impact sur l'obligation de justification à la charge de l'employeur (Cass. soc. 9-10-2019 n° 17-16.642 FS-PB : RJS 12/19 n° 676).

ATTENTION

La Cour de cassation applique strictement les dispositions de l'article L 1134-1 du Code du travail relatives à l'aménagement de la charge de la preuve (notamment, Cass. soc. 7-2-2012 n° 10-19.505 FS-PB : RJS 4/12 n° 299). Si l'employeur ne justifie pas de raisons objectives pouvant expliquer, par exemple, le retard important subi par un salarié exerçant une activité syndicale dans le déroulement de sa carrière, la discrimination sera établie. Ainsi, le salarié n'a pas à démontrer de lien causal entre sa situation (évolution de carrière moins favorable) et le motif discriminatoire dont il se prévaut (ses activités syndicales). En d'autres termes, toute évolution de carrière d'un salarié syndiqué moins favorable que celle de salariés dans une situation comparable est **présumée discriminatoire,** à charge pour l'employeur de prouver le contraire.
Il découle de cette jurisprudence que l'employeur doit nécessairement procéder à une **évaluation annuelle sérieuse** et objective des salariés exerçant des activités syndicales (voir n° 52630).

ILLUSTRATIONS 40437

L'**absence d'entretien d'évaluation** pendant plusieurs années laisse supposer l'existence d'une discrimination syndicale qui ne saurait être justifiée par :
– une instruction postérieure de l'employeur excluant de la procédure d'évaluation les salariés syndiqués, lesquels ont vocation à bénéficier de promotion (Cass. soc. 10-2-2010 n° 08-45.465 F-D) ;
– la seule absence du salarié à une réunion sur la situation du personnel élu ou mandaté (Cass. soc. 24-10-2012 n° 11-13.315 F-D : RJS 1/13 n° 54).
De même, les **absences injustifiées ou les erreurs de calcul** imputées à un salarié investi d'un mandat syndical ne constituent pas des éléments objectifs suffisants pour justifier l'absence d'évolution de carrière et d'augmentation pendant 15 ans (Cass. soc. 5-5-2011 n° 09-43.175 F-D : RJS 7/11 n° 575).
Ne suffit pas non plus à justifier la **faible rémunération** d'un salarié investi d'un mandat syndical le fait que :
– il ait refusé de participer à des formations ou qu'il ait été sanctionné par une mise à pied, alors même que ces faits ne l'avaient pas empêché de faire l'objet d'appréciations positives en termes de compétence, d'attitude générale ou de disponibilité (Cass. soc. 5-5-2011 n° 09-43.175 F-D : RJS 7/11 n° 575) ;
– l'employeur lui reproche des incidents survenus plusieurs années auparavant (Cass. soc. 5-5-2011 n° 09-43.175 F-D : RJS 7/11 n° 575) ;
– avant l'exercice de ses fonctions syndicales, le salarié avait connu une progression de salaire moindre que celle des autres salariés, cette différence de progression ne s'étant pas infléchie à compter de l'exercice de son mandat (Cass. soc. 24-10-2012 n° 11-13.315 F-D : RJS 1/13 n° 54).

RÔLE DES JUGES DU FOND

Le juge du fond doit prendre en compte les éléments présentés par le salarié dans leur globalité et non les analyser séparément (Cass. soc. 29-6-2011 n° 10-15.792 FS-PB : RJS 10/11 n° 748). Le juge forme sa conviction après avoir ordonné, en cas de besoin, toutes les **mesures d'instruction** qu'il estime utiles (C. trav. art. L 1134-1, al. 3), en appréciant souverainement l'opportunité d'y recourir (Cass. soc. 4-2-2009 n° 07-42.697 FS-PB : RJS 4/09 n° 314). Il dispose d'un pouvoir souverain pour évaluer le préjudice subi par le salarié (Cass. soc. 8-12-2009 n° 08-44.003 F-D). 40440

COMPARAISON AVEC LES AUTRES SALARIÉS

La discrimination est un comportement propre à un individu. Son existence n'implique pas nécessairement une comparaison avec la situation d'autres salariés (Cass. soc. 15-12-2010 n° 09-41.359 F-D ; 12-6-2013 n° 12-14.153 FS-PB : RJS 8-9/13 n° 616). Toutefois, la méthode de la comparaison avec un panel de salariés représentatif est souvent utilisée par la victime d'une discrimination syndicale, notamment en matière de déroulement de carrière et/ou de rémunération. Elle sert en effet au salarié, d'une part, à **prouver** le traitement défavorable qu'il subit par rapport à d'autres salariés, d'autre part, à **évaluer le préjudice** et le chiffrage des demandes, la victime demandant à bénéficier du même traitement que la moyenne du panel. À cet effet, le salarié est en droit de demander, y compris en référé, que l'employeur communique différents éléments de comparaison (contrats de travail, bulletins de paie, tableaux d'avancement d'autres salariés) qu'il a en sa possession (Cass. soc. 19-12-2012 n° 10-20.526 FS-PB : RJS 4/14 n° 316). 40445
Les salariés qui constituent le panel représentatif doivent être dans une **situation équivalente** à celle du salarié, et non pas strictement identique. Concernant le déroulement de carrière, le panel de

comparaison doit **inclure** tous les salariés engagés dans des conditions identiques de diplômes et de qualification et à une date voisine (Cass. soc. 24-10-2012 n° 11-12.295 F-D : RJS 1/13 n° 6). Le panel n'est pas limité aux seuls salariés occupant des postes similaires. Par exemple, un cariste engagé en qualité d'agent de production peut valablement comparer sa situation avec celle des autres agents de production et ne pas se limiter aux seuls caristes (Cass. soc. 5-5-2011 n° 09-43.175 F-D : RJS 7/11 n° 575).

ATTENTION

Un **permanent syndical** ne peut pas comparer sa situation à celle d'un autre permanent syndical, dans la mesure où les permanents syndicaux ne constituent pas une catégorie professionnelle spécifique se trouvant dans une situation équivalente. Ainsi, un permanent syndical exerçant des fonctions commerciales ne peut pas prétendre aux progressions salariales applicables aux permanents syndicaux exerçant des fonctions administratives (Cass. soc. 24-9-2014 n° 13-11.782 FS-PB : RJS 12/14 n° 863).

PRESCRIPTION

40450 L'action en réparation du préjudice résultant d'une discrimination se prescrit par 5 ans à compter de sa révélation (par exemple, à la suite d'un courrier de l'inspection du travail : Cass. soc. 20-2-2013 n° 10-30.028 FS-PB : RJS 5/13 n° 383). Une telle action, fondée sur des faits qui n'ont pas cessé de produire leurs effets avant une période non atteinte par la prescription, est recevable (Cass. soc. 31-3-2021 n° 19-22.557 F-P : RJS 7/21 n° 371). Ce **délai** ne peut être ni réduit ni allongé par convention collective ou accord des parties. Les **dommages et intérêts** réparent l'entier préjudice résultant de la discrimination, pendant toute sa durée (C. trav. art. L 1134-5). Ainsi, le délai de 5 ans n'interdit pas au juge, pour apprécier la réalité de la discrimination subie au cours de cette période, de procéder à des comparaisons avec d'autres salariés engagés à la même date que l'intéressé, celle-ci fût-elle antérieure à la période non prescrite (Cass. soc. 4-2-2009 n° 07-42.697 FS-PB : RJS 4/09 n° 314).

SANCTIONS

40455 Toute mesure de discrimination syndicale prise par l'**employeur** est considérée comme abusive et donne lieu à dommages et intérêts (C. trav. art. L 2141-8, al. 2). Elle encourt par ailleurs la nullité (Cass. soc. 4-12-2001 n° 99-43.231 F-D : RJS 2/02 n° 197), le salarié devant alors être rétabli dans ses conditions de travail antérieures (Cass. soc. 23-6-2004 n° 02-41.011 F-PB : RJS 11/04 n° 1163).

De même, toute **stipulation conventionnelle** discriminatoire est nulle (Cass. soc. 24-9-2008 n° 07-40.935 FS-PB : RJS 11/08 n° 1107).

En cas de discrimination syndicale relative au déroulement de carrière, le juge peut ordonner le **reclassement** du salarié au niveau qu'il aurait atteint s'il n'avait pas été discriminé (Cass. soc. 23-11-2005 n° 03-40.826 FS-PB : RJS 2/06 n° 236 ; 23-9-2015 n° 14-13.199 F-D), y compris en cas d'avancement au choix (Cass. soc. 18-3-2009 n° 07-45.201 F-D : RJS 6/09 n° 553) et peu important qu'il ait été mis à la retraite (Cass. soc. 30-6-2011 n° 09-71.538 F-D). S'agissant de l'évaluation du **préjudice économique ou financier** subi par le salarié il a été jugé que celle-ci doit se faire au vu de la rémunération moyenne des salariés composant le panel de comparaison et intégrer toutes les pertes économiques sur toute la période de discrimination (pertes de salaire, d'épargne salariale et de droits à la retraite par exemple) (CA Versailles 19-12-2019 n° 18/03801 : RJS 3/20 n° 120).

> **Précisions a.** En cas de **licenciement discriminatoire nul,** le salarié est **réintégré** dans son poste ou, à défaut, dans un emploi équivalent (Cass. soc. 31-4-2003 n° 00-44.811 FP-PBRI : RJS 7/03 n° 869), sauf si sa réintégration est matériellement impossible (Cass. soc. 15-6-2005 n° 03-48.094 FS-PBRI : RJS 8-9/05 n° 826). Le salarié réintégré a droit aux salaires perdus entre son éviction et sa réintégration, même s'il a perçu, pendant cette période, des salaires ou un revenu de remplacement (Cass. soc. 2-6-2010 n° 08-43.277 FP-D : RJS 8-9/10 n° 685 ; 9-7-2014 n° 13-16.434 FS-PB : RJS 11/14 n° 793). La réintégration du salarié peut être ordonnée sous **astreinte** par le juge des référés (Cass. soc. 28-9-2005 n° 04-40.048 F-D).

Dans le cas où le salarié ne **demande pas à être réintégré,** il a droit aux indemnités de rupture (indemnité légale ou conventionnelle de licenciement, indemnité de préavis si non effectué) et à une indemnité au moins égale à 6 mois de salaire (Cass. soc. 17-10-2000 n° 98-44.045 F-D : RJS 1/01 n° 31), sans préjudice du paiement du salaire qui aurait été perçu pendant la période couverte par la nullité (C. trav. art. L 1235-3-1).

b. En cas de discrimination à l'**embauche,** la victime n'a droit qu'à des dommages-intérêts, le juge n'ayant pas la faculté de contraindre l'employeur à conclure un contrat de travail (CA Toulouse 19-2-2010 n° 08-6630).

c. Sur les pouvoirs du juge judiciaire, en présence d'une **autorisation administrative** accordée à l'employeur de licencier un salarié protégé, d'apprécier l'existence d'une discrimination syndicale dans le **déroulement de carrière** du salarié, voir n° 47215.

d. Sur les sanctions applicables en cas de **prise d'acte de la rupture** ou de **résiliation judiciaire,** voir n°s 46730 s.

2. ACTION PÉNALE

INITIATIVE DU RECOURS ET JUGE COMPÉTENT

L'action devant une juridiction répressive peut être intentée par tout **salarié** ou tout candidat à l'emploi victime d'une discrimination. Elle est également ouverte aux **syndicats** dans les conditions visées n° 40425 (en ce sens, Cass. crim. 23-10-1990 n° 88-82.005 PF : RJS 12/90 n° 940). 40480
L'action est exercée devant le **tribunal correctionnel,** soit celui du lieu où a été commise la discrimination (en règle générale, l'entreprise), soit celui dans le ressort duquel se situe la résidence du prévenu (CPP art. 381 et 382).
Le **délai** pendant lequel le délit de discrimination peut être poursuivi est de 6 ans (CPP art. 8).
En pratique, le salarié qui veut agir au pénal peut, au choix :
– déposer une plainte auprès du **commissariat de police** ou de la brigade de gendarmerie, qui la transmet au procureur ou directement au tribunal ;
– adresser une **plainte avec constitution de partie civile** au doyen des juges d'instruction, qui confiera l'affaire à un juge d'instruction ;
– citer directement l'auteur de la discrimination devant le **tribunal correctionnel** compétent par acte d'huissier.

FONDEMENT ET PREUVE DU DÉLIT

Le délit de discrimination syndicale peut être constitué même si la discrimination n'a pas été le motif exclusif des mesures prises (Cass. crim. 16-1-1990 n° 88-81.285 D : RJS 3/90 n° 228 ; 15-1-2008 n° 07-82.380 F-D : RJS 5/08 n° 564). 40485
Pour prouver le délit devant le juge pénal, les règles d'aménagement de la charge de la preuve au civil visées n° 40435 ne sont pas applicables (Cass. crim. 3-4-2007 n° 06-81.784 F-PFI : RJS 7/07 n° 870).
Le prévenu étant présumé innocent, la charge de la preuve incombe à la partie poursuivante, c'est-à-dire soit la victime, soit le ministère public (Cass. crim. 11-4-2012 n° 11-83.816 F-PB : RJS 10/12 n° 818).

ATTENTION

La pratique du « **testing** » ayant été légalisée (C. pén. art. 225-3-1), le juge pénal admet les éléments de preuve résultant de cette pratique. Le « testing » est le fait pour une personne ou une association de solliciter un droit dans le seul but de démontrer l'existence d'un comportement discriminatoire.

SANCTIONS

Les atteintes au principe de non-discrimination en raison de l'appartenance syndicale ou de l'exercice d'une activité syndicale sont passibles d'une **amende** de 3 750 € et, en cas de récidive, d'un an d'**emprisonnement** et de 7 500 € d'amende (C. trav. art. L 2146-2). 40490
Le refus d'embauche, la sanction ou le licenciement discriminatoire est passible de sanctions **plus élevées** : 3 ans d'emprisonnement et 45 000 € d'amende (C. pén. art. 225-1 et 225-2). Il a été jugé que la décision de l'employeur affectant la carrière et la rémunération d'un salarié pouvait revêtir, si elle était infondée, le caractère d'une sanction au sens de l'article 225-2 du Code pénal, et être passible à ce titre des peines mentionnées ci-dessus (Cass. crim. 28-4-2009 n° 07-82.901 F-PF : RJS 10/09 n° 807, en l'espèce les comportements récriminés visaient l'absence de promotion ou d'augmentation de salaire ainsi que l'attribution d'une hausse de rémunération inférieure à celle accordée aux autres salariés).
Sur la question de savoir si un employeur coupable de discrimination à l'encontre d'un représentant du personnel peut être poursuivi pour **délit d'entrave,** voir n°s 49000 s.

ATTENTION

Dans les lieux de travail ainsi que dans les locaux ou à la porte des locaux où se fait l'embauche, l'employeur est tenu d'**informer par tout moyen** les salariés et les candidats à l'embauche du texte des articles 225-1 à 225-4 du Code pénal : page intranet, affichage, documents remis aux intéressés, etc. (C. trav. art. L 1142-6).

Peuvent être exclues de la **procédure de passation des marchés publics** (CCP art. L 2141-4) ou des contrats de concession (CCP art. L 3123-4) les personnes définitivement condamnées pour discrimination sur le fondement de l'article 225-1 du Code pénal. Cette exclusion est fixée à 3 ans, sauf si elle a été prononcée pour une durée différente par une décision de justice définitive. 40495

CHAPITRE 2

LA PROTECTION DES REPRÉSENTANTS DU PERSONNEL

SOMMAIRE

42000 Le statut protecteur conféré aux représentants du personnel impose à l'employeur de respecter une procédure spéciale avant de transférer ou de rompre leur contrat de travail. Cette procédure consiste essentiellement à recueillir l'autorisation de l'inspecteur du travail avant de notifier sa décision au salarié. Si elle n'est pas respectée, ou si l'autorisation délivrée par l'inspecteur du travail est annulée, le salarié dispose d'un droit à réintégration dans l'entreprise et à indemnisation.

SECTION 1

BÉNÉFICIAIRES DE LA PROTECTION

Sont protégés les salariés titulaires d'un **mandat** de délégué syndical ou assimilé, de membre élu du CSE ou du CSE interentreprises, de représentant syndical au CSE, de représentant de proximité, de membre d'un groupe spécial de négociation ou d'un comité mis en place au niveau européen (C. trav. art. L 2411-1). **42020**
La protection accordée aux représentants du personnel en fonctions est étendue aux salariés se portant candidats à de telles fonctions et aux anciens représentants du personnel.

> **Précisions** Une protection est également accordée, notamment, au **salarié mandaté** pour négocier et conclure des accords d'entreprise ou d'établissement dans les entreprises dépourvues de délégué syndical (nos 82130 s.), au représentant des salariés lors d'un redressement ou d'une **liquidation judiciaire** (nos 91300 s.), au représentant des salariés dans les conseils d'administration et de surveillance (n° 11290), au représentant du personnel d'une entreprise extérieure à la commission santé, sécurité et conditions de travail d'un établissement à haut risque industriel (nos 57355 s.), au **médecin du travail** (n° 57235). Sur le bénéfice de la protection pour les salariés titulaires de mandats extérieurs à l'entreprise, voir n° 42310.

A. Salarié demandant l'organisation d'élections

SALARIÉS VISÉS

Le salarié qui demande à l'employeur d'organiser les élections du CSE ou d'accepter d'organiser ces élections bénéficie de la protection pendant 6 mois (C. trav. art. L 2411-6, al. 1). **42040**
En pratique, cette protection est accordée (C. trav. art. L 2411-6, al. 2 ; Circ. 25-10-1983 n° 5-1-1-2) :
– au salarié **mandaté par une organisation syndicale** pour négocier, sur invitation de l'employeur, le protocole d'accord préélectoral ou pour demander l'organisation d'élections ;
– ou au premier salarié **demandant, de sa propre initiative**, l'organisation d'élections.
La protection ne peut pas être accordée **simultanément** à un salarié mandaté et à un salarié agissant de sa propre initiative. Ce dernier n'est pas protégé si un syndicat a, le premier, demandé l'organisation des élections (Cass. soc. 28-10-1996 n° 94-45.426 PB : RJS 12/96 n° 1285 ; 11-10-2000 n° 98-43.930 F-D : RJS 12/00 n° 1264 ; 3-4-2019 n° 17-24.778 F-D : RJS 6/19 n° 367). Par ailleurs, le salarié non mandaté ne bénéficie de la protection que si un syndicat intervient postérieurement aux mêmes fins : voir n° 42055.

Sauf si sa demande est manifestement dépourvue de tout caractère sérieux, le salarié bénéficie de la protection même si l'**entreprise** n'est pas tenue, en raison de son **effectif**, d'organiser des élections (Cass. soc. 13-10-2010 n° 09-41.916 FS-PB : RJS 12/10 n° 956 ; 3-4-2019 n° 18-10.414 F-D : RJS 6/19 n° 367). **42050**
En revanche, la protection ne lui est pas accordée si :
– l'**employeur** a déjà pris l'**initiative** d'organiser les élections (CE 19-7-1991 n° 108754 : RJS 10/91 n° 1110) ;
– une procédure de **licenciement** est déjà engagée à son encontre car le bénéfice de la protection s'apprécie à la date d'engagement de cette procédure par l'envoi de la convocation à l'entretien préalable (Circ. DGT 07 du 30-7-2012).

PÉRIODE DE PROTECTION

Le salarié est protégé pendant 6 mois, à compter du **jour** de l'envoi à l'employeur de la lettre recommandée par laquelle une organisation syndicale a, la première, demandé ou accepté qu'il soit procédé à des élections (C. trav. art. L 2411-6, al. 1), sous réserve que cette organisation syndicale remplisse les conditions pour négocier le protocole d'accord préélectoral et présente des candidats au premier tour des élections (Cass. soc. 15-10-2015 n° 14-15.995 F-D : RJS 1/16 n° 43). **42055**
Le **salarié non mandaté** par une organisation syndicale qui demande à l'employeur d'organiser le scrutin est protégé, non à compter du jour où il effectue cette démarche, mais seulement à la date à laquelle une organisation syndicale demande ou accepte qu'il soit procédé à des élections. Si aucun syndicat ne forme de demande en ce sens, l'intéressé n'est pas protégé (Cass. soc. 10-1-2006 n° 04-41.736 F-D : RJS 3/06 n° 364 ; 20-3-2013 n° 11-28.034 F-D : RJS 6/13 n° 470 ; CE 5-11-1993 n° 100132 : RJS 2/94 n° 162 ; 31-3-2014 n° 363967 : RJS 6/14 n° 499).

Si le salarié se porte candidat aux élections dont il a demandé l'organisation, la protection liée à cette demande prend fin avec sa candidature. S'y substitue alors la protection attachée à sa qualité de candidat : voir n°s 42100 s.

> **Précisions a.** Le **délai** entre la demande du syndicat tendant à l'organisation des élections et le jour où l'institution doit être mise en place est sans incidence sur la protection, dès lors qu'il est raisonnable (Cass. soc. 25-1-2006 n° 03-42.908 FS-PB : RJS 4/06 n° 470).
> **b.** Jugé que la **lettre** recommandée par laquelle un **syndicat accepte** de se rendre à une **réunion de négociation** pour l'élaboration d'un protocole d'accord préélectoral vaut acceptation sans réserve de l'organisation des élections et ouvre droit à la protection pour le salarié non mandaté ayant demandé l'organisation du scrutin (CA Paris 5-11-2009 n° 09-4536).
> **c.** Une fois obtenue, la protection au titre de la demande d'organisation des élections reste acquise au salarié, même si sa candidature aux élections se révèle ensuite **frauduleuse** (Cass. soc. 15-2-2006 n° 05-41.166 FS-PB : RJS 5/06 n° 600) ou si sa désignation postérieure en qualité de représentant syndical est **annulée** (Cass. soc. 24-5-2006 n° 04-43.947 FS-P : RJS 8-9/06 n° 969).

42060

EXEMPLE

Un salarié demande à l'employeur, de sa propre initiative, d'organiser les **élections du comité social et économique** par une lettre recommandée datée du mercredi 7-2-2024. Il informe une organisation syndicale représentative sur le plan national, le même jour, de sa démarche. Cette organisation demande à l'employeur d'organiser ces élections, par une lettre recommandée expédiée le jeudi 22-2-2024. Le salarié bénéficie de la protection à compter de cette dernière date. S'il présente sa candidature aux élections, la protection attachée à la qualité de candidat s'y substitue. S'il ne se présente pas aux élections, sa protection expire le jeudi 22-8-2024 à minuit. Si toutefois l'employeur lui a adressé une convocation à un entretien préalable au licenciement avant le jeudi 22-2-2024, il n'est pas protégé.

B. Candidat aux élections professionnelles

42100 Sont protégés les candidats aux fonctions de membre élu de la délégation du personnel au CSE (C. trav. art. L 2411-7), de représentant de proximité (C. trav. art. L 2411-9) et de membre de la délégation du personnel au CSE interentreprises (C. trav. art. L 2411-10-1).
Ces salariés bénéficient de la protection dès qu'ils font acte de candidature ou, s'ils parviennent à en apporter la preuve, dès que l'employeur a eu connaissance de l'imminence de cette candidature.

1. CANDIDATURE IMMINENTE

CONDITIONS

42110 Le salarié peut bénéficier de la protection s'il prouve que l'employeur a eu connaissance de sa future candidature avant de le convoquer à l'entretien préalable au licenciement.
Tel est le cas si :
– la candidature a été **notifiée** à l'employeur avant la signature du protocole préélectoral (Cass. soc. 4-7-1990 n° 87-44.840 P : RJS 10/90 n° 788 ; 25-10-2017 n° 16-13.844 F-D : RJS 1/18 n° 47 ; Cass. crim. 18-11-1997 n° 96-80.942 PF : RJS 2/98 n° 182) ;
– le salarié a fait individuellement acte de **candidature** de façon **prématurée**, dès le premier tour de scrutin, alors qu'à ce stade les organisations syndicales représentatives ont le monopole de présentation des candidats (Cass. soc. 18-11-1992 n° 88-44.905 PF : RJS 12/92 n° 1399 ; Cass. crim. 3-12-1996 n° 94-82.953 PF : RJS 2/97 n° 170 ; CE 28-3-2013 n° 338289 : RJS 6/13 n° 469) ;
– l'employeur a eu connaissance, d'une autre manière, de l'**intention** du salarié **de se porter candidat**.

ILLUSTRATIONS

L'employeur est considéré comme ayant eu connaissance de l'imminence de la candidature si le salarié l'a annoncée au cours d'une réunion en sa présence (CA Paris 12-11-2009 n° 08-508) ou s'il a fait part de son intention de se porter candidat auprès du directeur administratif et financier de l'entreprise, titulaire d'une délégation de l'employeur pour organiser les élections (Cass. soc. 15-5-2002 n° 00-42.371 F-D : RJS 7/02 n° 846). En revanche, ne constitue pas une **preuve** suffisante de l'intention du salarié de se porter candidat le seul fait d'avoir participé, sans mandat spécial, à un conflit du travail qui s'est déroulé dans l'entreprise, même en qualité d'interlocuteur privilégié de la direction (CA Versailles 13-1-1999 n° 97-21860 : RJS 4/99 n° 549), ou le fait que certains collègues affirmaient savoir que le salarié serait candidat, si aucun élément ne démontre que l'employeur en avait lui aussi connaissance (Cass. soc. 16-10-2013 n° 12-11.971 F-D).

Le salarié n'est pas protégé si sa candidature est **irrégulière**, **frauduleuse** ou a pour but d'empêcher son licenciement. Ainsi jugé lorsque : 42115
– le salarié informe l'employeur de sa candidature après avoir refusé une convocation à un entretien préalable à son licenciement par lettre remise en main propre (Cass. soc. 18-5-2011 n° 10-13.574 F-D : RJS 7/11 n° 629) ;
– le syndicat annonce officieusement la candidature du salarié quelques heures avant sa convocation à l'entretien préalable au licenciement, mais n'inscrit pas son nom sur la liste officielle des candidats présentée ultérieurement (Cass. soc. 12-7-1994 n° 92-41.411 P : RJS 8-9/94 n° 1009) ;
– la candidature du salarié est ajoutée à la liste électorale par le délégué syndical, de sa propre initiative, et annulée le jour même par le syndicat, avant l'engagement de la procédure de licenciement (Cass. soc. 6-12-2011 n° 10-16.454 F-D : RJS 2/12 n° 167).

PÉRIODE DE PROTECTION

La protection ne dure que jusqu'à la présentation officielle des candidatures, la protection des candidats « réguliers » prenant ensuite le relais : voir nos 42140 s. Le salarié dont la candidature a été notifiée avant le premier tour des élections et qui **ne se présente pas au second tour** perd le bénéfice de la protection. Son licenciement prononcé après les élections n'est pas soumis à la procédure spéciale (Cass. soc. 21-12-2006 n° 04-47.426 FS-PBR : RJS 3/07 n° 357). 42120
Le salarié est protégé même si l'employeur, informé de l'imminence de sa candidature, **annule le scrutin** (Cass. soc. 13-5-2009 n° 07-44.671 F-D : RJS 7/09 n° 645) ou décide d'en **différer** la tenue (Cass. soc. 31-1-2007 n° 05-41.570 F-D ; 8-2-2012 n° 10-23.881 F-D : RJS 4/12 n° 367).

CONSEIL

Le plus souvent, la protection est reconnue a posteriori par le juge alors que le contrat de travail a été rompu sans respect de la procédure spéciale. Néanmoins, si l'employeur envisage de se séparer d'un salarié dont il sait la candidature imminente, il doit demander à l'inspecteur du travail l'autorisation de rompre le contrat.

2. CANDIDATURE DÉCLARÉE

CONDITIONS D'APPLICATION DE LA PROTECTION

Les candidats au premier et au second tour des élections professionnelles, pour les sièges de titulaires et de suppléants, sont protégés au titre de leur candidature dès lors que celle-ci est **postérieure** à la signature du **protocole d'accord préélectoral** (Cass. ass. plén. 27-10-1972 n° 70-92.627 ; Cass. soc. 22-3-1995 n° 93-41.678 D : RJS 5/95 n° 529). 42140
En cas de **renouvellement tacite du protocole** d'accord préélectoral, la protection n'est acquise qu'après ce renouvellement (Circ. 25-10-1983). Le candidat est toutefois protégé en cas d'opposition injustifiée de l'employeur d'engager dans les délais la procédure de concertation avec le syndicat ayant demandé l'organisation des élections (Cass. soc. 3-12-1987 n° 86-60.476 P).
Sur la protection des salariés dont la candidature est antérieure, voir n° 42110.

> **Précisions** La protection attachée à la qualité de candidat **se substitue** à celle dont bénéficie déjà le salarié qui a demandé à l'employeur d'organiser les élections (Cass. crim. 18-11-1997 n° 96-80.942 PF : RJS 2/98 n° 182) ou qui est protégé au titre d'une candidature imminente (CE 28-3-2013 n° 338289 : RJS 6/13 n° 469).

La protection ne joue que si l'**employeur** est **informé de la candidature** du salarié avant l'envoi de sa convocation à l'entretien préalable au licenciement (Cass. soc. 6-12-2011 n° 10-18.440 F-D : RJS 2/12 n° 168 ; 20-3-2013 n° 11-26.705 F-D : RJS 6/13 n° 467). Si la convocation à l'entretien préalable est notifiée au salarié par un huissier, la date d'engagement de la procédure de licenciement est celle de la remise par l'employeur de cette convocation à l'huissier (Cass. soc. 22-3-2017 n° 15-23.103 F-D : RJS 6/17 n° 417). 42141
Le **salarié** est protégé s'il **présente sa candidature** après un premier entretien préalable à une sanction disciplinaire, qu'il refuse de se voir appliquer, mais avant d'être convoqué à un nouvel entretien préalable au licenciement disciplinaire consécutif à ce refus. Si l'employeur considère que cette candidature est frauduleuse, il doit engager une action devant le tribunal judiciaire dans les conditions visées n° 26380 (Cass. soc. 13-5-2014 n° 13-14.537 FS-PB : RJS 7/14 n° 578).
Si l'employeur n'est pas informé de la candidature avant d'engager la procédure de licenciement, le salarié n'est pas protégé, même s'il est **élu** ultérieurement (Cass. soc. 28-1-2009 n° 08-41.633 F-PB : RJS 4/09 n° 377).
Sur le cas du **licenciement sans entretien préalable**, voir n° 46030.

ATTENTION

En cas de litige, c'est à l'employeur de **prouver** qu'il a engagé la procédure de licenciement avant que le salarié ne présente sa candidature (Cass. soc. 12-7-2006 n° 04-47.724 F-P : RJS 11/06 n° 1201).

PÉRIODE DE PROTECTION

42145 Le candidat aux élections est protégé pendant **6 mois** à compter de la **date** d'envoi de la liste de candidatures à l'employeur par lettre recommandée (Circ. 25-10-1983 n° 5-2-2-1 ; Cass. soc. 22-3-1995 n° 93-41.678 D : RJS 5/95 n° 529).

Si le salarié est élu, sa protection en qualité de titulaire d'un mandat de représentant du personnel se substitue à celle attachée à sa qualité de candidat : voir nos 42200 s. S'il n'est pas élu, il reste protégé jusqu'à l'expiration du délai de 6 mois.

> **Précisions** **a.** Si le salarié est candidat aux **deux tours des élections**, il bénéficie de la protection accordée au titre du premier tour jusqu'à la date de début de la protection prévue pour le second tour dont il bénéficie également (Circ. 25-10-1983 n° 5-1-1-3 précitée).
> **b.** L'envoi des **listes de candidatures** par lettre recommandée n'est prévu que pour faciliter la preuve de la candidature et non pour sa validité (Cass. soc. 4-3-1998 n° 95-42.040 P : RJS 4/98 n° 491).
> **c.** Le salarié reste protégé même s'il retire sa candidature avant le scrutin (Cass. soc. 11-3-1971 n° 69-40.337 ; 26-9-2012 n° 11-14.339 F-PB : RJS 12/12 n° 968) ou si les élections sont annulées par décision de justice (Cass. soc. 11-5-1999 n° 97-40.765 P : RJS 6/99 n° 828). En revanche, en cas d'**annulation de la candidature**, la protection prend fin à la date du jugement (Cass. soc. 28-11-2000 n° 98-42.019 FS-P : RJS 2/01 n° 214 ; 5-5-2009 n° 07-45.004 F-D : RJS 8-9/09 n° 733).

C. Représentant du personnel élu

42200 Les représentants du personnel élus sont protégés pendant toute la durée de leur mandat ainsi qu'à l'expiration de celui-ci.

SALARIÉS VISÉS

42205 Sont protégés les salariés exerçant un **mandat** de :
– membre élu de la délégation du personnel au CSE, titulaire ou suppléant (C. trav. art. L 2411-5, 2°), ainsi que le candidat non élu remplaçant un titulaire (voir n° 31730 ; QR min. trav. CSE 16-1-2020 n° 58) ;
– représentant de proximité (C. trav. art. L 2411-8) ;
– membre de la délégation du personnel au CSE interentreprises (C. trav. art. L 2411-10) ;
– membre d'un groupe spécial de négociation et membre d'un comité mis en place au niveau européen (C. trav. art. L 2411-11 et L 2411-12). Ces représentants sont désignés ou élus selon les cas : voir n° 7040 ;
– membre de la commission santé, sécurité et conditions de travail, puisqu'il a obligatoirement été désigné parmi les membres du CSE (QR min. trav. CSE 16-1-2020 n° 57).

> **Précisions** Aucune protection n'est expressément prévue en faveur des **représentants des salariés** dans le cadre d'une procédure d'information et de consultation instituée en lieu et place d'un **comité d'entreprise européen** en vertu de l'article L 2341-4 du Code du travail (voir nos 7030 s.). Les membres d'un **comité de groupe** bénéficient de la protection au titre de leur mandat d'élu au CSE.

CONDITIONS

42210 Pour bénéficier de la protection, le salarié doit :
– avoir obtenu son mandat avant l'engagement de la procédure de rupture du contrat (Cass. soc. 3-4-2001 n° 99-40.190 FS-P : RJS 6/01 n° 763) ;
– avoir été élu de manière régulière (Cass. soc. 28-11-2006 n° 04-45.548 F-PB : RJS 2/07 n° 238). Toutefois, le salarié **irrégulièrement élu** bénéficie de la protection dès lors que l'employeur n'a **pas contesté** la validité du scrutin devant le juge (Cass. crim. 11-5-1966 n° 65-92.640 P ; Cass. soc. 12-2-2008 n° 06-44.121 FS-PB : RJS 4/08 n° 450 ; 28-9-2016 n° 15-13.728 F-D : RJS 12/16 n° 791) ou l'a contestée en dehors du délai (nos 26510 s.).

> **Précisions** Seuls les salariés **élus** bénéficient de la protection : tel n'est pas le cas du salarié désigné par les employés de la société en dehors de toute élection pour préparer un cahier de revendications (Cass. soc. 13-6-1990 n° 87-40.833 PF : RJS 7/90 n° 595).
> S'agissant du salarié élu **après** l'engagement de la procédure de **licenciement**, voir n° 42141.

PÉRIODE DE PROTECTION

Le salarié est protégé pendant toute la durée du mandat, **à compter du jour** de la proclamation des résultats de l'élection. Il reste protégé pendant 6 mois à partir du jour de l'expiration de son mandat ou de la disparition de l'institution représentative (C. trav. art. L 2411-5, L 2411-8 et L 2411-10). **42215**
En cas de licenciement, la **date** à retenir pour l'appréciation du bénéfice de la protection est celle de l'envoi de la convocation à l'entretien préalable (Cass. soc. 18-11-2009 n° 08-43.451 F-D).

CONSEIL

Aucune protection à l'expiration du mandat n'est expressément prévue pour le membre d'un groupe spécial de négociation ou le membre d'un comité mis en place au niveau européen. En l'absence de texte et de solution jurisprudentielle sur cette situation, il est préférable, selon nous, de solliciter, le cas échéant, une autorisation administrative si une procédure de licenciement est engagée dans les 6 mois suivant la fin du mandat.

Si les **élections** sont **annulées**, le bénéfice de la protection attachée au mandat cesse à la date du jugement d'annulation (Cass. soc. 17-3-1998 n° 95-42.885 P : RJS 5/98 n° 607). Contrairement au Conseil d'État (CE 11-1-1995 n° 129995), la Cour de cassation juge que le salarié bénéficie, à compter de cette date, de la protection accordée aux anciens représentants élus (Cass. soc. 2-12-2008 n° 07-41.832 FS-PBR : RJS 2/09 n° 192). **42217**
En cas de **perte de la qualité d'établissement distinct**, la protection en qualité d'ancien élu court à compter de la date de cessation du mandat visée n° 22110.

EXEMPLE

Un protocole d'accord préélectoral est signé dans l'entreprise le mercredi 3-1-2024 pour les élections du CSE. Un salarié fait acte de candidature pour le second tour des élections. La liste de candidatures est adressée à l'employeur le mercredi 24-1-2024, date à partir de laquelle il bénéficie de la protection au titre de cette candidature. Les résultats des élections sont proclamés le jeudi 8-2-2024.
Si le salarié n'est pas élu, sa protection expire le mercredi 24-7-2024 à minuit. S'il est élu, il est protégé en tant que membre élu du CSE pour une durée de 4 ans, soit jusqu'au mardi 8-2-2028 à minuit. Il ne se présente pas au scrutin suivant, dont les résultats sont proclamés ce même mardi 8-2-2028. Il bénéficie à compter de cette date et pour 6 mois d'une protection en tant qu'ancien élu, soit jusqu'au mardi 8-8-2028 à minuit.

La **prorogation du mandat** du salarié prolonge d'autant sa protection à condition que les règles de prorogation visées n°s 31540 s. aient été respectées (Circ. DGT 07 du 30-7-2012). Si le mandat a été prorogé par un accord irrégulier, mais signé et mis en œuvre par l'employeur, le salarié bénéficie du statut protecteur (Cass. soc. 4-2-2014 n° 11-27.134FS-PB : RJS 4/14 n° 331). En revanche, une prorogation de fait du mandat d'un ancien représentant du personnel n'ouvre pas droit à la protection (Cass. soc. 28-9-2016 n° 15-16.984 F-D : RJS 12/16 n° 792). **42220**
S'agissant de l'incidence, sur la durée de la protection, d'une **suspension du contrat** de travail, voir n° 43155.
Sur la protection dont bénéficie le salarié **démissionnant de son mandat**, voir n° 42270, b.

D. Représentant du personnel désigné

Les salariés désignés par une organisation syndicale pour exercer des fonctions représentatives dans l'entreprise bénéficient d'une protection pendant l'exercice de leur mandat et à l'expiration de celui-ci. **42250**

SALARIÉS VISÉS

Titulaires d'un mandat Sont protégés les salariés titulaires d'un mandat de : **42255**
– délégué syndical (C. trav. art. L 2411-3) ;
– représentant syndical au CSE (C. trav. art. L 2411-5) ;
La protection accordée au délégué syndical s'applique au représentant de section syndicale (C. trav. art. L 2142-1-2) et au délégué syndical central (C. trav. art. L 2143-5). Il convient à notre sens d'appliquer le même statut au délégué syndical supplémentaire visé n° 17760. S'agissant des délégués syndicaux désignés par voie conventionnelle, voir n° 42300.
Les représentants syndicaux au CSE central bénéficient également de la protection en ce qu'ils sont désignés parmi les représentants syndicaux ou les membres élus des CSE d'établissement, eux-mêmes protégés.

Sur le cas des membres d'un groupe spécial de négociation et d'un comité mis en place au niveau **européen**, voir n° 42205.
Sur la protection accordée aux **salariés mandatés** pour participer à une négociation dans les entreprises sans délégué syndical, voir n°s 82130 s.

ATTENTION

Jugé que les **salariés complétant une délégation syndicale** pour participer à une négociation d'entreprise ne bénéficient pas de la protection (CA Versailles 12-5-2005 n° 04-3930).

42260 **Désignation imminente** Le salarié est protégé s'il **prouve** que l'employeur a eu connaissance de l'imminence de sa désignation par une organisation syndicale à l'un des mandats visés au n° 42255 avant sa convocation à l'entretien préalable au licenciement.
L'employeur informé de la candidature imminente d'un salarié aux fonctions de représentant syndical au comité ne peut pas écarter l'existence de la protection au motif que cette désignation reste hypothétique car elle dépend du résultat des élections et du choix du syndicat (Cass. soc. 11-3-2020 n° 18-23.893 F-D : RJS 6/20 n° 304).

ILLUSTRATIONS

L'**employeur** a **connaissance** de l'imminence de la désignation du salarié dès lors que le délégué syndical sortant a indiqué, au cours d'une réunion en présence du responsable des ressources humaines, que l'intéressé le remplacerait dans son mandat (Cass. soc. 24-10-2007 n° 06-42.741 F-D), ou qu'il a été informé de la désignation par message électronique transmis, réceptionné et lu la veille de la convocation à l'entretien préalable au licenciement (CA Montpellier 28-10-2009 n° 09-1983). En revanche, le seul fait que le salarié ait obtenu l'autorisation de suivre une formation syndicale, sans démontrer l'existence de courriers adressés par un syndicat aux dirigeants de l'entreprise traduisant une volonté de le voir prochainement désigné à la fonction de représentant syndical, ne permet pas à l'intéressé de bénéficier de la protection (CA Versailles 14-5-2009 n° 08-1274).

CONDITIONS

42265 Le salarié ne bénéficie de la protection que si sa **désignation** est intervenue dans les conditions légales et n'est pas frauduleuse. La protection s'applique toutefois si l'employeur n'a pas contesté une désignation irrégulière dans le délai requis (CE 26-11-1990 n° 99113).
En cas d'**annulation** de la désignation par le syndicat ou par un juge, le salarié est privé de la protection, à compter de la décision d'annulation (Cass. soc. 4-3-2009 n° 08-41.408 FS-PB : RJS 5/09 n° 451 ; 11-10-2017 n° 16-11.048 FS-PB : RJS 12/17 n° 809 ; CE 7-10-2009 n° 322581 : RJS 2/10 n° 201).
Sur la protection, dans ce cas, en qualité d'ancien délégué syndical, voir n° 42270, c. Mais si le jugement d'annulation de la désignation est par la suite cassé de manière définitive, le **licenciement** du salarié intervenu sans autorisation est nul (Cass. soc. 28-10-1996 n° 95-40.994 P : RJS 12/96 n° 1286 ; 1-7-2020 n° 17-27.274 F-D : RJS 10/20 n° 484).
Le salarié n'est pas protégé si, au moment de l'**envoi de la convocation à l'entretien préalable** au licenciement, l'employeur n'avait pas connaissance de sa désignation (Cass. soc. 1-5-2005 n° 03-40.048 FS-P : RJS 5/05 n° 531 ; 6-12-2011 n° 10-18.071 F-D : RJS 2/12 n° 168), même si la date de l'entretien est ensuite reportée (Cass. soc. 2-12-2008 n° 07-45.540 FS-PB : RJS 2/09 n° 191). Lorsque l'entretien préalable n'est pas obligatoire, le salarié devrait également être protégé si l'employeur a connaissance de l'imminence de la désignation avant l'envoi de la lettre de licenciement, la décision rendue à propos des candidats aux élections professionnelles (n° 46030) étant à notre sens transposable.

ATTENTION

La protection est indépendante de l'**exercice effectif du mandat** (Cass. soc. 18-7-2000 n° 98-42.625 FS-P : RJS 11/00 n° 1112 ; 4-3-2009 n° 08-41.408 FS-PB : RJS 5/09 n° 451). Le salarié en bénéficie malgré une inaptitude physique faisant seulement obstacle à l'exercice de son travail (Cass. soc. 4-3-1998 n° 95.41.642 P : RJS 4/98 n° 493).

PÉRIODE DE PROTECTION

42270 Le salarié est protégé pour toute la durée de son mandat, **à compter du jour** où la lettre du syndicat (ou le fax : Cass. soc. 3-3-2021 n° 19-20.290 F-D : RJS 6/21 n° 322) notifiant sa désignation en qualité de délégué syndical ou de représentant syndical au CSE a été reçue par l'employeur. Pour être opposable en cas de contestation, la notification de la désignation du salarié doit avoir été effectuée dans les **formes** prévues par la loi : voir n°s 28095 s. (Cass. soc. 23-3-1977 n° 76-40.495 P ; 1-3-1979 n° 77-41.587 P).
L'**ancien délégué syndical** reste protégé pendant 12 mois à compter de la date de cessation de ses fonctions, s'il a exercé son mandat pendant au moins un an (C. trav. art. L 2411-3, al. 2). Il en est de même de l'**ancien représentant de section syndicale** (C. trav. art. L 2142-1-2).

L'**ancien représentant syndical** au CSE reste protégé pendant 6 mois à compter de l'expiration de son mandat ou de la disparition de l'institution, s'il a exercé ses fonctions pendant au moins 2 ans (C. trav. art. L 2411-5, al. 2).

> **Précisions a.** Si le salarié a exercé plusieurs **mandats successifs**, le bénéfice de la protection est fonction de la durée du **dernier mandat**, et non de la durée totale cumulée des mandats successifs (Cass. soc. 9-7-2014 n° 12-29.438 FS-PB : RJS 11/14 n° 792).
> **b.** Le salarié est protégé en qualité d'ancien délégué syndical s'il **démissionne de son mandat** (Cass. soc. 14-11-2012 n° 11-60.215 FS-D : RJS 2/13 n° 143). La démission prend effet à la date à laquelle l'employeur en prend connaissance, par exemple à la réception du courrier de démission (Cass. soc. 9-7-2014 n° 12-29.438 FS-PB : RJS 11/14 n° 792), et seulement si le syndicat désignataire en a été informé (voir n° 32550). Le salarié reste également protégé s'il perd ses fonctions sur décision de l'administration en cas de **baisse durable des effectifs** (Cass. soc. 25-1-2006 n° 04-41.240 F-PB : RJS 4/06 n° 471). S'agissant de la perte de la qualité d'**établissement distinct**, voir n° 42217.
> **c.** En cas d'**annulation du mandat** de délégué syndical, c'est à la date du **jugement d'annulation** que le mandat cesse et que la protection en qualité d'ancien délégué syndical commence à courir (Cass. soc. 3-4-2019 n° 17-28.880 F-D : RJS 6/19 n° 366).
> **d.** La période de protection est de 6 mois pour l'ancien élu au CSE désigné comme délégué syndical dans une **entreprise de moins de 50 salariés** dans les conditions mentionnées n°s 28400 s. (Cass. soc. 4-11-2020 n° 19-12.279 F-PB : RJS 1/21 n° 25).
> **e.** S'agissant de l'expiration automatique du mandat lors du **renouvellement du CSE**, voir n° 32520 pour le délégué syndical et n° 32805 pour le représentant syndical au CSE.

42275

EXEMPLE

Un salarié est régulièrement désigné délégué syndical, par une lettre du syndicat reçue par l'employeur le vendredi 12-4-2024. Il est protégé à compter de cette date. Si son mandat est révoqué par l'organisation syndicale le jeudi 10-4-2025, il n'est plus protégé à compter de cette date, car il a exercé ses fonctions pendant moins d'un an.
Si son mandat est révoqué le mercredi 23-4-2025, il bénéficie de la protection attachée à la qualité d'ancien délégué syndical pendant 12 mois, soit jusqu'au jeudi 23-4-2026 à minuit.

La question se pose de savoir quelle protection s'applique en cas de **cumul de mandats** assortis de protections différentes à leur expiration. À notre sens, le salarié devrait bénéficier des dispositions les plus favorables. Par exemple, le salarié cumulant un mandat de délégué syndical et de représentant de proximité prenant fin simultanément devrait bénéficier d'une protection de 6 mois si, n'ayant pas exercé ses fonctions pendant un an au moins, il n'est pas protégé en tant qu'ancien délégué syndical, et de 12 mois s'il remplit cette condition. Si le terme des mandats est décalé dans le temps, là encore, la solution la plus favorable au salarié devrait s'appliquer. 42280
S'agissant d'un ancien élu au CSE désigné comme délégué syndical dans une entreprise de moins de 50 salariés, voir n° 42270, d.

> **Précisions** Dans le cas particulier des **entreprises de moins de 300 salariés**, où le délégué syndical est de droit représentant syndical au CSE, la Cour de cassation a considéré que la protection de 6 mois dont bénéficie le représentant syndical au comité à l'issue de son mandat se confond avec la protection du délégué syndical à l'issue de son mandat (Cass. soc. 15-6-2011 n° 08-44.468 FS-D).

E. Représentant conventionnel

Sont protégés les délégués syndicaux, membres de la délégation du personnel du CSE et représentants de proximité institués par convention ou **accord collectif** (C. trav. art. L 2411-2), à **condition** que la représentation instaurée soit de même nature que la représentation légale (jurisprudence constante, notamment Cass. soc. 1-12-1993 n° 92-40.072 PBS : RJS 1/94 n° 52). 42300
Sont notamment visés les représentants institués soit en dessous des **seuils** légaux d'assujettissement, soit en supplément du **nombre** fixé par la loi ou le règlement (Circ. 25-10-1983 n° 5-1-1-1).
Bénéficient aussi de la protection prévue pour les délégués syndicaux en cas de licenciement les salariés membres des **commissions paritaires professionnelles** créées par accord collectif en application de l'article L 2234-1 du Code du travail, quelle que soit leur date de création (Cass. soc. 1-2-2017 n° 15-24.310 FS-PBRI : RJS 4/17 n° 274).

La protection s'applique, à notre sens, non seulement aux représentants du personnel en fonctions mais également aux candidats et anciens représentants élus ou désignés.

ILLUSTRATIONS

Sont protégés les délégués syndicaux titulaires et suppléants institués par accord collectif et chargés, au niveau du groupe, de fonctions similaires à celles des délégués syndicaux d'entreprise (Cass. soc. 23-10-2007 n° 06-44.438 FS-PB : RJS 1/08 n° 51).
En revanche, ne sont pas de même nature qu'une institution prévue par le Code du travail, et n'ouvrent pas droit au statut protecteur pour leurs membres, un comité interétablissements chargé de la gestion des réalisations et œuvres sociales décidées par les comités d'établissement (Cass. soc. 12-7-2006 n° 04-45.893 F-PB : RJS 10/06 n° 1094), un conseil de discipline (Cass. soc. 19-6-1991 n° 90-43.215 P-F : RJS 8-9/91 n° 977) ou une commission disciplinaire paritaire (Cass. soc. 22-1-2020 n° 18-21.206 FS-PB : RJS 4/20 n° 195).

42310

Protection des mandats extérieurs à l'entreprise

Le statut protecteur bénéficie sous certaines conditions aux salariés titulaires de mandats dits « extérieurs » à l'entreprise, dont l'employeur n'a pas nécessairement connaissance. Sont concernés notamment les mandats de **conseiller du salarié** (n° 89995), de **conseiller prud'homal**, de **défenseur syndical** (n° 12580), d'administrateur de caisse de **sécurité sociale** et de membre d'une **commission paritaire régionale interprofessionnelle** (n° 15290).

En cas de rupture du contrat de travail, sauf fraude (Cass. soc. 12-7-2017 n° 15-27.286 FS-PB : RJS 10/17 n° 656), l'intéressé bénéficie de cette protection s'il a informé l'employeur de son mandat au plus tard lors de l'**entretien préalable** à son licenciement (Cass. soc. 14-9-2012 n° 11-21-307 FS-PB : RJS 11/12 n° 883 ; 26-3-2013n° 11-28.269 FS-PB : RJS 6/13 n° 472) ou s'il prouve que l'employeur avait connaissance de son mandat (Cass. soc. 11-6-2013 n° 12-12.738 FS-PB : RJS 8-9/13 n° 622), cette connaissance s'appréciant à la date de la convocation à l'entretien préalable du salarié (Cass. soc. 13-1-2021 n° 19-17.489 FS-PI : RJS 3/21 n° 159). De même, en cas de **liquidation** judiciaire, le salarié ayant un mandat de conseiller du salarié est protégé à la condition que, postérieurement au placement en liquidation, le liquidateur ait été informé de ce mandat par l'intéressé lui-même, ou par tout autre moyen, au plus tard à la date de l'entretien préalable à son licenciement (CE 24-7-2019 n° 411058 : RJS 11/19 n° 642). Lorsque la rupture du contrat ne nécessite **pas d'entretien**, le salarié doit avoir informé l'employeur de l'existence de son mandat extérieur avant la notification de la rupture ou établir que l'employeur en avait connaissance (Cass. soc. 30-9-2015 n° 14-17.748 FS-PB : RJS 12/15 n° 787 ; 16-1-2019 n° 17-27.685 FS-PB : RJS 3/19 n° 169).

À titre d'**exemple**, l'employeur est considéré comme informé de l'existence du mandat extérieur à l'entreprise et doit respecter la procédure spéciale s'il en a eu connaissance à l'occasion d'une réunion d'une instance représentative du personnel (CE 24-7-2019 n° 411058 : RJS 11/19 n° 642) ou si le salarié a présenté des demandes de congé mentionnant comme motif l'exercice de ses fonctions de conseiller prud'homal (Cass. soc. 7-2-2018 n° 16-10.955 F-D).

S'il existe un doute sur la validité du statut protecteur dont le salarié a informé l'employeur ou le mandataire liquidateur, il appartient à ces derniers de vérifier si le mandat est toujours en cours (Cass. soc. 9-9-2020 n° 18-25.337 F-D : RJS 11/20 n° 547).

SECTION 2

EXÉCUTION DU CONTRAT DE TRAVAIL

43000 La loi et la jurisprudence encadrent l'exercice par l'employeur de son **pouvoir de direction** et de son **pouvoir disciplinaire** à l'égard des salariés protégés. Sur la protection contre la **discrimination** liée à l'exercice des fonctions représentatives, voir n°s 40010 s. Sur la **carrière** des représentants du personnel et sur l'entretien avec l'employeur dont ils peuvent bénéficier en début et en fin de mandat, voir n°s 35500 s.

A. Modification du contrat ou des conditions de travail

Aucune modification de son contrat de travail ou de ses conditions de travail ne peut être imposée à un salarié protégé (jurisprudence constante, notamment Cass. soc. 30-6-1993 n° 89-45.479 P : RJS 8-9/93 n° 890). L'employeur doit d'abord proposer la modification à l'intéressé, qui peut la refuser. Dans ce cas, l'employeur renonce à la modification ou engage la procédure spéciale de licenciement. **43020**

1. MODIFICATIONS VISÉES

L'employeur ne peut imposer au salarié protégé ni une **modification de son contrat** de travail, ni un **changement de ses conditions de travail**. Le salarié est donc en droit de refuser toute modification que lui propose son employeur, quelles qu'en soient l'importance, la nature ou la cause, et peu important les clauses du **contrat** de travail. L'employeur ne peut passer outre à ce principe, même s'il justifie d'un motif économique ou disciplinaire à l'appui de la modification proposée. **43030**

ILLUSTRATIONS

L'employeur ne peut pas imposer à un salarié protégé :
– son placement en **activité partielle** (Cass. crim. 7-2-1989 n° 88-80.510 P : RJS 4/89 n° 358 ; Cass. soc. 29-1-1992 n° 88-44.603 P ; 18-12-2012 n° 11-13.813 F-PB : RJS 3/13 n° 225) ;
– une **mise en disponibilité** avec maintien de sa rémunération (Cass. soc. 28-6-2006 n° 05-41.340 F-D : RJS 10/06 n° 1096), même si elle est prévue par le contrat de travail (Cass. soc. 14-11-2000 n° 99-43.270 F-P : RJS 1/01 n° 65) ;
– une baisse de sa rémunération résultant d'un nouveau décompte de son temps de travail après l'**annulation de sa convention de forfait annuel en heures** (Cass. soc. 13-9-2017 n° 15-24.397 FP-PB : RJS 11/17 n° 753) ;
– une affectation dans un nouveau service imposant au salarié d'utiliser un **logiciel spécifique** pour lequel il n'est pas formé (Cass. soc. 13-12-2017 n° 15-29.116 F-D : RJS 3/18 n° 199) ;
– une mutation géographique (Cass. soc. 2-5-2001 n° 98-44.624 FS-P : RJS 7/01 n° 889) ou un changement de secteur géographique (CE 23-12-2014 n° 364616 : RJS 3/15 n° 201), même si le contrat de travail contient une **clause de mobilité** (Cass. soc. 17-3-1993 n° 90-41.556 P : RJS 4/93 n° 423) ;
– une **réintégration dans ses fonctions antérieures** après l'échec d'une promotion assortie d'une période probatoire (Cass. soc. 30-9-2010 n° 08-43.862 FP-P : RJS 12/10 n° 957).

Par **exception**, la révocation d'un **usage**, si elle est régulière, s'impose au salarié (Cass. soc. 1-6-1994 n°s 91-43.935 D et 91-43.936 D : RJS 7/94 n° 879 ; CE 9-3-2005 n° 257768 : RJS 7/05 n° 760). S'agissant d'une **réduction négociée de la durée collective de travail** avec maintien du salaire antérieur, la Cour de cassation considère qu'elle s'impose au salarié protégé (Cass. soc. 26-2-2003 n° 01-43.027 FP-PBI : RJS 4/03 n° 469), alors que le Conseil d'État l'analyse comme une modification du contrat de travail dont le refus peut être justifié (CE 2-4-2012 n° 344059). **43031**

43032

Notion de modification du contrat ou des conditions de travail

Même si l'employeur ne peut imposer ni une modification du contrat ni un changement de ses conditions de travail à un salarié protégé, le refus de l'une ou l'autre de ces mesures n'emporte pas les mêmes **conséquences** : voir n°s 45700 s. Il est donc particulièrement important, tant pour l'employeur que pour le salarié, de savoir de quelle catégorie relève la mesure proposée.

Celle qui affecte un ou plusieurs **éléments essentiels du contrat de travail** du salarié constitue une modification du contrat. La loi ne définit pas ces éléments essentiels, mais la jurisprudence vise notamment la rémunération du salarié, sa durée de travail, sa qualification et la nature de ses fonctions.

En revanche, les mesures décidées par l'employeur dans le cadre de son **pouvoir de direction** constituent un simple changement des conditions de travail.

S'agissant du **lieu de travail**, en l'absence de clause contractuelle ou conventionnelle le précisant clairement, la modification de ce lieu constitue un simple changement des conditions de travail lorsqu'elle est effectuée à l'intérieur d'un même secteur géographique. Ce dernier s'apprécie, eu égard à la nature de l'emploi de l'intéressé, de façon objective, en fonction de la distance entre l'ancien et le nouveau lieu de travail ainsi que des moyens de transport disponibles. En revanche, tout déplacement du lieu de travail hors du secteur géographique initial constitue une modification du contrat de travail, sauf mention au contrat de travail d'une clause de mobilité (CE 23-12-2014 n° 364616 : RJS 3/15 n° 201) et sauf déplacements occasionnels ou fonctions impliquant par elles-mêmes une mobilité (CE 29-6-2020 n° 428694 : RJS 11/20 n° 548).

Le Conseil d'État a jugé que la modification des modalités de calcul de la part variable du **salaire** non fixées par le contrat de travail constitue un simple changement des conditions de travail si elle n'entraîne pas une baisse de la rémunération (CE 12-4-2023 n° 449229 : RJS 7/23 n° 391), alors que pour la Cour de cassation toute modification de la rémunération ou de son mode de calcul constitue une modification du contrat (Cass. soc. 3-7-2001 n° 99-42.761 FS-P : RJS 10/01 n° 1112 ; 14-12-2022 n° 21-17.171 F-D : RJS 3/23 n° 129), même si elle est minime (Cass. soc. 19-5-1998 n° 96-41.573 PB), ou si le nouveau mode de rémunération est plus avantageux pour le salarié (Cass. soc. 28-1-1998 n° 95-40.275 PBR : RJS 3/98 n° 274 ; 5-5-2010 n° 07-45.409 FS-PB : RJS 7/10 n° 583) ou si la modification ne porte que sur la part variable (Cass. soc. 16-2-1999 n° 96-45.013 D : RJS 4/99 n° 475 ; 8-1-2002 n° 99-44.467 FS-P : RJS 3/02 n° 264) et n'a aucune incidence sur la rémunération globale de l'intéressé (Cass. soc. 18-5-2011 n° 09-69.175 FS-PB : RJS 8-9/11 n° 659).

Pour plus de détails sur les notions de modification du contrat de travail ou des conditions de travail, voir Mémento social n°s 17335 s.

43035 Le salarié protégé ne saurait toutefois se soustraire au pouvoir de direction de l'employeur qui se borne à lui demander d'accomplir sa prestation de travail dans la limite des attributions qu'elle comporte. La prise d'acte de la rupture de son contrat par un salarié au **motif infondé** que l'employeur a modifié son contrat ou ses conditions de travail produit les effets d'une démission : ainsi jugé, par exemple, dans un cas où l'employeur demande exceptionnellement à un salarié protégé une tâche entrant dans ses attributions (Cass. soc. 10-5-1999 n° 97-41.497 P : RJS 6/99 n° 829), ou change simplement ses outils de travail (Cass. soc. 4-4-2006 n° 04-46.361 F-D).

CONSEIL

De son côté, le salarié ne peut pas **imposer à l'employeur une modification de son contrat** ou de ses conditions de travail. Lorsqu'un salarié sollicite la modification des conditions d'exécution de son travail, l'employeur est en effet libre d'accepter ou de refuser, sauf dispositions conventionnelles contraires. Cette demande doit toutefois être examinée loyalement par l'employeur, abstraction faite du mandat représentatif du salarié. À défaut, l'employeur pourrait, à notre sens, se voir reprocher une discrimination.

2. PROCÉDURE

PROPOSITION DE MODIFICATION

43050 L'employeur qui envisage de modifier le contrat ou les conditions de travail d'un salarié protégé doit respecter la procédure de droit commun, dont la mise en œuvre diffère selon le motif de sa décision.

Un projet de modification reposant sur un **motif économique** concernant plusieurs salariés doit préalablement être soumis à l'avis du CSE (voir n°s 89790 s.). Sauf disposition conventionnelle contraire, cette consultation ne s'impose pas si le salarié protégé est seul concerné. L'employeur doit ensuite proposer la modification à l'intéressé par lettre recommandée avec avis de réception, en l'informant précisément de la mesure envisagée et de ses conséquences (C. trav. art. L 1222-6).

Lorsque la modification du contrat ou des conditions de travail envisagée par l'employeur résulte de l'application d'une **sanction disciplinaire**, l'employeur doit respecter la procédure exposée n°s 43240 s. Sur l'hypothèse où le salarié acquiert un mandat en cours de procédure, voir n° 43100.

Dans les **autres cas** de modification, et sauf disposition conventionnelle contraire, l'information du salarié est obligatoire mais n'est soumise à aucune condition particulière de forme. L'employeur a toutefois intérêt à signifier sa proposition au salarié protégé par lettre remise en main propre contre récépissé ou lettre recommandée avec avis de réception, pour des raisons de preuve.

Dans sa lettre, l'employeur doit indiquer au salarié le **délai** qui lui est imparti pour faire connaître sa réponse. L'administration recommande de laisser au salarié un délai minimal de 15 jours (Inst. 30-7-1993).

ATTENTION

En cas de proposition de modification pour **motif économique**, l'article L 1222-6 du Code du travail impose à l'employeur de mentionner dans sa lettre que le salarié dispose d'un **délai** d'un mois pour faire connaître son refus (15 jours en cas de procédure collective), et prévoit qu'à défaut de réponse dans ce délai le salarié est réputé avoir accepté la modification. Jugé que pour un salarié protégé, la disposition sur l'accord tacite ne s'applique pas et que l'absence de réponse vaut refus (CAA Paris 24-11-2014 n° 13-4560).

ACCEPTATION DU SALARIÉ

Le salarié qui accepte la modification proposée doit le faire de manière **expresse** (Cass. soc. 18-12-2012 n° 11-13.813 F-PB : RJS 3/13 n° 225). La poursuite de l'exécution du contrat de travail aux nouvelles conditions sans protestation ni réserve ne vaut pas acceptation (Cass. soc. 13-1-1999 n° 97-41.519 D : RJS 2/99 n° 234 ; 11-2-2009 n° 07-43.948 F-D : RJS 4/09 n° 379 ; 15-2-2023 n° 21-20.572 F-B : RJS 5/23 n° 238). **43055**

En pratique, l'employeur a donc tout intérêt à recueillir l'accord du salarié par écrit et à rédiger un avenant au contrat de travail (Inst. 30-7-1993).

Sauf vice du consentement, le salarié qui a accepté la modification de son contrat ne peut pas exiger un **retour aux conditions** de travail antérieures (Cass. soc. 26-9-2012 n° 10-27.942 F-D : RJS 12/12 n° 969). La mutation dans un autre établissement de l'entreprise, acceptée par le salarié protégé, met fin à ses mandats exercés dans cet établissement : il bénéficie alors seulement de la protection en qualité d'ancien représentant (Cass. soc. 3-11-2016 n° 15-16.026 FS-PB : RJS 1/17 n° 40).

REFUS DU SALARIÉ

Si le salarié protégé refuse la modification de son contrat ou de ses conditions de travail, l'employeur doit soit le maintenir dans ses fonctions, soit engager la procédure spéciale de licenciement (jurisprudence constante, notamment : Cass. soc. 21-11-2006 n° 04-47.068 FS-PB : RJS 2/07 n° 244). **43060**

Forme du refus Si le salarié n'a pas expressément accepté la modification proposée, celle-ci ne s'applique pas. Un **comportement équivoque** du salarié équivaut à un refus : par exemple, la contestation d'une mutation géographique (Cass. soc. 2-5-2001 n° 98-44.624 FS-P : RJS 7/01 n° 889) ou la formulation d'arguments juridiques s'opposant à la proposition de modification (Cass. soc. 20-3-2013 n° 11-27.806 F-D : RJS 5/13 n° 349). **43065**

Maintien du salarié dans ses fonctions L'employeur qui se voit opposer un refus peut **renoncer à mettre en œuvre la modification** du contrat ou des conditions de travail envisagée. Le salarié doit alors être maintenu dans ses fonctions et conserver sa rémunération. **43070**

En aucun cas, le salarié ne peut être considéré comme responsable de la rupture du contrat de travail (Cass. soc. 20-4-2005 n° 02-47.391 F-D) ni être sanctionné en dehors de la procédure spéciale de licenciement (Cass. soc. 6-4-1999 n° 97-40.499 P : RJS 5/99 n° 698 ; 6-7-2011 n° 10-13.960 F-D).

ATTENTION

Lorsqu'un salarié protégé refuse la modification de son contrat ou le changement de ses conditions de travail et que l'employeur est dans l'**impossibilité de le maintenir dans ses fonctions** (par exemple, à l'issue d'une mise en disponibilité), l'intéressé doit conserver tous les éléments de sa rémunération antérieure, y compris celle versée au titre d'heures supplémentaires et de travail de nuit (Cass. soc. 11-1-2012 n° 10-27.109 FS-D : RJS 3/12 n° 271). Le salarié ne peut pas être **laissé sans affectation** trop longtemps : si l'employeur ne parvient pas à le reclasser dans un autre poste, il doit engager la procédure de licenciement. À défaut, il peut être reconnu coupable de discrimination envers l'intéressé : voir n° 40155.

Engagement de la procédure de licenciement L'employeur qui ne peut pas ou ne souhaite pas poursuivre l'exécution du travail aux conditions antérieures doit engager la procédure spéciale de licenciement : voir n°s 45700 s. **43075**

3. MODIFICATION IMPOSÉE AU SALARIÉ

Le salarié protégé qui se voit appliquer sans son accord une modification de son contrat de travail ou un changement de ses conditions de travail peut demander à être rétabli dans ses fonctions antérieures ou solliciter la rupture de son contrat aux torts de l'employeur. C'est à la date à laquelle la modification est notifiée au salarié que s'apprécie l'existence du statut protecteur, y compris lorsque la modification a été décidée à titre de sanction disciplinaire et que le salarié n'était pas protégé au moment de la convocation à l'entretien préalable à sanction (Cass. soc. 4-10-2023 n° 22-12.922 F-B : RJS 12/23 n° 654). **43100**

ATTENTION

Toute modification du contrat ou des conditions de travail imposée à un salarié protégé constitue un **délit d'entrave**. L'employeur ne peut s'exonérer de sa responsabilité pénale que s'il prouve la pleine justification de cette mesure (jurisprudence constante, notamment Cass. crim. 22-11-2005 n° 04-87.021 F-PF : RJS 2/06 n° 240).

RÉINTÉGRATION DANS SON EMPLOI

43105 Le salarié protégé qui se voit imposer une modification de son contrat ou de ses conditions de travail peut exiger sa réintégration dans son emploi, au besoin devant le conseil de prud'hommes en référé (Cass. soc. 30-4-1997 n° 95-40.573 P : RJS 6/97 n° 706 ; 28-6-2006 n° 05-41.340 F-D : RJS 10/06 n° 1096).

La réintégration doit se faire dans le même poste et aux mêmes conditions ou, en cas d'impossibilité absolue, dans un poste équivalent (Cass. soc. 16-12-1998 n° 97-45.921 D : RJS 2/99 n° 235). Le salarié a droit, le cas échéant, à un **rappel de salaire** (Cass. soc. 18-6-1996 n° 94-44.653 PF : RJS 8-9/96 n° 944 ; 6-7-1999 n° 97-41.824 D : RJS 10/99 n° 1267). Il peut en outre prétendre à des **dommages et intérêts** en réparation de son préjudice (Cass. soc. 24-4-2003 n°s 01-46.969 F-D et 02-41.308 F-D : RJS 7/03 n° 911).

> **Précisions** Si le salarié titulaire d'un mandat représentatif est **fonctionnaire** et représente à la fois des agents de droit public et des salariés de droit privé, comme c'est le cas dans certaines entreprises à statut, le juge administratif, le cas échéant en référé, est compétent pour examiner sa demande (Cass. soc. 17-5-2011 n° 10-15.577 FS-PB : RJS 8-9/11 n° 732).

RUPTURE DU CONTRAT AUX TORTS DE L'EMPLOYEUR

43110 S'il ne souhaite pas être réintégré, le salarié peut demander au juge de prononcer la **résiliation judiciaire** de son contrat de travail (Cass. soc. 15-2-2006 n° 03-42.510 FS-PB : RJS 5/06 n° 602) ou **prendre acte de la rupture** (Cass. soc. 5-5-2010 n° 08-44.895 F-D : RJS 7/10 n° 608), selon les modalités exposées n°s 46730 s. Si les manquements de l'employeur sont suffisamment graves pour empêcher la poursuite du contrat, ce qu'il incombe au juge de vérifier (Cass. soc. 25-11-2015 n° 14-14.342 F-D : RJS 2/16 n° 139 ; 3-5-2016 n° 14-24.252 FS-D : RJS 7/16 n° 509), la rupture est prononcée à ses torts et produit les effets d'un licenciement nul. Tel est le cas si le salarié protégé se voit imposer une redéfinition de ses missions induisant une réduction importante de sa rémunération (Cass. soc. 12-11-2015 n° 14-16.369 FS-PB : RJS 1/16 n° 44).

B. Suspension du contrat de travail

43150 Le contrat de travail du salarié protégé peut être suspendu en cours d'exécution de son mandat : arrêt de travail pour maladie ou accident, maternité, paternité ou adoption, congés ou absences autorisées, formation, grève, détention provisoire, mise à pied... La question de l'incidence de ces périodes sur la protection se pose.

Sur la possibilité, pour un salarié dont le contrat est suspendu : de se présenter aux élections, voir n° 25070 ; d'être désigné délégué syndical, voir n° 27935.

MAINTIEN DE LA PROTECTION

43155 En principe, la suspension du contrat de travail d'un représentant du personnel n'a pas pour effet de suspendre son mandat : voir n° 31655. Le salarié conserve par conséquent la protection attachée à son statut.

Mais la suspension du contrat de travail ne permet pas de **prolonger** la durée de la protection accordée aux anciens représentants du personnel. Ainsi jugé en cas de maladie (Cass. soc. 18-3-1986 n° 83-45.150 S) et de congé parental (Cass. crim. 25-6-1985 n° 84-91.111 P).

TERME DE LA PÉRIODE DE SUSPENSION

43160 À l'issue de la période de suspension de son contrat de travail, le salarié protégé doit être réintégré dans son emploi et continuer d'exercer son mandat si celui-ci est toujours en cours. Si l'employeur lui propose une **réintégration** dans un poste emportant modification du contrat ou des conditions de travail, l'intéressé est en droit de le refuser : voir n°s 43020 s.

43165 Lorsque le salarié protégé est victime d'une **maladie ou** d'un **accident**, professionnel ou non, les règles de droit commun s'appliquent :

– si l'intéressé doit être soumis à une **visite médicale de reprise** obligatoire, seule cette visite met fin à la période de suspension du contrat de travail ;

– le salarié protégé **déclaré apte** à l'issue de la visite de reprise doit être réintégré dans son emploi ou, si ce dernier n'existe plus ou n'est plus disponible, dans un emploi similaire assorti d'une rémunération équivalente et tenant compte, le cas échéant, des préconisations du médecin du travail ;
– s'il est **déclaré inapte**, l'employeur doit, sauf avis contraire exprès du médecin du travail, tenter de le reclasser dans un autre poste, aussi comparable que possible à celui occupé avant la suspension du contrat de travail selon les modalités exposées nos 45755 s.

Pour plus de détails sur ces différentes situations, voir Mémento social nos 285 s. (accident du travail ou maladie professionnelle) et Mémento social nos 49845 s. (maladie ou accident non professionnel).

Sur l'obligation pour l'employeur de **consulter** le CSE sur le reclassement du salarié déclaré inapte par le médecin du travail, voir nos 56762 s.

Sur les conditions de **rupture du contrat de travail** du salarié protégé déclaré inapte, voir nos 45770 s.

ATTENTION

L'employeur se rend coupable d'un **délit d'entrave** en tenant délibérément un représentant du personnel éloigné de l'entreprise et de l'exercice de sa mission en s'obstinant à lui proposer pendant plusieurs mois un **poste incompatible avec son état de santé** (Cass. crim. 26-10-2010 n° 09-87.671 F-D : RJS 3/11 n° 249).

RUPTURE DU CONTRAT PENDANT LA PÉRIODE DE SUSPENSION

Protections particulières Pendant une période de suspension du contrat de travail résultant d'un **accident du travail ou d'une maladie professionnelle**, l'employeur ne peut rompre le contrat de travail du salarié protégé, en respectant la procédure spéciale (nos 45070 s.), que s'il justifie d'une faute grave de ce dernier ou d'une impossibilité de maintenir le contrat pour un motif étranger à l'accident ou à la maladie (C. trav. art. L 1226-9 ; voir Mémento social nos 265 s.). 43170

Les mêmes principes s'appliquent en cas de **mise en quarantaine** dans le cadre d'une mesure d'état d'urgence sanitaire (C. trav. art. L 1226-9-1), la nullité de la rupture n'étant toutefois pas expressément prévue.

La même protection s'applique pour la **mère**, pendant sa **grossesse**, ainsi que pendant les 10 semaines suivant l'expiration du congé maternité ou, le cas échéant, des congés payés pris immédiatement après (C. trav. art. L 1225-4). Le **père** est protégé pendant les 10 semaines suivant la naissance de son enfant (C. trav. art. L 1225-4-1).

La rupture du contrat de travail de la mère est strictement interdite pendant le **congé maternité** et, le cas échéant, les congés payés pris immédiatement après, ainsi que pendant le **congé d'adoption**, pour les deux parents (C. trav. art. L 1225-4 et art. L 1225-38).

Tout licenciement en méconnaissance des dispositions ci-dessus relatives à la maternité, la paternité et l'adoption est nul (C. trav. art. L 1225-70).

Sur ces situations, voir Mémento social nos 51280 s.

Autres cas de suspension Le contrat de travail du salarié protégé peut être rompu pour une cause autre que celle ayant entraîné la suspension, y compris en cas de **maladie** ou de **congé parental d'éducation**, à condition de respecter la **procédure** spéciale de rupture (nos 45070 s.). Par exemple, l'autorisation de l'inspecteur du travail doit être sollicitée pour licencier un salarié protégé dont le contrat de travail est suspendu en raison de l'exercice de fonctions de mandataire social (Cass. soc. 13-1-1999 n° 97-40.353 D). Sur le licenciement du salarié protégé dont les absences prolongées ou répétées pour maladie imposent le remplacement définitif, voir nos 45785 s. 43175

ILLUSTRATIONS

Pendant la période de suspension du contrat, le salarié reste notamment tenu à ses **obligations de loyauté et de discrétion** envers l'employeur. La faute est suffisamment grave pour justifier le licenciement si, pendant un congé maladie, le salarié protégé accomplit des travaux sur le chantier d'une entreprise concurrente (CE 11-5-1987 n° 77747). En revanche, la participation de l'intéressé à un stage de formation pour l'encadrement de centres de vacances, puis l'exercice bénévole de ces fonctions pendant des congés de maladie pour dépression ne justifient pas la rupture (CE 9-11-2005 n° 261874 : RJS 2/06 n° 244).

C. Pouvoir disciplinaire de l'employeur

43200 Les fonctions représentatives d'un salarié ne doivent jamais constituer un motif avoué ou dissimulé de sanction. L'exercice par l'employeur de son pouvoir disciplinaire dans ce but est discriminatoire et constitue un délit d'entrave.

Pour autant, le salarié protégé coupable d'un **manquement aux règles de discipline ou à ses obligations professionnelles** peut faire l'objet d'une sanction disciplinaire (Cass. crim. 25-5-1982 n° 81-93.443 ; Cass. soc. 29-6-1979 n° 78-40.229 P).

Le pouvoir disciplinaire de l'employeur est strictement encadré en cas de **grève** : voir n°s 86220 s.

ATTENTION

La **responsabilité de l'employeur** peut se trouver engagée pour des faits commis par un représentant du personnel. Il a ainsi été jugé que l'employeur est civilement responsable du délit de **harcèlement moral** commis par un tel représentant à l'égard d'un autre salarié, notamment lors de réunions du comité. Les faits, connus de la direction, étant étrangers au mandat détenu par l'intéressé ainsi qu'à la défense des intérêts des salariés, l'employeur aurait dû faire usage de son pouvoir disciplinaire pour les faire cesser (Cass. crim. 28-5-2013 n° 11-88.009 F-PB : RJS 11/13 n° 721).

1. ABSENCE D'IMMUNITÉ DISCIPLINAIRE

FAUTE DANS L'EXÉCUTION DU CONTRAT DE TRAVAIL

43210 Comme tout autre salarié, le représentant du personnel est soumis au pouvoir disciplinaire de l'employeur dans l'exécution de son contrat de travail. Les actes ou abstentions fautifs avérés, personnellement imputables au salarié et constituant une violation des obligations découlant du contrat de travail ou des relations de travail, peuvent faire l'objet d'une sanction.

La sanction prononcée par l'employeur doit toutefois être dépourvue de tout **lien avec l'exercice des fonctions représentatives**.

ILLUSTRATIONS

L'employeur peut légitimement sanctionner un représentant du personnel dont le rendement est notoirement insuffisant, dès lors qu'il le fait sans discrimination, sans détournement de pouvoir et dans l'exercice de son pouvoir de direction de l'entreprise (Cass. soc. 21-7-1993 n° 91-40.432 D). En revanche, la sanction doit être annulée si la baisse de rendement reprochée au salarié résulte du temps qu'il a dû consacrer à ses fonctions représentatives en raison du contexte social de l'époque dans l'entreprise (Cass. soc. 15-12-1988 n° 85-46.513 D).

FAUTE COMMISE DANS LE CADRE DU MANDAT OU DE LA VIE PRIVÉE

43212 Un fait commis par le salarié protégé en dehors de l'exécution de son contrat de travail ne peut pas faire l'objet d'une sanction disciplinaire sauf s'il traduit un manquement à ses **obligations professionnelles** envers l'employeur. Sont concernés les faits commis dans l'exercice du mandat ou relevant de sa vie privée.

ATTENTION

Si les faits ne caractérisent pas un manquement aux obligations découlant du contrat de travail, mais que le comportement du salarié cause un **trouble objectif dans l'entreprise**, l'employeur peut envisager un licenciement motivé par ce trouble, mais qui n'a pas un caractère disciplinaire : voir n° 45850.

43215 **Sanction discriminatoire** Dans l'exercice de son mandat comme dans sa vie privée, le représentant du personnel ne se trouve pas dans un **lien de subordination** avec l'employeur : en principe, son comportement ne peut pas justifier le prononcé d'une sanction (Cass. soc. 12-1-2016 n° 13-26.318 FS-PB : RJS 3/16 n° 192 ; 22-11-2017 n° 16-12.109 F-D : RJS 2/18 n° 124), sauf à prouver un manquement de l'intéressé aux obligations découlant de son contrat de travail ou un abus (n° 43220). À défaut d'une telle preuve, la sanction infligée au représentant du personnel est discriminatoire, car elle se rattache à l'exercice du mandat, et doit être annulée.

ILLUSTRATIONS

Doit être annulé l'avertissement sanctionnant le **retard** d'un salarié à une réunion du comité d'entreprise européen, car ce fait concerne l'exercice de son mandat représentatif (Cass. soc. 30-6-2010 n° 09-66.792 FS-PB : RJS 10/10 n° 792) ou celui motivé par des **propos** tenus par le salarié pendant une réunion commerciale en sa qualité de représentant du personnel pour la défense d'une collègue sanctionnée à la suite d'un différend avec un client (Cass. soc. 11-12-2019 n° 18-16.713 F-D : RJS 2/20 n° 100). De même, le trésorier d'un CSE ne peut pas être sanctionné par l'employeur pour avoir effectué des **dépenses** personnelles avec des chèques du comité (Cass. soc. 4-7-2000 n° 97-44.846 FS-P : RJS 11/00 n° 1109).

Manquement aux obligations professionnelles ou abus Le salarié qui commet un abus dans l'**exercice de son mandat** traduisant la méconnaissance d'une obligation découlant du contrat de travail encourt une sanction disciplinaire. 43220

ILLUSTRATIONS

L'employeur peut notifier un blâme au membre du CSE qui, au cours d'une réunion, adopte un **comportement violent et agressif** à l'égard du directeur des ressources humaines et l'empêche de présenter les dossiers à l'ordre du jour (Cass. soc. 2-7-2015 n° 14-15.829 F-D : RJS 11/15 n° 711). De même est justifiée la mise à pied disciplinaire prononcée à l'encontre d'un représentant ayant **perturbé l'entretien** informel auquel était convoquée une salariée et pour lequel celle-ci ne souhaitait pas être assistée, en tentant de forcer la porte du bureau dans lequel cet entretien se déroulait et en provoquant une bousculade (Cass. soc. 23-10-2019 n° 17-28.429 F-D : RJS 1/20 n° 33).

Constitue également une faute pouvant justifier une sanction disciplinaire allant jusqu'au licenciement le fait, pour un salarié protégé :

– de commettre délibérément un acte de **violence** sur la personne d'un collègue pendant une suspension de séance du CSE, en méconnaissance de son obligation de ne pas porter atteinte, dans l'enceinte de l'entreprise, à la **sécurité** d'autres membres du personnel (CE 27-3-2015 n° 368855 : RJS 6/15 n° 425) ;

– d'**utiliser ses heures de délégation** pour exercer une autre activité professionnelle (CE 27-3-2015 n°s 371174 : RJS 6/15 n° 425), pour justifier une absence pour motif personnel (Cass. soc. 13-1-2021 n° 19-20.781 F-D : RJS 3/21 n° 160), pour se rendre à la chasse (CE 22-2-1989 n° 66598) ou pour participer à des travaux dans un immeuble en réfection (CE 15-5-1996 n° 132350), en violation de son obligation de loyauté à l'égard de l'employeur ;

– de se rendre coupable de **harcèlement moral** à l'égard d'un autre représentant du personnel, à l'occasion de leurs activités syndicales communes (CE 29-6-2016 n° 387412 : RJS 11/16 n° 710).

Un agissement commis par un salarié protégé **en dehors du lieu et du temps de travail** peut également justifier une sanction s'il traduit la méconnaissance par l'intéressé d'une obligation contractuelle. 43225

ILLUSTRATIONS

Le fait de s'introduire dans la messagerie électronique d'un collègue à son insu et de **détourner des messages personnels**, en méconnaissance de l'obligation de loyauté découlant du contrat de travail (CE 10-7-2019 n° 408644 : RJS 10/19 n° 582), est susceptible de faire l'objet d'une sanction disciplinaire. De même, le fait de travailler pour un **concurrent** pendant un arrêt maladie peut constituer un manquement à l'obligation de **loyauté** justifiant le licenciement, s'il en résulte un préjudice pour l'employeur (CE 4-2-2022 n° 438412 : RJS 4/22 n° 198).

2. PROCÉDURE DISCIPLINAIRE

L'employeur qui envisage de prononcer une sanction à l'encontre d'un salarié protégé doit respecter une procédure encadrée par de strictes conditions de délai. Sauf si la sanction envisagée est un licenciement (voir n°s 45560 s.), l'employeur peut appliquer la mesure disciplinaire au salarié sans solliciter l'autorisation de l'inspecteur du travail. 43240

ATTENTION

Les **conventions et accords collectifs** peuvent prévoir des garanties procédurales en faveur des salariés : saisine d'un conseil de discipline, avis d'un supérieur hiérarchique, accès au dossier disciplinaire... Ces règles se cumulent avec la procédure de droit commun et doivent impérativement être respectées par l'employeur. À défaut, le salarié peut obtenir des dommages et intérêts, voire l'annulation de la sanction.

DATE DE MISE EN ŒUVRE DE LA PROCÉDURE

L'employeur doit engager la procédure disciplinaire dans le **délai de 2 mois** suivant la date à laquelle il a connaissance des faits qu'il reproche au salarié protégé (C. trav. art. L 1332-4). 43245

Le point de départ de ce délai est le jour où l'employeur a une connaissance exacte de la réalité, de la nature et de l'ampleur de ces faits (CE 20-4-2005 n° 254909 : RJS 8-9/05 n° 869) : il peut donc, si nécessaire, procéder à des vérifications. Dès qu'il a une connaissance suffisante des faits pour apprécier la gravité de la faute commise, il dispose de 2 mois pour convoquer le salarié à l'entretien préalable (n° 43260) ou lui notifier, le cas échéant, une mise à pied conservatoire (n° 43272).

Ce délai est **interrompu** si des poursuites **pénales** sont engagées pour ces mêmes faits à l'intérieur de ce même délai, par l'employeur lui-même (CE 8-6-1990 n° 76102 : RJS 8-9/90 n° 697) ou par toute autre personne (CE 10-7-2019 n° 408644 : RJS 10/19 n° 582). En revanche, il n'est pas suspendu par la maladie ou l'accident professionnel du salarié.

CONSEIL

Si l'employeur envisage de prononcer un **avertissement ou une autre sanction de même nature** qui n'a pas d'incidence sur la présence du salarié dans l'entreprise, sa fonction, sa carrière ou sa rémunération, il n'est pas légalement tenu de recevoir l'intéressé en entretien préalable (C. trav. art. L 1332-2). Mais, à notre sens, le respect de cette formalité est conseillé s'agissant des salariés protégés.

43250 Le **délai** d'engagement des poursuites, **calculé** de date à date, expire à minuit 2 mois après que l'employeur a eu connaissance des faits. À défaut de date identique, le délai expire le dernier jour du mois. Si le dernier jour du délai tombe un samedi, un dimanche ou un jour férié ou chômé, le délai est prorogé jusqu'au premier jour ouvrable suivant (C. trav. art. R 1332-4).

EXEMPLE

Si l'employeur est informé de la faute commise par le salarié protégé le vendredi 5-1-2024, la procédure disciplinaire peut être engagée jusqu'au mardi 5-3-2024 à minuit.
S'il en est informé le mercredi 24-1-2024, le délai d'engagement de la procédure disciplinaire expire en principe le dimanche 24-3-2024 : il est prorogé jusqu'au lundi 25-3-2024 à minuit.

43255 Si l'employeur laisse le délai de 2 mois s'écouler, la **faute** est **prescrite** et ne peut plus justifier une sanction (CE 16-6-1995 n°s 156025 : RJS 8-9/95 n° 912). Si toutefois le salarié commet une **nouvelle faute** procédant du même comportement, ou que son attitude fautive persiste, l'employeur peut invoquer des faits prescrits (CE 14-10-2009 n° 309344). Par exemple, des faits répétés d'insubordination ou une absence injustifiée qui se prolonge peuvent être pris en compte par l'employeur. Sur la persistance d'un comportement fautif après l'expiration de la période de protection du salarié, voir n° 45030.

ENTRETIEN PRÉALABLE

43260 L'employeur **convoque** le salarié protégé à un entretien par **lettre** remise en main propre contre récépissé ou lettre recommandée avec avis de réception, indiquant précisément l'objet de la convocation, la date, l'heure et le lieu de l'entretien. Le salarié doit être informé qu'il peut être **assisté** par une personne de son choix appartenant au personnel de l'entreprise (C. trav. art. L 1332-2, al. 1 et 2 et R 1332-1) ou, le cas échéant, au personnel de l'UES dont relève l'entreprise (voir n° 45105).
Au **cours de l'entretien**, l'employeur informe le salarié du motif de la sanction envisagée et recueille ses explications (C. trav. art. L 1332-2, al. 3).

CONSEIL

Bien que la loi ne fixe pas de **délai minimal** entre la date de la convocation et celle choisie pour l'entretien, ce délai doit permettre au salarié de préparer sa défense. Jugé, par exemple, qu'un délai de 4 jours était insuffisant (Cass. soc. 14-12-1995 n° 94-41.785 P : RJS 2/96 n° 103). L'employeur doit, à notre sens, s'inspirer des règles de procédure applicables en matière de licenciement et laisser au salarié au moins 5 jours ouvrables pour se préparer. Le **point de départ** de ce délai se situe à la date de présentation de la convocation au salarié (Cass. soc. 2-7-2015 n° 14-15.829 F-D : RJS 11/15 n° 711) : date de première présentation au domicile en cas d'envoi d'une lettre recommandée, ou date de remise en main propre contre récépissé.

CHOIX DE LA SANCTION

43265 Généralement, les sanctions sont **classées** dans l'ordre croissant suivant :
– avertissement ou blâme ;
– mise à pied disciplinaire ;
– mutation ;
– rétrogradation ;
– rupture du contrat de travail.
L'employeur peut en principe faire son choix parmi ces mesures. S'il est tenu d'élaborer un **règlement intérieur**, il ne peut prononcer que les sanctions qui y sont prévues (Cass. soc. 26-10-2010 n° 09-42.740 FS-PBRI : RJS 1/11 n° 39). S'il a manqué à son obligation d'élaborer le règlement intérieur, toute sanction autre que le licenciement est illicite (Cass. soc. 23-3-2017 n° 15-23.090 FS-PB : RJS 6/17 n° 389).
Sur la **rupture** pour motif disciplinaire du contrat à durée indéterminée du salarié protégé, voir n°s 45560 s. ; pour le contrat à durée déterminée, voir n°s 46635 s.

43270 L'employeur est libre de choisir, parmi les sanctions mentionnées ci-dessus, celle qui lui paraît adaptée au comportement du salarié, à condition toutefois qu'elle soit **proportionnée** à la faute

commise. Sous cette réserve, il peut, dans le cadre de son **pouvoir d'individualisation de la sanction** disciplinaire, sanctionner différemment des salariés ayant participé à une même faute (jurisprudence constante, notamment Cass. soc. 1-2-1995 n° 91-44.908 P : RJS 3/95 n° 233) ou ne pas sanctionner un ou plusieurs d'entre eux. S'agissant d'un salarié protégé, il doit toutefois veiller à ne pas commettre de discrimination.
En pratique, pour apprécier le **degré de gravité** de la faute, l'employeur peut retenir des circonstances atténuantes ou aggravantes : éléments tenant à la personne du salarié protégé (ancienneté, difficultés d'ordre personnel, état de santé, fonctions occupées...), contexte de la faute commise (fait isolé ou comportement répété, attitude de l'encadrement, climat social de l'entreprise, présence de témoins, tolérance antérieure pour des faits de même nature...), ou encore nature de la faute (modicité d'un vol, par exemple). L'employeur ne peut pas sanctionner une pratique qu'il a tolérée pendant plusieurs années (Cass. soc. 14-9-2016 n° 15-13.740 F-D : RJS 11/16 n° 709). Enfin, il ne doit en aucun cas tenir compte du statut de représentant du personnel du salarié pour prendre sa décision.

ATTENTION

L'employeur peut décider de **renoncer à la sanction** envisagée même s'il a obtenu l'autorisation administrative de licencier le salarié pour motif disciplinaire (Cass. soc. 17-6-2009 n° 08-41.648 FS-D : RJS 8-9/09 n° 713).
Si l'inspecteur du travail a refusé d'autoriser le licenciement de l'intéressé, l'employeur conserve le droit de prononcer une sanction autre qu'un licenciement pour les mêmes faits (Cass. crim. 4-4-1995 n° 93-80.312 P : RJS 6/95 n° 666).

L'employeur qui reproche au salarié une **faute grave ou lourde** peut prononcer une **mise à pied conservatoire**, qui constitue non pas une sanction disciplinaire mais une mesure conservatoire permettant l'exclusion temporaire de l'intéressé dans l'attente de la décision administrative autorisant ou refusant son licenciement : cette mesure, propre à la procédure de **licenciement**, obéit à des règles spécifiques étudiées n°s 45630 s. **43272**
Si, après avoir envisagé un licenciement pour faute grave et prononcé une mise à pied conservatoire à l'encontre d'un délégué syndical, l'employeur opte pour une **sanction plus légère**, l'absence de notification de la mise à pied à l'inspection du travail dans le délai requis (n° 45647) entraîne la nullité de cette mise à pied mais n'affecte pas la régularité de la sanction prise par l'employeur (Cass. soc. 18-1-2017 n° 15-24.599 F-D : RJS 3/17 n° 180).

NOTIFICATION DE LA SANCTION

La sanction choisie doit être notifiée au salarié par **lettre** remise en main propre contre récépissé ou lettre recommandée. Cette lettre doit préciser les motifs qui la justifient (C. trav. art. L 1332-2, al. 4 et R 1332-2). **43275**
La lettre doit être expédiée ou remise au salarié au minimum 2 jours ouvrables après la date de l'entretien préalable et, au plus tard, un mois après cette date (C. trav. art. L 1332-2, al. 4). Ce délai d'un mois est calculé de la manière indiquée n° 43250.

EXEMPLE

Le jeudi 7-3-2024, un salarié protégé injurie devant témoins son supérieur hiérarchique. L'employeur le convoque le vendredi 8-3-2024, par lettre remise en main propre contre récépissé, à un entretien préalable devant se tenir le lundi 18-3-2024. Au cours de cet entretien, il lui expose les raisons l'amenant à envisager de lui infliger une sanction disciplinaire.
L'employeur choisit de sanctionner le salarié par un avertissement. Il ne peut pas lui notifier cette sanction moins de 2 jours ouvrables et plus d'un mois après l'entretien préalable. Celui-ci ayant eu lieu le lundi 18-3-2024, la lettre de notification peut être remise ou expédiée à compter du jeudi 21-3-2024. L'employeur peut notifier la sanction jusqu'au jeudi 18-4-2024 à minuit.

EXÉCUTION DE LA SANCTION

La loi n'impose pas de **délai** pour l'exécution de la sanction, une fois celle-ci notifiée au salarié. L'employeur a néanmoins intérêt à la mettre en œuvre dans un délai raisonnable : à défaut, il pourrait être considéré comme ayant renoncé à la mesure. **43280**
Si le salarié se voit infliger une sanction n'ayant pas d'incidence sur les conditions d'exécution de son travail, telle qu'un avertissement ou un blâme, il ne peut pas s'opposer à son exécution.
En revanche, si la sanction entraîne ou est susceptible d'entraîner une **modification du contrat** ou des conditions de travail, provisoire (mise à pied disciplinaire) ou définitive (mutation, rétrogradation...), le salarié protégé est en droit de la **refuser** (n°s 43020 s.). L'employeur doit alors y renoncer ou engager la procédure spécifique de licenciement dans les conditions visées

n°s 45705 s. S'agissant du salarié qui acquiert une protection après avoir refusé une sanction disciplinaire et avant l'engagement de la procédure de licenciement, voir n° 42141.
Si le **salarié accepte** la sanction, l'employeur peut la lui appliquer sans avoir à solliciter l'autorisation de l'inspecteur du travail (Cass. soc. 23-6-1999 n° 97-41.121 PBR : RJS 8-9/99 n° 1090).
Sur les effets de la mise à pied disciplinaire sur le **mandat**, voir n° 45640.

43285 Le salarié peut **contester** devant le **juge** prud'homal la sanction qui lui est notifiée, s'il estime qu'elle est injustifiée ou disproportionnée, que la procédure suivie n'a pas été régulière, ou encore que son statut de représentant du personnel a été pris en compte par l'employeur pour la lui infliger. Si le juge donne raison au salarié, il peut annuler la sanction et condamner l'employeur à lui verser des dommages et intérêts en réparation de son préjudice.
Le salarié qui estime que la sanction qui lui a été infligée est constitutive d'un **délit d'entrave** ou d'une **discrimination** peut également saisir le juge répressif afin d'obtenir la condamnation de l'employeur à des sanctions pénales.

SECTION 3

PROTECTION EN CAS DE TRANSFERT D'ENTREPRISE

44000 Le transfert des contrats de travail des représentants du personnel au repreneur obéit à des **règles différentes** selon que le transfert est, ou non, soumis à l'article L 1224-1 du Code du travail et porte, ou non, sur la totalité d'une entreprise ou d'un établissement.
Le **sort des mandats** des représentants du personnel en cas de transfert d'entreprise est traité n°s 33000 s.
Pour en savoir plus sur le champ d'application et les conditions de mise en œuvre des dispositions prévoyant le transfert des contrats de travail, voir Mémento social n°s 74560 s. (transfert légal) et Mémento social n°s 75030 s. (transfert conventionnel).

A. Transfert légal

1. TRANSFERT PARTIEL D'ENTREPRISE OU D'ÉTABLISSEMENT

44080 Si un représentant du personnel est compris dans un transfert partiel d'entreprise ou d'établissement, y compris dans le cadre d'une procédure collective (Cass. crim. 30-1-1996 n° 94-83.509 PF : RJS 5/97 n° 572), son transfert est soumis à l'autorisation préalable de l'inspecteur du travail qui s'assure qu'il ne fait pas l'objet d'une **mesure discriminatoire** (C. trav. art. L 2414-1 et L 2421-9), c'est-à-dire que le transfert n'est pas conçu ou mis à profit pour l'exclure de l'entreprise.

NOTION DE TRANSFERT PARTIEL D'ACTIVITÉ

44085 Le transfert partiel d'entreprise ou d'établissement vise le transfert d'**une partie seulement des activités** de l'entreprise ou de l'établissement accompagné du transfert du personnel affecté à celles-ci.
La jurisprudence fait une **interprétation extensive** de cette notion. Ainsi, le transfert de la **totalité des salariés** employés dans une **entité économique** doit être regardé comme un transfert partiel d'établissement, dès lors que cette entité ne constitue pas un établissement distinct au sein duquel a été mis en place un comité d'établissement (Cass. soc. 15-11-2011 n° 10-15.294 FS-PB : RJS 2/12 n° 174). Il en est ainsi même si l'entité transférée est l'une des sociétés d'une UES (Cass. soc. 23-3-2017 n° 15-24.005 FS-PB : RJS 6/17 n° 425).
Il peut également y avoir transfert partiel d'activités en cas de **regroupement de parties d'entreprises distinctes** d'un même groupe (CE 28-10-2022 n° 454355 : RJS 1/23 n° 10 ; Cass. soc 28-6-2023 n° 22-14.834 FS-B : RJS 10/23 n° 507).
La procédure d'autorisation préalable s'applique même en cas de **transferts partiels multiples** aboutissant à une cession totale d'entreprise (CA Caen 13-5-1994 n° 94-519 : RJS 8-9/94 n° 1018 ; Guide DGT 12-2021 fiche n° 15, n° 2.1).

SALARIÉS CONCERNÉS

Bénéficient de la procédure protectrice les **représentants du personnel suivants** (C. trav. art. L 2414-1) : 44090
– les membres élus et anciens membres élus de la délégation du personnel du comité social et économique **(CSE)** ou candidats à ces fonctions ;
– les représentants syndicaux et anciens représentants syndicaux au CSE ;
– les représentants et anciens représentants de proximité ou candidats à ces fonctions ;
– les membres et anciens membres de la délégation du personnel du CSE interentreprises ou candidat à ces fonctions ;
– les représentants du personnel d'une entreprise extérieure désignés à la commission santé, sécurité et conditions de travail d'un établissement comprenant au moins une installation classée figurant sur la liste prévue à l'article L 515-36 du Code de l'environnement ou mentionnée à l'article L 211-2 du Code minier.

ATTENTION

Les **anciens représentants** du personnel doivent faire l'objet d'une autorisation de transfert pendant les 6 mois suivant la cessation de leurs mandats (Guide DGT 12-2021 fiche n° 15, n° 1).

L'autorisation administrative de transfert est également requise pour les **autres salariés protégés** ci-après : 44095
– les délégués syndicaux et anciens délégués syndicaux (C. trav. art. L 2414-1, 1°) ;
– les représentants et anciens représentants de section syndicale puisque les dispositions relatives à la protection des délégués syndicaux leur sont applicables (C. trav. art. L 2142-1-2) ;
– les défenseurs syndicaux (C. trav. art. L 2414-1, 13°). Sur leurs désignation et missions, voir n° 12580 ;
– les salariés mandatés en vue de négocier un accord collectif d'entreprise ou d'établissement et anciens salariés mandatés (C. trav. art. L 2414-1, 11°, voir n°s 82130 s.) ;
– les salariés ayant demandé l'organisation des élections professionnelles (Cass. soc. 28-10-2015 n° 14-12.598 FS-PB : RJS 1/16 n° 48) ;
– les membres du groupe spécial de négociation et membres du comité d'entreprise européen, les membres du groupe spécial de négociation et représentants aux comités de la société européenne, de la société coopérative européenne et de la société issue de la fusion transfrontalière (C. trav. art. L 2414-1, 6° à 7° ter) ;
– les membres d'une commission paritaire d'hygiène, de sécurité et des conditions de travail en agriculture, les représentants des salariés dans une chambre d'agriculture et les assesseurs maritimes (C. trav. art. L 2414-1, 9°, 10° et 12°).

> **Précisions a.** Le transfert du contrat de gérance d'un **gérant non salarié** d'une succursale de maison d'alimentation de détail titulaire d'un mandat représentatif est subordonné à l'obtention de l'autorisation administrative de transfert (Cass. crim. 11-10-2011 n° 10-86.944 F-PB : RJS 1/12 n° 87).
b. Sur l'autorisation administrative préalable au transfert d'un **médecin du travail** compris dans un transfert partiel de service de prévention et de santé au travail, voir n° 57235.
c. S'agissant de la position administrative relative à la protection des **anciens représentants** du personnel, voir n° 44090.

AUTORISATION DE TRANSFERT

La **demande** d'autorisation de transfert est adressée à l'inspecteur du travail, par lettre recommandée avec avis de réception en double exemplaire ou par voie électronique, 15 jours avant la date arrêtée pour le transfert (C. trav. art. R 2421-17). Ce délai n'est cependant pas prescrit à peine de **nullité** (CAA Versailles 15-12-2020 n° 16VE02658 : RJS 6/21 n° 300). 44100
L'inspecteur du travail met à même le salarié de lui présenter ses **observations** écrites et, sur sa demande, des observations orales. À cette occasion, le salarié peut demander à être assisté d'un représentant de son syndicat. L'inspecteur du travail peut en outre procéder à l'**enquête contradictoire** visée n° 45360 s. (C. trav. art. R 2421-17).
L'inspecteur du travail notifie sa **décision** (délai, motivation, etc.) selon les modalités prévues pour le licenciement (voir n°s 45455 s.).

ATTENTION

Un **accord collectif** peut imposer à l'employeur de proposer aux salariés protégés, avant la prise d'effet du transfert de l'entité dont ils relèvent, la poursuite de leur contrat de travail au sein d'une autre entité non transférée de l'entreprise, de l'établissement ou, comme en l'espèce, de l'UES (Cass. soc. 23-3-2017 n° 15-24.005 FS-PB : RJS 6/17 n° 425). Dans cette hypothèse, si un salarié accepte la proposition qui lui est faite, on peut se demander s'il est nécessaire de suivre la procédure d'autorisation.

44105 **Contrôle de l'inspecteur du travail** L'inspecteur du travail doit s'assurer :
– en premier lieu que l'opération concerne une **entité économique autonome** (CE 15-6-2005 n° 250747 : RJS 10/05 n° 1004 ; 28-10-2022 n°s 454355 et 454338 : RJS 1/23 n° 10) ;
– en second lieu que le salarié protégé ne fasse pas l'objet d'une **mesure discriminatoire**. Il doit, à ce titre, vérifier que le **contrat de travail** du salarié protégé est **en cours** au jour du transfert et que l'intéressé **exerce effectivement ses fonctions** dans l'entité transférée (CE 15-6-2005 n° 250747 précité ; 28-10-2022 n°s 454355 et 454338 précités), peu important que son contrat de travail soit alors suspendu (CE 28-10-2022 n° 454338 précité).
En l'absence de discrimination, il ne peut pas refuser l'autorisation en retenant des **motifs d'intérêt général**, comme, par exemple, le bon fonctionnement des institutions représentatives du personnel ou le rôle très actif de l'intéressé dans le fonctionnement de celles-ci (CE 20-5-1988 n°s 74863 et 72806).

> **Précisions a.** Le Conseil d'État a jugé que si le salarié exerce seulement **une partie de ses fonctions** au sein du **secteur d'activité transféré** et poursuit l'essentiel de celles-ci au sein d'un secteur d'activité non transféré, le transfert partiel de son contrat ne peut pas être autorisé (CE 1-8-2013 n° 358257 : RJS 11/13 n° 750). Cette solution pourrait toutefois être remise en cause, la Cour de cassation ayant modifié sa position en décidant que, lorsqu'une partie de l'activité d'une entreprise est cédée à une autre entreprise, le **contrat** d'un salarié peut être **scindé**, sous condition, entre le cédant et le cessionnaire (Cass. soc. 30-9-2020 n° 18-24.881 FS-PBRI : RJS 12/20 n° 582 ; Guide DGT 12-21 fiche n° 15, n° 4.3).
> **b.** Pour apprécier le caractère discriminatoire ou non du transfert demandé, l'inspecteur du travail doit prendre en compte l'**ensemble des mandats** au titre desquels le salarié est, à la date de la demande, protégé, y compris, le cas échéant, le mandat prenant effet après cette demande, s'il est établi que l'employeur en avait connaissance à cette date (CE 22-5-2013 n° 340111 : RJS 8-9/13 n° 626).
> **c.** Il appartient en principe à l'**employeur** de **porter à la connaissance** de l'inspecteur les mandats détenus par le salarié (CE 22-5-2013 précité).

44110 **Autorisation de transfert accordée** Si l'inspecteur du travail autorise le transfert du salarié protégé, son contrat de travail est **transmis de plein droit** au repreneur à la **date** de notification de la décision administrative (CE 27-6-2005 n° 277048 : RJS 10/05 n° 1005).
Le changement d'employeur **s'impose** alors au salarié (Cass. soc. 27-6-2002 n° 00-44.006 FS-PB : RJS 11/02 n° 1257), le juge judiciaire ne pouvant pas remettre en cause l'appréciation de l'autorité administrative sur l'application de l'article L 1224-1 du Code du travail sans violer le principe de séparation des pouvoirs (Cass. soc. 25-1-2006 n° 04-41.755 F-D ; 3-3-2010 n° 08-40.895 FS-PBR : RJS 5/10 n° 404 ; 21-6-2017 n° 16-60.266 F-D : RJS 11/17 n° 730). En revanche, le salarié peut refuser son transfert quand l'autorisation est délivrée sur le fondement de dispositions conventionnelles (voir n° 44195).
Les **mandats** de l'intéressé peuvent subsister chez son nouvel employeur dans les conditions exposées n°s 33170 s.

> **Précisions a.** Le **contentieux** portant sur la question de savoir si un transfert d'entreprise entre ou non dans le **champ d'application** de l'article L 1224-1 du Code du travail relève de la **compétence du juge** judiciaire. Le juge administratif saisi d'un litige portant sur une demande d'autorisation de transfert doit donc, s'il estime que l'applicabilité de l'article L 1224-1 du Code du travail pose problème, surseoir à statuer et inviter les parties à saisir le juge judiciaire (CE 24-4-1981 n° 29451 ; 21-10-1981 n° 27654). En revanche, si cette question ne soulève aucune difficulté sérieuse, le juge administratif peut trancher lui-même le litige et le juge judiciaire ne pourra pas remettre en cause son appréciation.
> **b.** L'existence d'une autorisation administrative de transfert ne prive pas le juge judiciaire du pouvoir de se prononcer sur une **demande de résiliation judiciaire** formée par le salarié protégé **antérieurement** à cette autorisation (Cass. soc. 24-1-2018 n° 16-12.733 FS-D : RJS 4/18 n° 249).

44115 **Refus ou annulation de l'autorisation de transfert** Si l'autorisation de transfert est refusée, l'**employeur doit proposer** au salarié un emploi similaire, assorti d'une rémunération équivalente, dans un autre établissement ou une autre partie de l'entreprise (C. trav. art. L 2421-9). Il en va de même en cas d'annulation de l'autorisation de transfert (Cass. soc. 12-1-1999 n° 97-45.209 P : RJS 2/99 n° 237). Dans ce dernier cas, la **réintégration** a lieu sur **demande** du salarié avec versement des salaires perdus du transfert à la réintégration, sous déduction de ceux reçus du repreneur et des revenus de remplacement éventuellement perçus.

L'article L 2422-1 du Code du travail fixant à 2 mois le **délai** dans lequel un salarié doit demander sa réintégration en cas d'annulation d'une décision d'autorisation de licenciement ne s'applique pas (Cass. soc. 13-12-2017 n° 15-25.108 FS-D : RJS 2/18 n° 102).

Si le **salarié refuse** toutes les propositions de reclassement qui lui sont faites, l'employeur peut présenter une demande d'autorisation de licenciement, motivée par le refus de mutation (Circ. 25-10-1983 n° 5.1.2 : JO 20-12).

> **Précisions a.** Les conséquences de ce changement de poste sur les **mandats** exercés par les intéressés ne sont pas prévues par les textes.
> La jurisprudence a précisé que, en cas d'annulation de l'autorisation de son transfert, le représentant du personnel doit être réintégré dans son mandat, sauf si l'institution a été renouvelée. Dans ce dernier cas, il bénéficie de la protection exposée n° 47090 à compter du jour où il retrouve sa place dans l'entreprise (Cass. soc. 13-1-2009 n° 06-46.364 FS-PBR : RJS 3/09 n° 260).
> Si la réintégration du salarié protégé dans son mandat se conçoit sans difficulté dans le cas où il a été élu dans le cadre de l'entreprise et retrouve un emploi similaire dans celle-ci, elle n'est pas, selon nous, envisageable dans le cas où le salarié protégé est élu dans le cadre d'un **établissement distinct** et accepte un emploi similaire dans un **autre établissement** de l'entreprise. En effet, selon la jurisprudence exposée n° 33170, un salarié élu dans le cadre d'un établissement ne peut exercer ses fonctions représentatives que s'il continue à travailler dans celui-ci. Dans cette situation, le salarié ne pourrait donc pas être réintégré dans son mandat, mais il devrait tout de même bénéficier de la protection exposée n° 47090.
> **b.** Le rejet par l'administration de la demande d'autorisation de transfert n'interdit pas au juge judiciaire de statuer sur la **demande de requalification du contrat** en contrat de travail à durée indéterminée formée par le salarié protégé à l'égard de son employeur d'origine (Cass. soc. 24-1-2018 n° 16-13.589 FS-PB : RJS 4/18 n° 248).

TRANSFERT SANS AUTORISATION

Nullité du transfert L'employeur qui n'a pas demandé ou pas obtenu l'autorisation de transférer le salarié protégé ne peut pas l'**affecter à la société cessionnaire**. Un tel transfert est nul (Cass. soc. 24-11-1992 n° 89-44.977 P : RJS 1/93 n° 54). **44120**

Le **salarié** protégé transféré sans autorisation ne commet pas de **faute** en refusant de travailler pour le compte du repreneur (Cass. soc. 5-5-1998 n° 95-45.326 P : RJS 6/98 n° 794).

Le salarié protégé dont le transfert est nul peut à son choix :

– demander à être **réintégré** dans son entreprise d'origine avec versement des **salaires perdus** entre son transfert et sa réintégration, sans pouvoir, toutefois, les cumuler avec ceux perçus chez le repreneur (Cass. soc. 28-5-2003 n° 01-40.512 FS-PBR : RJS 8-9/03 n° 1037) ;

– ou faire valoir que son contrat de travail a été **illégalement rompu** par le cédant (Cass. soc. 31-5-2011 n° 10-17.460 FS-PB : RJS 8-9/11 n° 712 ; 18-6-2014 n° 13-10.204 FS-PB : RJS 10/14 n° 709). Ce licenciement « de fait », intervenu en violation du statut protecteur, devrait être considéré comme nul (voir n° 47250 s.).

Lorsque le cédant n'a pas demandé l'autorisation de transfert du salarié, il ne peut pas par la suite demander l'autorisation de **licencier** l'intéressé pour motif économique (CE 28-2-1997 n° 164235 : RJS 5/97 n° 573).

Celui qui, n'ayant pas obtenu l'autorisation de transfert, **affecte** le salarié protégé au cessionnaire **après la fin de sa période de protection** met fin irrégulièrement au contrat de travail de l'intéressé (Cass. soc. 31-5-2011 n° 10-17.460 FS-PB : RJS 8-9/11 n° 712).

> **Précisions a. Seul** le salarié protégé **peut se prévaloir** du défaut d'autorisation de son transfert (Cass. soc. 10-5-2001 n° 99-41.391 F-P : RJS 8-9/01 n° 1037 ; 22-6-2011 n° 09-73.032 F-D : RJS 10/11 n° 823) et de la nullité qui en résulte.
> **b.** La procédure d'autorisation de transfert étant d'ordre public, le salarié ne peut pas y **renoncer** (Cass. soc. 6-4-2004 n° 02-41.953 F-D : RJS 7/04 n° 831 ; 27-10-2004 n° 03-40.139 F-D).

Sanctions pénales Le transfert, sans autorisation administrative, du contrat de travail d'un salarié protégé est puni des mêmes peines que son licenciement sans autorisation administrative (voir n° 50000). Ces sanctions pénales s'appliquent aux salariés protégés indiqués n° 49060. **44130**

2. TRANSFERT PORTANT SUR LA TOTALITÉ DE L'ENTREPRISE OU DE L'ÉTABLISSEMENT

TRANSFERT DU CONTRAT

44150 Lorsque le transfert porte sur l'entreprise tout entière (exemple : cession pure et simple de l'entreprise), il n'y a pas de difficulté particulière : le transfert du contrat de travail des représentants du personnel s'opère **de plein droit** au nouvel employeur, par l'effet de l'**article L 1224-1 du Code du travail**, comme pour les salariés ordinaires.
Le transfert du contrat de travail **s'impose** alors à l'employeur et au salarié protégé.

ATTENTION

Le **refus** du salarié de passer au service du nouvel employeur ne peut pas être assimilé à une rupture imputable à l'employeur initial, celui-ci n'étant donc pas tenu de respecter la procédure spéciale de licenciement (Cass. soc. 21-4-1977 n° 76-40.278 P), sauf fraude aux droits du salarié (Cass. soc. 30-5-1979 n° 77-41.760 P ; 23-10-1980 n° 79-12.005 P).

LICENCIEMENT

44155 Les représentants du personnel compris dans une opération de transfert et **licenciés** à cette occasion bénéficient de la procédure protectrice spéciale exposée nos 45000 s., leur licenciement étant subordonné à l'obtention d'une décision administrative.
Lorsque le licenciement d'un salarié protégé fait l'objet d'une **demande d'autorisation** de l'employeur initial **avant le transfert**, son contrat de travail se poursuit dans l'attente de l'obtention de cette autorisation et est transféré au nouvel employeur (Cass. soc. 17-10-2006 n° 04-13.058 F-D : RJS 1/07 n° 19).
Le contrat de travail d'un salarié protégé licencié par le premier employeur **sans autorisation** (Cass. soc. 26-9-1990 n° 87-43.524 D : RJS 11/90 n° 842), malgré un refus d'autorisation (Cass. soc. 28-3-1989 n° 86-41.145 P ; CE 21-4-1997 n° 158660) ou en vertu d'une autorisation ultérieurement **annulée** (Cass. soc. 10-10-1990 n° 88-41.347 P : RJS 11/90 n° 843) est transféré au nouvel employeur. Ce dernier doit réintégrer le salarié si celui-ci en fait la demande dans le délai prescrit, à peine de supporter les conséquences de la rupture du contrat de travail (Cass. soc. 26-2-2003 n° 01-41.482 F-P : RJS 5/03 n° 574).

› **Précisions a.** N'ayant plus la qualité d'employeur, le **cédant** n'est pas recevable, **après** la date du **transfert**, à demander l'autorisation de licencier un salarié protégé (Cass. soc. 10-5-2001 n° 99-41.391 F-P : RJS 8-9/01 n° 1037 ; CE 9-4-2004 n° 233630 : RJS 8-9/04 n° 939) ou l'annulation d'une décision refusant l'autorisation de licencier (CE 5-5-1993 n° 93-758 : RJS 7/93 n° 763).
b. Le salarié protégé, dont le **licenciement pour motif économique** a été prononcé par le juge-commissaire dans le cadre d'une **liquidation judiciaire** et autorisé par l'inspection du travail **avant** un **transfert** d'entreprise, peut contester devant le **juge judiciaire** la rupture de son contrat de travail intervenue en violation de l'article L 1224-1 du Code du travail, dès lors que la cession d'éléments d'actifs autorisée par le juge-commissaire postérieurement à l'autorisation de licenciement emporte application du transfert du contrat du travail du salarié protégé (Cass. soc. 21-4-2022 n° 20-17.496 FS-B : RJS 7/22 n° 365).
c. L'absence de mention de l'existence du mandat de représentant du personnel dans l'acte de cession n'exonère pas le repreneur de respecter la procédure spéciale de licenciement (Cass. soc. 1-6-2023 n° 21-21.191 FS-B : RJS 8-9/23 n° 430).

44160 Quand le salarié **licencié sans autorisation administrative** demande sa **réintégration**, le nouvel employeur doit l'**indemniser** dans les conditions exposées nos 47380 s. Toutefois, si la cession intervient dans le cadre d'un redressement judiciaire, l'indemnité due par le repreneur est limitée au montant des salaires que le salarié aurait perçus entre la date d'effet de la cession (ou de sa demande de réintégration si elle est postérieure) et celle de sa réintégration (Cass. soc. 27-5-2009 n° 08-41.096 FS-PB : RJS 8-9/09 n° 690).
Le salarié licencié en vertu d'une **autorisation ultérieurement annulée** peut, à son **choix**, demander au repreneur la poursuite du contrat de travail illégalement rompu ou réparation de son préjudice à l'auteur du licenciement (Cass. soc. 17-11-2011 n° 10-10.513 F-D : RJS 2/12 n° 112). En l'état d'une cession d'activité intervenue entre la date du licenciement d'un salarié protégé et la demande de **réintégration**, cette demande, présentée au premier employeur dans le délai imparti est opposable au nouvel employeur lorsque le salarié n'a été informé de la cession d'activité qu'à l'expiration de ce délai (Cass. soc. 10-7-1995 n° 93-46.399 P : RJS 8-9/95 n° 916). S'il demande sa réintégration, il sera **indemnisé** selon les règles exposées nos 47130 s.

B. Autres transferts

Lorsque l'article L 1224-1 du Code du travail n'est pas applicable, trois situations doivent être distinguées : **44180**
– celle où des stipulations conventionnelles imposent le transfert des contrats de travail ;
– celle où aucune stipulation conventionnelle n'impose un tel transfert, mais où les entreprises en cause conviennent d'appliquer volontairement cet article ;
– celle où aucune disposition conventionnelle n'impose le transfert des contrats de travail et où les entreprises en cause ne sont pas convenues d'appliquer volontairement cet article.

TRANSFERT DES CONTRATS EN APPLICATION D'UN ACCORD COLLECTIF

Lorsqu'un accord collectif prévoit et organise le transfert des contrats de travail, le transfert des salariés protégés est également subordonné à l'**autorisation administrative** préalable visée nos 44100 s. **44190**
Elle est requise si le salarié protégé passe totalement au service du nouveau prestataire (Cass. soc. 16-3-1999 n° 96-44.570 P ; 30-3-1999 n° 97-40.578 D : RJS 5/99 n° 699 ; 20-11-2002 n° 00-44.498 F-P : RJS 2/03 n° 216) ou s'il ne lui est transféré que partiellement et peut continuer à exercer ses mandats chez le prestataire sortant (Cass. soc. 28-5-2003 n° 01-40.512 FS-PBR : RJS 8-9/03 n° 1037).

Même si l'autorisation de transfert est délivrée, le **salarié** peut **refuser** le changement d'employeur : en effet, pour la Cour de cassation, celui-ci constitue une novation du contrat de travail qui ne s'impose au salarié qu'en cas d'application de l'article L 1224-1 du Code du travail. L'accord exprès du salarié est donc nécessaire et échappe au contrôle de l'inspecteur du travail (Cass. soc. 3-3-2010 n° 08-41.600 FS-PBR : RJS 5/10 n° 404). **44195**

> **Précisions a.** Le salarié protégé qui refuse le transfert de son contrat de travail au nouveau prestataire ne peut pas être considéré comme démissionnaire (Cass. crim. 26-11-1996 n° 94-86.016 PF : RJS 3/97 n° 304). L'employeur doit le **maintenir dans l'entreprise**, continuer à le rémunérer et, le cas échéant, demander l'autorisation administrative de le licencier (Cass. soc. 11-1-2005 n° 02-42.961 FS-PB ; n° 03-46.840 FS-PB : RJS 4/05 n° 347 ; 30-9-2005 n° 04-45.372 FS-D).
> **b.** Le représentant du personnel, dont l'**autorisation administrative de licenciement** a été **annulée**, ne peut obtenir le paiement d'une indemnité pour licenciement sans cause réelle et sérieuse, s'il a été **réintégré chez le repreneur** (Cass. soc. 10-11-2021 n° 19-24.301 FS-D : RJS 1/22 n° 7).

APPLICATION VOLONTAIRE DE L'ARTICLE L 1224-1

En cas d'application volontaire de l'article L 1224-1 du Code du travail, le changement d'employeur est subordonné à l'**accord exprès du salarié**. **44200**
À notre connaissance, la question de savoir si la procédure d'autorisation administrative en cas de transfert partiel d'entreprise ou d'établissement a lieu de s'appliquer n'a jamais été tranchée par la Cour de cassation. Selon l'administration, l'inspecteur du travail n'est pas compétent en cas de transfert des contrats de travail par application volontaire de l'article L 1224-1 du Code du travail (Guide DGT 12-2021 fiche n° 15, n° 2.4).

> **ATTENTION**
> En demandant sa réintégration au nouvel employeur, un salarié protégé dont l'autorisation administrative de licenciement par le cédant a été entre-temps annulée est **réputé consentir** au transfert de son contrat de travail, qui s'impose dès lors au repreneur (Cass. soc. 25-10-2007 n° 06-43.130 F-D : RJS 1/08 n° 10).

AUTRES HYPOTHÈSES

Si l'article L 1224-1 du Code du travail n'est pas applicable, que les entreprises en cause ne sont pas convenues d'une application volontaire de cet article et qu'aucune disposition conventionnelle n'impose le transfert des contrats de travail, les contrats de travail des représentants du personnel attachés à l'activité transférée ne sont **pas transférés** de plein droit au repreneur. **44205**
L'employeur doit **reclasser** les intéressés au sein de son entreprise ou, si le reclassement est impossible, solliciter l'autorisation de les **licencier** (nos 45000 s.). La procédure spéciale de protection des représentants du personnel en cas de transfert partiel d'entreprise ou d'établissement n'a pas à s'appliquer (CE 29-5-1996 n° 155144 : RJS 7/96 n° 806 ; 10-3-1997 n° 169829 : RJS 5/97 n° 568).

SECTION 4

PROCÉDURE SPÉCIALE DE RUPTURE DU CONTRAT DE TRAVAIL

45000 La protection des représentants du personnel impose à l'employeur de respecter une procédure spéciale d'autorisation administrative pour rompre leur contrat de travail.
La procédure doit absolument être respectée préalablement à toute mise en œuvre de la rupture (Cass. soc. 10-5-2006 n° 05-43.110 FS-PB : RJS 7/06 n° 860). L'employeur qui rompt le contrat de travail du salarié protégé sans solliciter l'autorisation de l'inspecteur du travail ou malgré un refus d'autorisation viole le statut protecteur et s'expose à des sanctions.

I. CAS D'APPLICATION

CAS ET MODES DE RUPTURE DU CONTRAT DE TRAVAIL

45020 Dès lors que l'employeur est à l'**origine de la rupture**, donc notamment en cas de licenciement et de mise à la retraite du salarié, la procédure spéciale doit impérativement être respectée (Cass. ch. mixte 21-6-1974 n° 71-91.225 ; Cass. soc. 11-12-2001 n° 99-42.586 FS-P : RJS 2/02 n° 198).
Cette procédure s'applique également, avec des adaptations, en cas de rupture conventionnelle individuelle ou collective (nos 46380 s.) ou de rupture d'un contrat précaire (nos 46570 s.).
S'agissant de l'application de la protection en cas de **transfert** de l'entreprise, voir nos 44000 s.

ATTENTION

La procédure spéciale de rupture ne **s'applique pas** en cas de licenciement d'un représentant du personnel **étranger** dont le **titre de travail** n'est pas renouvelé (CE 13-4-1988 n° 74346 ; Cass. soc. 5-11-2009 n° 08-40.923 F-D : RJS 1/10 n° 96 ; CA Paris 29-1-2020 n° 17/13444 : RJS 7/20 n° 359). Elle ne s'applique pas non plus au terme normal du **détachement** ou de la **mise à disposition** d'un **fonctionnaire**, sauf si l'employeur s'est opposé au renouvellement de la mission ou que le non-renouvellement est de son fait (Cass. soc. 23-9-2009 n° 08-40.406 FP-PB : RJS 12/09 n° 961 ; 8-7-2020 n° 18-11.977 FS-PB : RJS 10/20 n° 506). Elle doit être respectée, en revanche, en cas de rupture du contrat d'un salarié ayant refusé un **contrat de droit public** dans le cadre d'un transfert d'activité (CE 6-6-2018 n° 391860 : RJS 8-9/18 n° 526).

CARACTÈRE D'ORDRE PUBLIC DE LA PROTECTION

45025 La protection des représentants du personnel est d'ordre public. Elle doit être suivie, quel que soit le motif de la rupture ou le **statut de l'entreprise** (Cass. soc. 12-7-2006 n° 04-48.351 FS-PB : RJS 10/06 n° 1089), y compris si cette dernière est étrangère et ne dispose, sur le territoire français, d'aucune implantation matérielle permanente (CE 21-7-2009 n° 314968).
La procédure spéciale s'impose à l'employeur et au salarié protégé et ne peut pas être **écartée** à la demande des parties (Cass. soc. 21-2-1996 n° 92-44.842 P : RJS 4/96 n° 421) ni par les clauses du contrat de travail (Cass. crim. 26-11-1985 n° 85-90.199) ou d'une convention collective (Cass. crim. 26-11-1996 n° 94-86.016 PF : RJS 3/97 n° 304). Une fraude du salarié peut toutefois le priver de la protection (Cass. soc. 12-7-2017 n° 15-27.286 FS-PB : RJS 10/17 n° 656).

ATTENTION

Peut constituer un **délit d'entrave** le fait pour l'employeur de maintenir abusivement une demande d'autorisation de rupture (Cass. crim. 5-3-2013 n° 11-83.984 FS-PBR : RJS 6/13 n° 459).

DATE D'APPRÉCIATION DE LA QUALITÉ DE SALARIÉ PROTÉGÉ

45027 L'autorisation administrative doit être sollicitée lorsque le salarié est protégé à la date d'envoi de la **convocation à l'entretien préalable** (CE 23-11-2016 n° 392059 : RJS 2/17 n° 129), même si la protection est susceptible de **prendre fin en cours de procédure** (Cass. soc. 26-3-2013 n° 11-27.964 FS-PB : RJS 6/13 n° 468 ; 18-12-2013 n° 12-23.745 F-D : RJS 3/14 n° 243) et peu important que le licenciement soit également motivé par des faits commis après l'expiration de la protection (Cass. soc. 23-10-2019 n° 18-16.057 F-PB : RJS 1/20 n° 34).
L'inspecteur du travail se prononce sur la demande d'autorisation de rupture même si, au jour de sa décision, la protection du salarié a expiré (CE 23-11-2016 n° 392059 précité).

> **Précisions** Par analogie avec le licenciement, la protection dans le cas d'une **rupture conventionnelle** s'apprécie à la date de la convocation au premier entretien préparatoire (Circ. DGT 07-2012 du 30-7-2012).

EXPIRATION DE LA PÉRIODE DE PROTECTION DU SALARIÉ

L'employeur ne doit pas attendre l'expiration de la période de protection pour licencier un salarié en raison de **faits commis pendant cette période qui auraient dû être soumis à l'inspecteur du travail** (Cass. soc. 23-11-2004 n° 01-46.234 FS-PB : RJS 2/05 n° 172 ; 18-2-2016 n° 14-17.131 F-D : RJS 4/16 n° 272). Ce licenciement est nul et produit les conséquences visées n°s 47250 s. (Cass. soc. 8-6-2011 n° 10-11.933 FS-PBRI : RJS 8-9/11 n° 655 ; 9-7-2014 n° 13-16.434 FS-PB : RJS 11/14 n° 793). **45030**
Une fois que sa protection a expiré, le salarié ne doit pas non plus être licencié pour des faits qui ont été soumis à l'inspecteur du travail et ont donné lieu à un **refus d'autorisation** (Cass. soc. 26-1-1994 n° 92-41.978 P : RJS 3/94 n° 274 ; 15-1-2013 n° 11-18.800 F-D : RJS 4/13 n° 300). Un tel licenciement n'est toutefois pas nul, mais dépourvu de cause réelle et sérieuse (Cass. soc. 23-9-2015 n° 14-10.648 FS-PB ; 18-2-2016 n° 14-17.131 F-D : RJS 4/16 n° 272).

> **Précisions** L'employeur retrouve le pouvoir de **licencier sans autorisation administrative** lorsque la période de protection du salarié a expiré. En pratique, l'inspecteur du travail n'a pas à être saisi lorsque :
> – le salarié n'est plus protégé à la **date** de convocation à l'entretien préalable (Cass. soc. 26-3-2013 n° 11-27.964 FS-PB : RJS 6/13 n° 468) ;
> – les faits reprochés ont été commis pendant la période de protection, mais l'employeur n'en a eu une **connaissance exacte** qu'après l'expiration de celle-ci (Cass. soc. 9-2-2012 n° 10-19.686 F-D : RJS 5/12 n° 474) ;
> – le **comportement fautif** du salarié **a persisté** après l'expiration de la période de protection sans qu'il soit établi que l'employeur en ait eu connaissance avant cette date (Cass. soc. 24-9-2008 n° 07-42.395 F-D : RJS 12/08 n° 1210 ; 16-2-2022 n° 20-16.171 F-B : RJS 5/22 n° 260) ou qu'il avait pris la décision de licencier avant cette date (Cass. soc. 10-10-2012 n° 11-20.550 F-D).

II. ÉTAPES DE LA PROCÉDURE SPÉCIALE

La procédure spéciale de rupture, qui se cumule avec la procédure **légale** et, le cas échéant, la procédure **conventionnelle** de droit commun, impose à l'employeur de consulter, s'il existe, le CSE (sauf si le salarié est délégué syndical ou assimilé) et de demander l'autorisation de rompre le contrat à l'inspecteur du travail. Ce dernier rend sa décision après avoir instruit le dossier et exercé son contrôle. **45070**
Les principes généraux d'application de cette procédure sont exposés ci-après, avant les règles propres à chaque motif ou mode de rupture.

A. Avant la saisine de l'inspecteur du travail

L'employeur qui envisage de rompre le contrat de travail d'un salarié protégé doit le convoquer à un entretien préalable. Si cet entretien ne permet pas une conciliation, il peut soumettre à l'inspecteur du travail une demande d'autorisation de rupture, après avoir sollicité l'avis du CSE dans les cas où le mandat du salarié l'exige. **45090**
L'employeur peut, dans certains cas, être amené à renouveler la procédure de rupture engagée à l'encontre du salarié.

> **ATTENTION**
> Les règles régissant la procédure spéciale sont définies par le Code du travail, à propos du **licenciement**. Mais, selon la jurisprudence, les principes exposés ci-dessous sont transposables à tous les **cas de rupture** du contrat de travail à l'initiative de l'employeur.

1. ENTRETIEN PRÉALABLE

Lorsque l'employeur envisage de rompre le contrat de travail d'un salarié protégé, il doit le convoquer à un entretien préalable en respectant la procédure de droit commun. Cette règle, prévue par la loi en cas de licenciement (hors grand licenciement pour motif économique), a été étendue par la jurisprudence à tous les cas de rupture du contrat d'un salarié protégé à l'initiative de l'employeur. **45100**

> **ATTENTION**
> Il existe deux **exceptions** : le cas des candidats aux élections professionnelles en cas de grand licenciement économique (n° 46030) et le renouvellement de procédure (n° 45220).

CONVOCATION DU SALARIÉ

45105 Le salarié est convoqué à l'entretien par **lettre** remise en main propre contre récépissé ou lettre recommandée (C. trav. art. L 1232-2, al. 2), précisant l'objet de l'entretien, sa date, son heure et son lieu (C. trav. art. R 1232-1, al. 1 et 2). La convocation doit mentionner la nature de la mesure envisagée par l'employeur.

La lettre doit rappeler au salarié qu'il a la possibilité de se faire **assister** par une personne de son choix appartenant au personnel de l'entreprise. Lorsqu'il relève d'une **unité économique et sociale** (UES) dotée d'institutions représentatives du personnel, l'employeur doit lui indiquer qu'il peut se faire assister par une personne de son choix appartenant au personnel d'une entité de l'UES (CAA Marseille 3-3-2015 n° 14MA01423 : RJS 7/15 n° 503). En l'absence de représentants du personnel dans l'entreprise, ou si le salarié est le seul représentant du personnel dans l'entreprise (CE 13-10-2023 n° 467113), il peut également solliciter la présence d'un **conseiller du salarié** choisi sur une liste dressée par l'administration et consultable dans chaque section d'inspection du travail et dans chaque mairie. Dans ce cas, la lettre de convocation doit mentionner l'adresse de la section d'inspection du travail compétente et celle de la mairie.

Si le salarié choisit de se faire assister, il doit en informer l'employeur (C. trav. art. R 1232-2).

La **date** de convocation à l'entretien préalable est déterminante pour le bénéfice de la protection (n° 45027), y compris en cas de candidature ou de désignation imminente : voir n°s 42110 et 42260 s.

> **Précisions** La **procédure** de licenciement est **irrégulière** si :
> – le salarié n'est **pas convoqué** à un entretien préalable (CE 11-6-2007 n° 286224) ;
> – la **lettre de convocation** ne précise pas l'objet, la date, l'heure ou le lieu de cet entretien (CE 12-10-1990 n° 99640 : RJS 2/91 n° 219 ; 28-9-2005 n° 266023 : RJS 12/05 n° 1230) ;
> – la convocation ne rappelle pas la possibilité pour le salarié de se faire **assister** (CE 16-6-1995 n° 145728 : RJS 8-9/95 n° 914), sauf si l'employeur prouve qu'il a informé l'intéressé, en temps utile, des modalités d'assistance auxquelles il a droit en fonction de la situation de l'entreprise (CE 12-6-2019 n° 408970 : RJS 8-9/19 n° 510 à propos d'une entreprise appartenant à une UES).
> Pour plus de détails sur les modalités pratiques d'organisation de l'entretien préalable, voir Mémento social n°s 47480 s.

DATE DE L'ENTRETIEN

45115 La date choisie pour l'entretien préalable doit se situer au moins 5 jours pleins et ouvrables après la présentation de la lettre recommandée de convocation ou sa remise en main propre (C. trav. art. L 1232-2, al. 3). Pour calculer le délai, on ne tient pas compte du jour de réception ou de remise de la convocation ni du dimanche et des jours fériés (Cass. soc. 20-2-2008 n° 06-40.949 FP-PB : RJS 5/08 n° 530 ; 3-7-2015 n° 14-12.245 FS-PB : RJS 8-9/15 n° 574). Si le **délai** expire un samedi, un dimanche ou un jour férié, il est prorogé jusqu'au premier jour ouvrable suivant (C. trav. art. R 1231-1).

L'entretien préalable a lieu avant la consultation du CSE lorsque celle-ci est requise : voir n°s 45150 s. (C. trav. art. R 2421-8, al. 1). Lorsque cette consultation ne s'impose pas ou qu'il n'existe pas de CSE dans l'entreprise, l'entretien préalable a lieu avant la présentation de la demande d'autorisation à l'inspecteur du travail (C. trav. art. R 2421-3 et R 2421-8, al. 2).

La procédure est **irrégulière** si le salarié est convoqué :

– moins de 5 jours ouvrables avant la date de l'entretien (CE 20-3-2009 n° 312258 : RJS 7/09 n° 648 ; 9-10-2020 n° 427115 : RJS 1/21 n° 26) ;

– après la consultation du CSE (CE 15-5-1995 n° 148320 : RJS 7/95 n° 795) ;

– après l'envoi de la demande d'autorisation de licenciement (CE 11-12-2006 n° 282699 : RJS 3/07 n° 358).

EXEMPLE

> L'employeur envisage de licencier un salarié protégé pour insuffisance professionnelle. Il le convoque à un entretien préalable au licenciement par lettre remise en main propre le jeudi 7-12-2023. L'entretien ne peut pas avoir lieu avant le jeudi 14-12-2023.
> Si le salarié est convoqué par lettre remise le mardi 7-11-2023, l'entretien ne peut pas avoir lieu avant le mercredi 15-11-2023 (le samedi 11 novembre est un jour férié).

DÉROULEMENT DE L'ENTRETIEN

45120 **Participants** Le **salarié** participe à l'entretien accompagné, le cas échéant, de son assistant (n° 45105). L'employeur, ou son représentant titulaire d'une délégation de pouvoirs, est en droit de se faire assister par un salarié de l'entreprise, mais ne peut pas abuser de cette faculté en ayant recours à un conseiller extérieur à l'entreprise ou à un trop grand nombre de personnes.

Jugé, par exemple, que l'entretien peut être mené en présence de **deux membres de la direction** (CE 16-1-1987 n° 65315) mais **pas** en présence de plusieurs personnes de sorte que l'entretien s'est transformé en enquête (Cass. soc. 17-9-2008 n° 06-42.195 F-D ; Cass. soc. 25-3-2010 n° 07-43.384 F-D), ni de l'**avocat** de l'employeur (Cass. soc. 22-2-2006 n° 04-43.636 F-D : RJS 7/06 n° 900 ; CAA Nantes 10-1-2013 n° 12NT00166) ou d'un **huissier** (Cass. soc. 30-3-2011 n° 09-71.412 FS-PB : RJS 6/11 n° 511).

L'entretien est organisé dans l'intérêt du salarié : s'il a été régulièrement convoqué, la procédure est valable même s'il a **refusé de s'y rendre** (CE 28-6-1996 n° 156427 : RJS 8-9/96 n° 947). S'il ne **peut pas** assister à l'entretien, par exemple en raison de sa maladie, il peut solliciter une nouvelle convocation. L'employeur, même s'il n'y est pas tenu, a tout intérêt à faire droit à sa demande, dans la mesure du possible. Dans ce cas, le délai de 5 jours devant séparer la convocation et l'entretien court à compter de la convocation initiale (Cass. soc. 24-11-2010 n° 09-66.616 FP-PB : RJS 2/11 n° 115). L'employeur n'a pas à envoyer de nouvelle convocation : il doit simplement aviser le salarié en temps utile et par tous moyens des nouvelles date et heure de l'entretien (Cass. soc. 29-1-2014 n° 12-19.872 FS-PB : RJS 4/14 n° 308).

ATTENTION

L'entretien est strictement **individuel**. L'employeur ne peut en aucun cas convoquer plusieurs salariés afin de les entendre collectivement, même si les faits justifiant le projet de licenciement sont identiques (Cass. soc. 23-4-2003 n° 01-40.817 FS-P : RJS 7/03 n° 861).

Contenu Au cours de l'entretien, l'employeur indique au salarié protégé les **motifs** de la rupture envisagée et recueille ses **explications** (C. trav. art. L 1232-3 ; CE 19-3-2008 n° 289433 : RJS 7/08 n° 807). Si un motif n'a pas été évoqué au cours de l'entretien, l'inspecteur du travail ne peut pas le retenir pour autoriser cette rupture (CE 11-6-2014 n° 365135 : RJS 11/14 n° 795). **45125**

Les parties peuvent rédiger un **compte rendu** de leurs débats, récapitulant la teneur de leurs échanges, les faits évoqués et les explications apportées par le salarié. Pour être utile, ce document doit avoir été signé par l'employeur et par le salarié protégé. Cette formalité n'est pas obligatoire mais peut présenter un intérêt dans le cadre de l'enquête contradictoire menée par l'inspecteur du travail ou, en cas de litige, devant le juge.

ATTENTION

L'entretien préalable doit être **antérieur à toute décision** (C. trav. art. L 1232-2, al. 1). Il doit en effet permettre à l'employeur d'entendre les explications du salarié et, éventuellement, de renoncer à la mesure envisagée. Si le salarié protégé apporte la preuve que la décision de rompre son contrat de travail avait été prise avant l'entretien, la procédure est irrégulière (CE 7-7-2010 n° 318139).

2. CONSULTATION DU COMITÉ SOCIAL ET ÉCONOMIQUE

Si après l'entretien préalable l'employeur n'a pas renoncé à son projet de rupture, il poursuit la procédure engagée. Dans certains cas, une consultation du CSE s'impose. Lorsque ce n'est pas le cas, l'employeur peut saisir directement l'inspecteur du travail. **45150**

MANDATS CONCERNÉS

L'employeur qui envisage de rompre le contrat de travail d'un **membre élu du CSE**, titulaire ou suppléant, d'un **représentant syndical** au CSE ou d'un représentant de proximité doit saisir le CSE, qui donne un avis sur le projet (C. trav. art. L 2421-3, al. 1). **45155**

Cette formalité s'impose également pour les membres d'un groupe spécial de négociation ou d'un **comité** mis en place au niveau **européen**, ou d'un représentant extérieur au sein de la commission santé, sécurité et conditions de travail d'une entreprise à haut risque industriel (C. trav. art. L 2421-4).

> **Précisions a.** La consultation du CSE s'impose également si le salarié protégé **cumule** l'un de ces mandats avec un mandat pour lequel cette formalité n'est pas prévue (notamment les délégués ou anciens **délégués syndicaux**, les **représentants de section syndicale**, les membres du CSE interentreprises ou les mandats extérieurs à l'entreprise).

b. Faut-il consulter le CSE sur la rupture du contrat de travail d'un salarié protégé en qualité de **candidat aux élections** professionnelles ou d'**ancien membre élu** du CSE ? Par prudence, il convient selon nous de respecter cette formalité. En effet, avant sa **recodification** en **2008**, le Code du travail imposait la consultation du comité d'entreprise dans cette situation (C. trav. art. L 436-1 ancien). La Cour de cassation jugeant de manière constante que cette recodification s'est faite à droit constant (voir par exemple Cass. soc. 27-1-2010 n° 08-44.376 FS-PB : RJS 4/10 n° 322 ; 13-3-2012 n° 10-21.785 FS-PB : RJS 6/12 n° 587), la même règle devrait s'appliquer sous l'empire des dispositions actuelles du Code du travail à propos de la consultation du CSE. Des juridictions se sont prononcées en ce sens à propos d'un candidat aux élections professionnelles (CAA Bordeaux 24-2-202 n° 18BX01378 ; TA Strasbourg 28-2-2022 n° 2004407). Voir toutefois en sens contraire, à propos d'un salarié protégé en qualité d'ancien membre élu du personnel (CAA Nantes 15-9-2020 n° 18NT03136 : RJS 12/20 n° 605).

c. En cas de **pluralité de mandats** imposant la consultation du CSE, il n'est pas nécessaire de saisir celui-ci plusieurs fois (CE 1-2-1985 n° 39385).

ENTREPRISES CONCERNÉES

45157 **Effectif de l'entreprise** La consultation du CSE est obligatoire lorsque l'entreprise compte **au moins 50 salariés** (C. trav. art. L 2421-3, al. 1). Ce n'est pas le cas dans les entreprises de **11 à moins de 50 salariés**, sauf si un accord collectif plus favorable mentionné n° 200 le prévoit (Avis CE 29-12-2021 n° 453069 : RJS 3/22 n° 147).

Lorsqu'il **n'existe pas de CSE** dans l'entreprise ou si l'effectif est inférieur à 50 salariés et que la consultation du CSE n'est pas prévue par un accord collectif, l'inspecteur du travail est saisi directement (C. trav. art. L 2421-3, al. 3). La circonstance que l'employeur ait tardé à se mettre en place un CSE n'entache pas la procédure d'irrégularité (CAA Versailles 20-10-2005 n° 02-3328).

45160 **Entreprise à établissements distincts** Dans les entreprises à établissements multiples, c'est le comité de l'établissement auquel appartient le salarié concerné qui doit être consulté (CE 26-2-1996 n° 146005 : RJS 5/96 n° 568).

> **› Précisions a.** Jugé que le comité d'établissement compétent pour se prononcer sur le projet de licenciement d'un salarié protégé est celui de l'**établissement au sein duquel il a été désigné** en qualité de représentant syndical au comité, même si son contrat de travail est exécuté dans un autre établissement (TA Dijon 16-11-2006 n° 05-2662).
> **b.** En cas de mutation consécutive à une **fermeture d'établissement**, le CSE compétent est celui de l'établissement dans lequel le salarié a été muté (CE 24-6-1994 n° 143927 : RJS 8-9/94 n° 1011).

PROCÉDURE DE CONSULTATION

45165 La consultation du CSE répond à des règles précises, mais la **jurisprudence du Conseil d'État** a évolué vers une certaine souplesse. Depuis 2018, elle considère que l'administration doit s'assurer que la procédure a été régulière au sens où le CSE a été mis à même d'émettre son avis en toute connaissance de cause, dans des conditions qui ne sont pas susceptibles d'avoir faussé sa consultation (CE 4-7-2018 n° 397059 : RJS 10/18 n° 617 ; 4-7-2018 n° 410904 : RJS 10/18 n° 617). Selon l'administration, il n'existe donc plus de vice de procédure absolu. La régularité de la procédure s'apprécie **au cas par cas** au regard (Guide DGT 12-2021 fiche 5) :

– de l'information qui a été délivrée au CSE par l'employeur, afin d'examiner si cette information lui a permis de se prononcer en toute connaissance de cause ;
– des conditions de sa consultation, c'est-à-dire s'il a émis l'avis dans des conditions non susceptibles d'avoir faussé sa consultation ;
– du sens de l'avis rendu par les membres.

45167 **Convocation du CSE** Tous les membres du CSE doivent être **convoqués** à la réunion par le chef d'entreprise, dans les conditions visées n°s 1800 s. Le salarié dont le licenciement est envisagé est également convoqué.

L'employeur communique aux membres du comité l'**ordre du jour** conformément aux règles visées n°s 1770 s. Les intéressés sont informés par écrit sur les mandats détenus par le salarié protégé (CE 2-10-1991 n° 105749 : RJS 12/91 n° 1341) et sur le motif de rupture envisagé (Cass. crim. 3-12-2002 n° 02-81.452 F-D : RJS 8-9/03 n° 1038).

Toutefois, l'absence de **transmission des informations** requises lors de la convocation du CSE n'entache pas la consultation d'irrégularité si le comité a tout de même disposé de ces informations dans des conditions lui permettant d'émettre son avis en toute connaissance de cause (CE 27-3-2015 n° 371852 : RJS 7/15 n° 501).

Dès lors que la réunion du CSE a bien lieu après l'entretien préalable, la convocation des membres de cette instance peut leur être adressée avant la date de l'entretien (CE 8-4-2013 n° 348559 : RJS 7/13 n° 551).

Le salarié doit disposer d'un délai suffisant entre sa convocation et la réunion du CSE pour pouvoir préparer son audition (Cass. crim. 5-3-2002 n° 01-81.049 FS-PF : RJS 6/02 n° 695 ; CE 2-6-1993 n° 107508 : RJS 8-9/93 n° 892).
S'agissant du délai de consultation lorsque le salarié a été **mis à pied**, voir n° 45645.

ATTENTION

La procédure a été jugée irrégulière en cas de **non-convocation** à la réunion d'un ou de plusieurs des membres du CSE (CE 24-5-1991 n° 68272 : RJS 7/91 n° 860 ; 23-12-2010 n° 323318 : RJS 3/11 n° 250), ou du salarié dont le licenciement est envisagé (CE 18-10-1991 n° 83934 : RJS 12/91 n° 1340). Jugé également qu'une nouvelle convocation du CSE après l'envoi de la demande d'autorisation de licenciement pour émettre un nouvel avis ne peut pas couvrir cette irrégularité (CE 29-6-1990 n° 87944 : RJS 10/90 n° 793).
Si en revanche le salarié régulièrement convoqué **ne se présente pas** à son audition, sans justifier d'un quelconque empêchement, l'avis exprimé par le CSE est valable (Cass. soc. 23-5-1966 n° 65-40.639). À notre sens, l'absence du salarié protégé due à sa **maladie** n'entache pas l'avis du CSE de nullité, à moins de prouver la mauvaise foi ou l'intention de nuire de l'employeur dans le choix de la date de réunion.

Réunion du CSE Le CSE se réunit dans les **conditions** de droit commun (n°s 1830 s.). La consultation sur le projet de rupture du contrat de travail d'un salarié protégé peut intervenir lors d'une réunion ordinaire dès lors que cette question est inscrite à l'ordre du jour. **45170**
Le CSE **auditionne** le salarié (C. trav. art. R 2421-9, al. 1), qui doit pouvoir s'exprimer librement sur les griefs motivant la rupture de son contrat de travail, et présenter ses moyens de défense (Cass. soc. 21-4-1960 n° 58-40.781). L'employeur n'est pas tenu d'accepter l'audition de **témoins** (Cass. crim. 7-6-1983 n° 82-93.740).
Le **non-respect** des règles relatives à la réunion du CSE peut constituer un délit d'entrave (Cass. crim. 27-6-1979 n° 78-93.853).

ATTENTION

L'employeur peut **saisir directement l'inspecteur du travail**, sans que cela affecte la régularité de la procédure de licenciement, lorsque le CSE régulièrement convoqué ne peut pas se réunir en raison d'une **grève** interdisant l'accès aux locaux de l'entreprise (CE 11-3-1988 n° 73067) ou qu'en raison de plusieurs **démissions** le CSE est réduit au seul employeur et aux membres dont le licenciement est envisagé (Cass. soc. 20-11-1974 n° 73-40.586).

Avis du CSE Après avoir pris connaissance des griefs invoqués par l'employeur et entendu les explications du salarié, le CSE **délibère** selon les règles générales applicables en la matière (n°s 1930 s.). **45180**
Sur le **délai** dont dispose le CSE pour se prononcer, les règles visées n°s 3690 s. devraient s'appliquer.
La brièveté du délai dont a disposé le salarié pour préparer son audition (fixée le même jour que l'entretien préalable) ne rend pas nécessairement la procédure irrégulière, l'administration devant vérifier si le CSE a été mis à même d'émettre son avis en toute connaissance de cause, dans des **conditions** qui ne sont pas susceptibles d'avoir faussé sa consultation (CE 4-7-2018 n° 397059 : RJS 10/18 n° 617). Dans cette affaire, la procédure n'a pas été jugée irrégulière même si le salarié n'avait pas pu préparer utilement sa défense, car le comité a rendu un avis négatif (CAA Douai 21-3-2019 n° 18DA01401).
L'avis donné par un **CSE irrégulièrement constitué** n'est pas valable : tel est le cas lorsque les mandats des membres ont expiré et n'ont pas été prorogés au moment du vote (CE 29-6-1990 n° 85254 : RJS 10/90 n° 762).

Le **vote** sur la rupture du contrat de travail d'un salarié protégé doit être exprimé au scrutin secret (C. trav. art. R 2421-9, al. 1). Si **plusieurs salariés** sont concernés par le projet de rupture, le CSE doit se prononcer par un vote distinct sur le sort de chacun d'entre eux (CE 2-2-1996 n° 121880 : RJS 3/96 n° 300). La méconnaissance de cette règle est toutefois sans incidence si le CSE a émis un avis globalement défavorable et que chaque salarié a pu être auditionné (CE 30-4-1997 n° 155294 : RJS 7/97 n° 837). **45185**
Tous les membres élus titulaires du CSE **participent au vote** y compris, le cas échéant, le salarié protégé dont le contrat est susceptible d'être rompu (Cass. soc. 5-11-1986 n° 84-41.466 ; CA Paris 5-10-1990 n° 90-3388).

> **Précisions a.** Le fait que le CSE ait rendu son avis après un **vote à main levée** (et non par scrutin secret) rend la procédure irrégulière seulement si cela a faussé la consultation (CE 4-7-2018 n° 410904 : RJS 10/18 n° 617). Jugé que ce n'est pas le cas si l'avis du CSE a été unanimement **défavorable** au licenciement du salarié protégé (CE 22-3-1991 n° 84280 : RJS 5/91 n° 609 ; TA Rouen 30-6-2011 n° 10-3396 : RJS 11/11 n° 887).
b. En principe, l'**employeur** ne participe pas au scrutin. S'il le fait néanmoins, la procédure est viciée seulement si ce vote a influencé le sens du scrutin (CE 31-10-1990 n° 82488 : RJS 2/91 n° 218).

45190 L'avis du CSE sur le projet de rupture doit être consigné dans un **procès-verbal** établi à l'issue de la réunion, conformément aux règles exposées n°s 1930 s. Ce procès-verbal est joint à la demande d'autorisation de rupture adressée à l'inspecteur du travail.

Si le CSE **refuse d'émettre un avis**, l'employeur peut poursuivre la procédure engagée (CE 20-3-1996 n° 164070).

L'avis du CSE est réputé acquis même si le salarié acquiert un **nouveau mandat** postérieurement à la consultation (C. trav. art. L 2421-3, al. 2).

> **Précisions** **a.** Le président du CSE ne peut pas décider, au vu de l'avis défavorable au licenciement régulièrement exprimé lors d'un premier vote, de procéder à un **second scrutin** en vue de faire participer plus de votants (CE 1-2-1995 n° 136334).
> L'employeur se rend coupable d'un délit d'entrave s'il organise, après la consultation du CSE, un **référendum** dans l'entreprise en vue de recueillir l'avis de l'ensemble du personnel de l'entreprise sur le projet de licenciement de salariés protégés (Cass. crim. 11-5-2004 n° 03-83.682 F-D).
> **b.** Le principe du scrutin secret ne s'oppose pas à ce que le **décompte des votes** soit communiqué à l'inspecteur du travail (CE 18-3-1992 n° 89103 : RJS 6/92 n° 759).

3. RENOUVELLEMENT DE LA PROCÉDURE

45220 La procédure doit être reprise dans son ensemble – convocation à un entretien préalable et consultation du CSE – lorsque l'employeur engage une **nouvelle procédure de rupture du contrat**. Tel est le cas si, en raison d'une modification des circonstances de fait, l'employeur sollicite une nouvelle autorisation de licenciement à la suite d'un premier refus, ou s'il fonde la seconde demande d'autorisation de rupture sur un motif différent (CAA Bordeaux 18-11-2004 n° 03-355 : RJS 3/05 n° 295).

En revanche, si la nouvelle demande d'autorisation est fondée sur le **même motif** que la première et que les **circonstances** n'ont pas changé, l'employeur n'est pas tenu d'organiser un nouvel entretien préalable (CE 13-11-1991 n° 91226 ; 19-9-2014 n° 362660 : RJS 12/14 n° 874) ni une nouvelle consultation du CSE (CE 28-6-2019 n° 423360 : RJS 10/19 n° 581).

Sur les obligations de l'employeur en matière de reclassement lorsqu'une procédure de licenciement économique est renouvelée, voir n° 46025.

B. Saisine de l'inspecteur du travail

45270 Une fois la procédure préalable achevée, l'employeur saisit l'inspecteur du travail d'une demande d'autorisation de rupture du contrat de travail. À l'exception des cas mentionnés n° 45020, cette saisine est impérative.

> **ATTENTION**
> S'il a rompu le contrat sans solliciter l'autorisation administrative, l'employeur ne peut pas **régulariser** le licenciement en accomplissant les formalités après coup (Cass. soc. 12-2-1991 n° 88-41.527 D : RJS 3/91 n° 353), ni **rétracter** le licenciement, sauf **accord du salarié** clair et non équivoque (Cass. soc. 23-11-2022 n° 20-19.961 FS-B : RJS 2/23 n° 94). L'inspecteur du travail saisi ultérieurement doit refuser d'autoriser la rupture (CE 20-3-1996 n° 150822 : RJS 5/96 n° 572) ou se déclarer incompétent. Le licenciement notifié sans autorisation administrative est nul (voir n°s 47250 s.) même si l'employeur exerce un recours contre la décision de l'inspecteur du travail (Cass. soc. 18-11-2020 n° 19-10.286 F-PB : RJS 2/21 n° 99) ou s'il obtient ultérieurement une autorisation administrative (Cass. soc. 8-10-1987 n° 85-46.226 ; 13-1-1999 n° 97-41.519 D : RJS 2/99 n° 234).
> Le salarié est en droit de refuser la réintégration proposée par l'employeur en vue de régulariser la procédure : un tel refus ne vaut pas renonciation à se prévaloir des conséquences de la nullité de la rupture (Cass. soc. 15-4-2015 n° 13-24.182 FS-PBR : RJS 7/15 n° 504).

AUTEUR DE LA DEMANDE

45280 Seul l'**employeur ou son représentant** peut solliciter auprès de l'inspection du travail une autorisation de rupture. Lorsque le **salarié protégé a été mis à disposition** d'une entreprise utilisatrice, c'est l'employeur d'origine qui doit formuler cette demande (CE 6-11-1995 n° 133558 : RJS 1/96 n° 41).

Si l'employeur est un CSE, voir n° 1600.

INSPECTEUR DU TRAVAIL COMPÉTENT

La demande d'autorisation de rupture est adressée à l'inspecteur du travail dont dépend l'**établissement où est employé le salarié** protégé (C. trav. art. L 2421-3, al. 4, R 2421-1, al. 1 et R 2421-10, al. 1), qui diffère selon le mode ou le motif de rupture : 45285

– en cas de licenciement pour **motif personnel**, de rupture conventionnelle individuelle, de mise à la retraite, de rupture de la période d'essai et de rupture anticipée du CDD (Guide DGT 12-2021 fiche 1 b), l'établissement s'entend comme le lieu de travail principal du salarié : par exemple, pour une entreprise siégeant à Marseille et envisageant de licencier pour faute un salarié protégé occupé dans une agence de Strasbourg, c'est l'inspecteur du travail contrôlant cette agence qui sera compétent (QR min. trav. CSE 16-1-2020 n° 54) ;

– en cas de licenciement pour **motif économique**, de rupture conventionnelle collective ou de refus d'un accord de performance collective (Guide DGT 12-2021 fiche 1b et 11b), l'établissement s'entend comme celui disposant des attributions consultatives prévues pour les entreprises d'au moins 50 salariés (voir nos 22030 s.) (Guide DGT 12-2021 fiche 1b).

La décision prise par un agent autre que l'inspecteur du travail compétent est irrégulière (CE 6-1-1995 n° 118606 : RJS 3/95 n° 261 ; 16-6-1995 n° 143437 : RJS 10/95 n° 1029). En cas d'**empêchement** de ce dernier, c'est le directeur d'unité départementale ou, à défaut, son adjoint qui doit assurer la suppléance (CE 3-4-1991 n° 92950 : RJS 6/91 n° 728).

DÉLAIS

Les textes ne **précisent pas** le délai de saisine de l'inspecteur du travail, sauf lorsque l'**avis** du **CSE** sur la rupture du contrat du salarié protégé est requis (n° 45155) : la demande d'autorisation doit dans ce cas être adressée à l'inspecteur du travail au plus tard dans les 15 jours suivant la délibération du comité (C. trav. art. R 2421-10, al. 3). Le non-respect de ce délai n'entraîne pas nécessairement la nullité de la procédure : ainsi jugé dans un cas où l'inspecteur du travail a été saisi 26 jours après la délibération du comité (CE 9-7-1997 n° 151844 : RJS 8-9/97 n° 992). 45290

Un délai spécifique s'applique en cas de licenciement disciplinaire avec **mise à pied conservatoire** : voir n° 45645.

FORME

La demande d'autorisation est adressée à l'inspecteur du travail par **voie électronique** (sisve.social-sante.gouv.fr) ou par **lettre recommandée** avec avis de réception en double exemplaire indiquant le ou les motifs de rupture envisagés (C. trav. art. R 2421-1, al. 4, R 2421-10, al. 4 et R 2421-15). L'employeur doit indiquer tous les **mandats** détenus par le salarié (CE 20-3-2009 n° 309195 : RJS 7/09 n° 647 ; Cass. soc. 3-2-2016 n° 14-17.886 FS-PB : RJS 4/16 n° 270), y compris le ou les mandats extérieurs dont il a connaissance (CE 24-7-2019 n° 411058 : RJS 11/19 n° 642). À défaut, l'inspecteur du travail doit refuser l'autorisation sollicitée (CE 13-12-2005 n° 277748 : RJS 3/06 n° 365). Si le salarié acquiert un nouveau mandat en cours de procédure, voir n° 45395, b. 45295

Dans les cas où le **CSE** doit être consulté, la demande d'autorisation doit être accompagnée du procès-verbal de la réunion (C. trav. art. R 2421-1, al. 2 et R 2421-10, al. 2).

Des **pièces justificatives** doivent être jointes à la demande à l'appui du motif de licenciement invoqué.

L'inspecteur du travail doit refuser l'autorisation sollicitée lorsque la demande n'indique pas le **motif de licenciement** et se contente de renvoyer à des pièces justificatives, notamment le procès-verbal de la réunion du CSE (CE 20-3-2009 n° 308346 : RJS 7/09 n° 646).

ATTENTION

L'employeur ne doit pas fonder sa demande d'autorisation sur un **motif différent** de celui retenu lors de la procédure préalable (CE 28-6-1996 n° 155590 : RJS 8-9/96 n° 946). En cas de modification du motif de rupture envisagé, il doit reprendre la procédure : voir n° 45220. Il ne peut pas non plus licencier le salarié protégé pour un motif différent de celui pour lequel il a obtenu l'autorisation : voir n° 45475.

RÉCEPTION

L'administration doit accuser réception de la demande, y compris si celle-ci est envoyée par voie électronique. L'accusé de réception doit **préciser** la date de réception de la demande, l'identité et les coordonnées de l'inspecteur du travail compétent, le fait que la demande est susceptible de donner lieu à une **décision implicite** de rejet (n° 45465) et la date à laquelle la demande sera réputée rejetée faute de décision expresse, ainsi que les voies et délais de **recours** contre cette décision implicite (CRPA art. L 112-3, art. L 112-11 et art. R 112-5). Sur les conséquences du défaut de ces mentions, voir n° 46855. 45297

L'accusé de réception peut figurer dans le courrier de convocation du demandeur à l'enquête contradictoire (Circ. DGT 07-2012 du 30-7-2012).

C. Contrôle de l'inspecteur du travail

45350 L'inspecteur du travail prend sa décision après avoir entendu les parties lors d'une enquête contradictoire et avoir exercé son contrôle.

1. ENQUÊTE CONTRADICTOIRE

45360 L'inspecteur du travail mène en principe une **enquête orale**, dans les conditions exposées ci-après, au cours de laquelle il doit entendre chacune des parties.
Par **dérogation**, cette enquête peut être menée par écrit en cas de grand licenciement économique (n° 46122), de rupture conventionnelle individuelle (n° 46515) ou collective (n° 46556) ou de transfert partiel d'entreprise (n° 44100).

ATTENTION

La **procédure** est **viciée** si l'inspecteur du travail ne procède pas à l'enquête contradictoire (CE 22-2-1984 n° 34601 ; 16-6-1995 n° 133569) ou la mène sans respect du principe du contradictoire (Circ. DGT 07-2012 du 30-7-2012). Les parties peuvent donc obtenir l'annulation de sa décision en exerçant un recours (nos 46820 s.).

CONVOCATION DES PARTIES

45362 L'inspecteur du travail convoque les parties en vue de leur audition. Cette convocation doit être adressée au salarié dans un **délai** suffisant pour lui permettre de se présenter (CE 5-9-2008 n° 301506 : RJS 11/08 n° 1099), de préparer sa défense (CE 20-2-1987 n° 61509) et de se faire assister (CE 21-4-1989 n° 90549).
Le **salarié** peut en effet, s'il le demande, se faire **assister** par un représentant de son syndicat (C. trav. art. R 2421-4, al. 1 et R 2421-11, al. 1) ou par un avocat (Circ. DGT 07-2012 du 30-7-2012 ; CAA Nantes 26-3-2015 n° 13NT03326 : RJS 6/15 n° 424). L'**employeur** a le droit de se faire assister ou représenter, notamment par un avocat (Circ. DGT 07-2012 du 30-7-2012 ; CE 16-2-1996 n° 151401 : RJS 4/96 n° 424). Selon l'administration, l'inspecteur du travail peut toutefois exiger d'entendre **seuls** le salarié ou l'employeur pour les besoins de l'enquête (Circ. DGT 07-2012 du 30-7-2012).
Le temps passé par le salarié pour répondre à la convocation doit être rémunéré par l'employeur au titre de son crédit d'heures (Cass. soc. 3-7-1990 n° 87-40.838 : RJS 10/90 n° 789).

> **Précisions** L'inspecteur du travail n'est pas tenu d'indiquer dans la convocation les griefs articulés contre le salarié (CE 20-11-2009 n° 320179) ni la possibilité de se faire assister (CE 22-11-1991 n° 102824).

AUDITION

45365 L'inspecteur du travail reçoit personnellement et individuellement chacune des parties en **entretien** (Circ. DGT 07-2012 du 30-7-2012). La procédure n'est pas régulière si le salarié est entendu seulement en présence de l'employeur (CE 28-4-1997 n° 163971 : RJS 7/97 n° 838), ou si les entretiens sont menés par téléphone (CE 21-8-1996 n° 149249 : RJS 11/96 n° 1191). L'**audition collective** de salariés faisant l'objet de la même procédure, même à leur demande, est interdite (CE 8-11-2019 n° 412566 : RJS 1/20 n° 35).
L'enquête peut avoir **lieu** dans l'entreprise ou dans les locaux de l'inspection du travail (CE 20-4-2005 n° 254909 : RJS 8-9/05 n° 869).
L'inspecteur du travail n'est pas tenu d'organiser une **confrontation** entre les témoins et le salarié concerné (CE 2-11-1992 n° 117836 : RJS 1/93 n° 56 ; 20-4-2005 n° 254909 précité).

PRINCIPE DU CONTRADICTOIRE

45370 L'inspecteur du travail doit permettre au **salarié** de prendre connaissance en temps utile, de façon claire et exhaustive, de toutes les **pièces produites par l'employeur** à l'appui de la rupture du contrat, notamment des témoignages et attestations (Circ. DGT 07-2012 du 30-7-2012 ; CE 24-11-2006 n° 284208 : RJS 2/07 n° 246) ou un constat d'huissier (CE 25-11-2022 n° 459127 : RJS 3/23 n° 149), peu important que le salarié soit susceptible d'en connaître le contenu (CE 22-2-2012 n° 346307 : RJS 5/12 n° 476). L'inspecteur du travail doit donner la possibilité au salarié soit de **consulter** librement les pièces et d'en prendre copie, soit de lui en adresser une **copie**, le cas échéant sous forme dématérialisée (CE 19-7-2017 n° 389635 : RJS 11/17 n° 754).
Si toutefois la communication de ces éléments est de nature à porter gravement préjudice aux personnes qui les ont communiqués, il doit se limiter à informer le salarié de leur teneur (CE 23-12-2010 n° 333169 : RJS 3/11 n° 251 ; 4-12-2013 n° 361667 : RJS 3/14 n° 244).

Par ailleurs, l'inspecteur du travail doit informer l'**employeur** et le **salarié** sur les **éléments déterminants** recueillis au cours de son enquête sur lesquels il compte fonder sa **décision** (CE 9-7-2007 n° 288295 : RJS 10/07 n° 1084), y compris en cas de licenciement économique (CE 19-7-2017 n° 391402 : RJS 11/17 n° 754). Par exemple, si le salarié produit des éléments laissant présumer un lien entre la rupture et son mandat, l'inspecteur du travail doit mettre à même l'employeur d'apporter la preuve contraire (Circ. DGT 07-2012 du 30-7-2012).

ATTENTION

Ces obligations d'information n'imposent pas à l'inspecteur la **transmission systématique** au salarié protégé de toutes les pièces de procédure (CE 4-12-2013 n° 361667 : RJS 3/14 n° 244).

2. ÉLÉMENTS CONTRÔLÉS

L'inspecteur du travail contrôle la qualité de salarié protégé de l'intéressé, le respect de la procédure suivie avant sa saisine et la légitimité du motif invoqué à l'appui de la demande. Il vérifie également si la mesure envisagée n'a pas un caractère discriminatoire. Il se place à la **date** à laquelle il prend sa décision pour apprécier les éléments de l'enquête qu'il mène (Circ. DGT 07-2012 du 30-7-2012 ; CE 9-7-1997 n° 163600 ; 26-12-2012 n° 355059), sauf pour la qualité de salarié protégé (voir n° 45027). **45390**

Dans certains cas, l'inspecteur peut refuser la rupture du contrat pour un motif d'intérêt général : voir n° 45420.

SITUATION DU SALARIÉ

L'inspecteur du travail vérifie que le salarié fait toujours partie du personnel de l'entreprise (Circ. DGT 07-2012 du 30-7-2012) et qu'il bénéficiait bien du statut protecteur au moment de l'engagement de la procédure de rupture (n° 45027). Dans le cas contraire, l'inspecteur du travail doit se déclarer incompétent : voir n° 45485. **45395**

> **Précisions** **a.** Si un **litige** oppose l'employeur et le salarié sur le **bénéfice de la protection** (notamment lorsque la candidature ou la désignation est imminente), il appartient au conseil de prud'hommes de trancher en référé (Circ. DGT 07-2012 du 30-7-2012).
>
> **b.** Lorsque le salarié obtient un **nouveau mandat** en cours de procédure, l'employeur doit en informer l'inspecteur du travail (CE 27-3-2015 n° 366166 : RJS 7/15 n° 502). À défaut, la décision de ce dernier d'autoriser la rupture est illégale (CE 21-4-1997 n° 161714).

RESPECT DES PROCÉDURES

L'inspecteur du travail doit vérifier la régularité de la procédure suivie préalablement à sa saisine (Cass. soc. 13-7-2004 n° 02-43.538 F-PB : RJS 10/04 n° 1064). Il contrôle ainsi qu'ont bien été respectées (Circ. DGT 07-2012 du 30-7-2012) : **45405**

– la procédure de licenciement de droit commun, notamment la formalité de l'entretien préalable ;

– la procédure conventionnelle de licenciement, le cas échéant (CE 22-7-2015 n° 36923 : RJS 11/15 n° 721) ;

– la consultation du comité social et économique, lorsqu'elle est requise.

Il vérifie en outre que la demande est présentée par l'employeur du salarié ou par une personne ayant qualité pour agir en son nom (CE 16-12-1988 n° 74120 ; 9-4-2004 n° 233630 : RJS 8-9/04 n° 939).

MOTIF DE RUPTURE

L'inspecteur du travail ne peut statuer que sur le motif de rupture **indiqué** par l'employeur dans sa demande d'autorisation (Circ. DGT 07-2012 du 30-7-2012 ; CE 19-10-2012 n° 334588 : RJS 1/13 n° 58). Par exemple, si cette demande est fondée sur une faute du salarié, l'autorisation administrative de licenciement motivée par des raisons économiques est irrégulière (CE 6-5-1996 n° 153102 : RJS 7/96 n° 807). Lorsque le motif indiqué par l'employeur est erroné, l'autorité administrative ne peut pas lui substituer un autre motif, même valable (CE 20-3-2017 n° 392296 : RJS 5/17 n° 349). **45410**

En fonction du motif invoqué par l'employeur, l'inspecteur du travail contrôle certains points particuliers :

– sur le **motif disciplinaire**, voir n° 45585 ;

– sur le refus du salarié d'une **modification** de son **contrat** ou de ses conditions de travail, voir nos 45700 s. ;

– sur l'**inaptitude physique** du salarié, voir n° 45770 ;
– sur les **absences répétées ou prolongées** du salarié pour maladie, voir n° 45790 ;
– sur un **motif non disciplinaire** (insuffisance professionnelle, fait de la vie privée, retrait du titre permettant l'exécution du travail, comportement troublant le bon fonctionnement de l'entreprise, fin de chantier), voir n°s 45840 s.

LIEN AVEC LE MANDAT

45415 Quel que soit le motif de rupture envisagé, l'inspecteur du travail vérifie que cette mesure n'est pas en rapport avec le mandat détenu, sollicité ou antérieurement exercé par le salarié (C. trav. art. R 2421-7 et R 2421-16). S'il dispose d'éléments précis et suffisants pour mettre en évidence un lien entre le mandat et la rupture, il doit **refuser** d'autoriser cette dernière (CE 31-3-1995 n° 141659 : RJS 6/95 n° 673), même si le salarié a intérêt à quitter l'entreprise (CE 13-9-2017 n° 399972 : RJS 11/17 n° 755). Voir également n° 45770 pour le cas du licenciement pour inaptitude physique.

L'inspecteur du travail peut retenir comme **indices** d'une discrimination des différences de traitement entre salarié protégé et salarié non protégé, la concomitance entre l'acquisition de la protection et l'apparition de griefs d'ordre professionnel ou disciplinaire, le retard dans l'évolution de la carrière du salarié protégé, ou encore l'attitude de l'employeur à l'égard des institutions représentatives du personnel (Circ. DGT 07-2012 du 30-7-2012).

ILLUSTRATIONS

Jugé que l'inspecteur du travail peut refuser d'autoriser le licenciement lorsque :
– le salarié protégé s'est vu reprocher des fautes **juste après sa candidature** aux fonctions de représentant du personnel dans le collège des cadres et agents de maîtrise auquel une récente promotion lui donnait accès (CE 8-1-1997 n° 161196 : RJS 2/97 n° 174) ;
– le licenciement est motivé par l'**incidence** sur les charges de l'entreprise du **crédit d'heures** du salarié qui, en fait, le dispensait de toute activité professionnelle (CE 29-5-1992 n° 107525 : RJS 8-9/92 n° 1010) ;
– le salarié, qui avait joué un rôle actif lors d'un récent conflit social, a fait l'objet de diverses discriminations, **plusieurs procédures de licenciement** ayant été engagées à son encontre à partir du moment où il a concouru à l'implantation d'un nouveau syndicat dans l'entreprise (CE 8-11-1993 n° 120035) ;
– une **décision du juge judiciaire** statuant en référé a condamné l'employeur au paiement provisionnel de dommages et intérêts au salarié pour non-paiement des heures de délégation laissant supposer l'existence d'une discrimination syndicale, sans que l'employeur ne présente des éléments justificatifs précis en défense (CE 20-3-2019 n° 408658 : RJS 6/19 n° 368).

INTÉRÊT GÉNÉRAL

45420 L'inspecteur du travail peut **refuser d'autoriser la rupture** du contrat de travail, même lorsque les conditions sont réunies, s'il considère qu'un motif d'intérêt général s'y oppose. Il ne peut pas en revanche invoquer l'intérêt général à l'appui d'une autorisation de rupture (CE 9-11-1983 n° 32404).

L'intérêt général peut être **invoqué** par souci soit de maintenir une représentation du personnel dans l'entreprise (CE 22-6-1987 n° 74627), soit de préserver la paix sociale et d'éviter des troubles à l'ordre public (CE 17-6-1991 n° 112317 : RJS 10/91 n° 1116). Un motif d'intérêt général ne peut toutefois être retenu que s'il ne porte pas une atteinte excessive aux **intérêts en présence** (CE 9-10-1987 n° 71667). L'inspecteur du travail doit donc mettre ces éléments en balance. Ainsi, en cas de licenciement pour faute, il peut examiner si le maintien du salarié risque d'affaiblir l'autorité de l'employeur, de créer un climat d'insécurité dans l'entreprise ou de donner le sentiment que certains salariés, ayant commis des violences, disposent d'une totale « impunité ». En cas de licenciement économique, il doit rechercher, par rapport à la situation de l'entreprise, si le maintien du salarié n'entraîne pas un coût excessif et s'il est raisonnablement envisageable compte tenu, par exemple, de l'ampleur des réductions d'effectifs opérées (Circ. DGT 07-2012 du 30-7-2012).

En revanche, le refus d'autorisation de rupture au nom de l'intérêt général ne peut pas être fondé sur l'ancienneté du salarié, son âge et sa situation personnelle (CE 26-5-1997 n° 160265), ou sur son investissement dans l'exercice de son mandat (CE 29-12-1995 n° 133448 : RJS 3/96 n° 307).

L'inspecteur du travail qui retient un motif d'intérêt général doit indiquer précisément, dans la notification du refus d'autorisation les raisons ayant guidé sa décision (CE 20-9-1986 n° 52955).

Sur la question de savoir si l'intérêt général peut être invoqué à l'appui d'un refus d'autorisation de rupture conventionnelle individuelle, voir n° 46530.

ILLUSTRATIONS

Jugé que l'intérêt général peut justifier un refus d'autorisation de licenciement lorsque :
– le salarié a commis une faute suffisamment grave pour justifier son licenciement, mais qu'il est l'**unique délégué syndical** de l'établissement et qu'il existe un intérêt à son maintien dans l'entreprise compte tenu de la **situation sociale** constatée (CE 11-2-2005 n° 247673 : RJS 5/05 n° 541) ;
– malgré les difficultés économiques de l'entreprise, le licenciement du salarié entraînerait la **disparition de toute représentation syndicale** auprès des salariés non cadres dans l'établissement auquel est rattaché l'intéressé (TA Versailles 5-12-1989 n° 87-4103 : RJS 1/90 n° 51).
En revanche, le motif d'intérêt général ne justifie pas à lui seul un refus d'autorisation lorsque :
– le départ du salarié protégé de l'établissement où il est employé n'est de nature à compromettre ni l'**existence** ni le bon **fonctionnement de la représentation du personnel**, alors même que la société connaît des difficultés en matière d'emploi (CE 30-12-1996 n° 172637 : RJS 2/97 n° 177) ;
– la rupture du contrat, sans supprimer toute présence syndicale dans l'entreprise, y remet en cause le **pluralisme syndical** (CE 8-11-1993 n° 120034 : RJS 2/94 n° 164) ou la représentation d'une organisation syndicale particulière (CE 12-9-1994 n° 128729 : RJS 12/94 n° 1405).
Jugé également que le refus d'autorisation de licenciement dans un souci d'apaisement du conflit et du maintien de la représentation d'un des syndicats présents dans l'entreprise porte une **atteinte excessive aux intérêts de la société**, compte tenu de la longueur du conflit, de la part qu'y ont prise les représentants du personnel et du souhait d'une partie des salariés de voir la liberté du travail respectée (CE 7-2-1992 n° 72637).

3. DÉCISION ADMINISTRATIVE

L'inspecteur du travail n'a en principe pas d'autre choix que d'autoriser la rupture du contrat ou de refuser l'autorisation sollicitée. Il peut dans certains cas, prendre une décision d'**incompétence**. **45450**

45452

Responsabilité de l'État

Si la **décision** de l'inspecteur du travail ou, le cas échéant, du ministre est **illégale**, elle peut engager la responsabilité de l'État à l'égard de l'employeur et/ou du salarié, et leur ouvrir droit à des dommages et intérêts. Ainsi, est de nature à engager la responsabilité de l'État à l'égard du **salarié** l'erreur d'appréciation de l'administration pour autoriser le licenciement (CE 9-6-1995 n° 90504 : RJS 7/95 n° 797) ou se déclarer incompétente (CE 7-10-2021 n° 430899 : RJS 12/21 n° 666) et, à l'égard de **l'employeur**, l'illégalité d'un refus d'autorisation de licenciement entaché d'un vice de procédure (CE 4-11-2020 n° 428198 : RJS 2/21 n° 100) ou d'une erreur d'appréciation (CE 26-2-2001 n° 211102 : RJS 6/01 n° 766).
S'agissant du **montant de la réparation**, seul le préjudice direct et certain résultant directement de l'illégalité de la décision administrative peut donner lieu à indemnisation. Par exemple, en cas d'illégalité d'une autorisation de licenciement, l'employeur peut obtenir remboursement de l'indemnité versée au salarié au titre de l'article L 2422-4 du Code du travail (annulation d'une autorisation administrative : n° 47155) et, sous certaines conditions, de ses frais de justice (CE 20-6-2022 n° 438885 : RJS 10/22 n° 530). Toutefois, pour déterminer l'étendue de la responsabilité de l'État à l'égard de l'employeur, le juge peut tenir compte de la faute commise par ce dernier (CE 4-11-2020 n° 428741 : RJS 2/21 n° 100 ; 20-6-2022 n° 438885 : RJS 10/22 n° 530). Jugé par exemple que, lorsque l'annulation est motivée par l'insuffisance des motifs invoqués à l'appui de la rupture, l'employeur a commis une faute de nature à exonérer l'État de la moitié de sa responsabilité (CAA Lyon 26-7-2018 n° 16LY01754 : RJS 10/18 n° 618). Si le salarié sollicite l'indemnisation du préjudice causé par une décision d'incompétence de l'inspecteur du travail illicite, le juge doit rechercher si une décision d'autorisation de licenciement aurait pu être prise (CE 7-10-2021 n° 430899 : RJS 12/21 n° 666).

NOTIFICATION

Délai L'inspecteur du travail prend en principe sa décision dans un délai de 2 mois à compter de la réception de la demande d'autorisation de rupture (C. trav. art. R 2421-4, al. 2 et R 2421-11, al. 2). Sur l'absence de réponse dans ce délai, voir n° 45465. **45455**

Décision explicite L'inspecteur du travail notifie sa décision par **lettre** recommandée avec avis de réception à l'employeur et au salarié, ainsi qu'à l'organisation syndicale intéressée lorsque le salarié est délégué syndical ou représentant syndical (C. trav. art. R 2421-5, al. 2 et R 2421-12, al. 2). **45460**

Cette lettre doit **indiquer** :
– l'intégralité des mandats (anciens et actuels) détenus ou brigués par le salarié ;
– la décision prise par l'inspecteur du travail : autorisation de rupture, refus ou décision d'incompétence ;
– le motif de la décision prise par l'inspecteur du travail (C. trav. art. R 2421-5, al. 1 et R 2421-12, al. 1), c'est-à-dire les éléments précis de fait et de droit sur lesquels elle se fonde (Circ. DGT 07-2012 du 30-7-2012) ;
– un considérant sur le lien avec le mandat : à défaut, la décision de l'inspecteur du travail peut être annulée (Circ. DGT 07-2012 du 30-7-2012) ;
– les voies et délais de recours hiérarchique et contentieux et, pour ce dernier, le tribunal administratif devant lequel le recours peut être présenté (Circ. DGT 07-2012 du 30-7-2012).
Sur la **portée** d'un défaut de notification de la décision de l'inspecteur aux parties, ou de la notification d'une décision ne mentionnant pas les voies et délais de recours, voir n° 46855.

> **Précisions** Concernant la **motivation** de la décision, l'inspecteur du travail ne peut pas faire référence à l'accord exprès du **salarié** ou à sa **volonté de quitter l'entreprise** pour autoriser le licenciement (Circ. DGT 07-2012 du 30-7-2012 ; CE 17-10-1997 n° 162597 : RJS 12/97 n° 1398 ; 2-7-2014 n° 368592 : RJS 11/14 n° 796).

45465 **Décision implicite** Le **silence** gardé par l'inspecteur du travail pendant **2 mois** suivant la date de réception de la demande d'autorisation de rupture vaut décision implicite de rejet de la demande (C. trav. art. R 2421-4, al. 2 et R 2421-11, al. 2).
Si l'employeur veut exercer un recours contre cette décision, il peut en obtenir la **motivation**. Pour cela, il doit adresser sa demande à l'inspecteur du travail dans les 2 mois suivant la date à laquelle la décision implicite de rejet est acquise. Les motifs de la décision doivent lui être communiqués dans le mois suivant sa demande. Dans ce cas, le délai qui lui est imparti pour exercer un recours est prorogé et expire à la fin du deuxième mois suivant la communication des motifs (CRPA art. L 232-4).

APPLICATION DE LA DÉCISION

45470 La décision de l'inspecteur du travail, quelle qu'elle soit, est **applicable immédiatement**, même si elle fait l'objet d'un recours (Cass. soc. 11-3-1971 n° 70-40.006).

45475 **Autorisation de rompre** Dès réception de l'autorisation administrative, l'employeur – ou la personne ayant qualité pour agir en son nom – peut notifier au salarié son licenciement, par **lettre** recommandée avec accusé de réception indiquant le motif de la rupture (C. trav. art. L 1232-6).
La rupture doit reposer sur les **mêmes faits** que ceux qui ont **motivé** l'autorisation administrative (Cass. soc. 11-6-2002 n° 00-41.073 FS-P : RJS 8-9/02 n° 1001). La **lettre** de notification peut faire référence soit au motif de la rupture du contrat de travail, soit à l'autorisation administrative (Cass. soc. 11-7-2006 n° 04-47.239 F-D : RJS 11/06 n° 1202 ; 14-3-2007 n° 04-47.650 FS-D : RJS 5/07 n° 631). Le défaut de motivation prive le licenciement de cause réelle et sérieuse (Cass. soc. 5-7-2017 n° 15-21.389 F-D : RJS 10/17 n° 685), mais l'autorisation administrative de rupture n'est pas illégale pour autant (CE 2-6-1993 n° 107508 : RJS 8-9/93 n° 892).
Le licenciement prend **effet** le jour de l'envoi du courrier recommandé avec accusé de réception notifiant cette rupture au salarié (CE 7-12-2009 n° 327259 : RJS 2/10 n° 204 ; 19-12-2012 n° 361271 : RJS 3/13 n° 220). Il ouvre droit pour le salarié, sauf faute grave ou lourde, au préavis et à l'indemnité légale ou conventionnelle de licenciement. Sur le régime fiscal et social des indemnités de rupture, voir Mémento social nos 22825 s. Sur la portée d'une **transaction** signée par les parties, voir n° 45490. Sur les conséquences de la notification du licenciement sur une action en **référé-suspension**, voir n° 46980.

> **Précisions** Si l'employeur, dans un souci d'apaisement, **diffère le licenciement autorisé** d'un représentant du personnel jusqu'à une date postérieure à celle des congés payés réglés, en maintenant son salaire, sans tenir compte de la mesure de mise à pied prise à son encontre, il ne peut pas être considéré comme ayant renoncé à la possibilité de licencier (Cass. soc. 1-2-1978 n° 76-40.273). En revanche, l'employeur qui n'a pas fait usage de l'autorisation de licenciement ne peut pas s'en prévaloir 8 mois plus tard, alors que les circonstances ont changé (Cass. soc. 27-5-2009 n° 08-40.834 F-D).
> Sur le délai que l'employeur doit respecter en cas de licenciement disciplinaire, voir n° 45595.

EXEMPLE 45477

Un employeur, après avoir vainement tenté d'adapter un salarié **élu au CSE** à son poste de travail, envisage de prononcer un **licenciement pour insuffisance professionnelle**. Il suit la procédure suivante :
– 5-10-2023 : le salarié est convoqué par lettre remise en main propre contre décharge à un **entretien préalable** qui a lieu le jeudi 12-10-2023. À l'issue de cet entretien, l'employeur prend la décision de poursuivre la procédure de licenciement ;
– 13-10-2023 : l'employeur convoque les membres du **CSE** et le salarié dont le licenciement est envisagé, par lettre remise en main propre contre décharge, pour une réunion extraordinaire devant avoir lieu le lundi 23-10-2023 ;
– 23-10-2023 : après avoir entendu le salarié, le CSE se prononce par scrutin à bulletin secret sur le licenciement ;
– 3-11-2023 : l'employeur soumet une demande d'autorisation de licenciement à l'**inspecteur du travail**, accompagnée du procès-verbal de la réunion du CSE, par lettre recommandée avec avis de réception ;
– 17-11-2023 : l'inspecteur du travail convoque, en vue de leur audition, l'employeur pour le 1-12-2023 et le salarié pour le 5-12-2023 ;
– 22-12-2023 : l'inspecteur du travail notifie à l'employeur et au salarié une décision d'autorisation de licenciement ;
– 29-12-2023 : l'employeur **notifie au salarié son licenciement** par lettre recommandée avec avis de réception.

Refus d'autorisation Si l'inspecteur du travail refuse d'autoriser la rupture du contrat de travail, le salarié protégé doit être maintenu dans son **emploi** et percevoir son **salaire** (Cass. soc. 3-2-1993 n° 89-40.042 P : RJS 3/93 n° 291 ; 7-12-2004 n° 02-43.327 F-D). 45480

Tout **manquement** de l'employeur à cette obligation constitue un délit d'entrave (Cass. crim. 8-1-1991 n° 89-81.344 : RJS 3/91 n° 344 ; 4-6-1991 n° 90-85.072 : RJS 8-9/91 n° 980) et provoque un trouble manifestement illicite que le juge des référés est compétent pour faire cesser : le salarié peut donc demander à celui-ci sa réintégration et un rappel de salaire (Cass. soc. 12-5-1998 n° 96-40.378 P : RJS 6/98 n° 758 ; 23-5-2006 n° 05-43.343 F-D : RJS 8-9/06 n° 973). Le refus par l'employeur de réintégrer le salarié peut également justifier sa condamnation à des dommages et intérêts (Cass. soc. 19-5-2010 n° 09-40.081 F-D), et la résiliation judiciaire du contrat de travail à ses torts (Cass. soc. 11-12-2015 n° 14-18.266 F-D : RJS 2/16 n° 139). Sur les conséquences d'une absence de réintégration immédiate d'un salarié mis à pied et dont le licenciement est refusé, voir n° 45660.

Par **exemple**, un salarié dont le licenciement pour refus d'une mutation n'a pas été autorisé par l'inspecteur du travail peut saisir le juge des référés pour une remise en état si l'employeur maintient sa décision de le muter (Cass. soc. 12-5-1998 n° 96-40.378 P : RJS 6/98 n° 758). De même, le salarié peut demander sa réintégration en référé si l'employeur se borne à lui verser sa rémunération et à le laisser exercer librement ses mandats sans lui fournir le moindre travail (Cass. soc. 5-5-1998 n° 95-45.190 P : RJS 6/98 n° 758).

ATTENTION

Le fait pour l'employeur d'avoir engagé une procédure de licenciement et de s'être vu opposer un refus de l'inspection du travail ne constitue pas en soi une **faute** et ne justifie pas sa condamnation à des dommages et intérêts (Cass. soc. 28-4-1986 n° 83-40.381), sauf si la mise en œuvre de la procédure était abusive.

Décision d'incompétence Si l'inspecteur du travail signifie aux parties son incompétence pour autoriser ou refuser d'autoriser la rupture du contrat de travail, l'employeur peut rompre les relations contractuelles dans les conditions de droit commun, même si la décision administrative fait l'objet d'un recours : voir n° 46820. S'agissant des conséquences du retrait ou de l'annulation, sur recours administratif, d'une décision d'incompétence, voir n° 47065. 45485

45490

Les parties peuvent-elles conclure une transaction ?

Le caractère d'ordre public de la protection **interdit** aux parties de conclure **avant la notification du licenciement** (prononcé après autorisation de l'autorité administrative) une transaction ayant pour objet ou pour effet de contourner le statut protecteur. La transaction organisant la rupture du contrat **sans autorisation** de l'inspecteur du travail alors qu'elle était requise est nulle (Cass. soc. 16-3-2005 n° 02-45.293 FS-PBRI : RJS 5/05 n° 533), de même que celle par laquelle le salarié **s'engage à partir à la retraite** à une date déterminée

sous peine de rembourser à l'employeur des sommes exorbitantes (Cass. soc. 4-12-2013 n° 12-22.089 F-D : RJS 2/14 n° 148). La nullité de la transaction a un caractère absolu : elle peut être invoquée aussi bien par l'employeur que par le salarié, et ce dernier peut être condamné à rembourser à l'employeur les sommes perçues en exécution de l'accord passé (Cass. soc. 10-7-2002 n° 00-40.301 FS-PBRI : RJS 11/02 n° 1255).
En revanche, une transaction peut valablement être conclue en cours d'**exécution du contrat** de travail, pour régler un différend sans lien avec le mandat détenu par le salarié (Cass. soc. 29-1-2013 n° 11-23.743 F-D : RJS 4/13 n° 302). Les parties peuvent également transiger sur les conséquences de la **rupture après obtention de l'autorisation de l'inspecteur du travail** (Cass. soc. 19-5-1998 n° 96-40.461 D : RJS 7/98 n° 882). La transaction conclue doit alors respecter les règles de droit commun exposées dans notre Mémento social n°s 69560 s. Une telle transaction n'interdit toutefois pas au salarié d'exercer un recours administratif contre la décision de l'inspecteur du travail (CE 11-3-1994 n° 125905 : RJS 6/94 n° 731 ; 2-2-1996 n° 152406 : RJS 3/96 n° 299).

III. LICENCIEMENT POUR MOTIF PERSONNEL

45540 Les étapes de la procédure spéciale de rupture visées n°s 45070 s. s'appliquent, quelle que soit la cause du licenciement (Cass. soc. 16-5-1974 n° 73-40.108). Des règles particulières propres à chaque motif de licenciement peuvent s'y ajouter.

A. Licenciement disciplinaire

45560 Lorsqu'un salarié protégé commet une faute, l'employeur est en droit d'user de son pouvoir disciplinaire : voir n°s 43200 s. Si cette faute est suffisamment importante pour justifier la rupture du contrat, il peut envisager un licenciement. S'il estime que le salarié a commis une faute grave ou lourde, il peut prononcer une mise à pied conservatoire dans l'attente de la décision de l'inspecteur du travail.
Dans ce cas, la procédure spéciale de licenciement (n°s 45070 s.) et la procédure disciplinaire (n°s 43240 s.) se cumulent. Leur conciliation est parfois délicate, s'agissant en particulier des conditions de délai applicables en matière disciplinaire.

1. PROCÉDURE DE LICENCIEMENT

ENGAGEMENT DE LA PROCÉDURE

45570 Lorsque le licenciement repose sur un motif disciplinaire, la procédure doit être engagée dans un **délai de 2 mois** à compter du jour où l'employeur a eu connaissance des faits (C. trav. art. L 1332-4). Le salarié protégé doit donc être convoqué à un entretien préalable à son licenciement dans ce délai.
Au-delà, les faits sont prescrits et ne peuvent plus légitimer un licenciement disciplinaire. Pour plus de précisions sur cette prescription, voir n°s 43245 s.

ATTENTION

Le délai de 2 mois est **interrompu** par l'engagement de poursuites pénales à l'encontre du salarié, même si ce n'est pas l'employeur qui a porté plainte (CE 10-7-2019 n° 408644 : RJS 10/19 n° 582). Il ne recommence à courir qu'une fois la décision du juge répressif devenue définitive.
Si l'employeur prononce le licenciement sans solliciter l'autorisation de l'inspecteur du travail, le délai de prescription n'est pas interrompu (CE 30-4-2004 n° 236361 : RJS 11/04 n° 1170).
Si le licenciement a été autorisé mais que la décision administrative est annulée, l'employeur dispose d'un nouveau délai de 2 mois à compter de la réintégration du salarié pour poursuivre la procédure disciplinaire pour les mêmes faits (CE 15-12-2010 n° 318698 ; 28-6-2019 n° 423360 : RJS 10/19 n° 581).

45575 En cas de **faute grave ou lourde**, la procédure doit être engagée dans un délai restreint. Le salarié peut être mis à pied à titre conservatoire dans les conditions exposées n°s 45630 s. Ces fautes privent le salarié du droit aux **indemnités** de préavis et de licenciement.
La **faute grave** est celle qui rend impossible le maintien du salarié dans l'entreprise (Cass. soc. 27-9-2007 n° 06-43.867 FP-PBR : RJS 12/07 n° 1261), sans être conditionnée au prononcé d'une mise à pied conservatoire (Cass. soc. 27-11-2012 n° 11-22.579 F-D).

La **faute lourde** est celle commise avec l'intention de nuire à l'employeur ou à l'entreprise (Cass. soc. 29-4-2009 n° 07-42.294 F-D : RJS 7/09 n° 619), qui ne se déduit pas de la seule gravité des faits ou du préjudice causé à l'employeur (Cass. soc. 22-10-2015 n° 14-11.291 FP-PB : RJS 1/16 n° 15). Elle seule permet le licenciement d'un salarié gréviste (voir n° 86220).

ATTENTION

Si les faits reprochés au salarié sont la conséquence de **troubles psychiques** ou d'un handicap, ils ne peuvent pas être considérés comme fautifs et justifier un licenciement disciplinaire en raison de l'interdiction de toute **discrimination** liée à l'état de santé (CE 3-7-2013 n° 349496 : RJS 10/13 n° 700). Toutefois, si le comportement du salarié cause un trouble dans le bon fonctionnement de l'entreprise, il peut justifier un licenciement motivé par ce trouble.

SAISINE DE L'INSPECTEUR DU TRAVAIL

L'employeur doit saisir l'administration d'une demande d'autorisation de licenciement dans les conditions exposées n°s 45270 s. **45580**

Pour que l'inspecteur du travail puisse exercer son contrôle, il doit être informé précisément des **fautes** reprochées au salarié protégé, dont l'employeur doit établir la matérialité (CE 21-12-1994 n° 127898 : RJS 3/95 n° 264). Ce dernier doit donc veiller à joindre à la lettre de saisine de l'inspecteur du travail tous les éléments de preuve dont il dispose.

Ces éléments de **preuve** doivent avoir été obtenus de manière licite (voir Mémento social n° 48680), les moyens utilisés devant être justifiés et proportionnés par rapport aux faits, sans porter d'atteinte excessive à la **vie privée** du salarié, notamment en cas d'enquête interne (CE 2-3-2020 n° 418640 : RJS 5/20 n° 245). À défaut, l'inspecteur du travail ne peut pas accorder l'autorisation de licenciement.

ILLUSTRATIONS

L'inspecteur du travail doit refuser le licenciement d'un salarié protégé accusé de vol après la fouille irrégulière de ses effets personnels (CAA Bordeaux 10-6-1999 n° 96-502 : RJS 2/00 n° 187 ; TA Caen 23-11-2004 n° 03-1162 : RJS 6/05 n° 647). De même, l'employeur ne peut pas utiliser à titre de **preuve** un document identifié comme personnel dans l'ordinateur du salarié et qu'il a consulté hors la présence de l'intéressé (CAA Versailles 18-12-2012 n° 11VE02712 : RJS 6/13 n° 474). En revanche, la preuve de la faute du salarié peut être rapportée par des procédés de contrôle tels qu'un constat d'huissier (CE 7-6-2000 n° 191828 : RJS 9-10/00 n° 971 ; 8-12-2021 n° 439631 : RJS 2/22 n° 80) ou une mise à l'épreuve (CE 31-1-1997 n° 165553 : RJS 4/97 n° 438) dès lors que l'intéressé a été informé au préalable de leur mise en place. Une telle information n'est toutefois pas nécessaire si le contrôle de l'activité du salarié, au temps et au lieu du travail, est effectué par un service interne à l'entreprise chargé de cette mission (CE 13-7-2020 n° 417972 : RJS 11/20 n° 549).

CONTRÔLE DE L'INSPECTEUR DU TRAVAIL

Outre l'absence de lien entre le mandat détenu et le licenciement envisagé (n° 45415) et l'éventuel motif d'intérêt général pouvant justifier un refus d'autorisation (n° 45420), l'inspecteur du travail examine si la faute est d'une **gravité suffisante** pour justifier le licenciement du salarié protégé (CE 5-5-1976 n° 98647 ; 8-1-1997 n° 163071 : RJS 3/97 n° 306), compte tenu de l'ensemble des règles applicables au contrat de travail du salarié et des exigences propres à l'exécution de son **mandat** (CE 5-5-1976 n° 98647). **45585**

Pour exercer son contrôle, l'inspecteur du travail prend notamment en compte les circonstances, le contexte de l'entreprise, l'effet de la faute sur la possibilité de maintenir le lien contractuel, le comportement habituel du salarié et son dossier disciplinaire, sa position dans la hiérarchie de l'entreprise. Le **degré de gravité** de faits identiques est en effet apprécié différemment selon que l'intéressé occupe ou non une fonction d'encadrement (Circ. DGT 07-2012 du 30-7-2012).

Lors de son enquête et avant de prendre sa décision, l'inspecteur du travail doit respecter le principe du contradictoire en donnant certaines informations aux parties : voir n° 45370.

S'agissant des **faits commis** par un salarié protégé en dehors de l'exécution du contrat de travail (relevant de sa vie privée ou de l'exercice de son mandat), voir n° 45850.

> **Précisions a.** Pour apprécier la gravité du comportement reproché au salarié, l'inspecteur du travail peut tenir compte des **fautes antérieures**, même déjà sanctionnées, sous réserve de respecter l'article L 1332-5 du Code du travail qui écarte de l'examen toute sanction antérieure de plus de 3 ans à l'engagement de la procédure de licenciement (Circ. DGT 07-2012 du 30-7-2012 ; CE 27-6-1990 n° 98011 : RJS 11/90 n° 890).

b. L'inspecteur du travail peut retenir à titre de **circonstance atténuante** la grande ancienneté d'un salarié et l'absence de reproches antérieurs (CE 11-2-1998 n° 170969 : RJS 5/98 n° 608 ; 30-12-2003 n° 230307), l'environnement défavorable auquel il a été confronté dans l'entreprise (Circ. DGT 07-2012 du 30-7-2012 ; CE 11-10-1995 n° 121772) ou encore sa situation personnelle (par exemple, une grossesse : CE 6-12-1996 n° 167847 : RJS 1/97 n° 60).
c. Si le licenciement du salarié protégé est motivé par le **harcèlement moral** dont il se serait rendu coupable sur un collègue, l'inspecteur du travail doit d'abord tenir compte des comportements respectifs de l'intéressé et du salarié susceptible d'en être victime, indépendamment de l'attitude de l'employeur. Puis, si les faits sont avérés, il doit prendre en compte l'attitude de l'employeur pour apprécier si la faute résultant du comportement de harcèlement moral est d'une gravité suffisante pour justifier un licenciement (CE 10-12-2014 n° 362663 : RJS 2/15 n° 119). Sur la responsabilité de l'employeur dans l'hypothèse d'un harcèlement dans le cadre du mandat, voir n° 43200 ; sur la faute du salarié, voir n° 43220.
d. Le salarié protégé ne peut pas être licencié pour faute pour avoir **dénoncé** de bonne foi un crime ou un délit dont il a eu connaissance dans l'exercice de ses fonctions (CE 27-4-2022 n° 437735 : RJS 7/22 n° 383).

45587

EXEMPLE

Jugé qu'a commis une **faute** justifiant son licenciement le salarié protégé :
– accusant l'employeur de fraudes et **dénigrant** systématiquement la gestion de l'entreprise (CE 27-7-2005 n° 268917 : RJS 11/05 n° 1120) ;
– refusant de manière persistante de se conformer aux directives de son employeur (CE 13-6-2016 n° 391903) ;
– adoptant un comportement indécent vis-à-vis du personnel féminin (CE 20-4-2005 n° 254909 : RJS 8-9/05 n° 869) ;
– tenant des **propos** racistes et sexistes (CE 7-10-2022 n° 450492 : RJS 12/22 n° 621) ;
– impliqué dans un système de **fausses factures** et de faux documents comptables (CE 9-9-2010 n° 333160) ;
– ayant participé de manière active au **blocage** illicite d'un site et de l'activité de sous-traitants pendant une **grève**, ces actions ne pouvant pas se rattacher à l'exécution normale de ses mandats représentatifs (CE 27-5-2021 n° 433078 : RJS 8-9/21 n° 462).

DÉCISION ADMINISTRATIVE

45590 L'inspecteur du travail autorise ou refuse le licenciement du salarié, selon les modalités indiquées nos 45450 s. S'agissant d'un licenciement disciplinaire, il est tenu à une obligation particulière de **motivation** de sa décision.
La décision de l'inspecteur du travail doit indiquer précisément la nature et la matérialité des faits reprochés au salarié qui fondent la demande d'autorisation de licenciement (CE 14-1-1994 n° 119038 : RJS 4/94 n° 436), et comporter une appréciation sur le **caractère suffisamment grave** ou non de la faute (Circ. DGT 07-2012 du 30-7-2012). À défaut, cette décision est irrégulière (CE 30-4-1997 n° 171896 : RJS 7/97 n° 841).

APPLICATION DE LA DÉCISION

45595 **Autorisation de licenciement** Si l'employeur obtient l'autorisation de licencier, il peut notifier la rupture dans les conditions exposées nos 45470 s., dans un **délai** d'un mois à compter du jour de la **notification** de la décision de l'inspecteur du travail (Cass. soc. 28-10-2003 n° 01-42.404 FS-PB : RJS 1/04 n° 78 ; 16-12-2009 n° 09-40.132 F-D : RJS 3/10 n° 278). En effet, dans le cas des salariés protégés, le délai d'un mois à compter de l'entretien préalable prévu pour notifier une sanction (n° 43275) est suspendu par l'application de la procédure spéciale de licenciement.
Si une **mise à pied** conservatoire avait été notifiée au salarié, voir n° 45655.

› Précisions a. Seule une demande d'autorisation de licenciement suspend le délai d'un mois : l'engagement par l'employeur d'une **action en contestation de la qualité de délégué syndical** du salarié ne produit pas cet effet (Cass. soc. 23-9-2008 n° 07-42.786 FS-PB : RJS 12/08 n° 1212).
b. Lorsque le licenciement envisagé repose sur une **faute grave**, l'employeur doit en principe rompre immédiatement le contrat de travail : à défaut, il ne peut plus se prévaloir d'une telle faute. Mais, sauf mise à pied conservatoire, un salarié protégé doit être maintenu à son poste de travail dans l'attente de la décision de l'inspecteur du travail. Par conséquent, le délai écoulé entre l'engagement de la procédure et le prononcé du licenciement est sans incidence sur la qualification de faute grave (Cass. soc. 18-1-2011 n° 09-42.386 F-D : RJS 4/11 n° 352).
c. Sur le licenciement pour des faits commis en temps de **grève**, voir nos 86220 s.

Refus d'autorisation Si le licenciement est refusé, le salarié est maintenu dans son emploi et conserve son salaire, selon les modalités indiquées n° 45480. Si une mise à pied conservatoire a été notifiée au salarié, voir n° 45660. **45600**

L'employeur peut notifier au salarié protégé dont le licenciement a été refusé une sanction de moindre niveau pour les mêmes faits (Cass. crim. 4-4-1995 n° 93-80.312 P : RJS 6/95 n° 666 ; CE 6-5-1996 n° 147250 : RJS 7/96 n° 808). Sur la possibilité pour le salarié de la refuser, voir n° 43280 et n° 45705.

2. MISE À PIED CONSERVATOIRE

La mise à pied conservatoire constitue non pas une sanction disciplinaire, mais une **mesure conservatoire facultative** qui permet à l'employeur d'exclure temporairement de l'entreprise le salarié protégé à qui il est reproché une faute grave ou lourde, dans l'attente de la décision administrative autorisant ou refusant son licenciement (C. trav. art. L 2421-1, al. 2 et L 2421-3, al. 4). Elle obéit à des règles spécifiques si elle concerne un salarié protégé. **45630**

ATTENTION

L'employeur peut prendre, avant d'engager la procédure disciplinaire, une mesure de **mutation** du salarié protégé **à titre conservatoire** et pour des **motifs de sécurité**. Cette mesure préalable est dépourvue de tout caractère disciplinaire et doit être distinguée de la mise à pied conservatoire. Elle est sans incidence sur la légalité de l'autorisation de licenciement de l'intéressé (CE 6-5-1996 n° 147250 : RJS 7/96 n° 808).

CONDITION

La mise à pied immédiate d'un salarié protégé peut valablement être prononcée si 3 conditions sont remplies : **45635**

– le salarié a commis une **faute grave ou lourde** rendant impossible son maintien dans l'entreprise ;
– l'intéressé est **informé** de la mesure de mise à pied avant que celle-ci ne prenne effet (Cass. crim. 22-10-1986 n° 85-96.142) ;
– la **procédure de licenciement** est engagée simultanément au prononcé de la mise à pied : à défaut, le salarié est en droit d'obtenir du juge des référés l'annulation de la mesure et le paiement d'un rappel de salaire (Cass. soc. 25-1-2006 n° 04-41.240 F-PB : RJS 4/06 n° 471).

CONSEIL

La **notification** d'une mise à pied conservatoire n'est soumise à aucune condition particulière de forme. Pour des raisons de preuve, on conseillera toutefois à l'employeur de signifier cette mesure au salarié protégé par lettre recommandée avec accusé de réception ou lettre remise en main propre contre récépissé. Cette notification peut être concomitante à la convocation du salarié à un entretien préalable à son licenciement.

EFFETS DE LA MISE À PIED

La mise à pied conservatoire entraîne la suspension du **contrat de travail** du salarié protégé (Cass. soc. 20-3-1956 n° 3774 ; 11-7-1958 n° 5411). L'employeur n'est pas tenu de le rémunérer pendant cette période : si toutefois la rémunération est maintenue, cela n'influe pas sur l'existence ou la gravité de la faute commise (Cass. crim. 28-6-1978 n° 77-91.941). **45640**

En revanche, pendant la durée de la mise à pied, le salarié continue d'exercer son **mandat représentatif** (Cass. soc. 2-3-2004 n° 02-16.554 FS-PBRI : RJS 5/04 n° 557 ; Cass. crim. 11-9-2007 n° 06-82.410 F-PF : RJS 12/07 n° 1311). Par conséquent, la mise à pied conservatoire ne constitue pas, en soi, un délit d'entrave (Cass. crim. 8-4-2014 n° 12-85.800 FS-PBI : RJS 6/14 n° 500) mais c'est le cas si le salarié protégé est privé de la possibilité de circuler dans l'entreprise et d'exercer ses fonctions de représentation (Cass. crim. 30-10-2006 n° 05-86.380 F-PF : RJS 2/07 n° 247).

Sur la question de savoir si le salarié :
– reste électeur et éligible, voir nos 24755 et 25070 ;
– peut être désigné en tant que délégué syndical, voir n° 27935.

PROCÉDURE

Mandat imposant la consultation du CSE Lorsque le salarié détient l'un des mandats visés n° 45155, ou qu'il cumule un de ces mandats avec des fonctions de délégué syndical ou assimilé (C. trav. art. R 2421-6, al. 2), l'employeur doit consulter le comité social et économique (si l'entreprise compte au moins 50 salariés) sur le projet de licenciement dans un **délai** de 10 jours à compter de la mise à pied (C. trav. art. R 2421-14, al. 2). Sur les modalités de cette consultation, voir nos 45165 s. **45645**

En pratique, dans la mesure où l'ordre du jour doit être communiqué aux membres du CSE au moins 3 jours avant la réunion (voir n° 1780), les intéressés doivent être convoqués dans le **délai** de 7 jours suivant la mise à pied.
La **demande d'autorisation de licenciement** est présentée à l'inspecteur du travail dans les 48 heures suivant la délibération du CSE (C. trav. art. R 2421-14, al. 3).
Si l'entreprise compte moins de 50 salariés ou en l'absence de CSE, l'employeur saisit l'inspecteur du travail dans les 8 jours à compter de la mise à pied (C. trav. art. R 2421-14, al. 3).

ATTENTION

Le **non-respect du délai** de consultation du CSE ou de saisine de l'inspecteur du travail ne rend pas la procédure irrégulière (CE 12-9-1994 n° 124495 : RJS 12/94 n° 1403 ; 6-10-1997 n° 159723), sauf si le délai est excessif (CE 23-8-2006 n° 278221 ; 29-6-2016 n° 381766 : RJS 11/16 n° 711 ; 27-2-2019 n° 413556 : RJS 5/19 n° 307). La procédure a été jugée irrégulière lorsque l'employeur a saisi l'inspecteur du travail plus d'un mois après la consultation (CE 13-11-1991 n° 82787). Si l'inspecteur du travail retire l'autorisation de licenciement en raison du délai excessif entre la mise à pied conservatoire et la saisine de l'administration, le licenciement prononcé par l'employeur avant ce retrait est nécessairement sans cause réelle et sérieuse (Cass. soc. 4-7-2018 n° 16-26.860 FS-PB : RJS 10/18 n° 619).

45647 **Délégué syndical ou assimilé** Lorsque le salarié détient un mandat de délégué syndical ou assimilé, la **décision de mise à pied** est, à peine de nullité, **motivée et notifiée à l'inspecteur du travail** dans les 48 heures suivant sa prise d'effet (C. trav. art. L 2421-1, al. 3), par lettre recommandée avec avis de réception ou par voie électronique (C. trav. art. R 2421-1). La charge de la preuve de cette notification pèse sur l'employeur (Cass. soc. 30-1-2008 n° 06-42.564 F-D). Cette notification est accompagnée ou suivie de la demande d'autorisation de licenciement.
En cas de mise à pied d'un **délégué syndical exerçant également d'autres fonctions représentatives**, les formalités devraient se cumuler dans l'ordre suivant : notification à l'inspecteur du travail de la décision de mise à pied dans les 48 heures, consultation du CSE dans les 10 jours de la date de mise à pied, demande d'autorisation de licenciement envoyée dans les 48 heures suivant la délibération du CSE et accompagnée du procès-verbal de cette délibération.

ATTENTION

La mise à pied est nulle si elle n'est **pas notifiée** à l'inspecteur du travail. Mais cette nullité n'affecte pas la légalité de la décision de l'inspecteur du travail autorisant ou refusant le licenciement du salarié (CE 2-6-1989 n° 68320 : RJS 8-9/89 n° 696), ni la régularité de la sanction disciplinaire prise par l'employeur en lieu et place du licenciement : voir n° 43272.
Un **dépassement du délai de notification** n'affecte pas nécessairement la régularité de la procédure. Par exemple, si la maladie du salarié rend impossible la tenue de l'entretien préalable au licenciement à la date prévue, ou que le salarié a demandé un report de l'entretien, la saisine de l'inspecteur du travail peut être reportée de quelques jours (CE 29-6-2016 n° 381766 : RJS 11/16 n° 711). Le dépassement des délais ne doit cependant pas être excessif. La procédure a été jugée irrégulière lorsque l'employeur a saisi l'inspecteur du travail plus de 2 mois après la mise à pied (CE 3-10-1990 n° 107898).

DÉCISION DE L'INSPECTEUR DU TRAVAIL

45650 L'inspecteur du travail prend sa décision dans les délais et selon les modalités exposées n°s 45585 s.

45655 **Autorisation de licenciement** Si le licenciement est autorisé, l'employeur peut congédier immédiatement le salarié en respectant les règles de procédure visées n°s 45560 s. Il n'a pas à verser le salaire correspondant à la période de mise à pied.

45660 **Refus d'autorisation** Si le licenciement est refusé, la mise à pied est annulée et ses effets sont supprimés de plein droit (C. trav. art. L 2421-1, al. 4 et L 2421-3, al. 5). Le salarié doit bénéficier d'une **réintégration** effective dans son emploi (Cass. crim. 11-6-1974 n° 73-93.175), même si la décision administrative fait l'objet d'un **recours** (Cass. crim. 5-3-1991 n° 90-81.886 : RJS 5/91 n° 608 ; Cass. soc. 18-6-1997 n° 95-43.723 P : RJS 8-9/97 n° 998). Le salarié doit être réintégré dans son emploi antérieur (Cass. soc. 18-11-1998 n° 96-43.072 P : RJS 1/99 n° 71) ou, à défaut, dans un poste équivalent.
Le salarié doit également **bénéficier des salaires perdus** du fait de la mise à pied (Cass. soc. 23-6-1999 n° 97-42.202 PB : RJS 8-9/99 n° 1092 ; 16-12-2020 n° 19-19.082 F-D : RJS 3/21 n° 161), même si, au moment du prononcé de cette mesure, il était en grève (Cass. soc. 18-7-2000 n° 99-41.413 PB : RJS 11/00 n° 1113 ; 17-12-2002 n° 00-40.633 FS-PBRI : RJS 2/03 n° 218) ou en arrêt maladie (Cass. soc. 29-3-2023 n° 21-25.259 F-D : RJS 6/23 n° 325). Le manquement de l'employeur à

cette obligation peut justifier la résiliation judiciaire du contrat de travail à ses torts s'il rend impossible la poursuite du contrat (Cass. soc. 19-1-2011 n° 09-40.425 F-D : RJS 4/11 n° 348).
Le **refus** de l'employeur de **réintégrer** le salarié protégé dont la mise à pied est annulée est constitutif d'un délit d'entrave (Cass. crim. 5-3-1991 n° 90-81.886 : RJS 5/91 n° 608) et d'un trouble manifestement illicite auquel le juge des référés peut mettre fin (Cass. soc. 12-6-2001 n° 00-40.480 FS-PB : RJS 8-9/01 n° 1039 ; 29-10-2008 n° 07-41.801 F-D). Le salarié peut, dans un tel cas, obtenir sa réintégration effective assortie de la réparation de son préjudice (Cass. soc. 18-7-2000 n° 98-42.542 FS-P), ou demander au juge de constater la rupture de son contrat de travail qui, en raison de la violation du statut protecteur, s'analyse en un licenciement nul (Cass. soc. 4-2-2004 n° 01-44.962 FS-PB : RJS 4/04 n° 437).

ATTENTION

L'employeur soumis à l'obligation de réintégrer le salarié protégé ne peut pas se contenter de placer l'intéressé en congé temporaire avec maintien de son salaire (Cass. soc. 30-6-1983 n° 81-40.878), ou de lui restituer son bureau en ne lui confiant aucune tâche et en répartissant ses attributions antérieures entre d'autres employés (Cass. crim. 21-6-1983 n° 82-93.938). Il ne peut pas non plus se soustraire à son obligation en arguant d'éléments faisant **obstacle à la réintégration**, tels que le comportement du salarié antérieur à sa mise à pied (Cass. crim. 9-1-1973 n° 71-93.386) ou l'hostilité d'une partie du personnel au retour de l'intéressé dans l'entreprise (Cass. soc. 9-6-1988 n° 85-40.022 ; 24-6-2014 n° 12-24.623 FS-PB : RJS 10/14 n° 708).

B. Refus d'une modification du contrat ou des conditions de travail

Le salarié protégé peut refuser toute modification de son contrat de travail ou tout changement de ses conditions de travail (voir n°s 43020 s.). Face à ce refus, l'employeur qui ne peut pas ou ne souhaite pas poursuivre l'exécution du travail aux conditions antérieures doit engager la **procédure spéciale de licenciement**. **45700**
La situation diffère selon que le salarié refuse une modification d'un élément de son contrat ou un simple changement de ses conditions de travail.

ATTENTION

Dans l'attente de la décision administrative, le salarié doit être maintenu dans son **emploi** aux conditions initiales. Même si cela est impossible, ou que le salarié refuse d'exécuter le travail aux nouvelles conditions, l'employeur doit le maintenir dans l'effectif et lui verser sa **rémunération** (Cass. soc. 15-12-2011 n° 10-20.093 F-D : RJS 3/12 n° 270 ; 12-1-2016 n° 13-26.318 FS-PB : RJS 3/16 n° 192 ; 20-5-2020 n° 18-23.444 F-D : RJS 7/20 n° 360).

REFUS D'UNE MODIFICATION DU CONTRAT DE TRAVAIL

L'employeur saisit l'inspecteur du travail d'une demande d'autorisation de licenciement indiquant, outre les éléments visés n° 45295, les raisons l'ayant conduit à décider de la modification et le fait que le licenciement est envisagé à la suite du refus du salarié d'accepter sa proposition. **45705**
Pour **motiver** la rupture, l'employeur doit se placer sur le **terrain justifiant cette modification** (motif économique, disciplinaire, personnel non disciplinaire). Par exemple, si la modification était envisagée pour un motif économique, l'employeur doit justifier de ce motif. Si le salarié protégé avait refusé de se soumettre à une sanction disciplinaire (mutation ou rétrogradation, par exemple), la rupture est motivée par les faits ayant justifié le prononcé de cette sanction (CE 6-5-1996 n° 147250 : RJS 7/96 n° 808).
En plus du **contrôle** classique (procédure et lien avec le mandat), l'inspecteur du travail doit apprécier le bien-fondé du motif à l'origine de la proposition de modification du contrat de travail (Circ. DGT 07-2012 du 30-7-2012).

> **Précisions** Dans le cas où le licenciement du salarié protégé était motivé par une **faute**, mais que l'inspecteur du travail a **rejeté** la demande d'autorisation, l'employeur peut prononcer une sanction disciplinaire à la place du licenciement (n° 43280). Si cette sanction emporte modification du contrat et que le salarié **refuse** de se la voir appliquer, l'employeur peut engager une nouvelle procédure de licenciement sur la base des mêmes faits : l'inspecteur du travail doit alors réexaminer la faute du salarié à la lumière de ces circonstances (CE 3-7-2013 n° 348099 : RJS 11/13 n° 745).

REFUS D'UN CHANGEMENT DES CONDITIONS DE TRAVAIL

45715 Le refus opposé par un salarié à un changement de ses conditions de travail décidé par l'employeur en vertu soit de son pouvoir de direction, soit des clauses du contrat de travail, constitue en principe une **faute** (CE 7-12-2009 n° 301563 : RJS 5/10 n° 446), mais pas nécessairement une faute grave (Cass. soc. 20-6-2012 n° 10-28.516 F-PB : RJS 10/12 n° 825). La demande d'autorisation de licenciement doit donc être présentée sur le **terrain disciplinaire**.

L'**inspecteur du travail** vérifie d'abord que le changement envisagé ne constitue pas en réalité une modification du contrat de travail (auquel cas la demande doit être rejetée : Circ. DGT 07-2012 du 30-7-2012), puis s'assure que le refus du salarié constitue une faute d'une **gravité** suffisante pour justifier la rupture du contrat de travail, compte tenu de la nature du changement envisagé, de ses modalités de mise en œuvre et de ses effets au regard de la situation personnelle du salarié et des conditions d'exercice de son **mandat** (CE 7-12-2009 n° 301563 : RJS 5/10 n° 446 ; 21-2-2011 n° 323637). Ainsi, le refus du salarié protégé n'est pas fautif si le changement des conditions de travail proposé porte atteinte à l'exercice normal de son mandat (CE 29-12-2000 n° 207613 : RJS 3/01 n° 316 ; 7-12-2009 n° 301563 : RJS 5/10 n° 446).

ILLUSTRATIONS

Jugé que le salarié protégé a commis une **faute justifiant son licenciement** en refusant :
– une proposition de poste qui n'entraîne pas de modification du niveau de qualification, du positionnement hiérarchique ou de la rémunération (CE 14-11-2008 n° 306226) ;
– une mutation dans la même commune, pour un poste offrant les mêmes conditions de rémunération, d'horaires et de qualification (CE 27-6-1997 n° 163522 : RJS 11/97 n° 1258).

En revanche, le refus du salarié n'a **pas été jugé fautif** lorsque le changement proposé constituait en réalité une modification du contrat de travail :
– une modification importante du rythme de travail, le faisant passer d'un horaire mixte à un travail exclusivement diurne, même s'il n'entraîne aucune modification de la rémunération, de la durée du travail ou de la qualification (CE 14-11-2008 n° 307544) ;
– une mutation dans une commune éloignée nécessitant un stage d'une année en vue d'augmenter sa qualification et ses connaissances générales (CE 14-1-1994 n° 116747 : RJS 6/94 n° 725).

DÉCISION DE L'INSPECTEUR DU TRAVAIL

45720 Si le **licenciement** est **autorisé**, l'employeur peut notifier la rupture au salarié, en indiquant à la fois les raisons l'ayant conduit à envisager la modification du contrat et le fait que le licenciement intervient à la suite du refus du salarié de se voir appliquer cette modification.

Si l'inspecteur du travail **refuse** d'autoriser le licenciement, le salarié doit en principe être maintenu à son poste.

> **Précisions** La situation peut s'avérer complexe lorsque le **licenciement** est **refusé** par l'inspecteur du travail alors que le **maintien du salarié à son poste** est **impossible**, par exemple en cas de fermeture d'un établissement. L'employeur doit alors continuer de verser au salarié sa rémunération et chercher à le reclasser, mais l'intéressé peut refuser les propositions de postes qui lui sont faites. Jugé, dans une telle situation, que le salarié qui est dispensé d'activité et perçoit sa rémunération ne peut ni prétendre être rétabli dans ses fonctions antérieures, ni bénéficier de dommages et intérêts (Cass. soc. 25-11-2003 n° 02-41.198 FS-P : RJS 2/04 n° 232).

C. Licenciement lié à l'état de santé du salarié

45750 Lorsqu'un salarié protégé est déclaré physiquement inapte à exercer son activité professionnelle, l'employeur peut sous certaines conditions rompre son contrat de travail. Par ailleurs, les perturbations causées au fonctionnement de l'entreprise par l'absence prolongée ou les absences répétées du salarié du fait de son état de santé peuvent, sous certaines conditions, justifier un licenciement.

Quelle que soit la situation, les règles protectrices des représentants du personnel se combinent avec les procédures spécifiques de rupture du contrat en cas de maladie d'un salarié.

Sur la possibilité de licencier le salarié pendant un arrêt maladie, voir nos 43170 s.

1. INAPTITUDE

45755 Lorsque le salarié protégé est déclaré inapte à son emploi par le médecin du travail, l'employeur est tenu à une obligation de recherche de reclassement, **sauf** dispense expresse précisée n° 45782.

Le licenciement ne peut être envisagé que si ce reclassement est impossible ou que le salarié refuse les propositions qui lui sont faites. L'inspecteur du travail tient compte de ces règles lors

de son contrôle. S'il refuse d'autoriser le licenciement, le salarié doit être réintégré dans un poste compatible avec son état de santé.
La rupture anticipée d'un **contrat à durée déterminée** pour inaptitude physique est étudiée nos 46590 s.

ATTENTION

Le salarié protégé qui fait obstacle à la recherche de reclassement en **refusant** de se rendre aux **entretiens** s'expose à un licenciement disciplinaire (CE 12-4-2023 n° 458974 : RJS 7/23 n° 392).

EMPLOYEUR TENU D'UNE OBLIGATION DE RECLASSEMENT

Étendue de l'obligation Avant d'envisager le licenciement d'un salarié inapte, l'employeur est **tenu de lui proposer** un autre emploi approprié à ses capacités, tenant compte des recommandations du médecin du travail et aussi comparable que possible à son emploi précédent, au besoin par la mise en œuvre de mesures de mutation, d'aménagements, adaptations ou de transformations de postes existants ou d'aménagement du temps de travail (C. trav. art. L 1226-2 et L 1226-10). Il doit **consulter** le CSE, lorsqu'il existe, avant de faire des propositions de poste salarié : voir nos 56760 s. **45760**

Le reclassement doit être **recherché** en priorité dans l'**entreprise** (CE 30-4-1997 n° 158474 : RJS 7/97 n° 839) parmi tous les emplois disponibles, quelle que soit la durée des contrats de travail susceptibles d'être proposés (CE 19-7-2022 n° 438076 : RJS 10/22 n° 528), conformément aux règles de droit commun exposées dans le Mémento social nos 49995 s. À défaut, la recherche est menée dans toute entreprise du **groupe** auquel elle appartient (formé par une entreprise dominante et les entreprises qu'elle contrôle au sens indiqué n° 6265), située en **France** et dont l'organisation, les activités ou le lieu d'exploitation assurent la permutation de tout ou partie du personnel (C. trav. art. L 1226-2 et L 1226-10).

L'obligation de reclassement est réputée satisfaite lorsque l'employeur a proposé loyalement au salarié un emploi conforme aux critères ci-dessus, en prenant en compte l'avis et les indications du médecin du travail (C. trav. art. L 1226-2-1 et L 1226-12). Ce n'est pas le cas si l'employeur refuse de proposer un poste disponible que le salarié avait déjà occupé (Cass. soc. 26-1-2022 n° 20-20.369 FS-B : RJS 4/22 n° 178) ou d'aménager un poste en télétravail total, peu important que le télétravail n'ait pas été mis en place collectivement dans l'entreprise (Cass. soc. 29-3-2023 n° 21-15.472 F-B : RJS 6/23 n° 299).

La procédure de licenciement ne peut être engagée qu'en cas d'impossibilité de reclassement ou de refus, par le salarié protégé, du ou des postes proposés. L'employeur doit alors faire connaître **par écrit** au salarié les **motifs** qui s'opposent à son reclassement (C. trav. art. L 1226-2-1 et L 1226-12), sauf s'il lui a proposé un emploi approprié à ses capacités que l'intéressé a refusé (Cass. soc. 24-3-2021 n° 19-21.263 FS-PI : RJS 6/21 n° 296). Cette formalité, lorsqu'elle est obligatoire, doit être accomplie avant l'entretien préalable au licenciement : à défaut, la procédure est irrégulière (CAA Nantes 14-6-2012 n° 11-1898).

> **Précisions a.** L'employeur est tenu de **rechercher sérieusement un emploi approprié** aux capacités du salarié protégé et aussi comparable que possible à l'emploi précédemment occupé. Il ne peut pas se borner à constater qu'il n'existe pas d'emploi compatible avec l'état de santé de l'intéressé (CE 2-2-1996 n° 157713 : RJS 3/96 n° 304). S'il propose au salarié un emploi de reclassement à temps partiel, l'employeur doit démontrer l'impossibilité de lui proposer un poste à plein temps, équivalent à celui qu'il occupait précédemment et compatible avec ses aptitudes physiques (CE 15-6-1998 n° 171476). L'employeur ne peut pas exclure par principe du champ de la recherche un poste qui relève d'une catégorie supérieure à celle occupée par le salarié, par exemple un emploi de cadre pour un agent de maîtrise (CE 21-7-2023 n° 457196 : RJS 11/23 n° 590).
> Pour autant, l'employeur n'a pas l'obligation d'organiser à l'intention du salarié une formation destinée à lui permettre d'accéder à des postes plus qualifiants (CAA Nancy 6-12-2004 n° 01-262 : RJS 5/05 n° 535) ou de lui chercher un poste de reclassement externe à l'entreprise ou au groupe auquel il appartient (CAA Versailles 24-9-2013 n° 12-3201).
> **b.** Lorsque, après son constat d'inaptitude, le **médecin du travail** apporte des **précisions** quant aux possibilités de reclassement du salarié protégé, celles-ci peuvent être prises en compte pour apprécier le caractère sérieux de la recherche de **reclassement** de l'employeur (CE 16-4-2021 n° 433905 : RJS 7/21 n° 397).
> **c.** Le **refus sans motif légitime** par un salarié protégé d'un poste approprié à ses capacités et comparable à l'emploi précédemment occupé peut être jugé abusif. Dans ce cas, si son inaptitude est d'origine professionnelle, il perd le bénéfice des indemnités spécifiques de rupture de l'article L 1226-14 du Code du travail (Cass. soc. 20-2-2008 n° 06-44.867 FP-PB : RJS 5/08 n° 540).

45765 En principe, le salarié inapte ni reclassé ni affecté provisoirement à un poste de travail dans l'attente de la décision de l'inspecteur du travail n'est pas rémunéré. Toutefois, à défaut de reclassement ou de licenciement à l'issue d'un **délai d'un mois** à compter de la date à laquelle le salarié est déclaré inapte par le médecin du travail, l'employeur doit **reprendre le versement de son salaire** (C. trav. art. L 1226-4 et L 1226-11). En effet, le délai d'un mois n'est pas suspendu par la saisine de l'inspecteur du travail (Cass. soc. 16-11-2005 n° 03-47.395 FS-PB : RJS 2/06 n° 199).

45770 **Contrôle de l'inspecteur du travail** L'employeur qui conclut à l'impossibilité de reclasser le salarié saisit l'inspecteur du travail dans les conditions exposées nos 45270 s. Il doit **joindre à sa lettre** de saisine l'avis d'inaptitude du médecin du travail ainsi que la preuve de ses recherches de reclassement.

L'inspecteur du travail saisi de la demande d'autorisation de licenciement vérifie :

– que l'inaptitude a été constatée par le médecin du travail par un avis non contesté. Si l'**avis d'inaptitude** fait l'objet d'une contestation devant le conseil de prud'hommes, il doit rejeter la demande et inviter l'employeur à présenter une nouvelle demande une fois que le conseil de prud'hommes aura statué (Guide DGT 12-2021 fiche 9) ;

– le respect de la **procédure** spéciale de licenciement et la consultation du CSE sur le reclassement du salarié selon les modalités exposées nos 56760 s. (CE 22-5-2002 n° 221600 : RJS 8-9/02 n° 1000) ;

– les efforts de **reclassement préalable** fournis par l'employeur (CE 30-12-1996 n° 163746 : RJS 2/97 n° 172 ; CE 7-10-2021 n° 430899 : RJS 12/21 n° 666) et, le cas échéant, la réalité du refus opposé par le salarié aux propositions de postes qui lui ont été faites (CE 9-3-1994 n° 136597 : RJS 6/94 n° 728) ;

– l'absence de **lien entre le licenciement et le mandat** détenu par l'intéressé : si l'inaptitude du salarié résulte d'une dégradation de son état de santé consécutive aux obstacles mis par l'employeur à l'exercice de ses fonctions représentatives, l'inspecteur du travail doit refuser l'autorisation de licenciement (Avis CE 21-9-2016 n° 396887 : RJS 12/16 n° 794 ; CE 8-12-2021 n° 428118 : RJS 2/22 n° 81).

L'inspecteur du travail peut refuser l'autorisation de licenciement pour un motif d'**intérêt général** (CE 18-12-1996 n° 168365).

ATTENTION

Hors lien avec le mandat, l'inspecteur du travail n'est pas tenu de rechercher la **cause de l'inaptitude**. Le salarié peut néanmoins saisir le juge judiciaire pour faire reconnaître l'**origine professionnelle** de l'inaptitude et se voir accorder les indemnités spéciales prévues à l'article L 1226-14 du Code du travail (Cass. soc. 11-9-2019 n° 17-31.321 FS-PB : RJS 11/19 n° 644 ; 13-4-2023 n° 22-10.758 F-D : RJS 6/23 n° 326), et/ou pour faire valoir tous les droits résultant d'un **manquement de l'employeur à ses obligations** ayant contribué à la dégradation de son état de santé (CE 20-11-2013 n° 340591 et Cass. soc. 27-11-2013 n° 12-20.301 FS-PBR : RJS 2/14 n° 149 ; Cass. soc. 18-2-2016 n° 14-26.706 F-PB : RJS 5/16 n° 353). Il peut s'agir d'un manquement à l'**obligation de sécurité**, ouvrant droit pour le salarié à la réparation du préjudice lié à la perte de son emploi, souverainement évalué par les juges du fond (Cass. soc. 7-12-2016 n° 15-18.517 F-D : RJS 3/17 n° 210), ainsi qu'une indemnité compensatrice de préavis (Cass. soc. 29-6-2017 n° 15-15.775 FS-PB : RJS 10/17 n° 688). Si le salarié établit que son inaptitude résulte d'un **harcèlement moral**, son licenciement peut être annulé (Cass. soc. 15-4-2015 n° 13-21.306 FS-PB : RJS 6/15 n° 383 ; 7-12-2016 n° 15-21.782 F-D : RJS 3/17 n° 210). Il en est de même en cas de **discrimination syndicale** (Cass. soc. 19-4-2023 n° 21-21.349 F-B : RJS 8-9/23 n° 460).

Le licenciement ayant été autorisé, le salarié ne peut pas prétendre à l'indemnité pour violation du statut protecteur (Cass. soc. 6-4-2016 n° 14-13.484 FS-PB : RJS 6/16 n° 441 ; 13-12-2017 n° 16-10.373 FS-D : RJS 2/18 n° 125). L'employeur peut être condamné à rembourser à Pôle emploi les indemnités de chômage perçues par le salarié (Cass. soc. 15-6-2022 n° 20-22.430 F-D : RJS 10/22 n° 531).

Sur l'articulation avec une demande de **résiliation judiciaire** en raison des manquements de l'employeur, voir n° 46740.

45775 **Application de la décision de l'inspecteur du travail** Le licenciement **autorisé** par l'inspecteur du travail peut être notifié au salarié.

Si l'inaptitude a pour origine un **accident ou une maladie non professionnels**, le licenciement prend effet dès sa notification, sans préavis ni indemnité compensatrice de préavis. Le salarié bénéficie toutefois d'une indemnité de licenciement calculée en tenant compte de la durée « théorique » du préavis qui aurait dû être exécuté (C. trav. art. L 1226-4).

Si l'inaptitude est d'**origine professionnelle**, l'employeur notifie le licenciement dans les conditions visées nos 45475 s. Le salarié bénéficie alors d'une indemnité compensatrice d'un montant égal à celui de l'indemnité compensatrice de préavis et d'une indemnité spéciale de licenciement qui, sauf dispositions conventionnelles plus favorables, est égale au double de l'indemnité légale (C. trav. art. L 1226-14). Sur la possibilité pour le juge judiciaire de reconnaître cette origine professionnelle, voir n° 45770.

Si le licenciement est **refusé** par l'inspecteur du travail en raison d'un **manquement de l'employeur à son obligation de reclassement** préalable, le salarié doit être reclassé dans un emploi approprié à son état de santé conformément aux règles visées n° 45760. Ce n'est qu'en cas d'impossibilité de reclassement ou de refus par le salarié des postes proposés que l'autorisation de l'inspecteur du travail pourra à nouveau être sollicitée. 45780
Si le refus d'autorisation est décidé pour un **autre motif** (de procédure par exemple), alors que la recherche de reclassement a été effectuée et a été infructueuse, l'employeur doit tenter de reclasser l'intéressé dans un poste approprié à son état de santé le temps de reprendre la procédure de licenciement.
Sur la question de savoir si la **consultation du CSE** sur le reclassement doit être renouvelée lorsque l'inspecteur du travail refuse le licenciement, voir n° 56790, a.

ATTENTION

Lorsque l'autorisation de licenciement est refusée par l'inspecteur du travail, l'employeur reste soumis à l'obligation de **reprendre le versement du salaire** à l'expiration du délai d'un mois visé n° 45765 (Cass. soc. 22-6-2011 n° 09-72.767 F-D : RJS 10/11 n° 777).

EMPLOYEUR EXONÉRÉ DE L'OBLIGATION DE RECLASSEMENT

L'employeur est exonéré de l'obligation de reclassement seulement si le médecin du travail a **expressément indiqué dans son avis d'inaptitude** que le maintien du salarié dans l'entreprise serait gravement préjudiciable à sa santé ou que son état de santé fait obstacle à tout reclassement dans un emploi (C. trav. art. L 1226-2-1 et L 1226-12). Dans ce cas, il est également dispensé de **motiver** par écrit les motifs s'opposant au reclassement et de **consulter** le CSE sur les postes de reclassement (voir n° 56762) et peut engager la procédure spéciale de licenciement dès la constatation de l'inaptitude. Si le salarié n'est pas licencié dans le délai d'un mois suivant l'avis d'inaptitude, le versement de sa rémunération est repris dans les conditions visées n° 45765. 45782
L'employeur doit impérativement joindre à la demande d'autorisation administrative de licenciement l'avis du médecin du travail portant les mentions exigées. L'étendue du contrôle administratif sur un tel licenciement n'a pas été précisée. Vraisemblablement, l'**inspecteur du travail** devrait vérifier que la procédure spéciale de licenciement a été respectée et que le licenciement est dépourvu de tout lien avec le mandat du salarié.
L'employeur n'est **pas exonéré** de son obligation de reclassement si l'avis du médecin du travail ne reprend pas les **termes exacts** exigés par le Code du travail. C'est le cas d'un avis déclarant le salarié inapte à tout emploi ou à tout poste dans l'entreprise, car la recherche de reclassement doit être menée, le cas échéant, dans le groupe (CE 7-4-2011 n° 334211 : RJS 7/11 n° 630 ; 13-6-2018 n° 402914).

CONSEIL

Selon nous, si le licenciement est autorisé, il produit les effets visés n° 45775. La situation est délicate si l'inspecteur du travail **refuse d'autoriser le licenciement** (notamment en cas d'irrégularité de la procédure). En effet, dans cette situation, l'employeur doit en principe reclasser le salarié protégé dans un poste approprié à son état de santé, le temps de reprendre la procédure de licenciement. Mais un tel reclassement est contraire aux préconisations du médecin du travail et est susceptible de porter gravement atteinte à la santé du salarié. Sous réserve d'éventuelles précisions contraires de l'administration ou du juge, nous conseillons à l'employeur, dans ce cas, de se rapprocher du médecin du travail afin d'obtenir son avis sur la situation. Pour préserver la santé du salarié, l'employeur pourrait lui proposer une dispense d'activité avec maintien de sa rémunération dans l'attente d'une solution.

2. ABSENCES PROLONGÉES OU RÉPÉTÉES

Lorsque l'absence prolongée ou les absences répétées d'un salarié pour maladie ou accident (d'origine non professionnelle) **perturbent le fonctionnement de l'entreprise** et rendent nécessaire son **remplacement définitif**, l'employeur peut prononcer un licenciement (Cass. soc. 13-3-2001 n° 99-40.110 FS-PBR : RJS 5/01 n° 592). 45785

> **Précisions** Revenu sur sa position antérieure, le Conseil d'État juge que l'employeur n'est pas tenu, avant de solliciter l'autorisation de l'inspecteur du travail, de chercher à **reclasser le salarié** protégé (CE 9-3-2016 n° 378129 : RJS 5/16 n° 351).

45790 L'**inspecteur du travail** saisi d'une demande d'autorisation de licenciement d'un salarié protégé pour ce motif doit rechercher si, eu égard à la nature des fonctions de l'intéressé et aux règles applicables à son contrat, ses absences apportent au fonctionnement de l'entreprise des perturbations suffisamment graves que l'employeur ne peut pallier par des mesures provisoires et qui sont, dès lors, de nature à justifier le licenciement en vue de son remplacement définitif par le recrutement d'un autre salarié (CE 9-3-2016 n° 378129 : RJS 5/16 n° 351).
Si le licenciement est autorisé, il peut être notifié au salarié dans les conditions exposées n°s 45475 s. Dans le cas contraire, le salarié est maintenu dans les effectifs et devra être réintégré dans son emploi à l'issue de son arrêt de travail.
Par **exemple**, l'autorisation de licenciement a été accordée lorsque le salarié protégé, absent pour raison de santé depuis un an, assume la responsabilité d'un atelier comprenant une trentaine de salariés de l'entreprise, fonction dont dépend la bonne marche de l'outil de production de l'entreprise et qui ne peut être exercée que par un salarié qualifié (CE 12-7-1995 n° 126875 : RJS 10/95 n° 1031). Elle a en revanche été refusée dans un cas où l'absence du salarié protégé a pu être palliée à la fois par le recrutement de salariés sur la base de CDD et par la modification de l'organisation du travail (CE 10-2-1993 n° 132039 : RJS 4/93 n° 424).

ATTENTION

Lorsqu'une **convention collective** assure une période de **garantie d'emploi** en cas de suspension du contrat de travail pour maladie, l'inspecteur du travail doit vérifier le respect de ces dispositions par l'employeur (CE 13-3-1992 n° 100756 : RJS 7/92 n° 889). Le seul fait que les absences du salarié pour maladie se prolongent après expiration de cette période de garantie d'emploi ne peut pas justifier à lui seul le licenciement. L'employeur doit également établir que les absences ont occasionné des perturbations préjudiciables au bon fonctionnement de l'entreprise (Circ. DGT 07-2012 du 30-7-2012).

D. Autres motifs de licenciement

45840 La rupture du contrat de travail d'un salarié protégé peut être envisagée pour un motif non disciplinaire, notamment en cas d'insuffisance professionnelle, de retrait du titre lui permettant d'exécuter son travail, ou encore de fin de chantier. La faute du salarié commise en dehors de l'exécution de son contrat de travail échappe au pouvoir disciplinaire de l'employeur, mais peut néanmoins justifier un licenciement si elle cause un trouble dans l'entreprise.
Dans ces situations, la procédure spéciale de licenciement s'applique. Seul le **contrôle exercé par l'inspecteur du travail** sur le motif du licenciement diffère en fonction de la situation.

INSUFFISANCE PROFESSIONNELLE

45845 Si le salarié protégé est dans l'incapacité d'exécuter correctement son travail, l'employeur peut envisager de le licencier pour insuffisance professionnelle (voir notre Mémento social n° 47195).
L'inspecteur du travail saisi d'une demande d'autorisation de licenciement vérifie que l'insuffisance professionnelle du salarié est telle qu'elle justifie le licenciement, compte tenu des caractéristiques de l'emploi exercé à la date à laquelle elle est constatée, et des exigences liées à l'exécution normale de son mandat (CE 23-12-2010 n° 333169 : RJS 3/11 n° 251 ; 25-9-2014 n° 361920).
Pour exercer ce contrôle, l'inspecteur du travail peut demander à l'employeur de lui fournir des **éléments de comparaison** avec d'autres salariés occupant le même emploi et possédant la même qualification. Il tient compte du temps consacré par le salarié à l'exercice de ses mandats (Circ. DGT 07-2012 du 30-7-2012).
L'autorisation peut être refusée pour un motif d'intérêt général (CE 23-12-2010 n° 333169 : RJS 3/11 n° 251).

ATTENTION

Aucune disposition législative ou réglementaire n'oblige l'employeur à chercher un reclassement préalable au licenciement pour insuffisance professionnelle. Le Conseil d'État considère néanmoins qu'une telle obligation s'impose à l'égard d'un salarié protégé (CE 7-12-2009 n° 315588 ; 23-12-2010 n° 333169 : RJS 3/11 n° 251). Toutefois, cette solution est remise en cause par certains juges (TA Paris 23-2-2016 n° 1409144-3-3 : RJS 8-9/16 n° 575 ; CAA Versailles 17-6-2022 n° 20VE02541 : RJS 8-9/22 n° 459), et pourrait l'être par le Conseil d'État qui a renoncé à cette obligation de reclassement préalable spécifique au salarié protégé, à propos du licenciement motivé par les absences prolongées ou répétées dues à la maladie : voir n° 45785.

FAIT COMMIS EN DEHORS DE L'EXÉCUTION DU TRAVAIL

Un fait commis en dehors de l'exécution du travail – c'est-à-dire dans le cadre de la **vie privée** du salarié protégé ou dans l'**exercice de son mandat** – ne peut justifier un licenciement disciplinaire que s'il constitue un manquement aux obligations professionnelles de l'intéressé envers son employeur : voir n° 43212 s. 45850

Par exemple, le salarié recruté comme chauffeur dont le **permis de conduire** est **suspendu** en raison d'une infraction commise en dehors des heures de travail n'a pas commis de faute justifiant son licenciement (CE 15-12-2010 n° 316856 : RJS 2/11 n° 158).

Le contrat de travail peut néanmoins être rompu, après autorisation de l'inspecteur du travail, si l'employeur apporte la preuve que les **répercussions** du comportement du salarié **sur le fonctionnement de l'entreprise** peuvent, eu égard à la nature de ses fonctions et à l'ensemble des règles applicables à son contrat de travail, justifier son licenciement (CE 4-7-2005 n° 272193 : RJS 11/05 n° 1121 ; 29-6-2016 n° 387412 : RJS 11/16 n° 710). Tel est le cas, **par exemple**, d'un représentant du personnel qui, en dehors du temps et lieu de travail, **importune une jeune salariée de l'entreprise** par des appels téléphoniques et des courriels déplacés et insultants (CE 15-10-2014 n° 362235 : RJS 2/15 n° 120) ou fait un usage dévoyé de son mandat pour en tirer un profit personnel (CAA Versailles 11-6-2013 n° 12-2880 : RJS 11/13 n° 746). Pour d'autres exemples, voir n° 43220.

ATTENTION

L'employeur doit **conserver le salarié dans l'entreprise** et le rémunérer jusqu'à l'obtention de l'autorisation de licenciement, même si l'intéressé ne peut pas exécuter son travail (Cass. soc. 2-12-2009 n° 08-43.466 FS-PBR : RJS 2/10 n° 203). En pratique, il peut lui proposer, à titre temporaire, d'autres affectations compatibles avec sa situation. Mais le salarié est libre de refuser toute modification de son contrat ou de ses conditions de travail : voir n°s 43020 s. Dans ce cas, sa rémunération doit être maintenue sans contrepartie.

RETRAIT DU TITRE PERMETTANT L'EXÉCUTION DU TRAVAIL

Lorsque l'emploi exercé par le salarié protégé est **conditionné** à la détention d'un titre professionnel, d'un diplôme ou d'une autorisation administrative (zones aéroportuaires, surveillance et gardiennage, salle de jeux, etc.), la perte ou le retrait de ce titre peut justifier la rupture de son contrat pour cause réelle et sérieuse (Cass. soc. 19-10-2016 n° 15-23.854 F-D : RJS 1/17 n° 17). Pour un salarié protégé, l'employeur doit toutefois obtenir l'autorisation de l'inspecteur du travail (Cass. soc. 6-6-2000 n° 98-42.867 FS-P : RJS 7-8/00 n° 827). Ce licenciement est regardé comme un licenciement pour **motif personnel** (Guide DGT 12-2021 fiche 10). 45855

Tant que l'inspecteur du travail n'a pas délivré l'autorisation administrative de licenciement, l'employeur doit **conserver le salarié dans l'entreprise** et le rémunérer (Cass. soc. 2-12-2009 n° 08-42.037 FS-PBR : RJS 2/10 n° 203). Sur les conséquences pratiques de ce principe, voir n° 45850.

Sur l'application de la procédure spéciale de rupture lorsque le titre de travail d'un salarié protégé **étranger** n'est pas renouvelé, voir n° 45020.

Sur le licenciement d'un chauffeur dont le **permis de conduire** est suspendu dans le cadre de sa vie privée, voir n° 45850.

ATTENTION

Dans un cas particulier où une **nouvelle législation** subordonne l'exercice par le salarié protégé de son travail à un titre ou diplôme dont il n'est pas titulaire et impose à l'employeur de rompre son contrat de travail, le Conseil d'État a jugé que le licenciement prononcé repose sur un **motif économique** et suppose une recherche de reclassement (CE 15-6-2005 n° 254728 : RJS 10/05 n° 1003).

Lorsque la demande d'autorisation de licenciement est motivée par la circonstance que le salarié protégé ne remplit pas ou plus les conditions légalement exigées pour l'exercice de son emploi, l'**inspecteur du travail** vérifie que ce motif est établi et justifie le licenciement, compte tenu des caractéristiques de l'emploi exercé et des exigences propres à l'exécution normale de son mandat. L'autorisation peut être refusée pour un motif d'intérêt général (CE 15-12-2010 n° 329674 : RJS 4/11 n° 350). 45860

COMPORTEMENT PRÉJUDICIABLE D'UN CADRE DE HAUT NIVEAU

La **perte de confiance** ne peut jamais être invoquée à l'appui du licenciement d'un salarié protégé. L'employeur peut toutefois licencier un salarié exerçant un niveau élevé de responsabilités dont le comportement, sans être fautif, porte objectivement **atteinte au bon fonctionnement de l'entreprise** (CE 21-12-2001 n° 224605 : RJS 3/02 n° 304). 45865

ILLUSTRATIONS

Jugé qu'un salarié protégé occupant un poste de directeur adjoint d'un centre d'aide par le travail avait pu être licencié en raison du conflit d'intérêts résultant du cumul de cette fonction, à l'insu de l'employeur, avec la gérance d'un magasin (CE 22-5-2002 n° 214637 : RJS 8-9/02 n° 999). En revanche, un directeur des ressources humaines qui se plaint de sa mise à l'écart auprès de l'employeur et d'autres salariés ne peut pas être licencié pour ce motif, dès lors que la dégradation des relations de travail ne lui est pas imputable (CE 27-7-2012 n° 329294 : RJS 11/12 n° 885).

FIN DE CHANTIER

45870 Le licenciement d'un salarié protégé fondé sur l'achèvement d'un chantier pour la durée duquel il avait été embauché doit à la fois respecter les conditions de droit commun, mentionnées dans notre Mémento social n° 16370, et la procédure spéciale de rupture des représentants du personnel.

L'**inspecteur du travail** saisi de la demande d'autorisation de licenciement doit vérifier le caractère achevé du chantier, l'absence de discrimination et l'existence éventuelle d'un motif d'intérêt général (Circ. DGT 07-2012 du 30-7-2012 ; CE 25-3-1983 n° 36037). Les dispositions relatives au licenciement économique ne s'appliquant pas, l'administration n'a pas à rechercher si l'employeur dispose sur un autre chantier d'un emploi équivalent qu'il pourrait proposer à ce salarié (CE 25-3-1983 n° 36037 ; 14-10-1983 n° 36039).

IV. LICENCIEMENT POUR MOTIF ÉCONOMIQUE

45920 Le licenciement pour motif économique d'un salarié protégé doit respecter à la fois les règles de procédure de droit commun et la procédure spéciale de licenciement propre aux représentants du personnel exposée n°s 45070 s.

Ainsi, l'obtention d'une autorisation de l'inspecteur du travail est impérative, que le licenciement économique soit **individuel ou collectif**, même en cas de **cessation totale d'activité** (jurisprudence constante, notamment Cass. soc. 10-1-1995 n° 93-42.020 P : RJS 2/95 n° 138) ou d'adhésion du salarié à un **dispositif de reclassement** (CE 9-5-2011 n° 333241).

Sur l'application de la procédure spéciale lorsque le salarié protégé :

– est licencié dans le cadre d'une procédure de **sauvegarde, de redressement ou de liquidation judiciaire**, voir n°s 46230 s. ;

– voit son contrat rompu en raison d'une **cession partielle ou totale de l'entreprise**, voir n°s 44000 s. ;

– est inclus dans un **plan de départ volontaire** pour motif économique, voir n° 46360 ;

– adhère à un dispositif de **préretraite**, voir n° 46320.

A. Avant la saisine de l'inspecteur du travail

45950 La procédure spéciale de licenciement des salariés protégés s'applique selon des modalités particulières lorsqu'elle repose sur un motif économique. Ce n'est qu'après avoir vainement cherché à reclasser le salarié que l'employeur peut engager la procédure de licenciement, en convoquant l'intéressé à un entretien préalable et en sollicitant, si son mandat l'impose, l'avis du CSE.

1. OBLIGATION DE RECLASSEMENT PRÉALABLE

45980 L'employeur qui envisage de procéder à un licenciement pour motif économique est soumis à une obligation de reclassement préalable, qui s'impose à lui de la même manière, que les salariés concernés soient ou non protégés.

ÉTENDUE DE L'OBLIGATION

45985 L'obligation de reclassement s'impose à l'employeur dans tous les **cas** où un licenciement économique est envisagé, même si les salariés bénéficient de mesures de reclassement par ailleurs. Par exemple, l'employeur n'est pas dispensé de l'obligation de rechercher un poste disponible lorsque le salarié protégé a sollicité le bénéfice des aides au reclassement prévues par le plan de sauvegarde de l'emploi (CE 31-3-1995 n° 127847 : RJS 6/95 n° 671), ou qu'il s'est vu proposer d'adhérer à un dispositif de préretraite (CE 14-6-1996 n° 150900) ou à un plan de départs volontaires prévu par le plan de sauvegarde de l'emploi (Cass. soc. 14-9-2017 n° 16-16.999 FS-D : RJS 11/17 n° 736).

> **Précisions** L'employeur doit rechercher un poste de reclassement au **salarié** même si celui-ci exprime la **volonté** d'être licencié (CE 11-7-2012 n° 334502 : RJS 11/12 n° 886) ou refuse d'être muté dans certaines zones géographiques ou au sein de certaines entreprises du groupe (CE 13-4-2005 n° 258755 : RJS 8-9/05 n° 868). L'employeur ne peut pas tenir compte des souhaits exprimés par le salarié. Il ne peut en tenir compte que dans un second temps, après avoir fait au salarié une proposition précise de reclassement que celui-ci a refusée, et sous réserve de lui avoir donné une information exacte et complète, même dans le contexte particulier d'une cessation totale et définitive de l'entreprise (CE 1-8-2013 n° 347876 : RJS 11/13 n° 747).

L'employeur doit mettre en œuvre tous les moyens dont il dispose pour assurer le reclassement du salarié dont il envisage le licenciement. Il ne peut pas se contenter d'alléguer une impossibilité de reclassement pour considérer qu'il a satisfait à son obligation, mais doit apporter la **preuve de la réalité des efforts** entrepris, des propositions d'emploi formulées (Circ. DGT 07-2012 du 30-7-2012). En effet, le licenciement du salarié protégé ne sera pas autorisé si l'inspecteur du travail constate que l'employeur n'a pas cherché à reclasser l'intéressé (CE 19-6-1992 n° 97151), que ses efforts ont été insuffisants (CE 30-11-1998 n° 173491 : RJS 2/99 n° 236) ou qu'il n'est pas en mesure d'établir une impossibilité de reclassement (CE 10-6-1998 n° 165463 : RJS 8-9/98 n° 1017). **45990**

ATTENTION

Lorsque l'employeur a connaissance de la qualité de **travailleur handicapé** du salarié protégé, il doit procéder à une recherche sérieuse de postes de reclassement appropriés à sa situation, le cas échéant à la lumière des préconisations du médecin du travail, et au besoin par la mise en œuvre de mesures d'adaptation (CE 4-4-2023 n° 449276 : RJS 6/23 n° 324).

CADRE DU RECLASSEMENT

L'obligation préalable de reclassement ne porte que sur les emplois disponibles situés en **France** (C. trav. art. L 1233-4). **45995**

Les possibilités de reclassement doivent être recherchées en priorité dans l'**établissement** où le salarié protégé exerce son activité (CE 30-12-1996 n° 172637 : RJS 2/97 n° 177). Si aucune possibilité de reclassement n'existe à ce niveau, la recherche doit être étendue à chacun des autres établissements composant l'**entreprise** et dans les différents secteurs de ceux-ci (CE 30-9-1994 n° 123826 : RJS 12/94 n° 1404) puis à l'UES à laquelle elle appartient (Circ. DGEFP/DRT/DSS 11 du 5-5-2002).

Si l'entreprise appartient à un **groupe**, le reclassement n'est recherché dans celui-ci qu'à défaut de poste disponible dans l'entreprise (CE 20-3-1996 n° 162927 : RJS 5/96 n° 570 ; 12-10-2006 n° 287489 : RJS 2/07 n° 245), parmi les entreprises dont l'organisation, les activités ou le lieu d'exploitation permettent, en raison des relations qui existent avec elles, d'y effectuer la permutation de tout ou partie de son personnel (C. trav. art. L 1233-4 ; CE 9-3-2016 n° 384175 : RJS 5/16 n° 352 ; 12-4-2022 n° 442338 : RJS 6/22 n° 311). Le groupe de reclassement s'entend du groupe formé par une entreprise dominante et les entreprises qu'elle contrôle au sens indiqué n° 6265.

S'agissant du salarié ayant exprimé le **souhait** de ne pas être muté dans certaines entreprises, voir n° 45985.

ILLUSTRATIONS

En cas de **transfert géographique d'un département** de l'entreprise, l'employeur ne peut pas se contenter de proposer au représentant du personnel une mutation vers ce nouveau lieu de travail : il doit examiner la possibilité de reclasser l'intéressé dans le département non transféré (CE 18-3-1992 n° 117708). Si une entreprise possède plusieurs implantations en France, l'employeur ne doit pas limiter sa recherche de reclassement au siège social et à l'entrepôt où travaille le salarié (CE 31-7-1992 n° 105670).

L'employeur satisfait à son obligation de reclassement lorsqu'il propose d'abord au salarié un emploi correspondant à sa qualification initiale et que, après avoir essuyé un refus, il tente, de manière infructueuse, de le reclasser au sein de celles des sociétés du groupe offrant à l'intéressé la possibilité d'exercer des fonctions comparables (CE 16-2-2007 n° 272137).

POSTE DE RECLASSEMENT

L'employeur doit rechercher en priorité s'il dispose d'un **emploi équivalent** à offrir au salarié. La notion d'emploi équivalent s'apprécie au regard de la qualification, de la rémunération et des responsabilités, de la nature de l'emploi, de sa localisation géographique et également de la possibilité de continuer à exercer des fonctions représentatives (Circ. DGT 07-2012 du 30-7-2012 ; CE 28-2-1992 n° 116597 : RJS 7/92 n° 891). Jugé, toutefois, qu'en cas de cessation d'activité, l'employeur n'est pas tenu de proposer au salarié un emploi lui permettant de poursuivre ses **fonctions représentatives** (CE 3-7-2013 n° 342291 : RJS 10/13 n° 701). **46000**

La recherche de reclassement est toutefois limitée aux **emplois disponibles**. Le reclassement d'un représentant du personnel ne peut pas se faire aux dépens de ses collègues : l'employeur ne peut pas être contraint d'évincer un autre salarié pour conserver l'intéressé (CE 11-1-1995 n° 142037 : RJS 5/95 n° 530 ; 29-12-2000 n° 206918 : RJS 4/01 n° 475).
Tous les postes vacants correspondant au profil du salarié doivent lui être proposés, même s'ils sont **de nature temporaire**. L'employeur est en effet tenu de lui soumettre les postes à pourvoir sous contrat à durée déterminée ou contrat de travail temporaire (CE 21-2-1994 n° 109134 ; 30-7-1997 n° 170315 : RJS 10/97 n° 1113).

ILLUSTRATIONS

L'employeur **ne satisfait pas à son obligation** de reclassement en ne proposant à une secrétaire qu'un poste comportant, outre des activités de contrôle et de suivi de commandes, du magasinage consistant notamment à manipuler les produits destinés à la livraison, alors que des propositions de travail de secrétariat ont été faites à une autre salariée qui les avait refusées (CE 18-3-1998 n° 168017). En revanche, le poste de régleur proposé à une aide-préparatrice de production, correspondant à son niveau de qualification et n'ayant pas pour effet de modifier son contrat, constitue une **offre valable** de reclassement même si cet emploi n'avait encore jamais été occupé par une femme (CE 20-3-1996 n° 150026).

46005 À défaut d'emploi équivalent, un **poste de catégorie inférieure ou supérieure** peut être proposé au salarié. Cette recherche est nécessairement **subsidiaire** : avant de proposer un emploi de catégorie inférieure au salarié, l'employeur doit avoir vérifié s'il existe des emplois équivalents au sein du groupe auquel il appartient (CE 12-1-2011 n°s 327191, 327192, 327193, 327194, 327195, 327726 et 327178 : RJS 4/11 n° 351).
Dans une telle situation, l'employeur doit proposer au salarié la formation nécessaire à son reclassement (Circ. DGT 07-2012 du 30-7-2012). Par conséquent, même les emplois nécessitant une **adaptation** du salarié doivent lui être proposés (CE 30-7-1997 n° 172226). En revanche, l'employeur n'est pas tenu de chercher à le reclasser dans un poste nécessitant une formation initiale ou de longue durée (CE 30-4-1997 n° 155294 : RJS 7/97 n° 837).
La proposition de reclassement doit être **sérieuse**. L'employeur qui propose au salarié protégé un emploi de catégorie inférieure en justifiant de l'impossibilité de lui proposer un poste équivalent et en maintenant sa rémunération a rempli son obligation de reclassement (CE 14-6-1996 n° 161401). Tel n'est pas le cas s'il lui propose un emploi incompatible avec sa qualification (CE 11-1-1995 n° 142037 : RJS 5/95 n° 530).

ATTENTION

En l'absence de possibilité de reclassement plus favorable, l'employeur peut assortir son offre d'une **période d'essai**. Jugée valable, par exemple, la proposition d'un poste à dominante commerciale avec période d'essai à un salarié ayant jusqu'alors occupé un poste à dominante technique (CE 26-6-2002 n° 223952 : RJS 11/02 n° 1256). Si une telle offre a bien été faite au salarié en l'absence de conditions de reclassement plus favorables, et qu'elle ne présentait pas un caractère discriminatoire, la rupture du contrat de l'intéressé pendant cette période d'essai ne traduit pas nécessairement un manquement de l'employeur à son obligation de reclassement (CE 3-6-1994 n° 117333 : RJS 8-9/94 n° 1015).

PROPOSITION DE L'EMPLOYEUR

46010 Les offres de reclassement interne sont adressées directement par **écrit personnalisé** au salarié ou lui sont communiquées par tout moyen via une **liste**, le cas échéant actualisée (C. trav. art. L 1233-4 et D 1233-2-1).
L'offre de reclassement doit être suffisamment **précise** et concrète pour permettre au salarié de se décider en toute connaissance de cause : intitulé du poste et son descriptif, nom de l'employeur, nature du contrat de travail, localisation du poste, niveau de rémunération, classification du poste, possibilité d'exercer le mandat représentatif, conditions particulières... En cas de diffusion d'une **liste** des offres, celle-ci comprend les postes disponibles situés sur le territoire national dans l'entreprise et les autres entreprises du groupe dont l'entreprise fait partie. La liste précise les critères de départage entre salariés en cas de candidatures multiples sur un même poste, ainsi que le délai dont dispose le salarié pour présenter sa candidature écrite. Ce délai est au moins de 15 jours francs (4 jours francs en cas de redressement ou liquidation judiciaire) à compter de la publication de la liste. L'absence de candidature écrite du salarié à l'issue du délai qui lui est imparti vaut refus des offres (C.trav. art. D 1233-2-1).
L'employeur ne satisfait pas à son obligation s'il propose un poste au salarié sans lui fournir aucune indication sur ses caractéristiques (CE 15-4-1996 n° 151474 : RJS 6/96 n° 687).
S'agissant de la prise en compte par l'employeur des souhaits de reclassement du salarié, voir n° 45985.

DÉCISION DU SALARIÉ

Acceptation de l'offre de reclassement Si le salarié protégé accepte l'offre de reclassement, l'employeur met en œuvre cette **modification de son contrat ou de ses conditions de travail** dans les conditions exposées n° 43055. Il n'a pas à solliciter l'autorisation préalable de l'inspecteur du travail (CAA Nancy 21-10-2004 n° 99-438). 46020
La circonstance que d'autres salariés protégés, ayant refusé leur reclassement préalable, obtiennent l'annulation de l'autorisation administrative de licenciement et soient réintégrés dans leur emploi antérieur ne peut pas être invoquée par le salarié qui a accepté un poste de reclassement (Cass. soc. 4-12-1991 n° 88-43.046 D : RJS 3/92 n° 316).

Refus Le salarié est en **droit** de refuser les offres de reclassement qui lui sont faites. Un tel refus n'est pas fautif et ne peut pas justifier le prononcé d'une sanction ni ôter au licenciement envisagé son caractère économique (CE 7-12-2009 n° 314079). Le refus peut être tacite quand les offres de reclassement ont été diffusées par liste. 46025
Même si le salarié a refusé plusieurs offres, son licenciement ne peut être envisagé que lorsque toutes les possibilités de reclassement sont épuisées (CE 27-1-1982 n° 17873 ; CE 7-3-1990 n° 93853 : RJS 5/90 n° 396). Ce n'est que dans ce cas que l'employeur peut **poursuivre la procédure** de licenciement et solliciter l'autorisation de l'inspecteur du travail (Cass. soc. 21-11-2007 n° 06-41.700 F-D).
S'agissant du salarié ayant exprimé le **souhait** d'être licencié, voir n° 45985.

ATTENTION

Si, après le **rejet d'une première demande d'autorisation** de rupture, l'employeur renouvelle la procédure de licenciement économique d'un salarié protégé, il doit avoir recherché l'ensemble des possibilités de reclassement, compte tenu, le cas échéant, de changements des circonstances survenus entre les deux procédures. En revanche, il n'est pas tenu d'adresser à nouveau au salarié les propositions de reclassement encore valides qu'il lui a soumises avant sa première demande et que ce dernier a refusées (CE 23-3-2016 n° 386108 : RJS 6/16 n° 439).

2. ENTRETIEN PRÉALABLE

Le licenciement du **titulaire d'un mandat** doit toujours être précédé d'un entretien avec l'employeur. Cette étape de la procédure est obligatoire, même lorsque l'intéressé est compris dans un licenciement d'**au moins 10 salariés dans une même période de 30 jours**, pour lequel la loi n'impose pas d'entretien (CE 28-9-2005 n° 266023 : RJS 12/05 n° 1230 ; Cass. soc. 22-9-2010 n° 08-45.227 FS-PBR : RJS 11/10 n° 864). Par exception, dans ce dernier cas, les **candidats** aux élections professionnelles ne bénéficient pas d'un entretien préalable et l'employeur doit directement demander une autorisation administrative de licenciement s'il est informé de la candidature avant la date d'envoi de la lettre de licenciement (Cass. soc. 6-4-2016 n° 14-12.724 FS-PB : RJS 6/16 n° 438). 46030

L'employeur doit proposer au salarié menacé de licenciement économique et remplissant certaines conditions le bénéfice d'un contrat de sécurisation professionnelle (voir ci-dessous) ou d'un congé de reclassement, selon le cas, pour faciliter son retour à l'emploi. Ces dispositifs de reclassement ne dispensent pas l'employeur de son obligation de recherche d'un reclassement préalable à la rupture. 46035
Le **congé de reclassement**, dont le régime est exposé dans notre Mémento social nos 48450 s., s'applique dans les entreprises et les groupes d'au moins 1 000 salariés. Il n'est proposé au salarié qu'au moment de la notification de son licenciement (n° 46175). Mais l'intéressé doit être **informé** au cours de l'entretien préalable des conditions de sa mise en œuvre.

Conclure un contrat de sécurisation professionnelle avec un salarié protégé 46040

Le contrat de sécurisation professionnelle, qui fait l'objet de développements dans notre Mémento social nos 48390 s., doit être **proposé** au représentant du personnel au cours de l'entretien préalable dans les entreprises et groupes de moins de 1 000 salariés, et dans les entreprises en redressement ou liquidation judiciaire quel que soit leur effectif. En cas de licenciement avec plan de sauvegarde de l'emploi, cette proposition est faite après la notification par l'administration de sa décision de validation ou d'homologation du plan.
L'employeur remet au salarié, contre récépissé et sous peine de sanctions, un dossier retiré auprès de Pôle emploi. Il indique au salarié par écrit le motif économique du licenciement et a en outre tout intérêt à rédiger et à remettre, au cours de l'entretien, un document plus détaillé sur les conséquences de l'adhésion au contrat de sécurisation professionnelle.

En principe, le salarié dispose d'un **délai de réflexion** de 21 jours pour accepter ou refuser la proposition, mais, pour les salariés protégés, ce délai est prolongé jusqu'au lendemain de la date de notification à l'employeur de la décision de l'inspecteur du travail (Convention Unédic du 26-1-2015 art. 4). Pendant le délai de réflexion, l'employeur peut saisir l'inspecteur du travail d'une demande d'autorisation de rupture. Il peut également adresser au salarié une lettre de **licenciement à titre conservatoire** précisant qu'elle ne vaudra notification de la rupture qu'à défaut d'adhésion au CSP et sous couvert d'autorisation administrative (Cass. soc. 19-12-2018 n° 17-24.007 F-D : RJS 3/19 n° 170). Mais, en aucun cas, il ne doit notifier la rupture de son contrat de travail au salarié ayant accepté sa proposition avant d'avoir obtenu l'autorisation administrative (Cass. soc. 4-12-2012 n° 11-11.299 FS-PB : RJS 2/13 n° 144).

Dans le cas où le salarié protégé a accepté d'adhérer au contrat de sécurisation professionnelle dans le délai imparti, son contrat de travail est réputé rompu d'un commun accord le lendemain de la notification de l'autorisation de l'inspecteur du travail (Convention Unédic du 26-1-2015 art. 4). L'employeur doit, à notre sens, **formaliser la rupture** dans un écrit rappelant le motif économique de la rupture ou mentionnant l'autorisation de l'inspecteur du travail, et informant l'intéressé de son droit à la priorité de réembauche.

3. CONSULTATION DU CSE

46070 Dès lors que son mandat l'exige, le licenciement du salarié doit être soumis à l'avis du comité social et économique (voir n°s 45150 s.), et ce même lorsqu'il est compris dans un licenciement collectif.

Outre les **informations** visées n° 45167, le comité doit avoir été renseigné sur les difficultés économiques de l'entreprise, l'ampleur du licenciement envisagé et les possibilités de reclassement pour que son avis soit régulièrement exprimé (Circ. DGT 07-2012 du 30-7-2012). Cette information, qui lui est délivrée dans le cadre de la procédure de licenciement économique collectif de droit commun (n°s 89790 s.), s'impose donc également en cas de licenciement individuel d'un salarié protégé.

Lorsque le salarié est inclus dans un licenciement d'au moins 10 salariés dans une même période de 30 jours, la délibération du CSE ne peut pas avoir lieu avant la seconde **réunion** de consultation visée n° 90315 ou, en cas de liquidation ou de redressement judiciaire, avant la réunion visée n° 91455 (C. trav. art. R 2421-9). L'ordre du jour doit préciser expressément que le comité aura à entendre le salarié concerné (Circ. DE/DRT 89-46 du 1-10-1989).

B. Saisine de l'inspecteur du travail

46100 L'employeur qui envisage de licencier un ou plusieurs salariés protégés doit en demander l'autorisation à l'inspecteur du travail selon les modalités indiquées n°s 45270 s. S'agissant de l'inspecteur du travail compétent pour se prononcer sur le licenciement économique du salarié protégé, voir n° 45285.

1. INFORMATIONS DONNÉES À L'INSPECTEUR DU TRAVAIL

46110 Outre le motif économique invoqué à l'appui du licenciement, le ou les mandats détenus par le salarié et, le cas échéant, le procès-verbal de la réunion du CSE ayant exprimé un avis sur ce licenciement, l'employeur doit fournir à l'inspecteur du travail les informations suivantes (Circ. DGT 07-2012 du 30-7-2012) :

– des éléments précis sur la **situation économique et financière** de l'établissement concerné et/ou de l'entreprise ;

– la preuve que l'application des critères retenus pour fixer l'**ordre des licenciements** a conduit à placer l'intéressé parmi les salariés devant être licenciés (CE 29-3-1989 n° 59464) ;

– les éléments attestant de la réalité des efforts de **reclassement** entrepris et des propositions d'emploi éventuellement formulées au salarié ;

– le déroulement de la procédure suivie (notamment la consultation du CSE) ;

– et, lorsque le licenciement concerne au moins 10 salariés dans une même période de 30 jours dont un ou plusieurs salariés protégés, une copie de la notification du projet de licenciement adressée à l'autorité administrative (C. trav. art. R 2421-2 et R 2421-13).

2. CONTRÔLE DE L'INSPECTEUR DU TRAVAIL

L'inspecteur du travail exerce son contrôle au cours d'une enquête contradictoire qui l'amène à vérifier des éléments propres à la procédure de licenciement pour motif économique. **46120**

ENQUÊTE CONTRADICTOIRE

L'inspecteur du travail saisi d'une demande d'autorisation de licenciement pour motif économique mène une enquête contradictoire orale obéissant aux règles exposées n°s 45360 s. Par dérogation, lorsque le salarié est inclus dans un licenciement pour motif économique et que la **demande concerne au moins 25 salariés protégés**, l'inspecteur du travail met à même le salarié de lui présenter ses **observations écrites**. Toutefois, si le salarié en fait la demande ou que l'inspecteur du travail le juge nécessaire, le salarié est auditionné et peut, sur sa demande, se faire assister d'un représentant de son syndicat (C. trav. art. R 2421-4, al. 2 et R 2421-11, al. 2). **46122**

RESPECT DES PROCÉDURES

Outre les règles propres à la procédure spéciale de licenciement des représentants du personnel que sont l'entretien préalable et la consultation du CSE (si le mandat détenu par l'intéressé l'impose), l'inspecteur du travail vérifie : **46125**
– le respect par l'employeur des **formalités** liées au licenciement économique, en particulier l'application de la procédure de consultation du CSE (Circ. DGT 07-2012 du 30-7-2012 ; CE 29-10-1997 n° 154967 : RJS 12/97 n° 1401) ;
– l'étendue des efforts de **reclassement préalable** de l'employeur (CE 18-2-1977 n° 95354 ; 26-2-1982 n° 24624) ;
– et, lorsque l'employeur met en œuvre un **plan de sauvegarde de l'emploi**, que les salariés protégés ont accès à ces mesures dans des conditions non discriminatoires (CE 29-12-2000 n° 206918 : RJS 4/01 n° 475 ; 3-5-2006 n° 277079 : RJS 7/06 n° 866 ; 25-2-2015 n° 375590 : RJS 5/15 n° 351).
L'inspecteur du travail qui constate une irrégularité lors de ce contrôle doit refuser l'autorisation de licenciement.

ATTENTION

Il n'appartient pas à l'inspecteur du travail de contrôler les critères retenus par l'employeur pour fixer l'**ordre des licenciements** (CE 5-7-1993 n° 134221 ; 7-3-1994 n° 122279) ou d'apprécier le caractère sérieux de ses recherches de **reclassement externe** (CE 2-3-2022 n° 442578 : RJS 5/22 n° 261), sous réserve toutefois de l'appréciation d'une éventuelle discrimination (n° 46140).
Il ne lui appartient pas non plus, en cas de licenciement avec **plan de sauvegarde de l'emploi** (PSE) de procéder aux contrôles qui incombent au Dreets saisi de la demande d'homologation ou de validation du plan (CE 19-7-2017 n° 391849 : RJS 10/17 n° 686) et, en particulier, d'apprécier la validité de celui-ci, dès lors que l'autorisation de licenciement ne fait pas obstacle à ce que le salarié puisse ultérieurement contester cette validité devant la juridiction compétente (CE 25-2-2015 n° 375590 : RJS 5/15 n° 351). Par exemple, l'inspecteur du travail ne peut pas remettre en cause le périmètre du groupe de reclassement déterminé par le PSE (CE 22-7-2021 n° 427004 : RJS 10/21 n° 554).
Il incombe en principe à l'inspecteur du travail de s'assurer qu'un PSE a bien été mis en place lorsque l'ampleur du plan de licenciement l'impose. Jugé toutefois que dans le cas où l'obligation de mettre en place le PSE s'apprécie au niveau de l'**unité économique et sociale**, laquelle n'a été reconnue qu'après la saisine de l'inspecteur du travail, celui-ci n'ayant pas pu intégrer ce point à son contrôle, il appartient à la **juridiction judiciaire** d'apprécier l'incidence de la reconnaissance de l'UES quant à la **validité des licenciements** (Cass. soc. 17-3-2021 n° 18-16.947 FS-P : RJS 6/21 n° 324).

MOTIF ÉCONOMIQUE

Éléments d'appréciation L'inspecteur du travail ne peut autoriser le licenciement du salarié protégé que si l'employeur justifie d'un motif économique **réel et sérieux** (CE 18-2-1977 n° 95354), non lié à la personne du salarié, causé par des difficultés économiques, des mutations technologiques, la nécessité de sauvegarder la compétitivité de l'entreprise ou une cessation d'activité, conformément aux règles de droit commun exposées dans le Mémento social n°s 47230 s. **46130**
L'appréciation de la situation économique de l'entreprise s'effectue au **moment** de l'examen de la demande d'autorisation : l'amélioration de la situation de l'entreprise postérieurement au licenciement ne permet pas de remettre en cause la décision de l'inspecteur du travail (CE 29-12-2000 n° 206918 : RJS 4/01 n° 475).
L'inspecteur du travail n'a pas à tenir compte de la **situation personnelle** du salarié protégé pour apprécier la légitimité du motif de son licenciement (CE 7-2-1994 n° 104256), ou des **choix** de gestion opérés par l'**employeur** (CE 18-3-1992 n° 105127 : RJS 6/92 n° 759-a). L'inspecteur du travail n'a

pas non plus à rechercher si la **cessation d'activité** de l'entreprise est due à la faute ou la légèreté blâmable de l'employeur : c'est au juge prud'homal qu'il incombe d'évaluer la responsabilité de l'employeur et l'éventuel préjudice du salarié, y compris pour perte d'emploi (CE 8-4-2013 n° 348559 : RJS 7/13 n° 551 ; Cass. soc. 25-11-2020 n° 18-13.771 FP-PBI : RJS 2/21 n° 102 ; 29-6-2022 n° 20-23.639 F-D : RJS 10/22 n° 531), sans pouvoir allouer de dommages-intérêts au titre d'un licenciement sans cause réelle et sérieuse (Cass. soc. 20-9-2023 n° 22-13.494 FS-B : RJS 12/23 n° 655).
Il appartient à l'inspecteur du travail, saisi d'une demande d'autorisation de licenciement pour motif économique fondée sur le **refus** du salarié protégé d'accepter une **modification de son contrat de travail**, de vérifier que cette modification est, non pas « strictement nécessaire », mais justifiée par le motif économique allégué (CE 15-11-2022 n° 449317 : RJS 1/23 n° 26).

ILLUSTRATIONS

L'inspecteur du travail a pu **autoriser le licenciement** après avoir constaté :
– la situation déficitaire de l'entreprise justifiant un plan de réduction d'effectifs (CE 21-12-1994 n° 126912 : RJS 2/95 n° 139) ;
– une baisse constante du chiffre d'affaires, le maintien d'un résultat bénéficiaire nécessitant une restructuration (CE 11-2-1998 n° 169789 : RJS 5/98 n° 609) ;
– le refus du salarié d'accepter la modification de son contrat de travail visant à faire face aux mutations technologiques et à l'apparition de nouveaux concurrents dans le secteur d'activité de l'entreprise, faisant peser une réelle menace sur sa compétitivité (CE 12-1-2011 n° 327191 : RJS 4/11 n° 355).
En revanche, le licenciement n'a **pas été autorisé** dans un cas où l'employeur invoquait des modifications structurelles motivées par le tassement de l'activité de la branche dans laquelle le salarié protégé était affecté et par la volonté d'améliorer la productivité de la société, aucune menace pesant sur la compétitivité de cette dernière n'étant invoquée (CE 8-3-2006 n° 270857 : RJS 5/06 n° 604).

46135 Le licenciement économique envisagé doit résulter d'une suppression ou transformation d'emploi, ou d'une modification du contrat de travail refusée par le salarié protégé. L'inspecteur du travail doit s'assurer que la **suppression d'emploi** est **réelle** et que le salarié protégé n'a pas été remplacé dans son poste. Il ne peut pas autoriser le licenciement s'il constate qu'un autre salarié a été embauché pour exercer ses fonctions (CE 16-2-1996 n° 143808 : RJS 4/96 n° 423) ou que, dans le cadre de la restructuration justifiant le licenciement, l'employeur a créé plusieurs postes dont certains correspondaient à la qualification de l'intéressé (CE 31-3-1995 n° 129712 : RJS 6/95 n° 669).
En revanche, l'employeur est en droit de répartir les tâches du salarié licencié entre les autres salariés toujours en poste (CE 10-3-1997 n° 164645 : RJS 5/97 n° 571), de les confier à son ancien adjoint (CE 11-2-1998 n° 169789 : RJS 5/98 n° 609) ou même de transformer le service dont l'intéressé assurait la direction en société distincte (CE 21-12-1994 n° 146600 : RJS 2/95 n° 139).

46137 **Cadre d'appréciation** Le motif économique justifiant le licenciement s'apprécie au niveau de l'**entreprise** et non, le cas échéant, du seul établissement dans lequel travaille le salarié protégé (CE 18-6-1997 n° 160961 : RJS 8-9/97 n° 994). Si toutefois l'entreprise appartient à un **groupe**, le motif économique s'apprécie, sauf fraude, au niveau du secteur d'activité des entreprises du groupe formé par une entreprise dominante et les entreprises qu'elle contrôle au sens indiqué n° 6260, établies en France (C. trav. art. L 1233-3 ; CE 29-6-2020 n°s 417940 et 423673 : RJS 11/20 n° 550). La spécialisation d'une entreprise dans le groupe ne suffit pas à exclure son rattachement à un même secteur d'activité (Cass. soc. 31-3-2021 n° 19-26.054 FS-P : RJS 6/21 n° 306).
En cas de **cessation d'activité** de l'entreprise, l'inspecteur du travail vérifie seulement que cette cessation est totale et définitive : il ne tient pas compte de la situation économique du groupe auquel elle appartient (CE 15-1-2014 n° 367939) ni de la poursuite par d'autres sociétés du groupe de la même activité que l'employeur (CE 22-5-2015 n° 375897 : RJS 8-9/15 n° 653), sauf si le contrat de travail du salarié protégé aurait dû être transféré vers une autre entreprise (CE 22-5-2015 n° 375897 : RJS 10/15 n° 653 ; 22-5-2015 n° 381926) ou qu'une autre entreprise peut être considérée comme son véritable employeur (CE 28-4-2023 n° 453087 : RJS 7/23 n° 393).

LIEN AVEC LE MANDAT

46140 Le licenciement envisagé ne doit pas être en rapport avec les fonctions représentatives normalement exercées ou l'appartenance syndicale du salarié (CE 18-2-1977 n° 95354). L'inspecteur du travail doit examiner l'absence ou l'insuffisance des efforts de reclassement préalable, le non-respect de l'ordre des licenciements, ou encore l'accès du salarié aux mesures de reclassement prévues par le plan de sauvegarde de l'emploi (n° 46125). Il peut établir une comparaison précise

entre le représentant du personnel et les salariés non protégés ayant un emploi et une qualification analogues dans l'application des critères retenus par l'employeur (Circ. DGT 07-2012 du 30-7-2012).
La circonstance que la proportion de salariés protégés licenciés soit plus élevée que celle des salariés non protégés n'est pas en elle-même de nature à établir que le licenciement est discriminatoire (CE 16-12-1991 n° 94786).

ILLUSTRATIONS

L'autorisation de licenciement a pu être refusée en raison d'une discrimination dans les cas suivants :
– l'inspecteur du travail a relevé une **concomitance** entre l'acquisition d'un mandat représentatif et l'engagement de la procédure de licenciement et constaté un rapport direct entre la rupture envisagée et l'appartenance syndicale du salarié (CE 30-1-1981 n° 24114) ;
– le salarié a été inclus dans le projet de réduction d'effectifs en raison du faible nombre d'heures de travail qu'il effectuait du fait de ses **heures de délégation** (CE 28-1-1991 n° 98771 : RJS 5/91 n° 610) ;
– les **catégories professionnelles** servant de cadre à l'application de l'ordre des licenciements ont été définies dans le but de permettre le licenciement de salariés protégés (CAA Bordeaux 15-5-2018 n° 16BX01417 : RJS 8-9/18 n° 549) ;
– l'employeur ne fournit aucun élément de nature à justifier que l'application des critères définis pour établir l'**ordre des licenciements** l'avait conduit à retenir les salariés protégés, ses rapports avec le syndicat auquel ils appartenaient s'étant détériorés (CE 11-7-1994 n° 102637 : RJS 12/94 n° 1406) ;
– le salarié protégé a été écarté des mesures de **reclassement préalable** mises en œuvre par l'entreprise (CE 30-10-1995 n° 127937) ou s'est vu proposer un poste de reclassement non assorti des formations nécessaires, après avoir fait l'objet de nombreuses discriminations en cours d'exécution du contrat (CE 20-5-1994 n° 106197 : RJS 8-9/94 n° 1017).

3. APPLICATION DE LA DÉCISION DE L'INSPECTEUR DU TRAVAIL

L'inspecteur du travail notifie sa décision aux parties dans les conditions de forme et de délai **46170**
indiquées n°s 45450 s. Il doit indiquer précisément les éléments l'ayant amené à estimer que le licenciement économique est ou non justifié, s'agissant notamment des efforts de reclassement de l'employeur : postes vacants dans l'entreprise ou le groupe, embauches sur des postes identiques ou similaires, complément de formation, modalités de la recherche (Circ. DGT 07-2012 du 30-7-2012).

AUTORISATION DE LICENCIEMENT

L'employeur ayant reçu une autorisation administrative peut notifier immédiatement la rupture. **46175**
Il **motive la lettre** de licenciement en indiquant soit le motif économique justifiant la rupture et ses incidences sur l'emploi du salarié, soit l'autorisation administrative (Cass. soc. 5-5-2005 n° 02-47.518 FS-PB : RJS 6/05 n° 649).
La lettre de licenciement pour motif économique doit comporter certaines **mentions obligatoires** : l'existence d'une priorité de réembauche et ses conditions de mise en œuvre.
Si l'entreprise compte au moins 1 000 salariés, l'employeur doit y ajouter une proposition de **congé de reclassement** et indiquer au salarié qu'il dispose d'un délai de réflexion de 8 jours pour lui faire connaître son accord, l'absence de réponse étant assimilée à un refus.
S'agissant du salarié ayant adhéré au **contrat de sécurisation professionnelle**, voir n° 46040.
Sur la possibilité, pour un salarié dont le licenciement a été autorisé, d'être indemnisé du préjudice lié à une mise en œuvre déloyale du plan de sauvegarde de l'emploi, voir n° 47215.

ATTENTION

Si la décision du Dreets ayant validé ou homologué le **plan de sauvegarde de l'emploi** est annulée pour excès de pouvoir, l'autorisation administrative de licenciement du salarié protégé accordée à la suite de cette décision est également nulle. L'autorisation de licenciement reste toutefois valable si l'annulation de la décision de validation ou d'homologation, prononcée à compter du 8-8-2015, est justifiée uniquement par une insuffisance de motivation et que le Dreets prend une nouvelle décision suffisamment motivée dans un délai de 15 jours à compter de la notification du jugement d'annulation (CE 19-7-2017 n° 391849 : RJS 10/17 n° 686).

REFUS D'AUTORISATION

Lorsque le licenciement est refusé par l'inspecteur du travail, le salarié protégé doit être **main- 46180**
tenu à son poste de travail, aux mêmes conditions qu'antérieurement (voir n° 45480). Ce n'est qu'en cas d'impossibilité absolue, par exemple lorsque son poste a été supprimé en raison

d'une restructuration, qu'il peut être réintégré dans un **emploi équivalent**. Dans un tel cas, si le poste offert au salarié est équivalent au précédent et que tous les avantages antérieurs lui sont maintenus, l'employeur ne se rend pas coupable du délit d'entrave (Cass. crim. 10-2-1981 n° 80-91.446).
Jugé que, en cas de **fermeture de l'établissement** où est employé le salarié protégé, l'employeur n'a pas manqué à son obligation de réintégration en proposant à l'intéressé, dans l'attente d'une solution, une dispense d'activité avec maintien de sa rémunération (Cass. soc. 7-5-2014 n° 13-14.595 F-D : RJS 7/14 n° 580).
Le refus par l'inspecteur du travail d'autoriser le licenciement économique d'un représentant du personnel dont l'emploi est supprimé ne constitue pas une cause réelle et sérieuse de **licenciement économique d'un autre salarié** dont le poste, qui est en revanche maintenu, est proposé à ce salarié protégé (Cass. soc. 27-1-1999 n° 97-40.212 D).
S'agissant des conséquences du renouvellement de la procédure, après un premier refus d'autorisation de licenciement, sur l'obligation de reclassement du salarié, voir n° 46025.

ATTENTION

Le salarié protégé compris dans un licenciement économique donnant lieu à plan de sauvegarde de l'emploi (PSE) qui, après refus d'autorisation de son licenciement, a été dispensé d'activité puis, une fois la période de protection expirée, a été mis irrégulièrement à la retraite a droit aux **indemnités** de licenciement **prévues par le PSE** même si celui-ci a cessé de s'appliquer. Dans ce cas, en effet, la mise en œuvre des engagements pris dans le PSE a été nécessairement différée à l'égard de ce salarié (Cass. soc. 19-5-2015 n° 13-27.763 FS-PB : RJS 8-9/15 n° 557).

C. Sauvegarde, redressement ou liquidation judiciaire

46230 Le licenciement pour motif économique d'un salarié protégé intervenant dans le cadre d'une procédure de sauvegarde, de redressement ou de liquidation judiciaire est subordonné à l'autorisation de l'inspecteur du travail (C. trav. art. L 2411-1). Par conséquent, la procédure propre à cette situation, exposée dans le Mémento social n°s 48310 s., et la procédure spéciale de rupture se cumulent. Le respect des règles protectrices s'impose alors, selon la situation, à l'employeur, à l'administrateur ou au liquidateur judiciaire.
S'agissant de l'application de la procédure spéciale en cas de licenciement dans le cadre d'une **cession partielle ou totale de l'entreprise**, voir n°s 44000 s.

LICENCIEMENT EN PÉRIODE DE SAUVEGARDE

46235 En période de sauvegarde, l'employeur qui envisage des licenciements pour motif économique doit respecter les règles de droit commun. Il convient donc d'appliquer la procédure spéciale telle qu'exposée n°s 45950 s.

REDRESSEMENT OU LIQUIDATION JUDICIAIRE

46240 La recherche d'un **reclassement préalable** du salarié s'impose en cas de redressement judiciaire, mais également en cas de liquidation : même en cas de cessation totale de l'activité, l'employeur appartenant à un groupe doit s'assurer de la possibilité de reclasser le salarié dans une des sociétés du groupe située en France (CAA Versailles 20-12-2011 n° 10-1638).
Si le licenciement ne peut pas être évité et est prévu par le plan arrêté par le tribunal, les salariés protégés doivent être informés par l'employeur de son intention de rompre leur contrat dans le **délai** d'un mois (C. com. art. L 642-5). Ils bénéficient d'un entretien préalable au licenciement, et sont auditionnés par le CSE, lorsque leur mandat l'exige, conformément aux règles exposées n°s 45980 s. Cette consultation ne peut avoir lieu avant la réunion du CSE visée n°s 91455 s. (C. trav. art. R 2421-9, al. 5).
L'administrateur doit ensuite solliciter l'autorisation de l'**inspecteur du travail**. En cas de licenciement autorisé par le juge-commissaire pendant la période d'observation, l'inspecteur du travail doit être saisi avant l'expiration de cette période (CE 12-6-2019 n° 410987 : RJS 10/19 n° 580). L'inspecteur du travail vérifie que la situation de l'entreprise justifie le licenciement, en tenant notamment compte des réductions envisagées d'effectifs et de la possibilité d'assurer un reclassement dans l'entreprise (CE 20-3-2009 n° 309195 : RJS 7/09 n° 647), ainsi que le respect des procédures, mais il ne contrôle pas la réalité du motif économique (CE 3-7-2013 n° 361066 : RJS 11/13 n° 749). C'est le juge prud'homal, compétent pour apprécier la régularité de l'ordonnance du juge-commissaire, qui doit être saisi dans ce cas (Cass. soc. 23-3-2016 n° 14-22.950 : RJS 6/16 n° 440).

V. AUTRES MODES OU CAS DE RUPTURE

Le Code du travail impose à l'employeur de respecter une procédure particulière d'autorisation administrative en cas de rupture conventionnelle négociée avec un salarié protégé ou de rupture d'un contrat précaire : contrat à durée déterminée et contrat de travail temporaire. En parallèle, la jurisprudence a transposé la procédure spéciale de licenciement à d'autres modes ou cas de rupture du contrat de travail avec, parfois, quelques adaptations. **46280**

A. Départ à la retraite

En cas de départ d'un salarié à la retraite ou en préretraite, la jurisprudence impose à l'employeur de recueillir l'accord de l'inspecteur du travail lorsque c'est lui qui est à l'initiative de la rupture du contrat de travail. **46300**

MISE À LA RETRAITE PAR L'EMPLOYEUR

Conditions Pour pouvoir mettre un salarié protégé à la retraite, l'employeur doit à la fois respecter les règles de droit commun et appliquer la procédure spéciale de rupture (Cass. soc. 2-12-1998 n° 96-44.668 P : RJS 1/99 n° 101). **46305**
Ainsi, seul le salarié âgé d'au moins 70 ans peut être mis à la retraite unilatéralement. Avant cet âge, l'employeur ne peut mettre un salarié à la retraite que si celui-ci a atteint 67 ans, âge requis pour bénéficier automatiquement d'une pension de retraite à taux plein, et a donné son **accord à la rupture** du contrat de travail. À cet effet, l'employeur interroge l'intéressé, dans un délai de 3 mois avant son anniversaire, sur son intention de quitter volontairement l'entreprise. Si le salarié protégé donne son accord, il peut être mis à la retraite. S'il refuse, ou à défaut pour l'employeur d'avoir respecté les formalités requises, la mise à la retraite est impossible jusqu'à l'année suivante. L'employeur peut renouveler sa demande chaque année jusqu'aux 69 ans inclus du salarié (C. trav. art. L 1237-4 s.).

Procédure Le salarié protégé ayant accepté sa mise à la retraite ou âgé d'au moins 70 ans doit être convoqué à un **entretien préalable** (CE 17-6-2009 n° 304027 : RJS 11/09 n° 868). La convocation doit respecter les conditions de forme et de délai visées nos 45105 s. (CAA Douai 24-5-2012 n° 11-67 : RJS 11/12 n° 887). Si le mandat du salarié l'exige (voir n° 45155), la rupture de son contrat doit être soumise à l'avis du CSE, qui est informé du nombre de trimestres d'assurance validés par l'intéressé (CE 26-10-2011 n° 335755 : RJS 1/12 n° 58). **46310**
S'agissant des règles de procédure issues d'un **accord collectif**, l'employeur ne doit appliquer que celles explicitement applicables à la mise à la retraite (CE 13-2-2019 n° 403890 : RJS 4/19 n° 232).
L'employeur doit ensuite solliciter l'**autorisation de l'inspecteur du travail**, qui vérifie que la rupture envisagée n'est pas en rapport avec les fonctions représentatives du salarié et que les conditions légales ou conventionnelles de mise à la retraite sont bien remplies (CE 8-2-1995 nos 154364 et 134963 : RJS 3/95 n° 266). L'autorisation de mise à la retraite peut être refusée pour un motif d'intérêt général (CE 8-2-1995 n° 134963 : RJS 3/95 n° 266).
Si l'inspecteur du travail donne son autorisation, l'employeur peut notifier au salarié sa mise à la retraite. L'intéressé bénéficie d'un préavis et d'une indemnité de rupture égaux à ceux auxquels il a droit en cas de licenciement, sauf dispositions conventionnelles plus favorables (C. trav. art. L 1237-6 s.).

EXEMPLE

L'employeur envisage de mettre à la retraite un membre du CSE atteignant l'âge de 68 ans le 10-3-2024. Le 8-12-2023, il lui adresse une lettre l'interrogeant sur son intention de quitter l'entreprise pour bénéficier d'une pension de vieillesse.
Refus du salarié : dans une réponse adressée à l'employeur le 15-12-2023, le salarié décline la proposition qui lui est faite. L'employeur pourra renouveler sa proposition un an plus tard, dans un délai de 3 mois avant le 69e anniversaire du salarié. Si le salarié refuse à nouveau, l'employeur pourra procéder à sa mise à la retraite sans son accord en 2026, lorsque le salarié atteindra l'âge de 70 ans, après avoir obtenu l'autorisation de l'inspecteur du travail si l'intéressé est toujours protégé.
Acceptation : dans une réponse adressée à l'employeur le 15-12-2023, le salarié accepte sa mise à la retraite. L'employeur le convoque à un entretien préalable, en vue de lui expliquer les raisons et les modalités de la rupture de son contrat. Cet entretien a lieu le 12-1-2024. Le 19-1-2024, le CSE auditionne le salarié protégé. Il se prononce en faveur de la mise à la

retraite par scrutin du même jour. Le 24-1-2024, l'employeur adresse une demande d'autorisation de mise à la retraite à l'inspection du travail. L'administration notifie son accord le 2-2-2024. Le 10-2-2024, l'employeur peut notifier au salarié sa mise à la retraite, qui prend effet le 10-3-2024 à l'expiration d'un préavis d'un mois.

DÉPART VOLONTAIRE DU SALARIÉ

46315 Lorsqu'un salarié protégé choisit de rompre son contrat de travail pour liquider sa pension de vieillesse, son départ à la retraite n'est **pas subordonné à l'autorisation de l'inspecteur du travail** (Cass. soc. 11-2-2009 n° 07-44.909 F-D : RJS 4/09 n° 378). Le salarié doit donc seulement informer l'employeur de son intention, de préférence par lettre recommandée avec accusé de réception. L'employeur a tout intérêt à accuser réception de ce courrier.
Le salarié qui part à la retraite doit respecter un préavis et bénéficie d'une indemnité de rupture (C. trav. art. L 1237-9 s.).

ATTENTION

Pour être valable, le départ à la retraite doit résulter d'une **volonté claire et non équivoque** du salarié protégé, et ne pas avoir été obtenu par la contrainte. À défaut, la rupture produit les effets d'un licenciement nul ouvrant droit à l'indemnité pour violation du statut protecteur. Ainsi jugé à propos d'un salarié protégé ayant demandé sa mise en inactivité en raison du harcèlement moral qu'il subissait (Cass. soc. 9-12-2014 n° 13-16.045 FP-PB : RJS 2/15 n° 152). Sur la validité d'une transaction par laquelle le salarié s'engage à partir à la retraite à une date donnée, voir n° 45490.

ADHÉSION À UN DISPOSITIF DE PRÉRETRAITE

46320 En cas d'adhésion du salarié protégé à un dispositif de préretraite, la procédure applicable diffère selon que le contrat de travail de l'intéressé est rompu au moment de cette adhésion ou seulement suspendu pendant la période de versement de l'allocation de préretraite.
Lorsque l'adhésion du salarié protégé à la préretraite se traduit par la **rupture de son contrat de travail**, elle est soumise à la procédure spéciale : le CSE doit être consulté si le mandat du salarié l'exige, et l'autorisation de l'inspecteur du travail doit être obtenue. Tel est le cas lorsque le salarié protégé est admis au bénéfice d'une préretraite d'entreprise mise en place dans le cadre d'un plan de réduction d'effectif (Cass. soc. 6-7-2011 n° 10-15.406 FS-PB : RJS 10/11 n° 820 ; 2-6-2017 n° 15-25.171 F-D : RJS 8-9/17 n° 596).
En revanche, l'adhésion du salarié à la préretraite n'est pas soumise au contrôle de l'inspecteur du travail lorsqu'elle emporte non pas la rupture immédiate du contrat de travail, mais seulement sa **suspension, totale ou partielle**, jusqu'à ce que le versement de l'allocation de préretraite cesse (Cass. soc. 3-10-2007 n° 05-45.670 F-D : RJS 12/07 n° 1308). Au terme de la préretraite, si le salarié est toujours protégé au moment de sa mise à la retraite par l'employeur, la procédure spéciale visée n°s 46305 s. s'applique. Si le salarié part volontairement à la retraite, l'autorisation de l'inspecteur du travail n'est pas requise.

B. Rupture négociée

46350 L'employeur et le salarié peuvent convenir d'une rupture amiable du contrat de travail au moyen de la rupture conventionnelle « individuelle », qui est soumise à un contrôle de l'inspecteur du travail. En dehors de la procédure de rupture conventionnelle, les parties ne peuvent négocier la rupture que dans le cadre d'un plan de sauvegarde de l'emploi ou d'un accord de gestion prévisionnelle des emplois et des compétences, ou d'un accord portant rupture conventionnelle collective ou congé de mobilité.

1. DÉPART NÉGOCIÉ POUR MOTIF ÉCONOMIQUE

46360 Un départ négocié avec un salarié protégé dans le but d'échapper à la protection des représentants du personnel est nul et constitue un délit d'entrave (Cass. soc. 1-6-1994 n° 93-40.040 D : RJS 7/94 n° 880 ; Cass. crim. 6-1-2004 n° 02-88.240 F-PF : RJS 4/04 n° 434). Lorsque les parties souhaitent rompre le contrat à l'amiable, elles doivent le faire dans le cadre de la rupture conventionnelle.
Par exception, la rupture amiable du contrat d'un salarié protégé est toutefois possible lorsqu'elle repose sur un motif économique et qu'elle s'insère dans un **plan de départs volontaires autonome**, un **plan de sauvegarde de l'emploi** (PSE) ou un **accord de gestion prévisionnelle des emplois et des compétences**. La rupture doit avoir été préalablement autorisée par l'inspecteur du travail (Cass. soc. 22-2-2006 n° 04-42.464 F-D : RJS 5/06 n° 601 ; 27-3-2007 n° 05-45.310 FS-PB :

RJS 6/07 n° 760). Celui-ci s'assure que l'employeur a bien convoqué le salarié à un entretien préalable et, le cas échéant, consulté le CSE sur la rupture (n° 46070), que le consentement des parties est libre et éclairé et que la rupture n'est pas liée au mandat du salarié. L'inspecteur du travail contrôle le respect de l'obligation de reclassement (n° 45980 s.) si le départ s'inscrit dans le cadre d'un PSE prévoyant des licenciements à défaut d'un nombre suffisant de volontaires au départ, mais pas si l'employeur s'engage à ne pas licencier, si ce nombre n'est pas atteint (Guide DGT 12-2021 fiche 14 ; Cass. soc. 26-10-2010 n° 09-15.187 FS-PBRI : RJS 1/11 n° 28).
S'agissant de la rupture d'un commun accord résultant de l'adhésion du salarié à un **contrat de sécurisation professionnelle**, voir n° 46040.

2. RUPTURE CONVENTIONNELLE INDIVIDUELLE

Le contrat de travail des salariés protégés peut faire l'objet d'une rupture conventionnelle, qui donne lieu non pas à une homologation administrative, mais à une autorisation de l'inspecteur du travail (C. trav. art. L 1237-15). **46380**

ATTENTION

Une **rupture** conventionnelle homologuée par le Dreets au lieu d'être **autorisée** par l'inspection du travail est nulle. Le salarié peut donc solliciter sa réintégration ou une indemnisation pour violation du statut protecteur, sans que le délai de prescription de 12 mois imparti par le Code du travail pour contester la validité de la rupture puisse lui être opposé (CA Nîmes 17-1-2017 n° 13/04880 : RJS 4/17 n° 276).

a. Champ d'application

SALARIÉS CONCERNÉS

La procédure de rupture conventionnelle réservée aux représentants du personnel s'applique aux membres élus et désignés au CSE, aux représentants de proximité, aux délégués syndicaux, aux membres d'un comité d'entreprise européen, y compris lorsque l'instance représentative est instituée par voie d'accord collectif, ainsi qu'aux salariés titulaires d'un mandat extérieur à l'entreprise et visés n° 42020 (C. trav. art. L 1237-15). **46400**
Sont concernés les salariés bénéficiant d'une protection à la **date** de convocation au premier entretien préalable à la rupture (Circ. DGT 07-2012 du 30-7-2012).

ATTENTION

Selon l'administration, les **salariés demandant l'organisation d'élections**, les **candidats** aux fonctions électives, les **anciens salariés protégés** et les **représentants de section syndicale**, qui ne sont pas expressément visés par le Code du travail bénéficient également de la procédure d'autorisation de rupture conventionnelle réservée aux représentants du personnel (Circ. DGT 07-2012 du 30-7-2012). Jugé toutefois, à propos d'un salarié protégé en qualité de candidat aux élections professionnelles, qu'une interprétation littérale du Code du travail ne soumet pas la rupture conventionnelle de son contrat à l'autorisation de l'inspecteur du travail (CA Paris 22-2-2012 n° 10-04217 : RJS 5/12 n° 478). Cette interprétation des textes semble peu conforme à la volonté du législateur et à la jurisprudence de la Cour de cassation citée n° 45025.

CONTEXTE DE LA RUPTURE

Consentement des parties La rupture ne peut en aucun cas être imposée à l'autre partie (C. trav. art. L 1237-11) : chacun peut refuser la rupture ; s'il y consent, il doit le faire **librement**. Dans le cas du salarié protégé, cette liberté suppose notamment l'absence de toute pression de l'employeur en lien avec son mandat. **46405**

ATTENTION

La Cour de cassation, pour des salariés non protégés, juge que l'existence d'un différend entre les parties ne suffit pas à remettre en cause la validité de la convention de rupture, en l'absence d'un **vice du consentement** (Cass. soc. 26-6-2013 n° 12-15.208 FS-PBR : RJS 10/13 n° 674 ; 19-11-2014 n° 13-21.979 F-D : RJS 2/15 n° 94). Dans le même sens, le Conseil d'État déclare que des faits de **harcèlement** moral ou de **discrimination** syndicale ne font pas systématiquement obstacle à ce que l'inspection du travail autorise une rupture conventionnelle, sauf à ce que ces faits aient vicié le consentement du salarié (CE 13-4-2023 n° 459213 : RJS 7/23 n° 394).

Difficultés économiques La rupture conventionnelle ne peut pas être mise en œuvre dans le cadre d'un plan de sauvegarde de l'emploi ou d'un accord collectif de gestion prévisionnelle des emplois et des compétences (C. trav. art. L 1237-16). Pour autant, le contrat de travail d'un salarié protégé peut faire l'objet d'une rupture conventionnelle alors même que son **46410**

entreprise connaît des difficultés économiques. Mais, dans ce cas, l'inspecteur du travail vérifiera que cette rupture n'a pas été conclue dans le but de contourner les garanties prévues par la loi en matière de licenciement économique (Circ. DGT 2009-5 du 17-3-2009).

46415 **Suspension du contrat de travail** Lorsque le contrat de travail du salarié protégé est suspendu, la conclusion d'une rupture conventionnelle est en principe possible.
La Cour de cassation a jugé, à propos de salariés non protégés que, sauf fraude ou vice du consentement, la rupture conventionnelle peut être conclue avec la victime d'un **accident du travail** ou d'une **maladie professionnelle** pendant la suspension de son contrat (Cass. soc. 30-9-2014 n° 13-16.297 FS-PBR : RJS 12/14 n° 855) ou postérieurement, alors qu'elle a été déclarée inapte à son poste (Cass. soc. 9-5-2019 n° 17-28.767 FS-PBR : RJS 7/19 n° 417), ou encore pendant un congé de maternité (Cass. soc. 25-3-2015 n° 14-10.149 FS-PB : RJS 6/15 n° 407). L'administration admet désormais cette possibilité pour les salariés protégés (Guide DGT 12-2021 fiche 14), même si le juge administratif ne s'est pas encore prononcé.

b. Conclusion de la convention

46430 L'initiative de proposer une rupture conventionnelle peut être prise, indifféremment, par l'employeur ou par le salarié protégé. Le principe et les conditions de la rupture sont discutés au cours d'un ou de plusieurs entretiens préalables.

CONSEIL

Même si la loi ne l'impose pas, l'employeur et le salarié protégé ont tout intérêt à être en mesure de justifier de leur volonté commune d'entrer en pourparlers. Pour cela, le salarié protégé peut adresser à l'employeur en début de procédure une **lettre d'intention**.

ENTRETIENS PRÉALABLES

46435 La rupture est convenue entre les parties après **au moins un entretien** préparatoire (C. trav. art. L 1237-12 ; Circ. DGT 07-2012 du 30-7-2012), au cours duquel la convention de rupture peut être signée (Cass. soc. 3-7-2013 n° 12-19.268 FS-PBR : RJS 10/13 n° 674). En pratique, deux entretiens au moins sont généralement nécessaires : le premier permet à l'employeur et au salarié de se mettre d'accord sur le principe de la rupture et sur ses modalités ; le second, qui a lieu après la consultation du CSE lorsque le mandat détenu par le salarié l'exige, a pour objet la signature de la convention de rupture.

ATTENTION

Si les parties **ne parviennent pas à trouver un accord**, le contrat de travail se poursuit normalement. Si l'une des parties maintient sa volonté de rompre les relations contractuelles, elle doit en prendre l'initiative : le salarié peut donner sa démission, et l'employeur peut engager la procédure spéciale de licenciement, à condition de justifier d'une cause réelle et sérieuse. Le refus du salarié de poursuivre la procédure de rupture conventionnelle n'est pas un motif légitime de licenciement.

46440 **Organisation** La loi n'impose **aucune règle de forme** pour l'organisation du ou des entretiens préalables. L'employeur et le salarié conviennent donc librement des modalités de prise de rendez-vous, de la date et du lieu de l'entretien, et de la tenue de leurs échanges. L'administration et la jurisprudence s'accordent néanmoins pour considérer que le libre consentement du **salarié** n'est garanti que s'il a été suffisamment **renseigné** en cours de procédure sur l'étendue de ses droits. Il doit impérativement être informé de la possibilité qui lui est offerte de recueillir les informations et avis nécessaires à sa décision, notamment auprès de Pôle emploi (Circ. DGT 2008-11 du 22-7-2008).
Par conséquent, l'employeur a tout intérêt à faire preuve de la plus grande transparence et à communiquer au salarié tous les éléments d'information dont il dispose. Pour cela, il peut le convoquer à l'entretien préalable par un écrit dans lequel il lui précise la date, le lieu et le programme des pourparlers, la possibilité de se faire assister, et auquel il joint une fiche récapitulant les droits de l'intéressé en cas de rupture conventionnelle : indemnité minimale de rupture, régime fiscal et social de celle-ci, bénéfice de l'assurance chômage, etc.

CONSEIL

Le rendez-vous doit être fixé à une **date** suffisamment éloignée pour permettre à l'employeur et au salarié de se faire assister s'ils le souhaitent (nos 46445 s.). L'employeur peut s'inspirer de la procédure applicable en cas de licenciement, qui impose un délai minimal de 5 jours ouvrables entre la date de réception par le salarié de la convocation et le jour de l'entretien.

Assistance des parties Le **salarié** peut se faire assister au cours du ou des entretiens par une **personne de son choix** appartenant au personnel de l'entreprise (ou, le cas échéant, de l'UES dont relève l'entreprise : voir n° 45105) : salarié titulaire d'un mandat syndical, membre d'une institution représentative du personnel ou tout autre employé. En l'absence d'institution représentative du personnel, il peut solliciter la présence d'un conseiller choisi sur une liste dressée par l'administration et consultable auprès de la Dreets ou dans chaque mairie (C. trav. art. L 1237-12, al. 1 à 3). 46445

S'il décide de se faire assister, le salarié doit en **informer l'employeur** au préalable (C. trav. art. L 1237-12, al. 4). Il peut le faire verbalement, mais a tout intérêt à informer l'employeur par écrit. L'identité et la qualité de l'assistant du salarié doivent être indiquées sur le formulaire de demande d'autorisation de rupture conventionnelle adressé à l'administration (Circ. DGT 2008-11 du 22-7-2008).

L'**employeur** ne peut se faire assister que si le salarié protégé choisit de l'être. Il peut faire appel à une **personne de son choix** appartenant au personnel de l'entreprise. Si l'effectif de celle-ci est inférieur à 50 salariés, son choix peut se porter sur une personne appartenant à son organisation syndicale d'employeurs ou sur un autre employeur relevant de la même branche. S'il se fait assister, il en **informe le salarié** (C. trav. art. L 1237-12, al. 4 et 5). 46450

CONSULTATION DU CSE

Une fois que l'employeur et le salarié sont parvenus à se mettre d'accord sur les modalités de la rupture, ils doivent, dans les cas où le **mandat** détenu **l'exige**, soumettre la rupture conventionnelle à l'avis du CSE, dans les conditions visées n°s 45150 s. (C. trav. art. R 2421-20). Celui-ci rend obligatoirement son avis à bulletin secret avant la signature de la convention de rupture (Circ. DGT 07-2012 du 30-7-2012). 46455

CONVENTION DE RUPTURE

Forme La convention de rupture est obligatoirement établie sur un **formulaire officiel** disponible sur www.travail-emploi.gouv.fr. L'employeur et le salarié ont toutefois intérêt à rédiger un second document plus détaillé sur les modalités de la rupture, rappelant l'identité des parties, daté et signé, qu'ils joignent à titre d'**annexe** à la demande d'autorisation de rupture adressée à l'inspecteur du travail (Circ. DGT 2008-11 du 22-7-2008). 46460

ATTENTION

Le service de **saisie en ligne** du formulaire de rupture conventionnelle disponible sur telerc.travail.gouv.fr ne peut pas être utilisé pour les salariés protégés. L'employeur et le salarié peuvent toutefois utiliser les simulateurs proposés sur ce site pour calculer le montant de l'indemnité de rupture conventionnelle et le délai de rétractation visé n° 46485. Sur la demande d'autorisation administrative de rupture en ligne, voir n° 46510.

Contenu La convention de rupture indique **obligatoirement** (C. trav. art. L 1237-13 ; Circ. DGT 2008-11 du 22-7-2008) : 46465
- l'identité des parties, leurs nom et qualité ;
- l'ancienneté et la rémunération du salarié, y compris les primes annuelles ou exceptionnelles versées au cours des 3 derniers mois ;
- le déroulement des échanges (date des entretiens et éventuelle assistance des parties) ;
- le cas échéant, la date de consultation du CSE et le sens de son avis ;
- le montant brut de l'indemnité de rupture ;
- la date envisagée de la rupture du contrat ;
- la date de fin du délai de rétractation ;
- la date et la signature de chacune des parties.

CONSEIL

Le formulaire officiel n'impose pas de mentionner le ou les **mandats détenus** par le salarié. Nous conseillons toutefois aux parties de les indiquer dans le cadre « Remarques » situé à la fin du document, dans la mesure où cet élément est contrôlé par l'inspecteur du travail saisi d'une demande d'autorisation de rupture. S'il n'a pas été informé sur les mandats détenus, sa décision est irrégulière et peut être annulée sur recours hiérarchique ou contentieux (CA Aix-en-Provence 13-9-2012 n° 10-23292 : RJS 11/12 n° 888).

Le montant de l'**indemnité spécifique de rupture** conventionnelle ne peut pas être inférieur à celui de l'indemnité légale de licenciement (C. trav. art. L 1237-13, al. 1, L 1234-9 et R 1234-2) ou, dans les entreprises relevant de branches d'activité représentées par le Medef, la confédération générale des petites et moyennes entreprises (CGPME) ou l'UPA, à celui de l'indemnité conventionnelle de licenciement s'il est supérieur (Avenant n° 4 à l'ANI du 11-1-2008 étendu par arrêté du 26-11-2009 : JO 27 ; Cass. soc. 27-6-2018 n° 17-15.948 F-D : RJS 10/18 n° 592). 46470

46475 Le formulaire doit indiquer la **date** à laquelle le **contrat de travail sera rompu**. Mais cette date ne peut être qu'indicative, dans la mesure où elle doit être déterminée compte tenu du délai de rétractation et du délai d'instruction à l'issue duquel l'inspecteur du travail prend sa décision. La rupture ne peut en effet intervenir qu'à partir du lendemain du jour de l'autorisation administrative de rupture. Sous cette réserve, l'employeur et le salarié peuvent librement fixer la date de fin de leur contrat de travail.

CONSEIL

La convention peut mentionner que la rupture du contrat de travail est fixée à une date donnée si elle a été autorisée par l'inspecteur du travail avant cette date, ou au lendemain de la réception de l'autorisation administrative de rupture dans le cas contraire.

46480 **Date de signature** La convention de rupture est signée après que le CSE a été consulté et a donné son avis, lorsque cela est nécessaire, et avant la demande d'autorisation administrative (Circ. DGT 2008-11 du 22-7-2008). Un **exemplaire** de la convention doit être remis au salarié (Cass. soc. 6-2-2013 n° 11-27.000 FS-PBR : RJS 4/13 n° 280).
Cette signature marque le point de départ du délai de rétractation.

RÉTRACTATION

46485 **Délai** À compter du **jour** où ils signent la convention de rupture, l'employeur et le salarié disposent tous les deux d'un délai de 15 jours pour se rétracter (C. trav. art. L 1237-13, al. 3). La demande d'autorisation administrative de rupture ne peut être envoyée à l'inspecteur du travail qu'à l'expiration de ce délai.
Ce délai est **calculé** en retenant chaque jour de la semaine, à partir du lendemain de la date de signature de la convention. Il expire le 15e jour à minuit (Circ. DGT 2008-11 du 22-7-2008). Si toutefois le dernier jour est un samedi, un dimanche ou un jour férié, le délai est prolongé jusqu'au premier jour ouvrable suivant (Circ. DGT 2009-4 du 17-3-2009).
Le respect de ce délai est **impératif** : si la convention de rupture est adressée trop tôt à l'inspecteur du travail, celui-ci ne peut pas autoriser la rupture.

EXEMPLE

Si l'employeur et le salarié protégé signent une convention de rupture le jeudi 5-10-2023, le délai de rétractation expire le vendredi 20-10-2023 à minuit. Si la convention de rupture a été signée le vendredi 6-10-2023, il expire en principe le samedi 21-10-2023 : la fin du délai de rétractation est reportée au lundi 23-10-2023 à minuit.

46490 **Modalités** L'employeur ou le salarié qui souhaite exercer son droit de rétractation adresse à l'autre une **lettre** lui faisant part de sa décision. Il n'a pas à en indiquer le motif. La lettre doit être adressée par tout moyen permettant d'attester sa date de réception par l'autre partie (C. trav. art. L 1237-13, al. 3) : lettre recommandée papier ou électronique avec accusé de réception, lettre remise en main propre contre décharge mentionnant la date de remise, par exemple.
La lettre expédiée à l'autre partie le dernier jour du délai de rétractation est valable, peu importe sa date de réception (Cass. soc. 14-2-2018 n° 17-10.035 FS-PB : RJS 4/18).

ATTENTION

Si l'une des parties se rétracte, la rupture conventionnelle est abandonnée : les relations contractuelles se poursuivent, et le mandat détenu par le salarié s'exécute normalement. Si l'une des parties souhaite poursuivre la rupture du contrat de travail, elle doit en prendre l'initiative et respecter la procédure spéciale lorsqu'elle s'impose. L'exercice de son droit de rétractation par le salarié n'est pas un motif de licenciement.

c. Procédure d'autorisation

DEMANDE D'AUTORISATION

46510 C'est l'employeur qui doit adresser la demande d'autorisation de rupture conventionnelle à l'inspecteur du travail compétent (n° 45285), par voie électronique (sisve.social-sante.gouv.fr) ou par **lettre** recommandée avec avis de réception en double exemplaire indiquant le ou les mandats détenus par le salarié (C. trav. art. R 2421-18 et R 2421-21). Il **joint** à cette demande (Circ. DGT 2008-11 du 22-7-2008) :
– le formulaire de rupture spécifique ;
– le cas échéant, le procès-verbal de l'avis du CSE sur la rupture du contrat du salarié protégé ;
– l'annexe au formulaire de rupture éventuellement rédigée par les parties.
Cette demande d'autorisation ne peut être adressée à l'inspecteur du travail qu'une fois le **délai** de rétractation expiré.

ATTENTION

En principe, lorsque l'avis du comité social et économique est requis, la demande d'autorisation de rupture doit être adressée à l'inspecteur du travail dans un **délai** de 15 jours : voir n° 45290. Mais ce délai est nécessairement dépassé dans le cadre d'une rupture conventionnelle, en raison du délai de rétractation dont le respect est impératif.

CONTRÔLE ET DÉCISION DE L'INSPECTEUR DU TRAVAIL

L'inspecteur du travail met à même le salarié de lui présenter ses observations écrites. Si le salarié **46515**
en fait la demande ou que l'inspecteur du travail le juge nécessaire, il mène une **enquête** contradictoire au cours de laquelle le salarié est auditionné et peut, sur sa demande, se faire assister d'un représentant de son syndicat (C. trav. art. R 2421-19, al. 1 et R 2421-22, al. 1). Sur l'assistance de l'employeur, voir n° 45362.
D'après l'administration, son contrôle porte sur (Circ. DGT 2008-11 du 22-7-2008) :
- la **qualité** de salarié protégé de l'intéressé ;
- le respect de la **procédure** de rupture conventionnelle ;
- la liberté de **consentement** du salarié à la rupture ;
- l'absence de **lien** entre la rupture et le **mandat** détenu par le salarié.

L'inspecteur du travail statue dans les **formes** et **délais** de droit commun indiqués n°s 45455 s. **46520**
(C. trav. art. R 2421-19, al. 2 et R 2421-22, al. 2). Sur les conséquences d'une absence de réponse de l'inspecteur du travail dans un délai de 2 mois, voir n° 45465.

APPLICATION DE LA DÉCISION

La rupture du contrat de travail peut intervenir, **au plus tôt**, le lendemain du jour de l'**autorisation** de l'inspecteur du travail (C. trav. art. L 1237-15). **46525**
L'employeur doit verser au salarié l'**indemnité spécifique** de rupture prévue par la convention ainsi que toute autre indemnité sur laquelle les parties se seraient mises d'accord. Ces indemnités sont versées au moment de la rupture effective du contrat, sauf convention contraire. S'agissant du régime fiscal et social de l'indemnité de rupture, voir Mémento social n° 22855.

Si l'inspecteur du travail **n'autorise pas** la rupture conventionnelle, le salarié est maintenu dans **46530**
son emploi et doit percevoir son salaire, dans les conditions exposées n° 45480. Les parties peuvent reprendre la procédure de rupture conventionnelle à son point de départ si elles souhaitent mettre fin au contrat de travail par ce mode.
L'inspecteur du travail ne peut pas invoquer un **motif d'intérêt général**, au sens donné n° 45420, pour refuser d'autoriser la rupture conventionnelle du contrat d'un salarié protégé (Circ. DGT 07-2012 du 30-7-2012).

Les **recours** contre la décision de l'inspecteur du travail qui autorise ou refuse la rupture conven- **46535**
tionnelle sont formés devant le ministre, dans le cadre d'un recours hiérarchique, ou devant le tribunal administratif, dans le cadre du recours contentieux : voir n°s 46820 s. Le **juge prud'homal** n'est pas compétent pour apprécier la validité de cette rupture, même si la contestation porte sur la liberté de consentement du salarié (Cass. soc. 26-3-2014 n° 12-21.136 FP-PBR : RJS 6/14 n° 501 ; 15-4-2015 n° 13-22.148 F-D : RJS 7/15 n° 505 ; 20-12-2017 n° 16-14.880 FP-PB : RJS 3/18 n° 200).
L'**annulation d'une autorisation** administrative de rupture conventionnelle annule la rupture elle-même et ouvre droit à la réintégration du salarié protégé. Si l'employeur y fait obstacle, le salarié peut demander la résiliation judiciaire de son contrat, qui produit alors les effets d'un licenciement nul pour violation du statut protecteur (Cass. soc. 15-5-2019 n° 17-28.547 F-PB : RJS 7/19 n° 443).

ATTENTION

L'employeur ne peut pas contester la **décision** par laquelle l'inspecteur du travail a, à sa demande, **autorisé la rupture conventionnelle**, puisque cette décision, lui donnant satisfaction, ne lui fait pas grief (CAA Versailles 16-12-2014 n° 12VE03269 : RJS 5/15 n° 352). Cela veut dire, en pratique, qu'une telle décision ne peut être attaquée que par le salarié ou le syndicat que celui-ci représente.

3. RUPTURE CONVENTIONNELLE COLLECTIVE

Le contrat de travail d'un salarié protégé peut être rompu d'un commun accord dans le cadre **46550**
d'une rupture conventionnelle collective prévue par **accord collectif**, après obtention d'une autorisation de l'inspecteur du travail (C. trav. art. L 1237-19-2). Dans cette situation, la procédure spéciale de rupture et la procédure de rupture conventionnelle collective, exposées n°s 52900 s., se combinent.

> **Précisions** Les entreprises ayant conclu soit un accord portant sur la gestion des emplois et des compétences, soit un accord portant rupture conventionnelle collective, peuvent également proposer à leurs salariés la rupture d'un commun accord du contrat de travail, exclusive d'un licenciement ou d'une démission, dans le cadre d'un **congé de mobilité**. Les salariés protégés peuvent bénéficier de ce congé, à condition que la rupture de leur contrat de travail soit préalablement autorisée par l'inspecteur du travail (C. trav. art. L 1237-18-4). Celui-ci est saisi lorsque le salarié adhère au dispositif, avant sa mise en œuvre concrète, même si la rupture du contrat n'intervient qu'à l'issue du congé. Si le congé est prévu par un accord de GPEC, l'inspecteur du travail contrôle notamment la validité de cet accord et sa bonne application (Guide DGT 12-2021 fiche 14).

PROCÉDURE ANTÉRIEURE À LA SAISINE DE L'INSPECTEUR DU TRAVAIL

46552 Si un salarié protégé se porte candidat à la rupture conventionnelle collective, la question se pose de savoir s'il doit être reçu par l'employeur en **entretien préalable**. Par prudence, dans le silence des textes, nous conseillons d'observer cette formalité, en appliquant la procédure décrite n°s 45100 s.

Si le salarié exerce un mandat imposant la **consultation du CSE**, l'avis de cette instance doit être recueilli avant la saisine de l'inspecteur du travail, selon les modalités visées n°s 45150 s. L'avis émis par le CSE est exprimé au scrutin secret après audition de l'intéressé (C. trav. art. R 2421-20).

L'accord portant rupture conventionnelle doit prévoir la conclusion d'une **convention individuelle** de rupture dont il fixe les modalités. Il détermine également les conditions d'exercice du **droit de rétractation** des parties : voir n° 52910. Si l'accord prévoit un délai de rétractation, le respect de ce dernier est impératif : la demande d'autorisation ne doit pas être envoyée à l'inspecteur du travail avant l'expiration de ce délai, sous peine, selon nous, de nullité de la rupture.

DEMANDE D'AUTORISATION DE RUPTURE

46554 La demande d'autorisation de rupture est adressée à l'inspecteur du travail dans les conditions visées n°s 45270 s., par lettre recommandée avec avis de réception en double exemplaire. Elle est accompagnée, le cas échéant, du procès-verbal de la réunion du comité social et économique (C. trav. art. R 2421-18 et R 2421-20). Les parties ont, à notre sens, tout intérêt à joindre à la demande de rupture conventionnelle un exemplaire de la convention individuelle de rupture qu'ils ont conclue.

CONTRÔLE DE L'INSPECTEUR DU TRAVAIL

46556 L'inspecteur du travail mène une **enquête contradictoire** au cours de laquelle il met à même le salarié de lui présenter ses observations écrites. Si le salarié en fait la demande ou que l'inspecteur du travail le juge nécessaire, le salarié est auditionné et peut, sur sa demande, se faire assister d'un représentant de son syndicat (C. trav. art. R 2421-19, al. 1 et R 2421-22, al. 1 et 2). Sur l'assistance de l'employeur, voir n° 45360.

L'inspecteur du travail vérifie l'existence d'une décision du Dreets ayant validé l'accord collectif de rupture et, le cas échéant, son absence d'annulation par le juge. Il contrôle également l'application des clauses de l'accord aux parties. S'agissant de la rupture en elle-même, l'inspecteur du travail vérifie la liberté de consentement du salarié protégé à la rupture et l'absence de toute pression de la part de l'employeur en lien avec le mandat de l'intéressé (Guide DGT 12-2021 fiche 14).

DÉCISION DE L'INSPECTEUR DU TRAVAIL

46558 L'inspecteur du travail statue dans un délai de 2 mois à compter de la réception de la demande d'autorisation par une décision motivée et notifiée selon les modalités visées n° 45460 (C. trav. art. R 2421-19, al. 2 et R 2421-22, al. 3). S'agissant des conséquences du silence gardé par l'inspecteur du travail pendant 2 mois, voir n° 45465.

Si l'inspecteur du travail autorise la **rupture du contrat** de travail, celle-ci ne peut intervenir que le lendemain du jour de l'autorisation (C. trav. art. L 1237-19-2). La rupture ouvre droit, pour le salarié, aux conséquences visées n° 52945.

Si l'inspecteur du travail n'autorise pas la rupture, le salarié est maintenu dans son précédent emploi, dans des conditions identiques.

ATTENTION

Selon l'administration, l'inspecteur du travail ne peut pas retenir un **motif d'intérêt général** pour refuser l'autorisation de licenciement en cas de rupture conventionnelle (Guide DGT 12-2021 fiche 14).

C. Terme d'un contrat précaire

Les salariés en contrat de travail à durée déterminée ou contrat de travail temporaire peuvent être titulaires d'un mandat représentatif. Ils bénéficient dans ce cas d'une protection spécifique. **46570**

1. CONTRAT DE TRAVAIL À DURÉE DÉTERMINÉE

La rupture du contrat à durée déterminée (CDD) est soumise à une procédure spécifique qui impose à l'employeur de saisir l'inspecteur du travail. **46590**

BÉNÉFICIAIRES

Sont protégés les salariés sous contrat à durée déterminée titulaires d'un **mandat** de délégué syndical ou assimilé, membre élu du CSE, membre du CSE interentreprises, représentant syndical au CSE, membre d'un groupe spécial de négociation ou d'un comité mis en place au niveau européen, représentant de proximité, ainsi que les titulaires d'un mandat extérieur à l'entreprise et visés n° 42020 (C. trav. art. L 2412-1). **46600**
Sont également protégés :
– les **candidats** aux fonctions électives (C. trav. art. L 2412-3 s.) ;
– les **anciens** délégués syndicaux, membres élus du CSE, membres du CSE interentreprises, représentants syndicaux au CSE et représentants de proximité (C. trav. art. L 2412-2 s.).
Une protection est également accordée au **salarié mandaté** pour négocier et conclure des accords d'entreprise ou d'établissement dans les entreprises dépourvues de délégué syndical (voir nos 82130 s.), au salarié siégeant au sein d'une **commission paritaire régionale interprofessionnelle** (n° 15290) et au **défenseur syndical** (n° 12580).
Le respect de la procédure spéciale de rupture s'impose, quelle que soit la **durée du contrat** à durée déterminée (Cass. soc. 11-12-2001 n° 99-43.799 FS-P : RJS 2/02 n° 199 ; 5-4-2011 n° 10-10.424 F-D).

ATTENTION

La liste des salariés en CDD bénéficiant d'une protection contre le licenciement n'est pas aussi complète que celle des salariés sous contrat à durée indéterminée. On remarquera, notamment, que les **salariés en CDD demandant l'organisation des élections** professionnelles ne sont pas protégés, à la différence de ceux titulaires d'un CDI : voir nos 42040 s.
De même, la rédaction des articles L 2412-2 et suivants du Code du travail laisse à penser que les salariés sous CDD dont la **candidature** aux élections professionnelles **ou** la **désignation** en qualité de délégué syndical ou de représentant syndical au CSE est **imminente** ne sont pas protégés (sur les salariés en CDI, voir nos 42110 s.). Cependant, à notre sens, de telles exclusions seraient contraires à l'esprit du législateur, et les intéressés devraient bénéficier de la protection.

DURÉE DE LA PROTECTION

Les salariés en contrat à durée déterminée sont protégés pendant la durée de leur **mandat**. **46610**
Dans les branches d'activité à caractère **saisonnier**, les délais de protection sont prolongés d'une durée égale à la période habituelle d'interruption de l'activité du salarié (C. trav. art. L 2412-2 s.).
Sur le montant de l'indemnité pour violation du statut protecteur due à un travailleur saisonnier dont le CDD est requalifié en contrat à durée indéterminée, voir n° 46670.

S'agissant des salariés **candidats ou anciens titulaires d'un mandat**, les articles L 2412-2 et suivants du Code du travail procèdent par renvoi aux textes définissant la protection accordée aux salariés sous contrat à durée indéterminée. Ainsi : **46615**
– les candidats aux fonctions de membre élu du CSE, du CSE interentreprises, de représentant de proximité sont protégés pendant 6 mois, dans les conditions indiquées nos 42100 s. ;
– les anciens délégués syndicaux, membres élus du CSE, du CSE interentreprises, représentants de proximité et représentants syndicaux au CSE sont protégés pendant 6 mois, dans les conditions indiquées n° 42215.

ATTENTION

Aux termes de l'article L 2412-2, alinéa 2 du Code du travail, les **délégués syndicaux** bénéficient, lorsqu'ils sont titulaires d'un **CDD**, d'une protection à l'expiration de leur mandat dans les conditions prévues par l'article L 2411-5 du Code du travail, applicable au représentant syndical au CSE. En pratique, ils sont donc protégés pendant 6 mois, au lieu de 12 mois après la cessation de leurs fonctions lorsqu'elles ont été exercées pendant un an au moins pour les anciens délégués syndicaux titulaires d'un contrat à durée indéterminée (n° 42270).

PROCÉDURE EN CAS DE RUPTURE ANTICIPÉE

46635 **Cas d'application** Il résulte des articles L 2412-2 à L 2412-13 du Code du travail que la rupture anticipée du CDD d'un salarié protégé ne peut intervenir qu'après avoir été autorisée par l'inspecteur du travail. Sont concernées les ruptures résultant :
– de la **faute grave** du salarié, au sens indiqué n° 45575 ;
– de l'**inaptitude physique** avec impossibilité de reclassement du salarié, au sens indiqué n°s 45755 s., ou sans reclassement lorsque le médecin du travail indique expressément dans son avis d'inaptitude que le maintien du salarié dans l'entreprise serait gravement préjudiciable à sa santé ou que son état de santé fait obstacle à tout reclassement dans un emploi (voir n° 45782) ;
– du **non-renouvellement** d'un contrat comportant une **clause** de renouvellement.

ATTENTION

La **saisine de l'inspecteur du travail n'est pas requise** lorsque, en application de l'article L 1243-2 du Code du travail, la rupture du CDD avant terme intervient à l'initiative du salarié justifiant de la conclusion d'un contrat à durée indéterminée, en cas de rupture amiable du contrat ou lorsque le CDD est rompu pour force majeure (Circ. DGT 07-2012 du 30-7-2012 ; Guide DGT 12-2021 fiche 13a).

46640 **Modalités** La rupture anticipée est soumise à la même procédure que celle applicable en cas de licenciement d'un représentant du personnel titulaire d'un CDI, telle qu'exposée nos 45070 s. (C. trav. art. L 2421-7) : consultation du **CSE** lorsque le mandat du salarié l'exige et saisine de l'**inspecteur du travail** pour obtenir une autorisation de rupture.
La procédure de rupture doit être engagée dans les **délais** suivants :
– en cas de faute grave du salarié, un délai restreint doit être respecté (voir n° 45575) ;
– lorsque le salarié est physiquement inapte, la procédure doit être engagée après que cette inaptitude a été régulièrement constatée par le médecin du travail et, le cas échéant, que l'employeur a constaté que le reclassement est impossible (voir nos 45755 s.) ;
– en cas de non-renouvellement du contrat conclu avec une clause de renouvellement, les délais et modalités de saisine de l'inspecteur du travail sont ceux visés n° 46650 (CE 15-6-1990 n° 64773).

ATTENTION

Lorsque le CDD a été conclu avec un salarié « ordinaire », seule la rupture anticipée pour faute grave donne obligatoirement lieu à un **entretien préalable** (Cass. soc. 4-6-2008 n° 07-40.126 FS-PB : RJS 8-9/08 n° 872). Mais, s'agissant de salariés protégés, l'employeur a tout intérêt à organiser un tel entretien dans tous les cas, en laissant au salarié un délai suffisant pour se préparer.

ARRIVÉE DU TERME D'UN CONTRAT

46645 **Cas d'application** Lorsque le contrat arrive à son terme, l'employeur doit saisir l'inspecteur du travail pour qu'il constate que le salarié protégé ne fait pas l'objet d'une mesure discriminatoire.
La loi impose d'appliquer cette procédure lorsqu'un **CDD saisonnier** arrive à terme (C. trav. art. L 2421-8), sauf dans le cas où, en application d'une convention ou d'un accord collectif étendu ou du contrat de travail, l'employeur est engagé au terme du contrat à reconduire ce dernier pour la saison suivante (C. trav. art. L 2421-8-1).
Pour les **autres types de CDD**, cette procédure a été supprimée du Code du travail depuis le 1-4-2018. Toutefois, l'**administration** préconise toujours de l'appliquer, par application de la jurisprudence antérieure au 1-4-2018, en cas d'arrivée du terme (Guide DGT 12-2021 fiche 13a) :
– d'un CDD dont les possibilités de renouvellement sont épuisées (Cass. soc. 23-10-2012 n° 11-19.210 FS-PB : RJS 1/13 n° 59) ;
– d'un CDD conclu sans clause de renouvellement (Cass. soc. 11-12-2001 n° 99-43.799 FS-P : RJS 2/02 n° 199) ;
– ou conclu sans terme précis (CE 6-10-1997 n° 165337 : RJS 12/97 n° 1403).

46650 **Modalités** L'arrivée du terme du CDD n'entraîne sa rupture qu'après **constatation** par l'inspecteur du travail que le salarié ne fait pas l'objet d'une **mesure discriminatoire**. L'employeur **saisit** l'inspecteur du travail avant l'arrivée du terme. Ce dernier doit **statuer** avant la date du terme du contrat (C. trav. art. L 2421-8). En cas de **retard**, le contrat est prorogé jusqu'à la décision administrative (Cass. soc. 20-6-2000 n° 97-41.363 FS-P : RJS 9-10/00 n° 972 ; 27-9-2007 n° 06-41.086 FP-PB : RJS 12/07 n° 1312). Même en cas de saisine tardive, l'employeur ne peut pas rompre le CDD avant d'avoir obtenu l'autorisation administrative (Cass. soc. 10-12-2003 n° 01-44.703 FS-P : RJS 3/04 n° 329).

La rupture prononcée en violation du statut protecteur constitue un trouble manifestement illicite justifiant la compétence du juge des référés (Cass. soc. 20-10-2021 n° 20-11.860 F-D : RJS 1/22 n° 22) et peut caractériser un délit d'entrave (Cass. crim. 6-2-2007 n° 06-82.744 F-D : RJS 5/07 n° 634).

ATTENTION

Dans sa rédaction antérieure au 1-4-2018, l'article L 2421-8 du Code du travail imposait à l'employeur de saisir l'inspecteur du travail au moins un mois avant l'arrivée du terme du CDD. La Cour de cassation en concluait que lorsque le salarié acquérait la protection **moins d'un mois** avant le terme de son contrat, l'employeur n'était pas tenu de saisir l'inspecteur du travail (Cass. soc. 28-5-2003 n° 02-60.006 FS-PBR : RJS 10/03 n° 1194). La condition de délai ayant été supprimée, cette jurisprudence devrait être caduque.
S'agissant des **CDD conclus sans terme précis** en vue de remplacer un salarié absent, les solutions jurisprudentielles prises pour l'application de l'article L 2421-8 du Code du travail dans sa rédaction antérieure au 1-4-2018 conservent, selon nous, leur intérêt :
– l'employeur doit saisir l'inspecteur du travail à compter du jour où le salarié remplacé fait connaître son intention de mettre fin à son contrat de travail ou de reprendre son poste (Cass. soc. 20-6-2000 n° 97-41.363 FS-P : RJS 9-10/00 n° 972) ;
– si l'emploi occupé par le titulaire du contrat est supprimé pour un motif économique, l'employeur saisit l'inspecteur du travail en vue de faire constater l'absence de discrimination à la date de la suppression (CE 6-10-1997 n° 165337 : RJS 12/97 n° 1403).
Le Code du travail ne fixe plus de délai pour saisir l'inspecteur du travail, mais impose seulement à l'employeur une **saisine « avant le terme du contrat »**. Dans la mesure où l'inspecteur du travail dispose d'un délai de 2 mois pour prendre sa décision (voir n° 45455) et que la rupture ne peut pas intervenir avant l'obtention de l'autorisation administrative, l'application pratique de cette règle soulève de nombreuses questions auxquelles l'administration, à notre connaissance, n'a toujours pas répondu.

CONTRÔLE DE L'INSPECTEUR DU TRAVAIL

Lorsque l'employeur sollicite une autorisation pour un CDD arrivant à **terme** ou rompu d'un commun accord, le contrôle de l'inspecteur du travail porte uniquement sur : **46655**
– le respect de la législation relative au contrat à durée déterminée (Circ. DGT 07-2012 du 30-7-2012), notamment le motif de recours (CE 6-5-1996 n° 146161 : RJS 7/96 n° 811) ;
– l'absence de lien entre la rupture ou le terme du CDD et le mandat détenu par le salarié (CE 15-6-1990 n° 64773 ; 10-6-1992 n° 94626 : RJS 10/92 n° 1133).
Lorsque l'inspecteur du travail est saisi d'une demande d'autorisation de **rupture anticipée** du CDD, il vérifie en outre le respect de la procédure visée n° 46640 et le motif invoqué par l'employeur. Ainsi :
– en cas de rupture anticipée pour faute grave, l'inspecteur du travail contrôle le degré de gravité de la faute commise (Circ. DGT 07-2012 du 30-7-2012) dans les conditions exposées n° 45585 ;
– lorsque la rupture est motivée par l'inaptitude physique du salarié, l'administration contrôle les points visés n°s 45770 s.

CONSÉQUENCE POUR L'EMPLOYEUR

Autorisation Si la rupture du CDD est autorisée, elle peut prendre effet. Lorsque le **contrat arrive à terme**, la rupture est effective à l'échéance du terme ou à réception de l'autorisation administrative, si celle-ci est postérieure, sans préavis. Le salarié a droit à l'indemnité de fin de contrat égale à 10 % de sa rémunération totale brute (C. trav. art. L 1243-8), sauf cas particuliers visés dans notre Mémento social n° 20170. **46660**
La **rupture anticipée** du CDD peut être notifiée au salarié à réception de l'autorisation administrative. En cas de faute grave, le salarié ne bénéficie pas d'indemnité de rupture. Si la rupture est consécutive à une inaptitude physique, le salarié a droit, le cas échéant, à l'indemnité de fin de contrat. S'y ajoute :
– lorsque l'inaptitude physique est d'origine non professionnelle, une indemnité de rupture d'un montant au moins égal à l'indemnité légale de licenciement, proratisée si la durée d'emploi est inférieure à 8 mois (C. trav. art. L 1226-4-3) ;
– lorsque l'inaptitude résulte d'un accident du travail ou d'une maladie professionnelle, une indemnité au moins égale au double de l'indemnité légale de licenciement (C. trav. art. L 1226-20).

ATTENTION

Le juge prud'homal n'est pas compétent pour statuer sur une **demande de requalification** du CDD d'un salarié protégé en CDI dès lors que l'inspecteur du travail a autorisé, par une décision devenue définitive, le non-renouvellement du CDD comportant une clause de renouvellement (Cass. soc. 9-5-2018 n° 16-20.423 FS-PB : RJS 7/18 n° 489) ou la rupture du CDD arrivé à son terme (Cass. soc. 19-1-2022 n° 19-18.898 FS-B : RJS 4/22 n° 201).

46665 **Refus d'autorisation** Si l'inspecteur du travail refuse à l'employeur le droit de rompre le contrat de travail, celui-ci se transforme en **contrat à durée indéterminée** (Circ. DGT 07-2012 du 30-7-2012). Si toutefois l'employeur exerce un recours hiérarchique auprès du ministre, le terme du CDD est prorogé jusqu'au prononcé de la décision ministérielle (Cass. soc. 20-6-2000 n° 97-41.363 FS-P : RJS 9-10/00 n° 972 ; 27-9-2007 n° 06-41.086 FP-PB : RJS 12/07 n° 1312).

NON-RESPECT DE LA PROCÉDURE

46670 Si l'employeur met fin au contrat **sans saisir l'inspecteur du travail** ou malgré un refus d'autorisation de ce dernier, le CDD ne peut pas être considéré comme rompu. Il se poursuit alors au-delà de son terme et se transforme en contrat à durée indéterminée en application de l'article L 1243-11 du Code du travail. Le salarié peut donc prétendre :
– à sa réintégration (Cass. soc. 16-10-2001 n° 98-44.269FS-P : RJS 1/02 n° 57) assortie d'une indemnité compensatrice de la perte de ses salaires entre le terme du contrat et sa réintégration ;
– ou à l'indemnité pour violation du statut protecteur visée n°s 47460 s. (Cass. soc. 23-10-2012 n° 11-19.210 FS-PB : RJS 1/13 n° 59 ; 21-4-2017 n° 15-23.492 F-D : RJS 7/17 n° 504).
Dans le cas d'un **travailleur saisonnier** dont le CDD est requalifié en contrat à durée indéterminée, les périodes non travaillées entre deux saisons doivent être retenues dans le calcul de son indemnité si, pendant ces périodes, le salarié s'est tenu à la disposition de l'entreprise en vue d'effectuer un travail (Cass. soc. 7-7-2010 n° 08-40.893 F-D : RJS 11/10 n° 835).

ATTENTION

L'**indemnité de requalification** n'est pas due lorsque le contrat à durée déterminée devient un contrat à durée indéterminée du seul fait de la poursuite de la relation contractuelle de travail après l'échéance de son terme. Ainsi jugé à propos d'un CDD conclu sans clause de renouvellement et arrivé à terme sans saisine préalable de l'inspecteur du travail (Cass. soc. 5-6-2019 n° 17-24.193 FS-PB : RJS 8-9/19 n° 511) ni dans le cas où le contrat est devenu un CDI en raison du refus de l'inspecteur du travail d'autoriser le non-renouvellement du CDD (Cass. soc. 27-9-2007 n° 06-41.086 FP-PB : RJS 12/07 n° 1312).

2. CONTRAT DE TRAVAIL TEMPORAIRE

BÉNÉFICIAIRES

46680 Bénéficient d'une protection les **travailleurs** temporaires ayant la qualité de (C. trav. art. L 2413-1) :
– membre ou ancien membre élu de la délégation du personnel au CSE et au CSE interentreprises ou candidat à ces fonctions ;
– représentant ou ancien représentant syndical au CSE ;
– représentant de proximité, ancien représentant de proximité ou candidat à ces fonctions ;
– délégué syndical et ancien délégué syndical, y compris lorsque l'entrepreneur de travail temporaire lui a notifié sa décision de ne plus faire appel à lui pour de nouveaux contrats, en application de l'article L 2314-18 du Code du travail ;
– membre d'un groupe spécial de négociation ou d'un comité mis en place au niveau européen.
Pour plus de précisions sur les **durées de protection**, on peut se reporter aux développements relatifs au CDD (n°s 46610 s.).
Une protection est également accordée au **salarié mandaté** pour négocier et conclure des accords d'entreprise ou d'établissement dans les entreprises dépourvues de délégué syndical (n°s 82130 s.) et au **défenseur syndical** (n° 12580).

CAS D'APPLICATION ET PROCÉDURE

46685 La protection impose à l'entreprise de travail temporaire de saisir l'inspecteur du travail d'une demande d'autorisation pour pouvoir **interrompre** ou notifier le **non-renouvellement** de sa mission au salarié protégé (C. trav. art. L 2421-10). Cette autorisation doit également être sollicitée lorsque l'entreprise décide de **ne plus confier de missions** au salarié (Cass. soc. QPC 13-2-2012 n° 11-21.946 FS-PB : RJS 5/12 n° 432). En revanche, l'inspecteur du travail n'a pas à être saisi lorsque la mission d'intérim arrive à terme (Cass. soc. 11-9-2019 n° 18-12.293 FS-PB : RJS 11/19 n° 643).
La procédure applicable est celle exposée n°s 46635 s. à propos de la rupture anticipée du CDD.

D. Rupture de la période d'essai

Si l'employeur prend l'initiative de rompre la période d'essai, il doit solliciter l'autorisation de l'inspecteur du travail (Cass. soc. 26-10-2005 n° 03-44.751 FP-PBRI et n° 03-44.585 FP-PBRI : RJS 1/06 n° 63). À défaut, le contrat est rompu en violation du statut protecteur et les sanctions visées nos 47250 s. s'appliquent (Cass. soc. 22-9-2010 n° 09-40.968 FS-PBR : RJS 12/10 n° 981). 46700

La jurisprudence n'a pas précisé la **procédure** à suivre dans un tel cas par l'employeur. À notre sens, l'inspecteur du travail doit être saisi dans les conditions exposées nos 45270 s., après que le salarié a été reçu en entretien préalable. Le contrôle de l'administration portera non pas sur les qualités professionnelles du salarié, mais sur l'absence de lien entre la rupture et la protection accordée au salarié. L'employeur ne peut pas rompre la période d'essai avant d'avoir obtenu l'autorisation de l'inspecteur du travail. Si la période d'essai arrive à terme avant que l'inspecteur du travail ait notifié sa décision aux parties, la question de sa prorogation jusqu'à la date de cette notification n'est pas tranchée par les tribunaux.

> **Précisions** En pratique, l'application de cette solution aux représentants élus du personnel, aux délégués syndicaux, aux représentants syndicaux au comité social et économique et aux représentants de section syndicale n'est que théorique. En effet, compte tenu de la **condition d'ancienneté requise pour être élu ou désigné** (voir nos 25110 et 27895), il est peu probable que les intéressés soient encore en période d'essai au moment où commence leur mandat. La solution conserve en revanche toute sa portée pour les salariés demandant l'organisation d'élections ou candidats à des fonctions représentatives, et pour les titulaires d'un mandat extérieur à l'entreprise visés n° 42020.

E. Rupture à l'initiative du salarié protégé

La rupture du contrat de travail à l'initiative du salarié protégé n'est pas subordonnée à l'autorisation de l'inspecteur du travail. En cas de litige, le juge prud'homal peut toutefois être amené à contrôler un éventuel manquement de l'employeur à ses obligations. Sur le départ volontaire à la retraite du salarié, voir n° 46315. Sur la rupture de la période d'essai, voir n° 46700. 46720

DÉMISSION

Un représentant du personnel peut librement démissionner. Encore faut-il, pour que la rupture soit valable, que sa **volonté** soit **claire et non équivoque**. Si la démission résulte de **manœuvres frauduleuses** de l'employeur lui permettant de rompre le contrat de travail sans autorisation de l'inspecteur du travail, le salarié dont le consentement a été vicié peut saisir le juge prud'homal d'une demande de requalification de sa démission en licenciement nul (Cass. soc. 12-7-2010 n° 09-41.490 FS-D : RJS 10/10 n° 791). Il peut également obtenir la condamnation de l'employeur pour délit d'entrave (Cass. crim. 9-5-1979 n° 78-92.076). 46725

> **Précisions** Jugé que la démission d'un représentant du personnel rédigée sous le coup de l'**émotion** et de la **colère** et rapidement rétractée ne résultait pas d'une volonté claire et non équivoque, mais qu'en donnant sa démission, qui n'avait pas été extorquée, le salarié avait mis l'employeur dans l'impossibilité de mettre en œuvre la procédure administrative de rupture. Dans ces conditions, le licenciement n'était pas nul, mais dépourvu de cause réelle et sérieuse (CA Reims 6-5-2009 n° 08-550).

PRISE D'ACTE DE LA RUPTURE

Modalités Le salarié protégé reprochant à son employeur un manquement à ses obligations peut prendre acte de la rupture de son contrat. Le **contrat de travail** est **rompu** dès la notification de la prise d'acte à l'employeur (Cass. soc. 25-1-2006 n° 04-41.204 FS-D et n° 04-41.205 FS-D : RJS 4/06 n° 472). 46730

Les agissements ultérieurs de l'employeur n'ont aucune influence : s'il engage la procédure de licenciement et saisit l'**inspecteur du travail** d'une demande d'autorisation, celui-ci doit se déclarer incompétent (CE 17-12-2008 n° 303904 et n° 310889 : RJS 3/09 n° 261). Si le salarié prend acte de la rupture de son contrat après que l'employeur a engagé la procédure de licenciement et sollicité l'autorisation administrative, mais avant que l'inspecteur du travail ne se prononce, la décision de ce dernier est privée d'effet, même s'il autorise le licenciement (Cass. soc. 12-11-2015 n° 14-16.369 FS-PB : RJS 1/16 n° 44). En revanche, si le salarié a pris acte de la rupture de son contrat après qu'un juge a annulé son autorisation de licenciement, cette autorisation de licenciement retrouve sa validité en cas d'annulation du jugement : la prise d'acte est alors sans effet (Cass. soc. 20-5-2020 n° 18-23.444 F-D : RJS 7/20 n° 360).

46735 **Effets** Le salarié doit saisir le **juge prud'homal** pour qu'il statue sur les effets de la prise d'acte de la rupture (Cass. soc. 25-1-2006 n° 04-41.204 FS-D : RJS 4/06 n° 472 ; 16-2-2011 n° 10-15.529 F-D : RJS 5/11 n° 435). Le point de départ de la prescription de l'action en justice se situe à la date de la prise d'acte et non à la date des manquements de l'employeur (Cass. soc. 27-11-2019 n° 17-31.258 FP-D : RJS 2/20 n° 83). Le juge doit se prononcer dans le délai d'un mois (C. trav. art. L 1451-1).

Il incombe au salarié d'apporter la preuve des manquements de l'employeur qu'il invoque. Le juge examine tous ces manquements, sans se limiter aux seuls griefs invoqués par le salarié dans la lettre de prise d'acte de la rupture (Cass. soc. 5-7-2006 n° 04-40.134 FS-PB : RJS 10/06 n° 1091 ; 10-2-2010 n° 08-43.138 F-D), et, le cas échéant, sans tenir compte des motifs retenus par l'inspecteur du travail pour refuser une autorisation de licenciement sollicitée par l'employeur avant la prise d'acte (Cass. soc. 4-7-2012 n° 11-13.346 FS-PB : RJS 10/12 n° 778).

Si les faits invoqués ne sont pas suffisamment graves pour justifier la rupture du contrat, la prise d'acte produit les effets d'une **démission** (Cass. soc. 17-12-2008 n° 07-43.465 F-D). Dans le cas contraire, elle produit les effets d'un **licenciement** nul pour violation du statut protecteur (Cass. soc. 5-7-2006 n° 04-46.009 FS-PB : RJS 10/06 n° 1090 ; 27-1-2010 n° 08-44.897 F-D : RJS 4/10 n° 359). Dans ce cas, le salarié peut prétendre aux indemnités visées n°s 47460 s. (Cass. soc. 16-2-2011 n° 09-67.193 F-D : RJS 5/11 n° 435 ; Cass. soc. 12-3-2014 n° 12-20.108 FS-PB : RJS 5/14 n° 415), mais pas à sa réintégration dans l'entreprise (Cass. soc. 29-5-2013 n° 12-15.974 FS-PB : RJS 8-9/13 n° 623). Si la réintégration, ordonnée par erreur par le juge, est annulée sur recours de l'employeur, ce dernier peut mettre fin à la relation de travail sans avoir à engager la procédure de licenciement (Cass. soc. 11-7-2016 n° 14-29.094 FS-PB : RJS 10/16 n° 642).

ILLUSTRATIONS

Voir, s'agissant d'une prise d'acte motivée par la discrimination syndicale dont est victime le salarié (n° 40430), une modification du contrat ou des conditions de travail imposée à l'intéressé (n° 43110) ou encore un refus de l'employeur de réintégrer le salarié après annulation d'une mise à pied conservatoire (n° 45660).

RÉSILIATION JUDICIAIRE DU CONTRAT

46740 **Modalités** En cas de manquement grave de l'employeur à ses obligations, le salarié protégé peut demander au conseil de prud'hommes la résiliation judiciaire de son contrat de travail (Cass. soc. 16-3-2005 n° 03-40.251 FS-PBRI : RJS 5/05 n° 534 ; 25-1-2006 n° 03-44.372 F-D : RJS 4/06 n° 473).

Le contrat de travail se **poursuit** dans l'attente de la décision du juge. Si le salarié est **licencié** en vertu d'une autorisation administrative accordée à l'employeur **avant** que le juge ne se prononce, la demande devient caduque, même si l'autorisation est finalement annulée (Cass. soc. 11-10-2017 n° 16-14.529 FS-PB : RJS 12/17 n° 810 ; 10-11-2021 n° 20-12.604 FS-B : RJS 1/22 n° 24). Le juge prud'homal peut seulement attribuer des dommages et intérêts au salarié lorsque les manquements qu'il reproche à l'employeur sont avérés et n'ont pas été examinés par l'inspecteur du travail (Cass. soc. 29-9-2010 n° 09-41.127 FS-PB : RJS 12/10 n° 958 ; 11-7-2016 n° 14-29.870 FS-D : RJS 10/16 n° 640), notamment après un licenciement pour une inaptitude due à un **harcèlement** (Cass. soc. 17-10-2018 n° 17-17.985 FS-PB : RJS 1/19 n° 37 ; 31-3-2021 n° 19-23.306 F-D : RJS 6/21 n° 323).

46745 **Effets** Les **manquements** reprochés à l'**employeur** sont **appréciés** compte tenu de l'ensemble des règles applicables au contrat de travail du salarié et des exigences propres à l'exécution du mandat dont il est investi (Cass. soc. 4-5-2011 n° 09-70.702 F-D). Si la demande de résiliation n'est pas justifiée, la relation contractuelle se poursuit. Dans le cas où elle est jugée justifiée, la rupture du contrat de travail est effective au jour du jugement et produit les effets d'un licenciement nul pour violation du statut protecteur (Cass. soc. 26-9-2006 n° 05-41.890 F-D). Elle ouvre droit à l'indemnité pour violation du statut protecteur et aux indemnités de rupture, mais pas à réintégration dans l'entreprise (Cass. soc. 3-10-2018 n° 16-19.836 F-PB : RJS 12/18 n° 754). Toutefois, si le salarié n'a acquis son mandat qu'après avoir engagé son action devant le juge, la résiliation judiciaire produit les effets d'un licenciement sans cause réelle et sérieuse, et non pas nul (Cass. soc. 28-10-2014 n° 13-19.527 F-D : RJS 1/15 n° 47 ; 26-10-2016 n° 15-15.923 FS-PB : RJS 1/17 n° 41).

Par **exemple**, la résiliation judiciaire du contrat a été prononcée aux torts de l'employeur en cas de modification du contrat ou des conditions de travail imposée au salarié (n° 43110), de manquement de l'employeur à son obligation de verser à l'intéressé les salaires perdus après annulation d'une mise à pied conservatoire (n° 45660), d'acharnement de l'employeur à l'encontre d'un salarié protégé, victime de brimades et de vexations (Cass. soc. 13-2-2013 n° 11-26.913 F-D : RJS 5/13 n° 397) ou encore de refus de l'employeur de rétablir le salarié protégé dans ses fonctions après un rejet de la demande d'autorisation de licenciement (n° 45480).

ATTENTION

Lorsque le salarié demande la résiliation judiciaire de son contrat, il continue à exécuter son travail : il y a donc un décalage chronologique entre l'introduction de la demande et la date de rupture du contrat, le cas échéant. Or, l'**indemnité pour violation du statut protecteur** qui lui est accordée est égale à la rémunération qu'il aurait dû percevoir jusqu'à l'expiration de la **période de protection en cours au jour de la demande** (Cass. soc. 4-3-2009 n° 07-45.344 FS-PB : RJS 5/09 n° 452), y compris la période de protection à l'issue du mandat (Cass. soc. 13-2-2013 n° 11-26.913 F-D : RJS 5/13 n° 397). S'il a acquis un nouveau mandat en cours de procédure, le juge n'en tient pas compte (Cass. soc. 7-3-2017 n° 15-24.484 FS-D : RJS 5/17 n° 350). Le salarié peut même être **privé** de cette indemnité si, à la date du prononcé de la rupture par le juge, la période de protection liée au mandat qu'il détenait au moment où il a introduit sa demande a expiré (Cass. soc. 8-4-2021 n° 18-21.901 F-D). S'agissant de l'incidence d'une possibilité de départ du salarié à la **retraite** au cours de la période de protection, voir n° 47465.

VI. RECOURS

Le **principe de séparation des pouvoirs** interdit au conseil de prud'hommes de se prononcer sur la décision de l'inspecteur du travail : l'autorisation ou le refus de la rupture du contrat d'un salarié protégé ne peuvent être contestés que par la voie des recours administratifs. Le juge prud'homal reste compétent notamment pour statuer sur des demandes indemnitaires découlant de la rupture du contrat de travail. **46780**
Cette situation doit être distinguée d'une rupture du contrat prononcée sans autorisation administrative ou malgré un refus d'autorisation, qui est étudiée n°s 47250 s.

Les textes du Code du travail visent essentiellement l'autorisation ou le refus d'autorisation de **licenciement**, mais toutes les **ruptures de contrat** de travail soumises à l'obtention d'une autorisation administrative sont concernées par les règles de recours exposées ci-après : mise à la retraite par l'employeur, départ négocié pour motif économique, rupture d'un contrat précaire ou d'une période d'essai, rupture conventionnelle, etc. **46785**

A. Recours contre la décision administrative

L'employeur, le salarié ou un syndicat ayant reçu mandat à cet effet peut contester la décision de l'inspecteur du travail par la voie de recours administratifs. Les voies et délais de recours doivent être indiqués dans l'accusé de réception de la demande d'autorisation (n° 45297) et dans la lettre de notification de la décision administrative (n° 45460). **46820**

ATTENTION

Ces recours n'ont aucun **effet suspensif** (Cass. crim. 5-3-1991 n° R 90-81.886 D : RJS 5/91 n° 608 ; Cass. soc. 12-5-1998 n° 95-44.214 P : RJS 6/98 n° 777). La décision administrative – refus ou autorisation de licenciement, ou décision d'incompétence – est applicable immédiatement, sauf demande de suspension devant le juge des référés (n° 46980). Par conséquent, son retrait ou son annulation sont lourds de conséquences.

1. VOIES DE RECOURS

Trois voies de recours permettent d'obtenir l'annulation de la décision administrative : le recours gracieux, adressé directement à l'inspecteur du travail qui s'est prononcé sur la rupture du contrat, le recours hiérarchique adressé au ministre et le recours contentieux devant le tribunal administratif. Les modalités d'introduction de ces recours obéissent à des règles communes. Plusieurs recours peuvent être introduits simultanément ou successivement. **46840**

a. Introduction d'un recours

QUALITÉ ET INTÉRÊT À AGIR

L'**employeur**, le **salarié** ou le **syndicat** que ce salarié représente ou auquel il a donné mandat peut saisir d'un recours gracieux l'inspecteur du travail qui s'est prononcé sur la rupture du contrat de travail afin que celui-ci retire sa décision (Circ. DGT 07-2012 du 30-7-2012), demander au **46850**

ministre chargé du travail d'annuler la décision de l'inspecteur du travail par la voie du recours hiérarchique (C. trav. art. R 2422-1, al. 1) ou exercer un recours contentieux devant le tribunal administratif.
Seule la personne ayant un intérêt à agir peut exercer un recours : il s'agit de la personne pour qui la **décision** attaquée est **défavorable** (Circ. DGT 07-2012 du 30-7-2012). Ainsi, l'employeur peut engager un recours contre une décision de l'inspecteur du travail refusant d'autoriser la rupture du contrat de travail (CE 13-5-1992 n° 110184 : RJS 10/92 n° 1128) ou contre la décision ministérielle annulant une autorisation de l'inspecteur. Le salarié peut demander l'annulation de toute décision ayant autorisé l'employeur à rompre son contrat de travail, même s'il a reconnu les faits qui lui sont reprochés (CE 4-12-1995 n° 162032) ou qu'il a signé une transaction avec l'employeur (n° 45490). Le syndicat a un intérêt à agir contre la décision de l'inspecteur du travail autorisant le licenciement d'un salarié qui le représente au sein de l'entreprise (CE 28-3-1997 n° 146850 : RJS 6/97 n° 708).

DÉLAI

46855 Le **recours hiérarchique ou contentieux** doit être introduit dans un délai de 2 mois à compter de la notification de la décision administrative (C. trav. art. R 2422-1, al. 2 ; C. just. adm. art. R 421-1). Une demande tardive sera automatiquement rejetée (CE 29-12-1995 n° 124054).
Le **recours gracieux** n'est pas subordonné à une condition de délai, mais l'administration recommande qu'il soit formé dans le délai de 2 mois pour que, en cas de rejet, le demandeur conserve la possibilité d'attaquer la décision de l'inspecteur du travail devant le ministre ou le tribunal administratif (Circ. DGT 07-2012 du 30-7-2012).

ATTENTION

Le délai de recours contentieux n'est **opposable** que si la décision de l'inspecteur du travail – ou du ministre en cas de recours hiérarchique – a bien été **notifiée** séparément à chacune des parties (employeur, salarié et, le cas échéant, organisation syndicale quand il s'agit d'un délégué syndical, d'un représentant de section syndicale ou d'un représentant syndical au CSE), et que les **voies et délais** de recours ont été mentionnés dans cette notification ou, en cas de décision implicite, dans l'accusé de réception de la demande (Circ. DGT 07-2012 du 30-7-2012 ; CE 7-12-2015 n° 387872 ; 2-12-2019 n° 415470 : RJS 2/20 n° 101). Si ces conditions n'ont pas été remplies, le délai de 2 mois n'est pas opposable, mais le principe de sécurité juridique impose que le recours soit exercé, sauf circonstances particulières, dans un délai raisonnable d'un an à compter de la notification de la décision ou de la date à laquelle l'intéressé en a eu connaissance (CE 13-7-2016 n° 387763 : RJS 11/16 n° 744 ; 7-2-2018 nos 397246 et 397247 : RJS 4/18 n° 270). Ce délai d'un an peut être interrompu par l'exercice d'un recours gracieux ou hiérarchique dans les conditions visées n° 46860 (CE 12-7-2023 n° 474865 : RJS 10/23 n° 559).

46860 Le délai de 2 mois **débute** le lendemain du jour de la notification de la décision administrative, lorsqu'elle a été rendue de manière explicite, ou de l'expiration du délai imparti à l'autorité administrative pour se prononcer, lorsque la décision a été rendue de manière implicite (CPC art. 641). Si le dernier jour du délai est un samedi, un dimanche, un jour férié ou un jour chômé, il est prolongé jusqu'à la fin du premier jour ouvrable suivant (CPC art. 642 ; CE 19-9-2014 n° 362568 : RJS 12/14 n° 875).
Ce délai est **interrompu** par l'exercice d'un recours gracieux, hiérarchique ou contentieux à la date de réception par son destinataire (CE 30-1-2019 n° 410603 : RJS 4/19 n° 233). Il ne recommence à courir à l'égard de la décision initiale que lorsque le recours est rejeté (CE 7-10-2009 n° 322581 : RJS 2/10 n° 201).

EXEMPLE

L'inspecteur du travail notifie aux parties un refus d'autorisation de licenciement le 8-4-2024 : l'employeur peut exercer un recours jusqu'au 10-6-2024 à minuit (car les 8 et 9 juin sont un samedi et dimanche). Un recours gracieux est déposé le jeudi 23-5-2024. Si ce recours est expressément rejeté par lettre notifiée le lundi 15-7-2024, le juge administratif peut être saisi d'un recours contentieux jusqu'au lundi 16-9-2024 à minuit.

DESTINATAIRE

46865 Le **recours gracieux** est adressé à l'inspecteur du travail qui a autorisé ou refusé d'autoriser la rupture du contrat de travail.
Le recours **hiérarchique** doit être formé devant le ministre chargé du travail par courrier postal (Direction générale du travail, 39-43, quai André-Citroën, 75902 Paris Cedex 15) ou par voie électronique (sisve.social-sante.gouv.fr).
Le **tribunal compétent** pour accueillir le recours contentieux est celui du même ressort que celui dans lequel se trouve l'inspecteur du travail compétent selon les règles visées n° 45285 (Guide DGT

12-2021 fiche 18 ; C. just. adm. art. R 312-10). Si l'établissement dans lequel est employé le salarié protégé ne dispose pas d'une autonomie suffisante, c'est le tribunal dans le ressort duquel la société a son siège qui est compétent (CE 2-2-1996 n° 133455 : RJS 3/96 n° 306).

FORME

Les recours **gracieux et hiérarchique** ne sont soumis à aucune condition de forme particulière. Il est conseillé de saisir l'autorité administrative par **lettre** recommandée avec demande d'avis de réception précisant le motif de la demande, accompagnée d'une copie de la décision contestée et des pièces nécessaires à la révision de la décision. **46870**

Le recours **contentieux** doit être introduit auprès du tribunal administratif dans les conditions et les formes de droit commun fixées par les articles R 411-1 et suivants du Code de justice administrative. La requête n'est pas nécessairement présentée par un avocat. Elle doit **indiquer** précisément : **46875**
– la décision administrative dont l'annulation est demandée : décision de l'inspecteur du travail ou décision du ministre rendue sur recours hiérarchique ;
– un exposé des faits ;
– les raisons de fait et de droit invoquées par le demandeur à l'appui de sa demande.

ARTICULATION DES RECOURS

Introduction de plusieurs recours Les parties peuvent exercer n'importe lequel des recours : par exemple, le recours hiérarchique n'est pas un **préalable** obligatoire au recours contentieux. Il est également possible d'introduire plusieurs recours **simultanément** ou sans attendre d'avoir reçu la réponse à une autre demande antérieure. Si une décision administrative fait l'objet à la fois d'un recours gracieux et d'un recours hiérarchique, l'inspecteur du travail peut la retirer avant que le ministre se soit prononcé (CE 24-7-1987 n° 63615). Dans ce cas, le recours hiérarchique devient sans objet (Circ. DGT 07-2012 du 30-7-2012). **46880**
S'agissant de l'incidence d'un recours gracieux ou d'un recours hiérarchique sur le **délai** dont disposent les parties pour saisir le juge d'un recours contentieux, voir n° 46860.
Si les faits reprochés au salarié protégé à l'appui d'une demande d'autorisation de licenciement ont été portés devant la **juridiction pénale**, la décision de ce dernier s'impose à l'administration, s'agissant par exemple de la matérialité des faits (CE 17-4-1992 n° 89834 : RJS 7/92 n° 894). En revanche, si le salarié est relaxé au bénéfice du doute, l'administration retrouve son pouvoir d'appréciation des faits (CE 10-6-1991 n° 103107 : RJS 8-9/91 n° 982 ; 29-5-1996 n° 167294 : RJS 7/96 n° 810).
S'agissant des recours exercés à la fois devant l'autorité administrative et devant le **juge prud'homal**, voir nos 47200 s.

ATTENTION

La décision du ministre du travail saisi d'un **recours hiérarchique** qui **annule** celle de l'inspecteur du travail n'en laisse rien subsister. L'annulation de la décision ministérielle par le juge administratif ne fera donc pas revivre la décision initiale, par exemple une autorisation de licencier (Cass. soc. 27-11-2012 n° 11-19.266 F-PB : RJS 2/13 n° 145 ; 20-3-2013 n° 11-23.388 F-D : RJS 6/13 n° 475).
La décision du ministre qui **confirme** celle de l'inspecteur du travail ne s'y substitue pas (Cass. soc. 19-12-2018 n° 17-15.503 FS-PB : RJS 3/19 n° 171). Toutefois, le Conseil d'État considère que la demande d'annulation de la décision du ministre rejetant le recours hiérarchique vaut également demande d'annulation de la décision de l'inspecteur du travail (CE 5-9-2008 n° 303707 : RJS 11/08 n° 1102 ; Cass. soc. 13-11-2008 n° 07-41.331 FS-PB : RJS 2/09 n° 195).

Incidence d'une nouvelle demande d'autorisation de rupture Il peut arriver que l'employeur adresse à l'inspecteur du travail une **nouvelle demande d'autorisation de rupture**, par exemple lorsque la procédure de licenciement est renouvelée (nos 45220 s.). **46885**
Selon l'administration, une nouvelle décision d'un inspecteur du travail ne prive pas d'objet le recours hiérarchique formé à l'encontre de la première décision (Circ. DGT 07-2012 du 30-7-2012). Si le licenciement est autorisé dans le cadre de la seconde demande, l'inspecteur du travail peut enjoindre à l'employeur de se désister du recours formé contre la première demande (Circ. DGT 07-2012 du 30-7-2012). Si, après un premier refus, l'employeur introduit une nouvelle demande en s'appuyant sur des faits nouveaux, et que cette dernière est également rejetée, son premier recours subsiste et il peut en introduire un second portant sur le nouveau refus qui lui a été opposé (CE 22-11-1989 n° 91966 : RJS 2/90 n° 137).

b. Recours gracieux

46900 L'introduction d'un recours gracieux vise à obtenir le retrait de sa propre décision par l'inspecteur du travail ou, le cas échéant, le ministre.

RECEVABILITÉ DU RECOURS

46905 La décision de l'inspecteur du travail ou du ministre peut faire l'objet d'un recours si elle est entachée d'une **erreur de fait ou de droit**. Par exemple, la décision administrative est entachée d'illégalité et doit être retirée si elle a été prise en fonction d'informations fausses (CE 24-7-1987 n° 63615) ou incomplètes (CE 1-2-1995 n° 143769 : RJS 3/95 n° 262), ou si elle a été rendue par un inspecteur territorialement incompétent (CE 16-6-1995 n° 143437 : RJS 10/95 n° 1029).

DÉCISION ADMINISTRATIVE

46910 L'administration saisie d'un recours gracieux doit se prononcer dans un **délai** de 4 mois (CE 26-10-2001 n° 197018). L'absence de réponse dans ce délai vaut décision implicite de rejet de la demande.

Si les circonstances de fait et de droit n'ont pas changé, il n'y a pas lieu de procéder à une **enquête** contradictoire. Dans le cas contraire, l'enquête doit être menée régulièrement, conformément aux règles exposées nos 45360 s. (CE 5-9-2008 nos 301506, 301668 : RJS 11/08 n° 1099).

En cas de **rejet**, le demandeur peut introduire un autre recours (hiérarchique ou contentieux), sous condition de délai (voir nos 46855 s.).

Si l'inspecteur du travail ou le ministre **accueille** le recours, il retire sa décision, ce qui produit les mêmes effets qu'une annulation (Cass. soc. 30-4-2002 n° 99-44.995 FS-PBR : RJS 7/02 n° 848 ; 8-10-2003 n° 01-41.297 F-R : RJS 12/03 n° 1415). Sur les conséquences du retrait :

– d'un refus d'autorisation administrative de rupture, voir nos 47020 s. ;
– d'une autorisation de rupture, voir nos 47030 s.

c. Recours hiérarchique

46930 Un recours hiérarchique peut être introduit devant le ministre du travail pour obtenir l'annulation de la décision de l'inspecteur du travail.

CONTRÔLE ET DÉCISION DU MINISTRE

46935 **Délai** À compter du jour où le recours est enregistré, le ministre dispose de 4 mois pour prendre sa décision : s'il **ne statue pas** dans ce délai, la demande est implicitement rejetée (C. trav. art. R 2422-1, al. 3). Une décision prise pendant ce délai mais notifiée aux parties après expiration des 4 mois reste valable (CE 29-12-1995 n° 133448 : RJS 3/96 n° 307).

ATTENTION

Si le ministre du travail a laissé s'écouler le délai de 4 mois alors que la décision de l'inspecteur du travail est illégale, le rejet implicite du recours est lui-même illégal. Dans ce cas, le ministre est en droit de **retirer cette décision implicite** de rejet dans le délai de recours contentieux de 2 mois (CE 28-9-2005 n° 266023 : RJS 12/05 n° 1230 ; 26-1-2007 n° 284605 : RJS 4/07 n° 454).

46940 **Étendue du contrôle** Le ministre exerce son contrôle sur la base d'un rapport établi par les services de la Dreets, dont les parties peuvent obtenir communication (Loi 78-753 du 17-7-1978 modifiée art. 4).

Le ministre n'a pas l'obligation d'**auditionner les parties**, sauf si l'inspecteur n'a pas mené régulièrement l'enquête contradictoire (CE 17-2-1992 n° 74566 ; 1-8-2013 n° 350517 : RJS 11/13 n° 748). Il est en revanche impératif que le bénéficiaire de la décision de l'inspecteur du travail – l'employeur en cas d'autorisation de rupture, le salarié protégé en cas de refus – reçoive **communication du recours** et soit mis à même de présenter ses observations (CE 9-5-2011 n° 328024 et n° 328025 ; 3-7-2013 n° 348099 : RJS 11/13 n° 745).

46945 Le ministre examine dans un premier temps la **recevabilité du recours** hiérarchique : si celui-ci n'a pas été introduit dans les délais requis, qu'il n'a pas été formé par une personne ayant un intérêt à agir, ou qu'il a été privé d'objet par l'aboutissement d'un recours gracieux, il est rejeté.

Dans le cas contraire, le ministre apprécie la **légalité de la décision de l'inspecteur du travail** (CE 22-5-1992 n° 78832). Il vérifie tous les éléments contrôlés par l'inspecteur du travail, notamment l'absence de tout lien entre la rupture et la protection dont bénéficie le salarié (C. trav. art. R 2421-7 et R 2421-16).

La décision du ministre est prise en fonction des circonstances de fait et de droit existant à la **date** à laquelle l'inspecteur du travail s'est prononcé (CE 6-7-1990 n° 100489 : RJS 8-9/90 n° 700).

> **Précisions** En principe, les **éléments postérieurs** ne peuvent pas être retenus, sauf s'ils ne font qu'éclairer la situation existant au moment où l'inspecteur du travail s'est prononcé (Circ. DGT 07-2012 du 30-7-2012). Jugé toutefois que la procédure n'est pas nécessairement irrégulière si les faits postérieurs pris en compte n'ont pas influencé la décision du ministre (CE 5-4-2006 n° 276156 : RJS 7/06 n° 862).

Si la décision de l'inspecteur du travail est considérée comme légale, elle est **confirmée**. En pratique : **46950**
– si le ministre confirme un refus d'autorisation administrative, l'employeur ne peut pas rompre le contrat de travail, qui continue à s'exécuter dans les conditions visées n° 45480 ;
– s'il confirme une décision d'autorisation, la situation du salarié, dont le contrat de travail est en principe déjà rompu, reste inchangée.

Si le ministre **annule** la décision de l'inspecteur du travail, il doit procéder à un nouvel examen des faits et décider d'autoriser la rupture ou, au contraire, de la refuser. Dans ce cas, il se prononce en fonction des circonstances de fait et de droit à la **date** à laquelle il prend sa propre décision (CE 5-9-2008 n° 303992 : RJS 11/08 n° 1101 ; 16-4-2021 n° 438869 : RJS 7/21 n° 398). Par exemple, si le salarié a acquis un nouveau mandat en cours de procédure, l'employeur doit l'en informer (CE 27-3-2015 n° 366166 : RJS 7/15 n° 502). Une **exception** à cette règle s'applique toutefois lorsque le motif de licenciement oblige l'administration à apprécier le sérieux des recherches de reclassement menées par l'employeur et que le salarié protégé a été licencié sur autorisation de l'inspecteur du travail : les possibilités de reclassement ne s'apprécient en effet que jusqu'à la date du licenciement (CE 13-4-2018 n° 401767 : RJS 7/18 n° 490). **46955**
S'agissant des effets :
– de l'annulation d'un refus d'autorisation de rupture, voir nos 47020 s. ;
– de l'annulation d'une autorisation de rupture, voir nos 47030 s.

Notification de la décision La décision du ministre – ou d'un fonctionnaire muni d'une délégation de signature – est notifiée aux parties par lettre motivée, indiquant les voies et délais de recours. Cette décision peut en effet faire l'objet d'un recours gracieux ou d'un recours contentieux. Si le recours est rejeté de manière implicite (voir n° 46935), les parties peuvent obtenir communication des motifs de cette décision : voir n° 45465. **46960**

ATTENTION

Le ministre doit, en particulier, **motiver l'annulation d'une décision** de l'inspecteur du travail (CRPA art. L 211-2). Dans le cas d'une décision de l'inspecteur du travail refusant un licenciement pour plusieurs motifs, le ministre doit motiver son annulation pour chacun des motifs (CE 8-12-2021 n° 428118 : RJS 2/22 n° 81).

d. Recours contentieux

La légalité de la décision prise par l'inspecteur du travail ou le ministre peut faire l'objet d'un recours devant le juge administratif. **46980**

> **Précisions** Le recours contentieux n'a, en principe, pas d'effet suspensif sur la décision attaquée : voir n° 46820. Une procédure d'urgence permet toutefois au salarié protégé dont le licenciement a été autorisé ou à l'employeur, si l'autorisation a été refusée, de demander au juge administratif des référés d'en **suspendre l'exécution**, s'il existe un doute sérieux quant à sa légalité (C. just. adm. art. L 521-1). La demande ne peut produire ses effets que si le juge administratif des référés statue avant la notification de la rupture (CE 2-7-2003 n° 244435 : RJS 11/03 n° 1289 ; Cons. const. 7-6-2019 n° 2019-787 QPC : RJS 8-9/19 n° 513). Jugé, par exemple, que la décision administrative de refus d'autorisation peut être suspendue dès lors que son exécution, signifiant la réintégration immédiate du salarié, peut, par ses incidences financières, préjudicier de manière grave et immédiate aux intérêts de l'employeur (CE 9-11-2015 n° 388922 : RJS 1/16 n° 45).

CONTRÔLE DU JUGE

Le juge saisi d'un recours en annulation vérifie la **régularité formelle** de la décision attaquée, en particulier la compétence de l'inspecteur du travail auteur de la décision et la régularité de la procédure suivie, ainsi que les **motifs retenus** par l'autorité administrative pour se prononcer. **46985**
Les points sur lesquels a porté le contrôle de l'inspecteur du travail et, le cas échéant, du ministre sont donc réexaminés par le juge : qualité de la personne ayant sollicité l'autorisation de rompre le contrat (CE 9-4-2004 n° 233630 : RJS 8-9/04 n° 939), motif de la rupture (CE 20-5-2005

n° 264553 : RJS 10/05 n° 1007 ; 4e-1e ch. 15-11-2022 n° 449317 : RJS 1/23 n° 26), respect des procédures légales et conventionnelles par l'employeur (CE 22-10-2008 n° 307821), absence de discrimination (CE 15-12-1997 nos 169792, 169793), sérieux des recherches de reclassement effectuées par l'employeur en cas d'inaptitude physique (CE 18-11-2020 n° 427234 : RJS 2/21 n° 101), etc.

> **Précisions** En cas de contestation portant sur la nature du contrat de travail, le juge administratif doit surseoir à statuer jusqu'à ce que le juge **prud'homal** se soit prononcé sur la question (CE 21-6-1996 n° 153975). Sur l'incidence, pour le juge administratif, d'une décision du juge **pénal**, voir n° 46880.

DÉCISION DU JUGE

46990 Si le juge confirme la décision administrative, la situation reste inchangée : voir n° 46950.
S'il décide d'annuler un refus d'autorisation de rupture, voir nos 47020 s. ; en cas d'annulation d'une autorisation de rupture, voir nos 47030 s.
Quelle qu'elle soit, la décision du tribunal administratif peut faire l'objet d'un **recours** devant la cour administrative d'appel dans les 2 mois de sa notification. L'arrêt de la cour d'appel est lui-même susceptible d'un recours en cassation devant le Conseil d'État, dans les 2 mois de sa notification.

2. ANNULATION D'UN REFUS D'AUTORISATION ADMINISTRATIVE

PORTÉE DE L'ANNULATION

47020 L'annulation d'un refus d'autorisation administrative ne vaut pas autorisation de rompre le contrat de travail du salarié. Si ce dernier bénéficie toujours d'une protection, la rupture doit en effet être autorisée par l'administration.
Lorsque l'annulation du refus d'autorisation est obtenue **sur recours hiérarchique**, le ministre du travail se prononce sur la rupture. S'il refuse l'autorisation de rupture, l'employeur peut saisir à nouveau l'inspecteur du travail d'une demande d'autorisation administrative. Si le ministre autorise la rupture, celle-ci peut être notifiée au salarié. Dans ce cas, l'employeur n'est pas tenu de reprendre la procédure de licenciement et, notamment, de convoquer à nouveau le salarié à un entretien préalable (Cass. soc. 30-3-2010 n° 09-40.068 FS-PB : RJS 6/10 n° 533).
Lorsque l'annulation du refus d'autorisation est obtenue **sur recours contentieux**, la décision du juge ne vaut pas autorisation de rompre le contrat de travail (Cass. soc. 10-12-1997 n° 94-45.337 P : RJS 1/98 n° 69 ; 7-7-2004 n° 01-45.353 F-D). L'inspecteur du travail doit donc à nouveau être saisi (Circ. DGT 07-2012 du 30-7-2012).

ATTENTION

Si le refus d'autorisation de licenciement d'un salarié est définitivement annulé parce que l'intéressé n'était pas protégé au moment de l'engagement de la procédure de licenciement, l'employeur peut mettre fin au contrat de travail en « confirmant » le licenciement prononcé antérieurement, peu important que l'intéressé, réintégré entre-temps, ait acquis un nouveau mandat protecteur (Cass. soc. 5-7-2018 n° 17-17.485 F-D : RJS 11/18 n° 681).

RENOUVELLEMENT DE LA PROCÉDURE

47025 Lorsqu'il est à nouveau saisi d'une demande d'autorisation de rupture, l'**inspecteur du travail** examine cette demande et se prononce en tenant compte (Circ. DGT 07-2012 du 30-7-2012) :
– des éléments sur lesquels le juge a **statué** : si, par exemple, le juge a annulé un refus d'autorisation de licenciement au motif que les faits reprochés étaient suffisamment graves pour justifier la rupture, l'inspecteur du travail saisi d'une nouvelle demande portant sur les mêmes faits est tenu de respecter la chose jugée (CE 27-7-1990 n° 104429) ;
– des circonstances de fait et de droit à la **date** à laquelle il doit de nouveau statuer : il doit donc prendre en compte les évolutions ou les modifications importantes intervenues depuis la première décision qui sont susceptibles d'avoir une influence sur le sens de la nouvelle décision à prendre.

ATTENTION

Le fait que l'inspecteur tienne compte des circonstances de fait et de droit applicables à la date à laquelle il se prononce, et non de celles applicables au moment où il a été saisi d'une première demande, n'est pas sans conséquence. Plusieurs mois peuvent en effet s'écouler entre ces deux décisions. Ainsi, lorsque le licenciement du salarié protégé était envisagé pour un **motif économique**, l'inspecteur du travail doit prendre en considération l'**évolution de la situation de l'entreprise** et refuser l'autorisation de licencier si les difficultés économiques ont disparu (Circ. DGT 07-2012 du 30-7-2012).

3. ANNULATION D'UNE AUTORISATION ADMINISTRATIVE

Les recours administratifs n'étant pas suspensifs, l'employeur muni d'une autorisation peut rompre le contrat de travail du salarié protégé. Mais si ce dernier obtient l'annulation de cette autorisation, il est en droit d'obtenir sa réintégration et une indemnisation. **47030**

a. Droit à réintégration du salarié

Le salarié protégé dont le contrat de travail est rompu en vertu d'une autorisation administrative postérieurement annulée peut demander sa réintégration assortie d'une indemnisation. **47050**

ATTENTION

La réintégration est un droit que le salarié n'est pas obligé d'exercer. Même s'il a demandé sa réintégration, le salarié est en droit d'y **renoncer** pour obtenir l'indemnisation visée n°s 47155 s. (Cass. soc. 12-10-2005 n° 03-45.533 FS-PB : RJS 1/06 n° 64). Les parties peuvent, dans ce cas, signer une **transaction** réglant les conséquences pécuniaires de cette renonciation (Cass. soc. 23-2-2005 n° 02-45.878 F-D), à condition que l'indemnisation prévue au bénéfice du salarié soit au moins équivalente à celle à laquelle il pourrait légalement prétendre (Cass. soc. 11-2-2003 n° 00-44.238 F-D : RJS 4/03 n° 486).

CHAMP D'APPLICATION

Salariés visés Le droit à réintégration est ouvert aux salariés protégés en tant que (C. trav. art. L 2422-1) : **47055**
- délégué syndical ou ancien délégué syndical ;
- membre élu du CSE de l'entreprise ou interentreprises, titulaire ou suppléant, représentant syndical au CSE, ancien membre ou candidat aux fonctions de membre du CSE, salarié ayant demandé à l'employeur l'organisation des élections du CSE ;
- représentant de proximité, ancien représentant de proximité ou candidat à ces fonctions ;
- membre d'un groupe spécial de négociation ou d'un comité mis en place au niveau européen ;
- membre d'une commission paritaire régionale interprofessionnelle, ancien membre ou salarié figurant sur la propagande électorale en vue de la constitution de cette commission.

ATTENTION

L'article L 2422-1 du Code du travail, dans sa rédaction issue de la **recodification** entrée en vigueur le 1er mai **2008**, fixe une **liste limitative de salariés** bénéficiant du droit à réintégration. Avant cette recodification, plusieurs textes du Code du travail, identiques pour chaque institution représentative, visaient les salariés mentionnés aux articles qui définissent la protection et son champ d'application, c'est-à-dire tout salarié bénéficiant de cette protection au titre d'une des catégories visées n°s 42020 s. : représentants en fonctions ou dont le mandat a expiré, candidats ou salariés dont la candidature ou la désignation est imminente, représentants conventionnels, salariés ayant demandé ou accepté l'organisation d'élections. Il convient, à notre sens, d'interpréter l'article L 2422-1 du Code du travail de manière extensive en considérant que la recodification de 2008 est intervenue à droit constant comme l'a jugé la Cour de cassation (voir les précisions n° 45155).

Le droit à réintégration du salarié est ouvert à tous les salariés dont le contrat de travail ne peut être rompu qu'en vertu d'une autorisation administrative. Sont donc concernés les salariés protégés titulaires d'un **contrat de travail** : **47060**
- à durée indéterminée ;
- à durée déterminée (CDD) (n° 46670) ;
- temporaire interrompu on non renouvelé (n° 46680).

Cas d'application Le salarié protégé peut prétendre à la réintégration dans les cas suivants : **47065**
- **annulation de l'autorisation** de rupture du contrat, que celle-ci soit prononcée par le ministre sur recours hiérarchique ou par la juridiction administrative sur recours contentieux (Cass. soc. 13-11-2008 n° 07-41.331 FS-PB : RJS 2/09 n° 195) ;
- **retrait** de sa décision par l'inspecteur du travail ou par le ministre (n° 46910) ;
- **annulation** par le ministre ou par le juge d'une **décision d'incompétence** (Cass. soc. 10-3-1998 n° 94-45.573 P : RJS 4/98 n° 494 ; 12-10-2005 n° 03-45.533 FS-PB : RJS 1/06 n° 64).

La réintégration du salarié s'impose même si la décision d'annulation est susceptible de faire l'objet d'un **recours** (Cass. soc. 10-3-1998 n° 94-45.573 P : RJS 4/98 n° 494 ; Cass. crim. 14-3-2006 n° 05-81.805 F-PF : RJS 6/06 n° 751) ou qu'elle intervient pour des raisons de procédure et non pour des motifs de fond (Cass. soc. 18-5-1993 n° 91-44.145 D : RJS 7/93 n° 764). **47070**

Le salarié qui le demande doit être réintégré même si :
– sa **protection** a **expiré** entre-temps (Cass. soc. 7-2-1989 n° 87-42.684 P : RJS 3/89 n° 250 ; 2-6-1993 n° 89-45.278 D : RJS 7/93 n° 764) ;
– le licenciement pour lequel l'autorisation administrative a été sollicitée puis annulée avait été notifié par l'employeur à l'issue de la période de protection (Cass. soc. 21-10-2008 n° 07-42.021 FS-PB : RJS 1/09 n° 56) ;
– il est entré au service d'un **autre employeur** (Cass. soc. 21-10-1992 n° 90-42.477 D) ;
– il est en arrêt **maladie** au moment de sa demande ou en âge de liquider une pension de **retraite** (Cass. soc. 22-6-2004 n° 02-41.689 FS-D : RJS 10/04 n° 1066). En revanche, si le salarié a déjà fait valoir ses droits à retraite, il ne peut plus demander sa réintégration (Cass. soc. 8-7-2020 n° 17-31.291 FS-PB : RJS 10/20 n° 486). Sur son indemnisation dans ce cas, voir n° 47155.

DEMANDE DE RÉINTÉGRATION

47075 La réintégration n'est pas automatique : pour en bénéficier, le salarié doit en faire personnellement la demande ou confier un mandat à un syndicat pour formuler cette requête à sa place (Cass. soc. 22-3-1995 n° 93-42.183 PF : RJS 5/95 n° 531). Mais dès lors qu'elle est demandée régulièrement, la réintégration est de droit (Cass. soc. 2-5-2001 n° 98-46.342 FS-PB : RJS 7/01 n° 894).
La demande doit être formée dans un **délai** de 2 mois à compter de la notification de la décision d'annulation (C. trav. art. L 2422-1). Une demande tardive peut légitimement être refusée par l'employeur (Cass. soc. 23-6-1999 n° 97-41.825 P : RJS 8-9/99 n° 1094 ; 5-12-2018 n° 17-26.325 F-D : RJS 2/19 n° 113).
Le Code du travail ne soumet cette demande à aucune condition de **forme**. Ainsi, une requête formée au moyen de conclusions déposées au greffe et notifiées à l'employeur dans le délai de 2 mois est recevable (Cass. soc. 7-7-2010 n° 09-42.385 F-D). Le salarié a toutefois intérêt à solliciter sa réintégration par lettre recommandée avec avis de réception, pour des raisons de preuve (Circ. DGT 07-2012 du 30-7-2012).

MODALITÉS

47080 **Poste de réintégration** Le salarié qui en fait la demande doit être réintégré dans son **emploi** ou dans un emploi équivalent (C. trav. art. L 2422-1). La réintégration dans l'emploi **précédemment occupé**, à des conditions identiques, est une priorité (Circ. DGT 07-2012 du 30-7-2012). Ce n'est que dans le cas où cet emploi n'existe plus ou n'est pas vacant que la réintégration peut avoir lieu dans un emploi équivalent (Cass. soc. 26-2-1992 n° 89-45.456 PF : RJS 4/92 n° 465 ; Cass. crim. 17-12-1996 n° 95-84.938 PF : RJS 4/97 n° 432).
Pour être considéré comme **équivalent**, l'emploi proposé doit comporter le même niveau de rémunération, la même qualification et les mêmes perspectives de carrière que l'emploi initial et permettre l'exercice du mandat représentatif (Cass. soc. 24-6-1998 n° 95-44.388 P : RJS 8-9/98 n° 1018 ; 1-2-2017 n° 15-20.739 F-D : RJS 4/17 n° 277). Cet emploi doit être recherché en priorité dans l'**établissement** où était occupé le salarié avant la rupture (Circ. DGT 07-2012 du 30-7-2012).
Le périmètre de réintégration s'étend uniquement à l'entreprise et à l'**UES** reconnue entre cette entité et d'autres personnes juridiques (Cass. soc. 19-11-2008 n° 07-43.215 F-D : RJS 2/09 n° 194). Cette solution semble exclure la recherche d'une réintégration dans les entreprises du **groupe** auquel appartient l'entreprise, hormis le cas de l'UES reconnue.
L'emploi de réintégration doit être recherché dans le même **secteur géographique** que l'emploi initial. En cas d'impossibilité, l'employeur peut proposer un poste équivalent dans la zone la plus proche (Cass. soc. 4-12-2013 n° 11-20.241 F-D : RJS 2/14 n° 150).
La réintégration est **impossible** si la société employeur a cessé toute activité et qu'elle ne dépend pas d'une UES préalablement reconnue (Cass. soc. 19-11-2008 n° 07-43.215 F-D : RJS 2/09 n° 194). Dans ce cas, le salarié a droit aux indemnités visées n°s 47155 s.

ATTENTION

La réintégration doit être effective. La **mise en disponibilité** du salarié pendant la période de protection restant à courir ne constitue pas une réintégration, et le licenciement consécutif au refus du salarié de cette mise en disponibilité est nul (Cass. soc. 30-6-2004 n° 02-41.686 FS-PBRI : RJS 10/04 n° 1067).

47085 **Conséquences sur le contrat de travail** Le salarié qui accepte le poste de réintégration qui lui est proposé retrouve son **ancienneté**, sans que cette dernière soit affectée par les périodes pendant lesquelles il n'a pas pu travailler (Cass. soc. 23-6-1999 n° 98-60.383 P : RJS 8-9/99 n° 1095). Il est en conséquence **électeur et éligible** aux élections professionnelles (Cass. soc. 30-4-2002 n° 01-60.765 FS-PBR : RJS 7/02 n° 848 ; 19-1-2022 n° 21-10.264 FS-D : RJS 4/22 n° 203) et peut être désigné comme **délégué syndical** (Cass. soc. 13-7-1993 n° 92-60.034 P : RJS 8-9/93 n° 895 ; 29-10-2010 n° 10-60.125 F-D).

ATTENTION

Si le salarié est investi d'un **nouveau mandat** représentatif après sa réintégration, il bénéficie à nouveau de la qualité de salarié protégé. Dès lors, si la décision administrative en vertu de laquelle il a été réintégré est annulée sur recours contentieux, l'employeur ne peut pas rompre son contrat sans autorisation (Cass. soc. 16-12-1997 n° 94-44.606 P : RJS 2/98 n° 185).

Conséquences sur le mandat représentatif Les conditions dans lesquelles le salarié réintégré retrouve son mandat diffèrent selon la nature de celui-ci. **47090**

Le Code du travail prévoit la réintégration de plein droit dans son mandat du membre du **CSE** d'entreprise ou interentreprises, ou du représentant de proximité dès lors que l'institution n'a pas été renouvelée. Si de nouvelles élections ont eu lieu, il est protégé pendant les 6 mois suivant sa réintégration effective, dans les mêmes conditions que les anciens représentants du personnel élus : voir n° 42215 (C. trav. art. L 2422-2). Cette protection de 6 mois s'applique lorsque le siège du salarié a été pourvu à l'occasion d'une élection partielle (Circ. 25-10-1983 n° 5-1-4-2). La même solution devrait, à notre sens, s'appliquer aux membres d'un comité mis en place au niveau européen.

Selon l'administration, le **représentant syndical** au comité d'entreprise doit retrouver ses fonctions sans qu'il soit nécessaire de procéder à une nouvelle désignation. S'il a été remplacé dans son mandat pendant la période où il était absent de l'entreprise, il doit bénéficier d'une protection d'une durée de 6 mois à compter de sa réintégration (Circ. 25-10-1983 n° 5-1-4-2). La solution devrait selon nous s'appliquer au représentant syndical au **CSE**.

Le **délégué syndical**, en revanche, n'est pas réintégré de plein droit dans son mandat : il doit faire l'objet d'une nouvelle désignation par son syndicat (Cass. soc. 24-1-1990 n° 89-60.004 P : RJS 3/90 n° 231 ; 22-1-2002 n° 00-60.356 FS-P : RJS 4/02 n° 458). Sur la question de savoir si l'intéressé doit justifier d'un score personnel d'au moins 10 % aux précédentes élections pour pouvoir être désigné, voir n° 27970, b. Ni les textes ni la jurisprudence ne déterminent l'étendue de la protection accordée au délégué syndical qui ne retrouverait pas son mandat à l'occasion de la réintégration dans l'entreprise. Il devrait, à notre sens, bénéficier de la protection accordée aux anciens délégués syndicaux : voir n° 42270.

Lorsque le salarié n'a pas retrouvé son mandat, sa **protection en qualité d'ancien représentant du personnel** court à compter du jour de la reprise effective du travail (CE 24-1-2022 n° 443356 : RJS 4/22 n° 199) ou du jour où l'employeur exécute son obligation de réintégration en proposant à l'intéressé un poste correspondant aux exigences visées n° 47080 (Cass. soc. 17-5-2017 n° 14-29.610 FS-PB : RJS 8-9/17 n° 597).

ATTENTION

Ni les textes ni la jurisprudence n'ont précisé la situation des salariés qui étaient protégés en tant que **candidats** aux élections professionnelles, **anciens représentants** du personnel ou salariés ayant demandé l'organisation d'élections. Bénéficient-ils d'une protection contre la rupture de leur contrat de travail au moment de leur réintégration dans l'entreprise ? Rien ne permet de l'affirmer.

S'agissant des **cumuls de mandats**, les solutions retenues par l'administration à propos des anciennes institutions représentatives du personnel sont, à notre sens, transposables au CSE : **47092**

– le **représentant élu** qui est également **délégué syndical** dans une entreprise de moins de 50 salariés doit être rétabli dans son mandat électif, mais sa désignation doit être renouvelée par le syndicat (Circ. 25-10-1983 n° 5-1-4-2) ;

– le **délégué syndical** qui est également **représentant syndical au comité** et qui est à nouveau désigné par son syndicat retrouve de plein droit sa fonction de représentant syndical, à moins qu'il n'ait été remplacé par un autre délégué syndical exerçant aussi les fonctions de représentant syndical (Circ. 25-10-1983 n° 5-1-4-2). S'il ne peut pas retrouver son mandat de représentant syndical au comité du fait de la disparition de ce dernier, il bénéficie de la protection complémentaire de 6 mois suivant sa réintégration (Cass. soc. 16-12-2014 n° 13-21.203 FS-PB : RJS 2/15 n° 121).

OBSTACLES À LA RÉINTÉGRATION

Refus du poste proposé Le salarié n'est pas tenu de faire suite à la proposition de réintégration qui lui est faite. Il ne saurait, dans un tel cas, être considéré comme démissionnaire par l'employeur (Cass. soc. 24-4-2003 n° 02-41.308 F-D : RJS 7/03 n° 911). Il peut signifier à l'employeur qu'il renonce à la réintégration pour bénéficier de l'**indemnisation** visée n° 47155. **47095**

Dans le cas où le salarié ne renonce pas à sa réintégration, mais refuse le ou les postes qui lui sont proposés, l'employeur qui a exécuté loyalement son obligation de réintégration n'est plus tenu de poursuivre le paiement de sa **rémunération** à compter du refus de réintégration

(Cass. soc. 26-2-1992 n° 89-45.456 PF : RJS 4/92 n° 465 ; 19-10-2010 n° 09-42.798 F-D : RJS 1/11 n° 61 ; 17-10-2018 n° 17-17.177 F-D : RJS 1/19 n° 36). Le refus de réintégration ne constitue pas, par lui-même, une faute disciplinaire, mais il peut justifier une nouvelle autorisation de **licenciement** dans la mesure où il rend impossible la poursuite du contrat de travail (CE 19-10-2012 n° 334588 : RJS 1/13 n° 58).

47100 **Impossibilité de réintégration** L'employeur peut engager une nouvelle procédure de licenciement à l'encontre du salarié s'il justifie d'une impossibilité de réintégration. Tel est le cas, par exemple, lorsque le **salarié refuse tous les postes** qui lui sont légitimement proposés, que l'employeur justifie d'un **motif économique** à l'appui de la rupture (CE 21-12-2001 n° 215185 : RJS 3/02 n° 305) ou qu'il s'appuie sur son obligation de sécurité pour refuser la réintégration d'un salarié coupable de **harcèlement moral** (Cass. soc. 1-12-2021 n° 19-25.715 FP-B : RJS 2/22 n° 82). Sur l'indemnité due au salarié dans ce cas, voir n° 47155.

ATTENTION

La circonstance que l'**emploi initialement occupé** par l'intéressé n'est **plus disponible** au moment de la réintégration et qu'aucun emploi équivalent n'est vacant dans l'entreprise ne peut justifier le licenciement économique que si l'employeur établit que cette réintégration entraîne pour la société des difficultés économiques (CE 3-10-1990 n° 76597 : RJS 12/90 n° 999 ; 30-10-1995 n° 150243 : RJS 1/96 n° 44).

47105 **Non-respect de l'obligation de réintégration** L'employeur qui ne respecte pas son obligation de réintégration après l'annulation d'une autorisation administrative de rupture commet un **délit d'entrave** (Cass. crim. 13-3-1984 n° 80-94.765 ; 17-11-1987 n° 86-96 305). Le licenciement prononcé dans le but de faire **échec au droit à réintégration** du salarié protégé est nul (Cass. soc. 30-6-2004 n° 02-41.686 FS-PBRI : RJS 10/04 n° 1067 ; 2-7-2015 n° 13-28.893 F-D : RJS 11/15 n° 723 ; 5-12-2018 n° 16-19.912 F-PB : RJS 2/19 n° 112). Même si l'employeur obtient une nouvelle autorisation administrative de licenciement, il ne peut pas engager la procédure de rupture sans avoir, au préalable, réintégré le salarié (Cass. soc. 10-12-1997 n° 94-45.337 P : RJS 1/98 n° 69).

Si l'employeur ne respecte pas son obligation de réintégration, le salarié peut saisir le **conseil de prud'hommes en référé** pour qu'il ordonne sa réintégration dans l'entreprise, sous astreinte (Circ. DRT du 25-10-1983 ; Cass. soc. 9-5-2000 n° 99-40.056 P : RJS 6/00 n° 687 ; 20-4-2017 n° 15-25.401 F-D : RJS 7/17 n° 505). Le juge peut être saisi si l'employeur refuse de réintégrer le salarié, mais aussi lorsque l'intéressé est réintégré dans un emploi autre ou non équivalent au poste occupé précédemment (Cass. soc. 24-3-1998 n° 97-40.397 D). Le salarié peut saisir le juge pour qu'il prononce la rupture aux torts de l'employeur : voir n°s 46735 s.

b. Indemnisation du salarié

47130 Que le salarié obtienne sa réintégration ou qu'il y renonce, il a droit à l'indemnisation de son préjudice.

SALARIÉS VISÉS

47135 L'article L 2422-4 du Code du travail prévoit l'indemnisation des salariés visés n°s 47055 s. La Cour de cassation accorde ce droit non seulement aux salariés dont le contrat a été rompu alors qu'ils exerçaient un mandat représentatif, mais également aux anciens représentants du personnel, candidats, salariés dont la candidature est imminente, salariés ayant demandé l'organisation d'élections et représentants institués par voie conventionnelle (Cass. soc. 19-12-1990 n° 88-40.502 PF : RJS 2/91 n° 220).

> **Précisions a.** Le salarié dont le **contrat de travail est à nouveau rompu** au terme d'une seconde procédure de licenciement a également droit à cette indemnité, pour la période comprise entre la notification du premier licenciement et celle du second licenciement (Cass. soc. 6-6-1995 n° 90-45.245 P ; 27-1-1999 n° 96-45.426 D).
> **b.** Si le salarié est **décédé** après avoir demandé sa réintégration sans l'obtenir, ses héritiers peuvent exiger le paiement de cette indemnité (Cass. soc. 2-2-2006 n° 05-41.811 FS-PB : RJS 4/06 n° 474).

CONDITION

47140 Selon l'article L 2422-4 du Code du travail, contrairement au droit à réintégration qui est ouvert dès la notification de l'annulation de l'autorisation administrative de rupture, le droit à indemnisation ne peut être exercé que lorsque cette **annulation** est devenue **définitive**, c'est-à-dire lorsqu'elle ne peut plus faire l'objet d'un recours hiérarchique ou contentieux. Tel est le cas

quand les délais de recours légaux ont expiré ou que les voies de recours sont épuisées (Cass. soc. 3-5-2011 n° 09-71.950 FS-PB : RJS 7/11 n° 631 ; 4-12-2013 n° 11-20.241 F-D : RJS 2/14 n° 150).
Le droit à l'indemnité, qui a la nature d'un complément de salaire (n° 47150), se **prescrit** selon nous par 3 ans. Ce délai court à compter du jour où l'annulation de l'autorisation administrative est devenue définitive (Cass. soc. 2-7-2003 n° 01-40.639 F-P : RJS 10/03 n° 1193).

ATTENTION

Le salarié qui demande sa réintégration peut obtenir devant le conseil de prud'hommes en référé une **provision** sur cette indemnité (Cass. soc. 6-12-2011 n° 10-16.445 F-D : RJS 3/12 n° 272). Le juge ne peut toutefois pas accorder cette provision au salarié s'il constate que l'employeur a saisi le juge administratif d'un recours contre la décision d'annulation prononcée par le ministre (Cass. soc. 23-11-2004 n° 03-46.627 FS-PB : RJS 2/05 n° 176).
Le salarié conserve son indemnité même si, après l'annulation définitive de l'autorisation de licenciement et sa réintégration, l'employeur reprend la procédure de licenciement pour les mêmes faits et sollicite une **nouvelle autorisation** administrative (Cass. soc. 8-7-2020 n° 19-10.534 FS-PB : RJS 10/20 n° 485).

MONTANT

Salarié réintégré Le salarié a droit à une indemnité correspondant à la totalité du préjudice subi au cours de la période écoulée entre son licenciement et sa réintégration (C. trav. art. L 2422-4). Sauf accord entre les parties (voir n° 47050), c'est au juge prud'homal qu'il appartient d'évaluer ce préjudice (Circ. 25-10-1983 n° 5-1-4-3), compte tenu de la **date effective de réintégration** du salarié dans l'entreprise (Cass. soc. 30-11-2004 n° 01-44.739 FS-PBRI : RJS 2/05 n° 177) : plus l'employeur tarde à réintégrer l'intéressé, plus l'indemnité sera importante. **47145**
Le préjudice matériel subi correspond aux **rémunérations, primes et indemnités** que le salarié aurait perçues pendant la période considérée s'il avait continué à travailler (Circ. 25-10-1983 n° 5-1-4-3). Les primes annuelles doivent être calculées prorata temporis (Cass. soc. 18-5-2005 n° 02-40.370 F-PB). L'indemnité doit tenir compte des augmentations de salaire collectives auxquelles le salarié aurait pu prétendre s'il avait continué à travailler ou du préjudice causé par la perte de chance d'obtenir une augmentation individuelle (CA Paris 30-10-1996 n° 96-32253). Le salarié peut également obtenir réparation de la perte d'un **avantage en nature**, tel que la prise en charge des frais de mutuelle d'entreprise (Cass. soc. 13-5-2014 n° 12-22.186 FS-D ; 10-11-2021 n° 20-10.963 F-D : RJS 1/22 n° 23) ou d'un **avantage lié à son emploi** tel que l'accès à des tarifs préférentiels accordé par l'employeur sur les produits qu'il commercialise (Cass. soc. 2-3-2017 n° 15-25.273 F-D : RJS 5/17 n° 351).
L'indemnité n'est pas cumulable avec les **revenus perçus par le salarié** pendant la période considérée (Circ. 25-10-1983 n° 5-1-4-3). Il faut donc en déduire les indemnités journalières de sécurité sociale, les allocations de chômage, la pension d'invalidité ou les revenus d'activité perçus par le salarié (Cass. soc. 13-11-2008 n° 07-41.331 FS-PB : RJS 2/09 n° 195 ; 29-9-2014 n° 13-15.733 FS-PB : RJS 12/14 n° 876).
Le salarié a droit à la réparation du **préjudice moral** éventuellement subi du fait de la rupture de son contrat de travail (Cass. soc. 30-11-1994 n° 93-42.841 P : RJS 1/95 n° 42 ; 12-11-2015 n° 14-10.640 FS-PB : RJS 1/16 n° 46).

ATTENTION

Le salarié réintégré – ou qui n'a pas renoncé à sa demande de réintégration – ne peut pas prétendre aux **indemnités de rupture** : indemnité légale ou conventionnelle de licenciement ou de mise à la retraite, ou indemnité compensatrice de préavis, par exemple (Cass. soc. 12-11-2015 n° 14-10.640 FS-PB : RJS 1/16 n° 46 ; 1-2-2017 n° 15-20.739 F-D : RJS 4/17 n° 277). L'employeur peut donc, le cas échéant, en obtenir le remboursement. Mais il ne doit en aucun cas opérer une compensation entre indemnités de son propre chef : cette demande doit être formée devant le juge, qui seul peut y faire droit.

L'indemnité constitue un **complément de salaire** (C. trav. art. L 2422-4) : son montant net est versé au salarié, puis l'employeur doit s'acquitter des cotisations et contributions correspondantes. Cette somme ouvre droit au paiement des congés payés afférents (Cass. soc. 1-12-2021 n° 19-25.715 FP-B : RJS 2/22 n° 82) et est garantie par l'assurance des créances des salaires (C. trav. art. L 3253-9 ; Cass. soc. 16-11-1999 n° 97-42.069 P : RJS 1/00 n° 45). Sur le plan **fiscal**, elle est assujettie à l'impôt sur le revenu et aux taxes assises sur les salaires dans les conditions d'imposition de droit commun des salaires. La majoration d'impôt sur le revenu liée au versement de cette somme n'ouvre pas droit à une indemnisation supplémentaire (Cass. soc. 6-4-2022 n° 20-22.918 F-B : RJS 6/22 n° 312). **47150**

EXEMPLE

Un salarié protégé est licencié en vertu d'une autorisation administrative le 1-9-2023. Cette autorisation est annulée par le juge administratif par jugement notifié aux parties le 14-3-2025. Il percevait, avant son licenciement, une rémunération nette mensuelle de 2 650 €, à laquelle s'ajoutait un 13e mois versé en décembre et une prime forfaitaire de vacances de 1 500 € net, versée en juin. L'entreprise a accordé une augmentation collective de 2 % au 1-1-2024, et de 1,5 % au 1-1-2025.

Le salarié, qui demande sa réintégration le 25-3-2025, retrouve son précédent emploi le 1-4-2025. L'indemnité qui lui est due est égale à :

– septembre à décembre 2023 : (2 650 × 4) + 2 650 = 13 250 € ;

– janvier 2024 à décembre 2024 : [(2 650 × 1,02) × 12] + (2 650 × 1,02) + 1 500 = (2 703 × 12) + 2 703 + 1 500 = 36 639 € ;

– janvier 2025 à mars 2025 : (2 703 × 1,015) × 3 = 2 743,55 × 3 = 8 230,64 €.

Le montant total de l'indemnité est de : 13 250 + 36 639 + 8 230,64 = 58 119,64 €. À ce montant s'ajoutent, pour l'employeur, les cotisations et contributions correspondantes.

Si le salarié avait retrouvé pendant la période d'éviction un emploi au titre duquel il a perçu la somme de 26 750 € net, l'indemnité qui lui est due est de :

58 119,64 − 26 750 = 31 369,64 €.

47155 **Salarié n'ayant pas demandé ou obtenu sa réintégration** Le salarié qui ne demande pas sa réintégration a droit au paiement d'une indemnité correspondant à la totalité du préjudice subi au cours de la période écoulée entre son licenciement et l'**expiration du délai de 2 mois** pendant lequel il pouvait demander sa réintégration (C. trav. art. L 2422-4). Sauf sursis à exécution, la date à retenir est celle de la notification de la décision d'annulation de l'autorisation administrative, et non celle de la notification de la décision de justice rendant cette annulation définitive (Cass. soc. 15-12-1993 n° 89-45.530 D : RJS 1/94 n° 54 ; 3-5-2016 n° 14-23.776 F-D : RJS 7/16 n° 510).

Si le salarié est **parti à la retraite** pendant la période d'indemnisation, l'indemnité est versée sous déduction des pensions de retraite qu'il a perçues (Cass. soc. 26-9-2007 n° 05-42.599 FS-PBR : RJS 12/07 n° 1309 ; 27-3-2012 n° 11-11.221 FS-PB : RJS 6/12 n° 579). La période d'indemnisation est interrompue, le cas échéant, à la date à laquelle il atteint l'âge légal de mise à la retraite d'office, c'est-à-dire 70 ans (Cass. soc. 8-7-2020 n° 17-31.291 FS-PB : RJS 10/20 n° 486).

Le **montant** de l'indemnité due au salarié est calculé selon les modalités visées n° 47145. Son **régime fiscal et social** est celui indiqué n° 47150.

EXEMPLE

Un salarié protégé est licencié en vertu d'une autorisation administrative le 1-9-2023. Cette autorisation est annulée par le juge administratif par jugement notifié aux parties le 14-3-2025. Il percevait, avant son licenciement, une rémunération nette mensuelle de 2 650 €, à laquelle s'ajoutaient un 13e mois versé en décembre et une prime forfaitaire de vacances de 1 500 € net versée en juin. L'entreprise a accordé une augmentation collective de 2 % au 1-1-2024 et de 1,5 % au 1-1-2025.

L'annulation de l'autorisation de licenciement, n'ayant pas fait l'objet d'un recours, est devenue définitive le 15-5-2025 à minuit. L'indemnité due au salarié est égale à :

– septembre à décembre 2023 : (2 650 × 4) + 2 650 = 13 250 € ;

– janvier 2024 à décembre 2024 : [(2 650 × 1,02) × 12] + (2 650 × 1,02) + 1 500 = (2 703 × 12) + 2 703 + 1 500 = 36 639 € ;

– janvier 2025 au 15 mai 2024 : [(2 703 × 1,015) × 4] + [(2 703 × 1,015) × 15/31] = (2 743,55 × 4) + (2 743,55 × 15/31) = 10 974,18 + 1 327,52 = 12 301,70 €.

Le montant total de l'indemnité est de : 13 250 + 36 639 + 12 301,70 = 62 190,70 €. À ce montant s'ajoutent, pour l'employeur, les cotisations et contributions correspondantes.

Si le salarié atteint l'âge de 70 ans le 1er janvier 2025, son indemnité est égale à 13 250 + 36 639 = 49 889 €.

47160 Le salarié qui n'est pas réintégré a droit, en outre, à des **réparations complémentaires**. Il peut en effet demander au conseil de prud'hommes le paiement des **indemnités de rupture** du contrat de travail, s'il n'en a pas bénéficié au moment de son départ de l'entreprise. Par exemple, lorsque le salarié protégé licencié a été licencié pour faute grave, sans indemnité de licenciement ni indemnité de préavis, l'annulation définitive de l'autorisation de licenciement lui ouvre droit au paiement de ces indemnités (Cass. soc. 5-12-2007 n° 04-40.753 F-D). Dans un tel cas, le délai de prescription auquel est soumise cette action en paiement ne s'applique pas (Cass. soc. 28-2-2006 n° 03-45.311 F-D).

Le salarié qui estime que son contrat de travail a été rompu abusivement peut également demander au juge le bénéfice de **dommages et intérêts** (Cass. soc. 5-2-2002 n° 99-43.896 FS-PBR :

RJS 4/02 n° 459 ; 18-12-2013 n° 12-24.586 F-D : RJS 3/14 n° 246). L'**absence de cause réelle et sérieuse de licenciement** ne résulte pas automatiquement de l'annulation de l'autorisation administrative délivrée à l'employeur (Cass. soc. 22-5-1995 n° 92-45.243 D : RJS 7/95 n° 796 ; 3-5-2016 n° 14-23.776 F-D : RJS 7/16 n° 510) : le juge saisi d'une telle demande doit donc rechercher si le licenciement prononcé par l'employeur était légitime.

ATTENTION

Le juge prud'homal ne peut pas décider que le licenciement repose sur une cause réelle et sérieuse si le juge administratif a annulé l'autorisation administrative de licenciement parce que les faits invoqués par l'employeur n'étaient pas établis ou ne justifiaient pas un licenciement (Cass. soc. 26-9-2007 n° 05-42.599 FS-PBR : RJS 12/07 n° 1309), ou que la rupture était liée au mandat exercé par l'intéressé (Cass. soc. 30-6-2016 n° 15-11.424 FS-PB : RJS 10/16 n° 641).
Si le juge prud'homal s'était déjà prononcé sur la rupture avant la décision du juge administratif, sans surseoir à statuer, l'annulation postérieure de l'autorisation administrative constitue une circonstance nouvelle qui s'impose à lui : la nouvelle demande du salarié tendant au paiement de dommages et intérêts pour rupture abusive et pour préjudice moral est donc recevable (Cass. soc. 18-2-2003 n° 01-40.978 F-P : RJS 5/03 n° 635).

B. Recours devant le conseil de prud'hommes

PRINCIPE DE SÉPARATION DES POUVOIRS

Le conseil de prud'hommes n'est pas compétent pour apprécier la légalité d'une décision admi- **47200**
nistrative. Le principe de séparation des pouvoirs lui interdit en effet de se prononcer sur la validité des motifs retenus par l'inspecteur du travail pour autoriser ou refuser la rupture du contrat d'un salarié protégé. L'employeur et le salarié ne peuvent donc pas demander au juge prud'homal de réexaminer une **question ayant fait l'objet de la décision administrative**.
Ainsi, le conseil de prud'hommes n'est pas en mesure de se prononcer sur :
– l'**existence de la rupture** du contrat de travail constatée par l'administration (Cass. soc. 10-5-2006 n° 05-43.110 FS-PB : RJS 7/06 n° 860) ;
– le **caractère réel et sérieux des motifs** retenus par l'inspecteur du travail pour autoriser la rupture (Cass. soc. 20-6-2012 n° 10-28.516 F-PB : RJS 10/12 n° 825) ;
– une demande de dommages-intérêts pour **perte d'emploi**, même si le salarié argue que sa mise à la retraite d'office, autorisée par l'administration, relève d'un harcèlement moral (Cass. soc. 4-10-2023 n° 22-13.718 F-B : RJS 12/23 n° 656) ;
– la régularité de la **procédure** suivie par l'employeur avant la saisine de l'inspecteur du travail (Cass. soc. 13-7-2004 n° 01-42.943 FS-P : RJS 10/04 n° 1068 ; 27-10-2004 n° 02-46.935 FS-PB : RJS 2/05 n° 179), notamment en cas d'inaptitude du salarié (Cass. soc. 11-9-2019 n° 17-31.321 FS-PB : RJS 11/19 n° 644 ; 4-11-2020 n° 19-18.178 F-D : RJS 1/21 n° 27) ;
– le respect par l'employeur de son **obligation de reclassement** préalable à un licenciement économique (Cass. soc. 3-3-2010 n° 08-42.526 FS-PB : RJS 5/10 n° 449 ; 27-5-2015 n° 13-26.985 FS-PB : RJS 8-9/15 n° 576) ou à un licenciement pour inaptitude (T. confl. 17-12-2007 n° 3659 : RJS 4/08 n° 452 ; Cass. soc. 10-11-2009 n° 08-42.660 FS-PB : RJS 2/10 n° 206) ;
– la question de savoir si un salarié était toujours **protégé au moment de la rupture**, dès lors que l'inspecteur du travail a pris une décision d'incompétence pour ce motif (Cass. soc. 18-11-2008 n° 07-43.924 FS-D) ;
– une demande de **requalification** en contrat à durée indéterminée d'un **CDD** dont le non-renouvellement a été autorisé par l'administration (Cass. soc. 9-5-2018 n° 16-20.423 FS-PB : RJS 7/18 n° 489).
S'agissant de l'incidence, pour le juge prud'homal, d'une décision administrative : antérieure à la prise d'acte de la rupture de son contrat de travail par le salarié protégé, voir n° 46735 ; postérieure à l'introduction d'une demande en résiliation judiciaire du contrat, voir n° 46740.

COMPÉTENCE DU CONSEIL DE PRUD'HOMMES

Conséquences du recours administratif Le juge prud'homal reste compétent **47205**
pour se prononcer sur certaines **demandes indemnitaires** du salarié. C'est à lui qu'incombe, par exemple, d'évaluer le préjudice subi par le salarié dont l'autorisation de licenciement a été annulée : voir n°s 47145 s.
Si la décision administrative fait l'objet d'une contestation sérieuse et que l'appréciation du bien-fondé des demandes du salarié en dépend, le conseil de prud'hommes peut inviter les parties à saisir la juridiction administrative d'une **question préjudicielle** (Cass. soc. 18-5-2011 n° 09-71.433 F-D). Dans ce cas, il doit surseoir à statuer dans l'attente de la décision du juge

administratif (Cass. soc. 29-6-2005 n° 03-43.171 F-D : RJS 10/05 n° 1006 ; 14-3-2007 n° 04-47.650 FS-D : RJS 5/07 n° 631). Le délai de recours dans lequel est normalement enfermée l'action devant le juge administratif (n° 46855) ne s'applique pas dans cette situation (Cass. soc. 21-6-2017 n° 15-24.451 F-D : RJS 10/17 n° 687). Par exception, en cas d'illégalité manifeste de la décision administrative, le juge prud'homal n'est pas tenu de surseoir à statuer et peut trancher le litige (Cass. soc. 5-1-2022 n° 20-12.471 F-B : RJS 3/22 n° 148 ; 1-6-2023 n° 21-22.857 FS-B : RJS 8-9/23 n° 462).

> **Précisions** La décision d'incompétence prise par l'inspecteur du travail constitue une décision administrative faisant obstacle à ce que le juge judiciaire se prononce sur la nécessité de l'autorisation de licenciement du salarié. Il appartient par conséquent au conseil de prud'hommes, en présence d'une difficulté sérieuse sur le bénéfice du statut protecteur, d'inviter les parties à saisir la juridiction administrative (Cass. soc. 4-10-2011 n° 10-18.023 FS-PB : RJS 12/11 n° 1000 ; 19-5-2016 n° 14-26.662 FS-PB : RJS 8-9/16 n° 576).
> Lorsque le juge administratif est saisi d'une **question préjudicielle** relative à la légalité de l'autorisation administrative délivrée par l'inspecteur du travail, il peut non pas l'annuler, mais la déclarer illégale, ce qui emporte des conséquences différentes de celles d'une annulation. Dans un tel cas, le conseil de prud'hommes, après avoir statué sur la cause réelle et sérieuse de licenciement, peut condamner l'employeur à réparer le préjudice subi par le salarié (Cass. soc. 26-9-2007 n° 05-45.665 FS-PBR : RJS 12/07 n° 1310). Mais il ne peut pas accorder au salarié un droit à réintégration.

47210 **Éléments non contrôlés par l'administration** Le juge prud'homal reste compétent pour examiner les points qui n'ont pas été contrôlés par l'inspecteur du travail lorsqu'il a accordé l'autorisation de licenciement et qui pourraient justifier une indemnisation du salarié.

Lorsque le licenciement pour faute a été autorisé par l'administration, le juge prud'homal ne peut pas dire que le licenciement était sans cause réelle et sérieuse (Cass. soc. 3-5-2011 n° 09-71.950 FS-PB : RJS 7/11 n° 631). En revanche, il peut apprécier le **degré de gravité de la faute** reprochée au salarié protégé (Cass. soc. 18-3-2009 n° 07-44.664 F-D) et ainsi juger que la faute n'était pas suffisamment grave pour justifier une rupture immédiate du contrat de travail et accorder au salarié les indemnités de préavis et de licenciement (Cass. soc. 10-4-2008 n° 06-43.913 F-D ; 27-2-2013 n° 11-27.474 F-D : RJS 5/13 n° 398). Il ne peut pas retenir des fautes qui ont été écartées par l'administration (Cass. soc. 10-7-2001 n° 98-42.808 FS-P : RJS 10/01 n° 1159 ; 26-3-2014 n° 12-28.427 FS-D : RJS 6/14 n° 502).

En matière de licenciement pour **inaptitude**, le juge prud'homal est compétent pour rechercher si l'inaptitude du salarié avait ou non une origine professionnelle et accorder, dans l'affirmative, les indemnités spéciales prévues par le Code du travail : voir n° 45770.

Le conseil de prud'hommes est également compétent pour apprécier la régularité de la **procédure** suivie par l'employeur après réception de la décision de l'inspecteur du travail (Cass. soc. 4-7-2012 n° 10-28.799 F-PB : RJS 10/12 n° 826). Ainsi, le contrôle de la motivation de la lettre de licenciement lui appartient. Il doit s'assurer que le motif énoncé dans la **lettre de licenciement** est bien celui pour lequel l'autorisation administrative a été délivrée (Cass. soc. 28-10-2003 n° 01-46.168 FS-PB : RJS 1/04 n° 77). Il peut juger le licenciement dépourvu de cause réelle et sérieuse si cette lettre ne mentionne pas le motif de la rupture ou l'autorisation administrative de licenciement : voir n° 45475.

En matière de **licenciement économique**, il appartient au juge prud'homal de se prononcer sur la mise en œuvre des critères retenus pour fixer l'ordre des licenciements (Cass. soc. 27-10-2004 n° 02-46.935 FS-PB : RJS 2/05 n° 179) et sur le bénéfice d'une priorité de réembauche (CE 13-12-1993 n° 102639). Sur sa compétence dans le cas particulier où le licenciement du salarié protégé a été autorisé par le juge-commissaire, voir n° 46240.

47215 Le salarié peut saisir le conseil de prud'hommes d'une demande d'indemnisation du préjudice résultant non pas de la rupture de son contrat en elle-même, mais de **manquements de l'employeur antérieurs** à cette rupture. Malgré l'autorisation administrative de licenciement, le juge prud'homal reste compétent pour examiner :

– d'une **attitude discriminatoire** de l'employeur fondée sur son état de santé et/ou sa qualité de salarié protégé (Cass. soc. 10-2-1999 n° 95-43.561 PB : RJS 3/99 n° 390 ; 7-6-2007 n° 04-48.626 F-D ; 29-5-2019 n° 17-23.028 FS-PB : RJS 8-9/19 n° 514) ;

– d'une **mise en œuvre déloyale d'un plan de sauvegarde de l'emploi**, dès lors que l'inspecteur du travail ayant autorisé le licenciement n'a pas pris en compte, pour se prononcer, les conséquences financières pour le salarié, au regard de son âge, d'un retard dans la mise en œuvre du plan, ou la discrimination dont il avait fait l'objet indépendamment de la décision de licenciement (Cass. soc. 8-2-2012 n° 10-18.957 F-D : RJS 5/12 n° 477) ;

– d'une **faute ou légèreté blâmable** de l'employeur ayant causé la cessation d'activité de l'entreprise : voir n° 46130 ;
– du **harcèlement moral** ou d'une **discrimination** syndicale dont il a été victime ou d'un manquement de l'employeur à son **obligation de sécurité** et qui ont contribué à l'**inaptitude** ayant motivé son licenciement : voir n° 45770 ;
– la validité de **sanctions antérieures** infligées au salarié protégé avant celle ayant fondé son licenciement, et dont le caractère systématique et injustifié peut laisser présumer l'existence d'un harcèlement moral (Cass. soc. 1-6-2023 n° 21-19.649 FS-B : RJS 8-9/23 n° 461).

VII. SANCTIONS EN CAS DE RUPTURE IRRÉGULIÈRE DU CONTRAT

La rupture du contrat de travail d'un salarié protégé intervenue en violation du statut protecteur est nulle (C. trav. art. L 1235-3-1 ; Cass. soc. 12-2-1991 n° 88-41.339 P : RJS 3/91 n° 352 ; 30-11-2004 n° 03-40.604 FS-PB : RJS 2/05 n° 180). Elle expose l'employeur à des sanctions civiles et pénales. L'intéressé peut donc saisir le conseil de prud'hommes et/ou le tribunal correctionnel pour obtenir la condamnation de l'employeur. Sur les **sanctions pénales** applicables, voir n°s 50000 s. **47250**

A. Cas d'application

Le salarié peut saisir le conseil de prud'hommes pour qu'il statue sur les conséquences de la rupture du contrat de travail intervenue en violation du statut protecteur. Tel est le cas lorsque l'**employeur a rompu** le contrat **sans observer la procédure** spéciale, ou **malgré un refus** d'autorisation de l'inspecteur du travail. Sont concernés tous les cas de rupture du contrat imposant la saisine de l'inspecteur du travail : licenciement pour motif personnel ou pour motif économique, mise à la retraite ou en préretraite, départ négocié pour motif économique, rupture conventionnelle, rupture en application d'un accord portant rupture conventionnelle collective ou congé de mobilité, rupture d'un CDD ou d'un contrat de travail temporaire, rupture de la période d'essai. **47270**
Le conseil de prud'hommes peut également être saisi par le **salarié protégé ayant pris l'initiative de la rupture** du contrat de travail (prise d'acte de la rupture, demande de résiliation judiciaire du contrat, départ volontaire à la retraite ou démission) et lui demandant de faire produire à cette rupture les effets d'un licenciement.
Sur la question de savoir si ces sanctions s'appliquent lorsque :
– une clause contractuelle ou conventionnelle prévoit d'écarter l'application de la procédure spéciale, voir n° 45025 ;
– la période de protection du salarié a expiré, voir n° 45030.
Lorsque le salarié exerce un mandat syndical, l'**organisation syndicale** qu'il représente peut également intenter une action en justice pour obtenir des dommages et intérêts en réparation du préjudice causé à l'intérêt collectif de la profession qu'il représente (Cass. soc. 24-9-2008 n° 06-42.269 FS-PB : RJS 12/08 n° 1209).
Devant le juge, c'est au salarié de prouver qu'il bénéficie de la protection qu'il revendique (Cass. soc. 17-1-1989 n° 86-41.282 D). Sur la compétence du juge des référés pour se prononcer sur le bénéfice de la protection, voir n° 45395.

ATTENTION

L'employeur qui a licencié sans autorisation un salarié protégé ne peut pas **rétracter** sa décision sans l'accord de l'intéressé : voir n° 45270.

B. Droit à réintégration

La nullité de la rupture ouvre droit pour le salarié à sa réintégration dans l'entreprise, à laquelle l'employeur ne peut pas s'opposer, ainsi qu'à une indemnisation au titre des salaires perdus. Dans le cas où le salarié exerce son droit à réintégration, son contrat de travail est réputé n'avoir jamais été rompu. **47300**
Sur la réintégration d'un salarié ayant pris acte de la rupture de son contrat de travail, voir n° 46735.

1. EXERCICE DU DROIT À RÉINTÉGRATION

47310 La réintégration est un droit du salarié, et non une obligation (Cass. soc. 10-12-1997 n° 94-45.532 PB : RJS 1/98 n° 71). L'intéressé peut préférer ne pas retourner dans l'entreprise et obtenir, à la place, l'indemnisation visée n°s 47450 s. Mais il ne peut pas demander simultanément sa réintégration et le bénéfice de cette indemnisation. En revanche, rien ne l'empêche de **modifier sa demande** initiale : s'il a demandé sa réintégration, il peut y substituer une demande d'indemnisation en cours de procédure (Cass. soc. 27-10-2004 n° 03-40.139 F-D). À l'inverse, il peut renoncer à une demande d'indemnisation pour solliciter sa réintégration (Cass. soc. 29-4-2009 n° 08-41.240 F-D : RJS 7/09 n° 650).

Aucun **délai** n'est imparti au salarié pour former sa demande de réintégration (Cass. soc. 11-12-2001 n° 99-42.476 FS-P : RJS 2/02 n° 200 ; 10-7-2019 n° 18-13.933 F-D), **mais** la date de demande détermine l'étendue de l'indemnisation : voir n° 47385.

Dans l'**attente** de son retour dans l'entreprise, le salarié peut bénéficier d'allocations de chômage ou prendre un autre emploi à titre provisoire. Le fait que sa protection expire pendant cette période est sans incidence sur sa demande de réintégration (Cass. soc. 16-5-1974 n° 73-40.108).

47315 La demande de réintégration relève de la compétence du **conseil de prud'hommes**. Le salarié a tout intérêt à saisir la formation de **référé** pour obtenir rapidement satisfaction. Le juge des référés doit en effet ordonner la réintégration du salarié si aucune contestation sérieuse ne s'y oppose (C. trav. art. R 1455-5), éventuellement sous astreinte. Il peut en outre accorder une provision au salarié sur l'indemnité à laquelle il peut prétendre (C. trav. art. R 1455-7).

Mais, même en présence d'une contestation sérieuse, le juge des référés est en droit de prescrire les mesures conservatoires ou de remise en état qui s'imposent pour prévenir un dommage imminent ou pour faire cesser un trouble manifestement illicite (C. trav. art. R 1455-6). La Cour de cassation considère que le licenciement prononcé en violation du statut protecteur constitue, par principe, un trouble manifestement illicite auquel le juge des référés peut mettre fin (Cass. soc. 23-10-2007 n° 06-44.438 FS-PB : RJS 1/08 n° 51).

> **Précisions a.** En pratique, lorsque la **rupture** du contrat a été prononcée **malgré un refus d'autorisation administrative**, le juge des référés n'a pas à examiner le fond du litige : cela impliquerait en effet qu'il contrôle la validité de la décision de l'inspecteur du travail, ce que le principe de séparation des pouvoirs lui interdit (voir n° 47200). Par conséquent, dès lors que le juge des référés constate que la rupture a été prononcée malgré une décision de refus, il doit prononcer la réintégration (Cass. soc. 26-6-2001 n° 99-41.019 FS-P : RJS 10/01 n° 1158 ; 16-10-2013 n° 12-30.101 F-D : RJS 1/14 n° 59).
> Ce n'est donc que lorsque la rupture a été prononcée **sans respect de la procédure spéciale** que le juge des référés peut se heurter à une **contestation sérieuse**, par exemple sur la qualité de salarié protégé du demandeur (Cass. soc. 30-5-1990 n° 88-41.239 P : RJS 7/90 n° 596), ou sur l'imputabilité de la rupture (Cass. soc. 19-2-1986 n° 84-40.307). En revanche, ne sont pas suffisamment sérieuses pour faire obstacle à la décision du juge des référés les contestations portant sur l'embauche provisoire du salarié chez un concurrent de l'employeur (Cass. soc. 10-3-1976 n° 74-15.115) ou sur l'irrégularité de sa désignation comme délégué syndical alors que l'employeur, informé de cette désignation, ne l'a pas contestée régulièrement (Cass. soc. 13-12-1982 n° 82-60.610).
> **b.** Lorsque le salarié protégé demande sa réintégration, mais en **subordonnant son retour effectif** dans l'entreprise à la réalisation d'un certain nombre de **conditions**, il n'est pas considéré comme ayant sollicité sa réintégration immédiate. Il ne peut pas prétendre, dans ce cas, à la liquidation de l'astreinte prononcée par le juge (Cass. soc. 23-9-2008 n° 06-45.320 FS-PB : RJS 12/08 n° 1213).

2. OBLIGATION POUR L'EMPLOYEUR

47340 La réintégration s'impose à l'employeur : seules la disparition de l'entreprise ou une impossibilité absolue l'en exonèrent (Cass. soc. 24-6-1998 n° 95-44.757 P : RJS 8-9/98 n° 1020). S'agissant de la réintégration du salarié lorsque le salarié protégé a liquidé sa retraite, voir n° 47385.

MODALITÉS DE RÉINTÉGRATION

47345 La réintégration du salarié doit se faire non seulement dans son **précédent emploi**, mais aussi dans le poste auquel il était précédemment affecté (Cass. soc. 29-10-1998 n° 96-42.683 D : RJS 12/98 n° 1514 ; 11-12-2001 n° 99-42.586 FS-P : RJS 2/02 n° 198).

Si toutefois le poste précédemment occupé par le salarié n'existe plus ou n'est plus vacant, l'employeur peut le réintégrer dans un **poste équivalent**, au sens donné n° 47080 (Cass. soc. 13-7-1993 n° 90-41.279 D : RJS 10/93 n° 1004), qui doit être recherché en priorité dans l'entreprise. Le cas échéant, le poste doit être recherché dans les entreprises du **groupe** mais uniquement si les personnes morales et physiques formant ce groupe constituent une seule entreprise, ce qui est le cas en particulier lorsqu'une **unité économique et sociale est reconnue** (Cass. soc. 16-10-2001 n° 99-44.037 FS-P : RJS 12/01 n° 1446). Selon nous, l'employeur n'est donc pas tenu de chercher un poste de réintégration dans les autres entreprises du groupe si l'ensemble ne répond pas aux critères d'une UES.

CONSEIL

Le Code du travail n'impose pas le **rétablissement dans ses fonctions représentatives** du salarié abusivement licencié, contrairement à ce qui est prévu pour le salarié licencié en vertu d'une autorisation administrative postérieurement annulée. À notre connaissance, la jurisprudence ne s'est pas expressément prononcée sur cette question. Mais, sauf à se rendre coupable d'un délit d'entrave, l'employeur a tout intérêt à appliquer les principes prévus en cas d'annulation ou de retrait d'une autorisation administrative de rupture visés n° 47090 et à mettre en mesure le salarié de retrouver ses fonctions représentatives lorsque cela est possible.

Le salarié est en droit de **renoncer à la réintégration** qu'il a sollicitée et préférer percevoir l'indemnité visée n°s 47450 s. Mais dans le cas où, sans renoncer à cette réintégration, il **refuse les postes** qui lui sont loyalement proposés par l'employeur, ou n'obtempère pas à la mise en demeure de reprendre son travail qui lui est signifiée par ce dernier, il commet une faute susceptible de justifier son licenciement disciplinaire (Cass. soc. 30-4-2003 n° 01-41.755 F-D). **47350**

MANQUEMENT DE L'EMPLOYEUR À SON OBLIGATION

Seule une **impossibilité absolue** permet à l'employeur de s'opposer au retour dans l'entreprise du salarié qui le demande. La disparition de l'entreprise peut légitimer la non-réintégration du salarié. **47355**
La Cour de cassation a également admis l'impossibilité de réintégrer un salarié protégé coupable de concurrence déloyale et de harcèlement moral (Cass. soc. 18-12-2013 n° 12-21.229 F-D ; s'agissant d'un cas de harcèlement, voir également n° 47100).
Ne constituent pas des cas de force majeure exonérant l'employeur de son obligation les risques causés par le **comportement gravement fautif** du salarié et ayant justifié son licenciement (Cass. soc. 1-5-1981 n° 80-10.703) ou l'**hostilité de tout ou partie du personnel** à son encontre (Cass. soc. 7-7-1988 n° 85-45.967 P). Il appartient à l'employeur, le cas échéant, d'user de son pouvoir disciplinaire à l'encontre des autres salariés pour permettre la réintégration de l'intéressé (Cass. crim. 29-11-1988 n° 86-95.884 : RJS 1/89 n° 50 ; 5-3-1991 n° 90-81.886 : RJS 5/91 n° 608).
La réintégration du salarié doit être **effective** : l'employeur ne saurait se contenter d'une mise en disponibilité assortie du versement de la rémunération (voir en ce sens n° 47080).

ATTENTION

L'employeur commet un **délit d'entrave** et s'expose aux sanctions visées n°s 50000 s. s'il refuse de réintégrer le salarié (Cass. crim. 2-10-1990 n° 88-84.363) ou s'il lui confie une tâche ne correspondant pas à sa qualification (Cass. crim. 29-11-1988 n° 86-95.884 P : RJS 1/89 n° 50).
Dans cette situation, le salarié peut saisir le juge des référés pour obtenir sa **réintégration effective sous astreinte** (Cass. soc. 18-12-1991 n° 88-43.528 D). Il peut, par ailleurs, renoncer à sa réintégration et se prévaloir du manquement de l'employeur à ses obligations pour prendre acte de la **rupture** de son contrat de travail ou en demander la résiliation judiciaire (n° 45480). Dans ce cas, l'indemnisation prévue pour le salarié non réintégré (n°s 47450 s.) lui sera versée (Cass. soc. 25-1-2006 n° 04-40.789 FS-PBR : RJS 4/06 n° 475 ; 18-12-2013 n° 12-23.745 F-D : RJS 3/14 n° 243).
Cette indemnité est également due au salarié licencié en raison de son refus de réintégrer un poste alors que l'employeur a en réalité fait **obstacle** à sa réintégration, ce licenciement étant nul (Cass. soc. 17-1-2018 n° 16-17.932 F-D : RJS 3/18 n° 201).

3. INDEMNISATION DU SALARIÉ RÉINTÉGRÉ

Le salarié réintégré a droit au titre de la méconnaissance de son statut protecteur au versement d'une indemnité compensatrice de la perte de ses salaires entre son licenciement et sa réintégration et, le cas échéant, à l'indemnisation d'autres chefs de préjudice. **47380**

MONTANT

Le salarié protégé, licencié sans autorisation préalable, qui **demande sa réintégration pendant la période de protection** a droit au titre de la méconnaissance de son statut protecteur à la rémunération qu'il aurait perçue jusqu'à sa réintégration (Cass. soc. 10-12-1997 n° 94-45.254 PB : RJS 1/98 n° 71 ; 24-9-2002 n° 00-44.018 FS-D : RJS 12/02 n° 1415). Cette rémunération est également due si la demande de réintégration est formulée par le salarié après l'expiration de sa période de protection mais pour des raisons qui ne lui sont pas imputables (Cass. soc. 30-11-1999 n° 97-41.690 P : RJS 1/00 n° 72 ; 11-12-2001 n° 99-42.476 FS-P : RJS 2/02 n° 200). Tel peut être le cas, par exemple, **47385**

lorsque l'intéressé a été licencié peu avant le terme de la période de protection ou qu'il a d'abord dû faire juger que son licenciement était nul.
En revanche, le salarié qui tarde abusivement à demander sa réintégration – en attendant, par exemple, plus de 4 ans après l'expiration de sa période de protection pour former sa demande (Cass. soc. 26-3-2013 n° 11-27.964 FS-PB : RJS 6/13 n° 468) – n'a droit qu'à la rémunération qu'il aurait perçue du jour de sa demande à celui de sa réintégration effective (Cass. soc. 7-11-2018 n° 17-14.716 FS-PB : RJS 1/19 n° 38).
La **date de la demande de réintégration** est celle de la saisine du conseil de prud'hommes par le salarié et non celle de sa convocation par le greffe de cette juridiction (Cass. soc. 16-12-2014 n° 13-15.081 FS-PB : RJS 2/15 n° 117).

ATTENTION

Si, après avoir demandé sa réintégration, le **salarié liquide sa retraite**, la réintégration devient impossible. Le salarié a alors droit, au titre de la violation de son statut protecteur, à la rémunération qu'il aurait perçue depuis la date de son éviction jusqu'à celle de son départ à la retraite (Cass. soc. 13-2-2019 n° 16-25.764 FS-PB : RJS 4/19 n° 234).

DEMANDE

47390 Le salarié peut demander son indemnisation devant le **conseil de prud'hommes** en référé. Même si ce n'est pas obligatoire, il a tout intérêt à formuler cette requête en même temps que sa demande de réintégration (n° 47315). Le juge des référés peut ordonner ce paiement dès lors que l'obligation de l'employeur en la matière n'est pas sérieusement contestable (Cass. soc. 8-7-1997 n° 96-44.337 PBF : RJS 8-9/97 n° 997).
Si le salarié ne saisit pas la formation de référé, il doit impérativement demander au juge l'indemnisation en même temps que sa réintégration (Cass. soc. 19-10-1994 n° 90-45.928 D : RJS 12/94 n° 1420).

CALCUL

47395 À défaut de précision jurisprudentielle, on peut penser que, pour le calcul de l'indemnité, tous les **éléments de rémunération** dont le salarié a été privé du fait de son éviction temporaire de l'entreprise doivent être pris en compte. Ne sont pas prises en compte les sommes qui n'ont pas le caractère de salaire, comme la participation ou l'intéressement (Cass. soc. 1-3-2023 n° 21-16.008 F-B : RJS 5/23 n° 248). La jurisprudence n'a pas non plus précisé si le calcul de l'indemnité s'effectue sur la **base du salaire net ou du salaire brut**. Dans la mesure où l'indemnité due au salarié qui ne demande pas sa réintégration est calculée sur le salaire brut (voir n° 47480), on peut supposer que cette solution est transposable pour le calcul de l'indemnité compensatrice de la perte de salaires due au salarié réintégré. Sur le calcul de l'indemnité due à un travailleur saisonnier en CDD, voir n° 46670.
L'indemnité compensatrice de la perte de salaires a un **caractère forfaitaire** et ne doit subir aucun abattement. Ainsi, elle ne peut pas être réduite du fait que la période de protection a expiré avant la réintégration du salarié (Cass. soc. 4-7-1989 n° 87-45.198 P : RJS 8-9/89 n° 697), ou que, pendant la période comprise entre la rupture et la réintégration, l'intéressé a occupé un emploi provisoire pour lequel il a été rémunéré (Cass. soc. 10-10-2006 n° 04-47.623 FS-PB : RJS 12/06 n° 1296) ou a perçu des indemnités journalières de maladie (Cass. soc. 3-5-2001 n° 99-43.815 F-D : RJS 7/01 n° 892).
Cette indemnité emporte **intérêts** au taux légal à compter de la décision par laquelle le juge condamne l'employeur à la verser (Cass. soc. 29-5-1997 n° 94-42.592 D).
Le **régime social et fiscal** de cette indemnité devrait, selon nous, être similaire à celui de l'indemnité pour violation du statut protecteur du salarié non réintégré : voir n° 47480.

ATTENTION

Se conformant à la jurisprudence européenne (CJUE 25-6-2020 aff. 762/18 et aff. 37/19 : RJS 10/20 n° 514), la Cour de cassation décide que le salarié réintégré après que son licenciement a été jugé nul a droit à des jours de **congés payés** pour la période d'éviction, sauf pour les périodes où il a travaillé pour un autre employeur (Cass. soc. 1-12-2021 n° 19-24.766 FP-BR : RJS 2/22 n° 72 ;
47397 1-3-2023 n° 21-16.008 F-B : RJS 5/23 n° 248).

EXEMPLE

Un **salarié élu au CSE** le 17-9-2021 est licencié pour faute grave le 30-11-2024, sans autorisation administrative.
En tant que membre élu du CSE, le salarié bénéficie d'une protection pendant la durée théorique de son mandat, soit 4 ans, auxquels s'ajoutent 6 mois de protection en qualité d'ancien représentant du personnel. Sa période de protection expire donc le 17-3-2026 : il doit saisir le

juge d'une demande de réintégration avant cette date pour pouvoir prétendre à l'indemnité pour violation du statut protecteur.
Il saisit le juge des référés le 30-1-2026 d'une demande de réintégration dans son emploi et d'une demande d'indemnité pour violation de son statut protecteur.
Le juge des référés fait droit à ses demandes par ordonnance du 13-2-2026. Le salarié est effectivement **réintégré dans son emploi le 1-3-2026**.
Au jour de son licenciement, le salarié bénéficiait d'une rémunération mensuelle brute de 1 850 € et d'un 13e mois de salaire versé en décembre. Il bénéficiait en outre, au moment du licenciement, d'une prime forfaitaire d'ancienneté de 75 € brut mensuels qui aurait été portée à 100 € brut mensuels au 1-1-2025 s'il avait continué à travailler. Le personnel a bénéficié d'une augmentation collective de 1 % au 1-1-2025 et de 2 % au 1-1-2026.
Le montant de l'indemnité pour violation du statut protecteur brut dû au salarié est de :
– année 2024 : (1 850 × 2) + 75 = 3 775 € ;
– année 2025 : (1 850 × 1,01 × 13) + (100 × 12) = (1 868,50 × 13) + 1 200 = 25 490,50 € ;
– année 2026 : (1 868,50 × 1,02 × 2) + (100 × 2) = (1 905,87 × 2) + 200 = 4 011,74 € ;
– total : 3 775 + 25 490,50 + 4 011,74 = 33 277,24 €.
À compter du jour de sa réintégration, le salarié doit être rémunéré à hauteur de 1 905,87 € brut mensuels assortis d'une prime d'ancienneté de 100 € mensuels et d'un 13e mois, comme s'il n'avait jamais cessé de travailler.

CUMUL

Le salarié peut en outre obtenir la condamnation de l'employeur à réparer tout **autre préjudice** matériel ou moral subi du fait de la rupture de son contrat de travail, à condition d'en apporter la preuve (Cass. soc. 12-2-1991 n° 88-41.339 P : RJS 3/91 n° 352). En revanche, il ne peut pas prétendre cumuler cette indemnité avec les **indemnités de rupture** qu'il a perçues au moment de son licenciement (Cass. soc. 28-4-2006 n° 03-45.912 F-D : RJS 7/06 n° 864) : l'employeur peut donc demander au juge d'opérer une compensation entre ces sommes. Il peut obtenir une provision sur le remboursement de ces indemnités par le salarié, dès lors que la décision ordonnant la réintégration est irrévocable (Cass. soc. 17-5-2023 n° 21-21.100 F-D : RJS 10/23 n° 527). Le salarié n'a pas non plus droit à l'indemnité pour licenciement illicite (Cass. soc. 26-3-2013 n° 11-27.964 FS-PB : RJS 6/13 n° 468). **47400**
Le salarié n'est pas en droit de cumuler l'indemnité compensatrice avec les **allocations de chômage** éventuellement perçues (Cass. soc. 9-3-1989 n° 87-18.177 P : RJS 4/89 n° 360 ; 19-11-2014 n° 13-23.643 FS-PBR : RJS 2/15 n° 122) : Pôle emploi peut lui en demander le remboursement.

ATTENTION

Dans la mesure où l'indemnité due au salarié est égale à la rémunération qu'il aurait perçue entre la date de son éviction et celle de sa réintégration, son point de départ doit être fixé à la date du licenciement, et non à la date de fin du préavis lorsque l'intéressé a été dispensé de l'exécuter : l'**indemnité compensatrice de préavis** est donc exclue, mais si l'employeur n'a formé aucune demande de restitution de celle-ci, le salarié est fondé à la conserver (Cass. soc. 9-6-2021 n° 19-15.593 FS-P : RJS 8-9/21 n° 472).

4. RUPTURE POSTÉRIEURE

Une fois le salarié réintégré, l'employeur qui justifie d'un motif légitime peut engager une **nouvelle procédure de licenciement**. Ainsi, l'employeur qui rencontre des difficultés économiques du fait de la réintégration du salarié ou concomitantes à cette réintégration peut envisager une compression de personnel, à condition de justifier de la réalité de ces difficultés économiques. Si le licenciement initial avait été prononcé pour un motif disciplinaire, l'employeur ne peut prononcer une rupture fondée sur les mêmes faits qu'à condition de respecter le délai de prescription visé n° 45570. Sur la légitimité d'un licenciement qui serait prononcé après expiration de la période de protection, voir n° 45030. **47405**
Est nulle la **transaction** conclue juste après la réintégration avec pour objet la résiliation du contrat de travail du salarié protégé (Cass. soc. 3-4-2001 n° 98-46.419 FS-PB : RJS 6/01 n° 764). En revanche, rien ne s'oppose à une rupture amiable dans les conditions autorisées : voir nos 46350 s.
En tout état de cause, si le salarié bénéficie toujours d'une protection, l'employeur doit respecter la **procédure spéciale** (CE 19-6-1996 n° 139752 : RJS 8-9/96 n° 945).

C. Indemnisation du salarié non réintégré

47450 Lorsque le salarié protégé dont le contrat est irrégulièrement rompu n'est pas réintégré, il a droit, selon une jurisprudence constante, aux réparations suivantes :
– une indemnité pour violation du statut protecteur ;
– une indemnité pour rupture illicite ;
– les indemnités de rupture.
La réparation de préjudices spécifiques peut, le cas échéant, être ordonnée par le juge.

1. INDEMNITÉ POUR VIOLATION DU STATUT PROTECTEUR

47460 Peuvent bénéficier de l'indemnité pour violation du statut protecteur les salariés :
– qui font le choix de ne pas demander leur réintégration ;
– dont la réintégration est impossible ;
– qui renoncent à leur réintégration ;
– dont le contrat est rompu de manière illégitime après expiration de leur protection, dans les conditions visées n° 45030.

MONTANT

47465 **Représentants du personnel élus** Le montant de l'indemnité pour violation du statut protecteur diffère selon la **date** à laquelle le salarié présente sa **demande d'indemnisation** :
– si la demande est antérieure à la fin de la période de protection, l'indemnité est égale à la rémunération qui aurait été perçue entre la date de notification de la rupture (Cass. soc. 10-5-2006 n° 04-40.901 FS-PB : RJS 7/06 n° 865 ; 28-11-2006 n° 05-42.202 F-PB : RJS 2/07 n° 208 ; 16-1-2019 n° 17-20.031 F-D : RJS 4/19 n° 235) et l'expiration de la période de protection en cours (Cass. soc. 6-4-1994 n° 92-42.395 P : RJS 5/94 n° 573 ; 27-1-2010 n° 08-44.897 F-D : RJS 4/10 n° 359) ;
– si le salarié présente sa demande après l'expiration de sa période de protection, sans justifier de motifs qui ne lui sont pas imputables (sur cette notion, voir n° 47385), le montant de l'indemnité est fixé par le juge en fonction du préjudice subi (Cass. soc. 11-6-2013 n° 12-12.738 FS-PB : RJS 8-9/13 n° 622).
L'indemnité pour violation du statut protecteur des représentants du personnel élus est **limitée** à 30 mois de salaire (Cass. soc. 15-4-2015 n°s 13-24.182 et 13-27.211 FS-PBR : RJS 7/15 n° 504 ; 14-10-2015 n° 14-12.193 FS-PB : RJS 1/16 n° 47).

> **Précisions a.** Sur l'indemnité due en cas de prise d'acte de la rupture, voir n° 46735 ; en cas de résiliation judiciaire du contrat de travail, voir n° 46740.
> **b.** S'agissant des salariés dont le contrat de travail a été rompu alors qu'ils étaient **candidats à des fonctions électives**, la Cour de cassation retient la protection attachée à la qualité d'élu : elle considère en effet que, la rupture du contrat étant irrégulière, la protection aurait dû se poursuivre pendant l'exercice du mandat dont il a été privé par la faute de l'employeur (Cass. soc. 30-6-2004 n° 01-43.821 F-PB : RJS 10/04 n° 1069 ; 30-11-2004 n° 03-40.604 FS-PB : RJS 2/05 n° 180 ; 26-3-2014 n° 13-10.017 F-D : RJS 6/14 n° 503).
> **c.** Les **anciens représentants du personnel élus** ont droit à une indemnité correspondant aux salaires qui auraient été perçus entre la rupture du contrat et l'expiration de la période de protection de 6 mois courant à compter de la cessation de leur mandat (Cass. soc. 27-11-2013 n° 12-26.155 FS-PB : RJS 2/14 n° 143).
> **d.** L'indemnité est due dans sa totalité même si le salarié peut partir à la **retraite** avant l'expiration de la période de protection (Cass. soc. 25-9-2019 n° 18-15.952 F-D : RJS 1/20 n° 36).

47470 **Délégué syndical et assimilé** Le mandat des représentants syndicaux cesse au plus tard lors des élections professionnelles suivant leur désignation : voir n° 32520 pour le délégué syndical, n° 32715 pour le représentant de section syndicale (RSS) et n° 32805 pour le représentant syndical au CSE.
En conséquence, l'indemnité pour violation du statut protecteur de ces représentants est alignée sur celle des représentants élus : elle est égale à la rémunération qui aurait été perçue par le salarié depuis son éviction jusqu'à l'expiration de la période de protection, dans la **limite** de 30 mois, durée minimale légale du mandat des représentants élus du personnel augmentée de 6 mois. Ce plafond, appliqué par la Cour de cassation à un représentant de section syndicale (Cass. soc. 15-5-2019 n° 18-11.036 F-PB : RJS 7/19 n° 444), devrait selon nous s'appliquer également aux autres représentants syndicaux, et notamment au délégué syndical. La Cour de cassation abandonnerait ainsi sa jurisprudence antérieure qui, tenant compte du fait que le mandat de

ces représentants était d'une durée indéterminée, plafonnait leur indemnité pour violation du statut protecteur à un maximum de 12 mois de salaire (voir en ce sens : Cass. soc. 6-6-2000 n° 98-40.387 FS-PB : RJS 7-8/00 n° 829 ; 27-10-2004 n° 01-45.902 F-PB : RJS 1/05 n° 58).

Cumul de mandats En cas de cumul de mandats, le salarié ne peut pas prétendre à plusieurs indemnités (Cass. soc. 13-11-2001 n° 99-45.389 FS-D : RJS 1/02 n° 55). Il bénéficie du montant des rémunérations dont il a été privé entre la date de son éviction et la fin de la **période de protection** qui expire la dernière (Cass. soc. 3-5-2007 n° 05-43.863 FS-PB : RJS 7/07 n° 876). **47475**

CALCUL ET RÉGIME SOCIAL ET FISCAL

L'indemnité est calculée sur la base de la **rémunération et des avantages bruts** que le salarié aurait perçus s'il avait travaillé, y compris les primes liées à l'exercice du travail et aux sujétions de l'activité (Cass. soc. 7-6-2005 n° 03-44.969 FS-PB : RJS 8-9/05 n° 870). Elle est calculée sur le **salaire moyen** des 12 derniers mois apprécié, le cas échéant, avant l'**arrêt de travail** pour maladie du salarié (Cass. soc. 1-6-2023 n° 21-21.191 FS-B : RJS 8-9/23 n° 430). Le salarié a droit aux **congés payés** pour la période d'éviction, sauf pour les périodes d'emploi auprès d'un autre employeur (Cass. soc. 21-9-2022 n° 21-13.552 FS-BR : RJS 12/22 n° 623). **47480**

L'indemnité due au salarié a un **caractère forfaitaire** : elle n'est pas calculée en fonction du préjudice réellement subi par le salarié (Cass. soc. 15-11-1994 n° 91-43.976 D : RJS 12/94 n° 1402). Pour déterminer son montant, le juge ne tient pas compte de la gravité de la faute commise par le salarié et ayant justifié son licenciement (Cass. soc. 10-7-1990 n° 86-43.699 PF : RJS 10/90 n° 794), ou des sommes que l'intéressé a pu percevoir pendant la période de référence : salaires versés par un autre employeur, allocations de préretraite (Cass. soc. 23-5-2000 n° 97-42.145 FS-P : RJS 7-8/00 n° 825), arrérages de pension de retraite (Cass. soc. 10-12-2003 n° 01-43.876 FS-P : RJS 2/04 n° 234), etc.

L'indemnité emporte **intérêts** au taux légal à compter de la décision par laquelle le juge condamne l'employeur à la verser (Cass. soc. 2-7-2003 n° 00-42.105 F-D).

ATTENTION

La Cour de cassation a jugé à plusieurs reprises que l'indemnité pour violation du statut protecteur, n'étant pas au nombre des indemnités non imposables au titre de l'**impôt sur le revenu** des personnes physiques limitativement énumérées par l'article 80 duodecies du CGI, est soumise aux **cotisations sociales** et d'assurance chômage (Cass. 2e civ. 12-2-2015 n° 14-10.886 F-PB : RJS 4/15 n° 279 ; 11-2-2016 n° 15-13.398 F-D : RJS 4/16 n° 290). Mais cette jurisprudence pourrait être remise en cause, la Cour de cassation ayant décidé que les indemnités versées lors de la rupture du contrat de travail non visées à l'article 80 duodecies du CGI peuvent échapper aux cotisations de sécurité sociale si l'employeur prouve qu'elles ont pour objet d'indemniser un préjudice (Cass. 2e civ. 15-3-2018 n° 17-11.336 et 17-10.325 F-PB : RJS 5/18 n° 363 ; 22-10-2020 n° 19-21.932 F-D : RJS 2/21 n° 112).

47485

EXEMPLE

Un **salarié élu au CSE** le 17-9-2021 est licencié sans autorisation administrative.
En tant que membre élu du CSE, le salarié bénéficie d'une protection pendant la durée théorique de son mandat, soit 4 ans, auxquels s'ajoutent 6 mois de protection en qualité d'ancien représentant du personnel. Sa période de protection expire donc le 17-3-2026.
Il saisit le juge le 30-1-2026 d'une demande d'indemnité pour violation de son statut protecteur.
Au jour de son licenciement, le salarié bénéficiait d'une rémunération mensuelle brute de 1 850 €, d'un 13e mois de salaire versé en décembre et d'une prime forfaitaire d'ancienneté de 100 € brut mensuels. Le personnel a bénéficié d'une augmentation générale de 1 % au 1-1-2025 et de 2 % au 1-1-2026.
Cas 1 : licenciement prononcé le 2-12-2021.
Le montant de l'indemnité pour violation du statut protecteur est limité à **30 mois** de salaires (voir n° 47465).
Cas 2 : licenciement prononcé le 30-11-2024.
Décembre 2024 : 1 850 × 2 + 100 = 3 800 €.
De janvier 2025 à décembre 2025 : (1 850 × 1,01 × 13) + (100 × 12) = (1 868,50 × 13) + 1 200 = 25 490,50 €.
De janvier 2026 au 16 mars 2026 : (1 868,50 × 1,02 × 2,5) + (100 × 2,5) = (1 905,87 × 2,5) + 250 = 5 014,68 €.
Le montant de l'indemnité est de : 3 800 + 25 490,50 + 5 014,68 = 34 305,18 €.

2. AUTRES INDEMNITÉS

47500 Le salarié dont le contrat est rompu sans autorisation ou malgré un refus d'autorisation administrative a nécessairement droit, en plus de l'indemnité pour violation du statut protecteur :
– aux **indemnités de rupture** : indemnité légale ou, le cas échéant, conventionnelle de licenciement et indemnité compensatrice de préavis, même si le salarié n'aurait pas été en mesure de l'exécuter ;
– à l'**indemnité pour licenciement nul** prévue par l'article L 1235-3-1 du Code du travail, au moins égale à 6 mois de salaire, sans que le juge ait à rechercher si la rupture reposait ou non sur un motif légitime (Cass. soc. 5-7-2011 n° 10-14.626 F-D : RJS 10/11 n° 822), même si le salarié avait demandé sa réintégration mais que celle-ci est devenue impossible du fait de son départ à la retraite (Cass. soc. 18-5-2022 n° 21-10.118 F-B : RJS 8-9/22 n° 460).

47505 S'il justifie qu'il a subi un **préjudice particulier**, le salarié peut prétendre à des dommages et intérêts. Le juge peut ainsi ordonner la réparation du préjudice moral dont a souffert le salarié du fait de la rupture de son contrat (Cass. soc. 20-2-1980 n° 78-41.022) ou des conditions vexatoires de son licenciement (Cass. soc. 23-10-2012 n° 11-19.210 FS-PB : RJS 1/13 n° 59).
Il ne peut toutefois pas obtenir **deux fois réparation** d'un même préjudice. Si par exemple le salarié a été licencié à la fois sans autorisation administrative et en méconnaissance des règles applicables aux victimes d'accidents du travail, il a droit à l'indemnité pour violation du statut protecteur et, au titre de la rupture abusive de son contrat de travail, soit à l'indemnité pour licenciement nul, soit à l'indemnité spécifique aux victimes d'accident du travail prévue par l'article L 1226-15 du Code du travail (Cass. soc. 30-6-2010 n° 09-40.347 FS-PBR : RJS 10/10 n° 795 ; 25-10-2017 n° 16-16.454 F-D : RJS 1/18 n° 51). Il en va de même en cas de licenciement prononcé en méconnaissance à la fois du statut protecteur et des règles applicables au plan de sauvegarde de l'emploi (Cass. soc. 15-10-2013 n° 12-21.746 FS-PB : RJS 12/13 n° 836).

CHAPITRE 3 LE DÉLIT D'ENTRAVE

SOMMAIRE

Le non-respect des règles de mise en place et de fonctionnement des institutions représentatives du personnel, de même que la méconnaissance des règles protégeant les représentants du personnel lors de la rupture ou du transfert de leur contrat de travail, est constitutif d'un délit, communément appelé délit d'entrave. **49000**

SECTION 1 ÉLÉMENTS CONSTITUTIFS

Comme toutes les infractions pénales, l'entrave, pour être poursuivie, doit comporter un élément légal (texte définissant l'infraction), un élément matériel (acte ou omission répréhensible) et un élément moral (caractère intentionnel ou volontaire de l'acte ou de l'omission répréhensible). **49020**

A. Éléments légal et matériel

Les infractions en matière de représentation du personnel rassemblées sous l'expression « délit d'entrave » recouvrent en réalité plusieurs délits, passibles de sanctions dont la nature et le montant varient selon l'infraction commise (n° 50000) et incriminés par des textes du **Code du travail** différents selon l'institution en cause et la nature de l'infraction : mise en place et fonctionnement de l'institution ou protection des représentants du personnel. **49030**
Sur la qualification à retenir lorsque les mêmes agissements correspondent à plusieurs infractions pénales, voir n° 49075.

> **Précisions** Lorsqu'une disposition législative autorise un **accord collectif étendu** à déroger à la loi dans une matière déterminée, les infractions à cet accord sont punies des mêmes sanctions que la violation de la loi à laquelle il est dérogé (C. trav. art. L 2263-1). La Cour de cassation en déduit que la violation d'autres dispositions conventionnelles ou d'un **usage** n'est pas en revanche pénalement sanctionnée (Cass. crim. 4-4-1991 n°s 88-84.270 PF et 89-85.536 PF : RJS 5/91 n° 614-a). Ainsi ne peut pas être poursuivi pour entrave à l'exercice du droit syndical l'employeur ne respectant pas une obligation conventionnelle de négocier avec les syndicats qui ne résulte pas d'un accord collectif étendu dérogeant aux règles légales en application d'une disposition législative expresse. Mais ce manquement peut donner lieu, le cas échéant, à une action civile (Cass. crim. 19-6-2012 n° 11-84.884 F-PB : RJS 1/13 n° 63).

MISE EN PLACE ET FONCTIONNEMENT DE L'INSTITUTION

49035 **Liste légale** Est constitutive d'un délit, toute entrave :
– à l'exercice du **droit syndical** (C. trav. art. L 2146-1) ;
– à la constitution d'un **CSE**, d'un CSE d'établissement ou d'un CSE central, à la libre désignation de leurs membres ou au fonctionnement régulier de ces instances (C. trav. art. L 2317-1) ;
– à l'obligation de constituer et de réunir pour la première fois un **comité de groupe**, à la désignation de ses membres ou à son fonctionnement régulier (C. trav. art. L 2335-1).

49037 La loi réprime aussi toute entrave :
– à la constitution d'un groupe spécial de négociation, d'un **comité d'entreprise européen** ou à la mise en œuvre d'une procédure d'information et de consultation, à la libre désignation de leurs membres ou à leur fonctionnement régulier (C. trav. art. L 2346-1) ;
– à la constitution d'un groupe spécial de négociation ou d'un **comité de la société européenne** mis en place ou non par accord, à la libre désignation de leurs membres ou à leur fonctionnement régulier (C. trav. art. L 2355-1) ;
– à la constitution d'un groupe spécial de négociation ou d'un comité de la **société coopérative européenne** mis en place ou non par accord, à la libre désignation de leurs membres ou à leur fonctionnement régulier (C. trav. art. L 2365-1) ;
– à la constitution d'un groupe spécial de négociation ou d'un comité de la société issue de la **fusion transfrontalière** mis en place ou non par accord, à la libre désignation de leurs membres, ou à leur fonctionnement régulier (C. trav. art. L 2375-1).

49040 **Application par les juridictions** Compte tenu de la formulation très générale des dispositions légales, la jurisprudence considère comme constitutif d'une entrave :
– tout **acte positif** (convocation irrégulière aux réunions, information tardive ou incomplète des institutions, mutation imposée, sanction injustifiée, pressions, harcèlement...) ;
– et, plus souvent encore, toute **omission** constituant une méconnaissance des dispositions légales relatives à la représentation du personnel (refus de mettre en place ou de réunir les instances représentatives du personnel, absence de consultation ou d'information de celles-ci sur les sujets relevant de leur compétence, non-convocation d'un représentant du personnel aux réunions, non-paiement des heures de délégation, non-fourniture d'un local...).
Il est de ce fait impossible de dresser une liste exhaustive des comportements pouvant justifier une sanction pénale. Les **exemples** jurisprudentiels, très nombreux, sont donc donnés avec les règles auxquelles l'infraction déroge.

49045 Comme toute sanction pénale, les délits d'entrave aux institutions représentatives du personnel sont soumis au principe constitutionnel et international de **légalité ou de prévisibilité de la loi pénale** imposant notamment que toute infraction soit rédigée en des termes suffisamment clairs et précis interprétés strictement et que nul ne puisse être puni pour un délit dont les éléments ne sont pas définis par la loi. Ce principe de légalité ou de prévisibilité de la loi pénale n'a cependant qu'une **portée relative**. D'une part, la Cour de cassation a une conception assez extensive de la notion de texte clair et précis. D'autre part, elle admet qu'une sanction soit appliquée dès qu'une obligation a été méconnue (obligation de mettre en place, de réunir, d'informer...), même si ses modalités pratiques de mise en œuvre ne sont pas fixées par les textes ou résultent de la jurisprudence.

ILLUSTRATIONS

L'article du Code du travail imposant l'**information-consultation du CSE** sur les questions intéressant l'organisation, la gestion et la marche générale de l'entreprise a été jugé suffisamment clair et précis pour être sanctionné pénalement (Cass. crim. 13-1-1998 n° 96-81.478 PF). Il en va de même de celui imposant une telle information-consultation avant tout projet important d'introduction de nouvelles technologies susceptibles d'avoir des conséquences sur l'emploi, la qualification, la rémunération, la formation ou les conditions de travail du personnel (Cass. crim. 3-5-1994 n° 93-80.911 PF : RJS 10/94 n° 1148). Le Code du travail peut réprimer le défaut d'information du comité sans préciser le délai dans lequel le chef d'entreprise doit procéder à cette information (en ce sens : Cons. const. DC 12-1-2002 n° 2001-455). Le refus de l'employeur de prendre en charge les **frais de déplacement** des représentants du personnel pour se rendre aux réunions qu'il organise ayant pour effet de restreindre la participation des intéressés à ces réunions, l'employeur peut être poursuivi même si aucun texte ne met expressément ces frais à sa charge (Cass. crim. 22-11-2005 n° 04-87.451 F-PF : RJS 2/06 n° 224).

PROTECTION DES REPRÉSENTANTS DU PERSONNEL

49055 Les **infractions à la procédure d'autorisation administrative** de licenciement ou de transfert du contrat des représentants du personnel constituent des **délits autonomes** appelés, par certains auteurs, cas « d'entrave spéciale » (Doctrine A. Cerf-Hollender : Rép. trav. Dalloz, Droit pénal du travail n°s 30 s.).

Représentants du personnel concernés Les représentants du personnel protégés par ces délits sont listés par le Code du travail. Ils sont répertoriés dans le tableau ci-dessous. 49060

Représentants du personnel concernés			Fondements
Institutions concernées	Rupture du contrat	Transfert partiel d'entreprise [1]	
Délégués syndicaux	– délégué syndical – ancien délégué syndical	– délégué syndical – ancien délégué syndical	C. trav. art. L 2431-1
Représentants de section syndicale	– représentant de section syndicale – ancien représentant de section syndicale	– représentant de section syndicale – ancien représentant de section syndicale	C. trav. art. L 2142-1-2
Représentants de proximité	– salarié représentant de proximité – candidat à cette fonction – ancien représentant de proximité	représentant de proximité	C. trav. art. L 2433-1
Commission paritaire régionale interprofessionnelle	– membre de la commission – salarié figurant sur la propagande électorale des organisations syndicales en vue de la constitution de la commission – ancien membre de la commission	néant	C. trav. art. L 243-11-1
Comité social et économique	– membre élu – candidat à cette fonction – ancien membre élu – salarié ayant demandé l'organisation d'élections – représentant syndical – ancien représentant syndical	– membre élu – représentant syndical	C. trav. art. L 2432-1
Comité social et économique interentreprises	– membre de la délégation du personnel – candidat à cette fonction – ancien membre de la délégation du personnel	membre de la délégation du personnel	C. trav. art. L 2434-1
Comité d'entreprise européen	salarié membre : – du comité – ou du groupe spécial de négociation pour sa mise en place – ou d'une instance de consultation	salarié membre : – du comité – ou du groupe spécial de négociation pour sa mise en place – ou d'une instance de consultation	C. trav. art. L 2435-1
Comité des sociétés européennes (Comité de la société européenne, comité de la société coopérative européenne, comité de la société issue de la fusion transfrontalière)	salarié membre : – du comité – ou du groupe spécial de négociation pour sa mise en place	salarié membre : – du comité – ou du groupe spécial de négociation pour sa mise en place	C. trav. art. L 2435-2, L 2435-3 et L 2435-4
Conseiller assistant un salarié au cours de la procédure de licenciement	salarié inscrit sur la liste	néant	C. trav. art. L 2437-1
Défenseur syndical	salarié inscrit sur la liste	salarié inscrit sur la liste	C. trav. art. L 243-10-1

1. La jurisprudence et l'administration ont étendu la procédure d'autorisation administrative en cas de transfert partiel d'entreprise ou d'établissement aux candidats aux élections et à certains anciens représentants du personnel non cités par les textes (voir n° 44090). On ignore toutefois, faute de jurisprudence sur la question, si le principe de prévisibilité de la loi pénale (n° 49045) ne conduira pas à exclure toute sanction pénale pour les infractions les concernant.

49065 **Faits concernés** Sont concernés toutes les **ruptures de contrat de travail** (n°s 45000 s.) et tous les **transferts partiels d'entreprise ou d'établissement** (n°s 44080 s.) devant donner lieu à autorisation administrative.
Les textes cités n° 49060 répriment en effet, d'une part, le fait de rompre le contrat de travail du salarié en méconnaissance des dispositions relatives à la procédure d'autorisation administrative et, d'autre part, le fait de transférer le contrat de travail d'un salarié compris dans un transfert partiel d'entreprise ou d'établissement en méconnaissance de cette procédure.
Sur le point de savoir si le **maintien abusif d'une demande d'autorisation** de licenciement est constitutif d'un délit d'entrave, voir n° 45025.

ATTENTION

Par exception au principe ci-dessus, pour le représentant ou ancien **représentant syndical au CSE**, l'article L 2432-1 du Code du travail ne vise pas toute rupture de contrat mais uniquement le licenciement. À notre connaissance, la jurisprudence ne s'est pas encore prononcée sur la portée de cette rédaction. Le principe de prévisibilité de la loi pénale pourrait conduire les juges à limiter, pour l'intéressé, les poursuites au cas de licenciement. Il en était de même sous l'empire de l'article L 2433-1 ancien du Code du travail (relatif au comité d'entreprise), cet article étant issu, à l'époque, de la recodification du Code du travail. Or, cette dernière s'étant faite à droit constant, il n'est pas exclu que les tribunaux répriment, comme pour les autres représentants du personnel, toute rupture faite en méconnaissance de la procédure d'autorisation administrative.

49070 Dès lors que le contrat est rompu ou transféré **sans autorisation** administrative, le délit d'entrave est constitué. Ainsi, le licenciement notifié avant l'autorisation administrative est passible de poursuites même si celle-ci est acquise au jour où le contrat de travail cesse définitivement (Cass. crim. 17-7-1970 n° 70-90.064 P ; 4-10-1973 n° 72-92.793 P). Il en va de même de la rupture d'un contrat à durée déterminée avant l'obtention de l'autorisation administrative. Le délit est aussi constitué si l'employeur **passe outre le refus de l'administration**, quel que soit le bien-fondé de la décision administrative (Cass. crim. 5-12-1989 n° 89-82.031 PF : RJS 1/90 n° 50). L'annulation de cette dernière n'enlève pas à ces faits leur caractère punissable (Cass. crim. 3-5-1983 n° 82-92.668).
Sur le **refus de réintégrer** un salarié protégé dont le licenciement est nul car prononcé sans autorisation ou malgré un refus d'autorisation, voir n° 47355. Sur le refus de réintégrer l'intéressé après annulation de l'autorisation de licenciement, voir n° 47105. S'agissant par ailleurs du **refus de maintenir dans son emploi** un salarié dont le licenciement est refusé, voir n°s 45480 (cas général) et 45660 (salarié mis à pied à titre conservatoire).

CONCOURS DE QUALIFICATION

49075 Il arrive fréquemment que les **mêmes faits** soient **susceptibles de tomber sous le coup de plusieurs qualifications pénales**. Ainsi, par exemple, une entrave au fonctionnement d'une institution représentative du personnel peut aussi, dans certains cas, être constitutive d'un des délits de discrimination syndicale (n° 40490) ou d'une autre infraction réprimée spécifiquement telle que le défaut de consultation du CSE sur le règlement intérieur (n° 85150), la période des congés payés (n° 69090) ou le droit d'expression des salariés (n° 56340).
Lorsque la personne est poursuivie pour un **comportement répréhensible unique**, le juge doit en **principe** retenir une seule qualification : celle correspondant à l'infraction la plus sévèrement punie ou celle la mieux adaptée à l'espèce, cette dernière qualification devant être privilégiée. Ainsi, la contravention pour défaut de consultation du CSE avant fixation de la période des congés payés prévaut sur le délit d'entrave aux fonctions du comité (n° 69090). De même, en cas de rupture ou de transfert du contrat de travail d'un salarié protégé sans autorisation administrative, l'incrimination spécifique à cette infraction (n°s 49055 s.) devrait être privilégiée.
Toutefois, par **exception**, le juge peut retenir plusieurs qualifications à l'encontre d'un comportement unique si les textes sanctionnent des intérêts distincts ou que les agissements démontrent une pluralité d'intentions coupables. Sur le **cumul des peines** en cas de pluralité de condamnations, voir n° 50010.

ILLUSTRATIONS

Un harcèlement en raison de l'appartenance syndicale autorise les juges à retenir deux qualifications, l'une pour entrave au droit syndical, l'autre pour harcèlement moral (Cass. crim. 6-2-2007 n° 06-82.601 F-PF : RJS 5/07 n° 622).
Le licenciement d'un représentant du personnel en raison de son appartenance syndicale et sans respect de la procédure d'autorisation administrative peut aussi donner lieu à deux qualifications (Cass. crim. 29-10-1975 n° 73-93.253 P).

B. Élément moral

PRINCIPE

Il n'y a pas de délit sans intention de le commettre (C. pén. art. 121-3). Ainsi, un chef de service ne peut pas être condamné pour avoir interrompu un entretien entre deux représentants du personnel, s'il n'en connaissait pas l'objet (Cass. crim. 3-6-1982 n° 81-94.308). **49120**
Toutefois, en matière de délit d'entrave, l'élément intentionnel se déduit, non du **mobile ou du but recherché** par le prévenu, mais du **caractère volontaire des mesures** qu'il a prises (notamment : Cass. crim. 23-1-1979 n° 78-92.407 P ; 15-2-1994 n° 92-84.088 PF : RJS 6/94 n° 713 ; 27-2-2018 n° 17-81.457 F-D : RJS 5/18 n° 337) ou du **caractère délibéré et réitéré de son abstention** (Cass. crim. 15-5-2007 n° 06-84.318 F-PF : RJS 8-9/07 n° 969).
Autrement dit, il n'est pas nécessaire que la personne poursuivie ait eu un but coupable (volonté d'empêcher l'institution d'exercer ses missions, ou d'écarter un représentant du personnel...). Il suffit qu'elle ait commis volontairement l'acte ou l'omission répréhensible (refus de mettre en place les institutions, mise en œuvre d'un projet sans consultation de l'institution représentative, non-fourniture d'un local, licenciement sans autorisation...).

CAUSES D'IRRESPONSABILITÉ OU D'ATTÉNUATION DE LA RESPONSABILITÉ

Parmi les causes d'irresponsabilité ou d'atténuation de la responsabilité pénale énumérées par les articles 122-1 et suivants du Code pénal (trouble psychique, légitime défense...), l'erreur sur le droit et la contrainte ou la force majeure sont, en matière de délit d'entrave, celles qui sont le plus souvent invoquées. **49125**

> **Précisions** L'accord des **représentants du personnel** n'exonère pas l'auteur du délit de sa responsabilité (notamment : Cass. crim. 18-10-1983 n° 83-90.419 P ; 30-11-1993 n° 93-81.291 D). Il en va de même de la **régularisation ultérieure**, celle-ci pouvant toutefois constituer une cause d'atténuation de la peine (notamment : Cass. crim. 15-2-1994 n° 92-84.088 PF : RJS 6/94 n° 713 ; 6-1-2004 n° 02-88.240 F-PF : RJS 4/04 n° 434).

Erreur sur le droit La personne qui justifie avoir cru, par une erreur sur le droit qu'elle n'était pas en mesure d'éviter, pouvoir légitimement accomplir l'acte n'est pas pénalement responsable (C. pén. art. 122-3). L'erreur doit donc être véritablement « **invincible** ». **49130**

ILLUSTRATIONS

Constituent une cause d'irresponsabilité pénale :
– l'information erronée fournie par l'administration interrogée avant l'acte (Circ. crim. 9/F1 du 14-5-1993) ;
– l'application de clauses illégales d'un accord collectif élaboré sous l'égide d'un médiateur désigné par le Gouvernement (Cass. crim. 24-11-1998 n° 97-85.378 D : RJS 2/99 n° 210) ou ayant reçu un avis favorable du ministre de l'emploi (Cass. crim. 8-10-2002 n° 02-81.177 F-D).
Ne constituent pas, en revanche, une erreur de droit exonératoire de responsabilité celle qui pouvait être évitée en consultant l'inspection du travail (Cass. crim. 5-3-1997 n° 95-83.492 PF ; 20-1-2015 n° 14-80.532 F-PBI : RJS 3/15 n° 227) ou, s'agissant de l'erreur sur le sens ou la portée d'une décision judiciaire, par la présentation d'une demande d'interprétation au juge (Cass. crim. 11-10-1995 n° 94-83.735 P).
Ne justifie pas non plus d'une erreur exonératoire de sa responsabilité l'employeur qui invoque :
– l'information erronée fournie par une fédération professionnelle (Cass. crim. 19-9-2006 n° 05-86.669 F-D : RJS 12/06 n° 1291) ;
– l'existence d'une circulaire remettant en cause les termes d'un texte légal clair (Cass. crim. 18-1-2005 n° 04-81.405 F-D) ;
– l'appréciation divergente quant à la licéité des faits incriminés entre la chambre sociale et la chambre criminelle de la Cour de cassation (en ce sens : Cass. crim. 11-5-2004 n° 03-80.254 FS-PFI : RJS 8-9/04 n° 887).

Contrainte et force majeure La personne qui a agi sous l'empire de la force majeure ou d'une contrainte à laquelle elle n'a pas pu résister n'est pas pénalement responsable (C. pén. art. 122-2). La **force majeure** suppose l'existence d'un événement imprévisible et insurmontable ayant empêché le prévenu de se conformer à la loi (Cass. crim. 31-10-1963 n° 63-90.704 P). La **contrainte**, qu'elle soit morale ou physique, suppose qu'il était parfaitement impossible pour le prévenu d'échapper au péril imminent sans commettre d'infraction (Cass. crim. 29-12-1949). **49135**
S'agissant de la contrainte exercée par l'employeur ou par un **supérieur hiérarchique**, voir n° 49360.

ILLUSTRATIONS

Le non-respect du délai de convocation du comité peut être justifié par l'**urgence** de la consultation (voir n° 1780).
En revanche ne constituent pas des cas de force majeure de **simples difficultés** pour réunir collectivement la délégation du personnel du CSE (voir n° 145) ou trouver un local pour les représentants du personnel (voir n° 34075), ou encore l'**opposition des salariés** à la réintégration d'un salarié protégé irrégulièrement licencié (voir n° 47355).

SECTION 2

RESPONSABLE DE L'INFRACTION

A. Personne physique

EMPLOYEUR

49355 L'employeur (au sens indiqué nos 30002 s.) doit veiller à la mise en place des institutions représentatives du personnel si elle s'impose et s'assurer ensuite de leur fonctionnement régulier. C'est donc lui qui est en premier lieu **susceptible d'être poursuivi** en cas de manquement à ces obligations. Il peut toutefois consentir une **délégation de pouvoir** à un salarié dans les conditions exposées nos 30050 s. Néanmoins, même régulière, la délégation de pouvoir n'exonère pas l'employeur de sa responsabilité pénale s'il participe personnellement à la réalisation de l'infraction (Cass. crim. 20-5-2003 n° 02-84.307 F-PF : RJS 10/03 n° 1181 ; 15-3-2016 n° 14-85.078 F-D : RJS 6/16 n° 432), ou s'il n'ignore pas le caractère chronique des infractions commises (Cass. crim. 15-4-1982 n° 81-93.041). Malgré la délégation de pouvoir, il engage aussi sa responsabilité à l'égard du CSE s'agissant des mesures relevant de son pouvoir propre de direction (Cass. crim. 15-5-2007 n° 06-84.318 F-PF : RJS 8-9/07 n° 969), notamment s'il prend une mesure requérant la consultation du comité sans s'être assuré que cette consultation a eu lieu (notamment : Cass. crim. 15-3-1994 n° 93-82.109 P-F : RJS 6/94 n° 708 ; 3-3-1998 n° 96-85.098 PF : RJS 6/98 n° 749 ; 11-6-2002 n° 01-85.158 F-PF : RJS 10/02 n° 1134).

ATTENTION

L'employeur ne peut pas être exonéré de sa responsabilité pénale s'il n'a pas délégué ses pouvoirs, mais a **seulement été représenté aux réunions du comité** (Cass. crim. 25-4-1989 n° 87-91.068 D : RJS 7/89 n° 595).

AUTRES PERSONNES PHYSIQUES

49360 Toute personne physique, quelle que soit sa fonction dans l'entreprise (responsable du personnel, cadre, employé, représentant du personnel...), est pénalement responsable des infractions qu'elle **commet personnellement**.
Même **non titulaire d'une délégation de pouvoir**, elle peut en effet être poursuivie si elle est le **véritable auteur** de l'infraction (Cass. crim. 17-7-1987 n° 86-93.691 D). Tel n'est pas le cas si, aucun fait n'étant imputable à son initiative personnelle, elle s'est bornée à se conformer aux instructions reçues de l'employeur ou du supérieur hiérarchique (Cass. crim. 11-5-1984 n° 83-93.092).
Le responsable qui agit par **délégation de pouvoir** de l'employeur n'est pénalement responsable que s'il dispose de réels pouvoirs et compétences, voir n° 30060. Si tel est le cas, le fait que la responsabilité de l'employeur puisse être engagée ne l'exonère pas de la sienne dès lors qu'il a participé personnellement à la réalisation de l'infraction (Cass. crim. 16-9-2003 n° 02-86.661 FS-PFI : RJS 1/04 n° 72 ; 14-10-2003 n° 03-81.366 F-PF : RJS 1/04 n° 64).

ILLUSTRATIONS

Est pénalement responsable le **directeur des ressources humaines** chargé de la présidence du CSE refusant, sans motif légitime, de le consulter (Cass. crim. 16-9-2003 n° 02-86.661 FS-PFI : RJS 1/04 n° 72) ou celui qui, ayant tout pouvoir en matière d'embauche ou de licenciement, rompt illégalement le contrat d'un représentant du personnel (Cass. crim. 10-6-1986 n° 85-94.516). En revanche, il ne peut pas être poursuivi pour avoir laissé un délai de réflexion insuffisant au comité s'il n'est pas établi qu'il disposait du pouvoir de fixer ce délai (Cass. crim. 6-6-1990 n° 89-83.277 D).

Un **chef de service** est pénalement responsable s'il s'oppose au déplacement d'un représentant du personnel motif pris de sa charge de travail (Cass. crim. 21-2-1978 n° 77-90.627).
Le **représentant du personnel** peut être poursuivi s'il accepte des avantages financiers de l'employeur en méconnaissance de son mandat (Cass. crim. 28-1-2004 n° 02-85.141 F-PF). Il en va de même du secrétaire du CSE effectuant une dépense non approuvée par la majorité des membres dudit comité (Cass. crim. 4-11-1988 n° 87-91.705 P : RJS 1/89 n° 45).
Les **membres du personnel** sont pénalement responsables s'ils s'opposent à la réintégration d'un représentant du personnel irrégulièrement licencié (Cass. crim. 9-12-1986 n° 86-90.552 P).

B. Personne morale

En cas de délit d'entrave, l'entreprise, personne morale, peut engager sa responsabilité pénale (C. pén. art. 121-2, al. 1) soit à la place de la responsabilité de la personne physique auteur de l'infraction, soit conjointement. **49410**
En effet, la responsabilité pénale des personnes morales **n'exclut pas celle des personnes physiques** auteurs ou complices des mêmes faits (C. pén. art. 121-2, al. 3).

PERSONNES MORALES CONCERNÉES

Sont concernées les personnes morales de **droit privé** à but lucratif (sociétés civiles ou commerciales, sociétés unipersonnelles, groupements d'intérêt économique...) ou à but non lucratif (associations, fondations, syndicats professionnels, institutions représentatives du personnel...), mais aussi celles de **droit public**, sauf l'État. La responsabilité pénale des collectivités territoriales ou de leurs groupements est toutefois limitée aux infractions commises dans l'exercice d'activités susceptibles de faire l'objet de conventions de délégation de service public (C. pén. art. 121-2, al. 1 et 2). **49415**
La loi ne prévoyant aucune distinction selon la **nationalité**, sont aussi visées les personnes morales étrangères pour les infractions commises sur le territoire français.

CONDITIONS DE LA RESPONSABILITÉ

La responsabilité pénale d'une personne morale n'est admise que si les manquements qui lui sont reprochés ont été **commis par** l'un de ses organes ou représentants et **pour son compte** (Cass. crim. 11-4-2012 n° 10-86.974 FS-PB : RJS 7/12 n° 668), ce que les juges du fond doivent rechercher (Cass. crim. 10-12-2019 n° 18-84.737 F-D : RJS 2/20 n° 117 ; 30-3-2021 n° 20-81.030 F-D : RJS 6/21 n° 316). Tel n'est pas le cas si le représentant de la personne morale agit pour son propre compte et dans son intérêt personnel (Circ. crim. 9/F1 du 14-5-1993). **49420**
Une faute de la personne morale, distincte de celle commise par ses organes ou représentants, n'est pas nécessaire pour engager sa responsabilité pénale (Cass. crim. 26-6-2001 n° 00-83.466 F-PF).

L'infraction doit avoir été commise par un organe ou un représentant de la personne morale. Sont ainsi visés les **représentants légaux** (au sens indiqué n°s 30004 s.) et les **organes de droit** (conseil d'administration ou directoire de SA, assemblée générale...). **49425**
Sont aussi concernés le dirigeant de fait de la personne morale (Cass. crim. 11-7-2017 n° 16-86.092 F-D : RJS 11/17 n° 775 ; Rép. Berthol : AN 22-11-1993 n° 5299), le **salarié** titulaire d'une délégation ou d'une subdélégation de pouvoirs de l'employeur (voir n° 30070) et celui ayant agi dans le cadre de ses fonctions participant du pouvoir de direction de l'entreprise (Cass. crim. 23-6-2009 n° 07-85.109 F-PF : RJS 10/09 n° 819).
La solution devrait, selon nous, être identique pour les **personnes expressément mandatées** pour représenter la personne morale (administrateur provisoire ou judiciaire de la société, notamment).

> **Précisions** Pour la chambre criminelle de la Cour de cassation, en cas de fusion-absorption frauduleuse ayant pour objectif de faire échapper la société absorbée à une condamnation pénale, la société absorbante peut être condamnée pénalement pour des faits commis par la société absorbée (Cass. crim. 25-11-2020 n° 18-86.955 FP-PBI : RJS 2/21 n° 128 et 13-4-2022 n° 21-80.653 FS-B : RJS 7/22 n° 421). Hors cas de fraude, ce transfert de responsabilité pénale s'applique uniquement en cas d'opération de fusion-absorption impliquant une société anonyme, intervenue après le 25-11-2020 et concernant une peine d'amende ou de confiscation (Cass. crim. 25-11-2020 précité). En cas de fusion ne remplissant pas toutes ces conditions, il n'y a pas de transfert de responsabilité pénale (Cass. crim. 20-6-2000 n° 99-86.742 PF : RJS 1/01 n° 145 ; 25-10-2016 n° 16-80.366 FS-PB : RJS 4/17 n° 310).

SECTION 3

POURSUITES PÉNALES

A. Prescription

49700 La prescription des délits est de **6 ans révolus** (CPP art. 8). Le délit d'entrave peut donc faire l'objet de poursuites pendant 6 ans.

Le **point de départ** de ce délai est en principe le jour où l'infraction est commise. Ainsi, en cas de refus ponctuel de l'employeur de tenir une réunion mensuelle du CSE, il s'agit du jour où cette réunion devait avoir lieu (Cass. crim. 26-4-1988 n° 86-93.566 P). Toutefois, si l'infraction est continue, c'est-à-dire si son exécution se poursuit dans le temps, le point de départ est fixé au jour où elle cesse. Ainsi, en cas de refus de réintégration d'un salarié protégé licencié sans autorisation ou dont l'autorisation de licenciement a été annulée, le délit se poursuit jusqu'au jour de la réintégration (Cass. crim. 23-4-1970 n° 69-90.230 P ; 4-10-1973 n° 72-92.793 P), de sorte que, tant que le salarié n'est pas réintégré, le délai de prescription ne court pas.

> **Précisions** **a.** Les actes d'instruction ou de poursuite, notamment le procès-verbal dressé par l'inspecteur du travail (Cass. crim. 26-11-1985 n° 84-93.304 P ; 17-12-1991 n° 90-84.813 P), la plainte avec constitution de partie civile (Cass. 1e civ. 16-1-2001 n° 98-17.427 FS-P) ou la citation directe (n° 49770) ainsi que tout jugement ou arrêt, même non définitif, s'il n'est pas entaché de nullité, **interrompent la prescription**. Ils font courir un délai de prescription d'une durée égale au délai initial (CPP art. 9-2), c'est-à-dire un nouveau délai de 6 ans. En revanche, une plainte simple ne l'interrompt pas.
b. **L'action civile** (demande de dommages-intérêts) se prescrit selon les règles pénales si elle est exercée devant le juge pénal ou selon celles du Code civil si elle est exercée devant une juridiction civile (CPP art. 10). En conséquence, si le délai de prescription de l'action pénale est expiré, mais non celui prévu par le Code civil, il reste possible de demander réparation à la juridiction civile.

B. Procédure

49750 Le délit d'entrave est jugé par le **tribunal correctionnel du lieu** de l'infraction, celui de la résidence ou du siège social du prévenu (selon qu'il s'agit d'une personne physique ou morale), ou celui du lieu d'arrestation ou de détention (CPP art. 382 et 706-42). En cas de poursuite pour défaut d'information du CSE, le délit est réputé commis au lieu où l'obligation d'information aurait dû recevoir exécution, c'est-à-dire au siège du comité (Cass. crim. 13-1-1998 n° 96-81.478 PF), même si la société est une filiale d'une entreprise étrangère (Cass. crim. 25-4-1989 n° 87-80.721 D : RJS 7/89 n° 597).

Le délit d'entrave peut être établi par tout **mode de preuve**, et pas seulement par des procès-verbaux de l'inspecteur du travail (Cass. crim. 4-10-1973 n° 72-92.793 P).

Sur l'**information des représentants du personnel** lorsque la personne morale employeur est poursuivie pour ce délit, voir n° 3595.

DÉCLENCHEMENT DES POURSUITES

49755 Les poursuites sont engagées par le **procureur de la République** soit sur la base d'un procès-verbal établi par l'inspecteur du travail (n° 49760) ou plus rarement par un agent de police judiciaire, soit à la suite d'une plainte déposée par la ou les parties lésées (n° 49765). L'auteur de l'acte répréhensible peut aussi faire l'objet d'une citation directe devant le tribunal correctionnel (n° 49770).

49760 **Inspecteur du travail** L'inspecteur ou le contrôleur du travail constate les infractions par **procès-verbal** (C. trav. art. L 8113-7). Il peut proposer au procureur de la République d'engager des poursuites. C'est au parquet de décider des suites à donner : classement ou poursuites. Même si un procès-verbal est transmis au procureur, il peut donc être utile de porter plainte afin d'éviter un classement sans suite.

> **Précisions** L'inspecteur du travail dispose d'un **pouvoir d'appréciation** sur les suites qu'il entend donner aux infractions constatées. Il peut en effet donner des avertissements ou des conseils au lieu d'intenter ou de recommander des poursuites (Convention OIT 81 et 129). Son but est moins de sanctionner l'employeur que de faire appliquer la réglementation du travail. Sa décision dépend, notamment, de la gravité de l'infraction, des circonstances dans lesquelles elle est constatée, de la bonne foi du chef d'établissement et de ses antécédents (condamnation déjà prononcée à son encontre par exemple).

Plainte Toute victime de l'infraction peut former une plainte simple par **lettre** (sur papier libre) adressée au procureur de la République qui peut alors (CPP art. 40 s.) : 49765
– ouvrir une **information judiciaire** : un juge d'instruction est alors désigné pour recueillir, préalablement au procès pénal, tous les éléments utiles ;
– mettre en œuvre une **mesure alternative** aux poursuites (rappel à la loi, demande de régularisation de la situation...) ;
– procéder à une **citation directe** (n° 49770) ;
– décider de ne pas poursuivre : le plaignant reçoit un avis motivé de **classement** sans suite. Il peut alors contester ce classement auprès du procureur général ou déposer une plainte avec constitution de partie civile (n° 49785) ou encore procéder à une citation directe (n° 49770).

Citation directe Cette procédure permet à la victime ou au procureur de la République de saisir directement le tribunal correctionnel en informant la personne poursuivie des lieu et date de l'audience par l'intermédiaire d'un huissier (CPP art. 550 s.). Plus rapide qu'une plainte, elle évite la phase d'instruction et le risque d'un classement sans suite, elle engendre néanmoins plus de frais et, la victime ne disposant que des débats de l'audience pour prouver la réalité de l'infraction, elle nécessite de posséder par avance suffisamment de preuves. 49770

La citation directe lance le procès pénal mais déclenche aussi, pour la victime qui en est à l'origine, l'action civile (nos 49780 s.).

CONSTITUTION DE PARTIE CIVILE

Personnes habilitées La constitution de partie civile permet de demander au juge pénal réparation du préjudice subi du fait du délit d'entrave et d'être partie au procès pénal. 49780

Peut se constituer partie civile toute personne physique ou morale personnellement et directement lésée par l'infraction (CPP art. 85).

Toutefois, les syndicats professionnels peuvent exercer une action civile pour les faits portant un préjudice direct ou indirect à l'intérêt collectif de la profession qu'ils représentent (voir nos 12360 s.). La recevabilité de leur action est donc plus large que celle de droit commun.

ILLUSTRATIONS

En cas d'entrave au **fonctionnement du CSE**, le comité, représenté par une personne mandatée dans les conditions indiquées n° 1310 (Cass. crim. 26-5-1998 n° 97-80.079 D : RJS 10/98 n° 1242), peut se constituer partie civile (Cass. crim. 29-3-1973 n° 72-90.784 P). En revanche, un simple salarié ne le peut pas (Cass. crim. 18-12-1990 n° 89-80.333 : RJS 2/91 n° 199). Non plus que le président du comité qui ne justifie pas d'un dommage personnel découlant directement de l'infraction ou d'un mandat du comité pour agir (Cass. crim. 26-5-1998 n° 97-80.079 D : RJS 10/98 n° 1242).

Les **syndicats professionnels** peuvent se constituer partie civile en cas d'entrave au droit syndical, mais aussi en cas d'entrave au fonctionnement du CSE (Cass. crim. 4-5-1971 n° 70-91.862 P ; 14-12-1993 n° 91-83.977 D).

Le **délégué syndical** peut se constituer partie civile en cas d'entrave à ses fonctions (Cass. crim. 30-10-2006 n° 05-86.380 F-PF : RJS 2/07 n° 247), mais pas au fonctionnement du CSE (Cass. crim. 25-4-1989 n° 87-91.068 D : RJS 7/89 n° 595). Il en va de même du **représentant syndical** au CSE (Cass. crim. 28-10-1980 n° 80-90.717 P).

Procédure Si sa **plainte simple est classée sans suite**, ou si le procureur ne répond pas dans les 3 mois à sa plainte simple, la victime peut déposer une plainte avec constitution de partie civile en adressant un courrier au **juge d'instruction du tribunal judiciaire** du lieu de l'infraction ou du domicile (siège pour les personnes morales) de l'auteur du délit d'entrave. La plainte est alors transmise au **procureur de la République** qui soit demande au juge d'instruction de ne pas poursuivre, soit demande l'ouverture d'une instruction, le juge d'instruction pouvant décider de suivre ou non les réquisitions du procureur (CPP art. 85 s. et 706-41 s.). 49785

La constitution de partie civile peut aussi résulter d'une **citation directe** (n° 49770).

Si une **instruction est en cours**, la constitution de partie civile peut avoir lieu à tout moment (CPP art. 87) soit à l'audience même par déclaration consignée par le greffier ou dépôt de conclusions, soit par lettre recommandée avec accusé de réception, par télécopie ou par une communication électronique parvenue au tribunal au plus tard 24 heures avant l'audience (CPP art. 418 s.). Lorsque ce délai n'a pas été respecté mais que le tribunal a effectivement eu connaissance, avant les réquisitions du ministère public sur le fond, de la constitution de partie civile, son irrecevabilité ne peut être relevée.

> **Précisions a.** Sauf si la juridiction pénale a été saisie par le procureur avant qu'un jugement sur le fond ait été rendu par la juridiction civile, la partie qui a **déjà saisi la juridiction civile** compétente ne peut pas saisir le juge pénal (CPP art. 5). Pour que ce principe joue, les deux demandes doivent opposer les mêmes parties et avoir le même objet et la même cause. Tel est le cas de la demande d'indemnisation des mêmes faits, formée à l'encontre du dirigeant de la société devant le tribunal correctionnel et à l'encontre de la société devant le conseil de prud'hommes (Cass. crim. 3-4-2007 n° 06-86.748 F-PFI : RJS 7/07 n° 862). En revanche, une demande de réintégration devant le conseil de prud'hommes n'empêche pas le salarié protégé de se constituer partie civile dans les poursuites exercées pour entrave à ses fonctions (Cass. crim. 22-10-1991 n° 89-86.402 D : RJS 3/92 n° 304). Par exception à ce principe, la victime qui a exercé son action devant une juridiction civile pendant le délai de 3 mois entre le dépôt d'une plainte simple et la possibilité de saisir le juge d'instruction par une plainte avec constitution de partie civile peut se constituer partie civile devant le juge d'instruction après s'être désistée de l'instance civile (CPP art. 85).
>
> **b.** Si la personne poursuivie est relaxée par le tribunal correctionnel et que la **victime fait appel** concernant les intérêts civils, la cour d'appel ne peut prononcer aucune sanction pénale, mais elle doit néanmoins rechercher si le fait reproché constitue ou non une infraction pénale pour se prononcer sur la demande de dommages-intérêts (Cass. crim. 24-1-1979 n° 78-90.409 P ; 3-11-1994 n° 94-80.354 D : RJS 1/95 n° 37).

SECTION 4 SANCTIONS

RÉGIME APPLICABLE

50000 Les délits d'entrave mentionnés n°s 49030 s. sont passibles des **peines** suivantes dont la nature et le montant diffèrent selon l'infraction commise :

Nature de l'infraction	Peines encourues Personnes physiques	Personnes morales [1]	Fondements
Entrave à la constitution des institutions représentatives du personnel ou à la libre désignation de leurs membres	– emprisonnement de 1 an – amende de 7 500 €	amende de 37 500 €	C. trav. art. L 2317-1, L 2335-1, L 2346-1, L 2355-1, L 2365-1 et L 2375-1
Atteinte au fonctionnement régulier des institutions représentatives du personnel	amende de 7 500 €	amende de 37 500 €	C. trav. art. L 2317-1, L 2335-1, L 2346-1, L 2355-1, L 2365-1 et L 2375-1
Entrave à l'exercice du droit syndical	– emprisonnement de 1 an – amende de 3 750 €	amende de 18 750 €	C. trav. art. L 2146-1
Rupture ou transfert, en méconnaissance des dispositions relatives à la procédure d'autorisation administrative, du contrat de travail des représentants du personnel (hormis l'hypothèse d'un transfert pour le conseiller du salarié et les membres de la commission paritaire régionale interprofessionnelle)	– emprisonnement de 1 an – amende de 3 750 €	amende de 18 750 €	C. trav. art. L 2431-1, L 2432-1, L 2433-1, L 2434-1, L 2435-1, L 2435-2, L 2435-3, L 2435-4, L 2437-1, L 243-10-1 et L 243-11-1

Nature de l'infraction	Peines encourues Personnes physiques	Personnes morales [1]	Fondements
Atteinte à l'exercice régulier des fonctions de conseiller du salarié	– emprisonnement de 1 an – amende de 3 750 €	amende de 18 750 €	C. trav. art. L 1238-1
Refus de consulter le CSE sur les modalités d'exercice du droit d'expression des salariés	– emprisonnement de 1 an – amende de 3 750 €	amende de 18 750 €	C. trav. art. L 2283-2
Non-établissement ou non-présentation du bilan social	amende de 7 500 €	amende de 37 500 €	C. trav. art. L 2317-2

1. Amende égale à 5 fois celle prévue pour la personne physique en cas de première infraction (C. pén. art. 131-38).

Ces peines, qui sont des peines **maximales**, sont doublées en cas de **récidive** (C. pén. art. 132-10 et 132-14).
Les peines d'affichage et de **publication de la décision** de condamnation ne sont pas applicables aux délits d'entrave (Cass. crim. 27-9-1989 n° 88-85.727 P : RJS 11/89 n° 849 ; 11-6-2013 n° 12-83.081 D : RJS 11/13 n° 742).

CUMUL DES PEINES

Si, au cours d'une **même procédure**, la personne poursuivie est reconnue coupable de **plusieurs délits**, chacune des peines encourues peut être prononcée. Toutefois, si plusieurs peines de même nature sont encourues, il ne peut en être prononcé qu'une seule dans la limite du maximum le plus élevé (C. pén. art. 132-3). Ainsi, la juridiction ne peut prononcer qu'une seule peine privative de liberté, une seule peine d'amende respectant le maximum légal le plus élevé prévu, pour chaque catégorie de peines, par les textes réprimant les infractions en concours (Circ. crim. 9/F1 du 14-5-1993). 50010

EXEMPLE

En cas d'infractions à la fois au droit syndical et à la procédure d'autorisation administrative de licenciement d'un salarié protégé, une seule peine d'emprisonnement et une seule amende peuvent être prononcées, celles-ci ne pouvant respectivement excéder, pour une personne physique non récidiviste, 1 an et 3 750 €.

Si la personne poursuivie est reconnue coupable de **plusieurs délits**, à l'occasion de **poursuites séparées**, les peines prononcées s'exécutent cumulativement dans la limite du maximum légal le plus élevé, la juridiction répressive pouvant toutefois ordonner la confusion totale ou partielle des peines de même nature (C. pén. art. 132-4). 50015
Quant aux peines d'amende pour **contraventions**, elles se cumulent entre elles et avec celles encourues ou prononcées pour des crimes ou délits (C. pén. art. 132-7).

PARTIE 6

Dossiers thématiques

La sixième partie de cet ouvrage est composée de dossiers thématiques. On y examine quels représentants du personnel interviennent, et selon quelles modalités, dans chacun des domaines suivants : **52000**
– emploi,
– conditions de travail,
– formation professionnelle,
– durée du travail,
– congés,
– rémunération et épargne salariale,
– protection sociale complémentaire,
– égalité professionnelle,
– contrôle des salariés,
– négociation collective,
– règlement intérieur et autres normes collectives,
– conflits collectifs,
– transferts d'entreprise et restructurations,
– difficultés économiques, licenciements et procédures collectives.

CHAPITRE 1 L'EMPLOI

SOMMAIRE

Le thème de l'emploi entre dans la mission du comité social et économique (**CSE**). Il fait expressément partie de ses attributions économiques dans les entreprises d'au moins 50 salariés (nos 3400 s.). 52001
Quant aux **délégués syndicaux,** ils sont appelés à négocier des accords sur le sujet.

ATTENTION

Il a été jugé que, la défense de l'emploi n'étant pas une activité sociale et culturelle mais relevant des attributions économiques du comité, le **budget** nécessaire à son exercice ne peut pas être prélevé sur le budget propre aux activités sociales et culturelles (Cass. soc. 12-2-2003 n° 00-19.341 FS-PB : RJS 4/03 n° 478).

SECTION 1 SITUATION DE L'EMPLOI DANS L'ENTREPRISE

Le Code du travail contient de nombreuses dispositions, parfois d'ailleurs redondantes, qui imposent informations et consultations des représentants du personnel sur la **structure et l'évolution des effectifs** de l'entreprise. 52101

A. Informations et consultations récurrentes

COMITÉ SOCIAL ET ÉCONOMIQUE

Dans les entreprises d'au moins 50 salariés, le CSE est informé et/ou consulté sur la **situation** et l'**évolution de l'emploi** dans des conditions qui varient selon la taille de l'entreprise. 52310
Sur les possibilités d'adapter par **accord d'entreprise** la périodicité, le contenu et les modalités des informations et consultations récurrentes du CSE, voir nos 3850 s.
S'agissant des **moyens d'information** dont dispose le CSE, voir nos 3750 s. Pour la liste des informations à mettre à sa disposition en vue de la consultation sur la politique sociale de l'entreprise, les conditions de travail et l'emploi, voir nos 99050 s.

52315 **Entreprises d'au moins 50 salariés** Dans les entreprises d'au moins 50 salariés, l'évolution de l'emploi fait partie des thèmes abordés lors de la **consultation annuelle** du CSE sur la politique sociale de l'entreprise, les conditions de travail et l'emploi (voir nos 3910 s.).

En vue de cette consultation, l'employeur doit mettre à la disposition du CSE, dans la **base de données** économiques, sociales et environnementales (BDESE), des informations portant notamment sur l'évolution de l'emploi, des qualifications, de la formation et des salaires, sur les actions en faveur de l'emploi des travailleurs handicapés, sur le nombre et les conditions d'accueil des stagiaires, sur l'apprentissage et sur le recours aux CDD, aux contrats de mission conclus avec une entreprise de travail temporaire ou aux contrats conclus avec une entreprise de portage salarial (C. trav. art. L 2312-26, II-1°).

52320 **Entreprises d'au moins 300 salariés** Dans les entreprises d'au moins 300 salariés, la consultation annuelle du CSE sur la politique sociale, les conditions de travail et l'emploi porte également sur le **bilan social** qui comporte un chapitre sur l'emploi (voir n° 70775). À cette fin, les données correspondantes sont mises à la disposition du comité dans la BDESE (C. trav. art. L 2312-28).

Par ailleurs, dans ces mêmes entreprises, chaque trimestre, l'employeur doit tenir les membres du CSE informés de l'**évolution des effectifs** et de la qualification des salariés par sexe, également via la BDESE (C. trav. art. L 2312-69, 3°).

AUTRES INSTANCES

52325 La question de l'emploi est également soumise au **comité d'entreprise européen** à l'occasion de sa réunion annuelle (voir n° 7185) de même qu'au **comité de la société européenne** (C. trav. art. L 2353-4).

B. Interventions ponctuelles

ATTRIBUTIONS D'AIDES PUBLIQUES

52350 Le CSE dans les entreprises d'au moins 50 salariés est informé et consulté en cas d'attribution directe de subventions, prêts ou avances remboursables par une personne publique ou dans le cadre de programmes ou fonds communautaires (C. trav. art. R 2312-23, al. 1). Seules sont concernées les aides dont le **seuil excède** 200 000 € pour les subventions et 1 500 000 € pour les prêts et avances remboursables (Arrêté MTST0908563A du 27-4-2009 : JO 29).

L'information et la consultation ont lieu après notification à l'entreprise du montant de l'aide. Elles portent sur la nature de l'aide, son objet, son montant et les conditions de versement et d'emploi fixées, le cas échéant, par la personne publique attributrice (C. trav. art. R 2312-23, al. 2).

S'agissant de la consultation du CSE en cas de conclusion : d'une convention de formation et d'adaptation, voir n° 52740 ; d'un contrat pour la mixité des emplois et l'égalité professionnelle, voir n° 76530.

ATTENTION

L'employeur peut, selon nous, informer et consulter le CSE lors de la première **réunion** périodique suivant la notification à l'entreprise de l'attribution de l'aide. Il n'est pas tenu d'organiser une réunion extraordinaire sur ce point.

Les aides publiques font également partie des informations figurant dans la **BDESE,** voir n° 99020.

EMPLOI DE TRAVAILLEURS ÉTRANGERS

52355 Sous peine de sanctions pénales (amende prévue pour les contraventions de la 4e classe : n° 99200), doivent être annexés au registre unique du personnel et **tenus à la disposition** des membres du CSE soit dans l'établissement, soit sur chaque chantier ou lieu de travail distinct de l'établissement pour ceux des ressortissants étrangers qui y sont employés :

– la **copie des titres** autorisant les travailleurs étrangers à exercer une activité salariée (C. trav. art. D 1221-24 et R 1227-7) ;

– pour les salariés détachés en France par un employeur établi à l'étranger, les accusés de réception des **déclarations de détachement** lorsqu'elles s'imposent (C. trav. art. D 1221-24-1 et R 1227-7).

RECOURS AUX CONTRATS PRÉCAIRES

Conclusion des contrats Le CSE doit être consulté préalablement à la conclusion d'un contrat de travail à durée déterminée ou d'un contrat de travail temporaire dans les cas suivants : 52360
- lorsque le contrat est conclu au titre du remplacement d'un **salarié parti avant la suppression de son poste** de travail (C. trav. art. L 1242-2, 1°-d et L 1251-6, 1°-d) ;
- en cas de commande exceptionnelle à l'**exportation** (C. trav. art. L 1242-8-1 et L 1251-9).

En principe, il est interdit de recourir à un contrat de travail précaire (CDD ou travail temporaire) au titre d'un accroissement temporaire d'activité dans les 6 mois **suivant un licenciement économique** sauf si le contrat n'excède pas 3 mois et n'est pas renouvelable et en cas de commande exceptionnelle à l'exportation (C. trav. art. L 1242-5 et L 1251-9). 52365
La dérogation est subordonnée à l'information et à la consultation préalable du CSE.

ATTENTION

Depuis la **recodification de 2008,** le Code du travail ne prévoit la consultation des représentants du personnel que dans le cas où le contrat est lié à la survenance dans l'entreprise d'une commande exceptionnelle à l'exportation. Toutefois, la consultation de ces représentants lorsque la durée du contrat n'est pas susceptible de renouvellement et n'excède pas 3 mois est toujours requise en application du principe selon lequel la recodification s'est effectuée à droit constant et sur le fondement de l'article 7 de l'accord national interprofessionnel du 24 mars 1990 applicable dans toutes les entreprises non agricoles.

Affectation à des travaux dangereux Il est interdit de conclure un contrat de travail à durée déterminée ou de recourir au travail temporaire pour effectuer certains travaux particulièrement dangereux figurant sur une liste établie par voie réglementaire (C. trav. art. L 1242-6, L 1251-10 et L 4154-1). Le **Dreets** peut exceptionnellement autoriser une dérogation à l'interdiction sur demande de l'employeur, accompagnée de l'**avis du CSE** ainsi que de l'avis du **médecin du travail** (C. trav. art. D 4154-3). 52370

Recours important ou abusif Lorsque le nombre de salariés titulaires d'un CDD et de salariés temporaires connaît un **accroissement important** par rapport à la situation existant lors de la dernière réunion du CSE ayant abordé ce sujet, l'examen de cette question est inscrit de plein droit à l'ordre du jour de la prochaine **réunion ordinaire du comité** si la majorité de ses membres le demande. Lors de cette réunion, l'employeur communique au CSE (C. trav. art L 2312-70) : 52375
- le nombre de salariés titulaires d'un CDD et de salariés temporaires ;
- les motifs l'ayant amené à y recourir ;
- le nombre de journées de travail accomplies par les intéressés depuis la dernière communication faite à ce sujet.

En cas d'**accroissement important** du nombre de salariés titulaires de contrats de travail à durée déterminée et de contrats de mission, ou s'il a connaissance de faits susceptibles de caractériser un **recours abusif** à ces contrats, le CSE dans les entreprises d'au moins 50 salariés peut **saisir l'inspecteur du travail** (C. trav. art. L 2312-71), en votant une résolution à la **majorité** de ses membres présents (Circ. DRT 2002-08 du 2-5-2002 n° 2.3). 52380
L'inspecteur du travail peut **enquêter** sur place, demander des précisions au chef d'entreprise ou apprécier les conditions de recours au travail précaire au vu notamment des relevés mensuels établis par les entreprises de travail temporaire ou du registre d'entrée et sortie du personnel, sans se limiter au strict constat d'éventuelles infractions pénales. S'il considère que le recours aux contrats précaires n'est pas conforme à la loi (par exemple à l'interdiction de pourvoir durablement un emploi lié à l'activité normale et permanente de l'entreprise), il adresse à l'employeur le **rapport** qui établit ce constat (Circ. DRT 2002-08 précitée n° 2.4). L'employeur communique ce rapport au CSE en même temps que sa réponse motivée précisant, en tant que de besoin, les moyens qu'il met en œuvre dans le cadre d'un **plan de résorption de la précarité** destiné à limiter le recours à ces formes de contrats de travail (C. trav. art. L 2312-71).

> **Précisions a.** La loi n'a pas fixé les **délais** dans lesquels l'employeur doit établir ce plan, ni sa durée d'exécution, car ces éléments dépendent naturellement de la situation particulière de chaque entreprise. Au terme du débat qui se déroule avec les représentants du personnel, l'employeur reste maître du contenu du plan qu'il mettra en œuvre. Néanmoins, le **défaut** d'élaboration de plan, voire son **insuffisance** au regard des constatations de l'inspecteur du travail, serait susceptible de fonder une action du comité devant le juge (Circ. DRT 2002-08 du 2-5-2002 n° 2.4).

b. Lorsqu'une société recourt massivement à l'intérim pour pourvoir durablement des emplois liés à son activité normale et permanente, sa **décision de ne plus recruter d'intérimaires** à l'échéance des contrats en cours doit donner lieu à consultation préalable du comité (Cass. crim. 10-5-2016 n° 14-85.318 F-PB : RJS 8-9/16 n° 544).

STAGES

52385 Lorsque **l'inspecteur ou le contrôleur du travail** constate qu'un stagiaire occupe un poste de travail en méconnaissance des articles L 124-7 et L 124-8 du Code de l'éducation ou que l'organisme d'accueil ne respecte pas certaines dispositions du Code du travail (énumérées par les articles L 124-13 et L 124-14 du Code de l'éducation), il en informe les institutions représentatives du personnel de l'organisme d'accueil dans des conditions qui devraient être fixées par un décret non encore paru (C. trav. art. L 8223-1-1).

ATTENTION

Cette procédure d'information des représentants du personnel ne fait pas obstacle à ce que l'inspecteur ou le contrôleur du travail dresse un **procès-verbal** (C. trav. art. L 8223-1-1).

PRÊT DE MAIN-D'ŒUVRE

52395 Le CSE de l'**entreprise prêteuse** est consulté préalablement à la mise en œuvre d'un prêt de main-d'œuvre et informé des différentes conventions signées. Il est informé lorsque le poste occupé dans l'entreprise utilisatrice par le salarié mis à sa disposition figure sur la liste de ceux présentant des risques particuliers pour la sécurité ou la santé des salariés (C. trav. art. L 8241-2, al. 12 et 13).

Le CSE de l'**entreprise utilisatrice** est informé et consulté préalablement à l'accueil de salariés mis à sa disposition dans le cadre de prêt de main-d'œuvre (C. trav. art. L 8241-2, al. 14).

PORTAGE SALARIAL

52400 Lorsque le CSE dans les entreprises d'au moins 50 salariés a connaissance de faits susceptibles de caractériser un **recours abusif** aux contrats conclus avec une entreprise de portage salarial, il peut saisir l'**inspecteur du travail** ; celui-ci peut alors effectuer une enquête et établir un rapport auquel l'employeur est tenu de répondre, selon la même procédure que celle prévue en cas de recours abusif au travail précaire : voir n° 52380 (C. trav. L 2312-71).

COMPRESSION DES EFFECTIFS

52405 Le CSE dans les entreprises d'au moins 50 salariés est saisi en temps utile des **projets de restructuration** et de compression des effectifs. Lorsque l'opération projetée impose d'établir un **plan de sauvegarde de l'emploi,** le comité émet un avis sur cette opération et ses modalités d'application dans les conditions et délais visés n° 90315. Cet avis est transmis au Dreets (C. trav. art. L 2312-39). Cette consultation s'articule avec la procédure de licenciement collectif pour motif économique examinée n°s 89790 s., mais n'est pas applicable en cas d'accord portant rupture conventionnelle collective (voir n°s 52900 s.).

ILLUSTRATIONS

Jugé que constitue un projet de compression des effectifs justifiant la consultation du comité la diminution régulière et importante des effectifs d'une entreprise au cours d'une certaine période à la suite de nombreux **« départs naturels »** de salariés, cette diminution n'étant pas le fait de la conjonction inopinée de ces départs mais résultant d'une stratégie délibérée de la direction dans un souci d'adaptation à la conjoncture économique (Cass. crim. 4-11-1997 n° 96-84.594 PF : RJS 4/98 n° 487).

52410 À défaut d'**accord** prévu par l'article L 2312-55 du Code du travail (voir n° 4050), lorsque le projet de restructuration et de compression des effectifs soumis au CSE dans les entreprises d'au moins 50 salariés est de nature à affecter le volume d'activité ou d'emploi d'une entreprise sous-traitante, l'**entreprise donneuse d'ordre** en informe immédiatement l'entreprise sous-traitante (C. trav. art. L 2312-58, al. 1). Cette information doit avoir lieu quelle que soit la forme juridique de l'entreprise sous-traitante en question et même si elle fait l'objet d'une procédure de redressement ou de liquidation judiciaires (Circ. DGEFP/DRT/DSS 2002-01 du 5-5-2002 n° II-F 4°).

Le CSE de l'**entreprise sous-traitante** en est immédiatement informé et reçoit toute explication utile sur l'évolution probable de l'activité et de l'emploi (C. trav. art. L 2312-58, al. 2). À l'occasion de cette information qui doit normalement se faire au cours d'une réunion convoquée dans les conditions du droit commun, le chef de l'entreprise sous-traitante doit présenter aux membres du comité une première évaluation des conséquences du projet pour les salariés de l'entreprise (Circ. DGEFP/DRT/DSS 2002-01 du 5-5-2002 n° II-B 2°).

> Précisions La loi ne donne pas de **définition de la sous-traitance,** mais il convient de l'entendre au sens de l'opération par laquelle une entreprise confie à une autre le soin d'exécuter, pour elle et selon des stipulations contractuelles, tout ou partie des actes de production et de services dont elle assure la responsabilité économique finale (Circ. DGEFP/DRT/DSS 2002-01 du 5-5-2002 n° II-B 1°).

Groupement d'employeurs 52415

Un groupement d'employeurs peut être constitué entre plusieurs personnes physiques ou morales entrant dans le champ d'application d'une même convention collective, sous la forme d'une association type loi de 1901 ou d'une société coopérative, dans le but de **mettre à la disposition** de ses membres des **salariés liés à lui** par un contrat de travail (C. trav. art. L 1253-1 et L 1253-2). Le groupement d'employeurs doit informer l'inspecteur du travail de sa constitution (C. trav. art. L 1253-6). Un groupement peut aussi être constitué entre employeurs relevant de conventions collectives différentes dès lors qu'ils choisissent la convention qu'ils souhaitent voir appliquer et le déclarent à l'administration qui exerce un contrôle sur ce choix (C. trav. art. L 1253-17).
Les **employeurs adhérant à un tel groupement** doivent informer les institutions représentatives du personnel existant dans leur entreprise de la constitution et de la nature du groupement d'employeurs (C. trav. art. L 1253-7). Selon nous, cette rédaction suppose l'information du CSE et des délégués syndicaux.
À défaut d'information des institutions représentatives du personnel, l'employeur s'expose à des sanctions pénales spécifiques (C. trav. art. L 1255-13) :
– amende de 3 750 € et, en cas de récidive, amende de 7 500 € et emprisonnement de 6 mois ;
– le cas échéant, à titre de peine complémentaire, affichage du jugement aux portes du siège du groupement et des entreprises utilisatrices et publication dans des journaux.

SECTION 2 GESTION DES CARRIÈRES

A. Gestion des emplois et des parcours professionnels

La **finalité** de la gestion des emplois et des parcours professionnels (GEPP), qui englobe la gestion prévisionnelle des emplois et des compétences (GPEC), est d'adapter les emplois, les effectifs et les compétences en fonction de la stratégie des entreprises et des modifications de leurs divers environnements (économique, technologique, démographique, social et juridique). Une obligation de négocier sur la GEPP est prévue au niveau de l'entreprise et du groupe et sur la GPEC au niveau de la branche. 52500

NÉGOCIATION

Modalités Les entreprises ayant la possibilité d'adapter par accord collectif la **périodicité** et le **contenu** de leurs négociations obligatoires dans les conditions exposées n°s 81170 s., les dispositions qui suivent s'imposent en l'absence d'un tel accord d'adaptation ou en cas de non-respect de ses stipulations par l'employeur. 52505
Dans les **entreprises et les groupes** d'entreprises soumis à la négociation **triennale** obligatoire (c'est-à-dire les entreprises ou groupes d'au moins 300 salariés tenus de constituer un comité de groupe et les entreprises et groupes de dimension communautaire comportant au moins un établissement ou une entreprise d'au moins 150 salariés en France), l'employeur est tenu d'engager avec les délégués syndicaux une négociation sur la **gestion des emplois et des parcours professionnels et** sur la **mixité des métiers** (C. trav. art. L 2242-20).
Cette négociation doit s'appuyer sur les **orientations stratégiques de l'entreprise** et leurs conséquences, objet de la consultation du CSE visée n°s 3870 s.

ATTENTION

Une entreprise est tenue d'engager la négociation sur la gestion prévisionnelle des emplois même si elle n'entre pas dans le champ d'application de cette obligation dès lors que l'employeur s'y est **engagé par un accord** conclu avec les organisations syndicales (TGI Créteil 29-11-2006 n° 06/01730 : RJS 4/07 n° 461).

52510 **Thèmes obligatoires** Certains thèmes de négociation sont obligatoires. Il s'agit (C. trav. art. L 2242-20) :
– de la **mise en place d'un dispositif** de GPEC, notamment pour répondre aux enjeux de la transition écologique, ainsi que des **mesures d'accompagnement** susceptibles de lui être associées en particulier en matière de formation, d'abondement du compte personnel de formation (CPF), de validation des acquis de l'expérience, de bilan de compétences, ainsi que d'accompagnement de la mobilité professionnelle et géographique des salariés autre que celles prévues dans le cadre d'un accord de performance collective (voir n°s 52780 s.) ;
– des conditions de mise en œuvre de la **mobilité professionnelle ou géographique** interne à l'entreprise visée n°s 52800 s. qui doivent, le cas échéant, faire l'objet d'un chapitre spécifique au sein de l'accord ;
– des grandes orientations à 3 ans de la **formation professionnelle** dans l'entreprise et les objectifs du plan de développement des compétences : l'accord doit notamment déterminer les catégories de salariés et d'emplois auxquelles le plan est consacré en priorité, les compétences et qualifications à acquérir pendant la durée de validité de l'accord, ainsi que les critères et modalités d'abondement par l'employeur du CPF ;
– des perspectives de recours par l'employeur aux **différents contrats de travail,** au temps partiel et aux stages, et les moyens mis en œuvre pour diminuer le recours aux emplois précaires dans l'entreprise au profit des CDI ;
– des modalités d'information des **sociétés sous-traitantes** sur les orientations stratégiques de l'entreprise ayant un effet sur leurs métiers, l'emploi et les compétences ;
– du déroulement de carrière des **salariés exerçant des responsabilités syndicales** dans l'entreprise et l'exercice de leurs fonctions.

52515 **Thèmes facultatifs** Plusieurs thèmes de négociation facultatifs peuvent être abordés par les partenaires sociaux, en fonction de la situation de l'entreprise. L'accord peut en effet porter sur (C. trav. art. L 2242-21) :
– les mêmes matières que l'**accord de méthode** visé sous n°s 90355 s. ;
– la **qualification des catégories d'emplois menacés** par les évolutions économiques ou technologiques ;
– la mise en œuvre de dispositifs de **GPEC interentreprises,** associant des sous-traitants ou des entreprises implantées sur le même territoire ;
– la mise en place de **congés de mobilité** ;
– la formation et l'insertion durable des **jeunes** dans l'emploi, l'emploi des **salariés âgés** et la transmission des savoirs et des compétences, les perspectives de développement de l'alternance, ainsi que les modalités d'accueil des alternants et des stagiaires et l'amélioration des conditions de travail des salariés âgés.

52520 **Portée de l'accord** Si un accord est conclu, il engage les parties signataires. Ainsi jugé à propos d'un accord prévoyant le maintien d'une stabilité globale des effectifs pendant 3 ans : le manquement de l'employeur à cet engagement peut justifier l'attribution de **dommages-intérêts** aux salariés lésés (Cass. soc. 18-6-2014 n° 12-18.589 FS-D : RJS 11/14 n° 800 ; 8-12-2016 n° 15-21.018 FS-D : RJS 3/17 n° 216).
Au terme de l'accord, les parties signataires doivent réaliser un **bilan** du dispositif (C. trav. art. L 2242-20).
Si les parties ne parviennent pas à négocier un accord, un procès-verbal de **désaccord** doit être établi.

ATTENTION
L'employeur qui manque à son **obligation d'engager la négociation** sur la GEPP encourt une peine d'un an d'emprisonnement et une amende de 3 750 € (C. trav. art. L 2243-2).

INFORMATION ET CONSULTATION DES IRP

52525 C'est à l'occasion de la **consultation annuelle** sur les orientations stratégiques de l'entreprise que le CSE est consulté sur la GPEC, sur les orientations de la formation professionnelle et sur le plan de développement des compétences (voir n°s 3870 s.).
S'agissant de la consultation sur les mesures de mise en œuvre de l'accord de GPEC, voir n° 3630, d.

B. Évaluation professionnelle

1. CANDIDAT À L'EMBAUCHE

L'employeur dispose d'une grande liberté en matière d'embauche du personnel, sous réserve en particulier que son **choix** ne se fonde pas sur un motif discriminatoire, que les informations demandées au candidat soient en lien direct et nécessaire avec l'emploi proposé ou l'évaluation des aptitudes professionnelles (C. trav. art. L 1221-6) et que les méthodes et techniques d'aide au recrutement utilisées soient pertinentes et préalablement portées à la connaissance du candidat (C. trav. art. L 1221-8). Sur ces questions, on se reportera à notre Mémento social nos 33130 s. **52600**
Dans les entreprises d'au moins 50 salariés, le CSE est **informé,** préalablement à leur utilisation, sur les méthodes ou techniques d'aide au recrutement des candidats à un emploi ainsi que sur leur modification éventuelle (C. trav. art. L 2312-38).
Cette obligation d'information **incombe à l'employeur,** y compris pour les méthodes et techniques de recrutement utilisées par un **intermédiaire** auquel il confie une mission de sélection des candidats, tel un cabinet de recrutement (Circ. DRT 93-10 du 15-3-1993).
S'agissant de la discrimination à l'embauche d'un salarié en raison de ses activités syndicales, voir nos 40100 s.
Sur la possibilité de réserver des offres d'emploi aux seules femmes, voir n° 76450.

2. SALARIÉ EN POSTE

L'**employeur** tient de son pouvoir de direction le droit d'évaluer le travail de ses salariés (Cass. soc. 10-7-2002 n° 00-42.368 F-D : RJS 10/02 n° 1066), en vue d'examiner l'activité réalisée, de fixer les objectifs à atteindre et d'envisager les perspectives d'évolution professionnelle. Les résultats obtenus l'aident à décider des promotions, augmentations de rémunération et choix de formation et lui permettent de satisfaire à son obligation d'adaptation des salariés à leur poste de travail, de veiller au maintien de leur capacité à occuper un emploi, au regard notamment de l'évolution des emplois, des technologies et des organisations (C. trav. art. L 6321-1, al. 1 et 2) ainsi que de justifier le cas échéant des différences de traitement (Cass. soc. 20-2-2008 n° 06-40.085 FS-P : RJS 5/08 n° 545). **52630**
Les **systèmes d'évaluation** du personnel peuvent prendre des **formes** variées et prévoient souvent l'organisation d'entretiens réguliers (le plus souvent annuels) avec les salariés. Ils relèvent du pouvoir de direction de l'employeur et ne sont pas définis par la loi.
Les **représentants du personnel** sont associés au processus de mise en place ou de modification des dispositifs d'évaluation des salariés dans l'entreprise. Les syndicats peuvent par ailleurs contester en justice la licéité des méthodes utilisées.
S'agissant de l'évaluation des salariés détenant un mandat représentatif, voir n° 40140.

ATTENTION

L'évaluation du salarié peut avoir lieu à la même date que l'**entretien professionnel périodique,** pourvu que, lors de la tenue de ce dernier, les questions d'évaluation ne soient pas évoquées (Cass. soc. 5-7-2023 n° 21-24.122 FS-B : RJS 10/23 n° 497).
L'entretien professionnel, qui a pour objet d'examiner les perspectives d'évolution professionnelle du salarié, notamment en termes de qualification et d'emploi, a lieu **tous les 2 ans.** Il doit en outre être systématiquement proposé au salarié **après les absences** suivantes : congés de maternité, d'adoption, parental d'éducation y compris à temps partiel, de proche aidant, sabbatique, période de mobilité volontaire sécurisée, arrêt longue maladie et mandat syndical. Toutefois, cet entretien peut aussi avoir lieu, à l'initiative du salarié, à une date antérieure à la reprise de poste. Chaque entretien donne lieu à un compte rendu écrit dont une copie est remise au salarié (C. trav. art. L 6315-1, I).
Tous les 6 ans, un état des lieux récapitule le parcours du salarié pour vérifier qu'il a bien bénéficié de tous les entretiens prévus, suivi au moins une action de formation, acquis des éléments de certification par la formation ou une validation des acquis de l'expérience et progressé au plan salarial ou professionnel (C. trav. art. L 6315-1, II).
Sur le contenu de l'entretien lorsqu'il est réalisé au terme de certains **mandats d'élus ou de représentants syndicaux,** voir n° 35540.

a. Mise en place ou modification d'un dispositif d'évaluation

INFORMATION ET CONSULTATION DES IRP

Dans la mesure où elle permet un contrôle de l'activité des salariés, la **mise en œuvre de méthodes ou techniques d'évaluation** des salariés dans les entreprises d'au moins 50 salariés ou leur modification suppose que l'employeur informe et consulte au préalable le CSE : voir nos 78020 s. **52660**

Cette obligation s'impose par **exemple** préalablement à l'utilisation par l'employeur d'un « outil de pilotage commercial » comme moyen d'évaluation des salariés (Cass. soc. 10-4-2008 n° 06-45.741 F-D : RJS 6/08 n° 690).
Le CSE devrait pouvoir recourir à une **expertise** dans les conditions visées n°s 2000 s.

> **Précisions** L'employeur doit **informer les salariés** préalablement à la mise en œuvre de méthodes et techniques d'évaluation professionnelles, lesquelles doivent être pertinentes au regard de la finalité poursuivie (C. trav. art. L 1222-3, al. 1 et 3) et reposer sur des **critères** objectifs et transparents (TGI Nanterre 5-9-2008 n° 08-5737 : RJS 11/08 n° 1069 ; 12-9-2013 n° 11/12781 : RJS 1/14 n° 3). À cet égard, la Cnil écarte les critères d'évaluation discriminatoires ou susceptibles de générer du stress (Recommandation Cnil « L'évaluation annuelle des salariés : droits et obligations des employeurs » 12-7-2021). L'employeur doit également respecter le cas échéant les obligations posées par la loi Informatique et libertés et par le RGPD lorsque le système d'évaluation donne lieu à un traitement de données personnelles. Les critères de licéité des différents modes d'évaluation sont détaillés dans notre Mémento social n° 17015.
> En principe, les représentants du personnel n'ont pas **accès** aux données résultant des évaluations réalisées. Ces résultats sont en effet confidentiels (C. trav. art. L 1222-3, al. 2) et ne peuvent être communiqués qu'aux personnes habilitées chargées de la gestion du personnel, au salarié pour les données le concernant et au supérieur hiérarchique pour celles relatives à ses subordonnés (Recommandation Cnil « L'évaluation annuelle des salariés : droits et obligations des employeurs » 12-7-2021).

52665 Lorsque le dispositif d'évaluation risque d'avoir des répercussions sur la santé, la sécurité et les conditions de travail, la **commission santé, sécurité et conditions de travail,** lorsqu'elle existe au sein du CSE (n°s 1625 s.), devrait selon nous également être consultée. La jurisprudence qui imposait la consultation du CHSCT dans cette situation (voir les exemples cités en illustration ci-après) devrait en effet être transposable. Cette commission devrait pouvoir également proposer de recourir à un **expert** habilité en qualité du travail et de l'emploi dans les conditions visées n°s 2035 s.

ILLUSTRATIONS

Jugé que devaient être soumis à la consultation du CHSCT :
– un dispositif d'**entretiens d'évaluation** dès lors que ces évaluations doivent permettre une meilleure cohérence entre les décisions salariales et l'accomplissement des objectifs, qu'elles peuvent avoir une incidence sur le comportement des salariés, leur évolution de carrière et leur rémunération et que les modalités et les enjeux de l'entretien sont manifestement de nature à générer une pression psychologique entraînant des répercussions sur les conditions de travail (Cass. soc. 28-11-2007 n° 06-21.964 FS-PBR : RJS 2/08 n° 135) ;
– une procédure comportant des **critères comportementaux** qui représentent une part importante dans l'évaluation et influent notablement sur la part variable d'une prime annuelle (CA Toulouse 21-9-2011 n° 11-00604 : RJS 12/11 n° 930) ;
– la mise en place d'un **système d'écoute et d'enregistrement** des communications professionnelles ayant pour objet non seulement d'améliorer la qualité des services, mais aussi d'évaluer les salariés : voir n° 78025.

SANCTIONS

52670 L'employeur qui met en place ou modifie un dispositif d'évaluation sans consulter les représentants du personnel encourt les sanctions **civiles et pénales** exposées n°s 78140 s.

b. Contestation par un syndicat

52675 Les syndicats professionnels peuvent contester en justice la **licéité d'une procédure d'évaluation** en application de leur droit d'agir en défense des intérêts collectifs de la profession dans les conditions développées n°s 12360 s., mais ils ne peuvent pas demander la **destruction des évaluations** des salariés déjà réalisées, cette action étant un droit exclusivement attaché à la personne des salariés (Cass. soc. 14-12-2015 n° 14-17.152 F-D : RJS 3/16 n° 188).

C. Accords sur l'emploi et la formation

ACCORD DE FORMATION

52730 Les délégués syndicaux peuvent conclure avec l'employeur, dans le cadre d'une convention de branche ou d'un accord professionnel, des **accords d'entreprise** prévoyant la réalisation d'actions de formation de longue durée en vue de favoriser l'adaptation des salariés aux évolutions de l'emploi dans l'entreprise. L'accord peut étendre le bénéfice de ces actions aux salariés

dont l'entreprise envisage le reclassement externe à condition que ce reclassement soit expressément accepté par le salarié et qu'il intervienne sous contrat à durée indéterminée. Les actions de formation peuvent donner lieu à une **aide de l'État** (C. trav. art. L 5121-4).
Les **entreprises dépourvues de représentants syndicaux** peuvent bénéficier de cette aide si elles appliquent une convention de branche ou un accord professionnel sur l'emploi qui en prévoit la possibilité et en détermine les modalités d'application directe, notamment les modalités d'information et de consultation du CSE. Le bénéfice de l'aide est en effet accordé après **avis** de ce dernier (C. trav. art. L 5121-5).

CONVENTION DE FORMATION ET D'ADAPTATION

Les entreprises rencontrant d'importantes **difficultés économiques,** celles en mutation économique ou technologique (transition écologique, alimentaire, agricole et numérique) et/ou en reprise d'activité et celles placées en activité partielle ou en activité partielle de longue durée (APLD) peuvent faire une demande de FNE-formation permettant une prise en charge partielle d'actions de formation et d'adaptation de leurs salariés d'une **durée maximale** de 12 mois (C. trav. art. R 5111-2, 1° ; QR min. trav. à jour au 30-6-2022 ; Inst. min. 21-4-2023). Les actions de formation qui s'inscrivent dans le cadre de l'accompagnement des transitions écologiques, alimentaires, agricoles et numériques doivent favoriser le maintien dans l'emploi ou l'employabilité des salariés de 55 ans et plus (Inst. min. 21-4-2023). **52740**
La conclusion de conventions de coopération est précédée d'une procédure de **consultation** du CSE sur les projets de convention. Lorsque ces conventions font partie des mesures prévues à l'occasion d'un projet de licenciement économique, elles sont soumises à l'une ou l'autre des réunions au cours desquelles le CSE est consulté sur le projet de licenciement (voir nos 90010 s. s'agissant des licenciements de moins de 10 salariés, 90090 s'agissant des licenciements de 10 salariés et plus dans les entreprises de moins de 50 salariés et 90300 s. dans celles de 50 salariés et plus) (C. trav. art. R 5111-3).

D. Accords de performance collective

Les employeurs souhaitant s'adapter plus facilement à leur environnement économique peuvent négocier et conclure des « accords de performance collective » (APC) destinés à répondre aux nécessités liées au fonctionnement de l'entreprise, ou en vue de préserver ou de développer l'emploi (C. trav. art. L 2254-2, I). Leur mise en œuvre peut avoir une **incidence directe sur le contrat de travail.** **52780**
S'agissant du point de savoir si ces accords peuvent faire l'objet d'une **publication** dans la base de données nationale, voir n° 80510.

OBJET

De façon générale, les accords de performance collective ont pour finalité de permettre à l'entreprise de s'adapter rapidement aux évolutions à la hausse ou à la baisse du marché. Si elle peut être justifiée par des difficultés économiques, la conclusion de ces accords **n'est pas subordonnée** à l'existence de telles difficultés et peut s'inscrire dans une perspective offensive de créations d'emploi. **52785**

ATTENTION
Un APC **ne peut pas se substituer** aux dispositions applicables en matière de licenciement collectif pour motif économique qui s'imposent à tout employeur dont la situation correspond aux prévisions légales (QR min. trav. juillet 2020 n° 2).

CONCLUSION

Le Code du travail ne définit pas expressément le **niveau** de conclusion des accords qui peuvent ainsi s'entendre d'accords d'entreprise, d'établissement, voire de groupe (n° 80180). Pour être valable, l'accord doit, lorsqu'il est conclu avec des délégués syndicaux, remplir les **conditions** visées nos 80700 s. En l'absence de représentation syndicale, les modalités de négociation sont, à notre sens, celles exposées nos 81900 s. La cour d'appel de Nancy a admis que la négociation s'effectue avec les élus du CSE (CA Nancy 6-2-2023 n° 21/0331 : RJS 5/23 n° 267). **52790**

> **Précisions a.** Aucune **condition d'effectif** n'étant prévue, rien ne paraît s'opposer à la conclusion d'APC dans les très petites entreprises, ce qui inclut les entreprises de moins de 11 salariés, mais également celles de 11 à 20 salariés dépourvues d'institutions représentatives du personnel, sur constat d'un procès-verbal de carence. Il convient alors de respecter la procédure de consultation spécifique prévue par les articles L 2232-21 et suivants du Code

du travail et, en particulier, la condition d'approbation de l'accord à la majorité des 2/3 du personnel. Pour plus de détails sur ces dispositions, voir n° 81945.
b. Il n'est pas prévu de phase de concertation ou d'information préalable des partenaires à la négociation. Toutefois, le CSE peut, le cas échéant, mandater un **expert-comptable** afin qu'il apporte toute analyse utile aux organisations syndicales pour préparer les négociations (C. trav. art. L 2315-92, II) (n° 90020). Sur les modalités de prise en charge de cette expertise, voir n° 2075.
Compte tenu des conséquences qu'emportent les accords sur le contrat de travail, il est recommandé de faire précéder la négociation d'un **accord de méthode** au sens de l'article L 2222-3-1 du Code du travail.
c. L'exigence de **loyauté des négociations** (n° 82075) doit être appliqué aux APC avec une particulière vigilance au regard de la nature même de ces accords dérogatoires au droit commun. Un APC signé à la suite de négociations séparées peut ainsi être annulé pour déloyauté (TJ Paris 20-6-2023 n° 22/04785 : RJS 11/23 n° 592).

CONTENU

52800 **Domaines d'application** L'accord peut (C. trav. art. L 2254-2, I) :
– aménager la **durée du travail,** ses modalités d'organisation et de répartition ;
– aménager la **rémunération** au sens de l'article L 3221-3 du Code du travail dans le respect des salaires minima hiérarchiques conventionnels ;
– déterminer les conditions de la **mobilité professionnelle ou géographique** interne à l'entreprise.

> **Précisions** Si l'APC permet de négocier des mesures exclusivement dans ces 3 domaines (QR min. trav. juillet 2020 n° 1), la liste des aménagements envisageables est toutefois vaste et rien ne semble interdire de les combiner entre eux. Ces règles laissent également une latitude certaine dans la définition des aménagements potentiels. Sous réserve du **respect du Smic et des minima hiérarchiques conventionnels,** il n'est prévu ni garantie de rémunération ni encadrement de leur baisse éventuelle. Il n'est pas non plus prévu de maintien de la qualification professionnelle ni de limites imposées à la mobilité. S'agissant des règles particulières applicables aux accords comportant une modulation du temps de travail, voir n° 52810.

52805 L'accord doit définir ses **objectifs** dans un préambule et **peut préciser** (C. trav. art. L 2254-2, II) :
– les modalités d'**information des salariés** sur son **application** et son **suivi** pendant toute sa durée, ainsi que, le cas échéant, l'examen de la situation des salariés au terme de l'accord ;
– les conditions dans lesquelles les **dirigeants salariés** exerçant dans le périmètre de l'accord, les **mandataires sociaux et les actionnaires** (dans le respect des compétences des organes d'administration et de surveillance) fournissent des efforts proportionnés à ceux demandés aux salariés pendant la durée de l'accord ;
– les modalités selon lesquelles sont conciliées la **vie professionnelle** et la **vie personnelle et familiale** des salariés ;
– les modalités d'**accompagnement des salariés** refusant l'application de l'accord ainsi que l'**abondement** de leur **compte personnel de formation** au-delà du montant minimal visé n° 52840.

> **Précisions** L'article L 2254-2 du Code du travail est muet sur les conséquences de l'**absence de préambule.** Selon nous, les accords relèvent des dispositions de l'article L 2222-3-3 du Code du travail, aux termes duquel l'absence de préambule n'est pas de nature à entraîner la nullité d'un accord. En revanche, l'absence de préambule pourrait éventuellement conduire le juge à déqualifier l'accord, qui ne prévaudrait plus alors sur le contrat de travail.
> Indépendamment de ce qui précède, l'accord doit satisfaire, à notre sens, aux **règles générales** relatives au contenu des accords exposées n°s 80620 s.

52810 **Cas particulier des accords modulant le temps de travail** Si l'accord **met en place** ou **modifie** un dispositif d'aménagement du temps de travail sur une **période de référence supérieure à la semaine,** les dispositions suivantes du Code du travail s'appliquent (C. trav. art. L 2254-2, II) : articles L 3121-41 (décompte des heures supplémentaires), L 3121-42 (information des salariés sur le changement dans la répartition de leur durée du travail), L 3121-44 (contenu des accords) et L 3121-47 (délai de prévenance des salariés en cas de changement de durée ou d'horaires lorsque l'accord ne stipule rien sur ce point).
La signature d'un APC ne permet pas de contourner les règles de mise en place des **conventions de forfait.** Ainsi les articles L 3121-53 à L 3121-66 du Code du travail s'appliquent si l'accord met en place ou modifie un dispositif de forfait annuel (C. trav. art. L 2254-2 II). En revanche, certaines de ces règles sont écartées en cas de modification de ces conventions par l'APC.

> **Précisions a.** Ne sont pas applicables, en cas de **simple modification** d'une **convention de forfait,** l'article L 3121-55 du Code du travail, selon lequel la forfaitisation de la durée du travail doit faire l'objet de l'accord du salarié et d'une convention individuelle de forfait établie par écrit, et le 5° du I de l'article L 3121-64 du même Code aux termes duquel l'accord prévoyant la conclusion de conventions individuelles de forfait en heures ou en jours sur l'année doit déterminer les caractéristiques principales des conventions individuelles, en particulier le nombre d'heures ou de jours compris dans le forfait.
> **b.** Lorsque l'APC **modifie** un **dispositif de forfait annuel,** l'acceptation par le salarié de l'application de cet accord entraîne de plein droit l'application des stipulations de celui-ci relatives au dispositif de forfait annuel (C. trav. art. L 2254-2, II). Autrement dit, si le salarié a déjà conclu une convention individuelle de forfait et qu'un APC qu'il a accepté vient modifier l'accord collectif mettant en place le forfait, ces modifications s'imposent à lui. Le refus par le salarié de la modification de sa convention individuelle de forfait annuel vaut refus de l'APC et peut entraîner le prononcé de son licenciement sui generis selon les modalités visées n° 52835.

DURÉE

L'article L 2254-2 du Code du travail ne précise pas la durée des accords. Il convient donc, à notre sens, de s'en remettre, sur cette question, aux dispositions générales relatives à la durée d'application des accords : voir nos 80960 s. **52815**

INFORMATION DES SALARIÉS

L'employeur doit **informer** les salariés, par **tout moyen** conférant date certaine et précise, de l'existence et du contenu de l'accord, ainsi que du droit de chacun d'eux d'accepter ou de refuser l'application de cet accord à son contrat de travail (C. trav. art. L 2254-2, IV). **52820**

S'agissant de l'information des salariés tout au long de l'application de l'accord, voir n° 52805.

PORTÉE DE L'ACCORD

Acceptation du salarié Si le salarié accepte l'application de l'accord, les stipulations de ce dernier **se substituent de plein droit** aux **clauses contraires et incompatibles** de son contrat de travail, y compris en matière de rémunération (sous réserve du respect du Smic et des minima hiérarchiques conventionnels), de durée du travail et de mobilité professionnelle ou géographique interne à l'entreprise (C. trav. art. L 2254-2, III, al. 1 ; QR min. trav. juillet 2020 nos 11 s.). **52825**

Aucune disposition ne fixe les modalités d'acceptation de l'application de l'accord par le salarié. Mais elles peuvent se déduire de celles prévues pour le refus (n° 52830). Ainsi à défaut de refus dans les règles, cette acceptation pourrait être **tacite.**

Sur les conséquences de l'acceptation de l'accord dans le cas où celui-ci modifie un dispositif de forfait annuel, voir n° 52810.

CONSEIL

La substitution aux clauses du contrat de travail soulève certaines questions. Notamment, que se passe-t-il à l'**issue de la période d'application de l'accord** ? Le contrat de travail dans ses composantes (durée du travail, salaire, lieu de travail, notamment) a-t-il vocation à reprendre son cours antérieur ? Cette réactivation du contrat, quelle que soit la période d'application de l'accord, peut s'avérer impossible, par exemple si le lieu de travail a disparu par suite de la réorganisation de l'entreprise. Par ailleurs, peut se poser le problème des **salariés recrutés pendant la période d'application** de l'accord. Leur contrat de travail sera-t-il conclu conformément au contenu de l'accord ? Si oui, quel sera leur sort à l'issue de l'application de celui-ci ? Autant de questions qu'il sera bon d'aborder en **phase de négociation.** En tout état de cause, il est recommandé, ainsi que le suggère l'article L 2254-2 du Code du travail (n° 52805), de prévoir dans l'accord les conséquences de son expiration sur le contrat de travail.

Refus du salarié Le salarié dispose d'un **délai** d'un mois à compter de la **date à laquelle il a été informé** de l'existence et du contenu de l'accord pour faire connaître son refus à l'employeur par **écrit** (C. trav. art. L 2254-2, III, al. 2 et IV). **52830**

Le salarié qui refuse peut être **licencié.** Son licenciement repose sur un **motif spécifique,** ni économique ni personnel, constituant une **cause réelle et sérieuse.** **52835**

L'employeur dispose d'un **délai de 2 mois** à compter de la notification du refus du salarié pour engager la **procédure de licenciement individuel pour motif personnel** définie par les articles L 1232-2 à L 1232-14 du Code du travail. Il doit aussi observer les dispositions suivantes du Code du travail relatives à la rupture du contrat (C. trav. art. L 2254-2, V) : articles L 1234-1 à L 1234-11 (préavis, indemnité compensatrice de préavis et indemnité de licenciement), L 1234-14 (règles spécifiques à certains salariés du secteur public), L 1234-18 (dispositions d'application réglant les conséquences du licenciement), L 1234-19 et L 1234-20 (certificat de travail et reçu pour solde de tout compte).

> **Précisions a.** Le motif de licenciement étant présumé réel et sérieux, le salarié ne pourra éventuellement contester son licenciement qu'en cas de non-respect des règles de procédure auxquelles il est soumis.
> **b.** En cas de **dépassement du délai** légal de 2 mois pour engager la procédure de licenciement, l'employeur ne peut pas se prévaloir du motif sui generis de la rupture du contrat de travail consécutive au refus du salarié de se voir appliquer l'accord (CA Toulouse 23-6-2023 n° 21/01577 : RJS 11/23 n° 593).
> **c.** Le cas des salariés sous **contrat à durée déterminée** n'a pas été envisagé. S'ils sont libres d'accepter l'application de l'accord, leur contrat ne devrait pas pouvoir être rompu en cas de refus. En effet, la rupture anticipée d'un CDD ne peut intervenir que dans certains cas (voir Mémento social n°s 20200 s.).

52840 Le salarié licencié peut s'inscrire et être **accompagné comme demandeur d'emploi** à l'issue du licenciement. Il est **indemnisé** dans les conditions prévues par les textes relatifs à l'assurance chômage et bénéficie, **sauf stipulations plus favorables** de l'APC, d'un abondement de son **compte personnel de formation** d'un montant minimal de 3 000 € (C. trav. art. L 2254-2, VI et R 6323-3-2, I).

> **Précisions** L'abondement n'entre en compte ni dans le calcul des **droits crédités annuellement sur le CPF** ni dans le décompte du **plafond** de ce compte (C. trav. art. L 2254-2, VI). L'accompagnement du salarié comme l'abondement peuvent faire l'objet de dispositions spécifiques dans l'APC (n° 52805).

SUIVI

52845 Aucun suivi **spécifique** des accords n'est exigé. La définition des modalités de ce suivi fait simplement partie des clauses qui peuvent être insérées dans l'accord lui-même (n° 52805).
Le **comité social et économique** n'a pas compétence pour examiner les conséquences de l'accord.

E. Accords portant rupture conventionnelle collective

52900 Toutes les entreprises, sans condition d'effectifs, peuvent conclure un accord collectif majoritaire portant rupture conventionnelle collective (RCC), déconnecté du droit du licenciement économique, qui vise à faciliter le départ volontaire de salariés. Ce dispositif permet ainsi, une fois l'accord collectif validé par l'administration, de rompre, d'un commun accord, les contrats de travail à **durée indéterminée.** Il s'agit d'un **mode autonome de rupture** du contrat, **exclusif du licenciement ou de la démission,** ne pouvant pas être imposé par l'une des parties (C. trav. art. L 1237-17).

> **Précisions a.** L'accord portant rupture conventionnelle collective doit être dissocié du **plan de sauvegarde de l'emploi** (PSE). Pour autant, il peut être conclu dans un contexte de difficultés économiques (CAA Versailles 14-3-2019 n° 18VE04158 : RJS 5/19 n° 287), sauf si la fermeture du site est certaine (QR min. trav. novembre 2019 n° 8) ou déjà décidée (CE 21-3-2023 4e-1e ch. n° 459626 : RJS 6/23 n° 301). L'entreprise peut recourir successivement ou simultanément à la RCC et au PSE, mais ce dernier doit respecter les stipulations de l'accord de RCC qui lui sont applicables (CAA Paris 14-3-2022 n° 21PA06607 : RJS 5/22 n° 239).
> En pratique, les entreprises qui souhaitent mettre en place des départs volontaires collectifs de salariés ont **3 possibilités** : soit dans le cadre de l'accord portant RCC sans avoir à justifier de difficultés économiques ; soit dans le cadre d'un PSE en cas de difficultés économiques nécessitant de procéder également à des licenciements (voir n°s 89790 s.) ; soit dans le cadre d'un **plan de départs volontaires** autonome non intégré dans un PSE, cette modalité étant toujours possible selon le ministère du travail (QR min. trav. novembre 2019 n° 7).
> **b.** En cas de **suppression d'emploi de grande ampleur** affectant l'équilibre du **bassin d'emploi,** les entreprises d'au moins

1 000 salariés notamment sont tenues à une **obligation de revitalisation** dudit bassin, identique à celle existant en matière de licenciement économique pour les entreprises soumises à l'obligation de proposer un congé de reclassement (C. trav. art. L 1237-19-9 à L 1237-19-14 et D 1233-37 à D 1233-44).

c. Dans le cadre d'un accord portant rupture conventionnelle collective, le **dispositif Transco** peut être mis en œuvre pour financer des reconversions (sur ce dispositif, voir notre Mémento social n° 2250). L'accord doit alors prévoir le placement des salariés en congé mobilité (n° 52910).

CONCLUSION DE L'ACCORD

Lorsque l'employeur envisage des suppressions d'emploi dans le cadre d'un accord collectif portant rupture conventionnelle collective, l'**administration** compétente (n° 52915) est informée sans délai, et par la voie dématérialisée visée n° 52920, de l'ouverture d'une négociation en vue de cet accord (C. trav. art. L 1237-19, al. 2 et D 1237-7). 52905

L'accord portant RCC est conclu selon les règles de validité définies n°s 80700 s.

CONSEIL

L'accord n'a pas en principe à prévoir les **raisons du recours** à la rupture conventionnelle collective. Néanmoins, il paraît judicieux d'indiquer le contexte dans lequel l'accord intervient.

CONTENU

L'accord portant RCC détermine (C. trav. art. L 1237-19-1) : 52910

– les modalités et conditions d'information du **comité social et économique** (CSE), s'il existe ;
– le **nombre maximal de départs** envisagés, de suppressions d'emplois associées et la durée pendant laquelle des ruptures de contrat peuvent être engagées sur son fondement ;
– les conditions que doit remplir le salarié pour en bénéficier. Les critères d'éligibilité au départ et de départage ne doivent pas être **discriminatoires,** fondés notamment sur des **critères d'âge** ou contraires au principe d'**égalité de traitement** entre les salariés. L'administration ne validera pas les accords ne comportant que le versement d'indemnités de départ visant des salariés sélectionnés sur le seul critère de l'âge ou de l'ancienneté (QR min. trav. novembre 2019 n° 13) ;
– les modalités de **présentation et d'examen des candidatures** au départ des salariés, comprenant les conditions de transmission de l'accord écrit du salarié au dispositif prévu ;
– les modalités de conclusion d'une **convention individuelle de rupture** entre l'employeur et le salarié et d'exercice du droit de **rétractation** des parties ;
– les modalités de calcul des **indemnités de rupture** garanties au salarié qui ne peuvent pas être inférieures à l'indemnité légale de licenciement ;
– les **critères de départage** entre les potentiels candidats au départ ;
– des mesures visant à faciliter l'accompagnement et le **reclassement externe** des salariés sur des emplois équivalents : congé de mobilité, actions de formation, de validation des acquis de l'expérience ou de reconversion ou actions de soutien à la création d'activités nouvelles ou à la reprise d'activités existantes par les salariés ;
– les modalités de **suivi de la mise en œuvre** effective de l'accord (voir également n° 52940).

L'accord prévoit également une clause précisant la durée pendant laquelle l'employeur s'engage à **ne pas procéder** à des licenciements économiques (QR min. trav. novembre 2019 n° 3).

CONSEIL

Les parties à la négociation pourraient prévoir, comme dans le régime de la rupture conventionnelle individuelle (C. trav. art. L 1237-13, al. 3), un **délai de rétractation** de 15 jours calendaires à compter de la signature de l'accord. En pratique, l'accord pourrait, à notre sens, retenir le principe d'un ou de plusieurs entretiens préalables à la signature de la convention individuelle de rupture assorti de la possibilité pour les parties de se rétracter. Cette faculté serait une garantie de la procédure permettant de s'assurer que leur consentement n'a pas été vicié.

VALIDATION PAR L'ADMINISTRATION

Autorité compétente L'autorité administrative compétente est l'**unité territoriale de la Dreets** du lieu où l'entreprise ou l'établissement concerné par le projet d'accord de RCC est établi (C. trav. art. L 1237-19-5 et R 1237-6). Si le projet d'accord porte sur des établissements relevant de **Dreets différentes,** le Dreets compétent, désigné dans des conditions prévues par l'article R 1237-6-1 du Code du travail, informe l'employeur de sa compétence par tout moyen permettant de conférer une date certaine. L'employeur en informe, sans délai et par tout moyen, le CSE et les organisations syndicales représentatives (C. trav. art. R 1237-6-1, al. 7). 52915

52920 **Décision** L'accord est **transmis** à la Dreets compétente pour validation, par voie dématérialisée, sur le système d'information Rupco, https://ruptures-collectives.emploi.gouv.fr (C. trav. art. D 1237-8 et arrêté MTRD1927861A du 21-10-2019). Avant de prendre sa décision, l'administration s'assure que l'accord est **conforme** à la loi, qu'il prévoit bien toutes les mesures imposées, que les mesures de reclassement et d'accompagnement des salariés sont **précises et concrètes** et, le cas échéant, que la procédure d'information du CSE a été régulière (C. trav. art. L 1237-19-3). La Dreets ne contrôle pas les modalités de mise en œuvre de la RCC fixées par l'accord, mais s'assure qu'il contient toutes les clauses obligatoires et peut valider l'accord en l'absence de consultation des représentants du personnel sur le projet de réorganisation de l'entreprise (CAA Versailles 14-3-2019 n° 18VE04158 : RJS 5/19 n° 287). Il doit également vérifier que l'accord a été régulièrement signé pour le compte d'une ou plusieurs **organisations syndicales représentatives** au regard des conditions de validité des **accords d'entreprise**, ce qui implique de contrôler que les signataires de l'accord avaient qualité pour engager leur organisation syndicale lors de sa négociation et de sa conclusion (CAA Bordeaux 25-4-2023 n° 23BX00252 : RJS 7/23 n° 369).
La Dreets **notifie** sa **décision motivée,** par tout moyen permettant de conférer une date certaine, à l'employeur, au CSE, s'il existe, et aux signataires de l'accord, dans les 15 jours calendaires suivant la réception d'un **dossier complet** comprenant l'accord, les informations permettant de vérifier la régularité des conditions dans lesquelles il a été conclu et, le cas échéant, la mise en œuvre effective de l'information du CSE (C. trav. art. L 1237-19-4, al. 1 et 2, D 1237-9 et D 1237-10). L'**absence de réponse** de l'administration dans le délai de 15 jours vaut décision implicite d'acceptation de validation. Dans ce cas, l'employeur transmet une copie de sa demande de validation, accompagnée de l'accusé de réception de l'administration, au CSE, s'il existe, et aux signataires de l'accord (C. trav. art. L 1237-19-4, al. 3).
En cas d'**absence de CSE** par suite d'une **carence** dûment constatée, l'employeur joint le procès-verbal de carence à la demande de validation (C. trav. art. D 1237-9, al. 3).
Pendant le délai d'instruction du dossier, la Dreets peut demander tout **élément justificatif complémentaire** à l'employeur (C. trav. art. D 1237-9, al. 5).

ATTENTION

La demande d'un élément justificatif complémentaire n'a pas pour effet de proroger le délai d'instruction du dossier, qui reste donc fixé à 15 jours (QR min. trav. novembre 2019 n° 21).

52925 En cas de **refus de validation,** un nouvel accord peut être négocié qui tient compte de la décision de l'administration. Le CSE, s'il existe, est informé de la reprise de la négociation. Le **nouvel accord** est transmis, par la **voie dématérialisée** visée n° 52920, à la Dreets qui se prononce dans les conditions initiales (C. trav. art. L 1237-19-6 et D 1237-11).

52930 **Information des salariés** La **décision de validation** ou, à défaut, les documents mentionnés n° 52920 en cas de validation implicite, ainsi que les voies et délais de recours sont portés à la connaissance des salariés par voie d'**affichage** sur leurs lieux de travail ou par tout autre moyen permettant de conférer date certaine à cette information (C. trav. art. L 1237-19-4, al. 4).

CONSEIL

L'employeur n'est tenu d'informer les salariés qu'en cas de validation de l'accord et non en cas de refus. Toutefois, nous incitons les entreprises à également informer les salariés d'un **refus de validation,** en précisant les suites que l'employeur entend y donner (nouvelle demande, nouvel accord...).

52935 **Contestation** L'accord collectif, son contenu et la régularité de la procédure précédant la décision de l'administration ne peuvent pas faire l'objet d'un **litige distinct** de celui relatif à la décision de validation de l'accord par la Dreets compétente. Les recours contre la décision de l'administration sont **formés, instruits et jugés** dans les conditions définies à l'article L 1235-7-1 du Code du travail relatif au contentieux des licenciements économiques collectifs (C. trav. art. L 1237-19-8, al. 1 et 2) : voir nos 90680 s.
S'agissant de la contestation de la rupture du contrat de travail, voir n° 52950.

SUIVI DE L'ACCORD

52940 Le suivi de la mise en œuvre de l'accord, selon les modalités qu'il fixe (n° 52910), fait l'objet d'une consultation régulière et détaillée du **CSE,** s'il existe, dont les avis sont transmis à la **Dreets.** Cette dernière est associée au suivi de ces mesures et reçoit un **bilan** de la mise en œuvre de l'accord, établi par l'employeur et transmis selon la voie dématérialisée visée n° 52920 au plus tard un mois après la fin de la mise en œuvre des mesures de reclassement prévues par l'accord (C. trav. art. L 1237-19-7 et D 1237-12).

RUPTURE DU CONTRAT DE TRAVAIL

L'**acceptation par l'employeur** de la candidature du salarié au départ volontaire emporte rupture du contrat de travail d'un **commun accord** des parties (C. trav. art. L 1237-19-2, al. 1). 52945
Cette rupture ouvre droit pour le salarié aux indemnités de rupture prévues par l'accord et aux allocations d'**assurance chômage,** sous réserve de remplir toutes les conditions, d'aptitude et de recherche d'emploi notamment, pour en bénéficier.

> **Précisions** Les **salariés protégés** et les **médecins du travail** sont éligibles à la RCC, mais la rupture d'un commun accord de leur contrat est soumise à l'autorisation de l'inspecteur du travail dans les conditions de droit commun (et après avis du médecin-inspecteur du travail s'agissant des médecins du travail) visées n°s 45000 s. La rupture de leur contrat de travail ne peut intervenir que le lendemain du jour de cette autorisation (C. trav. art. L 1237-19-2, al. 2).

Toute **contestation** portant sur la rupture du contrat de travail doit être formée devant le **conseil de prud'hommes** avant l'expiration d'un délai de 12 mois qui débute à la date de la rupture effective du contrat de travail. À défaut, l'action est irrecevable (C. trav. art. L 1237-19-8, al. 3). 52950
S'agissant du recours formé par le salarié protégé contre la décision de l'inspecteur du travail, voir n°s 46820 s.

SECTION 3

EMPLOI DES PERSONNES HANDICAPÉES

Les établissements d'au moins 20 salariés doivent employer un certain nombre de personnes handicapées, mutilées de guerre ou assimilées. Cette obligation peut toutefois être satisfaite en tout ou partie par d'autres moyens que l'embauche directe de ces personnes. 53000
Sont seulement exposées ci-après les attributions du CSE relatives à l'emploi des travailleurs handicapés.

Le **CSE** est consulté tous les ans sur l'obligation d'emploi des travailleurs handicapés et en contrôle l'exécution par l'employeur. 53005
Des mesures relatives à l'insertion professionnelle et au maintien dans l'emploi des travailleurs handicapés doivent être envisagées dans le cadre de la négociation visée n° 53045.
Sur les attributions du **CSE** en matière de **reclassement des salariés** déclarés inaptes à leur emploi par le médecin du travail, voir n°s 56760 s.

QU'EST-CE QUE L'OBLIGATION D'EMPLOI ?

Tout employeur d'au moins 20 salariés est tenu d'employer à temps plein ou à temps partiel des personnes handicapées dans la **proportion** de 6 % de son effectif (C. trav. art. L 5212-1 et L 5212-2). 53010
Dans les entreprises à établissements multiples, l'obligation d'emploi s'applique au niveau de l'entreprise (C. trav. art. L 5212-3).
Pour s'acquitter de son obligation, l'employeur peut, à son choix :
– **employer** des bénéficiaires de cette obligation, notamment : travailleurs reconnus handicapés, certaines victimes d'accidents du travail ou de maladies professionnelles, titulaires d'une pension d'invalidité, titulaires de l'allocation aux adultes handicapés (C. trav. art. L 5212-13) ;
– **accueillir** des personnes handicapées en **stage** ou en périodes **de mise en situation** en milieu professionnel (C. trav. art. L 5212-7) ;
– employer des bénéficiaires de l'obligation d'emploi **mis à disposition** par les entreprises de travail temporaire et par les groupements d'employeurs (C. trav. art. L 5212-7) ;
– appliquer un **accord collectif** agréé prévoyant la mise en œuvre d'un programme pluriannuel en faveur des personnes handicapées pour 3 ans maximum, renouvelable une fois (C. trav. art. L 5212-8 ; voir n° 53055) ;
– **verser,** au moment de la déclaration annuelle dans la DSN effectuée dans les conditions précisées n° 53020, une contribution annuelle recouvrée par les Urssaf (C. trav. art. L 5212-9 et D 5212-8).

> **Précisions** Sur les règles relatives à l'exécution de l'obligation d'emploi et notamment les modalités de prise en compte des bénéficiaires de cette obligation, voir Mémento social n°s 40000 s.

RÔLE DU CSE

53012 **Consultation annuelle** Dans le cadre de sa consultation sur les questions intéressant l'organisation, la gestion et la marche générale de l'entreprise, le CSE d'une entreprise d'**au moins 50 salariés** est consulté sur les mesures prises en vue de faciliter la **mise,** la **remise** ou le **maintien au travail** des accidentés du travail, des invalides de guerre, des invalides civils, des personnes atteintes de maladies chroniques évolutives et des travailleurs handicapés, notamment sur l'aménagement des postes de travail (C. trav. art. L 2312-8, II-5°).

> **Précisions** Aucune consultation n'est prévue s'agissant des CSE des **entreprises de moins de 50 salariés.** Ces questions pourront, le cas échéant, être abordées par ce comité au travers des réclamations des salariés, voir n°s 225 s.

53015 En vue de la **consultation annuelle** sur la **politique sociale de l'entreprise, les conditions de travail et l'emploi,** l'entreprise d'au moins 50 salariés doit **mettre à la disposition** du CSE les informations sur les actions en faveur de l'emploi des travailleurs handicapés et celles sur les mesures prises en vue de faciliter l'emploi des accidentés du travail, des invalides de guerre et assimilés, des invalides civils et des travailleurs handicapés, notamment celles relatives à l'application de l'obligation d'emploi des travailleurs handicapés. Ces informations sont, sauf accord contraire, intégrées dans la **BDESE** (C. trav. art. L 2312-26, II-1° et 6°). Le CSE peut donc vérifier comment l'employeur s'est acquitté de son obligation : mise en œuvre d'un programme d'action, versement de la contribution, accueil de personnes handicapées en stage....

> **Précisions a.** Le Code du travail impose de consulter le CSE sur les **problèmes généraux** concernant l'emploi des personnes handicapées dans l'entreprise, mais pas de le consulter sur le cas individuel de chaque personne (Cass. soc. 26-5-1981 n° 79-42.122 P ; 5-6-2019 n° 18-12.861 FS-PB : RJS 8-9/19 n° 504).
> **b.** Sur le rôle de la **commission formation** du comité en matière d'emploi des travailleurs handicapés dans les entreprises d'au moins 300 salariés, voir n° 1685.
> **c.** S'agissant du **CSE,** il est précisé que la BDESE doit, en l'absence d'accord, comporter :
> – dans les entreprises de **moins de 300 salariés** : les informations relatives à l'évolution de l'emploi des personnes handicapées et les mesures prises pour le développer : actions entreprises ou projetées en matière d'embauche, d'adaptation, de réadaptation ou de formation professionnelle et déclaration annuelle visée ci-après (C. trav. art. R 2312-8, 1°-A-c) ;
> – dans les entreprises d'**au moins 300 salariés** : les informations relatives à l'évolution de l'emploi des personnes handicapées et les mesures prises pour le développer : nombre de travailleurs handicapés sur l'année considérée ; nombre de travailleurs handicapés à la suite d'accidents du travail intervenus dans l'entreprise, employés sur l'année considérée (C. trav. art. R 2312-9, 1°-A-c).
> **d.** Aucune consultation du CSE n'est prévue dans les **entreprises de moins de 50 salariés.** Ces questions pourront, le cas échéant, être abordées par ce comité au travers des réclamations des salariés : voir n°s 225 s.

53020 **Information sur la déclaration annuelle d'emploi** L'employeur doit communiquer au CSE la déclaration sociale nominative (DSN) annuelle au travers de laquelle il fait connaître sa situation au titre de l'obligation d'emploi, en y excluant la liste nominative des bénéficiaires de l'obligation d'emploi (C. trav. art. L 5212-5 et D 5212-9).

> **Précisions** Si tous les employeurs sont tenus de déclarer l'effectif total des bénéficiaires de l'obligation d'emploi, seuls les employeurs occupant au moins 20 salariés sont soumis au respect de l'obligation d'emploi telle que présentée n° 53010 (C. trav. art. L 5212-1). En pratique, la déclaration de l'obligation d'emploi (DOETH) s'effectue via la DSN. Cette déclaration a lieu pour la période d'emploi d'avril de l'année suivant celle au titre de laquelle la déclaration relative à l'obligation est effectuée, exigible au 5 ou 15 mai de l'année en cours (C. trav. art. D 5212-8).

53025 **Consultations ponctuelles** Les **conditions** de la **mise à disposition** d'un travailleur handicapé employé dans une **entreprise adaptée** en vue d'une embauche éventuelle sont fixées par des accords écrits, dont le contenu est réglementé, que l'entreprise adaptée conclut, d'une part, avec l'employeur utilisateur et, d'autre part, avec le travailleur handicapé. Ces **contrats,** conclus pour une durée maximale d'un an, renouvelable une fois (avec prolongation possible à titre exceptionnel), sont soumis au visa de l'inspecteur du travail et donnent lieu à une consultation du CSE de l'entreprise utilisatrice (C. trav. art. D 5213-81 à D 5213-86).

L'employeur peut bénéficier d'**aides techniques et financières de l'Agefiph,** notamment pour l'adaptation des machines, des postes de travail ou des accès aux lieux de travail ainsi que pour la compensation des charges supplémentaires d'encadrement. Il doit consulter le CSE avant d'en faire la demande. L'**avis** du comité ainsi qu'une description du projet et un devis estimatif sont joints à la demande d'aide (C. trav. art. L 5213-10 et R 5213-32 à R 5213-38). 53035

NÉGOCIATION

Négociation obligatoire dans l'entreprise Une négociation doit être engagée tous les ans dans l'entreprise sur les mesures relatives à l'**insertion professionnelle** et au **maintien dans l'emploi** des travailleurs handicapés : voir n° 81360. 53045
Cette négociation obligatoire peut, le cas échéant, être l'occasion de conclure un **accord** prévoyant la mise en œuvre d'un programme pluriannuel en faveur des travailleurs handicapés : voir n° 53055.

Négociation obligatoire de branche Les organisations liées par une convention de branche ou, à défaut, par des accords professionnels peuvent conclure un **accord adaptant** la périodicité et les thèmes de leurs négociations obligatoires, sous réserve notamment de prévoir une négociation **au moins tous les 4 ans,** sur les mesures tendant à l'insertion professionnelle et au maintien dans l'emploi des travailleurs handicapés (C. trav. art. L 2241-1, 4°, L 2241-4 et L 2241-5). 53050
En l'**absence d'accord d'adaptation** ou en cas de **non-respect** de ses stipulations, la négociation sur les mesures tendant à l'insertion professionnelle et au maintien dans l'emploi des travailleurs handicapés doit être engagée **tous les 3 ans** et porter notamment sur les conditions d'accès à l'emploi, à la formation et à la promotion professionnelles ainsi que sur les conditions de travail, d'emploi et de maintien dans l'emploi (C. trav. art. L 2241-13). Cette négociation triennale se déroule à partir d'un **rapport** établi par l'employeur présentant, pour chaque secteur d'activité, la situation par rapport à l'obligation d'emploi des travailleurs handicapés (C. trav. art. D 2241-3).

Application d'un accord agréé L'employeur peut s'acquitter de l'obligation d'emploi en faisant application d'un accord de branche, de groupe ou d'entreprise agréé par l'administration prévoyant la mise en œuvre d'un **programme pluriannuel** en faveur des travailleurs handicapés pour une durée maximale de 3 ans, renouvelable une fois (C. trav. art. L 5212-8 ; Inst. DGEFP/METH 2021-11 du 7-1-2021). L'accord doit comporter obligatoirement un plan d'embauche et un plan de maintien dans l'entreprise, assortis d'objectifs pour chaque année d'exécution du programme et du financement prévisionnel des actions programmées. Le montant du financement par l'employeur est au moins égal, par année, au montant de la contribution due pour cette même année au titre de l'obligation d'emploi, après application des déductions éventuelles (C. trav. art. R 5212-12). 53055

> **Précisions** Le Code du travail n'impose pas de **consultation du CSE** avant la mise en œuvre de l'accord agréé. De façon générale, le comité n'a pas à être consulté sur les projets d'accord collectif. Il nous semble toutefois souhaitable, dans le cadre de la consultation annuelle du CSE sur la politique sociale de l'entreprise, les conditions de travail et l'emploi, de l'informer de la conclusion d'un accord et de sa mise en œuvre.

CHAPITRE 2

LES CONDITIONS DE TRAVAIL

SOMMAIRE

55000 Le **comité social et économique** (CSE) joue un rôle important en matière de conditions de travail. Il s'agit en grande partie d'un **rôle consultatif,** le CSE étant également destinataire d'un certain nombre d'informations et de documents. Sauf exceptions signalées, ces attributions concernent les CSE des **entreprises d'au moins 11 salariés.**

Concernant par ailleurs son rôle en matière de santé, de sécurité et de conditions de travail, voir : n°s 1625 s. sur la **commission** santé, sécurité et conditions de travail, obligatoire dans certains cas ; n°s 1735 s. sur les **réunions** « santé-sécurité » ; n° 3440 sur l'**analyse** et la **prévention** des risques professionnels ; n° 3980 sur la **consultation** sur les conditions d'emploi ou de travail, l'introduction de nouvelles technologies et l'aménagement important des conditions de travail.
S'agissant du pouvoir du CSE de présenter à l'employeur des **réclamations,** voir n°s 220 s.

SECTION 1

ENVIRONNEMENT DE TRAVAIL

De nombreuses **obligations** pèsent sur l'employeur pour l'utilisation des lieux de travail : entretien, aménagement et sécurité de ces lieux, aération et assainissement, éclairage, protection contre le bruit, installations sanitaires, restauration et hébergement du personnel, protection contre le tabac et le vapotage, etc. **55100**
Les mesures prises en la matière sont soumises pour **avis** au CSE. Dans certains cas, l'employeur doit lui fournir certaines **informations.**
Toute **modification** dans ces domaines (n°s 56000 s.) peut, sous conditions, justifier le recours à un **expert** (n°s 2000 s.).

> **Précisions** On entend par **lieux de travail** les lieux destinés à recevoir des postes de travail situés ou non dans les bâtiments de l'établissement, ainsi que tout autre endroit compris dans l'aire de l'établissement auquel le travailleur a accès dans le cadre de son travail (C. trav. art. R 4221-1). Cette définition couvre, notamment, tous les locaux **annexes** d'usage collectif, tous les dégagements et espaces accessibles et également les postes et les espaces de maintenance (Circ. DRT 7 du 14-4-1995).

A. Locaux de travail

ENTRETIEN

L'employeur doit s'assurer que les locaux de travail et leurs annexes sont régulièrement **entretenus et nettoyés** et qu'ils ne sont pas encombrés. Le médecin du travail et le CSE sont consultés sur les mesures à prendre pour satisfaire à ces obligations (C. trav. art. R 4224-18). Ils peuvent par exemple émettre un avis sur la périodicité du nettoyage des locaux et les heures d'intervention des équipes de nettoyage. **55150**

AÉRATION ET ASSAINISSEMENT

Les articles R 4222-1 à R 4222-26 du Code du travail fixent les **normes minimales** pour l'aération des locaux de travail selon qu'ils sont à **pollution spécifique** (locaux dans lesquels sont présentes des substances dangereuses ou gênantes telles que les gaz, vapeurs, aérosols solides ou liquides ainsi que les locaux sanitaires) ou **non spécifique** (liée à la seule présence humaine). **55155**
L'employeur doit consulter le CSE et le médecin du travail sur une **consigne d'utilisation** indiquant les dispositions prises pour la ventilation et les mesures à prendre en cas de panne des installations (C. trav. art. R 4222-21). Ce document peut être **regroupé** dans un même dossier avec la consigne sur l'éclairage visée n° 55160 (C. trav. art. R 4224-17).

ÉCLAIRAGE

Afin d'éviter la **fatigue visuelle** et de permettre de déceler les **risques perceptibles par la vue,** les articles R 4223-1 à R 4223-12 du Code du travail fixent les règles d'éclairage des locaux de travail et de leurs dépendances, des espaces extérieurs où sont accomplis des travaux permanents et des zones et voies de circulation extérieures empruntées habituellement. **55160**
Le **matériel** d'éclairage est installé de manière à pouvoir être entretenu aisément. L'employeur fixe les **règles d'entretien périodique,** consignées dans un document communiqué aux membres du CSE (C. trav. art. R 4223-11).
Sur le **regroupement** de cette consigne avec celle concernant l'aération, voir n° 55155.

PROTECTION CONTRE LE BRUIT

55165 Si des travailleurs sont exposés ou susceptibles d'être exposés à des risques dus au bruit, l'employeur est tenu d'évaluer et, si nécessaire, de mesurer le niveau sonore afin de vérifier que les **valeurs limites** d'exposition sont respectées (C. trav. art. R 4433-1).
Par ailleurs, l'inspection du travail peut demander à l'employeur de faire procéder à un **mesurage de l'exposition** au bruit, par un organisme accrédité dans ce domaine, en vue de s'assurer du respect des obligations relatives à la prévention des risques liés à celui-ci (C. trav. art. R 4722-16).
Les **résultats des mesurages** sont tenus à la disposition des membres du CSE (C. trav. art. R 4433-4, al. 2).

> **Précisions** Les résultats de mesurage du bruit doivent être **conservés** pendant 10 ans (C. trav. art. R 4433-3). Ils sont également **communiqués** au médecin du travail en vue de leur conservation avec le dossier médical des travailleurs exposés et sont tenus, sur demande, à la disposition de l'inspection du travail (C. trav. art. R 4433-4, al. 1 et 3).

55170 Lorsque les **résultats** de l'évaluation mettent en évidence des **risques** pour la santé ou la sécurité des travailleurs, l'employeur détermine les mesures visant à les supprimer ou les réduire, après consultation du CSE (C. trav. art. R 4433-6). Ces **mesures** peuvent consister notamment en la mise à disposition de moyens de protection appropriés, la modification des procédés de travail, de l'agencement des lieux et des équipements de travail (C. trav. art. R 4434-1).

> **Précisions** Lorsque le niveau d'**exposition quotidienne** dépasse 80 dB (A) ou lorsque le niveau de **pression acoustique de crête** dépasse 135 dB (C), des **protecteurs auditifs individuels** doivent être mis à la disposition des salariés qui doivent recevoir une information et une formation sur les risques encourus. Si les valeurs ci-dessus sont supérieures à 85 dB (A) ou 137 dB (C), l'employeur doit veiller à l'**utilisation effective** de ces protecteurs, établir et mettre en œuvre un **programme** de mesures techniques ou d'organisation du travail spécifique et mettre en place une **signalisation appropriée** (C. trav. art. R 4431-2, R 4434-2, R 4434-3, R 4434-7 et R 4436-1).
> L'exposition d'un travailleur ne peut **en aucun cas dépasser** un niveau d'exposition quotidienne au bruit de 87 dB (A) ou un niveau de pression acoustique de crête de 140 dB (C) (C. trav. art. R 4431-2, 1°).

55175 Dans des cas exceptionnels où, en raison de la nature du travail et en l'absence d'alternative technique, l'utilisation permanente des **protecteurs auditifs individuels** est susceptible d'entraîner un risque plus grand pour la santé ou la sécurité que leur non-utilisation, l'inspection du travail peut accorder des **dérogations** sur demande de l'employeur (C. trav. art. R 4437-1). Cette demande, qui doit préciser les circonstances justifiant la dérogation, doit être accompagnée de l'avis du médecin du travail et de celui du CSE (C. trav. art. R 4437-2).

INSTALLATIONS SANITAIRES

55180 L'employeur est tenu de mettre des **douches** à la disposition des travailleurs effectuant certains travaux insalubres et salissants (C. trav. art. R 4228-8) dont la liste est fixée par un arrêté du 23-7-1947. La **liste** des salariés intéressés est établie par le CSE en accord avec l'employeur (Arrêté du 23-7-1947 art. 2).

> ATTENTION
> Le CSE doit être informé si le Dreets, sur rapport de l'inspection du travail, et sous réserve de l'absence de poursuites pénales, prononce une **amende administrative** en cas de manquement aux prescriptions du Code du travail en matière d'installations sanitaires (C. trav. art. L 8115-1, 5° et L 8115-5, al. 3).

55185 Lorsque l'aménagement des **vestiaires collectifs, lavabos et douches** ne peut pas, pour des raisons tenant à la disposition des locaux de travail, être réalisé dans les conditions légales, l'employeur peut demander à l'inspection du travail de le **dispenser** de certaines de ces obligations (C. trav. art. R 4228-16). Il prend sa décision après avis du CSE et du médecin du travail (C. trav. art. R 4228-18).

B. Protection contre les intempéries

55200 L'employeur doit prendre toutes les dispositions nécessaires pour assurer la protection des travailleurs contre le **froid** et les **intempéries,** après avis du médecin du travail et du CSE (C. trav. art. R 4223-15). Un tel avis s'impose également, selon nous, avant la mise en place de mesures pour protéger les travailleurs des risques liés à la **chaleur.**

> **Précisions** Un ANI du 11-4-2023 (n° 83530) préconise de prendre en compte les **risques environnementaux et climatiques** dans l'organisation du travail afin, de préserver la santé et la sécurité des salariés ainsi que la continuité des activités en fonction des spécificités de l'entreprise.

C. Restauration du personnel

LOCAL DE RESTAURATION

La **mise à disposition** d'un local de restauration s'impose, en principe, dans les établissements d'au moins 50 salariés, après avis du CSE (C. trav. art. R 4228-22, al. 1). 55250
La consultation du CSE est également requise lorsque l'employeur entend utiliser ce local comme **local de repos** en dehors des repas, si un tel local n'existe pas et si l'activité l'exige (C. trav. art. R 4228-25, al. 1).
Le CSE doit enfin être informé si le Dreets, sur rapport de l'inspection du travail, et sous réserve de l'absence de poursuites pénales, prononce une **amende administrative** en cas de manquement aux prescriptions du Code du travail en matière de restauration (C. trav. art. L 8115-1, 5° et L 8115-5, al. 3).

> **Précisions** **Avant le 1-1-2020,** la mise à disposition d'un local de restauration s'imposait aux établissements dans lesquels au moins 25 salariés souhaitaient prendre habituellement leur repas sur leur lieu de travail. Des **mesures transitoires** ont été prévues pour les employeurs soumis à ces dispositions : ils doivent, jusqu'au 31-12-2024, maintenir le local existant ou le mettre en place si au moins 25 salariés le demandent. Dans ce dernier cas, le CSE doit être consulté (Décret 2019-1586 du 31-12-2019 art. 4, IV).

TITRES-RESTAURANT

Le Code du travail ne prévoit pas la consultation du CSE en cas de **mise en place** dans l'entreprise des titres-restaurant. Toutefois, cette mesure, qui concerne les conditions de travail, doit, selon nous, lui être soumise pour avis. 55255
Sur le droit aux titres-restaurant d'un **représentant du personnel** durant l'exercice de son mandat, voir n° 34800.
Sur la possibilité pour le CSE de participer au **financement** des titres-restaurant et les exonérations sociales et fiscales qui y sont attachées, voir n° 5030.

> **Précisions** **a.** Les titres-restaurant sont des titres spéciaux de paiement sur support **papier** ou sous forme **électronique** remis par l'employeur pour permettre aux salariés des entreprises ne disposant pas d'un local de restauration, ou d'un restaurant d'entreprise à proximité de leur lieu de travail, de prendre au cours de la journée de travail un repas à coût modéré. En principe réservés à ces entreprises, ils peuvent être mis en place, à titre de solution alternative, dans les entreprises disposant d'un local de restauration ou d'un restaurant d'entreprise. Mais ils ne dispensent pas de l'obligation de mise en place de ce local (n° 55250).
>
> **b.** Sous réserve de dispositions conventionnelles plus favorables, la mise en place des titres-restaurant est purement **facultative** (Cass. soc. 18-7-2000 n° 98-40.402 FS-PB : RJS 11/00 n° 1100). L'employeur qui décide d'y recourir peut en fixer librement les **modalités d'attribution,** à condition que celles-ci reposent sur des critères objectifs et n'entraînent aucune discrimination entre les salariés (Cass. soc. 20-2-2008 n° 05-45.601 FP-PB : RJS 5/08 n° 512).

Les titres-restaurant qui n'ont pas été présentés au remboursement par un restaurant ou un détaillant avant la fin du deuxième mois suivant l'expiration de leur période d'utilisation sont définitivement **périmés.** Dans ce cas (C. trav. art. L 3262-5 et R 3262-14) : 55260
– lorsque l'**émetteur** des titres est l'**employeur,** il verse le solde disponible, sous déduction de certains prélèvements, au CSE ou, à défaut, l'affecte dans un délai de 6 mois au budget des activités sociales et culturelles de son entreprise ;
– lorsqu'il s'agit d'un **émetteur spécialisé,** il répartit la somme entre les CSE des entreprises qui lui ont acheté des titres, ou, à défaut, entre ces entreprises elles-mêmes, à charge pour ces dernières d'affecter la somme reçue au budget des activités sociales et culturelles.
Le non-respect de ces dispositions est passible de l'**amende** prévue pour les contraventions de la 4e classe : voir n° 99200 (C. trav. art. R 3262-46).

Lorsque l'émission des titres est assurée par l'employeur et qu'il existe un CSE, ce dernier opère le **contrôle** de la gestion des fonds (C. trav. art. R 3262-34). 55265

> **Précisions** Dans le cas contraire, l'émetteur de titres-restaurant fait appel à un **expert-comptable** chargé de constater au moins une fois par an les opérations accomplies par cet émetteur. Ses constatations sont consignées dans un rapport que l'émetteur tient à la disposition de tout agent de contrôle (C. trav. art. R 3262-33).

BOISSONS

55270 L'employeur doit mettre gratuitement à disposition des travailleurs de l'**eau potable et fraîche** (C. trav. art. R 4225-2), à raison de 3 litres par jour dans le secteur du **BTP** (C. trav. art. R 4534-143).
Il doit aussi mettre à disposition au moins une **boisson non alcoolisée** au profit de ceux dont les conditions particulières de travail les conduisent à se désaltérer fréquemment. La **liste** des postes de travail concernés est établie après avis du médecin du travail et du CSE (C. trav. art. R 4225-3, al. 1 et 2).

> **Précisions** Une liste **non exhaustive** des postes de travail concernés est annexée à un arrêté du 11-8-1961. Il s'agit des postes sur lesquels les travailleurs sont de façon habituelle soumis à des conditions particulières résultant de la sécheresse ou de la composition de l'atmosphère, du niveau de la température ambiante ou de la chaleur rayonnée. Des listes **complémentaires** peuvent être établies par l'employeur dans les conditions précitées.

D. Usage du tabac et vapotage

55300 Il est **interdit de fumer** dans tous les lieux fermés et couverts qui constituent des lieux de travail (CSP art. R 3512-2, al. 1), que ces derniers soient collectifs (salle d'accueil ou de réunion, réfectoire...) ou individuels (Circ. min. trav. du 24-11-2006).
L'employeur a cependant la possibilité (et non l'obligation : Circ. min. trav. du 24-11-2006) d'aménager des **emplacements réservés aux fumeurs** (CSP art. R 3512-3), dont l'accès est interdit aux mineurs (CSP art. R 3512-9).
Le projet de **mise en place** d'un tel local, qui doit répondre à des normes strictes fixées à l'article R 3512-4 du Code de la santé publique, est soumis à la consultation du CSE et du médecin du travail. Si un local fumeur existe déjà, ces consultations sont **renouvelées** tous les 2 ans (CSP art. R 3512-6, al. 1 et 3).
Dans les conditions visées n° 1735, deux membres du CSE peuvent être à l'origine de la **discussion** de la question des emplacements fumeurs, en provoquant une réunion extraordinaire motivée (Circ. min. trav. du 24-11-2006).

> **Précisions** Il est par ailleurs **interdit de vapoter** dans les locaux recevant des postes de travail situés ou non dans les bâtiments de l'établissement, fermés et couverts, et affectés à un usage collectif, à l'exception des locaux qui accueillent du public (CSP art. L 3513-6, al. 3 et R 3513-2). Les **bureaux individuels** ne sont donc pas visés par l'interdiction. Toutefois, l'employeur reste tenu par les dispositions législatives et réglementaires relatives à l'hygiène et à la sécurité (CSP art. R 3513-4), pouvant justifier une interdiction de vapoter dans les locaux accueillant du public.
> Il n'est pas prévu de possibilité pour l'employeur d'aménager un **emplacement réservé** au vapotage. Si un local réservé aux fumeurs existe, un salarié pourrait néanmoins s'y rendre pour vapoter.

55305

Les IRP et le télétravail

Le télétravail est une forme d'organisation du travail dans laquelle un travail qui aurait pu être exécuté dans les locaux de l'employeur est effectué par un salarié hors de ces locaux de façon volontaire, en utilisant les technologies de l'information et de la communication. Est télétravailleur tout salarié de l'entreprise travaillant dans ces conditions. Le télétravail est **mis en place** dans l'entreprise dans le cadre d'un accord collectif ou, à défaut, d'une charte élaborée par l'employeur après avis du CSE, s'il existe. Cet accord ou cette charte précise les modalités de **contrôle** du temps de travail ou de régulation de la charge de travail. En l'absence d'accord collectif ou de charte, le salarié et l'employeur peuvent formaliser leur accord par tout moyen (C. trav. art. L 1222-9, I).
Dans les **entreprises d'au moins 50 salariés,** le CSE doit être informé et consulté préalablement à la mise en place du télétravail ainsi que sur les modifications éventuelles qui lui seraient apportées, de telles décisions affectant les conditions d'emploi des salariés (C. trav. art. L 2312-8, II et L 2312-26, I). En cas de circonstances exceptionnelles ou de force majeure imposant la **mise en place immédiate** du télétravail, le CSE doit être consulté dans les plus brefs délais (ANI du 26-11-2020 étendu art. 7.3.1).

La décision de mise en place d'un **système de surveillance** des télétravailleurs doit faire l'objet d'une information et d'une consultation des représentants du personnel (ANI du 19-7-2005 étendu art. 6).

Plus généralement, si l'employeur peut contrôler l'activité de ses salariés, il ne peut pas les placer sous **surveillance permanente,** sauf dans des cas exceptionnels dûment justifiés au regard de la nature de la tâche. Ne sont pas compatibles avec ces principes (QR Cnil https://www.cnil.fr/fr/les-questions-reponses-de-la-cnil-sur-le-teletravail) :
– le **partage permanent** de l'écran et/ou les keyloggers qui permettent d'enregistrer à distance toutes les actions accomplies sur un ordinateur ;
– la surveillance constante au moyen de dispositifs **vidéo** ou **audio** ;
– l'obligation pour le salarié d'effectuer très régulièrement des **actions** pour démontrer sa **présence** comme cliquer toutes les X minutes sur une application ou prendre des photos à intervalle régulier.

L'**éloignement** des télétravailleurs du lieu de travail pose un certain nombre de questions quant à la mise en place des représentants du personnel et sur la façon dont ils peuvent être effectivement représentés. Sur ces points, voir nos 20890 (seuils de mise en place des représentants du personnel), 24630 (représentation des télétravailleurs) et 24800 (électorat et éligibilité des télétravailleurs).

SECTION 2

PRÉVENTION DES RISQUES PROFESSIONNELS

L'employeur est tenu à une **obligation de sécurité** vis-à-vis de ses salariés. Il doit donc définir une politique de prévention, assisté par une **personne compétente.** **55500**
L'employeur doit évaluer les **risques propres à l'entreprise,** en lien avec le CSE, en vue d'établir un programme d'action. Compte tenu des risques répertoriés, il doit, notamment, fournir aux salariés les équipements de travail et les moyens de protection adéquats, leur assurer une formation à la sécurité adaptée et prendre les mesures de prévention du harcèlement et des agissements sexistes qui s'imposent. Le cas échéant, il est tenu d'adopter toute disposition visant à prévenir les effets de l'exposition à certains facteurs de risques professionnels et les risques liés à l'intervention d'entreprises extérieures.
Les **représentants du personnel** sont associés à la mise en œuvre des mesures de prévention des risques professionnels. Ils sont informés et consultés lors de ces démarches. Dans certains cas, ils jouent même un **rôle plus actif** : négociation d'un accord sur la prévention des effets de l'exposition à certains facteurs de risques, inspection des locaux avant l'intervention d'entreprises extérieures...

> **Précisions a.** La responsabilité de l'employeur est engagée en cas de risque avéré ou réalisé sauf s'il démontre avoir pris les **mesures générales de prévention** prévues par les articles L 4121-1 et L 4121-2 du Code du travail (Cass. soc. 25-11-2015 n° 14-24.444 FP-PBRI : RJS 2/16 n° 123 ; 1-6-2016 n° 14-19.702 FP-PBRI : RJS 8-9/16 n° 567 ; 11-9-2019 n° 17-24.879 FP-PB : RJS 11/19 n° 635).

b. Sur le **juge compétent** en cas de manquement de l'employeur à son obligation de sécurité lors d'une **réorganisation de l'entreprise,** voir n° 90500, f.

A. Définition d'une politique de prévention

ASSISTANCE DE L'EMPLOYEUR

L'employeur doit désigner un ou plusieurs **salariés compétents** pour s'occuper des activités de protection et de prévention des risques professionnels de l'entreprise. En l'absence de salariés compétents, il doit faire appel à des intervenants extérieurs, après avoir consulté le CSE sur le choix de ces responsables, appelés « responsables de prévention » ou « préventeurs » (C. trav. art. L 4644-1, al. 1, 3 et 4 et R 4644-1, al. 1). **55550**

> **Précisions a.** Les **intervenants extérieurs** peuvent être soit les intervenants en prévention des risques professionnels appartenant au service de prévention et de santé au travail interentreprises auquel adhère l'employeur ou ceux enregistrés auprès de l'administration (liste diffusée sur le site internet de chaque Dreets), soit les services de prévention des caisses de sécurité sociale, soit l'organisme professionnel de prévention du bâtiment et des travaux publics (OPPBTP) ou l'Agence nationale pour l'amélioration des conditions de travail (Anact) et son réseau (C. trav. art. L 4644-1, al. 3 et 4).
> **b.** Les **salariés désignés** doivent bénéficier d'une **formation** en matière de santé au travail dans les conditions prévues aux articles L 2315-16 à L 2315-18 du Code du travail pour les membres du CSE : voir nos 810 s. (C. trav. art. L 4644-1, al. 2).

ÉVALUATION DES RISQUES

55555 L'employeur doit, compte tenu de la nature des **activités de l'établissement**, évaluer les risques pour la santé et la sécurité des travailleurs, y compris dans le choix des procédés de fabrication, des équipements de travail, des substances ou préparations chimiques, dans l'aménagement ou le réaménagement des lieux de travail ou des installations, dans l'organisation et dans la définition des postes de travail. Cette évaluation doit tenir compte de l'**impact différencié** de l'exposition au risque en fonction du sexe (C. trav. art. L 4121-3, al. 1).
Doivent apporter leur **contribution** à l'évaluation des risques professionnels dans l'entreprise (C. trav. art. L 4121-3, al. 2 à 5) :
– dans le cadre du dialogue social : le CSE et sa commission santé, sécurité et conditions de travail, s'ils existent ;
– le ou les responsables de prévention (n° 55550), s'ils ont été désignés ;
– le service de prévention et de santé au travail auquel l'employeur adhère.
L'employeur peut également solliciter le concours des personnes et organismes mentionnés n° 55550, a (C. trav. art. L 4121-3, al. 6).

DOCUMENT UNIQUE D'ÉVALUATION DES RISQUES PROFESSIONNELS

55557 L'employeur doit transcrire les résultats de l'évaluation des risques dans un document unique d'évaluation des risques professionnels (**DUER** ou **DUERP**) (C. trav. art. L 4121-3-1, II et R 4121-1, al. 1). Celui-ci doit répertorier l'ensemble des risques professionnels auxquels sont exposés les travailleurs et assurer la traçabilité collective de ces expositions (C. trav. art. L 4121-3-1, I). Il doit être **mis à jour** au moins chaque année dans les entreprises d'au moins 11 salariés, lors de toute décision d'aménagement important modifiant les conditions de santé et de sécurité ou les conditions de travail (n° 56050), ou lorsqu'une information supplémentaire intéressant l'évaluation d'un risque est portée à la connaissance de l'employeur (C. trav. art. R 4121-2).
Pour les **entreprises de moins de 50 salariés,** l'évaluation des risques doit déboucher sur la définition d'actions de prévention des risques et de protection des salariés, consignées dans le DUER et ses mises à jour (C. trav. art. L 4121-3-1, III, 2°). Pour celles d'**au moins 50 salariés,** le DUER est utilisé pour l'établissement du **rapport** et du **programme de prévention** des risques professionnels que l'employeur doit présenter chaque année : voir nos 55560 s. (C. trav. art. R 4121-3).
Le CSE doit être **consulté** sur le DUER et sur ses mises à jour (C. trav. art. L 4121-3, 1°). Ce document doit être tenu à la disposition de ses membres (C. trav. art. R 4121-4, 2°), sous peine de délit d'entrave (Circ. DRT 6 du 18-4-2002).

> **Précisions a.** Le DUER doit être **transmis** à chaque mise à jour au service de prévention et de santé au travail auquel l'employeur adhère (C. trav. art. L 4121-3-1, VI).
> **b.** Le DUER, dans ses versions successives, doit être **conservé** par l'employeur pendant 40 ans et tenu à la disposition des travailleurs, des anciens travailleurs (pour les versions en vigueur durant leur période d'activité dans l'entreprise), du CSE, du service de prévention et de santé au travail, et de l'inspection du travail (C. trav. art. L 4121-3-1, V-A et R 4121-4). Cette obligation doit se traduire par un **dépôt dématérialisé** du document sur un portail numérique, dans des conditions fixées par décret à défaut d'accord des organisations professionnelles, à compter d'une date légalement fixée au 1-7-2023 pour les entreprises d'au moins 150 salariés (mais finalement reportée selon les annonces du ministère du travail) et, en principe, au plus tard le 1-7-2024 pour les autres entreprises (C. trav. art. L 4121-3-1, V-B).
> **c.** Les organismes et instances mis en place par la **branche professionnelle** peuvent accompagner les entreprises dans l'élaboration et la mise à jour du DUER, dans la définition des actions de prévention et de protection visées ci-dessus, ainsi que dans la définition du programme annuel de prévention (n° 55570) au moyen de méthodes et référentiels adaptés aux risques considérés et d'outils d'aide à la rédaction (C. trav. art. L 4121-3-1, IV).

RAPPORT ET PROGRAMME ANNUELS DANS LES ENTREPRISES D'AU MOINS 50 SALARIÉS

Bilan L'employeur doit présenter au CSE, chaque année, dans le cadre de la consultation sur la politique sociale, un **rapport écrit faisant le bilan de la situation générale** de la santé, de la sécurité et des conditions de travail dans l'entreprise et des actions menées au cours de l'année écoulée dans ces domaines. Doivent y être traitées spécifiquement la question du travail de nuit et celle de la prévention des effets de l'exposition aux facteurs de risques professionnels mentionnés à l'article L 4161-1 du Code du travail : voir n° 55630 (C. trav. art. L 2312-27, 1°). Doivent notamment y figurer les **informations suivantes** : nombre des accidents du travail et des maladies professionnelles, effectif de salariés travaillant la nuit, en équipes ou à la chaîne, réunions, enquêtes ou recours à une expertise (Arrêté du 12-12-1985 : JO 16-1-1986). 55560

Programme L'évaluation des risques doit déboucher sur un **programme de prévention** des risques professionnels et d'amélioration des conditions de travail que l'employeur doit présenter au CSE. Ce programme doit (C. trav. art. L 4121-3-1, III, 1°) : 55570

– fixer la liste détaillée des mesures devant être prises au cours de l'année à venir, comprenant des mesures de prévention des effets de l'exposition aux facteurs de risques professionnels ainsi que, pour chaque mesure, ses conditions d'exécution, des indicateurs de résultat et l'estimation de son coût ;
– identifier les ressources de l'entreprise pouvant être mobilisées ;
– comprendre un calendrier de mise en œuvre.

Les mesures contenues dans le programme, établi à partir des analyses visées n° 55585, doivent **satisfaire notamment** aux principes généraux de prévention, en particulier aux règles d'évaluation et de prévention des risques professionnels (n°s 55555 et 55630 s.), à l'information et à la formation des travailleurs, y compris celles des salariés titulaires d'un contrat de travail à durée déterminée, des salariés temporaires et des stagiaires (n°s 55660 s.), et à la coordination de la prévention en cas d'intervention de travailleurs extérieurs dans les établissements à hauts risques industriels visés n° 57310 (C. trav. art. R 2312-8).

> **Précisions a.** Lorsque certaines des **mesures** prévues au programme n'ont **pas été prises** au cours de l'année concernée, l'employeur énonce les motifs de cette inexécution, en annexe au rapport (C. trav. art. L 2312-27, al. 5).
> **b.** Dans les professions faisant appel à des **salariés saisonniers,** notamment les professions agricoles, des informations supplémentaires relatives à cette catégorie de salariés doivent être fournies.

Avis du CSE Le CSE émet un avis sur le rapport et sur le programme annuels de prévention. Il peut **proposer** un ordre de priorité et l'adoption de mesures supplémentaires (C. trav. art. L 2312-27, al. 4). Dans les **entreprises de moins de 300 salariés,** le programme annuel est mis à disposition du CSE dans la base de données économiques et sociales, sauf accord collectif contraire (C. trav. art. R 2312-8). 55575

ATTENTION
L'employeur a l'obligation de présenter le procès-verbal de la réunion du CSE consacrée à l'examen du rapport et du programme annuels de prévention lorsqu'il entend obtenir un **marché public,** des participations publiques, des subventions, des primes de toute nature ou des avantages sociaux ou fiscaux (C. trav. art. L 2312-27, al. 6).

INITIATIVES DU CSE DANS LES ENTREPRISES D'AU MOINS 50 SALARIÉS

Le CSE contribue à la promotion de la prévention des risques professionnels et suscite **toute initiative** qu'il estime utile dans cette perspective, en proposant notamment des actions de prévention des risques psychosociaux (n° 55700). Dans ce cadre, il ne peut que formuler des **propositions** et non prendre des décisions (Déclaration min. trav. : JO déb. AN 23-9-1982). L'employeur doit motiver son éventuel **refus** (C. trav. art. L 2312-9, 3°). 55585

Le CSE procède à l'**analyse** des risques professionnels auxquels peuvent être exposés les travailleurs, notamment les femmes enceintes, ainsi que des effets de l'exposition des salariés à certains facteurs de risques professionnels énumérés à l'article L 4161-1 du Code du travail (C. trav. art. L 2312-9, 1°). Il peut à cet effet s'appuyer sur les informations recueillies à la suite de l'exercice du **droit d'expression** des salariés dans l'entreprise (n°s 56200 s.). Cette analyse sert à établir le **programme annuel de prévention** (n° 55570).

Sur la possibilité pour le CSE d'entendre le chef d'une **entreprise voisine** dont les travailleurs sont exposés à des nuisances particulières, voir n° 3587.

S'agissant du rôle du CSE dans les entreprises de **moins de 50 salariés,** voir n°s 270 s.

B. Actions spécifiques

1. ÉQUIPEMENTS DE TRAVAIL ET MOYENS DE PROTECTION

55600 L'employeur doit mettre à la disposition des travailleurs les équipements de travail **nécessaires, appropriés ou adaptés** au travail à réaliser, en vue de préserver leur santé et leur sécurité (C. trav. art. R 4321-1) ainsi que, si besoin, les équipements de protection individuelle appropriés (C. trav. art. R 4321-4).

Il doit consulter le CSE sur les conditions de mise à disposition et d'utilisation des **équipements de protection individuelle,** notamment celles concernant la durée de leur port. Il doit prendre en compte la gravité du risque, la fréquence de l'exposition au risque, les caractéristiques du poste de travail de chaque travailleur et les performances des équipements de protection individuelle en cause (C. trav. art. R 4323-97).

55605 La **consigne d'utilisation** des équipements de travail, établie par l'employeur, mentionne les risques contre lesquels ces équipements protègent et les conditions de leur utilisation. Il la tient à disposition des membres du CSE, ainsi qu'une documentation sur la **réglementation applicable** aux équipements de travail et de protection individuelle (C. trav. art. R 4323-5 et R 4323-105).

Enfin, est tenu à disposition des membres du CSE et de l'inspection du travail le **carnet de maintenance** de certains appareils de levage (C. trav. art. R 4323-19 et R 4323-20).

> **Précisions** Sont **consignées** dans ce carnet les opérations de maintenance effectuées en application des recommandations du fabricant de l'appareil et toute autre opération d'inspection, d'entretien, de réparation, de remplacement ou de modification effectuée sur l'appareil. Pour **chaque opération** sont indiqués la date des travaux, les noms des personnes et, le cas échéant, des entreprises les ayant effectués, la nature de l'opération et, s'il s'agit d'une opération à caractère périodique, sa périodicité. Si les opérations comportent le remplacement d'éléments de l'appareil, les références de ces éléments sont indiquées (Arrêté SOCT0410465A du 2-3-2004 art. 3).

2. PRÉVENTION DES EFFETS DE L'EXPOSITION À CERTAINS FACTEURS DE RISQUES

55630 Les représentants du personnel sont **associés** à la démarche de prévention de l'exposition aux risques professionnels mentionnés à l'article L 4161-1 du Code du travail : manutentions manuelles de charges, postures pénibles, vibrations mécaniques, agents chimiques dangereux, activités en milieu hyperbare, températures extrêmes, bruit, travail de nuit, travail en équipes successives alternantes, travail répétitif.

Doivent être couverts par un **accord d'entreprise ou de groupe** ou, à défaut, par un **plan d'action** les entreprises ou groupes de 50 salariés et plus lorsque (C. trav. art. L 4162-1 et s. ; D 4162-1 et s.) :

– soit au moins 25 % de l'**effectif** est exposé à certains de ces facteurs de risques professionnels (activités en milieu hyperbare, températures extrêmes, bruit, travail de nuit, travail en équipes successives alternantes, travail répétitif), au-delà des seuils définis à l'article D 4163-2 du Code du travail ;

– soit leur **sinistralité** au titre des accidents du travail et des maladies professionnelles est supérieure à un seuil fixé à 0,25. Cet indice est égal au rapport, pour les 3 dernières années connues, entre le nombre d'accidents du travail et de maladies professionnelles imputés à l'employeur, à l'exclusion des accidents de trajets, et l'effectif de l'entreprise.

L'employeur doit engager des **négociations** avec les organisations syndicales représentatives dans l'entreprise, dans les conditions de droit commun (n°s 80100 s.), afin d'aboutir à la conclusion d'un accord collectif. Cette négociation peut être intégrée à la négociation annuelle sur l'égalité professionnelle entre les femmes et les hommes et la qualité de vie au travail (n° 81362).

En l'**absence d'accord,** un plan d'action doit être établi, après avis du CSE (C. trav. art. L 4162-2).

Sur l'**analyse** par le CSE de l'exposition des travailleurs aux facteurs de risques professionnels, voir n° 55585.

> **Précisions a.** Sont **exonérées** de cette obligation les entreprises de 50 à moins de 300 salariés, ou appartenant à un groupe de 50 à moins de 300 salariés, qui sont couvertes par un **accord de branche** étendu dont le contenu répond aux exigences visées n° 55640 (C. trav. art. L 4162-1, II).
> **b.** Les entreprises non couvertes par un accord ou un plan d'action sont passibles d'une **pénalité financière** dont le montant, fixé par l'administration en fonction des efforts constatés dans l'entreprise en matière

de prévention des risques professionnels, ne peut pas excéder 1 % des rémunérations versées aux salariés concernés au cours des périodes au titre desquelles l'entreprise n'est pas couverte par un accord ou un plan d'action (C. trav. art. L 4162-4 et R 4162-5 s.).

c. Dans les entreprises ayant la possibilité de négocier un accord, le plan d'action ne libère de l'obligation qu'en cas d'échec des négociations préalablement engagées attesté par un **procès-verbal de désaccord** (C. trav. art. L 4162-2).

Les accords ou plans d'action répondent aux mêmes exigences de **contenu.** Ils doivent obligatoirement traiter (C. trav. art. D 4162-3) : **55640**
– d'au moins deux des thèmes suivants : réduction des expositions aux facteurs de risques ; réduction des polyexpositions aux facteurs de risques ; adaptation et aménagement des postes de travail ;
– en outre, d'au moins deux des thèmes suivants : amélioration des conditions de travail, notamment au plan organisationnel ; développement des compétences et des qualifications ; aménagement des fins de carrière ; maintien en activité des salariés exposés aux facteurs de risques.
Chaque thème retenu dans l'accord ou le plan d'action est assorti d'**objectifs chiffrés** dont la réalisation est mesurée au moyen d'indicateurs communiqués, au moins annuellement, aux membres du CSE (C. trav. art. D 4162-2, al. 2).

> **Précisions** Les accords de groupe ou d'entreprise et les plans d'action doivent être **déposés** auprès de la Dreets. Ils ont une **durée** maximale de 3 ans (C. trav. art. L 4162-3). Les accords de branche demeurent valides sans limite temporelle. Ils doivent toutefois être réexaminés tous les 3 ans dans le cadre de la négociation obligatoire sur la prise en compte des effets de l'exposition aux facteurs de risques professionnels prévue par l'article L 2241-12 du Code du travail.

3. FORMATION À LA SÉCURITÉ

FORMATION DE L'ENSEMBLE DES SALARIÉS

L'employeur doit organiser une formation **pratique** et **appropriée** à la sécurité au bénéfice (C. trav. art. L 4141-2) : **55660**
– des travailleurs qu'il embauche ;
– des travailleurs qui changent de poste de travail ou de technique ;
– des salariés temporaires, à l'exception de ceux auxquels il est fait appel pour des travaux urgents nécessités par des mesures de sécurité et déjà dotés de la qualification nécessaire à cette intervention ;
– des travailleurs qui reprennent leur activité après un arrêt de travail d'une durée d'au moins 21 jours, à la demande du médecin du travail.

> **Précisions** Un « **passeport de prévention** » doit recenser l'ensemble des éléments certifiant les qualifications acquises par le travailleur à l'occasion de formations relatives à la santé et à la sécurité au travail. Mis en œuvre progressivement, il peut être alimenté par l'employeur, les organismes de formation et le travailleur lui-même, selon des modalités fixées par arrêté, à paraître (C. trav. art. L 4141-5 ; Loi 2021-1018 du 2-8-2021 art. 6, II ; Décret 2022-1712 du 29-12-2022).

Le CSE est consulté sur les **programmes** de formation et veille à leur mise en œuvre effective (C. trav. art. L 4143-1, al. 1). Il participe aussi à la **préparation** des formations (C. trav. art. R 4143-1). **55670**

> **Précisions a.** L'**étendue** de l'obligation de l'employeur varie selon la taille de l'établissement, la nature de son activité, le caractère des risques qui y sont constatés et le type d'emploi des travailleurs (C. trav. art. L 4141-3).
>
> **b.** La formation a pour **objet** d'instruire le salarié des précautions à prendre pour assurer sa propre sécurité et celle des autres personnes travaillant dans l'établissement (C. trav. art. R 4141-3). Elle porte sur les **conditions de circulation dans l'entreprise** (circulation des engins, chemins d'accès aux lieux de travail, issues de secours, consignes d'évacuation : C. trav. art. R 4141-11 s.), les **conditions d'exécution du travail** (gestes les plus sûrs, fonctionnement des dispositifs de protection et de secours : C. trav. art. R 4141-13 s.) et la **conduite à tenir en cas d'accident ou de sinistre** (lorsqu'une personne est victime d'un accident ou d'une intoxication sur les lieux du travail : C. trav. art. R 4141-17 s.).
>
> **c.** La formation **tient compte** de la qualification, de l'expérience professionnelle et de la langue du salarié (C. trav. art. R 4141-5, al. 1).

55675 Le CSE est consulté sur les actions de prévention en matière de santé et de sécurité et de formation envisagées par l'employeur lors de sa consultation annuelle sur la politique sociale de l'entreprise, les conditions de travail et l'emploi (n° 3910).
Dans les **entreprises de plus de 300 salariés,** un rapport détaillé est remis au CSE ainsi qu'un programme des actions proposées pour l'année à venir au bénéfice des nouveaux embauchés, des travailleurs changeant de poste ou de technique et des salariés temporaires (C. trav. art. R 4143-2, al. 2). À notre sens, bien que les textes ne le prévoient pas, ces documents devraient être mis à disposition du comité dans la base de données économiques, sociales et environnementales.

FORMATION SPÉCIFIQUE DES SALARIÉS PRÉCAIRES ET DES STAGIAIRES

55680 Outre la formation générale à la sécurité, les salariés titulaires d'un contrat de travail à durée déterminée, les salariés temporaires et les stagiaires en entreprise affectés à des postes de travail présentant des **risques particuliers** pour leur santé ou leur sécurité bénéficient d'une **formation renforcée** à la sécurité ainsi que d'un accueil et d'une information adaptés dans l'entreprise dans laquelle ils sont employés. L'employeur doit établir la **liste** de ces postes, après avis du CSE et du médecin du travail (C. trav. art. L 4154-2).
Il peut utiliser éventuellement le rapport et le programme remis annuellement visés nos 55560 s.
Si aucun poste de travail ne présente de risques particuliers, un **état néant** est établi après avis des représentants du personnel et du médecin du travail (Circ. DRT 18 du 30-10-1990 n° 4-1-2-1).

ILLUSTRATIONS

Peuvent figurer sur la liste (Circ. DRT 18 du 30-10-1990 n° 4-1-2-1) :
– les **travaux** habituellement reconnus **dangereux** et qui nécessitent une certaine qualification (conduite d'engins, travaux de maintenance, travaux sur machines dangereuses) ou les travaux exposant à certains risques (travaux en hauteur, substances cancérogènes, bruit, vibrations) ;
– les travaux pour lesquels une **formation particulière** est prévue par la réglementation (caristes par exemple) ;
– les postes de travail ayant été à l'origine d'un **accident du travail** ou d'une maladie professionnelle, ou d'incidents répétés.

55685 Le CSE est consulté sur le **programme** et les **modalités** pratiques de la formation renforcée ainsi que sur les conditions d'accueil des salariés à ces postes (C. trav. art. L 4143-1, 1°).

CONSEIL

Le salarié doit recevoir des **informations complètes** sur les risques du poste de travail et de l'environnement de travail : risques liés à la circulation (zones dangereuses, circulations d'engins...), risques à long terme des produits utilisés, etc. Il importe de veiller à ce que l'**encadrement** de ces salariés soit suffisant au regard des risques liés aux tâches qui leur sont confiées (Circ. DRT 18 du 30-10-1990 n° 4-1-2-2).

4. PROTECTION CONTRE LE HARCÈLEMENT ET LES RISQUES PSYCHOSOCIAUX

55690 Appréhendés au sens large, les risques psychosociaux recouvrent notamment le **stress** professionnel, les **violences,** les situations de **harcèlement** moral et sexuel ainsi que les **agissements sexistes.**
Le **Code du travail** comporte des règles spécifiques visant à protéger les salariés contre le harcèlement et les agissements sexistes : voir Mémento social nos 17070 s.
Les **représentants du personnel** disposent de nombreux moyens d'action en matière de protection des salariés contre les risques psychosociaux. Ils ont un rôle de **prévention** en lien avec l'employeur et d'**accompagnement** des salariés en situation de souffrance.
Les **règles protectrices** du Code du travail bénéficient également aux représentants du personnel, sous réserve de certaines spécificités liées à leur statut de salarié protégé : voir notamment n° 49075 sur la possibilité de sanctionner les mêmes faits au titre à la fois d'un harcèlement moral et d'un délit d'entrave à l'exercice du droit syndical ; n° 45770 sur les conséquences de l'autorisation administrative de licencier un salarié ayant par la suite été reconnu victime d'un harcèlement moral.

> **Précisions a.** Le **harcèlement moral** s'entend d'agissements répétés ayant pour objet ou pour effet une dégradation des conditions de travail du salarié susceptible de porter atteinte à ses droits et à sa dignité, d'altérer sa santé physique ou mentale ou de compromettre son avenir professionnel (C. trav. art. L 1152-1).
b. Le **harcèlement sexuel** est constitué par des propos ou comportements à connotation sexuelle répétés qui soit portent atteinte à la dignité du salarié en raison de leur caractère dégradant ou humiliant, soit créent à son encontre une situation intimidante, hostile ou offensante. Il est également constitué lorsqu'un

même salarié subit de tels propos ou comportements venant de plusieurs personnes, de manière concertée ou à l'instigation de l'une d'elles, alors même que chacune de ces personnes n'a pas agi de façon répétée ; lorsqu'un même salarié subit de tels propos ou comportements, successivement, venant de plusieurs personnes qui, même en l'absence de concertation, savent que ces propos ou comportements caractérisent une répétition. Est assimilé au harcèlement sexuel le fait d'exercer toute forme de pression grave, même non répétée, dans le but réel ou apparent d'obtenir un acte de nature sexuelle, que celui-ci soit recherché au profit de l'auteur des faits ou au profit d'un tiers (C. trav. art. L 1153-1).

c. Les **agissements sexistes** se définissent comme tout agissement lié au sexe d'une personne, ayant pour objet ou pour effet de porter atteinte à sa dignité ou de créer un environnement intimidant, hostile, dégradant, humiliant ou offensant (C. trav. art. L 1142-2-1).

PRÉVENTION EN PARTENARIAT AVEC L'EMPLOYEUR

Proposition d'actions Dans le cadre de sa mission de prévention des risques profes- 55700
sionnels, dans les **entreprises d'au moins 50 salariés,** le CSE peut proposer à l'employeur notamment des actions de prévention : voir n° 55585.

EXEMPLE

Parmi les **mesures de prévention** pouvant être mises en œuvre dans l'entreprise, on peut citer : la mise en place d'un groupe de réflexion, l'élaboration d'une charte de prévention, la mise en place d'une structure d'accueil et d'écoute des salariés, des actions de sensibilisation et d'information du personnel d'encadrement, une information de l'ensemble des salariés sur la stratégie de l'entreprise en la matière, etc.

Négociation collective Il n'existe **pas d'obligation** de négocier en matière de préven- 55705
tion des risques psychosociaux au sens large, recouvrant non seulement les risques de harcèlement, de violence au travail, mais également les risques de souffrance liés notamment à une situation de stress. De telles négociations sont pourtant utiles. Elles permettent de communiquer dans l'entreprise sur ces risques et de prévoir par accord de nombreuses **mesures de prévention** et notamment une procédure de détection et de traitement des situations à risques et des cas avérés de souffrance au travail.

Des négociations peuvent être organisées en vue de conclure soit directement un **accord sur le fond,** soit un **accord de méthode.** Celui-ci peut porter sur la manière de conduire l'état des lieux, les conditions d'un éventuel recours à un intervenant extérieur, la formation préalable des acteurs et les modalités de concertation avec eux (représentants du personnel, médecin du travail, etc.), le suivi des démarches (comité de pilotage et de suivi), le calendrier de la concertation, etc. (Lettre min. du 10-12-2009).

ACCOMPAGNEMENT DES SALARIÉS

Signalement Dans le cadre de leurs attributions, les membres du CSE, **quel que soit** 55715
l'effectif de l'entreprise, peuvent présenter des **réclamations** individuelles ou collectives relatives à l'application du Code du travail et des autres dispositions légales (nos 220 s.). Un salarié en situation de souffrance liée par exemple à un harcèlement peut donc s'adresser au CSE.

En cas d'atteinte aux droits des personnes ou à leur santé physique ou mentale et plus particulièrement en cas de harcèlement moral ou sexuel, ou d'agissements sexistes, les membres du CSE peuvent également exercer leur **droit d'alerte** : voir n° 300 (entreprises de moins de 50 salariés) et nos 4100 s. (entreprises d'au moins 50 salariés).

Sur la consultation des représentants du personnel lorsqu'un **dispositif d'évaluation** des salariés est mis en place, voir n° 52665.

Expertise Dans les **entreprises d'au moins 50 salariés,** lorsque le CSE constate un **risque** 55720
grave dans l'entreprise, tels des faits de harcèlement moral ou sexuel ou d'autres risques psychosociaux, il peut faire appel à un **expert** (nos 2000 s. et nos 56600 s.).

Médiation Les représentants du personnel peuvent proposer au salarié de recourir à une 55725
procédure de médiation. Celle-ci est prévue de manière facultative, seulement en cas de **harcèlement moral.** L'initiative de cette procédure appartient soit à la personne qui s'estime victime de harcèlement, soit à la personne mise en cause (C. trav. art. L 1152-6, al. 1).

Si l'employeur n'est pas directement mis en cause, celui-ci ne devrait pas pouvoir prendre l'initiative de sa mise en œuvre.

55730 Le choix du **médiateur** doit faire l'objet d'un accord entre les parties (C. trav. art. L 1152-6, al. 2). Aucune condition n'est requise quant à la qualité de celui-ci. Il peut s'agir d'une personne appartenant à l'entreprise, par exemple un représentant du personnel, un responsable des ressources humaines ou tout autre salarié, ou bien d'une personne extérieure à l'entreprise (médiateur extérieur, médecin du travail, avocat, etc.).

ATTENTION

En pratique, lorsque la **personne mise en cause** est un **autre salarié,** un accord peut être trouvé pour nommer un médiateur au sein de l'entreprise.
En revanche, lorsque c'est l'**employeur** qui est accusé de harcèlement moral, le médiateur devra sans doute être recherché hors de l'entreprise, pour des raisons de neutralité. Il paraît en effet difficile d'obtenir, par exemple, l'accord de l'employeur pour nommer comme médiateur un représentant du personnel, ou celui du salarié pour nommer le responsable des ressources humaines.
Le texte ne prévoit pas les conséquences de l'**absence d'accord** des parties sur le choix du médiateur, mais il y a lieu de considérer qu'une médiation est alors impossible.

55735 Le médiateur a pour **mission** de s'informer de l'état des relations entre les parties et de tenter de les concilier. Il leur soumet des **propositions** qu'il consigne par écrit en vue de mettre fin au harcèlement (C. trav. art. L 1152-6, al. 3).
Il peut proposer par exemple un éloignement des personnes en conflit, un changement de méthodes de gestion, un suivi de formations ou des sanctions disciplinaires.
En cas d'**échec de la conciliation,** le médiateur informe les parties des éventuelles sanctions encourues et des garanties procédurales prévues en faveur de la victime (C. trav. art. L 1152-6, al. 4).

ATTENTION

Le fait de porter ou de tenter de porter atteinte à l'exercice des fonctions du médiateur est un **délit** passible d'un an d'emprisonnement et de 3 750 € d'amende (C. trav. art. L 1155-1). La loi ne prévoit pas de **statut protecteur** pour le salarié désigné comme médiateur.

55740 **Action en justice** Les **organisations syndicales** représentatives dans l'entreprise peuvent agir en justice en faveur d'un salarié ayant subi soit des agissements de harcèlement moral ou sexuel, soit une mesure discriminatoire après avoir subi, refusé de subir, relaté ou témoigné de faits de harcèlement. Pour exercer de telles actions, elles doivent justifier d'un **accord écrit du salarié.** Ce dernier peut toujours intervenir à l'instance engagée en son nom par le syndicat et y mettre fin à tout moment (C. trav. art. L 1154-2).
Lorsqu'elles se substituent à lui, les organisations syndicales bénéficient du **régime probatoire** applicable au salarié : elles doivent seulement présenter des éléments de fait laissant supposer l'existence d'un harcèlement. Il incombe ensuite à l'employeur de prouver que ces agissements ne sont pas constitutifs d'un harcèlement et que sa décision est justifiée par des éléments objectifs étrangers à tout harcèlement (C. trav. art. L 1154-1, al. 1 et 2).

> **Précisions** En l'**absence d'accord écrit** du salarié, on peut se demander si les organisations syndicales peuvent engager une **action collective** dans l'intérêt de la profession, dans les conditions détaillées nos 12360 s. Cette action a été refusée en matière de **viol** et de **harcèlement sexuel,** les juges ayant considéré que ces faits ne portaient pas atteinte à l'intérêt collectif de la profession (Cass. crim. 23-1-2002 n° 01-83.559 F-PF : RJS 5/02 n° 592). Il pourrait toutefois en être autrement en matière de **harcèlement moral** généré par des méthodes de gestion stressantes.

5. INTERVENTION D'UNE ENTREPRISE EXTÉRIEURE

55790 En cas d'intervention d'une ou plusieurs entreprises extérieures dans une entreprise dite utilisatrice, les différents employeurs doivent se concerter pour fixer la **politique de prévention.** Le rôle des différents CSE est alors élargi.
Les dispositions qui suivent s'appliquent aux **travaux ou prestations de services** réalisés par une ou plusieurs entreprises afin de concourir à un même objectif (C. trav. art. R 4511-4). Elles ne s'appliquent pas aux chantiers de bâtiment ou de génie civil (C. trav. art. R 4511-3) pour lesquels il existe une institution particulière : voir nos 23170 s.

> **Précisions** L'entreprise **utilisatrice** est l'entreprise d'accueil où des salariés d'autres entreprises interviennent, lorsque ceux-ci ne sont pas placés complètement sous sa direction (le travail temporaire est exclu). L'entreprise **extérieure** s'entend de toute entreprise juridiquement indépendante de l'entreprise utilisatrice amenée à faire travailler ses salariés dans les locaux de cette dernière. Il peut s'agir d'une entreprise intervenante ou d'une entreprise sous-traitante (Circ. DRT 14 du 18-3-1993 I-2).

Information Les chefs des entreprises utilisatrice et extérieures doivent **tenir à la disposition** des CSE concernés certaines informations (C. trav. art. R 4511-10 et R 4511-11) : 55795
- date d'arrivée et durée prévisible de l'intervention ;
- nombre prévisible de travailleurs affectés ;
- nom et qualification de la personne chargée de diriger l'intervention ;
- noms et références de leurs sous-traitants, le plus tôt possible et en tout état de cause avant le début des travaux dévolus à ceux-ci ;
- identification des travaux sous-traités.

Les CSE sont informés de toute **situation d'urgence** ou de gravité, notamment lors de la mise en œuvre du **droit d'alerte** visé nos 56540 s. (C. trav. art. R 4514-1, 3°).

Lorsque l'établissement d'un **plan de prévention** est nécessaire, ces mêmes instances doivent recevoir certaines informations (n° 55845).

Les noms et lieux de travail des membres des CSE de l'entreprise utilisatrice et des entreprises extérieures doivent être **affichés** aux lieux d'entrée et de sortie du personnel de l'entreprise utilisatrice (C. trav. art. R 4514-5, 1°). 55800

Inspection préalable Préalablement à l'intervention d'entreprises extérieures, les chefs des entreprises utilisatrice et extérieures doivent procéder à une inspection **commune** des lieux de travail, des installations qui s'y trouvent et des matériels éventuellement mis à disposition des entreprises extérieures (C. trav. art. R 4512-2). 55805

Ils doivent informer les CSE des entreprises utilisatrice et extérieures de la **date** de l'inspection dès qu'ils en ont connaissance et au plus tard 3 jours avant qu'elle ait lieu. En cas d'urgence, l'information doit être donnée sur-le-champ (C. trav. art. R 4514-1, 1°).

Le CSE de l'entreprise **utilisatrice** compétent charge, s'il l'estime nécessaire, un ou plusieurs de ses membres appartenant à la délégation du personnel de **participer** à l'inspection commune préalable. Les CSE des entreprises **extérieures** participent aussi s'ils l'estiment nécessaire à cette inspection (C. trav. art. R 4514-3, al. 1 et 2). 55810

Si un représentant du personnel au CSE de l'entreprise extérieure est appelé à faire partie de l'**équipe intervenant** dans l'entreprise utilisatrice, c'est ce représentant qui est désigné pour participer à l'inspection. Dans le cas contraire, le comité peut désigner un autre représentant du personnel élu s'il est appelé à être affecté dans l'entreprise utilisatrice (C. trav. art. R 4514-9).

Les membres des comités désignés pour participer à l'inspection commune préalable émettent un avis sur les **mesures de prévention** (C. trav. art. R 4514-3, al. 3).

Inspections et réunions périodiques Au cours des travaux exécutés par les entreprises extérieures, le chef de l'entreprise utilisatrice organise, avec les chefs des entreprises extérieures qu'il estime utile d'inviter, des inspections et réunions périodiques afin d'assurer notamment la **coordination** des mesures de prévention (C. trav. art. R 4513-2). 55820

Les CSE des entreprises utilisatrice et extérieures sont informés de la **date** des inspections et réunions au plus tard 3 jours avant qu'elles aient lieu. En cas d'urgence, ils sont informés sur-le-champ (C. trav. art. R 4514-1, 2°).

Des inspections et réunions périodiques de coordination sont par ailleurs organisées à la **demande motivée** de deux représentants du personnel au CSE de l'entreprise **utilisatrice** (C. trav. art. R 4514-4, al. 1). 55825

À la **demande motivée** de deux représentants du personnel au CSE d'une entreprise **extérieure,** le chef de celle-ci doit demander à participer aux réunions et inspections périodiques, et même provoquer l'organisation de telles réunions ou inspections si le chef de l'entreprise utilisatrice ne les a pas mises en place (C. trav. art. R 4514-4, al. 2).

Le CSE de l'entreprise **utilisatrice** charge, s'il l'estime nécessaire, un ou plusieurs de ses membres appartenant à la délégation du personnel de **participer** aux inspections et réunions périodiques de coordination (C. trav. art. R 4514-6, al. 1). 55830

Il en est de même pour le CSE de l'entreprise **extérieure** lorsqu'il est prévu que cette entreprise y participe (C. trav. art. R 4514-8, al. 1). Les dispositions de l'article R 4514-9 du Code du travail visées n° 55810 relatives au membre à désigner s'appliquent alors (C. trav. art. R 4514-10).

Les membres des CSE participant aux inspections et réunions périodiques émettent un avis sur les **mesures de prévention** (C. trav. art. R 4514-6, al. 2 et R 4514-8, al. 2).

Plan de prévention Si, au vu des éléments recueillis au cours de l'inspection commune préalable, des risques pouvant résulter de l'interférence entre les activités, installations et matériels existent, les chefs des entreprises utilisatrice et extérieures arrêtent d'un commun accord, 55840

avant le début des travaux, un plan de prévention définissant les mesures prises par chaque entreprise en vue de prévenir ces risques (C. trav. art. R 4512-6).
Le plan de prévention comporte au moins des **dispositions** sur la définition des phases d'activité dangereuses et des moyens de prévention spécifiques correspondants, l'adaptation des matériels, installations et dispositifs aux opérations à réaliser, les instructions à donner aux travailleurs, la mise en place des premiers secours, les conditions de la coordination entre les entreprises nécessaire au maintien de la sécurité (C. trav. art. R 4512-8).
Il comprend aussi la **liste des postes** occupés par les travailleurs susceptibles de relever du suivi médical individuel renforcé (C. trav. art. R 4512-9).

55845 Un plan de prévention est **obligatoirement établi par écrit** dans deux cas (C. trav. art. R 4512-7) :
– si l'opération à réaliser par les entreprises extérieures représente un **nombre total d'heures de travail prévisible** égal au moins à 400 heures sur une période inférieure ou égale à 12 mois, que les travaux soient continus ou discontinus. Il en est de même s'il apparaît, en cours d'exécution des travaux, que le nombre d'heures de travail doit atteindre 400 heures ;
– quelle que soit la durée prévisible de l'opération, lorsque sont accomplis des **travaux dangereux figurant sur une liste** fixée par un arrêté TEFT9300368A du 19-3-1993 modifié : travaux exposant au bruit, aux rayonnements ionisants, à des substances et préparations explosives, inflammables, toxiques, cancérogènes, travaux de démolition, certains travaux sur les ascenseurs...
Lorsque l'établissement d'un plan de prévention par écrit est obligatoire, les **avis** des différents CSE visés n°s 55810 et 55830, émis lors des inspections préalables ou périodiques, doivent y être portés (C. trav. art. R 4514-3, al. 3, R 4514-6, al. 2 et R 4514-8, al. 2).
Ce plan est **tenu à la disposition** des CSE des entreprises utilisatrice et extérieures. Ces comités sont informés de ses mises à jour qui leur sont par ailleurs communiquées sur leur demande. Ils reçoivent toutes informations nécessaires à l'exercice de leurs missions (C. trav. art. R 4514-2).

55847 **Enquête** Lorsqu'il peut y avoir des **risques liés à l'interférence** entre les activités, les installations et matériels des différentes entreprises, le CSE de l'entreprise utilisatrice procède à des inspections et enquêtes (n°s 3585 et 56730 s.) sur les lieux de travail temporairement occupés par des travailleurs d'entreprises extérieures (C. trav. art. R 4514-7).

SECTION 3

MODIFICATION DES CONDITIONS DE TRAVAIL

56000 Dans les **entreprises d'au moins 50 salariés,** les représentants du personnel ont vocation à connaître de toute question concernant les conditions de travail, sous peine de délit d'entrave. Ils doivent être consultés, de manière **ponctuelle,** en cas de modification importante de ces conditions, d'introduction de nouvelles technologies ou de mutations technologiques importantes et rapides.
En outre, le CSE est consulté **annuellement** sur les conditions de travail dans l'entreprise, lors de sa consultation sur la politique sociale de l'entreprise, les conditions de travail et l'emploi (n°s 3910 s.). Le sujet peut également, au moins partiellement, être abordé lors de sa consultation sur les **orientations stratégiques,** puisque les conséquences de la stratégie sur l'évolution des métiers et des compétences et l'organisation du travail doivent être examinées lors de cette consultation (n°s 3870 s.).

A. Aménagement important

56050 Dans les **entreprises d'au moins 50 salariés,** le CSE est informé et consulté sur les questions intéressant l'organisation, la gestion et la marche générale de l'entreprise, notamment sur tout aménagement important modifiant les conditions de santé et de sécurité ou les conditions de travail et, de manière générale, sur les mesures de nature à affecter le volume ou la structure des effectifs, les conditions d'emploi, de travail, notamment la durée du travail, et la formation professionnelle : voir n°s 3980 s. (C. trav. art. L 2312-8, II).

NOTION D'AMÉNAGEMENT IMPORTANT

Compte tenu de sa compétence générale, tout projet entraînant des modifications des conditions de travail devrait, en principe, être soumis au CSE. Toutefois, la consultation ne s'impose, à notre sens, qu'en cas de mesures revêtant une **certaine importance**. Ainsi, la consultation n'est pas requise pour des **mesures provisoires** concernant très peu de salariés (Cass. crim. 15-4-1982 n° 81-92.936 ; 9-2-1988 n° 87-82.061 P : RJS 5/89 n° 438), mais elle l'est si une mesure temporaire a un **impact important** sur les conditions de travail d'un ou plusieurs services (Cass. crim. 15-10-1991 n° 90-83.045 D : RJS 3/92 n° 307). 56055

Par ailleurs, l'importance du projet ne doit pas être évaluée en fonction du seul **nombre des salariés concernés** (Cass. soc. 10-2-2010 n° 08-15.086 FS-PB : RJS 4/10 n° 349) ; la consultation s'impose si une mesure concerne peu de salariés mais a vocation à être **étendue** à un grand nombre d'entre eux (en ce sens : CA Versailles 5-8-2013 n° 13-05861 : RJS 11/13 n° 735).

Sur la consultation des représentants du personnel en cas de changement de l'**horaire de travail** ou de mise en place du **travail de nuit,** voir respectivement n°s 64575 s. et 64955.

Sur le rôle des représentants du personnel en cas de **transfert d'entreprise** ou de **restructuration,** voir n°s 87500 s.

ILLUSTRATIONS

La consultation est **obligatoire** dans les cas suivants :
– mise en place ou modification d'un dispositif d'**évaluation des salariés** (n° 52665) ;
– augmentation du nombre des périodes d'**astreintes** (n° 64355) ;
– **changement d'horaires** affectant 255 travailleurs postés sur un effectif de 400 salariés (n° 64910) ;
– **regroupement sur un même site** d'un service commun réparti sur plusieurs sites intéressant 80 salariés, dont la mise en œuvre doit entraîner le transfert hors de leur secteur géographique d'origine ou le changement des attributions de ces salariés (Cass. soc. 30-6-2010 n° 09-13.640 FS-PBR : RJS 10/10 n° 775) ;
– mise en œuvre d'un **accord de classification** ayant pour objectif de regrouper tous les postes de travail de même nature existant dans l'entreprise au sein d'emplois et de profils d'emplois et s'inscrivant dans une **démarche de flexibilité** des emplois et de définition de nouveaux métiers (Cass. soc. 7-5-2014 n° 12-35.009 F-D : RJS 7/14 n° 570) ;
– réorganisation de l'entreprise consistant en la **suppression d'un établissement** et son absorption partielle par un autre, entraînant un **accroissement du périmètre des déplacements** en relation avec la plus grande surface géographique de l'établissement, un nouveau régime des **astreintes** et une modification du **rattachement hiérarchique** et des processus RH (Cass. soc. 21-6-2016 n° 14-29.745 F-D : RJS 11/16 n° 706) ;
– **installation d'un boîtier électronique** dans les véhicules de l'entreprise utilisés par certains salariés, dès lors qu'il comporte une fonction de géolocalisation permettant potentiellement à l'entreprise de localiser les véhicules à tout moment (Cass. soc. 25-1-2016 n° 14-17.227 F-D : RJS 4/16 n° 263) ;
– instauration de **tests de dépistage** de stupéfiants susceptibles de déboucher sur des sanctions disciplinaires (Cass. soc. 8-2-2012 n° 11-10.382 FS-PB : RJS 4/12 n° 354) ;
– réorganisation d'un service impliquant une **nouvelle répartition des tâches** et, par suite, une importante modification des conditions de travail du personnel intéressé (Cass. crim. 25-10-1977 n° 76-90.534 P) ;
– **transfert partiel,** dans une **résidence éloignée,** de certains services de l'entreprise et licenciement des employés ayant refusé cette nouvelle affectation (Cass. crim. 6-12-1977 n° 76-93.044 P).

ILLUSTRATIONS 56057

À l'inverse, **ne constituent pas** une décision ou un projet d'aménagement important modifiant les conditions de santé et de sécurité ou les conditions de travail :
– le **réaménagement de l'organigramme** redéfinissant des divisions, prévoyant la restructuration de l'encadrement, la simplification de la gestion, mais ne comportant aucune transformation des postes de travail, aucun changement de métier, aucun nouvel outil, ni de modification des cadences ou des normes de productivité (Cass. soc. 26-6-2001 n° 99-16.096 FS-PBRI : RJS 10/01 n° 1150) ;
– le déploiement de **nouveaux logiciels** et la fourniture aux consultants dans les entreprises clientes d'ordinateurs portables, ces changements n'ayant aucune répercussion importante sur les conditions de travail en termes d'horaires, de tâches et de moyens mis à la disposition des salariés (Cass. soc. 8-2-2012 n° 10-20.376 F-D) ;
– l'implantation d'une **version améliorée d'un logiciel** déjà en application n'entraînant qu'un apprentissage d'une durée limitée (Cass. soc. 4-5-2011 n° 09-67.476 F-D) ;
– l'**harmonisation des systèmes informatiques** dans le cadre d'une fusion qui n'emporte aucun changement important et définitif des conditions de travail, les modifications engendrées étant limitées à la période de bascule des systèmes informatiques et n'affectant que le personnel d'accompagnement (Cass. soc. 27-6-2012 n° 10-26.248 F-D) ;

– l'arrêt de l'activité de l'établissement pendant 10 jours pour des **opérations de maintenance périodiques,** affectant 32 salariés sur 249, une partie des salariés concernés participant à ces opérations (Cass. soc. 18-6-2014 n° 13-11.341 FS-D : RJS 11/14 n° 783) ;
– une **baisse significative du chiffre d'affaires** de l'établissement et la disparition de certaines de ses productions, cette situation étant le résultat prévisible de la fin de certains marchés et des difficultés conjoncturelles affectant l'industrie automobile, dès lors que le projet de redéploiement industriel de l'activité dans le bassin avait suscité un important conflit social conclu par un **protocole d'accord** aux termes duquel la société s'était engagée à ne pas remettre en cause la vocation industrielle du site et à y maintenir un effectif minimal (Cass. soc. 14-10-2015 n° 14-17.224 FS-PB : RJS 12/15 n° 789).

NIVEAU DE LA CONSULTATION

56070 Lorsque l'entreprise n'est composée que d'**un seul établissement,** doit être consulté le CSE de l'entreprise.
Dans les entreprises à **établissements multiples,** doivent être consultés les comités d'établissement et/ou le CSE central, selon les règles de répartition de leurs compétences : voir nos 6060 s.

MOMENT DE LA CONSULTATION

56090 La consultation des représentants du personnel doit intervenir **avant toute décision** de l'employeur, lorsque la mesure est encore à l'état de **projet** (voir nos 3635 s.).

ILLUSTRATIONS

Le projet doit être **suffisamment avancé,** ce qui est le cas dès lors qu'il n'est plus au stade d'une simple étude préalable à la mise au point d'un avant-projet ou d'un projet éventuel (CA Nancy 25-6-1996 n° 95-2298 : RJS 11/96 n° 1182).
L'organisation de **groupes de travail** pour débattre d'un projet de réduction du temps de travail révèle l'existence d'un véritable projet (CA Paris 31-5-2000 n° 99-14750 : RJS 9-10/00 n° 963). Il en est de même lorsque le **processus décisionnel** relatif au regroupement et au déménagement de salariés sur un nouveau site est acquis et que l'employeur convient que le projet serait à terme un grand projet immobilier ayant pour effet de générer une redistribution significative des espaces de travail et de leur usage pour les salariés concernés (Cass. soc. 12-5-2021 n° 19-24.692 F-D : RJS 7/21 n° 395).

MODALITÉS DE LA CONSULTATION

56095 L'employeur doit, comme pour toute consultation du CSE, lui communiquer préalablement toutes les **informations utiles** sur le projet. Pour plus de précisions sur les **règles** de consultation du CSE, voir nos 3620 s. Sur les modalités de **recours à un expert** par le CSE, voir nos 2000 s.

> **Précisions** Si les représentants du personnel rendent leur **avis avant que l'expert** qu'ils ont désigné ne rende son rapport, c'est qu'ils se considèrent suffisamment informés. Cet avis est donc régulier (TGI Paris 8-9-2006 n° 06-56904).

IRRÉGULARITÉ OU DÉFAUT DE CONSULTATION

56097 L'employeur qui ne procède pas à la consultation du CSE s'expose à une condamnation pour **délit d'entrave** : voir nos 49000 s.
Si les représentants du personnel sont consultés sans avoir eu communication de l'**ensemble des informations** utiles relatives aux conséquences du projet sur les conditions de travail des salariés, ils peuvent demander au juge des référés d'ordonner la production d'un complément d'information par l'employeur ainsi que, si ce dernier a déjà mis en œuvre son projet, la suspension de cette mise en œuvre (Cass. soc. 25-9-2013 n° 12-21.747 FP-PB : RJS 12/13 n° 825). Sur la question, voir également nos 3750 s.

> **Précisions** Le Code du travail encadre les **délais de consultation** du CSE (nos 3690 s.). Il est donc possible que la jurisprudence impose au CSE qui estime l'information communiquée par l'employeur insuffisante de saisir le juge avant l'expiration du délai qui lui est imparti pour se prononcer.

B. Introduction de nouvelles technologies

56100 Dans les **entreprises d'au moins 50 salariés,** le CSE est informé et consulté sur l'introduction de nouvelles technologies (n° 3980), dans les conditions de droit commun (nos 3620 s.). Sur la possibilité de recourir à un **expert,** voir nos 2035 s.
La notion de nouvelles technologies ne s'apprécie pas abstraitement mais de façon **concrète,** en fonction de la situation de l'entreprise (CA Paris 2-7-1991 n° 91-8732).

ATTENTION

La **notion** de nouvelles technologies doit être entendue dans le sens le plus large. Il peut s'agir, par exemple, de l'automatisation, de l'informatique, de la robotique. Mais la notion recouvre aussi l'introduction d'une **technologie différente** dans l'entreprise ou l'établissement, même si celle-ci est largement répandue dans le secteur d'activité ou le reste de l'économie. En revanche, il n'y a pas introduction d'une nouvelle technologie lorsque l'entreprise, déjà équipée en matériel informatique, acquiert pour le remplacer un matériel de **technologie identique** n'apportant pas de modification à la situation du personnel. Par ailleurs, lorsque l'entreprise prévoit la production d'un bien intégrant de nouvelles technologies, la consultation des représentants du personnel ne s'impose que si la fabrication de ce produit requiert elle-même le recours à de nouvelles technologies de production (Circ. DRT 12 du 30-11-1984, 1-5).

En principe, la consultation des représentants du personnel s'impose **dès le projet** (n° 3635). **56110**
Celui-ci doit être :
– **suffisamment élaboré** : une esquisse, des propositions d'un bureau d'études ne pouvant pas en tenir lieu (Circ. DRT 12 du 30-11-1984, 1-5 ; CA Versailles 5-6-1989 n° 88-4845) ;
– **important** : la notion d'importance s'apprécie en fonction des modifications que le projet apporte dans l'organisation et la marche de l'entreprise et de ses conséquences sur la situation du personnel (Cass. crim. 3-5-1994 n° 93-80.911 P : RJS 10/94 n° 1148). Ainsi, le projet doit concerner le personnel d'un secteur d'activité, d'un service ou d'un atelier de l'entreprise et être en même temps susceptible d'apporter de réelles modifications dans la situation de ce personnel dans le domaine de l'emploi, de la qualification, de la rémunération, de la formation ou des conditions de travail. Il suffit que l'un de ces facteurs soit concerné (Circ. DRT 12 du 30-11-1984, 1-5).

ILLUSTRATIONS

Les représentants du personnel **doivent être consultés** sur les projets suivants :
– mise en place dans l'entreprise d'une **informatique plus moderne** et mieux adaptée constituant un nouveau système informatique affectant 600 postes et impliquant une nouvelle formation (Cass. soc. 28-10-1996 n° 94-15.914 P : RJS 2/97 n° 160) ;
– **changement de matériel** informatique ayant non seulement pour effet de doter l'entreprise d'un matériel plus performant, mais encore de modifier profondément ses méthodes de gestion (Cass. soc. 2-7-1987 n° 85-18.434 P) ;
– **nouveau dispositif informatique** sensiblement différent du précédent et nécessitant une formation particulière, dès lors que l'employeur ne démontre pas qu'il s'agit d'une simple évolution des techniques déjà en vigueur dans l'entreprise (CA Dijon 3-10-1995) ;
– fourniture à certains agents, à leur domicile personnel, d'**équipements informatiques** et de logiciels en vue de leur permettre la consultation et la mise à jour de fichiers nominatifs informatisés des clients et des contrats, ainsi que le suivi d'actes de gestion (CA Paris 2-7-1991 n° 91-8732) ;
– projet d'ensemble qui, avec le **remplacement du matériel informatique** par un matériel plus performant, bouleverse toute la gestion matérielle et comptable de l'entreprise et a nécessairement des conséquences sur les conditions de travail du personnel ainsi que sur sa formation (CA Versailles 31-10-1990 n° 90-1750) ;
– **acquisition d'une nouvelle rotative** aboutissant à une nouvelle méthode de fabrication du journal dans l'entreprise, différente de l'ancienne, mettant en œuvre une combinaison, jusque-là inconnue, de techniques dans l'atelier d'impression, notamment par l'apport massif de l'informatique et de l'automatisme, même si, isolément, ces diverses techniques existaient dans d'autres secteurs de l'entreprise (CA Montpellier 4-12-1995 n° 95-3715 : RJS 2/96 n° 136) ;
– **développement de la technologie « 4 G »** par une société de téléphonie mobile, même si quelques postes seulement sont touchés au départ, dès lors que l'employeur l'a lui-même présenté comme une révolution technologique structurante subordonnant l'avenir et la prospérité de l'entreprise (CA Versailles 5-8-2013 n° 13-05861 : RJS 11/13 n° 735).
À l'inverse, les représentants du personnel n'ont **pas à être consultés** :
– en cas d'**installation d'un micro-ordinateur** au service comptable de l'entreprise, dès lors que la réorganisation intervenue n'a pour effet que la suppression ponctuelle d'un seul emploi (Cass. crim. 29-3-1994 n° 93-80.962 D : RJS 8-9/94 n° 1005) ;
– sur un « **plan directeur** » concernant la mise en place de projets anciens dont le comité avait été informé en son temps et l'utilisation dans des conditions nouvelles de techniques déjà en vigueur dans l'entreprise (Cass. soc. 15-10-1987 n° 85-16.558 P).
À noter que l'introduction ou la modification de certains **logiciels,** s'ils ne sont pas analysés comme l'introduction de nouvelles technologies, peut quand même nécessiter la consultation des représentants du personnel en tant qu'aménagement des conditions de travail (n°s 56050 s.).

SECTION 4 DROIT D'EXPRESSION

56200 Tous les salariés, quelles que soient la nature de leur contrat de travail et leur position hiérarchique, bénéficient d'un droit d'expression **directe et collective** sur le contenu, les conditions d'exercice et l'organisation de leur travail (C. trav. art. L 2281-1, al. 1). Ce droit permet à chacun d'eux de donner son **avis personnel** dans ces domaines, de discuter des éventuelles difficultés rencontrées, de proposer des améliorations en matière d'organisation de l'activité et de la qualité de la production et de définir les actions à mettre en œuvre à cet effet (C. trav. art. L 2281-2). Sauf abus, les opinions que le salarié émet dans l'exercice de ce droit ne peuvent motiver une sanction ou un licenciement (Cass. soc. 21-9-2022 n° 21-13.045 FS-B : RJS 12/22 n° 603).

Les salariés ont à s'exprimer sur tous les aspects qui définissent les conditions d'exercice de leur travail : caractéristiques du poste de travail, environnement matériel et humain, contenu et organisation du travail. Les **projets de changements** constituent des thèmes privilégiés pour l'expression des salariés : modification de l'implantation des bâtiments, aménagement d'horaires, introduction de technologies nouvelles, restructuration des tâches (Circ. DRT 3 du 4-3-1986 n° 1-2). Un ANI du 11-4-2023 (n° 83530) précise que le droit d'expression peut aussi être le cadre d'échanges relatifs aux **transitions écologiques.**

Le droit d'expression s'**exerce** sur les lieux et pendant le temps de travail (C. trav. art. L 2281-4, al. 1), au cours d'une ou plusieurs réunions organisées spécialement à cet effet au niveau de l'unité de travail (équipe, atelier, bureau, chantier, voire l'entreprise si elle compte peu de salariés), et sous la houlette d'un animateur appartenant à cette unité, lequel peut être le supérieur hiérarchique (Circ. DRT 3 du 4-3-1986 n° 2-3-1).

L'accès à ce droit peut être assuré par le recours aux **outils numériques** sans que l'exercice de ce droit ne puisse méconnaître les droits et obligations des salariés de l'entreprise (C. trav. art. L 2281-1, al. 2).

Étant directe, cette expression ne passe pas par l'intermédiaire des **représentants du personnel.** Toutefois, ces derniers ne sont pas privés de leurs prérogatives classiques consistant à recevoir et transmettre les réclamations des salariés. Par ailleurs, ils sont **associés** à la mise en œuvre du droit d'expression et à ses résultats.

ATTENTION

Le droit d'expression ne doit pas être confondu avec la **liberté d'expression** dont jouit le salarié dans l'entreprise et en dehors de celle-ci. Cette liberté l'autorise à tenir des propos sur l'entreprise, sous réserve d'observer l'obligation de discrétion qui lui est imposée, le cas échéant, et de ne pas utiliser des termes injurieux, diffamatoires ou excessifs (jurisprudence constante).

A. Mise en place

56250 Les représentants du personnel interviennent dans la mise en place du droit d'expression.

Les modalités d'exercice de ce droit peuvent être définies dans le cadre de la **négociation** portant sur l'égalité professionnelle entre les femmes et les hommes et la qualité de vie et des conditions de travail (C. trav. art. L 2281-5). À défaut ou en cas de non-respect de ces stipulations, dans les entreprises où sont constituées une ou plusieurs sections syndicales d'organisations représentatives ayant désigné un délégué syndical, ces modalités sont définies par un **accord** sur ce sujet conclu entre l'employeur et ces organisations selon les modalités ci-après (nos 56285 s.). En l'absence de délégué syndical, ou à **défaut d'accord,** celles-ci sont déterminées par l'employeur, après consultation des représentants élus du personnel si l'entreprise en est dotée (nos 56340).

1. PRÉSENCE D'AU MOINS UN DÉLÉGUÉ SYNDICAL

ENGAGEMENT DE LA NÉGOCIATION

56285 **Niveau** En principe, l'accord se négocie au niveau de l'**entreprise.** Toutefois, la négociation peut avoir lieu au niveau des **établissements** ou groupes d'établissements distincts à condition que l'ensemble des établissements ou groupes d'établissements soient couverts par la négociation (C. trav. art. L 2281-9).

> **Précisions** Afin que les modalités d'exercice du droit d'expression soient adaptées aux caractéristiques de chaque établissement, il est possible de négocier un **accord-cadre** d'entreprise qui sera ensuite complété par des accords d'établissement (Circ. DRT 3 du 4-3-1986 n° 2-1-4).

Modalités et périodicité S'il n'existe pas encore d'accord sur le droit d'expression dans l'entreprise, l'employeur doit **engager** une négociation en vue de la conclusion d'un tel accord au moins tous les 3 ans (C. trav. art. L 2281-7, al. 1). Le fait pour l'employeur de refuser d'engager la négociation est passible d'un emprisonnement d'un an et d'une **amende** de 3 750 € (C. trav. art. L 2283-1). 56290

Lorsqu'un accord sur le droit d'expression existe, l'employeur doit provoquer une réunion, au moins une fois tous les 3 ans, avec les organisations syndicales représentatives en vue d'**examiner les résultats** de cet accord et d'engager sa **renégociation** à la demande d'une de ces organisations (C. trav. art. L 2281-6).

En l'**absence d'initiative** de l'employeur dans les délais indiqués ci-dessus, courant à compter de la date d'ouverture de la précédente négociation, une nouvelle négociation s'engage **obligatoirement** à la demande d'une organisation syndicale représentative dans les 15 jours de cette demande. Cette dernière est transmise par l'employeur, dans les 8 jours, aux autres organisations syndicales représentatives (C. trav. art. L 2281-7, al. 2 et 3).

ATTENTION

Le Code du travail ne semble **pas limiter l'invitation** aux organisations syndicales ayant signé l'accord. Il semble de même que toute organisation syndicale représentative peut demander la renégociation de l'accord, même si elle n'est pas partie à celui-ci. Le refus par l'employeur de renégocier l'accord à la demande d'une organisation syndicale serait constitutif du **délit d'entrave** à l'exercice du droit syndical.

OBJET DE LA NÉGOCIATION

Outre les clauses obligatoires de droit commun visées n° 80620, l'accord doit contenir les **modalités d'exercice** du droit d'expression et comporter au moins les clauses concernant (C. trav. art. L 2281-10 ; Circ. DRT 3 du 4-3-1986) : 56305

– le **niveau** (n° 56285), le mode d'**organisation** (lieu, heure, conditions de convocation, de fixation de l'ordre du jour, d'animation et de secrétariat des séances : Circ. DRT 3 du 4-3-1986 n° 2-3-1), la fréquence et la durée des **réunions** ;

– les **outils numériques** disponibles dans l'entreprise permettant l'expression des salariés ;

– les mesures destinées à assurer la **liberté d'expression** de chacun (notamment taille des groupes), la **transmission** à l'employeur des demandes et propositions des salariés ainsi que celle des avis émis par les salariés à la demande de l'employeur ;

– les mesures permettant aux salariés intéressés, aux organisations syndicales représentatives, au CSE de **prendre connaissance** des demandes, avis et propositions émanant des groupes ainsi que des suites qui leur sont réservées (notamment modalités de traitement et de réponse aux salariés concernés, délais de réponse : Circ. DRT 3 du 4-3-1986 n° 2-3-2) ;

– les conditions spécifiques d'exercice du droit à l'expression dont bénéficient les **cadres** ayant des responsabilités hiérarchiques, outre leur participation dans les groupes auxquels ils sont rattachés du fait de ces responsabilités.

Cette liste n'est **pas limitative.** L'accord peut aussi porter, par exemple, sur les conditions spécifiques du droit d'expression des salariés que leurs fonctions ou l'organisation du travail isolent des autres (travailleurs à domicile, VRP, travailleurs postés...) et sur les actions de formation à prévoir (notamment formation des animateurs, action en vue de faciliter pour les salariés l'analyse des situations de travail) (Circ. DRT 3 du 4-3-1986 n° 2-3-5).

ATTENTION

Toutes ces informations relatives aux modalités d'exercice du droit d'expression doivent être **mises à disposition** du CSE dans la BDESE, en vue de sa consultation annuelle sur la politique sociale, les conditions de travail et l'emploi (n° 3920).

FORMALITÉS

L'accord doit être **déposé** auprès de la Dreets selon les mêmes modalités que les autres accords collectifs d'entreprise visées n°s 80470 s. (C. trav. art. L 2281-8). 56310

Il en est de même du **procès-verbal de désaccord,** établi en cas d'échec de la négociation, dans lequel doivent être consignées, en application de l'article L 2242-5 du Code du travail, en leur dernier état, les propositions respectives des parties et les mesures que l'employeur entend appliquer unilatéralement.

> **Précisions** En cas de désaccord, il est inutile de **saisir le juge.** En effet, ce dernier ne peut pas se substituer à l'employeur pour fixer les modalités d'exercice du droit d'expression jusqu'à la prochaine négociation (Cass. soc. 10-10-1989 n° 87-19.465 P : RJS 11/89 n° 872).

2. ABSENCE DE DÉLÉGUÉ SYNDICAL OU D'ACCORD

56340 L'employeur doit déterminer lui-même les modalités d'exercice du droit d'expression des salariés après consultation, sur les points énumérés n° 56305, du CSE dans **deux hypothèses** (C. trav. art. L 2281-11) :
– si aucun accord n'a été conclu ;
– lorsqu'aucun délégué syndical n'a été désigné dans l'entreprise. Dans ce dernier cas, la consultation doit avoir lieu au moins une fois par an, dans le cadre de la consultation sur la politique sociale de l'entreprise, les conditions de travail et l'emploi (nos 3910 s.).
Le **délai** dans lequel les représentants du personnel doivent rendre leur avis est encadré (nos 3690 s.).
Le défaut de consultation des représentants du personnel est puni d'un emprisonnement d'un an et d'une **amende** de 3 750 € (C. trav. art. L 2283-2).

> **Précisions a.** Dans les entreprises comportant des **établissements distincts,** la consultation peut avoir lieu au niveau des établissements sous réserve que l'ensemble de ceux-ci soient dotés de représentants du personnel (Circ. DRT 3 du 4-3-1986 n° 2-2).
> **b.** Les informations relatives aux modalités d'exercice du droit d'expression doivent être **mises à disposition** du CSE dans la BDESE en vue de sa consultation annuelle sur la politique sociale, les conditions de travail et l'emploi (n° 3920).

B. Exercice et résultats

56400 Les **représentants du personnel** ne jouent aucun rôle particulier dans l'exercice de leur droit d'expression par les salariés. Ils n'ont pas vocation à animer les groupes d'expression. Ils participent aux réunions de leur unité de travail en leur seule qualité de salariés de l'entreprise.

> **Précisions** Dans une affaire antérieure à la loi du 3-1-1986 ayant institué le droit d'expression, la Cour de cassation a jugé que, s'agissant d'une réunion organisée par l'employeur au sein d'un seul atelier pour permettre une expression directe des salariés sur leur travail, un **délégué du personnel** ne faisant pas partie de cet atelier ne pouvait pas se prévaloir de cette qualité pour assister à une telle réunion et demander le paiement au titre de ses heures de délégation du temps qu'il y avait passé (Cass. soc. 1-7-1985 n° 82-43.308 P). À notre sens, cette solution garde son intérêt et est transposable aux **membres du CSE.**

56405 L'employeur doit permettre aux organisations syndicales représentatives et aux représentants du personnel élus de **prendre connaissance** des demandes, avis et propositions émanant des groupes d'expression ainsi que des suites qui leur sont données. Les modalités pratiques doivent être fixées par l'accord collectif visé n° 56305 ou par l'employeur dans les conditions visées n° 56340. Ces modalités sont **mises à disposition** du CSE dans la BDESE en vue de la consultation annuelle sur la politique sociale, les conditions de travail et l'emploi (n° 3920).

> **Précisions** L'information des représentants du personnel **n'exonère pas** l'employeur de l'obligation d'assurer la même information aux salariés concernés. Cette information peut être assurée par transmission des comptes-rendus des réunions et des réponses de l'employeur, par le libre accès aux documents disponibles dans un lieu déterminé, l'établissement de synthèses et bilans périodiques (Circ. DRT 3 du 4-3-1986 n° 2-3-3).

SECTION 5

SITUATION DE DANGER OU D'INAPTITUDE

56500 Les représentants du personnel disposent de certains pouvoirs face à un risque lié au travail (nos 56505 s.) ou en cas d'accident du travail ou de maladie professionnelle (nos 56700 s.). Ils doivent être consultés sur le reclassement d'un salarié inapte (nos 56760 s.). Ils peuvent par ailleurs engager une action en reconnaissance de la responsabilité civile ou pénale de l'employeur (nos 56860 s.).

A. Existence d'un risque

Le CSE peut prendre l'initiative d'**alerter l'employeur** de l'existence d'un danger grave et imminent pour la vie ou la santé des travailleurs (nos 56540 s.) ou d'un danger pour la santé publique ou l'environnement (nos 56565). Il peut également, en cas de risque grave, recourir à l'**expertise** (nos 56600 s.). Par ailleurs, les représentants du personnel sont tenus **informés** des décisions prises par l'inspection du travail qui constate une situation dangereuse (nos 56630 s.). 56505

1. DROIT D'ALERTE

DANGER GRAVE ET IMMINENT

Information de l'employeur et enquête Le représentant du personnel au CSE qui constate, par lui-même ou par l'intermédiaire d'un salarié, l'existence d'une cause de danger grave et imminent doit en **alerter immédiatement** l'employeur (C. trav. art. L 4131-2). 56540

La **notion** de danger grave et imminent n'est pas définie par les textes. La doctrine, appelée à se prononcer sur le droit de retrait des travailleurs, a fourni des pistes (Conclusions Y. Chauvy « Retrait d'une situation de travail » : RJS 5/96 p. 319) : 56542
– il s'agit des situations où le risque est réalisable **brusquement,** dans un délai rapproché, et représente une **menace sérieuse** et très proche dans le temps de nature à provoquer une atteinte sérieuse à l'intégrité physique d'un travailleur ;
– peu importe que le dommage **se réalise** en un instant ou progressivement, du moment qu'il puisse être envisagé dans un délai proche ;
– la **dégradation de la santé** est engagée : le travailleur se trouve sans protection au contact de l'agent nocif (y compris les maladies).
Le même auteur précise qu'il ne faut pas confondre danger anormal et **risque logique,** puisque « l'accomplissement de certains travaux rend difficile l'élimination du danger, la notion de danger anormal devant être appréciée différemment selon les substances et les machines utilisées ».

ILLUSTRATIONS

Ne constitue pas un danger grave et imminent le seul fait de travailler sur un **site nucléaire** (CA Versailles 26-2-1996 n° 94-22877 : RJS 8-9/96 n° 933), ou la décision de l'inspection du travail de mettre en œuvre la procédure de **mise en demeure** prévue par l'article L 4721-1 du Code du travail au lieu de saisir directement le juge des référés en application de l'article L 4732-1 du Code du travail (CA Nancy 5-5-1997 n° 96-2991 : RJS 1/98 n° 46). Il en est de même de l'admission, dans un **hôpital,** de malades porteurs du virus du sida ou de l'hépatite B, car cette admission ne représente pas un danger grave et imminent, dès lors qu'un tel établissement, en raison même de sa mission, doit être apte à faire face aux risques de contagion pour ses agents et pour les tiers (TA Versailles 2-6-1994 n° 87-2364 : RJS 10/94 n° 1142).

L'employeur, alerté par le représentant du personnel au CSE, doit procéder immédiatement à une **enquête** avec lui et prendre les dispositions nécessaires pour remédier au danger (C. trav. art. L 4132-2, al. 2). Dans certains cas, une **fiche de renseignements** doit être adressée à l'inspection du travail : voir n° 56735. 56545

> **Précisions** Dans les **entreprises à hauts risques industriels** visées n° 57310, l'employeur informe, dès qu'il a connaissance du danger, l'inspection du travail, le service de prévention des organismes de sécurité sociale et, selon le cas, l'autorité de sûreté nucléaire, l'inspection des installations classées ou l'ingénieur chargé de l'exercice de la police des installations, de l'avis émis par le représentant du CSE (n° 56550). Il précise à cette occasion les suites qu'il entend lui donner (C. trav. art. L 4526-1).

Consignation Le représentant du personnel au CSE ayant constaté le danger consigne son avis sur un **registre spécial,** dont les pages sont numérotées et authentifiées par le tampon du comité, mis à la disposition par l'employeur. Cet avis, daté et signé, indique les postes de travail concernés, la nature et la cause du danger ainsi que le nom des travailleurs exposés (C. trav. art. L 4132-2, al. 1, D 4132-1 et D 4132-2). 56550

Mission des représentants du personnel Dans les **entreprises d'au moins 50 salariés,** le CSE peut recourir à un **expert** dans les conditions visées nos 56600 s. Le représentant du personnel peut **se déplacer** sur le chantier ou les lieux concernés, pour se rendre compte des risques et interroger les salariés. Cette intervention entre dans le cadre de sa mission et l'employeur doit lui fournir les **moyens nécessaires** pour l'accomplir. En particulier, il doit lui laisser le temps de se rendre sur place et lui fournir, le cas échéant, un moyen de locomotion. 56555

ATTENTION

L'employeur refusant au représentant du personnel un véhicule pour se rendre sur un chantier doit être condamné à rembourser à l'intéressé, contraint d'utiliser son véhicule personnel, ses **frais de déplacement** (Cass. soc. 10-10-1989 n° 86-44.112 P : RJS 11/89 n° 850).

56560 **Désaccord** En cas de **divergence avec l'employeur** sur la réalité du danger ou la façon de le faire cesser, notamment par arrêt du travail, de la machine ou de l'installation, le CSE est **réuni d'urgence,** dans un délai n'excédant pas 24 heures. L'employeur en informe immédiatement l'inspection du travail et l'agent du service de prévention de la caisse régionale d'assurance maladie qui peuvent assister à la réunion (C. trav. art. L 4132-3).

À **défaut d'accord** entre l'employeur et la majorité du CSE sur les mesures à prendre et leurs conditions d'exécution, l'employeur **saisit immédiatement** l'inspection du travail qui peut soit demander à la Dreets de prononcer une **mise en demeure** selon la procédure prévue à l'article L 4721-1 du Code du travail, soit saisir le **juge des référés** pour que soient ordonnées toutes mesures propres à faire cesser le risque dans les conditions prévues aux articles L 4732-1 et L 4732-2 du Code du travail (C. trav. art. L 4132-4).

DANGER POUR LA SANTÉ PUBLIQUE OU L'ENVIRONNEMENT

56565 Le membre du CSE qui constate, notamment par l'intermédiaire d'un salarié, que les produits ou procédés de fabrication utilisés par l'établissement font peser un **risque grave** sur la santé publique ou l'environnement doit en **alerter** immédiatement l'employeur par écrit et examiner avec lui la situation. L'employeur l'informe de la suite qu'il réserve à l'alerte (C. trav. art. L 4133-2).

En cas de **divergence** avec l'employeur sur le bien-fondé d'une alerte ou en l'absence de suite dans un délai d'un mois, le représentant du personnel au CSE peut saisir le préfet (C. trav. art. L 4133-3).

Le CSE est **informé** des alertes transmises à l'employeur, de leurs suites ainsi que des saisines éventuelles du préfet (C. trav. art. L 4133-4).

> **Précisions a.** Qu'elles émanent d'un salarié directement ou d'un représentant du personnel, les alertes doivent être **consignées** par leur auteur sur un **registre spécial** tenu à leur disposition par l'employeur et dont les pages sont numérotées. L'auteur de l'alerte doit dater et signer le registre et y porter les indications suivantes (C. trav. art. D 4133-1 et D 4133-2) :
>
> – les produits ou procédés de fabrication utilisés ou mis en œuvre par l'établissement dont l'auteur de l'alerte constate qu'ils font peser un risque grave pour la santé publique ou l'environnement ;
>
> – le cas échéant, les conséquences potentielles pour la santé publique ou l'environnement ;
>
> – toute autre information utile à l'appréciation de l'alerte consignée.
>
> Le registre spécial est **tenu à la disposition** des représentants du personnel sous la responsabilité de l'employeur (C. trav. art. D 4133-3). En présence d'un seul CSE, le registre peut être mis en place au seul siège de l'entreprise, peu importe le nombre de magasins (Cass. soc. 28-9-2022 n° 21-16.993 F-B : RJS 12/22 n° 614).
>
> **b.** Ni l'**enquête** conjointe, ni la **réunion** en urgence du CSE ne sont prévues en cas de danger pour la santé publique ou l'environnement, contrairement à ce qui existe en matière de danger grave et imminent (Cass. soc. 19-4-2023 n° 21-25.885 F-D : RJS 8-9/23 n° 453)

2. MESURES D'URGENCE PRISES PAR L'EMPLOYEUR

56570 L'employeur doit prendre les mesures et donner les instructions nécessaires pour permettre aux travailleurs, en cas de **danger grave et imminent,** d'arrêter leur activité et de se mettre en sécurité en quittant immédiatement le lieu de travail (C. trav. art. L 4132-5).

Les prescriptions en ce domaine peuvent être **appliquées immédiatement,** sans qu'il y ait besoin de respecter la procédure relative aux notes de service, sous réserve d'informer les représentants du personnel (n° 85155).

Le **règlement intérieur** doit fixer les conditions dans lesquelles l'employeur peut faire appel à des salariés pour rétablir des conditions d'hygiène et de sécurité satisfaisantes dans l'établissement (C. trav. art. L 1321-1, 2°).

3. RECOURS À L'EXPERTISE

CONDITIONS DU RECOURS

56600 Dans les **entreprises d'au moins 50 salariés,** le CSE peut faire appel à un expert dans les conditions de droit commun (nos 2000 s.) lorsqu'un risque grave, révélé ou non par un accident du travail ou une maladie professionnelle ou à caractère professionnel, est constaté dans l'établissement (C. trav. art. L 2315-94, 1°).

Le **risque grave** peut concerner tant la santé physique que mentale des salariés. Pour justifier le recours à un expert, il doit être :
– **réellement constaté** dans l'établissement : un tel recours est impossible lorsque, par exemple, le risque évoqué résulte d'accidents de la circulation survenus aux salariés lors de déplacements liés à l'implantation de leurs sites d'activité (Cass. soc. 3-4-2001 n° 99-14.002 FS-PB : RJS 6/01 n° 755) ;
– **actuel et identifié,** préalable à l'expertise, c'est-à-dire objectivement constaté (Cass. soc. 25-11-2015 n° 14-11.865 FS-PB : RJS 2/16 n° 136). Mais le fait que l'exposition à des produits chimiques dangereux ait cessé au jour de la demande d'expertise n'empêche pas de considérer les risques comme actuels, compte tenu du temps de latence entre l'exposition à des produits dangereux et l'apparition d'éventuelles maladies (Cass. soc. 7-5-2014 n° 13-13.561 F-D : RJS 7/14 n° 571).
Le risque peut être **ancien** s'il continue à se manifester et n'a suscité aucune réaction appropriée de l'employeur (Cass. soc. 27-5-2021 n° 19-24.344 F-D : RJS 8-9/21 n° 458).
En revanche, le droit de recourir à une expertise n'impose pas que le risque soit **imminent** ni qu'il soit soudain ou révélé par un accident ou encore un événement exceptionnel et brutal (CA Nancy 25-6-1996 n° 95-2298 : RJS 11/96 n° 1182).

ILLUSTRATIONS 56605

Le **recours** à un expert a été jugé **justifié** dans les situations suivantes :
– à la suite d'un **incendie** survenu dans une usine, alors qu'un large nuage de fumée s'était étendu sur plus de 20 km, puis avait entraîné des **retombées de suie,** de très nombreux **produits toxiques** ayant brûlé lors de l'incendie, et de nombreuses personnes présentes sur le périmètre s'étant plaintes de troubles et de gêne (Cass. soc. 12-5-2021 n° 20-12.072 FS-D : RJS 7/21 n° 395) ;
– **absence de désamiantage** de toutes les locomotives en service sur les sites concernés, le risque d'exposition ayant été reconnu à l'occasion de deux événements accidentels, peu important que les agents y aient été sensibilisés à l'occasion de journées de formation (Cass. soc. 25-11-2015 n° 14-16.033 FS-D et n° 14-17.468 FS-D : RJS 2/16 n° 135) ;
– survenance de plusieurs **incidents** lors d'**opérations de désamiantage** (pulvérisation par des salariés de solvants se transformant en un brouillard potentiellement explosif et déclenchant les détecteurs de fumée), le tribunal des affaires de sécurité sociale ayant reconnu la **faute inexcusable** de l'employeur à propos de la maladie professionnelle de trois salariés et la réglementation en matière de repérage de l'amiante n'ayant pas été respectée (CA Paris 4-2-2009 n° 08-18837) ;
– salariés ayant travaillé pendant près d'un an sur un **site pollué classé Seveso,** l'employeur n'ayant jamais informé les représentants du personnel de l'existence de ces éléments polluants et les documents produits ne permettant pas d'écarter tout risque pour la santé des salariés (Cass. soc. 7-5-2014 n° 13-13.561 F-D : RJS 7/14 n° 571) ;
– médecin du travail rencontrant en consultation des salariés en **grande souffrance au travail,** se plaignant de subir des propos sexistes et des humiliations, et augmentation des arrêts de travail pour maladie pour les 6 premiers mois de l'année en cause (Cass. soc. 17-2-2016 n° 14-22.097 FS-PB : RJS 4/16 n° 264) ;
– fermetures de sites et transferts d'activités menés 2 ans auparavant ayant abouti à une **compression des effectifs,** à des déménagements nombreux, à la disparition de certains emplois, à une **aggravation des conditions de travail** et à l'apparition d'un **stress** lié aux évolutions permanentes de l'organisation de l'entreprise (Cass. soc. 2-3-2011 n° 09-11.545 F-D) ;
– politique de **réduction des effectifs** menée par l'employeur ayant entraîné un alourdissement de la **charge de travail** et une importante **pression** sur les salariés, à l'origine de cas sérieux de souffrance au travail, voire de harcèlement moral, se traduisant par une augmentation sensible des plaintes relatives à des situations de stress ainsi que par des arrêts de travail pour dépression (Cass. soc. 25-11-2015 n° 14-15.815 FS-D : RJS 2/16 n° 135) ;
– **agressions** verbales ou par armes de la part d'usagers à l'encontre des salariés (CA Paris 5-10-1999 n° 99-10697) ;
– constat d'importants **troubles psychologiques** et d'arrêts de travail en raison de **situations conflictuelles** avec la direction (ingérence dans la vie privée et harcèlement moral) génératrices d'une tension chronique extrême, les pompiers ayant dû intervenir à la suite d'une crise nerveuse aiguë subie par une salariée (CA Versailles 24-11-2004 n° 04-7486 : RJS 7/05 n° 753) ;
– **harcèlement** moral des salariés par le directeur général (mépris, mutations forcées, isolement insidieux d'un cadre avec organisation de réunions sans lui mais en présence de ses collaborateurs...) et **absentéisme** pour maladie important (CA Paris 31-3-2006 n° 05-19203 : RJS 10/06 n° 1078) ;
– signature par 438 salariés d'une **pétition** dénonçant les **pressions** de la part de la hiérarchie et forte **augmentation** du nombre d'absences pour maladie ou d'accidents du travail, un salarié ayant eu un malaise avec hospitalisation dont le caractère professionnel a été reconnu par la sécurité sociale (CA Saint-Denis de La Réunion 26-3-2010 n° 09-114) ;

– pétitions des salariés, arrêts de travail et enquêtes des représentants du personnel témoignant d'un **mal-être** en raison de l'**intensité du travail** due au sous-effectif et d'un sentiment de **surveillance continue** à la suite de l'introduction de nouveaux outils informatiques (CA Versailles 24-3-2010 n° 09-2840) ;
– sous-effectif constant au sein d'un service d'un hôpital entraînant une **mise en danger** des patients ainsi que des **conséquences psychologiques** pour les travailleurs craignant de faire une erreur d'actes médicaux dans la précipitation (CA Bordeaux 24-2-2011 n° 10-5940) ;
– mouvement de grève prolongé dans un hôpital conduisant à un alourdissement de la **charge de travail** des salariés non grévistes et encadrants chargés du transport de produits sanguins, à l'origine de situations de stress, de harcèlement moral, d'une anxiété et à une **souffrance éthique** due à l'impossibilité pour les intéressés de respecter les délais d'acheminement de ces produits (Cass. soc. 8-1-2020 n° 18-19.279 F-D : RJS 3/20 n° 142).

56610 **ILLUSTRATIONS**

Le **recours** à l'expertise a en revanche été jugé **injustifié** lorsque :
– un **organe de contrôle interne** a été mis en place de manière licite, soumis à des règles de fonctionnement conformes à la loi et aux normes applicables au sein de l'entreprise, les représentants du personnel appuyant leur demande sur le **cas isolé** d'un salarié n'ayant pas subi un trouble anormal en lien direct avec l'enquête incriminée, ce qui mettait à mal leurs affirmations sur l'existence d'un **stress généralisé** du fait du fonctionnement de ce pôle enquête (Cass. soc. 22-2-2017 n° 15-10.548 FS-PB : RJS 5/17 n° 346) ;
– les **difficultés** invoquées ont été **circonscrites** et l'employeur a pris toutes les **mesures nécessaires** pour prévenir les risques (Cass. soc. 19-5-2015 n° 13-24.887 : RJS 8-9/15 n° 571) ;
– la **seule pénibilité** au travail a été invoquée (Cass. soc. 25-11-2015 n° 14-11.865 FS-PB : RJS 2/16 n° 136) ;
– les deux derniers bilans sociaux établissent que le nombre d'**arrêts maladie** ou d'accidents du travail est **en diminution,** et le dernier rapport annuel d'activité du médecin du travail ne mentionne plus l'état de stress constaté l'année précédente (CA Montpellier 20-12-2007 n° 07-2609 : RJS 6/08 n° 683) ;
– une salariée s'étant suicidée sur le lieu du travail, il n'est pas établi que ses craintes « de se faire virer » aient été fondées, **aucune remarque** ne lui ayant été faite sur son travail (CA Versailles 3-10-2007 n° 06-7530) ;
– les représentants du personnel évoquent le **climat de tension** entre deux membres d'un syndicat et un membre de la direction, ces représentants, dont la vision doit être globale, ne pouvant opérer une **confusion** entre des procédures individuelles et collectives (CA Paris 4-10-2006 n° 06-4799) ;
– les représentants du personnel ne font valoir que des **faits isolés non corrélés entre eux** (conflit entre salariés sans lien avec les conditions de travail, incident entre un salarié et un usager réglé par l'employeur, conflit personnel entre un salarié et la direction), contestés et non étayés par des éléments objectifs (Cass. soc. 12-5-2021 n° 19-11.200 F-D : RJS 7/21 n° 395).

LITIGE

56615 En cas de litige, l'existence d'un risque grave relève de l'appréciation des **juges du fond** (CA Nancy 25-6-1996 n° 95-2298 : RJS 11/96 n° 1182). Il appartient alors aux représentants du personnel de **démontrer** l'existence du risque qu'ils invoquent (CA Bourges 3-3-2011 n° 10-1306 et n° 10-1310).

ILLUSTRATIONS

La **preuve** de l'existence d'un risque n'est **pas rapportée** lorsque la mission confiée à l'expert ne consiste pas à rechercher les causes d'un risque avéré mais d'éventuels facteurs de risque, que les motifs de recours à l'expertise se résument à des signalements de salariés insuffisamment justifiés et que les documents produits par le comité témoignent plus d'affirmations générales que de faits avérés (CA Paris 26-3-2008 n° 07-19553).

4. INTERVENTION DE L'INSPECTION DU TRAVAIL

DANGER GRAVE OU IMMINENT

56630 L'inspection du travail peut prendre toutes mesures utiles visant à **soustraire immédiatement** un salarié qui ne s'est pas retiré d'une situation de danger grave et imminent pour sa vie ou sa santé, notamment en prescrivant l'**arrêt temporaire** de la partie des travaux ou de l'activité en cause, lorsqu'il constate que le danger résulte d'une des **causes suivantes** (C. trav. art. L 4731-1) :
– défaut de protection contre les chutes de hauteur ;
– absence de dispositifs contre les risques d'ensevelissement ;
– absence de dispositifs de protection contre les risques liés aux travaux en présence d'amiante ;
– utilisation d'équipements de travail dépourvus de protecteurs, de dispositifs de protection ou de composants de sécurité appropriés ou sur lesquels ceux-ci sont inopérants ;

– risque résultant de travaux ou d'une activité dans l'environnement des lignes électriques aériennes ou souterraines ;
– risque de contact électrique direct avec des pièces nues sous tension en dehors de certaines opérations.
S'il n'est pas expressément prévu l'intervention des représentants du personnel dans cette procédure, le CSE, en vertu de son droit à l'information sur la marche générale de l'entreprise (n°s 3980 s.), devrait à notre sens être **tenu informé** de la situation.

ATTENTION

Le CSE doit être informé si le Dreets, sur rapport de l'inspection du travail, prononce une **amende administrative** dans le cas où l'employeur ne se conforme pas aux décisions d'arrêt des travaux (C. trav. art. L 4751-2 et L 4752-1).

RISQUE CHIMIQUE

Lorsque l'inspection du travail constate que les salariés se trouvent dans une **situation dangereuse** résultant d'une exposition à une substance chimique cancérigène, mutagène ou toxique pour la reproduction à un niveau supérieur à une valeur limite de concentration (fixée par décret), ou d'un défaut ou d'une insuffisance de mesures et moyens de prévention, il **met en demeure** l'employeur de remédier à cette situation (C. trav. art. L 4721-8). **56635**
L'employeur doit **informer sans délai** le médecin du travail et le CSE, notamment, du constat de situation dangereuse (C. trav. art. R 4721-7).

L'employeur doit ensuite transmettre à l'inspection du travail un **plan d'action** contenant les mesures correctives appropriées, dans le délai de 15 jours suivant la mise en demeure (C. trav. art. R 4721-6, 1°). Ce plan est établi après avis du médecin du travail et du CSE. En l'absence d'avis, il est passé outre sous réserve qu'ils aient été régulièrement informés et convoqués pour cette consultation (C. trav. art. R 4721-8). L'employeur les informe et les consulte régulièrement sur la **mise en œuvre** du plan d'action (C. trav. art. R 4721-9). **56640**

ATTENTION

À défaut de plan d'action ou d'exécution des mesures correctives, l'inspection du travail peut ordonner l'**arrêt temporaire** de l'activité (C. trav. art. R 4721-10 et R 4731-10). Pour pouvoir la reprendre, l'employeur doit mettre en place des mesures pour faire cesser la situation dangereuse, en informer l'inspection du travail et lui communiquer l'avis sur ces mesures du médecin du travail et du CSE (C. trav. art. R 4731-11).

B. Accidents du travail ou maladies professionnelles

1. INFORMATION ET CONSULTATION DU CSE

Le CSE est informé du **nombre** des accidents du travail et des maladies professionnelles par le rapport sur le bilan de la situation générale de la santé, de la sécurité et des conditions de travail (n° 55560). **56700**
Par ailleurs, il est consulté sur les mesures prises en vue de faciliter la **mise, la remise ou le maintien au travail** des accidentés du travail, notamment sur l'aménagement des postes de travail (n° 3980).
Il doit aussi être informé de la mise en place du **registre** d'accidents du travail bénins et y avoir accès (CSS art. L 441-4).
À notre sens, le CSE devrait être informé systématiquement de la **survenance d'accidents** du travail ou de maladies professionnelles et pouvoir consulter les **déclarations** adressées par l'employeur à la caisse primaire d'assurance maladie.
Sur la consultation des représentants du personnel lorsque l'employeur est condamné à établir un **plan d'amélioration de la sécurité,** voir n° 56890.

> **Précisions** Lorsqu'il est **constaté un manquement** concernant le registre des accidents du travail bénins, notamment par l'inspection du travail (tenue incorrecte du registre, disparition des conditions d'octroi, refus de présentation du registre aux agents de contrôle des caisses primaires et régionales d'assurance maladie, aux agents de l'inspection du travail, à la victime d'un accident consigné au registre, aux représentants du personnel), l'employeur est informé qu'il doit, tant que n'ont pas cessé le ou les manquements constatés, déclarer tout accident dans les conditions de droit commun (CSS art. D 441-4).

2. ENQUÊTE DU CSE

56730 Le CSE peut réaliser des enquêtes en matière d'accidents du travail ou de maladies professionnelles ou à caractère professionnel : voir n°s 270 s. pour les entreprises d'au moins 11 et de moins de 50 salariés ; n° 3587 pour les entreprises d'au moins 50 salariés.
Selon l'administration, ces enquêtes sont **obligatoires** en cas d'accident du travail grave, de maladie professionnelle ou à caractère professionnel grave (Circ. DRT 15 du 25-3-1993).
Les enquêtes menées après un accident du travail grave ou des incidents répétés ayant révélé un risque grave ou une maladie professionnelle ou à caractère professionnel grave justifient le paiement du temps passé sans déduction du **crédit d'heures** : voir n° 34650.
De telles situations peuvent justifier le recours à un **expert** dans les entreprises d'au moins 50 salariés (n°s 56600 s.).

56735 Les enquêtes sont **réalisées** par une délégation comprenant au moins l'employeur, ou un représentant désigné par lui, et un représentant du personnel siégeant au CSE (C. trav. art. R 2312-2).
Sur les **moyens de déplacement** octroyés par l'employeur, voir n°s 35140 s.

> **› Précisions** Les enquêtes donnent lieu à la transmission à l'inspection du travail d'une **fiche de renseignements** signée par les deux membres de la délégation. Cette fiche est adressée, en double exemplaire, dans les 15 jours suivant l'enquête (Arrêté du 8-8-1986 modifié). Doivent être utilisés les **formulaires Cerfa** disponibles sur www.travail-emploi.gouv.fr ou www.service-public.fr.

C. Consultation du CSE sur le reclassement du salarié inapte

56760 Lorsqu'un salarié est déclaré physiquement inapte à son poste par le médecin du travail, l'employeur doit lui proposer, sauf exception visée n° 56762, un autre **emploi adapté à ses capacités** et aussi comparable que possible à celui précédemment occupé (C. trav. art. L 1226-2 et L 1226-10).
Le respect de cette obligation légale de reclassement, applicable quelles que soient la nature du contrat de travail et l'origine de l'inaptitude physique (professionnelle ou non), nécessite des **démarches concrètes** de l'employeur pour rechercher, dans son entreprise et le cas échéant celles du groupe auquel il appartient, un poste disponible compatible avec l'avis du médecin du travail pouvant être proposé au salarié inapte.
S'agissant de la rupture du contrat de travail pour inaptitude physique et impossibilité de reclassement d'un **salarié protégé** : voir n°s 45755 s. pour un licenciement ; n°s 46590 s. pour la rupture anticipée du contrat à durée déterminée.
Pour plus de détails sur l'étendue et les modalités de l'obligation de reclassement, voir Mémento social n°s 49970 s.

CARACTÈRE OBLIGATOIRE

56762 L'employeur doit, préalablement à sa proposition de poste de reclassement, consulter le CSE sur les **possibilités de reclassement** de l'intéressé (C. trav. art. L 1226-2, al. 3 pour l'inaptitude d'origine non professionnelle ; L 1226-10, al. 2 pour l'inaptitude d'origine professionnelle ; L 1226-20 pour les salariés en CDD).
Cette consultation est une **formalité substantielle** de la procédure de reclassement du salarié inapte. Elle s'impose même si l'employeur estime le reclassement du salarié impossible (Cass. soc. 21-2-1990 n° 88-42.125 P : RJS 4/90 n° 284 ; 30-10-1991 n° 87-43.801 P : RJS 12/91 n° 1302) ou si le médecin du travail a conclu à une inaptitude physique de l'intéressé à tout poste dans l'entreprise (Cass. soc. 29-5-1991 n° 88-43.114 PF : RJS 7/91 n° 823 ; 23-10-2001 n° 99-40.126 FS-D : RJS 1/02 n° 28). Peu importe en outre le caractère **temporaire ou définitif** de l'inaptitude (Cass. soc. 16-6-1988 n° 85-46.452 P).
L'obligation de consultation s'impose à l'employeur **dès le jour de l'élection.** La proposition de reclassement faite au salarié déclaré inapte, le jour même de l'élection des représentants du personnel, sans que ces derniers aient été au préalable consultés, n'est donc pas valable (Cass. soc. 25-5-2011 n° 10-12.200 F-D : RJS 8-9/11 n° 678).
Sur les **sanctions** du défaut de consultation ou d'une consultation irrégulière des représentants du personnel, voir n°s 56800 s.

> **Précisions** Le médecin du travail peut, sous certaines conditions détaillées n° 45782, **dispenser l'employeur** de la recherche d'un reclassement au bénéfice du salarié inapte. Dans cette situation, les représentants du personnel n'ont pas à être consultés, l'employeur pouvant engager immédiatement la procédure de rupture du contrat de travail pour inaptitude physique (Cass. soc. 8-6-2022 n° 20-22.500 FS-B : RJS 8-9/22 n° 430 ; 16-11-2022 n° 21-17.255 F-B : RJS 1/23 n° 8).

L'**absence** de représentants du personnel dans l'entreprise ne libère l'employeur de son obligation de reclassement que si elle n'est pas la conséquence d'une méconnaissance des règles relatives à la mise en place des institutions représentatives. **56775**
Si cette mise en place s'impose compte tenu de l'effectif de l'entreprise (n° 20530), l'employeur doit justifier d'un **procès-verbal de carence** (Cass. soc. 7-12-1999 n° 97-43.106 PB : RJS 1/00 n° 35 ; 11-5-2016 n° 14-12.169 FS-PB : RJS 7/16 n° 504) établi à l'issue du second tour de scrutin (Cass. soc. 28-4-2011 n° 09-71.658 F-D : RJS 7/11 n° 600 ; 19-2-2014 n° 12-23.577 F-D : RJS 5/14 n° 396). **À défaut,** il est considéré comme ayant manqué à son obligation de consultation des représentants du personnel et encourt les sanctions visées n°s 56800 s.
Sur la possibilité pour un **cessionnaire** de se prévaloir du procès-verbal de carence établi par le **cédant** en cas de transfert d'entreprise, voir n° 33120, b.

> **Précisions** **a.** Un salarié employé par une entreprise d'au moins 11 salariés ne peut pas être privé de la consultation sur son reclassement au motif que le site auquel il est rattaché **emploie moins de 11 salariés,** les salariés exerçant sur ce site devant nécessairement être rattachés à un établissement disposant de représentants du personnel (Cass. soc. 7-12-2016 n° 14-27.232 FS-PBR : RJS 2/17 n° 121).
> **b.** Lorsqu'une décision judiciaire reconnaît entre des entreprises juridiquement distinctes l'existence d'une **unité économique et sociale** (UES) au sein de laquelle des représentants du personnel doivent être mis en place, cette obligation et celle corrélative de consulter les représentants sur le reclassement du salarié reconnu physiquement inapte ne s'imposent qu'à partir de la date de cette reconnaissance judiciaire. Le licenciement d'un salarié reconnu inapte prononcé antérieurement sans consultation préalable sur son reclassement n'est donc pas illicite (Cass. soc. 20-2-2008 n° 06-40.949 FP-PB : RJS 5/08 n° 530).

COMPÉTENCE EXCLUSIVE

Le CSE est seul compétent. L'employeur ne peut pas se soustraire à son obligation de consultation du CSE en invoquant celle d'une **autre instance,** par exemple d'une commission consultative paritaire (Cass. soc. 14-2-2007 n° 05-45.687 F-D), d'une commission spécifique instituée par accord d'entreprise et chargée d'examiner la situation des salariés devenus physiquement inaptes (Cass. soc. 17-12-1997 n° 95-44.026 P : RJS 2/98 n° 164), ou encore d'un représentant syndical (Cass. soc. 21-2-1990 n° 88-42.125 P : RJS 4/90 n° 284). **56780**

ATTENTION

Si l'entreprise comporte des **établissements distincts,** l'employeur doit consulter les représentants du personnel de l'établissement dans lequel le salarié inapte exerce ses fonctions (Cass. soc. 13-11-2008 n° 07-41.512 FS-PB : RJS 1/09 n° 33). Lorsque le salarié déclaré inapte a été provisoirement reclassé au sein d'un autre établissement de l'entreprise, ce sont les représentants du personnel de l'établissement auquel il était initialement affecté qui doivent être consultés (Cass. soc. 23-1-2013 n° 11-28.267 F-D : RJS 4/13 n° 278).

MOMENT DE LA CONSULTATION

La consultation des représentants du personnel doit se situer : **56790**
– **après la constatation** régulière par le médecin du travail de l'inaptitude physique du salarié (Cass. soc. 15-10-2002 n° 99-44.623 FS-PB : RJS 1/03 n° 27 ; 8-4-2009 n° 07-44.307 F-PB : RJS 6/09 n° 524) ;
– **avant la proposition** au salarié inapte d'un emploi de reclassement adapté à ses capacités (Cass. soc. 19-6-1990 n° 87-41.499 P ; 28-10-2009 n° 08-42.804 F-PB : RJS 1/10 n° 33) ;
– a fortiori, **avant l'engagement** éventuel de la procédure de licenciement pour inaptitude physique et impossibilité de reclassement (Cass. soc. 7-12-1999 n° 97-43.106 PB : RJS 1/00 n° 35 ; 28-4-2011 n° 09-71.658 F-D : RJS 7/11 n° 600).

> **Précisions** **a.** Dès lors que les représentants du personnel ont été valablement consultés **avant une première proposition** de reclassement, refusée par le salarié, l'employeur n'a pas à prendre à nouveau leur avis avant de faire à l'intéressé une **nouvelle proposition** (Cass. soc. 3-7-2001 n° 98-43.326 FS-D : RJS 10/01 n° 1134), même si celle-ci est faite à un **salarié protégé** à la suite du rejet par l'inspection du travail de la demande d'autorisation de licenciement qui avait été présentée par l'employeur après le refus par l'intéressé d'un premier

poste de reclassement (Cass. soc. 21-9-2011 n° 10-30.129 FS-D : RJS 11/11 n° 869).

b. L'employeur a **respecté la procédure** si, ayant proposé un reclassement au salarié sans avoir recueilli l'avis des représentants du personnel, il lui fait une nouvelle offre après constatation régulière de son inaptitude et consultation des représentants du personnel et avant sa convocation à l'entretien préalable au licenciement (Cass. soc. 16-3-2016 n° 14-13.986 F-D : RJS 5/16 n° 318). Autrement dit, le **non-respect de la chronologie** peut être **régularisé** ultérieurement, y compris si le salarié inapte est un salarié protégé (CE 27-2-2019 n° 417249 : RJS 5/19 n° 306).

c. Dans l'hypothèse particulière où le **salarié inapte** s'avère être le **seul représentant à consulter,** l'employeur ne peut pas « brûler les étapes » en le convoquant, par deux courriers du même jour, d'abord en sa qualité de représentant du personnel à une réunion en vue de sa consultation sur le reclassement, puis en sa qualité de salarié inapte à un entretien préalable au licenciement (Cass. soc. 10-4-2019 n° 18-11.930 F-D : RJS 7/19 n° 411).

MODALITÉS DE LA CONSULTATION

56795 L'**ensemble des représentants** du personnel compétents doit être consulté, et non pas seulement certains d'entre eux (Cass. soc. 3-7-1990 n° 87-41.946 D). Mais le Code du travail n'impose aucune **forme** particulière pour recueillir leur avis (Cass. soc. 22-5-2019 n° 18-13.390 F-D : RJS 8-9/19 n° 477). En conséquence, l'employeur peut prendre l'avis des représentants du personnel **collectivement,** au cours d'une réunion, mais cela n'est pas obligatoire : une consultation **individuelle** est valable (Cass. soc. 29-4-2003 n° 00-46.477 FS-PB : RJS 7/03 n° 870) de même qu'une consultation **par téléphone** (Cass. soc. 15-12-2015 n° 14-14.688 F-D : RJS 2/16 n° 101). En cas de réunion, la **convocation** par voie électronique est régulière (Cass. soc. 23-5-2017 n° 15-24.713 FS-PB : RJS 7/03 n° 870).

L'employeur doit fournir aux représentants du personnel toutes les **informations nécessaires** afin de leur permettre de donner, en toute connaissance de cause, leur avis sur les possibilités de reclassement du salarié déclaré inapte. Ainsi, il doit leur procurer les informations relatives au reclassement (Cass. soc. 13-7-2004 n° 02-41.046 FS-PB : RJS 11/04 n° 1138), à l'état de santé de l'intéressé (Cass. soc. 19-3-2008 n° 06-45.133 F-D : RJS 6/08 n° 663), ou encore les conclusions du médecin du travail concernant l'aptitude du salarié à exercer l'une des tâches existantes dans l'entreprise (Cass. soc. 26-1-2011 n° 09-72.284 F-D : RJS 4/11 n° 321), par exemple son aptitude à un autre poste « sous réserve d'horaires aménagés » (Cass. soc. 29-2-2012 n° 10-28.848 F-D).

PORTÉE DE LA CONSULTATION

56797 Le sens de l'avis des représentants du personnel n'a pas de **conséquence sur l'obligation** de l'employeur. Le fait qu'ils concluent à l'absence de possibilité de reclassement du salarié (Cass. soc. 20-7-1994 n° 91-41.420 D) ou qu'ils émettent un avis favorable au licenciement (Cass. soc. 6-5-2015 n° 13-25.727 F-D : RJS 7/15 n° 481) ne suffit pas à libérer l'employeur de son obligation de recherche de reclassement.

SANCTIONS

56800 Le non-respect de la consultation des représentants du personnel avant un licenciement pour inaptitude physique d'**origine professionnelle** et impossibilité de reclassement rend ce licenciement illicite et ouvre droit pour le salarié, s'il n'est pas réintégré, à une indemnité au moins égale à 6 mois de salaires qui se cumule avec les indemnités spéciales, visées n° 45775, dues au titre de la rupture de son contrat (C. trav. art. L 1226-15, al. 3).

Le non-respect de la consultation des représentants du personnel en cas de licenciement pour inaptitude d'**origine non professionnelle** caractérise un manquement de l'employeur à son obligation de reclassement rendant le licenciement sans cause réelle et sérieuse.

Ces sanctions sont encourues aussi bien en l'**absence totale** de consultation (Cass. soc. 20-11-1996 n° 94-45.367 D : RJS 1/97 n° 29) que lorsque celle-ci est **irrégulière,** par exemple si l'employeur n'a pas fourni aux représentants du personnel l'ensemble des informations leur permettant de donner leur avis en toute connaissance de cause (n° 56795) ou si la consultation est prématurée ou tardive (n° 56790).

> **Précisions** La non-consultation des représentants du personnel ne peut pas être **invoquée** par le salarié pour la première fois devant la Cour de cassation (Cass. soc. 12-7-2006 n° 05-43.813 F-D : RJS 11/06 n° 1176). En revanche, l'irrégularité de cette consultation peut être invoquée pour la première fois devant cette juridiction dès lors que le salarié ne se prévaut à cette occasion d'aucun fait n'ayant pas déjà été constaté par les juges du fond (Cass. soc. 16-2-2005 n° 03-40.721 F-PB : RJS 5/05 n° 507).

Outre la sanction pécuniaire visée n° 56800, le non-respect de l'obligation de consultation des représentants du personnel peut constituer, lorsque les éléments de cette infraction sont réunis, le **délit d'entrave** à l'exercice régulier des fonctions des représentants du personnel et engager en conséquence la responsabilité pénale de l'employeur et/ou de l'entreprise, personne morale. 56805
Il importe peu que l'employeur soit par la suite revenu sur sa décision de licencier le salarié inapte, cette rétractation n'étant pas de nature à faire disparaître l'infraction déjà commise (Cass. crim. 26-1-1993 n° 89-85.389 PF : RJS 4/93 n° 413).

D. Mise en jeu de la responsabilité de l'entreprise

1. ACTION CIVILE OU PÉNALE CONTRE L'EMPLOYEUR

Les **infractions aux règles d'hygiène et de sécurité** commises dans l'entreprise font courir un risque aux salariés et peuvent être à l'origine d'un accident du travail. Ces infractions peuvent-elles justifier une action civile contre l'employeur de la part des représentants du personnel dotés de la capacité d'agir en justice ? Ces derniers peuvent-ils être à l'origine du déclenchement de poursuites pénales contre l'employeur au titre de ces infractions ? Sont-ils concernés par les poursuites pénales susceptibles d'être exercées contre l'entreprise, personne morale ? 56860
La réponse à ces questions varie en fonction des représentants du personnel concernés.
Sur la consultation des représentants du personnel lorsqu'un **plan de sécurité** est imposé à l'entreprise par la juridiction pénale à la suite d'un accident du travail, voir n° 56890.
Sur le rôle du CSE lorsqu'il constate un **danger grave et imminent,** voir n°s 56540 s.

ACTION CIVILE DES SYNDICATS

Les syndicats professionnels ont le droit d'agir en justice et peuvent engager, devant toutes les juridictions, une action civile pour obtenir réparation des faits ayant porté un préjudice direct ou indirect à l'**intérêt collectif de la profession** qu'ils représentent (voir n°s 12320 s.). 56865
Les infractions d'**homicide** ou de **blessures involontaires** relevées à l'occasion d'un accident du travail peuvent engendrer un tel préjudice et justifier leur action civile. En effet, dès lors qu'ils compromettent la sécurité des travailleurs, les manquements constitutifs de ces infractions causent un préjudice aux intérêts collectifs de la profession représentée par un syndicat (Cass. crim. 3-12-1981 n° 80-94.038 P ; 23-11-1982 n° 82-91.224 P). Il n'est pas nécessaire qu'un des salariés représentés par ce dernier ait lui-même subi un préjudice direct et personnel (Cass. crim. 11-10-2005 n° 05-82.414 F-PF : RJS 1/06 n° 56).

ACTION CIVILE DU CSE

Le CSE ne devrait pouvoir engager une action civile à raison d'une infraction pénale que dans les **conditions de droit commun.** Conformément à l'article 2, al. 1 du Code de procédure pénale, il devrait en conséquence justifier que celle-ci lui a causé un **préjudice** personnel et direct. 56870
En effet, il a été jugé, à propos des **anciennes institutions** représentatives du personnel, que le comité d'entreprise ne justifiait pas d'un tel préjudice en cas d'infraction aux règles de sécurité du travail (Cass. crim. 28-5-1991 n° 90-83.957 P : RJS 7/91 n° 852) et qu'en cas d'accident du travail, le CHSCT ne justifiait pas d'un préjudice direct et personnel pour les infractions d'homicide ou de blessures involontaires subies par des tiers à cette institution (Cass. crim. 11-10-2005 n° 05-82.414 : RJS 1/06 n° 56). Leur action civile n'était donc pas recevable.

POURSUITES PÉNALES CONTRE L'EMPLOYEUR OU L'ENTREPRISE PERSONNE MORALE

Signalement de l'infraction En cas de manquement aux règles de santé et de sécurité au travail, les représentants du personnel, et plus généralement tout salarié, peuvent **saisir l'inspection du travail,** habilitée à constater les infractions commises dans l'entreprise et à établir, le cas échéant, un **procès-verbal** sur la base duquel le procureur de la République décidera de l'opportunité de déclencher des poursuites pénales contre l'employeur (ou son délégataire en matière de sécurité) et/ou contre l'entreprise, personne morale. 56875

> **Précisions** Si l'intervention ayant conduit l'agent de contrôle à dresser un procès-verbal est **consécutive à une plainte** d'un salarié, d'un représentant du personnel ou d'une organisation syndicale, l'auteur de cette plainte doit être informé de la suite réservée à celle-ci afin de pouvoir, le cas échéant, exercer une action civile. L'agent doit exclusivement lui indiquer qu'il a dressé un procès-verbal transmis au parquet en lui précisant le numéro d'ordre sous lequel celui-ci l'a enregistré et la référence des infractions constatées. Il ne doit en aucun cas lui transmettre copie du procès-verbal (Inst. Dagemo/Micapcor 2002/03 du 28-3-2002).

56880 **Déclenchement des poursuites** En présence d'une infraction aux règles d'hygiène et de sécurité ayant causé un préjudice à l'intérêt collectif de la profession qu'il représente (n° 56865), un **syndicat professionnel** peut, sous certaines conditions, prendre l'initiative du déclenchement de poursuites pénales, soit par citation directe de l'employeur devant la juridiction répressive compétente, soit par le dépôt d'une plainte avec constitution de partie civile. Cette possibilité semble exclue pour le **CSE** (voir n° 56870).

> **Précisions a.** La **citation directe** permet à la victime d'une contravention ou d'un délit de saisir directement la juridiction répressive compétente. Elle consiste à faire délivrer à l'auteur de l'infraction un acte d'huissier l'invitant à se présenter devant cette juridiction. Le contenu obligatoire de cet acte ainsi que les modalités et délais de sa signification sont fixés par le Code de procédure pénale (CPP art. 390 s. et 550 s.).
> **b.** La **plainte avec constitution de partie civile,** qui doit être faite par écrit devant le juge d'instruction, n'est pas ouverte pour les contraventions (en sont donc exclues les infractions de blessures involontaires définies par les articles R 622-1, R 625-2 et R 625-3 du Code pénal susceptibles d'être relevées à l'occasion d'un accident du travail). Sauf exception, une telle plainte n'est recevable que si le procureur de la République a décidé de classer sans suite la plainte « simple » dont il a été saisi pour le délit en cause ou a laissé celle-ci sans réponse durant plus de 3 mois (CPP art. 85 s.).
> **c.** Si une **personne morale** est citée ou amenée à comparaître devant une juridiction répressive, le ministère public doit aviser le secrétaire du CSE de la date et de l'objet de l'audience par lettre recommandée adressée 10 jours au moins avant la date de cette audience (C. pén. art. R 131-53).

2. PLAN D'AMÉLIORATION DE LA SÉCURITÉ

56890 Lorsqu'un accident du travail survient dans une entreprise où ont été relevés des **manquements graves ou répétés** aux règles de santé et de sécurité au travail, le tribunal correctionnel (Cass. crim. 24-2-1981 n° 79-93.193 P), qui relaxe la ou les personnes physiques poursuivies pour homicides ou blessures involontaires, peut **contraindre l'entreprise** à lui présenter, dans un délai fixé, un plan de réalisation de mesures propres à rétablir des conditions normales de santé et sécurité au travail. Ce plan est établi par l'employeur après avis motivé du CSE, cet avis devant être joint au plan communiqué au juge qui adopte ou non celui-ci. À **défaut de présentation ou d'adoption** du plan, le juge condamne l'entreprise à exécuter, pendant une période qui ne peut excéder 5 ans, un plan de nature à faire disparaître les manquements relevés (C. trav. art. L 4741-11).

> **Précisions** En cas de **récidive,** la juridiction peut ordonner la **fermeture** totale ou partielle, définitive ou temporaire de l'établissement dans lequel n'ont pas été faits les travaux de sécurité ou de salubrité nécessaires (C. trav. art. L 4741-12, al. 2).
> Ces condamnations ne peuvent entraîner ni rupture, ni suspension des **contrats de travail,** ni aucun préjudice pécuniaire à l'encontre des salariés concernés. Lorsque la fermeture totale et définitive entraîne des **licenciements,** elle donne lieu, en dehors de l'indemnité de préavis et de l'indemnité de licenciement, aux dommages et intérêts prévus en cas de licenciement sans cause réelle et sérieuse (C. trav. art. L 4741-13).

3. COTISATION SUPPLÉMENTAIRE

56920 Une cotisation supplémentaire peut être notifiée à l'employeur par la caisse d'assurance retraite et de la santé au travail (**Carsat**), par lettre recommandée avec avis de réception, lorsqu'un **risque exceptionnel** est révélé par un procès-verbal de l'inspection du travail. Il en est de même en cas de risques résultant d'une **inobservation des mesures de prévention** prescrites par la Carsat ou étendues au plan national, après une injonction vaine de l'employeur de prendre les mesures de sécurité nécessaires dans un délai déterminé, ou directement dans certains cas de récidive. Dès réception de la lettre ou de l'injonction, l'employeur doit consulter les représentants du personnel et doit adresser à l'inspection du travail et à la Carsat le compte-rendu de cette délibération dans les 15 jours suivants (CSS art. L 242-7 ; Arrêté du 9-12-2010).

SECTION 6 MÉDECINE DU TRAVAIL

Tout employeur est tenu d'assurer la **surveillance médicale** des salariés. À cet effet, il doit, selon le cas, mettre en place ou adhérer à un service appelé service de prévention et de santé au travail (SPST), dont les missions, exclusivement préventives, sont notamment exercées par les médecins du travail. **57000**
Les **représentants du personnel** ont un droit de regard sur l'organisation et la gestion de ces services ainsi que sur le recrutement et la rupture du contrat du médecin du travail.
Sur les **missions** des services de santé au travail, voir Mémento social nos 72320 s.

A. Service de santé au travail

Le service de prévention et de santé au travail est organisé sous la forme (C. trav. art. L 4622-5 et D 4622-1 s.) : **57050**
– soit d'un service **autonome** lorsque l'effectif des salariés suivis est au moins égal à 500 salariés : celui-ci peut être un service propre à l'entreprise ou à un établissement, commun à plusieurs établissements (service interétablissements), aux entreprises formant un groupe au sens visé n° 6260 (service de groupe) ou aux entreprises constituant une unité économique et sociale (UES) ;
– soit d'un service **interentreprises.**
Le rôle des représentants du personnel diffère selon la forme et le champ de compétences du service.

1. ADHÉSION ET CESSATION D'ADHÉSION AU SERVICE

Le CSE doit être consulté sur le choix du service. À défaut de précision en la matière, la consultation a lieu lors d'une **réunion ordinaire** du comité selon les modalités de droit commun (nos 1710 s.). **57080**

CAS GÉNÉRAL

Lorsque le nombre de salariés placés sous surveillance médicale atteint ou dépasse 500 salariés, l'employeur a le **choix** entre un service autonome ou un service interentreprises. Le CSE doit être préalablement consulté sur ce choix et sur tout changement de forme de service (CA Paris 4-4-2007 n° 06-19760). **57085**
Il peut, par une décision motivée, s'y **opposer** (C. trav. art. D 4622-2). Dans ce cas, l'employeur peut saisir le **Dreets** qui se prononce sur la forme du service après avis du médecin inspecteur du travail (C. trav. art. D 4622-3). Le choix par l'employeur de la forme du service est réputé approuvé par le Dreets si aucune opposition ne lui a été notifiée dans le délai d'un mois à compter de la réception de sa saisine (C. trav. art. R 4622-4).

En cas d'adhésion à un service de prévention et de santé au travail **interentreprises** (soit par choix, soit parce que le nombre de salariés suivis est inférieur à 500), l'employeur doit consulter le CSE sur le choix de ce service (C. trav. art. R 4622-17). Le comité ne peut pas s'opposer à ce choix. **57090**
L'employeur doit adresser au service concerné un **document** précisant le nombre et la catégorie des salariés à suivre et les risques professionnels auxquels ils sont exposés (notamment ceux présentant des risques particuliers énumérés à l'article R 4624-23 du Code du travail : exposition à l'amiante, au plomb). Ce document est établi en cohérence, notamment, avec l'évaluation des risques (n° 55555) et le recensement des postes exposés à des facteurs de risques, après avis du ou des médecins du travail concernés ainsi que du CSE s'il existe. Il est mis à jour chaque année selon les mêmes modalités (C. trav. art. D 4622-22, al. 2 et 3).

L'employeur ne peut pas **cesser d'adhérer** à un service de prévention et de santé au travail interentreprises sans l'accord du CSE préalablement consulté. En l'absence d'opposition de la part du CSE, l'employeur informe le Dreets de sa décision. En cas d'**opposition,** qui doit être motivée, la décision de l'employeur est subordonnée à l'autorisation du Dreets qui se prononce après avis du médecin inspecteur du travail (C. trav. art. D 4622-23). **57092**
L'**autorisation** de cessation d'adhésion au service est **réputée accordée** par le Dreets si aucune opposition n'a été notifiée à l'employeur dans le délai d'un mois à compter de la réception de sa demande. L'autorisation et le refus d'autorisation sont **motivés.** En cas d'autorisation implicite, les motifs sont fournis, sur demande, dans le délai d'un mois (C. trav. art. R 4622-24).

ATTENTION

Commet un **délit d'entrave** l'employeur qui résilie le contrat conclu avec un service médical interentreprises et passe une nouvelle convention avec un autre service sans consulter au préalable les représentants du personnel (Cass. crim. 4-1-1979 n° 77-93.761 P ; 9-11-1982 n° 82-90.163 P).

SITUATIONS PARTICULIÈRES

57095 **Rattachement au service d'une autre entreprise** Au lieu d'adhérer à un service interentreprises, une entreprise ou un établissement ne bénéficiant pas d'un service autonome peut, quel que soit son effectif, faire suivre ses salariés par un service propre à une autre entreprise lorsqu'ils appartiennent à un **même groupe** au sens visé n° 6260 ou lorsque l'entreprise ou l'établissement concerné **intervient régulièrement** en tant qu'entreprise extérieure auprès de cette autre entreprise. Une **convention** doit être conclue entre l'entreprise qui a organisé le service de santé au travail et l'entreprise ou l'établissement concerné. Mais le CSE de l'entreprise ou de l'établissement souhaitant adhérer, qui doit être préalablement consulté, peut s'y **opposer,** par une décision motivée (C. trav. art. D 4622-14). Celui-ci n'exerce **aucun contrôle** sur le service autonome qui relève du seul comité de l'entreprise disposant du service autonome (Circ. DGT du 9-11-2012 première partie, 1.1.2).

57100 **Entreprises travaillant sur un même site** Des établissements travaillant sur un même site et appartenant à des entreprises différentes peuvent constituer un service de prévention et de santé au travail sur **autorisation** du Dreets, dès lors qu'ils ont conclu un **accord de coopération** pour la mise en œuvre des mesures de prévention relatives à la santé et à la sécurité de leurs salariés, et que l'**effectif** des salariés suivis atteint ou dépasse 500 salariés. Les CSE intéressés doivent être consultés au préalable (C. trav. art. D 4622-16).

57105 **Salariés éloignés** L'employeur peut adhérer à un ou plusieurs services interentreprises de prévention et de santé au travail pour assurer le suivi médical des salariés travaillant habituellement dans un **département différent** de celui où se trouve l'établissement qui les emploie, qu'ils soient itinérants ou non. Ce ou ces services sont dits de proximité par opposition au service chargé du suivi médical des salariés de l'établissement, dit principal. L'employeur doit informer et consulter le CSE sur le recours à un ou plusieurs services de santé au travail de proximité (C. trav. art. D 4625-24 à D 4625-27).

2. ORGANISATION ET GESTION DU SERVICE

57107 Le CSE a un rôle consultatif sur certaines questions intéressant la marche du service de prévention et de santé au travail. Il doit également être destinataire de certaines informations.

SERVICE AUTONOME

57110 Le service de prévention et de santé au travail autonome est **administré** par l'employeur sous la **surveillance** des représentants du personnel : CSE d'entreprise ou d'établissement (service d'entreprise ou d'établissement), ou CSE central et comités d'établissement intéressés (service interétablissements). Le comité concerné est **consulté** sur les questions relatives à l'organisation et au fonctionnement du service et **informé** des observations formulées et des mises en demeure notifiées par l'inspection du travail dans le domaine de la santé au travail ainsi que des observations d'ordre technique faites par l'inspection médicale du travail (C. trav. art. D 4622-6, D 4622-7, D 4622-10 et D 4622-11).

> **Précisions** Lorsque l'**ordre du jour** du comité comporte des questions relatives à l'organisation et au fonctionnement des services de prévention et de santé ou concernant les missions des médecins du travail, le **médecin du travail** ou, en cas de pluralité de médecins, le ou les délégués des médecins assistent, avec voix consultative, à la réunion (C. trav. art. R 4623-16).

57115 Les missions visées n° 57110 sont assurées par le CSE commun en cas de service de prévention et de santé au travail commun aux entreprises constituant une **unité économique et sociale** (UES), sauf dans le cas où le service est administré paritairement en vertu de l'accord l'instituant (C. trav. art. D 4622-13).

Dans le cas d'un service de **groupe,** les conditions dans lesquelles s'exercent la surveillance et la consultation du comité sur l'organisation et le fonctionnement du service sont fixées par l'accord instituant ce dernier (C. trav. art. D 4622-8, al. 2).

> **Précisions** Des **modalités particulières** de gestion du service de groupe, d'entreprise ou d'établissement peuvent être établies par accord de groupe ou d'entreprise, selon le cas, ou à défaut par accord entre l'employeur et le CSE (C. trav. art. D 4622-8, al. 1).

Au plus tard le 30 avril de chaque année, l'employeur présente au CSE un **rapport** établi au titre de l'année précédente et portant sur l'organisation, le fonctionnement et la gestion financière du service de prévention et de santé au travail. Le comité peut faire toute **proposition** relative à l'organisation, au fonctionnement, à l'équipement et au budget du service (C. trav. art. D 4622-55). **57120**

SERVICE INTERENTREPRISES

Commun à plusieurs entreprises, le service de prévention et de santé au travail est **administré paritairement** par un conseil composé de représentants des employeurs désignés par les organisations représentatives au niveau national et interprofessionnel parmi les entreprises adhérentes ou, le cas échéant, au niveau de la branche ou du secteur multiprofessionnel, et de représentants des salariés de ces entreprises désignés par les organisations syndicales représentatives au niveau national et interprofessionnel (C. trav. art. L 4622-11). **57130**
Les organisations d'employeurs et de salariés doivent être consultées pour avis, préalablement à la conclusion d'un **contrat pluriannuel d'objectifs et de moyens** dont l'objet est de préciser les priorités du service. Il est conclu entre le service de prévention et de santé au travail, d'une part, le Dreets et les organismes de prévention des caisses de sécurité sociale, d'autre part (C. trav. art. L 4622-10 et D 4622-44 à D 4622-47).

L'organisation et la gestion du service sont placées sous la **surveillance** (C. trav. art. L 4622-12, al. 1 à 3) : **57135**
– soit d'un **comité interentreprises** constitué par les CSE intéressés ;
– soit d'une **commission de contrôle** composée pour un tiers de représentants des employeurs et pour deux tiers de représentants des salariés, son président étant élu parmi ces derniers.

> **Précisions** **a.** Les **représentants** sont désignés pour 4 ans. Ils bénéficient, dans les 3 mois suivant leur nomination, de la **formation** nécessaire à l'exercice de leur mandat, auprès d'un organisme de leur choix et d'un stage de perfectionnement en cas de renouvellement de leur mandat (C. trav. art. D 4622-33 à D 4622-43).
> **b.** La commission de contrôle ou les CSE peuvent saisir le **comité régional** de prévention et de santé au travail de toute question relative à l'organisation et la gestion du service autonome (C. trav. art. L 4622-12, al. 4).

Le comité interentreprises ou la commission de contrôle est **consulté** sur l'organisation et le fonctionnement du service, notamment sur (C. trav. art. D 4622-31) : **57140**
– le budget et son exécution ;
– la modification de la compétence géographique ou professionnelle du service ;
– les créations, suppressions ou modifications de secteurs ;
– les créations et suppressions d'emploi de médecin du travail, d'intervenant en prévention des risques professionnels ou d'infirmier ;
– les recrutements de médecins du travail en contrat de travail à durée déterminée ;
– la nomination, le changement d'affectation, le licenciement, la rupture conventionnelle du contrat de travail, la rupture du contrat de travail à durée déterminée dans certains cas et le transfert d'un médecin du travail ;
– le licenciement d'un intervenant en prévention des risques professionnels ou d'un infirmier.
Le comité ou la commission peut en outre être consulté sur **toute question relevant de sa compétence,** par exemple sur les modalités de calcul et la répartition des cotisations des entreprises adhérentes (Rép. de Branche : AN 18-8-1980) ou sur l'individualisation des salaires des médecins du travail (Rép. Delaroux 8-4-1996 : AN p. 1949).
Le médecin du travail peut être amené à assister aux **réunions** du comité ou de la commission dans les conditions visées n° 57110.

Le comité interentreprises ou la commission de contrôle est **informé** (C. trav. art. D 4622-32) : **57145**
– de tout changement de secteur ou d'affectation d'un médecin d'une entreprise ou d'un établissement de 50 salariés et plus ;
– des observations et mises en demeure de l'inspection du travail relatives aux missions du service et des mesures prises pour s'y conformer ;
– des observations d'ordre technique faites par l'inspection médicale du travail et des mesures prises pour s'y conformer ;
– des suites données aux suggestions qu'il a formulées ;
– de l'état d'application des clauses des accords ou conventions collectifs relatives à l'activité et aux missions des services de santé au travail dès lors que ces accords ou conventions intéressent une ou plusieurs des entreprises adhérentes à ces services.
Chaque année, le comité ou la commission reçoit du président du service de prévention et de santé le **rapport annuel** relatif à l'organisation, au fonctionnement et à la gestion du service, dans les délais et conditions visés n° 57120.

ATTENTION

Le **CSE** d'une entreprise ou d'un établissement d'**au moins 300 salariés** adhérent d'un service de prévention et de santé au travail interentreprises est informé des données d'activité propres à cette entreprise ou cet établissement. Dans les entreprises ou établissements de **moins de 300 salariés,** le CSE peut demander communication de ces données (C. trav. art. D 4622-54).

B. Médecin du travail

57200 Les **missions** confiées aux services de prévention et de santé au travail sont exercées par les médecins du travail, assistés d'une équipe pluridisciplinaire (collaborateurs médecins, internes en médecine du travail, intervenants en prévention des risques professionnels, infirmiers...), en particulier dans les services interentreprises (C. trav. art. L 4622-4 et L 4622-8).
Les **représentants du personnel** sont consultés sur la nomination, l'affectation et la rupture du contrat de ces médecins avec lesquels ils sont en relation. Ils sont par ailleurs informés de leurs actions.

RECRUTEMENT ET AFFECTATION

57205 Le médecin du travail est nommé et affecté avec l'**accord** du CSE ou, dans les services de prévention et de santé au travail interentreprises, avec l'accord du comité interentreprises ou de la commission de contrôle ainsi que du conseil d'administration (C. trav. art. R 4623-5).
Ces instances se prononcent par un **vote** à bulletin secret, à la majorité de leurs membres, régulièrement convoqués, présents ou représentés, chaque membre ne pouvant disposer du pouvoir que d'un seul autre membre (C. trav. art. R 4623-6).
Elles doivent être consultées **au plus tard** avant la fin de la période d'essai du médecin. En l'**absence d'accord,** la nomination intervient sur autorisation de l'inspection du travail, prise après avis du médecin inspecteur du travail (C. trav. art. R 4623-8).

> **Précisions** L'instance compétente doit seulement donner son accord sur la nomination du médecin du travail et non sur le choix effectué par la direction de l'entreprise entre les candidats. Celle-ci n'est donc pas tenue de lui communiquer les **dossiers des candidatures** écartées (CE 20-4-1984 n° 33691).

57210 Les instances visées n° 57205 sont **informées** sur (C. trav. art. R 4623-7) :
– l'effectif des salariés suivis par le médecin nommé ;
– dans les services de prévention et de santé au travail d'entreprise ou d'établissement, le secteur auquel le médecin est affecté ;
– dans les services de groupe, interétablissements ou commun aux entreprises constituant une unité économique et sociale, la liste des entreprises ou établissements surveillés par le médecin du travail ;
– dans les services interentreprises, la liste des entreprises surveillées par le médecin du travail.

57215 La **procédure d'accord** visée n° 57205 est également applicable (C. trav. art. R 4623-12) :
– dans les **services autonomes** de prévention et de santé au travail, en cas de changement de secteur ou d'entreprise du groupe suivi par un médecin du travail, lorsque ce changement est contesté par l'intéressé ou par le CSE concerné ;
– dans les **services interentreprises** : en cas de changement d'affectation d'une entreprise ou d'un établissement à un médecin du travail, lorsque ce changement est contesté par le médecin du travail, l'employeur ou le CSE concerné ; en cas de changement de secteur d'un médecin du travail, lorsque ce changement est contesté par le médecin du travail, par le comité interentreprises ou la commission de contrôle du service ou son conseil d'administration.

MISSIONS

57220 Le médecin du travail a pour mission exclusive d'éviter toute altération de la santé des travailleurs du fait de leur travail. Il **conseille** les représentants du personnel notamment sur l'amélioration des conditions de travail, l'adaptation des postes, des techniques et des rythmes de travail, les équipements de travail et les moyens de protection, l'hygiène de l'établissement, ou encore l'organisation du travail de nuit (C. trav. art. L 4622-2 à L 4622-4 et R 4623-1).
Les représentants du personnel peuvent donc **saisir** le médecin du travail d'une question relevant de ces domaines. Le médecin du travail peut d'ailleurs participer sous conditions aux **réunions** du CSE en cas de service autonome (n° 57110) ou du comité interentreprises ou de la commission de contrôle et du conseil d'administration en cas de service interentreprises (n° 57140).

Le CSE est un **interlocuteur privilégié** du médecin du travail. Ainsi : 57225
– dans les services autonomes, le médecin travaille en **coordination** avec le CSE (C. trav. art. L 4622-4) ;
– quelle que soit la forme du service, le médecin du travail peut assister aux **réunions** du CSE (n° 1835) ;
– le CSE peut demander au médecin de **visiter** les lieux de travail (C. trav. art. R 4624-3) ;
– lorsque le médecin du travail avertit l'employeur de **risques éventuels** et des moyens de protection dont il doit être fait usage, l'employeur doit en informer le CSE en plus des salariés concernés (C. trav. art. R 4624-7, al. 2) ;
– l'employeur doit transmettre au CSE les **préconisations** faites par le médecin du travail en réponse à une question qu'il lui a posée ainsi que les **propositions** de celui-ci formulées à la suite de sa constatation de l'existence d'un risque pour la santé des travailleurs (C. trav. art. L 4624-9).
Par ailleurs, l'employeur doit porter à la connaissance du CSE certains documents établis par le médecin du travail ou le service de prévention et de santé au travail :
– **fiche d'entreprise** ou d'établissement sur laquelle figurent notamment les risques professionnels et les effectifs de salariés y étant exposés. Elle doit être présentée au CSE en même temps que le bilan annuel visé n° 55560 (C. trav. art. R 4624-48) ;
– **rapports** et **résultats** des études menées par le médecin ou le service de santé dans le cadre de son action sur le milieu de travail (C. trav. art. R 4624-8).

PROTECTION

Le médecin du travail bénéficie d'une protection en cas de **rupture de son contrat de travail** comparable à celle des représentants du personnel. 57235
Ainsi, son **licenciement,** y compris pour faute lourde (Cass. soc. 6-7-2011 n° 10-13.805 FS-PB : RJS 10/11 n° 811), ne peut intervenir qu'après autorisation de l'inspection du travail dont dépend le service de prévention et de santé au travail, donnée après avis du médecin inspecteur du travail (C. trav. art. L 4623-5). Il en est de même dans les cas suivants :
– **rupture conventionnelle** du contrat de travail (C. trav. art. L 1237-15) ;
– rupture dans le cadre d'un accord portant **rupture conventionnelle collective** (C. trav. art. L 1237-19-2, al. 3) ou d'un **congé de mobilité** (C. trav. art. L 1237-18-4, al. 3) ;
– **mise à la retraite** (Circ. DGT 13 du 9-11-2012 première partie, 2.2.1) ;
– rupture du **contrat à durée déterminée** avant l'échéance du terme en raison d'une faute grave ou de l'inaptitude médicale de l'intéressé ou non-renouvellement d'un tel contrat comportant une clause de renouvellement (C. trav. art. L 4623-5-1) ;
– arrivée du terme d'un **CDD** ne comportant **pas de clause de renouvellement** (C. trav. art. L 4623-5-2) ;
– **transfert** d'un médecin du travail compris dans un transfert partiel de l'entreprise ou du service (C. trav. art. L 4623-5-3).

Avant de saisir l'administration, l'employeur du médecin doit consulter pour avis le CSE, le comité interentreprises ou la commission de contrôle ainsi que le conseil d'administration, selon le cas, qui se prononcent après **audition de l'intéressé.** 57240
En cas de **licenciement,** cette consultation a lieu après l'entretien préalable (C. trav. art. L 4623-4 et R 4623-18). Si le médecin est **mis à pied,** elle doit avoir lieu dans un délai de 10 jours à compter de la mise à pied (C. trav. art. R 4623-20, al. 4).
L'instance se prononce par un **vote** à bulletin secret, à la majorité de ses membres, régulièrement convoqués, présents ou représentés, chaque membre ne pouvant disposer du pouvoir que d'un seul autre membre (C. trav. art. R 4623-19).
Le **procès-verbal** de la réunion doit accompagner la demande d'autorisation, laquelle doit être adressée à l'inspection du travail dans les 15 jours (48 heures en cas de mise à pied) suivant les délibérations, par tout moyen permettant de conférer date certaine (C. trav. art. R 4623-20).

> **Précisions a.** L'instance compétente doit être consultée, peu importe qu'elle n'ait pas encore donné son accord sur la **nomination** du médecin (Cass. soc. 29-10-2010 n° 08-70.412 F-D).
> **b.** Dans les cas envisagés par les articles L 4623-5-2 et L 4623-5-3 du Code du travail (n° 57235), l'employeur du médecin n'est **pas tenu de consulter** l'instance visée ci-dessus. Mais celle-ci a communication de la décision motivée de l'inspection du travail (C. trav. art. R 4623-18 a contrario et R 4623-23).

L'inspection du travail rend sa décision après avoir procédé à une **enquête contradictoire** au cours de laquelle le médecin peut, sur sa demande, se faire assister par une personne de son choix appartenant au personnel du service de prévention et de santé ou de l'entreprise. Il peut 57245

s'agir d'un représentant du personnel. Cette décision doit intervenir dans un **délai** de 15 jours (8 jours en cas de mise à pied) à compter de la réception de la demande, sauf prolongation nécessitée par les besoins de l'enquête (C. trav. art. R 4623-21).
Les instances mentionnées n° 57240 sont **destinataires** de la décision motivée de l'inspection du travail (C. trav. art. R 4623-22).

ATTENTION
Le **délai** dans lequel l'inspecteur du travail prend sa décision d'autorisation de licenciement est de 2 mois, depuis le 1-1-2018, pour les représentants du personnel : voir n° 45455. Le maintien d'un délai d'instruction de 15 jours lorsque la demande concerne un médecin du travail (pouvant toutefois être prolongé jusqu'à 2 mois, délai à l'issue duquel, dans le silence de l'inspecteur du travail, la demande d'autorisation est rejetée) résulte, selon nous, d'un oubli.

C. Infirmiers

57250 La présence d'un personnel infirmier est **obligatoire** dans les établissements comptant au moins 500 salariés, ou 200 salariés dans les établissements industriels (C. trav. art. R 4623-32).
Dans les établissements n'atteignant pas ces **seuils d'effectif,** le CSE peut, conjointement avec le médecin du travail, demander la présence d'un infirmier. Si l'employeur conteste cette demande, la décision est prise par l'inspection du travail après avis du médecin inspecteur du travail (C. trav. art. R 4623-33).

SECTION 7

INSTALLATIONS SOUMISES À AUTORISATION

A. Règles communes

57300 Sont soumises à autorisation les installations (usines, ateliers, dépôts, chantiers et, d'une manière générale, les installations exploitées ou détenues par toute personne physique ou morale, publique ou privée) qui peuvent présenter des **dangers ou inconvénients** soit pour la commodité du voisinage, soit pour la santé, la sécurité, la salubrité publiques, soit pour l'agriculture, soit pour la protection de la nature, de l'environnement et des paysages, soit pour l'utilisation économe des sols naturels, agricoles ou forestiers, soit pour l'utilisation rationnelle de l'énergie, soit pour la conservation des sites et des monuments ainsi que des éléments du patrimoine archéologique (C. envir. art. L 511-1 et L 512-1).
Dans les **entreprises d'au moins 50 salariés**, les **documents joints à la demande** d'autorisation sont portés à la connaissance du CSE préalablement à leur envoi au préfet. Le dossier établi par l'employeur à l'appui de sa demande est transmis au comité dans un délai de 15 jours à compter du lancement de l'enquête publique. Il émet un avis motivé sur ce dossier dans un délai de 15 jours à compter de la réception par l'employeur du rapport de l'enquête publique. Le président du comité transmet cet avis au préfet dans les 3 jours suivant la remise de l'avis du comité (C. trav. art. R 2312-25).
Par ailleurs, le CSE est informé par l'employeur des **prescriptions imposées** par les autorités publiques chargées de la protection de l'environnement (C. trav. art. R 2312-28).

57305 Dans les **entreprises d'au moins 50 salariés**, le CSE émet un **avis** sur (C. trav. art. R 2312-26) :
– le plan d'opération interne en cas de sinistre, qui définit les mesures d'organisation, les méthodes d'intervention et les moyens nécessaires que l'exploitant doit mettre en œuvre pour protéger le personnel, les populations et l'environnement (C. envir. art. R 181-54, al. 5) ;
– la teneur des informations transmises au préfet en application de l'article R 181-13 du Code de l'environnement (demande d'autorisation environnementale) ainsi que du I de l'article R 181-47 du même Code (transfert de l'autorisation environnementale devant faire l'objet d'une déclaration adressée au préfet par le nouveau bénéficiaire).
Le président du comité transmet ces avis au préfet dans un **délai** de 30 jours à compter de la consultation.

B. Règles spécifiques aux établissements à hauts risques industriels

Parmi les installations soumises à autorisation, il existe des établissements à hauts risques industriels, soumis à des dispositions spécifiques, qui se définissent comme ceux comprenant au moins une installation **nucléaire** de base au sens de l'article L 593-1 du Code de l'environnement, une installation « **Seveso seuil haut** » figurant sur la liste prévue à l'article L 515-36 du même Code, ou une installation de **stockage souterrain** de produits dangereux visée aux articles L 211-2, L 211-3, aux titres II à VII et au chapitre II du titre VIII du livre II du Code minier (C. trav. art. L 4521-1). **57310**

Dans ces établissements, le **nombre de représentants du personnel** au CSE est augmenté par voie de convention collective ou d'accord collectif de travail entre l'employeur et les organisations syndicales représentatives dans l'entreprise (C. trav. art. L 4523-6).

Sur la **commission santé et sécurité** devant être mise en place dans ces établissements, voir n° 1625.

FORMATION SPÉCIFIQUE

Les représentants du personnel au CSE, y compris, le cas échéant, les représentants des salariés des entreprises extérieures (n° 57350), bénéficient d'une formation spécifique correspondant aux **risques ou facteurs de risques particuliers** en rapport avec l'activité de l'entreprise. Les **conditions** dans lesquelles cette formation est dispensée et renouvelée peuvent être définies par convention ou accord collectif de branche, d'entreprise ou d'établissement (C. trav. art. L 4523-10). **57315**

RÉUNIONS DU CSE

L'autorité chargée de la **police des installations** est invitée aux réunions du CSE et de la commission santé, sécurité et conditions de travail, dès lors que des questions relatives à la sécurité des installations sont inscrites à l'ordre du jour (C. trav. art. L 4523-8). **57320**

RECOURS À UN EXPERT

Sauf dans les établissements comprenant une installation nucléaire de base, le CSE peut faire appel à un expert en **risques technologiques** à l'occasion de la demande d'autorisation préfectorale prévue par l'article L 512-1 du Code de l'environnement (C. trav. art. L 4523-5 et R 4523-2, al. 1). **57330**

Le CSE peut prendre sa décision de recourir à un tel expert **à compter de la réunion** au cours de laquelle il est informé sur les documents joints à la demande d'autorisation d'exploitation communiquée au préfet. L'expert, choisi après consultation du service instructeur de la demande d'autorisation, remet son **rapport** au comité avant la clôture de l'enquête publique. Il le présente en réunion du comité avant la consultation de ce dernier sur l'ensemble du dossier (C. trav. art. R 4523-2, al. 2 et 3).

Le comité peut également faire appel à un tel expert en cas de **danger grave** en rapport avec l'installation classée (C. trav. art. R 4523-3, al. 1). Ce danger doit être identifié de façon spécifique et ne peut pas résulter de la seule activité soumise à la législation sur les installations classées (Cass. soc. 15-1-2013 n° 11-27.679 FS-PB : RJS 3/13 n° 212). Cet expert doit présenter son rapport dans le délai de 45 jours à compter de sa saisine (C. trav. art. R 4523-3, al. 2).

INFORMATION ET CONSULTATION DU CSE

Le CSE est consulté : **57340**

– sur la liste des **postes de travail liés à la sécurité de l'installation** établie par l'employeur (C. trav. art. L 4523-2, al. 1). Cette liste précise, le cas échéant : les postes qui ne peuvent pas être confiés à des salariés titulaires d'un contrat de travail à durée déterminée ou à des salariés temporaires ; les postes destinés à être occupés par les salariés de l'établissement ; les postes dont les tâches exigent la présence d'au moins deux personnes qualifiées (C. trav. art. R 4523-1) ;

– avant toute **décision de sous-traiter** une activité jusqu'alors réalisée par les salariés de l'établissement à une entreprise extérieure appelée à réaliser une intervention pouvant présenter des risques particuliers en raison de sa nature ou de la proximité de l'installation (C. trav. art. L 4523-2, al. 2) ;

– sur les **moyens** humains et matériels de prévention, de **lutte** contre l'incendie et de secours prévus dans l'établissement (C. trav. art. L 4525-1).

Par ailleurs, le CSE est informé à la suite de tout **incident** qui aurait pu entraîner des **conséquences graves.** Il peut procéder à l'analyse de l'incident et proposer toute action visant à prévenir son renouvellement. Le suivi de ces propositions fait l'objet d'un examen dans le cadre de la présentation du bilan et du programme annuels visés n°s 55560 s. (C. trav. art. L 4523-3).

57345 Dans les établissements comportant une ou plusieurs **installations nucléaires de base,** le CSE est informé par l'employeur de la **politique de sûreté** et peut lui demander communication des informations sur les risques liés à l'exposition aux **rayonnements ionisants** et sur les mesures de sûreté et de radioprotection prises pour prévenir ou réduire ces risques ou expositions, dans les conditions définies aux articles L 124-1 à L 124-6 du Code de l'environnement (C. trav. art. L 4523-4, al. 1).
Le comité est consulté par l'employeur sur la définition et les modifications ultérieures du **plan d'urgence interne** mentionné à l'article L 593-6 du Code de l'environnement. Il peut proposer des modifications de ce plan à l'employeur qui doit justifier les suites qu'il donne à ces propositions. L'avis doit intervenir après un **délai** de 30 jours au moins et 60 jours au plus suivant la communication du dossier, sauf cas exceptionnel justifié par l'urgence (C. trav. art. L 4523-4, al. 2 et R 2312-27).

INTERVENTION D'UNE ENTREPRISE EXTÉRIEURE

57350 Dans les établissements à haut risque industriel, lorsque des travailleurs d'une entreprise extérieure sont appelés à réaliser une **intervention à risques** en raison de sa nature ou de la proximité de l'installation dangereuse, les chefs des entreprises utilisatrice et extérieure définissent **conjointement** les **mesures de prévention** nécessaires (C. trav. art. L 4522-1).
Le chef de l'entreprise utilisatrice doit notamment, avant le début de l'intervention, faire bénéficier les travailleurs des entreprises extérieures d'une **formation** pratique et appropriée aux risques que ladite intervention peut présenter. La mise en œuvre, le contenu et les conditions du renouvellement de cette formation peuvent être précisés par convention ou accord collectif de branche, d'entreprise ou d'établissement (C. trav. art. L 4522-2). Le CSE est consulté sur cette formation (C. trav. art. L 4143-1, 2°).

57355 Lorsqu'une réunion du CSE de l'entreprise utilisatrice a pour objet de contribuer à la définition et à l'observation des **règles communes de sécurité,** le CSE s'appuie sur les travaux de la commission santé, sécurité et conditions de travail (n°s 1625 s.), élargie à une représentation des chefs et travailleurs des entreprises extérieures selon des conditions déterminées par convention ou accord collectif de branche, d'entreprise ou d'établissement ou à défaut par les articles R 4523-5 à R 4523-16 du Code du travail (C. trav. art. L 4523-11).

> **Précisions** Ces dispositions ne s'appliquent toutefois pas aux établissements comprenant une **installation nucléaire de base** dans lesquels les entreprises extérieures étaient déjà, avant le 14-6-2006, représentées au sein d'une instance exclusivement dédiée à la prévention des risques liés à l'intervention et répondant à certaines conditions (C. trav. art. L 4523-12 et R 4523-17).

57360 La **commission** santé, sécurité et conditions de travail élargie se **réunit** au moins une fois par an et lorsque s'est produit un accident de travail dont la victime est une personne extérieure intervenant dans l'établissement (C. trav. art. L 4523-13).
La **représentation** des entreprises extérieures est fonction de la durée et de la nature de l'intervention et de l'effectif intervenant dans l'établissement. Les salariés des entreprises extérieures sont **désignés,** parmi les salariés intervenant régulièrement sur le site, par leur CSE ou, en l'absence de représentants du personnel, par les membres de l'équipe appelés à intervenir dans l'établissement (C. trav. art. L 4523-14).
Les salariés extérieurs bénéficient de la **formation** spécifique visée n° 57310 (C. trav. art. L 4523-10) et de la **protection** visée n°s 42000 s. (C. trav. art. L 4523-17).

CHAPITRE 3

LA FORMATION PROFESSIONNELLE

SOMMAIRE

La formation professionnelle tout au long de la vie a pour **objet** de permettre à chaque personne, indépendamment de son statut, d'acquérir et d'actualiser des connaissances et des compétences favorisant son évolution professionnelle, ainsi que de progresser d'au moins un niveau de qualification au cours de sa vie professionnelle. Elle comporte une formation initiale, incluant notamment l'apprentissage, et des formations ultérieures, qui constituent la formation continue (C. trav. art. L 6111-1). **61000**

Les interventions des représentants du personnel sont multiples en la matière. Ils participent à la **négociation collective**, c'est-à-dire à la conclusion de conventions ou d'accords collectifs dont le but est de préciser les modalités d'application des différents dispositifs de formation (compte personnel de formation, reconversion ou promotion par alternance, apprentissage, etc.).

La formation professionnelle entre dans le champ des **attributions générales** du comité social et économique (**CSE**) dans les entreprises d'au moins 50 salariés (voir nos 3980 s.). Le Code du travail impose également à l'employeur de **consulter** cette instance et de l'**informer** sur la formation professionnelle, même s'il n'entend organiser aucune action au profit de ses salariés, dans le cadre des consultations annuelles sur les orientations stratégiques et la politique sociale de l'entreprise (voir nos 3870 s.).

Par ailleurs, le CSE est compétent, quel que soit l'effectif de l'entreprise, pour présenter à l'employeur les **réclamations du personnel**, notamment dans ce domaine (voir nos 220 s.).

Par ailleurs, les représentants du personnel peuvent suivre des **actions de formation spécifiques liées à leur mandat**. Ainsi, s'agissant de la formation des membres du CSE, voir nos 760 s. ; des représentants des salariés dans les organes de direction des sociétés, voir n° 11280 ; des représentants au conseil d'administration ou de surveillance des salariés actionnaires, voir n° 11545 ; des membres du comité d'entreprise européen, voir n° 7085. **61005**

Comme tout salarié, les représentants du personnel peuvent aussi bénéficier d'un **congé de formation économique, sociale, environnementale et syndicale** (voir n° 69350).

61010

Égalité de traitement et non-discrimination

Il appartient aux représentants du personnel de veiller au respect par l'employeur du principe de non-discrimination à l'**accès à la formation professionnelle** de l'ensemble des salariés (nos 40010 s.). Des mesures spécifiques visent à protéger plus particulièrement les femmes et les personnes handicapées.

En effet, **aucune distinction entre les femmes et les hommes** ne peut être faite en matière de formation professionnelle (C. trav. art. L 6112-1). Ce principe ne fait toutefois pas obstacle à l'intervention, à titre transitoire, par voie réglementaire ou conventionnelle, de mesures prises au seul bénéfice des femmes en vue d'établir l'égalité des chances entre les femmes et les hommes, ces mesures étant destinées à corriger les déséquilibres constatés au détriment des femmes et à favoriser l'accès à la formation de celles souhaitant reprendre une activité professionnelle interrompue pour des motifs familiaux (C. trav. art. L 6112-2).

Les **personnes handicapées** doivent également avoir accès à l'ensemble des dispositifs de formation dans le respect du principe d'égalité de traitement, à charge pour l'employeur de prendre les mesures appropriées. Elles doivent bénéficier, le cas échéant, d'actions spécifiques de formation ayant pour objet de permettre leur insertion ou leur réinsertion professionnelle ainsi que leur maintien dans l'emploi, de favoriser le développement de leurs compétences et l'accès aux différents niveaux de la qualification professionnelle et de contribuer au développement économique et culturel et à la promotion sociale (C. trav. art. L 6112-3).

Dès lors qu'ils constatent une atteinte à l'un de ces principes, les membres du CSE ont la faculté de déclencher leur **droit d'alerte** (voir nos 4100 s.).

A. Négociation collective

61100 Les partenaires sociaux jouent un rôle important dans le système de la formation professionnelle tout au long de la vie. À l'**origine** du dispositif actuel applicable dans les entreprises, les organisations patronales et les syndicats de salariés assurent également la gestion et l'évolution des différents mécanismes. En effet, la formation professionnelle fait l'objet de nombreux accords collectifs de travail complétant ou améliorant le dispositif législatif et réglementaire. Ces accords peuvent intervenir à **tout niveau** (interprofessionnel, branche professionnelle ou entreprise) et leur champ d'application territorial peut être national ou seulement régional, départemental ou local.

1. ACCORD NATIONAL INTERPROFESSIONNEL

61150 Très souvent, les dispositions négociées par les partenaires sociaux dans le cadre d'un accord national interprofessionnel (ANI) sont ensuite tout ou partie reprises dans une loi. Il en va ainsi des dernières **grandes réformes** de la formation professionnelle : les lois 2009-1437 du 24-11-2009, 2014-288 du 5-3-2014 et 2018-771 du 5-9-2018 sont ainsi respectivement issues des ANI du 7-1-2009, du 14-12-2013 et du 22-2-2018.

Dans certains cas, l'ANI est directement applicable. Ainsi, par exemple, dans les **entreprises du commerce, de l'industrie, des services et de l'artisanat**, de l'ANI étendu du 5-12-2003 relatif à l'accès des salariés à la formation tout au long de la vie professionnelle, qui comporte notamment des dispositions intéressant directement les représentants du personnel de l'entreprise.

2. ACCORD DE BRANCHE

61170 La branche professionnelle est le **niveau essentiel** de la négociation entre les partenaires sociaux en matière de formation professionnelle.

Ainsi, les organisations liées par une convention de branche ou, à défaut, par des accords professionnels sont invitées à conclure un accord adaptant la périodicité et les thèmes de leurs **négociations obligatoires**, sous réserve notamment de prévoir une négociation au moins tous les 4 ans sur les priorités, les objectifs et les moyens de la formation professionnelle des salariés (C. trav. art. L 2241-1, L 2241-4 et L 2241-5).

En l'**absence d'accord** d'adaptation ou en cas de **non-respect de ses stipulations**, une telle négociation doit être engagée tous les 3 ans et porter notamment sur l'égal accès à la formation des salariés selon leur catégorie professionnelle et la taille de leur entreprise, les abondements supplémentaires du compte personnel de formation, la validation des acquis de l'expérience, l'accès aux certifications, le développement du tutorat et la valorisation de la fonction de tuteur ou de maître d'apprentissage, en particulier les actions aidant à l'exercer et les conditions de son exercice par des salariés âgés de plus de 55 ans (C. trav. art. L 2241-14).

Sur la possibilité d'adapter les dispositions de l'accord de branche aux **spécificités de l'entreprise**, voir n° 61210.

61175 C'est au niveau de la branche, et seulement à ce niveau, que doivent être discutées entre les partenaires sociaux certaines dispositions relatives à la formation professionnelle.

Il en va ainsi, notamment, de certaines modalités d'application de la **reconversion ou promotion par alternance** (Pro-A). En effet, un accord collectif de branche étendu doit définir la liste des certifications professionnelles éligibles à la Pro-A, l'extension de cet accord étant subordonnée au respect des critères de forte mutation de l'activité et de risque d'obsolescence des compétences (C. trav. art. L 6324-3). En outre, cet accord peut prévoir la prise en charge de la rémunération du salarié en Pro-A par l'opérateur de compétences (C. trav. art. L 6324-5).

Dans certains cas, le Code du travail autorise la branche à prévoir des dispositions relatives à la formation professionnelle en l'**absence d'accord d'entreprise** : il en va ainsi en matière de formation suivie hors temps de travail dans le cadre du plan de développement des compétences (n° 61215), d'alimentation du CPF (n° 61225) ou encore de formation des maîtres d'apprentissage (n° 61240).

3. ACCORD D'ENTREPRISE

Aucune obligation de négocier au niveau de l'entreprise ne pèse sur l'employeur en matière de formation professionnelle proprement dite. Rien ne l'empêche, toutefois, d'engager des négociations en ce sens, notamment en vue d'améliorer les dispositifs de formation ou d'aborder ces sujets lors des négociations obligatoires. Il peut même parfois y être **invité** par le législateur, comme par exemple en matière de mise en œuvre du plan de développement des compétences (n° 61215) ou du compte personnel de formation (n° 61225). **61200**

En tout état de cause, la conclusion d'un accord d'entreprise sur la formation professionnelle doit respecter les **règles de la négociation collective** étudiées n°s 80000 s.

AMÉLIORATION DES DISPOSITIFS DE FORMATION

Discussions lors de la négociation collective obligatoire Des mesures relatives à la formation professionnelle peuvent être discutées à l'occasion de la négociation collective obligatoire visée n°s 81060 s. En particulier, dans les entreprises non couvertes par un accord d'adaptation, la négociation annuelle obligatoire sur l'égalité professionnelle entre les femmes et les hommes et la qualité de vie au travail doit notamment porter sur les mesures permettant de lutter contre toute **discrimination** en matière d'accès à la formation professionnelle et à la qualification (n° 81360). **61205**

Lors de ces négociations, employeurs et représentants du personnel peuvent, **par exemple**, décider d'instaurer le versement d'une rémunération au salarié suivant une formation hors temps de travail, de donner un accès prioritaire pour les femmes à la formation en vue de réduire les inégalités avec les hommes ou encore de définir les formations nécessaires à l'évolution professionnelle des salariés les plus précaires.

Adaptation des accords de branche Employeurs et représentants du personnel peuvent entamer des négociations afin d'adapter les accords de branche, conclus selon les modalités visées n° 61170, aux **moyens** et aux **objectifs de l'entreprise**. **61210**

MISE EN ŒUVRE DES DISPOSITIFS DE FORMATION

Plan de développement des compétences Le plan de développement des compétences rassemble l'**ensemble des formations** mises en place par l'employeur pour ses salariés, notamment en vue de remplir son obligation de formation. Il peut prévoir des actions de formation, des bilans de compétences ou encore des actions de VAE. En principe, ces actions se déroulent **pendant le temps de travail** et sont rémunérées normalement. Toutefois, l'employeur a la possibilité, pour certaines formations facultatives, de les organiser **en dehors du temps de travail** selon des modalités à prévoir par accord d'entreprise (ou, à défaut, de branche). Celui-ci doit en effet, d'une part, **déterminer les actions** pouvant être réalisées en dehors du temps de travail et, d'autre part, **fixer les limites** (soit en heures par an, soit en pourcentage du forfait pour les salariés dont la durée de travail est fixée par une convention de forfait en jours ou en heures). Cet accord peut également prévoir les contreparties mises en œuvre par l'employeur pour compenser les charges induites par la garde d'enfant. En l'absence d'un tel accord, le salarié peut tout de même suivre des actions hors temps de travail s'il donne son accord préalable et dans la limite annuelle de 30 heures ou de 2 % de son forfait (C. trav. art. L 6321-6). **61215**

Pour en savoir plus sur le plan de développement des compétences, voir Mémento social n°s 38100 s.

Compte personnel de formation Dans le cadre de son compte personnel d'activité, chaque personne dispose dès son entrée sur le marché du travail, indépendamment de son statut, d'un compte personnel de formation (CPF), selon des modalités exposées dans le Mémento social n°s 38200 s., qui lui permet d'acquérir un premier niveau de qualification ou de développer ses compétences et ses qualifications en suivant, à son initiative, des stages de formation (C. trav. art. L 6111-1). Les représentants du personnel ont un **rôle important** à jouer dans la mise en œuvre de ce dispositif. **61220**

61225 Le CPF du salarié est **alimenté** au titre de chaque année à hauteur d'une somme en euros, et dans la limite d'un plafond, dont les montants dépendent de sa durée du travail (temps plein, mi-temps, forfaits, etc.) et de sa situation personnelle (niveau de qualification, handicap, etc.). Le Code du travail permet toutefois la négociation d'un accord collectif d'entreprise ou de groupe (ou, à défaut, de branche) prévoyant des **modalités** d'alimentation du compte **plus favorables** pour certains salariés (par exemple, en accordant un crédit supplémentaire de 100 € par an et par salarié précaire ou travaillant moins qu'un mi-temps). Les salariés saisonniers peuvent également bénéficier, en application d'un accord collectif, de droits majorés sur leur CPF (C. trav. art. L 6323-11 et L 6323-11-1).
En outre, un accord d'entreprise ou de groupe (ou de branche) peut prévoir un **abondement** sans que celui-ci ne soit pris en compte dans le calcul du plafond, par exemple pour privilégier certaines **formations** ou certains **salariés**, en particulier les moins qualifiés, exposés à des facteurs de risques professionnels ou occupant des emplois menacés par les évolutions économiques ou technologiques, les salariés ayant bénéficié de certains congés (congé de maternité, de paternité et d'accueil de l'enfant, d'adoption, de présence parentale, de proche aidant ou un congé parental d'éducation ou pour une maladie professionnelle ou un accident du travail) et les salariés à temps partiel (C. trav. art. L 6323-12, L 6323-14 et L 6323-15).

61230 Un accord d'entreprise ou de groupe peut définir les actions de formations éligibles pour lesquelles l'employeur s'engage à financer, dans les conditions définies par cet accord, les **abondements complémentaires** lorsque les salariés mobilisant leur compte ne disposent pas de droits suffisants pour financer l'intégralité de la formation souhaitée. Dans ce cas, l'entreprise peut prendre en charge l'ensemble des frais et demander le remboursement à la Caisse des dépôts et consignations (CDC) des sommes correspondantes dans la limite des droits inscrits sur le CPF de chaque salarié concerné (C. trav. art. L 6323-11, al. 5). Concrètement, l'employeur avance les frais de la formation avant de demander à la CDC le remboursement de la part correspondant aux droits acquis par le salarié, le surplus restant à sa charge au titre de l'abondement complémentaire.

61235 **Validation des acquis de l'expérience** En vue de faire valider les acquis de son expérience, un salarié peut bénéficier d'un **congé spécifique** (voir Mémento social n° 38450). En principe, la durée de ce congé ne peut pas excéder 48 heures de temps de travail par session d'évaluation. Cette durée peut toutefois être augmentée par convention ou accord collectif (C. trav. art. L 6422-2 et D 6422-8).

MISE EN ŒUVRE DE LA FORMATION DES MAÎTRES D'APPRENTISSAGE

61240 La personne directement responsable de la formation de l'apprenti et assumant la fonction de **tuteur** est le maître d'apprentissage. Il a pour mission de contribuer à l'acquisition par l'apprenti dans l'entreprise des compétences correspondant à la qualification recherchée (C. trav. art. L 6223-5)
L'employeur doit veiller à ce que le maître d'apprentissage bénéficie de formations lui permettant d'exercer correctement sa mission et de suivre l'évolution du contenu des formations dispensées à l'apprenti et des diplômes qui les valident. Les modalités de **mise en œuvre** et de **prise en charge** de ces formations peuvent être prévues par accord collectif d'entreprise ou de branche (C. trav. art. L 6223-8).

B. Information et consultation

61300 Les représentants du personnel sont consultés **régulièrement** sur les questions de formation professionnelle dans l'entreprise (nos 61350 s.). Ils interviennent également **ponctuellement** lors de la mise en œuvre de certains dispositifs (nos 61400 s.).

ATTENTION

Le fait de ne pas consulter les représentants du personnel en matière de formation ou de ne pas respecter les délais de consultation (Cass. crim. 26-11-1991 n° 90-84.546 D : RJS 3/92 n° 305) est constitutif du **délit d'entrave** (sur ce délit, voir nos 49000 s.). Il en va de même en cas de refus de communication des documents d'information (Cass. crim. 3-1-2006 n° 05-80.443 F-D).

61310 Les questions relatives à la formation professionnelle relèvent de la **compétence** du CSE dans les entreprises d'au moins 50 salariés. Dans celles d'au moins 300 salariés, à défaut d'accord d'entreprise, ce comité est assisté d'une **commission de la formation** (n° 1685).

> Précisions a. La **seule consultation** de la commission de la formation ne vaut pas délibération du comité (Cass. crim. 19-6-2001 n° 00-80.489 F-PF : RJS 11/01 n° 1306).
b. Dans certaines **entreprises à statut particulier**, les attributions du CSE sont dévolues à des instances de représentation du personnel spécifiques. Celles-ci sont alors compétentes en matière de formation (C. trav. art. R 2312-60). Dans les entreprises d'au moins 50 salariés qui ne sont **pas tenues d'avoir un CSE** ou une autre instance représentative du personnel, il doit être mis en place une commission spéciale pour traiter les sujets relatifs à la formation (C. trav. art. R 2312-61).
c. S'agissant des instances à consulter dans les **entreprises à établissements multiples** disposant d'un CSE central et de CSE d'établissement, voir n°s 6060 s.

1. INFORMATIONS ET CONSULTATIONS RÉCURRENTES

La consultation des représentants du personnel fait l'objet de **trois rendez-vous annuels** portant sur la situation économique et financière (n°s 3885 s.), les orientations stratégiques (n°s 3870 s.) et la politique sociale, les conditions de travail et l'emploi (n°s 3910 s.). La formation professionnelle et l'apprentissage sont nécessairement abordés à l'occasion de ces deux dernières consultations. **61350**

ATTENTION

S'agissant de la **consultation du CSE**, les dispositions ci-dessous, qui sont supplétives, ne s'appliquent qu'à défaut d'accord conclu en application de l'article L 2312-19 du Code du travail (n° 3850).

ORIENTATIONS DE LA FORMATION

Le CSE est consulté, **chaque année**, sur les orientations de la formation professionnelle et le plan de développement des compétences lors de sa consultation sur les orientations stratégiques de l'entreprise (C. trav. art. L 2312-24). **61355**

À cet effet, l'employeur doit leur délivrer les informations relatives à ces orientations et au plan, lesquelles sont versées dans la **base de données** économiques, sociales et environnementales (BDESE) visée n°s 3530 s.

ATTENTION

Les mesures décidées au moment de la consultation des représentants du personnel sur les orientations de la formation professionnelle et le plan de développement des compétences doivent être prises en compte par l'employeur lors de la **négociation obligatoire** portant sur la gestion des emplois et des parcours professionnels et sur la mixité des métiers (n° 52505).

POLITIQUE DE LA FORMATION

Le CSE est consulté **chaque année** sur la politique sociale de l'entreprise, les conditions de travail et l'emploi. À cette occasion, il est amené à examiner plusieurs sujets relatifs à la formation professionnelle. Cette consultation porte ainsi sur l'évolution de l'emploi, les qualifications, le programme pluriannuel de formation, les actions de formation envisagées par l'employeur, l'apprentissage et les conditions d'accueil en stage (C. trav. art. L 2312-26, I). **61360**

En vue de cette consultation, l'employeur met à la disposition des représentants du personnel les **informations** portant sur l'évolution de la formation, le nombre et les conditions d'accueil des stagiaires, l'apprentissage, le plan de développement des compétences de l'entreprise, la mise en œuvre des contrats de professionnalisation et du CPF (C. trav. art. L 2312-26, II, 1°, 3° et 4°).

Dans les entreprises d'au moins 300 salariés, la consultation sur la politique sociale de l'entreprise, les conditions de travail et l'emploi doit également porter sur le **bilan social** dans lequel figurent de nombreuses données chiffrées relatives à la formation professionnelle (C. trav. art. L 2312-28).

La liste de ces informations et données, qui doivent être versées dans la BDESE, est détaillée n°s 99050 s.

ATTENTION

Les représentants du personnel doivent s'assurer que la **négociation obligatoire** portant sur la gestion des emplois et des parcours professionnels et sur la mixité des métiers est **cohérente** avec la politique de la formation professionnelle, notamment avec les objectifs du plan de développement des compétences, sur laquelle ils ont été préalablement consultés (n° 52505).

2. INFORMATIONS ET CONSULTATIONS PONCTUELLES

CONGÉ DE TRANSITION PROFESSIONNELLE

61400 Le congé de transition professionnelle (CTP) consiste, dans le cadre d'un projet de transition professionnelle, en une **autorisation d'absence** accordée par l'employeur à son salarié afin de lui permettre de suivre, en mobilisant son CPF, une action de formation certifiante en vue de changer de métier ou de profession (C. trav. art. L 6323-17-1).

Ce congé étant de droit, l'employeur ne peut pas le refuser, sauf si le salarié ne respecte pas les conditions requises. En revanche, l'employeur peut **différer** de 9 mois maximum, après avis des membres du CSE, la date du départ du salarié en congé, lorsqu'il estime que l'absence de l'intéressé pourrait avoir des conséquences préjudiciables à la production et à la marche de l'entreprise (C. trav. art. R 6323-10-1).

Par ailleurs, lorsque les demandes de CTP ne pouvant pas être toutes satisfaites en même temps par l'employeur ont été classées selon un **ordre de priorité**, sont acceptées en premier lieu celles qui ont été différées selon les modalités ci-dessus puis dans un second temps celles dont l'action de formation a dû être interrompue pour des motifs légitimes, après avis du CSE (C. trav. art. R 6323-10-2).

Pour en savoir plus sur le CTP, voir Mémento social n°s 38310 s.

S'agissant des **autres autorisations d'absence** liées à une formation (élus locaux, cadres et animateurs pour la jeunesse, membres des instances et jurys de formation, etc.), voir n°s 69300 s.

ATTENTION

Ne pas consulter le CSE dans les cas visés ci-dessus peut constituer un **délit d'entrave** (voir n°s 49000 s.).

CONTRAT D'APPRENTISSAGE

61420 L'apprentissage désigne un système de formation en alternance composé à la fois de périodes de cours théoriques dans des établissements d'enseignement (CFA notamment) et de périodes de stages pratiques en entreprise.

Le préfet doit communiquer au CSE sa décision de **s'opposer à l'engagement d'apprenti**, lorsqu'il est établi par l'administration que l'employeur a méconnu les obligations mises à sa charge par le Code du travail ou le contrat d'apprentissage (C. trav. art. L 6225-1 et R 6225-5).

Sur la formation des **maîtres d'apprentissage**, voir n° 61240.

CHAPITRE 4 LA DURÉE DU TRAVAIL

SOMMAIRE

GÉNÉRALITÉS

La durée du travail et son aménagement font partie des **domaines privilégiés d'intervention** des représentants du personnel, délégués syndicaux ou comité social et économique (CSE). **64000**
Ils constituent l'un des thèmes de la **négociation** périodique obligatoire. Par ailleurs, de nombreuses dérogations aux règles de droit commun de la durée du travail ne peuvent être mises en place que par convention ou accord collectif.

Le Code du travail confère au **CSE** une compétence générale en la matière et des attributions consultatives étendues. Ainsi, le comité doit être informé et consulté : **64005**
– sur les questions intéressant les conditions d'emploi, de travail, notamment la durée du travail (C. trav. art. L 2312-8) ;
– de manière récurrente sur les conditions de travail et l'emploi ; à défaut d'accord sur le sujet, une consultation a lieu chaque année sur la durée et l'aménagement du temps de travail (C. trav. art. L 2312-17 et L 2312-26).

L'entreprise est le niveau de droit commun de conclusion d'**accords collectifs** en matière de durée du travail. **64010**
La primauté donnée à l'accord d'entreprise ou d'établissement sur l'accord de branche signifie que le premier prévaut sur le second, qui revêt un caractère subsidiaire. L'accord d'entreprise ou d'établissement peut s'écarter de l'accord de branche, y compris dans un sens moins favorable pour les salariés, même si celui-ci a conféré à certaines de ses stipulations un caractère impératif et quelle que soit sa date de conclusion (Circ. DGT 20 du 13-11-2008 ; Cass. soc. 1-3-2017 n° 16-10.047 FS-PBRI : RJS 5/17 n° 338).

> **Précisions** Sur la **transmission** des accords d'entreprise relatifs à la durée du travail, au travail à temps partiel et intermittent, aux congés et au compte épargne-temps à la **commission paritaire** permanente de négociation et d'interprétation de la branche professionnelle concernée, voir n° 80460.

A. Durée du travail

1. DURÉE DU TRAVAIL EFFECTIF

a. Fixation et modification

FIXATION

64100 La durée du travail est fixée par **décision unilatérale de l'employeur** ou par **convention ou accord collectif** de branche, d'entreprise ou d'établissement ou de groupe.
La décision de l'employeur doit être précédée de la consultation du **CSE** (C. trav. art. L 2312-8), sous peine de délit d'entrave.
Sur la consultation du CSE en cas de conclusion d'un accord collectif, voir n° 80105.

MODIFICATION

64105 La modification d'une **décision unilatérale de l'employeur**, quel que soit son objet, suppose de respecter une procédure de dénonciation comportant, notamment, l'information des salariés et des représentants du personnel (voir n°s 85445 s.). En matière de durée du travail, l'information du CSE ne suffit pas, les textes exigeant sa consultation préalable (C. trav. art. L 2312-8).
Lorsque la durée du travail a été fixée par **convention ou accord collectif**, sa modification passe par la révision ou la dénonciation de ce texte selon les procédures requises : voir n°s 81520 s. (révision des accords collectifs) et n°s 81580 s. (dénonciation des accords collectifs). Sur la consultation du CSE dans ces situations, voir n° 80105.

> **ATTENTION**
>
> Y compris lorsqu'elle est prévue par convention ou accord collectif, la modification de la durée du travail constitue une modification du contrat de travail qui nécessite l'**accord du salarié**.
> En cas de conclusion d'un **accord de performance collective**, voir n°s 52780 s.

64110 Qu'elle intervienne par convention ou accord collectif ou par décision unilatérale de l'employeur, la modification de la durée du travail peut nécessiter, le cas échéant :
– la saisine de la **commission santé, sécurité et conditions de travail**, en abrégé CSSCT, pour préparer la consultation du CSE (n° 1645) ;
– et, s'il s'agit d'un projet important, le recours du CSE à un **expert habilité** en qualité du travail et de l'emploi, éventuellement sur proposition de la CSSCT (C. trav. art. L 2315-94), selon les modalités exposées n°s 2035 s.

b. Négociation obligatoire

64130 Certains employeurs doivent **engager périodiquement une négociation** sur certains thèmes, dont le temps de travail. Sur les employeurs concernés, les négociateurs et les règles de la négociation, voir n°s 81080 s., 81110 et 81170 s.
Si un accord adaptant, entre autres, les thèmes de la négociation et sa périodicité est conclu, la périodicité de la négociation peut être fixée à 4 ans au maximum (n° 81270). Sur le contenu de l'**accord d'adaptation** et le déroulement de la négociation obligatoire après la conclusion d'un tel accord, voir n°s 81270 s.
À défaut d'accord, ou en cas de non-respect de ses stipulations, les employeurs concernés doivent engager, chaque année, une négociation portant, à titre obligatoire, sur la durée effective et l'organisation du temps de travail, notamment la mise en place du travail à temps partiel et, éventuellement, sur la réduction du temps de travail (n° 81350).
Cette négociation peut, par ailleurs, être l'occasion de conclure un **accord** d'aménagement du temps de travail **dérogatoire** au droit commun (voir n°s 64680 s.).

2. DURÉES MAXIMALES DU TRAVAIL

a. Durée maximale journalière

PRINCIPE

64170 En principe, la durée maximale quotidienne de **travail effectif** ne peut pas excéder 10 heures (C. trav. art. L 3121-18), appréciée dans le cadre de la **journée civile**, c'est-à-dire de 0 à 24 heures (Circ. DRT 4 du 21-4-1994).
Sur la définition du temps de travail effectif, voir n°s 64330 s.

ATTENTION

Le comité social et économique doit être **informé** si le Dreets, sur rapport de l'agent de contrôle de l'inspection du travail et sous réserve de l'absence de poursuites pénales, prononce une **amende administrative** en cas de manquement aux prescriptions du Code du travail en matière de durées maximales de travail (C. trav. art. L 8115-1, 1° et L 8115-5, al. 3).

DÉROGATIONS

Accord collectif Une convention ou un accord d'entreprise ou d'établissement ou, à défaut, une convention ou un accord de branche peut prévoir le dépassement de la durée maximale quotidienne de travail effectif **en cas** d'activité accrue ou pour des motifs liés à l'organisation de l'entreprise. Le dépassement ne doit toutefois pas porter la durée maximale à plus de **12 heures** (C. trav. art. L 3121-19). **64175**

Surcroît temporaire d'activité Le dépassement de la durée maximale quotidienne peut être autorisé sur dérogation accordée par l'**inspecteur du travail** en cas de surcroît temporaire d'activité, notamment pour l'un des **motifs** suivants (C. trav. art. L 3121-18 et D 3121-4) : **64180**

1° travaux devant être exécutés dans un délai déterminé en raison de leur nature, des charges imposées à l'entreprise ou des engagements contractés par celle-ci ;

2° travaux saisonniers ;

3° travaux impliquant une activité accrue pendant certains jours de la semaine, du mois ou de l'année.

Comme l'indique le terme « notamment », cette liste n'est **pas limitative**.

CONSEIL

L'article D 3121-4 du Code du travail ne prévoit aucune limite au dépassement de la durée maximale quotidienne du travail sur autorisation de l'inspecteur du travail, mais il convient, selon nous, de respecter la **limite de 12 heures** retenue pour le dépassement conventionnel.

Le **CSE** doit être consulté sur le dépassement. **64185**

Son avis ainsi que les justifications utiles doivent accompagner la **demande** de dépassement adressée par l'employeur à l'inspecteur du travail.

Ce dernier fait connaître sa **décision** à l'employeur et aux représentants du personnel dans un délai de 15 jours à compter de la date de réception de la demande (C. trav. art. D 3121-5).

Urgence L'employeur peut, en cas d'urgence, déroger sous sa propre responsabilité à la durée quotidienne maximale du travail de 10 heures dans les hypothèses envisagées n° 64180 sous réserve de respecter les conditions suivantes (C. trav. art. L 3121-18 et D 3121-6) : **64190**

– s'il n'a **pas encore adressé de demande de dépassement**, il présente immédiatement à l'inspecteur du travail une demande de régularisation accompagnée des justifications et avis cités n° 64185 et de toutes explications nécessaires sur les causes ayant nécessité une prolongation de la durée quotidienne du travail sans autorisation préalable ; il en résulte que, y compris en cas d'urgence, l'employeur doit réunir le CSE, éventuellement dans le cadre d'une réunion supplémentaire organisée à son initiative ;

– s'il **attend une réponse** à une demande de dépassement, il informe immédiatement l'inspecteur du travail de l'obligation où il s'est trouvé d'anticiper la décision attendue et en donne les raisons ;

– l'inspecteur du travail fait connaître sa **décision** à l'employeur et aux représentants du personnel dans un **délai** de 15 jours à compter de la date de réception de la demande.

b. Durées maximales hebdomadaires

PRINCIPE

En principe, la durée hebdomadaire ne doit pas dépasser : **64230**

– une **durée moyenne** de 44 heures calculée sur une période quelconque de 12 semaines consécutives (C. trav. art. L 3121-22) ;

– une **limite absolue** de 48 heures au cours d'une même semaine (C. trav. art. L 3121-20).

ATTENTION

Le CSE doit être **informé** si le Dreets, sur rapport de l'agent de contrôle de l'inspection du travail, prononce une **amende administrative** en cas de manquement aux prescriptions du Code du travail en matière de durées maximales de travail (C. trav. art. L 8115-1, 1° et L 8115-5, al. 3).

DÉPASSEMENT

64240 **Dépassement de la durée moyenne de 44 heures** Une **convention ou un accord** d'entreprise ou d'établissement ou, à défaut, une convention ou un accord de branche peut prévoir le dépassement de la durée hebdomadaire de travail de 44 heures calculée sur une période de 12 semaines consécutives, à condition que ce dépassement n'ait pas pour effet de porter cette durée à plus de 46 heures (C. trav. art. L 3121-23).
À défaut d'accord, le dépassement de cette durée maximale peut être autorisé par l'**autorité administrative** dans la même limite (C. trav. art. L 3121-24) et dans les mêmes conditions que pour le dépassement de la durée maximale hebdomadaire absolue (C. trav. art. R 3121-11) : voir n° 64250.

64245 À titre **exceptionnel**, dans certains secteurs, certaines régions ou certaines entreprises, le dépassement de la durée maximale de **46 heures** peut être autorisé pendant des périodes déterminées (C. trav. art. L 3121-25).
Les dérogations sont accordées pour une **durée expressément fixée** par l'autorité compétente (C. trav. art. R 3121-8). Les demandes sont adressées au ministre chargé du travail si elles s'appliquent à un secteur au niveau national, au Dreets si elles s'appliquent au niveau local, départemental ou interdépartemental (C. trav. art. R 3121-13 et 14).
Lorsque le **dépassement** exceptionnel a une **portée supérieure à l'entreprise** (niveau national, local, départemental ou interdépartemental), l'autorisation ne peut être appliquée au niveau de l'entreprise qu'après décision de l'inspecteur du travail qui statue sur son principe et ses modalités d'application, après avis du CSE, s'il existe (C. trav. art. R 3121-15).
Si l'employeur relève d'un secteur non couvert par une dérogation nationale ou locale, il peut, pour faire face à des **situations exceptionnelles propres à l'entreprise**, demander une autorisation de dépassement particulière. Cette demande est motivée et adressée, accompagnée de l'avis du CSE, s'il existe, à l'inspecteur du travail qui la transmet au Dreets (C. trav. art. R 3121-16).
À la fin de la période de dépassement, une **nouvelle autorisation** peut être accordée par une décision expresse faisant suite à une nouvelle demande instruite dans les mêmes conditions que la demande initiale (C. trav. art. R 3121-8).

> **Précisions** L'autorisation de dépassement peut revêtir l'une des **modalités** suivantes (C. trav. art. R 3121-12) :
> – dépassement de la durée moyenne hebdomadaire de 46 heures sur une période de 12 semaines consécutives ;
> – répartition de cette même moyenne sur une période de plus de 12 semaines ;
> – combinaison des deux modalités précédentes.
> La décision précise la modalité, l'ampleur et les autres conditions du dépassement autorisé.

64250 **Dépassement de la limite absolue de 48 heures** En cas de **circonstances exceptionnelles** entraînant temporairement un surcroît d'activité et pour la durée de celles-ci, la durée maximale de 48 heures peut être dépassée sur demande à l'inspection du travail et sur autorisation du Dreets. Le dépassement ne doit pas avoir pour effet de porter cette durée à plus de 60 heures par semaine (C. trav. art. L 3121-21 et R 3121-10).
Le CSE donne son avis sur les demandes d'autorisation formulées à ce titre. Cet avis est transmis à l'agent de contrôle de l'inspection du travail (C. trav. art. L 3121-21).
La **demande** est assortie de justifications sur les circonstances exceptionnelles qui la motivent et précise la durée pour laquelle l'autorisation est sollicitée (C. trav. art. R 3121-10).
À la fin de la période de dépassement, une **nouvelle autorisation** peut être accordée par une décision expresse faisant suite à une nouvelle demande instruite dans les mêmes conditions que la demande initiale (C. trav. art. R 3121-8).

3. REPOS QUOTIDIEN

DURÉE MINIMALE

64280 En principe, tout salarié bénéficie d'un repos quotidien d'une durée minimale de 11 heures consécutives (C. trav. art. L 3131-1).
Le CSE doit être **informé** si le Dreets, sur rapport de l'agent de contrôle de l'inspection du travail et sous réserve de l'absence de poursuites pénales, prononce une **amende administrative** en cas de manquement aux prescriptions du Code du travail en matière de repos quotidien (C. trav. art. L 8115-1, 2° et L 8115-5, al. 3).

> **ATTENTION**
> Le **non-respect** des règles relatives au repos quotidien de 11 heures justifie l'**action en justice d'un syndicat** en ce qu'il caractérise une atteinte aux intérêts collectifs de la profession (Cass. soc. 23-5-2013 n° 12-13.015 F-D : RJS 8-9/13 n° 611).

DÉROGATIONS

Accord collectif Une convention ou un accord d'entreprise ou d'établissement ou, à défaut, une convention ou un accord de branche peut déroger à la durée minimale de repos quotidien, notamment pour des activités caractérisées par la nécessité d'assurer une **continuité du service** ou par des **périodes d'intervention fractionnées** (C. trav. art. L 3131-2). 64285
Un accord collectif de travail ne peut pas avoir pour effet de réduire la durée du repos quotidien en deçà de **9 heures** (C. trav. art. D 3131-6).

> **Précisions** Les activités caractérisées par la nécessité d'assurer une **continuité du service** ou par des **périodes d'intervention fractionnées** sont les suivantes (C. trav. art. D 3131-4) :
> – activités caractérisées par l'éloignement entre le domicile et le lieu de travail du salarié ou par l'éloignement entre différents lieux de travail du salarié ;
> – activités de garde, de surveillance et de permanence caractérisées par la nécessité d'assurer la protection des biens et des personnes ;
> – activités caractérisées par la nécessité d'assurer la continuité du service ou de la production, notamment pour les établissements ou parties d'établissements pratiquant le mode de travail par équipes successives, chaque fois que le salarié change d'équipe ou de poste et ne peut bénéficier, entre la fin d'une équipe et le début de la suivante, d'une période de repos quotidien de 11 heures consécutives ;
> – activités de manutention ou d'exploitation qui concourent à l'exécution des prestations de transport ;
> – activités qui s'exercent par périodes de travail fractionnées dans la journée.

Autorisation de l'inspecteur du travail À défaut d'accord collectif, en cas de **surcroît exceptionnel d'activité**, l'employeur peut déroger à la durée minimale de repos quotidien (C. trav. art. L 3131-3). Pour cela, il doit demander une autorisation à l'inspecteur du travail, selon la même procédure que pour les demandes de dérogation à la durée maximale quotidienne du travail : voir n°s 64180 s. (C. trav. art. D 3131-7). 64290

Travaux urgents L'employeur peut, sous sa seule responsabilité et en informant l'inspecteur du travail, déroger à la période minimale de 11 heures de repos quotidien par salarié en cas de travaux urgents dont l'exécution immédiate est nécessaire pour organiser des mesures de sauvetage, prévenir des accidents imminents ou réparer des accidents survenus au matériel, aux installations ou aux bâtiments (C. trav. art. D 3131-1). Aucune information des représentants du personnel n'est prévue dans ce cas. 64295

CONTREPARTIES

Le bénéfice des dérogations au repos minimal quotidien visées nos 64285 s. est subordonné à l'attribution de **périodes de repos** au moins équivalentes aux salariés. Lorsque l'attribution de ce repos n'est pas possible, l'accord collectif doit prévoir une **contrepartie équivalente** (C. trav. art. D 3131-2), qui peut être financière (CE 17-5-1999 n° 199095 : RJS 7/99 n° 926). 64300
Si l'accord ne prévoit aucune contrepartie équivalente, le salarié doit bénéficier d'un nombre d'heures de repos égal à celui dont il n'a pu bénéficier du fait de l'application de la dérogation (CE 17-5-1999 précité).

4. CALCUL DE LA DURÉE DU TRAVAIL

Pour l'application de la législation sur la durée du travail – rémunération, durées maximales, régime des heures supplémentaires, etc. – et sauf stipulations conventionnelles ou contractuelles ou usage plus favorables, seul doit être pris en compte le **temps de travail effectif**. 64330
Il s'agit du temps pendant lequel le salarié est à la disposition de l'employeur et se conforme à ses directives sans pouvoir vaquer librement à des occupations personnelles (C. trav. art. L 3121-1).
Certains temps de présence dans l'entreprise ou en relation directe avec le travail, sans être du temps de travail effectif, sont toutefois compensés par l'octroi de contreparties déterminées, en priorité, par accord collectif.

DÉPLACEMENTS PROFESSIONNELS

Le temps de déplacement professionnel pour se rendre sur le lieu d'exécution du contrat de travail n'est pas un temps de travail effectif. Toutefois, s'il **dépasse le temps normal de trajet** entre le domicile et le lieu habituel de travail, il fait l'objet d'une **contrepartie** soit sous forme de repos, soit financière (C. trav. art. L 3121-4). 64335
Cette contrepartie est déterminée par **convention ou accord collectif** – d'entreprise ou d'établissement ou, à défaut, de branche – ou, à défaut, par **décision unilatérale de l'employeur** prise après **consultation** du comité social et économique (C. trav. art. L 3121-7 et L 3121-8).

PAUSES ET TEMPS DE RESTAURATION

64340 La journée de travail est obligatoirement ponctuée d'une pause d'au moins **20 minutes** consécutives après 6 heures de travail (C. trav. art. L 3121-16).
En principe, les pauses ne sont pas considérées comme du **temps de travail effectif** sauf si, pendant celles-ci, le salarié est à la disposition de l'employeur et se conforme à ses directives sans pouvoir vaquer librement à des occupations personnelles (C. trav. art. L 3121-2). Il en est de même des temps nécessaires à la **restauration**.
Une **convention ou un accord** d'entreprise ou d'établissement ou, à défaut, de branche peut prévoir :
– une pause plus longue que la pause légale de 20 minutes (C. trav. art. L 3121-17) ;
– que les temps de pause ou certains d'entre eux sont rémunérés, même s'ils ne sont pas reconnus comme du temps de travail effectif (C. trav. art. L 3121-6).

HABILLAGE ET DÉSHABILLAGE

64345 Le temps d'habillage ou de déshabillage n'est pas, en principe, du temps de travail effectif.
Mais il doit faire l'objet de **contreparties** en repos ou financières, lorsque le port d'une tenue de travail est imposé par des dispositions légales, par des stipulations conventionnelles, le règlement intérieur ou le contrat de travail et que l'habillage et le déshabillage doivent être réalisés dans l'entreprise ou sur le lieu de travail (C. trav. art. L 3121-3).
La **convention ou l'accord collectif** – d'entreprise ou d'établissement ou, à défaut, de branche – ou, à défaut, le contrat de travail peut prévoir soit d'accorder ces contreparties, soit d'assimiler les temps d'habillage et de déshabillage à du temps de travail effectif (C. trav. art. L 3121-7 et L 3121-8).

ATTENTION

En l'**absence d'accord collectif ou de clause dans le contrat de travail** définissant les contreparties dont les opérations d'habillage ou de déshabillage doivent faire l'objet, il appartient au **juge** de déterminer la contrepartie dont doivent bénéficier les salariés qui le saisissent, en fonction des prétentions respectives des parties (Cass. soc. 16-1-2008 n° 06-42.983 FS-PB : RJS 4/08 n° 432).

ASTREINTES

64350 L'astreinte se définit comme la période pendant laquelle le salarié, sans être sur son lieu de travail et à la disposition permanente et immédiate de l'employeur, doit être en mesure d'intervenir pour accomplir un travail au service de l'entreprise. Seule la durée de cette intervention est considérée comme du temps de travail effectif (C. trav. art. L 3121-9).

64352 Les astreintes sont mises en place par **convention ou accord collectif** d'entreprise ou d'établissement ou, à défaut, de branche. Cet accord fixe leur mode d'organisation et la compensation financière ou en repos à laquelle elles donnent lieu. Il détermine également les modalités d'information et les délais de prévenance des salariés concernés, lesquels doivent être informés de la programmation individuelle des astreintes dans un délai raisonnable (C. trav. art. L 3121-9 et L 3121-11). Sur la consultation du CSE en cas de conclusion d'un accord collectif, voir n° 80105.
L'employeur qui souhaite modifier les modalités d'organisation des astreintes prévues par accord collectif ne peut pas le faire unilatéralement. Il doit suivre les règles de **révision** des accords collectifs (Cass. soc. 1-3-2017 n° 14-22.269 FS-PB : RJS 5/17 n° 336).
À **défaut de convention ou d'accord**, les conditions d'organisation des astreintes et les compensations financières ou en repos afférentes sont fixées par l'employeur après information et consultation du CSE, et après information de l'inspecteur du travail (C. trav. art. L 3121-12, 1°).
Dans cette situation, l'employeur doit communiquer aux salariés concernés, par tout moyen conférant date certaine, la programmation individuelle des périodes d'astreinte 15 jours à l'avance (C. trav. art. R 3121-3). Ce délai peut être réduit en cas de circonstances exceptionnelles, sous réserve d'en avertir les salariés au moins un jour franc à l'avance (C. trav. art. L 3121-12, 2°).

> **Précisions** La mise en place d'une astreinte non prévue au **contrat** de travail constitue une **modification** de celui-ci nécessitant l'accord du salarié (Cass. soc. 31-5-2000 n° 98-42.102 F-D : RJS 9-10/00 n° 956), sauf lorsque la convention collective prévoit cette possibilité (Cass. soc. 16-12-1998 n° 96-42.102 PB : RJS 2/99 n° 241 ; 13-2-2002 n° 00-40.387 F-D : RJS 5/02 n° 570). En outre, même prévues dans le contrat de travail, des astreintes non instituées par **accord collectif** ni fixées après **consultation** des institutions représentatives du personnel n'ont pas de caractère obligatoire (Cass. soc. 23-5-2017 n° 15-24.507 FP-PB : RJS 8-9/17 n° 583).

Que les astreintes soient instaurées par convention ou accord collectif ou par décision unilatérale de l'employeur, leur mise en place dans l'entreprise ou la modification de leur régime peut nécessiter, le cas échéant, la saisine de la commission santé, sécurité et conditions de travail (**CSSCT**) pour la préparation de la consultation du comité et, si le projet est important, le recours du CSE à un **expert habilité** en qualité du travail et de l'emploi, éventuellement sur proposition de la CSSCT, selon les modalités exposées n°s 2035 s. (C. trav. art. L 2315-38 et L 2315-94). 64355
Jugé ainsi qu'un **projet de « redéfinition et harmonisation » de l'organisation de l'astreinte**, présenté par l'employeur lui-même comme la conséquence de changements importants dans la structure de l'entreprise et le service proposé aux clients et comportant notamment une augmentation du nombre des périodes d'astreintes, justifie le recours à un expert (Cass. soc. 12-12-2001 n° 99-18.980 F-D).

B. Heures supplémentaires

Les heures supplémentaires sont celles effectuées au-delà de la durée légale de travail, c'est-à-dire de 35 heures, ou de la durée considérée comme équivalente (C. trav. art. L 3121-28), à l'exclusion des heures de récupération (n°s 64870 s.). 64410
Lorsque la **durée collective conventionnelle** de travail est inférieure à la durée légale, les heures supplémentaires ne se décomptent, sauf dispositions légales ou conventionnelles contraires, qu'à compter de la durée hebdomadaire légale (Cass. soc. 2-6-2021 n° 20-12.578 FS-P : RJS 8-9/21 n° 501 ; Circ. DRT 94-4 du 21-4-1994).

> **Précisions a.** Par l'expression « durée considérée comme équivalente », la loi fait référence aux **horaires d'équivalence**, prévus aux articles L 3121-13 à L 3121-15 du Code du travail, qui sont un mode particulier de comptabilisation du temps de travail effectif tenant compte des temps d'inaction propres à certaines professions. Ainsi, par exemple, une durée de présence de 38 heures pourra être considérée comme équivalente à un temps de travail effectif de 35 heures.
> **b.** Les heures supplémentaires se décomptent par **semaine** (C. trav. art. L 3121-29). Une convention ou un accord collectif d'entreprise ou d'établissement ou, à défaut, de branche peut fixer une période de 7 jours consécutifs constituant la semaine (C. trav. art. L 3121-32). À défaut, la semaine débute le lundi à 0 heure et se termine le dimanche à 24 heures (C. trav. art. L 3121-35).

1. RECOURS AUX HEURES SUPPLÉMENTAIRES

La décision de recourir aux heures supplémentaires constitue une prérogative de l'employeur dans l'exercice de son pouvoir de direction. 64460
Préalablement à leur accomplissement, le CSE doit toutefois être informé ou consulté, selon qu'elles sont effectuées ou non à l'intérieur du contingent annuel d'heures supplémentaires.
Il doit également recevoir une information a posteriori sur le sujet.

CONTINGENT ANNUEL D'HEURES SUPPLÉMENTAIRES

Fixation Le contingent annuel d'heures supplémentaires, qui détermine un volume d'heures supplémentaires **par salarié et par an**, est fixé par **convention ou accord** collectif d'entreprise ou d'établissement ou, à défaut, par convention ou accord collectif de branche (C. trav. art. L 3121-33, I-2°). L'accord d'entreprise ou d'établissement fixant le contingent d'heures supplémentaires à un niveau différent de celui prévu par l'accord de branche l'emporte sur ce dernier, quelle qu'en soit la date de conclusion (Cass. soc. 1-3-2017 n° 16-10.047 FS-PBRI : RJS 5/17 n° 338). 64465
À défaut de convention ou d'accord, le contingent annuel est fixé à 220 heures par salarié (C. trav. art. L 3121-39 et D 3121-24).

Utilisation Les conditions d'accomplissement d'heures supplémentaires **au-delà du contingent** sont fixées par **convention ou accord collectif** d'entreprise ou d'établissement ou, à défaut, par convention ou accord collectif de branche (C. trav. art. L 3121-33, I-3°). La convention ou l'accord peut, par exemple, prévoir certaines modalités d'information des représentants du personnel ou la mise en œuvre de délais de prévenance (Rapport AN n° 992), ou encore le recours au volontariat ou la priorité donnée aux personnes n'ayant pas de contraintes familiales (Avis de la commission des affaires économiques de l'Assemblée nationale n° 999). 64470

> **Précisions** **a.** Outre la consultation des représentants du personnel (n° 64480), le dépassement du contingent entraîne l'octroi de **contreparties** obligatoires en repos : n° 64495.
b. Certains salariés sont exclus du champ d'application du contingent : c'est le cas des salariés ayant conclu une convention individuelle de **forfait annuel** en heures (C. trav. art. D 3121-24) ou en jours (Circ. MES/CAB 3 du 3-3-2000). Ils ne bénéficient donc pas de la contrepartie obligatoire en repos (Cass. soc. 28-3-2018 n° 16-16.466 F-D : RJS 6/18 n° 420).

64475 Lorsque le contingent annuel d'heures supplémentaires n'est **pas fixé par une convention** ou un accord collectif, les modalités de son utilisation et de son éventuel dépassement figurent dans la **base de données économiques, sociales et environnementales ou BDESE** (C. trav. art. L 2312-26, II-5°-b) et donnent lieu au moins une fois par an à une **consultation** du CSE (C. trav. art. L 3121-40).

> **Précisions** La consultation doit se concevoir dans la perspective d'une **programmation** de l'utilisation, au cours de l'année, des heures du contingent. Ainsi, pour qu'un employeur puisse faire effectuer des heures supplémentaires s'imputant sur le contingent, leurs modalités de mise en œuvre doivent soit avoir été prévues par un accord, soit avoir fait l'objet, **avant le début de la période d'utilisation**, d'une consultation des représentants du personnel (Circ. DRT 4 du 21-4-1994).

INFORMATION PRÉALABLE ET CONSULTATION DES REPRÉSENTANTS DU PERSONNEL

64480 Avant de recourir aux heures supplémentaires, l'employeur est tenu (C. trav. art. L 3121-33, al. 5 et 6) :
– si ces heures se situent à l'intérieur du contingent annuel, d'en **informer** le CSE ;
– si elles se situent au-delà du contingent, de **consulter** le CSE.

ATTENTION

L'**information communiquée** aux représentants du personnel doit être suffisamment complète et précise et porter notamment sur le motif du recours à ces heures, la période de recours ainsi que la durée hebdomadaire de travail prévue et les services et effectifs de salariés concernés (Circ. DRT 4 du 21-4-1994, précitée).

INFORMATION A POSTERIORI

64485 L'**accord collectif** relatif à la **BDESE** (n° 3515) peut prévoir d'y intégrer les informations relatives au **volume** et à l'**utilisation** des heures supplémentaires et complémentaires effectuées par les salariés de l'entreprise ou de l'établissement.
À défaut d'un tel accord, l'employeur met à la disposition du CSE, dans la base, les heures supplémentaires accomplies dans la limite et au-delà du contingent annuel applicable dans l'entreprise (C. trav. art. L 2312-26, II-5°-a).

2. RÉMUNÉRATION ET CONTREPARTIES EN REPOS

MAJORATION DE SALAIRE

64490 Une **convention ou** un **accord collectif** d'entreprise ou d'établissement ou, à défaut, de branche peut fixer le ou les **taux** de majoration des heures supplémentaires. Ce taux ne peut toutefois pas être inférieur à 10 % (C. trav. art. L 3121-33, I-1°).
À défaut d'accord collectif, les heures supplémentaires donnent lieu à une majoration de salaire de 25 % pour chacune des 8 premières heures et de 50 % pour les heures suivantes (C. trav. art. L 3121-36).

> **Précisions** Sous réserve de respecter le taux minimum de 10 %, le taux fixé par l'accord peut être supérieur ou inférieur aux taux légaux de 25 % et de 50 %. Aucun plafond n'est prévu.
L'accord peut retenir un taux unique pour toutes les heures supplémentaires ou des taux progressant avec le nombre d'heures (Rapport AN n° 231).

CONTREPARTIE OBLIGATOIRE EN REPOS

64495 **Définition** Toute heure supplémentaire accomplie **au-delà du contingent** annuel (n°s 64465 s.) donne droit à une contrepartie obligatoire en repos (C. trav. art. L 3121-30).
Sauf dispositions conventionnelles plus favorables, cette contrepartie est fixée à (C. trav. art. L 3121-33 et L 3121-38) :
– 50 % pour les entreprises de 20 salariés au plus ;
– 100 % pour les entreprises de plus de 20 salariés.

ATTENTION

Une **convention ou un accord collectif** d'entreprise ou d'établissement ou, à défaut, une convention ou un accord de branche peut également octroyer une contrepartie en repos au titre des heures supplémentaires accomplies **dans la limite du contingent** (C. trav. art. L 3121-33, II-1°).
L'**effectif** salarié et le **franchissement du seuil** de 20 salariés sont déterminés selon les modalités prévues à l'article L 130-1 du CSS (C. trav. art. L 3121-33, I-3°). Pour en savoir plus, voir Mémento social nos 31550 s.

Prise de la contrepartie Les caractéristiques et les conditions de la prise de la contrepartie obligatoire en repos sont fixées par **convention ou accord collectif** d'entreprise ou d'établissement ou, à défaut, de branche (C. trav. art. L 3121-33, I-3°). L'accord peut, **par exemple**, définir la période au cours de laquelle ces contreparties peuvent être prises ou déterminer la règle de prise en compte des demandes et un délai maximal pendant lequel l'employeur peut demander le report de la prise du repos (Circ. DGT 20 du 13-11-2008). 64500
À défaut de convention ou d'accord collectif, les caractéristiques et les conditions de prise de la contrepartie obligatoire en repos sont fixées par les articles D 3121-18 et suivants du Code du travail (C. trav. art. L 3121-39).
S'agissant de l'utilisation par un représentant du personnel de ses heures de délégation sur le temps de repos dont il bénéficie en contrepartie d'heures supplémentaires, voir n° 34795.

REPOS COMPENSATEUR DE REMPLACEMENT

Le repos compensateur de remplacement permet de remplacer tout ou partie du paiement des heures supplémentaires et des majorations afférentes (n° 64490) par un repos compensateur équivalent. 64505

> **Précisions a.** Le repos compensateur peut remplacer le **paiement de la seule majoration** (n° 64490), le paiement **de l'heure supplémentaire**, ou **ces deux éléments** (Circ. CAB 03 du 3-3-2000). Ainsi, dans cette dernière hypothèse, la durée du repos sera de 1 heure 6 minutes pour une majoration de 10 %, 1 heure 15 minutes pour une majoration de 25 % et 1 heure 30 minutes pour une majoration de 50 %.
b. Les heures supplémentaires intégralement compensées par un repos de remplacement ne s'imputent pas sur le **contingent** annuel d'heures supplémentaires (nos 64465 s.) (C. trav. art. L 3121-30, al. 3).

Mise en place Le repos compensateur de remplacement doit, le cas échéant, être prévu par une convention ou un **accord collectif** d'entreprise ou d'établissement ou, à défaut, de branche (C. trav. art. L 3121-33, II-2°). 64510
Dans les entreprises dépourvues de délégué syndical, il peut être mis en place par l'**employeur** à condition que le CSE ne s'y oppose pas (C. trav. art. L 3121-37, al. 1).
L'absence d'opposition de ce comité s'apprécie comme en matière d'horaires individualisés (Circ. DRT 94-4 du 21-4-1994) : voir n° 64605.

ATTENTION

Un simple **usage** ne peut pas fonder le remplacement des majorations pour heures supplémentaires par un repos équivalent (Cass. soc. 14-12-2006 n° 05-41.022 F-D).
La mise en place par **décision unilatérale** de l'employeur ne concerne pas les entreprises disposant d'un délégué syndical mais où aucun accord n'a pu être conclu.
Une telle décision n'est pas soumise aux règles des engagements unilatéraux puisqu'elle ne procure aucun avantage aux salariés. Elle devient donc caduque **quand l'entreprise entre dans le champ de l'obligation de négocier** si aucun accord collectif ne lui est substitué dans le délai imparti pour la négociation. Dans cette situation, les salariés ont droit au paiement des heures supplémentaires (Cass. soc. 24-6-2014 n° 13-10.301 FS-PB : RJS 10/14 n° 691 ; 29-1-2020 n° 18-16.001 F-D : RJS 4/20 n° 184).

Application dans l'entreprise La convention ou **l'accord** d'entreprise ou l'**employeur**, après avis du CSE, peut adapter les conditions et les modalités d'attribution et de prise du repos compensateur de remplacement à l'entreprise (C. trav. art. L 3121-33, III et L 3121-37, al. 2). 64515
À défaut, le repos compensateur de remplacement est attribué et pris dans les mêmes conditions que la contrepartie obligatoire en repos (n° 64500) (Circ. CAB 03 du 3-3-2000).
Sur l'application du repos compensateur de remplacement aux **heures de délégation** prises en dehors du temps de travail en cas d'accord collectif prévoyant la mise en œuvre de ce repos pour tous les salariés, voir n° 34790.

CONSEIL

Il importe, afin d'éviter tout litige, que la convention, l'accord ou le document présenté au comité social et économique fixe précisément les **pouvoirs respectifs de l'employeur et du salarié** en matière de repos compensateur de remplacement (Circ. DRT 4 du 21-4-1994), à savoir :
– les **heures concernées** par la substitution (toutes les heures effectuées au-delà de la durée légale ou seulement une partie d'entre elles) ;
– le **caractère obligatoire**, c'est-à-dire imposé par l'employeur, ou facultatif, c'est-à-dire laissé au libre choix du salarié, de la substitution ;
– la **forme** du repos compensateur : réduction d'horaire, jours de congé supplémentaires ;
– les modalités de **choix des dates** auxquelles le repos compensateur sera attribué.

64520 **Conventions collectives et décrets professionnels sur la durée du travail**

La loi renvoie à des **décrets** le soin de définir les **modalités d'application de la durée légale** pour l'ensemble des branches d'activité ou des professions ou pour une branche ou une profession particulière (C. trav. art. L 3121-67).
Ces décrets **doivent notamment déterminer** les points suivants : conditions de recours aux astreintes, dérogations permanentes ou temporaires applicables dans certains cas et pour certains emplois ; répartition et aménagement des horaires de travail, périodes de repos, modalités de récupération des heures de travail perdues ; mesures de contrôle de ces diverses dispositions.
Des décrets sont intervenus pour l'application de la semaine de 39 heures ou de 35 heures dans les **secteurs** suivants : établissements de banque, de finance, de crédit, d'épargne et de change (Décret 97-326 du 10-4-1997) ; transports routiers (C. transports art. R 3311-1 s.) ; entreprises assurant la restauration, l'exploitation des places couchées et l'avitaillement dans les trains (Décret 2003-849 du 4-9-2003 modifié).
Pour les professions n'ayant pas fait l'objet de décrets plus récents, les textes réglementaires antérieurs à l'ordonnance du 16 janvier 1982 (c'est-à-dire les décrets d'application de la loi de 1936) demeurent en vigueur (Ord. 82-41 du 16-1-1982 art. 25).
Il est possible de **déroger**, par **convention ou accord collectif étendu, d'entreprise ou d'établissement**, aux dispositions de ces décrets concernant (C. trav. art. L 3121-68) :
– l'aménagement et la répartition des horaires de travail à l'intérieur de la semaine : répartition de l'horaire hebdomadaire sur les jours ouvrables d'une semaine ; répartition et aménagement des horaires en cas de travail en continu ; travail par roulement ou relais (Circ. DRT 4 du 23-2-1982) ; amplitude de la journée de travail (CE 26-2-2003 n° 238579 : RJS 7/03 n° 920) ;
– les périodes de repos ;
– les conditions de recours aux astreintes ;
– les modalités de récupération des heures de travail perdues.
En cas de **dénonciation** ou de non-renouvellement de ces **conventions ou accords**, les dispositions des décrets auxquelles il avait été dérogé redeviennent applicables.

C. Horaires de travail

1. HORAIRE COLLECTIF

64570 La durée hebdomadaire du travail s'inscrit, en principe, dans le cadre d'un horaire **uniforme** pour l'ensemble des salariés de l'établissement ou pour une partie d'entre eux (atelier, service ou équipe : Circ. DRT 9 du 17-3-1993) : c'est l'horaire collectif.
Cet horaire **indique** les heures auxquelles commence et finit chaque période de travail ainsi que les heures et la durée des repos. Aucun salarié ne peut, en principe, être occupé en dehors de cet horaire, sous réserve de l'utilisation du contingent d'heures supplémentaires (nos 64465 s.) et des heures de dérogations permanentes.

> **Précisions** **a.** Un double de l'horaire collectif doit être transmis aux agents de contrôle de l'**inspection du travail** avant d'être **affiché** sur les lieux du travail (C. trav. art. D 3171-2 et D 3171-4). Il en est de même en cas de modification de l'horaire collectif (C. trav. art. D 3171-3 et D 3171-4).
> **b.** L'horaire collectif peut être organisé selon des **modalités particulières** : travail par relais ou roulement (nos 64900 s.) ou en équipes successives (nos 64910 s.). Il peut ne pas être toujours identique : ainsi en cas de répartition de la durée du travail sur une période supérieure à la semaine (nos 64740 s.).

FIXATION PAR DÉCISION UNILATÉRALE DE L'EMPLOYEUR

Consultation du comité social et économique La fixation de l'horaire collectif constitue, en principe, une prérogative de l'employeur. Celui-ci peut donc, dans l'exercice de son pouvoir d'organisation de l'entreprise, fixer l'horaire collectif par décision unilatérale et, dans les mêmes conditions, modifier l'horaire initial, sauf si les parties en ont fait un élément déterminant lors de la conclusion du contrat de travail. 64575
Sous peine de délit d'entrave, le CSE doit être préalablement **consulté sur** (Circ. DRT 9 du 17-3-1993) :
- l'horaire collectif initial ;
- les projets de modification de cet horaire.

La **consultation s'impose** si la modification envisagée par l'employeur est suffisamment importante, non lorsqu'elle revêt un caractère limité ou provisoire et ne concerne qu'un nombre réduit de salariés (jurisprudence constante).
Cette obligation de consultation se déduit des **attributions économiques générales** du CSE.

ILLUSTRATIONS 64577

Doit donner lieu à information et consultation préalables des représentants du personnel une modification de l'organisation du temps de travail mise en œuvre à titre expérimental pour 6 salariés, mais destinée à être étendue par la suite à 50 salariés (Cass. crim. 12-4-2005 n° 04-83.101 F-PF : RJS 11/05 n° 1114). Tel n'est pas le cas, en revanche, de la décision du chef d'entreprise de faire assurer, par dérogation à l'horaire variable, à tour de rôle par 10 personnes (sur un effectif de 250 salariés), une permanence au standard pendant le repas de midi, dans l'attente de l'installation d'un nouveau standard permettant d'appeler directement de l'extérieur les postes de l'entreprise (Cass. crim. 2-2-1992 n° 91-86.979 D).

Intervention de la CSSCT La fixation de l'horaire collectif peut nécessiter la saisine, pour instruction du dossier, de la commission santé, sécurité et conditions de travail (CSSCT). En effet, lorsqu'elle est mise en place dans l'entreprise, la CSSCT se voit confier, par **délégation du CSE**, tout ou partie des attributions de celui-ci relatives à la santé, à la sécurité et aux conditions de travail (n° 1645), ses attributions consultatives exceptées. 64580

FIXATION PAR CONVENTION OU ACCORD COLLECTIF

S'il est en principe fixé par décision unilatérale de l'employeur, l'horaire collectif peut aussi l'être par convention ou accord collectif, notamment en cas de mise en œuvre dans l'entreprise de **modalités particulières d'aménagement du temps de travail** (aménagement du temps de travail sur plus d'une semaine, répartition différente de celle prévue par le décret applicable à la profession, etc.), lesquelles peuvent exiger l'intervention, dans le processus de fixation de l'horaire collectif, d'un texte conventionnel. 64585
La **modification** de l'horaire collectif fixé par convention ou accord collectif passe par la révision de la convention ou de l'accord ou, à défaut, par sa dénonciation, selon les procédures prévues par la loi (voir respectivement n°s 81520 s. et 81580 s.). Le nouvel horaire collectif modifié s'impose alors aux salariés, sous réserve de l'application des clauses plus favorables contenues dans les contrats de travail.
Sur la consultation du **CSE** en cas de conclusion, révision ou dénonciation d'un accord collectif, voir n° 80105.

2. HORAIRE INDIVIDUALISÉ

GÉNÉRALITÉS

L'employeur peut déroger à la règle de l'horaire collectif en instituant dans l'entreprise des horaires individualisés (C. trav. art. L 3121-48), dénommés également variables, libres, à la carte ou flexibles. 64600
Le salarié sous horaires individualisés organise son temps de travail à l'intérieur de **plages fixes**, correspondant à des périodes de présence obligatoire pour tous les salariés, et de plages **mobiles** pendant lesquelles sa présence est facultative.

MISE EN PLACE

L'institution d'horaires individualisés suppose une **demande du personnel**. Si tel est le cas, l'employeur peut mettre en place le dispositif par **décision unilatérale** selon des modalités qui diffèrent en fonction de la présence ou pas de représentants du personnel dans l'entreprise. 64603
Dans les entreprises **dépourvues de représentant du personnel**, l'inspecteur du travail autorise leur mise en place (C. trav. art. L 3121-48, al. 2).

64605 Dans les entreprises **dotées de représentants du personnel**, les horaires individualisés ne peuvent être mis en place qu'après **avis conforme du CSE** (C. trav. art. L 3121-48, al. 1).

> **Précisions a.** Selon l'administration (Circ. DRT 4 du 21-4-1994) :
> – la consultation doit s'effectuer sur la base d'un **document** écrit précisant les modalités d'organisation des horaires individualisés ;
> – l'**avis** des représentants du personnel doit être recueilli lors de **réunions**, de manière expresse, les procès-verbaux faisant foi ;
> – en cas de **divergence de vues**, on considère qu'il n'y a pas opposition lorsque le projet présenté n'a pas été rejeté à la majorité des voix des membres présents, les bulletins blancs ou nuls n'étant pas pris en compte.
> L'employeur ne prend pas part au vote : voir n° 1865.
> **b.** Le refus de consulter, sans motif légitime, le comité sur l'instauration d'horaires de travail individualisés constitue un **délit d'entrave** au fonctionnement de cette institution (Cass. crim. 16-9-2003 n° 02-86.661 FS-PFI : RJS 1/04 n° 72). Le comité n'a que le pouvoir de **s'opposer** aux propositions de l'employeur. Il n'a pas le droit d'**imposer par un vote un plan** d'organisation des horaires individualisés **se substituant au plan proposé**. En faisant obstacle aux contre-propositions du comité, l'employeur ne commet donc pas le délit d'entrave au fonctionnement de celui-ci (Cass. crim. 4-11-1983 n° 82-94.265).

64610 Les horaires individualisés peuvent entraîner des **reports d'heures d'une semaine à l'autre**. Les limites et modalités de ces reports peuvent être prévues par **convention ou accord collectif** d'entreprise ou d'établissement ou, à défaut, de branche (C. trav. art. L 3121-51). **À défaut d'accord** collectif, les reports d'heures sont limités à 3 heures d'une semaine à l'autre et leur cumul ne peut pas avoir pour effet de porter le total des heures reportées à plus de 10 heures (C. trav. art. L 3121-52 et R 3121-30).

ATTENTION

Les heures effectuées au-delà de la durée hebdomadaire légale ne sont pas des heures supplémentaires si elles résultent d'un libre choix du salarié (C. trav. art. L 3121-48). La solution est opposée pour les heures expressément demandées par l'employeur (Circ. DRT 4 du 21-4-1994).

MODIFICATION OU SUPPRESSION

64615 S'il veut **modifier** les modalités pratiques d'application des horaires individualisés, l'employeur doit respecter au préalable la même procédure que pour leur mise en place, ce qui suppose, en particulier, l'**absence d'opposition** des représentants du personnel s'ils existent (CA Caen 19-5-1988 n° 87-427 ; Circ. DRT 4 du 21-4-1994).
Toutefois, s'il se borne, dans l'intérêt de l'entreprise, à adapter l'horaire de travail d'**un seul salarié** à la spécificité de son emploi, le CSE ne peut pas s'opposer à cette décision (Cass. soc. 1-7-1997 n° 95-12.000 PB : RJS 8-9/97 n° 991).
La mise en place d'horaires individualisés par décision unilatérale de l'employeur constitue un engagement unilatéral qui ne peut être **dénoncé ou suspendu** qu'en suivant la procédure de dénonciation requise, laquelle implique notamment une information des représentants du personnel (Cass. soc. 10-12-2003 n° 02-40.039 F-D : RJS 3/04 n° 314). Pour plus de précisions sur cette procédure, voir n°s 85445 s.
En cas de suppression de l'horaire variable, l'employeur n'a pas à recueillir l'accord des **représentants du personnel**, qui ne **peuvent pas s'opposer** au retour à l'horaire collectif (CA Paris 29-5-2002 n° 01-9690 : RJS 12/02 n° 1402).

ATTENTION

Lorsque les limites et modalités du report des heures résultent d'une **convention ou d'un accord collectif**, leur modification ou leur suppression passe par la révision ou la dénonciation de ce texte selon les procédures légales respectivement exposées nos 81520 s. et 81580 s.

REPRÉSENTATION DU PERSONNEL ET DROIT SYNDICAL

64620 L'introduction de l'horaire variable ne doit pas entraver l'exercice normal des fonctions syndicales ou d'élu du personnel : les réunions périodiques du CSE et les heures d'activité des délégués syndicaux doivent pouvoir se situer aussi bien dans les **plages fixes** que dans les plages **mobiles**. Les intéressés ne peuvent pas être contraints de n'utiliser leurs heures de délégation que pendant les plages fixes (Circ. DRT 4 du 21-4-1994).
Dans les entreprises pratiquant les horaires variables, il est admis que la **diffusion des documents et tracts syndicaux** peut se faire durant les plages mobiles et ne peut être interdite que durant les plages fixes. En effet, la loi prévoit que ces publications et tracts peuvent être librement diffusés aux travailleurs de l'entreprise « aux heures d'entrée et de sortie du travail ». Or, en cas

d'horaires variables, les heures d'entrée et de sortie du travail se situent par définition à l'intérieur des plages mobiles, alors que les plages fixes correspondent à des heures de travail (Rép. Montcharmont : AN 16-3-1998 p. 1505). La Cour de cassation va dans le même sens en jugeant que l'employeur ne peut pas empêcher un syndicat de distribuer des tracts pendant la plage d'horaires variables, notamment pendant la pause méridienne (Cass. soc. 5-1-2022 n° 20-15.005 F-B : RJS 3/22 n° 146).

Répartition de la durée du travail entre les jours de la semaine 64625

Sous réserve des dispositions légales régissant la durée maximale journalière (nos 64170 s.), les durées maximales hebdomadaires (nos 64230 s.) et le repos hebdomadaire, la loi ne fixe pas les modalités de répartition de la durée du travail sur les jours de la semaine, mais elles peuvent être fixées, dans certains secteurs, par un **décret** d'application de la durée du travail (n° 64520).

Plusieurs situations peuvent donc se présenter.

L'entreprise n'est **pas couverte par un décret** d'application de la durée du travail. La répartition de la durée du travail entre les jours de la semaine peut être fixée par **décision unilatérale** de l'employeur ou par **convention ou accord collectif**. L'employeur doit alors respecter la procédure prévue en cas de fixation des horaires de travail : voir nos 64575 s.

L'entreprise est **couverte par un décret** d'application de la durée du travail : l'employeur doit alors en respecter les termes, ou bien y déroger par **convention ou accord collectif étendu, d'entreprise ou d'établissement**, comme le prévoit l'article L 3121-68 du Code du travail. Sur les conventions ou les accords collectifs fixant les horaires de travail, voir n° 64585.

Toujours dans le cas où l'entreprise est couverte par un décret professionnel, la **semaine de 4 jours** ou de 4 jours et demi obéit à des règles particulières : lorsque le décret ne prévoit pas cette modalité de répartition de la durée du travail et en l'absence de stipulation contraire résultant d'une convention collective, elle peut être mise en place par convention ou accord collectif étendu, d'entreprise ou d'établissement, mais aussi par **décision unilatérale de l'employeur**, au vu de l'**avis conforme du CSE** (C. trav. art. L 212-2-1, maintenu en vigueur par Ord. 82-41 du 16-1-1982 art. 3).

L'avis conforme du CSE ne peut pas être considéré comme accordé à titre définitif ; il est donc révocable et, dans ce cas, le retour au régime antérieur est obligatoire (Rép. Rausch : Sén. 25-4-1979 p. 958).

D. Aménagements du temps de travail

Si, en principe, les heures supplémentaires sont calculées dans le cadre de la semaine (n° 64410), la loi a prévu des formules permettant de déroger à cette règle. 64680

ATTENTION

Dans la mesure où elles peuvent entraîner pour les salariés des conséquences défavorables, notamment en termes de rémunération et de vie privée, ces formules sont souvent subordonnées à la conclusion d'un **accord collectif** de branche, d'entreprise ou d'établissement.

Lorsque ce n'est pas le cas, une **autorisation administrative** est souvent nécessaire, qui n'est donnée qu'au vu de l'**avis des représentants du personnel**, qui doivent donc être préalablement informés et consultés.

1. CONVENTIONS DE FORFAIT

NÉCESSITÉ D'UN ACCORD COLLECTIF

La mise en place de conventions individuelles de forfait, **en heures ou en jours, sur l'année** est subordonnée à la conclusion d'un accord collectif **d'entreprise ou d'établissement** ou, à défaut, d'une convention ou d'un accord **de branche** (C. trav. art. L 3121-63). 64710

Lorsque l'**accord collectif de branche** autorisant les forfaits confie à un **accord d'entreprise ou d'établissement** le soin de déterminer leurs modalités de mise en place, les conventions individuelles de forfait conclues en l'absence d'un tel accord sont sans effet (Cass. soc. 19-9-2012 n° 11-19.016 F-D : RJS 12/12 n° 949), même si l'accord de branche prévoit qu'à défaut d'accord d'entreprise, de telles conventions peuvent résulter d'une concertation avec les salariés concernés (Cass. soc. 28-5-2014 n° 13-13.947 F-D : RJS 8-9/14 n° 633).

La possibilité de conclure des conventions individuelles de **forfait en heures sur la semaine ou sur le mois** n'a pas à être prévue par une convention ou un accord collectif, mais cela est évidemment possible.

ATTENTION

Même si elle est prévue par convention ou accord collectif, la forfaitisation de la durée du travail requiert l'**accord du salarié** et d'une convention individuelle de forfait établie par **écrit** (C. trav. art. L 3121-55).
Le **transfert** d'un salarié d'une société à une autre remet en cause la convention de forfait jours qui lui est applicable si la société au sein de laquelle il est transféré n'est pas soumise à un accord collectif prévoyant la conclusion de telles conventions (Cass. soc. 15-5-2014 n° 12-14.993 F-D : RJS 7/14 n° 567).

CONTENU DE L'ACCORD COLLECTIF

64715 **Dispositions communes aux forfaits en heures et en jours** L'accord prévoyant la conclusion de conventions individuelles de forfait en heures ou en jours sur l'année détermine (C. trav. art. L 3121-64) :
– les **catégories de salariés** susceptibles de conclure une convention de forfait ;
– le **nombre d'heures ou de jours** compris dans le forfait ;
– les **caractéristiques** principales de ces conventions ;
– la **période de référence** du forfait, c'est-à-dire une période de 12 mois consécutifs correspondant à l'année civile ou à une autre période ;
– les conditions de **prise en compte des absences**, des arrivées et des départs en cours de période pour la rémunération des salariés.

> **Précisions a.** Peuvent conclure une convention de **forfait en heures sur l'année** (C. trav. art. L 3121-56) :
> – les cadres dont la nature des fonctions ne les conduit pas à suivre l'horaire collectif applicable au sein de l'atelier, du service ou de l'équipe auquel ils sont intégrés ;
> – les salariés disposant d'une réelle autonomie dans l'organisation de leur emploi du temps.
> Peuvent conclure une convention de **forfait en jours** sur l'année (C. trav. art. L 3121-58) :
> – les cadres disposant d'une autonomie dans l'organisation de leur emploi du temps et dont la nature des fonctions ne les conduit pas à suivre l'horaire collectif applicable au sein de l'atelier, du service ou de l'équipe auquel ils sont intégrés ;
> – les salariés dont la durée du temps de travail ne peut pas être prédéterminée et qui disposent d'une réelle autonomie dans l'organisation de leur emploi du temps pour l'exercice des responsabilités qui leur sont confiées.
> **b.** Lorsqu'il existe un **compte épargne-temps** (n°s 65250 s.), les accords collectifs instituant des forfaits en heures ou en jours sur l'année peuvent aussi prévoir la possibilité d'y affecter, dans des proportions qu'ils déterminent, les heures effectuées au-delà de la durée prévue par la convention individuelle de forfait ou les jours de repos non pris, selon le cas (Circ. DGT 2008-20 du 13-11-2008).
> **c.** Sur la possibilité, pour les accords collectifs d'entreprise ou d'établissement, de prévoir le report des **congés payés**, voir n° 64780.

64720 **Dispositions spécifiques aux forfaits jours** L'accord d'entreprise ou, à défaut, de branche autorisant les conventions de forfait en jours doit fixer la durée annuelle de travail sans pouvoir excéder **218 jours** (C. trav. art. L 3121-64, I-3°). Il peut bien évidemment fixer un nombre de jours inférieur à ce plafond. Il peut également fixer le nombre maximal de jours travaillés dans l'année lorsque le salarié souhaite renoncer à une partie de ses jours de repos, à condition que ce nombre de jours soit compatible avec le repos quotidien, le repos hebdomadaire et les jours fériés chômés dans l'entreprise et avec les congés payés (C. trav. art. L 3121-59 et L 3121-64).
L'**accord** doit aussi fixer les modalités selon lesquelles (C. trav. art. L 3121-64) :
– l'employeur assure l'**évaluation** et le **suivi régulier** de la charge de travail du salarié ;
– l'employeur et le salarié **échangent périodiquement** sur la charge de travail du salarié, l'articulation entre son activité professionnelle et sa vie personnelle, sa rémunération, ainsi que sur l'organisation du travail dans l'entreprise ;
– le salarié peut exercer son **droit à la déconnexion**.
Afin d'assurer la protection de la sécurité et de la santé des salariés concernés, toute convention de forfait en jours doit être prévue par un accord collectif dont les stipulations assurent la garantie du respect de **durées raisonnables** de travail et des **repos** journaliers et hebdomadaires (Cass. soc. 29-6-2011 n° 09-71.107 FS-PBRI : RJS 8-9/11 n° 696 ; 31-1-2012 n° 10-19.807 FS-PBR : RJS 4/12 n° 350 ;

6-11-2019 n° 18-19.752 F-PB : RJS 1/20 n° 22) ainsi qu'une **amplitude** et une **charge** de travail raisonnables et une bonne répartition du travail dans le temps (Cass. soc. 17-1-2018 n° 16-15.124 F-PB : RJS 3/18 n° 191). Tel est le cas, par exemple, d'un accord imposant à l'employeur de veiller à la surcharge de travail et d'y remédier, de sorte qu'est assuré le contrôle de la durée maximale raisonnable de travail, peu important à cet égard que le décompte des journées et demi-journées de travail se fasse par un système autodéclaratif (Cass. soc. 17-12-2014 n° 13-22.890 FS-PB : RJS 2/15 n° 102 ; 22-6-2017 n° 16-11.762 FS-PB : RJS 10/17 n° 675). Les conventions individuelles de forfait conclues sur le fondement d'accords ne prévoyant pas ces garanties sont nulles (Cass. soc. 11-6-2014 n° 11-20.985 F-PB : RJS 8-9/14 n° 633 ; 9-11-2016 n° 15-15.064 FS-PB : RJS 1/17 n° 26).

CONSEIL

Pour être à l'abri d'une invalidation par les juges, l'**accord collectif** instaurant les forfaits annuels en jours peut, notamment, prévoir :
– l'établissement – le cas échéant par le salarié, mais sous la responsabilité de l'employeur – d'un **document de contrôle détaillé** : nombre et date des journées ou demi-journées travaillées, positionnement et qualification des jours de repos en repos hebdomadaires, congés payés, congés conventionnels ou jours de repos au titre de la réduction du temps de travail auxquels le salarié n'a pas renoncé ;
– l'instauration d'un **mécanisme d'alerte** en cas d'accroissement de la charge de travail entraînant une durée du travail excessive ;
– la création d'un **comité de suivi** de la charge de travail et des temps de travail des salariés au forfait jours, comportant des représentants du personnel et tenant des réunions périodiques ;
– l'instauration d'un **badgeage**, formule qui n'est pas incompatible avec les forfaits jours.

En l'**absence de stipulations conventionnelles relatives au suivi** des salariés soumis à une convention de forfait en jours, l'employeur peut toujours valablement conclure une telle convention si (C. trav. art. L 3121-65) : **64722**
– il établit un **document de contrôle** mentionnant la date et le nombre de journées ou demi-journées travaillées. Ce document peut être établi par le salarié sous sa responsabilité ;
– il s'assure de la compatibilité de la charge de travail du salarié avec le **respect des temps de repos** quotidien et hebdomadaire ;
– il organise un **entretien annuel** avec le salarié pour évoquer sa charge de travail, l'organisation de son travail, l'articulation entre son activité professionnelle et sa vie personnelle ainsi que sa rémunération.

En l'absence de dispositions conventionnelles relatives au **droit à la déconnexion**, les modalités d'exercice par le salarié de son droit sont définies par l'employeur et communiquées par tout moyen aux salariés concernés. Dans les entreprises de 50 salariés et plus, ces modalités doivent, en outre, être conformes à la charte sur la régulation de l'utilisation des outils numériques (C. trav. art. L 3121-65).

RÔLE DU CSE

Le CSE doit être **consulté** de manière récurrente sur la politique sociale de l'entreprise, les conditions de travail et l'emploi (C. trav. art. L 2312-17). En l'absence d'accord collectif sur ses consultations récurrentes (n° 3850), il doit être consulté chaque année sur la durée et l'aménagement du temps de travail (C. trav. art. L 2312-26, I). **64725**

L'employeur doit **mettre à sa disposition** les **informations** portant sur le recours aux conventions de forfait ainsi que sur les modalités de suivi de la charge de travail des salariés concernés (C. trav. art. L 2312-26, II-5°-e). Ces informations sont intégrées dans la BDESE. À notre sens, cette obligation concerne tous les types de forfaits, y compris les forfaits hebdomadaires ou mensuels en heures.

2. AMÉNAGEMENT DE LA DURÉE DU TRAVAIL SUR PLUS D'UNE SEMAINE

L'aménagement du temps de travail sur une période supérieure à la semaine comprend 2 dispositifs : **64740**
– un régime conventionnel permettant d'aménager les horaires sur une période supérieure à la semaine jusqu'à 3 ans ;
– un régime réglementaire supplétif permettant d'aménager les horaires sur 4 ou 9 semaines au plus, selon que l'entreprise compte au moins 50 salariés ou moins de 50 salariés.

Dans les **entreprises fonctionnant en continu**, par dérogation aux règles exposées ci-dessus, l'organisation de la durée du travail sur plusieurs semaines peut être décidée unilatéralement par l'employeur (C. trav. art. L 3121-46).

a. Aménagement de la durée du travail sur plus de 4 ou 9 semaines

NÉCESSITÉ D'UN ACCORD COLLECTIF

64770 Un accord collectif d'entreprise ou d'établissement ou, à défaut, de branche peut définir les modalités d'aménagement du temps de travail et organiser la répartition de la durée du travail sur une période supérieure à la semaine et au plus égale à l'année ou à 3 ans si un accord de branche l'autorise (C. trav. art. L 3121-44).

> **Précisions** Lorsqu'elle est prévue par accord collectif, la mise en place d'une répartition des horaires sur une période supérieure à la semaine ne constitue pas une **modification du contrat de travail**, sauf pour les salariés à temps partiel (C. trav. art. L 3121-43). L'accord collectif suffit donc à mettre en place cette modalité d'aménagement de la durée du travail, sans qu'un **accord exprès du salarié** soit nécessaire.
> Sur les modalités et les conséquences d'un refus du salarié de la modification de son contrat de travail dans le cadre d'un **accord de performance collective** aménageant la durée du travail sur une période supérieure à la semaine, voir nos 52830 s.

CONTENU DE L'ACCORD COLLECTIF

64775 **Ce que l'accord doit prévoir** L'accord collectif prévoit (C. trav. art. L 3121-44) :
– la **période de référence**, qui ne peut pas excéder un an ou, si un accord de branche l'autorise, 3 ans ;
– les conditions et délais de **prévenance** des changements de durée ou d'horaires de travail ;
– les conditions de prise en compte, pour la rémunération des salariés, des **absences** ainsi que des arrivées et des départs **en cours de période** de référence ;
– si la période de référence est supérieure à un an, une **limite** hebdomadaire (supérieure à 35 heures) au-delà de laquelle les heures de travail effectuées au cours d'une même semaine constituent des **heures supplémentaires**. Cette limite est facultative si la période est inférieure ou égale à un an.
Sur les clauses supplémentaires que doit comporter l'accord lorsqu'il s'applique aux **salariés à temps partiel**, voir n° 65040.
Sur la possibilité pour un accord d'entreprise de déroger à l'accord de branche autorisant la répartition de la durée du travail sur une **période supérieure à l'année**, voir nos 83650 s.

64780 **Ce qu'il peut aussi prévoir** L'accord collectif peut prévoir :
– le **lissage de la rémunération**, c'est-à-dire une rémunération mensuelle indépendante de l'horaire réel. Par exception, la rémunération des heures supplémentaires accomplies au-delà des limites prévues par l'accord doit être payée avec le salaire du mois considéré (C. trav. art. L 3121-44) ;
– pour le décompte des **heures supplémentaires**, une limite annuelle inférieure à 1 607 heures (C. trav. art. L 3121-44) ;
– la **période de référence** pour l'acquisition des droits à **congés payés** (C. trav. art. L 3141-10) ;
– le **report** des **congés payés** jusqu'au 31 décembre de l'année suivant celle pendant laquelle la période de prise des congés a débuté (C. trav. art. L 3141-22). Cette possibilité est également ouverte à l'accord mettant en place des conventions individuelles de **forfait** en heures ou en jours **sur l'année**.

> **Précisions** Le **texte conventionnel** prévoyant le **report des congés** payés doit **déterminer** les cas précis et exceptionnels de report, les conditions dans lesquelles celui-ci peut être effectué, à la demande du salarié après accord de l'employeur, et la rémunération des congés reportés. Il doit préciser les conséquences des reports sur le respect de la durée du travail prévue par l'accord d'annualisation ou par la convention de forfait en heures sur l'année ou du nombre de jours de repos prévus par la convention de forfait en jours, ces reports ne devant pas avoir pour effet de majorer ces seuils dans une proportion plus importante que celle correspondant à la durée ainsi reportée (C. trav. art. L 3141-22). Par **exemple**, un accord mettant en place une convention de forfait en jours devra préciser les conséquences d'un report sur le plafond annuel de 218 jours (ou de moins de 218 jours s'il a fixé un plafond inférieur). Il pourra indiquer que le report d'un jour a pour effet de majorer le seuil d'une demi-journée ou d'un jour mais non de 2 jours (Circ. CAB 3 du 3-3-2000).

b. Aménagement de la durée du travail sur 4 ou 9 semaines au plus

En l'absence d'accord collectif d'entreprise, d'établissement ou de branche, l'**employeur** peut **décider unilatéralement** de mettre en place un aménagement du temps de travail sur 9 semaines pour les entreprises de moins de 50 salariés et sur 4 semaines pour les autres (C. trav. art. L 3121-45). 64810
L'employeur établit le **programme indicatif** de la variation de la durée du travail et le soumet pour avis, avant sa première mise en œuvre, au CSE, s'il existe. Ses **modifications** font également l'objet d'une consultation du comité (C. trav. art. D 3121-27). À notre sens, la consultation du comité doit également intervenir en cas de **suppression** du dispositif en vertu de l'article L 2312-8 du Code du travail.
L'employeur communique au moins **une fois par an** au CSE un bilan de la mise en œuvre du programme indicatif (C. trav. art. D 3121-27).

c. Consultation du CSE

Le CSE doit être consulté de manière récurrente sur la politique sociale de l'entreprise, les conditions de travail et l'emploi (C. trav. art. L 2312-17) ; en l'absence d'accord collectif sur le sujet, la consultation a lieu chaque année sur l'aménagement du temps de travail (C. trav. art. L 2312-26, I). 64840
Les éléments d'information figurent dans la BDESE (C. trav. art. L 2312-26, II-5°-e).
Sur la mise en place, la modification et la suppression d'un dispositif d'aménagement du temps de travail par **décision unilatérale de l'employeur**, voir n° 64810.
Sur la consultation du CSE en cas de conclusion, révision ou dénonciation d'un **accord collectif**, voir n° 80105.

ATTENTION

À notre sens, lorsqu'un dispositif d'aménagement du temps de travail est prévu par **convention ou accord collectif de branche**, le CSE doit être consulté sur sa mise en œuvre dans l'entreprise. En outre, la convention ou l'accord collectif de branche doit, comme les autres conventions et accords collectifs applicables dans l'entreprise, faire l'objet d'une information des représentants du personnel : voir nos 83850 s.

3.RÉCUPÉRATION

L'employeur peut, dans certains cas, prolonger le temps de travail pour récupérer des heures perdues par suite d'une **interruption collective du travail**. Il s'agit d'une dérogation à la durée légale hebdomadaire du travail, permettant de considérer comme **heures déplacées** et non comme heures supplémentaires les heures de travail effectuées au-delà de la durée légale en compensation d'heures perdues. 64870

ATTENTION

Peuvent **seules être récupérées** les heures perdues par suite d'interruption collective du travail résultant (C. trav. art. L 3121-50) :
– de causes accidentelles, d'intempéries ou de cas de force majeure ;
– d'inventaire ;
– du chômage d'un ou de 2 jours ouvrables compris entre un jour férié et un jour de repos hebdomadaire (c'est-à-dire d'un pont) ou d'un jour précédant les congés annuels.
Seules les heures perdues en dessous de la durée légale du travail peuvent être récupérées (Cass. soc. 16-3-1960 n° 2077 ; CA Angers 6-9-2018 n° 15/01767).

Tant la **fermeture de l'entreprise** que la **décision de récupérer** les heures ainsi perdues constituent des modifications de l'horaire collectif, dont la mise en œuvre nécessite une **consultation préalable du comité social et économique** (nos 64575 s.). Sur les fondements de cette obligation, voir n° 64005. 64875
Le CSE doit être consulté sur ces **2 points séparément**.
Un **accord collectif** – d'entreprise ou d'établissement ou, à défaut, de branche – peut fixer les modalités de récupération des heures perdues (C. trav. art. L 3121-51). **À défaut d'accord** (C. trav. art. L 3121-52) :
– les heures de récupération doivent être effectuées dans les 12 mois précédant ou suivant la perte et ne peuvent ni être réparties uniformément sur l'année ni augmenter la durée du travail de plus d'une heure par jour et de 8 heures par semaine (C. trav. art. R 3121-34 et R 3121-35) ;
– l'employeur ne peut pas licencier pour insuffisance d'activité, dans le délai d'un mois suivant une période de récupération, les salariés habituellement employés dans l'établissement ou partie d'établissement où ont été accomplies des heures de récupération ou des heures supplémentaires (C. trav. art. R 3121-31).

Commet un **délit d'entrave** l'employeur qui, avant même la réunion du comité qu'il a convoqué pour consultation sur les modalités de récupération, fait afficher la décision prise unilatéralement à ce sujet (Cass. crim. 21-11-1978 n° 77-92.617).

> **Précisions** Le comité n'a pas à être consulté sur la **fermeture de l'entreprise** lorsque celle-ci est **limitée dans le temps** et **immédiatement assortie** du principe de la **récupération** (Cass. soc. 9-7-1986 n°s 85-45.795 P et 85-41.861 P ; dans le même sens : Cass. crim. 21-7-1976).
> À notre sens, toutefois, ce principe ne s'applique que si la fermeture de l'entreprise est due à un **événement imprévisible** (causes accidentelles, force majeure). L'employeur doit donc consulter le comité lorsqu'il décide la fermeture bien avant la survenance de l'événement (fermeture pour cause d'inventaire, pont, etc.). En outre, dans ces affaires, si l'employeur avait fermé l'entreprise sans consulter le comité, il avait immédiatement proposé aux salariés de récupérer les heures perdues, récupération dont les modalités avaient donné lieu à une **consultation** dans les jours ayant suivi l'interruption de travail. Si l'existence de cette consultation n'est pas présentée par les juges comme un élément déterminant de leur décision, on peut penser qu'elle a contribué à prouver la bonne foi de l'employeur quant à l'impossibilité de consulter le comité sur sa décision de fermer l'entreprise.

4. TRAVAIL PAR RELAIS, ROULEMENT ET EN ÉQUIPES SUCCESSIVES

TRAVAIL PAR RELAIS ET PAR ROULEMENT

64900 Le travail par **relais** consiste à répartir le personnel par équipes et à faire travailler ces équipes à des heures différentes dans la journée.
On peut faire appel :
– à des **équipes alternantes** : équipe A : 6 h-10 h/14 h-18 h ; équipe B : 10 h-14 h/18 h-22 h ;
– à des **équipes chevauchantes** : équipe A : 6 h-14 h ; équipe B : 9 h-17 h ; équipe C : 12 h-20 h.
Le travail par **roulement** consiste, quant à lui, à répartir différemment les journées de travail entre le personnel, qui n'a donc pas les mêmes jours de repos. L'entreprise ou l'établissement peut ainsi fonctionner 6 jours sur 7, ou 7 jours sur 7 si l'entreprise est autorisée à donner le repos hebdomadaire par roulement (n°s 65110 s.).
En cas de travail par équipes, la diffusion des **tracts syndicaux** peut avoir lieu au moment du changement d'équipes (Rép. Montcharmont : AN 16-3-1988 p. 1505 n° 6750).

64905 Le travail par relais ou roulement doit être autorisé par **décret** ou par **convention ou accord collectif** de branche étendu, d'entreprise ou d'établissement.
Sa mise en place est, en outre, subordonnée à la consultation préalable du **CSE**. Pour les fondements de cette obligation, voir n° 64005.
Bien entendu, la **modification** du travail par relais ou roulement est subordonnée aux mêmes procédures : le cas échéant, révision de la convention ou de l'accord collectif de mise en place du dispositif selon les procédures requises (n°s 81520 s.) et, dans tous les cas, consultation préalable du CSE.
Sur la consultation du CSE en cas de conclusion, révision ou dénonciation d'un accord collectif, voir n° 80105.

> **Précisions a.** Ces modes d'organisation du travail sont, par exemple, autorisés par décret dans les **secteurs** suivants :
> – travail par relais : banques, cinémas, commerces de détail alimentaires et non alimentaires pour le personnel de vente, hôpitaux pour le personnel soignant, hôtels pour le personnel de garde... ;
> – travail par roulement : banques, blanchisseries, teintureries, horlogeries, pâtisseries, commerces de détail alimentaires ou non alimentaires, hôtels, cafés, restaurants, établissements hospitaliers, métallurgie...
> **b.** La **composition nominative de chaque équipe**, y compris les salariés mis à disposition par une entreprise de travail temporaire, doit être indiquée soit par un tableau affiché dans les mêmes conditions que l'horaire de travail, soit par un registre tenu constamment à jour et mis à la disposition de l'agent de contrôle de l'inspection du travail et des membres de la délégation du personnel du CSE (C. trav. art. D 3171-7).

TRAVAIL EN ÉQUIPES SUCCESSIVES (OU TRAVAIL POSTÉ)

64910 Le travail en équipes successives est un travail continu exécuté par des salariés formant des équipes distinctes qui se succèdent sur un même poste de travail sans jamais se chevaucher.

Il existe **trois types** de travail posté : continu (équipes fonctionnant 24 heures sur 24, 7 jours sur 7) qui fait l'objet d'une réglementation particulière (n° 64915), semi-continu (avec un arrêt hebdomadaire), discontinu (arrêt la nuit et en fin de semaine).
Ce mode de travail peut être autorisé par **décret** ou par convention ou **accord collectif** de branche étendu, d'entreprise ou d'établissement.
La mise en place du travail en équipes successives est subordonnée, en application des textes visés nos 64000 s., à la consultation préalable du **CSE**.
La **modification** du travail en équipes successives est subordonnée aux mêmes procédures : le cas échéant, révision de la convention ou de l'accord collectif de mise en place du dispositif, selon les procédures requises (nos 81520 s.) et, dans tous les cas, consultation préalable du CSE.
Sur la consultation du CSE en cas de conclusion, révision ou dénonciation d'un accord collectif, voir n° 80105.
En cas de travail par équipes, la diffusion des **tracts syndicaux** peut avoir lieu au moment du changement d'équipes (Rép. Montcharmont : AN 16-3-1988 p. 1505 n° 6750).

ATTENTION

En cas de projet important modifiant les conditions de santé et de sécurité ou les conditions de travail, le **CSE** peut faire appel à un **expert habilité** en qualité du travail et de l'emploi (C. trav. art. L 2315-94).
Ces dispositions sont applicables en cas de projet de modification des horaires de 255 travailleurs postés (sur un effectif de 400 salariés), le médecin du travail ayant rappelé que le travail posté est, en soi, perturbateur des rythmes biologiques (Cass. soc. 24-10-2000 n° 98-18.240 FS-P : RJS 1/01 n° 56).

CAS PARTICULIER DU TRAVAIL EN CONTINU

Travail en continu pour des raisons techniques Dans certains **secteurs**, dont la **liste est fixée par décret**, le travail en continu peut être mis en place pour des raisons techniques. 64915
Dans les entreprises fonctionnant en continu, le temps de travail peut être organisé sur plusieurs semaines par décision de l'employeur (C. trav. art. L 3121-46).
La mise en place du travail en continu ainsi que sa modification sont subordonnées à la consultation préalable du **CSE**. Pour les fondements de cette obligation, voir n° 64005.

Travail en continu pour des raisons économiques Dans les **industries** ou les **entreprises industrielles**, une convention ou un **accord collectif** d'entreprise ou d'établissement ou, à défaut, de branche étendu peut prévoir la possibilité d'organiser le travail de façon continue pour des raisons économiques et d'attribuer le repos hebdomadaire par roulement (C. trav. art. L 3132-14). 64920
À défaut, une dérogation peut être accordée par l'**inspecteur du travail** après consultation des **délégués syndicaux** et avis du **CSE**, s'il existe, si elle tend à une meilleure utilisation des équipements de production et au maintien ou à l'accroissement du nombre des emplois existants (C. trav. art. L 3132-14 et R 3132-9).

> **Précisions** La **demande** d'autorisation doit être adressée à l'inspecteur du travail avec les justifications nécessaires et l'avis des représentants du personnel, s'ils existent. L'inspecteur du travail doit faire connaître sa **décision** à l'employeur et aux représentants du personnel dans un délai de 30 jours à compter de sa réception de la demande (C. trav. art. R 3132-13).

5. TRAVAIL DE NUIT

DÉFINITION

Tout travail effectué au cours d'une période d'au moins 9 heures consécutives comprenant l'intervalle entre minuit et 5 heures est considéré comme du travail de nuit. La période de travail de nuit commence au plus tôt à 21 heures et s'achève au plus tard à 7 heures (C. trav. art. L 3122-2). 64950
Cette période est définie par **accord** d'entreprise ou d'établissement ou, à défaut, de branche (C. trav. art. L 3122-15).
À défaut d'accord collectif, tout travail accompli entre 21 heures et 6 heures constitue du travail de nuit (C. trav. art. L 3122-20). **L'inspecteur du travail** peut autoriser l'adoption d'une période différente après consultation des délégués syndicaux et avis du CSE, lorsque les caractéristiques particulières de l'activité de l'entreprise le justifient (C. trav. art. L 3122-22).

> **Précisions a.** Par dérogation aux dispositions ci-dessus, pour les activités de production rédactionnelle et industrielle de **presse**, de **radio**, de **télévision**, de **production et** d'**exploitation cinématographiques**, de **spectacles** vivants et de **discothèque**, la période de travail de nuit est d'au moins 7 heures consécutives comprenant l'intervalle entre minuit et 5 heures (C. trav. art. L 3122-3). À défaut d'accord collectif, tout travail accompli entre minuit et 7 heures constitue du travail de nuit (C. trav. art. L 3122-20).
> **b.** Dans les **établissements de vente de détail** situés dans des zones touristiques internationales, le début de la période de nuit peut être reporté jusqu'à minuit : voir n° 64970. Lorsqu'il est fixé au-delà de 22 heures, la période de nuit est d'au moins 7 heures consécutives comprenant l'intervalle entre minuit et 7 heures (C. trav. art. L 3122-4).

MISE EN PLACE

64955 **Accord collectif** La **mise en place** du travail de nuit dans une entreprise ou un établissement et son extension à de nouvelles catégories de salariés sont subordonnées à la conclusion préalable d'un accord collectif d'entreprise ou d'établissement ou, à défaut, de branche (C. trav. art. L 3122-15).

La **modification** du travail de nuit est subordonnée aux mêmes procédures : le cas échéant, révision de la convention ou de l'accord collectif de mise en place du dispositif selon les procédures requises (n°s 81520 s.).

Sur la consultation du **CSE** en cas de conclusion, révision ou dénonciation d'un accord collectif, voir n° 80105.

64960 La **convention ou l'accord** collectif **doit prévoir** (C. trav. art. L 3122-15) :
– la définition de la période de travail de nuit, dans les limites mentionnées n° 64950 ;
– une contrepartie sous forme de repos compensateur et, le cas échéant, sous forme de compensation salariale ;
– des mesures destinées à améliorer les conditions de travail des salariés ;
– des mesures destinées à faciliter l'articulation de l'activité professionnelle nocturne des salariés avec leur vie personnelle et avec l'exercice de responsabilités familiales et sociales, concernant notamment les moyens de transport ;
– des mesures destinées à assurer l'égalité professionnelle entre les femmes et les hommes, notamment par l'accès à la formation ;
– l'organisation des temps de pause.

Le recours au travail de nuit devant être exceptionnel, la convention ou l'accord collectif prévoyant cette forme de travail doit comporter les **justifications du recours** à cette forme de travail, lesquelles ne peuvent résider que dans la nécessité d'assurer la continuité de l'activité économique ou des services d'utilité sociale. Cette convention ou cet accord est **présumé** négocié et conclu conformément à cette nécessité et aux impératifs de protection de la santé et de la sécurité des salariés (C. trav. art. L 3122-1 et L 3122-15). L'activité de commerce alimentaire ne permet pas, par exemple, d'y recourir (Cass. crim. 2-9-2014 n° 13-83.304 F-D : RJS 11/14 n° 782 ; 11-12-2018 n° 17-87.432 F-D : RJS 2/19 n° 104).

L'accord précise enfin les types d'**emplois** susceptibles de faire l'objet d'un travail de nuit (Circ. DRT 9 du 5-5-2002).

> ATTENTION
> Le recours au travail de nuit étant apprécié en considération de la situation propre à **chaque établissement**, l'existence d'une convention collective, dût-elle être présumée valide, ne suffit pas à établir que les conditions pour recourir au travail de nuit sont remplies (Cass. crim. 7-1-2020 n° 18-83.074 FS-PBI : RJS 3/20 n° 134).

64962 L'accord peut aussi :
– déroger à la **durée quotidienne maximale** du travail accomplie par un travailleur de nuit, fixée à 8 heures (C. trav. art. L 3122-6 et L 3122-17), pour certaines activités limitativement énumérées : celles caractérisées par l'éloignement entre le domicile et le lieu de travail ou par l'éloignement entre différents lieux de travail ; activités de garde, de surveillance et de permanence caractérisées par la nécessité d'assurer la protection des biens et des personnes ; celles caractérisées par la nécessité d'assurer la continuité du service ou de la production (C. trav. art. R 3122-7) ;
– porter la **durée hebdomadaire maximale** de travail des travailleurs de nuit à 44 heures sur 12 semaines au lieu de 40, lorsque les caractéristiques propres à l'activité d'un secteur le justifient (C. trav. art. L 3122-7 et L 3122-18).

64965 **Autorisation de l'inspecteur du travail** À défaut de convention ou d'accord collectif l'autorisant à mettre en place le travail de nuit, l'employeur peut demander à l'inspecteur

du travail l'autorisation d'affecter des salariés à des postes de nuit, à **condition** d'avoir engagé sérieusement et loyalement des **négociations** tendant à la conclusion d'un tel accord dans le délai maximal de 12 mois précédant la demande (C. trav. art. R 3122-9).
L'**inspecteur** du travail accorde son **autorisation** notamment après vérification des contreparties qui doivent être accordées aux intéressés sous forme de repos compensateur et, le cas échéant, sous forme de compensation salariale ou de temps de pause.
La mise en place du travail de nuit est subordonnée :
– à la consultation préalable des **délégués syndicaux** et du **CSE** ;
– en l'absence de représentant du personnel, à une information préalable des **salariés**.
L'avis des représentants du personnel ou le document attestant de l'information des salariés est joint à la demande d'autorisation (C. trav. art. R 3122-9).

ATTENTION

L'engagement de négociations loyales et sérieuses implique pour l'employeur d'avoir (C. trav. art. L 3122-21) :
1° convoqué à la négociation les organisations syndicales représentatives dans l'entreprise et fixé le lieu et le calendrier des réunions ;
2° communiqué les informations nécessaires leur permettant de négocier en toute connaissance de cause ;
3° répondu aux éventuelles propositions des organisations syndicales.

L'employeur peut aussi **déroger à la durée quotidienne maximale** du travail de nuit en cas de **circonstances exceptionnelles**, sur autorisation de l'inspecteur du travail donnée après **consultation des délégués syndicaux** et après **avis du CSE** (C. trav. art. L 3122-6). La demande de dérogation doit être accompagnée des justifications utiles, de l'avis du comité, s'il en existe, et du procès-verbal de consultation des délégués syndicaux, s'il en existe (C. trav. art. R 3122-2). **64967**
Sous réserve d'adresser ultérieurement à l'inspecteur du travail une demande de régularisation, l'employeur peut déroger à la durée quotidienne maximale **sous sa propre responsabilité** en cas de **travaux urgents** (C. trav. art. R 3122-5).

6. TRAVAIL EN SOIRÉE

DÉFINITION

Par dérogation aux dispositions sur le travail de nuit (nos 64950 s.), pour les **établissements de vente de détail** mettant à disposition des biens et des services et situés dans des **zones touristiques internationales** (n° 65126), la période de nuit, si elle débute après 22 heures, est d'au moins 7 heures consécutives comprenant l'intervalle minuit et 7 heures. Ces établissements peuvent ainsi reporter jusqu'à minuit le début de la période de travail de nuit (C. trav. art. L 3122-4). Le travail en soirée est donc une période de travail comprise **entre 21 heures et minuit**. **64970**

ATTENTION

Pour la reconnaissance du **statut de travailleur de nuit**, les heures de travail en soirée sont cumulées avec les heures de travail de nuit effectuées au cours d'une même période de référence (C. trav. art. L 3122-4).

MISE EN PLACE

Le travail en soirée doit être prévu par un **accord collectif** soit d'entreprise ou d'établissement ou, à défaut, de branche, soit territorial. Cet accord doit prévoir notamment (C. trav. art. L 3122-19) : **64980**
– la mise à disposition d'un moyen de **transport** pris en charge par l'employeur qui permet au salarié de regagner son lieu de résidence ;
– les mesures destinées à faciliter la **conciliation entre la vie professionnelle et la vie personnelle** des salariés et, en particulier, les mesures de compensation des charges liées à la garde d'enfants ou à la prise en charge d'une personne dépendante ;
– les conditions de **prise en compte par l'employeur** de l'évolution de la **situation personnelle des salariés**, en particulier de leur souhait de ne plus travailler après 21 heures.
Selon nous, l'accord doit aussi déterminer l'**heure de fin du travail en soirée**, la **rémunération** et le **repos compensateur** auxquels il donne droit.
Ces thèmes obligatoires peuvent être complétés par d'autres en fonction des spécificités de l'entreprise.
La modification du travail en soirée est subordonnée aux mêmes procédures : la révision de la convention ou de l'accord collectif de mise en place du dispositif selon les procédures requises (nos 81520 s.).
Sur la consultation du **CSE** en cas de conclusion, révision ou dénonciation d'un accord collectif, voir n° 80105.

7. TRAVAIL INTERMITTENT

64990 Le contrat de travail intermittent a pour objet de pourvoir les **emplois permanents** qui, par nature, comportent une **alternance** de périodes travaillées et de périodes non travaillées (C. trav. art. L 3123-34).

Il ne peut, en principe, être conclu qu'au sein d'entreprises couvertes par une convention ou un accord d'entreprise ou d'établissement ou, à défaut, une convention ou un accord de branche étendu (C. trav. art. L 3123-33). Sur la **transmission** de l'accord d'entreprise à la **commission paritaire** permanente de négociation et d'interprétation de la branche professionnelle, voir n° 80460.

L'accord collectif doit définir les **catégories d'emplois** pouvant être pourvus par ce type de contrat. À défaut d'accord, ou en présence d'un accord ne définissant pas précisément les catégories d'emplois concernées, les contrats sont requalifiés en contrats à durée indéterminée à temps complet (Cass. soc. 27-6-2007 n° 06-41.818 FS-PB : RJS 10/07 n° 1137 ; 11-5-2016 n° 15-11.382 FS-PB : RJS 7/16 n° 531).

Le salarié intermittent bénéficie en principe des **droits** reconnus aux salariés à temps complet (C. trav. art. L 3123-36).

L'accord peut en outre prévoir :

– en ce qui concerne les droits conventionnels, des modalités différentes de celles prévues pour les salariés à temps complet (C. trav. art. L 3123-38, al. 2) ;

– le lissage de la rémunération (C. trav. art. L 3123-38, al. 3).

> **Précisions a.** Dans le **secteur du spectacle vivant et enregistré**, où il est difficile de fixer avec précision les périodes de travail et la répartition des heures de travail au sein de ces périodes, c'est l'accord collectif qui détermine les adaptations nécessaires et notamment les conditions dans lesquelles le salarié peut refuser les dates et les horaires de travail qui lui sont proposés (C. trav. art. L 3123-38, al. 4 et D 3123-4).
> **b.** Par **dérogation**, même en l'absence de convention ou d'accord collectif de travail, les **entreprises adaptées** peuvent conclure un contrat de travail intermittent avec un travailleur handicapé bénéficiaire de l'obligation d'emploi prévue n° 53010.

E. Temps partiel

DÉFINITION

65030 Le salarié à temps partiel est un salarié dont la durée du travail est inférieure (C. trav. art. L 3123-1) :

– soit à la **durée légale** de travail à temps plein ;

– soit à la durée du travail fixée par la **convention ou l'accord collectif** de branche, d'entreprise ou d'établissement (lorsqu'elle est inférieure à la durée légale).

La durée du travail de référence peut s'apprécier dans le **cadre** de la semaine, du mois, ou encore sur l'année (C. trav. art. L 3123-1).

La qualification de travail à temps partiel et le formalisme afférent s'apprécient au regard de la durée du travail d'un salarié et sont sans lien avec la **durée du contrat** de travail (Cass. soc. 9-12-2020 n°s 19-16.138 FS-PB et 19-20.319 FS-PB : RJS 2/21 n° 91).

65032 La **durée minimale** de travail à temps partiel est fixée (sauf pour certains salariés définis à l'article L 3123-7) :

– par convention ou **accord de branche étendu**. Si elle est inférieure à 24 heures par semaine ou, le cas échéant, à l'équivalent mensuel de cette durée, la convention ou l'accord doit déterminer les garanties quant à la mise en œuvre d'horaires réguliers ou permettant au salarié de cumuler plusieurs activités afin d'atteindre un temps plein ou au moins la durée minimale légale (C. trav. art. L 3123-19) ; sur la possibilité pour un **accord d'entreprise** de déroger à l'accord de branche, voir n°s 83650 s. ;

– à **défaut d'accord**, à 24 heures par semaine ou à l'équivalent mensuel de cette durée ou, en cas d'accord collectif répartissant la durée du travail sur une période supérieure à la semaine, à l'équivalent calculé sur cette période (C. trav. art. L 3123-27).

Une durée de travail inférieure à la durée minimale conventionnelle ou, à défaut, légale peut être fixée sur **demande individuelle** du salarié, sous certaines conditions (C. trav. art. L 3123-7).

Dans tous les cas, lorsqu'une durée inférieure à 24 heures par semaine est prévue, une convention ou un accord d'entreprise ou d'établissement, ou, à défaut, une convention ou un accord de branche étendu détermine les modalités de **regroupement** des **horaires de travail** des salariés concernés sur des journées ou des demi-journées régulières ou complètes (C. trav. art. L 3123-19).

> **Précisions** L'employeur doit **informer chaque année** le CSE, s'il existe, du nombre de demandes de dérogation individuelle à la durée minimale accordées à la demande des salariés ou en cas de contrat conclu avec un étudiant de moins de 26 ans (C. trav. art. L 3123-16).

MISE EN PLACE À L'INITIATIVE DE L'EMPLOYEUR

Accord collectif Les horaires de travail à temps partiel peuvent être mis en œuvre à l'initiative de l'employeur sur la base d'une convention ou d'un accord **d'entreprise ou d'établissement** ou, à défaut, d'une convention ou d'un accord **de branche étendu** (C. trav. art. L 3123-17). 65035

Sur la **transmission** des accords d'entreprise à la **commission paritaire** permanente de négociation et d'interprétation de la branche professionnelle, voir n° 80460.

L'accord ou la convention collective prévoyant la mise en place du travail à temps partiel peut notamment : 65040

– définir la **répartition des horaires** de travail des salariés à temps partiel **dans la journée de travail**. Si elle comporte plus d'une **interruption d'activité** ou une interruption supérieure à 2 heures, l'accord ou la convention définit alors les amplitudes horaires pendant lesquelles les salariés peuvent exercer leur activité et des contreparties spécifiques en tenant compte des exigences propres à l'activité exercée (C. trav. art. L 3123-23) ;

– porter le **plafond d'heures complémentaires** jusqu'au tiers de la durée hebdomadaire ou mensuelle de travail prévue au contrat et calculée, le cas échéant, sur une période supérieure à la semaine en cas d'accord collectif répartissant la durée du travail sur une telle période (C. trav. art. L 3123-20) ;

– déterminer le **délai de prévenance** des modifications de la répartition du temps de travail prévue au contrat qui est au minimum de 3 jours ouvrés. S'il est inférieur à 7 jours ouvrés, la convention ou l'accord doit alors définir les contreparties dont le salarié devra bénéficier (C. trav. art. L 3123-24) ;

– organiser la **répartition du temps de travail sur une période supérieure à la semaine** ; la convention ou l'accord doit alors indiquer les modalités de communication et de modification de la répartition de la durée et des horaires de travail (C. trav. art. L 3121-44).

Décision unilatérale de l'employeur En l'absence d'accord collectif, des horaires de travail à temps partiel peuvent être pratiqués à l'initiative de l'employeur, après **avis** du **CSE** (C. trav. art. L 3123-26). Cet avis doit être communiqué, à sa demande, à l'agent de contrôle de l'inspection du travail (C. trav. art. D 3123-2). 65045

La consultation des représentants du personnel porte sur le **principe** de la pratique d'horaires de travail à temps partiel. Elle n'a pas à être réitérée lors de chaque embauche d'un salarié à temps partiel ou transformation d'emploi à temps plein en emploi à temps partiel (Rép. Évin : AN 4-5-1981 n° 43669).

Elle s'impose, en revanche, en vertu des compétences générales du comité, en cas de **modification** sensible du **volume** ou des **formes** du travail à temps partiel pratiqué dans l'entreprise (Rép. Évin : AN 4-5-1981 n° 43669).

ATTENTION

Commet le **délit d'entrave** au fonctionnement régulier du comité l'employeur qui se contente de l'informer de l'extension du travail à temps partiel, sans le consulter et sans lui fournir d'informations précises et écrites dans un délai d'examen suffisant pour permettre l'engagement d'un véritable dialogue (Cass. crim. 24-2-1987 n° 86-93.021).

TEMPS PARTIEL CHOISI

Les conditions de mise en place d'horaires à temps partiel à la **demande des salariés** (temps partiel choisi) peuvent être fixées par la **convention ou l'accord** d'entreprise ou d'établissement ou, à défaut, la convention ou l'accord de branche étendu prévoyant la mise en place du temps partiel à l'initiative de l'employeur (C. trav. art. L 3123-17). 65050

Ce **texte** doit **prévoir** (C. trav. art. L 3123-17) :

1° les modalités selon lesquelles les salariés à temps complet peuvent occuper un emploi à temps partiel et les salariés à temps partiel occuper un emploi à temps complet dans le même établissement ou, à défaut, dans la même entreprise ;

2° la procédure à suivre par les salariés pour faire part de leur demande à leur employeur ;

3° le délai laissé à l'employeur pour y apporter une réponse motivée, en particulier en cas de refus.

SUIVI

65055 À l'occasion de la **consultation** récurrente **du CSE sur la politique sociale** de l'entreprise, les conditions de travail et l'emploi (voir nos 3830 s.), l'employeur doit, sauf accord contraire, **mettre à sa disposition** les informations portant sur les conditions d'application des aménagements de la durée et des horaires de travail lorsque le temps partiel est **aménagé sur une période supérieure à la semaine**. Ces informations sont intégrées dans la **BDESE** (voir n° 3920).

65060 L'employeur communique au moins **une fois par an** au CSE, s'il existe, un **bilan du travail à temps partiel** réalisé dans l'entreprise. Le bilan est également communiqué aux délégués syndicaux (C. trav. art. L 3123-15).

En vue de la consultation annuelle du comité sur la politique sociale de l'entreprise, l'employeur doit le mettre à sa disposition dans la **BDESE** dans les conditions prévues par l'accord sur cette base visé n° 3515 ou, à défaut d'un tel accord, par les dispositions supplétives exposées nos 3530 s. (C. trav. art. L 2312-26, II-5°-c).

Le bilan du travail à temps partiel **porte** notamment **sur** le nombre, le sexe et la qualification des salariés concernés, les horaires de travail à temps partiel pratiqués, ainsi que le nombre d'heures complémentaires effectué par les intéressés (C. trav. art. R 3123-1, al. 1 à 3). Lors de la réunion où est discuté ce bilan, l'employeur explique les **raisons** l'ayant amené à **refuser à des salariés** à temps complet de passer à temps partiel et inversement (C. trav. art. R 3123-1, al. 4).

65070 À l'occasion de la consultation récurrente du CSE sur la politique sociale de l'entreprise, les conditions de travail et l'emploi, l'employeur doit aussi, sauf accord contraire, **mettre à sa disposition** les informations portant sur le nombre de demandes de **dérogations individuelles à la durée minimale** du travail à temps partiel formulées par les salariés. Ces informations sont intégrées dans la BDESE (voir n° 3920).

S'agissant des **autres informations** en matière de temps partiel devant être mises à la disposition du comité en vue de sa consultation annuelle sur la politique sociale de l'entreprise, voir n° 99052.

F. Repos dominical

65110 Si, en principe et dans l'intérêt des salariés, le repos hebdomadaire doit être donné le dimanche (C. trav. art. L 3132-3), de nombreuses **dérogations** sont prévues.

Certaines sont **de plein droit** : dans les établissements dont le fonctionnement ou l'ouverture le dimanche est rendu nécessaire par les contraintes de la production, de l'activité ou les besoins du public (C. trav. art. L 3132-12) ; dans les commerces de détail alimentaires (C. trav. art. L 3132-13).

À notre sens, la mise en œuvre de ces dérogations doit donner lieu à **information-consultation du CSE**, en application de ses attributions consultatives en matière de temps de travail.

D'autres dérogations nécessitent la conclusion d'un **accord collectif** ou une **autorisation administrative** prise après **consultation du CSE** : lorsque le repos simultané le dimanche de tous les salariés d'un établissement serait préjudiciable au public ou compromettrait le fonctionnement normal de cet établissement, dans les commerces de détail situés dans certaines zones, mais aussi en cas de travail en continu ou de mise en place d'équipes de suppléance.

FERMETURE PRÉJUDICIABLE AU PUBLIC OU À L'ENTREPRISE

65115 Dans le cas où le repos simultané, le dimanche, de tous les salariés d'un établissement serait préjudiciable au public ou **compromettrait le fonctionnement normal** de cet établissement, les entreprises peuvent déroger au repos dominical sur **autorisation du préfet** du département (C. trav. art. L 3132-20).

Les autorisations sont accordées au vu (C. trav. art. L 3132-25-3, I) :

– d'un **accord collectif** ;

– à défaut, d'une **décision** unilatérale **de l'employeur** prise après consultation du CSE, s'il existe, et approuvée par référendum organisé auprès des personnels concernés par la dérogation.

> **Précisions a.** Toutes les **entreprises** quelles qu'elles soient peuvent demander une dérogation au repos dominical pour fermeture préjudiciable au public ou au fonctionnement normal de l'établissement (C. trav. art. L 3132-20). Les autorisations sont accordées pour une **durée** de 3 ans au maximum (C. trav. art. L 3132-21).
>
> **b.** Seuls les **salariés volontaires** ayant donné leur accord par écrit à leur employeur peuvent travailler le dimanche. Le refus de travailler le dimanche pour un salarié ne constitue pas une faute ou un motif de licenciement (C. trav. art. L 3132-25-4).

Accord collectif L'accord collectif doit déterminer : 65120
– les **contreparties** accordées aux salariés privés du repos dominical ainsi que les **engagements** pris en termes d'emploi ou en faveur de certains publics en difficulté ou de personnes handicapées (C. trav. art. L 3132-25-3, I) ;
– les conditions dans lesquelles l'employeur prend en compte l'**évolution de la situation personnelle des salariés** privés de repos dominical (C. trav. art. L 3132-25-3, III).
Lorsqu'un **accord collectif** est régulièrement négocié **postérieurement à la décision unilatérale** visée n° 65125, il s'applique dès sa signature en lieu et place des contreparties prévues par cette décision (C. trav. art. L 3132-25-3, I).

Décision unilatérale de l'employeur La décision de l'employeur fixe les **contreparties** accordées aux salariés privés du repos dominical ainsi que les **engagements** pris en termes d'emploi ou en faveur de certains publics en difficulté ou de personnes handicapées. Dans ce cas toutefois, chaque salarié privé du repos du dimanche doit bénéficier d'un repos compensateur et percevoir, pour ce jour de travail, une rémunération au moins égale au double de la rémunération normalement due pour une durée équivalente (C. trav. art. L 3132-25-3, I). 65125
Sur l'incidence de la conclusion d'un **accord collectif postérieur** à la décision unilatérale, voir n° 65120.

> **Précisions** À défaut d'accord collectif applicable (C. trav. art. L 3132-25-4) :
– **l'employeur** demande chaque année à tout salarié travaillant le dimanche s'il souhaite bénéficier d'une **priorité** pour occuper ou reprendre un emploi ressortissant à sa catégorie professionnelle ou un emploi équivalent **ne comportant pas de travail le dimanche** dans le même établissement ou, à défaut, dans la même entreprise ; l'employeur l'informe également, à cette occasion, de sa **faculté** de ne plus travailler le dimanche s'il ne le souhaite plus ; le refus du salarié prend effet 3 mois après sa notification écrite à l'employeur ;
– le **salarié** travaillant le dimanche peut à tout moment demander à bénéficier de la **priorité** définie ci-dessus ;
– le salarié privé de repos dominical conserve la **faculté de refuser** de travailler 3 dimanches de son choix par année civile ; il doit en informer préalablement son employeur en respectant un délai d'un mois.

COMMERCES DE DÉTAIL SITUÉS DANS CERTAINES ZONES

Le repos hebdomadaire peut être **accordé par roulement** dans les entreprises de commerce de vente au détail qui mettent à disposition des biens et services situés dans les espaces suivants : 65126
– **zones touristiques internationales**, c'est-à-dire des zones ayant un rayonnement international sur le plan touristique et économique, notamment en raison de l'affluence exceptionnelle de touristes étrangers et de l'importance de leurs achats (C. trav. art. L 3132-24 et R 3132-21-1) ; pour Paris, ces zones ont été délimitées par une série d'arrêtés du 25 septembre 2015 (JO 26), deux du 23 août 2018 (JO 24) et un du 25 septembre 2019 (JO 29) et, pour la province, par 6 arrêtés du 5 février 2016 (JO 7) et 3 du 25 juillet 2016 (JO 30) ;
– zones **touristiques** caractérisées par une affluence particulièrement importante de touristes (C. trav. art. L 3132-25 et R 3132-20) ;
– zones **commerciales** caractérisées par une offre commerciale et une demande potentielle particulièrement importantes, le cas échéant en tenant compte de la proximité immédiate d'une zone frontalière (C. trav. art. L 3132-25-1 et R 3132-20-1) ;
– **gares** autres que celles qui sont déjà incluses dans une zone touristique internationale, connaissant une affluence exceptionnelle de passagers (C. trav. art. L 3132-25-6) ; la liste de ces gares a été fixée par arrêté du 9 février 2016 (JO 11).

ATTENTION

Seuls les **salariés volontaires** ayant donné leur accord par écrit peuvent travailler le dimanche (C. trav. art. L 3132-25-4).
Les **commerces de détail alimentaires** situés en zone touristique internationale ou dans l'emprise d'une gare sont soumis le dimanche (C. trav. art. L 3132-25-5) :
– **jusqu'à 13 heures**, aux conditions prévues pour l'ensemble des commerces de détail alimentaires (n° 65110) ;
– **après 13 heures** aux conditions prévues pour l'ensemble des commerces de détail situés dans la zone considérée (n°s 65127 s.), étant précisé que la possibilité de déroger à la règle du repos dominical après 13 heures ne peut résulter que d'une disposition légale précise et non des seules stipulations conventionnelles (Cass. crim. 7-1-2020 n° 18-83.074 FS-PBI : RJS 3/20 n° 134).

65127 **Nécessité d'un accord** Pour bénéficier de la faculté de donner le repos hebdomadaire par roulement pour tout ou partie du personnel, les établissements situés dans les 4 zones visées n° 65126 doivent être couverts (C. trav. art. L 3132-25-3, II) :
– soit par un **accord collectif** d'entreprise ou d'établissement ou, à défaut, de branche ;
– soit par un **accord** conclu à un **niveau territorial**.
Les accords collectifs de branche, d'entreprise et d'établissement et les accords territoriaux doivent prévoir une **compensation déterminée** pour tenir compte du caractère dérogatoire du travail dominical.
L'accord doit fixer :
– les **contreparties**, en particulier salariales, accordées aux salariés privés du repos dominical ainsi que les engagements pris en termes d'emploi ou en faveur de certains publics en difficulté ou de personnes handicapées et des mesures destinées à faciliter la conciliation entre la vie professionnelle et la vie personnelle des salariés. Il doit également fixer les contreparties mises en œuvre par l'employeur pour compenser les charges induites par la garde des enfants pour les salariés privés du repos dominical (C. trav. art. L 3132-25-3, II) ;
– les conditions dans lesquelles l'employeur prend en compte **l'évolution de la situation personnelle des salariés** privés de repos dominical (C. trav. art. L 3132-25-3, III).

65128 **Établissements de moins de 11 salariés** Dans les établissements de moins de 11 salariés situés dans les zones énumérées ci-dessus, le travail du dimanche est possible, à défaut d'accord collectif ou d'accord conclu à un niveau territorial, après **consultation** par l'employeur **des salariés** concernés sur les contreparties, notamment salariales, proposées et approbation de la majorité d'entre eux.
En cas de **franchissement du seuil** de 11 salariés, la conclusion d'un accord collectif ou d'un accord territorial fixant les contreparties à l'ouverture dominicale sera obligatoire seulement à compter de la 3e année consécutive au cours de laquelle l'effectif de l'établissement employé dans la zone atteint ce seuil (C. trav. art. L 3132-25-3, II).

65130

Et les « dimanches du maire » ?

Dans les établissements de **commerce de détail** où le repos hebdomadaire a lieu normalement le dimanche, ce repos peut être supprimé les dimanches désignés, pour chaque commerce de détail, par **décision du maire** (y compris à Paris), après avis du conseil municipal, dans la **limite** de 12 par an (C. trav. art. L 3132-26 ; Cons. const. 24-6-2016 n° 2016-547 QPC).

S'agissant d'une modification importante des horaires de travail, l'employeur est tenu de **consulter préalablement le CSE** sur les conditions de mise en œuvre de la dérogation, selon les modalités de droit commun (Circ. DRT 19 du 7-10-1992).

ÉQUIPES DE SUPPLÉANCE

65135 Dans les **industries ou entreprises industrielles**, le **personnel d'exécution** peut être divisé en deux groupes dont l'un a pour seule fonction de remplacer l'autre pendant ses jours de repos. Ce personnel de remplacement est appelé « équipes de suppléance ». Le **repos** hebdomadaire des salariés des équipes de suppléance, ainsi que du personnel nécessaire à son **encadrement**, est attribué un autre jour que le dimanche (C. trav. art. L 3132-16).
Sur la rémunération des **heures de délégation effectuées la semaine** par un salarié travaillant en équipe de suppléance, voir n° 34795.

65140 **Accord collectif** En principe, le recours aux équipes de suppléance est prévu par convention ou accord d'entreprise ou d'établissement ou, à défaut, par convention ou accord collectif de travail étendu (C. trav. art. L 3132-16).
La convention ou l'accord doit prévoir (C. trav. art. L 3132-17) :
– les conditions particulières de mise en œuvre de la **formation** du personnel des équipes de suppléance et la rémunération du temps de formation ;
– les modalités d'exercice du **droit** de ces salariés d'occuper un **emploi dans l'équipe de semaine**.

> **Précisions a.** Si la **formation** a lieu durant la semaine, la convention ou l'accord doit préciser dans quelle mesure le salarié peut continuer à être occupé en fin de semaine ainsi que les modalités d'indemnisation ou de rémunération applicables aux heures de formation (Circ. DRT 4 du 21-4-1994).
> **b.** Les modalités concrètes de l'exercice du **droit** des salariés d'occuper un **emploi dans l'équipe de semaine** doivent être définies par les partenaires sociaux. Une information sur les postes disponibles doit être faite auprès des salariés intéressés (Circ. DRT 4 du 21-4-1994).

Autorisation de l'inspecteur du travail À défaut de convention ou d'accord collectif, le recours aux équipes de suppléance peut être autorisé par l'inspecteur du travail, après **consultation des délégués syndicaux** et **avis** du **CSE**, s'il existe, s'il tend à une meilleure utilisation des équipements de production et au maintien ou à l'accroissement du nombre des emplois existants (C. trav. art. L 3132-18 et R 3132-10). **65145**
La **demande** d'autorisation doit être adressée à l'inspecteur du travail avec les justifications nécessaires et l'avis des représentants du personnel, s'ils existent. L'inspecteur du travail doit faire connaître sa **décision** à l'employeur et aux représentants du personnel dans un délai de 30 jours à compter de sa réception de la demande (C. trav. art. R 3132-13).

G. Journée de solidarité

La journée de solidarité prend la **forme**, pour les salariés, d'une journée supplémentaire de travail non rémunérée et, pour les employeurs, d'une contribution assise sur les salaires. **65200**
Elle est **obligatoire** pour les entreprises entrant dans son champ d'application, mais ses **modalités d'accomplissement** peuvent être fixées par accord collectif d'entreprise ou d'établissement ou par décision unilatérale de l'employeur.
Quelle que soit la procédure de fixation choisie, les clauses des conventions et accords collectifs prévoyant le **chômage de la journée de solidarité** sont inopposables (Loi 2004-626 du 30-6-2004 art. 4). Il en va de même si le chômage de cette journée est prévu par des usages ou des décisions unilatérales (Circ. DRT 10 du 16-12-2004).

> **Précisions** Les partenaires sociaux n'étant pas tenus de négocier un accord collectif décidant des modalités de la journée de solidarité (Circ. DRT du 20-4-2005), l'employeur peut décider de la mettre en place par décision unilatérale sans avoir préalablement tenté de négocier un accord.

FIXATION PAR CONVENTION OU ACCORD COLLECTIF

Selon l'article L 3133-11 du Code du travail, les modalités d'accomplissement de la journée de solidarité sont fixées par accord d'entreprise ou d'établissement ou, à défaut, par accord de branche. L'accord peut prévoir : **65205**
- le travail d'un **jour férié précédemment chômé** autre que le 1er mai ;
- le travail d'un **jour de repos accordé au titre d'un accord collectif** organisant le temps de travail sur plusieurs semaines (n° 64770) ;
- ou **toute autre modalité** permettant le travail de 7 heures précédemment non travaillées en application de stipulations conventionnelles ou des modalités d'organisation des entreprises.

Ces modalités peuvent entraîner la suppression d'un jour de congé supplémentaire, le travail un samedi ou le fractionnement de ces 7 heures pendant l'année civile, mais pas la suppression d'un jour de congé payé légal (Circ. DRT 10 du 16-12-2004 et 2005-14 du 22-11-2005).
L'**accord doit préciser** clairement la journée retenue comme journée de solidarité et ne peut en aucun cas se borner à renvoyer à l'employeur le soin d'en décider unilatéralement (Circ. DRT 10 du 16-12-2004).

FIXATION À DÉFAUT D'ACCORD COLLECTIF

À défaut d'accord collectif, les modalités d'accomplissement de la journée de solidarité sont définies **par l'employeur**, après **consultation du CSE** (C. trav. art. L 3133-12). **65210**
L'employeur peut utiliser les mêmes **modalités** de fixation de la journée de solidarité que celles ouvertes à la négociation collective (Circ. DRT du 20-4-2005).

> **ATTENTION**
> Lorsqu'un accord d'entreprise octroie **deux ponts annuels payés**, la journée de solidarité ne peut pas être fixée le jour de l'un de ces deux ponts (Cass. soc. 12-6-2013 n° 10-26.175 FP-D : RJS 10/13 n° 686).

H. Compte épargne-temps

65250 Le compte épargne-temps (CET) est un **dispositif facultatif** qui permet au salarié d'accumuler des droits à congé rémunéré ou de bénéficier d'une rémunération, immédiate ou différée, en contrepartie des périodes de congé ou de repos non prises ou des sommes qu'il y a affectées (C. trav. art. L 3151-2).

MISE EN PLACE

65255 Le CET peut être institué par **convention ou accord** d'entreprise ou d'établissement ou, à défaut, de branche (C. trav. art. L 3151-1).
Sur la **transmission** de l'accord d'entreprise à la **commission paritaire** permanente de négociation et d'interprétation de la branche professionnelle, voir n° 80460.

ALIMENTATION

65260 La convention ou l'accord collectif détermine dans quelles conditions et limites le compte épargne-temps peut être alimenté **en temps ou en argent** à l'initiative du salarié ou, pour les heures accomplies au-delà de la durée collective, à l'initiative de l'employeur (C. trav. art. L 3152-1).
La convention ou l'accord peut également prévoir un **abondement de l'employeur**, c'est-à-dire le versement de droits ne correspondant pas à des sommes dues aux salariés (Circ. DGT 20 du 13-11-2008 fiche 13).
Le **congé annuel** ne peut être affecté au compte épargne-temps que pour sa durée excédant
65265 24 jours ouvrables (C. trav. art. L 3151-2).

EXEMPLE

L'accord collectif peut prévoir l'affectation au CET de tout ou partie des **éléments en temps**, dans les proportions qu'il peut fixer, le cas échéant (Circ. DGT 20 du 13-11-2008 fiche 13) :
– heures de repos acquises au titre des heures supplémentaires, qu'il s'agisse du repos compensateur de remplacement ou de la contrepartie obligatoire en repos ;
– jours de repos et de congés accordés au titre du dispositif d'aménagement des horaires sur plusieurs semaines ou sur l'année (n°s 64740 s.) ;
– jours de repos auxquels ont renoncé les salariés soumis à un forfait en jours sur l'année dans le respect de la limite du nombre maximal de jours travaillés ;
– heures de travail effectuées au-delà de la durée prévue par la convention individuelle de forfait ;
– jours de congés supplémentaires pour fractionnement ;
– jours de congés conventionnels.
L'accord collectif peut aussi prévoir l'affectation au CET des **sommes** suivantes :
– tout ou partie des primes attribuées en application d'un accord d'intéressement, celui-ci devant alors préciser les modalités selon lesquelles le choix du salarié s'opère lors de la répartition de l'intéressement (C. trav. art. L 3343-1) ;
– à l'issue de leur période d'indisponibilité, tout ou partie des sommes issues de la répartition de la réserve de participation, sommes versées dans un plan d'épargne d'entreprise et abondement de l'employeur aux plans d'épargne salariale (C. trav. art. L 3343-1) ;
– majorations pour heures supplémentaires ou complémentaires (Circ. DGT 20 du 13-11-2008 fiche 13) ;
– augmentations ou compléments de salaire de base (Circ. DGT 20 du 13-11-2008 fiche 13) ;
– primes et indemnités conventionnelles (Circ. DGT 20 du 13-11-2008 fiche 13).

GESTION

65270 La convention ou l'accord collectif de mise en place du CET doit définir ses modalités de gestion (C. trav. art. L 3152-2).
Le choix des modalités de **valorisation** en temps et en argent des éléments affectés au compte épargne-temps ainsi que les modalités de **revalorisation** des sommes présentes sur le compte sont laissés à la libre appréciation des partenaires sociaux (Circ. DGT 20 du 13-11-2008 fiche 13).

UTILISATION DES DROITS AFFECTÉS

65275 **Indemnisation de congés ou rémunération** La **convention ou l'accord collectif** de mise en place du CET doit déterminer les conditions d'utilisation des droits affectés au compte épargne-temps (C. trav. art. L 3152-2).
Les partenaires sociaux, qui ont toute liberté en la matière, peuvent prévoir que les droits seront utilisés pour **indemniser des périodes d'absence** non rémunérées, ou **monétisées**, ou une **combinaison** de ces deux formules.

Ils peuvent aussi soumettre les demandes d'utilisation des droits faites par les salariés à des **conditions de forme** (délai, écrit, etc.).

> **Précisions** **Nonobstant les stipulations de la convention ou de l'accord** collectif, tout salarié peut, sur sa demande et en accord avec son employeur, utiliser les droits affectés sur le compte épargne-temps pour **compléter sa rémunération** ou pour **cesser**, de manière progressive, **son activité** (C. trav. art. L 3151-3).

La convention ou l'accord peut prévoir, par **exemple**, que les droits épargnés sur le CET seront pris sous forme de **congés** (congé parental d'éducation, congé pour création ou reprise d'entreprise, congé sabbatique, congé de solidarité internationale, congé sans solde, etc.), pour indemniser un passage à **temps partiel** ou une **cessation** progressive ou totale **d'activité** ou encore une période de **formation** en dehors du temps de travail (Circ. DGT 20 du 13-11-2008 fiche 13). **65280**
Toutefois, la **cinquième semaine de congés payés** ne peut jamais être monétisée (C. trav. art. L 3151-3).

Droits affectés collectivement L'**employeur** peut affecter au compte les **heures effectuées au-delà de la durée collective du travail**, dans les conditions et limites déterminées par l'accord collectif (n° 65260), notamment lorsque les caractéristiques des variations d'activité le justifient. L'accord collectif doit alors préciser les **conditions d'utilisation** de ces droits (Circ. DGT 20 du 13-11-2008 fiche 13). Suivant les options retenues, le dispositif peut être utilisé comme un dispositif d'aménagement du temps de travail pour adapter les horaires de travail aux fluctuations d'activité (Circ. DGT 20 du 13-11-2008 fiche 13). **65285**
L'accord collectif ne peut pas, en revanche, imposer aux salariés de prendre, **de manière anticipée**, les repos correspondant à d'éventuelles heures de travail excédentaires avant leur exécution.
L'employeur ne peut alimenter le CET qu'avec des heures déjà exécutées (Cass. soc. 2-7-2014 n° 13-11.108 FS-D : RJS 11/14 n° 786).
Lorsque les heures qui dépassent la durée collective sont des **heures supplémentaires**, leur valeur portée au compte épargne-temps doit inclure la majoration de rémunération (Circ. DGT 20 du 13-11-2008 fiche 13).

LIQUIDATION ET TRANSFERT DES DROITS

La **convention ou l'accord collectif** mettant en place le CET détermine les conditions de liquidation et de transfert des droits d'un employeur à un autre (C. trav. art. L 3152-2). **65290**
À défaut de stipulations conventionnelles sur ce point, le salarié peut (C. trav. art. L 3153-2) :
– percevoir, en cas de rupture du contrat de travail, une indemnité correspondant à la conversion monétaire de l'ensemble des droits acquis ;
– demander, en accord avec l'employeur, la consignation auprès de la Caisse des dépôts et consignations (C. trav. art. D 3154-5 et D 3154-6).

GARANTIE DES DROITS

Les droits acquis dans le cadre du CET, convertis en unités monétaires, sont garantis par le régime de garantie des salaires (AGS) à hauteur du plus élevé des **plafonds** de garantie de cette assurance (C. trav. art. L 3151-4). **65300**
Pour la fraction des droits **dépassant** le plus élevé de ces plafonds, la **convention ou l'accord collectif** de mise en place du compte doit prévoir un dispositif d'assurance ou de garantie ainsi que les cotisations obligatoires afférentes (C. trav. art. L 3152-3). À défaut, un dispositif de garantie financière doit être mis en place par l'**employeur**, selon les modalités prévues par les articles D 3154-2 à D 3154-4 du Code du travail.
En l'**absence de dispositif** conventionnel et dans l'attente de la mise en place d'un dispositif par l'employeur, une indemnité correspondant à la conversion monétaire de l'ensemble de ses droits est versée au salarié (C. trav. art. L 3153-1, al. 2).

CHAPITRE 5 LES CONGÉS

SOMMAIRE

A. Congés payés

69000 L'employeur doit, le cas échéant, consulter les représentants du personnel avant de définir les modalités de prise de congés payés : période de prise des congés, ordre et date des départs en cas de congés par **roulement**, fermeture de l'entreprise en cas de congés **simultanés**.
Sur la consultation des représentants du personnel lorsque l'employeur décide de mettre en place **un « pont »** dans l'entreprise, voir n° 64875.

1. PÉRIODE DE PRISE DES CONGÉS

69080 La période pendant laquelle les salariés peuvent prendre leurs congés payés annuels est fixée par accord d'entreprise ou d'établissement, ou, à défaut, par accord de branche (C. trav. art. L 3141-15, 1°).
À défaut d'accord collectif applicable à l'entreprise ou si celui-ci ne prévoit pas de période de prise des congés, cette dernière est fixée par l'employeur, après avis du CSE (C. trav. art. L 3141-16). Cette consultation est obligatoire, mais l'avis des représentants du personnel **ne s'impose pas** à l'employeur.
La période de prise des congés comprend obligatoirement la période allant du **1er mai au 31 octobre** de chaque année, que celle-ci soit fixée par la convention collective ou par l'employeur (C. trav. art. L 3141-13). Toutefois, seul le congé principal, d'une durée comprise, selon les droits à congé acquis par le salarié, entre 12 et 24 jours ouvrables, doit être pris dans cette période. Les autres jours de congés peuvent être accordés en une ou plusieurs fois en dehors de celle-ci selon des modalités prévues par un accord d'entreprise, d'établissement ou de branche ou, à défaut, par l'employeur (C. trav. art. L 3141-17 à L 3141-21).
Sur la **transmission** des accords d'entreprise relatifs aux congés à la **commission paritaire** permanente de négociation et d'interprétation de la branche professionnelle, voir n° 80460.

MODALITÉS DE LA CONSULTATION

69085 La consultation du CSE doit être **renouvelée** tous les ans, même s'il s'agit pour l'employeur de reconduire la même période de congés. La loi ne précise pas la **date** à laquelle cette consultation doit avoir lieu. Toutefois, cette période devant être portée à la connaissance des salariés au moins 2 mois avant son ouverture (C. trav. art D 3141-5), la consultation doit se tenir, au plus tard, en janvier-février pour une période de congés qui débute en mai.
En tout état de cause, la question de la fixation de la période des congés doit être abordée lors de la consultation annuelle sur la **politique sociale** de l'entreprise (C. trav. art. L 2312-26). En vue de cette consultation, l'employeur met à la disposition des membres du CSE les informations nécessaires, via la base de données économiques, sociales et environnementales : voir nos 99050 s. (C. trav. art. L 2312-26, II, 5°, e).

SANCTIONS

69090 Pour la Cour de cassation, le défaut de consultation des représentants du personnel pour la fixation de la période des congés payés et pour l'ordre des départs en congés (n° 69130) ne constitue pas un **délit d'entrave**. L'employeur est en revanche passible de la **contravention** spécifique à la législation des congés payés visée à l'article R 3143-1 du Code du travail (Cass. crim. 6-2-1990 n° 87-82.316 PF : RJS 3/90 n° 217).

ATTENTION

Si le défaut de consultation ne constitue pas un délit mais une contravention, la sanction peut néanmoins être lourde pour l'employeur. Sauf **transaction pénale**, ce dernier sera redevable d'une amende de 5e classe (sur le montant, voir annexes n° 99200) qui sera appliquée autant de fois qu'il y a de personnes concernées par l'infraction. Or, dans ce cas précis, l'ensemble des salariés est concerné par le manquement de l'employeur.

2. ORDRE DES DÉPARTS EN CONGÉ

L'accord visé n° 69080 fixe l'ordre des départs en congés des salariés pendant la période de prise des congés (C. trav. art. L 3141-15, 2°). **À défaut d'accord**, ou de précisions de l'accord sur ce point, cet ordre est défini par l'employeur après avis du CSE en tenant compte de l'ancienneté des salariés dans l'entreprise, de leur éventuelle activité chez un ou plusieurs autres employeurs et de leur situation de famille, notamment des possibilités de congé du conjoint ou du partenaire lié par un Pacs, ainsi que de la présence au sein du foyer d'une personne handicapée ou d'une personne âgée en perte d'autonomie (C. trav. art. L 3141-16, 1° b). 69130

Aucun de ces critères, fixés par la loi à titre supplétif, n'est prioritaire. D'autres critères peuvent également être pris en compte : charges de famille, dates des vacances scolaires pour les salariés ayant des enfants scolarisés, dates de droits de garde pour les salariés divorcés.

Sauf circonstances exceptionnelles, l'employeur **ne peut pas modifier** l'ordre et les dates des départs moins d'un mois avant la date de départ prévue (C. trav. art. L 3141-16, 2°).

Les règles de fixation de l'ordre des départs s'appliquent aussi bien aux congés annuels, y compris la 5e semaine (Cass. soc. 2-3-2022 n° 20-22.261 FS-B : RJS 5/22 n° 257), qu'aux congés reportés (Cass. soc. 8-7-2020 n° 18-21.681 FS-PB : RJS 10/20 n° 474) ou aux congés d'origine conventionnelle (Cass. soc. 2-3-2022 n° 20-22.261 FS-B précité).

La loi ne précise pas la **date** à laquelle le CSE doit être consulté. Toutefois, dans la mesure où l'ordre des départs doit être communiqué à chaque salarié un mois avant son départ (C. trav. art. D 3141-6), la consultation doit nécessairement se tenir plus d'un mois avant les congés du ou des premiers salariés.

En tout état de cause, la question de l'ordre des départs en congés doit être abordée lors de la consultation annuelle sur la **politique sociale de l'entreprise** (voir n° 69085).

Sur les **sanctions** applicables en cas de défaut de consultation du CSE, voir n° 69090.

ATTENTION

Les salariés **conjoints ou pacsés** travaillant dans la **même entreprise** ont droit à un congé simultané (C. trav. art. L 3141-14). Cette dernière règle étant d'ordre public, ni l'employeur ni un accord collectif ne peuvent y déroger. Elle s'impose à l'entreprise, l'employeur ne pouvant pas invoquer les nécessités de l'entreprise, même réelles, pour refuser de l'accorder (Cass. soc. 26-2-2013 n° 11-26.934 F-D : RJS 6/13 n° 456). En revanche, il n'est pas tenu de calquer les dates de congé du salarié sur celles de son **conjoint** travaillant dans une **autre entreprise** s'il ne peut pas s'en accommoder (Cass. soc. 19-6-1997 n° 94-44.997 D : RJS 8-9/97 n° 987).

Chèques-vacances

L'employeur qui décide de mettre en place des chèques-vacances pour ses salariés doit consulter le CSE ou toute autre instance de concertation ayant compétence en matière d'œuvres sociales, sur les modalités d'attribution des chèques-vacances (C. tourisme art. L 411-8). Sur le **régime social et fiscal** des chèques-vacances en cas de financement par le CSE ou de cofinancement par l'employeur et cette instance, voir nos 5110 s.

B. Autres congés

La loi accorde aux salariés des autorisations d'absence et des congés divers leur permettant notamment de se consacrer à des activités extraprofessionnelles ou de suivre une formation. La consultation du CSE s'impose lorsque l'employeur entend refuser certains congés ou les reporter. Par ailleurs, il entre dans la compétence de cette instance de présenter à l'employeur toute **réclamation des salariés** en la matière, et en particulier en cas de refus de congé (voir nos 220 s.). 69300

Sur l'obligation de consulter annuellement le CSE (à défaut d'accord) sur la **politique sociale** de l'entreprise, laquelle doit notamment porter sur les congés, voir nos 3910 s.

S'agissant du **congé de transition professionnelle**, voir nos 61400.

CONSULTATION EN CAS DE REFUS DE CONGÉS

69310 L'employeur peut refuser certains congés après avis soit consultatif, soit conforme, du CSE. Ces dispositions sont d'**ordre public**, de sorte qu'il n'est pas possible d'y déroger par accord collectif. À défaut de consultation, l'employeur encourt les **sanctions** visées nos 3770 s.
Le refus du congé peut, dans la plupart des cas, être contesté par le **salarié** devant le conseil de prud'hommes qui statue selon la procédure accélérée au fond et en dernier ressort (voir n° 3755).

69315 **Avis consultatif** Si l'employeur estime que l'absence du salarié, totale ou partielle selon les cas, est susceptible d'avoir des conséquences préjudiciables à la bonne marche de l'entreprise, il peut, par décision motivée, **refuser** son départ en congés, après avis du CSE. Cet avis consultatif préalable doit être recueilli en cas de refus des congés suivants :
– congé sabbatique et congé ou passage à temps partiel pour création ou reprise d'entreprise ou congé jeune entreprise innovante dans les entreprises de moins de 300 salariés (C. trav. art. L 3142-29 et L 3142-113, 1°) ;
– congé de participation à une instance d'emploi ou de formation et autorisation d'absence pour participer à un jury d'examen ou de validation des acquis de l'expérience (C. trav. art. L 3142-45) ;
– congé de représentation d'une association ou d'une mutuelle (C. trav. art. L 3142-63 et R 3142-45) ;
– congé de solidarité internationale (C. trav. art. L 3142-69 et D 3142-54) ;
– congés de formation du salarié membre d'un conseil municipal, départemental ou régional (CGCT art. R 2123-16, al. 1 et 2, R 3123-13, al. 1 et 2 et R 4135-13, al. 1 et 2) ;
– congé pour aider les victimes de catastrophes naturelles (C. trav. art. L 3142-51).
De même, l'employeur ne peut refuser un congé de formation des cadres et animateurs pour la jeunesse ou un congé mutualiste de formation qu'après consultation du CSE et son refus motivé ne peut être justifié que par des nécessités particulières à son entreprise ou à l'exploitation de celle-ci (C. trav. art. L 3142-38, L 3142-56, R 3142-23 et R 3142-36). À défaut de consultation, l'employeur encourt une amende prévue pour les contraventions de 3e classe (C. trav. art. R 3143-2 et R 3143-2-1). Sur son montant, voir n° 99200.

ATTENTION

Le refus d'un congé ou d'un temps partiel pour création d'entreprise, d'un congé jeune entreprise innovante ou d'un congé sabbatique n'est possible que dans les entreprises de **moins de 300 salariés**, en dehors des cas où le salarié ne remplit pas les conditions requises pour bénéficier de l'un de ces congés (C. trav. art. L 3142-29 et L 3142-113).

69320 **Avis conforme** Un avis conforme des représentants du personnel est requis lorsque l'employeur entend refuser les congés suivants au motif que l'absence du salarié aurait des conséquences préjudiciables à la production et à la bonne marche de l'entreprise :
– congé de formation économique, sociale, environnementale et syndicale (voir n° 69350) ;
– absence pour assurer la représentation d'associations familiales (CASF art. L 211-13, al. 2 et 3).

INFORMATIONS PÉRIODIQUES SUR LES DEMANDES DE CONGÉ

69340 L'employeur communique tous les 6 mois au CSE la liste des demandes de **période de mobilité volontaire sécurisée** avec indication de la suite qui leur a été donnée (C. trav. art. L 1222-16).

69350

Congé de formation économique, sociale, environnementale et syndicale

Comme tout salarié, les représentants du personnel peuvent bénéficier, à leur demande, d'un congé de formation économique, sociale, environnementale et syndicale pour suivre une formation organisée par un organisme figurant sur une liste fixée par arrêté (en dernier lieu : Arrêté MTRT 2102769A du 25-1-2021 : JO 30). Le salarié peut prendre un ou plusieurs congés dans la limite de 12 jours par an (18 jours pour les animateurs de stages et sessions et pour les salariés appelés à exercer des responsabilités syndicales). La **durée** de chaque congé ne peut pas être inférieure à une demi-journée (C. trav. art. L 2145-1 et art. L 2145-7).
Le salarié adresse sa **demande** de congé à l'employeur au moins 30 jours à l'avance en précisant la date et la durée de l'absence, ainsi que le nom de l'organisme responsable de la formation (C. trav. art. R 2145-4). L'employeur peut opposer un **refus** motivé dans les 8 jours suivants uniquement s'il estime, après avis conforme du CSE, que cette absence pourrait avoir des conséquences préjudiciables à la production et à la bonne marche de l'entreprise (C. trav. art. L 2145-11 et R 2145-5). À défaut de réponse, le congé est réputé acquis (Circ. DRT 11 du 3-11-1987). En cas de manquement à l'obligation de consulter les représentants du personnel, l'employeur encourt les sanctions visées nos 3770 s. et une amende prévue pour les contraventions de 3e classe (C. trav. art. R 2146-6). Sur le montant de l'amende, voir n° 99200.

69350 (suite)

Le congé peut être **reporté** par l'employeur pour que le nombre de salariés simultanément absents à ce titre ou au titre de la formation économique des membres du CSE (nos 760 s.) ne dépasse pas : 1 dans les établissements de moins de 25 salariés, 2 dans les établissements de 25 à 99 salariés et 2 % dans les établissements de plus de 99 salariés (C. trav. art. L 2145-8 et Arrêté 7-3-1986 art 3 : JO 14 rectif. JO 21). Il peut aussi être reporté pour que le nombre maximal de jours de congés pris chaque année par les salariés de l'établissement au titre de ces congés ne dépasse pas un quota fixé par arrêté en fonction de l'effectif de l'établissement (Arrêté 7-3-1986 art. 1 : JO 14 rectif. JO 21).
La durée du congé, qui ne peut pas être imputée sur le congé annuel, est assimilée à du **temps de travail** effectif pour la détermination de la durée des congés payés, du droit aux prestations d'assurances sociales et aux prestations familiales ainsi que pour l'ensemble des autres droits résultant pour l'intéressé de son contrat de travail (C. trav. art. L 2145-10). Pendant le congé, le salarié bénéficie de la législation sur les accidents du travail (CSS art. L 412-8, 9°).
Le salarié a droit au maintien total de sa **rémunération** par l'employeur lequel doit également verser les cotisations et contributions y afférentes (C. trav. L 2145-6).
Sur la possibilité pour le CSE de prendre en charge les frais supportés par le salarié pendant ce congé, voir n° 5225.

CHAPITRE 6

LA RÉMUNÉRATION ET L'ÉPARGNE SALARIALE

SOMMAIRE

SECTION 1

SALAIRES

70500 Les **organisations syndicales** présentes dans l'entreprise tiennent un rôle de premier plan en matière de salaires, dans le cadre de la négociation annuelle obligatoire sur les salaires effectifs. Le **CSE** dans les entreprises d'**au moins 50 salariés** intervient également, puisqu'il est destinataire d'informations régulières et doit être consulté préalablement à toute mesure importante sur le sujet dans le cadre de ses attributions générales d'ordre économique.
Sur la possibilité pour la délégation du personnel au CSE dans les entreprises de **moins de 50 salariés** de présenter à l'employeur des **réclamations** individuelles ou collectives relatives aux salaires, voir n°s 220 s.

A. Négociation obligatoire

OBLIGATION PÉRIODIQUE DE NÉGOCIER SUR LES SALAIRES

70530 Dans le cadre de la négociation périodique obligatoire, dont les règles générales (entreprises concernées, périodicité et niveau, calendrier, aboutissement, sanctions, etc.) sont examinées n°s 81060 s., l'employeur engage régulièrement une négociation sur la rémunération, notamment les salaires effectifs (C. trav. art. L 2242-1, 1°).

Un **accord d'entreprise,** dit **d'adaptation,** peut fixer la périodicité de cette négociation en respectant un minimum d'**une négociation tous les 4 ans** (C. trav. art. L 2242-11, 1°).

À défaut d'un tel accord ou en cas de non-respect de ses stipulations, la négociation sur les rémunérations est annuelle (C. trav. art. L 2242-13, 1°) et porte sur les salaires effectifs et le suivi de la mise en œuvre des mesures visant à supprimer les écarts de rémunération et les différences de déroulement de carrière entre les femmes et les hommes (C. trav. L 2242-15, 1° et 4°).

En cas de carence de l'employeur, la négociation peut être ouverte à la demande d'une **organisation syndicale** : voir n° 81345.

Comme tout accord collectif, l'**accord** conclu à l'issue de la négociation sur les salaires doit être **déposé** auprès de la Dreets (voir n°s 80470 s.).

> **Précisions a.** La négociation sur la rémunération, dont les salaires effectifs, s'inscrit dans un champ plus large couvrant également le **temps de travail** et le **partage de la valeur ajoutée,** l'ensemble de ces thématiques étant prévu par le 1° de l'article L 2242-1 du Code du travail. Toutefois, selon nous, rien n'empêche l'employeur, même s'il n'a pas conclu d'accord d'adaptation, de négocier séparément sur chacune de ces thématiques, à condition de négocier sur chacune d'entre elles. Cette interprétation de l'article L 2242-1, 1° trouve appui dans l'article L 2242-7 du même Code, qui limite l'application de la pénalité pour défaut de négociation au seul cas de défaut de négociation sur les salaires effectifs (voir n° 70532).
> **b.** À **défaut d'accord sur l'égalité** hommes/femmes (n° 76250), la négociation sur les salaires porte aussi sur la programmation des mesures visant à supprimer les écarts de rémunération et les différences de déroulement de carrière entre les femmes et les hommes (C. trav. art. L 2242-3, al. 2). À défaut, l'accord signé à l'issue de la négociation sur les salaires ne peut pas être déposé, voir n° 76250, a.

SANCTIONS

L'**employeur** qui n'a pas engagé la négociation périodique sur les salaires effectifs est passible d'une **pénalité financière** dont le montant, fixé par le Dreets, est **plafonné** à 10 % de la réduction générale de cotisations patronales (dite réduction « Fillon ») de chaque année où le manquement est constaté, dans la limite de 3 ans consécutifs à compter de l'année précédant le contrôle (C. trav. art. L 2242-7). **70532**

La pénalité **n'est pas applicable** si la périodicité de la négociation sur les salaires effectifs a été portée à une durée supérieure à un an par l'accord d'adaptation visé n° 70530 mais le redevient au terme de cette durée. Elle n'est pas applicable non plus si l'employeur a engagé la négociation en convoquant le délégué syndical a une réunion sur la négociation annuelle obligatoire, peu important qu'il parvienne ou non à la conclusion d'un accord (Cass. 2e civ. 7-11-2019 n° 18-21.499 F-PBI : RJS 1/20 n° 37).

À cette sanction financière propre peut venir s'ajouter les **sanctions pénales** visant l'ensemble des négociations : voir n° 81460.

> **Précisions a.** Si au moins un manquement à l'obligation de négocier sur les salaires effectifs a été constaté lors d'un précédent contrôle au cours des 6 années civiles précédentes, le **plafond de la pénalité**, qui est en principe de 10 %, est porté à 100 % (C. trav. art. L 2242-7).
> Pour les entreprises bénéficiant d'exonérations zonées (ZRR, ZFU, BER, ZRD), le plafond de la pénalité est fixé à 10 % (ou, le cas échéant, 100 %), de ces exonérations (CSS art. L 241-19 et L 241-20 ; Lois 96-987 du 14-11-1996, art. 12, 2006-1771 du 30-12-2006, art. 130, VII et 12-1 et 2008-1443 du 30-12-2008, art. 34, VI-5, al 3).
> **b.** Dans les 4 mois suivant le constat du manquement, le **Dreets informe** l'employeur de son intention de prononcer la pénalité, ainsi que du taux maximal encouru pour chaque année sanctionnée. Il doit aussi l'inviter à **présenter** ses observations dans un délai de 2 mois et à **justifier,** le cas échéant, des motifs de sa défaillance (par exemple : survenance de difficultés économiques ou existence d'une restructuration, fusion ou procédure collective en cours). L'employeur peut être entendu à sa demande. À l'expiration de ce délai, le Dreets notifie à l'employeur le montant de la pénalité dans un délai de 2 mois. Ce **montant** tient compte, notamment, des efforts réalisés par l'employeur pour engager les négociations, de sa bonne foi, des motifs de défaillance que l'employeur a justifiés. L'employeur doit **déclarer et verser** la pénalité à son Urssaf à la première date d'échéance des cotisations et contributions sociales dont il est redevable auprès de cet organisme intervenant à l'issue d'un délai de 2 mois suivant la notification (C. trav. art. D 2242-13 à D 2242-16).

NOTION DE SALAIRES EFFECTIFS

70535 La notion de salaires effectifs s'entend des salaires réels pratiqués dans l'entreprise.

Pour l'administration, il s'agit des salaires **bruts par catégories,** y compris les **primes et avantages en nature,** lorsque ces primes et avantages résultent de l'application d'une **convention ou d'un accord collectif** (Circ. DRT 8 du 5-5-1983, I).

Si l'on admet la position de l'administration, il y a lieu, à notre avis, de considérer que l'ensemble des autres accessoires de salaires ayant un caractère collectif (versés en vertu d'un **usage,** d'un **accord atypique,** d'une **décision unilatérale de l'employeur de portée collective**) sont inclus dans la notion de salaires effectifs. Ainsi, par exemple, la décision patronale de commercialiser un produit relève nécessairement de la négociation sur les salaires effectifs, dès lors qu'elle a une incidence sur le montant des salaires effectifs d'une catégorie du personnel (Cass. soc. 28-11-2000 n° 98-19.594 FS-PB : RJS 2/01 n° 212).

La négociation sur les salaires effectifs ne concerne pas les **décisions individuelles** en matière de rémunération, mais la définition de la fraction de la **masse salariale affectée** à ces décisions entre bien dans son objet, la structure et l'évolution des salaires effectifs étant la résultante de mesures collectives (éventuellement différenciées par catégories) et individuelles (Circ. DRT 8 du 5-5-1983 modifiée par Circ. DRT 15 du 25-10-1983, 3.2).

Sur la possibilité, dans le cadre de la négociation obligatoire d'entreprise, de prévoir des modalités particulières d'application des **majorations de salaire** prévues par la **convention de branche** ou l'accord professionnel ou interprofessionnel, voir n° 70560.

ATTENTION

La négociation obligatoire sur les salaires effectifs doit concerner la situation de l'**ensemble des salariés.** L'employeur qui **refuse d'y inclure** les modifications qu'il se propose d'apporter au calcul de la paie d'une **catégorie de personnel** commet le délit d'entrave à l'exercice du droit syndical, les juges n'ayant pas à rechercher si les organisations syndicales ont ou non jugé utile une telle intégration (Cass. crim. 28-3-1995 n° 92-80.694 PF : RJS 10/95 n° 1033).

INFORMATIONS À FOURNIR À LA DÉLÉGATION SYNDICALE

70540 L'**accord d'adaptation** visé n° 70530 précise les informations que l'employeur remet aux négociateurs (délégués syndicaux et/ou salariés composant la délégation) sur les thèmes prévus par cette négociation et la date de cette remise (C. trav. art. L 2242-11, 4°). À **défaut** d'accord, ces informations sont précisées lors de la **première réunion** (C. trav. art. L 2242-14, 2°).

> **Précisions** Il est possible de prévoir dans le cadre de l'accord sur la base de données économiques, sociales et environnementales (**BDESE**) que les informations à fournir à la délégation sont mises à disposition dans la base : sur ce point, voir n° 3520.

70542 **Nature et contenu des informations** Le Code du travail est muet sur la nature et le degré de précision des informations à fournir. La Cour de cassation exige seulement, quant à elle, que les renseignements fournis permettent l'**engagement de la négociation** annuelle obligatoire (Cass. soc. 29-6-1994 n° 91-20.086 D).

Ont été jugées appropriées les informations faisant état, par **classification** des effectifs hommes/femmes, de leurs **salaires minimum, moyen et maximum,** tout en précisant le rapport existant entre le salaire minimum et maximum au sein de chaque classification (CA Versailles 27-5-1993 n° 92-3422) ou encore les salaires correspondant à la grille de la convention collective en indiquant la **rémunération minimale** ainsi que la **masse salariale** pour chaque catégorie (Cass. soc. 29-6-1994 précité).

Lorsqu'il existe une **grille de classification,** il y a lieu de s'y référer pour déterminer les catégories professionnelles. En outre, les emplois existant dans l'entreprise ou l'établissement qui ne sont pas prévus dans cette grille doivent néanmoins être répertoriés par assimilation et faire l'objet des mêmes informations (en ce sens : Rép. Dupilet : JO AN 2-5-1983 p. 1996 n° 26698).

En l'**absence de classifications** conventionnelles, la communication doit porter sur les salaires par sexe et par catégories telles que prévues par les textes réglementaires relatifs au bilan social (Circ. DRT 8 du 5-5-1983).

Un syndicat est fondé à demander des précisions sur les **critères d'attribution des primes,** eu égard à leur importance et au nombre de leurs bénéficiaires (CA Paris 9-2-1996 n° 94-25226 : RJS 4/96 n° 427). En l'espèce, l'employeur a été condamné à remettre aux organisations syndicales les renseignements suivants : montant, global et ventilé par catégorie professionnelle et par subdivision de l'entreprise, de chacune des primes versées ; critères retenus et appliqués pour chacune des primes ; nombre de salariés bénéficiaires de chacune des primes, ventilé par catégorie professionnelle et par subdivision de l'entreprise ; décile des salaires effectifs les plus bas et les plus élevés.

ATTENTION

Sauf accord des salariés concernés, les informations fournies ne peuvent pas faire état directement ou indirectement des **salaires individualisés** (Circ. DRT 8 du 5-5-1983, I). Une telle communication serait contraire à la protection des libertés individuelles (CA Versailles 27-5-1993 n° 92-3422).

Destinataires Les destinataires des informations sont **chacune des délégations syndicales** participant à la négociation (ou/et les salariés composant la délégation). L'employeur doit communiquer notamment le montant des salaires réels versés à chacune des catégories de personnel. Les organisations syndicales représentatives de l'ensemble des catégories de salariés ont vocation à négocier et à signer des accords pour toutes ces catégories. Elles doivent donc être naturellement destinataires de toutes les informations précitées (Rép. Bourg-Broc : JO AN 21-7-1986 p. 2188). **70545**

Sur l'obligation de **discrétion** pesant sur les syndicats, voir n° 16765.

ATTENTION

Si une **organisation syndicale catégorielle** ne peut engager que la catégorie de salariés que ses statuts l'habilitent à représenter et pour laquelle elle a été effectivement reconnue représentative, elle doit cependant disposer des informations lui permettant de situer son action en faveur de cette catégorie au sein de l'ensemble de la population salariée de l'entreprise. Peu importe que les membres d'un collège dans lequel cette organisation n'est pas représentative aient signifié au chef d'entreprise, par écrit et à l'unanimité, leur refus que leurs salaires soient discutés par elle et, même, lui soient communiqués (Rép. Bourg-Broc : JO AN 21-7-1986 p. 2188).

INFORMATIONS À FOURNIR AU CSE

Un **accord d'entreprise** conclu dans les conditions exposées n° 3515 peut prévoir d'intégrer dans la **base de données économiques, sociales et environnementales (BDESE)** les informations nécessaires à la négociation obligatoire sur les salaires (C. trav. art. L 2312-21, al. 5). **70550**

ARTICULATION ENTRE ENTREPRISE ET BRANCHE

Les accords d'entreprise ou d'établissement peuvent prévoir des **modalités particulières** d'application des **majorations de salaires** décidées par les conventions de branche ou les accords professionnels ou interprofessionnels applicables dans l'entreprise, sous réserve de respecter deux principes (C. trav. art. L 2253-4) : **70560**

– l'**augmentation de la masse salariale totale** doit être au moins égale à l'augmentation qui résulterait de la stricte application des majorations accordées par la convention de branche ou l'accord professionnel ou interprofessionnel ;

– les **salaires minima hiérarchiques** doivent être respectés.

Sur la possibilité pour un accord d'entreprise de **déroger** à un accord de branche en matière de rémunération, voir n°s 83650 s.

› Précisions Lorsqu'un accord salarial de branche ne vise que **certaines catégories de salariés,** l'augmentation qui en résulterait dans l'entreprise ou l'établissement peut être reprise dans un accord bénéficiant à d'autres catégories, sous réserve du respect des salaires minima hiérarchiques (Circ. DRT 15 du 25-10-1983, 3.2.7).

Ce dispositif permet, notamment, une augmentation des bas salaires plus rapide que celle négociée au niveau de la branche.

Il ne doit pas conduire à revenir sur des augmentations décidées au niveau de la branche et déjà effectivement appliquées dans l'entreprise (cas des augmentations de branche à effet immédiat ou laissant un délai trop court pour les négociations nécessaires à la conclusion d'un accord d'entreprise) (Circ. DRT 15 du 25-10-1983, 3.2.7).

70565

Journalistes professionnels

La négociation obligatoire sur les salaires effectifs doit également porter sur les salaires versés aux **journalistes professionnels** contribuant, de manière permanente ou occasionnelle, à l'élaboration d'un titre de presse (C. trav. art. L 7113-4).

Cette négociation doit être l'occasion de conclure des accords collectifs fixant les **conditions d'exploitation des œuvres** de journalistes dans le cadre créé par la **loi** du 12-6-2009, dite « **Hadopi** », qui a redéfini les droits d'auteur des journalistes pour tenir compte du développement de la diffusion d'un même contenu sur plusieurs supports (papier, internet, mobile...).

À **défaut de conclusion d'un accord** d'entreprise sur le sujet, ou de tout autre accord collectif applicable, l'une des parties à la négociation de l'accord d'entreprise peut saisir une **commission** (présidée par un représentant de l'État et composée pour moitié de représentants des organisations professionnelles de presse et pour moitié de représentants des syndicats de journalistes professionnels) aux fins de déterminer les modes et bases de la rémunération due en contrepartie des droits d'exploitation (CPI art. L 132-44, al. 1 et 4).

En l'absence d'engagement de négociation, l'employeur et le délégué syndical sont considérés comme des parties à la négociation et, à défaut de délégué syndical, les institutions représentatives du personnel ou, à défaut d'institutions, tout salarié mandaté par une organisation syndicale de journalistes professionnels ou, à défaut, tout journaliste professionnel (CPI art. L 132-44, al. 5 à 8).

La commission peut aussi être saisie pour les **accords d'entreprise** conclus pour une durée déterminée qui **arrivent à échéance,** à défaut de conclusion d'un nouvel accord d'entreprise dans les 6 mois suivant leur date d'expiration et pour les accords d'entreprise **dénoncés** par l'une des parties, à défaut de conclusion d'un accord de substitution pendant le délai de survie de l'accord dénoncé visé n° 81735 (CPI art. L 132-44, al. 9).

La commission recherche avec les parties une solution de compromis afin de parvenir à un accord. Elle s'appuie, à cet effet, sur les accords existants pertinents au regard de la forme de presse considérée. Elle prend sa décision dans un délai de 2 mois à compter de sa saisine (CPI art. L 132-44, al. 10). L'**intervention de sa décision** ne fait pas obstacle à ce que s'engage dans les entreprises de presse concernées une **nouvelle négociation collective.** L'accord collectif issu de cette négociation se substitue à la décision de la commission, après son dépôt par la partie la plus diligente auprès de l'autorité administrative (CPI art. L 132-44, al. 13).

B. Information et/ou consultation du CSE

INFORMATIONS RÉCURRENTES

70615 Pour les consultations récurrentes, l'information est mise à disposition dans la **BDESE** (C. trav. art. L 2312-18).

Sur les informations en matière de rémunération à verser dans la BDESE en vue de la consultation du CSE, voir n° 99020.

CONSULTATIONS PONCTUELLES

70650 Le CSE des entreprises d'**au moins 50 salariés** doit être informé et consulté préalablement aux décisions de l'employeur en matière de rémunération, notamment lorsqu'elles sont de nature à affecter le **volume** ou la **structure des effectifs,** l'organisation économique ou juridique, les **conditions d'emploi ou de travail,** l'introduction de **nouvelles technologies** et l'aménagement important des conditions de travail (voir nos 3980 s.).

Sauf en cas de mise en place d'un conseil d'entreprise (nos 5550 s.), aucune consultation du CSE n'est prévue avant la conclusion d'un **accord de performance collective,** qui peut comporter des clauses en matière de salaire (n° 52800).

ILLUSTRATIONS

L'employeur doit consulter le comité avant :
– la mise en place de la **prime de partage de la valeur** (PPV) par décision unilatérale : voir n° 71040 ;
– l'instauration d'une **prime de productivité** dotée d'un caractère général et non temporaire (Cass. crim. 7-3-2000 n° 99-83.398 D : RJS 7-8/00 n° 821) ;
– la décision relative à la **commercialisation d'un contrat d'assurance,** dès lors que les modalités de commercialisation de ce contrat affectent globalement le mode de rémunération et les conditions de travail du personnel (Cass. soc. 28-11-2000 n° 98-19.594 FS-PB : RJS 2/01 n° 212) ;
– la mise en œuvre de **plans** fixant la rémunération de 300 **cadres commerciaux** de la société en fonction d'objectifs définis chaque semestre par la direction sachant que, depuis la date de la mise en place de ces plans, **plusieurs dizaines de cadres** ont été **licenciés** soit pour n'avoir pas respecté les objectifs fixés, soit pour avoir refusé ces plans (Cass. crim. 3-3-1998 n° 98-85.098 PF : RJS 6/98 n° 749).

En revanche, ne requièrent aucune consultation (CA Paris 10-9-2009 n° 08-14508 : RJS 12/09 n° 954) :
– les mesures de l'employeur, particulièrement limitées, qui ne représentent que la **revalorisation du salaire de base** et des minima sociaux pour compenser l'évolution du **coût de la vie** ;
– l'attribution d'une **allocation minime** sous forme de **chèques emploi-service** qui ne comporte aucune conséquence quant aux conditions de travail et n'est subordonnée à aucune condition d'objectifs ou de comportement des salariés.

C. Bilan social

ENTREPRISES ET ÉTABLISSEMENTS CONCERNÉS

Sauf accord contraire, les employeurs de **droit privé** occupant habituellement **au moins 300 salariés** doivent établir un bilan social (C. trav. art. L 2312-28, al. 1). 70770

Dans les entreprises comportant des **établissements distincts,** doivent être établis (C. trav. art. L 2312-28, al. 2) :

– un bilan social d'entreprise ;

– un bilan social particulier à chaque établissement dont l'effectif habituel est au moins de 300 salariés.

> **Précisions a.** **L'effectif** est calculé selon les règles prévues par les articles L 1111-2 et L 1111-3 du Code du travail (nos 20850 s.). Le seuil de 300 salariés est réputé franchi lorsqu'il est atteint pendant 12 mois consécutifs. L'employeur dispose d'un délai d'un an à compter du franchissement du seuil pour se conformer aux obligations d'information et de consultation du CSE qui en découlent (voir n° 3505).
> **b.** Sous réserve d'adaptations, le bilan social concerne les **entreprises publiques** et les **établissements publics** à caractère industriel ou commercial qui doivent constituer un CSE ou un organisme en tenant lieu, en vertu de dispositions législatives et réglementaires autres que celles du Code du travail ou conventionnelles (EDF, SNCF, RATP, etc.) (C. trav. art. L 2312-35).
> **c.** Lorsque l'entreprise ou l'établissement **atteint pour la première fois le seuil de 300 salariés,** le premier bilan social porte sur l'année suivante (soit l'année 2024 si le seuil a été atteint en 2023) et peut ne concerner que l'année écoulée. Le deuxième bilan peut ne concerner que les deux dernières années écoulées. Lorsque l'effectif **devient inférieur au seuil** d'assujettissement, un bilan social est néanmoins présenté pour l'année en cours (C. trav. art. L 2312-29).
> **d.** Les règles relatives au bilan social sont **supplétives,** c'est-à-dire qu'elles peuvent être écartées par accord (nos 3850 s.).

CONTENU ET SUPPORT

Le bilan social récapitule les principales **données chiffrées** permettant d'apprécier la **situation de l'entreprise** dans le domaine social, d'enregistrer les **réalisations** effectuées et de mesurer les **changements** intervenus au cours de l'année écoulée et des deux années précédentes (C. trav. art. L 2312-30, al. 1). 70775

Ces données sont regroupées en **8 grands chapitres** (C. trav. art. L 2312-30, al. 2) :

– emploi ;

– rémunérations et charges accessoires ;

– conditions de santé et de sécurité au travail ;

– autres conditions de travail (durée, organisation, conditions physiques du travail, médecine du travail, etc.) ;

– formation ;

– relations professionnelles ;

– nombre de salariés détachés et nombre de travailleurs détachés accueillis ;

– conditions de vie des salariés et de leurs familles si celles-ci dépendent de l'entreprise.

Le nombre et la teneur des informations sont **adaptés à la taille de l'entreprise** et de l'établissement. Par ailleurs, des bilans sociaux spécifiques peuvent être établis pour certaines **branches d'activité** (C. trav. art. L 2312-35).

Les données relatives au bilan social sont mises à disposition du CSE dans la **BDESE** (n° 70785). Pour la **liste** de ces données, voir n° 99020.

INFORMATION ET CONSULTATION DU CSE

Le CSE est consulté chaque année sur le bilan social dans le cadre de la **consultation annuelle** sur la politique sociale de l'entreprise, les conditions de travail et l'emploi (voir n° 3910). À cette fin, l'employeur lui met à disposition les informations du bilan social dans la **BDESE** (C. trav. art. L 2312-28, al. 1). 70785

COMMUNICATION DU BILAN SOCIAL

Les informations du bilan social sont mises à la disposition de tout **salarié** qui en fait la demande. Elles sont également mises à la disposition de l'agent de contrôle de l'**inspection du travail** avec l'avis du CSE dans un délai de 15 jours à compter de la réunion de ce dernier (C. trav. art. L 2312-31). 70790

Dans les **sociétés par actions,** le dernier bilan social accompagné de l'avis du CSE est adressé aux actionnaires ou mis à leur disposition dans les mêmes conditions que les documents qui leur sont communiqués en vue de l'assemblée générale des actionnaires (C. trav. art. L 2312-32).

SANCTIONS

70795 Si le CSE estime que le bilan comporte des indications insuffisantes, il peut **saisir le tribunal judiciaire** pour obtenir les éléments manquants dans les conditions exposées n°s 3750 s.
Sur le **plan pénal,** le fait de ne pas établir ou de ne pas soumettre annuellement le bilan au CSE (en l'absence d'accord visé n° 3850) est passible d'une amende de 7 500 € (C. trav. art. L 2317-2).
Une présentation **tardive ou incomplète** du bilan peut caractériser le délit d'entrave au fonctionnement du comité (Cass. crim. 15-5-2007 n° 06-84.318 F-PF : RJS 8-9/07 n° 969).

SECTION 2 ÉPARGNE SALARIALE

71000 L'épargne salariale permet d'associer les salariés aux résultats ou aux performances de l'entreprise ou a pour objet de se constituer une épargne avec l'aide de l'entreprise. Ce terme désigne la participation aux résultats de l'entreprise, l'intéressement et les plans d'épargne à proprement parler : plan d'épargne d'entreprise (PEE), plan d'épargne interentreprises (PEI), plan d'épargne pour la retraite collectif (Perco) et plan d'épargne retraite d'entreprise collectif (Pereco). Ces dispositifs ne sont envisagés ici qu'au regard du **rôle des représentants du personnel.** Pour un exposé complet des règles les concernant, voir Mémento social n°s 33700 s.

> **Précisions** Tous les **salariés** d'une entreprise compris dans le champ des accords d'intéressement et de participation ou des plans d'épargne salariale bénéficient de leurs dispositions. Une condition d'**ancienneté** dans l'entreprise ou dans le groupe peut toutefois être exigée, sans pouvoir excéder 3 mois décomptés selon les modalités prévues à l'article L 3342-1 du Code du travail.
> Par exception, dans les entreprises dont l'effectif habituel comprend **au moins 1 et moins de 250 salariés,** et sous certaines conditions, le **chef d'entreprise** ou, s'il s'agit d'une personne morale, son président, ses directeurs généraux, gérants ou membres du directoire ainsi que le **conjoint** ou le partenaire lié par un Pacs du chef d'entreprise s'il a le statut de conjoint collaborateur, de conjoint associé, de collaborateur d'exploitation ou d'entreprise agricole peuvent bénéficier de l'épargne salariale dans les conditions exposées ci-dessous pour chaque dispositif, même s'ils ne sont pas titulaires d'un contrat de travail (Inst. intermin. 2019-252 du 19-12-2019 opposable).

71005 **La mise en place de ces dispositifs est-elle obligatoire ?** La **participation** est obligatoire pour les entreprises et les unités économiques et sociales (UES) remplissant une condition d'effectif (voir n° 71110). L'**intéressement** et les **plans d'épargne salariale** (sauf pour les entreprises dotées d'un dispositif de participation) sont facultatifs, quel que soit l'effectif de l'entreprise.
Afin de favoriser la mise en place d'au moins un de ces dispositifs dans l'entreprise, la loi impose toutefois la négociation sur ce point dans différentes hypothèses.
Ainsi, les **entreprises soumises à l'obligation de négocier** (n°s 81080 s.) doivent le faire sur le thème du partage de la valeur ajoutée (n°s 81200 s.). L'intitulé de ce sujet étant rédigé de manière générale, les entreprises qui ont conclu un **accord d'adaptation,** selon les règles visées n°s 81260 s., respectent selon nous cette obligation si elles négocient la mise en place d'au moins un des dispositifs d'épargne salariale. À défaut d'accord d'adaptation, des **dispositions supplétives** imposent une négociation annuelle sur le partage de la valeur ajoutée portant notamment sur les dispositifs d'épargne salariale (voir n°s 81340 s.).
Dans les **entreprises dépourvues de délégué syndical** où est présent un **CSE** et où aucun accord d'intéressement ou de participation n'est en vigueur, l'employeur doit proposer, tous les 3 ans, un examen des conditions dans lesquelles pourraient être mis en œuvre un ou plusieurs dispositifs d'épargne salariale : intéressement, participation, plans d'épargne (C. trav. art. L 3344-3).

> **Précisions** Un **projet de loi** « sur le partage de la valeur au sein de l'entreprise », en cours d'examen par le Parlement, prévoit 2 nouveaux dispositifs : un mécanisme de partage de la valeur serait expérimenté dans les entreprises de 11 à moins de 50 salariés réalisant un certain niveau de bénéfice pendant 3 exercices consécutifs ; les entreprises pourraient mettre en place un plan de partage de la valorisation de l'entreprise consistant à verser une prime aux salariés si la valeur de l'entreprise augmente sur une période de 3 années.
> Par ailleurs, le projet de loi de finances pour 2024 prévoit d'instaurer une obligation de négociation sur le partage d'une augmentation exceptionnelle du bénéfice, dans les entreprises d'au moins 50 salariés.

Quels sont les avantages de ces dispositifs ? Les dispositifs d'épargne salariale permettent aux salariés et, dans certaines conditions, aux dirigeants et à leurs conjoints de se constituer une épargne dans le cadre de l'entreprise. Ils sont assortis d'**exonérations sociales et fiscales** bénéficiant aux participants et aux entreprises. **71010**
Ces avantages sont subordonnés au respect des dispositions légales et réglementaires régissant ces régimes. Notamment, les accords, décisions unilatérales, documents unilatéraux ou règlements instaurant un dispositif d'épargne salariale doivent faire l'objet d'un **dépôt** sur la plateforme TéléAccords. Ce dépôt concerne également des documents annexes qui sont précisés au fil des développements lorsqu'ils intéressent les représentants du personnel.

71040

Prime de partage de la valeur (PPV)

Tous les employeurs de droit privé peuvent décider de verser à leurs salariés une prime de partage de la valeur, ou PPV, assortie d'exonérations sociales et fiscales.

Cette prime peut être mise en place par un **accord d'entreprise ou de groupe,** conclu selon les modalités prévues pour les accords d'**intéressement,** elles-mêmes identiques à celles prévues pour les accords de participation (n° 71200), ou par **décision unilatérale** de l'employeur prise après **consultation du CSE** s'il existe. Elle ne peut pas se substituer à un élément de rémunération du salarié, qu'il soit prévu par accord, par contrat ou par usage (Loi 2022-1158 du 16-8-2022 art. 1).

Un projet de loi en cours d'examen devant le Parlement prévoit que cette prime pourrait être **affectée** en tout ou partie **à un plan** d'épargne salariale (PEE, PEI, Perco, Pereco ou Pero).

Pour plus de détails sur cette prime, voir Mémento social n° 70490.

I. PARTICIPATION AUX RÉSULTATS DE L'ENTREPRISE

La participation aux résultats de l'entreprise a pour objet de garantir collectivement aux salariés le droit de participer aux résultats de l'entreprise. Elle est issue de la répartition entre les bénéficiaires d'une réserve spéciale de participation qui peut être calculée selon la **formule légale** fixée à l'article L 3324-1 du Code du travail prenant notamment en compte le bénéfice net de l'entreprise. Les parties peuvent toutefois décider de retenir une formule de calcul **dérogatoire** à condition, en particulier, d'assurer aux salariés des avantages au moins équivalents. Les accords dérogatoires suivent pour le reste les mêmes principes que les accords de droit commun (C. trav. art. L 3324-2). **71060**
La réserve spéciale est ensuite **répartie** entre les bénéficiaires. Si ces derniers ne demandent pas le versement immédiat de leur quote-part de la réserve spéciale, elle est alors indisponible pour une durée de 5 ans en principe : voir n° 71160.

> **Précisions** Un **projet de loi** en cours d'examen devant le Parlement prévoit d'introduire dans le Code du travail un principe de non-substitution de la participation au salaire, déjà prévu pour l'intéressement (voir n° 71590).

A. Mise en place

1. ENTREPRISES ASSUJETTIES ET DÉLAI DE MISE EN PLACE

71110 L'entreprise employant au moins **50 salariés** est obligatoirement assujettie à la participation. Il en est de même pour l'**UES** (unité économique et sociale) atteignant cet effectif (C. trav. art. L 3322-2), même si aucune des entreprises la constituant ne l'atteint à elle seule.

L'effectif est décompté selon les règles prévues à l'article L 130-1 du CSS. Pour en savoir plus, voir Mémento Social n°s 31550 s. (C. trav. art. L 3321-1, al. 5). Le mécanisme de gel du franchissement d'un seuil d'effectif pendant 5 ans prévu par ce texte du CSS s'applique ainsi à la participation : l'entreprise est **assujettie** à compter du premier exercice ouvert après une période de 5 années civiles pendant laquelle son effectif est au moins égal à 50 salariés (C. trav. art. L 3322-1). Le gel de 5 ans ne s'applique pas au seuil de un salarié à partir duquel une entreprise peut faire bénéficier de la participation le **dirigeant et son conjoint** ou assimilé mentionnés n° 71000 (C. trav. art. L 3324-2, al. 9).

L'entreprise dispose d'un **délai** d'un an suivant la clôture de l'exercice au titre duquel sont nés les droits des salariés pour conclure un accord de participation. À défaut, un **régime dit d'autorité** est prévu : voir n° 71280 (C. trav. art. L 3323-5).

Par **exemple,** une entreprise dont l'exercice correspond à une année civile et dont l'effectif pour l'année 2023 dépasse les 50 salariés sera assujettie au titre de l'année 2028, si son effectif est resté au moins égal à 50 salariés au cours de cette période, et disposera de l'année 2029 pour conclure un accord.

L'accord de participation peut prévoir sa suspension en cas de **baisse des effectifs** en deçà de 50 salariés (Cass. soc. 18-9-2002 n° 99-15.454 FP-PBR : RJS 11/02 n° 1264). À défaut, l'employeur doit continuer à appliquer l'accord, sauf à le dénoncer selon les modalités définies n° 71445. Il en va ainsi en présence d'une clause de tacite reconduction n'excluant pas son application en cas de baisse de l'effectif en deçà de 50 salariés (Cass. soc. 3-5-2007 n° 05-12.340 FS-PB : RJS 7/07 n° 875).

L'entreprise ne remplissant pas la condition d'effectif peut décider d'**appliquer volontairement** la participation : voir n°s 71300 s.

Pour le **champ d'application** professionnel de la participation, voir Mémento social n° 33730.

> **Précisions a.** Par dérogation, l'**entreprise ayant conclu un accord d'intéressement** et venant à employer au moins 50 salariés n'est tenue de mettre en place un régime de participation qu'au troisième exercice clos après le franchissement du seuil d'assujettissement à la participation, si l'accord est appliqué sans discontinuité pendant cette période (C. trav. art. L 3322-3). Ce gel de 3 années se cumule avec le gel de 5 années du franchissement de seuil prévu par l'article L 130-1 du CSS. Lorsque l'entreprise a atteint pour la première fois l'effectif de 50 salariés et qu'elle est déjà couverte par un accord d'intéressement à ce moment-là, alors s'ouvre un délai de 5 années civiles auquel s'ajoutent 3 exercices clos pour la mise en place de la participation (Inst. intermin. 2019-252 du 19-12-2019 opposable). L'accord de participation alors conclu peut reprendre la base de calcul et de répartition de l'accord d'intéressement ayant expiré. Il s'agit dans ce cas d'un accord dérogatoire (C. trav. art. L 3322-3).
>
> Attention, un **projet de loi** en cours d'examen devant le Parlement prévoit de supprimer ce gel supplémentaire de 3 ans qui retarde la mise en place de la participation.
>
> **b.** L'**entreprise nouvelle** dont la création ne résulte pas d'une fusion, totale ou partielle, d'entreprises préexistantes n'est tenue de conclure un accord de participation qu'à partir du 3e exercice clos après sa création (C. trav. art. L 3322-5).

2. CONCLUSION D'UN ACCORD DE PARTICIPATION

a. Prérequis

71140 La mise en place de la participation, à titre volontaire ou obligatoire, nécessite l'**existence d'un plan d'épargne salariale.** En effet, en application de l'article L 3323-2 du Code du travail, les sommes versées au titre d'un accord de participation conclu depuis le 24-5-2019 doivent être gérées en totalité dans un tel plan. Il doit s'agir d'un plan d'épargne de moyen terme (PEE ou PEI) et pas seulement d'un Perco (Étude d'impact de la loi 2019-486 du 22-5-2019) ou d'un Pereco (C. mon. fin. art. L 224-2 et L 224-20). Les accords conclus avant cette date qui prévoyaient la gestion d'une partie des sommes au sein d'un compte courant bloqué restent applicables (Loi 2019-486 du 22-5-2019 art. 155-VI).

ATTENTION

Dans les entreprises appliquant **à la fois un accord de participation et un Perco ou un Pereco,** si le bénéficiaire ne demande pas le versement immédiat de tout ou partie de ses droits à participation ou ne décide pas de les affecter à l'un des emplois proposés par l'accord de participation, la **moitié** de sa quote-part de la réserve spéciale déterminée selon la formule légale de calcul est **affectée par défaut** au Perco ou au Pereco, l'autre moitié étant affectée en application des dispositions de l'accord de participation, dans les conditions prévues aux articles L 3324-12 et R 3324-21-1 du Code du travail. Cette mesure d'affectation par défaut au Perco s'applique de plein droit, même si l'accord de participation ne le prévoit pas (Circ. intermin. du 19-4-2012). Il en va de même, selon nous, en cas d'affectation par défaut au Pereco.

Il n'y a pas d'obligation de **consulter le CSE** sur le projet d'accord de participation, quelles que soient ses modalités de conclusion (nos 71200 s.). **71150**

71160

Quel est l'intérêt de conclure un accord de participation ?

La conclusion d'un accord de participation offre certains avantages par rapport au régime d'autorité applicable à défaut d'accord (n° 71280). Ainsi, notamment :
– l'**indisponibilité des sommes** versées au titre d'un accord est de 5 ans au lieu de 8 ans dans le régime d'autorité (C. trav. art. L 3324-10 et L 3323-5), sauf si les sommes sont versées dans un Perco ou dans un Pereco auquel cas elles sont en principe bloquées jusqu'à la retraite (C. trav. art. R 3324-21-1) ;
– les sommes issues de la réserve spéciale de participation peuvent être **affectées** à un ou plusieurs plans d'épargne salariale alors que dans le cadre du régime d'autorité, elles sont obligatoirement versées à un compte courant bloqué et portent intérêt à un taux égal à 1,33 fois le taux moyen de rendement des obligations des sociétés privées (C. trav. art. L 3323-5 ; Arrêté ECOT0120131A du 10-10-2001 art. 1er) ;
– l'accord de participation peut fixer une **ancienneté** minimale pour pouvoir bénéficier de la participation (n° 71000). Dans le cadre du régime d'autorité, aucune condition d'ancienneté ne peut être prévue (C. trav. art. L 3342-1 ; Guide épargne salariale juillet 2014) ;
– la possibilité pour certains **chefs d'entreprise** et assimilés (n° 71000) de bénéficier de la participation (C. trav. art. L 3323-6 pour les entreprises volontairement assujetties à la participation ; art. L 3324-2 pour les entreprises ayant conclu un accord dérogatoire ; Circ. DGT 2009-13 du 19-5-2009) n'est pas prévue dans le cadre du régime d'autorité ;
– la **réserve** peut être **calculée** selon la formule légale ou selon une formule dérogatoire. Dans le cadre du régime d'autorité, seule la formule légale peut être retenue ;
– la **réserve** peut être **répartie** entre les salariés, au choix de l'accord, proportionnellement aux salaires ou au temps de présence ou uniformément, ou en combinant plusieurs de ces critères, chacun étant alors appliqué à une « sous-masse » distincte de la réserve spéciale (C. trav. art. L 3324-5 ; Guide épargne salariale juillet 2014). Dans le cadre du régime d'autorité, la répartition est nécessairement proportionnelle aux salaires (Guide épargne salariale juillet 2014).

b. Modalités de conclusion

Les accords de participation peuvent être conclus (C. trav. art. L 3322-6) : **71200**
– par convention ou accord collectif de travail ;
– par accord entre l'employeur et les représentants d'organisations syndicales représentatives dans l'entreprise ;
– par accord conclu au sein du CSE ;
– à la suite de la ratification, à la majorité des deux tiers du personnel, d'un projet de contrat proposé par l'employeur.
Les accords sont **déposés** sur la plateforme TéléAccords (C. trav. art. D 3323-1). Sur le **contrôle** opéré par l'administration et la sécurisation des exonérations sociales et fiscales en découlant, voir n° 71800.
Sur la **publication** des accords dans la **base de données nationale des accords collectifs**, voir n° 80510.

ATTENTION

La liste des modalités de conclusion des accords est **limitative** (Rép. Guillermin : AN 29-4-1971). En revanche, la loi n'établissant pas de **hiérarchie,** l'employeur peut choisir librement parmi les modalités de conclusion proposées.

CONVENTION OU ACCORD COLLECTIF DE TRAVAIL

71210 S'il est conclu par convention ou accord collectif de travail, l'accord de participation relève du **droit commun** de la négociation collective (n°s 80150 s.).

> **Précisions** Les modalités de négociation dans les **entreprises sans délégué syndical** prévues par le Code du travail (n°s 81900 s.) permettent de conclure un accord de participation qui aura valeur d'accord collectif. Par contre, un accord qui serait conclu avec le personnel selon l'une des modalités spécifiques prévues en matière de participation n'aurait pas valeur d'accord collectif.

ACCORD AVEC LES REPRÉSENTANTS DE SYNDICATS REPRÉSENTATIFS

71215 Les représentants d'organisations syndicales doivent détenir le pouvoir de négocier et de conclure un accord de participation d'un **mandat spécifique** d'un syndicat représentatif dans l'entreprise (Guide épargne salariale juillet 2014), le texte du mandat devant être joint à l'accord lors de son dépôt sur la plateforme TéléAccords (C. trav. art. D 3345-1). Toutefois, un mandat n'est pas nécessaire pour les délégués syndicaux, dès lors que leur qualité est expressément mentionnée dans l'accord (C. trav. art. D 3345-1). La **représentativité du syndicat** qui donne le mandat peut s'apprécier au niveau de l'entreprise (Guide épargne salariale juillet 2014). La **validité d'un tel accord** n'est subordonnée, selon nous, ni à sa signature par les représentants de tous les syndicats représentatifs dans l'entreprise ni à une condition de majorité.

RATIFICATION PAR LE PERSONNEL

71220 La ratification peut être constatée soit par **signature directe** de l'accord par les deux tiers des salariés de l'entreprise, soit par un **procès-verbal** rendant compte d'une consultation sur le projet d'accord (Guide épargne salariale juillet 2014). **L'initiative** de la ratification appartient à l'employeur, mais s'il existe dans l'entreprise une ou plusieurs organisations syndicales représentatives ou un CSE, elle doit être **demandée conjointement** par l'employeur et une ou plusieurs de ces organisations ou ce comité (C. trav. art. L 3322-6).

Il est fait mention de la demande conjointe dans les **documents déposés** sur la plateforme TéléAccords (C. trav. art. D 3345-2), c'est-à-dire dans le texte de l'accord ou les documents annexes déposés (Guide épargne salariale juillet 2014). À défaut de syndicats représentatifs ou de CSE, doit être jointe une attestation de l'employeur selon laquelle il n'a été saisi d'aucune désignation de délégué syndical et, pour les entreprises assujetties à la législation sur les CSE, un procès-verbal de carence datant de moins de 4 ans (C. trav. art. D 3345-3 ; Guide épargne salariale juillet 2014). Doit également être déposé auprès de l'administration l'émargement, sur la liste nominative de l'ensemble des salariés, des salariés signataires ou le procès-verbal rendant compte du résultat de la consultation dans les conditions de majorité requises (C. trav. art. D 3345-1).

La consultation des salariés sur le projet d'accord doit être organisée dans le respect des principes généraux du droit électoral (Guide épargne salariale juillet 2014).

Sur la procédure de ratification par le personnel d'un accord de **participation de groupe,** voir n° 71255.

> **ATTENTION**
>
> La majorité des deux tiers du personnel s'apprécie par rapport à l'ensemble de l'effectif de l'entreprise au moment de la ratification de l'accord et non en considérant les seuls salariés présents dans l'entreprise à cette date. L'ensemble du personnel inscrit à l'effectif de l'entreprise doit donc être appelé à se prononcer sur le texte de l'accord proposé, quelles que soient les modalités pratiques retenues pour la consultation et la signature de l'accord (Guide épargne salariale juillet 2014).

ACCORD AU SEIN DU CSE

71225 L'accord est **conclu entre,** d'une part, l'employeur et, d'autre part :

– soit la délégation du personnel du CSE statuant à la majorité (C. trav. art. D 3345-1), la majorité requise étant celle des membres salariés présents lors de la réunion (Guide épargne salariale juillet 2014) ;

– soit le secrétaire ou un autre membre du comité mandatés à cette fin (Guide épargne salariale juillet 2014).

Le **procès-verbal** de la séance au cours de laquelle l'accord a été conclu constate le consentement des parties, leurs éventuelles observations ainsi que, le cas échéant, la mention de ce mandat. La date figurant sur le procès-verbal constitue la date de signature de l'accord (Guide épargne salariale juillet 2014). Le procès-verbal (ou un extrait : Guide épargne salariale juillet 2014) doit être joint en annexe à l'accord lors de son dépôt (C. trav. art. D 3345-1).

> **Précisions a.** Dans les entreprises disposant d'**établissements distincts,** l'accord est conclu avec le comité central d'entreprise, solution transposable selon nous au CSE central (Guide épargne salariale juillet 2014).
> **b.** La nature et les pouvoirs du comité de **groupe** ne permettent pas de lui accorder compétence en matière de négociation des accords (Guide épargne salariale juillet 2014, précision apportée en matière d'accord d'intéressement et de PEE mais, selon nous, transposable à l'accord de participation). Sur les modalités de conclusion d'un accord de participation au niveau du groupe, voir n°s 71255 s.

c. Niveau de conclusion

ENTREPRISES APPARTENANT À UNE UES

Une UES remplissant la condition d'effectif (n° 71110) est obligatoirement assujettie à la participation et doit donc constituer une réserve spéciale si ses résultats le lui permettent (C. trav. art. L 3322-2). **71250**
La participation peut être mise en place :
– soit par un **accord unique** conclu au niveau de l'UES (C. trav. art. R 3322-2). L'accord peut être conclu avec le CSE commun s'il porte sur la totalité du champ de représentativité de ce comité. Si le projet d'accord est ratifié par le personnel, la ratification est demandée conjointement par le comité commun (Guide épargne salariale juillet 2014). L'accord peut également être conclu selon les autres modalités exposées n° 71200. Enfin, les modalités de conclusion prévues pour les accords de groupe aux 1° et 3° de l'article L 3322-7 du Code du travail (n° 71255) peuvent être utilisées (Guide épargne salariale juillet 2014) ;
– soit par des **accords distincts** conclus au sein de chaque entreprise constituant l'UES, couvrant l'ensemble des salariés de ces entreprises (C. trav. art. R 3322-2). Dans ce cas, le comité commun ne peut pas conclure ces accords, qui ne peuvent l'être que selon l'une des autres modalités fixées n° 71200. En cas de ratification par le personnel, la demande conjointe ne peut pas être faite par le comité commun (Guide épargne salariale juillet 2014).

GROUPE DE SOCIÉTÉS

La participation peut être mise en place au sein d'un groupe constitué par des entreprises juridiquement indépendantes, mais ayant établi entre elles des liens financiers et économiques (C. trav. art. L 3344-1). Le comité de groupe n'est pas compétent pour mettre en place ce dispositif. En revanche, il peut l'être : **71255**
– par des **accords séparés** conclus selon les modalités de **droit commun** : voir n° 71200. Chaque entreprise adopte alors en son sein l'accord de groupe dans les mêmes termes, en choisissant le mode de conclusion qui lui convient (Guide épargne salariale juillet 2014). Cette procédure peut se révéler assez lourde puisqu'elle devra être suivie pour chaque avenant à l'accord ;
– par un **accord de groupe** conclu entre certaines ou toutes les sociétés d'un même groupe selon l'une des **modalités spécifiques** suivantes (C. trav. art. L 3322-7) :

1° entre le mandataire des sociétés intéressées et le ou les salariés appartenant à l'une des entreprises du groupe mandaté(s) à cet effet par un ou plusieurs syndicats représentatifs ;

2° entre le mandataire des sociétés intéressées et les représentants mandatés par chacun des CSE concernés. Le mandat doit résulter d'une délibération de chaque CSE prise à la majorité de la délégation du personnel : voir n° 71260 ;

3° à la suite de la ratification à la majorité des deux tiers du personnel d'un projet d'accord proposé par le mandataire des sociétés du groupe. Dans ce cas, lorsqu'il existe dans les sociétés concernées un ou plusieurs syndicats représentatifs ou, si toutes les sociétés sont concernées, s'il existe un comité de groupe, la ratification doit être demandée conjointement par le mandataire des sociétés du groupe et soit un ou plusieurs de ces syndicats, soit la majorité des CSE des sociétés concernées, soit le comité de groupe. La majorité des deux tiers est appréciée au niveau de l'ensemble des sociétés concernées ;

– par un accord de groupe conclu selon les modalités prévues aux articles L 2232-30 et suivants du Code du travail, qui peut l'être avec des **coordonnateurs syndicaux** mentionnés au n° 82665 (Guide épargne salariale juillet 2014).
Sur la possibilité pour les salariés des **groupements d'employeurs** de bénéficier de la participation, voir n° 71765.
Pour l'incidence de la mise en place, au sein d'un groupe d'entreprises, de la participation, de l'intéressement ou d'un PEE sur la reconnaissance d'une **UES,** voir n° 22640.

ATTENTION

La conclusion d'un accord de groupe suppose des **liens économiques et financiers** d'une certaine importance et stables dans le temps. Constituent de tels liens des coopérations régulières concernant une part importante de l'activité des entreprises pour fabriquer un produit ou fournir un service ou un ensemble de services. En revanche, des liens en capital entre les entreprises du groupe ne sont pas nécessaires (Guide épargne salariale juillet 2014, précisions apportées en matière d'accord d'intéressement mais transposable, selon nous, à l'accord de participation).

71260 L'accord de groupe doit être **déposé** sur la plateforme TéléAccords, accompagné des **documents** suivants (C. trav. art. D 3323-4) :
– quel que soit le mode de conclusion de l'accord, les mandats habilitant le mandataire des différentes sociétés intéressées à signer l'accord de groupe ;
– si l'accord a été conclu avec un ou plusieurs salariés appartenant à l'une des entreprises du groupe mandatés par un ou plusieurs syndicats, les mandats les habilitant à signer l'accord de groupe ;
– si l'accord a été conclu avec les représentants mandatés par chacun des CSE intéressés, les procès-verbaux de séance établissant que la délégation du personnel statuant à la majorité a explicitement donné mandat à ces représentants pour signer l'accord de groupe ;
– si l'accord résulte de la ratification par les deux tiers des salariés inscrits à l'effectif de chacune des sociétés intéressées du projet proposé par le mandataire de ces sociétés : soit l'émargement, sur la liste nominative de l'ensemble des salariés de chacune des sociétés intéressées, des salariés signataires, soit un procès-verbal rendant compte de la consultation, au niveau de chacune des entreprises ou au niveau du groupe.
Les documents déposés doivent mentionner que la ratification par le personnel a été demandée conjointement par le mandataire des sociétés intéressées et une ou plusieurs organisations syndicales, ou la majorité des CSE des sociétés intéressées, ou le comité de groupe. À défaut, doivent être déposés avec l'accord une attestation des différents chefs d'entreprise intéressés selon laquelle ils n'ont été saisis d'aucune désignation de délégué syndical et, pour les entreprises assujetties à la législation sur les CSE, un procès-verbal de carence datant de moins de 4 ans (C. trav. art. R 3323-5 et R 3323-6).

ACCORD DE BRANCHE

71262 **Négociation** Chaque branche professionnelle peut conclure un accord instaurant un dispositif d'épargne salariale (intéressement, participation ou plan d'épargne salariale) adapté aux spécificités des **entreprises employant moins de 50 salariés.** S'agissant de l'**intéressement,** cette négociation peut porter sur les critères de performance relevant de la **responsabilité sociale des entreprises** (Loi 2019-486 du 22-5-2019 art. 155-V modifié ; Décret 2019-862 du 20-8-2019 art. 2).
Par ailleurs, une négociation doit être menée au moins tous les 5 ans au niveau de la branche ou, à défaut, au niveau professionnel, sur l'institution d'un **PEI** ou d'un **Pereco interentreprises** lorsqu'il n'en existe pas à ce niveau (C. trav. art. L 2241-1 et L 2241-16).

71263 **Agrément administratif et application** Les accords de branche d'épargne salariale ouvrant droit aux adhésions des entreprises et déposés **depuis le 1-11-2021** doivent faire l'objet d'un agrément par le ministère du travail. **Après le dépôt** de l'accord, l'administration délivre l'agrément dans un **délai** de 4 mois, qui peut être prorogé de moitié (pour les accords déposés avant le 1-1-2023 : délai de 6 mois renouvelable une fois à condition d'en informer l'entreprise). Pendant ce délai d'instruction, elle peut demander des informations complémentaires à celle-ci, ainsi que le retrait ou la modification des clauses contraires aux dispositions légales. L'agrément ne peut être délivré que si l'accord ou l'avenant est conforme aux dispositions légales, notamment au caractère collectif de l'épargne salariale et au caractère aléatoire de l'intéressement. L'**absence de décision** dans le délai imparti vaut agrément (C. trav. art. L 3345-4 et D 3345-6).
Toute entreprise peut alors **appliquer** l'accord de branche agréé en concluant un **accord** selon le mode de conclusion de droit commun prévu pour chaque dispositif. Les **entreprises de moins de 50 salariés** peuvent appliquer l'accord au moyen d'un document unilatéral d'adhésion si ledit accord de branche le prévoit et propose des stipulations spécifiques pour ces entreprises, sous forme d'accord-type offrant plusieurs choix à l'employeur. L'accord d'entreprise ou le document unilatéral doit être **déposé** sur la plateforme TéléAccords selon les modalités propres à chaque dispositif (C. trav. art. L 3312-8, L 3322-9, L 3332-6-1 et L 3333-7-1 ; C. trav. art. D 3313-1, D 3323-1 et art. R 3332-4).

ATTENTION

Si l'accord de branche agréé ouvre des **choix,** l'**accord** conclu au niveau de l'entreprise doit indiquer la ou les options retenues ou, si l'accord de branche le prévoit, préciser le contenu des choix laissés à l'employeur. Dans les entreprises de moins de 50 salariés, le **document unilatéral** d'adhésion indique les choix retenus parmi les options de l'accord-type, qui ne peuvent pas être adaptables par l'employeur (C. trav. art. D 3345-7 et D 2232-1-6).

Sécurisation des exonérations Dès lors que l'accord de branche a été **agréé,** aucune contestation ultérieure de sa conformité aux dispositions légales en vigueur au moment de sa conclusion ne peut plus remettre en cause les exonérations fiscales et sociales attachées aux dispositifs d'épargne salariale pour les entreprises qui l'appliquent selon les modalités mentionnées n° 71263 (C. trav. art. L 3345-4). 71264

En outre, par dérogation au contrôle administratif de droit commun (n° 71800), lorsqu'une entreprise adhère à un accord de branche agréé, les **exonérations** fiscales et sociales attachées au dispositif d'épargne salariale sont réputées acquises **dès le dépôt** de l'accord ou du document unilatéral d'adhésion et pour toute sa **durée** d'application (C. trav. art. L 3312-8, L 3322-9, L 3332-6-1 et L 3333-7-1). Pour l'**intéressement,** cette sécurisation est conditionnée au respect des dates limites de conclusion et de dépôt de l'accord visées n° 71705.

d. Contenu de l'accord

Tout accord de participation **doit** notamment **comporter** les clauses suivantes (Guide épargne salariale juillet 2014) : 71270

– sa date de conclusion, de prise d'effet et sa durée ;

– la formule servant de base au calcul de la réserve spéciale de participation, qu'il s'agisse de la formule légale ou d'une formule dérogatoire. Dans ce dernier cas, l'accord doit contenir une clause d'équivalence ainsi que le plafond retenu pour le montant global de la réserve spéciale de participation parmi ceux fixés à l'article L 3324-2 du Code du travail : à défaut de précision dans l'accord, le plafond correspond de plein droit à la moitié du bénéfice net comptable ;

– la durée d'indisponibilité des droits, qui est de 5 ans sauf si la participation est affectée à un Perco (ou à un Pereco), la durée d'indisponibilité étant celle prévue pour ce dispositif ;

– les cas de déblocages anticipés ;

– les critères retenus pour la répartition de la réserve spéciale entre les bénéficiaires parmi ceux autorisés (voir n° 71160) ;

– les plafonds de répartition de la réserve entre les bénéficiaires : les montants maximaux du salaire pris en compte pour la répartition proportionnelle aux salaires, que l'accord peut déterminer dans la limite de 3 fois le plafond annuel de la sécurité sociale (Pass) (C. trav. art. L 3324-5), et des droits à participation susceptibles d'être attribués à un même salarié, qui ne peuvent excéder les 3/4 du Pass pour un même exercice (C. trav. D 3324-12) ;

– la possibilité pour les bénéficiaires de demander le versement immédiat de tout ou partie de leurs droits à participation, avant qu'ils ne soient frappés d'indisponibilité, dans les conditions fixées aux articles L 3324-10 et R 3324-21-1 du Code du travail. Les accords dérogatoires peuvent prévoir que tout ou partie de l'excédent de participation résultant de la formule dérogatoire ne puisse pas être immédiatement versé (Guide épargne salariale juillet 2014) ;

– les conditions et délais dans lesquels les bénéficiaires peuvent choisir la ou les affectations des sommes leur revenant au titre de la participation, en précisant qu'à défaut de choix exprimé par eux, la moitié de ces sommes sera affectée d'office dans un Perco (ou un Pereco) lorsqu'il a été mis en place dans l'entreprise ;

– la nature et les modalités de gestion des droits des bénéficiaires ;

– les conditions d'information individuelle et collective des bénéficiaires sur l'existence, le contenu et l'application du régime de participation en vigueur dans l'entreprise. L'accord prévoit ainsi notamment les modalités d'information des bénéficiaires portant sur les sommes attribuées au titre de la participation, le montant dont ils peuvent demander en tout ou partie le versement immédiat et le délai dans lequel ils peuvent formuler leur demande, et sur le dispositif d'affectation par défaut de la participation au Perco ou au Pereco (C. trav. art. R 3324-21-1).

Les accords de participation **peuvent** également **prévoir** certaines clauses, comme :

– l'ancienneté éventuellement requise pour bénéficier de la participation (n° 71000) ;

– la possibilité pour le chef d'entreprise et son conjoint ou assimilés mentionnés n° 71000 de bénéficier de la participation, dans des conditions définies à l'article L 3323-6 du Code du travail (entreprises appliquant volontairement la participation) ou à l'article L 3324-2 du même Code (entreprises appliquant un accord dérogatoire) ;

– et les procédures convenues pour le règlement des contestations portant sur le montant des salaires ou le calcul de la valeur ajoutée (n° 71535).

> **Précisions** Un **projet de loi** en cours d'examen devant le Parlement prévoit d'autoriser le versement d'**avances** sur la prime de participation, en cours d'exercice.

e. Défaut d'accord

RÉGIME D'AUTORITÉ

71280 En raison du caractère obligatoire de la participation, les entreprises assujetties qui ne concluent pas un accord de participation dans le **délai d'un an suivant** la clôture de l'exercice au titre duquel sont nés les droits des salariés (voir n° 71110) doivent appliquer le régime d'autorité moins favorable prévu à l'article L 3323-5 du Code du travail.
L'absence de conclusion d'un accord dans le délai d'un an est constatée par l'**inspecteur du travail** (C. trav. art. L 3323-5, al. 1). Les entreprises peuvent toutefois appliquer **spontanément** le régime d'autorité sans attendre le constat de l'inspecteur du travail, et en l'en tenant informé (Guide épargne salariale juillet 2014).

EXEMPLE

Une entreprise dont l'exercice correspond à l'année civile, assujettie à la participation en année N après application du gel du franchissement de 5 ans mentionné au n° 71110, dispose de l'année N + 1 pour couvrir l'exercice N par un accord de participation. À défaut, elle devra appliquer le régime d'autorité pour calculer une réserve spéciale de participation au titre de cet exercice.

DÉFAUT D'APPLICATION DE LA PARTICIPATION

71290 Le **juge judiciaire** peut prononcer des astreintes contre les entreprises n'exécutant pas leurs obligations en matière de participation, mais les **représentants du personnel** n'ont pas qualité à agir, cette action appartenant uniquement aux salariés de l'entreprise et au procureur de la République dans le ressort duquel l'entreprise est située (C. trav. art. L 3326-2).

> **Précisions** Le **comité social et économique,** même s'il peut négocier l'accord de participation, ne dispose d'aucun droit propre à la mise en place d'un régime de participation lorsque l'employeur assujetti est défaillant (Cass. soc. 18-1-2011 n° 08-19.398 F-D : RJS 4/11 n° 341).

3. APPLICATION VOLONTAIRE

71300 Les entreprises non tenues de mettre en place la participation, c'est-à-dire celles qui ne répondent pas à la condition d'effectif mentionnée n° 71110, peuvent s'y soumettre volontairement.
Dans ce cas, elles bénéficient des mêmes exonérations sociales et fiscales que les entreprises assujetties (C. trav. art. L 3323-6).

> **Précisions** Un **projet de loi** en cours d'examen devant le Parlement prévoit de permettre aux entreprises non tenues de mettre en place la participation d'appliquer un régime de participation avec une formule de calcul moins favorable que la formule légale.

NÉGOCIATION D'UN ACCORD

71305 La participation est mise en place par un accord conclu selon les mêmes **modalités** que pour les entreprises obligatoirement assujetties à ce dispositif : voir n° 71200.
En cas d'**échec** des négociations, l'employeur peut mettre en place un régime de participation par décision unilatérale. Le CSE est consulté sur le projet de décision unilatérale au moins 15 jours avant son **dépôt** auprès de l'administration (C. trav. art. L 3323-6) sur la plateforme TéléAccords, accompagnée du procès-verbal de la consultation du CSE (C. trav. art. D 3323-1 et D 3323-3) et du PV de désaccord (C. trav. art. D 3345-1).
L'employeur peut **dénoncer** ce dispositif de participation et doit déposer aussitôt cette décision sur la plateforme TéléAccords (C. trav. art. D 3323-8).

DISPENSE DE NÉGOCIATION

71310 Lorsque l'accord instituant un **PEI** prévoit de recueillir les sommes issues de la participation, les entreprises non assujetties à la participation sont dispensées de conclure un accord de participation. Le règlement du plan doit comporter certaines mentions (C. trav. art. L 3333-5). Les entreprises peuvent alors appliquer la participation unilatéralement dans les conditions prévues par ce règlement (Guide épargne salariale juillet 2014).

4. SUPPLÉMENT DE PARTICIPATION

71390 Les entreprises ayant conclu un accord de participation peuvent décider de verser un supplément de réserve au titre de l'exercice clos. Cette décision appartient au conseil d'administration ou au directoire s'ils existent ou, à défaut, à l'employeur. Un **accord** spécifique conclu selon les modalités définies nos 71200 s. peut prévoir des modalités de **répartition** différentes de celles prévues dans l'accord de participation de base (C. trav. art. L 3324-9). À défaut, le montant global du supplément de participation est réparti selon les modalités prévues dans l'accord de base, l'entreprise ne pouvant pas décider d'un montant individuel (Circ. DSS/DGT 2007-199 du 15-5-2007 : BOSS 6-07, opposable).

ATTENTION

Les entreprises ne peuvent pas verser de supplément de participation au titre d'un exercice au cours duquel :
– elles n'étaient **pas couvertes par un accord** de participation, par exemple si elles appliquent le régime d'autorité (Guide épargne salariale juillet 2014) ;
– la formule de calcul a donné un résultat nul, **aucune somme** n'étant donc **distribuée** en application de l'accord de participation (Circ. DSS/DGT 2007-199 du 15-5-2007 : BOSS 6-07, opposable ; Cass. soc. 16-12-2020 n° 19-10.634 F-D : RJS 3/21 n° 168).
La décision de verser un supplément ne peut intervenir qu'une fois les sommes résultant de la formule de calcul connues et versées (Cass. 2e civ. 11-7-2019 n° 18-16.412 F-D : RJS 10/19 n° 586, solution rendue à propos de l'intéressement, mais transposable selon nous à la participation).

B. Modification et dénonciation de l'accord

MODIFICATION DE L'ACCORD

La modification d'un accord de participation nécessite la conclusion d'un avenant selon l'une des modalités prévues pour les accords eux-mêmes (voir n° 71200) (Guide épargne salariale juillet 2014). Aucun texte n'impose toutefois que l'avenant soit conclu selon la même modalité que l'accord de base. **71440**

ATTENTION

Pour respecter le caractère aléatoire des accords de participation, ceux-ci ne peuvent pas être modifiés ou dénoncés avant la clôture d'au moins un exercice dont les **résultats** n'étaient **ni connus ni prévisibles** à la **date** de leur **conclusion.** Les résultats d'un exercice sont considérés comme prévisibles lorsque la moitié de l'exercice s'est écoulée (Guide épargne salariale juillet 2014).
Par exemple, dans le cas d'une entreprise dont l'exercice coïncide avec l'année civile, les résultats de l'exercice 2023 sont considérés comme prévisibles à partir du 1er juillet 2023. Un accord de participation conclu le 1er avril 2023 pourra être modifié ou dénoncé dès la clôture de l'exercice 2023, soit à partir du 1er janvier 2024. En revanche, un accord conclu le 1er septembre 2023 ne pourra être modifié ou dénoncé qu'après la clôture de l'exercice 2024, soit à partir du 1er janvier 2025.
L'application d'un avenant modifiant la formule de calcul, conclu alors que les **résultats** sont **connus,** réduit l'exonération de cotisations sociales dont bénéficie ce dispositif au montant de la participation résultant de la formule initiale (Cass. soc. 19-11-1998 n° 96-22.869 PB : RJS 1/99 n° 82).

DÉNONCIATION

L'accord de participation peut être dénoncé par une des parties, et le document unilatéral d'adhésion à un accord de branche de participation, par l'employeur (C. trav. art. D 3323-8). **71445**
La dénonciation d'un accord de participation prenant la forme d'un **accord collectif** obéit aux règles de droit commun exposées nos 81580 s.
La dénonciation d'un **accord conclu au sein du CSE** est constatée au procès-verbal de la séance au cours de laquelle elle a eu lieu (C. trav. art. D 3323-8). Lorsque la dénonciation émane de certains des membres du comité représentant le personnel, l'accord ne devient caduc que s'il ne recueille plus l'adhésion de la majorité de la délégation du personnel (Circ. intermin. 30-5-1968).
La validité de l'accord de participation conclu avec des **représentants de syndicats** n'étant pas subordonnée à sa signature par l'ensemble des syndicats présents dans l'entreprise, une dénonciation n'émanant pas de l'ensemble de ces syndicats n'entraîne pas forcément la caducité de l'accord (Circ. intermin. 30-5-1968).
La dénonciation est aussitôt **déposée** sur la plateforme TéléAccords (C. trav. art. D 3323-8 ; Guide épargne salariale juillet 2014).
Sur la dénonciation du dispositif **volontaire** de participation mis en place par **décision unilatérale,** voir n° 71305.

CONSEIL

Afin d'éviter des litiges, il est conseillé de prévoir dans l'accord les **délais** dans lesquels la dénonciation peut intervenir et sa date d'effet.
En revanche, l'accord ne peut être dénoncé que selon les règles spécifiquement prévues pour ce dispositif, même s'il contient une **clause résolutoire** prévoyant sa caducité de plein droit en raison de la survenance de faits indépendants de la volonté des parties. Une telle clause a en réalité pour seul objet de prédéterminer certaines causes envisagées par les parties pour la dénonciation de leur engagement (Guide épargne salariale juillet 2014).

CAS DES ACCORDS DE GROUPE

71455 L'adhésion ou le retrait d'une entreprise du dispositif de participation de groupe dépend de la rédaction de l'accord quant à son champ d'application selon qu'il liste les sociétés parties ou détermine des conditions pour y entrer (Guide épargne salariale juillet 2014) :
– si l'accord de groupe prévoit expressément l'**adhésion de plein droit** des entreprises sous certaines conditions (par exemple de détention de capital), l'adhésion de la nouvelle entreprise prend la forme d'un avenant – toujours nécessaire – signé par les représentants employeur et salariés de cette dernière, selon l'une des modalités prévues n° 71200 ;
– dans le cas contraire, l'avenant prévoyant l'adhésion de la nouvelle entreprise doit être signé par l'ensemble des parties concernées, c'est-à-dire tant par les représentants de la nouvelle entreprise adhérente que par ceux du groupe ou des entreprises déjà parties à l'accord de groupe ;
– le **retrait** d'une entreprise peut résulter de la dénonciation de cet accord par l'une des parties signataires de l'entreprise. La dénonciation donne lieu à notification et dépôt auprès de l'administration : voir n° 71445. Une révision du champ d'application de l'accord devrait être nécessaire ;
– si l'accord de participation contient des conditions d'**exclusion** de l'accord de groupe et si une entreprise les remplit, l'administration préconise de concrétiser la fin de la relation contractuelle par une dénonciation, qui sera notifiée aux partenaires sociaux et à la Dreets.
Ces règles concernent également la **modification** du champ d'application de l'accord d'**intéressement** de groupe, dont les avenants doivent également être déposés, et le **plan d'épargne** de groupe.

C. Application de la participation

71510 Le rôle des représentants ne se limite pas à la mise en place de la participation dans l'entreprise. Ils doivent être informés des modalités concrètes d'application de l'accord et assurer son suivi dans les conditions qu'il prévoit. La question de leur rôle se pose aussi lorsqu'une modification dans la situation juridique de l'entreprise a une incidence sur l'application de l'accord de participation et en cas de contentieux portant sur les éléments pris en compte pour le calcul de la participation ou sur l'exécution de l'accord.

INFORMATION DES REPRÉSENTANTS DU PERSONNEL

71515 Dans les 6 mois qui suivent la clôture de chaque exercice, l'employeur présente un **rapport** au CSE ou à la commission spécialisée éventuellement créée en son sein. Ce rapport comporte notamment les éléments servant de base au calcul du montant de la réserve spéciale pour l'exercice écoulé et des indications précises sur la gestion et l'utilisation de cette somme (C. trav. art. D 3323-13 ; Guide épargne salariale juillet 2014).
L'examen de ce rapport par le CSE doit faire l'objet de **réunions** distinctes ou d'une mention spéciale à l'**ordre du jour** de la réunion (C. trav. art. D 3323-14).
Pour l'examen de ce rapport, le comité peut se faire assister par un **expert-comptable** (voir n°s 2025 s.) (C. trav. art. D 3323-14), dont la rémunération est prise en charge intégralement par l'employeur (Cass. soc. 5-4-2023 n° 21-23.427 FS-B : RJS 6/23 n° 323).
En l'**absence de bénéfices** permettant de constituer une réserve spéciale de participation, l'employeur doit néanmoins, selon nous, présenter un rapport au CSE.
En l'**absence de CSE,** le rapport est adressé à chaque salarié présent dans l'entreprise à l'expiration du délai de 6 mois suivant la clôture de l'exercice (C. trav. art. D 3323-15).

ATTENTION

Un **livret d'épargne salariale** est remis au salarié lors de son embauche par toute entreprise proposant au moins un dispositif d'épargne salariale. Ce livret présente les différents dispositifs mis en place au sein de l'entreprise et doit être porté à la connaissance des représentants du personnel, le cas échéant en tant qu'élément de la **BDESE** (C. trav. art. L 3341-6).

SUIVI DE L'ACCORD

L'accord de participation ou le règlement d'un plan d'épargne salariale peuvent prévoir les conditions dans lesquelles le CSE ou une commission spécialisée créée par lui dispose des moyens d'information nécessaires sur ses **conditions d'application** (C. trav. art. L 3341-5). **71520**

> **Précisions** Les frais de fonctionnement de la commission spécialisée créée par le CSE sont pris en charge sur son budget de fonctionnement.

TRANSFERT D'ENTREPRISE

Lorsque survient une modification dans la situation juridique de l'entreprise, par **fusion, cession ou scission,** rendant impossible l'application d'un accord de participation (voir n° 71960), cet accord cesse de produire effet entre le nouvel employeur et le personnel de l'entreprise. **71525**

En l'**absence d'accord** de participation applicable à la **nouvelle entreprise,** celle-ci engage, dans un délai de 6 mois à compter de la clôture de l'exercice au cours duquel est intervenue la modification, une négociation en vue de la conclusion d'un nouvel accord, selon l'un des modes prévus n° 71200 (C. trav. art. L 3323-8). Il s'agit d'une obligation de négocier et non d'une obligation de résultat.

Lorsque le **nouvel employeur** est **déjà couvert** par un accord, les salariés transférés en bénéficient (Guide épargne salariale juillet 2014).

CONTENTIEUX

Litige sur le montant des éléments de calcul Le **bénéfice net** et le montant des **capitaux propres** de l'entreprise sont établis par une attestation de l'inspecteur des impôts ou du commissaire aux comptes. Les énonciations y figurant ne peuvent pas être contestées à l'occasion des litiges portant sur la participation (C. trav. art. L 3326-1). Cette interdiction concerne l'employeur et les salariés, mais aussi les syndicats, qu'ils aient ou non signé l'accord (Cass. soc. 9-2-2010 n° 08-11.338 F-D : RJS 4/10 n° 363), ainsi que le CSE (Cass. soc. 7-11-2001 n° 00-12.216 F-D : RJS 1/02 n° 64). **71535**

En revanche, l'attestation incomplète du commissaire aux comptes permet la contestation du calcul de la participation (Cass. soc. 30-1-2013 n° 12-11.875 FS-PB : RJS 4/13 n° 309).

Les actions tendant à contester le montant des **salaires** et le calcul de la **valeur ajoutée** pris en compte pour déterminer la réserve spéciale de participation sont réglées par les procédures stipulées par l'accord. À défaut, elles relèvent de la juridiction administrative (C. trav. art. L 3326-1 ; Cass. soc. 26-6-2019 n° 17-23.110 FS-PB : RJS 10/19 n° 585). Seuls les signataires de l'accord peuvent saisir le juge (C. trav. art. L 3326-1).

Les **litiges autres** que ceux relatifs aux salaires et au calcul de la valeur ajoutée relèvent du juge judiciaire (C. trav. art. L 3326-1).

> **Précisions** L'attestation du commissaire aux comptes certifiant le montant du bénéfice net ne peut pas être remise en cause dans un litige relatif à la participation, quand bien même l'action des syndicats est fondée sur la **fraude** ou l'abus de droit invoqués à l'encontre des actes de gestion de la société (Cass. soc. 28-2-2018 n° 16-50.015 FS-PB : RJS 5/18 n° 353). Cette solution vaut également, à notre avis, en cas d'attestation de l'inspecteur des impôts.

Action en exécution de l'accord S'il est **signataire** de l'accord de participation, le **CSE** peut-il agir afin d'en obtenir l'exécution ? À notre connaissance, cette question n'a jamais été tranchée. Toutefois, une solution permettant au comité d'agir, conjointement avec les organisations syndicales signataires, en exécution d'un accord de fin de conflit dont il est cosignataire (n° 1235) pourrait, à notre sens, nous orienter vers une réponse positive. **71540**

Est recevable l'action d'un **syndicat** tendant à la condamnation d'un employeur à constituer une **réserve spéciale de participation** pour chacun des exercices où l'accord n'a pas été appliqué et à la répartir entre les salariés de l'entreprise dès lors que n'est pas demandée la constitution de droits déterminés au profit de salariés nommément désignés (Cass. soc. 3-5-2007 n° 05-12.340 FS-PB : RJS 7/07 n° 875). Cette action entre en effet dans le champ de la défense des intérêts collectifs de la profession : voir n°s 12360 s.

Est en revanche irrecevable l'action d'un syndicat tendant à constituer une réserve spéciale de participation, mais supposant au préalable que le juge se prononce sur la validité du **transfert de contrats de travail** en application de l'article L 1224-1 du Code du travail (Cass. soc. 9-3-2016 n° 14-11.837 FS-PB : RJS 5/16 n° 350).

II. INTÉRESSEMENT

A. Caractéristiques

71590 Contrairement à la participation aux résultats, l'intéressement est **facultatif** quel que soit l'effectif de l'entreprise.
La **formule de calcul** est librement déterminée par les parties, sous réserve de présenter un caractère aléatoire et d'être liée aux résultats ou aux performances de l'entreprise au cours d'une année ou d'une **période** d'une durée inférieure au moins égale à 3 mois. Elle peut être complétée d'un objectif pluriannuel (C. trav. art. L 3312-1 et L 3314-2).

> **Précisions** Les sommes versées au titre d'un accord d'intéressement ne peuvent se substituer à aucun élément de rémunération en vigueur dans l'entreprise ou devenant obligatoires en vertu de règles légales ou contractuelles sauf si un délai de 12 mois sépare le dernier versement de l'élément de rémunération totalement ou partiellement supprimé et la date d'effet de l'accord d'intéressement (C. trav. art. L 3312-4). La méconnaissance de ce **principe de non-substitution** entraîne la perte des exonérations sociales et fiscales applicables (C. trav. art. L 3312-4 ; BOI-BIC-PTP-20-10 n° 270). Elle prive également d'effet l'accord d'intéressement ainsi que l'accord supprimant (ou réduisant) une prime prévue par un accord salarial préexistant sans respecter le délai de 12 mois (Cass. soc. 9-11-2005 n° 03-43.526 FS-D : RJS 1/06 n° 70).

B. Mise en place

1. PRÉREQUIS

71640 Une entreprise souhaitant mettre en place un accord d'intéressement doit avoir rempli ses **obligations en matière de représentation du personnel** (C. trav. art. L 3312-2). Une entreprise dont l'effectif dépasse le seuil légal de mise en place du CSE doit être dotée d'un tel comité ou pouvoir produire un procès-verbal de carence attestant que les élections ont été régulièrement organisées mais que l'absence de CSE est due au seul défaut de candidatures. En cas de non-respect de ces obligations, les sommes versées au titre de l'accord d'intéressement ne bénéficient d'aucune exonération (Guide épargne salariale juillet 2014).
S'agissant de l'information des représentants du personnel sur le contenu du **livret d'épargne salariale** remis aux salariés lors de leur embauche, voir n° 71515.

2. MODALITÉS

ACCORD OU DÉCISION UNILATÉRALE

71670 L'intéressement est institué dans l'entreprise par un accord conclu pour une **durée** de 1 à 5 ans selon les mêmes modalités que l'accord de participation : voir n° 71200 (C. trav. art. L 3312-5, I). Le **CSE** n'a pas à être **consulté** sur le projet d'accord d'intéressement.
Par dérogation, une **entreprise de moins de 50 salariés,** si elle n'est pas couverte par un accord de branche agréé, peut mettre en place un régime d'intéressement de 1 à 5 ans par **décision unilatérale,** dans deux cas : soit elle est dépourvue de délégué syndical et de CSE, auquel cas elle doit informer le personnel par tout moyen du régime mis en place ; soit elle a mené une négociation avec un délégué syndical ou avec le CSE sans aboutir, auquel cas un procès-verbal de désaccord doit être établi et le CSE, s'il existe, doit être consulté au moins 15 jours avant le dépôt de la décision unilatérale. Ce régime vaut accord d'intéressement et répond aux mêmes règles. Il peut être **reconduit** par décision unilatérale (C. trav. art. L 3312-5, II).
Un **supplément** d'intéressement peut être versé selon les modalités visées n° 71390.

> **Précisions a.** Depuis le 17-2-2023, les entreprises peuvent rédiger des **accords ou décisions unilatérales** d'intéressement « **prévalidés** » selon une procédure dématérialisée sur le site www.mon-interessement.urssaf.fr. Une fois établi, et sous réserve qu'aucune modification n'ait été apportée à ses clauses après son téléchargement, l'accord déposé sur la plateforme de téléprocédure avec le code d'identification est réputé conforme aux dispositions légales en vigueur et ouvre droit aux **exonérations** sociales et fiscales pour la durée d'application du régime (C. trav. art. L 3313-3 et R 3313-4).
>
> **b.** Sur la **publication** de l'accord d'intéressement dans la **base de données nationale des accords collectifs,** voir n° 80510.

CONTENU

L'accord d'intéressement ou la décision unilatérale **doit définir notamment** (C. trav. art. L 3313-1, L 3313-2 et R 3313-12) : 71675
- un préambule indiquant les motifs de l'accord ainsi que les raisons du choix des modalités de calcul de l'intéressement et des critères de répartition de ses produits ;
- son champ d'application et notamment, le cas échéant, les établissements concernés, dans le cas des entreprises à établissements multiples : voir n°s 71740 s. ;
- la période pour laquelle il est conclu. Sur la durée de l'accord, voir n° 71670. Sur sa tacite reconduction, voir n° 71905 ;
- les modalités d'intéressement retenues, résultats ou performances de l'entreprise (n° 71590) ;
- les modalités de calcul de l'intéressement (n° 71590) et les critères de répartition de ses produits. Sur ces derniers, identiques à ceux applicables à la répartition de la participation, voir n° 71160 ;
- les dates de versement ;
- l'information du CSE ou de la commission spécialisée créée par lui sur les conditions d'application de l'accord : voir n° 71830 ;
- les modalités d'information de chaque bénéficiaire sur : les sommes qui sont attribuées au titre de l'intéressement ; le montant dont il peut demander le versement ; le délai dans lequel il peut formuler sa demande ; l'**affectation par défaut** de ces sommes au PEE ou au PEI par application de l'article L 3315-2 du Code du travail si le salarié ne demande ni le versement ni l'affectation de sa prime ;
- les procédures convenues pour régler les différends qui peuvent surgir dans l'application de l'accord ou lors de sa révision : voir n° 71840 ;
- un système d'**information** du personnel et de vérification de ses modalités d'exécution (C. trav. art. L 3313-1 ; C. trav. art. D 3313-8 à D 3313-11).

L'accord **peut** en outre **fixer** (Guide épargne salariale juillet 2014) :
- une condition d'ancienneté, qui ne peut pas excéder 3 mois (voir n° 71000) ;
- le versement d'acomptes sur primes d'intéressement ;
- des modes de calcul ou de répartition différenciés selon les établissements et/ou unités de travail, voir n° 71745 ;
- une imputation de la réserve spéciale de participation sur le montant de la prime globale d'intéressement lorsque l'entreprise applique également un accord de participation (Cass. soc.18-12-2012 n° 11-13.813 F-PB : RJS 3/13 n° 225).

> **Précisions a.** En principe, les sommes doivent être **versées au plus tard** le dernier jour du cinquième mois suivant la clôture de l'exercice. Si l'intéressement est calculé sur une période infra-annuelle (n° 71705), alors la date limite de versement est le dernier jour du deuxième mois suivant la fin de la période de calcul (C. trav. art. L 3314-9).
> **b.** Le **versement d'acomptes** en cours d'année est possible mais le respect du caractère aléatoire de l'intéressement implique le reversement des sommes versées en trop si l'enveloppe globale de l'intéressement se révèle inférieure au montant des avances versées. L'accord doit comporter une clause de reversement des avances trop perçues, afin d'assurer l'information des bénéficiaires sur ce point (Guide épargne salariale juillet 2014). Ce versement doit respecter les termes de l'accord sous peine de voir les sommes versées soumises à cotisations sociales (Cass. 2e civ. 7-1-2021 n° 19-22.921 F-D : RJS 3/21 n° 173).

DATE DE SIGNATURE ET DE DÉPÔT

L'accord d'intéressement, la décision unilatérale ou le document unilatéral d'adhésion à un accord de branche doit être signé **avant** le premier jour de la deuxième moitié de la période de calcul suivant la date de sa prise d'effet (C. trav. art. L 3313-3 ; L 3314-4 et D 3313-1). 71705

La période de calcul, qui correspond le plus souvent, en pratique, à l'exercice comptable, peut être l'année ou une durée inférieure au moins égale à 3 mois (C. trav. art. L 3314-2). La durée de la période de calcul a une incidence sur la date limite de versement : voir n° 71675, a.

L'accord, la décision unilatérale ou le document unilatéral doit être **déposé** par l'employeur sur la plateforme TéléAccords dans un délai de 15 jours suivant la date limite de signature (C. trav. art. D 3313-1). Sur le **contrôle** opéré par l'administration et la sécurisation des exonérations sociales et fiscales en découlant, voir n° 71800.

71710

EXEMPLE

Si l'exercice retenu pour le calcul de l'intéressement correspond à l'année civile, l'accord doit, pour prendre effet le 1er janvier de l'année de sa conclusion (année N), être conclu au plus tard le 30 juin N et être déposé au plus tard le 15 juillet N.
Lorsque la période de calcul choisie est semestrielle, l'accord prenant effet le 1er janvier N doit être conclu avant le 1er avril N et déposé jusqu'au 15 avril N.

3. NIVEAU DE CONCLUSION

ENTREPRISE À ÉTABLISSEMENTS MULTIPLES

71740 Dans une entreprise à établissements multiples, un accord d'intéressement doit nécessairement être conclu au niveau de l'**entreprise** pour fixer les établissements entrant dans son champ d'application (C. trav. art. L 3313-2). Des établissements peuvent en être exclus, mais pas des entités inférieures à l'établissement.
L'accord est conclu avec le CSE central, ou avec les organisations syndicales représentatives dans l'entreprise. En cas d'option pour la ratification, la majorité des deux tiers du personnel s'apprécie par rapport à l'ensemble de l'effectif de l'entreprise au moment de la ratification de l'accord, les salariés des établissements éventuellement exclus du champ d'application de l'accord devant être consultés (Guide épargne salariale juillet 2014).

71745 Les modalités de calcul et de répartition de l'intéressement peuvent varier selon les établissements et les unités de travail. À cet effet, l'accord peut directement prévoir des modalités différentes ou renvoyer à des **accords d'établissement** (C. trav. art. L 3314-1 et L 3314-5). Dans ce dernier cas, tous les établissements entrant dans le champ d'application de l'accord d'intéressement doivent signer un accord, pour assurer le caractère collectif de l'intéressement (Guide épargne salariale juillet 2014).
L'accord-cadre conclu au niveau de l'entreprise doit donc contenir toutes les clauses obligatoires prévues pour la mise en place de ce dispositif, à l'exclusion des modalités de calcul et de répartition différentes qui peuvent être fixées par l'accord conclu au niveau de l'établissement (Guide épargne salariale juillet 2014).
Les accords d'établissement doivent être conclus selon l'une des modalités définies n° 71200. Sur le cadre d'appréciation de la représentativité des organisations syndicales en cas de conclusion d'un accord d'établissement, voir nos 15120 s.

> **Précisions** L'**établissement** correspond à la **définition** retenue pour la mise en place des comités d'établissement (Guide épargne salariale juillet 2014) et désormais des CSE d'établissement : voir nos 22030 s.
> L'**unité de travail,** qui ne se confond pas avec une catégorie de salariés, peut être caractérisée par les critères suivants : salariés travaillant habituellement ensemble, ayant des tâches proches ou identiques, des conditions de travail analogues et étant placés sous la responsabilité d'un même encadrement. Le service commercial d'une entreprise peut par exemple constituer une unité de travail (Guide épargne salariale juillet 2014).

71750 La **date de l'accord** d'intéressement correspond à la date de conclusion du dernier accord d'établissement qui s'y rattache. L'accord d'entreprise et les accords d'établissement forment un tout indivisible et font l'objet d'un **dépôt** unique sur la plateforme TéléAccords (Guide épargne salariale juillet 2014).

UNITÉ ÉCONOMIQUE ET SOCIALE

71753 L'accord d'intéressement peut être conclu au niveau d'une UES (Guide épargne salariale juillet 2014) selon les modalités prévues n° 71200 sachant que la représentativité des syndicats est appréciée au niveau de l'UES et le CSE pouvant conclure l'accord est celui de l'UES.

GROUPE DE SOCIÉTÉS

71755 L'accord de groupe est conclu selon les **modalités** prévues n° 71200, chacune des entreprises concernées manifestant sa volonté d'être partie à l'accord au besoin en choisissant sa propre modalité de conclusion.
Il peut aussi être conclu selon les modalités prévues aux articles L 2232-30 et suivants du Code du travail. Les organisations syndicales représentatives peuvent, en application de l'article L 2232-32 du même Code, habiliter un ou plusieurs coordonnateurs syndicaux de groupe désignés dans les conditions visées n° 82665 à négocier l'accord (Guide épargne salariale juillet 2014).

L'accord de groupe donne lieu à un **dépôt** unique sur la plateforme TéléAccords. Lorsque la signature au sein des différentes entreprises comprises dans le champ d'application de l'accord est échelonnée, le délai pour effectuer le dépôt (n° 71705) s'apprécie par rapport à la dernière signature (Guide épargne salariale juillet 2014).
La **modification du périmètre** de l'accord d'intéressement de groupe obéit aux mêmes règles que celles applicables à l'accord de participation de groupe : voir n° 71455.
S'agissant de la **définition** du groupe, commune aux différents dispositifs d'épargne salariale, voir n° 71255.

> **Précisions** Les accords d'intéressement conclus au sein d'un groupe de sociétés établies dans plusieurs États membres de l'**Union européenne** ouvrent droit aux exonérations sociales et fiscales pour les primes versées par les entreprises situées en France, parties à ces accords (C. trav. art. L 3315-4). Les modalités de ratification peuvent être adaptées en tenant compte de la législation sociale en vigueur dans les pays où sont implantées des entreprises du groupe (Guide épargne salariale juillet 2014).

ACCORD DE BRANCHE

Une entreprise peut **appliquer** un régime d'intéressement conclu au niveau de la branche et **agréé** par l'administration : voir n°s 71262 s. 71760

GROUPEMENT D'INTÉRÊT ÉCONOMIQUE, GROUPEMENT D'EMPLOYEURS

Un accord d'intéressement peut être conclu au niveau d'un groupement d'intérêt économique ou d'un groupement d'employeurs afin de prendre en compte les résultats ou les performances des entreprises membres du groupement (C. trav. art. L 3314-3). À défaut de disposition légale fixant les **modalités de mise en place** d'un tel accord, on peut supposer qu'il peut être négocié selon les modalités prévues n° 71200 par les institutions du personnel élues ou représentatives au niveau de ces groupements. 71765

ATTENTION

Les **salariés d'un groupement d'employeurs** n'ayant pas mis en place de dispositif d'épargne salariale (participation, intéressement ou plan d'épargne d'entreprise) peuvent en bénéficier dans chacune des entreprises adhérentes du groupement auprès de laquelle ils sont **mis à disposition,** si l'accord ou le règlement le prévoit (C. trav. art. L 3322-2, L 3312-2 ou L 3332-2 ; art. D 3321-2, D 3311-4 ou D 3331-2).

INTÉRESSEMENT DE PROJET

Les entreprises ou les groupes disposant déjà d'un **accord d'intéressement** peuvent prévoir un intéressement de projet bénéficiant à tout ou partie de leurs salariés (C. trav. art. L 3312-6). Les entreprises ayant mis en place un intéressement par décision unilatérale (n° 71670) ne sont pas concernées (C. trav. art. L 3312-5). 71770

Le projet éligible est (C. trav. art. L 3312-6) :
– soit une **activité caractérisée et coordonnée** à laquelle l'entreprise ou le groupe concourt avec d'**autres entreprises.** Il peut s'agir de la réalisation d'un chantier, de la construction d'une usine ou d'un ouvrage d'art auxquelles participent plusieurs sociétés partenaires, de projets industriels réunissant donneurs d'ordre et sous-traitants autour d'un projet commun, comme la conception d'une nouvelle automobile ou la réalisation d'un événement culturel (Guide épargne salariale juillet 2014). Dans ce cas, l'intéressement de projet doit faire l'objet d'un accord distinct de l'accord de base (Circ. DSS/DGT 2007-199 du 15-5-2007 : BOSS 6-07, opposable ; Guide épargne salariale juillet 2014), même si son principe peut être prévu dans ce dernier. À noter que l'intéressement de projet peut être mis en place dans **une seule entreprise,** même si le projet est commun à plusieurs entreprises. Dans ce cas, l'accord doit faire référence au projet commun, mais en réserver le bénéfice aux seuls salariés de l'entreprise (Circ. DSS/DGT 2007-199 du 15-5-2007 : BOSS 6-07, opposable) ;
– soit un projet **interne** à l'entreprise, concernant tout ou partie de ses salariés. Dans ce cas, l'intéressement de projet peut être prévu par l'accord de base.

L'accord d'intéressement de projet peut définir (C. trav. art. L 3312-6) :
– un **champ d'application** spécifique. En cas de projet commun à plusieurs entreprises, l'accord peut ainsi inclure la totalité des salariés d'une première entreprise, un établissement d'une seconde et une unité de travail d'une troisième (Guide épargne salariale juillet 2014) ;
– une durée et une **période de calcul** spécifique, pouvant être distinctes de celles prévues dans l'accord d'intéressement de base, sans pouvoir excéder 5 ans ;
– une **formule** de calcul qui obéit aux mêmes règles que l'intéressement de base. L'intéressement de projet doit ainsi présenter un caractère aléatoire.

Le calcul et la **répartition** peuvent être modulés selon les entreprises, établissements ou unités de travail (Guide épargne salariale juillet 2014).
L'accord d'intéressement de projet est négocié au niveau de l'entreprise ou du groupe dans les conditions de droit commun s'il n'implique que tout ou partie des salariés d'une **même entreprise ou** d'un **même groupe.** S'il concerne tout ou partie des salariés d'**entreprises ne constituant pas un groupe,** il est négocié selon les modalités prévues pour le PEI (nos 73010 s.) (C. trav. art. L 3312-6).
La majorité des deux tiers requise pour la **ratification** est calculée sur la base des personnels entrant dans le champ d'application du projet (C. trav. art. L 3312-6). Si un accord d'intéressement de projet n'inclut dans son champ d'application que certains établissements d'une entreprise, seuls les salariés de ces établissements doivent être consultés (Guide épargne salariale juillet 2014).
Les **sommes** versées au titre de l'intéressement de projet suivent le même **régime social** que celles versées dans le cadre d'un intéressement « classique » (Doc. Urssaf au 9-10-2023).
L'accord d'intéressement de projet doit être **conclu et déposé** dans les **délais** prévus pour l'accord d'intéressement : voir n° 71705.

EXEMPLE

Un accord d'intéressement de projet calculé sur la **durée d'un projet** de 30 mois doit être signé au plus tard le dernier jour du quinzième mois d'application de l'accord et déposé dans les 15 jours suivant cette date limite.
Si différentes étapes du projet sont parfaitement identifiées, il est possible de prévoir **plusieurs périodes de calcul** correspondant aux étapes du projet. Si 3 périodes de calcul de 10 mois sont prévues, l'accord doit être signé avant le premier jour du sixième mois et déposé dans les 15 jours suivant cette date limite (Guide épargne salariale juillet 2014).

C. Contrôle, suivi et contentieux

CONTRÔLE DE L'ADMINISTRATION ET SÉCURISATION DES EXONÉRATIONS

71800 Les accords, décisions unilatérales, documents unilatéraux et règlements d'épargne salariale (intéressement, participation ou plans d'épargne salariale) font l'objet d'un contrôle unique par l'**Urssaf.** À compter du dépôt, l'organisme dispose d'un **délai** de 3 mois pour demander le retrait ou la modification des clauses illégales, à l'exception des règles relatives aux modalités de dénonciation et de révision des accords (C. trav. art. L 3345-2 et D 3345-5). En l'absence de demande dans ce délai, aucune contestation ultérieure de la conformité du document aux dispositions légales en vigueur lors de sa conclusion ne peut remettre en cause les **exonérations fiscales et sociales** attachées aux sommes versées pour les **exercices en cours ou antérieurs** à la contestation (C. trav. art. L 3345-3).
Pour les **accords d'intéressement** uniquement, les exonérations fiscales et sociales sont alors réputées acquises pour l'exercice en cours, mais l'Urssaf dispose d'un **délai supplémentaire** de 2 mois pour formuler des observations afin que l'entreprise se mette en conformité pour les exercices suivant celui du dépôt. À défaut, les exonérations sont réputées acquises pour les **exercices ultérieurs** (C. trav. art. L 3313-3).
Sur la sécurisation des exonérations lorsque l'entreprise applique un **accord de branche** d'épargne salariale, voir n° 71264. Sur la sécurisation d'un accord d'intéressement « **prévalidé** » par l'administration, voir n° 71670, a.

SUIVI DE L'ACCORD

71830 L'accord d'intéressement doit préciser les conditions dans lesquelles le CSE ou une commission spécialisée créée en son sein dispose des moyens d'**information** nécessaires sur les conditions d'**application** de l'accord (C. trav. art. L 3313-2).
La périodicité de cette information doit être adaptée à celle retenue pour le calcul de l'intéressement (Guide épargne salariale juillet 2014).
Le CSE vérifie l'exactitude du **calcul** et le respect des modalités de **répartition** prévues par l'accord. Il peut à cet effet demander toutes précisions et tout document utile et, le cas échéant, recourir à un **expert-comptable** dans les conditions prévues nos 2025 s. (Guide épargne salariale juillet 2014).

CONTENTIEUX

71840 L'accord d'intéressement doit prévoir les procédures pour régler les différends liés à son application ou à sa révision (C. trav. art. L 3313-2).

ATTENTION

L'**action en justice** d'un syndicat relative à l'application d'un accord d'intéressement est irrecevable si le syndicat a saisi directement la juridiction sans respecter la phase de **conciliation préalable** obligatoire entre l'ensemble des parties signataires prévue par l'accord (Cass. soc. 30-1-2019 n° 17-22.640 F-D : RJS 5/19 n° 310).

D. Modification, dénonciation et renouvellement

MODIFICATION

L'accord d'intéressement ne peut être modifié que par l'ensemble des **signataires** en respectant la même **forme** que pour sa conclusion, **sauf** disparition d'un ou plusieurs signataires d'origine : dans ce cas, l'avenant est conclu selon l'une des autres modalités mentionnées n° 71200 (C. trav. art. D 3313-5). L'avenant est **déposé** auprès de l'administration dans les mêmes conditions que l'accord initial (C. trav. art. D 3313-6). **71890**

L'avenant ou le document unilatéral modifiant l'**adhésion** en vigueur à un accord de **branche** d'intéressement agréé est déposé selon les mêmes formalités et délais que l'adhésion : voir n° 71705 (C. trav. art. D 3313-6).

DÉNONCIATION

L'accord d'intéressement ne peut être dénoncé que par l'**ensemble des signataires** en respectant la même **forme** que pour sa conclusion, **sauf** en cas de disparition d'un ou plusieurs signataires d'origine, auquel cas il est dénoncé selon l'une des modalités prévues n° 71200 (C. trav. art. D 3313-5). **71900**

Pour être applicable à l'exercice en cours, la dénonciation de l'accord, de la décision unilatérale ou du document unilatéral d'adhésion à un accord de branche doit être **déposée** dans le même délai que l'accord : voir n° 71705 (C. trav. art. D 3313-7).

RENOUVELLEMENT DE L'ACCORD

L'accord d'intéressement peut comporter une **clause de tacite reconduction.** Dans ce cas, si aucune des parties habilitées à négocier ou à ratifier un accord d'intéressement (n° 71200) ne demande sa renégociation dans les 3 mois précédant sa date d'échéance, l'accord est renouvelé par tacite reconduction pour sa durée initiale. Pour les accords conclus depuis le 18-8-2022, le renouvellement par tacite reconduction peut intervenir plusieurs fois (C. trav. art. L 3312-5). **71905**

ATTENTION

La poursuite de l'intéressement nécessite un nouvel accord négocié, conclu et déposé dans les conditions et délais de droit commun :
– en cas de demande de **renégociation** (Circ. DGT 2009-13 du 19-5-2009 ; Guide épargne salariale juillet 2014) ;
– **en l'absence de clause** de tacite reconduction (Circ. intermin. du 14-9-2005).
Par ailleurs, la **reconduction** d'un régime d'intéressement mis en place par **décision unilatérale** nécessite une nouvelle décision (n° 71670).

E. Transfert d'entreprise

Lorsqu'une modification survenue dans la situation juridique de l'entreprise, notamment par fusion, cession ou scission, nécessite la **mise en place de nouvelles institutions représentatives du personnel,** l'accord d'intéressement **se poursuit** ou peut être **renouvelé** selon l'une des modalités prévues n° 71200 (C. trav. art. L 3313-4). Cette disposition permet de continuer d'appliquer l'accord d'intéressement dans la nouvelle entreprise malgré l'absence de CSE par dérogation à la règle mentionnée n° 71640, jusqu'aux prochaines élections professionnelles (Inst. intermin 2019-252 du 19-12-2019). **71960**

Lorsque cette modification **rend impossible** l'application de l'accord, notamment en raison de modifications apportées dans la structure juridique, technique ou financière de l'entreprise telles qu'elles rendraient inopérantes les dispositions de l'accord (Guide épargne salariale juillet 2014), celui-ci cesse de produire effet entre le nouvel employeur et les salariés de l'entreprise (C. trav. art. L 3313-4).

En l'**absence d'accord** d'intéressement applicable à la **nouvelle entreprise,** celle-ci engage dans un délai de 6 mois (courant à compter de la modification : Rapport Sén. n° 430 relatif à la loi du 18-5-1994) une **négociation,** selon les modalités de droit commun (n° 71200), en vue de la conclusion d'un nouvel accord (C. trav. art. L 3313-4). Cette disposition n'institue pas une obligation de résultat. Lorsque le nouvel employeur est **déjà couvert par un accord,** les salariés transférés bénéficient de cet accord (Guide épargne salariale de juillet 2014).

III. PLANS D'ÉPARGNE SALARIALE

A. Plan d'épargne d'entreprise

72910 Le plan d'épargne d'entreprise (PEE) est un dispositif d'épargne collectif ouvrant aux salariés de l'entreprise la faculté de participer, avec l'aide de celle-ci, à la constitution d'un portefeuille de valeurs mobilières (C. trav. art. L 3332-1).
Sur le **suivi** de l'application du plan par **le CSE,** voir n° 71520.

MISE EN PLACE

72915 **Modalités** Le PEE peut être établi dans l'entreprise à l'initiative de l'employeur ou par un accord avec le personnel, notamment en vue de recevoir les versements effectués au titre de l'intéressement et de la participation (C. trav. art. L 3332-3).
Lorsque l'entreprise compte au moins un **délégué syndical** ou est dotée d'un **CSE,** le PEE est d'abord **négocié** selon les modalités prévues pour la participation (n° 71200). Si, au terme de la négociation, **aucun accord** n'est conclu, un procès-verbal (PV) de désaccord est établi dans lequel sont consignées en leur dernier état les propositions respectives des parties et les mesures que l'employeur entend appliquer unilatéralement (C. trav. art. L 3332-4). Ce PV accompagne le **dépôt** du règlement du plan (C. trav. art. D 3345-1).
Les entreprises dépourvues de délégué syndical et de CSE peuvent directement instituer le PEE par décision unilatérale. Elles doivent déposer le règlement du plan accompagné du **procès-verbal de carence** (Guide épargne salariale juillet 2014).

> **Précisions** **a.** Le **dépôt** du règlement s'effectue sur la plate-forme TéléAccords accompagné des annexes relatives aux critères de choix et de la liste des instruments de placement (C. trav. art. R 3332-4). Lorsque le plan a été conclu par **accord avec le personnel,** les documents à déposer avec l'accord sont les mêmes que pour l'accord de participation : voir n°s 71210 s.
> **b.** Si l'entreprise est dotée d'un accord d'**intéressement,** les sommes versées à ce titre sont **affectées par défaut** au plan dans certains cas : voir n° 71675.
> **c.** Sur l'information des représentants du personnel sur le contenu du **livret d'épargne salariale** présentant les dispositifs d'épargne salariale de l'entreprise, voir n° 71515.

72920 Si le plan est mis en place par **décision unilatérale** de l'employeur, le **CSE** est **consulté** sur le projet de règlement du plan au moins 15 jours avant son dépôt auprès de l'administration (C. trav. art. L 3332-5), y compris lorsque la décision a été précédée d'une négociation ayant échoué avec un délégué syndical ou le CSE (Guide épargne salariale juillet 2014).
Le procès-verbal de cette consultation est **déposé** avec le règlement du plan (C. trav. art. R 3332-5).
Sur la **publication** des règlements de PEE dans la **base de données nationale des accords collectifs**, voir n° 80510.

72925 **Contenu** Le règlement d'un plan d'épargne doit prévoir les clauses suivantes (Guide épargne salariale juillet 2014) :
– le **champ d'application** du plan, en particulier la liste des entreprises concernées en cas de plan de groupe (PEG) ;
– sa **durée** (déterminée ou indéterminée) et les conditions de sa **révision** ou de sa **dénonciation** ;
– ses **bénéficiaires** et en particulier la condition d'ancienneté éventuellement requise (voir n° 71000) ;
– ses différentes sources d'**alimentation** (n°s 72940 s.) ;
– les différentes formules de **placement,** définies aux articles L 3332-15 et suivants du Code du travail, avec indication en annexe : de la liste des instruments de placement et des critères de choix entre ceux-ci (par exemple : type d'actifs, risque, volatilité, gestionnaire), ainsi que des

notices des sociétés d'investissement à capital variable (Sicav) et des fonds communs de placement offerts aux adhérents (FCPE) destinés à recueillir l'épargne des salariés (C. trav. art. R 3332-1). Lorsque le plan offre plusieurs formules de placement, son règlement précise les modalités selon lesquelles l'adhérent peut modifier l'affectation de son épargne entre ces instruments ainsi que la ou les modifications de choix de placement initial pouvant intervenir à l'occasion du départ du salarié de l'entreprise (C. trav. art. R 3332-2 et R 3332-3) ;
– les modalités d'**information** des salariés et les conditions de mise en œuvre d'une aide à la décision pour les bénéficiaires (C. trav. art. L 3332-7).
Selon nous, le règlement doit également prévoir la durée d'**indisponibilité** des sommes, qui doit être d'au moins 5 ans (C. trav. art. L 3332-25).

> **Précisions** La possibilité pour les **dirigeants,** le **chef d'entreprise** et son **conjoint,** dans les conditions mentionnées n° 71000, de participer au plan d'épargne est de droit et n'a donc pas nécessairement à être prévue par le règlement (C. trav. art. L 3332-2 ; Guide épargne salariale juillet 2014).
> Les **anciens salariés** partis à la retraite ou en préretraite peuvent continuer à effectuer des versements au PEE sous certaines conditions, mais sans abondement de l'entreprise (C. trav. art. L 3332-2 ; Guide épargne salariale juillet 2014). Les salariés qui ont quitté l'entreprise pour un autre motif peuvent conserver leurs avoirs sur le plan mais ne peuvent plus y effectuer de versement après la rupture de leur contrat de travail, sauf pour y affecter l'intéressement et/ou la participation perçus au titre de la dernière période d'activité dans l'entreprise (n° 72945, b) (Guide épargne salariale juillet 2014).
> Le règlement du plan peut également permettre aux **agents commerciaux** et aux **agents généraux d'assurance** de participer au PEE sous certaines conditions (C. trav. art. L 3332-2, R 3331-1 et D 3331-3).

Plan d'épargne de groupe Un PEE peut être mis en place au sein d'un groupe au sens défini n° 71255 (C. trav. art. L 3344-1, al. 1). Un **groupe** d'entreprises ne répondant pas à cette **définition** peut mettre en place un plan d'épargne interentreprises : voir nos 73010 s. (Guide épargne salariale juillet 2014). **72930**
Le règlement du plan d'épargne de groupe (PEG) doit préciser son **champ d'application** : voir n° 72925. La modification du périmètre du PEG obéit aux mêmes règles que celles applicables à l'accord de participation de groupe : voir n° 71455.
Sur la possibilité pour les salariés des **groupements d'employeurs** de bénéficier d'un plan d'épargne d'entreprise, voir n° 71765.

En cas de mise en place à l'**initiative de l'employeur,** le règlement du PEG doit être cosigné par les représentants de chacune des entreprises sauf si un mandat pour établir le règlement a été donné à une entreprise, en général la tête de groupe. Pour les entreprises dotées d'un CSE ou d'au moins un délégué syndical, la mise en place unilatérale du plan de groupe n'est possible qu'après échec de la négociation préalable obligatoire (n° 72915) (Guide épargne salariale juillet 2014). **72935**
En cas de mise en place par **accord avec le personnel,** l'accord de groupe est conclu selon les modalités prévues n° 71200, chacune des entreprises concernées manifestant sa volonté d'être partie audit accord, au besoin en choisissant sa propre modalité de conclusion (une entreprise pouvant ratifier l'accord avec son délégué syndical, une autre au sein du CSE, etc.). L'accord peut aussi être un accord collectif de groupe conclu selon les modalités prévues aux articles L 2232-30 et suivants du Code du travail, éventuellement avec des **coordonnateurs syndicaux** mentionnés au n° 82665 (Guide épargne salariale juillet 2014).

ALIMENTATION DU PLAN

Versements des adhérents Le plan d'épargne d'entreprise est alimenté par les versements des adhérents définis par le règlement du plan (s'agissant toutefois de l'affectation par défaut de l'intéressement, voir n° 71675). **72940**
Ces versements du plan **peuvent correspondre** :
– à des versements volontaires (C. trav. art. L 3332-10), un montant minimum par support de placement au plus égal à 160 € pouvant être prévu (Arrêté ECOT0120131A du 10-10-2001) ;
– aux sommes versées au titre de la participation et de l'intéressement (C. trav. art. L 3332-3) ;
– à l'issue de la période d'acquisition, aux actions gratuites qui leur ont été attribuées (C. trav. art. L 3332-14) ;
– ainsi qu'aux droits inscrits sur un compte épargne-temps si l'accord l'instituant le prévoit (C. trav. art. L 3332-10 ; Guide épargne salariale juillet 2014).
Les versements annuels d'un adhérent aux PEE auxquels il participe ne peuvent **pas excéder** un quart de sa rémunération annuelle ou de son revenu professionnel imposé à l'impôt sur le

revenu au titre de l'année précédente. Pour le conjoint du chef d'entreprise (n° 71000) et pour le salarié dont le contrat de travail est suspendu qui n'ont perçu aucune rémunération au titre de l'année de versement, les versements ne peuvent excéder le quart du montant annuel du plafond annuel de la sécurité sociale (Pass) (C. trav. art. L 3332-10). Les plafonds sont multipliés par quatre en cas d'affectation à un FCPE de reprise.

> **Précisions a.** Ne sont pas pris en compte dans l'**appréciation du plafond annuel** des versements : l'intéressement (Inst. intermin. 2016-45 du 18-2-2016), la participation (Circ. DGT 2009-13 du 19-5-2009) et les droits issus d'un compte épargne-temps si ces derniers servent à l'acquisition de titres de l'entreprise ou d'une entreprise qui lui est liée au sens des articles L 3344-1 et L 3344-2 du Code du travail ou de parts ou d'actions de fonds mentionnés aux articles L 214-165 (FCPE d'actionnariat salarié) et L 214-166 (Sicav d'actionnariat salarié) du Code monétaire et financier (C. trav. art. L 3332-10, al. 3).
> **b.** Les **frais** de tenue de compte-conservation des **anciens salariés** de l'entreprise, lorsqu'ils ne sont pas pris en charge par l'entreprise, peuvent être prélevés sur les avoirs dans les conditions fixées par l'accord de participation ou par l'accord collectif instituant le plan d'épargne d'entreprise ou, à défaut, par le règlement du fonds (C. trav. art. R 3332-17).
> Un **projet de loi** en cours d'examen devant le Parlement prévoit de rendre possible l'affectation de la **prime de partage de la valeur** (n° 71040) au plan d'épargne d'entreprise, avec possibilité d'un abondement de l'employeur.

72945 **Contribution de l'entreprise** L'aide obligatoire de l'entreprise à la constitution d'une épargne au sein du plan (C. trav. art. L 3332-1) doit au moins consister en la **prise en charge** des **frais de tenue de compte-conservation** (Guide épargne salariale juillet 2014).

L'entreprise peut aussi **abonder** les versements des bénéficiaires selon les modalités prévues par le règlement du plan. L'abondement est **plafonné** à la fois à 8 % du Pass et au triple de la contribution du bénéficiaire (C. trav. art. L 3332-11 et R 3332-8). Le règlement peut prévoir une **modulation** de l'abondement selon des règles à caractère général qui ne doivent pas rendre le rapport entre le versement de l'entreprise et celui de l'adhérent croissant avec la rémunération de ce dernier (C. trav. art. L 3332-12).

> **Précisions a.** L'**abondement** au PEE peut être **majoré** à concurrence du montant consacré par l'adhérent à l'acquisition d'actions ou de certificats d'investissement émis par l'entreprise ou par une entreprise du même groupe, dans la limite de 80 % du plafond normal, soit 6,4 % du Pass. Le groupe s'entend d'entreprises incluses dans le même périmètre de consolidation ou de combinaison des comptes en application de l'article L 3344-1, al. 2 du Code du travail (C. trav. art. L 3332-11).
> **b.** Le règlement du plan d'épargne peut prévoir l'abondement de l'**intéressement** et/ou de la **participation** que le salarié verse juste après son **départ de l'entreprise** (C. trav. art. R 3332-13).
> **c.** L'abondement de l'entreprise ne peut **se substituer** à aucun **élément de rémunération** en vigueur dans l'entreprise au moment de la mise en place du PEE ou qui devienne obligatoire en vertu de règles légales ou contractuelles, sauf si un délai d'au moins 12 mois s'est écoulé entre le dernier versement de l'élément de rémunération en tout ou partie supprimé et la date de mise en place du plan. Le non-respect de ce principe entraîne la perte des exonérations sociales et fiscales applicables (C. trav. art. L 3332-13 ; BOI-RSA-ES-10-30-10 n° 45).

72947 L'entreprise peut effectuer, même en l'absence de contribution du salarié (C. trav. art. L 3332-11) :
– des **versements « unilatéraux »,** si le règlement du plan le prévoit. Ils doivent être uniformes pour l'ensemble des salariés ; bénéficier à l'ensemble des adhérents satisfaisant aux conditions d'ancienneté prévues par le règlement du plan ; être consacrés à l'**acquisition d'actions** ou de certificats d'investissement émis par l'entreprise ou par une entreprise incluse dans le même périmètre de consolidation ou de combinaison des comptes et bloqués pendant un délai minimum de 5 ans à compter du versement. Leur montant est **limité** à 2 % du Pass et doit être pris en compte pour apprécier le plafond d'abondement de l'employeur au PEE visé n° 72945 (C. trav. art. D 3332-8-1) ;
– des versements dans le cadre du dispositif de **contrat de partage de la plus-value** de cession de titres prévu aux articles L 23-11-1 à L 23-11-4 du Code de commerce. Leur montant est limité à 30 % du Pass et n'est pas pris en compte pour apprécier le plafond d'abondement de l'employeur au PEE.

TRANSFERT D'ENTREPRISE

En cas de modification survenue dans la situation juridique d'une entreprise ayant mis en place un PEE, notamment par fusion, cession, absorption ou scission, rendant impossible la poursuite de l'ancien plan, les sommes qui y étaient affectées peuvent être transférées dans le **plan de la nouvelle entreprise.** Les signataires de l'accord, ou l'employeur en cas de mise en place unilatérale du plan, peuvent décider de **transférer** les avoirs des salariés dans le plan de la nouvelle entreprise, si celui-ci comporte des modes de gestion de l'épargne dont les caractéristiques sont identiques à ceux du plan d'origine. En cas d'impossibilité juridique de réunir les signataires initiaux, le transfert peut être décidé par un accord avec le personnel ou avec le ou les CSE concernés (C. trav. art. L 3335-1 et R 3332-20). Lorsque le plan d'épargne salariale découle d'une décision unilatérale, le CSE doit être consulté sur le projet de transfert au moins 15 jours avant sa réalisation effective (C. trav. art. R 3332-21). **72950**

ATTENTION

En cas de transfert légal d'entreprise, les salariés dont le contrat est transféré ne peuvent pas exiger de leur nouvel employeur la **poursuite du PEE** mis en place par leur **employeur initial.** Ils conservent en revanche leurs droits au sein de ce plan et peuvent transférer leurs avoirs au sein du PEE, s'il existe, de leur **nouvel employeur** (Cass. soc. 19-5-2016 n° 14-29.786 FS-PB : RJS 8-9/16 n° 582).

B. Plan d'épargne interentreprises

MISE EN PLACE

Le plan d'épargne interentreprises (PEI) est un plan mis en place à un niveau supérieur à l'entreprise : soit entre plusieurs entreprises précisément dénommées, soit au niveau professionnel et/ou local. Ainsi, un PEI peut concerner plusieurs entreprises prises individuellement, toute une branche d'activité au niveau national, un bassin d'emploi ou encore une profession au niveau local (Guide épargne salariale juillet 2014). **73010**

Seule la mise en place entre plusieurs entreprises prises individuellement est étudiée ici.

Sur la négociation au niveau de la **branche** et l'application d'un accord de branche, voir n°s 71262 s.

Le **régime** du PEI est aligné sur celui du PEE, sous réserve des précisions ci-après (C. trav. art. L 3333-1).

> **Précisions** **a.** Un PEI peut **faire office d'accord de participation** pour les entreprises non assujetties à ce dispositif : voir n° 71310.
> **b.** Les sommes versées au titre d'un accord d'**intéressement** peuvent être **affectées par défaut** au PEI appliqué dans l'entreprise : voir n° 71675.
> **c.** Sur la **publication** de l'accord collectif instituant le PEI dans la **base de données nationale des accords collectifs,** voir n° 80510.
> **d.** S'agissant de l'information des représentants du personnel sur le contenu du **livret d'épargne salariale,** voir n° 71515.

Le PEI institué entre plusieurs **employeurs pris individuellement** peut être conclu dans chaque entreprise selon les modalités prévues pour la mise en place du PEE : accord avec le personnel ou décision unilatérale (précédée d'une négociation obligatoire en présence d'un délégué syndical ou d'un CSE) : voir n° 72915. Le plan doit être approuvé dans les mêmes termes au sein de chacune des entreprises (C. trav. art. L 3333-2 ; Guide épargne salariale juillet 2014). **73015**

> **Précisions** Si certaines entreprises concernées par un accord ont un CSE et d'autres pas, rien ne s'oppose à ce que l'accord soit conclu, pour certaines, au sein du CSE et, pour d'autres, par voie de ratification aux deux tiers par le personnel (Guide épargne salariale juillet 2014).

CONTENU DU RÈGLEMENT

Le règlement du PEI doit notamment prévoir (C. trav. art. L 3333-3) : **73025**

– les entreprises **signataires** ;

– la nature des **sommes** qui peuvent être **versées.** Dans tous les cas, le PEI doit pouvoir recevoir les versements des salariés, y compris les sommes issues de l'intéressement mis en place au niveau de l'entreprise ou de la branche ; l'accord peut en revanche décider que le PEI puisse recevoir ou non les sommes issues de la participation (Guide épargne salariale juillet 2014) ;

– les différentes possibilités d'**affectation** des sommes recueillies, en particulier le nombre, l'orientation de gestion et le profil de risque des fonds utilisés. Les différentes formules de placement doivent être mentionnées avec indication, en annexe du règlement, de la liste des instruments de placement (Sicav ou FCPE), des notices y afférents et des critères de choix entre ceux-ci (Guide épargne salariale juillet 2014) ;

– les conditions dans lesquelles les **frais de tenue de compte** sont pris en charge par l'employeur, l'option choisie étant généralement leur facturation à raison du nombre des salariés adhérents au plan (Guide épargne salariale juillet 2014) ;
– la liste des différents **taux et plafonds d'abondement** parmi lesquels les entreprises souhaitant effectuer des versements complémentaires à ceux de leurs salariés pourront opter. L'abondement des employeurs étant facultatif, l'accord instituant le fonds ne peut pas imposer aux entreprises une participation supérieure à la prise en charge des frais de tenue de compte (Guide épargne salariale juillet 2014) ;
– les conditions dans lesquelles sont désignés les membres des **conseils de surveillance** des fonds communs de placement prévus par le règlement du plan et les modalités de fonctionnement des conseils.
Sur la mention des conditions d'adhésion de nouvelles entreprises au PEI, voir n° 73030.

> **Précisions** Le règlement du PEI ne peut pas exclure la possibilité d'un **abondement** de l'entreprise. Il peut fixer des taux différents suivant le type de placement ou le montant des versements effectués. La liste des plafonds d'abondement peut être exprimée soit en valeur absolue, soit en fonction du plafond annuel de la sécurité sociale (sur le plafond de l'abondement de l'employeur : voir n° 72945). L'avantage de la dernière solution est d'éviter la modification de l'accord pour tenir compte de l'inflation. Il est également possible de fixer une fourchette de taux ou de plafonds d'abondement (Guide épargne salariale juillet 2014).

ADHÉSION

73030 Les entreprises qui souhaitent adhérer à un PEI institué entre plusieurs employeurs doivent le faire selon l'une des **modalités** de conclusion mentionnées n° 73015 (C. trav. art. L 3333-2).
Il appartient à l'**accord initial** de prévoir les **conditions** d'adhésion. L'accord peut ainsi être fermé, totalement ouvert ou encore ouvert sous conditions (type d'activité, localisation...) (Guide épargne salariale juillet 2014).

> **Précisions** L'adhésion d'une entreprise à un PEI existant peut aussi entraîner une révision de ce dernier. Deux cas doivent être distingués :
> – si l'accord a été conclu selon les conditions du **droit commun** de la **négociation collective,** l'adhésion peut constituer une modification du champ d'application de l'accord. Elle doit alors prendre la forme d'un avenant à l'accord d'origine signé, d'une part, par tous les employeurs concernés et, d'autre part, par les organisations syndicales représentatives de salariés. Cet avenant doit être déposé auprès de l'administration ;
> – si l'accord initial a prévu les conditions particulières dans lesquelles des entreprises peuvent y adhérer, il n'y a pas lieu dans ce cas de conclure un avenant si l'entreprise adhérente remplit les conditions prévues par cet accord (Guide épargne salariale juillet 2014).

SUIVI, RÉVISION ET DÉNONCIATION

73035 La possibilité pour le règlement de prévoir son suivi par les représentants du personnel, prévue n° 71520, est applicable au PEI.
Un avenant au PEI peut être conclu selon les modalités prévues n° 73015 pour la conclusion du règlement (C. trav. art. L 3333-7, al. 1).
Les entreprises qui souhaitent **sortir** d'un PEI institué entre plusieurs employeurs pris individuellement doivent le faire selon l'une des modalités mentionnées n° 73015 (C. trav. art. L 3333-2).

> **Précisions** **a.** Lorsque le PEI a été mis en place par **accord collectif** pour une **durée indéterminée,** la révision répond aux conditions prévues n°s 81520 s., et la dénonciation, à celles prévues n°s 81580 s.
> **b.** Une procédure spécifique, distincte de la révision « classique », permet la **modification** d'un PEI institué entre plusieurs employeurs pris individuellement et ouvert à l'adhésion d'autres entreprises afin d'y intégrer les **dispositions législatives ou réglementaires postérieures** à l'institution du plan ou de nouvelles dispositions relatives à la nature des sommes pouvant y être versées, aux différentes possibilités d'affectation des sommes recueillies ou à la liste des différents taux et plafonds d'abondement parmi lesquels les entreprises peuvent opter. Dans ce cas, les entreprises parties prenantes sont informées de la modification, qui s'applique en l'absence d'opposition de la majorité d'entre elles. L'**avenant** conclu doit être **déposé** auprès de l'administration. En cas d'opposition de la majorité des parties prenantes, le plan est fermé à tout nouveau versement (C. trav. art. L 3333-7 et R 3333-6).
> Attention, un **projet de loi** en cours d'examen devant le Parlement prévoit de simplifier cette procédure.

C. Plan d'épargne pour la retraite collectif

CARACTÉRISTIQUES

Facultatif, le plan d'épargne pour la retraite collectif (Perco) permet à ses bénéficiaires de se constituer, au sein de l'entreprise, une épargne en vue de la retraite. Les sommes qui y sont investies sont donc en principe indisponibles jusqu'au départ en retraite du participant (C. trav. art. L 3334-14). **73100**

Depuis le 1-10-2020, la **mise en place** d'un Perco n'est plus **possible,** mais les Perco en place à cette date peuvent être maintenus et accueillir de nouveaux adhérents (Ord. 2019-766 du 24-7-2019 art. 8-II et 9-II ; Décret 2019-807 du 30-7-2019 art. 9-III). Depuis le 1-10-2019, les entreprises peuvent mettre en place un plan d'épargne retraite d'entreprise collectif ou **Pereco,** dispositif voué à remplacer le Perco : voir n°s 73200 s.

Le **régime** du Perco est aligné sur celui **du PEE** sous réserve des spécificités ci-après (C. trav. art. L 3334-1).

S'agissant de l'information des représentants du personnel sur le contenu du **livret d'épargne salariale,** voir n° 71515.

› Précisions

a. Le Perco peut accueillir l'**affectation par défaut** d'une partie des sommes versées au titre de la **participation** : voir n° 71140.

b. Une entreprise souhaitant mettre en place un **régime de retraite à prestations définies** ne peut le faire que si l'ensemble des salariés est couvert par un Perco, un régime de retraite supplémentaire obligatoire ou un plan d'épargne retraite d'entreprise (Pereco ou Pero, voir n°s 73200 s.) (CSS art. L 137-11-2).

CONTENU DE L'ACCORD

Le contenu du règlement du Perco est aligné sur celui du PEE (n° 72925), sous réserve notamment des spécificités suivantes. **73120**

Il peut prévoir :

– l'**adhésion par défaut** des bénéficiaires du plan. Il doit alors définir les modalités d'information de chaque salarié, qui dispose d'un délai de 15 jours à compter de cette communication pour renoncer de manière expresse à son adhésion au plan (C. trav. art. L 3334-5-1 et D 3334-3-1) ;

– un **versement** initial de l'employeur ainsi que des versements périodiques selon une périodicité qu'il détermine : voir n° 73125 ;

– les modalités de **délivrance** (en rente ou en capital) des sommes inscrites au compte des participants dans les conditions déterminées aux articles L 3334-15 et R 3334-3 du Code du travail.

Le règlement fixe les **modes de gestion** des sommes respectant les prescriptions prévues aux articles L 3334-11 et L 3334-12 du Code du travail. Il doit en particulier proposer une allocation **sécurisée** de l'épargne permettant de réduire progressivement les risques financiers dans des conditions fixées à l'article R 3334-1-2 du Code du travail. Cette allocation constitue le mode de gestion par défaut des sommes versées au sein du Perco ainsi que des sommes issues de la participation affectées par défaut à ce plan (C. trav. art. L 3334-11, al. 2 et L 3324-12).

ALIMENTATION

Le Perco peut être alimenté par : **73125**

– des **versements volontaires** des participants ;

– des sommes issues de l'**intéressement** et/ou de la **participation** (sur le dispositif d'affectation par défaut de la participation au Perco, voir n° 71140) ;

– un **abondement** de l'entreprise : les sommes versées au cours d'une année au bénéfice d'un adhérent à un ou plusieurs Perco sont limitées à 16 % du Pass (au lieu de 8 % pour le PEE) (C. trav. art. R 3334-2) et au triple des versements de l'adhérent (voir n° 72945) ;

– même en l'absence de contribution des bénéficiaires, un **versement initial** de l'entreprise et/ou des versements **périodiques** sous réserve d'une attribution uniforme à l'ensemble des salariés (C. trav. art. L 3334-6) ;

– des droits inscrits au compte épargne-temps (**CET**) ou, pour les entreprises n'en disposant pas, des jours de repos ou de **congés** non pris (C. trav. art. L 3334-8).

Un **projet de loi** en cours d'examen devant le Parlement prévoit de rendre possible l'affectation de la **prime de partage de la valeur** (n° 71040) au Perco, avec possibilité d'un abondement de l'employeur.

> **Précisions a.** Le **versement initial** et les versements **périodiques** de l'entreprise doivent **bénéficier** à l'ensemble des adhérents remplissant la condition d'ancienneté éventuellement exigée (n° 71000). Leur **montant** total ne peut pas excéder chaque année 2 % du Pass. Ils sont pris en compte pour apprécier le respect du plafond d'abondement de 16 % du Pass et de celui éventuellement prévu par le règlement (C. trav. art. D 3334-3-2). Le versement périodique peut être fixé pour une **durée** déterminée, avec ou sans tacite reconduction, ou pour une durée indéterminée (Inst. intermin. 2016-45 du 18-2-2016).
> **b.** Sauf s'il bénéficie d'un Perco chez son nouvel employeur, le salarié ayant **quitté l'entreprise** peut continuer à effectuer des versements au Perco, mais sans abondement et en supportant seul les **frais de gestion.** Ces frais sont **plafonnés** à 20 € par an. Lorsque le montant total des sommes et valeurs inscrites à son compte est inférieur à 400 €, les frais sont plafonnés à 5 % de ce montant (C. trav. art. L 3334-7 et D 3334-3-3).
> **c.** Le montant des droits correspondant à un abondement de l'employeur au **CET** utilisés par un salarié pour alimenter un Perco est assimilé à un versement de l'employeur sur le Perco (C. trav. art. L 3334-10).
> Les salariés peuvent affecter des **jours de repos non pris** dans la limite de 10 jours par an même si le règlement du Perco ne le prévoit pas. Les congés annuels ne peuvent être ainsi utilisés que pour leur part excédant 24 jours ouvrables (C. trav. art. L 3334-8 ; Circ. intermin. du 19-4-2012).
> **d.** Sur l'**aide minimale** de l'entreprise et le principe de **non-substitution** de l'abondement au salaire : voir n° 72945.

SUIVI DE L'ACCORD

73130 Sur le suivi de l'application du plan par le **CSE,** voir n° 71520.

D. Plan d'épargne retraite d'entreprise collectif

PRÉSENTATION

73200 Régi par les articles L 224-1 et suivants du Code monétaire et financier, le plan d'épargne retraite d'entreprise collectif (Pereco) est un dispositif d'épargne retraite destiné à remplacer le Perco (voir n° 73100). Facultatif pour l'employeur, il doit bénéficier à l'ensemble des salariés de l'entreprise.

> **Précisions** Ce dispositif a été créé par la loi 2019-486 du 22-5-2019, complétée par l'ordonnance 2019-766 du 24-7-2019 et le décret 2019-807 du 30-7-2019. Ces textes ont créé un autre plan d'épargne retraite d'entreprise, le plan d'épargne retraite obligatoire ou **Pero,** qui peut être réservé à une **catégorie** de salariés.

MISE EN PLACE

73210 Le Pereco peut être mis en place soit à l'initiative de l'entreprise, soit par accord selon l'une des modalités de mise en place de la participation (n° 71200). Si l'entreprise compte au moins un **délégué syndical** ou est dotée d'un **CSE,** l'employeur doit d'abord engager une **négociation** selon l'une des modalités prévues n° 71200. En cas d'échec, un procès-verbal de désaccord est établi, consignant en leur dernier état les propositions respectives des parties et les mesures que l'employeur entend soumettre à la **ratification** ou appliquer **unilatéralement** (C. mon. fin. art. L 224-14).
Le Pereco peut être mis en place au niveau **interentreprises** dans les conditions prévues pour la mise en place d'un PEI : voir nos 73010 s. (C. mon. fin. art. L 224-16).
Sur la négociation au niveau de la **branche,** voir nos 71262 s.
Sous réserve des dispositions spécifiques au Pereco, celles relatives au PEE lui sont applicables (C. mon. fin. art. L 224-13), notamment l'obligation de **consultation du CSE** (n° 72920), la mise en place au niveau du **groupe** (nos 72930 s.) et les modalités de **dépôt** du règlement auprès de l'administration (n° 72915).

> **Précisions a.** L'entreprise qui a mis en place un PEE depuis plus de 3 ans doit engager une **négociation** en vue de la mise en place d'un Pereco ou Pero ouvert à tous les salariés de l'entreprise (C. mon. fin. art. L 224-9). Sur l'obligation annuelle de négocier sur l'épargne salariale, notamment sur le Pereco, à défaut d'accord d'adaptation, voir n° 81350.
> **b.** Sur la **publication** de l'accord mettant en place le Pereco sur la base nationale de données des accords collectifs, voir n° 80510.
> **c.** S'agissant de l'information des représentants du personnel sur le contenu du **livret d'épargne salariale** remis aux salariés lors de leur embauche, voir n° 71515.

ALIMENTATION DU PLAN

Le Pereco peut recevoir (C. mon. fin. art. L 224-2 et L 224-20) : 73220
– des **versements volontaires** du titulaire sans limitation ;
– des sommes issues de la **participation,** y compris par le mécanisme d'affectation par défaut de la moitié de la participation exposé n° 71140 ;
– des sommes issues de l'**intéressement** ou du supplément d'intéressement ;
– des droits inscrits à un **compte épargne-temps** (CET), selon la valeur de l'indemnité de congés payés correspondante (C. mon. fin. art. R 224-8) ;
– en l'absence de CET dans l'entreprise, des sommes correspondant à des jours de **repos** non pris dans la limite de 10 jours par an. Pour les jours de congés payés, seule peut être affectée au Pereco la durée du congé au-delà de 24 jours ouvrables (C. mon. fin. art. D 224-9) ;
– un **abondement** de l'employeur ;
– même en l'absence de contribution du salarié, un **versement initial** et un **versement périodique** de l'employeur attribué de manière uniforme à l'ensemble des salariés sous réserve de conditions d'ancienneté et selon une périodicité prévues par le règlement du plan. Le total annuel de ces versements est **plafonné** à 2 % du Pass (C. mon. fin. art. D 224-10).
Un **projet de loi** en cours d'examen devant le Parlement prévoit de rendre possible l'affectation de la **prime de partage de la valeur** (n° 71040) au Pereco, avec possibilité d'un abondement de l'employeur.
Sur la possibilité de mettre en place un Pereco pouvant recevoir des versements **obligatoires** des titulaires, voir n° 73230.
Le Pereco peut en toute hypothèse accueillir, par **transfert,** des sommes issues de versements obligatoires sur un autre plan d'épargne retraite (C. mon. fin. art. L 224-20).

> **Précisions a.** En cas d'affectation par défaut d'une partie de la **participation,** le titulaire peut demander la liquidation ou le rachat des droits correspondant à ce versement dans un **délai** d'un mois à compter de la notification de son affectation au plan. Les droits sont valorisés à la date de cette demande (C. mon. fin. art. L 224-20).
> **b.** Le **total** annuel de l'**abondement** de l'employeur ainsi que de ses **versements** initial et périodique est **plafonné** à 16 % du Pass (C. mon. fin. art. D 224-10) et au triple de la contribution du salarié (composée de ses versements volontaires et des sommes issues de la participation et de l'intéressement) (C. mon. fin. art. D 224-10 et C. trav. art. L 3332-11).

L'entreprise dotée d'un Pereco peut, dans les conditions de mise en place d'un tel plan (n° 73210), instituer des **versements obligatoires** qui peuvent être réservés à une ou plusieurs catégories de salariés constituées à partir des critères objectifs mentionnés au n° 22940 du Mémento social (C. mon. fin. art. L 224-27). 73230
Le règlement du plan prévoit que l'**adhésion** des salariés concernés est **obligatoire** jusqu'à la liquidation du plan à son échéance normale. Toutefois, si ces versements sont mis en place par décision unilatérale de l'employeur, les salariés présents dans l'entreprise lors de la mise en place du plan peuvent refuser d'y être soumis.
Par ailleurs, dans les mêmes conditions, l'**entreprise dotée d'un Pero** peut, selon les mêmes modalités, le **transformer** en un Pereco recevant des versements obligatoires (C. mon. fin. art. L 224-27).
Le Pereco « regroupé » issu de l'une ou l'autre de ces procédures accueille à la fois les versements obligatoires et les versements visés au n° 73220.

TRANSFERT D'ENTREPRISE

En cas de modification survenue dans la situation juridique d'une entreprise ayant mis en place un Pereco ou un Pero, notamment par **fusion, cession, absorption ou scission,** rendant impossible la poursuite de l'ancien plan, les **sommes** qui y étaient affectées peuvent être **transférées** dans le Pereco ou le Pero de la nouvelle entreprise. La décision doit émaner des signataires de l'accord ou de l'employeur si le Pereco ne résultait pas d'une mise en place par accord. Les représentants du personnel doivent en être informés. En cas d'impossibilité juridique de réunir les signataires initiaux, le transfert peut être décidé par accord avec le personnel ou avec les CSE concernés (C. mon. fin. art. L 224-12 et R 224-7). 73240

CHAPITRE 7

LA PROTECTION SOCIALE COMPLÉMENTAIRE D'ENTREPRISE

SOMMAIRE

GARANTIES COLLECTIVES

74000 La protection sociale complémentaire (PSC) désigne l'ensemble des garanties collectives de prévoyance et de retraite instituées par les entreprises au profit de tout ou partie de leur personnel pour compléter les prestations servies par la sécurité sociale et par les régimes obligatoires de retraite complémentaire.

Ces garanties **s'adressent** aux salariés, mais aussi aux anciens salariés et à leurs ayants droit.

Elles comprennent tout d'abord les garanties de **prévoyance**, relevant, outre des dispositions des articles L 911-1 et suivants du CSS, de la loi 89-1009 du 31 décembre 1989, dite « loi Evin ». Ces garanties regroupent les prestations en espèces (capital, rente ou indemnités journalières) ou en nature (remboursement ou avance de frais) destinées à couvrir les risques suivants :

– l'incapacité de travail, l'invalidité et le décès auxquels l'administration et la pratique ajoutent la dépendance ainsi que l'assistance à un proche aidant. Ces risques sont communément regroupés sous l'appellation de « prévoyance lourde » ;

– le remboursement des frais occasionnés par une maladie, un accident ou une maternité pour des soins médicaux, paramédicaux, pharmaceutiques, hospitaliers, etc., regroupés sous le vocable « frais de santé » ;

– l'inaptitude et le chômage (la couverture de ce dernier risque est rare en pratique).

Les garanties de PSC comprennent également les régimes de **retraite supplémentaire** à cotisations définies, étant précisé que, depuis le 1er janvier 2020, ceux-ci doivent être mis en place dans le cadre d'un **plan d'épargne retraite obligatoire** (Pero). S'agissant du plan d'épargne retraite collectif (Pereco), voir nos 73200 s.

L'employeur est tenu de mettre en place certaines **garanties minimales** de PSC en vertu de dispositions légales ou conventionnelles, voir nos 74080 s.

En outre le législateur encourage le développement de la PSC dans les entreprises en exonérant de cotisations sociales les sommes versées par l'employeur pour leur financement. Cette **exonération** est plafonnée et soumise à plusieurs conditions strictes dont le **caractère collectif** et obligatoire des garanties (voir Mémento social nos 22930).

> **Précisions** L'employeur peut mettre en place, au profit d'un ou plusieurs salariés ou dirigeants, des garanties individuelles notamment un régime de retraite supplémentaire à **prestations définies**. Ces régimes, qui obéissent à des règles spécifiques, ne sont pas étudiés ici.

MISSIONS DU COMITÉ SOCIAL ET ÉCONOMIQUE

Dans **toutes les entreprises**, le CSE peut présenter à l'employeur des **réclamations** individuelles ou collectives en matière de PSC, voir nos 225 s. Dans les entreprises d'**au moins 50 salariés**, il exerce, en outre, les missions suivantes : 74005
– il est informé et consulté préalablement à la **mise en place**, la **modification** ou la **suppression** d'une garantie collective par décision unilatérale de l'employeur ou par accord ratifié à la majorité des intéressés ;
– il reçoit des **informations** sur la prévoyance complémentaire et la retraite supplémentaire et peut formuler des **propositions** concernant ces garanties.

Dans le cadre de ses prérogatives en matière d'**activités sociales et culturelles**, le CSE peut prendre en charge tout ou partie de la part salariale des **cotisations** de PSC des salariés ou ajouter sa participation à celle de l'employeur (sur le régime social et fiscal de cette participation, voir nos 5180 s.). 74010
Le CSE peut également revendiquer, comme activité sociale, la **gestion** de la **participation financière de l'employeur** au financement de garanties de PSC si cette participation ne correspond à aucune obligation légale, conventionnelle ou réglementaire à charge de ce dernier (Cass. soc. 22-6-1993 n° 91-17.686 FP-BS). Tel n'est pas le cas en présence de garanties mises en place à titre obligatoire par accord collectif (Cass. soc. 1-10-2003 n° 02-30.337 FS-D) ou par accord référendaire (TGI Paris 5-12-1994 n° 94-5651 : RJS 6/95 n° 665). Les garanties collectives étant très fréquemment mises en place à titre obligatoire pour les salariés afin d'ouvrir droit, pour les contributions patronales les finançant, à un régime social de faveur, il est très rare, en pratique, que le CSE puisse revendiquer la gestion de la participation financière de l'employeur.
Enfin le CSE peut décider de consacrer une partie de son budget dédié aux activités sociales et culturelles au **financement** d'un régime de PSC qu'il mettrait en place. Toutefois il ne pourra s'agir que d'un **régime à adhésion facultative**, le CSE n'ayant pas la possibilité d'imposer aux salariés d'adhérer à un contrat collectif dont il est le souscripteur (Cass. soc. 27-3-1996 n° 92-44.933 P : RJS 5/96 n° 562).

RÔLE DES ORGANISATIONS SYNDICALES

Les organisations syndicales présentes dans l'entreprise interviennent quant à elles : 74020
– en cas de **mise en place, de modification ou de suppression** d'une garantie collective par accord collectif d'entreprise ;
– dans le cadre de la **négociation annuelle** obligatoire (nos 74170 s.).

ATTENTION

En matière de PSC, représentants du personnel et chef d'entreprise doivent compter avec un **troisième intervenant** pour la gestion des garanties. Cette gestion ne peut pas, en effet, être exercée en interne par l'entreprise sauf exceptions cantonnées à des régimes anciens. Les **organismes extérieurs** habilités pour cette gestion varient en fonction de la nature des garanties et, pour la retraite supplémentaire, selon leur support juridique. L'employeur, après consultation du CSE, ou, si le régime est mis en place par convention ou accord collectif, les partenaires sociaux peuvent choisir (Loi 1989-1009 du 31-12-1989 art. 1er ; C. mon. fin. art. L 224-8) :
– pour la prévoyance, les régimes de retraite supplémentaire à cotisations définies et les Pero reposant sur un **contrat d'assurance groupe**, une institution de prévoyance ou union, une mutuelle ou union, ou une entreprise d'assurances ;
– pour les Pero reposant sur un **compte-titres**, un établissement de crédit, une entreprise d'investissement ou un établissement habilité pour les activités de conservation ou d'administration d'instruments financiers.

A. Mise en place des garanties

1. CADRE LÉGAL ET CONVENTIONNEL

MODALITÉS DE MISE EN PLACE

Les garanties collectives de PSC peuvent être **mises en place** (CSS art. L 911-1) : 74030
– par convention ou accord collectif négocié et conclu selon les modalités de droit commun ;
– à la suite de la ratification à la majorité des intéressés d'un projet d'accord proposé par l'employeur ;
– ou par décision unilatérale de l'employeur (DUE) constatée dans un écrit remis par celui-ci à chaque intéressé, cette remise pouvant être effectuée par voie dématérialisée (BOSS-PSC-590).

> **Précisions a.** La DUE a une **force obligatoire** moindre que l'**accord collectif ou ratifié** à la majorité des intéressés. En effet, cet accord oblige les salariés à verser les cotisations qu'il prévoit quelle que soit leur date d'embauche. En revanche, le salarié embauché dans l'entreprise avant la mise en place, par **DUE**, de garanties de prévoyance complémentaire financées en partie par des cotisations salariales peut refuser d'y adhérer (Loi 89-1009 du 31-12-1989 art. 11).
> Les salariés présents dans l'entreprise avant la mise en place d'un **Pero** par DUE peuvent également se dispenser, à leur initiative, de participer aux versements imposés aux salariés (C. mon. fin. art. L 224-25). S'agissant des versements obligatoires dans le **Pereco,** voir n° 73230.
> **b.** Les garanties instaurées par DUE ou accord référendaire au niveau de l'**établissement** n'ouvrent pas droit à l'**exonération** plafonnée de **cotisations sociales** (BOSS-PSC-520 ; Cass. soc. 15-6-2017 n° 16-18.386 F-D : RJS 10/17 n° 676). En revanche, celles mises en place par accord collectif d'établissement peuvent, selon l'administration, y ouvrir droit (BOSS-PSC-560).
> **c.** Quelle que soit la modalité de mise en place des garanties, l'employeur doit remettre à chaque salarié, lors de son adhésion, une **notice** individuelle d'**information** établie par l'organisme assureur, accompagnée des statuts si ce dernier est une mutuelle (C. ass. art. L 141-4 et L 145-3 ; CSS art. L 931-3-3 et L 932-6 ; C. mut. art. L 211-7 et L 221-6). Sur son contenu et les sanctions applicables en cas de non-respect de cette obligation, voir Mémento social n° 58880.

CONTENU DE L'ACTE

74040 **Clauses obligatoires** Qu'il soit adopté par accord collectif, accord ratifié ou DUE, l'acte mettant en place une **garantie collective** doit :
– s'il **désigne un organisme assureur** pour la couverture des risques, prévoir une clause précisant la périodicité et les conditions du **réexamen du choix** de cet organisme et des intermédiaires (courtiers, agents généraux, etc.). Cette périodicité ne peut pas excéder 5 ans (CSS art. L 912-2) ;
– lorsqu'il prévoit la couverture, sous forme de **rentes**, du décès, de l'incapacité de travail ou de l'invalidité, organiser, en cas de changement d'organisme assureur, la poursuite de la revalorisation des rentes en cours de service (CSS art. L 912-3) ;
– lorsque le **décès** est couvert, organiser le maintien de cette garantie pour les bénéficiaires de rentes d'incapacité de travail ou d'invalidité en cas de changement d'organisme assureur (CSS art. L 912-3).

74045 L'acte mettant en place un **Pero** doit respecter le cadre juridique défini aux articles L 224-1 et suivants du Code monétaire et financier et prévoir à cette fin :
– le **caractère obligatoire** de l'adhésion pour les salariés entrant dans son champ d'application (C. mon. fin. art. L 224-24) ;
– la possibilité pour le salarié d'acquérir une **rente viagère** à la date de liquidation de sa pension dans un régime obligatoire d'assurance vieillesse ou à celle où il atteint l'âge d'ouverture du droit à une pension de retraite (C. mon. fin. art. L 224-1) ;
– une **option de réversion** de cette rente au profit d'un bénéficiaire en cas de décès du titulaire (C. mon. fin. art. L 224-1) ;
– les conditions dans lesquelles le salarié choisit les **modalités de délivrance** de ses **avoirs** ne correspondant pas à des versements obligatoires dans le plan (C. mon. fin. art. D 224-5) ;
– le choix pour le salarié entre la gestion pilotée de son épargne permettant de réduire progressivement les risques financiers et, au moins, une autre **allocation d'actifs** proposant l'acquisition de parts de fonds investis, dans les entreprises solidaires d'utilité sociale (C. mon. fin. art. L 224-3) ;
– la faculté pour le salarié, à compter de la 5e année précédant la date à laquelle la liquidation des droits est possible, d'interroger par tout moyen le gestionnaire du plan afin de **s'informer** sur ses droits et sur les modalités de restitution de l'épargne appropriées à sa situation et de confirmer, le cas échéant, le rythme de réduction des risques financiers dans le cadre d'une gestion pilotée (C. mon. fin. art. L 224-10) ;
– les **conditions** dans lesquelles l'entreprise peut **changer de gestionnaire** à l'issue d'un préavis qui ne peut pas excéder 18 mois (C. mon. fin. art. L 224-6).

> **Précisions a.** Depuis le 1er octobre 2020, les régimes de **retraite supplémentaire à cotisations définies** doivent être mis en place dans le cadre d'un Pero. Les **régimes** de retraite supplémentaire **mis en place avant** cette date, en dehors d'un plan d'épargne retraite, peuvent être maintenus et accueillir de nouveaux adhérents (Ord. 2019-766 du 24-7-2019 art. 8 ; Décret 2019-807 du 30-7-2019 art. 9). Ces régimes sont régis par les dispositions du Code des assurances relatives aux contrats d'assurance groupe en cas de vie et reprises dans le Code de la mutualité et le CSS.
> **b.** Les dispositions de l'article L 912-4 du CSS encadrant l'**option de réversion** en cas de décès du bénéficiaire d'un régime de

retraite supplémentaire valent, à notre sens, également pour l'option prévue dans le cadre d'un Pero. Ces dispositions imposent :
– la définition des conditions d'attribution d'une pension de réversion au **conjoint séparé de corps ou divorcé non remarié** dans l'acte instaurant les garanties ;
– en cas d'attribution d'une pension de réversion au conjoint survivant et au conjoint divorcé, des droits pour chacun d'entre eux au moins équivalents à la part qui lui reviendrait si celle-ci était **calculée en fonction** de la durée respective de chaque mariage.

Clauses interdites Sont interdites, à peine de **nullité**, dans les actes instituant : 74060
– des garanties de **PSC**, les **discriminations** fondées sur le sexe, cette interdiction ne faisant pas obstacle aux dispositions relatives à la protection de la femme en raison de la maternité (CSS art. L 913-1) ;
– des régimes de **retraite supplémentaire**, les dispositions entraînant, pour les salariés ou anciens salariés, la **perte des droits** à retraite acquis ou en cours d'acquisition (y compris les droits à réversion), en cas d'insolvabilité de l'employeur ou de transfert d'entreprise, d'établissement ou de partie d'établissement par voie de cession ou de fusion (CSS art. L 913-2) ;
– dans les mêmes accords, les clauses qui assureraient **différemment** le maintien des droits à retraite des salariés, anciens salariés et ayants droit selon que ceux-ci restent sur le **territoire français** ou vont résider dans un autre État membre de l'**Union européenne** ou un État partie à l'accord sur l'Espace économique européen (CSS art. L 913-3).
Sur l'application du principe d'**égalité de traitement** aux régimes de PSC, voir n° 76120.

GARANTIES MINIMALES

Couverture collective obligatoire des frais de santé Toutes les **entreprises** doivent faire bénéficier l'ensemble de leurs salariés d'une couverture collective obligatoire minimale de remboursement de leurs frais de santé mise en place selon les modalités exposées n° 74030 (CSS art. L 911-7). 74080
Cette couverture doit **respecter** le cahier des charges des contrats d'assurance frais de santé dits « responsables » qui impose notamment la couverture de certaines dépenses de santé et interdit la prise en charge de certaines participations de l'assuré. Elle doit, en outre, prendre en charge, dans certaines limites, certaines dépenses exposées pour l'optique médicale, les prothèses dentaires et les aides auditives listées à l'article D 911-1 du CSS.
Elle doit être **financée** à 50 % au moins par l'employeur (CSS art. L 911-7 et D 911-1 à 3).

> **Précisions a.** L'employeur est tenu de mettre en place une couverture minimale au profit de ses salariés, mais non de leur **ayant droit**. Il peut néanmoins mettre en place et financer une couverture leur bénéficiant, mais, dans ce cas, afin que cette couverture ouvre droit au régime social de faveur pour les contributions patronales la finançant, il est nécessaire que l'affiliation des ayants droit soit également obligatoire pour ces derniers (Cass. 2e civ. 20-12-2018 n° 17-26.958 F-PB : RJS 3/19 n° 185).
b. Des cas de **dispense** à l'initiative du salarié concerné sont limitativement prévus (CSS art. L 911-7-1) et s'appliquent soit de plein droit (CSS art. D 911-2), soit si l'acte instituant la couverture frais de santé les prévoit (CSS art. D 911-4).
c. Doivent être **obligatoirement couverts** au titre du cahier des charges des **contrats responsables** le ticket modérateur, le forfait journalier hospitalier, le reste à charge des dépenses exposées pour certains équipements de base donnant lieu à prise en charge renforcée par l'assurance maladie en matière d'optique, de soins dentaires et d'audiologie (CSS art. R 871-2).
Est en revanche **interdite** la couverture de la participation forfaitaire, de la franchise médicale et des pénalités applicables en cas de non-respect du parcours de soins (CSS art. R 871-1).
d. La couverture santé de certains salariés sous CDD, sous contrat de mission ou à temps partiel peut être assurée au moyen du versement, par l'employeur, d'une somme représentative du financement de la couverture minimale et de la portabilité en cas de chômage, dite « **versement santé** » (CSS art. L 911-7-1 et D 911-7 à 8).

Garantie décès des ingénieurs, cadres et assimilés Les entreprises doivent verser à un organisme assureur, au profit de leurs ingénieurs, cadres et assimilés au sens des articles 2 et 2 bis de l'ANI du 17-11-2017 sur la prévoyance des cadres, une **cotisation** affectée en priorité à la constitution d'avantages décès. Cette cotisation, à leur charge exclusive, doit être **au moins égale à** 1,50 % du salaire pris dans la limite du plafond de la sécurité sociale (ANI du 17-11-2017 sur la prévoyance des cadres art. 1er). 74085

ATTENTION

En cas de décès d'un cadre ou assimilé, l'entreprise qui a **méconnu son obligation** doit verser aux ayants droit une **indemnité** égale à 3 fois le plafond annuel de la sécurité sociale en vigueur lors du décès (ANI du 17-11-2017 sur la prévoyance des cadres art. 1er).

74090 **Épargne retraite** Parmi les conditions d'application du régime social de faveur propre aux régimes de retraite supplémentaire à **prestations définies** dits « à droits certains » figure la couverture de tous les salariés par un Perco, un régime de retraite supplémentaire obligatoire ou un plan d'épargne retraite d'entreprise (CSS art. L 137-11-2).

> **Précisions** Les régimes de retraite supplémentaire à prestations définies **mis en place depuis** le 5 juillet 2019 doivent être « à droits certains », c'est-à-dire permettre à leurs bénéficiaires de conserver leurs droits en cas de départ de l'entreprise. La mise en place des régimes instaurés avant cette date et fonctionnant **« à droits aléatoires »** est également subordonnée à la couverture de l'ensemble des salariés par un Perco ou un régime de retraite supplémentaire à cotisations définies (Loi 2010-1330 du 9-11-2010 art. 111). Toutefois, le respect de cette obligation ne conditionne pas, pour les régimes à droits aléatoires, le bénéfice du régime social de faveur.

74095 **Maintien des droits** Les garanties collectives frais de santé, incapacité de travail, invalidité et décès mises en place dans l'entreprise doivent être maintenues temporairement pour les anciens salariés dont la rupture du contrat de travail ouvre droit à indemnisation par l'**assurance chômage** et n'est pas consécutive à une faute lourde.

La **durée** de ce maintien est égale à la période d'indemnisation du chômage, dans la limite de la durée du dernier contrat de travail ou, le cas échéant, des derniers contrats de travail consécutifs chez le même employeur. Elle est appréciée en mois, arrondie au nombre supérieur, dans la limite de 12 mois. Le maintien des garanties est gratuit pour les anciens salariés, le financement du dispositif devant être mutualisé (CSS art. L 911-8).

74097 Certains anciens salariés et ayants droit disposent de la **faculté** de solliciter auprès de l'assureur gérant la couverture obligatoire collective des frais de santé, la conclusion d'un contrat portant sur les **mêmes garanties** que celles couvertes dans l'entreprise et à des **tarifs encadrés**, sans condition de période probatoire ni examen ou questionnaire médicaux (Loi 89-1009 du 31-12-1989, art. 4 ; Décret 90-769 du 30-8-1990, art. 1er modifié).

Peuvent ainsi bénéficier du maintien de leur couverture :

– sans condition de durée, les **anciens salariés** bénéficiaires d'une rente d'incapacité ou d'invalidité, d'une pension de retraite ou, s'ils sont privés d'emploi, d'un revenu de remplacement (dans ce cas, le dispositif prend le relais de celui exposé n° 74095) ;

– les **personnes garanties** du chef du **salarié décédé**, pendant une durée minimale de 12 mois à compter du décès.

74100

Quelles obligations peut imposer la branche aux entreprises ?

Les **conventions ou accords de branche** ou professionnels imposent souvent la mise en place de garanties de **prévoyance complémentaire**, plus rarement de **retraite supplémentaire**. Les formules adoptées sont diverses : les accords peuvent, notamment, fixer un niveau de financement à consacrer à des garanties choisies par l'entreprise ou définir des garanties en lui laissant le choix des moyens.

Toutefois, le rôle des conventions ou accords de branches ou professionnels s'est réduit en matière de PSC en raison :

– de la reconnaissance de la **primauté de l'accord collectif d'entreprise** sur les accords et conventions de branche **sauf** si ceux-ci instaurent des garanties collectives présentant un degré élevé de solidarité (voir ci-dessous). Ainsi, en dehors de ce type de garanties particulier, l'accord d'entreprise prévaut sur l'accord de branche, même s'il est moins favorable, qu'il soit antérieur ou postérieur à ce dernier (C. trav. art. L 2253-3) ;

– de l'**impossibilité** pour un accord ou une convention de branche de prévoir des **clauses « de désignation »** et leur corollaire, les clauses de migration. Les premières imposent aux entreprises entrant dans leur champ d'application d'adhérer à un organisme assureur chargé de mutualiser les risques. Les secondes contraignent ces entreprises à abandonner leur assureur au profit de celui désigné. Le Conseil constitutionnel a déclaré **contraire à la Constitution** l'ancien article L 912-1 du CSS qui autorisait ces clauses (Cons. const. 13-6-2013 n° 2013-672 DC). Cette décision a été sans effet sur les textes conventionnels conclus et, le cas échéant, étendus avant sa date de publication, soit le 16-6-2013, ces textes produisant leurs effets jusqu'à leur terme (en ce sens : CE 30-12-2013 n° 357115 : RJS 3/14 n° 271 ; Cass. soc. 11-2-2015 n° 14-13.538 FS-PB : RJS 4/15 n° 289).

Reste la faculté pour les conventions ou accords de branche ou professionnels d'instituer des garanties collectives présentant un **degré élevé de solidarité** et comprenant à ce titre des prestations non contributives, dont le contenu est défini par les articles R 912-1 et R 912-2 du CSS (prise en charge partielle ou totale de la cotisation pour certains salariés ou ex-salariés, politique de prévention, prestations d'action sociale). Ces accords peuvent **recommander**, à l'issue d'une procédure de mise en concurrence encadrée aux articles D 912-1 et suivants du CSS, un ou plusieurs organismes assureurs. Cette recommandation doit être assortie d'une clause fixant les conditions et la périodicité, limitée à 5 ans, de **réexamen du choix** du ou des organismes. L'existence d'une telle clause conditionne la validité de ces accords (Cass. soc. 9-10-2019 n° 18-13.314 FS-PB : RJS 12/19 n° 723).
Les organismes recommandés sont **tenus d'accepter** les adhésions des entreprises relevant de leur champ d'application, ainsi que d'appliquer un **tarif unique** et d'offrir des garanties identiques pour toutes les entreprises et tous les salariés (CSS art. L 912-1). Ces accords priment sur les accords d'entreprise, sauf si ces derniers instituent des garanties au moins équivalentes (C. trav. art. L 2253-1).
L'employeur qui ne met pas en place les garanties prévues par la convention ou l'accord collectif de branche ou instaure des garanties d'un niveau inférieur **engage sa responsabilité** à l'égard des salariés (Cass. soc. 19-3-2014 n° 12-24.976 : RJS 6/14 n° 523 ; Cass. soc. 17-4-2019 n° 17-27.096 FS-PB : RJS 7/19 n° 466). Il doit alors indemniser le salarié non pour une perte de chance mais à hauteur des prestations dont ce dernier a été privé (Cass. soc. 3-11-2011 n° 10-15.124 : RJS 2/12 n° 191).

2. RÔLE DU COMITÉ SOCIAL ET ÉCONOMIQUE

FACULTÉ DE PROPOSITION

Dans les entreprises d'au moins 50 salariés, le CSE formule, à son initiative, et examine, à la demande de l'employeur, toute proposition de nature à **améliorer les conditions** dans lesquelles les salariés bénéficient de garanties collectives de PSC (C. trav. art. L 2312-12). **74120**

INFORMATION-CONSULTATION

Dans les entreprises d'au moins 50 salariés, le CSE est informé et consulté **préalablement** à la mise en place d'une garantie collective de PSC (C. trav. art. R 2312-22). Cette information-consultation est obligatoire lorsque la garantie doit être mise en place par **accord ratifié** à la majorité des intéressés ou par **décision unilatérale** du chef d'entreprise. **74130**
En principe, le chef d'entreprise n'est pas tenu de soumettre les projets d'**accord collectif** à l'avis du CSE (C. trav. art. L 2312-14, al. 2). Cette règle vaut également en matière de PSC.
À notre sens, le CSE doit néanmoins être informé et consulté sur les **mesures d'application** de l'accord collectif entrant dans son champ de compétences, ce qui est le cas des garanties de PSC incluses dans les conditions d'emploi visées à l'article L 2312-8 du Code du travail (Cass. soc. 21-11-2012 n° 11-10.625 FS-PB : RJS 2/13 n° 137).

ATTENTION

Le **défaut de consultation** des élus sur la mise en place des garanties collectives de PSC lorsque cette consultation est requise constitue un délit d'entrave à leur fonctionnement (Cass. crim. 28-11-2006 n° 06-82.314 F-D).

Les **modalités** de l'information-consultation du CSE obéissent aux règles de droit commun. **74140**
Le Code du travail ne précise pas le **contenu des informations** à fournir au comité, mais elles doivent, à notre sens, au moins porter sur les points suivants :
– champ d'application de la couverture ;
– nature, conditions et montant des garanties ;
– modalités de leur financement : montant de la cotisation et modalités de répartition entre l'employeur et le salarié ;
– organisme assureur pressenti.
Lorsque la couverture doit être instaurée par la voie d'un projet d'accord ratifié à la majorité des intéressés ou par décision unilatérale de l'employeur, celui-ci aura fortement intérêt à communiquer au CSE le **projet d'accord** qui sera soumis à ratification ou l'**écrit** qu'il a l'intention de remettre à chaque salarié. Cette remise participe d'une information complète du comité de nature à lui permettre de rendre un avis éclairé.
L'employeur pourra également lui transmettre le **projet de contrat** qu'il envisage de conclure avec l'organisme assureur.

ATTENTION

Constitue une **entrave** au fonctionnement du CSE le fait de consulter cette instance sur l'extension d'un régime de prévoyance à un collège de salariés sans remise préalable des documents nécessaires pour éclairer son avis. Même si aucun délai n'est prescrit, le CSE doit disposer d'un délai suffisant pour examiner ces documents (Cass. crim. 30-10-2018 n° 17-87.260 FS-D : RJS 1/19 n° 31).

74150

Moyens du comité social et économique

Le CSE mis en place dans les entreprises d'au moins 50 salariés ne dispose pas de moyens particuliers pour exercer ses attributions en matière de PSC. Il peut toutefois mobiliser ses moyens « de droit commun », à savoir :

– faire appel à un **expert** libre rémunéré sur son budget de fonctionnement : sur cet expert, voir n° 2050 ;

– constituer une **commission** « ad hoc » ou permanente si un accord d'entreprise le prévoit : sur les commissions du CSE, voir n°s 1620 s. ;

– procéder à des **enquêtes** auprès des **salariés**, voir n° 3580 ; sur l'utilisation de l'intranet et de la messagerie électronique de l'entreprise, voir n° 34220.

S'il donne lieu à un accroissement inhabituel de l'activité des membres du comité, le projet de mise en place d'un régime de prévoyance est constitutif de **circonstances exceptionnelles** justifiant le **dépassement de leur crédit d'heures** de délégation (Cass. soc. 27-1-1998 n° 95-40.616 D).

3. RÔLE DES ORGANISATIONS SYNDICALES

NÉGOCIATIONS OBLIGATOIRES

74170 Les modalités de définition d'un régime de prévoyance et, dans des conditions au moins aussi favorables que celles prévues n° 74080, d'un régime de remboursement des frais de santé constituent un thème de la négociation annuelle obligatoire dans les entreprises n'ayant **pas conclu d'accord d'adaptation** ou ne le respectant pas et non couvertes par un accord de branche ou d'entreprise : voir n° 81360.

Dans les entreprises de **travaux forestiers** mentionnées à l'article L 722-1, 3° du Code rural et de la pêche maritime, cette négociation porte sur l'accès à l'ensemble des garanties collectives de PSC (C. trav. art. L 2242-17, 5°).

74175 Les entreprises ayant mis en place un **plan d'épargne d'entreprise** (PEE) depuis plus de 3 ans doivent ouvrir une négociation en vue de la mise en place d'un **plan d'épargne retraite** collectif (Pereco) ou d'un plan d'épargne retraite obligatoire (Pero) ouvert à tous les salariés de l'entreprise (C. mon. fin. art. L 224-9).

MISE EN PLACE DES GARANTIES PAR CONVENTION OU ACCORD COLLECTIF

74180 **Niveau et modalités de négociation** La convention ou l'accord mettant en place un régime de PSC peut concerner l'**entreprise**, un ou plusieurs **établissements**, un **groupe** d'entreprises ou plusieurs entreprises.

Il est négocié et conclu selon les mêmes modalités que les **autres conventions ou accords** collectifs : voir n°s 80150 s. (négociation d'entreprise), n°s 82620 s. (négociation de groupe) et 82800 s. (négociation interentreprise).

74190 **Clauses obligatoires** L'accord collectif mettant en place des garanties de PSC doit comporter les mêmes clauses obligatoires que **tout accord collectif** (n° 80620) ainsi que certaines clauses spécifiques (n°s 74040 s.).

ATTENTION

L'accord collectif mettant en place des garanties de PSC doit être relayé par un **contrat** conclu entre l'entreprise et un **organisme assureur** ou, pour les plans d'épargne retraite reposant sur un compte-titres, avec un gestionnaire d'actifs. Les partenaires sociaux doivent donc faire en sorte que les modalités de renouvellement ou de révision de l'accord à durée déterminée ou de dénonciation de l'accord à durée indéterminée soient **compatibles** avec les modalités de renouvellement, de révision ou de dénonciation du contrat.

B. Modification des garanties

INFORMATION-CONSULTATION DU COMITÉ SOCIAL ET ÉCONOMIQUE

Dans les entreprises d'au moins 50 salariés, le CSE est informé et consulté préalablement à la modification des garanties collectives (C. trav. art. R 2312-22). À notre sens, cette obligation s'applique : 74200

– si un **projet d'accord** est **soumis à ratification** du personnel afin de se substituer à un accord collectif dénoncé, de modifier le précédent accord ratifié ou de s'y substituer, ou de modifier une décision unilatérale de l'employeur (DUE) ou de s'y substituer ;

– en cas de nouvelle **DUE**.

Bien que cela n'ait pas été jugé, le défaut d'information et de consultation des élus préalablement à la modification de garanties collectives dans le cas où cette consultation est requise est constitutif d'un **délit d'entrave** au fonctionnement de ces institutions.

En application de l'article L 2312-14 du Code du travail, le chef d'entreprise n'a pas à informer et consulter le CSE sur le projet de révision d'un accord collectif relatif à une garantie de PSC. Il est toutefois tenu de soumettre à l'avis du CSE, selon nous, les éventuelles mesures d'application rendues nécessaires par cette révision (en ce sens : Cass. soc. 21-11-2012 n° 11-10.625 FS-PB : RJS 2/13 n° 137).

CONSEIL

Le Code du travail ne précise pas le **contenu des informations** à fournir au CSE. À notre sens, le chef d'entreprise devra exposer la nature de la ou des modifications projetées (modification de la nature, des conditions ou du niveau des prestations, augmentation des cotisations, etc.), leurs motifs et leurs conséquences pour les salariés, les anciens salariés et leurs ayants droit. Il devra aussi préciser les modalités de modification retenues.

COUVERTURE INSTITUÉE PAR ACCORD D'ENTREPRISE

Lorsque des garanties de PSC ont pour support juridique une convention ou un accord collectif d'entreprise, elles doivent être modifiées par **révision** de cette convention ou de cet accord, c'est-à-dire par la conclusion d'un **avenant** à l'accord initial ou d'un **accord substitutif**, à l'exclusion de tout autre mode de modification. Sur la procédure de révision des conventions et accords collectifs, voir nos 81520 s. 74210

En **pratique**, l'employeur souhaitant réviser une convention ou un accord collectif déterminant des garanties de PSC, mais ne parvenant pas à obtenir un avenant de révision, n'aura pas d'autre solution que de dénoncer le texte conventionnel et d'attendre qu'il cesse de produire effet, puis de mettre en place de nouvelles garanties par accord ratifié à la majorité des intéressés ou DUE.

> **Précisions** Les syndicats professionnels, ayant qualité pour représenter les **retraités**, peuvent conclure des accords collectifs modifiant des garanties de retraite supplémentaire (en ce sens : Cass. soc. 23-11-1999 n° 97-18.980 PB : RJS 1/00 n° 106 ; 31-5-2001 n° 98-22.510 FS-PB : RJS 11/01 n° 1348). Cette solution, édictée en matière de retraite complémentaire, est, à notre sens, transposable aux régimes de retraite supplémentaire.

COUVERTURE INSTITUÉE PAR DÉCISION UNILATÉRALE DE L'EMPLOYEUR

Lorsque des garanties de PSC ont été mises en place par décision unilatérale de l'employeur (DUE), celui-ci peut les modifier en adoptant une nouvelle DUE. Il doit pour cela **dénoncer la décision antérieure**, puis adopter une nouvelle décision consignée dans un écrit et remise à chaque intéressé. 74215

La **procédure** de dénonciation obéit aux règles générales de dénonciation des DUE. Pour un exposé détaillé de ces règles, qui comportent, en particulier, une **information des représentants du personnel**, voir nos 85445 s.

ATTENTION

a. Lorsque la DUE **remet en cause le financement intégral** des garanties par l'employeur, les salariés employés avant cette remise en cause ne peuvent pas être contraints de cotiser contre leur gré (BOSS-PSC-810 et 820).

b. Si l'employeur entend modifier une décision unilatérale mettant en place des garanties de **retraite supplémentaire à prestations définies** à droits certains, il doit procéder par accord collectif et non par décision unilatérale afin que la révision de ces garanties soit **opposable aux anciens salariés** ayant quitté l'entreprise sans liquider leur pension de retraite. Il a en effet été jugé que les modifications apportées par l'employeur à un régime de retraite supplémentaire à prestations définies et garanties étaient inopposables aux anciens salariés de l'entreprise même si la procédure de révision des engagements unilatéraux avait été respectée, dès lors que seul un accord collectif conclu entre l'employeur et une ou plusieurs organisations syndicales représentatives dans l'entreprise pouvait apporter de façon opposable aux anciens salariés des modifications à ce régime (Cass. soc. 19-1-2022 n° 19-23.272 FS-B : RJS 4/22 n° 220).

74220 La DUE peut aussi être modifiée par une **convention** ou un **accord collectif** ayant le même objet, étant précisé qu'il n'est **pas nécessaire** que cette décision soit **préalablement dénoncée** et que la convention ou l'accord collectif se substitue de plein droit à celle-ci (Cass. soc. 1-10-2003 n° 02-30.337 FS-D).

Il s'agit là d'une **application**, dans le domaine particulier de la PSC, des **règles générales** dégagées par la jurisprudence en cas de convention ou d'accord collectif remettant en cause un usage d'entreprise, une DUE ou un accord atypique : voir n°s 85445 s.

La Cour de cassation admet ainsi la possibilité de modifier une DUE par accord collectif même si le **décret d'application** de l'article L 911-5 du CSS qui prévoit expressément cette règle n'est jamais paru.

Ce même article renvoie également à un décret d'application le soin de définir les conditions dans lesquelles un **accord référendaire** peut modifier une DUE. Bien que ce décret n'ait pas été publié, la jurisprudence semble admettre la possibilité de substituer un accord ratifié à une DUE (Cass. soc. 23-1-2019 n° 17-20.553 FS-D : RJS 4/19 n° 255). Il en va de même de l'administration (BOSS-PSC-590) et, en général, de la doctrine.

COUVERTURE INSTITUÉE PAR ACCORD RATIFIÉ

74225 La question se pose de savoir si une couverture sociale complémentaire d'entreprise ayant pour support juridique un accord ratifié à la majorité des intéressés peut être modifiée par une **convention ou un accord collectif** venant s'y substituer. En effet, si cette possibilité est expressément prévue par l'article L 911-5 du CSS, le décret en Conseil d'État qui devait définir ses modalités de mise en œuvre n'a pas été publié.

La **jurisprudence** ne s'est pas prononcée sur la question. L'**administration** ainsi que la **doctrine** optent pour une réponse affirmative (BOSS-PSC-580). Selon elles, en l'absence de décret d'application de l'article L 911-5 du CSS, il convient de traiter l'accord ratifié comme un accord atypique. Or, les accords atypiques peuvent être modifiés, comme les usages ou les DUE, par accord collectif substitué (n°s 85445 s.).

> **Précisions** Dans l'hypothèse où les dispositions de l'article L 911-5 du CSS relatives à la substitution d'une convention ou d'un accord collectif à un accord ratifié par la majorité des intéressés ne seraient pas entrées en vigueur, la seule solution pour un employeur souhaitant modifier un accord ratifié, hors nouvel accord ratifié, serait de dénoncer l'accord initial et d'attendre qu'il cesse de produire effet, puis de conclure une convention ou un accord collectif ou de prendre une décision unilatérale instaurant un nouveau régime. Sur la dénonciation des accords ratifiés à la majorité des intéressés, voir n° 74290.

TRANSFERT COLLECTIF DES AVOIRS DU PERO

74230 En cas de **modification juridique** de l'entreprise dotée d'un Pero (notamment par fusion, cession, absorption ou scission), le CSE doit être informé du **transfert collectif** des avoirs des salariés détenus, dans ce plan vers celui existant dans la nouvelle entreprise. Ce transfert collectif peut être décidé (C. mon. fin. art. R 224-7) :

– si le plan a été mis en place par DUE, par l'employeur ;

– s'il a été instauré par accord, par les signataires de cet accord ou, si ceux-ci ne peuvent pas être réunis, par accord avec le personnel ou avec le ou les CSE concernés.

C. Suppression des garanties

INFORMATION-CONSULTATION DU COMITÉ SOCIAL ET ÉCONOMIQUE

74280 Aucune intervention du CSE n'est prévue par le Code du travail en cas de suppression de garanties de PSC. À notre sens, toutefois, lorsque les garanties ont été **mises en place unilatéralement** ou par **accord ratifié**, l'employeur doit, préalablement à leur suppression, informer et consulter le CSE dans les entreprises d'au moins 50 salariés, puisqu'il est tenu de le faire lors de leur mise en place ou de leur modification. Vont dans le même sens les dispositions du Code du travail imposant, plus généralement, la consultation du CSE sur les mesures de nature à affecter les conditions d'emploi et de travail (C. trav. art. L 2312-8 : n°s 3980 s.).

Selon nous, les **informations** fournies au comité devront comporter les motifs de la suppression des garanties, ainsi que les conséquences de cette suppression pour les salariés, les anciens salariés et leurs ayants droit. En application de l'article L 2312-14 du Code du travail, le chef d'entreprise n'a pas à informer et consulter le CSE sur le projet de dénonciation d'un accord collectif relatif à une garantie de PSC. Il doit néanmoins, selon nous, recueillir l'avis du CSE sur les éventuelles mesures d'application rendues nécessaires par cette dénonciation (en ce sens : Cass. soc. 21-11-2012 n° 11-10.625 FS-PB : RJS 2/13 n° 137).

MODALITÉS DE SUPPRESSION

Pour supprimer des garanties de PSC mises en place par **accord collectif d'entreprise ou d'établissement**, le chef d'entreprise doit dénoncer celui-ci selon les modalités de dénonciation de droit commun des conventions et accords collectifs : voir n°s 81580 s. Le chef d'entreprise souhaitant supprimer des garanties mises en place par **décision unilatérale** doit dénoncer celle-ci. La **procédure** est la même que pour la dénonciation des autres DUE : pour un exposé détaillé de celle-ci, qui comporte, en particulier, une **information des représentants du personnel**, voir n°s 85445 s. 74285

ATTENTION

Faute de respecter ces procédures, l'employeur s'expose à **devoir verser** directement aux salariés les **prestations supprimées** au lieu et place de l'organisme assureur, ainsi que des dommages et intérêts pour inobservation de ses obligations (Cass. soc. 1-6-1999 n° 96-44.500 PB : RJS 7/99 n° 988). Cette sanction peut s'avérer très onéreuse, notamment en matière de retraite supplémentaire (pour un exemple en matière de retraite supplémentaire à prestations définies, Cass. soc. 14-10-2020 n° 19-14.265 F-D : RJS 1/21 n° 57).

Les textes ne précisent pas les modalités de dénonciation des **accords ratifiés** mettant en place des garanties de PSC. En effet, l'article L 911-5 du CSS prévoyait que ces modalités, ainsi que la durée du préavis devant précéder la dénonciation, seraient définies par décret en Conseil d'État, mais ce décret n'a pas été publié. La **jurisprudence** n'a pas pris position sur le sujet. Selon la **doctrine**, il convient de traiter l'accord ratifié comme un accord atypique, c'est-à-dire d'appliquer les règles régissant la dénonciation des DUE : voir n°s 85445 s. 74290

D. Suivi

RAPPORT ANNUEL

Dans les **entreprises d'au moins 300 salariés**, le CSE peut obtenir de l'employeur des éléments d'information sur le ou les régimes applicables dans l'entreprise dans le cadre de la base de données économiques, sociales et environnementales, thème « Rémunération des salariés et dirigeants, dans l'ensemble de leurs éléments », 3° rémunérations accessoires, régimes de prévoyance et de retraite complémentaire (n° 99020). Ces éléments d'information peuvent être issus du **rapport annuel sur les comptes** du contrat que l'organisme assureur est tenu de fournir chaque année à l'employeur en application de l'article 15 de la loi 89-1009 du 31 décembre 1989, dite « loi Evin ». 74340

> **Précisions a.** Ce rapport annuel, que l'**organisme assureur** doit **adresser à l'employeur** 2 mois au plus après l'approbation des comptes et, au plus tard, le 31 août suivant la clôture de l'exercice, indique notamment (Décret 90-769 du 30-8-1990 art. 3 et 4) :
- le montant des **cotisations** ou primes brutes de réassurance ;
- le montant des **prestations** payées, brutes de réassurance ;
- le montant des **provisions** techniques brutes de réassurance le 1er janvier et le 31 décembre de l'exercice considéré ;
- la **quote-part** des produits financiers nets, des commissions, des autres charges, des participations aux résultats et du résultat de la réassurance ;
- le **nombre de salariés** garantis.

b. Dans le cas où le contrat souscrit par l'entreprise fait l'objet d'un **compte de résultats spécifique** dans les comptes de l'organisme assureur (ce qui implique que l'entreprise ait une taille minimale), le contenu du rapport ne pose pas de difficulté.
Si les **risques** sont **mutualisés** entre plusieurs entreprises (par exemple en cas de régimes mis en place par convention ou accord collectif de branche ou professionnel recommandant un ou plusieurs organismes assureurs ou d'adhésion d'une petite entreprise à un contrat de groupe auquel adhèrent d'autres entreprises), l'organisme assureur doit fournir le **compte de résultats du groupe assuré**. Selon certains auteurs, ce compte de résultats global doit être complété par tous les éléments d'individualisation que l'organisme assureur est en mesure de fournir, notamment par le montant des cotisations, des prestations et des provisions propres à l'entreprise.

RETARDS DE PAIEMENT DES COTISATIONS

74350 Chaque **trimestre**, dans les **entreprises d'au moins 300 salariés**, l'employeur communique au CSE des informations sur les éventuels retards de paiement des cotisations sociales (C. trav. art. L 2312-69, 2°). À notre sens, les cotisations sociales comprennent les cotisations ou primes de PSC.

74360

Les mutuelles d'entreprise

Les mutuelles d'entreprise exercent leur activité dans l'intérêt des salariés d'une **entreprise déterminée** et de leurs familles ou des anciens salariés et de leurs familles. Elles ne perdent pas leur qualité de mutuelles d'entreprise lorsque des dispositions législatives ou réglementaires les conduisent à garantir des personnes non salariées de l'entreprise. Elles peuvent constituer des sections dans les différents établissements de l'entreprise (C. mut. art. L 115-1, al. 1 à 3).

Bien que les dispositions du Code de la mutualité relatives aux mutuelles d'entreprise n'aient pas été mises à jour de l'ordonnance 2017-1286 du 22-9-2017 qui instaure le CSE, il convient, selon nous, de considérer qu'il exerce les mêmes attributions que l'ancien comité d'entreprise au sein des mutuelles d'entreprise.

Sur la **participation** du CSE dans les mutuelles d'entreprises et le **contrôle** exercé par le comité, voir n° 4690.

Les **mutuelles interentreprises** peuvent constituer des sections d'entreprise (C. mut. art. L 115-1). Les dispositions exposées n° 4690 leur sont applicables lorsqu'un CSE interentreprises (nos 4710 s.) a été mis en place par les entreprises au sein desquelles la mutuelle est constituée (C. mut. art. L 115-3, al. 1). À défaut, c'est le droit commun de la mutualité qui s'applique.

CHAPITRE 8

L'ÉGALITÉ PROFESSIONNELLE

SOMMAIRE

SECTION 1

ÉGALITÉ ENTRE TOUS LES SALARIÉS

Le principe d'égalité de traitement entre tous les salariés, dégagé par la **jurisprudence** essentiellement sous l'angle « à travail égal, salaire égal » (Cass. soc. 29-10-1996 n° 92-43.680 PF : RJS 12/96 n° 1272), interdit toute différence de traitement entre des salariés placés dans une situation identique ou, tout au moins, oblige à ce que toute inégalité soit justifiée par des raisons objectives et pertinentes (Cass. soc. 30-1-2008 n° 06-46.447 F-D). **76000**
Ce principe qui s'applique aux accords collectifs doit être respecté par les parties à la négociation collective d'entreprise. Ainsi, un **accord d'entreprise** doit attribuer une prime ou un avantage à tous les salariés de même catégorie placés dans la même situation au regard de cette prime ou de cet avantage ou justifier les différences de traitement.

76010

Action de groupe en cas de discrimination

Lorsque plusieurs **candidats** à un emploi, à un stage ou à une période de formation en entreprise ou lorsque plusieurs **salariés** font l'objet d'une discrimination, directe ou indirecte, fondée sur un même motif et imputable à l'employeur, une action de groupe peut être exercée par un **syndicat de salariés** représentatif au niveau national interprofessionnel, de la branche ou de l'entreprise devant le tribunal judiciaire, plus précisément le tribunal du lieu de résidence du défendeur ou le tribunal de Paris si le défendeur demeure à l'étranger ou n'a ni domicile ni résidence connus (CPC art. 849). Le syndicat peut, s'il le souhaite, se faire aider par une **association** régulièrement déclarée depuis au moins 5 ans intervenant dans la lutte contre les discriminations ou œuvrant dans le domaine du handicap. Une telle association peut aussi agir elle-même aux mêmes fins pour la défense des intérêts de plusieurs candidats à un emploi ou à un stage en entreprise (C. trav. art. L 1134-7 et L 1134-10).

Avant l'engagement de l'action, l'organisation syndicale doit **demander à l'employeur**, par tout moyen conférant date certaine à la demande, de faire cesser la situation de discrimination collective alléguée. Dans un délai d'un mois à compter de la réception de cette demande, l'employeur en informe le **comité social et économique** (CSE), ainsi que les **syndicats représentatifs** dans l'entreprise, et engage une discussion sur les mesures permettant d'arriver à cette fin (C. trav. art. L 1134-9).

Si, dans un délai de 6 mois à compter de la demande, l'**employeur** n'a **pas pris les mesures** adéquates, le syndicat représentatif peut intenter une action de groupe visant à la **cessation de la discrimination** et, le cas échéant, à la **réparation des préjudices subis**. L'action en vue de la réparation des préjudices subis suspend la prescription des actions individuelles visant aux mêmes fins (C. trav. art. L 1134-9 et L 1134-10).

Lorsque le juge a fait intervenir un tiers pour faire cesser le manquement, le rapport de ce dernier est remis aux parties et le coût de sa mission est à la charge de l'auteur de la discrimination, celui-ci pouvant émettre ses observations à ce sujet. Le tiers remet son rapport, accompagné de sa demande de rémunération, dont il adresse un exemplaire aux parties ; l'auteur du manquement peut adresser au tiers et au juge ses observations écrites sur cette demande (CPC art. 849-3, 849-5 et 849-6).

Le juge reconnaissant la **responsabilité de l'employeur** doit ordonner, à la charge de ce dernier, les **mesures de publicité** adaptées et indiquer le délai de leur mise en œuvre, pour informer de cette décision les personnes susceptibles d'avoir subi un dommage causé par les faits discriminatoires, de manière à leur permettre d'adhérer au groupe et d'obtenir la réparation de leur préjudice. À défaut de mise en œuvre dans le délai, le demandeur à l'action, en principe l'organisation syndicale, s'en charge aux frais de l'employeur (CPC art. 849-11).

L'**adhésion au groupe**, qui prend la forme d'une demande de réparation, doit être effectuée par tout moyen permettant d'en accuser la réception, selon les modalités et dans les délais déterminés par le juge (CPC art. 849-14). Les personnes susceptibles d'appartenir au groupe qui n'y ont pas adhéré conservent la possibilité d'intenter une action en justice individuelle contre l'auteur de la discrimination (CPC art. 849-16).

A. Niveau d'application du principe

76070 Le principe d'égalité de traitement ne s'applique qu'à l'égard des salariés d'une même **entreprise** (Cass. soc. 12-7-2006 n° 04-46.104 F-D : RJS 11/06 n° 1186 ; 14-9-2010 n° 08-44.180 F-D : RJS 11/10 n° 849).

Les conditions d'octroi d'un avantage ou les conditions de rémunération doivent être fixées par une source unique et commune : loi, convention collective, direction d'entreprise (CJCE 17-9-2002 aff. 320/00 : RJS 12/02 n° 1454).

ATTENTION

Au sein d'un **groupe**, le principe d'égalité ne s'applique pas lorsque des salariés qui revendiquent le bénéfice d'un droit ou d'un avantage n'appartiennent pas à l'entreprise dans laquelle ce droit ou cet avantage est attribué en vertu d'un accord collectif (Cass. soc. 11-7-2012 n° 11-14.341 F-D ; 16-9-2015 n° 13-28.415 FS-PB : RJS 12/15 n° 779).

B. Justification des différences de traitement

76100 Il existe un certain nombre de raisons objectives permettant de justifier une différence de traitement entre des salariés. Dans certaines situations (nos 76110 s.) et uniquement dans celles-ci, semble-t-il, le principe ne pouvant pas être généralisé (Cass. soc. 3-4-2019 n° 17-11.970 FP-PBRI : RJS 6/19 n° 338), la Cour de cassation accorde une présomption de justification aux **différences de traitement opérées par voie de conventions ou d'accords collectifs**, négociés et signés par des organisations syndicales représentatives, investies de la défense des droits et intérêts des salariés et à l'habilitation desquelles ces derniers participent directement par leur vote. Par conséquent, il n'appartient pas, dans ces cas, à l'employeur de prouver que cette inégalité repose sur une raison objective et pertinente, mais à celui qui la conteste (salarié ou organisation syndicale) de démontrer qu'elle est étrangère à toute **considération de nature professionnelle** (Cass. soc. 27-1-2015 nos 13-22.179 FS-PBRI, 13-25.437 FS-PB et 13-14.773 FS-PB : RJS 3/15 n° 172 ; 8-6-2016 nos 15-11.324 et 15-11.478 FP-PBRI : RJS 8-9/16 n° 542 ; 15-3-2017 n° 15-28.577 F-D : RJS 6/17 n° 391 ; CE 15-3-2017 n° 389559 : RJS 6/17 n° 391 ; 20-10-2017 n° 402175 : RJS 1/18 n° 60).

Seuls sont développés ci-après les critères susceptibles d'intéresser les parties à la négociation d'un accord d'entreprise. Pour une étude plus complète de la question, voir Mémento social nos 32120 s.

> **Précisions a.** Selon nous, les **avantages non motivés par des considérations professionnelles** pourraient être les suivants : prime de mariage, jours d'absence autorisés pour s'occuper d'un enfant malade, etc. Pour ces avantages, la présomption de justification n'est donc pas applicable et c'est à l'employeur de prouver que la différence de traitement qu'il institue est justifiée par des raisons objectives.
b. Une convention ou un accord collectif, même dérogatoire, ne peut pas **priver un salarié des droits qu'il tient du principe d'égalité** de traitement pour la période antérieure à l'entrée en vigueur de l'accord (Cass. soc. 28-11-2018 n° 17-20.007 FP-PB : RJS 2/19 n° 131).
c. S'agissant de la justification des différences de traitement conventionnelles reposant sur un **motif discriminatoire**, voir n° 40435.

SITUATION JURIDIQUE

La seule différence de statut juridique ne peut, en elle-même, justifier, pour l'attribution d'une prime ou d'un avantage, une différence de traitement entre les salariés placés dans une situation identique, cette différence devant reposer sur des raisons objectives (Cass. soc. 1-7-2009 n° 07-44.333 F-D : RJS 11/09 n° 856). **76105**

Il n'est donc pas possible d'octroyer une prime ou un avantage à des salariés en fonction de leur seul statut dans l'entreprise : salariés en CDI par rapport à ceux en **CDD** (Cass. soc. 4-2-2009 n° 07-42.125 F-D), salariés à temps plein par rapport à ceux à **temps partiel** (Cass. soc. 14-10-2009 n° 08-40.161 F-D), salariés permanents par rapport aux **vacataires** (Cass. soc. 15-5-2007 n° 05-42.894 FP-PB : RJS 7/07 n° 848) et salariés ordinaires par rapport aux **représentants du personnel**. Ainsi, le seul statut de représentant du personnel ne suffit pas à justifier l'attribution d'un avantage, dès lors que les salariés non représentants se trouvent dans une situation identique au regard de cet avantage. Par **exemple**, un salarié ordinaire est en droit de réclamer le taux d'indemnités kilométriques plus avantageux accordé aux seuls représentants du personnel (Cass. soc. 6-7-2011 n° 09-65.554 F-D : RJS 11/11 n° 854).

> **Précisions a.** Lorsque des **salariés de droit privé** et des fonctionnaires et **agents de droit public** sont employés par la même structure, par exemple une entreprise à statut particulier (notamment EDF, La Poste...), le principe d'égalité de traitement ne s'applique pas entre les premiers, dont la situation est régie par des stipulations conventionnelles, et les seconds, dont la situation est statutaire. Il en va toutefois autrement s'agissant d'un avantage (prime ou complément de rémunération) fixé sur le critère de la fonction ou du poste de travail occupé et qui, dans ce cas, doit être applicable à l'ensemble du personnel (Cass. ass. plén. 27-2-2009 n° 08-40.059 PBRI : RJS 5/09 n° 475 ; Cass. soc. 12-6-2013 n° 12-17.273 FS-PB : RJS 8-9/13 n° 625).
b. En cas de **transfert d'entreprise** résultant d'un **accord collectif**, les salariés de l'entreprise entrante ne peuvent pas invoquer utilement les différences de rémunération résultant d'avantages obtenus, avant le changement de prestataire, par les **salariés transférés** (C. trav. art. L 1224-3-2). En effet, une telle différence de traitement, qui résulte de l'obligation à laquelle est tenu l'employeur entrant de maintenir au bénéfice des salariés transférés les droits qui leur étaient reconnus chez leur ancien employeur, n'est pas étrangère à toute considération professionnelle et est justifiée au regard du principe de l'égalité de traitement (Cass. soc. 30-11-2017 n° 16-20.532 FS-PBRI : RJS 2/18 n° 100).

APPARTENANCE À UNE CATÉGORIE PROFESSIONNELLE OU EXERCICE DE FONCTIONS DISTINCTES

En application de la jurisprudence visée n° 76100, les différences de traitement **opérées par voie conventionnelle**, entre catégories professionnelles, ou entre salariés exerçant des fonctions distinctes au sein d'une même catégorie professionnelle, sont présumées justifiées. **76110**

ILLUSTRATIONS

Bénéficient, par exemple, de la **présomption de justification** les stipulations conventionnelles prévoyant :
– une durée de préavis de licenciement plus longue ou un mode de calcul de l'indemnité de licenciement plus avantageux pour les cadres et ingénieurs que pour les ouvriers et employés (Cass. soc. 27-1-2015 n°s 13-22.179 FS-PBRI et 13-14.773 FS-PB : RJS 3/15 n° 172) ;
– l'octroi d'une prime d'ancienneté pour les seuls ouvriers et employés (Cass. soc. 27-1-2015 n° 13-25.437 FS-PB : RJS 3/15 n° 172 ; 18-6-2015 n° 13-22.972 F-D : RJS 11/15 n° 717) ;
– des jours supplémentaires de congés payés aux seuls cadres (Cass. soc. 25-6-2015 n° 13-25.938 F-D : RJS 11/15 n° 717) ;
– l'octroi d'un avantage logement aux seuls chefs d'agence ou cadres de direction (Cass. soc. 8-6-2016 n°s 15-11.324 et 15-11.478 FP-PBRI : RJS 8-9/16 n° 542) ;
– le versement d'une indemnité de repas plus élevée aux cadres de direction qu'aux autres cadres et aux non-cadres (Cass. soc. 26-4-2017 n° 15-23.968 FS-PB : RJS 7/17 n° 459).

76115 En revanche, une différence de catégorie professionnelle entre des salariés placés dans une situation comparable au regard d'un avantage ne suffit pas, à elle seule, à justifier une inégalité de traitement, dès lors que cet avantage résulte d'une **décision unilatérale de l'employeur**. Dans ce cas, il appartient à l'employeur de démontrer que la différence de traitement repose sur des raisons objectives dont le juge doit contrôler la réalité et la pertinence. Il en va ainsi, par exemple, lorsque l'employeur décide de faire adhérer ses salariés médecins « exclusifs » à un régime de retraite complémentaire plus favorable que celui applicable à ses médecins « vacataires » (Cass. soc. 27-1-2015 n° 13-17.622 FS-PB : RJS 3/15 n° 172) ou d'octroyer des titres-restaurant au seul personnel non cadre (Cass. soc. 20-2-2008 n° 05-45.601 FP-PB : RJS 5/08 n° 512) ou encore d'attribuer un abondement au plan d'épargne d'entreprise plus avantageux aux cadres qu'aux non-cadres (Cass. soc. 26-2-2020 n° 18-15.024 FS-D : RJS 6/20 n° 278).

ATTENTION

La différence de traitement entre cadres et non-cadres est justifiée par un **élément objectif et pertinent** lorsqu'elle résulte de l'impossibilité d'appliquer l'accord relatif aux non-cadres comportant les mêmes avantages que celui des cadres, en raison de l'invalidation du premier (Cass. soc. 30-5-2018 n° 16-16.484 FP-PB : RJS 8-9/18 n° 524).

76120 En matière de **protection sociale complémentaire** couvrant les risques frais de santé, incapacité, invalidité, décès et retraite, les différences de traitement entre salariés de catégories professionnelles distinctes sont admises sans avoir à être justifiées. Un accord collectif peut donc instituer un régime de prévoyance en faveur d'**une seule catégorie** de salariés. Si un régime couvre l'ensemble du personnel, il peut y avoir des différences de traitement entre les catégories, notamment, en matière de financement ou de prestations garanties. En revanche, au sein d'une **même catégorie** professionnelle, le principe d'égalité de traitement s'applique, de sorte que les avantages accordés à des salariés particuliers doivent être justifiés par des éléments objectifs et pertinents (Cass. soc. 13-3-2013 n°s 11-20.490 FS-PBR, 10-28.022 FS-D et 11-23.761 FS-D : RJS 5/13 n° 339 ; 9-7-2014 n° 13-12.121 FS-PB : RJS 11/14 n° 764 ; 4-10-2023 n° 22-12.387 F-B : RJS 12/23 n° 617).

APPARTENANCE À DES ÉTABLISSEMENTS DISTINCTS

76125 Les différences de traitement entre des salariés appartenant à la même entreprise mais à des sites ou des établissements distincts sont présumées justifiées dès lors qu'elles sont opérées **par voie d'accords** d'établissement ou d'entreprise (y compris par voie d'un protocole de fin de conflit ayant valeur d'accord collectif : voir n° 86160) négociés et signés par les organisations syndicales représentatives au sein, selon le cas, de ces établissements ou de l'entreprise. Il appartient donc à celui qui les conteste de démontrer qu'elles sont étrangères à toute considération de nature professionnelle (Cass. soc. 3-11-2016 n° 15-18.444 FP-PBRI : RJS 1/17 n° 7 ; 12-7-2017 n° 16-19.692 F-D : RJS 11/17 n° 725 ; 4-10-2017 n° 16-17.517 FS-PBRI : RJS 12/17 n° 780).

En revanche, toute inégalité de traitement entre salariés d'établissements différents d'une même entreprise résultant d'une **décision unilatérale de l'employeur** doit être justifiée par des raisons objectives et pertinentes. Par exemple, constitue une telle raison justifiant des différences de rémunération la disparité du coût de la vie entre les zones géographiques d'implantation des différents établissements (Cass. soc. 14-9-2016 n° 15-11.386 FS-PBRI : RJS 11/16 n° 676).

DATE D'EMBAUCHE DES SALARIÉS

76130 La seule circonstance que des salariés soient engagés **avant ou après l'entrée en vigueur d'un accord collectif** ne suffit pas à justifier une différence de traitement entre eux, sauf si cet accord a pour objet de compenser un **préjudice** subi par les salariés présents dans l'entreprise lors de sa mise en place (Cass. soc. 21-2-2007 n° 05-43.136 FS-PB : RJS 5/07 n° 598). Ainsi, un salarié engagé après la mise en œuvre d'un accord prévoyant le passage d'une rémunération au pourcentage à une rémunération au fixe ne peut pas prétendre au complément de salaire destiné à compenser la perte de salaire subie par les salariés déjà en poste (Cass. soc. 31-10-2006 n° 03-42.641 FS-PB : RJS 1/07 n° 121). De même, un accord d'entreprise peut réserver aux seuls salariés embauchés avant la réduction de la durée du travail le complément différentiel destiné à compenser la diminution du salaire de base résultant de la RTT (Cass. soc. 1-12-2005 n° 03-47.197 FS-PBRI : RJS 2/06 n° 211). En revanche, un accord collectif ne peut pas prévoir une grille de classification (Cass. soc. 8-1-2003 n° 01-40.618 F-D) ou un dispositif d'augmentation de salaire différents selon la date d'embauche des salariés (CA Chambéry 28-6-2005 n° 04-1462). Les **contraintes budgétaires** ne sauraient être un motif pertinent pour justifier de telles mesures, car cet impératif financier n'implique pas d'effectuer une différence de traitement entre les salariés en fonction de leur date d'engagement (Cass. soc. 4-2-2009 n° 07-11.884 FS-PB : RJS 4/09 n° 351).

> **Précisions a.** La seule circonstance que des salariés soient engagés **avant ou après la dénonciation d'un accord collectif** ne peut pas non plus justifier des différences de traitement entre eux, excepté les différences résultant du maintien des avantages individuels acquis qui tend à compenser, en l'absence d'accord de substitution, le préjudice que seuls subissent les salariés engagés avant la dénonciation de l'accord (Cass. soc. 11-7-2007 n° 06-42.128 FS-PBR : RJS 10/07 n° 1065). Les salariés engagés postérieurement à l'entrée en vigueur d'un **accord de substitution** ne peuvent pas revendiquer le bénéfice des dispositions conventionnelles antérieures au titre du principe d'égalité de traitement (Cass. soc. 28-6-2018 n° 17-16.499 FS-PB : RJS 10/18 n° 582).
b. L'égalité de traitement ne fait pas obstacle à ce que le **salarié embauché après l'entrée en vigueur d'un nouveau barème conventionnel** bénéficie d'une évolution de carrière plus rapide dès lors qu'il ne bénéficie à aucun moment d'une rémunération plus élevée que celle des salariés embauchés avant et placés dans une situation similaire (Cass. soc. 7-12-2017 n° 16-14.235 FS-PB : RJS 2/18 n° 91 ; 14-11-2018 n° 17-14.937 FS-PB : RJS 1/19 n° 4 ; 5-6-2019 n° 17-21.749 F-PB : RJS 8-9/19 n° 475).
c. Il a été jugé que la règle interdisant la modification du contrat de travail par un accord collectif constitue une raison objective justifiant que les **salariés engagés avant l'adoption d'une grille salariale conventionnelle** perçoivent, en vertu de leur contrat de travail, un salaire plus élevé que celui accordé aux salariés engagés après (Cass. soc. 7-12-2017 n° 16-15.109 FS-PB : RJS 2/18 n° 91). Il pourrait toutefois en aller autrement en cas d'accord de performance collective conclu selon les modalités visées n°s 52780 s.

SECTION 2

ÉGALITÉ ENTRE LES FEMMES ET LES HOMMES

A. Consultation des représentants du personnel

Le CSE est consulté de manière récurrente sur l'égalité professionnelle dans le cadre de la consultation sur la politique sociale de l'entreprise. Il a accès aux informations, différentes selon que l'entreprise a plus ou moins de 300 salariés, sur la situation comparée des hommes et des femmes versées dans la **base de données économiques, sociales et environnementales** (BDESE) (voir n°s 99020 s.). **76200**
S'agissant de la mise en place et des attributions d'une **commission de l'égalité professionnelle** du CSE, voir n°s 1620 s.

B. Négociation obligatoire

Dans le cadre de la négociation obligatoire d'entreprise, l'employeur est tenu d'aborder les questions relatives à l'égalité professionnelle entre les femmes et les hommes, selon les modalités exposées n°s 81170 s. À l'issue de celle-ci, les parties doivent en principe s'entendre sur la conclusion d'un **accord** d'égalité professionnelle. **76250**
En cas d'échec des négociations, l'employeur doit rédiger un procès-verbal de désaccord (C. trav. art. L 2242-5, al. 1), établir un plan d'action unilatéral (voir n° 76350) et négocier sur la programmation de mesures permettant de supprimer les écarts de rémunération et les différences de déroulement de carrière entre les femmes et les hommes dans le cadre de la **négociation annuelle sur les salaires** effectifs (voir n° 70530).

> **Précisions a.** En l'**absence de négociation sur les écarts de rémunération** entre les femmes et les hommes, les accords d'entreprise sur les salaires effectifs ne peuvent pas être déposés. En effet, ces accords ne peuvent être déposés auprès de la Dreets que s'ils sont accompagnés d'un procès-verbal d'ouverture des négociations portant sur les écarts de rémunération et consignant les propositions respectives des parties. Ce procès-verbal atteste que l'employeur a engagé **sérieusement et loyalement** les négociations, ce qui implique qu'il ait convoqué à la négociation les organisations syndicales représentatives dans l'entreprise et fixé le lieu et le calendrier des réunions. L'employeur doit également leur avoir communiqué les informations nécessaires pour leur permettre de négocier en toute connaissance de cause et avoir répondu de manière motivée aux éventuelles propositions des organisations syndicales (C. trav. art. L 2242-6).
> **b.** Sur la possibilité pour un accord d'entreprise ou d'établissement relatif à l'égalité professionnelle de prévoir des clauses **dérogeant** à celles d'une convention de **branche,** voir nos 83650 s.
> **c.** S'agissant des **sanctions** encourues en cas de défaut d'accord collectif ou de plan d'action en matière d'égalité professionnelle, voir nos 76600 s.

ACCORD D'ÉGALITÉ PROFESSIONNELLE

76280 Dans les entreprises d'au moins 300 salariés, l'accord d'égalité professionnelle doit fixer les **objectifs de progression** et les **actions** permettant de les atteindre portant sur au moins 4 des domaines d'action suivants : embauche, formation, promotion professionnelle, qualification, classification, conditions de travail, sécurité et santé au travail, rémunération effective et articulation entre activité professionnelle et vie personnelle et familiale (3 des domaines dans les entreprises de moins de 300 salariés). La rémunération effective est obligatoirement comprise dans les domaines d'action retenus. Ces objectifs et actions sont accompagnés d'indicateurs chiffrés (C. trav. art. R 2242-2, al. 1 et 2).

Dans les entreprises d'au moins 50 salariés, ces objectifs, actions et indicateurs chiffrés doivent **tenir compte des indicateurs** et mesures de corrections figurant dans l'index de l'égalité visé n° 76470 (C. trav. art. R 2242-2, al. 3).

Si l'objectif de l'accord est la **réduction des écarts de rémunération**, parmi les indicateurs pertinents, celui présentant la part des femmes dans chaque type d'**emploi** est fondamental. En effet, le fait que les femmes se retrouvent fortement représentées dans les professions considérées comme peu qualifiées est un facteur pouvant expliquer une partie de l'écart salarial éventuel (Circ. DGT du 19-4-2007).

> **Précisions** La non-conformité de l'accord d'égalité professionnelle aux conditions décrites ci-dessus est sanctionnée par une **pénalité financière** (voir n° 76600). Par sécurité, l'entreprise peut, sauf si elle fait l'objet d'un contrôle sur ce point par les services de l'inspection du travail, demander au Dreets, via la **procédure du rescrit**, de se prononcer sur la validité de son accord (ou du plan d'action visé n° 76350). La réponse de l'administration l'engage pour une certaine durée, son silence gardé à l'issue d'un délai de 2 mois valant rejet de la demande (C. trav. art. L 2242-9 et R 2242-9 à R 2242-11 ; Inst. DGT 124 du 4-4-2017).

76290 Pour chaque domaine d'action choisi (voir n° 76280), l'accord précise l'objectif chiffré de progression retenu, la ou les actions et mesures permettant de l'atteindre et les **indicateurs chiffrés** permettant d'en assurer le suivi.

EXEMPLE

Si l'objectif est la **mixité des emplois** et vise à favoriser l'accès des femmes à des postes à responsabilités, l'accord peut être rédigé de la façon suivante (exemple fictif et chiffré par nous-mêmes).
Constat de départ. Au 1-1-2024, l'entreprise compte 5 femmes dans la catégorie des cadres supérieurs ou dirigeants pour 20 hommes, ce qui représente un taux de féminisation de 20 %.
Objectif de progression retenu. L'entreprise s'engage à un objectif de 50 % de femmes cadres dirigeants ou supérieurs au 1-2-2027.
Actions envisagées. Les mêmes critères de détection des potentiels internes sont utilisés pour les femmes et les hommes. Ils sont exclusivement fondés sur les compétences et la performance et ne tiennent pas compte de l'âge des salariés ni de leur ancienneté, ces critères pouvant pénaliser les femmes ayant connu des maternités ou ayant été en congé parental. De même, l'exercice d'une activité à temps partiel ne s'oppose pas à la promotion à un poste à responsabilités. Ainsi, toute proposition d'exercice d'un poste d'encadrement dans le cadre d'un temps partiel est favorablement examinée.
Indicateurs chiffrés. Répartition de l'effectif par sexe et par catégorie professionnelle ; répartition des hommes et des femmes par activité et par catégorie professionnelle ; répartition des promotions par catégorie professionnelle et par sexe et durée moyenne entre 2 promotions ; éventail des rémunérations par catégorie professionnelle et par sexe ; nombre de femmes parmi les 10 plus hautes rémunérations...

PLAN D'ACTION EN CAS D'ÉCHEC DES NÉGOCIATIONS

En l'**absence d'accord** sur l'égalité professionnelle, l'employeur est tenu d'établir, chaque année, un plan d'action destiné à assurer l'égalité professionnelle entre les femmes et les hommes (C. trav. art. L 2242-3). 76350

Après avoir évalué les **objectifs fixés** et les **mesures prises** au cours de l'année écoulée en matière d'égalité professionnelle, le plan d'action détermine les objectifs de progression prévus pour l'année à venir, définit les actions qualitatives et quantitatives permettant de les atteindre et évalue leur coût. Il est **fondé** sur des critères clairs, précis et opérationnels (C. trav. art. L 2242-3).

Le plan d'action doit être déposé auprès de la Dreets (C. trav. art. L 2242-3) en utilisant la plateforme de **téléprocédure** du ministère du travail visée n° 80480 (C. trav. art. R 2242-2-1).

> **Précisions a.** Le plan d'action doit **contenir** les mêmes objectifs, mesures et indicateurs que ceux prévus pour l'accord relatif à l'égalité professionnelle entre les femmes et les hommes (voir n° 76280).
> **b.** La non-conformité du plan d'action aux conditions décrites ci-dessus est sanctionnée par une **pénalité financière** (voir n° 76600). Sur la faculté offerte à l'employeur de s'assurer de la conformité de ce document via la **procédure de rescrit**, voir n° 76280.
> **c.** Sur l'obligation pour l'employeur de rédiger un **procès-verbal de désaccord** en cas d'échec des négociations, voir n° 76250.

C. Mesures visant à rétablir l'égalité

Afin de remédier aux inégalités de fait qui affectent les femmes dans l'entreprise, il est fait obligation aux **employeurs d'au moins 50 salariés** de mesurer les écarts de salaire et d'adopter des mesures de rattrapage. 76450

Par ailleurs, **tout employeur** peut mettre en place des mesures temporaires au seul bénéfice de ces dernières visant à établir une égalité des chances entre les femmes et les hommes (C. trav. art. L 1142-4). Ces dispositifs, susceptibles de donner lieu à une aide financière de l'État, sont mis en œuvre en concertation avec les pouvoirs publics et le plus souvent négociés avec les syndicats. Les autres représentants du personnel sont également impliqués.

> **Précisions a.** La Cour de cassation a jugé licites les stipulations d'un accord d'entreprise octroyant une **demi-journée de repos aux seules femmes** à l'occasion de la journée internationale pour les droits des femmes, dès lors qu'elles visent à rétablir l'égalité des chances entre les hommes et les femmes (Cass. soc. 12-7-2017 n° 15-26.262 FS-PBRI : RJS 10/17 n° 648).
> **b.** Sur l'égal **accès** des femmes et des hommes aux **fonctions syndicales** et représentatives, voir nos 25258 s.

INDEX DE L'ÉGALITÉ PROFESSIONNELLE

En vue de garantir le respect du principe d'égalité de rémunération dans les entreprises, les employeurs d'**au moins 50 salariés** sont tenus de **mesurer les écarts de salaire** entre les femmes et les hommes et d'adopter les **mesures de rattrapage nécessaires**. 76470

Concrètement, l'employeur doit **publier**, de manière visible, lisible et accessible jusqu'à la publication des résultats suivants, sur le site internet de l'entreprise, au plus tard le 1er mars de chaque année, une **note sur 100** obtenue après l'analyse d'indicateurs relatifs aux écarts de rémunération entre les femmes et les hommes figurant dans un index de l'égalité professionnelle et aux actions mises en œuvre pour les supprimer ainsi que les résultats obtenus pour chaque indicateur (C. trav. art. L 1142-8, D 1142-2 à D 1142-4). Les informations sur la méthodologie et sur le contenu de ces indicateurs sont mises à la disposition des membres du CSE dans la BDESE et transmises à l'administration par une procédure de télédéclaration accessible depuis le site egapro.travail.gouv.fr/index-egapro (C. trav. art. L 2312-18 et D 1142-5).

Si les résultats de la mesure des écarts de rémunération donnent lieu à l'attribution d'une note inférieure à 75/100, l'employeur doit inscrire un **plan de rattrapage salarial** à l'ordre du jour de la **négociation collective** obligatoire sur l'égalité professionnelle entre les femmes et les hommes visée n° 81200, afin de négocier les mesures adéquates et pertinentes de correction et, le cas échéant, la programmation, annuelle ou pluriannuelle, de mesures financières propres à combler les écarts constatés. En l'**absence d'accord collectif** prévoyant de telles mesures, celles-ci sont déterminées unilatéralement par l'employeur après consultation du CSE. Lorsque la note 76475 minimale réglementaire de 85/100 n'est pas atteinte, la négociation obligatoire sur l'égalité professionnelle doit fixer les objectifs de progression de chacun des indicateurs de l'index. Les mesures de correction doivent faire l'objet d'une communication externe et interne à l'entreprise et être publiées, mises à disposition du CSE et transmises à la Dreets selon les modalités prévues pour l'index (n° 76470). Les objectifs de progression doivent, eux aussi, être publiés, mis à disposition du CSE et transmis à la Dreets selon les mêmes modalités. La décision unilatérale de l'employeur doit être déposée auprès de la Dreets, dans les conditions visées n° 76350. L'administration peut présenter des observations sur les mesures prévues, selon le cas, par l'accord ou la décision de l'employeur (C. trav. art. L 1142-9).

> **Précisions a.** L'employeur dispose de 3 ans pour se mettre en conformité en obtenant la **note minimale** de 75/100. Si, à l'expiration de ce délai, ce résultat n'est **pas atteint**, il peut se voir appliquer la pénalité financière visée n° 76630.
> **b.** L'employeur qui **ne publie pas** les informations sur les écarts de rémunération ou ne prévoit **pas de mesures de rattrapage** par accord collectif ou par décision unilatérale est passible de la pénalité financière visée n° 76600.

REPRÉSENTATION ÉQUILIBRÉE DANS LES ÉQUIPES DIRIGEANTES

76490 Les entreprises d'au moins **1 000 salariés** doivent **publier chaque année** les écarts de représentation entre les femmes et les hommes parmi leurs cadres dirigeants et les membres de leurs instances dirigeantes (comité de direction, comité exécutif, etc.) (C. trav. art. L 1142-11). Les **données** permettant d'apprécier ces écarts éventuels sont les suivantes : pourcentage de femmes parmi l'ensemble des cadres dirigeants ; pourcentage d'hommes parmi l'ensemble des cadres dirigeants ; pourcentage de femmes parmi l'ensemble des membres des instances dirigeantes, y compris les personnes non salariées ; pourcentage d'hommes parmi l'ensemble des membres des instances dirigeantes, y compris les personnes non salariées (C. trav. art. D 1142-15).

> **Précisions a.** Les écarts éventuels de représentation entre les femmes et les hommes sont publiés annuellement, **au plus tard** le 1er mars de l'année en cours au titre de l'année précédente, de manière visible et lisible sur le **site internet** de l'entreprise, lorsqu'il en existe un, et sont consultables au moins jusqu'à la publication, l'année suivante, des écarts éventuels de représentation de l'année en cours. À défaut de site internet, ils sont portés à la connaissance des salariés par tout moyen (C. trav. art. D 1142-16). Ces écarts, ainsi que leurs modalités de publication, sont transmis à l'administration selon une procédure de **télédéclaration** accessible via le site egapro.travail.gouv.fr/representation-equilibree et **rendus publics** sur ce même site. Ils doivent en outre être versés dans la **BDESE** afin d'en informer le CSE (C. trav. art. D 1142-19).
> **b.** À compter du **1-3-2026,** ces mêmes entreprises devront respecter un **quota** de femmes parmi leurs cadres dirigeants et les membres de leurs instances dirigeantes et fixer, dans le cadre de la **négociation** obligatoire visée n° 81200, les mesures de correction pour y parvenir (C. trav. art. L 1142-11 et L 1142-13, à compter du 1-3-2026). Le **taux du quota** sera évolutif : 30 % à compter du 1-3-2026 puis 40 % à compter du 1-3-2029. À partir du 1-3-2029, les entreprises défaillantes auront 2 ans pour **se mettre en conformité** sous peine d'une sanction financière pouvant aller jusqu'à 1 % de la masse salariale (C. trav. art. L 1142-12, à compter du 1-3-2029).

PLAN POUR L'ÉGALITÉ PROFESSIONNELLE

76500 L'employeur peut **négocier** avec les délégués syndicaux un plan pour l'égalité professionnelle prévoyant des mesures destinées exclusivement aux femmes en termes d'emploi et de qualification, notamment (C. trav. art. L 1143-1).

Si la **négociation échoue,** de sorte qu'aucun accord n'est signé, l'employeur peut quand même mettre en œuvre un plan pour l'égalité professionnelle. Il doit, dans ce cas, consulter préalablement et recueillir l'avis du CSE (C. trav. art. L 1143-2).

Même si l'employeur n'est pas lié par l'avis des représentants du personnel, ces derniers peuvent influer sur le contenu du plan, afin de l'améliorer.

Le **Dreets** doit être saisi par l'employeur afin de contrôler le plan. Il dispose d'un délai de 2 mois pour rendre son avis. En cas d'**opposition** à l'application du plan, l'avis doit être écrit et motivé. A contrario, le silence gardé par l'administration vaut acceptation et le plan peut alors être mis en œuvre (C. trav. art. L 1143-3 et D 1143-6 ; Circ. du 2-5-1984 n° 3-2-3-2).

EXEMPLE

À titre indicatif, le plan pour l'égalité professionnelle peut prévoir la mise en œuvre des actions suivantes (Circ. du 2-5-1984 n° 3-2-3-2) :
– réserver l'**embauche** de femmes pour certains postes de travail. Dans ce cas, l'offre d'emploi peut valablement mentionner que des femmes sont recherchées ;
– proposer certaines **formations** aux seules femmes ;
– fixer des objectifs de **nomination** de femmes à tels ou tels postes ;
– s'agissant des **conditions de travail,** modifier l'environnement, les contraintes ou l'organisation de tel ou tel atelier ou bureau, en vue d'y faire accéder des femmes.

CONTRAT POUR LA MIXITÉ DES EMPLOIS ET L'ÉGALITÉ PROFESSIONNELLE

Toute entreprise, quelle que soit sa taille, peut conclure avec l'**État** (en pratique, le chargé de mission départemental aux droits des femmes et à l'égalité ou le délégué régional par délégation du préfet) un contrat pour la mixité des emplois et l'égalité professionnelle entre les femmes et les hommes, prévoyant une **aide financière,** après avis des **organisations syndicales** de salariés représentatives au plan national implantées dans l'entreprise, si elles existent (C. trav. art. D 1143-7 et D 1143-11). L'employeur doit aussi consulter le CSE et les délégués syndicaux sur le projet de contrat (Circ. min. 77 du 17-2-2012). **76530**

ATTENTION

Pour conclure un contrat qui donne lieu au versement d'une aide financière de l'État, les entreprises doivent **déjà être engagées** en faveur de l'égalité professionnelle ou de la mixité des emplois. Ainsi, elles doivent au préalable avoir (C. trav. art. D 1143-8) :
– soit conclu un accord d'égalité professionnelle entre les femmes et les hommes ;
– soit adopté un plan pour l'égalité professionnelle ;
– soit adopté une ou plusieurs mesures en faveur de la mixité des emplois.

Contenu du contrat Le contrat pour la mixité des emplois et l'égalité professionnelle précise (C. trav. art. D 1143-9 à D 1143-15) : **76535**
– l'objet et la nature des **engagements** de l'employeur en vue d'atteindre la mixité et l'égalité : adoption de mesures de sensibilisation, d'embauche, de formation, de promotion et d'amélioration des conditions de travail ;
– le montant de l'**aide financière** et ses modalités de versement. Cette aide ne peut concerner que les actions engagées en faveur des salariés en CDI, ou en CDD (ou intérim) d'au moins 6 mois, et doit être reversée en cas de non-respect du contrat. Son montant ne peut excéder 30 % du coût des rémunérations des salariés bénéficiaires des actions de formation et 50 % des autres coûts (notamment coûts pédagogiques de la formation, investissement matériel lié à la modification de l'organisation et des conditions de travail) ;
– les modalités d'**évaluation et de contrôle** de la réalisation des engagements souscrits.
Un **modèle** de contrat est reproduit dans l'annexe de la circulaire ministérielle 77 du 17-2-2012.

EXEMPLE

L'aide peut être accordée pour financer des actions tendant à améliorer l'**ergonomie d'un poste de travail** afin de le rendre plus accessible et attractif à l'égard des femmes. Il peut s'agir de l'achat de matériel permettant de réduire les charges physiques de travail (matériels de levage ou outils de travail plus maniables). De même, les entreprises qui emploient un personnel mixte étant tenues d'avoir des sanitaires, des vestiaires, des lavabos et, le cas échéant, des douches séparés pour les hommes et les femmes, des aides peuvent être accordées pour l'**aménagement de ces locaux** (Circ. min. 77 du 17-2-2012).

Suivi du contrat L'employeur est tenu d'informer régulièrement le **CSE** de l'exécution des engagements qu'il a souscrits dans le cadre du contrat (C. trav. art. D 1143-16). La périodicité de cette information doit, dans la mesure du possible, correspondre au calendrier du versement de l'aide financière (Circ. du 2-5-1984). L'employeur doit également adresser un compte rendu de l'exécution de ces engagements à la **Dreets** et au chargé de mission départemental aux droits des femmes et à l'égalité (C. trav. art. D 1143-17). **76540**

AIDE AU CONSEIL

Dans les entreprises de **moins de 300 salariés**, l'employeur peut conclure avec l'État (en pratique, le chargé de mission départemental aux droits des femmes et à l'égalité ou le délégué régional) une convention lui permettant de financer une **étude** sur la situation de l'entreprise en matière d'égalité professionnelle et sur les mesures envisageables pour rétablir l'égalité des chances entre les femmes et les hommes (C. trav. art. R 1143-1). **76570**

L'employeur doit **consulter,** pour avis, les membres du CSE sur la conclusion de cette convention (C. trav. art. D 1143-2). Ils sont également consultés, pour avis, sur le contenu de l'étude réalisée et sur les suites à lui donner. L'étude doit aussi être **communiquée** aux délégués syndicaux (C. trav. art. D 1143-5, al. 1 et 2).
La convention d'étude fixe l'objet, le contenu, le délai de réalisation et les conditions de diffusion de l'étude ainsi que le montant de l'**aide financière.** Celui-ci est au plus égal à 70 % des frais d'intervention (hors taxe) du consultant chargé de l'étude, dans la limite de 10 700 € (C. trav. art. D 1143-3 et D 1143-4).
L'étude, accompagnée des avis recueillis des représentants du personnel, est communiquée au **Dreets** (C. trav. art. D 1143-5, al. 3).

D. Sanctions

ABSENCE DE NÉGOCIATION OU DÉFAUT D'ACCORD OU DE PLAN D'ACTION

76600 Les entreprises d'au moins 50 salariés sont soumises à une **pénalité financière** à la charge de l'employeur lorsqu'elles ne sont pas couvertes par un accord relatif à l'égalité professionnelle ou, à défaut d'accord, par les objectifs et les mesures constituant le plan d'action. Le **montant** de cette pénalité est égal au maximum à 1 % de sa masse salariale. Il est fixé par le Dreets, en fonction notamment des efforts constatés dans l'entreprise en matière d'égalité professionnelle (C. trav. art. L 2242-8) et recouvré selon une procédure définie aux articles R 2242-3 à R 2242-8 du Code du travail et détaillée dans une instruction administrative (Inst. DGT 124 du 4-4-2017).
L'employeur est également passible de la pénalité ci-dessus dans les cas suivants : lorsque l'accord ou le plan d'action **ne respecte pas** les exigences légales exposées respectivement n°s 76280 et 76350 ; lorsque l'employeur n'a **pas publié les indicateurs de l'index** de l'égalité professionnelle ou qu'il n'a pas respecté son obligation d'établir un **plan de rattrapage salarial** à la suite de la publication de l'index (voir n°s 76470 s.).
S'agissant du **cumul** entre la pénalité ci-dessus et celle au titre des résultats obtenus à l'index, voir n° 76630, a.
Sur la faculté offerte à l'employeur de s'assurer de la conformité de ces documents par le biais de la **procédure de rescrit**, voir n° 76280.
En l'absence de toute négociation sur l'égalité professionnelle, l'employeur est également passible des sanctions **pénales et civiles** visées n°s 81460 s.

76610 Peuvent être **exclus** de la procédure de passation des **marchés publics** (CCP art. L 2141-4) ou des **contrats de concession** (CCP art. L 3123-4) les employeurs n'ayant pas mis en œuvre l'obligation de négociation sur les objectifs d'égalité professionnelle et salariale entre les femmes et les hommes. Cette exclusion est fixée à 3 ans, sauf si elle a été prononcée pour une durée différente par une décision de justice définitive.

RÉSULTAT À L'INDEX DE L'ÉGALITÉ PROFESSIONNELLE

76630 Les entreprises d'au moins 50 salariés dont la **note obtenue à l'index** de l'égalité professionnelle n'atteint pas le **seuil minimal** pendant une période de 3 ans (voir n° 76475) sont passibles d'une **pénalité financière** d'un montant, fixé par la Dreets, pouvant atteindre au maximum 1 % de la masse salariale au cours de l'année civile précédant l'expiration du délai de 3 ans. En fonction des efforts constatés dans l'entreprise en matière d'égalité salariale entre les femmes et les hommes ainsi que des motifs de sa défaillance, un **délai supplémentaire** d'un an peut lui être accordé pour se mettre en conformité (C. trav. art. L 1142-10 et D 1142-8 à D 1142-14).

> **Précisions** **a.** La pénalité ci-dessus peut être prononcée à l'encontre de l'employeur qui s'est déjà vu appliquer auparavant la pénalité visée n° 76600 (C. trav. art. L 1142-10). En revanche, la réciproque n'est pas prévue, de sorte qu'un employeur ayant subi la pénalité encourue en cas de mauvais résultats à l'index ne peut pas être sanctionné dans un second temps au titre de la pénalité visée n° 76600 (Inst. DGT du 25-1-2019).
> **b.** S'agissant de la pénalité encourue en cas de **non-publication des indicateurs** de l'index ou de **défaut de plan de rattrapage** salarial, voir n° 76600.

CHAPITRE 9

LE CONTRÔLE DES SALARIÉS

SOMMAIRE

La surveillance des salariés et le contrôle de leur activité sont des **droits de l'employeur** inhérents à son pouvoir de direction. Mais ce contrôle légitime doit s'effectuer dans des conditions respectant les **droits de la personne** et les **libertés individuelles et collectives des salariés**, en particulier le droit au respect de leur vie privée, dont ils bénéficient même au temps et au lieu de travail. Conformément au principe général posé par l'article L 1121-1 du Code du travail, toute restriction à ces droits et libertés apportée par un dispositif de contrôle doit donc être justifiée par la nature de la tâche à accomplir et proportionnée au but recherché. 78000

Le **CSE** a un **rôle** important dans la vérification du respect par l'employeur de cette règle. Il doit être informé et consulté avant la mise en place de tout dispositif de contrôle de l'activité des salariés. Il doit également être informé et consulté en cas de mise en place d'une charte informatique ou éthique ou d'un dispositif d'alerte professionnelle.

Des **sanctions** civiles ou pénales sont encourues par l'employeur en cas de manquement à ces obligations.

ATTENTION

D'**autres règles**, non étudiées ici, s'imposent à ce dernier lors de la mise en œuvre d'un dispositif de contrôle : information préalable des salariés, interdiction de recourir à des méthodes déloyales telles que des stratagèmes, ou encore respect des obligations posées par la loi informatique et libertés et le RGPD lorsque le système de contrôle donne lieu à un traitement de données personnelles. Pour une étude détaillée des modalités du contrôle par l'employeur de l'activité de son personnel, voir Mémento social nos 56000 s.

Lorsque la **surveillance** s'exerce **sur des salariés ayant la qualité de représentants du personnel**, l'employeur doit en outre respecter les droits spécifiques dont les intéressés bénéficient. Voir notamment sur ce point les règles relatives au contrôle : 78005

– des communications téléphoniques des représentants du personnel (n° 34200) ;
– des courriels transmis par un syndicat à partir de la messagerie électronique de l'entreprise (n° 16955) ;
– de l'accès au local du comité social et économique (n° 34110).

A. Information et consultation du CSE

1. SUR LES DISPOSITIFS DE CONTRÔLE

COMPÉTENCES DU COMITÉ SOCIAL ET ÉCONOMIQUE

Dans les entreprises d'au moins 50 salariés, le CSE est informé et consulté, préalablement à la décision de mise en œuvre dans l'entreprise, sur les **moyens ou** les **techniques permettant un contrôle** de l'activité des salariés (C. trav. art. L 2312-38, al. 3). Cette consultation préalable de l'employeur doit notamment permettre au comité de donner son avis sur le respect de l'article L 1121-1 du Code du travail (n° 78000), c'est-à-dire sur la pertinence et la proportionnalité entre les moyens ou techniques de contrôle utilisés et le but recherché (en ce sens, Cass. soc. 10-4-2008 n° 06-45.741 F-D : RJS 6/08 n° 690). 78020

Entrent dans la **notion de contrôle** visée par l'article L 2312-38, alinéa 3, du Code du travail :
– la surveillance des salariés au sens qui nous intéresse ici, c'est-à-dire afin de vérifier le respect de leurs obligations contractuelles et des règles de discipline applicables dans l'entreprise ;
– l'évaluation professionnelle des salariés à des fins de promotion ou de formation notamment (sur le rôle des représentants du personnel en matière d'évaluation des salariés, voir n° 52660).

78022 En outre, pour certains dispositifs, l'information et la consultation préalables du CSE en application de l'article L 2312-38, alinéa 3, du Code du travail peuvent devoir être complétées par son information, et le cas échéant sa consultation, au titre d'une **autre disposition** de ce Code.
C'est notamment le cas si le dispositif de contrôle dont la mise en place est envisagée coïncide avec l'introduction dans l'entreprise soit d'une nouvelle technologie pouvant avoir des conséquences sur l'emploi ou les conditions de travail du salarié (n° 56050), soit d'un traitement automatisé de gestion du personnel. Ces différentes obligations n'ont pas le même objet et ne peuvent donc **pas se substituer** les unes aux autres.

78025 Par ailleurs, le CSE doit être consulté au titre de sa compétence en matière de **décision d'aménagement important modifiant les conditions de santé et de sécurité ou les conditions de travail** (C. trav. art. L 2312-8) si le dispositif de contrôle envisagé risque d'avoir des conséquences dans ces domaines. Sur cette consultation, voir nos 3980 s.

ILLUSTRATIONS

Un **système d'écoute et d'enregistrement des communications** téléphoniques professionnelles des salariés chargés de répondre à la clientèle, visant à améliorer la qualité des services rendus à celle-ci mais pouvant conduire à une notation des salariés et à des sanctions, entraîne pour ces derniers un facteur non négligeable d'accroissement du stress et de la charge psychique lié à la limitation de leur autonomie et au renforcement de leur contrôle. Le projet visant à la mise en place d'un tel système a une **influence sur les conditions de travail**. Il nécessite en conséquence la consultation des représentants du personnel et justifie en outre le recours à un expert (CA Paris 5-12-2007 n° 07/11402).

DISPOSITIFS VISÉS

78040 **Nature du dispositif** Les **moyens ou techniques** de contrôle nécessitant l'information et la consultation préalables du CSE sont des plus divers : badges électroniques d'accès à l'entreprise ou à certains locaux de celle-ci, vidéosurveillance des lieux de travail, enregistrement de communications téléphoniques, géolocalisation des véhicules de service de l'entreprise, logiciels permettant de surveiller les connexions internet des salariés...
En revanche, n'est pas soumis à cette obligation le **simple contrôle de l'activité** d'un salarié par l'employeur ou par un service interne à l'entreprise chargé de cette mission (Cass. soc. 4-7-2012 n° 11-14.241 F-D : RJS 10/12 n° 764 ; CE 13-7-2020 n° 417972 : RJS 11/20 n° 549). Ce type de surveillance de même que celle opérée par un supérieur hiérarchique entrent en effet dans les attributions normales de l'employeur ou de ce supérieur, et ne portent pas en soi atteinte à une liberté fondamentale du salarié.
Jugé également que la **vérification** des **relevés détaillés des communications** téléphoniques de l'entreprise, délivrés à l'employeur par son opérateur de téléphonie, ne constitue pas un procédé de surveillance au sens de la loi et ne nécessite donc pas la consultation préalable des représentants du personnel (CA Versailles 3-6-2004 n° 03/2551).

78045 **Finalité du dispositif** L'obligation d'information et de consultation préalables du CSE doit être respectée dès lors que le dispositif dont la mise en place est envisagée **« permet » un contrôle** de l'activité des salariés. Peu importe qu'il n'ait pas pour finalité principale un tel contrôle.

ILLUSTRATIONS

Ne peut donc pas être utilisé à des fins de surveillance des salariés, sans consultation préalable des représentants du personnel, un système de **vidéosurveillance** de la clientèle (Cass. soc. 7-6-2006 n° 04-43.866 FS-PB : RJS 11/06 n° 1143) ou un dispositif de **géolocalisation** (GPS) des véhicules de l'entreprise destiné à permettre de retrouver lesdits véhicules en cas de vol (CA Grenoble 29-11-2006 n° 06/728). De même, l'utilisation d'un **outil de traçabilité** dans le domaine bancaire permettant de restituer l'ensemble des consultations effectuées par un salarié aux fins de vérifier s'il procède à des consultations autres que celles des clients de son portefeuille doit être précédée d'une information-consultation du CSE (Cass. soc. 11-12-2019 n° 18-11.792 FS-PB : RJS 2/20 n° 71).
En revanche les représentants du personnel n'ont pas à être consultés avant la mise en place d'un dispositif de vidéosurveillance destiné à assurer la sécurité d'un magasin et **non utilisé pour contrôler** les salariés dans l'exercice de leurs fonctions (Cass. soc. 18-11-2020 n° 19-15.856 F-D : RJS 2/21 n° 65) ou destiné à surveiller un entrepôt de marchandises dans lequel les salariés ne travaillent pas (Cass. soc. 31-1-2001 n° 98-44.290 FS-P : RJS 4/01 n° 405). De même, le recours à un audit ponctuel pour apprécier, à un moment donné, l'organisation d'un service afin de l'améliorer ne constitue pas un contrôle des salariés au sens de la loi et ne nécessite donc pas la consultation préalable des représentants du personnel (Cass. soc. 12-7-2010 n° 09-66.339 FS-PB : RJS 10/10 n° 719). La preuve d'un comportement fautif du salarié établie au moyen d'une telle vidéosurveillance ou d'un tel audit est en conséquence recevable.

2. SUR LES CHARTES ET ALERTES

CHARTE INFORMATIQUE OU ÉTHIQUE

Les entreprises peuvent instaurer une charte informatique visant à encadrer l'usage au sein de l'entreprise des nouvelles technologies de l'information et de la communication et à assurer la sécurité de leur réseau informatique. Elles peuvent aussi décider d'instituer une charte éthique (ou code de bonne conduite) récapitulant les valeurs ou règles de comportement qu'elles entendent respecter et faire respecter par leurs salariés et leurs dirigeants notamment. **78080**

Lorsque ces documents comportent des dispositions contraignantes et fixent des règles de caractère général et permanent dans des matières relevant normalement du règlement intérieur, ils doivent être considérés comme des annexes à ce règlement et sont, en conséquence, soumis à la **consultation préalable** du CSE visée n°s 85150 s.

DISPOSITIF D'ALERTE PROFESSIONNELLE

La mise en place d'un dispositif d'alerte professionnelle a pour objet d'inciter les salariés à signaler certains actes dangereux ou illicites constatés dans l'entreprise (délits de discrimination, de harcèlement au travail, de corruption ; violation grave et manifeste de la loi ou du règlement...), commis par d'autres salariés ou des dirigeants de l'entreprise notamment, en précisant les modalités de recueil et de traitement de tels signalements. Ce dispositif peut être mis en place par l'employeur, à titre obligatoire ou facultatif selon le cas. S'inscrivant pour partie dans le cadre du contrôle de l'activité des salariés, il doit être précédé de l'information et de la consultation préalables du **CSE** en application de l'article L 2312-38, al. 3 du Code du travail (n° 78020) et, éventuellement, au titre de la modification des conditions de travail (n° 56055). **78085**

Une procédure interne de recueil et de traitement des alertes émises notamment par les membres du personnel ou les collaborateurs extérieurs ou occasionnels doit être établie dans les **entreprises d'au moins 50 salariés**, à partir des mentions prévues par décret du 3-10-2022, et diffusée, après consultation du CSE, par tout moyen assurant une publicité suffisante (Loi 2016-1691 du 9-12-2016 modifiée art. 8 ; Décret 2022-1284 du 3-10-2022).

> **Précisions** La question de savoir si un dispositif d'alerte professionnelle entre dans le champ du **règlement intérieur** dépend de son contenu. Selon l'administration, les dispositifs d'alerte professionnelle ne relèvent pas de la discipline et, en conséquence, du champ de ce règlement dès lors qu'ils n'ont pas un caractère obligatoire pour le salarié (Circ. DGT 22 du 19-11-2008 : BOMT 2008-12). Pour certains tribunaux, ils constituent toutefois une adjonction audit règlement, dont la mise en place ou la modification nécessite la consultation préalable des représentants du personnel visée n°s 85150 s., dès lors qu'ils prévoient des règles déontologiques générales et permanentes devant être respectées par l'ensemble des salariés sous peine de sanctions disciplinaires (TGI Nanterre 27-12-2006 n° 06-03071).
> En tout état de cause, un dispositif d'alerte professionnelle instauré le cas échéant dans l'entreprise doit nécessairement être facultatif pour le salarié et **complémentaire** par rapport aux autres modes d'alerte existants et notamment à l'intervention des représentants du personnel dans leurs domaines respectifs (Circ. DGT 22 du 19-11-2008 : BOMT 2008-12).

78090

Dépistage de consommation d'alcool ou de drogue

Lorsqu'un dépistage de l'alcoolémie d'un salarié ou de l'usage de stupéfiants est organisé dans l'entreprise, dans les conditions très restrictives posées par la jurisprudence (voir Mémento social n° 59975), les représentants du personnel doivent-ils en être informés et peuvent-ils exiger d'y assister ? L'administration a répondu, à propos des délégués du personnel, que si leur information paraît souhaitable, en revanche, les associer par leur présence à des contrôles de cette nature, dont l'initiative et la responsabilité appartiennent à l'employeur, paraît s'écarter de leurs missions (Rép. Gollnisch : AN 16-2-1987 n° 13848). Cela étant, comme l'ont précisé les juges, si le règlement intérieur prévoit la faculté pour le salarié soumis au contrôle de demander la présence d'un tiers appartenant à l'entreprise, cette disposition doit nécessairement être respectée par l'employeur (CA Douai 30-3-2007 n° 06/1254). Rien n'empêche alors le salarié concerné de demander à un membre du CSE d'être présent lors de ce contrôle.

B. Sanctions

SANCTIONS CIVILES

78140 Un dispositif de contrôle de l'activité du personnel mis en place sans information et consultation préalables du CSE alors que celles-ci s'imposaient est illicite et **inopposable** aux salariés.
L'illicéité d'un moyen de preuve de faits fautifs, recueilli à partir d'un tel dispositif, n'entraîne pas nécessairement son **irrecevabilité** en cas de litige. Le juge doit apprécier si l'utilisation de cette preuve a porté atteinte au caractère équitable de la procédure dans son ensemble, en mettant en balance le droit au respect de la vie personnelle du salarié et le **droit à la preuve**, lequel peut justifier la production d'éléments portant atteinte à la vie personnelle d'un salarié à la condition que cette production soit indispensable à l'exercice de ce droit et que l'atteinte soit strictement proportionnée au but poursuivi (Cass. soc. 10-11-2021 n° 20-12.263 FS-B : RJS 2/22 n° 43 ; 8-3-2023 21-20.798 FS-D : RJS 5/23 n° 235).

> **Précisions a.** La mise en œuvre d'un système de contrôle sans consultation préalable des représentants du personnel peut constituer un **trouble manifestement illicite** justifiant la saisine du juge des référés. Ce dernier peut ainsi décider de suspendre un dispositif de contrôle de l'activité des salariés jusqu'à ce que les représentants du personnel soient consultés (Cass. soc. 10-4-2008 n° 06-45.741 F-D : RJS 6/08 n° 690) ou jusqu'à ce qu'ils le soient de façon régulière en obtenant les renseignements relatifs au fonctionnement du dispositif qu'ils avaient demandés à l'employeur (TGI Nanterre 27-12-2006 n° 06/03071).
> **b.** S'agissant du **retrait** d'un dispositif de contrôle illicite ordonné par la juridiction prud'homale saisie dans le cadre du droit d'alerte du CSE en cas d'atteinte aux droits des personnes, voir n° 4115.

SANCTIONS PÉNALES

78145 L'absence de consultation préalable du CSE, alors que celle-ci s'imposait, peut constituer le **délit d'entrave** au fonctionnement régulier de cette institution représentative et engager à ce titre la responsabilité pénale du chef d'entreprise et, si les conditions en sont réunies, celle de l'entreprise, personne morale.

ATTENTION

Un dispositif de contrôle peut aussi enfreindre d'autres règles de droit pénal : par exemple, atteinte à la vie privée (C. pén. art. 226-1) ou aux droits de la personne résultant des fichiers ou des traitements informatiques (C. pén. art. 226-16 s.).

CHAPITRE 10

LA NÉGOCIATION COLLECTIVE

SOMMAIRE

DÉFINITIONS

80000 La négociation collective s'entend de la **discussion entre employeurs et représentants des salariés** sur les conditions d'emploi, de formation professionnelle et de travail des salariés et sur leurs garanties sociales. On distingue la **convention** collective, qui a vocation à traiter de l'ensemble de ces conditions et garanties, de l'**accord** collectif, qui n'en traite qu'une partie (C. trav. art. L 2221-1 et L 2221-2).
La négociation collective permet ainsi que « tout travailleur participe, par l'intermédiaire de ses délégués, à la **détermination collective des conditions de travail** », comme le prévoit l'article 8 du préambule de la Constitution du 27 octobre 1946, qui a valeur constitutionnelle.

RÈGLES GÉNÉRALES

80005 Le droit de négocier avec l'employeur, au nom des salariés, des conventions et accords collectifs de travail constitue l'une des principales prérogatives des **représentants du personnel**.
Les négociations aboutissent, en cas de succès, à la conclusion de textes destinés à s'appliquer à l'ensemble des entreprises et salariés entrant dans leur champ d'application.
La négociation collective est organisée à plusieurs niveaux :
– **niveaux de la branche, interbranches, professionnel et interprofessionnel**. Les règles applicables à ces niveaux ne sont pas exposées ici, car elles ne font pas directement intervenir des employeurs ou salariés représentants du personnel dans l'entreprise. Les textes ainsi négociés pouvant s'appliquer aux entreprises et salariés entrant dans leur champ d'application, les conditions et modalités de leur application sont en revanche étudiées ici ;
– **niveaux des entreprises et établissements, du groupe et interentreprises**. Les dispositions légales et la jurisprudence intéressant ces négociations sont exposées ci-après.

80010 Les **délégués syndicaux** (DS) sont les interlocuteurs naturels de l'employeur en matière de négociation collective. Les **autres représentants** des salariés, tels que les élus, mandatés ou non, ou les salariés mandatés, n'interviennent qu'en leur absence.
Sur la compétence du **conseil d'entreprise** en matière de négociation, voir nos 5630 s.

SECTION 1 ENTREPRISE AVEC DÉLÉGUÉ SYNDICAL

80100 Dès lors qu'au moins un DS est désigné dans une entreprise ou un établissement, la négociation doit se dérouler avec cet interlocuteur (Circ. DGT 20 du 13-11-2008).
De plus, la présence d'au moins un DS dans l'entreprise ou l'établissement oblige l'employeur à **engager périodiquement une négociation** sur certains thèmes.

ATTENTION

La conclusion d'accords entre l'employeur et une **institution représentative du personnel distincte** d'un syndicat constitue, pour la **chambre criminelle de la Cour de cassation**, le délit d'entrave à l'exercice du droit syndical lorsqu'elle a pour objet ou pour effet de porter atteinte à la priorité que la loi confère aux syndicats pour représenter les intérêts des salariés dans la négociation collective. Tel est le cas de l'accord, conclu avec un CSE d'établissement en dépit de l'existence d'une représentation syndicale dans l'entreprise, portant sur une matière relevant de la négociation obligatoire (Cass. crim. 18-11-1997 n° 96-80.002 PF : RJS 1/98 n° 76).
La **chambre sociale** de la Cour de cassation a, quant à elle, jugé qu'un accord conclu avec des représentants élus du personnel dans une entreprise dotée de DS n'est pas nécessairement constitutif d'un délit d'entrave à l'exercice du droit syndical et comme tel nul. Mais un tel accord n'a ni la valeur ni les effets d'un accord collectif, de sorte qu'il est inopposable aux salariés (Cass. soc. 5-5-2009 n° 07-45.358 F-D). Sur le régime applicable à un tel accord, voir nos 85520 s.

80105

Accords collectifs et consultation du CSE

L'employeur n'est pas tenu de soumettre les **projets d'accord collectif**, leur **révision** ou leur **dénonciation** à l'avis du CSE (C. trav. art. L 2312-14, al. 2).
Toutefois, à défaut de disposition légale excluant la consultation du CSE sur les **mesures de mise en œuvre** de l'accord ou de l'avenant de révision, le CSE doit, selon nous, être consulté si ces mesures portent sur une question se rattachant à ses attributions générales

(Cass. soc. 21-11-2012 n° 11-10.625 FS-PB : RJS 2/13 n° 137). De même, si l'employeur n'a pas l'obligation de saisir le CSE avant de **dénoncer** un accord, il reste, à notre sens, tenu de le consulter sur les conséquences de la dénonciation si celles-ci relèvent de son champ de compétences. Mais le défaut de consultation du CSE n'a pas pour effet d'entraîner l'**inopposabilité** à l'ensemble des salariés de l'accord (Cass. soc. 18-9-2019 n° 17-31.274 FS-PB : RJS 12/19 n° 699) ou, selon nous, de la mesure prise en application de celui-ci. En revanche, le défaut de consultation peut être sanctionné selon les règles régissant le fonctionnement du CSE (Cass. soc. 18-9-2019 n° 17-31.274 FS-PB : RJS 12/19 n° 699). Par exemple, le CSE peut demander la suspension des mesures de mise en œuvre de l'accord dans l'attente de sa consultation régulière (Cass. soc. 8-11-2017 n° 16-15.584 FS-PB : RJS 1/18 n° 32) ou réclamer des dommages-intérêts en réparation de son préjudice (n° 3770).

S'agissant des entreprises ayant conclu un accord sur la **gestion prévisionnelle des emplois et des compétences**, voir n° 3630, d.

A. Règles ordinaires de négociation

Sauf mention contraire, les règles présentées ci-après s'appliquent à toutes les négociations d'entreprise avec des DS, que ces négociations soient obligatoires ou non. **80150**

Certains accords sont soumis à des **règles particulières** dérogeant en tout ou partie au droit commun. Tel est le cas, notamment, de l'accord préélectoral (n°s 24220 s.), de l'accord déterminant le contenu du PSE (n°s 90165 s.), des accords de participation, d'intéressement ou relatifs aux plans d'épargne salariale (n°s 71000 s.) ou encore de ceux sur le conseil d'entreprise (n°s 5550 s.).

1. CADRE DES NÉGOCIATIONS

Les conventions et les accords collectifs peuvent être négociés et conclus entre l'employeur et les syndicats de salariés représentatifs dans l'**entreprise**. Sauf disposition contraire, ils peuvent l'être, dans les mêmes conditions, au niveau d'un **établissement**, d'un groupe d'établissements ou du **groupe** auquel appartient, le cas échéant, l'entreprise (C. trav. art. L 2232-11, al. 2, L 2232-16, al. 1 et L 2232-33, al. 1). **80180**

Si plusieurs sociétés constituent une **UES**, la négociation peut se dérouler à ce niveau (n° 80300), celle-ci étant assimilée à une négociation d'entreprise (Circ. DRT 9 du 22-9-2004).

Sur les thèmes ouverts à la négociation **interentreprises**, voir n° 82820.

> **Précisions** Ces **niveaux** de négociation, entreprise et établissement, ou entreprise et groupe, ne sont pas exclusifs l'un de l'autre : il peut y avoir un **accord général** ou un accord-cadre d'entreprise, complété par des accords propres à chaque établissement ou par groupe d'établissements (Circ. DRT 15 du 25-10-1983). De même, un accord conclu au niveau du groupe ou de l'UES peut être complété par des accords d'entreprise et/ou d'établissement. Un accord d'entreprise ou un accord de groupe peut néanmoins prévoir que ses dispositions se substituent à celles, ayant le même objet, des accords de niveau inférieur : voir n° 83740.

2. PARTIES À LA NÉGOCIATION

a. Partie salariale

SYNDICATS APPELÉS À NÉGOCIER

Monopole des syndicats professionnels Les organisations de salariés constituées en syndicats professionnels sont seules admises à négocier les conventions et accords collectifs (C. trav. art. L 2132-2). **80210**

Ces conventions ou accords ne peuvent donc pas être conclus par un autre type d'organisation, par exemple une **association** ou un **syndicat non régulièrement constitué**. Toutefois, la Cour de cassation a jugé que la signature d'un accord par un tel syndicat n'entraînait pas sa nullité, si un syndicat régulièrement constitué et représentatif l'avait aussi signé (en ce sens : Cass. soc. 27-3-1968 n° 66-14.463). On peut penser que cette solution, aujourd'hui ancienne, demeure valable, sous réserve que les conditions de validité de l'accord soient respectées.

Sur la compétence du **conseil d'entreprise** en matière de négociation, voir n°s 5630 s.

80215 **Syndicats représentatifs** L'employeur doit appeler à la négociation **tous les syndicats** représentatifs (Cass. soc. 12-10-2006 n° 05-15.069 FS-PBRI : RJS 12/06 n° 1298 ; 26-5-2010 n° 09-60.434 F-D) dans l'entreprise ou, le cas échéant, dans l'établissement (Cass. soc. 8-7-2009 n° 08-41.507 FS-PB : RJS 10/09 n° 817), y compris si la négociation porte sur la révision d'un accord signé par certains syndicats seulement (n° 81535) ou sur la mise en œuvre dans l'entreprise d'une convention de branche (Cass. soc. 2-12-1998 n° 97-11.677 PB : RJS 1/99 n° 78). Sur les conséquences d'un **litige sur** la **désignation** d'un DS, voir n° 80230.

À défaut, le juge peut :

– prononcer la **nullité** de l'accord conclu (Cass. soc. 26-3-2002 n° 00-17.231 FS-PBR : RJS 6/02 n° 704 ; 12-10-2006 n° 05-15.069 FS-PBRI : RJS 12/06 n° 1298) ;

– condamner l'employeur pour délit d'**entrave** à l'exercice du droit syndical, même si, s'agissant de la révision d'un accord collectif, le syndicat exclu de la négociation n'a pas signé l'accord initial (Cass. crim. 28-10-2008 n° 07-82.799 F-D : RJS 3/09 n° 264).

En outre, le manquement de l'employeur à son obligation constitue un **trouble manifestement illicite** auquel le juge des référés peut mettre fin (en ce sens : Cass. soc. 8-7-2009 n° 08-41.507 FS-PB : RJS 10/09 n° 817).

ILLUSTRATIONS

Le juge peut ainsi condamner l'employeur à **convoquer** tout syndicat représentatif dans l'entreprise à chacune des réunions (Cass. soc. 13-7-1988 n° 86-16.302 P) ou ordonner la **suspension** de l'accord litigieux dans l'attente de l'issue de l'instance au fond ou de la négociation d'un nouvel accord régularisant cette situation (CA Paris 10-1-2019 n° 18/15127).

80220 La convocation à la négociation d'un **accord d'entreprise** doit être adressée à tous les syndicats représentatifs à ce niveau.

Dans les entreprises à **établissements multiples**, l'employeur est tenu de convoquer à la négociation d'un accord d'entreprise l'ensemble des syndicats représentatifs à ce niveau et non ceux ayant fait la preuve de leur représentativité seulement au niveau d'un établissement (en ce sens : Circ. DRT 15 du 25-10-1983).

Pour la négociation d'un **accord d'établissement**, l'employeur doit convoquer tout syndicat représentatif à ce niveau, même s'il ne l'est pas au niveau de l'entreprise. Si un syndicat est représentatif au niveau de l'entreprise et de l'établissement, l'employeur ne peut pas l'écarter au motif qu'il n'a pas désigné de DS dans cet établissement mais seulement un DS central (Cass. soc. 8-7-2009 n° 08-41.507 FS-PB : RJS 10/09 n° 817). À notre sens, le syndicat représentatif au niveau de l'entreprise sans l'être à celui de l'établissement n'a pas quant à lui nécessairement à être invité aux négociations se déroulant dans cet établissement.

S'agissant de la négociation d'un **accord de groupe** ou **interentreprises**, voir respectivement n°s 82660 et 82830, b.

> **Précisions a.** Selon nous, tous les **syndicats** représentatifs dans l'entreprise doivent être appelés à la négociation d'un accord d'entreprise, y compris ceux **dépourvus de DS** dans l'entreprise.
> **b.** À notre avis, la **convocation** adressée au DS vaut convocation du syndicat qui l'a désigné et inversement. En ce sens, voir la solution retenue n° 24120 à propos de la convocation à la négociation d'un protocole d'accord préélectoral. La même règle devrait prévaloir en cas de désignation par le syndicat d'un DS central au sein de l'entreprise. Ainsi jugé à propos de la négociation de l'accord préélectoral en vue de l'élection des représentants du personnel d'un établissement (Cass. soc. 12-3-2008 n° 07-60.394 F-D : RJS 6/08 n° 697).

80225 **Syndicats catégoriels** L'employeur doit convoquer les syndicats catégoriels représentatifs aux **négociations catégorielles** intéressant la catégorie professionnelle qu'ils représentent, mais aussi aux négociations **intercatégorielles**.

En effet, la représentativité reconnue à un syndicat catégoriel affilié à une confédération syndicale catégorielle au titre des salariés qu'il a statutairement vocation à représenter lui confère le droit de négocier toute disposition applicable à cette catégorie de salariés (C. trav. art. L 2232-13).

En l'état actuel du paysage syndical, ces dispositions visent la **CFE-CGC**. Elles permettent qu'un syndicat affilié à cette confédération négocie des accords concernant les cadres dans une entreprise, dès lors qu'il a recueilli au moins 10 % des suffrages aux élections professionnelles (Rapp. Sén. n° 470 relatif au projet de loi portant rénovation de la démocratie sociale et réforme du temps de travail) dans le collège qu'il a statutairement vocation à représenter.

Sur la possibilité pour un syndicat catégoriel de **signer** un accord d'entreprise intéressant l'ensemble du personnel, voir n° 80710, c.

Les syndicats de **journalistes** peuvent négocier des accords propres à cette profession, soumis à des conditions de validité particulières : voir n° 80730, a.

COMPOSITION DE LA DÉLÉGATION SYNDICALE

Délégués syndicaux La délégation de chaque syndicat représentatif partie à la négociation comprend son DS ou, s'il en a plusieurs, au moins 2 DS (C. trav. art. L 2232-17, al 1). 80230

Un syndicat représenté par **plusieurs DS** ne peut pas exiger que tous participent à la négociation. La délégation de chaque syndicat est en effet composée de 2 DS, éventuellement complétée par un nombre égal de salariés, ce nombre ne pouvant être dépassé que par accord entre l'employeur et l'ensemble des syndicats participant à la négociation (Cass. soc. 5-1-2011 n° 09-69.732 FS-PB : RJS 3/11 n° 259).

Dans les **entreprises à établissements multiples**, lorsque la négociation a lieu dans un établissement, c'est en principe le DS de l'établissement qui y participe. Le DS central peut aussi intervenir, mais la loi ne l'impose pas (Circ. DRT 15 du 25-10-1983).

ATTENTION

En cas de conflit provoquant la scission d'un syndicat et des **désaccords sur la désignation d'un DS**, l'employeur ne peut pas se faire juge de la validité de cette désignation. Un accord conclu sans que ce DS ait été invité, si bien que tous les syndicats n'ont pas été convoqués à la négociation, est nul (CA Paris 16-10-2008 n° 07-2515). L'employeur doit, s'il souhaite contester cette désignation, saisir le juge dans le délai imparti (n° 28250). Passé ce délai, la désignation est purgée de tout vice (n° 28265) et l'employeur doit donc inviter le DS.

Selon le Code du travail, les représentants des syndicats ont le pouvoir de contracter au nom du syndicat qu'ils représentent en vertu d'une **stipulation statutaire**, d'une **délibération** spéciale de ce syndicat, ou des **mandats** spéciaux écrits donnés individuellement par tous les adhérents de ce syndicat (C. trav. art. L 2231-2). 80235

ATTENTION

Pour la Cour de cassation, ces dispositions ne s'appliquent pas au DS partie à un accord d'entreprise. Elle juge en effet que le DS est, par sa désignation, **investi de plein droit** du pouvoir de négocier et conclure un accord collectif. Il appartient donc au syndicat qui entend suspendre le mandat donné à son DS d'en informer en temps utile les autres parties. Jusqu'à cette suspension, les accords signés en son nom par le DS lui sont opposables (Cass. soc. 19-2-1992 n° 90-10.896 P : RJS 4/92 n° 472).

Salariés de l'entreprise Chaque syndicat peut compléter sa délégation par des salariés de l'entreprise, dont le **nombre** est fixé par accord entre l'employeur et l'ensemble des syndicats représentatifs parties à la négociation (C. trav. art. L 2232-17, al. 2), autrement dit, par un accord unanime. 80240

À défaut d'accord, le nombre de salariés est au plus égal, par délégation, à celui des DS de la délégation. Toutefois, dans les entreprises pourvues d'un seul DS, ce nombre peut être porté à 2 (C. trav. art. L 2232-17, al. 2).

ATTENTION

Aucune **protection** spéciale n'est accordée aux salariés non DS mandatés pour participer à la négociation (CA Versailles 12-5-2005 n° 04-3930).

S'ils sont titulaires d'un mandat de représentation du personnel, ils bénéficient de la protection attachée à ce mandat. À défaut, s'ils sont syndiqués, ils peuvent se prévaloir des dispositions interdisant à l'employeur d'utiliser des moyens de pression en faveur ou à l'encontre d'un syndicat (voir nos 13850 s.) ou de prendre des mesures discriminatoires à l'encontre des salariés syndiqués (voir nos 40010 s.).

Personnes étrangères à l'entreprise En principe, la délégation syndicale ne peut pas comprendre des personnes étrangères à l'entreprise (Cass. soc. 19-10-1994 n° 91-20.292 PBBS : RJS 12/94 n° 1413). L'**employeur** est donc en droit de **refuser leur présence**, sauf accord ou usage plus favorable. 80245

CONSEIL

Ainsi, un **accord de méthode** (n° 80324) peut prévoir que la délégation syndicale sera assistée par un conseil (avocat, expert-comptable...), le même droit devant être concédé à l'employeur.

RÉMUNÉRATION DES NÉGOCIATEURS SALARIÉS

Préparation de la négociation Dans les entreprises d'**au moins 500 salariés**, chaque section syndicale représentative dispose d'un crédit d'heures global pour la préparation de la négociation : voir nos 17100 s. Dans les **autres entreprises**, aucun crédit d'heures n'est attribué à cet effet aux membres de la délégation syndicale. 80250

CONSEIL

À notre sens, les **DS** peuvent préparer la négociation sur leur crédit d'heures habituel, puisque la négociation des conventions et accords collectifs d'entreprise entre dans leurs attributions.

80255 **Négociation proprement dite** Le temps que passent les membres de la délégation syndicale à négocier est rémunéré comme **temps de travail** à échéance normale (C. trav. art. L 2232-18), que la négociation ait lieu pendant les heures de travail ou en dehors (Circ. DRT 15 du 25-10-1983). L'employeur est tenu de rémunérer comme des **heures supplémentaires** les heures passées à négocier au-delà de la durée légale (ou assimilée pour le calcul des majorations pour heures supplémentaires) (Circ. DRT 15 du 25-10-1983).

> **Précisions** **a.** Pour les négociateurs investis d'un mandat de représentation du personnel ouvrant droit à un **crédit d'heures**, le temps de négociation ne s'impute pas sur celui-ci (Circ. DRT 15 du 25-10-1983).
b. Si la négociation nécessite le **déplacement** de certains membres de la délégation syndicale, les frais y afférents doivent être pris en charge par l'employeur. Si le temps de trajet est pris en totalité ou pour partie sur le temps de travail, il y a lieu d'assimiler la durée de l'absence en résultant à du temps passé à la négociation (Circ. DRT 15 du 25-10-1983).

b. Partie patronale

EMPLOYEUR OU DÉLÉGATAIRE

80285 Les conventions et accords collectifs d'entreprise sont négociés par l'employeur (C. trav. art. L 2232-16) ou son délégataire (n° 30052). La loi ne réglemente pas de façon spécifique la forme de la **délégation de pouvoir**. Le mandat spécial écrit exigé par le Code du travail pour les représentants de salariés (n° 80235) ne s'impose pas (Cass. soc. 23-3-1994 n° 91-45.705 D : RJS 5/94 n° 583).

ILLUSTRATIONS

Le **chef du personnel** d'une société bénéficiant d'une **délégation du président du conseil d'administration** qui conclut un accord d'entreprise sans être muni d'un mandat spécial écrit engage sa société dès lors que les syndicats sont fondés à croire l'intéressé habilité à signer l'accord, sur le fondement de la théorie du mandat apparent (Cass. soc. 23-3-1994 n° 91-45.705 D : RJS 5/94 n° 583).
La **délégation impersonnelle** donnée par le président-directeur général d'une société au directeur du département de gestion et innovations sociales, afin notamment de mener le dialogue social et conclure des accords collectifs, constitue une délégation de pouvoir dont les effets sont indépendants de la personne du délégant et du délégataire (Cass. soc. 13-5-2008 n° 07-40.002 F-D : RJS 7/08 n° 810).

ASSISTANCE DE L'EMPLOYEUR

80290 Il est en général admis que l'employeur ou son représentant peut se faire assister par des tiers au cours de la négociation. Toutefois, afin de préserver l'équilibre entre les négociateurs, la **délégation** patronale ne peut pas, selon nous, être **plus importante** que la délégation salariale.
En outre, par parallélisme avec la délégation syndicale, sauf accord contraire des négociateurs, la délégation patronale ne peut pas comprendre des **personnes étrangères à l'entreprise**.

CONSEIL

Les modalités selon lesquelles l'employeur peut se faire assister peuvent être fixées dans l'**accord de méthode** visé n° 80324 : nombre d'assistants, recours à un avocat, etc. L'accord doit aussi, à notre sens, prévoir une assistance analogue pour la partie salariale.

ACCORD CONCLU AU NIVEAU DE L'UES

80300 Un accord peut être conclu au niveau d'une **unité économique et sociale** (UES), même si celle-ci, qui n'a pas la personnalité morale, ne se substitue pas aux entités juridiques qui la composent (s'agissant d'un accord majoritaire portant plan de sauvegarde de l'emploi signé au nom de l'UES par la directrice générale adjointe d'une des entreprises de l'UES sans un tel mandat : CE 2-3-2022 n° 438136 : RJS 5/22 n° 246). L'accord ne peut donc pas être conclu par l'UES elle-même.
Il doit l'être par une ou plusieurs organisations syndicales de salariés représentatives au niveau de l'UES et :
– soit par **chacune des entreprises** constituant l'UES,
– soit par **l'une d'entre elles**, sur **mandat exprès préalable** des entreprises membres de l'UES (CE 2-3-2022 n° 438136, précité).

3. DÉROULEMENT DE LA NÉGOCIATION

ACCORD PRÉALABLE

L'**objet** et la **périodicité** des négociations ainsi que les **informations** nécessaires à remettre préalablement aux DS de l'entreprise ou de l'établissement sont fixés par accord entre l'employeur et les syndicats représentatifs dans les conditions ci-après (C. trav. art. L 2232-20). 80320

> **Précisions a.** Dans le cadre des **négociations obligatoires**, les modalités de la négociation peuvent être prévues par un accord d'adaptation, voir n°s 81260 s.
> **b.** Sur l'obligation de **discrétion** pesant sur les représentants syndicaux, s'agissant des informations obtenues dans le cadre de leurs fonctions, voir n°s 16765 s.

Calendrier et thèmes des négociations L'employeur et les syndicats doivent définir, par convention ou accord collectif, un **calendrier** des négociations (C. trav. art. L 2222-3, 1°). Cette convention ou cet accord collectif doit, en outre, prévoir les modalités de prise en compte des demandes des syndicats représentatifs relatives aux **thèmes** de négociation (C. trav. art. L 2222-3, 2°). 80322

> **Précisions** Selon l'administration, le **droit de saisine des syndicats** permet de contraindre la partie patronale à répondre à leurs demandes de négociation, évitant ainsi qu'elles ne soient laissées sans réponse (en ce sens : Circ. DRT 9 du 22-9-2004). Par exemple, l'accord peut prévoir les modalités d'envoi de cette demande à l'employeur, le délai et les formes de la réponse de l'employeur à cette proposition.

Accord de méthode Une convention ou un accord collectif peut définir la méthode permettant à la négociation de s'accomplir dans des conditions de **loyauté** et de confiance mutuelle entre les parties. Cette convention ou cet accord (C. trav. art. L 2222-3-1, al. 1 et 2) : 80324

- précise la nature des **informations partagées** entre les négociateurs, notamment en s'appuyant sur la BDESE (n°s 3480 s.) ;
- définit les principales **étapes du déroulement** des négociations ;
- peut prévoir des **moyens** supplémentaires ou spécifiques (volume des crédits d'heures, nombre de salariés membres des délégations, modalités de recours à l'expertise, assistance par un conseiller juridique, etc.).

Si l'entreprise n'a pas conclu son propre accord de méthode mais appartient à une **branche** ayant conclu un tel accord pour les négociations en entreprise, elle a l'obligation de le respecter. Toutefois, si elle vient à conclure son propre accord de méthode, ses stipulations se substituent à celles de l'accord de branche (C. trav. art. L 2222-3-2, al. 1).

> **ATTENTION**
> Sauf si l'accord de méthode en dispose autrement, la **méconnaissance de ses stipulations** n'est pas de nature à entraîner la nullité des accords conclus, dès lors qu'est respecté le principe de **loyauté** entre les parties (C. trav. art. L 2222-3-1, al. 3 et L 2222-3-2, al. 2). La portée d'un tel accord, facultatif, est donc à première vue limitée. Mais une partie s'estimant lésée par un manquement aux obligations prévues par l'accord pourrait demander **réparation**, même si l'accord ne prévoit rien sur la méconnaissance de ses stipulations.

AUDITION DES DÉLÉGUÉS SYNDICAUX D'ENTREPRISES EXTÉRIEURES

Lorsqu'une entreprise emploie dans ses locaux ou dans un chantier qu'elle dirige des **travailleurs appartenant à une ou plusieurs entreprises extérieures**, les DS des syndicats représentatifs dans ces entreprises sont, à leur demande, entendus lors des négociations (C. trav. art. L 2232-19). 80330

L'employeur n'a donc pas à prendre l'**initiative** de les inviter.

Dans tous les cas, ces représentants n'ont qu'un **rôle** consultatif. Ils ne peuvent ainsi ni négocier ni conclure un accord.

> **Précisions a.** Les **travailleurs** d'entreprises extérieures peuvent être des salariés mis à disposition ou des travailleurs temporaires.
> **b.** Les DS en cause peuvent demander à être entendus lorsque les négociations dans l'entreprise utilisatrice peuvent avoir des **incidences** sur la situation des salariés des entreprises extérieures, ou pour faire prendre en considération leurs **problèmes spécifiques** relevant de l'entreprise utilisatrice, comme, par exemple, en matière d'hygiène et de sécurité ou d'organisation du travail. Cette prérogative s'exerce sans préjudice des dispositions relatives à l'institution d'un collège interentreprises de sécurité, de santé et des conditions de travail (CISSCT : n°s 23170 s.) dans le cas des grands chantiers (Circ. DRT 15 du 25-10-1983).

CONDUITE DE LA NÉGOCIATION

80335 La jurisprudence dessine une sorte de schéma de la conduite des négociations :

– l'employeur ne peut pas conduire des **négociations séparées** avec ses différents interlocuteurs syndicaux, sous peine de nullité de l'accord (Cass. soc. 10-10-2007 n° 06-42.721 F-PB : RJS 12/07 n° 1315 ; 8-3-2017 n° 15-18.080 FS-PB : RJS 5/17 n° 355). Cette interdiction, à rapprocher de l'obligation d'inviter tous les syndicats représentatifs à la négociation, doit particulièrement être respectée en fin de négociations (n°s 80365 s.) ;

– sous peine aussi de nullité de l'accord, tous les syndicats représentatifs doivent avoir été à même de **discuter les termes du projet soumis à la signature** en demandant, le cas échéant, la poursuite des négociations jusqu'à la procédure prévue pour celle-ci (Cass. soc. 10-10-2007 n° 06-42.721 F-PB : RJS 12/07 n° 1315 ; 8-3-2017 n° 15-18.080 FS-PB : RJS 5/17 n° 355) ;

– la négociation est régulière dès lors qu'elle a été menée par l'employeur **jusqu'à son terme prévu par le calendrier**, tous les syndicats ayant pu constamment exprimer leurs propositions, motiver leur refus, formuler des contre-propositions dont certaines ont été retenues (Cass. soc. 9-7-1996 n° 95-13.010 P : RJS 8-9/96 n° 953) ;

– les circonstances entourant les négociations doivent, de façon générale, garantir l'intégrité du **consentement des signataires** de l'accord conclu (n° 80830).

ATTENTION

Il ne faut pas confondre négociations séparées et **échanges bilatéraux** entre employeur et syndicats. Ainsi, une négociation a été régulièrement menée, malgré l'existence de ce type d'échanges pendant une suspension de séance, quand le **syndicat** demandant l'annulation de l'accord collectif a été **invité** à ces échanges, mais a refusé d'y participer, et qu'un **dernier projet d'accord** a été **soumis à l'ensemble des partenaires** sociaux après reprise de la séance (Cass. soc. 8-3-2017 n° 15-18.080 FS-PB : RJS 5/17 n° 355).

80340

Des formations communes aux acteurs de la négociation collective

Les **salariés** et les **employeurs** ou leurs représentants peuvent bénéficier, sur un même site, de formations communes visant à améliorer les pratiques du dialogue social dans les entreprises (C. trav. art. L 2212-1 et R 2212-1).

Ces formations **portent notamment sur** les questions économiques et sociales, la dynamique de la négociation et son environnement juridique (C. trav. art. R 2212-2). Elles sont dispensées par les centres, instituts ou organismes de formation avec le concours de l'Institut national du travail, de l'emploi et de la formation professionnelle (Intefp) pour leur **création** et leur **mise en œuvre** (C. trav. art. L 2212-1).

À cet effet, l'Intefp a défini, en application de l'article R 2212-2 du Code du travail, un **cahier des charges** qui détermine notamment les principes que doivent respecter les formations, les thèmes à aborder (notamment, outils d'aide à la préparation, à la conduite et au suivi d'une négociation et connaissance des principes fondamentaux du droit de la négociation collective), les modalités et les outils pédagogiques destinés à en garantir la qualité (Cahier des charges général Intefp : BOMT 2018-7 du 30-7-2018). Il a aussi créé un **site internet** pour faciliter la mise en place de ces formations et favoriser un échange d'expériences (formatdialogue.intefp.fr).

Ces formations peuvent être en tout ou partie **financées** par les crédits du fonds paritaire des partenaires sociaux (C. trav. art. L 2212-1).

Les **conventions ou accords** collectifs d'**entreprise** ou de **branche** peuvent définir, le cas échéant en prévoyant des cahiers des charges particuliers (C. trav. art. L 2212-2 et R 2212-2) :

– le contenu des formations et les conditions dans lesquelles elles sont dispensées ;

– les modalités de leur financement, pour couvrir les frais pédagogiques, d'indemnisation et les frais de déplacement et d'hébergement des stagiaires et animateurs.

Le **suivi** d'une formation commune s'effectue, pour les **salariés**, dans le cadre soit du congé de formation économique, sociale, environnementale et syndicale, soit du plan de développement des compétences mis en œuvre à l'initiative de l'employeur. S'agissant des **employeurs**, la formation est prise en charge, selon le cas, par les fonds d'assurance formation de non-salariés ou par les opérateurs de compétences (C. trav. art. R 2212-3).

4. FIN DE LA NÉGOCIATION

DÉSACCORD

L'obligation d'inviter tous les syndicats représentatifs à la négociation s'impose à l'employeur non seulement lors de son engagement puis tout au long du processus, mais aussi jusqu'à la signature de la convention ou de l'accord ou l'établissement d'un **procès-verbal** de désaccord. 80365

CONSEIL

En dehors du cadre des négociations obligatoires, la loi ne prévoit pas la signature d'un procès-verbal de désaccord lorsque des négociations échouent. Mais une telle signature est recommandée, car elle permet de constater l'échec du processus et d'en fixer le terme.

ACCORD DES PARTIES

Si l'employeur décide de soumettre un projet d'accord à la signature, tous les syndicats représentatifs doivent être mis en mesure d'en discuter les termes (n° 80335). 80370

Si un accord est trouvé, l'employeur soumet le texte de l'accord à la **signature** de l'ensemble des parties. Puis les **formalités** visées n°s 80450 s. doivent être accomplies.

ILLUSTRATIONS

L'accord signé dans les circonstances suivantes est nul (Cass. soc. 10-10-2007 n° 06-42.721 F-PB : RJS 12/07 n° 1315) :

– après la réunion au cours de laquelle un projet d'accord est soumis par l'employeur à la discussion, les syndicats **refusent de signer un procès-verbal de désaccord**, de sorte que la négociation est seulement interrompue ;

– le **texte signé** ultérieurement par seulement 2 syndicats est **différent de celui discuté** lors de cette réunion, sans qu'il soit allégué que celui-ci a été préalablement soumis à l'ensemble des syndicats.

À l'inverse, une partie à la négociation ne peut pas critiquer les **modifications apportées au projet** d'accord soumis à la signature **après la dernière séance de négociation** si l'existence de négociations séparées n'est pas établie et si ni cette partie ni aucune autre n'en a sollicité la réouverture en raison de ces modifications avant l'expiration du délai de signature (Cass. soc. 12-10-2006 n° 05-15.069 FS-PBRI : RJS 12/06 n° 1298).

5. DÉPÔT, PUBLICITÉ ET AUTRES FORMALITÉS

NOTIFICATION DES CONVENTIONS ET ACCORDS

Après sa signature, la convention ou l'accord collectif est notifié par la partie la plus diligente des signataires à tous les syndicats représentatifs (C. trav. art. L 2231-5) dans le champ du texte, qu'ils aient été ou non parties à la négociation (Circ. DRT 9 du 22-9-2004). La notification est le point de départ du délai pour l'**action en nullité** de tout ou partie d'une convention ou d'un accord dont disposent les syndicats représentatifs ayant une section syndicale dans l'entreprise : voir n° 84030. Sur le point de savoir si la notification s'impose pour les accords conclus en l'absence de DS, voir n° 82165, a. 80450

ATTENTION

En principe, la notification doit précéder le **dépôt** de l'accord (n° 80475) et donc son **entrée en vigueur** (n° 80570).

Mais, pour la Cour de cassation, l'absence de notification de l'accord n'a d'effet ni sur sa **validité** ni sur son **applicabilité** aux salariés (Cass. soc. 13-10-2010 n° 09-68.151 FS-PB : RJS 1/11 n° 64).

TRANSMISSION À LA BRANCHE

La partie la plus diligente transmet les conventions ou accords d'entreprise relatifs à la **durée du travail**, au travail à **temps partiel et intermittent**, au **repos quotidien**, aux **jours fériés**, aux **congés** et au **compte épargne-temps**, après suppression des noms et prénoms des négociateurs et des signataires, à la **commission paritaire** permanente de négociation et d'interprétation de la branche, à l'adresse indiquée sur le site internet du ministère du travail. Elle informe les autres signataires de cette transmission. La commission en accuse réception (C. trav. art. L 2232-9, II-al. 7, D 2232-1-1 et D 2232-1-2). 80460

Les accords d'entreprise ou d'établissement conclus pour la **mise en œuvre d'une disposition législative** doivent, en outre, être transmis à l'**observatoire paritaire** de la négociation collective selon les modalités prévues par la convention de branche ou l'accord professionnel l'ayant institué, en l'absence de stipulation conventionnelle portant sur le même objet (C. trav. art. L 2232-10).

DÉPÔT DES ACCORDS

80470 **Textes concernés** Le dépôt s'impose à l'ensemble des **accords** de groupe, d'entreprise, d'établissement et interentreprises (C. trav. art. D 2231-4), ou d'UES, y compris aux accords visés n° 80510 qui ne sont pas soumis à l'obligation de publicité (www.accords-depot.travail.gouv.fr).

Il concerne aussi les avenants et annexes de ces accords ainsi que les **textes** qui leur sont **assimilés** : plans d'action (s'agissant notamment du dépôt du plan d'action établi par l'employeur en l'absence d'accord sur l'égalité professionnelle, voir n° 76350), procès-verbaux de désaccord établis à la suite des négociations obligatoires (nos 81435 s.), déclarations de dénonciation (n° 81655), etc.

Certains textes, tels que le règlement intérieur, les protocoles préélectoraux, les procès-verbaux de carence ou encore les chartes, ne font pas l'objet d'un dépôt (www.accords-depot.travail.gouv.fr).

80475 **Délai** Le délai minimal à respecter **avant** le dépôt diffère selon les accords.

En règle générale, le dépôt ne peut être effectué qu'à compter de la **date de notification** de l'accord aux syndicats représentatifs dans le champ de ce dernier (Circ. DRT 9 du 22-9-2004).

Les accords soumis à **référendum** peuvent être déposés à compter de la promulgation des résultats dans l'entreprise (Circ. DRT 9 du 22-9-2004).

80480 **Procédure de dépôt** La procédure de dépôt est dématérialisée. Les accords concernés et les pièces annexées doivent être téléchargés et déposés auprès de la Dreets compétente via la plateforme de téléprocédure **TéléAccords** (C. trav. art. D 2231-4), accessible depuis le site www.accords-depot.travail.gouv.fr.

Cette démarche incombe au **représentant légal** du groupe, de l'entreprise ou de l'établissement ou, pour un accord interentreprises, aux représentants légaux des entreprises concernées (C. trav. art. D 2231-2, II).

> **Précisions** **En pratique**, le déposant doit saisir certaines **informations** relatives à son identité, à l'entreprise (dont le numéro Siret), au texte conventionnel lui-même et joindre les pièces requises au format numérique. S'il le souhaite, il peut **interrompre** la procédure de dépôt en ligne pour la compléter ultérieurement dans un délai de 30 jours. Pour le dépôt des textes relatifs à l'intéressement, le délai pour compléter et transmettre le dossier ne reporte pas le délai de dépôt légal propre à ce type de texte (www.accords-depot.travail.gouv.fr).

80485 **Pièces à déposer** Dans **tous les cas**, le déposant doit joindre au dépôt la version intégrale et signée de l'accord, ainsi qu'une copie du courrier, du courriel, du récépissé ou d'un avis de réception daté de notification du texte à l'ensemble des syndicats représentatifs (C. trav. art. D 2231-7).

Si l'accord déposé est soumis à **publicité** (voir n° 80510), le déposant doit aussi joindre une version publiable anonymisée de l'accord (C. trav. art. D 2231-7 ; www.accords-depot.travail.gouv.fr), accompagnée, le cas échéant, d'un acte de publication partielle (voir nos 80515 s.).

Des **informations ou documents supplémentaires** doivent être fournis dans certaines situations :
– lorsque l'entreprise a des implantations distinctes, le texte déposé est assorti de la liste de ces établissements et de leurs adresses respectives (C. trav. art. D 2231-6 et D 2231-7) ;
– pour les accords soumis à référendum, le procès-verbal du résultat du vote doit être annexé (C. trav. art. D 2231-7, D 2232-2, 2° et R 2232-10) ;
– le dépôt de pièces additionnelles peut être requis dans certains cas, comme, par exemple, lorsque l'accord déposé porte sur les salaires effectifs : voir n° 76250, a.

Ces pièces sont déposées de préférence au **format** pdf, à l'exception de la version publiable anonymisée de l'accord qui doit l'être au format docx (www.accords-depot.travail.gouv.fr).

80490 **Clôture du dossier de dépôt** Une fois le dépôt finalisé par le représentant légal, le dossier est transmis automatiquement à la **Dreets** compétente qui, après un contrôle de complétude des pièces du dossier (www.accords-depot.travail.gouv.fr), lui délivre un **récépissé** de dépôt (C. trav. art. D 2231-7). La Dreets transmet ensuite les éléments à la Dila pour **publication** : voir n° 80515.

Le déposant remet aussi un exemplaire de chaque convention ou accord au **greffe du conseil de prud'hommes** du lieu de conclusion (C. trav. art. D 2231-2, III).

> **Précisions** **a.** Un **accusé de transmission** est envoyé automatiquement au déposant dans les 24 heures pour lui confirmer la bonne transmission de son dossier à la Dreets pour instruction. Il ne vaut en aucun cas récépissé de dépôt (www.accords-depot.travail.gouv.fr).
> **b.** Le **service** départemental (unité territoriale de la Dreets) **dépositaire** des conventions et accords collectifs de travail est celui dans le ressort duquel ils ont été conclus (C. trav. art. D 2231-5).
> **c.** Lors de la réception des actes, la Dreets doit **vérifier** qu'ils relèvent bien des catégories justiciables du dépôt légal (Circ. min. trav. du 25-7-1983).
> Dans le cas où des textes non soumis au dépôt légal sont déposés via la plateforme, ceux-ci sont supprimés sans instruction par les services des Dreets et aucun récépissé de dépôt n'est délivré (www.accords-depot.travail.gouv.fr).

Portée du dépôt Le dépôt est, en principe, un préalable à l'**entrée en vigueur** de l'accord (voir n° 80570). **80500**

Mais il a été jugé qu'un **accord non déposé** conserve son caractère d'accord d'entreprise. Et dès lors qu'il est exécuté, il en résulte que les parties n'entendent pas subordonner son entrée en vigueur à la formalité du dépôt (Cass. soc. 22-4-1985 n° 84-11.024 P ; 18-10-2006 n° 04-40.493 FS-PB : RJS 1/07 n° 125 ; 28-2-2018 n° 15-26.260 FS-D : RJS 5/18 n° 318). Le maintien de cette jurisprudence nous semble toutefois incertain compte tenu de la généralisation des accords d'entreprise dérogatoires à la loi et du principe de prévalence des accords d'entreprise sur les accords de branche (voir n°s 83580 s.).

L'enregistrement du dépôt par la Dreets ne vaut pas reconnaissance de la **légalité** du texte (Circ. min. trav. du 25-7-1983).

ATTENTION

Le **salarié ayant signé** un accord en tant que représentant d'un syndicat connaît nécessairement cet accord et n'est donc pas fondé à invoquer le défaut de dépôt pour échapper à son application (Cass. soc. 27-6-1957 n° 3779).

PUBLICITÉ DES ACCORDS

Accords concernés Les conventions et accords collectifs doivent être rendus publics et versés dans une **base de données nationale**, accessible depuis Légifrance. Cette obligation s'applique quel que soit le **niveau de la négociation** : entreprise, établissement, interentreprises, groupe ou branche (C. trav. art. L 2231-5-1). Sur la possibilité de n'en publier que certains passages, voir n°s 80520 s. **80510**

Par exception, les **accords de performance collective**, les accords **d'épargne salariale** (intéressement, participation, plans d'épargne d'entreprise, interentreprises, Perco et Pereco), ainsi que les accords déterminant le contenu du **PSE** ne font pas l'objet d'une publication (C. trav. art. L 2231-5-1). Il en est de même des dénonciations, adhésions, plans d'action, procès-verbaux de désaccord (www.accords-depot.travail.gouv.fr).

ATTENTION

La publicité concerne, en revanche, les accords de **rupture conventionnelle collective** (bien que ceux-ci contiennent des informations économiques et sociales sur l'entreprise), ainsi que, selon nous, les plans d'épargne retraite obligatoires (**Pero**) (bien que l'objectif du législateur ait été d'harmoniser les régimes des plans d'épargne retraite) et les accords mettant en place l'activité partielle de longue durée (**APLD**). En effet, ces accords ne sont pas listés parmi ceux bénéficiant de l'exemption de publicité.

Publication dans une version anonyme Le déposant (n° 80480) doit joindre au dépôt une version publiable de la convention ou de l'accord collectif dans un **format informatique** aisément réutilisable (C. trav. art. L 2231-5-1 et D 2231-7 ; sur le format préconisé, voir n° 80485). Cette version doit être **anonymisée**, c'est-à-dire expurgée des prénoms et noms des négociateurs et signataires (C. trav. art. L 2231-5-1). Elle ne doit contenir aucun paraphe ou signature de personnes physiques (www.accords-depot.travail.gouv.fr). La raison sociale de l'entreprise, son Siren, le nom des syndicats signataires et la qualité de leurs représentants doivent, en revanche, rester visibles. **80515**

Après réception du dossier de dépôt, la Dreets **transmet** la version publiable du texte à la Direction de l'information légale et administrative (**Dila**) pour publication sur le site Légifrance (www.accords-depot.travail.gouv.fr).

80520 **Facultés de publication partielle** Les **parties à un accord** de groupe, interentreprises, d'entreprise ou d'établissement peuvent décider, après sa conclusion, de ne pas en publier certaines parties (C. trav. art. L 2231-5-1). Cette décision doit être formalisée par un **acte** motivé et signé, du côté salariés, par la majorité en nombre des syndicats signataires et, du côté employeur, par le représentant légal du groupe, de l'entreprise ou de l'établissement pour les accords conclus à ces niveaux et par les représentants légaux des entreprises concernées pour les accords interentreprises (C. trav. art. R 2231-1-1).
L'acte de publication partielle, la version publiable du texte ainsi que sa version intégrale signée sont joints au **dépôt** prévu n°s 80470 s. La convention ou l'accord collectif sera publié avec l'indication que la publication est partielle (C. trav. art. R 2231-1-1).

> **Précisions a.** L'acte de publication partielle n'étant pas un accord collectif, sa **négociation** ne serait pas soumise au droit commun de la négociation collective et concernerait les seuls syndicats signataires du texte à publier (en ce sens : RJS 11/18 p. 783 chron. E. Jeansen et G. Thuleau, « La publicité des accords collectifs, entre transparence et secret »).
> **b.** Le Code du travail ne précise pas les modalités d'adoption de l'acte de publication partielle dans le cas d'un accord conclu avec des **élus non mandatés** par des syndicats ou ratifié par les 2/3 du personnel sur la base d'une proposition de l'employeur dans les entreprises sans délégué syndical visées n°s 81910 s. Un tel acte ne semble donc pas envisageable pour ces accords au regard des modalités de signature prévues par les textes. Toutefois, l'employeur peut décider d'occulter les passages de l'accord portant atteinte aux intérêts stratégiques de l'entreprise : voir ci-après.

80525 L'**employeur** peut aussi, par décision unilatérale, occulter les éléments portant atteinte aux intérêts stratégiques de l'entreprise (C. trav. art. L 2231-5-1). Cette faculté est particulièrement **intéressante pour** les accords dont les modalités d'adoption ne permettent pas la conclusion d'un acte de publication partielle (n° 80520, b).

6. ENTRÉE EN VIGUEUR

80570 Les conventions et accords s'appliquent, sauf stipulations contraires, **dès le lendemain** de leur dépôt auprès du service compétent (C. trav. art. L 2261-1), c'est-à-dire non seulement auprès de la Dreets mais aussi auprès du greffe du conseil de prud'hommes (Cass. soc. 19-11-1997 n° 95-40.280 PBR : RJS 1/98 n° 75). S'agissant de l'entrée en vigueur d'un **accord non déposé**, voir n° 80500.
Sur l'**application** des conventions et accords, voir n°s 83400 s.

ATTENTION

L'avenant **rectificatif** d'une erreur de rédaction d'un accord collectif, signé par l'ensemble des parties à l'accord initial, rétroagit à la date d'entrée en vigueur de cet accord (Cass. soc. 18-2-1988 n° 86-41.980 P). Il en est de même pour un avenant **interprétatif** (Cass. soc. 1-12-1998 n° 98-40.104 PB : RJS 2/99 n° 244 ; 5-12-2001 n° 00-41.167 F-D : RJS 2/02 n° 206), c'est-à-dire ne modifiant pas le droit préexistant (Cass. soc. 4-2-2015 n° 14-13.646 FS-PB : RJS 4/15 n° 270).

80575 Il est possible de **prévoir expressément** dans la convention ou l'accord sa date d'entrée en vigueur (C. trav. art. L 2261-1).
La possibilité de retenir une **date antérieure à celle de la conclusion du texte** nous semble exclue. En tout état de cause, il n'est pas possible de priver un salarié de droits qu'il tient de la loi pour la période antérieure à la signature de l'accord (Cass. soc. 11-7-2000 n° 98-40.696 F-PB ; 24-1-2007 n° 04-45.585 FS-PB : RJS 4/07 n° 442). En outre, les avenants aux conventions et accords ne peuvent pas avoir d'effet rétroactif, sauf dans les cas visés n° 80570.
Les parties peuvent reporter l'entrée en vigueur de la convention ou de l'accord à une date **postérieure à son dépôt** (en ce sens : Cass. soc. 31-10-2006 n° 05-10.051 FS-PB : RJS 1/07 n° 63).

7. CONTENU DES CONVENTIONS ET ACCORDS

CLAUSES OBLIGATOIRES

80620 Les conventions et accords collectifs doivent prévoir :
– leur **champ d'application** territorial et professionnel, défini en termes d'activités économiques (C. trav. art. L 2222-1). Au plan des entreprises et des établissements, une délimitation précise des activités doit être opérée si les parties conviennent de traiter différemment des activités distinctes de l'activité principale (Circ. 25-10-1983) ;
– un **préambule** présentant de manière succincte leurs objectifs et leur contenu (C. trav. art. L 2222-3-3) ;

– les forme et délai de leur **renouvellement** ou de leur **révision** (voir n° 81525) ;
– les conditions de leur **dénonciation** (voir n° 81650) ;
– les conditions de leur **suivi** et des clauses de **rendez-vous** (C. trav. art. L 2222-5-1), permettant aux partenaires sociaux de faire régulièrement le point sur leur mise en œuvre et de prendre la décision de les réviser, le cas échéant.

> **Précisions a.** L'absence de **préambule** n'est pas de nature à entraîner la nullité de la convention ou de l'accord (C. trav. art. L 2222-3-3, al. 2). Mais les négociateurs doivent veiller à sa rédaction s'ils souhaitent éviter toute création d'obligations nouvelles ou toute difficulté d'interprétation de l'accord collectif. Sur ce dernier point, il faut s'attendre à ce que le juge, saisi d'une difficulté d'interprétation d'un accord collectif, se serve du préambule comme guide d'interprétation.
> L'absence ou la méconnaissance des **clauses de suivi et de rendez-vous** n'entraîne pas non plus la nullité de la convention ou de l'accord (C. trav. art. L 2222-5-1, al. 2).
> **b.** Lorsque le champ d'application d'un **avenant** ou d'une annexe diffère de celui de la convention ou de l'accord qu'il modifie ou complète, il doit être précisé (C. trav. art. L 2222-2).
> **c.** Les conventions et accords nationaux s'appliquent aux départements et collectivités d'**outre-mer**, sauf stipulations contraires, dans un délai de 6 mois à compter de leur entrée en vigueur (C. trav. art. L 2222-1, al. 3). Ainsi, les partenaires sociaux qui souhaitent limiter le champ d'application d'une convention ou un d'accord collectif à la métropole doivent prévoir une clause en ce sens.
> **d.** À défaut de clause fixant la **durée** de l'accord, celui-ci est réputé conclu pour 5 ans : voir n°s 80965 s.

RESPECT DES NORMES DE NIVEAU SUPÉRIEUR

La convention ou l'accord peut, selon le cas, comporter des stipulations différentes ou plus favorables aux salariés que celles des **lois et règlements** en vigueur : voir n°s 83580 s. **80625**
Dans les matières relevant prioritairement de l'**accord de branche**, l'accord d'entreprise, d'établissement ou de groupe doit prévoir des garanties au moins équivalentes à celles prévues par l'accord de branche (ou l'accord professionnel ou interprofessionnel) portant sur le même thème. Dans les autres matières, l'accord d'entreprise, d'établissement ou de groupe prévaut : voir n°s 83640 s.
Sur le contenu des conventions et accords au regard du principe jurisprudentiel de l'**égalité de traitement** entre salariés, voir n° 76000.

8. VALIDITÉ DES CONVENTIONS ET ACCORDS

Pour être valable, une convention ou un accord collectif doit avoir été **négocié** selon les modalités mentionnées n°s 80150 s. Il doit aussi être **rédigé** en français et **signé** en dehors de tout vice du **consentement** (n°s 80820 s.) par un ou plusieurs syndicats majoritaires (n°s 80705 s.). **80700**
Sur les conditions de validité d'un accord conclu par le **conseil d'entreprise**, voir n° 5640.
Sur la **consultation du CSE** avant la conclusion d'un accord collectif, voir n° 80105.

a. Condition de majorité

Les conventions et accords collectifs doivent être signés par un ou plusieurs syndicats représentatifs majoritaires ou, à défaut, être approuvés par une majorité de salariés. **80705**
Certains **accords particuliers** obéissent à des règles spécifiques en tout ou partie dérogatoires au droit commun. Voir, par exemple, n°s 90165 s. pour les accords relatifs au PSE, n°s 24305 s. pour les protocoles d'accords préélectoraux ou encore n°s 5550 s. pour les accords sur le conseil d'entreprise.

SIGNATURE DE L'ACCORD PAR DES SYNDICATS MAJORITAIRES

La validité d'un accord d'entreprise ou d'établissement est subordonnée à sa signature par, d'une part, l'employeur ou son représentant, et, d'autre part, un ou plusieurs syndicats de salariés représentatifs ayant recueilli **plus de 50 %** des suffrages exprimés en faveur de syndicats représentatifs au premier tour des dernières élections des titulaires au CSE, quel que soit le nombre de votants (C. trav. art. L 2232-12, al. 1). **80710**

> **Précisions a.** La validité d'un accord collectif ne peut pas être soumise à d'**autres conditions** de majorité que celles, d'ordre public, prévues par la loi, par exemple, à l'unanimité des syndicats représentatifs (Cass. soc. 4-2-2014 n° 12-35.333 FS-PB : RJS 4/14 n° 336).
> **b.** La **signature du DS** engage le syndicat sans qu'il ait à produire une délibération spéciale, un pouvoir ou un mandat : voir n° 80235.

c. Un **syndicat représentatif catégoriel** au sens indiqué nos 15230 s. peut, avec des syndicats représentatifs intercatégoriels et sans avoir à établir sa représentativité au sein de toutes les catégories de personnel, négocier et conclure un accord d'entreprise intéressant tout le personnel (Cass. soc. 31-5-2011 n° 10-14.391 FS-PB : RJS 8-9/11 n° 716). Son audience électorale doit alors être prise en compte pour apprécier les conditions de validité de l'accord (voir n° 80720).
Mais il ne peut pas **signer seul** un accord intéressant l'ensemble du personnel, quand bien même il atteindrait à lui seul le seuil de majorité requis (Cass. soc. 2-7-2014 n° 13-14.622 FS-PBR : RJS 10/14 n° 716).
S'agissant de la signature par un syndicat catégoriel d'un **accord majoritaire sur le PSE**, voir n° 90170, b.

80715 **Détermination du seuil de 50 %** Le **scrutin pris en compte** pour mesurer le seuil de majorité de la signature syndicale est le premier tour des dernières élections des titulaires au CSE, quel que soit le **nombre de votants** (C. trav. art. L 2232-12, al. 1), y compris donc en l'absence de **quorum**. C'est pourquoi, même si le quorum permettant de valider le premier tour n'a pas été atteint, il convient de procéder au dépouillement du scrutin.

> **Précisions** **a.** Seuls doivent être pris en compte les suffrages valablement exprimés au premier tour. Sont donc exclus les **votes blancs** ou **nuls**.
b. Même si les syndicats ne le demandent pas, leurs **suffrages** doivent être **additionnés** (solution retenue à propos du droit d'opposition, transposable selon nous à la signature de l'accord : Cass. soc. 13-10-2010 n° 09-13.109 FS-PB : RJS 12/10 n° 946).
c. Tout bulletin recueilli par une liste est un vote exprimé en faveur du syndicat qui l'a présentée, même si le **nom** de certains candidats a été **rayé** (Cass. soc. 6-1-2011 n° 10-17.653 FS-PBRI : RJS 3/11 n° 247).
d. Sur le calcul des suffrages dans les entreprises à **établissements multiples** en cas de carence totale de résultats dans un établissement ou d'élections échelonnées dans le temps, voir n° 15125. Sur le score d'un syndicat n'ayant **pas** présenté **de candidat** dans chacun des collèges électoraux, voir n° 15090.

80720 Si un **syndicat représentatif catégoriel** au sens indiqué nos 15230 s. signe un accord d'entreprise intéressant l'ensemble du personnel avec des syndicats représentatifs intercatégoriels, son audience électorale, qui doit être mesurée dans les seuls collèges où il a statutairement vocation à présenter des candidats (nos 15230 s.), est rapportée à l'ensemble des collèges électoraux (Cass. soc. 31-5-2011 n° 10-14.391 FS-PB : RJS 8-9/11 n° 716) et s'ajoute à celle des autres syndicats signataires.

> **Précisions** La représentativité d'un syndicat catégoriel habilité par ses statuts à présenter des candidats dans les collèges cadres et non-cadres doit être déterminée en tenant compte des résultats obtenus dans le collège cadres mais aussi, quelles que soient les **mentions portées sur les procès-verbaux d'élections**, de ceux obtenus dans le collège non-cadres. Ainsi jugé à propos de procès-verbaux qui ne faisaient pas expressément apparaître que le collège non-cadres était composé de salariés que le syndicat avait vocation à représenter, soit que la case « 1er collège : ouvriers, employés » avait été cochée, soit que, lorsque la case « autre collège : prévu par accord collectif ou protocole d'accord préélectoral » avait été cochée, la composition précise du collège n'était pas indiquée ou était ambiguë (CE 4e-5e ch. 8-11-2017 n° 390059 : RJS 5/18 n° 351). Cette solution, rendue à propos d'accords de branche, est transposable selon nous aux accords d'entreprise et assimilés.

80725 La majorité des suffrages exprimés **en faveur des syndicats reconnus représentatifs** est plus facile à réunir que la majorité des suffrages exprimés « tout court », puisque les suffrages qui se sont portés sur des syndicats non représentatifs sont « neutralisés ».

EXEMPLE

Soit une entreprise dans laquelle, au 1er tour des dernières élections visées n° 80715, 5 syndicats ont présenté une liste de candidats :
– syndicat A : 39 % des suffrages exprimés ;
– syndicat B : 36 % des suffrages exprimés ;
– syndicat C : 10 % des suffrages exprimés ;
– syndicat D : 9 % des suffrages exprimés ;
– syndicat E : 6 % des suffrages exprimés.
Seuls les syndicats A, B et C, représentatifs, peuvent signer l'accord. Les syndicats D et E ne sont pas représentatifs, leur audience électorale étant inférieure à 10 %.

Un accord est signé par les syndicats B et C. Si on applique la règle de la majorité des suffrages exprimés, sans autre précision, ils ne recueillent que 46 % des suffrages et ne sont donc pas majoritaires. En appliquant la règle de la majorité des suffrages exprimés en faveur des syndicats représentatifs, ils le sont (46 %/85 % = 54,12 %).

Accords catégoriels Lorsque la convention ou l'accord ne concerne qu'une catégorie professionnelle déterminée relevant d'un collège électoral, sa validité est subordonnée à sa signature par, d'une part, l'employeur ou son représentant et, d'autre part, un ou plusieurs syndicats de salariés représentatifs ayant recueilli **plus de 50 %** des suffrages exprimés en faveur de syndicats représentatifs **dans ce collège** au premier tour des dernières élections des titulaires au CSE, quel que soit le nombre de votants (C. trav. art. L 2232-13, al. 2), y compris donc en l'absence de **quorum**. Sur l'appréciation de ce seuil de majorité, voir nos 80715 s. 80730

Sur le point de savoir si l'invalidation d'un accord catégoriel peut justifier une **inégalité de traitement**, voir n° 76115.

> **Précisions a.** Cette règle de majorité s'applique aussi :
> – aux conventions ou accords concernant exclusivement les **journalistes** professionnels et assimilés dans les entreprises ayant créé un collège électoral spécifique pour ces salariés (C. trav. art. L 7111-9) ;
> – aux conventions ou accords concernant exclusivement les **personnels navigants techniques** dans les entreprises ayant créé un collège électoral spécifique pour ces salariés (C. transports art. L 6524-4) ;
> – aux accords collectifs applicables au sein des **agences régionales de santé** (CSP art. L 1432-11, II) ;
> – aux accords collectifs applicables aux salariés régis par le Code du travail au sein de l'établissement public **Voies navigables de France** (C. transports art. L 4312-3-2, V).
> **b.** Par exception à la règle d'appréciation du seuil de majorité à l'échelle du collège électoral, si un accord concerne une catégorie de personnel relevant d'un **collège électoral créé par voie conventionnelle**, c'est-à-dire non statutairement représentée par la CFE-CGC ou par un ou plusieurs syndicats catégoriels affiliés à celle-ci, la condition tenant au score électoral doit s'apprécier à l'échelle de l'ensemble des collèges (Cass. soc. 27-9-2017 n° 15-28.216 FS-PB : RJS 12/17 n° 816).

À DÉFAUT, APPROBATION PAR UNE MAJORITÉ DE SALARIÉS

À la demande des syndicats Si l'accord a été signé par l'employeur et par des syndicats représentatifs n'ayant pas recueilli plus de 50 %, mais ayant recueilli **plus de 30 %** des suffrages exprimés en faveur de syndicats représentatifs au premier tour des dernières élections des titulaires au CSE, quel que soit le nombre de votants, un ou plusieurs de ces **syndicats** signataires ayant recueilli seuls ou ensemble plus de 30 % des suffrages peuvent demander un **référendum** visant à valider l'accord (C. trav. art. L 2232-12, al. 2). Sur l'appréciation de ce seuil de majorité, voir nos 80715 s. 80740

Ils disposent pour ce faire d'un **délai d'un mois** à compter de sa signature (C. trav. art. L 2232-12, al. 2).

> **Précisions** La **demande de référendum**, écrite, doit être notifiée à l'employeur et aux autres syndicats représentatifs (C. trav. art. D 2232-6, I). Cette **notification** n'est pas une condition de régularité de la demande, mais fait seulement courir les délais visés n° 80750. À défaut d'être notifiée par le ou les syndicats concernés, l'information peut émaner de **l'employeur** sans qu'il puisse lui être reproché un manquement à son obligation de neutralité (Cass. soc. 9-10-2019 n° 19-10.816 FS-PB : RJS 12/19 n° 713).

Ou, à défaut, de l'employeur Au terme du **délai** ouvert aux syndicats signataires pour demander l'organisation du référendum, l'employeur peut lui-même la demander, en l'absence d'**opposition** de l'ensemble de ces syndicats (C. trav. art. L 2232-12, al. 2 et L 2232-13, al. 3). 80745

> **Précisions a.** Cette faculté ne s'exerce qu'à titre subsidiaire, c'est-à-dire en l'**absence d'initiative des syndicats** signataires au terme du délai d'un mois susvisé.
> **b.** À la différence de ce qui est prévu pour la demande des syndicats signataires, la demande de l'employeur n'est enfermée dans aucun **délai**. Pour autant, l'employeur ne dispose pas d'une liberté d'action totale. En pratique, en effet, l'ensemble des syndicats signataires peuvent lui opposer leur veto en cas de demande tardive de sa part. En outre, selon nous, il n'est pas exclu que passé un certain délai, la jurisprudence analyse le silence de l'employeur en une renonciation implicite de sa part à l'organisation d'un référendum, de sorte que s'il venait finalement à la demander, sa demande serait jugée sans effet. Mais cela reste à confirmer.

80747 **Accords catégoriels** Un référendum peut aussi être demandé, dans les mêmes conditions, en vue de valider des accords catégoriels. Toutefois, à la différence des accords intercatégoriels, le **taux de 30 %** doit être apprécié à l'échelle du **collège électoral** (C. trav. art. L 2232-13, al. 3), sauf cas particulier visé n° 80730, b.

> **Précisions** S'agissant des accords relatifs aux **journalistes** professionnels, aux **personnels navigants techniques** ou aux salariés de l'établissement public **Voies navigables de France** et des **agences régionales de santé**, le taux de 30 % est apprécié à l'échelle du collège électoral dont relèvent ces catégories spécifiques (C. trav. art. L 7111-9 ; C. transports art. L 6524-4 et L 4312-3-2, V ; CSP art. L 1432-11, II).

80750 **Organisation du référendum** Si, **8 jours** après la demande de référendum, les éventuelles signatures d'autres syndicats représentatifs n'ont pas permis d'atteindre plus de 50 % des suffrages visés n° 80710 (taux apprécié, le cas échéant, à l'échelle du collège électoral, voir n° 80730) et si les conditions mentionnées ci-dessus sont toujours remplies, l'employeur organise le référendum dans un **délai de 2 mois** (C. trav. art. L 2232-12, al. 3, L 2232-13, al. 3 et D 2232-2, 1°).

> **Précisions** L'objet du **délai de 8 jours** est de permettre aux syndicats représentatifs de décider de maintenir ou de faire évoluer leur position avant le référendum, c'est-à-dire en se prononçant majoritairement en faveur de l'accord (auquel cas il n'y aura plus lieu de le soumettre à référendum) ou en renonçant au référendum. Si cette renonciation aboutissait à ce que la demande de référendum émane de syndicats représentant au plus 30 % des suffrages exprimés, le processus prendrait fin et l'accord tomberait puisque les conditions requises pour l'organisation d'un référendum ne seraient plus réunies. Il en serait de même si l'ensemble des syndicats signataires s'opposait à la demande de référendum formulée par l'employeur ou si lui-même décidait finalement d'y renoncer.

80755 Le référendum se déroule dans le respect des principes généraux du **droit électoral** et selon les modalités prévues par un **protocole spécifique** conclu entre l'employeur et un ou plusieurs syndicats représentatifs ayant recueilli plus de 30 % des suffrages visés n° 80740 (taux apprécié, le cas échéant, à l'échelle du collège électoral, voir n° 80747), quel que soit le nombre de votants (C. trav. art. L 2232-12, al. 4 et L 2232-13, al. 3). Il peut être organisé par voie électronique.
Le protocole doit prévoir les **modalités** d'information des salariés sur le texte de la convention ou de l'accord, le lieu, la date et l'heure du scrutin, les modalités d'organisation et de déroulement du vote et le texte de la question soumise au vote des salariés (C. trav. art. D 2232-3).

> **Précisions a.** L'employeur doit **inviter à la négociation** du protocole spécifique l'ensemble des syndicats représentatifs et non pas seulement ceux ayant signé l'accord minoritaire.
> **b.** Le Code du travail n'indique pas à quelle **date** le protocole spécifique doit être conclu. Il nous paraît possible de le conclure au plus tôt après l'expiration du délai de réflexion de 8 jours visé n° 80750 et au plus tard dans un délai d'un mois et demi à compter de l'expiration de ce délai, compte tenu du délai de 2 mois pour organiser le référendum (n° 80750) et du délai de 15 jours pour l'information des salariés (n° 80760).
> **c.** La **liste des salariés** à consulter n'a plus à figurer dans le protocole spécifique, cette référence ayant été supprimée de l'article D 2232-2 du Code du travail par le Conseil d'État (CE 1e-6e ch. 7-12-2017 n° 406760). Il n'en reste pas moins, selon nous, qu'elle doit faire l'objet d'une information des salariés (voir n° 80760) dont les modalités peuvent, le cas échéant, être précisées dans le protocole spécifique.
> **d.** Dans le silence des textes, il revient à notre sens aux parties de définir dans le protocole spécifique le nombre et la composition des **bureaux de vote** chargés de contrôler la régularité du referendum, ainsi que leurs heures d'ouverture. Les salariés ont la faculté d'exprimer un **vote blanc ou nul**, que le scrutin ait lieu par vote physique ou par voie électronique, peu importe que le protocole n'ait pas prévu cette possibilité (Cass. soc. 15-6-2022 n° 21-60.107 F-B : RJS 8-9/22 n° 466).
> **e.** En cas de **désaccord** sur les modalités du référendum retenues par l'employeur, les syndicats représentatifs dans l'entreprise ou l'établissement peuvent, dans les 8 jours de la notification de ces modalités, saisir le président du **tribunal judiciaire** qui statue selon la procédure accélérée au fond indiquée n° 3755 et en dernier ressort. À défaut de saisine du juge dans ce délai, les modalités arrêtées par l'employeur s'appliquent (C. trav. art. D 2232-7 ; COJ art. R 211-3-17).

Information des salariés **Au moins 15 jours avant** le référendum, les salariés sont informés de la date et de l'heure de celui-ci, du contenu de l'accord et du texte de la question soumise à leur vote (C. trav. art. D 2232-4). 80760

ATTENTION

Bien qu'aucun texte ne l'impose expressément, la **liste des salariés** participant au référendum doit, à notre sens, être portée à la connaissance du personnel. En effet, deux dispositions réglementaires l'exigent indirectement. Tel est le cas de celle prévoyant la possibilité de saisir le juge d'une contestation relative à l'électorat dans un délai de 3 jours suivant la publication de la liste des salariés consultés (C. trav. art. R 2232-5 : n° 80770, b), et de celle attribuant au tribunal judiciaire compétence pour juger des contestations relatives à cette liste (COJ art. R 211-3-17). En pratique, le protocole préélectoral peut prévoir les modalités de diffusion de cette liste. Par précaution, il est conseillé à l'employeur de la transmettre **au plus tard** 15 jours avant le référendum, même si l'administration a limité cette solution aux très petites entreprises sans DS ni élu, visées n° 81940 (voir n° 81945).

Calcul des délais À défaut de précision sur ce point dans les textes relatifs à la procédure de référendum, les règles de **calcul des délais** précités sont, selon nous, celles fixées par les articles 640 et suivants du Code de procédure civile. 80765

EXEMPLE

Un accord d'entreprise minoritaire est signé le vendredi 18-10-2024. Un ou plusieurs des syndicats signataires ont un mois, soit jusqu'au lundi 18-11-2024 à minuit, pour indiquer s'ils souhaitent un référendum (lorsqu'un délai est exprimé en mois, il expire le jour du dernier mois qui porte le même quantième que le jour de l'événement qui fait courir le délai, et à minuit : CPC art. 641 et 642).
Le lundi 21-10-2024, l'un des syndicats signataires notifie par courrier avec AR aux autres syndicats représentatifs et à l'employeur une demande en ce sens, reçue le mercredi 23-10-2024. Le délai de 8 jours laissé aux syndicats représentatifs pour maintenir ou faire évoluer leur position devrait, selon nous, commencer à courir le lendemain du jour de la réception du courrier par les syndicats, soit le jeudi 24-10-2024 (la date de la notification par voie postale est, à l'égard de celui à qui elle est faite, la date de la réception de la lettre, et le jour de la notification faisant courir le délai ne compte pas : CPC art. 668 et 641).
Si le jeudi 31-10-2024 à minuit, les signatures d'autres syndicats représentatifs n'ont pas permis d'atteindre plus de 50 % et si les conditions requises sont toujours remplies, un protocole doit être conclu pour définir les modalités du référendum. Celui-ci doit être organisé au plus tard le mardi 31-12-2024 à minuit et être précédé d'une information des salariés sur le contenu de l'accord, les modalités du référendum ainsi que sur la liste des salariés appelés à y participer.

Déroulement du référendum Le référendum, dont l'organisation matérielle incombe à l'employeur, a lieu pendant le **temps de travail**, au scrutin secret **sous enveloppe** ou par **voie électronique** dans les conditions prévues n°s 25750 s. (C. trav. art. D 2232-2, 1°), ainsi que dans le respect des principes généraux du droit électoral et selon les modalités prévues par le protocole spécifique (n° 80755). 80770

Participent au référendum les salariés des **établissements** couverts par l'accord et remplissant les conditions pour être **électeurs** aux élections du CSE (C. trav. art. L 2232-12, al. 5). Le périmètre du référendum comprend l'ensemble des salariés de l'établissement couvert par l'accord et non pas les seuls salariés concernés par les mesures de l'accord (Cass. soc. 9-10-2019 n° 19-10.816 FS-PB : RJS 12/19 n° 713 ; 5-1-2022 n° 20-60.270 FB : RJS 3/22 n° 151). Quant à la qualité d'électeurs, elle doit être appréciée, selon nous, au jour du référendum.

Lorsqu'il s'agit d'un accord catégoriel, le référendum est organisé à l'échelle du **collège électoral** concerné par l'accord (C. trav. art. L 2232-13, al. 3 ; TI Chartres ord. réf. 9-3-2017 n° 11-1700066). Doivent ainsi être consultés l'ensemble des salariés de l'établissement couvert par l'accord qui remplissent les conditions pour être électeurs et relèvent du collège électoral concerné par l'accord (en ce sens : Cass. soc. 9-10-2019 n° 19-10.816 FS-PB : RJS 12/19 n° 713).

› **Précisions a.** Si la loi précise pour les **accords catégoriels** visés à l'article L 2232-13 que le référendum est organisé à l'échelle du collège électoral concerné par l'accord, elle ne le fait pas pour les accords réservés à une catégorie de personnel ne correspondant pas à un collège ou relevant du collège des journalistes ou des personnels navigants techniques (accords visés n° 80730, a). Mais on voit mal comment cette règle pourrait ne pas leur être applicable.

b. Les **contestations** relatives à l'**électorat** et à la **régularité du référendum** sont formées par voie de requête, avec dispense de constitution d'avocat (Cass. soc. 18-10-2023 n° 21-60.159 FS-B : RJS 1/24). Elles doivent être introduites devant le tribunal judiciaire, qui statue en dernier ressort, dans un délai de (C. trav. art. R 2232-5 et R 2314-24 ; COJ art. R 211-3-17) :
– 3 jours suivant la publication de la liste des salariés consultés, si la contestation porte sur

cette liste (et donc sur l'appartenance des intéressés à l'entreprise et leur qualité d'électeur) ;
– 15 jours suivant le référendum, plus précisément suivant la proclamation des résultats (Cass. soc. 5-1-2022 n° 20-60.270 FB : RJS 3/22 n° 151), si la contestation porte sur la régularité de celui-ci.

80775 **Résultat du référendum** Le résultat du vote fait l'objet d'un **procès-verbal** dont la publicité est assurée dans l'entreprise par tout moyen (C. trav. art. D 2232-2, 2°) et qui est annexé à l'accord lors de son **dépôt** (n° 80485).

L'accord est **valide** s'il est approuvé par les salariés à la majorité des suffrages exprimés. Faute d'approbation, il est réputé **non écrit** (C. trav. art. L 2232-12, al. 6 et 7 et L 2232-13, al. 3).

CONSEIL

Le Code du travail ne précise rien sur la ou les personnes habilitées à établir et signer le procès-verbal, ou sur les mentions qu'il doit comporter. À notre avis, il convient de s'inspirer des pratiques existantes en matière électorale, qui prévoient le recours à un **bureau de vote** pour contrôler la régularité des opérations, dépouiller le scrutin, dresser et signer le procès-verbal attestant du résultat. Sur le nombre et la composition des bureaux de vote, voir n° 80755, d.

b. Autres conditions

FORME

80820 La convention ou l'accord collectif est, à peine de nullité, un acte **écrit** (C. trav. art. L 2231-3).

Il doit être rédigé **en français**. Toute clause rédigée en langue étrangère est inopposable au salarié à qui elle ferait grief (C. trav. art. L 2231-4).

SIGNATURE

80825 L'accord collectif doit, pour être valable, comporter la signature des parties qui l'ont conclu. À cet égard, ni les **témoignages** de certains des signataires ni le fait que le protocole d'accord ait été **appliqué** comme un accord collectif ne prouvent que le texte a été signé (Cass. soc. 8-1-2002 n° 00-10.886 FS-PB : RJS 3/02 n° 310).

Sur les **personnes compétentes** pour signer un accord, voir n°s 80230 s. (partie salariale) et n° 80285 (employeur).

ATTENTION

À notre connaissance, la Cour de cassation ne s'est jamais prononcée sur la portée d'un accord collectif ne comportant pas la **mention de l'appartenance syndicale** des signataires. Pour sa part, la cour d'appel de Paris a considéré, dans une décision ancienne, qu'un tel accord ne constitue pas un accord collectif au sens du Code du travail (CA Paris 27-11-1990 n° 90/33650).

CONSENTEMENT

80830 Conformément aux principes de droit commun fixés par les articles 1130 et suivants du Code civil, le consentement des signataires ne doit pas avoir été vicié. En particulier, la signature de l'une des parties est nulle si elle a été extorquée par violence.

ILLUSTRATIONS

Les **voies de fait** auxquelles se sont livrés des syndicalistes et dont les effets se sont prolongés lors de la signature de l'accord de fin de conflit justifient la condamnation des syndicats à **rembourser** in solidum les sommes versées par l'employeur dans le cadre de cet accord, le consentement de ce dernier ayant été vicié par la violence (Cass. soc. 8-11-1984 n° 84-14.816 P).

À noter qu'**invoquer une situation économique** difficile **pour convaincre** les syndicats de la nécessité de conclure un accord permettant une réduction des coûts salariaux ne constitue pas un manquement à l'obligation de loyauté (Cass. soc. 9-2-2010 n° 08-12.218 F-D).

9. DURÉE DES CONVENTIONS ET ACCORDS

80960 Les conventions et accords collectifs peuvent être conclus pour une durée déterminée ou indéterminée (C. trav. art. L 2222-4).

CONVENTIONS ET ACCORDS CONCLUS DEPUIS LE 10-8-2016

Présomption de durée déterminée Les conventions et accords collectifs conclus depuis le 10-8-2016 sont présumés conclus pour une durée déterminée de 5 ans (C. trav. art. L 2222-4), quel que soit leur **niveau de conclusion** : groupe, entreprise, établissement, etc. 80965
La présomption joue en l'absence de **clause conventionnelle** prévoyant une durée différente (C. trav. art. L 2222-4). Les parties à la convention ou à l'accord collectif peuvent ainsi prévoir une durée déterminée plus longue ou plus courte que celle prévue par la loi.
Sur la durée de l'accord adaptant les règles de la **négociation obligatoire** dans l'entreprise, voir toutefois n° 81270.

Arrivé à **expiration**, le texte conclu pour une durée déterminée cesse de produire ses effets (C. trav. art. L 2222-4). 80970
Sur l'application des dispositions du Code du travail aménageant les effets de la **dénonciation** ou de la **mise en cause** d'un accord à durée déterminée : voir respectivement nos 81780 et 87985.

ATTENTION

L'arrivée à expiration d'un accord à durée déterminée qui ne serait pas reconduit ou remplacé par un nouvel accord devrait rendre immédiatement impossible toute application de ses dispositions, conduisant à un vide conventionnel.

Durée indéterminée Les parties aux conventions et accords collectifs peuvent prévoir que le texte est conclu pour une durée indéterminée (C. trav. art. L 2222-4), une **clause en ce sens** étant nécessaire. 80975
Le texte conventionnel **s'applique** alors **jusqu'à** sa dénonciation (nos 81580 s.), sa révision (nos 81520 s.) ou sa mise en cause par suite d'une restructuration (nos 87960 s.) ou de la disparition des syndicats signataires (Cass. soc. 16-3-1995 n° 91-40.210 PFR : RJS 4/95 n° 402), y compris si cette disparition fait suite à une fusion avec un autre syndicat non signataire, entraînant la création d'un nouveau syndicat (Cass. soc. 13-10-2016 n° 14-18.905 FS-PB : RJS 11/16 n° 798). En revanche, la perte de la qualité de syndicat représentatif de tous les syndicats signataires d'une convention ou d'un accord n'en entraîne pas la mise en cause (C. trav. art. L 2261-14-1).

ATTENTION

Par exception, un accord collectif devient **caduc** et cesse de s'appliquer lorsque son **exécution** devient **impossible** du fait de la disparition de l'un de ses éléments essentiels (C. civ. art. 1186 ; Cass. soc. 26-6-2019 n° 17-28.287 FS-PBRI : RJS 10/19 n° 584 et sa note explicative, courdecassation.fr). Tel est le cas de l'accord conclu pour favoriser la création d'emplois suivi d'un plan de cession ne prévoyant que des licenciements (Cass. soc. 17-6-2003 n° 01-15.710 FS-PBRI : RJS 8-9/03 n° 1024).
En revanche, l'accord conclu en application d'un dispositif légal abrogé et dont l'exécution est devenue seulement **plus onéreuse** reste applicable jusqu'à sa dénonciation, sa révision ou sa mise en cause dans les conditions précitées, sauf s'il subordonne expressément son application au maintien en vigueur de ce dispositif. Ainsi jugé à propos de l'abrogation du dispositif prévoyant une prime de partage des profits en faveur des salariés de certaines entreprises, assortie d'une exonération de charges sociales (Cass. soc. 26-6-2019 n° 17-28.287 FS-PBRI : RJS 10/19 n° 584).

CONVENTIONS ET ACCORDS CONCLUS JUSQU'AU 9-8-2016

Les conventions et accords conclus jusqu'au 9-8-2016 ne comportant aucune clause définissant leur durée sont considérés comme conclus pour une **durée indéterminée** et restent applicables jusqu'à leur dénonciation, leur révision ou leur mise en cause, ou en cas d'événement entraînant leur caducité (voir n° 80975). 80980
Ils pouvaient être conclus pour une **durée déterminée** limitée à 5 ans (C. trav. art. L 2222-4 ancien). Arrivés à **expiration**, ces accords ont continué à produire leurs effets comme une convention ou un accord à durée indéterminée, sauf stipulation contraire de l'accord (C. trav. art. L 2222-4 ancien), y compris si leur expiration est survenue après le 9-8-2016.

ATTENTION

Face à des **stipulations** mal rédigées ou **ambiguës**, la jurisprudence de la Cour de cassation a fait prévaloir le principe de la durée indéterminée des accords. Ainsi ne constituait pas une stipulation contraire, au sens de l'ancien article L 2222-4 du Code du travail, la clause prévoyant une éventuelle négociation à l'issue du terme (Cass. soc. 26-6-1991 n° 88-43.537 D : RJS 8-9/91 n° 983) ou encore la stipulation d'une tacite reconduction (Cass. soc. 10-5-2012 n° 11-17.403 F-D : RJS 7/12 n° 648). En revanche, l'accord collectif conclu le 1-4-2016 pour une durée de 5 ans a pris fin le 31-3-2021 s'il précisait expressément qu'il cessait de s'appliquer à cette date.

B. Règles spécifiques aux négociations obligatoires

81060 La loi impose à certaines entreprises de négocier périodiquement sur certains thèmes. L'employeur doit prendre l'initiative de cette négociation, mais n'a pas l'obligation de conclure un accord. En dehors de son caractère obligatoire, sanctionné aux plans civil et pénal, cette négociation est soumise à d'autres règles particulières, exposées ci-après. Elle est régie pour le surplus par les règles ordinaires de négociation des conventions et accords collectifs.
Sur les obligations spécifiques de négocier sur les contreparties au **travail dominical** dans certaines entreprises, voir n°s 65120 s. ; sur le **droit d'expression** des salariés, voir n°s 56250 s. ; sur la prévention des effets de l'exposition aux **facteurs de risques professionnels**, voir n°s 55630 s.

> **Précisions** Un ANI du 11-4-2023 relatif à la transition écologique et au dialogue social (voir n° 83530) préconise d'intégrer une réflexion systématique sur la possibilité de prendre en compte les enjeux environnementaux dans le cadre de chaque négociation périodique. Cet ANI ne crée pas de nouvelles obligations de négociation mais constitue un mode d'emploi pédagogique.

1. ENTREPRISES CONCERNÉES

PRÉSENCE D'UNE SECTION SYNDICALE...

81080 Sont assujetties à l'obligation de négocier les entreprises où sont constituées une ou plusieurs sections syndicales de **syndicats représentatifs** (C. trav. art. L 2242-1). Ainsi, en l'absence de section syndicale ou en présence d'une section syndicale constituée par un syndicat non représentatif, l'entreprise n'est pas soumise à l'obligation périodique de négocier.

ATTENTION

Depuis le 24-9-2017, les dispositions du Code du travail relatives à l'obligation de négocier sur la **gestion des emplois et des parcours professionnels** ne mentionnent plus la condition liée à l'existence d'une section syndicale de syndicat représentatif (n° 81210). On pourrait toutefois considérer qu'elle ressort implicitement de l'article L 2242-2 du Code du travail, qui dispose que ce thème de négociation obligatoire s'ajoute aux autres thèmes d'ordre public visés n° 81200 (pour lesquels la condition est expressément prévue par l'article L 2242-1). Cela étant, dans l'attente d'une confirmation jurisprudentielle, il nous paraît plus prudent de considérer que sont soumis à l'obligation de négocier sur ce thème tous les **groupes** d'entreprises et entreprises visés n° 81210, qu'ils soient pourvus ou non d'une section syndicale de syndicat représentatif.

... ET D'UN DÉLÉGUÉ SYNDICAL

81090 L'obligation de négocier suppose, semble-t-il, qu'un DS au moins soit présent dans l'entreprise. Sont concernées au premier chef les **entreprises d'au moins 50 salariés** où ont été désignés un ou plusieurs DS. Sur les conditions à remplir par un syndicat représentatif pour désigner un DS, voir n°s 27820 s.
Les entreprises de **moins de 50 salariés** peuvent aussi y être assujetties en présence d'une ou plusieurs sections syndicales de syndicats représentatifs et d'un ou plusieurs DS. Un DS peut en effet être désigné dans ces entreprises dans **deux cas** : soit lorsque des stipulations conventionnelles abaissent ou suppriment l'effectif requis pour sa désignation, soit, dans les entreprises d'au moins 11 salariés, lorsqu'un membre de la délégation du personnel au CSE élu sur présentation d'un syndicat est désigné comme DS (voir n° 17750). Dans ce dernier cas, la condition tenant à l'existence d'une section syndicale ne peut toutefois pas être déduite de la présence d'un élu désigné comme DS (CA Limoges 30-5-2017 n° 16/00536 : RJS 1/18 n° 59).

> **Précisions a.** Dans le cadre juridique actuel, on pourrait considérer que l'employeur est soumis à l'obligation de négocier même en l'**absence de DS** dans l'entreprise, dès lors qu'existe une section syndicale de syndicat représentatif. Dans un tel cas, il peut en effet facilement négocier avec des élus ou des salariés mandatés ou, s'il en remplit les conditions, proposer directement aux salariés un projet d'accord (voir n°s 81940 s.).
> Tel n'est pourtant pas l'avis de la majorité de la **doctrine**, qui considère que le fait générateur de l'obligation de négocier est la présence d'un DS, reprenant en cela la position retenue par l'**administration** avant la loi 2015-994 du 17-8-2015 (en ce sens : Circ. 5-5-1983 et Circ. DSS-DGT 92 du 7-3-2011). Comme le relèvent ces auteurs, plusieurs dispositions du Code du travail font ressortir que la négociation obligatoire relève exclusivement de l'action syndicale. Tel est le

cas de celles posant l'exigence d'une section syndicale attachée à un syndicat représentatif (n° 81080) ou réservant aux seuls syndicats représentatifs la faculté de demander l'engagement d'une négociation en vue de conclure un accord d'adaptation (n° 81260) ou en cas de carence de l'employeur (n° 81345).

b. Lorsque l'obligation de négocier est annuelle, la **désignation** d'un DS **en cours d'année** n'entraîne d'obligation pour l'employeur d'ouvrir la négociation que pour l'année civile suivante (Circ. DSS-DGT 92 du 7-3-2011).

2. PARTIES À LA NÉGOCIATION

La négociation obligatoire doit, comme les négociations ordinaires, être menée avec les **syndicats** représentatifs dans le champ des négociations. L'employeur doit donc tous les **convoquer** (n°s 80215 s.). De même, sont régies par le droit commun la composition des **délégations** syndicale (n°s 80230 s.) et patronale (n°s 80285 s.) et la **rémunération** des négociateurs salariés (n°s 80250 s.). 81110

Sur l'obligation d'informer les syndicats représentatifs au niveau de chacune des entreprises ou établissements compris dans le périmètre de l'accord de **groupe** en cas d'ouverture des négociations à ce niveau, voir n° 82650.

> **Précisions a.** L'**inspection du travail** a un rôle d'incitation et d'aide à la négociation, qui ne doit pas aboutir à une immixtion dans celle-ci. À cet égard, elle n'a pas à présider des commissions de négociation au niveau de l'entreprise (Circ. DRT 8 du 5-5-1983).

b. Bien que les négociations obligatoires doivent être menées avec les syndicats, représentés par les DS, les **élus au CSE** peuvent y participer indirectement. En effet, dans les entreprises d'au moins 300 salariés, ils peuvent décider de recourir à un **expert habilité**, dont le rôle est d'aider les DS à préparer la négociation sur l'égalité professionnelle (n° 2035).

Ils peuvent aussi assurer le **suivi de l'accord d'adaptation** conclu, le cas échéant, par les DS sur le calendrier, la périodicité, les thèmes et les modalités de négociation obligatoire (voir n° 81270).

3. NIVEAU DES NÉGOCIATIONS

La question du niveau auquel les négociations doivent être menées se pose dans les entreprises à établissements distincts ou faisant partie d'une UES, dans les groupes de sociétés ainsi qu'au niveau interentreprises. En dehors de ces hypothèses, la question ne se pose pas : la négociation doit être menée au niveau de l'entreprise. 81130

ATTENTION

L'existence de négociations au **niveau national** ne dispense pas les entreprises d'engager les négociations obligatoires périodiques. Jugé ainsi à propos de négociations engagées au niveau national sur les classifications et les salaires (CA Chambéry 11-7-2017 n° 16/02781 : RJS 1/18 n° 59).

ENTREPRISE À ÉTABLISSEMENTS DISTINCTS

Les entreprises peuvent, selon nous, décider de décentraliser l'**ensemble de leurs négociations obligatoires** au niveau de leurs établissements. En effet, l'ordonnance 2017-1385 du 22 septembre 2017 a supprimé la disposition qui semblait réserver cette faculté à la seule négociation sur la rémunération, le temps de travail et le partage de la valeur ajoutée (C. trav. art. L 2242-5, al. 6 ancien). Dans le sens de cette interprétation, voir n° 80180 la disposition conférant par principe à l'accord d'établissement la même portée que l'accord d'entreprise. 81135

> **Précisions** Il n'y a donc plus lieu, selon nous, d'appliquer la **jurisprudence** rendue dans le cadre de la législation antérieure, qui interdisait l'engagement des négociations obligatoires au niveau des établissements en cas d'opposition syndicale (Cass. soc. 21-3-1990 n° 88-14.794 PF : RJS 5/90 n° 400 ; 12-7-2016 n° 14-25.794 F-D : RJS 10/16 n° 638). En pratique, la question ne se posera pas si les parties ont anticipé ce point en déterminant le niveau d'engagement des négociations obligatoires dans l'accord d'adaptation visé n°s 81260 s.

UES

En cas de reconnaissance d'une UES entre plusieurs entreprises ayant conduit à la constitution d'une section syndicale au sein de cette unité, à quel niveau les négociations obligatoires périodiques doivent-elles être engagées ? 81140

La réponse va de soi dans les cas où le Code du travail le prévoit expressément (comme, par exemple, en matière de mise en place de la participation, voir n° 71250). Mais elle est moins évidente dans le silence du Code.
Pour l'**administration**, lorsqu'un DS a été désigné dans le cadre de l'UES, celle-ci doit être traitée comme une entreprise (en ce sens : Circ. DRT 9 du 22-9-2004). On peut donc en déduire que, dans ce cas, la négociation doit, en principe, être engagée au niveau de l'UES mais qu'elle peut aussi l'être au niveau de chacune des entreprises si elles sont considérées comme des établissements.
Pour certains **juges du fond**, la négociation obligatoire ne peut être engagée qu'au sein de chaque entreprise de l'UES où sont constituées une ou plusieurs sections syndicales, l'UES n'étant pas l'employeur de l'ensemble des salariés des entreprises la constituant (CA Orléans 13-12-2016 n° 15/00600 : RJS 3/17 n° 214). Pour d'autres, en revanche, la désignation d'un DS au niveau de l'UES oblige l'entreprise constituée par l'UES à engager les négociations obligatoires périodiques (CA Riom 20-11-2012 n° 11/01001). La **Cour de cassation** semble avoir admis implicitement cette dernière solution (Cass. soc. 24-6-2014 n° 13-10.301 FS-PB : RJS 10/14 n° 691).

> **Précisions a.** La **doctrine** est, elle aussi, partagée. Certains auteurs relèvent que l'UES est constituée d'entreprises juridiquement distinctes et que, par conséquent, il y a lieu d'appliquer le **régime des accords interentreprises** visé n° 81150, auquel cas chacune des entreprises serait a priori tenue de respecter ses obligations périodiques de négocier. D'autres estiment que le régime des accords interentreprises n'a vocation à s'appliquer qu'en l'absence d'élément de domination entre les entreprises de l'UES, le régime des accords de groupe s'appliquant dans le cas contraire. Pour d'autres encore, le législateur laisse l'initiative aux partenaires sociaux d'opter pour l'un ou l'autre de ces deux régimes.
> **b.** Sur les négociateurs et signataires, pour la **partie patronale**, de l'accord conclu dans le champs d'une UES, voir la position du **juge administratif** n° 80300.

GROUPES DE SOCIÉTÉS

81145 Les entreprises appartenant à un groupe de sociétés sont **dispensées** d'engager elles-mêmes une ou plusieurs négociations périodiques obligatoires (C. trav. art. L 2232-33) :
– si ces négociations se sont effectivement engagées au niveau du groupe, à condition qu'un **accord de méthode** visé n° 80324 conclu à ce niveau le prévoie et définisse les thèmes concernés par la dispense ;
– en l'**absence d'accord de méthode**, lorsqu'un accord portant sur le même thème a été valablement conclu au niveau du groupe.
Dans les **autres cas**, la négociation obligatoire périodique doit avoir lieu dans chacune des sociétés du groupe (soit au niveau de l'entreprise, soit au sein d'une entreprise donnée, au niveau des établissements composant cette entreprise).

NIVEAU INTERENTREPRISES

81150 À la différence de ce qui existe pour la négociation de groupe, **aucune disposition légale** ne dispense de manière générale les entreprises d'engager elles-mêmes les négociations obligatoires périodiques lorsque des négociations ont été engagées (ou des accords conclus) au niveau interentreprises. Dans le silence de la loi, on pourrait considérer :
– que les négociations obligatoires doivent être menées exclusivement au niveau de chaque entreprise dans la mesure où le législateur n'a prévu aucune dispense ;
– ou qu'en l'absence de dispositions légales précisant les thèmes ouverts à la négociation interentreprises, les négociations pourraient être engagées à ce niveau, sauf sur les thèmes pour lesquels la loi a expressément prévu une négociation à un autre niveau.
À notre avis, c'est la première position qui doit prévaloir.

> **CONSEIL**
> Dans l'attente de précisions de la part de la jurisprudence ou de l'administration, il est conseillé d'engager les négociations obligatoires au niveau du groupe, de chaque entreprise ou de leurs établissements.

4. CALENDRIER, PÉRIODICITÉ, THÈMES ET MODALITÉS

81170 Le chapitre du Code du travail consacré à la négociation obligatoire d'entreprise est structuré en **3 parties** : les dispositions d'ordre public que les entreprises doivent respecter, même en présence d'un accord d'adaptation, les dispositions relatives à cet accord et, enfin les dispositions supplétives, c'est-à-dire celles s'appliquant à défaut d'accord ou en cas de non-respect de celui-ci.

> **Précisions** Sur les dispositions d'ordre public, spécifiques à l'obligation de négocier sur l'**égalité professionnelle**, voir nos 76250 (obligations de l'employeur en cas d'échec des négociations) et 76600 (pénalité financière).
> Sur celles relatives à l'obligation de négocier sur les **salaires effectifs**, voir nos 70530 s. (pénalité financière et programmation de mesures visant à supprimer les écarts de rémunération).
> Sur les **formalités** d'ordre public à accomplir lors du dépôt, voir nos 81435 s. (procès-verbal de désaccord) et 76250, a (dépôt d'un procès-verbal d'ouverture des négociations portant sur les écarts de rémunération entre les femmes et les hommes).

a. Règles impératives

OBLIGATION DE NÉGOCIER SUR CERTAINS THÈMES

Dans les **entreprises** soumises à l'obligation de négocier, l'employeur doit engager au moins une fois tous les **4 ans** une négociation sur (C. trav. art. L 2242-1) : **81200**
– la rémunération, notamment les salaires effectifs (sur l'étendue de cette négociation, voir n° 70535), le temps de travail et le partage de la valeur ajoutée ;
– l'égalité professionnelle entre les femmes et les hommes, portant notamment sur les mesures visant à supprimer les écarts de rémunération, et la qualité de vie et des conditions de travail, QVCT.
Sur le recours par le CSE à un **expert habilité** en vue de préparer la négociation sur l'égalité professionnelle, voir n° 2035.

> **ATTENTION**
> Un **plan de rattrapage salarial** doit être inscrit à l'ordre du jour de la négociation sur l'**égalité professionnelle** entre les femmes et les hommes si la note obtenue à l'index de l'égalité professionnelle n'atteint pas un seuil minimal (voir n° 76475).

Dans les **entreprises** d'au moins 300 salariés et les **groupes d'entreprises** d'au moins 300 salariés tenus de constituer un **comité de groupe**, l'employeur doit engager au moins une fois tous les 4 ans, en plus des négociations visées n° 81200, une négociation sur la gestion des emplois et des parcours professionnels. Il en va de même dans les groupes et entreprises de dimension communautaire dans lesquels doit être constitué un **comité d'entreprise européen** et comportant au moins un établissement ou une entreprise d'au moins **150 salariés** en France (C. trav. art. L 2242-2). **81210**
Sur l'**objet** des négociations, voir nos 81350 s.

INTERDICTION DE PRENDRE DES DÉCISIONS UNILATÉRALES

Tant que la négociation obligatoire est en cours, l'employeur ne peut pas prendre de décisions unilatérales concernant la collectivité des salariés dans les matières sur lesquelles elle porte, sauf si l'urgence le justifie (C. trav. art. L 2242-4). **81220**
Les décisions interdites sont celles qui portent sur les **matières** traitées par la négociation obligatoire et ont un caractère **collectif**. Les mesures individuelles (par exemple, une augmentation individuelle de salaire) sont donc possibles sauf si, étant prises à l'égard d'un nombre important de salariés, elles peuvent être considérées comme une manœuvre destinée à contourner l'interdiction.

Notion de négociation en cours Il convient de déterminer les **dates de début et de fin** de la négociation. **81225**
Pour la Cour de cassation, la négociation est en cours à la date fixée pour la **première réunion**, quand bien même celle-ci serait finalement reportée à une date ultérieure (Cass. soc. 29-6-1994 n° 91-18.640 PBBS : RJS 8-9/94 n° 1022).

> **CONSEIL**
> On peut s'interroger sur la **période précédant la première réunion**. La négociation est-elle en cours dès l'envoi de la convocation à cette première réunion ou même à la date de la demande d'ouverture des négociations formulée par un syndicat dans les conditions visées n° 81345 ? Une application littérale de l'article L 2242-4 du Code du travail devrait, au moins dans la seconde hypothèse, conduire à une réponse négative (une négociation ne peut pas être en cours tant qu'elle n'est pas ouverte).
> Cependant, l'esprit du texte est d'interdire à l'employeur de priver la négociation d'objet en réglant unilatéralement les questions sur lesquelles elle doit porter. La prudence doit donc le conduire à ne pas prendre de mesure unilatérale à partir du moment où il a envoyé les convocations à la première réunion.

Si un **accord** est conclu, la négociation prend fin à sa date de conclusion. **81227**
Si un procès-verbal de **désaccord** est dressé, ce qui est obligatoire en l'absence d'accord (n° 81435), on doit retenir la date de dépôt du procès-verbal (Cass. soc. 13-2-2002 n° 99-46.268 F-D).

ATTENTION

Si l'employeur dresse **unilatéralement** un procès-verbal de désaccord, il doit le faire à une date où il peut légitimement considérer les négociations comme terminées (n° 81440). À défaut, il pourrait, selon nous, se voir reprocher de les avoir abusivement écourtées.

81230 **Notion d'urgence** Ni la loi ni la Cour de cassation n'ont précisé la notion d'urgence. Les juges du fond apprécient souverainement si cette condition est remplie (Cass. soc. 23-3-2022 n° 20-21.726 F-D : RJS 6/22 n° 315).

ILLUSTRATIONS

A été jugé justifiée la **dénonciation de la convention collective** par un employeur en **redressement judiciaire**, alors que les négociations annuelles obligatoires avaient été retardées plusieurs fois, compte tenu de l'obsolescence des dispositions conventionnelles (Cass. soc. 23-3-2022 n° 20-21.726 F-D, précité).

81235 **Sanctions** Le Code du travail ne prévoit pas expressément de sanction en cas de décisions unilatérales interdites. Les juges peuvent prononcer la **nullité** ou la **suspension** de la décision, selon la mesure concernée et la demande présentée.

D'autres sanctions peuvent être envisagées : l'octroi de **dommages-intérêts** ou la **sanction pénale** sur le fondement de l'article L 2141-7 du Code du travail qui interdit tout moyen de pression exercé par l'employeur en faveur ou à l'encontre d'un syndicat (n°s 13850 s.).

ILLUSTRATIONS

Les sanctions suivantes ont été prononcées par les juges :

– **nullité de la dénonciation** d'un accord collectif portant sur des matières traitées pendant une négociation en cours (Cass. soc. 29-6-1994 n° 91-18.640 PBBS : RJS 8-9/94 n° 1022) ;

– **suspension d'une décision** de mise en œuvre d'un mode de rémunération résultant d'un nouveau contrat collectif d'assurance ayant pour effet de réduire le taux du commissionnement d'une catégorie du personnel, cette décision ayant été prise au cours de la négociation sur les salaires effectifs (Cass. soc. 28-11-2000 n° 98-19.594 FS-PB : RJS 2/01 n° 212) ;

– **restitution des retenues sur salaire** aux salariés qui ne se sont pas présentés aux dates prévues par le nouveau calendrier de travail établi par décision unilatérale de l'employeur, alors que des négociations sur le temps de travail étaient en cours (Cass. soc. 13-2-2002 n° 99-46.268 F-D).

b. Entreprises couvertes par un accord d'adaptation

NÉGOCIATION DE L'ACCORD D'ADAPTATION

81260 Les partenaires sociaux ont la possibilité de négocier un accord sur le calendrier, la périodicité, les thèmes et les modalités de négociation dans le groupe, l'entreprise ou l'établissement. Cette négociation peut être engagée à l'**initiative** de l'employeur ou à la demande d'un syndicat représentatif (C. trav. art. L 2242-10).

Comme toutes les négociations ordinaires, elle doit être menée avec tous les syndicats représentatifs dans son champ d'application. L'employeur doit donc tous les **convoquer** (n°s 80215 s.).

À défaut de précision sur ce point, l'accord d'adaptation conclu à l'issue de cette négociation doit respecter les **conditions de validité** de droit commun exposées n°s 80700 s.

Sur les conséquences du **non-respect** ou de l'**arrivée du terme** de l'accord, voir n°s 81340 s.

CONTENU

81270 **Clauses spécifiques** L'accord d'adaptation doit préciser (C. trav. art. L 2242-11) :

– les **thèmes** des négociations et leur **périodicité**, de telle sorte qu'au moins tous les 4 ans soient négociés les thèmes d'ordre public visés n°s 81200 s. ;

– le **contenu** de chacun de ces thèmes ;

– le calendrier et les lieux des **réunions** ;

– les **informations** que l'employeur remet aux négociateurs sur les thèmes prévus par la négociation qui s'engage et la **date** de cette remise (sur l'intégration de ces informations dans la BDESE, voir n° 3520) ;

– les modalités de **suivi** des engagements souscrits par les parties ;

– sa **durée**, fixée au maximum à 4 ans.

Afin d'éviter que les entreprises concernées ne relèvent du dispositif supplétif visé n°s 81340 s., les signataires doivent, à notre avis, veiller à la **rédaction** de l'accord d'adaptation en n'omettant aucune des clauses précitées. À défaut, il existera, selon nous, un risque d'assimilation de l'accord incomplet à une absence d'accord, ce qui contraindra à l'application du régime supplétif.

CONSEIL

Il est recommandé d'établir une liste limitative des **thèmes** sur lesquels portera la négociation obligatoire périodique. À cet égard, l'article L 2242-11 du Code du travail impose de prévoir dans l'accord d'adaptation l'engagement d'une négociation sur les thèmes d'**ordre public** prévus aux articles L 2242-1 et L 2242-2 du Code du travail. Mais parmi les **sous-thèmes** qui relèvent des dispositions supplétives (nos 81350 s.), les parties peuvent définir ceux qui feront l'objet d'une négociation et à quelle échéance. Par exemple, la négociation obligatoire sur la rémunération, le temps de travail et le partage de la valeur ajoutée doit nécessairement aborder les salaires effectifs puisque cet élément de négociation est mentionné dans l'ordre public. En revanche, la négociation sur la mise en place du temps partiel est facultative, pour autant que l'accord d'adaptation ne prévoie pas la négociation de ce sous-thème (QR min. trav. juillet 2020 n° 12). En tout état de cause, les parties sont libres d'ajouter d'**autres thèmes** de négociation que ceux prévus par la loi.
S'agissant de la **périodicité** des négociations, il ressort de l'article L 2242-11 du Code du travail que les parties peuvent s'accorder sur une périodicité inférieure à 4 ans.
Concernant le **calendrier**, les parties peuvent, à notre avis, prévoir un nombre de réunions précis, assorti de dates précises ou, au contraire, décider de fixer un calendrier plus souple, précisant la période au cours de laquelle les négociations devront être engagées, le nombre de réunions et le délai entre chaque réunion.
Quant au **suivi** de l'accord, il peut, selon nous, être confié à une commission paritaire de suivi, voire au CSE à l'occasion des informations et/ou des consultations présentant un lien avec les thèmes de négociation obligatoire.

Clauses de droit commun À notre sens, comme tout accord collectif, l'accord d'adaptation doit contenir les **clauses obligatoires** de droit commun prévues par le Code du travail (champ d'application, clause de révision, etc. : voir n° 80620). Il doit aussi prévoir une clause définissant les modalités de prise en compte dans l'entreprise des demandes relatives aux thèmes de négociation émanant des syndicats représentatifs si un autre accord de méthode applicable à l'entreprise ne l'a pas déjà prévu (voir n° 80322). **81280**

En plus des clauses obligatoires susvisées, l'accord d'adaptation peut stipuler d'**autres clauses** utiles. **81285**

EXEMPLE

Il peut déterminer le ou les niveaux d'engagement des négociations (groupe, entreprise ou établissement), prévoir les modalités de recours à l'expertise, la composition des délégations syndicales et les moyens supplémentaires alloués à celles-ci. Il peut aussi fixer le délai imparti aux syndicats représentatifs pour communiquer à l'employeur le nom des personnes composant la délégation syndicale.

DÉROULEMENT DE LA NÉGOCIATION OBLIGATOIRE

Lorsque les parties concluent un accord d'adaptation, la négociation s'engage sur les thèmes et selon le calendrier, la périodicité et les modalités prévus par celui-ci. **81295**

Convocation des participants Les **syndicats** à convoquer aux négociations obligatoires sont ceux visés n° 81110. Pour chaque réunion, la convocation doit indiquer le lieu, la date et l'heure de celle-ci. **81300**
Le **calendrier** (date et heure) et **lieux** des réunions sont ceux prévus par l'accord d'adaptation : voir n° 81270.

CONSEIL

Afin d'éviter toute contestation par la suite, il apparaît opportun de procéder par **écrit** (lettre recommandée ou e-mail avec avis de réception).
L'employeur peut, à cette occasion, demander à chaque **syndicat** devant participer aux négociations le **nom des personnes qui composeront leur délégation** (DS et éventuels salariés de l'entreprise) afin qu'elles soient convoquées dans les meilleurs délais et que toute disposition soit prise à leur égard, tant sur le plan administratif qu'organisationnel.

Communication d'informations à la délégation syndicale Les **destinataires** des informations sont les DS et les salariés composant chacune des délégations syndicales, y compris celles ne représentant qu'une catégorie de salariés. **81305**

> **Précisions** Si un **syndicat catégoriel** n'a vocation à engager que la catégorie de salariés que ses statuts l'habilitent à représenter, il doit cependant disposer des informations lui permettant de

situer son action en faveur de cette catégorie au sein de l'ensemble de la population salariée de l'entreprise. Il doit donc notamment être destinataire des informations indiquant le **montant des salaires** réels versés à chacune des catégories de personnel (Rép. Bourg-Broc : AN 21-7-1986 n° 64).

81310 Le **contenu** des informations à communiquer à la délégation syndicale et la **date** de leur remise sont ceux prévus par l'accord d'adaptation conclu en amont de l'engagement des négociations : voir n° 81270. L'accord sur la BDESE peut aussi prévoir que l'information soit mise à disposition de la partie salariale dans la base : voir n° 3520.

Si les informations fournies sont **insuffisantes** pour pouvoir engager la négociation, les syndicats peuvent saisir le juge des référés (CA Paris 23-5-2019 n° 18/24253 : RJS 10/19 n° 583) en vue de faire condamner l'employeur à fournir sous astreinte les informations manquantes (CA Paris 9-2-1996 n° 94/25226 : RJS 4/96 n° 427 et, de manière implicite, Cass. soc. 29-6-1994 n° 91-20.086 D). Sur les informations que les syndicats peuvent demander en matière de **salaires effectifs** ou d'**égalité professionnelle** entre les femmes et les hommes, voir respectivement nos 70542 et 81385.

CONSEIL

Nombre des informations à fournir dans le cadre des négociations périodiques obligatoires doivent aussi être remises au **CSE**. Dans les entreprises pourvues d'un CSE, la réunion des informations à fournir aux délégations syndicales dans le cadre des négociations périodiques obligatoires est donc facilitée puisqu'il suffit d'adapter aux besoins de cette négociation les informations déjà préparées pour le CSE et pouvant être déjà rassemblées dans la BDESE.

81315

Quelles questions poser pour déterminer les informations à fournir à la partie salariale ?

En pratique, les participants à la négociation peuvent déterminer les informations à fournir par l'employeur, par exemple en matière de **salaires**, en répondant aux questions suivantes :
– faut-il présenter les informations par catégories professionnelles telles que prévues par les textes conventionnels applicables dans l'entreprise ou adapter la classification conventionnelle aux réalités de celle-ci ?
– en l'absence de classification conventionnelle, comment doit-on présenter ces informations ?
– quelles informations doivent être fournies pour chaque catégorie professionnelle (salaire minimum effectif, salaire moyen effectif, salaire maximum effectif, masse salariale globale...) ?
– pour les salaires minima, moyen et maximum, faut-il indiquer le nombre de salariés concernés ?
– peut-on se contenter de fournir une partie de ces données ou faut-il toutes les communiquer ?
– les informations doivent-elles porter uniquement sur le salaire de base ou faut-il y inclure tous les accessoires de salaire ?

81320 **Conduite des négociations** Pour l'administration, la négociation doit être réelle et non pas formelle, ce qui implique notamment que l'**ordre du jour** et les **revendications** déposées par les syndicats soient discutés de façon approfondie. Des propositions et éventuellement des contre-propositions doivent être formulées, analysées et discutées (Circ. DRT 15 du 25-10-1983).

Au plan pénal, le **comportement de l'employeur** au cours des réunions ne peut pas être sanctionné sur le fondement des articles L 2243-1 et L 2243-2 du Code du travail mentionnés n° 81460, puisque seuls sont visés par ces dispositions les manquements à l'obligation d'ouverture de la négociation (Cass. crim. 4-10-1989 n° 88-86.163 PF : RJS 12/89 n° 942) et là l'obligation périodique de négocier (n° 81460). Mais un comportement constitutif de moyens de pression en faveur ou à l'encontre d'un syndicat est, selon nous, passible de sanctions au titre d'un manquement à l'obligation de neutralité visée nos 13850 s.

Sur l'interdiction faite à l'employeur de prendre des **décisions unilatérales** tant que la négociation obligatoire est en cours, voir nos 81220 s.

Sur la possibilité d'organiser des **réunions séparées** avec les différents syndicats parties à la négociation, voir n° 80335.

ILLUSTRATIONS

Les faits suivants, reprochés à l'employeur, ne peuvent pas être sanctionnés au plan pénal comme un manquement à l'obligation de négocier (Cass. crim. 4-10-1989 n° 88-86.163 PF : RJS 12/89 n° 942) :
– lors d'une réunion, aucun représentant de la direction n'est présent ;
– lors d'une autre réunion, en réponse à la proposition faite par les syndicats d'augmenter les salaires, le représentant de la direction subordonne toute discussion sur le sujet à la dénonciation préalable des accords antérieurs ;
– enfin, la direction ne fait aucune proposition au cours de trois réunions successives.

c. Défaut ou non-respect de l'accord d'adaptation

PÉRIODICITÉ DES NÉGOCIATIONS SUPPLÉTIVES

Dans les entreprises soumises à l'obligation de négocier (nos 81080 s.), l'employeur est tenu, à **81340**
défaut d'accord d'adaptation ou en cas de non-respect de ses stipulations, d'engager (C. trav. art. L 2242-13) :
– **chaque année**, une négociation sur la rémunération, le temps de travail et le partage de la valeur ajoutée dans l'entreprise, dans les conditions visées n° 81350 ;
– **chaque année**, une négociation sur l'égalité professionnelle entre les femmes et les hommes et la qualité de vie et des conditions de travail (QVCT), dans les conditions visées nos 81355 s. ;
– tous les **3 ans**, une négociation sur la gestion des emplois et des parcours professionnels, dans les conditions visées n° 81365. Sur les entreprises et groupes concernés par cette obligation, voir n° 81080.

ATTENTION

La doctrine admet généralement que par « chaque année », il convient d'entendre l'**année civile**. Pendant une longue période, l'administration avait considéré qu'un délai de **12 mois** était imparti à l'employeur pour engager la négociation annuelle obligatoire (Circ. DRT 16 du 23-12-1986). Elle semble toutefois être revenue sur sa position en 2011 (Circ. DSS-DGT 2011-92 du 7-3-2011 n° I, 2-2-1). En pratique, les syndicats peuvent considérer qu'il n'y a pas lieu de différer la négociation au-delà de ce délai de 12 mois, auquel cas ils peuvent contraindre l'employeur à engager la négociation une fois celui-ci expiré (n° 81345) ou, à l'inverse, considérer qu'il est opportun de retarder l'ouverture de la négociation, en attendant, par exemple, le résultat d'une négociation de branche.

CARENCE DE L'EMPLOYEUR

En cas de carence de l'employeur depuis plus de 12 mois, pour chacune des deux négociations **81345**
annuelles, ou 36 mois, pour la négociation triennale, suivant la précédente négociation, un syndicat **représentatif** peut demander l'ouverture d'une négociation. Celle-ci s'engage alors obligatoirement (C. trav. art. L 2242-13, al. 5).

L'employeur doit **transmettre** la demande aux autres syndicats représentatifs dans les 8 jours et **convoquer** les parties à la négociation dans les 15 jours qui suivent la demande (C. trav. art. L 2242-13, al. 6 et 7).

ATTENTION

Le fait pour l'employeur de ne pas engager la négociation dans le délai légal suivant la demande d'un syndicat caractérise l'élément intentionnel du **délit d'entrave** à l'exercice du droit syndical (Cass. crim. 30-11-1993 n° 93-81-291 D).

OBJET DES NÉGOCIATIONS

Rémunération, temps de travail et partage de la valeur ajoutée La négo- **81350**
ciation annuelle sur la rémunération, le temps de travail et le partage de la valeur ajoutée doit porter sur les thèmes suivants (C. trav. art. L 2242-15) :
– les **salaires** effectifs (sur l'étendue de cette négociation, voir n° 70535 ; sur la pénalité financière à laquelle s'expose l'employeur s'il n'engage pas de négociation sur ce thème, voir n° 70532) ;
– la durée effective et l'organisation du **temps de travail**, notamment la mise en place du travail à temps partiel. Dans ce cadre, la négociation peut aussi porter sur la réduction du temps de travail ;
– le suivi de la mise en œuvre des mesures visant à supprimer les **écarts de rémunération** et les différences de **déroulement de carrière** entre les femmes et les hommes ;
– l'intéressement, la participation et l'**épargne salariale**, à défaut d'accord d'intéressement, d'accord de participation, de plan d'épargne d'entreprise, de Perco ou d'accord de branche comportant un ou plusieurs de ces dispositifs.

S'il y a lieu, la négociation porte également sur l'affectation d'une partie des sommes collectées dans le cadre du Perco ou du Pereco et sur l'acquisition de parts de fonds investis dans les entreprises ayant reçu l'agrément « entreprise solidaire d'utilité sociale ».

81355 **Égalité professionnelle femmes/hommes et qualité de vie et des conditions de travail** La négociation annuelle sur l'égalité professionnelle entre les femmes et les hommes et la QVCT doit porter sur (C. trav. art. L 2242-17) :
– l'**articulation** entre la **vie personnelle** et la vie **professionnelle** pour les salariés ;
– les **objectifs** et les **mesures** permettant d'atteindre l'**égalité professionnelle** entre les femmes et les hommes, notamment en matière de suppression des écarts de rémunération, d'accès à l'emploi, de formation professionnelle, de déroulement de carrière et de promotion professionnelle, de conditions de travail et d'emploi, en particulier pour les salariés à temps partiel, et de mixité des emplois.

Cette négociation porte également sur le calcul des cotisations d'assurance vieillesse sur le salaire à temps plein pour les salariés à **temps partiel** et sur les conditions de prise en charge par l'employeur du supplément de cotisations. Elle s'appuie sur la rubrique « Égalité professionnelle » de la **BDESE** visée nos 3480 s.

81360 La négociation annuelle doit aussi porter sur (C. trav. art. L 2242-17) :
– les mesures permettant de lutter contre toute **discrimination** en matière de recrutement, d'emploi et d'accès à la formation professionnelle, en favorisant, notamment, les conditions d'accès aux critères définis aux II et III de l'article L 6315-1 du Code du travail (suivi d'au moins une action de formation, acquis des éléments de certification par la formation ou par une validation des acquis de l'expérience, etc. : voir Mémento social n° 17010, b et d) ;
– les mesures relatives à l'insertion professionnelle et au maintien dans l'emploi des **travailleurs handicapés**, notamment les conditions d'accès à l'emploi, à la formation et à la promotion professionnelles, les conditions de travail et d'emploi et les actions de sensibilisation au handicap de l'ensemble du personnel, notamment des représentants du personnel. La négociation se déroule sur la base d'un rapport établi par l'employeur présentant la situation par rapport à l'obligation d'emploi des travailleurs handicapés (C. trav. art. L 2242-18) ;
– les modalités de définition d'un régime de **prévoyance** et, sur la base du « panier de soins » (CSS art. L 911-7 et D 911-1 à 911-3), d'un régime de remboursements complémentaires de **frais de santé**, à défaut de couverture par un accord de branche ou un accord d'entreprise ;
– l'exercice du **droit d'expression** directe et collective des salariés, notamment au moyen des outils numériques disponibles dans l'entreprise (de type site intranet) : voir nos 56285 s. ;
– les modalités du plein exercice par le salarié de son **droit à la déconnexion** et la mise en place par l'entreprise de dispositifs de régulation de l'utilisation des outils numériques, en vue d'assurer le respect du temps de repos et de congé ainsi que de la vie personnelle et familiale ;
– dans les entreprises dont 50 salariés au moins sont employés sur un même site, les mesures visant à **améliorer la mobilité des salariés** entre leur résidence habituelle et leur lieu de travail, notamment en réduisant le coût de la mobilité, en incitant à l'usage des modes de transport vertueux (véhicule électrique, hybride rechargeable, hydrogène, vélo...) et en prenant en charge les frais de transport personnels.

> **Précisions a.** La négociation concernant les **travailleurs handicapés** peut, le cas échéant, être l'occasion de conclure un **accord** prévoyant la mise en œuvre d'un programme pluriannuel en leur faveur : voir n° 53055.
> **b.** À défaut d'accord sur le **droit à la déconnexion**, l'employeur doit élaborer une **charte**, après avis du CSE. Cette charte doit définir les modalités de l'exercice du droit à la déconnexion et prévoir la mise en œuvre, à destination des salariés et du personnel d'encadrement et de direction, d'actions de formation et de sensibilisation à un usage raisonnable des outils numériques (C. trav. art. L 2242-17, 7°).
> **c.** À défaut d'accord sur la **mobilité** des salariés, l'entreprise concernée doit élaborer un **plan** de mobilité employeur sur ses différents sites pour améliorer la mobilité de son personnel. Ce plan doit inclure des dispositions pour soutenir les déplacements domicile-travail, notamment le cas échéant concernant la prise en charge des frais de transport personnels (C. transports art. L 1214-8-2, II bis).

81362 La négociation annuelle peut aussi porter sur les sous-thèmes **facultatifs** suivants :
– la prévention des effets de l'exposition aux **facteurs de risques professionnels** (C. trav. art. L 2242-19) : voir nos 55630 s. ;

– la **qualité des conditions de travail**, notamment la santé et la sécurité au travail et la prévention des risques professionnels. Elle peut s'appuyer sur les acteurs régionaux et locaux de la prévention des risques professionnels, notamment les services de prévention et de santé au travail interprofessionnels (C. trav. art. L 2242-19-1) : voir n° 55550.

Gestion des emplois et des parcours professionnels et mixité des métiers

La négociation triennale doit porter sur les **thèmes** relatifs à la gestion des emplois et des parcours professionnels et à la mixité des métiers (GEPPMM). Pour plus de détails, voir n° 52510. Elle peut aussi porter sur des thèmes facultatifs mentionnés n° 52515. Dans tous les cas, elle doit s'appuyer sur les **orientations stratégiques** de l'entreprise et ses conséquences (n° 52505). **81365**

DÉROULEMENT DE LA NÉGOCIATION

Réunion préparatoire L'employeur doit **convoquer** les syndicats visés n° 81110 à la première réunion, dite aussi « réunion préparatoire ». La convocation doit **indiquer** le lieu, la date et l'heure de celle-ci. **81370**
Si l'employeur prend l'initiative d'engager les négociations, il fixe librement la date de la réunion préparatoire. En revanche, si les négociations sont engagées à la demande d'un syndicat, il doit respecter les délais mentionnés n° 81345.

CONSEIL

Afin d'éviter toute contestation ultérieure, il paraît opportun de procéder par **écrit** (lettre recommandée ou e-mail avec avis de réception), aussi bien pour la convocation à la première réunion que pour la proposition et les réponses sur le choix du niveau de négociation.

Lors de la réunion préparatoire, sont précisées les **informations** que l'employeur remettra aux membres des délégations syndicales sur les thèmes prévus par la négociation qui s'engage, la **date** de cette remise ainsi que le **lieu** et le **calendrier** de la ou des réunions suivantes (C. trav. art. L 2242-14). **81375**
Sur le **pouvoir de décision de l'employeur** faute d'accord avec les représentants des syndicats sur ces différents points à l'issue de la réunion préparatoire, voir n° 81380.

CONSEIL

Cette réunion peut être l'occasion de négocier le **nombre de salariés** composant la **délégation** de chaque syndicat (n° 80240) ou d'éventuels **moyens supplémentaires** ou spécifiques afin d'assurer le bon déroulement des négociations tels que le volume de crédits d'heures des négociateurs et les modalités de recours à l'expertise.
Il est conseillé, pour des raisons probatoires, de formaliser dans un **document** l'ensemble des points abordés au cours de cette réunion. Quel que soit le niveau auquel la négociation a lieu, l'employeur peut, à cette occasion, inviter les syndicats parties à la négociation à lui communiquer le nom des personnes qui composeront leur délégation (DS et éventuels salariés de l'entreprise). Cela permet de déterminer les personnes à convoquer et de prendre toute disposition à leur égard, tant sur le plan administratif qu'organisationnel.

Il est admis qu'**à défaut d'accord** sur le **calendrier** des réunions l'employeur peut, et même doit, décider seul. **81380**
En effet, d'une part, il ne pourrait pas se soustraire à l'obligation annuelle ou triennale de négocier au motif qu'aucun accord n'a pu être trouvé sur le calendrier. D'autre part, si l'on considère que la période des négociations est en cours tant que les réunions n'ont pas eu lieu, le pouvoir de l'employeur de décider unilatéralement risque d'être indéfiniment paralysé. En effet, tant que dure la négociation, l'employeur ne peut pas prendre, dans les matières en faisant l'objet, de décisions unilatérales intéressant la collectivité des salariés (voir n°s 81220 s.).
De la même façon, l'employeur fixe unilatéralement le **contenu de l'information** destinée aux délégations syndicales et la **date de remise** de cette information, faute d'accord sur ces points à l'issue de la réunion préparatoire.

Communication d'informations à la délégation syndicale L'employeur doit, comme convenu lors de la réunion préparatoire, remettre aux DS et aux salariés composant la délégation les informations portant sur les matières relevant de la négociation obligatoire (C. trav. art. L 2242-14), y compris aux délégations ne représentant qu'une **catégorie de salariés** (voir n° 81305). **81385**
La **date** fixée pour la remise de ces informations doit être précisée lors de la réunion préparatoire (n° 81375). En tout état de cause, elle doit être **préalable** à la négociation (Circ. DRT 8 du 5-5-1983).
En pratique, nombre des informations à fournir doivent aussi être remises au **CSE**, voir n° 81310.

Sur les recours des syndicats en cas d'**informations insuffisantes**, voir n° 81310.
Sur la possibilité de prévoir la mise à disposition de l'information dans la **BDESE**, voir n° 3520.

CONSEIL

Les textes sont muets sur la **nature** et le **degré de précision** des informations à fournir sur les différents thèmes de négociation. À notre avis, le principe de **loyauté** devant prévaloir, l'employeur doit fournir à la délégation syndicale toutes les informations nécessaires pour lui permettre de négocier en toute connaissance de cause, le tout dans un délai raisonnable.
Concernant les informations à communiquer dans le cadre de la négociation obligatoire relative à l'**égalité professionnelle** entre les femmes et les hommes, la cour d'appel de Paris a jugé qu'elle comprenait non seulement tous les indicateurs figurant dans la rubrique « égalité professionnelle » de la BDESE visée n°s 3480 s., mais aussi tous les indicateurs déclinés par métier et échelon, conformément à la grille interne applicable à l'entreprise (CA Paris 23-5-2019 n° 18/24253 : RJS 10/19 n° 583). Toutefois, à notre sens, en présence d'un accord collectif adaptant l'organisation, l'architecture et le contenu de la BDESE (n° 3515), l'obligation de communication, telle qu'envisagée par la cour d'appel de Paris, ne devrait concerner que les données et indicateurs listés par cet accord.
S'agissant des **salaires** et des **mises à disposition** de salariés auprès des syndicats, voir respectivement n°s 70540 s. et n° 12230.
Sur des exemples de **questions** permettant de déterminer les informations à fournir par l'employeur en matière de salaires, voir n° 81315.

81395 **Conduite de la négociation** Les **réunions** de négociation se déroulent aux dates et lieu fixés au cours de la réunion préparatoire, dans les conditions visées n° 81375.
Tous les **syndicats** représentatifs au niveau des négociations doivent être convoqués.
La **négociation** doit être **réelle** et non formelle (n° 81320). Sur l'interdiction faite à l'employeur de prendre des **décisions unilatérales** tant qu'elle est en cours, voir n° 81220. Sur la possibilité d'organiser des **réunions séparées** avec les différents syndicats parties à la négociation, voir n° 80335.

5. FIN DES NÉGOCIATIONS

DÉFAUT D'OBLIGATION DE CONCLURE UN ACCORD

81420 La loi a instauré une obligation de négocier, mais non de conclure. La négociation obligatoire peut donc déboucher, comme toute négociation collective, soit sur une convention ou un accord collectif, soit sur un constat d'échec.

ATTENTION

Par exception, dans **certaines matières**, l'employeur est tenu de conclure un accord collectif ou, à défaut, d'établir un document unilatéral. Ce dernier peut, selon le cas, prendre la forme d'un **plan d'action** (tel est le cas, par exemple, en matière d'égalité professionnelle, de prévention des effets de l'exposition à certains risques professionnels ou de mobilité domicile-travail : voir respectivement n°s 76350, 55630 et 81360, c) ou d'une **charte** (en ce sens : voir n° 81360, b pour le droit à la déconnexion).

CONCLUSION D'UN ACCORD

81425 La convention ou l'accord conclu à l'issue de la négociation périodique obligatoire est soumis à l'ensemble des **règles ordinaires** régissant les conventions et accords collectifs.
Notamment, il doit répondre aux conditions de validité exposées n°s 80700 s., comporter un certain nombre de clauses (n° 80620), être notifié (n° 80450) puis déposé auprès de l'administration et remis au conseil de prud'hommes (n°s 80470 s.). Son entrée en vigueur et sa durée sont soumises aux règles exposées n°s 80570 s. et 80960 s. Comme tous les accords d'entreprise et assimilés, il est en principe publié dans une base de données nationale (n°s 80510 s.).
Sur l'obligation de joindre au dépôt de l'accord d'entreprise sur les **salaires effectifs** le procès-verbal d'ouverture des négociations portant sur les écarts de rémunération entre les femmes et les hommes, voir n° 76250, a.
Sur la possibilité de vérifier la conformité de l'accord sur l'**égalité professionnelle** aux prescriptions légales via la procédure de rescrit, voir n° 76280.

> **Précisions** Les accords sur la rémunération, le temps de travail et le partage de la valeur ajoutée, sur l'égalité professionnelle entre les femmes et les hommes et la QVCT ou sur la gestion des emplois et des parcours professionnels peuvent fixer la **période de leur renégociation** dans la limite de 4 ans (C. trav. art. L 2242-12).

ABSENCE D'ACCORD

Si, au terme de la négociation, aucun accord n'a été conclu, un **procès-verbal** de désaccord est établi et donne lieu à **dépôt**, par la partie la plus diligente, dans les conditions de droit commun (C. trav. art. L 2242-5). **81435**

ATTENTION

La rédaction d'un procès-verbal de désaccord et son dépôt sont des formalités d'**ordre public**. Le procès-verbal prouve que l'employeur a bien négocié sur les thèmes prévus par la loi (à cet égard, ils doivent être recensés de manière exhaustive). De plus, et outre les engagements qu'il peut contenir, le procès-verbal fixe de manière certaine la date de fin de la négociation, date à partir de laquelle l'employeur retrouve sa liberté d'action.

Quand dresser le procès-verbal de désaccord ? La question ne soulève pas de difficulté lorsque les parties sont d'**accord pour mettre un terme** aux négociations et constater leur échec. Elle retrouve son intérêt si une partie entend poursuivre les négociations alors que l'autre souhaite y mettre un terme. **81440**

Si un **calendrier** précis des réunions a été fixé par accord entre l'employeur et les syndicats et qu'il a été respecté sans que les parties soient parvenues à un accord, l'une ou l'autre de ces parties est certainement autorisée à prendre acte de l'échec des négociations et à dresser le procès-verbal de désaccord.

En l'**absence de calendrier** précis des réunions ou si ce calendrier a été fixé unilatéralement par l'employeur, l'une ou l'autre partie peut, à partir d'un certain stade, considérer que la négociation a pris fin.

ILLUSTRATIONS

L'**employeur** qui formule des **propositions précises** ou **répond** à des revendications **en argumentant** sa réponse en fonction de la situation de l'entreprise et de son évolution peut estimer que la négociation est arrivée à son terme si les **syndicats** reprennent **sans cesse et globalement les mêmes revendications** avec le but manifeste de s'opposer à ce qu'il prenne des dispositions qu'il pense devoir mettre en œuvre (Déb. AN 12-6-1982).

De même, si un employeur fait traîner la négociation avec des **intentions manifestement dilatoires**, les syndicats peuvent être amenés à prendre acte de la rupture et à élaborer un constat de désaccord (Déb. AN 12-6-1982).

Quel contenu ? Sont consignées, dans le procès-verbal de désaccord, en leur dernier état, les propositions respectives des parties et les mesures que l'employeur entend appliquer unilatéralement (C. trav. art. L 2242-5). **81445**

CONSEIL

Il convient de bien **distinguer**, lors de la **rédaction** du procès-verbal, les simples **propositions** et les **mesures auxquelles s'engage l'employeur**. En effet, l'employeur peut se contenter de confirmer le statut existant, sans prendre de nouvelles mesures. Le procès-verbal n'emporte alors aucune conséquence. Mais, s'il prend l'engagement d'appliquer certaines mesures, il prend un engagement qui le lie dans les conditions indiquées n° 85440.

6. SANCTIONS

SANCTIONS PÉNALES

Est puni d'un **emprisonnement** d'un an et d'une **amende** de 3 750 € le fait de se soustraire à l'obligation de convocation des parties à la négociation et à l'obligation périodique de négocier (C. trav. art. L 2243-1 et L 2243-2). En cas de récidive, les peines sont doublées (C. pén. art. 132-10). Pour les personnes morales, le montant de l'amende est fixé à 18 750 € (première infraction) et 37 500 € (récidive) (C. pén. art. 131-41). **81460**

L'employeur peut être condamné au titre du **délit d'entrave** à l'exercice du droit syndical (n° 49035). Tel est le cas s'il conclut, dans une matière relevant de la négociation obligatoire, un accord avec des représentants du personnel autres que les DS (Cass. crim. 18-11-1997 n° 96-80.002 PF : RJS 1/98 n° 76), s'il exclut une catégorie de personnel de la négociation (n° 70535) ou s'il n'engage pas la négociation dans le délai légal suivant la demande d'un syndicat suppléant à sa carence (n° 81345).

En revanche, l'**intransigeance de l'employeur** au cours des réunions de négociation ne peut pas être pénalement sanctionnée (voir n° 81320).

SANCTIONS CIVILES

L'employeur qui manque à son obligation de négocier peut être condamné au versement de **dommages-intérêts** aux salariés, ainsi qu'aux syndicats. **81470**

L'inexécution de l'obligation de négocier sur les **salaires effectifs** est sanctionnée par une **pénalité** : voir n° 70532.
Une pénalité est aussi mise à la charge de l'employeur en l'absence d'accord sur l'**égalité professionnelle** ou, à défaut, de plan d'action : voir n° 76600. Sur la faculté pour l'employeur d'utiliser la procédure de rescrit pour éviter cette pénalité, voir n° 76280. Sur l'articulation de cette pénalité avec celle due lorsque la note obtenue à l'index de l'égalité est inférieure à un certain seuil, voir n° 76630, a.
L'employeur peut aussi être **exclu** de la procédure de passation des **marchés publics** ou des **contrats de concession** s'il ne remplit pas son obligation de négocier sur l'égalité professionnelle entre les femmes et les hommes (n° 76610).
Sur les sanctions applicables à l'employeur qui prend une **décision unilatérale** sur un thème faisant l'objet d'une négociation en cours, voir n° 81235.

ILLUSTRATIONS

Lorsqu'un accord d'entreprise prévoit que la **gratification de fin d'année** sera fixée dans le cadre de la **négociation annuelle obligatoire** dans l'entreprise, il incombe à la société de prendre, chaque année, l'initiative de la négociation sur les salaires et en particulier sur le montant de la gratification de fin d'année. La société qui ne justifie pas avoir exécuté cette obligation pendant plusieurs années commet une faute, en **privant le salarié d'une chance** d'obtenir le versement d'une gratification de fin d'année, et cause à l'intéressé un préjudice dont les juges du fond apprécient souverainement le montant (Cass. soc. 13-11-2008 n° 07-44.874 F-D). Cette solution est, à notre sens, transposable aux entreprises qui ne respecteraient pas leur obligation d'engager les négociations sur les salaires effectifs selon la périodicité prévue par un éventuel **accord d'adaptation**.

C. Révision des conventions et accords

MODALITÉS DE RÉVISION

81520 Les conventions et accords collectifs peuvent être modifiés ou complétés par des avenants ou annexes. La négociation de ces textes et leur conclusion obéissent au **droit commun** de la négociation collective sous réserve des règles particulières présentées ci-après.
Sur les modalités de révision des accords dans les **entreprises sans DS** ou conseil d'entreprise, voir nos 82200 s.
Sur le point de savoir si l'employeur doit **consulter le CSE**, voir n° 80105.

> **Précisions** L'employeur et les syndicats représentatifs dans l'entreprise, représentés par leurs DS, peuvent **réviser tout accord collectif** dans les conditions exposées ci-après, peu importe ses modalités de négociation et de ratification, donc y compris si cet accord a été conclu par un élu, un salarié mandaté ou ratifié par les 2/3 du personnel dans les conditions visées nos 81900 s. (en ce sens : C. trav. art. L 2232-16).

CLAUSE DE RÉVISION

81525 La convention ou l'accord collectif contient en principe une clause fixant les **formes** selon lesquelles et le **délai** au terme duquel il peut être renouvelé ou révisé (C. trav. art. L 2222-5).
Ainsi, il appartient aux parties de décider des modalités de la révision des accords (modalités de la demande de révision, délai d'ouverture des négociations...) complétant les modalités légales (Circ. DRT 9 du 22-9-2004).
La clause s'impose alors au même titre que le reste de l'accord.

ILLUSTRATIONS

Si une convention d'établissement prévoit qu'elle ne peut être révisée qu'après un préavis de 3 mois de date à date, l'avenant de révision conclu sans que ce délai n'ait été respecté est nul car il a été négocié dans des conditions irrégulières (Cass. soc. 27-10-2004 n° 03-14.264 FS-PB : RJS 1/05 n° 64).

ENGAGEMENT DES NÉGOCIATIONS

81530 Les syndicats habilités à engager la procédure de révision d'un accord d'entreprise ou d'établissement sont différents selon que le cycle électoral est en cours ou achevé (C. trav. art. L 2261-7-1, I) :
– jusqu'à la fin du **cycle électoral** au cours duquel la convention ou l'accord a été conclu, seuls les syndicats représentatifs dans le champ d'application de ce texte, signataires ou adhérents, peuvent engager les négociations ;

– à l'**issue de cette période**, tous les syndicats représentatifs dans le champ d'application de ce texte peuvent engager les négociations, peu important qu'ils n'en soient ni signataires ni adhérents.
L'**employeur** peut aussi être à l'initiative de cette procédure.

DÉROULEMENT DES NÉGOCIATIONS

Les règles exposées à propos de la négociation de l'accord initial s'appliquent à celle de l'avenant de révision. Tous les **syndicats** représentatifs dans son champ d'application, qu'ils soient ou non signataires ou adhérents, doivent ainsi être invités à sa négociation, dans les conditions exposées nos 80210 s. Sur la composition des **délégations** syndicales et la rémunération des négociateurs salariés, voir respectivement nos 80230 s. et 80250 s. **81535**
S'agissant de la possibilité pour l'**employeur** de se faire représenter ou assister, voir nos 80285 s.
Sur l'encadrement de la négociation par un **accord préalable** et l'audition des DS d'entreprises extérieures, voir nos 80320 s.

SIGNATURE DE L'AVENANT DE RÉVISION

L'avenant de révision est soumis aux **conditions de validité** de droit commun des accords d'entreprise et d'établissement visées nos 80700 s. (C. trav. art. L 2261-7-1, II). S'agissant de son **contenu**, voir nos 80620 s. **81540**
Il **se substitue** de plein droit aux stipulations du texte qu'il modifie et est **opposable**, sous réserve de son dépôt (nos 80470 s.), à l'employeur et à l'ensemble des salariés liés par la convention ou l'accord révisé (C. trav. art. L 2261-8).

D. Dénonciation des conventions et accords

1. ACCORDS CONCERNÉS

Les signataires d'une convention ou d'un accord collectif peuvent mettre un terme aux engagements qu'ils ont contractés dans ce texte en le dénonçant. **81580**
La question de la dénonciation se pose essentiellement pour les conventions et accords collectifs à **durée indéterminée**.
Les conventions et accords à **durée déterminée** ne peuvent être remis en cause pendant leur durée que par accord unanime de l'ensemble des signataires (voir n° 81780).
Sur les modalités de dénonciation des accords dans les **entreprises dépourvues de DS** ou de conseil d'entreprise, voir nos 82250 s.

2. AUTEURS DE LA DÉNONCIATION

La convention et l'accord à durée indéterminée peuvent être dénoncés par les parties **signataires** (C. trav. art. L 2261-9). Ainsi, l'employeur ou le ou les syndicats signataires d'une convention ou d'un accord à durée indéterminée peuvent, en principe, le dénoncer à tout moment, sous réserve d'observer la procédure requise. **81620**
Si **une partie seulement des syndicats signataires** dénonce une convention ou un accord d'entreprise ou d'établissement, le texte continue à s'appliquer à l'ensemble des salariés comme s'il n'avait pas été dénoncé. Voir cependant n° 81625 pour le cas dans lequel l'un des syndicats signataires a perdu sa représentativité.

> **Précisions** L'employeur et les syndicats représentatifs dans l'entreprise, représentés par leurs DS, peuvent dénoncer tout accord collectif dans les conditions visées nos 81620 s., peu important ses modalités de négociation et de ratification, donc y compris si cet **accord** a été **conclu par un élu, un salarié mandaté ou ratifié par les 2/3 du personnel** dans les conditions visées nos 81900 s. (C. trav. art. L 2232-16).

Lorsque l'**un des syndicats signataires** de la convention ou de l'accord **perd sa représentativité** dans son champ d'application, la dénonciation de ce texte n'emporte d'effets que si elle émane d'un ou plusieurs syndicats représentatifs ayant recueilli la majorité des suffrages exprimés aux élections dans les conditions exposées nos 80710 s. (C. trav. art. L 2261-10). **81625**

> **Précisions** Il semble résulter de cette disposition que si un syndicat représentatif signataire d'une convention ou d'un accord perd sa représentativité à l'occasion de nouvelles élections, il n'a plus le pouvoir de le dénoncer, permettant ainsi à un ou plusieurs

syndicats représentatifs, même **non signataires**, de le dénoncer, sous réserve qu'ils aient recueilli plus de 50 % des voix au premier tour des dernières élections professionnelles.
On peut considérer que les « **effets** » de la dénonciation intervenant dans ces conditions sont identiques à ceux d'une dénonciation par l'employeur ou par tous les syndicats signataires, décrits n°s 81720 s. On peut aussi supposer, malgré le manque de précision du texte, que cette dénonciation est soumise à la même **procédure** que celle applicable à la dénonciation unanime (sur cette procédure, voir n°s 81650 s.).

3. LIBERTÉ DE DÉNONCIATION

81630 Les parties sont en principe libres de dénoncer les conventions et accords collectifs à durée indéterminée pour les **motifs** qui leur conviennent. Sauf clause contraire du texte concerné, l'employeur n'a pas à justifier sa décision de dénonciation (Cass. soc. 20-10-1993 n° 89-18.949 P : RJS 12/93 n° 1217).
Toutefois, on peut penser que, comme la dénonciation des usages (n° 85455), celle des conventions et accords collectifs ne doit pas avoir un motif **illicite**.
Par ailleurs, la dénonciation doit être **totale** sauf exceptions visées n° 81690 s.

4. PROCÉDURE

PRÉAVIS ET DATE DE DÉNONCIATION

81650 La convention ou l'accord doit, en principe, prévoir les **conditions** dans lesquelles il peut être dénoncé et, notamment, la **durée du préavis** qui doit précéder la dénonciation (C. trav. art. L 2222-6). À défaut de stipulation expresse, celle-ci est de 3 mois (C. trav. art. L 2261-9). La convention ou l'accord collectif peut prévoir une durée plus courte ou plus longue (Circ. DRT 15 du 25-10-1983).
La partie qui entend dénoncer une convention ou un accord collectif à durée indéterminée peut, en principe, le faire à la **date** qui lui convient. Toutefois, pour les employeurs, la faculté de dénonciation est limitée pendant la durée de la **négociation obligatoire** : voir n°s 81220 s.

NOTIFICATION ET DÉPÔT DE LA DÉNONCIATION

81655 La dénonciation est **notifiée** par son auteur aux **autres signataires** de la convention ou de l'accord (C. trav. art. L 2261-9). À défaut, elle n'est pas valable. Elle n'a pas, en principe, à être notifiée aux **salariés** (Cass. soc. 15-7-1998 n° 96-41.474 D). Sur le point de savoir si l'employeur doit consulter le **CSE** : voir n° 80105.
La dénonciation doit être **déposée** auprès de l'administration selon les **modalités** exposées n°s 80470 s. (C. trav. art. L 2261-9).

ILLUSTRATIONS

L'employeur **ne peut pas** valablement **notifier** la dénonciation :
– à une section syndicale (Cass. soc. 24-2-1993 n° 90-44.912 D) ;
– aux représentants syndicaux au CSE central (Cass. soc. 19-4-1989 n° 87-45.530 P : RJS 6/89 n° 527) ;
– ou au CSE, peu important que les représentants syndicaux appartenant aux syndicats signataires aient assisté à la réunion du comité, que la dénonciation ait été inscrite à l'ordre du jour et que les représentants syndicaux en aient pris acte dans une déclaration figurant en annexe du procès-verbal de la réunion (Cass. soc. 16-2-1989 n° 86-41.035 P : RJS 4/89 n° 372).

5. DÉNONCIATION D'UNE PARTIE DE LA CONVENTION

NOTIONS DE DÉNONCIATION TOTALE OU PARTIELLE

81690 La loi ne prévoit que la possibilité de dénoncer la **totalité** de la convention ou de l'accord (C. trav. art. L 2261-9). Une convention collective forme entre les parties signataires un **ensemble contractuel réciproque** dont certaines dispositions ne peuvent pas être écartées partiellement, sauf lorsque les conditions définies par la Cour de cassation sont remplies (Cass. soc. 21-11-1973 n° 72-40.228 ; 16-10-1974 n° 73-11.562).

ILLUSTRATIONS

La dénonciation est **partielle** si elle vise expressément :
– la convention collective et certains avenants ou annexes mais pas les accords postérieurs pris en application de la convention (Cass. soc. 16-3-1995 n° 93-13.371 PR : RJS 5/95 n° 540) ;
– les seules dispositions de l'accord relatives aux institutions représentatives et à leurs moyens au sein de l'UES mais pas celles relatives à la reconnaissance de l'UES (Cass. soc. 5-12-2007 n° 06-43.554 F-D) ;

– la totalité d'un accord d'entreprise à l'exception de certains articles qu'il est proposé de maintenir en l'état et d'autres qui ne seraient pas renégociés (Cass. soc. 12-10-2005 n° 04-43.355 FS-PB : RJS 12/05 n° 1234).

La dénonciation est **totale** si l'employeur dénonce l'ensemble des accords d'entreprise comportant des dispositions relatives à la représentation du personnel, même s'il remet en vigueur simultanément, unilatéralement, les dispositions des accords dénoncés relatives aux avantages sociaux dont bénéficiaient les salariés. En effet, le maintien des droits acquis ou la substitution d'avantages à ceux compris antérieurement dans un accord collectif dénoncé leur donnait un fondement juridique différent (Cass. soc. 30-3-1977 n° 75-13.440).

CONDITIONS DE LA DÉNONCIATION PARTIELLE

La dénonciation partielle d'une convention ou d'un accord est possible : **81695**

– si elle résulte d'un **commun accord** des parties ;

– ou si une **clause de la convention ou de l'accord** le prévoit (Cass. soc. 21-11-1973 n° 72-40.228 et 16-10-1974 n° 73-11.562) et détermine les dispositions susceptibles de faire l'objet de la dénonciation partielle (CA Paris 28-4-1998 n° 98-3104).

ATTENTION

Les dispositions d'une **convention collective de branche** prévoyant les modalités de sa dénonciation ou de sa révision totale ou partielle ne sont pas applicables, en l'absence de volonté clairement exprimée à cet égard par les parties contractantes, à la dénonciation d'un **accord d'entreprise** conclu entre d'autres organisations et ayant un objet distinct (Cass. soc. 16-10-1974 n° 73-11.562).

CONSÉQUENCE DE LA DÉNONCIATION PARTIELLE ILLICITE OU IRRÉGULIÈRE

La dénonciation partielle intervenue en dehors des deux hypothèses énoncées ci-avant, ou sans **81700**
respecter les conditions posées par la convention ou l'accord, est illicite ou irrégulière et, partant, **nulle** ou de nul effet.

ILLUSTRATIONS

Un employeur ne peut pas dénoncer unilatéralement la clause d'une convention collective prévoyant une majoration du salaire des ouvriers travaillant à un rythme imposé, si cette convention fixe les modalités de sa dénonciation sans contenir **aucune précision** quant à la **possibilité de l'effectuer de façon partielle** et qu'elle stipule seulement que chaque syndicat signataire peut en demander la révision, à l'exclusion toutefois des dispositions relatives aux salaires (Cass. soc. 21-11-1973 n° 72-40.228).

Est irrégulière la dénonciation partielle d'un accord d'entreprise qui n'est accompagnée d'aucun **projet de texte nouveau** à substituer à l'ancien alors que cette condition était imposée par une clause de cet accord (Cass. soc. 12-10-2005 n° 04-43.355 FS-PB : RJS 12/05 n° 1234).

6. EFFETS DE LA DÉNONCIATION

DÉNONCIATION PAR L'EMPLOYEUR OU L'ENSEMBLE DES SYNDICATS SIGNATAIRES

Sont présentés ci-dessous les effets de la dénonciation de la convention ou de l'accord collectif **81720**
émanant de l'employeur signataire ou de la totalité des signataires salariés. Sur la dénonciation de seulement une partie des signataires salariés, voir n° 81620. Sur les effets d'une dénonciation lorsque l'un des syndicats signataires a perdu sa représentativité, voir n° 81625.

> **Précisions** Les conventions et accords collectifs à durée indéterminée demeurent en vigueur tant qu'ils n'ont pas été **régulièrement dénoncés** ou mis en cause (Cass. soc. 25-4-2001 n° 98-45.195 F-P : RJS 7/01 n° 896 ; 13-11-2001 n° 99-42.709 FS-P : RJS 1/02 n° 60).
> La **dénonciation irrégulière** est inopposable aux salariés (en ce sens : Cass. soc. 12-10-2005 n° 04-43.355 FS-PB : RJS 12/05 n° 1234).
> Au surplus, les **décisions prises par l'employeur** en contradiction avec un accord irrégulièrement dénoncé peuvent constituer une voie de fait. Ainsi jugé au sujet d'une **note de service modifiant l'organisation du travail** prévue par un accord collectif non dénoncé. En l'espèce, l'accord d'entreprise prévoyait une organisation du travail en 4 équipes par roulement avec, pour la quatrième équipe, l'institution d'une prime de quatrième poste. L'employeur entendait revenir à une organisation du travail en 3 équipes avec suppression de cette prime. C'est à bon droit que le juge des référés, à la demande des syndicats, a déclaré nulles et de nul effet les dispositions de cette note (Cass. soc. 11-5-1988 n° 86-18.162 D).

ACCORDS À DURÉE INDÉTERMINÉE

81730 **Obligation de négocier** La dénonciation de la convention ou de l'accord collectif oblige l'employeur à engager une nouvelle négociation dans les 3 mois suivant le début du préavis (n° 81650), si l'une des parties intéressées le demande (C. trav. art. L 2261-10). Tous les **syndicats représentatifs** doivent y être conviés (Cass. soc. 9-2-2000 n° 97-22.619 P : RJS 3/00 n° 306). Un **accord** de substitution peut être conclu (C. trav. art. L 2261-10) et commencer à s'appliquer avant l'expiration du préavis si les signataires l'ont expressément prévu (Cass. soc. 6-6-2018 n° 16-22.361 FS-PB : RJS 8-9/18 n° 555).

Pour le reste, la négociation doit être menée dans le respect des dispositions de **droit commun** exposées n°s 80150 s. La convention ou l'accord pouvant être conclu est soumis aux conditions de **validité** mentionnées n°s 80700 s.

> **Précisions a.** Un **défaut de négociation** est sans conséquence sur la cessation d'effet de la convention ou de l'accord dénoncé à la fin de la période de maintien provisoire (n° 81735). Il en va de même, a fortiori, du **défaut d'accord** de substitution, en dépit d'une négociation.
> **b.** N'agit pas de manière nécessairement déloyale l'employeur qui décide **unilatéralement** pendant le délai de survie de l'accord collectif dénoncé, tout en poursuivant la négociation, de **maintenir les dispositions plus favorables** de ce texte au-delà du terme de la période de survie en l'absence d'accord de substitution, au bénéfice de tous les salariés quelle que soit leur date d'engagement (Cass. soc. 10-11-2021 n° 21-17.717 FS-B : RJS 1/22 n° 27). En l'espèce le délai nécessaire à la procédure d'extension de la recommandation patronale expliquait la précocité de la mesure unilatérale prise par la fédération.

81735 **Application de l'accord dénoncé pendant le délai de survie** La convention ou l'accord dénoncé reste applicable pendant un délai dit « de survie » (C. trav. art. L 2261-10), c'est-à-dire :
– **jusqu'à** l'entrée en vigueur de la **convention** ou de l'**accord remplaçant** le texte dénoncé (accord de substitution) ;
– **à défaut**, pendant une **durée** d'un an à compter de l'expiration du préavis de dénonciation, **sauf clause** prévoyant une durée déterminée supérieure.

> **Précisions a.** Le **maintien en vigueur** d'un accord d'entreprise **plus d'un an après** l'expiration du **préavis** ne peut résulter ni d'une clause de l'accord prévoyant, sans **fixer de délai**, qu'il continue à s'appliquer jusqu'à la prise d'effet d'un nouvel accord, ni d'un manquement de l'employeur à son obligation annuelle de négocier (Cass. soc. 12-2-1991 n° 89-45.314 P : RJS 3/91 n° 361), ni de l'absence de négociation d'un accord de substitution (Cass. soc. 23-6-1999 n° 97-43.162 P : RJS 8-9/99 n° 1103 ; 12-10-2005 n° 03-40.294 F-PB : RJS 12/05 n° 1235).
> Un employeur qui a dénoncé un accord d'entreprise ne peut donc pas être condamné à l'appliquer au-delà d'un an, jusqu'à l'aboutissement des pourparlers en cours pour un nouvel accord (Cass. soc. 8-11-1983 n° 81-41.230).
> **b.** La **modification de la durée** du délai de survie prévue par une **convention de branche** ne s'applique pas à la dénonciation d'un accord d'entreprise (Cass. soc. 31-3-1965 n° 64-40.338).

81740 Durant le délai de survie de la convention ou de l'accord dénoncé, les **salariés** entrant dans son champ, y compris ceux embauchés après sa dénonciation, continuent à en bénéficier (Cass. soc. 15-5-2001 n° 99-41.669 FS-P : RJS 7/01 n° 897), dans toutes ses dispositions (Déclaration min. trav. : JO déb. AN 11-6-1982).

> **ATTENTION**
> L'avenant au contrat de travail signé pendant le délai de survie de l'accord dénoncé et emportant **renonciation** aux dispositions de cet accord est nul (Cass. soc. 26-5-1998 n° 96-41.053 PB : RJS 7/98 n° 886 ; 19-10-1999 n° 97-45.907 P : RJS 11/99 n° 1392).

81745 **Garantie de rémunération au-delà du délai de survie** En l'**absence d'accord de substitution** conclu durant le délai de survie légal ou conventionnel, la convention ou l'accord dénoncé cesse de s'appliquer à l'issue de ce délai. Les salariés bénéficient toutefois d'une garantie de rémunération dont le **montant annuel**, pour une **durée de travail équivalente** à celle prévue par leur contrat de travail, ne peut pas être inférieur à la rémunération versée au cours des 12 derniers mois en application de la convention ou de l'accord dénoncé et du contrat de travail (C. trav. art. L 2261-13, al. 1 et 3).

Ces règles s'appliquent aussi en cas de **mise en cause** d'une convention ou d'un accord collectif en raison notamment d'une fusion, d'une cession, d'une scission ou d'un changement d'activité (C. trav. art. L 2261-14, al. 1 et 2).

La garantie de rémunération peut prendre le forme d'une **indemnité différentielle** entre, d'une part, le montant de la rémunération qui était dû au salarié en vertu de la convention ou de l'accord dénoncé ou mis en cause et de son contrat de travail et, d'autre part, le montant de la rémunération résultant, le cas échéant, d'un nouvel accord et de son contrat de travail (C. trav. art. L 2261-13, al. 2 et L 2261-14, al. 3).

> **Précisions** **a.** Le **nouvel accord** visé par le Code du travail pour le calcul de l'indemnité différentielle doit, selon nous, s'entendre de tout accord **conclu après** l'expiration du délai de survie ou **pendant** ce délai lorsqu'il n'a pas pour **objet** de remplacer en tout ou partie l'accord dénoncé. En ce sens, il se distingue de l'accord de substitution qui met fin à l'application de l'accord dénoncé sans application de la garantie de rémunération (voir n° 81735).
b. Pour déterminer la rémunération à garantir, il convient, selon nous, de se placer à la **date** à laquelle l'accord dénoncé ou mis en cause cesse de produire effet, et de calculer le **total** des versements effectués en application de ce texte et du contrat de travail au cours des 12 mois précédents. Chaque salarié retire des avantages différents, si bien qu'un important travail de calcul doit être effectué. Des difficultés peuvent surgir, par exemple, pour traiter les périodes de **suspension du contrat**, ce qui impose de procéder à des « reconstitutions » (Rapp. Cesaro du 22-1-2016).
Le Code du travail se réfère aux avantages conventionnels et contractuels versés, ce qui semble exclure la prise en compte des avantages résultant d'un **usage** ou d'un **engagement unilatéral** de l'employeur et/ou ne faisant l'objet d'aucun **« versement »** dans le délai de 12 mois. On peut s'interroger sur la portée de cette dernière condition. Ainsi, par exemple, se pose la question de savoir si des éléments de rémunération dont le versement est subordonné à une condition particulière, telle une prime d'objectifs, doivent être maintenus en l'absence de versement dans les 12 mois faute de réalisation de la condition ou encore, si les salariés peuvent prétendre à la prise en compte des dispositions conventionnelles assimilant à du temps de travail effectif les temps de pause rémunérés.
c. L'article L 2261-14 du Code du travail, qui traite de la **mise en cause** d'un accord, omet de se référer à la **rémunération contractuelle** antérieure du salarié dans son alinéa 2. On peut supposer qu'il s'agit d'un oubli du législateur car, à l'alinéa suivant, cette référence est bien présente.
d. La doctrine s'accorde pour considérer que la garantie de rémunération due, le cas échéant, à chaque salarié concerné doit être **appréciée chaque année** à la date d'anniversaire de la cessation des effets de l'accord dénoncé. Son montant évoluera à la baisse ou à la hausse en fonction du montant de la rémunération conventionnelle et contractuelle perçue par le salarié au cours de sa carrière dans l'entreprise.
e. À défaut de précision dans les textes, la garantie de rémunération peut faire l'objet d'un **versement** mensuel ou annuel unique.
f. Il est possible, selon nous, de déduire de la jurisprudence antérieure rendue à propos des avantages individuels acquis que les **salariés embauchés après** la dénonciation sont exclus du bénéfice de la garantie de rémunération (Cass. soc. 15-5-2001 n° 99-41.669 FS-P : RJS 7/01 n° 897), sauf engagement unilatéral de l'employeur en ce sens (Cass. soc. 24-4-2013 n° 12-10.196 FS-PBRI : RJS 7/13 n° 540).

La **rémunération s'entend** au sens de l'article L 242-1 du CSS (C. trav. art. L 2261-13 et L 2261-14). **81750**
Par exception, le rabais excédentaire soumis à cotisations lors de la levée d'une option sur actions (Mémento Paie nos 50530 s.) n'entre pas dans le calcul de la garantie de rémunération (C. trav. art. L 2261-13 et L 2261-14).

> **Précisions** Les articles L 2261-13 et L 2261-14 du Code du travail excluent de la garantie de rémunération les sommes visées à la 1e phrase du 2e alinéa de l'article L 242-1 du CSS. Ces dispositions visaient jusqu'au 31-8-2018 le rabais excédentaire soumis à cotisations lors de la levée d'une **option sur actions**. L'ordonnance 2018-474 du 12-6-2018 les a transférées, au 1-9-2018, à l'article L 242-1, II-6° du CSS sans toutefois modifier sur le fond les articles précités du Code du travail. Cette modification est, selon nous, sans incidence sur les règles applicables, l'ordonnance précitée ayant été adoptée à droit constant.

ACCORDS À DURÉE DÉTERMINÉE

Le **Code du travail** ne prévoit ni les conditions dans lesquelles les conventions et accords à durée déterminée peuvent être dénoncés, ni les conséquences d'une telle dénonciation. **81780**
Selon la Cour de cassation, la **dénonciation unilatérale** d'un accord à durée déterminée est exclue (Cass. soc. 26-5-1983 n° 81-15.262 P).
En revanche, un tel accord peut, selon nous, être dénoncé par **accord unanime** de l'ensemble des signataires. Dans cette situation, on peut penser soit que l'accord **cesse de produire tout**

effet, comme un accord arrivant à expiration (voir n° 80970), soit que le **régime prévu par la loi en cas de dénonciation** d'un accord à durée indéterminée s'applique : une négociation peut être engagée ; l'accord dénoncé survit provisoirement jusqu'à la conclusion d'un accord de substitution ou jusqu'à la fin du délai de survie, mais cela n'a pas pour effet de prolonger l'accord à durée déterminée au-delà de son terme initialement prévu. Si ce terme est postérieur à la fin du délai de survie provisoire de l'accord, en l'absence d'accord de substitution, les salariés bénéficient de la garantie de rémunération jusqu'à ce terme.
En faveur de cette seconde hypothèse, on observera que le Code du travail prévoit que les salariés bénéficient de la garantie de rémunération en cas de **mise en cause** d'un accord à durée déterminée en raison d'une modification de la situation de l'entreprise, à défaut de conclusion d'un accord de substitution, jusqu'au terme initialement prévu de l'accord, s'il est postérieur à la fin du délai de survie provisoire de l'accord (voir n° 87985).

EXEMPLE

Si un accord collectif conclu le 1-9-2020 pour une durée de 2 ans a été dénoncé le 31-12-2021, on devrait considérer qu'il a pris fin comme prévu le 31-8-2022 et non le 31-3-2023 (survie provisoire de 12 mois après l'expiration du préavis fixé, sauf dispositions contraires, à 3 mois).

SECTION 2

ENTREPRISE SANS DÉLÉGUÉ SYNDICAL

81900 En l'absence de DS (ou de conseil d'entreprise) dans l'entreprise ou l'établissement, l'employeur peut, sous certaines conditions, soit négocier, conclure et réviser des conventions et accords collectifs d'entreprise ou d'établissement avec des **représentants du personnel** (membres élus, mandatés ou non, ou salariés mandatés non élus), soit proposer directement aux **salariés** un projet d'accord collectif.
Dans les entreprises de moins de 50 salariés, il peut aussi appliquer un **accord type** proposé, le cas échéant, par la branche.
Sur la faculté pour l'employeur et les salariés, représentants du personnel ou non, de bénéficier de **formations communes** sur les pratiques du dialogue social en entreprise, voir n° 80340.

> **Précisions** Les règles de négociation, de conclusion, de révision et de dénonciation des conventions et accords dans les entreprises sans DS sont déterminées par leur **effectif**, calculé selon les modalités de droit commun prévues aux articles L 1111-2 (entreprise ordinaire) et L 1251-54 (entreprise de travail temporaire) du Code du travail : voir n°s 20850 s. (C. trav. art. L 2232-29-2).
> Un **tableau** récapitule les règles applicables en fonction de l'effectif de l'entreprise, voir n° 82300.

81905

Les petites entreprises peuvent adopter des accords-types négociés par la branche

Conclusion d'un accord par la branche Pour pouvoir être étendus, les conventions ou accords collectifs de branche doivent contenir un certain nombre de clauses obligatoires. Notamment, ceux conclus depuis le 24-9-2017 doivent comporter des stipulations spécifiques aux entreprises de moins de 50 salariés ou, à défaut, mentionner les justifications expliquant leur absence (C. trav. art. L 2261-23-1).
Ces stipulations peuvent soit être directement applicables aux entreprises visées, soit prendre la forme d'accords-types indiquant les différents choix laissés à l'employeur (C. trav. art. L 2232-10-1).
Objet des accords-types Les stipulations spécifiques peuvent **porter sur** l'ensemble des négociations prévues par le Code du travail (C. trav. art. L 2232-10-1).
Application dans l'entreprise L'employeur peut appliquer un accord-type au moyen d'un document unilatéral indiquant les choix qu'il a retenus, parmi ceux que propose l'accord de branche (C. trav. art. L 2232-10-1), sans adaptation possible des options prédéfinies (C. trav. art. D 2232-1-6). Il doit en **informer** au préalable le CSE, s'il en existe dans l'entreprise, ainsi

que les salariés, par tous moyens (C. trav. art. L 2232-10-1). On notera que cette information ne semble pas s'imposer en cas d'application directe des stipulations spécifiques d'un accord de branche.
En revanche, l'employeur n'est pas tenu d'engager d'abord une négociation avec des élus au CSE ou des salariés mandatés, ni même d'effectuer des démarches en vue d'engager une telle négociation (en ce sens : Rapport AN n° 3675).
La nature du document unilatéral ainsi édicté n'est pas définie par la loi. Selon Antoine Lyon-Caen, on serait en présence d'un engagement unilatéral de l'employeur (FRS 14/16 inf. 15 p. 19), avec les conséquences exposées nos 85440 s.

A. Entreprises visées

L'employeur peut engager la négociation d'un accord collectif d'entreprise ou d'établissement avec les représentants du personnel (ou directement avec le personnel si certaines conditions sont réunies) dans les entreprises dépourvues de DS, de conseil d'entreprise (C. trav. art. L 2232-21, L 2232-23-1, L 2232-24 et L 2232-26) ou de membre de la délégation du personnel au CSE désigné comme DS (C. trav. art. L 2143-6). **81910**

ABSENCE DE DÉLÉGUÉ SYNDICAL

L'absence de DS peut être liée, par exemple, à l'absence de syndicat dans l'entreprise ou l'établissement, ou, si des syndicats sont présents, à leur non-représentativité, au défaut de candidat ou à l'absence de section syndicale dans l'entreprise (nos 27850 s.). **81915**
Dans les **entreprises à établissements multiples**, il est possible, selon nous, de négocier avec le personnel, les élus ou les salariés mandatés selon les règles visées nos 81940 s. dans les établissements n'ayant pas de DS, même si des DS sont présents dans d'autres établissements. Dans ces derniers, en revanche, les DS sont seuls compétents.

ATTENTION

Dès qu'un **DS** est **désigné**, celui-ci reprend l'ensemble des prérogatives liées à ses fonctions. Si des négociations sont en cours avec des élus ou des salariés mandatés, cette désignation met fin à celles-ci et rend caduc le mandat des salariés (Circ. DRT 9 du 22-9-2004). Cette précision, apportée dans le cadre issu de la loi du 4-5-2004 sur le dialogue social, vaut, selon nous, sous l'empire des textes actuellement applicables.

S'il n'existe dans l'entreprise qu'un **DS habilité à négocier pour les seuls cadres**, peut-on considérer que les non-cadres sont privés de négociateur syndical et que, par conséquent, l'employeur est autorisé à engager une négociation avec des élus ou des salariés mandatés ? Une telle solution, qui n'a jamais été consacrée par la jurisprudence, est, selon nous, conforme à l'esprit de la loi. En effet, si le Code du travail subordonne la négociation avec des élus ou des salariés mandatés à l'absence de DS, c'est seulement pour préserver la priorité syndicale dans la négociation. **81920**
Cette interprétation se heurte toutefois à des difficultés pratiques, tenant notamment aux modalités de conduite des négociations : l'employeur devra-t-il engager des négociations séparées, ou négocier avec une délégation mixte composée du DS habilité à négocier pour les seuls cadres et d'un élu ou d'un salarié mandaté ? L'issue des négociations est également sujette à interrogations : faut-il conclure deux accords séparés ou plutôt un accord mixte, auquel cas quelles seraient les conditions de validité de cet accord ? On attend avec intérêt que la jurisprudence ou l'administration se prononce sur ces questions.

ABSENCE DE CONSEIL D'ENTREPRISE

Dans les entreprises dépourvues de DS, un conseil d'entreprise peut être constitué selon les modalités prévues nos 5550 s. Il est alors **seul compétent** pour négocier des conventions et accords d'entreprise ou d'établissement (n° 5630), ce qui rend inapplicable le régime de négociation exposé ici. **81925**

INCIDENCE D'UN ACCORD DE BRANCHE ÉTENDU

À notre sens, les entreprises comprises dans le champ d'application d'une convention ou d'un accord de branche étendu organisant la négociation dérogatoire avec des élus ou des salariés mandatés par un syndicat en application de la **loi du 4-5-2004** sont tenues de s'y conformer et d'appliquer les anciens articles L 2232-21 à L 2232-29 du Code du travail. **81930**

B. Négociation dans les entreprises de moins de 50 salariés

1. ENTREPRISES DE MOINS DE 11 SALARIÉS (OU DE 11 À 20 SANS ÉLU)

PROJET D'ACCORD RÉDIGÉ PAR L'EMPLOYEUR

81940 Dans les entreprises dont l'effectif habituel est inférieur à 11 salariés, l'employeur peut **proposer** directement **aux salariés** un projet d'accord qui porte sur l'ensemble des **thèmes** ouverts à la négociation d'entreprise (C. trav. art. L 2232-21). Sur ces thèmes, voir n°s 83580 s.

Cette faculté est aussi ouverte aux entreprises de 11 à 20 salariés sans CSE (C. trav. art. L 2232-23), lesquelles peuvent négocier et conclure un accord aussi bien selon cette procédure qu'avec, semble-t-il, un **salarié mandaté** par un syndicat dans les conditions visées n°s 81960 s. (CE 1-4-2019 n° 417652 : RJS 7/19 n° 448).

ATTENTION

Dans les entreprises de 11 à 20 salariés, l'employeur peut négocier directement avec les salariés à condition que l'absence d'élu au CSE soit constatée dans un **procès-verbal de carence** de moins de 4 ans et qu'aucun salarié ou syndicat n'ait demandé l'organisation de nouvelles élections au moins 6 mois après l'établissement du procès-verbal (QR min. trav. juillet 2020 n° 21).

VALIDITÉ DE L'ACCORD

81945 Le projet d'accord doit être **approuvé** à la majorité des 2/3 du personnel pour être valide (C. trav. art. L 2232-22, al. 1). À défaut, il est réputé non écrit (C. trav. art. L 2231-9).

Les **modalités du référendum**, définies par l'employeur, doivent porter sur les points suivants : transmission aux salariés du projet d'accord ; lieu, date et heure du référendum ; organisation et déroulement de celui-ci ; texte de la question relative à l'approbation du projet d'accord (C. trav. art. R 2232-11). Elles doivent être **communiquées** aux salariés **au plus tard** 15 jours avant le référendum, avec le projet d'accord soumis à leur approbation (C. trav. art. L 2232-21 et R 2232-12).

Selon l'administration, l'employeur doit aussi, dans le même délai, établir et communiquer au personnel la **liste nominative des salariés** consultés (QR min. trav. juillet 2020 n° 20).

L'**organisation matérielle** du référendum incombe à l'employeur. Il se déroule en son absence, par tout moyen, pendant le temps de travail. Son caractère personnel et secret doit être garanti (C. trav. art. R 2232-10).

À l'issue du référendum, le **résultat** est porté à la connaissance de l'employeur. Il fait l'objet d'un **procès-verbal**, annexé à l'accord approuvé lors de son dépôt, dont la publicité est assurée dans l'entreprise par tout moyen (C. trav. art. R 2232-10). Sur les modalités de **dépôt** de l'accord approuvé, voir n°s 80470 s.

> **Précisions a.** Le **délai** de 15 jours susvisé doit permettre aux salariés de prendre connaissance du projet d'accord qui leur est soumis et, s'ils le souhaitent, de se rapprocher des **syndicats** pour se forger une opinion avant le référendum (QR min. trav. juillet 2020 n° 19).

À cet égard, l'employeur est tenu, chaque année, d'informer par tout moyen le personnel de la disponibilité des **adresses des syndicats** de salariés représentatifs dans la branche dont relève l'entreprise sur le site du ministère du travail (C. trav. art. L 2141-7-1). L'information peut prendre la **forme** d'un e-mail ou d'un affichage dans l'entreprise par exemple.

Ce délai peut aussi être mis à profit par l'**employeur** pour défendre son projet auprès des salariés : organisation de réunions de présentation, réponses aux questions posées par les salariés, etc.

b. Toute **contestation** relative à la **liste des salariés** devant être consultés (et donc à leur appartenance à l'entreprise) doit être portée devant le tribunal judiciaire, qui statue en dernier ressort (C. trav. art. R 2232-13 ; COJ art. R 211-3-17). La requête doit être remise ou adressée au tribunal dans les 3 jours suivant la diffusion de la liste dans l'entreprise. Lorsque la contestation porte sur la **régularité de la procédure** de référendum, le tribunal judiciaire doit être saisi dans un délai de 15 jours suivant celui-ci (C. trav. art. R 2314-24 substitué à C. trav. art. R 2324-24 abrogé, sur renvoi de l'art. R 2232-13).

c. Selon l'administration, le **personnel** devant être **consulté** correspond à l'ensemble des salariés couverts par l'accord (QR min. trav. juillet 2020 n° 20). Mais une telle interprétation semble ajouter aux textes qui visent le « personnel » sans autre précision. À notre sens, il résulte au contraire des textes que l'employeur doit consulter l'ensemble des salariés inscrits à l'effectif de l'entreprise à la date d'approbation de l'accord d'entreprise, y

compris ceux des établissements non couverts par le projet d'accord et/ou ne remplissant pas les conditions pour être électeurs aux élections du CSE.
d. À défaut de précision sur ce point dans les textes relatifs à la procédure de référendum, les règles de **calcul des délais** précités sont, selon nous, celles fixées par les articles 640 et suivants du Code de procédure civile.
e. Sur la ou les personnes habilitées à établir et signer le **procès-verbal**, et sur les mentions qu'il doit comporter, voir n° 80775.

2. ENTREPRISES DE 11 À MOINS DE 50 SALARIÉS

PARTIES ET OBJET DE LA NÉGOCIATION

Dans les entreprises dont l'effectif habituel est compris entre 11 et moins de 50 salariés, la **partie patronale** est la même que dans les entreprises avec DS (voir n° 80285). **81960**
S'agissant de la **partie salariale**, l'accord d'entreprise ou d'établissement peut être négocié et conclu, sans ordre de priorité (C. trav. art. L 2232-23-1, I, al. 1 à 3) :
– soit par un ou plusieurs salariés expressément mandatés par un ou plusieurs syndicats représentatifs dans la branche ou, à défaut, au niveau national et interprofessionnel, peu importe qu'il(s) soi(en)t membre(s) ou non de la délégation du personnel du CSE ;
– soit par un ou plusieurs élus titulaires du CSE, mandatés ou non.
L'accord ainsi négocié et conclu peut porter sur tous les **thèmes** pouvant être négociés par accord d'entreprise ou d'établissement (C. trav. art. L 2232-23-1, I, al. 4). Sur ces thèmes, voir nos 83580 s.

> Précisions a. Il résulte de ce dispositif que dans les entreprises de **11 à moins de 50 salariés**, comptant un ou plusieurs élus, l'employeur a 2 options : négocier directement avec les élus ou avec des salariés mandatés, sans être tenu d'**avertir les syndicats** de son intention d'engager des négociations afin que, le cas échéant, ces syndicats mandatent des élus ou des salariés (ils ne pourront alors mandater qu'un seul salarié : C. trav. art. L 2232-23-1, I, 1°).
De même, un choix s'offre à l'entreprise comptant de **11 à 20 salariés** et dépourvue d'élu ; elle peut soit négocier un accord avec un salarié mandaté, soit proposer au personnel un projet d'accord (voir n° 81940).
b. Dans une **UES**, un accord peut être négocié et conclu avec le CSE commun mais pas avec le **comité de groupe** (Circ. DRT 9 du 22-9-2004).
c. Dans les **entreprises à établissements multiples**, l'accord est négocié et conclu, selon son périmètre d'application, soit avec le CSE central, soit avec le CSE d'établissement (Circ. DRT 9 du 22-9-2004). Sur la possibilité de conclure un accord avec le CSE d'établissement dans un établissement sans DS alors que des DS sont présents dans d'autres établissements, voir n° 81915.

VALIDITÉ DE L'ACCORD

Accord conclu avec un salarié mandaté non élu Si l'accord est conclu avec un ou plusieurs salariés mandatés non élus, il doit, pour être valide, être **approuvé** par les salariés à la majorité des suffrages exprimés, dans le respect des principes généraux du droit électoral (C. trav. art. L 2232-23-1, II, al. 3). À défaut, il est réputé non écrit (C. trav. art. L 2231-9). **81970**
Après **avis du ou des salariés mandatés** sur les modalités du référendum visées n° 82025, l'employeur organise le scrutin dans les 2 mois suivant la conclusion de l'accord (C. trav. art. D 2232-8), dans les conditions prévues n° 82025.
Le **résultat** du vote ainsi que les **contestations** relatives à la liste des salariés consultés et à la régularité du référendum obéissent aux règles exposées respectivement nos 80775 et 80770, b, étant précisé que, dans la négociation sans DS, le procès-verbal des résultats du vote est également adressé au syndicat mandataire (C. trav. art. D 2232-2, 2°).

Accord conclu avec un élu du CSE Si l'accord est conclu avec un ou plusieurs élus titulaires du CSE, mandatés ou non, les signataires doivent **représenter** la majorité des suffrages exprimés en faveur des membres du CSE lors des dernières élections professionnelles (C. trav. art. L 2232-23-1, II, al. 1). **81975**
Lorsqu'un **membre suppléant** siège en remplacement d'un titulaire empêché, l'**assiette** est **recalculée** : on retranche les suffrages exprimés en faveur du titulaire remplacé et on ajoute ceux exprimés en faveur du suppléant qui le remplace (QR min. trav. juillet 2020 n° 24).
Pour apprécier si la condition de majorité est remplie en cas d'accord conclu par un ou des élus titulaires du **CSE central**, il faut tenir compte, pour chacun de ces élus, d'un poids égal au rapport suivant : nombre de suffrages exprimés dans l'établissement en faveur de cet élu/nombre total des suffrages exprimés dans chaque établissement en faveur des élus titulaires du CSE central (C. trav. art. L 2232-23-1, II, al. 2).

81980 **Un observatoire d'analyse et d'appui au dialogue social et à la négociation dans les départements**

Un observatoire d'analyse et d'appui au dialogue social et à la négociation peut être mis en place par décision administrative au niveau départemental. Il a pour objet de favoriser et d'encourager le développement du dialogue social et de la négociation collective au sein des **entreprises de moins de 50 salariés** du département (C. trav. art. L 2234-4). Cet observatoire peut apporter son concours et son **expertise juridique aux entreprises** de son ressort dans le domaine du droit social, et être **saisi par les syndicats de salariés ou patronaux** de toutes difficultés rencontrées dans le cadre d'une négociation. Il a aussi pour mission d'établir un **bilan annuel** du dialogue social dans le département (C. trav. art. L 2234-6).

Les règles relatives à sa composition et à son fonctionnement sont fixées aux articles L 2234-5 et R 2234-1 à R 2234-4 du Code du travail.

C. Négociation dans les entreprises d'au moins 50 salariés

81990 Pour la négociation dans les entreprises d'au moins 50 salariés, **priorité** est donnée au mandatement (priorité de l'élu mandaté sur l'élu non mandaté) et aux élus (priorité de l'élu, mandaté ou non, sur le salarié mandaté). Les **entreprises habilitées** à négocier avec des élus ou des salariés mandatés sont celles dépourvues de DS (ou de conseil d'entreprise) au sens indiqué n°s 81910 s.

1. INFORMATION PRÉALABLE DES SYNDICATS ET DES ÉLUS

INFORMATION DES SYNDICATS

81995 L'employeur doit informer les syndicats représentatifs dans la **branche** dont relève l'entreprise ou, à défaut, ceux représentatifs au **niveau national et interprofessionnel** de sa décision d'engager des négociations (C. trav. art. L 2232-24, al. 2 et L 2232-26, al. 2).

Les syndicats ainsi informés pourront déclencher le processus de mandatement d'un élu ou d'un salarié et suivre le déroulement des négociations.

CONSEIL

L'information peut se faire en direction des unions syndicales locales ou départementales avant l'ouverture des négociations, dans les formes habituelles de l'invitation des syndicats à la négociation du protocole préélectoral en vue des élections. L'employeur doit être en mesure d'en **justifier**. Ainsi la voie de la lettre recommandée avec accusé de réception est-elle préférable (Circ. DRT 9 du 22-9-2004).

À notre avis, ce courrier d'information doit **préciser** le ou les thèmes de la négociation envisagée.

INFORMATION DES ÉLUS

82000 L'employeur fait connaître son intention de négocier aux élus par tout moyen permettant de lui conférer une date certaine (C. trav. art. L 2232-25-1, al. 1).

CONSEIL

L'employeur doit être en mesure d'en **justifier**. Il lui est donc conseillé d'y procéder par lettre recommandée avec accusé de réception.

S'agissant du **contenu** de cette information, l'obligation de loyauté doit, à notre sens, conduire l'employeur à faire état du ou des thèmes de négociation, du délai de réponse imparti aux élus (voir n° 82010) et de leur faculté d'obtenir un mandatement syndical.

2. NÉGOCIATION AVEC DES ÉLUS DU CSE

a. Priorité des élus mandatés sur les élus non mandatés

82010 Les élus qui souhaitent négocier doivent le faire savoir dans un **délai** d'un mois et indiquer, le cas échéant, s'ils sont mandatés par un syndicat représentatif visé n° 82015 (C. trav. art. L 2232-25-1, al. 2).

À l'issue de ce délai, la négociation s'engage avec les élus qui ont indiqué être **mandatés** ou, à défaut, avec des élus **non mandatés**, conformément aux règles exposées ci-après (C. trav. art. L 2232-25-1, al. 3).

b. Négociation avec des élus mandatés

PARTIES ET OBJET DE LA NÉGOCIATION

Les conventions et accords collectifs sont négociés par l'**employeur**, qui peut choisir de se faire représenter ou assister (nos 80285 s.). **82015**

S'agissant de la **partie salariale**, peuvent négocier et conclure un accord collectif les membres titulaires de la délégation du personnel du CSE, s'ils sont expressément mandatés à cet effet par un ou plusieurs syndicats représentatifs dans la branche dont relève l'entreprise ou, à défaut, au niveau national et interprofessionnel. Un même syndicat ne peut mandater qu'un seul salarié (C. trav. art. L 2232-24, al. 1).

Sur les élus habilités à négocier dans les entreprises à **établissements multiples** ou en présence d'une **UES**, voir n° 81960, b et c.

Les accords conclus peuvent, à notre avis, porter sur tous les **thèmes** pouvant être négociés par accord d'entreprise ou d'établissement. Sur ces thèmes, voir nos 83580 s.

VALIDITÉ DE L'ACCORD

Pour être valable, l'accord signé par un élu titulaire mandaté doit être **approuvé par les salariés** à la majorité des suffrages exprimés, dans le respect des principes généraux du droit électoral (C. trav. art. L 2232-24, al. 3). À défaut, il est réputé non écrit (C. trav. art. L 2231-9). **82025**

L'employeur doit recueillir l'**avis du ou des élus mandatés** sur les **modalités du référendum** (C. trav. art. D 2232-8) : modalités d'information des salariés sur le texte de l'accord ; lieu, date et heure du scrutin ; organisation et déroulement du vote ; texte de la question soumise au vote (C. trav. art. D 2232-3). Puis il organise le **scrutin** dans les 2 mois à partir de la conclusion de l'accord. Au moins **15 jours avant** le référendum, il informe par tout moyen les salariés de ses modalités, du contenu de l'accord et du texte de la question (C. trav. art. D 2232-4 et D 2232-8). En cas de **désaccord** sur les modalités du référendum retenues par l'employeur, le président du tribunal judiciaire peut être saisi par toute personne intéressée dans un délai de 8 jours à compter de l'information des salariés. Il statue selon la procédure accélérée au fond et en dernier ressort (C. trav. art. D 2232-9 ; COJ art. R 211-3-17).

Bien qu'aucun texte ne l'impose expressément, l'employeur doit, à notre sens, établir et communiquer au personnel la **liste nominative des salariés** consultés au moins 15 jours avant la date du référendum (voir n° 80760).

Le référendum, dont l'**organisation matérielle** incombe à l'employeur, a lieu pendant le temps de travail, au scrutin secret sous enveloppe ou par voie électronique (C. trav. art. D 2232-2, 1°).

Le **résultat** du vote, ainsi que les **contestations** relatives à la liste des salariés consultés et à la régularité du référendum obéissent aux règles exposées nos 80775 et 80770, b, étant précisé que, dans la négociation sans DS, le procès-verbal des résultats du vote est également adressé au syndicat mandant (C. trav. art. D 2232-2, 2°).

> **Précisions a.** À notre sens, l'employeur doit consulter l'ensemble des **salariés** de l'entreprise à la **date** de l'approbation de l'accord, y compris ceux des établissements non couverts par l'accord et/ou ne remplissant pas les conditions pour être électeurs aux élections du CSE.
> **b.** À défaut de précision sur ce point dans les textes relatifs au référendum, les règles de **calcul des délais** précités sont, selon nous, celles fixées par les articles 640 et suivants du Code de procédure civile.

c. Négociation avec des élus non mandatés

PARTIES À LA NÉGOCIATION

Les conventions et accords collectifs sont négociés par l'**employeur**, qui peut choisir de se faire représenter ou assister (nos 80285 s.). **82030**

S'agissant de la **partie salariale**, en l'**absence d'élu mandaté**, les élus non mandatés peuvent négocier et conclure des accords collectifs (C. trav. art. L 2232-25, al. 1).

Sur les élus habilités à négocier dans les **entreprises à établissements multiples** ou dans une **UES**, voir n° 81960, b et c.

OBJET DE LA NÉGOCIATION

82035 La négociation ne peut porter que sur les accords collectifs relatifs à des **mesures dont la mise en œuvre est subordonnée par la loi à un accord collectif**. Par exception, les accords collectifs de méthode signés dans le cadre de procédures de licenciements collectifs avec PSE ne peuvent pas être conclus dans ces conditions (C. trav. art. L 2232-25, al. 2).

ATTENTION

La question se pose de savoir si, par « mesures dont la mise en œuvre est subordonnée par la loi à un accord collectif », il faut entendre les mesures ne pouvant être mises en œuvre que par accord collectif, **sans autre alternative** (comme, par exemple, la mise en place de conventions individuelles de forfait en heures ou en jours sur l'année qui nécessitent la conclusion d'un accord collectif : voir n° 64710), à l'exclusion des thèmes dans lesquels une autre norme juridique peut suppléer l'absence d'accord collectif. Des précisions de l'administration sur le sujet seraient les bienvenues.

VALIDITÉ DE L'ACCORD

82040 La validité de l'accord est subordonnée à sa signature par des membres titulaires de la délégation du personnel du CSE représentant la **majorité des suffrages exprimés** en faveur des membres de cette délégation lors des dernières élections professionnelles (C. trav. art. L 2232-25, al. 3). Sur le calcul du poids de l'élu signataire lorsqu'il intervient comme **suppléant** en remplacement d'un titulaire empêché, voir n° 81975.

Pour apprécier si la condition de majorité est remplie en cas d'accord d'établissement conclu par les membres titulaires de la délégation du **CSE d'établissement**, on prend en compte le rapport entre les suffrages exprimés en faveur de chacun des membres titulaires et le nombre total des suffrages exprimés en faveur des membres du CSE au sein de l'établissement (QR min. trav. juillet 2020 n° 25).

En cas d'accord d'entreprise conclu par des élus titulaires du **CSE central**, il faut tenir compte, pour chacun de ces élus, d'un poids égal au rapport suivant : nombre de suffrages exprimés dans l'établissement en faveur de cet élu/nombre total des suffrages exprimés dans chaque établissement en faveur des élus titulaires du CSE central (C. trav. art. L 2232-25, al. 4).

EXEMPLE

Soit un accord collectif conclu par des élus A et B titulaires du CSE central dans une entreprise de 80 salariés sans DS. Ces élus représentent respectivement 12 et 24 suffrages exprimés dans leur établissement sur les 60 suffrages exprimés dans la totalité des établissements de l'entreprise en faveur des élus titulaires du CSE central.

L'élu A concentre 20 % de la totalité des suffrages exprimés (12/60 = 0,20), tandis que l'élu B représente 40 % de ces suffrages (24/60 = 0,40). À lui seul, l'élu A ne peut pas conclure d'accord collectif avec l'employeur. Il en va de même pour l'élu B. En revanche, si l'accord est signé par les élus A et B, il est valable puisque ces élus représentent ensemble plus de la moitié des voix.

3. NÉGOCIATION AVEC DES SALARIÉS MANDATÉS NON ÉLUS

ENTREPRISES VISÉES ET OBJET DES NÉGOCIATIONS

82050 Un accord collectif peut être négocié et conclu par un ou plusieurs salariés expressément mandatés par un ou plusieurs syndicats représentatifs dans la **branche** ou, à défaut, au niveau **national et interprofessionnel**, dans les entreprises dont l'effectif habituel est d'au moins 50 salariés (C. trav. art. L 2232-26, al. 1 et 3) :

– si **aucun élu, mandaté ou non**, n'a manifesté son souhait de négocier à l'issue de la procédure visée n°s 82000 s. ;

– ou si un procès-verbal de **carence** a établi l'absence d'élus.

À cet effet, un même syndicat ne peut mandater qu'**un seul salarié** (C. trav. art. L 2232-26, al. 1).

L'accord peut porter sur tous les **thèmes** pouvant être négociés par accord d'entreprise ou d'établissement (C. trav. art. L 2232-26, al. 4). Sur ces thèmes, voir n°s 83580 s.

VALIDITÉ DE L'ACCORD

82060 L'accord signé par un ou plusieurs salariés mandatés doit avoir été **approuvé** par les salariés à la majorité des suffrages exprimés dans le respect des principes généraux du droit électoral (C. trav. art. L 2232-26, al. 5). À défaut, il est réputé non écrit (C. trav. art. L 2231-9).

Après avoir recueilli l'**avis du ou des salariés mandatés** sur les modalités du référendum, l'employeur organise le scrutin dans un délai de 2 mois à compter de la conclusion de l'accord

(C. trav. art. D 2232-8). Les modalités du référendum et conditions d'organisation du scrutin sont les mêmes que celles prévues en cas de négociation avec des élus mandatés, voir n° 82025.
Le **résultat** du référendum ainsi que les **contestations** relatives à la liste des salariés consultés et à la régularité du référendum obéissent aux règles exposées pour les accords conclus avec des DS issus des syndicats non majoritaires, voir n°s 80775 et 80770, b, étant précisé que, dans la négociation sans DS, le **procès-verbal** des résultats du vote est également adressé au syndicat mandataire (C. trav. art. D 2232-2, 2°).

D. Règles communes

1. DÉROULEMENT DE LA NÉGOCIATION

CADRE ET ORGANISATION

La négociation avec un ou plusieurs élus ou salariés mandatés peut se dérouler au **niveau** de l'entreprise ou, s'il s'agit d'une entreprise à établissements multiples, d'un ou de plusieurs établissements, dès lors qu'ils n'ont pas de DS ou de conseil d'entreprise : voir n°s 81915 s. Dans une UES, voir n° 81960, b. **82070**
Les parties doivent fixer par convention ou accord collectif un **calendrier** des négociations : voir n° 80322.
Elles peuvent aussi définir la **méthode** permettant à la négociation de s'accomplir dans des conditions de loyauté et de confiance mutuelle : voir n° 80324.
Sur l'obligation, pour l'employeur, de **consulter le CSE**, voir n° 80105.

LOYAUTÉ DE LA NÉGOCIATION

La négociation entre l'employeur et les **élus**, mandatés ou non, ou les **salariés** de l'entreprise **mandatés** s'exerce dans le respect des règles suivantes (C. trav. art. L 2232-29) : **82075**
– indépendance des négociateurs vis-à-vis de l'employeur ;
– élaboration conjointe du projet d'accord par les négociateurs ;
– concertation avec les salariés ;
– faculté de prendre l'attache des syndicats de salariés représentatifs de la branche (sur l'obligation pour l'employeur d'informer les salariés de la disponibilité des coordonnées des syndicats sur le site du ministère du travail, voir n° 81945, a).
Les **informations** à remettre aux élus, mandatés ou non, ou aux salariés mandatés avant la négociation sont déterminées par accord entre ceux-ci et l'employeur (C. trav. art. L 2232-29).

ATTENTION
Ces dispositions ne sont applicables ni aux entreprises de **moins de 11 salariés** ni à celles comptant **de 11 à 20 salariés** en l'absence d'élu et de salarié mandaté car, dans ces deux cas, l'employeur n'engage pas à proprement parler de négociation avec un représentant des salariés.

2. MANDATEMENT DES SALARIÉS

INCOMPATIBILITÉS

Le mandatement des salariés est interdit dans les situations suivantes : **82090**
– mandat donné par un **syndicat non représentatif** au niveau de la branche ou, à défaut, au niveau national et interprofessionnel (C. trav. art. L 2232-23-1, I, 1°, L 2232-24, al. 1 et L 2232-26, al. 1) ;
– mandat donné à un salarié pouvant être **assimilé à l'employeur** (n°s 25150 s.) ou **apparenté** à lui au sens indiqué n° 25145 (C. trav. art. L 2232-28).

PROCÉDURE DE DÉSIGNATION

Il appartient à chaque syndicat, en fonction de ses pratiques et de ses statuts, de déterminer l'**autorité habilitée**, en son sein, à mandater (unions locales, syndicats de branche, fédérations...) (Circ. DRT 9 du 22-9-2004). **82095**
Le **mandat** doit comprendre les **clauses** suivantes : modalités de désignation du salarié ; fixation précise par le mandant des termes de la négociation ; obligations d'information incombant au salarié ; conditions dans lesquelles le syndicat mandant peut exercer jusqu'au terme du mandat son droit d'y mettre fin (Cons. const. 6-11-1996 n° 96-383 DC : RJS 12/96 n° 1296). Il peut aussi préciser les conditions selon lesquelles le projet d'accord est soumis au syndicat mandant une fois la négociation achevée, les modalités de suivi de l'accord, ainsi que la durée de prolongation du mandat pendant cette phase de suivi qui ne peut pas excéder 12 mois (Circ. DRT 9 du 22-9-2004).

Les précisions qui précèdent, apportées au sujet du mandatement prévu par la loi du 4-5-2004, nous paraissent applicables au mandat prévu par les articles L 2232-23-1, L 2232-24 et L 2232-26 du Code du travail dans leur rédaction actuelle.

> **Précisions** La réussite du processus de négociation impliquant un salarié mandaté est étroitement liée à l'appui que le syndicat mandant est en mesure d'apporter. Elle peut notamment appeler une **formation préalable** du mandaté et implique nécessairement un suivi de la négociation, ainsi qu'un examen attentif du projet d'accord avant sa signature (Circ. DRT 9 du 22-9-2004). Sur la possibilité pour le salarié de bénéficier des formations communes visant à améliorer les pratiques du dialogue social dans l'entreprise, voir n° 80340.

VALIDITÉ DU MANDAT

82100 Le mandat ne doit pas être **frauduleux** (Cass. soc. 24-1-2007 n° 05-17.177 F-D : RJS 5/07 n° 610). Tel est le cas lorsque le salarié s'est fait mandater dans le seul but d'obtenir une protection contre un licenciement (CA Agen 30-5-2002 n° 00-1178 : RJS 12/02 n° 1406).
Ces deux décisions, rendues au sujet du mandatement prévu par des lois antérieures relatives à la négociation sur la réduction de la durée du travail, nous paraissent transposables dans le cadre des dispositions actuelles.
Sur la **protection** des salariés mandatés, voir n°s 82130 s.

INFORMATION DE L'EMPLOYEUR

82105 Les conditions dans lesquelles le syndicat informe l'employeur du mandatement ne sont pas précisées par la loi.
Selon le Conseil d'État, ne pas porter à la connaissance de l'employeur le mandatement d'un salarié dans les **formes** prévues pour la désignation des DS est sans incidence sur la régularité de cette désignation (CE sect. 21-12-2007 n° 285515 : RJS 3/08 n° 290). Cette décision, rendue dans le cadre de la loi du 19 janvier 2000 sur la réduction du temps de travail, est selon nous transposable dans le cadre juridique actuel.

CONTENTIEUX

82110 Le Code du travail ne comporte pas de disposition sur le contentieux relatif au mandatement, notamment sur la **juridiction compétente** pour connaître d'un litige. Il devrait s'agir, en toute logique, du tribunal judiciaire.
Aucune disposition législative ou réglementaire ne rend applicables à la contestation de la désignation du salarié mandaté les dispositions du Code du travail relatives à la contestation de la désignation des DS qui imposent un **délai** pour la présenter (CE sect. 21-12-2007 n° 285515 : RJS 3/08 n° 290). Cette solution est à notre avis transposable dans le cadre juridique actuel.

3. RÉMUNÉRATION DES NÉGOCIATEURS

82120 Chaque élu appelé à participer à une négociation et chaque salarié mandaté non élu disposent du **temps nécessaire** à l'exercice de leurs fonctions dans la **limite** d'une durée qui, sauf circonstances exceptionnelles, ne peut pas excéder 10 heures par mois. Ces heures sont de plein droit considérées comme temps de travail et payées à l'échéance normale. L'employeur qui entend en contester l'utilisation doit saisir le juge judiciaire (C. trav. art. L 2232-27, al. 1).
Le **temps passé aux négociations** n'est pas imputable sur les heures de délégation habituelles des élus (n°s 34500 s.) (C. trav. art. L 2232-27, al. 2).

> **Précisions** L'administration a apporté des précisions sur la **rémunération** des DS participant à des négociations : paiement d'heures supplémentaires si le temps passé à négocier entraîne un dépassement de la durée légale du travail, prise en charge des frais et rémunération du temps lié aux déplacements nécessités par la négociation : voir n° 80255. On peut penser qu'elles sont transposables aux élus et aux salariés mandatés pour une négociation.

4. PROTECTION DES SALARIÉS MANDATÉS

CAS D'APPLICATION

82130 L'autorisation préalable de l'inspection du travail est requise dans les cas suivants :
– **licenciement** d'un salarié mandaté ou d'un salarié dont l'employeur a connaissance de l'imminence de la désignation (C. trav. art. L 2411-4, al. 1 et 2) ou d'un ancien salarié mandaté durant les 12 mois suivant la date de la fin du mandat. Dans ce dernier cas, lorsque aucun accord n'a été

conclu à l'issue de la négociation au titre de laquelle le salarié a été mandaté, le délai de protection court à compter de la date de la fin de cette négociation, matérialisée par un procès-verbal de désaccord (C. trav. art. L 2411-4, al. 3) ;
– **rupture du CDD** d'un salarié mandaté avant l'échéance du terme en raison d'une faute grave ou de l'inaptitude constatée par le médecin du travail, ou à l'arrivée du terme lorsque l'employeur n'envisage pas de renouveler un contrat comportant une clause de renouvellement (C. trav. art. L 2412-10) ;
– interruption ou notification du non-renouvellement de la mission d'un **salarié temporaire** par l'entrepreneur de travail temporaire (C. trav. art. L 2413-1, 10°) ;
– transfert d'un salarié compris dans un **transfert partiel** d'entreprise ou d'établissement par application de l'article L 1224-1 du Code du travail lorsqu'il est mandaté, dès que l'employeur a connaissance de l'imminence de sa désignation ou, s'il s'agit d'un ancien salarié mandaté, durant les 6 mois suivant la date à laquelle son mandat a pris fin. Si aucun accord n'a été conclu à l'issue de la négociation au titre de laquelle le salarié a été mandaté, le délai de protection court à compter de la date de fin de cette négociation matérialisée par un procès-verbal de désaccord (C. trav. art. L 2414-1, 11°).
Sur la **procédure** applicable, voir nos 45000 s.

> **Précisions** Lorsque le mandat débouche sur la **conclusion d'un accord**, le salarié mandaté est protégé en cas de licenciement pendant une période de 12 mois à compter de la date de sa **signature** (Circ. DRT 9 du 22-9-2004).

ÉTENDUE DE LA PROTECTION

Les décisions et précisions suivantes concernent la protection des salariés mandatés dans d'autres cadres juridiques (anciennes lois sur la réduction de la durée du travail). Mais elles nous paraissent transposables aux salariés mandatés en application des dispositions actuelles. **82135**
La protection s'applique, peu important que l'**accord** n'ait **pas été ratifié** par l'ensemble du personnel (CA Poitiers 17-9-2002 n° 01-1715 : RJS 11/03 n° 1276).
La date du prononcé de la **liquidation judiciaire** de l'entreprise marque la fin du mandat et le début de la période de protection du salarié mandaté dès lors que sa réintégration était matériellement impossible (Cass. soc. 20-6-2006 n° 05-44.256 FS-PB : RJS 10/06 n° 1074).
Après l'expiration du mandat, les éléments de protection relatifs, notamment, à la **non-discrimination syndicale** (nos 40010 s.) sont applicables. En effet, le salarié mandaté, même s'il n'est pas membre d'un syndicat, se trouve cependant investi d'une fonction à caractère syndical, pour le compte d'un syndicat représentatif (Circ. 24-6-1998 ; Circ. DRT 9 du 22-9-2004).

5. FIN DE LA NÉGOCIATION

NÉGOCIATION AVEC DES ÉLUS

Aucune procédure n'est prévue par la loi pour matérialiser l'**échec** des négociations. La signature d'un procès-verbal de désaccord permet toutefois de fixer la date de fin du processus. **82150**
Si un **accord** est conclu, il doit, pour être **valide**, répondre aux conditions applicables à tous les accords collectifs et aux conditions spécifiques exposées nos 81975 (entreprises de 11 à moins de 50 salariés), 82025 (accord signé par un élu mandaté dans les entreprises d'au moins 50 salariés) et 82040 (accord signé par un élu non mandaté dans les entreprises d'au moins 50 salariés).

> **ATTENTION**
> En raison de la nécessité de mesurer l'audience des élus signataires de l'accord dans les cas visés nos 81975 et 82040, on peut penser que chaque élu favorable à la conclusion de l'accord doit le **signer**.

NÉGOCIATION AVEC DES SALARIÉS MANDATÉS

En cas d'**échec** des négociations, la signature d'un procès-verbal de désaccord est rendue obligatoire par les dispositions relatives à la protection du salarié : elle permet de fixer la date de fin du processus et donc de fin du mandat (n° 82130). **82155**
Si un **accord** est conclu, il doit être signé par le salarié mandaté et non par le syndicat mandant (Circ. DRT 9 du 22-9-2004), et, bien sûr, par l'employeur (n° 80285). Il doit, pour être valide, répondre aux conditions applicables à tous les accords collectifs et aux conditions spécifiques exposées nos 81970 (entreprises de 11 à moins de 50 salariés) et 82060 (entreprises d'au moins 50 salariés).

> **Précisions** Le **mandat** du salarié doit préciser les conditions dans lesquelles le **projet d'accord est soumis au syndicat mandant**. Cette clause doit permettre à ce syndicat, avant la

signature de l'accord en son nom par le mandaté, d'apprécier son contenu résultant de la négociation. En cas d'opposition sur le fond, le syndicat peut retirer son mandat au salarié (Circ. DRT 9 du 22-9-2004).
Cette précision, apportée au sujet du mandatement prévu par la loi du 4-5-2004, nous paraît transposable au mandatement dans le cadre juridique actuel.

PROJET D'ACCORD RÉDIGÉ PAR L'EMPLOYEUR DANS LES TPE

82160 Lorsque l'employeur propose un projet d'accord aux salariés, il n'engage pas à proprement parler de négociations (voir nos 81940 s.). Le processus prend fin avec le résultat du référendum. En effet, lorsque le projet d'accord est approuvé dans les conditions prévues par le Code du travail, il est considéré comme un accord valide. À défaut, il est réputé non écrit (n° 81945).

DURÉE, FORMALITÉS ET ENTRÉE EN VIGUEUR

82165 L'accord peut être conclu pour une **durée** déterminée ou indéterminée (voir nos 80960 s.).
Il ne peut entrer en vigueur qu'après son **dépôt** auprès de l'autorité administrative (C. trav. art. L 2232-29-1), à savoir la Dreets, accompagné du résultat du vote en cas de validation de l'accord par référendum : voir nos 81945 (projet d'accord rédigé par l'employeur dans les TPE), 81970 (accord signé par un salarié mandaté non élu dans les entreprises de 11 à moins de 50 salariés), 82060 (accord signé par un salarié mandaté non élu dans les entreprises d'au moins 50 salariés) et 82025 (accord signé par un élu mandaté dans les entreprises d'au moins 50 salariés).
En principe, l'accord est **publié** dans la base de données nationale (n° 80510).
Les conditions de dépôt, de publicité et d'entrée en vigueur des conventions et accords collectifs sont examinées nos 80470 s.
Si la convention ou l'accord conclu porte sur la durée du travail, le travail à temps partiel et intermittent, le repos quotidien, les congés ou le compte épargne-temps, il doit être transmis à la **commission paritaire** permanente de négociation et d'interprétation de la branche (voir n° 80460).
S'il a été conclu pour la **mise en œuvre d'une disposition législative**, il doit aussi être transmis à l'**observatoire paritaire** de la négociation collective de la branche (voir n° 80460).

> **Précisions a.** Le Code du travail impose, à l'issue de la procédure de signature, la **notification** de la convention ou de l'accord conclu à l'ensemble des **syndicats représentatifs** dans son champ d'application (voir n° 80450). Cette disposition qui, à notre sens, concernait à l'origine les accords conclus avec un ou plusieurs DS nous semble applicable aux accords conclus en l'absence de DS. En effet, l'article L 2231-5 du Code du travail, qui prévoit cette formalité, ne se trouve pas dans la sous-section 2 relative aux entreprises pourvues d'un ou de plusieurs DS. En outre, rien dans sa rédaction ne paraît s'opposer à son application aux accords conclus en l'absence de DS.
> **b.** En cas d'accord soumis à référendum dans les entreprises d'au moins 11 salariés, le **procès-verbal des résultats du vote** doit aussi être adressé au **syndicat** ayant mandaté l'élu ou le salarié : voir nos 81970 (accord signé par un salarié mandaté non élu dans les entreprises de moins de 50 salariés), 82060 (accord signé par un salarié mandaté non élu dans les entreprises d'au moins 50 salariés) et 82025 (accord signé par un élu mandaté dans les entreprises d'au moins 50 salariés).

E. Révision des accords

82200 La révision des accords collectifs dans les entreprises sans DS ou conseil d'entreprise obéit à des **règles particulières** exposées ci-après, déterminées en fonction de leur effectif. Elle est régie, pour le surplus, par les dispositions de **droit commun** de la révision des accords collectifs : voir nos 81525 (clause de révision) et 81540 (effet de l'avenant de révision).
Les règles applicables à la conclusion des accords relatives au **déroulement** et à la **fin** des négociations (nos 82070 s.), à la **rémunération** des négociateurs, au **mandatement** des salariés et leur **protection** (nos 82090 s.) le sont aussi à leur révision.
Sur le point de savoir si l'employeur doit **consulter** le CSE, voir n° 80105.

ENTREPRISES DE MOINS DE 11 SALARIÉS (OU DE 11 À 20 SANS ÉLU)

82210 Dans les entreprises de moins de 11 salariés (ou de 11 à 20 salariés sans élu), l'**employeur** peut proposer un projet d'avenant de révision soumis aux mêmes règles de validité que celles exposées n° 81945 (C. trav. art. L 2232-21, L 2232-22 et L 2232-23).

Il le peut, même si l'accord initial a été conclu selon d'autres modalités (par exemple, avec un DS, un élu ou un salarié mandaté) (C. trav. art. L 2232-22-1 et L 2232-23).

ENTREPRISES DE 11 À MOINS DE 50 SALARIÉS

Dans les entreprises de 11 à moins de 50 salariés, les accords d'entreprise ou d'établissement peuvent être révisés (C. trav. art. L 2232-23-1) : **82220**
– soit par un ou plusieurs **salariés**, membres ou non de la délégation du personnel du CSE, expressément **mandatés** par un ou plusieurs syndicats représentatifs dans la branche ou, à défaut, au niveau national et interprofessionnel. À cet effet, un même syndicat ne peut mandater qu'un seul salarié ;
– soit par un ou des **membres titulaires** de la délégation du personnel **du CSE**, mandatés ou non.
Les avenants conclus peuvent porter sur tous les **thèmes** pouvant être négociés par accord d'entreprise ou d'établissement et obéissent aux conditions de **validité** exposées nos 81970 s. (C. trav. art. L 2232-23-1).

> **Précisions a.** À notre avis, en l'absence de disposition légale contraire, les **élus** (mandatés ou non) et les **salariés mandatés** peuvent réviser un accord collectif dans des **conditions différentes** de celles qui ont présidé à sa conclusion. Ils devraient ainsi pouvoir réviser un accord approuvé par les 2/3 du personnel ou conclu par des DS selon les modalités susvisées.
> **b.** Tout élu ou salarié mandaté semble ainsi habilité à **demander la révision** d'un accord antérieur, même s'il n'en est **pas signataire**, le législateur n'ayant pas transposé aux entreprises sans DS la condition posée pour l'engagement de la procédure de révision dans les entreprises avec DS (n° 81530).
> L'**employeur** peut, selon nous, prendre l'initiative de la révision à défaut de texte contraire.

ENTREPRISES D'AU MOINS 50 SALARIÉS

Dans les entreprises d'au moins 50 salariés, peuvent réviser les accords collectifs d'entreprise : **82230**
– les **élus titulaires mandatés** par un ou plusieurs syndicats représentatifs dans la branche dont relève l'entreprise ou, à défaut, au niveau national et interprofessionnel (C. trav. art. L 2232-24) ;
– en l'absence d'élu titulaire mandaté, les **élus titulaires non mandatés** par un ou plusieurs des syndicats visés ci-dessus (C. trav. art. L 2232-25), mais uniquement, à notre sens, si l'accord dont la révision est envisagée porte sur les mesures visées n° 82035 ;
– si aucun élu n'a manifesté son souhait de négocier, ou si un procès-verbal de carence a établi l'absence d'élus, un ou plusieurs **salariés non élus mandatés** par un ou plusieurs des syndicats visés ci-dessus (C. trav. art. L 2232-26).
Les avenants conclus obéissent aux conditions de validité exposées nos 82025 (élu mandaté), 82040 (élu non mandaté) et 82060 (salarié mandaté).

> **Précisions** À notre avis, ces règles autorisent, dans les entreprises sans DS, la révision de **tout type d'accord** avec des élus (mandatés ou non) ou des salariés mandatés : voir n° 82220, a.
> Un **élu** ou un **salarié mandaté** semble ainsi habilité à **demander la révision** d'un accord antérieur, même s'il n'en est **pas signataire** : voir n° 82220, b.
> L'**employeur** peut, selon nous, prendre l'initiative de la révision à défaut de texte contraire. Dans ce cas, comme pour toute négociation dans les entreprises d'au moins 50 salariés (nos 81995 s.), il doit **informer** au préalable les syndicats représentatifs dans la branche ou, à défaut, au niveau national et interprofessionnel ainsi que les élus de son intention de négocier un avenant de révision (C. trav. art. L 2232-24, al. 2, L 2232-25-1, al. 1 et L 2232-26, al. 2).

F. Dénonciation des accords

La dénonciation des accords collectifs dans les entreprises sans DS ou conseil d'entreprise ne fait pas l'objet de **dispositions spécifiques**, en dehors de celles qui concernent les **auteurs** de la dénonciation et de celles relatives à la **forme** et au **délai** de dénonciation dans les **TPE** (voir ci-après). Elle est en effet régie, pour l'essentiel, par les dispositions de **droit commun** de la dénonciation des accords collectifs : voir nos 81580 s. **82250**
Sur le point de savoir si l'employeur doit **consulter** le CSE, voir n° 80105.

ENTREPRISES DE MOINS DE 11 SALARIÉS (OU DE 11 À 20 SANS ÉLU)

82260 Dans les entreprises de moins de 11 salariés (ou de 11 à 20 salariés sans élu), l'accord ou l'avenant de révision peut être dénoncé (C. trav. art. L 2232-22 et L 2232-23) :
– soit à l'**initiative de l'employeur** dans des conditions prévues par l'accord ou, à défaut, dans les conditions de droit commun prévues par les articles L 2261-9 à L 2261-13 du Code du travail (voir n°s 81650 s.) ;
– soit à l'initiative **des salariés** dans les conditions prévues par l'accord. À défaut de stipulation expresse, il peut l'être dans les conditions de droit commun susvisées sous réserve que la dénonciation soit notifiée à l'employeur collectivement et par écrit par au moins 2/3 des salariés et qu'elle ait lieu pendant un délai d'un mois avant chaque date d'anniversaire de la conclusion de l'accord.
Quel que soit son mode de conclusion (par exemple, avec un DS, un élu ou un salarié mandaté), un accord peut être dénoncé selon les modalités précitées (C. trav. art. L 2232-22-1 et L 2232-23) si, par suite d'une diminution de ses effectifs, l'entreprise passe en dessous du seuil de 11 salariés (ou de 21 en l'absence d'élu) et se retrouve dépourvue de DS ou de conseil d'entreprise.

> **Précisions a.** La condition tenant au **délai** de dénonciation n'est pas imposée si la procédure est engagée à l'**initiative de l'employeur**, sauf clause expresse en ce sens.
> **b.** La dénonciation à l'initiative **des salariés** peut, selon nous, prendre la **forme** d'un courrier adressé à l'employeur auquel est annexée une liste d'émargement des salariés favorables à la dénonciation.
> **c.** Le renvoi aux conditions de **droit commun** de la dénonciation semble à tout le moins viser les dispositions relatives à la procédure de dénonciation (clause de dénonciation, préavis, notification et dépôt), à la dénonciation partielle et aux effets de la dénonciation, exposées n°s 81650 s.

ENTREPRISES DE 11 À MOINS DE 50 SALARIÉS

82270 Dans les entreprises de 11 à moins de 50 salariés, les accords d'entreprise ou d'établissement peuvent être dénoncés (C. trav. art. L 2232-23-1) :
– soit par un ou plusieurs **salariés**, élus ou non du CSE, expressément **mandatés** par un ou plusieurs syndicats représentatifs dans la branche ou, à défaut, au niveau national et interprofessionnel. À cet effet, un même syndicat ne peut mandater qu'un seul salarié ;
– soit par un ou des **élus titulaires du CSE**, mandatés ou non, à condition, selon l'administration, qu'ils représentent la majorité des suffrages exprimés (QR min. trav. juillet 2020 n° 31).
Les accords dénoncés peuvent porter sur toutes les **mesures** qui peuvent être négociées par accord d'entreprise ou d'établissement (C. trav. art. L 2232-23-1). Sur ces thèmes, voir n° 83580 s.

> **Précisions a.** Ces dispositions semblent autoriser, dans les entreprises sans DS, la **dénonciation de tout type d'accord** par des **élus** (mandatés ou non) ou des **salariés mandatés** (élus ou non), y compris si l'accord concerné a été approuvé, par le passé, par les 2/3 du personnel selon la procédure visée n°s 81940 s. ou conclu par d'autres signataires, tels que des **DS** par exemple.
> **b.** S'agissant de l'**employeur**, aucun texte ne semble s'opposer à ce qu'il dénonce tout type d'accord conclu au sein de l'entreprise.

ENTREPRISES D'AU MOINS 50 SALARIÉS

82280 Dans les entreprises d'au moins 50 salariés, peuvent dénoncer les accords collectifs d'entreprise :
– les **élus titulaires mandatés** par un ou plusieurs syndicats représentatifs dans la branche dont relève l'entreprise ou, à défaut, au niveau national et interprofessionnel (C. trav. art. L 2232-24) ;
– en l'absence d'élu titulaire mandaté, les **élus titulaires non mandatés** par un ou plusieurs des syndicats visés ci-dessus (C. trav. art. L 2232-25), mais uniquement, à notre sens, si l'accord dont la dénonciation est envisagée porte sur les mesures visées n° 82035.
Selon l'administration, les élus habilités à dénoncer un accord d'entreprise doivent **représenter** la majorité des suffrages exprimés (QR min. trav. juillet 2020 n° 31).
S'agissant de la dénonciation par un **salarié mandaté**, l'article L 2232-26 prévoit qu'elle ne peut intervenir que si aucun élu n'a manifesté son souhait de « négocier » ou si un procès-verbal de carence a établi l'absence d'élus. On peut supposer qu'il s'agit d'une erreur du législateur et qu'il n'est permis au salarié mandaté de dénoncer un accord qu'en l'absence d'élus, établie par un procès-verbal de carence. Mais cela reste à confirmer.
Sur la question de savoir si un **élu** ou un **salarié mandaté** est habilité à dénoncer un accord dont il n'est **pas signataire**, voir n° 82270, a.
Sur la faculté pour l'**employeur** de dénoncer tout type d'accord conclu au sein de l'entreprise, voir n° 82270, b.

G. Tableau récapitulatif

Ce tableau récapitule les règles applicables à la négociation dans les entreprises dépourvues 82300
de DS ou de conseil d'entreprise en fonction de leur taille.

	Information préalable des syndicats représentatifs dans la branche ou, à défaut, au niveau national et interprofessionnel	Négociateurs pour la partie salariale	Thèmes	Conditions de validité de l'accord
Entreprises de moins de 11 salariés (nos 81940 s.)	Non	Aucun	Tous les thèmes ouverts à la négociation d'entreprise	**Référendum** (approbation du projet d'accord rédigé par l'employeur à la majorité des 2/3 du personnel)
Entreprises de 11 à 20 salariés sans élu (nos 81940 s.)	Non	Au choix de l'employeur : aucun négociateur ou salarié(s) mandaté(s) non élu(s)	Tous les thèmes ouverts à la négociation d'entreprise	**Référendum** (approbation du projet d'accord rédigé par l'employeur à la majorité des 2/3 du personnel) **Signature** par un ou plusieurs salariés mandatés, puis **référendum** (approbation par les salariés à la majorité des suffrages exprimés)
Entreprises de 11 à moins de 50 salariés avec élu(s) (nos 81960 s.)	Non	Au choix de l'employeur : salarié(s) mandaté(s) non élu(s) ou élu(s) titulaire(s) du CSE, mandaté(s) ou non	Tous les thèmes ouverts à la négociation d'entreprise	**Signature** par un ou plusieurs salariés mandatés, puis **référendum** (approbation par les salariés à la majorité des suffrages exprimés) **Signature** par un ou plusieurs élus titulaires du CSE représentant la majorité des suffrages exprimés
Entreprises de 21 à moins de 50 salariés sans élu (nos 81960 s.)	Non	Salarié(s) mandaté(s) non élu(s)	Tous les thèmes ouverts à la négociation d'entreprise	**Signature** par un ou plusieurs salariés mandatés, puis **référendum** (approbation par les salariés à la majorité des suffrages exprimés)

	Information préalable des syndicats représentatifs dans la branche ou, à défaut, au niveau national et interprofessionnel	Négociateurs pour la partie salariale	Thèmes	Conditions de validité de l'accord
Entreprises d'au moins 50 salariés (nos 81990 s.)	Oui	Élu(s) titulaire(s) du CSE mandaté(s)	Tous les thèmes ouverts à la négociation d'entreprise	**Signature** par un ou plusieurs élus titulaires du CSE mandatés, puis **référendum** (approbation par les salariés à la majorité des suffrages exprimés)
		Élu(s) titulaire(s) du CSE non mandaté(s) en l'absence d'élus du CSE mandatés	Thèmes limités : mesures dont la mise en œuvre est subordonnée par la loi à un accord collectif	**Signature** par un ou plusieurs élus titulaires du CSE non mandatés représentant la majorité des suffrages exprimés
		Salarié(s) mandaté(s) non élu(s) si aucun élu n'a manifesté son souhait de négocier ou si PV de carence	Tous les thèmes ouverts à la négociation d'entreprise	**Signature** par un ou plusieurs salariés mandatés, puis **référendum** (approbation par les salariés à la majorité des suffrages exprimés)

SECTION 3

GROUPE DE SOCIÉTÉS

82620 Le Code du travail autorise la négociation de conventions ou d'accords collectifs au niveau des groupes d'entreprises. Les dispositions spécifiques à cette négociation sont présentées ci-après. Pour le reste, on appliquera les dispositions de droit commun relatives à la négociation d'entreprise, la négociation de groupe lui étant, en principe, assimilée (voir n° 80180).

1. CADRE ET OBJET DES NÉGOCIATIONS

82630 La convention ou l'accord de groupe fixe son champ d'application, constitué de **tout ou partie des entreprises** constitutives du groupe (C. trav. art. L 2232-30). À défaut, ce n'est pas un accord de groupe, même s'il est signé par le directeur des ressources humaines du groupe pour le compte de la société mère et son application ne peut pas être étendue aux autres sociétés du groupe (Cass. soc. 21-3-2018 n° 16-21.741 FS-PB : RJS 6/18 n° 435).
La négociation collective au niveau du groupe étant, en principe, assimilée à la négociation d'entreprise (voir n° 80180), elle peut porter sur tous les **thèmes** ouverts à la négociation collective d'entreprise. Sur le cas particulier des négociations obligatoires, n° 81145.

> **Précisions a.** Le législateur n'a donné aucune **définition** du groupe.
> Selon l'administration, en faisant référence à la notion d'entreprise dominante, l'article L 2232-31 du Code du travail renvoie à la définition prévue à l'article L 2331-1 du même Code relatif au comité de groupe (n° 6260) (Circ. DRT 9 du 22-9-2004).
> **b.** Dans le périmètre du groupe, les **négociateurs** ont toute latitude pour fixer le champ d'application de l'accord : il peut donc couvrir l'ensemble des entreprises constitutives du groupe ou une partie d'entre elles. Un accord de groupe pourra ainsi être applicable aux salariés d'une **entreprise** entrant dans son champ d'application, même si celle-ci est **dépourvue de DS** (Circ. DRT 9 du 22-9-2004).

2. PARTIES À LA NÉGOCIATION DE L'ACCORD DE GROUPE

La convention ou l'accord de groupe est négocié et conclu entre (C. trav. art. L 2232-31) : 82650
– l'**employeur** de l'entreprise dominante ou un ou plusieurs représentants, mandatés à cet effet, des employeurs des entreprises concernées par le champ de la convention ou de l'accord ;
– et les **syndicats représentatifs** dans le groupe ou dans l'ensemble des entreprises concernées par le champ de la convention ou de l'accord.

ATTENTION

L'employeur doit **informer** préalablement tous les **syndicats représentatifs dans chacune des entreprises** ou chacun des établissements compris dans le périmètre de l'accord de l'ouverture d'une négociation dans ce périmètre (C. trav. art. L 2232-32). Il importe donc peu que ces syndicats ne soient pas représentatifs au niveau du groupe et n'aient pas vocation à participer à la négociation qui s'engage.

PARTIE PATRONALE

Quel que soit le périmètre de l'accord, l'employeur de l'**entreprise dominante** ou son représentant a vocation à représenter l'ensemble des employeurs concernés sans qu'il ait nécessairement à justifier d'un mandat exprès des employeurs des entreprises comprises dans le périmètre concerné (Circ. DRT 9 du 22-9-2004). 82655

Mais il peut aussi donner **mandat** à un ou plusieurs autres employeurs compris dans le champ de l'accord de représenter l'ensemble des entreprises concernées. Ces employeurs peuvent également être mandatés par l'ensemble des employeurs concernés (Circ. DRT 9 du 22-9-2004).

PARTIE SALARIALE

Ce sont les **syndicats représentatifs** dans le groupe ou dans l'ensemble des entreprises concernées par le champ de l'accord qui ont la charge de négocier (C. trav. art. L 2232-31). À notre sens, l'employeur doit tous les convoquer à la négociation d'un accord de groupe, au même titre que les syndicats appelés à négocier un accord d'entreprise (n°s 80215 s.). 82660

> **Précisions** La loi ne prévoit pas de possibilité de négocier un accord de groupe selon les **modalités alternatives** prévues pour les accords d'entreprise et d'établissement, avec des élus, mandatés ou non, ou avec des salariés mandatés non élus. En conséquence, on peut penser que la négociation doit se dérouler exclusivement avec les syndicats représentés par les DS ou les coordinateurs syndicaux. Il est cependant possible qu'une entreprise n'ayant pas de DS soit couverte par un accord de groupe (n° 82630, b).

Représentativité des syndicats La représentativité des syndicats au niveau de tout ou partie d'un groupe est appréciée selon les règles définies n°s 15020 s., par addition de l'ensemble des suffrages obtenus dans les entreprises ou établissements concernés (C. trav. art. L 2122-4, al. 1). 82662

Si le **périmètre** des entreprises ou établissements compris dans le champ d'un accord de groupe **est le même** que celui d'un accord conclu au cours du cycle électoral précédant l'engagement des négociations, la représentativité des syndicats est appréciée par addition de l'ensemble des suffrages obtenus dans ces entreprises ou établissements soit pour le cycle en cours, lorsque des élections se sont tenues à la même date, soit lors des dernières élections intervenues au cours du cycle précédant le cycle en cours, lorsque les élections se sont tenues à des dates différentes (C. trav. art. L 2122-4, al. 2).

Dans le cas contraire (**absence de périmètre équivalent**), la représentativité est appréciée par addition de l'ensemble des suffrages obtenus lors des dernières élections organisées dans les entreprises ou établissements compris dans le périmètre de l'accord (C. trav. art. L 2122-4, al. 3).

> **Précisions a.** L'absence de **périmètre équivalent** peut, par exemple, résulter d'une restructuration du groupe (des entreprises ont rejoint le groupe ou d'autres l'ont quitté) ou du fait que seules certaines entreprises sont concernées par la nouvelle négociation.
> **b.** En cas de **carence** totale de résultats de CSE au 1er tour dans l'une des entreprises du groupe, on additionne les suffrages exprimés au 1er tour des élections dans les autres entreprises du groupe dans lesquelles des suffrages ont été recueillis (Circ. DGT 6 du 27-7-2011). Cette règle vaut aussi dans les entreprises à **établissements multiples** en cas de carence totale de résultats de CSE au 1er tour dans l'un des établissements (Circ. DGT 6 du 27-7-2011).
> Sur le score d'un syndicat n'ayant pas présenté de candidat dans certains des collèges électoraux d'un établissement ou d'une entreprise, voir n° 15090.

82665 **Coordonnateurs syndicaux de groupe** Pour la négociation en cause, les syndicats représentatifs à l'échelle de l'ensemble des entreprises comprises dans le périmètre de la convention ou de l'accord de groupe peuvent désigner un ou des coordonnateurs syndicaux de groupe **choisis parmi** les DS du groupe et habilités à négocier et signer la convention ou l'accord (C. trav. art. L 2232-32, al. 2).

> **Précisions** Le coordonnateur syndical de groupe n'est désigné que pour la négociation d'un accord de groupe déterminé et ne constitue pas une institution pérenne de négociation au sein du groupe. Il n'a pas de **statut** spécifique ni de crédit d'heures particulier. Il bénéficie de son statut de DS et notamment de la protection contre le licenciement qui s'y attache. À ce titre, le **temps** passé en négociation lui est rémunéré comme temps de travail. Il n'est, en revanche, pas prévu qu'il puisse bénéficier du crédit d'heures supplémentaires alloué, dans les entreprises d'au moins 500 salariés, à la section d'entreprise pour préparer la négociation de l'accord d'entreprise. Mais il est bien sûr possible de prévoir par accord d'entreprise ou accord de groupe des règles plus favorables (Circ. DRT 9 du 22-9-2004).

3. HIÉRARCHIE DES NORMES

82680 La négociation de groupe étant, en principe, assimilée à la négociation d'entreprise (voir n° 80180), il convient de transposer les règles applicables aux rapports entre accords d'entreprise et lois ou accords de branche (voir n°s 83580 s.)
Ainsi, les accords de groupe peuvent améliorer les **lois et règlements** en vigueur sauf s'il s'agit de dispositions d'ordre public absolu. Ils peuvent aussi prévoir des dispositions différentes de la loi lorsque celle-ci est supplétive ou autorise expressément la dérogation conventionnelle, dans les mêmes conditions que les accords d'entreprise ou d'établissement (n°s 83580 s.).
Dans les matières relevant prioritairement de l'**accord de branche**, l'accord de groupe doit prévoir des garanties au moins équivalentes à celles prévues par l'accord de branche (ou l'accord professionnel ou interprofessionnel) qui a été conclu sur le même thème pour pouvoir s'appliquer. Pour le reste, il prévaut sur l'accord de branche : voir n°s 83640 s.
Sur les rapports entre accords de groupe et **accords d'entreprise ou d'établissement**, voir n°s 83740 s.

4. VALIDITÉ DE L'ACCORD DE GROUPE

82705 La validité d'un accord de groupe obéit aux conditions de droit commun (n°s 80700 s.). Les **taux** de 30 % et de 50 % sont appréciés à l'échelle de l'ensemble des entreprises ou établissements compris dans le périmètre de cet accord. En cas de **référendum**, celui-ci doit s'effectuer dans le même périmètre (C. trav. art. L 2232-34).
La validité d'un accord de groupe est ainsi subordonnée à sa **signature** par un ou plusieurs **syndicats** représentatifs ayant recueilli dans l'ensemble des entreprises ou établissements compris dans le périmètre de l'accord plus de 50 % des suffrages exprimés en faveur de syndicats représentatifs au premier tour des dernières élections des titulaires des CSE, quel que soit le nombre de votants (C. trav. art. L 2232-12 par renvoi de l'art. L 2232-34).
Si l'accord a été signé par des syndicats représentatifs n'ayant pas recueilli plus de 50 %, mais ayant recueilli plus de 30 % des suffrages visés ci-dessus, un ou plusieurs de ces syndicats peuvent demander l'organisation d'un **référendum** visant à valider l'accord. Au terme du délai d'un mois suivant la signature de l'accord, si aucun des syndicats signataires n'en a pris l'initiative, la partie patronale (n° 82655) peut elle-même demander l'organisation d'un référendum, en l'absence d'opposition de l'ensemble de ces syndicats. L'accord est valide s'il est approuvé par les salariés à la majorité des suffrages exprimés selon les modalités fixées n°s 80740 s. À défaut, il est réputé non écrit (C. trav. art. L 2232-12 par renvoi de l'art. L 2232-34).
Les mêmes règles s'appliquent aux **accords catégoriels**, étant toutefois précisé que les taux de 30 % et de 50 % sont appréciés à l'échelle du collège électoral et que le référendum est organisé à cette échelle (C. trav. art. L 2232-13 par renvoi de l'art. L 2232-34).
Sur la **représentativité** des syndicats dans le groupe, voir n° 82662.

SECTION 4 NIVEAU INTERENTREPRISES

Le Code du travail autorise la négociation de conventions et accords collectifs au niveau interentreprises. Les dispositions spécifiques à ces négociations sont présentées ci-après. Pour le reste, on appliquera les dispositions de droit commun exposées à propos des négociations d'entreprise. **82800**

CADRE DES NÉGOCIATIONS

Le niveau interentreprises concerne les négociations entre plusieurs entreprises, telles que, par exemple, une négociation engagée entre un **donneur d'ordre** et ses **sous-traitants** ou entre des entreprises relevant du **même bassin d'emploi**. **82810**

> **Précisions** **a.** Les accords conclus au niveau interentreprises ne doivent pas être confondus avec les accords de **groupe** puisqu'il s'agit de permettre la conclusion d'accords entre des entreprises n'appartenant pas à un même groupe.
> **b.** Faute pour le législateur d'avoir doté les accords conclus dans le cadre d'une **UES** d'un régime légal autonome, on peut se demander si l'accord d'UES, en tant qu'accord conclu entre des entreprises juridiquement distinctes, doit suivre le régime des accords interentreprises consacrés par la loi Travail du 8-8-2016. Sur cette question, la **doctrine** est partagée : voir n° 81140, a.

OBJET DE LA NÉGOCIATION

En l'absence de dispositions légales sur le sujet, on pourrait penser que la négociation au niveau interentreprises peut porter sur **tous les thèmes** ouverts à la négociation collective d'entreprise, à l'exception de ceux réservés par la loi à d'autres niveaux de négociation. Une **incertitude** demeure toutefois. Elle tient à l'absence de disposition légale équivalente à celle concernant la négociation de groupe (n° 80180). En effet, contrairement à celle-ci, aucun texte n'indique que les négociations prévues par le Code du travail au niveau de l'entreprise peuvent, en principe, être engagées au niveau interentreprises. De plus, en matière de répartition des thèmes de négociation, le Code du travail n'envisage que les rapports entre accords d'entreprise, d'établissement ou de groupe et accords de branche. Reste donc à savoir quelle sera la position des juges et de l'administration sur ce point. **82820**

Sur la possibilité d'engager les **négociations obligatoires** au niveau interentreprises, voir n° 81150.

PARTIES À LA NÉGOCIATION

L'accord interentreprises est négocié et conclu entre (C. trav. art. L 2232-36) : **82830**
- les **employeurs** ;
- et les **syndicats** représentatifs à l'échelle de l'ensemble des entreprises concernées.

> **Précisions** **a.** La loi ne prévoit pas de possibilité de négocier un accord interentreprises selon les **modalités alternatives** prévues pour les accords d'entreprise et d'établissement, avec des élus, mandatés ou non, ou avec des salariés mandatés non élus. En conséquence, on peut penser que la négociation doit se dérouler exclusivement avec les syndicats représentés par les DS.
> **b.** À notre sens, l'employeur doit **inviter** à la négociation de l'accord interentreprises tous les syndicats représentatifs à l'échelle de l'ensemble des entreprises concernées, au même titre que les syndicats appelés à négocier un accord d'entreprise (n°s 80215 s.).
> **c.** La **représentativité des syndicats** dans le périmètre de l'accord interentreprises est appréciée conformément aux règles définies n°s 15050 s. par addition de l'ensemble des suffrages obtenus dans les entreprises ou établissements concernés lors des dernières élections précédant l'ouverture de la première réunion de négociation (C. trav. art. L 2232-37).

HIÉRARCHIE DES NORMES

En tant qu'accords collectifs, les accords interentreprises peuvent améliorer les **lois et règlements** en vigueur dans les conditions visées n°s 83580 s. **82850**

Mais il nous semble exclu de déroger par accord interentreprises à la loi dans les domaines pour lesquels elle autorise l'accord d'entreprise à prévoir des stipulations dérogatoires. En effet, la règle assimilant la négociation de groupe à la négociation d'entreprise (voir n° 80180) n'a pas été étendue à la négociation interentreprises.

De même, selon nous, les accords interentreprises ne peuvent ni prévaloir sur l'**accord de branche** dans les matières où la loi a prévu la primauté de l'accord d'entreprise sur l'accord de branche ni y déroger, y compris en prévoyant des garanties au moins équivalentes. En effet, la répartition des thèmes de négociation prévue par le Code du travail n'envisage que les rapports entre accords d'entreprise, d'établissement ou de groupe et accords de branche (n°s 83640 s.).
Sur les rapports entre accords interentreprises et **accords d'entreprise ou d'établissement**, voir n°s 83740 s.

VALIDITÉ DE L'ACCORD

82865 La validité d'un accord interentreprises obéit aux conditions de droit commun. Les **taux** de 30 % et de 50 % sont appréciés à l'échelle de l'ensemble des entreprises ou établissements compris dans le périmètre de l'accord interentreprises. En cas de **référendum**, celui-ci doit s'effectuer dans le même périmètre (C. trav. art. L 2232-38).
La validité d'un accord interentreprises est ainsi subordonnée à sa **signature** par un ou plusieurs **syndicats** représentatifs ayant recueilli, dans les entreprises ou établissements compris dans le périmètre de l'accord, plus de 50 % des suffrages exprimés en faveur de syndicats représentatifs au premier tour des dernières élections des titulaires des CSE, quel que soit le nombre de votants (C. trav. art. L 2232-12 par renvoi de l'art. L 2232-38).
Si l'accord a été signé par des syndicats représentatifs n'ayant pas recueilli plus de 50 %, mais ayant recueilli plus de 30 % des suffrages visés ci-dessus, un ou plusieurs de ces syndicats peuvent demander l'organisation d'un **référendum** visant à valider l'accord. Au terme du délai d'un mois suivant la signature de l'accord, si aucun des syndicats signataires n'en a pris l'initiative, la partie patronale peut elle-même demander l'organisation d'un référendum, en l'absence d'opposition de l'ensemble de ces syndicats. L'accord est valide s'il est approuvé par les salariés à la majorité des suffrages exprimés selon des modalités décrites n°s 80740 s. À défaut, il est réputé non écrit (C. trav. art. L 2232-12 par renvoi de l'art. L 2232-38).
Les mêmes règles s'appliquent aux **accords catégoriels**, étant toutefois précisé que les taux de 30 % et de 50 % sont appréciés à l'échelle du collège électoral et que référendum est organisé à cette échelle (C. trav. art. L 2232-13 par renvoi de l'art. L 2232-38).
Sur la **représentativité** des syndicats au niveau interentreprises, voir n° 82830, c.

> **Précisions** Depuis l'ordonnance 2017-1385 du 22-9-2017, la question se pose de savoir si l'un des **employeurs** concernés par le champ de l'accord peut, en l'absence d'initiative des syndicats signataires au terme du délai d'un mois suivant la signature de l'accord, demander le référendum, en l'absence d'opposition de l'ensemble de ces syndicats, ou si cette décision doit être prise collectivement par l'ensemble des employeurs concernés.

SECTION 5

APPLICATION DES CONVENTIONS ET ACCORDS COLLECTIFS

SALARIÉS CONCERNÉS

83400 Lorsque l'employeur est lié par une convention ou un accord collectif, ce texte s'applique aux contrats de travail conclus avec lui, sauf stipulations plus favorables (C. trav. art. L 2254-1), autrement dit à **tous ses salariés** entrant dans son champ d'application, quels que soient leur appartenance syndicale ou leur emploi.

> **Précisions** **a.** Le texte conventionnel s'applique aussi aux **gérants de succursales** assimilés à des salariés par l'article L 7321-1 du Code du travail (Cass. soc. 25-3-2009 n° 07-41.242 FS-PB : RJS 6/09 n° 585 ; 26-10-2011 n° 10-14.175 FS-PB : RJS 1/12 n° 86) à condition, pour certaines clauses comme celles relatives à la classification ou aux salaires minimum, que les intéressés soient liés à l'entreprise par un lien de subordination (Cass. soc. 7-12-2017 n° 16-18.669 FS-PB : RJS 2/18 n° 151, s'agissant d'un gérant de station-service).
> **b.** L'accord collectif peut **exclure** de son champ d'application certaines catégories de salariés ou les soumettre à des stipulations particulières (Cass. soc. 5-12-2007 n° 06-43-888 F-D : RJS 2/08 n° 190). Sur l'application du principe d'**égalité de traitement** dans ce cas, voir n° 76100.

c. Voir s'agissant : des **VRP**, Mémento social n° 60855, c ; des **journalistes**, Mémento social n° 46250 ; des **salariés détachés en France** par une entreprise étrangère, Mémento social n°s 36190 s. ; des salariés **détachés à l'étranger ou expatriés**, Mémento social n° 78425.

MOYENS DES REPRÉSENTANTS DU PERSONNEL

Afin de garantir l'application des conventions et accords collectifs, le Code du travail impose à l'employeur d'**informer** les représentants du personnel sur les textes applicables dans l'entreprise (n° 83850) et accorde aux syndicats le droit d'**agir en justice** s'ils estiment que ce dernier n'exécute pas ses obligations conventionnelles (n°s 83980 s.). **83405**

A. Détermination des accords applicables

1. ACCORDS D'ENTREPRISE, D'ÉTABLISSEMENT, DE GROUPE ET INTERENTREPRISES

L'employeur ayant **signé un accord** collectif est tenu de l'appliquer dans son **champ d'application** : entreprise, établissement ou groupe d'établissements, groupe d'entreprises, interentreprises. Il ne doit rien faire qui soit de nature à en compromettre l'**exécution loyale** (C. trav. art. L 2262-4). **83500**

> **Précisions a.** Les accords conclus au niveau du **groupe** s'appliquent dans toutes les entreprises entrant dans leur champ, qui peut englober tout ou partie du groupe. Les accords propres aux entreprises du groupe ne s'appliquent qu'à leur personnel, pas à celui des autres entreprises du groupe, même si elles forment ensemble une **UES** (Cass. soc. 2-12-2003 n° 01-47.010 FS-PBI : RJS 2/04 n° 241). Sur la notion de groupe, voir n° 82630, a.
b. En principe, l'employeur ne peut **mettre fin** à l'application d'un accord qu'en respectant la procédure de dénonciation (n°s 81650 s.). Sur la remise en cause d'un accord en cas : de **transfert d'entreprise** ou de **changement d'activité**, voir n°s 87960 s. ; de **disparition des syndicats signataires**, voir n° 80975. Sur le cas où un accord devient **caduc**, voir n° 80975.
c. En cas de conclusion d'un **accord de branche** portant sur le même objet, voir n°s 83640 s.
d. Sur la portée d'un **accord non déposé**, voir n° 80500.
e. Sur la possibilité pour un accord d'entreprise, de groupe ou interentreprises d'écarter l'application d'un **accord de niveau inférieur**, voir n° 83740.

2. ACCORDS DE BRANCHE, PROFESSIONNELS ET INTERPROFESSIONNELS

APPLICATION OBLIGATOIRE

Accord non étendu L'employeur compris dans le champ d'application professionnel et territorial d'une convention de branche ou d'un accord professionnel ou interprofessionnel non étendu doit l'appliquer (C. trav. art. L 2262-1) : **83510**
– s'il en est **signataire** ;
– ou s'il est **membre d'un syndicat** signataire ou d'un syndicat ayant adhéré à la convention ou à l'accord après sa signature.

> **Précisions a.** L'entrée dans le **champ d'application professionnel** d'une convention ou d'un accord de branche, professionnel ou interprofessionnel est fonction de l'activité principale de l'entreprise. En cas de pluralité d'activités rendant incertaine l'application de ce critère, les conventions et accords peuvent, par des clauses réciproques et de nature identique, prévoir les conditions dans lesquelles l'entreprise détermine les conventions et accords qui lui sont applicables (C. trav. art. L 2261-2). Sur la détermination de l'**activité principale**, voir Mémento social n° 52180.
b. La convention collective **territorialement applicable** est celle du lieu où se trouve le siège social de l'entreprise, quel que soit le lieu d'activité des salariés (Cass. soc. 13-2-2008 n° 06-44.555 F-D : RJS 5/08 n° 573 ; 9-12-2009 n° 08-41.711 FS-D : RJS 2/10 n° 209) sauf si cette entreprise est constituée d'**établissements autonomes**. Dans ce cas, chaque établissement applique la convention ou l'accord dont il relève en fonction de sa situation géographique (Cass. soc. 16-4-1996 n° 93-41.049 D : RJS 6/96 n° 691). Est autonome l'établissement existant depuis longtemps, inscrit au registre du commerce et des sociétés et doté d'institutions représentatives du personnel propres (Cass. soc. 5-10-2016 n° 15-10.148 F-D : RJS 1/17 n° 46), mais pas celui qui est dépourvu d'autonomie dans son activité et son organisation, même s'il constitue un établissement distinct

pour le fonctionnement des institutions représentatives du personnel (Cass. soc. 27-5-2021 n° 20-10.476 F-D et n° 20-10.479 F-D).

c. L'employeur qui **démissionne du syndicat** ou du groupement **signataire** après la signature d'une convention ou d'un accord reste lié par ce texte (C. trav. art. L 2262-3). Sur son obligation d'information à l'égard du personnel, voir n° 83880. Mais il n'est pas tenu d'appliquer les textes signés après sa démission par son ancien syndicat et non étendus, sauf s'ils sont adoptés en application de la convention ou de l'accord signé avant (Cass. soc. 10-2-1999 n° 96-40.851 PB : RJS 3/99 n° 396).

83515 **Accord étendu ou élargi** L'**extension** rend obligatoire l'application d'une convention de branche ou d'un accord professionnel ou interprofessionnel à tous les salariés et employeurs entrant dans son **champ d'application** (C. trav. art. L 2261-15), professionnel et territorial, dans les conditions visées n° 83510, a et b.

L'employeur peut être aussi tenu d'appliquer un accord collectif si l'entreprise entre dans le champ d'application tel que modifié par un arrêté d'**élargissement**. Celui-ci a, en effet, pour conséquence de rendre obligatoire dans une branche d'activité ou un secteur territorial non couvert par un texte conventionnel l'application d'une convention ou d'un accord déjà étendu à un autre secteur (C. trav. art. L 2261-17).

> **Précisions** Un employeur ne peut pas s'affranchir de l'application d'un accord professionnel ou interprofessionnel étendu dont le champ d'application inclut son entreprise en invoquant devant le **juge judiciaire** l'absence de représentativité des organisations patronales signataires dans son secteur d'activité ou le fait qu'il n'ait pas adhéré à l'une de ces organisations (Cass. soc. 27-11-2019 n° 17-31.442 FP-PBRI : RJS 2/20 n° 103 ; Cass. 2e civ. 12-3-2020 n° 18-14.382 F-PBI : RJS 5/20 n° 247). Seul le **juge administratif**, dans le cadre de son contrôle de la légalité de l'arrêté d'extension, est compétent pour vérifier la régularité des conditions de négociation et de conclusion de l'accord étendu, y compris la représentativité des organisations syndicales et patronales signataires ou invitées à la négociation. Toutefois, en présence d'un **accord collectif ne précisant pas** son champ d'application sectoriel **et conclu avant** la première mesure de la représentativité patronale au niveau interprofessionnel intervenue en 2017, l'employeur peut contester que cet accord interprofessionnel étendu soit applicable à la branche professionnelle dont il relève, compte tenu de son activité. Il doit alors démontrer, pour se soustraire à l'application de cet accord, que l'organisation patronale représentative de sa branche n'est pas adhérente d'une des organisations patronales interprofessionnelles signataires (Cass. soc. 9-6-2021 n° 19-15.593 FS-P : RJS 8-9/21 n° 472).

APPLICATION VOLONTAIRE

83520 **Adhésion** L'adhésion consiste pour l'employeur soit à **contresigner** une convention ou un accord collectif de niveau supérieur à celui de l'entreprise après sa signature sans en discuter les termes, soit à **adhérer à l'un des syndicats** signataires ou adhérents au texte conventionnel après sa signature. Elle a pour **effet** de le contraindre à en appliquer les clauses (C. trav. art. L 2261-5 et L 2262-2). Toutefois, si un accord d'entreprise existe sur le même thème, celui-ci prévaut dans les conditions visées nos 83640 s.

> **Précisions a.** L'adhésion au texte conventionnel doit être **notifiée** aux signataires et **déposée** (C. trav. art. L 2261-3). Elle est soumise aux mêmes règles d'**entrée en vigueur** que les conventions et accords (nos 80570 s.).
>
> **b.** Lorsque l'entreprise n'entre pas dans le **champ d'application** territorial ou professionnel d'une convention de branche ou d'un accord professionnel ou interprofessionnel, l'adhésion au texte conventionnel est subordonnée à l'**agrément** des syndicats représentatifs dans l'entreprise, après négociation à ce sujet (C. trav. art. L 2261-6).

83525 **Application volontaire sans adhésion** L'employeur peut appliquer une convention ou un accord de branche ou un accord professionnel ou interprofessionnel auquel il n'est pas soumis, sans y adhérer. Cette application volontaire a, en principe, la **valeur d'un usage** que l'employeur peut dénoncer (Cass. soc. 31-1-1996 n° 93-41.246 D : RJS 3/96 n° 313 ; 27-3-2007 n° 06-40.433 F-D).

> **Précisions** **a.** L'application d'une convention collective à la relation de travail expressément **prévue par le contrat de travail** est contractualisée (Cass. soc. 5-7-2023 n° 22-10.424 FS-B : RJS 10/23 n° 518) et ne résulte pas d'un engagement unilatéral de la société pouvant être remis en cause par dénonciation de l'employeur (Cass. soc. 4-3-2020 n° 18-11.584 FS-D : RJS 5/20 n° 246). Elle n'emporte toutefois pas contractualisation des accords collectifs territoriaux qui la complètent (Cass. soc. 4-3-2020 n° 18-11.585 FS-PB : RJS 5/20 n° 246).
> **b.** L'application volontaire d'une convention vaut uniquement dans les **relations individuelles de travail**. Dans les **relations collectives**, la seule convention applicable est celle déterminée par l'activité principale de l'entreprise (Cass. soc. 18-7-2000 n° 97-44.897 FP-PBR : RJS 11/00 n° 1118), ce qui peut conduire l'employeur à appliquer simultanément deux conventions (Cass. soc. 18-7-2000 n° 97-44.897 FP-PBR : RJS 11/00 n° 1118).
> **c.** Sur la valeur de la mention de la convention collective de branche sur le **bulletin de paie**, voir n° 83865. Sur les **autres éléments** permettant de caractériser l'engagement de l'employeur et sur la **portée** de celui-ci, voir Mémento social n° 52195.

Transition écologique et dialogue social 83530

Trois organisations patronales (CPME, Medef et U2P) et deux syndicats de salariés (CFDT et CFTC) ont signé un **accord national interprofessionnel** du 11 avril 2023 relatif à la transition écologique et au dialogue social. **Non contraignant**, ce texte rassemble toutes les dispositions légales et réglementaires permettant aux employeurs et aux institutions représentatives du personnel (CSE, délégués syndicaux, etc.) d'appréhender les enjeux environnementaux dans leurs relations et d'engager le dialogue social sur ces sujets. S'il n'accorde aucun nouveau droit et n'impose aucune nouvelle obligation, l'ANI contient plusieurs **recommandations et outils pratiques** visant à faciliter et encourager la prise en compte des problématiques économiques, sociales et environnementales dans l'entreprise.

3. CONCOURS DE TEXTES

a. Articulation avec la loi ou le règlement

RESPECT DE L'ORDRE PUBLIC

La convention ou l'accord collectif peut comporter des dispositions **plus favorables aux salariés** que la loi et les règlements en vigueur, sauf s'il s'agit de dispositions d'ordre public **absolu** (C. trav. art. L 2251-1). 83580

Il peut aussi prévoir des **dispositions différentes** de la loi lorsque celle-ci est supplétive ou autorise expressément la dérogation conventionnelle. Dans les deux cas, il n'y a pas à rechercher si l'accord est plus ou moins favorable aux salariés que la loi, sous réserve de respecter les limites et contreparties qu'elle fixe. La liste des dispositions légales supplétives ou de celles auxquelles il est possible de déroger par convention ou accord est limitative.

Dans certaines matières, la **structure du Code du travail** s'articule autour de 3 types de normes pour chaque thème abordé :
– les dispositions légales impératives d'ordre public auxquelles il n'est pas possible de déroger, sauf dans un sens plus favorable aux salariés si elles relèvent non pas de l'ordre public absolu, mais de l'ordre public social ;
– les dispositions relevant du champ de la négociation collective ;
– les dispositions supplétives s'appliquant à défaut d'accord collectif.

C'est notamment le cas en matière de **durée du travail**, de **repos** et de **congés**.

> **Précisions** Les règles qualifiées d'ordre public dans la structure du Code du travail issue de la loi Travail du 8-8-2016 présentent tantôt une **véritable impérativité**, tantôt les caractéristiques d'une **règle plancher** susceptible d'amélioration conventionnelle, tantôt celles d'une disposition **purement indicative** (Françoise Favennec-Hery « Nouvelle articulation des normes : la durée du travail comme terrain d'expérimentation », JCP S 2016 n° 35).

APPLICATION DU PRINCIPE DE FAVEUR

Lorsqu'une convention ou un accord collectif est plus favorable qu'une disposition légale, le salarié a droit au **cumul des avantages** légaux et conventionnels si ceux-ci n'ont pas le même objet ou la même finalité (Cass. soc. 6-10-2010 n° 09-42.772 FS-D). Si l'objet est le même, on ne 83585

retient que les dispositions les plus favorables (Cass. soc. 30-1-2008 n° 06-41.709 F-D ; 10-1-2018 n° 16-23.124 F-D : RJS 3/18 n° 203).
Le caractère plus favorable s'apprécie **globalement**, c'est-à-dire pour l'ensemble des salariés (Cass. soc. 17-1-1996 n° 93-20.066 P : RJS 3/96 n° 290 ; 7-5-2002 n° 00-60.342 FS-PB : RJS 7/02 n° 825 ; 23-5-2013 n° 12-15.571 F-D).
Une fois les dispositions plus favorables identifiées, elles doivent être **appliquées dans leur intégralité**, sans pouvoir panacher les règles légales et conventionnelles (Cass soc. 13-7-2017 n° 15-29.124 F-D).

> **Précisions** Si la plupart du temps la jurisprudence fait une appréciation globale du caractère plus favorable, certaines décisions ont toutefois privilégié une **appréciation individuelle**. Ainsi jugé à propos de dispositions relatives aux absences pour maladie de courte durée prévues par le Code local d'Alsace-Moselle et la convention collective applicable (à propos de l'indemnisation de ces absences : Cass. soc. 19-6-1996 n° 95-40.213 D : RJS 10/96 n° 1111 et 4-1-2000 n° 97-44.054 PB : RJS 2/00 n° 219 ; sur la possibilité pour l'employeur de diligenter une contre-visite médicale : Cass. soc. 19-6-2001 n° 98-44.926 FS-PB : RJS 10/01 n° 1223).

b. Rapports entre accords de branche et accords de champ plus large

83600 Un accord de branche ou professionnel peut comporter des dispositions **moins favorables** que celles d'un accord couvrant un champ territorial ou professionnel plus large, sauf si ce dernier l'interdit via une **clause de verrouillage**.

EXEMPLE

Un **accord de branche** conclu au niveau local, régional ou national peut s'appliquer, même s'il est moins favorable qu'un accord national interprofessionnel (**ANI**), si ce dernier ne comporte pas de clause de verrouillage interdisant toute dérogation dans un sens moins favorable.

c. Rapports entre accords de branche et accords d'entreprise ou d'établissement

83640 Le Code du travail régit les rapports entre accords de branche (ou accords professionnels, ou couvrant un champ territorial ou professionnel plus large, tels que les accords interbranches ou interprofessionnels) et accords d'entreprise (ou accords d'établissement ou de groupe).
L'entreprise étant le niveau de droit commun en matière de négociation collective, le principe consacré est celui de la **primauté de l'accord d'entreprise** ou d'établissement sur l'accord de branche.
Il en ressort une **logique de primauté par domaines**, répartis en 3 blocs :
– 13 thèmes « **obligatoires** » pour lesquels les accords de branche priment de manière impérative et automatique sur les accords d'entreprise, sauf garanties au moins équivalentes apportées par ces derniers (bloc n° 1) ;
– 4 thèmes « **facultatifs** » pour lesquels les accords de branche peuvent se reconnaître eux-mêmes une primauté sur les accords d'entreprise postérieurs, et empêcher ainsi toute application des accords d'entreprise dérogatoires, sauf garanties au moins équivalentes apportées par ces derniers (bloc n° 2) ;
– pour l'ensemble des **autres thèmes**, les accords d'entreprise priment sur les accords de branche, même plus favorables (bloc n° 3).
Sur les **clauses salariales** des accords d'entreprise ou d'établissement, voir n° 70560.

BLOC N° 1 : THÈMES OÙ L'ACCORD DE BRANCHE PRIME DE FAÇON IMPÉRATIVE

83650 **Liste des thèmes** Le premier bloc comporte une liste limitative de 13 thèmes, pour lesquels l'accord de branche prime de façon impérative sur les accords d'entreprise conclus **antérieurement** ou **postérieurement** (C. trav. art. L 2253-1) :
– les **salaires minima** hiérarchiques ;
– les **classifications** ;
– la mutualisation des fonds de financement du **paritarisme** et de la **formation** professionnelle ;
– les garanties collectives de **protection sociale complémentaire** présentant un haut degré de solidarité (n° 74100) ;
– certaines mesures relatives à la **durée du travail** : régime d'équivalence (C. trav. art. L 3121-14), aménagement du temps de travail sur une période supérieure à 1 an dans la limite de 3 ans (C. trav. art. L 3121-44, 1°), nombre minimal d'heures entraînant la qualification de travailleur de

nuit sur une période de référence (C. trav. art. L 3122-16), durée minimale du travail à temps partiel (C. trav. art. L 3123-19, al 1), taux de majoration des heures complémentaires (C. trav. art. L 3123-21) et augmentation temporaire de la durée du travail à temps partiel (C. trav. art. L 3123-22) ;
– certaines mesures relatives aux contrats de travail à durée déterminée (**CDD**) et aux **contrats de mission** : durée totale du contrat (C. trav. art. L 1242-8 et L 1251-12), nombre maximal de renouvellements du contrat (C. trav. art. L 1243-13 et L 1251-35), délai de carence entre 2 contrats (C. trav. art. L 1244-3 et L 1251-36) et définition des cas dans lesquels le délai de carence n'est pas applicable (C. trav. art. L 1244-4 et L 1251-37) ;
– le recours au **travail temporaire** au titre des mesures pour l'emploi et la formation professionnelle (C. trav. art. L 1251-7, 1° et 2°) ;
– les conditions de recours au **CDI de chantier** (C. trav. art. L 1223-8 et L 1223-9) ;
– l'**égalité professionnelle** entre les femmes et les hommes ;
– les conditions et les durées de **renouvellement de la période d'essai** (C. trav. art. L 1221-21) ;
– les modalités de **transfert** conventionnel des contrats de travail (lorsque les conditions de l'article L 1224-1 du Code du travail ne sont pas réunies, voir n° 33300) ;
– dans le cadre du **portage salarial**, la rémunération minimale du salarié porté (C. trav. art. L 1254-2) et le montant de l'indemnité d'apport d'affaires (C. trav. art. L 1254-9).

> **Précisions a.** La branche peut fixer le montant des **salaires minima hiérarchiques** et en définir la structure en incluant certains **compléments de salaire**, comme des primes. Les accords d'entreprise peuvent **déroger** à la structure ainsi définie en réduisant ou supprimant les compléments de salaire conventionnels sous réserve de prévoir d'autres éléments de rémunération, en sus du salaire de base, pour **garantir** une rémunération effective au moins égale à ces minima conventionnels (CE ass. 7-10-2021 n° 433053 : RJS 12/21 n° 671). Si la branche prévoit des compléments de salaire, mais sans les inclure expressément dans les salaires minima hiérarchiques, les entreprises ne sont tenues que par le niveau de rémunération correspondant aux minima conventionnels stricto sensu.
> **b.** Pour certains thèmes du bloc n° 1, il existe une obligation de conclure un **accord de branche étendu** en vertu des articles L 1221-21 (renouvellement de la période d'essai), L 1251-7, 1° et 2° (recours au travail temporaire au titre des mesures pour l'emploi et la formation), L 1242-8 et L 1251-12 (durée totale du CDD et du contrat de mission), L 1243-13 et L 1251-35 (nombre maximal de renouvellements possibles pour un CDD et un contrat de mission), L 1244-3 et L 1251-36 (délai de carence entre 2 CDD ou contrats de mission), L 1244-4 et L 1251-37 (non-application du délai de carence pour les CDD et les contrats de mission), L 1223-8 et L 1223-9 (CDI de chantier), L 1254-2, II (rémunération minimale du salarié porté), L 1254-9 (indemnité d'apport d'affaire), L 3121-14 (régime d'équivalences), L 3122-16 (nombre minimal d'heures entraînant la qualification de travailleur de nuit), L 3123-19 (durée minimale du travail à temps partiel), L 3123-21 (taux de majoration des heures complémentaires) et L 3123-22 (augmentation temporaire du travail à temps partiel) du Code du travail.
> **c.** D'**autres dispositions** donnent à la branche, sur des thèmes censés relever du bloc n° 3 (n° 83690) car non mentionnés dans les blocs n°s 1 et 2, une **priorité** (voire une compétence exclusive) pour conclure des accords. C'est, par **exemple**, le cas pour la mise en œuvre du **congé de proche aidant**, celle-ci devant être prévue par une convention ou un accord de branche ou, à défaut, par une convention ou un accord d'entreprise (C. trav. art. L 3142-26).

Cas d'application de l'accord d'entreprise Dans les matières relevant du bloc **83655**
n° 1, un accord d'entreprise s'applique s'il assure des **garanties au moins équivalentes** à celles prévues par l'accord de branche. Cette équivalence s'apprécie par ensemble de garanties se rapportant à la même matière (C. trav. art. L 2253-1). Il faut entendre par « **matière** » chacun des alinéas des articles L 2253-1 (bloc n° 1) et L 2253-2 (bloc n° 2) du Code du travail, pris dans sa globalité, et apprécier le principe d'équivalence par rapport à l'ensemble des **salariés** (Bilan de la DGT : « La négociation collective en 2017 » p. 205 ; QR min. trav. juillet 2020 n° 5) et non salarié par salarié.

EXEMPLE

Des dispositions conventionnelles portant sur la durée totale des CDD, le nombre maximal de renouvellements et le délai de carence en cas de succession de contrats semblent pouvoir être appréciés globalement dès lors qu'elles se rapportent à la même matière, le CDD.

En l'**absence d'accord de branche**, il semble possible d'appliquer un accord d'entreprise conclu **83660**
dans l'une des matières du bloc n° 1.

ATTENTION

Cette possibilité nous semble toutefois exclue dans les matières où la loi prévoit la **compétence exclusive de l'accord de branche** étendu (voir n° 83650, b). Dans ces matières, il convient, selon nous, d'appliquer à défaut d'un tel accord les dispositions légales supplétives prévues le cas échéant.

BLOC N° 2 : THÈMES QUE L'ACCORD DE BRANCHE PEUT VERROUILLER

83670 Sous réserve de prévoir une clause de verrouillage en ce sens, l'accord de branche peut interdire aux accords d'entreprise **conclus postérieurement** de comporter des stipulations différentes, mais dans les matières suivantes seulement (C. trav. art. L 2253-2) :
– la prévention des effets de l'exposition aux facteurs de **risques professionnels** visés n°s 55630 s. ;
– l'insertion professionnelle et le maintien dans l'emploi des **travailleurs handicapés** ;
– l'effectif à partir duquel les **DS** peuvent être désignés, leur nombre et la valorisation de leur parcours syndical ;
– les **primes pour travaux dangereux** ou insalubres.

83675 **Cas d'application de l'accord d'entreprise** Il résulte de l'article L 2253-2 du Code du travail que, dans les matières relevant du bloc n° 2, un accord d'entreprise peut s'appliquer dans les cas suivants :
– s'il est **antérieur** à un accord de branche conclu sur le même thème ;
– s'il est **postérieur** à un accord de branche portant sur le même thème, dans deux situations :
• l'accord de branche ne comporte pas de clause de verrouillage sur le thème traité par l'accord d'entreprise,
• l'accord de branche comporte une clause de verrouillage portant sur le thème traité par l'accord d'entreprise, mais ce dernier apporte des garanties au moins équivalentes ;
– en l'**absence** d'accord de branche portant sur le même thème.
Sur la portée du principe d'équivalence, voir n° 83655.

83680 **Portée des clauses de verrouillage antérieures au 24-9-2017** Les clauses de verrouillage des **accords de branche étendus** conclus jusqu'au 23-9-2017, ainsi que les clauses des accords de branche étendus conclus jusqu'au 6-5-2004, qui portent sur l'un des 4 thèmes du bloc n° 2, continuent de produire effet si et seulement si un **avenant** a confirmé, avant le **1-1-2019**, la portée de ces clauses au regard de l'accord d'entreprise (Ord. 2017-1385 du 22-9-2017 art. 16, I à III). Dans le cas contraire, à cette date, ces clauses ont cessé de s'appliquer et l'accord d'entreprise peut déroger à l'accord de branche.

> **Précisions** **a.** La possibilité de conclure un avenant confirmatif avant le 1-1-2019 a aussi concerné les accords de branche **non étendus** (QR min. trav. juillet 2020 n° 6).
> **b.** Les clauses de verrouillage des accords de branche conclus jusqu'au 23-9-2017, ainsi que celles des accords de branche conclus jusqu'au 6-5-2004, ont cessé de produire leurs effets vis-à-vis des accords d'entreprise depuis le **1-1-2018** si elles verrouillaient des **thèmes relevant prioritairement de l'accord d'entreprise** : voir n° 83690.

BLOC N° 3 : THÈMES RELEVANT PRIORITAIREMENT DE L'ACCORD D'ENTREPRISE

83690 Dans les **autres matières** que celles des blocs n°s 1 et 2 (n°s 83650 et 83670) et sauf dispositions légales particulières donnant une compétence prioritaire voire exclusive à la branche pour négocier sur un thème précis (n° 83650, c), les clauses des **accords d'entreprise** priment sur celles de l'accord de branche ayant le même objet, peu importe qu'ils soient antérieurs ou postérieurs à la date d'entrée en vigueur de ce dernier (C. trav. art. L 2253-3).
En l'**absence** d'accord d'entreprise, l'accord de branche s'applique (C. trav. art. L 2253-3).

d. Rapports entre accords d'entreprise et accords d'établissement, de groupe ou interentreprises

CLAUSE DE SUBSTITUTION

83740 Sont visés ici les rapports entre les accords d'entreprise stricto sensu et les accords d'établissement, de groupe et interentreprises. En présence de plusieurs accords portant sur le même objet, l'application de l'accord de niveau inférieur est écartée au profit de celle de l'accord de niveau supérieur si ce dernier le prévoit par une **clause expresse**.

Ainsi, lorsqu'une clause de l'**accord d'entreprise** le prévoit expressément, ses stipulations se substituent à celles ayant le même objet des conventions ou accords conclus antérieurement ou postérieurement dans les **établissements** compris dans le périmètre de cet accord (C. trav. art. L 2253-6). De même, une clause d'un **accord de groupe** ou d'un accord **interentreprises** peut prévoir que ses stipulations se substituent à celles ayant le même objet des conventions ou accords conclus antérieurement ou postérieurement dans les **entreprises ou établissements** compris dans le périmètre de cet accord (C. trav. art. L 2253-5 et L 2253-7).

> **Précisions** À notre avis, cette primauté ne vaut que pendant la **durée** de l'accord de niveau supérieur qui, en principe, est conclu pour une durée déterminée (voir n° 80965).

ABSENCE DE CLAUSE DE SUBSTITUTION

Si l'accord de niveau supérieur ne prévoit rien, il convient, selon nous, de respecter le **principe de faveur** en appliquant les règles dégagées par la jurisprudence pour la comparaison des avantages conventionnels en concours. **83750**

Ainsi, la comparaison des avantages conventionnels s'opère, **avantage par avantage**, pour l'**ensemble des salariés** et non salarié par salarié (Cass. soc. 25-1-1984 n° 81-41.609 P ; 18-1-2000 n° 96-44.578 P : RJS 3/00 n° 307).

Elle relève de l'appréciation souveraine des juges du fond qui doivent prendre en compte l'**ensemble des critères** d'attribution de l'avantage (conditions d'ouverture du droit, montant, etc.). Ainsi, lorsqu'un avantage pris dans son ensemble est ouvert à un **plus grand nombre de salariés**, il doit s'appliquer même si l'avantage issu d'un autre accord est plus généreux mais destiné à des salariés moins nombreux (Cass. soc. 5-4-2018 n° 16-26.740 F-D : RJS 6/18 n° 434).

Sauf clause contraire, les avantages ayant le **même objet** ou la même cause ne se cumulent pas, le plus favorable d'entre eux devant seul être accordé (Cass. ass. plén. 18-3-1988 n° 84-40.083 P ; 24-10-2008 n° 07-42.799 PBRI : RJS 12/08 n° 1200). A contrario, si les textes conventionnels n'ont pas le même objet, les salariés peuvent prétendre à une application distributive de ces textes, chacun s'appliquant sur les points où il est le plus favorable (Cass. soc. 24-6-1992 n° 90-42.432 D : RJS 10/92 n° 1135 ; 22-10-1996 n° 93-43.616 P).

Une fois déterminée la disposition la plus favorable au salarié, il convient de l'**appliquer dans son intégralité**, y compris dans celles de ses composantes qui, prises isolément, seraient moins avantageuses (Cass. soc. 8-7-1980 n° 78-41.656 P).

> **Précisions** En principe, les juges doivent prendre en considération chaque **ensemble d'avantages ayant le même objet** ou la même cause (Cass. soc. 12-2-1969 n° 67-40.433 P). Mais, s'agissant des **accords donnant-donnant**, la jurisprudence semble privilégier une approche plus extensive en intégrant dans la comparaison des ensembles d'avantages interdépendants s'il apparaît que certains avantages constituent une contrepartie réelle et effective d'une renonciation à d'autres. Ainsi jugé à propos d'un accord faisant apparaître une interdépendance et une indivisibilité entre les engagements de maintien de l'emploi pris par l'employeur et la renonciation des salariés à certains avantages salariaux (Cass. soc. 19-2-1997 n° 94-45.286 PBF : RJS 4/97 n° 444 ; 8-1-2020 n° 18-17.708 F-PB : RJS 3/20 n° 143).

B. Information des salariés et représentants du personnel

Les conditions d'information des salariés et des représentants du personnel sur le droit conventionnel applicable dans l'entreprise et l'établissement sont définies par **convention de branche ou accord professionnel** (C. trav. art. L 2262-5). **83850**

À défaut, l'employeur (C. trav. art. L 2262-5 et R 2262-1 à R 2262-3) :

– donne au **salarié**, au moment de l'embauche, une **notice** l'informant des textes conventionnels applicables dans l'entreprise ou l'établissement ;

– tient un **exemplaire** à jour de ces textes à la disposition des salariés sur le lieu de travail et sur l'intranet (lorsque l'entreprise en est dotée), un **avis** devant leur être communiqué à ce sujet par tout moyen ;

– fournit un exemplaire aux représentants élus du personnel (**CSE** et, le cas échéant, CSE d'établissement) ainsi qu'aux **DS** ou aux **salariés mandatés**. À défaut, un syndicat est fondé à réclamer des dommages-intérêts (CA Paris 28-3-2006 n° 05-08003).

> **Précisions** L'**avis** communiqué aux salariés doit comporter l'intitulé des conventions et accords applicables dans l'établissement et préciser le lieu et les modalités de leur consultation durant leur temps de présence (C. trav. art. R 2262-3). Les **modifications** ou compléments à apporter aux informations figurant sur l'avis doivent l'être dans un délai d'un mois au plus tard à compter de leur date d'effet (C. trav. art. R 2262-5). Pour les **concierges**, gardiens d'immeubles, employés de maison et **travailleurs** isolés ou **à domicile**, les informations de l'avis doivent être reprises dans un document délivré à chaque salarié par l'employeur (C. trav. art. R 2262-4).
> Ces dispositions supplétives, qui s'appliquent en l'absence de stipulations conventionnelles prévoyant les conditions d'information des salariés sur le droit conventionnel applicable dans l'entreprise, sont **sanctionnées** par l'amende prévue pour les contraventions de 4e classe (C. trav. R 2263-1 et R 2263-2). En outre, à défaut d'avis, les dispositions de la convention collective applicable dans l'entreprise ne sont pas opposables au salarié (Cass. soc. 31-5-1989 n° 86-42.515 P : RJS 7/89 n° 605 ; 28-2-1996 n° 93-42.058 P : RJS 4/96 n° 426) sauf si ce dernier a été informé de leur existence au moment de l'embauche et a pu y accéder (Cass. soc. 5-7-2023 n° 21-25.158 F-D : RJS 10/23 n° 529).

MENTION SUR LE BULLETIN DE PAIE

83865 Les bulletins de paie doivent comporter l'intitulé de la convention collective de **branche** applicable au salarié (C. trav. art. R 3243-1, 3°).

> **Précisions** La mention d'une convention collective sur le bulletin de paie vaut **engagement unilatéral** de l'employeur à l'appliquer au salarié, qui peut être dénoncé unilatéralement (Cass. soc. 14-11-2013 n° 12-22.734 F-D : RJS 3/14 n° 253). Mais il ne s'agit que d'une **présomption simple** de la volonté de l'employeur, admis à apporter la preuve contraire, par exemple en établissant l'existence d'une erreur manifeste (Cass. soc. 15-11-2007 nos 06-44.008 FS-PBRI et 06-43.383 FS-PB : RJS 1/08 n° 54 ; 12-7-2018 n° 17-14.699 F-D).

CONCLUSION, RÉVISION ET DÉNONCIATION

83870 L'employeur doit fournir chaque année aux **DS** ainsi qu'au **CSE** (par écrit : Déb. AN 26-6-1982 p. 3882), la **liste des modifications** apportées aux conventions ou accords applicables dans l'entreprise (C. trav. art. L 2262-6), c'est-à-dire la liste des textes supprimés, entrés en vigueur ou modifiés (Circ. DRT 15 du 25-10-1983).

> **CONSEIL**
> **À défaut de CSE**, cette information annuelle doit être remise, selon nous, aux **salariés**, malgré l'absence d'actualisation sur ce point de l'article L 2262-6 du Code du travail par l'ordonnance 2017-1836 du 22 septembre 2017 ayant instauré le CSE. Elle s'ajoute à l'information dont sont destinataires les salariés lors de la mise à jour de l'avis visé n° 83850.

83875 Les **syndicats représentatifs** sont informés de la **signature** ou de la **dénonciation** d'une convention ou d'un accord d'entreprise ou d'établissement par le biais de la notification imposée par la loi (nos 80450 et 81655). Cette règle s'applique aussi, selon nous, en cas de **révision** de l'accord.

DÉMISSION D'UNE ORGANISATION SIGNATAIRE

83880 Lorsqu'il démissionne d'un syndicat signataire d'une convention ou d'un accord, l'employeur en **informe** sans délai le personnel dans les conditions définies n° 83870 (C. trav. art. L 2262-7). Sur les **effets** de cette démission, voir n° 83510, c.

C. Actions contentieuses des syndicats

83980 Les syndicats peuvent exercer les actions en exécution, en interprétation ou en annulation d'une convention ou d'un accord collectif en leur nom propre ou au nom d'un ou de plusieurs de leurs membres.
Quant au **CSE**, il ne peut pas engager d'actions contentieuses relatives à l'application ou à la légalité des textes conventionnels (nos 1235 s.) même s'il a pour mission de présenter à l'employeur les réclamations relatives à leur application dans l'entreprise.

1. ACTION DES SYNDICATS EN LEUR NOM PROPRE

a. Action en exécution et/ou en réparation

SYNDICATS LIÉS PAR UNE CONVENTION OU UN ACCORD

Les organisations ou groupements ayant la capacité d'agir en justice, liés par une convention ou par un accord, peuvent intenter en leur nom propre toute action visant à **obtenir l'exécution** des engagements contractés et, le cas échéant, des **dommages-intérêts** contre les autres organisations ou groupements, contre leurs propres membres ou toute personne liée par la convention ou l'accord (C. trav. art. L 2262-11). **83990**

Les **syndicats concernés** sont ceux liés par les dispositions conventionnelles (Cass. soc. 10-5-1994 n° 92-14.097 P : RJS 6/94 n° 736), c'est-à-dire signataires ou adhérents à la convention ou à l'accord ou affiliés à une organisation signataire ou adhérente. Tel est le cas d'un syndicat départemental, membre de la fédération signataire d'un accord collectif (Cass. soc. 20-9-2006 n° 04-10.765 FS-PB : RJS 12/06 n° 1300).

L'action en paiement de dommages-intérêts contre l'employeur est recevable si celui-ci transgresse les dispositions conventionnelles et porte ainsi **préjudice** à l'intérêt collectif de la profession représentée par le syndicat (Cass. soc. 29-4-1985 n° 84-40.003 S ; 27-6-1985 n° 83-40.457 S), même si, depuis l'introduction de l'action, l'employeur a renoncé à son interprétation erronée de la convention (Cass. soc. 25-10-1961 n° 60-40.423 P).

L'action syndicale n'a pas à concerner l'**ensemble des salariés** couverts par l'accord. Elle peut ainsi être exercée en faveur d'une **catégorie** du personnel. En revanche, elle ne permet pas d'obtenir l'exécution d'un **engagement de caractère individuel** au profit de l'un des membres du syndicat (Cass. soc. 7-4-1994 n° 90-18.898 D).

ILLUSTRATIONS

Ont été jugées **recevables** :
– l'action d'une fédération de syndicats tendant à voir reconnaître à certaines catégories de salariés des droits qui leur avaient été jusqu'alors refusés par leurs employeurs, lesquels interprétaient restrictivement les dispositions de la convention collective qui les concernaient (Cass. soc. 6-12-1979 n° 78-11.562 P) ;
– l'action d'une fédération en vue de faire déterminer la qualification de la rupture du contrat de travail de certains salariés et d'en fixer les conséquences au regard, notamment, des dispositions du protocole d'accord collectif auquel elle est liée, peu important que la rupture soit intervenue dans le cadre de la mise en œuvre d'un plan social (Cass. soc. 25-6-2002 n° 00-18.907 FS-PBRI : RJS 10/02 n° 1154) ;
– l'action tendant non pas au paiement de sommes déterminées à des personnes nommément désignées, mais au respect par l'employeur de dispositions conventionnelles régissant le salaire minimum (Cass. soc. 3-11-2011 n° 10-14.948 F-D) ou les augmentations de salaire prévues au bénéfice d'une catégorie de salariés (Cass. soc. 22-2-2006 n° 04-14.771 F-D : RJS 6/06 n° 758).

En revanche sont **irrecevables** les actions tendant :
– au versement à des salariés de rappels de salaire (Cass. soc. 20-6-1990 n° 88-12.516 P : RJS 8-9/90 n° 710) ou d'indemnités de congés payés (Cass. soc. 12-1-1994 n° 91-20.433 D : RJS 2/94 n° 157) ;
– à la réintégration, en application d'un accord de fin de conflit, de salariés licenciés (Cass. soc. 7-4-1994 n° 90-18.898 D).

SYNDICATS NON LIÉS PAR UNE CONVENTION OU PAR UN ACCORD

Un syndicat est recevable à demander, sur le fondement de l'article L 2132-3 du Code du travail (nos 12360 s.), l'**exécution** d'une convention ou d'un accord collectif de travail, même non étendu, son inapplication causant nécessairement un préjudice à l'**intérêt collectif de la profession** (Cass. soc. 3-5-2007 n° 05-12.340 FS-PB : RJS 7/07 n° 875 ; 16-1-2008 n° 07-10.095 FS-PB : RJS 4/08 n° 464 ; 11-6-2013 n° 12-12.818 FS-PB : RJS 8-9/13 n° 628). Il n'est pas nécessaire qu'il soit lié par la convention ou par l'accord en cause (Cass. soc.11-6-2013 n° 12-12.818 FS-PB précité). **84000**

Sur l'action d'un syndicat en vue de l'application de stipulations conventionnelles sur les **transferts d'entreprise**, voir n° 87990.

> **Précisions** Ces solutions nous semblent être **toujours applicables** en dépit de la jurisprudence ayant mis fin au préjudice de principe, rendue à l'occasion de litiges individuels. La Cour de cassation a, en effet, reconduit le principe d'une indemnisation de plein droit en cas de manquement de l'employeur aux intérêts collectifs des salariés (Cass. soc. 14-3-2018 n° 16-22.409 F-D, sur le préjudice causé par le défaut d'application d'une convention collective ; 20-6-2018 n° 16-20.796 F-D, s'agissant du préjudice résultant de l'illégalité d'un règlement intérieur).

b. Action en nullité

84010 L'illégalité d'une convention, d'un accord ou de dispositions conventionnelles peut être invoquée soit pour demander leur annulation (action en nullité), soit à l'occasion d'un litige portant sur leur application (exception d'illégalité). Le contentieux peut **porter sur** les conditions de leur négociation, de leur conclusion ou sur leur contenu.

Il appartient à **celui qui conteste** la légalité d'une convention ou d'un accord collectif de démontrer qu'il n'est pas conforme aux conditions légales applicables (C. trav. art. L 2262-13) au moment de sa conclusion et non pas de son entrée en vigueur (Cass. soc. 23-9-2020 n° 18-23.474 F-PB : RJS 12/20 n° 599).

Le juge saisi d'une action en nullité de tout ou partie d'une convention ou d'un accord collectif doit **statuer dans un délai** de 6 mois (C. trav. art. L 2262-14-1). Sur le **juge compétent**, voir n°s 84120 s.

EXEMPLES

La **nullité** d'un accord peut ainsi être **reconnue** lorsque les conditions suivantes n'ont pas été respectées :
– invitation à la négociation de tous les syndicats représentatifs dans le champ de l'accord (n°s 80215 s.) ;
– approbation de l'accord d'entreprise minoritaire par la majorité des salariés (n° 80775) ;
– établissement d'un écrit et signature de l'accord (n°s 80820 s.) ;
– consentement des signataires (n° 80830).

SYNDICATS HABILITÉS

84020 Si un syndicat **participe à la négociation** d'un accord sans le signer, il est recevable à agir en nullité absolue de cet accord (Cass. soc. 9-7-1996 n° 95-13.010 P : RJS 8-9/96 n° 953). S'il le **signe**, il peut néanmoins en demander l'annulation sur le fondement de la violation d'une disposition d'ordre public (CA Paris 15-10-1986 n° 10-496).

DÉLAIS POUR AGIR

84030 **Principe** Toute action en nullité de tout ou partie d'une convention ou d'un accord collectif doit, à peine d'irrecevabilité, être engagée dans un délai de **2 mois** à compter (C. trav. art. L 2262-14) :
– de la notification de l'accord d'entreprise (n° 80450) pour les **syndicats** (représentatifs : Cons. const. 21-3-2018 n° 2018-761 DC) disposant d'une **section syndicale** dans l'entreprise ;
– de la publication de l'accord sur Légifrance (n° 80510) dans tous les **autres cas** ; toutefois, en cas de **publication partielle** de l'accord (n°s 80520 s.), le délai de recours contre les passages non publiés ne court qu'à compter du moment où les intéressés en ont valablement connaissance (Cons. const. 21-3-2018 n° 2018-761 DC ; QR min. trav. juillet 2020 n° 34). Il en va de même pour les accords non soumis à publication (n° 80510) (QR min. trav. juillet 2020 n° 34).

84050 **Exceptions** La légalité d'un accord collectif peut être mise en cause de deux manières : par une action en nullité ou par le biais de l'**exception d'illégalité**, à l'occasion d'un contentieux particulier. Or, le délai de 2 mois concerne uniquement l'action en nullité proprement dite.

> **Précisions** La **portée** du délai de 2 mois est donc **limitée**. L'exception d'illégalité peut être, par exemple, soulevée lors d'actions intentées par les salariés et concerner les **accords d'entreprise**, ou par des syndicats à l'occasion de l'**extension d'accords de branche**. De même, un CSE ou un syndicat non signataire d'un accord collectif peuvent invoquer par voie d'exception, sans condition de délai, l'illégalité d'une **clause** conventionnelle **violant leurs droits propres** (Cass. soc. 2-3-2022 n°s 20-16.002 FP-BR, 20-18.442 FP-BR et 20-20.077 FP-B : RJS 5/22 n° 262). En revanche, le CSE signataire d'un **accord de participation** n'est pas recevable à invoquer, par voie d'exception, l'illégalité d'une clause de cet accord (Cass. soc. 19-10-2022 n° 21-15.270 FS-B : RJS 1/23 n° 28).

84060 Ce délai ne s'applique pas non plus aux actions en nullité des accords suivants (C. trav. art. L 2262-14) :
– **accords de méthode** conclus en cas de licenciement collectif pour motif économique (voir n° 90355) ;
– **accords collectifs** déterminant le contenu du **PSE**, les modalités de consultation du CSE et de mise en œuvre des licenciements (voir n° 90720) ;
– accords de **rupture conventionnelle collective** (voir n° 52935).

MODULATION DANS LE TEMPS DES EFFETS DE L'ANNULATION D'UN ACCORD

En principe, quand le juge annule un accord collectif, celui-ci est réputé n'avoir jamais existé. Les droits et les obligations qu'il prévoyait sont donc remis en cause, même pour la période antérieure à cette annulation. En d'autres termes, l'annulation d'un accord collectif a un **effet rétroactif**. 84070

Par **exception**, la nullité d'un accord collectif relatif à la mise en place d'une **institution représentative du personnel** n'a pas d'effet rétroactif (Cass. soc. 6-6-2018 n° 17-21.068 FS-PBR : RJS 8-9/18 n° 547).

En outre, si le juge estime que l'effet rétroactif est de nature à emporter des **conséquences manifestement excessives**, en raison tant des effets que cet acte a produits et des situations qui ont pu se constituer lorsqu'il était en vigueur que de l'intérêt général pouvant s'attacher à un maintien temporaire de ses effets, il peut plutôt, sous réserve des actions contentieuses déjà engagées à la date de sa décision sur le même fondement (C. trav. art. L 2262-15) :

– soit décider que l'annulation ne produira ses effets que **pour l'avenir** ;

– soit **moduler dans le temps** les effets de sa décision. Cette modulation peut être mise en œuvre quelle que soit la date à laquelle l'accord collectif a été conclu.

ILLUSTRATIONS

La Cour de cassation a admis la **modulation** dans un cas où l'annulation aurait conduit à la remise en cause des sommes perçues par les salariés depuis une dizaine d'années, supposant un travail considérable pour un résultat incertain en vue d'une reconstitution des droits de chacun, et où le maintien pour le passé n'était pas de nature à priver les salariés de contrepartie (Cass. soc. 13-1-2021 n° 19-13.977 FS-PBI : RJS 3/21 n° 167).

2. ACTIONS SYNDICALES LIÉES À UNE ACTION INDIVIDUELLE

Les syndicats peuvent agir au titre des articles L 2262-9 et L 2262-10 du Code du travail, qu'ils soient **signataires ou non** de la convention ou de l'accord collectif, dès lors que celui-ci lie leurs membres **adhérents** (Cass. soc. 14-2-2001 n° 98-46.149 FS-PB : RJS 4/01 n° 479 ; 9-4-2002 n° 99-45.963 FS-P : RJS 7/02 n° 815). 84090

Chaque **salarié** demeure recevable à agir individuellement pour la réalisation des droits qu'il tient d'une convention ou d'un accord collectif (Cass. soc. 7-1-1997 n° 93-45.664 P : RJS 2/97 n° 186) ou à invoquer, s'il y a intérêt, le caractère illicite d'une clause conventionnelle qui lui est applicable (Cass. soc. 24-9-2008 n° 07-40.935 FS-PB : RJS 11/08 n° 1107) dans les conditions visées n°s 84010 s. Sur le cas où un syndicat a déjà engagé une action, voir n° 84100.

Il peut aussi démontrer en cours d'instance l'illégalité de dispositions conventionnelles aux fins d'obtenir du juge leur inapplicabilité (exception d'illégalité).

a. Action se substituant à une action individuelle

Les organisations ou groupements ayant la capacité d'agir en justice dont les **membres** sont **liés par une convention ou un accord** peuvent exercer toutes les actions en justice qui en résultent en faveur de leurs membres, sans avoir à justifier d'un **mandat** de l'intéressé, pourvu que celui-ci ait été averti et n'ait pas déclaré s'y opposer. L'intéressé peut toujours intervenir à l'instance engagée par l'organisation ou le groupement (C. trav. art. L 2262-9). 84100

ILLUSTRATIONS

Un syndicat peut ainsi engager une action tendant à faire **inscrire, sur les listes électorales** établies en vue des élections professionnelles, deux salariés en situation de préretraite en vertu de l'accord collectif d'entreprise (Cass. soc. 18-1-1978 n° 77-60.575 P).

Le syndicat qui intente une action doit indiquer dans sa **demande** le nom de ses **adhérents** pour lesquels il déclare agir et fournir pour chacun d'eux les éléments nécessaires à la détermination, par le juge, des droits de chacun, à la vérification de ce qu'ils ont bien été **avertis** de l'exercice de l'action et au prononcé d'une condamnation au profit de chacun d'eux. 84105

À défaut, l'action est en fait une action collective régie par l'article L 2262-11 du Code du travail (n° 83990), qui ne relève pas de la compétence du conseil de prud'hommes (Cass. soc. 3-11-1972 n° 71-40.727 P ; 17-12-1980 n° 78-16.633 P).

> **Précisions a.** On parle généralement d'une **substitution** de l'action des organisations ou groupements à celle que pourraient engager les intéressés, ce qui semble impliquer que ces organismes ne sont que des mandataires ou représentants des intéressés. On remarquera cependant que ces derniers ont la possibilité d'intervenir à l'instance, sans que, semble-t-il, l'organisme ou le groupement ayant préalablement agi soit écarté de l'instance.
> **b.** Le silence gardé par le salarié permet de considérer que la condition tenant à son absence d'**opposition** est remplie (en ce sens : Cass. soc. 29-4-1960 n° 59-40.178 P).
> **c.** Le syndicat n'a pas à renouveler son avertissement au salarié pour former une voie de **recours** contre une décision de justice intervenue à la suite de l'action engagée (Cass. soc. 25-2-1970 n° 69-60.110 P).
> **d.** Les **salariés concernés** peuvent **intervenir** à l'instance, mais pas intenter une **nouvelle action** aux mêmes fins (Cass. soc. 2-3-1960 n° 58-40.796 P). En l'espèce, les salariés concernés avaient engagé une nouvelle action, car le syndicat ayant introduit la première demande avait abandonné la procédure en raison des frais élevés qu'il aurait eu à avancer pour une expertise ordonnée par les juges du fond. Cette nouvelle action est déclarée irrecevable.

b. Action jointe à une action individuelle

84110 Lorsqu'une personne, une organisation ou un groupement intente une **action née de la convention ou de l'accord** collectif, une organisation ou un groupement ayant la capacité d'agir en justice et dont les membres sont liés par la convention ou l'accord peut **intervenir** à l'instance engagée, à raison de l'intérêt collectif que la solution du litige peut présenter pour ses membres (C. trav. art. L 2262-10).

Est ainsi recevable l'action d'un syndicat au soutien des prétentions d'un salarié se fondant sur la violation d'une convention collective (Cass. soc. 24-1-2007 n° 05-44.795 F-D : RJS 4/07 n° 457 ; 11-7-2000 n° 97-43.645 FS-PB : RJS 12/00 n° 1262 ; 28-11-1995 n° 92-43.742 P). Il semble que, pour la Cour de cassation, le litige portant sur l'application d'une convention ou d'un accord présente nécessairement un **intérêt collectif**, si bien que le syndicat serait présumé avoir un intérêt à intervenir à l'instance engagée par l'un de ses membres portant sur un tel litige.

3. TRIBUNAUX COMPÉTENTS

84120 Le **juge judiciaire** a seul qualité pour déterminer, en cas de litige, le sens et la portée des conventions collectives de travail (T. confl. 19-5-1958) et pour juger de leur légalité, à l'exclusion des **juridictions de l'ordre administratif**.

Le tribunal judiciaire est, en principe, compétent pour connaître des actions en exécution ou en nullité des conventions et accords collectifs de travail (Cass. soc. 21-11-2012 n° 11-15.057 FS-PB : RJS 2/13 n° 151). Ce principe connaît toutefois des exceptions.

> **Précisions a.** Le fait que l'accord collectif ait fait l'objet d'un **arrêté d'extension** est sans incidence sur la compétence du juge judiciaire pour apprécier sa validité (T. confl. 8-6-2020 n° 4182 : RJS 8-9/20 n° 428).
> **b.** Les juridictions judiciaires sont compétentes quelles que soient les difficultés nées de décisions administratives (Cass. soc. 4-2-1987 n° 84-42.583 P). Si la solution d'un **litige administratif** dépend de l'interprétation d'une convention collective et si ce problème soulève une difficulté sérieuse, le juge administratif doit **surseoir à statuer** jusqu'au règlement du problème d'interprétation par le juge judiciaire (CE 26-5-1989 n° 69188 ; 10-7-2015 n° 376775). En revanche, le juge administratif n'est pas tenu de saisir au préalable le juge judiciaire d'une question préjudicielle s'il apparaît manifestement qu'il peut trancher lui-même la contestation, compte tenu de l'existence d'une jurisprudence établie de l'ordre judiciaire (CE 23-3-2012 n° 331805 : RJS 6/12 n° 582 ; 7-5-2015 n° 375882 : RJS 8-9/15 n° 581).
> **c.** La contestation concernant des dispositions qui n'ont pas pour objet la détermination des conditions d'emploi, de formation professionnelle et de travail ainsi que des garanties sociales des personnels des entreprises et établissements publics, mais qui régissent l'**organisation du service public** relèvent des juridictions administratives (T. confl. 15-12-2008 n°s 3652 et 3662 : RJS 3/09 n° 266).

TRIBUNAL JUDICIAIRE

84130 Le tribunal judiciaire est compétent pour les **actions collectives autonomes** visées n°s 83990 s. engagées par les organisations ou groupements liés ou non par des conventions ou accords collectifs pour obtenir la nullité de ces textes conventionnels, l'exécution des engagements contractés et/ou des dommages-intérêts. Toutefois, si une telle action est soumise au **conseil de**

prud'hommes, celui-ci ne peut pas se déclarer d'office incompétent (Cass. soc. 2-5-1974 n° 73-40.832 P).

Ces actions collectives sont recevables devant le **juge des référés** du tribunal judiciaire. Si ce dernier constate qu'une décision de l'employeur ne respectant pas les règles de procédure prévues par un accord est intervenue dans des conditions de nature à causer un dommage imminent, il lui appartient d'en suspendre les effets dans l'attente du règlement amiable ou judiciaire du litige (TGI Paris réf. 15-6-1987).

Le tribunal judiciaire est compétent, en dernier ressort (n° 26650, a), pour trancher les litiges portant sur l'application d'accords collectifs exclusivement en lien avec l'organisation des **élections** professionnelles (n° 26420). Il l'est aussi pour connaître des contestations relatives aux conditions de **désignation** des DS légaux, mais aussi conventionnels (n° 28300). **84140**

CONSEIL DE PRUD'HOMMES

Le conseil de prud'hommes est compétent chaque fois que le litige, à caractère individuel, s'élève à l'occasion du contrat de travail. **84150**

S'agissant des **actions intentées par des syndicats**, la juridiction prud'homale est compétente pour connaître :

– des actions intentées par les syndicats **en faveur de leurs membres** sur le fondement de l'article L 2262-9 du Code du travail (n° 84100) dans le cas où cette action, si elle avait été introduite par le membre du syndicat lui-même, aurait relevé de la compétence du conseil de prud'hommes (en ce sens : Cass. soc. 2-5-1974 n° 73-40.832 P) ;

– d'une **intervention** d'un syndicat à l'instance introduite par un salarié dans un litige l'opposant à son employeur à propos de l'application d'une convention collective (n° 84110) (Cass. soc. 9-12-1960 n° 59-40.080 P ; 28-11-1995 n° 92-43.742 D).

> **Précisions** La formation de **référé** du conseil de prud'hommes est compétente pour **interpréter** une convention ou un accord collectif (Cass. soc. 15-1-2002 n° 00-41.117 FS-D : RJS 4/02 n° 467 ; 15-6-2016 n° 14-19.257 F-D), mais pas pour déterminer la **convention applicable** aux relations entre les parties (CA Versailles 24-2-2000 n° 99-23612 : RJS 6/00 n° 690).
> Elle peut même, en présence d'une contestation sérieuse, prescrire les **mesures conservatoires** ou de **remise en état** qui s'imposent pour prévenir un dommage imminent ou faire cesser un trouble manifestement illicite. Le non-respect d'une disposition conventionnelle permettant le transfert de salariés d'une entreprise à une autre est de nature à constituer un tel trouble manifestement illicite (CA Paris 3-7-2008 n° 08-289).

JURIDICTIONS RÉPRESSIVES

Les juridictions pénales sont compétentes lorsqu'un employeur est poursuivi pénalement pour méconnaissance de stipulations conventionnelles pénalement réprimées. **84160**

84170

Rôle de la commission paritaire d'interprétation

La commission paritaire permanente de négociation et d'interprétation mise en place dans chaque branche par convention ou accord peut, à la **demande d'un juge judiciaire** appelé à statuer sur une question de droit nouvelle, rendre un **avis sur l'interprétation** d'une convention ou d'un accord collectif présentant une difficulté sérieuse et se posant dans de nombreux litiges (C. trav. art. L 2232-9 ; COJ art. L 441-1). Cet avis ne s'impose au juge que si l'accord lui donne la **valeur** d'un avenant (Cass. soc. 2-12-2008 n° 07-44.132 FS-PB : RJS 2/09 n° 200). Toutefois, même si l'avis est dénué de portée obligatoire, le juge peut, après analyse du texte, faire sienne l'interprétation de la commission (Cass. soc. 27-5-2020 n° 19-10.886 F-D : RJS 7/20 n° 363 ; 1-2-2023 n° 21-13.206 FS-B : RJS 4/23 n° 210).

CHAPITRE 11

LE RÈGLEMENT INTÉRIEUR ET LES AUTRES NORMES COLLECTIVES

SOMMAIRE

85000 Outre les lois et les règlements, les conventions et accords collectifs ou le contrat de travail, d'autres sources peuvent régir les relations professionnelles et notamment prévoir des avantages sociaux au bénéfice des salariés. Ces normes collectives applicables à l'**ensemble des salariés** reposent sur un acte unilatéral de l'employeur (règlement intérieur ou engagement unilatéral), sur une pratique de l'entreprise (usage), ou encore sur un accord conclu en marge des règles sur la validité des conventions et accords collectifs.
Les **représentants du personnel** interviennent dans l'élaboration de certaines de ces sources ou pour mettre fin à leur application.

SECTION 1

LE RÈGLEMENT INTÉRIEUR

85100 Le règlement intérieur est un document écrit **obligatoire** dans les entreprises ou établissements où sont employés habituellement **au moins 50 salariés** (C. trav. art. L 1311-2). Son **contenu** est strictement délimité par le Code du travail. Il fixe notamment les règles de sécurité et de discipline dans l'entreprise et **s'impose** à tous les salariés lorsqu'il est régulièrement établi (C. trav. art. L 1321-1 s. et R 1321-1 s.).
Les règles relatives au contenu, à la publicité et au dépôt du règlement intérieur sont développées dans le Mémento social n°s 59880 s.

A. Consultation du CSE

CARACTÈRE OBLIGATOIRE ET PRÉALABLE

85150 **Principe** Le règlement intérieur ne peut être **introduit** dans l'entreprise ou **modifié** qu'après avoir été soumis à l'avis du comité social et économique (CSE) (C. trav. art. L 1321-4, al. 1 et 4).
Il s'agit d'une **formalité substantielle**, même si l'avis des représentants du personnel ne lie pas l'employeur. À défaut de consultation, le règlement intérieur ou sa modification reste sans effet et est donc inopposable aux salariés (Cass. soc. 4-6-1969 n° 68-40.377 P ; 9-5-2012 n° 11-13.687 FS-PB : RJS 7/12 n° 633 ; 11-2-2015 n° 13-16.457 FS-PB : RJS 4/15 n° 255). De même, l'employeur ne peut pas reprocher à un salarié un manquement aux obligations édictées par le règlement et par une note de service s'il ne justifie pas avoir préalablement consulté les représentants du personnel et communiqué le règlement à l'inspecteur du travail (Cass. soc. 9-5-2012 n° 11-13.687 FS-PB : RJS 7/12 n° 633).
Sur la consultation des représentants du personnel en cas de modification du règlement intérieur sur **injonction** de l'**inspecteur du travail**, voir n° 85225.

ATTENTION

L'employeur ne respectant pas l'obligation de consultation du CSE est passible de l'**amende** prévue pour les contraventions de 4e classe : voir n° 99200 (C. trav. art. R 1323-1). Il peut également être condamné pour **délit d'entrave** : voir n°s 49000 s.
Un **syndicat** peut, par ailleurs, demander en référé la **suspension du règlement** intérieur. En revanche, il n'est pas recevable à demander au tribunal judiciaire, par voie d'action au fond, la nullité de l'ensemble du règlement ou son inopposabilité (Cass. soc. 21-9-2022 n° 21-10.718 BR : RJS 12/22 n° 643).

DÉROGATION EN CAS D'URGENCE

Lorsque l'urgence le justifie, les mesures relatives à la **santé** et à la **sécurité** peuvent être d'application immédiate. Dans ce cas, ces prescriptions sont immédiatement et simultanément communiquées au secrétaire du CSE ainsi qu'à l'inspection du travail (C. trav. art. L 1321-5, al. 2). **85155**
Notamment l'utilisation de **produits toxiques** ou de **nouveaux matériels** présentant des dangers doit être accompagnée de prescriptions dont la mise en œuvre n'est pas subordonnée à la consultation préalable des représentants du personnel. Mais ceux-ci doivent ensuite être consultés le plus rapidement possible (Circ. DRT 5-83 du 15-3-1983).

85160

Note de service, charte éthique ou informatique et alerte professionnelle

Les notes de service ou tout autre document établissant des règles générales et permanentes dans les matières relevant normalement du règlement intérieur constituent des **annexes** à celui-ci et sont donc soumis à la procédure de consultation des représentants du personnel visée n° 85150 (C. trav. art. L 1321-5, al. 1). Dans les entreprises non tenues d'avoir un règlement intérieur, ces documents donnent lieu à consultation des représentants du personnel s'ils existent et à saisine de l'inspecteur du travail (Circ. DRT 5-83 du 15-3-1983). Pour plus de détails sur les notes de service, voir Mémento social n° 60105. S'agissant des procédures internes d'alertes professionnelles, voir n° 78085.

NIVEAU DE CONSULTATION

Dans les entreprises comportant plusieurs **établissements distincts** et où il existe un CSE central, l'employeur qui procède à l'élaboration d'un **règlement intérieur unique** peut-il se contenter de consulter ce seul comité ? Aucune réponse n'est apportée ni par les textes ni par la jurisprudence à cette question. Il nous semble préférable que, dans ce cas, l'employeur consulte le comité central et chaque comité d'établissement. Tout au moins, s'il existe des **dispositions spécifiques** à certains établissements, il devrait consulter le comité central et les comités des établissements concernés par ces dispositions spécifiques. **85170**

ATTENTION

L'employeur, en se bornant à soumettre le projet de règlement intérieur à son comité sans recueillir l'avis des représentants du personnel d'un **atelier devenu établissement distinct** de l'entreprise après son absorption, méconnaît les dispositions de l'article L 1321-4 du Code du travail et prive d'effet le règlement à l'égard des salariés de cet établissement (CE 20-3-2017 n° 391226 : RJS 6/17 n° 450).

B. Rôle de l'inspecteur du travail

TRANSMISSION DU RÈGLEMENT INTÉRIEUR

L'employeur transmet à l'inspection du travail le texte du règlement intérieur en **deux exemplaires**, accompagné de l'**avis** des représentants du personnel (procès-verbal de la réunion du CSE) (C. trav. art. L 1321-4, al. 3 et R 1321-4). À défaut, l'employeur ne peut pas s'en prévaloir (n° 85150). **85220**

ATTENTION

Si des **modifications** ont été apportées au projet de règlement intérieur pour tenir compte des observations des représentants du personnel, c'est bien entendu le texte modifié qui doit être envoyé à l'inspecteur du travail.

CONTRÔLE DE L'INSPECTEUR DU TRAVAIL

85225 Le pouvoir de contrôle de l'inspecteur du travail est **permanent** : il peut à tout moment exiger le retrait ou la modification des dispositions d'un règlement intérieur contraires aux prescriptions légales (C. trav. art. L 1322-1). La **décision motivée** de l'inspecteur du travail est notifiée à l'employeur et communiquée, pour information, aux membres du CSE (C. trav. art. L 1322-2). Il en est de même de la décision de la Dreets rendue sur recours hiérarchique (C. trav. art. L 1322-3).

CONSEIL

Lorsque le règlement intérieur est modifié sur injonction de l'inspecteur du travail, l'employeur n'est **pas tenu de soumettre le texte ainsi amendé à l'avis** des représentants du personnel et la date d'**entrée en vigueur** ne s'en trouve pas reportée (Cass. soc. 26-6-2019 n° 18-11.230 FS-PB : RJS 10/19 n° 610 ; 23-6-2021 n° 19-15.737 FS-B : RJS 10/21 n° 582). Il reste que les représentants du personnel ayant communication « pour information » de la décision prise par l'inspecteur, ils n'ont pas connaissance des aménagements apportés à la suite des observations de ce dernier. À notre sens, l'employeur devrait au moins leur **communiquer le texte modifié**.

INTERROGATION DE L'INSPECTEUR DU TRAVAIL SUR LE CONTENU DU RÈGLEMENT INTÉRIEUR

85230 L'employeur peut interroger l'inspecteur du travail sur la **conformité** de tout ou partie du contenu du règlement intérieur aux dispositions du Code du travail. La réponse de l'inspecteur du travail, explicite et motivée, est **notifiée** à l'employeur et **communiquée**, pour information, aux membres du CSE. En cas de **recours hiérarchique**, la décision prise est de même communiquée aux représentants du personnel (C. trav. art. L 1322-1-1 et R 1321-6).

> **Précisions a.** La demande de l'employeur n'est **pas recevable** si l'inspecteur du travail s'est déjà prononcé par une décision expresse dans les conditions visées n° 85225 (C. trav. art. L 1322-1-1, al. 2).
> **b.** La décision prend effet dans le périmètre d'application du règlement intérieur concerné et est **opposable** pour l'avenir à l'autorité administrative tant que la situation de fait exposée dans la demande ou la législation au regard de laquelle la situation a été appréciée n'ont pas été modifiées ou jusqu'à ce que l'inspecteur du travail notifie au demandeur une modification de son appréciation (C. trav. art. L 1322-1-1, al. 3).

SECTION 2 USAGE ET ENGAGEMENT UNILATÉRAL DE L'EMPLOYEUR

DÉFINITION

85430 L'**usage** résulte d'une pratique suivie dans l'**entreprise** ayant un caractère :
– **général** : il concerne l'ensemble du personnel ou une catégorie homogène de salariés, par exemple les cadres (Cass. soc. 27-5-1987 n° 82-42.115 F-D) ;
– **fixe** : l'avantage octroyé ne dépend pas de facteurs subjectifs liés au comportement des salariés. Les conditions d'attribution de l'avantage résultant de l'usage doivent reposer sur des critères prédéterminés et objectifs (Cass. soc. 19-12-1979 n° 78-40.076 P ; 3-7-1986 n° 83-44.323 P) ;
– **constant** : il suppose une pratique répétée, un usage ne pouvant résulter d'un fait isolé (Cass. soc. 4-4-1979 n° 77-41.709 ; 19-3-1985 n° 83-41.591 S).

L'**engagement unilatéral** dérive d'une décision explicite de l'employeur qui suffit en elle-même à l'engager envers ses salariés. Il peut résulter, par exemple, d'une note de service, d'un engagement pris au cours d'une réunion des représentants du personnel (Cass. soc. 28-2-1996 n° 92-45.334 P : RJS 4/96 n° 428 ; 12-6-2001 n° 00-41.944 FS-D : RJS 8-9/01 n° 1024), voire d'une discussion informelle avec ces derniers (Cass. soc. 27-3-1996 n° 92-41.584 P : RJS 5/96 n° 581).

OBJET

85435 Les usages et les engagements unilatéraux de l'employeur **complètent** ou **suppléent** la carence de la loi, des conventions ou accords collectifs, ou du contrat de travail, et prévoient toutes sortes d'**avantages supplémentaires** au profit des salariés (prime ou gratification par exemple). À défaut, les règles de dénonciation visées n°s 85445 s. ne sont pas applicables (en ce sens : Cass. soc. 24-6-2014 n° 13-10.301 FS-PB : RJS 10/14 n° 691 ; 29-1-2020 n° 18-16.001 F-D : RJS 4/20 n° 184).

ILLUSTRATIONS

Un usage peut prévoir :
– l'obligation pour l'employeur de verser une **contribution aux activités sociales et culturelles** alors qu'il n'y est pas légalement tenu ;
– les conditions de prise en charge des **frais de déplacement** pour assister aux réunions obligatoires du CSE, celles-ci pouvant aussi être fixées par le règlement intérieur du comité ;
– en matière de **crédit d'heures,** la rémunération du temps passé par les membres titulaires du comité à la préparation des réunions (Cass. soc. 16-11-1983 n° 81-42.984 P), l'attribution d'un crédit d'heures à des personnes non pourvues par la loi, suppléants par exemple (Cass. soc. 21-7-1986 n° 82-43.650 P) ou encore l'autorisation du dépassement exceptionnel du crédit et la rémunération des heures correspondantes (voir n° 34620) ;
– la rémunération comme heures de délégation du temps consacré par un délégué syndical à la **défense des intérêts des travailleurs étrangers** à l'entreprise (Cass. soc. 7-3-1989 n° 84-44.378 P : RJS 4/89 n° 340).

PORTÉE

Les avantages octroyés en vertu d'un usage ou d'un engagement unilatéral ont un **caractère obligatoire** pour l'employeur. À défaut de **dénonciation régulière,** les avantages ne peuvent pas être supprimés ou modifiés. Les personnes concernées peuvent donc y prétendre aussi longtemps que les conditions d'une dénonciation régulière ne sont pas réunies. **85440**

> **Précisions** Si l'employeur ne respecte pas un usage ou un engagement ou si la dénonciation n'a pas été valablement faite, les **syndicats** peuvent agir en justice pour défendre les intérêts des salariés (Cass. soc. 14-6-1984 n° 82-14.385 B). En revanche, il a été jugé que le **comité** n'était pas recevable à demander en justice l'exécution d'une décision prise unilatéralement par l'employeur (Cass. soc. 23-10-1985 n° 84-14.272 P ; 29-9-2021 n° 19-23.342 FS-D : RJS 12/21 n° 663).

DÉNONCIATION

Information des représentants du personnel et des salariés Pour supprimer un avantage qui résulte d'un usage ou d'un engagement unilatéral, l'employeur doit informer, d'une part, les représentants du personnel et, d'autre part, de manière individuelle, chaque salarié concerné en respectant un **délai de prévenance** suffisant (Cass. soc. 7-4-1998 n° 95-42.992 PB : RJS 5/98 n° 670 ; 28-1-2015 n° 13-24.242 FS-PB : RJS 4/15 n° 264). De même, s'agissant de la dénonciation d'un usage prévoyant l'attribution d'un avantage soumis à **condition d'ancienneté**, chaque salarié susceptible d'en bénéficier un jour doit en être informé (Cass. soc. 13-10-2010 n° 09-13.110 FS-PB : RJS 12/10 n° 1001). **85445**

> **Précisions** **a.** Sur les points qu'ils réglementent, les **conventions ou accords de branche** se substituent, dès leur entrée en vigueur, aux usages antérieurs, même plus favorables aux salariés (Cass. soc. 14-11-1984 n° 84-60.276 P ; 19-12-1990 n° 87-43.568 P : RJS 2/91 n° 224). Il en va de même d'un **accord d'entreprise** à l'égard d'un usage d'entreprise (Cass. soc. 9-7-1996 n° 94-42.773 PF : RJS 8-9/96 n° 954 ; 20-5-2014 n° 12-26.322 FS-PBR : RJS 7/14 n° 581) ou d'un engagement unilatéral de l'employeur (Cass. soc. 5-3-1997 n° 95-42.396 P : RJS 4/97 n° 443 ; 26-1-2005 n° 02-47.507 F-PB : RJS 4/05 n° 419), lorsqu'ils ont le même objet. Cette substitution ne nécessite pas l'accomplissement de la formalité de **dénonciation** avec information des représentants du personnel (Cass. soc. 28-1-1998 n° 95-45.220 P ; 10-3-2010 n° 08-44.950 FS-D).
> **b.** L'absence de représentants du personnel dans l'entreprise rend la dénonciation irrégulière si elle est due au **défaut d'organisation d'élections** par l'employeur (Cass. soc. 16-11-2005 n° 04-40.339 FS-PB : RJS 2/06 n° 293).

La dénonciation implique que l'information soit donnée en **réunion du CSE** après inscription à l'ordre du jour. La dénonciation est irrégulière lorsque l'information n'a été diffusée que par lettres individuelles adressées aux représentants du personnel (Cass. soc. 5-1-2005 n° 02-42.819 F-P : RJS 3/05 n° 326) ou lorsque seule une partie des représentants du personnel en a été informée (Cass. soc. 11-2-1997 n° 94-41.469 D). **85450**
La dénonciation ne peut avoir d'**effet** que pour l'avenir (Cass. soc. 20-6-2000 n° 98-43.395 FS-P : RJS 9-10/00 n° 1036).

> **Précisions** Si un usage est d'application générale pour l'ensemble des salariés employés au sein d'une **unité économique et sociale,** sa dénonciation, si elle ne nécessite pas, pour sa mise en œuvre, de décisions particulières de la part des chefs d'établissement, doit être effectuée auprès du **comité central d'entreprise,** sans consultation des comités d'établissement (Cass. soc. 13-10-2010 n° 09-13.110 FS-PB : RJS 12/10 n° 1001).

85455 **Motif de la dénonciation** En principe, l'employeur n'a pas à motiver sa décision lorsqu'il décide de dénoncer un usage ou un engagement unilatéral. Mais le but poursuivi lors de la dénonciation ne doit pas être **illicite**. À défaut, cette dénonciation est nulle et sans effet. Cette solution concerne notamment les hypothèses où la dénonciation est utilisée par l'employeur comme **moyen de pression** tendant à faire échec à certains droits ou libertés fondamentales du salarié, par exemple droit syndical ou droit de grève (Cass. soc. 13-2-1996 n° 92-42.066 P-F : RJS 4/96 n° 480).

ILLUSTRATIONS

Est irrégulière la dénonciation de l'usage prévoyant la désignation d'un nombre de représentants du personnel plus important que celui prévu par la loi, dès lors que cette décision constitue une **mesure de rétorsion** destinée à entraver l'exercice de leur mission (Cass. soc. 26-11-1996 n° 95-60.987 D : RJS 1/97 n° 109). De même, se rend coupable d'une **entrave** à l'exercice du droit syndical l'employeur menaçant explicitement les délégués syndicaux de dénoncer les usages en vigueur dans l'entreprise si un mouvement de grève a lieu (Cass. crim. 25-10-1994 n° 93-89.802 D : RJS 3/95 n° 250).

85460 **Délai de prévenance** Un délai **suffisant** doit s'écouler entre les formalités d'information et la disparition effective de l'avantage résultant de l'usage ou de l'engagement unilatéral. Le caractère suffisant du délai de préavis **s'apprécie concrètement** tant à l'égard des salariés auxquels l'avantage profite qu'à l'égard des représentants du personnel. En cas de **contentieux**, il appartient à l'employeur d'apporter la preuve du caractère suffisant du délai de prévenance observé (Cass. soc. 22-10-1996 n° 93-43.845 P : RJS 12/96 n° 1344) et c'est au juge d'apprécier ce délai dans chaque cas d'espèce.

Ce délai a pour objet de permettre l'**engagement d'éventuelles négociations**. Mais celles-ci ne sont pas obligatoires et l'effet de la dénonciation n'est pas lié à leur engagement (Cass. soc. 9-7-1987 n° 86-60.384 P). En outre, l'employeur n'est pas tenu d'entamer les négociations, l'initiative pouvant être prise par les organisations syndicales ou les représentants du personnel (Cass. soc. 16-3-1989 n° 85-45.934 P : RJS 4/89 n° 323).

À **défaut de délai suffisant**, l'usage ou l'engagement unilatéral continue de s'appliquer jusqu'à sa dénonciation régulière ou la conclusion d'un accord ayant le même objet (Cass. soc. 16-12-1998 n° 95-40.385 P : RJS 2/99 n° 318 ; 3-5-2012 n° 10-20.738 F-D ; 4-12-2019 n° 18-20.763 F-D : RJS 2/20 n° 116).

ILLUSTRATIONS

Ont été jugés **insuffisants** :
– un délai de 24 jours entre l'information des salariés et la date à laquelle il a été décidé de mettre fin à l'usage relatif à une prime de repas (Cass. soc. 13-3-2001 n° 99-40.678 FS-P : RJS 5/01 n° 698) ;
– un délai inférieur à un mois pour la dénonciation, faite le 1er décembre, d'une prime de 13e mois payée à la fin du mois de décembre (Cass. soc. 3-3-1993 n° 89-45.785 D : RJS 4/93 n° 451) ;
– le fait d'annoncer un 20 novembre la suppression d'une prime de 13e mois versée en fin d'année (Cass. soc. 5-2-1992 n° 88-41.643).
En revanche, ont été jugés **suffisants** :
– un délai de 6 mois entre l'information des représentants du personnel et la suppression du 13e mois versé en décembre (Cass. soc. 27-4-1989 n° 86-45.468 D) ;
– un délai de 4 mois pour un usage en vigueur dans l'entreprise depuis 10 ans (Cass. soc. 17-3-1988 n° 86-43.343 D).

SECTION 3

ACCORD ATYPIQUE

DÉFINITION

85520 L'accord atypique est un accord conclu avec les représentants du personnel n'ayant **pas la nature** d'un accord collectif car n'en remplissant pas les conditions légales exposées nos 80000 s.
Il se **distingue** des accords collectifs conclus avec les représentants du personnel, selon des modalités particulières prévues par le Code du travail, dans les entreprises dépourvues de délégués syndicaux et des accords conclus directement avec des salariés (voir nos 81900 s.), ainsi que des accords régis par des dispositions qui leur sont propres : accords de participation ou d'intéressement et accords sur le plan d'épargne d'entreprise (voir nos 71000 s.).

L'accord atypique est une **source professionnelle** de droits pour les salariés qui peut apporter de nouveaux avantages par rapport à la loi, aux dispositions conventionnelles applicables dans l'entreprise et au contrat de travail.
Sur le **caractère légal** ou non de ces accords au regard de la priorité conférée par la loi aux organisations syndicales en matière de négociation collective, voir n° 80100.
Sur les accords de **fin de grève**, voir n° 86160.

ILLUSTRATIONS

Il a été jugé qu'avait la nature d'un accord atypique l'accord conclu par le délégué du personnel et la direction d'une société (Cass. soc. 7-1-1988 n° 85-42.853 D : RJS 10/89 p. 447), le protocole d'accord conclu par l'employeur avec le comité d'entreprise (Cass. soc. 18-3-1997 n° 93-43.989 P : RJS 10/97 n° 1106), l'accord intervenu lors d'une réunion du comité d'établissement, même en présence de délégués syndicaux (Cass. soc. 22-4-1992 n° 88-40.921 PF : RJS 6/92 n° 767) ou encore l'acte qualifié de protocole d'accord conclu entre l'employeur et les représentants du personnel, alors même que l'un des représentants du personnel avait la qualité de délégué syndical (Cass. soc. 26-1-2005 n° 03-14.283 F-D).

PORTÉE

Les accords atypiques n'ont pas la valeur d'un accord collectif, ils constituent un **engagement** 85530
de l'employeur dont les salariés peuvent se prévaloir (Cass. soc. 18-3-1997 n° 93-43.989 P : RJS 10/97 n° 1106). L'employeur ne peut, dans le cadre d'un tel accord, ni prendre des décisions contraires à l'**ordre public** ni prendre des **décisions moins favorables** aux salariés que celles résultant des lois et règlements, des conventions et accords collectifs et des usages professionnels.
Les syndicats peuvent **agir en justice** contre l'employeur en cas de non-respect de ses engagements, mais pas le CSE (n° 85440).

ILLUSTRATIONS

Un accord atypique ne peut pas instituer des **horaires individualisés** et les conditions de leur report d'une semaine à une autre (Cass. soc. 21-2-2007 n° 04-43.071 FS-PB : RJS 5/07 n° 606), mettre en place une **épargne forcée** par le biais de retenues de salaires (Cass. soc. 5-11-1987 n° 84-43.917 D : RJS 10/89 p. 448), prévoir une clause de **non-concurrence** (Cass. soc. 15-7-1998 n° 96-41.118 P : RJS 10/98 n° 1254) ou qualifier de **trop-perçu** justifiant un remboursement de l'employeur la différence entre une prime de fin d'année versée et celle due au salarié (Cass. soc. 26-2-1997 n° 94-41.393 D).

DÉNONCIATION

Les accords atypiques n'étant pas assimilés à des accords collectifs, l'employeur peut **revenir sur** 85535
les engagements qu'il a souscrits en les dénonçant dans les conditions visées n°s 85445 s. prévues en matière de dénonciation d'un usage (Cass. soc. 18-3-1997 n° 93-43.989 P : RJS 10/97 n° 1106).

CHAPITRE 12 LES CONFLITS COLLECTIFS

SOMMAIRE

A. Rôle des représentants du personnel

86100 Les conflits collectifs du travail portent sur des différends entre l'employeur et un groupe de salariés et mettent en jeu des intérêts collectifs, communs à un ensemble de salariés de l'entreprise, voire à tous. Ils se distinguent en cela des conflits individuels.
Les membres du comité social et économique (CSE) ou les délégués syndicaux ont, de par leur mission, un rôle essentiel dans la prévention de ces conflits et peuvent, le cas échéant, participer au règlement d'un conflit collectif en cours. Parfois instigateurs d'un mouvement de grève, particulièrement les syndicats, ils peuvent aussi intervenir à d'autres titres, par exemple pour apporter un secours financier à des salariés grévistes.

PRÉVENTION DES CONFLITS

86105 La qualité et la permanence du **dialogue social** au sein de l'entreprise sont des facteurs majeurs de la prévention des conflits collectifs qui, pour la plupart, naissent d'une dégradation ou d'une rupture de ce dialogue.
Interlocuteurs privilégiés de l'employeur et garants de l'expression collective des salariés, les représentants du personnel, élus ou désignés, ont à cet égard un rôle essentiel. Dans le cadre de leurs missions, il leur appartient d'être à l'écoute des salariés, de répercuter leurs attentes et revendications auprès de la direction, d'en débattre avec celle-ci. La qualité des échanges entre responsables de l'entreprise et représentants du personnel, le sentiment pour ces derniers d'être mis à même d'exercer pleinement leurs missions, peuvent permettre d'éviter des tensions susceptibles de nuire au climat social et de déboucher, dans certains cas, sur un conflit collectif.

ATTENTION

Pour prévenir les conflits, les employeurs doivent être en premier lieu attentifs au respect des règles relatives à la **mise en place et** aux **attributions des institutions représentatives** du personnel.
La demande d'organisation d'élections professionnelles (Cass. soc. 15-1-2003 n° 00-44.693 F-D) ou la défense de l'exercice du droit syndical (Cass. soc. 18-1-1995 n° 91-10.476 PB : RJS 3/95 n° 289 ; 30-3-1999 n° 97-41.104 P : RJS 5/99 n° 725) sont des revendications professionnelles pouvant être légitimement invoquées à l'appui d'une cessation collective et concertée du travail.
Une **grève de « solidarité »** déclenchée en réaction à une mesure de licenciement envisagée contre un représentant du personnel est jugée légitime si elle est liée à des revendications professionnelles intéressant l'ensemble des salariés de l'entreprise. Tel est le cas, par exemple, de la grève faisant suite à la convocation à un entretien préalable à son licenciement d'un délégué syndical qui venait d'annoncer qu'il demanderait à la direction des propositions réelles pour l'amélioration du pouvoir d'achat des salariés lors de la négociation annuelle obligatoire sur les salaires devant s'ouvrir le lendemain (Cass. soc. 5-1-2011 n° 10-10.685 FS-PB : RJS 3/11 n° 268) ou d'un membre du CSE qui venait de formuler des revendications à la suite d'une panne de chauffage dans les ateliers (Cass. soc. 30-6-1976 n° 75-40.401 P).

86110 Dans les entreprises du secteur privé (seules étudiées ici), la loi ne prévoit pas de mécanisme obligatoire de prévention des conflits collectifs.
Toutefois, un mécanisme, purement facultatif, est prévu pour les entreprises visées à l'article L 1114-1 du Code des transports qui concourent directement à l'activité de **transport aérien de passagers**. Dans ces dernières, l'employeur et les organisations syndicales représentatives sont autorisés à signer un accord-cadre organisant une procédure de prévention des conflits, en vertu duquel le droit de grève ne peut être exercé qu'après une négociation préalable entre l'employeur et les organisations syndicales représentatives envisageant d'y recourir. Les modalités d'organisation et de déroulement de cette négociation sont fixées par cet accord et doivent être conformes à la loi (C. transports art. L 1114-2, I).

> **Précisions** Cet **accord-cadre** doit notamment déterminer : les conditions de la notification à l'employeur des motifs pour lesquels le recours à la grève est envisagé ; le délai dans lequel l'employeur doit réunir la ou les organisations syndicales représentatives ayant procédé à cette notification (3 jours au maximum après celle-ci) ; les conditions du déroulement et la durée de la négociation préalable (qui ne peut excéder 8 jours francs à compter de la notification des motifs) ; les informations devant être transmises par l'employeur aux organisations syndicales concernées pour favoriser la réussite du processus de négociation et le délai dans lequel elles doivent être communiquées ; les modalités d'élaboration et le contenu du relevé de conclusions de la négociation préalable ; les conditions de l'information des salariés sur les motifs du conflit et les positions respectives de l'employeur et des organisations syndicales représentatives ainsi que les modalités de communication aux salariés du relevé de conclusions de la négociation préalable (C. transports art. L 1114-2, II).

Dans les **autres activités du secteur privé**, des négociations sur des revendications professionnelles peuvent bien sûr être ouvertes à tout moment lorsqu'un climat social tendu laisse craindre un conflit collectif. Mais les accords collectifs ne peuvent pas prévoir une procédure de conciliation préalable s'imposant aux salariés (n° 86115). **86112**

ENCADREMENT DE LA GRÈVE

L'exercice du droit de grève, qui s'entend de la participation des salariés à une cessation collective et concertée du travail en vue d'appuyer des revendications professionnelles, est un droit reconnu par la Constitution et s'exerçant dans le cadre des lois qui le réglementent (pour plus de détails sur la définition de la grève, voir Mémento social n°s 10790 s.). **86115**

Le droit de grève fait l'objet d'une réglementation générale uniquement dans les services publics. Dans le secteur privé, employeurs et syndicats ne peuvent pas décider d'encadrer ou de limiter l'exercice par les salariés de ce droit par **convention ou accord collectif**. Est en conséquence inopposable aux salariés la clause conventionnelle leur imposant de respecter un délai de préavis (Cass. soc. 7-6-1995 n° 93-46.448 PF : RJS 8-9/95 n° 933 ; 17-7-1996 n° 94-42.964 D : RJS 10/96 n° 1079) ou d'attendre l'issue d'une procédure de conciliation avant de se mettre en grève.

> **Précisions** Par exception, le droit de grève dans le secteur privé concourant directement à l'activité de **transport aérien de passagers** fait l'objet d'un **encadrement** depuis la loi 2012-375 du 19 mars 2012, comportant notamment une **déclaration individuelle** obligatoire de l'intention de participer à la grève (C. transports art. L 1114-1 s.). Dans ce secteur, un accord-cadre conclu entre l'employeur et les organisations syndicales représentatives peut prévoir une phase de négociation préalable obligatoire avant le déclenchement du mouvement (voir n° 86110). Au-delà de 8 jours de grève, l'employeur, un syndicat représentatif ou un médiateur peut en outre décider l'organisation par l'entreprise d'une **consultation** des salariés concernés par les motifs de la grève sur la poursuite de celle-ci (C. transports art. L 1114-6).

Dans les entreprises du secteur privé, les organisations syndicales n'ont pas le monopole du **déclenchement de la grève** comme c'est le cas dans le secteur public où un préavis émanant d'un syndicat représentatif est obligatoire. Par suite, un arrêt collectif et concerté de travail ne perd pas son caractère de grève licite du fait qu'il n'a pas été déclenché à l'appel d'un syndicat (Cass. soc. 19-2-1981 n° 79-41.281 P). L'appel à la grève peut aussi être lancé par le CSE ou par des salariés n'ayant aucun mandat représentatif (il s'agit, dans ce dernier cas, d'une grève dite « sauvage »). En pratique, c'est le plus souvent à l'appel d'un ou de plusieurs syndicats qu'une grève est décidée. Sur la question de savoir si la participation à un mouvement de grève peut être considérée comme une activité syndicale, voir n° 13830. **86120**

AIDE FINANCIÈRE AUX GRÉVISTES

Le **CSE** peut, **sous certaines conditions**, accorder des secours à certains salariés au moment d'une grève sur les fonds qu'il gère au titre des activités sociales et culturelles : voir n° 4545. **86125**

Des collectes, destinées à aider financièrement les grévistes, sont parfois organisées par les **organisations syndicales** auprès de leurs adhérents ou sympathisants.

CONSULTATION EN CAS DE LOCK-OUT

Le lock-out est la **fermeture temporaire d'une entreprise**, d'un établissement ou d'une unité de travail (atelier par exemple), décidée par l'employeur en raison d'un conflit collectif de travail, d'une grève ou d'une menace de grève. Une telle mesure est le plus souvent jugée illicite, sauf si l'employeur justifie d'une situation contraignante le mettant dans l'impossibilité quasi absolue de remplir ses obligations, notamment envers les non-grévistes, ou d'assurer la sécurité dans **86135** l'entreprise (pour plus de détails sur les conditions de licéité d'un lock-out et ses effets, voir Mémento social n°s 11500 s.).

Le **CSE dans les entreprises d'au moins 50 salariés** doit, au titre de ses attributions économiques, être informé et consulté par l'employeur sur sa décision de recourir au lock-out. En effet la fermeture, même temporaire, d'un établissement constitue une mesure intéressant la marche générale de l'entreprise et nécessitant à ce titre l'information et la consultation du comité : n°s 3995 s. (Cass. crim. 6-2-1979 n° 77-91.923 P). Cette consultation doit précéder la décision de l'employeur (n°s 3630 s.).

> **Précisions** L'employeur commet un **délit d'entrave** au bon fonctionnement du comité s'il ne le consulte pas ou le consulte après la fermeture temporaire de l'entreprise (en ce sens à propos d'une fermeture temporaire décidée à titre conservatoire pour la réalisation de travaux : Cass. crim. 9-12-2008 n° 08-80.788 F-D).
Toutefois, le délit d'entrave a été écarté dans un cas où l'employeur n'avait pas, du fait de l'urgence de la situation, respecté le délai légal de 3 jours entre la communication de l'ordre du jour et la réunion du comité (n° 1780), au cours de laquelle ce dernier devait être consulté sur la décision de fermeture temporaire de l'entreprise en raison de grèves tournantes affectant la sécurité du travail (Cass. crim. 6-2-1979 n° 77-91.923 P).
Une mesure de **lock-out** a été jugée licite car justifiée par une **situation contraignante** pour l'employeur résultant de l'occupation illicite des locaux paralysant l'entreprise et l'obligeant à fermer temporairement celle-ci sans consultation préalable du comité (Cass. soc. 21-7-1986 n° 83-42.494 S).

RÈGLEMENT DES CONFLITS

86140 **Procédures amiables** Les parties à un conflit collectif peuvent tenter d'y mettre fin à l'amiable en s'adressant au préfet (habilité à rechercher, en liaison avec l'inspection du travail, une solution amiable à ces conflits : C. trav. art. R 2522-1) ou en recourant à l'une des procédures envisagées par le Code du travail : la conciliation, la médiation ou l'arbitrage.

Ces procédures s'appliquent aux employeurs de droit privé ainsi qu'à leurs salariés (C. trav. art. L 2521-1, al. 1). Elles peuvent intéresser, en tant que parties au conflit représentant les salariés, les syndicats présents dans l'entreprise ou les membres du CSE.

> **Précisions** En théorie, les parties à un conflit collectif du travail n'ayant pas encore donné lieu à la saisine d'un juge (ou d'un arbitre) peuvent aussi conclure une **« convention de procédure participative »**, au sens de l'article 2062 du Code civil, par laquelle elles s'engagent à œuvrer conjointement et de bonne foi à la résolution amiable de leur différend, avec l'assistance obligatoire d'un avocat, à l'exclusion de tout autre professionnel du droit. En effet, le recours à cette convention n'est exclu par la loi que pour le règlement des litiges pouvant naître à l'occasion du contrat de travail et relevant de la compétence des conseils de prud'hommes, ce qui n'est pas le cas, en principe, des conflits collectifs.

86145 Une **procédure conventionnelle de conciliation** visant au règlement des conflits collectifs peut être prévue, soit par convention ou accord collectif de travail, soit par accord particulier (C. trav. art. L 2522-1, al. 1 et 2).

Si pour une raison quelconque un conflit collectif n'a pas été soumis à une procédure conventionnelle de conciliation, il peut être porté devant une **commission de conciliation**, nationale ou régionale selon le cas, composée de représentants des employeurs, des salariés, et des pouvoirs publics. Cette procédure légale de **conciliation** peut être engagée soit par l'une des parties au conflit, soit par le ministre chargé du travail, soit par le préfet (C. trav. art. L 2522-1, al. 2, L 2522-7, R 2522-2 et R 2522-5). À l'issue de cette procédure, un procès-verbal constatant l'accord ou le désaccord total ou partiel des parties est établi et leur est aussitôt notifié (C. trav. art. L 2522-5). S'il y a **accord**, celui-ci produit les mêmes effets que les conventions et accords collectifs de travail ; en cas de **désaccord**, le conflit est soumis à la procédure de médiation (n° 86150) ou à celle de l'arbitrage si les deux parties en conviennent : n° 86155 (C. trav. art. L 2522-6).

86150 La **procédure de médiation** peut être engagée, après l'échec d'une conciliation (n° 86145), par le ministre chargé du travail ou le président de la commission régionale de conciliation, à la demande de l'une des parties au conflit ou de sa propre initiative (C. trav. art. R 2523-4). Elle peut aussi être engagée directement, par le ministre chargé du travail, ou le préfet selon le cas :
– lorsque les deux parties au conflit collectif en font conjointement la demande en précisant qu'elles entendent recourir directement à cette procédure et en indiquant le nom du médiateur choisi d'un commun accord (C. trav. art. R 2523-4 et R 2523-7) ;

– de sa propre initiative ou à la demande écrite et motivée de l'une des parties, lorsque le conflit survient à l'occasion de l'établissement, de la révision ou du renouvellement d'une convention de branche ou d'un accord professionnel ou interprofessionnel (C. trav. art. L 2522-1, al. 3 et R 2523-4, 2°).
La recommandation du médiateur n'a pas un caractère obligatoire. Les **parties peuvent la rejeter** dans les 8 jours à compter de sa réception en motivant leur décision. L'**accord** sur cette recommandation lie les parties ne l'ayant pas rejetée et produit les mêmes effets que les conventions et accords collectifs du travail (C. trav. art. L 2523-6 et R 2523-14).

> **Précisions** Le médiateur a les plus larges pouvoirs pour s'informer de la situation économique de l'entreprise et de la situation des travailleurs concernés ; il peut notamment procéder à toutes enquêtes auprès des entreprises et des syndicats et recourir à des experts (C. trav. art. R 2523-11). Dans le délai d'un mois à compter de sa désignation, pouvant être prorogé avec l'accord des parties, il leur soumet ses propositions de solution, sous forme de **recommandation motivée**. Toutefois, si le conflit porte sur l'interprétation ou la méconnaissance de dispositions légales ou de stipulations conventionnelles, il doit recommander aux parties de le soumettre à la juridiction compétente ou à la procédure d'arbitrage visée au n° 86155 (C. trav. art. L 2523-5).

Une procédure contractuelle d'**arbitrage** des conflits collectifs peut être prévue par la convention ou l'accord collectif de travail dont relèvent les parties au litige. À défaut, ces dernières peuvent, d'un commun accord, décider de soumettre à l'arbitrage d'un tiers les conflits collectifs subsistant à l'issue d'une procédure de conciliation ou de médiation (C. trav. art. L 2524-1 et L 2524-2). **86155**
L'arbitre **statue** en droit sur les conflits relatifs à l'interprétation et à l'exécution des lois, règlements, conventions ou accords collectifs en vigueur ; il statue en équité sur les autres conflits, notamment ceux portant sur les salaires ou sur les conditions de travail qui ne sont pas fixées par les dispositions des lois, règlements, conventions collectives ou accords en vigueur, et sur les conflits relatifs à la négociation de la révision des clauses des conventions collectives (C. trav. art. L 2524-4).
La **sentence** arbitrale doit être motivée et notifiée aux parties dans les 24 heures après qu'elle a été prise. Elle produit les mêmes effets que les conventions et accords collectifs du travail. Elle peut faire l'objet d'un recours des parties devant la Cour supérieure d'arbitrage, pour excès de pouvoir ou violation de la loi, dans les 8 jours suivant sa notification (C. trav. art. L 2524-5, L 2524-6, L 2524-7, R 2524-1 et R 2524-12, al. 3).

Accord de fin de grève Un protocole ou un accord de fin de conflit, ayant notamment pour objet de régler les conséquences de la grève, peut être conclu entre, d'une part, l'employeur, et, d'autre part, les syndicats ou les membres de la délégation du personnel du CSE. L'employeur peut, par exemple, s'engager à payer les heures de grève (en totalité ou partiellement) ou à ne pas sanctionner ni licencier les salariés grévistes ayant commis une faute lourde. **86160**
Le protocole de fin de grève constitue un **accord collectif** dès lors que, conclu postérieurement à l'expiration de la période transitoire prévue par la loi 2008-789 du 20 août 2008 portant rénovation de la démocratie sociale, il a été négocié et signé avec des **organisations syndicales représentatives** dans l'entreprise ou l'établissement dans les conditions visées aux articles L 2232-12 et L 2232-13 du Code du travail dans leur rédaction applicable à leur date de conclusion (Cass. soc. 30-5-2018 n° 17-12.782 FP-PB : RJS 8-9/18 n° 565).
Selon nous, dans les **entreprises sans délégué syndical**, les accords de fin de conflit conclus avec un élu du CSE ou un salarié mandaté ou par ratification du personnel dans les conditions prévues aux articles L 2232-21 et suivants du Code du travail (voir n° 81900 s.) ont également valeur d'accord collectif.
Un accord de fin de conflit conclu en dehors du cadre légal déterminant les conditions de validité d'un accord collectif devrait avoir, en principe, la nature d'un **engagement unilatéral** de l'employeur, conformément à la jurisprudence relative à un accord conclu avec les délégués du personnel (Cass. soc. 2-12-1992 n° 90-45.186 FS-PB : RJS 3/93 n° 302).

ATTENTION

L'accord de fin de grève, qu'il ait la nature d'un accord collectif ou d'un engagement unilatéral, doit être **respecté par l'employeur**. L'**abandon total** par ce dernier de l'**exécution d'un accord** conclu à l'issue d'une précédente grève peut le cas échéant être considéré comme un manquement grave et délibéré à ses obligations de nature à contraindre les salariés à cesser à nouveau le travail pour faire respecter leurs droits essentiels et à justifier la condamnation de l'employeur à les indemniser de la perte de salaire résultant de cette nouvelle grève (Cass. soc. 26-2-1992 n° 90-40.760 P : RJS 4/92 n° 485).

Le contenu de l'accord, bien que négocié, doit respecter les règles d'**ordre public** et les **principes essentiels du droit du travail** notamment le principe d'**égalité de traitement**. Ne respecte pas ce principe l'accord de fin de grève accordant à certains grévistes une prime en contrepartie de leur départ immédiat de l'entreprise dans le cadre d'un plan de sauvegarde de l'emploi sans définir de manière précise la catégorie de grévistes visés, la liste des bénéficiaires établie par les syndicats signataires du protocole étant insuffisante à constituer une justification pertinente et objective à la différence de traitement (Cass. soc. 13-12-2017 n° 16-12.397 FS-PB : RJS 2/18 n° 140). Est en revanche présumé justifié au regard de ce principe le protocole de fin de grève ayant valeur d'accord collectif qui octroie une prime de 13e mois aux seuls salariés rattachés à un site précis (Cass. soc. 30-5-2018 n° 17-12.782 FP-PB : RJS 8-9/18 n° 565).

B. Statut et protection

EXERCICE DU MANDAT

86200 **Continuité du mandat** La grève ne suspend pas le mandat des représentants du personnel et le temps passé par des représentants du personnel à des **réunions** avec l'employeur liées à la grève doit être rémunéré au titre des **heures de délégation** (Cass. soc. 27-2-1985 n° 82-40.173 P), tout comme celui passé par des délégués syndicaux chez un fournisseur dont le personnel menait une grève qui n'était pas étrangère aux préoccupations des salariés de l'entreprise (Cass. soc. 10-7-1990 n° 86-42.819 P : RJS 8-9/90 n° 693). Sur le paiement des heures de délégation aux membres du CSE, voir nos 34720 s.

> **Précisions** **a.** Un conflit collectif du travail peut parfois constituer des circonstances exceptionnelles justifiant un **dépassement du crédit d'heures** dont disposent les délégués syndicaux et les membres du CSE (voir nos 34590 s.). De telles circonstances ont été admises dans le cas d'une grève de longue durée ayant affecté tous les ateliers de l'entreprise et entraîné une activité accrue des représentants du personnel (Cass. soc. 8-7-1998 n° 97-42.743 D : RJS 10/98 n° 1238) et en période de plans sociaux et de grève (Cass. soc. 9-6-1999 n° 97-41.023 F-D), mais pas dans le cas d'une courte grève ayant concerné un seul service de l'entreprise et un petit nombre de salariés (Cass. soc. 19-2-1975 n° 73-40.684 P).
> **b.** Le fait que la responsabilité de la **sécurité des travailleurs** incombe à l'employeur n'exclut pas toute possibilité de **contrôle** de la part des représentants du personnel. Ainsi a-t-il été jugé que, en cas de grève, la direction d'une entreprise n'est pas en droit de leur refuser l'accès aux locaux de travail pour vérifier le respect des consignes de sécurité (Cass. crim. 4-11-1981 n° 81-90.919 P).

86205

Distinction entre grève et réunion syndicale irrégulière

Le droit de grève ne doit pas être invoqué afin de permettre la tenue de réunions syndicales durant le temps de travail, celles-ci étant interdites par l'article L 2142-11 du Code du travail, sauf usage par les représentants du personnel de leur temps de délégation (voir n° 16995).
Pour distinguer les deux situations, les juges vérifient si l'arrêt de travail a pour seul objet la tenue d'une réunion syndicale d'information du personnel ou s'il correspond à une grève déjà déclenchée au cours de laquelle une telle réunion est organisée.
Dans le premier cas, la réunion est **irrégulière** : dès lors, l'avertissement infligé par l'employeur à des délégués syndicaux pour l'avoir organisée contre sa volonté est justifié (Cass. soc. 16-5-1973 n° 72-40.541 P) et ne constitue nullement un délit d'entrave aux fonctions de ces délégués (Cass. crim. 9-11-1971 n° 70-92.884 P). Dans le second cas, la réunion n'est **pas irrégulière** puisqu'elle a eu lieu alors que les participants étaient déjà en grève (Cass. soc. 11-1-1979 n° 77-41.763 P). Les intéressés ne sauraient dès lors se voir infliger une sanction disciplinaire (Cass. soc. 4-7-1972 n° 71-40.592 P ; 19-2-1981 n° 79-41.281 P).

86210 **Interdiction des entraves** Lorsqu'un conflit collectif survient dans l'entreprise, l'employeur doit se garder de toute **menace ou** de toute **pression envers les représentants du personnel** visant à éviter le déclenchement d'une grève ou à « briser » un mouvement de grève en cours. À défaut, il peut être poursuivi pour le délit d'entrave au bon fonctionnement des institutions représentatives défini nos 49000 s.
Lorsqu'elles sont exercées à l'encontre de délégués syndicaux, ces menaces ou pressions peuvent constituer une entrave à l'exercice du droit syndical.

NON-DISCRIMINATION

L'exercice normal du droit de grève ne peut donner lieu à aucune mesure discriminatoire (C. trav. art. L 1132-2), notamment en matière de **rémunérations et** d'**avantages sociaux** (C. trav. art. L 2511-1, al. 2). 86215

Les représentants du personnel participant à un mouvement de grève bénéficient de cette protection, comme tout autre salarié gréviste. La diminution de leur rémunération du fait de leur **absence** pour grève doit en conséquence être strictement proportionnelle à l'arrêt de travail (jurisprudence constante, notamment Cass. soc. 8-7-1992 n° 89-42.563 P ; 24-6-2009 n° 08-41.610 F-D). De plus, l'absence pour grève ne peut entraîner la réduction ou la suppression d'une **prime** liée à une condition de présence dans l'entreprise que si toutes les absences autres que celles légalement assimilées à un temps de travail effectif entraînent les mêmes conséquences (Cass. soc. 23-6-2009 n° 07-42.677 FS-PB et n° 08-42.154 FS-PB : RJS 10/09 n° 827 ; 23-11-2011 n° 10-15.644 F-D : RJS 2/12 n° 186 ; 7-11-2018 n° 17-15.833 F-PB : RJS 1/19 n° 50). Par ailleurs, faire apparaître le nombre de jours de grève dans des fichiers utilisés pour les procédures d'**avancement de carrière** constitue un traitement de **données personnelles** excessif, l'indication d'un nombre total de jours d'absence étant suffisante, sans qu'il soit nécessaire d'en indiquer le motif ; un tel manquement au RGPD peut justifier le prononcé d'une amende par la Cnil (Délib. Cnil SAN-2021-019 du 29-10-2021).

Pour plus de détails sur les effets de la grève en matière de rémunération et d'avantages sociaux, voir Mémento social n°s 11110 s.

S'agissant des discriminations à raison de l'**appartenance syndicale** commises envers des délégués syndicaux exerçant leur droit de grève, voir n° 13830.

> **Précisions** Certaines institutions représentatives du personnel ont des prérogatives spécifiques en matière de discrimination : les membres du CSE disposent d'un **droit d'alerte** en cas d'atteinte aux droits des personnes pouvant notamment résulter d'une mesure discriminatoire (n°s 4100 s.) ; les syndicats représentatifs ont la possibilité d'exercer en justice les actions en reconnaissance d'une **discrimination** en lieu et place des salariés concernés (n° 12510).

PROTECTION CONTRE LE LICENCIEMENT

Aucun salarié ne peut être sanctionné ou licencié en raison de l'**exercice normal du droit de grève** (C. trav. art. L 1132-2). La rupture du contrat de travail en raison de cet exercice est nulle, sauf faute lourde du salarié (C. trav. art. L 2511-1, al. 1 et 3). 86220

Ces dispositions protectrices s'appliquent aux représentants du personnel exerçant leur droit de grève comme à tout autre salarié. Elles interdisent le prononcé d'un licenciement ou d'une **sanction** moindre en raison de la participation à une grève ou d'un fait commis au cours ou à l'occasion de celle-ci, y compris l'incitation des collègues à faire grève, à, moins que le fait reproché soit constitutif d'une **faute lourde** (Cass. soc. 16-12-1992 n° 91-41.215 PF : RJS 2/93 n° 174 ; 9-5-2012 n° 10-24.307 FS-PB : RJS 7/12 n° 653 ; 1-6-2023 n° 22-13.304 F-D : RJS 8-9/23 n° 473 ; CE 22-2-2007 n° 282724). Sur la définition de la faute lourde, voir n° 45575.

L'employeur qui entend se prévaloir d'une telle faute à l'appui du licenciement d'un gréviste ayant la qualité de représentant du personnel doit respecter la procédure spéciale applicable aux salariés protégés (n°s 45560 s.) et solliciter en conséquence l'autorisation de l'inspecteur du travail.

Sur les conséquences d'un licenciement sans autorisation ou malgré un refus d'autorisation de l'inspecteur du travail, voir n°s 47250 s.

> **Précisions** Il appartient au **juge des référés**, même en présence d'une contestation sérieuse, de mettre fin au **trouble manifestement illicite** que constitue toute **sanction** prononcée à l'encontre d'un salarié gréviste auquel une faute lourde ne peut pas être reprochée (Cass. soc. 10-2-2021 n° 19-18.903 FS-D : RJS 4/21 n° 233).

L'**inspecteur du travail** apprécie le **degré de gravité des fautes** commises par un salarié protégé au cours d'une grève, compte tenu de l'ensemble des règles applicables au contrat de travail de l'intéressé et des exigences propres à l'exécution normale de son mandat (CE 1-4-1992 n° 112826 P : RJS 7/92 n° 888 ; 12-7-1995 n° 143077 : RJS 10/95 n° 1030). Il n'a pas à rechercher si les faits reprochés ont porté une atteinte grave aux intérêts de la société (CE 27-5-2021 n° 433078 : RJS 8-9/21 n° 462). 86225

L'autorisation administrative de licencier un représentant du personnel, pour des faits commis au cours d'une grève, emporte nécessairement reconnaissance à ces faits du caractère de faute lourde, seule susceptible de justifier le licenciement d'un salarié gréviste (Cass. soc. 26-1-1994 n° 92-42.049 P).

> **Précisions** **a.** L'**autorisation administrative** a été **accordée** lorsque le salarié protégé n'avait joué aucun rôle modérateur et, au contraire, pris une part prépondérante et active dans la commission d'actes illicites tels que des piquets de grève interdisant l'accès à un institut médico-éducatif aux salariés non grévistes et à des enfants (CE 12-7-1995 n° 143077 : RJS 10/95 n° 1030), la prolongation de l'occupation des locaux plus d'un mois après la signification aux grévistes d'une ordonnance d'expulsion (CE 17-1-1986 n° 55625), la séquestration de membres de la direction (CE 21-11-1986 n° 50627 et n° 50628) ou de membres du conseil d'administration de la société (CE 19-7-1991 n° 73838 : RJS 10/91 n° 1115). Il en a été de même lorsque le représentant du personnel a commis des violences caractérisées envers d'autres membres du personnel de l'entreprise (CE 25-2-1994 n° 113903 : RJS 7/94 n° 882 ; 6-3-2002 n° 214656 : RJS 6/02 n° 699).
> **b.** En revanche, l'**autorisation administrative** de licencier pour faute lourde a été **refusée** dans des situations où le représentant du personnel :
> – n'a joué aucun rôle de meneur et n'a pas commis de violences ou d'atteinte à la liberté du travail des non-grévistes à l'occasion de sa participation à un piquet de grève (CE 2-2-1996 n° 149224) ;
> – a participé à une occupation des locaux de l'entreprise et s'est maintenu sur place après l'évacuation des grévistes ordonnée par la justice, sans pour autant commettre de violences ou d'atteinte à l'outil de production ni proférer des injures ou inciter les autres grévistes à se livrer à des actes répréhensibles (CE 25-6-1982 n° 19590).
> **c.** L'autorisation de licencier pour faute lourde peut dans certains cas être refusée pour un **motif d'intérêt général** alors que la gravité des faits commis par le représentant du personnel est pourtant établie : voir n° 45420.

C. Actions en responsabilité

86430 Les actes préjudiciables commis au cours d'un mouvement collectif par un syndicat ou des délégués syndicaux peuvent engager leur responsabilité civile ainsi que leur responsabilité pénale. Les autres représentants du personnel peuvent également engager leur responsabilité pénale et, plus rarement, leur responsabilité civile.
De son côté, un syndicat peut dans certains cas agir en responsabilité civile contre l'employeur du fait que ce dernier a porté préjudice, à l'occasion d'une grève, à l'intérêt collectif de la profession que représente ce syndicat.

1. RESPONSABILITÉ CIVILE

RESPONSABILITÉ DES SYNDICATS ET DES DÉLÉGUÉS SYNDICAUX

86460 La grève est toujours en elle-même source d'un préjudice pour l'entreprise. Ce dernier n'ouvre bien sûr aucun droit à réparation pour l'employeur dès lors que les participants au mouvement collectif ont exercé leur droit de grève dans des conditions normales. En revanche, l'employeur et les salariés non grévistes peuvent sous certaines conditions engager une action en **responsabilité civile délictuelle** contre des syndicats ou des délégués ou représentants syndicaux, sur le fondement de l'article 1240 du Code civil, afin d'obtenir réparation du préjudice qu'ils ont subi dans le cadre d'un mouvement collectif illicite ou abusif ou par suite d'actes préjudiciables commis par ces derniers dans le cadre d'une grève licite. Une telle action peut aussi être exercée contre des salariés grévistes mais cette question n'est pas étudiée ici.
Lorsqu'elle émane des salariés non grévistes, l'action en responsabilité a en général pour objet la réparation de la **perte de salaire** résultant du fait qu'ils n'ont pas pu accéder à leur poste de travail par suite notamment d'un blocage total des accès à l'entreprise ou d'une occupation des locaux. Celle intentée par l'employeur peut avoir pour objet la réparation de la **perte de production ou** de **dégradations** commises au cours de la grève. Elle peut aussi viser à la compensation des **salaires versés** à des non-grévistes **sans contrepartie** de travail.

86465 Un **syndicat** n'est pas présumé responsable d'**actes préjudiciables** commis au cours d'une grève du seul fait qu'il a appelé à celle-ci (Cass. soc. 17-7-1990 n° 88-11.937 P : RJS 10/90 n° 814), a donné des directives pour la journée de grève (Cass. soc. 14-11-2007 n° 06-14.074 FS-D : RJS 1/08 n° 66), a diffusé un tract dans lequel il se présente comme l'animateur de celle-ci (Cass. soc. 9-11-1982 n° 80-16.929 P) ou un tract se bornant à protester contre l'expulsion des grévistes (Cass. soc. 17-7-1990 n° 88-13.494 P : RJS 10/90 n° 813). La seule circonstance que ces actes préjudiciables ont été commis par des membres de ce syndicat n'est pas non plus suffisante (Cass. soc. 17-7-1990 n° 87-20.055 P : RJS 10/90 n° 814 ; 22-6-2004 n° 02-15.500 FS-P : RJS 11/04 n° 1188).
La responsabilité civile d'un syndicat ne peut être engagée que si des faits précis caractérisant sa **participation directe** aux actes préjudiciables sont relevés : par exemple blocage de l'accès à l'entreprise et entraves à la liberté du travail commis sur ses instructions (Cass. soc. 30-1-1991 n° 89-17.332 PF : RJS 3/91 n° 377 ; 17-7-1990 n° 87-20.055 P : RJS 10/90 n° 814) ou encore diffusion de tracts incitant les salariés à commettre des actes illicites (Cass. soc. 11-7-2016 n° 14-14.226 FS-PB : RJS 10/16 n° 653).

> **Précisions a.** L'appel d'un syndicat à un **mouvement collectif illicite ou abusif** ou le fait qu'il en soit l'instigateur engage sa responsabilité civile s'il a apporté son concours effectif à ce mouvement et a eu un rôle déterminant dans la commission d'actes préjudiciables à cette occasion (Cass. soc. 16-1-1985 n° 82-15.309 S ; 26-1-2000 n° 97-15.291 P ; Cass. ch. mixte 30-11-2018 n° 17-16.047 PBRI).
> La responsabilité d'un syndicat n'est engagée que si le préjudice invoqué est la conséquence directe des actes illicites ou de l'abus du droit de grève qui lui sont reprochés (Cass. soc. 18-1-1995 n° 91-10.476 P : RJS 3/95 n° 289).
> **b.** L'**évaluation des dommages-intérêts** pouvant être mis à la charge d'un syndicat relève de l'appréciation souveraine des juges du fond (Cass. soc. 23-6-1988 n° 86-12.327 D).
> Dans certains cas, mouvement illicite ou blocage de l'accès à l'entreprise notamment, tous ceux dont la responsabilité a été reconnue pour avoir commis une faute en lien direct avec le préjudice constaté (syndicats, délégués syndicaux et simples grévistes) peuvent être **condamnés in solidum** à la réparation de ce dernier (Cass. soc. 8-12-1983 n° 81-14.238 P ; 6-6-1989 n° 87-40.738 P : RJS 7/89 n° 618). Chacun d'entre eux est alors redevable de l'entier préjudice et peut ensuite se retourner contre son ou ses codébiteurs. Cela permet à la victime de choisir à qui elle entend demander réparation de son entier préjudice et d'éviter ainsi les conséquences de l'insolvabilité de l'un des coresponsables. Mais le juge ne peut prononcer une telle condamnation sans avoir précisé, pour chaque personne concernée, les actes fautifs précis auxquels elle a participé (Cass. soc. 18-1-1995 n° 91-10.476 PB : RJS 3/95 n° 289).
> Sur l'**interdiction de saisir** certains meubles et immeubles d'un syndicat professionnel condamné au civil, voir n° 12300.

Les **délégués syndicaux** n'engagent pas leur responsabilité civile du seul fait qu'ils ont participé à une grève au cours de laquelle des actes préjudiciables ont été commis (Cass. soc. 9-11-1982 n° 80-16.929 P) ou du seul fait que la responsabilité civile du syndicat auquel ils appartiennent a été reconnue. En effet, la faute de ce dernier n'implique pas nécessairement une faute personnelle du délégué syndical. **86470**
Lorsqu'il commet une **faute personnelle** se trouvant à l'origine directe du préjudice invoqué, le délégué syndical n'a à répondre que des conséquences de celle-ci. Il ne peut dès lors pas être condamné à réparer l'intégralité du préjudice résultant des actes illicites qu'il a commis avec d'autres salariés grévistes (Cass. soc. 23-6-1988 n° 86-12.327 D).
Sur l'évaluation des dommages-intérêts dus à la victime et la possibilité d'une **condamnation in solidum** des délégués syndicaux, voir n° 86465, b.

ACTION CIVILE CONTRE L'EMPLOYEUR

La loi autorise les **syndicats professionnels** à engager, devant toutes les juridictions, une action civile pour obtenir réparation des faits ayant porté un préjudice direct ou indirect à l'intérêt collectif de la profession qu'ils représentent (sur les conditions générales de cette action, voir n°s 12360 s.). Un litige concernant les **modalités d'exercice et les limites du droit de grève** est de nature à justifier une telle action (Cass. soc. 14-4-1999 n° 97-20.648 D) notamment à la suite de **sanctions disciplinaires** (Cass. soc. 18-12-2002 n° 00-44.418 F-D) ou de sanctions financières illicites infligées à des grévistes (CA Metz 16-12-2008 n° 06-631) ou du **licenciement** de salariés pour des faits commis à l'occasion d'une grève (Cass. soc. 14-4-2010 n° 08-44.844 FS-D). **86475**

2. RESPONSABILITÉ PÉNALE

Comme tout autre salarié, un **représentant du personnel**, élu ou désigné, peut engager sa responsabilité pénale lorsqu'il se rend personnellement coupable, au cours d'une grève, d'un acte délictueux tel que l'entrave à la liberté du travail (C. pén. art. 431-1), la séquestration de personnes (C. pén. art. 224-1) ou des violences (C. pén. art. 222-7 s.). Il encourt alors une amende et une peine d'emprisonnement. **86510**

> **Précisions** En théorie, la mise en jeu de la responsabilité pénale d'un **syndicat** ou du **CSE** pour ces mêmes actes délictueux n'est pas exclue. En effet, toutes les personnes morales de droit privé, qu'elles aient ou non un but lucratif, peuvent être poursuivies au pénal. Mais, en pratique, leur responsabilité ne devrait pouvoir être mise en jeu que dans des circonstances exceptionnelles. En effet, cela suppose, conformément à l'article 121-2 du Code pénal, que l'infraction en cause (en l'occurrence entrave à la liberté du travail, séquestration ou violences) ait été commise, pour le compte du syndicat ou du CSE, par l'un de ses organes ou représentants.

CHAPITRE 13

LES TRANSFERTS D'ENTREPRISE ET LES RESTRUCTURATIONS

SOMMAIRE

87500 Cette étude est consacrée au **rôle des institutions représentatives du personnel** en cas de transfert d'entreprise et/ou de restructurations. Le terme de restructuration sert à qualifier des situations très diverses : réorganisation de l'entreprise, changement d'employeur, modification de l'organisation juridique, etc. S'agissant du **transfert des contrats** de travail des représentants du personnel et du sort de leurs **mandats** en cas de transfert d'entreprise, voir respectivement nos 44000 s. et 33000 s. Sur le sort du **patrimoine du CSE** lorsque le transfert d'entreprise ou la restructuration entraîne sa disparition, voir nos 3190 s.

87505 Le rôle des institutions représentatives du personnel dépend de la nature de la restructuration envisagée. Les **procédures d'information et de consultation** se situent pour l'essentiel au niveau du CSE, mais le comité de groupe et le comité d'entreprise européen ont certaines attributions en la matière, même si celles-ci restent marginales.
Si un transfert d'entreprise ou un changement d'activité met en cause l'application d'un accord collectif, les syndicats peuvent être amenés à négocier un **accord collectif** de transition, de substitution ou d'adaptation.

> **Précisions** **a.** S'agissant de la mise en œuvre de la procédure du **droit d'alerte** lorsqu'un projet de restructuration est de nature à affecter de manière préoccupante la situation économique de l'entreprise, voir nos 89200 s.
> **b.** Sur le rôle des représentants du personnel dans la **recherche d'un repreneur** par l'employeur en cas de projet de licenciement collectif de nature à entraîner la fermeture d'un établissement, voir nos 90380 s.

A. CSE

87560 Tout projet de restructuration entraîne l'obligation d'informer et de consulter le CSE. Les **modalités** de cette information-consultation, ainsi que les **sanctions** encourues par l'employeur, sont celles de droit commun (nos 3620 s.), sous réserve de particularités liées à la nature de certaines opérations, examinées ci-après.
Les questions portant sur l'information-consultation du CSE lorsque les restructurations ou les transferts d'entreprise s'accompagnent de **licenciements économiques,** notamment l'articulation des deux procédures de consultation, sont traitées nos 90310 s.

1. COMPÉTENCES GÉNÉRALES DU CSE

ORGANISATION, GESTION ET MARCHE GÉNÉRALE DE L'ENTREPRISE

87590 Le CSE doit être informé et consulté sur les questions intéressant l'organisation, la gestion et la marche générale de l'entreprise et, notamment, sur les mesures de nature à affecter le volume ou la structure de ses effectifs, la modification de son organisation économique ou juridique (voir nos 87595 s.), et les conditions d'emploi et de travail, notamment la durée du travail, et la formation professionnelle (C. trav. art. L 2312-8, II).

S'agissant de savoir si cette consultation est subordonnée au respect préalable par l'employeur de l'obligation de consulter le CSE sur les **orientations stratégiques de l'entreprise,** voir n° 3870.

ILLUSTRATIONS

Le comité **doit être consulté,** au titre de ces dispositions, sur :
– la transmission négociée d'une partie du capital social, utilisée comme moyen de placer la société qui exploite une entreprise sous la dépendance d'une autre (Cass. crim. 2-3-1978 n° 76-92.008 P ; 4-4-1979 n° 77-93.791 P) ;
– la création d'une nouvelle agence d'un établissement bancaire, qui constitue une modification de la structure de l'entreprise, même si un faible nombre de salariés est immédiatement concerné (Cass. crim. 13-1-1998 n° 96-81.478 PF) ;
– la fusion de deux services, concernant une vingtaine de salariés, touchant deux unités non négligeables et de nature à changer la structure des effectifs (Cass. crim. 28-1-1992 n° 90-87.187 D) ;
– la restructuration de plusieurs directions du siège social de la société avec modification du rattachement hiérarchique d'une trentaine de salariés (Cass. crim. 13-1-1998 n° 96-81.478 PF) ;
– le transfert à une société spécialisée du nettoyage des locaux de l'entreprise qui était jusqu'alors assuré par des femmes de ménage employées à temps partiel (Cass. crim. 15-6-1984 n° 83-93.316) ;
– le recours aux services d'une société de nettoyage pour l'entretien des locaux d'un magasin et à une société de surveillance extérieure pour la sécurité de deux autres magasins, susceptible d'entraîner la suppression des services de l'entreprise antérieurement chargés de tels travaux (Cass. crim. 25-3-1997 n° 96-82.253 D) ;
– l'institution d'un comité exécutif responsable de la direction de l'entreprise, la création de nouvelles zones opérationnelles par refonte et découpages des anciennes zones d'activité et l'aménagement des missions des « délégués de secteurs » (Cass. crim. 19-2-1991 n° 89-85.670 D : RJS 4/91 n° 481) ;
– le réaménagement des tâches au sein de la direction commerciale, laquelle doit être scindée en trois services, les secteurs des vendeurs étant remodelés et de nouvelles attributions étant confiées à ceux-ci (Cass. crim. 26-6-1984 n° 83-91.339).

En revanche, le comité n'a **pas à être consulté** sur :
– la mutation d'un salarié d'une agence à une autre et la suppression d'un poste d'hôtesse, tenu isolément, incorporé dans « l'accueil-caisse » (Cass. crim. 17-6-1986 n° 85-91.956) ;
– la suppression d'un service occupant 3 des 120 salariés de l'entreprise et la répartition des salariés y étant affectés dans d'autres postes de travail (Cass. crim. 14-2-1989 n° 87-91-415 D : RJS 5/89 n° 438) ;
– l'extension des bureaux de l'entreprise sur un demi-étage supplémentaire ne présentant aucune conséquence de nature à justifier la consultation du comité (Cass. soc. 1-2-2017 n° 15-22.362 F-D : RJS 4/17 n° 272).

MODIFICATION DE L'ORGANISATION ÉCONOMIQUE OU JURIDIQUE

Le CSE est informé et consulté, au titre de ses attributions générales (n° 87590), sur les modifications de l'organisation économique ou juridique de l'entreprise (C. trav. art. L 2312-8, II-2°), par exemple en cas de **fusion,** de **cession,** de **modification importante des structures de production** de l'entreprise ainsi que lors de l'**acquisition** ou de la **cession de filiales.** **87595**

> **Précisions a.** Pour l'administration, la modification dans l'**organisation économique** de l'entreprise vise notamment la création, la transformation, la fermeture d'un département, d'un service, d'une agence ou d'un établissement, une modification importante dans l'organisation interne des différents départements ou services de l'entreprise, les projets de recourir à la sous-traitance ou de constituer un groupement d'intérêt économique. La modification dans **l'organisation juridique** de l'entreprise recouvre également les cas de scission, transformation du fonds ou dissolution (Circ. DRT 12 du 30-11-1984 n° 1.4).
b. Une société est considérée comme une **filiale** lorsque plus de la moitié de son capital est détenu par une autre (C. com. art. L 233-1).
c. La Cour de cassation impose à l'employeur, en cas de fusion, de communiquer le **traité de fusion** et les **statuts de la future société** dès lors qu'il dispose de ces documents (Cass. crim. 28-11-1984 n° 83-93.094 P). Dans les **sociétés anonymes,** l'avis du comité est communiqué à l'assemblée des actionnaires appelée à délibérer sur les modifications de l'organisation économique ou juridique de l'entreprise (C. com. art. L 225-105).
d. Sur l'information du comité en cas de disparition des relations de dépendance ou de contrôle caractérisant l'appartenance à un **groupe,** voir n° 6305.
e. Sur le recours à un **expert-comptable** rémunéré par l'entreprise, voir n°s 2025 s.
f. S'agissant de savoir si la consultation sur la modification de l'organisation économique ou juridique de l'entreprise est subordonnée au respect préalable par l'employeur de l'obligation de consulter le CSE sur les **orientations stratégiques de l'entreprise,** voir n° 3870.

87600 ILLUSTRATIONS

Le comité doit être consulté en cas de :
– **vente d'actions ou de parts** d'une société commerciale conclue **entre particuliers** lorsque la transmission négociée du capital social est un moyen de placer la société sous la dépendance d'une autre, une telle opération équivalant, dans l'ordre économique, à la cession de l'entreprise elle-même (Cass. crim. 29-10-1991 n° 90-84.302 D : RJS 1/92 n° 47) ;
– **transfert** à une holding **de la totalité des actions** d'une société, ce transfert ayant des conséquences pour les salariés et étant de nature à influer sur un projet global de modernisation mis en place en son sein, même si le transfert est imposé par la loi (Cass. soc. 26-10-2010 n° 09-67.760 FS-PB : RJS 1/11 n° 54) ;
– décision de mise en **location-gérance des établissements** d'une société impliquant leur restructuration. En l'espèce, le comité central avait été consulté mais pas les comités d'établissements concernés (Cass. crim. 27-3-1990 n° 89-82.951 D : RJS 6/90 n° 502).

87602

Information préalable des salariés de PME en cas de vente de l'entreprise

Dans les PME (entreprises employant moins de 250 salariés et réalisant un chiffre d'affaires annuel qui n'excède pas 50 millions d'euros ou un total de bilan qui n'excède pas 43 millions d'euros), l'employeur doit informer le personnel en cas de projet de vente de l'entreprise, afin de faciliter une reprise de celle-ci par les salariés. Cette obligation s'impose en **cas** de vente d'un fonds de commerce ou d'une participation représentant plus de 50 % des parts sociales d'une société à responsabilité limitée ou d'actions ou valeurs mobilières donnant accès à la majorité du capital d'une société par actions.

L'exploitant du fonds de commerce ou le chef d'entreprise doit faire savoir aux salariés, selon des modalités prévues par décret, qu'une vente est envisagée et qu'ils peuvent présenter une offre de rachat. Il doit, selon nous, le faire dans les **délais** suivants :
– dans les entreprises de moins de 50 salariés, au moins 2 mois avant la date de conclusion de la vente (CE 8-7-2016 n° 386792 : RJS 11/16 n° 674) ; ce délai s'applique également dans les entreprises d'au moins 50 salariés n'ayant pas de CSE ;
– dans les entreprises de 50 à moins de 250 salariés, au plus tard lorsqu'il consulte les membres du CSE sur le projet, soit à la première réunion d'information du CSE (FAQ publiée sur le site du ministère de l'économie et des finances en 2014).

Les salariés intéressés peuvent **se faire assister** par une personne de leur choix, notamment un représentant de la chambre de commerce et d'industrie régionale et doit en informer l'employeur dans les meilleurs délais. Les salariés sont tenus à la même obligation de discrétion que les membres du CSE, sauf à l'égard des personnes dont le concours est nécessaire pour leur permettre de présenter une offre d'achat. Ces personnes sont soumises soit à une obligation de confidentialité, soit au secret professionnel du fait de leur profession (avocat, banquier, etc.).

Le vendeur n'a aucune obligation à l'égard d'une offre présentée par un salarié : il n'est pas tenu de lui donner un caractère prioritaire, ni de l'étudier ou d'y répondre.

Si une **action en responsabilité** est engagée pour non-respect de l'obligation d'information, le tribunal judiciaire saisi peut, à la demande du ministère public, prononcer une amende civile dont le montant ne peut pas excéder 2 % du montant de la vente.

AMÉNAGEMENT IMPORTANT MODIFIANT LES CONDITIONS DE TRAVAIL

87605 Le CSE doit être **informé et consulté,** dès lors qu'un projet a des **conséquences importantes** sur les conditions de santé et de sécurité des salariés ou de leurs conditions de travail (C. trav. art. L 2312-8, II-4°). Or, c'est souvent le cas à l'occasion d'un projet de transfert d'entreprise ou de restructuration.

ATTENTION

En l'**absence** d'une telle consultation, la mise en œuvre d'un projet peut être suspendue par les juges. Il en a ainsi été jugé à propos d'un projet de transfert d'une partie de l'activité d'une société à l'une de ses filiales entraînant le reclassement de 200 salariés contraints de suivre des formations pour s'adapter à leurs nouveaux emplois et voyant leurs conditions de travail modifiées, notamment quant à la mobilité géographique (Cass. soc. 12-7-2005 n° 03-10.633 F-D) ou d'un projet de cessation d'activité emportant des licenciements économiques, dès lors qu'il avait été établi des impacts psychiques sur les salariés concernés (TGI Toulouse 3-2-2011 n° 11/00114 : RJS 5/11 n° 412).

En cas de modification importante des conditions de travail, le CSE peut décider de **recourir à un expert habilité** dans les conditions visées n°s 2035 s. Le projet de transfert d'entreprise ou de restructuration peut aussi être source de stress et en conséquence présenter un risque grave pour la santé mentale des salariés. Une telle situation autorise également le comité à recourir à un expert habilité dans les mêmes conditions (CA Bourges 3-3-2011 n° 10-1306 et n° 10-1310 ; CA Saint-Denis de La Réunion 26-3-2010 n° 09-114). 87610

ILLUSTRATIONS

Une **expertise** est **justifiée** dans les cas suivants :
– projet entraînant la disparition d'une société appelée à devenir un simple établissement de la société absorbante ainsi qu'une nouvelle organisation des établissements de la société absorbée et le transfert d'une partie de son personnel au service d'une société d'un autre groupe (Cass. soc. 29-9-2009 n° 08-17.023 F-PB : RJS 12/09 n° 946) ;
– projet de regroupement d'activités sur un seul site touchant 199 salariés, entraînant soit des transformations de postes de travail, soit des mutations géographiques et ayant une incidence directe sur l'activité, le lieu et les conditions de travail. Un risque grave pour la santé des salariés est également démontré par le rapport d'activité du médecin du travail qui a observé une augmentation sensible des consultations spontanées des salariés en rapport avec des états psychologiques inquiétants, outre des manifestations de détresse morale et d'anxiété liées à la perte de repères professionnels (Cass. soc. 26-10-2010 n° 09-12.922 F-D) ;
– fusions d'entités, fermetures de sites, transfert d'activités aboutissant à une compression des effectifs, à des déménagements nombreux, à une aggravation des conditions de travail et à l'apparition d'un état de stress sur l'un des sites de la société et entraînant l'existence d'une situation objectivement dangereuse pour l'équilibre de la santé mentale des salariés, comme un isolement total, l'obligation d'effectuer de façon quasi permanente des heures supplémentaires et le recours à des antidépresseurs (Cass. soc. 2-3-2011 n° 09-11.545 F-D) ;
– projet de transfert d'entités concernant 225 salariés, entraînant une redistribution des missions avec obligation de redéfinir les fiches des postes de certains salariés et de revoir les modules de formation des métiers commerciaux, le déplacement géographique de certains salariés et l'évolution de leurs tâches (Cass. soc. 30-3-2011 n° 09-68.161 F-D) ;
– importantes répercussions sur l'état de santé des salariés caractérisées par une augmentation sensible des absences au travail et des situations de stress en raison de l'alourdissement de la charge de travail consécutif à des réductions d'effectifs et à l'ouverture de nouvelles agences et de la mise en place d'un nouveau système informatique ayant entraîné des modifications profondes dans l'organisation du travail (Cass. soc. 26-1-2012 n° 10-12.183 F-D).

En revanche, des juges ont **annulé** la délibération du comité désignant un expert à propos du projet de transfert d'un hôpital privé vers un centre hospitalier public, après avoir constaté que le comité avait été clairement informé des conséquences sur le statut des agents transférés dans le secteur public et estimé que l'expert ne pouvait pas éclairer le comité, le projet médical n'étant pas encore finalisé (TGI Thionville 31-7-2012 n° 12/00183).

DÉCISIONS ÉCHELONNÉES

Certains projets, notamment de restructurations importantes, ne font pas l'objet d'une décision unique, mais d'une suite de décisions échelonnées dans le temps. Souvent, une **décision de principe,** qui porte sur un projet d'ensemble dont toutes les implications ne sont pas précisément définies, est suivie de plusieurs **décisions de mise en œuvre.** Le problème du **moment** auquel l'information-consultation du CSE doit avoir lieu est alors délicat, dans la mesure où l'institution doit pouvoir à la fois émettre son avis avant que la décision ne soit irréversible et se prononcer en toute connaissance de cause. Les modalités de consultation en cas de décisions échelonnées sont exposées n° 3640. 87615

NIVEAU DE LA CONSULTATION

Selon la nature et les modalités de la réorganisation envisagée, il y a lieu de consulter le CSE d'une ou **plusieurs entreprises.** Ainsi, en cas de vente d'une **filiale,** ce sont les comités de l'entreprise cédante, de l'acquéreur et de la filiale concernée qui seront consultés sur l'opération envisagée (Circ. DRT 12 du 30-11-1984 n° 1.4). En cas de cession d'une **entreprise,** seul doit être informé et consulté le comité de l'entreprise qui fait l'objet de la cession, non celui des entreprises filiales de celle-ci (CE 26-7-1996 n° 92070 : RJS 10/96 n° 1055). 87620

Les règles de répartition des compétences entre le **comité central** instauré au niveau de l'entreprise et les comités **d'établissement** sont exposées n°s 6060 s.

Sur les consultations du **comité de groupe** et du comité **d'entreprise européen,** voir respectivement n°s 87790 et 87840.

2. RÈGLES SPÉCIFIQUES À CERTAINES OPÉRATIONS

TRANSFERT D'ENTREPRISE

87640 En cas de transfert d'entreprise, la directive européenne du 12-3-2001 va plus loin que le droit interne et précise les **informations** devant être **fournies aux représentants** des salariés : date et motif du transfert, conséquences juridiques, économiques et sociales pour les salariés et mesures envisagées à l'égard de ceux-ci (Dir. 12-3-2001 art. 7-1). En pratique, il est conseillé de remettre au CSE une **note** présentant le projet envisagé (motifs, date de réalisation estimée, présentation de l'acheteur, etc.) et ses conséquences sociales sur le statut individuel et collectif de travail.

> **Précisions a.** En l'**absence de représentants du personnel,** la directive impose que cette information préalable soit délivrée directement aux salariés concernés (Dir. du 12-3-2001 art. 7-6). Toutefois, cette disposition n'étant pas transposée en droit interne, la jurisprudence considère qu'elle ne peut pas faire naître d'obligation à la charge d'un employeur privé (Cass. soc. 18-11-2009 n° 08-43.397 FS-PB : RJS 2/10 n° 156), lequel n'est donc pas tenu d'informer individuellement chaque salarié (Cass. soc. 14-12-1999 n° 97-43.011 P : RJS 3/00 n° 253 ; 15-12-2010 n° 08-43.082 F-D : RJS 2/11 n° 101).
> **b.** Sur la possibilité pour le CSE d'intenter une **action en justice** sur l'application de l'article L 1224-1 du Code du travail relatif aux conséquences du transfert d'entreprise sur les contrats de travail, voir n° 1255.

87645 Après le transfert d'entreprise, le nouvel employeur peut vouloir **remettre en cause** des **usages ou engagements unilatéraux** appliqués par le précédent. Il doit alors informer les représentants du personnel comme indiqué n°s 85445 s.
Sur la mise en cause des **accords collectifs** antérieurement applicables, voir n°s 87960 s.
Sur la consultation, par le nouvel employeur, des représentants du personnel d'une entité absorbée sur son projet de **règlement intérieur,** voir n° 85170.

PRISE DE PARTICIPATION

87650 Le Code du travail imposait à l'employeur de consulter le comité d'entreprise ou les délégués du personnel lorsqu'il prenait une participation dans une société et de les informer d'une prise de participation dont son entreprise était l'objet lorsqu'il en avait connaissance. Cette information-consultation n'est pas prévue pour le CSE, mais elle peut très bien être programmée par l'accord collectif fixant les modalités et le contenu des consultations de cette instance (n°s 4050 s.). Par ailleurs, même à défaut d'un tel accord, l'employeur a intérêt, à notre sens, à mettre en œuvre ces règles. En effet, une telle opération relève, selon nous, des attributions du CSE en matière de modification de l'organisation économique ou juridique de l'entreprise. De la même manière, l'information du CSE de l'entreprise qui fait l'objet de la prise de participation pourrait être requise au regard des attributions générales de ce comité.
Le comité de la société qui prend une participation dans une autre est consulté **préalablement** à la réalisation de l'opération. Par contre, celui de la société objet de la prise de participation peut n'être informé qu'**a posteriori** si l'employeur n'a connaissance de l'opération qu'à ce moment-là (Circ. DRT 12 du 30-11-1984 n° 1.4).
Sur le comité devant être consulté dans les entreprises à **établissements multiples,** voir n° 6065.

ILLUSTRATIONS

Jugé que le comité est consulté en cas de prise de participation :
– dans une société créée en vue de racheter une unité de production de l'entreprise, alors que sont projetées des modifications de l'organisation économique ou juridique de celle-ci (Cass. crim. 18-6-1991 n° 89-82.729 D : RJS 10/91 n° 1106) ;
– dans une société à constituer (Cass. crim. 3-2-2004 n° 03-80.784 F-PF : RJS 5/04 n° 561) ;
– ne caractérisant pas un projet économique et financier important (Cass. crim. 3-2-2004 précité).

OPÉRATION DE CONCENTRATION

87655 Le CSE est consulté en cas d'opération de concentration. Par ailleurs, lorsque l'entreprise est partie à une opération de concentration remplissant les conditions indiquées à l'article L 430-2 du Code de commerce, l'employeur réunit également le CSE au plus tard dans un **délai** de 3 jours à compter de la publication du communiqué relatif à la notification du projet. Au cours de cette réunion, le comité ou la commission économique peut proposer le recours à un **expert-comptable.** Dans ce cas, une deuxième réunion se tient pour entendre le résultat de ses travaux (C. trav. art. L 2312-41).

L'expert demande à l'employeur, au plus tard dans les 3 jours de sa désignation, toutes les informations complémentaires qu'il juge nécessaires à la réalisation de sa mission. Ce dernier répond à cette demande dans les 5 jours (C. trav. art. R 2315-45). L'expert remet son rapport dans un délai de 8 jours à compter de la notification de la décision de l'Autorité de la concurrence ou de la Commission européenne saisie du dossier (C. trav. art. R 2315-47).
Les conditions de recours à l'expert-comptable sont celles prévues nos 2120 s., sous une seule réserve : lorsqu'il est saisi dans le cadre d'une opération de concentration, l'expert a accès aux documents de toutes les sociétés intéressées par l'opération (C. trav. art. L 2315-93).
La notion d'**entreprise partie** à l'opération de concentration vise l'ensemble des entités économiques affectées, directement ou indirectement, par la prise de contrôle, par exemple des sociétés filiales qui sont indirectement la cible de l'opération lorsque celle-ci a une incidence sur la situation de leurs salariés (Cass. soc. 26-10-2010 n° 09-65.565 FS-PBR : RJS 1/11 n° 53). En revanche, une société ne peut pas être retenue comme partie à une opération de concentration s'il n'est pas établi que celle-ci aura une incidence certaine, actuelle ou future mais nécessaire ou prévisible et pas seulement éventuelle ou hypothétique, sur la situation de ses salariés (Cass. soc. 2-7-2014 n° 13-17.361 FS-D : RJS 10/14 n° 704).
Le comité peut demander à être entendu par l'**Autorité de la concurrence** avant qu'elle ne statue (C. com. art. L 430-6). Mais celle-ci n' a pas à s'assurer, préalablement à sa décision sur une opération de concentration, que les dispositions relatives à la **consultation du CSE** ont été respectées par l'entreprise concernée (CE 9-3-2021 n° 433214 : RJS 6/21 n° 317).
Pour une étude complète des opérations de concentration, voir Mémento Concurrence et consommation nos 8000 s.

> **Précisions a.** Une opération de concentration est réalisée (C. com. art. L 430-1) :
> – lorsque **plusieurs entreprises** antérieurement indépendantes **fusionnent** ;
> – si une ou plusieurs personnes, détenant déjà le contrôle d'une entreprise au moins ou lorsqu'une ou plusieurs entreprises **acquièrent,** directement ou indirectement, que ce soit par prise de participation au capital ou achat d'éléments d'actifs, contrat ou tout autre moyen, le **contrôle** de l'ensemble ou de parties d'une ou plusieurs autres entreprises.
> Constitue également une concentration la **création d'une entreprise commune** accomplissant de manière durable toutes les fonctions d'une entité économique autonome.
> **b.** Quand l'opération prend la forme d'une **offre publique d'acquisition,** les dispositions relatives à l'obligation faite à l'employeur de réunir le CSE au plus tard dans les 3 jours suivant la publication du communiqué relatif à la notification du projet sont réputées satisfaites lorsque le CSE se réunit suite au dépôt de l'offre en application des règles exposées nos 87700 s. (C. trav. art. L 2312-41).

PROGRAMME DE RACHAT D'ACTIONS

Une procédure autorise les sociétés dont les actions sont admises aux négociations sur un **marché réglementé** (en pratique, sur Euronext Paris) ou sur un système multilatéral de négociation (en pratique Euronext Growth, ex-Alternext) à racheter leurs **propres actions,** dans la limite de 10 % de leur capital. Cette opération doit être autorisée par l'assemblée générale qui en définit les finalités et modalités ainsi que le plafond. Le comité est informé de la résolution ainsi adoptée par l'assemblée générale (C. com. art. L 22-10-62). **87660**
Pour un exposé complet de cette procédure, voir Mémento des sociétés commerciales nos 68945 s.

CONSEIL

Bien que les dispositions de l'article L 22-10-62 du Code du Commerce fasse uniquement référence à « l'information du CSE », on peut penser qu'une consultation de cette instance est également requise, même **à défaut** d'accord la prévoyant (nos 4050 s.). En effet, un tel programme de rachat d'actions relève selon nous des attributions du CSE en matière de modification de l'organisation économique ou juridique de l'entreprise. L'employeur aura donc intérêt, à notre sens, à mettre en œuvre une procédure d'information et de consultation du CSE.

FUSION TRANSFRONTALIÈRE

En cas de fusion transfrontalière (C. com. art. L 236-36 et R 236-24) : **87665**
– le **comité** doit être consulté en application des dispositions exposées nos 87595 s. ;
– l'**avis du comité** sur l'opération, lorsqu'il est transmis 6 semaines au moins (un mois au moins pour les opérations dont le projet a été déposé au greffe du tribunal de commerce avant le 1-7-2023) avant l'assemblée générale appelée à se prononcer sur le projet, est annexé au **rapport** écrit établi par l'organe de gestion, d'administration ou de direction de chacune des sociétés participant à l'opération. Ce rapport doit être **mis à la disposition** des associés et des membres de la délégation du personnel ou, à défaut, aux **salariés** 6 semaines au moins (un mois au

moins pour les opérations dont le projet a été déposé au greffe du tribunal de commerce avant le 1-7-2023) avant la date de l'assemblée générale appelée à se prononcer sur le projet de fusion.
Pour une étude complète des fusions transfrontalières, voir Mémento des sociétés commerciales nos 84600 s.

3. CAS PARTICULIER DES OFFRES PUBLIQUES D'ACQUISITION

87700 Lorsqu'une société fait l'objet d'une offre publique d'acquisition (OPA), son CSE est informé et consulté. Les représentants du personnel de l'entreprise auteur de l'offre sont également informés.

> **Précisions** La procédure d'information-consultation des représentants du personnel en cas d'OPA est inapplicable aux **offres techniques,** c'est-à-dire à celles dans lesquelles l'auteur de l'offre possède déjà le contrôle de la société (offres mentionnées aux articles L 225-207 et L 22-10-62 du Code de commerce) ou lorsque la société fait l'objet d'une offre publique engagée par des entités, agissant seules ou de concert au sens de l'article L 233-10 du même Code, détenant plus de la moitié du capital ou des droits de vote de la société faisant l'objet de l'offre (C. trav. art. L 2312-52). Il n'est pas nécessaire de prévoir une consultation spécifique du comité de l'entreprise qui est la cible de l'OPA dans ces cas (Rapp. AN n° 1791 relatif à la loi du 29-3-2014).

ENTREPRISE CIBLE DE L'OFFRE

87705 **Information du CSE** Lors du dépôt d'une OPA (devant l'Autorité des marchés financiers), l'employeur de la société cible réunit **immédiatement** son CSE pour l'en informer. Au cours de cette première réunion, il indique si l'offre a été sollicitée ou non. Le comité décide s'il souhaite entendre l'**auteur de l'offre** et désigner un **expert-comptable** dans les conditions décrites nos 2120 s. Il peut se prononcer sur le caractère amical ou hostile de l'offre (C. trav. art. L 2312-42).
L'auteur de l'offre adresse au comité cible, dans les 3 jours suivant sa publication, la **note d'information** visée par l'Autorité des marchés financiers (C. trav. art. L 2312-44) contenant les orientations en matière d'emploi de l'auteur de l'offre (C. mon. fin. art. L 621-8, III).
À **défaut de comité,** l'employeur informe directement les salariés. Dans ce cas, et dans les 3 jours de la publication de la note d'information, l'auteur de l'offre la transmet à l'employeur qui la transmet aux salariés sans délai (C. trav. art. L 2312-50).

> **Précisions a.** À la demande de l'employeur auteur de l'offre, l'employeur de la société cible peut réunir son comité dans les 2 jours ouvrables suivant l'**annonce de l'offre.** Les délais prévus nos 87710 s. courent alors à compter, non du dépôt de l'offre, mais de son annonce. En cas de **modification** significative des informations présentées au CSE **entre l'annonce et le dépôt de l'offre,** l'avis rendu, le cas échéant, par le comité est caduc. Le CSE est réuni une nouvelle fois dans les 2 jours suivant le dépôt de l'offre et rend un avis dans les mêmes conditions (C. trav. art. L 2312-47).
> **b.** Le **CSE central d'entreprise** d'une filiale française doit être consulté sur l'OPA dont sa **société mère étrangère** est la cible en l'absence de comité d'entreprise européen instauré par un accord fixant les modalités d'articulation des compétences entre comité d'entreprise européen et institutions représentatives nationales et si l'opération a des incidences sur l'emploi de cette filiale (Cass. soc. 19-12-2018 n° 18-14.520 FS-PBRI : RJS 3/19 n° 167).

87710 **Audition de l'auteur de l'offre** L'audition de l'auteur de l'offre par le CSE de la société cible se tient dans le **délai** d'une semaine à compter du dépôt de l'offre ou, le cas échéant, de son annonce. Lors de son audition, l'auteur de l'offre peut se faire **assister** par des personnes de son choix (C. trav. art. L 2312-43) et même **représenter** par une personne désignée parmi les mandataires sociaux ou les salariés de l'entreprise (C. trav. art. L 2312-48).
Lors de cette réunion, il **présente au CSE** sa politique industrielle et financière, ses plans stratégiques pour la société concernée et les répercussions de la mise en œuvre de l'offre sur l'ensemble des intérêts, l'emploi, les sites d'activité et la localisation des centres de décision de cette société (C. trav. art. L 2312-43).

ATTENTION

La société ayant déposé l'offre et dont **l'employeur ou son représentant ne se rend pas à cette réunion ou à celle visée** n° 87720 ne peut pas exercer les droits de vote attachés aux titres de la société faisant l'objet de l'offre qu'elle détient ou viendrait à détenir. Cette interdiction s'étend aux sociétés qui la contrôlent ou qu'elle contrôle au sens de l'article L 233-16 du Code de commerce. Une sanction identique s'applique à l'auteur de l'offre, personne physique. Elle est toutefois limitée dans le temps puisqu'elle est **automatiquement levée,** soit le lendemain de l'audition de l'auteur de l'offre par le CSE de la société cible, soit si l'auteur de l'offre n'est pas convoqué à une nouvelle réunion du comité dans les 15 jours qui suivent la réunion à laquelle il avait été préalablement convoqué (C. trav. art. L 2312-48). L'**interdiction d'exercice des droits de vote** s'applique dès la prochaine assemblée générale de la société cible et peut viser toute société initiatrice, de droit français ou étranger (Rapp. Sénat n° 5 relatif à la loi du 15-5-2001 p. 53).

Rapport de l'expert-comptable L'expert-comptable désigné par le CSE établit un rapport qui **évalue la politique** industrielle et financière et les plans stratégiques que l'auteur de l'offre envisage d'appliquer à la société objet de l'offre, ainsi que les **répercussions** de leur mise en œuvre sur l'ensemble des intérêts, l'emploi, les sites d'activité et la localisation des centres de décision de cette dernière société. Il dispose d'un **délai** de 3 semaines à compter du dépôt du projet d'offre ou, le cas échéant, de son annonce (C. trav. art. L 2312-45). 87715

L'expert-comptable a un **droit d'accès** aux documents nécessaires à l'élaboration de ce rapport (C. trav. art. L 2315-93), mais uniquement à ceux-ci. Il n'a pas à connaître certaines informations n'ayant rien à voir avec la procédure d'OPA engagée, telles que la situation financière ou les brevets de la société ou du holding qui porte l'offre. Le contenu de son rapport ne doit pas sortir du cadre défini par la loi et aborder des sujets confidentiels dont la divulgation pourrait nuire à la société qui porte l'offre, notamment si l'OPA n'atteignait pas son terme (Rapp. AN n° 1791 relatif à la loi du 29-3-2014).

Consultation du CSE Préalablement à l'avis motivé rendu par le conseil d'administration ou le conseil de surveillance sur l'intérêt de l'offre et sur ses conséquences pour la société cible, ses actionnaires et ses salariés, le CSE de l'entreprise faisant l'objet de l'offre est réuni et consulté sur le projet d'offre. Au cours de cette réunion, il examine le rapport établi par l'**expert-comptable** et peut demander la présence de l'**auteur de l'offre** (C. trav. art. L 2312-46, I). Si celui-ci ne se rend pas à cette invitation, il encourt la sanction décrite n° 87710. 87720

Le CSE émet son **avis** dans un **délai** d'un mois à compter du dépôt du projet d'offre. À défaut, il est réputé avoir été consulté. L'avis du comité ainsi que le rapport de l'expert-comptable sont reproduits dans la note en réponse établie par la société cible ou, s'il y a lieu, dans la note d'information commune établie par l'auteur de l'offre et la société cible (C. trav. art. L 2312-46, I).

Saisine du tribunal judiciaire S'ils estiment ne **pas disposer d'éléments suffisants,** les membres élus du CSE peuvent saisir le président du tribunal judiciaire statuant selon la procédure accélérée au fond (n° 3755) en dernier ressort pour qu'il **ordonne la communication,** par la société cible et par l'auteur de l'offre, des éléments manquants (C. trav. art. L 2312-46, II). 87725

La saisine du juge n'a pas pour effet de prolonger le **délai imparti au comité** pour rendre son avis. Toutefois, en cas de difficultés particulières d'accès aux informations nécessaires à la formulation de l'avis du comité, le juge peut décider la prolongation de ce délai, sauf si ces difficultés résultent d'une volonté manifeste de retenir ces informations de la part de la société cible (C. trav. art. L 2312-46, II).

OPA sur l'entreprise dominante d'un groupe En cas d'annonce d'OPA portant sur l'entreprise dominante d'un **groupe,** le chef de cette entreprise en informe immédiatement le comité de groupe dans les mêmes conditions que celles prévues pour le CSE exposées ci-dessus. L'information de celui-ci dispense de celle des CSE des sociétés appartenant au groupe (C. trav. art. L 2332-2). 87730

Suivi de l'offre Si, à l'issue de l'offre, son auteur a acquis le contrôle de l'entreprise cible, il **rend compte au CSE** de cette société, au cours du 6e, du 12e et du 24e mois suivant la clôture de l'offre, de la manière dont il a **mis en œuvre** les déclarations d'intention et, le cas échéant, les engagements qu'il a pris auprès du comité, dans le cadre des auditions prévues nos 87710 et 87720, en matière d'emploi, de maintien des sites d'activité et de localisation des centres de décision exprimés dans la note d'information mentionnée n° 87705 (C. trav. art. L 2312-51). 87735

ENTREPRISE AUTEUR DE L'OFFRE

87740 L'employeur qui lance une OPA n'est pas tenu de consulter préalablement son CSE. En revanche, il le réunit dans les 2 jours ouvrables suivant la publication de l'offre ou, le cas échéant, l'annonce de celle-ci, en vue de lui transmettre des informations écrites et précises sur le **contenu** de l'offre et sur les **conséquences** en matière d'emploi qu'elle est susceptible d'entraîner (C. trav. art. L 2312-49).
À **défaut de comité,** l'employeur informe directement les salariés (C. trav. art. L 2312-50).

B. Comité de groupe

87790 Le Code du travail ne prévoit pas de procédure de consultation du comité de groupe, sauf dans le cas d'une OPA portant sur la société dominante du groupe (voir n° 87730).
Toutefois, cette institution tenant de la loi un **droit à l'information** (n° 6400), on peut estimer que le chef de l'entreprise dominante ne satisfait pas à cette obligation s'il n'informe pas le comité de groupe sur les restructurations intervenues ou projetées.
Par ailleurs, un accord collectif sur le fonctionnement du comité de groupe peut lui donner une compétence consultative en matière de restructurations. En pareil cas, les CSE des entreprises du groupe restent consultées sur les conséquences des projets sur l'entreprise.
S'agissant des **incidences** d'une restructuration **sur la composition** du comité de groupe, voir n° 6305.

C. Comité d'entreprise européen

87840 L'intervention du comité d'entreprise européen n'est pas prévue spécifiquement en cas de restructurations, mais en cas de **circonstances exceptionnelles** affectant considérablement les **intérêts des salariés,** notamment en cas de délocalisation, de fermeture d'entreprises ou d'établissements ou de licenciements collectifs. Sur les modalités de cette information-consultation, voir n° 7195.
Sur l'**articulation des consultations** des comités français et européen, voir n°s 7210 s.
Sur la prise en compte des **répercussions d'une restructuration** sur le comité d'entreprise européen, voir n° 7130.

D. Syndicats

1. MISE EN CAUSE DES ACCORDS COLLECTIFS

87960 Lorsque, à la suite d'un transfert d'entreprise ou d'un changement d'activité, les conventions et accords collectifs auxquels l'entreprise était soumise ne sont plus applicables, ils sont mis en cause **de plein droit** (Cass. soc. 9-2-1994 n° 90-45.483 D : RJS 3/94 n° 280 ; 24-3-2021 n° 19-15.920 FS-PI : RJS 6/21 n° 328).
Afin d'éviter une suppression brutale des avantages conventionnels dont bénéficiaient les salariés, l'article L 2261-14 du Code du travail prévoit une période de survie provisoire du texte conventionnel mis en cause et encourage la négociation d'un nouveau texte conventionnel. Cette négociation peut avoir lieu de manière anticipée dès que le transfert est envisagé ou après le transfert. En cas d'échec des négociations, les salariés conservent certains droits issus du texte initial.

EXEMPLE

Il y a mise en cause d'une convention ou d'un accord collectif lorsque :
– à la suite d'un changement d'activité, la nouvelle activité exercée par l'entreprise n'entre pas dans le champ d'application des conventions et accords collectifs de branche antérieurement applicables ;
– la convention de branche applicable antérieurement au transfert d'entreprise n'était pas étendue et le nouvel employeur n'est pas membre d'une des organisations patronales signataires.

SURVIE PROVISOIRE

87965 À la suite d'un transfert d'entreprise ou d'un changement d'activité, le texte mis en cause continue à produire effet (C. trav. art. L 2261-14, al. 1) :
– jusqu'à l'entrée en vigueur de l'accord ou de la convention qui lui est substitué dans les conditions exposées n°s 87970 s. ;
– ou, à défaut, pendant un délai de survie provisoire, identique à celui prévu en cas de dénonciation d'un accord collectif (voir n° 81735).

NÉGOCIATION ANTICIPÉE D'UN NOUVEL ACCORD

Dès lors qu'une fusion, une cession, une scission ou toute autre **modification juridique** qui aurait pour effet la mise en cause d'une convention ou d'un accord est **envisagée,** deux types de conventions ou d'accords peuvent être négociés et conclus : un accord de transition ou un accord de substitution. **87970**
La **validité** de l'accord conclu s'apprécie dans les conditions de droit commun (voir nos 80700 s.).

Accord de transition L'accord de transition est **conclu entre** les employeurs des entreprises concernées et les organisations syndicales représentatives dans la seule entreprise employant les salariés dont les contrats de travail sont susceptibles d'être transférés (entreprise d'origine), pour une **durée** maximale de 3 ans. Il **entre en vigueur** à la date de réalisation de l'événement ayant entraîné la mise en cause. Il s'applique à l'exclusion des stipulations portant sur le même objet des conventions et accords applicables dans l'établissement ou l'entreprise où les contrats de travail sont transférés (entreprise d'accueil). À l'**expiration** de l'accord de transition, les conventions et accords de l'entreprise d'accueil s'appliquent entièrement aux salariés transférés (C. trav. art. L 2261-14-2). **87975**

> **Précisions** Les **taux d'audience** requis des organisations syndicales signataires sont appréciés dans le périmètre de l'entreprise ou de l'établissement employant les salariés dont les contrats sont transférés. Le cas échéant, la **consultation** des salariés est effectuée dans ce même périmètre (C. trav. art. L 2261-14-4).

Accord de substitution L'accord de substitution se substitue aux conventions et accords mis en cause et **révise** les conventions et accords applicables dans l'entreprise d'accueil. Peuvent participer à la négociation les employeurs et les organisations syndicales de salariés représentatives dans les entreprises ou établissements concernés (entreprises d'origine et d'accueil). La convention ou l'accord est conclu pour une **durée** de 5 ans, sauf s'il en dispose autrement, en application du droit commun (n° 80965). Il **entre en vigueur** à la date de réalisation de l'événement ayant entraîné la mise en cause (C. trav. art. L 2261-14-3). **87977**

> **Précisions** Les **taux d'audience** requis des organisations syndicales signataires s'apprécient dans chaque entreprise ou établissement concerné. Le cas échéant, la **consultation** des salariés est effectuée dans ce même périmètre (C. trav. art. L 2261-14-4).

NÉGOCIATION D'UN NOUVEL ACCORD APRÈS LA MISE EN CAUSE

En cas de transfert d'entreprise ou de changement d'activité, une négociation doit s'engager dans l'entreprise concernée, à la **demande d'une des parties** intéressées, **dans les 3 mois** suivant la mise en cause, soit pour l'adaptation aux dispositions conventionnelles nouvellement applicables, soit pour l'élaboration de nouvelles dispositions (C. trav. art. L 2261-14, al. 7). **87980**
En cas de transfert d'entreprise, la négociation doit s'engager même s'il existe déjà une convention ou un **accord collectif dans l'entreprise d'accueil,** ce texte ne constituant pas le nouvel accord visé par la loi (Cass. soc. 19-10-1999 n° 97-45.907 P : RJS 11/99 n° 1392). L'ensemble des **syndicats** représentatifs des sociétés cédante et cessionnaire doit être **invité** à la négociation de cet accord (Cass. soc. 10-5-2012 n° 10-27.281 F-D : RJS 8-9/12 n° 727 ; 28-10-2015 n° 14-16.043 FS-PB).

> **Précisions a.** La négociation s'impose quel que soit le **niveau de l'accord** ou de la convention mis en cause (accord d'entreprise ou d'établissement, mais aussi accord de branche). Ainsi, en cas de transfert d'entreprise, le nouvel employeur et les organisations syndicales ont qualité pour négocier un accord d'entreprise ou d'établissement adaptant le statut collectif résultant d'une convention de branche en vigueur dans l'entreprise cédée à la convention collective de branche applicable chez le cessionnaire (Cass. soc. 9-2-1994 n° 91-16.000 P : RJS 3/94 n° 280).
> **b.** La **validité** de la convention ou de l'accord conclu s'apprécie dans les conditions de droit commun (voir nos 80700 s.).

ABSENCE DE NOUVEL ACCORD

Garantie de rémunération En l'absence de conclusion d'un nouvel accord ou d'une nouvelle convention à l'issue du délai de survie provisoire visé n° 87965, les salariés présents lors du transfert bénéficient d'une garantie de rémunération dans les **conditions** indiquées nos 81745 s. (C. trav. art. L 2261-14, al. 2 et 3). **87985**

Lorsque la mise en cause concerne une convention ou un **accord à durée déterminée,** deux hypothèses doivent être distinguées (C. trav. art. L 2261-14, al. 4 à 6) :
– si le terme de la convention ou de l'accord initialement prévu est postérieur à la date de fin du délai de survie provisoire, les salariés ont droit à la garantie de rémunération dans les conditions exposées n°s 81745 s., mais uniquement jusqu'à la date du terme initialement prévu ;
– si le terme de la convention ou de l'accord initialement prévu est antérieur à la date de fin du délai de survie, les salariés ne bénéficient pas de cette garantie de rémunération.

87987 **Maintien du statut collectif antérieur** S'il le souhaite, le nouvel employeur peut, en l'absence d'adaptation aux dispositions conventionnelles nouvellement applicables ou d'élaboration de nouvelles dispositions, maintenir par **engagement unilatéral** aux salariés transférés tout ou partie du statut collectif de l'entreprise absorbée. Dans ce cas, s'agissant des avantages ayant le même objet ou la même cause, seules les **dispositions** de ce statut **plus favorables** que celles prévues par l'accord en vigueur dans l'entreprise absorbante s'appliquent aux salariés transférés (Cass. soc. 24-3-2021 n° 19-15.920 FS-PI : RJS 6/21 n° 328). En outre, cet engagement de l'employeur ne doit pas aboutir à une **inégalité de traitement** injustifiée entre les salariés transférés et ceux de l'entreprise d'accueil (Cass. soc. 19-6-2007 n° 06-44.047 FS-PBR : RJS 8-9/07 n° 979).

2. ACTION EN JUSTICE

87990 En cas de transfert d'entreprise, l'article L 1224-1 du Code du travail organise le transfert au nouvel employeur des contrats de travail en cours.
Il a été jugé qu'un syndicat peut intervenir dans une instance relative à l'application de ce texte **aux côtés d'un salarié** au titre de l'intérêt collectif de la profession (Cass. soc. 23-9-2009 n° 08-42.109 FS-PB : RJS 12/09 n° 957 ; 12-7-2017 n° 16-10.460 FS-PB : RJS 10/17 n° 682). En revanche, la reconnaissance d'un contrat de travail étant un droit exclusivement attaché à la personne du salarié, un syndicat ne peut pas agir **à sa place** pour demander la poursuite du contrat de travail (Cass. soc. 12-7-2017 n° 16-10.460 FS-PB : RJS 10/17 n° 682), la suspension du transfert de ce contrat (Cass. soc. 11-9-2012 n° 11-22.014 FS-PB : RJS 11/12 n° 882) ou plus largement contester la validité du transfert (Cass. soc. 9-3-2016 n° 14-11.837 FS-PB : RJS 5/16 n° 350).
Dans certains cas, si l'article L 1224-1 du Code du travail ne s'applique pas, le transfert au nouvel employeur des contrats de travail en cours est néanmoins prévu par une **convention collective** ou un accord professionnel. Un syndicat peut demander en justice l'exécution de ce texte (Cass. soc. 25-9-2013 n° 12-13.697 FS-PB : RJS 12/13 n° 786).
Pour en savoir plus sur le champ d'application et les conditions de mise en œuvre des dispositions prévoyant le transfert des contrats de travail, voir Mémento social n°s 74560 s. (transfert légal) et n°s 75030 s. (transfert conventionnel).

CHAPITRE 14

LES DIFFICULTÉS ÉCONOMIQUES, LICENCIEMENTS ET PROCÉDURES COLLECTIVES

SOMMAIRE

SECTION 1

DÉTECTION ET PRÉVENTION DES DIFFICULTÉS DE L'ENTREPRISE

89000 L'accès du comité social et économique (CSE) aux informations économiques et financières lui permet de détecter les difficultés que rencontre l'entreprise et, le cas échéant, de décider d'interroger l'employeur sur la situation dans le cadre de son droit d'alerte, pour protéger en amont les droits des salariés.

> **Précisions** **a.** Le **comité social et économique** peut également demander en référé la **nomination d'un administrateur provisoire**. Il s'agit toutefois d'une mesure exceptionnelle, qui suppose que soit rapportée la preuve de circonstances rendant impossible le fonctionnement normal de la société et de l'existence d'un péril imminent menaçant l'entreprise (Cass. soc. 23-10-2012 n° 11-24.609 P).
> **b.** Le président du tribunal de commerce ou du tribunal judiciaire, selon le cas, peut, à la **demande d'un débiteur** et à titre de prévention, désigner un **mandataire ad hoc** dont il détermine la mission. L'employeur n'a pas à informer le CSE de cette désignation (C. com. art. L 611-3). Compte tenu du caractère confidentiel attaché à cette procédure par l'article L 611-15 du Code de commerce, si le comité en a connaissance, l'expert qu'il a nommé dans le cadre de l'examen des comptes de la société n'a pas accès aux documents ayant trait à ce mandat ad hoc qui ne sont pas nécessaires à l'exercice de sa mission ; l'employeur peut donc lui en refuser la communication (Cass. soc. 9-10-2019 n° 18-15.305 FS-PB : RJS 12/19 n° 710).

A. Accès aux informations économiques et financières

CADRE GÉNÉRAL

89150 Afin de pouvoir exercer sa mission en matière économique, le CSE dispose d'un droit à information très étendu (voir nos 3400 s.). Dans les **entreprises d'au moins 50 salariés**, l'employeur doit en effet lui fournir un certain nombre d'informations et le consulter de manière récurrente (nos 3830 s.) et, le cas échéant, ponctuellement (nos 3960 s.), afin qu'il ait connaissance de la situation économique et financière de l'entreprise.
Le CSE dispose également d'autres sources d'informations : enquêtes et droits d'accès aux documents administratifs (nos 3580 s.).

INFORMATION DANS LE CADRE DE L'ALERTE DES COMMISSAIRES AUX COMPTES

89155 Dans les **sociétés commerciales** et les **groupements d'intérêt économique**, les commissaires aux comptes disposent, en cas d'évolution préoccupante de la situation de l'entreprise, d'un droit d'alerte tendant à appeler l'attention des dirigeants sociaux ou des administrateurs sur la nécessité pour eux de prendre des mesures en vue de redresser cette situation.
Si le commissaire aux comptes met en œuvre cette procédure, l'employeur communique certains documents aux institutions représentatives du personnel (C. com. art. L 234-1, L 234-2 et L 251-15) :
– d'une part, dans les sociétés anonymes, la délibération du conseil d'administration ou de surveillance sur les faits de nature à compromettre la continuité de l'exploitation relevés par le commissaire aux comptes et, dans les autres sociétés commerciales et les groupements d'intérêt économique, les explications du dirigeant ou des administrateurs sur ces faits ;
– d'autre part, dans les sociétés anonymes et les groupements d'intérêt économique, le rapport spécial du commissaire aux comptes.
Pour un **exposé complet** de la procédure d'alerte des commissaires aux comptes, voir Mémento sociétés commerciales nos 90511 s.

B. Droit d'alerte du CSE

Sur la base des informations qu'il détient dans le cadre de ses attributions économiques, le CSE des entreprises d'au moins 50 salariés peut, s'il estime que la situation de l'entreprise est préoccupante, faire usage de son droit d'alerte, c'est-à-dire demander à l'employeur de lui fournir des explications à ce sujet (C. trav. art. L 2312-63 s.). 89200
Cette demande est inscrite de droit à l'**ordre du jour** de la prochaine séance du CSE (C. trav. art. L 2312-63, al. 2). En l'absence de restriction sur ce point dans le Code du travail, ce droit existe dans toutes les entreprises, quelle que soit leur forme juridique.

ATTENTION

Dans les **entreprises divisées en établissements distincts**, l'exercice du droit d'alerte économique est réservé au **CSE central**, à l'exclusion des CSE d'établissement, et ce même si le CSE central n'a pas mis en œuvre la procédure (Cass. soc. 15-6-2022 n° 21-13.312 F-B : RJS 8-9/22 n° 457 ; 20-9-2023 n° 22-13.391 F-D : RJS 11/23 n° 589).

1. FAITS PERMETTANT D'EXERCER LE DROIT D'ALERTE

FAITS DE NATURE À AFFECTER LA SITUATION ÉCONOMIQUE

La procédure peut être déclenchée en présence de faits de nature à affecter de manière préoccupante la situation économique de l'entreprise. 89230
Le CSE a le **pouvoir d'apprécier** librement la gravité de la situation. Son recours au droit d'alerte est légitime dès lors qu'il estime préoccupants certains faits portés à sa connaissance.
Au-delà des **éléments comptables et financiers**, il peut arguer de **difficultés économiques** telles qu'une baisse importante et durable des commandes, un fléchissement substantiel des investissements, un gonflement important et durable des stocks pouvant s'accompagner de plans de restructuration et de licenciements. Si la gamme des éléments qui peuvent être retenus est large, les membres du comité doivent néanmoins en apprécier l'importance et la pertinence au regard de la situation économique de l'entreprise (Rép. Dermaux : AN 29-9-1986 n° 4136).
Le droit d'alerte ne peut pas être limité à la seule hypothèse d'une situation économique et comptable de l'entreprise critique et n'a pas pour seul objet d'éviter l'ouverture d'une **procédure collective** (CA Paris 5-11-2009 n° 09-10344). Le comité peut agir pour d'**autres raisons**, comme la fermeture d'un établissement entraînant des suppressions d'emplois (Cass. soc. 19-2-2002 n° 00-14.776 FS-PB : RJS 5/02 n° 590).

ILLUSTRATIONS

Justifient que le comité exerce son droit d'alerte :
– une **réorganisation** de nature à affecter la situation de l'entreprise, les réponses de la direction aux questions du comité étant contradictoires, insuffisantes ou incohérentes (Cass. soc. 18-1-2011 n° 10-30.126 FS-PB : RJS 4/11 n° 344) ;
– les **difficultés** rencontrées par une entreprise dans une **activité marginale** si elle est stratégique pour le devenir de l'entreprise tout entière (Cass. soc. 27-11-2012 n° 11-21.566 F-D : RJS 2/13 n° 138).
En revanche, l'**existence d'un projet de fusion**, en l'absence d'apport par le comité d'éléments objectifs autres que l'existence même de ce projet, ne justifie pas à elle seule la mise en œuvre du droit d'alerte et l'assistance du comité par un expert-comptable aux frais de l'entreprise (Cass. soc. 30-6-1993 n° 90-20.158 PBBS : RJS 10/93 n° 998).

LÉGITIMITÉ DU DROIT D'ALERTE

Si le droit d'alerte revêt un caractère subjectif, il n'est pas pour autant dépourvu de tout **contrôle**. En cas de litige, le comité doit en effet **justifier** du caractère préoccupant visé ci-dessus par des éléments objectifs et sérieux (Cass. soc. 19-2-2002 n° 00-14.776 FS-PB : RJS 5/02 n° 590). 89235
L'employeur qui entend **s'opposer** au déclenchement de la procédure d'alerte doit en contester en justice la mise en œuvre. La procédure ne pourra toutefois être annulée que s'il parvient à démontrer un **abus** (Cass. soc. 18-1-2011 n° 10-30.126 FS-PB : RJS 4/11 n° 344).

ATTENTION

L'appréciation du caractère préoccupant des faits sur lesquels se base l'engagement de la procédure d'alerte relevant de la seule appréciation du comité, le bien-fondé de cette décision ne peut être examiné par la juridiction des **référés** que sous l'angle d'un possible **abus manifeste** de procédure (TGI Nanterre 10-9-2004 n° 04-2484, ord. réf. : RJS 1/05 n° 52).

2. EXERCICE DU DROIT

DÉCLENCHEMENT DE LA PROCÉDURE

89270 Le déclenchement de la procédure d'alerte ne peut intervenir que si le CSE a fait inscrire à l'**ordre du jour de la réunion**, et donc préalablement à celle-ci, une demande d'explications de la part de l'employeur (n° 89200). Ce n'est qu'à l'issue de cette réunion que le comité peut, au vu du refus d'explications de l'employeur, de l'insuffisance d'explications, ou au contraire de ce que ces explications sont jugées suffisantes, déclencher ou non la procédure d'alerte (TGI Créteil 4-10-1989 n° 89-4955).

ATTENTION

Les informations concernant l'entreprise communiquées à l'occasion de la mise en œuvre de la procédure d'alerte ont, par nature, un caractère **confidentiel**. Toute personne qui y a accès est tenue à leur égard à une obligation de discrétion (C. trav. art. L 2312-67). S'agissant de l'étendue de l'obligation de discrétion des membres du CSE, voir n°s 860 s.

RÉPONSE DE L'EMPLOYEUR

89275 L'employeur doit répondre à la demande d'explications du CSE et sa réponse doit présenter un **caractère suffisant** (C. trav. art. L 2312-63). Il ne peut pas, même s'il estime que la situation n'est pas préoccupante, refuser de fournir des explications (Cass. soc. 8-3-1995 n° 91-16.002 P : RJS 4/95 n° 393), ni se contenter de nier l'existence de difficultés et ne pas répondre à la demande de documents formulée par le comité (CA Paris 13-7-1988 n° 88-9805). Il peut devoir répondre aux questions concernant la société mère, par exemple en cas de dépendance de la filiale placée dans une situation financière extrêmement délicate (Cass. soc. 21-9-2016 n° 15-17.658 FS-PB : RJS 12/16 n° 787).

Le **comité** dispose – sauf abus – du **pouvoir d'apprécier** si les réponses du chef d'entreprise à ses interrogations sont suffisantes et s'il y a lieu de recourir à l'assistance technique d'un expert-comptable (CA Paris 7-5-2003 n° 02-22039 : RJS 11/03 n° 1346). Il n'a pas à se prononcer par un **vote spécial** sur le caractère satisfaisant ou non de la réponse de l'employeur (Cass. soc. 11-3-2003 n° 01-13.434 FS-P : RJS 5/03 n° 628).

ATTENTION

L'employeur qui n'a **pas répondu** de façon précise aux questions du comité ne peut pas demander l'annulation de la procédure d'alerte. Toutefois, les **juges** peuvent ordonner la **cessation de la procédure** après le dépôt d'un rapport d'expertise comptable constatant le redressement de l'entreprise (CA Paris 3-5-1989 n° 88-3141).

Les juges du fond doivent contrôler l'opportunité de la procédure d'alerte à chacune de ses étapes : constatation des faits préoccupants relativement à la situation économique de l'entreprise ; appréciation de la réponse de l'employeur ; analyse du rapport de l'expert-comptable.

RAPPORT SUR LA SITUATION DE L'ENTREPRISE

89300 Si le CSE n'a pas pu obtenir de réponse suffisante de la part de l'employeur, ou si celle-ci confirme le caractère préoccupant de la situation, il établit un rapport. Dans les entreprises d'au moins 1 000 salariés, ce rapport est établi par la commission économique (n° 1690). Dans tous les cas, il est **transmis** à l'employeur et au commissaire aux comptes (C. trav. art. L 2312-63, al. 3 et 4).

En vue de l'établissement de son rapport, le CSE – ou sa commission économique – peut **convoquer** le commissaire aux comptes et **s'adjoindre**, avec voix consultative, 2 salariés de l'entreprise choisis pour leur compétence et en dehors du CSE. Ces salariés disposent de 5 heures chacun pour assister le CSE ou la commission. Ce temps est rémunéré comme temps de travail (C. trav. art. L 2312-64). Ils sont tenus à l'obligation de discrétion visée n° 89270.

SAISINE DES ORGANES DIRIGEANTS DE L'ENTREPRISE

89310 Le rapport du CSE ou, le cas échéant, de sa commission économique conclut en émettant un **avis** sur l'opportunité :

– de **saisir** de ses conclusions l'organe chargé de l'administration ou de la surveillance dans les sociétés ou personnes morales qui en sont dotées ;

– ou d'en **informer** les associés dans les autres formes de sociétés ou les membres dans les groupements d'intérêt économique (GIE).

Le CSE décide de procéder à cette saisine ou à cette information par une décision prise à la majorité des membres présents. Dans ce cas, l'avis rendu, le cas échéant, par l'expert-comptable (n° 89330) est joint à la saisine ou à l'information (C. trav. art. L 2312-65).

Personnes morales dotées d'un organe chargé de l'administration ou de la surveillance Dans les **sociétés à conseil d'administration ou à conseil de surveillance**, la demande d'explications sur le caractère préoccupant de la situation économique de l'entreprise est inscrite à l'**ordre du jour** de la prochaine séance du conseil, à condition que celui-ci ait pu être saisi au moins 15 jours à l'avance (C. trav. art. L 2312-66, al. 1). Il délibère dans le mois de sa saisine (C. trav. art. R 2312-29, al. 1). La réponse de l'employeur est motivée (C. trav. art. L 2312-66, al. 1). L'extrait du procès-verbal des délibérations où figure la réponse motivée à la demande d'explications est adressé au CSE dans le mois qui suit la réunion du conseil (C. trav. art. R 2312-29, al. 2). 89315

Dans les **autres personnes morales**, ces dispositions s'appliquent à l'organe chargé de l'administration ou de la surveillance, lorsqu'elles en sont dotées (C. trav. art. L 2312-66, al. 2).

Autres formes de sociétés et GIE Dans les autres formes de sociétés ou dans les groupements d'intérêt économique, lorsque le CSE a décidé d'informer les associés ou les membres du GIE de la situation de l'entreprise, le **gérant** ou les **administrateurs** leur communiquent le rapport de la commission économique ou du CSE (C. trav. art. L 2312-66, al. 3). Cette **communication** a lieu dans les 8 jours de la délibération du CSE demandant cette communication (C. trav. art. R 2312-30). 89320

ASSISTANCE D'UN EXPERT-COMPTABLE

Dans le cadre de la procédure d'alerte, le CSE – ou sa commission économique – peut se faire assister, une fois par exercice comptable, d'un expert-comptable de son choix rémunéré par l'entreprise (C. trav. art. L 2312-64). L'**employeur** ne peut pas s'opposer à cette désignation (Cass. soc. 12-3-1991 n° 89-41.941 PF : RJS 5/91 n° 602). 89330

Désignation La désignation de l'expert-comptable ne peut pas être concomitante au déclenchement de la procédure, mais doit lui être **postérieure** (CA Paris 21-6-1990 n° 89-3112). Elle peut intervenir en même temps que la décision d'établir un rapport (Cass. soc. 19-2-2002 n° 00-14.776 FS-PB : RJS 5/02 n° 590). La procédure d'alerte comprend en effet les **étapes** suivantes : 89340

– demande d'explications à l'employeur ;
– établissement d'un rapport lorsque le CSE n'a pas pu obtenir de réponse suffisante de l'employeur ou si celle-ci confirme le caractère préoccupant de la situation, la désignation d'un expert-comptable ne pouvant intervenir qu'à ce moment ;
– saisine éventuelle des organes dirigeants de l'entreprise.

Missions Même si le comité ne peut se faire assister qu'une seule fois par exercice par un expert-comptable lorsqu'il exerce son droit d'alerte, il conserve la faculté de **préciser la mission initiale** de l'expert et de la compléter lorsque des faits en relation avec ceux ayant motivé l'exercice du droit d'alerte sont portés à sa connaissance au cours de sa mission (Cass. soc. 28-10-1996 n° 95-10.274 P : RJS 2/97 n° 163). La mission de l'expert-comptable s'étend en effet aux faits de nature à confirmer la situation économique préoccupante de l'entreprise qui sont la suite nécessaire de ceux qui ont motivé l'exercice du droit d'alerte (Cass. soc. 11-3-2003 n° 01-13.434 FS-P : RJS 5/03 n° 628). Elle peut ainsi être étendue à un projet de fusion qui est la suite directe des opérations de privatisation du groupe ayant motivé l'alerte (Cass. soc. 29-9-2009 n° 08-15.035 F-PB : RJS 12/09 n° 956). 89350

L'expert-comptable désigné par le comité dans le cadre de son droit d'alerte a **accès à la stratégie du groupe** et aux **comptes des sociétés sœurs** (Cass. soc. 25-10-2017 n° 16-10.278 F-D : RJS 1/18 n° 42).

Le **liquidateur judiciaire** est seul tenu de délivrer les documents réclamés par l'expert-comptable mandaté par le comité dans le cadre de son droit d'alerte économique avant le prononcé de la liquidation (Cass. soc. 4-5-2017 n° 15-21.732 F-D : RJS 7/17 n° 495).

Comme tous les intervenants à la procédure d'alerte, l'expert-comptable est tenu à une obligation de **discrétion**.

ATTENTION

Le **refus délibéré** de l'employeur, pendant plusieurs mois, de remettre à l'expert-comptable les **documents** réclamés constitue une faute dont il doit réparation (Cass. soc. 29-9-2009 n° 08-15.035 F-PB : RJS 12/09 n° 956). Un tel refus constitue également, selon nous, un délit d'entrave.

SECTION 2

TRAITEMENT DES DIFFICULTÉS ÉCONOMIQUES

89530 En cas de dégradation de la situation économique et financière de l'entreprise, les représentants du personnel sont associés aux mesures préventives prises pour éviter d'avoir recours à des réductions d'effectifs : réductions et aménagement des horaires, recours à l'activité partielle de droit commun ou, pour une durée temporaire, à l'activité partielle de longue durée (APLD) ou aux accords de performance collective (sur ces accords, voir n°s 52780 s.).
Ils doivent aussi être impliqués en cas de réductions d'effectifs, qu'elles passent par des licenciements ou non, et lorsque des procédures collectives sont mises en œuvre.

I. RÉDUCTIONS ET AMÉNAGEMENTS D'HORAIRES

89580 Face à des difficultés telles qu'une baisse de commandes, ou plus généralement de difficultés économiques liées à un ralentissement économique, l'employeur dispose d'un certain nombre de possibilités, avant d'avoir recours à l'activité partielle, à un accord de performance collective ou à des réductions d'effectif. Il peut ainsi réduire ou supprimer les **heures supplémentaires**, demander aux salariés de prendre leurs jours de **congés** ou de réduction du temps de travail. Il peut également réduire ou aménager le **temps de travail**.
Le CSE doit être consulté avant les modifications de l'horaire de travail. Par ailleurs, la modification et l'aménagement du temps de travail constituent un thème de la négociation annuelle obligatoire sur la rémunération, le temps de travail et le partage de la valeur ajoutée : voir n°s 64000 s.

II. ACTIVITÉ PARTIELLE

89630 Le système d'indemnisation au titre de l'activité partielle **permet**, sous certaines conditions, de compenser partiellement la perte de salaire résultant de la fermeture temporaire de l'entreprise ou d'une réduction de l'horaire de travail en deçà de la durée légale du travail, due à la conjoncture économique, à des difficultés d'approvisionnement en matières premières ou en énergie, à un sinistre ou à des intempéries de caractère exceptionnel, à la transformation, restructuration ou modernisation de l'entreprise ou à toute autre circonstance exceptionnelle (C. trav. art. L 5122-1 et R 5122-1).
Pour recourir à ce dispositif, l'employeur doit obtenir une autorisation de l'administration, expresse ou implicite, après avoir sollicité l'avis du CSE.
S'agissant du placement en activité partielle des **représentants du personnel**, voir n°s 43030 s.

89632

Formalités de recours à l'activité partielle et à son indemnisation

L'employeur qui souhaite placer ses salariés en activité partielle doit au préalable effectuer une **demande d'autorisation** à l'administration. À cette fin, il doit adhérer à un **site en ligne** sécurisé et confidentiel (https://activitepartielle.emploi.gouv.fr) qui lui ouvre accès au dépôt de la demande de placement en activité partielle. Celle-ci doit comporter le motif du recours, la période prévue et le nombre de salariés concernés (C. trav. art. R 5122-2 et R 5122-26). Par **dérogation**, en cas de suspension d'activité due à un sinistre ou à des intempéries, ou en cas de circonstance de caractère exceptionnel, l'employeur dispose de 30 jours à compter du placement des salariés en activité partielle pour adresser sa demande par tout moyen conférant une date certaine à sa réception (C. trav. art. R 5122-3).
L'administration dispose d'un délai de 15 jours calendaires pour notifier une décision de refus (motivée) ou d'autorisation, l'absence de réponse valant acceptation implicite (C. trav. art. R 5122-4).

L'**autorisation** est accordée pour une **durée** maximale de 3 mois renouvelable dans la limite de 6 mois, consécutifs ou non, sur une période de référence de 12 mois consécutifs. Par dérogation, en cas de suspension d'activité due à un sinistre ou à des intempéries, l'autorisation est accordée pour une durée maximale de 6 mois renouvelable (C. trav. art. R 5122-9).
Pour **obtenir l'allocation d'activité partielle**, après avoir versé l'indemnité d'activité partielle au salarié, l'employeur effectue une demande d'indemnisation en ligne sur le site précité, à peine de prescription, dans le délai de 6 mois suivant le terme de la période couverte par l'autorisation de recours à l'activité partielle. Cette demande comporte notamment la liste nominative des salariés concernés et leur nombre d'heures chômées. Après vérification, l'allocation est **versée** par l'Agence de services et de paiement (ASP) directement sur le compte bancaire de l'employeur (C. trav. art. L 5122-1 et R 5122-5). Par exception, en cas de procédure de sauvegarde ou de redressement ou de liquidation judiciaire, ou de difficultés financières de l'employeur, l'ASP verse les allocations soit directement aux salariés, soit, le cas échéant, au mandataire judiciaire ou à l'AGS. Dans ces cas, si l'entreprise est dans l'impossibilité d'assurer le paiement mensuel des indemnités, l'allocation peut être liquidée par l'ASP avant l'échéance du mois. La procédure de paiement direct par l'ASP peut également servir à indemniser les travailleurs à domicile à employeurs multiples (C. trav. art. R 5122-16).

CONSULTATION DU CSE

Modalités L'employeur qui envisage de recourir à l'activité partielle doit, dans les entreprises d'au moins 50 salariés, **avant de demander l'autorisation** administrative, consulter et recueillir l'avis du CSE dans le cadre de ses consultations et informations ponctuelles (C. trav. art. R 5122-2). 89635
Par **dérogation**, en cas de sinistre ou d'intempéries ou en cas de circonstances de caractère exceptionnel, cet avis peut être recueilli postérieurement à la demande d'autorisation et transmis dans un délai d'au plus de 2 mois à compter de cette demande (C. trav. art. R 5122-2).
Pour donner son avis sur la nécessité et les modalités de recours à l'activité partielle, le CSE doit disposer des mêmes informations que celles destinées à l'administration pour justifier de la demande de mise en activité partielle (en ce sens : Circ. DGEFP 12 du 12-7-2013).

ATTENTION
L'employeur qui ne respecte pas les formalités de consultation du CSE se rend coupable du **délit d'entrave** visé n°s 49000 s. (Cass. crim. 23-7-1986 n° 85-93.402). Sa demande d'autorisation sera **incomplète** et donc nécessairement refusée par l'administration.

Avis du CSE L'avis du CSE est, sauf dans les cas dérogatoires visés ci-dessus n° 89635, joint par l'employeur à la demande d'autorisation de recourir à l'activité partielle (C. trav. art. R 5122-2). 89640
En cas d'avis défavorable, l'employeur doit également adresser à l'administration l'ensemble des documents qui ont été présentés au CSE. L'avis constitue un élément d'appréciation mais ne lie en aucun cas l'administration à sa décision d'acceptation ou de refus d'accorder le bénéfice de l'activité partielle (Circ. DGEFP 12 du 12-7-2013).

> **Précisions** Si l'employeur a **déjà placé** ses salariés en activité partielle au cours des **36 mois précédant** le dépôt d'une nouvelle demande, celle-ci doit prévoir des **engagements spécifiques** portant notamment sur une obligation de maintien dans l'emploi des salariés pendant une durée pouvant atteindre le double de la période d'autorisation, des actions de formation des salariés ou en matière de GPEC (gestion prévisionnelle des emplois et des compétences) ou encore visant à rétablir la situation économique de l'entreprise (C. trav. art. L 5122-1, III et R 5122-9, II).
Ces engagements sont **fixés** par l'administration et notifiés dans la décision d'autorisation après un dialogue avec l'employeur. Ils tiennent compte notamment de la situation de l'entreprise, de la récurrence du recours à l'activité partielle et, le cas échéant, de l'avis rendu par le CSE (C. trav. art R 5122-9, II et III ; Circ. DGEFP 12 du 12-7-2013).

INFORMATION DU CSE

L'employeur doit informer le CSE de la décision de l'administration, dès sa notification (C. trav. art. R 5122-4, al. 6). 89645
Dans les entreprises d'au moins 50 salariés, l'employeur est également tenu d'informer le CSE à l'échéance de chaque autorisation des conditions dans lesquelles l'activité partielle a été mise en œuvre (C. trav. art. R 5122-2, al. 7).

III. ACTIVITÉ PARTIELLE DE LONGUE DURÉE (APLD)

89660 Jusqu'au 31-12-2022, les entreprises, quelle que soit leur taille, confrontées à des **difficultés économiques durables**, mais dont la pérennité n'était pas compromise, pouvaient recourir à un dispositif spécifique d'activité partielle (Loi 2020-734 du 17-6-2020 art. 53, I et II) :
– soit par la voie d'un **accord** d'établissement, d'entreprise ou de groupe **validé** par l'administration ;
– soit par le biais d'un **document unilatéral** élaboré par l'employeur, après consultation du CSE (lorsqu'il existe), dans le cadre défini par un accord de branche étendu, et **homologué** par l'administration.
Ce dispositif **temporaire**, dénommé « activité partielle de longue durée » (APLD), a permis aux entreprises qui s'engageaient à maintenir l'emploi et à favoriser la formation de réduire l'horaire de travail de tout ou partie des salariés, cette réduction d'activité étant compensée pour le salarié par le versement d'une indemnité et, pour l'employeur, par le versement d'une allocation par l'État.
Depuis le 1-1-2023, il n'est plus possible d'entrer dans le dispositif (Loi 2020-734 du 17-6-2020 art. 53, IX). Mais, s'ils sont dûment validés ou homologués, les **accords ou documents existants s'appliquent jusqu'à leur terme** et peuvent être modifiés par avenant transmis à l'administration pour validation ou homologation.

> **Précisions a.** L'APLD **ne peut pas être cumulée**, sur une même période et pour un même salarié, avec le dispositif d'activité partielle de droit commun. Pour autant, un employeur bénéficiant de l'APLD au titre d'une partie de ses salariés peut **concomitamment** bénéficier pour d'autres salariés de l'activité partielle de droit commun pour tout autre motif que celui relatif à la situation économique de l'entreprise (Décret 2020-926 du 28-7-2020 art. 9, I).
> **b.** Les **dispositions conventionnelles** relatives à l'activité partielle conclues avant le 31-7-2020 ne s'appliquent pas à l'APLD (Loi 2020-734 du 17-6-2020 art. 53, VIII).

FONCTIONNEMENT DE L'APLD

89670 **Contenu de l'accord ou du document unilatéral** L'**accord** collectif d'établissement, d'entreprise, de groupe ou de branche doit **obligatoirement** comporter (Loi 2020-734 du 17-6-2020 art. 53, I ; Décret 2020-926 du 28-7-2020 art. 1, I) :
– un préambule présentant un diagnostic sur la situation économique et les perspectives d'activité, selon le cas, de l'établissement, de l'entreprise, du groupe ou de la branche ;
– la date de début et la durée d'application du dispositif d'APLD ;
– les activités et salariés auxquels s'applique ce dispositif ;
– la réduction maximale de l'horaire de travail en deçà de la durée légale ;
– les engagements en matière d'emploi et de formation professionnelle ;
– les modalités d'information des organisations syndicales de salariés signataires et des institutions représentatives du personnel sur la mise en œuvre de l'accord, cette information devant avoir lieu au moins tous les 3 mois.

> **Précisions a.** Outre les clauses obligatoires ci-dessus, l'accord collectif peut **également prévoir** (liste non limitative) (Décret 2020-926 du 28-7-2020 art. 1, II) :
> – les conditions dans lesquelles les dirigeants salariés, les mandataires sociaux et les actionnaires, dans le respect des compétences des organes d'administration et de surveillance, fournissent des efforts proportionnés à ceux demandés aux salariés pendant la durée de recours au dispositif ;
> – les conditions dans lesquelles les salariés prennent leurs congés payés et utilisent leur compte personnel de formation, avant ou pendant la mise en œuvre du dispositif ;
> – les moyens de suivi de l'accord par les organisations syndicales.
> **b.** Le **document unilatéral** élaboré par l'employeur doit préciser les conditions de mise en œuvre, au niveau de l'entreprise ou de l'établissement, des stipulations de l'accord de branche étendu. Il doit comporter les mêmes éléments que ceux devant obligatoirement figurer dans l'accord collectif et, en particulier, les engagements spécifiques souscrits par l'employeur en matière d'emploi (Loi 2020-734 du 17-6-2020 art. 53, II ; Décret 2020-926 du 28-7-2020 art. 1, III).

89675 **Engagements en matière d'emploi** Les engagements en matière de maintien de l'emploi portent sur l'intégralité des emplois de l'établissement ou de l'entreprise, sauf si l'accord collectif (d'établissement, d'entreprise, de groupe ou de branche) prévoit un **champ d'application** plus restreint (Décret 2020-926 du 28-7-2020 art. 1, IV).

En cas de **non-respect** par l'employeur de ses engagements, l'administration peut interrompre le versement de l'allocation (Décret 2020-926 du 28-7-2020 art. 2). De même, l'employeur doit rembourser à l'État les sommes perçues pour chaque salarié bénéficiaire de l'APLD **licencié pour motif économique** pendant la durée de recours au dispositif. En cas de licenciement pour motif économique d'un salarié **non bénéficiaire du dispositif** mais que l'employeur s'était engagé à maintenir dans l'emploi, l'employeur rembourse une somme égale, pour chaque rupture, au rapport entre le total des allocations APLD qu'il a reçues et le nombre de salariés placés en APLD (Décret 2020-926 du 28-7-2020 art. 2).

Le respect des engagements de maintien de l'emploi par l'employeur fait l'objet d'un **bilan** d'application (n° 89705).

> **Précisions** **a.** Le **document unilatéral** ne peut pas déroger au champ d'application prévu par l'accord de branche. En conséquence, en l'absence de mention dans l'accord de branche prévoyant explicitement que l'engagement peut porter sur un périmètre plus restreint, les engagements en matière d'emploi figurant dans le document unilatéral porteront sur l'intégralité des emplois de l'établissement ou de l'entreprise (QR min. trav. APLD mis à jour le 31-5-2023).
> **b.** Le **remboursement** dû par l'employeur n'est pas exigible si les perspectives d'activité se sont dégradées par rapport à celles prévues dans l'accord collectif ou le document de l'employeur. De même, le remboursement de tout ou partie des sommes peut ne pas être exigé s'il est incompatible avec la situation économique et financière de l'établissement, de l'entreprise ou du groupe (Décret 2020-926 du 28-7-2020 art. 2).
> Dans ces deux dernières hypothèses, l'employeur est tenu d'informer de cette dispense le CSE et, le cas échéant, les organisations syndicales signataires de l'accord collectif (Décret 2020-926 du 28-7-2020 art. 2).

Réduction de l'horaire de travail La réduction de l'horaire de travail ne peut pas **être supérieure à 40 %** de la durée légale du travail. Ce volume s'apprécie par salarié sur la durée totale d'application du dispositif prévu par l'accord collectif ou le document unilatéral. Son application peut conduire à la suspension temporaire de l'activité (Décret 2020-926 du 28-7-2020 art. 4, al. 1). 89680

Cette limite de 40 % peut toutefois être **portée** à 50 % dans des cas exceptionnels résultant de la situation particulière de l'entreprise, si l'accord collectif le prévoit et sur décision de l'administration (Décret 2020-926 du 28-7-2020 art. 4, al. 2).

Attention, ce dépassement ne peut pas être mis en place unilatéralement par l'employeur si l'accord de branche ne le prévoit pas.

> **Précisions** **a.** La période entre le **1-11-2020 et le 30-6-2021** n'est pas prise en compte dans l'appréciation de la réduction maximale de l'horaire de travail (Décret 2020-926 du 28-7-2020 art. 9 ; Arrêté MTRD2111453A du 9-4-2021). Ne sont pas non plus prises en compte dans cette appréciation les périodes au cours desquelles le salarié a été placé en activité partielle de droit commun en tant que **salarié vulnérable** ou devant **garder son enfant** dans le cadre de l'épidémie de Covid-19 (QR min. trav. APLD mis à jour le 31-5-2023).
> **b.** Il est possible d'**alterner** des périodes de faible réduction d'activité et des périodes de forte réduction, voire de suspension temporaire de l'activité, dans le respect du plafond de 40 % sur toute la durée d'application du dispositif. Un **lissage** du montant de l'indemnité APLD et de la rémunération du salarié peut être envisagé pour limiter l'impact sur sa rémunération mensuelle (QR min. trav. APLD mis à jour le 31-5-2023).
> **c.** Dans le cadre du **suivi de l'accord**, il est recommandé de tenir à jour un **compteur** permettant d'apprécier la réduction d'activité des salariés et d'identifier les heures dites chômées ouvrant droit à une indemnité et les heures travaillées qui doivent être rémunérées normalement (QR min. trav. APLD mis à jour le 31-5-2023).
> **d.** Sauf clause de proratisation prévue par l'accord collectif ou le document unilatéral, la réduction de l'horaire s'applique de manière identique aux salariés à temps plein et à **temps partiel** (QR min. trav. APLD mis à jour le 31-5-2023).

Point de départ et durée d'application Le point de départ du bénéfice de l'APLD ne peut **pas être antérieur** au premier jour du mois civil au cours duquel la demande de validation ou d'homologation a été transmise à l'administration (Décret 2020-926 du 28-7-2020 art. 3). 89685

Le dispositif est accordé par l'administration par **période de 6 mois**, renouvelable dans les conditions fixées n° 89705 (Décret 2020-926 du 28-7-2020 art. 5, al. 3), dans la limite de 36 mois, consécutifs ou non, sur une période de référence de 48 mois consécutifs, à compter du premier jour de la première période d'autorisation d'activité partielle (Décret 2020-926 du 28-7-2020 art. 3).

MODIFICATION DE L'ACCORD OU DU DOCUMENT UNILATÉRAL

89690 **Demande de l'employeur** L'employeur adresse la demande de validation de l'avenant à l'accord d'établissement, d'entreprise ou de groupe ou d'homologation de l'avenant au document unilatéral à l'administration par **voie** dématérialisée dans les mêmes conditions que celles prévues pour l'activité partielle classique (n° 89632). Cette demande est **accompagnée** de l'accord ou du document unilatéral. En cas de document unilatéral, l'avis du **CSE**, lorsqu'il existe, doit être joint (Décret 2020-926 du 28-7-2020 art. 5, al. 1). L'avenant doit également faire l'objet d'un **dépôt** sur la plateforme TéléAccords (voir n° 80515).

> **Précisions** L'**administration compétente** est le préfet du département (le Dreets par délégation) où est **implanté l'établissement** concerné par l'accord collectif ou le document. Lorsque le périmètre de l'accord ou du document porte sur des établissements implantés dans **plusieurs départements**, l'employeur adresse une demande unique au préfet du département où est implanté l'un quelconque des établissements concernés. Dans ce cas, le contrôle de la régularité des conditions de recours à l'APLD est confié au préfet du département où est implanté chacun des établissements concernés (Décret 2020-926 du 28-7-2020 art. 6).

89695 **Réponse du Dreets** Le Dreets **valide l'avenant à l'accord collectif** après s'être assuré (Loi 2020-734 du 17-6-2020 art. 53, IV) :
- des conditions de validité et de la régularité de la procédure de négociation ;
- de la présence dans l'accord de l'ensemble des dispositions obligatoires.

Il **homologue l'avenant au document unilatéral** élaboré par l'employeur après avoir vérifié (Loi 2020-734 du 17-6-2020 art. 53, V) :
- la régularité de la procédure d'information et de consultation du CSE lorsqu'il existe ;
- la présence dans l'accord de l'ensemble des dispositions obligatoires ;
- la conformité du document unilatéral aux stipulations de l'accord de branche ;
- la présence d'engagements spécifiques en matière d'emploi.

Le Dreets notifie sa décision, motivée, par **voie dématérialisée** sur le site visé n° 89632, dans un **délai** de 15 jours s'agissant de la validation d'un accord collectif ou de 21 jours s'agissant de l'homologation d'un document unilatéral, à compter de la réception de ces documents. Il notifie également sa décision, par tout moyen et dans ces mêmes délais, au **CSE**, lorsqu'il existe, et si elle porte sur un accord collectif, aux **syndicats signataires** (Loi 2020-734 du 17-6-2020 art. 53, VI ; Décret 2020-926 du 28-7-2020 art. 5, al. 2).

Le **silence** gardé par le Dreets pendant ces délais vaut validation ou homologation. Dans ce cas, l'employeur est tenu de transmettre une copie de la demande et de son accusé de réception par l'administration, au CSE et, s'agissant d'un accord collectif, aux syndicats signataires (Loi 2020-734 du 17-6-2020 art. 53, VI).

89700 **Information des salariés** L'employeur porte à la connaissance des salariés, par affichage sur les lieux de travail ou par tout **moyen** permettant de conférer date certaine à cette information, la décision de validation ou d'homologation ou, à défaut, la copie de la demande avec l'accusé de réception, ainsi que les voies et délais de recours (Loi 2020-734 du 17-6-2020 art. 53, VI).

RENOUVELLEMENT DE L'APLD

89705 L'autorisation d'APLD est renouvelée par périodes de 6 mois (dans les limites d'application du dispositif exposées n° 89685) au vu d'un **bilan** que l'employeur adresse au Dreets, avant l'échéance de chaque période d'autorisation et qui porte sur le respect de la réduction maximale de l'horaire de travail et des engagements en matière (Décret 2020-926 du 28-7-2020 art. 2, al. 1 et 5) :
- d'emploi et de formation professionnelle des salariés ;
- d'information des organisations syndicales de salariés signataires de l'accord et des représentants du personnel sur la mise en œuvre de l'accord.

Ce bilan est **accompagné** d'un diagnostic actualisé de la situation économique et des perspectives d'activité de l'établissement, de l'entreprise ou du groupe, ainsi que du procès-verbal de la dernière réunion au cours de laquelle le CSE, s'il existe, a été informé sur la mise en œuvre de l'activité partielle (Décret 2020-926 du 28-7-2020 art. 2, al. 1).

ATTENTION

Si l'APLD est mise en œuvre dans le cadre d'un **document unilatéral** de l'employeur, le renouvellement ne peut pas se faire au-delà de la durée maximale d'application du dispositif fixée par l'accord de branche étendu (Décret 2020-296 du 28-7-2020, art. 1, III).

IV. LICENCIEMENTS

Tout licenciement pour motif économique doit donner lieu à consultation du **CSE**, selon des modalités différant en fonction du nombre de ruptures du contrat de travail envisagé et des effectifs de l'entreprise. 89790

Peuvent aussi être amenés à intervenir, quoique de manière non systématique, les **syndicats** de l'entreprise pour négocier certains accords collectifs ou intenter des actions contentieuses.

Sur l'obligation de saisir le **comité d'entreprise européen**, voir n° 7195.

Sur les adaptations prévues en cas de **procédure collective**, voir n°s 90900 s.

Sur la procédure de licenciement pour motif économique d'un **salarié protégé**, voir n°s 45920 s.

Sur les règles applicables en matière de rupture négociée du contrat pour motif économique d'un représentant du personnel, voir n° 46360.

ATTENTION

Lorsque le **CSE** n'a **pas été mis en place** alors que l'entreprise est assujettie à cette obligation et qu'aucun procès-verbal de carence n'a été établi, la procédure de licenciement est irrégulière et le salarié a droit à une indemnité à la charge de l'employeur d'au moins un mois de salaire brut, cumulable avec les indemnités de licenciement et de préavis (C. trav. art. L 1235-15). Cette sanction n'est toutefois applicable qu'en cas de **licenciement collectif** (Cass. soc. 19-5-2016 n° 14-10.251 FS-PB : RJS 8-9/16 n° 558).

RÉDUCTION D'EFFECTIFS SANS LICENCIEMENTS

En période de réduction d'activité ou si l'entreprise rencontre des difficultés économiques, l'employeur a l'obligation d'éviter les licenciements ou d'en limiter le nombre. Pour ce faire, il peut procéder à des mesures de réduction d'effectifs sans licenciement : non-remplacement des départs en retraite, non-reconduction des contrats à durée déterminée, incitation aux départs volontaires notamment. 89795

Selon nous, ces mesures doivent donner lieu, dans les entreprises d'au moins 50 salariés, à **information-consultation du CSE** dans le cadre de ses attributions générales (n°s 3995 s.).

S'agissant d'une réduction d'effectif dans le cadre d'une rupture conventionnelle collective, voir n°s 52900 s.

A. Détermination de la procédure applicable

La procédure d'information-consultation du CSE applicable (nombre de réunions, recours ou non à un expert, obligation ou non d'établir un plan de sauvegarde de l'emploi) dépend du nombre de salariés dont la rupture du contrat de travail est envisagée (licenciement individuel, de moins de 10 salariés ou d'au moins 10 salariés), ainsi que des effectifs de l'entreprise (moins de 50 salariés ou au moins 50 salariés). La question des modalités d'appréciation des effectifs de l'entreprise et du nombre de ruptures envisagées est donc essentielle. 89850

DATE ET CADRE D'APPRÉCIATION DES EFFECTIFS ET DU NOMBRE DE LICENCIEMENTS

Les conditions d'effectif s'apprécient à la **date** d'engagement de la procédure de licenciement (Cass. soc. 12-7-2010 n° 09-14.192 FS-PB et 13-7-2010 n° 09-65.182 F-D : RJS 10/10 n° 738). 89855

Dans les **entreprises** ne comptant qu'**un seul établissement**, les conditions d'effectif et de nombre des licenciements s'apprécient au niveau de l'entreprise.

Dans les entreprises comportant **plusieurs établissements**, le cadre d'appréciation à retenir est l'établissement lorsque les licenciements concernent celui-ci et n'excèdent pas le pouvoir du chef d'établissement, l'entreprise s'ils concernent simultanément plusieurs établissements ou structures différentes de celle-ci pour un même motif envisagé au niveau général de l'entreprise ou dans le cadre d'un plan de restructuration décidé à ce niveau (Circ. DRT 1 du 5-5-2002 ; Cass. soc. 7-5-2003 n° 08-45.113 F-PB : RJS 7/03 n° 862).

Ces règles sont applicables dans le cadre d'une **unité économique et sociale (UES)**. Ainsi, c'est au niveau de l'entreprise que doivent être vérifiés les conditions d'effectif et le nombre des licenciements, et non à celui de l'UES (Cass. soc. 16-1-2008 n° 06-46.313 FS-PB : RJS 4/08 n° 395 ; 28-1-2009 n° 07-45.481 FS-PB : RJS 4/09 n° 331), sauf si la décision de licencier est prise au niveau de cette unité (Cass. soc. 16-11-2010 n° 09-69.485 FS-PBR : RJS 2/11 n° 117 ; 9-3-2011 n° 10-11.581 FS-PBRI : RJS 5/11 n° 408 ; 8-1-2020 n° 18-16.945 F-D : RJS 3/20 n° 133).

Le cadre d'appréciation à retenir est également l'entreprise lorsque celle-ci appartient à un **groupe** (Cass. soc. 26-2-2003 n° 01-41.030 F-P : RJS 5/03 n° 589 ; 30-6-2004 n° 02-42.672 FS-PB : RJS 10/04 n° 1015).

Pour les **entreprises étrangères**, seuls les salariés relevant des établissements établis en France sont à prendre en compte (Cass. soc. 23-9-2008 n° 07-42.862 F-P : RJS 12/08 n° 1181).
L'effectif est calculé selon les modalités de droit commun (n°s 20850 s.).

> **Précisions a.** Selon le juge européen **constitue un établissement** toute unité de production disposant d'un équipement et d'un personnel spécialisé distincts, dont le fonctionnement n'est pas influencé par celui des autres unités composant la société, et dotée d'une direction qui assure la bonne exécution du travail et la supervision de l'ensemble du fonctionnement des installations, ainsi que la résolution des questions techniques (CJCE 15-2-2007 aff. 270/05 : RJS 6/07 n° 793).
> **b.** Des licenciements prononcés sans qu'ait été établi de plan de sauvegarde de l'emploi (PSE) sont nuls si la **décision de suppression des activités** des sociétés d'une **UES** a été prise au niveau du groupe la constituant et qu'il a été procédé à un **échelonnement dans le temps** de diverses cessions et fusions des différentes entités de l'UES conduisant à la réduction artificielle de son périmètre et du nombre de salariés pour s'affranchir de l'obligation légale d'établir un PSE (Cass. soc. 30-11-2017 n° 15-14.303 F-D : RJS 2/18 n° 112).
> **c.** Si le **jugement** ayant reconnu l'existence d'une **UES** n'est pas assorti de l'exécution provisoire et fait l'objet d'un **appel** lors de l'engagement de la procédure de licenciement, la nécessité de mettre en place un PSE s'apprécie au niveau de l'entreprise (Cass. soc. 28-9-2022 n° 21-19.092 F-B : RJS 12/22 n° 609).

SALARIÉS À PRENDRE EN COMPTE

89860 Pour savoir s'il faut appliquer la procédure de licenciement de moins de 10 salariés ou celle d'au moins 10 salariés, il faut prendre en compte le **nombre envisagé** de ruptures du contrat de travail pour motif économique après reclassement des salariés, et non celui qui était envisageable au départ du projet (Cass. soc. 24-1-2018 n° 16-22.940 FS-PB : RJS 4/18 n° 259 ; 5-4-2023 n° 21-10.391 FS-B : RJS 6/23 n° 307).
Pour le décompte, tous les **modes de rupture** sont à retenir : licenciements, mais aussi ruptures conventionnelles individuelles s'inscrivant dans le processus de réduction des effectifs (Cass. soc. 9-3-2011 n° 10-11.581 FS-PBRI : RJS 5/11 n° 408 ; 19-1-2022 n° 20-11.962 F-D : RJS 3/22 n° 134), départs en préretraite (Cass. soc. 1-2-2011 n° 09-70.121 F-D : RJS 4/11 n° 311).

> **Précisions a.** Le cas des salariés auxquels l'employeur a proposé une **modification de leur contrat de travail** pour motif économique obéit à des règles particulières : pour apprécier le nombre des licenciements ne sont décomptés que les salariés ayant refusé la modification (C. trav. art. L 1233-25).
> Cependant, l'employeur d'au moins 50 salariés n'est pas tenu de mettre en œuvre un PSE si, à la suite du refus de plus de 10 salariés de voir modifier leur contrat de travail et d'être mutés sur un autre site, il a modifié son projet de réorganisation pour maintenir une partie de son activité et des emplois sur le site initial, et a procédé à une nouvelle consultation des représentants du personnel sur un projet de licenciement collectif concernant moins de 10 salariés (Cass. soc. 24-1-2018 n° 16-22.940 FS-PB : RJS 4/18 n° 259).
> **b.** Sur le cas des salariés ayant refusé l'application d'un **accord de performance collective**, voir n°s 52830 s.
> Sur le cas particulier des **salariés protégés**, voir n°s 43020 s.

PÉRIODE DE RÉFÉRENCE

89865 Pour déterminer la procédure applicable, il convient d'apprécier le nombre de ruptures de contrats de travail sur une période de 30 jours. Chacune de ces périodes court **à compter** de la date de la 1e réunion du CSE sur un projet de licenciement déterminé ou, en l'absence de représentants du personnel ou lorsque leur consultation n'est pas obligatoire, du 1er entretien préalable au licenciement de plusieurs salariés pour le même motif économique (Circ. DE/DRT 46 du 1-10-1989).

ATTENTION

Pour empêcher les employeurs de procéder à de **petits licenciements successifs** dans le but d'échapper à la procédure de licenciement d'au moins 10 salariés sur 30 jours, qui est plus lourde, la loi prévoit 2 dispositions :
– lorsqu'une entreprise d'au moins 50 salariés a procédé pendant **3 mois consécutifs** au licenciement économique de plus de 10 salariés au total sans atteindre 10 licenciements dans une même période de 30 jours, tout nouveau licenciement économique envisagé au cours des 3 mois suivants est soumis aux dispositions régissant les licenciements d'au moins 10 salariés sur 30 jours (C. trav. art. L 1233-26). Ces dispositions ne jouent qu'une fois le seuil de 10 salariés atteint ou franchi ;

– en outre, l'entreprise d'au moins 50 salariés procédant, au cours d'une **année civile**, à des licenciements économiques de plus de 18 salariés sans avoir été tenue de présenter un plan de sauvegarde de l'emploi doit en établir un pour tout nouveau licenciement économique envisagé au cours des 3 premiers mois de l'année civile suivante (C. trav. art. L 1233-27).
Par **exemple**, une entreprise licenciant 9 salariés le 13 mars peut prononcer 9 autres licenciements le 14 avril suivant en appliquant la procédure applicable aux licenciements de moins de 10 salariés. En revanche, tout nouveau licenciement pour motif économique, même individuel, prononcé entre le 15 avril et le 12 juin doit être soumis à la procédure de licenciement de 10 salariés ou plus sur 30 jours. Ce ne sera pas le cas si l'entreprise attend le 16 juin pour licencier à nouveau 9 personnes et procède de même le 17 juillet, puis le 18 septembre. Cependant, si elle veut effectuer d'autres licenciements de janvier à mars suivant, elle devra présenter un plan de sauvegarde de l'emploi.

B. Ordre des licenciements

Lorsqu'il met en œuvre un licenciement pour motif économique, **individuel ou collectif**, **89920**
l'employeur doit déterminer le ou les salariés qui seront licenciés. Pour cela, il doit fixer et appliquer des critères d'ordre des licenciements.
Il n'en est **autrement** que dans les cas suivants : fermeture de l'entreprise, même si les notifications des licenciements sont échelonnées en raison des besoins de l'arrêt de l'activité (Cass. soc. 5-2-2014 n° 12-29.703 F-D : RJS 4/14 n° 310), suppression de tous les emplois d'une même catégorie professionnelle (Cass. soc. 4-10-2023 n° 19-16.550 : RJS 12/23 n° 638), réduction d'effectif ne se réalisant qu'au moyen de départs volontaires, licenciements ne concernant que des salariés ayant refusé une modification du contrat de travail proposée à tous.
Pour un exposé complet sur les critères d'ordre des licenciements, voir Mémento social n°s 47925 s.
Les représentants du personnel, élus ou non, jouent un rôle important en matière de critères d'ordre des licenciements puisque :
– les **syndicats** peuvent participer à la négociation de la convention ou de l'accord collectif définissant ces critères ou le cadre de leur application ;
– lorsque ces critères ne sont pas fixés par convention ou accord collectif, mais unilatéralement par l'employeur, le **CSE** doit être consulté.

FIXATION DES CRITÈRES

Fixation par convention ou accord collectif Les critères d'ordre des licenciements peuvent être fixés par convention ou accord collectif. L'employeur doit alors les appliquer, **89925**
sans pouvoir en écarter, sous réserve qu'ils ne soient pas moins favorables que les critères légaux (n° 89935) et qu'ils soient licites. En particulier sont interdits les critères **discriminatoires**, comme ceux liés à l'âge. Mais n'est pas considéré comme tel, par exemple, le critère lié à la possibilité pour les salariés de bénéficier d'une préretraite (Cass. soc. 29-6-2017 n° 15-21.636 F-D : RJS 10/17 n° 669).
En tout état de cause, l'employeur ne peut pas substituer ses propres critères à ceux fixés par la convention ou l'accord collectif.

Fixation par l'employeur En l'**absence de convention ou d'accord** collectif applicable, **89930**
c'est l'employeur qui fixe les critères d'ordre des licenciements, mais après avoir **consulté le CSE**, s'il existe (C. trav. art. L 1233-5).
Ces critères doivent être adressés aux représentants du personnel avec la convocation à la 1e réunion (C. trav. art. L 1233-31) : voir n°s 90000 s. (licenciement de moins de 10 salariés sur 30 jours), n° 90090 (licenciement d'au moins 10 salariés sur 30 jours dans une entreprise de moins de 50 salariés) et n°s 90315 s. (licenciement d'au moins 10 salariés sur 30 jours dans une entreprise d'au moins 50 salariés).
Dans la mesure où l'employeur doit appliquer les critères d'ordre des licenciements à l'ensemble des salariés d'une même catégorie professionnelle (n° 89945), l'information et la consultation doivent aussi porter sur la **définition de cette catégorie** (CA Chambéry 17-6-2010 n° 09-2634).
L'employeur qui ne consulte pas le CSE sur les critères d'ordre des licenciements lorsque la loi le prévoit commet un délit d'entrave.

ATTENTION
La fixation des critères d'ordre des licenciements et, partant, la consultation des représentants du personnel sur le sujet doivent avoir lieu à l'occasion de **chaque opération de licenciement**, l'employeur ne pouvant pas invoquer un document établi à l'occasion d'un précédent licenciement collectif (Cass. soc. 8-4-1992 n° 89-43.288 P ; 5-4-1994 n° 92-44.799 D).

89935 Les critères fixés par l'employeur doivent notamment prendre en compte les **critères légaux** : charges de famille (en particulier, celles des parents isolés), ancienneté de service dans l'établissement ou l'entreprise, situation des salariés qui présentent des caractéristiques sociales rendant leur réinsertion professionnelle particulièrement difficile, notamment celle des personnes handicapées ou âgées et celle des salariés en contrat d'insertion (Cass. soc. 12-7-2022 n° 20-23.651 F-B : RJS 10/22 n° 510), et qualités professionnelles appréciées par catégorie. L'employeur peut **privilégier** un de ces critères, à condition de tenir compte de tous (C. trav. art. L 1233-5). La liste légale n'est **pas limitative**. L'employeur peut la compléter par d'autres critères (Cass. soc. 14-1-1997 n° 95-44.366 P-F : RJS 2/97 n° 131) dès lors qu'ils sont licites.

ATTENTION

En l'absence d'accord collectif ayant fixé les critères d'ordre des licenciements, le **document unilatéral de l'employeur fixant le PSE** ne peut pas ignorer un critère légal ni, ce qui revient au même, affecter l'un d'entre eux de la même valeur pour tous les salariés (Cass. soc. 26-2-2020 n° 17-18.136 FS-PB : RJS 5/20 n° 238), puisque l'omission d'un critère dans le PSE ou l'interdiction de le moduler ont pour effet d'empêcher par avance que ce critère puisse être effectivement pris en compte au stade de la détermination de l'ordre des licenciements. Le Dreets ne peut pas homologuer un tel document, sauf s'il est établi de manière certaine, dès l'élaboration du PSE, que, dans la situation particulière de l'entreprise et au vu de l'ensemble des personnes susceptibles d'être licenciées, aucune des modulations légalement envisageables pour le critère en question ne pourra être matériellement mise en œuvre lors de la détermination de l'ordre des licenciements (CE 1-2-2017 n° 387886 : RJS 4/17 n° 264 ; 22-5-2019 nos 413342 et 418090 : RJS 7/19 n° 426 ; 27-1-2020 n° 426230 : RJS 4/20 n° 180).

CADRE D'APPLICATION DES CRITÈRES

89940 **Périmètre d'application** Le périmètre d'application des critères d'ordre des licenciements est fixé par **accord** collectif ou, en l'absence d'accord, unilatéralement par l'employeur : il ne peut pas alors être inférieur à celui de chaque **zone d'emploi** dans laquelle sont situés un ou plusieurs établissements de l'entreprise concernés par les suppressions d'emplois (C. trav. art. L 1233-5). Les zones d'emploi visées ci-dessus sont celles référencées dans l'atlas établi par l'Insee et les services statistiques du ministre chargé de l'emploi (C. trav. D 1233-2) et accessible sur www.insee.fr et sur http://dares.travail-emploi.gouv.fr. Le choix opéré par l'accord échappe au contrôle du juge (Cass. soc. 14-10-2015 n° 14-14.339 FS-PB : RJS 12/15 n° 763).

› Précisions L'obligation de mettre en œuvre les critères déterminant l'ordre des licenciements à un niveau qui ne peut pas être inférieur à celui des zones d'emplois s'applique en cas de licenciement avant le **transfert d'une ou plusieurs entités économiques** dans les conditions prévues à l'article L 1233-61 du Code du travail (voir n° 90420), le transfert des contrats de travail ne concernant alors que les salariés échappant au licenciement en application des critères ainsi définis (CAA Versailles 6-7-2021 n° 21VE01406 : RJS 10/21 n° 538).

89945 **Application par catégorie professionnelle** Les critères sont appliqués, dans le cadre tel que défini ci-dessus, à l'ensemble des salariés appartenant à la catégorie professionnelle dont relèvent les emplois supprimés (Cass. soc. 8-6-1999 n° 97-40.739 D : RJS 7/99 n° 909 ; 28-9-2010 n° 09-65.118 F-D : RJS 12/10 n° 916).

La **notion de catégorie professionnelle** ne se réduit pas à un emploi déterminé, mais vise l'ensemble des salariés qui exercent dans l'entreprise des fonctions de même nature supposant une formation professionnelle commune (Cass. soc. 13-2-1997 n° 95-16.648 PBR : RJS 3/97 n° 268 ; 28-9-2010 n° 09-65.118 F-D : RJS 12/10 n° 916 ; CE 30-5-2016 n° 387798 : RJS 8-9/16 n° 562 ; 7-2-2018 nos 407718 et 403989 : RJS 4/18 n° 261). Cela peut conduire à appliquer les critères d'ordre des licenciements à tous les cadres de l'entreprise, quels que soient leurs domaines d'intervention (Cass. soc. 12-1-2006 n° 05-44.572 F-D : RJS 3/06 n° 369 ; 2-4-2008 nos 07-40.571 F-D et 07-40.572 F-D : RJS 6/08 n° 654).

C. Licenciement individuel

89990 Les dispositions du Code du travail relatives au licenciement économique ne prévoient pas l'obligation de consulter les représentants du personnel en cas de licenciement individuel pour motif économique.

On peut toutefois se demander si cette consultation ne s'impose pas en application des dispositions relatives aux **attributions du CSE**, notamment des dispositions du Code du travail exigeant sa saisine en cas de restructuration et de compression des effectifs (n° 3985) dès lors que le licenciement individuel aboutit à une compression des effectifs.

En tout état de cause :
– en l'absence de convention ou d'accord collectif fixant les critères d'**ordre des licenciements**, le CSE doit être consulté sur ce point (nos 89920 s.) ;
– dans les entreprises ou établissements soumis à l'obligation de proposer ce dispositif, le CSE doit être consulté sur le **congé de reclassement** (n° 90035) ;
– dans les entreprises comprenant plusieurs établissements, un licenciement unique opéré dans un établissement peut avoir un caractère collectif en raison du **licenciement simultané** de salariés d'**autres établissements** ; il doit alors donner lieu à consultation (n° 89855) ;
– la consultation du CSE sur un licenciement individuel peut devenir obligatoire après de **petits licenciements répétitifs** (n° 89865).

Entretien préalable : assistance du salarié 89995

Lorsqu'il envisage de procéder à un licenciement pour **motif économique, individuel** ou inclus dans un licenciement **collectif de moins de 10 salariés** sur une même période de 30 jours, l'employeur doit, avant toute décision, convoquer le ou les intéressés à un entretien préalable (C. trav. art. L 1233-11). Il en est de même lorsqu'il projette de licencier un salarié pour **motif personnel** (C. trav. art. L 1232-2) ou de lui infliger une **sanction disciplinaire**, sauf si la sanction envisagée est un avertissement ou une sanction de même nature n'ayant pas d'incidence, immédiate ou non, sur la présence dans l'entreprise, la fonction, la carrière ou la rémunération du salarié (C. trav. art. L 1332-2).
Dans les 3 cas – licenciement pour motif économique (C. trav. art. L 1233-13), personnel (C. trav. art. L 1232-4) ou sanction disciplinaire (C. trav. art. L 1332-2) – la loi permet au salarié de se faire assister, lors de son audition, par une **personne de son choix** appartenant au personnel de l'entreprise.
Le salarié peut faire appel pour cette assistance à un **représentant du personnel** de l'entreprise, élu ou désigné. En pratique, c'est très souvent le cas, du fait que celui-ci a l'habitude de dialoguer avec l'employeur et bénéficie en outre d'un statut protecteur. Le représentant du personnel qui assiste un salarié lors d'un entretien préalable ne doit subir, de ce fait, aucune perte de **rémunération** (Cass. soc. 12-2-1991 n° 87-45.259 PF : RJS 3/91 n° 323). Il doit être remboursé des **frais de transport** exposés pour se rendre à l'entretien préalable (Cass. soc. 25-10-2000 n° 98-42.260 F-D ; 6-9-2023 n° 22-14.184 F-D), peu important à cet égard qu'il soit délégué syndical et qu'il bénéficie à ce titre du remboursement forfaitaire accordé par accord d'entreprise aux organisations syndicales (Cass. soc. 3-3-2004 n° 01-43.579 F-D : RJS 5/04 n° 525). À notre avis, il résulte de ce dernier arrêt que le temps passé à l'assistance ne doit pas être imputé sur son **crédit d'heures**.
Signalons enfin que, en matière de **licenciement** uniquement, dans le cas où l'entreprise est dépourvue de représentants du personnel, le salarié peut aussi se faire assister lors de l'entretien préalable par une personne extérieure à l'entreprise, dénommée « **conseiller du salarié** », choisie sur une liste dressée par l'autorité administrative (C. trav. art. L 1232-4 et L 1233-13). Ce conseiller bénéficie, dans l'entreprise qui l'emploie, de la même protection que les délégués syndicaux (nos 42250 s.) dans l'exécution de son contrat de travail, en cas de rupture du contrat (Cass. soc. 27-1-2010 n° 08-44.376 FS-PB : RJS 4/10 n° 322), d'interruption, de non-renouvellement d'une mission de travail temporaire ou de décision de ne plus confier de mission (Cass. soc. QPC 13-2-2012 n° 11-21.946 FS-PB : RJS 5/12 n° 432 ; 11-9-2019 n° 18-12.293 FS-PB : RJS 11/19 n° 643) et en cas d'arrivée du terme d'un CDD (Cass. soc. 7-7-2021 n° 19-23.989 F-B : RJS 10/21 n° 550). Sur la mise en œuvre de cette protection en cas de rupture, voir n° 42310.

D. Licenciement de moins de 10 salariés sur 30 jours

Lorsqu'il envisage de licencier pour motif économique moins de 10 salariés sur une même période de 30 jours, l'employeur doit consulter le CSE. 90000
La procédure applicable diffère selon que l'entreprise compte moins de 50 salariés ou au moins 50 salariés.
En cas de **procédure collective**, des règles spécifiques s'appliquent : voir nos 91370 s.

ATTENTION

Le défaut de consultation du CSE en cas de licenciements de moins de 10 salariés sur 30 jours est passible de **sanctions civiles et pénales** : voir nos 90800 et 90840 s.

ENTREPRISE OU ÉTABLISSEMENT DE MOINS DE 50 SALARIÉS

90010 Dans les entreprises de moins de 50 salariés, l'employeur qui envisage de licencier pour motif économique moins de 10 salariés sur une même période de 30 jours doit réunir et consulter le **CSE** (C. trav. art. L 1233-8).

Il doit lui adresser, avec la **convocation** à la réunion, tous **renseignements** utiles sur le projet et, en tout état de cause (C. trav. art. L 1233-10) :
– la ou les **raisons** économiques, financières ou techniques du projet de licenciement ;
– le nombre de **salariés**, permanents ou non, employés dans l'établissement ;
– le nombre des **licenciements** envisagés ou, plus exactement, le nombre de salariés concernés par la mesure de compression des effectifs ;
– les **catégories** professionnelles concernées (pour plus de précisions sur ce point, voir n° 89945) ;
– les **critères** proposés pour l'ordre des licenciements (n°s 89920 s.) ;
– le **calendrier** prévisionnel des licenciements ;
– les **mesures** de nature économique envisagées ;
– le cas échéant, les conséquences des licenciements projetés en matière de **santé, de sécurité ou de conditions de travail**.

S'agissant de la consultation du CSE sur la mise en œuvre du **congé de reclassement** lorsque l'établissement appartient à une entreprise d'au moins 1 000 salariés ou lorsque l'entreprise appartient à un groupe d'au moins 1 000 salariés, voir n° 90035.

Le **procès-verbal de la réunion** du comité doit être **transmis au Dreets** (C. trav. art. L 1233-20).

> **Précisions** Dans les entreprises de moins de 50 salariés, aucun **moyen** particulier n'est prévu au profit des représentants du personnel consultés sur un licenciement collectif pour motif économique. Ils ne peuvent pas recourir à un **expert** rémunéré par l'entreprise ni, faute de budget de fonctionnement, faire appel à un expert rémunéré par leurs soins.

90015 Le CSE doit rendre son **avis** dans un délai qui ne peut pas être supérieur à un mois, à compter de la date de sa 1e réunion au cours de laquelle il est consulté. En l'absence d'avis dans ce délai, le comité est réputé avoir été consulté (C. trav. art. L 1233-8).

ENTREPRISE D'AU MOINS 50 SALARIÉS

90020 L'employeur qui envisage de procéder à un licenciement collectif pour motif économique de moins de 10 salariés dans une même période de 30 jours doit réunir et consulter le **CSE** sur le projet de licenciement collectif (C. trav. art. L 1233-8), après l'avoir consulté, dans le cadre de ses attributions d'ordre économique, sur le projet de restructuration et de compression des effectifs (n° 52405). Comme en cas de licenciement d'au moins 10 salariés sur 30 jours, ces **2 consultations** distinctes peuvent être concomitantes ou successives (n° 90312).

Dans les entreprises dotées d'un **CSE central**, l'employeur réunit cette instance et le ou les CSE d'établissements intéressés si les mesures envisagées excèdent les pouvoirs du ou des chefs d'établissement concernés ou portent sur plusieurs établissements simultanément (C. trav. art. L 1233-9).

Le CSE a la possibilité de recourir à tout **expert** rémunéré par ses soins pour la préparation de ses travaux (n° 2050).

90030 L'employeur doit adresser aux représentants du personnel, avec la **convocation** à la réunion sur le projet de licenciement collectif, tous **renseignements** utiles sur le projet de licenciement collectif : voir n° 90010.

S'agissant de la consultation du CSE sur la mise en œuvre du **congé de reclassement** lorsque l'établissement ou l'entreprise comptent au moins 1 000 salariés ou lorsque l'entreprise appartient à un groupe d'au moins 1 000 salariés, voir n° 90035.

Le CSE doit rendre son **avis** dans un délai qui ne peut pas être supérieur à un mois, à compter de la date de sa 1e réunion au cours de laquelle il est consulté. En l'absence d'avis dans ce délai, le comité est réputé avoir été consulté (C. trav. art. L 1233-8).

Le **procès-verbal** de la réunion du CSE est transmis à l'autorité administrative (C. trav. art. L 1233-20).

Congés de reclassement **90035**

Dans les entreprises ou les établissements d'au moins **1 000 salariés**, dans les entreprises appartenant à un **groupe** d'au moins 1 000 salariés tenu de mettre en place un comité de groupe (n°s 6260 s.) et dans les entreprises de **dimension communautaire** ou appartenant à un groupe de dimension communautaire (n°s 7010 s.), l'employeur doit proposer à chaque salarié dont il envisage de prononcer le licenciement économique un congé de reclassement ayant pour **objet** de lui permettre de bénéficier d'actions de formation et des prestations d'une cellule d'accompagnement des démarches de recherche d'emploi (C. trav. art. L 1233-71). Il en est de même dans les UES d'au moins 1 000 salariés lorsqu'une décision de licenciement économique est prise au niveau de celle-ci (Cass. soc. 26-1-2012 n° 10-23.324 F-D : RJS 4/12 n° 377). N'échappent à cette obligation que les entreprises en redressement ou liquidation judiciaire (C. trav. art. L 1233-75).

Pour un exposé complet sur le congé de reclassement, voir Mémento social n°s 48450 s.

Le **CSE** doit être **informé et consulté** sur les conditions de mise en œuvre du congé de reclassement, quelle que soit l'ampleur du licenciement projeté – licenciement de moins de 10 salariés ou d'au moins 10 salariés sur une même période de 30 jours – au cours des réunions visées n°s 90000 s. (licenciement de moins de 10 salariés sur 30 jours), 90090 (licenciement d'au moins 10 salariés sur 30 jours dans un établissement de moins de 50 salariés) ou 90315 (licenciement d'au moins 10 salariés sur 30 jours dans un établissement d'au moins 50 salariés) (C. trav. art. R 1233-17).

Lorsqu'il n'est **pas tenu** d'établir un **plan de sauvegarde de l'emploi**, l'employeur adresse au CSE un document précisant les conditions de mise en œuvre du congé de reclassement, avec les renseignements prévus aux articles L 1233-10 du Code du travail (licenciement de moins de 10 salariés sur 30 jours : n° 90010) ou L 1233-31 et L 1233-32 (licenciement d'au moins 10 salariés sur 30 jours : n° 90090). Lorsque l'employeur y est **tenu**, les conditions de mise en œuvre du congé de reclassement sont fixées dans ce plan (C. trav. art. R 1233-18).

E. Licenciement d'au moins 10 salariés sur 30 jours

1. ENTREPRISE OU ÉTABLISSEMENT DE MOINS DE 50 SALARIÉS

Dans les entreprises ou établissements occupant habituellement moins de 50 salariés, **90090**
l'employeur qui projette de licencier pour motif économique au moins 10 salariés dans une même période de 30 jours doit, sous peine de sanctions civiles et pénales (n°s 90800 et 90840 s.), réunir et consulter le **comité social et économique** (C. trav. art. L 1233-28 et L 1233-29).

Celui-ci tient **2 réunions** séparées par un délai qui ne peut pas être supérieur à 14 jours (C. trav. art. L 1233-29).

L'employeur adresse aux représentants du personnel, avec la **convocation** à la 1e réunion :

– les **renseignements** visés n° 90325 (C. trav. art. L 1233-31) ;

– les **mesures** qu'il envisage de mettre en œuvre pour éviter les licenciements ou en limiter le nombre et pour faciliter le reclassement des salariés licenciés (C. trav. art. L 1233-32).

Sur l'obligation, dans les établissements ou les entreprises d'au moins 1 000 salariés et les entreprises appartenant à un groupe d'au moins 1 000 salariés, de consulter le CSE sur la mise en œuvre du **congé de reclassement**, voir n° 90035.

> **Précisions a.** Dans les entreprises de moins de 50 salariés, le Code du travail ne prévoit pas de **moyens** particuliers au profit des représentants du personnel consultés sur un licenciement collectif pour motif économique. Ainsi, ils ne peuvent pas recourir à un **expert**.
> **b.** Si, bien qu'il n'y soit pas tenu, l'employeur établit volontairement un **plan de sauvegarde de l'emploi**, son contenu n'est pas soumis aux exigences légales (Cass. soc. 10-6-2015 n° 14-10.031 FS-PB : RJS 10/15 n° 628). Par ailleurs, l'employeur n'a pas à en demander la validation à l'administration et le juge administratif n'est pas compétent pour connaître des litiges relatifs à ce plan (Cass. soc. 16-1-2019 n° 17-17.475 FS-D : RJS 4/19 n° 214).

2. ENTREPRISE D'AU MOINS 50 SALARIÉS

90130 La procédure, sensiblement plus longue que dans les entreprises de moins de 50 salariés, se caractérise, notamment, par l'obligation d'établir un plan de sauvegarde de l'emploi (PSE) négocié entre l'employeur et les organisations syndicales (ou, le cas échéant, le conseil d'entreprise) ou établi unilatéralement par l'employeur après consultation des représentants du personnel, par la faculté pour ces derniers de recourir à l'assistance d'un expert et par l'attribution à la seule administration de l'entier contrôle sur le PSE et la procédure consultative, le contentieux sur ces deux points étant, corrélativement, confié au juge administratif.

> **Précisions** Les règles de procédure exposées ci-après sont issues de la **loi de sécurisation de l'emploi du 14 juin 2013**, qui a refondu le dispositif antérieur, et s'appliquent aux procédures engagées depuis le 1er juillet 2013. Nous avons toutefois choisi de faire figurer, outre les **décisions significatives du juge administratif**, des **arrêts rendus par la Cour de cassation** lorsqu'elle avait l'entier contrôle des licenciements avec PSE, dans la mesure où ils ne nous semblent pas en contradiction avec la loi du 14 juin 2013.

a. Accord collectif ou document unilatéral de l'employeur

90160 Le PSE et la procédure doivent faire l'objet d'un accord collectif ou d'un document unilatéral de l'employeur ou d'une combinaison des 2 formules.
L'accord collectif doit être validé par l'administration, le document unilatéral homologué par elle.

ACCORD COLLECTIF

90165 **Conclusion** Dans les entreprises d'au moins 50 salariés, un accord collectif peut déterminer le contenu du PSE, ainsi que les modalités de consultation du CSE et de mise en œuvre des licenciements (C. trav. art. L 1233-24-1). L'accord peut être négocié et conclu au niveau de l'entreprise ou, le cas échéant, de l'unité économique et sociale (CE 2-3-2022 n° 438136 : RJS 5/22 n° 246).
La **négociation** de cet accord peut être **engagée** (Inst. DGEFP/DGT 13 du 19-7-2013) :
– en amont de la procédure de consultation du comité, c'est-à-dire avant sa 1e réunion (n° 90315) ; le seul fait d'ouvrir la négociation avant cette réunion ne peut pas constituer une entrave au fonctionnement de l'institution (C. trav. art. L 1233-46) ;
– parallèlement à la procédure consultative, l'ouverture de la négociation étant annoncée lors de la 1e réunion ;
– en cours de procédure consultative.
L'**administration** est **informée** sans délai de l'ouverture de la négociation (C. trav. art. L 1233-24-1).
Le CSE peut mandater l'**expert** auquel il fera ou a fait appel dans le cadre de la consultation (nos 90335 s.), afin qu'il apporte toute analyse utile aux organisations syndicales pour préparer et mener la négociation. Son rapport est remis au comité et aux organisations syndicales (C. trav. art. L 1233-34). S'agissant des prérogatives de l'expert, voir nos 2185 s.

90170 Pour être **valable**, l'accord doit être signé par une ou plusieurs organisations syndicales représentatives ayant recueilli au moins 50 % des suffrages exprimés en faveur d'organisations reconnues représentatives au 1er tour des dernières élections des titulaires au CSE, quel que soit le nombre de votants, ou par le conseil d'entreprise dans les conditions visées n° 5640 (C. trav. art. L 1233-24-1).
L'accord est **déposé** dans les conditions de droit commun applicables aux accords collectifs (nos 80470 s.).

> **Précisions** **a.** Un salarié **désigné comme délégué syndical avant les élections** professionnelles, mais **non redésigné après**, n'a pas qualité pour engager son syndicat et ne peut donc pas signer valablement un accord collectif sur le PSE. Si, faute de sa signature, l'accord ne satisfait pas les conditions de majorité requises par la loi, l'administration doit refuser sa validation (CE 22-7-2015 n° 385668 : RJS 1/15 n° 631 ; 30-5-2016 n° 385730).
> **b.** La condition de majorité posée par l'article L 1233-24-1 du Code du travail doit s'apprécier en additionnant l'audience électorale des **syndicats signataires représentatifs au niveau de l'entreprise**, sans considération des **catégories** que leurs statuts leur donnent vocation à représenter ; la circonstance qu'une opération de restructuration à l'origine d'un PSE ne concerne que certaines catégories de personnel ne fait pas obstacle à la prise en compte de l'audience électorale de tous les syndicats représentatifs au niveau de l'entreprise, y compris de ceux n'ayant pas statutairement vocation à représenter les salariés de ces établissements ou catégories professionnelles (CE 5-5-2017 n° 389620 : RJS 7/17 n° 480).
> **c.** Pour pouvoir signer un accord collectif portant PSE, un syndicat doit être représentatif et,

à ce titre, remplir le **critère de transparence financière** visé n°s 15350 s. Ne peut donc **pas être validé** par l'administration l'accord signé par un syndicat n'ayant publié sur son site internet, au titre des derniers exercices clos, que ses bilans simplifiés, ses comptes de résultats simplifiés et le tableau annexe de ses ressources n'ayant fait l'objet d'aucune mesure de publicité (CE 6-4-2022 n° 444460 : RJS 6/22 n° 291).

Contenu L'accord porte **au minimum** sur le contenu du PSE (n°s 90240 s.). Il peut **aussi porter** sur les éléments suivants (C. trav. art. L 1233-24-2) : **90175**
– modalités d'information et de consultation du CSE, en particulier les conditions dans lesquelles elles peuvent être aménagées en cas de projet de transfert d'une ou de plusieurs entités économiques prévu n° 90420, nécessaire à la sauvegarde d'une partie des emplois ;
– pondération et périmètre d'application des critères d'ordre des licenciements (n°s 89920 s.) ;
– calendrier des licenciements ;
– nombre de suppressions d'emploi et catégories professionnelles concernées ;
– modalités de mise en œuvre des mesures de formation, d'adaptation et de reclassement.
Les **points** sur lesquels **l'accord ne porte pas** doivent être précisés dans le document unilatéral élaboré par l'employeur après la dernière réunion du comité : n° 90185.

> **Précisions** L'accord collectif, qui n'a pas nécessairement à fixer des **modalités particulières d'information et de consultation du CSE**, n'a pas à reprendre celles fixées, le cas échéant, par un accord de méthode (n°s 90355 s.) ; en conséquence, l'absence de mention de telles modalités dans l'accord de même que l'absence de document soumis à homologation et ayant fixé ces modalités ne font pas obstacle à ce que l'administration valide l'accord (CE 12-6-2019 n° 420084 : RJS 10/19 n° 568).

L'accord ne peut **pas déroger** (C. trav. art. L 1233-24-3) : **90180**
– à l'obligation d'effort de formation, d'adaptation et de reclassement incombant à l'employeur en application de l'article L 1233-4 du Code du travail et de proposer, selon le cas, des contrats de sécurisation professionnelle ou un congé de reclassement ;
– aux règles générales d'information et de consultation du CSE (sauf accord conclu avec le conseil d'entreprise) : obligation de consultation préalable ; droit pour le comité de disposer d'informations précises et écrites et de la réponse motivée de l'employeur à ses observations ; accès à l'information utile détenue par les administrations publiques et les organismes agissant pour leur compte ;
– à l'obligation incombant à l'employeur de communiquer au CSE, avec la convocation à la 1e réunion, tous renseignements utiles sur le projet de licenciement et le PSE (n° 90325) et de mettre à l'étude, dans le délai maximal imparti au comité pour rendre ses avis, les suggestions de celui-ci sur les mesures sociales envisagées et ses propositions alternatives au projet de restructuration, puis de leur donner une réponse motivée ;
– aux règles de consultation du comité applicables lors d'un redressement ou d'une liquidation judiciaire (n°s 91370 s.).

DOCUMENT UNILATÉRAL DE L'EMPLOYEUR

À **défaut d'accord** collectif, l'employeur détermine le contenu du PSE après consultation du CSE, puis établit, après la dernière réunion du comité (n° 90315), un document en reprenant le contenu et précisant les éléments énumérés n° 90175. Contrairement à l'accord, il ne peut déroger à aucune disposition légale ou conventionnelle (C. trav. art. L 1233-24-4). **90185**
Lorsque l'**accord** n'est que « **partiel** », c'est-à-dire porte seulement sur le PSE, ou sur celui-ci et une partie de la procédure, il doit être complété par un document de l'employeur portant sur les points manquants.

> **Précisions a.** L'employeur n'a pas à **consulter le CSE sur le document** unilatéral avant de le soumettre au Dreets pour homologation (TA Montreuil 22-9-2014 n° 14-5860 : RJS 1/15 n° 16). Toutefois, la procédure de consultation est irrégulière si le plan inclus dans le document unilatéral soumis à homologation comporte des mesures sociales d'accompagnement substantiellement différentes de celles soumises à la consultation du comité. Tel n'est pas le cas si le document augmente le montant de certaines mesures, apporte des améliorations aux mesures initiales et ne modifie pas substantiellement le contenu du PSE (TA Paris 23-5-2014 n° 1402928/3-2 : RJS 8-9/14 n° 619).
> **b.** Sur la question de savoir si le document unilatéral doit comporter des **dispositions relatives à l'information et à la consultation des représentants du personnel**, voir n° 90175.
> **c.** S'agissant du PSE, si la négociation d'un accord a échoué, le document unilatéral ne reprend pas nécessairement les mesures précédemment proposées (CE 13-12-2022 n° 454491 : RJS 3/23 n° 137).

b. Plan de sauvegarde de l'emploi

90240 Dès lors que, dans une entreprise d'au moins 50 salariés, existe un projet de réduction d'effectif concernant au moins 10 salariés sur 30 jours, l'employeur doit établir un plan de sauvegarde de l'emploi (PSE), sous peine de nullité de la procédure de licenciement et de tous les actes subséquents (n°s 90805 s.).
Le PSE proposé par l'employeur peut être modifié en fonction des suggestions du CSE (n° 90330) et des injonctions, observations et propositions de l'administration (n°s 90485 s.).
Les employeurs relevant de l'accord national interprofessionnel (ANI) du 10-2-1969 sur la sécurité de l'emploi peuvent demander la participation des **commissions paritaires de l'emploi** à l'établissement de leur plan (ANI 10-2-1969 art. 5).

> **Précisions** L'obligation d'établir un PSE n'incombe qu'à l'employeur des salariés concernés, même si celui-ci appartient à un **groupe** (Cass. soc. 13-1-2010 n° 08-15.776 FS-PB : RJS 3/10 n° 247 ; CE 22-7-2015 n° 383481 : RJS 10/15 n° 632). En cas d'**employeurs conjoints**, l'obligation pèse sur l'ensemble de ces employeurs (Cass. soc. 22-6-2011 n° 09-69.021 F-D : RJS 10/11 n° 742).

CE QUE LE PSE DOIT PRÉVOIR

90242 À peine de nullité de la procédure, le PSE doit comporter des mesures de nature à **éviter les licenciements** ou à en **limiter le nombre** (C. trav. art. L 1233-61 et L 1233-62).

ATTENTION

L'employeur qui élabore un PSE doit respecter ses obligations en matière de **prévention des risques** pour assurer la **santé** et la **sécurité des travailleurs**. Il doit identifier et évaluer les conséquences de la réorganisation de l'entreprise sur la santé et la sécurité physique et mentale des travailleurs. En présence d'un risque, il arrête des mesures précises et concrètes de prévention et de protection (T. confl. 8-6-2020 n° C4189 : RJS 8-9/20 n° 415 ; CE 21-3-2023 n° 450012 : RJS 5/23 n° 250), y compris en cas de cessation d'activité de l'entreprise (CE 21-3-2023 n° 460660 : RJS 5/23 n° 250). Ces éléments sont adressés au CSE, avec la convocation à la première réunion (n° 90325) ou, à défaut, à sa demande. Sur le juge compétent en cas de contentieux, voir n°s 90710 s.

90245 **Mesures de reclassement** Pour éviter les licenciements ou en limiter le nombre, l'employeur doit notamment procéder à une recherche sérieuse des postes disponibles, quelle que soit la durée des contrats susceptibles d'être proposés (CE 22-7-2021 n° 434362 : RJS 11/21 n° 605), pour un reclassement des intéressés dans l'**entreprise**, ou, si elle appartient à un **groupe**, parmi les entreprises du groupe, situées en France (C. trav. art. L 1233-62, 1°), et dont les activités, l'organisation ou le lieu d'exploitation leur permettent d'effectuer la permutation de tout ou partie du personnel (C. trav. art. L 1233-4 ; Cass. soc. 17-5-1995 n° 94-10.535 P : RJS 6/95 n° 632 ; 13-7-2010 n° 09-43.028 F-D : RJS 10/10 n° 740), peu important qu'elles appartiennent, ou non, au même **secteur d'activité** (Cass. soc. 13-12-2011 n° 10-21.745 F-D : RJS 2/12 n° 151). Le plan de reclassement peut être actualisé en fonction des postes qui se libèrent en cours de procédure (Cass. soc. 14-2-2007 n° 05-45.887 FS-PB : RJS 5/07 n° 578). L'employeur n'est donc pas tenu d'attendre que toutes les entreprises du groupe, interrogées sur les possibilités de reclassement, aient répondu avant de soumettre le plan à l'administration (CE 1-6-2022 n° 434225 : RJS 8-9/22 n° 442).
Les mesures de reclassement doivent être **concrètes et précises**. En particulier doivent être mentionnés le **nombre**, la **nature** et la **localisation** des postes de reclassement (CE 22-7-2015 n° 383481 : RJS 10/15 n° 632 ; 7-9-2016 n° 394243 : RJS 12/16 n° 772 ; 22-7-2021 n° 434362 : RJS 11/21 n° 605).
Ces postes doivent être de même **catégorie** que ceux occupés ou équivalents, mais des postes de catégorie inférieure peuvent – et même doivent – être proposés, sous réserve de l'accord exprès des intéressés (C. trav. art. L 1233-62, 1°).
Le PSE doit aussi assurer aux intéressés une **priorité** par rapport aux candidats extérieurs (Cass. soc. 12-7-2010 n° 09-15.182 FS-PB : RJS 10/10 n° 739 ; 28-3-2012 n° 11-30.034 FS-PB : RJS 6/12 n° 535) et fixer, lorsqu'une **période d'adaptation** au nouveau poste est prévue, les conditions dans lesquelles les salariés peuvent, en cas d'échec, bénéficier des autres dispositions du plan (Cass. soc. 23-3-2011 n° 09-71.599 F-D : RJS 6/11 n° 510).
S'agissant de l'obligation pour l'employeur de respecter les **obligations conventionnelles** en matière de reclassement qui s'imposent à lui au stade de l'élaboration du PSE, ainsi que du contrôle du Dreets sur le sujet, voir n° 90507.

ATTENTION

Un plan de reclassement interne doit être intégré au PSE même lorsque le projet de réduction des effectifs repose exclusivement sur le **volontariat**, dès lors qu'il implique la suppression de l'emploi de salariés qui ne veulent ou ne peuvent quitter l'entreprise dans le cadre du plan de départs volontaires (Cass. soc. 25-1-2012 n° 10-23.516 FS-PBRI : RJS 4/12 ; 9-10-2012 n° 11-23.142 FS-PB : RJS 12/12 n° 928). Sur la question de savoir si un plan de départ volontaire « autonome », excluant tout licenciement, est possible en dehors du dispositif de rupture conventionnelle collective, voir n° 52900.

Le PSE doit également intégrer un **plan de reclassement** visant à faciliter le reclassement sur le territoire national des salariés dont le licenciement ne pourrait être évité, notamment celui des salariés âgés ou présentant des caractéristiques sociales ou de qualification rendant leur réinsertion professionnelle particulièrement difficile (C. trav. art. L 1233-61). 90250

Le PSE peut également comporter des mesures telles que (C. trav. art. L 1233-62, 1° bis à 6°) : des actions favorisant la **reprise de tout ou partie des activités** en vue d'éviter la fermeture d'un ou de plusieurs établissements, des créations d'activités nouvelles par l'entreprise, des actions de soutien à la **réactivation du bassin d'emploi**, des actions de **soutien à la création d'activités** nouvelles ou à la reprise d'activités existantes, des actions de **formation**, de validation des acquis de l'expérience ou de reconversion de nature à faciliter le reclassement interne ou externe des salariés sur des emplois équivalents, des mesures de réduction ou d'aménagement du **temps de travail**, de réduction du volume d'heures supplémentaires réalisées de manière régulière si ce volume montre que l'organisation du travail est établie sur la base d'une durée collective du travail manifestement supérieure à 35 heures hebdomadaires ou 1 600 heures par an et que sa réduction pourrait préserver tout ou partie des emplois dont la suppression est envisagée.

Les **moyens limités de l'entreprise** peuvent justifier un PSE se bornant à la mise en œuvre de dispositifs légaux ou financés par des fonds publics (CE 13-4-2018 n° 404090 : RJS 7/18 n° 482).

Sur la fixation par le PSE des conditions de mise en œuvre du **congé de reclassement** dans les établissements ou entreprises d'au moins 1 000 salariés ou appartenant à un groupe d'au moins 1 000 salariés, voir n° 90035.

> **Précisions a.** Constitue une mesure valable de reclassement celle visant à **dispenser d'activité** les salariés pendant une certaine période, avec maintien du salaire, pour leur permettre de rechercher un nouvel emploi, dès lors que l'employeur poursuit sa recherche de reclassement (Cass. soc. 14-2-2007 n° 05-45.887 FS-PB : RJS 5/07 n° 578).
b. Lorsque le plan prévoit des **reclassements dans d'autres entreprises**, l'employeur doit informer loyalement les salariés des éventuels **risques** présentés par les emplois proposés (par exemple, situation gravement compromise de l'entreprise d'accueil : Cass. soc. 6-6-2007 n° 06-41.001 FS-D : RJS 8-9/07 n° 936).

Procédure de suivi de la mise en œuvre du PSE Le PSE détermine les modalités de suivi de la mise en œuvre effective des mesures du **plan de reclassement** (C. trav. art. L 1233-63). Pour le **Conseil d'État**, l'omission, dans un accord collectif fixant le PSE, de stipulations relatives à ces modalités fait obstacle à sa validation par l'autorité administrative, mais les dispositions légales n'imposent pas qu'un tel accord fixe des modalités particulières d'information et de consultation des représentants du personnel sur le suivi du plan (CE 7-2-2018 n° 403989 : RJS 4/18 n° 261). Ainsi, d'après l'**administration**, les PSE peuvent, sans préjudice de cette consultation (n° 90270), déterminer des modalités de suivi spécifique, par exemple au travers de la mise en place d'une instance composée de l'ensemble des acteurs concernés se réunissant à périodicité régulière et dans le cadre de laquelle un bilan définitif de l'exécution du plan pourra être dressé (Circ. DGEFP/DRT/DSS 1 du 5-5-2002 : BOMT 2002/11). 90257

CE QUE LE PSE PEUT AUSSI PRÉVOIR

Peuvent aussi figurer dans le PSE : 90260

– la mise en place de **structures spécifiques** (antenne-emploi, cellule de reclassement, etc.) destinées à informer et aider les salariés dans leur démarche de recherche d'emploi (Circ. CAB 1 du 29-1-1993 : JO 13-2 et Circ. CDE 20 du 7-6-1994) ;

– des **aides au départ** volontaire ou anticipé ou au **retour au pays d'origine** ;

– des mesures de **préretraite**.

Attention toutefois. En l'absence de plan de reclassement valable, de telles mesures ne suffisent pas : les aides au départ et les mesures de préretraite ne constituent pas des mesures de reclassement (Circ. CAB 1 du 29-1-1993 et Lettre min. 11-7-1997 ; Cass. soc. 13-2-1997 n° 95-16.648 PBR : RJS 3/97 n° 268 ; 11-10-2006 n° 04-47.950 F-PB : RJS 12/06 n° 1277).

> **Précisions a.** L'employeur doit respecter le principe d'égalité de traitement dans l'élaboration du PSE. Un PSE ne peut contenir des **mesures réservées à certains salariés** qu'à une double condition (Cass. soc. 10-7-2001 n° 99-40.987 FS-PBRI : RJS 11/01 n° 1279 ; 12-7-2010 n° 09-15.182 FS-PB : RJS 10/10 n° 739 ; 9-7-2015 n° 14-16.009 FS-PB : RJS 10/15 n° 627) :
> – tous les salariés de l'entreprise placés dans une situation identique au regard de l'avantage en cause doivent pouvoir bénéficier de cet avantage, à moins qu'une différence de traitement ne soit justifiée par des raisons objectives et pertinentes ;
> – les règles en déterminant les conditions d'attribution doivent être préalablement définies et contrôlables.
> Le principe d'égalité de traitement ne s'applique pas entre PSE successifs au sein de la même entreprise et portant sur des licenciements collectifs distincts. Les salariés bénéficiant d'un premier plan ne peuvent donc pas revendiquer l'application de mesures plus favorables contenues dans un plan ultérieur (Cass. soc. 29-6-2017 n°s 15-21.008 PBRI et 16-12.007 PBRI : RJS 10/17 n° 672).
> **b.** Le PSE n'a pas à contenir la **liste des salariés licenciés** (Cass. soc. 7-10-1998 n° 96-40.424 P : RJS 11/98 n° 1356).

MISE EN ŒUVRE DU PSE

90265 L'employeur doit **appliquer le PSE** après son adoption, c'est-à-dire à l'issue des consultations du CSE (Cass. soc. 23-3-1994 n° 92-43.728 D), aucune **rupture de contrat** de travail ne pouvant toutefois intervenir avant la décision de l'administration validant l'accord collectif ou/et homologuant le document de l'employeur.

Dans tous les cas, les salariés ont le droit de **refuser** les mesures du plan proposées (Cass. soc. 29-1-2003 n° 00-46.322 FS-PBRI : RJS 4/03 n° 436).

ATTENTION

L'employeur peut mettre en œuvre une **réorganisation** alors que le **PSE** qui l'accompagne n'a **pas** encore été **homologué**, dès lors que le CSE a été saisi en temps utile du projet de restructuration et de compression des effectifs (Cass. soc. 23-3-2022 n° 20-15.370 FS-B : RJS 6/22 n° 293 ; CE 15-11-2022 n° 444480 : RJS 2/23 n° 76). Sur la possibilité qu'il a de proposer des mesures de **reclassement interne** avant l'achèvement de la consultation du CSE, voir n° 90310.

SUIVI ET BILAN DU PSE

90270 Le suivi de la mise en œuvre effective des mesures contenues dans le PSE fait l'objet d'une **consultation régulière et détaillée** du CSE, dont l'avis est transmis au Dreets (C. trav. art. L 1233-63).

Selon nous, dans les **entreprises à structure complexe**, l'employeur doit fournir l'information sur l'exécution du plan au CSE central et à chacun des comités d'établissement concernés dans le cadre de leurs prérogatives respectives, comme c'était le cas pour le comité d'entreprise (Circ. 46 du 1-10-1989).

À la fin de la mise en œuvre des contrats de sécurisation professionnelle ou des congés de reclassement et dans le délai d'un mois, l'employeur doit établir un **bilan** de la mise en œuvre du PSE, dont le contenu est fixé par arrêté (Arrêté ETSD1407910A du 3-4-2014), et l'adresser au **Dreets** (C. trav. art. L 1233-63 et D 1233-14-4).

> **Précisions a.** La loi n'a pas précisé la **périodicité de la consultation** régulière et détaillée du CSE. Si la loi lui donne un droit de regard sur les conditions de mise en œuvre du PSE après que les licenciements ont été effectués, elle ne l'a doté d'aucun **moyen d'action** particulier s'il s'aperçoit à cette occasion que le PSE est resté lettre morte.
> **b.** Sur la question de savoir si l'**accord collectif fixant le PSE** doit prévoir des modalités particulières d'information et de consultation du CSE, voir n° 90257.
> **c.** Le **bilan** de la mise en œuvre du PSE est adressé à l'administration par voie dématérialisée dans les conditions visées n° 90495.

c. Consultation du CSE

90300 Dans les entreprises ou établissements employant habituellement au moins 50 salariés, l'employeur qui envisage de procéder à un licenciement d'au moins 10 salariés sur 30 jours doit informer et consulter le CSE (C. trav. art. L 1233-28 et L 1233-30), sous peine de **sanctions** civiles et pénales (n°s 90800 s.).

NIVEAU DE CONSULTATION

Dans les entreprises dotées d'un **CSE central**, l'employeur doit consulter le comité central et le ou les **comités d'établissement** intéressés lorsque les mesures envisagées excèdent le pouvoir du ou des chefs d'établissement ou portent sur plusieurs établissements simultanément (C. trav. art. L 1233-36, al. 1). 90305

Sur l'incidence de la consultation du CSE central sur le **Dreets compétent** pour homologuer le PSE, voir n° 90475.

> **Précisions** La **vacance d'un siège** ne faisant pas obstacle au fonctionnement du comité central, la circonstance que le collège des cadres n'y était pas représenté au cours de la procédure consultative n'est pas de nature à entacher celle-ci d'irrégularité (CAA Versailles 22-2-2017 n° 16VE03398 : RJS 7/17 n° 479).

OBJET ET ORGANISATION DE LA CONSULTATION

Le CSE (le cas échéant, le comité central et/ou les comités d'établissement) doit être consulté sur (C. trav. art. L 1233-30) : 90310

– l'opération projetée et ses modalités d'application, c'est-à-dire sur le **projet de restructuration** et de compression des effectifs (n° 52405) ;

– le projet de **licenciement** collectif : nombre de suppressions d'emploi, catégories professionnelles concernées, critères d'ordre et calendrier prévisionnel des licenciements, mesures sociales d'accompagnement prévues par le PSE et, le cas échéant, conséquences des licenciements projetés en matière de santé, de sécurité ou de conditions de travail.

Lorsqu'un **accord collectif**, total ou partiel, a été conclu, le CSE n'est pas consulté sur les points ayant fait l'objet de celui-ci (C. trav. art. L 1233-30 ; CE 7-12-2015 n° 383856 : RJS 2/16 n° 119). Il ne l'est pas non plus sur le projet d'accord (C. trav. art. L 2312-14, al. 2).

Le cas échéant, l'employeur consulte le CSE sur la possibilité de proposer des **reclassements internes** avant la fin de la procédure de consultation : un avis favorable est requis (C. trav. art. L 1233-45-1).

> **Précisions a.** La régularité de la consultation du comité sur un projet de licenciement économique n'est pas subordonnée au respect préalable par l'employeur de l'obligation d'engager une **négociation sur la gestion prévisionnelle des emplois et des compétences** (n°s 52500 s.) (Cass. soc. 30-9-2009 n° 07-20.525 FS-PBR : RJS 12/09 n° 915). Jugé toutefois qu'en cas de réorganisation nécessaire de l'entreprise, mais non urgente, la mise en œuvre d'un accord de GPEC (devenu GEPP – gestion des emplois et des parcours professionnels) est un préalable obligatoire lorsque cet accord subordonne l'application de la procédure de licenciement à la défaillance de la GPEC (TGI Nanterre 5-9-2006 n° 06-01923 : RJS 1/07 n° 37).
> **b.** En **augmentant** significativement, à la fin de la procédure d'information et de consultation, le **nombre de licenciements** présenté au comité pour sa 1e réunion, l'employeur prive les membres du comité de la possibilité de rendre un avis en toute connaissance de cause. La procédure consultative est donc irrégulière et la décision d'homologation du Dreets doit être annulée (TA Paris 30-12-2014 n° 1421402/3-2 : RJS 3/15 n° 180).
> **c.** L'employeur transmet au CSE des éléments relatifs à l'identification et à l'évaluation des **conséquences** de la réorganisation de l'entreprise sur la **santé** ou la **sécurité des travailleurs**, ainsi que, en présence de telles conséquences, les actions arrêtées pour les prévenir et en protéger les travailleurs (CE 21-3-2023 n°s 460660 et 450012 : RJS 5/23 n° 250).

Les consultations sur l'opération projetée et sur l'opération de licenciement peuvent être **concomitantes ou successives** (Inst. DGEFP/DGT 13 du 19-7-2013). 90312

En cas de consultations **concomitantes**, les 2 procédures ne font pas l'objet de réunions séparées, mais la convocation du comité à la réunion doit mentionner 2 points à l'ordre du jour : information et consultation du comité sur le projet de compression d'effectifs, d'abord, information et consultation du comité sur le projet de licenciement collectif pour motif économique, ensuite ; en outre doivent y être jointes 2 séries de documents distinctes se rapportant à chacun des objets de l'ordre du jour (Cass. soc. 9-2-2000 n° 98-12.143 P : RJS 3/00 n° 269).

L'employeur peut **choisir** librement entre les 2 formules, sauf stipulation conventionnelle – par exemple, d'un accord de méthode – ou engagement de sa part en faveur de l'une d'entre elles (CA Paris 7-3-2007 n° 06-17502).

RÉUNIONS

90315 **Nombre de réunions et délais** Le CSE tient au moins **2 réunions, séparées** d'au moins 15 jours (C. trav. art. L 1233-30).
Il rend ses 2 **avis** dans un délai qui, sauf stipulation conventionnelle différente, ne peut pas être supérieur, à compter de la date de sa 1e réunion au cours de laquelle il est consulté sur l'opération projetée et le projet de licenciement collectif, à :
– 2 mois si le nombre des licenciements est inférieur à 100 ;
– 3 mois si le nombre des licenciements est au moins égal à 100 et inférieur à 250 ;
– 4 mois si le nombre des licenciements est au moins égal à 250.
En l'**absence d'avis** du comité dans ces délais, celui-ci est réputé avoir été consulté (C. trav. art. L 1233-30).
Lorsque le projet de licenciement justifie la consultation du **comité central** et d'**un ou de plusieurs comités d'établissement**, ces derniers tiennent leurs réunions après celles du comité central, ce double niveau de consultation n'allongeant pas les délais maximaux ci-dessus (C. trav. art. L 1233-36). Cette disposition exclut à notre sens la possibilité de tenir des **réunions communes** au comité central et aux comités d'établissement.
S'agissant des conséquences, sur la validité de la procédure d'information-consultation du CSE, de la méconnaissance des règles relatives à l'**assistance de l'employeur** lors des réunions, voir n° 90725.

> **Précisions** Lorsque la demande de validation d'un accord ou d'homologation d'un document unilatéral fixant le contenu du PSE est accompagnée des avis rendus par le CSE, la circonstance que celui-ci ait rendu ses **avis au-delà des délais prévus** est par elle-même sans incidence sur la régularité de la procédure d'information et de consultation du comité (CE 22-5-2019 n° 420780 : RJS 7/19 n° 425 ; 16-4-2021 n° 426287 : RJS 7/21 n° 388).

90320 **Ordre du jour, convocation et documents à remettre au CSE** Lorsque le CSE est consulté sur un projet de licenciement collectif pour motif économique, l'**ordre du jour** doit le mentionner expressément (ANI du 10-2-1969 modifié art. 10-II).
Le projet de licenciement collectif étant une question sur laquelle le comité est obligatoirement consulté, l'employeur peut l'inscrire d'office à l'ordre du jour (n° 1770).
La loi ne fixe aucun **délai minimum** entre la convocation et la réunion. Toutefois, le comité doit disposer d'un délai suffisant pour examiner les documents qui lui sont communiqués (nos 3690 s.). Tel n'est pas le cas, notamment, lorsque le PSE lui est remis le jour même de la réunion (TGI Chaumont 6-10-1994 n° 94-1210 : RJS 3/95 n° 220). Par ailleurs, l'employeur doit respecter un délai pour communiquer l'ordre du jour qui est généralement transmis avec la convocation (n° 1780).

90325 Avec la convocation à la 1e réunion, l'employeur adresse aux représentants du personnel, outre le **PSE**, tous **renseignements** utiles sur le projet de licenciement collectif, notamment (C. trav. art. L 1233-31) :
– la ou les raisons économiques, financières ou techniques du projet de licenciement ;
– le nombre de licenciements envisagé ou, plus exactement, le nombre de salariés concernés par la mesure de compression des effectifs ;
– les catégories professionnelles concernées et les critères proposés pour l'ordre des licenciements (nos 89920 s.) ;
– le nombre de salariés, permanents ou non, employés dans l'entreprise ou l'établissement ;
– le calendrier prévisionnel des licenciements ;
– les mesures de nature économique envisagées ;
– le cas échéant, les conséquences de la réorganisation en matière de santé, de sécurité ou de conditions de travail (n° 90242).

> **Précisions a.** Certaines **conventions collectives** édictent des prescriptions qui viennent s'ajouter aux exigences légales. Leur méconnaissance rend la procédure irrégulière (Cass. soc. 12-11-2008 n° 07-43.242 F-D : RJS 1/09 n° 26).
> **b.** La mention des **catégories professionnelles** concernées doit permettre de vérifier l'adaptation et donc l'efficacité des mesures de reclassement proposées. Cette condition est satisfaite lorsque l'employeur précise le nombre total des emplois supprimés, avec leur répartition par service et par catégories professionnelles, (par exemple 137 employés, 26 agents de maîtrise et 54 cadres : Cass. soc. 11-3-2003 n° 01-45.467 FS-PB : RJS 5/03 n° 590). Elle ne l'est pas s'il se borne à indiquer au comité que le licenciement collectif envisagé concerne 88 postes d'employés, 33 postes de cadres et 74 « autres », sans précision (Cass. soc. 13-2-1997 n° 95-16.648 PBR : RJS 3/97 n° 268).

c. Lorsque le motif invoqué par l'employeur à l'appui de son projet de licenciement est la **nécessité de sauvegarder la compétitivité** d'un secteur d'activité du groupe auquel appartient l'entreprise, les informations adressées au comité doivent porter sur la situation économique de ce secteur d'activité et sur les raisons ayant conduit l'employeur à le choisir, mais pas sur la situation économique d'un autre secteur (CE 22-7-2015 n° 385816 : RJS 10/15 n° 630).

d. Sur l'obligation, dans les établissements appartenant à une entreprise ou à un groupe d'au moins **1 000 salariés** ou dans les entreprises appartenant à un groupe d'au moins **1 000 salariés**, de consulter le comité sur la mise en œuvre du **congé de reclassement**, voir n° 90035.

AVIS DU COMITÉ

L'employeur doit mettre à l'étude, dans le délai imparti au CSE pour rendre ses avis, les **suggestions** relatives aux mesures sociales envisagées et les propositions alternatives au projet de restructuration formulées par cette instance et doit leur donner une réponse motivée (C. trav. art. L 1233-33). 90330

Cette **réponse** peut être orale dès lors qu'il résulte des procès-verbaux des réunions du comité que la mesure suggérée par lui – en l'espèce, une mesure d'activité partielle – a été mise à l'étude et chiffrée par la direction qui a émis un refus motivé (Cass. soc. 2-3-1999 n° 97-15.625 D : RJS 4/99 n° 497).

Les **procès-verbaux** des réunions doivent comporter les avis, suggestions et propositions des représentants du personnel (C. trav. art. L 1233-48, al. 2). Sur leurs délais d'établissement et de transmission, voir n°s 1930 s.

RECOURS À UNE EXPERTISE

Décision du comité et modalités de l'expertise Dans les entreprises d'au moins 50 salariés, lorsque le projet de licenciement concerne au moins 10 salariés dans une même période de 30 jours, le CSE peut, le cas échéant sur proposition des commissions constituées en son sein, décider, lors de la 1e réunion, de recourir à une expertise pouvant porter sur les **domaines** économique et comptable ainsi que sur la santé, la sécurité ou les effets potentiels du projet sur les conditions de travail (C. trav. art. L 1233-34). 90335

Dans les **entreprises à établissements multiples**, lorsque le projet de licenciement justifie la consultation du comité social et économique central et d'un ou de plusieurs comités sociaux et économiques d'établissement, la désignation de l'expert est, en principe, effectuée par le CSE central (C. trav. art. L 1233-36, al. 2). Toutefois, lorsque le CSE central ne l'a pas fait, un comité d'établissement concerné par le projet de licenciement peut demander la désignation d'un tel expert (Cass. soc. 25-1-1995 n° 92-13.546 P : RJS 3/95 n° 221), sauf si le comité central a, par un vote régulier, expressément écarté un tel recours (CA Lyon 12-12-1996 n° 98-8168 : RJS 1/97 n° 26).

Sur les **modalités et conditions** de l'expertise, voir n°s 2000 s., et, plus particulièrement sur la prise en charge des **frais** d'expertise, voir n° 2070.

> **Précisions a.** L'expert ne peut accéder à des **documents détenus par des tiers à l'entreprise** que sur décision de justice (CA Versailles 17-10-1990 n° 90-6736 : RJS 12/90 n° 991). S'il lui appartient d'apprécier les documents qu'il estime utiles pour l'exercice de sa mission, il ne peut pas exiger la production de **documents inexistants** et dont l'établissement n'est **pas obligatoire** pour l'entreprise (CAA Versailles 22-2-2017 n° 16VE03398 : RJS 7/17 n° 479).

b. Si la **procédure** de consultation est **reprise après avoir été annulée**, le comité peut désigner à nouveau un expert-comptable pour l'assister, le rapport établi dans le cadre de la procédure précédente n'étant pas susceptible de l'éclairer (Cass. soc. 8-7-1997 n° 95-13.177 PBF : RJS 10/97 n° 1109).

Délais d'expertise La mission de l'expert est encadrée dans des délais. L'expert doit demander à l'employeur toutes les **informations** qu'il juge nécessaires à la réalisation de sa mission, au plus tard dans les 10 jours de sa désignation ; l'employeur doit lui répondre dans les 8 jours. L'expert peut demander, dans les 10 jours, des informations complémentaires à l'employeur, qui doit répondre dans les 8 jours (C. trav. art. L 1233-35). 90340

L'expert doit remettre son **rapport** au CSE et, le cas échéant, aux organisations syndicales, au plus tard 15 jours avant l'expiration du délai qui lui est imparti pour rendre son avis : n° 90315 (C. trav. art. L 1233-34). L'absence de remise ne peut pas entraîner de report de ce délai (C. trav. art. R 1233-3-1).

90345 **Missions de l'expert** L'intervention d'un **expert-comptable** en cas de licenciement économique :
– consiste principalement à analyser les **raisons et la pertinence de la mesure** envisagée, à en apprécier les **conséquences** financières, économiques et sociales (Guide d'application sur les missions des experts-comptables du CSE) ;
– fait partie intégrante de la procédure de concertation, dans la mesure où elle doit permettre au comité d'émettre un **avis** en toute connaissance de cause sur la mesure projetée (Circ. DRT 12 du 30-11-1984).
Il entre par **exemple** dans la **mission** de l'expert-comptable :
– d'inclure dans son rapport des développements sur le PSE, les mesures destinées à l'améliorer et son coût (CA Montpellier 17-9-1996 n° 94-2084) ;
– de faire porter son étude, notamment, sur l'état du marché sur lequel la société vend ses produits, cet examen étant manifestement nécessaire à l'appréciation de la situation de l'entreprise (TGI Paris 14-3-1984 : Dr. ouvrier septembre 1984 p. 348).
En revanche, l'expert-comptable n'a pas pour mission de procéder à la reconstitution de la comptabilité produite (CA Paris 16-12-1998 n° 98-18117 : RJS 4/99 n° 538).
L'intervention de l'expert-comptable est confortée par un **rapport** écrit (Guide d'application sur les missions des experts-comptables du CSE).

90350 **Contestation de l'expertise** Les contestations relatives à l'expertise doivent être **motivées** et **adressées** au Dreets territorialement compétent, avant transmission de la demande de validation de l'accord fixant le PSE ou d'homologation du document unilatéral de l'employeur, via le site https://ruptures-collectives.emploi.gouv.fr, ou par tout autre moyen permettant de conférer une date certaine en cas de dysfonctionnement de ce site (Arrêté MTRD1927861A du 21-10-2019). Elles sont le fait de l'**employeur**, s'agissant du choix de l'expert, de la nécessité, du coût prévisionnel, de l'étendue et de la durée de l'expertise, ou du **CSE**, lorsque le libre accès de l'expert dans l'entreprise n'est pas garanti ou que l'obligation pour l'employeur de fournir à l'expert les informations nécessaires à l'exercice de sa mission n'est pas respectée. L'administration se prononce dans un **délai** de 5 jours, une copie de sa décision devant être adressée aux autres parties (C. trav. art. L 1233-35-1 et R 1233-3-3). Sa décision peut être contestée dans les conditions visées nos 90710 s.

> **Précisions** La **demande** à ce qu'il soit enjoint à l'employeur de communiquer des **documents** à l'expert ne peut être adressée qu'au Dreets (CE 25-9-2019 n° 428510 : RJS 12/19 n° 693).
> Tout **litige relatif à la communication** par l'employeur de **pièces demandées par l'expert** relève non pas de la compétence du juge judiciaire (Cass. soc. 28-3-2018 n° 15-21.372 FS-PB : RJS 6/18 n° 413), mais de la seule compétence de la juridiction administrative et ne peut pas faire l'objet d'un litige distinct de celui relatif à la décision de validation ou d'homologation (CE 25-9-2019 n° 428510 : RJS 12/19 n° 693).

ADAPTATION DE LA PROCÉDURE DE CONSULTATION PAR ACCORD COLLECTIF

90355 **Négociation et conclusion** Un **accord dit « de méthode »**, négocié au **niveau** de l'entreprise, du groupe ou de la branche (C. trav. art. L 1233-21), selon les modalités de droit commun (nos 80150 s. : négociation d'entreprise ; nos 82620 s. : négociation de groupe) peut fixer des **modalités dérogatoires d'information et de consultation** du CSE, applicables lorsque l'employeur envisage de prononcer le licenciement économique d'au moins 10 salariés dans une même période de 30 jours.
La loi ne précisant pas le **moment** où l'accord doit être négocié, celui-ci peut l'être lorsque la procédure de licenciement est engagée ou en amont, à titre prévisionnel. Il peut être inclus dans un accord de gestion des emplois et des parcours professionnels (nos 52500 s.) (Circ. DGEFP 12 du 16-5-2006).
Toute action en **contestation** visant tout ou partie de l'accord de méthode doit être formée, à peine d'irrecevabilité, avant l'expiration d'un délai de 3 mois à compter de la date de son dépôt (C. trav. art. L 1233-24).

ATTENTION

La **loi de sécurisation de l'emploi du 14-6-2013** a maintenu la possibilité de conclure des accords de méthode mais en a réduit le contenu. En effet, depuis, ils ne peuvent plus porter sur des actions de mobilité, ni sur le PSE, qui fait l'objet, le cas échéant, de l'accord collectif visé plus haut. Les **accords** de méthode **conclus avant** cette loi restent en vigueur, sauf s'ils sont contraires aux dispositions qui en sont issues, auquel cas ce sont celles-ci qui s'appliquent. L'articulation des accords collectifs avec les accords de méthode existants soulève toutefois des incertitudes qui devront être tranchées par le juge.

Contenu L'accord de méthode **fixe** les conditions dans lesquelles le CSE (C. trav. art. L 1233-22) : 90360
– est réuni et informé de la situation économique et financière de l'entreprise ;
– peut formuler des propositions alternatives au projet économique à l'origine d'une restructuration et obtenir une réponse motivée de l'employeur à ses propositions.
Cet accord peut également fixer le cadre et les conditions dans lesquelles le comité peut recourir à une expertise (C. trav. art. L 1233-21 et L 1233-22).

L'accord de méthode ne peut **pas déroger** (C. trav. art. L 1233-23) : 90365
– aux règles générales d'information et de consultation du CSE : obligation de consultation préalable ; droit pour le comité de disposer d'informations précises et écrites et de la réponse motivée de l'employeur à ses observations ; accès à l'information utile détenue par les administrations publiques et les organismes agissant pour leur compte ;
– à la communication aux représentants du personnel des renseignements prévus aux articles L 1233-31 à L 1233-33 du Code du travail, c'est-à-dire aux informations devant être portées à la connaissance des représentants du personnel lorsqu'un licenciement collectif pour motif économique est envisagé (voir n° 90325) ;
– aux règles de consultation applicables en cas de redressement ou de liquidation judiciaire prévues à l'article L 1233-58 du même Code (voir n°s 91370 s.).

> **Précisions** Selon l'administration, l'accord de méthode ne peut pas non plus déroger aux dispositions du Code du travail relatives au licenciement économique et constituant des **garanties pour le salarié**, indépendamment de la procédure d'information et de consultation au sens strict : ordre des licenciements, priorité de réembauche, contenu du PSE (Circ. 47 du 30-12-2005 : BOMT 2006/2 du 28-2-2006).

d. Fermeture de site et recherche d'un repreneur

Les grandes entreprises envisageant la fermeture d'un établissement qui aurait pour conséquence un projet de licenciement collectif doivent rechercher un repreneur et en informer le comité social et économique, qui peut participer à cette recherche (C. trav. art. L 1233-57-9). 90380

> **Précisions a.** Pour l'application de ces dispositions est considérée comme un **établissement** toute entité économique assujettie à l'obligation de constituer un CSE d'établissement (C. trav. art. R 1233-15, al. 1), ou une entreprise assujettie à l'obligation de constituer un CSE (CAA Versailles 6-12-2022 n° 22VE02215 : RJS 2/23 n° 79).
> **b.** Constituent une **fermeture**, s'ils ont pour conséquence la mise en œuvre d'un PSE accompagnant un projet de licenciement économique au niveau de l'établissement ou de l'entreprise, la cessation complète d'activité d'un établissement, la fusion de plusieurs établissements en dehors de la zone d'emploi où ils étaient implantés ou le transfert d'un établissement en dehors de sa zone d'emploi (C. trav. art. R 1233-15, al. 2 et 3).

ENTREPRISES CONCERNÉES

Sont visées les entreprises tenues de proposer un **congé de reclassement** à leurs salariés menacés de licenciement économique : voir n° 90035 (C. trav. art. L 1233-57-9). 90385

INFORMATION PRÉALABLE

Lorsqu'il envisage la fermeture d'un établissement qui aurait pour conséquence un projet de licenciement collectif, l'employeur doit **réunir** et informer le **CSE**. La réunion doit se tenir au plus tard à l'ouverture de la procédure d'information-consultation du comité sur le projet de licenciement économique d'au moins 10 salariés sur 30 jours (n°s 90315 s.) (C. trav. art. L 1233-57-9). Le projet peut ainsi faire l'objet d'une réunion spécifique en amont de la procédure de consultation sur le licenciement ou bien se confondre avec la 1e réunion organisée dans ce cadre. 90390

L'employeur doit joindre à la convocation à la réunion tous **renseignements** utiles sur le projet de fermeture de l'établissement. Il doit indiquer notamment (C. trav. art. L 1233-57-10) : 90395
– les **raisons** économiques, financières ou techniques du projet de fermeture ;
– les **actions** qu'il envisage d'engager pour trouver un repreneur ;
– les possibilités pour les **salariés** de déposer une **offre de reprise**, les différents modèles de reprise possibles, notamment par les sociétés prévues par la loi 78-763 du 19 juillet 1978 portant statut des sociétés coopératives ouvrières de production ;
– le droit des représentants du personnel de recourir à un **expert**.
Dans les entreprises dotées d'un **comité central**, si les mesures envisagées excèdent le pouvoir des chefs d'établissement concernés ou portent sur plusieurs établissements, l'employeur réunit

et informe ce comité et les comités d'établissements, la réunion de ces derniers se tenant alors après celle du comité central (C. trav. art. L 1233-57-11). À notre sens, la consultation du comité central devrait être la règle et cette disposition exclut la possibilité de tenir des **réunions communes** au comité central et aux comités d'établissement.

> **Précisions** L'employeur doit aussi, par tout moyen permettant de lui conférer une date certaine, notifier sans délai au **Dreets** le projet de fermeture et lui adresser (C. trav. art. L 1233-57-12 ; R 1233-15-1) :
> – simultanément l'ensemble des informations communiquées au comité ;
> – le procès-verbal de sa réunion et tout renseignement concernant la convocation, l'ordre du jour et la tenue de celle-ci ;
> – le cas échéant, la notification du recours par le comité à l'assistance d'un expert et le rapport de celui-ci ;
> – le rapport de l'employeur au comité si aucune offre de reprise n'a été reçue ou retenue.
> Le **Dreets compétent** est déterminé selon les règles exposées n° 90475 (C. trav. art. R 1233-15-1). Le **maire de la commune** doit également être informé (C. trav. art. L 1233-57-13).

RECHERCHE D'UN REPRENEUR

90400 **Obligations de l'employeur** L'employeur doit **rechercher un repreneur**. Il est tenu (C. trav. art. L 1233-57-14) :
– d'**informer**, par tout moyen approprié, des repreneurs potentiels de son intention de céder l'établissement ;
– de réaliser sans délai, à leur intention, un **document** de présentation de l'établissement ;
– le cas échéant, d'engager la réalisation du **bilan environnemental** mentionné à l'article L 623-1 du Code de commerce, ce bilan devant établir un diagnostic précis des pollutions dues à l'activité de l'établissement et présenter les solutions de dépollution envisageables ainsi que leur coût ;
– de donner accès à toutes les **informations** nécessaires aux entreprises candidates, excepté celles dont la communication serait de nature à porter atteinte aux intérêts de l'entreprise ou mettrait en péril la poursuite de l'ensemble de son activité (les entreprises candidates sont tenues à une obligation de confidentialité) ;
– d'examiner les **offres** de reprise qu'il reçoit et de leur apporter une réponse motivée, dans les délais impartis au CSE pour rendre son avis sur le projet de licenciement.

90405 **Droits du comité** Le CSE est **informé** des offres de reprise formalisées au plus tard 8 jours après leur réception. Les informations communiquées à ce titre sont réputées confidentielles dans les conditions visées n°s 860 s. (C. trav. art. L 1233-57-15).
Le CSE peut émettre un **avis** dans les délais qui lui sont impartis pour se prononcer sur le projet de licenciement (C. trav. art. L 1233-57-15). Sur ces délais, voir n° 90315.
Il peut aussi **participer** à la recherche d'un repreneur et formuler des **propositions** (C. trav. art. L 1233-57-15). Dans ce cas, il a accès, à sa demande, aux informations visées n° 90400 (C. trav. art. L 1233-57-16).

90410 Le comité peut recourir à l'assistance d'un **expert** de son choix rémunéré par l'entreprise.
Cet expert a pour mission d'analyser le processus de recherche d'un repreneur, sa méthodologie et son champ, d'apprécier les informations mises à la disposition des repreneurs potentiels, d'étudier les offres de reprise et d'apporter son concours à la recherche d'un repreneur par le comité et à l'élaboration de projets de reprise.
Il doit remettre son rapport dans le délai imparti au comité pour se prononcer sur le projet de licenciement (n° 90315), l'administration étant informée sans délai du recours à l'expert (C. trav. art. L 1233-57-17).
Dans les entreprises avec **CSE central**, les comités d'établissement exercent les attributions du CSE, dans la limite des pouvoirs confiés aux chefs de ces établissements (C. trav. art. L 1233-57-18).

CLÔTURE DE LA PÉRIODE DE RECHERCHE

90415 **Deux cas** peuvent se présenter :
– l'employeur souhaite donner suite à une offre de reprise : il doit alors consulter le CSE ;
– il n'y a pas d'offre de reprise ou il y en a, mais l'employeur a décidé de ne pas y donner suite : il doit alors en informer le comité.

> **ATTENTION**
> L'employeur qui souhaite **donner suite** à une offre de reprise doit consulter le comité avant de prendre sa décision. En revanche, s'il souhaite **refuser** une offre, il ressort de l'article L 1233-57-20 du Code du travail, tel qu'il est rédigé, qu'il n'est pas tenu de demander l'avis du comité, mais seulement de l'informer a posteriori sur les motifs de son refus.

Si l'employeur souhaite donner **suite à une offre de reprise**, il doit consulter le **CSE** en indiquant les raisons de son acceptation, notamment au regard de la capacité de l'auteur de l'offre à garantir la pérennité de l'activité et de l'emploi de l'établissement. Lorsque la **procédure** est **aménagée pour favoriser un projet de transfert** d'une ou de plusieurs entités économiques, l'employeur consulte le comité sur l'offre de reprise dans le délai fixé par l'accord collectif fixant le PSE (n° 90175) (C. trav. art. L 1233-57-19). **90420**
Le comité émet un **avis** dans le délai visé n°s 3690 s. (C. trav. art. L 1233-57-19).

> **Précisions** Lorsque le PSE comporte, en vue d'éviter la fermeture d'un ou de plusieurs établissements, le transfert d'une ou de plusieurs entités économiques nécessaires à la sauvegarde d'une partie des emplois et lorsque l'entreprise souhaite accepter une offre de reprise, les **contrats de travail** ne sont **transférés** que dans la **limite** du nombre d'emplois qui n'ont pas été supprimés à la suite des licenciements, à la date d'effet de ce transfert (C. trav. art. L 1233-61, al. 3).

Avant l'expiration des délais impartis au comité social et économique pour se prononcer (n° 90315), à **défaut d'offre** de reprise ou si l'employeur n'en a **retenu aucune**, il doit réunir le comité et lui présenter un rapport, communiqué à l'autorité administrative (C. trav. art. L 1233-57-20). **90425**
Ce **rapport** indique (C. trav. art. L 1233-57-20) :
– les actions engagées pour rechercher un repreneur ;
– les offres de reprise qui ont été reçues ainsi que leurs caractéristiques ;
– les motifs ayant conduit l'employeur, le cas échéant, à refuser la cession de l'établissement.

CONTRÔLE ET SANCTIONS

Refus de validation ou d'homologation du PSE Le Dreets ne peut valider l'accord collectif ou homologuer le document unilatéral de l'employeur sur le PSE et la procédure qu'après s'être assuré que l'employeur a respecté ses obligations en matière de recherche d'un repreneur (C. trav. art. L 1233-57-2 et L 1233-57-3). **90430**
En d'autres termes, la méconnaissance par l'employeur des obligations analysées ci-dessus peut être sanctionnée par un refus de validation ou d'homologation du PSE ou de la procédure de licenciement. Sur le **juge compétent** en cas de litige, voir n° 90710.

Remboursement des aides pécuniaires versées à l'entreprise Le préfet du département dans lequel l'établissement a son siège peut aussi demander le remboursement des aides pécuniaires en matière d'**installation**, de **développement économique**, de **recherche** ou d'**emploi** attribuées à l'entreprise par une personne publique. **90435**
Il n'est **pas tenu** de réclamer le remboursement, mais prend sa décision, après avoir recueilli les observations de l'entreprise (C. trav. art. L 1233-57-21 et R 1233-15-2) :
– eu égard à la capacité de l'employeur à éviter les licenciements ou à en limiter le nombre par la cession de l'établissement ;
– et au vu du rapport de l'expert ayant assisté le CSE et du rapport établi par l'employeur en cas d'absence d'offre de reprise ou de refus de donner suite aux offres qui lui ont été présentées.
Il notifie sa décision à l'entreprise dans le délai d'un mois maximum à compter de la décision de validation ou d'homologation du PSE. Une copie est adressée aux personnes publiques chargées du recouvrement (C. trav. art. R 1233-15-2).

> **Précisions** Il ressort des débats parlementaires que les exonérations de **cotisations sociales** dont l'employeur a bénéficié ne sont pas visées par cette disposition. En outre ne sont visées que les aides versées au titre de l'**établissement** concerné par le projet de fermeture au cours des **2 années précédant** la réunion visée n° 90390 (C. trav. art. L 1233-57-21).

e. Contrôle de l'administration

L'intégralité du contrôle de la procédure d'information et de consultation du CSE et du contenu du plan de sauvegarde de l'emploi incombe à l'autorité administrative, plus précisément au Dreets, notamment au moyen de la procédure de validation de l'accord collectif et/ou d'homologation du document unilatéral de l'employeur sur ces deux sujets. Le Dreets exerce ses pouvoirs sous le contrôle du juge administratif. **90470**

DREETS COMPÉTENT

90475 Si le projet porte sur **un seul établissement** ou **plusieurs**, mais relevant du **même Dreets**, le Dreets compétent est celui dont relèvent cet ou ces établissements, y compris lorsque l'ampleur du projet justifie la consultation du CSE central (n° 90020) (CE 13-12-2022 n° 454491 : RJS 3/23 n° 137). Si des établissements relevant de **Dreets différents** sont concernés, le Dreets compétent est celui dans le ressort duquel se situe (C. trav. art. R 1233-3-4 et R 1233-3-5) :
– le **siège** de l'entreprise ;
– le siège de l'entreprise principale en cas d'**unité économique et sociale** ;
– le siège de l'entreprise dominante en cas d'**accord de groupe** ;
– la succursale dont le nombre d'emplois concernés est le plus élevé en cas d'entreprise internationale dont le siège est situé à l'**étranger**.
Le **Dreets compétent informe** l'employeur de sa compétence par tout moyen permettant de conférer une date certaine.
L'**employeur en informe**, sans délai et par tout moyen, le CSE ainsi que les organisations syndicales représentatives (C. trav. art. R 1233-3-5).

> **Précisions a.** Le Dreets compétent pour se prononcer sur une demande de validation ou d'homologation est celui dont relève l'**établissement** concerné par le projet de licenciement. L'établissement, au sens de ces dispositions, est une unité disposant d'une autonomie de gestion suffisante. Tel n'est pas le cas d'une simple **unité de production** encadrée par un responsable technique et ne disposant d'aucun service administratif, l'intégralité de la gestion des ressources humaines, administrative et financière étant réalisée au siège social de l'entreprise. La **décision d'homologation** prise par le Dreets dont relève cette unité de production, prise par une autorité territorialement incompétente, doit donc être **annulée** (CAA Nancy 2-7-2015 n° 15NC00787 : RJS 11/15 n° 705).
b. La **compétence du Dreets du siège** peut, par **exemple**, être confirmée en cas de projet concernant de façon comparable différents établissements, notamment le siège lui-même, ou de projet de type « diffus », c'est-à-dire touchant de nombreux sites avec peu de salariés concernés sur chacun d'eux ou de projet nécessitant de maintenir une vision de l'entreprise à structure complexe et de maîtriser le dossier dans sa globalité. Si, en revanche, le projet concerne un établissement particulier, le Dreets compétent pourra être celui dont il relève (Inst. DGEFP/DGT 13 du 19-7-2013).

INFORMATION DU DREETS PAR L'EMPLOYEUR

90480 S'il y a lieu, l'employeur **informe** sans délai le Dreets de l'ouverture d'une négociation en vue de la conclusion d'un accord collectif et au plus tard dans la notification visée ci-après (C. trav. art. L 1233-24-1). Dans tous les cas, au plus tôt le lendemain de la date prévue pour la 1e réunion visée n° 90315 et le plus tôt possible après celle-ci (Inst. DGEFP/DGT 13 du 19-7-2013), il lui **notifie** le projet de licenciement par voie dématérialisée via le site https://info.ruptures-collectives.emploi.gouv.fr/, ou par tout autre moyen permettant de conférer une date certaine en cas de dysfonctionnement de ce site (C. trav. art. L 1233-46 et D 1233-4 ; Arrêté MTRD1927861A du 21-10-2019).
L'employeur doit communiquer simultanément au Dreets, par cette même voie, l'ensemble des **informations adressées aux représentants du personnel** lors de leurs convocations aux réunions, ainsi que les **procès-verbaux** des réunions comportant les avis, suggestions et propositions de ces représentants (C. trav. art. L 1233-48 et D 1233-5 ; Arrêté MTRD1927861A du 21-10-2019).
Lorsque le CSE recourt à l'assistance d'un **expert**, l'employeur en informe le Dreets. Il lui transmet son rapport et les modifications éventuelles du projet de licenciement (C. trav. art. L 1233-50).

POUVOIRS DU DREETS EN COURS DE PROCÉDURE

90485 **Pouvoir d'injonction** Avant la transmission par l'employeur de sa demande de validation ou d'homologation, le **CSE** peut, en cas d'atteinte à l'exercice de sa mission, demander au Dreets, par tout moyen permettant de conférer une date certaine, d'enjoindre à l'employeur de fournir les éléments d'information sur la procédure ou de se conformer à une règle de procédure légale ou conventionnelle. Il en est de même des **organisations syndicales représentatives** de l'entreprise en cas de négociation d'un accord collectif sur le PSE. La demande doit être motivée et préciser les éléments demandés et leur pertinence (C. trav. art. L 1233-57-5 et D 1233-12).
Le **Dreets** se prononce après instruction dans les 5 jours de la réception de la demande. S'il y fait droit, il adresse une injonction à l'employeur par tout moyen permettant de lui conférer une date certaine (C. trav. art. L 1233-57-5 et D 1233-12).
La décision du Dreets n'est pas susceptible de recours administratif et ne peut faire l'objet d'un recours contentieux qu'en fin de procédure, dans les conditions indiquées nos 90710 s.

> **Précisions** Le **Dreets** doit faire parvenir **copie de son injonction** à l'auteur de la demande, au comité et, en cas de négociation d'un accord collectif, aux organisations syndicales (C. trav. art. D 1233-12). En revanche, l'**employeur** saisi par l'administration d'une demande d'injonction émanant d'un syndicat n'est pas tenu de transmette à ce syndicat ou aux représentants du personnel ses **observations** envoyées à l'administration (CE 7-12-2015 n° 383856 : RJS 2/16 n° 119).

Observations À tout moment en cours de procédure, le Dreets peut faire à l'employeur des observations ou des propositions sur le déroulement de la procédure ou le PSE. Il en envoie copie au CSE et, en cas de négociation d'un accord collectif sur le PSE, le cas échéant aux organisations syndicales représentatives dans l'entreprise (C. trav. art. L 1233-57-6, al. 1). 90490

L'**employeur** doit répondre et adresser **copie de sa réponse** au CSE et, en cas de négociation d'un accord collectif, le cas échéant aux organisations syndicales représentatives (C. trav. art. L 1233-57-6, al. 2).

> **Précisions** Le **respect des obligations** posées par l'article L 1233-57-6 du Code du travail doit être pris en compte dans l'**appréciation globale**, par l'administration chargée d'accorder son homologation, de la régularité de la **procédure consultative** (CE 7-12-2015 n° 381307 : RJS 2/16 n° 119 ; 23-3-2016 n° 389158 : RJS 6/16 n° 420). Il en résulte, par exemple :
> – que cette procédure est régulière si, bien que l'administration n'ait pas envoyé au comité copie de son courrier d'observations, l'employeur a communiqué ce courrier aux syndicats représentés au sein de l'entreprise, en même temps que la réponse qu'il y a apportée, et que les délégués syndicaux, destinataires du document, ont pris part aux réunions du comité dans des conditions permettant à ce dernier de tenir compte des éléments ainsi transmis (CE 23-3-2016 n° 389158 : RJS 6/16 n° 420) ;
> – à l'inverse, que la non-communication au comité de plusieurs documents transmis à l'administration en réponse à ses observations peut entraîner l'annulation d'une homologation, même si les principaux éléments de ce document ont été lus en séance (CE 7-12-2015 n° 381307 : RJS 2/16 n° 119).

VALIDATION DE L'ACCORD COLLECTIF

Demande de validation L'accord collectif est transmis au Dreets pour validation (C. trav. art. L 1233-57-1). Il est accompagné, pour homologation, du document unilatéral établi par l'employeur lorsque l'accord n'est que partiel (n° 90185). 90495

L'administration ne peut être régulièrement saisie d'une demande de validation ou d'homologation que si celle-ci est accompagnée des avis rendus par le **CSE** ou, en leur absence, si le comité est réputé avoir été **consulté** (CE 22-5-2019 n° 420780 : RJS 7/19 n° 425 ; 25-9-2019 n° 428510).

Lorsque le **dossier est complet**, le Dreets en informe, sans délai l'employeur, le CSE ainsi que les organisations syndicales représentatives (C. trav. art. D 1233-14-1). Cette information mentionne la date faisant courir le délai d'instruction de la demande (Inst. DGEFP/DGT 13 du 19-7-2013).

> **Précisions** La **demande** de validation (ou d'homologation) et l'**information** sur le caractère complet du dossier sont transmises par **voie dématérialisée** via le système d'information Rupco sur le site https://info.ruptures-collectives.emploi.gouv.fr/ ou, en cas de dysfonctionnement de ce site, par tout autre moyen permettant de conférer une date certaine (Arrêté MTRD1927861A du 21-10-2019).

Étendue du contrôle Le Dreets **apprécie globalement** le projet au regard des critères suivants (Inst. DGEFP/DGT 13 du 19-7-2013) : régularité et qualité du dialogue social ; proportionnalité des mesures sociales d'accompagnement à la taille de l'entreprise, à ses moyens (ou à ceux de l'unité économique et sociale ou du groupe auquel elle appartient), à la nature du projet ; prise en compte des efforts d'anticipation de l'entreprise ; réponses de l'employeur aux avis, observations, propositions et injonctions de l'administration ; avis du CSE. 90497

Après appréciation globale du projet, le Dreets **vérifie** que (C. trav. art. L 1233-57-2) : 90500
– l'**accord collectif** a été conclu aux conditions de majorité requises (CE 22-7-2015 n° 385668 : RJS 10/15 n° 631), que les **personnes l'ayant signé** avaient la qualité pour le faire (CE 12-6-2019 n° 420084 : RJS 10/19 n° 568) et que le syndicat signataire remplit bien les critères de représentativité, dont celui de **transparence financière** (CE 6-4-2022 n° 444460 : RJS 6/22 n° 291) : voir n° 90170, c ;
– le **contenu** de cet accord est conforme aux exigences légales et conventionnelles (nos 90175 s.) ;
– la procédure d'**information-consultation** du CSE a été régulière (nos 90300 s.), au regard des textes applicables ou, le cas échéant, de stipulations particulières fixées en application de cet accord ou d'un accord de méthode (CE 12-6-2019 n° 420084 : RJS 10/19 n° 568) ;

– le **PSE** contient les mesures obligatoires (n°s 90245 s.) ;
– l'employeur a respecté ses obligations en matière de prévention des risques et de **protection de la santé et de la sécurité** des salariés (n° 90242) ;
– le cas échéant, l'employeur a mis en œuvre ses obligations en matière de recherche d'un **repreneur** (n°s 90380 s.).

> **Précisions a.** Sur la possibilité pour le **conseil d'entreprise** de signer un PSE, voir n° 90170.
b. Lorsque le **mandat des représentants du personnel** consultés a été prorogé, le Dreets doit-il vérifier la validité de cette prorogation ? Le Conseil d'État n'a pas apporté de réponse générale à cette question. Mais il l'a exclu dans le cas particulier d'une prorogation par un accord collectif conclu dans l'attente de la mise en place du CSE, sous réserve que le juge judiciaire précédemment saisi n'ait pas déjà conclu à son irrégularité (CE 19-7-2022 n° 436401 : RJS 10/22 n° 511).
c. S'agissant du **contenu du PSE**, l'administration doit seulement s'assurer de la présence dans le plan des mesures prévues aux articles L 1233-61 et L 1233-63 du Code du travail, relatifs respectivement au plan de reclassement et aux modalités de sa mise en œuvre (CE 7-12-2015 n° 383856 : RJS 2/16 n° 119, 1e esp.).
d. En l'**absence d'avis du CSE**, l'administration ne peut valider le PSE que si le comité a été à même de rendre ses avis en connaissance de cause dans des conditions qui ne sont pas susceptibles d'avoir faussé sa consultation et que le délai à l'issue duquel il est réputé avoir été consulté est échu à la date de cette transmission de la demande de validation (CE 22-5-2019 n° 420780 : RJS 7/19 n° 425).
e. La circonstance que, pour déterminer les **catégories professionnelles** concernées par le licenciement, l'accord collectif se fonde sur des considérations étrangères à celles permettant de regrouper les salariés par fonctions de même nature supposant une formation professionnelle commune (n° 89945) ou ait pour but de permettre le licenciement de salariés affectés sur un emploi ou dans un service dont la suppression est recherchée ne peut pas, par elle-même, faire obstacle à la validation de cet accord. Il n'en va autrement que si les stipulations déterminant les catégories sont entachées de nullité, par exemple si elles revêtent un caractère discriminatoire (CE 7-2-2018 n° 403989 : RJS 4/18 n° 261, 2e esp.).
f. Dès lors que l'opération projetée n'entre pas dans le champ d'application des dispositions du Code du travail relatives à l'obligation de **recherche d'un repreneur**, le Dreets n'a pas à vérifier les conditions dans lesquelles l'employeur a volontairement entrepris une telle recherche (CAA Nantes 28-3-2019 n° 19NT00048 : RJS 10/19 n° 569).
g. Sur le contrôle par le Dreets de la conformité du PSE aux dispositions législatives et conventionnelles régissant les suppressions d'emploi dans le cadre d'un **accord de rupture conventionnelle collective**, voir n° 52900, a.

90502 **Décision du Dreets** Le Dreets **notifie** sa décision, qui doit être motivée, dans un **délai** de 15 jours à compter de la réception du dossier complet, à l'employeur, au CSE et aux organisations syndicales représentatives signataires de l'accord. Le silence gardé par le Dreets pendant ce délai vaut validation. L'**employeur** doit alors transmettre **copie de sa demande** et de l'accusé de réception au CSE et aux organisations syndicales signataires (C. trav. art. L 1233-57-4 et D 1233-14-1).
L'employeur doit porter à la **connaissance des salariés**, par affichage sur les lieux de travail ou par tout autre moyen permettant de conférer une date certaine à cette information, la décision de validation – à défaut, la copie de la demande avec l'accusé de réception – ainsi que les voies et délais de recours (C. trav. art. L 1233-57-4). S'agissant des effets de la méconnaissance de cette obligation sur les délais de recours contre la décision du Dreets, voir n° 90720.

> **Précisions a.** Si les décisions de validation ou d'homologation doivent **énoncer** les **éléments de droit et de fait** qui en constituent le **fondement**, de sorte que les personnes auxquelles elles sont notifiées puissent à leur lecture en connaître les motifs, l'administration n'a pas à prendre explicitement parti sur le **respect de chacune des règles** dont elle doit assurer le contrôle, ni à retracer dans la motivation de sa décision les étapes de la **procédure** préalable à son édiction. Ainsi, une décision mentionnant les différentes réunions du comité central, les observations adressées par l'administration lors de la procédure consultative et le caractère régulier de celle-ci au vu des éléments transmis par l'employeur à ce comité central est suffisamment motivée et n'a pas à mentionner spécifiquement l'**injonction** adressée par l'administration à l'employeur ou la réponse de l'employeur à cette injonction (CE 22-7-2015 n° 385816 : RJS 10/15 n° 630).
b. Au-delà de sa motivation et des délais et voies de recours, la **décision** de validation de l'accord (ou d'homologation du document de l'employeur) doit également **mentionner** l'obligation pour l'employeur de transmettre au Dreets le bilan d'exécution du PSE dans le

mois suivant la fin de la mise en œuvre du contrat de sécurisation professionnelle (CSP) ou du congé de reclassement (Inst. DGEFP/DGT 13 du 19-7-2013).

c. En cas de **refus de validation ou d'homologation** d'un PSE, l'employeur ne doit **consulter le CSE** sur les éléments introduits dans le nouveau document soumis à l'administration que si ceux-ci auraient dû, s'ils avaient figuré dans le document initial, faire l'objet d'une consultation (CE 12-6-2019 n° 420084 : RJS 10/19 n° 568).

HOMOLOGATION DU DOCUMENT UNILATÉRAL DE L'EMPLOYEUR

Demande d'homologation En l'absence d'accord collectif ou en cas d'accord partiel 90505
(n° 90185), le document unilatéral établi par l'employeur est transmis au Dreets pour homologation (C. trav. art. L 1233-57-1), après **consultation** régulière du **CSE** (voir n° 90495).
Lorsque le **dossier est complet**, le Dreets en informe, sans délai et par tout moyen permettant de donner date certaine, l'employeur et le CSE (C. trav. art. D 1233-14-1). Cette information mentionne la date faisant courir le délai d'instruction de la demande (Inst. DGEFP/DGT 13 du 19-7-2013).

Étendue du contrôle Après avoir procédé à une **appréciation globale du projet** comme 90507
indiqué n° 90497, le Dreets vérifie (C. trav. art. L 1233-57-3) :
– la conformité du **document** aux dispositions législatives et aux **stipulations conventionnelles** relatives aux éléments mentionnés n° 90185 ; ainsi, si un accord collectif prévoit des obligations en matière de reclassement externe s'imposant à l'employeur au stade de l'élaboration du PSE, l'administration, à laquelle il appartient alors d'interpréter les stipulations conventionnelles, doit s'assurer que ce plan est conforme à ces stipulations (CE 13-4-2018 n° 404090 : RJS 7/18 n° 482) ;
– la régularité de la procédure d'**information-consultation du CSE** ;
– que l'employeur a prévu le recours au **contrat de sécurisation professionnelle** ou la mise en place du **congé de reclassement** ;
– le cas échéant, que l'employeur a mis en œuvre ses obligations en matière de recherche d'un **repreneur** ;
– que l'employeur a respecté ses obligations en matière de prévention des risques et de **protection de la santé et de la sécurité** des salariés (n° 90242) ;
– le respect par le **PSE** des exigences décrites nos 90245 s.
Le PSE est examiné en fonction des **critères** suivants (C. trav. art. L 1233-57-3) :
– moyens de l'entreprise, de l'unité économique et sociale et du groupe ;
– mesures d'accompagnement prévues au regard de l'importance du projet de licenciement (situation et, en particulier, employabilité des salariés au regard du marché du travail et situation du ou des territoires où les licenciements seront mis en œuvre) ;
– efforts de formation et d'adaptation de l'employeur dans le cadre de son obligation de reclassement et du plan de développement des compétences. À ce titre, le Dreets vérifie que l'employeur assure l'adaptation du salarié au poste de travail, prévoit des mesures au profit de ceux âgés d'au moins 45 ans et des actions de formation au développement des compétences ainsi qu'à la lutte contre l'illettrisme ; les exigences du Dreets seront plus fortes si l'entreprise n'a pas mis en œuvre de formations depuis longtemps (Inst. DGEFP/DGT 13 du 19-7-2013).

> **Précisions** **a.** Le Dreets doit s'assurer que l'employeur a adressé au **CSE**, avec la convocation à sa 1e réunion, ainsi que, le cas échéant, en réponse à des demandes exprimées par le comité, tous les **éléments utiles** pour qu'il formule en connaissance de cause ses 2 avis, l'un sur l'opération projetée et ses modalités d'application, l'autre sur le projet de licenciement collectif et le PSE. Si ce n'est pas le cas, il doit refuser son homologation (CE 22-7-2015 n° 385816 : RJS 10/15 n° 630 ; 22-5-2019 n° 420780 : RJS 7/19 n° 425). De même, lorsque l'assistance d'un **expert** a été demandée, l'administration doit s'assurer que celui-ci a pu exercer sa mission dans des conditions permettant au CSE de formuler ses avis en toute connaissance de cause (CE 21-10-2015 n° 382633 : RJS 1/16 n° 21 ; 16-4-2021 n° 426287 : RJS 7/21 n° 388). Tel n'est pas le cas, par exemple, lorsque, compte tenu du bref délai séparant la communication par l'employeur d'un document relatif aux impacts en matière de santé, de sécurité et conditions de travail du projet et les réunions du CSE, ce dernier n'a pas pu bénéficier de l'assistance d'un expert pour examiner la teneur des mesures prévues (CAA Versailles 9-3-2022 n° 21VE03335 : RJS 6/22 n° 290). L'absence de transmission par l'employeur d'un document demandé par le CSE ou par l'expert qu'il a désigné n'empêche pas nécessairement l'homologation du PSE, dès lors que le comité a formulé ses 2 avis en toute connaissance de cause dans des conditions qui ne sont pas susceptibles d'avoir faussé sa consultation (CE 21-7-2023 n° 435896 : RJS 11/23 n° 579). 90508
> **b.** Lorsqu'elle est saisie d'une demande d'homologation, l'administration doit, au regard de l'importance du projet de licenciement, apprécier si les **mesures contenues dans le PSE** sont précises et concrètes et si, à

raison, pour chacune, de sa contribution aux objectifs de maintien dans l'emploi et de reclassement des salariés, elles sont, prises dans leur ensemble, propres à satisfaire à ces objectifs compte tenu, d'une part, des efforts de formation et d'adaptation déjà réalisés par l'employeur et, d'autre part, des moyens de l'entreprise et, le cas échéant, de l'UES et du groupe (CE 22-7-2015 n° 383481 : RJS 10/15 n° 632 ; 17-10-2016 n° 386306 : RJS 1/17 n° 21 ; 7-2-2018 n° 397900 : RJS 4/18 n° 260).

S'agissant du **reclassement** des salariés, le Dreets doit vérifier que l'employeur a recherché et identifié dans le plan les postes disponibles, mais n'a pas à contrôler les modalités de mise en œuvre des reclassements (CE 22-7-2021 n° 434362 : RJS 11/21 n° 605). Il ne lui appartient pas non plus au Dreets de contrôler le respect par l'employeur de son obligation de recherche préalable de reclassement individuel, même si le PSE comporte des garanties en la matière pour les salariés (CE 20-6-2022 n° 437767 : RJS 10/22 n° 512).

c. Les **moyens du groupe** s'entendent des moyens, notamment financiers, dont disposent l'ensemble des entreprises placées, comme le prévoit l'article L 2331-1, I du Code du travail, relatif à la constitution du comité de groupe, sous le contrôle d'une même entreprise dominante, ainsi que de ceux dont dispose cette entreprise dominante, quel que soit le lieu d'implantation du siège de ces entreprises (CE 7-2-2018 n° 397900 : RJS 4/18 n° 260 ; 21-7-2023 n° 435896 : RJS 11/23 n° 579). La pertinence des mesures prévues par le PSE est appréciée au regard de ces moyens, mais ils n'est pas exigé qu'elles y soient proportionnées (CE 13-12-2022 n° 454491 : RJS 3/23 n° 137).

d. Lorsque les **critères d'ordre des licenciements** figurent dans le document unilatéral, il appartient au Dreets, et au juge administratif en cas de contestation, de vérifier leur conformité et celle de leurs règles de pondération aux dispositions législatives et conventionnelles applicables (CE 1-2-2017 n° 387886 : RJS 4/17 n° 264 ; Cass. soc. 25-3-2020 n° 17-24.491 FS-D : RJS 6/20 n° 287 ; 20-4-2022 n° 20-20.567 FS-B : RJS 7/22 n° 372).

e. Lorsque le document unilatéral fixe les **catégories professionnelles** concernées par le licenciement, le Dreets doit vérifier que celles-ci sont correctement identifiées au regard des critères visés n° 89945 (CE 22-5-2019 n° 407401 et 407414 : RJS 7/19 n° 427 ; Cass. soc. 20-4-2022 n° 20-20.567 FS-B : RJS 7/22 n° 372). Il doit refuser l'homologation si tel n'est pas le cas, par exemple lorsque ces catégories ont été déterminées en fonction de l'organisation de l'entreprise ou de l'ancienneté des intéressés, ou ont été définies dans le but de permettre le licenciement de certains salariés pour un motif inhérent à leur personne ou en raison de leur affectation dans un service dont la suppression est recherchée (CE 7-2-2018 n° 407718 : RJS 4/18 n° 261, 1e esp.).

f. Le Dreets n'a pas à tenir compte de ce que d'autres sociétés du groupe pourraient être regardées comme **coemployeurs** des salariés, mais doit seulement s'assurer que l'entreprise est leur **véritable employeur** (CE 17-10-2016 n° 386306 : RJS 1/17 n° 21).

Il n'a pas non plus à se prononcer sur la régularité de la négociation ayant précédé l'établissement du document unilatéral malgré son échec à aboutir à un accord collectif (TA Rouen 24-12-2020 n° 2003814 : RJS 3/21 n° 145).

g. Sur le contrôle par le Dreets de la conformité du PSE aux dispositions législatives et conventionnelles régissant les suppressions d'emploi dans le cadre d'un **accord de rupture conventionnelle collective**, voir n° 52900, a.

90510 **Décision du Dreets** Le Dreets **notifie** sa décision, qui doit être **motivée**, dans un **délai** de 21 jours à compter de la réception du dossier complet, à l'employeur et au CSE. Le silence gardé par le Dreets pendant ce délai vaut homologation. L'employeur doit alors transmettre copie de sa demande et de l'accusé de réception au comité (C. trav. art. L 1233-57-4 et D 1233-14-1).

La décision d'homologation fait l'objet des mêmes formalités de **publicité** que la décision de validation : n° 90502.

En cas d'**accord collectif partiel** complété par un **document unilatéral**, et bien que le Dreets ait, aux termes de l'article D 1233-4 du Code du travail, 21 jours pour homologuer ce dernier, il instruira le dossier dans les 15 jours, afin de faire une analyse globale. Pour ce faire, il s'assurera, dès réception de l'accord, qu'il a bien reçu le document unilatéral. Une seule décision sera prise, portant à la fois sur la validation de l'accord et l'homologation du document (Inst. DGEFP/DGT 13 du 19-7-2013).

> **Précisions a.** Il appartient à l'administration de **faire apparaître dans sa décision** les éléments essentiels de son examen. Doivent ainsi y figurer ceux relatifs à la régularité de la procédure d'information et de consultation des représentants du personnel, ceux tenant au caractère suffisant des mesures contenues dans le PSE au regard des moyens de l'entreprise et, le cas échéant, de l'UES ou du groupe ainsi que, à ce titre,

ceux relatifs à la recherche, par l'employeur, des postes de reclassement. En outre, il appartient, le cas échéant, à l'administration d'indiquer tout élément sur lequel elle aurait été, en raison des circonstances propres à l'espèce, spécifiquement amenée à porter une appréciation (CE 1-2-2017 n° 391744 : RJS 4/17 n° 265 ; 12-5-2017 n° 391649 : RJS 8-9/17 n° 576 ; 21-3-2023 n° 453029 : RJS 7/23 n° 374). Doit être annulée la décision d'homologation ne mentionnant ni le caractère suffisant des mesures contenues dans le PSE au regard des moyens du groupe ni, le cas échéant, les raisons pour lesquelles l'examen du plan n'a pas à être effectué par l'administration (CE 12-5-2017 n° 391649 : RJS 8-9/17 n° 576).

Sur les éléments devant être mentionnés dans la décision du Dreets, voir également n° 90502, a et b.

b. S'agissant de la **consultation du CSE en cas d'établissement d'un nouveau document** après un refus d'homologation par l'administration, voir n° 90502, c.

F. Contentieux

En cas de licenciement pour motif économique, le comité social et économique ainsi que les organisations syndicales peuvent contester en justice la régularité de la **procédure consultative** ainsi que le contenu des **mesures sociales**. **90560**

En outre, les organisations syndicales, et elles seules, peuvent agir en justice à la place du salarié sans justifier d'un mandat de sa part : c'est l'**action** dite « **de substitution** ».

Sur l'assistance du salarié par un **défenseur syndical** devant le **conseil de prud'hommes**, voir n° 12580.

Enfin, la méconnaissance par l'employeur des attributions consultatives des représentants du personnel l'expose à des **sanctions pénales**.

1. QUALITÉ POUR AGIR

a. Comité social et économique

Les procédures de licenciement collectif pour motif économique intéressant par définition la collectivité des salariés dans son ensemble et donnant lieu à la consultation du comité social et économique, cette instance est habilitée à agir en justice en cas d'irrégularité. **90590**

Pour un exposé complet des **modalités** d'exercice de cette action en justice, voir n°s 1220 s.

Sur les règles particulières aux licenciements avec PSE, voir n° 90715.

b. Syndicats

RÈGLES GÉNÉRALES

En matière de licenciement économique comme dans les autres domaines, les organisations syndicales peuvent exercer, devant toutes les juridictions, les droits réservés à la partie civile concernant les faits portant un préjudice direct ou indirect à l'intérêt collectif de la profession qu'ils représentent. **90620**

Pour un exposé complet des modalités d'exercice de cette action en justice, voir n°s 12320 s.

Par **exemple**, l'action de syndicats présents dans l'établissement pour faire **imposer** la mise en œuvre d'un **plan de sauvegarde de l'emploi** est recevable dès lors qu'il concerne l'intérêt collectif de l'établissement. Il en est ainsi en cas de projet de transfert d'activité et de personnel de l'établissement vers d'autres établissements de l'entreprise, peu important que le projet relève de la direction générale de la société et soit soumis à son comité central et à d'autres comités d'établissements (Cass. soc. 21-1-2004 n° 02-12.712 FS-PB : RJS 3/04 n° 301). En outre, ne peut pas être rejetée l'intervention volontaire d'un syndicat alors que sa demande, jointe à celles des salariés, tendait à la défense de l'emploi des salariés concernés par la **cessation d'activité** et la **fermeture de l'entreprise** (Cass. soc. 6-4-2022 n° 20-19.305 F-D : RJS 6/22 n° 289).

> **Précisions** Un syndicat n'est **pas recevable** :
> – à demander l'annulation de **ruptures conventionnelles homologuées** conclues pour motif économique, puisqu'il n'y est pas partie, une telle action ne pouvant être exercée que par les salariés concernés (Cass. soc. 9-3-2011 n° 10-11.581 FS-PBRI : RJS 5/11 n° 408) ;
> – à demander que le manquement de l'employeur à son **obligation de reclassement individuel** soit sanctionné par une indemnisation séparée, en complément des demandes formées par le salarié au titre de son propre préjudice (Cass. soc. 18-11-2009 n° 08-44.175 FS-PB : RJS 2/10 n° 197).

ACTION DE SUBSTITUTION DES SYNDICATS

90625 En cas de licenciement économique, les organisations syndicales représentatives peuvent exercer en justice en faveur d'un **salarié**, sans avoir à justifier d'un **mandat** de sa part, toutes actions qui résultent des dispositions légales ou conventionnelles régissant ce type de licenciement (C. trav. art. L 1235-8).

90630 **Information et droit d'opposition du salarié** Les organisations syndicales doivent avertir l'intéressé par **lettre recommandée avec avis de réception** (C. trav. art. L 1235-8 et D 1235-18, al. 1).
Cette lettre doit indiquer la **nature** et l'**objet** de l'action envisagée et mentionner (C. trav. art. D 1235-19) :
– que l'action est **conduite** par l'organisation syndicale qui pourra exercer elle-même les voies de recours contre le jugement ;
– que le salarié peut, à tout moment, **intervenir** dans l'instance engagée par l'organisation syndicale ou **mettre un terme** à cette action ;
– que le salarié peut faire connaître à l'organisation syndicale son **opposition** à l'action envisagée dans un délai de 15 jours à compter de la date de réception.
La mention de la **juridiction saisie** n'est en revanche pas nécessaire (CA Versailles 26-6-1996 n° 95-20670 : RJS 12/96 n° 1253).

90635 Le salarié ne doit **pas s'être opposé** à l'action du syndicat dans un délai de 15 jours à compter de la date à laquelle l'organisation syndicale lui a notifié son intention (C. trav. art. L 1235-8 et D 1235-18, al. 2).
La date à retenir comme point de départ du délai de 15 jours est celle de la signature de l'accusé de réception de la lettre recommandée (Circ. DRT 12 du 4-10-1989).
Passé ce délai, l'acceptation tacite de l'intéressé est réputée acquise (C. trav. art. D 1235-20).
Dès lors que le salarié ne s'est pas opposé à l'action du syndicat, l'organisation syndicale doit **avertir l'employeur** de son intention d'agir en justice par lettre recommandée avec avis de réception (C. trav. art. L 1235-8 et D 1235-18, al. 2 ; Circ. DRT 12 du 4-10-1989).

90640 **Action du syndicat** L'action du syndicat n'est **recevable** que si elle indique avec précision le nom des personnes pour lesquelles elle agit et les éléments nécessaires à la détermination de leurs droits individuels, cette obligation se justifiant par la nécessité de vérifier que les salariés ont été avertis de l'exercice de l'action par le syndicat et de pouvoir prononcer une condamnation au profit de chacun d'entre eux (Circ. DRT 12 du 4-10-1989).
Le syndicat n'est pas tenu de joindre à l'acte de saisine la copie des lettres d'information adressées aux salariés et des accusés de réception (CA Versailles 26-6-1996 n° 95-20670 : RJS 12/96 n° 1253).

90645 **Déroulement de l'instance** Le salarié peut toujours intervenir à l'instance engagée par le syndicat (C. trav. art. L 1235-8, al. 4).
C'est l'**organisation syndicale** qui est partie à l'instance. Les actes de procédure sont établis à son nom ; c'est elle qui prend les décisions relatives à la conduite de l'instance et qui en supporte les frais. Mais le **salarié** peut, à tout moment, intervenir à l'instance soit pour y mettre un terme, comme le précise la décision du Conseil constitutionnel 89-257 DC du 25 juillet 1989, soit pour la poursuivre si l'organisation syndicale n'entend plus le faire. Quelles que soient les circonstances, le bénéfice de l'action appartient au salarié (Circ. DRT 12 du 4-10-1989).

2. DÉLAIS ET VOIES DE RECOURS

a. Règles générales

90680 Toute contestation portant sur le licenciement économique se prescrit par **12 mois** à compter de la date de la dernière réunion du CSE (C. trav. art. L 1235-7).
Le **tribunal compétent** est le tribunal judiciaire.

b. Règles particulières aux licenciements avec PSE

JURIDICTION COMPÉTENTE ET ATTRIBUTIONS

90710 **Juge administratif** Les litiges relatifs aux **décisions de validation** d'un accord collectif ou **d'homologation** d'un document unilatéral de l'employeur sur le PSE et la procédure sont de la compétence du juge administratif, à l'exclusion de tout autre recours administratif ou contentieux (C. trav. art. L 1235-7-1, al. 2).

En outre ne peuvent faire l'objet d'un **litige distinct** de celui relatif à la décision de validation ou d'homologation ni l'accord collectif ou le document élaboré par l'employeur, ni le contenu du PSE, ni les décisions prises par l'administration au titre de son pouvoir d'injonction, ni la régularité de la procédure de licenciement collectif (C. trav. art. L 1235-7-1, al. 1). En d'autres termes, tous les contentieux portant sur ces sujets sont désormais **regroupés en fin de procédure**.
Notamment, le juge judiciaire n'est pas compétent pour connaître d'une demande de représentants du personnel tendant à obtenir la **suspension** sous astreinte de la fermeture d'un établissement et de la mise en œuvre d'un projet de **restructuration** avant la fin de la procédure consultative au motif qu'ils auraient été irrégulièrement consultés (Cass. soc. 30-9-2020 n° 19-13.714 FS-PBRI : RJS 12/20 n° 588), ni d'une demande de suspension d'un **PSE** et de ses mesures d'application (CA Versailles 12-7-2018 n° 18/04069 : RJS 10/18 n° 602).

> **Précisions a.** Les règles du **référé administratif** sont applicables.
> **b.** Le **tribunal administratif compétent** est celui dont relève l'établissement de rattachement des salariés concernés par le projet de licenciement s'il est identifié dans l'accord collectif ou le document de l'employeur. En cas de **pluralité d'établissements**, cette règle s'applique si ceux-ci sont situés dans le ressort du même tribunal. Dans les autres cas, le tribunal compétent est celui dans le ressort duquel est situé le siège de l'entreprise (CE 24-1-2014 n° 374163 : RJS 4/14 n° 312).
> **c.** Les contentieux portant sur le respect par l'employeur de son **obligation de sécurité** lors de l'élaboration du PSE (T. confl. 8-6-2020 n° C4189 : RJS 8-9/20 n° 415 ; CE 21-3-2023 n°s 450012 et 460660 : RJS 5/23 n° 250) ou de son obligation de **recherche d'un repreneur** (Cass. soc. 16-1-2019 n° 17-20.969 FS-PB : RJS 4/19 n° 215 ; 29-9-2021 n° 19-23.248 FS-B : RJS 12/21 n° 651) relèvent de la compétence du juge administratif.
> **d.** Dans le cas d'un projet de licenciement motivé par la nécessité de sauvegarder la compétitivité du secteur d'activité du groupe auquel appartient l'entreprise, la circonstance que le **secteur d'activité** retenu par l'employeur ne serait pas de nature à établir le bien-fondé dudit projet ne peut pas être invoquée pour contester la légalité d'une décision d'homologation (CE 22-7-2015 n° 385816 : RJS 10/15 n° 630).

Juge judiciaire Les litiges portant sur les aspects du licenciement échappant au contrôle de l'administration relèvent, en revanche, de la compétence du juge judiciaire. Ainsi, celui-ci conserve les contentieux relatifs : **90712**
– au **motif** économique du licenciement (CE 22-7-2015 n° 385816 : RJS 10/15 n° 630 ; Cass. soc. 29-9-2021 n° 19-23.248 FS-B : RJS 12/21 n° 651) ;
– à l'**application** des **critères d'ordre** des licenciements (Cass. soc. 20-4-2022 n° 20-20.567 FS-B : RJS 7/22 n° 372) ;
– à l'**application** des mesures comprises dans un **PSE**, le juge étant tenu par la décision administrative ayant validé l'accord collectif ou homologué le document fixant ce plan, et par la décision du juge administratif saisi d'un recours (Cass. soc. 27-5-2021 n° 18-26.744 FS-P : RJS 8-9/21 n° 440) ;
– à l'**indemnisation des salariés** licenciés en cas d'**annulation par le juge administratif** d'une décision de validation ou d'homologation.

> **Précisions a.** Les salariés peuvent contester le bien-fondé du motif économique devant le **conseil de prud'hommes** après la **notification de leur licenciement**. Les représentants du personnel ne peuvent pas, avant cette notification, saisir le tribunal judiciaire d'une demande tendant à constater l'absence de cause économique et à enjoindre à l'employeur de mettre fin au projet de licenciement collectif (Cass. soc. 29-9-2021 n° 19-23.248 FS-B : RJS 12/21 n° 651).
> **b.** Le juge judiciaire est compétent pour traiter des conséquences de la mise en œuvre du PSE sur la **santé** et la **sécurité des salariés** (Cass. soc. 14-11-2019 n° 18-13.887 FS-PB : RJS 1/20 n° 17 ; T. confl. 8-6-2020 n° C4189 : RJS 8-9/20 n° 415).

QUALITÉ POUR AGIR

Sont recevables à contester les décisions de validation ou d'homologation du Dreets : **90715**
– les **salariés** justifiant d'un intérêt suffisant pour en demander l'annulation ; tel est le cas, par exemple, de ceux auxquels l'employeur a proposé une modification de leur contrat de travail susceptible d'entraîner, en cas de refus de leur part, leur licenciement pour motif économique (CE 22-7-2015 n° 385668 : RJS 10/15 n° 631) ;
– le **comité social et économique** ou le **CSE central**, cette recevabilité ayant été admise pour le comité d'entreprise, le comité central d'entreprise ou la délégation unique du personnel (TA Montreuil 20-12-2013 n° 1309825 : RJS 3/14 n° 207 ; TA Cergy-Pontoise 22-4-2014 n° 14-714 : RJS 7/14 n° 552 ; CAA Versailles 16-9-2014 n° 14VE01826 : RJS 12/14 n° 846 ; dans le même sens, communiqué du Conseil d'État du 22-7-2015) ;

– les **syndicats** présents dans l'entreprise, ainsi que les **unions de syndicats** justifiant, au regard des intérêts qu'elles ont pour objet de défendre, d'un intérêt leur donnant qualité pour agir (CE 22-7-2015 n° 383481 : RJS 10/15 n° 632). De même un syndicat agissant dans son périmètre géographique peut contester la validation d'un accord signé par une fédération dont il est membre, ces deux organisations constituant des personnes morales différentes (CAA Douai 26-9-2019 n° 19DA01528 : RJS 1/20 n° 18).

DÉLAI DE RECOURS

90720 Les recours contre les décisions de validation ou d'homologation (ou de refus de validation ou d'homologation) doivent être présentés dans un délai de 2 mois, à compter de la notification de la décision par l'administration pour l'employeur, les représentants élus du personnel ayant qualité à agir (n° 90715) et les organisations syndicales signataires de l'accord ou de la date à laquelle la décision a été portée à leur connaissance pour les salariés et les organisations syndicales non signataires (C. trav. art. L 1235-7-1, al. 3 et, en ce sens : CE 22-7-2015 n° 383481 : RJS 10/15 n° 632).

ATTENTION

À **défaut** d'une telle **notification** ou information ou d'**indication des voies et délais de recours** (n° 90502), ce délai de 2 mois ne court pas (CAA Lyon 15-3-2016 n° 15LY04094 : RJS 5/16 n° 334). Les salariés peuvent alors exercer un recours juridictionnel dans un délai raisonnable qui, sauf circonstances particulières, est d'un an à partir de la date à laquelle une décision expresse leur a été notifiée ou de la date à laquelle il est établi qu'ils en ont eu connaissance (CAA Douai 22-4-2021 n° 21DA00161 : RJS 8-9/21 n° 441).

DÉLAIS IMPARTIS AUX JUGES

90722 Le **tribunal administratif**, qui doit être saisi en premier ressort, a 3 mois pour se prononcer.
À défaut de décision dans ce délai ou en cas d'appel, le litige est porté devant la **cour administrative d'appel**. Elle a 3 mois pour se prononcer (C. trav. art. L 1235-7-1, al. 4).
Le délai de 3 mois imparti à la cour administrative d'appel compétemment saisie pour statuer court à compter de l'enregistrement de la requête au greffe de la cour, que cet enregistrement résulte soit d'un appel dirigé contre un jugement ayant statué sur une décision d'homologation ou de validation, soit d'une transmission d'un tel litige par une juridiction incompétente pour statuer, notamment si le tribunal administratif est dessaisi pour avoir dépassé le délai imparti (CE 29-6-2016 n° 389278 : RJS 10/16 n° 628).
À défaut de décision dans ce délai ou en cas de pourvoi en cassation, le litige est porté devant le **Conseil d'État** (C. trav. art. L 1235-7-1, al. 4). Aucun délai n'est imposé à ce dernier pour rendre son arrêt.

ANNULATION D'UNE DÉCISION DE VALIDATION OU D'HOMOLOGATION

90725 Les vices affectant les conditions de négociation d'un **accord collectif** sur le PSE ne sont susceptibles d'entraîner l'illégalité de la décision de validation du Dreets que s'ils sont de nature à entacher cet accord de nullité (CE 7-12-2015 n° 383856).
Les **irrégularités** entachant la **procédure de consultation** des représentants du personnel ne sont susceptibles d'entraîner l'annulation de la décision de validation ou d'homologation du Dreets que si elles ont eu pour effet d'empêcher ces représentants de rendre un avis en toute connaissance de cause. Par **exemple**, la circonstance que, lors des réunions d'information-consultation du comité, l'**employeur** a été **assisté** d'un collaborateur de plus que le nombre prévu par le Code du travail n'entache pas une décision de validation d'irrégularité s'il n'est pas établi que cette présence a pu exercer une influence sur les membres du comité (CE 7-12-2015 n° 383856 : RJS 2/16 n° 119, 1e esp.). Même solution, s'agissant d'une décision d'homologation, pour la présence de l'avocat de l'administrateur judiciaire lors des réunions d'information-consultation des représentants du personnel (CE 21-10-2015 n° 382633 : RJS 1/16 n° 21).
S'agissant du recours par le CSE à un **expert-comptable**, le refus par l'administrateur judiciaire de financer l'expertise doit, en principe, entraîner l'annulation de l'homologation du Dreets. Toutefois, par exception, un tel refus ne peut pas être regardé comme ayant empêché les représentants de formuler leur avis en toute connaissance de cause si le plan de cession et le nombre de licenciements ont déjà été arrêtés par le tribunal de commerce quand les représentants ont souhaité recourir à l'assistance de l'expert, si celui-ci, désigné aux frais du comité, a été associé à la procédure et s'il n'a pas été empêché d'exercer utilement sa mission et, en particulier, a disposé des documents nécessaires à cette fin (CE 21-10-2015 n° 382633 : RJS 1/16 n° 21).
Sur le point de savoir si le CSE doit être consulté sur les points ayant fait l'objet de l'**accord collectif**, voir n° 90310.

3. SANCTIONS

a. Sanctions civiles

RÈGLES GÉNÉRALES

En cas d'irrégularité de la procédure d'information-consultation du CSE, le juge accorde au sala- 90800
rié compris dans un licenciement collectif pour motif économique une **indemnité** à la charge de l'employeur calculée en fonction du **préjudice subi** (C. trav. art. L 1235-12 ; Cass. soc. 14-6-2017 n° 16-16.001 F-D : RJS 10/17 n° 665), sous réserve, pour les licenciements prononcés avant le 24 septembre 2017, que le salarié ait au moins 2 ans d'ancienneté et que l'entreprise occupe habituellement au moins 11 salariés (C. trav. art. L 1235-14 ancien).
Cette indemnité se **cumule** avec celle prévue en cas de licenciement sans cause réelle et sérieuse (C. trav. art. L 1235-3).

RÈGLES SPÉCIFIQUES AUX LICENCIEMENTS AVEC PSE

Le licenciement intervenu en l'**absence de décision de validation ou d'homologation** ou alors 90805
qu'une **décision négative** a été rendue est nul (C. trav. art. L 1235-10, al. 1).
En cas d'**annulation par le juge d'une décision** de validation ou d'homologation, les règles suivantes s'appliquent :
– si l'annulation intervient pour absence ou insuffisance du **PSE**, la procédure de licenciement est nulle (C. trav. art. L 1235-10, al. 2) ;
– si l'annulation intervient pour un **autre motif** que l'absence ou l'insuffisance de PSE, le salarié peut être réintégré dans l'entreprise avec maintien de ses avantages acquis, mais à condition que l'employeur soit d'accord ; à défaut, il a droit à une indemnité au moins égale aux salaires des 6 derniers mois, sans préjudice de l'indemnité de licenciement (C. trav. art. L 1235-16, al. 1 et 2) ; l'indemnité minimale de 6 mois de salaire ne se cumule pas avec l'indemnité pour licenciement sans cause réelle et sérieuse, car elle répare le même préjudice lié à la perte injustifiée de l'emploi (Cass. soc. 16-2-2022 n° 19-21.140 FS-B : RJS 5/22 n° 247) ;
– par exception à cette dernière règle, si l'annulation intervient pour **insuffisance de motivation**, l'autorité administrative prend une nouvelle décision suffisamment motivée, dans un délai de 15 jours à compter de la notification du jugement à l'administration ; cette décision est portée par l'employeur à la connaissance des salariés licenciés à la suite de la 1e décision de validation ou d'homologation, par tout moyen permettant de conférer une date certaine à l'information ; dès lors que l'autorité administrative a édicté cette nouvelle décision, l'annulation pour le seul motif d'insuffisance de motivation de la 1e décision est sans incidence sur la validité du licenciement et ne donne pas lieu au versement de l'indemnité mentionnée ci-dessus (C. trav. art. L 1235-16, al. 3 et 4).
Les entreprises en **redressement ou liquidation judiciaire** obéissent à des règles spécifiques : voir n° 91520.

ATTENTION

L'exercice par l'administration du pouvoir de validation ou d'homologation d'un PSE peut engager la **responsabilité de l'État** à l'égard de l'employeur en cas de **faute lourde** commise par le Dreets (CAA Lyon 20-10-2022 n° 21LY02836 ; Bordeaux 30-11-2022 n° 20BX03369 ; Versailles 25-5-2023 n° 20VE01947 : RJS 8-9/23 n° 438).

En cas d'annulation de la procédure pour licenciements intervenus en l'absence de décision de 90810
validation ou d'homologation ou malgré une décision négative ou en raison de l'absence ou de l'insuffisance du PSE, si le **salarié ne demande** pas sa réintégration ou si elle est devenue **impossible**, notamment du fait de la fermeture de l'établissement ou du site ou de l'absence d'emploi disponible, le juge doit lui octroyer une indemnité à la charge de l'employeur au moins égale aux salaires des 6 derniers mois (12 derniers mois pour les licenciements prononcés avant le 24-9-2017), s'il a au moins 2 ans d'ancienneté, et qui est égale à la réparation du préjudice subi dans le cas contraire (C. trav. art. L 1235-11 et L 1235-14).

> Précisions a. La **réintégration** du salarié doit se faire dans l'**emploi** précédemment occupé ou, à défaut, dans un emploi équivalent (Cass. soc. 30-4-2003 n° 00-44.811 FP-PBRI : RJS 7/03 n° 869), mais n'a pas à être recherchée dans les autres entreprises du groupe (Cass. soc. 15-2-2006 n° 04-43.282 FS-PBRI : RJS 4/06 n° 416 ; 9-7-2008 n° 07-41.845 F-PB : RJS 10/08 n° 980).
b. Le salarié a droit au versement des **salaires perdus** entre son licenciement et sa réintégration (Cass. soc. 25-1-2006 n° 03-47.517 F-P : RJS 4/06 n° 417), sous déduction des revenus de remplacement (allocations chômage notamment) et des rémunérations perçues pendant cette période (Cass. soc. 3-7-2003 n° 01-44.522 P : RJS 10/03 n° 1141 ; 26-4-2006 n° 04-42.681 F-D :

RJS 7/06 n° 828 ; 12-2-2008 n° 07-40.413 F-PB : RJS 4/08 n° 404), si l'employeur le demande (Cass. soc. 16-11-2011 n° 10-14.799 F-D : RJS 2/12 n° 137).

Sur le droit du salarié réintégré à des **congés payés** pour la période d'éviction, voir n° 47395.

Le salarié réintégré ne peut prétendre en sus à des **dommages-intérêts** que s'il justifie d'un préjudice supplémentaire et distinct (Cass. soc. 3-7-2003 n° 01-44.522 P : RJS 10/03 n° 1141). Ne constitue pas un préjudice distinct celui résultant de la privation des mesures du PSE (Cass. soc. 14-9-2017 n° 16-11.563 FS-PB : RJS 11/17 n° 733).

c. Si le salarié a été malade, l'**indemnisation** qui lui est due **à défaut de réintégration** doit être calculée en prenant en compte les 6 (ou 12) derniers mois exempts d'arrêts de travail pour maladie (Cass. soc. 26-6-2019 n° 18-17.120 FS-PB : RJS 10/19 n° 564).

d. Le salarié ayant **renoncé à la réintégration** parce que l'employeur s'y oppose a droit à une indemnité égale à la rémunération qu'il aurait perçue jusqu'à la renonciation (Cass. soc. 26-9-2007 n° 06-40.039 FS-PB : RJS 12/07 n° 1271).

e. Qu'il y ait ou non réintégration :

– le salarié doit restituer à l'employeur les **sommes perçues en exécution du PSE**, qui viennent en déduction de leur créance indemnitaire (Cass. soc. 19-1-2010 n° 08-43.449 F-D : RJS 4/10 n° 327 ; 28-3-2012 n° 11-30.034 FS-PB : RJS 6/12 n° 535) ;

– le juge doit ordonner le remboursement par l'employeur des **allocations de chômage** (C. trav. art. L 1235-4).

b. Sanctions pénales

90840 L'employeur qui ne respecte pas les obligations d'**information-consultation du CSE** mises à sa charge par le Code du travail en cas de licenciement pour motif économique peut être poursuivi pour **délit d'entrave**.

Il en est ainsi, notamment, en cas de non-consultation du CSE :

– sur le projet de restructuration et de compression des effectifs avant un licenciement collectif d'au moins 10 salariés dans une même période de 30 jours (n°s 52405 s.) ;

– sur le projet de licenciement collectif proprement dit ;

– sur les critères d'ordre des licenciements (n°s 89920 s.).

Sur la possibilité pour l'employeur de proposer des reclassements internes avant la fin de la consultation des représentants du personnel, voir n° 90310.

ILLUSTRATIONS

L'**annonce à la presse et au personnel** d'un projet de cession de la majorité des actions d'une société ou d'un projet de licenciement pour motif économique n'a pas pour effet de transformer ce projet en décision définitive (Cass. crim. 29-5-1990 n° 89-84.747 P : RJS 7/90 n° 593 ; 12-10-1993 n° 92-84.363 D : RJS 3/94 n° 237).

Ainsi, le fait qu'un tel projet ait été **étudié en son détail** et accompagné d'un plan de licenciement et d'un plan social **élaborés** avant l'information et la consultation des représentants du personnel n'implique pas que ceux-ci n'aient pas été valablement consultés, une telle consultation devant seulement précéder la décision effective. Le délit d'entrave n'est pas constitué dès lors qu'avant la prise de décision définitive de procéder à la cession, intervenue ultérieurement aux agissements dénoncés, le CE avait été effectivement informé et consulté dans les conditions prévues par la loi (Cass. crim. 29-5-1990 n° 89-84.747 P : RJS 7/90 n° 593).

De même n'est pas de nature à entraver le fonctionnement régulier du CE le fait que l'employeur ait informé, avant la fin de sa consultation sur un projet de réorganisation de l'entreprise, les **salariés concernés** de la suppression éventuelle de leur poste et de la possibilité d'une réaffectation (Cass. crim. 6-4-1993 n° 92-80.864 P : RJS 6/93 n° 627). Ces solutions sont, à notre sens, transposables, en présence d'un comité social et économique.

Commet le délit d'entrave l'employeur qui **négocie individuellement** avec les salariés concernés (Cass. crim. 11-5-1989 n° 87-81.710 P : RJS 7/89 n° 596) ou **arrête définitivement sa décision** de licencier avant de saisir les représentants du personnel.

90850 Le défaut de consultation des représentants du personnel sur les critères d'**ordre des licenciements** est puni de l'amende prévue pour les contraventions de la 4e classe (C. trav. art. R 1238-1) : n° 99200.

Est puni d'une **amende** de 3 750 € prononcée autant de fois qu'il y a de salariés concernés par l'infraction le fait de procéder au licenciement d'au moins 10 salariés sur 30 jours sans accomplir les consultations du CSE prévues aux articles suivants du Code du travail (C. trav. art. L 1238-2) : L 1233-29 (licenciement d'au moins 10 salariés sur 30 jours dans une entreprise de moins de 50 salariés : n° 90090), L 1233-30 (licenciement d'au moins 10 salariés sur 30 jours dans une entreprise d'au moins 50 salariés : n°s 90300 s.), L 1233-34 et L 1233-35 (recours à l'expertise : n°s 90335 s.).

ATTENTION
L'**accord des salariés** concernés par la mesure de suppression d'emplois ne peut pas exonérer l'employeur de sa responsabilité pénale (Cass. crim. 20-9-1994 n° 93-83.930 D : RJS 2/95 n° 117, 2e esp.).

V. PROCÉDURES COLLECTIVES

Au cours des différentes étapes des procédures collectives (conciliation, sauvegarde, redressement et liquidation judiciaires), les salariés se voient reconnaître un large droit d'expression au travers de leurs institutions représentatives. Celles-ci désignent en outre un représentant des salariés chargé, notamment, de vérifier le relevé des créances salariales. **90900**
Nombre des prérogatives reconnues aux représentants du personnel en la matière sont prévues par le Code de commerce.

> **Précisions** **a.** La **mise en œuvre** des procédures collectives préventives (conciliation et sauvegarde) sont de la seule initiative de l'employeur (le débiteur). Le redressement et la liquidation judiciaires peuvent être demandés par des tiers.
> **b.** S'agissant du droit pour le CSE de demander la nomination d'un **administrateur provisoire** et de son rôle en cas de désignation d'un **mandataire ad hoc hors procédure collective**, voir n° 89000.

A. Information-consultation du CSE

1. PROCÉDURE DE CONCILIATION

LA PROCÉDURE DE CONCILIATION, QU'EST-CE QUE C'EST ?

La procédure de conciliation est une procédure ouverte aux entreprises qui éprouvent une **difficulté** juridique, économique ou financière, avérée ou prévisible et ne se trouvent **pas** en situation de **cessation de paiements depuis plus de 45 jours** (C. com. art. L 611-4 et L 611-5). Son objectif est de parvenir à un **accord amiable avec les créanciers**, afin de permettre à l'entreprise de surmonter ses difficultés (C. com. art. L 611-7, al. 1). En pratique, il s'agit d'une procédure **facultative, alternative au redressement** judiciaire : le débiteur a en effet le choix, dans les 45 jours suivant la cessation de paiements, s'il estime pouvoir assurer la continuité de son entreprise, d'avoir recours soit à la conciliation, soit au redressement judiciaire ; par ailleurs, l'ouverture d'une procédure de redressement ou de liquidation judiciaire ne peut pas être demandée ou prononcée si une procédure de conciliation est en cours. **90950**

> **Précisions** La conciliation n'est pas, à proprement parler, une procédure collective : elle a en réalité la nature d'une négociation entre l'entreprise et ses créanciers. Elle conserve donc un **caractère confidentiel**. Toute personne appelée à la procédure de conciliation ou qui, par ses fonctions, en a connaissance, est tenue à la confidentialité (C. com. art. L 611-15). Cette règle s'applique aux **représentants du personnel** et vient renforcer l'obligation générale de confidentialité à laquelle ils sont soumis (nos 860 s.). Les mesures de conciliation adoptées ne font pas non plus l'objet de publicité, sauf exception (n° 90965).

OUVERTURE DE LA PROCÉDURE

L'**employeur** doit demander l'ouverture de la procédure en adressant une requête au **tribunal de commerce** (voir Mémento Procédure civile n° 50135). Il est seul habilité à faire cette démarche. La **requête** doit exposer la situation économique, financière, sociale et patrimoniale de l'entreprise, ses besoins de financement ainsi que, le cas échéant, les moyens d'y faire face (C. com. art. L 611-6, al. 1). Elle doit, s'il y a lieu, préciser la date de cessation des paiements. **90955**
Le débiteur n'a pas à **informer les représentants du personnel** de l'ouverture de la procédure de conciliation (C. com. art. L 611-6, al. 3).

DÉROULEMENT

S'il fait droit à la demande de l'employeur, le président du tribunal ouvre la procédure et désigne un **conciliateur**, dont la mission est de favoriser la conclusion d'un accord entre le chef d'entreprise et ses créanciers (C. com. art. L 611-6, al. 2 et L 611-7, al. 1). Le **chef d'entreprise** conserve l'intégralité de ses pouvoirs de gestion durant toute la procédure. Une fois celle-ci ouverte, le **président du tribunal** dispose de larges pouvoirs d'investigation. Il peut ainsi obtenir **90960**

communication de tout **renseignement** lui permettant d'apprécier la situation économique, financière, sociale et patrimoniale du débiteur et ses perspectives de règlement, entre autres par les membres et **représentants du personnel**. Il peut en outre faire appel à un expert pour établir un rapport sur la situation économique, sociale et financière de l'entreprise, mais ce rapport n'est communiqué qu'à l'employeur et au conciliateur, pas aux représentants du personnel (C. com. art. L 611-6, al. 5 et R 611-44).
L'ensemble de la procédure dure **4 mois**, éventuellement prorogés d'un mois (C. com. art. L 611-6, al. 2).

> **Précisions** Le conciliateur peut proposer toute mesure – y compris des **licenciements** – se rapportant à la sauvegarde de l'entreprise, à la poursuite de l'activité économique et au maintien de l'emploi (C. com. art. L 611-7, al. 1), mais ce sont alors les règles de licenciement économique de droit commun qui s'appliquent.

CONCLUSION D'UN ACCORD

90965 Si les parties parviennent à un accord, qui peut notamment prévoir des remises de dettes et des délais de paiement, des mesures de recapitalisation ou encore un aménagement des sûretés précédemment consenties, cet accord peut être **constaté** par le président du tribunal qui lui donne force exécutoire. Celui-ci statue au vu d'une déclaration certifiée du débiteur attestant qu'il ne se trouvait pas en cessation de paiements lors de la conclusion de l'accord ou que l'accord y met fin. La décision n'est pas soumise à publication ni susceptible de recours. Elle met fin à la procédure de conciliation (C. com. art. L 611-8, I).
L'accord peut aussi être **homologué**, à la demande de l'employeur. Pour cela, il faut que celui-ci atteste qu'il n'est pas en cessation de paiements lors de la conclusion de l'accord ou que l'accord y met fin, que les termes de l'accord sont de nature à assurer la pérennité de l'entreprise et qu'il ne porte pas atteinte aux intérêts des créanciers non signataires (C. com. art. L 611-8, II). Contrairement à la simple constatation, l'homologation rend publique l'existence de la procédure, car l'accord fait l'objet de mesures de **publicité** (C. com. art. L 611-10).
Le débiteur qui demande l'homologation de l'accord doit informer le **CSE** (C. com. art. L 611-8-1). Les **représentants du CSE** doivent être entendus ou dûment appelés avant l'homologation (C. com. art. L 611-9). Ils peuvent prendre connaissance de l'accord au greffe du tribunal (C. com. art. R 611-40).

> **Précisions** L'**ouverture** d'une procédure de **sauvegarde, redressement ou liquidation judiciaire** met fin de plein droit à l'accord de conciliation constaté ou homologué. Les créanciers recouvrent alors l'intégralité de leurs créances, déduction faite des sommes qu'ils ont déjà perçues (C. com. art. L 611-12).

90970 En cas d'**impossibilité** de parvenir à un **accord**, le conciliateur doit présenter sans délai un rapport au président du tribunal, qui met alors fin à sa mission de conciliateur et à la procédure de conciliation (C. com. art. L 611-7, al. 6).

2. PROCÉDURE DE SAUVEGARDE

QU'EST-CE QUE LA SAUVEGARDE ?

91000 La procédure de sauvegarde est destinée à faciliter la réorganisation de l'entreprise afin de permettre la poursuite de l'activité économique, le maintien de l'emploi et l'apurement du passif. Elle donne lieu à un plan de sauvegarde, arrêté par jugement à l'issue d'une période d'observation (C. com. art. L 620-1). Les représentants du personnel sont associés à toutes les étapes de cette procédure.
Il s'agit d'une procédure judiciaire, bien que facultative.

AVANT L'OUVERTURE

91005 La procédure de sauvegarde est ouverte sur **demande du débiteur** qui, sans être en cessation des paiements, justifie de difficultés qu'il n'est pas en mesure de surmonter (C. com. art. L 620-1).
Avant d'adresser sa demande d'ouverture de la procédure, l'employeur doit, s'il compte au moins 50 salariés, consulter le **CSE**, au titre de la compétence générale de celui-ci (n° 3985).
Avant de statuer sur l'ouverture de la procédure, le tribunal doit entendre ou appeler en chambre du conseil selon le cas les représentants du CSE (C. trav. art. L 2312-54, 1°). Les **noms et adresses** des représentants habilités à être entendus par le tribunal doivent être joints à la demande d'ouverture de la procédure, s'ils ont déjà été désignés (C. com. art. R 621-1, al. 10).

> **Précisions** Le tribunal peut aussi, avant de statuer sur l'ouverture de la procédure, commettre un **juge** pour recueillir tous renseignements sur la situation financière, économique et sociale de l'entreprise (C. com. art. L 621-1, al. 4). Celui-ci peut obtenir communication par les **membres et représentants du personnel** des renseignements de nature à lui donner une exacte information sur la situation économique, financière, sociale et patrimoniale du débiteur (C. com. art. L 623-2).
> Le greffier informe alors les instances représentatives du personnel que leurs représentants peuvent prendre connaissance du rapport du juge au greffe et les avise en même temps de la date d'audience (C. com. art. R 621-3).

LE JUGEMENT D'OUVERTURE

Dans le jugement d'ouverture de la sauvegarde, le tribunal désigne un ou plusieurs **juges-commissaires** et deux mandataires de justice, le **mandataire judiciaire** (représentant les intérêts des créanciers) et l'**administrateur judiciaire** (représentant les intérêts de l'entreprise) (C. com. art. L 621-4, al. 1 et 3). Le tribunal n'est pas tenu de désigner un administrateur judiciaire lorsque la procédure est ouverte au bénéfice d'une entreprise employant moins de 20 salariés et dont le chiffre d'affaires hors taxe est inférieur à 3 000 000 € (C. com. art. L 621-4, al. 4 et R 621-11). **91010**
Dans les 10 jours du prononcé du jugement d'ouverture, l'employeur doit réunir le **CSE** ou, à défaut, les salariés. C'est au cours de cette réunion qu'est élu le **représentant des salariés** (nos 91160 s.) (C. com. art. R 621-14).

LA PÉRIODE D'OBSERVATION

Le jugement ouvre une période d'observation, d'une **durée** maximale de 6 mois, renouvelable une fois par décision motivée à la demande de l'administrateur, du débiteur ou du ministère public (C. com. art. L 621-3), pendant laquelle l'activité de l'entreprise se poursuit. **91015**
Pendant cette période, l'administrateur judiciaire, avec le concours du débiteur et l'assistance éventuelle d'un ou de plusieurs experts, doit dresser dans un rapport le **bilan économique et social de l'entreprise**, précisant l'origine, l'importance et la nature de ses difficultés (C. com. art. L 623-1, al. 1 et 2).
Le **CSE** (C. trav. art. L 2312-53, 2°) est informé et consulté sur ce bilan, qui doit lui être communiqué par l'administrateur. Le comité peut le compléter, le cas échéant, de ses observations. Le procès-verbal de la réunion à l'ordre du jour de laquelle a été inscrite la consultation des représentants du personnel sur le bilan est transmis au tribunal ainsi qu'au Dreets (C. com. art. L 626-8).

> **Précisions** Si l'entreprise exploite une ou des **installations classées** au sens du Code de l'environnement, titre Ier, livre V, le bilan économique et social est complété par un bilan environnemental que l'administrateur fait réaliser par le débiteur ou par un technicien désigné par le juge-commissaire dans des conditions prévues par l'article R 623-2 du Code de commerce (C. com. art. L 623-1, al. 3).

Au vu du bilan économique, social et, le cas échéant, environnemental, le chef d'entreprise, avec le concours de l'administrateur, propose un **plan de sauvegarde** de l'entreprise. Le projet de plan détermine les perspectives de redressement en fonction des possibilités et des modalités d'activités, de l'état du marché et des moyens de financement disponibles. Il définit les modalités de règlement du passif et les garanties éventuelles que le débiteur doit souscrire pour en assurer l'exécution (C. com. art. L 626-2, al. 1 à 3). **91020**
Ce projet expose et justifie le niveau et les perspectives d'emploi ainsi que les conditions sociales envisagées pour la poursuite d'activité. Lorsqu'il prévoit des **licenciements** pour motif économique, il rappelle les mesures déjà intervenues et définit les actions à entreprendre en vue de faciliter le reclassement et l'indemnisation des salariés dont l'emploi est menacé. Il tient compte des travaux recensés par le bilan environnemental (C. com. art. L 626-2, al. 4).
Le projet recense, annexe et analyse les **offres d'acquisition** portant sur une ou plusieurs activités, présentées par des tiers. Il indique la ou les activités dont sont proposés l'arrêt ou l'adjonction (C. com. art. L 626-2, al. 5).
Pour élaborer le plan de sauvegarde, l'administrateur peut **entendre les représentants du personnel**. Il doit informer le CSE de l'avancement de ses travaux (C. trav. art. L 2312-53, 2° ; C. com. art. L 623-3).
Les propositions pour le **règlement des dettes** sont, au fur et à mesure de leur élaboration et sous surveillance du juge-commissaire, communiquées par l'administrateur au CSE (C. com. art. L 626-5).

91025 Le **comité social et économique** est **informé et consulté** (C. trav. art. L 2312-53, 2° ; C. com. art. L 626-8, al. 1 et 2) :
– sur les mesures que le débiteur envisage de proposer dans le projet de plan au vu des informations et offres reçues ;
– sur le projet de plan, qui leur est communiqué par l'administrateur.
Le procès-verbal de la réunion de consultation des représentants du personnel est transmis au tribunal ainsi qu'au Dreets (C. com. art. L 626-8, al. 3).

LE JUGEMENT ARRÊTANT LE PLAN DE SAUVEGARDE

91030 S'il existe une possibilité sérieuse pour l'entreprise d'être sauvegardée, le tribunal arrête un plan mettant fin à la période d'observation. Ce plan comporte, s'il y a lieu, l'arrêt, l'adjonction ou la cession d'une ou de plusieurs activités (C. com. art. L 626-1, al. 1 et 2).
Avant le prononcé du jugement arrêtant le plan, les **représentants du CSE** (C. trav. art. L 2312-54, 2°) doivent être entendus ou dûment appelés par le tribunal. Dès le dépôt du projet de plan au greffe par le débiteur, ils doivent être convoqués à cet effet par le greffier, par lettre recommandée avec demande d'accusé de réception (C. com. art. R 626-17).
Le jugement arrêtant ou rejetant le plan leur est notifié dans les 8 jours (C. com. art. R 626-21).
Si des **licenciements économiques** sont prévus, ils sont soumis à la procédure de licenciement de droit commun. Si la procédure de sauvegarde débouche sur un **plan de cession**, une procédure particulière est prévue : voir n°s 91410 s.
En cas de **modification** substantielle des objectifs ou des moyens du plan, le tribunal ne peut statuer qu'après avoir entendu ou dûment appelé les représentants du CSE (C. com. art. L 626-26), que le greffier doit convoquer à cet effet par lettre recommandée avec demande d'accusé de réception (C. trav. art. L 2312-54, 1° ; C. com. art. R 626-45).

> **Précisions a.** Le plan de sauvegarde désigne les **personnes** tenues de l'exécuter et mentionne l'ensemble des **engagements** souscrits par elles et nécessaires à la sauvegarde de l'entreprise. Ces engagements portent sur l'avenir de l'activité, les modalités du maintien et du financement de l'entreprise, le règlement du passif soumis à déclaration ainsi que, s'il y a lieu, les garanties fournies pour en assurer l'exécution.
> Le plan expose et justifie le niveau et les perspectives d'**emploi** ainsi que les **conditions sociales** envisagées pour la poursuite d'activité (C. com. art. L 626-10).
> **b.** La **durée** du plan est fixée par le tribunal. Elle ne peut pas excéder 10 ans (C. com. art. L 626-12).

91035 S'il apparaît, après l'ouverture de la procédure, que l'employeur était déjà en **cessation des paiements** au moment du jugement d'ouverture, le tribunal le constate et fixe la date de la cessation des paiements. Il convertit la procédure de sauvegarde en une procédure de redressement judiciaire. Si nécessaire, il peut modifier la durée de la période d'observation restant à courir ou la prolonger pour une durée maximale de 6 mois (C. com. art. L 621-12).
À tout moment de celle-ci, le tribunal, à la demande du débiteur, peut ordonner la **cessation partielle de l'activité**, après avoir entendu les représentants du CSE (C. com. art. L 622-10 ; C. trav. art. L 2312-54, 1°). Si les conditions sont réunies, il peut convertir la procédure en redressement ou prononcer la liquidation judiciaire (C. com. art. L 622-10).
Le représentant du CSE doit être entendu par le tribunal si certaines mesures judiciaires sont envisagées : remplacement des dirigeants, cession de leurs parts, déclaration d'incessibilité, cession ou reprise partielle : voir n° 91090.

> **Précisions** Si l'adoption d'un plan de sauvegarde est manifestement impossible et si la clôture de la procédure conduirait, de manière certaine et à bref délai, à la cessation des paiements, le tribunal peut décider, à la demande du chef d'entreprise débiteur, d'abandonner la procédure de sauvegarde au profit d'un **redressement** ou d'une **liquidation judiciaire**. Le représentant du CSE doit être entendu par le juge avant qu'il ne prenne sa décision (C. com. art. L 622-10).

91040

Le représentant du CSE

Avant que le tribunal ne statue sur l'ouverture d'une procédure collective (sauvegarde, redressement ou liquidation judiciaire), l'employeur est avisé par le greffier, sur demande du président du tribunal, qu'il doit réunir le CSE pour que soient **désignées** les personnes habilitées à être entendues par le tribunal et à exercer les voies de recours. Une copie de cet avis est adressée par le greffier au secrétaire du CSE. Le procès-verbal de désignation est déposé au greffe (C. com. art. R 621-2 [sauvegarde], R 631-7 [redressement, par renvoi] et R 641-1 [liquidation, par renvoi]).

Les représentants du CSE ainsi désignés doivent être **informés et consultés** à toutes les étapes de la procédure. Le juge-commissaire a également la possibilité de les entendre pour obtenir des renseignements sur la situation économique, financière et sociale de l'entreprise.

Attention, il ne faut pas confondre le représentant du CSE avec le représentant des salariés, dont le rôle essentiel est de vérifier les relevés de créances résultant des contrats de travail, étant précisé que les deux types de mandats ne sont pas incompatibles : voir n°s 91160 s.

3. REDRESSEMENT ET LIQUIDATION JUDICIAIRES

LE REDRESSEMENT OU LA LIQUIDATION JUDICIAIRES, QU'EST-CE QUE C'EST ?

La procédure de **redressement** judiciaire est ouverte à tout débiteur qui, dans l'impossibilité de faire face au passif exigible avec son actif disponible, est en cessation des paiements. Elle est destinée à permettre la poursuite de l'activité de l'entreprise, le maintien de l'emploi et l'apurement du passif. Elle donne lieu à un plan arrêté par jugement à l'issue d'une période d'observation (C. com. art. L 631-1). **91070**

La procédure de **liquidation** judiciaire est ouverte à tout débiteur en cessation des paiements et dont le redressement est manifestement impossible. Elle est destinée à mettre fin à l'activité de l'entreprise ou à réaliser le patrimoine du débiteur par une cession globale ou séparée de ses droits et de ses biens (C. com. art. L 640-1).

91075

Cessation des paiements

La cessation des paiements est **définie** légalement comme l'impossibilité pour une entreprise de faire face à son passif exigible au moyen de son actif disponible. Autrement dit, elle correspond au moment où la somme des dettes arrivées à échéance et dont le paiement immédiat peut être exigé par les créanciers de l'entreprise (les dettes à rembourser dans le futur sont donc exclues) est supérieure au montant des liquidités immédiatement disponibles pour opérer ces règlements (soldes créditeurs des comptes bancaires, espèces, effets de commerce et réserve de crédit). Il s'agit donc d'un problème de trésorerie ponctuel, qui ne préjuge pas de la santé de l'entreprise.

Le débiteur qui établit que les réserves de crédit ou les moratoires dont il bénéficie de la part de ses créanciers lui permettent de faire face au passif exigible avec son actif disponible n'est pas en cessation des paiements (C. com. art. L 631-1, al. 1).

La cessation des paiements est la **condition** indispensable de l'ouverture d'une procédure de redressement ou de liquidation judiciaire.

L'état de cessation des paiements peut être **déclaré par le tribunal** si celui-ci est saisi volontairement par le chef d'entreprise (dépôt de bilan), mais aussi par toute personne qui y a intérêt, notamment les créanciers de l'entreprise.

Il peut aussi être **constaté d'office** par le tribunal, notamment lorsqu'il survient pendant la période d'observation d'une procédure de sauvegarde.

S'il est à l'origine de la déclaration de cessation des paiements, l'employeur doit, avant celle-ci, informer et consulter le **CSE** au titre de sa compétence générale.

Le CSE peut communiquer au président du tribunal de commerce ou au ministère public tout fait révélant la cessation des paiements (C. com. art. L 631-6 [redressement judiciaire] et L 640-6 [liquidation]).

AVANT L'OUVERTURE DE LA PROCÉDURE

L'ouverture d'une procédure de redressement ou de liquidation judiciaire doit se faire sur demande du débiteur, requête du ministère public ou assignation d'un créancier. La demande du débiteur doit intervenir au plus tard dans les 45 jours de la déclaration de cessation des paiements, s'il n'a pas, dans ce délai, demandé l'ouverture d'une procédure de conciliation (C. com. art. L 631-4 et L 640-4). **91080**

Avant le dépôt au greffe de la demande, les représentants du CSE doivent être informés et consultés (C. trav. art. L 2312-54, 3° et 4°).

Avant de statuer sur l'ouverture de la procédure, le tribunal doit entendre ou appeler en chambre du conseil ces **représentants** (C. com. art. L 621-1 par renvoi des art. L 631-7 [redressement] et L 641-1 [liquidation]).
Les noms et adresses des représentants habilités à être entendus par le tribunal doivent être joints à la demande d'ouverture de la procédure, s'ils ont déjà été désignés (C. com. art. R 621-1 par renvoi des art. R 631-7 [redressement] et R 641-1 [liquidation]).

> **Précisions** Le tribunal peut aussi, avant de statuer sur l'ouverture de la procédure, commettre un **juge** pour recueillir tous renseignements sur la situation financière, économique et sociale de l'entreprise (C. com. art. L 621-1 par renvoi des art. L 631-7 [redressement] et L 641-1 [liquidation]).
> Le greffier informe alors le CSE que ses représentants peuvent prendre connaissance du **rapport** du juge au greffe et les avise en même temps de la date d'audience (C. com. art. R 621-3 par renvoi des art. R 631-8 et R 641-2).

LE JUGEMENT D'OUVERTURE

91085 Dans le jugement d'ouverture, le tribunal **désigne** un juge-commissaire (plusieurs, en cas de nécessité), un mandataire judiciaire représentant les intérêts des créanciers et un administrateur judiciaire (en cas de redressement) ou un liquidateur (en cas de liquidation), pour représenter les intérêts de l'entreprise (C. com. art. L 631-9 par renvoi à l'article L 621-4 [redressement] et L 641-1 [liquidation]).
Dans les **10 jours du prononcé** du jugement d'ouverture, l'employeur doit réunir le **CSE** (C. trav. art. L 2312-53, 3° et 4°). C'est au cours de cette réunion que doit être élu le représentant des salariés (C. com. art. R 621-14).

LA PÉRIODE D'OBSERVATION

91090 La **durée** de la période d'observation est la même en cas de procédure de redressement judiciaire qu'en cas de procédure de sauvegarde (C. com. art. L 621-3 par renvoi de l'art. L 631-7) : voir n° 91015. Elle peut, toutefois, être exceptionnellement prolongée à la demande du procureur de la République par décision spécialement motivée du tribunal pour une durée maximale de 6 mois (C. com. art. L 621-3).
Le tribunal établit pendant la période d'observation un **plan de redressement** qui a pour objectif de permettre la poursuite de l'activité de l'entreprise, le maintien de l'emploi et l'apurement du passif. L'administrateur entend toute personne susceptible de l'informer sur la situation et les perspectives de redressement de l'entreprise, les modalités de règlement du passif et conditions sociales de la poursuite de l'activité. Il peut s'agir des représentants du personnel. Le **CSE** doit être tenu au courant, par l'administrateur, de l'avancement de ses travaux (C. com. art. L 631-18).
Lorsque le redressement de l'entreprise le requiert, le tribunal, sur la demande du ministère public, peut subordonner l'adoption du plan au remplacement d'un ou de plusieurs **dirigeants** de l'entreprise. À cette fin et dans les mêmes conditions, il peut prononcer l'incessibilité des parts sociales, titres de capital ou valeurs mobilières donnant accès au capital, détenus par un ou plusieurs dirigeants de droit ou de fait, et décider que le droit de vote y attaché sera exercé, pour une durée qu'il fixe, par un mandataire de justice désigné à cet effet. De même, il peut ordonner la cession de ces parts sociales, titres de capital ou valeurs mobilières donnant accès au capital détenu par ces mêmes personnes, le prix de cession étant fixé à dire d'expert. Le tribunal statue après avoir entendu ou appelé les dirigeants et les représentants du CSE (C. com. art. L 631-19-1).

PLAN DE REDRESSEMENT

91095 Le **projet** de plan de redressement est élaboré dans les mêmes conditions que le projet de plan de sauvegarde (C. com. art. L 631-18, al. 1 et L 631-19, al. 1) : voir n°s 91020 s.
Les représentants du CSE doivent être entendus par le tribunal **avant le jugement** arrêtant le plan (C. trav. art. L 2312-54, 2° ; C. com. L 631-19). Dès le dépôt du projet de plan au greffe par l'administrateur, le greffier doit les convoquer à cet effet, par lettre recommandée avec accusé de réception (C. com. art. R 626-17 par renvoi de l'art. R 631-35). Le **jugement** arrêtant ou rejetant le plan leur est notifié dans les 8 jours de la date du jugement (C. com. art. R 626-21 par renvoi de l'art. R 631-35).
Les représentants du CSE doivent également être entendus par le tribunal s'il statue sur une **modification** substantielle des objectifs ou moyens du plan (C. com. art. L 626-26 par renvoi de l'art. L 631-19) et convoqués à cet effet par lettre recommandée avec accusé de réception (C. trav. art. L 2312-54, 1° ; C. com. art. R 626-45 par renvoi de l'art. R 631-35).

Si des **licenciements économiques** sont prévus, ils sont soumis à une procédure particulière : voir nos 91370 s. Tel est le cas également si la procédure de redressement débouche sur un plan de cession.
Les **propositions pour le règlement des dettes**, qui peuvent porter sur des délais, remises et conversions en titres donnant ou pouvant donner accès au capital, sont, au fur et à mesure de leur élaboration et sous surveillance du juge-commissaire, communiquées par l'administrateur au mandataire judiciaire, aux contrôleurs ainsi qu'aux représentants du personnel (C. com. art. L 626-5 par renvoi de l'art. L 631-19).

FIN DE LA PÉRIODE D'OBSERVATION SANS PLAN

À tout moment de la période d'observation, le tribunal peut ordonner la **cessation partielle de l'activité** ou prononcer la **liquidation** judiciaire si le redressement est manifestement impossible, après avoir entendu ou dûment appelé les représentants du CSE (C. trav. art. L 2312-54, 2° ; C. com. art. L 631-15, II). **91100**
Ces représentants sont également entendus préalablement à la décision du tribunal de mettre fin à la période d'observation s'il apparaît que l'employeur dispose des sommes suffisantes pour **désintéresser les créanciers** et acquitter les frais et dettes liés à la procédure (C. com. art. L 631-16).
Si le ou les plans proposés apparaissent manifestement insusceptibles de permettre le redressement de l'entreprise ou en l'absence de tels plans, le tribunal peut ordonner, à la demande de l'administrateur, la **cession totale ou partielle** de l'entreprise (C. com. art. L 631-22). Le CSE doit être informé et consulté sur ce plan de cession (C. trav. art. L 2312-53, 3°).
Il n'y a pas à proprement parler de période d'observation en cas de **liquidation judiciaire**, puisque l'objet de cette période est de trouver une issue favorable aux difficultés de l'entreprise. Néanmoins, la période courant du jugement d'ouverture à la liquidation effective de l'entreprise est soumise pour partie au régime de la période d'observation.

CESSION DE L'ENTREPRISE

Si l'employeur s'avère dans l'impossibilité d'assurer lui-même le redressement de l'entreprise, l'administrateur peut demander au tribunal d'ordonner sa cession totale ou partielle. Le mandataire judiciaire exerce alors les fonctions dévolues au liquidateur (C. com. art. L 631-22). **91105**
Le **tribunal doit entendre les représentants du CSE** avant le prononcé de l'ordonnance de cession (redressement) ou de l'acceptation de l'offre de cession (liquidation) (C. com. art. L 642-5, al. 1, par renvoi de l'art. L 631-22). À cet effet, le greffier doit les convoquer par lettre recommandée avec accusé de réception, dès le dépôt au greffe du plan de redressement ou du plan de cession (C. com. art. R 626-17 et R 642-3). À noter toutefois que l'article L 642-5 du Code de commerce, qui fixe une règle de procédure relative aux conditions dans lesquelles le tribunal de commerce doit rendre le jugement arrêtant le plan de cession, ne peut pas être utilement invoqué à l'appui d'un recours contre une décision d'homologation de l'administration (CE 21-10-2015 n° 382633 : RJS 1/16 n° 21).
Les représentants du comité social et économique doivent être **consultés par le mandataire judiciaire**, préalablement au rapport sur lequel est rendue la décision du tribunal autorisant le cas échéant l'aliénation des biens acquis par le cessionnaire, leur affectation à titre de sûreté, leur location ou leur location-gérance (C. trav. art. L 2312-53, 3° ; C. com. art. L 631-22 et L 642-9, al. 2), mais aussi préalablement à l'autorisation, dans le jugement qui arrête le plan de cession, portant sur la conclusion d'un contrat de location-gérance au profit de la personne qui a présenté l'offre d'acquisition (C. com. art. L 642-13) et avant de statuer sur la demande du locataire-gérant tendant à modifier les conditions d'acquisition initialement prévues (C. com. art. L 642-17).
Sur l'obligation d'information et de consultation des représentants du personnel incombant à l'employeur en cas de **transfert de l'entreprise**, voir nos 87595 s.
Les représentants du CSE seront à nouveau auditionnés par le tribunal s'il doit se prononcer sur une **modification substantielle** des objectifs et moyens du **plan** (C. com. L 642-6).

91110

Voies de recours

Le comité social et économique ou, dans les entreprises de moins de 50 salariés, les membres de sa délégation du personnel ou, à défaut, le représentant des salariés peuvent former un **appel** ou un pourvoi en **cassation** contre les décisions statuant sur les sujets suivants : ouverture de la liquidation judiciaire et prononcé de celle-ci au cours d'une période d'observation ; désignation d'un mandataire ; cession de tout ou partie de la participation détenue dans le capital ; arrêté, modification ou résolution du plan de sauvegarde ou de redressement (C. com. art. L 661-1, I).

La **tierce opposition** leur est ouverte contre les décisions statuant sur l'ouverture de la liquidation judiciaire et son prononcé au cours d'une période d'observation et celles arrêtant ou modifiant le plan de sauvegarde ou de redressement ou rejetant la résolution de ce plan, mais pas contre les décisions rejetant l'arrêté ou la modification du plan de sauvegarde ou de redressement ou prononçant la résolution de ce plan. Le jugement statuant sur la tierce opposition est susceptible d'appel et de pourvoi en cassation de la part du tiers opposant (C. com. art. L 661-2 et L 661-3).
L'arrêt de la cour d'appel est **notifié** aux représentants du personnel lorsqu'ils sont parties à l'instance d'appel (C. com. art. R 661-7). Dans le cas contraire, les représentants du CSE et, le cas échéant, le représentant des salariés sont **convoqués** pour être entendus par la cour d'appel, par lettre simple du greffier, et sont informés du prononcé de l'arrêt (C. com. art. R 661-6, 4° et R 661-7).
À peine d'irrecevabilité, la personne exerçant une voie de recours au nom des représentants du personnel ou, le cas échéant, le représentant des salariés doit justifier d'une **habilitation** (C. com. art. R 661-5).

B. Le représentant des salariés

91160 Les salariés sont associés à la procédure de **vérification des créances nées des contrats de travail** par l'intermédiaire d'un représentant désigné au sein de l'entreprise. Celui-ci peut également exercer les recours en justice en lieu et place des représentants du personnel si ceux-ci n'existent pas dans l'entreprise.
Les développements qui suivent sont communs à la procédure de sauvegarde, au redressement et à la liquidation judiciaires.

1. DÉSIGNATION OU ÉLECTION

91190 Dans le jugement d'ouverture de la procédure de sauvegarde, de redressement ou de liquidation judiciaire, le tribunal invite le **comité social et économique** à désigner un représentant parmi les salariés de l'entreprise. En l'absence de représentant du personnel, les **salariés** élisent eux-mêmes leur représentant, qui exerce les fonctions dévolues à ces institutions dans la procédure collective (C. com. art. L 621-4, al. 2, L 631-9, al. 1 et L 641-1, II, al. 5).
Les représentants du personnel ou les salariés doivent être **réunis** dans les 10 jours du prononcé du jugement d'ouverture (C. com. art. R 621-14, R 631-7 et R 641-1).
Les représentants du personnel ou, à défaut, les salariés de l'entreprise peuvent seuls procéder au **remplacement** du représentant des salariés (C. com. art. L 621-7, dernier al. et L 631-9).

ÉLECTION PAR LES SALARIÉS

91195 Comment la **qualité de salarié**, nécessaire pour participer à l'élection du représentant des salariés en l'absence de représentant du personnel, doit-elle être appréciée ? Dans le silence des textes, il est possible, à notre sens, de s'inspirer de la jurisprudence rendue en matière d'électorat pour les élections du comité social et économique (n°s 24745 s.), mais sous réserve d'adaptations, eu égard au caractère spécifique de la mission du représentant des salariés, qui est de participer à la vérification des créances de salaire. En conséquence, les personnes qui, bien que travaillant dans l'entreprise, ne perçoivent aucune **rémunération** de celle-ci devraient être exclues de la désignation de ce représentant. À l'inverse, toute personne percevant des salaires de l'entreprise devrait pouvoir participer à l'élection. Ce raisonnement conduit à considérer que sont électeurs les **dirigeants salariés**, quelles que soient les attributions qu'ils exercent vis-à-vis du personnel, et les salariés qui, bien que **détachés** dans une autre société, perçoivent leurs salaires de l'entreprise objet de la procédure collective. Cette dernière hypothèse est confortée par le fait que l'article L 3253-6 du Code du travail prévoit que sont garanties les créances de salaire des salariés, y compris de ceux détachés à l'étranger ou expatriés.
Le **cadre de l'élection** est l'entreprise : doit donc être annulée celle d'un représentant des salariés élu non par les salariés de l'ensemble de l'entreprise, mais par ceux d'un seul site (Cass. soc. 28-9-2005 n° 04-60.484 F-D).
Les salariés élisent leur représentant par **vote** secret au scrutin uninominal à un tour (C. com. art. R 621-14, R 631-7 et R 641-1).
Les salariés participant à la désignation ne doivent avoir encouru aucune des condamnations prévues par l'article L 6 du Code électoral, autrement dit ne doivent pas être privés du droit de vote (C. com. art. L 621-6, L 631-9 et L 641-1, II, al. 5). Sur le contrôle de leur **capacité électorale**, voir n° 24950.

CONDITIONS REQUISES DU REPRÉSENTANT

Le représentant des salariés doit être salarié de l'entreprise, n'avoir encouru aucune des condamnations prévues par l'article L 6 du Code électoral et être **âgé** de 18 ans accomplis (C. com. art. L 621-6, L 631-9 et L 641-1, II, al. 5). 91200

Pour être élu, il suffit d'être salarié de l'entreprise au jour de l'ouverture de la procédure collective, ce qui est le cas d'un salarié effectuant son **préavis** à cette date (Cass. soc. 16-1-1991 n° 89-61.542 P : RJS 2/91 n° 226).

Aucun **parent** ou allié jusqu'au 4e degré inclusivement **de l'employeur ou des dirigeants** de l'entreprise, s'il s'agit d'une personne morale, ne peut être désigné comme représentant des salariés, sauf dans les cas où cette disposition empêche la désignation d'un représentant des salariés (C. com. art. L 621-5, L 631-9 et L 641-1, II, al. 5).

Lorsque aucun représentant des salariés ne peut être désigné ou élu, un procès-verbal de **carence** est établi par le chef d'entreprise (C. com. art. L 621-4, al. 2, L 631-9 et L 641-1, II, al. 5).

Le **procès-verbal** de désignation du représentant des salariés ou le procès-verbal de carence est immédiatement déposé au greffe du tribunal (C. com. art. R 621-14, R 631-7 et R 641-1).

> **› Précisions** Le **mandat de représentant des salariés** dans le cadre d'une procédure collective n'est **incompatible** ni avec celui de représentant des instances représentatives du personnel pour l'exercice des voies de recours dans cette procédure, ni avec un autre mandat de représentant des salariés exercé dans une autre entité juridique, même incluse dans une même unité économique et sociale (Cass. soc. 5-12-2012 n° 11-61.183 FS-D : RJS 2/13 n° 153).

CONTESTATIONS

Les contestations relatives à la désignation du représentant des salariés sont de la compétence du **tribunal judiciaire** qui statue en dernier ressort (C. com. art. L 621-6, L 631-9 et L 641-1, II, al. 5). 91205

Celui-ci est **saisi** par déclaration au greffe, dans les 2 jours suivant la désignation, sous peine d'irrecevabilité (C. com. art. R 621-15, R 631-7 et R 641-1).

Ce délai ne court qu'à compter de la proclamation nominative des résultats de l'élection ou, à défaut, de l'accomplissement de la formalité de dépôt du procès-verbal au greffe. Il ne court pas s'il n'a pas été constitué de bureau de vote pour le déroulement de l'élection et la proclamation des résultats (Cass. soc. 13-1-2010 n° 08-18.802 FS-D). Il est applicable en cas de remplacement du représentant (Cass. soc. 15-6-2011 n° 10-60.392 FS-PB : RJS 8-9/11 n° 715). Il vaut pour le procès-verbal de carence (Cass. soc. 7-12-2016 n° 16-10.826 FS-PB : RJS 3/17 n° 208).

Le tribunal **statue** dans les 5 jours de sa saisine, sans frais ni forme de procédure et sur simple avertissement donné 2 jours à l'avance à toutes les parties intéressées. Sa décision est **notifiée** par le greffier dans les 2 jours (C. com. art. R 621-15, R 631-7 et R 641-1).

Le délai du **pourvoi** en cassation est de 5 jours. Il est formé, instruit et jugé dans les conditions fixées par les articles 999 à 1008 du Code de procédure civile (C. com. art. R 621-15, R 631-7 et R 641-1).

2. ATTRIBUTIONS

VÉRIFICATION DES CRÉANCES

Le représentant des salariés a pour principale mission de procéder à la vérification des relevés des créances nées des contrats de travail. Ces relevés lui sont soumis par le mandataire judiciaire, qui doit lui communiquer tous documents et informations utiles (C. com. art. L 625-2, L 641-1, II, al. 5). 91240

L'**employeur** doit tenir à la disposition du représentant des salariés les éléments à partir desquels le mandataire judiciaire a établi les relevés et notamment le double des bulletins de salaire et le registre du personnel (C. com. art. R 625-1). En cas de **difficultés**, le représentant peut s'adresser à l'administrateur et, le cas échéant, saisir le juge-commissaire (C. com. art. L 625-2, L 641-1, II, al. 5).

Le représentant des salariés appose sa **signature** sur les relevés en formulant au besoin des réserves ou observations. En l'absence de signature, il est entendu par le juge-commissaire (C. com. art. R 625-1).

Les salariés dont la créance ne figure pas sur un relevé et qui saisissent le conseil de prud'hommes peuvent demander au représentant des salariés de les assister ou de les représenter (C. com. art. L 625-1, al. 2).

ABSENCE DE CSE

91245 En l'absence de CSE, le représentant des salariés exerce les **fonctions dévolues à cette institution** dans le cadre des procédures de sauvegarde, de redressement ou de liquidation judiciaire (C. com. art. L 621-4, al. 2, L 631-9 et L 641-1, II, al. 5). Toutefois, ses attributions à ce titre sont limitées aux seuls **actes relatifs à la procédure collective** ouverte à l'égard de l'entreprise qui l'emploie et il ne peut pas être considéré comme une institution représentative du personnel au sens du Code du travail. L'employeur ne peut pas, par exemple, soutenir qu'en raison de l'existence du représentant des salariés qu'il considérait comme une institution représentative du personnel, il n'était pas obligé d'aviser le salarié, dans la lettre de convocation à l'entretien préalable à un licenciement, qu'il avait le droit d'être assisté par une personne étrangère à l'entreprise (Cass. soc. 4-6-2003 n° 01-40.202 D).

En l'absence de représentant du personnel, le représentant des salariés exerce les **voies de recours** : n° 91110. Pas plus que le comité, il n'est recevable à interjeter appel d'une décision arrêtant le plan de cession de l'entreprise (CA Paris 6-2-1987). Le représentant des salariés licencié avec l'autorisation de l'inspecteur du travail (n° 91300) n'a plus le pouvoir d'agir en cette qualité après l'expiration de son préavis, celui-ci mettant fin à son mandat ; le pourvoi qu'il forme ensuite contre un jugement du tribunal de commerce rendu à propos de la procédure de redressement est donc irrecevable (Cass. soc. 4-7-2007 n° 05-19.112 FS-PB : RJS 10/07 n° 1093).

SUIVI DE LA PROCÉDURE COLLECTIVE

91250 Le représentant des salariés est informé par le liquidateur ou l'administrateur du contenu des **offres de reprise** (C. com. art. L 642-2, IV).

3. STATUT

DURÉE DU MANDAT

91280 Le Code de commerce ne contient aucune précision sur la durée du mandat du représentant des salariés, mais il prévoit la durée de la **protection** qui y est attachée. Le mandat devrait logiquement expirer aux mêmes dates : voir n° 91305. Sur la date d'expiration du mandat en cas de licenciement du représentant avec l'autorisation de l'inspecteur du travail, voir n° 91245.

RÉMUNÉRATION

91285 Le temps passé par le représentant des salariés à l'exercice de sa mission, tel qu'il est fixé par le juge-commissaire, est considéré de plein droit comme **temps de travail** et **payé** à l'échéance normale (C. com. art. L 625-2 et L 641-1, II, al. 5). S'il n'est pas contesté que le représentant des salariés à la procédure de redressement judiciaire a consacré tout son temps à l'accomplissement de sa mission, le montant intégral de son salaire doit lui être versé (Cass. soc. 2-6-1992 n° 89-44.415 P : RJS 7/92 n° 899). Les sommes dues au représentant des salariés sont garanties par l'assurance des créances des salariés (**AGS**) en application de l'article L 3253-8, 5°, c du Code du travail.

OBLIGATION DE DISCRÉTION

91290 Le représentant des salariés est tenu à l'obligation de discrétion imposée par le Code du travail aux membres du comité social et économique (C. com. art. L 625-2) : sur cette obligation, voir nos 860 s.

PROTECTION CONTRE LE LICENCIEMENT

91300 **Application de la procédure spéciale** Le licenciement du représentant des salariés est **régi** par les dispositions applicables au licenciement des représentants élus du personnel (nos 45000 s.) à l'exception de la procédure prévue en cas de transfert partiel d'entreprise (C. com. art. R 621-16).

Le licenciement du représentant des salariés est obligatoirement soumis au **CSE**, qui doit donner son avis sur le projet de licenciement. Il ne peut intervenir que sur **autorisation de l'inspecteur du travail** dont dépend l'établissement. Lorsqu'il n'existe pas de CSE dans l'établissement, l'inspecteur du travail est saisi directement (C. trav. art. L 2421-6 ; C. com. art. L 662-4).

En cas de **faute grave**, l'administrateur, l'employeur ou le liquidateur, selon le cas, a la faculté de prononcer la **mise à pied** immédiate du représentant des salariés en attendant la décision définitive de l'inspecteur du travail, c'est-à-dire à titre conservatoire. En cas de refus de licenciement, la mise à pied est annulée et ses effets sont supprimés de plein droit (C. com. art. L 662-4).

> **Précisions a.** Étant limitée à la durée du mandat, la protection ne peut pas jouer pour un salarié ayant manifesté l'intention d'être **candidat à l'élection** (Cass. soc. 1-3-2005 n° 02-44.293 FS-PB : RJS 5/05 n° 549).
> **b.** Seul un salarié désigné dans les conditions prévues par le Code de commerce peut bénéficier de la protection (Cass. soc. 12-2-2003 n° 00-45.764 F-D : RJS 5/03 n° 649). Ainsi, le représentant des salariés qui n'apporte aucune preuve de son élection à ce titre, mais semble avoir été **désigné par l'employeur**, ne bénéficie pas de la protection réservée aux salariés élus (CA Grenoble 9-3-1994 n° 93-1517).

Durée La protection instituée en faveur du représentant des salariés pour l'exercice de sa mission est limitée à la durée de son mandat. Elle **cesse** lorsque toutes les sommes versées au mandataire judiciaire par l'AGS ont été reversées aux salariés (C. com. art. L 662-4). Il convient donc de rechercher si le reversement des sommes a bien eu lieu pour savoir si la protection du représentant du salarié a expiré (Cass. soc. 5-12-2007 n° 06-44.073 F-D : RJS 2/08 n° 210). 91305
Lorsque, dans une procédure de redressement judiciaire, le représentant des salariés exerce les **fonctions du CSE**, sa protection cesse au terme de la dernière audition ou consultation précédant l'adoption d'un plan de redressement (C. com. art. L 662-4 ; Cass. soc. 30-1-2013 n° 11-22.979 FS-PB : RJS 4/13 n° 310).

ATTENTION
Le Code de commerce ne prévoit aucune **prolongation de protection** après cessation du mandat du représentant des salariés. Il en résulte que le représentant remplacé dans ses fonctions ne peut se prévaloir de sa qualité de salarié protégé (C. prud. Nantes réf. 16-11-1992).

Contrôle de l'administration Lorsqu'il est saisi d'une demande d'autorisation de licenciement d'un représentant des salariés, l'inspecteur du travail doit s'assurer que le licenciement n'est pas en rapport avec les **fonctions** normalement exercées ou l'appartenance syndicale de l'intéressé, et doit rechercher, lorsque la demande est fondée sur un **motif économique**, si la situation de l'entreprise justifie le licenciement du salarié, compte tenu notamment de la nécessité des réductions envisagées d'effectifs. Il peut, en outre, refuser l'autorisation pour des motifs d'**intérêt général**, comme celui s'attachant au maintien du salarié ou à l'impossibilité d'en désigner un autre, sous réserve de ne pas porter une atteinte excessive à l'un ou l'autre des intérêts en présence (CE 9-11-2005 n° 257126 : RJS 2/06 n° 255). 91310

Sanctions Le représentant des salariés **irrégulièrement licencié** a le droit d'obtenir (Cass. soc. 5-5-1993 n° 92-40.835 P : RJS 6/93 n° 639) : 91320
- une indemnité égale à la rémunération qu'il aurait perçue depuis son éviction jusqu'à la fin de la période de protection à titre de sanction de la méconnaissance par l'employeur du statut protecteur ;
- sauf faute grave, les indemnités de rupture ;
- éventuellement, une indemnité pour licenciement dépourvu de cause réelle et sérieuse.

C. Licenciements en cas de sauvegarde, de redressement ou de liquidation judiciaire

Le fait qu'une entreprise fasse l'objet d'une procédure collective n'empêche pas l'application de l'essentiel des règles du licenciement économique de droit commun : il en est ainsi, notamment, de l'information-consultation des représentants du personnel ainsi que, pour les opérations concernant au moins 10 salariés dans les entreprises d'au moins 50 salariés, de l'établissement d'un plan de sauvegarde de l'emploi et du contrôle de l'autorité administrative. 91370
Les textes comportent toutefois des **particularités**, principalement en cas de redressement et de liquidation judiciaire, dont l'objet essentiel est d'accélérer le rythme des opérations.
Sur le licenciement pour motif économique des **salariés protégés** en cours de procédure collective, voir n°s 46230 s.

1. OBLIGATION DE CONSULTATION

SAUVEGARDE

En principe, en cas de procédure de sauvegarde, les règles de **droit commun** du licenciement collectif pour motif économique sont applicables. 91400

REDRESSEMENT JUDICIAIRE

91405 En cas de redressement judiciaire, des licenciements peuvent être prononcés soit durant la période d'observation, soit à son terme, dans le cadre du plan de redressement, ou enfin dans le cadre d'un plan de cession, total ou partiel. Les représentants du personnel doivent être consultés au préalable.

Si des licenciements pour motif économique présentent un caractère urgent, inévitable et indispensable pendant la **période d'observation**, ils peuvent être autorisés par le juge-commissaire. Avant de saisir le juge-commissaire, l'administrateur doit consulter le comité social et économique dans les conditions prévues à l'article L 1233-58 du Code du travail (nos 91450 s.).

Il doit joindre, à l'appui de la **demande** qu'il adresse au juge-commissaire, l'avis ainsi recueilli, les justifications de ses diligences en vue de faciliter l'indemnisation et le reclassement des salariés, ainsi que la décision de validation de l'accord collectif ou d'homologation prise par le Dreets (C. com. art. L 631-17).

En cas de **licenciements** pendant la période d'observation (redressement) ou de **maintien provisoire de l'activité** (liquidation), la procédure est donc la suivante : information-consultation du CSE sur l'opération projetée et ses modalités d'application et sur le projet de licenciement, validation de l'accord collectif ou homologation du document de l'employeur, autorisation du juge de procéder aux licenciements, notification des licenciements (Inst. DGEFP/DGT 13 du 19-7-2013 fiche 4).

ATTENTION

S'il appartient au juge-commissaire d'autoriser des licenciements envisagés par le **PSE** en indiquant celles des **catégories professionnelles** au sein desquelles sont autorisés les licenciements, la mention, dans son ordonnance, de ces catégories n'a pas pour effet de leur conférer une autorité de chose jugée ; leur légalité peut donc être contestée au soutien d'un recours en excès de pouvoir dirigé contre la décision d'homologation du PSE (CE 22-5-2019 nos 407401 et 407414 : RJS 7/19 n° 427).

91410 Lorsque, au terme de la période d'observation, le redressement de l'entreprise semble possible, un **plan de redressement** est établi (n° 91095). Lorsqu'il prévoit des licenciements nécessaires à la survie de l'entreprise, ce plan est arrêté par le tribunal après consultation des représentants du personnel (C. com art. L 631-19).

Le plan précise notamment les **licenciements** qui doivent intervenir **dans le délai d'un mois après le jugement**. Ces licenciements interviennent sur simple notification de l'administrateur, sous réserve des droits de préavis prévus par la loi, les conventions ou accords collectifs du travail. Lorsque le licenciement concerne un salarié bénéficiant d'une protection particulière en matière de licenciement, comme c'est le cas pour les représentants du personnel, l'intention de rompre doit être manifestée dans ce délai (C. com. art. L 631-19).

Lorsqu'un **PSE** doit être élaboré, l'administrateur met en œuvre la procédure de validation ou d'homologation dans le délai d'un mois après le jugement (C. com. art. L 631-19, III).

La **cession partielle ou totale de l'entreprise** peut être décidée si l'employeur ne peut assurer lui-même le redressement. Un plan de cession est alors élaboré. S'il prévoit des licenciements économiques, il est arrêté par le tribunal selon les mêmes modalités que pour le plan de redressement (C. com. art. L 631-22).

ATTENTION

Les **licenciements** économiques prononcés **plus d'un mois après le jugement** arrêtant le plan de redressement sont soumis aux procédures de droit commun (Circ. DRT 61 du 18-12-1989).

LIQUIDATION JUDICIAIRE

91415 La liquidation judiciaire peut être prononcée directement (si l'entreprise a cessé son activité ou si son redressement est manifestement impossible) ou en cours de période d'observation. Le liquidateur est alors autorisé à procéder au licenciement du personnel en application de la décision de liquidation. Il n'a donc pas d'autorisation judiciaire à obtenir au préalable (C. com. art. L 640-1, L 641-4 et L 641-10).

Si la cession totale ou partielle de l'entreprise est envisageable ou si l'intérêt public ou celui des créanciers l'exige, le **maintien de l'activité** peut être autorisé par le tribunal pour une durée maximale de 3 mois. Elle peut être prolongée à la demande du ministère public pour une même durée. Le liquidateur administre l'entreprise durant cette période et procède aux licenciements (C. com. art. L 641-10 et R 641-18).

Les licenciements auxquels procède le liquidateur en application de la décision ouvrant ou prononçant la liquidation et, le cas échéant, au terme du maintien provisoire de l'activité sont soumis aux dispositions de l'article L 1233-58 du Code du travail : voir nos 91450 s. (C. com. art. L 641-4).

Lorsque le **plan de cession** prévoit des **licenciements pour motif économique**, il ne peut être arrêté par le tribunal qu'après que le CSE a été consulté dans les conditions prévues nos 91450 s. Le plan précise notamment les licenciements qui doivent intervenir **dans le délai d'un mois** après le jugement. Dans ce délai, ces licenciements interviennent sur simple notification du liquidateur, ou de l'administrateur lorsqu'il en a été désigné, sous réserve des droits de préavis prévus par la loi, les conventions ou les accords collectifs du travail. Lorsque le licenciement concerne un salarié bénéficiant d'une protection particulière en matière de licenciement, ce délai d'un mois après le jugement est celui dans lequel l'intention de rompre le contrat de travail doit être manifestée (C. com. art. L 642-5, al. 5 et 6).

2. MODALITÉS DE LA CONSULTATION

En cas de licenciements économiques prononcés lors d'une procédure de redressement ou de liquidation judiciaire, le comité social et économique est réuni et consulté dans les conditions prévues à l'article L 1233-58 du Code du travail (C. trav. art. L 2312-53). **91450**

Ce texte prévoit que l'employeur, l'administrateur ou le liquidateur, selon le cas, qui envisage des licenciements économiques réunit et consulte le CSE sur le projet de restructuration et de compression des effectifs (n° 3985) ainsi que dans les conditions prévues aux articles :

– L 1233-8, pour un **licenciement collectif de moins de 10 salariés** : voir nos 90000 s. ;

– L 1233-29, premier alinéa, pour un **licenciement d'au moins 10 salariés dans une entreprise de moins de 50 salariés** : voir nos 90090 s. ; dans ce cas, les représentants du personnel ne tiennent qu'une réunion ;

– L 1233-30, avec des adaptations, pour les licenciements d'**au moins 10 salariés** sur 30 jours dans **une entreprise d'au moins 50 salariés** : voir n° 91455.

Dans les entreprises sans représentant du personnel, le représentant des salariés exerce les fonctions qui leur sont dévolues (C. com. art. L 621-4, al. 2 et L 631-9 ; L 641-1, II, al. 5).

> **ATTENTION**
>
> L'**annonce du projet** de licenciement par l'administrateur à l'ensemble du personnel et au représentant du comité ne peut pas être assimilée à une consultation de cet organisme dont l'avis doit être communiqué à l'inspecteur du travail et au juge-commissaire (Cass. crim. 28-11-1995 n° 93-85.808 P).

RÈGLES PARTICULIÈRES AUX LICENCIEMENTS AVEC PSE

En cas de licenciement d'au moins 10 salariés sur 30 jours, les règles de droit commun s'appliquent, sous réserve des importantes particularités suivantes. **91455**

Ainsi, dans les entreprises en redressement ou en liquidation judiciaire, la loi n'impose en principe qu'une seule **réunion** du CSE sur le projet de licenciement économique, les dispositions de droit commun relatives aux **délais** dans lesquels les représentants du personnel doivent se prononcer n'étant pas applicables (C. trav. art. L 1233-58, I, 3°).

En cas de plan de **redressement** ou de **cession** de l'entreprise, l'**avis** du CSE est rendu au plus tard le jour ouvré avant l'audience du tribunal statuant sur le plan (C. com. art. L 631-19 et L 642-5).

En cas de **liquidation**, son avis doit être rendu au plus tard dans les 12 jours de la décision prononçant la liquidation ou, si le maintien provisoire de l'activité a été autorisé par le tribunal, dans les 12 jours suivant le terme de cette autorisation (C. com. art. L 641-4).

Dans les trois cas, redressement, cession ou liquidation, le CSE peut se faire assister d'un **expert**, étant précisé que la règle selon laquelle celui-ci doit remettre son rapport au moins 15 jours avant l'expiration du délai imparti au comité pour rendre ses avis ne s'applique pas (C. trav. art. L 1233-58, I, 4°) et que l'absence du rapport de l'expert saisi par le CSE ne peut pas avoir pour effet de reporter le délai dont disposent les représentants du personnel pour donner leur avis (C. com. art. L 631-19, L 641-4 et L 642-5). Pour le Conseil d'État, bien que la loi ne prévoit qu'une **réunion** du CSE, le recours à l'expertise justifie qu'il soit réuni une seconde fois (CE 16-4-2021 n° 426287 : RJS 7/21 n° 388).

Sauf dans le cas où il y a licenciement de l'ensemble du personnel, les dispositions relatives à la fixation de l'**ordre des licenciements** (voir nos 89920 s.) s'appliquent dans les conditions de droit commun.

> **› Précisions** Les **catégories professionnelles** déterminées par le jugement arrêtant le plan de cession et fixant le nombre de licenciements s'imposent au liquidateur ou à l'administrateur judiciaire pour le choix des salariés à licencier, ainsi qu'à l'autorité administrative chargée d'homologuer le document unilatéral de l'employeur déterminant le contenu du plan de sauvegarde de l'emploi (CE 21-10-2015 n° 382633 : RJS 1/16 n° 21).

RESPONSABILITÉ DE LA CONSULTATION

91460 Le Code du travail prévoit que c'est l'**employeur**, l'**administrateur** ou le **liquidateur** qui procède à la consultation, selon la situation. L'administrateur ne peut pas s'exonérer de sa responsabilité en prétendant n'avoir été investi que d'une mission d'assistance du dirigeant de la société, alors que, selon la loi, il est seul tenu de cette obligation de consultation avant de procéder à un licenciement économique pendant la période d'observation (Cass. crim. 28-11-1995 n° 93-85.808 P).
Si aucun administrateur n'a été désigné, c'est l'employeur lui-même qui procède aux licenciements.

3. CONTRÔLE DE L'ADMINISTRATION

91490 En cas de licenciement d'au moins 10 salariés sur 30 jours dans une entreprise d'au moins 50 salariés, les règles de droit commun analysées nos 90470 s. sont applicables, sous réserve des importantes particularités suivantes.
La **demande de validation** de l'accord collectif ou **d'homologation** du document de l'employeur doit être adressée par voie dématérialisée (n° 90495) au Dreets le lendemain de la réunion du CSE (C. trav. art. D 1233-14).
Lorsque le PSE est établi par document unilatéral de l'employeur, le Dreets exerce le contrôle visé nos 90507 s. Toutefois, par dérogation à l'article L 1233-57-3 du Code du travail, il ne doit prendre en compte que les moyens dont dispose l'entreprise. L'administrateur, le liquidateur ou l'employeur, selon le cas, reste néanmoins tenu, pour l'établissement du PSE, de rechercher les moyens du groupe auquel l'entreprise appartient (C. trav. art. L 1233-58, II). Le Dreets s'assure, notamment, de la régularité de la procédure d'information-consultation du CSE. Si celui-ci n'a pas été mis en place et qu'aucun procès-verbal de carence n'a été établi, il peut néanmoins prendre une décision d'homologation, à titre exceptionnel et au vu des circonstances et des motifs justifiant ce défaut d'établissement (C. trav. art. L 1233-58, II al. 3), à condition de préciser, dans sa décision, les circonstances qui l'ont conduit à retenir que cela ne faisait pas obstacle à l'homologation demandée (CE 8-12-2021 n° 435919 : RJS 2/22 n° 64).
Les **délais impartis au Dreets** pour valider l'accord collectif et/ou homologuer le document unilatéral de l'employeur sur le PSE et la procédure sont ramenés à 8 jours en cas de sauvegarde ou de redressement judiciaire et à 4 jours en cas de liquidation judiciaire. Ils courent à compter de la date de réception de la demande de validation ou d'homologation, qui est postérieure au jugement arrêtant le plan de sauvegarde ou de redressement (C. trav. art. L 1233-58, II, al. 4 et III).
Lorsque le Dreets prend une décision de **refus de validation ou d'homologation**, l'employeur, l'administrateur ou le liquidateur consulte le comité dans les 3 jours. Selon le cas, le document modifié et l'avis du comité ou un avenant à l'accord collectif sont transmis au Dreets, qui se prononce dans un délai de 3 jours (C. trav. art. L 1233-58, II, al. 6 et III).

› **Précisions a.** La décision de l'administration doit être **portée à la connaissance** des représentants du personnel et des salariés dans les conditions de droit commun (voir n° 90502) (C. trav. art. L 1233-58, II, al. 1). Toutefois, aucune disposition n'impose qu'elle soit affichée sur les lieux de travail en cas de redressement ou de liquidation judiciaire. Le **délai de recours contentieux** ouvert aux salariés (voir n° 90720) commence donc à courir à compter de la date à laquelle cette décision ainsi que l'indication des voies et délais de recours ont été portées à leur connaissance, par tout procédé permettant d'en donner date certaine, la notification par lettre recommandée avec accusé de réception offrant les meilleures garanties (CAA Douai 22-4-2021 n° 21DA00161 : RJS 8-9/21 n° 441).

b. Lorsque la **liquidation judiciaire** d'une entreprise est prononcée après qu'elle a **d'abord été placée en redressement judiciaire**, l'administration doit procéder au contrôle de la régularité de cette procédure au regard des informations transmises au CSE sur l'opération projetée et ses modalités d'application, ainsi que sur le projet de licenciement collectif et le PSE, tels qu'ils résultent du placement de la société en liquidation judiciaire ; il ne lui appartient pas en revanche de procéder au contrôle de la régularité de la procédure d'information-consultation du CSE conduite dans le cadre de la procédure collective antérieure au jugement ayant placé la société en liquidation judiciaire (CE 4e-1e ch. 27-12-2022 n° 452898 : RJS 3/23 n° 138).

4. SANCTIONS

91520 En cas de **licenciements** intervenus en l'**absence** de toute décision de **validation ou** d'**homologation** ou en cas d'**annulation** d'une telle décision, le juge octroie au salarié une indemnité à la charge de l'employeur au moins égale aux salaires des 6 derniers mois ; l'article L 1235-16 du

Code du travail (n° 90805) prévoyant la nullité du licenciement ne s'applique pas (C. trav. art. L 1233-58, II, al. 7). L'indemnité allouée se **cumule** avec l'indemnité de licenciement (Cass. soc. 19-12-2018 n° 17-26.132 FS-PB : RJS 3/19 n° 156), mais pas avec l'indemnité pour licenciement sans cause réelle et sérieuse ou celle pour inobservation des règles de l'ordre des licenciements (Cass. soc. 16-2-2022 n° 20-14.969 FS-B : RJS 5/22 n° 247). **91520** (suite)

Quelle que soit l'ampleur du licenciement, tout manquement à l'obligation de **consulter le CSE** et à ses obligations vis-à-vis de l'**autorité administrative** rend l'employeur, l'administrateur ou le liquidateur passible d'une amende de 3 750 € prononcée autant de fois qu'il y a de salariés concernés (C. trav. art. L 1238-5).

La consultation d'un **comité irrégulièrement composé** équivaut à une absence de consultation (Cass. soc. 3-3-1998 n° 95-45.201 PB : RJS 4/98 n° 439).

ATTENTION

En cas d'**annulation** d'une décision de validation ou d'homologation en raison d'une **insuffisance de motivation**, l'autorité administrative prend une nouvelle décision suffisamment motivée, dans un délai de 15 jours à compter de la notification du jugement à l'administration. Cette décision est portée par l'employeur à la connaissance des salariés licenciés à la suite de la 1e décision de validation ou d'homologation, par tout moyen permettant de conférer une date certaine à cette information. Dès lors que l'autorité administrative a édicté cette nouvelle décision, l'annulation pour le seul motif d'insuffisance de motivation de la 1e décision est sans incidence sur la validité du licenciement et ne donne pas lieu au versement de l'indemnité mentionnée ci-dessus (C. trav. art. L 1233-58, II, al. 8 et 9).

PARTIE 7

Tableaux de synthèse

Cette partie comprend une série de tableaux de synthèse relatifs à l'information et à la consultation du CSE, rassemblant les informations nécessaires dans les domaines suivants : **99000**
– informations et consultations récurrentes du CSE ;
– informations et consultations ponctuelles du CSE ;
– base de données économiques, sociales et environnementales ;
– consultation annuelle du CSE sur la situation économique et financière ;
– consultation annuelle du CSE sur la politique sociale, les conditions de travail et l'emploi ;
– égalité professionnelle : indicateurs chiffrés.

Suivent deux autres tableaux, l'un récapitulant les peines contraventionnelles, l'autre faisant la synthèse des accords collectifs pouvant être conclus sur la mise en place, le fonctionnement et les attributions du CSE.

CHAPITRE 1

INFORMATIONS ET CONSULTATIONS RÉCURRENTES DU CSE

Le tableau ci-après donne la liste des questions sur lesquelles le CSE doit être informé et/ou consulté de manière récurrente. Sont indiqués, en outre, les délais dans lesquels il doit se prononcer quand il doit être consulté et les numéros de paragraphe du Mémento où la question est examinée. Est concerné le CSE des entreprises d'**au moins 50 salariés**. **99005**

99005
(suite)

Objet	Entreprises concernées	Périodicité	Information du CSE	Consultation du CSE	Délai d'examen par le CSE	Pour plus de détails, voir
Orientations stratégiques de l'entreprise						
Consultation sur les orientations stratégiques : contenu fixé par accord À défaut, la consultation porte sur ces orientations et sur leurs conséquences sur l'activité, l'emploi, l'évolution des métiers et des compétences, l'organisation du travail, le recours à la sous-traitance, à l'intérim, à des contrats temporaires et à des stages, ainsi que sur la gestion prévisionnelle des emplois et des compétences, sur les orientations de la formation professionnelle et sur le plan de développement des compétences Au cours de la consultation, information sur les conséquences environnementales de l'activité de l'entreprise	Toutes entreprises	Fixée par accord sans pouvoir excéder 3 ans Annuelle à défaut d'accord	x La BDESE sert de support à la consultation	x	Fixé par accord À défaut, voir n° 3705	n°s 3840 s. et 3870 s.
Situation économique et financière de l'entreprise						
Consultation sur la situation économique et financière de l'entreprise : contenu fixé par accord À défaut, la consultation porte sur cette situation et sur la politique de recherche et de développement technologique de l'entreprise Au cours de la consultation, information sur les conséquences environnementales de l'activité de l'entreprise	Toutes entreprises	Fixée par accord sans pouvoir excéder 3 ans Annuelle à défaut d'accord	x La BDESE sert de support à la consultation Informations fixées par accord À défaut, voir n°s 99040 s.	x	Fixé par accord À défaut, voir n° 3705	n°s 3840 s. et 3885 s.

99005
(suite)

Objet	Entreprises concernées	Périodicité	Information du CSE	Consultation du CSE	Délai d'examen par le CSE	Pour plus de détails, voir
Politique sociale de l'entreprise, conditions de travail et emploi						
Consultation sur la politique sociale de l'entreprise, les conditions de travail et l'emploi : contenu fixé par accord À défaut, la consultation porte en outre sur l'évolution de l'emploi, les qualifications, le programme pluriannuel de formation, les actions de prévention et de formation envisagées par l'employeur, l'apprentissage, les conditions d'accueil en stage, les conditions de travail, les congés et l'aménagement du temps de travail, la durée du travail, l'égalité professionnelle entre les femmes et les hommes et les modalités d'exercice du droit d'expression, les conséquences pour les salariés d'un accord de préservation ou de développement de l'emploi Au cours de la consultation, information sur les conséquences environnementales de l'activité de l'entreprise	Toutes entreprises	Fixée par accord sans pouvoir excéder 3 ans Annuelle à défaut d'accord	x La BDESE sert de support à la consultation Informations fixées par accord À défaut, voir nos 99050 s.	x	Fixé par accord À défaut, voir n° 3705	nos 3840 s. et 3910 s.
Congés						
Liste des demandes de période de mobilité volontaire sécurisée et suite qui leur a été donnée	Entreprises d'au moins 300 salariés	Semestrielle	x			n° 69340

99005 (suite)

Objet	Entreprises concernées	Périodicité	Information du CSE	Consultation du CSE	Délai d'examen par le CSE	Pour plus de détails, voir
Conventions et accords collectifs						
Liste des modifications apportées aux conventions ou accords collectifs de travail applicables dans l'entreprise	Toutes entreprises	Annuelle	x			n° 83870
Épargne salariale						
Rapport sur les éléments de calcul de la participation aux résultats de l'entreprise et sur la gestion et l'utilisation des sommes	Entreprises dotées d'un régime de participation aux résultats	Annuelle (dans les 6 mois qui suivent la clôture de chaque exercice)	x			n° 71515
Médecine du travail						
Rapports de gestion et d'activité du service médical et du médecin du travail	Entreprises dotées d'un service autonome de prévention et de santé au travail	Annuelle	x			n° 57120
Information sur le nombre et la catégorie des salariés à suivre et les risques professionnels auxquels ils sont exposés	Entreprises adhérentes d'un service interentreprises de prévention et de santé au travail	Annuelle	x			n° 57090
Personnes handicapées						
DSN annuelle au travers de laquelle l'employeur fait connaître sa situation au titre de l'obligation des travailleurs handicapés, liste nominative des bénéficiaires exclue	Toutes les entreprises	Annuelle	x			n° 53020
Titres-restaurant						
Contrôle de la gestion des fonds des titres-restaurant émis par l'employeur	Entreprises émettrices de titres-restaurant	Annuelle		x		n° 55265

99005
(suite)

Objet	Entreprises concernées	Périodicité	Information du CSE	Consultation du CSE	Délai d'examen par le CSE	Pour plus de détails, voir
Obligations complémentaires des entreprises d'au moins 300 salariés						
À défaut d'accord contraire, bilan social	Entreprises d'au moins 300 salariés	Annuelle (en même temps que la consultation sur la politique sociale de l'entreprise)	x	x	Fixé par accord À défaut, voir n° 3705	n° 70785
Informations sur : – l'évolution générale des commandes et l'exécution des programmes de productions ; – les éventuels retards de paiement de cotisations sociales ; – l'évolution des effectifs et de la qualification des salariés	Entreprises d'au moins 300 salariés	Trimestrielle	x			n°s 3495 s.
Entreprises éditrices de presse ou de communication audiovisuelle						
Respect de l'article 2 bis de la loi du 29-7-1881 sur la liberté de la presse	Entreprises de presse ou audiovisuelles	Annuelle	x			C. trav. art. L 7111-11 ; Loi 29-7-1881 modifiée art. 2 bis

CHAPITRE 2

INFORMATIONS ET CONSULTATIONS PONCTUELLES DU CSE

99010 Le tableau ci-après donne la liste des questions sur lesquelles le CSE doit être informé et/ou consulté de manière ponctuelle. Sont indiqués, en outre, les numéros de paragraphe du Mémento où la question est examinée.

Un astérisque indique quand le CSE des entreprises de moins de 50 salariés doit être informé et/ou consulté. En son absence, seul celui des entreprises d'au moins 50 salariés est concerné.

Sur la possibilité de conclure un **accord collectif** définissant, notamment, le contenu des informations et consultations ponctuelles du comité mentionnées n°s 3980 s., voir n° 4050.

Objet	Information du CSE	Consultation du CSE
Situation économique et financière		
Remise d'une documentation sur l'entreprise après chaque élection (n° 4070)	x	
Emploi		
Contrats à durée déterminée et contrats de travail temporaire		
Accroissement important du nombre des contrats (n° 52375)	x	
Conclusion au titre du remplacement d'un salarié parti définitivement avant la suppression de son poste (n° 52360)	x (*)	x (*)
Conclusion en cas de licenciement économique antérieur (n° 52365)	x (*)	x (*)
Conclusion en cas de commande exceptionnelle à l'exportation (n° 52360)	x (*)	x (*)
Mise en œuvre d'un prêt de main-d'œuvre (CSE de l'entreprise prêteuse et de l'entreprise utilisatrice) (n° 52395)	x (*)	x (*)
Programme et modalités pratiques de la formation renforcée à la sécurité et conditions d'accueil des salariés concernés (n° 55685)	x (*)	x (*)
Groupement d'employeurs		
Constitution (n° 52415)	x (*)	
GPEC et contrats de formation et d'adaptation des salariés		
Conventions de formation et d'adaptation (et conventions de coopération) (n° 52740)	x (*)	x (*)
Aide de l'État aux actions de formation de longue durée prévues par convention de branche ou accord professionnel (n° 52730)	x (*)	x (*)
Mise en œuvre du dispositif Transco (détermination des emplois fragilisés) (n° 52900, c)	x (*)	x (*)
Mise en place ou modification d'un dispositif d'évaluation des salariés (n° 52660)	x	x
Aide publique		
Attribution à l'entreprise (n° 52350)	x	x
Embauche		
Utilisation et modification : – de méthodes et techniques d'aide au recrutement des candidats à un emploi (n° 52600)	x	
– de traitements automatisés de gestion du personnel (n° 4030)	x	
Travailleurs handicapés		
Mise à disposition de travailleurs handicapés par une entreprise adaptée (CSE de l'entreprise utilisatrice) (n° 53025)	x (*)	x (*)

99010 (suite)

Objet	Information du CSE	Consultation du CSE
Conditions de travail		
Télétravail		
Introduction et modification (n° 55305)	x (*)	x (*)
Mise en place d'un moyen de surveillance (n° 55305)	x (*)	x (*)
Mise en place d'une charte sur le droit à la déconnexion (n° 81360)	x (*)	x (*)
Introduction de nouvelles technologies		
Projet important pouvant avoir des conséquences sur l'emploi, la qualification, la rémunération, la formation ou les conditions de travail du personnel (nos 56100 s.)	x	x
Autres conditions de travail		
Tout projet important affectant les conditions de travail (compétence générale) (nos 56055 s.)	x	x
Élaboration et actualisation du document d'évaluation des risques professionnels (DUER ou DUERP) [1] (n° 55557)	x (*)	x (*)
Élaboration d'un plan d'action sur la prévention des effets de l'exposition à certains facteurs de risques professionnels (n° 55630)	x	x
Élaboration d'un plan d'amélioration de la sécurité (n° 56890)	x (*)	x (*)
Mise en place du registre des accidents du travail bénins [2] (n° 56700)	x (*)	
Mise en place des titres-restaurant (n° 55255)	x	x
Voir aussi : Marche générale de l'entreprise, contrats à durée déterminée et contrats de travail temporaire		
Service de prévention et de santé au travail		
Embauche d'un médecin du travail (hors service interentreprises) (n° 57205)	x	x (nécessité d'obtenir l'accord du CSE)
Rupture du CDI ou non-renouvellement du CDD du médecin du travail (hors service interentreprises) (nos 57240 s.)	x	x
Choix entre service autonome et service interentreprises (pour au moins 500 salariés sous surveillance médicale) (n° 57085)	x	x (pouvoir d'opposition)
Choix du service interentreprises (n° 57090)	x (*)	x (*)
Choix du service propre à une autre entreprise (appartenance au même groupe ou intervention régulière comme entreprise extérieure) (n° 57095)	x (*)	x (pouvoir d'opposition) (*)
Choix du service commun aux établissements d'un même site (n° 57100)	x (*)	x (*)
Recours à un ou plusieurs services de santé au travail de proximité (salariés éloignés) (n° 57105)	x (*)	x (*)
Administration du service autonome : organisation et fonctionnement (n° 57110)	x	x
Administration du service autonome : observations et mises en demeure de l'inspection du travail (n° 57110)	x	
Formation professionnelle		
Formation sur les lieux de production : compte rendu des mesures prises pour que l'enseignement réponde aux conditions fixées à l'article D 6321-1 du Code du travail	x	
Décision du préfet de s'opposer à l'engagement d'apprentis (n° 61420)	x (*)	
Projet de transition professionnelle (n° 61400) : – report de la date de départ du salarié en congé de formation – interruption du congé de formation du salarié pour motif légitime	 x x	 x x

99010 (suite)

Objet	Information du CSE	Consultation du CSE
Durée du travail		
Compétence générale sur la durée et l'aménagement du temps de travail, notamment : – fixation et modification de la durée du travail (n° 64100), – fixation, modification et dérogation à l'horaire collectif (n° 64575)	x	x
– aménagement du temps de travail sur plusieurs semaines (nos 64810 et 64840), – travail de nuit (n° 64965 s.), – temps partiel (nos 65030 s.)	(*)	(*)
Mise en place et organisation des astreintes (n° 64352)	x (*)	x (*)
Dérogation à la durée maximale journalière pour surcroît d'activité (n° 64185)	x (*)	x (*)
Dérogation à la durée maximale hebdomadaire moyenne sur décision de l'inspecteur du travail (n° 64245)	x (*)	x (*)
Dérogation à la durée maximale hebdomadaire absolue (n° 64250)	x (*)	x (*)
Dérogation à la durée minimale de repos quotidien en cas de surcroît exceptionnel d'activité sur décision de l'inspecteur du travail (n° 64290)	x (*)	x (*)
Contrepartie à la durée des déplacements professionnels décidée unilatéralement par l'employeur (n° 64335)	x (*)	x (*)
Accomplissement d'heures supplémentaires dans le cadre du contingent (n° 64480)	x (*)	
Accomplissement d'heures supplémentaires en dehors du contingent (n° 64480)	x (*)	x (*)
Modalités d'utilisation et de dépassement du contingent d'heures supplémentaires quand le contingent n'est pas fixé par convention ou accord collectif (n° 64475)	x (*)	x (*)
Mise en place du repos compensateur de remplacement dans les entreprises sans délégué syndical (n° 64510)	x (*)	x (pouvoir d'opposition)
Adaptation des conditions et modalités d'attribution et de prise du repos compensateur (n° 64515)	x (*)	x (*)
Mise en place d'horaires individualisés (n° 64605)	x (*)	x (avis conforme) (*)
Mise en place unilatérale de la semaine de 4 ou 4,5 jours (entreprise couverte par un décret) (n° 64625)	x (*)	x (avis conforme) (*)
Modalités de fixation de la journée de solidarité (n° 65210)	x (*)	x (*)
Récupération des heures perdues (n° 64875)	x	x
Organisation du travail par relais ou roulement (n° 64905), par équipes successives (n° 64910), de façon continue pour des raisons techniques ou économiques avec attribution du repos hebdomadaire par roulement (n° 64915 s.)	x	x
Mise en place unilatérale du temps partiel (n° 65045)	x (*)	x (*)
Dérogation à la règle du repos dominical – fermeture préjudiciable, équipes de suppléance – (nos 65115 et 65145)	x (*)	x (*)
Transports routiers : durée hebdomadaire de travail des personnels roulants (mise en place d'un calcul sur une durée supérieure à la semaine) : C. transports art. D 3312-41	x (*)	x (*)
Congés		
Congés annuels payés		
Fixation de la période de prise des congés payés (à défaut d'accord collectif) (nos 69080 s.)	x (*)	x (*)
Ordre des départs en congés (à défaut d'accord collectif) (n° 69130)	x (*)	x (*)
Attribution des chèques-vacances par l'employeur (n° 69130)	x (*)	x (*)
Autres congés		
Refus du congé sabbatique (n° 69315)	x (*)	x (*)
Refus du congé (ou du passage à temps partiel) pour création ou reprise d'entreprise (n° 69315)	x (*)	x (*)
Refus du congé jeune entreprise innovante (n° 69315)	x (*)	x (*)

99010 (suite)

Objet	Information du CSE	Consultation du CSE
Refus de l'autorisation d'absence pour participer à des instances traitant des problèmes d'emploi et de formation (n° 69315)	x (*)	x (*)
Refus de l'autorisation d'absence pour participer à un jury d'examen ou de validation des acquis de l'expérience (n° 69315)	x (*)	x (*)
Refus d'un congé de représentation d'une association ou d'une mutuelle (n° 69315)	x (*)	x (*)
Refus d'un congé de solidarité internationale (n° 69315)	x (*)	x (*)
Refus du congé de formation des élus locaux (n° 69315)	x (*)	x (*)
Refus du congé pour aide aux victimes de catastrophes naturelles (n° 69315)	x (*)	x (*)
Refus du congé de formation des cadres et animateurs pour la jeunesse (n° 69315)	x (*)	x (*)
Refus du congé mutualiste de formation (n° 69315)	x (*)	x (*)
Refus du congé de formation économique, sociale, syndicale et environnementale (n° 69320)	x (*)	x (avis conforme) (*)
Refus d'une absence pour représentation d'associations familiales (n° 69320)	x (*)	x (avis conforme) (*)
Salaire et épargne salariale		
Salaire		
Décisions relatives aux rémunérations de nature à affecter le volume ou la structure des effectifs, les conditions d'emploi ou de travail, l'introduction de nouvelles technologies et l'aménagement important des conditions de travail (nos 70650 s.)	x	x
Prise en charge des frais de vélo et de carburant des salariés du domicile au lieu de travail sur décision unilatérale de l'employeur (C. trav. art. L 3261-4 et L 3261-3-1)	x (*)	x (*)
Épargne salariale		
Prime de partage de la valeur par décision unilatérale (n° 71040)	x (*)	x (*)
Livret d'épargne salariale (n° 71515)	x (*)	
Assujettissement unilatéral à la participation (n° 71305)	x (*)	x (*)
Projet de règlement de plan d'épargne salariale (n° 72920)	x (*)	x (*)
Informations nécessaires sur les conditions d'application de l'accord de participation ou le règlement de plan (n° 71520)	x (*)	
Intéressement par décision unilatérale dans une entreprise de moins de 50 salariés (n° 71670)	x (*)	x (*)
Modalités de suivi des accords d'intéressement (n° 71830)	x (*)	
Protection sociale complémentaire d'entreprise		
Mise en place, modification ou suppression d'une garantie collective par accord ratifié par le personnel ou décision unilatérale de l'employeur (nos 74130, 74200, 74215 et 74280)	x	x
Égalité professionnelle		
Mesures spécifiques aux femmes : mesure et suppression des écarts de salaire, plan pour l'égalité professionnelle (nos 76450 s.)	x (*)	x (*)
Contrat pour la mixité des emplois et l'égalité professionnelle (n° 76530)	x (*)	x (*)
Aide au conseil (n° 76570)	x (*)	x (*)
Discrimination collective (demande préalable à la mise en œuvre d'une action de groupe) (n° 76010)	x (*)	
Contrôle et surveillance des salariés		
Mise en place et modification de moyens ou techniques permettant un contrôle de l'activité des salariés (nos 78020 s.)	x	x
Procédure interne de recueil et de traitement des alertes professionnelles (n° 78085)	x	x

99010 (suite)

Objet	Information du CSE	Consultation du CSE
Traitements informatiques et fichiers nominatifs		
Introduction de traitements automatisés de gestion du personnel et leurs modifications (n° 4030)	x	
Normes collectives		
Conventions et accords collectifs		
Mise en œuvre d'un accord collectif portant sur une question entrant dans les attributions économiques du CSE (n° 80105)	x	x
Règlement intérieur		
Introduction du règlement intérieur, modification ou retrait de l'une de ses clauses (n° 85150)	x (*)	x (*)
Introduction de notes de service ou de tout autre document portant prescriptions générales et permanentes dans les matières relevant de ce règlement (n° 85160)	x (*)	x (*)
Autres normes collectives		
Dénonciation d'usages, d'engagements unilatéraux de l'employeur et d'accords « atypiques » (n°s 85445 s.)	x (*)	
Conflits collectifs		
Fermeture de l'entreprise décidée par l'employeur en réaction à une grève ou une menace de grève de son personnel (n° 86135)	x	x
Transferts d'entreprise et restructuration		
Marche générale de l'entreprise		
Organisation, gestion et marche générale de l'entreprise (notamment mesures de nature à affecter le volume ou la structure des effectifs, la durée du travail, les conditions d'emploi, de travail et de formation professionnelle, ainsi que des conséquences environnementales de ces mesures) (n°s 3980 s. et 87590)	x	x
Modification de l'organisation économique ou juridique		
Cas général (n°s 87595 s.)	x	x
Prise de participation (n° 87650)	x	x (seulement du CSE de l'entreprise qui prend la participation)
Opération de concentration (n° 87655)	x	x
Programme de rachat d'actions (n° 87660)	x	x
Offre publique d'acquisition		
Comités de l'entreprise cible et de l'entreprise auteur de l'offre (n°s 87700 s.)	x	x (seulement du CSE de l'entreprise cible)
Difficultés économiques, licenciements et procédures collectives		
Faits préoccupants pour la situation économique		
Information du CSE dans le cadre de l'exercice de son droit d'alerte (n°s 89200 s.)	x	
Alerte des commissaires aux comptes (n° 89155)	x (*)	
Activité partielle		
Mise en activité partielle (n°s 89635 s.)	x	x
Modification du dispositif d'activité partielle de longue durée (APLD) (n°s 89660 s.)	x	x si modification par document unilatéral de l'employeur
Restructuration et compression des effectifs		
Cas général (n° 52405)	x	x
Projet de nature à affecter la sous-traitance (n° 52410)	x	
Licenciements pour motif économique		
Collectifs (moins de 10 salariés) (n°s 90010 s.)	x (*)	x (*)
Collectifs (au moins 10 salariés) (n° 90315)	x (*)	x (*)
Ordre des licenciements (à défaut de convention ou d'accord collectif) (n° 89930)	x (*)	x(*)

99010 (suite)

Objet	Information du CSE	Consultation du CSE
Procédures collectives		
Information et consultation du comité dans le cadre des procédures de sauvegarde, de redressement et de liquidation judiciaires (n°s 90900 s.)	x (*)	x (*)
Protection des représentants du personnel		
Licenciement pour motif personnel (n°s 45150 s.)	x	x
Licenciement pour motif économique (n° 46070)	x	x
Mise à la retraite (n° 46310)	x	x
Rupture conventionnelle (n° 46455)	x	x
Rupture d'un contrat à durée déterminée (n° 46640)	x	x
Rupture d'un contrat de travail temporaire (n° 46685)	x	x
Sanctions administratives et pénales		
Prononcé d'une amende administrative contre l'employeur (n° 3595)	x (*)	
Poursuites pénales engagées à l'encontre de l'employeur personne morale (n° 3595)	x (*)	
Homologation d'une transaction pénale conclue par l'employeur personne morale (n° 3595)	x (*)	

1. Ce document, dans ses versions successives, doit être tenu à la disposition du CSE pendant au moins 40 ans à compter de son élaboration : n° 55557.
2. Le CSE doit avoir accès à ce registre (n° 56700).

CHAPITRE 3

BASE DE DONNÉES ÉCONOMIQUES, SOCIALES ET ENVIRONNEMENTALES

99020 La base de données économiques, sociales et environnementales (BDESE), dont la mise en place est obligatoire dans les entreprises d'au moins 50 salariés dotées d'un CSE, comporte une **présentation de la situation de l'entreprise**, notamment le chiffre d'affaires, la valeur ajoutée, le résultat d'exploitation et le résultat net. En l'absence d'accord dérogatoire (voir n° 3515), elle rassemble les informations figurant dans le tableau ci-après (C. trav. art. R 2312-8 et R 2312-9). Sur le calcul du seuil de 300 salariés, voir n° 3505.

Thèmes	Entreprises d'au moins 300 salariés	Entreprises de moins de 300 salariés
1° Investissements		
A. Investissement social	**a) Évolution des effectifs par type de contrat, par âge, par ancienneté** :	**a) Évolution des effectifs par type de contrat, par âge et par ancienneté** :
	• **Effectif** : effectif total au 31/12 (1) (I) ; effectif permanent (2) (I) ; nombre de salariés titulaires d'un contrat de travail à durée déterminée au 31/12 (I) ; effectif mensuel moyen de l'année considérée (3) (I) ; répartition par sexe de l'effectif total au 31/12 (I) ; répartition par âge de l'effectif total au 31/12 (4) (I) ; répartition de l'effectif total au 31/12 selon l'ancienneté (5) (I) ; répartition de l'effectif total au 31/12 selon la nationalité (I) : français/étrangers ; répartition de l'effectif total au 31/12 selon une structure de qualification détaillée (II) ;	– évolution des effectifs retracée mois par mois ; nombre de salariés titulaires d'un contrat de travail à durée indéterminée ; nombre de salariés titulaires d'un contrat de travail à durée déterminée ; nombre de salariés temporaires ; nombre de salariés appartenant à une entreprise extérieure ; nombre de journées de travail réalisées au cours des 12 derniers mois par les salariés temporaires ; nombre de contrats d'insertion et de formation en alternance ouverts aux jeunes de moins de 26 ans ;
	• **Travailleurs extérieurs** : nombre de salariés appartenant à une entreprise extérieure (6) ; nombre de stagiaires (écoles, universités...) (7) ; nombre moyen mensuel de salariés temporaires (8) ; durée moyenne des contrats de travail temporaire. nombre de salariés de l'entreprise détachés ; nombre de salariés détachés accueillis.	– motifs ayant conduit l'entreprise à recourir aux contrats de travail à durée déterminée, aux contrats de travail temporaire, aux contrats de travail à temps partiel, ainsi qu'à des salariés appartenant à une entreprise extérieure.
	b) Évolution des emplois, notamment, par catégorie professionnelle :	**b) Évolution des emplois par catégorie professionnelle** :
	– **Embauches** : nombre d'embauches par contrats de travail à durée indéterminée ; nombre d'embauches par contrats de travail à durée déterminée (dont nombre de contrats de travailleurs saisonniers) (I) ; nombre d'embauches de salariés de moins de vingt-cinq ans ;	– répartition des effectifs par sexe et par qualification ; – indication des actions de prévention et de formation que l'employeur envisage de mettre en œuvre, notamment au bénéfice des salariés âgés, peu qualifiés ou présentant des difficultés sociales particulières.

99020
(suite)

Thèmes	Entreprises d'au moins 300 salariés	Entreprises de moins de 300 salariés
	– **Départs** : total des départs (I) ; nombre de démissions (I) ; nombre de licenciements pour motif économique, dont départs en retraite et préretraite (I) ; nombre de licenciements pour d'autres causes (I) ; nombre de fins de contrats de travail à durée déterminée (I) ; nombre de départs au cours de la période d'essai (9) (I) ; nombre de mutations d'un établissement à un autre (I) ; nombre de départs volontaires en retraite et préretraite (10) (I) ; nombre de décès (I) ; – Promotions : nombre de salariés promus dans l'année dans une catégorie supérieure (11) ; – Chômage : nombre de salariés mis en chômage partiel [Ndlr : activité partielle] pendant l'année considérée (I) ; nombre total d'heures de chômage partiel [Ndlr : activité partielle] pendant l'année considérée (12) (I) (indemnisées ; non indemnisées) ; nombre de salariés mis en chômage intempéries pendant l'année considérée (I) ; nombre total d'heures de chômage intempéries pendant l'année considérée (I) (indemnisées ; non indemnisées).	
	c) Évolution de l'emploi des personnes handicapées et mesures prises pour le développer ; nombre de travailleurs handicapés au 31 mars de l'année considérée (13) ; nombre de travailleurs handicapés à la suite d'accidents du travail intervenus dans l'entreprise, employés au 31 mars de l'année considérée.	**c) Évolution de l'emploi des personnes handicapées** et mesures prises pour le développer : actions entreprises ou projetées en matière d'embauche, d'adaptation, de réadaptation ou de formation professionnelle. La déclaration annuelle prévue à l'article L 5212-5 du Code du travail (DOETH) à l'exclusion des informations mentionnées à l'article D 5212-4 doit être jointe au rapport [la DOETH se fait à travers la DSN : n° 53020].
	d) Évolution du nombre de stagiaires.	**d) Évolution du nombre de stagiaires de plus de 16 ans**.
	e) Formation professionnelle : investissements en formation, publics concernés :	**e) Formation professionnelle** : investissements en formation, publics concernés :

99020 (suite)

Thèmes	Entreprises d'au moins 300 salariés	Entreprises de moins de 300 salariés
	– **Formation professionnelle continue** : pourcentage de la masse salariale afférent à la formation continue ; montant consacré à la formation continue : formation interne ; formation effectuée en application de conventions ; versement à des fonds assurance formation ; versement auprès d'organismes agréés, Trésor et autres ; total ; nombre de stagiaires (II) ; nombre d'heures de stage (II) (rémunérées ; non rémunérées). Décomposition par type de stages à titre d'exemple : adaptation, formation professionnelle, entretien ou perfectionnement des connaissances ; – **Congés formation** : nombre de salariés ayant bénéficié d'un congé formation rémunéré ; nombre de salariés ayant bénéficié d'un congé formation non rémunéré ; nombre de salariés auxquels a été refusé un congé formation ; – **Apprentissage** : nombre de contrats d'apprentissage conclus dans l'année.	– orientations de la formation professionnelle dans l'entreprise telles qu'elles résultent de la consultation prévue à l'article L 2312-24 ; – résultat éventuel des négociations prévues à l'article L 2241-6 ; – informations relatives aux modalités d'accès à la formation professionnelle des salariés transmises par l'employeur à l'autorité administrative en application de l'article L 6331-32 ; – conclusions éventuelles des services de contrôle faisant suite aux vérifications effectuées en application de l'article L 6361-4 ; – bilan des actions comprises dans le plan de formation de l'entreprise pour l'année antérieure et pour l'année en cours comportant la liste des actions de formation, des bilans de compétences et des validations des acquis de l'expérience réalisés, rapportés aux effectifs concernés répartis par catégorie socioprofessionnelle et par sexe ; – informations, pour l'année antérieure et l'année en cours, relatives aux congés individuels de formation, aux congés de bilan de compétences, aux congés de validation des acquis de l'expérience et aux congés pour enseignement accordés (notamment leur objet, leur durée et leur coût), aux conditions dans lesquelles ces congés ont été accordés ou reportés ainsi qu'aux résultats obtenus ; – nombre de salariés bénéficiaires de l'abondement mentionné au dernier alinéa du II de l'article L 6315-1 (relatif au compte personnel formation) ainsi que les sommes versées à ce titre ; – nombre de salariés bénéficiaires de l'entretien professionnel mentionné au I de l'article L 6315-1. Bilan, pour l'année antérieure et l'année en cours, des conditions de mise en œuvre des contrats d'alternance : – emplois occupés pendant et à l'issue de leur action ou de leur période de professionnalisation ; – effectifs intéressés par âge, sexe et niveau initial de formation (C. trav. art. D 2323-6) ; – résultats obtenus en fin d'action ou de période de professionnalisation ainsi que les conditions d'appréciation et de validation. Bilan de la mise en œuvre du compte personnel de formation.
	f) Conditions de travail : durée du travail dont travail à temps partiel et aménagement du temps de travail, données sur l'exposition aux risques et aux facteurs de pénibilité (accidents du travail, maladies professionnelles, absentéisme, dépenses en matière de sécurité) :	**f) Conditions de travail** : durée du travail dont travail à temps partiel et aménagement du temps de travail.

99020 (suite)

Thèmes	Entreprises d'au moins 300 salariés	Entreprises de moins de 300 salariés
	– **Accidents du travail et de trajet** : taux de fréquence des accidents du travail (I) ; nombre d'accidents avec arrêts de travail ; nombre d'heures travaillées ; nombre d'accidents du travail avec arrêt × 106 ; nombre d'heures travaillées ; taux de gravité des accidents du travail (I) ; nombre des journées perdues ; nombre d'heures travaillées ; nombre des journées perdues × 10^{3} ; nombre d'heures travaillées ; nombre d'incapacités permanentes (partielles et totales) notifiées à l'entreprise au cours de l'année considérée (distinguer français et étrangers) ; nombre d'accidents mortels : du travail, de trajet ; nombre d'accidents de trajet ayant entraîné un arrêt de travail ; nombre d'accidents dont sont victimes les salariés temporaires ou de prestations de services dans l'entreprise ; taux et montant de la cotisation de sécurité sociale d'accidents du travail ;	Données sur le travail à temps partiel : – nombre, sexe et qualification des salariés travaillant à temps partiel ; – horaires de travail à temps partiel pratiqués dans l'entreprise ; programme annuel de prévention des risques professionnels et d'amélioration des conditions de travail prévu au 2° de l'article L 2312-27 établi à partir des analyses mentionnées à l'article L 4612-2 et fixant la liste détaillée des mesures devant être prises au cours de l'année à venir dans les mêmes domaines afin de satisfaire, notamment : • aux principes généraux de prévention prévus aux articles L 4121-1 à L 4121-5 et L 4221-1 du Code du travail ; • à l'information et à la formation des travailleurs prévues aux articles L 4141-1 à L 4143-1 ; • à l'information et à la formation des salariés titulaires d'un contrat de travail à durée déterminée et des salariés temporaires prévues aux articles L 4154-2 et L 4154-4 ; • à la coordination de la prévention prévue aux articles L 4522-1 et L 4522-2.
	– **Répartition des accidents par éléments matériels** (28) : nombre d'accidents liés à l'existence de risques graves-codes 32 à 40 ; nombre d'accidents liés à des chutes avec dénivellation-code 02 ; nombre d'accidents occasionnés par des machines (à l'exception de ceux liés aux risques ci-dessus)-codes 09 à 30 ; nombre d'accidents de circulation-manutention-stockage-codes 01,03,04 et 06,07,08 ; nombre d'accidents occasionnés par des objets, masses, particules en mouvement accidentel-code 05 ; autres cas ; – **Maladies professionnelles** : nombre et dénomination des maladies professionnelles déclarées à la sécurité sociale au cours de l'année ; nombre de salariés atteints par des affections pathologiques à caractère professionnel et caractérisation de celles-ci ; nombre de déclarations par l'employeur de procédés de travail susceptibles de provoquer des maladies professionnelles (29) ; – **Dépenses en matière de sécurité** : effectif formé à la sécurité dans l'année ; montant des dépenses de formation à la sécurité réalisées dans l'entreprise ; taux de réalisation du programme de sécurité présenté l'année précédente ; existence et nombre de plans spécifiques de sécurité ;	

99020 (suite)

Thèmes	Entreprises d'au moins 300 salariés	Entreprises de moins de 300 salariés
	– **Durée et aménagement du temps de travail** : horaire hebdomadaire moyen affiché des ouvriers et employés ou catégories assimilées (30) (I) ; nombre de salariés ayant bénéficié d'un repos compensateur (I) (au titre du Code du travail (31) ; au titre d'un régime conventionné (I)) ; nombre de salariés bénéficiant d'un système d'horaires individualisés (32) (I) ; nombre de salariés employés à temps partiel (I) (entre 20 et 30 heures (33) ; autres formes de temps partiel ; nombre de salariés ayant bénéficié tout au long de l'année considérée de deux jours de repos hebdomadaire consécutifs (I) ; nombre moyen de jours de congés annuels (non compris le repos compensateur) (34) (I) ; nombre de jours fériés payés (35) (I) ; – **Absentéisme** : nombre de journées d'absence (15) (I) ; nombre de journées théoriques travaillées ; nombre de journées d'absence pour maladie (I) ; répartition des absences pour maladie selon leur durée (16) (I) ; nombre de journées d'absence pour accidents du travail et de trajet ou maladies professionnelles (I) ; nombre de journées d'absence pour maternité (I) ; nombre de journées d'absence pour congés autorisés (événements familiaux, congés spéciaux pour les femmes...) (I) ; nombre de journées d'absence imputables à d'autres causes (I) ; – **Organisation et contenu du travail** : nombre de personnes occupant des emplois à horaires alternant ou de nuit ; nombre de personnes occupant des emplois à horaires alternant ou de nuit de plus de cinquante ans ; salarié affecté à des tâches répétitives au sens de la définition du travail à la chaîne résultant du décret 76-404 du 10 mai 1976 (36) (distinguer femmes-hommes) ; – **Conditions physiques de travail** : nombre de personnes exposées de façon habituelle et régulière à plus de 85 dbs à leur poste de travail ; réaliser une carte du son par atelier (37) ; nombre de salariés exposés à la chaleur au sens de la définition contenue dans le décret 76-404 du 10 mai 1976(38) ; nombre de salariés travaillant aux intempéries de façon habituelle et régulière, au sens de la définition contenue dans le décret 76-404 du 10 mai 1976 (39) ; nombre de prélèvements, d'analyses de produits toxiques et mesures (40) ; – **Transformation de l'organisation du travail** : expériences de transformation de l'organisation du travail en vue d'en améliorer le contenu (41) ;	

99020 (suite)

Thèmes	Entreprises d'au moins 300 salariés	Entreprises de moins de 300 salariés
	– **Dépenses d'amélioration des conditions de travail** : montant des dépenses consacrées à l'amélioration des conditions de travail dans l'entreprise (42) ; taux de réalisation du programme d'amélioration des conditions de travail dans l'entreprise l'année précédente ; – **Médecine du travail** (43) : nombre d'examens cliniques (distinguer les travailleurs soumis à surveillance médicale et les autres) ; nombre d'examens complémentaires (distinguer les travailleurs soumis à surveillance et les autres) ; part du temps consacré par le médecin du travail à l'analyse et à l'intervention en milieu de travail ; – **Travailleurs inaptes** : nombre de salariés déclarés définitivement inaptes à leur emploi par le médecin du travail ; nombre de salariés reclassés dans l'entreprise à la suite d'une inaptitude.	
B. Investissement matériel et immatériel	**a) Évolution des actifs nets d'amortissement et de dépréciations éventuelles** (immobilisations) ; **b)** Le cas échéant, **dépenses de recherche et développement** ; **c)** Évolution de la **productivité** et taux d'utilisation des capacités de production, lorsque ces éléments sont mesurables dans l'entreprise.	**a) Évolution des actifs nets d'amortissement et de dépréciations éventuelles** (immobilisations) ; **b)** Le cas échéant, **dépenses de recherche** et de développement ; **c) Mesures envisagées** en ce qui concerne l'amélioration, le renouvellement ou la transformation des méthodes de production et d'exploitation et incidences de ces mesures sur les conditions de travail et l'emploi.
2° Égalité professionnelle entre les hommes et les femmes au sein de l'entreprise		
		A. Analyse des données chiffrées Analyse des données chiffrées par catégorie professionnelle de la situation respective des femmes et des hommes en matière d'embauche, de formation, de promotion professionnelle, de qualification, de classification, de conditions de travail, de santé et de sécurité au travail, de rémunération effective et d'articulation entre l'activité professionnelle et l'exercice de la responsabilité familiale ; analyse des écarts de salaires et du déroulement de carrière en fonction de leur âge, de leur qualification et de leur ancienneté ; description de l'évolution des taux de promotion respectifs des femmes et des hommes par métiers dans l'entreprise.

99020 (suite)

Thèmes	Entreprises d'au moins 300 salariés	Entreprises de moins de 300 salariés
		B. Stratégie d'action À partir de l'analyse des données chiffrées mentionnées au A du 2°, la stratégie comprend les éléments suivants : – mesures prises au cours de l'année écoulée en vue d'assurer l'égalité professionnelle. Bilan des actions de l'année écoulée et, le cas échéant, de l'année précédente. Évaluation du niveau de réalisation des objectifs sur la base des indicateurs retenus. Explications sur les actions prévues non réalisées ; – objectifs de progression pour l'année à venir et indicateurs associés. Définition qualitative et quantitative des mesures permettant de les atteindre conformément à l'article R 2242-2. Évaluation de leur coût. Échéancier des mesures prévues.
I. Indicateurs sur la situation comparée des femmes et des hommes dans l'entreprise		
A. Conditions générales d'emploi	**a) Effectifs** : données chiffrées par sexe : répartition par catégorie professionnelle selon les différents contrats de travail (CDI ou CDD) ; **b) Durée et organisation du travail** : Données chiffrées par sexe : répartition des effectifs selon la durée du travail : temps complet, temps partiel (compris entre 20 et 30 heures et autres formes de temps partiel) ; répartition des effectifs selon l'organisation du travail : travail posté, travail de nuit, horaires variables, travail atypique dont travail durant le week-end ; **c) Données sur les congés** : données chiffrées par sexe : répartition par catégorie professionnelle ; selon le nombre et le type de congés dont la durée est supérieure à six mois : compte épargne-temps, congé parental, congé sabbatique ; **d) Données sur les embauches et les départs** : données chiffrées par sexe : répartition des embauches par catégorie professionnelle et type de contrat de travail ; répartition des départs par catégorie professionnelle et motifs : retraite, démission, fin de contrat de travail à durée déterminée, licenciement ; **e) Positionnement dans l'entreprise** : données chiffrées par sexe ; répartition des effectifs par catégorie professionnelle ; répartition des effectifs par niveau ou coefficient hiérarchique.	

99020 (suite)

Thèmes	Entreprises d'au moins 300 salariés	Entreprises de moins de 300 salariés
B. Rémunérations et déroulement de carrière	**a) Promotion** : données chiffrées par sexe : nombre et taux de promotions par catégorie professionnelle ; durée moyenne entre deux promotions ; **b) Ancienneté** : données chiffrées par sexe : ancienneté moyenne par catégorie professionnelle ; ancienneté moyenne dans la catégorie professionnelle ; ancienneté moyenne par niveau ou coefficient hiérarchique ; ancienneté moyenne dans le niveau ou le coefficient hiérarchique ; **c) Âge** : données chiffrées par sexe : âge moyen par catégorie professionnelle ; âge moyen par niveau ou coefficient hiérarchique ; **d) Rémunérations** : données chiffrées par sexe : rémunération moyenne ou médiane mensuelle par catégorie professionnelle ; rémunération moyenne ou médiane mensuelle par niveau ou coefficient hiérarchique. Cet indicateur n'a pas à être renseigné lorsque sa mention est de nature à porter atteinte à la confidentialité des données correspondantes, compte tenu notamment du nombre réduit d'individus dans un niveau ou coefficient hiérarchique ; rémunération moyenne ou médiane mensuelle par tranche d'âge ; nombre de femmes dans les dix plus hautes rémunérations.	
C. Formation	Données chiffrées par sexe : Répartition par catégorie professionnelle selon : le nombre moyen d'heures d'actions de formation par salarié et par an ; la répartition par type d'action : adaptation au poste, maintien dans l'emploi, développement des compétences.	
D. Conditions de travail, santé et sécurité au travail	**Données générales par sexe** : répartition par poste de travail selon : l'exposition à des risques professionnels ; la pénibilité, dont le caractère répétitif des tâches ; **Données chiffrées par sexe** : accidents du travail, accidents de trajet et maladies professionnelles : nombre d'accidents du travail ayant entraîné un arrêt de travail ; nombre d'accidents de trajet ayant entraîné un arrêt de travail ; répartition des accidents par éléments matériels selon les modalités définies au 3.2 de l'article R 2323-17 ; nombre et dénomination des maladies professionnelles déclarées à la sécurité sociale au cours de l'année ; nombre de journées d'absence pour accidents du travail, accidents de trajet ou maladies professionnelles ; **Maladies** : nombre d'arrêts de travail ; nombre de journées d'absence ; maladies ayant donné lieu à un examen de reprise du travail en application du 3° (e) de l'article R 4624-22 : nombre d'arrêts de travail ; nombre de journées d'absence.	

99020
(suite)

Thèmes	Entreprises d'au moins 300 salariés	Entreprises de moins de 300 salariés
II. Indicateurs relatifs à l'articulation entre l'activité professionnelle et l'exercice de la responsabilité familiale		
A. Congés	a) Existence d'un **complément de salaire** versé par l'employeur pour le congé de paternité, le congé de maternité, le congé d'adoption ; b) **Données chiffrées par catégorie** professionnelle. Nombre de jours de congés de paternité pris par le salarié par rapport au nombre de jours de congés théoriques.	
B. Organisation du temps de travail dans l'entreprise	a) Existence de **formules d'organisation du travail** facilitant l'articulation de la vie familiale et de la vie professionnelle ; b) **Données chiffrées** par sexe et par catégorie professionnelle : nombre de salariés ayant accédé au temps partiel choisi ; nombre de salariés à temps partiel choisi ayant repris un travail à temps plein ; c) **Services de proximité** : participation de l'entreprise et du CSE aux modes d'accueil de la petite enfance ; évolution des dépenses éligibles au crédit d'impôt famille.	
Concernant la notion de catégorie professionnelle, il peut s'agir de fournir des données distinguant : a) les ouvriers, les employés, techniciens, agents de maîtrise et les cadres ; b) ou les catégories d'emplois définies par la classification ; c) ou toute catégorie pertinente au sein de l'entreprise. Toutefois, l'indicateur relatif à la rémunération moyenne ou médiane mensuelle comprend au moins deux niveaux de comparaison dont celui mentionné au a) ci-dessus.		
III. Stratégie d'action À partir de l'analyse des indicateurs mentionnés aux I et II, la stratégie d'action comprend les éléments suivants : – mesures prises au cours de l'année écoulée en vue d'assurer l'égalité professionnelle. Bilan des actions de l'année écoulée et, le cas échéant, de l'année précédente. Évaluation du niveau de réalisation des objectifs sur la base des indicateurs retenus. Explications sur les actions prévues non réalisées ; – objectifs de progression pour l'année à venir et indicateurs associés. Définition qualitative et quantitative des mesures permettant de les atteindre conformément à l'article R 2242-2. Évaluation de leur coût. Échéancier des mesures prévues.		
3° Fonds propres, endettement et impôts		
	a) Capitaux propres de l'entreprise ; b) Emprunts et dettes financières dont échéances et charges financières ; c) Impôts et taxes.	
4° Rémunération des salariés et dirigeants, dans l'ensemble de leurs éléments		
A. Évolutions des rémunérations salariales	**a) Frais de personnel** (24) y compris cotisations sociales, évolutions salariales par catégorie et par sexe, salaire de base minimum, salaire moyen ou médian, par sexe et par catégorie professionnelle :	a) Frais de personnel y compris cotisations sociales, évolutions salariales par catégorie et par sexe, salaire de base minimum, salaire moyen ou médian, par sexe et par catégorie professionnelle ;

99020 (suite)

Thèmes	Entreprises d'au moins 300 salariés	Entreprises de moins de 300 salariés
	– Montant des rémunérations. Choix de deux indicateurs dans l'un des groupes suivants : • rapport entre la masse salariale annuelle (18) (II) et l'effectif mensuel moyen ; rémunération moyenne du mois de décembre (effectif permanent) hors primes à périodicité non mensuelle-base 35 heures (II) ; • Ou rémunération mensuelle moyenne (19) (II) ; part des primes à périodicité non mensuelle dans la déclaration de salaire (II) ; grille des rémunérations (20) ; – Hiérarchie des rémunérations : Choix d'un des deux indicateurs suivants : • rapport entre la moyenne des rémunérations des 10 % des salariés touchant les rémunérations les plus élevées et celle correspondant aux 10 % des salariés touchant les rémunérations les moins élevées ; • Ou rapport entre la moyenne des rémunérations des cadres ou assimilés (y compris cadres supérieurs et dirigeants) et la moyenne des rémunérations des ouvriers non qualifiés ou assimilés (21) ; montant global des dix rémunérations les plus élevées ; – Mode de calcul des rémunérations : pourcentage des salariés dont le salaire dépend, en tout ou partie, du rendement (22). Pourcentage des ouvriers et employés payés au mois sur la base de l'horaire affiché ; – Charge salariale globale. **b) Pour les entreprises soumises aux dispositions de l'article L 225-115 du Code de commerce**, montant global des rémunérations visées au 4° de cet article.	b) Pour les entreprises soumises aux dispositions de l'article L 225-115 du Code de commerce, montant global des rémunérations visées au 4° de cet article ; c) Épargne salariale : intéressement, participation.
B. Épargne salariale, investissement, participation	Montant global de la réserve de participation (25) ; montant moyen de la participation et/ou de l'intéressement par salarié bénéficiaire (26) (I) ; part du capital détenu par les salariés (27) grâce à un système de participation (participation aux résultats, intéressement, actionnariat...).	
C. Rémunérations accessoires : primes par sexe et par catégorie professionnelle, avantages en nature, régimes de prévoyance et de retraite complémentaire	Avantages sociaux dans l'entreprise : pour chaque avantage préciser le niveau de garantie pour les catégories retenues pour les effectifs (I).	
D. Rémunérations des dirigeants mandataires sociaux telles que présentées dans le rapport de gestion en application des trois premiers alinéas de l'article L 225-102-1 du Code de commerce, pour les entreprises soumises à l'obligation de présenter le rapport visé à l'article L 225-102 du même Code		

99020 (suite)

Thèmes	Entreprises d'au moins 300 salariés	Entreprises de moins de 300 salariés
5° Représentation du personnel et activités sociales et culturelles : montant de la contribution aux activités sociales et culturelles du CSE, mécénat		
A. Représentation du personnel	**a) Représentants du personnel et délégués syndicaux** : composition des comités sociaux et économiques et/ou d'établissement avec indication, s'il y a lieu, de l'appartenance syndicale ; participation aux élections (par collège) par catégories de représentants du personnel ; volume global des crédits d'heures utilisés pendant l'année considérée ; nombre de réunions avec les représentants du personnel et les délégués syndicaux pendant l'année considérée ; dates et signatures et objet des accords conclus dans l'entreprise pendant l'année considérée ; nombre de personnes bénéficiaires d'un congé d'éducation ouvrière (45) ; **b) Information et communication** : nombre d'heures consacrées aux différentes formes de réunion du personnel (46) ; éléments caractéristiques du système d'accueil ; éléments caractéristiques du système d'information ascendante ou descendante et niveau d'application ; éléments caractéristiques du système d'entretiens individuels (47) ; c) Différends concernant l'application du droit du travail (48).	
B. Activités sociales et culturelles	**a) Activités sociales** : contributions au financement, le cas échéant, du comité social et économique et des comités d'établissement ; autres dépenses directement supportées par l'entreprise : logement, transport, restauration, loisirs, vacances, divers, total (49) ; **b) Autres charges sociales** : coût pour l'entreprise des prestations complémentaires (maladie, décès) (50) ; coût pour l'entreprise des prestations complémentaires (vieillesse) (51) ; équipements réalisés par l'entreprise et touchant aux conditions de vie des salariés à l'occasion de l'exécution du travail.	Montant de la contribution aux activités sociales et culturelles du CSE, mécénat.
6° Rémunération des financeurs, en dehors des éléments mentionnés au 4°		
A. Rémunération des actionnaires (revenus distribués)		
B. Rémunération de l'actionnariat salarié (montant des actions détenues dans le cadre de l'épargne salariale, part dans le capital, dividendes reçus)		
7° Flux financiers à destination de l'entreprise		
A. Aides publiques	Aides ou avantages financiers consentis à l'entreprise par l'Union européenne, l'État, une collectivité territoriale, un de leurs établissements publics ou un organisme privé chargé d'une mission de service public, et leur utilisation. Pour chacune des aides mentionnées au 8° qui entre dans le champ d'application de la procédure décrite à l'article R 2312-28 du Code du travail, l'employeur indique la nature de l'aide, son objet, son montant, les conditions de versement et d'emploi fixées, le cas échéant, par la personne publique qui l'attribue et son utilisation.	Aides ou avantages financiers consentis à l'entreprise par l'Union européenne, l'État, une collectivité territoriale, un de leurs établissements publics ou un organisme privé chargé d'une mission de service public, et leur utilisation. Pour chacune de ces aides, indiquer la nature de l'aide, son objet, son montant, les conditions de versement et d'emploi fixées, le cas échéant, par la personne publique qui l'attribue et son emploi.

99020 (suite)

Thèmes	Entreprises d'au moins 300 salariés	Entreprises de moins de 300 salariés
B. Réductions d'impôt		
C. Exonérations et réductions de cotisations sociales		
D. Crédits d'impôt		
E. Mécénat		
F. Résultats financiers	a) Chiffre d'affaires ; b) Bénéfices ou pertes constatés ; c) Résultats globaux de la production en valeur et en volume ; d) Affectation des bénéfices réalisés.	a) Chiffre d'affaires, bénéfices ou pertes constatés ; b) Résultats d'activité en valeur et en volume ; c) Affectation des bénéfices réalisés.
8° Partenariats		
A. Partenariats conclus pour produire des services ou des produits pour une autre entreprise		
B. Partenariats conclus pour bénéficier des services ou des produits d'une autre entreprise		
9° Pour les entreprises appartenant à un groupe, transferts commerciaux et financiers entre les entités du groupe		
A. Transferts de capitaux tels qu'ils figurent dans les comptes individuels des sociétés du groupe lorsqu'ils présentent une importance significative, notamment transferts de capitaux importants entre la société mère et les filiales		
B. Cessions, fusions et acquisitions réalisées		
10° Environnement (52)		
A. Politique générale en matière environnementale	I. Pour les entreprises **soumises à la déclaration de performance extra-financière** (C. com. art. R 225-105) : Informations environnementales présentées en application du 2° du A du II de l'article R 225-105 du Code de commerce. II. Pour les entreprises **non soumises à la déclaration de performance extra-financière** (C. com. art. R 225-105) : Organisation de l'entreprise pour prendre en compte les questions environnementales et, le cas échéant, les démarches d'évaluation ou de certification en matière d'environnement.	Organisation de l'entreprise pour prendre en compte les questions environnementales et, le cas échéant, les démarches d'évaluation ou de certification en matière d'environnement.
B. Économie circulaire	I. Pour les entreprises **soumises à la déclaration de performance extra-financière** (C. com. art. R 225-105) : Prévention et gestion de la production de déchets : évaluation de la quantité de déchets dangereux définis à l'article R 541-8 du Code de l'environnement et faisant l'objet d'une émission du bordereau mentionné à l'article R 541-45 du même Code. II. Pour les entreprises **non soumises à la déclaration de performance extra-financière** (C. com. art. R 225-105) :	a) Prévention et gestion de la production de déchets : évaluation de la quantité de déchets dangereux définis à l'article R 541-8 du Code de l'environnement et faisant l'objet d'une émission du bordereau mentionné à l'article R 541-45 du même Code ; b) Utilisation durable des ressources : consommation d'eau et consommation d'énergie.

99020 (suite)

Thèmes	Entreprises d'au moins 300 salariés	Entreprises de moins de 300 salariés
	a) Prévention et gestion de la production de déchets : évaluation de la quantité de déchets dangereux définis à l'article R 541-8 du Code de l'environnement et faisant l'objet d'une émission du bordereau mentionné à l'article R 541-45 du même Code ; b) Utilisation durable des ressources : consommation d'eau et consommation d'énergie.	
C. Changement climatique	I. Pour les entreprises **soumises à la déclaration de performance extra-financière** (C. com. art. R 225-105) : Bilan des émissions de gaz à effet de serre prévu par l'article L 229-25 du Code de l'environnement ou bilan simplifié prévu par l'article 244 de la loi 2020-1721 du 29 décembre 2020 de finances pour 2021 pour les entreprises tenues d'établir ces différents bilans. II. Pour les entreprises **non soumises à la déclaration de performance extra-financière** (C. com. art. R 225-105) : a) Identification des postes d'émissions directes de gaz à effet de serre produites par les sources fixes et mobiles nécessaires aux activités de l'entreprise (communément appelées « émissions du scope 1 ») et, lorsque l'entreprise dispose de cette information, évaluation du volume de ces émissions de gaz à effet de serre ; b) Bilan des émissions de gaz à effet de serre prévu par l'article L 229-25 du Code de l'environnement ou le bilan simplifié prévu par l'article 244 de la loi 2020-1721 du 29 décembre 2020 de finances pour 2021 pour les entreprises tenues d'établir ces bilans.	a) Identification des postes d'émissions directes de gaz à effet de serre produites par les sources fixes et mobiles nécessaires aux activités de l'entreprise (communément appelées « émissions du scope 1 ») et, lorsque l'entreprise dispose de cette information, évaluation du volume de ces émissions de gaz à effet de serre ; b) Bilan des émissions de gaz à effet de serre prévu par l'article L 229-25 du Code de l'environnement ou bilan simplifié prévu par l'article 244 de la loi 2020-1721 du 29 décembre 2020 de finances pour 2021 pour les entreprises tenues d'établir ces différents bilans.

Notes pour les entreprises d'au moins 300 salariés :

I. – Une structure de qualification détaillée, en 3 ou 4 postes minimum, est requise. Il est souhaitable de faire référence à la classification de la convention collective, de l'accord d'entreprise et aux pratiques habituellement retenues dans l'entreprise. À titre d'exemple, la répartition suivante peut être retenue : cadres ; employés, techniciens et agents de maîtrise (Etam) ; ouvriers.

II. – Une structure de qualification détaillée en 5 ou 6 postes minimum est requise. Il est souhaitable de faire référence à la classification de la convention collective, de l'accord d'entreprise et aux pratiques habituellement retenues dans l'entreprise. À titre d'exemple, la répartition suivante des postes peut être retenue : cadres ; techniciens ; agents de maîtrise ; employés qualifiés ; employés non qualifiés ; ouvriers qualifiés ; ouvriers non qualifiés. Doivent en outre être distinguées les catégories femmes et hommes.

(1) Effectif total : tout salarié inscrit à l'effectif au 31/12 quelle que soit la nature de son contrat de travail.

(2) Effectif permanent : salariés à temps plein, inscrits à l'effectif pendant toute l'année et titulaires d'un CDI.

(3) Somme des effectifs totaux mensuels/12 (on entend par effectif total tout salarié inscrit à l'effectif au dernier jour du mois considéré).

(4) La répartition retenue est celle habituellement utilisée dans l'entreprise à condition de distinguer au moins 4 catégories, dont les jeunes de moins de 25 ans.

(5) La répartition selon l'ancienneté est celle habituellement retenue dans l'entreprise.

99020 (suite)

Thèmes	Entreprises d'au moins 300 salariés	Entreprises de moins de 300 salariés

(6) Il s'agit des catégories de travailleurs extérieurs dont l'entreprise connaît le nombre soit parce qu'il figure dans le contrat signé avec l'entreprise extérieure, soit parce que ces travailleurs sont inscrits aux effectifs. Exemple : démonstrateurs dans le commerce.

(7) Stages supérieurs à une semaine.

(8) Est considérée comme salariée temporaire toute personne mise à la disposition de l'entreprise par une entreprise de travail temporaire.

(9) À ne remplir que si ces départs sont comptabilisés dans le total des départs.

(10) Distinguer les différents systèmes légaux et conventionnels de toute nature.

(11) Utiliser les catégories de la nomenclature détaillée II.

(12) Y compris les heures indemnisées au titre du chômage total en cas d'arrêt de plus de 4 semaines consécutives.

(13) Tel qu'il résulte de la déclaration obligatoire prévue à l'article L 5212-5 du Code du travail.

(14) Possibilité de comptabiliser tous les indicateurs de la rubrique absentéisme, au choix, en journées, 1/2 journées ou heures.

(15) Ne sont pas comptés parmi les absences : les diverses sortes de congés, les conflits et le service national.

(16) Les tranches choisies sont laissées au choix des entreprises.

(17) On entend par rémunération la somme des salaires effectivement perçus pendant l'année par le salarié (au sens de la déclaration annuelle des salaires).

(18) Masse salariale annuelle totale, au sens de la déclaration annuelle des salaires.

(19) Rémunération mensuelle moyenne :

$$\frac{1}{12}\sum \frac{\text{masse salariale du mois i}}{\text{effectif du mois i}}$$

(20) Faire une grille des rémunérations en distinguant au moins six tranches.

(21) Pour être prises en compte, les catégories concernées doivent comporter au minimum 10 salariés.

(22) Distinguer les primes individuelles et les primes collectives.

(23) Prestataires de services, régies...

(24) Frais de personnel : ensemble des rémunérations et des cotisations sociales mises légalement ou conventionnellement à la charge de l'entreprise.

(25) Le montant global de la réserve de participation est le montant de la réserve dégagée – ou de la provision constituée – au titre de la participation sur les résultats de l'exercice considéré.

(26) La participation est envisagée ici au sens du titre II du livre III de la partie III du Code du travail.

(27) Non compris les dirigeants.

(28) Faire référence aux codes de classification des éléments matériels des accidents (Arrêté du 10-10-1974).

(29) En application de l'article L 461-4 du Code de la sécurité sociale.

(30) Il est possible de remplacer cet indicateur par la somme des heures travaillées durant l'année.

(31) Au sens des dispositions du présent Code et du Code rural et de la pêche maritime instituant un repos compensateur en matière d'heures supplémentaires.

(32) Au sens de l'article L 3121-48.

(33) Au sens de l'article L 3123-1.

(34) Cet indicateur peut être calculé sur la dernière période de référence.

(35) Préciser, le cas échéant, les conditions restrictives.

(36) Article 70-3 c du décret du 29 décembre 1945 : sont considérés comme travaux à la chaîne :

(37) Cette carte n'est à réaliser que par les établissements qui ont une réponse non nulle à l'indicateur précédent.

(38) Article 70-3 d du décret du 29 décembre 1945 : sont considérés comme travaux au four les travaux exposant de façon habituelle et régulière à une forte chaleur ambiante ou rayonnante résultant de l'utilisation d'un traitement thermique, d'un processus de cuisson, de la transformation de produits en état de fusion, d'ignition ou d'incandescence ou de la production d'énergie thermique.

(39) Article 70-3 e du décret du 29 décembre 1945 : sont considérés comme travaux exposant aux intempéries sur les chantiers les travaux soumis au régime d'indemnisation défini aux articles L 5424-11 et suivants du Code du travail ainsi que les travaux effectués de façon habituelle et régulière sur les chantiers souterrains ou subaquatiques, ou en plein air sur les constructions et ouvrages, les aires de stockage et de manutention.

(40) Renseignements tirés du rapport annuel du médecin du travail (Arrêté du 10-12-1971).

(41) Pour l'explication de ces expériences d'amélioration du contenu du travail, donner le nombre de salariés concernés.

(42) Non comprise l'évaluation des dépenses en matière de santé et de sécurité.

(43) Renseignements tirés du rapport annuel du médecin du travail (Arrêté du 10-12-1971).

(44) Conformément à la déclaration annuelle des employeurs 2483 relative au financement de la formation professionnelle continue.

99020 (suite)

Thèmes	Entreprises d'au moins 300 salariés	Entreprises de moins de 300 salariés

(45) Au sens des articles L 2145-5 et suivants.
(46) On entend par réunion du personnel les réunions régulières de concertation, concernant les relations et conditions de travail organisées par l'entreprise.
(47) Préciser leur périodicité.
(48) Avec indication de la nature du différend et, le cas échéant, de la solution qui y a mis fin.
(49) Dépenses consolidées de l'entreprise. La répartition est indiquée ici à titre d'exemple.
(50) (51) Versements directs ou par l'intermédiaire d'assurances.

Note pour toutes les entreprises :

(52) Lorsque les données et informations environnementales transmises dans le cadre de cette rubrique ne sont pas éditées au niveau de l'entreprise (par exemple, au niveau du groupe ou des établissements distincts, le cas échéant), elles doivent être accompagnées d'informations supplémentaires pertinentes pour être mises en perspective à ce niveau.

CHAPITRE 4

CONSULTATION ANNUELLE DU CSE SUR LA SITUATION ÉCONOMIQUE ET FINANCIÈRE

À défaut d'accord dérogatoire (n° 3850), les informations à mettre à la disposition du CSE en vue de la consultation annuelle sur la situation économique et financière de l'entreprise sont définies par l'article L 2312-25 du Code du travail ainsi que par les articles R 2312-16 (entreprises de moins de 300 salariés) et R 2312-17 (entreprises d'au moins 300 salariés) du même Code, lesquels renvoient respectivement aux articles R 2312-8 et R 2312-9 de ce Code relatifs à la base de données économiques, sociales et environnementales reproduits ci-dessus n° 99020. Elles sont présentées de manière schématique dans les deux tableaux ci-après. 99040
Le CSE doit aussi être **informé**, au cours de cette consultation récurrente, sur les **conséquences environnementales** de l'activité de l'entreprise (C. trav. art. L 2312-17). Sur ce sujet, voir n° 3840.

99042

Dispositions communes		
Informations prévues par l'article L 2312-25 du Code du travail [1]	Sociétés commerciales	– documents obligatoirement transmis annuellement à l'assemblée générale des actionnaires ou à l'assemblée des associés, notamment le rapport de gestion prévu à l'article L 225-100 du Code de commerce dans lequel est insérée, en application de l'article L 225-102-1 du même Code, une déclaration de performance extra-financière comprenant notamment des informations relatives aux conséquences sur le changement climatique de l'activité de la société et de l'usage des biens et services qu'elle produit, à ses engagements sociétaux en faveur du développement durable, de l'économie circulaire, de la lutte contre le gaspillage alimentaire, de la lutte contre la précarité alimentaire, du respect du bien-être animal et d'une alimentation responsable, équitable et durable, aux accords collectifs conclus dans l'entreprise et à leurs impacts sur la performance économique de l'entreprise ainsi que sur les conditions de travail des salariés, aux actions visant à lutter contre les discriminations et promouvoir les diversités et aux mesures prises en faveur des personnes handicapées. Ces informations comprennent les postes d'émissions directes et indirectes de gaz à effet de serre liées aux activités de transport amont et aval de l'activité et sont accompagnées d'un plan d'action visant à réduire ces émissions, notamment par le recours aux modes ferroviaire et fluvial ainsi qu'aux biocarburants dont le bilan énergétique et carbone est vertueux et à l'électromobilité ; – communications et copies transmises aux actionnaires dans les conditions prévues aux articles L 225-100 à L 225-102-2, L 225-108 et L 225-115 à L 225-118 du Code de commerce ; – rapport des commissaires aux comptes ; – pour les sociétés tenues d'établir des documents de gestion prévisionnelle : les rapports écrits sur l'évolution de la société, établis par le conseil d'administration ou le directoire ou les gérants en application des articles L 232-3 et L 232-4 du Code de commerce ainsi que, le cas échéant, le rapport du commissaire aux comptes sur ces rapports ; – politique de recherche et de développement technologique de l'entreprise.
	Autres entreprises	– documents comptables établis par l'entreprise ; – politique de recherche et de développement technologique de l'entreprise ; – pour les groupements d'intérêt économique (GIE) tenus d'établir des documents de gestion prévisionnelle : la situation de l'actif réalisable et disponible, valeurs d'exploitation exclues, et du passif exigible, le compte de résultat prévisionnel, le tableau de financement établi en même temps que le bilan annuel et le plan de financement prévisionnel.

99042 (suite)

Dispositions communes	
Entreprises d'au moins 300 salariés [2]	
Informations prévues par l'article R 2312-17 du Code du travail [3]	Sur ces informations, voir n° 99020, rubriques 1° B, 7° A et 7° F, 8°, 9° et 10°
Entreprises de moins de 300 salariés [2]	
Informations prévues par l'article R 2312-16 du Code du travail [3]	Sur ces informations, voir n° 99020, rubriques 1° B, 7° A et 7° F, 8°, 9° et 10°

1. Les documents de gestion prévisionnelle sont réputés confidentiels, voir n° 3890.
Seuls les sociétés commerciales et les GIE répondant à l'un des deux critères suivants à la clôture de l'exercice social sont tenus d'en établir (C. com. art. L 232-2, al. 3, L 251-13 et R 232-2, al. 3) :
– avoir un effectif au moins égal à 300 salariés. Pour le calcul de l'effectif, il convient de prendre en compte les salariés à temps plein liés, par un contrat de travail à durée indéterminée, à la société et aux sociétés dont cette dernière détient directement ou indirectement plus de la moitié du capital. Le nombre des salariés à retenir correspond à la moyenne des personnes employées au cours de chacun des mois de l'année civile précédente ou du dernier exercice comptable lorsque celui-ci ne coïncide pas avec l'année civile ;
– ou avoir un chiffre d'affaires net égal ou supérieur à 18 millions d'euros (pour plus de détails, voir notre Mémento des sociétés commerciales n° 76070).
Attention : Sous l'empire du droit antérieur, la Cour de cassation a jugé que les entreprises qui établissent des documents de gestion prévisionnelle mentionnés aux articles L 232-3 et L 232-4 du Code de commerce sans y être légalement tenues doivent les communiquer au comité d'entreprise (Cass. soc. 30-4-1997 n° 95-20.563 PF : RJS 6/97 n° 702). Cette solution nous semble transposable dans le cadre législatif actuel.
2. Sur les modalités d'appréciation du seuil de 300 salariés, voir n° 3505.
3. Les informations sur l'activité et sur la situation économique et financière de l'entreprise ainsi que sur ses perspectives pour l'année à venir sont tenues à la disposition de l'autorité administrative, voir n° 3890.

CHAPITRE 5

CONSULTATION ANNUELLE DU CSE SUR LA POLITIQUE SOCIALE, LES CONDITIONS DE TRAVAIL ET L'EMPLOI

À défaut d'accord dérogatoire (n° 3850), les informations à mettre à la disposition du CSE en vue de la consultation annuelle sur la politique sociale, les conditions de travail et l'emploi sont définies par l'article L 2312-26 du Code du travail ainsi que par les articles R 2312-18 à R 2312-20 du même Code lesquels renvoient aux articles R 2312-8 et R 2312-9 de ce Code relatifs à la base de données économiques, sociales et environnementales reproduits ci-dessus n° 99020. Elles sont présentées de manière schématique dans les tableaux ci-après. **99050**

Le CSE doit aussi être **informé**, au cours de cette consultation récurrente, sur les **conséquences environnementales** de l'activité de l'entreprise (C. trav. art. L 2312-17). Sur ce sujet, voir n° 3840.

99052

Dispositions communes		
Informations prévues par l'article L 2312-26 du Code du travail [1]	Emploi	Informations sur l'évolution de l'emploi, des qualifications, de la formation et des salaires, sur les actions en faveur de l'emploi des travailleurs handicapés, sur le nombre et les conditions d'accueil des stagiaires, sur l'apprentissage et sur le recours aux contrats de travail à durée déterminée, aux contrats de mission conclus avec une entreprise de travail temporaire ou aux contrats conclus avec une entreprise de portage salarial. Informations relatives aux contrats de mise à disposition conclus avec les entreprises de travail temporaire, aux contrats d'accompagnement dans l'emploi, aux contrats initiative-emploi et les éléments ayant conduit l'entreprise à faire appel, au titre de l'année écoulée, et qui pourraient la conduire à faire appel pour l'année à venir, à des contrats de travail à durée déterminée, à des contrats de mission conclus avec une entreprise de travail temporaire ou à des contrats conclus avec une entreprise de portage salarial.
	Égalité professionnelle	Les informations et les indicateurs chiffrés sur la situation comparée des femmes et des hommes au sein de l'entreprise, mentionnés au 2° de l'article L 2312-36 du Code du travail, ainsi que l'accord relatif à l'égalité professionnelle entre les femmes et les hommes issu de la négociation mentionnée au 2° de l'article L 2242-1 ou, à défaut, le plan d'action mentionné à l'article L 2242-3.
	Formation professionnelle	Informations sur le plan de développement des compétences du personnel de l'entreprise. Informations sur la mise en œuvre des contrats et des périodes de professionnalisation et du compte personnel de formation [2]. Informations sur la mise en œuvre des entretiens professionnels et de l'état des lieux récapitulatifs prévus à l'article L 6315-1

99052
(suite)

Dispositions communes		
Informations prévues par l'article L 2312-26 du Code du travail [1]	Durée du travail	Informations sur la durée du travail, portant sur : a) Les heures supplémentaires accomplies dans la limite et au-delà du contingent annuel applicable dans l'entreprise ; b) À défaut de détermination du contingent annuel d'heures supplémentaires par voie conventionnelle, les modalités de son utilisation et de son éventuel dépassement dans les conditions prévues aux articles L 3121-28 à L 3121-39 du Code du travail ; c) Le bilan du travail à temps partiel réalisé dans l'entreprise ; d) Le nombre de demandes individuelles formulées par les salariés à temps partiel pour déroger à la durée hebdomadaire minimale prévue au premier alinéa de l'article L 3123-7 et aux articles L 3123-19 et L 3123-27 du Code du travail ; e) La durée, l'aménagement du temps de travail, la période de prise des congés payés prévue aux articles L 3141-13 à L 3141-16 du Code du travail, les conditions d'application des aménagements de la durée et des horaires prévus à l'article L 3121-44 du même Code lorsqu'ils s'appliquent à des salariés à temps partiel, le recours aux conventions de forfait et les modalités de suivi de la charge de travail des salariés concernés.
	Logement	Informations sur l'affectation de la contribution sur les salaires au titre de l'effort de construction ainsi que sur les conditions de logement des travailleurs étrangers que l'entreprise se propose de recruter.
	Travailleurs handicapés	Informations sur les mesures prises en vue de faciliter l'emploi des accidentés du travail, des invalides de guerre et assimilés, des invalides civils et des travailleurs handicapés, notamment celles relatives à l'application de l'obligation d'emploi des travailleurs handicapés.
	Droit d'expression	Informations sur les modalités d'exercice du droit d'expression des salariés prévues à l'article L 2281-11 du Code du travail.
Entreprises d'au moins 300 salariés [3]		
Informations prévues par les articles R 2312-18, R 2312-9 et R 2312-20 du Code du travail	Sur ces informations, voir n° 99020, rubriques 1° A, 2°, 4°, 5° et 10°	
Entreprises de moins de 300 salariés [3]		
Informations prévues par les articles R 2312-18, R 2312-8 et R 2312-19 du Code du travail	Sur ces informations, voir n° 99020, rubriques 1° A, 2°, 4° et 10°	

1. Nous ne présentons ici que les informations prévues par l'article L 2312-26 du Code du travail qui ne nous paraissent pas déjà données au titre des articles R 2312-18 et R 2312-20 du même Code.
2. Les périodes de professionnalisation ont été supprimées le 1-1-2019 et remplacées par un nouveau dispositif : la reconversion ou promotion par alternance (RPA).
3. Sur les modalités d'appréciation du seuil de 300 salariés, voir n° 3505.

CHAPITRE 6

ÉGALITÉ PROFESSIONNELLE : INDICATEURS CHIFFRÉS

Les indicateurs chiffrés permettant d'analyser la situation comparée des femmes et des hommes dans une **entreprise d'au moins 300 salariés** et son évolution ainsi que les conditions dans lesquelles s'articulent l'activité professionnelle et l'exercice de la responsabilité familiale des salariés sont définis à l'article R 2312-9, 2° du Code du travail. Ils sont reproduits dans les tableaux ci-après. En l'absence d'accord visé n° 3515, ces indicateurs sont mis à la disposition des représentants du personnel dans la **rubrique** « Égalité professionnelle entre les femmes et les hommes au sein de l'entreprise » **de la BDESE** en vue de la consultation sur la politique sociale de l'entreprise, les conditions de travail et l'emploi (C. trav. art. L 2312-17 et L 2312-18). **99100**
S'agissant des indicateurs relatifs : aux écarts de rémunération entre les femmes et les hommes figurant dans l'**index de l'égalité** professionnelle, voir n° 76470 ; aux écarts de représentation entre les femmes et les hommes parmi les **équipes dirigeantes**, voir n° 76490.

ATTENTION

Dans les **entreprises de moins de 300 salariés**, la BDESE comporte, en l'absence d'accord prévu n° 3515, les informations suivantes sur l'égalité professionnelle entre les femmes et les hommes dans l'entreprise (C. trav. art. R 2312-8, 2°) :

1. Analyse des données chiffrées par catégorie professionnelle de la situation respective des femmes et des hommes en matière d'embauche, de formation, de promotion professionnelle, de qualification, de classification, de conditions de travail, de santé et de sécurité au travail, de rémunération effective et d'articulation entre l'activité professionnelle et l'exercice de la responsabilité familiale ; analyse des écarts de salaires et de déroulement de carrière en fonction de leur âge, de leur qualification et de leur ancienneté ; description de l'évolution des taux de promotion respectifs des femmes et des hommes par métiers dans l'entreprise ;
2. Stratégie d'action qui comprend les éléments suivants :

– mesures prises au cours de l'année écoulée en vue d'assurer l'égalité professionnelle ;
– bilan des actions de l'année écoulée et, le cas échéant, de l'année précédente ;
– évaluation du niveau de réalisation des objectifs sur la base des indicateurs retenus ;
– explications sur les actions prévues non réalisées ;
– objectifs de progression pour l'année à venir et indicateurs associés ;
– définition qualitative et quantitative des mesures permettant de les atteindre ;
– évaluation de leur coût ;
– échéancier des mesures prévues.

SITUATION COMPARÉE DES FEMMES ET DES HOMMES

Les indicateurs ci-après comprennent des données chiffrées par **sexe** et par **catégorie professionnelle** permettant de mesurer les écarts entre les hommes et les femmes. Pour permettre à l'entreprise de présenter les catégories professionnelles selon le critère de classement le plus approprié, le choix est laissé à l'entreprise entre les catégories professionnelles proprement dites (ouvriers/employés, emplois intermédiaires et cadres), les catégories d'emploi définies par la classification, les métiers repères ou encore les emplois types. **99105**
Nous avons retenu, dans nos exemples, les catégories professionnelles proprement dites.

CONDITIONS GÉNÉRALES D'EMPLOI

99106 Effectifs

Effectif global par type de contrat et par sexe					
Type de contrat	Effectif global	Nombre de femmes	Nombre d'hommes	Femmes (%)	Hommes (%)
CDI					
CDD					
Total					

Effectif en CDI par sexe et par catégorie professionnelle						
Catégories	Femmes		Hommes		Femmes	Hommes
	Nombre	%	Nombre	%	% par catégorie par rapport au total femmes	% par catégorie par rapport au total hommes
Cadres						
Emplois intermédiaires						
Employés/ouvriers						
Total						

Effectif en CDD par sexe et par catégorie professionnelle						
Catégories	Femmes		Hommes		Femmes	Hommes
	Nombre	%	Nombre	%	% par catégorie par rapport au total femmes	% par catégorie par rapport au total hommes
Cadres						
Emplois intermédiaires						
Employés/ouvriers						
Total						

99107 Durée et organisation du travail

Durée du travail par sexe et par catégorie professionnelle															
Catégories	Temps complet			Temps partiel inférieur à 20 h			Temps partiel compris entre 20 et 30 h			Temps partiel compris entre 30 et 35 h			Temps partiel global		
	Femmes	Hommes	% de femmes	Femmes	Hommes	% de femmes	Femmes	Hommes	% de femmes	Femmes	Hommes	% de femmes	Femmes	Hommes	% de femmes
Cadres															
Emplois intermédiaires															
Employés/ouvriers															
Total															

Organisation du travail par sexe et par catégorie professionnelle												
Catégories	Travail posté			Travail de nuit			Horaires variables			Travail le week-end		
	Femmes	Hommes	% de femmes	Femmes	Hommes	% de femmes	Femmes	Hommes	% de femmes	Femmes	Hommes	% de femmes
Cadres												
Emplois intermédiaires												
Employés/ouvriers												
Total												

Congés 99108

Congés de longue durée par sexe et par catégorie professionnelle

	Employés/ouvriers		Emplois intermédiaires		Cadres		**Total en nombre**	
	Femmes	Hommes	Femmes	Hommes	Femmes	Hommes	Femmes	Hommes
Congé de transition professionnelle								
Congé parental d'éducation								
Congé sabbatique								
Congé sans solde								
Compte épargne-temps								
Autres congés supérieurs à 6 mois								
Total en nombre								

Embauches et départs 99109

Embauche par type de contrat, par sexe et par catégorie professionnelle

Catégories	Femmes		Hommes	
	Nombre d'embauches en CDI, y compris apprentissage, contrat de professionnalisation et contrats d'insertion...	Nombre d'embauches en CDD, y compris intérim, apprentissage, contrat de professionnalisation et contrats d'insertion	Nombre d'embauches en CDI, y compris apprentissage, contrat de professionnalisation et contrats d'insertion...	Nombre d'embauches en CDD, y compris intérim, apprentissage, contrat de professionnalisation et contrats d'insertion
Cadres				
Emplois intermédiaires				
Employés/ouvriers				
Total				

Départs par motif, par sexe et par catégorie professionnelle

	Femmes				Hommes			
	Cadres	Emplois intermédiaires	Employés/ouvriers	**Total en nombre**	Cadres	Emplois intermédiaires	Employés/ouvriers	**Total en nombre**
Démission								
Licenciement pour motif personnel								
Licenciement pour motif économique								
Licenciement pour motif spécifique (accord de performance collective...)								
Départ à la retraite								
Mise à la retraite								
Fin de CDD, y compris intérim, apprentissage, contrat de professionnalisation...								
Fin d'essai								
Rupture conventionnelle								
Autres cas (décès, rupture anticipée de CDD, intérim, apprentissage...)								
Total en nombre								

99110 Positionnement dans l'entreprise

Niveau ou coefficient hiérarchique par sexe et par catégorie professionnelle												
Catégories	Coefficient hiérarchique inférieur à 100 (ou « autre nombre plus pertinent »)			Coefficient hiérarchique compris entre 100 et 149 (ou « autres nombres plus pertinents »)			Coefficient hiérarchique compris entre 150 et 199 (ou « autres nombres plus pertinents »)			Coefficient hiérarchique égal ou supérieur à 200 (ou « autre nombre plus pertinent »)		
	Femmes	Hommes	% de femmes	Femmes	Hommes	% de femmes	Femmes	Hommes	% de femmes	Femmes	Hommes	% de femmes
Cadres												
Emplois intermédiaires												
Employés/ ouvriers												
Total												

RÉMUNÉRATIONS ET DÉROULEMENT DE CARRIÈRE

99111 Promotion

Nombre de promotions par sexe et par catégorie professionnelle					
Catégories	Femmes		Hommes		% de femmes promues
	Effectif	Nombre de femmes promues	Effectif	Nombre d'hommes promus	
Cadres					
Emplois intermédiaires					
Employés/ ouvriers					
Total					

Durée moyenne entre 2 promotions par sexe et par catégorie professionnelle				
Catégories	Femmes		Hommes	
	Durée moyenne	Nombre de femmes promues	Durée moyenne	Nombre d'hommes promus
Cadres				
Emplois intermédiaires				
Employés/ouvriers				
Total				

99112 Ancienneté

Ancienneté par sexe et par catégorie professionnelle				
Catégories	Ancienneté moyenne dans l'entreprise		Ancienneté moyenne dans la catégorie professionnelle	
	Femmes	Hommes	Femmes	Hommes
Cadres				
Emplois intermédiaires				
Employés/ouvriers				
Total				

Ancienneté par sexe et par niveau ou coefficient hiérarchique				
Catégories	Ancienneté moyenne dans l'entreprise		Ancienneté moyenne dans le niveau ou le coefficient hiérarchique	
	Femmes	Hommes	Femmes	Hommes
Coefficient hiérarchique inférieur à 100 (ou « autre nombre plus pertinent »)				
Coefficient hiérarchique compris entre 100 et 149 (ou « autres nombres plus pertinents »)				
Coefficient hiérarchique compris entre 150 et 199 (ou « autres nombres plus pertinents »)				
Coefficient hiérarchique supérieur à 200 (ou « autre nombre plus pertinent »)				
Total				

Âge 99113

Âge par sexe et par catégorie professionnelle								
Catégories	Moins de 30 ans		Entre 30 et 40 ans		Entre 40 et 50 ans		Plus de 50 ans	
	Femmes	Hommes	Femmes	Hommes	Femmes	Hommes	Femmes	Hommes
Cadres								
Emplois intermédiaires								
Employés/ouvriers								
Total								

Âge par sexe et par niveau ou coefficient hiérarchique								
Catégories	Moins de 30 ans		Entre 30 et 40 ans		Entre 40 et 50 ans		Plus de 50 ans	
	Femmes	Hommes	Femmes	Hommes	Femmes	Hommes	Femmes	Hommes
Coefficient hiérarchique inférieur à 100 (ou « autre nombre plus pertinent »)								
Coefficient hiérarchique compris entre 100 et 149 (ou « autre nombre plus pertinent »)								
Coefficient hiérarchique inférieur à 150 et 199 (ou « autre nombre plus pertinent »)								
Coefficient hiérarchique supérieur à 200 (ou « autre nombre plus pertinent »)								
Total								

Rémunération 99114

Éventail des rémunérations par sexe et par catégorie professionnelle (hors temps partiel)			
Catégories	**Tranche de salaire**	**Femmes**	**Hommes**
Employés/ouvriers	< 1 800 €		
	Entre 1 800 et 2 500 €		
	> 2 500 €		

99114 (suite)

Éventail des rémunérations par sexe et par catégorie professionnelle (hors temps partiel)			
Emplois intermédiaires	< 1 800 €		
	Entre 1 800 et 2 500 €		
	Entre 2 500 et 3 000 €		
	> 3 000 €		
Cadres	< 2 500 €		
	Entre 2 500 et 2 999 €		
	Entre 3 000 et 3 499 €		
	Entre 3 500 et 5 000 €		
	> 5 000 €		
Total			

Évolution de la rémunération mensuelle brute moyenne par sexe et par catégorie professionnelle									
Catégories	Année N			Année N – 1			Année N – 2		
	Femmes	Hommes	Moyenne totale	Femmes	Hommes	Moyenne totale	Femmes	Hommes	Moyenne totale
Cadres									
Emplois intermédiaires									
Employés/ouvriers									
Total									

Évolution de la rémunération mensuelle brute moyenne par sexe			
Catégories	Année N	Année N – 1	Année N – 2
Femmes			
Hommes			
Total			

Rémunérations brutes minimale et maximale par sexe et par catégorie professionnelle						
Catégories	Rémunération minimale		Rémunération maximale		Rapport maxi/mini	
	Femmes	Hommes	Femmes	Hommes	Femmes	Hommes
Cadres						
Emplois intermédiaires						
Employés/ouvriers						
Total						

Rémunérations mensuelles brutes moyennes par sexe et par niveau ou coefficient hiérarchique				
	Coefficient hiérarchique inférieur à 100 (ou « autre nombre plus pertinent »)	Coefficient hiérarchique compris entre 150 et 149 (ou « autres nombres plus pertinents »)	Coefficient hiérarchique compris entre 150 et 199 (ou « autres nombres plus pertinents »)	Coefficient hiérarchique supérieur à 200 (ou « autre nombre plus pertinent »)
Femmes				
Hommes				

Rémunérations mensuelles brutes moyennes par sexe et par âge				
	Moins de 30 ans	Entre 30 et 40 ans	Entre 40 et 50 ans	Plus de 50 ans
Femmes				
Hommes				

Nombre de femmes parmi les plus hautes rémunérations : ... (*indiquez le nombre*).

FORMATION

99115

Formation par sexe et par catégorie professionnelle

Catégories	Femmes		Hommes	
	Nombre de stagiaires de la catégorie	% de la catégorie ayant suivi une formation	Nombre de stagiaires de la catégorie	% de la catégorie ayant suivi une formation
Cadres				
Emplois intermédiaires				
Employés/ouvriers				
Total				

Nombre d'heures de formation par sexe et par catégorie professionnelle

	Femmes	Hommes	**Total**
Cadres			
Emplois intermédiaires			
Employés/ouvriers			
Total			

Type de formation par sexe et par catégorie professionnelle

Types de formation	Femmes				Hommes				**Total**
	Cadres	Emplois intermé-diaires	Employés/ouvriers	**Total**	Cadres	Emplois intermé-diaires	Employés/ouvriers	**Total**	
Adaptation au poste									
Maintien dans l'emploi									
Développe-ment des compétences									
Total									

Formation en alternance par sexe

	Femmes	Hommes	**Total**
Contrat de professionnalisation			
Apprentissage			
Autre type de formation en alternance			
Total			

CONDITIONS DE TRAVAIL, SANTÉ ET SÉCURITÉ AU TRAVAIL

99116

Exposition aux risques et pénibilité du poste par sexe et par catégorie professionnelle

Types de formation	Femmes		Hommes	
	Exposition à des risques profession-nels	Pénibilité et carac-tère répétitif des tâches	Exposition à des risques profession-nels	Pénibilité et carac-tère répétitif des tâches
Cadres				
Emplois intermé-diaires				
Employés/ouvriers				
Total				

99116 (suite)

Accidents du travail, accidents de trajet et maladies professionnelles								
	Employés/ouvriers		Emplois intermédiaires		Cadres		**Total en nombre**	
	Femmes	Hommes	Femmes	Hommes	Femmes	Hommes	Femmes	Hommes
Nombre d'accidents de travail ayant entraîné un arrêt de travail								
Nombre d'accidents de trajet ayant entraîné un arrêt de travail								
Nombre de maladies professionnelles ayant entraîné un arrêt de travail								
Nombre de journées d'absence pour accidents de travail, accidents de trajet ou maladies professionnelles								
Total en nombre								

Répartition des accidents du travail par sexe et par élément matériel		
	Femmes	Hommes
Nombre d'accidents électriques (électrisation, brûlure par le courant électrique, électrocution)		
Nombre d'accidents causés par des machines		
Nombre d'accidents de manutention		
Autres accidents		

Maladies non professionnelles								
	Employés/ouvriers		Emplois intermédiaires		Cadres		**Total en nombre**	
	Femmes	Hommes	Femmes	Hommes	Femmes	Hommes	Femmes	Hommes
Nombre d'arrêts de travail								
Nombre de journées d'absence								

Maladies ayant donné lieu à un examen de reprise du travail								
	Employés/ouvriers		Emplois intermédiaires		Cadres		**Total en nombre**	
	Femmes	Hommes	Femmes	Hommes	Femmes	Hommes	Femmes	Hommes
Nombre d'arrêts de travail								
Nombre de journées d'absence								

ARTICULATION ENTRE ACTIVITÉ PROFESSIONNELLE ET VIE FAMILIALE

Les indicateurs ci-après comprennent des données chiffrées permettant d'analyser les conditions dans lesquelles s'articulent l'activité professionnelle et l'exercice de la responsabilité familiale des salariés. **99120**

CONGÉS

99130

Existence d'un complément de salaire versé par l'employeur	
Congé de maternité	*Oui ou non*
Congé d'adoption	*Oui ou non*
Congé de paternité et d'accueil de l'enfant	*Oui ou non*

Nombre de jours de congés de paternité et d'accueil de l'enfant par catégorie professionnelle				
	Cadres	Emplois intermédiaires	Employés/ ouvriers	**Total**
Nombre de jours pris				
Nombre de jours théoriques				
% pris				

ORGANISATION DU TEMPS DE TRAVAIL

99140

Existence de formules d'organisation du temps de travail facilitant la vie familiale et la vie personnelle	
Horaires individualisés	*Oui ou non et commentaires éventuels*
Semaine de 4 jours	*Oui ou non et commentaires éventuels*
Encadrement des horaires des réunions	*Oui ou non et commentaires éventuels*
Limitation de l'envoi de courriels ou des appels téléphoniques	*Oui ou non et commentaires éventuels*
Autres formules : *précisez*	*Commentaires éventuels*
Autres formules : *précisez*	*Commentaires éventuels*

Nombre de salariés en temps partiel choisi par sexe et par catégorie professionnelle		
Catégories	Femmes	Hommes
Cadres		
Emplois intermédiaires		
Employés/ouvriers		
Total		

Nombre de salariés en temps partiel choisi ayant repris un temps plein par sexe et par catégorie professionnelle		
Catégories	Femmes	Hommes
Cadres		
Emplois intermédiaires		
Employés/ouvriers		
Total		

Services de proximité	
Participation de l'entreprise aux modes d'accueil de la petite enfance	*Oui ou non ; si oui, pour quel montant annuel*
Participation du comité social et économique aux modes d'accueil de la petite enfance	*Oui ou non ; si oui, pour quel montant annuel*
Évolution des dépenses éligibles au crédit d'impôt famille (% par rapport à l'année N – 1)	*Oui ou non ; si oui, pour quel montant annuel*

CHAPITRE 7

TABLEAU DES PEINES CONTRAVENTIONNELLES

99200 Les peines contraventionnelles ci-dessous mentionnées correspondent à celles encourues, respectivement, par les personnes physiques (C. pén. art. 131-12 s.) et les personnes morales (C. pén. art. 131-40 s.).

Classes	Peines applicables (montants maximum en euros)	
	Personnes physiques [1]	Personnes morale [1]
1e classe	38	190
2e classe	150	750
3e classe	450	2 250
4e classe	750	3 750
5e classe	1 500 [2]	7 500 [3]
5e classe (en récidive)	3 000 [2]	15 000 [3]

1. Lorsque le règlement réprimant la contravention le prévoit, les peines principales d'amende ou privatives de droits peuvent être assorties d'une ou plusieurs des peines complémentaires prévues par les articles 131-16 et 131-17 du Code pénal (dont certaines seulement de ces peines pour les personnes morales en application de l'article 131-43 du même Code). Conformément aux articles 131-18 et 131-44 de ce Code, la juridiction peut aussi ne prononcer qu'une ou plusieurs des peines complémentaires encourues à la place de la peine principale.
2. Pour toutes les contraventions de 5e classe (première infraction ou récidive), le juge répressif peut prononcer, au lieu et place de l'amende, une ou plusieurs des peines privatives ou restrictives de droits suivantes, dans les conditions posées aux articles 131-14 et 131-15 du Code pénal : suspension du permis de conduire, immobilisation du ou des véhicules du condamné, confiscation d'armes, de la chose ayant servi ou destinée à commettre l'infraction ou de celle qui en est le produit, interdiction d'émettre des chèques et d'utiliser des cartes de paiement, retrait du permis de chasser. Conformément à l'article 131-15-1 de ce Code, il peut aussi prononcer, pour ces contraventions, la peine de sanction-réparation à la place de ou en même temps que l'amende.
3. Pour toutes les contraventions de la 5e classe (première infraction ou récidive), l'amende peut être remplacée par une ou plusieurs des peines visées à l'article 131-42 du Code pénal (interdiction d'émettre des chèques ou d'utiliser des cartes de paiement ; confiscation de la chose ayant servi ou destinée à commettre l'infraction ou de celle qui en est le produit). Conformément à l'article 131-44-1 du même Code, la juridiction peut aussi prononcer la peine de sanction-réparation à la place de ou en même temps que l'amende.

CHAPITRE 8

MISE EN PLACE, FONCTIONNEMENT ET ATTRIBUTIONS DU CSE : LES ACCORDS COLLECTIFS POSSIBLES

La mise en place du CSE, son fonctionnement et ses attributions font en principe l'objet de **négociations entre l'employeur et les représentants du personnel**. Sont indiquées dans les tableaux ci-après toutes les situations dans lesquelles un accord collectif doit ou peut être conclu, ainsi que les dispositions applicables à défaut d'accord. 99300

> **Précisions** **Accord d'entreprise majoritaire** : accord conclu entre l'employeur ou son représentant, d'une part, et, d'autre part, une ou plusieurs organisations syndicales représentatives ayant recueilli plus de 50 % des suffrages exprimés en faveur d'organisations représentatives au premier tour des dernières élections des titulaires au CSE, quel que soit le nombre de votants (C. trav. art. L 2232-12, al. 1er).

CADRE DE LA MISE EN PLACE DU CSE

99305

Sous-thèmes	Contenu de l'accord	Type d'accord	Dispositions supplétives (applicables à défaut d'accord)	Textes
Mise en place de CSE d'établissement (nos 22040 s.)	Nombre et périmètre des établissements distincts	• Accord d'entreprise majoritaire sans possibilité de référendum • En l'absence d'un tel accord et de délégué syndical : accord entre l'employeur et le CSE, adopté à la majorité des élus titulaires de la délégation du personnel du comité	• Fixation du nombre et du périmètre des établissements distincts par décision de l'employeur, compte tenu de l'autonomie de gestion du responsable de l'établissement, notamment en matière de gestion du personnel • En cas de litige portant sur cette décision : fixation par la Dreets du lieu où se situe la direction effective de l'entreprise	C. trav. art. L 2313-2, L 2313-3 et L 2313-4

99305 (suite)

Sous-thèmes	Contenu de l'accord	Type d'accord	Dispositions supplétives (applicables à défaut d'accord)	Textes
Création de représentants de proximité (n° 22155)	• Mise en place de représentants de proximité • nombre • attributions, notamment en matière de santé, sécurité et conditions de travail • modalités de désignation • modalités de fonctionnement, notamment nombre d'heures de délégation	• Accord d'entreprise déterminant le nombre et le périmètre des établissements distincts : ci-dessus • En cas de fixation par décision de l'employeur du nombre et du périmètre des établissements distincts : accord d'entreprise majoritaire sans possibilité de référendum		C. trav. art. L 2313-7
Mise en place d'un CSE commun à une UES regroupant au moins 11 salariés (n° 22680)	Mise en place d'un CSE commun	Accord collectif	Décision de justice	C. trav. art. L 2313-8, al. 1
Mise en place d'un CSE central d'entreprise et de CSE d'établissement dans les UES comportant au moins 2 établissements (n°s 22685 s.)	Nombre et périmètre des établissements distincts	• Accord d'entreprise majoritaire sans possibilité de référendum conclu au niveau de l'UES • En l'absence d'un tel accord et de délégué syndical désigné au niveau de l'UES : accord entre les entreprises regroupées au sein de l'UES et le CSE, adopté à la majorité des élus titulaires de la délégation du personnel du comité	• Fixation du nombre et du périmètre des établissements distincts par l'un des employeurs mandatés par les autres, compte tenu de l'autonomie de gestion du responsable de l'établissement, notamment en matière de gestion du personnel • En cas de litige portant sur cette décision : fixation par la Dreets du siège de l'entreprise qui a pris la décision	C. trav. art. L 2313-8, al. 2 et suivants

Sous-thèmes	Contenu de l'accord	Type d'accord	Dispositions supplétives (applicables à défaut d'accord)	Textes
Mise en place d'un CSE interentreprises lorsque la nature et l'importance de problèmes communs aux entreprises d'un même site ou d'une même zone le justifient (nos 23000 s.)	• Nombre de membres de la délégation du personnel du CSE interentreprises • Modalités de leur élection ou désignation • Attributions du CSE interentreprises • Modalités de fonctionnement du CSE interentreprises • Éventuellement, dans les entreprises d'an moins 11 salariés du site ou de la zone ayant mis en place le CSE, participation d'un membre de la délégation du personnel de chaque CSE aux réunions mensuelles	Accord collectif interentreprises conclu entre les employeurs des entreprises du site ou de la zone et les organisations syndicales représentatives au niveau interprofessionnel ou au niveau départemental		C. trav. art. L 2313-9

ÉLECTIONS PROFESSIONNELLES ET MANDATS

99310

Sous-thèmes	Contenu de l'accord	Type d'accord	Dispositions supplétives (applicables à défaut d'accord)	Textes
Nombre de sièges (nos 700 s.) et volume des heures individuelles de délégation (n° 34530)	Modification du nombre réglementaire de membres et d'heures de délégation (volume global des heures de délégation au moins égal au nombre réglementaire)	Protocole préélectoral	Nombre de membres et d'heures mensuelles de délégation en fonction des effectifs de l'entreprise	C. trav. art. L 2314-1, L 2314-7, R 2314-1 et R 2315-3

99310
(suite)

Sous-thèmes	Contenu de l'accord	Type d'accord	Dispositions supplétives (applicables à défaut d'accord)	Textes
Collèges électoraux (n°s 24405 s.)	Modification du nombre et de la composition des collèges électoraux	Accord signé par toutes les organisations syndicales représentatives dans l'entreprise	Selon le cas : • Un collège unique • 2 collèges (ouvriers et employés ; ingénieurs, chefs de service, techniciens, agents de maîtrise et assimilés) • 3 collèges (ouvriers et employés ; techniciens, agents de maîtrise et assimilés ; ingénieurs, chefs de service et cadres)	C. trav. art. L 2314-11 et L 2314-12
Répartition des sièges entre catégories et du personnel entre les collèges (n°s 24500 s.)	Répartition des sièges entre catégories de personnel et du personnel entre les collèges électoraux	Protocole préélectoral	• Si au moins un syndicat a répondu à l'invitation à négocier : répartition entre les collèges décidée par la Dreets • Si aucun syndicat n'a répondu à l'invitation à négocier : répartition du personnel et des sièges décidée par l'employeur	C. trav. art. L 2314-13, L 2314-14 et R 2314-3
Vote électronique (n°s 25750 s.)	Organisation du vote électronique	Accord d'entreprise ou de groupe	Décision de l'employeur	C. trav. art. L 2314-26 et R 2314-5
Élection hors temps de travail (n°s 25545 s.)	Organisation de l'élection hors temps de travail, notamment en cas de travail en continu	Accord entre l'employeur et l'ensemble des organisations syndicales représentatives dans l'entreprise	Élection pendant le temps de travail	C. trav. art. L 2314-27
Nombre maximal de mandats successifs (n° 31520)	Dérogation à la règle de limitation à 3 du nombre de mandats successifs dans les entreprises dont l'effectif est compris entre 50 et 300 salariés	Protocole préélectoral	Nombre de mandats successifs limité à 3, sauf dans les entreprises de moins de 50 salariés	C. trav. art. L 2314-33 et R 2314-26
Durée des mandats (n° 31515)	Fixation d'une durée de mandat des représentants du personnel au CSE comprise entre 2 et 4 ans	Accord de branche, de groupe ou d'entreprise	Durée de mandat de 4 ans	C. trav. art. L 2314-34 (CSE), L 2316-11 (CSE central) et L 2333-3 (comité de groupe)

Sous-thèmes	Contenu de l'accord	Type d'accord	Dispositions supplétives (applicables à défaut d'accord)	Textes
Nombre maximal de membres du CSE central (n° 27010)	Dérogation au nombre maximal de membres du CSE central	Accord conclu entre l'employeur et l'ensemble des organisations syndicales représentatives	25 titulaires et 25 suppléants au maximum	C. trav. art. R 2316-1

FONCTIONNEMENT DU CSE

Des accords collectifs de travail ou des usages peuvent prévoir des dispositions plus favorables sur le fonctionnement ou les pouvoirs du CSE (C. trav. art. L 2315-2). Cela concerne notamment la visioconférence, les heures de délégation, l'affichage, les réunions, le local, les commissions, etc. **99315**

Sous-thèmes	Contenu	Type d'accord	Dispositions supplétives	Textes
Temps passé par les membres de la délégation du personnel du CSE aux réunions de ses commissions (hors CSSCT) (n° 1695)	Fixation d'une durée globale limite pour le paiement comme temps de travail effectif du temps passé aux réunions des commissions du CSE	Accord d'entreprise	Durée globale annuelle de 30 heures (entreprises de 300 à 1 000 salariés) ou de 60 heures (entreprises d'au moins 1 000 salariés)	C. trav. art. L 2315-11, 2° et R 2315-7
Délais dans lesquels les avis du CSE sont rendus (n°s 3690 s.)	Sauf disposition législative spéciale, fixation des délais dans lesquels les avis du CSE sont rendus (le comité doit pouvoir exercer utilement ses compétences)	• Accord d'entreprise majoritaire sans possibilité de référendum • En l'absence de délégué syndical : accord entre l'employeur et le CSE ou le CSE central, adopté à la majorité des élus titulaires de la délégation du personnel du comité	À compter de la communication ou de la mise à disposition des informations par l'employeur, délai : – d'1 mois ; – de 2 mois en cas de recours à l'expertise ; – de 3 mois en cas de consultation au niveau du CSE central et d'un ou plusieurs CSE d'établissement, avec une ou plusieurs expertises	C. trav. art. L 2312-16, al. 1, L 2312-19, 4°, L 2312-55, 3° et R 2312-6
Nombre de réunions dans le cadre des consultations récurrentes (n°s 1720 s.)	Nombre de réunions par an Au moins égal à 6 Au moins 4 portant sur la santé, la sécurité et les conditions de travail + réunion(s) à la suite de tout accident ou évènement grave ou à la demande motivée de 2 membres	• Accord d'entreprise majoritaire sans possibilité de référendum • En l'absence de délégué syndical : accord entre l'employeur et le CSE, ou CSE central, adopté à la majorité des élus titulaires de la délégation du personnel du comité	Réunion 1 fois par mois (entreprises d'au moins 300 salariés) ou 1 fois tous les 2 mois (entreprises de moins de 300 salariés) + minima figurant dans la colonne 2	C. trav. art. L 2312-19, 2°, L 2315-27 et L 2315-28

99315 (suite)

Sous-thèmes	Contenu	Type d'accord	Dispositions supplétives	Textes
Nombre de réunions dans le cadre des consultations ponctuelles (nos 4050 s.)		• Accord d'entreprise majoritaire sans possibilité de référendum • En l'absence de délégué syndical : accord entre l'employeur et le CSE, ou CSE central, adopté à la majorité des élus titulaires de la délégation du personnel du comité		C. trav. art. L 2312-55, 2°
Procès-verbal des réunions du CSE (nos 1930 s.)	Définition du délai et des modalités d'établissement du procès-verbal par le secrétaire du CSE	• Accord d'entreprise majoritaire sans possibilité de référendum • En l'absence de délégué syndical : accord entre l'employeur et le CSE, adopté à la majorité des élus titulaires de la délégation du personnel du comité	• Cas général : délai de 15 jours • Licenciements avec PSE : délai ramené à 3 jours • En cas de redressement ou liquidation judiciaire : délai ramené à 1 jour • Dans tous les cas, si une réunion est prévue avant ces délais, avant cette réunion	C. trav. art. L 2315-34 art. R 2315-25 et D 2315-26
Recours à la visioconférence (nos 1845 s.)	Tenue des réunions du comité	Accord entre l'employeur et les membres élus de la délégation du personnel du comité	3 réunions au maximum par année civile	C. trav. art. L 2315-4 (CSE) et L 2316-16 (CSE central)

99315 (suite)

Sous-thèmes	Contenu	Type d'accord	Dispositions supplétives	Textes
Commissions santé, sécurité et conditions de travail (CSSCT) (nos 1625 s.)	• Nombre de membres de la ou des commissions • Missions déléguées à la ou aux commissions par le CSE et modalités d'exercice • Modalités de fonctionnement, notamment nombre d'heures de délégation • Modalités de formation des membres conformément aux articles L 2315-16 à L 2315-18 du Code du travail • Le cas échéant, moyens alloués • Le cas échéant, conditions et modalités d'une formation spécifique correspondant aux risques ou facteurs de risques particuliers, en rapport avec l'activité de l'entreprise	• Accord d'entreprise majoritaire sans possibilité de référendum • En l'absence de délégué syndical : accord entre l'employeur et le CSE à la majorité des élus titulaires de la délégation du personnel du comité	Fixation par le règlement intérieur du CSE	C. trav. art. L 2315-41, L 2315-42 et L 2315-44
	Nombre et périmètre de mise en place de la ou des commissions et définition des modalités ci-dessus	• Accord d'entreprise majoritaire sans référendum • En l'absence de délégué syndical : accord entre l'employeur et le CSE à la majorité des élus titulaires de la délégation du personnel du comité	Fixation par le règlement intérieur du CSE	C. trav. art. L 2315-43 et L 2315-44

Sous-thèmes	Contenu	Type d'accord	Dispositions supplétives	Textes
Commissions supplémentaires pour l'examen de problèmes particuliers (nos 1655 s.)	Création de ces commissions	Accord d'entreprise majoritaire sans possibilité de référendum	Création : – d'une commission économique au sein du CSE ou du CSE central (entreprises d'au moins 1 000 salariés) ; – d'une commission de la formation (entreprises d'au moins 300 salariés) ; – d'une commission d'information et d'aide au logement des salariés (entreprises d'au moins 300 salariés) ; – d'une commission de l'égalité professionnelle (entreprises d'au moins 300 salariés) ; – d'une commission des marchés à partir de certains seuils	C. trav. art. L 2315-45, L 2315-44-1, L 2315-46, L 2315-49, L 2315-50 et L 2315-56

ATTRIBUTIONS DU CSE

99320 Des dispositions plus favorables relatives aux attributions du CSE peuvent être prévues par accords collectifs de travail ou usages (C. trav. art. L 2312-4).

Sous-thèmes	Contenu	Type d'accord	Dispositions supplétives	Textes
Consultations récurrentes (nos 3850 s.) : – orientations stratégiques ; – situation économique et financière ; – politique sociale, conditions de travail et emploi	• Définition du contenu, de la périodicité (au moins tous les 3 ans) et des modalités des 3 consultations récurrentes ; liste et contenu des informations nécessaires à ces consultations • Définition des niveaux de consultation • Possibilité de rendre un avis unique	• Accord d'entreprise majoritaire sans possibilité de référendum • En l'absence de délégué syndical : accord entre l'employeur et le CSE adopté à la majorité des élus titulaires de la délégation du personnel du comité	Consultation annuelle sur les orientations stratégiques de l'entreprise, sa situation économique et financière et sa politique sociale, les conditions de travail et l'emploi, dans les conditions définies par les articles L 2312-24 et suivants du Code du travail	C. trav. art. L 2312-19 et L 2312-22

99320 (suite)

Sous-thèmes	Contenu	Type d'accord	Dispositions supplétives	Textes
Consultation sur les orientations stratégiques (nos 6400 s.)	• Réalisation de la consultation sur les orientations stratégiques au niveau du comité de groupe • Modalités de transmission de l'avis du comité de groupe à chaque CSE du groupe, qui reste consulté sur les conséquences de ces orientations et à l'organe chargé de l'administration de l'entreprise dominante de ce groupe	Accord de groupe	Voir ci-dessus	C. trav. art. L 2312-20
Consultation à la fois du CSE central et d'un ou plusieurs CSE d'établissement (n° 6070)	Définition de l'ordre et des délais dans lesquels le CSE central et le ou les CSE d'établissement rendent et transmettent leurs avis	Accord	Avis de chaque CSE d'établissement rendu et transmis au CSE central 7 jours avant la date à laquelle il est réputé avoir été consulté	C. trav. art. L 2316-22 et R 2312-6
Informations ponctuelles prévues aux articles L 2312-8 et L 2312-37 du Code du travail (nos 4050 s.)	• Contenu des consultations et informations ponctuelles • Modalités, notamment le nombre de réunions • Délais dans lesquels les avis du comité sont rendus	• Accord d'entreprise majoritaire sans possibilité de référendum • En l'absence de délégué syndical : accord entre l'employeur et le CSE adopté à la majorité des élus titulaires de la délégation du personnel du comité	• Communication d'une documentation économique et financière • Lorsqu'un projet de restructuration et de compression des effectifs soumis au CSE est de nature à affecter le volume d'activité ou d'emploi d'une entreprise sous-traitante, information de celle-ci par l'entreprise donneuse d'ordre	C. trav. art. L 2312-55, L 2312-57 et L 2312-58
	• Réalisation des consultations et informations ponctuelles au niveau du comité de groupe • Modalités de transmission de l'avis du comité de groupe à chaque CSE des entreprises du groupe, qui reste consulté sur les conséquences des projets sur l'entreprise et à l'organe chargé de l'administration de l'entreprise dominante de ce groupe	Accord de groupe		C. trav. art. L 2312-56

99320 (suite)

Sous-thèmes	Contenu	Type d'accord	Dispositions supplétives	Textes
Budget de fonctionnement et pluralité de CSE d'établissement (n° 6105)	Détermination du budget de fonctionnement du comité central	Accord entre le CSE central et les CSE d'établissement	Sauf disposition dans la convention collective de branche, subvention rétrocédée au CSE central fixée par le tribunal judiciaire	C. trav. art. L 2315-62 et R 2315-32
Activités sociales et culturelles (nos 2870 s. et 6110)	• Montant de la contribution • Répartition de la contribution entre les comités d'établissement au prorata des effectifs des établissements, de leur masse salariale ou de ces 2 critères combinés	Accord d'entreprise	• Rapport contribution/masse salariale brute au moins égale au même rapport existant pour l'année précédente • Répartition effectuée au prorata de la masse salariale de chaque établissement	C. trav. art. L 2312-81 et L 2312-82
Activités sociales et culturelles, CSE central, CSE d'établissement (n° 6095)	Définition des compétences respectives du CSE central et des CSE d'établissement. Si transfert au CSE central, ce transfert fait l'objet d'une convention entre les CSE d'établissement et le CSE central. Cette convention comporte des clauses conformes à des clauses types déterminées par décret	Accord majoritaire sans possibilité de référendum	Les CSE d'établissement assurent et contrôlent la gestion de toutes les activités sociales et culturelles	C. trav. art. L 2316-23

BDESE ET EXPERTISES

99325

Sous-thèmes	Contenu	Type d'accord	Dispositions supplétives	Textes
Base de données économiques, sociales et environnementales (BDESE) (nos 3515 s.)	• Fixation de l'organisation, de l'architecture et du contenu • Modalités de fonctionnement : droit d'accès, niveau de mise en place, support, modalités de consultation et d'utilisation • La base doit comporter certains thèmes : investissements social, matériel et immatériel, égalité professionnelle, fonds propres, endettement, rémunération des salariés et dirigeants, activités sociales et culturelles, rémunération des financeurs, flux financiers à destination de l'entreprise, conséquences environnementales de l'activité de l'entreprise • Possibilité d'intégrer les informations nécessaires aux négociations obligatoires et aux consultations ponctuelles	• Accord d'entreprise majoritaire sans possibilité de référendum • En l'absence de délégué syndical : accord entre l'employeur et le CSE, ou le CSE central, adopté à la majorité des élus titulaires de la délégation du personnel du comité	• Constitution au niveau de l'entreprise • Mise à jour régulière ; accessibilité permanente pour la délégation du personnel du CSE et du CSE central et les DS • Fixation des thèmes par l'article L 2312-36 du Code du travail • Référence aux 2 années précédentes, à l'année en cours et perspectives sur les 3 années suivantes	C. trav. art. L 2312-21, L 2312-36, R 2312-7 à R 2312-14
Expertises (n° 2030)	Nombre d'expertises dans le cadre des consultations récurrentes sur une ou plusieurs années	• Accord d'entreprise • À défaut, accord conclu entre l'employeur et le CSE, adopté à la majorité des élus titulaires de la délégation du personnel	Expertises dans le cadre des consultations sur les orientations stratégiques, la situation économique et financière et la politique sociale, les conditions de travail et l'emploi	C. trav. art. L 2315-79, L 2315-87, L 2315-88 et L 2315-91

Table alphabétique

Principales abréviations

APLD	Activité partielle de longue durée
ASC	Activités sociales et culturelles (du CSE)
AT-MP	Accident du travail – maladie professionnelle
BDESE	Base de données économiques, sociales et environnementales
CDD	Contrat à durée déterminée
CDI	Contrat à durée indéterminée
Cotis.	Cotisations
CPRI	Commission paritaire régionale interprofessionnelle
CSE	Comité social et économique
DS	Délégué syndical
Dreets	Direction régionale de l'économie, de l'emploi, du travail et des solidarités
Éts	Établissement
Ex.	Exemple
GPEC	Gestion prévisionnelle des emplois et des compétences
IRP	Institution représentative du personnel
Lic.	Licenciement
Lic. éco.	Licenciement économique
Perco	Plan d'épargne collectif pour la retraite
Pereco	Plan d'épargne retraite collectif d'entreprise
Pero	Plan d'épargne retraite obligatoire
PSE	Plan de sauvegarde de l'emploi
PV	Procès-verbal
RP	Représentant du personnel
RSS	Représentant de section syndicale
SA	Société anonyme
SS	Sécurité sociale
SPST	Service de prévention et de santé au travail
TPE	Très petites entreprises
Trav.	Travail
UES	Unité économique et sociale

A

J

N

Photocomposé par LUMINESS SAS
561, rue Saint Léonard - 53100 MAYENNE
N° 5025676A. Dépôt légal : Novembre 2023

PEFC
PEFC/04-31-0658

Certifié PEFC

Ce produit est issu de forêts gérées durablement et de sources contrôlées

www.pefc.de

36893-656 (I) - PRL 50 g - MY (LC)
Achevé d´imprimer en novembre 2023 sur les presses de C.H.BECK
Dépôt légal : décembre 2023
Imprimé en Allemagne